国家出版基金項目
NATIONAL PUBLICATION FOUNDATION

『十二五』國家重點圖書出版規劃項目
二〇一一—二〇二〇年國家古籍整理出版規劃項目

# 續經籍籑詁

上

吴孟復　總纂
白兆麟　常務副總纂

ARTIME
時代出版傳媒股份有限公司
安徽教育出版社

圖書在版編目（CIP）數據

續經籍籑詁/吳孟復總纂,白兆麟常務副總纂. 一合肥:安徽教育出版社,2011.9
ISBN 978-7-5336-6150-2

Ⅰ.①續… Ⅱ.①吳…②白… Ⅲ.①古籍一訓詁一中國一古代 Ⅳ.①H131.7

中國版本圖書館CIP數據核字（2011）第168346號

書名:續經籍籑詁　　作者:吳孟復　白兆麟　等

出 版 人:朱智潤　選題策劃:王安龍　責任編輯:夏秀流　夏業梅
裝幀設計:張鑫坤　技術編輯:王　琳

出版發行:時代出版傳媒股份有限公司　http://www.press-mart.com
安徽教育出版社　http://www.ahep.com.cn
(合肥市繁華大道西路398號,郵編:230601)
營銷部電話:(0551)3683010,3683011,3683015
排　　版:安徽創藝彩色制版有限責任公司
印　　刷:安徽新華印刷股份有限公司　電話:(0551)5859480
(如發現印裝質量問題,影響閱讀,請與印刷廠商聯系調換)

開本:210×285　1/16　印張:118　字數:5290千字
版次:2012年7月第1版　2012年7月第1次印刷

ISBN 978-7-5336-6150-2　定價:980.00元(上、下)

# 序

《續經籍籑詁》者，蓋以續雲臺阮君（元）總纂之《經籍籑詁》也。阮氏之書，曩於《訓詁通論》中曾提其要：

> 薈萃自漢至唐各家關於經、史、子以及《楚辭》等書的注説，加上《爾雅》、《方言》、《説文》等書的訓義，「即字而審其義（即每字下列舉各種訓釋），依韻而類其字（即按平水韻韻部分部排列）」，「編成一百六卷。展一韻而衆字畢備，檢一字而諸訓皆存，尋一訓而原書可識」。由此可見，它等於漢唐諸家關於文字訓詁的總匯，同時也起到索引的作用。作為工具書，也是很有價值的。

今按阮君此編，創議實始於吾皖戴君。錢君大昕云：

> 往歲休寧戴東原（震）在書局實創此議。大興朱竹君（筠）督學安徽，有志未果。公（阮）在館閣日，與陽湖孫淵如（星衍）大興朱少白（錫庚）桐城馬魯陳（宗璉）相約分纂，鈔撮群經，未及半而中輟，乃於視學兩浙之暇，手定凡例……擇浙士之秀者若干人分門編録。

王君引之亦云：

> ……至於網羅前訓，徵引群書，考之著録家，罕見有此……曩者戴東原庶常朱笥河學士皆欲纂集傳注，以示學者，未及成編。
>
> 吾師阮雲臺先生……督學浙江，乃手定體例，逐韻增收，總匯名流，分書類輯。凡歷二年之久，編成一百六卷。

吾之所以舉此瑣瑣而不憚其煩者，以見此書之纂集，出於當日通人之公願，並非阮君一人之私心也。蓋清代學術，至於乾嘉，「經史小學專門之學興焉」，此即觀堂王君所謂「學趨專門」者也（王國維《沈乙庵先生七十壽序》)。學以分類而益精，固天下之通義也。然蓴客李君(慈銘)則曰：「嘉慶以後之為學者，知經之注、疏不能遍觀也，於是講《爾雅》，講《說文》……」(《越縵堂詹詹録》)其言若有憾焉，此待後論； 至於前此統一之經學，至此分散為分門別類各自獨立之學科，則李君所言亦符實際。學科既分，而猶欲如古人之皓首窮經，勢不可得。然而注也疏也以及子史古集之訓義，又斷不可不知。何也？研究古代文史者必須讀古書，讀古書者必須明古訓，然後能實事求是而不同於臆說，此理之易明者也。既不能皓首窮經，又不能不讀古書、求古訓，為之奈何？於是《經籍纂詁》應需要而興焉。《經籍纂詁》出，則載籍雖博，古訓雖衆，曩之難於尋索苦於記憶者，今一舉手而本訓、轉訓，「次序布列，若網在綱」，減記誦之勞，助博徵之益，故書成後風行於世，至今久而不衰。蓋時代愈發展，學術愈進步，「須想出法子來解放學者的精力」，「省許多無謂的時間與記憶」，使他們將其精力「用在最經濟的方面」(胡適《國學叢刊序》)。就今日言，學者不僅當知用《經籍纂詁》，且當續《經籍纂詁》而別為一書。孟復在《訓詁通論》中已言過，「希望有人纂集續書」也。蓋阮書收詁限於唐前，所缺固甚明顯。原其所以以唐為限者，門户之見害之也，亦時代有以限之也。

夫讀古書之重故訓，為其去古未遠聞見較切也； 然亦有後出轉精者。一則漢唐故訓之外，宋人解說，其中亦有勝義。蓋宋代學者注意金石，發現古音，既疑古而又考古(如輯佚)，尤喜審文理詞氣，以得古人言外曲旨。且學者衆多，一人之說亦得失互見，穿鑿者固有之，然亦有犂然當正者。柳詒徵師云：「謂宋人空疏不學較之後世若遠不逮者，此目論也」(《中國文化史·宋儒之學》)。錢基博師亦曰：「清學者，蓋本宋儒求是之精神，而用漢學考證之方法者也。特宋儒勇於求是而考證不密，斯所以不逮清學而嫌武斷耳。然而尚論清學者，必以此盛奬漢學，而摒絶宋為不足道，斯又曲學之拘虛，未足語於大方也。」(《治學篇下》，載《華中師範大學學報·紀念錢基博先生誕生百週年專輯》)且清代漢學家之所致力者主要在於《十三經》，皆先秦之書也。近日發現徽州戴君手寫一聯：「論古姑舒秦以下，遊心每在物之初。」漢學家研究重點只在先秦，故「秦以下皆可舒緩，更明言之，即所致力者只限於三代（夏、商、周）之語言、文字、制度、名物」（柳詒徵《中國文化史·考證學派》）。而吾人之所研究者，斷不能限於三代，其不能只用漢唐故訓，更為顯然。

清代學者明用漢唐之故訓，陰收宋人之新解，加以曲證旁通，尤多創獲。劉君師培謂：

治漢唐學者，未必盡用漢儒之說；即用漢儒之說，亦未必以治漢儒所治之書，不過用漢儒之訓以說經及用漢儒注書之條例，以治群書耳。（《近代漢學變遷論》）

今請舉例明之：《詩·終風》「終風且暴」，《毛傳》釋「終風」為「終日風」，王君念孫不從也。王君以「終」為「詞也」，意謂「終風且暴」猶之「既風且暴」。讀書者至此，未有不為之叫絕者也。然此又清之漢學家不盡用漢儒故訓之例也。又如《詩·何彼襛矣》之「襛」，《說文》解為「衣厚貌」。《說文》就文字形體而言，所言固無可非議，然以「衣厚」形容「桃李之華（花）」，於義何居？《毛傳》謂「襛猶戎戎」，乍見亦難理解。故讀書者如僅讀漢師舊詁，猶難釋疑。至宋朱子（熹）乃釋「襛」為「茙」。朱說本於《韓詩》（《經典釋文》引作），亦本漢訓，然猶言之未明也。清儒桐城馬君瑞辰謂「茙」即「茸」，亦未始非取朱說也。馬君既指出：凡從「農」之字皆有「厚」義，而「厚」與「盛」義近；又據「戎」《韓詩》作「茙」，《詩·旄丘》「狐裘蒙戎」，《左傳·僖五年》引作「狐裘尨茸」，因謂「襛」即「茙」，亦即「茸」。《說文》：「茸，草茸茸貌。」「茸茸」在今猶為口語（段注《說文》「柔細之狀」），且使人想象「厚」「盛」之態，於是毛、韓、朱說皆得溝通而考據詞章之效合一。清代通儒說經之善，既本漢人故訓，兼取宋儒之長，妙能曲證旁通，因聲求義，所得新解往往勝於前人。故就吾人之讀古書，治古學言，需用清儒說解尤多，苟得清人說解，則漢唐故訓往往已寓其中；而漢唐故訓却不能代替清人之說，此久事訓詁者所能體會也。故清人新解之有益於吾人，極為明白。

阮君未嘗不知此也。自言：

嘗思國（清）朝諸儒説經之書甚多，以及文集説部皆有可採。竊欲析縷分條，加以剪裁，引於群經章句之下……勒成一書，名曰《大清經解》。（《揅經室集·漢學師承記序》）

然取經書而遺子史，既不免於挂漏，繫「於群經章句之下」，又何如匯合之為《續經籍纂詁》乎？故《續經籍纂詁》者亦阮君所欲為而未及為者也。昔在上海，與劉君紀澤始議纂輯《續經籍纂詁》。劉君因言：胡適之氏言整理國故之科學方式有三，一曰「索引式的整理」，所舉之例，即為阮書，苟有續作，其用自同；二曰「結帳式的整理」，《續》書明為自宋至清特別是有清一代訓詁之總結；三曰「專史式的整理」，《續》書之為宋—清語言文字學史之資料，尤無疑也。是一書而三善備也。因推阮君當日之不曾擴其範圍者，固由門户偏見，亦由彼時清人訓詁之業尚未至結帳之期，王（念孫父子）、俞（樾）、王（先謙）、孫（詒讓）之總結性諸書猶未盡出也。清末以後，自宋至清之訓詁，自成階段（吳大澂、孫詒讓以後，即殷墟甲骨發現以後，又當另行結帳），纂集《續經籍纂詁》，實維此時。然茲事體大，且繁簡必須酌中，體例既有待於商量；而「總匯名流」，尤難於同心協力。當時雖曾設想及此，亦知其難以成事，故只能待之於未來。

自此以後四十餘年，至八十年代初，始與張君滌華言及，張君甚為贊同，然事勢所限，未能實現。八六年夏，安徽古籍整理領導小組在肥集會，皖省文科六大學皆有人在。孟復於會議之餘，提出此議，詢謀僉同，乃推安大白兆麟、安師大鮑善淳、安慶師院石雲孫三教授為副總纂，又推蔣立甫、余國慶、劉長桂、許福明、李思明、黄季耕、張勁秋等廿余位先生分任纂輯。首先商量體例，斟酌收書，以為宋人之説不可無，然收書可少；清人兼收漢宋之長，清末人更集一代之盛，則可收之較多。其摘鈔制卡與排比纂輯之方式方法，亦經反復磋商，然後分別進行。始於一九八七年夏，迄一九九二年春基本脱稿。所收之書，歷宋至清，遍及四部，尤多收嘉、道以後諸老輩「結帳式」之作，包括《清十三經注疏》、《王氏四種》及《諸子集成》之要籍，《史》、《漢》之「補注」，《楚辭》、《文選》之箋疏，此等名為一家之作，實已博采諸書，故目中所列非多，而搜羅所及，實當數十百倍於此。蓋自宋至清，尤以有清一代，箋注之書浩如烟海，過多則印刷銷售皆難，過少又不敷學者之使用，以此斟酌再四，力求言約意豐，然亦過四百萬字矣。在收詁制卡與編纂成書過程中，各校同仁相互檢查，分層審訂，時閱六年，稿經三審，其勤其慎。八八年元旦，孟復曾作詩分寄諸君曰：

一樁大事千秋業，漢宋師儒實監臨。
務實向來推皖派，求真今日有同心。

非敢自詡，聊以見審慎之意而已。所能言者，諸君皆吾皖南北語言文學之彦，視阮君所擇「浙士之秀」，殆遠過之。尤難得者，安徽教育出版社社長、總編，自體例之商量至成書之審閲，殷勤關注，反復推敲，盛意深情，聞者興感。孟復幼小趨庭，粗聞雅訓，父師之教，勉以讀書。然少不力學，老益荒蕪，雖勉從諸賢之後，乃實貪天之功，愧之不暇，尚復何說？惟喜吾皖戴君創議之書，朱君雖未能成書於皖，而二百年後，終於在皖而纂成續編，使全書成為完璧，成戴君之始願，合整理之三長，省學者之精力，助學術之進展。復以老病之餘，謬附驥末，獲觀厥成，何其幸也！

抑猶有一言者，學以專門而精，則有待於工具書之用，前已言之，世亦當無異義；然工具書之不能代替讀書，讀今人編纂之「通論」「專史」亦不能代替古人原著，此則李君慈銘之所以垂涕而道也。李君嘗議某一「以醫術遊公卿間者」之撰《素問校義》，謂：

雖僅二十紙，蓋以(已)盡一生之力，大率取材於《經籍籑詁》，依傍字義聲音通假之法，稍加附益，然後訂正王注之誤，亦未始無一知半解者矣。（《越縵堂詹詹録》）

按李君所言「以醫術遊公卿間者」，乃指胡荄甫，名澍，績溪人。李君與趙之謙有宿憾，胡與趙「為密友」，故遷怒及胡。胡君培系所為荄甫事狀，言其書草創未就，「僅數十條」，然「詁義精碻」，李亦不能不認其「未始無一知半解」也。夫《素問》為中醫經典之一，唐王冰注尤為名著，幾如儒經之鄭箋朱傳。且醫書而有誤，其危險可知；「取於《經籍籑詁》」，即能校正其誤，做到「詁義精碻」，則《經籍籑詁》作用之大可知也。雖然，假使胡君本不曾想到書中有待校之處，則又不會去翻查《經籍籑詁》矣；又如假使胡君本不知「字義音聲通假之法」，則雖翻查《經籍籑詁》，亦無以「訂正《王注》之失」，而達到「詁義精碻」也。孟復早年嘗見友朋中有嘲人者，指其人曰：「此《經籍籑詁》學問耳。」復曾告之曰：知用《經籍籑詁》，能用《經籍籑詁》，亦非易得也。吾輩所及見之老人，有青春受學，皓首教書，而終身未曾有一字之「訂正」，亦無一篇之論述，是豈少哉！是知《經籍籑詁》，尤以《續經籍籑詁》，非徒供人查索字義也，且以指學問之門庭，示讀書之方法，使人愈用而心愈靈，愈積而學愈富。然亦非謂有此一書，即可以不讀原著也。前已言之，此書作用之一，在於索引，即使人知某訓出於某人之某書，必取原書而讀之，然後知其因形因聲以求詞義之法與其曲證旁通、巧契不違之妙。且清人訓釋誠多妙解，然亦當比類合觀，方能更增識力。以戴君釋《尚書·堯典》「光被四表」之「光」為「橫」而言（見《東原集·與王鳳喈》），王君稱之（見《經義述聞》），阮君亦稱之（見《漢學師承記序》）。而汪君（中）《述學·别録上》却引鄭箋多起《漢書》一例，以證「其非『橫』字」，以為「不必易『光』為『橫』」，是知古人所以貴「博聞强記」「殫見洽聞」者，非偶然也。益知工具書必不能代替原著也。再以《爾雅》《説文》言之，在古人本用作「識字課本」，或為小學教師備課時所用之「教案」。今人視為工具書，未始無故；然在研究古代語言與文史者，則仍然當為必讀書，而不可以視為工具書，以之徒供翻檢也。惟能真正讀書者，然後知用工具書、能用工具書，亦惟善用工具書，而後能知讀書，亦即知讀何書用何版本，以取事半功倍之效。憶昔與劉君論學，既有《續經籍籑詁》之議，復曾議及《續書目答問》之編。今日《續經籍籑詁》幸成，《續書目答問》或亦有其人終成之乎？且《經籍籑詁》亦尚有《三編》待續也。孟復老矣，不能不撐眼望之於並世之英俊也。

吴孟復謹序　一九九一年秋

# 總目

# 凡例

一　本纂為續阮元《經籍纂詁》而作，悉依阮編體例，使其相貫。

二　阮編所收故詁自先秦迄於唐代，今收自宋至於清代，凡正編已收舊詁概不重出，惟宋以後著作中漢唐人舊詁為阮編所遺漏者並收録。

三　字詁僅録結論，凡論證、串講文意之類皆不出。

四　詁皆即字審義，依韻歸字。一字數音，則各審其音歸之，亦或斟酌合之，如有重見，則詳前而略後。

五　歸字以所訓之字歸韻，如「知，欲也」歸「支」部，「寤生，逆生也」歸「遇」部。雙音詞一般以上字為準歸部。若下字構成字詁，亦分别歸韻，如「隗，隹隗，高也」，則歸「賄」部「隗」字下。

六　歸字全依阮編字頭，凡阮編未收之字頭字，按其筆畫多少為序，分隸於各該韻部末。凡韻字字頭，下皆用—代表，書名、篇名與字頭同者，不用—。若遇異體字者，不作—，仍寫正字。

七　異字、奇字一仍其舊以存真，若該字有字詁，則另立字頭，置於相關字之後，如「蠕」緊列於「蛉」之後，「𠈍」緊列於「侵」之後。

八　同一詁而文有詳略者，一般首出略，次出詳，如先出「微，隱也」，次列「微者，隱也」，次列「微有幽隱曖昧之意」。

九　同一詁而諸書疊見者，以經、史、子、集為次，其餘按相關内容為次。

十　同一詁於同一書中疊見者，或同一詁諸家疊見者，並皆採入，以證字有定詁，義有同訓。詁大多照録原文，偶亦以意增删。

十一　詁先列本義，次引申義，次通假義，次異文，次名物制度。名物之詁從嚴採輯。

十二　凡詁有書證者，皆注明出處，俱以簡明為要。出處但稱卷次或小篇名，如《詩》稱《關雎》，不出《周南》，《書》稱《堯典》，不出《虞書》。他皆準此類推。

十三　詁出某注疏，單稱注疏即明者，不出姓氏，如《禮記·曲禮》集解；難明者，稱姓以別之，如《論語·學而》劉正義。書名省稱列表於收詁人名下，以便查閱。

十四　《史記》《漢書》等有總題、小題，今引用注疏，單用小題。如《漢書·景十三王傳》，單稱《河間獻王傳》補注，不稱《景十三王傳》；《吕氏春秋》，單稱《吕覽·貴公》集釋，不出《孟春紀》。

十五　字詁例證引書一般不省稱，如《春秋元命苞》《齊民要術》，惟《逸周書》《戰國策》《孔子家語》《後漢書》等，按習俗省作《周書》《國策》《家語》《後漢》等，一律不加著者姓名。

十六　一字多詁者，至另一詁始加圓圈以隔之。同一詁於同一書中數見而篇名不同者，自次篇起只出篇名。異詁若出處全同而上下緊連者，則後者出處標以「同上」。

十七　卷次亦依阮編以一韻為一卷。標點以簡明為式。字用繁體，以與阮編一律，兼存經籍原貌。

# 編纂人員及分工

總　　纂　吳孟復

常務副總纂　白兆麟

副 總 纂　石雲孫　鮑善淳

收　　詁

張先覺　周易集解纂疏（李道平）〔李疏〕

楚辭補注（洪興祖）〔補注〕

文選集釋一——六册（朱珔）〔集釋〕

蔣立甫　毛詩傳箋通釋（馬瑞辰）〔通釋〕

文選集釋七——一二册

鮑善淳　左傳舊注疏證（劉文淇）〔疏證〕

管子義證（洪頤煊）〔義證〕

文選集釋一二——一六册

楊昭蔚　毛詩後箋（胡承珙）〔後箋〕

文選李注補正（孫志祖）〔補正〕

李先華　詩集傳（朱熹）〔朱傳〕

釋名疏證（畢沅）〔疏證〕

詹緒佐　説文解字繫傳（徐鍇）〔繫傳〕

戰國策注（鮑彪）〔鮑注〕

戰國策校注補正（吳師道）〔補正〕

方心棣　説文解字義證（桂馥）〔義證〕

金榮權　詩毛氏傳疏（陳奐）〔陳疏〕

余國慶　墨子閒詁（孫詒讓）〔閒詁〕

孟子正義（焦循）〔焦正義〕

孝經鄭注疏（皮錫瑞）〔皮疏〕

白兆麟　一切經音義（慧琳）〔慧琳音義〕

續一切經音義（希麟）〔續音義〕

管錫華　爾雅正義（邵晉涵）〔邵正義〕

爾雅義疏（郝懿行）〔郝疏〕

爾雅注（鄭樵）〔鄭注〕

彭　堅　莊子集釋（郭慶藩）〔集釋〕

屈原賦注（戴震）〔戴注〕

關德仁　説文通訓定聲（朱駿聲）〔説文定聲〕

徐　麟　黄帝内經太素（楊上善）〔楊注〕

本草綱目（李時珍）〔本草〕

石雲孫　尚書今古文注疏（孫星衍）〔孫疏〕

經義述聞（王引之）〔述聞〕

字詁義府合按（黄生）〔字詁〕〔義府〕

李思明　説文句讀（王筠）〔句讀〕

方言疏證（戴震）〔疏證〕

方言箋疏（錢繹）〔箋疏〕

譚枝宏　荀子集解（王先謙）〔集解〕

韓非子集解（王先慎）〔集解〕

黄榮發　史記志疑（梁玉繩）〔志疑〕

漢書補注（王先慎）〔補注〕

劉長桂　讀書雜志（王念孫）　（雜志）
張克哲　廣雅疏證（王念孫）　（疏證）
紀健生　經傳釋詞（王引之）　（釋詞）
　　　　諸子平議（俞樾）　（平議）
　　　　群經平議（俞樾）　（平議）
許福明　大戴禮記解詁（王聘珍）　（王詁）
　　　　説文解字注（段玉裁）　（段注）
牛敬德　春秋左傳詁（洪亮吉）　（洪詁）
　　　　吕氏春秋新校正（畢沅）　（校正）
朱强弟　戰國策札記（黄堯圃）　（札記）
　　　　通鑑音注（胡三省）　（音注）
李真真　通雅（方以智）　（通雅）
黄季耕　論語正義（劉寶楠）　（劉正義）
　　　　禮記集解（孫希旦）　（集解）
張勁秋　公羊義疏（陳立）　（陳疏）
　　　　四書集注（朱熹）　（朱注）
桑傳賢　詩三家義集疏（王先謙）　（集疏）
李谷鳴　廣韻（陳彭年等）　（廣韻）
陳　斌　集韻（丁度等）　（集韻）
吴福祥　周禮正義（孫詒讓）　（孫正義）
　　　　儀禮正義（胡培翬）　（胡正義）

編　詁

蔣立甫　上平一東—三江，十三元
張先覺　上平四支
鮑善淳　上平五微，六魚，八齊，九佳，十二文
李先華　上平七虞，十灰，十五删
詹緒佐　上平十一真，十四寒，下平十蒸
方心棣　下平一先，四豪，九青
楊昭蔚　下平二蕭，三肴，五歌，六麻
闕德仁　下平七陽，八庚
白兆麟　下平十一尤，十二侵
余國慶　下平十三覃，十四鹽，上四紙
管錫華　下平十五咸，上一董—三講，五尾—八薺
徐　麟　上九蟹—十五潸
石雲孫　上十六銑—二十一馬
李思明　上二十二養—二十九豏
譚枝宏　去一送—六御
黄榮發　去七遇—九泰
劉長桂　去十卦—十三問，二十二禡，二十四敬—二十六宥
張克哲　去十四願—二十一箇，二十三漾，二十七沁—三十陷
許福明　入一屋—四質
牛敬德　入五物—九屑
張勁秋　入十藥—十二錫
黄季耕　入十三職—十七洽

# 韻部目録

# 部首檢字表

## 一 部首目録

| 部首 | 頁碼 |
|---|---|
| 〔一畫〕 | |
| 一 | 八 |
| 丨 | 八 |
| 丶 | 八 |
| 丿 | 八 |
| 乙 | 八 |
| 亅 | 八 |
| 〔二畫〕 | |
| 二 | 八 |
| 亠 | 九 |
| 人 | 九 |
| 入 | 一二 |
| 八 | 一二 |
| 儿 | 一二 |
| 几 | 一三 |
| 刀 | 一三 |
| 力 | 一四 |
| 勹 | 一五 |
| 匕 | 一五 |
| 匚 | 一五 |
| 凵 | 一五 |
| 冂 | 一五 |
| 冖 | 一六 |
| 厂 | 一六 |
| 卩 | 一六 |
| 十 | 一六 |
| 卜 | 一七 |
| 冫 | 一七 |
| 厶 | 一七 |
| 又 | 一七 |
| 〔三畫〕 | |
| 口 | 一八 |
| 囗 | 二一 |
| 尸 | 二二 |
| 己 | 二二 |
| 弓 | 二二 |
| 弋 | 二三 |
| 广 | 二三 |
| 宀 | 二四 |
| 山 | 二五 |
| 屮 | 二六 |
| 巾 | 二七 |
| 廾 | 二八 |
| 尢 | 二八 |
| 子 | 二八 |
| 寸 | 二九 |
| 小 | 二九 |
| 大 | 二九 |
| 女 | 三〇 |
| 土 | 三二 |
| 士 | 三四 |
| 干 | 三四 |
| 工 | 三四 |
| 彐 | 三五 |
| 幺 | 三五 |
| 夕 | 三五 |
| 夂 | 三五 |
| 廴 | 三五 |
| 彳 | 三五 |
| 彡 | 三六 |
| 巛 | 三六 |
| 〔四畫〕 | |
| 手 | 三七 |
| 毛 | 四一 |
| 心 | 四一 |
| 爪 | 四五 |
| 牙 | 四五 |
| 爿 | 四五 |
| 片 | 四五 |
| 斤 | 四六 |
| 戶 | 四六 |
| 歹 | 四六 |
| 方 | 四七 |
| 无 | 四七 |
| 氏 | 四七 |
| 比 | 四八 |
| 气 | 四八 |
| 日 | 四八 |
| 曰 | 四九 |
| 月 | 四九 |
| 毌 | 五〇 |
| 父 | 五〇 |
| 爻 | 五〇 |
| 文 | 五〇 |
| 欠 | 五〇 |
| 攴 | 五一 |
| 支 | 五一 |
| 殳 | 五二 |
| 戈 | 五三 |
| 火 | 五三 |
| 水 | 五五 |
| 木 | 六〇 |
| 斗 | 六五 |
| 牛 | 六五 |
| 犬 | 六六 |
| 止 | 六八 |
| 肉 | 六八 |
| 〔五畫〕 | |
| 瓜 | 六八 |
| 皮 | 六八 |
| 疋 | 六九 |
| 癶 | 六九 |
| 穴 | 六九 |
| 疒 | 六九 |
| 立 | 七一 |
| 玄 | 七二 |
| 玉 | 七二 |
| 石 | 七三 |
| 白 | 七五 |
| 瓦 | 七五 |
| 矛 | 七六 |
| 矢 | 七六 |
| 生 | 七六 |
| 示 | 七六 |
| 禾 | 七七 |
| 田 | 七九 |
| 用 | 七九 |
| 甘 | 七九 |
| 目 | 八〇 |
| 皿 | 八二 |
| 〔六畫〕 | |
| 肉 | 八二 |
| 血 | 八五 |
| 而 | 八五 |
| 耳 | 八五 |
| 自 | 八六 |
| 舌 | 八六 |
| 色 | 八六 |
| 老 | 八六 |
| 虍 | 八六 |
| 羊 | 八七 |
| 虫 | 八七 |
| 羽 | 九〇 |
| 竹 | 九一 |
| 艸 | 九三 |
| 舟 | 九九 |
| 衣 | 一〇〇 |
| 糸 | 一〇二 |
| 米 | 一〇五 |
| 耒 | 一〇五 |
| 臼 | 一〇六 |
| 缶 | 一〇六 |
| 网 | 一〇六 |
| 襾 | 一〇七 |
| 行 | 一〇七 |
| 舛 | 一〇七 |
| 艮 | 一〇七 |
| 聿 | 一〇七 |
| 臣 | 一〇八 |
| 至 | 一〇八 |
| 〔七畫〕 | |
| 豕 | 一〇八 |
| 豸 | 一〇八 |
| 貝 | 一〇九 |
| 角 | 一〇九 |
| 釆 | 一一〇 |
| 身 | 一一〇 |
| 足 | 一一〇 |
| 走 | 一一二 |
| 辵 | 一一三 |
| 言 | 一一四 |
| 見 | 一一七 |
| 車 | 一一八 |
| 辛 | 一一九 |
| 辰 | 一二〇 |
| 酉 | 一二〇 |
| 邑 | 一二一 |
| 谷 | 一二二 |
| 豆 | 一二二 |
| 赤 | 一二二 |
| 里 | 一二二 |
| 〔八畫〕 | |
| 金 | 一二二 |
| 門 | 一二五 |
| 雨 | 一二六 |
| 隶 | 一二七 |
| 長 | 一二七 |
| 阜 | 一二七 |
| 隹 | 一二八 |
| 青 | 一二九 |
| 非 | 一二九 |
| 〔九畫〕 | |
| 韭 | 一二九 |
| 面 | 一二九 |
| 首 | 一二九 |
| 頁 | 一二九 |
| 革 | 一三一 |
| 韋 | 一三二 |
| 音 | 一三二 |
| 香 | 一三二 |
| 風 | 一三二 |
| 飛 | 一三三 |
| 食 | 一三三 |
| 〔十畫〕 | |
| 骨 | 一三四 |
| 髟 | 一三五 |
| 鬯 | 一三六 |
| 鬲 | 一三六 |
| 鬼 | 一三六 |
| 馬 | 一三六 |
| 高 | 一三八 |
| 鬥 | 一三八 |
| 〔十一畫〕 | |
| 魚 | 一三八 |
| 鳥 | 一四〇 |
| 鹿 | 一四二 |
| 麥 | 一四二 |
| 麻 | 一四三 |
| 鹵 | 一四三 |
| 〔十二畫〕 | |
| 黃 | 一四三 |
| 黑 | 一四三 |
| 黍 | 一四四 |
| 〔十三畫〕 | |
| 黹 | 一四四 |
| 黽 | 一四四 |
| 鼠 | 一四四 |
| 鼎 | 一四五 |
| 鼓 | 一四五 |
| 〔十四畫〕 | |
| 鼻 | 一四五 |
| 齊 | 一四五 |
| 〔十五畫〕 | |
| 齒 | 一四五 |
| 〔十六畫〕 | |
| 龍 | 一四六 |
| 〔十七畫〕 | |
| 龜 | 一四六 |
| 龠 | 一四六 |

# 二 檢字表

一部

一 一四三四

〔一畫〕

丁 五二三 五四一
丂 八八一
七 一四四二
匸 七七八

〔二畫〕

万 一一七七
丈 九〇六
上 九〇七 一二八六
下 八九一 一二七五
丌 八三
才 二二五
三 六三五
与 七三六

〔三畫〕

不 九〇 一四六七
丏 八四九 一一一〇

丐 一一四六
丑 九四四
㔾 四三三

〔四畫〕

且 一四四 八九六
丕 九〇
世 一〇七〇
丘 五八一
丙 九二一
亥 一四七〇
亐 一六二

〔五畫〕

丞 五五四 九三一
西 九七六 一三五〇 一三五七
北 五八一
兆 三三四

〔六畫〕

求 五八四
丣 九四三

丽 一〇七一

〔七畫〕

卣 九六七

〔八畫〕

甚 一三四六

〔十畫〕

[illegible] 九五三

丨部

丨 八一九

〔一畫〕

丩 六〇四

〔二畫〕

丫 四四六
丯 八九七 一二八二
少 一五一二

〔三畫〕

中 二 九八二

丰 三六 一一二四
丮 一六一八

〔四畫〕

丱 一二〇八

〔六畫〕

串 一二〇八

〔七畫〕

弗 八三五
[illegible] 三六

〔九畫〕

丵 一四二五

丶部

〔二畫〕

丸 三〇七
乂 四四二

〔三畫〕

之 五七
丹 三〇三

〔四畫〕

主 七六〇
丼 九六七

〔十一畫〕

[illegible] 七〇九

丿部

〔一畫〕

厂 一〇九七
乂 一一三八
ナ 八八八 一二七一

〔二畫〕

乃 七九〇
久 九三六
乇 一六二四
么 三八九

〔三畫〕

及 一六八一

〔四畫〕

乍 一二八〇
朱 七一五
乎 一六一
乏 一七二一
月 八一一
舌 一三一〇

〔五畫〕

血 九五一

肙 一三三 八一一
𠂤 二三五
用 一三九九
囟 八〇五

〔七畫〕

乖 二一五
叕 七一一 一一〇二

〔八畫〕

垂 六一〇

〔九畫〕

乘 五五七 一三一四
[illegible] 三六四

〔十畫〕

[illegible] 一一二

乙部

乙 一四三四
乚 八〇九
乀 一一一

〔一畫〕

乜 八九八
九 九四〇
马 六四一

乣 一五二二

〔二畫〕

乞 一四六三
也 八九四

〔三畫〕

卍 一一七七
号 三六三

〔七畫〕

乳 七五四

〔八畫〕

执 五八五
飛 一二六

〔十畫〕

乾 三四七
[illegible] 一一二
乿 一一二

〔十二畫〕

亂 一一八八
亄 一〇二三 一四五四
亃 八〇四

〔十三畫〕

[illegible] 一七二六

亅部

𠄌 一四八七
亅 一四八七

〔一畫〕

了 八五七

〔二畫〕

乜 一四九二
孑 一四七〇

〔三畫〕

予 七三六
𠫓 一二〇八

〔七畫〕

事 九九〇
[illegible] 一一六五

二部

二 一〇〇三

〔一畫〕

亍 一四一三
于 一五三
亏 一五四

〔二畫〕

云 二七五
互 一〇六一

五 七五六
井 九一七
〔三畫〕
互 一三一八
〔四畫〕
亘 一三一七
〔六畫〕
些 一二六七
亞 一〇九四
一二七八
亘 一三六三
〔九畫〕
亟 五六四

亠部

〔一畫〕
亡 四八八
〔二畫〕
亢 四八一
一二九一
〔四畫〕
交 三九六
亥 七九〇
亦 一六一三
亢 四九三
〔五畫〕
亨 五〇三
㐬 一四七八
〔六畫〕
享 五〇三
九〇五
京 五〇四
亩 九五五
亨 五〇三
〔七畫〕
亭 五三九
亮 一二九二
亯 五〇四
九〇六
京 二八二
〔八畫〕
亳 一五七五
〔九畫〕
率 一〇二七
一四三六
旅 一七七
〔十畫〕
高 九二五
一三一〇
〔十一畫〕
亶 八二八
〔十四畫〕
[illegible] 二六三
〔十六畫〕
[illegible] 一五五四
〔十七畫〕
[illegible] 一三六八
〔二十畫〕
亹 二九六
七二八

人部

人 二四二
〔一畫〕
亽 一六八五
个 一二〇一
一二六七
〔二畫〕
今 六一九
介 一一一九
仉 九一二
仇 五八五
仆 一〇六〇
一三三四
仄 一六六〇
仃 五五〇
仂 一六六八
仁 二四二
什 一六八〇
仍 五五九
从 三〇
亽 五五六
〔三畫〕
仟 一三五四
仛 一五八五
仚 三五七
仙 三四〇
付 一〇五九
㐱 一七九九
一一六五
令 五二〇
一三〇二
代 一一三三
仢 一四二七
一五八八
一六四三
仉 六六一
一三六二
仡 一四六六
仟 八三〇
仞 一一五九
仜 二〇
仕 七〇二
仔 七一六
仗 一二八九
他 四二六
内 六六九
[illegible] 九七四
以 六九五
〔四畫〕
件 八五一
件 七五二
仳 一〇七
七一三
七九二
仲 九八二
仰 九〇〇
仯 八六九
一二五二
伇 一五九七
份 二五三
任 六二二
一三四四
伕 八六五
价 一一二三
伆 八一〇
一四七〇
佛 八六五
一二四三
伃 一四五
七四六
伂 一一一五
企 六八五
一〇一四
伀 三八
仿 九〇二
四九〇
伉 一二九三
似 六九七
伈 九五七
一三四六
伶 二一〇
休 五八四
伐 一四七五
伏 一三三八
一三七〇
伎 一〇三
七一〇
伍 七五七
伌 一一二六
伋 一六七八
伊 七四
伙 一三六三
仮 八二〇
伔 一四六七
伒 一一七四
〔五畫〕
伻 五二三
伺 一〇一二
伹 一四七
伸 二四四
伶 五四三
伴 八二六
一二〇一
估 七六九
伯 一二七六
一五九四
但 三一九
八二七
一二〇一
休 一五〇八
佃 三五五
一二二一
佂 五三〇
佁 七一五
七九二
一〇二三
一一四六
伿 一〇一九
伾 九二
伽 四三四
佑 一三二七
佐 一二六七
住 一〇五六
低 一九九
位 九九四
佊 七〇九
一〇二五
佋 八六五
佈 一〇六七
佇 七三五
㑇 五五〇
㑥 九〇二
吏 一二五一
佛 一四六二
佚 一四三七
一五五四
余 一三七
佗 四二六
佖 一四四九
何 四二四
佔 六五一
一三六三
体 八二〇
佒 四九四
九一二
佸 一三五〇
㑃 一二五一
伳 一五五五
佤 四四八
佞 一三一五
佝 一三三六
作 一二七一
一五六四
佅 一一二六
一一四六
㑁 一四五五
伭 三五八
伲 七一六
伷 一三三八
你 七一六
伐 一三九七
佌 七〇七
〔六畫〕
佳 二一三
侏 一一四六
佺 一七二〇
佰 一六一七
佯 四七八
佮 一六九五

偭 八五一 一二二三
偃 八一四
偭 一六八七 一七一四 一七二六
偪 一三九〇 一六六一
偰 一五五五
偣 一〇六五
偙 一〇九九
偝 一一四三
偞 一二二七
偦 一二二六
偧 一四九一
偈 一〇八一 一四九一 一五四四
御 一五八四
偒 一五八八
偩 一三七三
偍 一六四三
偳 三一九
偉 二九八
偽 九九六
偡 八五二
偨 一〇二二
傀 七九二
偎 二三二
偘 八二七 一一九八
傒 八五三 一一九五

偏 三四三
偵 五二五 一三〇九
停 五四〇
偕 二一四
恒 四三四
偁 五六〇
偷 五八八
傁 六〇九
偤 六〇九
偒 九一二
偡 九七九
傚 一〇二二
偈 八九八
假 八九四 一二七七
便 八六五
偟 四七二
偯 一三三八
偓 一四二三
偞 一七一一
偋 一三〇九
俊 九三八
修 一二一〇
偢 一二四三 一三三八
偶 九三九
偺 九二六
傜 四一八

〔十畫〕

傍 一三一八

傋 六七六 一三三八
傕 六七三
傛 三九 六七二
能 一一四六
傂 一一二 七一七
候 一四四六
傀 二三〇 六八〇
傂 三四八
傗 一三九七
傆 二九九 一一八一
傚 一二五〇
傝 一三五〇 一六九七
傜 三七五
傁 一六七二
傍 四八二 一二九四
傃 一〇六四
傳 一〇五八
傷 一三三八 一七二六
傖 五二二
傞 四三〇 八九〇
傁 八二〇 一二二七

傒 二〇二
侵 六一五
傠 一四七五
備 九九七
偏 一二二五
傓 一四一四
傉 一五四七
傑 一五三三
傔 一三五七
傐 八八一
傎 三五九
傏 四九五
傈 四〇
俊 八九八
傘 八三二

〔十一畫〕

債 一一一八
僅 一一六一
從 六七三 六七六
慨 一四四六
僂 五九九 七六六
傴 七六六
傀 一二八一
僇 四〇三 一三三六 一三八七
傾 五二〇
健 八五三 一二二四

僄 三八六 一二四一
傳 三四九 一二一四
倅 一四五六
僌 一六八七
像 九〇〇
僀 一〇九九
傺 一〇八四
雩 一八九 四四〇
催 二二三
傫 一〇八
[illegible] 一五二二
[illegible] 六二五
僈 一二〇一 一二一〇
[illegible] 一四一二 一六四三
傷 四七八
傽 四九五
[illegible] 四五〇
傭 三三
[illegible] 三八九
傲 一二五八
傮 四一八
傰 五六七 一三一八
僁 一五四七
傹 一三一〇
僉 六五一 一三五八

僡 一二一〇
傪 九六四 一二八四
僋 六四〇 九六四
僾 九一一
傻 一二八二
僕 一二九八
僎 一二五二
僊 三四〇
僞 一一八二

〔十二畫〕

僥 三八一
僨 二三五 七九一 一一四四
僎 二五九 八三七 八五二 一一六五 一二二七
傢 七七八
僘 九〇
儆 九二四 一三〇九
僬 一一五七
絫 一四八
僤 三一九 八二九 一一九九

一五一一
僑 一四五六
集 一六八七
僰 一六六五
僣 一五五五
僝 三三一 八三五 一二二六
焦 三八九 一二四〇
僐 一五〇六
僢 八〇四 一二二七
像 一〇八 四三四
僩 八三六
僔 三一九 八一九
僕 一三七五 一四一一
僟 一三三
[illegible] 八〇四
僯 八〇四
僭 七八二
僜 五六七 一三一八
粭 二三五
僦 八六
僙 四九五
僮 二
燃 八五一
僖 八五〇

一二二五
僖 八七
僁 三四八
僚 三七一 八六二
僑 三七九
做 一三六三
僭 一三五六 一三六三
僗 一二六三
僘 九一二
僦 一三三三
僥 五二五
僨 一一七二

〔十三畫〕

[illegible] 四三四
僾 七九二 一一四三
僿 一〇一六 一一四六
[illegible] 一六五八
億 一六五八
僷 一七一一
儀 五〇
僪 一三九七
儲 一五八八
僻 一六〇五
儃 三五五 八三〇 一二〇一
僱 一六九七

〔十畫〕
逸 三一七
兟 二六〇
〔十二畫〕
兢 五五九
〔十三畫〕
兣 一二二七
輝 一二二五
〔十五畫〕
熵 一六四三
〔十七畫〕
燡 一六二三
〔十八畫〕
競 五五九

## 几部

几 六八六
〔一畫〕
凡 六五九
〔三畫〕
処 七三八
〔六畫〕
凭 五五九 一三一八
〔八畫〕
尭 五五七
〔九畫〕
凰 四八〇
〔十畫〕
凱 七八六
〔十二畫〕
凳 一三一六

## 刀部

刀 四〇七
刁 三六八
〔一畫〕
刄 一一三
刃 一一五五
〔二畫〕
刈 一一三九
分 二七二 一一七二
办 四六八 一二九八
〔三畫〕
刈 三八六
切 六〇九
切 一〇九二 一五三二
刓 二九九
刢 一六四三
刋 一一八
刌 八一七
刊 三〇七
刉 一三二 一一一五 一一四六
刎 四六八
〔四畫〕
刑 五三八
氕刂 一三二 一一四六
划 四五〇 八九〇 一二七〇
刿 一二八二
列 一五二八
刘 一一四六
刖 一四八二 一五一八
刲 一五二一
刏 二六三
刎 八〇九
刻 一一二
刕 一一二
刓 三一一
刧 一五二一
〔五畫〕
刣 九七四 一三五七
卵刂 九五〇
别 一五三三
制 一四六七
刹 一〇七〇
刞 一〇四四
利 九九四
刭 三六四
刡 八〇四
删 三二三
夗刂 三一一
刢 五五〇
刨 六〇七
刦 一七二二
判 一一九四
〔六畫〕
釖 九四九
刵 一一四六 一〇一二
刷 一五二〇 一五四四
亘刂 五六八
釖 九四九
刺 一〇〇四 一五〇三 一六一七
刿 一五二八
則 二九九
封 二〇六
剑 三六二
刹 一五一八
制 一〇七〇
刮 一五二〇
刮 一五二二
刽 一五八五
㓛 一二九三
刻 一六五四
创 一七二六
刺 一五五六
刺 一〇〇五
到 一二五八
刳 一八〇
券 一一七九
倒 一四九九
〔七畫〕
侯刂 五八七
剅 四三四
刿 一五一一
削 三八九 一二五二 一五六九
前 三三二
則 一六五四
削 三五九 一二二七
剄 六〇八
制 一〇六七
刮 一五二二
剄 九二九 一三一八
乳刂 一五一〇
刺 一五〇三
剃 一〇九三
劵 一六三七
剥 一三四七
剉 一二六九
剈 一一二六
剋 一六六一
剖 六四〇
〔八畫〕
剞 七〇七
剔 八九〇
剎 三三八
剛 四七七
剄 四四八
宛刂 一二一一
删 五六八 一一二六
㓨 八三五
剺 九五
剞 九七
剝 一二九八
剚 一〇二五
剕 一〇九九
剕 一〇三五
刷 一四六六
剟 一五〇四 一五四六
剆 一五二八
剡 六五四 九七〇
剖 九四二
剎 一五一八
剢 一三九七
契 一五二一
或刂 一六二〇
刨 一一八七
卸刂 一一八八
剔 一六三七
剝 一四二〇
〔九畫〕
則 一六四三
副 一三三〇 一六六八
剮 一五五五
契刂 一五五五
剔 一五六一
剒 一六二五
剫 一五八二
罒刂 一五八八
剬 一五二三
劀 一三八九
㓹 一六七二
剅 二一〇
剬 三一九 八五二 一〇七〇
创 六〇八
剸 三七
剏 九二六
刮 一七二六
劍 六五四
剪 八五三
〔十畫〕
剢 三六二
廁刂 七一七
剶 一〇二五 一〇九四
劆 一〇九七
剮 一〇九九
剝 一六九六
剩 一四五二
割 一四九九
剩 一三一八
罰 四七七
剳 一六九七
剴 二三四
剮 一八九
剮 二一〇
剳 四五〇
創 四六八 一二九五
詔刂 一一八七
劇 二九五
〔十一畫〕
剽 三八五 一二三九
圖刂 六〇〇

〔十五畫〕
勸 九一三
勵 一〇八一
勥 一一四六
勳 二三五 一一四五
勵 七八三
勸 一三四七
勷 一〇四五
〔十六畫〕
勴 一八九
〔十七畫〕
勸 四九五
勷 六六一
〔十八畫〕
勸 一一七九
〔二十三畫〕
勷 一〇四四

## 勹部

勹 四〇二
〔一畫〕
勺 一五七三
〔二畫〕
勼 六〇五
勿 一四六六
勾 八一〇 八八一 一二五二
匀 二五〇
〔三畫〕
包 三九七
匄 一一一〇 一一四五
句 五九八
〔四畫〕
皃 四〇三
匈 三五
〔五畫〕
匉 五三二
〔六畫〕
匊 一三八三
匌 一六九五
匎 六〇八
匋 三九〇 四一五
旬 二五一
〔七畫〕
匑 二五六
匍 一八六
〔八畫〕
匏 一八九
匎 八〇四
匍 一二四四
匒 一五二
〔九畫〕
匏 三九八
匎 一二五二
匐 一三八七 一六六七
〔十畫〕
匑 一九
匓 一六六七
盌 一六九七
匒 一六九七
〔十一畫〕
匔 七六九
〔十二畫〕
匑 一九
匔 一三三六
匓 一三三五
〔十三畫〕
匑 一九
〔十四畫〕
匔 一三九五

## 匕部

匕 四五〇 六八六 一二八一
〔二畫〕
𠤎 八八〇
化 一二七七
〔三畫〕
北 一一四二 一六五二
〔六畫〕
皁 一四一九
〔七畫〕
㲋 一一二
〔九畫〕
匙 七五
匘 八八一
〔十九畫〕
難 四三三

## 匚部

匚 四九二 七七八
〔二畫〕
匹 一四四一
〔三畫〕
匝 一六九二
区 一三三八
匜 七七 七〇七
〔四畫〕
匢 一四八八
匠 一二八九
匡 四七二
㔽 二一
𠥓 六四〇
〔五畫〕
医 一〇九二
𠥘 三六二
𠥙 一六二五
匣 一七二一
匤 一四一四
匥 一二二六
〔六畫〕
𠥤 三六二
〔七畫〕
匽 八五二 一一八三
匧 一七一四
〔八畫〕
𠥽 三八六 一二四二
𠥶 六四〇
匪 七三〇
匫 一四八八
匩 七一七
〔九畫〕
匿 一六五八
區 一五七 六〇二
匾 八四九
匬 六〇九
匭 六九一
〔十畫〕
𠥵 二一〇
〔十一畫〕
匯 七八九 一一四六
〔十二畫〕
匱 一〇〇八
𠥻 三六四
匶 三一五
〔十三畫〕
𠦗 一五一一
匳 六四六
〔十四畫〕
匴 八三〇 八五三
〔十五畫〕
匵 一三九一
〔十八畫〕
匶 一三三八
𠧒 二一二
匷 一六七二
〔二十四畫〕
𠧇 九八三

## 凵部

凵 九七九 一三五〇
〔二畫〕
凶 三二
〔三畫〕
凹 一七二五
凸 一四八二 一五四二
凷 一一三八
〔六畫〕
函 六三三
〔七畫〕
凾 六三三
〔八畫〕
𧉓 七四七

## 冂部

冂 五五〇 九三一
〔一畫〕
冃 八八〇 一三三八
〔二畫〕
冄 九七六
冈 九一二
内 一一三〇
冃 一二六二 一三三八
〔三畫〕
册 一二一〇 一五九九
冉 六四六 九六九
冋 五四六
〔四畫〕
再 一一四〇

丏 七一七

〔五畫〕

肯 四五

〔六畫〕

肯 四六

〔八畫〕

帖 九七六

篝 一三二九

〔十二畫〕

髀 一一一

〔十三畫〕

圀 一二六三

冖部

冖 一六四二

〔二畫〕

冗 六六九

冘 六〇一 六二六 六四〇

〔六畫〕

罙 六二七

采 一〇一

〔七畫〕

冟 一六二三

冠 三〇九 一一九二

〔八畫〕

冣 一〇六七

冥 五四四 一二二七

冢 六六九

〔十畫〕

冪 一六三五

詫 一〇六六 一二八二

〔十九畫〕

顯 三六四

〔二十一畫〕

顯 九六四

厂部

厂 八二九 一二〇一

〔二畫〕

仄 六五四 七一六

厄 一六〇三

〔三畫〕

后 六五

厈 一二〇一 一六二三

厇 一六二五

〔四畫〕

厊 八九八

厎 一一二四

厄 八八八

〔五畫〕

厎 七〇八

疼 四〇

厏 八九八

厍 一四一三

厺 一七一四

应 一六九六

〔六畫〕

厑 三九〇

厒 一六九七

压 一六九七

㕈 七九二 一一四三

厓 二一四

〔七畫〕

㕍 一二八二

厚 九三七

厖 四三

厥 一七二〇

庯 一八五

庳 一二八二

庰 二〇八

〔八畫〕

惒 一六九八

厔 一六九七

原 二八一

屍 一六四一

厜 九九

厞 一三一 一〇三六

厚 一一四六 一六二五

庲 一一二 二三五

厝 一〇六〇 一五八一

厤 一六四三

綮 七一七

厚 二三五

㘴 六二六 六五四 一三四七

〔九畫〕

厩 一三二六

厦 九五〇

埶 一一二

〔十畫〕

厥 一四八〇

厤 一六三一

厧 三六四

盧 一六九七

厨 一六〇

〔十一畫〕

甑 一〇九九

〔十二畫〕

廙 七一五

觝 七八〇

曆 七一三

厭 六五〇 九七三 一三五五 一七〇六

厰 六二七 九六四

鳥 八九八 一二八二

〔十三畫〕

險 六四〇 六五五 六六一 九七四

厲 一〇七四

辟 一六四二

儀 一〇一

〔十四畫〕

耑 八五二

緊 八〇六

〔十六畫〕

龐 一六

〔十七畫〕

歷 九七六

〔十九畫〕

顚 三六四

〔二十六畫〕

贏 二八一

卩部

卩 一五二七

〔一畫〕

卪 一五四七

〔二畫〕

卬 四九四 九一三

〔三畫〕

卯 五三一 八六七

卮 四三四

〔四畫〕

叉 一四九三

卯 七二五 一四五五

印 一一五四

〔五畫〕

邲 一〇一六

卲 三九〇

卵 八二六 一二〇八

却 一五七〇

〔六畫〕

刅 一〇二〇

卹 一四四〇

卸 一二八〇

卺 八〇九

卷 三五三 八四二 一二一六

〔七畫〕

卽 一六六一

卻 一五七〇

〔八畫〕

卿 五〇七

〔十一畫〕

厀 一四四一

〔十二畫〕

厀 一四四一

十部

十 一六八〇

〔一畫〕

孔 一一六三

千 三三三

〔二畫〕

升 五五八

廿 一六八六

协 一六七一

卅 六七二

〔三畫〕

卌 一六八七

半 一一九〇

卉 七二八

夲 四一八

〔四畫〕

卆 一一二

卋 一六九四

〔五畫〕

芈 七〇五

卌 一〇四五

芉 二九七

叡 四四八
曼 三九〇
〔十四畫〕
豁 一四五六
䊵 一一〇〇
叡 一〇八二
〔十五畫〕
燮 一七一三
燮 一七〇八
〔十六畫〕
豂 一四五六 一五五五
叢 一二

口部
口 九三五
〔一畫〕
叱 一五二三
𠮟 一四五六
〔二畫〕
召 三九〇 一二三七
叫 一二三八
卟 二〇七
号 一二五五
叨 四一五
叮 五五〇
叴 五九〇
㕣 八五一
可 八八三
只 六七七
史 六九八
叱 一二八二 一四四二
右 九三八 一三二七
台 八九 二二八
司 六二 一〇一八
句 一七八 一〇五四 一三三八
古 七五〇
叵 八八六
号 九三三
叶 一七〇六
叩 一三三四
〔三畫〕
吐 七五一
吒 一二七九 一六二二
各 一五八一
吅 二八四 九八七
名 五二〇
吂 四九五
同 一
后 九四一 一三三四
吳 一二八一
吃 一四六四
吏 九九三
吁 一七〇
叿 二一
吚 九二 一〇二五
吉 一四三五
吕 七一七
吁 七一七
向 一二八八
合 一六九〇
吊 一六三九
邔 九四九
〔四畫〕
呃 一一二六 一六二二
吭 四九五 一二九八
吱 七一七 一〇二五
否 六八六 九三八
吝 一一五八
呁 一一六四
吠 一一三七
吩 一一二六 一二七一
呂 七三四
吼 九四一
启 七七七
吟 七七八
吶 一五二一 一五四六
昏 一五一〇 一五二四
吹 五〇 一〇〇三
君 二七三
含 六三三
谷 一五八五
吾 一六五
吸 一六八三
呃 一四五六
吡 七一七 一四五六
听 一一二 八〇三
吻 八〇七
呅 一二〇二
呀 四四五
吣 一五五五
师 一六九六
呹 四〇三
吪 四二八
吰 五二七 五三二
呈 五一八 一三一〇
吥 六一〇
吺 六〇〇
吣 四〇〇
吧 四五〇
吞 二八九
告 一二五七 一四一一
吷 一五四六
吒 一四二七
吴 一六五
吶 一四八〇 一五四六
吨 二九九 八二〇
吭 八〇二 八四五
吺 七六九
肙 三六三
吵 八七〇
昉 九一三
吽 六二八 九四一
吟 六一九 一三四七
吣 一三四七
〔五畫〕
呰 七一二
呲 一一二
呞 九八 一一二
昌 八九
咊 一四九一 一五〇七
亟 一〇二四 一六六四
哎 一四八四
咀 七四四
哇 七六九
呧 七七八
音 一三三八
呬 一〇二三
咇 一〇二五 一四五四 一五五五
呴 一〇六三 一三三二
呭 一〇八五 一五五五
味 一〇三一 一一二六
味 一五一一
咜 一一二六 一六二二
呸 一六八七
呢 一一二
咄 一四八二
呱 一七五
哃 六五三
哙 八九八
昭 三八八
呼 一六五 一二七一 一二八二
哈 二三二
咀 一五〇六
咋 一二八二 一六一六
咉 一四五六
周 五七八
呦 五九九 一二五二
呣 六一〇
和 四二三 一二六八
呵 四三〇 一二七一
呿 一四六 四三四 一〇四四 一七一四
呶 三九九
咎 四一七 九四一
呻 二五五
命 一三〇一
咊 一二七一
杏 九五〇
呺 三八八 一二六三
尚 四六〇
映 四九五 九一三
咆 四〇一 一二五二
呷 一七二六
呪 一三三〇
呫 六五五 一七一二
咏 一三〇五
咈 一四六九
咀 七四四
〔六畫〕
咸 六五八
𠹗 一三三八
𠯋 九四九 一三三八
咿 八〇
咨 八二
咦 一〇九
哄 二〇
哅 二〇
咼 二一七 八九七
哃 二一
咥 一〇一八 一〇三六 一五四五
哇 二一六 四五〇 一一二六
𠲍 一一二六
咶 一一二六
哆 四四七 七〇五 八八三 一〇二五 一二七一

弭 一二〇二
弱 一五六五

〔八畫〕

⿰弓并 五三一
弰 一五五〇
弶 一二九七
弴 二九四 三八六
弸 五二三 五六八
張 四五八 一二九四
⿰弓兒 七一八
⿰弓娄 一〇二六
⿰弓𣶒 三六四

〔九畫〕

⿰弓扁 三六四
弽 一七〇八
弼 一四四二
弻 一四四二
⿰弓是 七一八 一〇二六
粥 一三八一
⿰弓象 一二二八
强 四七一 九〇一 一二九八
⿰弓函 一四四二

〔十畫〕

⿰弓真 一一六五
彈 一四五三
⿰弓鬲 一六二六
⿰弓莆 一〇二六
⿰弓旁 四九六

〔十一畫〕

彃 一四五三
彄 五九七

〔十二畫〕

彉 一五八二
彈 一三〇五 一一九三
⿰弓曾 五三二
⿰弓喬 三九〇
⿰弓朁 六四一 九六五
彆 一〇九九 一五五〇

〔十三畫〕

彇 三八四
彋 五三二
彊 四七一 九〇一 一二九八
⿲弓鬲弓 一六三八

〔十四畫〕

彌 六五 七一六

〔十五畫〕

彝 九一六
彍 一五八二
⿰弓粥 三〇〇

〔十七畫〕

⿰弓疆 七一八
⿰弓襄 九一三
⿰弓繇 三九〇

〔十八畫〕

⿰弓雚 三九〇
⿰弓疊 七一八
⿰弓舊 一一八四 一二一〇
⿰弓藿 一三三八

〔十九畫〕

⿰弓䜌 七一八
彎 三二四

〔二十畫〕

彏 一五八四

## 弋部

弋 一六六二

〔一畫〕

弋 一四三四

〔三畫〕

式 一六五五
弎 六三六

〔四畫〕

⿱弋月 一六七二

〔五畫〕

哉 一六七二
⿰口弋 四三四

〔六畫〕

咸 一七

〔七畫〕

貣 六七三

〔九畫〕

弒 一〇二三

〔十一畫〕

[illegible] 一五四八

## 广部

广 九七二

〔二畫〕

庀 七〇五

〔三畫〕

庁 五五〇
⿸广乇 一五九五
庄 四六五 五三二

〔四畫〕

⿸广戈 三二九
序 七四三
庋 七一八
庇 七一八 一〇〇九
庎 一二二六
庍 一二二六 一一七四
庌 四五〇 一二八二
床 四六二
庆 六五五
庉 二九六

〔五畫〕

庝 四〇
庚 五〇一
庈 五五〇
⿸广且 一四八 一〇二六
庖 三九八
床 一一三
废 一五一〇
庘 一七二五
应 一六九八
府 七四九
底 七〇八 七七三
店 一三五五
⿸广乍 四五〇 八九八
⿸广旦 一二〇二
庛 一一一

〔六畫〕

庰 一六九七
庡 七三〇
庢 一四四八
⿸广自 九七九
庣 三八六
庠 四八四
⿸广向 二一
庥 五九四
庤 七〇六
⿸广辰 一一二六
度 一〇四八 一五七一
⿸广吏 一〇二六
庬 一〇二六
庰 一六二三
⿸广朱 一〇一九

〔七畫〕

⿸广良 四九六
庮 六〇一 九四七
⿸广求 六一〇
庭 五三九
座 一二七二
庨 四〇二
庬 六七六
庩 一九〇
庯 一九〇
⿸广束 一五〇七
⿸广弟 九八四
庫 一〇五六
⿸广皮 七〇六
⿸广役 七一八
⿸广疫 七一八

〔八畫〕

⿸广屏 九二五 一三一〇
庵 六三三 一六九八
庴 六三六
麻 四三九
康 四七一
⿸广兒 四四九 一六二六
⿸广非 一〇三六
庸 二七
⿸广奇 七一八 七八三
⿸广隹 二三二
庲 二三四
庳 九三 六八三
庱 一〇一八 一九二九
⿸广戔 一二一〇
⿸广侈 七一二
庶 一〇四一

〔九畫〕

廊 四八一
⿸广臾 七五一
⿸广俞 一九〇 六一〇
⿸广英 五三二 九二六
廂 四六七
廇 一二三六
⿸广柬 一二八二
廐 一三二六
⿸广軍 八一〇
⿸广虎 七一三
⿸广怱 一八 六六六
⿸广禹 一〇六一
⿸广咼 一五一一
廁 一〇〇三
⿸广剌 一五〇七

〔十畫〕

⿸广盍 一六九八
⿸广馬 一二八一
廈 八九五
廋 五九四 九五〇

廌 廋 廆 廇 廉

七一八 七八一 一一三 七八九 一三二八 六四四

〔十一畫〕

⿸广虘 廔 廖 廎 庴 廑 廏 廓 廈 ⿸广恩 廘 ⿸广莫 ⿸广惑 ⿸广從 ⿸广條 廕

四五〇 六〇七 一三三三 五三一 七九三 二七八 一一六四 一三二六 一五七三 四七四 一三〇五 一八 一三九二 一五八八 一〇八六 六六六 一三四七 一三四七

〔十二畫〕

廙 廠 ⿸广家 ⿸广發 廡 ⿸广喬 廟 廞 ⿸广敝 廛 廣 ⿸广番 廚 ⿸广屠 廝

一〇二六 一六七〇 一二二四 一五五六 一一三四 七五六 一二四四 一二三六 六二七 九五七 九一三 一二九八 三四二 六四一 一二二八 九〇五 一二九三 三一九 一六〇 一九〇 八六

〔十三畫〕

⿸广亶 廦 廥 ⿸广歆 廨 ⿸广勵 ⿸广膚 廩 廧 摩

八三一 六二三 一一一 一三四七 一一一七 一一六五 一四八 七六八 九五四 四九五 三九〇

〔十四畫〕

⿸广意 ⿸广夒 ⿸广憂

一二九七 一五八八 一一三

〔十五畫〕

⿸广膠 ⿸麻日 磨

三九〇 六三九 一一六五

〔十六畫〕

廬 ⿸广穌 靡

一四〇 一八二 六七九

〔十七畫〕

⿸广歛 廮 ⿸广辥

九五七 九二五 三五七 八五四

〔十八畫〕

⿸广瞿 廱

一九〇 三六

〔十九畫〕

⿸广麗 ⿸广離

二一〇 一一三

〔二十二畫〕

廳 五五〇

〔二十四畫〕

⿸广靈 五五〇

## 宀部

宀 三六一

〔二畫〕

宁 它 宄 宂

七三五 四三四 六九二 六六九

〔三畫〕

宐 宅 字 宇 宊 守 安

五〇 一五九五 九九三 七四八 一三三六 九三八 一三二四 三〇三

〔四畫〕

⿱宀介 ⿱宀夫 宏 完 ⿱宀分 灾

一一二六 三九〇 一二四四 五一一 三一三 二四九 二二八

⿱宀犬 宋 ⿱宀丂

一四七八 九八五 一二二五

〔五畫〕

⿱宀瓦 定 宕 宔 宙 宗 ⿱宀弦 官 宛 宜 家 ⿱宀关 宓

五三二 一三一三 一二九三 七六七 一三二五 二五 五二九 三〇八 八一五 五〇 一六三三 一三六八 一四五三

〔六畫〕

宧 ⿱宀来 ⿱宀危 室 宥 ⿱宀充 宣 ⿱宀妥 客 宦 ⿱宀巨

一〇一 一六三三 七一七 一〇二六 一四三二 一三二一 九一二 三四四 九三八 一五九三 一二〇七 八六三

〔七畫〕

宮 容 ⿱宀求 ⿱宀其 ⿱宀呆 宦 宬 宸 宰 宭 害 宯 ⿱宀高 ⿱宀来 宱 宦 宴 宵 ⿱宀良 ⿱宀余 家

五 二七 六一〇 一六五五 八八〇 三九〇 五三〇 二五二 七八五 二七八 一一〇八 一五一一 一〇六七 一四一四 九五四 一二八二 一二四四 八四九 一二一六 三七一 四九二 九一三 四五〇 四三九

〔八畫〕

⿱宀采 ⿱宀亞 㝠

七八八 一一四七 四五〇 五五〇

⿱宀居 寄 寂 ⿱宀取 密 寇 宿 ⿱宀林 ⿱宀建 ⿱宀帚 ⿱宀忩 寅 ⿱宀兔

一一四六 一〇〇二 一六三三 七六九 一四三五 一三三四 一三二三 一三七一 六二八 九六二 一七一三 九五三 四四 二五二 二八四

〔九畫〕

寏 ⿱宀怨 ⿱宀卷 寑 ⿱宀省 ⿱宀垔 ⿱宀冥 ⿱宀盗 ⿱宀忽 寒 ⿱宀疾 寔 ⿱宀甫

三一六 二八四 八一八 九五三 九二六 三三五 三九〇 五四九 四四 三〇二 一〇〇五 一五二三 一六六六 一六二五 五四一

寓 ⿱宀契 寓 富 ⿱宀病 寫

一三一六 一〇六一 一〇九四 七四八 一三二三 一三〇九 七一〇

〔十畫〕

⿱宀亶 寖 ⿱宀翁 ⿱宀⿸疒百 ⿱宀⿸疒各 ⿱宀病 寯 ⿱宀索 ⿱宀梁 實 ⿱宀侵

三四五 六二八 一三四五 六六六 四九六 一六九八 三一〇 一三三七 一六〇八 一五五六 九九〇 一六二六

〔十一畫〕

寢 寡 ⿱宀康 寧 ⿱宀參 ⿱宀⿸疒采

九五三 八九三 四九三 九一三 五四一 三七一 四〇三 七一七 七七九

〔四畫〕 ⿱分工 二八〇　⿱六工 一三九四　差 四九二
〔七畫〕 ⿱奉工 九二一
〔十一畫〕 ⿱𤇾工 一四九一

巾部

巾 二四八
〔一畫〕 帀 一六九二　巿 一四七〇　一五一〇
〔二畫〕 帄 七一八　布 一〇四九　市 六八九
〔三畫〕 ⿰巾干 一二〇二　⿰巾刃 一一六三　⿱聿巾 一七一四　帆 六五八　一三六二
⿰巾巨 六四一　一三五一　⿰巾勺 八六五　⿱亠巿 四九三　⿰巾彡 六四一
〔四畫〕 帍 七六九　⿰巾冘 一三五一　帊 一二八〇　⿰巾爪 八七〇　希 一二九　⿰巾少 三九〇　⿰巾比 七一八　⿰巾今 六五五　帉 二七八　⿱父巾 二七八　⿰巾及 一六九五　⿰巾内 一一四七　⿱呂巾 一六七二　⿰巾介 一一二四
〔五畫〕 ⿱⺌巾 七一八　一〇九六　帚 九四一　⿰巾幼 八七〇　⿰巾冬 四〇　⿰巾句 六一〇　⿰巾召 三九〇　⿰巾壬 五三二　帘 三六五
六五五　帑 一八三　九〇三　帒 一一三七　⿰巾伏 七一八　一〇〇三　⿰巾宁 七四六　帙 一四四四　⿰巾弗 一四七一　帔 一四六九　一五〇八　帖 一七〇二　一七一四　帕 一二八二　一五二〇　帤 二九五　帓 一四七九　一五一一　一五二三　帛 一五九七　⿰巾市 一一一五　⿱名巾 一〇二三　⿰巾此 一〇三　七一八
〔六畫〕 ⿰巾夸 七八三　八九八　帥 一〇〇一　一四四七　⿰巾劦 一七一四　帢 一七二三
帣 八五三　八六五　一二二六　⿰巾亢 四九三　帤 一四五　⿰巾句 二六五　帗 一一四七　一四九二　一五一一　帞 一六一八　⿱奈巾 一六一〇　⿰巾式 一六六二　帝 一〇七六　⿰巾列 一〇九七　⿰巾共 二一
〔七畫〕 帪 二五八　帬 二七三　師 五六　⿰巾冗 六五五　一七一二　帩 一二四四　帨 一二四四　一二五一　⿰巾发 一四九二　⿰巾肙 一二二八　席 一五九五　⿱祭巾 一二〇二　一二二四　帹 一七二三　⿰巾斤 一〇九九
⿱白巾 一〇九九　帨 一〇八九　⿰巾忽 一一六四　⿰巾里 一一三
〔八畫〕 ⿱非巾 一〇三六　⿰巾盍 三五八　常 四六〇　⿰巾宗 四〇　⿰巾戔 三一九　八五一　一二〇二　一二二七　一五二一　帵 三〇〇　三一九　帷 六三　⿱其巾 七七　⿰巾空 二一　⿰巾昝 一六九八　⿱豖巾 一六七三　⿰巾咎 一二三八　⿰巾卑 一六二六　⿰巾合 一七二四　帳 一二八七　⿰巾其 一〇二六　⿰巾卒 一一一五　帶 一一〇四　帯 一一〇四　⿰巾炎 六五五　⿰巾姜 一七一四
一七二五　⿰巾奄 六四一　一七二六　⿰巾函 九六五
〔九畫〕 ⿰巾曷 一〇九八　⿱矜巾 八六五　⿰巾面 八五四　⿱前巾 三五八　幃 一二五　⿰巾軍 二八五　⿰巾盾 二六三　八二〇　⿰巾俞 一八六　⿰巾叚 一六八七　⿰巾寿 一四一〇　⿰巾刧 一五〇七　⿱敄巾 一三三八　一三九二　幅 一三七四　一六六八　⿰巾悤 六七三　帾 七三八　七六九　幄 一四二三　帽 一二五五　⿰巾祀 八九七
〔十畫〕 ⿰巾旁 一二九八　⿰巾烏 七六九
⿰巾句 一三三八　⿱敝巾 五三二　⿰巾兼 六五二　⿰巾召 三九四　幍 四〇七　幏 一九　幐 五六六　一三一八　幣 三一八　⿰巾鬼 二三六　⿰巾虒 二〇七　⿰巾昆 二〇九　⿰巾家 一二八〇　幌 九〇六　⿰巾曷 五九五　⿰巾冓 五九八　幎 五三一　一二二七　一六三五
〔十一畫〕 幤 一一三　⿰巾逢 九八七　⿱旁巾 一三九八　幘 一六〇三　⿱執巾 一〇二一　⿰巾斬 九六五　幖 三八一　幒 四〇　⿰巾從 四〇　⿰巾婁 六一〇　七七〇
⿰巾曹 四一九　⿰巾通 二一　幕 一五六六　幔 一一九二　幓 六二八　六五五　⿰巾舌 一五二三　⿰巾祭 一〇九六　一五五一　⿱執巾 一〇九六　幗 一一四三　一六一四
〔十二畫〕 幞 一四〇九　⿱爾巾 一九〇　⿰巾焦 八六六　幝 八四八　一二二八　⿰皃巾 四〇四　一二五二　幢 四五　九八九　幡 二九一　⿰巾會 八九八　⿰巾敞 八三一　幣 一〇七三　幠 一七五　幟 一〇〇一　⿰巾畫 一六二六　⿰巾貳 一〇二五　幩 二七七

〔十三畫〕
薉 一五五〇
憋 一五二三
辟 一六四二
憺 六四七 一三五七
憿 八六五 一二四四
懆 三八五
憻 八二一

〔十四畫〕
懞 一四 六六五
懢 六四〇
懚 一一七四
懠 一〇九九
幫 四九六
懤 五九四 一二六三

〔十五畫〕
𢣽 一五五一 一五五六
懳 一〇九九
憕 一三一〇
懱 一四九〇 一五五〇 一六四二

〔十六畫〕
懶 七八三
𢤐 八〇九
𢤦 八一四
𢢌 一六一七
𢣗 一六四二
懵 一三一八
𢤱 六五三
𢥏 四〇六

〔十七畫〕
惀 一五八八
㦨 三一九
𢤜 一一七四
懺 六五二
懯 一三一〇

〔十八畫〕
懮 二九九

〔十九畫〕
戀 三一九

〔二十畫〕
𢥞 二三三 一二〇二

〔二十二畫〕
𢥡 一二〇二

廾部

廾 四〇

〔二畫〕
弁 三一二 一二三〇
弁 四

〔三畫〕
异 一一四 一〇一七

〔四畫〕
弄 九八二
𢍏 一〇八
弃 九九九

〔五畫〕
弆 一三九五
弅 七四六
𢍰 七二一

〔六畫〕
弈 一六一〇
硏 一三七五
弇 六三五 九七四 一三五八

〔七畫〕
昪 一四七

〔九畫〕
𢍷 一〇三五

〔十二畫〕
弊 一〇七六

〔十三畫〕
舁 三六〇
𢍺 一六二五

尢部

兀 一四八一
尢 四八四
允 四八四

〔一畫〕
尤 五七〇

〔二畫〕
尥 一六七二

〔三畫〕
尪 四〇三
尫 三一九
尩 一八六
尬 八六五
尨 一二四二
尨 八九〇

〔四畫〕
尬 七一七
尳 一一二六
尵 一一二四
尪 六一一
尲 四八五
尨 四四

〔五畫〕
尥 四三四 八八八 一二七二
尪 八九〇 一二七〇
𡯕 四〇三

〔六畫〕
𡯸 一二七二
𡯶 一四八四
尮 一二四二

〔七畫〕
尯 七九三 一一四七
尵 三六四
𡰂 二三八 二三六

〔八畫〕
尰 一一四七
尳 一六一八
尲 九七六
尶 六四一 九六三
尴 一二七二
尵 一二七二
𡰐 一二五一 一五八八
尵 一一三
𡰝 七一七 一〇二六

〔九畫〕
尯 一一四七
𡰞 一五一一
就 一三二二
尰 六七〇
𡰟 七九三 一一四七
尠 六二八 六四二

〔十畫〕
𡰢 六五五
尲 六六一
尵 一四九〇
尳 二一〇

〔十二畫〕
尶 二三六
尷 二〇八

〔十八畫〕
𡰤 一二七二
尴 三六四

〔十九畫〕
𡰥 一一三 八八九 一二七二

子部

子 六九二
孑 一五四二
孓 六七三

〔一畫〕
孔 六六三

〔二畫〕
孕 一三一六

〔三畫〕
存 二八六
孖 一〇二六

〔四畫〕
孚 一七三
孝 一二四九
孛 一一四〇 一四七〇 一四八三
𡥂 四〇二
孜 八九

〔五畫〕
季 一〇〇四
孚 一〇〇三
孤 一一六二
孥 一一七六

〔六畫〕
孨 八五二 一二二八
孩 一六八七 二二八

〔七畫〕
𡥼 一〇九九 一五五五
㝃 八二一 八五五
孫 一八三 一二八六 一一八〇

〔八畫〕
𡦵 四五〇
孮 四〇
孰 一三九〇

〔九畫〕
孳 三六四 五二六

〔十畫〕
𡦹 七一五 一六八七
孽 八九 一一三

〔十九畫〕
孊 一五三
孌 三六四
〔二十畫〕
孍 一五八八
〔二十一畫〕
孎 一〇一〇
孏 八八八 八九七

## 女部

女 七三九 一〇四四
〔二畫〕
奴 一六五
奵 一四五七
〔三畫〕
妃 一二六 一一四七
妄 一二九三
妁 一五七七
奷 一六六五
好 八七二 一二五八
妆 三三〇 一二一〇
如 一四一
奸 三一〇
奿 一一八四
㚤 九七四
奼 八九六 一二八〇
〔四畫〕
妌 九二五
妥 八八五
妞 八八一 一二五八
妙 一二三六
妑 四四九
姉 六八六
妖 三七九
妠 一三五〇 一五二三 一六九七
妝 四六〇
妗 六五二 一三四七
妊 六二八 一三四六
妍 六五五 九七三
妤 一四五
妫 二六五
妋 六一〇 一八九
㚾 一九〇
妘 二七七
妢 一二七九
妎 一一一三 一一二六
妐 三八
妦 三九
妜 一五五三
妨 四七三 一二九五
妟 一〇二六
妧 一二〇二
妒 一〇五七
妏 一一六六
妛 一一一三
妣 六八七
妉 六三七
妓 六八一
㚷 一六九八
〔五畫〕
姊 六八六
妷 一四四五
姍 三一〇 一二一〇
妼 一四五七
姄 二一一
妮 一一三
始 七〇三
委 九七 六八〇
姁 一八〇 七六七
妬 一〇五七
姅 一二〇〇
㚵 一二〇〇
妹 一一三六
姂 一三六三 一七二六
妻 一九八 一〇八四
妭 一五〇六
姎 九〇七 九一三 九七四 一二九七
姕 一〇四 七一七
姐 八九六 一〇四五
姒 六九七
妿 四三二
㚿 二九九
姑 一六三
妴 一九〇
娀 四八七
妯 五九八 一三九四
㚹 一一八四
姈 五五〇
妸 四三二 八九〇
姑 六五五 一七一二
妾 一七〇三
姏 六四〇 一三五一
姌 九七三
姆 九五〇 一三三三
姘 五三二
姓 一三〇五
〔六畫〕
姬 六二
姻 二五二
娈 七六九
姪 一四四五 一五四五
㛀 六六五
姞 一四四八
姶 一六九四 一七二七
姟 二三四
姢 二三六 四〇三 九五〇
姯 二三六
姝 一七四
姲 一二一〇
姳 九三二
姴 九七四 一三五一
㛁 一五一一
姿 五七
姨 七三
姽 七〇九
姼 九八 七〇五
娍 一九
姥 七五五
姛 六六五
要 一二八二
姸 三三七
姮 五六八
姫 八〇五
姾 一二二八
姰 一二六三 一二二八
𡜊 一五五二
姡 一五〇九 一五二二
㛅 一〇二四
姚 三七五 一二四四
姱 四四七
威 一二七
㛌 一三三
姦 三二六
㛐 八八九 一二七二
娃 二一六
姣 四〇一 八六九
姺 二六〇
㛎 八八七
姜 四七四
姷 一三三八
㛋 一五三七
姤 一三三三
娄 一三五八
〔七畫〕
㛖 一三一〇
娼 七四六
娫 一七一四
娋 四〇三 一二五一 一五八七
娙 一二一〇
娒 七六九
娣 七七四 一〇八九
娩 八一七 八五三 一一七四 一一八二
㛒 二三五
娗 五四七 八五三 九二九
娜 八八三
㛗 一二四四 一五五四
娉 一四九一
娧 一一一三
娖 一二二八
娠 一二五九 一一六三
娌 七〇七
娭 八六 七九二
娓 七三〇 一〇二一
娥 四二四
娑 四二六 八九〇
娏 四五
娞 七九三
娪 一八七
娮 一九〇
娚 一五一三
婚 一五一一
㛍 一三〇八
娷 四三三 一二七二
娕 一七一三
娟 三四六
婓 四六〇
娘 四九一
娢 四五〇
娙 五二七 五三九
娖 一三三八
娕 一四一八
娖 一四一四 一四一八
娱 一五一
〔八畫〕
娦 五二九 一三一〇
婢 六八三
婟 一〇六六

昃 一四五〇 一四七八
〔七畫〕
訂 九三二
邕 六七四
〔八畫〕
巢 三九六
戫 一六七二
〔十畫〕
齡 七四七
〔十一畫〕
巢 一二五三
齡 七四七
〔十二畫〕
鼠 一七一一
〔十三畫〕
齝 七七五
齝 七七五
〔十六畫〕
鼷 二一〇

## 手部

手 九三五

〔一畫〕
扎 九七九 一五一九
〔二畫〕
扏 六〇六
打 九二二
扑 一三八〇
扐 一六六三
扒 一一二六 一五二三 一五五三
扔 五六六 一三一八
〔三畫〕
扰 一三三九
扣 九四三
扫 八八一
扠 二一九
扛 四三
扗 八二〇
扞 一八四
扝 一八四
扜 一四七一
扢 一四八五
扤 一四八四
扦 三二〇 一一九三
扚 八六三 一六四二

扟 一一六六
抻 一一七四
扡 四二九 七一一 七八三
〔四畫〕
技 六九〇
扺 六七八
扲 六五四
拝 六七六
抗 七一九 八五一 一二二九
抒 七三五
扰 六〇一 七七〇 九五七 九六五 一二四四
扻 一四四四 一五五六
扱 一七二四
抓 四〇一 一二五一
扮 二七九 八〇九 一二一〇
抎 八〇四 八〇九
抑 一六六三
抆 一四五七

一五五六
抗 一二九一
抏 一一四三 一四八五
扳 八〇九 一一六六 一一七四
拝 六七二
抈 一四八四 一五一二
抪 一五〇九
抃 一二二九
抇 一四八五
批 二〇四
折 二〇一 一五三一
扼 一六一四
扒 二二八
扽 一一八三
抄 三九七 一二五二
托 四一九
承 五五四
抗 三一七
扶 一五八
扴 一五一九
抐 一〇二六 一一八四 一四九〇
抝 一四九〇
抂 四九六
把 八九四

抖 九五〇
抍 九三〇 一三一八
扷 一二六四
抉 一五三七
抔 一五九九
扳 一三二九 一二一〇
批 四三五
拼 四九二
投 五八八
〔五畫〕
拒 七三九
奉 六六四 六六九
抰 四九六 九一二
抛 三九九 一二五三
拊 七五五
拄 七六五
抵 七七四
抶 一四四八
拂 一四六二
披 六七 七一二
抾 一一〇 一七一四 一七二五
拔 一一四八 一四九九

一五一六
抪 一一八八 一〇六四
抴 一〇九七 一五四一
拔 一一二六
拑 六四八
拈 六四八
拇 六三九
抨 五二六
抹 一一四八
拜 一一二〇
抻 一一六六
拚 一一七三 一二二〇
抹 一五〇一
抳 七一九
抧 七一九
抯 四四九 八九七
抽 五八一
拍 一六〇七
拆 一六〇五
拌 三一四 八三〇 一二〇一
抮 八〇四 八四九
担 八二九 一五四二
拉 一六九三
押 一七二三

抋 一五五六
抗 一四五一 一四七一 一五五六
拗 八六八
拎 五五〇
拕 四二九 八八三 一二七一
拖 四二九 一二七一
拃 八三七
拘 一七四
抷 一一四
拓 一五七七 一六一六
抳 一六一四
招 三七七
拏 四四四
抓 四四八
拙 一五三二
拇 九四五
抱 八七四
批 七一二 七七九
挙 二一九 一〇二〇
〔六畫〕
拲 三三七
挮 一一四八
指 六八五

挽 七一九
挃 一四四九
挏 六六五
挐 一一四
拸 一〇二 七一九
持 六四
拹 一七二五
挈 一四四 四四八 一〇四五
挂 一一一七
挋 一一六三
拳 六七二
拭 六七二
拍 一六〇七
按 一一九一
核 七九二
拵 三〇〇 一一八四
拘 一二二四
扼 八八九
拣 四一七
拾 一六八〇
挄 一六七三
拭 一六六二
拳 六七一
拱 六七〇
挈 一五三八
挎 一八八
拯 一五二三
掔 四五〇

揜 九六二
揞 九六三 一三六三 一七一四
揖 一二六四
揃 八四八
揎 三五八
揚 四五五
掔 四九六
揮 一二五
揘 五二八
揨 五二九
㨉 一六七三
搔 四一二
揁 五三二
掏 五三二
揟 一四七
揹 二六二
揯 五六六 一三一八
揗 八〇四 一一六六
揌 二三五
揋 二三六
提 九二 二〇〇
搓 二一一
[illegible] 一四七一
掣 一五〇六
揉 五九三
揄 一七二 六〇一

揵 二九九 三六二 八一五 一七一五
掾 一二一八
揠 一五一九
揢 一六二七
搬 一二〇二
插 二六六 八〇四 一一六四
揾 八〇九 一一八二
挃 一四五七
𢪃 一四五七
揖 一六八一
揆 一四八六
揩 二一六 一一二七 一五二三
揓 一〇二六
揥 一〇九二
揭 一〇八九 一五四一
摡 一〇三四
[illegible] 一六〇五
揰 一六二五
援 二八九 一一八四 一二二五
揀 八三五 一二二九

揊 一六七一
揮 七三一
揹 七一四
揍 一五五六
揣 六八四 八八九 一二二九
撥 一五一二
揬 六九四
揰 六七三
插 一七二二
揺 一五五六
揳 一五二三 一五五四
揑 一五三九
揆 二一七
揔 二一 六六六
搂 二〇
搠 七一三 一〇二三

〔十畫〕

搜 五八三
搓 六六六
搶 一三五九 一六九三 一七二五
搒 五二一 一二九八 一三〇九
摧 一四一七

搦 一四二四 一六二〇
搙 一四一二 一四二七
搭 一六九八
搰 一四八四
搊 一九〇 五九四 九五〇
搎 九五〇
損 八九〇
搌 八五〇 一二二九
携 二〇六
搷 八四九
搴 三五六 八四七
搆 一三二九
搥 二三五
搃 一三四七
搁 九七五
搓 四三一
搖 三七五
搷 三五九
搶 四八六
搲 四五〇 一二八二
搫 六一〇
搉 二一八
搏 一五七二
搐 一三九八
摠 二〇五

搵 二三六
搯 五八二 一三三九
搧 一二二九
搢 一一六三 一二二九
搁 二九八 八二〇 一四九〇
搣 二九九
搎 三〇〇
損 八一三
搳 二一九 一〇九九
搯 四一八 一七二三
搸 二六六
擊 三一八 四三三
揲 一五五二 一六二七
搘 一六二七
搞 一六二一
搤 一一二七 一六一四
搟 八二〇
搥 二三三
搸 一五八九
搖 一四五七
搮 一四五七
搠 一六九八
搕 一六九八

搠 一五五六
搣 一五五二
搳 一五二二
搸 一〇六八
摟 六七三
搈 六七三
搻 一一二七
搑 六七二
搋 七一九

〔十一畫〕

摋 七八三 一五〇五 一五二三
撮 一五〇二
摯 一〇一一 一五三九
摼 三五九
摗 九一四
摩 一二一〇
摚 七九四
摸 五二二
摬 一五七八 九二四 一三〇九
摳 五九七
摲 六六一 九七九 一三六三
旋 三六五 一二二九
撈 八五一

摙 八五一 一二二九
摻 六四一 六五九 九七八
摮 二九四
摷 九七九 一三五一
摟 五九七
摗 六一〇
摺 三九一
摼 五二九
摣 四四八
摣 二一九
摞 四三四 一二七二
摧 一二八二
槽 二六四
摺 六八四 六九三 一七〇九
摎 四〇二 六〇一 八七〇
摷 四〇三 八六五
摐 四四
摯 四一八
撻 八三七
摠 五二三
摍 一三九三
擁 一三九一

摽 一三八三 八六〇 一二四一
摦 四五〇 一二八一
摏 三七
摩 四二八 一二七二
摹 一七四
摔 一二七
摮 一三九八
摑 一六二〇
摭 一六一六
摵 一三八八 一六二二
摘 一六〇八 一六三四
摜 一二〇九
摶 三〇八 一二二七
摱 二六一 一一六六 一一七四
撊 一六六九
摠 一五四九
摥 一二九八
擘 一〇三六
摢 一〇六八
措 一〇九八 一五五六
擦 一〇九三 一五二三

殍 七二〇 八六一

〔八畫〕

殙 二九八
殗 六五六 一七二六
殙 一一八四
殔 一〇二三
殑 六七三
殟 一四七一
殗 一七二六
殘 三〇五
殑 五六八 一三一八
殑 一〇三 七二〇
殕 九四八 一六七三
殚 一四五四 一四九三
殖 一六五六 一六六七
殛 一六六四
殛 一〇九九
殜 三九一
殝 八二三 一五二二
殛 一〇二
殜 一〇一六
殜 六二九
殜 一三四七

殛 一六四〇
殛 一六七三
殛 一六七三
殛 一四五四
殛 一〇二三

〔九畫〕

殟 一四八九
殠 一二〇一
殙 一二九九
殜 一一四二
殚 一七一一
殛 一七九四
殗 一二九八
殞 一四八九
殞 八一〇

〔十畫〕

殟 一三三五
殟 一〇二七
殟 四三五
殟 八〇〇
殟 一二三四
殟 九五一
殟 一三三五
殟 八八一
殟 四三五
殟 四五一

〔十一畫〕

殢 一二一一
殣 一三九八

殢 一五八五
殢 一〇二〇
殢 一〇九三
殢 一一六〇
殢 一一四八
殢 三五六
殢 四六七
殢 四一八

〔十二畫〕

殣 一一一六
殣 一〇八九
殣 一三三九
殣 一三九八
殣 三〇三
殣 一〇二七
殣 七九四
殣 一一四四
殣 一四九三
殣 一二四九
殣 一三一九
殣 五三三
殣 一一七三

〔十三畫〕

殮 一六二四
殮 一〇六三
殮 一一四八
殮 一三五九
殮 四九一
殮 一二〇三

〔十四畫〕

殯 一一一六
殯 一一五九
殯 一七二六
殯 一二四四

〔十五畫〕

殰 一三八七
殰 一九一

〔十六畫〕

殱 一六四四
殱 一一二七
殱 二二三

〔十七畫〕

殲 六四九

〔十九畫〕

殲 八八九
殲 一一一四
殲 一二七二

## 方部

方 四六二

〔二畫〕

扐 八一七

〔三畫〕

於 四一

〔四畫〕

旁 五六八
於 一四八二
旂 一四七四
旆 一一四三
旄 一八二

〔五畫〕

施 一五七二
斿 一〇一五

〔六畫〕

旃 九七五
旅 一一二八
旄 一四〇八
旁 一二六二
旆 一四八二
旅 一一〇七
旅 一七三四
旃 一四六六
旃 九七五
旃 三四一

〔七畫〕

族 一三六八
旋 一七〇七
旌 九七三
旍 一七二六
旌 八九〇
旌 五一四
旍 五一四

旋 九九
旌 七一九
旌 三四六
旌 一二二九

〔八畫〕

旐 八六〇

〔九畫〕

旒 四〇〇
旒 五七二
旒 一七一五
旒 三九三
旒 五七二
旒 一一八四

〔十畫〕

旗 一〇五
旗 七一九
旗 五九

〔十一畫〕

旛 一三五八
旛 八六三
旛 一三四

〔十三畫〕

旝 一三五八
旝 三八九

〔十四畫〕

旞 三八八
旞 二八三

〔十五畫〕

旞 一一一一
旞 一〇一五
旞 三四二

〔十六畫〕

旟 三六一
旟 一四二

〔十八畫〕

旜 一一四
旜 一〇二六

〔十九畫〕

旝 一〇五

## 无部

无 一〇三四
旡 一五三
旡 六二八

〔四畫〕

旡 六二六
旡 一二〇一

〔五畫〕

既 一〇三三

〔六畫〕

旣 七一六

## 氏部

氏 二四八 八六
民 六七八

〔一畫〕

氐 一九九 七七八

〔二畫〕

氒 一四八七

〔三畫〕

氓 五一一

〔六畫〕

氓 一四五八 一五五四

〔十畫〕

氓 二一一 一〇二七 一一六六

〔八畫〕

𣱼 四九一 一二九六

〔九畫〕

𣱼 八八八 九五三

〔十四畫〕
[illegible] 一二五一

## 比部

比 一〇〇九
〔三畫〕
毕 一二〇三
〔五畫〕
毖 一〇一〇
〔六畫〕
毗 八二一
毘 八二一
〔九畫〕
㲋 一五四八
〔十畫〕
[illegible] 一一四
〔十一畫〕
[illegible] 一〇二七
〔十三畫〕
毚 六六〇

## 气部

气 一〇三五 一四七一
〔四畫〕
氛 二七二
〔六畫〕
氣 一〇三一
氤 二六七
〔九畫〕
氳 二七六
氲 二七二

## 日部

日 一四三一
〔一畫〕
旦 一一八九
〔二畫〕
旬 二五一
旯 八六三
旨 六八五
早 八七八
曲 一四〇四
旭 一四〇九
叶 一七〇六
曳 一七二
〔三畫〕
旲 一二〇九 一二二九
旱 八二四 一二〇一
的 一六三六
旰 一一九五
旴 一一七八
旵 九七九
[illegible] 九五〇
〔四畫〕
昅 一七一五
昄 八三〇 八三六 一二〇三
昐 二八〇
昕 一一四 二七七
曶 一四八八
旽 一一六六
杲 八七九
杳 八五九
旹 五五九
旻 二五三
昇 五五八
昏 二八九
昆 二九二
香 一四五四
昊 一六六〇
[illegible] 一六六〇
昃 一六六〇
旺 一二九五
昉 九一三
昌 四五七
昑 九五七
旿 七六九
昒 一四六九 一四八八
昈 七六九
昔 一六一〇
易 一〇〇〇 一六〇一
昂 四八四
昊 八七七
明 五〇五
〔五畫〕
冒 八八一 一二六〇 一六六三
昶 九〇一 一二九八
昫 一一八九 一〇六五
昧 一一三五 五〇七
昪 二〇三
昩 五〇七
昚 一一六六
昲 一〇三六 一一七五 五一二
是 六七七
昵 一四四四
昢 七九四 一一四八 一四九二
昬 二六六
昷 二九八
昱 一三八六
昡 一二二九
[illegible] 一四九二
昨 一五七七
曺 一六二一
昛 一二〇三
昳 一五三七
昞 九二四
映 九一三 一三〇五
昴 八六七
昭 三七六
昜 四九〇
星 五四一
昤 五五〇
春 二四七
〔六畫〕
晐 二三一
時 五五八
晏 一一九八 一二〇七
晠 一四五七
晉 一一五六
[illegible] 一一九九
[illegible] 六六六
晊 一四四九
[illegible] 一一四八
[illegible] 九三二
晌 九一四
晥 四九六 九一三
晇 一九一
晅 二九五
晈 八六六
晃 九〇六
晀 九一二
〔七畫〕
乾 三〇六
冕 八四〇 一一七四
[illegible] 一一四六 一四九二
晦 一一三五
晤 一〇五六
晟 五三三 一三〇八
晨 二四一
晜 二九二
[illegible] 六二八
晧 八七一
晛 一六七二
[illegible] 八三六 一二一一
[illegible] 九二六
晞 一二九
晢 一〇九二 一五四五
晣 一三一〇
晰 一〇九二 一五四五
晙 一一六二
晚 八一二
[illegible] 一二九八
[illegible] 八三七
晡 一一七六
晛 八五四 一二三三
[illegible] 四一九
〔八畫〕
[illegible] 七七七
晼 八一五
[illegible] 九一四 一二九八
[illegible] 三六五
[illegible] 一〇四五
晬 一一三九
[illegible] 六九一
[illegible] 一四一四
普 七五五
晲 七七九
[illegible] 一七一五
[illegible] 一七〇六
晫 一四二四
晱 一二八二
晽 六二八
[illegible] 九五〇
晻 九六一
[illegible] 九二七
景 九一七
[illegible] 八九〇
量 一二八九
晶 五一四
[illegible] 一五五六
晵 七七七 一二二九
晴 五一三
智 九九六
[illegible] 九八四
冪 一四八八
晹 一六二三
晰 一五四五 一六四四
晳 九六五
〔九畫〕
暙 一〇六八
暐 七三〇
暈 一一七一
暏 七六八
暆 九五
暎 一三〇六
暑 七三七
[illegible] 九五 一〇二五
暅 八二一
暇 一二七五
㬥 一二一一
暘 四七八
暉 一二四
暄 二八三
暖 八二四
暕 八三七
暒 五一三
暚 一九一
暋 二六六 八〇三
暍 一四八三

曰部



月部

〔十二畫〕
膰 一四五七
臏 二三八 一一四八
〔十三畫〕
臄 一三一九
膾 五六六
〔十四畫〕
朦 一六
〔十六畫〕
朧 一三 六六七
〔二十畫〕
臟 九一五

毋部
毋 一七七
毌 三一八 一一九〇 一二一一
母 一七七 九三五
〔二畫〕
每 七八九
毐 一一四六
〔三畫〕
毑 八九一
〔四畫〕
毒 一四〇六
𣫬 七二〇
〔九畫〕
毓 一三八五

父部
父 七四九 七六二
〔四畫〕
爸 八八九
〔六畫〕
釜 七七一 四五一
爹 八八七
〔九畫〕
爺 四四七

爻部
爻 三九八
〔十畫〕
爾 六八二
〔十二畫〕
爗 六二八

文部
文 二七一
〔三畫〕
彣 二七九
〔八畫〕
斐 七二九
斑 三二五
斌 二五三
〔九畫〕
斒 三二九
奐文 一二〇二
〔十四畫〕
辬 三二六
〔十七畫〕
斕 三三一
〔十九畫〕
斖 七三一 一一六七
〔二十六畫〕
斖 七三一

欠部
欠 一三六二
〔二畫〕
次 九九五
〔三畫〕
钦 一〇三四 一四九二
改 二三五
〔四畫〕
欥 一四五二
欸 六五四 六六〇
钦 一〇三四
欣 二七六
炊 一一九一
蚘 一一一〇 二三六
欣 五三三
敀 四九七
〔五畫〕
欯 四三五 一〇四五
欪 二一八
欶 三九一 六〇七
欿 三九一
歌 八九〇 一二七〇 一二八二
钦 一三一一
歁 一四五五 一五四五
歆 一一〇〇
欣 一六二七
欪 一一一五
欲 一四五八
欱 二三六
敂 七七〇
〔六畫〕
欬 一一一五 一一二三 一一四〇
欲 一六九三 一七二七
欨 七二〇
欵 二一一 二一九
欲 六六二
欸 一九一
歙 二六七
歐 二六七 一〇二三
故 一四五二 一一四八
欿 一七二四
畝 一四五八
欶 一三九五
歀 一四八八
欲 四九七
〔七畫〕
欶 一六四四
欵 八二五
欸 二三〇 七九四 一一二四
欹 八〇二 一一六七
欷 一三一 一〇三四
欧 九五〇 一三三九
欶 一三三九 一四一九
欲 一四〇六
欶 一六九八 一七一五 一七二五
欹 六四一
〔八畫〕
欶 一四六六
欿 九六四
欲 八六四 九五〇 一三三九
歌 四五一 一二八一
欶 五六八
歆 三〇〇
款 八二五
欸 九一四
欽 六一九
歃 六四一
欺 七一 六四一
欶 一四五八
歀 一三九六 一四一四 一六七三
數 七二〇
歆 一三三九
歃 一〇二二
歆 一三九八
歍 一六四四
歃 一一五
〔九畫〕
歌 一六七三
歇 一二四一
歐 一二八三
歇 一三三八
歐 一七一五
歆 七二〇
歃 一七二二
歐 一一八四 一二二九
歇 一四七六
戚 六六二 九六五
歁 九六三 一六九八
歃 三六二 八四八
歆 四五一
歃 六一一
歃 二一九
歍 二五六
歆 一一五
歃 一七二
歃 六二三
〔十畫〕
歉 一四六六
歆 一四二六
歌 四二一
歍 三八八
歀 八二五 一〇二七
歇 一八八
歐 一〇二
歉 九七一 一三六三
歃 三八三 一五八九
歃 一六九八
歒 一七二四
歗 一二二七
〔十一畫〕
歎 一一六七 一一八八
歚 一六九八
歔 一八七

歐 五九七 九四三　歈 九五三　歆 九五四　數 一三三九　歎 一一八八　歍 一一二七 一五四五　歜 一一〇二　歉 四八九

〔十二畫〕

欺 一一五　歖 一一〇　[illegible] 一六七六　歕 二九九 一一八一　歙 一六八四 一七〇九　歔 一四六　歊 一九〇 六一〇

〔十三畫〕

歗 一二四二　歜 一四八七　歛 一六四四　歝 一六七三　歟 九六一 一四一〇　歒 一二四四 一六七〇

歔 一一五

〔十四畫〕

歏 一六二七　歞 一六四四　歟 一四二 七四六 一〇四五　歛 一六四三

〔十五畫〕

歔 六六〇　歠 一五四五　歛 六一一

〔十七畫〕

歡 六六二　歟 一三九〇 一六九八　歔 九二六　歗 一一五

〔十八畫〕

欟 一二四三　歡 三〇九

〔十九畫〕

欒 三一八 一二二九

〔二十一畫〕

鱥 二九八

支部

支 四七

〔二畫〕

攱 一〇二〇

〔四畫〕

攰 一一四　枝 一一四

〔五畫〕

攰 七〇九 一〇二六　攲 一一五

〔六畫〕

攲 一〇三 一〇二六　敊 一〇二二　翄 九八 一〇一六

〔七畫〕

鼔 一二一　豉 一〇二二

〔八畫〕

鼖 一一四

〔九畫〕

鼓 七四九

〔十畫〕

敲 一七二三　攲 一六七三

〔十二畫〕

鼗 一一四　翱 一一四

〔十二畫〕

趫 六二八

攴部

攴 一三九二 一四二八

〔二畫〕

攷 八八〇　收 五八二

〔三畫〕

攺 七一五　改 七八四　改 一九〇　攸 五三 一一四　攺 一四九二　攽 一五五六　攻 一〇　攼 三二〇　攸 五七六

〔四畫〕

攽 一三五八

攽 六二六 六四一　敃 七一四　敊 一四九二　放 九〇二 一二八八　攺 四五一　攽 二六三 三三一

〔五畫〕

敁 二六六　政 一三〇三　敷 一四七一　敃 一三三七　敂 九四三 一三三七　敂 八八七　敁 五〇一　敀 八〇三　放 一六一八　敁 一一二七　敄 七七七　故 一〇五三　敁 七七七　战 六五五　敂 一二五三

〔六畫〕

致 九九七　敂 一六九六

敆 一六九三　敉 七〇五　故 一五二三　敊 六六六　敁 一三九八　效 一二四七　敉 一五一八　敇 一六二四　牧 一三六五 一二一九　敘 一六二〇　散 一一三二　敌 一五二三

〔七畫〕

教 四〇四 一二四七　敖 四一〇　啟 二六六　敒 二六五　敏 七一九 七九六　敮 一九一　敱 九一三　敳 七一九　敪 九三一　敔 七三四　啟 七七二　敵 六六五　救 一三二六　敗 一一二〇　敔 一〇六六

敉 九七五　敎 一七二七　敒 五六七　教 四九二　敷 一五一八　敃 一一九九　敡 一〇九九　敕 一六五六　叜 一五五六　敍 七四三　敘 七四二　敓 一四九九　敚 一四九九　散 四〇四　敕 一〇三

〔八畫〕

敷 八五二　敥 三八　敞 六一〇　散 八二六 一一八八　敦 二三三 三一四 八〇五 一一三九 一一八一 一二六四　敧 七一 七一九　敎 八六九 一二五三

敘 一七一三　敳 一三三九　敏 一七一五　敩 一三九八 一四一四　敎 一四二六　敆 六二六　敨 九五〇　敞 九〇一　敝 七一九 一〇七七　敭 八八八 一二七二　敹 八六九 一三五八　敢 九六〇　斐 七二九　敲 一〇二〇　敧 八二六 二〇一　敼 一〇一九　敥 四九二　敲 五八九　敠 五一二 五五六　敫 七七九　敀 七七九 一〇九八

〔九畫〕

敕 一二二九　敎 一五〇一

敹 一二〇三
敫 一五八二 一六四四
敠 八五四 八九〇
敥 七一九
敫 四五六
敫 四五六
敦 五二六 五三〇
教 八〇五
敨 八〇三
歛 一九一
敬 一三〇〇
敨 九七九
敹 八七〇
敧 六二八
敨 一五五六
敷 七六八
敲 一三三

〔十畫〕

敲 三九九
嫠 九六
敗 一四五三
敶 八八一
敹 三九一
敵 一二五〇
敹 五六八
敷 一五九
敳 二三五 一四一四

數 七一四
敱 一六九八
散 一一一四 一五一二
敹 一三六三

〔十一畫〕

敶 二四七 一一六九
擎 三〇〇
戲 四四八
敷 一五八
敺 一五七
嫠 一一〇
敹 三九一
敹 三八五
敫 二一九
穀 四〇四 八六六
敵 一一六七
敺 九四三
數 七五五 一〇五一 一四一八
𢿨 一〇二六 一四五三
敵 一六三三
斅 一三七九
敻 八二一 一二二八 一三〇八

〔十二畫〕

敹 八六六
敵 八六四
敲 一二四四
敷 三八七
敬 六一〇 八八一
敹 五二六
散 八二六 一一八九
敵 一二〇〇
慗 一六四四
斂 一六八八
數 一三一一
𢿡 一四二八
敿 一二六八
整 九二〇

〔十三畫〕

戲 一三九八
廠 六五五
斅 一四一四
斅 一四二六
穀 四一九
歔 二三六
敾 一六九七
斁 一〇六二 一六一五
斂 六四〇 九六八 一三五五

〔十四畫〕

斀 一一二九
斃 一〇七六
斂 六一〇 一二六四
斂 三八七
戳 一四二八
斂 一一三〇 一一八二 一二三九
斁 九八四

〔十五畫〕

斂 一〇二三
斅 一四二八
斄 二三四

〔十六畫〕

斁 二八七
斂 八三三 一一九八
敵 六四一
戲 一九一
斄 一四七一
斅 一二五一 一四二五
斂 一一一八
敹 一一二四
厰 一六四四
斆 一四七一

〔十七畫〕

戲 五五〇
斅 四八六

〔十八畫〕

斆 一七一五

〔十九畫〕

斄 七七七 一〇九七
變 一二一三

## 殳部

殳 一七一

〔三畫〕

𣪂 七九二

〔四畫〕

杸 九五七 一三四七

〔五畫〕

段 一一九四

〔六畫〕

殷 二六五 三二九 八一〇 一一七四
殺 二三三
殷 一四二三

〔七畫〕

殺 一一二一 一五一二 一五一七
殸 五三三 一三一九
殿 二六六
殴 一一二 一〇九四
毁 六〇七 一三三九
殼 六七六 一四二二

〔八畫〕

殽 一三九八 一四一三
殷 一三三五
殿 五三〇
殽 三九五

〔九畫〕

殿 一二一二
殼 一三九二 一四二七
毀 一〇二七
毀 六七九 七三一
殼 一三三二
毂 九四六 一三三八
殼 一三三八
毀 一六三九
殼 一三九八

〔十畫〕

殼 一三四〇 一三九二
殸 一三三九
毂 一三三九
殽 一三九八
毃 一四一三 一四二八
毃 一四二六
毂 一四一七
毀 一一〇〇
毅 一三九一
穀 一三九九
殽 六一一
殿 三八

〔十一畫〕

毃 六一一
毃 一三八〇
穀 一三六七
毅 一〇三三
磬 一三四〇
毆 九四八
毅 九七九

〔十二畫〕

轂 一三六八
毂 一三九一
磬 五三三
磬 三七六
毂 一三四一
數 一四一四
毂 一三三六
毃 一四二二
毀 七〇九
毃 一三八〇
毃 一三九八
鍛 一一九七
毂 五三三
毃 一三三九

〔十三畫〕

毂 一三四二 一三九二 一四二一
毃 一四二二
毃 一三八九 一四二二
毂 一三三九
毂 一四一三

〔十四畫〕

豎 六三
磐 五三三
殻 六〇四
毅 一一二五
殺 一三九一

〔十五畫〕

轂 一四三〇

## 木部

〔七畫〕
倏 一三八八
㹳 一九一
狿 三五七 一二二三
狶 一三一
狺 二六七 二七九
狴 二〇一
狸 六七
狳 一五二四
狼 四六二
狷 三九二
㹶 五四八
狵 四六
猛 四一七
㹱 一五八〇
狷 八四八 一二二一
狹 一七一九
狽 一一一三
狟 一三四〇
狻 三一五 一一六七
㹢 一四一一
狾 一一〇〇

〔八畫〕
猑 二九八
㹽 八三六
猜 二二八
猍 九一四
猊 二〇三
猚 二一七 七二一
㹻 一一六
猉 一一六
㹱 四五
猝 一四八一
猎 一五八一
猲 一六二二
猪 一六九九
猘 一〇八七
猌 一一六四
猗 九一 七一〇 八八八
猓 八八九
猏 三五四
猋 三八八
猖 四七九
㺃 四九七
猙 五三三
猈 二一八 七八二
雄 一二一
猇 四〇四
猅 二一九
𤟤 一四二八
猒 六五〇 一三五九
猛 九二一
𤟹 一三九九

〔九畫〕
猷 五七五
猴 五八七
𤠔 一三二 二九八
㺂 六六二
猨 二八二
𤞗 八八二
㺡 六六〇 一三六三
猭 一三五八 一二二二
猾 一五一七
猵 三六〇 八〇四 一二三一
献 一一八四
猷 一三九一
猬 一四八
猱 四〇七
猪 一四〇
猛 五三三
猩 五二二 五四八
猰 一五一九 一五五七
獃 一五〇五
猲 一一二八 一四八六 一五〇五 一七二七
𤟹 七二一 一〇二七
獀 一八
猦 二二
猥 七八八 一一四九
猢 一九一
𤟣 二一一
猤 一一六 七二一 一〇二二
猶 五九一 一三三四

〔十畫〕
獋 一四五八
獀 六〇五 九五一
獀 一六七四
獁 一二八三
㺊 四五一
㺒 六〇三
獆 四一七
猺 三九二
猽 五四九
猼 一五八九
猲 一六九九
㺗 一六九九
㺌 六五六 九七八 一三六三
獇 一二九九
猷 一四二八
𤡺 三二〇
獂 三〇〇
猻 三〇〇
獃 二三七
獅 八一

〔十一畫〕
獄 一〇九
獄 一四〇六
獍 一三一一
𤢢 八七〇
獐 四七九
㺞 三八
㺜 四〇二 八六九
獒 四一五
獗 一三九九
獌 三三〇 一一八一 一二〇三
㺍 三二〇
獏 一八九
獑 六六〇
㺕 一七一
㺏 一九一
㺘 九七八

〔十二畫〕
獤 九七九 一三五二
𤢏 七二一 一一二八
獛 一三九九
獠 一四七一
獖 二九七 一三三一
𤢕 三三〇 八三七
獮 二三七
獊 一一六
獞 三三一
𤢨 三三一
獜 二六一
獸 一三九一
㺍 一五八四
獟 一二四二
獠 三八二
𤢩 二六四
獢 一四五〇
獘 一〇七六
𤣉 三六五
獢 三八七
獚 四九七 九〇九
㺸 五三三
㺋 七二一
獖 八二一

〔十三畫〕
獬 七八一
獨 一三七七
獥 三九二 一二四五 一六三九
獧 一二二四
獴 一〇六八
獪 一一〇 一一二三 一五一七
𤢡 七二一
㺜 一一六
獦 一五〇五
獫 六五六 九七二 一三五七
㺿 四六
獿 四一 四〇四 四一九
獄 一四八六
獄 一五〇五
㺚 一五〇二

〔十四畫〕
獰 五三三
獮 八四七
㺞 一四九
獱 二六二
獶 一一七五
㺟 一四二八
㺝 九八〇
獯 二八〇
獲 一二八三 一六〇二
獳 一八一 六〇七 一三四〇

〔十五畫〕
獷 六七四 九〇九 九二三
㺒 四二〇
獶 六一一
獵 一七〇三
獸 一三二三
𤢺 七二一

〔十六畫〕
獺 一五〇二 一五二〇
獻 四三一 一一七七
𤢂 二六七 三三一 三六五
獹 一八八
𤣁 七二一

〔十七畫〕
獽 四九七
𤣗 一一六
獼 一〇五

〔十八畫〕
𤣩 一一六七
獾 三二三

獿 四〇三 八六九
〔十九畫〕
玀 七二一
〔二十畫〕
玁 六五六 九七二
玃 一九二
獵 一五七九 一三四
〔二十一畫〕
獼 三九二
〔二十四畫〕
𤣎 五五一

止部
止 六八八
〔一畫〕
正 五一九 一三〇一
〔二畫〕
此 六八一
〔三畫〕
𣥚 一五一〇

步 一〇四九 一一六七
𣥋
〔四畫〕
武 七五八
歧 六九
些 四四九
〔五畫〕
峕 四三五
歫 七四六
〔六畫〕
歭 七二〇
𣥬 三三三
𣥺 二九四
〔七畫〕
𣥡 一九一
〔八畫〕
𣦢 一三九四
𣦸 一〇二三
𣦛 九三二
𣦯 一〇六 七一〇
歬 八五三
〔九畫〕
歲 一〇七一
𣦻 六七二

〔十畫〕
𣦒 一六八一
歴 一六三二
〔十二畫〕
歷 一六三二
〔十三畫〕
𣦤 一六一七
壁 一六一七
〔十四畫〕
歸 一三〇

内部
内 九四七
〔四畫〕
禺 三六 一六九
禹 一〇六四 七四八
〔六畫〕
离 五三
〔八畫〕
禽 六一九

瓜部
瓜 四四一
〔三畫〕
瓝 一四二一
〔四畫〕
𤬳 九五八 一三四七
𤬲 三三一
𤬴 六六七
〔五畫〕
瓟 四〇二 一四二一
𤬸 七六七
𤬺 一五三八
瓞 一五三八
𤬪 一九二
𤬻 五五一
𤬹 六一一
〔六畫〕
𤭂 一五〇九 一五一三
𤭀 一四五九
𤭃 一四二六
𤭆 一一七九 一〇六二
瓡 一五二四

〔七畫〕
𤭌 一五三八
𤭍 七九四
〔八畫〕
𤭏 一六八八
𤭝 一四一四
𤭓 二三七
〔九畫〕
𤭞 三六〇
𤭟 一二三一
𤭠 二九八
𤭡 九一四
〔十畫〕
𤭩 九七四
𤭪 五四八
〔十一畫〕
𤭬 一五三八
瓢 三七八
𤭭 三八八
〔十三畫〕
𤭵 四九七
𤭶 一一一
〔十六畫〕
𤮁 一一八三 一二三一

〔十七畫〕
瓤 四八六
〔二十一畫〕
𤮘 一〇九八

皮部
皮 五一
〔二畫〕
𤿎 九二六
〔三畫〕
𤿑 三一七
皯 八二九 一二〇三
〔四畫〕
皅 四五一
𤿣 一三五二
𤿤 一一六
〔五畫〕
皌 一四七八
𤿰 一五一三
皰 一二五〇
𤿳 三九二
𤿲 五三三
𤿵 二六七
𤿬 一六二八

皷 一九二
〔六畫〕
𥀁 一六九九
皴 一五一三
皵 一五五八 二六七
皶 一六四五
𥀉 一〇二七
𥀐 一四五八
〔七畫〕
𥀕 一五五八
𥀘 一四二八
𥀖 二五三
𥀗 二〇三
𥀙 一四九三
〔八畫〕
𥀜 一三九九
𥀝 一五八一 一六二四
𥀞 八〇五
〔九畫〕
𥀣 七六八
𥀤 一六九九
𥀥 一三三七
𥀦 七二七 四六
𥀧 二七八
𥀨 一一七五

〔十畫〕
𥀪 一四五八
𥀫 三二〇
𥀬 一一六 一三四〇
𥀭 四三五 七二一
𥀮 一〇二七 一二六四
〔十一畫〕
𥀳 四四八
𥀴 一三九九
𥀵 八一八 一一八五
〔十三畫〕
𥀹 一五一三
𥀺 一四二八
𥀻 三九二 八三一 八五〇
〔十四畫〕
𥀽 九七五
〔十五畫〕
𥀾 一四七八
𥀿 一三九九
𥁀 一三九九
𥁁 一六九九

竢 七一五
竦 六七一
〔八畫〕
靖 九二四
竩 一〇〇一
竬 七九四
竨 七九一
𥪌 七八三 八九七
𥪰 一三九二
𥪴 一五八四
𥪻 一〇二〇 一六八八
𥪖 一二七三
𥪕 一二四五
竫 九二五
〔九畫〕
端 三〇七
竮 五五一
竭 一四七六 一五三九
𥫁 六二九
〔十一畫〕
𥫃 一四〇〇
竱 三一七 八五二
〔十二畫〕
竸 一三二一

竲 五三一 五六九
竳 五六九
竴 二六八
𥫅 一二四五
𥫆 一七一六
䇸 一八四
〔十三畫〕
𥫍 一二七〇
𥫐 二一七
〔十五畫〕
竷 九六三 一三五二
競 一三〇六

## 玄部

玄 三三八
〔四畫〕
玅 一二三六
〔六畫〕
玈 率 一五四三
〔九畫〕
𤣅 一〇二七

## 玉部

王 四五八 一二九二 一四〇三
玉 一四〇三
〔一畫〕
玊 一三九九
〔二畫〕
玐 一五二四
玜 一〇七
玎 五四一
𤣱 一四二一
玏 一六六七
〔三畫〕
玗 一七六
玕 三一〇
玒 一七
玔 一二三一
玖 九四五 一三四〇
〔四畫〕
𤣰 七五二
玞 一七七
玧 二九六 三六五 八〇五
玭 二六七 三六五
玢 二六三
玡 一二八三
玦 一五三五
玤 六六五
玠 一一二一
玩 一一八九
玥 一四九三
𤣸 一四九三
玣 一二三一
𤣷 一五二四
玫 二三二
玪 六四〇 六五六
〔五畫〕
珉 二四八
珊 三一〇
玸 一九二
珆 一一六
珁 一四一七
玹 三六五 一二三一
玶 一二三一
珀 一六一四
𤤮 一〇六八
珌 一四四七 一五六一
珛 一三三六
𤤟 一七二七
𤣿 一二六一
珋 九五一
玷 九七〇 一三五九
玽 九四七
珈 四四六
珄 五三四
玲 五四四
珂 四二七
玻 四三五
珍 二四六
玼 一〇一 七七七
〔六畫〕
珽 一〇九
珕 一〇二七 一〇九五
珣 一一六七
班 三二五
珫 一七
珣 二五九
珥 五六八 六九九 一〇一二
珢 三〇〇 一一八四
珠 一五七
珪 二〇六
珒 一六七四
珞 一五八八
珹 一四五五
珙 六七一
珮 一一四九
珝 七六七
珓 一二五三
珨 一七二七
珧 三八四
琞 四一
珩 五二二
𤥿 一二三一
瑿 一三九九
珦 一二九五
玴 一〇九七
𤤷 九三二
〔七畫〕
珽 九二九
琜 一五〇七
珹 五三四
珴 四三五
琇 一三四〇
琓 三一七
琂 二九七
𤦃 一九二
𤥭 一九二
珻 二三七
琀 一三四九
琄 八四七
琅 四八三
球 五九五
琈 六〇〇
琊 六〇八
琉 六〇八
琁 三五八 五二一
珵 五二五
琔 一三九六
理 六九九
現 一二三一
〔八畫〕
𤥎 八〇三 八一〇
琬 八一六 一二〇三
𡏟 二三四
琵 一〇六
琟 一〇八
琦 八八
琪 九〇
琲 七八九
琴 六一九
琳 六二二
琛 六二二
𤦎 一六二六
𤦉 一二〇〇
琗 一一四三
琥 七五二
珷 七七〇
琫 六六四
琢 一四二〇
琰 九六八
琠 八四九
琖 八三四
𤦡 五五一
琯 八三一 一一八四 一二一一
琱 三八六
琩 四九七
琮 三二
琤 五二三
琚 一四二
琨 二九三
琭 一三八五
琁 一二三一
琡 一三九四
〔九畫〕
瑍 一九二
瑓 一二三一
𤨩 一四九三
瑖 一二〇三
瑗 一一八四 一二二一
瑒 四九七 一二九七
瑕 四四一
瑽 一五 六六七
瑈 六〇四
瑊 六五九
瑛 五〇四
瑅 五五一
瑎 二一八
瑠 二四九
瑃 二六七
𤨷 一五〇七
瑇 一一四二

〔三畫〕
社 八九三　祁 八〇　祀 六九八　礿 一五七六

〔四畫〕
祆 三五四　祈 一二八　祅 三七九　祊 五二一　衭 一九二　祋 一一一三 一五一三　祉 七〇三　祄 一一二八　𥘿 七一三 一〇二八　祇 七三　䄋 九六四

〔五畫〕
祘 一二〇〇　祝 一三七八　祔 一〇六〇　祚 一〇五五　祜 七六二　祠 六一　祗 九三 七二三　袂 四八八
袖 六一二　祛 一四四　袔 四三六　祡 二一九　神 二四三　祏 一六一二　祖 七六一　祑 一四五八　祐 一三二七　祓 一一四九 一四六五　祟 一〇一二　祕 一〇一〇

〔六畫〕
票 一二四三　祧 三八〇　祥 四七七　祩 一八九　祬 七四三　祮 一二〇四 一五〇九 一五二四　祭 一〇七八 一一二二　祪 七〇九　祫 一六九九 一七二三

〔七畫〕
祳 三八九
禒 八五四　祲 六二五 九五八 一三四五　祰 八八一 一二六四　䄉 四三六　祦 一九二　祴 二三四　祻 一五〇九　祱 一〇二八　視 一〇二一　䄃 一三四〇　䄍 九五一 一三四〇 一三九九

〔八畫〕
祼 一九七　𥚃 一三九九　䄎 一八五　祽 一四四　䄊 一四五八　祺 八七　祿 四一五　䄏 一〇〇 一五三九　禁 六二九 一三四四　𥚄 一二八〇　祾 五六七　禂 一八一
八八〇
禃 一六七四　禄 一三六七

〔九畫〕
禘 一〇八四　䄖 七四五　禕 一一〇一　禗 一一〇〇　禓 四九〇　䄜 六一二　禊 一〇八四　禉 六一二　䄓 五三四　禋 二五四　禎 二六〇 五二四　禑 一九二　禖 二三九　禔 一〇三 二〇〇　禍 八八六　福 一三六七　䄅 一二三二

〔十畫〕
禠 一〇五　𥛫 一三三六　禜 五二七 一三〇八　禡 一二七四　禝 六二五
禟 四九七　禢 五三四　禛 二六八　禚 一五八二　禈 一四五八

〔十一畫〕
禦 七三三 一〇四五　𥜃 一三九九　禞 一六四四　𥜊 四一八　褸 六一二　䄦 一〇四五

〔十二畫〕
禥 一五五八　禧 九三 七二二　䄯 一二四五　禫 六四二 九六一　禨 一三三 一〇三四　䄵 五二一　𥜻 五六九　櫜 八三一 一〇九八　禪 一二二〇　𥜌 一五五八

〔十三畫〕
禮 七七二
䄷 一二三三　襗 一六二七　禬 一一一一

〔十四畫〕
禰 七七六　禰 九七五 一三五九　禱 八七四 一二六二

〔十五畫〕
禲 一一〇〇　䄾 八三一

〔十六畫〕
𥞓 八三一 一一一四

〔十七畫〕
禳 四八五　禴 一五七六

〔十九畫〕
禷 一〇二一　𥟀 七二二　禶 一二〇四

## 禾部

禾 四二五 一一四八

〔二畫〕
禿 一三八〇　私 七〇　秂 二六八　秀 一三二二

〔三畫〕
咊 四二三　季 三三六　和 四二三 一二六八　秉 九二二　𥝢 八六三　秈 三五七　𥝓 四九七　秅 四四七 一〇六四　秆 八二八　秄 一九二　𥝍 一六七四　𥝌 一四七一 一四九四　𥝐 七二三 一五五八

〔四畫〕
秐 一〇二八　𥝧 一〇二八　秇 一〇三六 一四九四　秏 一一四九
𥝖 一二五九　秕 一二八三　秒 七〇六　𥝠 八五七　秋 四五一　秔 五七七　科 五〇一 四二四 一二七三　秎 八一〇 一七四　𥝩 一九二　𥝦 一七一六　采 一〇〇三　䄱 四九八

〔五畫〕
秘 七〇七　秳 一六二三　秝 一六四〇　𥝺 一四五八 一四八九　秥 一〇二八　秫 一四四五　秩 一四三五　秤 一三一九　秪 一二八三　秧 四六二 九一四　秨 一五八六　秞 六一二　秢 五五一

〔十二畫〕

瞫 六三九

〔十六畫〕

矙 六五六

目部

目 一三六五

〔二畫〕

𥃩 六〇八 八六六

旬 二六五 一二三一

盯 五三四

𥃳 三九〇

〔三畫〕

盲 五〇二

盰 八三〇

䀐 八二一

盱 一七〇

盵 一七〇

𥄊 一二三一

䀖 一二〇三

导 一一四五

直 一六五一

盰 三六五

盳 四九八

眀 一一六八

〔四畫〕

彤 六六二 一三六三

昏 一一一

眈 六三三 九五八

昉 九〇二

眇 八五八 一二四五

省 九二〇

盷 三六〇

眂 一一一

眘 一五五四

眊 一二五九

盼 一二〇七

肺 一一一六 一五一三

眑 一一〇〇

盹 一一六八

旻 一四九三 一五五三 一六二八

肢 六七四

昒 一一四五 一四七一 一五〇八 一五二四

眉 五七

県 三八六

映 一五四七

相 四六七 一二八七

〔五畫〕

杳 六一一

眗 二六二

敃 八〇五

眅 三二九 八三六 一二一一

眣 三六五 一二三一

眘 一三九九

看 三〇七

盻 一〇九四

眄 八四三 一二二三

眄 八四三 一二二三

盾 七九八

冒 一四五四

夐 一六七四

眨 一七二四

眠 三三七

映 四九八

眂 四五一

貼 六五六 一三五八

眚 九二一

眐 五三〇

眑 四〇四 八六六 九四七

智 三一五

眗 一九二

祕 一〇一七 一五二四

眙 一〇一四

賊 一五〇六

眩 一二〇八 一二一九

眕 七九九

眣 一四五二 一五二二

眝 七四五

春 三八〇

眛 一四五八

眈 一五五八

際 一〇二一

眀 一〇六五

眛 一一一四 一一四二

眛 一五一三

眒 二六七 一一六八

眫 一四七一

費 一〇三四 一一五〇 一五一三

眮 一一六

眝 一一六

眣 一一六 九五八 一一六八

眡 七二一

眖 一二九九

昞 九二六

昭 八六六

胞 一二五三

背 一〇一三 一〇八四

眦 一〇一三

〔六畫〕

話 一五二一

略 五三四 九三一

路 一五八四

眛 一一五〇

眮 六六五 九八四

眡 一三四〇

眪 二一〇

眱 一一六 一一〇〇

晒 一一二

眵 九八 七二一

眯 七二一 七七六

眴 一三一九

眙 一七二八

眷 一二一八

眺 一二三九

眏 一五五八

試 一六七四

眲 一〇二七 一六二二 一六七四

脈 一一六四 一六二〇 一六四四

眰 三六一

眶 四八七

眻 四九八

睆 四九八 九一四

眸 五八六

眣 八〇二

眼 八三三

眴 二六〇 一二二二

〔七畫〕

脡 九三三

眹 一一七

眷 一六二八

睍 八四七 一二三一

明 一二三二

路 一三九九

脛 九二六 一七二五

睎 一三二

降 四一

脩 六〇八

眩 六一一

眠 四三一

省 四三五

睉 四三三

朧 四六

睂 一五二四

睆 八三五

睅 八三四

駃 一五五八

眼 四九八 一二九六

豚 一四七一

睇 一〇八三

斷 一五五八

晳 一一〇〇

睃 一一六八

睍 一六二八

晦 一三九七

睄 一二五三

倉 五七

睐 一五一三

睌 一三九九

夾 一七〇七

助 一七一六

聘 一三一一

呈 九二六

脡 三五七 一二三六

〔八畫〕

盍 九二七 一三一一

兩 九一四

晻 九七五 一七二八

晴 五一四 九二四

昔 一一三四 二六七

睖 五六八

諄 二六八 三〇〇 一一六四

督 八三六

睟 一〇〇六

睗 一六二三

睦 一三七九

睔 八一八 一一八五 一二一一

腕 三二一 八一八 一二〇三 一五一三

睿 一六七二

垂 一六七四

督 一六七四

睩 一三九〇

眹 一五五八

睠 一二一八

睸 一三五二

睢 一二九九

涼 一二九九

睨 一〇八三

睚 二一八 一一二四 一二八三

　一六四四
矙　一六七四
矉　一五五八
矌　一二九九
　一五九〇
瞶　一一二八
瞸　二一二
瞜　一七一六
瞣　三五九
〔十六畫〕
矃　五三四
矐　一五九〇
䁰　八四九
矑　一七八
瞝　一六四四
瞶　一一七
〔十七畫〕
𥌈　五五一
瞯　三三二
䁼　五六八
睔　一二四五
　一五九〇
矆　一七一六
瞺　九七五
矎　五三四
〔十八畫〕
瞲　五三四
　一二四五
　一五九〇
矊　七二一

矔　一七一六
　一二〇〇
　一二一〇
〔十九畫〕
矗　一三八四
矕　三二一
　八三五
矖　一一七
　七一一
矘　八九〇
〔二十畫〕
矘　九一〇
矍　一五八五
矙　一三五二
〔二十一畫〕
矚　一四〇九
纍　一〇八

皿部
皿　九二三
〔三畫〕
盂　一五四
盂　三二〇
孟　一二九九
　一三〇七
〔四畫〕
盈　五一四

盅　三八八
盆　二八八
盃　二二四
盇　一六九三
蛊　一七
〔五畫〕
盋　一三六三
盍　一六九三
盄　一二五三
盁　一三六二
盒　九〇七
　一二九六
盔　八九七
盌　四三三
〔六畫〕
盌　一二七二
盉　八二五
盔　一三三五
盟　一五〇八
益　九八八
盜　一六〇四
　一四五三
〔六畫〕
盗　一九二
盜　二三七
窒　三一五
盉　三六五
盍　九五一
　一三三五
盒　一六九九
𥂆　三五四

　一一八五
　一二三一
〔七畫〕
攸　一二四二
盜　一二五六
盈　五〇六
　一三一一
蚤　一二三七
盜　一〇六
屆　一四一四
盛　五一七
　一三〇四
〔八畫〕
塩　六四四
遙　一一六
窒　二一
氳　二七二
盞　八三七
監　九六二
盟　五〇六
　一三〇九
丞　一三八五
〔九畫〕
盡　二六七
監　六五九
　一三六一
盡　七九七
盦　二一二
盠　七七九

〔十畫〕
盤　三一〇
〔十一畫〕
盧　四三五
　四四八
盬　一〇二七
盦　六四二
　一六九七
盥　八二五
　一一九八
盪　一三八五
盬　七六八
〔十二畫〕
盩　二三七
盩　六〇五
盨　七六九
𥂗　七三一
盪　九〇二
　一二九六
蠢　三八九
　三一六
〔十三畫〕
盪　四九〇
臨　一九二
　七六三
〔十四畫〕
盪　八六九

齍　一二五三
　一二三
〔十五畫〕
盧　一七二八
盩　一〇八六
盩　一〇八六
　一五五九
〔十六畫〕
盩　一〇八六
〔十八畫〕
蠹　一六六九
蠱　七五〇
　八九八
〔十九畫〕
鹽　六四四
　一三五七

肉部
肉　一三六八
〔一畫〕
肊　一六五九
〔二畫〕
肏　一四一六
肎　九三〇
肌　六六

肌　六〇六
肍　一三一九
肋　一六七四
肻　一四七〇
〔三畫〕
肙　一二三三
肖　一二三九
肑　一四二六
　一六四五
肘　九四二
肚　七五三
肌　二三
肛　四六
肝　三〇六
肓　四八一
肕　一一六六
肒　一二〇〇
肐　一九三
肔　七一一
肞　七四七
〔四畫〕
育　一三七三
肫　二六三
　七九三
　一一六六
　一五六一
肤　三六〇
肪　四六七
肮　四九四
肴　三九五

肧　二三一
肺　一一三七
肸　一四四六
肶　一一八
　一一二三
胃　一四八八
肩　三三四
肨　四一
　九八九
肬　五九〇
肵　一三一
　一一七五
肳　八六五
肯　九三〇
朏　九四八
肣　六二九
　六四二
　九六六
胥　一一六六
肱　五六三
股　七五〇
肤　一五四八
朋　八〇三
　一一六四
肥　一四五九
肞　一二〇四
肭　一二三三
肢　二五七
肦　二七八
肰　九六三
服　一六九九

⿰月扁 八五五
腢 二三三 九四九
腩 六四二 九六三
腬 六〇一 九五一 一三四〇
⿰月英 二三八 八五五 一一八二 一二六三
⿰月奐 一二〇四
腭 一五九〇
腦 八七四 一二六五
⿰月翏 四五二 一二八四
⿰月枼 一七一〇
腠 一三三三
⿰月臿 一七二八
腛 五四二 一三一九
腛 一四二七
脭 一五五九
⿰月癸 一〇七
⿰月施 九五
腣 一一〇一
⿰月契 一一〇一
⿰月鬼 七九三
腜 二三三
⿰月是 二一二

⿰月亘 五六九
⿰月皆 二一七 七八三
⿰月盈 五三四
腡 二二〇 四三四
⿰月秋 六一三
腰 三七八
腸 四七〇
腫 六六八
腤 六四二 九六六
腞 八二一 一一八五
脧 一三四〇
腱 一三〇一 一一八五
⿰月象 八五三 一四八三
⿰月敫 一〇二八

〔十畫〕

⿰月官 二三
膐 一一四七
膅 四九八
⿰月冓 六一三 六七六
膌 一六一〇
膈 一六一四
⿰月监 一六二二
膗 一五八六
⿰月弱 一五八四

脬 一一九四
羸 四三六 八八九
膁 六五六 九七五
脊 三八一
⿰月翁 六六五
⿰月息 一六七〇
⿰月宰 一〇二八
⿰月秦 一〇六二
膈 一〇六八
⿰月員 八一九
⿰月座 一六八八
䐃 一一八五
⿰月真 二六一
膀 四九〇
膎 二八八
⿰月倉 九一五
膏 四一三 一二六五
⿰月員 八八九 一二七三
⿰月扇 一五四七
⿰月秦 一三一七
膂 七三五
膐 七三五
膊 一五五九 一五七九
膇 一〇一四
⿰月鬼 一〇六 二〇四
⿰月差 一一八 四五二
膇 一六七四
膎 二一六
⿰月豈 二三八 七九三

〔十一畫〕

⿰月屏 一三一一
⿰月斯 一五五二
膝 一四四一
腎 一一五〇
⿰月座 八三七
⿰月戚 一三九六
⿰月鹿 一四〇〇
⿰月商 一六二九
膞 二六四 三六二 八五二
膘 八六四
⿰月習 一六八六 一七一六
膠 三九七
膌 一三一九
膜 一五七六
⿰月累 一一八 二二〇 七二三
⿰月麻 四三六
⿰月寅 二六六
⿰月曹 四二〇
⿰月從 四一
膢 一七九 五九七

膒 六一三 一三四一
膟 一四五五
⿰月責 一六二一
膕 一六二〇
膐 一一〇一

〔十二畫〕

⿰月扁 一一八
⿰月敫 三〇〇
⿰月累 一一〇一 一五四九
⿰月單 三二〇
膰 二九〇 三二〇
膧 一六
膯 五六九
⿰月曾 五六九
膲 三九二
膫 三八一 一二四二
⿰月黃 四九八
膴 一七五 七六三
⿰月厥 一四九四
⿰月幾 一三三
膦 三八九
⿰月犀 一八六
⿰月義 一〇八二 一五五四
膱 一六七一

脣 一六四五
膳 一二一四
⿰月晉 六二九 六四二 九五八 一三四七
⿰月巽 八二一 一一八五 一二一七 一二三三
膩 一〇一五
⿰月盧 一六二九
⿰月爲 八五一
膮 三八三 八六六
⿰月奧 八八二 一二六二 一三八九
膙 九一五
膡 九五八
⿰月敢 一五三三
⿱殹月 一四九四 一五五九 四九〇
⿰月鄉 一一二八
膪 一二八四 六四二
⿰月覃 一三五二 五三四
膨 一三一一
⿰月皋 三八七
膹 七三一 八〇九

〔十三畫〕

⿰月肅 六〇五 一二四二
⿰月罷 五六九
⿰月當 四九八
⿰月過 四五二
賸 一三一六
膾 一一一〇
膻 八二九
臆 一六五九
⿰月辟 一六四五
⿰月萬 一六九二
⿰月睪 一五九〇
臂 一〇〇三
膿 三五
臉 六五四 九八〇
膽 九五九
臀 一四〇〇 一四一五 一四二九
⿰月蜀 一四一五
臊 四一五
膸 七二三
⿱殹月 二九六
⿱齊月 五五六
臄 一五八〇

〔十四畫〕

臍 一九七

臏 八〇〇
⿰月鼻 一〇二一
臎 七一四 一〇二二
⿱殸月 五六九
臐 二七八 一一七五
臑 一八一 四一六 一一八二
臒 一五九〇
⿱毄月 九二七
⿰月壽 六一三 九五一
⿰月翟 一二四六
⿰月與 七四七 七九四

〔十五畫〕

臝 八八六
臕 三九二
⿰月畾 七九四
⿰月廣 三〇一
⿰月賣 一二九九
⿰月樂 一四二九
⿰月暴 一四二一
⿰月養 九一五
⿰月賛 八四九
羸 八八六
⿰月賣 一四〇〇
臘 一六九一
⿰月質 一四五九

〔十六畫〕
臀 一三一九
臐 一二六五
臚 一四四
臛 一五七八
臆 一六五九
朧 一三 六六七
臖 一三一九

〔十七畫〕
[illegible] 一二四五
[illegible] 九一一
[illegible] 一五九〇
[illegible] 四三三
臝 八八五

〔十八畫〕
臂 四一
臟 一二九二
臛 三六三
臞 一五四
[illegible] 九五九
[illegible] 一七一六
[illegible] 一四二一
臑 七二三

〔十九畫〕
臢 五〇一
[illegible] 二〇六 四三六

[illegible] 四三六
臠 三二一
[illegible] 三六六

〔二十三畫〕
[illegible] 四三六
[illegible] 一〇九五

血部

血 一五三〇

〔二畫〕
[illegible] 五四八

〔三畫〕
衂 一三八一
衁 四九〇

〔四畫〕
衄 一三八〇
衃 二三一 六〇五

〔五畫〕
衅 一一六八

〔六畫〕
衈 一〇一二
衆 九八一
衇 一五九九

〔七畫〕
[illegible] 一二〇 七二四
[illegible] 一六四〇
[illegible] 八三一

〔八畫〕
衉 一三五〇
[illegible] 一六二九

〔九畫〕
[illegible] 一三五三
[illegible] 一六四〇

〔十畫〕
[illegible] 一〇二九

〔十一畫〕
[illegible] 一〇六九

〔十二畫〕
[illegible] 一三三

〔十五畫〕
衊 三二二 一二三三 一五三九

〔二十四畫〕
衋 一三五三

而部

而 七八

〔三畫〕
[illegible] 一一八 三二一 四三三
耎 八四八
耏 八七 一一三九
耐 一一三九

〔四畫〕
耍 八五四

〔十畫〕
[illegible] 七一八 八五二

耳部

耳 六九八

〔一畫〕
耴 一七二二

〔二畫〕
[illegible] 一四五九
耵 五五二 五三四 一三一一

〔三畫〕
耷 一六九九
耶 四四三

〔四畫〕
耹 六二七
[illegible] 一九三
[illegible] 一五二二
[illegible] 一一〇一
[illegible] 一〇二八 一七一三
耿 九二二
耾 五二九
耺 二八〇 五六九
耽 六三四 九六六

〔五畫〕
聆 五四四
聉 七九四 一五二一
联 三二一
聜 八〇二 一一六八
[illegible] 一〇二四
[illegible] 一〇八〇
聃 六三六
[illegible] 六五三
聊 三七〇

〔六畫〕
聎 三九二
聏 一七一三
[illegible] 一〇六八
聒 一五〇一
聐 一五二四
[illegible] 一二二
[illegible] 二三

〔七畫〕
[illegible] 六六七
聖 一三〇五
聘 一三〇七
[illegible] 一五一三 一〇六八

〔八畫〕
聠 五五二
聙 五三四
聞 二七一
[illegible] 五三四
[illegible] 一〇二八
[illegible] 一一〇一
聚 七五七 一〇六五
[illegible] 一三四一
[illegible] 九一五

〔九畫〕
[illegible] 七六六
[illegible] 一〇二八
[illegible] 五一三
[illegible] 一一八
[illegible] 六一二
[illegible] 一七一六
[illegible] 五五二

〔十畫〕
[illegible] 一五五九
[illegible] 一七〇〇
[illegible] 七九一
[illegible] 一三八二
[illegible] 一四九四
[illegible] 三六六
[illegible] 九四九
[illegible] 三六〇 八〇六

〔十一畫〕
[illegible] 一一〇一 一五二四 一五五九
聳 六七一
[illegible] 一一二八
[illegible] 七七九
[illegible] 七一六
[illegible] 一二四三
[illegible] 一六二八
聯 三四三 一二三三
[illegible] 三八七
[illegible] 三八八
聰 一二
聲 五一九
[illegible] 四〇五
[illegible] 一五九〇
聱 四〇〇 四二〇 一二六五

〔十二畫〕
[illegible] 一五五九
[illegible] 六四二
[illegible] 一一二一
聶 一七一〇
[illegible] 一四九〇
職 一六四七
聽 一三一九

〔十三畫〕
[illegible] 四六
聸 六三九

〔十四畫〕
聹 五四七
[illegible] 一六八八
[illegible] 一五〇九
[illegible] 七二三

〔十五畫〕
[illegible] 一五九〇
聾 一五〇九
[illegible] 一七一六

〔十六畫〕
[illegible] 一六四五

聳 聽 聾 聵

一六七五 五四四 一三一三 一一 〔十七畫〕 一一二八 一五二三

自 百 臭 臬 臰 臮 臯 𦤎 𦤶

自部 一〇一二 〔一畫〕 九四八 〔四畫〕 一三二六 一五三七 一五五九 一九一 〔六畫〕 一〇一八 〔七畫〕 七八五 〔八畫〕 四九八 一五五九

鼻 䶊 齣 齂 齁 齃 齅 齇 齃 齈 齉

〔九畫〕 三六一 一二八 一五二四 一五五四 〔十畫〕 三六一 一一六八 一五三七 〔十一畫〕 一四九四 〔十三畫〕 一一二八 一四九四 一一一四 一五一四 〔十四畫〕 一一二八

舌 舍

舌部 一五二五 一五三〇 〔二畫〕 八九五 一二七七 一六二五

舑 䑛 舐 舲 舑 甜 䑙 舒 䑜 舔 舓 舕 舙 䑝 䑟

〔三畫〕 七二三 〔四畫〕 一〇二八 七二三 一三四六 六三九 一三五二 〔五畫〕 六四八 六三九 〔六畫〕 一三五 〔七畫〕 三六六 〔八畫〕 一六九六 七〇五 一三五二 一三五七 〔九畫〕 一七〇〇 一七一六 〔十畫〕 一七〇〇

舚 舘 䑚 𦧷 舚

一五二五 一一九八 〔十一畫〕 一一二九 〔十二畫〕 三二一 三六六 〔十三畫〕 六四三 六五七 一三五九

色 䒊 艴 䒋 䒌 䒍 艵

色部 一六四八 〔四畫〕 二一二 〔五畫〕 一一五〇 一四八六 九一五 一五一四 一五一四 〔八畫〕 五四八

艴 䒊 艵 艴 艶 艴 艶 艷 艶 艷

〔十畫〕 六七六 一三一九 一二八四 九一五 二一二 〔十一畫〕 九一五 〔十四畫〕 二三 一一七五 〔十六畫〕 五六九 一三二一 〔十八畫〕 一三五五

老 考 耇 耈

老部 八七一 〔二畫〕 八七五 〔四畫〕 一〇六五 一〇六五

耆 耄 耇 者 者 耋 耊 𦓐

九〇 七一九 一〇一二 一二五九 〔五畫〕 九四四 九七四 一三五七 八九二 〔六畫〕 一五三七 一五三七 〔十一畫〕 一二六五

虍 虎 虐 虒 虔

虍部 一八七 〔二畫〕 七四九 〔三畫〕 一五七二 一九四 〔四畫〕 三二一 三四七

虓 彪 虒 虖 虙 虑 虗 處 號 虘 虘 虚 虞 虞 虛 虜 號 琥 號 虜 虡

一四〇〇 一一四五 八九 〔五畫〕 一一七九 一七二八 一三九〇 一九四 七三八 一〇三八 一四七〇 一八八 一九四 四三二 〔六畫〕 一三九 〔七畫〕 六三八 一五一 一〇三 二三 四〇九 一二五五 九六六 一三五〇 五五二 七六二 〔八畫〕 三三一

虘 虞 虞 號 虜 號 虥 虦 戲 虤 虢 虣 盧 虧 虩 彪 虧 虡 虪 虪

一八七 一八八 七四〇 〔九畫〕 一六一一 一五九 四一七 〔十畫〕 一一〇二 三三〇 三三〇 八三七 一二一一 一二六一 一一八七 一一八六 一一六六 一〇六六 三三〇 〔十一畫〕 六六二 六九 三三一 〔十二畫〕 七四〇 一六七四 二一二 一六一九

籛 一三四　簗 四九三　篤 一二八一　篸 一三五二　穛 一二七三　無 一八四　籍 一八九　鞊 一九三　簹 三七　筧 五三五　箬 一四九　須 一九三　箁 一九三　篢 二八〇　簿 一五七三　箛 一四〇〇　箙 一四〇〇　簣 一〇〇九　一一二三　篠 一〇二八　箹 一二一三　簠 七六四　箳 六二九　篛 一〇二〇　簒 一一一六　發 一一四二　惣 七二二　𢹂 六六七　簭 一一八五　簞 三一三　簦 五六一　篯 三二一

篼 八三六　簢 八〇三　簡 八三三　籖 八三一　一五一三　篝 一一六四　篤 七二二　箬 一一〇一　觚 一九三　箽 六六七　簛 一一七　篷 二三　籅 一三九六　〔十三畫〕　簫 三六八　辟 一〇二八　一一〇一　簺 一一四一　殿 二九八　適 四三六　四四五　八二四　豐 七七九　篆 七四五　籀 一三三一　簾 六四五　籆 一一四四　篇 一六二一　篺 八二七　簸 一七〇二　簷 一六七五

簬 一〇六三　簵 一〇六三　擭 一五九一　簿 七五五　一五九〇　篘 六〇八　篝 五九九　微 一一七　一三三　簹 四九八　一二九九　簸 八八六　一二六九　憊 九六六　義 七二二　篙 一五二四　簻 一二三三　篿 一五九一　〔十四畫〕　篛 三二一　籊 一六三九　纂 八二九　簍 一七二四　籛 一五五九　簸 七二二　篠 一二〇四　籃 六三六　簠 八〇六　簪 一二二六　籌 五八一　簝 六一二

簧 七四〇　籅 一四八　籉 二三七　蔓 一五八一　甄 二五八　籍 一五九六　滑 一三八〇　爾 一七一〇　遞 七七九　〔十五畫〕　監 一五五九　棄 九一四　稽 二九七　養 一二一七　禽 一三八三　毅 一〇三七　廢 一一四二　籔 七六五　九四六　竄 一七一七　寫 一二八一　賢 一二一一　鎜 九八〇　籓 二九七　劉 六〇三　一三四一　韋 一九三　鈹 一三四一　簡 一四九　〔十六畫〕　靜 九二七

遷 三六六　辨 五五一　隸 一〇九五　籟 一一〇七　衛 一〇八六　籣 一一六八　籙 一四〇五　鍠 二一二　一一〇一　隨 一一七　燕 三六六　辨 一二一一　籯 五二四　殷 四〇五　八七〇　一二五三　籚 一八二　擇 一五七五　錢 三五七　一二三二　毅 一四〇〇　禽 一三八〇　癈 一六四五　隸 一〇九五　閻 六五六　籠 一一　縕 六一二　〔十七畫〕　鐵 六四六　辭 八五〇　襄 四九二

九一二　鍾 三八　籧 一四六　籣 三一五　籥 一五七二　壁 一四〇〇　鞠 一三八三　禽 一三八三　鰈 一七一七　斂 六四六　九七五　〔十八畫〕　覆 一三四一　轟 一七一七　鮚 二二〇　藤 五六九　雚 三三一　爵 一四二九　雙 四七　六六二　〔十九畫〕　籩 三三八　籭 一〇一　蠻 一〇五　籬 六八　籧 一四〇〇　籫 八三〇　籮 四三一　〔二十畫〕　嚴 六五一

六六〇　籯 五二四　纖 三六六　〔二十二畫〕　灑 七八三　〔二十三畫〕　灋 一五九一　〔二十四畫〕　鹽 六三三　籗 一四二五　一五八七　盬 五五一　贛 九六三　〔二十六畫〕　籲 一〇六三

艸部

艸 八七七　〔一畫〕　艹 七八二　八九七　〔二畫〕　艿 五六五　艾 一一〇九　一一三八

艻 一六七五　艼 七八三　芁 四〇五　卉 一〇三三　芳 三八六　艽 六〇二　芀 六一三　芌 五四九　〔三畫〕　芧 二三八　芃 一一六八　芑 七〇一　芔 七三一　一〇三三　芐 七六九　一二八一　芍 八六三　一五八一　一六四五　芫 一四九四　芋 一八〇　一〇五九　芇 三一九　八五五　芄 三一四　芰 二二〇　芎 一七　芒 四六八　苶 八六六　芏 七六八　芞 一六六七

一三五二
荕 一五四二
莣 四九〇
茀 四四八
莃 一三三
莑 四一
荽 八九
莍 六〇六
堇 一一二 一三九五
莡 一五九一
華 三一九 一四五九
荼 一六四 四五二
莩 一七二
莁 一八三
䓂 三〇一
莕 一九三
莉 二一二
荾 一一九
荷 四二四 八八三
莎 四二七
莛 一二二三
莗 一一九 一五一九
莸 一一九 二六八 二七九
莪 四二九
莏 四三六

莘 二五五
荺 二六二
莀 二六八
菴 二六八
莙 八〇三
莊 四六四
葱 八〇二
莍 一〇七
莋 一六二九
莤 五九二 一三八九
莅 一〇一三
莧 一二〇八 一二三三
莈 一四九四
菩 一八七 七七〇
莊 七七〇
莔 五二七
莛 五四〇 九三二
荹 一九三 一〇六六
莫 七二三
茵 七二三
蔓 九五六
茷 一二四二
莜 七二三 一六二四
莒 一六八八
莂 一六八八
莢 一七〇〇

莖 一五六〇
菥 一五五九
莢 一五四八
莆 九九八
莠 九四四
莥 九四七
莣 一〇二九
蒠 一〇二九
莫 一五七四 一六一七
莖 一一八五
莨 一四八九 一一八三
莢 一六三五
莓 七九二 一一五〇
莞 三一三 八三六
蓿 三九二
莖 五一一
莕 九二三
莇 八一〇
草 八二一
苐 二〇〇

〔八畫〕

菀 一四二九
萝 一三六四
萲 一二一一
菿 一二六二
菴 一二六一

草 九五一
萇 四七五
菖 四八七
菥 四五二
菘 五
菹 九五一
菡 六四二 九六二
菼 九六一
萏 九六一
菳 六二七
菴 六三八 六五七
菀 一四二九
萬 一四七〇 一四八八
菻 九五七
菌 九一一
菒 八七九
莽 七六六 九〇六
菬 三八七 八六六
菤 八五一 一二三三
萷 一五三七
萋 一七一一
菾 六五七 一三六〇
萓 一一九
蒎 一〇六

華 四三九 一二八〇 一七〇八
菎 二九八
萮 二九八
萠 三〇一
菫 一一六五
菦 八一〇 一一七五
菀 八一五
菰 一六三
菲 二二〇
菇 一一九
菠 四三六
萄 四〇七
萫 四一八
菱 五五六
菝 一二 三一八 五九八 一〇六八
萳 三一八
莝 二三
菅 三二六
莿 一〇一九 一五九六
萎 七五 七二三 一〇一六
菪 一四九
菹 一四二 四五二

菏 四三一
萈 七七一
菲 一二六 七二九
萢 七七六
菍 一二
菿 六〇八
萺 六一三
萁 八二
萿 一八九
葢 一九三
萑 一四九 一九三
菊 一九三
菜 二七九
萊 二三七 一一五〇
萋 一九九
菞 一五二五
萛 一六二九
菑 八四 一〇二四
菇 七二三
菮 七二三
菧 七二三
菶 六六五
萸 一〇九〇 一五六〇
菋 一〇三五 一一二八
菙 七二三
荓 五三二

五四九
萍 五四五
菝 七二三
菩 七九二 九五一 一六七五
菣 一六七五
菔 一三八六 一六六七
萐 一七一七 一七二四
菍 一七一七 一五六〇
菸 一四八 一〇四四
菟 一七五 一〇六三 一一七五
萠 五一一
萌 五一〇
萉 一〇三六
菭 一一八五
萆 七二三 一六四二
菥 一一九 一六三九
菂 一六三六
菌 二六八 七九九
萶 一七〇〇
菈 一六九六
菁 五一四

崢 五二九
萃 一〇〇三
菔 一一六一 一二三三
萩 一三九七
菁 一三九五
菝 一五一九
菽 一三七六
菊 一三六九
葇 一四一三
萑 九九 三一四
菭 一〇〇
荛 八五一
菘 三五八
萷 三五八
菜 一一三四

〔九畫〕

葥 一五六〇
萸 一七二
葦 七二八
葅 一四九 七四七
萬 一九四 七六六
葚 一〇三
葽 五六九
葵 六三
葴 六二六
葿 一四九
葠 六五四

〔十一畫〕

## 舟部

䘯 三九三　四〇五
䘾 二六九
裬 二六九
裍 八二二　二〇
䙜 一四〇一
裸 一六七五
裓 七六七　一〇六七
裋 一〇九六
裞 一六八四　一七二六
裛 一七一七　一七二三
裌 四六六　一二九九
裝 一〇七八
裔 一〇五五
裕 一七一〇
裖

〔八畫〕

裤 九二七
褎 一三二五
褢 一三二五
裼 一六三七
裱 一二四二
裣 六二〇　一三四八
裻 一四一〇
裾 一四六八
褒 七七九

裶 二二九
䘲 二〇七　七七九
裿 七二四
裏 八八四　一二七〇
褍 三六六　一三三三
裞 八一八
製 一〇八〇
䘹 一一四四
裴 二二九
裨 八九
裲 一五五〇
裰 一五一四
䙁 一二三三
裺 六四〇　九七五　一三六二
裸 八八五
䘽 一四〇一
䙝 一六二二
裳 四八四
裮 三〇一
裾 一三六　四九一
裪 四一五
裬 五六九
裷 八三一　一二〇四
裷 八二二
裧 九六四

裯 一七七　四一五　五九四
䘺 一二〇九　一二三三

〔九畫〕

褆 一六八六
褑 一一八五　一二二五
褗 八一八　一一八五
褉 一五六〇
褅 一〇九八
褋 一一〇一
䙆 一一〇一
褙 一一五〇
褘 一一三一
褈 三九
褫 六一三
䙅 三九三　一二四六
褆 五五二
褌 二八五
褞 八一一
褕 一七八　三八四
䙔 一八六
褒 四〇八　一二六五　一三四一
禱 一二六五　一四一一
䙂 一六八九　一七二八
褋 一七〇九
褆 二〇七　七二四
褫 一二〇
複 一三四一　一三八四
褖 一一九八
褐 一四九九
褑 一四九一
褍 三一七　八九〇　一一八五　一二〇五
褸 三六六
褙 八八九　一二七〇
褓 八七六
褊 八四六
褔 一三四一
褚 七三八
褒 一〇七八
褫 七二四

〔十畫〕

褰 三五六
褯 一三九七
褲 一五九一
褔 一六二一
褾 一六四二

褡 一七〇〇
褚 一一二九
褦 一一五〇
褠 五九八
褮 五二九　五五〇　一三三〇
褎 二一八
褢 二一八
褱 四〇七
褩 三三二
褨 一二〇
褫 一二〇　六八二
褟 一三四一
褥 一四〇九
褭 一五三八
褡 一七二八
褧 九二九
褬 九一五
褨 八九〇
褏 八五九
褫 一二八四
褻 一六二九

〔十一畫〕

褻 一五六〇
褶 一六八三　七〇八
褣 一四六〇
褫 一三九六
襀 一六二九

褵 八四
褸 六〇八　七六七
䙕 二〇
褔 一八六　六〇七　一三四一
襚 四二
襄 四六七
䙚 三八六　八六六
褭 八五九
褾 八六一
褻 一七一二
褺 一五三八
褽 二一二
䙗 三二二
襂 六二七
襌 三一五
褿 三九三　四一八
䙘 四七
褫 一五〇
䙙 一一二九
褽 一〇三六　一一五〇
褹 一〇九二　一一二九

〔十二畫〕

襒 一五五一
襁 九〇七

襖 八七八
𧝭 八六六
襓 三八八
襴 一三二
襢 一三四
襩 三九
襀 五二七
襎 二九七　一二七三
襒 二三八
襈 一二二六
褻 一二二五
襆 一四一〇
襏 一五〇五
襒 一四九五
襍 一六七八　一六九一
襋 一六六五
䙦 一五四八
襜 一〇九八
襝 一二七〇
襐 九一〇
襊 一一一六　一五一四
襀 一〇三七　一一一六
襘 五六九　一三一七
襩 一二七三
襇 一二一一
襑 六二九　九六三

〔十三畫〕

襧 七一六
䙮 一七〇九
襚 一〇〇六
襟 六二〇
褶 一四一一
襜 六四九　一三六〇
襠 四九八
襛 三七
䙪 四二
襡 一三三七　一三九一　一四一二
襳 一四九九
襗 一五八四　一六一七
襞 一六一二
襢 八二八　一二二五
襞 一〇三七
襘 一一一一

〔十四畫〕

襴 一七一〇
襖 一五〇
襦 一五五
襤 六三八
𧟀 九六
䙬 九六　一二〇

| | | | | | | | | | | | | | | | | | | | | | | | | | | | | | | |
|---|---|---|---|---|---|---|---|---|---|---|---|---|---|---|---|---|---|---|---|---|---|---|---|---|---|---|---|---|---|---|
| | 絑 | 絪 | 絛 | 絖 | 絬 | 絨 | 〔七畫〕 | 絽 | 紗 | 綊 | 綒 | 綈 | 綖 | | 綏 | 綍 | 綌 | 絹 | 綅 | 綄 | 綠 | 綆 | 絤 | | 綎 | 經 | | 綛 | 綐 | 絻 |
| 七八三 | 一八五 | 二六一 | 四〇七 | 一二九二 | 一五五一 | 一六七五 | | 七四五 | 一七一七 | 一七一二 | 一九三 | 二〇〇 | 九〇 | 二一二 | 八〇 | 一五八三 | 一六一五 | 一二一七 | 八〇四 | 三一四 | 五九五 | 九二三 | 一七一〇 | 一七二六 | 二六八 | 五三七 | 一三一六 | 一〇二五 | 一一一四 | 三二一 |

| | | | | | | | | | | | | | | | | | | | | | | | | | | | | | | |
|---|---|---|---|---|---|---|---|---|---|---|---|---|---|---|---|---|---|---|---|---|---|---|---|---|---|---|---|---|---|---|
| | | | 絺 | 綇 | 綉 | 綒 | 綷 | 綑 | 綖 | | 綄 | 綅 | | 綃 | | 綀 | 綎 | 〔八畫〕 | 絣 | 綪 | 緟 | 緄 | 綩 | 緋 | 緒 | 緆 | 綱 | 綯 | 綢 | |
| 一一六八 | 一一七三 | 一一八五 | 八〇 | 七六八 | 一三四一 | 一四六四 | 五五九 | 八二二 | 三五〇 | 一二一八 | 五五二 | 六二五 | 六五一 | 三七二 | 四〇五 | 一四六 | 五四七 | | 五二六 | 五三〇 | 一二三二 | 八一六 | 八二〇 | 七七 | 一三九四 | 一六三七 | 四三一 | 四一四 | 四一五 | 五九〇 |

| | | | | | | | | | | | | | | | | | | | | | | | | | | | | | | | |
|---|---|---|---|---|---|---|---|---|---|---|---|---|---|---|---|---|---|---|---|---|---|---|---|---|---|---|---|---|---|---|---|
| 綸 | | 緍 | 綾 | 綵 | 綐 | | 維 | 綱 | 緐 | | 網 | 綿 | 綄 | 綦 | 緁 | | 綬 | 緉 | | 綠 | 綝 | 綹 | 綪 | 緌 | 総 | 緂 | | | | 緻 | 縦 |
| 二五〇 | 三二九 | 二六三 | 五五六 | 七八五 | 一一八 | 二二〇 | 六四 | 四八一 | 二八三 | 二九七 | 九〇八 | 三四四 | 八五五 | 一四一二 | 一六七七 | 一七一〇 | 一三三五 | 九〇三 | 一二九五 | 六五六 | 六二五 | 九四七 | 一二二三 | 一七一七 | 一三五八 | 六四二 | 六五三 | 六六一 | 九六六 | 六〇二 | 四〇 |

| | | | | | | | | | | | | | | | | | | | | | | | | | | | | | | | |
|---|---|---|---|---|---|---|---|---|---|---|---|---|---|---|---|---|---|---|---|---|---|---|---|---|---|---|---|---|---|---|---|
| 緋 | 綜 | 綷 | 綒 | 絓 | 綺 | 緑 | 緌 | 綹 | | 綮 | | 緀 | | 緊 | 緅 | | 綞 | 綷 | | 綻 | | 綣 | | 綰 | | 綼 | | | 緎 | 緈 | 綴 |
| 一二六 | 四九八 | 九三一 | 五三〇 | 一一二九 | 六八一 | 一四〇六 | 八五 | 七六七 | 一三四二 | 七七五 | 一一〇一 | 二〇七 | 七七九 | 八〇一 | 一〇九一 | 一五五九 | 八八九 | 一一一五 | 一一四三 | 八三二 | 一二〇八 | 八一七 | 一一八五 | 八三五 | 一二一一 | 一一一 | 一四五九 | 一六四五 | 一六六四 | 六二九 | 一〇七九 |

| | | | | | | | | | | | | | | | | | | | | | | | | | | | | | | |
|---|---|---|---|---|---|---|---|---|---|---|---|---|---|---|---|---|---|---|---|---|---|---|---|---|---|---|---|---|---|---|
| | 繇 | 綽 | 綜 | 綫 | 緪 | | 總 | 緇 | 綦 | | 綨 | 〔九畫〕 | 緬 | 緐 | 製 | 緣 | 緰 | | 緦 | 緟 | | 緧 | 緒 | 緎 | 緱 | 縏 | 縕 | 緶 | | |
| 一五三五 | 一〇六八 | 一五七三 | 九八七 | 一二一八 | 一四七一 | 一四九四 | 一四八九 | 七四 | 七六 | 一〇二八 | 七七 | | 三六六 | 三四四 | 一四二七 | 一三四二 | 一九三 | 六〇七 | 二三〇 | 三九 | 九八八 | 五九一 | 七四三 | 五九一 | 五九九 | 六〇六 | 五四七 | 三五七 | 八五五 | 九二七 |

| | | | | | | | | | | | | | | | | | | | | | | | | | | | | | | | |
|---|---|---|---|---|---|---|---|---|---|---|---|---|---|---|---|---|---|---|---|---|---|---|---|---|---|---|---|---|---|---|---|
| 緰 | 緾 | 緤 | 緒 | | 緺 | | 緬 | 緤 | | 緪 | | | 緘 | | | 緂 | 緬 | 緗 | 緭 | 緯 | 緯 | 締 | 緵 | | 緛 | | 編 | | 緫 | 緦 | 緣 |
| 六二九 | 三四二 | 八七六 | 二二〇 | 七八三 | 四三六 | 四四六 | 一七二八 | 一七一七 | 一五四三 | 五六四 | 九三二 | 一三一七 | 六五八 | 九六六 | 一三六三 | 八九八 | 八四七 | 四六七 | 一〇三五 | 一〇三二 | 一六二九 | 一〇九一 | 一四 | 九八三 | 八五一 | 一二三二 | 三三八 | 八五五 | 一一八五 | 九九 | 三四五 |

| | | | | | | | | | | | | | | | | | | | | | | | | | | | | | | | |
|---|---|---|---|---|---|---|---|---|---|---|---|---|---|---|---|---|---|---|---|---|---|---|---|---|---|---|---|---|---|---|---|
| | 線 | 緢 | | | | 緡 | 緧 | 緪 | 緩 | 緷 | | 緣 | 縕 | | | 緈 | 縜 | | | 緹 | | 練 | 緝 | 綻 | 緤 | 緆 | | 縏 | 緥 | 總 | |
| 一二三一 | 一二一八 | 三八五 | 四〇五 | 八七〇 | 一二五三 | 二六二 | 二六八 | 二六八 | 八二五 | 二九五 | 八二二 | 一〇〇六 | 二七七 | 八〇九 | 一一七三 | 七三五 | 六七三 | 七六七 | 一四五九 | 二〇一 | 七七六 | 一二一五 | 一六七七 | 一五五九 | 一〇二八 | 一四九四 | 一〇九八 | 六六五 | 六六五 | 一七 | 六六四 |

| | | | | | | | | | | | | | | | | | | | | | | | | | | | | | | |
|---|---|---|---|---|---|---|---|---|---|---|---|---|---|---|---|---|---|---|---|---|---|---|---|---|---|---|---|---|---|---|
| | 緻 | 〔十畫〕 | 緜 | 縪 | 縠 | 縫 | 縸 | 縎 | 縊 | 縕 | 縛 | | 縖 | 縿 | 縓 | 縗 | | 縝 | 縑 | 縵 | 縚 | 緜 | 縏 | 縢 | 縜 | | 縈 | 縐 | | 縟 |
| 八二三 | 一〇一三 | | 三八八 | 一四五三 | 一三八〇 | 一六一九 | 一五八七 | 一四八八 | 一〇一四 | 一一五〇 | 一二七三 | 一五六九 | 一五二四 | 九六三 | 二〇八 | 二二九 | 四三六 | 八〇一 | 六四七 | 六五一 | 四一三 | 一〇八二 | 三一八 | 五六四 | 二五九 | 八一一 | 五二〇 | 一二五三 | 一三三二 | 一四〇九 |

罘 一六九六
罠 二一二
七七九
䍅 九三一
䍂 九四五
〔六畫〕
罣 一一二四
罙 一一八
二一二
〔七畫〕
罟 一〇四五
罤 二一二
䍑 五九六
罦 五九六
罦 一七九
罞 二三二
七七一
一一五〇
罥 八五五
一二二一
〔八畫〕
䍦 一二二三
罍 一二二七
罪 七九一
蜀 一四〇七
罯 一六九六
罭 一六六四
罨 九七五
一七二六

圌 一〇六八
置 九九〇
罩 一二四九
罹 一二五一
罬 一五五三
罧 六二七
一三四六
睪 一六二二
一七一六
罧 六二七
九五八
罨 一七二六
睘 五三〇
一二三二
罫 七八三
〔九畫〕
罰 一四七五
罱 一四二九
罺 九六六
罯 九五一
罳 九六三
七五
署 一〇三九
〔十畫〕
罵 一一八二
罽 一〇八三
罶 九四五
羆 六八
七八二
一二七五

罼 六五六
〔十一畫〕
罿 一四四九
䍢 一五二二
罻 一〇三五
䍣 一三四二
罺 四〇一
一二五四
罹 八九
罨 一七二六
罷 一三八八
〔十二畫〕
罽 二九二
罾 五六二
罿 一三
睘 一二四五
罺 一九三
七六六
罽 一〇九八
罼 八五二
一二一一
一二三三
〔十三畫〕
䍤 八〇五
罵 九二
羂 八四七
䍦 一〇六八
羇 一六二八

〔十四畫〕
羃 一三八八
羅 四二二
罼 一一八
羆 七五
䍬 七六六
䍡 七七七
羃 一六三五
〔十五畫〕
罍 二三七
〔十六畫〕
罿 一六四五
羅 一二三二
〔十七畫〕
羇 九二
〔十九畫〕
羈 七二
羅 一一八
羉 一一一五
䍦 一一八
七二三
羅 一二〇四
羂 一二三四

襾部
西 二〇三

襾 一二八〇
〔三畫〕
要 三七八
一二三七
覂 三六四
〔四畫〕
覄 三六〇
〔五畫〕
票 三八九
覂 六七〇
〔六畫〕
覃 六三一
〔八畫〕
覈 一六七一
〔十二畫〕
覆 一三二六
一三八〇
〔十三畫〕
覈 一五六〇
一六〇四

行部
行 四七三
五〇九

一二九四
一三〇五
〔二畫〕
衐 七二四
〔三畫〕
衍 八三九
一二三三
衎 八二八
〔五畫〕
衒 一二二三
術 一〇一九
一四三三
〔六畫〕
衕 一六
九八四
衖 九八九
街 二一三
〔七畫〕
衙 五三五
衘 四三三
七四三
衚 六七二
衛 一〇二七
衕 一二二二
〔八畫〕
衛 八五五

衙 一二二七
六五八
〔九畫〕
衜 一三四七
衝 二七
〔十畫〕
衛 七四七
衡 五一〇
衞 一〇七一
〔十一畫〕
衠 一四五三
〔十二畫〕
衟 三五
〔十八畫〕
衢 一五四

舛部
舛 八〇一
八四四
〔六畫〕
舜 一一五八
〔八畫〕
舞 七四八

〔九畫〕
䑝 一一六八
〔十畫〕
舝 一一六八

艮部
艮 一一八一
〔一畫〕
良 四七三
六七六
〔十一畫〕
艱 三二八

聿部
聿 一四四八
〔三畫〕
𦘖 二六一
〔四畫〕
肂 一〇一七
〔五畫〕
書 一三三四
〔六畫〕
畫 一一一八

一六〇〇

〔七畫〕

肄 肆

一〇一三 九九八

〔八畫〕

肈 肅 肇

八六〇 一三七三 八六〇

## 臣部

臣 臣

二四二 七二 七九五

〔二畫〕

卧 臤

一二六九 一三三〇 一一六五

〔三畫〕

𦣞

一〇九

〔六畫〕

𦣠

九一五 一二九七

〔十一畫〕

臨

六一六 一三四五

〔十二畫〕

蹼 䑜

一三七五 一四一一 九一一

## 至部

至

九九五

〔四畫〕

致

九九七

〔五畫〕

耋 臺

一四二四 一三六五

〔六畫〕

臷 𦤶 𦤳

一五五九 一二三三 一四五一

〔十畫〕

臻 𦥀 䑈

二五二 一一六八 一〇二三

〔十一畫〕

𦥁

一〇二五

## 豕部

豕

六八四

〔一畫〕

豖

一三九七

〔二畫〕

豻 彔

一三二〇 一一九七

〔三畫〕

豗 象

二三八 七一六

〔四畫〕

豙 豛 豟 家 冡 彩 豝 豘

一四八八 一六二四 一六二二 一〇三六 六八六 七二五 一四一五 四四六 二八八

〔五畫〕

象 豣 豞 䝐 豠

九〇〇 九九 七二五 一三三七 一四二九 一五二五 三二二

〔六畫〕

豣 豥 豤 豜 豕 豢 豦 豥 豦

一九 二三四 二九八 八一九 三五四 一二三四 三六七 一二〇七 七二五 一一一四 一〇四四

〔七畫〕

豨 豩 豧 豨 豨 豢 豪

一三三三 一二〇 一八五 一三四二 一二五四 一三一 七二九 一〇三六 四〇六

〔八畫〕

豵 䝏 豳

九八八 三五四 一一〇一 一一七五

豮

一五六〇 一一二九

〔九畫〕

豭 豬 猳 豭 猵 猵 豫

二九八 一三九 四四四 三六七 一二七三 一三四二 二八〇 一一七五 一〇四〇

〔十畫〕

豪 豯 豲 豳 豲 豯 豯 豯

四〇六 一〇三七 五四九 一三二〇 四九九 二五六 三一六 一九四 二〇九

〔十一畫〕

豴 豵 豵 豶

一六四五 一四 一六四六 一一九四 六一三

〔十二畫〕

豶 豷 豶 豨 豧

二七七 一〇一八 四二 七二五 一〇六 七二五

〔十三畫〕

豫

一四〇一

〔十四畫〕

豶 豯

一七二五 七六八

〔十五畫〕

豶

一七一四

〔十六畫〕

豶 豶

一〇六七 一〇九五

〔十八畫〕

豶 豶

七二五 一七一七

## 豸部

豸

六八一 七八三

〔二畫〕

豹

一六七五

〔三畫〕

豹 豺 豻

二四九 二一五 三一二 一一九五

〔四畫〕

豽 貁 豼

一五一九 八七〇 一二〇

〔五畫〕

貂 貀 貂 貂 豿 豿 貊 貀

四二 四九四 三六八 一三三一 一三三〇 九五二 一四二九 一六一五 一四九五 一五一九 一〇〇 一二〇

〔六畫〕

貆

二九二 三一一

貊 貆 貊 貉 貅

一一六八 一〇二四 一六一五 一五七八 一五八六

〔七畫〕

貋 貅 貍 貍 貌

一一九六 二三〇 一二〇 三一五 六七 二四八

〔八畫〕

貄 貔 貎 貌 貎

一〇二三 一一〇〇 七二五 一七二八 九五二 二三四

〔九畫〕

貒 貓 貐 貐 貐 貐 貐

三一三 一二〇四 三七八 四〇二 二二〇 六一三 四四九 七五二 一五一九

遻 五七五
逅 一三三四
逆 一六〇〇
迹 一五九五
退 一一三二
迿 二六九 一一六四 一二三四
迺 七九〇
迬 一九四
迴 二二一
迷 二〇五
迳 一二一
迻 一〇二
适 一五〇五
追 七四
退 一一八六
建 一四六〇
越 一四六〇
迨 一七〇〇
迵 一五五一 一一〇二

〔七畫〕

逛 九一五
造 八七三 一二五九
連 三四二
逍 三八五
逦 四九三
通 一二
逎 五八二
逡 二五六
逋 一六四
途 一七五
逢 一六 三一
這 一二三四
逜 一五〇五
速 一三七七
透 一三三九
逞 九一九
逦 一七一七
逕 一三三〇
逜 一〇六六
逝 一〇七九
通 一〇八六
退 一一二五
逻 一一四七
逗 七二五 一三二八
逑 五九五
逭 六〇〇
逐 一三七〇 一六四六
逖 一六三四
逪 九一五

〔八畫〕

逵 八〇
逭 一一九六
進 一一五四
逭 一三九五
遣 一五八六
逦 一二八四
迸 一三〇七
逴 一四二四 一五八二
逷 一六三四
逨 二三八 一一五一
逸 一四三七
逯 一三九六 一四一一
逶 一〇〇
遲 三六三
遡 四三七
逬 二六五 一一五一
逫 一四五五
逮 一〇八四 一一三七

〔九畫〕

遈 一六七六
遄 七七〇
遂 一〇〇三
遍 一二三四
遒 一二三四
遏 一五〇一
達 一四九七
逽 一五九一
遂 八五一 一二〇四
遁 八一四 一一七八
逼 一六六一
過 四二五 一二六七
逿 四九五 一二九七
遄 九三三
遰 一七一七
道 八七二 一二五六
遄 三五三
遄 三五九
遑 四七二
遝 一〇六六 一五七七
遇 一〇四七
違 一二六
遒 五八二
遒 六〇〇
遊 五七五
遐 四四三
遡 四三七 四四八 一二八四
逾 一七一 六一四
運 一一七〇
運 六六七

〔十畫〕

蓮 一六八一
遣 八三七 一二二二
遠 八一二 一一八〇
遢 一七〇一
遝 一六九三
遣 一二九九
遱 一〇三〇
遡 一〇六二
遞 七七五 一〇八六
遱 一三四二
遘 一三二九
遛 六一四
遴 五三五
遲 五七
遣 一二三四
遜 一一七九
遙 三七五

〔十一畫〕

遨 四一一
違 四九九
遮 四四二
遱 六〇七
遳 四三三
遭 四一一
遪 一七〇一
遰 一〇八七
遬 一三七八
遬 一三四二 一三七八
遺 一二〇四 一二一〇
遯 八一四 一一七八
遳 一四五三
適 一六〇二 一六三八
遛 一二四六

〔十二畫〕

遚 一三三五
遥 六一四
遵 二五三
遺 六六 一〇一五
遲 五七 一〇二二
選 八三七 八三九 一二一五
遼 一四五二
遻 一〇六六
遴 一一六二
遹 一四四六
遺 一二一〇
邊 九一五
遶 八五七
遷 三三九
遲 六四八
遼 三七一

〔十三畫〕

遽 一〇四一
邃 一〇八五
邂 一一二四
避 一〇〇一
遾 四三七
遽 四四六
邀 三七八
遼 九七五
邁 一一二〇
邅 三五〇 一二三四
遾 一二二六
遭 一六三九
還 三二四 三五二

〔十四畫〕

遽 一五〇一
邈 一四二〇
邃 一〇〇五
遵 一二〇四
遲 一六三九
遾 一一一三 一二三四
邇 六八二
過 八八九

〔十五畫〕

邊 三三八
邋 一七〇一 一七一一
遺 一三九一
邃 二〇八
遷 二一三

〔十六畫〕

遷 一六四六
遼 二八二

〔十七畫〕

遜 三九三 六〇三

〔十八畫〕

邁 二六九 一〇六六
邅 一一九六
邃 三九三

〔十九畫〕

邊 三四〇
邏 四三七 一二六七
邐 七〇四

〔二十畫〕

邁 一一六九
還 一五九一

## 言部

言 二六九 二八四 一一八五
言 八二二

車部

六三八
九六一
一三五〇
閿 八六五
闈 一二五
闉 二五二
闌 三〇六
闍 一八一
四五三
闟 一九五
闇 一二一
闊 一四九八
闒 一五二二
闍 一五九二
闐 一六三八
闔 一六九四
闔 一六六五
闐 一五六一
闋 一五四七
闋 一五四二
闍 九二七
闑 一四七二

〔十畫〕

闠 四九九
闕 一四七三
闒 一六九四
一五〇〇
闔 一六九二
闔 一一二九
闑 一五三七
闘 一三四三

闖 一三四六
闊 一二八五
闐 三五〇
闐 四九九
闔 三九四
闓 七九一
一一五一

〔十一畫〕

闟 八六六
闛 四九二
關 三二三
闕 一五〇
闍 七八〇
闚 七一

〔十二畫〕

闟 一七〇一
闞 九七八
一三四九
一三六二
闠 四九九
闡 一六三〇
闥 三八九
闡 八四四
闒 二一七
七一〇
闦 一一四〇
闢 一二九六
闦 一五六一
闟 一六八六

〔十三畫〕

闒 一二三四
闢 一六〇一
闝 七二六
闟 六五二
一三六〇
闤 三二四
闥 一五〇〇

〔十四畫〕

闟 七二六
闠 二六二
一一六九
闞 一三八四
闢 一三四三

〔十五畫〕

闣 三六七

〔十六畫〕

闧 一六四六

〔十七畫〕

闢 八五五
闟 一五七一

〔十九畫〕

闟 三一六

## 雨部

雨 七四八

〔三畫〕

雪 一五二七
雩 六六二
雩 一六九
雩 九六七

〔四畫〕

雯 二八〇
雰 二七六
雲 二七二
電 三〇一
雬 六一四
雱 四九〇
雵 一一二九
雮 一四〇二
雴 一六八九

〔五畫〕

電 一二一七
雷 七二六
二三二
零 五四三
一三二〇
零 四二
雹 九一六
雹 一四二〇
雩 一五
一三四三
雲 一六八六
雷 一四九五
雹 一六三〇

霄 六四三
霎 一四七二
霈 一四七二

〔六畫〕

霝 一六三〇
霎 一五八五
霫 一七一九
霄 一五六一
霤 一一六九
霙 一一二二
霓 八六六
霂 二二〇
六二七
需 一一七〇
一一九五
霉 一九五
霣 二〇〇
霩 七六九

〔七畫〕

霅 九二七
霂 一三八七
霞 一六三〇
覔 一二一二
霈 一一一二
震 一一五三
霓 一七一八
霆 一二三四
雪 一七〇九
一七二四
霄 三七二

雩 六一四
霆 五四〇
雹 五五二
霅 八〇六
霂 六二五

〔八畫〕

霍 一五七四
弄 五三六
一三〇九
霖 一六三〇
一六四六
霎 一七一八
一七二四
霊 一〇六九
霆 一七一八
霍 九六七
九七六
霏 一二六
霒 六三九
霖 六一六
霑 六四七
霧 六二五
霙 六五一
六六二
霄 五三六
覓 二〇三
一五四四
霎 二〇八

〔九畫〕

霜 四六一

霞 四三九
霰 一五
一〇五二
霏 一二六
霙 四九九
五三六
霸 五四三
霝 五四八
霤 七六六
霰 一五一五
霸 一六八七
霢 一六一六
霳 七三二
霙 九七三
一三六〇
霾 九六七
霧 六二五

〔十畫〕

霙 一六三〇
霢 一六一六
霧 一〇五二
霣 八〇一
一一七六
霧 六六七
霤 一三二八
霒 四九〇
霢 三六七
霏 六四三
六五二
霤 一〇〇
霱 六三九

霣 九九

〔十一畫〕

霪 六二三
霰 一四九五
霙 一五九一
霫 一六八五
霧 一〇六九
霱 一五二七
霸 一三五七
一七一八
霦 二七〇
霏 三二二
霣 一六三〇
霣 一五七七
霳 一四〇二
霛 五五二

〔十二畫〕

霶 一三二〇
霹 六二八
一三四八
霿 一九
霳 二四
霹 一二七三
霰 一二一二
霱 一四五〇
霸 一四二一

〔十三畫〕

霿 六五三
一三六〇

陊　八二〇
陪　二二三
陝　二三八
隄　一九九
陲　六九
陭　一〇五　七二六
陴　八五
陚　七七一　一〇六五
陫　七三一

〔九畫〕

陽　四五四
陵　九五二
[illegible]　八〇四　八五二
隊　一一三〇
陘　一七二〇
[illegible]　一六七六
[illegible]　一二〇五
[illegible]　一五八八
隉　一五三九
隌　九六七　一三四八
隆　八
隇　一一三
階　二一四
陾　五六五　一三四三
隅　一五一
隁　八一四　一一八六
隃　一一七九　一〇六五
隈　二二一　一一五一
隋　一二一　八八八　一二七〇
陼　七四五　七六九
隍　四八〇

〔十畫〕

隅　一二八一
隒　九七一
隘　一一一七
隟　一四六〇
隙　一六〇〇
隔　一六〇四
[illegible]　一五三九
隗　七八八
隚　四六〇　四九三
隑　二三五　一一五一
隕　三六四　八〇〇　一一七六
陸　八二　八九一
隝　七五三

〔十一畫〕

降　七九一
頤　五三一　九二七
隊　四九九
隍　四九九
隔　一八四　六一四
陸　二〇一
隺　二三八
隟　四〇三
隆　一三四三
隲　三六七　一一八六
障　四八四　一二八九
際　一〇七四

〔十二畫〕

隲　一〇二
陽　六三〇
隭　一六三〇
隵　一五六一
鼰　一五五四
隥　一三一六
隫　二二三　一一五一
隍　四二〇
隲　一八三
隔　九六
隩　一二五七

〔十三畫〕

解　七八二
隧　一〇〇五　一一五一
隨　六四
隮　一三六二
隳　一七〇一　一七一八
險　九六八
隟　一六八九　一七二一

〔十四畫〕

隰　一六八三
鼰　一〇三〇
隮　一〇九八
隴　一七一八
隊　四一九
隱　八〇七　一一七三
隊　七六六
隟　八〇九

〔十五畫〕

隙　八二　八九一
隤　一三九一
隋　六四

〔十六畫〕

隴　六六九

〔十七畫〕

隲　一四四七
隵　一二一

〔十八畫〕

隳　八一九

〔二十二畫〕

鼸　一一二九

〔二十四畫〕

隱　五五二

## 隹部

隹　九六

〔二畫〕

准　七九七
隺　一四一一　一四二九　一五九二
隼　七九七
隻　一六一四
隽　一一六九

〔三畫〕

隻　一三四三
雀　一五六六
堆　二〇　六六七

〔四畫〕

隿　一六六七
斂　六六一
雃　六三〇　六五三
雅　四四二　八九二
雄　六
雁　三三三
推　一五三七
雉　一〇二
集　一六七八
雇　七六二
雁　一二〇六
雋　一〇八

〔五畫〕

雋　八四八　一一五八
雉　一二三　六九三
雉　一五四九
雍　二九　九八七
睢　一四五
雌　七九
雌　六七
雎　六〇九　一三三二

〔六畫〕

翟　一五五二
雒　一五八五
雃　三五九
餝　一二二

〔七畫〕

雊　一四〇七
雅　七二六
雓　一四三〇

〔八畫〕

雖　一二二　一〇二〇
翟　八八
雜　二五三
雓　六〇四
雕　三六九
蒦　三一四

〔九畫〕

雉　一四一一
雖　六七五
雈　一〇六五
雞　一四八九
雖　九六
雞　二七〇　一二二七
雍　六〇四

〔十畫〕

雛　三六
雜　一六九一
雗　一一九九
雞　二〇一
雛　一五八
雙　四五

〔十一畫〕

鏦　三九
雗　一三三七
難　三〇四　四三〇　一一八七
離　五二　七一六　一〇一九　一〇八八

〔十二畫〕

雗　六三〇　一三四八
雝　二一二
雟　一四八三

〔十三畫〕

雚　一〇六
雔　一六八九

〔十五畫〕

雜　八八
雞　一五六二
雛　一一八七

〔十六畫〕

雥　一七〇一

韊 三一八 八三二
（二十三畫）
韅 一二三三
（三十畫）
𩐉 三一八

韋部
韋 一二五
（二畫）
匩 一三三
（三畫）
韌 一一六二
（四畫）
韍 四〇五
䪏 一六九六
䪐 一六八九 一六九四
（五畫）
䪒 一七一八
𩎿 一四六四
韎 一一四五 一四七八
韎 一〇三六 一一二五

鞋 一一五二
䪗 一〇六九 一〇三〇 一五六一
𩎻 一六三一
𩎼 一四九五
（六畫）
韏 八二三 一一八一 一二二六
𩏁 一一三三
韐 一七二八
𩏄 一三九三
（七畫）
𩏇 一一三三
鞘 一二四〇
（八畫）
韓 三〇二
韽 一七〇一
韔 一二九五
鞞 七〇五
䪔 四三七
𩏑 二九九
䪝 二九七 八二三
（九畫）
韙 七二八
韗 一一七三

𩏫 一一八六
韘 一三四三
韖 一七〇八 九五二
𩏘 八三三 一二〇一
𩏢 四四九
韞 八〇九
（十畫）
䪙 七三二
𩏩 三一〇
䪚 一五八六
𩏮 一七〇一
𩏯 四一七
韛 一一二二
韝 五八九 一三四三
韜 四一三 一二六六
韠 一四四七
（十一畫）
𩏷 一〇三〇
韠 一四四七
𩐀 一一二二
𩏼 一〇三〇 一〇九八
（十二畫）
韡 七三二
𩐁 七二九

韢 一〇三〇 一〇九八
韇 一一五二
（十三畫）
韥 六六一 九七六 一三六〇
韂 六五七 一三六〇
韣 一三八五 一四一二
𩐃 九八八
𩐄 一六三一
𩐅 七三二
（十四畫）
韄 一六二〇
（十五畫）
韈 一四七八
（十八畫）
韊 三九四 一二四六

音部
音 六二〇
（二畫）
竟 九一八

（三畫）
䪫 二四
䪦 一二二
（四畫）
韴 一七〇一
䪨 八二三
（五畫）
韶 三七六
（六畫）
䪭 四七
䪯 一四〇二
䪮 一四二六
䪬 一三四八
䪪 二四
（七畫）
䪱 一四九五
䪲 五二九
韸 一八
（八畫）
䪵 一七一八
（九畫）
韺 五三六
韹 四九四
（十畫）
韻 九八五

䪳 一一七一
䪸 五三六
（十一畫）
韾 六三〇
䪶 六三〇 六三七 九六七 一三五三
響 一三六四 九〇四
（十三畫）
𩐨 一七一八
𩐫 一四三〇
（十四畫）
護 一〇五七

香部
香 四五六
（四畫）
馠 六三九
馚 二八〇
（五畫）
馞 一五五一
馝 一四五四
馛 一五〇五
馜 一四八四

（七畫）
馞 一四八四
馠 六三九
（八畫）
馦 一五五一
馩 七二六
馪 六六八
馣 六三七 九六七
馡 一三三
（九畫）
馧 一四九六
馥 一三七七 一六七一
馤 一一一三
（十畫）
馦 五三六
馩 一五〇六
馪 六五四
（十一畫）
馨 五四一
（十二畫）
馩 二八〇
馛 六四三
（十四畫）
馦 一一一六

馩 二七〇
（十八畫）
馫 三九四

風部
風 七
（二畫）
颩 四〇五
（三畫）
颫 二二四
嵐 六一四 六三三
（四畫）
颯 五三六
颮 一四四九
颫 四四八
颮 四二〇
颬 一九五
颱 三〇一
颫 一五六一
（五畫）
颭 一六九三
颯 一六九三
䫻 一四九五 一五一五
颷 一四五六

鬖 五九四 一〇三〇
鬆 四二
鬛 一七一八

〔十二畫〕

鬘 一五一五
鬛 一六三一
鬣 一六七六
鬚 一一八六
鬜 三三〇 一五一五 一五一九
鬟 一四〇二
鬠 二三九 五七〇
鬡 一五一五
鬢 一五六
鬞 三三二
鬙 三九四
鬚 一二五四
鬤 五七〇
鬠 一〇二一
鬢 一三四四 一三九六

〔十三畫〕

鬟 一二五四
鬣 一一一五 一五一五
鬤 四五
鬢 三二五

〔十四畫〕

鬡 五三六
鬠 七七七
鬣 七八〇 一〇九五
鬢 一一五六
鬘 二四
鬛 六三七 一三五四

〔十五畫〕

鬘 三五九
鬣 一七〇四
鬚 八三二
鬛 一〇九五 一五四七

〔十六畫〕

鬣 一八八
鬛 一六四六

〔十七畫〕

鬤 五五三
鬟 四八九

〔十九畫〕

鬢 一二〇五

鬯部

鬯 一二九二

〔五畫〕

鬦 七二六

〔六畫〕

鬨 一〇一八

〔十畫〕

鬭 七四〇

鬲部

鬲 一六一三 一六三七

〔三畫〕

鬲 四三三

〔四畫〕

鬳 二七九
鬳 七一〇

〔五畫〕

鬴 一六三八

〔六畫〕

鬵 一六三八
鬳 四九一
鬻 一一八二
鬵 一〇三七

〔七畫〕

鬴 七五七
鬵 一三一七

〔八畫〕

鬻 一〇三五

〔九畫〕

鬷 六六五

〔十畫〕

鬹 八七〇
鬺 六二二 六五七
鬸 一三四四

〔十一畫〕

鬻 一八九
鬺 四九五
鬻 一〇五

〔十二畫〕

鬻 一一一 一三八一 一五五〇
鬻 九九九
鬻 一三一七

〔十三畫〕

鬻 一四八八
鬻 一四一三
鬻 一六二一
鬻 一三九四

〔十四畫〕

鬻 二九四
鬻 二九四

〔十五畫〕

鬻 三五〇
鬻 二九四

〔十六畫〕

鬻 八七〇
鬻 五〇一

〔十七畫〕

鬻 一三八七

〔二十畫〕

鬻 一五七六
鬻 一三九四

〔二十一畫〕

鬻 三八七

〔二十二畫〕

鬻 一三九四

〔二十七畫〕

鬻 一五五〇
鬻 一五〇八 一五五〇

鬼部

鬼 七二七

〔三畫〕

鬽 一〇〇五
魁 七九三
鬾 一一四七

〔四畫〕

鬿 一二六四
魀 一一三三
魂 一二八五
魁 一二二一 七九五 一一五二
魃 一〇三 七二六 一〇一九

〔五畫〕

魅 一〇〇五
魃 一五〇二
魄 一五八〇 一五九八
魆 二六一
魋 一一三 一〇二四

〔七畫〕

魏 一二五四
魊 九三三

〔八畫〕

魌 九二
魑 一二二二
魋 一二二二 二三三
魆 一八七
魖 一三六〇
魍 九一〇
魏 七二六 一〇三二
魊 一六六八
魌 二四

〔九畫〕

魏 一九五 八九九
魑 三九四
魖 一二二 七九一

〔十一畫〕

魑 八九
魔 四二八
魖 一四六
魕 一四六〇
魖 四三二 一二七三
魏 一二〇五
魕 一一三〇

〔十二畫〕

魕 一三三

魑 四〇三 八七〇

〔十四畫〕

魘 一五二五
魘 一〇二五
魗 一三三七
魘 九七二 六〇一 九五二
魗 二六一

〔二十一畫〕

魘 一四一五

馬部

馬 八九一

〔二畫〕

馬 三二九
馮 六 五三二 五六五
馭 一五二一
馶 一〇三九

〔三畫〕

馵 一六八五
馴 二五一
馯 一一九六
馰 一五八五

鮠 一三二一　鮔 五六七 一三二一　鮨 一〇七　鮞 九三　鮴 七八〇　鮮 三四〇 八四五　鮡 三八七 八六〇　鮬 一八三　鮢 一九五　鮚 一四五三 一五二五　鮤 一一〇二 一五五一　鮦 六七二　鮮 六七二　鮵 一五〇八　鮧 一三九五　鮥 一五八二　鮖 一三三七

〔七畫〕

鮻 一六三一　鮿 一五六二　鯉 七〇〇　鯒 一七二六　鯓 一七一二　鯏 九四九 一三四四　鯁 九二三

鮸 八五二　鮼 五〇〇　鮺 三九四　鯈 五九五 一四〇二　鯍 一八一　鯃 一九五　鮹 四〇五　鯴 二三九 六一五　鯶 一二二　鮍 一六八九　鯆 一九五 七七一　鮷 二〇〇 七八〇　鯅 五〇〇　鯊 四四五　鯑 六〇三　鯇 八三六 一二〇五　鮾 七八九　鯚 六二七　鯉 五三一　鯀 八一六　鯋 六〇二　鯅 三六七 八〇六

〔八畫〕

鯼 一一六九　鯙 一二五一　鯑 一七一八

鯜 一七一一　鯛 三八六　鯧 五〇〇　鮩 九二七 九三三 一四六一　鯫 六〇〇 九四七　鯵 八三七　鯨 五〇八　鯖 五二五　鯺 二八〇　鯟 二三四　鯭 一五九二　鯯 一五二五　鯙 二七〇　鯩 二七〇　鯇 二〇三　鯪 五六五　鯤 二九三　鮆 一〇七　鯕 一一〇　鯛 一五六二　鮨 一三六〇 一三六二　鯘 七八九　鯡 一〇三七　鯦 九四九 一三三七　鯞 九五二　鯐 八九七

鮈 一三九四　鯥 一三九四　鯌 一五八三　鯙 一四五五　鰄 一六七六　鯺 一〇四六　鯝 一〇六九　鰲 一〇九二　鯮 一一一六

〔九畫〕

鯔 一二二　鰓 二三五 七二六　鰃 二三九　鰆 二七〇　鯷 二〇六 七二六 一〇三〇 一〇九三　鰟 二〇八　鰌 五六七 一三一七　鰁 一二二　鰓 一四一五　鰅 一一六　鰒 一四二一　鮻 二〇　鰈 一六九七 一七一八　鯾 三六七

鯿 三五二　鰑 四九〇 五〇〇　鱀 一五一五　鯼 一五〇四　鰕 四四八　鰍 四五三 一二八五　鰔 一三四　鰁 一三四　鰈 一六三一　鰊 一二二四　鰌 五九一　鰍 五九一 一六四六　鯸 六〇六　鰇 二一五　鰀 三三二　鰦 一〇三〇　鯹 五四二　鯙 五四八　鰋 八一七　鰅 三九 一八一　鰐 一五八六　鰂 一六六八　鰖 一〇三七　鯽 一六二二 一六七六

〔十畫〕

鰞 一九五　鱧 二三九

鰠 四二一　鰧 五六九　鰦 一二二　鰣 一二二　鰤 一二二　鰭 八五　鰡 六〇三　鰪 一七〇二　鰫 四〇　鰨 一五二五　鰿 八九一　鰊 四五六　鯿 一六二〇　鰰 一二〇五　鰿 一六二〇　鰝 八八〇 五九二　鰩 一三九四　鯦 一六三一　鰦 三二七 一二一二　鰩 三八一　鰟 三六二　鱶 八九七　鰢 八九七　鰜 六五二 一三六〇　鰳 一六九六　鰯 一七〇二　鱄 一八九　䲡 一五〇

〔十一畫〕

鰷 三八二　鰾 八六七　鰹 三五八　鰱 三六一　鱂 五〇〇　鰴 一三二　鰯 一六七六　鰲 四二一　鰼 一六八五　鰿 一六二一　鱅 三六　鱋 六〇七　鱢 四〇六 八八二　鱓 二七〇　鰻 三一四 一一八六　鰲 一二三　鱄 三一九 三六二 八五二　鱔 六〇九　鰥 一〇三七　鰲 一〇三〇　鰒 一四二一　鰶 一〇九五　鱉 八〇六　鰸 一八四　鱻 一九五　鷖 一〇二二

〔十二畫〕

鱒 八一六 一一八六 一二三五　鱗 二四五　鰲 二六一　鱶 一二三　鰞 一二三　鱉 一五三四　鱃 七二六 八八八 一二七四　鱁 一一〇二　鱑 八一一　鱌 九一六　鱛 六二六　鱏 六二四　鱓 八四五　鱮 一二六二　鱝 五〇〇　鱤 八三二 一二〇五　鱎 三九四　鱍 一五〇四　鱊 一四五四　鱰 一六七六　鱖 一〇八七 一四八七

〔十三畫〕

鱦 五六五

鴖 一〇二五
鵊 一七二九
鴟 一六八七
　一七一九
鴘 一七一八
䳑 三六七
鵖 四九三
鵟 五〇〇
䳭 一一七六
鵗 一四〇二
鴿 一四一一
鵝 一四九六
鵆 一六二四
鵡 七六五

〔八畫〕

鶄 五二四
鵔 六五七
鶮 六三八
鶂 二一三
鵴 一三九三
鶏 一三八八
鶅 一五〇六
　一五二〇
鵬 一三八二
鵿 一六三五
鵫 一四五一
鶖 一七〇二
鶃 五二七
䳔 五三六
鶊 五二四
　五五三

鵭 一五〇
鶋 一四五
鶉 二五三
鵬 五六三
鶪 二九三
鶍 二九五
鵽 二三四
鵳 一二三
　二一八
　四五三
　五三六
鷔 一二三
鵙 一〇九
鶩 八七
鶬 九四
鵰 九四
鵲 一五七一
鵠 一三九三
鶨 六六八
鶡 一一〇
　一〇三〇
鶒 一六六九
鵹 一五六二
鵼 一〇六六
鶓 六三〇
鵻 一〇六九
鶥 一四七〇
鶛 九五二
　一三四四
鶇 一二五五
鶘 一五四一
鵚 一二八五

鶈 八八〇
鶻 三六七
鶊 四四二
鵤 一二三

〔九畫〕

鶤 一六二二
鶞 一六七六
鷗 八一八
鶒 一三九三
　一六七六
鷔 一〇五二
　一三八〇
鶇 一三四
　一一七六
鶔 一一八六
鶌 一三四四
鶝 一三九二
鶥 一五〇四
鶏 一四八九
鷘 一六二四
鵴 一二二六
鶪 一六三八
鷏 七七一
鶆 二三九
鶦 二三九
鶒 二〇九
鶗 二〇八
鶏 一〇七
鶥 一〇八
鶚 一五七六
鶇 一五四七

鵢 八六五
鶣 三六三
鶤 四三
鶩 五九一
鶖 六〇〇
鶸 三九四
鵿 五三六
鶛 二一八
鶒 四〇三
鶘 二五九
鶮 二六三
鶟 二九〇
鵭 三〇一
　三三〇
鶙 三〇一
　三六七
鵬 一九六
鵬 一九六
鶐 六一五
鶗 一二三

〔十畫〕

鶻 一四七九
　一五一七
鶤 一四五三
鶮 一六三九
鷖 六〇六
鷍 一六三五
鷃 一二〇七
鷉 二〇七
鶴 二一三
鷊 一二三

鷰 八八
鶴 一五六五
鶾 一五一五
　一五二二
鷂 一六四六
鶒 一四五五
鵯 一六七六
鶠 一四四九
鶇 一三四四
騭 八九九
鵫 三五九
鶗 三八四
　一二四〇
鶬 四八六
鶶 五〇〇
鷗 三六
鵒 四三
鶝 五九一
鶯 五一二
鷬 三〇三
　一二〇五
鶱 二九二
鶿 六五〇
鶓 七九八
鷄 一五八
鷄 二〇一

〔十一畫〕

鷟 二〇三
鷲 一五二六
鷩 二八三
鷏 一九六

鷉 八八
　一二三
鷢 一六三一
鷲 一〇一〇
鵞 一四九六
鷞 一一六九
鷞 三〇四
　一二〇五
鷸 一六四六
鷸 一六四一
鷛 三九
鷲 四三
鷗 五八七
鷗 五八七
鷓 三九四
鷚 三九五
　六一五
　一三三四
鷔 六一五
　一二六六
鷚 一三三四
鷁 二六一
鷂 三〇四
鵒 一四五一
鷚 一四五四
鷄 一六八九
鶬 一六八七
鷽 七二六
　八六一
鷔 一六七〇
鷸 一三四四
鷂 六三八

鶝 三六七
鸝 一四六一
鷟 一四一八
鷩 六四〇
　一三六四
鵰 一二八一
鷇 四二一
鷯 九一六
鷮 五〇〇
鷤 五〇〇
鷊 五〇〇

〔十二畫〕

鷁 二八〇
　三〇一
鷚 一五四七
鷢 六二六
　一二四七
鷩 九一六
鷃 三六三
鷭 一二四七
鷅 三八三
鷐 三八三
鷎 四五三
　一二八五
鷩 一〇八五
　一五四一
鷴 三三九
鷳 三三九
鷦 四〇六
鷕 四二一
鷺 五七〇

鷻 三一七
鷲 一三三〇
鷟 一五〇
鸄 六一五
鷷 二六〇
　三二三
鷭 三〇一
鷶 七八二
鷡 一九六
鷤 二〇八
　三三三
鵬 一二三
鷩 一二三
鴈 一四八三
鷮 一四四六
鷷 二四
鷚 一四〇二
　一四一五
鸀 一五九二
鷢 一六四六
鷄 一六八九
鷧 一〇二二
鷭 一九六
　一〇六九

〔十三畫〕

鸂 一二〇五
鸍 一六四二
鷶 三三二
鸁 四三八
鸆 四七
鷹 五五六

⿰鳥義 一二三
鸅 一六三一
鸀 一四一二
⿰鳥蜀 一四〇二
⿰葛鳥 一五二〇
鸃 八七
鸆 一九六
鶬 九六七
鸂 二一〇
鷩 一六四〇
鷾 一〇二五
⿰業鳥 一七二九
鸇 三五八
⿱雋鳥 四九〇
⿰劉鳥 六〇三
⿰雩鳥 五五三
鷺 一〇四八
鷽 一四二五
鷫 一三九六

〔十四畫〕

鷗 六四四
鷊 一〇四
⿰馬旗 一〇九 三五八
鸌 一五九二
⿰熏鳥 一一七六
[illegible] 一九 六六八
鸛 一四二三
鸑 一四一七
鸒 一五〇 一〇四四

鸎 五一二 五二三
[illegible] 五三六
[illegible] 六一五

〔十五畫〕

[illegible] 七一四
鷰 七一四
[illegible] 一二六六 一三九二
[illegible] 一四〇二
[illegible] 一五八五
[illegible] 六二五
[illegible] 一七〇二
[illegible] 一五六二
[illegible] 一五五四
[illegible] 一一一七
[illegible] 九一六

〔十六畫〕

[illegible] 一四〇二
[illegible] 一三八八
[illegible] 一三八八
[illegible] 三八
[illegible] 一八一
[illegible] 一二一六
[illegible] 一五九二
[illegible] 一五九二
[illegible] 一四四六

〔十七畫〕

[illegible] 七七一
[illegible] 五二三
[illegible] 一五二六
[illegible] 一五八二

〔十八畫〕

鸜 一八三
[illegible] 二〇七
鸓 一三九二
鸛 三一八 一二〇五
[illegible] 一二〇五

〔十九畫〕

鸝 八七
鸞 三〇九 三三二

〔二十畫〕

[illegible] 一五九二

〔二十二畫〕

[illegible] 一七一九
[illegible] 三六五

〔二十五畫〕

[illegible] 三〇二

鹿部

鹿 一三六九

〔二畫〕

麀 一六八
麂 六九一
[illegible] 五九〇

〔三畫〕

[illegible] 三三三
[illegible] 七二七

〔四畫〕

麃 四〇〇 八六二
[illegible] 八七九

〔五畫〕

[illegible] 一〇四四
[illegible] 七五二
[illegible] 五三六
[illegible] 二五九

〔六畫〕

[illegible] 六五
[illegible] 一〇四四
[illegible] 一六九一
[illegible] 三五八 一二三五
[illegible] 二一三

〔七畫〕

麌 一八三 七四八
麎 二五八
[illegible] 二六二
麐 二四六 九五二 一一六五
麏 一二五九
[illegible] 一二五一
[illegible] 九三三

〔八畫〕

[illegible] 一二三
[illegible] 一二〇一
麓 一三七八
[illegible] 九四九
麖 五二二
麕 二五九
[illegible] 三〇二
[illegible] 一二三
麗 八五 一〇七一
麒 九七
[illegible] 一四〇二
[illegible] 四一六
[illegible] 二〇五

〔九畫〕

[illegible] 二〇五
[illegible] 五九〇
麚 四四六
[illegible] 一二〇一
[illegible] 六六〇

〔十畫〕

麝 一二七九

〔十一畫〕

[illegible] 一三九一
麞 四七九

〔十二畫〕

麟 二四五

〔十三畫〕

[illegible] 五二二

〔十四畫〕

[illegible] 二〇八
[illegible] 一九六 一二〇一
[illegible] 一〇四四

〔十七畫〕

[illegible] 五四七

〔二十二畫〕

麤 一六八

麥部

麥 一五九八

〔三畫〕

⿰麥寸 二三四
[illegible] 一六七六
[illegible] 一四八三
[illegible] 一二一二

〔四畫〕

[illegible] 一二三
麩 一七九
[illegible] 一四九四
[illegible] 八六七
[illegible] 一五六二
[illegible] 一二一八

〔五畫〕

[illegible] 一五一五 一五二六
[illegible] 一五二一
麭 一二五五
[illegible] 九五二
[illegible] 四三八
[illegible] 七四六 一〇四四
[illegible] 七一八

〔六畫〕

[illegible] 一六三一
麯 一三八〇
[illegible] 六九八
[illegible] 五九六

〔七畫〕

[illegible] 一二七四
[illegible] 四五三
[illegible] 八二三 八三七
[illegible] 一九六
[illegible] 一二三
[illegible] 二四
[illegible] 一四九六
[illegible] 一二一二
[illegible] 一四九六

〔八畫〕

[illegible] 一四〇二
麳 二三九
[illegible] 一四九六
[illegible] 一四九六
麴 一三八〇
[illegible] 八九七 八九九
[illegible] 八三七 一二一二
[illegible] 八二三
[illegible] 一二三
[illegible] 一〇四

〔九畫〕

麵 一二一八
[illegible] 一四九六
[illegible] 八六四
[illegible] 五九六
[illegible] 一九六

〔十畫〕

[illegible] 八八八 一二七四
[illegible] 七二七
[illegible] 一二三

# 續經籍籑詁卷第一

上平聲

## 一東

**東** 日在木中為丨。〔說文定聲・卷七〕(「杲」下)○丨，春方也。〔廣韻・東部〕○丨，一曰春方也。〔集韻・東部〕○漢制，太后率居長樂宮，在未央宮丨，故曰丨宮。〔漢書・劉向傳〕「依丨宮之尊」補注。○丨宮，太子所居之宮。〔詩・碩人〕「丨宮之妹」朱傳。○丨宮，世子也。(同上)集疏引魯說。○丨膠，官舍也。〔廣雅・釋宮〕「丨膠，官也」疏證。○大學在王宮之丨命曰丨膠，仿夏之丨序。〔說文定聲・卷一〕(「廱」下)○丨君，日也。〔屈賦・東君〕戴注。○祠在楚丨，故云丨皇。〔屈賦・東皇太一〕戴注引呂向。○日出亦謂之丨方作。〔漢書・眭兩夏侯京翼李傳〕「丨方作」雜志。○丨后者，諸侯也。〔史記・封禪書〕「遂覲丨后」雜志。○丨崖，猶丨方耳。〔漢書・江息夫傳〕「丨崖」雜志。○丨山，即蒙山。〔詩・東山〕「我徂丨山」集疏。○所謂丨山，蓋即章山也。〔漢書・枚乘傳〕「其珍怪不如丨山之府」補注引沈曾植。○丨夷，謂高麗也。〔文選・長楊賦〕「丨夷橫畔」補正引何焯。○謂物曰丨西。〔通雅・卷四九〕

**同** 丨，合也。〔廣韻・東部〕○丨，猶合也。〔詩・車攻〕「射夫既丨」陳疏。○丨之言會合也。〔詩・七月〕「二之日其丨」通釋。○丨，聚也。〔詩・吉日〕「獸之所丨」朱傳。又〔蓼蕭〕「萬福攸丨」朱傳。又〔七月〕「我稼既丨」朱傳。○丨，猶聚也。〔詩・瞻彼洛矣〕「福禄既丨」朱傳。○丨，齊也。〔廣韻・東部〕又〔詩・車攻〕「我馬既丨」朱傳。○丨，共也。〔廣韻・東部〕○丨，協也。〔詩・車攻〕「射夫既丨」朱傳。○丨，和也。〔禮記・禮運〕「是謂大丨」集解。○丨，平也。(同上)○丨，輩也。〔廣韻・東部〕○丨者，有阿比之意。〔論語・子路〕「君子和而不丨」朱注。○丨，即通也。〔孟子・公孫丑上〕「善與人丨」焦正義。○丨，猶通也。〔周禮・大祝〕「掌六祈以丨鬼神示」平議。○丨亦會朝之通名。〔詩・閟宮〕「淮夷來丨」通釋。○丨盟，猶言宗盟也。〔左傳文公四年〕「丨盟滅」疏證引沈欽韓。○殷見曰丨。〔詩・車攻〕「會丨有繹」朱傳。○諸侯衆覜曰丨。〔論語・先進〕「宗廟之事，如會丨」朱注。○丨，同力也。〔詩・旄丘〕「靡所與丨」通釋。○丨，竭作以狩也。〔詩・七月〕「二之日其丨」朱傳。○丨姓，蓋謂同母生者。〔詩・杕杜〕「不如我丨姓」通釋。○丨出謂俱嫁一夫。〔釋親〕「女子丨出謂先生為姒」鄭注。○丨仇，即同伍，聯為軍伍。〔詩・無衣〕「與子丨仇」後箋。○丨巷謂丨里耳。〔漢書・食貨志〕「婦人丨巷」補注。○雪雲曰丨雲。〔詩・信南山〕「上天丨雲」集疏引韓說。○六丨者，大呂、夾鐘、仲呂、林鐘、南呂、應鐘也。〔說文定聲・卷一〕○(同上)六丨者，亦曰六呂。〔周禮・大司樂〕「六律六丨」。○(同上)六丨者，〔周語〕謂之六間。〔周禮・大司樂〕「六律六丨」。○(同上)丨，假借為鍾。〔書・顧命〕「上宗奉丨瑁」。○(同上)丨，假借為鐘。〔周禮・典同〕「掌六律六丨之和」。○蓋以丨、瑁為一物。瑁者，義取覆冒天下，故為大丨也。〔書・顧命下〕「上宗奉丨瑁」孫疏。○丨，今文作銅，銅即金也。(同上)○丨為酒器。〔書・顧命下〕注「丨，酒杯」孫疏。

○丨蹄，羌複姓。〔廣韻・東部〕

**銅** 丨，金之一品。〔廣韻・東部〕○丨與金同，故字从金同。〔本草・卷八〕○〔說文定聲・卷一〕丨，假借為鐘。〔周禮・典同〕故書「六丨」。○丨，取其同心也。〔漢書・文帝紀〕「初與郡守為丨虎符」補注引張晏。○丨葉，指甆也。〔通雅・卷四九〕○丨鈸，今之鐃鈸也。〔卷三〇〕○丨者，律管也。〔大戴・保傳〕「太史持丨而御户左」王詁。○丨鈷鉧，一作鈷鏻，即熨斗也。〔通雅・卷三三〕

**桐** 丨，木名。〔孟子・告子上〕「拱把之丨梓」朱注。又〔廣韻・東部〕○丨華成筒，故謂之丨。〔本草・卷三五〕○丨，梧丨也。〔詩・定之方中〕「椅丨梓漆」朱傳。○丨、痛聲義並相近。〔廣雅・釋詁二〕「丨，痛也」疏證。○恫、丨聲義並相近。(同上)○丨，幼稚也。〔漢書・禮樂志〕「丨生茂豫」補注引劉攽。○丨與童通。〔漢書・廣陵厲王傳〕「毋丨好逸」補注引李慈銘。○丨之言童也，小木之名也。〔釋木〕「榮，丨木」述聞。○丨，假借為僮。〔說文定聲・卷一〕○丨，輕脫貌。〔集韻・東部〕○丨，通作通。(同上)○丨、侗通。〔漢書・禮樂志〕「丨生茂豫」補注引沈欽韓。○侗與丨古字通，侗訓為長也。〔漢書・廣陵厲王傳〕「毋丨好逸」補注引王念孫。○丨者，侗之假字。〔法言・學行〕「丨子之命也」平議。○〔說文定聲・卷二〕丨，假借為詷。〔漢書・廣陵王胥傳〕「毋丨好逸」。○(同上)丨，假借為迵。〔漢書・禮樂志〕「丨生茂豫」。○丨提，〔左傳〕作銅鞮。〔大戴・衛將軍文子〕「蓋丨提伯華之行也」王詁。○丨人，猶言木偶。〔漢書・戾太子傳〕「得丨木人」補注引翟鴻禨。○丨，姓。〔廣韻・東部〕

**筒** 丨，竹名。〔廣韻・東部〕又〔集韻・東部〕。○丨通洞，無底也。〔說文〕「丨，通簫也」繫傳。

**童** 丨子，未冠者之稱。〔論語・憲問〕「闕黨丨子將命」朱注。○女子未笄亦稱丨也。〔釋名・釋長幼〕「丨，女子之未笄者亦稱之也」疏證。○丨，獨也。〔廣韻・東部〕○無角曰丨。〔詩・抑〕「彼丨而角」朱傳。○一曰山無草木曰丨。〔集韻・東部〕○丨，罪人之子沒官供給使者也。〔說文〕「僮，未冠也」繫傳。○今人丨僕字作僮。〔說文〕「丨，男有辠曰奴」段注。○古丨、僮通。〔詩・褰裳〕「狂丨之狂也且」陳疏。○丨、僮，古同聲而通用。〔廣雅・釋訓〕「丨丨，盛也」疏證。○〔說文定聲・卷一〕丨，假借為僮。〔易・蒙〕「匪我求丨蒙」。○丨，僮之借字。〔詩・褰裳〕「狂丨之狂也且」後箋。○丨，或借僮字。〔說文〕「奴曰丨」義證。○丨，古瞳字也。〔漢書・項籍傳〕「舜蓋重丨子」補注引錢大昭。○丨為昏昧之義。〔詩・褰

裳」「狂|之狂也且」通釋。○|蒙之言|矇也。〔述聞・卷二二〕○|幼，迷昏也。〔慧琳音義・卷二二〕引〔玉篇〕。○胥|，〔晉語〕作「胥之昧」。〔左傳成公一七年〕「立其左右胥|」洪詁。○|與憧通。〔淮南・道應〕「商樸女重」平議。○|、幢，古同聲而通用。〔廣雅・釋訓〕「||，盛也」疏證。○古|、重通用。〔説文〕「董，鼎董也」段注。○〔説文定聲・卷一〕|，假借為同。〔列子・黄帝〕「狀不必|而智|」。○|容與襜褣同。〔方言四〕「襜褕」箋疏。○〔説文定聲・卷一〕|容，〔方言〕作「襜褣」。〔小爾雅・廣服〕「襜褕謂之|容」。○||，盛也。〔詩・采蘩〕「被之||」集疏引魯、韓説。

**僮** |，今之童字。〔説文・叙〕「學|十七以上」段注。又〔墨子・非攻下〕「傳子」雜志。○古|、童通。〔詩・采蘩〕「被之||」陳疏。○|與童通。〔詩・采蘩〕「被之||」述聞。○童與|通。〔廣雅・釋詁三〕「|，癡也」疏證。○童、|，古同聲而通用。〔廣雅・釋訓〕「童童，盛也」疏證。○〔説文定聲・卷一〕|，假借為童。〔漢書・賈誼傳〕「今民賣|者」。○|，通作童。〔説文〕「|，未冠也」義證。○|謂僕使之未冠笄者。〔説文〕「童，男有辠曰奴」義證引〔急就篇〕顔注。○〔説文定聲・卷一〕|，十九以下，八歲以上也，字亦作僮。〔張公神碑〕「驂白鹿兮從仙僮」。○|，即奴也。〔漢書・南粵傳〕「虜賣以為|」補注引周壽昌。○|，|僕。〔廣韻・東部〕○|，特給事賤者之號。〔漢書・衛青傳〕「季與主家|衛媪通」補注。○|，字亦作瞳。〔説文定聲・卷一〕○人對面則黸精中各映小人形，故呼眸子為|子。〔説文定聲・卷一〕○|幼，迷荒者。〔詩・褰裳〕「狂童之狂也且」後箋。又〔説文〕「|，未冠也」義證引〔玉篇〕。○|，頑也。〔廣韻・東部〕○|，癡也。〔同上〕○|、幢，古同聲而通用。〔廣雅・釋訓〕「童童，盛也」疏證。○||，竦敬也。〔詩・采蘩〕「被之||」朱傳。○三家||作童童。〔詩・采蘩〕「被之童童」集疏。

**瞳** |，目|。〔廣韻・東部〕○|、童古通用。〔方言二〕「黸|之子謂之矊」疏證。

**筩** |，竹|。〔廣韻・東部〕○|，竹管也。〔説文〕「|，斷竹也」義證引〔三蒼〕。○筒、|一字。〔漢書・律歷志〕「制十二|以聽鳳之鳴」補注。○|，箭室。〔集韻・腫部〕○|，狹長也。〔廣雅・釋詁二〕「|，長也」疏證。○|褹，猶言衣袖也。〔方言四〕「複襦江湘之間或謂之|褹」箋疏。○十二|，即六律六同也。〔説文定聲・卷一〕○〔同上〕|，假借為侗。〔廣雅・釋詁二〕「|，長也」。

**中** |，正也。〔大戴・衛將軍文子〕「|人用焉」王詁。○〔説文定聲・卷一〕|，本訓當為矢箸正也。〔説文〕「|，和也」。○|者，不偏不倚，無過不及之名。〔中庸〕朱注。○不偏之謂|。〔論語・雍也〕「|庸之為德也」朱注引程子。○|者，無過不及之名。〔論語・堯曰〕「允執其|」朱注。○|者，無過不及之謂。〔孟子・盡心上〕「|道而立」朱注。○不得過不及謂之|。〔論語・雍也〕「|庸之為德也」劉正義。○|，言|分之。〔國策・秦策一〕「|呼沱以北」鮑注。○|，間也。〔禮記・喪服小記〕「亡則|一以上而祔」集解引注。○|，猶間也。〔禮記・間傳〕「|月而禫」集解。○|者，平也。〔墨子・明鬼下〕「矧住人面」雜志。○|與齊同義。〔墨子・經上〕「|，同長也」閒詁引俞樾。○|，成也。〔禮記・禮器〕「升|於天」集解。又〔廣韻・東部〕。○|，當也。〔管子・四稱〕「以繡緣繡」雜志。○|，宜也。〔廣韻・東部〕○|，堪也。〔同上〕○|，任也。〔同上〕○|，半也。〔同上〕又〔通鑑・晉紀二六〕「鬚髮|白」音注。○凡事之半曰|。〔漢書・樊噲傳〕「|酒」補注引顧炎武。○|酒，猶今人言半席。〔同上〕○|酒，飲酒之|也。不醉不醒，故謂之|。〔文選・吳都賦〕「|酒而作」補正引師古。○半與|同義。〔管子・幼官圖〕「半星辰序」雜志。○過|，謂漸衰暮也。〔楚辭・九辯〕「時亹亹而過|兮」補注引五臣。○|，盛算之器。蓋刻木為兕鹿之形，而鑿其背以受算也。〔禮記・投壺〕「司射奉|」集解。○|壽，亦當在八十以下六十以上也。〔左傳僖公三二年〕「爾何知，|壽」洪詁。○|，猶言内。〔詩・桑柔〕「征以|垢」通釋。○|，猶内也。〔大戴・千乘〕「乃|治」王詁。○|，猶内。〔漢書・昌邑哀王傳〕「迥宮清|備盜賊」補注引周壽昌。○古謂内為|。〔周禮・天官〕「閽人掌守王宮之|門之禁」平議。○〔説文定聲・卷一〕|冓，内冓也。〔詩・牆有茨〕「|冓之言」。○|帶，猶言内帶也。〔儀禮・既夕禮〕「婦人則設|帶」平議。○|冓，謂舍之交積材木也。〔詩・牆有茨〕「|冓之言」朱傳。○|垢，言闇冥，與|冓音義皆同。〔詩・桑柔〕「征以|垢」集疏。○|，隱暗也。〔詩・桑柔〕「征以|垢」朱傳。○|，謂用事於諸國之|，猶内應云。〔國策・魏策三〕「未有為之|者也」鮑注。○|，和也。〔廣韻・東部〕○|，得也。〔離騷〕「依前聖以節|兮」補注。又〔詩・桑柔〕「征以|垢」述聞。○|，兩服馬也。〔詩・小戎〕「騏駵是|」朱傳。○〔義府・卷上〕謂性為|。〔左傳〕「民受天地之|以生」。○|即性，存諸心為|。〔説文定聲・卷一〕〔「庸」下〕○|謂情實。〔國策・趙策二〕「隱|不竭」鮑注。○|，經典亦作衷。〔墨子・辭過〕「冬則練帛之|」閒詁。○|與衷通。〔廣雅・釋詁一〕「衷，善也」疏證。○〔義府・卷上〕|、衷古通用。〔左傳〕「天誘其衷」。○|與衷古字同。〔荀子・成相〕「欲衷對」雜志。○|、|聽者，聽|正之言也。〔晏子春秋・内篇問上〕「聽賃賢者」雜志。○|、忠字同。〔漢書・藝文志〕「雜|賢失意賦」補注。○|，讀為忠。〔荀子・成相〕「|不上達」集解引俞樾。又〔呂覽・誣徒〕「遇師則不|」平議。○古字|、忠通用。〔史記・王子侯者年表〕「侯安|」志疑。○|，古仲字省。〔國策・西周策〕「見韓相國公|」鮑注。○〔説文定聲・卷一〕|，假借為仲。〔荀子・堯問〕「其在|蘬之言也」。○古|、仲二字互通。〔説文〕「仲，|也」段注。○|，讀如仲。〔墨子・明鬼下〕「王乎禽費|」閒詁引畢沅。○古|與終通用。〔史記・高祖功臣侯者年表〕「絳陽」志疑。○|南，〔新序〕作終南。〔左傳昭公四年〕「荆山|南」洪詁。○|人，〔淮南・道應〕作終人。〔呂覽・慎大〕「勝老人|人」校正。○|興，猶言再興。〔義府・卷下〕○|宿，謂第二日。〔左傳僖公二四年〕「汝|宿至」疏證。○|道，猶|立也。〔國策・魏策二〕「|道而不可」鮑注。○|流，猶|道也。〔荀子・禮論〕「是禮之|流也」集解。○|道，在前後間。〔國策・秦

策四〕「丨道而信韓魏之善王也」鮑注。○棖闑之間謂之丨門。〔儀禮・士冠禮〕「布席于門丨」胡正義引邢昺。○丨，即丨衣。〔墨子・辭過〕「冬則練帛之丨」閒詁。○内衣通得謂之丨。〔辭過〕「夏則絺綌之丨」閒詁。○宋人通稱内衣曰丨襌，則丨襌即汗衫矣。〔通雅・卷三六〕○會典朝服祭服，内單衣，皆丨襌。〔同上〕○〔説文定聲・卷一〕丨即褐衣也。〔釋名・釋衣服〕「丨衣，言在小衣外大衣内也」。○丨和，實為協律之義。〔漢書・王褒傳〕「使褒作丨和、樂職、宣布詩」補注引郭嵩燾。○〔説文定聲・卷一〕丨，假借為忡。〔方言一二〕「惙怛丨也」。○〔同上〕丨，假借為躬。〔禮記・檀弓〕「文子其丨退然如不勝衣」。○〔同上〕丨，假借為庸。〔禮記・禮器〕「因名山升丨于天」。○丨庸，古止訓丨人。〔漢書・項籍傳〕「材能不及丨庸」補注引周壽昌。○丨庸民，言丨等平常之人。〔荀子・王制〕「丨庸民不待政而化」集解引郝懿行。○丨庸，猶言丨等尋常之人，唐以前「丨庸」二字非佳語。〔漢書・古今人表〕「丨人以上」補注引周壽昌。○丨人，蓋未有位號者，猶唐宋宮人曰内人。〔漢書・李廣傳〕「敢有女為太子丨人」補注引沈欽韓。○丨家，猶文帝所云「丨人產也」。〔漢書・食貨志〕「丨家以上」補注引周壽昌。○丨婦，謂嬖妾。〔大戴・千乘〕「大夫丨婦私謁不行」王詁。○丨射者，射人之給事宮内者。〔韓子・十過〕「丨射士諫」集解引孫詒讓。○丨央，謂主君。〔韓子・揚權〕「要在丨央」集解引舊注。○今吳人猶云不服藥為丨醫。〔漢書・藝文志〕「有病不治，常得丨醫」補注引錢大昭。○侯伯之地可食者三分之一，所謂丨地也。〔周禮・大司徒〕「諸侯之地」孫正義。○南北合謂之丨江，即大江也。〔説文定聲・卷一〕〔「江」下〕○丨山即鮮虞，其種乃白狄，子姓國。〔史記・六國年表〕「丨山武公初立」志疑。○丨當為冲。〔漢書・天文志〕「望之如火光炎炎丨天」補注引朱一新。○丨，語詞。〔詩・葛覃〕「施于丨谷」通釋。又〔蒹葭〕「宛在水丨央」通釋。

**衷**

丨，中也。〔廣韻・東部〕○丨，謂貫其中也。〔左傳隱公九年〕「丨戎師」洪詁。○丨，假借為中字。〔説文〕「丨，裏褻衣」段注。○丨，正也。〔通鑑・齊紀三〕「諒為未丨」音注。又〔廣韻・東部〕。〔○丨，善也。〔通鑑・齊紀三〕「諒為未丨」音注。又〔廣韻・東部〕）○丨者，善也。〔荀子・子道〕「乃丨」集解引郝懿行。○丨，一曰善也。〔集韻・東部〕○丨，適也。〔通鑑・齊紀三〕「諒為未丨」音注。又〔廣韻・東部〕。○凡表別之辭皆曰丨。〔左傳隱公九年〕「丨戎師」疏證。○丨與忠通。〔荀子・子道〕「乃丨」集解引俞樾。又〔荀子・子道〕「孝子不從命乃丨」平議。○丨與中古通用。〔左傳莊公六年〕「必度於本末而後立丨焉」平議。○中與丨古字同。〔荀子・成相〕「欲丨對」雜志。○丨衣，褻衣也。〔廣韻・東部〕○丨為裏褻衣之稱，別乎褻衣之在外者。〔左傳宣公九年〕「皆丨其衵服」疏證。

**忠**

丨，中也。〔説文繫傳・通論中〕○丨、中通。〔墨子・兼愛中〕「丨實欲天下之富」閒詁。○中、丨古通。〔史記・儒林列傳〕「廣川殷丨」志疑。○丨，當作中。〔墨子・明鬼下〕「意不丨親之利」閒詁引蘇時學。○丨，當作中，讀去聲。〔墨子・兼愛下〕「意不丨親之利」閒詁蘇時學。○丨，當讀為中。〔管子・禁藏〕「丨人之和」平議。○〔史表〕丨作中。〔漢書・王子侯表〕「廣望節侯丨」補注。○丨，中心也。〔大戴・文王官人〕「而權丨不盡」王詁。○丨，盡中心也。〔大戴・曾子立事〕「亦可謂丨矣」王詁。○丨，無私也。〔廣韻・東部〕○丨，愛也。〔大戴・文王官人〕「誠丨必有可親之色」王詁。○丨愛，謂中心之愛。〔大戴・曾子立孝〕「丨愛以敬」王詁。○中以盡心曰丨。〔論語・述而〕「文行丨信」劉正義。○安君不念己危曰丨。〔説文繫傳・通論中〕○丨，敬也。〔廣韻・東部〕○丨，直也。〔同上〕○丨，厚也。〔同上〕○丨猶實也。〔國策・趙策四〕「而臣待丨之封」鮑注。○丨，情實也。〔禮記・表記〕「近人而丨」集解。○丨者，誠實之謂。〔論語・季氏〕「言思丨」劉正義。○丨，亦情也。〔管子・水地〕「精也」雜志。○盡己之謂丨。〔論語・里仁〕「丨恕而已矣」朱注。

**蟲**

散言則無足亦曰丨。〔釋蟲〕「有足謂之丨」郝疏。○丨乃生物之微者，其類甚繁，故字从三虫會意。〔本草・卷三九〕○丨者，蠕動之總名。〔説文〕「有足謂之丨」段注。○丨之言衆也。〔説文〕「蚰，丨之總名也」段注。○丨，衆蚰也。〔説文〕「昆，同也」繫傳。○精氣為人，粗氣為丨。〔説文〕「有足謂之丨」義證引〔文子〕。○凡厲氣傳疾者，皆可謂丨也。〔漢書・郊祀志〕「以御丨災」補注引周壽昌。○丨丨，熱氣也。〔詩・雲漢〕「蘊隆丨丨」朱傳。○〔説文定聲・卷一〕屈中之合音為丨。〔説文・敘〕「虫者，屈中也」。○虫即丨字也。〔説文〕「虫，一名蝮」句讀。○丨即融之假借。〔詩・既醉〕「昭明有融」通釋。○丨丨蓋融融之假借。〔説文〕「有足謂之丨」段注。○〔説文定聲・卷一〕丨，假借為彤。〔賈子・禮容〕「器無丨鏤」。○烔、丨聲近義同。〔廣雅・釋詁二〕「烔，爇也」疏證。○丨，〔韓〕作烔。〔説文〕「有足謂之丨」段注。○〔説文定聲・卷一〕丨丨，〔韓詩〕作烔。〔詩・雲漢〕「蘊隆丨丨」。○丨、爞聲近義同。〔廣雅・釋詁二〕「烔，爇也」疏證。○丨，〔魯〕作爞。〔詩・雲漢〕「蘊隆丨丨」集疏。○丨丨，〔魯〕作螽。〔詩・草蟲〕「喓喓草丨」集疏。○〔春秋繁露〕丨作蟲。〔左傳成公五年經〕「盟于丨牢」洪詁。○官本注丨作蟲。〔漢書・武帝紀〕「八月螟」補注。○丨蝗，猶言丨螟。〔漢書〕「蝗丨」雜志。

**沖**

丨，虛也。〔慧琳音義・卷三四〕又〔太素・水論〕「惋則丨陰」楊注。又〔通鑑・齊紀一〇〕「不容仰遂丨操」音注。○丨，謙也。〔同上〕○丨，謙虛也。〔通鑑・漢紀五七〕「進丨遜」音注。○凡用丨虛字者，皆盅之假借。〔説文〕「丨，涌繇也」段注。○丨，當作盅，作丨者假字也。〔老子・四章〕「道丨而用之」平議。○〔説文定聲・卷一〕丨，假借為盅。〔老子〕「道丨而用之」。○丨，空虛無所知之意。〔説文〕「丨，涌繇也」段注。○丨，涌也。〔集韻・董部〕○丨，和也。〔通鑑・漢紀五七〕「進丨遜」音注。又〔廣韻・東部〕。○丨，一曰和也。〔集韻・東部〕○丨，深也。〔廣韻・東部〕○丨，亦幼也。〔通鑑・陳紀八〕「昉見靜帝幼丨」音注。○丨稚，亦幼也。〔書・金縢〕注史遷「丨作幼」孫疏。○〔説文定聲・卷一〕丨，猶勤也。〔素問・

解精微論〕「惋則｜陰」。○｜｜，鑿冰之意。〔詩·七月〕「二之日鑿冰｜｜」朱傳。○｜｜，狀冰凌被鑿動搖之意。（同上）後箋。○｜｜，垂貌。〔詩·蓼蕭〕「鞗革｜｜」朱傳。○｜與狆同，上飛也。〔通鑑·宋紀六〕「必思｜天之據」音注。○｜，亦作沖。〔說文定聲·卷一〕○｜，或作沖。〔說文〕「｜，涌搖也」義證。○〔說文定聲·卷二〕｜，假借為幢。〔呂覽·重言〕「飛將｜天」。○（同上）｜，假借為僮。〔書·盤庚〕「肆予｜人」。

**終** ｜，極也。〔廣韻·東部〕○｜為極也。〔說文〕「｜，絿絲也」段注。○｜者，盡也。〔詩·卷阿〕「俾爾彌爾性」後箋。○｜，一曰盡也。〔集韻·東部〕○｜，窮也。〔廣韻·東部〕○｜，竟。〔詩·燕燕〕「｜溫且惠」朱傳。○｜，竟也。〔莊子·則陽〕「其可喜也終無已」集釋引王念孫。又〔公羊傳襄公二九年〕「｜身無已也」述聞。又〔廣韻·東部〕。○｜，終竟。〔詩·揚之水〕「｜鮮兄弟」後箋引〔詩緝〕。○｜者，究竟之辭。〔漢書·董仲舒傳〕「｜陽以成歲為名」補注。○｜與久義相近。〔廣雅·釋詁三〕「彌，久也」疏證。○｜，猶久也。〔詩·卷阿〕「似先公酋矣」後箋。○｜日，猶良久也。〔史記·扁鵲列傳〕「｜日」雜志。○｜，已。〔詩·揚之水〕「｜鮮兄弟」後箋。○｜食者，一飯之頃。〔論語·里仁〕「君子無｜食之間違仁」朱注。○｜古，猶永古也。〔離騷〕「余焉能忍與此｜古」補注。○｜命，謂｜其正命。〔書·洪範〕「五曰考｜命」孫疏。○不｜，猶言不死也。〔漢書·郊祀志〕「服食不｜之藥」補注引周壽昌。○不｜，謂不得其死。〔漢書·路溫舒傳〕「近世趙王不｜」補注。○｜，猶既也。〔詩·定之方中〕「｜然允臧」陳疏。又〔詩·揚之水〕「｜鮮兄弟」通釋。又〔正月〕「｜其永懷」通釋。又〔詩·終風〕「｜風且暴」述聞。又〔詩·葛藟〕「｜遠兄弟」集疏。又〔伐木〕「｜和且平」集疏。○〔釋詞·卷九〕｜，詞之既也。〔詩·燕燕〕「｜溫且惠」。○｜字當訓為既。〔詩·燕燕〕「｜溫且惠」述聞。又〔北門〕「｜窶且貧」述聞。又〔甫田〕「｜善且有」述聞。○既、｜語之轉，既已之既轉為｜，猶既盡之既轉為｜。〔詩·終風〕「｜風且暴」述聞。○眾、｜同字。〔漢書·郊祀志〕「遺徐福、韓｜之屬」補注引沈欽韓。○｜與眾古通用。〔詩·振鷺〕「以永｜譽」通釋。○｜作眾，古字通。〔漢書·刑法志〕「成十為｜，｜十為同」補注引錢大昭。○｜、眾古通用。〔漢書·霍去病傳〕「封賢為｜利侯」補注。○｜，韓、魯｜作眾。〔詩·振鷺〕「以永｜譽」集疏。○｜，當讀為眾。〔漢書·楊胡傳〕「｜生」雜志。○｜與眾通，眾亦民也。〔禮記·祭法〕「堯能賞均刑法以義｜」述聞。○古字多借眾為｜。〔史記·刺客列傳〕「眾｜莫能救」雜志。○｜猶充也。〔釋詁〕「黎，眾也」郝疏。○｜有充滿之義。〔釋言〕「彌，｜也」郝疏。○厭與｜義亦相近。〔廣雅·釋詁四〕「繹，｜也」疏證。○｜今者，猶言自今以往，常如此也。〔通雅·卷五〕○｜古｜今，｜之為言常也。（同上）○｜古，猶言常也。〔史記〕「｜日」雜志。○｜，條理也。〔禮記·聘義〕「其｜詘然」集解。○｜風，時風。〔詩·終風〕「｜風且暴」集疏。○｜葵與柊楑同，即椎之反語也。〔廣雅·釋器〕「柊楑，椎也」疏證。○｜葵二字即椎字之切音，急言之曰椎，緩言之則曰｜葵。〔義府·卷上〕○｜葵，戎葵也。其實拳然，為椎者象之。〔說文〕「椎，齊謂之｜葵」義證引〔六書故〕。○｜、中通用。〔漢書·地理志〕「古文以為｜南」補注引錢坫。○｜為語詞。〔詩·終風〕述聞。○｜謂窮兵。〔國策·齊策五〕「｜戰比勝」鮑注。○｜，古作冬。〔說文·上說文書〕「畢｜於亥」段注。○｜與崇聲近義通。〔書·洛誥〕「汝唯沖子唯｜」平議。○崇、｜聲轉義同。〔釋詁〕「崇，充也」郝疏。

**夂** 終，隸作｜。〔集韻·東部〕○｜與永同義。〔說文定聲·卷一〕○｜，字亦作夂。（同上）○〔說文定聲·卷一〕｜，九千夫之地。〔司馬法〕「十成為終」。○（同上）｜，假借發聲之詞。〔詩〕「終溫且惠」。○（同上）｜，猶既也。〔詩〕「終溫且惠」。○（同上）｜，假借為衆。〔禮記·祭法〕「以義終」。

**弅** ｜始即終始。〔通雅·卷八〕

**戎** ｜，兵。〔詩·雨無正〕「｜成不退」朱傳。又〔抑〕「用戒｜作」朱傳。又〔論語·子路〕「亦可以即｜矣」朱注。○｜，引申為卒旅。〔說文〕「｜，兵也」段注。○寇、｜其義同。〔釋詁〕「｜，大也」郝疏。○｜，兵器也。〔詩·常武〕「以脩我｜」朱傳。○〔魯〕｜作戈。〔詩·抑〕「弓矢｜兵」集疏。○｜，｜車也。〔詩·六月〕「元｜十乘」朱傳。○｜衣，甲冑之屬。〔中庸〕「壹｜衣而有天下」朱注。○｜事，兵事也。〔大戴·保傅〕「不誠於｜事」王詁。○｜事，謂征伐邦國之事。〔周禮·小司徒〕「凡國之大事致民」孫正義。○｜謂編士卒之列也。〔說文〕「伍，相參伍也」義證引〔急就篇〕顏注。○｜僕，亦謂之｜御。〔周禮·夏官序官〕「｜僕中大夫二人」孫正義。○｜，大也。〔詩·思齊〕「肆｜疾不殄」朱傳。又〔崧高〕「｜有良翰」陳疏。○｜，汝也。〔詩·民勞〕「｜雖小子」朱傳。○｜，女也。〔詩·崧高〕「｜有良翰」朱傳。又〔烝民〕「纘｜祖考」朱傳。又〔韓奕〕「以佐｜辟」朱傳。○｜醜，大衆也。〔詩·緜〕「｜醜攸行」朱傳。○｜與茸同聲。〔廣雅·釋草〕「蘵葇，蘇也」疏證。○〔說文定聲·卷一〕｜，〔左傳〕作茸。〔詩·旄邱〕「狐裘蒙｜」。○｜｜與茸茸其詞相似。〔說文〕「茸，艸茸茸貌」句讀。○｜｜，衆也。〔說文〕「襛，衣厚皃」繫傳。○｜｜，言其流動。〔說文〕「淞，濁也」段注。○〔義府·卷上〕｜，猶讐也。〔書〕「惟口出好興｜」。○｜，助也。〔詩·常棣〕「烝也無｜」朱傳。○｜菽，聲轉而為茬菽。〔方言一〕「｜，大也」箋疏。○大豆又名茬菽，聲轉而為｜菽。〔廣雅·釋草〕「大豆，尗也」疏證。○〔說文定聲·卷一〕｜，字亦作茙。〔列子·力命〕「進其茙菽」。○（同上）｜，假借為崇。〔釋詁〕「｜，大也」。○（同上）｜，假借為從，實為从。〔詩·常棣〕「烝也無｜」。○（同上）｜，假借為揖。〔方言二〕「｜，拔也」。○（同上）｜，發聲之詞。〔詩·民勞〕「｜雖小子」。

**戒** ｜，同戎。〔廣韻·東部〕

**崇** ｜，高也。〔廣韻·東部〕○｜之引申為凡高之稱。〔說文〕「｜，山大而高也」段注。○〔說文定聲·卷一〕嵬高為｜，故山之大高者即命｜矣。〔釋

山」「嵩高為中嶽」。○丨,增高也。〔漢書·劉向傳〕「以丨劉氏」補注引胡
注。○丨,積而高大也。〔詩·鳧鷖〕「福禄來丨」朱傳。○堆之高為丨。
〔說文〕「蘊,積也」繫傳。○丨之言隆。〔儀禮·鄉飲酒禮〕「丨酒」胡正義
引姜兆錫。○丨,尊也。〔大戴·千乘〕「此國家之所以丨也」王詁。○丨,
尊尚也。〔詩·烈文〕「維王其丨之」朱傳。○丨,敬也。〔廣韻·東部〕○
丨,一曰充也。〔集韻·東部〕○丨有充盛之義。〔釋詁〕「丨,充也」鄭注。
○充、丨俱聲轉義同。〔釋詁〕「丨,充也」郝疏。○〔說文定聲·卷二〕丨,
假借為充。〔釋詁〕「丨,充也」。○丨,就也。〔廣韻·東部〕○丨,聚也。
(同上)又〔集韻·東部〕。○丨訓聚。〔左傳宣公元年經〕「晉趙穿帥師侵
丨」疏證引臧壽恭。○〔說文定聲·卷一〕丨,假借為叢。〔廣雅·釋詁一〕
「丨,積也」。○丨、宗聲相近,故皆訓為聚也。〔廣雅·釋詁三〕「丨,宗,聚
也」疏證。○丨與宗亦聲近義同。又〔釋詁三〕「宗,衆也」疏證。○丨讀為
宗。〔管子·正〕「萬物丨一」平議。○丨者,通宗。〔釋詁〕「嵩,高也」郝
疏。○丨,重也。〔晏子春秋·內篇諫下〕「傲細民之憂」雜志。又〔禮記·
明堂〕「殷之丨牙」集解。○丨,又為輕重之重。〔釋詁〕「丨,重也」述聞。
○〔說文定聲·卷一〕丨,假借為重,實為緟。〔釋詁〕「丨,重也」。○丨,終
也。〔詩·河廣〕「曾不丨朝」朱傳。又〔蝃蝀〕「丨朝其雨」朱傳。又〔集
韻·東部〕。○丨、終俱聲義同。〔釋詁〕「丨,充也」郝疏。○丨與終聲近
義通。〔禮記·樂記〕「六成復綴以丨」平議。○〔說文定聲·卷一〕丨,假
借為終。〔詩·蝃蝀〕「丨朝其雨」。○丨即終之同部假借。〔詩·蝃蝀〕通
釋。○丨與逵同義。〔釋宮〕「八達謂之丨期」郝疏。○丨與柳音義皆同。
〔左傳宣公元年經〕「晉趙穿帥師侵丨」疏證引臧壽恭。○丨,亦作嵩。〔說
文〕「嶽,東岱、南霍、西華、北恒、中大室」段注。○嵩即丨之異體。〔說文〕
「丨,山大而高也」段注。○丨,或體作嵩。〔釋詁〕「丨,高也」邵正義。○
丨,通作嵩。〔說文〕「丨,嵬高也」義證。○崧即丨之異體。〔說文〕「丨,
山大而高也」段注。○丨,隸體變轉為崧也。〔釋詁〕「丨,高也」邵正義。

**崈**　丨,同崇。〔廣韻·東部〕○丨、崇字同。〔左傳宣公元年經〕「晉趙穿帥師
侵崇」疏證引李富孫。○丨、崇同字。〔漢書·地理志〕「丨侈貪冒」補注。
○崇,亦作丨。〔釋詁〕「崇,高也」邵正義。○崇或作丨。〔慧琳音義·卷
一〕○崇字亦作丨。〔說文定聲·卷一〕○崇字〔地理志〕作丨。〔說文〕
「崇,山大而
高也」段注。

**嵩**　丨,山高也。〔廣韻·東部〕○丨即崇字。〔說文〕「崇,山大而高也」段注。
○丨為崇之或體。〔釋詁〕「丨,高也」邵正義。○丨、崇聲近而義同。〔漢
書·武紀〕「崇高」雜志。○古無丨字,以崇為之。(同上)○經傳中凡言崇
高者,其字亦作丨也。(同上)○丨,古通作崇。〔釋詁〕「丨,高也」郝疏。
○丨高,即崇高也。〔說文〕「崇,山大而高也」段注。○山名丨高,本取崇
高之義。〔漢書〕「崇高」雜志。○丨,又作崈。〔釋詁〕「丨,高也」郝疏。○
崈高,即丨高。〔廣雅·釋山〕「外方謂之丨高」疏證。○丨,別作崧。
〔釋詁〕「丨,高也」郝疏。○丨,隸變為崧。〔說文〕「崇,嵬高也」義證。

**菘**　丨,菜名。〔廣韻·東部〕又〔集韻·東部〕。○丨,今俗謂之白菜,其色青
白也。〔本草·卷二六〕○丨性淩冬晚凋,四時常見,有松之操,故曰丨。
(同上)引〔埤雅〕。○丨藍,可以為澱者,亦名馬藍。〔說文〕「葴,馬藍
也」義證引〔本草·圖經〕。○丨即葑字。〔說文〕「葑,須從也」段注。○
丨者,須之轉聲。〔廣雅·釋草〕「蘴,蕪菁也」疏證。○丨,或作苁。〔集
韻·東部〕○丨,或作蘴。(同上)○丨者,須之轉聲。〔廣雅·釋草〕
「蘴,蕪菁
也」疏證。

**弓**　丨,矢。〔廣韻·東部〕○穹、丨聲近而義同。〔漢書·天文志〕「穹閭」雜
志。○丨者,以近窮遠之器。〔釋器〕「丨有緣者謂之丨」郝疏。○〔說文定
聲·卷二〕丨,假借為穹。〔漢書·天文志〕「如羣畜穹閭」。○丨,讀為肱,
古字丨與肱通。〔春秋名字解詁〕「楚馯臂字子丨」述聞。○〔說文定聲·
卷二〕丨,假借為肱。〔漢書·儒林傳〕「江東馯臂子丨」。○古假丨為厷。
〔說文〕「厷,臂上也」段注。○天丨,或名帝丨,即虹蜺也,俗呼虹。〔慧琳
音義·卷
一二〕

**躬**　丨、身一耳。〔荀子·臣道〕「妨其丨身」集解引郝懿行。○丨、身義同。
〔周禮·大宗伯〕「伯執丨圭」孫正義。○丨與窮同。〔公羊傳〕引〔大戴·
哀公問五義〕「丨為匹夫而不願富」述聞。○丨,亦窮之省借。〔詩·式微〕
「微君之丨」通釋。○古字丨與窮通。〔公羊傳宣公一五年〕「潞子之為善
也丨」述聞。○丨,當讀為窮。(同上)○鞠丨,〔聘禮〕鄭注作「鞠窮」。〔論
語·鄉黨〕「鞠丨」述聞。○丨字古讀若肱。〔晏子春秋〕「張丨」雜志。○
丨、弓古通用。〔論語·子路〕「吾黨有直丨者」平議。○三家丨作今。
〔詩·谷風〕「我丨不閱」集疏。○丨同躳。〔廣韻·東部〕○丨,正從呂作
躳。〔慧琳音
義·卷二〕

**躳**　丨,背呂也。〔說文〕「丨,身也」繫傳。○丨,身也。〔廣韻·東部〕
○丨,親也。(同上)○丨,一曰親也,或从弓。〔集韻·東部〕

**宮**　丨,中也。〔說文〕「天,顛也」義證引戴侗。○丨,繞也。〔釋山〕「大山丨」
鄭注。○丨謂牆垣之所周也。〔禮記·內則〕「父子皆異丨」集解。○丨言
其外之圍繞,室言其內。〔說文〕「丨,室也」段注。○丨、室,散文則通。〔釋
宮〕「丨謂之室」郝疏。○古者丨室通訓。〔漢書·張湯傳〕「丨中皆犇走伏
匿」補注引周壽昌。○〔說文定聲·卷一〕對文則周垣之內,統名曰丨。
〔考工·匠人〕「室中度以几,堂上度以筵,丨中度以尋」。○丨室,民居也。
〔孟子·滕文公下〕「壞丨室以為汙池」朱注。○古者通謂民室為丨。
〔詩·七月〕「上入執丨功」通釋。○〔說文定聲·卷一〕古者臣民之宅稱丨
也。〔禮記·儒行〕「儒有一畝之丨」。○丨,邑居之宅也。〔詩·七月〕「上
入執丨功」朱傳。○古者朝寢堂室通謂之丨。〔通雅·卷三八〕○廟寢總
謂之丨。〔詩·采蘩〕「公侯之丨」集疏引魯說。○丨,廟也。〔詩·采蘩〕
「公侯之丨」朱傳。○丨,宗廟也。〔雲漢〕「自郊徂丨」朱傳。又〔閟宮〕「閟

｜有衄」朱傳。○謂廟為｜，此古義也。〔漢書・景帝紀〕「起德陽｜」補注引沈欽韓。○壽｜，奉神之｜。〔楚辭・雲中君〕「蹇將憺兮壽｜」補注引臣瓚。○｜，蠶室也。〔大戴・夏小正〕「執養｜事」王詁。○｜事，蠶室之事。〔大戴・本命〕「｜事必量」王詁。○｜，即所謂公桑蠶室也。〔詩・采蘩〕「公侯之｜」朱傳引或說。○｜功，以為｜室官府之役。〔詩・七月〕「上入執｜功」後箋引范處義。○｜，讀為躬。〔國語・楚語〕「右執殤｜」述聞。○〔說文定聲・卷一〕｜，假借為鉊。〔國語・楚語〕「右執殤｜」。○(同上)｜，假借為稯，實為總。〔周禮・大師〕疏「八十一絲為｜」。○男子亦得稱｜人。〔漢書・郊祀志〕「欒大，膠東｜人」補注引周壽昌。○｜，官名。〔廣韻・東部〕○唐內人墓謂｜人斜。〔通雅・卷三八〕

**融** ｜，明之盛也。〔詩・既醉〕「昭明有｜」朱傳。又〔禮記・月令〕「其神祝｜」集解。○｜，鎔也，气上｜散也。〔說文〕「｜，炊气上出也」繫傳。○｜，通作肜。(同上)段注。○形｜聲同。〔釋詁〕「｜，長也」郝疏。○｜與形古字通。〔左傳隱公元年〕「其樂也｜｜」洪詁。○｜，字亦作烔。〔說文定聲・卷一〕○｜，字亦作爞。(同上)○｜、羕一聲之轉。〔釋詁〕郝疏。○〔說文定聲・卷一〕｜，假借為羕。〔釋詁〕「｜，長也」。○｜、永一聲之轉。〔釋詁〕「｜，長也」郝疏。○｜、引一聲之轉。(同上)○｜、延一聲之轉。(同上)○〔說文定聲・卷一〕｜，假借為庸。〔白虎通・號〕「｜者，續也」。○(同上)｜，假借為通。〔景福殿賦〕「品物咸｜」。○｜風，立春木風也。〔左傳昭公一八年〕「是謂｜風」洪詁引張晏。○｜風，火之母也，火所始生也。(同上)

**雄** ｜，一曰牡也。〔集韻・東部〕○｜者，衆雌所從。〔國策・趙策四〕「足下｜飛」鮑注。○｜，猶勇。〔墨子・脩身〕「｜而不脩者」閒詁引畢沅。○｜，一曰武稱，或从鳥。〔集韻・東部〕○〔說文定聲・卷二〕融、｜一聲之轉。〔後漢・班超傳〕「｜張」。○(同上)｜、炎一聲之轉。〔後漢・班超傳〕「｜張」。

**熊** ｜，獸名，似豕。〔廣韻・東部〕○｜，形類大豕，而性輕捷。〔楚辭・天問〕「負｜以遊」補注。○｜為財者，即豺字。〔書・牧誓〕「如｜」注「史遷｜作財」孫疏。○｜者，雄也。〔本草・卷五一〕○成｜，〔左傳〕作成虎。〔春秋昭公一二年〕「楚殺其大夫成｜」洪詁。○｜，通作能。〔爾雅・釋獸〕郝疏

**穹** ｜為深而大也。〔釋詁〕「｜，大也」邵正義。○｜，蓋深之大也。(同上)郝疏。○｜，高也。〔廣韻・東部〕○｜，通作空。〔釋詁〕「｜，大也」郝疏。○｜，空隙也。〔詩・七月〕「｜窒熏鼠」朱傳。○｜隆即篕籠。〔說文〕「轒，淮陽名車｜隆轒」段注。○｜隆與篕籠同。〔方言九〕「車枸簍，或謂之篕籠」箋疏。○｜，隆然上高也。〔說文〕「｜，竆也」繫傳。○今人謂高為｜隆。〔說文〕「｜，窮也」段注。○｜與宇同意。〔釋詁〕「｜，大也」郝疏。○｜蒼，天也。〔詩・桑柔〕「以念｜蒼」朱傳。○｜蒼，虛空天也。〔慧琳音義・卷一〇〇〕○｜，窮也。〔詩・東山〕「洒埽｜窒」陳疏。○｜謂除治之盡也。〔詩・七月〕「｜窒熏鼠」通釋。○｜窒，謂窮極室中之穴隙而塞之，以御寒氣，所謂風雨攸除也。〔詩・七月〕「｜窒熏鼠」後箋。○艸根名｜竆。〔說文〕「｜，竆也」繫傳。○字作芎，作｜者，假借也。〔漢書・司馬相如傳〕「｜窮昌蒲」補注引胡氏〔考異〕。○｜、弓聲近而義同。〔漢書〕「｜閭」雜志。又(同上)補注引王念孫。○｜廬則大帳，〔唐書〕名為拂廬。〔漢書・蘇武傳〕「賜武馬畜服匿｜廬」補注引沈欽韓。○古號百子帳，北之｜廬也，今俗謂之氊帳。(同上)補注引〔鐵圍山叢談〕。

**馮** ｜，馬行疾也。〔通雅・卷四〕○｜者，登也。〔荀子・宥坐〕「｜而遊」雜志。又〔荀子・宥坐〕「｜而游焉」集解引王念孫。○｜，滿也。〔屈賦・天問〕「｜翼惟象，何以識之」戴注。○｜氣，盛氣也。〔莊子・盜跖〕「侅溺於｜氣」集釋引王念孫。○｜，依也。〔國策・楚策二〕「｜而能立」鮑注。

**窮** ｜，終也。〔禮記・大傳〕「服之｜也」集解。○｜，極也。〔廣韻・東部〕又〔大戴・文王官人〕「浚｜而能達」王詁。又〔本命〕「陰｜反陽」王詁。○｜者，極也。〔公羊傳文公一六年〕「賤者｜諸人」陳疏。○｜亦極也。〔荀子・富國〕「伉隆高」雜志。○｜之言極也。〔孟子・公孫丑下〕「去則｜日之力而後宿哉」焦正義。○｜、極一聲之轉也。〔廣雅・釋詁一〕「御，極也」疏證。○｜，盡也。〔孟子・公孫丑下〕「去則｜日之力而後宿哉」朱注。又〔漢書・鄒陽傳〕「終與之｜達」補注引王文彬。○｜，索盡之也。〔釋言〕「鞫，｜也」鄭注。○｜，言盡事之情。〔國策・楚策二〕「｜而不憂」鮑注。○｜，困也。〔大戴・哀公問五義〕「應變而不｜」王詁。又〔曾子立事〕「說而不能，｜也」王詁。又〔曾子制言上〕「是謂｜民也」王詁。○｜猶困也。〔國策・趙策四〕「王之不試見臣而｜臣也」鮑注。○｜，困屈也。〔孟子・公孫丑上〕「遁辭知其所｜」朱注。○｜，言以為久長，何所究竟也。〔漢書・賈誼傳〕「長此安｜」補注引沈欽韓。○｜，〔玉篇〕引作竆。〔左傳襄公四年〕「有｜后羿」疏證。又(同上)洪詁。○｜應作竆。(同上)○〔說文定聲・卷一〕｜，假借為竆。〔左傳襄公四年〕「有竆后羿」。○｜、竆，今古字也。〔說文〕「竆，夏后時諸侯夷羿國也」段注。○〔說文定聲・卷二〕｜假借為藭。〔左傳宣公一二年〕「有山鞠竆乎」。○｜當讀為躬。〔荀子・正名〕「自道而冥｜」平議。又(同上)集解引俞樾。○｜或假為躬字。〔說文〕「｜，極也」段注。○｜、鞠聲近。〔釋詁〕「鞠，盈也」郝疏。○｜、鞠一聲之轉。〔釋言〕「鞫，｜也」郝疏。○〔文選〕穹｜作穹藭，字通用。○〔漢書・揚雄傳〕「發蘭惠與穹｜」補注引王先慎。○〔文選〕｜作穹。〔漢書・揚雄傳〕「香芬茀以｜隆兮」補注。○｜閻，即〔論語〕所云陋巷。〔荀子・儒效〕「｜閻漏屋」雜志。○陋屋與｜閻同意。(同上)○〔說文定聲・卷一〕｜，假借為穹。〔廣雅・釋詁四〕「竆，貧也」。○｜、倦一聲之轉也。〔廣雅・釋詁一〕「御，極也」疏證。○究、｜一聲之轉。〔釋言〕「鞫，｜也」郝疏。○｜奇，狀如牛而蝟毛，其音如嘷狗，食人。〔文選・上林賦〕「｜奇象犀」集釋引張揖。○｜奇，狀如虎，有翼，食人從首始。(同上)集釋引〔海內北經〕。○｜奇，獸名，聞人鬥，乃助不直者。〔廣韻・東部〕

**風**｜，放也。〔左傳僖公四年〕「唯是｜馬牛不相及也」洪詁引賈逵。○｜之言放也。〔論語・先進〕「｜乎舞雩」平議。○｜讀為放，聲之轉也。〔左傳僖公四年〕「唯是｜馬牛不相及」疏證引朱駿聲。○〔說文定聲・卷三〕｜，假借為放。〔書・費誓〕「馬牛其｜」。○｜，佚也。〔廣韻・東部〕○牝牡相誘曰｜。〔左傳僖公四年〕「唯是｜馬牛不相及也」洪詁引賈逵。○亦如馬牛其｜之｜。〔左傳成公一六年〕「免胄而趨｜」疏證引焦循。○｜議即放議。〔詩・北山〕「或出入｜議」通釋。○｜議，猶放言也。（同上）集疏。○｜，教也。〔廣韻・東部〕○｜，告也。（同上）○｜，聲也。（同上）又〔廣雅・釋言〕疏證。○｜者，聲也。〔晏子春秋・問下〕「則賢人之｜也」平議。又〔大戴・用兵〕「禮樂不行而幼｜是御」平議。○｜、聲互相訓。〔左傳文公六年〕「樹之｜聲」疏證。○｜，猶音也。〔左傳襄公二九年〕「八風」注引〔管子・宙合〕「君失音，則｜律必流」述聞。又〔輕重己〕「吹壎篪之｜，鑿動金石之音」述聞。○八音謂之八｜。〔左傳襄公二九年〕「八｜平」述聞。○｜，歌也。〔論語・先進〕「｜乎舞雩」劉正義。○｜者，民俗歌謡之詩也。〔國風一〕朱傳。○｜，乘涼也。〔論語・先進〕「｜乎舞雩」朱注。○｜，天氣也。〔易・姤〕「天下有｜」李疏。○｜為天風。〔說文〕「霿，天氣下，地不應」義證引范子計然。○陰陽怒而為風。〔說文〕「霚，地氣發天不應」義證引〔春秋元命苞〕。○｜者，氣也。〔說文〕「俗，習也」義證引〔新論・風俗篇〕○土地水泉，氣有緩急，聲有高下謂之｜焉。（同上）○陰入於陽，旋而無形，為｜也。〔大戴・曾子天圓〕「偏則｜」王詁。○衝｜，暴風也。〔楚辭・河伯〕「衝｜起兮橫波」補注引五臣。○｜穴，北方寒｜從地出也。〔楚辭・悲回風〕「依｜穴以自息兮」補注引〔淮南子〕注。○夏秋間，大｜拔木揚沙，謂之｜潮。〔通雅・卷一一〕○凡言｜者，皆動之義也。〔廣雅・釋詁一〕「｜，動也」疏證。○諷與｜通。〔廣雅・釋詁三〕「｜，告也」疏證。○｜，讀曰諷。〔通鑑・漢紀五〕「使大謁者張釋｜大臣」音注。又〔漢書・路温舒傳〕「此皆疾吏之｜」補注。○｜，猶諷也。〔公羊傳莊公元年〕注「必待｜旨」陳義疏。○｜，一曰諷也。〔集韻・東部〕○〔說文定聲・卷三〕｜，叚借為諷。〔周禮・大師〕「教六詩曰｜」。○｜，微示之也。〔漢書・灌嬰傳〕「｜齊王以誅呂氏事」補注。○｜動物而無形，故微言婉辭謂之｜。〔說文定聲・卷三〕（「諷」下）○｜當讀為凡。〔莊子・天地〕「雖然願先生之言其｜也」平議。○〔說文定聲・卷三〕｜，假借為凡，猶諸也。〔廣雅・釋詁三〕「｜，衆也」。○（同上）｜，假借為分，分｜雙聲。〔淮南・原道〕「春｜至」。○｜別，猶分別。〔通雅・卷七〕○｜裁，一作｜采。〔卷六〕○東｜菜，一作冬｜，言得冬氣也。〔文選・吳都賦〕「東｜扶留」集釋引「本草」。○東｜菜，先春而生，故有「東｜扶留」。（同上）○｜，字亦作飌。〔說文定聲・卷三〕○｜，或作飌。〔集韻・東部〕

**楓**｜樹枝弱善摇，故字从風。〔本草・卷三四〕○〔說文定聲・卷三〕｜生江上，有寄生枝高三四尺，生毛，一名｜子，天旱以泥泥之即雨。〔釋木〕「｜欇欇」孫炎注。○｜上占斯曰｜柳。〔通雅・卷四三〕○｜之言風也。〔釋木〕「｜欇欇」述聞。

**豐**｜，大也。〔廣韻・東部〕又〔漢書・揚雄傳〕「淑周楚之｜烈兮」補注。○｜，一曰大也。〔集韻・東部〕○〔說文定聲・卷一〕｜，从豆从山會意，山取其高大，丰象其滿形。〔說文〕「豆之｜滿者也，从豆象形」。○｜，多也。〔廣韻・東部〕○｜，茂也。（同上）又〔詩・湛露〕「在彼｜草」朱傳。○｜，盛也。〔廣韻・東部〕○｜，饒也。〔大戴・千乘〕「地寶｜省」王詁。○｜，俎豆貴｜厚也。〔說文〕「｜，豆之｜滿者也」義證引〔御覽〕。○｜者，禮器也。〔說文繫傳・通論上〕○｜者，行禮之器。〔說文〕「禮，履也」段注。○｜，大蔀小也。〔左傳宣公六年〕「其在周易｜之離」疏證引虞翻。○｜岳，厀株骨。〔說文〕「牼，牛厀下骨也」義證引〔相牛經〕注。○｜席，以竹為席，加之洒刷也。〔書・顧命下〕注「｜席刮涑竹席」孫疏。○｜殺，謂肥瘦也。〔韓子・喻老〕「｜殺莖柯」集解。○｜，古澧字。〔詩・文王有聲〕「｜水東注」陳疏。○｜，大小徐皆於引〔易〕作豐之字。〔說文〕「易曰｜其屋」段注。○｜豐古通用。〔方言一〕「｜，大也」疏證。○｜與豐通。（同上）箋疏。○｜、酆古今字。〔左傳宣公一五年〕「酆舒為政」疏證引李富孫。○｜、酆通用字。〔漢書・古今人表〕「翟｜舒」補注。○酆作｜。〔史記〕「索隱本異文」雜志。○逢與｜古字通。〔史記・麻書〕「歲星所在，五穀逢昌」雜志。○逢聲與｜相近。〔方言一〕「｜，大也」箋疏。○啈與｜聲相近。（同上）○茟聲與｜相近。（同上）○｜隆或曰雲師。〔離騷〕「吾令｜隆乘雲兮」補注。○｜隆，或曰雷師。（同上）○｜，古作豊。〔集韻・東部〕

**充**｜，滿也。〔孟子・梁惠王下〕「府庫｜」朱注。又〔孟子・公孫丑上〕「知皆擴而｜之矣」朱注。又〔說文〕「｜，長也、高也」義證引〔玉篇〕。又〔廣韻・東部〕。○｜，推而滿之也。〔孟子・滕文公下〕「｜仲子之操」朱注。○｜滿義亦為衆。〔釋詁〕「黎，衆也」郝疏。○重疊與｜滿義相成。〔釋詁〕「崇，｜也」郝疏。○｜之言重也。（同上）○｜斥，其義一也。〔左傳襄公三一年〕「寇盜｜斥」平議。○｜，云在儿上也。〔說文〕「｜，長也，高也」繫傳。○｜言終也。〔釋詁〕「崇，｜也」郝疏。○｜終聲轉義同。〔釋詁〕「崇，｜也」郝疏。○〔說文定聲・卷一〕｜，假借為終。〔小爾雅・廣詁〕「｜，竟也」。○｜，行也。〔廣韻・東部〕○｜，塞也。（同上）○〔說文定聲・卷一〕｜，假借為窒，窒即｜短言之。〔小爾雅・廣詁〕「｜，塞也」。○惡｜者，惡實也。〔管子・小稱〕「去惡｜以求美名」平議。○｜，美也。〔廣韻・東部〕○｜石，美大之意也。〔春秋名字解詁〕「宋公子｜石，字皇父」述聞。○｜，引申為牲畜肥腯之稱。〔周禮・司徒〕「｜人下士二人」孫正義。○｜耳，瑱也。〔詩・淇奧〕「｜耳琇瑩」朱傳。○｜耳，塞耳也。〔詩・旄丘〕「褎如｜耳」朱傳。○｜耳，以纊懸瑱，所謂紞也。〔詩・著〕「｜耳以素乎而」朱傳。○｜耳，瑱施于冕服，故為盛飾。〔詩・旄丘〕「褎如｜耳」後箋引〔稽古編〕。○｜蔚者，臭穢之轉聲。〔廣雅・釋草〕「益母，｜蔚也」疏證。○〔說文定聲・卷一〕｜，假借為衝。〔管子・內業〕「敬發其｜」。○（同上）｜，假借為供為龔。〔周禮・圉師〕「射則｜椹質」。○（同上）｜，假借為出。〔廣雅・釋詁〕「｜，行也」。○｜，假借為趉。〔說文定聲·卷一〕○〔同上〕丨，字亦作䵶。〔大戴·子張問入官〕「黈絖塞耳」。○丨，字亦變作統。〔說文定聲·卷一〕○丨仞、丨忍並字異而義同。〔廣雅·釋詁一〕「牣，滿也」疏證。○丨忍即丨牣。〔讀淮南子書後〕「德交歸焉而莫之丨忍也」雜志。

隆

丨，高也。〔禮記·檀弓〕「道丨則從而丨」集解。又〔通鑑·周紀二〕「雖丨薛之城到於天」音注。○丨，高起也。〔慧琳音義·卷九二〕○丨，一曰物之中高也。〔集韻·東部〕○丨，盛也。〔詩·雲漢〕「蘊丨蟲蟲」朱傳。又〔廣韻·東部〕○丨，豐也。〔同上〕○丨，大也。〔同上〕○丨，多也。〔禮記·祭義〕「頒禽丨諸長者」集解。○丨，崇也。〔通鑑·周紀二〕「雖丨薛之城到於天」音注。○丨，尊也。〔荀子·禮論〕「事其所丨親」集解。○丨，謂尊奉之。〔禮記·經解〕「丨禮由禮」集解。○所丨謂君也。〔荀子·禮論〕「事其所丨親」集解。○丨即中也。〔荀子·致士〕「政之丨」雜志。又〔荀子·致士〕「政之丨也」集解引王念孫。○丨，猶中也。〔荀子·仲尼〕「立丨而勿貳也」集解。○丨正猶中正。〔荀子·王霸〕「莫不以是為丨正」集解。又〔荀子·正論〕「立丨正」集解。又〔荀子·致士〕「丨正」雜志。○丨，備也。〔大戴·禮三本〕「夫是謂大丨」王詁。又〔禮三本〕「終於丨」王詁。○古讀丨為臨。〔文選·西京賦〕集釋。○丨與臨古亦同聲。〔廣雅·釋詁一〕「臨，大也」疏證。○臨之改丨，以雙聲變字。〔漢書·地理志〕「丨慮」補注。○丨之改林，以雙聲變字。〔同上〕○丨慮，漢諱殤帝改曰林慮。〔說文〕「淇，或曰出丨慮西山」段注。○丨即龍也。〔史記·晉世家〕「取丨」志疑。○龍字，史皆作丨，疑古人通用。〔史記·十二諸侯年表〕「齊取我丨」志疑。○丨與降同。〔荀子·賦〕「丨物」雜志。又〔荀子·賦篇〕「皇天丨物」集解引王念孫。○丨降古字通用。〔管子·山國軌〕「丨而止」平議。○丨字亦通作降。〔墨子·尚賢中〕「丨」雜志。○丨當作降。〔莊子·天運〕「孰丨施是」平議。又〔同上〕集釋引俞樾。○丨讀為鬨。〔韓子·八經〕「其患家丨劫殺之難作」集解引孫詒讓。○家丨即家鬨，謂私家構兵爭鬥也。〔同上〕○丨家，言搆諸大家使爭鬨。〔韓子·愛臣〕「管主而丨國家」集解引孫詒讓。○丨屈猶僂句也。〔廣雅·釋器〕「丨屈，傘也」疏證。○丨窮即丨穹，蓋詘折而丨起之狀。〔漢書·司馬相如傳〕「詘折丨窮躩以連卷」補注。○篷籠，倒言之則曰丨穹。〔廣雅·釋器〕「篷籠，傘也」疏證。○丨丨者，雷也。〔漢書·揚雄傳〕「丨丨者絕」補注引李光地。

空

丨，與孔同義，大也。〔詩·白駒〕「在彼丨谷」後箋。○丨孔古今語。〔說文〕「竇，丨也」段注。○丨讀為孔。〔墨子·小取〕「與心毋丨乎」閒詁。又〔韓子·飭令〕「利出一丨者」集解引顧廣圻。○丨本作孔。〔說文〕「壎，樂器也，以土作，六丨」段注。○丨，經傳亦以孔為之。〔說文定聲·卷一〕○丨，謂開通孔竅利水流行。〔漢書·溝洫志〕「更開丨」補注引蘇輿。○丨，虛。〔廣韻·東部〕○丨，虛也。〔大戴·誥志〕「此無丨禮」王詁。○丨，一曰虛也。〔集韻·東部〕○丨，窮。〔詩·節南山〕「不宜丨我師」朱傳。○丨，窮也。〔孟子·告子下〕「丨乏其身」朱注。○丨，盡也。〔詩·大東〕「杼柚其丨」朱傳。○丨，即窾也。〔釋器〕「款足者謂之鬲」郝疏。○〔說文定聲·卷一〕丨字亦作窾。〔廣雅·釋詁三〕「窾，丨也」。○丨窾一聲之轉。〔廣雅·釋詁三〕「窾，丨也」疏證。○丨、腔古今字。〔說文〕「鞔，履丨也」段注。○丨，古腔字。〔說文〕「匈，頟丨也」句讀。○〔說文定聲·卷一〕丨字亦作腔。〔說文新附〕「腔，內丨也」。○丨與殸義同。〔說文〕「殸，一曰素也」段注。○丨字亦作箜。〔說文定聲·卷一〕○古丨、穹通用。〔詩·白駒〕「在彼丨谷」陳疏。○丨者，穹之假借。〔同上〕通釋。○丨，韓、齊作穹。〔同上〕集疏。○丨，〔韓詩〕引作穹，穹與丨聲相近。〔同上〕後箋引〔經義雜記〕。○〔說文定聲·卷一〕丨，假借為穹。〔詩·白駒〕「在彼丨谷」。○丨與悾通。〔廣雅·釋訓〕「悾悾，誠也」疏證。○〔說文定聲·卷一〕丨，字亦作悾。〔論語·子罕〕「丨丨如也」。○〔同上〕丨，假借為控，猶引也。〔周禮·大祝〕「三曰丨首」。○〔同上〕丨，假借為公。〔說文〕「季丨禓」。○〔同上〕丨假借為衛。〔漢書·張騫傳〕「小國當丨道」。○〔同上〕丨，假借為弓。〔中山經〕「峽山多丨奪」。○〔同上〕丨，假借為愨。〔論語·子罕〕「丨丨如也」。○〔同上〕丨，字亦作窾，窾工一聲之轉。〔廣雅·釋詁三〕「窾，丨也」。○丨當讀為工。〔書·洪範〕「四曰司丨」平議。○丨丨，無識也。〔大戴·主言〕「婦丨丨」王詁。○〔說文定聲·卷一〕猶丨松若亢顙也。〔楚辭·大招〕「定丨桑只」。○丨首者，吉凶所同之禮也。〔說文〕「頓，下首也」段注。○頭與手俱齊心不至地，故曰丨首。〔同上〕○丨乏，猶乏絕也。〔孟子·告子下〕「丨乏其身」焦正義。○丨最，言丨有覆田括户之計最也。〔通雅·卷二六〕○漢複姓，有丨桐丨相。〔廣韻·東部〕

公

丨者，無厶也。〔說文〕「丨，平分也」義證引〔環濟要略〕。○無私曰丨。〔大戴·盛德〕「論吏丨行之」王詁。○丨，或說分其厶以與人為丨。〔說文定聲·卷一〕○丨者，無私也，從八從厶。八，背意也，背厶為丨也。〔廣韻·東部〕○丨，共也。〔韓子·孤憤〕「此，人主之所丨患也」集解。○丨，通也。〔廣韻·東部〕○丨，正也。〔同上〕○丨，事。〔詩·酌〕「實維爾丨允師」朱傳。○丨，事也。〔詩·靈臺〕「矇瞍奏丨」朱傳。○丨事，即功事。〔詩·瞻卬〕「婦無丨事」述聞。○丨，功。〔詩·六月〕「以奏膚丨」朱傳。○丨，功也。〔詩·文王有聲〕「王丨伊濯」朱傳。又〔江漢〕「肇敏戎丨」朱傳。○丨與功同，亦假借也。〔釋詁〕「丨，事也」郝疏。○功丨字異而義同。〔詩·瞻卬〕「婦無丨事」述聞。○功與丨通。〔釋詁〕「丨，事也」郝疏。○功、丨古字通。〔詩·瞻卬〕「婦無丨事」述聞。○丨，亦功也，古通用。〔呂覽·務本〕「無丨故也」校正。○丨功古通用，皆為事。〔詩·七月〕「上入執宮丨」通釋。○〔說文定聲·卷一〕丨，假借為功。〔詩·六月〕「以奏膚丨」。○丨，讀與功同。〔詩·六月〕「以奏膚丨」陳疏。○丨功古同聲通用。〔詩·文王有聲〕「王丨伊濯」通釋。○〔傳〕當即以丨為功之假借也。〔詩·六月〕「以奏膚丨」後箋。○無丨，〔務大〕作無功。〔呂覽·務本〕「無丨故也」校正。○丨猶同。〔國策·趙策三〕「天下丨從」鮑注。○丨翁同。〔國策·

魏策一〕「其子陳應止其丨之行」鮑注。○〔說文定聲・卷一〕丨，字亦以翁爲之。〔爾雅・釋親〕「夫之兄爲兄丨，夫之姊爲女丨」。○頌與丨古字通。〔左傳襄公一八年〕「斬其楢以爲丨琴」洪詁。○工與丨通。〔釋詁〕「丨，事也」郝疏。○工丨字異而義同。〔詩・瞻卬〕「婦無丨事」述聞。○〔說文定聲・卷二〕丨，假借爲工。〔釋詁〕「丨，事也」。○丨，魯作工。〔詩・靈臺〕「矇瞍奏丨」集疏。○丨，父也。〔廣雅・釋親〕疏證。又〔廣韻・東部〕。○遷尊其父，以丨爲家丨之丨。〔史記・五帝紀〕「太史丨曰」志疑。○丨專訓舅。〔漢書・賈誼傳〕「抱甫其子，與丨併倨」補注。○婦謂舅爲丨。〔通雅・卷一九〕○尊稱曰丨。（同上）○相呼曰丨。（同上）○漢初常語相稱以丨。〔漢書・晁錯傳〕「丨爲政用事」補注。○丨，古或以爲長老之稱。〔廣雅・釋親〕「翁丨叟，父也」疏證。○在廣西見傜人之老者，其老婦則呼之曰丨。〔通雅・卷一九〕○丨，君也。〔墨子・經說上〕「貴者丨」閒詁引張惠言。○丨即君稱。〔漢書・高帝紀〕「女子丨主」補注引沈欽韓。○丨當作君。〔左傳隱公五年〕「則丨不射」舊注疏證引洪亮吉。○丨子，猶帝子。〔屈賦・湘夫人〕「思丨子兮未敢言」戴注。○丨子，諸侯之子。〔詩・麟之趾〕「振振丨子」集疏。○古以妾子爲丨子。〔通雅・卷一九〕○帝女食邑即是封君，故稱丨主。〔漢書・高帝紀〕「女子丨主」補注引沈欽韓。○〔說文定聲・卷一〕丨，假借爲忪。〔釋詁〕「丨，君也」。○（同上）丨，亦作伀。〔釋親〕「夫之兄爲兄丨，夫之姊爲女丨」。○丨猶國也。〔國策・韓策三〕「是何以爲丨之主使乎」鮑注。○丨，官也。〔廣韻・東部〕○丨，猶官也。〔大戴・衛將軍文子〕「丨言言義」王詁。○〔說文定聲・卷一〕丨，假借爲官。〔周禮・牛人〕注「居其官曰丨」。○丨，一曰封爵名。〔集韻・東部〕○四命謂之丨。〔論語・子罕〕「出則事丨卿」劉正義。○丨，四命之孤也。〔禮記・燕義〕「不以丨卿爲賓」集解。○孤卿得稱丨。〔左傳二年〕「縣公」引〔鄉飲酒禮〕注「大國有孤四命謂之丨」述聞。○丨，謂大國之孤也。〔禮記・少儀〕「適丨卿之喪」集解。○周制，臣子於其國內皆稱公。〔公羊傳隱公元年〕注「魯侯，隱丨也」陳疏。○丨者，臣子之私尊。（同上）○春秋之世，楚縣令皆僭稱丨。〔漢書・項籍傳〕「瑕丘丨申陽者」補注引錢大昕。○楚漢之際，縣尹皆稱丨。〔漢書・趙堯傳〕「趙人方與丨」補注引周壽昌。○縣丨，猶言縣尹也。〔左傳宣公一一年〕「諸侯縣丨皆慶寡人」述聞。○丨爲縣大夫之通稱。〔左傳宣公二年〕注「棠丨，齊棠邑大夫」述聞。○遷父子官令而云丨者，邑令稱丨之比。〔史記・五帝紀〕「太史丨曰」志疑引〔兩漢刊誤補疑〕。○丨族，掌丨之宗族。〔詩・汾沮洳〕「殊異乎丨族」朱傳。○丨族，丨同高祖，祖廟未毀，有服之親。〔詩・麟之趾〕「振振丨族」朱傳。○丨姓，丨孫也。〔麟之趾〕「振振丨姓」朱傳。○丨姓，即丨孫。（同上）集疏。○丨姓，即丨孫，古讀姓如生。〔通雅・卷一九〕○丨族，猶丨姓也。〔詩・麟之趾〕「振振丨族」陳疏。○丨孫之子爲丨族。〔詩・麟之趾〕「振振丨族」集疏。○丨，丨家也。〔詩・臣工〕「敬爾在丨」朱傳。○丨路，官名。〔詩・汾沮洳〕「殊異乎丨路」後箋。○丨行，即丨路也。〔汾沮洳〕「殊異乎丨行」朱傳。○丨路者，掌丨之路車。（同上）○丨車尉，軍尉也。〔大戴・衛將軍文子〕「其爲丨車尉也信」王詁。○三丨，太師、太傅、太保也。〔大戴・盛德〕「天子三丨合以執六官」王詁。○丨乘者，軍吏之爵祿最高者也。〔說文・上說文書〕「召陵萬歲里丨乘」段注。○丨乘者，言其得乘丨家之車也。（同上）○丨，公朝。〔論語・憲問〕「與文子同升諸丨」朱注。○丨，丨所也。〔詩・采蘩〕「夙夜在丨」朱傳。○丨宮爲西宮。〔漢書・五行志〕「左氏以爲西宮者，丨宮也」補注引沈欽韓。○丨堂，君之堂也。〔詩・七月〕「躋彼丨堂」朱傳。○丨堂，謂大學也。（同上）集疏。○丨，丨田，爲君田，即藉田也。〔詩・大田〕「雨我丨田」後箋。○丨田者，方里而井，井九百畝，其中爲丨田。（同上）朱傳。○丨養，國君養賢之禮也。〔孟子・萬章下〕「有丨養之仕」朱注。○丨良，複姓。〔史記・仲尼弟子列傳〕「丨良孺字子正」志疑。

功

丨，成也。〔管子・五輔〕「辯事」雜志。又〔荀子・富國〕「百姓之力待之而後丨」述聞卷二引邵二雲。○丨者，成也。（同上）雜志。又（同上）集解引王念孫。○丨爲成也。〔莊子・天道〕「帝王無爲，而天下丨」集釋引王念孫。○丨材，謂成材也。〔管子・五輔〕「士修身丨材」述聞。○丨績者，事業之丨也。〔釋詁〕「丨，成也」郝疏。○丨、績，皆成也。〔釋詁〕「丨、績，成也」述聞。○丨，猶力也。〔大戴・千乘〕「凡士執伎論丨」王詁。○丨，勞也。〔千乘〕「發國丨謀」王詁。○丨，葺治之事也。〔詩・七月〕「上入執宮丨」朱傳。○丨與工通。〔淮南・主術〕平議。○丨讀爲工。〔管子・七法〕「器械不丨」義證引孫星衍。○丨乃工之分別文。〔說文〕「丨，以勞定國也」句讀。○〔說文定聲・卷二〕丨，假借爲工。〔小爾雅・廣詁〕「丨，事也」。○丨夫，即今俗所謂工夫。〔義府・卷下〕引「隸釋」。○丨，工役之事也。〔詩・黍苗〕「肅肅謝丨」朱傳。○丨謂入地。〔國策・齊策三〕「而楚丨見矣」鮑注。○丨謂求而得之。〔墨子・大取〕「志丨，不可以相從也」閒詁。○蓋凡器物飲食之精者，並謂之丨。〔周禮・酒正〕孫正義。○丨與公同。〔漢書・竇田灌韓傳〕「天下之丨」雜志。又〔漢書・韓安國傳〕「不以已私怒傷天下之丨」補注引王念孫。又〔詩・江漢〕「肇敏戎公」後箋。○丨當爲公。〔大戴・禮察〕「處此之丨，無私如天地」王詁。○丨公聲義同。〔釋詁〕「績，丨也」郝疏。○丨，通作公。（同上）○亦假公爲丨也。〔說文〕「丨，以勞定國也」段注。○丨與攻同。〔釋詁〕「丨，勝也」郝疏。○丨與攻通。〔廣雅・釋詁〕「丨，堅也」疏證。○丨當作攻。〔管子・禁藏〕「農事習則丨戰巧矣」平議。○丨古通作攻字。（同上）義證。○〔羣書治要〕引丨作攻。〔管子・明法解〕「戰丨之事」義證引孫星衍。○丨、攻二字古亦通。〔史記・建元以來侯者年表〕「攻農吾」志疑。○丨讀爲攻。〔管子・五輔〕「士修身丨材」平議。○丨、貢相通。〔管子・君臣下〕「盡丨能於上矣」平議。○堅丨一聲之轉。〔廣雅・釋詁〕「丨，堅也」疏證。○丨與質同訓。〔書・金縢〕「公乃自以爲丨」孫疏。○丨，以身爲質也。〔書・金縢〕注「史遷丨作質」孫疏。○〔說文定聲・卷一〕丨，假借爲鞏。〔齊語〕「辨其丨苦」。○國丨曰丨。〔大戴・曾子制言中〕「貴其有丨也」王詁。○

｜，謂軍｜。〔大戴·衛將軍文子〕「而好直其｜也」王詁。

工｜，所為也。〔說文〕「仝，完也」繫傳。○｜，所作為也。〔說文〕「左，手左相佐也」繫傳。○｜，為器也。〔說文〕「尋，繹理也」繫傳。○善其事曰｜。〔詩·楚茨〕「｜祝致告」朱傳。○引伸之凡善其事曰｜。〔說文〕「｜，巧飾也」段注。○｜，猶言從事也。〔墨子·經下〕「而不害用｜」閒詁。○百｜之｜乃｜匠之｜。〔左傳昭公二二年〕「因舊官百｜之喪職秩者」平議。○｜，巫皆規榘也。〔說文〕「壬，位北方，陰極陽生」繫傳。○功讀為｜，｜，巧也。〔管子·七法〕「器械不功」義證引孫星衍。○｜者，巧飭也。〔說文〕「匠，木｜也」段注。○｜與功通。〔書·洛誥〕「汝其悉自教｜」孫疏。○｜與功古字通用。○古功、｜通。〔左傳莊公二二年〕「使為｜正」疏證。○｜義或為功。〔書·皋陶謨〕「百｜惟時」孫疏。○｜為事者，｜與功通。〔同上〕注史遷「｜為事」孫疏。○〔說文〕〔墨子·經下〕「而不害用｜」閒詁。○〔月令〕｜作功。〔呂覽·孟冬〕「｜有不當」校正。○｜，〔漢書·律歷志〕引作功。〔書·皋陶謨〕「天｜人其代之」注「｜一作功」孫疏。○〔說文定聲·卷一〕｜，假借為功。〔書·皋陶謨〕「天｜人其代之」。○｜師，匠人之長。〔孟子·梁惠王下〕「則必使｜師求大木」朱注。○｜，正也。〔說文〕「晉，所依據也」繫傳。○｜，官也。〔廣韻·東部〕又〔孟子·離婁上〕「｜不信度」朱注。又〔大戴·五帝德〕「為天下｜」王詁。○｜謂百｜。〔墨子·迎敵祠〕「有方技者若｜」閒詁。○百｜，百官也。〔書·商書序〕「使百｜營求諸野」孫疏。○｜謂百｜也。〔書·皋陶謨〕「百｜惟時」孫疏。○宗｜，謂尊官。〔書·酒誥〕「百宗｜」孫疏。○宗｜，謂宗人。〔書·酒誥〕「惟服宗｜」孫疏。○古公｜通。〔左傳莊公二二年〕「使為｜正」洪詁。○｜、公古通借。〔史記·高祖功臣侯者年表〕「悼侯沛嘉」志疑。○〔說文定聲·卷一〕｜雀，亦曰巧婦，即鷦鷯也。〔廣雅·釋鳥〕「女匠，｜雀也」。○古文｜即馬字。〔釋詁〕「篤，厚也」鄭注。

攻｜，治也。〔論語·為政〕「｜乎異端」劉正義。又〔孟子·梁惠王上〕「庶民｜之」朱注。又〔大戴·曾子立事〕「君子｜其惡」王詁。又〔千乘〕「｜老之事」王詁。又〔廣韻·冬部〕。○｜，一曰治也。〔集韻·東部〕○下｜，治也。〔說文定聲·卷一〕○｜，專治也。〔論語·為政〕「｜乎異端」朱注引范氏。○｜，作也。〔詩·靈臺〕「庶民｜之」朱傳。又〔大戴·文王官人〕「以｜其名也」王詁。又〔廣韻·冬部〕。○｜，錯也。〔詩·鶴鳴〕「可以｜玉」朱傳。○｜錯，即謂以錯石｜之玉。〔同上〕後箋。○｜，伐也。〔廣韻·冬部〕○｜即伐也。〔孟子·離婁上〕「小子鳴鼓而｜之」焦正義。○｜，擊。〔廣韻·東部〕○｜，直謂｜奪而取之耳。〔漢書·郭解傳〕「臧命作姦剽｜」補注引劉攽。○｜者，責也。〔孟子·離婁上〕「小子鳴鼓而｜之」焦正義引王充。○｜，摩也。〔論語·為政〕「｜乎異端」劉正義引虞翻。○｜，堅。〔詩·車攻〕「我車既｜」朱傳。○｜之言鞏固也。〔廣雅·釋詁二〕「｜，堅也」疏證。○｜、鞏聲義相近同訓。〔詩·車攻〕「我車既｜」陳疏。○〔說文定聲·卷一〕｜，假借為鞏。〔廣雅·釋詁〕「｜，鞏也」。○〔同上〕｜，猶習也。〔夏小正〕「執陟｜駒」。○｜，善也。〔韓子·內儲說下〕「相韓而有｜齊」集解引俞樾。○｜者，治物之善也。〔釋詁〕「｜，善也」邵正義。○｜，功字，言善巧也。〔國策·西周策〕「是｜用兵」鮑注。○｜即功字也。〔墨子·尚賢下〕「無故」雜志。○｜，通功。〔詩·車攻〕「我車即｜」通釋。○｜，當為功之假字。〔墨子·非攻下〕「｜必倍」閒詁。○古人以｜功二字通用。〔說文〕「｜，擊也」義證引顧炎武。○〔齊侯鎛鐘銘〕「肇敏于戎功」作｜。〔同上〕○〔說文定聲·卷一〕上｜，急告也。〔周禮·翦氏〕「以｜禜｜之」。○工與｜聲義同。〔釋詁〕「｜，善也」郝疏。○｜又通工。〔詩·車攻〕「我車既｜」通釋。○｜、工字通借。〔國策·西周策〕「是｜用兵」補正。○｜與工古多通用。〔荀子·議兵〕「械用兵革｜完便利者強」集解引盧文弨。○〔說文定聲·卷一〕｜，假借為工。〔釋詁〕「｜，善也」。○｜當作工。〔賈子·時變〕「｜擊奪者為賢」平議。○｜與玒聲義同。〔廣雅·釋器〕「銍謂之玒」疏證。○〔說文定聲·卷一〕｜，假借為龔。〔書·甘誓〕「左不｜于右」。○〔同上〕｜，假借為嚳。〔周禮·太祝〕「五曰｜」。○〔同上〕｜，假借為窨。〔廣雅·釋詁三〕「｜，伏也」。

蒙｜為冒，冒即帽。〔孟子·離婁下〕「西子｜不潔」焦正義。○｜，猶冒也。〔同上〕朱注。○今人冒用｜字為之。〔說文〕「｜，王女也」段注。○｜，冒亂也。〔大戴·四代〕「楣機賓薦不｜」王詁。○｜，覆也。〔詩·君子偕老〕「｜彼縐絺」朱傳。又〔葛生〕「葛生｜楚」陳疏。○｜，包藏也。〔春秋名字解詁〕「越人｜，字子臧」述聞。○｜，被也。〔慧琳音義·卷一六〕○｜與㒇同訓覆。〔詩·小戎〕「｜伐有苑」後箋。○｜訓翻，為雜羽之名。〔同上〕通釋。○｜，雜也。〔同上〕朱傳。○｜，亦有雜義。〔同上〕後箋。○｜，雜亂也。〔大戴·少閒〕「始｜矣」王詁。○｜，昧也。〔漢書·司馬相如傳〕「蔑｜踊躍」補注。○｜，猶荷也。〔慧琳音義·卷一六〕○｜者，亡之主也。〔說文定聲·卷一〕引「太玄·玄文」。○冡｜通。〔廣雅·釋詁二〕「幏，覆也」疏證。○｜與冡通。〔詩·君子偕老〕「｜彼縐絺」陳疏。○冡通作｜。〔說文〕「冡，覆也」義證。○今人冡用｜字為之。〔說文〕「｜，王女也」段注。○｜借冡覆之冡作訓，｜、冡音同。〔左傳昭公一三年〕「以幕｜之」洪詁。○｜者，冡之假音也。〔釋言〕「｜，奄也」郝疏。○｜亦作幏。〔方言一二〕「｜，覆也」疏證。○｜，亦作幏。〔同上〕箋疏。○｜與雺同。〔漢書·揚雄傳〕「霧集｜合兮」補注引朱珔。○｜，〔小匡〕作曹，｜、曹聲相近。〔管子·大匡〕「｜孫」義證引孫星衍。○｜亦當讀為厖。〔呂覽·知度〕「｜厚純樸」平議。○｜作蟊，字之假借也。〔書·洪範〕「曰｜」孫疏。○｜，霿之假借。〔說文〕「霿，天氣下，地不應曰霿」段注。○｜亦蔑之轉，｜鳩猶言蔑雀。〔廣雅·釋詁四〕「納，微也」疏證。○小鳥謂之懱雀，又謂之｜鳩。〔廣雅·釋鳥〕「鷦鵬，工雀也」疏證。○｜鳩猶言蔑雀，蔑｜語之轉耳。〔廣雅·釋詁二〕「懱，小也」疏證。○鵬｜一聲之轉。〔廣雅·釋鳥〕「鷦鵬，工雀也」疏證。○懱｜一聲之轉，皆小貌也。〔同上〕○｜為霧者，｜霧聲之轉。〔書·洪範〕注史遷「曰｜作曰霧」孫疏。

〇丨、門一音之轉。〔孟子·離婁下〕「逄丨學射於羿」焦正義。〇丨、蛟一聲之轉，謂細也。〔荀子·勸學〕「丨鳩」雜志。〇丨、蔓聲相轉。〔釋草〕「蝥，蔓華」郝疏。〇丨丨、罞罞皆通。〔通雅·卷九〕〇丨戎，亂貌。〔詩·旄丘〕「狐裘丨戎」朱傳。〇丨幕，猶言覆蔽也。〔方言一二〕「毆，幕也」箋疏。〇丨頌，活耨地捕鼠者也。〔通雅·卷四六〕〇丨伐，盾也。〔通雅·卷三五〕〇丨，即女蘿也。〔說文〕「丨，王女也」繫傳。又〔釋草〕「丨，王女」鄭注。

濛　丨，雨貌。〔詩·東山〕「零雨其丨」朱傳。〇丨，大水也。〔楚辭·遠游〕「貫澒丨以東朅兮」補注。〇涳丨，細雨。〔廣韻·東部〕〇丨，字亦作霥。〔說文定聲·卷二〕〇丨，俗作霥。〔說文〕「丨，微雨曰丨丨」句讀。〇丨與霥同。〔廣雅·釋訓〕「霥霥，雨也」疏證。

籠　丨，竹器。〔國策·燕策二〕「則臣亦周之負丨耳」鮑注。〇丨，一曰所以畜鳥。〔集韻·東部〕〇丨，如蕢與㔶，以盛土，一人可何，竹為之。〔說文定聲·卷二〕〇篕丨，竹車傘。〔廣韻·鍾部〕〇篕丨，猶穹隆。〔說文定聲·卷二〕〇籦丨，竹。〔廣韻·鍾部〕〇丨，一曰丨籦，竹名。〔集韻·鍾部〕〇丨即桯。〔說文〕「丨，學士器」段注。〇丨與轆通。〔方言九〕「車轊，齊謂之轆」箋疏。〇丨即轆，古通用。〔同上〕疏證〇丨與龓通。〔廣雅·釋詁一〕「龓，有也」疏證。〇〔說文定聲·卷二〕丨，假借為龓。〔漢書·食貨志〕「丨貨物，丨鹽鐵」。〇〔同上〕丨假借為龍。〔漢書·衛青傳〕「青至丨城」。〇丨，隆彭借字。〔說文〕「隆鼓，鼓聲也」義證。〇丨，壠之假借。〔周官·遂師〕「共丘丨及蜃車之役」平議。

聾　耳不聞聲曰丨。〔說文〕「丨，無聞也」義證引〔急就篇〕顏注。〇不能聽謂之丨。〔國語·晉語〕「丨聵不可使聽」述聞。〇丨，當作壟。〔墨子·襍守〕「丨竈亭一鼓」閒詁。〇丨，壟之假字。〔墨子·號令〕「樓一鼓丨竈」閒詁。

龏　丨之言牢籠也，字本作櫳。〔廣雅·釋宮〕「櫳，牢也」疏證。〇房室之窗牖曰丨，謂刻畫玲瓏。〔說文〕「丨，房室之疏也」段注。〇〔說文定聲·卷二〕丨，假借為櫳。〔廣雅·釋室〕「丨，牢也」。〇〔同上〕丨，以櫳為之。〔謝惠連詩〕「升月照簾櫳」。

櫳　丨之言籠也。〔廣雅·釋宮〕「丨，舍也」疏證。〇丨，一曰所以養獸。〔集韻·東部〕〇丨，檻也，養獸所也。〔廣韻·東部〕〇丨，所以盛禽獸欄檻也。〔說文〕「檻，丨也」義證引〔三蒼〕。〇丨者，言若禽獸之籠然。〔說文〕「龏，房屋之疏也」繫傳。〇闊遠曰丨。〔說文〕「龏，房屋之疏也」繫傳。〇〔說文定聲·卷二〕丨，假借為龏。張協〔雜詩〕「房丨無行迹」。

瓏　丨，一曰風聲。〔集韻·東部〕〇玲丨，玉聲。〔廣韻·東部〕〇丨，字亦作攏。〔說文定聲·卷二〕

洪　丨，大也。〔廣韻·東部〕又〔孟子·滕文公上〕「丨水橫流」朱注。又〔大戴·五帝德〕「丨淵以有謀」王詁。〇厖，丨。〔漢書·司馬相如傳〕「垂統理順」雜志。〇丨，一曰大也。〔集韻·東部〕〇丨，此字祇訓大水。〔說文定聲·卷二〕〇漭瀁者謂之丨。〔通雅·卷一七〕〇蜀人謂水口曰丨。〔說文〕「涪，水出廣漢剛邑道徼外」義證引〔元和志〕。〇丨亦為代也。〔書·多方〕「丨惟圖天之命」孫疏。〇丨與鴻聲相近，代也。〔書·大誥〕「丨惟我幼冲人」孫疏。〇丨與鴻同。〔史記·漢興以來將相名臣年表〕「與楚界丨渠」志疑。〇丨與鴻通。〔孟子·滕文公上〕「丨水橫流」焦正義。〇丨鴻古字通用。〔釋詁〕「丨，大也」邵正義。〇〔說文定聲·卷二〕丨，假借為鴻。〔書·康誥〕「乃丨大誥治」。〇丨，〔爾雅〕作鴻，古字通。〔書·康誥〕注「丨，代」孫疏。〇〔石經〕丨為鴻，聲相近。〔書·洪範〕「鯀陻丨水」孫疏。〇丨水〔史記〕作「鴻水」，字通。〔漢書·地理志〕「堯遭丨水」補注引錢坫。〇丨與降古同聲。〔廣雅·釋詁一〕「臨，大也」疏證。〇〔說文定聲·卷二〕以丨訓洚，同聲字也。〔孟子〕「洚水者，丨水也」。〇丨，發聲也。〔書·大誥〕「丨惟我幼冲人」釋詞。

紅　丨，色也。〔廣韻·東部〕〇以艷曰丨。〔通雅·卷三七〕〇素入于茜，即為丨，其色在赤白黃之間，即〔玉藻〕之緼也。〔說文定聲·卷二〕〇今有水丨、銀丨、桃丨，古但謂之丨。〔通雅·卷三七〕〇〔說文定聲·卷二〕丨，假借為絳。〔漢書·外戚傳〕「丨侯」。〇〔同上〕丨，假借為功，實為工。〔漢書·哀帝紀〕「害女丨之物」。〇丨即杠之假借字。〔說文〕「杠，陳臭米」段注。〇〔說文定聲·卷二〕丨，假借為江。〔漢周憬功勳銘〕「至于曲丨」。〇〔同上〕丨，字亦作葒。〔釋草〕注「俗呼丨草為蘢鼓」。〇丨即玒。〔漢書·王子侯表〕「休侯富」補注。〇丨桂即莽草。〔通雅·卷四三〕〇丨娘子，樗雞也。〔通雅·卷四七〕〇燈籠草結果曰丨姑娘。〔通雅·卷四二〕〇丨瑪瑙茸，鹿茸之上者也。〔通雅·卷四六〕〇丨，丨草也，似蓼而高大，多毛。〔釋草〕「丨，蘢古」鄭注。

鴻　丨，大也。〔漢書·司馬相如傳〕「波丨沸」補注。〇丨亦大也。〔本草·卷一六〕〇丨，代也。〔慧琳音義·卷四〕引〔考聲〕。〇丨者，往來之代也。〔釋詁〕「丨，代也」郝疏。〇丨，本訓大雁。〔說文定聲·卷二〕〇丨，鴈之大者。〔孟子·梁惠王上〕「顧丨鴈麋鹿」朱注。又〔詩·新臺〕「丨則離之」朱傳。〇經傳丨字有謂大雁者。〔說文〕「丨，鵠也」段注。〇又單呼丨雁之大者曰丨。〔同上〕〇丨鵠即黃鵠，最為大鳥。〔詩·九罭〕「丨飛遵渚」集疏引段玉裁。又〔同上〕後箋。〇凡經史言丨鵠者，皆謂黃鵠也。〔說文〕「鵠，黃鵠也」段注。〇〔說文定聲·卷二〕丨，假借為鵠，丨鵠雙聲。〔詩·九罭〕「丨飛遵渚」。〇凡丨鵠連文者，即鵠也。〔說文定聲·卷二〕〇丨，水鳥也。〔慧琳音義·卷四〕引〔韻英〕。〇丨鴈，隨陽鳥也。〔慧琳音義·卷四〕〇丨豹，鴇之別名。〔說文〕「堆，鳥肥大堆堆也」義證引〔易林〕。〇丨，或作鳿。〔慧琳音義·卷四〕〇丨當讀為鳿。〔周禮·梓人〕「搏身而丨」平議。〇橈之以眂其丨殺之稱也。〔說文定聲·卷二〕〇鳿，〔文選〕、〔史記〕作丨。〔漢書·司馬相如傳〕「鳿鷫鵠鴇」補注。〇丨或作堆。〔慧琳音義·卷四〕〇〔說文定聲·卷一〕丨，假借為洚。〔楚辭·天問〕「不任汩丨」。〇丨，假借為蠓，實為螽。〔說文定聲·卷二〕〇丨與庸聲義通。〔釋詁〕「—，代也」郝疏。〇—即傭之假借字也。〔說文〕「傭，均也」段注。〇〔說文定聲・卷一〕—，假借為傭，實為中。〔考工・梓人〕「摶身而—」。〇—，洪水。〔屈賦・天問〕「不任汩—」戴注。〇—，即洪水也。〔楚辭・天問〕「不任汩—」補注。〇—，假借為洪。〔說文定聲・卷一〕〇—溶，慫慂之語轉。〔廣雅・釋詁二〕「慫慂，勸也」疏證。〇—溝，官渡也，今汴河也。〔通雅・卷一五〕

虹 —，螮蝀也。〔廣韻・東部〕〇—霓者，陰陽之精。〔說文〕「霓，屈—」義證引〔春秋元命苞〕。〇雨與日相薄而成—。〔說文定聲・卷一〕〇色著為—，色微為蜺。〔漢書・天文志〕「抱珥𧈢蜺」補注引〔占經・虹蜺占〕。〇—蜺，鮮者雄，闇者雌。〔通雅・卷一一〕〇一曰赤白曰—，青白曰蜺。（同上）〇—蜺曰挈貳，謂其副貳也。（同上）〇—蜺曰蛪示。（同上）〇—蜺曰帝弓，謂其如弓橋也。（同上）〇—，江北人呼—如欘。（同上）〇—，潰也。〔集韻・江部〕〇—，潰亂也。〔詩・抑〕「實—小子」朱傳。〇—，讀為訌。（同上）陳疏。〇〔說文定聲・卷一〕—，假借為訌。〔詩・抑〕「實—小子」。〇—者，訌之假借字。〔說文〕「訌，讀也」段注。〇—者，訌之假借也。〔釋言〕「—，潰也」郝疏。〇—縣，今呼為絳。〔通雅・卷一六〕〇黃芩，一名—腸。〔廣雅・釋草〕「菀葿，黃芩也」疏證。〇—腸之—與紅同，亦腐也。（同上）

𧈢 —即虹。〔通雅・卷一二〕

叢 —或作藂。〔文選・安陸昭王碑文〕集釋。〇—，省之則為菆。（同上）〇—字或作菆。〔漢書・王子侯表〕「前侯」雜志。〇—，茂林也。〔孟子・離婁上〕「為—敺爵者」朱注。〇—，凡物—萃也。〔說文〕「—，聚也」繫傳。〇—，東茅。〔說文〕「籫，竹器也」繫傳。〇—，亦多也。〔釋詁〕「觀，多也」郝疏。〇—者，合聚諸神而祭之也。〔說文〕「—，聚也」義證引〔急就篇〕顏注。〇古者閭各立社，擇其木之茂者為位，名樹為社，又為—也。〔漢書・陳勝傳〕「又間令廣之次所旁—祠中」補注引沈欽韓。〇—、族一聲之轉。〔釋木〕「木族生為灌」郝疏。又〔廣雅・釋詁三〕「—，聚也」疏證。〇榛、—一聲之轉。〔釋木〕「木族生為灌」郝疏。〇—、聚一聲之轉。（同上）〇〔說文定聲・卷二〕—，假借為取。〔廣雅・釋詁三〕「—，收也」。〇（同上）—，假借為冣。〔廣雅・釋詁二〕「—，遽也」。〇（同上）—，左氏作取訾婁，—為訾婁之合音，亦讀如聚也。〔公羊傳僖公三三年〕「取—」。

藂 —與叢同。〔廣雅・釋詁三〕「都，聚也」疏證。又〔釋草〕「草—生為薄」疏證。

菆 —與叢同。〔墨子・明鬼下〕「—位」雜志。又〔廣雅・釋詁三〕「欑，聚也」疏證。又〔釋木〕「木藂生曰榛」疏證。

䕺 —亦與叢同。〔墨子〕「菆位」雜志。

翁 —，古或以為長老之稱。〔廣雅・釋親〕「—，父也」疏證。〇祖為—者，取其尊上之意也。〔慧琳音義・卷六五〕〇俗言老—者，假—為公也。〔說文〕「—，頸毛也」段注。〇—，老稱也。〔廣韻・東部〕〇—與公相近，老人之稱也。〔方言六〕箋疏。〇〔說文定聲・卷一〕—，假借為公，實為伀。〔廣雅・釋親〕「—，父也」。〇（同上）—，字亦作⿰翁頁。〔廣雅・釋親〕「⿰翁頁，項也」。〇—，義與⿰翁頁同。〔廣雅・釋親〕「⿰翁頁，項也」疏證。〇—子，即公子也。〔漢書・朱買臣傳〕「朱買臣字—子」補注引李慈銘。〇—，亦有雜義。〔漢書・禮樂志〕「殊—雜」補注引沈欽韓。〇—當為滃。〔荀子・樂論〕「埴篪—博」集解引俞樾。又（同上）平議。〇假—為滃。〔說文〕「—，頸毛也」段注。〇—者，滃之假借。〔說文〕「盎，盆也」段注。〇有假—為滃者。〔說文〕「滃，雲氣起也」段注。〇盎，猶—也。〔說文〕「盎，盆也」段注。〇鳥頭上毛曰—。〔慧琳音義・卷六五〕〇—，鳥頸毛。〔廣韻・東部〕〇—，鳥頸下毛。〔說文〕「—，頸毛也」義證引〔玉篇〕。〇—博，猶滃渤也。〔荀子・樂論〕「埴篪—博」平議。

蔥 —，从囪。外直中空，有囪通之象也。〔本草・卷二六〕〇〔說文定聲・卷一〕—，席草，空中似蔥。〔廣雅・釋草〕「蔥蒲，莞也」。〇—，初生曰—針，葉曰—青，衣曰—袍，莖曰—白，葉中涕曰—苒。〔本草・卷二六〕〇夏—曰小，冬—曰大。〔說文定聲・卷一〕引〔齊民要術〕。〇葝蘆，—蒟也。〔廣雅・釋草〕疏證。〇〔說文定聲・卷一〕—，假借為窻。〔左傳定公九年〕「載蔥靈賈」。〇（同上）—，或曰借為繱。〔禮記・玉藻〕「三命赤韍蔥衡」。〇—謂之渫。〔管子・內業〕「理丞而屯泄」雜志。

䓗 —，當作蔥。〔楚辭・憫上〕「薊藂兮青—」補注。

聰 —，聞也。〔詩・兔爰〕「尚寐無—」朱傳。又〔屈賦・惜往日〕「諒—不明而蔽雝兮」戴注。又〔廣韻・東部〕。〇—，聽也。〔廣韻・東部〕〇—，聽微也。〔慧琳音義・卷七一〕〇—，耳聽明審也。〔卷五〕引〔考聲〕。〇—為視聽之聽。〔廣雅・釋詁四〕「—，聽也」疏證。〇—，察也。〔廣韻・東部〕〇—，明也。（同上）〇—明，謂視聽。〔書・皐陶謨〕「天—明」孫疏。〇先知曰—。〔慧琳音義・卷七一〕〇—明，猶言以為耳目。〔漢書・韓延壽傳〕「一切以為—明」補注引王文彬。〇—之言通。〔廣雅・釋詁四〕「—，聽也」疏證。〇—敏，言其通達也。〔國語・晉語〕「—敏肅給」述聞。〇—，一說耳病。〔集韻・東部〕〇窗—聲近義通。〔書・舜典〕「達四—」平議。〇—與窻古同聲而通用。〔廣雅・釋宮〕「窻，牖也」疏證。

驄 —，馬蔥青色。〔說文〕「—，馬青白雜毛」義證引〔六書故〕。〇—，馬青白雜色。〔廣韻・東部〕〇—，蓋今之菊花青也。〔說文〕「—，馬青白雜毛也」句讀。〇—，義亦與蔥同。〔廣雅・釋器〕「總，青也」疏證。

騣 —，馬鬣也。〔集韻・東部〕〇—，亦馬金冠也。〔慧琳音義・卷六一〕引〔古今正字〕。〇—，細密之義也。〔廣雅・釋詁二〕「葼，小也」疏證。

通 —，達也。〔通鑑・周紀二〕「文—儻饒智略」音注。又〔大戴・勸學〕「弱約危—」王詁。又〔千乘〕「—其四疆」王詁。又〔虞戴德〕「天子之官四—」王詁。又〔廣韻・東部〕。〇｜者，達也。〔說文〕「孔，｜也」段注。〇｜即達義。〔左傳文公一八年〕「今日必達」疏證。〇｜，猶道也。〔漢書・楚元王傳〕「｜所聞」雜志。〇｜與道同義。〔述聞・卷二四〕〇｜，謂導致己之辭。〔屈賦・抽思〕「理弱而媒不｜兮」戴注。〇｜之為言猶道也。道，言也。〔公羊傳僖公三一年〕「｜可以已也」述聞。〇｜，猶道也，謂道其所聞也。〔漢書・劉向傳〕「不敢不｜所聞」補注引王念孫。〇無所不流曰｜也。〔說文〕「谾，｜谷也」義證引〔玉篇〕。〇｜，洞也。〔慧琳音義・卷五〇〕〇｜之言洞也。〔說文〕「隫，｜溝」段注。〇｜，讀若洞。〔同上〕〇｜，猶行也。〔禮記・郊特牲〕「八蜡不｜」集解。〇｜與深義相近。〔廣雅・釋詁三〕「井，深也」疏證。〇｜，知也。〔大戴・曾子制言下〕「不｜患而出危色」王詁。〇｜知，能知人也。〔大戴・五帝德〕「叡明｜知」王詁。〇〔說文定聲・卷一〕｜者，空字之訓。〔說文〕「孔，｜也」。〔「孔」下〕〇｜者，衝字之訓。〔說文定聲・卷一〕〔「孔」下〕〇〔說文定聲・卷一〕夲曰徹侯，避武帝諱，改為｜侯。〔漢書・高帝紀〕「｜侯諸將」。〇〔同上〕｜視，如瞋視也。〔釋名・釋疾病〕「眸子明而不正曰｜視」。〇〔同上〕｜，假借為同。〔小爾雅・廣義〕「旁淫曰｜」。〇〔同上〕｜，假借為眮。〔釋名・釋疾病〕「眸子明而不正曰｜視」。〇馬屎曰｜。〔本草・卷三七〕〇｜人，謂衆人。〔韓子・解老〕「事｜人之樸心者也」集解引王先謙。〇｜侻，猶輕脫也。〔通雅・卷四〕

蓬　｜，草名。〔詩・騶虞〕「彼茁者｜」朱傳。又〔廣韻・東部〕。〇｜，蔓生沙漠中，風吹則根斷，隨風轉移也。〔詩・伯兮〕「首如飛｜」集疏。〇｜，草名，其華如柳絮，聚而飛，如亂髮也。〔同上〕朱傳。〇潦草者，｜也。〔說文〕「｜，蒿也」義證引師曠〔占歲〕。〇｜者，逢之異文。〔太玄・大〕「陽｜其外」平議。〇〔說文定聲・卷一〕｜字亦作髼。〔字林〕「髼鬆，髮亂皃」。〇〔同上〕｜，假借為尨。〔海內經〕「元狐｜尾」。〇〔同上〕｜，假借為扶，｜扶雙聲。〔史記・老莊申韓傳〕「｜累而行」。〇｜顆，後世又轉其聲為飯顆。〔說文定聲・卷一〕〇｜｜，盛貌。〔詩・采菽〕「其葉｜｜」朱傳。〇｜｜，義亦與菶菶同。〔廣雅・釋訓〕「菶菶，茂也」疏證。〇旁勃之聲又轉而為｜。〔廣雅・釋草〕「繁母，蒡葧也」疏證。〇｜藁一名覆盆。〔說文〕「茥，缺盆也」義證引〔本草〕。〇｜活，即蝒蜁之轉聲也。〔廣雅・釋蟲〕「沙蝨，蝒蜁也」疏證。

篷　｜，織竹夾箬，覆舟也。〔廣韻・東部〕〇〔說文定聲・卷一〕｜，車蓋弓也。〔方言九〕「車枸簍，南楚之外謂之｜」。

烘　｜，燎也。〔詩・白華〕「卬｜于煁」朱傳。又〔集韻・東部〕。〇｜，火皃。〔廣韻・東部〕〇｜，火乾也。〔廣韻・送部〕

潼　〔說文定聲・卷一〕｜，假借為緟。〔廣雅・釋詁二〕「｜，益也」。〇｜，河｜。〔廣韻・鍾部〕

曚　｜，一曰不明。〔集韻・東部〕〇有眸子而無見曰｜。〔楚辭・懷沙〕「｜瞍謂之不章」補注。〇〔說文定聲・卷一〕｜，謂目僮子冡不明也。〔說文〕「｜，童｜也」。〇有眸子而無見曰｜。〔詩・靈臺〕「｜瞍奏公」朱傳。〇〔文選〕｜作蒙，此通借字。〔漢書・叙傳〕「咨孤｜之眇眇兮」補注。〇｜，昭然若發蒙矣，古字通。〔漢書・揚雄傳〕「迺今日發｜」補注。〇｜，瞽。〔廣韻・東部〕〇〔說文定聲・卷一〕｜，假借為冡。〔楚辭・沈江〕「冀幸君之發｜」。

朧　｜，朦｜。〔廣韻・東部〕〇｜，隆鼓借字。〔說文〕「隆鼓，鼓聲也」義證。

藭　｜，即江蘺根也，又名蘼蕪。〔說文〕「营，营｜」繫傳。〇〔說文定聲・卷一〕｜，今麻陽呼為江離。〔子虛賦〕「芎｜昌蒲」。〇〔同上〕｜，今謂之川芎。〔說文〕「营，香草也」。〇〔同上〕｜，以窮為之。〔左傳宣公一二年〕「有山鞠窮乎」。

怱　｜，速也。〔廣韻・東部〕〇｜｜，今作匆匆。〔說文〕「｜，多遽｜｜也」句讀。〇匆即｜之省文。〔同上〕

礱　｜，磨也。〔廣韻・東部〕〇｜，今俗謂磨穀取米曰｜。〔說文〕「｜，䃺也」段注。〇｜，蘇俗收新穀磨去其康曰牽｜。〔說文定聲・卷一〕〇｜，今蘇俗穀皮之粗大者曰｜穅。〔說文定聲・卷一八〕〔「康」下〕〇龍與｜通。〔廣雅・釋器〕「｜，礪也」疏證。

罿　｜，捕鳥網。〔集韻・東部〕〇｜，車上網。〔廣韻・東部〕〇張羅車上曰｜也。〔詩・兔爰〕「雉離于｜」集疏引韓說。〇繴謂之｜。〔同上〕引魯說。〇｜，罬也。〔同上〕〇｜，罬也，即罦也。〔詩・兔爰〕「雉離于｜」朱傳。〇｜，通作幢。〔說文〕「｜，罬也」義證。〇〔說文定聲・卷一〕｜，假借為肯。〔後漢・班固傳〕「撫鴻｜」。

螽　｜，即蝗。〔詩・螽斯〕「｜斯羽詵詵兮」陳疏。〇｜，蝗古今語也。〔說文〕「蝗，｜也」段注。又〔方言一一〕箋疏。〇｜，與蝗皆蟲之大名，區別之則各有主名。〔詩・螽斯〕「｜斯羽」後箋。〇蝗子為｜，一名蠶｜，兖州謂之螣。〔同上〕〇｜斯，蟲也。〔廣韻・東部〕〇｜斯，蝗屬，長而青，長角長股，能以股相切作聲，一生九十九子。〔詩・螽斯〕朱傳。〇｜，俗本作蠭。〔說文〕「蚣，｜醜蚣」段注。〇｜當為蠭。〔說文〕「夆，讀若｜」義證。〇｜，〔公羊〕作蝝。〔左傳襄公七年經〕「八月｜」洪詁。〇〔公羊〕凡｜字皆作蝝。〔左傳桓公五年經〕「｜」洪詁。〇｜，古曰蝝。〔說文定聲・卷一〕〇〔同上〕｜，亦作蝩，大曰｜。〔說文〕「｜，蝗也」。〇〔同上〕｜，以衆為之。〔詩・無羊〕「衆維魚矣」。

蝝　｜，同螽。〔廣韻・東部〕〇｜即螽字。〔說文〕「蝝，復陶也」段注。〇｜，即螽。〔通雅・卷四七〕

灃　｜，水名，在咸陽。〔集韻・東部〕〇｜，出今陝西西安府鄠縣終南山，至咸寧縣入渭。〔說文定聲・卷一〕

癃　｜，病也。〔通鑑・漢紀五〕「民雖老羸｜疾」音注。又〔廣韻・東部〕。〇｜，疲病也。〔通鑑・漢紀五〕「民雖老羸｜疾」音注。〇｜，罷病也。〔慧琳音義・卷七八〕引〔古今正字〕。○丨，老也。〔通鑑・漢紀五〕「民雖老羸丨疾」音注。○丨癃字異而義同。〔史記・平原君列傳〕「罷癃之病」雜志。○丨謂形穹隆然也。

〔說文〕「丨，罷病也」繫傳。

⿸疒⿱夅生 丨，同癃。〔廣韻・東部〕○丨，風結皮起病也。〔慧琳音義・卷七八〕○丨，疲病也，老痼病也。（同上）引〔玉篇〕。○丨，淋也，音隆。〔太素・五藏診脈〕「滑甚為頹丨」楊注。○丨，淋也，篆字癃也。〔太素・調食〕「令人丨」楊注。○丨，痳也。〔太素・癃洩〕「丨」楊注。○丨，癘也。〔慧琳音義・卷二〕引〔淮南子〕許注。

⿸疒夅 丨即癃之籀文。〔莊子・外物〕「日夜無降」集釋引俞樾。

幪 丨，覆也。〔廣韻・東部〕○丨，蓋衣也。（同上）○丨與㠓聲義並同。〔方言四〕「幪，巾也」箋疏。○丨，義與矇相近。〔方言二〕「矇，豐也」箋疏。○丨，實與冡同字。〔說文定聲・卷一〕

夢 丨與瞢音義同。〔說文〕「瞢，目不明也」段注。○丨丨，亂也。〔詩・正月〕「視天丨丨」集疏引魯說。○丨丨，不明也。（同上）朱傳。○〔說文定聲・卷二〕丨，夜不明也。〔說文〕「丨，不明也」。○丨，猶萌也。〔廣雅・釋草〕「丨，孽也」疏證。○丨音蒙。〔詩・正月〕「視天丨丨」朱傳。○丨丨，〔齊〕〔魯〕詩蓋有作芒芒者。（同上）通釋。○丨，齊作芒。（同上）集疏。○〔說文定聲・卷二〕丨，假借為懜。〔詩・抑〕「視爾丨丨」。○（同上）丨，謂借為懣，為悶。〔釋訓〕「丨丨，亂也」顧野王注。

潨 丨，水會也。〔詩・鳧鷖〕「鳧鷖在丨」朱傳。又〔廣韻・東部〕。○丨，小水入大水也。（同上）○丨，一曰小水入大水。〔集韻・東部〕○丨，厓也。（同上）○丨，水外之高者。（同上）又〔鐘部〕。○〔說文定聲・卷一〕丨，假借為衆。〔文選・吳都賦〕「效獲丨」。

訌 丨，潰也。〔詩・召旻〕「蟊賊內丨」朱傳。又〔廣韻・東部〕。○丨虹通。〔釋言〕「虹，潰也」鄭注。○〔說文定聲・卷一〕丨，以虹為之。〔釋言〕「虹，潰也」。○（同上）丨，字亦作憒。〔漢書・敘傳上〕音義「憒，憒也」。○丨，義與鬨相近。〔廣雅・釋言〕「鬨，鬭也」疏證。○丨，訟言相陷也。〔集韻・東部〕

葼 丨，木細枝也。〔廣韻・東部〕○丨者，細密之貌。〔廣雅・釋詁二〕「丨，小也」疏證。○〔說文定聲・卷一〕丨，字亦作篸，猶方言杪，亦謂之策也。〔廣雅・釋器〕「丨，筞也」。

緵 丨，縷也。〔漢書・王莽傳〕「一月之祿十丨布二匹」補注引〔玉篇〕。又〔廣韻・東部〕。○丨，細密之義也。〔廣雅・釋詁二〕「葼，小也」疏證。○丨，今文作稯。〔說文〕「稯，布之八十縷為稯」句讀。○稯、丨字異而義同。〔廣雅・釋器〕「筥十曰稯」疏證。○丨、總字異而義同。（同上）○丨之言總也。〔釋器〕「丨罟謂之九罭」郝疏。○丨即升也。〔說文〕「緵，綺絲之數也」段注。

嵏 〔說文定聲・卷一〕丨，以崇為訓。〔史記・司馬相如傳〕「夷丨築堂」注。○丨，以總為訓。〔說文定聲・卷二〕○丨，古書皆作嵕。〔說文〕「丨，九丨山也」段注。○〔說文定聲・卷二〕丨字亦作嵸。〔史記・司馬相如傳〕「崇山巃嵸」。

嵕 九丨，山名。〔廣韻・東部〕

豵 丨，一歲豕。〔詩・七月〕「言私其丨」朱傳。○一曰一歲丨。〔集韻・東部〕○丨，亦小豕也。〔詩・騶虞〕「壹發五丨」朱傳。○丨，亦牝豕而更小於豝。〔詩・騶虞〕「壹發五丨」後箋。○丨，豕生三子。〔廣韻・東部〕又〔集韻・鐘部〕。○三子曰丨。〔本草・卷五〇〕

涷 瀧丨，沾漬。〔廣韻・東部〕又〔集韻・東部〕。

曈 丨曨，日欲明也。〔廣韻・東部〕○丨曨，日欲明。〔集韻・東部〕○丨曨，日欲出。（同上）○曨丨，欲明之皃。〔廣韻・東部〕

忡 丨，憂也。〔廣韻・東部〕○丨，憂而心動也。〔說文〕「丨，憂也」繫傳。○丨丨，為動心之貌。〔詩・草蟲〕「憂心丨丨」通釋。○丨丨，猶衝衝也。〔詩・草蟲〕「憂心丨丨」朱傳。又〔出車〕「憂心丨丨」陳疏。○丨丨、衝衝同義。〔廣雅・釋訓〕「⿰忄蟲⿰忄蟲，憂也」疏證。○丨丨，與⿰忄蟲⿰忄蟲同義。（同上）○〔說文定聲・卷一〕丨，亦作⿰忄蟲。〔楚辭・雲中君〕「極勞心兮⿰忄蟲⿰忄蟲」。○丨，或作⿰忄蟲。〔說文〕「丨，憂也」義證。○丨字或作⿰忄蟲。〔說文〕「丨，憂也」句讀。○丨，魯作⿰忄蟲，齊作沖。〔詩・草蟲〕「憂心丨丨」集疏。○丨與沖聲義皆略同。〔說文〕「沖，涌繇也」段注。○丨丨，一作蚛蚛。〔通雅・卷九〕○丨丨，通作⿱雨重⿱雨重。（同上）○〔說文定聲・卷二〕丨，亦作忼。〔埤蒼〕「忼，心動也」。○（同上）丨，亦作悺。〔廣雅・釋詁二〕「悺，憂也」。

崧 山大而高曰丨。〔詩・崧高〕「丨高維嶽」朱傳。○丨、嵩一字。〔通雅・卷二〕○三家丨作嵩。〔詩・崧高〕「丨高維嶽」集疏。○丨音嵩。〔詩・崧高〕「丨高維嶽」朱傳。○崇，隸體變轉又為丨也。〔釋詁〕「崇，高也」邵正義。

肜 丨，祭名。〔廣韻・東部〕○丨，又祭名。〔集韻・東部〕○丨者，祭名也。〔書・高宗肜日〕孫疏。○丨日，祭成湯之明日。（同上）孫疏。○丨者，相尋不絕意。〔集韻・東部〕○丨、繹一聲之轉，皆長之義也。〔廣雅・釋詁二〕「繹，長也」疏證。○丨，融字之或體。〔說文定聲・卷一〕○丨、融古通字。〔方言一〕「融繹長也」箋疏。○丨，商。〔集韻・東部〕○丨，即彤字，从舟，隸省。〔書・高宗肜日〕孫疏。○丨，即从舟彡聲之彤字。〔說文定聲・卷一〕引錢辛楣。

**芃**　丨,草盛也。〔廣韻·東部〕○丨丨,美貌。〔詩·下泉〕「丨丨黍苗」朱傳。○丨丨,盛長之貌。○丨丨,長大貌。〔詩·黍苗〕「丨丨黍苗」朱傳。○丨丨,麥盛長貌。(同上)朱傳。○丨,尾長貌。〔詩·何草不黃〕「有丨者狐」朱傳。○丨丨,木盛貌。〔詩·棫樸〕「丨丨棫樸」朱傳。○丨,汎汎然若風之起也。〔說文〕「丨,艸盛也」繫傳。○〔說文定聲·卷三〕丨,假借為颿。〔詩·何草不黃〕「有丨者狐」。○丨丨猶汎汎。〔通雅·卷九〕○丨丨猶渢渢。(同上)○丨丨,通作鳳鳳。(同上)○丨丨,通颿颿。(同上)○丨丨,通作梵梵。(同上)

**酆**　丨作豐。〔史記索隱〕「異文」雜志。○丨、豐字同。〔漢書·地理志〕「丨水出東南」補注。○丨,通作豐。〔說文〕「丨,周文王所都」義證。○丨舒,〔古今人表〕〔水經注〕並作豐舒。〔左傳宣公一五年〕「丨舒為政而殺之」洪詁。○丨、灃字同。〔漢書·地理志〕「丨水出東南」補注。○丨,又作灃。〔說文〕「丨,周文王所都」義證。○丨,邑名。〔廣韻·東部〕○〔說文定聲·卷一〕丨,在今陝西西安府鄠縣東五里。〔左傳昭公四年〕「康有丨宮之朝」。

**麷**　丨,煮麥。〔廣韻·東部〕○丨,熬麥。〔廣韻·送部〕○熬麥曰丨。〔荀子·富國〕「取其將,若撥丨」集解引郝懿行。又〔說文〕「丨,煮麥也」繫傳。○河間以北煮麥賣之名曰丨。(同上)○丨,糗類也。(同上)○丨,讀為豐。〔荀子·富國〕「取其將若撥丨」平議。○丨可讀為豐。豐者,蒲也。(同上)集解引俞樾。

**釭**　丨,燈也。〔廣韻·冬部〕○丨,後世謂膏燈曰銀丨。〔說文定聲·卷一〕○丨之言空也。〔方言九〕「車丨,齊燕海岱之間謂之鍋」箋疏。○丨之為言空也。〔廣雅·釋器〕「鍋錕丨也」疏證。○丨、銎聲相近。〔釋器〕「銃謂之銎」疏證。○丨、鍋一聲之轉。〔方言九〕「車丨,齊燕海岱之間謂之鍋」箋疏。○丨、錕一聲之轉。(同上)○〔說文定聲·卷一〕丨,假借為横。〔漢書·外戚傳〕「壁帶往往為黃金丨」。

**饛**　丨,滿簋貌。〔詩·大東〕「有丨簋飧」朱傳。○丨,盛食滿貌。〔廣韻·東部〕○蒙者,丨之假借字。〔詩·大東〕「有丨簋飧」陳疏。○丨與朦通。(同上)

**雺**　天氣下地不應曰丨。〔廣韻·東部〕○丨與蒙同。〔釋天〕「天氣下地不應曰丨」郝疏。○丨與霚同。〔說文〕「丨,籒文省」義證引〔玉篇〕。○丨當與霧同。(同上)義證。○丨者,霧也。(同上)義證引〔易稽覽圖〕。○丨淞,凝霧也。〔通雅·卷一一〕

**霚**　同雺。〔廣韻·東部〕

**霿**　同雺。〔廣韻·東部〕

**瞢**　丨,目不明。〔廣韻·東部〕○丨,目不明也,或作䁅。〔集韻·屑部〕○丨兜,目汁凝也。〔說文〕「䀹,目傷眥也」繫傳。○丨,通作夢。〔說文〕「丨,目不明也」義證。○丨與悔聲相近。〔方言二〕「悔,愧也」箋疏。○〔說文定聲·卷二〕丨,假借為懜。〔太玄·瞢〕「初一丨腹睒天」。○(同上)丨,假借為懣。〔小爾雅·廣言〕「丨,慚也」。○丨,假借為悶。〔說文定聲·卷二〕

**璁**　丨,石色斑駮葱蘢。〔說文〕「丨,石之似玉者」繫傳。

**瑽**　丨,石似玉也。〔廣韻·東部〕

**恫**　丨,痛。〔詩·桑柔〕「哀丨中國」朱傳。又〔思齊〕「神罔時丨」朱傳。又〔楚辭·招隱士〕「丨慌忽」補注。又〔國策·齊策一〕「是故丨疑虛喝」鮑注。又〔通鑑·周紀三〕「百姓丨恐」音注。○丨,痛也。〔廣韻·東部〕。又〔集韻·董部〕。○丨,音通,痛也。〔通鑑·唐紀六一〕「中外丨疑」音注。○丨者,痛之專者也。〔說文〕「悲,痛也」段注。○丨、痛以雙聲為義。〔詩·思齊〕「神罔時丨」通釋。○丨、痛聲義並相近。〔廣雅·釋詁二〕「桐,痛也」疏證。○丨、桐聲義並相近。(同上)○丨,一曰呻吟。〔集韻·東部〕○丨,恐懼貌。〔通鑑·周紀二〕「是故丨疑」音注。○〔說文定聲·卷一〕丨,又作㖫。〔廣雅·釋樂〕「㖫,歌也」。○丨疑,猶洞疑。〔通雅·卷四〕

**總**　丨,數也。〔詩·羔羊〕「素絲五丨」述聞。○丨,絲數。〔集韻·東部〕○八十縷為一丨。〔說文定聲·卷六〕(「緵」下)○丨者,謂布縷之數,八十縷為一丨。〔說文〕「緵,一曰縷十紘也」段注。○四緎為丨。〔詩·羔羊〕「素絲五丨」述聞。○丨,十五升布也。〔集韻·之部〕○丨,猶俗云簇也。〔詩·羔羊〕「素絲五丨」陳疏。○丨,亦為縫。(同上)後箋引集解。○縫之合二為一謂之丨。(同上)後箋引胡一桂。○紽之施於縫,其下端餘絲垂為飾者曰丨。(同上)後箋引戴震。○絲曰丨。〔說文定聲·卷一五〕(「員」下)○丨,一曰絨屬也,所以緣飾衣裳也。〔說文〕「縱,絨屬」義證引〔急就篇〕顏注。○丨,亦青白色也。〔慧琳音義·卷五二〕○丨與繱同。〔廣雅·釋器〕「繱,絹也」疏證。○丨,字又作緵。〔說文定聲·卷一〕○丨、緵字異而義同。〔廣雅·釋器〕「筥十曰稯」疏證。○丨,當作稯。〔說文〕「絩,布謂之丨」義證。○稯、丨字異而義同。〔廣雅·釋器〕「筥十曰稯」疏證。○稯與丨通。〔廣雅·釋訓〕「丨丨,衆也」疏證。○丨,蔥之借字。〔漢書·司馬相如傳〕「奄息葱極,氾濫水嫔兮」補注。○〔說文定聲·卷一〕丨,假借為繱。〔廣雅·釋器〕「總,青也」。

**蓯**　巃丨,山貌。〔廣韻·東部〕

**椶**　丨,俗作棕。〔本草·卷三五〕○丨,字亦作棕。〔說文定聲·卷一〕○丨與總音義略同。〔說文〕「丨,栟櫚也」段注。○丨之言總也,皮如絲縷總總然聚生也。〔廣雅·釋木〕「栟櫚,丨也」疏證。○丨櫚,木名,葉似車輪。〔集韻·東部〕○丨櫚,皮中毛縷如馬之騣鬣,故名。〔本草·卷三五〕○丨櫚,

一名蒲葵。〔廣韻·東部〕又〔說文〕「丨，栟櫚也」義證引〔玉篇〕。〇丨，字變作騣，鬣似丨，故謂之丨。〔說文定聲·卷一〕

**鬉** 丨同騣。〔廣韻·東部〕

**逢** 丨丨，大也。〔莊子·盜跖〕「縫衣淺帶」集釋。〇丨丨，和也。〔詩·靈臺〕「鼉鼓丨丨」朱傳。〇丨丨，猶蓬蓬。〔通雅·卷九〕〇丨丨，鼓聲。〔同上〕又〔集韻·東部〕。〇丨丨，彭彭之假借。〔詩·靈臺〕「鼉鼓丨丨」通釋。〇丨丨，作韸韸。〔通雅·卷一〇〕〇丨丨，作韸韸。〔同上〕〇丨，或作韸。〔集韻·東部〕〇丨，或作韸。〔同上〕〇丨，或作蠭。〔同上〕〇熬煮之麥曰丨。〔通雅·卷三九〕〇丨門，諸書作逄門。〔漢書·王褒傳〕「丨門子彎烏號」補注引沈欽韓。〇丨，又作峯，乃借字。〔漢書·司馬相如傳〕「丨涌原泉」補注。〇丨，又與浲同。〔同上〕〇丨，讀為浲。〔同上〕〇丨涌，為盛涌。〔同上〕〇丨與豐古字通。〔史記·天官書〕「歲星所在，五穀丨昌」雜志。〇徐與丨聲近，故字相通。〔史記·孔子世家〕「伍徐」雜志。〇丨受，亦謂迎受。〔漢書·匈奴傳〕「丨擊」雜志。〇丨擊猶迎擊。〔同上〕

**侗** 丨，未成器之名。〔說文〕「丨，大貌」繫傳。〇丨，一曰未成器之人。〔集韻·東部〕〇丨，大也。〔廣韻·東部〕〇丨，義與筩同。〔廣雅·釋詁二〕「筩，長也」疏證。〇丨，無知貌。〔論語·泰伯〕「丨而不愿」朱注。〇丨又痛也。〔說文〕「丨，大貌」繫傳。〇丨，今本作恫。假丨為恫也。〔說文〕「神罔時丨」段注。〇〔說文定聲·卷一〕丨，假借為恫。〔詩·思齊〕「神罔時丨」。〇丨訓為長也。〔漢書·廣陵厲王傳〕「毋桐好逸」補注引王念孫。〇丨為長久之長。〔同上〕補注。〇丨為長大之長。〔同上〕〇丨、桐假借字。〔同上〕補注引王念孫。〇〔說文定聲·卷一〕丨，假借為僮。〔書·顧命〕「在後之丨」。〇丨，亦作侗。〔說文定聲·卷一〕

**爞** 丨，旱灼也。〔集韻·東部〕〇丨，或省，通作蟲。〔同上〕〇丨、蟲聲近義同。〔廣雅·釋詁二〕「烔，爇也」疏證。〇丨、烔聲近義同。〔同上〕

**悾** 丨，誠心。〔廣韻·送部〕〇丨，一曰愨也。〔集韻·東部〕〇丨，信愨也。〔集韻·江部〕〇丨丨，信也。〔通鑑·晉紀四〕「安有丨丨忠益而反見怨疾乎」音注。又〔廣韻·東部〕。又〔集韻·東部〕。〇丨丨，誠也。〔通雅·卷一〇〕〇丨丨，謹愨貌。〔通鑑·漢紀三九〕音注。〇款款，亦丨丨也。〔廣雅·釋詁三〕「窾，空也」疏證。〇丨丨，或轉為款款。〔廣雅·釋訓〕「叩叩，誠也」疏證。〇丨丨、愨愨、懇懇、叩叩皆一聲之轉。〔同上〕〇丨丨，無能貌。〔論語·泰伯〕「丨丨而不信」朱注。〇空與丨通。〔廣雅·釋訓〕「丨丨，誠也」疏證。

**朦** 丨，豐也。〔廣雅·釋詁四〕疏證。〇丨，一曰豐也。〔集韻·東部〕〇丨，大貌。〔廣韻·東部〕〇丨朧，月將入。〔集韻·東部〕

**懵** 丨丨，悶也。〔慧琳音義·卷八七〕引〔考聲〕。〇丨，不明也。〔卷一〇〇〕〇丨丨，慚也，或作瞢。〔卷八八〕引〔考聲〕。〇丨，精神不爽也。〔卷一〇〇〕引〔考聲〕。〇丨丨，無知貌，或从夢。〔集韻·東部〕

**嚨** 丨，喉丨。〔廣韻·東部〕

**⿱龍曰** 丨，大聲。〔廣韻·東部〕〇丨，大聲也。〔集韻·東部〕

**曨** 丨，日欲出也。〔廣韻·東部〕

**豅** 丨，大谷。〔廣韻·東部〕〇〔說文定聲·卷一〕丨，亦作谾。〔字林〕「谾，谷空貌」。

**巃** 丨嵸，山貌。〔廣韻·東部〕〇丨嵸，山高貌，或書作巄。〔集韻·東部〕〇丨嵸者，山形高峻且危險之貌也。〔慧琳音義·卷八二〕

**䕺** 草丨生貌者，丨當為叢。〔說文〕「丨，草丨生貌」義證。〇〔說文定聲·卷一〕丨，字亦作藂。〔韓勑後碑〕「敬脩藂房」。

**藂** 丨，草叢生也。〔楚辭·招魂〕「丨菅是食些」補注。〇丨，取俗字。〔廣韻·東部〕〇丨，草稚也。〔集韻·送部〕

**龐** 今謂眉顯面目曰丨。〔通雅·卷一八〕

**龐** 丨，充實也。或从馬。〔集韻·東部〕〇丨，充牣也。或从馬。〔同上〕〇丨丨，充實也。〔詩·車攻〕「四牡丨丨」朱傳。〇丨，引伸之為凡高大之稱。〔說文〕「丨，高屋也」段注。〇丨，通作櫳。〔同上〕義證。

**葓** 丨，水草也。或从紅。〔集韻·東部〕〇丨同葒。〔廣韻·東部〕

**葒** 丨，水草。〔廣韻·東部〕

**㚇** 丨，飛斂足。〔說文〕「丨，斂足也」義證引〔韻譜〕。〇丨，飛而斂足也。〔同上〕義證引〔玉篇〕。〇丨，鳥斂足也。〔同上〕義證引〔六書正譌〕。〇丨，飛而斂足。〔廣韻·東部〕〇丨之言總也，叢也。〔廣雅·釋詁三〕「丨，聚也」疏證。〇丨，假借為總。〔說文定聲·卷一〕〇丨，今〔爾雅〕作猣。〔說文〕「丨，斂足也」段注。〇揫與丨一聲之轉。〔廣雅·釋詁二〕「葼，小也」疏證。

**艐** 丨，船著沙不行也。〔通雅·卷四九〕〇丨，手足挺背曰丨，亦音屆。〔同上〕引升菴。〇〔釋詁〕丨格，即鬷假之異文。〔詩·烈祖〕「鬷假無言」通釋。

**朣** 丨，肥貌。〔集韻·東部〕〇丨朧，月初出。〔同上〕

**衕** 丨，通街也。〔廣韻·東部〕又〔集韻·東部〕。

**⿰羊童** 無角曰丨。〔本草·卷五〇〕〇丨，無角羊。〔廣韻·東部〕〇丨，通作童。〔集韻·東部〕

⿰羊同　丨，同⿰羊童。〔廣韻・東部〕

戙　丨，亦長大之名。〔廣雅・釋宮〕「丨，杙也」疏證。〇丨之言侗也。（同上）

穜　丨者，今之種字。〔說文〕「椴，丨樓也」段注。〇丨者，埶也。〔說文〕「堫，丨也」段注。〇丨稑，先種後熟謂之丨，後種先熟謂之稑。〔廣韻・東部〕〇丨，先種後熟為丨。〔集韻・東部〕〇丨，布之也。〔說文〕「丨，埶也」繫傳。

種　丨，穜字之異體也。〔說文〕「堫，穜也」段注。

詷　丨，一曰共也。〔集韻・東部〕〇丨即同之分別文。〔說文〕「丨，共也」句讀。〇〔說文定聲・卷二〕丨，假借為同，共也。〔禮記・祭統〕「設同几」注「同之言丨也」。〇丨，今〔尚書〕作侗。〔說文〕「丨，共也」系傳。〇丨，某氏〔尚書〕作侗。〔說文〕「周書曰在后之丨」段注。〇丨，本訓當為誇誕。〔說文定聲・卷二〕〇（同上）丨，假借為僮。〔書・顧命〕「在后之丨」。

盅　丨，器虛也。〔廣韻・東部〕〇丨，虛而用之也。〔說文〕「丨，器虛也」繫傳。〇丨，今作沖，假借。（同上）〇丨，今〔道德經〕作沖。〔說文〕「老子曰道丨而用之」段注。〇丨虛字今作沖。〔說文〕「丨，器虛也」段注。〇〔說文定聲・卷二〕丨，亦以沖為之。〔老子〕「道丨而用之」。

⿰舟同　丨，丨舩。〔廣韻・東部〕〇丨，亦艭也，語之轉耳。〔廣雅・釋水〕「丨，舟也」疏證。

鼨　丨，豹文鼠也。〔廣韻・東部〕又〔集韻・冬部〕。〇丨，小鼮。〔說文〕「丨，豹文鼠也」義證。

茙　丨，大也。〔詩・何彼襛矣〕集疏。〇丨丨，厚貌。〔說文〕「襛，衣厚貌」義證引〔韻會〕。又〔集韻・東部〕。〇丨丨，即茸茸。〔說文〕「襛，衣厚貌」義證。〇丨，通作戎。〔集韻・東部〕〇丨葵，蜀葵也。〔廣韻・東部〕〇丨葵，草名。〔集韻・東部〕

駥　丨，馬八尺也。〔廣韻・東部〕〇丨，馬高八尺。〔集韻・東部〕

芎　薇蕪其根名丨藭。〔說文〕「营，营藭，香草也」繫傳。〇丨藭，其葉名蘼蕪。（同上）義證引〔本草〕。〇丨藭，苗曰江蘺，根曰丨藭。（同上）義證引〔博物志〕。〇丨藭，一名胡藭，一名香果。（同上）義證引〔本草〕。〇丨藭，香草根曰丨藭，苗曰蘼蕪，似蛇牀。〔廣韻・東部〕〇丨，本作营。〔本草・卷一四〕〇丨藭，或云人頭穹窿窮高，天之象也。此藥上行，專治頭腦諸疾，故有丨藭之名。（同上）

渢　丨，大聲。〔集韻・東部〕〇丨，弘大聲也。〔廣韻・東部〕〇丨丨，〔漢書集注〕浮貌。〔左傳襄公二九年〕「丨丨乎大而婉」洪詁。〇丨丨，中庸之聲。〔集韻・凡部〕〇丨，〔漢書集注〕又作汎。〔左傳襄公二九年〕洪詁。

汎　丨，浮也。〔廣韻・東部〕又〔集韻・東部〕。〇丨浮義相近。〔釋名・釋飲食〕「丨齊浮蟻在上丨丨然也」疏證。〇丨，廣也。〔論語・學而〕「丨愛衆」朱注。〇丨與訪雙聲。〔說文〕「訪，丨謀曰訪」段注。〇丨，猶丨丨也。〔詩・柏舟〕「丨彼柏舟」陳疏。〇丨丨，流貌。〔詩・采菽〕「丨丨楊舟」陳疏。又〔詩・菁菁者莪〕「丨丨楊舟」陳疏。

泛　丨者，如舟之隨流欲覆。〔漢書・食貨志〕「大命將丨」補注。〇丨漾者，浮遊自在之義。〔慧琳音義・卷四〕〇丨，不指定也。〔卷五五〕引〔考聲〕。

氾　丨，或作泛，皆水流漂蕩貌。〔慧琳音義・卷六〕〇丨濫，橫流之貌。〔孟子・滕文公上〕「丨濫於天下」朱注。〇丨，普也。〔慧琳音義・卷六〕引〔古今正字〕。

蘴　丨，蕪菁也。〔廣雅・釋草〕疏證。〇丨，蕪菁苗也。〔廣韻・東部〕〇丨，菜名。〔廣韻・鍾部〕〇丨，菜名，或作葑。〔集韻・鍾部〕〇丨與葑同。〔廣雅・釋草〕「丨，蕪菁也」疏證。〇丨即葑字。〔說文〕「葑，須從也」段注。〇丨，亦作葑。〔方言三〕「丨，蕪菁也」疏證。〇丨與葑同。（同上）箋疏。〇以葑為蔓菁者，今當作丨。〔通雅・卷四四〕〇丨與菘同。〔方言三〕「丨，蕪菁也」箋疏。

⿰忄充　丨，心動。〔廣韻・東部〕

玒　丨，玉名。〔廣韻・東部〕〇丨，玉名，或从公，或从共。〔集韻・東部〕〇丨，大璧也。〔說文〕「丨，玉也」義證引〔玉篇〕。〇〔說文定聲・卷一〕丨，字亦作珙。〔說文新附〕「珙丨玉也」。〇丨，又借作拱。〔說文〕「丨，玉也」義證。

稯　丨，禾束。〔廣韻・東部〕〇丨之言總也。〔廣雅・釋器〕「筥十曰丨」疏證。〇丨、總字異而義同。（同上）〇〔說文定聲・卷一〕丨，當為總字之訓，丨者，禾四十把也。〔說文〕「丨，布之八十縷為丨」。〇丨猶束也。〔說文定聲・卷二〕〇丨，通作總。〔說文〕「絩，布謂之總」義證。〇丨，細密之義也。〔廣雅・釋詁二〕「葼，小也」疏證。〇丨，即緵也。〔說文〕「絩，綺絲之數也」段注。〇丨，或作緵。〔說文〕「丨，布之八十縷為丨」義證。〇丨，字亦作緵。〔廣雅・釋詁三〕「㚇，聚也」疏證。〇丨、緵字異而義同。〔廣雅・釋器〕「筥十曰丨」疏證。〇〔聘禮〕今文作丨，古文作緵。〔說文〕「丨，布之八十縷為丨」段注。〇丨，亦作稯。〔說文定聲・卷二〕〇丨即十筥也。〔說文〕「丨，布之八十縷為丨」繫傳。〇一曰十筥曰丨。〔集韻・東部〕〇丨，籀文作稅。（同上）〇丨，又通作緵。〔說文〕「絩，布謂之總」義證。〇丨秏，秉數。〔通雅・卷四〇〕〇丨丨，總總也，言其髮蓬蓬也。〔卷九〕

緫　丨，即稯也。〔說文〕「絩，綺絲之數也」段注。〇稯通作丨。〔集韻・東部〕

⿰王充　丨耳，玉名。〔廣韻・東部〕又〔集韻・東部〕。〇丨，通作充。〔集韻・東部〕

倥 ｜，一曰苦也。〔集韻·董部〕○｜偬，困苦也。〔楚辭·思古〕「愁｜偬於山陸」補注。○｜，｜偬，困貌。〔廣韻·送部〕○｜，｜偬，事多。〔廣韻·董部〕○｜偬，事多。〔集韻·董部〕○｜偬，事多也。〔楚辭·思古〕「愁｜偬於山陸」補注。○｜侗，童蒙也。〔集韻·東部〕○｜倯，無歡情貌。〔慧琳音義·卷一〇〇〕引〔考聲〕。

悾 訣謂之｜。〔集韻·東部〕

玒 ｜，鉒穫也。〔廣韻·東部〕○攻與｜聲義同。〔廣雅·釋器〕「鉒謂之｜」疏證。

艨 ｜艟，戰船。〔廣韻·東部〕○｜艟，字本作蒙衝。〔廣雅·釋水〕「｜艟，舟也」疏證。

懞 ｜，慙也。〔廣韻·東部〕○｜，心悶闇也。〔同上〕○｜，字亦作儚。〔說文定聲·卷二〕○｜，字亦作懵。〔同上〕

襱 ｜，袴襠也。〔漢書·司馬相如傳〕「相如身自著犢鼻褌」補注引〔玉篇〕。又〔說文〕「｜，絝踦也」義證引〔玉篇〕。○｜，踦袴也。〔同上〕○｜，裙。〔廣韻·東部〕○｜，一曰裙也，或从同。〔集韻·東部〕○袴之兩股曰｜。〔說文〕「幝，幒也」義證引〔急就篇〕顏注。○｜，蘇俗曰褌脚管。〔說文定聲·卷二〕○絝其襠謂之｜。〔廣雅·釋器〕疏證據〔類篇〕引補。

⿰衤同 ｜，同襱。〔廣韻·東部〕

⿰車悤 ｜與⿰車夋同。〔方言九〕「輪，關西謂之⿰車夋」箋疏。

⿰車怱 ｜，轞車，載囚。〔廣韻·東部〕○｜，載囚檻車，通作葱。〔集韻·東部〕○｜，⿰車夋或字。〔集韻·董部〕

冡 凡蒙覆、僮蒙之字今皆作蒙，依古當作｜，蒙行而｜廢矣。〔說文〕「｜，覆也」段注。○〔說文定聲·卷一〕｜，依家字例，當从冃豵省聲。〔說文〕「｜，覆也」。○〔同上〕｜，亦冃豵之合音，經傳皆以蒙為之。〔說文〕「｜，覆也」。○｜、蒙通。〔廣雅·釋詁二〕「幏，覆也」疏證。○｜，通作蒙。〔釋言〕「蒙，奄也」郝疏。○｜，又通作幏。〔同上〕○幏、｜通。〔廣雅·釋詁二〕「幏，覆也」疏證。

⿱冖見 ｜與冡音義略同。〔說文〕「｜，突前也」段注。○｜今皆作冒。〔同上〕句讀。

洚 ｜，水不遵道。〔集韻·東部〕○｜，下也。〔廣韻·冬部〕○｜，一曰下也。〔集韻·東部〕○｜，一曰大水。〔同上〕○｜、洪二字義實相因。〔說文〕「｜，水不遵道」段注。○｜水者，洪水也。〔同上〕○｜與降同。〔釋言〕「虹，潰也」郝疏。○｜與降音義同。〔說文〕「｜，一曰下也」段注。○｜作降。〔同上〕繫傳。○｜與夅音義同。〔同上〕段注。

⿸广悤 ｜，屋中會。〔廣韻·東部〕

⿸广怱 〔說文定聲·卷二〕檐下中階謂之｜。〔說文〕「｜，屋階中會也」。

鬷 ｜，釜屬。〔廣韻·東部〕○｜，總也。〔集韻·東部〕○｜，讀為總。〔詩·東門之枌〕「越以｜邁」陳疏。○｜，總之假借。總者，數也。〔詩·羔羊〕「素絲五總」後箋引段玉裁。○｜，數績麻之縷也。〔詩·東門之枌〕「越以｜邁」後箋。○｜，衆也。〔同上〕朱傳。○｜，〔潛夫論〕作朡，朡即｜字。〔左傳昭公二九年〕「封諸｜川」洪詁。○｜邁，猶言頻往會合耳。〔詩·東門之枌〕「越以｜邁」集疏。○〔說文定聲·卷一〕｜，假借為奏，｜奏雙聲。〔詩·東門之枌〕「越以｜邁」。○｜假，當從〔中庸〕作奏假，訓為進至。〔詩·烈祖〕「｜假無言」通釋。○｜，齊作奏。〔同上〕集疏。○｜，韓作稯。〔詩·東門之枌〕「越以｜邁」集疏。

堫 ｜，種也。〔廣韻·東部〕○｜者，以禾種入土也。〔說文〕「｜，穜也」段注。○以此入彼中皆得曰｜也。〔同上〕○｜，一曰｜其中也。〔集韻·東部〕○｜，不耕而種，或作稯。〔集韻·江部〕○｜同稯。〔廣韻·江部〕○稯即｜，字之異也。〔說文〕「｜，穜也」段注。○｜，字亦作稯。〔說文定聲·卷二〕○〔同上〕｜，謂埶苗土中。〔說文〕「｜，穜也。一曰內其中也」。

猣 ｜，犬生三子。〔廣韻·東部〕

韸 ｜，鼓聲。〔廣韻·東部〕又〔集韻·東部〕。

髼 ｜鬆，髮亂貌。〔廣韻·東部〕

螉 ｜，蟲名。〔集韻·董部〕○蠮｜，蟲名，細腰蠭也。〔廣韻·東部〕○〔說文定聲·卷二〕｜，蘇俗謂之牛蝱。〔說文〕「｜，｜蟲也」。

龓 ｜，兼有也。〔文選·吳都賦〕「罼｜僒束」集釋。○｜，｜頭。〔廣韻·東部〕○｜，馬｜頭。〔說文〕「鞥，一曰龍頭繞者」義證引〔玉篇〕。又〔說文〕「｜，兼有也」義證引〔玉篇〕。○｜，又馬襱頭也。〔說文〕「｜，兼有也」繫傳。○｜頭即羈也。〔說文〕「鞥，一曰｜頭繞者」段注。○〔說文定聲·卷一〕｜，假借為籠，即籠絡字。〔玉篇〕「馬｜頭」。○〔同上〕｜，以籠為之。〔史記·平準書〕「盡籠天下之貨物」。○｜，今牢籠字當作此，籠行而｜廢矣。〔說文〕「｜，兼有也」段注。○｜，各本作龍，〔玉篇〕作籠。〔說文〕「鞥，一曰｜頭繞者」段注。○｜，蓋今之牢籠。〔文選·吳都賦〕「罼｜僒束」集釋。○｜，今言籠統是也。〔說文〕「｜，兼有也」義證。○〔說文定聲·卷二〕｜，假借為攏。〔吳都賦〕「罼｜窘束」。○〔同上〕｜，亦作攏。〔江賦〕「攏萬川乎巴梁」。

**酮**　｜，馬酪。〔廣韻・東部〕〇｜，馬酪也。〔集韻・東部〕引〔埤倉〕。〇｜，一曰酢也（同上）

**芇**　｜，草名。〔廣韻・東部〕

**茧**　｜，草名，或从中。〔集韻・東部〕

**霟**　｜，小雨。〔廣韻・東部〕〇〔說文定聲・卷一〕｜，假借為霐。〔說文〕「明堂月令曰｜雨」。

**洚**　｜，水名，在襄陽。〔廣韻・東部〕

**汷**　｜，一曰水名，在襄陽，亦作洚。〔集韻・東部〕

**㺘**　｜，獸名，狀如羊，一角一目，目在耳後。〔廣韻・東部〕〇｜，獸名，似羊，一角一目。〔廣韻・送部〕

**狪**　｜，野彘，或从犬从豸。〔集韻・東部〕〇｜，獸似豕，出泰山。〔廣韻・東部〕

**甋**　｜，甃也。〔廣韻・東部〕〇｜，井甓。（同上）〇｜甋義亦相近。〔廣雅・釋宮〕「｜，甃也」疏證。

**甂**　｜｜瓦。〔廣韻・東部〕〇｜，牡瓦也。〔說文〕「戊，屋牡瓦也」段注引〔玉篇〕。又〔說文〕「戊，屋牝瓦也」義證引〔玉篇〕。〇｜瓯，小牡瓦，或从同。〔集韻・東部〕〇｜之言似筩也。〔說文〕「戊，屋牡瓦也」段注。〇｜，〔廣雅〕作甋。（同上）〇甋｜義亦相近。〔廣雅・釋宮〕「甋，甃也」疏證。

**殌**　｜，經傳通作終。〔廣雅・釋詁三〕「｜，竟也」疏證。〇｜，没也。〔廣韻・東部〕

**蔠**　｜葵，蘩露也。〔廣韻・東部〕

**柊**　｜，木名。〔廣韻・東部〕〇｜，一曰木名，通作終。〔集韻・東部〕〇｜，齊人謂椎為｜楑也。〔廣韻・東部〕又〔集韻・東部〕。〇終葵與｜楑同，即椎之反語也。〔廣雅・釋器〕「｜楑，椎也」疏證。

**沖**　｜瀜，水平遠之貌。〔廣韻・東部〕〇｜瀜，水深廣貌。〔集韻・東部〕

**娍**　｜，有娍氏。〔廣韻・東部〕〇｜，有｜在不周之北。〔離騷〕「見有｜之佚女」補注引〔淮南子〕。

**竆**　｜，羿所封國。〔廣韻・東部〕〇〔說文定聲・卷一〕｜，帝嚳時射官名芎所封國。〔說文〕「｜，夏后氏諸侯夷羿國也」。

**鄘**　｜，今作馮。〔說文〕「｜，姬姓國」繫傳。〇｜，通作馮。（同上）義證。

**躳**　｜窮，與鞠躬同。〔漢書・馮奉世傳〕「鞠躬履方」雜志。〇｜窮，謹敬貌。〔說文〕「窮，曲脊也」義證引〔玉篇〕。〇｜｜，猶躳躳也，即謹懾之意。〔通雅・卷一〇〕〇｜｜，如畏然，謹敬之貌也。〔慧琳音義・卷三九〕引〔古今正字〕。

**躬**　｜，謹敬貌，或作躳。〔集韻・東部〕

**窮**　｜，謹敬之貌。〔廣韻・東部〕〇｜，恭貌，或从穴。〔集韻・東部〕

**鄸**　｜，本或作甍。〔左傳昭公二〇年經〕「公孫會自｜出奔宋」洪詁引陸氏〔穀梁音義〕。〇｜，魯邑。〔集韻・東部〕

**悺**　｜，憂也。〔廣韻・東部〕

**梵**　｜，木得風貌。〔廣韻・東部〕

**豐**　｜，大屋。〔廣韻・東部〕〇｜，通作豐。〔廣雅・釋詁一〕「｜，大也」疏證。〇〔說文定聲・卷一〕｜，〔易〕諸家本皆作豐。〔說文〕「｜，大屋也」。

**涳**　｜濛，小雨。〔廣韻・東部〕

**騌**　驢子曰｜。〔廣韻・東部〕〇｜駃，驢之子也。〔通雅・卷四六〕

**醪**　｜，麴生衣貌。〔廣韻・東部〕〇｜、豵同。〔廣雅・釋器〕「豵，麴也」疏證。〇〔說文定聲・卷一〕｜，字亦作豵。〔方言一三〕「豵，麴也」。〇｜又作𪍿。〔說文〕「｜，𥻰生衣也」義證。〇〔說文定聲・卷一〕｜，字亦作𪍿。〔廣雅・釋器〕「𪍿，糏也」。〇｜又作幪。〔說文〕「｜，𥻰生衣也」義證。

**鷱**　｜鶇，鳥也。〔廣韻・東部〕

**幏**　｜穀，蓋巾也。〔廣韻・送部〕〇｜，字或作幪。〔說文〕「｜，蓋衣也」義證。〇｜、冡通。〔廣雅・釋詁二〕「｜，覆也」疏證。〇｜、蒙通。（同上）〇｜，通作蒙。〔說文〕「｜，蓋衣也」義證。〇｜，古有罪著黑｜是也。〔說文〕「｜，蓋衣也」繫傳。〇｜，一曰下刑墨｜｜，巾也，使刑者不得冠飾。或作幪。〔集韻・東部〕〇幪即｜之俗。〔說文〕「｜，蓋衣也」段注。

**夢**　｜，草，可為帚。〔廣韻・東部〕〇｜即延生之別出者也。〔說文〕「｜，灌渝」義證。

**瀧**　｜涷，沾漬。〔廣韻・東部〕〇土人謂｜為瀧，初至為入｜，既盡為出｜。〔通雅・卷一七〕〇｜，灘也。嶺南急流謂之｜。（同上）

**蘢**　｜，古草名。〔廣韻・東部〕

**䖰**　｜，黃色。〔廣韻・東部〕

**箜**　｜篌，樂器。〔廣韻・東部〕〇｜篌，樂器，師延作。或从手。〔集韻・東部〕〇｜篌，師延作，蓋空國之侯所好。〔文選・曹子建箜篌引〕集釋引〔集韻〕。○丨篌，一曰坎侯，使樂人侯調作之。（同上）引〔風俗通〕。○丨篌，漢武帝令樂工暉依琴造。侯，工人之姓，因名坎侯，譌為丨篌。〔文選·曹子建箜篌引〕集釋引〔樂府解題〕。

䅝 秆丨，一聲之變轉也。〔廣雅·釋草〕「秆丨稭，稾也」疏證。○稭丨，一聲之變轉也。（同上）○稾丨，一聲之變轉也。（同上）○丨，稻稈。〔廣韻·東部〕

愩 丨，心動也。〔說文〕「侙，愓也」義證引〔玉篇〕。○丨，憒也。〔廣韻·東部〕又〔集韻·東部〕。○丨，悒憒貌。（同上）○蛩與丨聲近義同。〔廣雅·釋言〕「侙，丨也」疏證。○㤨與丨聲近義同。（同上）○〔說文定聲·卷五〕丨即訌字，讀也。〔廣雅·釋言〕「侙，丨也」。〔「侙」下〕

霥 丨，小雨。〔廣韻·東部〕○丨，濛俗字也。〔說文〕「濛，微雨兒」段注。

⿺麥冡 丨，有衣麴也。〔說文〕「⿰酉冡，⿱⺮匊生衣也」義證引〔玉篇〕。○丨，同⿰酉冡。〔廣韻·東部〕○⿰酉冡、丨同。〔廣雅·釋器〕「丨，麴也」疏證。○丨即⿺麥蒙。〔方言一三〕「⿺麥蒙，麴也」疏證。○丨之言蒙也。〔廣雅·釋器〕「丨，麴也」疏證。○丨之言濛濛也。〔釋器〕「丨，糏也」疏證。

⿺麥蒙 丨之言蒙也，義與⿺麥殸麮同。〔方言一三〕注「細餅麴丨」箋疏。

⿰車龍 丨，軸頭。〔廣韻·東部〕○籠與丨通。〔廣雅·釋器〕「丨，轄也」疏證。

⿰禾龍 丨，禾病。〔廣韻·東部〕○丨，一曰禾病。〔集韻·東部〕

蠪 一曰竹螘。〔集韻·鍾部〕○丨丁，螘之一名耳。〔說文〕「丨，丨丁，螘也」段注。○丨蛭，如狐，一名蛉丨。〔廣韻·東部〕又〔集韻·東部〕。

銾 丨，弩牙。〔廣韻·東部〕

哄 丨，唱聲。〔廣韻·送部〕○丨，聲也，或从恭。〔集韻·鍾部〕

繱 丨，色青黃文細絹。〔廣韻·東部〕○丨，一曰輕絹，或作緫。〔集韻·東部〕

蟌 丨，蜻蛉也。〔說文〕「蛉，蜻蛉也」義證引〔玉篇〕。

鏓 丨，或作鐺。〔說文〕「丨，鎗丨也」義證。○〔說文定聲·卷二〕丨，猶揰挏也。〔長笛賦〕「丨硐隤墜」。

⿰金怱 丨，大鑿也。〔集韻·東部〕○大鑿中木謂之丨。〔說文〕「⿰土怱，穜也」段注。○丨，一曰平水剗。〔集韻·東部〕

鯼 丨，石首魚。〔廣韻·東部〕○丨，石首魚，一名兔魚。〔通雅·卷四七〕○丨，魚名，石首也，出南海，頭中有石。〔集韻·東部〕○丨性啖魚，其目瞍視，故謂之丨。〔本草·卷四四〕

袶 丨，草名。〔集韻·東部〕○〔說文定聲·卷二〕丨，字或作袶。〔釋草〕「困衱丨」。

⿱竹夋 丨，折竹箠。〔集韻·東部〕○丨，字本作葼。〔廣雅·釋器〕「丨，筡也」疏證。○葼丨，聲同，以細小為義也。〔方言二〕「青齊兗冀之間謂之葼」箋疏。

捘 丨，撮也。〔慧琳音義·卷五五〕引〔考聲〕。○丨，相牽掣也。（同上）引〔文字集略〕。○丨，俗謂之捉頭。〔說文〕「摵，批也」義證引〔字統〕。○丨，摵也。（同上）

⿰衤從 丨，襌衣。〔廣韻·腫部〕

仜 丨，身肥大也。〔廣韻·東部〕○丨，言人身體丨大也。〔說文〕「丨，大腹也」繫傳。○丨與琟音義略同。（同上）段注。○〔說文定聲·卷二〕丨，字亦作肨。〔埤蒼〕「肨，腹滿也」。○（同上）丨，字亦作肛。〔廣雅·釋詁二〕「胮、肛，腫也」。○丨，字亦作胮。〔說文定聲·卷一〕○（同上）丨，假借為龓。〔廣雅·釋詁一〕「丨，有也」。

⿰米工 丨，陳赤米也。〔廣韻·東部〕○丨，或作紅。〔說文〕「丨，陳臭米」義證引〔玉篇〕。○丨，多借紅字為之。（同上）繫傳。○〔說文定聲·卷二〕丨，以紅為之。〔漢書·賈捐之傳〕「太倉之粟，紅腐而不可食」。

⿱工羽 丨，飛聲。〔廣韻·東部〕○丨，飛聲，或書作羾。〔集韻·東部〕

琟 丨，鳥肥大丨丨然。〔廣韻·東部〕○〔詩〕傳云大曰鴻，當作此丨字，謂鴈之肥大者也。〔說文〕「丨，鳥肥大丨丨然也」段注。○丨，通作鴻。〔說文〕「丨，鳥肥大丨丨也」義證。○丨為鳿，雁屬也。（同上）義證引〔易林〕。

⿱竹翁 丨，竹盛貌。〔廣韻·東部〕○丨，翁然並出也。〔說文〕「丨，竹貌也」繫傳。

繱 丨綠曰丨綟。〔通雅·卷三七〕○丨與總同。〔廣雅·釋器〕「總，青也」疏證。○〔說文定聲·卷二〕丨，以總為之。〔魏都賦〕「綀總清河」。○（同上）丨，或曰借為驄。〔藉田賦〕「丨犗服于縹軛」。○丨，通作蔥。〔說文〕「丨，帛青色」義證。○丨，亦通作蔥。〔廣雅·釋器〕「總，青色」疏證。

蔥 丨，即繱也。〔說文〕「繱，帛青色也」段注。○丨，淺青色。（同上）

⿰虫從 蜙丨，蟲名。〔廣韻·東部〕

哅 丨，與訩同。〔通雅·卷一〇〕○丨、訩，字異而義同。〔廣雅·釋詁二〕「詾，鳴也」疏證。○丨詾，字異而義同。（同上）○丨、說，字異而義同。

（同上）○兇兇、丨丨，字異而義同。（同上）○凶凶、丨丨，字異而義同。（同上）○匈匈、丨丨，字異而義同。（同上）

儱　丨倲，劣也。〔集韻・東部〕

儚　丨，一曰慙也。或作懜。〔集韻・東部〕○丨，惛也。（同上）

剻　丨，鍤屬。〔廣韻・東部〕

⿷匚公　丨，盛米器。〔集韻・東部〕

叿　丨，呵也。〔集韻・東部〕○丨丨，市人聲。〔廣韻・東部〕○丨，一曰丨丨，人聲。〔集韻・東部〕○丨，一曰哤語，或作哄。（同上）

哃　丨嘈，大言。〔廣韻・東部〕又〔集韻・東部〕。

嗡　丨吼，牛聲。〔集韻・東部〕○丨，蟲聲。（同上）

埪　丨，土丨龕也。〔廣韻・東部〕○龕謂之丨。〔集韻・東部〕

堸　丨，蟲室。〔廣韻・東部〕○蟲室曰丨。〔集韻・東部〕

塳　丨，塵也。〔集韻・東部〕○丨⿰土孛，謂煙氣貌也，今作熢⿰火孛。〔慧琳音義・卷六九〕

⿰壴東　丨丨，鼓聲。〔集韻・東部〕

⿱穴皿　丨，器滿。〔廣韻・東部〕○丨，豐丨，滿也。〔說文〕「豐，豆之豐滿者也」義證引〔玉篇〕。

⿰山兇　崆丨，山貌。〔廣韻・東部〕○崆丨，山高貌。〔集韻・東部〕

峒　崆丨，山名。〔廣韻・東部〕又〔集韻・東部〕。

崠　丨如，山名。〔廣韻・東部〕○丨，山名。〔集韻・東部〕○丨，一曰山脊。（同上）

嶐　丨豐，山形。〔集韻・東部〕

⿰山童　丨⿰山蒙，山貌。〔集韻・東部〕

⿰巾共　丨，徽幟類。〔集韻・東部〕

⿰巾空　丨，衣袂。〔廣韻・東部〕○丨，袂謂之丨。〔集韻・東部〕

⿰巾通　丨裙，夷服也，或从同。〔集韻・東部〕

⿸戶同　丨，地下應聲。〔廣韻・東部〕○丨，舍響。〔集韻・東部〕

⿰弓同　丨，弓飾。〔廣韻・東部〕○象弭謂之丨。〔集韻・東部〕

彤　丨，船中也。〔集韻・東部〕

⿰彳夋　丨，行也，或从辵。〔集韻・東部〕○丨，數也。〔廣韻・東部〕

徚　丨，行貌。〔廣韻・東部〕○丨然，行貌。〔集韻・東部〕

⿰忄工　丨，急意。〔集韻・東部〕

⿰忄東　丨，愚貌。〔集韻・東部〕

⿰忄盅　丨，憂也。〔集韻・東部〕

憹　丨，聚結也。〔太素・厥心痛〕「惎腹丨痛形中上者」楊注。○⿰忄逢丨，悅也。〔廣韻・冬部〕

懞　丨，愨厚貌。〔集韻・東部〕

⿰忄龍　丨悏，多惡也。〔集韻・東部〕

⿱龍心　丨忽，遽貌。〔集韻・東部〕

摠　丨，手進物。〔集韻・東部〕

擝　丨，收斂也。〔集韻・東部〕

⿱毄手　丨，擊也。〔集韻・東部〕

⿱多丰　丨，多夆，礼天。〔廣韻・東部〕○丨，多也。〔集韻・東部〕

⿰日曾　丨，白貌。〔廣韻・東部〕

朽　丨，木名。〔集韻・東部〕

械　丨，木名，似櫰。〔集韻・東部〕

樬 ｜，尖頭檐也。〔廣韻・東部〕〇｜，檐兩頭鋭者。〔集韻・東部〕

樋 ｜，木名。〔集韻・東部〕

𣘻 水｜子，果名，出南州。〔廣韻・東部〕〇｜，木名。〔集韻・東部〕

桻 ｜，梁上欂。〔集韻・東部〕

檧 ｜，小籠。〔廣韻・東部〕〇俗呼小籠為桶｜，或作䈡。〔集韻・東部〕

檬 ｜，似槐葉黃。〔廣韻・東部〕〇｜，木名，黃槐也。〔集韻・東部〕

𣩊 ｜，同𥢜。〔廣韻・東部〕

氋 ｜氃，毛貌。〔集韻・東部〕

流 ｜，水聲。〔廣韻・東部〕〇｜淙，水聲。〔集韻・東部〕

渱 ｜，水聲。一曰潰｜，水沸湧。〔集韻・東部〕〇潰｜，水沸湧也。〔廣韻・東部〕

浲 ｜，高下水也，或作漨。〔集韻・東部〕

漨 ｜㶿，煩鬱也。〔集韻・東部〕〇｜浡，水霧氣貌也。〔慧琳音義・卷五三〕〇｜，水名。〔廣韻・鍾部〕〇｜，一曰漢漨池，在開封縣，或从夆。〔集韻・鍾部〕

烪 ｜，火氣貌。〔集韻・東部〕

熥 ｜，以火煖物。〔集韻・東部〕

爞 ｜，火貌。〔集韻・東部〕

狨 ｜，猱也。〔通雅・卷四六〕〇｜，獸名，禺屬，其毛柔長可藉，通作戎。〔集韻・東部〕〇｜毛柔長如絨，可以藉，可以緝，故謂之｜。〔本草・卷五二〕〇宋人｜坐，即韉韂也。〔通雅・卷三五〕〇｜坐，以金絲｜飾鞍坐也。〔通雅・卷二八〕

猦 ｜母，狀如猿，逢人則叩頭，小打便死，得風還活。〔廣韻・東部〕〇｜𤝰，獸名，如猿，行逢人即叩頭，微擊即死，得風還活。〔集韻・東部〕

𤤷 ｜，車笭皮篋。〔集韻・東部〕

囱 ｜，竈突。〔廣韻・東部〕〇｜，通气也。〔説文繫傳・通論下〕〇｜，或借蔥字。〔説文〕「｜，在屋曰｜」句讀。

㼧 ｜，同瓬字。〔廣韻・東部〕〇今俗猶以圓而上覆之瓦曰｜。〔説文〕「戌，屋牡瓦也」段注。

𤮨 ｜，築土｜穀。〔廣韻・東部〕引〔字書〕。〇｜，築土以磨穀。〔集韻・東部〕〇｜，一曰瓦礱物。〔同上〕

痌 ｜，同恫。〔廣韻・東部〕〇｜，創潰也，或从童。〔集韻・東部〕

𤶹 俗謂惡氣所傷為｜病。〔集韻・東部〕

瘋 ｜，頭病。〔集韻・東部〕

𤾀 ｜，素白也。〔集韻・東部〕

睃 ｜，眎也。〔集韻・東部〕

䂬 ｜，錐也。〔集韻・東部〕

𥐘 ｜，石也。〔集韻・東部〕

𥐵 ｜磅，石隕聲。〔集韻・東部〕

硿 ｜，｜青色也。〔廣韻・東部〕〇｜青，藥名，出會稽。〔集韻・東部〕〇｜，一曰石聲。〔同上〕〇｜，石落聲。〔同上〕〇｜礲，石聲。〔同上〕

碽 ｜，擊聲。〔廣韻・東部〕又〔集韻・東部〕。

秱 ｜，禾盛貌。〔集韻・東部〕

穼 ｜，穿也。〔集韻・東部〕

𥦔 ｜，通也。〔集韻・東部〕

窿 穹隆，天勢，俗加穴。〔廣韻・東部〕

笁 ｜，竹名。〔集韻・東部〕

𥬕 ｜，小竹，可為矢。〔廣韻・東部〕〇竹笱謂之｜。〔集韻・東部〕

篢 ｜，笠名。〔集韻・東部〕〇｜，笠。〔廣韻・東部〕

䈡 |,竹名。〔集韻·東部〕

𥶄 |,篁也。〔集韻·東部〕

䈺 戎人呼篋曰|。〔集韻·東部〕

粡 |,粽也。〔集韻·東部〕

絧 |,布名。〔廣韻·東部〕又〔集韻·東部〕。○|,緩而直通貌。(同上)

𦄙 |,絲亂緒貌。〔集韻·東部〕

𦆽 |,合絲織也。〔集韻·東部〕

翀 |,直上飛也。〔廣韻·東部〕○|,上飛也。〔集韻·東部〕

翪 |,聳翅上貌。〔廣韻·東部〕

𦕹 |,耳有聲。〔集韻·東部〕

肞 |,乳也。〔集韻·東部〕

𦞦 |,腐刑也,通作宮。〔集韻·東部〕

腢 |,肩前也,或从骨。〔集韻·東部〕

艂 |,織竹編箬以覆船,或作笎。〔集韻·東部〕

艷 |,醜也。〔集韻·東部〕○||,醜貌。〔廣韻·東部〕又〔集韻·東部〕。

䒧 |,草名。〔集韻·東部〕

䓔 |,|心草也。〔廣韻·東部〕○|心,草名。〔集韻·東部〕

茺 |,|蔚草也。〔廣韻·東部〕○|蔚,草名,益母也。〔集韻·東部〕○|蔚,此草田野間人呼為鬱臭草。〔說文〕「蓷,萑也」義證引陳藏器〔本草拾遺〕。

营 |,草名,葶藶也。〔集韻·東部〕○|,同芎。〔廣韻·東部〕○|芎疊韻字。〔左傳宣公一二年〕「有山鞠窮乎」疏證。○|與鞠一聲之轉。(同上)引李貽德。

蓪 |,|草,藥名,中有小孔,通氣。〔廣韻·東部〕○|,藥名。〔集韻·東部〕

蕯 〔金志〕夫謂妻為||。〔通雅·卷一九〕

蘢 |,寱言。〔集韻·東部〕

𧆓 |,虎文赤黑,或从終。〔集韻·東部〕

䖾 |,蟲名。〔廣韻·東部〕又〔集韻·東部〕。

𧍯 |,蟬脫|皮。〔廣韻·東部〕○蟲蛻曰|。〔集韻·東部〕

蠭 |,蟲名,或从隆。〔集韻·東部〕

蝬 |,三|,蛤屬,出臨海。〔廣韻·東部〕○|,三|,蛤屬。〔集韻·東部〕

𧘂 |,通作躬。〔廣雅·釋器〕「|,裑也」疏證。

䘪 ||,襌衣也。〔廣韻·東部〕又〔集韻·東部〕。○|䘿,即充屈。〔說文〕「衧,諸衧也」義證。

䙦 |,襤襠衣。〔集韻·東部〕

襛 |,衣厚也,或作䙬。〔集韻·東部〕

𪔜 |,鼓聲。〔廣韻·東部〕○|,鼓聲,或从冬。〔集韻·東部〕

䚍 |,言不明,亦从口。〔集韻·東部〕

𢓡 |,大壑。〔廣韻·東部〕又〔集韻·東部〕。○大壑曰|。〔說文〕「洪,洚水也」段注。○|,字亦作洪。(同上)

𧳋 |,獸如豹。〔廣韻·東部〕○|,獸名,如豹而角。〔集韻·東部〕

䞒 |,皮肉腫赤。〔集韻·東部〕

𨁀 |,走貌。〔廣韻·東部〕又〔集韻·東部〕。

𧼣 |蹤,行貌。〔集韻·東部〕

輽 丨,車聲。〔集韻・東部〕

䣳 丨,酒名。〔集韻・東部〕

䤟 醪謂之丨醞,或作醲。〔集韻・東部〕

醲 丨䤋,濁酒。〔廣韻・東部〕

醓 丨,同䤋。〔廣韻・東部〕○丨,同䤋。(同上)

鏠 丨,首著兜鉾也。〔集韻・東部〕

鍃 丨,鍬也。〔集韻・東部〕

阬 丨,坑也。〔廣韻・東部〕○丨者,空大之名。〔廣雅・釋水〕「丨,坑也」疏證。○丨,猶洪也,字亦作硔。(同上)○壑、丨、洫、阬、臽,皆虛之轉也。(同上)

靇 丨,豐隆,雷師,俗加雨。〔廣韻・東部〕

䨼 丨丨,雷聲。〔集韻・東部〕

霳 丨靇,雷師。〔集韻・東部〕

靰 丨,車軾也。〔集韻・東部〕

鞥 吳人靴靿曰丨。〔廣韻・東部〕○吳人謂韡靿曰丨。〔集韻・東部〕

韸 丨,車被具飾,或从同。〔集韻・東部〕

鞴 丨,馬被具,通作韼。〔集韻・東部〕○丨同韼。〔廣韻・東部〕

訌 丨,大聲。〔廣韻・東部〕○丨,大聲,或作叿、哢。〔集韻・東部〕

詾 丨訌,大聲。〔廣韻・東部〕○丨,大聲,或作哅。〔集韻・東部〕

颫 丨,風貌。〔廣韻・東部〕又〔集韻・東部〕。

颹 丨,大風。〔廣韻・東部〕○丨,風聲。〔集韻・東部〕

𩙪 丨,梵,聲也。〔廣韻・東部〕○風行木上曰丨,或从梵。〔集韻・東部〕

饛 饛丨,貪食也。〔廣韻・東部〕○丨饛,貪食。〔集韻・東部〕

饙 丨,丨餅。〔廣韻・東部〕○丨,餅屬,或从麥。〔集韻・東部〕

驡 丨,充塞貌。〔廣韻・東部〕

骯 丨,尻骨。〔集韻・東部〕

髧 丨,細毛。〔廣韻・東部〕○丨,一曰髮細貌。〔集韻・東部〕○丨毴,毳布。(同上)

鬃 丨鬆,髮貌。〔集韻・東部〕

鬉 丨,馬鬣也。〔慧琳音義・卷一二〕引〔韻詮〕。○丨,或作騣,馬項上長毛也。〔慧琳音義・卷一二〕○丨,毛亂。〔廣韻・東部〕○丨,髮亂。〔集韻・東部〕

鬔 丨,馬垂鬣也。〔廣韻・東部〕○丨,馬垂鬐。〔集韻・東部〕○〔通雅・卷二二〕丨鬆即霧淞。〔東坡送曹仲錫詩〕「祇有千林丨鬆花」。

魟 丨,白魚。〔廣韻・東部〕○丨,䱯丨,江蟲,形似蟹,可食。(同上)○丨,河魚,似鼈。(同上)○丨,魚名,似鼈。〔集韻・東部〕○丨,海魚名,似鼈。(同上)○白丨,魚名。一曰魚肥。(同上)

䲲 丨,丨䱯,魚名,似鱟,或从工。〔集韻・東部〕

䰶 丨,醜貌。〔廣韻・東部〕○丨,鬼名。一曰丑貌。〔集韻・東部〕

鶍 丨,似鷹而小,能捕雀也。〔廣韻・東部〕

鸏 鸏丨,水鳥,黃喙,喙長尺餘,南人以為酒器。〔廣韻・東部〕又〔集韻・東部〕。

麷 丨,煮麴也。〔集韻・東部〕又〔說文〕「麷,煮麥也」義證引〔五音集韻〕。

黱 丨,黑貌。〔廣韻・東部〕又〔集韻・東部〕。

鼕 丨,鼓聲。〔集韻・東部〕

# 續經籍纂詁卷第二

上平聲

## 二　冬

**冬** 丨之為言終也。〔說文〕「丨，四時盡也」段注。〇古鼎彝銘以丨為終。〔說文・上說文書〕「畢終於亥」段注。〇丨，後人假終為之。〔上說文書〕「世祚遺靈」段注。〇丨，終也。〔說文〕「丨，四時盡也」繫傳。〇丨者，月之終也。（同上）〇丨者，日窮于紀也。（同上）〇丨，四時之末。〔廣韻・冬部〕〇丨至，十一月中也，時日在牽牛初度。〔漢書・律歷志〕「中牽牛初，丨至」補注引錢大昭。〇三丨，謂三年，猶言三春、三秋耳。〔漢書・東方朔傳〕「三丨文史足用」補注。〇丨獻筍，即丨筍也。〔通雅・卷四二〕〇丨至前一日為丨住。〔卷一二〕

**臭** 丨，古文冬。〔廣韻・冬部〕

**農** 某氏因訓丨為厚矣。〔說文〕「農，耕人也」段注。〇凡丨聲字皆訓厚。〔說文〕「濃，露多也」段注。〇丨即醲意，故為厚也。〔漢書・五行志〕「次三曰丨用八政」補注引朱一新。〇〔說文定聲・卷一〕丨，假借為醲。〔書・洪範〕「丨用八政」。〇丨，假借為禯。〔說文定聲・卷一〕〇丨，勉。〔書・呂刑〕「丨殖嘉穀」述聞。〇丨為勉也。〔書・呂刑〕「丨殖嘉穀」孫疏。〇古人謂勉為丨。〔管子・大匡〕「耕者丨用力」述聞。〇丨力者，勉力之謂。〔左傳襄公一三年〕「小人丨力以事其上」述聞。〇丨猶努，語之轉耳。〔廣雅・釋詁三〕「丨，勉也」疏證。〇丨力猶努力，語之轉耳。〔管子・大匡〕「耕者丨丨用力」雜志。又〔左傳襄公一三年〕「小人丨力以事其上」述聞。〇〔說文定聲・卷一〕丨，假借為努，丨、努一聲之轉。〔廣雅・釋詁三〕「丨，勉也」。〇（同上）丨，字亦作㦊。〔說文〕「農，耕也」。〇丨夫，謂耆老也。〔大戴・千乘〕「食丨夫九人」王詁。〇丨夫，田官也，主丨之大夫也。〔釋言〕「畯，丨夫也」鄭注。〇丨夫，田官也。〔說文〕「畯，丨夫也」段注。〇丨，耕夫也。〔說文〕「農，耕也」義證引〔玉篇〕。〇丨郊，近郊也。〔詩・碩人〕「說于丨郊」朱傳。〇丨郊，東郊也。（同上）集疏。

**辳** 丨，古文農字。〔廣韻・冬部〕

**𨑇** 丨，籀文農。〔廣韻・冬部〕

**䢉** 丨，同農。〔廣韻・冬部〕〇丨，晨耕也。〔說文〕「丨，耕也」繫傳。



**宗** 丨，尊。〔書・洛誥〕「惇丨將禮」孫疏。〇丨，尊也。〔詩・公劉〕「君之丨之」朱傳。又〔雲漢〕「靡神不丨」朱傳。又〔國策・秦策一〕「天下之丨室也」鮑注。又〔大戴・禮三本〕「丨事先祖而寵君師」王詁。又〔廣韻・冬部〕。〇丨、尊一字，丨、尊同音。〔通雅・卷一〕〇丨，一曰尊也。〔集韻・冬部〕〇丨、尊古同音，訓為尊。〔義府・卷上〕〇丨者，尊也。〔禮記・王制〕「至于岱丨」集解。〇丨為尊義。〔文選・褚淵碑文〕「鳴控弦於丨稷」集釋。〇丨、尊古字通。〔左傳隱公一一年〕「周之丨盟」疏證引沈欽韓。〇丨工，謂尊官。〔書・酒誥〕「越獻臣百丨工」孫疏。〇丨祀即尊祀。〔通雅・卷二〕〇丨，主也。〔詩・公劉〕「君之丨之」朱傳。又〔大戴・曾子天圓〕「以丨八音之上下清濁」王詁。〇丨猶主也。〔論語・學而〕「亦可丨也」朱注。又〔書・顧命上〕「恤宅丨」孫疏引江聲。〇丨，本也。〔太素・水論〕「水丨者精」楊注。又〔漢書・王吉傳〕「非所以全壽命之丨也」補注引何焯。又〔廣韻・冬部〕。〇丨，一曰本也。〔集韻・冬部〕〇丨，眾也。〔廣韻・冬部〕〇丨、崇字通。〔墨子・非儒下〕「丨喪循哀」閒詁。〇丨當為崇。〔漢書・百官公卿表〕「光祿大夫鉅鹿閻丨君蘭為執金吾」補注。〇丨、崇古通用。〔詩・思齊〕「惠于丨公」通釋。〇崇與丨亦聲近義同。〔廣雅・釋詁三〕「丨，眾也」疏證。〇崇、丨，聲相近，皆訓為聚也。〔廣雅・釋詁三〕「崇、丨，聚也」疏證。〇丨者，聚也。〔說文定聲・卷三〕（「先」「下」）〇丨，古升字也。〔通雅・卷一〕〇古音升作丨。（同上）〇丨，族姓也。〔詩・雨無正〕「周丨既滅」朱傳。〇丨家同丨屬之家。〔漢書・楚元王傳〕「丨家以德得官宿衛者二十餘人」補注。〇丨原者，以本原為丨也。〔荀子・非十二子〕「丨原應變」集解。〇古者公族之人謂其國為丨國也。〔國語・晉語〕「丨國既卑」平議。〇丨正，外朝官也。〔漢書・蕭望之傳〕「出劉更生為丨正」補注引胡注。〇丨正亦謂之丨伯。〔漢書・百官公卿表〕「丨正，秦官」補注引何焯。〇丨人，丨伯之屬。〔漢書・郊祀志〕「氏姓所出者以為丨」補注引何焯。〇掌禮之官，天子謂之丨伯，諸侯以下謂之丨人。〔儀禮・士冠禮〕「丨人告事畢」胡正義。〇丨伯屬官掌作盟詛之載辭，故曰丨盟。〔左傳隱公一一年〕「周之丨盟」洪詁引孫毓。〇丨盟為同丨之盟。（同上）洪詁引服虔。〇丨盟謂主盟。〔左傳隱公一一年〕「周之丨盟」疏證引沈欽韓。〇丨人，小丨伯也。〔書・顧命下〕「授丨人同」孫疏。〇丨人，接神之官。〔大戴・諸侯遷廟〕「祝、丨人及從者皆齊」王詁。〇丨職，言丨子之事。〔左傳成公三年〕「而使嗣丨職」疏證引沈欽韓。〇丨職，父職。（同上）洪詁。〇丨婦，同姓大夫之婦。〔左傳莊公二四年經〕「丨婦覿用幣」洪詁引賈詁。〇丨婦，猶言士婦。〔公羊傳莊公二四年〕「丨婦者何」陳疏引孔廣森。〇古人謂同姓為丨。〔詩・湛露〕「在丨載考」後箋。〇在丨，猶言於同姓也。（同上）〇丨家者，其丨子也。〔漢書・韋賢傳〕「於是賢門下生博士義倩等與丨家計議」補注引何焯。〇丨公，即先公也。〔詩・思齊〕「惠于丨公」通釋。〇丨室即謂同於丨者。〔詩・湛露〕後箋。〇丨室，謂大丨適子家也。〔韓子・揚權〕「丨室憂吟」集解引舊注。〇凡人之同丨者，即相謂曰丨室。〔漢書・竇嬰傳〕「上察丨室諸竇無如嬰賢」補注引顧炎武。○丨室，大丨之廟也。〔詩・采蘋〕「丨室牖下」朱傳。又〔同上〕後箋。○社本稱丨。〔文選・褚淵碑文〕「鳴控弦於丨稷」集釋。○丨社，謂丨廟之社稷。〔大戴・千乘〕「立子設如丨社」王詁。○丨者，不毀廟之稱也。〔書・高宗肜日〕孫疏。○丨，祭祖禰之室也。〔說文〕「丨，尊祖廟也」義證引戴侗。○丨公，丨廟先公也。〔詩・思齊〕「惠于丨公」朱傳。○丨公，為丨廟之先公。〔同上〕後箋。○丨廟，謂大夫之家廟。〔左傳宣公一○年〕「失守丨廟」疏證。○尊其先祖而以是儀貌之，故曰丨廟。〔說文〕「廟，尊先祖貌也」段注。○丨廟道，謂神道也。〔漢書・叔孫通傳〕「子孫奈何乘丨廟道以行哉」補注。○丨，總也。〔太素・十五絡脈〕「入耳會於丨脈」楊注。○〔說文說聲・卷一〕丨，假借為叢。〔廣雅・釋詁三〕「丨，聚也」。○〔同上〕丨，假借為稯。〔儀禮・喪服傳〕疏「八十一縷謂之丨」。○〔同上〕丨，假借為衆。〔廣雅・釋詁三〕「丨，衆也」。○丨周，鎬京也。〔詩・正月〕「赫赫丨周」朱傳。○丨膾胥敖是堯時小蕃三國號也。〔莊子・齊物論〕「我欲伐丨膾胥敖」集釋。

**鍾** 丨，聚也。〔通鑑・魏紀六〕「兆發高帝，釁丨文景」音注。○丨，亦聚也。〔廣雅・釋器〕「丨十曰㪷」疏證。○丨，一曰聚也。〔集韻・鍾部〕○丨，引申之義為丨聚。〔說文〕「丨，酒器也」段注。○丨之言充也。〔廣雅・釋樂〕「鍾氏丨十六枚」疏證。○〔說文定聲・卷一〕丨，假借為叢。〔釋名・釋形體〕「丨，聚也」。○丨，當也。〔廣韻・鍾部〕又〔集韻・鍾部〕。○丨，注也。〔太素・十五絡脈〕「名曰大丨」楊注。○丨、伀聲同。〔釋親〕「兄公」郝疏。○〔說文定聲・卷一〕丨，假借為翁，實為伀。〔漢書・廣川惠王越傳〕「尊章」注「今關中婦呼舅曰丨」。○丨，酒器也。〔廣韻・鍾部〕○丨者，酒器。〔說文〕「鈃，似丨而長頸」段注。○丨，今俗謂酒卮。〔說文定聲・卷一〕○丨，量器。〔莊子・天地〕「以二缶丨惑」集釋引郭注。○丨，凡六斛四斗也。〔國策・齊策四〕「訾養千丨」鮑注。○丨，量名，受六斛四斗。〔孟子・公孫丑下〕「養弟子以萬丨」朱注。○〔說文定聲・卷一〕丨，琴名。〔漢書・王褒傳〕「伯牙操遞丨」。○號丨，琴名。〔楚辭・九歎〕「破伯牙之號丨兮」章句。○鐘古通用丨。〔韓子・解老〕「故竽先則丨瑟皆隨」集解。○丨與鐘古字通。〔廣雅・釋樂〕「鍾氏丨十六枚」疏證。○〔說文定聲・卷一〕丨，假借為鐘。〔禮記・明堂位〕「垂之和丨」。○官本丨作鐘，古本通借。〔漢書・賈山傳〕「丨鼓帷帳」補注。○丨，當作鐘。〔詩・關雎〕「丨鼓樂之」陳疏。又〔鼓鍾〕「鼓丨將將」陳疏。○黃鐘作黃丨。〔史記索隱〕「異文」雜志。○丨鼓，亦作鼓鐘。〔詩・關雎〕「丨鼓樂之」集疏引韓說。○鼓丨，謂擊丨也。〔同上〕集疏引徐璈。○丨，〔大戴禮〕作磬，與磬同。〔荀子・禮論〕「縣一丨」集解。○丨，當作中。〔管子・輕重丁〕「其出之丨也」義證。○丨，當作踵。〔莊子・天地〕「以二缶丨惑」平議。○丨丨，行不止貌。〔太素・陰陽合〕「陰陽丨丨也」楊注。○丨離，一作終黎。〔漢書・地理志〕「丨離」補注。○丨馗，一作終葵。〔通雅・卷二一〕○丨巫，祭名也。〔左傳隱公一一年〕「禱于其主丨巫」洪詁引賈逵。

**鍾** 丨，量名，六斛四斗曰丨，通作鍾。〔集韻・鍾部〕

**鐘** 丨，樂器也。〔孟子・梁惠王下〕「百姓聞王丨鼓之聲」朱注。○丨，金屬，樂之大者也。〔詩・關雎〕「丨鼓樂之」朱傳。○丨鼓，謂金奏。〔墨子・三辯〕「息於丨鼓之樂」閒詁。○丨、鍾義同。〔漢書・律歷志〕「丨於太陰」補注。○古鍾、丨通用。〔史記・平準書〕「鑄丨官赤側」志疑。○丨鼓之丨，古皆作鍾，三禮無丨字。〔儀禮・燕禮〕「樂人縣」胡正義引周學健。○〔說文定聲・卷一〕丨，以鍾為之。〔考工・鳧氏〕「為鍾」。○〔同上〕古者垂作丨，或从甬聲。〔禮記・明堂位〕「垂之和鍾」。○黃丨作黃鍾。〔史記索隱〕「異文」雜志。○黃丨者，陽氣踵黃泉而出也。〔漢書・律歷志〕「丨者種也」補注。○丨、種，取同聲字為訓。〔同上〕○丨、踵，取同聲字為訓。〔同上〕○丨、動，取同聲字為訓。〔同上〕○丨，樂器也。〔廣韻・鍾部〕

**龍** 丨，和也。〔廣韻・鍾部〕○丨為邕和之假借字也。〔說文〕「丨，鱗蟲之長」段注。○丨之言同也。〔詩・酌〕「我丨受之」平議。○丨，通也。〔廣韻・鍾部〕○丨，寵也。〔同上〕又〔詩・蓼蕭〕「為丨為光」朱傳。又〔酌〕「我丨受之」朱傳。又〔說文〕「寵，尊居也」繫傳。○丨，一曰寵也。〔集韻・鍾部〕○寵、龍古通。〔史記・仲尼弟子列傳〕「公孫丨，字子石」志疑。○丨、寵聲相近，古人以二字通用。〔廣雅・釋言〕「丨，寵也」疏證。○〔說文定聲・卷一〕丨，假借為寵。〔廣雅・釋言〕「丨，寵也」。○丨，即寵之假借。〔說文〕「丨，鱗蟲之長」段注。○丨，齊作寵。〔詩・長發〕「何天之丨」集疏。○籠城即丨城。〔漢書・韓安國傳〕「破丨城」補注。○丨，古寵字。〔詩・蓼蕭〕「為丨為光」陳疏。○丨之言萌也，陰中之陽。〔說文〕「丨，鱗蟲之長」義證引〔春秋元命包〕。○丨，鱗蟲之長。〔易・乾〕「潛丨勿用」纂疏引〔說文〕。○丨者，鱗蟲之長。〔說文〕「蛟，丨屬」段注。○丨俗作駥。〔說文〕「駥，馬七尺為駥」段注。○時丨，馬八尺以上曰丨。〔文選・東都賦〕「乘時丨」補正引何焯。○丨當讀為尨。〔考工・畫繢〕「山以章，水以丨」平議。○〔說文定聲・卷一〕丨，假借為尨。〔易・說卦〕「震為丨」。○丨，當讀為駹。〔禮記・月令〕「駕倉丨」述聞。○青丨即青駹。〔同上〕○丨文者，謂其文似丨。〔漢書・西域傳贊〕「蒲梢丨文」補注引徐松。○白丨，川神。〔楚辭・九思〕「白丨兮見射」補注。○丨者，陽精。〔說文〕「丨，鱗蟲之長」義證引〔管輅別傳〕。○丨，君也。〔續音義・卷五〕引〔切韻〕。○官丨圖學士，則人稱為丨圖。〔通雅・卷一九〕○丨旂，諸侯所建交丨之旂也。〔詩・玄鳥〕「丨旂十乘」朱傳。○丨當為巃。〔說文〕「巃，一曰丨頭繞者」義證。○官本丨作隴。〔漢書・鼂錯傳〕「重之閉之」補注。○丨鍾，一作隴種。〔通雅・卷六〕○丨鍾，一作躘踵。〔同上〕○丨鍾，一作儱偅。〔同上〕○丨鍾，轉為籠東。〔同上〕○丨鍾，轉為瀧涷。〔同上〕○丨，讀為礱，厲石也。〔春秋名字解詁〕「楚公孫丨字子石」述聞。○丨，讀為穠。〔春秋名字解詁〕「趙公孫丨字子秉」述聞。○丨為雝之假借。〔詩・酌〕「我丨受之」後箋引段氏〔詩經小學〕。○〔說文定聲・卷一〕丨，假借為雝。〔廣雅・釋言三〕「丨，和也」。○〔同上〕丨，假借為隆。〔孟子〕「必求丨斷而登之」。○丨，〔史記〕魯、晉世家並作隆。〔左傳成公二年〕「齊侯伐我北鄙圍丨」洪詁。○漢人呼彎為丨頭統，即羈靮也。〔通雅·卷三五〕○丨頭統，即今所呼籠頭也。(同上)○丨具，牛被也。〔通雅·卷三六〕○丨，紅草也。〔詩·山有扶蘇〕「隰有游丨」朱傳。○丨，一名馬蓼，葉大而色白，生水澤中，高丈餘。(同上)○丨，角亢也。〔左傳桓公五年〕「丨見而雩」疏證引服虔。○丨，角亢星也，建巳月昏見東方。(同上)疏證引〔御覽〕引舊注。

**舂**　丨，以手碓，以足丨，掘地為臼。〔說文定聲·卷一二〕(「碓」下)○丨，猶衝。〔左傳文公一一年〕「富父終甥丨其喉」洪詁引服虔。○杵臼謂之丨。〔說文〕「[illegible]，穜也」段注。○以器衝人亦謂之丨。〔左傳文公一一年〕「富父終甥摏其喉」疏證引李貽德。○〔說文定聲·卷一〕丨，假借為撞。〔史記·魯周公世家〕「丨其喉」。○(同上)借丨容為緟撞也。〔禮記·學記〕「待其從容」注「丨容謂重撞擊也」。○(同上)丨，〔廣雅〕作蝽，俗字也。〔方言一一〕「丨黍謂之蜙蝑」。○(同上)曰丨箕，曰蚣蜙，亦聲之轉，疑蘇俗所謂紡績娘也。〔方言一一〕「丨黍謂之蜙蝑」(「螽」下)。

**松**　丨，猶公也。〔本草·卷三四〕引王安石〔字說〕。○丨，讀為從。〔墨子·號令〕「松上」雜志。○〔說文定聲·卷一〕丨，〔淮南·齊俗〕以誦為之。〔韓詩外傳〕「赤丨子」。○枀，古丨字。〔通雅·卷一六〕○丨湽，火燒丨枝取液也。〔通雅·卷四三〕

**穼**　丨，古松字。〔廣韻·鍾部〕

**衝**　丨，虛也。〔太素·藏府應候〕「皮薄而脈丨小者」楊注。○丨者，相對之名。〔史記·天官書〕「歲星所在，五穀逢昌，其對為丨，歲乃有殃」雜志。○其雲狀有若人，蒼衣赤首，不動，其名曰天丨。(同上)雜志引〔呂覽·明理〕。○丨與撞通。〔墨子·號令〕「丨之」閒詁。○丨丨，丨車也。〔詩·皇矣〕「與爾臨丨」朱傳。○丨即幢字。〔說文〕「幢，陷陣車也」段注。○丨者，幢之假借字。〔詩·皇矣〕「與爾臨丨」陳疏。○丨，陷陣車，正作幢。〔國策·齊策五〕「舉丨櫓」鮑注。○丨，同衝。〔廣韻·鍾部〕○丨，當為衝。〔墨子·號令〕「以行丨術」閒詁引畢沅。○衝，或作丨，同。〔廣雅·釋詁三〕「衝，當也」疏證。○丨俶與衝侎同。〔廣雅·釋詁二〕「衝侎動要」疏證。○衝、丨通。〔廣雅·釋詁一〕「劃，刺也」疏證。○劃、丨通。(同上)○丨丨與憧憧同義。〔廣雅·釋訓〕「憧憧，憂也」疏證。○憧憧、丨丨字異而義同。〔釋訓〕「憧憧，往來也」疏證。○憧憧、丨丨字異而義同。(同上)○丨蓯，相入貌。〔集韻·腫部〕○丨牙，佩中瑀璜之梁也。〔通雅·卷三七〕○組有三，中組之末其玉曰丨牙。〔說文定聲·卷一八〕(「珩」下)

**容**　丨，寬也。〔漢書·李廣傳〕「客遇之」雜志。○丨，緩也。〔太素·調陰陽〕「其若不丨」楊注。○丨，亦裕也。〔廣雅·釋詁三〕「丨，寬也」疏證。○丨、裕古字通。〔荀子·不苟〕「丨」雜志。○丨之言裕也。〔荀子·不苟〕「恭敬謹慎而丨」集解引王念孫。○丨，受也。〔荀子·大略〕「丨天下而治」集解。○丨之義為丨受。〔釋名·釋宮室〕「墉，丨也」疏證。○丨，但為丨受字。〔說文〕「丨，盛也」繫傳。○丨受與堪任義近。〔釋言〕「洵，龕也」郝疏。○丨，隱也。〔書·微子〕「用以丨將食無災」孫疏。○丨之言丨隱也。〔禮記·喪大記〕「振丨」平議。○丨，亦用也。〔老子〕「兵無所丨其刃」平議。○〔說文定聲·卷一〕丨，假借為庸。〔周禮·鄉大夫〕「一曰和，二曰丨」。○丨，亦動也。〔淮南·原道〕平議。○〔說文定聲·卷一〕丨，假借為動。〔禮記·月令〕「有不戒其丨止者」。○(同上)動丨，猶動搈。〔孟子〕「動丨周旋皆中禮」。○搈、丨通。〔廣雅·釋詁一〕「丨，動也」疏證。○丨即搈之假字。〔淮南·原道〕平議。○丨丨，儀。〔論語·鄉黨〕「居不丨」朱注。○溶、丨通。〔廣雅·釋詁一〕「搈，動也」疏證。○丨謂飾也。〔詩·伯兮〕「誰適爲丨」陳疏。○丨止，謂禮丨所止也。〔孝經·聖治〕「丨止可觀」皮疏引邢昺。○丨止，亦禮也。〔廣雅·釋言〕「止，禮也」疏證。○丨，謂丨止可觀。〔大戴·保傅〕「升降揖讓無丨」王詁。○姿丨之丨，古本作頌。〔釋名·釋形體〕「為姿丨之美也」疏證。○丨貌字古作頌也。〔說文〕「丨，盛也」繫傳。○假丨為頌，其來已久。〔說文〕「頌，貌也」段注。○丨，今字假借為頌貌之頌。(同上)○〔說文定聲·卷一〕丨，假借為頌。〔周禮·鄉大夫〕「四曰和丨」。○丨繫，一作頌繫。〔通雅·卷二八〕○華丨，謂美人也。〔楚辭·招魂〕「華丨備些」補注引五臣。○丨、悅二字同義。〔孟子·盡心上〕「事是君則為丨悅者也」焦正義。○丨閱如〔孟子〕之丨悅。〔說文〕「堀，突也」段注。○丨與宸同。〔釋宮〕「丨謂之防」郝疏。○臾、丨聲相近，蓋一也。〔史記·儒林列傳〕「從丨」雜志。○丨、臾聲相近。〔漢書·藝文志〕「鬼丨區三篇」補注引王應麟。○猶豫轉之則曰丨與。〔廣雅·釋訓〕「躊躇，猶豫也」疏證。○裔裔、丨丨，其義同也。〔漢書·禮樂志〕「旌丨丨」補注。○丨丨，變動之貌。〔楚辭·悲回風〕「紛丨丨之無經兮」補注。○丨丨，雲出貌。〔楚辭·山鬼〕「雲丨丨兮而在下」補注引五臣。○丨丨，猶庸庸也。〔通雅·卷九〕○丨丨，與融融近，狀其紛沓耳。(同上)○丨臺，春宮也。〔卷二八〕

**蓉**　丨，芙丨。〔廣韻·鍾部〕○丨之言動容也。〔說文〕「藺，菡藺」繫傳。

**庸**　丨，用。〔詩·兔爰〕「我生之初尚無丨」朱傳。○丨，用也。〔詩·南山〕「齊子丨止」朱傳。又〔國策·齊策四〕「勿丨稱也」鮑注。又〔史記·佞幸列傳〕「仁寵最過丨」志疑引補正。又〔通鑑·梁紀一四〕「計其功丨」音注。又〔廣韻·鍾部〕。○丨，亦用也。〔廣雅·釋詁一〕「丨，使也」疏證。○丨即用也。〔書·皋陶謨〕「車服以丨」孫疏。○丨通作用。〔釋詁〕「丨，勞也」郝疏。○〔說文定聲·卷一〕丨，假借為用。〔書·皋陶謨〕「帝丨作歌」。○丨、用古字通。〔漢書·武五子傳〕「丨身」雜志。又〔漢書·廣陵厲王傳〕「丨身自逝」補注引王念孫。○丨訓為用，即為由矣。〔詩·南山〕「既曰丨止」通釋。○丨、由一聲之轉。〔廣雅·釋詁四〕「丨、由、以，用也」疏證。○丨、以一聲之轉。(同上)○丨者，更也。〔漢書·食貨志〕「丨輓犂」雜志。又(同上)補注引王念孫。○丨者，迭也。(同上)○丨者，代也。(同上)○丨，次也。〔廣韻·鍾部〕○丨，常也。(同上)又〔通鑑·周紀二〕

「|足恃乎」音注。○|，平常也。〔中庸〕「|德之行」朱注。又〔論語・雍也〕「中|之為德」朱注。○|，一曰常也、愚也。〔集韻・鍾部〕○不易之謂|。〔論語・雍也〕「中|之為德也」朱注引程子。○|，易也。〔廣韻・鍾部〕○|、易聲之轉。〔方言三〕「|，代也」箋疏。○〔說文定聲・卷一〕|，或曰借為恆，恆、|雙聲。〔魏都賦〕「超百王之||」。○〔同上〕|，此庚續之義，一意之轉注。〔小爾雅・廣言〕「|，償也」。○|，行而有繼謂之|。〔說文定聲・卷一〕○中|，亦言中和者。〔同上〕○|，和也。〔廣韻・鍾部〕○〔說文定聲・卷一〕|，假借為中。〔國語・齊語〕「君之|臣」。○|，假借為衆。〔說文定聲・卷一〕○|、廱同。〔釋訓〕「廱廱，和也」郝疏。○|讀為融。〔國語・周語〕「自顯|也」平議。○|與融通。〔國語・周語〕「服物昭|」述聞。○|，愚也。〔三藏聖教序〕「|鄙」音義。○|通作甬。〔釋詁〕「|，常也」郝疏。○|、甬聲義並相近。〔方言三〕「|謂之倯」箋疏。○|、倯聲義並相近。〔同上〕○|即道，存諸心為中，發諸事為|。〔說文定聲・卷一〕○||，今本作倓倓。|、倓聲相近。〔漢書・梅福傳〕「毋若火，始||」補注引錢大昕。○|與閻通。〔詩・桑中〕「美孟|矣」後箋引錢竹汀。○〔說文定聲・卷一〕|借為閻。〔詩・桑中〕「美孟|矣」。○閻職作|職，|、閻聲相近。〔史記・齊太公世家〕「|職之妻好」志疑。○|，功也。〔詩・崧高〕「以作爾|」朱傳引鄭氏說。又〔孟子・盡心上〕「利之而不|」朱注。又〔廣韻・鍾部〕。又〔說文〕「賃，|也」繫傳。○|，勞也。〔通鑑・梁紀一四〕「計其功|」音注。○|，功勞也。〔釋詁〕「|，勞也」鄭注。○勞苦謂之|，功勞亦謂之|。〔同上〕述聞。○|者，今之傭字。〔說文〕「賃，|也」段注。○|當為傭。〔管子・輕重甲〕「無得聚|而煮鹽」平議。○|通作傭。〔方言三〕「|，代也」箋疏。○〔吳越春秋〕庸作傭，字通用。〔史記・吳太伯世家〕「使公子蓋餘、燭|」志疑。○|、傭古通用。〔方言三〕「|，代也」疏證。○|作，即|保雜作也。〔漢書・匡衡傳〕「|作以供資用」補注引周壽昌。○|，雇也。〔通鑑・梁紀一四〕「計其功|」音注。○凡僱傭皆曰|。〔說文〕「賃，|也」段注。○|，雇力受財也。〔慧琳音義・卷七九〕引〔考聲〕。○|猶安也。〔釋詞・卷三〕○|與詎同意。〔同上〕○|，何也。〔大戴・曾子制言〕「|孰能親汝乎」述聞。○|亦何也。〔晏子春秋〕「天之變」雜志。又〔左傳襄公二五年〕「將|何歸」述聞。○|，猶何也。〔釋詞・卷三〕○|詎，猶言何遽也。〔莊子・齊物〕「|詎知吾所謂不知之非知邪」集釋。○|詎，或言何遽，其義一。〔荀子・正論〕「豈遽知」雜志。○|詎，或言豈遽，其義一。〔同上〕○|詎，或言豈鉅，其義一。〔同上〕○|遽，或言何遽，其義一也。〔漢書・酈陸傳〕「何遽不若漢」雜志。○|遽，或言奚遽，其義一也。〔同上〕○|遽，或言豈遽，其義一也。〔同上〕○|遽，或言甯遽，其義一也。〔同上〕○|，亦語詞。〔公羊傳莊公三二年〕「|得若是乎」陳疏。○|，詞之用也。〔釋詞・卷三〕○〔說文定聲・卷一〕|，發聲之詞。〔公羊傳莊公三二年〕「|得若是乎」。○|，城也。〔詩・崧高〕「以作爾|」朱傳。○|、墉古今字。〔說文〕「墉，城垣也」段注。○|讀如墉。〔詩・崧高〕「以作爾|」陳疏。○|與墉同，城也。〔禮記・王制〕「附於諸侯曰附|」集解。○〔說文定聲・卷一〕|，假借為墉。〔禮記・王制〕「附于諸侯曰附|」。○|者，鏞之古文。〔說文定聲・卷一〕○|，鏞之省借也。〔釋樂〕「大鐘謂之鏞」郝疏。○|、鏞通。〔詩・那〕「|鼓有斁」朱傳。○|，魯作鏞。〔詩・那〕「|鼓有斁」集疏。○〔說文定聲・卷一〕|牛，即〔爾雅〕之犦牛。〔文選・上林賦〕注「|牛，今之犎牛」。（「㺞」下）

**𦤎** |，古庸字。〔廣韻・鍾部〕○|，此與庸音義皆同。〔說文〕「|，用也」段注。○|，讀若庸，今蘇俗謂客喫飯曰用飯，即此|字。〔說文定聲・卷一〕○|，用也，鼻知臭香所食也。〔集韻・用部〕○鼻聞所食之香而食之，是曰|。〔說文〕「|，自知臭香所食也」段注。○|，以鼻齅之知臭香可用食否也。〔說文〕「|，用也」繫傳。

**封** |，疆之也。〔國策・齊策三〕「|衛之東野」補正。○|謂疆理之。〔國策・東周策〕「收齊而|之」鮑注。○|，猶言疆理也。〔左傳僖公三〇年〕「又欲肆其西|」疏證。○|，|城。〔國策・楚策一〕「四|不廉」鮑注。○|，土界也。〔大戴・千乘〕「距|後利」王詁。○|，起土界也。「大戴・主言」「五十里而|」王詁。○起土為界曰|。〔慧琳音義・卷四七〕○|，謂田界也。〔淮南・原道〕「|壤」雜志。○|，引申為凡畛域之稱。〔說文〕「|，爵諸侯之土也」段注。○|人，掌|疆之官。〔論語・八佾〕「儀|人請見」朱注。○|，割也。〔國策・齊策三〕「|衛之東野」鮑注。○|，各之其土也。〔說文〕「|，爵諸侯之土地」繫傳。○|，國也。〔廣韻・鍾部〕○|，爵也。〔同上〕○|，讀為邦。〔春秋名字解詁〕「齊慶|字子家」述聞。○|、邦古字通。〔逸周書〕「大開方|于下土」雜志。○〔說文定聲・卷一〕|，假借為邦。〔國語・楚語〕「鄭幾不|」。○〔史記〕|作國。〔左傳昭公元年〕「成王滅唐而|大叔焉」洪詁。○通|作通國。〔史記・秦本紀〕「公子通|於蜀」志疑引〔華陽國志〕。○|，加土也。〔禮記・檀弓〕「既葬而|」集解。○|，聚土也。〔本草・卷七〕○聚土而高者皆謂之|。〔周禮・司徒〕「|人中士四人」孫正義。○|，高起也。〔說文〕「牛，大牲也」繫傳。○|謂領脊高起也。〔說文定聲・卷五〕（「牛」下）○|者，肩甲墳起之處，字亦作犎。〔說文〕「牛，像角頭三，|尾之形也」段注。○|謂為墳。〔易・繫下〕「不|不樹」述聞。○|，謂聚土為墳。〔同上〕○墳、|一聲之轉，皆謂土之高大者也。〔廣雅・釋丘〕「墳，冢也」疏證。○|、堋一聲之轉，皆謂土之高大者也。〔同上〕○下棺曰窆，聚土曰|。〔周禮・鄉師〕「及窆執斧以涖匠師」孫正義。○|當為窆。〔易・繫下〕「不|不樹」纂疏引〔檀弓〕鄭注。○|、窆聲相近。〔墨子・節葬下〕「滿埳無|」閒詁引畢沅。○〔說文定聲・卷一〕|，假借為窆。〔禮記・檀弓〕「縣棺而|」。○|，假借為堋。〔說文定聲・卷一〕○大謂之|。〔廣雅・釋詁一〕「|，大也」疏證。○|，大也。〔詩・殷武〕「|建厥福」朱傳。又〔屈賦・離騷〕「又好射夫|狐」戴注。○|，大也。〔廣韻・鍾部〕。○|，引申為大也。〔說文〕「|，爵諸侯之土也」段注。○|冢，大冢也。〔說

文」「虡，丨豕之屬」段注。〇丨之言豐也。〔廣雅·釋詁一〕「丨，大也」疏證。〇〔說文定聲·卷一〕丨，假借為豐。〔小爾雅·廣詁〕「丨，大也」。〇丨，厚也。〔廣韻·鍾部〕又〔慧琳音義·卷三四〕。〇丨，亦緘撿之也。（同上）〇丨，固之也。（同上）〇丨，閉也。（卷二）引〔韻英〕。〇〔說文定聲·卷一〕丨，取圍藏之義。〔後漢·安帝紀〕「為丨長檄」。〇丨，引申為緘固之稱。〔說文〕「丨，爵諸侯之土也」段注。〇丨，執也。〔慧琳音義·卷五二〕。〇丨，識也。〔左傳文公三年〕「丨殽尸而還」洪詁引賈逵。〇丨，諫也。〔慧琳音義·卷二〕引〔韻英〕。〇〔說文定聲·卷一〕丨戎與尨茸同。〔莊子·應帝王〕「紛而丨戎」。〇五丨者，四馬高足為置傳也。〔漢書·平帝紀〕「在所為駕一丨軺傳」補注引沈欽韓。〇四丨者，中足為馳傳也。（同上）〇三丨者，下足為乘傳也。（同上）

**㞶**　丨，古文封。〔廣韻·鍾部〕

**胸**　丨，膺也。〔廣韻·鍾部〕〇丨，膺上也。〔說文〕「匈，膺也」義證引〔急就篇〕顏注。〇丨，亦作匈。〔廣韻·鍾部〕〇丨，俗字，當為匈。〔墨子·旗幟〕「中軍置之丨」閒詁。〇丨，亦作胷。〔廣韻·鍾部〕

**雍**　丨，和也。〔通鑑·漢紀四二〕「以致丨熙」音注。又〔廣韻·鍾部〕。〇丨，與邕略同。（同上）〇丨，邕字之假借也。〔說文〕「邕，邑四方有水自丨成池者」段注。〇今文作歡，古文作丨。〔書·無逸〕「言乃丨」孫疏。〇丨，魯亦作噰。〔詩·有瞽〕「肅丨和鳴」集疏。〇丨即雝之隸變。〔周禮·職方氏〕「正西曰丨州」孫正義。〇丨子，〔晉語〕作雝子。〔左傳昭公一四年〕「晉邢侯與丨子爭鄐田」洪詁。〇衡丨，〔外傳〕作衡雝，〔水經注〕同。〔左傳僖公二八年〕「至于衡丨」洪詁。〇丨榆，〔外傳〕作雝俞。〔左傳襄公二三年經〕「次于丨榆」洪詁。〇丨丘亦作雝丘。〔漢書·地理志〕補注。〇古壅字皆作丨。〔左傳成公一二年〕「道路無丨」疏證引惠棟。〇丨，各本作壅。（同上）疏證。〇丨，諸本誤作壅。〔左傳襄公一一年〕「毋丨利」洪詁。〇丨，諸本作壅。〔左傳昭公元年〕「有所丨塞」洪詁。又〔昭公一一年〕「然丨也」洪詁。〇丨、壅聲同而異字。〔漢書·天文志〕「揚」雜志。〇五臣〔文選〕本丨作擁，訓聚。〔漢書·揚雄傳〕「丨神休」補注。〇丨、擁同，言據有之。〔國策·秦策五〕「丨天下之國」鮑注。〇官本丨作廱。〔漢書·禮樂志〕「丞相大司空奏請立辟丨」補注。〇明堂、靈臺、辟丨謂之三丨。〔漢書·賈誼傳〕「則貴賤有等而下不逾矣」補注引孔廣森。〇丨與甕同。〔墨子·旗職〕「鐵甕」雜志。〇丨讀為甕。〔漢書·賈鄒傳〕「蹈丨之河」雜志。〇丨讀為甕，甕與丨古字通也。〔漢書·鄒陽傳〕「是以申徒狄蹈丨之河」補注引王念孫。〇丨即饔也。〔左傳僖公一五年〕賈注「諸侯丨飧七牢」疏證。〇丨人，食官也。〔大戴·諸侯釁廟〕「丨人」王詁。〇丨、癰同。〔國策·趙策四〕「有所謂桑丨者」鮑注。〇丨渠，〔孟子〕作癰疽。〔漢書·古今人表〕「丨渠」補注。〇丨鉏，〔衛策〕作癰疽，音近通借。〔韓子·難四〕「遂去丨鉏」集解。〇丨，俗作擁。凡膨脹粗大者謂之丨腫。〔說文〕「腫，癰也」段注。〇丨睦，通作訟繆。〔通雅·卷七〕〇丨伯作翁伯。〔史記·貨殖列傳〕「而丨伯千金」志疑引徐廣。

**濃**　丨，厚也。〔廣韻·鍾部〕〇丨丨，厚貌。〔詩·蓼蕭〕「零露丨丨」朱傳。〇丨，汁厚也。〔慧琳音義·卷一三〕引〔考聲〕。〇丨，露多也。（同上）〇丨，或作𩅦。（同上）〇丨與𩅦同。〔廣雅·釋訓〕「𩅦𩅦，露也」疏證。〇〔說文定聲·卷一〕丨，字亦作𩅦。〔廣雅·釋訓〕「𩅦𩅦，露也」。〇丨，字或作𩅦。〔說文〕「丨，露多也」義證。

**重**　丨，猶累。〔國策·秦策四〕「丨世之德」鮑注。〇丨，猶累也。〔詩·無將大車〕「祇自丨兮」朱傳。〇丨，言丨累也。〔儀禮·覲禮〕「丨賜無數」平議。〇丨卵猶言累卵。〔國策·燕策二〕「臣之所丨處丨卵也」補正。〇丨，累即加厚之意。〔釋詁〕「從，丨也」郝疏。〇丨，猶加也。〔離騷〕「又丨之以脩能」戴注。〇丨，再也。〔離騷〕「又丨之以脩能」補注。又〔漢書·景武昭宣元成功臣表〕「得丨會期」補注。〇丨，猶再。〔國策·魏策一〕「丨嫁而已」鮑注。〇丨傷猶再傷。〔莊子·讓王〕「此之謂丨傷」集釋引俞樾。〇丨，複也。〔莊子·寓言〕「丨言十七」集釋引家世父。又〔廣韻·鍾部〕。〇丨試曰覆試。〔通雅·卷二二〕〇丨，疊也。〔廣韻·鍾部〕〇丨疊，亦不齊也。〔左傳宣公一一年〕「罰已丨矣」疏證引王引之。〇丨，猶多。〔國策·魏策二〕「丨欲無厭」鮑注。〇丨，猶多也。〔說文〕「多，丨也」句讀。〇丨，當為緟。〔說文〕「復，丨也」義證。〇〔說文定聲·卷一〇〕丨即緟字。〇〔說文〕「多，丨也」。（「多」下）〇〔說文定聲·卷一〕丨，假借為緟。〔廣雅·釋言〕「丨，再也」。〇丨者，緟之假借。〔詩·清人〕「二矛丨英」通釋。〇丨，猶貴。〔國策·秦策一〕「丨而使之楚」鮑注。〇凡言丨皆制人而不制於人者也。〔國策·西周策〕「則君丨矣」鮑注。〇丨，猶甚。〔國策·楚策四〕「而公丨不相善也」鮑注。〇丨轑，猶丨轢，言其密亙也。〔通雅·卷三八〕〇丨器，謂名位金玉。〔國策·趙策四〕「而挾丨器多也」鮑注。〇丨，猶難。（同上）「故王丨見臣也」鮑注。〇丨，猶難也。〔國策·燕策二〕「臣之所丨處丨卵也」鮑注。〇丨閉為持重義。〔左傳成公八年〕「勇夫丨閉」疏證。〇丨閉，謂宮室墳墓之閉固。（同上）〇丨，本作童。〔淮南·道應〕「商樸女丨」平議。〇丨，〔亢倉子〕作童。〔呂覽·上農〕「民農則丨」校正。〇〔說文定聲·卷一〕丨，假借為僮。〔禮記·檀弓〕「與其鄰丨汪踦往」。〇（同上）丨，假借為憧。〔呂覽·悔過〕「君其丨圖之」。〇丨親，謂結兩丨姻親。〔漢書·烏孫國傳〕「結婚丨親」補注引徐松。〇丨婚者，重疊交互為婚姻也。〔說文〕「媾，丨婚也」段注。〇丨三，猶丨九。〔通雅·卷一二〕〇〔張說文集〕以三月三日為丨三。（同上）〇〔說文定聲·卷一八〕三光代明，故曰丨。〔書·顧命〕「昔君文王武王宣丨光」。（「光」下）〇丨較，一名丨耳。〔詩·淇奧〕「猗丨較兮」通釋。〇輢是兩旁植木，較橫較輢上故曰丨較。〔通雅·卷三五〕〇死而又死謂之丨死。〔呂覽·慎行〕「若慶封者可謂丨死矣」校正。○丨華，舜號也。〔離騷〕「就丨華而陳辭」戴注。○歲星謂之丨華。〔廣雅·釋天〕疏證。○先種後熟曰丨。〔詩·七月〕「黍稷丨穋」朱傳。○三家丨穋作種稑。〔詩·七月〕「黍稷丨穋」集疏。○丨屋，如樓，可居。〔説文定聲·卷一五〕(「棼」下)○丨臺，賤稱。〔通雅·卷一九〕○狗，一名丨工。〔通雅·卷四六〕

## 從

丨，隨也。〔論語·為政〕「七十而丨心所欲」朱注。又〔孟子·告子上〕「丨其大體為大人」朱注。又〔詩·既醉〕「丨以孫子」朱傳。又〔大戴·夏小正〕「鹿人丨」王詁。○丨，猶隨也。〔詩·南山〕「曷又丨止」陳疏。○丨，相丨也。(同上)朱傳。又〔説文〕「僉，皆也」繫傳。○丨，隨行也。〔楚辭·山鬼〕「乘赤豹兮丨文貍」補注。○丨，古但為相隨行之从。〔説文〕「丨，隨行也」繫傳。○丨，行也。〔管子·形勢〕「循誤為脩」雜志。○丨，後也。〔續音義·卷三〕引〔切韻〕。○丨，侍也。(同上)○丨，後致也。〔説文〕「処，止也」段注。○丨，就也。〔廣韻·鍾部〕○丨，就之也。〔國策·齊策四〕「寡人請丨」鮑注。○循亦丨也。〔管子·形勢〕「循誤為脩」雜志。○丨，亦相續之意。〔廣雅·釋詁二〕「撚，續也」疏證。○丨，因也。〔大戴·四代〕「變丨無節」王詁。○丨，由也。〔史記·周本紀〕「貶丨殷王受」志疑引王庚期。○古謂丨為道。〔荀子·成相〕「道聖王」雜志。○丨，順也。〔禮記·孔子閒居〕「氣志既丨」集解。○丨與順同義。〔論語·為政〕「七十而丨心所欲」平議。○丨字皆當訓順。〔左傳昭公五年〕「使亂大丨」述聞。又〔哀公二年〕「鄭勝亂丨」述聞。○丨，順也，言取其順，自我言之也。〔書·洪範上〕「言曰丨」孫疏。○丨又引伸訓順。〔説文〕「丨，隨行也」段注。○丨，順服也。〔國策·魏策四〕「魏王且丨」鮑注。○亂丨，猶言犯順。〔左傳哀公二年〕「鄭勝亂丨」述聞。○丨革者，言金可丨順，又可變革。〔書·洪範上〕「金曰丨革」孫疏。○丨革，猶言因革。〔書·洪範上〕「金曰丨革」平議。○丨，聽也。〔詩·采苓〕「苟亦無丨」朱傳。○丨，相聽也。〔大戴·本命〕「有三丨之道」王詁。○丨，聽也，謂可羈而丨也。〔大戴·曾子立事〕「愚者丨」王詁。○丨與併同義。〔漢書·律歷志〕「丨大餘」補注引錢大昕。又〔律歷志〕「以章歲乘中餘丨之」補注。○丨，人衆也。〔漢書·昌邑哀王傳〕「侍丨者馬死相望於道」補注。○丨，獻也。〔詩·信南山〕「丨以騂牡」集疏。○丨，猶使也。〔説文定聲·卷二〕○丨，猶為也。(同上)○(同上)丨，猶任情也。〔吳語〕「以丨逸王志」。○丨，放也。〔論語·八佾〕「丨之」朱注。○丨，讀為縱。縱逸猶放逸。〔國語·吳語〕「丨逸王志」述聞。○丨與縱同。〔周書第三〕「醉之酒」雜志。○丨者，縱也。〔説文定聲·卷二〕○丨讀為縱。〔荀子·榮辱〕「然則丨人之欲」集解。○丨當讀為縱。〔義府·卷上〕○丨讀曰縱。〔漢書·揚雄傳〕「丨禽獸其中」補注。○丨當讀曰縱。〔漢書·成帝紀〕「丨胡客大校獵」補注。○丨讀為放縱之縱。〔禮記·三年問〕「然而丨之」述聞。○丨讀為縱兵之縱，謂馳擊之也。〔漢書·李廣傳〕「將數十騎丨」雜志。○丨讀為縱兵之縱，謂擊之也。〔漢書·李廣傳〕「中貴人者將數十騎丨」補注引王念孫。

○丨，〔釋文〕本或作縱。〔左傳襄公一四年〕「以丨其淫」洪詁。○丨之，〔荀子·禮論〕作縱之。〔禮記·三年問〕「然而丨之」述聞。○丨，逐也。〔詩·還〕「並驅丨兩肩兮」朱傳。又〔吉日〕「丨其羣醜」陳疏。又〔吉日〕「漆沮之丨」集疏。○丨讀為聳。〔漢書·嚴宋吾傳〕「皆丨」雜志。○丨，當讀為聳。聳，動也，丨者借字耳。〔漢書·嚴助傳〕「四面皆丨」補注引王念孫。○丨讀為琮，聲相近而假借也。〔春秋名字解詁〕「楚觀丨字子玉」述聞。○蹤、丨字異而義同。〔廣雅·釋詁三〕「蹤，迹也」疏證。○丨當讀為蹤。蹤猶迹也。〔國語·晉語〕「又為惠公丨予於渭濱」平議。○丨讀曰蹤，絶丨之丨。〔通鑑·周紀二〕「重自刑以絶丨」音注。○丨與從通。〔廣雅·釋訓〕「從從，走也」疏證。○蹤、丨字異而義同。〔廣雅·釋詁三〕「蹤，迹也」疏證。○〔説文定聲·卷一〕丨，假借為蹤。〔詩·羔羊〕傳「可以丨迹也」。○(同上)丨，假借為緟。〔釋詁〕「丨，重也」。○丨，假借為豵。〔説文定聲·卷一〕○丨，牛子也。〔戰國策·韓策〕「甯為雞口」雜志引延篤。○丨，史公讀為慫，謂獎勸也。〔書·皋陶謨〕「汝無面丨」孫疏。○〔説文定聲·卷一〕丨，假借為慫。〔太玄·夫〕「卒而丨而」。○丨諛即慫慂。〔書·益稷〕「汝無面丨」孫疏。○慫慂，或作丨容。〔廣雅·釋訓〕「丨容，舉動也」疏證。○丨容與慫慂同。〔廣雅·釋詁一〕「慫慂，勸也」疏證。○丨容者，從諛也。〔史記·儒林列傳〕「丨容」雜志。○丨諛之為丨容，猶縱臾之為丨容。〔史記〕「丨容」雜志。○丨容，縱臾音轉而義通也。〔漢書·衡山王傳〕「日夜縱臾王謀反事」補注。○〔漢書·衡山王傳〕縱臾，〔史記〕作丨容。〔廣雅·釋訓〕「丨容，舉動也」疏證。○丨容、須臾，語之轉耳。〔史記〕「須臾」雜志。○丨容、竦踊，聲義並相近。〔廣雅·釋訓〕「丨容，舉動也」疏證。○丨容，舉動也。〔慧琳音義·卷六五〕又〔逸周書〕「克易」雜志。○舉動謂之丨容。〔通説〕「丨容」述聞。○自動謂之丨容，動人謂之慫慂。(同上)○丨容一訓為舉動。〔廣雅·釋訓〕「丨容，舉動也」疏證。○丨容，一訓為舒緩。(同上)○丨容，和緩之貌。〔本草·卷一二〕○今俗語事之需遲為丨容。〔義府·卷上〕○丨而者，繼事之詞，明其事次第當如此。〔韓子·存韓〕「丨韓而伐趙」集解引俞樾。○丨容，休燕也。〔集韻·鍾部〕○丨者猶言學者。〔荀子·非相〕「丨者將論志意」集解引盧文弨。○丨教，言馴習於上之教命。〔左傳成公六年〕「且民丨教」疏證引顧炎武。○母之丨父昆弟曰丨舅。〔説文〕「舅，母之兄弟為舅」段注。○母之姊妹稱丨母。(同上)○父之昆弟稱丨父。(同上)○丨讀如丨橫之丨。人為橫目之類，丨目則為妖。〔漢書·天文志〕「又曰丨目人當來」補注引葉德輝。○丨，豎也。〔楚辭·招魂〕「豺狼丨目」補注引五臣。○直為丨。〔國策·秦策二〕「廣丨六里」鮑注。○〔説文定聲·卷一〕丨，假借為从。〔左傳昭公一一年〕「不昭不丨」。

## 从

二人相順為丨，經傳皆以從為之。〔説文定聲·卷一〕○丨者，今之從字，從行而丨廢矣。〔説文〕「丨，相聽也」段注。○丨，言計相聽也。〔説文〕「丨，相聽許也」繫傳。○順曰丨。〔説文定聲·卷一〕(「從」下)

**逢**　今人謂相遇曰｜。〔釋詁〕「｜，遇也」郝疏。○今人行而相值謂之｜。〔釋詁〕「｜，見也」郝疏。○｜，猶值也。〔孟子·離婁下〕「資之深，則取之左右｜其原」朱注。○｜，值也。〔廣韻·鍾部〕○｜，迎也。（同上）○｜擊，猶迎擊耳。〔漢書·匈奴傳〕「勒兵｜擊烏孫」補注引王念孫。○｜受，猶迎受。〔漢書·車師後國傳〕「莽使中郎王萌待西域惡都奴界上｜受」補注。○｜俉，猶｜遌，相｜而驚也。〔通雅·卷七〕○｜，言若蠭飛奄忽相見。〔說文〕「｜，遇也」繫傳。○｜，大也。〔文選·封禪文〕「｜涌原泉」集釋。○｜，大也。〔禮記·儒行〕「衣｜掖之衣」集解。○｜者，大也。〔書·洪範〕「子孫其｜」述聞。○｜，一曰大也。〔集韻·鍾部〕○｜之言豐也，豐亦大也。〔書〕「子孫其｜」注引〔天問〕「後嗣而｜長」述聞。○｜者，豐之假字。〔太玄·大〕平議。○｜，假借為豐。〔說文定聲·卷一〕○〔史記·天官書〕豐作｜。〔淮南·天文〕「五穀豐昌」述聞。○｜、蓬通。〔墨子·耕柱〕「｜｜白雲」閒詁。○〔郊祀志〕｜作蓬。〔漢書·地理志〕「有｜山祠」補注。○｜，魯作諍。〔詩·靈臺〕「鼉鼓｜｜」集疏。○｜者，夆之絫增字。〔說文〕「夆，牾也」句讀。○〔說文定聲·卷一〕｜，假借為軆。〔周禮·籩人〕注「今河閒以北煮穜麥賣之名曰｜」。○｜，〔越絕書〕作馮。〔史記·越勾踐世家〕「大夫｜同諫」志疑。○｜，〔吳越春秋〕作扶。（同上）

**縫**　｜，紩。〔廣韻·鍾部〕○｜，紩也。〔禮記·玉藻〕「｜齊倍要」集解。○｜者，以鍼紩衣也。〔說文〕「鍼，所以｜也」段注。○｜，紩衣也。或作摓。〔集韻·東部〕○｜，｜皮合之以為裘。〔詩·羔羊〕「羔羊之｜」朱傳。○｜，｜合亦偏滿之義。〔釋言〕「彌，終也」郝疏。○｜衣，大衣也。或作逢。〔莊子·盜跖〕「｜衣淺帶」集釋。○｜者，逢之假字。〔禮記·玉藻〕「｜齊倍要」平議。○｜謂之絀。〔說文〕「絀，絳也」義證引〔類篇〕。○〔說文定聲·卷二〕｜，字亦作韃。〔字林〕「韃，被韃也」。

**蹤**　｜，｜跡。〔廣韻·鍾部〕○蹤、｜字異而義同。〔廣雅·釋詁三〕「蹤，迹也」疏證。○｜、從字異而義同。（同上）

**茸**　｜，草生貌。〔廣韻·鍾部〕○草初生曰｜。〔本草·卷一四〕○｜，亂貌也。〔慧琳音義·卷六五〕○｜之言茙也。〔說文〕「｜，草｜｜貌」段注。○｜，字亦作茙。〔說文定聲·卷二〕○｜，字亦作箕。（同上）

**峰**　｜距，一作｜岠，言｜稜機距也。〔通雅·卷七〕

**峯**　｜，山｜也。〔廣韻·鍾部〕○｜，山高而銳也。〔慧琳音義·卷八〕引〔考聲〕。○桻、｜義同也。〔廣雅·釋詁一〕「桻，末也」疏證。○鋒、｜義同也。（同上）

**蜂**　｜，同蠭。〔廣韻·鍾部〕○｜、蠭同。〔方言一一〕疏證。○｜，小物而有毒。〔詩·小毖〕「莫予荓｜」朱傳。○｜尾垂鋒，故謂之｜。〔本草·卷三九〕○蠓螉之合聲為｜。〔釋蟲〕「土蠭」郝疏。○｜古讀如蓬。（同上）○｜當作夆。〔詩·小毖〕「莫予荓｜」陳疏。

**蠭**　｜，在樹上作房者。〔說文定聲·卷一〕引〔釋蟲〕郭注。○｜，燕趙之間謂之蠓螉。（同上）引〔方言一一〕。○｜，土蜂，蠮螉也。（同上）引〔廣雅〕。○｜蠓疊韻字。〔方言一一〕箋疏。○〔說文定聲·卷一〕｜，假借為鏠。〔漢書·韓王信傳〕「及其｜東鄉」。○｜，是鋒的借字。〔漢書·息夫躬傳〕「京師雖有武｜精兵」補注引沈欽韓。○｜，〔史記〕作鋒，｜是借字。〔漢書·韓王信傳〕「及其｜東鄉」補注。○天｜，｜同鋒，亦名盾也。〔漢書·天文志〕「一外為盾，天｜」補注。○〔說文定聲·卷一〕｜，假借為夆。〔史記·項羽紀〕「楚｜起之將」。○（同上）｜，假借為夆。〔詩·小毖〕「莫予荓蜂」。○（同上）｜，假借為豐。〔史記·始皇紀〕「蜂準」。○｜門即逢蒙。〔呂覽·聽言〕「｜門始習於甘蠅」校正。○｜門，它書或作逢蒙。〔荀子·王霸〕「羿｜門者」集解引郝懿行。○｜午猶言旁午。古音｜與旁聲相近。〔漢書·劉向傳〕「水旱饑蝝蠭螟蠭午竝起」補注引錢大昕。○〔說文定聲·卷一〕｜午，與旁午同。〔史記·項羽紀〕集解「猶言｜午也」。○俗｜作蜂。〔釋名·釋兵〕「言若｜刺之毒利也」疏證。○｜，古文省作螽。

**螽**　｜，古蠭字。〔廣韻·鍾部〕○｜，與鋒同。〔方言一一〕「｜，燕趙之間謂之蠓螉」箋疏。〔漢書·五行志〕「蠭炎再貫紫宮中」補注。

**鋒**　｜，刀末也。〔慧琳音義·卷四〕○｜，劍刃｜也。〔廣韻·鍾部〕○｜者，鏠之省字。〔書·費誓〕「礪乃｜刃」孫疏。○鏠與｜同。〔史記·封禪書〕「以象太一三星為太一｜」志疑。○桻、｜義同也。〔廣雅·釋詁一〕「桻，末也」疏證。○｜、峯義同也。（同上）○｜，軍之先。〔國策·中山策〕「欲推以為｜」鮑注。○｜炎，猶言芒炎。〔漢書·五行志〕「蠭炎再貫紫宮中」補注。

**烽**　｜，同逢。〔廣韻·鍾部〕○｜作燧。〔史記〕「索隱本異文」雜志。

**逢**　｜、烽同。〔方言一二〕「｜，虞望也」疏證。○｜，亦作烽。（同上）箋疏。○｜，｜，字或作烽燧。〔說文〕「｜，塞上亭，守｜火者」義證。○｜火，夜曰｜，晝曰燧。〔廣韻·鍾部〕○｜作逢。〔史記索隱〕「異文」雜志。○｜，逢之借字。〔文選·封禪文〕集釋。

**熢**　烽作｜。〔史記〕「索隱本異文」雜志。○｜焞，煙鬱貌。〔集韻·東部〕

**蛩**　｜，字或作蛇。〔說文〕「｜，一曰秦謂蟬蛻曰｜」義證。○〔說文定聲·卷一〕｜，亦作蛩。〔莊子·徐無鬼〕「｜然而喜矣」。○｜｜，邛邛，獸似距虛負蟨而走也。〔文選·子虛賦〕「蹵｜｜」集釋引〔周書·王會〕孔晁注。○｜｜，青獸，狀如馬。（同上）集釋引張揖。○一曰秦謂蟬蛻曰｜。通作邛。〔集韻·鍾部〕○〔說文定聲·卷一〕字作｜、作邛皆同。〔穆天子傳〕「邛邛距虛走百里」。○｜與蛬古今字。〔方言一一〕「蜻蛚或謂之蛬」箋疏。〇丨，假為蛬。〔說文〕「螌，悉螌也」段注。〇〔史記〕丨丨作邛邛。〔漢書·司馬相如傳〕「蹵丨丨」補注。〇丨丨，〔史記〕作邛邛。〔說文〕「丨，丨丨，獸也」段注。〇丨即蛉窮之合聲。〔釋蟲〕「螾衘，入耳」郝疏。〇丨之言空也。〔說文〕「丨，丨丨，獸也」段注。〇丨供疊韻，合之為恐。〔釋詁〕「恐，懼也」郝疏。〇〔說文定聲·卷一〕丨，假借為恐。〔方言六〕「丨供，戰慄也」。〇丨供與慎聲近義同。〔廣雅·釋言〕「忲、慎，慎也」疏證。〇〔說文定聲·卷一〕丨，假借為蝨。〔淮南·本經〕「飛丨滿野」。

**笻** 丨，竹名，可為杖，張騫至大宛得之。〔廣韻·鍾部〕〇丨，竹名。〔集韻·鍾部〕〇丨，通作邛。（同上）

**恭** 丨，敬也。〔大戴·衛將軍文子〕「丨老恤孤」王詁。又〔衛將軍文子〕「其幼也丨而遜」王詁。又〔勸學〕「靖居丨學」王詁。〇丨，丨敬也。〔廣韻·鍾部〕〇丨，致敬也。〔論語·學而〕「丨近於禮」朱注。〇貌正曰丨。〔大戴·武王踐阼〕「慎戒必丨」王詁。〇丨，莊敬也。〔論語·學而〕「夫子溫良丨儉讓以得之」朱注。〇丨者，敬之發於外者也。〔孟子·告子上〕「丨敬之心」朱注。〇丨，謙遜也。〔論語·公冶長〕「其行己也丨」朱注。〇丨，肅也。〔大戴·曾子立事〕「朝廷而不丨」王詁。〇丨亦肅也。〔說文繫傳·通論下〕〇愛民長弟曰丨。〔周書第三〕「長弟」雜志引「謚法」。〇丨同共。〔書·多方〕「惟夏之丨多士」孫疏。〇丨與共通。〔書·多方〕「罔丕惟進之丨」孫疏。又〔書·盤庚〕「各丨爾事」孫疏。〇丨作共。〔史記〕「索隱本異文」雜志。〇〔熹平石經〕丨作共。〔書·盤庚〕注「丨一作共」孫疏。〇丨，魯作共。〔詩·皇矣〕「密人不丨」集疏。〇經典多以共為丨。〔說文〕「丨，肅也」句讀。〇丨或借共字。（同上）義證。〇丨與龔聲相近，龔，給也，給亦具也，義與共通。〔書·甘誓〕注「史遷丨命作共命」孫疏。〇或以龔代丨字用。〔釋言語〕「丨，拱也」疏證。〇丨又借龔字。〔說文〕「丨，肅也」義證。〇龔與丨通。〔書·皋陶謨〕「願而丨」注「史遷丨作共」孫疏。〇丨，通作龔。〔釋詁〕「丨，敬也」郝疏。〇丨，通作供。（同上）〇丨者取其供用。〔說文繫傳·通論下〕〇丨與拱亦聲近義同。〔廣雅·釋詁二〕「拱，固也」疏證。

**供** 丨，具也。〔廣韻·鍾部〕〇丨，進也。（同上）〇丨，奉也。（同上）〇丨，給也。（同上）〇丨，設也。（同上）〇丨訓為恭，而拱義即在其中。〔荀子·修身〕「行而丨冀」集解。〇官本注丨作共。〔漢書·百官公卿表〕「以給共養」補注。〇丨，當依〔周禮〕作共。〔說文〕「周禮丨盆簝以待事」段注。〇丨，〔楚語〕引作恭。〔書·無逸〕「惟正之丨」孫疏。

**琮** 〔說文定聲·卷二〕丨，形八角，徑八寸，角各出二寸。〔說文〕「丨，瑞玉，大八寸，似車釭，从玉宗聲」。〇（同上）字亦作瑹。〔韓勑碑〕「兩側題名丁瑹叔舉」。〇丨之言宗也。〔說文〕「丨，瑞玉，大八寸，似車釭」繫傳。

**悰** 丨，俗作誴。〔說文〕「慒，慮也」義證。〇丨、慒字異音義同。〔釋言〕「慒，慮也」郝疏。〇丨，樂也。〔廣韻·冬部〕〇丨，慮也。（同上）又〔續音義·卷一〇〕引〔切韻〕。〇丨，一曰謀也。或作誴。〔集韻·冬部〕

**淙** 丨，水聲。〔廣韻·冬部〕〇丨，水聲丨丨然。〔說文〕「丨，水聲也」段注。

**蘢** 丨，丨古，草名。〔廣韻·東部〕〇丨，馬藻也。〔說文〕「丨，天蘥也」義證引〔玉篇〕。〇丨，通作龍。〔釋草〕「紅，丨古」郝疏。〇〔說文定聲·卷一〕丨，假借為籠。〔孔躭神祠碑〕「放丨羅之雉」。

**凶** 不時曰丨。〔詩·十月之交〕「日月告丨」通釋。〇丨，歲不熟也。〔孟子·梁惠王上〕「河內丨」朱注。〇丨，謂荒年。（同上）焦正義。〇旱飢、暴疾皆丨也。〔漢書·天文志〕「為旱丨饑暴疾」補注。〇橫死曰丨。〔義府·卷上〕〇丨，禍。〔廣韻·鍾部〕〇丨，窮丨之人也。〔說文定聲·卷二〕〔「訩」下〕〇〔說文定聲·卷二〕丨，義為兇。〔易林·履之蒙〕「訟爭丨丨」。〇丨丨，言意氣惡暴也。〔通鑑·漢紀四五〕「冀意氣丨丨」音注。〇兇兇、丨丨字異而義同。〔廣雅·釋詁二〕「訩，鳴也」疏證。〇丨丨、匈匈字異而義同。（同上）〇丨丨、哅哅字異而義同。（同上）〇丨服，蓋丨徒作亂之服。〔漢書·尹賞傳〕「而鮮衣丨服被鎧扞持刀兵者」補注引周壽昌。〇丨拜者，拜而後稽顙，稽顙而後拜。〔說文〕「捧，首至手也」段注。〇〔說文定聲·卷二〕丨，假借為訩。〔史記·五帝紀〕「頑丨不用」。

**⿰歹凶** 丨，古凶字。〔廣韻·鍾部〕〇丨，又作凶。〔慧琳音義·卷五三〕

**墉** 丨，牆也。〔詩·行露〕「何以穿我丨」朱傳。又〔禮記·郊特牲〕「君南鄉於北丨下」集解。又〔說文〕「丨，城垣也」義證。〇丨，實牆之通名。〔釋宮〕「牆謂之丨」郝疏。〇丨，露牆也。（同上）〇丨，垣也。〔廣韻·鍾部〕〇丨者，言其外之牆垣具也。〔說文〕「丨，城垣也」段注。〇堂上惟東面之牆謂之序，其房室之牆皆謂之丨也。〔儀禮·士喪禮〕「祝負丨南面」胡正義。〇凡室中房中與夾之牆則謂之丨，堂上之牆則謂之序，堂下之牆則謂之壁，其實一也。〔儀禮·士冠禮〕「陳服于房中西丨下」胡正義。〇丨，城。〔詩·韓奕〕「實丨實壑」朱傳。〇丨，城也。〔詩·皇矣〕「以伐崇丨」朱傳。又〔廣韻·鍾部〕。〇丨者，容隱之義。〔廣雅·釋宮〕「丨，垣也」疏證。〇築土壘甓曰丨。〔說文〕「丨，城垣也」繫傳。〇牗，俗丨字。〔晏子春秋·內篇諫上〕「當如之何」雜志。〇丨省作庸。〔釋宮〕「牆謂之丨」郝疏。〇丨亦省作庸。〔說文〕「丨，城垣也」句讀。〇〔釋文〕丨本又作庸。〔左傳襄公九年〕「用馬于四丨」洪詁。〇〔說文定聲·卷一〕丨，以庸為之。〔書大傳〕「天子賁庸」。〇丨，通作庸。〔說文〕「丨，城垣也」義證。〇丨又通作鄘。（同上）

**⿰亯庸** 丨，古文墉。〔說文〕「墉，城垣也」義證引〔玉篇〕。

**鏞** 丨，大鐘。〔廣韻・鍾部〕○丨，大鐘也。〔詩・靈臺〕「賁鼓維丨」朱傳。○凡大鐘曰丨。〔說文定聲・卷一〕(「頌」下)○鐘之不編者即鏄，亦謂之丨。〔周禮・鼓人〕「以晉鼓鼓金奏」孫正義。○丨、庸同字。〔說文定聲・卷一〕○〔商頌〕丨字作庸，古文假借。〔說文〕「丨，大鐘謂之丨」段注。○丨亦謂之鏄。〔釋樂〕「大鐘謂之丨」鄭注。

**鏞** 丨，同鏞。〔廣韻・鍾部〕

**傭** 丨，賃也。〔說文〕「賃，庸也」義證引〔玉篇〕。○丨，丨賃。〔廣韻・鍾部〕○賣力受直曰丨。〔說文定聲・卷一〕○丨，謂役力受直也。〔慧琳音義・卷二三〕引〔玉篇〕。○丨，直也。〔卷四〕引〔韻英〕。○丨，均也，直也。〔說文〕「丨，均直也」義證引〔玉篇〕。又〔廣韻・鍾部〕。○丨，均。〔詩・節南山〕「昊天不丨」朱傳。○丨，均也。〔廣韻・鍾部〕。○丨，均直。〔慧琳音義・卷七九〕○丨，均直也，或从肉。〔集韻・鍾部〕。○丨，上下均也。〔慧琳音義・卷一四〕引〔考聲〕。○丨、庸同，均直也。〔國策・齊策六〕「為莒太史家庸夫」鮑注。○〔說文定聲・卷一〕丨，以庸為之。〔漢書・食貨志〕「教民相與庸輓犂」。○丨通作庸。〔說文〕「丨，均直也」義證。○丨與庸通。〔廣雅・釋詁一〕「丨，使也」疏證。○丨，〔韓詩〕引作庸。〔詩・節南山〕「昊天不丨」後箋。○丨與庸同。〔荀子・王制篇〕「立身則從丨俗」集解引郝懿行。○〔說文定聲・卷一〕丨，猶平也。〔詩・節南山〕「昊天不丨」。○丨與鴻聲義近。〔釋言〕「丨，均也」郝疏。○丨，大也。〔慧琳音義・卷四〕引〔考聲〕。○〔說文定聲・卷一〕丨，假借為中。〔釋言〕「丨，均也」。○⿰月庸同丨。〔廣韻・鍾部〕

**溶** 丨，水貌。〔廣韻・鍾部〕○丨，水盛也。〔楚辭・遠逝〕「鴻丨溢而滔蕩」補注。○今人謂水盛曰丨丨。〔說文〕「丨，水盛也」段注。○丨，一曰安流也。〔集韻・鍾部〕○丨，閒漫之貌。〔韓子・揚權〕「丨若甚醉」集解引舊注。○此丨字當為搈。(同上)「動之丨之」集解引俞樾。○丨、搈通。〔廣雅・釋詁一〕「搈，動也」疏證。○丨、容通。(同上)○丨當為容。〔韓子・揚權〕「丨若甚醉」集解引俞樾。○丨字當為容。(同上)平議。

**鎔** 丨，丨鑄。〔廣韻・鍾部〕○丨，鑄金法也。〔慧琳音義・卷八〕引〔考聲〕。○〔說文定聲・卷一〕金曰丨。〔說文〕「丨，冶器法也」。○(同上)丨，矛屬。〔廣雅・釋器〕「丨，鈹也」。○(同上)丨，以頌為訓。〔漢書・食貨志〕注「丨，形容也」。○丨義亦與容同。〔廣雅・釋詁一〕「容，法也」疏證。

**醲** 凡厚皆得為丨也。〔說文〕「丨，厚酒也」段注。○丨，厚酒。〔廣韻・鍾部〕○丨，厚酒也。〔集韻・江部〕○丨通作農。〔說文〕「丨，厚酒也」義證。

**蛬** 丨，蟋蟀。〔廣韻・鍾部〕○丨與蛩聲相近。〔方言一一〕注「江東呼為蛩」箋疏。○蛬與丨同。〔方言一一〕「蜻蛚，楚謂之蟋蟀，或謂之丨」箋疏。

**邛** 丨，勞也。〔廣韻・鍾部〕○劬、丨，一聲之轉。〔釋詁〕「丨，勞也」郝疏。○丨，病。〔詩・巧言〕「維王之丨」朱傳。○丨，病也。〔詩・小旻〕「亦孔之丨」朱傳。○丨，病也。〔廣韻・鍾部〕○丨，一曰病也。〔集韻・鍾部〕○〔說文定聲・卷一〕丨，假借為⿸疒共。〔廣雅・釋詁一〕「丨，病也」。○丨，謂丨丨駏虛也。〔楚辭・疾世〕「從丨遨兮棲遲」補注。○〔說文定聲・卷一〕丨，假借為蛩。〔釋地〕「與丨丨駏虛比」。○(同上)丨，字亦作鵼。〔穆天子傳〕「丨丨距虛走百里」注「亦馬屬」。○丨，言其不恭其職事而病其主也。〔詩・巧言〕「維王之丨」後箋。○丨，丘。〔詩・防有鵲巢〕「丨有旨苕」朱傳。○丨，與部古字通。(同上)○〔說文定聲・卷一〕丨，字亦作筇。〔蜀都賦〕「丨竹緣嶺」注。○丨，音筇。〔詩・小旻〕「亦孔之丨」朱傳。又〔巧言〕「維王之丨」朱傳。又〔防有鵲巢〕「丨有旨苕」朱傳。

**共** 敬長事上曰丨。〔左傳隱公元年〕「及丨叔段」洪詁。○丨，古恭字。〔詩・小明〕「念彼丨人」陳疏。○丨，同恭。〔書・堯典〕「允恭克讓」孫疏。○丨、恭同。〔史記・匈奴列傳〕「入殺代郡太守恭」志疑。○丨與恭同。〔詩・召旻〕「昏椓靡丨」朱傳。○丨、恭古通用。〔詩・六月〕「丨武之服」通釋。又〔小明〕「念彼丨人」通釋。○恭、丨字通用。〔左傳莊公二四年〕「德之丨也」疏證引經義。○〔說文定聲・卷一〕丨，假借為恭。〔詩・巧言〕「匪其止丨」。○丨，讀為恭，恪也。〔墨子・明鬼下〕「若能丨允」閒詁引江聲。○丨，讀為恭。〔墨子・公孟〕「君子丨己以待」閒詁引蘇時學。○丨讀曰恭。〔通鑑・周紀二〕「魯丨公薨」音注。○恭作丨。〔史記〕「索隱本異文」雜志。○丨，三家作恭。〔詩・小明〕「靖丨爾位」集疏。○丨，齊作恭。〔詩・小明〕「念彼丨人」集疏。○〔檀弓〕〔史記〕〔漢書〕丨並作恭。〔左傳僖公一〇年〕「晉侯改葬丨太子」洪詁。○〔釋文〕丨作恭。〔左傳昭公一六年〕「無有不丨恪」洪詁。○丨音恭。〔詩・六月〕「丨武之服」朱傳。又〔巧言〕「匪其止丨」朱傳。又〔小明〕「念彼丨人」朱傳。又〔皇矣〕「侵阮徂丨」朱傳。又〔說文・上說文書〕「丨承高辛」段注。○丨，奉也。〔書・無逸〕「惟正之丨」述聞。○丨，訓供奉。〔墨子・明鬼下〕「若不丨命」閒詁引段玉裁。○丨，給也。〔禮記・祭法〕「以明民丨財」集解。○丨、供古今字。〔說文〕「具，丨置也」段注。○丨、供同。〔國策・齊策五〕「夷傷者空財而丨藥」鮑注。○丨，同供。〔墨子・非攻下〕「幣帛不足則丨之」閒詁引畢沅。○丨與供同。〔漢書・大月氏國傳〕「丨稟漢使者」補注引王鳴盛。○丨與供同。〔詩・六月〕「丨武之服」朱傳。又〔召旻〕「昏椓靡丨」朱傳。○丨、供古字通。〔左傳僖公四年〕「王祭不丨」洪詁。○古字丨與供通。〔左傳昭公一二年〕「以丨禦王事」平議。○丨乃供之假字。〔列子・說符〕「臣有所與丨擔纆薪菜者」平議。○丨即供之假借字。〔說文〕「供，設也」段注。○〔說文定聲・卷一〕丨，假借為供。〔釋詁〕「丨，具也」。○丨讀與供同，謂供給勞役也。〔漢書・食貨志〕「天下丨其勞」補注。○丨，諸本作供。〔左傳昭公一二年〕「丨養三德為善」洪詁。○〔周禮〕〔尚書〕供給、供奉字皆借丨字為之。〔說文〕「丨，同也」段注。○丨，法也，讀為拱。〔廣雅・釋詁一〕「丨，法也」疏證。○丨，讀為拱。〔詩・長發〕「受小丨大丨」述聞。○丨、拱古通用。〔書・盤庚〕「唯喜康丨」平議。

○丨者，拱之假借，訓法。〔詩・長發〕「受小丨大丨」通釋。○丨，讀為拱。〔墨子・公孟〕「君子丨己以待」閒詁。○丨，魯作拱。〔詩・長發〕「受小丨大丨」集疏。○丨，魯作拱。（同上）○丨、珙通，合珙之玉也。〔詩・長發〕「受小丨大丨」朱傳引蘇氏說。○丨，執也。〔詩・抑〕「克丨明刑」朱傳。又〔詩・長發〕「受小丨大丨」朱傳引鄭氏說。○〔說文定聲・卷一〕丨，假借為廾。〔詩・長發〕「受小丨大丨」箋「執也」。○丨，向也。〔論語・為政〕「居其所而衆星丨之」朱注。○相丨猶相及也。〔周官・族師〕「刑罰慶賞相及相丨」平議。○丨，官本作攻，治也。〔漢書・叔孫通傳〕「呂后與陛下丨苦食啖」補注。○〔說文定聲・卷一〕丨，假借為容。〔詩・長發〕「受小丨大丨」傳「法也」。○丨，當為宮。〔書・皋陶謨下〕「方施象刑」孫疏。○〔說文定聲・卷一〕丨，假借為宮。〔論語〕「而衆星丨之」。○（同上）丨，假借為龔。〔周禮・羊人〕「丨其羊牲」。○（同上）丨，或曰借為工，亦通。〔詩・長發〕「受小丨大丨」。○丨，當讀為洪。〔左傳莊公二四年〕「德之丨也」疏證引俞樾。○丨字當讀為洪。〔左傳莊公二四年〕「儉，德之丨也」平議。○〔御覽〕三百四十二引丨池作洪池。〔左傳桓公一〇年〕「出奔丨池」疏證。○丨頭即丨首。〔荀子・儒效〕「至丨頭而山隧」集解引盧文弨。○丨人，後儒多指在朝僚友言之。〔詩・小明〕「念彼丨人」後箋。○丨和是丨伯和。〔史記・三代世表〕「丨和二伯行政」志疑。○丨伯和，丨，國。伯，爵。和，其名。〔史記・周本紀〕「召公周公二相行政，號曰丨和」志疑。○公明、丨孟音相近，其實一人也。〔史記・趙世家〕「夙生丨孟」志疑。

**憧** 丨讀曰僮，無知也。〔大戴・主言〕「女丨」王詁。○丨愚，無定識之民。〔大戴・千乘〕「以欺惑丨愚」王詁。○戇丨，兇頑貌。〔廣韻・絳部〕○丨丨，言懷思慮而不定也。〔易・咸〕「丨丨往來」李疏。○丨，行意往來不定貌。〔說文〕「丨，意不定也」義證引〔玉篇〕。○丨丨，往來貌。〔廣韻・鍾部〕○丨丨，往來不絕貌。〔集韻・鍾部〕○丨與衝聲近義同。〔方言一二〕「衝，動也」箋疏。○丨丨、衝衝，字異而義同。〔廣雅・釋訓〕「丨丨，來也」疏證。○丨丨，一作⿰忄重⿰忄重。〔通雅・卷九〕○丨丨、⿰忄重⿰忄重字異而義同。〔廣雅・釋訓〕「丨丨，來也」疏證。

**鄘** 丨，國名。〔廣韻・鍾部〕○丨，一曰紂之畿內地名。〔集韻・鍾部〕○〔說文定聲・卷一〕丨，在今河南衛輝府新鄉縣。〔詩〕鄭譜「自紂城而北謂之邶，南謂之丨」。○（同上）丨，〔漢書・地理志〕作庸者假借字。〔左傳襄公二九年〕「為之歌邶丨衛」。○今字庸行而丨廢。〔說文〕「丨，南夷國」段注。

**顒** 丨，大貌。〔詩・六月〕「其大有丨」朱傳。○丨，引伸之凡大皆有是稱。〔說文〕「丨，大頭也」段注。○丨丨，尊嚴也。〔詩・卷阿〕「丨丨卬卬」朱傳。○丨丨卬卬，君之德也。（同上）集疏引魯說。○丨丨，溫貌。〔集韻・鍾部〕○丨，仰也。〔通鑑・唐紀七五〕「丨望降臨」音注。○丨丨，仰望也。〔通鑑・梁紀九〕「今四方丨丨」音注。○丨或作⿰馬禺。〔集韻・鍾部〕○丨，仰也。〔廣韻・鍾部〕

**⿰馬禺** 丨，同顒。〔廣韻・鍾部〕

**喁** 丨，魚口出水上也。〔說文〕「丨，魚口上見」繫傳。○丨，衆口也。〔說文〕「丨，魚口上見」義證引〔玉篇〕。○丨丨，以喻向風之狀爾。〔漢書・司馬相如傳〕「丨丨然」補注引瞿鴻禨。○丨，或借顒字。〔說文〕「丨，魚口上見」義證。○丨丨，或作顒顒。〔慧琳音義・卷八五〕○丨，意有所懼畏，恭謹戒慎之貌也。（同上）引〔集訓〕。

**邕** 丨，引伸之凡四面有水皆曰丨。〔說文〕「丨，邑四方有水自丨成池者是也」段注。○〔說文定聲・卷一〕丨，字亦作壅。〔廣雅・釋詁二〕「壅，障也」。○丨，俗作壅。〔說文〕「丨，四方有水自丨城池者」義證。○丨，假為壅。〔說文〕「𡿧，害也」段注。○丨，以雍為之。〔說文定聲・卷一〕○丨，通作雍。〔說文〕「丨，四方有水自丨城池者」義證。○丨，俗作雝。〔說文〕「墇，擁也」段注。○丨，又作廱。〔說文〕「丨，四方有水自丨城池者」義證。○丨，當作擁。〔說文〕「丨，邑四方有水自丨成池者是也」段注。

**壅** 丨，塞。〔廣韻・鍾部〕○丨，防也。〔國語・晉語一〕「胡可丨也」韋注。○丨乃廱之今字。〔說文〕「俑，有廱蔽也」句讀。○丨即擁之俗。〔墨子・備穴〕「入丨穴殺」閒詁。○雍、丨聲同而異字。〔漢書〕「揚」雜志。

**⿱雝土** 丨，塞也。或从雍，亦作⿱雍田。〔集韻・鍾部〕

**癰** 丨，丨癤。〔廣韻・鍾部〕○丨，微腫起也。〔太素・尺診〕「視人之目果微丨」楊注。○丨字或作癕。〔說文〕「丨，腫也」義證。○丨，當作癕。〔漢書・吳王傳〕「丨發背死」補注引宋祁。○不通為丨。〔莊子・大宗師〕「以死為決疣潰丨」集釋引司馬云。○〔說文定聲・卷一〕丨，假借為邕。〔論衡・別通〕「鼻不知香臭曰丨」。○丨讀為雍。〔孟子・萬章〕「主丨疽」平議。○〔說文定聲・卷一〕丨，假借為雝。〔孟子〕「孔子於衛主丨疽」。

**饔** 丨，熟食。〔廣韻・鍾部〕○丨，熟食也。〔詩・祈父〕「有母之尸丨」朱傳。○丨飧，孰食也。〔孟子・滕文公上〕「丨飧而治」朱注。○朝曰丨。（同上）朱注。又〔說文定聲・卷一八〕。（「飧」下）○飧丨，倒言之則曰丨飧。〔廣雅・釋器〕「孰食謂之餕丨」疏證。○牲殺曰丨。〔禮記・聘義〕「致雍餼」集解。○丨字省作雝。〔周禮・天官冢宰〕「內丨」孫正義。○丨字隸變作雍。（同上）○丨通作雍。〔說文〕「饔，孰食也」義證。○丨、雍古字通。〔墨子・七患〕「雍食」雜志。

**⿱雝食** 丨，熟食也。〔集韻・鍾部〕○丨，一曰割烹煎和之稱。或从雍。（同上）

**縱** 丨，豎為丨，橫為廣。〔慧琳音義・卷四〕引〔字書〕。○丨，丨橫也。〔廣韻・鍾部〕○丨即蹤，謂蹤跡也。〔漢書・張敞傳〕「丨迹皆入王宮」補注引周壽昌。○蹤蹟字，古作丨。〔漢書・蕭何傳〕「而發丨指示獸處者人也」補注引錢大昭。○丨當作蹤。〔漢書・趙廣漢傳〕「犯法者從迹喜過京兆界」補注。○｜，官本作蹤。〔漢書・伍被傳〕「淮南王謀反｜跡如此」補注。○｜，〔史記〕作蹤，｜、蹤通用。〔漢書・蕭何傳〕「而發｜指示獸處者人也」補注。○俗作蹤，假借作｜耳。〔荀子・非十二子〕「離｜而跂訾者也」集解引郝懿行。○｜與蹤同，本作蹤，謂車迹也。（同上）○〔説文定聲・卷一〕｜，假借為蹤。〔淮南・覽冥〕「｜矢躡風」。○官本注｜作蹤。〔漢書・司馬相如傳〕「隨風澹淡」補注。○｜與從同。〔通鑑・周紀二〕「學｜横之術」音注。○｜當為從。〔荀子・解蔽〕「｜其欲」集解。○從，亦借｜為之。〔説文〕「從，隨行也」段注。○｜，髻高大貌。〔集韻・東部〕○官本｜｜作從從。〔漢書・禮樂志〕「般｜｜」補注。○｜臾謂强擠之也。〔説文〕「臾，束縛捽抴為臾」義證。○｜臾、從容與慫慂同。〔廣雅・釋詁二〕「慫慂，勸也」疏證。○｜臾、從諛與慫慂同。（同上）

**龔**　｜與供同。〔説文〕「｜，給也」句讀。○｜與供音義同。〔説文〕「供，一曰供給」段注。○｜與供略同，經傳皆以共為之。〔説文定聲・卷一〕○｜與人部供音義同，今供行而｜廢矣。〔説文〕「｜，給也」段注。○｜行，謂奉行也，與供給義相近。〔説文〕「｜，給也」段注。○〔墨子・非命〕｜作用。〔書・商書序〕「｜喪厥師」孫疏。○〔説文定聲・卷一〕｜，假借為用。〔墨子・非命上〕「｜喪厥師」。○用為｜，聲相近。〔書・商書序〕「｜喪厥師」孫疏。又〔墨子・非命上〕「｜喪厥師」閒詁引孫星衍。○｜當作龍。〔漢書・王褒傳〕「梁國｜德」補注引錢大昭。○｜，恭借字。〔漢書・叙傳〕「｜行天罰」補注。○｜又借恭字。〔説文〕「｜，給也」義證。○〔説文定聲・卷二〕｜，假借為恭。〔漢書・王尊傳〕「象｜滔天」。○｜與恭通，即共也。〔史記・始皇本紀〕「生刺｜公」志疑。○｜，經典借共字。〔説文〕「｜，給也」義證。○｜龏即恭寅。〔通雅・卷八〕○〔説文定聲・卷一〕｜，假借為龏。〔漢書・王尊傳〕「象｜滔天」。

**樅**　｜，木名，松葉，柏身。〔廣韻・鍾部〕○｜，葉似柏者也。〔説文〕「｜，松葉柏身」義證引〔急就篇〕顔注。○｜，鳳尾松也。〔通雅・卷四三〕○｜，此良材也，今謂之松蘿。〔釋木〕「｜，松葉柏身」鄭注。○｜，亦省作從。〔説文〕「｜，松葉柏身」句讀。○〔元和姓纂〕｜作從，何氏〔姓苑〕云此｜字俗加木旁。〔漢書・項籍傳〕「｜公」補注引沈欽韓。○｜，木名，一曰簴上牙。〔集韻・鍾部〕○｜，業上懸鐘磬處，以綵色為崇牙，其狀｜｜然者也。〔詩・靈臺〕「虡業維｜」朱傳。

**賨**　｜與賩同。〔廣雅・釋詁二〕「賩，税也」疏證。○巴人謂賦為賩因名焉。〔説文〕「｜，南蠻賦也」義證引崔鴻〔蜀錄〕。○｜嵞，外税也。〔通雅・卷二七〕○盤瓠漢為武陵郡，歲大人輸布一疋，小口二丈，是為｜布。〔説文〕「｜，南蠻賦也」義證引〔通典〕。○夷人歲入賩錢口四十。謂之｜民。（同上）義證引譙周〔巴記〕。○｜者，總率其所有而已，不切責之也。（同上）繫傳。

**膿**　｜，癰疽潰也。〔説文〕「盥，腫血也」義證引〔玉篇〕。○｜，潰血也。〔慧琳音義・卷二二〕○｜，正作癑，癰疽精血也。〔卷六七〕引顧野王。○｜，同盥。〔廣韻・冬部〕

**淞**　｜，凍落貌。〔廣韻・鍾部〕○｜，凍洛也。〔集韻・鍾部〕

**忪**　｜，心動皃。〔廣韻・鍾部〕○｜，心動也。〔集韻・鍾部〕。○｜｜，正體作憧，心動也。〔慧琳音義・卷七九〕引〔考聲〕。○｜｜，驚悸不安也。（同上）

**惷**　｜與戇同，愚也。〔通鑑・晉紀三〇〕「素｜弱」音注。○｜亦戇也。〔廣雅・釋詁二〕「戇，愚也」疏證。○｜，騃昏也，或作憧。〔集韻・鍾部〕○｜｜，與憧憧同音。〔通雅・卷九〕

**衝**　｜，擊也。〔慧琳音義・卷八〕引〔考聲〕。○｜，觸也。〔續音義・卷八〕引〔韻英〕。○｜，亦動也。〔廣雅・釋詁一〕「｜，動也」疏證。○｜，引伸之義為突也。〔説文〕「｜，通道也」段注。○｜，當也。〔續音義・卷八〕引〔切韻〕。○｜，引伸之義為當也。〔説文〕「｜，通道也」段注。○｜，向也。〔續音義・卷八〕引〔切韻〕。○｜，引伸之義為向也。〔説文〕「｜，通道也」段注。○｜，又交道也。〔續音義・卷八〕引〔考聲〕。○｜，動道也。（同上）引〔考聲〕。○｜謂南北東西各有道相衝。〔説文〕「｜，通道也」繫傳。○｜即衝。〔方言一二〕「｜，動也」疏證。○｜，今作衝。〔説文〕「｜，通道也」段注。○｜與衝同。〔方言一二〕「｜，動也」箋疏。○｜，或作衝，同。〔廣雅・釋詁三〕「｜，當也」疏證。○｜，字亦作衝。〔廣雅・釋天〕「月｜」疏證。○〔説文定聲・卷一〕｜，字亦作衝。〔左傳昭公元年〕「及衝以戈擊之」。○｜，書史借衝字。〔説文〕「｜，通道也」義證。○〔説文定聲・卷一〕｜，假借為沖。〔方言一二〕「衝，動也」。○（同上）｜，假借為幢。〔詩・皇矣〕「與爾臨衝」。

**葑**　｜與芥蘆菔同類小異，｜味較甘。〔説文定聲・卷二〕○（同上）｜，字亦作菘，須從之合音為菘。〔説文〕「｜，須從也」。

**匈**　｜，俗作胸、胷。〔左傳僖公二八年〕「魏犨傷於｜」洪詁引〔復古編〕。○｜，沸撓聲。〔説文〕「｜，膺也」義證引〔玉篇〕。○｜｜，沸撓之聲也。〔慧琳音義・卷五二〕○｜｜，哅哅字異而義同。〔廣雅・釋詁二〕「詾，鳴也」疏證。○兇兇、｜｜字異而義同。（同上）○凶凶、｜｜字異而義同。（同上）○｜河乃水名。〔史記・匈奴列傳〕「至｜奴河水而還」志疑。

**兇**　｜，惡也。〔廣韻・鍾部〕○｜，麁人也。〔慧琳音義・卷一〕引〔韻詮〕。○｜，象亂而懼也。〔説文〕「｜，擾恐也」繫傳。○匈、｜亦同義。〔左傳僖公二八年〕「曹人｜懼」疏證。○凶凶、｜｜字異而義同。〔廣雅・釋詁二〕「詾，鳴也」疏證。○｜｜、匈匈字異而義同。（同上）○｜｜、哅哅字異而義同。（同上）

**洶** ｜，水勢也。〔廣韻·鍾部〕○｜，水勢，或作汹。〔集韻·鍾部〕○｜涌，謂水之上滕。〔漢書·司馬相如傳〕「｜涌彭湃」補注。○｜，謂水波滕之貌也。〔慧琳音義·卷九九〕引顧野王。○｜涌，水聲。〔楚辭·逢紛〕「波逢｜涌」補注。○｜｜，水勢。〔逢紛〕「飄風來之｜｜」補注。○｜｜，讙聲也。（同上）補注。○｜｜，義與詾同。〔廣雅·釋詁二〕「詾，鳴也」疏證。

**訩** ｜，衆語。〔廣韻·鍾部〕○｜｜，衆語喧嘵之貌。〔通鑑·漢紀五二〕「天下｜｜」音注。○｜與詾義同。〔釋詁〕「｜，盈也」郝疏。○｜，亂。〔詩·節南山〕「降此鞠｜」朱傳。○｜與凶同。〔詩·泮水〕「不告于｜」後箋陳奂補。○｜，通作凶。〔釋言〕「｜，訟也」郝疏。○〔說文定聲·卷一〕｜，假借為凶。〔詩·節南山〕「降此鞠｜」。○｜，當讀如凶，謂凶咎也。〔詩·節南山〕「降此鞠｜」通釋。○｜，字亦作哅。〔說文定聲·卷一〕。○｜，猶匈匈也。〔詩·泮水〕「不告于｜」平議。○詾、｜字異而義同。〔廣雅·釋詁二〕「詾，鳴也」疏證。○｜，又通作兇。〔釋言〕「｜，訟也」郝疏。○〔說文定聲·卷二〕｜，假借為洶。〔釋詁〕「｜，盈也」。

**詾** ｜，一曰衆言。〔集韻·鍾部〕○｜或作訩。（同上）○｜或作說。（同上）○｜、說字異而義同。〔廣雅·釋詁二〕「詾，鳴也」疏證。○｜，一曰盈也。〔集韻·鍾部〕

**禺** ｜｜，魚，皮有毛，黃地黑文。〔文選·上林賦〕「｜｜魼鰨」集釋引郭注。○｜｜，即鰅鰅之魚。鰅鰅乃假借字。〔漢書·司馬相如傳〕「｜｜魼鰨」補注。○〔說文定聲·卷八〕｜，假借為耦。〔管子·海王〕「｜筴之商曰二百萬」。○｜，叚借為隅、為寓。〔說文定聲·卷八〕

**雝** ｜，和。〔詩·清廟〕「肅｜顯相」朱傳。○｜，和也。〔詩·何彼穠矣〕「曷不肅｜」朱傳。○｜｜，和也。〔詩·雝〕「有來｜｜」朱傳。○｜｜，聲之和也。〔詩·匏有苦葉〕「｜｜鳴雁」朱傳。○｜，澤也。〔詩·振鷺〕「于彼西｜」朱傳。○｜猶蔽也。〔詩·無將大車〕「維塵｜兮」朱傳。○｜｜，〔齊〕作雍雍。〔詩·匏有苦葉〕「｜｜鳴雁」集疏。○｜，韓、魯作雍。〔詩·振鷺〕「于彼西｜」集疏。○｜、壅古今字。〔說文〕「巛，害也」段注。○｜，俗作壅。〔說文〕「秄，｜禾本」段注。○｜，字亦作噰。〔說文定聲·卷一〕○｜｜，〔魯〕作噰噰。〔詩·匏有苦葉〕「｜｜鳴雁」集疏。○｜，魯、齊作噰。〔詩·卷阿〕「｜｜喈喈」集疏。○廱與｜通。〔詩·匏有苦葉〕「｜｜鳴雁」陳疏。○〔說文定聲·卷一〕｜，假借為廱。〔東都賦〕「盛三｜之上儀」。○｜，魯作廱。〔詩·振鷺〕「于彼西｜」集疏。○｜，字亦作嗈。〔說文定聲·卷一〕○｜者，邕之假借。〔釋地〕「河西曰｜州」郝疏。○｜，邕字之假借也。〔說文〕「邕，邑四方有水自邕成池者是也」段注。○〔說文定聲·卷一〕｜，假借為邕。〔詩·振鷺〕「于彼西｜」。○｜，當為邕。〔說文〕「巛，害也」義證。○〔說文定聲·卷一〕｜，假借為饔。〔周語〕「佐｜者嘗焉」。○（同上）｜，假借為擁。〔秦策〕「雍天下之國」。○（同上）｜，假借為灉。〔水經·瓠子河〕注「｜者，河｜水也」。○（同上）｜，假借為饔。〔易·井〕「｜敝漏」。○｜者，今之壅字也。〔說文〕「栫，以柴木｜也」段注。

**⿰邕鳥** ｜同雝。〔廣韻·鍾部〕

**噰** ｜，鳥聲。〔廣韻·鍾部〕○關關｜｜者，鳥聲之和也。〔釋詁〕「關關、｜｜，音聲和也」郝疏。○｜｜喈喈，民協服也。〔詩·卷阿〕「｜｜喈喈」集疏引魯說。

**嗈** ｜，同噰。〔廣韻·鍾部〕

**廱** ｜，和也。〔禮記·王制〕「天子曰辟｜」集解。○｜，澤也。〔詩·靈臺〕「於樂辟｜」朱傳。○辟｜，天子教宮。〔廣韻·鍾部〕○｜，亦作雝。〔釋訓〕「｜｜，和也」鄭注。○｜省作雝。〔釋訓〕「｜｜，和也」郝疏。○｜與雝通。〔詩·靈臺〕「於樂辟｜」陳疏。○｜，通作雝。〔說文〕「兆，｜蔽也」義證。○〔說文定聲·卷一〕｜，假借為雝。〔禮記·王制〕注「｜，和也」。○｜｜，雝雝也。〔通雅·卷九〕○｜亦作雍。〔釋訓〕「｜｜，和也」鄭注。○｜或作雍。〔釋訓〕「｜｜，和也」郝疏。○｜又別作噰。（同上）○｜與嗈同。〔楚辭·九辯〕「雁｜｜而南遊兮」補注。○｜亦作邕。〔釋訓〕「｜｜，和也」鄭注。○｜又省作邕。〔釋訓〕「｜｜，和也」郝疏。○｜者，邕之借字。〔說文〕「澭，所以｜水也」句讀。○〔說文定聲·卷一〕｜，假借為邕。〔白虎通〕「｜者，擁之以水」。○（同上）｜，假借為擁，即芡，其包似雞胸。〔莊子·徐無鬼〕「雞｜也」。○（同上）｜，假借為饔。〔漢書·百官表〕「有｜太宰」。○｜，今之壅字。〔說文〕「㑯，有｜蔽也」段注。○｜，俗作壅。〔說文〕「兆，｜蔽也」句讀。○｜又作⿱雝土。（同上）義證○｜，又通作⿰扌雝。（同上）○⿱雝土當為｜。〔說文〕「丏，不見也，象壅蔽之形」義證。

**⿱雝土** ｜，一曰玉器，或从雍。〔集韻·鍾部〕○｜，石次玉。（同上）

**⿱雝玉** ｜，玉器。〔廣韻·鍾部〕

**丰** ｜，豐滿也。〔詩·丰〕「子之｜兮」朱傳。○｜，引伸為凡豐盛之稱。〔說文〕「｜，艸盛｜｜也」段注。○｜茸，草盛貌。〔集韻·東部〕○｜茸、妦娧語之轉耳。〔廣雅·釋詁一〕「妦，好也」疏證。○妦容、｜茸語之轉耳。（同上）○｜與妦通。（同上）○｜，草亂也。〔說文〕「｜，草蔡也」義證引〔五音集韻〕。○〔說文定聲·卷一〕｜，假借為封。〔廣雅·釋室〕「｜，階也」。○｜與菶略同。〔說文定聲·卷一〕

**⿰丰丰** ｜，丰之籀文。〔說文定聲·卷一〕據〔古今韻會〕。

**⿻屮二** ｜，同丰。〔廣韻·鍾部〕

**鱅** ｜，即鱮。〔文選·南都賦〕「鱏鱣鰅｜」集釋。○｜魚，嶺南人作鮑魚。〔漢書·司馬相如傳〕「鰅鰫鰬魠」補注引陳藏器〔本草〕。○｜，嶺南人作鮑魚。〔說文〕「丨，魚也」句讀。○鰫，〔史記〕作丨。〔本草拾遺〕以為即丨魚。〔漢書・司馬相如傳〕「鰅鰫鰬魠」補注引沈欽韓。○丨，魚名，似牛，音如豕。〔廣韻・鍾部〕○丨，魚名，如鯈，牛音。〔集韻・鍾部〕○〔說文定聲・卷一〕丨，〔漢書〕以鰫為之。〔史記・司馬相如傳〕「鰅丨鰬魠」。

**鏦** 丨，短矛也。〔通鑑・漢紀九〕「即丨殺王」音注。又〔廣韻・鍾部〕。○丨，一曰稍小者，或从彖。〔集韻・鍾部〕○丨，亦作䆝。（同上）○〔說文定聲・卷一〕丨，字亦作穜。〔倉頡篇〕「穜，短矛也」。○丨之言摐也。〔廣雅・釋器〕「丨，矛也」疏證。○摐，字亦作丨。〔廣雅・釋言〕「摐，撞也」疏證。○〔說文定聲・卷一〕丨，假借為撞。〔史記・吳王濞傳〕「即使人丨殺吳王」。

**錄** 丨與鏦當是各字而同義。〔說文〕「丨，鏦或从彖」段注。

**銎** 丨，斤斧受柄處也。〔廣韻・鍾部〕○丨者，受柄之鑿。〔說文定聲・卷一八〕（「斨」下）○謂斤斧之孔所以受柄者，字亦作銃。〔說文定聲・卷一〕○凡鐵之空中而受柄者，皆謂之丨矣。〔廣雅・釋器〕「銃謂之丨」疏證。○丨者，斤斧空也。〔說文〕「斨，方丨，斧也」段注。○丨之為言空也。〔廣雅・釋器〕「鍋，釭也」疏證。○丨，穿者，通也。〔說文〕「丨，斤斧穿也」段注。○丨，一曰斤斧穿，或从凶。〔集韻・鍾部〕○丨，愯也。〔廣韻・鍾部〕

**慒** 丨，謀也。〔廣韻・冬部〕

**霳** 丨，露多。〔廣韻・冬部〕

**蚣** 丨，蜈丨，蟲。〔廣韻・東部〕○丨，俗以為蜈丨蟲名。〔說文〕「蚣，蚣蝑以股鳴者」繫傳。○丨，蟲螽，蟲。〔廣韻・鍾部〕○丨蝑，諸書皆作阜螽。〔說文〕「蠜，阜蠜也」義證。

**𢹌** 丨，圭為龍文。〔廣韻・鍾部〕

**幢** 丨，陷陣車。〔廣韻・鍾部〕○丨，衝城戰車。〔廣韻・絳部〕○丨，古作衝。〔說文〕「丨，陷陣車也」句讀。○〔說文定聲・卷一〕丨，以衝為之。〔淮南・氾論〕「隆衝以攻」。○丨，通作衝。〔說文〕「丨，陷陣車也」義證。

**搼** 丨，撞也。〔廣韻・鍾部〕

**剼** 丨，刺也。〔廣韻・鍾部〕○剼、丨通。〔廣雅・釋詁一〕「剼，刺也」疏證。○丨、衝通。（同上）

**衝** 丨，亦撞也。〔廣雅・釋詁一〕「丨，刺也」疏證。○丨、剼通。（同上）○丨、衝通。（同上）○丨同剼。〔廣韻・鍾部〕

**穜** 丨，短矛也。〔廣韻・鍾部〕

**㹅** 丨，野牛。〔廣韻・鍾部〕○丨，野牛也，領有隆肉者也。〔慧琳音義・卷九六〕引〔考聲〕。○丨，牛名，領上肉犦肤起如槖駝。或从夆。〔集韻・鍾部〕○丨即〔長楊賦〕之槖駝。〔說文〕「槖，囊也」義證。

**跫** 丨，蹋地聲。〔廣韻・江部〕○丨，行聲。〔集韻・鍾部〕

**灉** 河水決出還入為丨。〔廣韻・用部〕○〔說文定聲・卷一〕丨，以涌為訓。〔釋名〕「水從河出曰丨沛」。○（同上）丨，以雍為之。〔左傳僖公二八年〕「至于衡雍」。○（同上）瓠子河故瀆古名丨。〔水經〕「瓠子河」注。

**襛** 丨，衣厚貌。〔廣韻・鍾部〕○丨，引伸為凡多厚之稱。〔說文〕「丨，衣厚貌」段注。○丨，華貌。〔廣韻・鍾部〕○〔說文定聲・卷一〕丨，字亦作繷。〔後漢・崔駰傳〕注「繷，盛多也」。○（同上）丨，又作䵜。〔方言一〇〕「䵜，多也」。○丨，韓作茙。〔詩・何彼襛矣〕集疏。○丨，假借為茸。〔說文定聲・卷一〕

**䵜** 丨即襛字。〔說文定聲・卷一〕○丨，䵝丨。〔廣韻・鍾部〕○丨之言濃，盛多之意也。〔廣雅・釋詁三〕「丨，多也」疏證。○凡人語言過度及妄施行，亦謂之丨。（同上）

**穠** 丨，盛也。〔詩・何彼穠矣〕「何彼丨矣」朱傳。○丨，花木厚也。〔廣韻・鍾部〕○丨，華多貌。〔集韻・鍾部〕○丨，花盛貌也。〔慧琳音義・卷九九〕引〔考聲〕。○丨，猶曰戎戎也。〔詩・何彼穠矣〕「何彼丨矣」朱傳。

**鼕** 丨丨，鼓聲也。〔通雅・卷一〇〕○丨，鼓聲。〔廣韻・冬部〕

**鼜** 丨，鼓聲，俗作鼕。〔廣韻・東部〕○〔說文定聲・卷二〕丨，字亦作鼕。〔說文〕「丨，鼓聲也」。

**鼟** 丨，鼓音，或作鼜。〔集韻・東部〕

**蝩** 丨，蠶晚生者。〔廣韻・鍾部〕○丨，蓋螽之或體。〔釋蟲〕「蝗螽，蠜」郝疏。○丨，蝗也，或从童。〔集韻・鍾部〕○丨，夏蠶。（同上）

**橦** 丨，木上。〔廣韻・鍾部〕○丨、鋒義同。〔廣雅・釋詁二〕「丨，末也」疏證。○丨、峯義同。（同上）。

**篷** 丨，丨籠。〔廣韻・鍾部〕○丨籠，疊韻連語，猶穹隆也。〔說文定聲・卷二〕○丨，車弓。〔集韻・鍾部〕

**彤** 丨，赤也。〔廣韻・冬部〕○丨，赤色。〔詩・静女〕「丨管有煒」陳疏。○丨者，赤漆耳。〔静女〕「貽我丨管」集疏引齊說。○或曰丨丹飾也。〔說文定聲・卷一七〕（「彭」下）○丨弓，朱弓也。〔詩・彤弓〕「丨弓弨兮」朱傳。○丨管，樂管。〔詩・静女〕「貽我丨管」後箋引王安石。○丨管，笙簫之屬。

〔同上〕後箋引徐安道。○丨裳即纁裳。〔書・顧命下〕「麻冕丨裳」孫疏。○丨騊，即〔南史〕之絳騊，不自唐始也。〔通雅・卷一九〕○丨者，融之假音也。〔釋天〕「商曰丨」郝疏。○〔説文定聲・卷一〕丨即古文丹字。〔小爾雅・廣詁〕「丨，赤也」。

痋　丨，動病。〔廣韻・冬部〕○丨，病也。〔集韻・東部〕○丨即疼字。〔説文〕「丨，動病也」段注。

疼　丨，痛也。〔廣韻・冬部〕○今義丨訓痛。〔説文〕「痋，動病也」段注。○痋即丨字。〔同上〕○丨與痋同。〔廣雅・釋詁二〕「丨，痛也」疏證。

瞛　丨，目光。〔集韻・鍾部〕

蚰　〔説文定聲・卷一〕丨，讀如融。〔西山經〕「松果之山有鳥曰丨渠」。〔「鷛」下〕○丨，鳥名。〔集韻・冬部〕

殸　丨謂器外無隙內空，擊之其聲殸然。〔説文〕「丨，擊空聲也」繫傳。

鼕　丨，擊也，或从殳。〔集韻・東部〕○丨，擊空聲。〔廣韻・冬部〕

鼞　丨義與殸同。〔廣雅・釋詁四〕「殸，聲也」疏證。○丨，鼓聲。〔集韻・東部〕

忡　丨丨，憂也，出楚詞。〔廣韻・冬部〕○丨丨，憂也。〔詩・草蟲〕「憂心丨丨」集疏引魯説。○忡忡與丨丨同義。〔廣雅・釋訓〕「丨丨，憂也」疏證。○衝衝與丨丨同義。〔同上〕

矪　丨，刺矛。〔廣韻・冬部〕

鉵　丨，大鉏。〔廣韻・冬部〕○丨，鉏大貌。〔説文〕「丨，相屬」義證引〔玉篇〕。○〔説文定聲・卷一〕丨，大犂也。〔廣雅・釋器〕「鉻鏞謂之鑴」。○丨與鑴同。〔廣雅・釋器〕「鉻鏞謂之鑴」疏證。

鼨　丨，龜名。〔廣韻・冬部〕○丨，龜名。〔集韻・東部〕

赨　丨，赤蟲。〔廣韻・冬部〕又〔集韻・東部〕。○丨，義與彤同。〔廣雅・釋器〕「彤，赤也」疏證。○經典中彤字半為丨之借。〔説文〕「丨，赤色也」句讀。○丨，或作絧。〔説文〕「丨，赤色也」義證。

爞　丨，赨之別體。〔説文〕「赨，赤色也」義證。又〔同上〕句讀。○丨、蟲聲近義同。〔廣雅・釋詁二〕「烔，爇也」疏證。○烔、丨聲近義同。〔同上〕○丨，旱熱。〔廣韻・冬部〕

烔　丨，赨之別體。〔説文〕「赨，赤色也」義證。又〔同上〕句讀。○丨、爞聲近義同。〔廣雅・釋詁二〕「丨，爇也」疏證。○丨，熱氣丨丨。〔廣韻・東部〕

出〔字林〕。○丨，熱貌也。〔慧琳音義・卷九〕○丨，亦旱貌也。〔同上〕

鏱　丨，籠丨，竹名。〔廣志〕云可為笛。〔廣韻・鍾部〕○丨籠，竹名，可作笛。〔集韻・鍾部〕

㣝　丨，惶也。〔廣韻・冬部〕又〔集韻・冬部〕。

瓮　○丨，瓶也。〔廣雅・釋器〕疏證。○丨，罌屬。〔廣韻・冬部〕

噥　丨，多言不中。〔廣韻・冬部〕○丨，多言不中謂之丨。〔集韻・冬部〕○丨者，味之厚也。〔呂覽・本味〕「甘而不丨」平議。

伀　丨，志及衆也。〔廣韻・鍾部〕丨，此公侯正字，公侯伯子男皆於人起義，故從人。〔説文定聲・卷一〕○丨，與公同義。〔説文〕「丨，志及衆也」段注。○〔説文定聲・卷一〕丨，經傳皆以公為之。〔周書・謚法〕「立制及衆曰公」。○丨通作公。〔説文〕「丨，志及衆也」義證。○丨或作妐。〔説文〕「丨，志及衆也」段注。○〔説文定聲・卷一〕丨，字亦作妐。〔禮記・昏義〕注「謂女妐女叔諸婦也」。○丨，引伸為夫兄曰兄丨之字。〔説文〕「丨，志及衆也」段注。○〔説文定聲・卷一〕丨，字亦作忪。〔潛夫論・救邊〕「乃復怔忪如前」。○〔同上〕丨，假借為恐。〔方言一〇〕「征丨，遑遽也」。○〔同上〕丨，假借為忷。〔方言一〇〕「征丨，遑遽也」。

笗　丨，長節竹也。〔廣韻・鍾部〕又〔説文〕「丨，長節謂之丨」義證引〔玉篇〕。

衳　丨，小褌也。〔廣韻・鍾部〕

妐　丨，夫之兄也。〔廣韻・鍾部〕又〔通雅・卷一九〕。○丨，亦夫之兄也。〔慧琳音義・卷五七〕引〔考聲〕。○新婦呼夫之兄姊曰丨。〔卷七九〕○俗或謂舅曰章又曰丨。〔呂覽・遇合〕「姑丨知之」校正引〔釋名〕。○丨、伀音同。〔釋親〕「兄公」郝疏。

鷱　丨，鳥名。〔廣韻・東部〕○丨，梟屬。〔集韻・鍾部〕

犝　丨，獸似牛，領有肉也。〔廣韻・鍾部〕○丨，即〔爾雅〕之犦牛也。〔説文〕「丨，猛獸也」段注。○丨，亦作犝。〔同上〕○丨，〔漢書〕作庸。〔同上〕

㺋　丨，同犝字。〔廣韻・鍾部〕

牅　丨，同犝字。〔廣韻・鍾部〕○丨，牛名，領有隆肉。〔集韻・鍾部〕○〔通雅・卷四六〕丨，封駝也，呼為犎牛。〔相如傳〕「丨牦」。

瓺　丨，罌也。〔廣韻・鍾部〕又〔説文〕「丨，器也」義證引〔五音集韻〕。○丨，一曰瓶也。〔集韻・鍾部〕

甋　丨，同瓺。〔廣韻・鍾部〕

**䶱**　一，巫也。〔廣韻·鍾部〕又〔集韻·鍾部〕。

**褈**　一，複也。〔廣韻·鍾部〕又〔說文〕「襌，衣不重」義證引〔玉篇〕。○一，一褣，衣也。〔廣韻·鍾部〕

**穜**　一褣，襘襬也。〔說文〕「襘，衣蔽前」義證引〔玉篇〕。○一褣，亦作童容。〔方言四〕「襘褕，江淮南楚謂之一褣」疏證。○一通作重。〔廣雅·釋詁三〕「一，厚也」疏證。

**鶅**　一鶏，似鶩，灰色而雞足。〔文選·吴都賦〕「一鶏」集釋引〔史記集解〕。○一鶏，一名章渠。（同上）引〔史記索引〕。○一鶏作一渠。〔史記索隱〕「異文」雜志。

**鱅**　一鶏，鳥名，似鴨，雞足。〔廣韻·鍾部〕○一，一曰庸渠，即今水雞，或从隹。〔集韻·鍾部〕○一渠似鳧，一名水雞。〔説文〕「一，鳥也」繫傳。○一通作庸。〔説文〕「一，鳥也」義證。

**搈**　一，動也。〔説文〕「一，動一也」繫傳。○一，不安。〔廣韻·鍾部〕○一之言踊也。〔廣雅·釋詁一〕「一，動也」疏證。○溶、一通。（同上）○一、容通。（同上）

**傛**　一，不安。〔集韻·鍾部〕○一，義與搈亦相近。〔廣雅·釋詁一〕「搈，動也」疏證。○一一，便習意。〔集韻·鍾部〕○一華，亦婦官。〔説文〕「一，一曰華」段注。○〔漢書〕婦官有一華。〔廣韻·鍾部〕○一華，縣也。（同上）○〔説文定聲·卷一〕一華，昭儀、倢伃之下，第三等，其秩視二千石。〔漢書·外戚傳〕「至武帝制倢伃、娙娥、一華、充依」。

**鯒**　一，亦謂之班魚。〔文選·南都賦〕「鱏鱣一鱅」集釋。○一，又謂之班魚。〔説文定聲·卷八〕

**緟**　一者，增益也。〔説文〕「多，一也」段注。○一，一曰厚也。〔集韻·鍾部〕○一，深于頳，即大赤之絳。〔説文定聲·卷一〕○一者，重之分別文。〔説文〕「一，增益也」句讀。○一，通作重。（同上）義證。○一，經傳假重為之。（同上）段注。○〔説文定聲·卷一〕一，凡重疊重複字，經傳皆以重為之。〔説文〕「一，增益也」。

**夆**　一，牾也。〔集韻·用部〕○一牾，通作逢啎。〔説文〕「一，牾也」義證。○凡聳而鋭上者曰一。〔説文定聲·卷一〕○一，掣也。〔廣韻·鍾部〕○一，掣曳使之也。〔説文〕「夅，使也」繫傳。○山之顛曰一，古無峯字。〔説文〕「鏠，兵耑也」段注。○一，字亦作峯。〔説文定聲·卷一〕○一，古亦借為峯字。〔説文〕「一，牾也」段注。○一，古亦借為鏠。（同上）○鏠，古亦作一。〔説文〕「鏠，兵耑也」段注。○〔説文定聲·卷一〕一，假借為夅。〔釋訓〕「甹一，掣曳也」。○（同上）一，謂木杪，字亦作棒。〔廣雅·釋詁〕「棒，末也」。○（同上）甹一，〔詩·小毖〕作荓蜂，亦同。〔釋訓〕「甹一，掣曳也」。

**捀**　一，又作摓。〔説文〕「一，奉也」義證。○一，灼龜視兆也。〔廣韻·用部〕

**夅**　一，使也。〔廣韻·鍾部〕○一猶夆也。〔説文〕「一，使也」繫傳。○一與逢聲相近，故字相通。〔史記·陳涉世家〕「伍徐」雜志。○〔説文定聲·卷一〕一，即許書之徬一。〔爾雅〕「甹夆，掣曳也」。

**鏦**　一之言從也。〔方言八〕「桂林之中謂之割雞或曰一」箋疏。

**韸**　一，鼓聲。〔廣韻·鍾部〕

**䂬**　一，一穳，矛也。〔廣韻·鍾部〕○一，矛屬，或从夆。〔集韻·鍾部〕

**妦**　一，好也。〔廣韻·鍾部〕○一即丰字也。〔説文〕「丰，草盛丰丰也」段注。○一同丰。〔方言一三〕注「謂一悦也」箋疏。○丰、一亦同。〔方言二〕「好，或謂之一」箋疏。○一娧，丰茸皆語之轉耳。〔廣雅·釋詁一〕「一，好也」疏證。○一悦，丰茸語之轉也。〔方言一三〕注「謂一悦也」箋疏。○一悦、丰容語之轉也。（同上）○一容、丰茸語之轉耳，義同。〔方言一〕「言一容也」箋疏。○一容、一娧語之轉耳，義同。（同上）○一娧、一容語之轉耳。〔廣雅·釋詁二〕「一，好也」疏證。

**毴**　一，毹毴也。〔廣韻·鍾部〕○一氈即氈毹也。〔廣雅·釋器〕「一氈，罽也」疏證。

**蹤**　一，車跡。〔廣韻·鍾部〕○一、蹤字異而義同。〔廣雅·釋詁三〕「一，迹也」疏證。○一、從字異而義同。（同上）

**䡮**　一，字又作蹤。〔説文定聲·卷一〕○一，俗變為蹤。〔説文〕「一，車迹也」段注。○一，字又作踪。〔説文定聲·卷一〕○一，再變為踪。〔説文〕「一，車迹也」段注。○一，兩輪之迹也。（同上）○行之無定者曰一。〔説文定聲·卷一〕○一，古字衹作從。〔説文〕「一，車迹也」段注。

**髶**　一，髮多亂貌。〔廣韻·鍾部〕○一，與茸義略同。〔説文〕「一，亂髮也」段注。○〔説文定聲·卷一〕一，字亦作鬞。〔埤蒼〕「鬞鬞，亂髮貌」。○（同上）一，字亦作鬆。〔易林·遯之震〕「驄驥黑鬆東歸高鄉」。

**梆**　一，桯柳。〔廣韻·鍾部〕○一，桯柳。〔説文〕「一，椶椐木」義證引〔玉篇〕。○一，似柳，皮可煮飯。（同上）繫傳。○〔説文定聲·卷一〕一，一名椶椐也。〔説文〕「一，椶椐木也」。○一者，栱之借字。〔説文定聲·卷四〕〔「欀」下〕

**䀧**　一，一晌也。〔廣韻·鍾部〕○一，或从恭。〔集韻·鍾部〕

縱 ｜，如今織邊，可緣飾衣物者，紱、絛、紃之類。〔說文定聲・卷一〕○｜，一曰車馬飾。〔集韻・鍾部〕○｜，或通作縱。〔說文〕「｜，絨屬」義證。

瘲 ｜瘲，小兒病也，蘇俗所謂驚風。〔說文定聲・卷一〕

鰫 ｜，魚名。〔集韻・腫部〕○〔說文定聲・卷一〕｜，假借為鱅。〔漢書・司馬相如傳〕「鰅｜鰬魠」。

龏 ｜，慤也。〔集韻・覺部〕○｜，與恭音義同。〔說文〕「｜，慤也」段注。○｜，與恭略同。〔說文定聲・卷一〕○｜，又借恭字。〔說文〕「｜，慤也」義證。○｜，又借龔字。〔同上〕○｜，經典借共字。〔同上〕

磫 ｜，一曰石路。〔集韻・鍾部〕○｜礭，礪石。〔廣韻・鍾部〕○｜礭，義與𣯶㲣相近也。〔廣雅・釋器〕「𣯶㲣，罽也」疏證。

䈶 ｜，竹，頭有文。〔廣韻・鍾部〕○｜，文竹也。〔集韻・鍾部〕○｜，竹名，頭有文。〔集韻・東部〕

搑 ｜，擣。〔廣韻・鍾部〕○｜，推擣也。一曰窒也。〔集韻・江部〕○｜，亦省作茸。〔說文〕「｜，推擣也」句讀。○茸為｜之假借字。〔文選・報任少卿書〕集釋引顏師古。

舼 ｜，｜船。〔廣韻・鍾部〕○｜，舟名。〔集韻・腫部〕○｜又作䑬，䑬同，小船也。〔方言九〕「凡船小而深者謂之䑬」箋疏。

倸 ｜倯，可憎之貌。〔廣韻・鍾部〕

鞴 ｜，牽乾也。〔廣韻・鍾部〕引〔通俗文〕。○｜，引船淺水中，或作䑬。〔集韻・鍾部〕

倯 ｜恭，怯貌。〔廣韻・鍾部〕○｜｜猶保庸，皆罵之意。〔方言七〕「｜，罵也」箋疏。○｜，一曰嬾也。或从彳。〔集韻・鍾部〕

蜙 螉｜，小蜂，生牛馬皮中也。〔廣韻・鍾部〕○｜蝑，蟲名。〔集韻・冬部〕○｜，蟲名，蠮螉也。〔集韻・鍾部〕

䤈 ｜，酒也。〔集韻・鍾部〕引〔說文〕。○｜，一曰酒重釀者。〔集韻・鍾部〕○｜，酘也。〔廣雅・釋器〕「｜，酘也」疏證。○｜之言佴也，仍也。〔同上〕○｜，字亦作䣵。〔同上〕○｜，或作䣵。〔說文〕「｜，酒也」義證。

䣵 ｜，字亦作䤈。〔說文定聲・卷一〕

從 ｜，步緩也。〔集韻・鍾部〕○｜｜，疾貌，或从人。〔廣韻・腫部〕○｜，或作㢔。〔集韻・鍾部〕

粱 ｜，稰也。〔廣韻・鍾部〕又〔集韻・鍾部〕。

庝 ｜，楚云深屋。〔廣韻・冬部〕

儂 ｜，我也。〔廣韻・冬部〕○｜，我也，吳語。〔集韻・冬部〕

嘞 ｜，歌也。〔廣韻・冬部〕○｜，歌聲。〔集韻・冬部〕。

吰 ｜，衆口也。〔廣韻・鍾部〕○｜，衆口貌。〔集韻・鍾部〕

坙 水石之島曰｜，或从石。〔集韻・鍾部〕

隆 ｜｜，即鼕鼕。〔通雅・卷一〕○

㜨 ｜，女貌。〔集韻・鍾部〕

孮 ｜，族盛。〔廣韻・冬部〕○｜，子孫隆盛曰｜。〔集韻・冬部〕

𢂕 ｜，戎，云幡也。〔廣韻・冬部〕○｜，幡也。〔集韻・冬部〕

悰 帛｜，布名。〔廣韻・冬部〕

幒 〔說文定聲・卷一〕｜，謂書衣。〔說文〕「｜，一曰帙也」。○｜，一曰帙，或作帪、裕、松。〔集韻・鍾部〕

𢅤 ｜，崇牙也。〔集韻・鍾部〕

庝 ｜，一曰舍響。〔集韻・冬部〕○深屋謂之｜。〔同上〕

廾 ｜，竦手也。〔廣韻・鍾部〕○｜，竦手也，或作𢍬。〔集韻・鍾部〕

𢒄 ｜，重影。〔廣韻・鍾部〕○｜，重影也。〔集韻・鍾部〕○｜，一曰形｜。〔廣韻・鍾部〕又〔集韻・鍾部〕。

㣍 ｜，小行，恐貌。〔廣韻・鍾部〕

恟 ｜，懼也。〔廣韻・鍾部〕

戭 ｜，兵器。〔集韻・鍾部〕○｜戣，兵器。〔廣韻・鍾部〕

拲 舉兩手取曰｜。〔集韻・鍾部〕

夅 ｜，服也。〔集韻・冬部〕

椹 ｜，木名，似檀。〔廣韻・鍾部〕又〔集韻・鍾部〕。

槦　|，槦|木，中箭笴。〔廣韻·鍾部〕〇一曰兵架謂之|。〔集韻·鍾部〕〇|，槦|，木名，材中箭笴。（同上）
檂　|，木名。〔廣韻·鍾部〕又〔集韻·鍾部〕。
於　|，旗杠。〔集韻·鍾部〕
瞛　|，光也。〔廣韻·鍾部〕
毴　|，鳥獸細毛也。〔集韻·鍾部〕
流　|淙，水聲。〔集韻·冬部〕
浵　|，水貌。〔廣韻·冬部〕〇|，水名。（同上）〇|，汪|，水深。一曰水名。〔集韻·冬部〕
炂　|，熱化也。〔廣韻·鍾部〕。〇|，喝仆也。〔集韻·鍾部〕
炵　|，火色。〔廣韻·冬部〕〇|，火威貌。（同上）〇|，火盛貌。〔集韻·冬部〕
熧　|，火行穴中。〔廣韻·鍾部〕〇|，火出穴中。〔集韻·鍾部〕
獶　|，犬多毛。〔集韻·鍾部〕〇|，多毛犬也。〔廣韻·冬部〕
埪　|，|佩。〔廣韻·鍾部〕〇|，佩也。〔集韻·鍾部〕
瑢　瑽|，佩玉行也。〔廣韻·鍾部〕〇瑽|，佩玉聲。〔集韻·鍾部〕〇瑽|，佩玉行貌。〔廣韻·鍾部〕
癕　|，大癕也。〔慧琳音義·卷六三〕引〔文字集略〕。〇|疽，潰血也。〔卷一〕引〔古今正字〕。〇不通為|。〔卷二〕引〔莊子〕司馬彪注。
䀱　|，目睽，或从丰。〔集韻·鍾部〕
穁　稊|，矛也。〔廣韻·鍾部〕〇|，矛屬。〔集韻·鍾部〕
䂬　|，水蟲石也。〔廣韻·鍾部〕
硿　|礐，石落。〔廣韻·冬部〕
礐　硿|，石聲。〔集韻·冬部〕
穁　|，禾梢。〔廣韻·鍾部〕〇|，一曰禾稍也。〔集韻·鍾部〕

檬　|子，乾絳也。〔通雅·卷四四〕
𥦬　|，空也。〔集韻·鍾部〕
笗　|，竹名。〔廣韻·冬部〕
笲　|，文竹也。〔集韻·鍾部〕
䈶　|，一曰文竹。〔集韻·鍾部〕〇|笲，又矢。〔廣韻·鍾部〕〇|笲，矢也。〔集韻·鍾部〕
鋊　|，竹名。〔集韻·鍾部〕
粱　|，精米。〔集韻·鍾部〕
緝　|，絲飾。〔集韻·鍾部〕〇|，毳飾也。〔慧琳音義·卷八二〕引〔字書〕。〇|，以綫飾也。（同上）引〔考聲〕。
肨　|，肉耑。〔集韻·鍾部〕
𦢊　|，肥病。〔廣韻·鍾部〕〇|，肥也。〔集韻·鍾部〕
臃　|，謂喉中肉也。〔慧琳音義·卷五八〕
𦨜　|，同舼。〔廣韻·鍾部〕
艂　小而深者曰|。〔通雅·卷三四〕
艟　|艨，戰船。〔廣韻·鍾部〕
𦪸　|，小船上安蓋者。〔廣韻·鍾部〕〇|，扁舟蓋謂之|。〔集韻·鍾部〕
𦬼　|，草名。〔廣韻·鍾部〕又〔集韻·鍾部〕。
苳　|，草名。〔廣韻·冬部〕
䒙　|，蓂莢實也。〔廣韻·鍾部〕〇|，蓂莢實。〔集韻·鍾部〕
菶　|，草芽始生。〔廣韻·鍾部〕又〔集韻·鍾部〕。
蓯　|蓉，藥名。〔集韻·鍾部〕

**蕹** 丨，萃也。〔集韻·鍾部〕

**毦** 丨，以毛為飾也。〔慧琳音義·卷七四〕引〔纂文〕。○丨之言蒙戎也。〔廣雅·釋器〕「丨，罽也」疏證。

**蜙** 丨蝑，蟲名。〔廣韻·鍾部〕○丨蝑，與舂黍皆雙聲。〔詩·螽斯〕後箋。○〔說文定聲·卷一〕丨，或从公聲，疑蘇俗所謂紡織娘也。〔說文〕「丨蝑，以股鳴者，从虫松聲」。○(同上)丨，蘇俗謂之百脚。〔字林〕「蚣，蜈蚣，蝍蛆也」。

**蝽** 蜙蝑，俗呼丨蟒。〔廣韻·鍾部〕○丨蟒，蟲名，通作舂。〔集韻·鍾部〕

**螽** 丨，蟲名，蛘也。〔集韻·鍾部〕

**蛹** 絛丨，色如黃蛇，有羽。〔廣韻·鍾部〕

**褣** 丨，襹丨。〔廣韻·鍾部〕

**襐** 丨，蒷山神，通作逢。〔集韻·鍾部〕

**襛** 丨，襪袎，吳俗語，或从邕。〔集韻·鍾部〕

**訲** 丨，語耑，或不省。〔集韻·鍾部〕

**訟** 丨，訟也。〔廣韻·鍾部〕

**誴** 謀丨，樂也。〔廣韻·冬部〕

**貚** 丨，土精，如狆，在地下也。〔廣韻·鍾部〕○土精如豘，謂之丨。〔集韻·鍾部〕

**豿** 丨獸如豹，有角。〔廣韻·冬部〕又〔集韻·冬部〕。

**貜** 丨，獸似猨也。〔廣韻·鍾部〕○丨，猿屬。〔集韻·鍾部〕

**赨** 丨，赤色。〔廣韻·冬部〕

**赵** 丨，急行也。〔廣韻·鍾部〕又〔集韻·鍾部〕。○丨，急行貌。(同上)

**蹤** 丨，行貌。〔集韻·鍾部〕

**踳** 丨，蹋也。〔廣韻·鍾部〕○丨馳者，跳走之狀也。〔慧琳音義·卷九一〕引〔考聲〕。

**蹱** 丨，小兒行，或从彳。〔集韻·鍾部〕○蹱丨，小兒行貌。〔廣韻·鍾部〕○蹱丨，行貌。〔集韻·鍾部〕

**軵** 丨，丨軸所以支棺也。〔廣韻·鍾部〕○丨，丨軸，士喪遷柩者。〔集韻·鍾部〕

**邛** 丨，亭名，在宣城。〔集韻·鍾部〕○丨，山名，在彭蠡。〔集韻·東部〕

**郶** 丨，古國名。〔廣韻·冬部〕又〔集韻·冬部〕。

**醲** 丨，醲，多貌。〔廣韻·鍾部〕○丨醲，多也。或作䆆。〔集韻·鍾部〕○丨之言擁，醲之言濃，皆盛多之意也。〔廣雅·釋詁三〕「丨，多也」疏證。

**酫** 丨，酒醋壞。〔集韻·冬部〕

**鈆** 丨，釣也。〔集韻·冬部〕

**鑲** 丨，多也。〔廣韻·鍾部〕

**閦** 丨，門外開丨。〔廣韻·鍾部〕又〔集韻·鍾部〕。

**雺** 丨，雨貌。〔廣韻·冬部〕又〔集韻·冬部〕。

**鞋** 丨鞋，韋飾，或从夆。〔集韻·鍾部〕

**鞾** 丨，鞾鞠，或从邕，亦作鞾。〔集韻·鍾部〕

**颹** 大風曰丨。〔集韻·冬部〕○丨，大風。〔廣韻·冬部〕

**鴑** 丨，獸如馬而青，一走千里。〔集韻·鍾部〕

**騗** 丨，駑馬。〔集韻·鍾部〕

**驡** 丨，野馬。〔廣韻·鍾部〕又〔集韻·鍾部〕。

**鬆** 丨髮，髮亂。〔集韻·鍾部〕

**髳** 丨鬆，髮亂也。〔廣韻·鍾部〕○丨鬆，髮亂。〔集韻·鍾部〕

**髶** 丨，髮長貌。〔集韻·鍾部〕○丨，一曰飾也。(同上)

**鬉** 丨，音宗，結也。〔慧琳音義·卷六〇〕○丨帶者，繫髮之頭繻也。(同上)○丨，馬鬣也。〔慧琳音義·卷五三〕引〔考聲〕。

**鬆** ｜，髮亂。〔廣韻・鍾部〕○髼｜，髮亂貌。〔廣韻・冬部〕

**髮** ｜，同鬆。〔廣韻・冬部〕○｜，髮亂，或作鬆。〔集韻・東部〕

**鴳** ｜鳥好入水食，似梟形小。〔廣韻・冬部〕○｜，鳥名，似梟。〔集韻・冬部〕

**鳿** ｜鳥似雉，鳴自呼。〔廣韻・鍾部〕○｜，鳥名，似雉，啼自呼。〔集韻・鍾部〕

**鴦** ｜，水鳥名。〔集韻・鍾部〕

**鶲** ｜，鶲鸜。〔廣韻・鍾部〕○｜鸜，鳥名。〔集韻・鍾部〕

**鶺** 鸀｜，鳥名。〔廣韻・鍾部〕

**鵣** ｜鶺，鳥名。〔廣韻・鍾部〕。又〔集韻・鍾部〕

**黷** ｜，深穴中｜黑也。〔廣韻・鍾部〕○｜，深穴中黑。〔集韻・鍾部〕

**鼨** ｜，｜鼩，小鼠。〔集韻・鍾部〕

**齈** ｜，鼻病。〔集韻・冬部〕

**夒** ｜，貪獸也。〔集韻・冬部〕○｜，一曰母猴。（同上）○｜，今作猱。〔說文〕「｜，貪獸也」繫傳。

# 續經籍籑詁卷第三

上平聲

## 三　江

**江** 凡水在嶺南者南行，通名曰｜。〔通雅〕○｜南，漢人謂豫章長沙為｜南。〔說文〕「芺，艸也」段注。○｜，今所謂｜北，昔之所謂｜西也。〔漢書・項籍傳〕「方今｜西皆反秦」補注引顧炎武。○｜夏，沔水自｜別至南郡華容為夏水，過郡入｜，故曰｜夏。〔楚辭・哀郢〕「遵｜夏以流亡」補注引應劭。○｜膂，猶言｜心也。〔通雅・卷一七〕○｜蘺，蓋其苗曰｜蘺，根曰芎藭，葉名蘪蕪，又名蘄芷。〔漢書・司馬相如傳〕「｜離蘪蕪」補注。○｜，讀為鴻。〔左傳文公一八年〕「昔帝鴻氏有不才子」疏證引畢沅。

**杠** ｜者，牀之橫木也，亦謂之兆。〔說文〕「｜，牀前橫木也」義證引〔急就篇〕顏注。○｜，一曰牀前橫。〔廣韻・江部〕○｜或作橫。〔說文〕「｜，牀前橫木也」義證。○｜即今人謂之牀桯也。（同上）繫傳。○｜即竿也。〔說文〕「㫃，旌旗｜皃」義證。○｜，旗杆也。〔釋天〕「素錦綢｜」鄭注。○｜謂旗之竿也。〔說文〕「㫃，旌旗｜皃」段注。○｜，旌旗飾。〔廣韻・江部〕○｜者，橫亘之名。〔廣雅・釋器〕「樹，𣫵｜也」疏證。○獨木者曰｜。〔說文定聲・卷七〕（「橋」下）○｜，柄也。〔說文〕「鞙，蓋｜絲也」繫傳。○｜，又對舉也。〔說文〕「｜，牀前橫木也」繫傳。○｜，方橋也。〔孟子・離婁下〕「歲十一月徒｜成」朱注。○六韜有飛｜以越大水，即今之橋，可以施，可以徹者。〔說文〕「梁，水橋也」繫傳。○｜，橫木以渡，後世或以石為之，字又作矼。〔說文定聲・卷二〕○｜，假借為恭。〔說文定聲・卷二〕○｜里，地名。〔集韻・東部〕

**矼** ｜，聚石水中以為步度彴。〔集韻・江部〕○｜，通作杠。〔集韻・江部〕○｜，堅實皃。〔集韻・江部〕

**釭** ｜，燈。〔廣韻・江部〕○｜，一曰鐙也。〔集韻・冬部〕○鐵之在轂者曰｜。〔說文〕「鐗，車軸鐵也」段注。○｜，轂鐵。〔集韻・冬部〕○轂孔之裏以金裹之曰｜。〔說文〕「輨，轂耑錔也」段注。○凡空中可受者皆曰｜。〔說文〕「｜，車轂中鐵也」段注。

**扛** 凡大物而兩手對舉之曰｜。〔說文〕「｜，橫關對舉也」段注。○兩人以橫木對舉一物亦曰｜。（同上）○｜，字亦作㧜，作掆。〔說文定聲・卷二〕○｜，或作㧜。〔說文〕「｜，橫關對舉也」義證。

**厖** ｜、洪皆大也。〔漢書・司馬相如傳〕「垂統理順」雜志。○｜，引伸之為凡大之偁。〔說文〕「｜，石大也」段注。○｜，厚也。〔廣韻・江部〕○｜，一曰厚也。〔集韻・江部〕○丨，厚也。〔楚辭・惜往日〕「心純丨而不泄兮」戴注。○丨，引伸之為厚也。〔說文〕「丨，石大也」段注。○丨，犬也。〔廣韻・江部〕○丨，通蒙。〔左傳僖公五年〕疏證。○丨與蒙古字通。〔釋詁〕「丨，有也」述聞。○荀卿引〔商頌〕丨作蒙。〔說文〕「丨，石大也」段注。○丨，古讀若蒙。〔釋詁〕「丨，有也」述聞。○丨與朧通。〔廣雅・釋詁二〕「朧，腫也」疏證。○丨，通作龐。〔說文〕「丨，石大也」義證。○丨，假借為龙。〔說文定聲・卷一〕○丨，或假為龙雜字。〔說文〕「丨，石大也」段注。○丨假借為蚌。〔說文定聲・卷一〕○(同上)丨，假借為龖。〔釋詁〕「丨，有也」。○丨與龖聲亦相近。〔廣雅・釋詁一〕「龖，有也」疏證。○丨洪，〔史記〕作濛涌。〔漢書・司馬相如傳〕「湛恩丨洪」補注。○丨、朦聲近。〔釋詁〕「丨，大也」郝疏。○〔說文定聲・卷一〕丨，字又作痝。〔素問・風論〕「面痝然浮腫」注「言腫起也」。○丨，字亦作硥。〔說文定聲・卷一〕○丨或作硥。〔說文〕「丨，石大也」義證。○〔說文定聲・卷一〕丨，字亦作幪。〔管子・五輔〕「敦幪純固」。

**龙** 丨，犬也。〔詩・野有死麕〕「無使丨也吠」朱傳。○犬䰄毛者為丨。〔說文〕「丨，犬之多毛者」義證。○丨，雜也。〔左傳閔公二年〕「衣之丨服」洪詁。○丨，一曰雜也。〔集韻・江部〕○丨涼皆雜也。〔左傳閔公二年〕「丨涼」述聞。○丨，引伸為雜亂之稱。〔說文〕「丨，犬之多毛者」段注。○丨，雜色玉也。〔說文定聲・卷一〕(「龍」下)○丨茸，亂皃。〔集韻・東部〕○厖同丨。〔左傳僖公五年〕「狐裘丨茸」疏證。○丨或借作厖字。〔說文〕○「丨，犬之多毛者」義證。○丨同狵。〔廣韻・江部〕○〔說文定聲・卷一〕丨，〔詩・旄邱〕作「蒙茸」。〔左傳僖公五年〕「狐裘丨茸」。○王符作龍降。〔左傳文公一八年〕「丨降」洪詁。○丨圉，王符作龍圉。〔左傳襄公四年〕「丨圉」洪詁。○〔說文定聲・卷二〕丨，以龍為之。〔易・說卦〕「震為龍」。○丨圉，〔古今人物表〕作厖圉。〔左傳襄公四年〕「丨圉」洪詁。

**哤** 語雜亂曰丨。〔廣韻・江部〕○丨或借庬字。〔說文〕「丨，丨異之言」義證。○丨，一曰雜語。〔集韻・江部〕

**駹** 丨，黑馬白面。〔廣韻・江部〕○丨，蒼色。〔易・說卦〕「為丨」李疏引虞注。○丨，青色。(同上)李疏引九家注。○丨，今本作龍，鄭讀為龙，云取日出色也。(同上)李疏。○〔說文定聲・卷一〕丨，馬之賤者。〔說文〕「丨，馬面顙皆白也」。○(同上)丨，假借為龙。〔易・說卦〕「震為丨」。○丨借為龙雜字也。〔說文〕「丨，馬面顙皆白也」段注。

**窻** 在屋曰丨。〔說文定聲・卷六〕(「牖」下)○丨通作蔥。〔說文〕「丨，通孔也」義證。

**蔥** 丨與窻同。〔廣雅・釋詁二〕「霊，空也」疏證。

**窗** 小曰丨。〔說文〕「䆫，房室之疏也」繫傳。○與窻微別，在上者為丨，在旁者為窻。〔說文定聲・卷一〕

**牕** 丨同窻。〔廣韻・江部〕

**窻** 丨通作窓，通孔也。〔慧琳音義・卷一五〕○丨，正作牕，助户明也。(同上)

**窓** 丨，俗窻字。〔廣韻・江部〕

**囪** 丨，古窻字。〔說文〕「黑，火所熏之色也」繫傳。

**摐** 丨，打鐘鼓也。〔廣韻・江部〕○丨，字亦作鏦。〔廣雅・釋言〕「丨，撞也」疏證。

**䆬** 丨，同鏦。〔廣韻・江部〕

**邦** 丨，國也。〔廣韻・江部〕○古謂封諸侯為丨。〔說文〕「丨，國也」繫傳。○小曰丨，大曰國。〔說文〕「國，丨也」義證引〔玉篇〕。○避諱丨當作國。〔史記・仲尼弟子列傳〕「在丨無怨」志疑引〔志詮〕。○今文〔尚書〕丨作國。〔書・酒誥〕「侯甸男衛丨伯」孫疏。○〔齊〕丨作國。〔詩・文王〕「萬丨作孚」集疏。○〔說文定聲・卷一〕散文丨、國亦通。〔周禮・大宰〕「以佐王治丨國」。○古丨、封同。〔左傳昭公元年〕「成王滅唐而封大叔焉」洪詁。○古丨、封同用。〔說文〕「國，丨也」段注。○〔說文定聲・卷一〕丨與封从之土同意。〔說文〕「丨，國也」。○古借丨為封。〔書・周書序〕注「史遷丨作封」孫疏。○〔說文定聲・卷二〕丨假借為封。〔詩・玄鳥〕「丨畿千里」。○丨者，封之借字，古字丨與封通。〔周禮・小司徒〕注「古文書域為丨」述聞。○丨者，封之假借，為疆界之稱。〔詩・玄鳥〕「丨畿千里」通釋。○丨讀為封。〔韓子・喻老〕「此不以其丨為收者」集解引顧廣圻。○丨伯，州伯也。〔書・盤庚〕「丨伯師長」孫疏。○丨畿，王者之都也。〔大學〕「丨畿千里」朱注。○丨汋，言激亂者。〔通雅・卷五〕

**峀** 丨，古文邦字。〔廣韻・江部〕

**缸** 今謂鐙為缸，本作此字。〔說文〕「丨，瓨也」繫傳。○丨一作瓨。〔通雅・卷三四〕○丨即瓨之或體。〔說文定聲・卷一〕

**瓨** 丨，瓶也。〔廣雅・釋器〕疏證。○丨與缸同。〔說文〕「丨，似罌長頸」句讀。○丨，亦作缸。〔廣雅・釋器〕「丨，瓶也」疏證。○丨，字亦作缸。〔說文〕「丨，似罌長頸」段注。○丨，字又作㼚。〔說文〕「丨，似罌長頸」義證。○丨，罃長頸者。〔集韻・冬部〕○丨，陶器。〔集韻・東部〕

**降** 丨，下也。〔詩・草蟲〕「我心則丨」朱傳。○丨，伏。〔廣韻・江部〕○〔說文定聲・卷一〕丨假借為夅。〔釋天〕「丨婁，奎婁也」。○(同上)丨假借為洪。〔呂覽・古樂〕「丨通漻水以導河」。○洪與丨古同聲。〔廣雅・釋詁一〕「臨，大也」疏證。

**瀧** 丨猶言瀼丨也。〔說文〕「丨，雨丨丨也」繫傳。○〔說文定聲・卷一〕丨涿，即〔荀子・議兵〕所謂隴種也。〔方言七〕「丨涿謂之霑積」。

雙　鳥二枚曰｜。〔說文〕「｜，隹二枚也」義證引〔急就篇〕顏注。○｜，偶也，兩隻也。〔廣韻・江部〕○｜與緵同。〔詩・南山〕「冠緌｜止」陳疏。

龐　｜，姓也。〔廣韻・江部〕○｜，字亦誤作龐。〔說文定聲・卷一〕○｜，引伸之為凡高大之偁。〔說文〕「｜，高屋也」段注。

愯　｜，懼也。〔集韻・江部〕○｜即悚。〔通雅・卷八〕○｜，古悚字。〔左傳・昭公六年〕「懼其未也」洪詁引晉灼。○｜桌，即悚慄。〔通雅・卷八〕○｜即愯也。〔漢書・刑法志〕「｜之以行」補注引錢大昭。

逢　｜，塞也。〔集韻・江部〕

腔　｜，羊｜也。〔廣韻・江部〕

羫　｜，古文腔。〔廣韻・江部〕

⿰犭空　｜，同腔。〔廣韻・江部〕

撞　｜，擊也。〔廣韻・江部〕○｜，手擣也。〔國策・秦策一〕「迫則杖戟相｜」鮑注。○｜，杵擣也。〔慧琳音義・卷七九〕引〔文字典說〕。○｜｜，突也。〔廣韻・江部〕○｜入，突入也。〔漢書・樊噲傳〕「噲直｜入」補注。○｜，旁刺也。〔慧琳音義・卷七九〕引〔文字典說〕。○｜，假借為摐。〔說文定聲・卷二〕○｜，字亦作揰。（同上）○（同上）｜，字亦作摐。〔子虛賦〕「摐金鼓」。○｜，字亦作剷。〔說文定聲・卷二〕○｜，字亦作劃。（同上）○（同上）｜，字亦作摏。〔左傳文公一一年〕「富父終甥摏其喉」。○｜，或作摏。〔說文〕「｜，丮擣也」義證。

幢　｜，亦即翳字。〔說文〕「旄，｜也」段注。○形如車蓋者謂之｜，言其童童然也。〔說文〕「幢，帳極也」義證引〔急就篇〕顏注。○外裝蒙者曰｜。〔通雅・卷三四〕○｜，亦幡也。〔慧琳音義・卷三〇〕引〔考聲〕。○｜，即舞者所持之翿，旌旗之細也。〔說文定聲・卷七〕○｜主，即部大也。〔通雅・卷一九〕○｜、童古同聲而通用。〔廣雅・釋訓〕「童童，盛也」疏證。○｜、僮古同聲而通用。（同上）

淙　｜，水流皃。〔廣韻・江部〕○〔說文定聲〕｜，假借為浞，｜即浞長言之。〔廣雅・釋詁二〕「｜，漬也」。

橦　｜，竿也。〔說文〕「｜，帳極也」義證引〔玉篇〕。○｜，亦謂旌旗之幹也。（同上）繫傳。○｜，木名。〔廣韻・江部〕○木材謂之｜。〔說文〕「柍，梅也」義證引〔六書故〕。○｜，木名，花可為布。〔廣韻・東部〕又〔集韻・東部〕。○竹璞曰｜。〔說文〕「箇，竹枚也」繫傳。○今亦謂船柁幹為柁｜。〔說文〕「柍，梅也」繫傳。○｜，謂植者也。〔說文〕「｜，帳極也」段注。○｜，木一截也。〔通鑑・唐紀一二〕「木｜價貴於民間」音注。又〔說文〕「柍，一曰江南｜材，其實謂之柍」義證引〔類篇〕。又〔集韻・鍾部〕。○唐式，柴方三尺五寸為一｜。〔通鑑・唐紀一二〕「木｜價貴於民間」音注。又〔說文〕「柍，一曰江南｜材」義證引〔類篇〕。又〔說文〕「材，木梃也」段注。○後世謂木材方三尺五寸為一｜。〔說文定聲・卷一〕○漢人曰章，唐人曰｜，音鐘。〔說文〕「材，木梃也」段注。○〔說文定聲・卷二〕｜，以章為之。〔史記〕「千章」。○｜與湩義相近。〔廣雅・釋器〕「湩謂之乳」疏證。○〔說文定聲・卷二〕｜，假借為幢。〔後漢・光武紀〕注「衝，｜車也」。○｜，與撞同，擣也。〔通鑑・宋紀一二〕「為｜車以攻城」音注。○〔說文定聲・卷一〕｜，以撞為之。〔文選・西京賦〕「都盧尋撞」。○｜，或作幢。〔說文〕「｜，帳極也」義證引〔玉篇〕。

肯　｜、橦古今字。〔方言二〕箋疏。

娏　｜，女神名。〔廣韻・江部〕

惷　｜，愚也。〔廣韻・江部〕○｜，一作贛，視不明也。〔楚辭・逢尤〕「｜悵立兮涕滂沲」補注。○一曰直視。（同上）○｜與戇義同。〔說文定聲・卷一〕

覫　｜，視不明也。〔廣韻・江部〕○｜，一曰直視。（同上）

漎　｜｜，猶淙淙也，狀水聲。〔通雅・卷九〕

舩　｜，舉角也。〔集韻・鍾部〕○｜，字亦作舡。〔說文定聲・卷一〕○｜字或作舡。〔說文〕「｜，舉角也」義證。○｜，義亦與扛同。〔廣雅・釋詁二〕「｜，舉也」疏證。○｜，假借為扛字。〔說文〕「｜，舉角也」段注。○｜者，扛之假借字。〔說文〕「扛，橫關對舉也」段注。○〔說文定聲・卷二〕｜，假借為扛。〔魏大饗碑〕「｜鼎緣橦」。

舡　｜亦舩字。〔說文〕「舩，舉角也」段注。○｜，舉角。〔廣韻・江部〕○｜，舉角也。〔鍾部〕

浝　｜，水名。〔廣韻・江部〕○｜，或作瀧。〔說文〕「｜，水也」義證。

牻　｜，牛白黑雜。〔廣韻・江部〕○｜色，雜色也。〔慧琳音義・卷五二〕○凡謂雜色不純亦可用｜字。〔說文〕「｜，白黑雜毛牛」段注。○｜惊，本作尨涼。〔說文〕「春秋傳曰｜惊」段注。

涳　｜，直流。〔廣韻・江部〕又〔集韻・江部〕。○一曰｜濛，細雨。〔集韻・東部〕

鬞　｜，亂髮。〔廣韻・江部〕

栙　以籧席為帆曰｜雙。〔說文〕「⿱竹栙，｜雙也」段注。○｜雙，帆未張。〔廣韻・江部〕○｜，未張帆皃。〔集韻・江部〕○｜，通作⿱竹夅。（同上）○｜，即⿱竹栙也，如今糧艘，以籧席為帆，字亦作篷。〔說文定聲・卷二〕

洚 〔說文定聲·卷一〕—，假借為降。〔說文〕「—，一曰下也」。

谾 —，空谷皃。〔廣韻·江部〕○—瀧，澗谷空貌。〔集韻·東部〕

䵷 —，陰私事也。〔廣韻·江部〕

䆨 —，種也。〔廣韻·江部〕○—，㛈字異體也。〔說文〕「㛈，穜也」段注。

肛 脖—，脹大。〔廣韻·江部〕○—門，腸耑。〔集韻·東部〕

痝 —，厚也。〔楚辭·惜往日〕「心純—而不泄兮」補注。○—，病困。〔廣韻·江部〕又〔集韻·江部〕。○—，一曰病酒。〔集韻·江部〕○—與厖同。〔方言一〕「厖，大也」箋疏。○—聲與厖相近。（同上）

聦 —，耳中聲也。〔廣韻·江部〕又〔淮南·說山〕「聽雷者—」雜志。

胮 —，肛滿脹大皃也。〔慧琳音義·卷六六〕引〔集訓〕。○膖胮猶—肛。〔廣雅·釋詁二〕「—肛，腫也」疏證。

膖 —，—脹。〔廣韻·江部〕○—肛，脹大皃。（同上）○—肛，滿大皃也，俗作膸。〔慧琳音義·卷五一〕引〔考聲〕。○—肛，腫也。〔集韻·江部〕

瘴 —，同膖。〔廣韻·江部〕

舡 艕—，船皃。〔廣韻·江部〕

椌 〔說文定聲·卷一〕祝曰—，形如黍桶，方二尺四寸，深尺有八寸，中有椎柄連底挏之，令左右擊作音，所以止樂者也。〔說文〕「—，祝樂也」。○—，—楬。〔廣韻·江部〕○—，古亦謂之—楬也。〔說文〕「—，祝樂也」繫傳。○—楬，如虎背有鉏鋙也。〔說文〕「敔，禁也，一曰樂器—楬也」繫傳。○—，器物，朴也。〔廣韻·東部〕○—，器朴。〔集韻·東部〕

崆 —，崆，山皃。〔廣韻·江部〕○—崆，山高峻皃。〔集韻·江部〕○—巄，山高。〔集韻·東部〕○—峒，或為空桐。〔通雅·卷一四〕○—峒，或為空同。（同上）

岿 —，幬帳之象。〔廣韻·覺部〕又〔集韻·覺部〕。

艂 —，舟名。〔集韻·東部〕○—舡，義與—肛相近也。〔廣韻·釋詁二〕「膖肛，腫也」疏證。○—舡，猶膖肛也。〔釋水〕「—舡，舟也」疏證。

艕 —艭，船也。〔集韻·江部〕又〔說文〕「䑯，䑯雙也」義證。○—舡，船皃。〔廣韻·江部〕

跭 —躞，堅立也。〔廣韻·江部〕○—躞，竦立也。〔集韻·江部〕○—，一曰行不進也。（同上）

蹽 —躞，胡豆。〔廣韻·江部〕○—躞，胡豆也。〔說文〕「䑯，䑯雙也」義證。○—躞，豇豆也。〔通雅·卷四四〕

茳 —蘺，香草。〔廣韻·江部〕○—蘺，香草，通作江。〔集韻·江部〕

侚 —，不媚。〔廣韻·江部〕○—僋，不媚。〔集韻·江部〕

啌 —，咄也。〔集韻·江部〕○—，一曰嗔語。（同上）○—，一曰嗽也。（同上）

嗵 —，喫皃。〔廣韻·江部〕

垹 —，土精如手在地中，食之無病。〔廣韻·江部〕○土精如手謂之—。〔集韻·江部〕

夅 —，服伏也。〔說文〕「—，服也」繫傳。○—，服也。〔廣韻·江部〕○〔說文定聲·卷一〕—，經傳皆以降為之。〔說文〕「—，服也」。

忙 —憹，惽也。〔集韻·江部〕

愯 —懼，恐惶。〔說文〕「—，懼也」義證。

梆 —，木名。〔廣韻·江部〕又〔集韻·江部〕。

樁 —，橛也。〔廣韻·江部〕

氄 —，髮多。〔廣韻·江部〕

淙 —，深水立—。〔廣韻·江部〕○—，深水立也。〔集韻·江部〕

㳇 —，雨急謂之—。〔集韻·江部〕

狵 —，犬多毛。亦作尨。〔廣韻·江部〕

㺒 —狰，犬不服也。〔集韻·江部〕

瘇 喉中病。〔廣韻·江部〕○—，喉痹也，或从口。〔集韻·江部〕

皸 —，皮裹屨。〔集韻·江部〕

眬 —，目不明。〔廣韻·江部〕○—，目暗也。〔集韻·江部〕

**矓**　｜，目不明。〔廣韻・江部〕又〔集韻・江部〕。○｜，怒目。〔集韻・冬部〕

**磄**　｜，石皃。〔集韻・江部〕

**禣**　｜，祠不敬也。〔廣韻・江部〕○祠不恭謂之｜。〔集韻・江部〕

**稯**　黍｜，不實也。〔廣韻・江部〕○｜，禾不秀。〔集韻・江部〕

**笁**　｜，竹名。〔集韻・江部〕

**篫**　｜籆，酒篘也。〔集韻・江部〕

**籆**　｜，帆也。〔廣韻・江部〕○｜，棒｜也〔說文〕「箕，棒雙也」義證引〔玉篇〕。

**肒**　｜肛，不伏人。〔廣韻・江部〕○｜，不伏。〔集韻・江部〕

**胧**　｜，身大也。〔集韻・江部〕

**艭**　艂｜，船名。〔廣韻・江部〕

**褣**　｜，短敝衣也。〔廣韻・江部〕○｜，短也。〔集韻・江部〕

**鵬**　｜，鴻｜。〔廣韻・江部〕○｜，鳥名，鴻也。〔集韻・江部〕

**蹳**　跭｜，立也。〔廣韻・江部〕

**豍**　｜，豆也。〔廣韻・江部〕

**黸**　｜，黑皃。〔廣韻・江部〕又〔集韻・江部〕。

**鼕**　｜，同鼘。〔廣韻・江部〕

**鼘**　｜，鼓聲。〔廣韻・江部〕

# 續經籍纂詁卷第四

上平聲

## 四　支

**支**　｜，去竹之｜也。〔國策・西周策〕「｜左屈右」鮑注。○｜，竹葉下垂也。〔說文〕「｜，去竹之枝也」繫傳。○｜，即枝也。〔詩・文王〕「本｜百世」通釋。○｜，庶子也。（同上）朱傳。○｜，分也。〔通鑑・梁紀一八〕「邕｜配須臾而畢」音注。○｜，｜度也。〔廣韻・支部〕○｜，｜持也。（同上）○｜，搘也。〔太素・十五絡脈〕「其實則｜鬲」楊注。○｜，即丈。〔說文〕「丈，十尺也」義證。○｜言細散取之。〔國策・秦策三〕「｜分方城膏腴之地」鮑注。○｜，猶拒。〔國策・西周策〕「魏不能｜」鮑注。○｜，猶持也。〔漢書・韓安國傳〕「以｜胡之常事」補注引〔後漢・郭泰傳〕注。○｜，猶篤也。〔慧琳音義・卷五九〕○｜之言跂也。〔釋言〕「｜，載也」述聞。○｜與叀皆言其有枝角易罣礙也。〔通雅・卷四〕○｜解，斷其四支。〔國策・秦策三〕「卒｜解」鮑注。○｜離，複姓。〔莊子・列禦寇〕「朱泙漫學屠龍於｜離益」集釋引俞樾。○鮮｜，支子也。〔文選・上林賦〕「鮮｜黃礫」注引司馬彪。○鮮｜，香草也。（同上）注引張揖。○枝、｜通用字。〔廣雅・釋草〕「桂｜，瓜屬也」疏證。○｜與枝古字通。〔漢書・禮樂志〕「金｜秀花」補注。○〔說文定聲・卷一一〕｜，段借為枝。〔禮記・曲禮〕「｜子不祭」。○（同上）｜，段借為梔。〔纂文〕「白鮮｜，絹也」。○｜與楮通。〔釋言〕「｜，載也」邵正義。○｜與跂亦聲近義同。〔廣雅・釋詁〕「闍，跂也」疏證。○｜遼，即蝭蟧之轉。〔方言一一〕「或謂之蝭蟧」箋疏。○｜註雙聲字。〔方言一〇〕「䋁，或謂之｜注」箋疏。○｜苟，乃積稱二字之段音。〔墨子・親士〕「而｜苟者詻詻」平議。○｜、枝同。〔詩・芄蘭〕「芄蘭之｜」朱傳。○｜與枝同。〔左傳桓公五年〕「蔡衛不枝」疏證。又〔廣雅・釋木〕「下｜謂之樟櫛」疏證。又〔廣雅・釋草〕「蒟蒻，桃｜也」疏證。又〔廣雅・釋地〕「瓊｜，玉」疏證。○｜，本與枝同。〔詩・芄蘭〕「芄蘭之｜」後箋。○｜與梔亦同也。〔廣雅・釋木〕「梔子，楕桃也」疏證。○｜，魯作枝。〔詩・芄蘭〕「芄蘭之｜」集疏。○〔史記〕｜作枝。〔漢書・司馬相如傳〕「鮮｜黃礫」補注。○｜，即古枝字。〔說文〕「｜，去竹之枝也」句讀。○｜，當為枝之古文。〔說文〕「詩曰芄蘭之枝」句讀。○｜，亦作巵。〔說文〕「縞，鮮巵也」段注。○｜，即肢之省。〔墨子・脩身〕「暢之四｜」閒詁。○｜苟，當是致敬之譌。〔墨子・親士〕「而｜苟者詻詻」閒詁引洪頤煊。

**枝**　｜者，木別生條也。〔說文〕「戟，有｜兵也」段注。○｜，條也。〔慧琳音義・卷三〕引〔集訓〕。○｜，自本而分也。〔說文〕「｜，木別生條也」繫傳。

○—，謂兩旁莖—。〔說文〕「屮，艸木初生也，象—出形有—莖也」段注。○—，謂—脈。〔莊子・養生主〕「—經肯綮之未嘗」集釋引俞樾。○—，即支也。〔說文〕「榰，木參交，以—炊籅者也」句讀。○—柱，猶—梧。〔釋言〕「榰，柱也」郝疏。○—生於莖，故云—柱。〔說文〕「莖，—柱」繫傳。○—梧，猶支拄抵捂也。〔通雅・卷五〕○—格，謂不欲人語，而言他以—格之也。〔說文〕「嫸，好—格人語也」段注。○—官，校官也。〔通雅・官制〕○—官，謂非要急者。〔韓子・和氏〕「損不急之—官」集解引舊注。○折—，謂磬折腰肢也。〔義府・卷上〕引〔翼孟〕。○—，通作支。〔說文〕「—，木別生條也」義證。○—、肢古字通用。〔義府・卷上〕「折—」自注。○古—、岐通用。〔說文〕「—，木別生條也」段注。○〔說文定聲・卷一一〕—，叚借為跂。〔莊子・駢拇〕「—指」。○（同上）—，叚借為胑。〔孟子〕「為長者折—」。○（同上）—，叚借為榰。〔莊子・齊物論〕「師曠之—策也」。○岐、—、枳，音皆近。〔釋地〕「中有枳首蛇焉」郝疏。○—、適語之轉。〔廣雅・釋言〕「適，悟也」疏證。○支、—字同。〔左傳桓公五年〕「蔡衛不—」洪詁。○—與岐同，古字通用。〔荀子・解蔽〕「心—則無知」集解引郝懿行。○—，當作支。〔韓子・姦劫弑臣〕「吳起之所以—解於楚者也」集解。○—，今〔詩〕作支。〔說文〕「詩曰芄蘭之—」段注。○—，〔詩・大雅〕作支。〔左傳莊公六年〕「本—百世」洪詁。○—，〔史記〕作支。〔左傳僖公九年〕「公謂公孫—曰」洪詁。○—，當為收。〔墨子・經下〕「契與—板」閒詁引張惠言。○—乃攱字之誤。〔淮南・泰族〕「巢—穴藏」平議。○—梧，省作支吾。〔釋言〕郝疏。○—鵲，應作鳷鵲。〔漢書・揚雄傳〕「遠則石關、封巒、—鵲」補注引〔考證〕。

## 移

—，徙也。〔通鑑・唐紀五〇〕「左降官準赦量—」音注引史炤。又〔廣韻・支部〕。○—，易也。〔廣韻・支部〕又〔國策〕「馳南陽之地」雜志。○—，遷也。〔廣韻・支部〕○—，延也。（同上）○—，動也。〔大戴・誥志〕「禹治以—衆」王詁。○—，遺也。〔廣韻・支部〕○—為遺與之遺。〔廣雅・釋言〕「—，遺也」疏證。○—之言迆也。〔淮南・時則〕「不可—匡」平議。○—之言羨也。〔大戴・曾子立孝〕「飲食—味」述聞。○—，姓。〔廣韻・支部〕○易—，即—易也。〔晏子〕雜志。○倚—，猶旖旎也。〔說文定聲・卷一〇〕○倚—，猶旖施也。（同上）○倚—，猶檹施。（同上）○倚—，猶猗儺也。（同上）○倚—，猶阿那也。（同上）○凡官曹平等不相臨敬則為—書。〔漢書・律曆志〕「壽王又—帝王錄」補注。○—病，稱病也。〔通雅・事制〕○—病，為漢百官注籍之名。（同上）○—，古通作侈，有餘之義。〔墨子・非命上〕「—則分」閒詁引洪頤煊。○—與迤古亦同聲。〔廣雅・釋詁〕「迤，衺也」疏證。○—、貤聲義並同。〔釋言〕「—，遺也」疏證。○—，叚借為迻。〔說文定聲・卷一〇〕○—，即迻之叚字。〔周禮・大宰〕「轉—執事」孫正義。○今人假禾相倚—之—為遷迻字。〔說文〕「迻，遷徙也」段注。○—，叚借為池。〔說文定聲・卷一〇〕○—，叚借為侈。（同上）○—，叚借為姼。（同上）○三禮皆假—為侈。〔說文〕「侈，一曰奢泰也」段注。○古叚—為侈。〔說文〕「—，禾相倚—也」段注。○—，叚借為敀。〔說文定聲・卷一〇〕○—，叚借為廖。（同上）○—，叚借為移。（同上）○—，叚借為離，實為冎。（同上）○—，讀為陊。〔孟子・告子下〕「六師—之」平議。○—，或多字。〔墨子・非命上〕「—則分」閒詁引畢沅。

## 爲

—，謂之獼猴。〔說文定聲・卷一四〕（「蝯」下）○—，古文象兩母猴相對形。〔說文定聲・卷一〇〕○—、禹是一物也。〔說文〕「禹，母猴屬」段注。○—，作也。〔大戴・曾子立事〕「身勿—能也」王詁。又〔漢書・郭解傳〕「窮治所犯—」補注。又〔孟子・公孫丑下〕「故將大有—之君」焦正義。○—，行也。〔大戴・保傅〕「乃得—之」王詁。○—，用也。〔禮記・郊特牲〕「以—稷牛」集解。○—，治也。〔論語・先進〕「由也—之」劉正義。又〔漢書・王莽傳〕「能—星」補注引周壽昌。又〔孟子・梁惠王上〕「文王以民力—臺—沼」焦正義。○—者，治也。〔穀梁傳宣公一一年〕「不使夷狄—中國也」平議。○—，成也。〔漢書〕「五穀不—多」雜志。○—，化也。〔詩・天保〕「徧—爾德」通釋。○—，曰也。〔釋詞・卷二〕○—，脩—也，謂脩其教也。〔大戴・千乘〕「以—無命」王詁。○—即偽也。〔詩・兔爰〕「我生之初尚無—」陳疏。○—即于也。〔國策〕「朝—天子」雜志。○—猶取也。〔莊子・養生主〕「指窮於—薪」集釋引俞樾。○—亦有也。〔管子〕「八千人」雜志。○—亦摩也。〔詩・抑〕「不可—也」通釋。○—亦謂也。〔大戴・文王官人〕「此之—考志也」王詁。○—訓治也。〔呂覽・執一〕「不聞—國」校正。○—當訓治。〔穀梁傳成公九年〕「夫無逆出妻之喪而—之也」平議。○—字可訓為與。〔漢書〕「—」雜志。○—可訓為有，有亦可訓為—。〔通說〕「—」述聞。○—、用皆訓行。〔孟子・公孫丑下〕「得之—有財」焦正義。○—，謂蹙之。〔國策・韓策三〕「不可得而—也」鮑注。○—，謂種之。〔國策・東周策〕「東周欲—稻」鮑注。○—，謂之與。〔國策〕「秦與天下俱罷」雜志。○古或謂—為與。（同上）雜志。○凡有所變化曰—。〔說文〕「—，母猴也」段注。○古或謂如曰—。〔管子〕「其孰能一人之上也」雜志。○—、曰同義。〔漢書・天文志〕「尾—九子，曰君臣」補注。○—與如同義。〔國策〕「縱韓—不能聽我」雜志。○—與謂同義，二字可以互用。〔國策〕「蘇代偽—齊王曰」雜志。○—與行同義。〔史記〕「—偽」雜志。○古者—與將同義。〔漢書〕「—」雜志。○—，猶作也。〔漢書・禮樂志〕「多舉司馬相如等數十人造—詩賦」補注引周壽昌。○—，猶行也。〔論語・衛靈公〕「子貢問—仁」劉正義。又〔孟子・公孫丑下〕「王由足用—善」焦正義。又〔大戴・子張問入官〕「在所能—」王詁。○—，猶用也。〔左傳桓公六年〕「大國何—」釋詞。○—，猶治也。〔孟子・告子下〕「高叟之—詩也」朱注。又〔國策・秦策五〕「未嘗—兵」鮑注。又〔漢書・溝洫志〕「善—民者」補注。○—，猶成也。〔詩・鳧鷖〕「福祿來—」平議。又〔孟子・告子上〕「則可以—善矣」焦正義。○—，猶使也。〔禮記・檀弓〕「子臯—之哀」述聞。○—，猶效也。〔論語・八佾〕「—力不同科」劉正義。○—，亦猶取也。〔莊子・養生主〕「指窮於—薪」平議。○—，猶撰。〔國策・魏策二〕「因弛期而更—日」鮑注。○—，猶助也。〔國策・東周策〕

「公若欲—太子」鮑注。○—，猶謀也。〔國策・東周策〕「徐—之東」鮑注。○—，猶有也。〔左傳僖公三三年〕「何施之—」釋詞。○—，猶謂也。〔穀梁傳宣公二年〕「孰—盾而忍弒其君者乎」述聞。又〔史記〕「繆—」雜志。又〔莊子・讓王〕「何窮之—」集釋。○—，猶合。〔國策・魏策二〕「惠施—齊魏交」鮑注。○—，猶善。〔國策・齊策四〕「不如聽之以—秦」鮑注。○—，猶相也。〔韓子・內儲說下〕「犀首與張壽—怨」集解。○—，猶將也。〔孟子・梁惠王下〕「君—來見也」釋詞。又〔漢書・霍去病傳〕「去病始—出定襄」補注。○—，猶以也。〔詩・十月之交〕「胡—我作」釋詞。○—，猶與也。〔左傳宣公二年〕「乃宦卿之適子而—之田」平議。又〔史記〕「—」雜志引尹知章。○—，猶于也。〔左傳莊公元年〕「築王姬之館于外」平議。○—，猶於也。〔晏子・雜篇〕「—其來也」釋詞。○—，猶則也。〔莊子・寓言〕「同於己—是之」釋詞。○—，猶如也。〔左傳成公一六年〕「我僞逃楚」疏證引俞樾。又〔列子・說符〕「—我死，王則封女」釋詞。又〔史記〕「—死」雜志。○—，猶使也，亦假設之詞也。〔孟子・離婁下〕「苟—無本」釋詞。○—，語助也。〔大戴・五帝德〕「女何以—」釋詞。○—，語助辭。〔論語・顏淵〕「何以文—」劉正義。○—字乃語詞。〔論語・學而〕「其—仁之本與」平議。○—，當為語助詞。〔詩・抑〕「辟爾—德」通釋。○—，姓。〔廣韻・支部〕○—都，治邑也。〔孟子・公孫丑下〕「王之—都者」朱注。○—國，即治國也。〔孟子・滕文公上〕「滕文公問—國」焦正義。○—咎，猶有咎也。〔易・夬〕「往不勝—咎」平議。○—名，以求名也。〔漢書・息夫躬傳〕「皆交遊貴戚、趨權門—名」補注。○—壽，即大行酒也。〔漢書・灌夫傳〕「蚡起—壽」補注引王文彬。○—侯者，帥衆侯。〔漢書・趙充國傳〕「離留、且種二人—侯」補注引李慈銘。○—君者，帥衆君。〔漢書・趙充國傳〕「兒庫—君」補注引李慈銘。○—間，少頃也。〔孟子・盡心下〕「—間不用」朱注。○—詐，即僞詐也。〔荀子・非十二子〕「—詐而巧」集解引俞樾。○陽僞，即陽—。〔漢書・田儋傳〕「儋陽—縛其奴」雜志。又(同上)補注引王念孫。○—，與僞通。〔荀子・非十二子〕「—詐而巧」平議。又(同上)集解。○—、僞古通。〔漢書・郊祀志〕「果—書」補注。○—、僞古通用。〔釋言〕「作，—也」邵正義。○古—、僞字通。〔管子・心術上〕「變化則—生，—生則亂矣」平議。又〔漢書・淮南厲王傳〕「使人—得罪而西」補注。○—與僞古通用。〔釋言〕「作，—也」郝疏。○古—、僞字通用。〔晏子・問上〕「不—行以揚聲」平議。○—，當作僞，古字通用。〔管子・小稱〕「務—不久」義證。○古作—之—通僞。〔史記〕「僞謂楚王」雜志。○—、謂字通用。〔國策・齊策三〕「淳于髡謂齊王曰」補注。○—、謂通用字。〔漢書・平帝紀〕「則民興於仁」補注。○古于、—二字通。〔左傳莊公元年〕「—外禮也」疏證引俞樾。○—、于二字，古同聲而通用。〔國策〕「朝—天子」雜志。○有、—二字古通。〔孟子・滕文公上〕「將—君子焉」焦正義。○—、僞、譌三字古並通用。〔詩・采苓〕「人之—言」述聞。○〔說文定聲・卷一〇〕—，叚借為僞。〔釋言〕「造、作，—也」。○—乃僞之假字。〔管子・幼官〕「不可數，則—詐不敢鄉」平議。○經傳多假—為僞。〔說文〕「僞，詐也」段注。○〔說文定聲・卷一〇〕—，叚借為譌。〔左傳成公九年〕「—將改立君者」。○(同上)—，叚借為嬀。〔論語〕「不圖—樂之至於斯也」。○—、謂通假。〔國策〕「臣恐齊王之—君實立果」札記引吳氏補。○—，叚借—作—之字。〔說文〕「—，母猴也」段注。○〔說文定聲・卷一〇〕—，叚借助語之詞。〔禮記・曾子問〕「無用—」。○謂、—一聲之轉。〔史記〕「繆—」雜志。○與、—一聲之轉。〔史記〕「—」雜志。○—、與二字，聲相轉而義亦相通也。〔國策〕「秦與天下俱罷」雜志。○將、欲、—三字轉注互訓。〔孟子・梁惠王下〕「君—來見也」焦正義。○與、—一聲之轉，故—有與義，與亦有—義。〔漢書・匈奴傳〕「屠耆單于使曰逐王先賢撣兄右奧鞬王—烏藉都尉」補注引王念孫。○—，讀作僞。〔管子・侈靡〕「若相—」義證引孫星衍。○—，讀為僞。〔韓子・八經〕「設諫以綱獨—」集解引王先謙。○—，讀作僞也。〔詩・采苓〕「人之—言」陳疏。○—，古讀如譌。〔荀子・成相〕「何疑—」集解引郝懿行。○—，當讀作僞。〔呂覽・適威〕「則以—繼矣」平議。○—，亦讀曰僞。〔漢書・淮南厲王傳〕「—失火宮中」補注。○—，當讀為譌。〔公羊傳宣公一二年〕「君之不令，臣交易—言」平議。○—，讀如于。〔荀子・富國〕「無宜而有用—人」集解引王念孫。○—、僞與譌，古聲亦相近。〔方言三〕「譌，化也」箋疏。○—、僞同。〔漢書・王莽傳〕「於是莽—惶恐」補注引蘇輿。○—與于同。〔國策〕「朝—天子」雜志。○僞與—同字。〔史記〕「—僞」雜志。○—，謂字。〔墨子・魯問〕「子墨子—魯陽文君曰」閒詁引畢沅。○—，當作謂。〔左傳僖公五年〕「一之—甚」疏證引〔校勘記〕。又〔國策・楚策三〕「而天下—勇」補注。又〔韓子・孤憤〕「此所—重人也」集解引王渭。○—，元作謂。〔國策・魏策三〕「—樓子於鄢陵曰」鮑注。○—，一作謂。〔國策・東周策〕「請—王聽東方之處」鮑注。○—，當作惟。〔韓子・八說〕「—智者之不可信也」集解。○—，當作而。〔列子・黃帝〕「焉得—正焉」平議。○—，當作若。〔韓子・內儲說下〕「—近王，必掩口」集解。○—，當作無。〔漢書・魏相傳〕「惡宋三世—大夫」補注。○上—字當作其。〔墨子・襍守〕「有以知—所—」閒詁引蘇時學。○—即僞字也。〔管子〕「務—」雜志。○—，魯作惟。〔詩・天保〕「吉蠲—饎」集疏。○宋本—作謂。〔左傳僖公五年〕「一之—甚」疏證。○—，〔史記〕作僞。〔漢書・淮南厲王傳〕「使人—得罪而西」補注。○—，〔御覽〕作若。〔呂覽・長見〕「—不能聽」校正。○古書—字多作僞，〔史記〕作—，本字也，〔漢書〕作僞，借字也。〔漢書〕「陽—」雜志。○—，舊本作而。〔呂覽・舉難〕「以王孫苟端—不肖」校正。○一本—作圍。〔史記・魏世家〕「魏君—」志疑。○—作化者，此今文說。〔書・梓材〕「厥亂—民」孫疏。○—智，一作長智。〔呂覽・知接〕「自以—智」校正。○—譏，〔史記〕作僞譏。〔左傳昭公二五年〕「會—譏於臧氏」洪詁。○〔堯典〕平秩南訛，〔史記・五帝紀〕作南譌，小司馬本作南—，〔漢書・王莽傳〕作南僞。〔詩・采苓〕「人之—言」述聞。

**為**　—，俗爲字。〔廣韻・支部〕

垂｜，遠邊也。〔說文〕「界，竟也」段注。○｜，邊也。〔漢書·揚雄傳〕「雖頗割其三｜以贍齊民」補注。○｜，邊境也。〔說文定聲·卷五〕。○凡邊皆曰｜。〔說文〕「｜，遠邊也」段注。○｜是邊，蓋堂下之邊也。〔書·顧命〕「立于西｜」孫疏。○｜，邊陲。〔國策·秦策四〕「半天下有二｜」鮑注。○｜者，在上而照臨乎下也。〔禮記·禮運〕「｜日星」集解。○｜，幾也。〔通鑑·漢紀五〇〕「｜當拔之」音注。○｜，幾及也。〔通鑑·魏紀六〕「漢中去涪｜千里」音注。○｜，猶委也。〔荀子·富國〕「｜事養民」平議。○邊｜，猶邊陲也。〔公羊傳宣公一二年〕注「言已有過於楚邊｜之臣」陳疏。○〔說文定聲·卷一〇〕｜，叚借為𠂹。〔春秋元命苞〕「以土｜一人詰屈折著為廷字」。○〔周禮〕叚｜為箠。〔說文〕「箠，所以擊馬也」段注。○｜，假借為箠。〔說文定聲·卷一〇〕○｜字古讀若陀。〔荀子·議兵篇〕「兵殆於｜沙」集解引王念孫。○｜，同埀。〔廣韻·支部〕○腄、｜同。〔左傳宣公八年經〕「遂卒于｜」洪詁。○｜，與倕同。〔廣雅·釋樂〕「倕氏鍾十六枚」疏證。○｜，或作陲。〔說文〕「｜，遠邊也」義證。○〔說文定聲·卷一〇〕｜，又作華。〔周禮·垂氏〕注「荆也」。○｜，各本作陲。〔左傳成公一三年〕「虔劉我邊｜」疏證。○俗書邊｜字作陲。〔說文〕「｜，遠邊也」段注。○｜，書傳皆以陲為之。〔說文定聲·卷一〇〕○｜，字當作甀。〔漢書·梁丘賀傳〕「首｜泥中」補注引宋祁。○｜，埀字省文。〔墨子·備城門〕「各一｜水」閒詁引畢沅。○｜，當為岳。〔漢書·地理志〕「｜山」補注引錢坫。○｜乃乘之譌。〔史記·司馬相如傳〕「｜絳幡之素蜺兮」志疑。

吹｜，｜噓。〔廣韻·支部〕○｜呼為陰。〔通雅·疑始〕○｜脣，即所謂咄也。〔通雅·樂器〕○〔說文定聲·卷一〇〕｜，叚借為炊。〔海賦〕「｜炯九泉」。○｜、炊二字古通用。〔莊子·逍遙遊〕「生物之以息相｜也」集釋。○｜，崔本作炊。(同上)

陂｜，阪也。〔國策·楚策四〕「南游乎高｜」鮑注。○｜，池也。(同上)補正。○｜，澤障也。〔詩·澤陂〕「彼澤之｜」朱傳。又〔大戴·五帝德〕「｜九澤」王詁。又〔慧琳音義·卷一二〕引〔桂苑珠叢〕。○｜，即澤之隄障。〔漢書·高帝紀〕「嘗息大澤之｜」補注。○草澤有水曰｜。〔慧琳音義·卷一二〕○｜與阪同義。〔詩·澤陂〕「彼澤之｜」陳疏。○｜、阪音義同。〔釋地〕「｜者曰阪」郝疏。○｜與障又同義也。〔詩·澤陂〕「彼澤之｜」陳疏。○｜乃帔之叚字。〔賈子·勸學〕「榆鋏｜」平議。○｜，字與坡同。〔說文〕「｜，阪也」句讀。○〔河渠書〕｜作披。〔漢書·溝洫志〕「它小渠及｜山通道者」補注。○｜、詖、頗、彼並字異義同。〔方言六〕「｜、傜，衺也」箋疏。

碑｜，銘石。〔說文〕「｜，豎石也」義證引〔玉篇〕。○｜，臥石。(同上)○古者刻石，但言石，不言｜。〔說文定聲·卷一二〕○秦人但曰刻石不曰｜，後此凡刻石皆曰｜矣。〔說文〕「｜，豎石也」段注。○非石而亦曰｜，假借之偁也。(同上)

奇｜，與偉同義。〔漢書·張陳王周傳贊〕「以為其貌魁梧｜偉」補注引王念孫。○〔說文定聲·卷一〇〕｜，謂持節、持戟時身倚之以拜也。〔周禮·大祝〕杜注「又讀曰倚」。○｜請它比，別請它例也。〔通雅·刑法〕○｜侅者，非常也。〔漢書〕「｜胲」雜志。○｜侅，皆言其術之非常也。(同上)○｜賌者，奇秘之要，非常之術也。〔淮南·兵略〕「明於｜賌」雜志。○蓋｜侅與今云｜駭音義皆同。〔說文〕「侅，｜侅」段注。○｜牙，所謂猗也。〔說文〕「猗，虎牙也」段注。○｜蟲，總言魚龍漫衍也。〔通雅·卷三五〕○｜，姓。〔廣韻·支部〕○倚與｜通。〔史記〕「｜兩女」雜志。○｜與倚古字通。〔管子〕「倚邪乃恐」雜志。○畸、倚、｜並通。〔廣雅·釋詁〕「畸，衺也」疏證。○〔說文定聲·卷一〇〕｜，叚借為畸。〔史記·貨殖傳〕「時有｜羨」。○〔周禮〕之｜，正敧之叚借字。〔說文〕「敧，嘔也」段注。○｜衺，猶敧衺，語之轉耳。〔廣雅·釋詁〕「畸，衺也」疏證。○〔說文定聲·卷一〇〕｜，以倚為之。〔荀子·脩身〕「倚魁之行」。○〔賈子〕｜一作畸。〔漢書·食貨志〕「以收｜羨」補注。○｜，或作倍。(同上)

宜既得其地，上蔭深屋，為｜也。〔說文〕「｜，所安也」繫傳。○｜者義也。〔史記·周本紀〕「以存亡國｜告」志疑。○｜者事也。〔禮記·月令〕「以待來歲之｜」述聞。○｜，和其所｜也。〔詩·女曰雞鳴〕「與子｜之」朱傳。○｜，稱。〔詩·緇衣〕「緇衣之｜兮」朱傳。○｜者，稱也。〔詩·君子偕老〕「象服是｜」集疏。○｜，謂體性相｜也。〔說文〕「稌，稌稻也」繫傳。○凡神歆其祀，通謂之｜。〔詩·閟宮〕「是饗是｜」通釋。○｜本祭社之名。(同上)○｜者，和順之意。〔詩·桃夭〕「｜其室家」朱傳。○｜，猶善也。〔禮記·內則〕「子甚｜其妻」集解。又〔大學〕「詩云｜其家人」朱注。○｜，猶殆也。〔左傳成公二年〕「｜將竊妻以逃者也」釋詞。○｜，亦當訓為肴。〔詩·女曰雞鳴〕「｜言飲酒」述聞。○｜，姓。〔廣韻·支部〕○眾｜，謂眾事也。〔釋詁〕「｜，事也」述聞。○｜、儀古通用。〔詩·角弓〕「如食｜饇」通釋。○｜，字通作儀。〔詩·烝民〕「我儀圖之」釋詞。○｜，又通作義。〔詩·大誥〕「義爾邦君」釋詞。○｜與義古字通。〔管子〕「莫人言至也」雜志。○｜，讀為儀。〔荀子〕「等｜」雜志。○｜、肴聲轉。〔釋言〕「｜，肴也」郝疏。○｜，助語詞也。〔詩·螽斯〕「｜爾子孫」釋詞。○｜，齊作儀。〔詩·文王〕「｜鑒于殷」集疏。○官本｜作誼。〔漢書·禮樂志〕「此賈｜、仲舒、王吉、劉向之徒」補注。○恒與｜相似而誤。〔賈子·胎教〕「無｜活之民」平議。○｜乃誼之省耳。〔管子·明法解〕「案其當｜」平議。○〔說文定聲·卷一〇〕｜，猶鬻也。〔釋言〕「｜，肴也」。○(同上)｜，假借為儀。〔詩·文王〕「｜鑒于殷」。○(同上)｜，假借為誃。〔詩·女曰雞鳴〕「與子｜之」。○(同上)｜，假借為誼。〔晉語〕「將施于｜」。○(同上)｜，假借為嘉。〔太玄·爻守〕「好是｜德」。

宐｜，同宜。〔廣韻·支部〕○｜，俗字作宜。〔說文定聲·卷一〇〕

儀｜，度。〔詩·烝民〕「我｜圖之」朱傳。○｜，度也。〔漢書〕「議事以制」雜志。又〔大戴·四代〕「可以表｜」述聞。又〔禮記·緇衣〕「臣｜行」集解。○｜，亦度也。〔儀禮·少牢饋食〕注「｜者尊體盡｜度餘骨可用」述聞。○｜，法也。〔詩·柏舟〕「實維我｜」集疏。又〔管子〕「建當立有以靖為宗」雜志。○一，則也。〔詩・柏舟〕「實維我一」集疏。○一，準也。〔韓子・外儲說左上〕「不以一的爲關」集解。○一，準則。〔荀子・正論〕「下之一也」集解。○一，即表也。〔漢書〕「連語」雜志。○一，表一也。〔釋詁〕「一，榦也」鄭注。○一，象。〔詩・文王〕「一刑文王」朱傳。○一，可象也。〔大學〕「赫兮喧兮者，威一也」朱注。○一，善。〔詩・斯干〕「無非無一」朱傳。○一，義也。〔廣韻・支部〕○一，即義也。〔詩・鳲鳩〕「其一不忒」陳疏。又〔荀子・議兵〕「其一不忒」集解。○一，禮也。〔孟子・告子下〕「書曰享多一」朱注。○一，一容。〔廣韻・支部〕○一，威一也。〔詩・烝民〕「令一令色」朱傳。○一，擬也。〔漢書・孝宣許皇后傳〕「皆心一霍將軍女」補注引沈欽韓。又〔文選・曲水詩序〕集釋引吳仁傑。○一，匹。〔詩・柏舟〕「實維我一」朱傳。○一，匹也。〔同上〕後箋引何楷。又〔楚辭・悲回風〕「莽芒芒之無一」補注。又〔義府・卷上〕「鳳凰來一」。○一者，匹也。〔荀子・哀公〕「人有五一」集解引郝懿行。○一，即偶也。〔通雅・卷一八〕○一，亦謂馮依其身而匹偶之。〔詩・柏舟〕「實維我一」後箋引何楷。○一，正也。〔廣韻・支部〕○一，謂容儀也。〔左傳襄公三一年〕「令尹圍之威一」述聞。○一，謂制度也。〔荀子〕「同一」雜志。又〔荀子・正論〕「同服同一」集解。○一，謂有一可象。〔大戴・保傅〕「周旋俯仰視瞻無一」王詁。○一，即謂射一也。〔詩・猗嗟〕「一既成兮」後箋。○有一而可象謂之一。〔詩・柏舟〕「威一棣棣」集疏引魯說。○立木以示人謂之一。〔漢書〕「連語」雜志。又〔漢書・哀帝紀〕「為宗室一」補注。○一，又謂之表。〔漢書〕「連語」雜志。又〔漢書・哀帝紀〕「為宗室一」補注。○楨、翰、一、榦，皆謂立木也。〔釋詁〕「一，榦也」述聞。○一，猶象也。〔屈賦・悲回風〕「莽芒芒之無一」戴注。○一，猶等也。〔荀子・哀公〕「人有五一」集解。○一與等義相近。〔荀子・王制〕「皆有等一」集解引王念孫。○形、一、兒三字同義。〔廣雅・釋詁〕「形、一、兒，見也」疏證。○一適，一注也。〔通雅・禮儀〕○一表，或言表一，其義一也。〔漢書〕「連語」雜志。○德行足以率人者亦謂之一表。〔同上〕雜志。○二一，謂天地也。〔慧琳音義・卷一〕引顧野王。○〔說文定聲・卷一〕一民，猶宜民也。〔魯語〕「以一民」。○一甌，即宜甌。〔通雅・釋詁〕○一路，威一依心為路也。〔慧琳音義・卷四八〕○一狄，即帝女之名。〔國策〕「令一狄」雜志。○〔說文定聲・卷一〇〕一，即浚一，在今河南開封府祥符縣。〔論語〕「一封人」。○一，通作義。〔釋詁〕「一，善也」邵正義。○一，與義通。〔詩・我將〕「一式刑文王之典」陳疏。○一與議通。〔文選・幽通賦〕「贏取威於伯一兮」集釋。○一與倪通。〔義府・卷下〕○一、議古字通。〔墨子〕「儒學」雜志。○一與議古字通。〔儀禮・少牢饋食禮〕注「今文一或謂議」述聞。○古音一與獻通。〔廣雅・釋言〕「一，賢也」疏證。○古聲一與獻通。〔漢書〕「民獻一九萬夫」雜志。○一之爲義，〔毛詩〕通用。〔詩・鳲鳩〕「其一一兮」後箋。○〔說文定聲・卷一〇〕一，叚借為義。〔詩・鳲鳩〕「其一一兮」。○〔同上〕一，叚借為宜。〔楚語〕「采服之一」。○〔同上〕一，叚借為羲。〔書大傳〕「一伯樂舞鼚哉」。○〔同上〕一，叚借為檥。〔釋詁〕「一，榦也」。○〔同上〕一，叚借為儷，實為丽。〔詩・柏舟〕「實維我一」。○〔同上〕一，叚借為獻，實為賢。〔廣雅・釋言〕「一，賢也」。○〔同上〕一，叚借為觀。〔廣雅・釋詁〕「一，見也」。○〔同上〕一，叚借為兒。〔費鳳別碑〕「黎一瘁傷」。○一者，義之叚借也。〔釋詁〕「一，善也」郝疏。○一者，檥之叚音也。〔釋詁〕「一，榦也」郝疏。○一為偶字之假借。〔詩・柏舟〕「實維我一」通釋。○〔說文定聲・卷五〕一者俄之借字。〔左傳哀公一七年〕「宋桓司馬之臣克皆字一」。〔「克」下〕○〔說文定聲・卷一〇〕一，假借發聲之詞。〔詩・角弓〕「如食一饇」。○一，讀為俄。〔賈子・道術〕「鏡一而居」平議。○一，當讀為俄。〔荀子・成相〕「君法一」平議。又〔同上〕集解。○一字，古讀俄。〔漢書・敘傳〕「贏取威於百一兮」補注引王念孫。○議讀為一。〔漢書〕「議事以制」雜志。○古讀一為何。〔呂覽・勿躬〕「尚一作占月」校正。○一與檥音相近。〔墨子・法儀〕閒詁引畢沅。○議同一。〔廣韻・支部〕○一與義同。〔荀子・正論〕「同服同一」集解引郝懿行。○一同倪。〔左傳桓公一八年〕「祭仲逆鄭子于陳而立之」疏證引陳樹華。○一，當作義。〔詩・相鼠〕「人而無一」陳疏。○一，當為義。〔說文〕「騀，馬行威一也」義證。○一，韓作義。〔詩・楚茨〕「禮一卒度」集疏。○〔史記〕一作義。〔漢書・司馬相如傳〕「宜命掌故悉奏其一而覽焉」補注。○一，依許衹當作義。〔說文・序〕「王制禮一」段注。○〔說文定聲・卷一〇〕一，以義為之。〔書・文侯之命〕「父義和」。○古書禮一字作義。〔晏子〕「畏禮義」雜志。○禮一，本作禮經。〔大戴・衛將軍文子〕「禮一三百」述聞。○古者威一字作義。〔說文〕「義，己之威義也」段注。○一臺，〔世家〕徐廣作義臺。〔史記・六國年表〕「伐宋，取一臺」志疑。○一，當作檥。〔漢書・蕭何傳〕「坐為太常一牲瘦免」補注。○〔說文定聲・卷一〇〕一，字亦作俄。〔穆天子傳〕「右驂赤蘬而左白俄」。○原本一作蟻。〔漢書・禮樂志〕「象輿轙」補注。○一，〔說文〕引作䣡。〔左傳昭公六年〕「徐一楚聘于楚」洪詁。○「羣書治要」引一作義。〔管子・法法〕「立一以自正也」義證引孫星衍。○其威一字，則周時作義，漢時作一。〔說文〕「誼，人所宜也」段注。○伏生〔尚書〕「民一有十夫」，古文〔尚書〕作「民獻」。〔說文〕「獻，宗廟犬名羹獻」段注。○一，義如渾天儀之儀。〔墨子・法儀〕閒詁引畢沅。

## 皮

剝其皮曰一。〔釋名・釋飲食〕「瓠蓄一瓠以為脯」疏證。○一，革也。〔論語・八佾〕「射不主一」朱注。○〔說文定聲・卷一〇〕有毛曰一。〔說文〕「一，剝取獸革者謂之一」。○生曰一。〔同上〕繫傳。○一，羔狐之屬。〔國策・齊策三〕「請具車馬一幣」鮑注。○引伸凡物之表皆曰一。〔說文〕「一，剝取獸革者謂之一」段注。○凡去物之表皆曰一。〔同上〕○一，亦剝也。〔慧琳音義・卷七五〕引〔考聲〕。○一與披同義。〔史記〕「一面」雜志。○一，姓。〔廣韻・支部〕○一弁，諸侯視朔之服。〔大戴・公符〕「公玄端與一弁皆韠」王詁。○一冠，田獵之冠也。〔孟子・萬章下〕「以一冠」朱注。○一冠者，諸侯田獵之冠也。〔同上〕焦正義引閻若璩。○一軒，革車也。〔文選・上林賦〕「前一軒後道游」集釋引郭璞。○一軒，以虎皮飾車。(同上)注引文穎。○―軒車,漢前驅車也。〔漢書·司馬相如傳〕「前―軒」補注引〔宋史·輿服志〕。○―軒,冒以虎皮為軒。(同上)○―傳,即―附。〔通雅·卷七〕○〔説文定聲·卷一○〕―,假借為柀。〔廣雅·釋詁〕「―,離也」。○古讀―為坡。〔釋地〕「陂者曰阪」郝疏。○古讀―如婆。〔漢書·古今人表〕「司徒―」補注引錢大昕。○古音―讀為婆。〔儀禮·鄉射禮〕「君國中射則―樹中」孫正義引胡承珙。○―膚與―傳聲近義同。〔方言七〕「秦晉言非其事謂之―傳」箋疏。○朴與―、膚一聲之轉。〔廣雅·釋詁〕「朴,離也」疏證。○―、披同字。〔國策·韓策二〕「因自―面抉眼」札記引丕烈。○―,〔列女傳〕作披。(同上)補注。○―,當為㞒。〔説文〕「疲,籀文從―」義證。

兒 ―,嬰―。〔廣韻·支部〕○―,小兒也。〔説文〕「閱,恒訟也」繫傳。○―者,人之微始也。〔説文定聲·卷一一〕○―者,提也。〔説文繫傳·通論中〕○男曰―。(同上)○孺子為―。〔説文定聲·卷五〕(「巳」下)○―,引伸為凡幼小之偁。〔説文〕「―,孺子也」段注。○―,猶撕,其聲倪倪然差壯大也。〔説文繫傳·通論中〕○―,又虜姓。〔廣韻·支部〕○―母,蓋難正言其妻,故曰―母。〔義府·卷下〕○〔説文定聲·卷一一〕―踵,即芪母。〔廣雅·釋草〕「―踵,東根也」疏證。○―者,齯之叚借也。〔釋詁〕「齯齒,壽也」郝疏。○―,古倪字。〔左傳宣公一二年〕疏證。○―,魯作齯。〔詩·閟宮〕「黄髮―齒」集疏。○―,古齯字。(同上)陳疏。

児 ―,同兒。〔廣韻·支部〕

離 〔説文定聲·卷一○〕―,亦曰驪黄。〔説文〕「―,―黄,倉庚也」。○―,今用鸝,為鸝黄。〔説文〕「―,―黄,倉庚也」義證。○―,麗。〔詩·兔爰〕「雉―于羅」朱傳。○―,麗也。〔詩·新臺〕「鴻則―之」朱傳。○―,麗也,猶遭。〔國策·燕策二〕「―毀辱之非」鮑注。○―,儷也。〔公羊傳桓公二年〕注「二國會曰―」陳疏引孔廣森。○―,附也。〔詩·小弁〕「不―于裏」述聞。○―,附―也。〔漢書·東平思王傳〕「然後富貴不―於身」補注引蘇子瞻。○―,遭也。〔離騷〕「進不入以―尤兮」補注。又〔屈賦·天問〕「卒然―蠥」戴注。○―,罹也。〔楚辭·山鬼〕「思公子兮徒―憂」補注。又〔韓子·解老〕「衆人―於患」集解。○―者,分也。〔淮南·天文〕「―以為朝晝昏夜」雜志。○―,割也。〔韓子·説林上〕「斧―數創」集解。○―,散也。〔大戴·子張問入官〕「六馬之―」王詁。○―,去也。〔漢書·揚雄傳〕「超既―虖皇波」補注。○―,叛去也。〔孟子·公孫丑〕「邪辭知其所―」朱注。○―,歷也。〔太素·諸風雜論〕「今有其不―屏蔽」楊注。○―,憂。〔詩·四月〕「亂―瘼矣」朱傳。○―,陳也。〔史記〕「―辭」雜志引〔左傳〕杜注。○―者,咼也。〔説文定聲·卷八〕○―者,剺也。(同上)○―,月所宿也。〔詩·漸漸之石〕「月―于畢」朱傳。○―者,別其位次。〔大戴·五帝德〕「厤―日月星辰」王詁。○―,山棃也。〔史記·司馬相如傳〕集解引〔漢書音義〕。○〔説文定聲·卷一○〕―,即倚商、活脱,今之通草也。〔釋草〕「―南,活莌」。○屬、―,皆著也。〔廣雅·釋詁〕「麗,著也」疏證。○―,謂月之所曆。〔禮記·月令〕「宿―不貸」集解。○―,謂―其羣也。〔大戴·夏小正〕「鹿之養也―」王詁。○―,謂草木披―。〔釋詁〕「覭,―也」鄭注。○―,謂分析其所言。〔韓子·揚權〕「彼自―之」集解引舊注。○凡割而不斷曰―。〔儀禮·公食大夫禮〕「三牲之肺不―」胡正義。○―與灑義同。〔釋樂〕「大琴謂之―」郝疏。○歷與―同義,皆分別之義。〔墨子〕「磨」雜志。○近曰―,遠曰別。〔廣韻·支部〕○謂之―者,―猶羅也。〔釋樂〕「大琴謂之―」郝疏。○―,姓。〔廣韻·支部〕○――,垂也。〔詩·湛露〕「其實――」朱傳。○――,垂貌。〔詩·黍離〕「彼黍――」朱傳。○――,言其垂,自秀至實皆可言之。(同上)後箋。○――者,狀其有行列也。(同上)通釋。○――,長貌。〔詩·湛露〕「其實――」集疏引韓説。○――,猶歷歷也。〔詩·湛露〕「其實――」陳疏。○―世,謂遠於事情。〔韓子·外儲説左上〕「其行身也―世」集解引王先謙。○―披,分散不可收束之意。〔通鑑·梁紀一六〕「而周章向背―披不已」音注。○流―,與畱―同。〔釋樂〕「大琴謂之―」郝疏。○―如―立,言孤特也。〔屈賦·橘頌〕「淑―不淫」戴注。○荔枝作―支。〔史記〕「蔵斯」雜志。○荔枝,古作―枝,―、荔一聲之轉。〔説文定聲·卷五〕○―南,通艸也。〔釋艸〕「―南,活莌」鄭注。○―耳,即儋耳也。〔通雅·地輿〕○出之子曰―孫。〔通雅·稱謂〕○二國相會謂之―會。〔公羊傳隱公二年〕「公會于潛」注「所傳聞之世外―會不書」陳疏。○―經者,丽經而時習也。〔通雅·釋詁〕○―辭,陳辭也。〔史記〕「―辭」雜志。○―辭者,學文而摛詞也。〔通雅·釋詁〕○―朱,即―婁也。〔楚辭·懷沙〕「―婁微睇兮」補注。○―婁,黄帝時人,明目,能見百步之外秋毫之末。(同上)補注。○〔孟子〕―婁,即麗廔也。〔説文〕「廔,屋麗廔也」句讀。○人曰―婁。〔説文〕「婁,空也」段注。○―、罹通。〔國策·燕策二〕「―毀辱之非」補正。○离、―古通用。〔説文〕「离,山神也」段注。○―與颲通。〔廣雅·釋詁〕「颲,布也」疏證。○〔説文定聲·卷一○〕―,叚借為麗,實為丽。〔易·序卦〕「―者,麗也」。○(同上)―,叚借為离。〔史記·周本紀〕「如豺如―」。○(同上)―,叚借為縭。〔漢書·外戚傳〕「申佩―以自思」。○(同上)―,叚借為曬。〔易·説卦〕「―為火、為日、為電」。○(同上)―,叚借為蘺。〔離騷〕「扈江―與薜芷」。○(同上)―,叚借為羅。〔史記·管蔡世家〕「無―曹禍」。○(同上)―,叚借為剺,或為咼,與分別字同誼。〔廣雅·釋詁〕「―,分也」。○(同上)―,叚借為棃。〔子虛賦〕「檗―朱楊」。○(同上)―,叚借為杝。〔楚語〕「為之關籥藩―」。○(同上)―,叚借為褫。〔周禮·形方氏〕「無有華―之地」。○―,同樆。〔漢書·司馬相如傳〕「檗―朱楊」補注。○―,讀為罹。〔韓子·内儲説上〕「使人行之所易,而無―所惡」集解。○―,讀如羅。〔墨子·七患〕「國―寇敵」閒詁引畢沅。○―,讀為麗。〔詩·新臺〕「鴻則―之」陳疏。又〔廣雅·釋詁〕「―,待也」疏證。○―,讀與麗同。〔詩·漸漸之石〕「月―于畢」陳疏。○―與邐古亦同聲。〔廣雅·釋詁〕「邐,過也」疏證。○―與羅一聲之轉。

〔方言七〕「丨謂之羅」箋疏。○麗婁、丨婁，聲與連遱皆相近。〔廣雅・釋訓〕「嘓哰，謰謱也」疏證。○丨婁、麗廔與謰謱聲義並相近。〔方言一〇〕「謰謱，拏也」箋疏。○丨、來音義同。〔釋親〕「玄孫之子為來孫」郝疏。○丨、羅聲轉義同。〔釋言〕「縭，介也」郝疏。○丨縰、跂訾疊韻字，大抵皆自異於衆之意也。〔荀子・非十二子〕「丨縰而跂訾者也」集解引王念孫。○〔通雅・卷一六〕丨枝，即令支。〔史記・齊世家〕「桓公北伐山戎丨枝孤竹」。○丨與罹同。〔左傳文公五年〕「而丨其難」疏證。又〔通鑑・周紀四〕「丨毀辱之誹謗」音注。○丨，俗作罹。〔墨子・經説上〕「則丨之」閒詁。○〔説文定聲・卷一〇〕丨，字亦作鸝。〔爾雅〕「倉庚，商庚」注。○丨，字亦作樆。〔説文定聲・卷一〇〕○丨，魯作麗。〔詩・漸漸之石〕「月丨于畢」集疏。○丨，字亦作黎黃，皆音近通寫。〔説文定聲・卷一〇〕○丨，俗字作離。（同上）○蘺，字通作麗，亦作丨。〔廣雅・釋詁〕「蘺，著也」疏證。○丨靡，〔史記〕作麗靡，古字通。〔漢書・司馬相如傳〕「丨靡廣衍」補注。○丨支，〔史記〕作荔枝，荅古皆通。〔漢書・司馬相如傳〕「荅遝丨支」補注。○〔文選〕丨作蘺。〔漢書・司馬相如傳〕「被以江丨」補注。○官本丨作灕。〔漢書・五行志〕「四將軍衆十萬征南越」補注。○丨，後人加水作灕。〔漢書・南粵傳〕「或下丨水」補注。

**离**　丨，明也。〔廣韻・支部〕○丨，又卦名。（同上）○丨，山神獸也。〔集韻・支部〕○丨，古作禼。（同上）○丨，〔易〕本作離。〔廣韻・支部〕○丨，通作離。〔説文〕「丨，山神獸也」義證。○丨，通作螭。（同上）○丨，字亦作螭。〔廣雅・釋天〕「山神謂之丨」疏證。○丨，或作魑。〔説文〕「丨，山神獸也」義證。○〔説文定聲・卷一〇〕丨，字亦作魑。〔左傳文公一八年〕「以禦丨魅」。○丨，經傳以螭為之。〔説文定聲・卷一〇〕

**施**　丨者，旗貌也。〔説文〕「我，丨身自謂也」段注。○丨，丨設。〔廣韻・支部〕○丨，設也。〔詩・碩人〕「丨罛濊濊」朱傳。又〔大戴・衛將軍文子〕「吾聞夫子之丨教也」王詁。又〔通鑑・魏紀七〕「但奉修先帝所丨」音注。○丨，張也。〔荀子〕「施」雜志。又〔荀子・成相〕「黨與丨」集解。○丨，陳也。〔韓子・忠孝〕「丨於土地」集解。○丨者，用也。〔荀子・王制〕「官丨而衣食之」集解。○丨，行也。〔大戴・曾子疾病〕「故君子思其不復者而先丨焉」王詁。又〔漢書・蒯通傳〕「秦政不丨」補注。○丨，予也。〔大戴・曾子天圓〕「吐氣者丨」王詁。○丨，與也。〔廣雅・釋詁〕疏證。○丨，亦為也。〔詩・邱中有麻〕「將其來丨」通釋。○丨，功勞也。〔大戴・主言〕「行丨彌博」王詁。○丨，謂邪也。〔墨子・經説下〕「所挈之止於丨也」閒詁。○丨，縱緩也。〔太素・十五絡脈〕「實則節丨肘廢」楊注。○丨，取厚丨之義也。〔春秋名字解詁〕「齊弦丨字多」述聞。○丨，謂設施。〔大戴・主言〕「然後令則從，丨則行」王詁。○丨，謂丨德。〔大戴・主言〕「樂丨則下益諒」王詁。○丨，謂其出無窮。〔禮記・祭義〕「丨諸後世而無朝夕」集解引方愨。○丨，舍，皆謂賜予也。〔周語〕「縣無丨舍」述聞。○丨，猶陁也。〔左傳昭公五年〕「毀中軍於丨氏」平議。○丨，張大之意。〔論語・公冶長〕「無丨勞」朱注。○丨者，延移之義。〔釋器〕「竿謂之箷」郝疏。○丨與流義同。〔孟子・盡心上〕「丨於四體」焦正義。○丨，姓。〔廣韻・支部〕○丨舍，猶賜予也。〔墨子・非攻中〕「丨舍羣萌」閒詁。○丨設，猶言丨行。〔公羊傳桓公一一年〕「舍死亡無所設」注「設，丨也」陳疏。○陳列、丨設，俱與經理義近。〔釋言〕「基，設也」郝疏。○丨丨，喜悦之意。〔詩・丘中有麻〕「將其來丨丨」朱傳。○丨丨，喜悦自得之貌。〔孟子・離婁下〕「丨丨從外來」朱注。○丨、弛古字通。〔左傳昭公五年〕「毀中軍于丨氏」平議。○〔説文定聲・卷一〇〕丨，假借為暆。〔史記・屈賈列傳〕「庚子日丨兮」。○（同上）丨，假借為弛。〔韓詩・何人斯〕「我心丨也」。○（同上）丨，假借為迻。〔史記・衛綰傳〕「劍，人之所丨易」。○（同上）丨，假借為侈。〔論語〕「無丨勞」。○（同上）丨，假借為扡。〔通志・氏族畧〕「魯公子尾字丨父」。○〔説文定聲・卷一〇〕丨，假借為𢼊。〔廣雅・釋詁〕「丨，予也」。○丨，即𢼊之叚字。〔周禮・天官〕「乃丨典于邦國」孫正義。○丨，經傳叚此為敷𢼊字。〔説文〕「丨，旗旖丨也」段注。○丨，讀曰移。〔大戴・誥志〕「陵不丨谷」王詁。○丨，讀為移。〔莊子・人間世〕「哀樂不易丨乎前」集釋。又〔晏子〕「公怨良臣」雜志。○丨，讀為弛。〔韓子・解老〕「所謂貌丨也者」集解。○丨，古讀如莎。〔荀子・成相〕「反其丨」集解引郝懿行。○丨，讀為贈丨之丨。〔義府・卷下〕○丨，讀如「丨罟濊濊」之丨。〔詩・兔罝〕「丨于中逵」陳疏。○貤讀與「丨於中谷」之丨同。〔漢書〕「連語」雜志。○丨，發語聲。〔孟子・公孫丑上〕「孟丨舍之所養勇也」朱注。○〔説文定聲・卷一〇〕丨，以為發聲之詞。〔禮記・雜記〕「魯有少丨氏」注。○丨與移同。〔漢書〕「連語」雜志。○丨，並與移同。〔國策〕「馳南陽之地」雜志。○丨，與弛同。〔詩・葛覃〕「丨于中谷」後箋。○丨丨，與暆暆同。〔詩・丘中有麻〕「將其來丨丨」陳疏。○迤、迆、丨、陁，並字異而義同。〔廣雅・釋詁〕「迤，衺也」疏證。○丨，當為𢼊。〔説文〕「設，丨陳也」義證。○丨，當為杝。〔荀子・大略〕「不脩幣」集解引俞樾。○丨，當作方。〔管子・戒〕「門傳丨城」義證。○丨，一作弛，遺棄也。〔論語・微子〕「君子不丨其親」朱注。○〔説文定聲・卷一〇〕丨，字亦作肔。〔莊子・胠篋〕「萇宏肔」崔註「肔，裂也」。○丨，字亦作胣。〔説文定聲・卷一〇〕○索隱本馳作丨。〔史記〕雜志。○丨，韓作延。〔詩・旱麓〕「丨于條枚」集疏。○丨氏，〔潛夫論〕引作荼氏。〔左傳定公四年〕「丨氏」洪詁。○丨，即〔説文〕暆字。〔説文〕「暆，日行暆暆也」段注。○丨字，俗改為旇。〔説文〕「丨，旗旖丨也」段注。○經傳通以丨為弛。〔漢書〕「丨」雜志，○丨乃也字之誤。〔管子・輕重乙〕「引之以徐疾丨平其歸我若流水」平議。

**𢼊**　丨，今字作施，施行而丨廢。〔説文〕「丨，敷也」段注。○丨，各本作施。〔説文〕「張，丨弓弦也」段注。○丨，經典借施字。〔説文〕「丨，敷也」義證。○丨，今作施。〔説文〕「丨，敷也」繫傳。

知—，覺也。〔廣韻·支部〕又〔説文〕「聞，—聞也。」義證引〔玉篇〕。○—，識也。〔説文定聲·卷九〕(〔疋〕下)○—，見也。〔管子〕「集於顔色」雜志。○—者，接也。〔荀子·不苟〕「君子易—而難狎」平議。○—，欲也。〔廣韻·支部〕○—者，巧也。〔荀子〕「—而險，賊而神」雜志。○—，謂知朕意也。〔漢書·公孫宏傳〕「君宜—之」補注。○—，謂識其事之所當然。〔孟子·萬章上〕「使先—覺後—」朱注。○—，謂通問相知之人。〔大戴·曾子立事〕「多—而無親」王詁。○古謂相交接曰—。〔荀子·不苟〕「君子易—而難狎」集解引俞樾。○古者謂相交接曰—。〔禮記·樂記〕「物至知—」述聞。○相匹偶亦謂之—。〔詩·隰有萇楚〕「樂子之無—」述聞。○—，猶識也。〔大學〕「先致其—」朱注。○—，猶智也。〔詩·芄蘭〕「能不我—」朱傳。○—，猶志也。〔大戴·文王官人〕「喜怒以物而變易—」平議。○—，猶記憶也。〔論語·里仁〕「不可不—也」朱注。○—，猶見也。〔大戴·文王官人〕「喜怒以物而變易—」王詁。又〔國策〕「和其顔色」雜志引高注。○—，猶為也。〔易·繫上〕「乾—大始」述聞。○—，猶交也。〔大戴·主言〕「故天下之君可得而—也」平議。○—，猶發也。〔國策〕「和其顔色」雜志引高注。○—、䂂義同。〔説文〕「—，詈也」段注。○—與交同義。〔楚辭·少司命〕「樂莫樂兮新相—」述聞。○下—字當訓為接。〔禮記·樂記〕「物至——」述聞。○—方，皆—所向。〔荀子·君道〕「則民—方」集解。○—衡，即折衡也。〔晏子〕「可謂折衡也」雜志。又〔晏子·雜篇〕「而—衡千里之外」述聞。○—與者，取材以賞功無妄費也。〔漢書·鼂錯傳〕「—與而安已也」補注引周壽昌。○深—之，猶深結之。〔韓子·内儲説下〕「何不深—之」集解引王先謙。○—，與智通。〔墨子·尚賢下〕「睎夫聖武—人」閒詁。○—、智古字通。〔釋言〕「哲，智也」郝疏。○—，與志通。〔禮記·禮器〕「觀其發而—其人之—」平議。○—，通作智。〔方言一〕箋疏。○—與折古字通。〔大戴·勸學〕「朽木不—」述聞。○—，假借為䂂。〔説文定聲·卷一二〕○(同上)—，假借為伎。〔詩·隰有萇楚〕「樂子之無—」。○(同上)—，假借發聲之詞。〔方言三〕「—，愈也，南楚病愈者或謂之—」。○—，讀智。〔墨子·非攻下〕「—者之道也」閒詁引畢沅。又〔經上〕「—，材也」閒詁引張惠言。○—，讀如智。〔兼愛下〕「以其—為未足」閒詁引蘇時學。○—，讀為智。〔經上〕「—，材也」平議。又〔經説上〕「—也者」閒詁。又〔荀子·榮辱〕「—愚能不能之分」集解引王念孫。又〔韓子·説難〕「—者揣之外而得之」集解。又〔説林上〕「而自—其益富」集解引顧廣圻。又〔方言一二〕「諒，—也」疏證。又〔方言一二〕「惾，—也」箋疏。○—，當讀為智。〔荀子·解蔽〕「夫何以—」平議。又(同上)集解。○—，字當讀為志。〔論語·為政〕「誨女—之乎」平議。○—，當讀為折。〔周禮·師氏〕「孝德以—逆惡」平議。○—，當讀作去聲。〔漢書·翼奉傳〕「—益為害」補注引宋祁。○—，讀曰智。〔漢書·劉向傳〕「無德寡—」補注引胡注。又〔韓子·喻老〕「言生于—，—者不藏書」集解。○—、折一聲之轉。〔方言一〕「黨、曉、哲，—也」箋疏。○—與咨，乃聲之轉變。〔方言一〇〕疏證。○芪、茋、—、蝭、蚳、提，古聲並相近。〔廣雅·釋草〕「芪母，東根也」疏證。○—儀為匹，皆以叠韻取訓。〔詩·隰有萇楚〕「樂子之無—」後箋。○—為語助。〔書·召誥〕「—今我初服宅新邑」平議。○—或語助。(同上)孫疏。○—與智同。〔周書〕「和氣」雜志。○—即智字。〔韓子·外儲説左下〕「君—能謀天下」集解引顧廣圻。○古書—字多作智。〔漢書〕「以—往來」雜志。○古字多以智為—。〔漢書〕「智誼之指」雜志。○—，經典亦以智為之。〔説文定聲·卷一二〕○—，當作為。〔韓子·主道〕「靜則—動者正」平議。○—，當作如。〔晏子·雜上〕「善哉—苦言」平議。○—，當作和。〔韓子·外儲説右上〕「人且—女」平議。○—，當作時。〔韓子·喻老〕「—者無常事」集解引王渭。○—，當為叛。〔穀梁傳成公九年〕「—其上為事也」述聞。○—，齊作之。〔詩·采薇〕「莫—我哀」集疏。○〔古今人表〕—作智。〔左傳昭公二八年〕「—徐吾為涂水大夫」洪詁。○墨子書—字多作智。〔墨子〕「即可得留而已」雜志。○一本—作制。〔國策·燕策二〕「毋不能—」補注。○—，和字之誤也。〔荀子·大略〕「審節而不—」集解引王念孫。○—，當為如字之誤也。〔漢書·枚乘傳〕「不—就陰而止」補注引王念孫。○俗矨字與—字形相近。〔書·召誥〕「—今我初服」孫疏。

馳—，亦驅也，較大而疾耳。〔説文〕「—，大驅也」段注。○—，走。〔詩·山有樞〕「弗—弗驅」朱傳。○—，亟往。〔國策·齊策三〕「王因—强齊而為交」鮑注。○—，進也。〔韓策一〕「秦已—」鮑注。○—，反走示服也。〔韓策二〕「韓使人—南陽之地」鮑注。○—與逐同義。〔廣雅·釋詁〕「駟，逐也」疏證。○—車，兵車。〔漢書·嚴安傳〕「—車轂擊」補注引王先慎。○—，—騖也，疾驅也。〔廣韻·支部〕○—道，猶言乘輿耳。〔漢書·周勃傳〕「所將卒當—道為多」補注引劉敞。○—言者，馳馬來言也。〔漢書·渠犂傳〕「—言秦人」補注引胡注。○—，姓。〔廣韻·支部〕○〔説文定聲·卷一〇〕—，它聲，假借為攺。〔神女賦〕「五色並—」。○—，讀為移。〔國策〕「—南陽之地」雜志。○索隱本—作施。〔史記〕雜志。○—字或作施。〔國策〕「—南陽之地」雜志。○—，一作駝。〔離騷〕「乘騏驥以—騁兮」補注。○—，俗字也，傳本作駝。〔三藏聖教序〕「—驟」。〔慧琳音義·卷一〕引〔考聲〕。

池停水曰—。〔廣韻·支部〕○有水曰—。〔説文〕「邕，四方有水自邕城—者是也」繫傳。○—，城—也。〔詩·東門之池〕「東門之—」朱傳。○—，城—。〔墨子·備城門〕「寇闉—來」閒詁引畢沅。○古獨謂城溝為—。〔説文〕「淨，魯北城門—也」繫傳。○霤以行水，故亦謂之—。〔周禮·天官〕孫正義。○—，姓。〔廣韻·支部〕○古言鴻隙大陂，言汪汪千頃陂，皆謂大—也。〔説文定聲·卷九〕○—字，古通作沱。〔詩·燕燕〕「差—其羽」通釋。○〔説文定聲·卷一〇〕—，叚借為攺。〔禮記·樂記〕「咸—備矣」。○(同上)—，叚借為袘，實為拖。〔匡謬正俗〕「—者，緣飾之名」。○(同上)—，字亦作跑、作跎。〔廣雅〕「蹉跑，失足也」。○—，應作泗。〔漢書·地理志〕「西北至蓋入—水」補注引齊召南。○—，宋本作沱。〔説文〕「淲丨北流」段注。○官本注丨作沱。〔漢書・平帝紀〕「罷安定呼丨苑」補注。○丨，徐本作沱。〔左傳襄公二三年〕「何敢差丨」洪詁。○丨頭，〔後漢〕作沙頭。〔漢書・地理志〕「丨頭」補注。○士尹丨，〔御覽〕引作工尹他。〔呂覽・召類〕「士尹丨為荆使於宋」校正。○丨者，沱之俗字。〔說文〕「注，深丨也」句讀。○〔說文定聲・卷一〇〕丨，即沱之變體。〔匡謬正俗〕「丨者，緣飾之名」。

**規**

丨者，圜之匡郭也。〔說文〕「鞏，車鞣丨也」段注。○丨，所以為圓者。〔大戴・勸學〕「其曲中丨」王詁。○丨，所以為圓之器也。〔孟子・離婁上〕「不以丨矩」朱注。○丨，度也。〔慧琳音義・卷六〕引〔考聲〕。○丨者，有法度也。〔說文〕「摹，丨也」段注。○丨，圖也。〔通鑑・漢紀四〇〕「丨固二榆」音注。○丨，謀也。（同上）音注。○丨，畫也。〔大戴・千乘〕「丨表衍沃」王詁。又〔說文〕「圖，畫計難也」義證。○丨，正也。〔大戴・虞戴德〕「丨鵠」王詁。○丨，諫也。〔說文〕「瑱，以玉充耳也」繫傳。○以法度度之亦曰丨。〔說文〕「摹，丨也」段注。○凡有所圖度匡正皆曰丨。〔說文〕「丨，巨，有法度也」段注。○丨，猶謀也。〔國策・齊策六〕「齊無天下之丨」鮑注。○丨者，猶圖也。〔說文定聲・卷一一〕○丨者，猶摹也。（同上）○丨矩，法則也。〔離騷〕「偭丨矩而改錯」補注。○丨矩，匠之法也。〔孟子・告子上〕「必以丨矩」朱注。○嫢嫢、丨丨、蘇蘇義並同也。〔廣雅・釋詁〕「嫢，小也」疏證。○丨與頍通。（同上）「頍，畫也」疏證。○丨、頍、圓、員並通。（同上）「頍，圓也」疏證。○丨，讀為闚。〔韓子・制分〕「其務令之相丨其情者也」集解引顧廣圻。○丨，字亦作摫。〔說文定聲・卷一一〕○丨當從〔策〕作親。〔韓子・十過〕「陽丨而陰疏」集解引顧廣圻。

**危**

丨者，在高而懼也。〔說文〕「陒，丨也」段注。○丨，高狀也。〔國策・趙策二〕「丨足以持難」補注。○丨，高峻也。〔論語・憲問〕「丨言丨行」朱注。○丨，險。〔大戴・勸學〕「弱約丨通」王詁。○丨，不安也。〔廣韻・支部〕○丨，隤也。（同上）○丨，不正也。（同上）○丨，厲也。〔論語・憲問〕「丨言丨行」劉正義。又〔大戴・曾子制言上〕「丨其下」王詁。○丨，疾也。〔廣韻・支部〕○丨，疑也。〔大戴・曾子制言下〕「不通患而出丨色」王詁。○丨者，行傾側也。〔論語・季氏〕「丨而不持」劉正義。○丨，謂殺也。〔通鑑・漢紀五二〕「故未丨王公」音注。○丨，猶殆也。〔漢書・孝成趙皇后傳〕「丨殺之矣」補注。○丨，即菑也。〔孟子・離婁上〕「安其丨而利其菑」焦正義。○丨，謂獨出之穗也。〔說文〕「杓，禾丨穟也」繫傳。○丨有高義。〔韓子・守道〕「則丨於伯夷不妄取」集解。○丨、苦義近。〔釋言〕「矜，苦也」郝疏。○丨有近邊之義。〔釋詁〕「疆，垂也」郝疏。○丨，言有丨苦之節。〔國策・趙策二〕「丨足以持難」鮑注。○丨，引申為凡可懼之偁。〔說文〕「丨，在高而懼也」段注。○丨，得，猶言殆也。〔通雅・卷四〕○齒丨，謂齒將落也。〔文選・王文憲集序〕「至若齒丨髮秀之老」補正。○丨，通作厄。〔釋詁〕「嘺，丨也」郝疏。○丨，又通作佹。（同上）郝疏。○丨，又通作恑。（同上）郝疏。○古字詭與丨通。〔禮記・緇衣〕「則民言不丨行而行不丨言矣」述聞。○詭、丨並與恑通。〔廣雅・釋言〕「恑，反也」疏證。○丨與詭古同聲而通用。〔漢書〕「豈不丨哉」雜志。○丨，讀為詭。〔禮記・緇衣〕「則民言不丨行而行不丨言矣」述聞。又〔史記〕「丨哉」雜志。又〔墨子・小取〕「行而異，轉而丨」平議。○丨，讀為跪。〔韓子・外儲說左下〕「刖丨坐子皋」集解。○丨，讀曰詭。〔晏子〕「丨行」雜志。○丨，當讀為詭。〔管子・禁藏〕「吏不敢以長官威嚴丨其命」平議。○丨聲者，當為卮聲。〔說文〕「桅，黃木，可染者，从木，危聲」義證。○丨與詭同。〔淮南子〕「無所擊丨」雜志。○丨，當為厃，秦謂之桅，齊謂之厃。〔文選・魏都賦〕「藐藐標丨」集釋引桂氏〔札樸〕。○丨，字亦作佹。〔詩・民勞〕「汔可小康」後箋。○〔說文定聲・卷一二〕丨，字亦作峗。〔莊子・在宥〕「投三苗于三峗」。○（同上）桅，當作丨字。〔淮南・說林〕「遽契其舟桅」。○〔史記・天官書〕詭作丨。〔漢書・天文志〕「詭星出正西」述聞。○〔文子・上德〕詭作丨。〔淮南・說林〕「尺寸雖齊必有詭」述聞。○丨厄，〔策〕作隘窘。〔呂覽・報更〕「若自在丨厄之中」校正。○厃、丨蓋一字。〔說文〕「丨，在高而懼也」句讀。○丨乃跪之省文。〔韓子・外儲說左下〕「刖丨引之而逃之門下室中」平議。

**夷**

丨，平。〔詩・節南山〕「式丨式已」朱傳。○丨，平也。〔大戴・五帝德〕「莫不說丨」王詁。又〔通鑑・周紀四〕「丨其宗廟」音注。○丨云者，平也。〔漢書・劉向傳〕「終有閻樂望丨之禍」補注引劉奉世。○丨、理，皆平也。〔漢書〕「連語」雜志。○丨，常也。〔大戴・文王官人〕「故事阻者不丨」王詁。○丨，易也。〔詩・有客〕「降福孔丨」朱傳。又〔天作〕「有丨之行」集疏引韓說。○丨，即易也。〔書・禹貢〕「三百里丨」孫疏引馬融。○丨，大也。〔詩・有客〕「降福孔丨」朱傳。○丨，亦大也。〔禮記・喪大記〕「大夫設丨盤造冰」集解。○丨，悅也。〔詩・那〕「亦不丨懌」朱傳。○丨，喜也。〔詩・風雨〕「云胡不丨」集疏引魯說。○丨，傷也。〔孟子・離婁上〕「則是父子相丨也」朱注。○丨，亦傷。〔國策・齊策五〕「丨傷者空財而共藥」鮑注。○丨，殺也。〔通鑑・周紀一〕「坐起丨宗者七十餘家」音注。○丨，誅也。〔通鑑・周紀四〕「即解兵，吾屬丨矣」音注。○丨，滅也。〔廣韻・脂部〕又〔續音義・卷一〇〕引〔考聲〕。又〔通鑑・周紀四〕「即解兵，吾屬丨矣」音注。○丨，亦除也。〔詩・出車〕「玁狁于丨」通釋。○丨，等也。〔廣韻・脂部〕又〔續音義・卷一〇〕引〔切韻〕。○丨，即尸。〔說文〕「尸，陳也」義證。○丨者，陵丨也。〔釋邱〕「丨上洒下不漘」述聞。○丨，蹲踞也。〔論語・憲問〕「原壤丨俟」朱注。○丨，匹敵之稱也。〔易・豐〕「遇其丨主」述聞。○四方皆曰丨。〔漢書・禮樂志〕「四貉咸服」補注。○丨是東方專稱。（同上）補注。○四丨言四貉亦可。（同上）補注。○丨，猶普也。〔詩・長發〕「湯降不遲」通釋。○古丨字必有大訓。〔詩・有客〕「降福孔丨」通釋。○丨，姓。〔廣韻・脂部〕○金瘡曰金丨。〔說文〕「痍，傷也」繫傳。○丨，丨羿。〔漢書・揚雄傳〕「及至獲丨之徒」補注引劉敞。○留丨，新丨也。〔文選・上林賦〕「雜以留丨」李注引張揖。○留丨，即芍藥也。〔同上〕集釋。○丨羊，怪獸。〔說文〕「羠，羊未卒歲也」繫傳。○丨庚，平路。〔通雅・地輿〕○丨庚，謂平道也。〔文選・補亡詩〕「蕩蕩丨庚」補正引〔困學紀聞〕。○丨庚，一曰往來要道也。〔通雅・地輿〕○丨庚，通謂車馬往來之平道。〔左傳成公一八年〕「以塞丨庚」洪詁。○丨庚者，通謂車馬往來之大道。〔同上〕疏證引惠棟。○丨庚，王道蕩平之義。〔同上〕疏證引沈欽韓。○丨下，謂麥後種禾豆也。〔通雅・天文〕○丨固，猶丨倨也。〔荀子〕「丨固」雜志。○〔齊諧〕「丨堅」，皆古志怪之名。〔通雅・釋詁〕○〔說文定聲・卷一二〕威丨，猶逶迆。〔韓詩・四牡〕「周道威丨」。○〔同上〕丨儀，在今直隸順德府邢臺縣西。〔春秋僖公元年〕「邢遷于丨儀」。○丨，與痍通。〔廣雅・釋詁〕「痍，傷也」疏證。○丨，與睇古通字。〔方言〕「睇，眄也」箋疏。○古文丨與遲通。〔說文〕「遲，徐行也」義證引錢大昕。○丨與遲古同聲。〔廣雅・釋訓〕「徲徲，行也」疏證。○遲遲與丨丨同。〔同上〕疏證。○〔說文定聲・卷一二〕丨，段借為台。〔釋言〕「丨，悅也」。○〔同上〕丨，段借為彝。〔禮記・明堂位〕「夏后氏以雞丨」。○〔同上〕丨，借為痍。〔史記・律書〕「丨則言陰氣之賊萬物也」。○〔同上〕丨，假借為尸。〔周禮・淩人〕「共丨槃冰」。○〔同上〕字或借尼為丨。○〔同上〕丨，假借為具。〔論語〕「原壤丨俟」。○〔同上〕丨，假借為薙。〔左傳隱公六年〕「芟丨蘊崇之」。○丨，痍之借字。〔左傳成公一六年〕「子反命軍吏察丨傷」疏證引朱駿聲。○丨，即易之段借也。〔說文〕「丨，東方之人也」段注。○丨者，侇之段音也。〔釋詁〕「丨，易也」郝疏。○〔皇矣〕傳曰「丨，常也」者，謂丨即彝之段借也。〔說文〕「丨，東方之人也」段注。○凡注家云「丨，傷也」者，謂丨即痍之假借也。〔同上〕○〔周禮〕注「丨之言尸也」者，謂丨即尸之假借也。〔同上〕○〔說文定聲・卷一二〕丨，假借發聲之詞。〔周禮・行夫〕「丨使則介之」。○丨、由字之雙聲，合之則為猶矣。〔釋鳥〕「鼬鼠，丨由」郝疏。○猶豫轉之則曰丨猶。〔廣雅・釋訓〕「躊躇，猶豫也」疏證。○希丨，疊韻連語，無聲色之言也。〔說文定聲・卷一二〕○酋丨，雙聲連語，短長之名也。〔同上〕○丨，讀為彝。〔詩・皇矣〕「串丨載路」陳疏。○丨，當讀如癸丨之丨。〔詩・出車〕「玁狁于丨」通釋。○丨，讀如〔泰誓〕丨居之丨。〔書・堯典〕孫疏。○〔釋詞〕丨，語助也。〔左傳昭公二四年〕「紂有億兆丨人」。○古丨字作𡰥。〔左傳成公一七年〕疏證引惠棟。○丨，字亦作𡰥，與古文仁同。〔說文定聲・卷一二〕○丨，字亦作恞。〔同上〕○丨，其正字當作侇。〔詩・草蟲〕「我心則丨」陳疏。○〔公羊〕丨作䫛。䫛、丨音同，古字通。〔左傳哀公一〇年經〕「薛伯丨卒」洪詁。○〔釋文〕丨作荑。〔左傳定公七年〕「苫丨曰」洪詁。○跠與𡰥同，亦通作丨。〔廣雅・釋詁〕「跠，踞也」疏證。○古文〔尚書〕丨作鐵。〔說文〕「崵，崵山，在遼西」繫傳。○〔通雅・卷六〕丨猶，一作丨由。〔楚辭〕「君不行兮丨猶」。○漢銅印有𡰥字，乃古文丨也。〔說文〕「遲，徐行也，或從𡰥」義證。

**𡰥** 丨，古夷也。〔說文〕「尉，從丨又持火」句讀。○丨，平也。〔同上〕○丨，音夷。〔說文〕「尉，從上按下也」繫傳。○丨，古文夷字。〔說文〕「尉，從上案下也」義證引〔玉篇〕。○丨，本古文夷字。〔廣韻・脂部〕

**師** 二千五百人為丨。〔詩・采芑〕「陳丨鞠旅」朱傳。又〔國策・東周策〕「士卒丨徒」鮑注。○丨，衆。〔詩・采芑〕「丨干之試」朱傳。○丨，衆也。〔詩・文王〕「殷之未喪丨」陳疏。又〔漢書・天文志〕「旁一大星北落」補注。又〔通鑑・周紀二〕「諸侯會于京丨」音注。又〔墨子・非命上〕「龔喪厥丨」閒詁引江聲。又〔廣韻・脂部〕。○丨者，衆也。〔荀子・儒效〕「夫是之謂人丨」集解引郝懿行。○丨，訓衆。〔詩・板〕「大丨維垣」通釋。○丨，兵衆也。〔禮記・少儀〕「丨役曰罷」集解。○丨，旅也。〔國策・齊策五〕「攻戰之道非丨者」鮑注。○五旅為丨。〔詩・黍苗〕「我丨我旅」朱傳。○丨，所尊也。〔孟子・萬章下〕「則丨之矣」朱注。○丨，範也。〔廣韻・脂部〕○丨者，其人有賢德者也。〔周禮・大宰〕「三曰丨」平議。○丨，士師。〔書・呂刑〕「丨聽五辭」孫疏。○丨，女師也。〔詩・葛覃〕「言告丨氏」朱傳。○丨者，法也，以法訓人也。〔慧琳音義・卷三〕引〔考聲〕。○凡言丨者，訓其徒也〔周禮・冢宰〕孫正義。○丨、保、傅，三公官名也。〔漢書・百官公卿表〕「少丨、少傅、少保，是為孤卿」補注。○二子曰丨。〔本草綱目・卷五〇〕○丨，作君長解。〔荀子・儒效〕「夫是之謂人丨」集解。○丨，謂師儒。〔大戴・文王官人〕「學則任丨」王詁。○丨、長並有表率教訓之義。〔周禮・天官〕「甸丨」孫正義。○丨之言長，為諸侯之長，以佐牧者也。〔書・皋陶謨〕孫疏。○丨氏，亦大夫。〔書・牧誓〕「亞旅、丨氏」孫疏。○丨氏，亦中大夫，掌司朝得失之事者也。〔詩・十月之交〕「楀維丨氏」朱傳。○丨氏，掌以兵守王門者。〔詩・雲漢〕「趣馬丨氏」朱傳。○丨旅，羣有司之名。〔左傳成公一八年〕「旅不逼丨」疏證。○丨旅者，人之衆也。〔釋詁〕「丨，衆也」郝疏。○丨門，猶軍門也。〔漢書・天文志〕「旁一大星，北落」補注。○丨丨，相師法也。〔書・皋陶謨〕「百僚丨丨」孫疏。○官丨，即士也。〔國語・吳語〕「行頭皆官丨」述聞。○官丨，乃官之小者。〔左傳襄公一四年〕「官丨相規」述聞。○丨武臣，猶言丨尚父。〔左傳宣公一二年〕「丨武臣力也」疏證。○丨武臣，丨中之武臣也。〔同上〕○丨逃者，衆散而出。〔左傳成公一八年〕「丨逃於夫人之宮」疏證引〔讀本〕。○人丨，猶言人君。〔荀子・儒效〕「夫是之謂人丨」集解。○丨，姓。〔廣韻・脂部〕○丨、率古字通。〔說文〕「旗，周禮曰率都建旗」述聞。○〔說文定聲・卷一二〕丨，假借為帥，實為達。〔周禮・族師〕注「丨之言帥也」。○〔同上〕丨，假借為帥，實為衛。〔周禮・司常〕「丨都建旗」。○丨、肅聲相近。〔書・皋陶謨〕孫疏。○狻、麑合聲為丨。〔釋獸〕「狻麑，如虦貓」郝疏。○丨，當為帥字之誤也。〔國語・晉語〕「及為成丨」述聞。○丨，字亦當為帥也。〔周禮・大司馬〕「丨都載」述聞。○丨，當作帥，與率同。〔漢書・王莽傳〕「其以杜衍戶千，封嘉為丨禮侯」補注引錢大昭。○丨，或作斯。〔書・皋陶謨〕孫疏引段玉裁。○〔說文定聲・卷一二〕丨，字亦作獅。

〔漢書・順帝紀〕注「丨子，似虎」。○丨，當為私，聲之誤。〔墨子・尚賢下〕「昔者伊尹為莘氏女丨僕」平議。○丨，當作史，聲之誤。〔左傳僖公二六年〕「大丨職之」疏證引武億。○丨、獅，正俗字。〔說文〕「虒，一曰丨子」段注。

**姿**　丨，丨態。〔廣韻・脂部〕○丨，謂意態也。〔說文〕「丨，態也」段注。○丨者，材也，非專言容貌。〔說文定聲・卷五〕〔「態」下〕○恣，各本作丨。〔說文〕「婎，丨婎，恣也」段注。○丨官本作恣。〔漢書・司馬相如傳〕「偃蹇杪顛」補注。

**遲**　丨，徐也。〔廣韻・脂部〕○丨，即徐也。〔文選・舞賦〕集釋。○丨，緩也。〔廣韻・脂部〕○丨，徐緩也。〔文選・責躬詩〕「丨奉聖顏」補證引許慶宗。○丨，久也。〔廣韻・脂部〕又〔慧琳音義・卷三〕。○丨，息也。（同上）○丨，行息也。〔釋詁〕「丨，息也」鄭注。○丨，猶夷也。〔詩・長發〕「湯降不丨」通釋。○丨，姓。〔廣韻・脂部〕○丨與比同義。〔漢書〕「丨明」雜志。○丨、稺又同訓為晚。〔墨子〕「丨者」雜志。○丨丨，徐也。〔詩・七月〕「春日丨丨」集疏引魯說。○丨丨，久也。〔詩・長發〕「昭假丨丨」朱傳。○丨丨，長遠也。〔詩・采薇〕「行道丨丨」朱傳。○丨丨，日長而暄也。〔詩・七月〕「春日丨丨」朱傳。○丨丨，來遲也。〔楚辭・九歎〕「時丨丨其日進兮」補注。○丨丨，行貌。〔詩・谷風〕「行道丨丨」集疏引魯說。○丨丨，舒行貌。〔詩・谷風〕「行道丨丨」朱傳。○丨丨，與夷夷同。〔廣雅・釋訓〕「徲徲，行也」疏證。○丨明，猶比明也。〔廣雅・釋詁〕「邌，丨也」疏證。○丨明，謂比明也。〔漢書・高帝紀〕「丨明，圍宛城三帀」補注。○丨明，未及乎明也。〔說文〕「邌，徐也」義證引程大昌。○丨，通作夷。〔詩・四牡〕「周道倭丨」通釋。○丨，段借為謘。〔說文定聲・卷一二〕○（同上）丨，段借為徲。〔荀子・脩身〕「故學曰丨」。○丨、黎古同聲。〔廣雅・釋詁〕「邌，丨也」疏證。○丨字本有稺音。〔墨子〕「丨者」雜志。○丨，或作迟。〔慧琳音義・卷三〕引〔考聲〕。○丨，字亦作犂。〔廣雅・釋詁〕「邌，丨也」疏證。○〔史記・衛將軍傳〕丨明一作黎明。〔漢書〕「丨明」雜志。

**遟**　丨，同遲。〔廣韻・脂部〕○丨與徲同也。〔說文〕「夌，一曰夌徲也」段注。○古丨、夷通用。（同上）○古丨、邌通用。（同上）

**迟**　丨，久也。〔廣雅・釋詁〕疏證。○丨，各本訛作迡。（同上）

**龜**　丨之言久也。〔說文〕「丨，舊也」段注。○丨，上下剛而柔中也。〔說文定聲・卷五〕○丨，所以卜。〔中庸〕「見乎蓍丨」朱注。○靈丨，易号為丨。〔廣韻・脂部〕引〔說苑〕。○丨手，拘拆也。〔通雅・卷一八〕○丨手，謂如丨坼也。〔說文〕「𠁽，灼丨坼也」義證。○丨與皸聲近義同。〔廣雅・釋言〕「皸，皵也」疏證。○丨，古音姬，亦音鳩。〔說文〕「丨，舊也」段注。○丨，古音如姬如鳩。〔說文〕「馗，九達道也，似丨背」段注。○丨，宜讀如拘。〔莊子・逍遥游〕「宋人有善為不丨手之藥者」平議。○丨茲，〔唐書〕一曰邱茲。〔漢書・龜茲國傳〕「丨茲國」補注。○丨茲，〔唐書〕一曰屈茲。（同上）○丨茲，〔西域記〕作屈支，皆語音變也。（同上）

**龜**　丨，同龜。〔廣韻・脂部〕

**眉**　丨，猶際也。〔說文〕「楣，秦名屋櫋也」繫傳。○丨壽，秀眉也。〔詩・南山有臺〕「遐不丨壽」朱傳。○丨、楣同也。〔說文〕「桴，丨棟名」繫傳。○丨、微字通。〔春秋莊公二八年〕「築郿」疏證。○明、丨字通。〔墨子・非樂上〕「丨之轉朴」閒詁引畢沅。○丨，通用麋。〔方言一二〕「麋黎老也」疏證。○丨、麋古通字。〔方言一二〕「丨，老也」箋疏。○〔禮〕經古文丨作微。〔說文〕「篃，竹也」段注。

**睂**　丨，同眉。〔廣韻・脂部〕○丨，假借為媚。〔說文定聲・卷一二〕○丨，假借為湄。（同上）○丨，以微為之。（同上）○丨，以麋為之。（同上）○鐘鼎款識丨壽多作麋壽。〔說文〕「麋，鹿屬」義證。

**悲**　丨，痛也。〔廣韻・脂部〕○丨者，亦痛也。〔說文繫傳・通論下〕○丨者，痛之上騰者也。〔說文〕「丨，痛也」段注。○丨，猶傷也。〔詩・鼓鍾〕「憂心且丨」朱傳。○又心之所非則丨矣。〔說文繫傳・通論下〕

**之**　丨，出也。〔說文〕「先，從儿從丨」句讀。○丨者枝也，象屮木之枝東西旁出而常連於根本也。〔說文〕「丨，出也」繫傳。○〔說文定聲・卷五〕丨，象上出遠而可見，與豈同意。〔說文〕「臺，觀四方而高者，从至以丨」。○丨，往。〔詩・桑柔〕「既丨陰女」朱傳。○丨，往也。〔大戴・曾子制言〕「曾子門弟子或將丨晉」王詁。又〔國策・秦策四〕「秦丨楚者多資矣」鮑注。又〔漢書・淮南厲王傳〕「亡丨諸侯」補注。又〔通鑑・周紀一〕「起走丨王尸而伏之」音注。又〔廣韻・之部〕。○丨，亦往也。〔大戴・盛德〕「遠行可以丨」王詁。○丨，出往也。〔說文定聲・卷一五〕〔「先」下〕○丨，如也。〔通鑑・周紀二〕「秦民丨國都」音注。○丨，適。〔韓子・內儲說下〕「能為丨諸侯乎」集解引俞樾。○丨，適也。〔詩・君子偕老〕「其丨翟也」集疏引惠棟。又〔禮記・文王世子〕「始丨養也」集解。又〔孟子・盡心下〕「則丨野」朱注。○丨，亦適也。〔左傳莊公二二年〕「遇觀丨否」疏證引沈彤。○丨，至。〔詩・柏舟〕「丨死矢靡它」朱傳。○丨，是也。〔儀禮・士昏禮〕「勖帥以敬先妣丨嗣」述聞。又〔釋詞・卷九〕。○丨者，是也。〔論語・陽貨〕「如丨何」劉正義。又〔荀子・成相〕「丨難厲王」集解引王念孫。○丨，此也。〔淮南〕「丨神者」雜志。○〔釋詞〕丨，指事之詞也。〔詩・關雎〕「左右流丨」。○丨，變也。〔詩・君子偕老〕「其丨翟也」集疏。○丨，即思也。〔詩・載馳〕「不如我所丨」通釋。○〔說文定聲・卷五〕上出者曰丨。〔說文〕「而，頰毛也，象毛之形」。（「而」下）○（同上）仰曰丨，以芝為丨。〔禮記・內則〕「芝栭蔆椇」。○（同上）鬣上出者曰丨。〔考工記・梓人〕「作其鱗丨而」。○（同上）以其上抗梁處言，曰丨，以芝為丨。〔魯靈光殿賦〕「芝栭欑羅以戢」。○鱗屬頰側上出者曰丨。〔說文〕「周禮曰作其鱗丨而」段注引戴先生。○〔釋詞〕丨，言丨間也。〔詩・關雎〕「在河丨洲」。○丨為與也。〔左傳宣公一二年〕「卒偏丨兩」疏證引李貽德。○丨，其也。〔詩・君子偕老〕「揚且丨皙也」通釋。○丨，即其也。〔列子・仲尼〕「觀丨所變」平議。○丨，猶趨。〔國策・東周策〕「與丨齊伐趙」鮑注。○丨，猶此。〔國策・韓策三〕「公行丨計」鮑注。○丨，猶是也。〔詩・桃夭〕「丨子于歸」陳疏。又〔左傳昭公二二年〕「形民丨力」述聞。○〔釋詞〕丨，猶與也。〔書・立政〕「唯有司丨牧夫」。又〔禮記・月令〕「保介丨御間」述聞引馬元伯。又〔左傳定公九年〕「吾從子如驂丨靳」平議。又〔墨子・尚同下〕「立為卿丨宰」間詁。又〔墨子〕「三畏」雜志。又〔考工記・梓人〕「作其鱗丨而」述聞。○丨，猶於。〔國策・齊策三〕「丨其所短」鮑注。○〔釋詞〕丨，猶於也。〔禮記・大學〕「人丨其所親愛而辟焉」。又〔荀子・勸學〕「目好丨五色」平議。又〔大學〕「人丨其所親愛而辟焉」朱注。○丨，猶其。〔國策・燕策二〕「丨卒者出士」鮑注。○丨，猶其也。〔詩・旄邱〕「何誕丨節」通釋。又〔國語・晉語〕「刑丨過也」平議。又〔漢書・王陵傳〕「實奪丨相權」補注引周壽昌。又〔荀子・王霸〕「主丨所極然帥群臣而首鄉丨者」集解引王引之。又〔韓子・外儲說右下〕「訾丨人二甲」集解。○〔釋詞〕丨，猶則也。〔左傳僖公九年〕「東略丨不知」。又〔荀子・非相〕「然而口舌丨均」平議。○〔釋詞〕丨，猶若也。〔書・盤庚〕「邦丨臧，惟女衆」。○丨，猶者也。〔詩・杕杜〕「有杕丨杜」通釋。○〔釋詞〕丨，猶諸也。〔禮記・少儀〕「申丨面，拖諸辟」。○丨，猶兮也。〔左傳昭公二五年〕「鸜丨鴿丨」釋詞。○丨與其同義。〔漢書・周陽由傳〕「陵太守，奪丨權」補注。又〔荀子〕「主」雜志。○丨字與是同義。〔詩〕「先君丨思」述聞。又「云誰丨思」「嬿婉丨求」述聞。又「維子丨好」述聞。○丨訓其。〔漢書・楚元王傳〕「元王亦次丨詩傳」補注。○丨字義訓變。〔左傳莊公二二年〕「遇觀丨否」疏證引惠棟。○丨字當亦訓為則。〔詩・鶉之奔奔〕「人丨無良」陳疏。○丨主者，是主也。〔荀子・王霸〕「丨主者」集解引王念孫。○丨馬，猶言是馬。〔墨子・小取〕「丨馬之目盼」間詁引蘇時學。○丨一，猶言是一。〔墨子・經上〕「同異而俱於丨一也」間詁。○丨、時古字通。〔管子〕「可立而時」雜志。○古丨字、於字通用。〔荀子・勸學〕「目好丨五色」集解引俞樾。○丨與其同。〔孟子・滕文公下〕「侵于丨疆」平議。○〔說文定聲・卷五〕丨，假借為是。〔詩・桃夭〕「丨子于歸」。○〔同上〕丨，假借為諸。〔詩・伐檀〕「置丨河之側兮」。○〔同上〕丨，假借助語之辭。〔釋詁〕「丨、言，間也」。○丨，讀為志。〔墨子〕「常司上丨」雜志。○諸、旃、丨，皆一聲之轉也。〔廣雅・釋言〕「諸，旃，丨也」疏證。○丨，語辭。〔左傳文公一〇年〕「子朱及文丨無畏為左司馬」疏證引梁履繩。○丨，語助也。〔孟子・離婁下〕「衛使庾公丨斯追之」朱注。○丨，助語之詞，間于文字者也。〔說文定聲・卷五〕。○丨為言之間辭。〔公羊傳宣公三年〕注「辭間容丨，故為緩」陳疏。○丨，當作以。〔大戴・保傳〕「固舉丨禮」述聞。○丨，當作心。〔法言・問神〕「請問丨」平議。○〔新序五〕丨作此。〔呂覽・舉難〕「丨歌者非常人也」校正。○丨，當作不。〔漢書・匈奴傳〕「丨當予匈奴稅」補注引錢大昭。○丨，當作天。〔墨子・天志下〕「是謂丨賊」平議。○丨，當作知。〔韓子・八姦〕「必令丨有所出」集解。○丨，當為志。〔墨子・天志下〕「子墨子置立天丨」間詁引畢沅。○丨字當是守字。〔史記・惠景間侯者年表〕「以都尉從丨滎陽」志疑。○丨，韓作而。〔詩・鶉之奔奔〕「人丨無良」集疏。○丨，齊作諸。〔詩・伐檀〕「寘丨河之干兮」集疏。○丨，魯、韓作止。〔詩・墓門〕「歌以訊丨」集疏。○官本注丨作乏。〔漢書・文帝紀〕「故生不遂」補注。○荀書多以丨為其。〔荀子・王制〕「丨所以接下丨人百姓者」集解。○丨不聽當作知不聽。〔韓子・八姦〕「諸侯丨不聽」集解引王渭。○久丨，〔續志〕注作久者。〔呂覽・安死〕「人丨壽久丨不過百」校正。○〔潛夫論〕丨作焉。〔左傳昭公二九年〕「龍多歸丨」洪詁。○逢丨，張衡〔東京賦〕作逢旃。〔左傳宣公三年〕「莫能逢丨」洪詁。○〔釋文〕丨肉一本作其肉。〔左傳隱公五年〕「鳥獸丨肉不登於俎」洪詁。○李善注〔文選〕郭景純〔江賦〕「捽丨」作〔捽而〕。〔呂覽・忠廉〕「王子慶忌捽丨」校正。

**芝** 在地曰丨。〔通雅・艸〕又〔說文〕「萸，木耳也」義證引〔六書故〕。○古丨即菌。〔說文定聲・卷二〕○或曰生于剛處曰菌，生于柔處曰丨。〔本草・卷二八〕○黑丨，一名玄丨。〔楚辭・七諫〕「拔搴玄丨兮」補注引〔本草〕。○丨栭，柱上節，方小木為之。〔周書〕「復格」雜志。○笮也，榕也，栭也，丨栭也，枅也，欂櫨也，六者一物也。〔同上〕○丨嶽，太和山也。〔通雅・地輿〕○〔說文定聲・卷五〕丨，假借為之。〔釋草〕「渣、灌、茵、丨」。○古丨與之同字。〔史記・仲尼弟子列傳〕「公冶長，齊人，字子長」志疑引〔關中金石記〕。○丨，本作之，篆文象草生地上之形。〔本草・卷二八〕

**時** 丨，四時也。〔易・賁〕「以察丨變」李疏。○丨，天丨。〔國策・秦策三〕「聖人不能為丨」鮑注。○丨，晨也。〔廣韻・之部〕○丨者，更也。〔莊子・徐無鬼〕「是丨為帝者也」集釋。又〔荀子〕「丨舉而代御」雜志。○丨、代皆更也。〔同上〕雜志。○丨，善。〔詩・頍弁〕「爾殽既丨」朱傳。○丨，善也。〔詩・蕩〕「匪上帝不丨」通釋。又〔廣韻・之部〕。○〔說文定聲・卷五〕丨，亦善也。〔儀禮・士冠禮〕「嘉薦亶丨」。○丨為善。〔詩・緜〕「曰止曰丨」通釋。○丨，是。〔詩・駟驖〕「奉丨辰牡」朱傳。又〔召旻〕「不如丨」朱傳。又〔噫嘻〕「率丨農夫」朱傳。又〔時邁〕「肆于丨夏」陳疏。○丨，是也。〔詩・生民〕「丨維姜嫄」朱傳。又〔公劉〕「于丨處處」朱傳。又〔賚〕「敷丨繹思」朱傳。又〔大戴・夏小正〕「丨有見稊」王詁。又〔千乘〕「於丨委民」王詁。又〔虞戴德〕「丨以數伎」王詁。又〔禮記・內則〕「共帥丨」集解。又〔廣韻・之部〕。○丨者，是也。〔書・益稷〕「丨乃功惟敘」孫疏。○丨，猶是也。〔周書・文儆〕「何惡非是不敬殆哉」平議。○丨，中也。〔廣韻・之部〕○丨，亦止也。〔詩・緜〕「曰止曰丨」述聞。○丨，亦處也。〔荀子〕「宜於丨通」雜志。○丨，事之微也。〔說文定聲・卷五〕○丨，猶俗也。〔國策・趙策二〕「故賢人觀丨」鮑注。○丨，梅類而實小。〔釋木〕「丨，英梅」鄭注。○〔說文定聲・卷五〕丨，即〔說文〕之柍梅。〔釋木〕「丨，英梅」鄭注。○丨，即耏水也。〔左傳襄公三年〕「乃盟於耏外」疏證引江永。○一，十二一之始。〔漢書・王莽傳〕「以雞鳴為一」補注引胡注。○一，本春夏秋冬之稱，引伸之為凡歲月日刻之用。〔說文〕「一，四一也」段注。○一，謂用之以一。〔詩・魚麗〕「維其一矣」集疏。○一，謂一歲四祭。〔禮記・祭統〕「參之以一」集解。○棲止謂之一。〔詩・緜〕「曰止曰一」述聞。○居止謂之一。（同上）○一之言是也。〔詩・頍弁〕「爾殽既一」陳疏。○一，當訓善。〔詩・楚茨〕「孔惠孔一」通釋。○一，亦當訓美。〔詩・文王〕「帝命不一」通釋。○一與承同義。〔書・舜典〕「百揆一叙」述聞。○一與處同義。〔荀子〕「宜於一通」雜志。○一，義與覩同。〔廣雅・釋詁〕「覩，視也」疏證。○一、寔、是同義。〔書・無逸〕孫疏。○守與久，所與一，並同義。〔廣雅・釋詁〕「守，久也」疏證。○一播，連語耳。〔廣雅・釋地〕「蒔，種也」疏證。○一舉，猶是舉。〔書・益稷〕「惟帝一舉」孫疏。○一序，亦謂承順也。〔周語〕「一序其德」述聞。○一叙者，承叙也。〔書・舜典〕「百揆一叙」述聞。又〔康誥〕「惟一叙」述聞。○一夏，猶言諸夏。〔詩・時邁〕「肆於一夏」集疏引齊說。○一英，則今之梅花也。〔通雅・木〕○推手平之，為一揖。〔說文〕「揖，攘也」段注。○一水出齊城西南二十五里。〔說文定聲・卷五〕引〔水經注〕。○〔說文定聲・卷五〕一水在樂安縣界，支流旱則竭涸，故曰乾一。〔左傳莊公九年〕「及齊戰于乾一」注。○一，出今山東濟南府淄川縣。〔說文定聲・卷五〕○一與待通。〔廣雅・釋詁〕「峙，待也」疏證。○一與所古同義通用。〔詩・思齊〕「神罔一恫」通釋。○之、一古字通。〔管子〕「可立而一」雜志。○古一字作旹，古二字可以通用。（同上）○待又通作一。〔廣雅・釋詁〕「跱，止也」疏證。○待亦通作一。〔詩・緜〕「曰止曰一」述聞。○一與承古亦通用。〔詩・賚〕「一周之命」通釋。○覩、一、覗、伺並通。〔廣雅・釋言〕「一，伺也」疏證。○〔說文定聲・卷五〕一，假借為蒔。〔虞書〕「播一百穀」。○（同上）一，假借為待。〔易・歸妹〕「遲歸有一」。○（同上）一，假借為是。〔釋詁〕「一，是也」。○（同上）一，假借為司。〔廣雅・釋言〕「一，伺也」。○（同上）一，假借為等。〔周禮・司儀〕「一揖異姓」。○（同上）一，假借為𠯑。〔釋宮〕「室中謂之一」。○（同上）一，假借為峙。〔釋宮〕「樞達北方謂之落一」。○一為待之借字。〔晏子春秋〕「不待一而入見」雜志。○古無蒔字，故借一為之。〔荀子〕「一舉而代御」雜志。○一、詩聲相近。〔書・舜典〕「百揆一叙」孫疏。○一與是聲相近。〔書・堯典〕「若一登庸」孫疏。○而、一聲相近，故字亦相通。〔漢書〕「為將」雜志。○一與跱聲近而義同。〔廣雅・釋詁〕「跱，止也」疏證。○一與承一聲之轉。〔詩・文王〕「帝命不一」平議。○〔說文定聲・卷五〕一、善雙聲字，獸名。〔釋獸〕「一善乘領」。○一善，連語也。〔說文定聲・卷五〕○一，當讀為待。〔易・雜卦〕「大畜，一也」述聞。又〔周易・歸妹〕「遲歸有一」述聞。○一，當讀為承。〔詩・文王〕「帝命不一」通釋。○一，讀為而。〔漢書・馮唐傳〕「吾獨不得廉頗、李牧為將」補注引王念孫。○一乃語詞。〔易・乾〕「一乘六龍以御天」平議。○一者，是聲之輕而浮者也。〔釋詁〕「一，是也」郝疏。○一即待字也。〔晏子春秋〕「不待一而入見」雜志。○一，史作是。〔國策・秦策三〕「如一不退」補注。○一，韓作以。〔詩・蕩〕「一無背無側」集疏。○一，魯作明。〔詩・般〕「於皇一周」集疏。○〔中論・夭壽〕引一作寔。〔書・無逸〕「一舊勞于外」孫疏。○〔穀梁傳隱公七年〕「遲歸有一」作「遲歸以待一」。〔易・歸妹〕「遲歸有一」述聞。○官本一作待。〔漢書・哀帝紀〕「一詔夏賀良等」補注。○官本一作時。〔漢書・郊祀志〕「唯雍四一上帝為尊」補注。○舊校云一作崇。〔呂覽・尊師〕「一節為務」校正。○一来，〔公羊〕作祁黎。〔左傳隱公一一年經〕「公會鄭伯于一來」洪詁。

**旹** 一，古時字。〔楚辭・思美人〕「聊假日以須一」補注。○一，古文時。〔廣韻・之部〕○古時字作一。〔管子〕「可立而時」雜志。○一、時二字可以通用。（同上）

**詩** 一，志也。〔廣雅・釋言〕疏證。○一者，志也。〔漢書〕「一大澤之博」雜志。○一者，志之所之也。〔說文繫傳・通論下〕○一，樂章也。〔禮記・內則〕「誦一」集解。○一者，思也。〔論語・為政〕「一三百」劉正義引顧鎮虞。○一之為言，志也。〔說文〕「一，志也」義證引〔春秋說題辭〕。○持志曰一。〔通雅・釋詁〕○一字作歌詠功德解。〔漢書・司馬相如傳〕「一大澤之博」補注。○一，訓志意之志。〔漢書〕「一大澤之博」雜志。○一，又訓志記之志。（同上）雜志。○一，正以承為訓。（同上）補注引沈欽韓。○〔說文定聲・卷五〕一，假借為侍。〔儀禮・特牲禮〕「一懷之」。○（同上）一，或為持。〔儀禮・特牲禮〕「一懷之」。○（同上）一，假借為邿。〔公羊傳襄公一三年〕「取一，魯附庸國也」。○一，當作謂。〔禮記・祭義〕「文王之一也」述聞。○一，〔左傳昭公一九年〕子產引作諺。〔呂覽・原亂〕「故一曰」校正。

**棊** 一古通謂博奕之子。〔說文〕「一，博一」繫傳。○大箸十二一，古者烏曹作之，今謂之雙陸。〔說文定聲・卷五〕○一者，方正之名也。〔說文〕「一，博一」繫傳。○一局，謂彈一，圍一之局也。〔說文〕「局，一曰博，所以行一」義證引〔急就篇〕顏注。○〔說文定聲・卷五〕一局縱橫各十七道，合二百八十九道，白黑棋子各一百五十枚。〔博弈論〕「枯一三百」注引邯鄲淳〔藝經〕。○一，〔史記・孝武紀〕作旗。〔漢書・郊祀志〕「於是上使驗小方，鬬一」補注引〔考異〕。○一，〔通鑑〕作旗。（同上）補注引宮本考證。

**棋** 一，木根也。〔集韻・之部〕○一，根柢也。（同上）○一，與棊同。〔方言五〕「圍棊謂之弈」箋疏。

**櫀** 一，同棊。〔廣韻・之部〕

**碁** 一，同棊。〔廣韻・之部〕○一，與棊同。〔方言五〕「簙，或謂之棊」箋疏。

**旗** 熊虎為一。〔屈賦・離騷〕「載雲一之委移」戴注引〔周官・司常〕。○一者，旌一之總名。〔說文〕「旆，繼旐之一也」段注。○〔說文定聲・卷五〕

常、旍、旜、物、丨、旟、旐、旞、旌，皆得稱丨也。〔周禮・司常〕「掌九丨之物名」。〇天市垣左右之星曰丨，共二十二。〔史記・天官書〕「東北曲十二星曰丨」志疑。〇雲丨，其高至雲，故曰雲丨。〔離騷〕「載雲丨之委蛇」補注引〔文選〕注。〇丨，姓。〔廣韻・之部〕〇期與丨古通。〔史記・仲尼弟子列傳〕「巫馬施字子丨」志疑。〇旍、丨通用字。〔漢書・天文志〕「視其所指，以名破軍」補注。〇丨翼與期頤通。〔通雅・卷八〕〇〔說文定聲・卷五〕丨，假借為旍。〔河圖握矩記〕「東方法青龍曰丨」。〇〔同上〕丨，假借為箕。〔荀子・富國〕「壽於丨翼」。〇丨，當與綦同，乃極盡之意。〔呂覽・論大〕「昔舜欲丨古今而不成」校正。〇丨，當為祺。〔漢書・王子侯表〕「蘭丨頃侯臨朝」補注。〇丨，一作禃。〔呂覽・諭大〕「昔舜欲丨古今而不成」校正。〇丨，一作揭。〔同上〕〇丨，舊本作旍。〔呂覽・明理〕「其名蚩尤之丨」校正。〇中丨，〔策〕作中期。〔史記・魏世家〕「中丨馮琴而對曰」志疑。

**辭** 丨，丨訟。〔廣韻・之部〕〇丨者，訟也，所以理也。〔說文繫傳・通論下〕〇丨，理獄爭訟之丨也。〔說文〕「丨，訟也」義證引〔玉篇〕。〇〔說文定聲・卷五〕丨，今所謂口供也。〔報任少卿書〕「其次不辱丨令」。〇丨者，說也。〔說文〕「詞，意內而言外也」段注。〇丨，丨說。〔說文〕「丨，訟也」義證引〔字書〕。〇丨，辯也。〔孟子・公孫丑下〕「又從為之丨」朱注。〇丨，丨令也。〔大戴・衛將軍文子〕「禮以擯丨」王詁。〇丨，以言說理也。〔慧琳音義・卷一五〕引〔考聲〕。〇丨者，說之詳也。〔孟子・滕文公下〕「放淫丨」朱注。〇丨，語也。〔孟子・萬章上〕「不以文害丨」朱注。〇丨，言語。〔論語・泰伯〕「出丨氣」朱注。〇丨，謝也。〔大戴・衛將軍文子〕「丨以不知」王詁。〇丨，謝之也。〔國策・齊策四〕「田子丨」鮑注。〇丨，告之也。〔國策・趙策三〕「公不若陰丨樓子」鮑注。〇丨，解使去己也。〔孟子・公孫丑上〕「無丨讓之心」朱注。〇丨，丨讓不受者。〔論語・雍也〕「與之粟九百，丨」劉正義。〇丨者，無所受於己。〔禮記・曲禮〕「不丨讓而對」集解引陳祥道。〇丨，謂篇章也。〔說文〕「詞，意內而言外也」段注。〇丨，謂文丨足以排難解紛也。〔同上〕〇丨之言孜也。〔說文繫傳・通論下〕〇〔說文定聲・卷五〕分爭辯訟謂之丨。〔說文〕「丨，訟也」。〇丨，猶訟也。〔左傳昭公九年〕「王使詹桓伯丨於晉」平議。〇丨，猶言也。〔左傳宣公一一年〕「猶可丨乎」疏證。〇丨，猶解免也。〔禮記・表記〕「仁者之過易丨也」集解。〇一丨而許曰禮丨。〔儀禮・士冠禮〕「賓禮丨許」胡正義引〔禮經釋例〕。〇再丨而許曰固丨。〔同上〕〇三丨、不許曰終丨。〔同上〕〇有丨，言有罪狀。〔書・多士〕「大淫泆有丨」孫疏。〇不丨，猶不言。〔老子〕「萬物作焉而不丨」平議。〇深丨，猶深談也。〔漢書・鄒陽傳〕「深丨謝之」補注。〇丨與詞通。〔書・洛誥〕「汝永有丨」孫疏。〇丨，通作嗣。〔列子・仲尼〕「舜不丨而受之」平議。〇〔說文定聲・卷五〕丨，假借為辭。〔左傳襄公二二年〕「丨八人者而後王安之」。〇〔同上〕丨，假借為詞。〔說文〕「說也」。〇〔同上〕丨，假借為祠。〔堯廟碑〕「將丨帝堯」。〇〔同上〕丨，假借為異。〔孟子〕「所不丨也」。〇丨乃嗣之叚字。〔書・大誥〕「天棐忱丨」平議。〇丨，猶語助。〔左傳文公五年〕服注「諸，丨」疏證引李貽德。〇丨，當作詞。〔詩・芣苢〕陳疏。〇籀文嗣為丨。〔說文繫傳・通論下〕〇丨，當作辟。〔大戴・保傅〕「然而不丨者」述聞。〇〔釋文〕丨本又作辤。〔左傳哀公六年〕「五丨而後許」洪詁。〇易丨，〔公羊〕作易怠。〔書・秦誓〕「俾君子易丨」孫疏。〇丨，〔賈子〕、〔漢書〕並作避。〔大戴・保傅〕「不丨」述聞。

**辤** 丨，通作辭。〔說文〕「丨，不受也」義證。〇〔說文定聲・卷五〕丨，假借為詞。〔曹娥碑〕「外孫虀臼」。〇丨，同辭。〔廣韻・之部〕〇丨，經典皆借辭為之。〔說文〕「丨，不受也」句讀。〇丨，經傳皆以辭為之。〔說文定聲・卷五〕

**辝** 丨，籀文辭。〔廣韻・之部〕

**詞** 丨者意內而言外。〔說文繫傳・通論下〕〇丨，說也。〔廣韻・之部〕〇丨，告也。〔同上〕〇丨，請也。〔同上〕〇丨者，文字形聲之合也。〔說文〕「丨，意內而言外也」段注。〇丨，語氣之助也。〔說文〕「曰，丨也」繫傳。〇丨，為助語之詞。〔說文定聲・卷五〕〇丨，為發聲之詞。〔同上〕〇同稱丨者虛也。〔說文〕「曰，丨也」繫傳。〇言以足志，文以足言，皆謂之丨。〔說文定聲・卷五〕〇丨者，謂摹繪物狀及發聲助語之文字也。〔說文〕「丨，意內而言外也」段注。〇丨，經傳皆以辭為之。〔說文定聲・卷五〕

**䛐** 丨者，意內而言外也。〔說文〕「孔，通也，嘉美之也」段注。〇意內言外曰丨。〔說文〕「凡，冣括而言也」段注。〇丨，當作辭。〔說文〕「嬃，楚丨曰女嬃之嬋媛」段注。

**期** 丨，會也。〔論語・子路〕「丨月而已可也」劉正義。又〔廣韻・之部〕。〇丨，約也。〔公羊傳僖公二二年〕「宋公與楚人丨戰于泓之陽」陳疏。〇丨，信也，要也。〔廣韻・之部〕〇丨，歸丨也。〔韓子・十過〕「因為由余請丨」集解。〇丨，極也。〔荀子・富國〕「丨文理」集解引王念孫。〇丨者，必也。〔漢書・周昌傳〕「臣丨丨不奉詔」補注。〇丨，周年也。〔論語・陽貨〕「丨已久矣」朱注。〇丨，限也。〔廣韻・之部〕〇丨，有程限也。〔慧琳音義・卷三〕引〔字書〕。〇丨，言及十月之丨也。〔史記・周本紀〕「居丨而生子」志疑。〇凡帀一月為丨。〔說文定聲・卷一三〕〔「會」下〕〇帀一歲，帀十二辰，帀十幹皆謂之丨。〔同上〕〔「會」下〕〇伉、致、丨，皆極也。〔荀子〕「亢隆高」雜志。〇丨，猶志也。〔國策・秦策三〕「豈不辯智之丨與」鮑注。〇〔說文定聲・卷五〕丨，猶極也。〔荀子・富國〕「丨文理」。〇丨，猶其也。〔釋宮〕「八達謂之崇丨」郝疏。〇丨之言極也。〔廣雅・釋詁〕「丨，老也」疏證。又〔廣雅・釋言〕「丨，卒也」疏證。〇丨與綦義同。〔左傳昭公二八年〕「忿類無丨」平議。〇丨月，匝一月也。〔中庸〕「擇乎中庸而不能一月守也」朱注。○一一乃吃者語急之聲。〔雜志・卷四〕○一門，一諸殿門也。〔通雅・官制〕○一門，一諸殿門，故有一門之號。〔漢書・百官公卿表〕「一門掌執兵送從」補注。○一思即春秋寢丘。〔史記・循吏列傳〕「虞丘相進之楚莊王」志疑。○一，日行遲，月行疾，似與日一會也。〔說文〕「一，會也」繫傳。○一與綦通。〔莊子・庚桑楚〕「券外者志乎一費」平議。○一，其之通假。〔國策・卷下〕「一於成事而已」札記引吳氏。○一，叚借為一年、一月字。〔說文〕「一，會也」段注。○〔說文定聲・卷五〕一，假借為綦，實為羈。〔左傳定公四年〕「楚公子結字子一」。○〔同上〕一，假借為勤。〔禮記・射義〕「旄一稱道不亂者」。○〔同上〕一，假借為稘。〔書・堯典〕「朞三百有六旬有六日」。○〔同上〕一，叚借助語之詞，與用其、箕、已、記、忌、居字皆同。〔詩・頍弁〕「實維何一」。○〔說文定聲・卷一二〕一者，綦之借字。〔左傳定公四年〕「楚公子結字子一」。〔「結」下〕○一，當讀為惎。〔淮南・要略〕「以時教一」平議。○一，當讀為綦，為窮極之義。〔詩・白駒〕「逸豫無一」平議。○一與求古音相近。〔左傳哀公一六年〕「一死非勇也」平議。○一讀如荀子曰欲綦色之綦，楚人謂極為綦。〔漢書・周昌傳〕「臣一一不奉詔」補注引劉攽。○稘、朞、一並同。〔廣雅・釋詁〕「稘，年也」疏證。○一，元作其。〔國策・燕策二〕「一於成事而已」鮑注。○一，字亦作朞，月與日會也，與朔同意。〔說文定聲・卷五〕○一，其本字作稘，一行而稘廢矣。〔說文〕「一，會也」段注。○一，魯作胡。〔詩・杕杜〕「一逝不至」集疏。○〔史記〕一作綦。〔左傳哀公一六年〕「殺子西、子一于朝」洪詁。○一，〔釋文〕本亦作朞。〔左傳襄公九年〕「行之一年」洪詁。○〔周禮・質人〕、〔士虞禮〕古文一年字作基。〔說文〕「一，會也」段注。

**祠** 一，祭也。〔慧琳音義・卷九〕○一，祭名。〔廣韻・之部〕○春曰一。〔詩・天保〕「禴一烝嘗」朱傳。○一，春祭。〔國策・齊策二〕「楚有一者」鮑注。○一之言詞也，多文詞也。〔說文〕「一，春祭曰一」繫傳。○一亦祀也。〔漢書・郊祀志〕「求報無福之一」補注。○一祝，即廟祝。〔通雅・稱謂〕○一兵，即治兵。〔通雅・釋詁〕○祀、一古字通。〔晏子春秋〕「一靈山」雜志。○〔說文定聲・卷五〕一，叚借為辭。〔周禮・大祝〕「一曰一」。○〔同上〕一，假借為鴟。〔顏氏家訓・書證〕「吳人呼一祀為鴟祀」。○一，〔玉篇〕作祀。〔說文〕「瑒，以一宗廟者也」段注。○一，〔漢紀〕作祀。〔漢書・郊祀志〕「求報無福之一」補注。○一，今〔周禮〕作祀。〔說文〕「周禮以槱燎一司中司命」段注。○一，當作祀。〔漢書・郊祀志〕「求報無福之一」補注引宋祁。○官本一作祀。〔漢書・韋賢傳〕「園廟間一」補注。又〔漢書・元帝紀〕補注。

**基** 一，始也。〔廣韻・之部〕○一，址也。〔同上〕又〔漢書・匡衡傳〕「以立一楨」補注引周壽昌。又〔通鑑・周紀四〕「一定而國定」音注。○一，本也。〔同上〕音注。○一，業也。〔廣韻・之部〕○一，設也。〔同上〕○一，經也。〔同上〕○一，積累於下，以承藉乎上者也。〔詩・昊天有成命〕「夙夜一命宥密」朱傳。又〔禮記・孔子閒居〕「其命宥密」集解。○築牆之始為一。〔說文定聲・卷五〕○今文一訓為始。〔書・大誥〕「弼我丕丕一」孫疏。○古文一或為一業也。〔同上〕孫疏。○今文以一為一址。〔書・康誥〕「周公初一作新大邑」孫疏。○引申之為凡始之偁。〔說文〕「一，牆始也」段注。○一，定也。〔詩・公劉〕「止一迺理」朱傳。○一者，勢也。〔詩・昊天有成命〕「夙夜一命有謐」集疏引魯說。○一者，設也。〔荀子・成相〕「請布一」集解引郝懿行。○一，謀也。〔詩・昊天有成命〕「夙夜一命宥密」述聞引鄭注。○一，又為儉。〔詩・昊天有成命〕「夙夜一命宥密」通釋。○〔淮南・說山〕訓一作其。〔左傳宣公一二年〕「養由一為右」疏證。○一，通作期。〔釋言〕「一，經也」郝疏。○一、其古從省通。〔左傳〕正義引李富孫。○〔說文定聲・卷五〕一，假借為謀。〔釋詁〕「一，謀也」。○〔同上〕一，假借為紀。〔釋言〕「一，經也」。○〔同上〕一，假借為稘。〔周禮・質人〕「邦國一」。○一，〔禮經〕古文叚為期年字。〔說文〕「一，牆始也」段注。○一，當為綦。〔荀子・君道〕「卿相輔佐，人主之一杖也」平議。○一為本字，諆為叚音，諅為或體。〔釋詁〕「一，謀也」郝疏。○〔說文定聲・卷五〕鎡一，亦作鎡錤。〔孟子〕「雖有鎡一」。○鎡一，亦作鎡其。〔說文定聲・卷五〕○一，齊一作其。〔詩・昊天有成命〕「夙夜一命宥密」集疏。

**疑** 一，惑也。〔廣韻・之部〕○一，即惑也。〔晏子春秋〕「蔽諂」雜志。○一，幼子多惑也。〔說文〕「一，惑也」繫傳。○一，不定也。〔廣韻・之部〕○一，未定也。〔慧琳音義・卷八〕引〔考聲〕。○一者，不定之詈也。〔說文〕「娂，一姓也」段注。○一，謂是非不決。〔大戴・曾子立事〕「君子一則不言」王詁。○一，謂好惡不明也。〔禮記・緇衣〕「上人一則百姓惑」集解。○一，貳也。〔慧琳音義・卷八〕○一，嫌也。〔廣韻・之部〕○今俗謂一為多心。〔說文〕「惢，心一也」段注。○一，恐也。〔廣韻・之部〕又〔荀子〕「此之一」雜志。○一，畏也。〔同上〕雜志。○古者謂一為意。〔史記〕「億忌」雜志。○意、忌皆謂一忌也。〔荀子〕「億忌」雜志。○一之言擬議也。〔廣雅・釋言〕「瀷，一也」疏證。○一，止也。〔大戴・勸學〕「不一」王詁。又〔屈賦・涉江〕「淹回水而一滯」戴注。○一者，止也。〔荀子・成相〕「此之一」集解引俞樾。○一者，止不動也。〔說文定聲・卷二〕〔「冰」下〕○一，定也。〔詩・桑柔〕「靡所止一」朱傳。○一然，譺然，即嶷然。〔通雅・釋詁〕○一神，猶言如神也。〔管子・兵法〕「故不能一神」平議。○一立者，不偏不倚不摇動。〔儀禮・士昏禮〕「婦一立于席西」胡正義。○凝與一通。〔廣雅・釋詁〕「凝，止也」疏證。○一、仡二字雙聲通用。〔詩・生民〕「克岐克嶷」通釋。○䰯、儗、一三字聲近義同。〔廣雅・釋詁〕「䰯，恐也」疏證。○一乃擬之叚字。〔禮記・檀弓〕「使西河之民一女於夫子」平議。○一者，𡕔之假借也。〔釋言〕「一，戾也」郝疏。○一，當即礙之省假。〔詩・桑柔〕「靡所止一」陳疏。○〔漢書・食貨志〕假一為儗。〔說文〕「儗，僭也」段注。○一、凝，語之轉。〔屈賦・涉江〕「淹回水而一滯」戴注。○一、凝一聲之轉。〔釋詁〕「蠱，一也」郝疏。○一，讀為擬。〔韓子・說疑〕

「說一」集解引顧廣圻。○一，讀曰擬。〔淮南〕「一聖」雜志。又〔漢書·常山憲王傳〕「擅出漢所一囚」補注。○一，當讀為礙。〔管子·兵法〕「則旁通而不一」平議。○一，當讀為儗。〔義府·卷上〕引〔易·坤〕「陰一於陽」。○一，讀如一妻一適之一。〔荀子·解蔽〕「兩一則惑矣」平議。○一與凝同。〔文選·涉江〕「淹回水而一滯」補正。○一，古作𠤕。〔慧琳音義·卷八〕○一、亦作眥，止也。〔同上〕○官本一作凝。〔漢書·五行志〕「金鐵冰滯涸堅，不成者衆」補注。○一字亦作擬。〔荀子·解蔽〕「兩一則惑矣」平議。○一，古文也，嶷，後起之專字也。〔說文〕「嶷，九嶷山」句讀。○一即嶷字，仡然正立貌。〔詩·生民〕「克岐克嶷」通釋。

**疑** 〔說文定聲·卷五〕一，謂中材可參謀者也。〔荀子·堯問〕「得疑者存」。○一，或曰戇直強諫之士，亦通。〔說文定聲·卷五〕○〔說文定聲·卷五〕一，禦止之意。〔禮記·文王世子〕「有師保，有疑丞」。○〔說文定聲·卷五〕一，假借為冰，即凝。〔易·坤〕「陰始疑也」。○〔同上〕一，假借為𠤕。〔史記·淮陰侯傳〕「疑者事之害也」。○〔同上〕一，假借為嶷。〔漢書·司馬相如傳〕「遇虞舜於九疑」。○〔同上〕一，假借為儗。〔禮記·燕義〕「不以公卿為賓，為疑也」。○〔同上〕一，假借為擬。〔儀禮·士相見禮〕「不疑君」。○〔同上〕一，假借為儗。〔禮記·雜記〕「皆為疑死」。○〔同上〕一，假借為詒。〔孟子〕「異哉，子叔疑」。○古多以疑為一。〔說文定聲·卷五〕

**疑** 一、𠤕一字。〔通雅·疑始〕○一，惑也。〔同上〕

**姬** 一者，周姓。〔史記·始皇本紀〕「見呂不韋一」志疑。○一，王妻別名。〔廣韻·之部〕○一，為婦人美稱也。〔詩·東門之池〕「彼美淑一」後箋。○一亦婦人通稱耳。〔漢書·司馬相如傳〕「於是鄭女曼一」補注引劉敞。○一，六朝人稱妾母為姨即此意。〔漢書·文帝紀〕「母曰薄一」補注引錢大昭。○〔說文定聲·卷五〕一姜為古大姓，故為尊美之通偁。〔左傳〕「雖有一姜」。○君一氏猶言君母氏。〔左傳宣公二年〕「君一氏之愛子也」疏證引沈欽韓。○〔說文定聲·卷五〕一，叚借為居。〔列子·黃帝〕「一，將告汝」。○〔同上〕一，叚借助語之詞。〔禮記·郊特牲〕「二日伐鼓何居」。

**絲** 一者，蠶所吐也。〔說文〕「糸，細一也」段注。又〔大戴·子張問入官〕「是故夫工女必自擇一麻」王詁。○紡緇，一也。〔說文〕「聚，𦃃也」義證。○一，繩也。〔墨子·經說下〕「縣一於其上」閒詁引張惠言。○一，其繫糸也。〔說文〕「鞘，蓋杠一也」繫傳。○〔說文定聲·卷五〕一，謂弦也。〔禮記·樂記〕「金、石、一、竹，樂之器也」。○凡纅者為一。〔周禮·典絲〕「共其一纊組文之物」孫正義。○抽引精繭出緒者曰一。〔說文〕「一，蠶所吐也」義證引顏師古。○十忽曰一。〔本草·卷一〕又〔說文〕「糸，細一也」繫傳。○〔說文定聲·卷五〕一，謂市也。〔考工·弓人〕「一也者以為固也」。○一紾，言弦戾也。〔說文〕「弦，弓弦也」段注。○一與素通用。〔詩·絲衣〕「一衣其紑」通釋。

**司** 一，主也。〔詩·羔裘〕「邦之一直」朱傳。又〔大戴·哀公問五義〕「若天之一」王詁。又〔保傅〕「則有一過之史」王詁。又〔禮記·月令〕「一天日月星辰之行」集解。又〔廣韻·之部〕。又〔管子〕「半星辰序」雜志。○一者，理其事也。〔說文定聲·卷五〕○一者，主於理亂也。〔說文繫傳·通論下〕○一，伺也。〔說文〕「覗，言相說一也」繫傳。○一，伺視也。〔說文〕「𧢈，一也」繫傳。○一與治同義。〔方言一二〕「牧，一也」箋疏。○一，姓。〔廣韻·之部〕○一徒，官名也。〔孟子·滕文公上〕「使契為一徒」朱注。○一徒，掌徒役之事。〔詩·緜〕「乃召一徒」朱傳。○一空，掌營國邑。〔同上〕「乃召一空」朱傳。○一空，即圜土之類。〔漢書·刑法志〕「獄犴不平之所致也」補注引沈欽韓。○漢以一空主罪人。〔漢書·轅固傳〕「安得一空城旦書乎」補注引沈欽韓。○一寇，掌役使罪人之事。〔漢書·賈誼傳〕「輸之一寇」補注引王念孫。○此一寇是罪名。〔賈誼傳〕「輸之一寇」補注引周壽昌。○一敗，即司寇也。〔論語·述而〕「陳一敗問昭公知禮乎」朱注。○一命，主死。〔義府·卷上〕○〔說文定聲·卷一二〕一命者，或曰文昌，或曰人間小神。〔說文〕「祀，以豚祠一命也」。〔「祀」下〕○三台上台曰一命，主壽夭。〔屈賦·大司命〕戴注。○王一者，主王嗣位也。〔書·高宗肜日〕「王一敬民」孫疏。○一右，司馬之屬官也。〔大戴·千乘〕王詁。○一直，掌佐丞相，舉不法。〔漢書·鮑宣傳〕「龔勝為一直」補注引胡注。○主正人過謂之一直。〔詩·羔裘〕「邦之一直」述聞。○一中，主生。〔義府·卷上〕○一中、一命二神，即今俗所謂南斗主生，北斗主死。〔義府·卷上〕○一載，即司災也。〔國語·魯語下〕「與大史一載糾虔天刑」平議。○此一祿乃主穀數者。〔周官·地官序官〕「一祿」平議。○〔說文定聲·卷一六〕一民，即三台之下台三星也，在太微西垣上相之上。〔周禮·司民〕「及孟冬祀一民之日」。〔「民」下〕○一南，即指南車也。〔韓子·有度〕「故先王立一南以端朝夕」集解引舊注。○一金，亦稱一珍。〔通雅·官制〕○一倉，亦稱一庾、一儲。〔通雅·官制〕○一動，亦謂動府，亦謂右闥。〔同上〕○一、嗣古字通。〔荀子〕「若天之嗣」雜志。○鐘鼎多一、嗣通。〔書·高宗肜日〕「王一敬民」孫疏。○覗，或作伺，通作一。〔廣雅·釋詁〕「覗，視也」疏證。○〔說文定聲·卷五〕一，叚借為嗣。〔書·高宗肜日〕「王一敬民」。○一徒之轉為信都，猶一徒之轉為申徒、勝屠、申屠也。〔史記·韓信盧綰列傳〕「韓王信者，故韓襄王孽孫也」志疑。○一，讀如伺。〔墨子·天志中〕「以臨一民之善否」閒詁引畢沅。○一、伺同。〔國策·趙策三〕「而謹一時」鮑注。○一同伺。〔漢書·趙禹傳〕「吏傳相監一以法」補注。○一，今作伺。〔說文〕「𧢈，一也」句讀。又〔墨子〕「款」雜志。○一，官本作伺。〔漢書·鄯善國傳〕「亦因使候一匈奴」補注。○舊本一作慎。〔左傳成公二年〕「君之所一也」疏證。○一，俗又作覗。〔說文〕「一，臣一事於外者」段注。○一，即伺字。〔史記·酷吏列傳〕「以牧一姦盜賊」志疑。○一，即今之伺字。〔說文定聲·卷一八〕〔「网」下〕○一乃古伺字。〔墨子〕「常一上之」雜志。○古文反后為一。〔說文〕「一，臣一事於外者」義證引〔增韻〕。○一徒，〔史記〕作申徒，〔楚漢春秋〕作信都。〔漢書·張良傳」「以良為韓｜徒」補注引周壽昌。○｜徒，通作申徒、信都、申屠。〔通雅・身體〕○高誘〔呂覽〕注引此｜作慎。〔左傳成公二年〕「君之所｜也」洪詁。

**葵**　｜，菜名。〔詩・七月〕「七月亨｜及菽」朱傳。○｜，菜也。〔通鑑・梁紀二〇〕「方與妃張氏鉏｜」音注。○｜，陽草也。〔說文〕「｜，菜也」義證引〔農書〕。○｜，衛足之菜，傾葉而蔽日者也。（同上）義證引〔急就篇〕顏注。○｜，揆也。〔詩・采菽〕「天子｜之」朱傳。又〔詩・板〕「莫我敢｜」朱傳。又〔說文〕「揆，｜也」繫傳。○〔說文定聲・卷一二〕｜，謂向日｜。〔廣雅・釋草〕「藭，｜也」。〔「藭」下〕○｜，今之秋｜向日者。〔說文定聲・卷一二〕○〔通雅・卷四四〕古謂菜為｜，晉以來曰菘，今謂之菜。〔韓詩外傳〕「馬踐園｜」。○｜丘，在青州臨菑縣西北二十里。〔左傳莊公八年〕「戍｜丘」疏證引〔元和志〕。○〔說文定聲・卷一二〕｜，段借為揆。〔釋言〕「｜，揆也」。○｜，段為揆也。〔說文〕「揆，度也」段注。○〔說文定聲・卷一二〕｜，段借為椎。〔考工・玉人〕「杼上終｜首」。

**醫**　〔說文定聲・卷五〕｜，謂黍粥所釀酒也。〔周禮・酒正〕「二曰｜」。○｜，意也，以巧慧智思使藥消病也。〔慧琳音義・卷六〇〕引〔集訓〕。○｜者，理也，理者意也，意其所未然也，意其所將然也，察於二然者而謹於訓，夫是之謂｜。〔說文〕「｜，治病工也」義證引〔子華子〕。○｜，｜療也。〔廣韻・之部〕○｜，所以寄死生。〔論語・子路〕「不可以作巫｜」朱注。○〔說文定聲・卷五〕巫、｜同類。〔廣雅・釋詁〕「｜，巫也」。○｜，官名。〔廣韻・之部〕○〔說文定聲・卷五〕｜，在今盛京錦州府廣寧縣西。〔周禮・職方氏〕「幽州其山鎮曰｜無閭」。○〔說文定聲・卷一六〕｜無閭山，屈賦作於微閭。〔說文〕「珣，｜無閭之珣玗琪」。〔「珣」下〕○｜，當作翳。〔韓子・八經〕「｜曰詭」平議。○｜，俗作毉。〔慧琳音義・卷一〕。

**毉**　｜，同醫。〔廣韻・之部〕

**帷**　在旁曰｜。〔說文定聲・卷一二〕○在旁蔽繞謂之｜。〔說文〕「｜，在旁曰｜」義證引〔急就篇〕顏注。○｜者，圍也。（同上）○牆衣謂之｜。〔周禮・縫人〕「衣翣柳之材」孫正義。○｜，亦謂之容。〔周禮・幕人〕「幕人掌｜、幕、幄、帟、綬之事」孫正義。

**思**　｜，睿也，各本作容也。〔說文〕「｜，睿也」段注。○｜與𢙎義略同也。〔說文〕「恖，一曰𢙎也」段注。○｜，｜慮。〔詩・駉〕「｜無疆」集疏。○｜，｜理也。〔說文〕「侖，｜也」繫傳。○｜，感｜也。〔釋詁〕「悠，｜也」鄭注。○｜，憂思也。〔詩・燕燕〕「先君之｜」陳疏。○｜，不忘也。〔釋詁〕「懷，｜也」鄭注。○｜，即額。〔說文〕「額，短須髮兒」義證。○｜，亦道也。〔孟子・萬章上〕「永言孝｜」焦正義。○｜為白。〔左傳宣公二年〕「于｜于｜」疏證引惠棟。○｜，猶鰓也。〔說文〕「侖，｜也」段注。○｜，猶斯也。〔書・益稷〕「予｜日孜孜」孫疏。○｜，猶言有也。〔詩・載芟〕「｜媚其婦」通釋。○｜與理、義同也。〔說文〕「侖，｜也」段注。○悠、憂、｜三字同義。〔廣雅・釋詁〕「鬱、悠，｜也」疏證。○｜乃虞君之名。〔史記・吳太伯世家〕「有虞｜夏德」志疑。○奇｜，謂忠信也。〔楚辭・九辯〕「閔奇｜之不通兮」補注引五臣。○心所｜存謂之｜念。〔釋詁〕「悠，｜也」郝疏。○〔說文定聲・卷五〕｜，段借為司。〔周禮・司市〕「上旌于｜次」。○（同上）｜，段借為偲。〔左傳宣公二年〕「于｜于｜」。○（同上）｜，段借為鰓。〔廣雅・釋言〕「｜，鰓也」。○（同上）｜，段借助語之詞。〔詩・漢廣〕「不可求｜」。○｜，詞也。〔詩・漢廣〕「不可求｜」陳疏。又〔思文〕「｜文后稷」陳疏。○｜，語辭。〔詩・文王〕「｜皇多士」朱傳。又〔中庸〕「神之格｜」朱注。○｜，語辭也。〔詩・漢廣〕「不可求｜」朱傳。○｜，語詞。〔書・益稷〕「予｜日孜孜」孫疏。又〔詩・載芟〕「｜媚其婦」通釋。又〔泮水〕「｜樂泮水」後箋引陳奐。又〔賚〕「敷時繹｜」集疏。○｜，為語詞。〔詩・桑扈〕「旨酒｜柔」通釋。○｜為語助。〔詩・那〕「綏我｜成」通釋。○｜字為助詞。〔詩・關雎〕「寤寐｜服」陳疏。○｜，當亦語辭。〔孟子・公孫丑上〕「｜與鄉人立」焦正義。○｜，發語辭也。〔詩・泮水〕「｜樂泮水」朱傳。○〔釋詞〕｜，發語詞也。〔詩・文王〕「｜皇多士」。○〔釋詞〕｜，句中語助也。〔詩・關雎〕「寤寐｜服」。○〔釋詞〕｜，語已詞也。〔詩・漢廣〕「不可泳｜」。○常臬，一作常｜，｜、臬古聲相近。〔廣雅・釋草〕「常臬，臬耳也」疏證。○｜與斯字同。〔易・繫上〕「盜｜奪之矣」平議。○｜，別作腮、顋、鬛。〔說文〕「｜，容也」義證引〔復古編〕。○｜，即今腮字。（同上）義證。○｜，當為恩。〔漢書・孝武李夫人傳〕「｜若流波」補注引王文彬。○｜，當為息字。〔文選・長門賦〕「遂頹｜而就牀」集釋。○〔說文定聲・卷五〕｜，鍇本作容也。〔說文〕「｜，容也」。○｜，魯作惟。〔詩・我行其野〕「不｜舊姻」集疏。○｜，舊作惡。〔呂覽・上德〕「愛｜不臧」校正。○｜，官本作恩。〔漢書・五行志〕「未央宮東闕罘｜災」補注。

**恖**　｜，同思。〔集韻・之部〕

**滋**　｜，益也。〔大戴・子張問入官〕「務高而畏下者｜甚」王詁。又〔左傳隱公元年〕「無使｜蔓」洪詁。又〔國策・秦策三〕「樹德莫如｜」鮑注。又〔墨子〕「兄」雜志。又〔孟子・公孫丑上〕「則弟子之惑｜甚」朱注。又〔離騷〕「余既｜蘭之九畹兮」補注引五臣。○｜，多也。〔慧琳音義・卷五三〕又〔廣韻・之部〕。○｜，液也。〔慧琳音義・卷五三〕引〔字書〕。又〔廣韻・之部〕。○｜，液也。〔廣雅・釋言〕疏證。○｜，蒔也。〔廣韻・之部〕又〔楚辭・惜誦〕「播江離與｜菊兮」補注。○｜，作蕤，音栽。〔離騷〕「余既｜蘭之九畹兮」補注引〔釋文〕。○｜，藩也。〔廣韻・之部〕○｜，水名，出高麗。（同上）○｜水，在今山西代州五臺縣界，入直隸正定府至定州深澤縣與滱、沙二水合。〔說文定聲・卷五〕○｜與孳通。〔廣雅・釋言〕「子，孳也」疏證。○〔說文定聲・卷五〕｜，假借為孜。〔堯廟碑〕「｜｜汲汲」。○（同上）｜，假借為孳。〔國語・越語〕「民乃藩｜」。○（同上）｜，假借為茲。〔左傳隱公元年〕「無使丨蔓」。○(同上)丨，假借為茲，實為茲之誤字。〔左傳哀公八年〕「何故使吾水丨」。○(同上)丨，假借為蒔。〔離騷〕「余既丨蘭之九畹兮」。○丨，當讀為慈。〔國語・齊語〕「遂丨民」述聞。○丨、茲古今字。〔漢書・地理志〕「霸水亦出藍田谷」補注。○丨，官本作茲。〔漢書・高帝紀〕「沛公至霸上」補注。○丨，〔說文〕引作茲。〔左傳哀公八年〕「何故使吾水丨」洪詁。○丨，〔左傳〕作茲，茲乃本字，後人加以水旁。〔呂覽・觀世〕「太公釣於丨泉」校正。○丨丨，孳孳之異。〔說文〕「孳，汲汲生也」義證引顧炎武。○丨泉，〔水經・渭水〕注、〔御覽〕七十、又八百三十四竝作茲泉。〔呂覽・謹聽〕「太公釣於丨泉」校正。

○〔齊語〕「遂丨民」，〔管子・小匡篇〕作慈。〔述聞・卷二〇〕

**持**

丨，執丨。〔廣韻・之部〕○丨，扶助也。〔荀子・仲尼〕「丨之者寡」集解。○丨，載也。〔荀子〕「以國丨之，以國載之」雜志。○丨，相丨。〔國策・楚策一〕「勿與丨久」鮑注。○丨，劫之也。〔國策・秦策四〕「丨齊楚」鮑注。○丨，亦養也。〔荀子〕「丨養」雜志。○丨，猶使。〔國策・燕策二〕「丨臣非張孟談也」鮑注。○丨，猶保。〔國策・西周策〕「秦欲丨周之得」鮑注。○丨，猶守也。〔國策・燕策二〕「百官丨職」鮑注。又〔墨子〕「待祿」雜志。○丨，猶奉也。〔荀子〕「父子相傳以丨王公」雜志。○丨，猶疑也。〔國策・中山策〕「而中山後丨」鮑注。○丨者挾制之義。〔漢書・劉向傳〕「輙不為王氏居位者及丞相御史所丨」補注引顧炎武。○丨訓為執。〔通說〕「丨」述聞。○丨，又訓為守、為保。(同上)○丨與奉同義。〔荀子〕「父子相傳以丨王公」雜志。○丨與支同義。〔廣雅・釋言〕「臺，支也」疏證。○丨錢，猶今人言掌財也。〔漢書・程鄭傳〕「為平陵石氏丨錢」補注引顧炎武。○丨傷，謂駱馬為持馬所傷也。〔說文〕「㾓，馬脛瘍」繫傳。○丨書御史，即治書也。〔通雅・官制〕○〔說文定聲・卷五〕丨，假借為等。〔左傳昭公元年〕「子與子家丨之」。○丨，元作待。〔國策・西周策〕「秦欲丨周之得」鮑注。○丨，史作侍。〔國策・燕策一〕「丨質子於齊」補注。○丨，當作將。〔墨子・備城門〕「城丨出必為明填」閒詁。又(同上)「丨出不操填章」閒詁。○丨，當為特字之誤也。〔荀子・禮論〕「寢兕丨虎」集解引盧文弨。○景祐本丨作引。〔漢書・嚴助傳〕「曠日丨久」補注引王念孫。

**隨**

丨，從也。〔廣韻・支部〕○丨，順也。(同上)○丨，垂下也。〔史記・天官書〕「丨北端兑」志疑。○丨，義近行。〔書・禹貢〕「丨山刊木」孫疏。○丨，國名，姬姓。〔左傳桓公六年〕「楚武王侵丨」疏證引〔世本〕。○丨，今德安府隨州。(同上)疏證引沈欽韓。○丨，姓。〔廣韻・支部〕○丨世，言相承不替。〔漢書・禮樂志〕「孝道丨世」補注。○丨兕，〔說苑〕作科雉。〔呂覽・至忠〕「射丨兕中之」校正。○丨成是號，謂丨大將軍成功也。〔史記・建元以來侯者年表〕「丨成」志疑。○丨和，隋侯之珠，和氏之璧。〔楚辭・株昭〕「捐棄丨和」補注。○隋、丨字通。〔漢書・天文志〕「丨北耑銳」補注。○丨，讀與隋相近，字亦相通。〔漢書〕「丨星」雜志。○丨乃骽之叚字。〔易・咸〕「執其丨」平議。又〔賈子・容經〕「丨前以舉」平議。○丨，讀若譎。〔詩・民勞〕「無縱詭丨」述聞。○丨，讀為怠惰之惰。〔管子・形勢解〕「臣下丨而不忠」義證。○徐、丨音近。〔漢書・藝文志〕「丨巢子六篇」補注引葉德輝。○丨與追同。〔史記・高祖功臣侯者年表〕「為上解丨馬」志疑。○丨與橢同。〔漢書〕「丨星」雜志。○丨，字或作詑，丨其假借字也。〔詩・民勞〕「無縱詭丨」述聞。○丨，又作訑，丨其假借字也。(同上)○官本丨作隋。〔漢書・五行志〕「滅戴」補注。○丨乃隋之譌。〔史記・天官書〕「丨北端兑」志疑。

**隋**

丨，與隨同。〔廣雅・釋草〕「地毛，莎丨也」疏證。

**癡**

丨，不慧也。〔廣韻・之部〕○丨，頑也。〔慧琳音義・卷三〕引〔字書〕。○丨者，神思不足。〔說文〕「丨，不慧也」繫傳。○丨乃瘛病。(同上)義證。

○丨，俗作痴。〔說文定聲・卷五〕

**痴**

丨，一曰不廉。〔集韻・支部〕○丨瘯，不達之貌。〔廣韻・之部〕○丨瘯，不達貌。〔集韻・之部〕

**維**

丨，繫也。〔廣韻・脂部〕又〔墨子・備突〕「丨置突門內」閒詁引蘇時學。○丨，繫其靷也。〔詩・白駒〕「縶之丨之」朱傳。○丨，持。〔詩・節南山〕「四方是丨」朱傳。○丨，持也。〔大戴・保傅〕「則四聖丨之」王詁。又〔廣韻・脂部〕。○丨，隅也。(同上)○丨，為也。〔詩・節南山〕「四方是丨」陳疏。又〔詩・狡童〕「丨子之故」陳疏。○丨，猶為也。〔詩・柏舟〕「實丨我儀」陳疏。○丨，乃也。〔詩・無羊〕「旐丨旟矣」通釋。○丨，豈也。〔廣韻・脂部〕○丨，謂四丨。〔楚辭・天問〕「斡丨焉繫」補注。○持於側者曰丨。〔屈賦・天問〕「斡丨焉繫」戴注。○引申之，凡相系者曰丨。〔說文〕「丨，車蓋丨也」段注。○丨，猶有也。〔詩・大明〕「纘女丨莘」陳疏。○丨，猶及也。〔國語・魯語〕「師尹丨旅牧相」述聞。○丨，訓為與。〔詩・無羊〕「旐丨旟矣」述聞。○丨字訓乃。〔詩・無羊〕「衆丨魚矣」述聞。○丨，與是同義。〔詩・何彼襛矣〕「丨絲伊緡」陳疏。○丨，即濰水也。〔漢書・地理志〕「東至安丘入丨」補注。○丨舟，丨連四船。〔說文〕「斻，方舟」繫傳。○〔說文定聲・卷一二〕丨，假借為惟。〔史記・三王世家〕「丨者，度也」。○丨者，惟之叚音也。〔釋詁〕「伊，丨也」郝疏。○丨，語詞。〔詩・何彼襛矣〕「其釣丨何」陳疏。又〔詩・何彼襛矣〕「丨絲伊緡」集疏。○丨，韓作惟，惟辭也。〔詩・葛覃〕「丨葉萋萋」集疏。○丨，發聲。〔詩・卷耳〕「丨以不永懷」陳疏。○丨，發語詞。〔詩・大明〕「丨予侯興」通釋。○丨，叚借發聲之詞，與用惟、唯字皆同。〔說文定聲・卷一二〕○丨，語助。〔詩・綠衣〕「曷丨其已」集疏。○丨，當作于。〔墨子・非攻下〕「通丨四夷」閒詁。○丨與惟同。〔公羊傳昭公二五年〕「丨婁委已者也」述聞。○唯，或作惟、丨。〔荀子〕「利往印上」雜志。○丨，三家作惟。〔詩・巧言〕「丨王之邛」集疏。又〔生民〕「丨秬丨秠」集疏。又〔抑〕「丨民之則」集疏。○丨，齊作惟。〔詩・節南山〕「丨石巖巖」集疏。○丨，齊亦作唯。

〔詩·大明〕「丨此文王」集疏。○丨，魯作唯。〔詩·裳裳者華〕「丨其有之」集疏。○丨，魯作惟。〔詩·葛屨〕「丨是褊心」集疏。○丨，魯作唯。〔詩·四月〕「丨以告哀」集疏。○丨，魯亦作伊。〔詩·抑〕「無競丨人」集疏。○丨，韓作唯。〔詩·小弁〕「丨憂用老」集疏。○〔說文定聲·卷一二〕丨為雍之誤字。〔周禮·職方氏〕「其浸盧丨」。○雍、丨形近而誤。〔墨子·耕柱〕「丨人但割而和之」閒詁。○丨人，當為饔人。（同上）閒詁引畢沅。

**卮** 丨，圜器也，蓋是盛物之器之通名。〔說文〕「觳，盛觵丨也」句讀。○丨，器也。〔國策·齊策二〕「賜其舍人丨酒」鮑注。○丨，酒器也。〔本草·卷三六〕○丨，酒漿器。〔說文〕「丨，圜器」義證引〔玉篇〕。○丨，飲酒圓器也。〔同上〕義證引〔急就篇〕顏注。○丨是注器，有當者也。〔漢書·高帝紀〕「上奉玉丨為太上皇壽」補注引沈欽韓。○丨之小者曰觛。〔說文定聲·卷一二〕○（同上）丨，假借為梔。〔史記·貨殖列傳〕「地饒丨薑」。○（同上）丨，假借為支。〔莊子·寓言〕「丨言日出」。○丨與支音同。〔說文〕「縳，白鮮丨也」段注。○丨，舊作卮。〔莊子·寓言〕「卮言日出」集釋引盧文弨。○丨，各本作色。〔說文〕「縳，白鮮丨也」段注。○古丨字作觗。〔廣雅·釋器〕「𠨬，丨也」疏證。○丨子，俗作梔。〔本草·卷三六〕○丨子，俗寫作梔子，可染黃。〔漢書·巴寡婦清傳〕「若千畝卮茜」補注引周壽昌。

**麋** 丨，鹿屬。〔國策·楚策三〕「無黠于丨」鮑注。○丨，鹿屬。冬至解其角。〔廣韻·脂部〕○丨，鹿之大者。〔孟子·梁惠王上〕「顧鴻鴈丨鹿」朱注。○丨，似鹿而大，冬至則解角，目上有眉，因以為名也。〔漢書·司馬相如傳〕「沈牛麈丨」補注引〔急就篇〕顏注。○所謂丨鹿之怪獸，即其狀若丨之騶虞也。〔漢書·司馬相如傳〕「徼丨鹿之怪獸」補注。○丨，陰獸，情淫而游澤。〔楚辭·湘夫人〕「丨何食兮庭中」補注引〔月令〕「丨角解」疏。○水草之交謂之丨。〔詩·巧言〕「居河之丨」朱傳。○丨，香草，葉小如萎狀。〔楚辭·少司命〕「秋蘭兮丨蕪」補注引〔爾雅〕「蘄茝，丨蕪」郭注。○丨舌，即丨鴰草。〔說文〕「鴰，丨鴰」義證。○湄、丨古字通。〔左傳僖公二八年〕「予賜女孟諸之丨」疏證。○〔說文定聲·卷一二〕丨，假借為眉。〔荀子·非相〕「伊尹之狀，面無須丨」。○（同上）丨，借借為湄。〔詩·巧言〕「居河之丨」。○（同上）丨，假借為爢。〔楚辭·招魂〕「丨散而不可止些」。○（同上）丨，假借為蘪。〔爾雅〕「蘄茝，丨蕪」。○丨，讀曰眉。〔大戴·主言〕「孔子愀然揚丨」王詁。○丨與糜同。〔呂覽·仲秋〕「行丨粥飲食」校正。○丨，或作麋。〔左傳哀公十四年〕「逢澤有介丨焉」洪詁。○丨，當為麋。〔說文〕「麛，如小丨」義證。○丨，本亦作糜。〔呂覽·仲秋〕「行丨粥飲食」校正。○丨，魯作湄。〔詩·巧言〕「居河之丨」集疏。○丨身，當作麋身。〔漢書·武帝紀〕「獲白麟」補注。○〔說文定聲·卷一二〕丨，麋之誤字。〔廣雅·釋獸〕「丨，麞也」。○（同上）丨，鹿之誤字。〔爾雅·釋鳥〕「鶬，丨鴰」。○丨鹿，乃夷羊之誤。〔史記·周本紀〕「丨鹿在牧」志疑。

**螭** 丨，無角，如龍而黃，北方謂之地螻。〔廣韻·支部〕○丨，龍子無角者也。〔說文定聲·卷六〕（「虯」下）○丨為龍屬。〔漢書·司馬相如傳〕「於是蛟龍赤丨」補注引王念孫。○丨為龍屬，或稱丨龍。〔文選·南都賦〕「憚夔龍兮怖蛟丨」集釋。○丨為猛獸，字當作离，不從虫。〔文選·兩都賦〕「拖熊丨」集釋。○蜥蜴，總曰丨。〔通雅·蟲〕○〔說文定聲·卷一○〕丨，假借為离。〔西京賦〕「挖熊丨」。○丨與䝗同。〔廣雅·釋魚〕「無角曰䝗龍」疏證。○丨與彲同，蓋似龍而無角者。〔漢書·司馬相如傳〕「於是蛟龍赤丨」補注引洪亮吉。○丨字當作离。〔左傳文公一八年〕「以禦丨魅」疏證。○丨，傳寫之訛字。〔說文〕作离。〔左傳宣公三年〕「丨魅罔兩」疏證引段玉裁。○丨字，或作彲。〔說文〕「丨，若龍而黃」義證。○〔說文定聲·卷一○〕丨，字亦作彲。〔史記·齊世家〕「非龍非彲」。○（同上）丨，字亦作𧳋。〔周禮·大司徒〕注「虎豹貔𧳋」。○丨，又作䝗。〔說文〕「丨，若龍而黃」義證。

**䝗** 〔說文定聲·卷六〕丨，即螭字。〔廣雅·釋魚〕「無角曰丨龍」。（「虯」下）○丨，今作螭。〔說文〕「螭，若龍而黃」義證引〔玉篇〕。

**麾** 丨，旗屬。〔楚辭·遠遊〕「舉斗柄以為丨」補注。○丨，所以指丨。〔說文〕「摩，旌旗，所以指丨也」義證引〔古今注〕。○丨，招也。〔離騷〕「丨蛟龍使梁津兮」補注引五臣。○舉手曰丨。〔慧琳音義·卷四六〕○今登萊人嘉其物曰丨。〔釋詁〕「衛，嘉也」郝疏。○丨，同摩。〔廣韻·支部〕○丨，當為摩。〔說文〕「扜，指丨也」義證。○摩，古丨字。〔史記·建元以來侯者年表〕「下丨」志疑引〔史詮〕。○丨，即摩字異文。〔墨子·號令〕「以丨指之」閒詁引畢沅。

**摩** 丨，謂手指撝也。〔說文定聲·卷一○〕（「撝」下）○凡旗之所指曰指丨。〔說文〕「丨，旌旗」段注。○凡旌旗皆得曰丨。（同上）○〔說文定聲·卷一○〕丨，假借為邇。〔禮記·禮器〕「不丨蚤」。○丨，叚借之字作戲。〔說文〕「丨，旌旗」段注。○丨，俗作麾。（同上）又〔說文〕「旋，周旋，旌旗之指丨也」義證。○丨，經典皆作麾。〔說文〕「丨，旌旗，所以指丨也」句讀。○丨，或作擵。〔說文〕「丨，旌旗，所以指麾也」義證。○丨，或通作戲。（同上）義證。

**墀** 涂地為丨，今因謂地丨矣。〔說文〕「丨，涂地也」段注。○丨與坻通。〔廣雅·釋宮〕「坻，涂也」疏證。○丨，假借為坻。〔說文定聲·卷一二〕

**𡒄** 丨，同墀。〔廣韻·脂部〕○丨與墀同。〔廣雅·釋宮〕「丨，塗也」疏證。

**彌** 丨，久也。〔廣韻·支部〕○丨，長也。（同上）○丨，亦長也。〔漢書〕「持久」雜志。○丨，益也。〔廣韻·支部〕又〔大戴·主言〕「施行丨博」王詁。又〔公羊傳隱公元年〕注「三加丨尊」陳疏。○丨，亦緜也。〔史記〕「歷日緜長」雜志。○丨，終也。〔詩·卷阿〕「俾爾丨爾性」朱傳。又〔生民〕「誕丨厥月」朱傳。○—，止也，通作弭。〔國策·秦策二〕「子其弭口無言」鮑注。○—，即盡也。〔詩·卷阿〕「俾爾—爾性」通釋。○—，猶亘。〔國策·燕策一〕「—地踵道數千里」鮑注。○—，猶次也。〔楚辭·招魂〕「順—代些」補注引五臣。○—，猶經也。〔韓子·說難〕「夫曠日—久」集解引舊注。○—轡，即弭轡。〔漢書·揚雄傳〕「望舒—轡」補注。○—綸，猶纒裹也。〔慧琳音義·卷二一〕引〔漢書拾遺〕。○—牟、蘭干，言細紵也。〔通雅·卷三七〕○〔通雅·卷一○〕——，言甚甚也。〔楊震傳〕「——滋甚」。○〔義府·卷下〕—淪，謂魘寐，不寐也。〔冥通記〕「忽未中寢卧—淪」。○—與镾通。〔廣雅·釋詁〕「—，久也」疏證。○—，讀為璽。〔春秋名字解詁〕「魯季公—，字鉏，齊犂—，字且」述聞。○—，即靡，同音叚借字。〔說文〕「靡，乘輿金耳也」段注。○—與弭同。〔漢書·李廣傳〕「—節白檀」補注引顧炎武。○—即镾。〔方言一三〕「镾，縫也」疏證。○—，當作靡。〔漢書·烏孫國傳〕「願使烏孫鎮撫星—」補注引錢大昭。○犂—，〔史記·孔子世家〕作犂鉏。〔左傳定公一○年〕「孔丘相犂—」洪詁。○提—明，據〔說文〕宜作提眯明。〔左傳宣公二年〕「其右提—明知之」疏證。○高渠—，〔秦本紀〕引作高渠眯。〔左傳桓公五年〕「高渠—」疏證。○—，即〔說文〕之靡。〔荀子·禮論〕「—龍」集解引盧文弨。

镾

—，其引伸之義曰大也。〔說文〕「—，久長也」段注。○—，其引伸之義曰遠也。（同上）○—，其引伸之義曰益也。（同上）○—，其引伸之義曰深也。（同上）○—，其引伸之義曰滿也。（同上）○—，其引伸之義曰徧也。（同上）○—，其引伸之義曰合也。（同上）○—，其引伸之義曰縫也。（同上）○—，其引伸之義曰竟也。（同上）○彌與—通。〔廣雅·釋詁〕「—，久也」疏證。○—，通作彌，省作弥。〔方言一二〕「畣—合也」疏證。○—，假借為靡。〔說文定聲·卷一二〕○—，假借為摩。（同上）○—，假借為罙。（同上）○—，假借為麋。（同上）○—，假借為眯，如物入目中。（同上）○—，假借為敉。（同上）○—，假借為瀰。（同上）○（同上）—，假借為襧。〔方言一三〕「—，縫也」。○—，〔史記·禮書〕假為靡。〔說文〕「—，久長也」段注。○—，今作彌，彌行而—廢矣。（同上）段注。○—，今作彌。（同上）義證引〔玉篇〕。○—，實與鬚同字，今字作彌，蓋以璽為之。〔說文定聲·卷一二〕○—，漢碑多作璽。〔說文〕「—，久長也」段注。

弥

—，同彌。〔廣韻·支部〕○—，即彌之異文。〔方言一三〕「彌，縫也」箋疏。

慈

—，愛也。〔大戴·曾子制言〕「幼者—焉」王詁。又〔少閒〕「制典—民」王詁。又〔廣韻·之部〕。○—者，愛也。〔說文繫傳·通論下〕○—，廣愛也。（同上）○—，上安下之詞。（同上）○—之言字養之也。（同上）○善於父母謂之孝，亦謂之—。〔廣雅·釋鳥〕「—鳥，烏也」疏證。○—母，養子者也。〔大戴·主言〕「則下之親上也如保子之見—母也」王詁。○〔說文定聲·卷五〕—鳥，即〔說文〕烏，孝鳥也。〔廣雅·釋鳥〕「—烏，烏也」。

○惠—，猶惠愛也。〔國語·晉語〕「惠—二蔡」述聞。○—，亦州名，唐武德立—州。〔廣韻·之部〕○〔續志〕注—作若。〔呂覽·節喪〕「—親之愛其子也」校正。

遺

—，亡也。〔廣韻·脂部〕○—，失也。（同上）○—者，失也。〔漢書〕「—行」雜志。○—，忘也。〔大戴·衛將軍文子〕「謀其身不—其友」王詁。又〔國策·齊策六〕「—公子糾而不能死」鮑注。○—，墜失也。〔通鑑·梁紀一四〕「使諜人—之於琛營」音注。○—，與也。〔詩·雲漢〕「則不我—」通釋。○—，贈也。〔國策·秦策二〕「—義渠君」鮑注。又〔廣韻·脂部〕。○—，餘也。〔詩·雲漢〕「則不我—」朱傳。又〔大戴·曾子大孝〕「身者，親之—體也」王詁。又〔太素·傷寒〕「故有所—」楊注。○—，置也。〔楚辭·湘君〕「—余佩兮醴浦」補注引五臣。○—，脫也。〔孟子·萬章上〕「靡有孑—」朱注。○—，加也。〔廣韻·脂部〕○—，竊視也。〔楚辭·招魂〕「—視緜些」王注。○—者，棄之離也。〔廣雅·釋詁〕「—，離也」疏證。○荒、失、—，皆忘也。〔廣雅·釋詁〕「忼、詸、忘也」疏證。○奔、—，皆疾意也。〔漢書〕「逐—風」雜志。○—，猶棄也。〔孟子·梁惠王上〕「未有仁而—其親者也」朱注。○〔說文定聲·卷一二〕—，猶流光也。〔後漢書·張衡傳〕「—光儵爚」。○—，姓。〔廣韻·脂部〕○—佚，放棄也。〔孟子·公孫丑上〕「—佚而不怨」朱注。○—行，謂尚有過失之行。〔漢書·東方朔傳〕「意者尚有—行邪」補注引王念孫。○—玉，玉名。〔說文〕「瑿，—玉也」繫傳。○——，言不能制也。〔詩·敝笱〕「其魚——」集疏引韓說。○—俗，敦龐善俗，謂民也。〔孟子·公孫丑上〕「其故家—俗」焦正義。○—與隧古通用。〔詩·角弓〕「莫肯下—」通釋。○〔說文定聲·卷一二〕—，段借為饋。〔廣雅·釋詁〕「—，餘也」。○（同上）—，段借為隤。〔詩·角弓〕「莫肯下—」。○（同上）—，段借為頹。〔呂覽·本味〕「—風之乘」。○（同上）—，段借為貤。〔史記·孝文紀〕「—財足」。○—、隊、隧、隤数字聲同，皆降下之意。〔詩·角弓〕「莫肯下—」後箋。○—，當讀為隤。（同上）通釋。○—讀曰隧。〔漢書〕「逐—風」雜志。○—，當作遁。〔墨子·備蛾傳〕「擊—師」閒詁。○—，當作潰。〔墨子·備蛾傳〕「擊—師」閒詁引蘇時學。○—，當為遘。〔說文〕「遘，遇也」義證。○—，魯作隧。〔詩·角弓〕「莫肯下—」集疏。○—，韓作隤。（同上）○一本—作道。〔國策·燕策二〕「皆從事於除患之—者」補正。

肌

—，肌膚。〔廣韻·脂部〕○—求，本或作蛷，多足之蟲，今俗所謂蓑衣蟲也。〔說文〕「𧕷，多足蟲也」段注。

脂

—，膟膋也。〔詩·生民〕「取蕭祭—」朱傳。○膏之凝者曰—。〔本草·卷九〕○或曰在物曰—。〔說文定聲·卷一二〕○膏者—也，凝者曰—。〔說文定聲·卷七〕○—，以脂膏塗其舝，使滑澤也。〔詩·泉水〕「載—載舝」朱傳。○—之言膏車也，今北道人言如此。（同上）集疏。○—，旨也。〔本草·卷四四〕○—膏，散文則通，對文則別。〔釋器〕「冰，脂也」郝疏。○—，姓。〔廣韻·脂部〕

**雎**　|黃，生山之陰也。〔漢書·司馬相如傳〕「|黃白坿」補注引沈欽韓。

**披**　|，分也。〔廣韻·支部〕○|，散也。（同上）○|，開也。（同上）○|為落其枝也。〔韓子·揚榷〕「數|其木」集解引舊注。○|者，廹地削去之也。〔説文〕「薅，|田艸也」段注。○|，旁也。〔通説〕「|」述聞。○|，傍也。（同上）○|，猶持也。〔説文定聲·卷一〇〕○|，猶分也。〔慧琳音義·卷五七〕引〔纂文〕。○|，亦|折也。（同上）○|、陂、被、波皆有傍義。〔通説〕「|」述聞。○|有旁其邊之意。〔説文〕「|，從旁持曰|」段注。○|之言陂也。〔通説〕「|」述聞。○|靡，分也。〔説文〕「靡，|靡也」繫傳。○離|，分散貌。〔楚辭·九辯〕「奄離|此梧楸」補注。○〔史記〕無不|靡，謂四向而散也。〔説文〕「|，從旁而持曰|」繫傳。○〔説文定聲·卷一〇〕|，叚借為柀。〔左傳成公一八年〕「而|其地」。○經傳皆借|為柀。〔方言六〕「|，散也」箋疏。○|、勃同音。〔左傳僖公五年〕「使寺人|伐蒲」洪詁。○|者，勃鞮之合音。〔説文定聲·卷一〇〕○履鞮急讀即為|。〔左傳僖公五年〕「寺人|」疏證引洪亮吉。○|，當作技。〔漢書·揚雄傳〕「轡者施|」補注引宋祁。○|，字又作波。〔通説〕「|」述聞。○|，字亦作皺。〔説文定聲·卷一〇〕○|，〔家語〕引作破。〔左傳昭公五年〕「又|其邑」洪詁。○|、被古今字。〔通説〕「|」述聞。

**嬉**　|，亦樂也。〔大戴·誥志〕「惟民是|」王詁。○|，一曰游也。〔廣韻·之部〕○|，美也。〔慧琳音義·卷七九〕引〔考聲〕。又〔廣韻·之部〕

**尸**　|，陳也。〔廣韻·脂部〕○|，陳也，謂殺而陳其罪。〔左傳昭公一四年〕「|雍子與叔魚於市」洪詁引惠棟。○|之為矢，陳也。〔左傳桓公一五年〕「|諸周氏之汪」疏證引邱季彬〔禮統〕。○|、矢皆陳也。（同上）洪詁。○|，主也。〔詩·祈父〕「有母之|饔」朱傳。又（同上）集疏。又〔采蘋〕「誰其|之」朱傳。又〔屈賦·天問〕「載|集戰何所急」戴注。又〔韓子·內儲説下〕「其|主之」集解。又〔通鑑·周紀五〕「是|利素餐」音注。又〔廣韻·脂部〕。○|，神象也，以人為之。〔楚辭·天問〕「載|集戰」補注。○|，謂偃卧似死人也。〔論語·鄉黨〕「寢不|」朱注。○|，覆也。〔説文繫傳·通論上〕○|，屋也。（同上）○|，屋象也。〔説文〕「屖，迟也」繫傳。○|，雞中主也。〔國策〕「甯為雞口」雜志引延叔堅。○凡主其事皆得稱|。〔周禮·冢人〕「遂為之|」平議。○|，猶陳也。〔左傳莊公四年〕「楚武王荊|」疏證。○|當訓陳。〔太玄·沈〕「前|後喪」平議。○〔説文定聲·卷一二〕|，當為屍之訓。〔釋名〕「既定死曰|，|，舒也」。○經傳皆訓|為主也。〔説文〕「屋，居也」繫傳。○|，或詁為主，此|神象。〔禮記·郊特牲〕「|，陳也」集解。○|，祭祀所主以象神。〔孟子·告子上〕「弟為|」朱注。○|，古有失義。〔詩·祈父〕「有母之|饔」通釋。○|與肆義同。〔釋詁〕「|，陳也」郝疏。○|乃|鄉。〔史記·樊酈滕灌列傳〕「東攻秦軍於|」志疑。○|鄉，亦單稱|。〔漢書·樊噲傳〕「東攻秦軍|鄉」補注。○〔通雅·卷一八〕|奪，即|厥也。〔説苑〕「扁鵲言太子|厥」。○|解，猶言蟬蛻也。〔通雅·身體〕○|女，即采女也。〔穀梁傳莊公二三年〕「以是為|女也」平議。○〔慧琳音義·卷八〕|利沙，梵語，合昏樹也，俗名夜合樹。〔大般若經·卷五七一〕「|利沙」。○|鳩，即布穀。〔方言八〕「鳲鳩」箋疏。○|與鳲通。（同上）○〔説文定聲·卷一二〕|，假借為屍。〔易·師〕「或輿|」。○屍，經籍多借|為之。〔説文〕「|，陳也」段注。○|者，屍之叚音也。〔釋詁〕「|，主也」郝疏。○〔説文定聲·卷一二〕|，假借為嗽。〔釋詁〕「|，陳也」。○|、屍一字也。〔説文〕「棺，關也，所以掩|也」句讀。○|與司同。〔釋詁〕「|，主也」郝疏。○〔説文定聲·卷一二〕|，字亦作鳲。〔爾雅〕「鳲鳩，鴶鵴」。○|，本一作矢。〔左傳桓公一五年〕「|諸周氏之汪」疏證。○|，當為屍。〔説文〕「棺，關也，所以掩|」義證。○|，即横人字。〔説文定聲·卷一六〕（「仁」下）○|者，象屋形。〔説文定聲·卷二二〕（「層」下）

**貍**　|，野猫。〔廣韻·之部〕○〔説文定聲·卷五〕|，此野猫也。〔書·禹貢〕「熊羆狐|織皮」。○|，即俗所謂野猫。〔説文〕「|，伏獸，似貙」段注。○|，蘇人謂之野猫。〔説文定聲·卷五〕○（同上）|，此家猫也。〔莊子·秋水〕「捕鼠不如|狌」。○|，獸之有文章者。〔左傳宣公二年〕疏證引李貽德。○貙之小者曰|。〔説文定聲·卷五〕○|，江淮陳楚謂之貅。〔説文〕「|，伏獸，似貙」義證引〔急就篇〕顏注。○|，亦謂之貔。（同上）○|，一名狉。（同上）○|，似貙而小，文采班然，脊間有黑理一道。〔詩·七月〕「取彼狐|」集疏引〔碑雅〕。○|者，狐之類。〔説文〕「|，伏獸，似貙」義證引〔急就篇〕王氏補注。○|，猶殺也。〔漢書·鄒陽傳〕「徐衍負石入海」補注引宋均。○〔説文定聲·卷五〕|，假借為斄。〔論語比考讖〕「徐衍負石伐子自狸」。○（同上）|，假借為薶。〔周禮·大宗伯〕「以|沈祭山林川澤」。○|，薶之借字。〔墨子·備城門〕「|一尺」閒詁。○薶，〔周禮〕假借|字為之。〔説文〕「薶，瘞也」段注。○|、貅一聲。〔方言八〕疏證。○貊、|轉語。（同上）○〔説文定聲·卷五〕不來之合音為|。〔儀禮〕注「|之言不來也」。○|與狸同。〔方言八〕箋疏。○|，〔内則〕作鬱。〔説文〕「菸，鬱也」義證。○|，薶省文。〔墨子·備城門〕「|三尺」閒詁引畢沅。

**狸**　|，亦稱猫也。〔方言八〕箋疏。○|德，貓之捕鼠，飽而止矣，故曰是|德也。〔莊子·徐無鬼〕「執飽而止，是|德也」集解引俞樾。○|，俗貍。〔廣韻·之部〕○|，本作貍。〔方言八〕「貔，關西謂之|」疏證。

**炊**　|，|爨。〔廣韻·支部〕○|，蒸也。〔慧琳音義·卷六五〕引〔韻詮〕。○取其气上謂之|。〔説文〕「爨，齊謂之|爨」繫傳。○|，孰生者，謂烝煮生物使之爛熟。〔説文〕「|，爨也」義證引〔急就篇〕顏注。○〔説文定聲·卷一〇〕|，假借為吹。〔荀子·仲尼〕「可|而僨也」。

**湄**　|，水草之交也。〔詩·蒹葭〕「在水之|」朱傳。○水草之交曰|。〔通鑑·後漢紀四〕「止于江|」音注。○|與楣義相近。〔廣雅·釋宮〕「楣，

梠也」疏證。○厓謂之｜，亦謂之涘，其義一也。〔廣雅・釋邱〕「｜、涘，厓也」疏證。○〔説文定聲・卷一二〕｜，以纍為之。〔詩・巧言〕「居河之麋」。○(同上)｜，假借為涚。〔考工・㡛氏〕「以｜水漚其絲」。○｜，又借麋字。〔説文〕「水艸交為｜」義證。○｜，字或作堳。(同上)義證。又(同上)句讀。○｜，當作湨。〔説文〕「涚，財昷水也」段注。○〔爾雅〕｜作瀓。〔説文〕「籞，竹也」段注。

**籬**

｜藩也。〔集韻・支部〕○｜，小柵也，或以棘木，或以樹梢豎之。〔慧琳音義・卷六〇〕○｜，謂之落，義亦相近也。〔廣雅・釋詁〕疏證。○｜，或作杝、攡。〔集韻・支部〕

**玆**

｜，益也。〔詩・泉水〕「｜之永嘆」通釋。又〔荀子・非十二子〕「以為仲尼、子游為｜厚於後世」集解引郝懿行。又〔管子〕「｜免」雜志。○｜，即滋也。〔詩・泉水〕「｜之永嘆」通釋。○｜者，孳也。〔説文定聲・卷五〕(「栽」下)○｜，多也。〔荀子・非十二子〕「以為仲尼、子游為｜厚於後世」集解引郝懿行。○｜，草木之茲盛也。〔説文〕「｜，草木多益」繫傳。○｜者，滋廣也。〔説文繫傳・通論下〕○｜者，草也。〔釋器〕「蓐，謂之｜」郝疏。○｜，新生草也。〔文選・古詩十九首〕「何能待來｜」集釋引〔鶴林玉露補遺〕。○｜，蓐席也。〔釋器〕「蓐謂之｜」鄭注。○〔説文定聲・卷三〕｜，即薋也。〔史記・周本紀〕「衛康叔封布｜」。(「苙」下)○｜，此也。〔論語・子罕〕「文不在｜乎」朱注。又〔廣韻・之部〕。又〔管子〕「縡制」雜志。○｜，年也。〔孟子・滕文公下〕「今｜未能」焦正義引閻若璩。○〔釋詞〕｜，猶斯也。〔書・酒誥〕「祀｜酒」。○｜，與滋義同。〔荀子・非十二子〕「以為仲尼、子游為｜厚於後世」集解引郝懿行。○｜之義為此。〔孟子・公孫丑下〕「士則｜不悦」焦正義。○｜，當訓為年。〔左傳僖公一六年〕「今｜魯多大喪」疏證引惠棟。○｜，即鎡鉏。〔墨子・備城門〕「長椎長｜」閒詁。○〔通雅・卷九〕｜｜，言其汲汲也。〔史記・陳杞世家贊〕「苗裔｜｜」。○今｜，即今此也。〔釋詁〕「｜，此也」郝疏。○今｜，倒言之為此今。(同上)○〔説文定聲・卷五〕｜其，相也，｜、其合音為相。〔周禮・薙氏〕注「以｜其斫其生者」。○龜｜，國名。〔廣韻・之部〕○｜邡，蓋即汁邡，｜、汁雙聲。〔漢書・禮樂志〕「｜邡鼓員三人」補注。○｜與滋通。〔書・君奭〕「惟若｜誥」孫疏。又〔廣雅・釋言〕「況，｜也」疏證。○｜、滋古通用。〔墨子・尚同上〕「其所謂義者亦｜衆」閒詁引蘇時學。○｜、滋音義同，古字通用。〔釋言〕「矧，況也」郝疏。○｜、哉聲相近，古蓋通用也。〔詩・下武〕「昭｜來許」朱傳。○〔史記〕｜作滋，通古字。〔漢書・項籍傳〕「而諸侯並起｜益多」補注。○〔説文定聲・卷五〕｜，假借為孜。〔管子・小問〕「由乎｜免」。○(同上)｜，假借為哉。〔詩・下武〕「昭｜來許」。○(同上)｜，假借為此，此、｜雙聲。〔廣雅・釋言〕「｜，今也」。○〔釋詞〕｜者，承上起下之詞。〔左傳昭公元年〕「｜心不爽而昏亂百度」。○｜，俗加水旁，又誤玆旁，因讀如滋益之滋。〔説文定聲・卷一六〕(「玆」下)○｜與滋同。〔漢書・匈奴傳〕「｜欲鄉和親」補注引周壽昌。又〔墨子〕「兄」雜志。○｜與滋同，皆滋長之義。〔方言一〇〕箋疏。○｜，今通用滋。〔説文〕「｜，艸木多益」段注引戴先生〔毛鄭詩考正〕。○｜，或作滋。(同上)義證。○〔釋詞〕｜，字或作滋。〔左傳昭公五年〕「滋敝邑休怠而忘其死亡無日矣」。○｜，齊作我。〔詩・閔予小子〕「念｜皇祖」集疏。○｜，三家作哉。〔詩・下武〕「昭｜來許」集疏。○〔公羊〕｜作慈。〔左傳僖公四年經〕「公孫｜帥師」洪詁。○〔説文定聲・卷五〕｜字以鼒為之。〔廣雅・釋器〕「鎡錤，鉏也」。○｜，與玆字聲義俱別，經傳皆以滋為之。〔説文定聲・卷五〕○｜、滋古今字。〔墨子・非攻上〕「其不仁｜甚」閒詁。○｜年當從水旁。〔漢書・揚雄傳〕「歷覽者｜年矣」補注引宋祁。

**差**

｜，次也。〔廣韻・支部〕○｜，等也。〔大戴・四代〕「五官有｜」王詁。○｜，不齊等也。〔廣韻・支部〕○｜，不齊一也。〔大戴・保傅〕「坐而不｜」王詁。○｜者，不值也。〔説文〕「齹，齒｜跌皃」段注。○｜、等二字義同。〔孟子・滕文公上〕「愛無｜等」焦正義。○凡等｜字皆引伸於瘥。〔説文〕「瘥，瘉也」段注。○｜池，不齊之貌。〔詩・燕燕〕「｜池其羽」朱傳。○｜池，與參差同，皆不齊之貌。(同上)通釋。○〔通雅・卷五〕｜須，猶少待也。〔淮南〕「屈宜若憂吳起之｜須」。○〔通雅・卷一八〕｜肩，猶比肩也。阮籍〔莊論〕「｜肩而坐」。○｜舛，不齊也。〔慧琳音義・卷四七〕引顧野王。○〔九章算術〕｜分即衰分。〔説文〕「𤺊，減也」義證。○〔説文定聲・卷一〇〕｜，叚借發聲之詞。〔淮南・道應〕「｜須夫子也」。○｜與重一聲之轉。〔左傳宣公二年〕疏證引王引之。

**疲**

｜，勞也。〔廣韻・支部〕○｜，乏也。(同上)○｜，倦也。〔慧琳音義・卷一〕引〔玉篇〕。○｜，嬾也。〔卷一三〕引〔考聲〕。○｜，極也。(同上)○｜亦病。〔釋詁〕「疷，病也」郝疏。○｜病，當作潞病。〔韓子・初見秦〕「｜病於內」集解。○｜，字通作罷。〔説文〕「｜，勞也」句讀。○｜，通作罷。〔釋詁〕「疷，病也」郝疏。○｜，經傳多以罷為之。〔説文定聲・卷一〇〕○｜，經傳多假罷為之。〔説文〕「｜，勞也」段注。○｜，〔玉篇〕作痕。〔説文〕「｜，籀文從皮」義證。

**罷**

｜與疲同。〔管子〕「振疲露」雜志。○｜，倦也。〔廣韻・支部〕○｜，乏也。〔楚辭・九辯〕「顏淫溢而將｜兮」補注。○｜者，病也。〔荀子・正論〕「至｜不容妻子」集解引郝懿行。○｜，即疲。〔釋詁〕「疷，病也」郝疏。○｜，謂弱不任事者。〔荀子・王制〕「｜不能不待須而廢」集解。○｜辜，磔牲以祭。〔集韻・支部〕○〔説文定聲・卷一〇〕｜，叚借為疲。〔廣雅・釋詁〕「｜，勞也」。○｜，讀為疲。〔韓子・初見秦〕「又不能反運，｜而去」集解引顧廣圻。○｜，讀如疲。〔墨子・非攻中〕「吳有離｜之心」閒詁引蘇時學。○｜，同疲。〔説文〕「倦，｜也」句讀。○｜與疲同。〔公羊傳莊公八年〕注「慰勞其｜病」陳疏。○｜、疲字同。〔墨子・尚賢下〕「有一｜馬不能治」閒詁。

茨 —，次弟茅以蓋之也。〔說文〕「—，以茅葦蓋屋」繫傳。○以草次於屋上曰—。〔說文〕「垐，以土增大道上」段注。○—，屋蓋。〔詩·甫田〕「如—如梁」朱傳。○—，茅茨。〔廣韻·脂部〕○—，積也。〔詩·瞻彼洛矣〕「福祿如—」朱傳。○—，聚也。〔慧琳音義·卷八七〕引〔考聲〕。○—，刺也。〔本草·卷一六〕○—，蒺藜也。〔詩·牆有茨〕「牆有—」朱傳。○蒺藜子一名即梨，一名—。〔說文〕「薺，蒺黎也」義證引〔本草〕。○—，姓。〔廣韻·脂部〕○〔說文定聲·卷一二〕—，假借為薺。〔詩·楚茨〕「楚楚者—」。○（同上）—，假借為餈。〔周禮·籩人〕「糗餌粉—」。○（同上）—，假借為垐。〔淮南·泰族〕「—其所決而高之」。○—，為蒺藜切脚語也。〔說文〕「薺，蒺黎也」義證引〔容齋三筆〕。○—，魯作薋。〔詩·楚茨〕「楚楚者—」集疏。○—，齊、韓作薺。〔詩·牆有茨〕「牆有—」集疏。

卑 —，賤也。〔廣韻·支部〕○—，下也。（同上）○稱甲立於左者，—也。〔慧琳音義·卷一五〕引〔字統〕。○—、椑義並與庳同。〔方言四〕「其庳者謂之鞞」箋疏。○—即指痛痺。〔左傳宣公一二年〕疏證引焦循。○—，姓。〔廣韻·支部〕○—子，即庶子。〔墨子·非儒下〕「而親伯父宗兄而—子也」平議。○鷽，—居，即鴉。〔詩·小弁〕「弁彼鷽斯」集疏。○—疵，義與婢䠣相近也。〔廣雅·釋詁〕「婢䠣，短也」疏證。○—溼，謂志意—下也。〔荀子·修身〕「—溼重遲貪利」集解引王念孫。○—溼，猶—下也。（同上）集解引郝懿行。○—居之為壁居。〔說文〕「雅，一名—居」段注。○辟、—古字通。〔管子〕「—耳之貉」雜志。○〔說文定聲·卷一二〕—，假借為俾。〔荀子·宥坐〕「—民不迷」。○（同上）—，假借為裨。〔荀子·禮論〕「—絻黼黻文織」。○古或假—為俾。〔說文〕「俾，益也」段注。○或曰凡尊—字，借為宗庳。〔說文定聲·卷一五〕（「庳」下）○〔說文定聲·卷一二〕—，字亦作猈。〔上林賦〕「陂池猈豸」。○（同上）—，字亦作鵯。〔爾雅〕「鷽斯鵯鶋」。○（同上）—，字亦作匾。〔纂文〕「匾虒，薄也，不圓也」。○—，俗作鵯。〔說文〕「雅，一名—居」段注。○句—，〔吳越春秋〕作句畢。〔史記·吳太伯世家〕「子句—立」志疑。○—是裨之省。〔漢書·古今人表〕「鄭—湛」補注引梁玉繩。○—，古文也，今文作顰。〔說文〕「顰，涉水顰戚也」段注。○—，即椑之古文，圓榼也。〔說文定聲·卷一二〕

虧 —，損也。〔韓子·五蠹〕「不—於此矣」集解。○—，缺也。〔廣韻·支部〕○—，半缺也。〔漢書·司馬相如傳〕「日月蔽—」補注引王文彬。○—，傷也。〔慧琳音義·卷一五〕引〔考聲〕。○—，落也。〔卷一一〕引〔考聲〕。○—，去也。〔大戴·保傅〕「有—膳之宰」王詁。○—，猶損。〔國策·趙策三〕「奚—於王之國」鮑注。○引伸凡損皆曰—。〔說文〕「—，气損也」段注。○—，當為詭聲之誤耳。〔呂覽·察今〕「其時已與先王之法—矣」平議。○—，古讀若科。〔周書〕「舉旗以號令」雜志。○—與虧同。〔廣雅·釋詁〕「虧，少也」疏證。○—，俗作虧。〔廣韻·支部〕○無—，〔史記〕、〔漢書·古今人表〕作無詭。〔左傳僖公一七年〕「立公子無—」洪詁。



蕤 —，花垂貌。〔慧琳音義·卷六四〕引〔考聲〕。○草木華曰—。〔說文〕「—，草木華垂貌」義證引〔纂要〕。○蘂、—，皆垂之貌也。〔廣雅·釋草〕「蘂，花也」疏證。○—，葳—。〔說文〕「蘂，艸旋皃也」義證引〔玉篇〕。○—，草也。〔慧琳音義·卷六四〕引〔字書〕。○—者，冠纓之結於頤下而垂餘以為飾也。〔禮記·雜記〕「大白冠緇布之冠皆不—」集解。○引伸凡物之垂者皆曰—。〔說文〕「—，艸木華垂皃」段注。○〔說文定聲·卷一二〕—，以綏為訓。〔周禮·大師〕「—賓」。○—，葳—，草木華皃。〔廣韻·脂部〕○—賓，五月律。（同上）○—綏，猶萎—。〔漢書·揚雄傳〕「蠖略—綏」補注。○—，可與桵通。〔文選·西京賦〕集釋。○—與綏古同聲而通用。〔國語·周語〕「四曰—賓」述聞。○〔說文定聲·卷一二〕—，假借為緌。〔甘泉賦〕「鸞鳳紛其銜—」。○甤與—同。〔說文〕「甤，草木實甤甤也」句讀。○—字，實甤之或體。〔說文定聲·卷一二〕○蕤，草木垂貌，〔集韻〕作—。〔楚辭·初放〕「上葳蕤而防露兮」補注。

陲 —，危也。〔三藏聖教序〕「東—」。〔慧琳音義·卷一〕引〔韻詮〕。○—，假借為垂，俗用為邊境字。〔說文定聲·卷一〇〕

騎 —者，在侯家為騎士。〔漢書·賈山傳〕「嘗給事潁陰侯為—」補注引〔通鑑〕胡注。○—，謂主車士騎士也。〔史記·張釋之馮唐列傳〕「而拜唐為車—都尉，主中尉及郡國車士」志疑。○〔通雅·卷五〕—危、登極、—衡，言其危也。〔魏世家〕「范痤上屋—危」。○—，當作驂。〔韓子·外儲說左下〕「主之所以使臣—乘者」集解引顧廣圻。○—，當為騑。〔說文〕「服，一曰車右—，所以舟旋」義證。

歧 二達曰—。〔說文繫傳·通論上〕○—，—路。〔廣韻·支部〕○—，路也。〔通鑑·唐紀六五〕「人必謂我以他—得之」音注。○—，猶枝也，木別生曰枝，道別出曰—。〔釋宮〕「二達謂之—旁」郝疏。○衢涂，—路也。〔文選·觀朝雨〕「—路多徘徊」集釋引〔荀子·王霸〕注。○—與跂通。〔文選·曲水詩序〕集釋。○—、逵音相近，故—或為逵。〔文選·觀朝雨〕「—路多徘徊」集釋。○衢為—之轉音，蓋秦人方言以衢為—。（同上）

岐 —，山名。〔廣韻·支部〕○—，亦州名。（同上）○俗以此—為山名，別作歧路字。〔說文〕「—，郊或從山」義證。○—，兩股間也。〔慧琳音義·卷二一〕○—嶷，峻茂之狀。〔詩·生民〕「克—克嶷」朱傳。○—嶷，謂漸能起立也。（同上）通釋。○—山有兩枝，在今陝西鳳翔府—山縣。〔說文定聲·卷一二〕○（同上）—，假借為郊。〔詩序〕「從—周」。○—，當讀如跂立之跂。〔詩·生民〕「克—克嶷」通釋。○—、枝、枳音皆近。〔釋地〕「中有枳首蛇焉」郝疏。○—，古文作桍。〔易·升〕「王用亨于—山」李疏。○〔說文定聲·卷一二〕「—，以歧為之」。〔思玄賦〕「即歧趾而臚情」。○邑以山名，先有—，後有郊，—者省字。〔說文定聲·卷一二〕○—山，外傳作莖山。〔呂覽·愛士〕「食之於—山之陽」校正。

郊 —，邑名，在扶風。〔廣韻·支部〕○—，今陝西鳳翔府岐山、扶風二縣地。〔說文定聲·卷一二〕○桍者正字，—者後出字。（同上）

**誰**　一，何也。〔廣韻・脂部〕又〔文選・東京賦〕「湯武一革而用師」集釋。○一，孰也。〔詩・行露〕「一謂雀無角」陳疏。○一，訶問之詞也。〔說文定聲・卷一二〕○一亦呵也。〔文選・過秦論〕「陳利兵而一何」集釋。○口問為一也。〔說文〕「誃，一也」繫傳。○掌門衛者，見人輒呵問曰一，故取以為名。〔漢書・五行志〕「褭故公車大一卒」補注引沈欽韓。○一昔，昔也。〔詩・墓門〕「一昔然矣」朱傳。又(同上)集疏引魯說。○一昔，猶言疇昔。(同上)義證引楊慎。又(同上)集疏引魯說。○一昔，猶言疇昔也。(同上)朱傳。○一夕，猶今人言不記是何日也。(同上)後箋引段玉裁。○一與唯通。〔墨子・經說下〕「一併石絫石耳」閒詁。○孰、一聲轉字通。〔釋詁〕「孰，一也」郝疏。○一，假借為詐，此誤字。〔說文定聲・卷一二〕○譙、一聲相近。〔文選・過秦論〕「陳利兵而一何」集釋。○一與譙義同而聲亦相近。〔廣雅・釋言〕「譙，呵也」疏證。○〔說文定聲・卷一二〕孰、一一聲之轉。〔詩・桑柔〕「一能執熱」。○一乃語辭。〔詩・墓門〕「一昔然矣」平議。○一，當作雖。〔墨子・非儒下〕「用一急」閒詁。○一，字當為疇。〔詩・匪風〕「一能亨魚」平議。○一，魯作孰。〔匪風〕「一將西歸」集疏。

**斯**　一，析也。〔詩・墓門〕「斧以一之」朱傳。○一，此也。〔詩・斯干〕「秩秩一干」朱傳。○一，慄也。〔楚辭・卜居〕「將哫訾栗一」補注引〔集韻〕。○〔釋詞〕一，猶其也。〔詩・采芑〕「朱芾一皇」。又〔詩・駉〕「思馬一臧」陳疏。○〔釋詞〕一，猶然也。〔禮記・玉藻〕「二爵而言一」。○〔釋詞〕一，猶是也。〔詩・七月〕「朋酒一饗」。○〔釋詞〕一，猶維也。〔詩・采薇〕「彼路一何」。○〔釋詞〕一，猶乃也。〔書・洪範〕「時人一其惟皇之極」。又〔詩・召旻〕「彼疏一粺」後箋。○一，猶則也。〔釋詞〕○一，猶兮。〔詩・破斧〕「哀我人一」通釋。○一，義與廝同。〔廣雅・釋詁〕「廝，散也」疏證。○一，姓。〔廣韻・支部〕○一螽，即螽一。〔詩・七月〕「五月一螽動股」集疏。○一徂，言能致遠。〔詩・駉〕「思馬一徂」集疏。○一須，暫時也。〔孟子・告子上〕「一須之敬在鄉人」朱注。○凡時少曰一須。〔通雅・釋詁〕○一、賜通用。〔詩・皇矣〕「王赫一怒」通釋。○澌、一、賜並通。〔廣雅・釋詁〕「澌，盡也」疏證。○一與鮮聲相近，故字相通。〔史記〕「姜姓解亡」雜志。○析、一聲相近，故字通用。〔史記〕「蔵一」雜志。○一，段借訓為此。〔說文〕「一，析也」段注。○〔說文定聲・卷一二〕一，假借為澌。〔儀禮・鄉射禮〕「一禁」。○(同上)一，或曰借為㯕，迫切之義。〔儀禮・鄉射禮〕「一禁」。○(同上)一，假借為撕。〔廣雅・釋詁〕「一，敗也」。○(同上)一，假借為纚。〔禮記・問喪〕「雞一徒跣」。○(同上)一，假借為蜇。〔詩・七月〕「五月一螽動股」。○(同上)一，假借為蠡，魯公子奚一字子魚。〔說文定聲・卷一二〕○(同上)一，假借為羞。〔孟子〕「庾公之一」。○(同上)一，假借助語之詞。〔詩・小弁〕「弁彼鸒一」。○一者，此字之轉音而借用者也。〔義府・卷上〕○一彌、一磨，語之轉耳。〔廣雅・釋詁〕「磃，磨也」疏證。○一、析音義同。〔說文〕「靡，讀若一」段注。○一、㯕、𪙉、澌義並與敗相近。〔方言三〕箋疏。○一音賜，亦作賜。〔釋詁〕「悉，盡也」郝疏。○一疑継之音譌。〔荀子・禮論〕「一象拂也」集解引郝懿行。○今茲倒言之為此今，音變為一今，又變為自今。〔釋詁〕「一，此也」郝疏。○〔釋文〕鄭讀一為賜。〔呂覽・報更〕「一食之」校正。○一，當讀為廝役之廝。〔義府・卷上〕引〔左傳襄公三年〕「使臣一司馬」詁。○魏文侯一，〔索隱〕引〔世本〕稱孺子瘨，瘨、一音近。〔史記・六國年表〕「魏文侯一元年」志疑。○一，辭也。〔詩・烈祖〕「有秩一祜」述聞。○一亦詞也。〔詩・泮水〕「思樂泮水」後箋引陳奐補。○一，語詞。〔詩・螽斯〕「螽一羽」陳疏。○一，語辭。〔詩・清廟〕「無射於人一」朱傳。又〔論語・公冶長〕「再，一可矣」朱注。○一，語辭也。〔詩・小弁〕「弁彼鸒一」朱傳。○一者語詞。〔史記〕「姜姓解亡」雜志。○一為語詞。〔詩・七月〕「五月一螽動股」通釋。○〔釋詞〕一，語助也。〔詩・螽斯〕「螽一羽」。○一者，助語之詞。〔說文定聲・卷四〕○一，語已詞也。〔釋詞・卷八〕○澌、一同。〔釋詁〕「悉，盡也」郝疏。○一與悉同。(同上)郝疏。○一，字或作斯。〔說文〕「一，析也」義證。又(同上)句讀。○一，三家作蜇。〔詩・螽斯〕「螽一羽」集疏。○一，魯亦作此。〔詩・桑柔〕「胡一畏忌」集疏。○今俗語一白字作鮮。〔左傳宣公二年〕「于思于思」疏證引惠棟。○〔說文定聲・卷一二〕一，以𪙉為之，字又誤廝。〔漢書・嚴助傳〕「廝輿之卒」。

**私**　一，竊也。〔孟子・盡心上〕「有一淑艾者」朱注。○一，計不及也。〔國策・魏策三〕「是群臣之一」鮑注。○一，亦細也。〔廣雅・釋詁〕「一，小也」疏證。○一有纖嗇之意。〔釋言〕「飫，一也」郝疏。○一，一田也。〔詩・噫嘻〕「駿發爾一」朱傳。○一，燕服也。〔詩・葛覃〕「薄汚我一」朱傳。○一，近身衣。(同上)集疏。○一，猶親。〔國策・齊策一〕「一我也」鮑注。○一，猶竊也。〔孟子・離婁下〕「予一淑諸人也」朱注。○事不公為一。〔慧琳音義・卷二二〕引〔玉篇〕。○一，謂情之所便。〔禮記・表記〕「不敢以其一褻事上帝」集解。○凡親褻者皆謂之一。〔詩・葛覃〕「薄汚我一」集疏。○姊妹之夫曰一。〔詩・碩人〕「譚公維一」朱傳。○女子謂姊妹之夫為一。(同上)集疏引魯說。○一，謂妾媵一人。〔墨子・辭過〕「蓄一不以傷行」閒詁。○家臣稱一。〔通雅・稱謂〕○古謂一為閒。〔漢書〕「閒步」雜志。○一欲，情欲也。〔大戴・曾子立事〕「去一欲」王詁。○〔通雅・卷二五〕一從，私所募也。〔李廣傳〕「負一從者不與」。○一之，謂愛之也。〔漢書・申屠嘉傳〕「君勿言，吾一之」補注。○一重，謂朋黨一相重也。〔韓子・有度〕「若是則羣臣廢法而行一重」集解引舊注。○一淑，猶云竊取也。〔孟子・盡心上〕「有一淑艾者」焦正義。○一人，一家阜隸之屬也。〔詩・大東〕「一人之子」朱傳。○一府，皇后之官也。〔漢書・路溫舒傳〕「遷廣陽一府長」補注引錢大昭。○士于大夫曰外一。〔通雅・稱謂〕○羣居而試曰一試。〔通雅・官制〕○近身衣為一衣，猶言褻服也。〔詩・葛覃〕「薄汚我一」集疏。○〔說文定聲・卷一二〕一，假借為厶。〔賈子・道術〕「兼覆無遺謂之公，反公為一」。○今則叚一為公厶。〔說文〕「一，禾也」段注。○一者，厶之假借也。〔釋言〕「飫，一也」郝疏。○一與菘同,當亦是禾秀之稱,後乃通名禾為丨耳。〔廣雅・釋草〕「菘,茅穗也」疏證。〇丨,當為厶。〔說文・叙〕「人用己丨」段注。〇丨,三家作厶。〔詩・碩人〕「譚公維丨」集疏。〇官本注丨作司。〔漢書・高帝紀〕「其舍人陳恢曰」補注。〇丨者厶之隸字。〔說文〕「厶,姦衺也」句讀。〇丨即告之誤。〔韓子・姦劫弑臣〕「而丨姦者衆也」集解。

厶　丨,不公也。〔說文〕「公,平分也」繫傳。〇丨,姦衺也。〔說文〕「姪,丨逸也」段注。〇丨,今皆作私。〔說文〕「丨,姦邪也」繫傳。〇丨,經傳皆以私為之。〔說文定聲・卷一二〕〇丨,公私字本如此,今字私行而丨廢矣。〔說文〕「丨,姦衺也」段注。

窺　〔慧琳音義・卷一〕丨,覷也。〔三藏聖教序〕「丨天鑑地」。〇丨,覷,低頭竊見也。〔慧琳音義・卷九一〕引〔韻詮〕。〇丨,視之於隙穴也。〔說文〕「丨,小視」繫傳。〇丨、闚、䙴,並字異義同。〔方言一〇〕「凡相竊視南楚謂之闚」箋疏。〇丨道,丨其意而道之。〔漢書・元帝紀〕「坐丨道諸侯王以邪意」補注。〇〔通雅・卷七〕丨窬,一作闚覦、闚闟,轉為覬覦、企喻。〔晉書・陶侃傳〕「潛有丨窬之心」。〇〔說文定聲・卷一二〕丨,假借為跬。〔漢書・息夫躬傳〕「未有能丨左足而先應者也」。〇丨即闚。〔方言一〇〕「闚,視也」疏證。〇丨,同闚。〔廣韻・支部〕〇〔說文定聲・卷一二〕丨與闚略同,字亦作䙴。〔廣雅・釋詁〕「䙴,視也」。〇〔慧琳音義・卷一〕丨,或作闚。〔三藏聖教序〕「丨天鑑地」。〇丨,或本是𥩳字,與成音近。〔呂覽・求人〕「得陶、化益、真丨、橫革、之交五人佐禹」校正。

闚　丨,小視。〔廣韻・支部〕〇丨,小視也〔國策・秦策二〕「以丨周室」鮑注。又〔說文〕「丨,閃也」段注。又〔說文〕句讀。〇丨,言示之以利使之見而欲也。〔國策・燕策三〕「丨以重利」鮑注。〇丨,空也。〔左傳宣公六年〕「其在周易豐之離」疏證引虞翻。〇丨,窺同。〔國策・秦策二〕「以丨周室」鮑注。〇丨,與窺同。〔說文〕「丨,閃也」句讀。〇丨,與窺略同。〔說文定聲・卷一二〕〇丨,亦作窺。〔方言二〕「㜸,細也」箋疏。〇丨,各本作窺。〔說文〕「䙴,丨視也」段注。

攲　丨,以箸取物。〔集韻・支部〕〇丨,宗廟宥座之器。〔廣韻・支部〕〇丨,以為不正也。〔慧琳音義・卷六九〕引顧野王。〇宗廟宥座之器曰丨器。〔說文〕「丨,持去也」段注。〇〔說文定聲・卷一〇〕丨,假借為歧。〔荀子・宥坐〕「孔子觀于魯桓公之廟,有丨器焉」。〇丨,或作猗。〔集韻・支部〕〇丨,今作不正之攲。〔說文〕「丨,持去也」段注引〔玉篇〕。

熙　丨者,燥也,謂暴燥也。〔說文〕「媐,說樂也」段注。〇丨,光。〔詩・酌〕「時純丨矣」朱傳。〇丨者,火之光也。〔釋詁〕「緝、丨,光也」平議。〇丨,光之廣大者。〔詩・文王〕「於緝丨敬止」後箋。〇丨,明。〔詩・維清〕「維清緝丨」朱傳。〇丨,光明也。〔大學〕「詩云於緝丨敬止」朱注。〇丨,亦火明也。〔慧琳音義・卷八五〕引〔考聲〕。〇丨,廣也。〔詩・酌〕「時純丨矣」陳疏。又〔通鑑・晉紀二六〕「緝丨政事」音注。又〔廣韻・之部〕。〇丨,和也。(同上)又〔慧琳音義・卷一〕。又〔通鑑・漢紀四二〕「以致雍丨」音注。〇丨,長也。〔廣韻・之部〕〇丨,美也。〔慧琳音義・卷一〕引〔考聲〕。〇喜也、起也、丨也,皆興也。〔書・益稷〕「股肱喜哉,元首起哉,百工丨哉」述聞。〇丨,亦不已之意。〔詩・文王〕「於緝丨敬止」朱傳。〇丨字,从火,與烈同義。〔釋詁〕「丨,光也」郝疏。〇丨丨,即廣也。〔左傳襄公二九年〕「廣哉丨丨」述聞。〇丨事,猶言盛美之事。〔漢書・禮樂志〕「丨事備成」補注。〇丨、媐通。〔釋詁〕「丨,興也」郝疏。〇丨,通作巸。(同上)〇丨,通作嬉。(同上)〇丨,通作嘻。(同上)〇丨,當云興,與嬹古通。〔文選・關中詩〕「如丨春陽」集釋。〇〔說文定聲・卷五〕丨,借為媐。〔左傳襄公二九年〕「廣哉丨丨乎」。〇(同上)丨,假借為譆,亦發聲之詞。〔漢書・翟義傳〕「丨,我念孺子」。〇(同上)丨,叚借為禧。〔漢書・禮樂志〕「丨事備成」。〇(同上)丨,假借為嬉,即娭。〔淮南・俶真〕「鼓腹而丨」。〇(同上)丨,假借為起,丨、興亦一聲之轉。〔釋詁〕「丨,興也」。〇丨者,媐之叚音也。〔釋詁〕「丨,興也」郝疏。〇丨乃頤之叚借字也。〔說文〕「巸,廣頤也」段注。〇〔說文定聲・卷五〕古丨、熹二字多互借。〔說文〕「丨,燥也」。〇丨,當為媐,今丨行而媐廢矣。〔文選・關中詩〕「如丨春陽」集釋。〇丨、已,皆即今之嘻字。〔漢書・翟義傳〕「丨,我念孺子」補注引段玉裁。〇〔大誥〕丨作已,已蓋丨省文。(同上)補注引錢大昕。〇〔說文定聲・卷五〕丨,〔史記〕易以興,則謂起字。〔虞書〕「庶績咸丨」。〇丨,〔漢書〕易以美,則謂媐字。〔說文定聲・卷五〕〇〔老子〕、〔史記〕天下丨丨,皆當為媐媐。〔說文〕「媐,說樂也」段注。

欺　丨,詐也。〔廣韻・之部〕〇丨,詐也,言以虛聲恐之。〔國策・秦策一〕「蘇秦丨寡人」鮑注。〇丨與惑義亦相近。〔晏子春秋〕「君之惶」雜志。〇娸、丨、䫏、倛、魌五字並同義。〔廣雅・釋詁〕「娸,醜也」疏證。〇丨,加也。〔太素・知鍼石〕「聖智不能丨」楊注。〇〔說文定聲・卷五〕丨,假借為䫏。〔魯靈光殿賦〕「仡丨猥以雕耿」。〇(同上)丨,字變作鵋,作鶀。〔釋鳥〕「鵅,鵋鶀」。

疵　丨,病也,謂過失。〔國策・齊策一〕「齊貌辨之為人也多丨」鮑注。〇丨,黑病。〔廣韻・支部〕〇丨,瘡也。〔慧琳音義・卷七八〕〇肉有黑毛生曰丨。(同上)〇丨,通作訾。〔釋詁〕「丨,病也」邵正義。〇丨,通作呰。(同上)郝疏。〇丨,又通作訾。(同上)〇丨,又通作痱。(同上)〇丨,或與訾通。〔說文〕「丨,病也」義證。〇〔說文定聲・卷一二〕丨,假借為呰。〔荀子・不苟〕「非毀丨也」。〇丨,古亦叚玼為之。〔說文〕「丨,病也」段注。〇丨,字亦作枇,蓋以柴為之。〔說文定聲・卷一二〕〇〔呂覽〕注丨作玼。〔左傳僖公七年〕「不女丨瑕也」洪詁。〇丨,〔呂覽〕作訾。〔國策・齊策一〕「齊貌辨之為人也多丨」續注。

貲｜，財也。〔廣韻・支部〕○｜，貨也。（同上）○｜，產也。〔慧琳音義・卷六〇〕引〔玉篇〕。○｜，引伸為凡財貨之偁。〔說文〕「｜，小罰以財自贖也」段注。○平財賄曰｜。〔慧琳音義・卷一〇〕○｜錢，即今庸直也。〔說文〕「｜，小罰以財自贖」繫傳。○〔說文定聲・卷一二〕｜錢，所謂頭錢是也。〔說文〕「｜，小罰以財自贖也」。○（同上）｜，假借為資。〔通俗文〕「平財賄曰｜」。○（同上）｜，假借為咨。〔後漢・陳蕃傳〕注「｜，量也」。○〔考工記〕「車人耒庛」先鄭音｜，蓋古字通假。〔史記・十二諸侯年表〕「楚文王｜元年」志疑。○古｜與訾同。（同上）○𢂑、｜同。〔說文〕「緰，緰｜，布也」段注。○｜，或作𢂑。（同上）義證。

笞｜，捶擊。〔廣韻・之部〕○｜，擊也。〔通鑑・周紀四〕「故射天｜地」音注。○後世五刑｜、杖、徒、流、大辟，蓋起于唐。〔說文定聲・卷五〕○〔通雅・卷七〕｜偶，即｜罵。〔賈誼傳〕「｜偶之法」。

羈｜，馬絡也。〔廣韻・支部〕○｜，馬絆也。（同上）○｜，絡頭也，謂勒之無銜者也。〔說文〕「罵，馬絡頭也」義證引〔急就篇〕顏注。○馬曰｜。〔漢書・康居國傳〕「終｜縻而未絕」補注引徐松。○午達曰｜。〔禮記・內則〕「男角女｜」集解。○女則兩髻一前一後如馬首，故曰｜。〔義府・卷上〕○罵、羈、｜、羇，並字異而義同。〔廣雅・釋器〕「｜，勒也」疏證。○官本｜作羇。〔漢書・刑法志〕「是猶以鞿而御駻突」補注。

䩭｜，勒也。〔慧琳音義・卷九六〕引〔考聲〕。○｜，繫也。（同上）○｜，束縛之意也。〔廣雅・釋器〕「鞙，謂之鞿」疏證。○｜，與羇同義。〔慧琳音義・卷九六〕引〔考聲〕。○｜，又作羇、羈。〔卷五八〕

彝｜，常。〔詩・烝民〕「民之秉｜」朱傳。○｜，常也。〔通鑑・唐紀三〇〕「謂之｜倫」音注。又〔廣韻・脂部〕。○｜，法也。（同上）○｜，亦酒樽也。（同上）○｜，樽名也。〔慧琳音義・卷九一〕引〔考聲〕。○｜，為上尊。〔釋器〕「｜，器也」鄭注。○｜，通作夷。〔釋詁〕「｜，常也」郝疏。○｜與夷古通用。〔國語・周語〕「不亦簡｜乎」平議。○｜，魯作夷。〔詩・烝民〕「民之秉｜」集疏。○｜，張次立本作夷。〔說文〕「商書曰｜倫攸殬」段注。

髭在口上曰｜。〔說文〕「頾，口上須也」義證引〔洪武正韻〕。○頿，或作｜。（同上）段注。又（同上）義證。

頤｜，頷也。〔國策・秦策四〕「刳腹折｜」鮑注。○下頷曰｜。〔說文〕「𦣝，顄也」義證引〔急就篇〕顏注。○〔慧琳音義・卷一〕｜，頦也。〔大般若經・卷一〕「｜頷」。○口下為車，口上為輔，合口車輔三者為｜。〔說文〕「𦣝，顄也」段注。○｜，養也。〔廣韻・之部〕又〔說文〕「𦣝，顄也」段注引〔易〕鄭注。○｜，亦養也。〔儀禮・特牲饋食禮〕胡正義。○｜，離象也。〔易・頤〕「｜，貞，吉」李疏。○｜中，口車輔之名也。〔說文〕「𦣝，顄也」段注引〔易〕鄭注。○｜指、目指，正自一意。〔漢書・賈誼傳〕「｜指如意」補注引吳仁傑。○｜，通作台。〔說文〕「宧，養也」養證。○｜與眙音同。〔漢書・陳勝傳〕「夥，涉之為王沈沈者」補注引周壽昌。○｜者，宧之叚音也。〔釋詁〕「｜，養也」郝疏。○頣即｜字之別體也。〔韓子・喻老〕「罷朝倒杖而策銳貫頣」集解引顧廣圻。○｜當為顧，顧指謂目顧人而指使之也。〔漢書・賈誼傳〕「｜指如意」補注引王念孫。

𦣝｜者，古文頤。〔說文〕「顄，頤也」段注。○｜，即古頤字。〔說文〕「宧，養也」句讀。○〔說文定聲・卷五〕｜，假借助語之詞。〔史記・陳涉世家〕「夥｜，涉之為王沈沈者」。○｜，篆文作頤，籀文作𩠐。〔廣雅・釋親〕「頤，頷也」疏證。

資｜，貨也。〔廣韻・脂部〕又〔國策・秦策一〕「｜用乏絕」鮑注。○｜，用也。〔慧琳音義・卷五〇〕又〔管子〕「亡黨」雜志。○｜，人所齎持也。〔說文〕「｜，貨也」繫傳。○｜，取也。〔易・乾〕「萬物｜始」李疏引鄭注。又〔慧琳音義・卷五〇〕。○｜，送也。〔莊子・德充符〕「其人之葬也，不以翣｜」集釋。○｜，藉也。〔禮記・表記〕「事君先｜其言」集解。又〔孟子・離婁下〕「則｜之深」朱注。○｜，謀也。〔漢書・灌夫傳〕「為｜使賓客請」補注引周壽昌。○｜，猶藉也。〔漢書・郊祀志〕「小君｜好方」補注引〔禮記・表記〕注。○｜，助也。〔廣韻・脂部〕○｜，機也。（同上）○｜，裝也。〔釋言〕「將，｜也」鄭注。○｜，咨。〔詩・桑柔〕「國步蔑｜」朱傳。○｜，姓。〔廣韻・脂部〕○｜糧，猶糇糧。〔左傳僖公四年〕「共其｜糧扉屨」疏證。○六度萬行，名曰｜粮。〔慧琳音義・卷三〕○輕｜，即輕齎也。〔漢書・食貨志〕「亡逃者得輕｜也」補注。○嗞咨，倒言之則曰｜戚。〔廣雅・釋詁〕「嗞咨，慙也」疏證。○｜與齊通。〔廣雅・釋詁〕「齊，疾也」疏證。○｜與齊通。〔廣雅・釋言〕「｜，操也」疏證。○齎，通作｜。〔廣雅・釋言〕「齎，裝也」疏證。○｜，與訾、咨並通。〔方言一一〕「訾，何也」箋疏。○｜者，齎之叚音也。〔釋言〕「將，｜也」郝疏。○蹉｜，即嗟咨，古字通。〔釋詁〕「嗟，蹉也」郝疏。○〔說文定聲・卷一二〕｜，假借為齎。〔荀子・性惡〕「離其｜」。○（同上）｜，假借為齎。〔左傳僖公三三年〕「惟是脯｜餼牽竭矣」。○（同上）｜，假借為劑，為鉼。〔易・旅〕「得其｜斧」。○（同上）｜，假借為齎，為致。〔楚語〕「若｜東陽之盜」。○（同上）｜，假借為咨。〔禮記・表記〕「事君先｜其言」。○（同上）｜，假借為齎。〔禮記・昏義〕「為后服｜衰」。○（同上）｜，假借為至。〔禮記・緇衣〕「｜冬祈寒」。○（同上）｜，假借為次。〔儀禮・少牢〕「｜黍于羊俎兩端」。○｜，讀為咨。〔太玄・親〕「其志｜戚」平議。○｜，當讀為茨。〔墨子・備梯〕「煙｜吾池」平議。○｜、齎同。〔國策・秦策四〕「｜臣萬金而遊」鮑注。○｜與咨同。〔詩・板〕「喪亂蔑｜」朱傳。○｜，元作質。〔國策・魏策一〕「而獨以吾國為智氏｜」鮑注。○｜，一本作賫。〔國策・宋衛策〕「以明宋之賫楚重於齊也」補注。○〔說文定聲・卷一二〕｜，字亦作懫。〔柳敏碑〕「天懫鯁直」。

糜　丨，丨粥。〔廣韻·支部〕○丨，即粥也。〔説文〕「丨，糝也」繫傳。○丨，即鬻也。〔説文〕「鬻，鬻也」繫傳。○丨，厚粥也。〔慧琳音義·卷六八〕引〔文字集略〕。○丨者，豆丨、肉丨，爛而乾者也。〔説文〕「鬻，鍵也」義證。○丨之言靡細也。〔廣雅·釋器〕「丨，糏也」疏證。○丨，引伸為丨爛字。〔説文〕「丨，糝丨也」段注。○丨、鬻通。〔釋言〕「鬻，丨也」郝疏。○丨，通作麋。〔説文〕「饘，丨也」義證。○爢，通作丨。〔廣雅·釋詁〕「爢，熟也」疏證。○爢、靡、丨並通。〔廣雅·釋詁〕「爢，壞也」疏證。○〔説文定聲·卷一〇〕丨，假借為爢。〔孟子〕「丨爛其民而用之」。○〔同上〕丨，假借為䊳。〔荀子·富國〕「以丨敉之」。○丨，為湄之假借也，水草交謂之丨。〔詩·蒹葭〕「在水之湄」後箋。○丨與䊳音同義少別。〔説文〕「䊳，碎也」段注。○丨，當為穈。〔大戴·夏小正〕「種黍菽丨時也」王詁。○丨，舊作麋。〔呂覽·遇合〕「陳有惡人焉曰敦洽讎麋」校正。○丨爛當作爢。〔説文〕「爢，爛也」義證。○丨，〔月令〕作靡。〔呂覽·孟夏〕「丨草死」校正。○丨，〔初學記〕作眉，與麋同。〔呂覽·遇合〕「陳有惡人焉曰敦洽讎麋」校正。○丨伶，官本作麄泠。〔漢書·地理志〕「東至丨伶入南海」補注。

飢　丨，丨餓也。〔廣韻·脂部〕○丨，乏食也。〔慧琳音義·卷六〕引〔韻英〕。○丨，腹中空也。〔同上〕引〔考聲〕。○丨，凶年也。〔漢書·五行志〕「丨而不損」補注。○丨、饑不同，穀不熟曰饑，人無食曰丨。〔漢書·食貨志〕「大丨三十石」補注引王鳴盛。○丨，姓。〔廣韻·脂部〕○丨國，黃帝後姜姓有耆國，自伊徙者，爰曰伊耆。〔史記·殷本紀〕「及西伯伐丨國，滅之」志疑引〔路史·國名紀〕。○丨、饑亦可通用，但有丨饉，無饑渴。〔漢書·食貨志〕「大丨三十石」補注引王鳴盛。○〔説文定聲·卷一二〕丨，假借為饑。〔西周策〕「秦丨而宛亡」。○〔同上〕丨，假借為邛。〔史記·殷本紀〕「西伯伐丨國」。○丨，當作饑。〔荀子·天論〕「使之丨渴」集解引劉台拱。○丨，字亦作飥，經傳或以饑為之。〔説文定聲·卷一二〕○丨，官本竝作饑。〔漢書·食貨志〕「大丨三十石」補注。○丨，齊作饑。〔詩·采薇〕「載渴載丨」集疏。○丨國，〔周紀〕作耆，〔宋世家〕作阢。〔史記·殷本紀〕「及西伯伐丨國」志疑。○〔説文定聲·卷一二〕丨，飢之誤字。〔廣雅·釋詁〕「丨，詞也」。○丨為飢字之誤。〔説文〕「飢，設飪也」段注引錢大昕。

衰　丨，微也。〔廣韻·脂部〕又〔慧琳音義·卷二〕引〔韻英〕。○丨，小也。〔廣韻·支部〕○丨，弱也。〔慧琳音義·卷二〕○丨，減也。〔廣韻·支部〕○丨，羸也。〔慧琳音義·卷二〕引〔考聲〕。○丨，退也。〔楚辭·涉江〕「年既老而不丨」補注引五臣。○丨，耗也。〔慧琳音義·卷五〕引〔韻英〕。○丨，殺也。〔廣韻·支部〕○此丨字當作興字解。〔左傳僖公二三年〕「其後丨者也」洪詁。○丨與分義相近。〔荀子·王制〕「相地而丨政」集解引王念孫。○凡盛丨字引伸於㾓。〔説文〕「㾓，減也」段注。○後丨，猶言後亡也。〔左傳僖公二三年〕「其後丨者也」疏證。○丨序，猶言次序耳。〔左傳昭公三二年〕「遲速丨序」洪詁。○〔説文定聲·卷一二〕丨，段借為㾓。〔左傳襄公二九年〕「其周德之丨乎」。○〔同上〕丨，段借為耋。〔左傳桓公二年〕「皆有等丨」。○丨、差一聲之轉。〔廣雅·釋詁〕「羼，差也」疏證。○丨，寖微也。〔集韻·脂部〕○丨，減也。〔集韻·支部〕又〔集韻·脂部〕。○丨，古作叕。〔同上〕○丨，一作嶮。〔史記·封禪書〕「薄山者，丨山也」志疑。

錐　丨，銳也。〔國策·齊策一〕「疾如丨矢」鮑注。○丨，鍼之類。〔國策·秦策一〕「引丨自刺其股」鮑注。○丨，當作錢。〔漢書·渠犂傳〕「其旁國少丨刀」補注引吳仁傑。

姨　妻之姊妹曰丨。〔詩·碩人〕「邢侯之丨」朱傳。○妻之姊妹同出為丨。〔同上〕集疏引魯説。○後世謂母之姊妹曰丨母。〔説文〕「丨，妻之女弟同出為丨」段注。

楣　丨，即檐也。〔儀禮·鄉飲酒〕「當丨北面再拜」平議。○丨，門戶上橫梁。〔楚辭·湘夫人〕「辛夷丨兮葯房」補注引〔爾雅〕注。○丨謂之梁，謂門上橫梁也。〔説文〕「丨，秦名屋櫋也」繫傳。○門上橫架者曰丨。〔通雅·宮室〕○次棟一架，前後皆曰丨。〔説文定聲·卷一二〕○丨、宇，皆下垂之名。〔廣雅·釋宮〕「丨，梠也」疏證。○丨機，當為樞機。〔大戴·四代〕「此謂丨機」述聞。○〔説文定聲·卷一二〕丨，假借為楣，丨、楣一聲之轉。〔爾雅〕「丨謂之梁」。

夔　丨丨，龍。〔廣韻·脂部〕○丨，又獸名，似牛，一足，無角。〔同上〕○〔通雅·卷二二〕丨魖、獝狂，耗鬼惡鬼也。〔甘泉賦〕「捎丨魖而抶獝狂」。○丨丨，即倈倈。〔説文〕「悸，心動也」義證。○丨丨齊栗，敬謹恐懼之貌。〔孟子·萬章上〕「書曰丨丨齊栗」朱注。○厲、賴與歸、丨，並同聲字，古字通。〔左傳僖公一五年經〕「齊師曹師伐厲」洪詁。○丨、歸、隗音近，字可通假，丨是古文正字。〔左傳僖公二六年經〕「楚人滅丨，以丨子歸」洪詁。○䕫，俗丨。〔廣韻·脂部〕

祇　地曰丨。〔論語·述而〕「禱爾于上下神丨」朱注。又〔説文〕「鬼，人所歸為鬼」義證引〔玉篇〕。○丨，地之神也。〔説文〕「丨，地丨提出萬物者也」義證引〔玉篇〕。○丨，成也，育生萬物備成也。〔同上〕義證引〔物理論〕。○丨，安也。〔詩·何人斯〕「俾我丨也」朱傳。○丨，一曰安也。〔集韻·支部〕○丨，敬。〔詩·長發〕「上帝是丨」朱傳。○丨，適。〔詩·無將大車〕「丨自塵兮」朱傳。○丨，適也。〔集韻·支部〕○丨，病也。〔同上〕○媞、禔、丨，亦字異而義同。〔廣雅·釋詁〕「媞，安也」疏證。○丨濯，猶齋沐也。〔義府·卷下〕引〔隸釋〕。○丨，地丨，神也。〔廣韻·支部〕○丨與疷通。〔春秋繁露·玉杯〕「厥辟不辟去厥丨」平議。○祇與多通，猶丨與多通也。〔易·復〕「无丨悔」述聞。○〔説文定聲·卷一一〕丨，假借為疷。〔易·復〕「无丨悔」。○丨，謂借為禔。〔説文定聲·卷一一〕○丨，謂借為多。〔同上〕○〔何人斯〕段借丨為疷。〔説文〕「疷，病不翅也」段注。○丨，即疷之叚借。〔詩·無將大車〕「—自疷兮」通釋。○—，讀為疷。〔詩·何人斯〕「俾我—也」陳疏。○—，當作氏。〔易·坎〕「—既平」平議。○—，刊本多誤作祇。〔左傳僖公一五年〕「—以成惡」洪詁。○—，字從氏。〔廣雅·釋言〕「—，適也」疏證。

**涯** —，水畔也。〔廣韻·支部〕

**伊** —，維也。〔詩·白駒〕「所謂—人」陳疏。又〔釋詞·卷三〕。○—，亦維也。〔詩·何彼穠矣〕「維絲—緡」朱傳。○—，惟也。〔詩·谷風〕「—予來塈」述聞。又〔廣韻·脂部〕。○〔釋詞〕—，是也。〔詩·蒹葭〕「所謂—人」。又〔詩·何彼襛矣〕「維絲—緡」集疏。○—，猶是也。〔詩·谷風〕「不遠—邇」陳疏。○〔釋詞〕—，有也。〔詩·頍弁〕「豈—異人」。○—，因也。〔廣韻·脂部〕○—，安也。〔禮記·郊特牲〕「—耆氏始為蜡」王詁。○—，侯也。〔廣韻·脂部〕○—，水名。〔同上〕○—，州名。〔同上〕○—，姓。〔同上〕○—人，猶言彼人也。〔詩·蒹葭〕「所謂—人」朱傳。○—威，鼠婦也。〔詩·東山〕「—威在室」朱傳。○—帆，即—祈，又作—几，古天子號，或曰即帝堯。〔通雅·姓名〕○—，通作繄。〔釋詁〕「—，維也」邵正義。○—者，毉之假借，笑也。〔詩·溱洧〕「—其相謔」通釋。○〔說文定聲·卷一二〕—，假借為推。〔周書·大匡〕「展盡不—」。○〔同上〕—，假借為亜。漢石經〔洪範〕「鯀—洪水」。○〔同上〕—，假借發聲之詞。〔釋詁〕「—，維也」。○—，語詞。〔詩·東山〕「—可懷也」平議。又〔詩·何彼襛矣〕「維絲—緡」集疏。○—，當作繄。〔詩·雄雉〕「自詒—阻」陳疏。又〔同上〕後箋。又〔左傳宣公二年〕疏證。○〔釋詞〕—，字或作繄。〔左傳襄公一四年〕「繄伯舅是賴」。○官本—作尹。〔漢書·宣帝紀〕「右—秩訾且渠當户以下」補注。

**蓍** —，筮草也。〔詩·下泉〕「浸彼苞—」朱傳。又〔儀禮·士冠禮〕「士冠禮筮于廟門」胡正義。○—，所以筮。〔中庸〕「見乎—龜」朱注。○筮用—艸，因通謂—為筮。〔周禮·簭人〕「上春相簭」孫正義。○—之言耆。〔說文〕「龜，舊也」段注引劉向。○—之言耆也。〔說文〕「—，蒿葉屬」繫傳。○—之為言耆也。〔本草·卷一五〕引〔白虎通〕。

**追** —，逐也。〔廣韻·脂部〕又〔大戴·千乘〕「以—國民之不率上教者」王詁。○—，隨也。〔廣韻·脂部〕○—，雕也。〔詩·棫樸〕「—琢其章」朱傳。○—，亦治玉也。〔周禮·追師〕「為副編次—衡笄」孫正義。○—，鐘紐也。〔孟子·盡心下〕「以—蠡」朱注引豐氏。○—，猶召也。〔通鑑·唐紀五二〕「—忠州別駕陸贄」音注。○—人，猶言縋人也。〔鹽鐵論〕「—人奇蟲」〔通雅·卷三四〕。○—蠡，—處剥落也。〔通雅·樂器〕○—孝，猶言追養繼孝也。〔書·文侯之命〕「—孝于前文人」平議。○—與堆通。〔通雅·樂器〕○〔說文定聲·卷一二〕—，叚借為彫。—、彫雙聲。〔詩·棫樸〕「—琢其章」。○〔同上〕—，叚借為縋。〔孟子〕「以—蠡」。○〔同上〕—，叚借為自。〔儀禮·士冠禮〕「毋—」。○—，即彫之叚借。〔詩·棫樸〕「—琢其章」通釋。○—，即𠂤之叚借字。〔說文〕「𠂤，小𠂤也」段注。○—，〔詩〕、〔禮〕假為治金玉之鎚。〔說文〕「—，逐也」段注。○—，音堆。〔詩·棫樸〕「—琢其章」朱傳。○—，當讀為隧。〔義府·卷上〕「—蠡」。○琱、—、敦一聲之轉。〔周禮·冢宰〕「—師下士二人」孫正義。○〔說文定聲·卷一二〕—，借為〔考工·鳧氏〕「于上之攠謂之隧」之隧，實為遂也。〔孟子〕「以—蠡」。○—，古隨字。〔離騷〕「背繩墨以—曲兮」補注。○—，古文硾。〔左傳桓公五年〕「旝動而鼓」疏證。○—，魯作雕。〔詩·棫樸〕「—琢其章」集疏。



**緇** —，黑色。〔詩·緇衣〕「—衣之宜兮」朱傳。又〔廣韻·之部〕。○—撮，—布冠也。〔詩·都人士〕「臺笠—撮」朱傳。○—衣，卿大夫居私朝之服。〔詩·緇衣〕「—衣之宜兮」朱傳。○—俗者，俗士也。〔慧琳音義·卷三○〕○—俗者，即衆僧也。〔同上〕○—與玄通偁。〔說文〕「黑而有赤色者為玄」段注。○—，古文从才聲，純、紂形近，故傳寫致訛。〔說文定聲·卷五〕

**紂** —，同緇。〔廣韻·之部〕○—，與緇同。〔廣雅·釋器〕「緇，黑色」疏證。

**箕** —，簸器。〔國策·齊策六〕「大冠若—」鮑注。○—，所以簸揚米而去其糠也。〔廣雅·釋器〕「籓、籮，—也」疏證。○—，可以簸揚及去糞。〔說文〕「帚，糞也」義證引〔急就篇〕顏注。○—，—帚也。〔廣韻·之部〕○—，—帚，少康作也。〔同上〕○—踞，踞坐展兩足如—。〔國策·燕策三〕「—踞以罵」鮑注。○—踞為大不敬。〔說文〕「居，蹲也」段注。

**踑** —，踞也，通作箕。〔集韻·之部〕

**椎** —，擊也。〔莊子·天下〕「—拍輐斷」集釋。○—，棓擊也。〔慧琳音義·卷一○〕○—，木拳所用，以—擊者也。〔說文〕「—，擊也」義證引〔六書故〕。○—，—鈍不曲橈，亦棒—也。〔廣韻·脂部〕○—，木名，似栗而小。〔集韻·脂部〕○柊楑，方—。〔說文〕「—，擊也，齊謂之終葵」義證引〔纂文〕。○終葵，—之別名也。〔說文〕「—，擊也」繫傳。○—埋，即掘冢也。〔漢書·趙敬肅王傳〕「又使人—埋攻剽」補注引顧炎武。○—殺，擊殺也，與槌同。〔通鑑·周紀五〕「朱亥袖四十斤鐵——殺晉鄙」音注。○—，通作槌。〔說文〕「—，擊也」義證。○〔說文定聲·卷一二〕—，假借為錘，實為厜，為縋，謂稱懸之權也。〔尚書帝命驗〕「握石—」。○〔同上〕—，假借為頹。〔匡謬正俗〕「俗謂髮落頭禿為—」。○官本—作推。〔漢書·吳王傳〕「此年少—鋒可耳」補注。○〔史·表〕推作—。〔漢書·景武昭宣元成功臣表〕「以樓船將軍擊南越推鋒卻敵侯」補注。○—，舊本作雄，校云一作推，〔廣韻〕引作狹。〔呂覽·遇合〕「—顙廣顏」校正。○—埋乃推理譌文，言推測物理也。〔日知録〕謂推移。〔史記·貨殖列傳〕「畫—埋去就」志疑。○梎，俗—字。〔廣韻·脂部〕

槌　｜，蠶曲柱。〔集韻·脂部〕○〔說文定聲·卷一二〕｜，叚借為椎。〔後漢·禰衡傳〕注「｜及檛並擊鼓杖也」。○｜，同椎。〔廣韻·脂部〕

羆　｜，似熊而長頭高脚，猛憨多力，能拔樹。〔詩·斯干〕「維熊維｜」朱傳。○｜，似熊，長頭高脚，憨過於熊，其脂似熊白而麄。〔釋獸〕「｜如熊」鄭注。○｜，即熊類之大而猛者，能拔樹木，今俗謂之人熊。〔說文定聲·卷一二〕○｜，今文蓋作嶲。〔書·牧誓〕注「｜作離」孫疏。○｜，史遷作離。（同上）孫疏引〔牧誓〕注。○｜，〔文選·西都賦〕注引作螭。（同上）孫疏。

罳　罘｜，屏也。〔廣韻·之部〕○罘｜，復思也，謂臣來朝君，行至內屏外復思。（同上）引崔豹〔古今注〕。

篪　｜，樂器，以竹為之，長尺四寸，小者尺二寸，七孔。〔廣韻·支部〕○竹曰｜，長尺四寸，圍三寸，七孔。〔詩·何人斯〕「仲氏吹｜」朱傳。○｜，一曰管。〔說文〕「䶵，管樂也」義證引〔宋書·樂志〕。○｜與箎同。（同上）義證引〔玉篇〕。○｜，與䶵同。〔楚辭·東君〕「鳴䶵兮吹竽」補注。○｜，六孔，字亦作篪。〔說文定聲·卷一二〕

䶵　｜，同篪。〔廣韻·支部〕○｜，或作篪。〔廣雅·釋樂〕「｜，以竹為之」疏證。○｜，〔月令〕作篪。（同上）○｜，〔樂記〕作篪。〔說文〕「｜，管樂也」段注。

釐　｜，理也。〔通鑑·晉紀〕「莫肯｜正」音注。○｜，賜。〔詩·江漢〕「｜爾圭瓚」朱傳。○｜，予也。〔詩·既醉〕「｜爾女士」朱傳。○｜，飭治也。〔說文定聲·卷五〕○（同上）｜，猶飭也。〔周禮·獸人〕注「謂虞人｜所田之野」。○｜、飭同義。〔書·堯典〕孫疏。○｜，即胙也，漢以受胙肉為受｜。〔漢書·賈誼傳〕「上方受｜」補注引沈欽韓。○｜，蔾也。〔說文〕「堇，草也，从草里聲，讀若｜」義證。○｜，孳，孿也。〔廣雅·釋詁〕疏證。○｜降，治裝下嫁。〔義府·卷上〕○｜、來文異而聲義同。〔漢書·劉向傳〕「又曰飴我｜麰」補注引王先慎。○〔說文定聲·卷五〕｜，假借為禧。〔漢書·文帝紀〕「祠官祝｜」。○（同上）｜，假借為僖。〔史記·齊世家〕「魯又更立｜公」。○（同上）｜，假借為嫠，即𠩺。〔詩·巷伯〕傳「鄰之｜婦」。○（同上）｜，假借為來。〔漢書·劉向傳〕「飴我｜麰」。○（同上）｜，假借為萊。〔釋草〕「｜，蔓華」。○（同上）｜，假借為賚。〔詩·江漢〕「｜爾圭瓚」。○（同上）｜，假借為俚，猶利賴也。〔方言一三〕「｜，貪也」。○（同上）｜，假借為聯，聯、｜雙聲。〔方言三〕「陳楚之間凡人嘼乳而雙產，謂之｜孳」。○（同上）古多借｜為禧。〔說文〕「｜，家福也」。○有叚｜為理者。〔說文〕「｜，家福也」段注。○有叚｜為賚者。（同上）○有叚｜為氂者。（同上）○｜，即賚之假借。〔詩·既醉〕「｜爾女士」通釋。○｜者，賚之假借也。〔說文〕「賚，賜也」段注。○｜，當為禧之假借，告也。〔詩·臣工〕「王｜爾成」通釋。○｜者，來之轉也。〔詩·既醉〕「｜爾女士」後箋。○｜、連，語之轉。〔廣雅·釋詁〕「｜孳，僆，孿也」疏證。○｜、婪聲之轉。〔方言一三〕「｜，貪也」箋疏。○｜、僆、孿，並聲之轉。〔方言三〕箋疏。○｜孳，猶言連生。〔廣雅·釋詁〕「｜孳，孿也」疏證。○｜、萊音近字通。〔周禮·獸人〕孫正義。○｜，通作萊。〔說文〕「堇，讀若｜」義證。○｜與來古字通用。〔文選·典引〕集釋。○｜音來，來字古音黎。〔通雅·疑始〕○｜，讀為禧。〔詩·既醉〕「｜爾女士」平議。○｜，讀為賚。（同上）陳疏。○｜，讀曰僖。〔通鑑·周紀四〕「子｜王咎立」音注。○斄、庲、氂、｜並同。〔廣雅·釋器〕「氂，毛也」疏證。○〔說文定聲·卷五〕｜，以來為之。〔儀禮·少年〕「來女孝孫」。○（同上）｜，以理為之。〔詩·信南山〕「我疆我理」。○〔史·表〕氂作｜。〔漢書·高惠高后文功臣表〕「孝侯氂嗣」補注。○｜，亦作孷。〔方言三〕「陳楚之間凡人嘼乳而雙產謂之｜孳」疏證。○｜孖，即｜孳之異文。（同上）箋疏。○屈｜，紀、傳作屈氂。〔漢書·五行志〕「涿郡太守劉屈｜為丞相」補注。○

｜，理也。〔廣韻·之部〕○｜，一曰福也。（同上）

萎　｜，蔫也。〔廣韻·支部〕○｜，草木枯也。〔楚辭·九辯〕「余｜約而悲愁」補注。○｜，草木枯死也。〔離騷〕「雖｜絕其亦何傷兮」補注。○｜，一作痿，枯死也。〔楚辭·九辯〕「柯彷彿而｜黃」補注。○｜，黃病也。〔慧琳音義·卷八〕引〔字書〕。○｜，弱也。（同上）引〔字書〕。○｜，怨也。（同上）引〔考聲〕。○｜，餧也。〔說文〕「｜，食牛也」繫傳。○草木黃死曰｜。〔慧琳音義·卷三七〕引〔集訓〕。○｜黃，痿黃，葉凋。〔楚辭·九辯〕「柯彷彿而｜黃」補注引五臣。○｜悴，憂也。〔慧琳音義·卷一三〕引〔考聲〕。○｜悴者，憂愁不悅也。〔卷六〇〕○｜悴，懷憂慘戚皃。〔卷三七〕引〔文字集略〕。○｜與痿通。〔詩·谷風〕「無木不｜」陳疏。○餧、｜、委並通。〔廣雅·釋詁〕「餧，食也」疏證。○〔說文定聲·卷一二〕｜，叚借為痿。〔詩·谷風〕「無木不｜」。○｜為痿之叚借。〔詩·谷風〕「無木不｜」通釋。○｜與痿亦同。〔廣雅·釋詁〕「痿，蔫也」疏證。○｜，當為委。〔說文〕「䔟，草｜䔟」義證。

匙　｜，匕也。〔廣韻·支部〕○｜，飯乖也。〔慧琳音義·卷六一〕○｜，又通作提。〔說文〕「｜，匕也」義證。○｜、鍉並與提通，鑰｜。〔方言五〕箋疏。○｜，字或作鍉。〔說文〕「｜，匕也」義證。○｜，字亦作鍉、作椻，蘇俗所謂茶｜、湯｜、調羹、飯橾者也。〔說文定聲·卷一二〕○〔說文定聲·卷一二〕｜，以鏑為之。〔後漢·隗囂傳〕「奉盤錯鍉」。

澌　｜，解仌也。〔說文〕「｜，流仌也」義證引〔玉篇〕。○｜，冰解散也。〔屈賦·河伯〕「流｜紛兮將來下」戴注。○｜，仌解而流也。〔說文〕「｜，流仌也」繫傳。○｜，謂仌初結及已釋時隨流而行也。（同上）段注。○｜、凘、澌，義並與斯通。〔廣雅·釋詁〕「斯，分也」疏證。

脾　〔說文定聲·卷一二〕○｜，近刃處。〔國策·趙策三〕「無｜之薄」鮑注。○｜，即膍也。〔周禮·醢人〕「｜析蠯醢」。○〔說文定聲·卷一二〕｜，猶髀也。〔春秋元命苞〕「—之為言附著也」。○兩膊間曰—。〔通雅·身體〕○—，蓋亦謂百葉。〔說文〕「膍，牛百葉也」段注。○—析、膍胵，皆分析之貌。〔廣雅·釋器〕「百葉謂之膍胵」疏證。○〔說文定聲·卷一一〕—，假借為竨。〔方言一二〕「—，止也」。○〔同上〕—，或曰借為膍。〔周禮·醢人〕「—析蠯醢」。○—與鋪一聲之轉，方俗或云鋪或云—也。〔方言一二〕「鋪、—，止也」疏證。○—，讀為髀。〔墨子·經說下〕「若傷麋之無—也」閒詁。○—肶，與膍胵同。〔廣雅·釋器〕「百葉謂之膍胵」疏證。○古文以—為髀字。〔說文〕「—，土藏也」段注。○—，字譌寫作髀。〔史記·管蔡世家〕「子太伯—立」志疑。

## 坁

—，小渚。〔廣韻·脂部〕○—，水中高地。〔韓子·難一〕「河濱之漁者爭—」集解引舊注。○—，水中之高地也。〔詩·甫田〕「如—如京」朱傳。○—者，水中可居之最小者也。〔說文〕「—，小渚也」段注。○水中可居曰—。〔漢書·司馬相如傳〕「下磧歷之—」補注引〔玉篇〕。又〔說文〕「—，小渚也」義證引〔玉篇〕。○—為水中小渚。〔詩·蒹葭〕「宛在水中—」通釋。○—為小沚，亦即小渚矣。〔釋名·釋水〕「小沚曰—」疏證。○—，〔傳〕云小渚，小渚當為小沚。〔詩·蒹葭〕「宛在水中—」後箋引段玉裁。○小渚曰—。〔詩·蒹葭〕「宛在水中—」朱傳。○—當為墀之借。〔文選·西京賦〕「—崿鱗眴」集釋。○—，當作氏。〔文選·解嘲〕「響若—隤」集釋。○—，字或作泜。〔說文〕「—，小渚也」義證。○—，又或作沶。〔同上〕○—，作坎。〔史記·屈原賈生列傳〕「得—則止」志疑。

## 嶷

—，九嶷，山名。〔廣韻·之部〕○—，言山九峯相似，可疑也。〔說文〕「—，九—山，舜所葬，在零陵營道」繫傳。○—，山立皃也。〔慧琳音義·卷一二〕引〔考聲〕。○—然，山貌也。〔慧琳音義·卷四四〕引〔考聲〕。○〔說文定聲·卷五〕—，以兒為訓，疑、兒雙聲。〔說文〕「九—山，舜所葬，在零陵營道」。○—，魯作㘈。〔詩·生民〕「克岐克—」集疏。○—，諸書多作疑，惟〔山海經〕作—，而郭注亦作九疑。〔說文〕「—，九—山也」段注。

## 治

—，水名，出東萊。〔廣韻·之部〕○—，亦理也。〔同上〕○—，訟理也。〔公羊傳襄公五年〕「故相與往殆乎晉也」陳疏。○—，猶校。〔國策·趙策四〕「皆且無敢與趙—」鮑注。○〔通雅·卷三八〕六朝謂奉道之靜室曰—。〔異苑〕「家送靈運於杜—養之」。○或曰—字當與準同訓。〔說文定聲·卷五〕○政、—義相通也。〔書·皋陶謨〕孫疏。○—水，即古之尤水，今之小沽河也，尤字古讀若飴，聲與沽相近，故—字亦有飴音。〔漢書·地理志〕「陽丘山，—水所出」補注引王念孫。○—，水名則沋字之段借，古尤台同音也。〔說文定聲·卷五〕○—，或通作台。〔說文〕「濕，或曰—水也」義證。○〔說文定聲·卷五〕—，段借為理、為釐。〔荀子·脩身〕「少而理曰—」。○—、辭音同，訟—猶訟辭也，得相段借。〔公羊傳僖公二八年〕注「叔武訟—於晉文公」陳疏。○—近始。〔書·皋陶謨〕孫疏。○—，〔左傳〕作尤，〔漢志〕作—，古今字異耳。〔漢書·地理志〕「陽丘山，—水所出」補注引王念孫。

## 驪

—，馬黑色。〔集韻·齊部〕○—，馬黑色也。〔詩·載驅〕「四—濟濟」朱傳。○—，馬深黑色。〔廣韻·支部〕○—，黑色也。〔詩·小戎〕「騧—是驂」朱傳。○純黑曰—。〔詩·駉〕「有—有黃」朱傳。○—乃深黑馬耳。〔國策·魏策一〕「犛牛之黃也」鮑注。○七尺之馬牝者深黑為—。〔說文定聲·卷五〕〔「騋」下〕○—，穆天子駿馬名。〔廣韻·齊部〕○—，引伸為凡黑之偁。〔說文〕「—，馬深黑色」段注。○—，一曰駕二馬。〔集韻·支部〕○盜—，淺黑。〔說文〕「—，馬深黑色」繫傳。○—牛，猶言犛牛、狸牛。〔國策·魏策一〕「—牛之黃也」補注。○〔說文定聲·卷一〇〕—，在今陝西西安府臨潼縣東。〔楚語〕「獻公卜伐—戎」。○—，亦段黎為之。〔說文〕「—，馬深黑色」段注。○—，讀同伉儷。〔說文〕「駢，駕二馬也」段注。○—，或作麗、酈、離。〔漢書·地理志〕「—山在南」補注引吳卓信。○—，〔呂覽〕又作麗。〔左傳莊公二八年〕「—戎男女以—姬」洪詁。○力乾，即—軒之誤。〔漢書·地理志〕「—軒」補注。○—軒，〔說文〕作麗軒，〔張騫傳〕作犛軒，〔西域傳〕作黎軒，〔匈奴傳〕作黎汗，音同通用。〔漢書·地理志〕「—軒」補注。

## 媯

〔說文定聲·卷一〇〕—，堯賜之氏。〔虞書〕疏「溈水在河東虞鄉縣歷山西」。○帝舜姓姚，至周封胡公，乃賜姓為—。〔史記·陳杞世家〕「姓—氏」志疑。○—山，當作為山。〔說文〕「溈，水出齊郡厲—山」義證。○—，漢人已讀如規矣。〔說文〕「鬹，讀若—」段注。○〔說文定聲·卷一〇〕—，字亦變作溈。〔虞書〕疏「溈水在河東虞鄉縣歷山西」。

## 颸

—，風也。〔廣韻·之部〕

## 屍

—，主於身也。〔說文〕「—，終主」繫傳。○—，未殯也。〔國策·齊策五〕「—死扶傷」鮑注。○在牀曰—。〔說文〕「—，終主」義證引〔玉篇〕。○—，通作尸。〔同上〕義證。○〔說文定聲·卷一二〕—，假借為尸。〔周禮·大司樂〕「—出入則令奏肆夏」。○—，讀曰尸。〔大戴·保傅〕「而置—於北堂」王詁。○—，今經傳字多作尸，同音假借也。〔說文〕「—，終主也」段注。○—乃尸之分別文。〔同上〕句讀。

## 綦

—，蒼艾色。〔詩·出其東門〕「縞衣—巾」朱傳。○—者，青而近黑。〔說文〕「騏，馬青驪文如—也」段注。○〔通雅·卷三七〕蒼艾曰—。〔詩〕「—弁」。○—，蒼白色巾也。〔廣韻·之部〕○—，履飾。〔同上〕○—者，極也。〔莊子·庚桑楚〕「券外者志乎期費」集釋。○齊人謂極為—。〔通鑑·周紀四〕「及其—也」音注。○兩足不能相過，齊謂之—。〔左傳成公二年〕「韓厥執縶馬前」洪詁引〔穀梁〕。○—亦訓極，極猶言標準。〔荀子·王霸〕「國一—明」集解引劉台拱。○此—亦訓極，義如皇極之極。〔王霸〕「是—定也」集解引劉台拱。○—之言戒也。〔廣雅·釋器〕「其紟謂之｜」疏證。○｜者，箭莖之名。〔廣雅・釋草〕「衛，箭也」疏證。○｜，姓。〔廣韻・之部〕○｜谿者，過於深陗。〔荀子・非十二子〕「｜谿利跂」集解引郝懿行。○｜谿，猶言極深。（同上）集解。○棊與｜通。〔廣雅・釋器〕「｜，綺綵也」疏證。○其、｜古字通。〔廣雅・釋詁〕「｜，蹇也」疏證。○豆莖謂之萁，箭莖謂之｜，聲義並同。〔廣雅・釋草〕「衛，箭也」疏證。○｜當為期之借字。〔荀子・王霸〕「國｜明」集解引郭嵩燾。○｜音其。〔詩・出其東門〕「縞衣｜巾」朱傳。○｜，讀如騏，為青黑色。（同上）通釋。○｜，讀如馬絆｜之｜。〔方言九〕「車下鐵，大者謂之｜」箋疏。○｜與緦同。〔廣雅・釋器〕「緦，鍼也」疏證。○｜，當作冪。〔說文〕「彝，从糸，系，｜也」段注。○｜，當為素。（同上）義證。○｜即綥之或體。〔儀禮・士喪禮〕「皆繶緇絇純組｜」正義。

綥 〔說文定聲・卷五〕｜，馬青黑文。〔禮記・玉藻〕「世子佩瑜玉而｜組綬」。○（同上）不借者，如今草鞻，｜，其系也。〔說文〕「｜，一曰不借」。○（同上）｜，段借為璂。〔周書・王會〕「王元繚璧｜十二」。○（同上）｜，段借為羈。〔說文〕「｜，一曰不借」。○（同上）｜，段借為極，｜、極一聲之轉。〔荀子・王霸〕「目欲｜色，耳欲｜聲」。○（同上）｜，段借為淇。〔張公神碑〕「運置｜陽，｜水湯湯」。○（同上）｜，段借為基。〔荀子・王霸〕「是｜定也」。○｜，字亦作綦。〔說文〕「｜，帛蒼艾色也」段注。○〔說文定聲・卷五〕｜，以騏為之。〔詩・鳲鳩〕「其弁伊騏」。○（同上）｜，以期為之。〔荀子・正論〕「期臭味｜」。

帺 ｜，俗綦。〔廣韻・之部〕

綨 ｜，同綦。〔廣韻・之部〕

怡 ｜，和也。〔廣韻・之部〕又〔慧琳音義・卷一三〕。○｜，悅也。〔廣韻・之部〕又〔說文〕「｜，龢也」段注。○｜，樂也。（同上）○｜，懌也。〔漢書〕「不嗣」雜志。○｜，喜悅也。〔慧琳音義・卷一〕引〔考聲〕。○｜，姓。〔廣韻・之部〕○｜｜，和悅也。〔論語・子路〕「｜｜如也」朱注。○〔說文定聲・卷五〕｜，假借為娭。〔文選・舞賦序〕「餘曰｜蕩」。○｜，古多段台字。〔說文〕「｜，龢也」段注。○｜者，台之段音也。〔釋詁〕「｜，樂也」郝疏。○〔說文定聲・卷五〕｜，與嫛略同。〔說文〕「｜，和也，从心，台聲」。○｜，古只作台。〔說文〕「｜，和也」句讀。○｜，省作台。〔史記・五帝紀〕「舜讓於德不懌」志疑。○｜與辝，形聲相近。〔書・泰誓〕「｜悅婦人」孫疏。○｜，今文作｜，是辝為｜之古文也。（同上）孫疏。

尼 ｜，近也。〔釋詁〕「即，｜也」鄭注。○｜，和也。〔廣韻・脂部〕○｜，止也。〔釋詁〕「｜，定也」鄭注。○｜，即泥也。〔說文〕「屔，反頂受水丘也」繫傳。○｜與徽同義。〔釋詁〕「｜，止也」邵正義。○｜山，乃取於圩頂水澇所止。〔說文〕「｜，從後近之」段注。○｜師壇，梵語，敷具，今之坐具也。〔慧琳音義・卷一〕○｜，通作昵。〔釋詁〕「即，｜也」郝疏。又〔釋訓〕「燕燕｜居息也」邵正義。○｜與暱通。〔釋詁〕「｜，定也」郝疏。○｜，通作柅。〔釋詁〕「｜，止也」邵正義。○漢人｜與泥通用。〔說文〕「淖，泥也」段注。○〔說文定聲・卷一二〕｜，段借為比。〔廣雅・釋詁〕「｜，和也」。○（同上）｜，段借為蚍。〔孝經援神契〕「｜，蟲也」。○（同上）｜，段借為屔。〔後漢書・高獲傳〕「｜首」。○｜，屔之假借字也。〔說文〕「｜，從後近之」段注。○｜，泥濘之假借字也。（同上）○｜與昵同。〔釋詁〕「即，｜也」邵正義。○｜者，昵之省，與暱同。〔釋訓〕「宴宴，｜居息也」郝疏。○｜乃𡰥之譌。〔史記・曹相國世家〕「司馬｜」志疑。○｜乃𡰥之訛，胡三省引〔類篇〕云古仁字。〔史記・高祖本紀〕「別將司馬𡰥將兵北定楚地」志疑。

漪 ｜，水文也。〔廣韻・支部〕○｜，細波也。〔慧琳音義・卷三二〕引〔考聲〕。○｜，漢石經作兮。〔詩・伐檀〕「河水清且漣｜」通釋。

纍 ｜，｜索也。〔廣韻・脂部〕○〔說文定聲・卷一二〕｜，綴也。〔齊語〕「甲不解｜」。○｜者，絡也。〔文選・羽獵賦〕集釋。○｜，猶繫也。〔詩・樛木〕「葛藟｜之」朱傳。○〔說文定聲・卷一二〕｜，猶連也。〔尚書大傳〕「大罪勿｜」。○｜之言係｜也。〔廣雅・釋器〕「｜，繩索也」疏證。○合箸得其理，則有條不紊，是曰｜。〔說文〕「｜，綴得理也」段注。○縲、累、｜，並字異而義同。〔廣雅・釋器〕「｜，繩索也」疏證。○｜，姓。〔廣韻・脂部〕○｜然，不得意之貌。〔周書〕「瞿然以靜」雜志。○｜然，羸憊之貌。〔大戴・文王官人〕「｜然而靜」王詁。○｜囚，謂罪不至死也。〔左傳成公三年〕「兩釋｜囚」疏證引沈欽韓。○｜，通作壘。〔說文〕「｜，一曰大索也」義證。○｜，通作羸。（同上）○此書｜、累通。〔國策・楚策三〕「東有越｜」補注。○｜與㠥，古字通也。〔釋木〕「欇，虎㠥」郝疏。○〔說文定聲・卷一二〕｜，段借為盭。〔太玄・劇〕「骨｜其肉」。○借｜為絫也。〔說文〕「昨，｜日也」句讀。○｜，音雷。〔詩・樛木〕「葛藟｜之」朱傳。○｜，古讀如離。（同上）陳疏。○累與｜同。〔廣雅・釋詁〕「貫，累也」疏證。○〔說文定聲・卷一二〕｜，以羸為之。〔易・大壯〕「羸其角」。○｜，字亦作絫。〔廣雅・釋詁〕「貫，累也」疏證。○｜，又作壘。（同上）○｜，俗體作累。古所不用。〔說文〕「｜，綴得理也」段注。○｜，當為壘。〔墨子・備蛾傅〕「為｜」閒詁引畢沅。

縲 ｜，黑索也。〔論語・公冶長〕「雖在｜絏之中」朱注。○｜、累、纍，並字異而義同。〔廣雅・釋器〕「纍，繩索也」疏證。○｜絏，一作纍紲、累紲。〔通雅・釋詁〕

匜 ｜，盥器。〔國策・趙策三〕「金試則截盤｜」鮑注。○〔說文定聲・卷一二〕｜，沃盥器也。〔說文〕「｜，似羹魁，柄中有道可以注水」。○｜，杯｜似桸，可以注水。〔廣韻・支部〕○｜，即也字之或體。〔說文定聲・卷一二〕

犧 —，毛色純也。〔禮記·曲禮〕「天子以—牛」集解。○色純曰—。〔禮記·祭義〕「—牷祭牲」集解。○純色曰—。〔本草·卷五〇〕○—，罇也。〔廣雅·釋器〕疏證。○—牲，純色之牲，全體完具也。〔大戴·誥志〕「—牲必全」王詁。○—尊，即疏鏤之尊。〔詩·閟宮〕「—尊將將」通釋。○—羊，純色之羊也。〔詩·甫田〕「與我—羊」朱傳。○—與羲通。〔漢書·外戚恩澤侯表〕「以侍中—和與平晏同功侯」補注引王先慎。○—，讀為沙。〔說文〕「娑，舞也」段注引張逸。○〔說文定聲·卷一〇〕—，經傳多以獻為之。〔左傳定公一〇年〕「—尊不出門」。

飴 —者，米蘖煎也。〔說文〕「鬻，[illegible]甘—也」段注。○—，餳也。〔詩·緜〕「堇荼如—」朱傳。又〔廣韻·之部〕。又〔說文〕「登，豆—也」繫傳。○—，餳也，亦謂之糖。〔禮記·內則〕「棗栗—蜜」集解。○—乃餳，非飲食也。〔通雅·卷二〕○—即軟糖也，北方謂之餳。〔說文〕「—，米蘖煎也」義證引蜀本〔圖經〕。○以蘖消米取汁而煎之，渜弱者為—，言其形怡怡然也。〔同上〕義證引〔急就篇〕顏注。○〔說文定聲·卷五〕—，假借為遺，實為饋，遺—雙聲。〔漢書·劉向傳〕「—我釐麰」。○詒、—通叚字。〔漢書·劉向傳〕「—我釐麰」補注引王先慎。○—，讀為怡。〔春秋名字解詁〕「晉瑕呂—甥字子金」述聞。○〔說文定聲·卷五〕—，字亦作䬪。〔方言一三〕「—謂之䬪」。○—，古文作飤。〔說文〕「—，米蘖煎也」義證引〔玉篇〕。○古用—為飼字，與飤同。〔通雅·疑始〕

飤 —，古文飴。〔廣韻·之部〕

𩞁 —，籀文飴。〔廣韻·之部〕

而 —，頰毛也。〔考工記·梓人〕「作其鱗之—」述聞。○—，象頰毛連屬—下也。〔說文〕「—，頰毛也」繫傳。○〔說文定聲·卷五〕下垂者曰—。〔考工記·梓人〕「作其鱗之—」。○鱗屬頰側上出者曰之，下垂者曰—。〔說文〕「作其鱗之—」段注引戴先生。○—，汝。〔詩·小宛〕「—月斯征」朱傳。○—，汝也。〔論語·微子〕「且—與其從辟人之士也」朱注。又〔左傳成公一六年〕「—亦聞之矣」疏證。又〔通鑑·周紀一〕「—無以尹鐸為少」音注。○—，女也。〔屈賦·遠遊〕「無淈而魂兮」戴注。○—，亦女也。〔詩·蕩〕「—秉義類」朱傳。○—，即爾也。〔史記·吳太伯世家〕「爾—忘句踐殺汝父乎」志疑。又〔史記〕「爾—」雜志。○—，即爾字。〔國語·吳語〕「—無拂無慮」平議。○—，亦如也。〔漢書〕「視已成事」雜志。○—與如同義。〔詩·野有死麕〕「舒—脫脫兮」陳疏。○—，當訓為如。〔荀子·大略〕「少言—法」集解。○—即能字也。〔晏子春秋〕「—」雜志。○—，當訓為能。〔荀子·哀公〕「將焉—不至矣」集解引盧文弨。○〔說文定聲·卷五〕—，猶爾也。〔管子·山權數〕「以終—身」。○—，猶乃也。〔說文定聲·卷五〕○—，猶汝也。〔書·呂刑〕「輸—孚」孫疏。又〔通鑑·周紀四〕「毋變—度，毋易—慮」音注。○—，猶如也。〔釋詞·卷七〕○—，猶能也。〔書·呂刑〕「獄成—孚」孫疏。○—，猶以也。〔書·顧命〕「其能—亂四方」釋詞。又〔墨子·尚賢下〕「上可—利天」閒詁。又〔荀子〕「剄—獨鹿」雜志。○〔釋詞〕—，猶則也。〔左傳僖公一五年〕「何為—可」。又〔孟子·告子上〕「有放心—不知求」平議。又〔荀子·富國〕「今之世—不然」集解。又〔韓子·內儲說上〕「得—輒辜磔於市」集解。又〔荀子〕「節奏欲陵」雜志。○〔釋詞〕—，猶與也，及也。〔論語·雍也〕「—有宋朝之美」。○—，猶且也。〔詩·氓〕「其黃—隕」陳疏。○—，猶若也。〔釋詞·卷七〕○〔同上〕—，猶然也。〔書·益稷〕「啟呱呱—泣」。○〔說文定聲·卷五〕覆曰—。〔禮記·內則〕「芝栭蔆椇」。〔「之」下〕○—與以同義。〔荀子〕「剄—獨鹿」雜志。○—之言自也。〔詩·蕩〕「—秉義類」陳疏。○〔說文定聲·卷五〕以其下着欂櫨處言曰—。〔禮記·內則〕「芝栭蔆椇」。〔「之」下〕○—，辭也。〔國策·齊策四〕「子孰—與我赴諸侯乎」鮑注。○—，語辭。〔大戴·夏小正〕「若蟄—」王詁。○—，語助也。〔論語·子罕〕「偏其反—」朱注。○—，語助辭。〔論語·微子〕「已—，已—」朱注。○—者，承上之詞。〔釋詞·卷七〕○不—，即不如也。〔管子·大匡〕「以臣則不—令人以重幣使之」平議。○恬—，恬然也，古謂然為—。〔漢書·賈誼傳〕「因恬—不知怪」補注引王念孫。○不可—者，不可以也。〔呂覽·當務〕「—不可置妾之子」平議。○—順，當作順—。〔荀子·議兵〕「—順」集解引俞樾。○古者—與則同意，故然則亦為然—。〔漢書·鄒陽傳〕「然—計議不得」補注。○—與如通。〔墨子·經說上〕「若聖人有非—不非」閒詁。○如與—通。〔文選·祭古冢文〕「縱鍤漣—」集釋。○—、如古通用。〔詩·君子偕老〕「胡然—天也」通釋。又〔莊子·駢拇〕「—離朱是已」平議。又〔方言一三〕「—可且寬假延期」箋疏。○—、如古字通。〔漢書·地理志〕「莽曰肥—」補注引錢坫。○—、如字通用。〔詩·民勞〕「柔遠能邇」後箋。○—、如古多通用。〔方言一三〕「—可且寬假延期」疏證。○—與如古通用。〔詩·民勞〕「柔遠能邇」後箋。又〔荀子·彊國〕「黭然—雷擊之」集解引郝懿行。又〔淮南·道應〕「洞洞屬屬—將不能」平議。○古如、—通用。〔說文〕「歁—忘」段注。○—，讀為如，古字通用。〔孟子·離婁下〕「望道—未之見」朱注。○古書多以—如互用，而其義則皆為如。〔荀子〕「黭然—雷擊之」雜志。○古書多以能、—互用。〔管子〕「強能不服」雜志。○—、時聲相近，故字亦相通。〔漢書〕「為將」雜志。○仍、—、乃聲轉字通。〔釋詁〕「郡，乃也」郝疏。○—、如、若古聲近通用。〔詩·都人士〕「垂帶—厲」通釋。○—，或借耏字。〔說文〕「—，頰毛也」義證。○〔說文定聲·卷五〕—，假借發聲之詞。〔小爾雅·廣詁〕「—，汝也」。○〔同上〕—，假借助語之詞。〔廣雅·釋詁〕「—，詞也」。○—，引伸假借之為語詈，或在發端，或在句中，或在句末，或可釋為然，或可釋為如，或可釋為汝。〔說文〕「—，須也」段注。○—、如、若、然一聲之轉也。〔廣雅·釋詁〕「[illegible]，障也」疏證。○若、—一聲之轉，皆語詞也。〔廣雅·釋詁〕「各、—，詞也」疏證。○—，讀為如。〔詩·柏舟〕「胡載—微」集疏引韓說。又〔墨子·號令〕「—勝圍」閒詁引戴望。又〔墨子〕「親伯父宗兄—卑子」雜志。○—，讀曰如。〔漢書〕「｜葉」雜志。○｜，讀若如。〔韓子・外儲説左下〕「審｜是固足矣」集解。○古｜字即讀為如。〔説文〕「需，顃也，從雨，｜聲」義證引顧炎武。○｜國讀曰如。〔大戴・誥志〕「在家撫官｜國」王詁。○｜木讀曰如。〔大戴・子張問入官〕「｜木不寡短長」王詁。○｜，讀為能。〔墨子・尚同下〕「｜為政於天下」閒詁引陳壽祺。○｜，讀曰能。〔大戴・曾子立事〕「｜勿慮存焉」王詁。又〔讀淮南子書後〕引〔人間篇〕「國危不｜安，患結不｜解」雜志。○｜，讀與能同。〔墨子〕「情誼為通」雜志。又〔墨子・尚同中〕「聖王唯｜」閒詁。○｜，讀如能。〔墨子・非命下〕「不｜矯其耳目之欲」閒詁引畢沅。○｜字當讀為能。〔禮記・中庸〕「君子｜時中」平議。○｜字當讀為能，能、｜古聲近通用也。〔莊子・逍遥遊〕「｜徵一國者」集釋。○凡｜字當讀為能。〔書・皋陶謨〕「寬｜栗，柔｜立，愿｜恭，亂｜敬，擾｜毅，直｜温，簡｜廉，剛｜塞，彊｜義」孫疏。○｜同能。〔墨子・非命下〕「惟天民不｜葆」閒詁引畢沅。○｜與如同。〔墨子・尚同上〕「聞善｜不善」閒詁引畢沅。又〔荀子〕「財萬物」雜志○｜辯之｜，與如同。〔荀子・儒效〕「圖回天下於掌上｜辯白黑」集解引盧文弨。○｜，或釋為能者，古音能與｜同。〔説文〕「｜，須也」段注。○｜，元作能。〔國策・趙策三〕「厚任葺以事｜重責之」鮑注。○｜，齊作如，魯作若。〔詩・都人士〕「垂帶｜厲」集疏。○｜，韓作如。〔詩・靜女〕「愛｜不見」集疏。○｜，舊訛汝。〔呂覽・貴直〕「｜身自將是衆也」校正。○舊校云，｜一作汝。〔呂覽・慎勢〕「非｜細人所能識也」校正。○｜，當作之。〔管子・戒〕「期｜遠者莫如年」義證引孫星衍。○｜，當作其。〔韓子・二柄〕「為人臣者陳｜言」集解引顧廣圻。○｜，當作其字。〔漢書・梅福傳〕「｜不可得，亦已明矣」補注引宋祁。○〔五行志〕｜作其。〔左傳昭公一五年〕「叔氏｜忘諸乎」洪詁。○｜字並當作為。〔管子・樞言〕「能｜稷乎，能｜麥乎」平議。○〔鄭世家〕｜作爾。〔左傳宣公三年〕「余｜祖也」疏證。○〔論衡〕｜引作是，〔文選〕注引作乃。〔左傳宣公一五年〕「余，｜所嫁婦人之父也」洪詁。○｜，俗作髵。〔説文〕「｜，頰毛也」義證。○六臣本｜作洏。〔文選・祭古冢文〕「縱銛漣｜」集釋。○｜，舊本作面。〔呂覽・知化〕「乃為幎以冒｜死」校正。○〔説文定聲・卷五〕｜字以栭為之。〔魯靈光殿賦〕「芝栭攢羅以戢舂」。○｜死，〔呂覽〕作若死。〔左傳襄公三〇年〕「子產｜死」洪詁。○｜已，〔紀聞〕作則已。〔呂覽・慎小〕「不得賞｜已」校正。○既｜，薛綜〔南都賦〕注引作既又。〔左傳昭公二九年〕「既｜使求之」洪詁。○不｜，〔魏志・毌邱儉傳〕作不耐，〔通典〕同。〔漢書・地理志〕「不｜」補注引錢坫。○｜，譌作其。〔荀子・性惡〕「其不異於衆者性也」平議。○諸刊本｜誤作其。〔左傳僖公二八年〕「及｜玄孫」洪詁。○｜大拱，舊本訛作其大拱。〔呂覽・制樂〕「比旦｜大拱」校正。○｜蓋者之誤。〔荀子・大略〕「行盡｜聲問遠」集解。○｜字乃夫字之誤。〔墨子・尚同上〕「一｜不上同於天」平議。

鴟　｜，當作⿰氐隹，⿰氐隹，雓也。〔説文〕「鴞，｜鴞」段注。○｜，一名鳶。〔廣韻・脂部〕○｜，一名鳶也。〔楚辭・天問〕「｜龜曳銜」補注。○｜者，冒没輕儳。〔書・呂刑〕「｜義姦宄」孫疏引王念孫。○｜鴞為桃蟲鳥。〔詩・鴟鴞〕「｜鴞｜鴞」集疏。○｜鴞，鸋鴂。（同上）集疏引魯説。○｜鴞，鵂鶹，惡鳥，攫鳥子而食者也。（同上）朱傳。○｜鴞，似黄雀而小。（同上）集疏引〔詩義疏〕。○｜鵂，怪｜，舊留，車載版，鵩，｜久，鵂鶹，鵄鵂，鵋，一物。〔通雅・鳥〕○｜與蚩聲相近。〔書・呂刑〕孫疏。○官本｜鵂作鵂鶹。〔漢書・賈誼傳〕「｜鴞翱翔」補注。○｜鳩，當作音｜鳩之鳩。〔方言二〕注〔｜鳩〕疏證。

⿰氐隹　｜，一曰鳶也，或書作鴟、鵄、雓。〔集韻・脂部〕○｜，蘇俗所謂鷂鷹。〔説文定聲・卷一二〕○｜，今俗猶呼為鷂。〔説文〕「｜，⿰垂鳥也」繫傳。○｜，今江蘇俗呼鷂鷹。（同上）段注。○｜，即鷦鷯小鳥，亦名巧婦，亦名工雀，亦名桑飛。〔説文定聲・卷一二〕○｜，此即〔爾雅〕之怪鴟，〔山海經〕之鴟久，〔説文〕之鴟舊也。（同上）○〔説文定聲・卷一二〕｜，此鳥蘇俗謂之貓頭鷹。〔左傳襄公二八年〕「使工為之誦茅鴟」。○｜、鵄，同鴟。〔廣韻・脂部〕

鵄　〔通雅・卷三六〕｜納，僧迦｜之納也。遯園考。〔金陵襍志〕「｜納袈裟一領」。

推　｜，審也。〔慧琳音義・卷六〕引〔集訓〕。○｜，問也。（同上）○｜，鞫也。〔通鑑・唐紀四九〕「上命捕送内侍省｜之」音注。○｜，考鞫也。〔通鑑・魏紀五〕「卿｜之，何也」音注。○｜，窮詰也。〔慧琳音義・卷六〕引〔考聲〕。○｜，究也。〔大戴・文王官人〕「｜前惡忠府知物焉」王詁。○｜，尋繹也。〔通鑑・隋紀五〕「付執法者｜之」音注。○｜，謂｜之使前。〔説文〕「挏，｜引也」段注。○｜，謂其進不已。〔禮記・祭義〕「｜而放諸西海而準」集解引方慤。○｜｜，猶堆堆也。〔通雅・釋詁〕○｜體，猶委質。〔國策・中山策〕「臣｜體以下死士」鮑注。○｜體，猶委身，謂以身與之也。（同上）補正。○｜，篛，旁推覺之也。〔通雅・釋詁〕○〔説文定聲・卷一二〕｜，叚借為惟，或為揣。〔管子・海王〕「受人之事，以重相｜」。○摧、｜聲相近。〔廣雅・釋詁〕「摧，｜也」疏證。○｜，讀如或推、或輓之推。〔説文〕「挏，｜引也」段注。○｜髻，一作椎髻、魋結。〔通雅・釋詁〕○｜，各本作攡。〔説文〕「挏，｜引也」段注。

縻　｜，牛轡。〔説文〕「皷，牂皷，可以作｜緶」義證。○｜，繫也。〔廣韻・支部〕又〔通鑑・後漢紀三〕「但分共｜之，不足慮也」音注。○〔説文定聲・卷一〇〕｜，假借為糜。〔易・中孚〕「吾與縻之」。○（同上）｜，假借為⿰石靡。〔越語〕「靡王躬身」注「｜，損也」。○｜、紾、靡，並字異而義同。〔廣雅・釋器〕「｜，繩索也」疏證。○〔説文定聲・卷一〇〕｜，以靡為之。〔荀子・正論〕「藉靡舌縪」。

璃　｜，琉璃。〔廣韻・支部〕

祁 —，縣名，在太原。〔廣韻·脂部〕○〔說文定聲·卷一二〕—，今山西太原府祁縣也。〔說文〕「—，太原縣，从邑，示聲」。○—，大。〔詩·吉日〕「其—孔有」朱傳。○—，大也。〔集韻·脂部〕○—，盛也。〔廣韻·脂部〕○—，盛貌。〔集韻·支部〕○治典不殺曰—。〔左傳莊公六年〕「鄧—侯曰吾甥也」洪詁引謚法。○—，姓。〔廣韻·脂部〕○——，衆多也。〔詩·七月〕「采蘩——」朱傳。又〔出車〕「采蘩——」陳疏。又〔集韻·之部〕。又〔漢書〕「虷日」雜志。○——，言賜予之衆多也。〔漢書·韋賢傳〕「厥賜——」補注引王念孫。○——，徐也。〔詩·大田〕「興雨——」朱傳。○——，舒遲貌。〔詩·采蘩〕「被之——」朱傳。○——，徐靚也。〔詩·韓奕〕「——如雲」朱傳。○—與遲聲同義通。〔詩·采蘩〕「被之——」陳疏。○〔說文定聲·卷一二〕—，假借為奔。〔詩·吉日〕「其—孔有」。○—者聲借之字。〔釋訓〕「——，徐也」郝疏。○—，讀如麎，為牝麋。〔詩·吉日〕「其—孔有」通釋。○—，亦當讀如五歲為慎之慎，謂獸之大者。〔同上〕通釋。○—與頎同。〔同上〕陳疏。○—，〔水經〕引作祈。〔左傳昭公二八年〕「分—氏之田」洪詁。○—奚，〔呂覽〕作祈奚。〔左傳成公一八年〕「—奚為中軍尉」洪詁。

綏 —，安也。〔詩·樛木〕「福履—之」朱傳。又〔南有嘉魚〕「嘉賓式燕—之」陳疏。又〔論語·子張〕「—之斯來」朱注。又〔同上〕劉正義。又〔廣韻·脂部〕。又〔周書〕「之不—于卹」雜志。○—者，安之舒也。〔廣雅·釋詁〕「—，舒也」疏證。○—，引申為凡安之偁。〔說文〕「—，車中靶也」段注。○—，卻也。〔左傳文公一二年〕「皆出戰交—」洪詁。○—當訓郤。〔左傳文公一二年〕「交—」疏證。○—，挽以上車之索也。〔論語·鄉黨〕「必正立執—」朱注。○〔通雅·卷二〕—，即胡綏。〔儀禮·既夕〕「茵者用荼實—澤焉」。○—，猶和也。〔詩·桓〕「—萬邦」陳疏。○—者，文貌。〔詩·韓奕〕「淑旂—章」述聞。○—之言遺，即詒也。〔詩·那〕「—我思成」通釋。○——，求匹之貌。〔詩·有狐〕「有狐——」朱傳。○——，獨行求匹之貌。〔詩·南山〕「雄狐——」朱傳。○——，即文章之貌。〔荀子·儒效〕「——兮其有文章也」述聞。○——，為舒行貌。〔詩·有狐〕「有狐——」通釋。○——，作夂夂，行遲貌。〔同上〕通釋。○——，安閒不迫之貌。〔同上〕後箋引〔續讀詩記〕。○——，為毛色舒散之貌。〔同上〕後箋引〔陸堂詩學〕。○—章，旐也。〔詩·韓奕〕「淑旂—章」集疏。○—然有文，故曰—章。〔同上〕述聞。○交—即是交退。〔左傳文公一二年〕「交—」疏證引俞樾。○秦晉兩退，故曰交—。〔史記·秦本紀〕「戰於河曲，大敗晉軍」志疑。○—通作退，又通作隤。〔釋詁〕「—，安也」郝疏。○綏與—古通用。〔書·康王之誥〕「—爾先公」述聞。○—，亦通作𡕢。〔同上〕述聞。○——，通作夂夂、隨隨。〔通雅·釋詁〕○〔說文定聲·卷一二〕—，假借為妥。〔釋詁〕「—，安也」。○〔同上〕—，假借為綏。〔禮記·明堂位〕「夏后氏之—」。○〔同上〕—，假借為夂。〔廣雅·釋詁〕「—，舒也」。○〔同上〕—，假借為退。〔左傳文公一二年〕「乃皆出戰交—」。○〔同上〕—，假借為蓑。〔儀禮·既夕禮〕「實—澤焉」。○〔同上〕—，假借為垂，實為巫。〔禮記·曲禮〕「國君—視」。○—者，蓑之段借字。〔說文〕「蓑，𦽊屬」段注。○—、綏、妥，多互用。〔通雅·疑始〕○—與退古同聲。〔左傳文公一二年〕「乃皆出戰交—」平議。○—、舒又一聲之轉。〔廣雅·釋詁〕「—，舒也」疏證。○—，讀為綏，綏，繼也。〔書·康王之誥〕「—爾先公之臣服于先王」述聞。○—，當讀為退。〔書·盤庚中〕「我先后—乃祖乃父」平議。○—，古讀如拖。〔詩·樛木〕「福履—之」陳疏。○——，讀為夂夂。〔詩·有狐〕「有狐——」陳疏。○—，當作綏。〔說文〕「𤝉，讀若—」段注。○—，當為綏。〔漢書·司馬相如傳〕「繆繞玉—」補注引沈欽韓。○—，俗字，當從〔說文〕為綏。〔書·文侯之命〕「永—在位」孫疏。○〔說文定聲·卷一二〕—，字亦作荾。〔閒居賦〕「蓼荾芬芳」。○〔淮南·道應〕繼作—。〔書·康王之誥〕「—爾先公」述聞。○〔特牲〕、〔少牢〕篇今文作—，古文作挼或作妥。〔說文〕「隋，裂肉也」段注。○——，齊作夂夂。〔詩·有狐〕「有狐——」集疏。○—彌，〔後漢〕因〔續志〕作安彌。〔漢書·地理志〕「—彌」補注。○——，韓作夂夂。〔詩·南山〕「雄狐——」集疏。

逵 —，九達之道。〔詩·兔罝〕「施于中—」朱傳。○—，九達，非九軌也。〔左傳宣公一二年〕「至於—路」疏證。○—，謂野涂也。〔詩·兔罝〕「施于中—」陳疏。○—，隱也。〔廣韻·脂部〕○馗、—同字。〔詩·兔罝〕「施于中—」陳疏。○—，或作馗。〔左傳宣公一二年〕「至于—路」洪詁。○—，韓作馗。〔詩·兔罝〕「施于中馗」集疏。

咿 —，喔—。〔廣韻·脂部〕

巇 —，—嶮。〔廣韻·支部〕○—與戲通。〔廣雅·釋詁〕「戲，衺也」疏證。

酏 —，酒也。〔廣韻·支部〕○—，飲粥稀者之清也。〔說文〕「—，黍酒也」段注引鄭玄。○薄曰—。〔本草·卷二五〕○—，或作酡。〔說文〕「賈侍中說—為鬻清」義證。

絺 —，細葛也。〔廣韻·脂部〕○葛細者曰—。〔說文〕「—，細葛也」段注。○精曰—。〔詩·葛覃〕「為—為綌」朱傳。○葛之精者曰—。〔論語·鄉黨〕「袗—綌」朱注。○凡繒薄細者皆稱—，即今方目紗之類。〔詩·君子偕老〕「蒙彼縐—」後箋引何楷。○結曰—。〔詩·葛覃〕「為—為綌」集疏引韓說。○—，姓也。〔通鑑·周紀一〕「—疵請使於齊」音注。○—城在河內縣西南。〔左傳隱公一一年〕「—樊」疏證引沈欽韓。○〔說文定聲·卷一二〕—，假借為希。〔虞書〕「—繡」。○〔說文定聲·卷六〕—者黹字。〔書·益稷〕「—繡」。〔「繡」下〕

羲 —，姓。〔廣韻·支部〕○—和者，帝俊之妻。〔文選·離騷經〕「吾令—和弭節兮」集釋引〔大荒南經〕。○日乘車，駕以六龍，—和御之。〔離騷〕「吾令—和弭節兮」補注引虞世南。○東南海外有—和之國，有女子名曰—和。〔同上〕補注引〔山海經〕。○—農，按佃漁始于伏—，火化始於神農，故緣之以發端。〔文選·羽獵賦〕「或稱丨農」補正引趙曦明。○丨、戲、施，聲並相近。〔廣雅·釋詁〕「丨、戲，施也」疏證。

羸　丨，瘦也。〔廣韻·支部〕○丨，瘦極也。〔慧琳音義·卷四〕引〔考聲〕。○丨，困弱也。〔說文〕「丨，瘦也」義證引〔急就篇〕顏注。○丨，劣也。〔大戴·千乘〕「丨醜以齒者」王詁。○丨，憊貌也。〔周書〕「瞿然以靜」雜志。○〔說文定聲·卷一○〕丨，本訓當為瘦羊，轉而言人耳。〔說文〕「丨，瘦也，从羊，羸聲」。○儽、儡、傫、丨，并字異而義同。〔淮南〕「然而不免於儡身」雜志。○羸、裸、羸、丨、倮、躶，並字異而義同。〔廣雅·釋詁〕「羸，袒也」雜志。○丨驕者，謂為富貴所累而生驕也。〔大戴·曾子制言〕「吾恐其丨驕也」王詁。○丨與纍、纍字通。〔國策〕「丨縢履蹻」札記。○丨讀為累，即纍絏之纍，古字通也。〔易·姤〕「丨豕孚蹢躅」李疏引陸注。○〔說文定聲·卷一○〕丨，假借為纍。〔易·姤〕「丨豕孚蹢躅」。○〔同上〕丨，假借為裸。〔左傳昭公元年〕注「而體丨露」。○丨，或作纍，或作虆，其意一也。〔說文〕「丨，瘦也」段注。○〔周易〕丨字皆以作纍者為正。〔易·大壯〕「丨其角」平議。○丨陵，〔後漢〕因〔續志〕作羸陵，〔晉書·地道記〕作羸陵。〔漢書·地理志〕「丨陵」補注。

胑　丨，體四丨手足也。〔說文〕「丨，體四丨也」義證引〔玉篇〕。○丨，或作𨈡，謂手足四丨也。〔慧琳音義·卷三九〕引顧野王。○丨，支也。〔說文〕「丨，體四丨也」繫傳。○丨，通作支。〔同上〕義證。○古者丨、枝字通用也。〔釋名·釋形體〕「丨，枝也」疏證。○丨，亦借支。〔說文〕「肢、丨或從支」句讀。○〔說文定聲·卷一一〕丨，以支為之。〔易·文言〕「暢于四支」。○〔同上〕丨，以枝為之。〔孟子〕「為長者折枝」。○丨同肢。〔廣韻·支部〕

騏　青黑曰丨。〔詩·駉〕「有騂有丨」朱傳。○丨，馬之青黑色者。〔詩·鳲鳩〕「其弁伊丨」朱傳。○〔說文定聲·卷五〕丨，即大宛之天馬。〔子虛賦〕「射游丨」。○〔同上〕丨，謂蒼綦色也。〔詩·駉〕「有騂有丨」。○〔同上〕丨，謂綦文也。〔詩·小戎〕「駕我丨馵」。○不有角者名丨。〔文選·子虛賦〕「射游丨」集釋。○丨驥，良馬，喻賢才也。〔楚辭·九辯〕「卻丨驥而不乘兮」補注引五臣。○〔說文定聲·卷五〕丨，假借為綦。〔書·顧命〕「四人丨弁」。○古多叚丨為綦。〔說文〕「丨，馬青驪文如綦也」段注。○〔說文定聲·卷五〕丨，假借為麒。〔論衡·講瑞〕「丨驎，獸之聖者也」。○丨，或作騹。〔廣雅·釋獸〕「丨驎」疏證。○丨字亦作騹，丨、騹雙聲。〔說文定聲·卷五〕。

訾　丨，不思稱意也。〔國策·趙策一〕「丨然使趙王悟而知文」鮑注。○丨，一曰不思稱意也。〔集韻·支部〕○丨，言不思稱事之意也。〔說文〕「丨，不思稱意也」繫傳。○丨，不稱意也。〔國策·齊策三〕「丨天下之主有侵君者」鮑注。○丨，量也。〔漢書·王莽傳〕「復丨民取其十四」補注引王先慎。○丨，量也。〔荀子·非十二子〕「離縱而跂丨者也」集解引郝懿行。又〔韓子·亡徵〕「心悁忿而不丨前後者」集解。又〔慧琳音義·卷五五〕。○丨，思也。〔廣韻·支部〕又〔慧琳音義·卷五五〕。又〔集韻·支部〕。○丨，訓思也。〔荀子·非十二子〕「離縱而跂丨者也」集解引郝懿行。○丨，譽也。〔慧琳音義·卷一二〕引〔考聲〕。○丨，毀也。〔大戴·曾子本孝〕「不苟丨」王詁。又〔禮記·少儀〕「不丨重器」集解。又〔韓子·外儲說右下〕「丨之人二甲」集解引舊注。又〔集韻·支部〕。○丨，罵詈也。〔慧琳音義·卷一〕引〔韻英〕。○丨，罰之也。〔韓子·外儲說右下〕「丨之人二甲」集解引舊注。○丨，為何也。〔方言一○〕「丨，何也」箋疏。○量財貨曰丨。〔韓子·外儲說右下〕「丨之人二甲」集解。○量民之貧富亦曰丨。〔同上〕○丨，猶歎也。〔呂覽·報更〕「客或不遇」校正。○丨，猶計度也。〔禮記·少儀〕「不丨重器」集解引朱熹。○丨，姓。〔廣韻·支韻〕○怨丨，即怨咨，古字通。〔釋詁〕「嗟，蹉也」郝疏。○丨郎，猶今擇有身家之人。〔漢書·司馬相如傳〕「以丨為郎」補注引何焯。○無丨省，若今言諸事不理，漫無思省。〔漢書·膠西于王傳〕「遂為無丨省」補注。○丨、疵、呰古字皆通用。〔管子·入國〕「庸人丨厲」義證。○〔說文定聲·卷一二〕丨，叚借為資、貲。〔列子·力命〕「丨兄弟也」。○〔同上〕丨，叚借為疵。〔禮記·檀弓〕「亦非禮之丨也」。○〔同上〕丨，叚借為咨。〔齊語〕「丨相其質」。○〔同上〕丨，叚借為次。〔管子·君臣〕「吏嗇夫盡有丨程事律」。○〔同上〕丨，叚借為嗇。〔漢書·禮樂志〕「郊祀歌，丨黃其何不徠下」。○〔同上〕丨，叚借發聲之詞。〔方言一○〕「丨，何也」○丨、資同，所資所養也。〔國策·齊策四〕「丨養千鍾」鮑注。○丨，當作飺。〔管子·形勢〕「丨食者」義證。○丨，或書作䛗。〔集韻·支部〕○丨，亦書作訿。〔同上〕○丨，韓非作嘻。〔呂覽·權勳〕「子反叱曰丨」校正。○無丨，〔莊子·山木〕作無譽、無疵。〔呂覽·必己〕「無訝無丨」校正。○取丨，〔公羊傳〕作取叢。〔左傳僖公三三年經〕「公伐邾取丨婁」疏證。○丨乃譬之誤。〔晏子〕「丨猶倮而高橛者也」平議。

獅　丨，犬生二子。〔廣韻·脂部〕又〔集韻·脂部〕。○丨為百獸長，故謂之丨。〔本草·卷五一〕○丨，或省通作師。〔集韻·脂部〕

奇　丨，不偶也。〔廣韻·支部〕○丨，一也。〔公羊傳僖公三三年〕注「隻，踦也」陳疏。○丨，餘也。〔韓子·十過〕「遺有丨人者」集解引舊注。○丨，零也。〔禮記·投壺〕「一算為丨」集解。○丨，虧也。〔廣韻·支部〕○丨者，對偶之稱。〔義府·卷下〕○凡單數皆謂之丨。〔公羊傳僖公三三年〕陳疏。○偶為吉，丨為凶。〔義府·卷下〕○〔說文定聲·卷一○〕丨，先屈一膝，即所謂雅拜也。〔周禮·大祝〕「七曰丨𢷾」。○丨拜者，一拜也。〔說文〕「𢷾，首至手也」段注。○依丨，即依倚也。〔管子〕「綸理」雜志。○丨，通作觭。〔說文〕「丨，一曰不耦」義證。○〔說文定聲·卷一○〕丨，假借為踦。〔說文〕「丨，一曰不耦」。○〔同上〕丨，假借為觭。〔漢書·李廣傳〕「以為李廣數丨」。○畸、踦、丨三字並居宜切，其義同也。〔廣雅·釋詁〕「踦，盈也」雜志。○丨，讀如丨耦之丨。〔左傳閔公二年〕「尨丨無常」疏證引沈欽韓。○丨，讀為丨耦之丨。〔方言二〕「倚，丨也」疏證。○丨，

當音丨偶之丨，單也，獨也。〔義府・卷下〕

**嗤** 丨，笑也。〔廣韻・之部〕又〔慧琳音義・卷七〕引〔考聲〕。又〔通鑑・陳紀九〕「皆丨之」音注。○丨，戲笑也。〔慧琳音義・卷七〕引〔字書〕。○丨丨，志意和悦也。〔詩・氓〕「氓之丨丨」集疏引韓説。

**𣬉** 丨，臍也。〔集韻・齊部〕○〔説文定聲・卷一二〕丨，猶言遼旦。〔方言一二〕「丨，曉、明也」。○（同上）丨，假借為比。〔莊子・在宥〕「人大喜耶丨于陽」。○（同上）丨，假借為秕。〔方言一三〕「丨，緣、廢也」。○（同上）丨，假借為餅。〔詩・節南山〕「天下是丨」。○（同上）丨，假借為剝。〔釋詁〕「丨劉，暴樂也」。○丨，〔急就篇〕作膍，丨字段借用之。〔説文〕「丨，丨臍，人臍也」段注。

**毗** 丨，輔。〔詩・節南山〕「天子是丨」朱傳。○丨，附也。〔詩・板〕「無為夸丨」朱傳。○丨顊，瀌也。〔廣雅・釋詁〕疏證。○木之稀疎曰丨劉。〔詩・桑柔〕「捋采其劉」通釋。○丨，借作埤，或借作膍，厚也。〔詩・節南山〕後箋。○丨，同𣬉。〔廣韻・脂部〕○丨即𣬉字。〔説文〕「膍，牛百葉也」段注。○丨乃𣬉之隸變。〔詩・節南山〕「天子是丨」陳疏。○丨，魯作痺。（同上）集疏。○丨，輔，字本作仳。〔説文〕「丨，人臍也」繫傳。

**毘** 丨，即𣬉字。〔説文〕「膍，牛百葉也」繫傳。

**咨** 丨，謀也。〔廣韻・脂部〕○丨，問也。〔廣雅・釋詁〕疏證。○丨，訓問也。〔説文〕「嗞，嗟也」繫傳。○丨，嗟也。〔詩・蕩〕「文王曰丨」朱傳。又〔廣韻・脂部〕。○丨，嗟歎聲。〔論語・堯曰〕「丨，爾舜」朱注。○其平行文移曰丨，曰手本，亦曰關，曰牒，曰照會。〔通雅・書札〕○丨諏，訪問也。〔詩・皇皇者華〕「周爰丨諏」朱傳。○丨，通作諮。〔釋詁〕「丨，謀也」郝疏。○丨、資古通用。〔廣雅・釋詁〕「丨，問也」疏證。○丨與茲音近字通。〔釋詁〕「丨，此也」郝疏。○〔説文定聲・卷一二〕丨，假借為此。〔釋詁〕「丨，此也」。○（同上）丨，假借為嗞、為𧮰。〔書・堯典〕「帝曰丨」。○丨者，嗞之段音也。〔釋詁〕「丨，䀿也」郝疏。○丨，讀為嗞。〔詩・蕩〕「文王曰丨」陳疏。○丨與茲同。〔釋詁〕「丨，此也」鄭注。○丨，當為嗞。〔説文〕「謎，丨也」義證。○丨，字或作諮。〔説文〕「謀事曰丨」義證。

**諮** 丨，丨謀。〔廣韻・脂部〕○丨，謀也。〔左傳桓公六年〕「紀來丨謀齊難也」疏證。○丨，俗字，當如〔詩〕作咨。（同上）疏證。

**墮** 敗城邑曰丨。〔國策・秦策一〕「攻城丨邑」鮑注。○丨，敗也。〔公羊傳僖公二一年〕「自我丨之」陳疏。○丨，廢也。〔大戴・盛德〕「無度量則小者偷丨」王詁。○丨，毀壞之義。〔左傳昭公四年〕「寡君將丨幣焉」洪詁。○毀他物亦曰丨。〔説文〕「隓，敗城𨸏曰隓」義證。○丨，引申為凡阤壞之偁。（同上）段注。○丨與隋通。〔漢書・鄒陽傳〕「丨肝膽」補注引沈曾植。○〔説文定聲・卷一〇〕丨，段借為隋。〔儀禮・士虞禮〕「祝命佐食丨祭」。○（同上）丨，段借為嶞。〔爾雅〕「巒，山丨」。○（同上）丨，段借為鼓。〔左傳昭公四年〕「寡君將丨幣焉」。○丨，段借為輸。〔説文定聲・卷一〇〕○丨，同隓。〔廣韻・支部〕○丨與隳同。〔通鑑・周紀四〕「丨先王之名」音注。○丨作隳。〔書・益稷〕「萬事丨哉」孫疏。

**隳** 丨，毀也。〔韓子・八姦〕「有功者丨而簡其業」集解引舊注。○丨顛，即禿頂。〔墨子・脩身〕「華髮丨顛」閒詁引畢沅。○丨字當為墮。（同上）閒詁引畢沅。○丨，或本為墮也。〔韓子・八姦〕「有功者丨而簡其業」集解引舊注。○丨，〔月令〕作墮。〔呂覽・孟夏〕「無有壞丨」校正。○丨，俗隓字。〔廣韻・支部〕○丨，即墮之俗字。〔詩・蘀兮〕「蘀兮蘀兮」後箋引顧炎武。

**隓** 丨，小篆作𡐦，隸變作墮，俗作隳。〔説文〕「敗城𨸏曰丨」段注。○丨，字亦以捼、以綏為之。〔説文定聲・卷一〇〕○丨，俗字亦作隳。（同上）

**萁** 丨，豆丨。〔廣韻・之部〕○丨，菜似蕨。（同上）○丨，莖也。〔禮記・曲禮〕「梁曰薌丨」集解。○莖曰丨。〔本草・卷二四〕○豆莖謂之丨，箭莖謂之綦，聲義並同。〔廣雅・釋草〕「衛，箭也」疏證。○〔説文定聲・卷五〕丨，假借為綦，青黑色。〔漢書・五行志〕「檿弧丨服」。○（同上）丨，假借助語之詞。〔禮記・曲禮〕「梁曰薌丨」。○丨與綦同。〔廣雅・釋草〕「茈綦，蕨也」疏證。○丨，或作萁。〔説文〕「丨，豆莖也」義證。○〔説文定聲・卷五〕丨，字亦作萁。〔孫子・作戰〕「萁秆一石」。

**䫏** 丨，同其。〔廣韻・之部〕

**其** 丨，辝也。〔廣韻・之部〕○丨，語辭。〔詩・庭燎〕「夜如何丨」朱傳。○丨，語助。〔詩・緑衣〕「曷維丨已」集疏。○〔釋詞〕丨，語助也。〔書・召誥〕「不丨延」。○丨，句中語助。〔詩・緑衣〕「曷維丨已」陳疏。○〔釋詞〕丨，問詞之助也。〔詩・庭燎〕「夜如何丨」。○（同上）丨，狀事之詞也。〔詩・擊鼓〕「擊鼓丨鏜」。○（同上）丨，擬議之詞也。〔禮記・聘禮〕「君丨以賜乎」。○丨，更端之詞也。〔書・無逸〕「丨在高宗」釋詞。○丨，未定之辭也。〔詩・擊鼓〕「爰喪丨馬」後箋引嚴粲。○丨者，將然之辭。〔左傳僖公二四年〕疏證引王念孫。○丨者，冀其將然之辭。〔詩・伯兮〕「丨雨丨雨」朱傳。○〔釋詞〕丨，猶殆也。〔禮記・禮弓〕「吾今日丨庶幾乎」。○（同上）丨，猶將也。〔書・皋陶謨〕「天工人丨代之」。○（同上）丨，猶尚也。〔書・益稷〕「帝丨念哉」。○（同上）丨，猶若也。〔詩・小旻〕「謀之丨臧」釋詞。○（同上）丨，猶乃也。〔書・堯典〕「下民丨咨」。○（同上）丨，猶之也。〔書・盤庚〕「不丨或稽」。○（同上）丨，猶寧也。〔書・盤庚〕「丨猶可撲滅乎」。○（同上）丨，猶庶幾也。〔詩・伯兮〕「丨雨丨雨」。○丨，同荀卿書之綦，猶極也。〔説文・叙〕「庶業丨緐」段注。○丨，姓。〔廣韻・之部〕○丨，諸，語辭也。〔論語・學而〕「丨諸異乎人之求之與」朱注。○丨，諸，亦擬議之詞也。（同上）釋詞。○丨，與，語詞，猶曰丨諸。〔左傳昭公一七年〕「丨與不然乎」洪詁引邵氏。○丨丨，當為期期。〔漢書・周昌傳」「然臣心知丨丨不可」補注。○丨跳，踦跳也。〔通雅・身體〕○不丨，邑名，在琅邪。〔廣韻・之部〕○古丨、基通用。〔説文〕「祺，吉也」段注。○丨、綦古字通。〔廣雅・釋詁〕「綦，蹇也」疏證。○古丨、維通。〔詩・伯兮〕「丨雨丨雨」陳疏。○丨作既者，經典字通。〔書・禹貢〕孫疏。○丨，當作期。〔國策・燕策二〕「丨於成事而已」補注。○〔説文定聲・卷五〕丨，叚借為期。〔易・繫辭〕「死丨將至」。○（同上）丨，叚借為綦。〔鄭語〕「檿弧箕服」。○（同上）丨，叚借為基。〔禮記・孔子閒居〕「夙夜丨命宥密」。○（同上）丨，叚借為荄。〔易・明夷〕「箕子之明夷」。○（同上）丨，叚借助語之詞。〔廣雅・釋詁〕「丨，詞也」。○丨，讀為朞。〔晏子〕「丨年」雜志。又〔管子・輕重〕「闔丨年」平議。○丨與綦同音。〔左傳文公二年〕「於是夏公弗忌爲宗伯」疏證引惠棟。○丨，同期。〔墨子・非儒下〕「死喪之丨」閒詁引畢沅。○丨與期同。〔漢書〕「丨」雜志。○丨，當作期。〔淮南・人間〕「至丨日之夜」平議。○丨，或作期。〔詩・頍弁〕「實維何期」釋詞。○官本注丨作期。〔漢書・匈奴傳〕「咸約絶幕擊匈奴」補注。○丨，或作居。〔禮記・檀弓〕「何居」釋詞。○丨，甚字。〔墨子・楠梯〕「子墨子丨哀之」閒詁引畢沅。○丨，當作甚。〔墨子・兼愛下〕「故約食為丨難為也」平議。○服虔丨作甚。〔左傳僖公五年〕「丨愛之也」疏證。○丨本作有。〔漢書・地理志〕「而丨剛柔緩急」補注引王念孫。○丨，當作奇。〔漢書・大宛國傳〕「抵宛西諸國求丨物」補注引錢大昭。○注疏本丨作而。〔左傳僖公二一年〕「丨何繼之有」疏證。○官本注下丨作具。〔漢書・高帝紀〕「收私丨財」補注。○古期字省作丨。〔左傳文公二年〕「於是夏公弗忌爲宗伯」疏證引惠棟。○古基字省作丨。（同上）○〔天官書〕丨字並作旗。〔漢書・天文志〕「視丨所指，以名破軍」補注。○丨字當依〔史記〕作莫。〔漢書・文帝紀〕「宗室將相王列侯以為丨宜寡人」補注引王念孫。○凡〔禹貢〕厥字，史公皆以丨字代之。〔史記〕「厥田斥鹵」雜志。○豈丨，〔家語〕作豈期。〔左傳昭公二二年〕「豈丨辱於乾谿」洪詁。○安丨生，〔史記〕、〔漢紀〕作安期生。〔漢書・蒯通傳〕「通善齊人安丨生」補注。○丨字無義，當為及。〔漢書・郊祀志〕「丨河加有嘗醪」補注。○丨，當為某。〔墨子・非儒下〕「曰唯丨未之學也」閒詁。○具、丨形誤。〔管子・兵法〕「四禍丨國而無不危矣」平議。○丨乃是字之誤。〔穀梁傳文公九年〕「丨不葬之辭也」平議。○丨，而字之譌。〔荀子・性惡〕「同於衆丨不異於衆者」集解引俞樾。○丨，當是甚字之誤。〔荀子・儒效〕「丨愚陋溝瞀」集解引王念孫。○丨字，冥字之訛。〔漢書・地理志〕「西北入丨澤」補注引王念孫。○丨，當為甚之殘字。〔韓子・初見秦〕「此丨大功也」集解。○丨字，當為甚之殘闕字。〔韓子・安危〕「聞古扁鵲之治丨病也」集解。○丨，古文箕。〔説文〕「丌，下基也，讀若箕」句讀。

**丌**

丨者，上平而有足。〔説文定聲・卷五〕○丨，丨薦而進之也，進之於上也。〔説文〕「辺，古之遒人以木鐸記詩言」繫傳。○丨，古多用為今渠之切之其。〔説文〕「丌，下基也」段注。○丨，古其字。〔史記・周本紀〕「日夜勞來定我西土」志疑。又〔墨子〕「高磨𧘂」雜志。又〔説文〕「期，會也」繫傳。又〔説文〕「箕，簸也」義證引〔班馬字類〕。○丨字亦作六，墨子書其字多作六。〔説文〕「丨，下基也」段注。

**醨**

丨，酒薄。〔廣韻・支部〕○薄為丨。〔説文〕「丨，薄酒也」段注。○薄曰丨。〔本草・卷二五〕○丨為薄。〔説文定聲・卷一〇〕○丨，俗作漓。（同上）

**粢**

丨，稷也，稷曰明丨。〔禮記・郊特牲〕「丘乘共丨盛」集解。○丨是稷之別名。〔左傳桓公二年〕「丨食不鑿」疏證。○諸穀皆名丨也。（同上）疏證。○黍稷曰丨。〔大戴・本命〕「為其不可與共丨盛也」王詁。又〔孟子・滕文公下〕「以供丨盛」朱注。○單糯粉作者曰丨。〔本草・卷二五〕○丨，祭飯。〔廣韻・脂部〕○丨與糲，皆食之粗者。〔史記〕「糲粱」雜志。○丨食、稷食、疏食，異名而同實也。（同上）○丨，或借為齍盛之齍也。〔説文〕「資，稻餅也」繫傳。○丨，當為粢。〔説文〕「稷，齋也」義證。○丨，當為齍。〔墨子・貴義〕「爲酒醴丨盛」閒詁引畢沅。○齍、粢，古今字也。〔孟子・滕文公下〕「丨盛不絜」焦正義。○丨盛之字作齍。〔墨子・法儀〕「絜為酒醴丨盛」閒詁引畢沅。○丨盛，禹廟殘碑作資盛。〔左傳桓公六年〕「丨盛豐備」疏證引惠士奇。○凡經典言丨盛，皆粢盛之誤。（同上）疏證引〔校勘記〕。

**齋**

丨，同粢。〔廣韻・脂部〕○丨、齍、粢三字古通用。〔左傳桓公六年〕「粢盛豐備」疏證引〔校勘記〕。

**睢**

丨，水名，在梁郡。〔廣韻・脂部〕○丨，梁宋水名。〔説文〕「丨，仰目也」繫傳。○〔説文定聲・卷九〕丨，水名，在今河南歸德府，字亦作濉。〔左傳成公一五年〕「出舍于丨上」。（「鴟」下）○濉同丨。〔廣韻・脂部〕○丨，仰目。〔國策・燕策一〕「若恣丨奮擊」鮑注。○丨，仰目也。〔廣韻・支部〕○丨，眄也。〔説文〕「丨，仰目也」繫傳。○丨盱，視皃。〔廣韻・脂部〕又〔説文〕「丨，仰目也」義證引〔玉篇〕。○丨矆，大視也。〔慧琳音義・卷一六〕引〔聲類〕。○丨丨，元氣貌。〔集韻・齊部〕○凡目周章曰丨丨。〔通雅・釋詁〕○丨盱，驚速之貌。〔慧琳音義・卷一六〕引顧野王。○〔説文定聲・卷一二〕丨刺，猶乖戾。〔南都賦〕「方今天地之丨刺」。○〔通雅〕丨刺，戾亂也。〔南都賦〕「方今天地之丨刺」。

**蠡**

蟲之食木曰丨也。〔説文〕「丨，蟲齧木中也」段注。○〔説文定聲・卷一二〕一匏劈為二，故曰丨。〔漢書・東方朔傳〕「以丨測海」。○半破瓢以酌水為丨。〔説文〕「瓢，丨也」繫傳。○蠡即丨，本螺類，亦訓分別。〔方言五〕「蠡，瓠勺也」箋疏。○今人以器物用久而剥落者為丨。〔通雅・樂器〕引〔洞天清録〕。○丨之言劈也。〔説文〕「丨，蟲齧木中也」段注。○丨丨，猶歷歷，行列貌也。〔楚辭・惜賢〕「覽芷圃之丨丨」王注。○丨丨，欲絶之貌。〔説文〕「丨，蟲齧木中也」段注引〔孟子〕趙注。○丨升，瓢丨之受一升者，猶今人言勺、升耳。〔説文〕「瓢，丨也」義證引〔急就篇〕顔注。○丨與螺通。〔荀子〕「忽兮其極之遠也」雜志。○丨，通作劙、攭。〔方言六〕「丨，分也」箋疏。○丨、離，古皆與劙通。（同上）疏證。○蠡、丨古通用，亦作蠡。〔方言五〕「蠡，陳楚宋魏之間或謂之簞」疏證。○〔説文定聲・卷一二〕丨，叚借為羅。〔尚書考靈曜〕「取六項加三旁丨順餘之」。○丨，或借為蠃蚌字。〔說文〕「丨，蟲齧木中也」段注。〇丨，或借為瓢蠡字。（同上）〇丨丨，又借為禾黍離離字。（同上）〇〔說文定聲·卷一〇〕丨，俗作瘵。〔左傳桓公六年〕「謂其不疾瘯丨也」。（「痤」下）

**噫** 丨，是歎聲。〔論語·子路〕「丨，斗筲之人」劉正義。〇丨，謂歎傷之聲。〔慧琳音義·卷五七〕〇丨，傷痛聲。〔論語·先進〕「丨，天喪予」朱注。〇丨，痛傷之聲。（同上）劉正義。〇丨，恨辭也，痛傷之聲也。〔慧琳音義·卷六六〕引〔文字典說〕。〇丨，有所痛傷之聲。〔說文〕「丨，飽出息也」段注。〇丨，恨聲。〔廣韻·之部〕〇丨，心不平聲。〔論語·子路〕「丨，斗筲之人」朱注。〇丨，憶也。〔續音義·卷四〕引〔切韻〕。〇對應聲曰丨，比如然諾。〔說文〕「噫，語聲也」義證引〔魏志·倭人傳〕。〇丨、意、懿、抑，並字異而義同。〔釋詞·卷四〕〇丨嘻，歎聲也。〔通雅·疑始〕〇丨嘻，亦歎辭也。〔詩·噫嘻〕「丨嘻成王」朱傳。〇丨嘻，猶丨歆，祝神之聲。（同上）集疏引戴震。〇〔說文定聲·卷五〕丨亦，與今所用抑亦字同。〔易·繫詞〕「丨亦要存亡吉凶」。〇（同上）丨，段借為意。〔易·震〕「丨喪貝」。〇（同上）丨，段借發聲之詞。〔書·金縢〕「信丨公命」。〇丨，當作意。〔法言·五百〕「丨者吾於觀庸邪」平議。〇丨，字亦作譩。〔說文定聲·卷五〕〇丨，字亦作讛。（同上）〇丨，字亦作餩。（同上）

**騅** 丨，馬蒼白雜毛。〔廣韻·脂部〕〇蒼白雜毛曰丨。〔詩·駉〕「有丨有駓」朱傳。〇丨者，蒼白色也。〔說文〕「緂，帛丨色也」段注。〇丨，蘆雛色。〔說文〕「丨，馬蒼黑雜毛」繫傳。〇丨，姓。〔廣韻·脂部〕〇丨色，謂其蒼黑雜色也。〔通雅·諺原〕〇丨，各本作雛。〔說文〕「⿱艹剡，萑之初生，一曰薍，一曰丨」段注。〇丨，〔古今人表〕作駐。〔左傳莊公六年〕「丨甥、聃甥、養甥請殺楚子」洪詁。〇〔說文定聲·卷一二〕丨，當為萑之誤字，萑誤作隹，因又誤借丨也。〔釋言〕「菼，丨也」。

**馗** 丨，義與頯相近。〔廣雅·釋詁〕「頯，厚也」疏證。〇鍾丨，俗以辟惡。〔廣韻·脂部〕〇〔說文定聲·卷六〕中丨，猶終葵也。〔釋草〕「中丨」。〇中丨，丨中，九交之道也。〔詩·兔罝〕「施于中丨」集疏引韓說。〇丨，音逵。〔釋草〕「中丨，菌」鄭注。〇丨，古音如求。〔說文〕「丨，九逵道也」段注。〇〔說文定聲·卷六〕龜、丨、高一聲之轉。〔說文〕「丨，九達道」。〇或曰丨字當為頯之或體。〔說文定聲·卷六〕〇丨，或作逵。〔說文〕「宍，菌宍，地蕈」義證。〇丨，〔玉篇〕有古文作旭。〔說文〕「丨，九達道也」義證。

**菑** 田一歲曰丨。〔詩·采芑〕「于此丨畝」朱傳。〇丨，从草田，是田之危也。〔釋詁〕「烖，危也」郝疏。〇丨謂始墾之而菑殺其草木也。〔禮記·坊記〕「不丨畬」集疏。〇〔說文定聲·卷五〕凡植物于地中謂之丨。〔考工·輪人〕「察其丨爪不齵」。〇凡入之深而植立者皆曰丨。〔說文〕「丨，不耕田也」段注。〇丨者植立之意。〔荀子·修身〕「丨然必以自惡也」集解引王念孫。〇丨者植立之貌。〔荀子·非相〕「身如斷丨」集解引郝懿行。〇丨之言傳也。〔廣雅·釋地〕「⿰耒甾，耕也」疏證。〇丨之言傳也，插也。〔春秋名字解詁〕「郗公子丨，字捷」述聞。〇立死丨。〔詩·皇矣〕「其丨其翳」集疏引魯說。〇丨，木脂膏久而敗故立死。〔說文定聲·卷五〕〇（同上）丨，以巛為訓。〔釋木〕李注「以當死害生曰丨」。〇甾、丨、孽、櫱，並通。〔廣雅·釋言〕「櫱，丨也」疏證。〇丨與廁、側古書俱相通借。〔釋詁〕「烖，危也」郝疏。〇〔說文定聲·卷五〕丨，段借為巛。〔荀子·脩身〕「丨然必以自惡也」。〇（同上）丨，段借為才。〔廣雅·釋草〕「甾，孽也」。〇（同上）丨，段借為堋。〔公羊傳昭公二五年〕「以人為丨」。〇（同上）丨，段借為淬。〔周禮·職方氏〕「其浸丨時」。〇（同上）丨，段借為數、為植。〔考工·輪人〕「察其丨爪不齵」。〇丨，又假為烖害字。〔說文〕「丨，不耕田也」段注。〇丨、巛字之假音。〔墨子·尚同上〕「則丨猶未去也」閒詁引畢沅。〇丨，音緇。〔詩·采芑〕「于此丨畝」朱傳。〇丨、淄同。〔國策·齊策六〕「過丨水」鮑注。〇丨，古災字。〔大學〕「丨必逮夫身」朱注。〇丨，或譌為蕃。〔說文〕「天火曰烖」段注。

**葍** 丨，同菑。〔廣韻·之部〕〇丨，當作菑。〔漢書·揚雄傳〕「灑沈丨於豁瀆兮」補注引錢大昭。

**⿰耒甾** 丨，耕也。〔廣韻·之部〕〇丨，本作菑。〔廣雅·釋地〕「丨，耕也」疏證。

**輜** 車重曰丨，輕曰軿。〔說文〕「軿，丨車也」義證引〔洪武正韻〕。〇丨之言載也。〔說文〕「丨，丨軿，衣車也」段注。〇丨車者，衣車也。〔說文〕「庚，丨車旁推户也」段注。〇有蔽之車曰丨軿。〔通雅·卷三五〕

**褵** 丨，衣帶也。〔廣韻·支部〕引〔玉篇〕。

**縭** 丨，〔周禮〕所謂繶約，字亦作褵。〔說文定聲·卷一〇〕〇丨，蓋即〔周禮〕之繶約。〔說文〕「丨，以絲介履也」段注。〇丨，帶也。〔詩·東山〕「親結其丨」集疏引韓說。〇丨，婦人之褘也。（同上）朱傳。〇丨，婦人香纓。〔廣韻·支部〕〇〔說文定聲·卷一〇〕丨，以離為之。〔漢書·外戚傳〕「申佩離以自思」。

**邳** 丨，即薛國。〔史記·楚世家〕「鄒、費、郯、丨者」志疑。〇丨，姓。〔廣韻·脂部〕〇下丨，縣名，在泗州。（同上）〇〔說文定聲·卷五〕丨，假借為丕。〔景福殿賦〕「櫺檻丨張」。〇（同上）丨，假借為陪。〔史記·夏本紀〕「至于大丨」。

**錡** 丨，釜屬。〔廣韻·支部〕又〔詩·采蘋〕「維丨及釜」朱傳。〇有足曰丨。（同上）朱傳。又〔通雅·古器〕。〇丨，鑿屬。〔詩·破斧〕「又缺我丨」朱傳。〇丨，亦謂之鉏鋙。〔說文定聲·卷一〇〕〇〔說文定聲·卷九〕鑿屬之丨，借為齮，丨釜之丨，本字。〔說文〕「丨，鉏鋙也」。（「⿰金卸」下）

**胝** 丨，皮厚也，俗作瓬。〔廣韻·脂部〕〇丨，繭也。〔說文〕「丨，腄也」義證引〔三蒼解詁〕。〇丨，一曰繭也，或作疷、跃、蹎。〔集韻·脂部〕〇〔通雅·

卷一八〕丨腸，腄厚也。〔素問〕「多食酸，則內丨腸」。○丨，音支。〔國策・宋衛策〕「百舍重繭」補注。疷同丨。〔廣韻・脂部〕

**綏** 丨，丨纓。〔廣韻・脂部〕○丨，冠纓也。〔慧琳音義・卷七〕引〔玉篇〕。○丨，纓之垂者。〔禮記・玉藻〕「緇布冠繢丨」集解。又〔說文定聲・卷一二〕。○丨，冠上飾也。〔詩・南山〕「冠丨雙止」朱傳。○丨，纓之飾也。〔說文〕「䌟，丨也」繫傳。○丨者，結纓而垂其餘以為飾也。〔禮記・郊特牲〕「非時人丨也」集解。○丨，散而下垂謂之丨也。〔說文〕「丨，系冠纓也」義證引〔五音集韻〕。○冠纓結於頤下，而垂其餘以為飾謂之丨。〔禮記・檀弓〕「喪冠不丨」集解。○〔說文定聲・卷一二〕丨，婦人蔽膝之系也。〔釋器〕「縭，丨也」。○引申凡垂者謂之丨。〔說文〕「䌟，丨也」段注。○引申之為旌旂之丨。〔說文〕「丨，系冠纓𠂹者」段注。○〔說文定聲・卷一二〕丨，謂維舟之小索。〔釋水〕「縭，丨也」。○禮家丨與蕤通用。〔說文〕「甤，艸木實甤甤也」段注。○丨，通作蕤，亦通作綏。〔釋詁〕「丨，繼也」述聞。○蕤、綏俱丨之叚借也。〔釋詁〕「丨，繼也」郝疏。○古字或作蕤，或叚綏為之。〔說文〕「丨，系冠纓𠂹者」段注。○從委之字多變為妥，〔明堂位〕凡丨皆作綏。〔說文〕「餧，飢也」義證。○丨，〔明堂位〕、〔樂記〕以綏為之。〔說文定聲・卷一二〕

**鰭** 丨，魚脊上骨。〔廣韻・脂部〕又〔集韻・脂部〕○丨在魚之背，立而上見駝背，人似之。〔荀子・非相〕「身如植丨」集解引郝懿行。○丨與鮨通。〔文選・七發〕集釋。○丨亦耆之今字。〔說文〕「鬐，龍耆脊上鬐鬐也」段注。

**栭** 丨，今欂盧也。〔周書〕「復格」雜志引李巡。○笮也，榕也，丨也，芝丨也，栟也，欂櫨也，六者一物也。(同上)雜志。○丨，一曰梁上柱也。〔廣韻・之部〕○〔爾雅〕丨即楶也。〔說文〕「丨，屋枅上標」繫傳。○在木曰丨。〔說文〕「萸，木耳也」義證引〔六書故〕。○丨，木名，似栗而小。〔廣韻・之部〕○小栗謂之丨。〔廣雅・釋獸〕「麜、麛也」疏證。○字書小栗為丨栗。〔說文〕「丨，屋枅上標」繫傳。○〔說文定聲・卷五〕丨，假借為而。〔禮記・內則〕「芝丨蔆椇」。○(同上)丨，假借為橪、為樲，即酸棗也。〔禮記・內則〕「芝丨」。○丨即萸字也。〔說文〕「萸，木耳也」段注。○丨，字或作檽。〔說文〕「丨，屋枅上標也」義證。又(同上)句讀。

**迆** 丨，逶迆。〔廣韻・支部〕○迤、丨、施、陁，並字異而義同。〔廣雅・釋詁〕「迤，衺也」疏證。○移與丨，古亦同聲。(同上)

**蛇** 丨丨，安舒貌。〔詩・巧言〕「丨丨碩言」朱傳。○螮丨，莊子所謂紫衣而朱冠。〔廣韻・支部〕○丨丘，縣名。(同上)○丨丨，即訑訑之假借，蓋大言欺世之貌。〔詩・巧言〕「丨丨碩言」通釋。○丨丨，詑詑之借字。(同上)集疏。○丨，本當作訑。(同上)後箋。○魯丨丨一作虵虵。(同上)集疏。

**虵** 丨，俗蛇字。〔廣韻・支部〕

**陴** 丨，裨也。〔說文〕「丨，城上女牆」段注。○丨，城上女牆也。〔廣韻・支部〕○丨者，城上辟兒也。〔左傳宣公一二年〕「守丨者皆哭」疏證引〔御覽〕。○丨，猶瀕也。〔廣雅・釋詁〕「丨，厓也」疏證。○〔說文定聲・卷一一〕丨，假借為髀。〔呂覽・明理〕「有鬼投其丨」。○丨，城上，為短墻，有孔穴，可以窺視城外，亦曰堞，曰俾倪，亦作埤堄、僻倪、睥睨，皆疊韻連語。〔說文定聲・卷一二〕○丨，賈注作埤。〔左傳宣公一二年〕「守丨者皆哭」疏證。○丨，〔文選〕注引〔左傳〕作埤。〔左傳昭公一八年〕「子產授兵登丨」洪詁。

**淇** 丨，水名。〔詩・淇奧〕「瞻彼丨奧」朱傳。○丨，水名，出沮洳之山。〔廣韻・之部〕○丨水，出今河南衛輝府輝縣蘇門山入河，或曰出彰德府林縣隆慮山即大號山至衛輝府丨縣入衛河而入海。〔說文定聲・卷五〕○〔淮南・原道〕丨衛、箘簵對文，皆箭竹之名也。〔廣雅・釋草〕「衛，箭也」疏證。○丨與綦同。(同上)○丨，〔山海經〕作濝。〔說文〕「丨，丨水」段注。

**漦** 丨，順流也。〔廣韻・之部〕○丨，順下之流也。〔說文〕「丨，順流也」段注。○丨，沫也。〔集韻・之部〕○丨，流涎也。(同上)○丨，魚龍身濡滑者。(同上)○龍沫必徐徐漉下，故亦謂之丨。〔說文〕「丨，順流也」段注。○丨、盠一聲之轉。〔釋言〕「丨，盠也」郝疏。

**淄** 丨，水名，亦州名。〔廣韻・支部〕○丨，〔周禮〕作菑。〔說文〕「濰丨其道」段注。○丨，〔漢志〕作甾。(同上)○此丨蓋俗加水旁耳。(同上)○丨，俗字，〔漢志〕作甾，〔周禮〕作菑，〔說文〕無丨字，俗加水也。〔書・禹貢〕「濰丨其道」孫疏。

**麗** 丨，歷也。〔詩・魚麗〕「魚丨于罶」朱傳。○丨、歷疊韻為訓，皆有附箸之義。(同上)後箋。○丨，施也。〔集韻・支部〕○丨者，丨於獄也。〔書・多方〕「不克開于民之丨」孫疏。○丨，東夷國名。〔廣韻・支部〕○丨廔，猶離婁也。〔說文〕「囧，窗牖丨廔闓明也」繫傳。○窗牖曰丨廔。〔說文〕「廔，空也」段注。○丨廔讀如離婁，謂交延玲瓏也。〔說文〕「囧，窗牖丨廔闓明也」段注。○丨譙，譙樓也。〔通雅・宮室〕○丨與邐通。〔廣雅・釋詁〕「邐，過也」疏證。○丨與離古通字。〔方言一二〕「離，時也」箋疏。○〔說文定聲・卷一〇〕丨，叚借為羅。〔詩〕「魚丨于罶」。○丨婁、離婁，聲與連遱皆相近。〔廣雅・釋訓〕「嘍哰，謰謱也」疏證。○丨，音離。〔詩・魚麗〕「魚丨于罶」朱傳。○丨讀如酈食其之酈。〔左傳成公一七年〕「匠丨氏」洪詁。○丨與邐同。〔廣雅・釋言〕「邐，□也」疏證。○丨，即籭。〔說文〕「籭，竹器也」義證。○丨，〔史記〕作驪，〔大戴・保傅〕篇作匠黎，〔外傳〕同，明道本丨作酈。〔左傳成公一七年〕「匠丨氏」洪詁。

**氂** 丨者，犛牛尾也。〔說文〕「緢，丨絲也」段注。○丨，馬尾也。〔漢書・律歷志〕「度長短者不失豪丨」補注引沈欽韓。○其尾曰丨。〔說文〕「丨，犛牛尾」繫傳。○丨，十豪。〔廣韻・之部〕○丨絲，犛牛尾之絲至細者。〔說文〕「緢，丨絲也」段注。○丨與斄同。〔漢書・鄒陽傳〕「茅焦亦廛脫死如毛丨耳」補注。○官本丨作𩍂。〔漢書·黃霸傳〕「所問豪丨不敢有所隱」補注。○丨，各本作旄，俗所改也。〔說文〕「緢，丨絲也」段注。○官本作𩍂，𩍂、丨字通用。〔漢書·郊祀志〕「靡有毫丨之驗」補注。

**瀰** 渺丨，大水皃。〔廣韻·支部〕○丨，齊作泮。〔詩·新臺〕「河水丨丨」集疏。

**纚** 丨，綏也，通作縭。〔集韻·支部〕○丨，今之幘。〔說文〕「丨，冠織也」段注引〔士冠禮〕注。○丨，繫也。〔詩·采菽〕「紼丨維之」集疏引韓說。○丨、維，皆繫也。〔同上〕朱傳。○丨，當為纍字之叚借。〔同上〕通釋。○丨，魯作縭。〔同上〕集疏。

**朞** 丨，周年。〔廣韻·之部〕○丨，又復時也。〔同上〕○丨者，周也。〔荀子〕「丨三年」雜志。○稘、丨、期並同。〔廣雅·釋詁〕「稘，年也」疏證。○丨月，謂周一歲之月也。〔論語·子路〕「丨月而已可也」朱注。○此丨字蓋綦字之誤，荀子書多用綦字作窮極之義。〔荀子·議兵〕「已丨三年」集解引俞樾。

**稘** 〔說文定聲·卷五〕丨，禾歲一熟，从禾，與秋、年同意。〔廣雅·釋詁〕「丨，年也」。○月行十有二月而歲周，謂之丨月。〔說文〕「丨，復其時也」義證引〔六書正譌〕。○日行三百六十有六日則復其初度，謂之丨年。〔同上〕○丨，通作期。〔說文〕「丨，復其時也」義證。○丨，今皆假期為之，期行而丨廢矣。〔同上〕段注。○丨，同朞。〔廣韻·之部〕○丨、朞、期並同。〔廣雅·釋詁〕「丨，年也」疏證。○經傳凡單言期、朞、基者，皆丨字。〔說文定聲·卷五〕○丨，今〔堯典〕作期。〔說文〕「唐書曰丨三百有六旬」段注。○〔說文定聲·卷五〕丨，今本以期為之。〔虞書〕「丨，三百有六旬」。

**廝** 丨，析薪養馬者。〔國策·齊策五〕「丨養士之所竊」鮑注。○丨與㾷義同。〔漢書·渠犂傳〕「然尚丨留甚衆」補注引沈欽韓。○歌唱獻菓子香藥者，客散得錢，謂之丨波。〔通雅·稱謂〕引〔夢華録〕。○丨，賤也。〔通鑑·魏紀二〕「亦坐斥還本郡以給丨吏」音注。○丨，卒也。〔漢書·揚雄傳〕「蹂屍輿丨」補注引劉奉世。○丨，賤士也。〔慧琳音義·卷九三〕引〔考聲〕。○丨為賤之通稱。〔公羊傳宣公一二年〕注「艾草爲防者曰丨」陳疏。○丨，養也。〔廣韻·支部〕○丨，役也。〔同上〕○丨，使也。〔同上〕○丨，下也。〔慧琳音義·卷三四〕○丨，馬屋也，賤人居之。〔卷二六〕引〔玉篇〕。○丨，噎也。〔卷九三〕引〔考聲〕。○丨，聲破也。〔同上〕引〔考聲〕。○丨與斯通。〔廣雅·釋詁〕「斯，分也」疏證。○丨、㾷、嘶、𧫴並通。〔廣雅·釋詁〕「丨，散也」疏證。○丨，通作澌，俗作嘶。〔說文〕「㾷，散聲也」句讀。○丨即斯，斯本字，丨後起字也。〔漢書·張耳陳餘傳〕「有丨養卒謝其舍曰」補注。

**㾷** 丨，析薪養馬者，或作㒋。〔集韻·支部〕○丨，若今謂馬鳴聲為丨也。〔說文〕「丨，散聲也」繫傳。○丨，噎也。〔集韻·支部〕○〔說文定聲·卷一一〕丨，叚借為斯，字亦誤作廝。〔廣雅·釋詁〕「廝，使也」。○丨，字亦作𧫴。〔說文定聲·卷一一〕

**㒋** 丨，同廝。〔廣韻·支部〕○丨與廝同。〔方言三〕「官婢女廝謂之娠」箋疏。

**氏** 閼丨，匈奴皇后也。〔廣韻·支部〕○月丨，國名。〔同上〕

**痍** 丨，傷也。〔廣雅·釋詁〕疏證。○丨，瘡丨。〔廣雅·脂部〕○丨，瘡之異名也。〔慧琳音義·卷七八〕○體創曰丨。〔左傳成公一六年〕疏證引〔衆經音義〕。○丨，通作夷。〔說文〕「丨，傷也」義證。○〔說文定聲·卷一二〕丨，假借為鬄。〔左傳成公一三年〕「芟丨我農功」。○丨，古省作夷。〔左傳成公一三年〕「芟夷我農功」疏證引李富孫。○丨，經典多作夷。〔說文〕「丨，傷也」句讀。○丨，經傳多以夷為之。〔說文定聲·卷一二〕○丨，〔周易〕「夷，傷也」，〔左傳〕「察夷傷」皆假夷字為之。〔說文〕「丨，傷也」段注。

**榱** 丨，椽也。〔左傳莊公二四年經〕「刻桓宮桷」疏證引舊注。又〔同上〕洪詁。○丨，桷也。〔說文〕「丨，秦名為屋椽」義證引〔字書〕。又〔孟子·盡心下〕「丨題數尺」朱注。○丨即椽也，亦名為桷。〔說文〕義證引〔急就篇〕顏注。○丨，或曰圜曰椽方曰桷。〔說文定聲·卷一二〕○丨、椽義同。〔周禮·天官〕孫正義。○丨之言差次也。〔說文〕「丨，椽也」段注。○丨題，猶今言椽頭也。〔說文〕「題，頟也」義證引戴侗。

**娭** 丨，戲也。〔楚辭·惜往日〕「屬貞臣而日丨」補注。○丨，今之嬉字也。〔說文〕「丨，戲也」段注。○丨，婦人賤稱。〔廣韻·之部〕引〔蒼頡篇〕○丨，婦人賤稱，或从熙。〔集韻·之部〕○丨，叚借為起。〔說文定聲·卷五〕○〔同上〕丨，字亦作嬉，今誤作娭。〔說文〕「丨，戲也」。○丨，〔史記〕作嬉，義得兩通。〔漢書·司馬相如傳〕「吾欲往乎南丨」補注。○丨，六臣本作嬉。〔漢書·揚雄傳〕「羣丨虖其中」補注。

**壝** 丨，壇也。〔廣韻·脂部〕○丨，埒也。〔同上〕○丨，堳埒也。〔集韻·脂部〕○丨者，委土之名。〔周禮·大司徒〕「設其社稷之丨而樹之」孫正義。○丨土，即委土也。〔儀禮·聘禮〕「爲丨壇畫階」胡正義。○凡委土爲壇及卑垣之堳埒通謂之丨。〔周禮·封人〕「封人掌設王之社丨為畿」孫正義。

**齍** 稷曰粢，既實于簠簋曰丨。〔說文定聲·卷一二〕○丨，通作粢。〔說文〕「丨，黍稷在器以祀者」義證。○丨，通作齊。〔同上〕○〔說文定聲·卷一二〕丨，以資為之。〔禹廟殘碑〕「資盛三牲」。○丨，經傳多以粢為之。〔說文定聲·卷一二〕○丨，受黍稷器。〔集韻·齊部〕

**蘺** 丨，江丨，蘪蕪別名。〔廣韻·支部〕○丨曰蘺也，楚謂之丨。〔說文〕「丨，江丨，蘼蕪」義證。○江丨，芎藭苗也。〔說文定聲·卷一〇〕

**轙** 丨是載轡之環。〔漢書·禮樂志〕「象輿丨」補注引宋祁。○丨，車上環轡所貫也。〔廣韻·支部〕○丨，車軛上環，所以貫轡也。〔釋器〕「載轡謂之丨」鄭注。○〔說文定聲·卷一〇〕丨，謂衡上大環，所以貫六轡者。〔爾雅〕「載轡謂之丨」。○古謂馬口旁鐵為丨。〔說文〕「檥，榦也」繫傳。○

—，音儀。〔釋器〕「載轡謂之—」鄭注。

脽　—，尻也。〔集韻·脂部〕〇—，尻也，音誰也。〔太素·經脈病解〕「腰—痛者」楊注。〇〔說文定聲·卷一二〕—，假借為鄈。〔漢書·武帝紀〕「汾陰—上」。〇（同上）—，假借為自。〔水經·汾水〕注「—，邱類也」。〇鄈正字，—借用字，又作葵。〔漢書·武帝紀〕「立后土祠于汾陰—上」補注引錢大昭。

蘄　—，草名，又音其、芹。〔廣韻·微部〕〇—，求也。〔管子·四稱〕「不—亡已」義證引孫星衍。〇—，州名。〔廣韻·之部〕〇—，縣名，在徐州。〔廣韻·微部〕〇—茞，即芎藭葉。〔釋草〕「—茞，蘪蕪」鄭注。〇—，當是靳之假借字。〔文選·西京賦〕「結駟方—」集釋。〇—，音芹。〔釋草〕「薜，山—」鄭注。〇—，蓋與圻同。〔荀子·儒效〕「跨天下而無—」集解引劉台拱。〇蘄，當作—。〔管子·大匡〕「今君蘄封亡國」義證引孫星衍。

耏　—，罪不至髡也。〔集韻·之部〕〇古罪不至髡者，完其而鬌曰—。〔說文定聲·卷一四〕〇—，但鬀其頰毛而已。〔說文〕「—，罪不至髡也」繫傳。〇—，頰邊毛也，或作髵。〔慧琳音義·卷一五〕引〔考聲〕。〇古謂頰毛為—。〔說文〕「耑，艸多葉皃」繫傳。〇獸多毛亦作—。〔廣韻·之部〕〇—，須髮多皃。〔集韻·咍部〕〇—，姓。〔廣韻·之部〕〇—，音而。〔左傳襄公三年〕「盟于—外」洪詁。〇〔說文定聲·卷五〕—即而字之轉注。〔字林〕「多髮曰—」。〇—、如聲相似。〔左傳襄公三年〕「盟于—外」洪詁。又（同上）疏證引江永。

嫠　—，無夫。〔廣韻·之部〕〇〔釋文〕—本又作釐。〔左傳昭公一九年〕「已為—婦」洪詁。

貔　—，獸名。〔廣韻·脂部〕〇—，猛獸名。〔詩·韓奕〕「獻其—皮」朱傳。〇—乃猛獸之名。〔方言八〕「—，陳楚江淮之間謂之貅」疏證。〇—，一名執夷，一名白狐。〔漢書·司馬相如傳〕「生—豹」補注。〇—為罷者，即羆。〔書·牧誓〕孫疏。〇—，字亦誤作貔。〔說文定聲·卷一二〕

僖　—，樂也。〔廣韻·之部〕〇—，姓。（同上）〇—，即喜字，因以為謚，故从人。〔說文定聲·卷五〕〇—，其隸變為嬉。〔說文〕「—，樂也」段注。〇〔春秋〕三經—公〔史記〕作釐公，叚借字耳。〔說文〕「釐，家福也」段注。〇—，〔史記〕、〔漢書〕皆作釐。〔左傳僖公元年經〕「—公」洪詁。〇—負羈，〔韓非子〕作釐負羈，〔史記〕、〔漢書〕並同。〔左傳僖公二三年〕「—負羈」洪詁。

鶅　鶅—，神鳥。〔廣韻·支部〕

貽　—，遺也。〔詩·思文〕「—我來牟」朱傳。又〔禮記·內則〕「思—父母令名」集解引高愈。又〔廣韻·之部〕。〇—，貺也。（同上）〇詒，俗多假—為之。〔說文〕「詒，一曰遺也」段注。〇—，音遺。〔詩·斯干〕「無父母—罹」朱傳。〇—，當為詒。〔書·金縢〕「公乃為詩以—王」孫疏。〇—，當作詒。〔詩·靜女〕「美人之—」陳疏。〇胎，譌作—。〔釋魚〕「玄貝，—貝」述聞。〇—，魯作飴。〔詩·思文〕「—我來牟」集疏。〇—，齊作詒。（同上）集疏。〇—，俗字。〔書·金縢〕「公乃為詩以—王」孫疏。〇〔釋文〕—多云本作詒。〔書·召誥〕「自—哲命」孫疏。〇—者，詒之或體。〔釋言〕「—，遺也」郝疏。〇詒為正體，—別體。（同上）郝疏。

詒　—，贈言。〔廣韻·之部〕

祺　—，吉也。〔詩·行葦〕「壽考維—」朱傳。又〔廣韻·之部〕。〇—，祥也。（同上）〇—之言期也。〔說文〕「—，吉也」繫傳。〇—，假借為旗，仲尼弟子榮旂字子—。〔說文定聲·卷五〕〇（同上）—，假借為綦。〔詩·駉〕傳「蒼—曰騏」。〇—，讀為旗。〔春秋名字解詁〕「榮旂字子—」述聞。〇禥，籀文—。〔廣韻·之部〕〇〔說文定聲·卷五〕—，禎之誤字。〔詩·維清〕「維周之—」。

葹　—，卷—，草名，拔心不死。〔廣韻·支部〕〇〔說文定聲·卷一〇〕—，即蒼耳。〔廣雅·釋草〕「—，枲耳也」。〇—，形似鼠耳，詩人謂卷耳，〔爾雅〕謂苓耳，〔廣雅〕謂枲耳。〔離騷〕「薋菉—以盈室兮」補注。〇枲耳，一名—。（同上）補注引〔本草〕。〇葈耳實一名胡菜，一名地葵，一名—，一名常思。〔說文〕「苓，卷耳也」義證引〔本草〕。

嘻　—，喜悅之聲。〔大戴·四代〕「—，君行道矣」王詁。〇—，嘆聲。〔國策·齊策四〕「—，子之來也」補注。〇—，嘆言也。〔國策·趙策三〕「—，亦大甚矣」補注。〇—，當為驚訝聲。〔公羊傳宣公六年〕「勇士曰—」陳疏。〇—，痛而呼之也。〔國策·齊策三〕「—，先君之廟在焉」補注。〇—，敕也。〔集韻·之部〕〇—，一曰有所多大之聲。（同上）〇—，猶——。〔大戴·少間〕「—，善之不同也」王詁。〇—、譆、誒、熙，并字異而義同。〔釋詞〕〇——，微咲聲。〔通雅·疑始〕〇——，歎也。〔廣韻·之部〕〇興、—、歆俱以聲轉為義。〔釋詁〕「廞，興也」郝疏。

撝　—，謙也。〔慧琳音義·卷六〇〕引〔考聲〕。〇—，揖也。（同上）〇—，手所指也。〔慧琳音義·卷二九〕引〔玉篇〕。〇—謙者，溥散其謙，無所往而不用謙。〔說文〕「—，裂也」段注。〇〔說文定聲·卷一〇〕—，叚借為揮。〔易·謙〕「—謙」。〇（同上）—，叚借為摩。〔說文〕「—，一曰手指也」。〇（同上）—，以華為之，華、—雙聲。〔禮記·曲禮〕「為國君者華之」。〇—與闖聲近義同。〔廣雅·釋詁〕「闖，開也」疏證。〇—，古音如呵。〔說文〕「—，裂也」段注。

鸝　—，黃—。〔廣韻·支部〕〇—、鵹、鴑、離字異音義同。〔方言八〕「—黃，自關而東謂之倉庚」疏證。

鴑　—，同鸝。〔廣韻·支部〕〇—、鵹、離，並與鸝同。〔方言八〕「鸝黃，自關而東謂之鶬鶊」箋疏。

鷊丨，同鸝。〔廣韻・支部〕

貏丨，俗曰黃鶯，此字實即離之異體。〔說文定聲・卷一二〕

䍦〔說文定聲・卷一二〕丨，即離。〔說文〕「丨，離黃也」。（「利」下）

瓷丨，瓦器。〔廣韻・脂部〕

鷀丨，鸕鷀鳥，亦作鴜，不卵生，口吐其鶵。〔廣韻・之部〕○丨，蘇俗謂之水老鴉。〔說文定聲・卷五〕○丨，〔上林賦〕以疵為之。（同上）

鈹丨，大針也。〔廣韻・支部〕○丨，劒如刀裝者。（同上）○丨，劒而似刀也。〔慧琳音義・卷九八〕引〔文字集略〕。○〔說文定聲・卷一〇〕丨，用以破腫潰癰者。〔靈樞經〕「丨鍼，長四寸，廣二分半，末如劍鋒」。○實劒而用刀削裹之是曰丨。〔說文〕「丨，大鍼也」段注。○丨、鏦，刀也。〔通雅・戎器〕○丨之言破也。〔方言九〕「錟，謂之丨」箋疏。又〔廣雅・釋器〕「丨，鉏也」疏證。○丨滑，骫骳滑亂之意。〔荀子・成相〕「無丨滑」集解引郝懿行。○〔說文定聲・卷一〇〕丨，假借為柀。〔荀子・成相〕「吏謹將之無丨滑」。○（同上）丨，字亦作鑿。〔埤蒼〕「鑿，鉏也」。

洏丨，不熟而煮。〔說文〕「丨，一曰煮孰也」義證引〔玉篇〕。○漣丨，涕流貌。〔廣韻・之部〕○丨，通作濡。〔說文〕「丨，洝也」義證。○〔說文定聲・卷五〕丨，假借為胹。〔說文〕「丨，一曰煮孰也」。○丨與胹同。〔說文〕「丨，洝也」段注。○〔說文定聲・卷五〕丨，〔水經〕作濡，或以渜為之。〔說文〕「丨，洝也」。○丨水，即今直隸遵化州之灤河。〔說文定聲・卷五〕

琦丨，玉名。〔廣韻・支部〕又〔楚辭・招魂〕「結丨璜些」補注。○丨，瑋也。〔漢書・渠犂傳〕「綺繡雜繒丨珍凡數千萬」補注引〔玉篇〕。○丨，一曰玩也。〔集韻・支部〕○丨，一曰大貌。（同上）○〔說文定聲・卷一〇〕丨，假借為奇。〔荀子・非十二子〕「玩丨辭」。

骴丨，殘骨。〔廣韻・支部〕○丨，鳥獸殘骨，或書作髊，亦書作骨。〔集韻・支部〕○丨，作骨。〔說文〕「丨，鳥獸殘骨曰丨」段注。○丨，〔呂氏春秋〕作髊，亦或字也。（同上）

疷丨，病也。〔詩・無將大車〕「祇自丨兮」朱傳。又〔集韻・支部〕。○丨，通作底。〔說文〕「丨，病也」義證。○丨，又通作祇。（同上）○〔說文定聲・卷一一〕丨，假借為疧，此形近傳寫之誤。〔詩・無將大車〕「祇自丨兮」。○丨，同胝。〔廣韻・脂部〕○丨，當作疷。〔說文〕「丨，病也」義證引劉彝。

洟今人多誤以丨為涕，以涕為丨。〔說文〕「丨，鼻液也」繫傳。

騤丨，馬強行。〔說文〕「丨，馬行威儀也」義證引〔玉篇〕。○丨，強也。〔廣韻・脂部〕○丨，盛也。（同上）○丨，馬行皃。（同上）○丨丨，強也。〔詩・采薇〕「四牡丨丨」朱傳。○丨丨，強貌。〔詩・六月〕「四牡丨丨」朱傳。○〔說文定聲・卷一二〕丨，假借為戣。〔西京賦〕「丨瞿奔觸」。○（同上）丨，字亦作猤。〔吳都賦〕「狂趭獷猤」。

怩忸丨，心慙也。〔廣韻・脂部〕

欙丨與梮一物異名，梮自其盛載而言，丨自其輓引而言。〔說文〕「丨，山行所乘者」段注。○〔說文定聲・卷一二〕丨，亦謂之橋，亦謂之梮，亦謂之輂。〔虞書〕「予乘四載」傳「山乘丨」。○山行乘丨，亦作樏。〔廣韻・脂部〕

虆丨即欙之假借字，可以舁土者。〔說文〕「梠，臿也」段注。○丨即欙字。〔說文〕「㬥，所以舉食者」段注。

唲丨，曲從皃。〔廣韻・支部〕○丨嘔，小兒言也。〔廣韻・佳部〕○丨嘔二字雙聲，蓋為小兒語聲，慈愛之也。〔荀子・富國〕「丨嘔之」集解引郝懿行。

詑丨，欺也。〔楚辭・惜往日〕「或詑謾而不疑」補注。○丨，欺罔。〔說文〕「誣，加也」義證。○沇州謂欺曰丨。〔國策・燕策一〕「甚不喜丨者言也」鮑注。○丨，一曰欺罔自誇皃。〔集韻・咠部〕○丨，言不正也。（同上）○丨，或作誕。〔國策・燕策一〕「甚不喜丨者言也」補注。

訑兗州人以相欺為丨。〔慧琳音義・卷一七〕引〔纂文〕。

詑丨丨，自得也，或作訑、訑、訑。〔集韻・支部〕

駓黃白雜毛曰丨。〔詩・駉〕「有騅有丨」朱傳。○丨，桃花馬色。〔廣韻・脂部〕○丨，各本作黃馬白毛。〔說文〕「駓，黃白襍毛也」段注。○丨、騽、伾、鄙、儦五字並聲近而通用。〔廣雅・釋訓〕「丨丨，走也」疏證。○〔說文定聲・卷五〕丨，字亦作駱。〔韓詩・吉日〕「駱駱騃騃」。

駓丨，〔字林〕作駓。〔說文〕「丨，黃白襍毛也」段注。

喜丨，樂也。〔詩・彤弓〕「中心丨之」朱傳。○丨與熹古通用。〔說文・敘〕「羣書所載，略存之矣」段注。○丨，讀與嬉同。〔詩・巷伯〕「驕人好好」陳疏。○丨，宋本作憙，官本作憙。〔漢書・王莽傳〕「孫丨、景尚、曹放等擊賊不能克」補注。

熹丨，熾也。〔廣韻・之部〕○丨，博也，熱也。（同上）○引申為爇也。〔說文〕「丨，炙也」段注。○丨，盛也。〔廣韻・之部〕○丨者，大盛之意。〔說文・敘〕「羣書所載，略存之矣」段注。○熺、丨、譆，義並相近。〔廣雅・釋詁〕「熺，熾也」疏證。○丨，通作熙。〔廣雅・釋詁〕「丨，美也」疏證。○娭、丨、譆並通。〔廣雅・釋詁〕「娭，爇也」疏證。○〔說文定聲・卷五〕丨，段借為喜。〔劉寬碑〕「河東聞丨」。○（同上）丨，假借為饎。〔淮南・時則〕「湛熺必潔」。○（同上）丨，段借為娭。〔漢靈臺碑〕「神龍所丨」。○（同上）丨，段借為熙。〔管子・侈靡〕「有時而星熺」。○（同上）丨，段借為僖。〔廣雅・釋詁〕「丨，美也」。〇丨，又與熙相叚借。〔說文〕「丨，炙也」段注。〇丨、喜同字。〔國策・卷下〕「司馬丨君曰」札記引丕烈。〇丨，或作熺。〔廣韻・之部〕

**熺** 丨，熾也。〔說文〕「熹，炙也」義證引〔玉篇〕。〇丨、熹、譆義並相近。〔廣雅・釋詁〕「丨，熾也」疏證。〇丨、熹一字。〔管子・侈靡〕「有時而星丨」平議。

**孜** 丨，力篤愛也。〔廣韻・之部〕〇丨，處也。（同上）〇丨丨，不怠之意。〔大戴・曾子疾病〕「吾不見丨丨而與來而改者矣」王詁。〇丨丨，勤勉不怠之意。〔說文定聲・卷五〕（「孳」下）〇丨丨，言其汲汲生也。〔通雅・卷九〕〇丨丨，篤愛也。〔慧琳音義・卷九一〕引〔考聲〕。〇丨丨，劇也。（同上）〇丨丨，克也。（同上）〇孳與丨通。〔廣雅・釋訓〕「丨丨，勮也」疏證。〇丨、孳二字古多通用。〔說文〕「孳孳，彶彶生也」段注。〇〔說文定聲・卷五〕丨，假借為仔。〔說苑・君道〕「弗時丨肩」。〇丨丨與滋滋同，勸勉不息也。〔方言一〕箋疏。〇丨丨，〔史記〕作孳。〔說文〕「丨丨無怠」段注。〇丨，經傳多以孳為之。〔說文定聲・卷五〕〇丨丨，古文，孳孳，今文也。〔書・益稷〕「予思日丨丨」孫疏。

**孳** 丨，丨息。〔廣韻・之部〕〇丨丨、孜孜、茲茲、滋滋，言其汲汲生也。〔通雅・釋詁〕〇〔說文定聲・卷五〕丨，叚借為孜。〔孟子〕「丨丨為善者」。〇丨，經傳多以滋為之。〔說文定聲・卷五〕〇蕃生之義當用丨，故从茲，無怠之義當用孜，故从攴。〔說文〕「丨丨，彶彶生也」段注。

**台** 丨者，悅也。〔說文〕「冶，从仌，台聲」段注。〇丨，我也。〔廣韻・之部〕〇丨，猶何也。〔釋詞・卷三〕〇丨、頤古通用。〔方言一〕「丨，養也」疏證。〇〔說文定聲・卷五〕丨，借為怡。〔史記・太史公自序〕「諸呂不丨」。〇（同上）丨，假借為詒。〔方言〕「謾丨，懼也，燕代之間曰謾丨」。〇（同上）丨，假借為詒，實為遺。〔爾雅・釋詁〕「丨，予也」。〇（同上）丨，假借為頤。〔方言一〕「丨，養也，晉、衛、燕、魏曰丨」。〇（同上）丨，假借為嗣。〔文選・典引〕「于德不丨淵穆之讓」。〇丨，經典借怡字。〔說文〕「丨，說也」義證。〇〔說文定聲・卷一二〕丨者，借為鮐也。〔方言六〕「丨，既失也」。（「既」下）〇丨、何聲之轉。〔書・高宗肜日〕孫疏。〇丨、何音之轉。〔書・湯誓〕孫疏。〇丨聲近奚，故為何。（同上）〇丨音近奚，故可釋為何。〔書・高宗肜日〕「乃曰其如丨」孫疏。〇丨、遺一聲之轉。〔方言六〕「丨，既失也」疏證。〇丨與怡聲相近。〔書・禹貢〕孫疏。〇丨，本訓吾也，凡自稱之詞，丨為正字，己、言、陽、卬、我、姎、俺皆聲之轉。〔說文定聲・卷五〕〇丨說者，今之怡悅字。〔說文〕「丨，說也」段注。

**㠯** 丨，〔史記序傳〕曰諸呂不台作此字。〔說文〕「丨，悅也」繫傳。

**蚩** 丨，蟲名。〔廣韻・之部〕〇丨，笑也。〔通鑑・漢紀三七〕「示不爲謟子丨也」音注。〇丨，騃也。〔慧琳音義・卷一三〕引〔聲類〕。〇丨，惡也。〔卷九一〕引〔考聲〕。〇丨，醜惡也。〔卷一三〕引〔考聲〕。〇丨，輕侮。〔廣韻・之部〕〇丨丨，無知之貌。〔詩・氓〕「氓之丨丨」朱傳。〇丨丨，為戲笑之貌。（同上）通釋。〇丨丨，為戲笑貌。（同上）集疏引陳喬樅。〇丨丨，蓋極狀其癡昧之貌。（同上）通釋。〇丨尤之倫，謂武衛之士。〔漢書・揚雄傳〕「丨尤之倫帶干將而秉玉戚兮」補注。〇〔說文定聲・卷五〕丨，假借為癡。〔釋名・釋姿容〕「丨，癡也」。〇（同上）丨，假借為欰。〔蒼頡篇〕「丨，笑也」。又〔說文〕「丨，蟲也」段注。〇〔說文定聲・卷五〕丨，假借為醜，或為頫，丨、醜雙聲。〔漢書・趙壹傳〕「孰知辨其丨妍」。〇丨，韓亦作嗤。〔詩・氓〕「氓之丨丨」集疏。〇丨尾，或作鴟尾、祠尾、鴟吻。〔通雅・宮室〕

**罹** 丨，憂也。〔詩・兔爰〕「逢此百丨」朱傳。又〔小弁〕「我獨于丨」陳疏。〇丨，心憂。〔廣韻・支部〕〇丨，心憂也。〔慧琳音義・卷八二〕引〔字書〕。〇丨，被也。〔慧琳音義・卷八二〕引〔考聲〕。〇丨，通作離，又通作羅。〔釋詁〕「丨，憂也」郝疏。〇丨，當作離。（同上）邵正義。〇丨，即離俗字。〔書・酒誥〕「越殷國滅無丨」孫疏。

**裨** 丨，猶益也。〔禮記・玉藻〕「丨冕以朝」集解。〇丨，若衣之接益也。〔說文〕「丨，接益」繫傳。〇丨，補也。〔廣韻・支部〕又〔慧琳音義・卷三二〕引〔考聲〕。〇丨，增也。〔廣韻・支部〕〇丨，與也。（同上）又〔廣雅・釋詁〕疏證。〇丨，附也。〔廣韻・支部〕〇丨，助也。（同上）〇丨，猶副也。〔禮記・玉藻〕「丨冕以朝」集解。〇以小益大曰丨。〔說文〕「丨，接益也」義證引楊慎。〇丨，副將。〔廣韻・支部〕〇丨，姓。（同上）〇〔說文定聲・卷一二〕丨販，小販、別販。〔西京賦〕「丨販夫婦」。〇埤、朇、丨並通。〔廣雅・釋詁〕「埤，益也」疏證。〇〔說文定聲・卷一二〕丨，假借為陴。〔晉語〕「反其丨」。〇（同上）丨，假借為稗。〔西京賦〕「丨販夫婦」。〇（同上）丨，假借為埤。〔廣雅・釋詁〕「丨，予也」。〇（同上）丨，假借為朇。〔說文〕「丨，接益也」。〇丨，字亦誤作禆。〔說文定聲・卷一二〕〇丨諶，〔古今人表〕作卑湛，蓋古字通。〔左傳襄公二九年〕「丨諶曰」洪詁。

**虒** 丨，似虎，有角，能行水中。〔廣韻・支部〕〇丨蝓，〔本草經〕作蛞蝓，云一名陵螺。〔說文〕「蝓，丨蝓也」段注。〇丨蝓，俗呼延游，即丨蝓古語也。（同上）〇〔說文定聲・卷一二〕丨祁者，褫祈也，後因以為地名，在今平陽府曲沃縣西。〔左傳昭公八年〕「晉侯方築丨祁之宮」。〇丨，假借為褫。〔說文定聲・卷一二〕〇（同上）丨，假借為軝，亦作傂。〔太玄・止〕「車纍其傂」。〇丨蝓，讀移臾也。〔說文〕「蝓，丨蝓也」段注。〇丨祁，〔玉篇〕作傂祁。〔左傳昭公八年〕「晉侯方築丨祁之宮」洪詁。〇狄丨彌，〔古今人表〕作狄斯彌。〔左傳襄公一〇年〕「門者狄丨彌」洪詁。

**魑** 丨，丨魅。〔廣韻・支部〕

**荽** 丨，藥艸，通作萎。〔集韻・支部〕〇丨，同荾。〔廣韻・脂部〕〇丨，許氏〔說文〕作葰，其莖柔葉細而根多須，綏綏然也。〔本草・卷二六〕

**紕** 丨，繝布。〔集韻・先部〕○丨，緣也。〔集韻・支部〕又〔禮記・玉藻〕「縞冠素丨」集解。○丨，繒帛踈薄也。〔慧琳音義・卷八七〕引〔考聲〕。○丨，繒欲壞也。〔廣韻・脂部〕○丨，繒欲破也。〔續音義・卷一〇〕引〔考聲〕。○丨，謂帛文疏紕衺戾也。〔說文〕「衺，丨也」繫傳。○丨，飾也。〔慧琳音義・卷五一〕引〔考聲〕。○丨，理也。(同上)○緣冠曰丨，丨者棍也。〔說文定聲・卷一四〕(「緣」下)○丨，飾緣邊也。〔廣韻・支部〕又〔集韻・支部〕。○丨，織組也。〔詩・干旄〕「素絲丨之」朱傳。○丨，本織組器名，後織組亦謂之丨。(同上)集疏引顧震福。○丨與繹，皆絲之理也。〔方言六〕「丨、繹，理也」箋疏。○丨，排次第也。〔慧琳音義・卷九一〕○丨，義與⿰糸坒相近。〔廣雅・釋言〕「⿰糸坒，并也」疏證。○丨、綼、辟並通。〔廣雅・釋詁〕「丨，緣也」疏證。○詎、忚、丨並通。〔廣雅・釋詁〕「詎，誤也」疏證。○〔說文定聲・卷一二〕丨，叚借為庀，實為比。〔方言六〕「丨，理也」。○丨與絣聲相近。〔詩・干旄〕「素絲丨之」陳疏。○丨，讀如次比之比。(同上)

**⿰糸坒** 丨之言比也。〔廣雅・釋言〕「丨，并也」疏證。

**毞** 〔通雅・卷三七〕外國罽曰丨毲。〔後漢書・西南夷傳〕「能作青頓丨毲」。

**椸** 丨，格也，猶架也。〔方言五〕「榻前几，趙魏之間謂之丨几」箋疏。○橫者曰丨。〔禮記・曲禮〕「不同丨枷」集解引陳澔。○直植木曰丨。〔通雅・襍用〕○丨與箷同。〔廣雅・釋器〕「箷謂之枷」疏證。

**箷** 丨，衣架。〔廣韻・支部〕○丨，竹名。〔集韻・支部〕

**倕** 丨，重也。〔廣韻・支部〕又〔集韻・支部〕○丨，黃帝時巧人，名丨。〔廣韻・支部〕

**丕** 丨，大。〔書・立政〕「用丨訓德」孫疏。○丨，大也。〔廣韻・脂部〕又〔通鑑・唐紀四五〕「朕嗣服丨構」音注。○蓋訓丨為大。〔書・金縢〕孫疏。○丨，姓。〔廣韻・脂部〕○丨永者，不永，言不長也。〔書・盤庚〕孫疏。○丨顯，猶不顯，丨、不皆語詞。〔書・洛誥〕「公稱丨顯德」孫疏。○丨遠，猶言不遠。〔書・康誥〕「汝丨遠」孫疏。○丨與不通，語詞也。〔書・文侯之命〕「丨顯文武」孫疏。○丨，通作不。〔釋詁〕「丨，大也」郝疏。○丨與不古通用也。〔書・金縢〕「是有丨子之責于天」平議。○詩書丨多通不也。〔說文〕「周書曰不能諴于小民」段注。○丨為不，經典多通用。〔書・大誥〕「丨克遠省」孫疏。○〔通雅・卷一〕丨與負背通。〔書〕「丨子之責」。○〔說文定聲・卷五〕丨，假借為負，實為不，丨子者，不慈也。〔書・金縢〕「是有丨子之責於天」。○(同上)丨，假借為伾，實為坏。〔周語〕「檮杌次于丨山」。○經典多借不為丨。〔說文〕「丨，大也」句讀。○丨，詞也。〔書・盤庚〕「以丨從厥志」孫疏。○丨，語詞。〔書・無逸〕「時人丨則有愆」孫疏。○丨，辭也。〔書・酒誥〕「丨惟曰」孫疏。○丨、不同。〔書・盤庚〕孫疏。○丨與不同，古亦通用。〔史記・仲尼弟子列傳〕「秦商字子丨」志疑。○諸本丨作丕。〔左傳哀公一一年〕「高無丨帥師伐我及清」洪詁。○丨，漢石經作丕。〔說文〕「丨，大也」段注。○丕，古作丨字。〔說文〕「駓，从馬，丕聲」段注。○〔夏紀〕丨敘作大序，丨、大故訓字。〔漢書・地理志〕「三苗丨敘」補注。

**不** 丨，通為丕。〔說文〕「丕，大也」義證引〔六書故〕。○詩中丨顯之類皆當讀如丕。〔說文〕「丕，大也」義證引舅駟。

**琪** 丨，玉也。〔廣韻・之部〕○丨與璂同。〔周書〕「象□□瑱」雜志。

**僛** 丨，醉舞貌。〔詩・賓之初筵〕「屢舞丨丨」集疏引韓說。又〔廣韻・之部〕。○丨，攲傾也。〔說文〕「丨，醉舞貌」繫傳。○丨丨，傾側之狀。〔詩・賓之初筵〕「屢舞丨丨」朱傳。

**耆** 丨，老。〔詩・武〕「丨定武功」集疏引魯說。○丨，老也。〔禮記・郊特牲〕「伊丨氏始為蜡」集解。○丨者，老也。〔說文〕「䶬，龍丨脊上」段注。○丨，長也。〔大戴・曾子疾病〕「年既丨艾」王詁。又〔本草・卷一二〕。○丨者，養也。〔左傳宣公一二年〕「丨昧也」平議。○丨，致也。〔詩・皇矣〕「上帝丨之」朱傳引或說。○丨，憎。(同上)朱傳。○六十曰丨。〔禮記・王制〕「君子丨老不徒行」集解。又〔說文〕「丨，老」繫傳。○凡脊曰丨。〔說文〕「䶬，龍丨脊上」段注。○丨謂馬脊。〔文選・七發〕集釋。○丨，欲，即福也。〔禮記・孔子閒居〕「丨欲將至」平議。○〔慧琳音義・卷一〕丨闍崛山，唐云鷲峯山。〔述三藏記〕「丨闍崛山」。○丨，通作黎。〔釋詁〕「丨，長也」郝疏。○〔說文定聲・卷一二〕丨，叚借為稽。〔廣雅・釋詁〕「丨，強也」。○(同上)丨，叚借為脊。〔儀禮・士虞禮〕「魚進丨」。○(同上)丨，叚借為黎。〔史記・周本紀〕「敗丨國」。○(同上)丨，叚借為黎。〔詩・皇矣〕「上帝丨之」。○(同上)丨，叚借為底。〔左傳宣公一二年〕「丨昧也」。○丨，古多假借為嗜字。〔說文〕「丨，老也」段注。○經傳多假丨為嗜。〔說文〕「嗜，喜悅也」段注。○丨與嗜聲義相近。〔詩・皇矣〕「上帝丨之」陳疏。○丨與諸聲義相近。〔廣雅・釋詁〕「諸，怒也」疏證。○丨，同書。〔廣韻・脂部〕○丨與支同。〔漢書・匈奴傳〕「過焉丨山千餘里」補注引沈欽韓。○丨，或作鬐。〔說文〕「䶬，龍丨脊上」段注。○〔說文定聲・卷一二〕丨，字亦作祁。〔周禮・伊耆氏〕注「古王者號」。○丨，字亦作鬐。〔說文定聲・卷一二〕○丨，〔韻譜〕、〔玉篇〕、〔廣韻〕竝作鬐。〔說文〕「䶬，龍丨脊上」義證。○丨即鰭之省文。〔文選・七發〕「薄丨之炙」集釋引盧文弨。

**惟** 丨，思也。〔漢書・景帝紀〕「又丨酷吏奉憲失中」補注。又〔通鑑・漢紀八〕「願大王留意詳丨之」音注。又〔屈賦・遠遊〕「丨天地之無窮兮」戴注。又〔廣韻・脂部〕。又〔說文・上說文書〕「深丨五經之妙」段注。○丨，亦思。〔國策・韓策一〕「臣請深丨而苦思之」鮑注。○丨者，思也。〔書・康誥」「爽—民迪吉康」孫疏。○—，謀也。〔楚辭・陶𦒱〕「覽杳杳兮世—」補注。又〔廣韻・脂部〕。○—，亦謀也。〔詩・生民〕「載謀載—」述聞。○—，念也。〔詩・惟天之命〕「—天之命」集疏引韓説。○—，思念也。〔漢書・匡衡傳〕「天子—道德」補注。○—，爲也。〔釋詞・卷三〕○（同上）—，有也。〔書・酒誥〕「我聞—曰」。○—，獨也。〔釋詞・卷三〕○—，猶獨也。〔孟子・告子上〕「—心之謂與」焦正義。○〔釋詞〕—，猶以也。〔書・盤庚〕「亦—汝故」。○（同上）—，猶乃也。〔書・盤庚〕「—汝含德」。○（同上）—，猶與也。〔書・禹貢〕「齒革羽毛—木」。○—，齋戒具脩也。〔詩・生民〕「載謀載—」朱傳。○—，與念同義。〔書・大誥〕「予—小子」孫疏。○—字可訓有。〔書・酒誥〕「弗—德馨香」平議。○—是為分。〔墨子・經下〕「説在俱一—是」閒詁。○—是，合也。（同上）閒詁引張惠言。○—勿，猶云唯毋、唯無。〔墨子・非樂上〕「—勿擅擊」閒詁。○—，辭也。〔屈賦・離騷〕「—昭質其猶未虧」戴注。○〔釋詞〕—，發語詞也。〔書・皋陶謨〕「—帝其難之」。○—，通作維。〔釋詁〕「—，思也」郝疏。○—、維、唯通用。〔通雅・疑始〕○—、帷形聲俱相近，古多通借。〔呂覽・慎行〕「—門左右而寘甲兵焉」校正引梁仲子。○〔説文定聲・卷一二〕—，假借為濰。〔漢書・地理志〕「—甾其道」。○（同上）—，假借發聲之詞。〔魯語〕「師伊—旅」。○—，唯字之叚字，應辭也。〔墨子・經説下〕「—，謂是霍可」閒詁。○—，當作雖，同聲叚借字。〔墨子・經説上〕「己—為之」閒詁。○維為網維，—為思—，俱假借字也。〔書・益稷〕「—慢遊是好」孫疏。○—，今作維。〔説文〕「薾，詩曰彼薾—何」段注。○—，字或作維。〔釋詞・卷三〕。○—，字或作唯。（同上）○（同上）—，字亦作雖。〔左傳文公一七年〕「雖敝邑之事君」。○—，當作推。〔呂覽・知分〕「子—之矣」平議。○—，當作唯。〔墨子・經説下〕「—是，當牛馬」閒詁。○古—字但作隹。〔墨子〕「矨隹人面」雜志。○—，諸本作唯。〔左傳昭公元年〕「無競—人」洪詁。○閩本—作為。〔漢書・敘傳〕「食貨—先」補注引錢大昭。○今通行本—作維。〔左傳宣公一二年〕「我徂—求定」疏證。○凡〔尚書〕—多作維，〔熹平石經〕同。〔書・甘誓〕孫疏。○—，今文經字俱作維。〔書・洪範〕孫疏。○今文凡—皆从糸，與思—有別。〔書・呂刑〕孫疏。○—，南監本作唯。〔漢書・地理志〕「東南至來—入勞」補注。○—、維、唯三字並同，〔詩〕作維，〔易〕作唯，〔書〕作—。〔方言一〕「—，思也」箋疏。○—，經傳多用為發語之詞，〔毛詩〕皆作維，〔論語〕皆作唯，古文〔尚書〕皆作—，今文〔尚書〕皆作維，又〔魯詩〕作—。〔説文〕「—，凡思也」段注。○〔説文定聲・卷一二〕—，經傳亦以維、以唯為之。〔廣雅・釋詁〕「—，詞也」。○小—子，〔呂覽〕引作小帷子。〔左傳定公六年〕「獲潘子臣小—子」洪詁。○—，性字之誤。〔墨子・經説下〕「牛狂與馬—異」平議。○—乃惘字之誤。〔淮南・精神〕「—象無形」平議。

**猗**　—，美也。〔慧琳音義・卷二四〕引〔字書〕。○—，獨美也。〔慧琳音義・卷八〕引〔考聲〕。○—者，美之之詞。〔詩・猗嗟〕「—嗟昌兮」通釋。○—，謂盛也。〔詩・七月〕「—彼女桑」通釋。○—，長也。〔廣韻・支部〕○—，加也。〔慧琳音義・卷八〕引〔考聲〕。○—，倚也。〔廣韻・支部〕○—，倚也，倚取之者，不取其條，但就樹以采其葉。〔詩・七月〕「—彼女桑」胡後箋引〔詩緝〕。○—，取葉存條曰—。（同上）朱傳。○—，猶倚也，倚立於旁曰—。〔慧琳音義・卷七九〕○—，施也。〔廣韻・支部〕○〔釋詞〕—，兮也。〔詩・伐檀〕「河水清且漣—」。○—，歎辭。〔詩・那〕「—與那與」朱傳。○—，猶噫也。〔詩・猗嗟〕「—嗟昌兮」陳疏。○—、倚聲近義通。〔詩・淇奧〕「—重較兮」平議。○禕、—聲義同。〔釋詁〕「禕，美也」郝疏。○委蛇、委虵、逶迤、—移、委移、逶蛇、逶移、逶虵、蜲蛇、委隨、逶隨、禕隋，並字異而義同。〔廣雅・釋訓〕「委蛇，窊衺也」疏證。○—與，歎辭。〔詩・潛〕「—與漆沮」朱傳。○—嗟，歎辭。〔詩・猗嗟〕「—嗟昌兮」朱傳。○——，美盛貌。〔大學〕「詩云，菉竹——」朱注。○——，始生柔弱而美盛也。〔詩・淇奧〕「綠竹——」朱傳。○—儺，美盛也。〔詩・隰有萇楚〕「—儺其枝」後箋。○—儺，乃美盛之貌。（同上）集疏引王引之。又（同上）通釋。又（同上）述聞。○—儺，柔順也。（同上）朱傳。又（同上）後箋。○—儺，枝柔之狀。（同上）集疏。○—儺，即阿那也。〔釋詁〕「那，多也」郝疏。○阿難與—儺同。〔詩・隰桑〕「隰桑有阿，其葉有難」述聞。○—與陭通。〔方言一三〕「隑，陭也」箋疏。○古音—與阿同，故二字通用。〔詩・節南山〕「有實其—」述聞。○—、阿、倚三字皆通。（同上）後箋。○〔説文定聲・卷一〇〕—，叚借為倚。〔詩・淇奧〕「—重較兮」。○（同上）—，叚借為掎。〔詩・七月〕「—彼女桑」。○（同上）—，叚借為阿。〔詩・節南山〕「有實其—」。○—，叚借為砢。〔説文定聲・卷一〇〕○（同上）—，叚借助語之詞，猶兮也。〔詩・伐檀〕「河水清且漣—」。○—，借為美也。〔説文〕「—，犗犬也」繫傳。○—為倚之假借。〔詩・淇奧〕「—重較兮」通釋。○—為倚之假借是也。（同上）後箋。○—乃掎之叚字。〔詩・七月〕「—彼女桑」平議。○—，有叚為兮者。〔説文〕「—，犗犬也」段注。○—，有叚為加字者。（同上）○—，有叚為倚字者。（同上）○有假—為兮者。〔説文〕「兮，語所稽也」段注。○作—、作倚，并叚借字，其字實當作輢。〔詩・淇奧〕「—重較兮」平議。○—與兮同。〔詩・伐檀〕「河水清且漣—」朱傳。又〔説文〕「淪，詩曰河水清且淪—」段注。○—，當作掎。〔詩・七月〕「—彼女桑」陳疏。○—，當作倚。〔詩・車攻〕「兩驂不—」陳疏。○—，魯作兮。〔詩・伐檀〕「河水清且漣—」集疏。○—，字當作掎，偏引之義。〔詩・七月〕「—彼女桑」後箋。○—，各本作漪。〔説文〕「淪，詩曰河水清且淪—」段注。○—儺，字又作旖旎。〔詩・隰有萇楚〕「—儺其枝」述聞。○魯—儺作旖旎。〔隰有萇楚〕「—儺其華」集疏。○—柅，〔史記〕作旖旎。〔漢書・司馬相如傳〕「—柅從風」補注。

**劑**　—，券也。〔廣韻・支部〕

**絁**　—，俗纏字。〔廣韻・支部〕

纚 —，粗緒。〔廣韻・支部〕○—，經緯不同。〔同上〕○—，粗細經緯不同者。〔說文〕「—，粗緒也」義證引〔玉篇〕。○—，一曰繒屬。〔集韻・支部〕○—，字或作纚。〔說文〕「—，粗緒也」義證。○〔說文定聲・卷一二〕—，字亦作絁、作纚，略如今之棉紬。〔廣雅・釋器〕「纚，紬也」。○—，或作纚、絁、絁。〔集韻・支部〕

羇 —，寄也。〔通鑑・周紀三〕「今臣—旅之臣也」音注。又〔廣韻・支部〕。○—，旅寓也。〔楚辭・九辯〕「—旅而無友生」補注。○—，寄。〔左傳莊公二二年〕「—旅之臣幸若獲宥」洪詁引賈逵。

罵 —，俗作羇。〔說文〕「—，馬落頭也」段注。

伾 —，有力。〔廣韻・脂部〕○——，有力也。〔詩・駉〕「以車——」朱傳。○駓、騃、—、鄙、儦，五字並聲近而通用。〔廣雅・釋訓〕「駓駓，走也」疏證。○〔說文定聲・卷五〕—，假借為陪。〔書・禹貢〕「至于大—」。○大—，〔夏紀〕作大邳。〔漢書・地理志〕「至于大—」補注。○——俟俟，今〔毛詩〕作儦儦俟俟。〔說文〕「詩曰——俟俟」段注。

薺 —，今藥家所用蒺藜也。〔說文〕「—，蒺藜也」繫傳。○—，子有刺，軍家鑄鐵作之，以布敵路，亦呼蒺藜。〔說文〕「—，疾黎也」段注引陶隱居。○—，同薋。〔廣韻・脂部〕○—，今〔詩・鄘風〕、〔小雅〕皆作茨。〔說文〕「—，疾黎也」段注。

薋 —，蒺藜也。〔說文〕「薺，蒺藜也」義證引〔玉篇〕。○—，猶積也。〔說文〕「—，艸多貌」繫傳。○茨、薺皆與—通。〔文選・離騷〕「—菉葹以盈室兮」集釋。○〔說文定聲・卷一二〕—，假借為薺。〔漢書・禮樂志〕「采薺肆夏」。○—、垐義並與茨同。〔廣雅・釋詁〕「茨，積也」疏證。○—，今〔詩〕作茨，〔爾雅〕亦作茨。〔離騷〕「—菉葹以盈室兮」補注。

黧 —，黑也。〔說文〕「黧，一曰楚雀也」義證引〔玉篇〕。○—，亦黑也。〔說文定聲・卷三〕○—，亦黑色也。〔國策・魏策一〕「驪牛之黃也」補注。○—，老黑色也。〔慧琳音義・卷七〕引〔文字音義〕。○班黑曰—。〔卷五〕引〔通俗文〕。○—，面顏黑也。〔同上〕引〔考聲〕。○—，黑黃。〔楚辭・蓄英〕「紛蘊兮黴—」補注。○—，黑黃色也。〔國策・魏策一〕「—牛之黃也」鮑注。○—，黑而黃也。〔慧琳音義・卷五〕引〔考聲〕。○—，黑而且黃。〔卷六一〕引〔考聲〕。○—、棃、黎、黧，義並同也。〔廣雅・釋器〕「—，黑也」疏證。○—，元作犂。〔國策・秦策一〕「面目—黑」鮑注。○—，元作驪。〔國策・魏策一〕「—牛之黃也」鮑注。○—，當為黎。〔墨子・兼愛中〕「朝有—黑之色」閒詁引畢沅。○—，黎字俗寫。〔墨子・備梯〕「面目—黑」閒詁引畢沅。

偲 ——，詳勉也。〔論語・子路〕「切切——，怡怡如也」朱注引胡氏。○切切——，蓋敬貌也。〔廣雅・釋訓〕「切切，敬也」疏證。

濰 —，水在琅邪。〔廣韻・脂部〕○—，水出今山東沂州府莒州箕屋山，即覆舟山，至萊州府昌邑縣東北竟入海曰淮河，淮、—本同聲也。〔說文定聲・卷一二〕○〔同上〕—，以維為之。〔周禮・職方氏〕「兗州其浸盧維」。○—水，其字或省水作維。〔說文〕「—，水出琅邪箕屋山」義證引顧炎武。○—水，其字或省糸作淮。〔同上〕○—水，其字又或從心作惟。〔同上〕○—，今山東土語與淮同音，故竟作淮字。〔說文〕「—，水出琅邪箕屋山」段注。○〔禹貢〕—水，〔漢書〕作維水，其作淮者誤。〔說文〕「淮，从水，隹聲」段注。○—，〔地理志〕述「禹貢」作維，今版本作惟，誤，班从今文〔尚書〕作維，許从古文〔尚書〕作—。〔說文〕「—，—水」段注。

提 —，羣飛皃。〔廣韻・支部〕○——，羣皃，或从羽。〔集韻・支部〕○——，羣飛安閒之貌。〔詩・小弁〕「歸飛——」朱傳。○—，魯作媞。〔詩・葛屨〕「好人——」集疏。

吚 —，呻也。〔集韻・脂部〕○〔五經文字〕引〔說文〕—，呻吟也，字當从尹伊省聲。〔說文定聲・卷一二〕○〔同上〕—，字亦作咿。〔字林〕「咿，內悲也」。

屎 —，同屄，呻吟聲。〔廣韻・脂部〕○—，魯亦作吚。〔詩・板〕「民之方殿—」集疏。

塒 —，穿垣棲雞。〔廣韻・之部〕○—，鑿垣棲雞也。〔集韻・止部〕○—，鑿垣而棲也。〔說文〕「—，鷄棲於垣為塒」繫傳。○鑿牆而棲曰—。〔詩・君子于役〕「雞棲于—」朱傳。○今人家累土四周，亦呼鷄—。〔詩・君子于役〕「鷄棲于—」集疏。

魌 —，醜貌也。〔說文〕「䫏，醜也」義證引袁孝政。○娸、欺、䫏、倛、—五字並同義。〔廣雅・釋詁〕「娸，醜也」疏證。○—、䫏字同。〔說文〕「䫏，醜也」段注。

倛 —，淮南祈雨土偶人曰—。〔集韻・之部〕○娸、欺、䫏、—、魌五字并同義。〔廣雅・釋詁〕「娸，醜也」疏證。

䫏 —，方相，今逐疫有—頭。〔廣韻・之部〕○娸、欺、—、倛、魌五字並同義。〔廣雅・釋詁〕「娸，醜也」疏證。○—頭，方相四目也。〔說文〕「—，頭也」繫傳。○—，字與娸同。〔說文〕「—，醜也」句讀。○—，亦作傾。〔說文〕「—，醜也」段注。○—，字又作倛。〔同上〕義證。○—，字或作魌。〔同上〕義證。○—，字又作魌、倛。〔同上〕句讀。○〔說文定聲・卷五〕—，以欺為之。〔列子・仲尼〕「果若欺魄焉」。

犛 —，—牛。〔廣韻・之部〕○旄牛大，—牛小，—牛黑色，旄牛黑白二色。〔漢書・司馬相如傳〕「其獸則庸旄貘—」補注。○—軒，〔後漢・西域傳〕大秦國一名犂鞬，即今意大利。〔漢書・張騫傳〕「—軒、條支、身毒國」補注引郭嵩燾。○—，〔漢書〕劉屈—當作此氂。〔說文〕「氂，彊曲毛，可以著起衣」義證。○毫氂字今以釐為之，古作氂，實當作丨，或作斄亦可。〔說文定聲・卷五〕○丨軒，〔史記〕並作黎軒，同聲異字。〔漢書・張騫傳〕「以大鳥卵及丨軒眩人獻於漢」補注。

**鮞** 丨，魚子，一曰魚名。〔廣韻・屋部〕○〔說文定聲・卷五〕丨，一名鱦。〔西京賦〕「摷鯤丨」。○魚子初生曰丨。〔集韻・屋部〕○小魚謂之丨。〔廣雅・釋獸〕「麛，䴢也」疏證。○丨即鱦聲之轉。〔釋魚〕「鱦，小魚」郝疏。

**蓰** 丨，物數也，五倍曰丨。〔集韻・支部〕○丨、莘一聲之轉，長貌。〔詩・魚藻〕「有莘其尾」後箋。

**祇** 丨，敬也。〔詩・長發〕「上帝是丨」陳疏。又〔大戴・五帝德〕「莫不丨勵」述聞。又〔禮記・內則〕「丨見孺子」集解。又〔通鑑・梁紀四〕「丨請遂多」音注。○丨，敬也。〔廣韻・脂部〕○丨，振也。〔周書〕「丨人死」雜志。○丨之言振也。〔同上〕雜志。○治典不殺曰丨。〔漢書〕「稾祖侯陳鍇」雜志。○丨與振聲近而義同。〔周書〕「丨人死、丨民之死」雜志。○丨、底、致三字以音相近為義也。〔釋言〕「底，致也」邵正義。○丨、振又通。〔書・皋陶謨〕孫疏。○丨、振字通用。〔說文〕「𡐦，古文蚳，从辰土」段注。○〔說文定聲・卷一二〕丨，假借為疷，亦祇之誤字。〔詩・何人斯〕「俾我丨也」。○〔同上〕丨，假借為衼。〔易・復〕「无丨悔」。○〔同上〕丨，假借為啻，祇之誤字。〔廣雅・釋言〕「丨，適也」。○〔同上〕丨，謂借為適，實為啻。〔易・坎〕「丨既平」。○丨，當讀為振。〔墨子・兼愛中〕「以丨商夏」閒詁。○丨、振，聲之輕重。〔書・費誓〕孫疏。○丨與震同。〔書・無逸〕孫疏。○丨作敬。〔周書〕「丨人死」雜志。○丨作振。〔同上〕雜志。○丨，一作振。〔同上〕雜志引徐廣。○丨，一本作秪。〔漢書・揚雄傳〕「俠丨郊禋」補注引宋祁。○丨，晉宋杜本皆作多，古人多、丨同音。〔左傳襄公二九年〕「丨見疏也」洪詁。○丨宮，〔初學記〕作祈宮，馬本又作圻字。〔左傳昭公一二年〕「王是以獲沒於丨宮」洪詁。

**禧** 丨，福也。〔廣韻・之部〕○丨，吉也。〔同上〕○丨，告神致福也。〔說文〕「丨，禮吉也」義證。○丨，言事神受福。〔同上〕○祈丨，祈福也。〔釋詁〕「丨，福也」述聞。○丨，通作釐。〔釋詁〕「丨，福也」邵正義。○〔說文定聲・卷五〕丨，假借為誋。〔釋詁〕「丨，吉也」。○丨，〔史記〕、〔漢書〕以釐為之。〔說文定聲・卷五〕

**峗** 三丨，山名。〔廣韻・支部〕

**庳** 丨者，中伏舍也。〔說文〕「埒，丨垣也」段注。○丨，低小屋也。〔說文〕「丨，中伏舍」繫傳。○丨，下也。〔集韻・支部〕○丨，引申之為卑也。〔說文〕「埒，丨垣也」段注。○丨，一曰鶉牝名。〔集韻・支部〕○丨田，下田也。〔管子〕「庳田」雜志。○〔說文定聲・卷一一〕丨，段借為鵯。〔太玄・增〕「澤丨其容」。○〔同上〕丨，段借為毗。〔荀子・宥坐〕「天子是丨」。○〔說文定聲・卷一二〕丨與卑同。〔呂覽・明理〕「草木丨小不滋」校正。○丨，字亦作椑。〔廣雅・釋木〕「下支謂之椑榹」。○丨，舊本作㾼訛。〔呂覽・明理〕「草木丨小不滋」校正。

**居** 丨，語詞。〔詩・柏舟〕「日丨月諸」朱傳。○丨者，語詞。〔詩・十月之交〕「以丨徂向」通釋。○丨，語助。〔廣韻・之部〕○丨為語助詞。〔詩・巧言〕「爾丨徒幾何」通釋。○丨，猶其也。〔詩・殷武〕「丨國南鄉」陳疏。○丨與其通，語助也。〔文選・補亡詩〕「彼丨之子」集釋。○丨、姬互訓，古音同。〔左傳成公二年〕「誰丨」疏證引惠棟。○丨、姬互訓，蓋古音同也。〔左傳成公二年〕「誰丨」洪詁引張堪。○丨字當讀為其，語助詞。〔詩・日月〕「日丨月諸」陳疏。○姬、丨一聲之轉。〔說文定聲・卷九〕○丨、君形近而譌。〔左傳僖公九年〕「送往事丨」疏證。

**餈** 丨，稻餅，或从齊。〔集韻・脂部〕○丨，飯餅也。〔廣韻・脂部〕○丨，餻也。〔說文〕「丨，稻餅也」義證引〔玉篇〕。○丨，熙也。〔說文〕「鬻，粉餅也」繫傳。○不粉者曰丨。〔說文定聲・卷五〕○丨，亦曰餎、曰䭆、曰飢，蘇俗謂之丨團。〔說文定聲・卷一二〕○丨之言滋也。〔說文〕「鬻，粉餅也」繫傳。○丨與茨、漬與積義亦相近。〔廣雅・釋詁〕「茨，積也」疏證。○〔說文定聲・卷一二〕丨，假借為粢。〔禮記・曲禮〕「稷曰明粢」。○〔同上〕丨，假借為齊。〔禮記・禮運〕「粢醍在堂」。○丨，〔周禮〕故書作茨，假借字也。〔說文〕「丨，稻餅也」段注。○丨，又作餎。〔方言一三〕「餌，或謂之丨」箋疏。○饙即丨之別體。〔同上〕疏證。

**餎** 丨，同餈。〔廣韻・脂部〕

**鬐** 丨，馬項上鬐也。〔廣韻・脂部〕

**梔** 丨，黃木，實可以染。〔說文〕「丨，黃木，可染者」義證引〔玉篇〕。〔「梔」下〕○丨子，一名越桃。〔同上〕義證引〔本草〕。

**澌** 水索曰丨。〔集韻・支部〕○丨，水盡也。〔說文〕「死，丨也」繫傳。○丨、嘶、廝、斯聲義並相近。〔周禮・內饔〕孫正義。○丨，通作斯。〔說文〕「丨，水索也」義證。○丨、斯、賜并通。〔廣雅・釋詁〕「丨，盡也」疏證。○丨、索一聲之轉。〔方言一三〕「丨、索，盡也」箋疏。○丨、斯同。〔釋詁〕「悉，盡也」郝疏。○丨、斯、儩、賜古字并同。〔方言三〕「丨，盡也」箋疏。○丨，俗字作儩。〔說文定聲・卷一二〕。○丨，亦省作斯。〔說文〕「丨，水索也」句讀。

**踦** 丨，腳跛。〔廣韻・支部〕○引伸之凡物單曰丨。〔說文〕「丨，一足也」段注。○丨䟗者，足倦相倚也。〔說文〕「䟗，相丨䟗也」義證。○丨䟗，行艱危。〔慧琳音義・卷四五〕引〔考聲〕。○崎嶇、陭嶇、丨嶇，并字異而義同。〔廣雅・釋訓〕「崎嶇，傾側也」疏證。○〔說文定聲・卷一〇〕丨，假借為畸。〔太玄·玄瑩〕「或嬴或－」。〇（同上）－，假借為奇。〔大戴·子張問入官〕「失言勿－」。〇作觭、作倚、作－，皆奇字之通借。〔公羊傳僖公三三年〕注「隻，－也」陳疏。〇－，當作掎。〔說文〕「徛，相－徛也」段注。〇〔說文定聲·卷一〇〕－，字亦作踦。〔字林〕「踦，隻也，謂一身」。〇宋－之－，官本作畸。〔漢書·宣帝紀〕「詹事畸」補注。

**蠵** 〇觜－，大龜。〔廣韻·支部〕〇涪陵郡出大龜，一名靈－。〔楚辭·招魂〕「露雞臛－」補注引〔集韻〕。

**戲** －，泄也。〔廣雅·釋詁〕疏證。〇－，傾側也。〔集韻·支部〕〇－下，謂－水之下。〔漢書·高帝紀〕「遂至－下」補注引王慎之。〇〔說文定聲·卷九〕－，叚借為義，義、－一聲之轉。〔後漢書·光武紀〕注「－與羲同」。〇（同上）－，叚借為犧，犧、－一聲之轉。〔荀子·成相〕「文武之道同伏－」。〇（同上）－，叚借為摩，摩、－一聲之轉。〔廣雅·釋詁〕「－，施也」。〇險、－一聲之轉。〔廣雅·釋詁〕「－，衺也」疏證。〇－，讀為險巇之巇。（同上）〇羲、－、施聲並相近。〔廣雅·釋詁〕「羲、－，施也」疏證。〇〔人表〕－作獻，〔路史〕作虧。〔史記·秦本紀〕「大廉玄孫曰孟－、中衍，鳥身人言」志疑。〇〔說文定聲·卷九〕－，字亦作巇，或曰借為墟，或曰借為陒，亦通，－、險亦雙聲字。〔李仲曾造橋碑〕「－險登陵」。

**鎚** －，金鎚。〔廣韻·脂部〕〇－，又權也。（同上）〇－，從垂亦通。（同上）引〔文字音義〕。

**蚳** －，蟻卵。〔廣韻·脂部〕〇－，蟲也。〔廣韻·支部〕〇－，有毛蟲也。〔慧琳音義·卷六九〕引〔考聲〕。

**蚔** 宿根之旁，初生子根，狀如－蝱之狀，故謂之－母。〔本草·卷一二〕〇芪、莐、知、蝭、－、提，古聲並相近。〔廣雅·釋草〕「芪母，東根也」疏證。

**畸** －，殘田。〔廣韻·支部〕〇－，田奇零也。〔說文〕「－，殘田也」繫傳。〇〔說文定聲·卷一〇〕－，謂餘田不整齊者，經傳皆以奇為之。〔說文〕「－，殘田也」。〇－者，所賸之少分也，故有餘為－，不足亦謂－。〔說文定聲·卷一〇〕〇－，異也。〔大戴·文王官人〕「－鬼者不仁」王詁。〇－功，謂偏－不當理者。〔韓子·制分〕「凡－功之循約者難知」集解引王先謙。〇－、殑、奇三字并居宜切，其義同也。〔廣雅·釋詁〕「殑，盈也」疏證。〇－，通作奇。〔說文〕「－，殘田也」義證。〇－、奇、倚並通。〔廣雅·釋詁〕「－，衺也」疏證。〇－，假借為奇。〔說文定聲·卷一〇〕

**鵻** －，鳥名。〔廣韻·脂部〕〇－，夫不也，今鵓鳩也。〔詩·四牡〕「翩翩者－」朱傳。〇〔說文定聲·卷一二〕－，假借為雗。〔廣雅〕「－，鶉也」。

**鵂** －，即萑字借用也。〔說文〕「萑，萑也」義證引〔六經正誤〕。〇鵻者，－之誤字，孝鳥，今之勃姑也，亦曰楚鳩，曰荊鳩，曰鷂鳩、鵓鳩、鶻鵃，善鳴而形小者，蘇俗謂之水勃姑。〔說文定聲·卷一二〕

**戣** －，兵器，戟屬。〔廣韻·脂部〕〇－，即癸之後製字。〔說文定聲·卷一二〕〇（同上）－，以騤為之。〔西京賦〕「騤瞿奔觸」。

**劘** －，削也。〔楚辭·株昭〕「貴寵沙－」補注。〇－，古作摩。〔漢書·賈鄒枚路傳贊〕「賈山自下－上」補注引錢大昭。

**椅** －，梓屬。〔文選·蜀都賦〕「杞櫹－桐」集釋引〔湛露〕「其桐其－」毛傳。〇－，木名，梓實，桐皮。〔廣韻·支部〕〇－，又作檹。〔說文〕「－，梓也」段注引賈逵。

**胹** －，煮熟也。〔左傳宣公二年〕「宰夫－熊蹯不熟」疏證引〔校勘記〕。又〔說文〕「－，爛也」義證引〔玉篇〕。〇－有煮義。〔左傳宣公二年〕「宰夫－熊蹯不熟」疏證。〇－臑臑胹並字異義同。〔方言七〕「－，熟也」箋疏。〇－、臑、濡並通。〔廣雅·釋詁〕「－，熟也」疏證。〇－與洏蓋同字。〔說文〕「－，爛也」句讀。〇－、㶊並同臑。〔廣韻·之部〕〇－，亦作臑。〔說文〕「－，爛也」義證。又〔方言七〕「－，熟也」疏證。〇－，字亦作臑、作胹。〔說文定聲·卷五〕〇－，〔內則〕作濡。〔說文〕「－，爛也」段注。〇－，〔釋文〕作濡，煑也。〔楚辭·招魂〕「－鱉炮羔」補注引五臣。〇－，〔釋文〕作濡，亨肉和湆也。（同上）補注。〇作－者俗字。〔左傳宣公二年〕「宰夫－熊蹯不熟」疏證引校勘記。

**榰** －，即柱下根也。〔說文〕「－，柱砥，古用木，今以石」繫傳。〇〔說文定聲·卷一二〕〇－，古用木，今以石，蘇俗謂之柱磉石。〔說文〕「－，柱底也」。〇－，拄屋之欹。〔說文〕「－，柱砥」義證引〔字書〕。〇－，引伸為凡支拄、拄塞之偁。〔說文〕「－，柱氐也」段注。〇－，猶受也。〔說文定聲·卷一二〕（「抵」下）〇－，通作支。〔釋言〕「－，柱也」郝疏。又（同上）邵正義。又〔說文〕「－，柱砥」義證。〇－、柱之聲相轉。〔釋言〕「－，柱也」郝疏。〇〔說文定聲·卷一二〕－，字亦作跂。〔廣雅·釋詁二〕「跂，載也」。〇（同上）－，今支柱字，皆以支為之。〔釋言〕「－，柱也」。

**埤** －，增也。〔廣韻·支部〕又〔集韻·支部〕。〇－，亦益也。〔詩·北門〕「政事一－益我」通釋。〇－，厚。（同上）朱傳。〇－，增之厚也。〔釋詁〕「－，厚也」郝疏。〇－，附也。〔廣韻·支部〕〇－，與也。〔廣雅·釋詁〕疏證。〇－，城也。〔左傳宣公一二年〕疏證引賈逵。〇－，與朇、裨音義皆同。〔說文〕「－，增也」段注。〇－垷，城上女墻。〔說文〕「陴，城上女牆，俾倪也」義證引〔增韻〕。〇－，通作朇，又與裨通。〔釋詁〕「－，厚也」郝疏。〇－、朇、裨並通。〔廣雅·釋詁〕「－，益也」疏證。〇〔說文定聲·卷一二〕－，叚借為卑、為庳。〔晉語〕「松柏不生－」。〇（同上）－，叚借為朇。〔廣雅·釋詁〕「－，助也」。〇－，與垐略同，增土也。〔說文定聲·卷一二〕〇朇與俾、裨、－並同。〔說文〕「朇，益也」句讀。〇－垷，亦作僻倪。〔說文〕「陴，城上女牆，俾倪也」義證引〔增韻〕。〇－垷，又作睥睨。（同上）〇－垷，字或作俾倪，或作睥睨，或作僻倪。〔廣雅·釋宮〕「－垷，女牆也」疏證。

**鈚** －，刃戈。〔廣韻·脂部〕〇－，亦作鉟。〔漢書·高惠高后文功臣表〕「周竈以長－都尉擊項藉」補注。

**腄**　—，瘢胝。〔廣韻・支部〕〇—，俗謂之老繭。〔說文定聲・卷一〇〕〇—，謂脚跟行多生胝皮也。〔說文〕「—，跟胝也」繫傳。〇—，臀也。〔集韻・支部〕〇—，〔史・表〕作錘。〔漢書・外戚恩澤侯表〕「—」補注。

**栘**　—，木名，棠棣也。〔集韻・咍部〕〇—，如李而小，子如櫻桃。〔說文定聲・卷一〇〕〇—，今俗謂之棣棠花。(同上)〇—，似白楊，江東呼夫—。〔說文〕「—，棠棣木」繫傳。〇—，楊也，亦名扶—，似白楊。〔釋木〕「唐棣，—」鄭注。〇扶—，木名。〔廣韻・支部〕〇棠—，木也。〔廣韻・齊部〕〇—楊，一名高飛，一名獨搖。〔說文〕「—，棠棣」義證引〔古今注〕。〇—，音移。〔釋木〕「唐棣，—」鄭注。又〔漢書・常惠傳〕「隨—中監蘇武使匈奴」補注引宋祁。〇—與𦙶同。〔廣雅・釋器〕「𦙶，几也」疏證。

**崥**　—，一曰山足。〔集韻・支部〕〇—，—㠗。〔廣韻・齊部〕〇—㠗，山皃。〔集韻・支部〕

**錍**　〔說文定聲・卷一二〕—，斧也。〔說文〕「—，鈭—也」。〇—，—斧。〔廣韻・齊部〕〇—，鏃之薄者也。〔續音義・卷三〕引〔切韻〕。〇—，以堅剛得名也。〔方言九〕「其廣長而薄鐮謂之—」箋疏。〇鈭—，斧也。〔廣韻・支部〕〇〔說文定聲・卷一二〕—，假借為鏑。〔廣雅・釋器〕「—，鏑也」。

**嶉**　—，高貌。〔廣韻・脂部〕

**郿**　—，縣名，在岐州。〔廣韻・脂部〕〇—，今陝西—縣。〔說文定聲・卷一二〕〇—，在今山東泰安府東平州西。(同上)〇〔說文定聲・卷一二〕—，假借為微。〔左傳莊公二八年經〕「冬，築—」。〇—與微古今字。〔左傳莊公二八年經〕「冬，築—」洪詁。〇—，〔公羊傳〕謂之微。(同上)洪詁。

**暆**　—，或借施字。〔說文〕「—，日行——也」義證。〇—，當作施、作迆，此字後出。〔說文定聲・卷一〇〕〇——，迆邐徐行之意，猶施施。〔說文〕「—，日行——也」段注。〇東—縣，在樂浪。〔廣韻・支部〕

**胣**　—，當從日旁。〔漢書・武帝紀〕「以其地為樂浪、臨屯、玄菟、真番郡」補注。

**𡰪**　—𡲣、葉褕並雙聲字。〔方言二〕「葉褕，毳也」箋疏。

**痿**　—，痺也。〔集韻・支部〕〇—，溼病也。〔續音義・卷八〕引〔考聲〕。〇—，足不及也。(同上)引〔集訓〕。〇—，一曰兩足不相及。〔集韻・支部〕〇—，濕病，一曰兩足不能相及。〔廣韻・支部〕〇—，濕病，兩足不能相及。〔說文〕「—，痹也」義證引〔急就篇〕黄注。〇—，不能行也。(同上)義證引〔玉篇〕。〇—者，屈弱也。〔太素・五藏痿〕「五藏使人—何也」楊注。

**釃**　—，下酒。〔廣韻・支部〕〇—，猶籭也，籭取之也。〔說文〕「—，下酒也」繫傳。〇—，以水𤔡糟。〔集韻・支部〕〇—，以水𤔡糟也。〔楚辭・漁父〕「而歠其—」補注。〇以筐漉酒曰—。〔詩・伐木〕「—酒有藇」集疏。〇〔文選〕作醨，薄酒也。〔楚辭・漁父〕「而歠其—」補注。〇—，引申為分疏之意。〔說文〕「—，下酒也」段注。〇—與麗同。〔廣雅・釋詁〕「麗，遈也」疏證。〇—，本作灑，古字。〔漢書・溝洫志〕「迺—二渠以引其河」補注引王念孫。

**桵**　—，白—木也。〔廣韻・脂部〕〇—，其華實蕤蕤下垂，故謂之—。〔本草・卷三六〕〇—，音蕤。〔釋木〕「棫，白—」鄭注。〇—，字亦以蕤為之。〔說文定聲・卷一二〕〇—，後人作蕤。〔本草・卷三六〕

**离**　—，同离，猛獸。〔廣韻・支部〕

**梩**　—，即相。〔方言五〕「臿，東齊謂之—」疏證。〇—，即相也。(同上)箋疏。〇—，盛土器也。〔說文〕「捄，盛土於—中也」繫傳。〇—，徙土轝。〔廣韻・之部〕引〔六韜〕。〇—，里聲。〔說文〕「相，臿也」繫傳。〇—，同相，可以臿地握土者。〔說文〕「相，臿也」段注。

**相**　—，所以起土。〔說文定聲・卷一二〕〇—，或作梩。〔說文〕「捄，盛土於梩中也」段注。

**謻**　—，門名。〔集韻・支部〕〇—，冰室門名。〔廣韻・支部〕引〔埤蒼〕。〇—，一曰臺名。〔集韻・支部〕〇—，別也。(同上)又〔說文〕「誃，離別也」義證引〔夢溪筆談〕。〇—臺，猶別館也。(同上)繫傳。〇—者，誃之或體。〔說文〕「周景王作洛陽誃臺」段注。

**誃**　—，別也，亦作謻。〔廣韻・支部〕〇—，別也。〔義府・卷下〕

**㴘**　—，冰室門。〔義府・卷下〕〇—，同謻。〔廣韻・支部〕

**剺**　—，剝也，或作𠢕。〔集韻・脂部〕〇—，劃也。〔慧琳音義・卷一四〕引〔考聲〕。〇—，劃也。(同上)引〔考聲〕。〇—，借作梨。〔文選・安陸昭王碑文〕集釋。〇—，又通作棃。〔說文〕「—，剝也」義證。〇—，以蠡為之，蠡、—一聲之轉。〔說文定聲・卷五〕〇—，荔支字，今以荔為之，荔、—一聲之轉。(同上)〇—，字或作𠢕。〔說文〕「—，剝也」義證。〇—，又作劙。(同上)〇—，又作劚。(同上)〇〔說文定聲・卷五〕—，字亦作劙、作𠝹、𠞰、蠡、黎雙聲。〔說文〕「—，剝也」。〇(同上)—，〔漢書・揚雄傳〕以梨為之。〔長楊賦〕「分—單于」。〇凡分離、離別字，經傳皆以離為之，離、—一聲之轉。〔說文定聲・卷五〕

**剺**　—，剝也。〔廣韻・之部〕〇—，又作𠢕，劃也，直破曰—。〔慧琳音義・卷四八〕

**𠢕**　〔玉篇〕—與剺同。〔說文〕「剺，剝也」義證。

**嫠** 丨，小畫也。〔集韻・脂部〕○丨，俗嫠字。〔正字通〕

**孋** 丨，丨姬，本亦作驪。〔廣韻・支部〕

**隹** 丨，鳥也。〔說文〕「隺，高至也」繫傳。○丨，鳥名也。〔說文〕「丨，鳥之短尾總名也」繫傳。○一鳥曰丨。〔說文〕「雔，雙鳥也」義證引〔禽經〕。○丨，即今之崔也。〔說文〕「崔，大高也」段注。○丨其，亦曰祝鳩，今所謂鵓鳩也。〔釋鳥〕「丨其，鳺鴀」鄭注。○丨、雔古通用。〔方言八〕疏證。○〔說文定聲・卷一二〕丨，假借為雔。〔釋鳥〕「丨其，鳺鴀」。○丨，假借為雜，雜、丨一聲之轉。〔說文定聲・卷一二〕○丨，古惟字。〔墨子・明鬼下〕「矧丨人面」閒詁引畢沅。○丨，古唯字。〔荀子〕「利往卬上」雜志。

**齎** 〔說文定聲・卷一二〕丨，謂裳下緝。〔說文〕「丨，緶也」。○丨緶字謂鍬衣下也。〔說文〕「丨，緶」繫傳。○丨緶，經典通用齊。〔廣韻・脂部〕○丨，經傳多假齊為之。〔說文〕「丨，緶也」段注。

**𧞤** 丨，同齎。〔廣韻・脂部〕○丨，一作齎，通作齊。〔廣雅・釋詁〕「丨，緁也」疏證。

**簃** 丨，樓閣邊小屋。〔廣韻・支部〕○丨，樓閣邊小屋，與樓閣相連者。〔義府・卷下〕○丨，連閣。〔廣韻・支部〕○宮室相連謂之丨，通作誃。〔集韻・支部〕○承屋曰移，移與丨通。〔釋宮〕「連謂之丨」述聞引〔周書〕孔疏。○在旁而及曰移，移與丨通。（同上）述聞引〔大傳正義〕。○丨之言移也。（同上）述聞。○丨，當作移。（同上）郝疏。

**錙** 丨，丨銖。〔廣韻・之部〕○〔說文定聲・卷五〕丨為黍六百之重。〔說文〕「丨，六銖也」。○丨，熾也。〔說文〕「丨，六銖也」段注。

**陑** 丨，同隭。〔廣韻・之部〕○丨，亦作隭。〔說文〕「㧱，詩曰㧱之丨丨」段注。

**隭** 丨，地名，又夔險也。〔廣韻・之部〕

**雖** 丨，本蟲名，似蜥蜴而有文。〔廣韻・脂部〕○丨，一曰不定，古作隹。〔集韻・脂部〕○丨，語助也。〔廣韻・脂部〕○唯與丨義同。〔漢書・汲黯傳〕「丨上亦不說也」補注。○丨、唯通。〔墨子・非命上〕「今丨毋求」閒詁。○丨、唯古字通也。〔墨子・非儒下〕「丨恐后言」平議。○丨與唯通。〔墨子・兼愛下〕「丨子墨子之所謂兼者」閒詁。○古者丨與唯通。〔墨子〕「唯」雜志。○丨與唯二字古通用。〔詩・抑〕「女丨湛樂從」通釋。○古字多借丨為唯。〔禮記・雜記〕「已丨小功」述聞。○丨字，古多借作唯。〔漢書〕「唯信亦以為大王弗如也」雜志。○〔說文定聲・卷一二〕丨，段借發聲之詞。〔廣雅・釋詁〕「丨，詞也」。○丨，當讀曰唯。〔國語・晉語〕「丨其慢」述聞。○丨，當讀為惟。〔詩・抑〕「女丨湛樂從」平議。○丨，當讀為唯。〔論語・子罕〕「丨覆一簣」平議。○丨與唯同。〔文選・離騷經〕「余丨好脩姱以鞿羈兮」集釋引〔讀書志餘〕。又〔墨子〕「毋無」雜志。○〔說文定聲・卷一二〕丨，用唯、睢字亦同。〔僞五子之歌〕「丨悔可追」。○丨，當作唯。〔墨子・非儒下〕「丨恐後言」閒詁引蘇時學。○〔釋詞〕丨，字或作唯。〔穀梁傳桓公一四年〕「以為唯木易災之餘而嘗可也」。○（同上）丨，字又作惟。〔史記・淮陰侯列傳〕「惟信亦為大王不如也」。○丨當為唯之誤。〔韓子・難二〕「然丨知不欺主之臣」集解。○丨，當作離。〔韓子・忠孝〕「丨冢獨行」集解引王渭。○丨，當依注作離。〔荀子・解蔽〕「是以與治丨走」集解引郝懿行。○丨本作離，隸書離字或作雔，形與丨相似，因誤為丨。〔漢書・陳湯傳〕「郅支單于丨所在絕遠」補注引王念孫。

**蚑** 丨，蟲行也。〔慧琳音義・卷五五〕引〔文字典說〕。又〔說文定聲・卷一一〕○丨丨，蟲行兒。〔廣韻・支部〕○蟲行曰丨行。〔說文〕「赽，緣大木，一曰行兒」繫傳。○丨蛷，即肌蛷也。〔說文〕「蝨，多足蟲也」段注。○關西呼𧒆溲為丨蛷。（同上）段注引玄應。○丨蛷，陶隱居、陳藏器作蠷螋，音劬蘇。（同上）段注。○長丨，蠨蛸別名。〔廣韻・支部〕○跂與丨通。〔漢書〕「跂行喙息」雜志。○丨，各本作跂。〔說文〕「妓，婦人小物也」段注。○〔說文定聲・卷一一〕丨，以跂為之。〔淮南・原道〕「澤及跂蹺」。○

**㩻** 丨之言刲也。〔廣雅・釋詁〕「丨，裁也」疏證。○丨、攜聲近義同。〔方言二〕「丨，裁也」箋疏。

**郫** 〔說文定聲・卷一一〕丨，今四川成都府丨縣。〔說文〕「丨，蜀縣也」。○丨縣，在蜀。〔廣韻・支部〕○丨邵，晉邑。（同上）○丨亭，今河南懷慶府濟源縣西有丨亭。〔說文定聲・卷一一〕○丨，通作稗。〔說文〕「丨，蜀縣也」義證。

**鍦** 丨，短矛。〔廣韻・支部〕○吳越以丨為矛。〔文選・吳都賦〕「藏丨於人」集釋引〔方言〕。○丨、鉈、施、𨭖、𥍯，字異義並同。〔方言九〕「矛，吳揚江淮南楚五湖之間謂之丨」箋疏。○丨作𥍯，音蛇，後世言蛇矛名出於此。〔文選・吳都賦〕「藏丨於人」集釋引王念孫。○丨、鍦同。〔方言九〕「矛，吳揚江淮南楚五湖之間謂之丨」疏證。○丨，字與𥍯同。〔廣雅・釋器〕「𥍯，矛也」疏證。○鉈，即丨字。〔文選・吳都賦〕「藏丨於人」集釋。

**𥍯** 丨，即鍦。〔方言九〕疏證。

**鉇** 丨，字與𥍯同。〔廣雅・釋器〕「𥍯，矛也」疏證。

**仔** 丨，克也。〔廣韻・之部〕○丨肩，任也。〔詩・敬之〕「佛時丨肩」朱傳。

**鄑** 丨，城名，在海北。〔廣韻・支部〕○丨、訾音同。〔左傳莊公元年經〕「紀郱丨郚」疏證引洪亮吉。

**觜** 丨，角利兒。〔集韻・之部〕○丨丨，獸角兒。〔廣韻・之部〕○丨丨，銛利貌。〔楚辭・招魂〕「其角丨丨些」集釋引五臣。○丨丨，猶岳岳也。〔說文」頤，面前岳岳也」義證引〔玉篇〕。

譆丨，痛也。〔集韻・之部〕○丨，痛聲。〔廣韻・之部〕○丨，當作痛聲。〔說文〕「丨，痛也」段注。○丨，痛而呼之言也。（同上）繫傳。○熺、熹、丨義並相近。〔廣雅・釋詁〕「熺，熾也」疏證。○丨、歖與欸亦聲近而義同。〔廣雅・釋詁〕「欸，譍也」疏證。○烪、熹、丨並同。〔廣雅・釋詁〕「烪，爇也」疏證。○古字誒、烪、丨並通。〔左傳襄公三〇年〕「丨丨出出」洪詁。○丨，假借為熹。〔說文定聲・卷五〕○（同上）丨，假借為歖。〔漢書・揚雄傳〕「丨丨旭旭」。○（同上）丨，假借為娭。〔漢書・灌夫傳〕「因丨笑曰」。○丨，或借嘻字。〔說文〕「丨，痛也」義證。○丨與熹同音。（同上）段注。○誒與丨同。〔國策〕「誤」雜志。○丨，或作嘻。〔說文〕「丨，痛聲也」句讀。○丨，字亦作嘻。〔說文定聲・卷五〕○莧丨，〔說苑・君道篇〕作莞饒，〔新序〕一作莞蘇。〔呂覽・長見〕「莧丨數犯我以義」校正。

憙〔說文定聲・卷五〕丨，段借為譆。〔後漢・蔡邕傳〕「試潛聽之曰憘」。

麒丨，丨麟。〔廣韻・之部〕○丨麟，毛蟲之長。〔孟子・公孫丑上〕「丨麟之於走獸」朱注。○丨麟者，毛蟲之長，仁獸也。〔說文〕「丨，仁獸也」義證引何法盛〔徵祥記〕。○丨麟，瑞獸，一角，角端有肉。（同上）義證引〔古文苑・大郝賦〕注。○牡曰丨，牝曰麐。〔說文定聲・卷五〕○丨麟者，牡曰丨，牝曰麟。〔說文〕「麐，牝丨也」義證引何法盛〔徵祥記〕。○丨麐，通作丨麟。〔通雅・獸〕

榌丨，楣。〔廣韻・脂部〕○丨，即楣也，檐也。〔說文定聲・卷一二〕○丨，屋梠也。〔說文〕「丨，梠也」義證引〔玉篇〕。○丨，椽梠也。〔慧琳音義・卷八五〕引〔考聲〕。○丨，屋梠楣。〔說文〕「丨，梠也」義證引〔增韻〕。○丨，即連檐木也，在椽端際。（同上）繫傳。○以丨為檻義得通。〔文選・西京賦〕「鏤檻文丨」集釋。○丨與幌，聲近而義同。〔廣雅・釋詁〕「幌，㡘也」疏證。

茈丨，即今染紫草也。〔說文〕「丨，艸也」繫傳。○丨，藐丨草。〔廣韻・支部〕○丨，今聲轉謂之蒲齊，亦謂之葧臍。〔說文定聲・卷一二〕○丨虒，一作偨傂、柴傂、跐豸，音此齒。〔通雅・釋詁〕

委丨者，丨隨也。〔說文〕「輸，丨輸也」段注。○丨，緌也。〔通雅・衣服〕○丨，屬也。〔莊子・知北遊〕「是天地之丨形也」集釋引俞樾。○丨，曲也。〔國策・楚策一〕「撫丨而服」補注。○丨，致也。〔國策・秦策四〕「吾將還其丨質」補注。○丨，與之。〔國策・魏策四〕「魏丨國於王」鮑注。○丨，女子從人者也。〔說文〕「丨，丨隨也」繫傳。○文德之衣尚褒長，故曰丨。〔左傳昭公元年〕「吾與子弁冕端丨」洪詁引服虔。○丨府，均輸籠貨物之府也。〔通雅・貨賄〕○丨麗，猶丨蛇，行步自得之貌。〔漢書・司馬相如傳〕「駕應龍象輿之蠖略丨麗兮」補注。○丨蛇，窊衺也。〔廣雅・釋訓〕疏證。○衺貌謂之丨蛇，曲貌亦謂之丨蛇。〔廣雅・釋訓〕「丨蛇，窊衺也」疏證。○丨蛇丨蛇，與丨丨佗佗同也。〔漢書・食貨志〕「百晦之收」補注。○丨蛇、丨虵、逶迤、猗移、丨移、逶蛇、逶移、逶虵、蜲蛇、丨隨、逶隨、褘隋，並字異而義同。〔廣雅・釋訓〕「丨蛇，窊衺也」疏證。○丨丨佗佗，美也。〔廣韻・支部〕○丨丨佗佗，德之美也。〔詩・君子偕老〕「丨丨佗佗」集疏引韓說。○丨丨佗佗，雍容自得之貌。（同上）朱傳。○餧、萎、丨並通。〔廣雅・釋詁〕「餧，食也」疏證。○丨，餧之省借。〔詩・鴛鴦〕「莝之秣之」集疏。○丨丨，通作褘褘、逶逶、緌緌。〔通雅・釋詁〕○〔說文定聲・卷一二〕丨，字亦作蜲。〔西京賦〕「聲清暢而蜲蛇」。○（同上）丨丨，或作逶逶，褘褘亦同。〔詩・君子偕老〕「丨丨佗佗」。○丨隨，或作丨蛇。〔說文〕「丨，丨隨也」義證。○丨隨，又作丨佗。（同上）○丨隨，又作丨虵。（同上）○丨隨，又作逶隨。（同上）○丨丨佗佗，魯作褘褘它它。〔詩・君子偕老〕「丨丨佗佗」集疏。

鍉丨，鋒也。〔說文〕「厝，厲石也」義證引〔玉篇〕。○丨，歃血器。〔廣韻・齊部〕

秠丨，一稃二米。〔廣韻・尤部〕○丨，黑黍，一稃二米。〔廣韻・脂部〕○〔說文定聲・卷五〕丨，一康之內有兩米。〔說文〕「丨，一稃二米」。○丨，即秬之皮耳。〔說文〕「丨，一稃二米」義證引程瑤田。○丨，此解當云稃也，从禾，丕聲。（同上）段注。○一稃二米曰丨。〔本草・卷二三〕

頯〔說文定聲・卷六〕丨，謂面權也。〔說文〕「丨，權也」。○丨，小頭。〔廣韻・脂部〕○丨，一曰厚也。〔集韻・脂部〕○頄、丨、仇、鼽，並字異而義同。〔廣雅・釋親〕「頄，頯也」疏證。○丨，字又作頄。〔說文〕「丨，權也」段注。

蘼丨蕪，一作蘪蕪，其莖葉靡弱而繁蕪，故以名之。〔本草・卷一四〕○蘠丨，虋冬也。〔廣韻・支部〕○丨、薇，古音同。〔釋草〕「蘠丨，虋冬」郝疏。○丨、麻、虋聲相轉。（同上）郝疏。

軝丨，轂也。〔詩・采芑〕「約丨錯衡」朱傳。○丨，車兩尾。〔集韻・脂部〕○〔說文定聲・卷一二〕丨，以革約之而朱之，即所謂軎也。〔說文〕「丨，長轂之丨也」。○丨，亦謂之軒。〔說文定聲・卷一二〕〔「軝」下〕引程瑤田。○〔說文定聲・卷一二〕丨，以軝為之，故書字作軒，氏、开一聲之轉。〔周禮・大馭〕「右祭兩軝」。

軒〔說文定聲・卷一二〕丨者，軝之古字。〔周禮・大馭〕「右祭兩軝」。〔「軎」下〕

剞丨之言阿曲。〔廣雅・釋器〕「丨劂，刀也」疏證。○〔說文定聲・卷一〇〕丨，假借為柯。〔吳都賦〕「刲丨熊羆之室」。○丨劂，當作掎劇。〔漢書・揚雄傳〕「般倕棄其丨劂兮」補注引宋祁。

**桋** 丨，木名。〔廣韻·脂部〕○〔說文定聲·卷一二〕丨，叚借為荑。〔爾雅〕「女桑，丨桑」。

**摛** 丨，舒也。〔廣韻·支部〕又〔慧琳音義·卷八二〕引〔韻英〕。○丨，陳布也。〔慧琳音義·卷八三〕引〔考聲〕。○丨，以手舒之也。〔說文〕「丨，舒也」繫傳。○〔說文定聲·卷一○〕丨縷，假借雙聲連語，猶離婁也。〔魏都賦〕「壯翼丨縷于青霄」。○(同上)丨，字亦作攡。〔太玄·玄攡〕「幽攡萬類」。

**攡** 丨，張也。〔廣韻·支部〕引〔太玄經〕。○丨，張也，或省。〔集韻·支部〕○丨者，張也。〔漢書·揚雄傳〕「故有首、衝、錯、測、丨、瑩、數、文、掜、圖、告十一篇」補注。○丨，義與摛同。〔廣雅·釋詁〕「摛，舒也」疏證。

**崎** 丨，曲岸，與圻、碕同。〔廣韻·微部〕○丨嶇，山路不平。〔說文〕「敧，敧隔也」義證引〔玉篇〕。○丨嶇，山險皃也。〔慧琳音義·卷八○〕引〔考聲〕。○丨嶇、陭隔、踦踽，並字異而義同。〔廣雅·釋訓〕「丨嶇，傾側也」疏證。○丨嶇，一作踦區、陭隔、敧嶇、踦踽、敧隔。〔通雅·釋詁〕

**眵** 丨，目汁凝。〔廣韻·支部〕又〔集韻·支部〕。○丨，目汁凝也。〔慧琳音義·卷二〕引〔韻英〕。○丨，一曰曹兜。〔集韻·支部〕○丨，謂眇覞，目之蔽垢也。〔說文〕「丨，一曰曹兜」義證引〔急就篇〕顏注。○丨，今蘇俗謂之眼丨，音如侈。〔說文定聲·卷一○〕○丨蔑，目蔑也。〔通雅·身體〕○〔說文定聲·卷一○〕丨，假借為多，字作胗。〔詩·楚茨〕箋「庶，胗也」。

**胔** 丨，人子腸。〔集韻·支部〕○丨，人子腸名。〔廣韻·支部〕○水腸謂之丨。〔集韻·之部〕○有肉曰丨。〔荀子〕「為溝壑中瘠」雜志。○丨，謂死於道路如鳥獸也。〔大戴·千乘〕「羸醜以丨者」王詁。○丨作瘠者，借字耳。〔荀子〕「為溝壑中瘠」雜志。○〔史記〕丨作瘠。〔漢書·婁敬傳〕「徒見羸丨老弱」補注。

**箄** 〔說文定聲·卷一二〕丨，筐筥之類。〔方言一三〕「篆，小者謂之丨」。○丨，捕魚器。〔集韻·支部〕○丨，取魚竹器。〔廣韻·支部〕○丨與笓同。〔廣雅·釋器〕「篝、筌謂之笓」疏證。

**黐** 丨，黏也。〔廣韻·支部〕又〔慧琳音義·卷一四〕引〔考聲〕。○丨，所以粘鳥。〔廣韻·支部〕○有樹脂黏著可捕鳥者為丨樹。〔慧琳音義·卷一○○〕引〔古今正字〕。

**邿** 丨，地名。〔廣韻·之部〕○丨，魯附庸，在今山東兗州府濟寧州東南。〔說文定聲·卷五〕○丨，通作詩。〔說文〕「丨，附庸國」義證。○丨、詩古今字也。〔說文〕「丨，在東平亢父丨亭」段注。○〔公羊傳〕丨作詩，〔水經注〕同。〔左傳襄公一三年經〕「夏，取丨」洪詁。

**齝** 丨，牛吐食而復嚼。〔廣韻·之部〕○丨，將咽復吐出嚼之。〔說文〕「丨，吐而噍也」繫傳。○嚼草復出曰丨。〔本草·卷五○〕○丨，食久復吐而回嚼，今蘇俗謂之轉草。〔說文定聲·卷五〕

**𪗋** 丨，同齝。〔廣韻·之部〕

**呞** 丨，同齝。〔廣韻·之部〕

**蜲** 丨，丨蛇。〔廣韻·支部〕○委蛇、委虵、逶迤、猗移、委移、逶蛇、逶移、逶虵、丨蛇、委隨、逶隨、褘隋，並字異而義同。〔廣雅·釋訓〕「委蛇，窊衺也」疏證。

**蛦** 蟞丨，山雞也。〔廣韻·脂部〕○丨，𧒒丨，蟲名。〔廣韻·脂部〕

**噅** 丨，口不言正。〔廣韻·支部〕○丨，一曰口不正。〔集韻·支部〕○丨，醜也。(同上)

**爢** 丨，丨爛。〔廣韻·支部〕○丨，熟也。〔說文〕「丨，爛也」義證引〔玉篇〕。○丨，一曰壞也。〔集韻·支部〕○丨，通作糜。〔廣雅·釋詁〕「丨，熟也」疏證。○丨、靡、糜並通。〔廣雅·釋詁〕「丨，壞也」疏證。○丨，或借糜字。〔說文〕「丨，爛也」義證。又(同上)句讀。○丨，又借靡字。(同上)義證。又(同上)句讀。○丨，古多叚糜為之。(同上)段注。○丨散、靡散，並與丨㪚同。〔廣雅·釋詁〕「丨㪚，壞也」疏證。

**娸** ○丨、欺、䫏、倛、魌五字並同義。〔廣雅·釋詁〕「丨，醜也」疏證。○〔說文定聲·卷五〕丨，假借為䫏。〔說文〕引杜林「丨，醜也」。○(同上)丨，假借為諆。〔漢書·李陵傳〕「隨而丨櫱其短」。

**𢽾** 丨，多也。〔廣韻·支部〕

**觶** 丨，一說實曰觴，虛曰丨。〔集韻·支部〕○丨，本音寘，今作奉丨字。〔廣韻·支部〕○丨，或作觗、觝。〔集韻·支部〕

**姼** 丨，母也。〔廣韻·支部〕○丨丨，即〔爾雅〕之怟怟也。〔漢書·敘傳〕「丨丨公主」補注引錢大昭。○〔說文定聲·卷一○〕丨，叚借發聲之詞，俗字作爹。〔方言六〕「南楚瀑洭之間謂婦妣曰母丨，稱婦考曰父丨」。○丨，音時，丨、媞音義同。〔通雅·釋詁〕○丨與爹同音，媞、爹聲並與丨相近，父也。〔方言六〕「謂婦妣曰母丨」箋疏。○〔說文定聲·卷一○〕丨，俗字作爹。〔廣雅·釋親〕「爹，父也」。○(同上)丨，以移為之。〔廣雅·釋詁〕「移、沾，禔也」。

**柅** 丨，木名。〔廣韻·脂部〕○〔說文定聲·卷一二〕丨，假借為尼，實為疑，謂軔也。〔易〕「金丨」。○官本丨作旎。〔漢書·揚雄傳〕「乘雲蜺之旖丨兮」補注。○丨，子夏傳作鑈，〔說文〕作檷。〔易·姤〕「繫于金丨」李疏。

榯　一，樹木立也。〔廣韻・之部〕○一，木立皃。〔集韻・之部〕

鼒　一，小鼎。〔廣韻・之部〕○一，小鼎也。〔詩・絲衣〕「鼐鼎及一」朱傳。○一，鼎圜弇上。〔集韻・咍部〕○一，通作哉。〔詩・絲衣〕「鼐鼎及一」通釋。

穈　一，穄別名。〔廣韻・支部〕○一，一曰穄飯。〔說文〕「一，穄也」義證引程瑶田。○一，黍之不黏者。（同上）段注。又〔說文定聲・卷一〇〕。○禾屬而黏者黍，禾屬而不黏者一，對文異，散文則通稱黍。〔廣雅・釋草〕「䵊，穄也」疏證。○一，稔也。〔說文〕「稔，穀孰也」義證引〔古今注〕。○一即謂黍，二字可互通也。〔說文〕「一，穄也」義證。○䵊與一同。〔廣雅・釋草〕「䵊，穄也」疏證。

旇　一，旗靡。〔廣韻・支部〕○一，風之所吹披散偃靡也。〔說文〕「一，旌旗披靡也」義證引戴侗。○〔說文定聲・卷一〇〕一，以藣為之。〔爾雅〕「旄謂之藣」。

𢻫　一，一張之皃。〔廣韻・支部〕○一，張羽皃，書作翍。〔集韻・支部〕

觜　一，星也。〔集韻・支部〕○一，一曰鴟舊頭上角一也。（同上）○一蠵，一名靈蠵。〔說文〕「蠵，一蠵也」段注。○一蠵，一作蟕蠵。〔漢書・禮樂志〕「馮蠵切和疏寫平」補注。○一為口一，古原音資。〔通雅・天文〕

䕻　一，草木附地生也。〔廣韻・支部〕○一，草木生亞上也。〔廣韻・霽部〕○一者，相分布屬箸也。〔說文〕「一，艸木相附麗土而生」繫傳。○一，此字當訓華也。〔說文定聲・卷一〇〕○一，字通作麗。〔廣雅・釋詁〕「一，著也」疏證。○一，亦作離。（同上）疏證。○一，字亦作孋。〔說文定聲・卷一〇〕

緦　一，一麻。〔廣韻・之部〕○〔說文定聲・卷五〕一，總之誤字。〔廣雅・釋詁〕「一，聚也」。○一，當作總。〔廣雅・釋詁〕「一，聚也」疏證。

厜　一者，山巔之狀也。〔慧琳音義・卷七四〕○一㕒，山巔。〔集韻・支部〕○一㕒，山巔狀。〔廣韻・支部〕○一㕒，猶崔嵬也。〔釋山〕「山頂冢崒者一㕒」鄭注。○嵯峩、嵯峨、一㕒、嵳峩，並字異而義同。〔廣雅・釋詁〕「嵯峩，高也」疏證。○崔嵬、崒危、一㕒聲相近，皆巉巗之轉也。〔廣雅・釋詁〕「崪，高也」疏證。○一㕒，疊韻連語，與嵯峨同。〔說文定聲・卷一〇〕○一㕒，亦作差峩。〔說文〕「崒，危高也」段注。○鄭所據〔爾雅〕，一㕒作崔嵬也。（同上）段注。

鉹　涼州呼甑為一。〔集韻・支部〕

趍　〔說文定聲・卷一〇〕一，假借為迻，或為眵。〔說文〕「誃，讀若論語跢予之足」。○（同上）一，假借為多。〔景福殿賦〕「厥庸孔多」。○（同上）一，字亦作跢。〔方言一三〕注「跢，小兒行」。○（同上）一，以趨為之。〔詩・猗嗟〕「巧趨蹌兮」。

鳲　一鳩，鴶鵴，今布穀也。〔廣韻・脂部〕○一鳩，鳥名，布穀也，或从隹。〔集韻・脂部〕○一鳩，秸鞠也，亦名戴勝，今之布穀也。〔詩・鳲鳩〕「一鳩在桑」朱傳。○一鳩，即布穀，所謂郭公也，化鷂者即此。〔通雅・鳥〕○一鳩，一名鴶鵴，一名布穀，一名桑鳩。〔說文〕「鵴，秸鵴，尸鳩」義證引〔白帖〕。○一鳩，即布穀也，一名桑鳩，一名擊轂，江東呼為穫穀。〔釋鳥〕「一鳩，鴶鵴」鄭注。○桑鳩、一鳩聲相轉。（同上）郝疏。○尸、一，古今字。〔詩・鳲鳩〕「一鳩在桑」陳疏。

蘪　一蕪，香艸。〔集韻・脂部〕又〔說文〕「一，一蕪也」義證引〔廣志〕。○一蕪，香草也。〔慧琳音義・卷八六〕引〔玉篇〕。○一蕪，香草，即江離也。〔廣韻・脂部〕○一蕪，一名當歸。〔說文〕「一，一蕪也」義證引〔古今注〕。○一蕪，一名薇蕪，一名江離。芎藭苗也。（同上）義證引〔本草〕。○一蕪，其苗曰江蘺，根曰芎藭，葉名一蕪，又名蘄芷。〔漢書・司馬相如傳〕「穹窮昌蒲江離一蕪」補注。○一、蕪雙聲。〔方言一三〕「一，蕪也」箋疏。○一，字亦作蘼。〔說文定聲・卷一二〕

柌　一，鎌柄。〔廣韻・之部〕

犪　一，牛名。〔集韻・脂部〕

萑　一，一曰艸名，茺蔚也。〔集韻・脂部〕○一，一曰木名，似桂。（同上）○一，一曰枲未漚者。（同上）○一，一名蓷。〔說文〕「一，艸多皃」義證引〔增韻〕。○一葦，即蒹葭也。〔詩・七月〕「八月一葦」朱傳。○一蓷，茺蔚，又名益母。〔廣韻・脂部〕○〔說文定聲・卷一二〕一，假借為蓷，即今益母草。〔釋草〕「一，蓷」○鵻、一疊韻，實一物也。〔釋鳥〕「一，老鵻」郝疏。○官本萑作一。〔漢書・鼂錯傳〕「萑葦竹蕭」補注。

甤　一，下垂之皃。〔說文定聲・卷一二〕○一之言垂也。〔說文〕「一，艸木實一一也」段注。○一與蕤音義皆同。（同上）

𩅦　一，雨聲。〔廣韻・脂部〕○涔一，久雨。（同上）

霣　一，同𩅦。〔廣韻・脂部〕

秜　一，稻再生。〔集韻・脂部〕○一，稻死，來年更生。〔廣韻・脂部〕○一，即今云穭生稻也。〔說文〕「一，稻今年落，來年自生」繫傳。○〔說文定聲・卷一二〕一，字作稆，亦作穭。〔後漢〕「尚書郎以下自出采稆」。○（同上）一，以離為之。〔淮南王書〕「離先稻熟而農夫耨之」。

枱　一，臿下耑曰一。〔說文定聲・卷五〕○一，今之耜字也。〔說文〕「古者垂作耒一，以振民也」段注。○一，今經典之耜。〔說文〕「一，耒耑也」段注。○一，許之耜字也。〔說文〕「巜，水小流也」段注。○一，實與耜同字。〔說文定聲・卷五〕○一，各本作耜，誤。〔說文〕「古者垂作耒一，以振民也」段注。

䨨　—，雷也。〔集韻·脂部〕〇—，隱也，雷也。〔詩·殷其靁〕「—其靁」集疏引韓說。〇—之言哼哼然也。〔廣雅·釋天〕「—，雷也」疏證。

狉　—，貍子。〔廣韻·脂部〕〇狸子曰—，或从犬。〔集韻·脂部〕〇—與豾亦同。〔方言八〕「貔，北燕朝鮮之間謂之豾」箋疏。

泜　—，水名。〔廣韻·脂部〕〇—，水名，在常山，陳餘死處也。（同上）〇—，出今直隸正定府元氏縣封龍山。〔說文定聲·卷一二〕〇—水，即江水。〔史記·五帝紀〕「青陽降居江水」志疑。〇——，猶𧈪𧈪也。〔通雅·釋詁〕〇—與坻同。〔說文〕「—，著止也」句讀。〇—，據許書，與坻略同。〔說文定聲·卷一二〕〇——，與怟怟略同。（同上）

菭　—，水衣也。〔廣韻·脂部〕〇—藫，艸名，通作治。〔集韻·之部〕〇魚衣濕者曰濡—，亦作苔。〔廣韻·咍部〕〇—，音苔。〔說文〕「藫，治牆也」義證引〔御覽〕。〇—與治古同聲，故疾言之則為—，徐言之則為陟釐。〔廣雅·釋草〕「石髮，石衣也」疏證。〇—與苔同。（同上）〇—，今作苔。〔說文〕「—，水青衣也」段注。

蓖　—，蒿也。〔廣韻·脂部〕〇—，蒿，似蓍。〔說文〕「—，蒿也」義證引〔玉篇〕。〇—，字亦作蓖。〔說文定聲·卷一二〕〔「蓖」下〕

澬　—，久雨。〔集韻·脂部〕〇—，水名在邵陵。（同上）〇—，水名，在常山郡。（同上）〇涔—，久雨。（同上）又〔說文〕「—，久雨涔—也」義證引〔玉篇〕。〇—，與霣略同，字亦作霣。〔說文定聲·卷一二〕〇—，亦作穧。〔說文〕「—，久雨涔—也」段注。

跠　—，同𡰥。〔廣韻·脂部〕〇—與𡰥字同，亦通作夷。〔廣雅·釋詁〕「—，踞也」疏證。

黟　—，同黝。〔廣韻·脂部〕〇—，〔地理志〕本作—，師古所據作黝，乃誤本耳。〔說文〕「丹陽有—縣」段注。

穧　—，積禾。〔廣韻·脂部〕〇—，堆積已刈之禾也。〔說文〕「—，積禾也」繫傳。〇禾多曰—。〔說文定聲·卷一二〕〔「𩆜」下〕〇—與茨義亦同也。〔廣雅·釋詁〕「—，積也」疏證。〇秭與—聲亦相近。（同上）〇—、積雙聲。〔說文〕「—，積禾也」句讀。〇—之秩秩，今作積之栗栗。〔說文〕「詩曰—之秩秩」段注。〇〔說文定聲·卷一二〕—之秩秩，今毛本作積之栗栗。〔說文〕「—，積禾也」。

瓻　—，酒器，大者一石，小者五斗。〔廣韻·脂部〕

恞　—，悅樂。〔廣韻·脂部〕〇〔說文定聲·卷一二〕—，即怡。〔釋言〕「—，悅也」。

侇　凡平訓皆當作—，今則夷行—廢矣。〔說文〕「—，行平易也」段注。〇—，經典借夷字。（同上）義證。〇—，經傳通作夷。〔廣雅·釋訓〕「——，行也」疏證。〇—，經傳皆以夷為之。〔說文定聲·卷一二〕



鄈　—，在今山西平陽府太平縣。〔說文定聲·卷一二〕〇—丘，地在陳留，又在河東，漢祭后土處。〔廣韻·脂部〕〇—，又通作魁。〔說文〕「—，河東臨汾地」義證。〇—，通作脽。（同上）〇〔說文定聲·卷一二〕—，以脽為之。〔漢書·武帝紀〕「汾陰脽土」。

逶　—，雅也。〔續音義·卷五〕引〔切韻〕。〇—，行皃也。（同上）〇—，—迆。〔廣韻·支部〕〇—迤，邪行也。〔慧琳音義·卷四〕引〔古今正字〕。〇—迤，自得之皃。〔慧琳音義·卷五六〕〇—迤，迂曲邪行皃。〔續音義·卷五〕〇—迆，水曲流貌也。〔慧琳音義·卷四〕引蕭該。〇—迤，公正貌。〔詩·羔羊〕「—迤—迤」集疏引韓說。〇〔說文定聲·卷一二〕—蛇，猶旖施也。〔漢書·禮樂志〕「旗—蛇」。〇委蛇、委虵、—迤、猗移、委移、—蛇、—移、—虵、蝼蛇、委隨、—隨、褘隋，並字異而義同。〔廣雅·釋訓〕「委蛇，窊衺也」疏證。〇〔說文定聲·卷一二〕—，字亦作遺。〔童子逢盛碑〕「遂為迆也」。〇—，或作蝼。〔說文〕「—，—迤，衺去之皃」義證。〇—，又作遺。（同上）〇—迆，即委蛇。〔釋訓〕「委委佗佗，美也」郝疏。〇—迆，又作威夷。〔說文〕「—，—迤，衺去之皃」義證。〇—迤，一作委蛇、蝼蛇、—蛇、委佗、遺蛇、委它、倭遲、倭夷、威夷、威遲、郁夷、褘隋、遏迆、褘隋、褘它、倭他、委移、歸邪、隝崎、委陀、—徶、委維、委壝、靡匜、逶迆、蝺虵、蝺虵、踒跪、—迱、委迆。〔通雅·釋詁〕〇陵夷之為陵遲，猶—夷之為—遲。〔漢書〕「連語」雜志。〇—，或从虫為聲，亦後製字。〔說文定聲·卷一二〕

藣　—，草名。〔廣韻·支部〕〇〔說文定聲·卷一〇〕—，假借為旇。〔爾雅〕「旄謂之—」。〇—，假借爲麾字也。〔說文〕「—，艸也」段注。〇—者，擺之段字。〔釋器〕「旄謂之—」平議。

蘼　—，艸名。〔集韻·支部〕〇—，筍篾節。（同上）

䔟　—，萎—草。〔廣韻·支部〕〇〔說文定聲·卷一〇〕萎—，疊韻連語，猶禾之倚移，木之檹施，華之猗儺也。〔說文〕「—，艸萎—」。

諆　—，謾書也。〔說文〕「—，欺也」繫傳。〇—，謀也。〔廣韻·之部〕〇—，一曰謀也。〔集韻·之部〕〇〔說文定聲·卷五〕—，假借為謀。〔釋詁〕「基，謀也」。〇—，字亦作諅。〔說文定聲·卷五〕

騩　—，馬淺黑色。〔廣韻·脂部〕又〔集韻·脂部〕。〇〔說文定聲·卷一二〕—，叚借為巍。〔莊子·讓王〕「居心于—闕之下」。〇—，一作隗。〔漢書·地理志〕「有大—山」補注引王先慎。

蘲　—，盛土籠，或作虆。〔集韻·脂部〕

踟　—，踟躕。〔廣韻·支部〕〇—躕，猶踟躅也。〔詩·靜女〕「搔首—躕」朱傳。〇蹢躅、跢跦、蹢躅、踟躅、—躕、踟躕、踶躕、騠躅、—跦，並字異而義同。〔廣雅・釋訓〕「蹢躅，跢跦也」疏證。○－蹰，亦作躊躇。〔文選・鸚鵡賦〕「闚户牖以－蹰」集釋。○－蹰，一作峙躇、遲佇、－躇、跢跦，轉為躊躇、躑躅。〔通雅・釋詁〕○－蹰，本作彳亍，一作躑躅、蹢躅、躊踱、櫭躅。〔同上〕

**圯**　－，土橋名，在泗州。〔廣韻・之部〕○－，〔史〕、〔漢〕叚氾為之。〔説文〕「－，東楚謂橋」段注。○－，作氾。〔雜志・卷三〕○浙本－作氾。〔漢書・張良傳〕「良始所見下邳－上老父與書者」補注引宋祁。○－字，古本或作沂。〔漢書・張良傳〕「良嘗閒從容步遊下邳－上」補注。○〔説文定聲・卷五〕－，〔漢書〕以氾為之。〔史記・留侯世家〕「良嘗從容步遊下邳－上」。

**瓵**　－，小甖也。〔説文〕「－，甌瓿謂之－」義證引〔玉篇〕。○－，瓦器，受斗六升。〔漢書〕「千合」雜志。○－，音移。〔釋器〕「甌瓿謂之－」鄭注。○－與瓻同。〔説文〕「－，甌瓿謂之－」義證引〔六書故〕。○台與－同。〔漢書〕「千合」雜志。○〔説文定聲・卷五〕－，又作瓯。〔廣雅・釋宫〕「瓯，甀也」。○〔同上〕－，以台為之。〔史記・貨殖傳〕「糵麴鹽豉千台」。

**覗**　－，覻也。〔廣韻・之部〕○閒，－也，謂好－察也。〔莊子・齊物論〕「小智閒閒」集釋。○－字，或作伺，通作司。〔廣雅・釋詁〕「－，視也」疏證。○覰、時、－、伺並通。〔廣雅・釋言〕「時，伺也」疏證。○閒，－也。〔莊子・齊物論〕「小智閒閒」集釋引俞樾。○－、伺同。〔方言一〇〕「伺，視也，或謂之－」疏證。○伺與－同，亦通作司。〔廣雅・釋詁〕「覢，－也」疏證。

**璂**　－，弁飾。〔廣韻・之部〕○－，即〔周禮・弁師〕之玉璂也。〔説文定聲・卷五〕○－謂綴玉於武冠若綦子之列布也。〔説文〕「－，弁飾行行冒玉也」繫傳。○－，俗作琪。〔同上〕義證。○〔説文定聲・卷五〕－字亦作琪，以騶為訓。〔周禮・弁師〕「會五采玉璂」。

**琪**　單言－者，弁飾也。〔説文〕「玗，石之似玉者」段注。○－，或借基字。〔説文〕「－，璂或從基」義證。○－，同璂。〔廣韻・之部〕○－、琪同。〔説文〕「珣，醫無閭之珣玗－」段注。

**廙**　－，厜－。〔廣韻・支部〕○〔説文定聲・卷一〇〕厜－字後出，疊韻連語，與嵯峨同，實即崔嵬之轉語也。〔説文〕「－，厜－也」。

**倭**　－，慎皃。〔廣韻・支部〕○－與委義略同。〔説文〕「－，順皃」段注。○－遲，回遠之貌。〔詩・四牡〕「周道－遲」朱傳。○隇陝、威夷、－遲，並字異而義同。〔廣雅・釋邱〕「隇陝，險也」疏證。○－，通作威。〔詩・四牡〕「周道－遲」通釋。○－，音威。〔同上〕朱傳。○〔説文定聲・卷一二〕－傀，與仳倠同。〔淮南書〕「嫫母－傀，醜面也」。

**鑴**　－，大鍾。〔廣韻・支部〕○－，日旁氣反鄉也。〔集韻・支部〕○－者，鋭末之名。〔廣雅・釋器〕「－，錐也」疏證。○鬹與－聲義亦相近。〔廣雅・釋器〕「－，鼎也」疏證。○〔説文定聲・卷一一〕－，假借為鑴。〔廣雅・釋器〕「－，錐也」。○〔同上〕－，借為規，或為觿，或為遹。〔周禮・眂祲〕「三曰－」。○〔周禮〕假－為觿。〔説文〕「觿，佩角鋭耑，可以解結」段注。

**恀**　－，愛也。〔廣韻・支部〕○－，福也。〔集韻・支部〕○－，一曰恀㦝，不憂事。〔同上〕○－－，和適也。〔同上〕○－，或作侈。〔説文〕「㦝，－㦝，不憂事也」義證。

**𧉮**　－，蠡也，或作𧍘、蟻、檥。〔集韻・支部〕

**劙**　－，分破也。〔廣韻・支部〕○－與𠞈雙聲義近。〔説文〕「𠞈，剥也」段注。○－，與劦同。〔本草・卷三一〕○－，又作劚。〔方言一三〕「－，解也」箋疏。○〔説文定聲・卷一二〕－，即𠞈。〔方言一三〕「－，解也」。

**宧**　－，室東北隅。〔廣韻・之部〕○－，起居飲食之處，或曰古人庖廚食閣皆在室之東北隅，以迎養氣也。〔説文定聲・卷五〕○〔説文定聲・卷五〕－，以頤為訓也。〔説文〕「－，養也，室之東北隅，食所居」。○－之與熙，聲近而義通。〔釋宫〕「東北隅謂之－」平議。○－，通作頤，又通作台，又通作胎。〔釋詁〕「－，養也」郝疏。

**罙**　－，冒。〔詩・殷武〕「－入其阻」朱傳。○－，冒也。〔廣韻・支部〕○－，罙入也。〔同上〕○－，周行也。〔同上〕○〔説文定聲・卷三〕－，謂罙字之誤。〔詩・殷武〕「－入其阻」。〔「突」下〕

**禕**　－，美也。〔廣韻・支部〕○－，珍也。〔同上〕○今登萊人嘉其物曰麾，亦曰－。〔釋詁〕「衛，嘉也」郝疏。○－、猗聲義同。〔釋詁〕「－，美也」郝疏。○委、－、衛俱聲義同。〔釋詁〕「衛，嘉也」郝疏。○－，通作委。〔釋詁〕「－，美也」郝疏。○－，又通偉與瑋。〔同上〕○－，又通作徽。〔同上〕

**簁**　－，俗云簁籭是也。〔説文〕「－，竹器也」段注。○－，竹名。〔廣韻・佳部〕○－，盪也。〔廣韻・支部〕○－，義與籭亦相近。〔廣雅・釋詁〕「籭，盪也」疏證。○－，〔漢・賈山傳〕作篩。〔説文〕「－，竹器也」段注。○〔説文定聲・卷一〇〕－，字又作篩，亦以簁為之。〔漢書・賈山傳〕「篩土作阿房之宫」。○－、簁古今字也。〔説文〕「－，竹器也」段注。

**玼**　－，玉病。〔廣韻・支部〕○－，與瑳略同。〔説文定聲・卷一二〕○－之或體作瑳。〔説文〕「－，新玉色鮮也」段注。

**㓾**　〔説文定聲・卷一二〕－，即𠞈。〔廣雅・釋言〕「－，𠞈也」。○－，直破。〔廣韻・脂部〕○－，直破也。〔集韻・脂部〕又〔説文〕「𨱙，一曰剥也」義證引〔玉篇〕。○𠞈、棃並與－同。〔廣雅・釋言〕「－，𠞈也」疏證。

觭 —，角一俯一仰也。〔廣韻·支部〕○—，角一俛一仰，轉注為鉏鋙不合之意。〔說文定聲·卷一〇〕○角一俯一仰曰—。〔國策·趙策四〕「必有—重者矣」鮑注。○〔通雅·卷四〇〕一隻亦可曰—。〔漢書·五行志〕「匹馬—輪無反」。○—，得也。〔集韻·支部〕○掎、—、踦，義並相近也。〔廣雅·釋詁〕「踦，蹇也」疏證。○—、𡯷、掎、錡、齮、綦並與踦相近。〔方言二〕「踦，奇也」箋疏。○〔說文定聲·卷一〇〕—，假借為奇。〔周禮·大卜〕「二曰—夢」。○(同上)—，假借為踦。〔漢書·五行志〕引〔公羊〕「匹馬—輪無反者」。○—，借為不耦之奇。〔說文〕「—，角一俛一仰也」句讀。

徛 —，今曰水彴橋。〔說文〕「—，舉脛有渡也」繫傳。○〔說文定聲·卷一〇〕—，亦曰畧彴，聚石水中以為步渡者。〔釋宮〕「—，步橋也」。○—，舉足以渡也。〔說文〕「—，舉脛有渡也」義證引〔類篇〕。○—，俗作碕。(同上)義證。

彲 —，獸名，文王卜獵于渭陽，所獲非龍非—。〔廣韻·支部〕

汥 —，水都也。〔集韻·支部〕○—，水歧枝所會。〔說文〕「—，水都也」繫傳。○〔說文定聲·卷一二〕—，謂水之所聚。〔說文〕「—，水都也」。○—，一曰分流。〔集韻·支部〕

椔 —，木立死。〔廣韻·之部〕

馶 —，馬強。〔廣韻·支部〕○—，馬彊也。〔集韻·支部〕○—，勁皃。〔廣韻·支部〕○忮與—亦聲近義同。〔廣雅·釋詁〕「—，强也」疏證。

鳷 —，鳥名。〔廣韻·支部〕○—，越本作支。〔漢書·司馬相如傳〕「過—鵲」補注引宋祁。

䧳 —，一曰—度，或从鳥。〔集韻·支部〕○〔說文定聲·卷一一〕—，假借為支。〔說文〕「—，一曰—度」。○—，同鳷。〔廣韻·支部〕

迻 —，遷徙也。〔楚辭·遠游〕「屢懲艾而不—」補注。○—，轉也。〔慧琳音義·卷八五〕引〔考聲〕。○—，從也。(同上)○自此之彼字當作—。〔說文〕「移，禾相倚移也」段注。○—，止土移居之—當用此。〔說文〕「—，遷徙也」繫傳。○—、移聲義同。〔釋詁〕「遷，徙也」郝疏。○—，通作移。〔楚辭·遠游〕「屢懲艾而不—」補注。○〔說文定聲·卷一〇〕—，假借為趍。〔方言一三〕「跌，蹷也」注「江東言路，一曰小兒行」。○—，經典借移字。〔說文〕「—，遷徙也」義證。○〔說文定聲·卷一〇〕—，經傳皆以移為之。〔說文〕「—，遷徙也」。

歋 —歈，手相弄人。〔廣韻·支部〕○相笑謂之—瘉。〔說文定聲·卷一一〕○—，亦作擨。〔廣韻·支部〕○—，或作擨、或作邪、或作揶、或作搋。〔說文〕「—，人相笑相—瘉」段注。○—瘉，亦作—歈、作擨歈、作搋歈、作揶揄。〔說文定聲·卷一一〕

隝 —，阪名，在鄭。〔廣韻·支部〕○—，今本作鄬，阪在鄬地。〔說文定聲·卷一〇〕○—，今經傳皆作鄬。〔說文〕「—，鄭地阪」段注。

袘 —，衣袖。〔廣韻·支部〕○—，衣緣也。〔漢書·司馬相如傳〕「揚—戌削」補注引〔玉篇〕。○—、褫同一字，訓為裳緣。(同上)補注。○—，〔史記〕、〔文選〕並作—，—之言施，以緇緣裳象陽氣一施也。(同上)補注。

拸 —，去也。〔莊子·庚桑楚〕「介者—畫」集釋引王叔之〔義疏〕。○—畫，不拘法度也。(同上)集釋引崔譔。○—，本亦作移。(同上)集釋。

螔 —，一曰—蝓，蝸牛也。〔集韻·支部〕○—蝓，蟲名。(同上)○—，音移。〔釋魚〕「蚹蠃，—蝓」鄭注。

鄬 —、隝通也。〔左傳襄公七年〕「會于—」洪詁。

𣨙 —，枯死。〔廣韻·支部〕○—，通作萎。〔說文〕「—，病也」義證。○蔫、菸、—、蔫，皆一聲之轉也。〔廣雅·釋詁〕「蔫、菸、—，蔫也」疏證。○萎與—亦同。(同上)

覒 —，好視。〔廣韻·支部〕○—，低回而視也。〔說文〕「—，好視」繫傳。○〔說文定聲·卷一二〕—，假借發聲之詞。〔廣雅·釋詁〕「—，盈怒也」。(同上)

鬌 —，髮落。〔廣韻·支部〕○—，髮落也。〔集韻·支部〕

篪 —，習管，古文作龡。〔廣韻·支部〕○凡竽、笙、籥、簫、篪、篴、管、壎之樂，吹之曰—。〔說文定聲·卷一〇〕○—，實亦吹之轉注，字亦作龡，後出字。(同上)

鮍 —，魚—。〔廣韻·支部〕○—，鰨魚也。〔說文〕「—，魚名」義證引〔玉篇〕。○—，一曰破魚，或从披。〔集韻·支部〕

㢋 —，散也。〔廣韻·支部〕○—，通作靡。〔廣雅·釋言〕「—，共也」疏證。

䊳 —，—碎。〔廣韻·支部〕○碎糠曰—。〔集韻·支部〕○—米謂之—。〔說文〕「—，碎也」繫傳。○〔說文定聲·卷一〇〕—，粉也。〔通俗文〕「碎糠曰—」。○(同上)—，以靡為之。〔離騷〕「精瓊靡以為粻」。○—，各書假靡為之。〔說文〕「碎，—也」段注。○—，〔孟子〕假糜為之。(同上)

靡 —，即䊳字。〔說文〕「䊳，碎也」段注。

秛 —，禾租。〔廣韻·支部〕○禾租曰—。〔集韻·脂部〕

䥯 —，耜屬也。〔廣韻·支部〕引〔玉篇〕。○—，猶秛也，方俗語有輕重耳。〔廣雅·釋地〕「—，耕也」疏證。○〔說文定聲·卷一〇〕—，一作秛。〔廣雅·釋地〕「—、秛，耕也」。

犤 —，下小牛也。〔廣韻·支部〕○—，一曰果下牛，或从羆。〔集韻·支部〕○庳、—聲相近，—之言罷也，庳也。〔爾雅·釋畜〕「—牛」述聞。

魌 —，小兒鬼。〔廣韻・支部〕〇—，顫項有三子，生而亡，一居人室隅，善驚人，為小兒鬼。〔說文定聲・卷一一〕

敕 —，橫首枝也。〔集韻・支部〕〇—，橫首兒。〔廣韻・支部〕〇—，同敊。（同上）〇—，古勑字。〔說文〕「敕，誡也」義證引〔五經文字〕。

衹 —，裯，單衣。〔集韻・脂部〕〇—衼，尼法衣。〔廣韻・支部〕〇褭裟謂之—枝。〔集韻〕〇—，當讀為疧。〔易・坎〕「—既平」述聞。〇〔釋詞〕—，字或作多。〔左傳襄公二九年〕「衹見疏也」。

𧺆 —，猱升木也。〔說文〕「—，緣大木也」義證引〔五音集韻〕。〇—，猱升木兒。〔集韻・支部〕〇—，行兒。〔廣韻・支部〕〇—，與蚑音義略同。〔說文〕「—，緣大木也」段注。〇伎伎、跂跂，義並與——同。〔廣雅・釋訓〕「——，行也」疏證。〇〔說文定聲・卷一二〕—，假借為徥。〔說文〕「—，一曰行兒」。〇—，或借伎字。（同上）義證。〇—與趫雙聲，故得此義。〔說文〕「—，緣大木也」句讀。〇〔說文定聲・卷一二〕—作伎。〔詩・小弁〕「維足伎伎」。

芪 —，一名知母，亦作蝭母、蚳母，即蕁也。〔說文定聲・卷一二〕〇—母，即知母之一名也。〔說文〕「—，—母也」繫傳。〇—母，即䓣母，今之知母也。〔通雅・艸〕〇—、䓣、知、蝭、蚳、提古聲並相近。〔廣雅・釋草〕「—母，東根也」疏證。

䖒 —，古陶器也。〔廣韻・支部〕

攲 —，不正也。〔廣韻・支部〕〇—，不正也，或作崎、𡾊。〔慧琳音義・卷八二〕引〔考聲〕。〇—，傾低不正。〔說文〕「—，—嘔也」義證引〔玉篇〕。〇—，傾側不正也，古作崎。〔慧琳音義・卷二九〕〇—，亦作攱。〔說文〕「—，—嘔也」義證引〔玉篇〕。〇—，今俗作敧。（同上）段注。〇—嘔，又作踦嘔。（同上）義證。〇—嘔，或作崎嶇。（同上）義證。〇—嘔，雙聲連語，字又作崎嶇。〔說文定聲・卷一二〕〇—嘔，又作踦嘔，今作崎嶇。〔說文〕「—，—嘔，傾側不安，不能久立也」句讀。〇—，又譌欹。（同上）段注。〇—嘔，俗用崎嶇字，正此二字之隸變。（同上）

伎 —，舒散。〔廣韻・支部〕〇—，謂方—，醫方之家也。〔通鑑・漢紀三六〕「今諸巧慧小才—數之人」音注。〇——，舒貌。〔詩・小弁〕「維足——」朱傳。〇——，速行之貌。（同上）通釋。〇——，即奔貌。（同上）集疏引徐璈。〇——蓋與徥徥音義皆同。〔說文〕「—，與也」段注。〇——、跂跂，義並與𧺆𧺆同。〔廣雅・釋訓〕「𧺆𧺆，行也」疏證。〇〔說文定聲・卷一二〕—，段借為𧺆。〔詩・小弁〕「維足——」。〇古多叚—為技能字。〔說文〕「技，巧也」段注。〇——為蚑蚑之叚借。〔詩・小弁〕「維足——」通釋。〇—，今作跂。〔說文〕「跂，頃也」句讀。〇——，當作蚑蚑。〔說文〕「蚑，徐行也」段注。〇〔小雅〕「維足——」〔玉篇〕作𧺆𧺆。〔說文〕「𧺆，一曰行兒」段注。

攕 —，繫也。〔廣韻・支部〕又〔集韻・支部〕。

𣧑 —，棄也。〔廣韻・支部〕〇—，棄也，俗語謂死曰大—。〔集韻・支部〕〇—，通作奇。〔說文〕「—，棄也」義證。

䝨 —，虎牙。〔廣韻・支部〕〇—，或借奇字。〔說文〕「—，虎牙也」義證。〇〔說文定聲・卷一〇〕—，以奇為之。〔楚辭・大招〕「靨、輔奇牙」。

𨟠 —，地名，在徐。〔廣韻・支部〕〇〔說文定聲・卷一〇〕—，古徐國地，在今安徽泗洲北竟。〔說文〕「—，臨淮徐地」。〇（同上）—，以儀為之。〔左傳昭公六年〕「徐儀楚聘于楚」。

箟 —，今之鎖，簧以張之，—以斂之，則啓矣。〔說文〕「—，簧屬」段注。〇—，今之鎖匙，字當以瑣—為之，凡鎖者簧張則閉，—以斂之則啓。〔說文定聲・卷一二〕〇—與箷同。〔廣雅・釋器〕「箷謂之枷」疏證。

褆 —，福也。〔廣韻・支部〕〇—，安也。（同上）〇—，喜也。（同上）〇—，安福也，或从女，亦作衼。〔集韻・支部〕〇媞、—、衹，亦字異而義同。〔廣雅・釋詁〕「媞，安也」疏證。

椑 —，木枝下也。〔廣韻・支部〕〇—，木下交兒。（同上）〇—之為言卑也，以其卑下也。〔廣雅・釋木〕「下支謂之—槲」疏證。〇—槲與婢䚡聲義亦相近。〔廣雅・釋詁〕「婢䚡，短也」疏證。

䓣 —，即今之知母也。〔說文〕「—，艸也」繫傳。〇芪、—、知、蝭、蚳、提古聲相近也。〔廣雅・釋草〕「芪母，東根也」疏證。〇—，芪之或體。〔說文定聲・卷一二〕

謧 —，弄語。〔廣韻・支部〕〇—，弄言。〔廣韻・齊部〕〇—，一曰弄言。〔集韻・支部〕〇—，欺謾之言。〔說文〕「—，—詍，多言也」段注引〔玉篇〕。〇—詍，多言也。〔集韻・齊部〕〇—，或作讘、㦄。〔集韻・支部〕

鷈 —，水鳥。〔集韻・支部〕〇鷉—，水鳥，似魚虎，蒼黑色。〔廣韻・支部〕〇—之言觜也。〔說文〕「鷉，鷉—也」段注。〇—，〔上林賦〕以疵為之。〔說文定聲・卷一二〕

鼶 —，鼠名，似雞。〔廣韻・支部〕〇—，似雞而鼠毛，見即大旱。〔說文〕「—，鼠，似雞鼠尾」義證引〔玉篇〕。〇—，字或作蚩。（同上）義證。又（同上）句讀。

㡜 —，布名。〔廣韻・支部〕

**鈭** 丨，丨錍，斧也。〔廣韻·支部〕又〔集韻·支部〕。〇丨，斧之一種也。〔說文〕「丨，丨錍，斧也」段注。

**㜷** 丨，婦人皃。〔廣韻·支部〕〇丨妓，女皃。〔集韻·支部〕〇丨妓，婦人小物。（同上）〇丨，與妓篆同訓。〔說文定聲·卷一二〕〇丨丨，今詩作傞傞。〔說文〕「丨，詩曰婁舞丨丨」段注。〇〔說文定聲·卷一二〕丨丨，毛本作傞傞。〔詩·賓之初筵〕「婁舞丨丨」。

**頾** 丨，須髮半白。〔廣韻·支部〕〇丨，此〔孟子〕頒白之正字也。〔說文〕「丨，須髮半白也」段注。〇丨，假為泮水之泮。（同上）〇蓋古丨讀如斑，故亦假大頭之頒。（同上）

**酈** 丨，魯地名。〔廣韻·支部〕〇〔公羊〕丨作犂。〔左傳僖公元年經〕「敗莒師于丨」洪詁。

**蠡** 丨，蜓蚰別名。〔廣韻·支部〕〇丨，螺也。〔說文〕「𧉧，蜃屬」義證引〔玉篇〕。

**飺** 丨，嫌食也。〔集韻·支部〕〇丨，嫌食皃。〔廣韻·支部〕〇丨，歉食皃。〔說文〕「歉，歉食不滿」義證引〔玉篇〕。〇丨，飫也。〔集韻·脂部〕〇丨，或作呲、㗪。〔集韻·支部〕

**鮆** 丨，魚名。〔廣韻·支部〕〇丨，魚名，列刀也。〔集韻·脂部〕〇鱭刀曰丨。〔通雅·魚〕〇丨、呰、呰並通。〔廣雅·釋詁〕「丨，短也」疏證。〇〔說文定聲·卷一二〕丨，叚借為觜。〔廣雅·釋器〕「丨，鬣也」。

**躸** 丨，一身也。〔集韻·支部〕〇丨丨，身單皃。〔廣韻·支部〕

**痺** 丨，下也。〔廣韻·支部〕

**䴽** 幽州謂麴曰丨。〔集韻·支部〕〇丨，麴餅。〔廣韻·支部〕〇丨之言卑小也。〔廣雅·釋器〕「丨，麴也」疏證。〇丨之言卑也，以細小為義也，細餅麴。〔方言一三〕箋疏。

**䚘** 規丨，面柔也。〔廣韻·支部〕

**鼶** 䵹丨，蟾蜍別名。〔廣韻·支部〕〇丨丨，猶施施。〔說文〕「丨，䵹丨，言其行丨丨」段注。〇〔說文定聲·卷一二〕䵹丨，今〔新臺〕以戚施為之，丨、施一聲之轉。〔說文〕「䵹丨，詹諸也」。

**𧍝** 丨，米穀中蟲。〔廣韻·支部〕〇丨，今蘇俗謂之翼子，其大者則曰烏甲蟲。〔說文定聲·卷一〇〕

**霹** 丨，小雨。〔廣韻·支部〕〇小雨纔落曰丨。〔說文〕「丨，小雨財零」義證引〔初學記〕。



**蜱** 丨，蜃屬，或作蚾。〔集韻·迥部〕〇丨蛸，蟷蠰卵，或从蚍。〔集韻·支部〕〇丨，音毗。〔釋蟲〕「其子丨蛸」鄭注。

**鸍** 丨，鴆鳥名。〔廣韻·支部〕〇丨，又名沈鳧，似鴨而小也。（同上）〇丨，似鶩而小，尾白，俗呼水鴉，好没，故曰沈鳧。〔釋鳥〕「丨，沈鳧」鄭注。〇丨，音施。（同上）鄭注。

**榹** 丨，亦桃名也。〔說文〕「丨，梨也」繫傳。〇丨，木名，實如桃而小。〔集韻·支部〕〇丨桃，山桃。〔廣韻·支部〕〇丨桃，今野出之桃。〔釋木〕「丨桃，山桃」鄭注。〇丨，通作夷。〔說文〕「丨，梨也」義證。〇〔說文定聲·卷一二〕丨，以杝為之。〔夏小正〕「梅杏杝桃則華」。

**㴲** 丨，水名，出趙國。〔廣韻·支部〕〇丨水，在今直隸順德府邢臺縣至朝平入渦水。〔說文定聲·卷一二〕〇丨，涯也。〔廣韻·支部〕

**鼶** 丨，鼠名。〔廣韻·支部〕〇丨鼠，似鼬之鼠。〔釋獸〕「丨鼠」鄭注。〇丨鼬，鼠名。〔說文〕「丨，鼠也」義證引〔類篇〕。〇丨鼬，鼠郎也，今曰狼猫，江北曰黃鼠狼。〔通雅·獸〕〇丨，又作鼶。〔說文〕「丨，鼠也」義證。

**㾷** 丨，疫丨，疼痛。〔廣韻·支部〕〇丨，亦作㾷。〔廣韻·齊部〕

**𤮐** 丨，甕破。〔廣韻·支部〕〇丨，瓦破聲。〔廣韻·齊部〕又〔集韻·齊部〕〇丨，破聲也。〔慧琳音義·卷六四〕引〔韻詮〕〇丨，一曰瓶也。〔集韻·支部〕〇廝、㾷、嘶、丨並通。〔廣雅·釋詁〕「廝，散也」疏證。〇丨與瓶同。〔廣雅·釋器〕「瓶，瓶也」疏證。〇瓶與丨同。〔方言五〕「甖謂之丨」箋疏。〇丨，亦作瓶。（同上）疏證。

**蘄** 丨，草生水中，其花可食。〔廣韻·支部〕〇丨，艸名，生水中，華可食。〔集韻·支部〕〇丨，即〔爾雅〕之皇守田也。〔通雅·卷四四〕

**縒** 丨，參丨也。〔廣韻·支部〕〇丨，絲亂皃。〔說文〕「丨，參丨也」義證引〔類篇〕。〇丨，字从糸，當言絲之不齊。〔說文定聲·卷一〇〕〇丨，通作差。〔說文〕「丨，參丨也」義證。

**誺** 丨，不知。〔廣韻·支部〕

**𥸬** 丨，漬米。〔廣韻·青部〕〇丨，漬米也。〔集韻·青部〕〇丨，謂拋散于地，字亦誤作麊。〔說文定聲·卷一二〕〇丨泠，即壽泠，音麋零。〔通雅·地輿〕

**麊** 丨，縣名，在交趾。〔廣韻·支部〕〇丨，音彌。〔說文〕「𥸬，漬米也，交阯有𥸬泠縣」義證引應劭。〇丨泠，音麋零。（同上）義證引顏師古。〇丨泠，音螟蛉。（同上）義證引孟康。〇丨泠，〔續志〕、〔後漢〕因〔晉志〕作麋泠。〔漢書·地理志〕「丨泠」補注。

𦍩　丨，言皮利也。〔說文〕「丨，羊名，蹏皮可以割桼」繫傳。○丨，孔子弟子衛高柴，字羔。以柴為之。〔說文定聲・卷一二〕

磃　丨，丨磨。〔廣韻・支部〕○鐁與丨同義。〔廣雅・釋詁〕「丨，磨也」疏證。

蟴　丨螽，〔詩〕作斯螽，亦云螽斯。〔說文〕「丨螽，蝗也」段注。

禠　丨，福也。〔廣韻・支部〕

鐁　丨，平木器名。〔廣韻・支部〕○丨與磃同義。〔廣雅・釋詁〕「丨，磨也」疏證。

獼　丨，丨猴。〔廣韻・支部〕○猴好拭面如沐，故謂之沐，而後人譌沐為母，又譌母為丨。〔本草・卷五一〕○〔說文定聲・卷一二〕丨、母、沐轉語。〔禮記・樂記〕注「丨，猴也」。○獼、丨，並與猕同聲轉而為母。〔廣雅・釋獸〕「猱狙，猕猴也」疏證。

籋　丨，箋竹，亦作篿。〔廣韻・支部〕

胔　丨，小腸。〔廣韻・支部〕○丨，人子腸也，或作𡦹。〔集韻・支部〕

鼅　丨，蟲之大腹者，故从黽，即許書之鼅蝥也。〔說文定聲・卷一二〕○丨鼄之言踟跦也，踟跦亦作踟蹰也，以其行動之象名之也。〔方言一一〕「丨鼄，鼄蝥也」箋疏。

䵹　丨，同鼅。〔廣韻・支部〕○丨，即鼅之省。〔方言一一〕疏證。

蜘　丨，同鼅。〔廣韻・支部〕

𨠵　丨，酒也。〔廣韻・支部〕○丨，酒厚也。〔說文定聲・卷一二〕又〔說文〕「丨，酒也」義證引〔玉篇〕。

旖　丨，猶言丨旎也。〔說文〕「丨，旗之丨施」繫傳。○丨，引伸為凡柔順之偁。〔說文〕「丨，丨施，旗皃」段注。○丨旎，旗舒皃。〔廣韻・支部〕○丨旎，旌旗從風貌。〔楚辭・九辯〕「紛丨旎乎都房」補注。○丨施，旌旗偃靡貌也。〔說文〕「丨，旗丨施也」義證引〔六書故〕。○丨施，柔順搖曳之皃，猶木之檹施、枝之猗儺、禾之倚移也。〔說文定聲・卷一〇〕〔「施」下〕○丨，又省作旖。〔說文〕「丨，旗丨施也」義證。○丨施，或作丨旎。（同上）義證。○丨施，又作妸娜。（同上）○〔說文定聲・卷一〇〕丨施，疊韻連語，亦作丨旎，猶猗儺、倚移也。〔說文〕「丨，旗丨施也」。

陭　丨，坂也。〔慧琳音義・卷九四〕引〔考聲〕。○丨氏，縣名。〔廣韻・支部〕○〔說文定聲・卷一〇〕丨氏，漢縣，在今山西潞安府。〔說文〕「丨，上黨丨氏阪也」。○崎嶇、丨嶇、踦𨁾，並字異而義同。〔廣雅・釋訓〕「崎嶇，傾側也」疏證。○丨與倚聲相近，故倚、隑並訓為立也。〔方言七〕「隑，立也」箋疏。○丨，或作猗。〔說文〕「丨，上黨丨氏阪也」義證。○〔說文定聲・卷一〇〕丨，字亦作崎。〔廣雅・釋訓〕「崎嶇，傾側也」。○（同上）丨，字亦作碕。〔漢書・楊雄傳〕「探巖排碕」。○（同上）丨，字亦作埼。〔漢書・司馬相如傳〕「激堆埼」。○（同上）丨，字亦作隑。〔漢書・司馬相如傳〕「臨曲江之隑州」。

檹　丨旎，不正貌。〔說文〕「丨，木丨旎」義證引〔玉篇〕。○丨施，又作椅柅。（同上）義證。○丨施，又作旖旎。（同上）○丨施，又作阿那。（同上）○丨施，又作倚萎。（同上）○丨，當為椅字之或體。〔說文定聲・卷一〇〕

𧽮　丨，輕薄皃。〔廣韻・支部〕○丨、鷈雙聲。〔說文〕「丨，丨鷈，輕薄也」句讀。

𩏂　丨，鞌邊帶。〔說文〕「丨，綏也」段注引〔玉篇〕。○丨，鞍邊帶也。〔廣雅・灰部〕○丨，馬垂鞘。〔集韻・脂部〕○丨，挽以上車之革。〔說文定聲・卷一二〕○鞍丨，一曰垂皃。〔廣韻・支部〕

惢　丨，疑慮不一也。〔說文〕「丨，心疑也」繫傳。○丨，一曰心疑也。〔集韻・支部〕○丨，善也。〔集韻・支部〕○丨，別義或曰花心也。〔說文定聲・卷一〇〕○丨，今花蘂字當作此，蘂、橤皆俗字也。〔說文〕「丨，心疑也」段注。

䫢　丨，美容也。〔集韻・支部〕○丨，一曰睇皃，或作䫢。（同上）

𩞯　丨，小餟也。〔集韻・支部〕○丨，小餟之皃。〔廣韻・支部〕○丨，同餟。〔說文〕「餟，小餟也」段注引〔玉篇〕。

𩘨　丨，風緩也。〔集韻・支部〕○丨，風緩之皃。〔廣韻・支部〕○低風謂之丨，或作䬀。〔集韻・灰部〕

纗　丨，細繩。〔廣韻・支部〕○丨，維綱中繩。〔集韻・支部〕

嫢　丨、纗義亦同也。〔廣雅・釋詁〕「丨，小也」疏證。○丨丨、規規、䫓䫓義並同也。（同上）疏證。

䫓　丨，或與頍通。〔說文〕「丨，小頭丨丨也」義證。○規、丨、圓、員並通。〔廣雅・釋詁〕「丨，圓也」疏證。

𣝐　丨，同䫓。〔廣韻・支部〕

鬹　丨，釜也。〔廣雅・釋器〕「鍑、鬷，釜也」疏證。○丨，三足釜有柄也。〔廣韻・支部〕○丨，釜三足有柄喙。〔集韻・支部〕○丨與鑴聲義亦相近。〔廣雅・釋器〕「鑴，鼎也」疏證。

夊　丨，行遲皃。〔廣韻・支部〕又〔集韻・脂部〕又〔說文〕「丨，行遲曳丨丨」義證引〔玉篇〕。○丨，行也。〔說文〕「憂，和之行也」繫傳。○丨，行曳足。

〔集韻·支部〕〇丨者，足有物曳之行遲。〔說文繫傳·通論下〕〇丨，足也。〔說文〕「嫛，貪獸也」繫傳。〇丨，義與綏相近。〔廣雅·釋詁〕「綏，舒也」疏證。〇丨丨，行遲貌。〔詩·南山〕「雄狐丨丨」集疏引韓說。〇丨，通作綏。〔說文〕「丨，行遲曳丨丨」義證。〇〔詩〕雄狐丨丨，今作綏。〔說文〕「行遲曳丨丨」段注引〔玉篇〕。

**䳄** 丨，飛也。〔集韻·支部〕〇丨，鳥飛也。〔說文〕「丨，飛也」義證引〔篇海〕。〇丨，或作鷺、鸔。〔集韻·支部〕

**鵖** 丨，小青雀也。〔廣韻·脂部〕〇丨，一曰小鳥未翰者。〔集韻·脂部〕

**茋** 丨丨，葹也。〔廣韻·脂部〕〇丨，茝也，或作䓋、蘫。〔集韻·脂部〕〇丨，茝也者，苹茝也。〔說文〕「丨，茝也」義證。〇丨，此酢菜之名，細切者曰齏，全物若䉵者曰茝，亦曰丨。〔說文定聲·卷一二〕〇丨，榆莢也，或作落。〔集韻·支部〕〇丨、䓋並與蘫同。〔廣雅·釋器〕「蘫，菹也」疏證。

**䓋** 丨，同茋。〔廣韻·脂部〕

**榌** 丨，木名。〔廣韻·脂部〕

**琵** 丨，今之丨琶，古當作棍杷。〔說文〕「杷，棍擊也」段注。〇丨琶，本借枇杷，轉為鞞婆，或作𤦒杷、棍杷，一名國腹。〔通雅·樂器〕〇推手曰丨，卻手曰琶。（同上）

**芘** 丨，蕃也。〔說文〕「丨，艸也」義證引〔玉篇〕。〇丨，藩也。（同上）繫傳。〇丨，䔖丨，荆蕃。〔廣韻·脂部〕

**膍** 丨，牛百葉也。〔廣韻·脂部〕〇丨，鳥丨胵也。（同上）〇丨，〔周禮·醢人〕、〔既夕禮〕皆云脾析。〔說文〕「丨，牛百葉也」段注。〇〔說文定聲·卷一二〕丨，即胖也，胃之厚處，切而食之，謂之脾析。〔說文〕「丨，牛百葉也」。〇脾析、丨胵，皆分析之貌。〔廣雅·釋器〕「百葉謂之丨胵」疏證。〇丨胵，鳥之腸胃也。〔說文〕「丨，牛百葉也」繫傳。〇丨齊，即肶齎也。〔說文〕「齎，肶齎也」義證引〔急就篇〕顏注。〇經典丨、肶通用。〔釋詁〕「肶，厚也」郝疏。〇〔說文定聲·卷一二〕丨，轉注肶，即胵之異體，鳥丨曰胵也。〔禮記·內則〕「鴇奧」注「脾，肶也」。

**柴** 丨，鳥喙。〔廣韻·支部〕〇丨，一曰鳥喙。〔集韻·支部〕〇丨，或書禽觜作此。〔說文〕「丨，職也」繫傳。

**䔫** 丨，藍蓼秀。〔廣韻·支部〕又〔集韻·支部〕。〇丨，一曰蔕也。（同上）〇丨，一曰地毛莎丨也。（同上）

**貏** 〔說文定聲·卷一〇〕丨，豕之小者。〔說文〕「丨，豶也」。〇豶豕小者為丨子。〔集韻·支部〕〇豕牝謂之丨。（同上）〇丨，同貔。〔廣韻·支部〕〇丨，或作豧、貔。〔集韻·支部〕

**齜** 丨，齒不齊也。〔集韻·支部〕〇丨齵，齒露不齊狀。〔說文〕「丨，齒參差」義證引〔孔帖〕。〇丨，當為𪗨之或體。〔說文定聲·卷一〇〕〇丨，齒參差。〔廣韻·支部〕〇丨，齒本也。〔續音義·卷五〕引〔切韻〕。〇丨踈者，齒參差也。（同上）引顧野王。

**𪗨** 丨，齒參差，亦作齜。〔廣韻·支部〕

**䍽** 丨，騬羊。〔集韻·脂部〕〇丨，一曰野羊。（同上）〇羊曰丨。〔說文定聲·卷一五〕（「豶」下）〇丨，各本作夷。〔說文〕「䍽，或曰丨羊百斤大又為䍽」段注。

**鏔** 丨，戟無刃。〔集韻·脂部〕〇丨，戟無刃也。〔廣韻·之部〕〇丨之言延也。〔方言九〕「凡戟而無刃，秦晉之間或謂之丨」箋疏。〇丨，本作戭。（同上）疏證。

**蚍** 丨蜉，大螘。〔廣韻·脂部〕〇丨與蟞一聲之轉。〔廣雅·釋蟲〕「蟞，螘也」疏證。

**枇** 丨杷，果木，冬花夏熟。〔廣韻·脂部〕又〔說文〕「丨，丨杷木也」義證引〔玉篇〕。〇〔說文定聲·卷一二〕丨，叚借為棍，杷，借為杷，丨杷亦雙聲連語，今字作琵琶。〔釋名〕「丨杷，本出于胡中，馬上所鼓也」。

**胵** 膍丨，鳥藏。〔廣韻·脂部〕

**郗** 丨，邑名。〔廣韻·脂部〕〇丨，姓。（同上）〇丨，通作絺。〔說文〕「丨，周邑也」義證。〇丨者本字，絺者古文假借字也。（同上）段注。〇丨，姓，音絺，而俗作郄。〔通雅·姓名〕引〔東觀餘論〕。

**䞞** 丨趄，趨不進也。〔廣韻·脂部〕〇丨趄，難行貌也。〔說文〕「丨，丨趄，行不進也」義證引張載〔劍閣銘〕注。〇丨趄，意疑低佪也。〔慧琳音義·卷八九〕引顧野王。〇次且、丨趄、趑趄、跋跙，並與迖睢同。〔廣雅·釋訓〕「迖睢，難行也」疏證。〇〔說文定聲·卷一二〕丨趄，〔易·夬〕只作次且。〔說文〕「丨趄，行不進也」。〇丨趄，〔易〕作次且，或作跋跙，亦通恣睢。〔通雅·音義襍論〕

**䞪** 丨之言造次也，丨、次古同聲。〔廣雅·釋詁〕「丨，猝也」疏證。〇〔說文定聲·卷一二〕丨，假借為柴。〔蒼頡篇〕「屌，此也」。〇（同上）丨，假借雙聲連語。〔易·夬〕「其行丨且」。〇丨、屌一字也。〔廣雅·釋詁〕「丨、屌，猝也」疏證。〇〔說文定聲·卷一二〕丨，字亦作屌。〔廣雅·釋詁〕「屌，猝也」。

**垐** 丨，以土增道。〔廣韻·脂部〕又〔集韻·職部〕。〇以土次於道上曰丨。〔說文〕「丨，以土增大道上」段注。〇薋、丨，義並與茨同。〔廣雅·釋詁〕「茨，積也」疏證。〇〔說文定聲·卷一二〕丨，叚借為𡍮，𡍮、堲一聲之轉。〔管子·弟子職〕「右手折堲」。〇（同上）丨，叚借為㑝，實為疒。〔說文〕

引〔虞書〕曰「龍朕堲讒説殄行，堲，疾惡也」。〇｜，即今瓷字。〔説文〕「｜，以土增大道上」繫傳。

**佌**　｜，别也。〔詩・中谷有蓷〕「有女｜離」朱傳。〇｜倠，醜也。〔集韻・脂部〕又〔廣雅・釋詁〕疏證。〇｜倠，醜女。〔廣韻・脂部〕〇｜倠，醜女也。〔楚辭・九歎〕「｜倠倚於彌楹」王注。〇｜脇，即骿脇。〔通雅・身體〕

**阰**　｜，山名，在楚南。〔廣韻・脂部〕又〔文選・離騷經〕「朝搴｜之木蘭兮」集釋引〔玉篇〕、〔廣韻〕。〇｜，山在楚南。〔離騷〕「朝搴｜之木蘭兮」補注。〇南楚語大阜曰｜。〔屈賦・離騷〕「朝搴｜之木蘭兮」戴注。〇〔説文定聲・卷一二〕｜，即陛字。〔離騷〕「朝搴｜之木蘭兮」。〇｜，各本作批。〔説文〕「攓，楚辭曰朝攓｜之木蘭」段注。

**鮘**　｜，魚名。〔廣韻・脂部〕

**諸**　｜，怒也。〔廣韻・脂部〕〇｜，訶怒也。〔集韻・脂部〕

**訵**　｜，陰知伺察也。〔集韻・脂部〕

**屎**　｜，盜視。〔廣韻・脂部〕〇｜，亦此也。(同上)〇｜屓，盜視。〔説文〕「覞，覞覷，闚覷也」義證引〔玉篇〕。〇｜屓，盜視，與覞覷同。(同上)句讀。〇趀、｜一字也。〔廣雅・釋詁二〕「趀、｜，猝也」疏證。〇｜同覞。〔廣韻・脂部〕

**絅**　｜，｜補。〔廣韻・脂部〕〇｜，補也。〔集韻・脂部〕又〔廣韻・之部〕。

**荎**　刺榆謂之｜，又謂之梗榆，梗亦刺也。〔釋木〕「蘊，｜也」述聞。〇｜之為言挃也。〔廣雅・釋木〕「柘榆，梗榆也」疏證。〇｜著，艸名。〔集韻・質部〕〇〔説文定聲・卷一二〕｜，此莖之誤字。〔廣雅・釋草〕「牛｜，牛黎也」。

**謘**　｜，語諄｜也。〔廣韻・脂部〕〇｜｜，諄諄而緩也。〔通雅・釋詁〕

**⿱艹⿰耒厶**　｜，即今茅華未放者也。〔説文〕「｜，茅秀也」繫傳。〇｜，其色正白，亦謂之荼。〔説文定聲・卷一二〕

**⿰王厶**　｜，石似玉者。〔廣韻・脂部〕

**棃**　｜，果名。〔廣韻・脂部〕〇｜，果之適口者。〔説文〕「｜，果名」義證引〔急就篇〕王應麟補注。〇｜者利也，其性下行流利也。〔本草・卷三〇〕〇梨，同｜。〔廣韻・脂部〕

**⿰黍忽**　｜，恨也。〔廣韻・脂部〕〇｜，悦也。〔集韻・脂部〕〇｜，一曰怠也。(同上)

**稽**　｜，考也。〔通鑑・周紀四〕「後世言惡則必｜焉」音注。〇｜，又計校也。(同上)

**鮨**　｜者，膾之冣細者也。〔説文〕「｜，魚脂醬也」段注。又〔文選・七發〕集釋。〇｜，一曰魚名，鮪也。〔集韻・脂部〕〇〔説文定聲・卷一二〕｜，假借為脊。〔禮記・少儀〕「夏右鰭」。〇(同上)｜，字又作鬐。〔儀禮・士喪禮〕「進鬐」。〇(同上)｜，古書用鮪，或誤作｜，形相近。〔説文〕「｜，一曰鮪，魚名」。

**蛜**　｜蝛，蜲負，蟲也。〔廣韻・脂部〕

**⿰虫尹**　｜，蟠鼠婦，伊威、委黍實一物。〔説文定聲・卷一二〕〇｜，字亦作蛜，此字後出，蘇俗謂之草鞋蟲。(同上)〇｜蚗，或作⿰虫多蚗。〔説文〕「蚗，｜蚗，蛁蟟也」義證。〇｜蚗，或作吚咉。(同上)〇｜，｜威，即今之地鼈蟲。〔説文〕「｜，｜威，委黍」段注。〇｜，各本作蛜。(同上)

**⿱𢾕魚**　｜，魚名。〔廣韻・脂部〕〇｜鰊，魚名。〔集韻・脂部〕

**⿰忄癸**　｜，悚也。〔廣韻・脂部〕〇｜，悸也。〔集韻・脂部〕

**⿰月癸**　臞｜，醜也。〔廣韻・脂部〕〇臞｜，醜皃。(同上)

**⿰癸鳥**　｜，小鳥。〔集韻・脂部〕〇｜鳩，鳥。〔廣韻・脂部〕

**⿰足癸**　｜，脛肉也。〔集韻・脂部〕〇｜，曲脛。〔廣韻・脂部〕〇｜，左脛曲也。(同上)〇｜，一曰曲脛。〔集韻・脂部〕〇｜盭，謂足脛曲戾不便行動。〔廣雅・釋言〕「｜，踕也」疏證。〇｜盭，謂足脛相反戾，不便行動。〔説文〕「｜，一曰曲脛也」義證引錢大昕。〇跖，足下也，作蹠者借字，作｜者別體耳。〔漢書・賈誼傳〕「又若蹊盭」補注引王念孫。〇〔説文定聲・卷六〕｜，叚借為夅。〔廣雅・釋器〕「｜，柎也」。

**螝**　〔説文定聲・卷一二〕｜，叚借為虵。〔莊子〕「｜二首」。

**擩**　｜，染也。〔廣韻・脂部〕〇｜，榅也，或作換、插。〔集韻・脂部〕〇｜莝，手進物也。〔廣韻・遇部〕〇｜，或曰耳濡目染字，以濡為之。〔説文定聲・卷八〕

**⿸疒衰**　｜，｜損。〔説文〕「｜，減也」義證引〔玉篇〕。〇｜，一曰耗也。〔廣韻・脂部〕〇｜，病將愈也。〔説文〕「｜，減也」繫傳。〇｜，本訓為病減，轉注為凡減損消退之稱，經傳皆以衰為之。〔説文定聲・卷一二〕〇｜，病也。〔廣韻・脂部〕〇｜，通作衰。〔廣雅・釋詁〕「｜，減也」疏證。又〔説文〕「｜，減也」義證。〇｜，經典多借衰為之。(同上)句讀。〇｜，病減也。〔集韻・脂部〕

**琟** 丨，石似玉也。〔廣韻・脂部〕

**唯** 丨，辭也。〔國策・秦策二〕「丨儀之所甚願為臣者」鮑注。〇丨者，謂膺尊者命，亟敬之辭也。〔慧琳音義・卷一〇〕〇丨，獨也。〔廣韻・脂部〕〇丨，猶獨也。〔論語・泰伯〕「丨天為大」朱注。〇丨之為言獨也。〔論語・里仁〕「丨仁者能好人」朱注。〇丨然，猶今人云信如此也。〔左傳成公八年〕「丨然」疏證。〇丨、雖通。〔墨子・大取〕「是石也丨大」閒詁。〇丨、雖字通。〔墨子・尚同下〕「丨使得上之賞」閒詁。〇丨與雖通。〔墨子・大取〕「丨有强股肱」閒詁。〇丨與雖古字通。〔穀梁傳桓公一四年〕「丨未易災之餘而嘗可也」述聞。〇古字丨、惟與雖通。〔禮記・樂記〕「丨丘之聞諸」述聞。〇丨，古或借作雖。〔莊子・庚桑楚〕「丨蟲能天」集釋。〇〔說文定聲・卷一二〕丨，假借為發聲之詞。〔廣雅・釋詁〕「丨，獨也」。〇丨讀為雖。〔漢書〕「丨信亦以為大王弗如也」雜志。又〔漢書・韓安國傳〕「丨天子以為國器」補注。〇丨讀曰雖。〔禮記・樂記〕「丨丘之聞諸」述聞。〇丨與雖同。〔國策〕「計聽知覆逆者」雜志。又〔漢書・金日磾傳〕「丨上亦難焉」補注。〇〔說文定聲・卷一二〕丨與用惟、維字皆同。〔荀子・性惡〕「然則丨禹不知仁義法正」。〇丨，當作雖。〔墨子・非樂上〕「丨使雄不耕稼」閒詁引蘇時學。〇丨當為雖。〔國策〕「計聽知覆逆者」雜志。〇〔漢書〕丨作雖。〔史記・汲黯傳〕「丨天子亦不說也」述聞。〇〔文選〕丨作雖。〔漢書・楊雄傳〕「丨其人之贍知哉」述聞。〇〔史記・張儀傳〕丨皆作雖。〔秦策〕「丨儀之所甚願為臣者」述聞。〇丨，字當從〔釋文〕作雖。〔莊子・庚桑楚〕「丨蟲能天」集釋。〇丨，字又作惟。〔述聞・卷一五〕。〇〔漢書〕惟作丨。〔史記・淮陰侯傳〕「惟信亦為大王不如也」述聞。〇丨，當為維。〔詩・斯干〕「丨酒食是議」陳疏。〇傳丨舊皆作維。〔左傳宣公一二年〕「敢不丨命是聽」疏證。〇丨，或作惟、維。〔荀子〕「利往卬上」雜志。〇丨，韓丨作遺。〔詩・敝笱〕「其魚丨丨」集疏。〇丨即雖字。〔荀子・大略〕「丨各特意」集解引王念孫。〇隹，古丨字也。〔荀子〕「利往卬上」雜志。

**諽** 丨，就也。〔廣韻・脂部〕又〔集韻・脂部〕。〇丨，責也。〔集韻・脂部〕

**灅** 丨，水名，在鴈門。〔廣韻・脂部〕〇〔說文定聲・卷一二〕丨，今之永定河，即桑乾河，古一名治水。〔說文〕「丨，丨水」。〇丨水，即今之桑乾河，與出右北平俊靡之丨水了不相涉。〔漢書〕「丨水」雜志。

**奞** 丨，鳥振羽。〔集韻・脂部〕〇丨，奮丨。〔說文〕「丨，鳥張毛羽自奮也」義證引〔韻譜〕。

**⿱⿰𠂤彐見** 丨，視也。〔廣韻・微部〕〇丨，注目視。〔集韻・脂部〕〇丨，目駐視也。〔說文〕「丨，注目視也」義證引〔玉篇〕。〇丨，丨然視不移也。(同上)繫傳。〇丨，淫視。〔廣韻・脂部〕

**𢍰** 丨，持也。〔廣韻・脂部〕〇丨，持弩閑柎也。〔說文〕「丨，持弩拊」義證引〔玉篇〕。〇丨與⿰𧾷𢍰義相近。〔廣雅・釋器〕「⿰𧾷𢍰，柎也」疏證。〇丨，音逵。〔說文〕「⿰𧾷𢍰，脛肉也」繫傳。

**瑂** 丨，石似玉也。〔廣韻・脂部〕

**⿰目纍** 丨，視皃。〔廣韻・脂部〕〇丨、睽並與⿰目累同。〔方言一〇〕注「亦言⿰目累也」箋疏。〇⿰目累、丨並與睽同。〔廣雅・釋詁〕「睽，視也」疏證。

**⿰目累** ⿰番留、丨語之轉。〔廣雅・釋詁〕「睽，視也」疏證。〇丨、⿰番留一聲之轉。〔方言一〇〕「⿰番留，視也」疏證。〇丨即⿰番留聲之轉耳。〔方言一〇〕注「亦言丨也」箋疏。〇丨、⿰目纍並與睽同。〔廣雅・釋詁〕「睽，視也」疏證。

**儽** 丨，嬾懈皃，亦作傫。〔廣韻・脂部〕〇丨，一曰欺也。〔集韻・灰部〕〇丨，敗也。〔集韻・灰部〕〇丨、儡、傫、纍并字異而義同。〔淮南〕「然而不免於儡身」雜志。〇傫，本作丨，或作儡，通作纍。〔廣雅・釋訓〕「傫傫，疲也」疏證。〇丨，字亦作傫，又誤作傫。〔說文定聲・卷一二〕〇〔老子〕曰「丨丨兮若無所歸」，此傫傫之誤。〔說文〕「傫，垂皃」段注。

**⿰亻絫** 丨，從積絫之絫，與乘義相近。〔說文〕「丨，垂皃」段注。〇丨丨為垂皃，則與絫絫義同也。(同上)〇丨，本作儽，或作儡，通作纍。〔廣雅・釋訓〕「丨丨，疲也」疏證。〇嬾、勞、丨又一聲之轉。〔廣雅・釋詁〕「丨、勞，嬾也」疏證。

**傫** 丨然，即纍然。〔通雅・釋詁〕

**躨** 丨跜，動皃。〔集韻・脂部〕

**⿱隹丌** 丨，顧也，古字。〔說文〕「顧，還視也」義證引〔玉篇〕。〇丨，謂左右視也。(同上)〇丨，顧皃。〔廣韻・脂部〕

**⿰亻歸** 丨，使也。〔廣韻・脂部〕又〔集韻・脂部〕。〇丨，往也。〔集韻・微部〕

**鶥** 丨⿰石鳥，鳥名，通作麋。〔集韻・脂部〕

**覹** 丨，通作微。〔說文〕「丨，司也」義證。〇丨，字通作微。〔廣雅・釋詁〕「丨，覗也」疏證。〇丨，同矀。〔廣韻・脂部〕〇散與丨同。〔墨子〕「款」雜志。〇丨，字亦作微。(同上)雜志。〇丨，亦省作微。〔說文〕「丨，司也」句讀。

**矀** 丨，伺視。〔廣韻・脂部〕〇丨，同覹。〔說文〕「覹，司也」段注。

**黴** 丨，物中久雨青黑。〔楚辭・九懷〕「菸蘊兮丨黧」補注。〇丨，丨敗也。〔說文〕「丨，中久雨青黑」義證引〔玉篇〕。〇丨，一曰敗也。〔楚辭・九懷〕

〔菸蘊兮｜黧〕補注。〇｜，濡筆也。〔集韻・夳部〕〇｜黧，垢腐皃。〔廣韻・脂部〕〇陰溼之色曰｜黰。〔通雅・天文〕〇｜黰，一作霉黣，溼氣著衣物生班沫也。〔同上〕〇黴與｜亦同義。〔廣雅・釋詁〕「｜，敗也」疏證。〇｜，字亦作黴，作穲，作黣。〔說文定聲・卷一二〕〇｜，俗字作霉。〔同上〕〇｜，〔集韻〕或作黴，蓋古體。〔說文〕「｜，中久雨青黑也」段注。

䶂　｜，鼠名。〔廣韻・脂部〕〇｜，通行本作鼫。〔方言八〕「宛野謂鼠為｜」箋疏。〇鼫，亦作｜。〔同上〕疏證。

岯　｜，山再成也。〔廣韻・脂部〕〇｜，山再成。〔集韻・脂部〕〇｜，一曰山一成。〔同上〕〇｜，或作坯、阫。〔同上〕

魾　｜，大鱯也。〔廣韻・脂部〕〇｜，魚名，鱯也。〔集韻・脂部〕〇｜，魚名，魴也，或作鉟。〔同上〕〇｜，鯬也。〔廣雅・釋魚〕疏證。〇｜，今鮠魚之大者。〔說文定聲・卷五〕〇｜，叚借發聲之詞。〔同上〕〇鯿、魴、｜聲相轉。〔釋魚〕「魴，｜」郝疏。〇｜、鯬、鯠三字古皆聲近。〔釋魚〕「鯬，鯠」郝疏。

頾　｜，短須髮皃。〔集韻・脂部〕〇｜，〔玉篇〕作頿，當作頾。〔說文〕「｜，短須髮皃」義證。

倠　仳｜，醜面。〔廣韻・脂部〕〇〔說文定聲・卷一二〕仳｜，疊韻連語，或以倭傀為之。〔淮南・脩務〕「嫫母仳｜」。〇｜，字實與婎同。〔說文定聲・卷一二〕

婎　｜，醜也。〔廣韻・至部〕〇〔說文定聲・卷一二〕｜，即暴戾恣睢字。〔說文〕「姿｜，恣也」。〇｜與倠亦同義。〔廣雅・釋詁〕「仳倠，醜也」疏證。〇｜與倠通。〔說文〕「倠，仳倠，醜面也」句讀。〇｜，叚睢為之耳。〔說文〕「｜，姿｜，姿也」段注。〇｜，同倠。〔廣韻・脂部〕〇｜，字實與倠同。〔說文定聲・卷一二〕

顀　｜，言額如椎也。〔說文〕「｜，出額也」繫傳。〇｜，謂額肰出向前，蘇俗謂之充額角。〔說文定聲・卷一二〕〇｜，項｜。〔廣韻・脂部〕

秖　｜，穀始熟也。〔廣韻・脂部〕〇禾始熟曰｜。〔集韻・脂部〕〇｜，一曰再種。〔同上〕〇｜，或作秜。〔同上〕〇官本注｜作祇。〔漢書・刑法志〕「提封萬井」補注。〇｜，當為柢聲之誤。〔墨子・經上〕「儇秖｜」閒詁。

檇　｜，以木有所擣。〔廣韻・脂部〕〇｜，地名。〔同上〕〇｜李，〔公羊〕作醉李，〔地理志〕作雋李，又作就李，｜、雋、醉、就皆以音同而轉。〔左傳定公一四年經〕「於越敗吳于｜李」洪詁。

狋　｜，犬怒。〔集韻・脂部〕〇｜，犬怒也。〔說文〕「｜，犬怒皃」義證引〔玉篇〕。〇｜，兩犬爭也。〔同上〕〇｜，犬怒皃。〔廣韻・脂部〕〇｜，一曰不平皃。〔集韻・之部〕〇｜鬌，獸角皃。〔同上〕〇｜鬌，不平貌。〔文選・長笛賦〕「兀婁｜鬌」集釋。〇｜，音權。〔說文〕「｜，讀又若銀」義證引孟康。〇〔說文定聲・卷一二〕｜，〔類篇〕讀又若銀，則與狺同字。〔說文〕「｜，犬怒皃，一曰犬難得」。

巸　｜，廣臣也。〔廣韻・之部〕〇｜，長也。〔同上〕〇｜，美也。〔同上〕〇｜，引申為凡廣之偁。〔說文〕「｜，廣頤也」段注。〇｜、媐、熙並字異義同。〔方言一〇〕「紛怡，喜也，湘潭之間曰紛怡，或曰｜已」箋疏。〇｜，通作熙。〔說文〕「｜，廣臣也」義證。〇〔說文定聲・卷五〕｜，假借為媐。〔方言一〇〕「喜，湘潭之間曰紛怡，或曰｜已」。〇｜，經典借熙為之。〔說文〕「｜，廣臣也」句讀。〇｜與熙同。〔方言一二〕「熙，長也」箋疏。

㺽　｜，玉名。〔廣韻・之部〕〇｜，石之次玉者。〔集韻・之部〕〇｜，一曰五色石。〔同上〕

𤜓　｜，察也。〔說文〕「｜，司空也」段注引〔玉篇〕。又〔同上〕義證引〔玉篇〕。〇｜，辨獄官也。〔同上〕〇｜，辯獄相察。〔廣韻・之部〕〇｜，假借為司。〔說文定聲・卷五〕〇｜，今作伺。〔說文〕「｜，司空也」義證引〔玉篇〕。〇｜，今作覗。〔同上〕

鶀　｜，鳥名。〔廣韻・之部〕〇｜，音欺。〔釋鳥〕「鵋，鵙｜」鄭注。

騹　｜，即鶀字。〔說文〕「雒，鵋鶀也」義證。

髬　｜，被髮走。〔集韻・脂部〕〇｜髵，髮起皃。〔說文〕「髵，鬣也」義證引〔篇海〕。〇｜髵，猛獸奮鬣皃。〔廣韻・脂部〕又〔集韻・脂部〕。〇｜即髭字。〔說文〕「髭，短須髮皃」句讀。〇｜即頾字。〔說文〕「頾，短須髮皃」段注。

訿　｜，謬也。〔廣韻・脂部〕〇｜，誤也。〔集韻・齊部〕〇｜，錯繆也，或从心，通作紕。〔集韻・脂部〕〇｜、𢘍、紕並通。〔廣雅・釋詁〕「｜，誤也」疏證。

𢘍　｜與紕通。〔廣雅・釋詁〕「紕，重也」疏證。〇訿、｜、紕並通。〔廣雅・釋詁〕「訿，誤也」疏證。〇｜，同訿。〔廣韻・脂部〕

咦　｜，笑皃。〔廣韻・脂部〕〇｜，大息之聲也。〔說文定聲・卷一二〕〇｜亦唏也，方俗語有緩急耳。〔廣雅・釋詁〕「｜，笑也」疏證。〇〔說文定聲・卷一二〕｜，假借為唏。〔廣雅・釋詁〕「｜，笑也」。

媐　｜，善也。〔廣韻・之部〕〇｜，悅也。〔同上〕〇｜，樂也。〔集韻・之部〕〇｜，通作熙。〔說文〕「｜，說樂也」義證。〇｜，假借為熙。〔說文定聲・卷五〕〇｜，經典借熙及喜為之。〔說文〕「｜，說樂也」句讀。〇｜，或省作巸，亦作熙。〔方言一〇〕「紛怡，喜也，湘潭之間曰紛怡，或曰巸已」箋疏。

㼻　｜，甂甈也。〔廣雅・釋宮〕疏證。〇甂｜，甈也。〔廣韻・之部〕

𣐈　｜，船飲水斗。〔廣韻・之部〕〇㴭斗謂之｜。〔廣雅・釋器〕疏證。

鼭　｜，鼠名。〔廣韻・之部〕

禗 丨，神不安也。〔集韻・脂部〕○丨，不安欲去。〔廣韻・之部〕○丨，神不安，欲去意。〔集韻・之部〕○丨丨、諰諰、䰯䰯、偲偲，葸也。〔通雅・卷九〕

藄 紫丨，似蕨菜。〔廣韻・之部〕○丨，字亦作基，蕨之紫者。〔說文定聲・卷五〕○〔說文定聲・卷五〕丨，以其為之。〔後漢・馬融傳〕「茈其芸蒩」。

鯕 丨，編魚。〔廣韻・之部〕○丨，鮇丨。〔說文〕「丨，魚名」義證引〔玉篇〕。

轜 丨，喪車。〔廣韻・之部〕

䑴 丨，同艭。〔廣韻・之部〕

輀 丨，喪車也。〔通鑑・漢紀三〇〕「此似丨車」音注。○丨同轜。〔廣韻・之部〕○轜、丨同字。〔說文〕「丨，喪車也」句讀。○丨，字或作轜。（同上）義證。

轜 丨與輀同。〔廣雅・釋器〕「輀，車也」疏證。○丨，本作輀。〔說文〕「而，頰毛也」義證。

䶞 丨，齧也。〔廣韻・之部〕

抾 丨，挹也。〔廣韻・之部〕○丨，一曰捧也。〔集韻・魚部〕○丨莫，去也。〔廣雅・釋詁〕疏證。○丨，古書作祛、胠。〔方言六〕「丨摸，去也」疏證。

笸 丨，可以取蟣也。〔廣韻・之部〕○丨，蘇俗謂之編笄，其疎者曰木梳。〔說文定聲・卷五〕

氂 丨，微畫也。〔廣韻・之部〕引〔字統〕。○丨，凡今人用豪氂，當作此字。〔說文〕「丨，微畫文也」段注。

𣬛 丨，引也。〔集韻・脂部〕

甾 大腹而含今曰丨。〔說文〕「丨，東楚名缶曰丨」義證引〔六書故〕。○田一歲曰丨。〔集韻・志部〕○丨，今〔爾雅〕作鶅。〔說文〕「雉，東方曰丨」段注。○丨，〔禹貢〕作淄，〔周禮〕作菑。〔漢書・地理志〕「原山，丨水所出」補注。○丨丘，〔續志〕作菑丘。〔漢書・地理志〕「丨丘」補注。

甾 丨之言哉也。〔廣雅・釋詁〕「丨，業也」疏證。○丨之言才生也。〔廣雅・釋草〕「丨，蘖也」疏證。○丨、菑、蘖、櫱並通。〔廣雅・釋言〕「蘖，菑也」疏證。○丨即災字。〔管子〕「以繶緣繶」雜志。○丨者，或菑字也。〔說文〕「錙，六銖也」段注。

甾 丨即甾也。〔說文〕「錙，六銖也」義證引翁樹培。○丨即錙字省金。（同上）

鶅 丨，東方雉也。〔廣韻・之部〕○丨，猶甾也。〔釋鳥〕「丨，鶅軌」平議。○丨鶅即萑，老鶅頭有毛角者。〔說文〕「舊，鵖舊，舊留也」義證。○丨，音緇。〔釋鳥〕「丨，鶅軌」鄭注。

歖 丨，卒喜。〔廣韻・之部〕○譆、丨與欸亦聲近而義同。〔廣雅・釋詁〕「欸，譍也」疏證。○丨，或作嘻。〔說文〕「丨，卒喜也」義證。

瞦 丨，目睛。〔廣韻・之部〕

誒 丨，可畏惡矣。〔說文〕「丨，可惡之辭」繫傳。○丨，歎聲。〔國策〕「誒」雜志。○丨，笑樂也。〔楚辭・大招〕「丨笑狂只」補注引或曰。○丨，猶强也。（同上）王注。○丨與欸、唉音義皆同。〔說文〕「丨，一曰丨然」段注。○〔說文定聲・卷五〕丨，假借為唉，應聲也。〔說文〕「丨，一曰丨然」。○（同上）丨，假借為熹。〔說文〕引〔春秋傳〕「丨丨出出」。○丨，今〔春秋左傳〕作譆。〔說文〕「丨，可惡之辭」繫傳。○丨與譆同。〔國策〕「誒」雜志。○丨，今蘇俗凡失意可惜之事尚作此語，實與欸同字。〔說文定聲・卷五〕○丨，或作唉。〔說文〕「丨，可惡之詞」義證。○丨，浙本作唉。〔漢書・韋賢傳〕「勤丨厥生」補注引宋祁。○丨丨，今傳作譆譆。〔說文〕「春秋傳曰丨丨出出」段注。

欰 丨，喜笑。〔廣韻・之部〕○丨丨，戲笑聲，或作改。〔集韻・咍部〕○丨丨，即嘻嘻。〔通雅・釋詁〕○丨，或借蚩字。〔說文〕「丨，丨丨，戲笑皃」句讀。○丨，或作歎。（同上）義證。○丨，又或作嗤。（同上）義證。○丨，或作俗嗤字。（同上）句讀。○丨，此今之嗤笑字也。（同上）段注。○丨，今俗訛作咍字。（同上）繫傳。○丨，戲笑聲。〔說文定聲・卷五〕○丨，字亦作嗤、作歎、作咍、作改。（同上）○丨，以蚩為之。（同上）

譩 丨，忿也。〔廣韻・之部〕又〔集韻・之部〕。○丨，傷也。（同上）

謦 丨，告也。〔廣韻・之部〕又〔集韻・脂部〕。○丨，亦通作寧。〔廣雅・釋詁〕「丨，告也」疏證。

鎡 丨，丨錤。〔廣韻・之部〕○丨錤，大鉏。（同上）○丨錤，鋤別名也。（同上）○丨基，田器也。〔孟子・公孫丑上〕「雖有丨基」朱注。○丨錤，鉗也，通作茲。〔集韻・之部〕

嗞 丨嗟，憂聲。〔詩・綢繆〕「子兮」后箋引〔廣韻〕。○丨嗟，憂聲也。〔廣韻・之部〕又〔續音義・卷三〕引〔切韻〕。○丨，亦嗟也。〔國策・秦策五〕「嗟丨乎司空馬」鮑注。○〔說文定聲・卷五〕丨，假借為改。〔廣雅・釋詁〕「丨，笑也」。○丨，經典借咨字。〔說文〕「丨，嗟也」義證。○丨嗟，倒言之則曰嗟丨，或作嗟茲，或作嗟子。〔釋詞・卷八〕○丨，經傳皆以咨為之，咨丨雙聲。〔說文定聲・卷五〕○嗟丨字本如此。〔說文〕「丨，嗟也」繫傳。

嫣 丨，愚戇多態。〔集韻・支部〕

柴 丨池，參差也，或从人。〔集韻・支部〕

乑 丨，如旗勿之丨，轉注為凡物丨下之稱。〔說文定聲・卷一〇〕○丨，引伸為凡下丨之偁，今字巫行而丨廢。〔說文〕「丨，艸木華葉丨」段注。○丨，

各本作垂。〔説文〕「它，虫也，从虫而長，象冤曲丨尾形」段注。○丨，經傳皆以垂為之，又以錘為之。〔説文定聲・卷一〇〕

蟴　丨，聲散也，或書作澌。〔集韻・支部〕○〔説文定聲・卷一二〕丨，叚借為鮮，實為鱻。〔釋詁〕「鮮，善也」。

儷　〔説文定聲・卷一〇〕丨，茂密之皃。〔説文〕「丨，棽丨也」。○丨，字亦作孋。〔説文定聲・卷一〇〕○丨，此字亦即丽之或體。〔同上〕

⿰冎卑　〔説文定聲・卷一二〕丨，隸作⿰別卑。〔廣雅・釋詁〕「⿰別卑，裂也」。

⿰別卑　丨，分別其美惡數目，如今所謂估也。〔説文定聲・卷一二〕〔「辟」下〕

鬻　丨，鍵也。〔説文〕「酏，賈侍中説酏為丨清」段注。○丨，賣也。〔國策・秦策二〕「秦丨魏」鮑注。○丨，古或借此為賣丨字。〔説文〕「丨，鍵也」繫傳。○丨，古音讀米，丨熊本姓芈，古字芈與丨聲同通用，故芈熊亦稱丨熊耳。〔漢書・地理志〕「周成王時封文武先師丨熊之曾孫熊繹於荆蠻」補注引錢坫。○丨、粥同。〔國策・趙策四〕「恃丨耳」鮑注。○丨，今俗作粥。〔説文〕「丨，鍵也」繫傳。○丨，姚云一本去鬲字。〔國策・趙策四〕「恃丨耳」補注。

朇　丨，會益之也。〔説文〕「丨，益也」繫傳。○丨、埤皆字異而音義同。〔説文〕「裨，益也」段注。○丨與俾、裨、埤竝同。〔説文〕「丨，益也」句讀。○丨，此為增益之正字，經傳皆以俾、以裨、以埤為之。〔説文定聲・卷一二〕○丨、裨古今字，裨行而丨廢。〔説文〕「丨，益也」段注。

乀　丨，移也。〔説文〕「丨，流也」義證引〔玉篇〕。○丨，延也。〔説文定聲・卷一二〕○丨，通作移。〔説文〕「丨，流也」義證。○丨，經傳多以貤、以施、以移為之。〔説文定聲・卷一二〕

⿰虚瓜　丨，瓠瓢也。〔集韻・支部〕

檥　丨，附也，附船著岸也。〔通鑑・漢紀三〕「烏江亭長丨船待」音注引孟康。○丨，正也。〔同上〕音注引應劭。○〔史記〕注曰整船向岸曰丨。〔説文〕「丨，榦也」繫傳。○南方謂整船向岸曰丨。〔通鑑・漢紀三〕「烏江亭長丨船待」音注引如淳。○丨船者，若今小船兩頭植檣為系也。〔説文〕「丨，榦也」段注。○〔説文定聲・卷一〇〕丨，若今浙江烏篷船頭尾俱植篙為系，俗字作艤。〔説文〕「丨，榦也」。

⿰木絫　丨，即果之一名也。〔説文〕「丨，木實也」繫傳。○無皮殼曰丨。〔同上〕繫傳。○丨，木果絫絫也。〔説文定聲・卷一二〕○丨，假借為椑，或又以為扁榼之名。〔同上〕○丨，或作樏。〔説文〕「丨，木實也」義證。

⿰扌絫　丨之言纍也。〔廣雅・釋詁〕「丨，理也」疏證。○〔説文定聲・卷一二〕丨，字亦作摞。〔廣雅・釋詁〕「丨，理也」。

⿰系瓦　垒、壘、並與丨通。〔廣雅・釋宮〕「丨，甂甎也」疏證。

茬　丨，丘名。〔廣韻・之部〕○〔説文定聲・卷五〕丨，亦作茌。今山東東昌府茌平縣東北有茌山。〔水經・河水注〕「茌，山名也」。○丨，姓。〔廣韻・之部〕○丨，從在聲，古音屬之部。〔漢書〕「丨」雜志。○丨，俗作茌。〔説文〕「丨，濟北有丨平縣」段注。○丨，當作茌。〔漢書・地理志〕補注引宋祁。

⿱𦍌灰　丨，束炭。〔集韻・支部〕

⿱𦍌炎　丨與⿱𦍌灰同。〔廣雅・釋詁〕「⿱𦍌灰，乾也」疏證。○〔説文定聲・卷一〇〕丨，字亦作⿱𦍌灰。〔廣雅・釋詁〕「⿱𦍌灰，乾也」。

徥　丨、媞、提、折、偍，字異聲義並同。〔方言二〕「凡細而有容謂之嫢，或曰丨」箋疏。○丨，通作偍。〔方言六〕「丨、用，行也」箋疏。○〔説文定聲・卷一二〕丨，叚借為媞。〔方言二〕「凡細而有容謂之嫢，或曰丨」。○今本〔釋言〕作「是，則也」，蓋古〔爾雅〕假丨為是。〔説文〕「爾雅曰丨，則也」段注。○丨，今〔爾雅〕作是。〔説文〕「丨丨，行皃也」繫傳。○丨，字又作偍。〔説文〕「丨丨，行皃」義證。○〔説文定聲・卷一二〕丨，字亦作偍。〔荀子・脩身〕「難進曰偍」。

庛　丨，耒下歧木也。〔集韻・支部〕○丨，〔周紀〕、〔宋世家〕作疵，〔廣韻〕作疵。〔漢書・古今人表〕「太師丨」補注引梁玉繩。

瞝　丨，視也。〔集韻・支部〕

攠　丨亦麾字，通用麾。〔説文〕「麾，旌旗所以指麾也」義證引〔字書〕。○丨，亦摩字也。〔方言一三〕「摩，滅也」疏證。

綼　〔説文定聲・卷一二〕丨，卑也。〔儀禮・既夕〕「縓丨緆」。〔「緆」下〕○緣裳邊側曰丨，丨者庳也。〔説文定聲・卷一四〕〔「緣」下〕○紕、丨、辟並通。〔廣雅・釋詁〕「紕，緣也」疏證。

昬　丨與眂同。〔廣雅・釋詁〕「眂，視也」疏證。

眂　丨，視也。〔集韻・支部〕○丨丨，役目。〔廣韻・支部〕

⿱曰弓　丨，今〔爾雅〕作⿱罒弓。〔説文〕「雉，有十四種，南方曰丨」段注。○丨作翟。〔同上〕段注引賈逵、杜預〔左傳〕注。

侇　丨，尸也。〔集韻・脂部〕○一曰丨之言移也。〔同上〕○丨與夷音義俱同。〔儀禮・士喪禮〕「士舉男女奉尸丨于堂」胡正義。

⿰馬舌　丨，馬走也。〔集韻・脂部〕○趨曰丨，行曰騃。〔詩・吉日〕「丨丨騃騃」集疏引韓説。○駓、丨、伾、鄙、儦五字並聲近而通用。〔廣雅・釋訓〕「駓駓，走也」疏證。

**茾** 丨，艸多皃。〔集韻·咍部〕○丨，古謂頰毛為彨，此草似之也。〔説文〕「丨，艸多葉皃」繫傳。

**眲** 丨，和也。〔集韻·之部〕○丨，調也。（同上）○丨與恧同。〔廣雅·釋詁〕「恧，慙也」疏證。○丨，或作聏。〔集韻·之部〕

**聏** 丨，〔莊子闕誤〕引作胹。〔莊子·天下〕「以丨合驩」集釋。

**斄** 丨，坼也。〔廣韻·之部〕又〔集韻·之部〕。○〔説文定聲·卷五〕丨，男女分坼之義，字變作嫠，古皆以釐為之。〔説文〕「丨，坼也」。

**葷** 丨，蒴藋别名。〔説文〕「丨，艸也」義證引〔五音集韻〕。○丨，一名蒠，似冬藍，食之醋也。〔説文〕「藋，釐艸也」義證引〔玉篇〕。○朔藋艸一名丨也。〔説文〕「丨，艸也」繫傳。○丨，即〔爾雅〕之苗蓨、〔詩·我行其野〕之蓫也。〔説文定聲·卷五〕○丨，亦名蓨蕸，一名鬼目。（同上）

**嶷** 正立謂之丨。〔詩·生民〕「克岐克嶷」通釋。○丨，當為定也。〔説文〕「丨，未定也」義證。○丨，經典通作疑。（同上）○丨，經傳皆以疑為之。〔説文定聲·卷一二〕

**壋** 蠙謂之埒，亦謂之丨。〔廣雅·釋邱〕「湄，浮，厓也」疏證。

**黳** 丨，黑也。〔集韻·之部〕○丨然，猶赩然。〔通雅·釋詁〕○丨，通作爽。〔方言一三〕「丨，色也」箋疏。

**徲** 丨，當作徲。〔説文〕「夌，一曰夌丨也」義證。○丨，音遲。〔説文〕「夌，越也」繫傳。

**毆** 丨，叚借為雉，一曰惡姿也。〔説文定聲·卷一二〕○（同上）丨，叚借為兮。〔石鼓文〕「汧丨沔沔」。○（同上）丨，叚借為毉。〔方言一一〕「丨，幕也」。○丨即毉，音輕重異耳。〔方言一二〕「丨，幕也」疏證。

**豸** 丨，草木葉縣。〔廣韻·支部〕

**厼** 丨，參差也。〔廣韻·支部〕○〔字詁〕丨，此謂絃與板不相應，正參差之意。〔南九宫〕「丨板矣」。○（同上）丨，蓋借言詩與事相左，猶腔不應板耳。〔西廂記〕「丨拍了迎風户半開」。

**氂** 丨，理也，或作㹈、斄，通作治。〔集韻·之部〕

**囪** 丨，古文龜。〔廣韻·脂部〕

**侕** 丨，衆多皃。〔集韻·支部〕

**傂** 丨，一曰别植也。〔集韻·支部〕○仳丨，參差也。〔廣韻·支部〕又〔集韻·支部〕。○丨祁，地名，在絳西，臨汾水。〔廣韻·支部〕

**僛** 丨，動皃，通作厥。〔集韻·支部〕

**僛** 丨丨，狐狸聲。〔集韻·之部〕

**僛** 丨，同頫。〔廣韻·之部〕

**戲** 丨，相笑之貌。〔廣韻·支部〕

**劦** 丨，姓也。〔廣韻·脂部〕

**刉** 丨，刀取物也。〔集韻·支部〕

**丕** 丨，同丕。〔廣韻·脂部〕○李斯書丨作郤。〔左傳僖公一〇年〕「丨豹奔秦」洪詁。○丨，〔外傳〕作丕，〔史記·晉世家〕作邳。〔左傳僖公九年〕「里克丨鄭欲納文公」洪詁。

**厎** 丨，古文斄。〔廣韻·之部〕

**厶** 丨，自營為丨也。〔廣韻·脂部〕○丨，通作私。〔釋言〕「飫，私也」郝疏。

**听** 丨嗞，口開皃。〔集韻·之部〕

**呞** 丨，牛噍也。〔説文〕「齝，吐而噍也」義證引〔玉篇〕。○丨，食已復出爵也，或作飼、齝。〔集韻·之部〕○丨，又作飼、齝，謂食復出也。〔慧琳音義·卷五八〕

**呢** 丨，言不了丨喃也。〔廣韻·脂部〕

**咡** 丨，吻也，或从耳。〔集韻·之部〕

**呲** 丨，無食也。〔集韻·之部〕○丨，嫌食也，或作噊。〔集韻·支部〕

**嗁** 丨，鳴也。〔集韻·之部〕○丨，鳥鳴。〔廣韻·支部〕又〔集韻·支部〕。

**嘸** 丨哫，口皃。〔集韻·脂部〕

**嚚** 丨嘘，開口笑也。〔集韻·之部〕

**圌** 丨，山名，在吴都。〔廣韻·支部〕○丨，如丨山，本即團字，今讀為垂，又讀為殊、為船，皆方言轉變也。〔通雅·疑始〕

坏　丨，塼墼土也，塼瓦之未燒者為丨。〔通雅・疑始〕〇丨讀曰培，益也。〔大戴・本命〕「墳墓不丨」王詁。

坮　丨，又作笞。〔慧琳音義・卷四六〕

墯　丨，本从自，以壞自為義，而壞城次之。〔說文〕「陸，敗城自曰陸」段注。

⿰土巂　丨，毀也。〔集韻・支部〕〇丨，通作攜。〔同上〕

⿰土韱　丨，毀也。〔廣韻・支部〕

夊　丨，後也。〔說文定聲・卷五〕引楊桓〔六書統〕。〔「麥」下〕

⿱㞢女　丨，輕侮。〔廣韻・之部〕〇丨，侮也。〔集韻・之部〕〇丨，癡也，或作媸，通作蚩。〔同上〕

妮　丨，女字。〔集韻・脂部〕

婼　〔前漢・西域傳〕有丨羌。〔廣韻・支部〕〇丨羌，國名。〔集韻・支部〕

娷　丨，女字。〔集韻・支部〕

嫢　丨，女字。〔集韻・支部〕

媸　丨，丨妍。〔廣韻・之部〕〇〔說文定聲・卷六〕丨，以蚩為之。〔後漢・趙壹傳〕「孰知辨其蚩妍」。〔「醜」下〕

⿱師女　丨，女巫，或書作⿰女師。〔集韻・脂部〕

嫛　丨婗，小兒。〔集韻・脂部〕

⿰女斯　丨，女字。〔集韻・支部〕

嬨　丨，女字。〔集韻・之部〕

⿱爾女　齊人呼母曰丨，或作⿱尒女。〔集韻・支部〕

⿰女纍　丨祖，黃帝妃，亦作嫘。〔廣韻・脂部〕

孷　丨，雙生子也。〔廣韻・之部〕〇丨，一產二子，通作孳。〔集韻・之部〕

孶　丨丨，猶汲汲也。〔通鑑・漢紀四五〕「丨丨求姦，未若禮賢」音注。〇丨、滋聲義同。〔周禮・內宰〕孫正義。

徛　一足曰丨也。〔說文〕「踦，一足也」義證引〔玉篇〕。〇丨，今為踦。〔同上〕義證引〔玉篇〕。

⿸广羸　丨，膝病。〔廣韻・支部〕〇丨，膝病也。〔集韻・支部〕

⿸尸犬　丨，呻吟聲。〔廣韻・脂部〕

⿸尸夷　丨，丨跜。〔廣韻・脂部〕〇丨，跜地也，或从足。〔集韻・脂部〕〇跠與丨字同，亦通作夷。〔廣雅・釋詁〕「跠，跜也」疏證。

屓　丨，此也。〔廣韻・脂部〕

峏　丨，山名。〔廣韻・之部〕

峓　嵎丨，山名，〔書〕作嵎夷，〔傳〕云東表之地。〔廣韻・脂部〕

⿱巛⿱山田　丨，嶷，不齊皃。〔集韻・之部〕

椔　丨，通作枝。〔說文〕「丨，古文郊」義證。

嵋　丨，山形。〔廣韻・脂部〕

嵫　崦丨，山名，日所入處。〔廣韻・之部〕

嵯　嵾丨，山不齊。〔廣韻・支部〕

⿰山爾　丨，山形，或作⿱山弥。〔集韻・支部〕

⿱甚己　丨，疾恚也。〔集韻・之部〕

⿰巾畀　丨，冕也。〔廣韻・支部〕〇丨，冕名，通作裨。〔集韻・支部〕

幣　丨，斷繒也。〔集韻・之部〕

床　〔眾經音義〕丨字體作䵑。〔說文〕「䵑，穄也」句讀。

廋　丨，姿丨。〔廣韻・脂部〕

廋　丨，同廋。〔廣韻・脂部〕

⿸广離　丨，廈也。〔集韻・支部〕

延 ｜｜，猶迆迆也，行皃，｜當音夷。〔通雅·釋詁〕

异 ｜，已也，又音異。〔廣韻·之部〕〇｜，一曰已也。〔集韻·之部〕〇｜，舉也。（同上）〇｜，發歎。（同上）

弫 ｜，弓名。〔廣韻·之部〕引〔韻略〕又〔集韻·之部〕。

彝 ｜，法也。〔禮記·祭統〕「施于烝｜鼎」集解。

彽 ｜徊，猶徘徊也。〔廣韻·脂部〕

伾 ｜，走皃。〔集韻·脂部〕

恣 ｜睢，自得皃。〔集韻·脂部〕

忄奇 愾｜，儉急。〔廣韻·支部〕

愭 ｜，畏也。〔廣韻·脂部〕又〔漢書·王吉傳〕「寡人造行不能無愭」補注引〔類篇〕。〇｜，敬也。〔廣韻·脂部〕又〔漢書·王吉傳〕「寡人造行不能無愭」補注引〔類篇〕。

忄皀 ｜，惡性也。〔廣韻·脂部〕〇｜，性之惡者。〔集韻·脂部〕

忄离 ｜，多端。〔廣韻·支部〕〇｜，又思之也。（同上）〇｜，一曰思也。〔集韻·支部〕〇｜，或作𢥞。（同上）

愁 ｜，愁憂之皃。〔廣韻·之部〕〇｜，愁憂皃，楚潁間語。〔集韻·之部〕

慚 ｜，慄也。〔集韻·之部〕

懠 ｜，怒也。〔集韻·脂部〕

離 ｜，同𢤱。〔廣韻·支部〕

㦤 ｜，散也。〔集韻·支部〕

庛 ｜與𢉦通。〔通雅·釋詁〕引顏之推。

𢉦 㡹｜，户扁。〔廣韻·支部〕

抷 ｜，披也。〔集韻·脂部〕

拏 ｜，挐也。〔集韻·脂部〕

𢫬 ｜，手持物。〔集韻·脂部〕

掎 ｜，偏引也。〔集韻·支部〕

撕 ｜，即斯字。〔詩·抑〕「言提其耳」後箋。〇｜，當作㯕。〔墨子·備城門〕「樓｜揗」閒詁。

擟 ｜拘，山名。〔廣韻·支部〕

攡 ｜，水芰名也。〔廣韻·脂部〕

岐 ｜，經傳皆以施為之。〔說文定聲·卷一〇〕

吱 ｜，同紕。〔廣韻·脂部〕

枝 ｜，謂樹枝橫首也。〔慧琳音義·卷二二〕

豉 ｜，敁｜，不齊。〔廣韻·支部〕

毅 ｜，弓硬皃。〔廣韻·支部〕〇｜，弓强皃，或作䩭，弜。〔集韻·支部〕

鼔 ｜敁，屋欲壞。〔集韻·脂部〕

旜 ｜，旌也。〔廣韻·脂部〕

昕 ｜，旦明，日將出也。〔集韻·支部〕

曦 ｜，光明盛也，或作晞。〔慧琳音義·卷二〕引〔字書〕。〇｜赫，日光也。（同上）引〔韻詮〕。

曦 ｜，日光。〔廣韻·支部〕

机 ｜，木名，似榆。〔廣韻·脂部〕

柢 ｜，碓衡。〔廣韻·支部〕

枱 ｜，耕用｜，廣五寸。〔說文定聲·卷七〕（「穮」下）

柅 ｜，船名。〔集韻·脂部〕

枇　－，無－木，一名榆。〔廣韻・支部〕○－，無－木，與榌同。〔説文〕「榆，母杶也」義證引〔玉篇〕。

栥　－，欂櫨也。〔集韻・之部〕

桸　－，杇也。〔廣韻・支部〕○－，勺也，或作𧯛也。〔集韻・支部〕

棲　－，田器。〔廣韻・支部〕○－，田器，或从耒。〔集韻・支部〕

奞　－，木名，似桂。〔廣韻・脂部〕

𣐈　－，木名，可為車轂。〔集韻・脂部〕

𣗏　－、提、鍉，並與匙同。〔方言一三〕「匕謂之匙」箋疏。

藡　－，相－木。〔廣韻・之部〕

藡　－，木盛。〔廣韻・支部〕引〔玉篇〕。○－，木盛也。〔集韻・支部〕

樆　－，布木也。〔集韻・支部〕○－，山棃。〔廣韻・支部〕○棃之山生者曰－也。〔説文〕「棃，棃果也」段注。

檕　－，木名，條可為大索。〔集韻・之部〕

槻　－，木名，堪作弓材。〔廣韻・支部〕

椅　－，㩻也。〔集韻・支部〕

𣙚　－，木薪。〔集韻・支部〕

檽　－，木耳別名。〔廣韻・之部〕

樻　－欈，木名，實可食，或从嶲。〔集韻・支部〕

櫂　－，杝也。〔集韻・支部〕

欈　樻－，木名，實可食也。〔廣韻・支部〕

𣠥　－，柴－也。〔廣韻・支部〕○－，又作籬、柂。〔慧琳音義・卷五九〕○－，又作籬、杝二形。〔説文〕「杝，落也」句讀。

欐　－，棟也。〔集韻・支部〕



𣢼　－，歐也。〔廣韻・支部〕

欹　－，歎辭。〔廣韻・支部〕○－器，侑巵也。〔通雅・卷三三〕○－案，斜搘之具也。〔通雅・褋用〕

𣣚　－，笑－。〔廣韻・支部〕

𣤌　－，喝聲。〔集韻・支部〕

𣤶　－，相笑也，或作歔，通作巇。〔集韻・支部〕

歔　－，吹－，口聲。〔廣韻・支部〕

毗　－，輔也。〔通鑑・漢紀四三〕「以－聖政」音注。○－鉢舍那，梵語，觀觀法智也。〔慧琳音義・卷一〕○－陰－陽，言傷陰陽之和也。〔莊子・在宥〕「陰陽并－」集釋引俞樾。○此－字當讀為－劉暴樂之－。（同上）集釋引俞樾。

毞　－，氏罽也，通作紕。〔集韻・脂部〕

氂　十絲為毫，十毫為－。〔慧琳音義・卷二〕引〔九章筭經〕。

毸　－，毛文會也。〔集韻・脂部〕

沘　－，水名，在楚。〔廣韻・脂部〕

洈　－，水名，在南郡。〔廣韻・支部〕

浽　－，小雨。〔集韻・脂部〕○－溦，小雨。〔廣韻・脂部〕又〔集韻・脂部〕。

洍　江水決復入為－。〔集韻・之部〕

沱　－，水文。〔集韻・支部〕

溦　－，谷與瀆通也。〔集韻・脂部〕○－，音眉。〔釋丘〕「谷者－」鄭注。

漓　－，水滲入地。〔廣韻・支部〕

漦　－，今陝西乾州武功縣南有古氂城，字亦以氂、以漦為之。〔説文定聲・卷五〕

溈　－，水名，在新陽。〔廣韻・支部〕

滋丨，潤水名也。〔廣韻·之部〕

隨丨，滑也。〔集韻·支部〕

瀌丨，同湄。〔廣韻·脂部〕

⿰氵戲丨，水名，在新豐。〔廣韻·支部〕

灕丨，一曰水滲入地。〔集韻·支部〕〇淋丨，秋雨也。〔廣韻·支部〕〇丨與漓同字。〔漢書·揚雄傳〕「澤滲丨而下降」補注。

⿰火𡰥丨，火皃。〔集韻·脂部〕

焷丨，火熱也。〔集韻·支部〕

焷丨，炰也。〔廣韻·支部〕〇捭者丨之借字。〔廣雅·釋器〕「丨謂之炰」疏證。〇丨與燔一聲之轉，皆謂加於火上也。(同上)疏證。

⿰口炎丨欿，欲食也。〔集韻·支部〕〇丨欿，乞人見食皃。〔廣韻·支部〕〇丨欿，貪者欲食皃。(同上)

爈丨，火燚。〔廣韻·支部〕又〔集韻·支部〕。〇丨，火燚也。〔說文〕「燚，火華也」義證引〔玉篇〕。〇丨，帷中火也。〔廣韻·支部〕〇帷中之火曰丨。〔集韻·支部〕

⿰火移丨，爆丨，火不絕皃。〔廣韻·支部〕

燍丨，焦也。〔集韻·迴部〕〇丨，火焦臭也。〔廣韻·支部〕〇丨，煙也。〔集韻·支部〕

爢丨，糝也。〔屈賦·離騷〕「精瓊丨以為粻」戴注。〇丨，爛也。〔楚辭·招魂〕「丨散而不可止些」補注。〇丨，壞也。(同上)〇〔說文定聲·卷一〇〕丨，假借為爢。〔漢書·揚雄傳〕「精瓊靡與秋菊兮」。〇(同上)丨，以糜為之。〔孟子〕「糜爛其民」。

⿰片离破木為丨。〔集韻·支部〕

⿰牛隹丨，牛名。〔集韻·脂部〕

犄丨，犗也。〔廣韻·支部〕

⿰牛纍丨，求子牛。〔廣韻·脂部〕又〔集韻·脂部〕。〇丨，一曰騰犪也，或作犪、累。(同上)

狓丨，丨猖，飛颺。〔集韻·支部〕

⿰豸多丨，獸名，似犬，尾白，目喙赤，出則大兵。〔廣韻·支部〕〇丨，獸名，似犬，赤喙白首，見則荒，或作豥貔。〔集韻·支部〕

猉汝南謂犬子為丨。〔集韻·之部〕

⿰犭委丨犭，犬屬。〔集韻·支部〕

⿰犭癸丨，壯勇皃。〔集韻·脂部〕

⿰犭旨丨，獸名。〔集韻·脂部〕

⿰犭离丨，鷙獸，或从豸。〔集韻·支部〕

⿰犭戲丨，獸名，又曰豕也。〔廣韻·支部〕

珆丨，石似玉也。〔廣韻·脂部〕

⿰王有丨，琟，玉名。〔集韻·支部〕

瓍丨，珠也，蛇銜之以報隨侯，〔楚辭〕因从玉。〔集韻·支部〕

璽丨，玉名。〔廣韻·支部〕〇丨，玉名，或作𤪌。〔集韻·支部〕

甄丨，甖也。〔廣韻·支部〕

⿰田皮丨，耕也。〔廣韻·支部〕

⿰吅皮丨，器破也。〔廣韻·支部〕又〔集韻·脂部〕。〇丨，器破而未離。〔廣韻·支部〕

⿱隻鬲丨，古文䰝字。〔廣韻·支部〕

⿱泜皿菧、丨，並與藞同。〔廣雅·釋器〕「藞，菹也」疏證。

眮丨，視也。〔集韻·支部〕

⿰目它丨，視也。〔集韻·支部〕

眣丨，丨的也。〔廣韻·之部〕

眱丨，熟視不言。〔廣韻·脂部〕〇夷與丨通。〔廣雅·釋訓〕「䏌丨，直視也」疏證。

睽　—，眴也。〔廣韻・之部〕

[illegible]　—，目閉也。〔集韻・脂部〕

睳　—，目汁凝。〔廣韻・之部〕

[illegible]　—，汙面皃。〔廣韻・支部〕

瞴　—，美目皃。〔集韻・支部〕

[illegible]　—，目病。〔廣韻・脂部〕〇—，目疾。〔集韻・脂部〕

矖　—，—瞜也。〔廣韻・支部〕〇—，—瞜，明目者，通作離。〔集韻・支部〕

[illegible]　—，矛也。〔廣韻・支部〕〇—，矛屬。〔集韻・支部〕

砅　—，履石渡水也。〔集韻・支部〕

碕　—，石橋。〔廣韻・支部〕〇—，曲岸。(同上)〇—，曲岸，或作埼。〔集韻・支部〕〇—，聚石為彴，通作徛。(同上)

磃　—，舘名。〔廣韻・支部〕〇—，漢有上林—氏舘。〔集韻・支部〕〇—，並作虒字，不從石，當從如讀。〔漢書・郊祀志〕「舍之上林中—氏舘」補注。

磁　—，磁石，可引針也。〔廣韻・之部〕

礙　—礶，青石。〔集韻・之部〕

[illegible]　—，禾四把也。〔廣韻・脂部〕〇長沙人謂禾四把為—，或作稜。〔集韻・脂部〕

[illegible]　—，麥也，或从麥。〔集韻・之部〕

[illegible]　—，禾生皃。〔廣韻・之部〕又〔集韻・之部〕。〇—，一曰蒔也。(同上)

[illegible]　—，禾茂也，或作[illegible]、[illegible]。〔集韻・支部〕

[illegible]　—，治禾也。〔集韻・支部〕

[illegible]　長沙人謂禾二把為—。〔廣韻・支部〕又〔集韻・支部〕。〇—，樹膠也。〔慧琳音義・卷二六〕〇—膠者，擣木皮煎而作之，可以黏捕鳥雀也。〔慧琳音義・卷六〇〕引〔考聲〕。

[illegible]　—，苗也。〔集韻・支部〕〇—，一曰五穀之列為—者。(同上)〇——，黍稷行列。〔廣韻・支部〕

[illegible]　—，一曰水厓。〔集韻・支部〕

[illegible]　—，竹器。〔廣韻・脂部〕又〔集韻・脂部〕。

筣　—，竹名。〔廣韻・之部〕

箈　—，箭萌。〔集韻・之部〕〇—，一曰水中魚衣，或从怠。(同上)

篃　—，竹名，江漢間謂之箭竿。〔集韻・脂部〕又〔說文〕「篃，竹也」義證引〔類篇〕。〇—，亦箘徒，江漢間謂之竹籢。(同上)義證引〔竹譜〕。

篪　—，盛穀圓笹。〔廣韻・支部〕〇—，困也，或作簻。〔集韻・支部〕

箠　—，節也。〔廣韻・支部〕〇—，竹節。〔集韻・支部〕

[illegible]　—，竹名，有毒，傷人即死。〔廣韻・之部〕又〔集韻・之部〕。

箷　以竿為衣架曰—。〔釋器〕「竿謂之—」鄭注。

[illegible]　—，竹名。〔集韻・之部〕

篩　—竹，一名太極，長百丈，南方以為船。〔廣韻・脂部〕引〔神異經〕。〇—，又竹器也。(同上)

[illegible]　—，竹枝也。〔集韻・支部〕

[illegible]　—，同篅。〔廣韻・支部〕

[illegible]　—，竹名。〔廣韻・脂部〕〇—，竹名，或作簸。〔集韻・脂部〕

[illegible]　筤之轉聲為篾，又轉而為—，音彌。〔廣雅・釋草〕「其表曰筤」疏證。

[illegible]　—，—籠。〔廣韻・支部〕〇—，籠也。〔集韻・支部〕

[illegible]　—，赤米。〔廣韻・支部〕〇—，赤米，或从支。〔集韻・支部〕

粸　—，餅屬，或从麥。〔集韻・之部〕

[illegible]　—，粉餌。〔集韻・脂部〕

䅻—，熬米壞也。〔集韻·支部〕

紴縴—，挽船繩也。〔廣韻·支部〕

絫十黍為—。〔集韻·脂部〕○—，一曰十絲。（同上）○累與纍同，字亦作—，又作壘。〔廣雅·釋詁〕「貫，累也」疏證。

欰—，績所緝也。〔集韻·脂部〕

綄—，繻，繒美兒。〔集韻·支部〕

縲—，絡也。〔廣雅·釋器〕疏證。○—與纍同。〔廣雅·釋器〕「—，絡也」疏證。

䌳—，繒屬。〔集韻·支部〕○絓、—，字並與纚同。〔廣雅·釋器〕「纚，紬也」疏證。

綸—，繒屬。〔集韻·之部〕

纚—，綿紬也。〔通雅·布帛〕

鈘—，器名。〔集韻·支部〕

䍣—，小口罌也。〔廣韻·支部〕

䍐—，〔高紀〕作缶，〔史記〕作甀。〔漢書·地理志〕「—鄉」補注。

罷—，篝笭。〔廣韻·脂部〕

罙—，罟也。〔廣韻·支部〕○罙同—。（同上）○〔鄭箋〕易罙為—，訓為冒也。〔說文〕「突，深也」段注。○—與彌通。〔廣雅·釋詁〕「彌，深也」疏證。○—，各本作周行也。〔說文〕「—，网也」段注。○罙者，—网字之古文。〔說文定聲·卷七〕

罧〔說文定聲·卷一二〕—，此字从网，當訓冒网也，周行是誤字。〔說文〕「—，周行也」。○（同上）—，謂突字。〔詩·殷武〕「罙入其阻」。

羉〔說文定聲·卷一〇〕—，羈旅，寄廬也，字亦作羇。〔周禮·遺人〕「以待羈旅」。○—、羈、覊、羇，並字異而義同。〔廣雅·釋器〕「羈，勒也」疏證。○〔說文定聲·卷一〇〕—，假借為寄。〔廣雅·釋詁〕「羈，寄也」。○（同上）—，字亦作䩻。〔離騷〕「余雖好修姱以䩻羈兮」。

羅接—，白帽。〔廣韻·支部〕

䍦䍦與—同。〔廣雅·釋詁〕「—，邌也」疏證。

羛—，地名，在魏。〔廣韻·支部〕○—陽，即戲陽。〔通雅·地輿〕

𡸓—，羽盛。〔廣韻·之部〕○——，羽翼盛也。〔集韻·之部〕○—，字亦作翄。〔說文定聲·卷五〕

翨—，同提。〔廣韻·支部〕

𦐦—翍，俗作差池，猶邂逅也。〔慧琳音義·卷四二〕○—翍，燕飛不至也，通作差。〔集韻·支部〕

𦙶—，丸之熟也，又音丸。〔廣韻·之部〕○—，摩丸之孰也。〔集韻·之部〕○—，義與胹亦相近。〔廣雅·釋詁〕「胹，熟也」疏證。

瓻—，瓦也。〔集韻·之部〕

秄—，壅禾根也。〔集韻·之部〕

秛—，同䵷。〔廣韻·支部〕

䀹汗面謂之—，或作瞌。〔集韻·支部〕

肶〔釋詁〕—亦作脾。〔說文〕「膍，或从比」段注。

朏—與斯，斯與析音近。〔說文〕「膍，牛百葉也」段注。

胰—，夾脊肉也。〔廣韻·脂部〕

脛—，豕息肉，今謂之豬—。〔廣韻·之部〕○—，豕脾息肉。〔集韻·之部〕

脿—，脽也。〔集韻·脂部〕○—，臀之別名。〔廣韻·脂部〕

膍—，膍也。〔集韻·支部〕

膘—，脯也。〔集韻·脂部〕

胹—，煮熟。〔廣韻·之部〕

䑴䑴—，船名。〔廣韻·之部〕

䑴—䑴，舟名。〔廣韻·之部〕

茬—，艸木花盛兒。〔集韻·脂部〕

⿱艹⿰弓丂　丨，繰絲鉤緒。〔廣韻·支部〕〇丨，繰鉤也。〔集韻·支部〕

荑　丨，莁丨。〔廣韻·脂部〕

萆　丨，一曰蒿類。〔集韻·支部〕〇丨薢，藥艸。〔同上〕

荾　丨，胡丨，香菜。〔廣韻·脂部〕又〔說文〕「葰，薑屬，可以香口」義證引〔玉篇〕。〇丨，芫荾。〔通雅·卷四四〕

䓡　丨母，藥草。〔集韻·支部〕

⿱艹⿰犭斤　丨，一曰艸多皃。〔集韻·之部〕

菥　葴丨草，似燕麥。〔廣韻·支部〕

萓　丨萸，艸名。〔集韻·支部〕

葰　丨，薑屬，或作荾。〔集韻·脂部〕〇丨，一名廉薑，薑類也。〔說文〕「丨，薑屬，可以香口」義證引〔異物志〕。〇廉薑似山薑而根大，一名丨。〔同上〕義證引〔通志〕。〇〔說文定聲·卷一五〕丨，即藥品中三柰。〔閒居賦〕注「荾與丨同」。〇丨，一名山辣，今藥中三柰也。〔說文〕「丨，薑屬」段注。〇丨之音雖，謂其綏綏然。〔通雅·疑始〕〇丨，段借為蓴。〔說文定聲·卷一五〕〇丨，以綏為之。〔同上〕〇丨，字亦作荾、作荽、作葰、作蓌。〔同上〕

葿　茈丨，草。〔廣韻·脂部〕

蒒　丨，草名。〔廣韻·脂部〕又〔集韻·脂部〕。〇丨，一曰自然穀。〔同上〕

蓷　丨，艸名，茺蔚也。〔集韻·脂部〕

蕢　丨，菜名。〔廣韻·支部〕〇丨，菜名，蕪菁也。〔集韻·支部〕

蘗　丨，地萸。〔集韻·支部〕

⿱艹種　丨，塞也。〔集韻·之部〕〇麥，丨也。〔廣雅·釋言〕疏證。

⿱艹獄　丨，艸名。〔集韻·之部〕

⿱艹隨　丨，莎也。〔集韻·支部〕

⿱艹誰　丨，艸器。〔集韻·脂部〕

蘳　丨，華黃也。〔廣韻·支部〕〇丨，果實也。〔同上〕〇丨，果實皃皃。〔集韻·支部〕

⿱艹釐　丨，艸名，夫蕦也，或作萊。〔集韻·之部〕

⿱艹彌　丨，艸名，或作蒜。〔集韻·支部〕

⿱艹⿰享丸　丨，菜名，葉似竹，生水旁。〔集韻·支部〕

虆　丨，蔓草。〔廣韻·脂部〕

虮　密丨，蟲名。〔廣韻·脂部〕

⿱此虫　丨，蟲似蟬。〔廣韻·支部〕又〔集韻·支部〕。

蜊　丨，蛤丨。〔廣韻·脂部〕

⿱差虫　丨，蟲名，似蜥蜴，能吞人。〔廣韻·支部〕〇丨，蟲名，如蜥蜴，食人而善藏。〔集韻·支部〕

蜞　丨，蟲名，水蛭也，通作⿱其虫。〔集韻·支部〕

⿱其虫　蟛丨，似蟹而小，晉蔡謨食之殆死也。〔廣韻·之部〕

蜘　丨，丨蛛，設一面之网，物觸而後誅之，知乎誅義者，故曰丨蛛。〔本草·卷四〇〕引王安石〔字說〕。

⿰虫癸　丨，蟲名。〔廣韻·脂部〕又〔集韻·脂部〕。

⿰虫犀　丨，蟲名，蛭也。〔集韻·脂部〕

螄　丨，丨螺。〔廣韻·脂部〕

⿰虫梨　螏丨，蝍蛆，蜈蚣。〔廣韻·脂部〕

⿰虫毘　丨，蟲名。〔廣韻·脂部〕

蠀　丨，蝎化也。〔廣韻·脂部〕〇丨，蟲名，蝎化。〔集韻·脂部〕〇丨與蠐同。〔廣雅·釋蟲〕「蛭蛒，丨螬也」疏證。

蟕　丨，靈龜，大者為丨蠵。〔通雅·蟲〕〇丨蠵，龜屬。〔集韻·支部〕

⿰虫歛　丨蝓，蟲名，蝸也。〔集韻·脂部〕

蟦 蝁丨，神蛇，一首兩身，六足四翼，見則其國大旱，湯時見於陽山。〔廣韻·脂部〕引〔山海經〕。

蠘 丨，蠽名。〔廣韻·支部〕

蠬 蜥丨，蟲名。〔廣韻·支部〕

𧕴 丨，同蚍。〔廣韻·脂部〕〇丨，〔方言一三〕注作蟞，以鼈為之。〔說文定聲·卷一二〕

𧕴 丨蠹，俗作蚍蜉。〔說文〕「螘，丨蠹也」段注。

峻 丨，赤子陰也，或从肉从尸。〔集韻·支部〕

被 從加恩謂之丨也。〔慧琳音義·卷二三〕引〔珠叢〕。〇丨麗，即披離之同意變字。〔漢書·揚雄傳〕「紛披麗其亡鄂」補注。

袘 丨，衣中謂之丨。〔集韻·支部〕

袻 丨，裝也。〔集韻·之部〕

䘣 丨，複襦。〔集韻·支部〕

袿 丨，衣袪。〔集韻·支部〕

袲 丨，宋地名。〔廣韻·支部〕〇丨，亭在鳳陽府宿州西。〔左傳桓公一五年經〕「公會宋公、衛侯、陳侯於丨」疏證引沈欽韓。〇移、丨本一字，文之變耳。〔同上〕疏證引洪亮吉。

䙾 丨，裳下緣也。〔漢書·司馬相如傳〕「揚袘戌削」補注引〔類篇〕。

褫 丨，敓也。〔廣雅·釋言〕〇〔說文定聲·卷一二〕丨，敓衣也。〔說文〕「丨，奪衣也」。〇丨，猶敓落也。〔慧琳音義·卷五五〕引〔考聲〕。〇丨，虒衣，又曰丨氈。〔廣韻·支部〕〇丨，讀若池者，當作沱。〔說文〕「丨，讀若池」義證。

𧝑 丨，衣也。〔集韻·脂部〕

𧞤 丨，一作齌，通作齊。〔廣雅·釋詁〕「丨，緶也」疏證。

襬 丨，關東人呼裙也。〔廣韻·支部〕〇襞積之掖幅謂之丨。〔通雅·衣服〕〇丨與帔聲之轉耳，帬也。〔方言四〕箋疏。

襹 襳丨，毛羽衣皃。〔廣韻·支部〕〇褷同丨。〔同上〕

𧡔 丨，規丨，面柔也，本亦作戚施。〔廣韻·支部〕〇丨，伺侯也。〔說文〕「丨，司人」繫傳〇丨，假借為鼀。〔說文定聲·卷一〇〕〇詩曰「彼留子嗟，將其來施」，施當作此丨。〔說文〕「丨，司人」繫傳。

𧠈 丨，誘丨。〔廣韻·支部〕

覩 丨，視也。〔廣韻·脂部〕〇丨、時、覗、伺並通。〔廣雅·釋言〕「時，伺也」疏證。

𧣒 丨，角匕。〔廣韻·支部〕〇丨，角上也。〔集韻·支部〕

𧤗 橫角謂之丨。〔集韻·支部〕

𧣳 獸角曰丨。〔集韻·支部〕

𧥄 丨蠵，龜屬，或書作蠵，通作觜。〔集韻·支部〕

𧥪 丨，笑聲。〔集韻·支部〕

訢 丨，悉也。〔集韻·之部〕

詑 丨，淺意也。〔廣韻·支部〕〇丨，自多皃，俗作訑。〔同上〕〇丨丨，自得皃。〔同上〕

䛭 丨，語相戲。〔集韻·支部〕

𧩐 丨，多言也。〔集韻·支部〕

誽 丨，叱聲，或从口。〔集韻·脂部〕

𧪜 丨，罵也。〔集韻·之部〕

𧭕 丨，言从也。〔集韻·支部〕

𧰰 豕高五尺為丨。〔集韻·支部〕

豼 丨，同貔。〔廣韻·脂部〕

𧳧 丨，獸名。〔廣韻·脂部〕又〔集韻·脂部〕。

𧳜 丨，即狧。〔方言八〕「貔，北燕朝鮮之間謂之丨」疏證。

貾　—，貝之黃質有白點者。〔廣韻・脂部〕

賀　—，質當也，亦作賭。〔廣韻・支部〕○—，以財質也。〔集韻・支部〕

趦　—，同趑。〔廣韻・脂部〕

跂　—，緩走也，或从骨。〔集韻・支部〕○〔說文定聲・卷一一〕—，叚借為知。〔吳都賦〕「歧嶷繼體」。○（同上）—，字亦作歧。〔海外南經〕「歧舌國」。

○——，當作蚑蚑。〔說文〕「蚑，徐行也」段注。

跜　—，蹝—。〔廣韻・脂部〕

跢　蹢躅、—跦、蹢躅、躑躅、跔蹰、躑躅、踶蹰、騠騶、跔跦，並字異而義同。〔廣雅・釋訓〕「蹢躅，—跦也」疏證。

踑　——，駠跡也。〔廣韻・之部〕○—，迹也，古从亓。〔集韻・之部〕

踒　—，折足也。〔集韻・支部〕

踶　蹢躅、跢跦、蹢躅、躑躅、跔蹰、躑躅、—蹰、騠騶、跔跦，並字異而義同。〔廣雅・釋訓〕「蹢躅，跢跦也」疏證。

𨈡　𨉖—，體柔。〔廣韻・脂部〕

軙　—，轂飾。〔集韻・支部〕○—軝，長轂。〔廣韻・支部〕又〔集韻・支部〕。

𨊻　—，車器也。〔集韻・支部〕

輂　—，連車，或作䡝。〔集韻・脂部〕

𨍳　—，輪之類，〔太玄〕作儩。〔集韻・支部〕

辝　—當為辤。〔說文〕「枱，籀文作—」義證。

𨑹　—，走皃。〔廣韻・脂部〕又〔集韻・脂部〕。

𨙸　—，古岐字，岐專行而—廢。〔說文〕「—，周文王所封」段注引師古。

邺　—，谷名。〔廣韻・支部〕

郪　—，縣名，在梓州。〔廣韻・脂部〕

鄑　—，鄉名。〔廣韻・之部〕

剓　—，國名。〔廣韻・脂部〕

醿　酴—，酒也。〔廣韻・支部〕

釲　—與鉀同。〔廣雅・釋器〕「鉀，鏑也」疏證。

鈶　—，鎌柄子。〔說文〕「鎌，鍥也」義證引〔五音集韻〕。

鉈　—，同鍦。〔廣韻・支部〕

鋖　—，平木器也。〔廣韻・脂部〕○—，平木器。〔集韻・脂部〕○—，亦作鐁。〔廣韻・脂部〕

鑒　—，鉏也。〔集韻・支部〕

鍨　—，同戣。〔廣韻・脂部〕

鍺　—，衛軸鐵也。〔廣韻・脂部〕○—，軸耑鐵。〔集韻・脂部〕

鑗　—，青州人云鎌。〔廣韻・支部〕○青州人謂鎌為—。〔慧琳音義・卷九五〕引〔字書〕。○青州鎌為—，或作鍪。〔集韻・支部〕

𨱼　長—，國名，髮長於身。〔廣韻・支部〕

镾　—，長久。〔廣韻・支部〕

閚　—，門臼也。〔集韻・支部〕

𨴹　—埤，壁隙也。〔集韻・支部〕

阣　—，當作阢。〔史記・宋微子世家〕「滅—」志疑引〔史詮〕。

陝　隇—，險阻。〔廣韻・脂部〕

隋　—，國名。〔廣韻・支部〕○〔說文定聲・卷一一〕—，叚借為隨。〔廣雅・釋詁〕「—，歸也」。

隵　—，又作巇，險—，危也。〔慧琳音義・卷五八〕○—，同巇。〔廣韻・支部〕

猚　—，鳥名。〔集韻・之部〕

雉 鶇—，鳥名。〔廣韻·支部〕

餝 —，小鳥也。〔集韻·脂部〕

雖 —，雅鳥。〔廣韻·支部〕〇—，鴟也，或作鵻。〔集韻·支部〕

𩂊 —，雨聲，或作𩅸，亦書作霣。〔集韻·脂部〕

𩊚 —，紂餘鞧也。〔集韻·支部〕〇—，同軝。〔廣韻·支部〕

𩋈 —，韋也。〔集韻·脂部〕

𩏾 —，皮鞁。〔廣韻·支部〕

𩎮 —，柔革平均也。〔集韻·支部〕

訑 咸—，黃帝樂名，〔樂記〕作池。〔廣韻·支部〕

𩓥 —，面皾也。〔廣韻·脂部〕

頙 —，面不正。〔集韻·脂部〕

碩 —，大面。〔廣韻·脂部〕〇大面謂之—。〔集韻·脂部〕

䫋 —，女隨人也，通作委。〔集韻·支部〕

颵 —，小旋風，咸陽有之，小—於地也。〔廣韻·支部〕〇回氣謂之—。〔集韻·支部〕

𩙿 —，風偃物皃。〔集韻·支部〕

𩚪 —，飴也。〔集韻·支部〕

𩛍 —，餌也。〔集韻·脂部〕〇—，餌—。〔廣韻·脂部〕

䬽 —，小歠也，或从嶲。〔集韻·支部〕

䶒 —，饘名。〔集韻·之部〕

饙 —，半蒸飯。〔說文〕「—，滫飯也」義證引〔玉篇〕。

𩠗 —，籀文臣。〔廣韻·之部〕〇臣，篆文作頤，籀文作—。〔廣雅·釋親〕「頤，頷也」疏證。

𩤿 —，馬小皃。〔廣韻·支部〕

𩣡 —，馬名。〔集韻·之部〕

䮮 —，野馬。〔集韻·脂部〕

䮑 驢子曰—。〔集韻·支部〕

鬐 —，馬項鬣。〔集韻·脂部〕

髵 —，須也，髭—也。〔廣韻·之部〕

𩬆 髬—，髮起。〔廣韻·之部〕

鬾 —，厲鬼名。〔集韻·支部〕

𩴆 —，童鬼，或从支。〔集韻·支部〕

魋 —，椎頭髻。〔集韻·脂部〕

䰩 —，大頭。〔廣韻·之部〕

𩶱 —，魚名。〔集韻·支部〕

𩹉 —，魚名。〔廣韻·脂部〕又〔集韻·脂部〕。

鰦 —，魚名。〔廣韻·之部〕

鯔 —，魚名。〔廣韻·之部〕

鰤 —，老魚。〔廣韻·脂部〕〇—，老魚，一說出歷水，食之殺人。〔集韻·脂部〕

鰣 —，魚名，似魴，肥美，江東四月有之。〔廣韻·之部〕

鰲 —，魚名。〔集韻·之部〕

𩻀 —，魚名，一曰鮒。〔集韻·支部〕

鰞|，大魚。〔廣韻·支部〕〇魚大者曰|。〔集韻·支部〕

䳁|，鶚也。〔廣韻·脂部〕〇|，鳥名。〔集韻·脂部〕

鴺|，鳥名，飛生也，通作夷。〔集韻·脂部〕〇|鵜，一名飛生。〔廣韻·脂部〕

鵹|黃，鳥名，或作鸝、鶩。〔集韻·脂部〕

鵸|，|鵌鳥，似烏，三首六尾，自為牝牡，善笑。〔廣韻·支部〕〇|鵌，鳥名，三首，善笑，或从隹。〔集韻·支部〕〇|鵌，即獻茅鳥也，音猗餘。〔通雅·卷四五〕

鳽|，鳥名。〔廣韻·脂部〕〇|鶄，鳥名，鳴自呼。〔集韻·脂部〕

鸄|，土精，如鴈，一足，黃色，毀之殺人。〔廣韻·支部〕〇土精，如鴈，黃色，一足，謂之|。〔集韻·支部〕

鶗|鴂，鶪也，亦从氏。〔集韻·支部〕

鶳|，鳥名。〔集韻·脂部〕

鵹鶹|，自為牝牡。〔廣韻·支部〕

鷩|，鳥名，雞身鼠尾。〔集韻·脂部〕

鷉鸒|，雅鳥。〔廣韻·支部〕

鸃鵕|，即〔爾雅〕之鷩雉，〔虞書〕之華蟲，〔左傳昭公一七年〕之丹鳥，〔淮南書〕作鵕鸃。〔說文定聲·卷一〇〕

鹺|，鹹也。〔集韻·支部〕

䴧|，鹿肉。〔廣韻·支部〕

麡|，鹿一歲。〔廣韻·脂部〕〇鹿一歲為|。〔集韻·脂部〕

麱|，|䵒，麥麵。〔廣韻·支部〕

䴺|，麥酒也。〔集韻·脂部〕

䵒|，麱|，餅也。〔廣韻·脂部〕

䵒|，|黎，麵也。〔集韻·脂部〕

黝|，縣名，屬歙州。〔廣韻·脂部〕

䵋|，染黑。〔廣韻·之部〕〇|，深黑色。〔集韻·之部〕

鼶鼶，即|字。〔說文〕「|，鼠也」義證。

𪕋|鼶，小鼠相銜行也。〔廣韻·支部〕

齍|，黍稷在器。〔廣韻·脂部〕

齎|，|持也。〔廣韻·脂部〕〇|，持以遺人也。〔說文〕「|，持遺也」繫傳。〇|，歎聲。〔集韻·支部〕〇|，一曰|咨，歎辭。〔集韻·脂部〕〇|，一曰女工絲枲之事。〔集韻·支部〕

𪗋|，齒齮。〔廣韻·支部〕〇齒齗謂之|，或从它。〔集韻·支部〕

齜|，開口見齒。〔廣韻·支部〕

齯|，老而更生齒。〔集韻·支部〕

䶞|，亦作𪘂。〔說文〕「齜，齒相齘也」段注引〔玉篇〕。

𪘂|，狗鬪齒不齊之皃也。〔慧琳音義·卷七六〕引〔考聲〕。〇|齜，狗鬪皃也。〔卷一四〕引〔考聲〕。〇|齜，齒不齊皃也。〔同上〕

齮|，齒也。〔集韻·支部〕

𪙊|，齞也。〔集韻·之部〕

龥|，以竹為之，八空。〔屈賦·東君〕「鳴|兮吹竽」戴注。

# 續經籍籑詁卷第五

上平聲

## 五　微

**微**｜，隱於物而行也。〔說文〕「｜，隱行也」繫傳。〇｜者，隱行也。〔說文〕「散，眇也」段注。〇｜，隱也。〔大戴・曾子立事〕「君子不絕小不殄｜也」王詁。〇｜者，隱也。〔荀子・堯問〕「行｜無怠」集解引郝懿行。〇｜，不顯也。〔國策・楚策二〕「｜要靳尚而殺之」鮑注。〇｜謂晦藏不顯揚也。〔釋詁〕「瘞｜也」鄭注。〇｜有隱義也。〔釋詁〕「徽，止也」郝疏。〇｜有幽隱薆昧之意。〔釋詁〕「瘞，｜也」郝疏。〇｜猶昧也。〔列子・仲尼〕「雖然子列子亦｜焉」平議。〇｜，隱而司之，所謂｜察也。〔說文〕「｜，隱行也」義證。〇｜行，即隱行。（同上）〇行之隱者曰｜行。〔釋詁〕「瘞，｜也」郝疏。〇衣服之隱者曰｜服。（同上）〇言之隱者曰｜言。（同上）〇｜，小也。〔大戴・文王官人〕「覆其｜言」王詁。〇｜行，小徑也。〔詩・七月〕「遵彼｜行」朱傳。〇｜，少。〔大戴・曾子立事〕「｜言而篤行之」王詁。〇｜，少也。〔廣韻・微部〕〇｜，細也。（同上）又〔本草・卷一三〕。〇｜，細事也。〔中庸〕「莫顯乎｜」朱注。〇｜，妙也。〔廣韻・微部〕〇｜為賤也。〔書・虞夏書序〕「虞舜側｜」孫疏。〇｜，猶賤也。〔孟子・離婁下〕「子思，臣也，｜也」朱注。〇｜，殺也。｜情，殺其情而不至於過哀也。〔禮記・檀弓〕「禮有｜情者」集解。〇｜，密也。〔漢書・伍被傳〕「被數｜諫」補注。〇｜，略也。〔公羊傳宣公一二年〕「而｜至乎此」注「｜喻小也」陳疏。〇｜，虧也。〔詩・柏舟〕「胡迭而｜」朱傳。又〔十月之交〕「彼月而｜」朱傳。〇｜猶衰也。〔詩・式微〕朱傳。〇｜諫，幾諫也。〔大戴・曾子立孝〕「｜諫不倦」王詁。〇｜者，春秋之支別。〔漢書・藝文志〕「左氏｜二篇」補注引沈欽韓。〇骭瘍為｜。〔詩・巧言〕「既｜且尰」朱傳。又（同上）集疏引魯說。〇｜盡，言纖｜必盡也。〔說文〕「孅，｜盡也」句讀。〇｜，無。〔詩・伐木〕「｜我弗顧」朱傳。又〔論語・憲問〕「｜管仲」劉正義。〇｜，無也。〔論語・憲問〕「｜管仲」朱注。又〔大戴・小辨〕「｜子之言」王詁。又〔漢書・趙充國傳〕「｜將軍誰不樂此者」補注引劉奉世。〇｜，非也。〔詩・式微〕「｜君之故」陳疏。〇｜字當訓為非。〔禮記・檀弓〕「｜與」平議。〇｜猶非。〔國策・趙策四〕「｜獨趙」鮑注。〇｜猶非也。〔詩・柏舟〕「｜我無酒」朱傳。又〔式微〕「｜君之故」朱傳。〇假｜為非。〔說文〕「｜，隱行也」段注。〇｜，假借為非。〔說文定聲・卷一二〕〇｜與尾通。〔方言・卷一二〕「尾，盡也」箋疏。〇假｜為尾。〔說文〕「尾，｜也」段注。〇｜，假借為尾。〔說文定聲・卷一二〕〇尾、｜聲義並同。故古書以二字通用。〔廣雅・釋詁四下〕「尾，｜也」疏證。〇｜同散。〔說文・上說文書〕「次列｜辭」段注。〇｜亦散之俗體也。〔說文〕「散」段注。〇借｜為散。〔說文〕「絲，｜也」句讀。〇｜，假借為散。〔說文定聲・卷一二〕〇古｜、眉、麋俱通。〔公羊傳莊公二八年經〕「冬筑｜」陳疏。〇郿、｜古字通。〔史記・宋微子世家〕「｜子開卒」志疑。〇〔說文定聲・卷一二〕｜，以郿為之。〔左傳莊公二八年〕「築郿」。〇｜通作危。〔釋詁〕「瘞，｜也」郝疏。〇〔說文定聲・卷一二〕｜，假借為薇。〔晉語〕「設｜薄而觀之」。〇｜薄連讀猶竹簾也。〔說文定聲・卷一二〕〇｜，假借為闈。（同上）〇｜，假借為違。（同上）〇｜，假借為徽。（同上）〇｜，假借為覹。（同上）〇｜，覹之借字。〔墨子・魯問〕「｜之以諫」閒詁。〇｜者，覹之借字。〔韓非子・制分〕「去｜姦之柰何」集解引孫詒讓。〇｜即徵之借字。〔墨子・號令〕「不欲寇｜職」閒詁。〇｜，即瘣假借字。〔詩・巧言〕「既｜且尰」陳疏。〇｜當作散。〔說文〕「絲，｜也」段注。〇｜當為散。〔說文〕「殲，｜盡也」義證。又〔說文〕「絲，｜也」義證。又〔說文〕「小，物之｜也」義證。又〔大戴・文王官人〕「用有六｜」王詁。〇｜當作徵。〔漢書・賈誼傳〕「見細德之險｜兮」補注引宋祁。又〔史記・屈原賈生列傳〕「見細德之險｜兮」志疑引〔困學紀聞〕。〇｜當為徽。〔墨子・號令〕「為｜職」閒詁引畢沅。〇〔法言〕｜作徽。〔漢書・揚雄傳〕「諸子圖｜」補注引宋祁。

**薇**｜，菜也。〔廣韻・微部〕〇｜，菜名。〔詩・采薇〕「采｜采｜」朱傳。〇｜，山菜也。〔說文〕「｜，菜也」段注引陸璣。〇｜，小巢菜也。〔通雅・卷四四〕〇｜，今之野豌豆也。〔詩・草蟲〕「言采其｜」集疏引戴侗。又〔說文〕「｜，菜也」義證引項安世。又（同上）段注引項安世。〇｜，即今之野豌豆苗。〔詩・草蟲〕「言采其｜」後箋引嚴粲。〇｜似蕨而差大，有芒而味苦，山間人食之，謂之迷蕨。（同上）朱傳。〇｜，水濱生，故曰垂水。（同上）後箋引顧野王。〇｜，垂水，生水旁。（同上）後箋引陳長發。〇微賤所食，因謂之｜。〔本草・卷二七〕引王安石〔字說〕。〇〔通雅・卷四二〕｜銜，本作麋銜，或為麋銜。〔水經注〕「多生｜銜草」。

**暉**｜，日光也。〔說文〕「｜，光也」義證引〔纂要〕。〇｜，日色。〔廣韻・微部〕〇｜暎，青綠光色互相發｜也。〔慧琳音義・卷一一〕〇｜與運同。〔廣雅・釋鳥〕「鴆鳥，其雄謂之運日」疏證。〇｜又通作運。〔說文〕「｜，光也」義證。〇｜字或作暈。（同上）〇｜同煇。〔廣韻・微部〕〇｜或作煇。〔說文〕「｜，光也」義證引〔玉篇〕。

**煇**｜，光也。〔廣韻・微部〕〇｜與光互訓，析言之則｜光有別。〔說文〕「｜，光也」段注。〇｜，燿光也。〔說文〕「｜，光也」義證引〔玉篇〕。〇｜，火氣也。〔詩・庭燎〕「庭燎有｜」朱傳。〇朝日為｜。〔易・大畜〕「｜光日新」李疏引管輅。〇｜，謂韗磔皮革之官也。〔禮記・祭統〕集解。〇｜暉音義皆同。〔說文〕「｜，光也」段注。〇假｜為熏。（同上）〇｜讀為熏。〔墨子・備梯〕「｜火燒門」閒詁。又（同上）「為爵穴｜傴」閒詁。〇｜音熏。〔詩・庭燎〕

「庭燎有丨」朱傳。○丨，假借為暈。〔說文定聲・卷一五〕○丨，假借為韗。〔同上〕○丨、輝一字。〔說文〕「丨，光也」句讀。○丨俗作輝。〔同上〕段注。

**輝** 丨同煇。〔廣韻・微部〕

**徽** 丨，三糾繩也。〔廣韻・微部〕○丨，繩也，三股曰丨。〔說文〕「纆，索也」義證引〔五經文字〕。○琴軫係弦之繩謂之丨。〔說文定聲・卷一二〕○丨為束也。〔漢書・揚雄傳〕「丨以糾墨」雜志。○丨有縛止之義。〔釋詁〕「丨，止也」郝疏。○丨者，微之止也。〔同上〕○丨纆者，止而不遷之謂。〔釋詁〕「丨，止也」述聞。○丨鳴即今之所謂泛聲也。〔文選・琴賦〕「弦長故丨鳴」補證引〔東坡志林〕。○丨，美。〔詩・角弓〕「君子有丨猷」朱傳。○丨，美也。〔詩・思齊〕「大姒嗣丨音」朱傳。又〔通鑑・唐紀六四〕「至於丨稱」音注。○丨，識也。〔左傳昭公二一年〕「揚丨者公徒也」洪詁。○丨，幟也。〔國策・齊策一〕「章子為變其丨章」鮑注。○丨謂旌旗。〔禮記・大傳〕「殊丨號」集解。○丨麾其義同。〔釋詁〕「丨，善也」郝疏。○丨通作微。〔釋詁〕「丨，止也」郝疏。○丨微相通。〔文選・典引〕集釋。○微丨禕揮並通。〔廣雅・釋器〕「微，幡也」疏證。○丨，假借為微。〔說文定聲・卷一二〕○借丨為微。〔說文〕「微，識也」句讀。○丨，假借為揮。〔說文定聲・卷一二〕○丨，假借為媄。〔同上〕○丨即瀰之假字。〔釋詁〕「丨，止也」平議。○丨，敹之假借也。〔說文〕「敹，戾也」段注。○丨，禕之假音。〔釋器〕「婦人之禕謂之縭」郝疏。○丨與禕音同借用。〔文選・思玄賦〕集釋。○丨與緯聲亦相近。〔廣雅・釋詁〕「丨，束也」疏證。○丨與綏聲相近。〔書・堯典〕注史遷「丨作和」孫疏。

**揮** 丨，亦奮也。〔廣韻・微部〕○丨與奮同義。〔廣雅・釋詁〕「奮、丨，動也」疏證。○丨，奮灑也。〔續音義・卷六〕引〔考聲〕。○丨，灑也。〔廣韻・微部〕○丨，振也。〔同上〕又〔續音義・卷六〕引〔韻英〕。○振去為丨。〔說文〕「振，一曰奮也」義證引〔纂文〕。又〔左傳僖公二三年〕「既而丨之」疏證引何承天。○丨，振去水也。〔釋詁〕「丨，竭也」鄭注。○丨，動也。〔廣韻・微部〕○丨，瀵也。〔說文定聲・卷一五〕○丨翬徽並同義。〔廣雅・釋詁〕「丨，動也」疏證。○丨與翬義略同。〔說文〕「丨，奮也」段注。○丨與翬通。〔廣雅・釋詁〕「翬，飛也」疏證。○微徽禕丨並通。〔廣雅・釋器〕「微，幡也」疏證。○丨，假借為翬。〔說文定聲・卷一五〕○丨，假借為徽。〔同上〕○丨，假借為煇。〔同上〕○丨，假借為運。〔同上〕

**翬** 丨，飛貌。〔廣韻・微部〕○丨，鼓翅輕疾也。〔說文〕「奮，丨也」繫傳。○丨，猶今云飛奮也。〔詩・斯干〕「如丨斯飛」通釋。○丨猶揮也。〔釋鳥〕「其飛也丨」鄭注。○丨之言揮也。〔方言一二〕「丨，飛也」箋疏。又〔廣雅・釋詁〕「丨，飛也」疏證。○丨即奮迅之意。〔廣雅・釋詁〕「揮，動也」疏證。○揮丨徽並同義。〔同上〕○丨，雉。〔詩・斯干〕「如丨斯飛」朱傳。○丨，雉五色備也。〔廣韻・微部〕○五采備曰丨。〔說文〕「翟，山雉尾長者」義證引〔禽經〕。○西方有鳥，白質五色曰丨。〔說文〕「雉有十四種」義證引〔白帖〕。○伊洛而南，雉五采者皆曰丨。〔集韻・微部〕○揮與丨通。〔廣雅・釋詁〕「丨，飛也」疏證。○丨通作揮。〔說文〕「丨，大飛也」義證。○丨當為揮。〔說文〕「奮，丨也」義證。○丨與⿰犭軍同。〔廣雅・釋訓〕「⿰犭軍⿰犭軍，飛也」疏證。

**韋** 丨者，相背也。〔說文〕「非，丨也」段注。○古違背字本作丨。〔漢書〕雜志。○丨，周圍也。〔說文〕「衛，宿衛也」繫傳。○周丨，周帀也。〔說文〕「啚，嗇也」繫傳。○丨，柔皮也。〔廣韻・微部〕○柔皮曰丨。〔本草・卷二〇〕○皮柔熟為丨。〔說文〕「丨，相背也」繫傳。○柔之曰丨。〔說文〕「皮，剝取獸革者謂之皮」繫傳。○去毛者曰丨。〔說文定聲・卷一〇〕〔「皮」下〕○丨韝者，戎虜之皮服也。〔慧琳音義・卷八七〕○獸皮之丨可以束枉戾相違背，故借以為皮丨。〔說文定聲・卷一二〕○丨本丨北之丨，借為丨革之丨。〔說文〕「丨，相背也」義證引〔六書故〕。○丨通作違。〔同上〕義證。○丨又通作緯。〔同上〕○丨、回同聲通用。〔詩・小旻〕「謀猶回遹」通釋。○丨，假借為囗。〔說文定聲・卷一二〕○此以丨為圍。〔漢書・成帝紀〕「拔甘泉時中大木十丨以上」補注引蘇輿。○此丨當作圍。〔說文〕「丨，相背也，獸皮之丨」段注。○丨一作幃。〔說文〕「褘，蔽厀也」義證引〔急就篇〕王補注。○丨，各本作違。〔說文〕「非，丨也」段注。○依丨即依違也。〔漢書・禮樂志〕「依丨饗昭」補注引周壽昌。

**圍** 丨，守也。〔廣韻・微部〕○丨，圜也。〔同上〕○丨，遶也。〔同上〕○丨，圉也。〔韓子・揚權〕「主將壅丨」集解引舊注。○丨域義同。〔詩・長發〕「帝命式於九丨」通釋。○丨與束同義。〔廣雅・釋詁〕「緯，束也」疏證。○韋、丨通借字。〔漢書・曹參傳〕「度丨津」補注。○丨、違字通。〔墨子・貴義〕「是丨心而虛天下也」閒詁引吳玉搢。○丨讀為違。〔述聞・卷二三〕○丨，假借為囗。〔說文定聲・卷一二〕○軍運丨古聲並相近。〔廣雅・釋言下〕「軍，丨也」疏證。○丨，古文作囗。〔易・繫上〕「範丨天地之化」李疏。○丨當作回。〔說文〕「𥃩，目丨也」段注。○丨當作圉。〔國語・晉語〕「丨公於匠麗氏」述聞。○守禦字古作圄，丨者，圄之譌也。〔說文〕「圄，守之也」義證。

**幃** 丨，香囊也。〔說文〕「丨，囊也」義證引〔玉篇〕。又〔廣韻・微部〕。○丨，即今之香纓也。〔離騷〕「蘇糞壤以充丨兮」補注引〔爾雅〕注。○丨，幔類也。〔慧琳音義・卷四〕引〔字書〕。○丨，單帳也。〔廣韻・微部〕○丨，帳屬，在旁者。〔國策・齊策一〕「連衽成丨」鮑注。○帳傍曰丨。〔慧琳音義・卷四〕○丨通作禕。〔說文〕「丨，囊也」義證。○丨，假借為帷。〔說文定聲・卷一二〕○丨，假借為禕。〔同上〕○丨，禕之假音。〔釋器〕「婦人之丨謂之縭」郝疏。○丨，〔釋文〕作帷。〔左傳昭公二九年〕「以丨裹之」洪詁。○丨或作帷。〔慧琳音義・卷四〕

**闈** 丨，宮中門也。〔廣韻・微部〕○其巷側之門曰丨。〔周禮・保氏〕「使其屬守王丨」孫正義。○丨即閤門也。〔周禮・守祧〕孫正義。○丨與闈亦同義。〔廣雅・釋宮〕「閤謂之門」疏證。○丨當作違。〔商子・來民〕「春丨其農」平議。

違—者，離也。〔說文〕「非，韋也」段注。○—，去也。〔中庸〕「忠恕—道不遠」朱注。又〔大戴·曾子本孝〕「暴人—之」王詁。○—，猶去也。〔禮記·表記〕「事君三—而不出竟」集解。○—為去國之通稱。〔左傳宣公一〇年〕「凡諸侯之大夫—」疏證。○—斯，猶言此去也。〔詩·殷其靁〕「何斯—斯」陳疏。○—，背也。〔廣韻·微部〕又〔通鑑·漢紀〕「—錯天子命」音注。○—者，背也。〔論語·子路〕「莫之—也」劉正義。○—，相背也。〔詩·谷風〕「中心有—」朱傳。又〔說文〕「咈，—也」段注。又〔說文·上說文書〕「先天而天不—」段注。○—戾義同。〔釋言〕「閲，恨也」郝疏。○—，拂戾也。〔大學〕「而—之俾不通」朱注。○—猶戾也。〔漢書〕「忤恨」雜志。○〔韓詩〕以—為很，即行難之義。〔詩·谷風〕「中心有—」後箋。○—，避也。〔孟子·公孫丑上〕「猶可—」朱注。○—，邪也。〔左傳桓公二年〕「滅德立—」述聞。○僻—皆邪也。〔荀子〕「僻—」雜志。○—謂邪行也。〔書·酒誥〕孫疏。○—，回也。〔詩·長發〕「帝命不—」陳疏。○—，猶回也。〔說文〕「避，回也」義證。○—與回同。〔書·堯典〕「靜言庸—」孫疏。○立—，謂立姦回之臣。〔左傳桓公二年〕「滅德立—」述聞。○—，恨也。〔史記〕「懲—」雜志。○—，亦怨也。〔書·無逸〕「厥心—怨」述聞。○—與怨同義。〔詩·谷風〕「中心有—」通釋。○—，異也。〔廣雅·釋言下〕疏證。又〔通鑑·漢紀〕「—錯天子之命」音注。○—，遠也。〔詩·節南山〕「惡怒是—」朱傳。又〔大戴·曾子立事〕「人言不善而不—」王詁。○—，拒也。〔續音義·卷三〕引〔切韻〕。○—，礙也。〔說文〕「違，無—也」義證。○—義同愇。〔文選·幽通賦〕「—世業之可懷」集釋。○—義亦與愇同。〔廣雅·釋詁〕「愇，恨也」疏證。○—與韋同。〔說文〕「咈，—也」段注。○—亦與韙同。〔廣雅·釋言〕「韙，是也」疏證。○—與回邪之回聲近而義同。〔左傳桓公二年〕「滅德立—」述聞。○—與韋通。〔書·益稷〕「予—」孫疏。○—通作幃。〔詩·谷風〕「中心有—」平議。○—古通回。〔釋詁〕「—，遠也」郝疏。○—通作圍。〔管子〕「—之」雜志。○諱—皆從韋聲而皆訓為避，故字亦通。〔荀子〕「—其惡」雜志。○—，假借為韋。〔說文定聲·卷一二〕○—，假借為夌。〔同上〕○—為愇之假借。〔詩·谷風〕「中心有—」通釋引〔韓詩〕。○圍作—，假借字。〔呂覽·長見〕「—我以禮」平議。○—讀為諱。〔荀子〕「—其惡」雜志。○—當讀作韙。〔管子〕「—非得失之質也」平議。○—背字本作韋。〔漢書〕雜志。○—古祇作韋。〔說文·上說文書〕「先天而天不—」段注。○—當為媁。〔詩·谷風〕「中心有—」平議。○〔論衡〕引作回德。〔左傳昭公二六年〕「君無—德」洪詁。

霏—，雪貌。〔廣韻·微部〕○—，雨雪分散之狀。〔詩·北風〕「雨雪其—」朱傳。○——，雪甚也。〔慧琳音義·卷六八〕引〔古今正字〕。○——，雪甚貌。〔詩·采薇〕「雨雪——」朱傳。○——，雪盛貌也。〔廣雅·釋訓〕「——，雪也」疏證。○——，猶紛紛。〔詩·北風〕「雨雪其—」通釋。○—，古當作非。〔詩·北風〕後箋引段玉裁。

⿱雨飛—同霏。〔廣韻·微部〕

菲—，草名，芴也。〔集韻·微部〕○—即遂菜也。〔釋草〕「—，蒠菜」鄭注。○—即土瓜也。〔釋草〕「—，芴」鄭注。○—，芳—。〔廣韻·微部〕○—，薄也。〔論語·泰伯〕「—飲食」朱注。又〔史記〕雜志。○—，廢也。〔史記〕雜志。○—與扉通。〔方言四〕「扉屨，粗履也」箋疏。○—，假借為扉。〔說文定聲·卷一二〕○——、斐斐、斐斐並與馡馡同。〔廣雅·釋訓〕「馡馡，香也」疏證。○——，〔史記〕作斐斐。〔漢書·司馬相如傳〕「郁郁——」補注。○—當作剕。〔荀子·正論〕「—對屨」集解引劉台拱。○—當為剕。〔書·益稷〕「方施象刑」孫疏。

妃—，匹也。〔國策·秦策五〕「天下願以為—」鮑注。○—者，匹也。〔說文〕「配，酒色也」段注。○—亦可訓為兩相輩偶。〔詩·皇矣〕「天立厥配」後箋。○嘉偶曰—。〔廣韻·微部〕○—，如后也。〔慧琳音義·卷六八〕引顧野王。○—色，—匹之色。〔大戴·保傅〕「知—色」王詁引顏師古。○—、配義同。〔左傳隱公八年〕「先配而後祖」疏證。○匹配字古只作—。〔說文〕「配，酒色也」繫傳。○—通作配。〔說文〕「—，匹也」義證。又〔釋詁〕「—，匹也」郝疏。○—、配古通用。〔詩·皇矣〕「天立厥配」通釋。○—、配二字古通。〔釋詁〕「—，媲也」邵正義。○—，亦假配為之。〔說文〕「—，匹也」段注。○—，經傳亦以配為之。〔說文定聲·卷一二〕○—當音配。〔國策·秦策五〕「天下願以為—」補注。○—與配同。〔逸周書〕雜志。○〔釋文〕—，本亦作配。〔左傳襄公二五年〕「—胡公」洪詁。○—當為姬。〔漢書·燕刺王傳〕「后—以下皆恐」補注。○—，字亦作嬰。〔說文定聲·卷一二〕○—，〔太玄〕作嬰。〔說文〕「—，匹也」段注。

騑—，驂旁馬也。〔廣韻·微部〕○旁兩馬曰—。〔說文定聲·卷一二〕○馬之在旁者謂之—，亦謂之驂。〔儀禮·覲禮〕「以左驂出」胡正義。○—之言分也，左右分列也。〔春秋名字解詁下〕述聞。○—之言妃也，左右相配也。〔同上〕○—之言腓也，與兩服相芘倚也。〔同上〕○—之言棐也，與兩服為輔弼也。〔同上〕○——，馬行貌。〔廣韻·微部〕○——，馬行不止貌。〔集韻·微部〕○——，行不止之貌。〔詩·四牡〕「四牡——」朱傳。○——與匪匪義同。〔同上〕通釋。○——即匪匪，與飛同聲同義。〔同上〕後箋。○棐—義亦同。〔廣雅·釋宮〕「閉、扇，扉也」疏證。○—與斐音義皆同。〔說文〕「斐，往來斐斐也」段注。○〔公〕〔穀〕—皆作斐。〔左傳襄公一〇年經〕「盜殺鄭公子—」洪詁。

緋—，絳色。〔廣韻·微部〕○—，一曰赤練。〔集韻·微部〕

飛—，—翔。〔廣韻·微部〕○自下而升曰—。〔漢書·天文志〕「彗孛—流」補注引〔晉志〕。○—謂—黃也。〔漢書·爰盎傳〕「騁六—」補注引沈欽韓。○—變謂如—語無姓名上變者。〔漢書·張湯傳〕「使人上—變告文姦事」補注引劉奉世。○為—書以詆毀，若今之匿名書曰—文。〔漢書·

劉向傳〕「流言丨文」補注引〔通鑑〕胡注。○丨泉，丨谷也。〔楚辭・遠遊〕「吸丨泉之微液兮」補注。○丨鼯，一曰丨蝠，又曰鼯鼠，亦曰夷由，即今俗呼丨生者也。〔漢書・司馬相如傳〕「蜼玃丨蝠」補注引〔急就篇〕顏注。○丨錢，會錢也。〔通雅・卷二七〕○丨龍，舟名。〔屈賦・湘君〕「駕丨龍兮北征」戴注。○丨黃、訾黃、翠黃、乘黃、吉量、古皇、吉光、吉黃一物。〔通雅・卷四六〕○丨穰，佛手柑也，即枸櫞也。〔通雅・卷四三〕○風師曰丨廉。〔離騷〕「後丨廉使奔屬」補注引〔呂覽〕。○丨廉，鹿身，頭如雀，有角，而蛇尾豹文。〔同上〕補注引晉灼。○丨廉又為藥名，漏蘆也。〔通雅・卷四五〕○丨，假借為斐。〔說文定聲・卷一二〕○丨，假借為非。〔同上〕○丨，假借為發聲之詞。〔同上〕○丨，〔史記〕作騑。〔漢書・爰盎傳〕「騁六丨」補注。○次非，〔後漢書〕馬融、蔡邕等傳注竝引作佽丨。〔呂覽・知分〕「荆有次非」校正。

**蜚** 丨，古或假為飛。〔說文〕「飛，鳥翥也」段注。○丨與飛同。〔廣雅・釋獸〕「飛鴻」疏證。

**非** 丨，違也。〔詩・斯干〕「無丨無儀」通釋。又〔廣韻・微部〕。○丨猶背。〔墨子・天志上〕「言丨此」閒詁引畢沅。○丨，不是也。〔廣韻・微部〕○丨為不是之詞。〔說文定聲・卷一二〕○丨、否、不，并同義。〔墨子〕「女何擇言人」雜志。○丨，責也。〔廣韻・微部〕○丨，詆毀也。〔孟子・離婁上〕「言則丨先王之道者」朱注。○丨猶毀也。〔孟子・離婁上〕「言丨禮義」朱注。○丨猶過失也。〔詩・斯干〕「無丨無儀」陳疏。○丨，謂逆亂也。〔漢書・戾太子傳〕「毋患太子之丨」補注。○丨罰，謂罰之不當者。〔書・盤庚上〕「予敢動用丨罰」孫疏。○丨德，謂發爵賜服之不當者。〔書・盤庚上〕「予亦不敢動用丨德」孫疏。○丨有猶無有。〔賈子・屬遠〕「丨有以所聞也，」平議。○丨與飛通。〔春秋名字解詁上〕述聞。○丨，假借為誹。〔說文定聲・卷一二〕○丨讀為誹。〔韓子・安危〕「有愚智而無丨譽」集解。○丨當讀為斐。〔詩・斯干〕「無丨無儀」平議。○丨讀曰誹。〔漢書・王莽傳〕「比丨井田制」補注。又〔同上〕「以百姓怨丨故」補注引周壽昌。○匪勿丨一聲之轉。〔廣雅・釋詁〕「匪、勿，丨也」疏證。○丨誹字同。〔韓子・八經〕「丨誅俱行」集解。○丨，字亦作蜚。〔述聞・卷二二〕○〔潛夫論・述赦〕丨作匪。〔書・康誥〕「人有小罪丨眚」孫疏。

**扉** 丨，户丨。〔廣韻・微部〕○以木曰丨，以葦曰扇。〔集韻・微部〕○丨之言棐也，夾輔之名也。〔廣雅・釋宮〕「扇，丨也」疏證。○闔、丨，對文則別，散則通也。〔釋宮〕「闔謂之丨」郝疏。○丨，丨腯。〔廣韻・微部〕○丨亦大也。〔國策・燕策一〕「丨大齊」鮑注。○丨與大同義。〔史記・陳丞相世家〕「平為人長美色」雜志。○丨之言飛也。〔詩・泉水〕「我思丨泉」後箋引段玉裁。○丨，水歸異出同流。〔同上〕引〔稽古編〕。○水異出流行合同曰丨。〔同上〕引犍為舍人。○腓丨⿰骨巴，並字異而義同。〔廣雅・釋親〕「腓，腨也」疏證。○丨泉，水名。〔詩・泉水〕「我思丨泉」朱傳。○古丨與非通。〔說文〕「⿰山肥，⿰山朋也」段注。○丨，假借為厞。〔說文定聲・卷一二〕○西丨河一名澮河，澮即丨之音轉。〔漢書・地理志〕「夏丨水東南至下蔡入淮」補注。○古本丨作甚。〔易・遯〕「丨遯無不利」李疏。

**腓** 丨，脛腨。〔國策・齊策六〕「攫公孫子之丨」鮑注。○丨，腳腨腸也。〔廣韻・微部〕○丨，脛中腸也。〔說文〕「疋，足也」繫傳。○丨，蘇俗謂之膀肚腸子。〔說文定聲・卷一二〕○丨謂脛骨後之肉也。〔說文〕「丨，脛腨也」段注。○丨之言肥。〔同上〕○丨之言肥也。〔廣雅・釋親〕「丨，腨也」疏證。○丨，避也。〔廣雅・釋詁〕疏證。○丨，隱也。〔詩・采薇〕「小人所丨」後箋引何楷。○傳訓丨為辟者，辟為隱避之義。〔同上〕後箋。○丨，隨動也。〔同上〕朱傳引程子說。○丨，病。〔詩・四月〕「百卉具丨」朱傳。○丨，病也。〔同上〕後箋引〔稽古編〕。○丨，芘。〔詩・生民〕「牛羊丨字之」朱傳。○丨猶芘也。〔詩・采薇〕「小人所丨」朱傳。○丨肥⿰骨巴，並字異而義同。〔廣雅・釋親〕「丨，腨也」疏證。○丨葩避辟並通。〔廣雅・釋詁〕「丨，避也」疏證。○訓避之丨與葩通。〔詩・四月〕「百卉具丨」後箋引〔稽古編〕。○丨，假借為痱。〔說文定聲・卷一二〕○丨，假借為⿰足非。〔同上〕○丨讀為屝，乃草屨之名。〔管子〕「踦丨」雜志。○丨讀與辟同。〔詩・采薇〕「小人所丨」陳疏。○丨讀同厞隱之厞。〔詩・生民〕「牛羊丨字之」通釋引何楷。○丨，痱之同音借字。〔文選・謝靈運送孔令詩〕「淒淒陽卉丨」集釋。○〔說文定聲・卷一二〕丨，以綮為之。〔莊子・養生主〕「技經肎綮之未嘗」。○〔同上〕丨，字亦作脅。〔海外北經〕「無脅之國」。○丨即厞字。〔詩・采薇〕「小人所丨」後箋引何楷。○〔魯詩〕丨作芘。〔同上〕集疏。○〔齊詩〕丨作葩。〔同上〕○訓病之丨，本作痱。〔詩・四月〕「百卉具丨」後箋引〔稽古編〕。○丨，〔玉篇〕引詩作痱。〔說文〕「痱，風病也」義證。

**威** 丨，畏。〔詩・常棣〕「死喪之丨」朱傳。○丨，畏也。〔大戴・主言〕「是以兵革不動而丨」王詁。又〔大戴・用兵〕「猶丨致王」王詁。又〔禮記・表記〕「丨而愛」集解。又〔中庸〕「不怒而民丨於鈇鉞」朱注。○丨，畏也，令可畏懼也。〔大戴・盛德〕「所以丨不行德法者也」王詁。○丨，可畏也。〔大學〕「丨儀也」朱注。○有丨而可畏謂之丨。〔詩・柏舟〕「丨儀棣棣」集疏引魯說。又〔說文〕「義，己之丨義也」段注引北宮文子。○丨猶畏也。〔詩・采芑〕「蠻荊來丨」通釋。○丨之言畏。〔釋言〕「丨，則也」郝疏。○丨亦謂之憚。〔國策〕雜志。○丨，力。〔書・君奭〕「念我天丨」孫疏。○丨，嚴也。〔大戴・少閒〕「以示丨於天下也」王詁。○丨，嚴。〔論語・學而〕「君子不重則不丨」朱注。○丨，儀。〔廣韻・微部〕○丨，虐。〔詩・巧言〕「昊天已丨」集疏引魯說。○丨為暴虐。〔書・甘誓〕「丨侮五行」述聞。○古者謂德為丨。〔書・君奭〕「有殷嗣天滅丨」述聞。○丨與德同義。〔漢書〕「贏取丨於百儀」補注。○丨夷為長貌也。〔釋獸〕「丨夷，長脊而泥」述聞。○隇陝、丨夷、倭遲，並字異而義同。〔廣雅・釋邱〕「隇陝，險也」疏證。○丨姑，君姑也。〔說文〕「丨，姑也」義證。○丨姑即君姑。〔說文〕「莙，牛藻也」義證。○丨姑即〔爾雅〕所謂君姑也。〔廣雅・釋親」「姑謂之｜」疏證。○｜儀，曲禮也。〔大戴・保傅〕「不閑於｜儀之數」王詁。○｜侮，謂虐用而輕視之。〔書・甘誓〕「｜侮五行」孫疏。○｜與畏通。〔廣雅・釋詁一〕「畏，敬也」疏證。又〔釋訓〕「畏畏，敬也」疏證。○｜與畏經典通用。〔書・康誥〕「祗祗｜｜」孫疏。○｜畏雙聲，古通用。〔詩・常棣〕「死喪之｜」通釋。○｜畏古同聲而通用。〔廣雅・釋言上〕「畏，｜也」疏證。○〔通雅・卷八〕｜用通作畏用。〔洪範〕「｜用六極」。○｜，假借為君。〔說文定聲・卷一二〕○｜，假借為鰃。〔同上〕○｜者，會之借字。〔說文定聲・卷八〕〔「湊」下〕○｜，借為｜權也。〔說文〕「｜，姑也」繫傳。○｜與君古音近。〔釋訓〕「桓桓，｜也」郝疏。○｜即畏，｜畏同字。〔韓子・外儲說左上〕「危則為屈公之｜」集解引王先謙。○｜，字亦作隇。〔說文定聲・卷一二〕○｜當為畏。〔左傳成公一七年〕「逃｜也」疏證引沈欽韓。○〔通雅・卷一〇〕｜｜，一作畏畏。〔康誥〕「｜｜顯民」。

**祈** ｜，求也。〔詩・賓之初筵〕「以｜爾爵」朱傳。又〔行葦〕「以｜黃耇」朱傳。又〔大戴・千乘〕「｜壬年」王詁。又〔廣韻・微部〕。○｜者，求之祭也。〔說文〕「｜，求福也」義證引蔡邕。○｜，請也。〔左傳成公一七年〕「使其祝宗｜死」疏證引〔御覽〕。○｜｜，衆多貌。〔詩・玄鳥〕「來假｜｜」朱傳。○｜父，司馬也。〔詩・祈父〕朱傳。又〔通雅・卷二五〕。○｜通作蘄。〔釋詁〕「｜，告也」郝疏。○｜，假借為頎。〔說文定聲・卷一五〕○｜，假借為機。〔同上〕○｜，假借為扆。〔同上〕○｜，假借為畿。〔同上〕○｜，或曰借為近。〔同上〕○｜，假借助語之詞。〔同上〕○｜者，圻之假借。〔詩・祈父〕通釋。○｜者，嘰之借字。〔說文定聲・卷四〕〔「鎌」下〕○｜讀為圻。〔述聞・卷二二〕○｜當讀為蠿。〔管子・形勢〕「則｜羊至矣」平議。○｜，字亦作褫。〔說文定聲・卷一五〕○｜一作蘄。〔漢書・地理志〕「｜年宮」補注。○官本｜作祁。〔漢書・百官公卿表〕「｜連將軍」補注引沈欽韓。○｜，馬融本作圻。〔左傳昭公一二年〕「作｜招之詩」洪詁。○〔魯詩〕｜父一作頎甫。〔詩・祈父〕集疏。○｜，報也。〔廣韻・微部〕

**旂** 交龍曰｜。〔詩・韓奕〕「淑｜綏章」朱傳。又〔載見〕「龍｜陽陽」朱傳。○交龍為｜。〔詩・出車〕「｜旐央央」朱傳。又〔孟子・萬章下〕「士以｜」朱注。○｜，帛上畫龍，斿端著鈴也。〔說文定聲・卷一五〕○｜，讀如鄰。〔詩・采菽〕「言觀其｜」通釋。○｜，字亦作旍。〔說文定聲・卷一五〕

**畿** ｜，王｜。〔廣韻・微部〕○｜為疆界之稱。〔詩・玄鳥〕「邦｜千里」通釋。○凡｜疆之限通謂之｜。〔周禮・大司馬〕「方千里曰國｜」孫疏。○｜，門內也。〔詩・谷風〕「薄送我｜」朱傳。○｜與機古字通。〔同上〕後箋引惠定字。○｜，通作圻。〔說文〕「｜，天子千里地」義證。○｜，又通作祈。〔同上〕○｜，假借為機。〔說文定聲・卷一二〕○｜讀為機。〔詩・谷風〕「薄送我｜」陳疏。○｜亦作圻。〔說文〕「｜，天子千里地」段注。○古幾｜通用。〔同上〕○｜，字與垠圻略同。〔說文定聲・卷一二〕

**機** ｜，主發矢。〔國策・秦策二〕「存亡之｜」鮑注。○｜，發動所由也。〔大學〕「其｜如此」朱注。○主發謂之｜。〔大戴・保傅〕「治亂之｜」王詁。○主發者謂之｜也。〔慧琳音義・卷六六〕引〔古今正字〕。○凡物有關制動者皆曰｜。〔卷三〕引〔集訓〕。○｜，弩牙戾也。〔說文〕「｜，主發謂之｜」繫傳。○｜，樞｜也。〔大戴・四代〕「此謂楣｜」王詁。○｜，當訓樞耑也。〔說文定聲・卷一二〕○｜，門梱也。〔大戴・四代〕「此謂楣｜」述聞。○｜，即梱也。〔說文定聲・卷一二〕○｜，杼之｜也。〔說文〕「幐，｜持經者也」繫傳。○｜，會也。〔廣韻・微部〕○｜，萬｜也。〔同上〕○｜，謂｜變也。〔慧琳音義・卷六六〕引顧野王。○｜，先見也。〔卷四六〕○｜，事之先見也。〔說文〕「｜，主發謂之｜」繫傳。○｜，微也。〔太素・四時脈形〕「乃失其｜」楊注。○｜，理之微也。〔說文〕「｜，主發謂之｜」繫傳。○｜，明也。〔慧琳音義・卷八三〕○｜械，｜巧之械也。〔國策〕「設｜」雜志。○｜辟，掩取鳥獸之物。〔墨子・非儒下〕「若｜辟將發也」閒詁。○｜縷，今之｜頭。〔說文〕「紝，｜縷也」段注。○天｜，謂自然之發也。〔說文定聲・卷一二〕○北斗二三星曰旋｜。〔同上〕○｜通畿。〔文選・七發〕「蹷痿之｜」集釋。○｜，假借為幾。〔說文定聲・卷一二〕○〔同上〕｜，以畿為之。〔詩・谷風〕「薄送我畿」。○｜，字亦作襪。〔說文定聲・卷一二〕○｜當作幾。〔大戴・本命〕「｜其文之變也」平議。○｜，字或作畿。〔廣雅・釋宮〕「｜，枈也」疏證。○官本｜作璣。〔漢書・律歷志〕「佐助旋｜」補注。○官本｜作幾。〔漢書・楚元王傳〕「顧長耳目」補注。○｜，動也。〔慧琳音義・卷四六〕

**幾** ｜者，事之微也。〔荀子・解蔽〕「無益於｜也」平議。○｜，近也。〔詩・瞻卬〕「維其｜矣」朱傳。又〔廣韻・微部〕。又〔通鑑・唐紀〕「｜二千人」音注。○｜訓近。〔孟子・離婁下〕「｜希」焦正義。○｜，近詞也。〔說文〕「僟，精謹也」繫傳。○｜，切也。〔同上〕○｜猶近。〔國策・韓策三〕「無｜於王之明者」鮑注。○｜猶會也，若今言｜會也。〔漢書・高帝紀〕「不因其｜而遂取之」補注引周壽昌。○｜，期也。〔詩・楚茨〕「如｜如式」朱傳。又〔論語・子路〕「言不可以若是其｜也」朱注。○｜者，期也。〔墨子・尚同中〕「不敢失時｜」平議。○｜，望也。〔大戴・四代〕「｜必能」王詁。○｜作冀幸解。〔左傳宣公一二年〕「庸可｜乎」疏證引沈欽韓。○｜，庶｜。〔廣韻・微部〕○｜亦庶也。〔漢書〕「厲其庶爾」雜志。○｜猶殆也。〔韓子・初見秦〕「｜不難矣」集解。○｜乃語詞。〔國語・周語〕「而王｜頓乎」平議。○｜為六國時魏邑。〔史記・建元以來侯者年表〕「｜」志疑。○無｜，言無冀和好矣。〔漢書・匈奴傳〕「令吾太子為質，無｜矣」補注引周壽昌。○｜希，少也。〔孟子・離婁下〕「人之所以異於禽獸者｜希」朱注。○｜希，不多也。〔孟子・告子上〕「其好惡與人相近者｜希」朱注。○｜將猶言｜欲也。〔通雅・卷四〕○｜與譏通。〔廣雅・釋詁二〕「譏，問也」疏證。○｜通作饑。〔孟子・離婁下〕「人之所以異於禽獸者｜希」焦正義。○｜與饑同。〔說文〕「饑，汽也」段注。○｜通作豈。〔釋詁〕「饑，汽也」郝疏。○豈與｜古同聲而通用。〔漢書〕「｜是乎」雜志。○古｜、畿通用。〔說文〕「畿，天子千里地」段注。○｜、畿字古多通用。

〔周禮・肆師〕孫正義。○｜與機通。〔書・顧命上〕「貢于非｜」孫疏。○｜，假借為機。〔説文定聲・卷一二〕○｜，假借為機。（同上）○｜，假借為譏。（同上）○｜，假借為圻。（同上）○｜，假借為祈。（同上）○｜，假借為期。（同上）○｜，假借為近。（同上）○｜，假借為發聲之詞。（同上）○｜，假借助語之詞。（同上）○｜即機之假字。〔管子・幼官〕「｜行義勝之」平議。○｜讀與期同，此假借字也。〔詩・楚茨〕「如｜如式」陳疏。○｜聲轉為近。〔釋詁〕「｜，危也」郝疏。○｜又轉為矜。（同上）○｜近汽俱雙聲。〔釋詁〕「譏，汽也」郝疏。○｜，讀如關市譏。〔墨子・尚同中〕「不敢失時｜」閒詁引畢沅。○豈本作｜。〔荀子〕「豈非」雜志。○〔封禪書〕｜作冀。〔漢書・郊祀志〕「｜遇之」補注引葉德輝。○〔漢書・王嘉傳〕｜作機。「書・皋陶謨」注孫疏。○浙本｜作機。〔漢書・楚元王傳〕「易稱知｜其神乎」補注引宋祁。○〔楚世家〕｜作絶。〔左傳宣公一二年〕「庸可｜乎」疏證。

譏　｜，誹也。〔廣韻・微部〕○｜，譴也。（同上）又〔慧琳音義・卷二〕引〔考聲〕。○｜，刺也。（同上）○｜，諫也。〔廣韻・微部〕○｜，問也。（同上）○｜，察也。〔孟子・梁惠王下〕「關市｜而不征」朱注。○｜，呵察也。〔大戴・主言〕「昔者明主關｜而不征」王詁。○｜之言微也，以微言相摩切也。〔説文〕「｜，誹也」段注。○｜通作幾。〔廣雅・釋言〕「｜，譴也」疏證。○｜，假借為機。〔説文定聲・卷一二〕○（同上）｜，以幾為之。〔周禮・宮正〕「幾其出入」。

磯　｜，大石激水。〔廣韻・微部〕○｜，水激石也。〔孟子・告子下〕「是不可｜也」朱注。○｜，感激也。〔集韻・微部〕○｜謂摩也。〔孟子・告子下〕「是不可｜也」焦正義引段玉裁。○趙氏讀｜為激。（同上）焦正義。○｜與杌概字古音同。（同上）焦正義引段玉裁。○｜即圻字。〔説文定聲・卷七〕「激」下引錢辛楣。○｜即機字。（同上）引宋翔鳳。

鞿　｜，馬絡頭。〔集韻・微部〕○｜，一曰韁在口。（同上）○｜，繫馬。〔廣韻・微部〕○｜羈，繫制馬者。〔離騷〕「予雖好脩姱以｜羈兮」戴注。

璣　｜，珠不圓也。〔廣韻・微部〕○｜，珠不圓者。〔集韻・未部〕又〔國策・楚策三〕「黄金珠｜」鮑注。○圓者曰珠，不圓曰｜。〔説文〕「珠，蚌之陰精」義證引〔急就篇〕顔注。○｜，小珠也。〔説文〕「｜，珠不圜也」義證引〔字書〕。○｜，假借為機。〔説文定聲・卷一二〕○得｜與德幾古字通用。〔墨子・明鬼〕「得｜無小」閒詁引蘇時學。○｜當讀為暨。暨者，與也，及也。〔書・禹貢〕「厥篚玄纁｜組」述聞。

饑　｜，穀不熟。〔廣韻・微部〕○穀不熟曰｜。〔詩・雨無正〕「降喪｜饉」朱傳。又〔論語・先進〕「因之以｜饉」朱注。○｜，虚乏之名。〔廣雅・釋天〕「二穀不升曰｜」疏證。○｜與飢同。（同上）○〔説文定聲・卷一二〕｜，以飢為之。〔淮南・天文〕「天下大飢」。○｜當作飢。〔韓子・安危〕「若｜而食」集解引盧文弨。

稀　｜，禾｜疏適秝也。〔説文定聲・卷一二〕○｜，｜疏。〔廣韻・微部〕○｜，少也。〔漢書・天文志〕「軍星動角益｜」補注。○｜猶少也。〔説文・上説文書〕「知此者｜」段注。○｜，經傳皆以希為之。〔説文定聲・卷一二〕○〔天官書〕｜作希。〔漢書・天文志〕「軍星動角益｜」補注。○｜，今〔爾雅〕作鵗。〔説文〕「雉，北方曰｜」段注。

希　｜，庶也。〔廣雅・釋言下〕疏證。○｜者，庶幾之合聲，故｜又訓為庶。（同上）○｜，望也。〔廣韻・微部〕又〔墨子〕雜志。○｜，慕也。〔慧琳音義・卷八〕引〔韻詮〕。○｜亦少也。〔説文〕「睎，乾也」繫傳。○｜訓少。〔孟子・離婁下〕「人之所以異於禽獸者幾｜」焦正義。○｜，罕也。〔慧琳音義・卷八〕引〔考聲〕。又〔大戴・主言〕「甚｜矣」王詁。○｜，閒歇也。〔論語・先進〕「鼓瑟｜」朱注。○｜，止也。〔廣韻・微部〕○｜，施也。（同上）○｜，散也。（同上）又〔太素・三刺〕「聚氣可｜」楊注。○｜，遲也。〔太素・三刺〕「｜按其痏」楊注。○衣有雜文曰｜。〔通雅・卷三六〕○｜⿰馬豈即｜覬。〔通雅・卷八〕○｜顔，猶之希世用事也。〔通雅・卷五〕○｜通作絺。〔釋詁〕「｜，罕也」郝疏。○｜冀古字通。〔漢書・張湯傳〕補注引王闓運。○｜，假借為稀。〔説文定聲・卷一二〕○｜，假借為睎。（同上）○｜，假借為覬。（同上）○｜，假借為睎。（同上）○｜，假借發聲之詞。（同上）○古多假｜為睎。〔説文〕「睎，望也」段注。○｜者，稀之假音也。〔釋詁〕「｜，罕也」郝疏。○｜讀為睎。〔管子・君臣〕「上下相｜」平議。○｜讀為莃。〔説文〕「莃，箴縷所紩衣」義證。○｜，字亦作鵗。〔説文定聲・卷一二〕○｜，莃之古文。（同上）○｜蓋莃之省文也。〔書・堯典〕「鳥獸｜革」孫疏。○｜與睎同。〔通雅・卷五〕○｜稀同字也。〔韓子・喻老〕「大音｜聲」集解引顧廣圻。○｜即稀省文。〔書・堯典〕「鳥獸｜革」孫疏。○｜，古作⿱夂巾。〔慧琳音義・卷三〕○｜，經作悕。〔卷八〕引〔考聲〕。○｜與睎聲並同。〔方言二〕「睎，眄也」箋疏。○｜水亦作浠水。〔漢書・地理志〕「｜水」補注。

睎　｜，乾也。〔詩・湛露〕「匪陽不｜」朱傳。○｜，乾也。〔詩・蒹葭〕「白露未｜」朱傳。又〔大戴・勸學〕「上食｜土」王詁。○｜，曰氣乾也。〔楚辭・遠遊〕「夕｜余身兮九陽」補注。又〔廣韻・微部〕○｜者，乾之也。〔説文〕「挋，給也」段注。○｜亦暵也。〔廣雅・釋詁〕「｜，乾也」疏證。○日昕曰｜。〔説文〕「｜，乾也」義證引〔纂要〕。○｜，明之始升也。〔詩・東方未明〕「東方未｜」朱傳。又〔楚辭・危俊〕「｜白日兮皎皎」補注。○｜與希通。〔方言七〕「希、鑠，摩也」箋疏。○｜，假借為闓。〔説文定聲・卷一二〕○｜，假借為稀。（同上）○｜者，昕之假借字。〔詩・東方未明〕「東方未｜」陳疏。又（同上）通釋。○｜與昕聲近而義同。〔廣雅・釋詁四上〕「昕，明也」疏證。○｜，字亦作烯。〔説文定聲・卷一二〕○〔齊風〕「東方未—」當作昕。〔説文〕「昕，且明也」段注。

**衣** ○—，寡也，望也，施也。〔集韻・微部〕○—，上服。〔論語・子罕〕「冕—裳者」朱注。○上曰—，下曰裳。〔大戴・五帝德〕「黼黻—」王詁。又〔廣韻・微部〕。○—，禮服也。〔詩・葛覃〕「薄澣我—」朱傳。○—者，依也。〔説文〕「繭，蠶—也」段注。○—，人所依也。〔説文〕「—，依也」繫傳。○—者，人所倚以蔽體者也。〔説文〕「—，依也」段注。○—者，隱也，又依也。〔説文〕「—，依也」義證引〔玉篇〕。○—同依。〔書・康誥〕「—德言」孫疏。○—車，輜軿也。〔漢書・昌邑哀王傳〕「以—車載女子」補注引沈欽韓。○—車，輜軿是也。〔説文〕「輚，—車蓋也」段注。○—車，謂有—蔽之車。〔説文〕「輜軿，—車也」段注。○—補為嫁—。〔漢書・孝宣霍皇后傳〕「顯因為成君—補」補注引周壽昌。○—圭，交輸裁也。〔通雅・卷三六〕○兖州人謂殷曰—。〔通雅・卷一〕○—，假借為殷。〔説文定聲・卷一二〕○—，假借為扆。〔同上〕○—即扆字之省。〔釋宮〕「牖户之間謂之扆」郝疏。○—，讀若〔少儀〕「依於德」之依。〔書・康誥〕「紹聞—德言」述聞。

**依** —者，倚也。〔説文〕「凭，—几也」段注。又〔大戴・文王官人〕「—隱於物」王詁。又〔廣韻・微部〕。○—者，親而倚之。〔詩・小弁〕「靡—匪母」朱傳。○—，因也。〔大戴・千乘〕「—固可守」王詁。○—與因同義。〔廣雅・釋詁〕「—，因也」疏證。○—猶因也。〔晏子春秋・雜上〕「則—物而偶於政」平議。○—猶據。〔國策・秦策五〕「—世主之心」鮑注。○—，準也。〔大戴・五帝德〕「—鬼神以制義」王詁。○—者，不違之謂。〔論語・述而〕「—於仁」朱注。○—，禄也。〔廣韻・微部〕○—，愛。〔詩・載芟〕「有—其士」朱傳。○—，隱也。〔書・無逸〕「小人之—」述聞。○—，安也。〔詩・公劉〕「于京斯—」朱傳。○—，安貌。〔詩・皇矣〕「—其在京」朱傳。○—謂—違，言不專决也。〔大戴・四代〕「—勿與謀」王詁。○古者屏風通名為—。〔釋宮〕「牖户之間謂之扆」郝疏。○—猶乘也。〔詩・采薇〕「君子所—」朱傳。○—猶眷顧也。〔詩・閟宮〕「上帝是—」朱傳。○—猶——也。〔詩・車舝〕「—彼平林」陳疏。○—，壯盛之貌。〔詩・載芟〕「有—其士」述聞。○蔚與—皆衆盛之貌。〔漢書・天文志〕「曰哀烏」雜志。○—，兵盛貌。〔詩・皇矣〕「—其在京」述聞。○—，茂木貌。〔詩・車舝〕「—彼平林」朱傳。○毛意謂—與猗同，美盛貌。〔同上〕後箋。○—之言殷也。〔詩・皇矣〕「—其在京」述聞。○—，蔭即寄托之義。〔廣雅・釋詁〕「庇，寄也」疏證。○—違猶反覆也。〔漢書・律歷志上〕「—違以惟」補注引周壽昌。○——猶殷殷。〔詩・采薇〕「楊柳——」通釋。○——然猶蔚然也。〔漢書・天文志〕「曰哀烏」雜志。○—，假借為扆。〔説文定聲・卷一二〕○—，假借為鬱。〔同上〕○—即殷之假借。〔詩・車舝〕「—彼平林」通釋。○—讀為殷。〔管子・宙合〕「不—其樂」平議。○—音哀。〔説文〕「㥆，从心—聲」義證引白居易。○哀—古同聲。〔漢書〕「曰哀烏」雜志。○古音哀如—。〔書・無逸〕「知小人之—」孫疏。○—亦作哀。〔同上〕○甘氏〔星經〕—烏，〔漢書・天文志〕作哀烏。〔説文〕「㥆，痛聲也」義證。○古—字作㐆。〔説文〕「㐆，歸也」義證引惠棟。○—當作衣。〔國語・晉語〕「偎，—」述聞。○—同衣。〔書・無逸〕「知小人之—」孫疏。○—即扆。〔釋宮〕「牖户之間謂之扆」郝疏。○—違，一作猗違、伊違、—韋。〔漢書・禮樂志〕「—韋饗昭」補注引周壽昌。○—奇即—倚也。〔管子・幼官〕「綸理」雜志。

**沂** —，水名，出泰山。〔廣韻・微部〕○—，崖也。〔文選・陸士龍大將軍讌會被命作詩〕「于河之—」集釋引顔注。○—，水涯也。〔慧琳音義・卷三六〕引〔玉篇〕。○—山即艾山也。〔漢書・地理志〕「其山曰—」補注。○—與圻通。〔漢書・張良傳〕「步游下邳圯上」補注。○垠字與—通。〔文選・陸士龍大將軍讌會被命作詩〕「于河之—」集釋。○—，假借為垠。〔説文定聲・卷一五〕○—，借為㥆，或為慇。〔同上〕○汜垠語之轉，作—者借字耳。〔漢書・叙傳〕「邳—」雜志。○—，漢人多以為圻堮之圻。〔説文〕「—，—水」段注。○—與垠同。〔廣雅・釋邱〕「垠，厓也」疏證。○—當作齗。〔釋樂〕「大篪謂之—」平議。○凡垠堮字亦作—鄂。〔文選・陸士龍大將軍讌會被命作詩〕「于河之—」集釋。○—，〔説文〕作垠，作圻。〔説文〕「堂，殿也」段注。○—陽，〔史記〕作祈陽。〔漢書・夏侯嬰傳〕「賜嬰食邑—陽」補注。

**巍** —，高大貌。〔廣韻・微部〕○——，高大之稱。〔論語・泰伯〕「——乎」劉正義。○——，高大之貌。〔同上〕朱注。又〔孟子・滕文公上〕「——乎有天下而不與焉」朱注。○——，富貴高顯之貌。〔孟子・盡心下〕「勿視其——然」朱注。○—通作巋。〔方言六〕「—，高也」箋疏。○—通作嵬。〔同上〕○—，假借為威。〔説文定聲・卷一二〕○—，假借為魏。〔同上〕○—省作魏。〔説文〕「—，高也」句讀。又〔方言六〕「—，高也」箋疏。○—，字又作巋。〔説文定聲・卷一二〕○—，字或作巋。〔説文〕「—，高也」義證。○—、魏二字皆當從山，蓋一字而兩音爾。〔説文〕「—，高也」義證引張有。

**歸** —，嫁也。〔左傳隱公元年〕「故仲子—于我」洪詁引虞翻。○—，謂嫁也。〔詩・葛覃〕「—寧父母」後箋引段玉裁。又〔詩・南山〕「齊子由—」陳疏。○至夫之家曰—。〔説文〕「嫁，女適人也」段注。○婦人謂嫁曰—。〔詩・桃夭〕「之子于—」朱傳。又〔江有汜〕「之子—」朱傳。又〔丰〕「駕予與—」朱傳。又〔南山〕「齊子由—」朱傳。又〔大學〕「之子于—」朱注。又〔説文〕「—，女嫁也」繫傳。又〔國策・東周策〕「三—之家」鮑注。○—，返也。〔大戴・禮三本〕「以—太一」王詁。○—，還也。〔孟子・盡心上〕「久假而不—」朱注。○—，還之也。〔國策・西周策〕「—其劍」鮑注。○—者，去而不返之辭也。〔詩・北風〕「攜手同—」朱傳。○—，饋也。〔詩・靜女〕「自牧—荑」集疏。○—亦饋也。〔廣雅・釋詁三上〕「—、饋，遺也」疏證。○—亦貽也。〔詩・靜女〕「自牧—荑」朱傳。○—猶與也。〔論語・顔淵〕「天下—仁焉」朱注。○—與終本同義。〔述聞・通説上〕○—謂—其舍。〔韓子・外儲説右上〕「景公—」集解。○—死，謂—命也。〔左傳襄公三年〕「請—死于司寇」疏證。○—誼謂慕義來降。〔漢書・淮南厲王傳〕「諸從蠻夷來—誼」補注。○—本謂還務本業。〔漢書·禮樂志〕「民人—本」補注。○—周者,以周之天下—之成王。〔荀子·儒效〕「周公—周」集解。○—處,謂死也。〔詩·蜉蝣〕「於我—處」通釋。○—處,猶依止也。(同上)集疏。○—妻,猶取妻。〔詩·匏有苦葉〕「士如—妻」陳疏。○—,假借為饋。〔說文定聲·卷一二〕○—,假借為媿。(同上)○—,假借為巍。(同上)○—,假借為懷。(同上)○—,假借為夔。(同上)○古假—作夔。〔說文〕「夔,即魖也」段注。○—即夔。〔漢書·地理志〕「秭—,—鄉,故—國」補注引宋忠。○—讀為壞。〔呂覽·察微〕「因—郈氏之宮而益其宅」平議。○—當讀為歸,使也。〔詩·采薇〕「靡使—聘」通釋。○—嫁一聲之轉。〔方言一〕「嫁,往也」箋疏。○—饋遺禭,聲並相近。〔廣雅·釋詁〕「禭,遺也」疏證。

**帰** —,籀文歸。〔廣韻·微部〕

**禕** —,后祭服也。〔廣韻·微部〕○祭服曰褘,曰韠,戎服曰韐,通名曰—。〔說文定聲·卷一二〕○—,婦人香纓也。〔釋器〕「婦人之—謂之縭」鄭注。○—,義亦與敦同。〔廣雅·釋詁〕「敦,衺也」疏證。○—,形之美也。〔慧琳音義·卷九二〕引〔韻英〕。○——它它,美也。〔詩·君子偕老〕「——它它」集疏引魯說。○—隋猶委蛇。〔說文定聲·卷一二〕○微徽—揮並通。〔廣雅·釋器〕「微,幡也」疏證。○—,假借為翬。〔說文定聲·卷一二〕○—亦借韋為之。〔說文〕「—,蔽厀也」句讀。○—或借幃字。(同上)義證。○—隋即委佗之聲借。〔釋訓〕「委委佗佗,美也」郝疏。○委蛇、委虵、透迤、猗移、委移、透蛇、透移、透虵、蝼蛇、委隨、透隨、—隋,並字異而義同。〔廣雅·釋訓〕「委蛇,窊衺也」疏證。

**誹** —,謗也。〔國策·東周策〕「國必有—譽」鮑注。○—,誹謗。〔廣韻·微部〕○—,惡也。〔廣雅·釋詁〕疏證。○—,謗言也。〔集韻·微部〕

**痱** —,風病。〔集韻·微部〕○—,鬼痛病。〔集韻·尾部〕○—,風腫也。〔漢書·賈誼傳〕「—者一方痛」補注引〔六書故〕。○—,一曰小腫。〔集韻·微部〕○—瘤,小腫也。〔慧琳音義·卷九〕○—瘤,小膞也。〔慧琳音義·卷七二〕○—通作腓。〔釋詁〕「—,病也」邵正義。又(同上)郝疏。○—,亦作⿸疒肥。〔說文〕「—,風病也」段注。○—同⿸疒肥。〔廣韻·微部〕

**⿸疒肥** —,風—,病也。〔廣韻·微部〕

**欷** —,歔—也。〔楚辭·九辯〕「憯悽增—兮」補注。○—,泣嘆。(同上)引五臣。○—,悲也。〔慧琳音義·卷八五〕引〔考聲〕。○—,泣之餘聲也。(同上)○—,悲也,泣餘聲也。〔說文〕「—,歔也」義證引〔玉篇〕。○—歔欨呼呵,皆出氣也。〔通雅·卷一〕○—亦作唏。〔說文〕「—,歔也」段注。○—,字亦作悕。〔說文定聲·卷一二〕

**豨** —,豬也。〔廣韻·微部〕○生三月曰—。〔本草·卷五〇〕○梁州以豕為豬,河南謂之彘,吳越謂之—。〔說文〕「—,豕走——」義證引〔纂文〕。○—,走且戲貌。(同上)繫傳。○—豕古同聲。〔廣雅·釋獸〕「—,豕也」疏證。○豕彘—俱聲近。〔釋獸〕「豕子,豬」郝疏。○〔天官書〕—作豕。〔漢書·天文志〕「奎曰封—」補注。○〔史·表〕—作稀。〔漢書·王子侯表〕「雷侯—」補注。○—字俗作狶。〔說文〕「—,豕走——」義證。○—,字亦作狶。〔說文定聲·卷一二〕

**狶** —,楚人呼豬聲。〔說文〕「狶,豕走狶狶」義證引〔玉篇〕。

**溦** 汜與—皆厓岸之名。〔釋丘〕「谷者,—」述聞。○對文則窮瀆之厓為汜,通瀆之厓為—,散文則—汜通稱。〔廣雅·釋邱〕「汜,厓也」疏證。○—與徽亦同義。〔廣雅·釋詁〕「徽,敗也」疏證。○—假借為徽。〔說文定聲·卷一二〕○—假借為湄。(同上)○—,今人概作微。〔說文〕「—,小雨也」段注。○—,〔五音集韻〕作溦。

**⿰氵微** —,浽—,小雨也。〔廣韻·微部〕又〔說文〕「溦,小雨也」義證引〔五音集韻〕。

**𢅏** —,幡也。〔廣韻·微部〕○—,旌旗之細也。〔說文定聲·卷七〕(「幖」下)○—識信蓋謂棨戟。〔說文〕「棨,一曰—識信也」段注。○—徽褘揮並通。〔廣雅·釋器〕「—,幡也」疏證。○—,經傳多以徽為之。〔說文定聲·卷一二〕○—,各書作徽。〔說文〕「—,—識也」段注。○墨子書—識皆作微職。〔墨子〕「衣草微」雜志。○徽亦與—同。(同上)

**騛** —兔,古之駿馬也。〔說文〕「—,馬逸足也」義證引〔玉篇〕。又(同上)段注引〔玉篇〕。○—兔,馬而兔走。〔廣韻·微部〕○—,此字後出,即飛字之轉注也。〔說文定聲·卷一二〕○—,或借飛字。〔說文〕「—,馬逸足也」義證。

**楎** —植於牆,即杙之別名。〔釋宮〕「在牆者謂之—」郝疏。○弋在牆曰—。〔集韻·文部〕○—,橛也,在牆曰—。〔廣韻·微部〕○—,犂頭也。(同上)

**餥** —,糇也。〔廣韻·微部〕○—饡逢,聲並近。〔方言一〕「—,食也」箋疏。

**厞** —,隱也。〔集韻·微部〕○—,古文作茀。〔說文〕「篚,車等也」段注。○—,字或作陫。〔說文〕「—,隱也」句讀。

**葳** —,—蕤。〔廣韻·微部〕○—蕤,草木葉垂之貌。〔本草·卷一二〕引〔古今韻會〕。○—蕤,藥名也。〔慧琳音義·卷九一〕○—蕤乃旗名也。〔漢書·司馬相如傳〕「錯翡翠之—蕤」補注。○—蕤,一作萎蕤。(同上)○—蕤作威蕤。〔史記·司馬相如列傳〕「—蕤」雜志。

**肵** —,敬也。〔集韻·微部〕○—者,敬也。〔禮記·曾子問〕「無—俎」集解。

刏 丨，封傷也。〔廣韻·微部〕○丨，刺也。（同上）○丨，斷切也。（同上）○丨猶摩扢也。〔說文〕「丨，劃傷也」繫傳。○丨，以血塗門。〔廣韻·微部〕

刉 丨，封也，斷也。〔集韻·微部〕○丨，割也。〔集韻·支部〕○〔說文定聲·卷一二〕丨，以幾為之。〔周禮·犬人〕「幾珥」。○丨，同刏。〔字彙〕

嘰 丨，小食也。〔說文〕「鐮，丨也」句讀。○丨，食也。〔廣雅·釋詁〕疏證。○丨，口醜。〔廣韻·微部〕○丨，假借為唏。〔說文定聲·卷一二〕○丨與既音義皆同而各字。〔說文〕「丨，小食也」段注。○既與丨古亦同聲。〔廣雅·釋詁〕「丨，食也」疏證。○丨，與既略同。〔說文定聲·卷一二〕○丨，字亦作喫。（同上）

⿰米幾 丨，小食也。〔集韻·微部〕○丨，或作嘰。〔集韻·微部〕

鵗 丨，北方雉名。〔廣韻·微部〕

馡 丨，香也。〔廣韻·微部〕又〔集韻·微部〕。○菲菲、斐斐，並與丨丨同。〔廣雅·釋訓〕「丨丨，香也」疏證。

譩 丨，痛聲。〔廣韻·微部〕

溰 丨丨，霜貌。〔廣韻·微部〕○磑磑、丨丨、皚皚，並字異而義同。〔廣雅·釋器〕「皚，白也」疏證。

婓 丨丨，往來貌。〔廣韻·微部〕又〔集韻·微部〕。○丨丨，往來貌也。〔慧琳音義·卷八三〕引〔文字典說〕。○丨，大醜也。〔說文〕「丨，一曰醜貌」義證引〔玉篇〕。○丨，一曰醜。〔廣韻·微部〕○丨，一曰醜貌。〔集韻·微部〕○丨，假借為妃。〔說文定聲·卷一二〕○丨作騑同。（同上）○丨作匪同。（同上）○丨，古妃字。〔左傳昭公九年〕「火，水妃也」洪詁。

婔 丨，江丨，神女。〔廣韻·微部〕

頎 丨，長貌。〔詩·碩人〕「碩人其丨」朱傳。又〔猗嗟〕「丨而長兮」朱傳。又〔廣韻·微部〕。○丨，引申為長。〔說文〕「丨，頭佳貌」段注。○丨，為長身之貌。〔詩·猗嗟〕「丨而長兮」後箋。○丨，借為懇。〔說文定聲·卷一五〕○丨，借為近。（同上）○古假丨為懇。〔說文〕「丨，頭佳貌」段注。

碕 丨，曲岸。〔楚辭·離世〕「觸石丨而衡遊」補注。○丨，曲岸也。〔義府·卷下〕○丨，長邊也。〔方言一三〕「隑，陭也」箋疏。○丨與陭亦聲義同。（同上）○丨與陭亦聲近義同。〔廣雅·釋言〕「隑，陭也」疏證。○丨礒，石兒。〔楚辭·招隱士〕「嶔岑丨礒兮」補注。○丨礒，石貌。（同上）

埼 丨，曲岸也，或从石，从山。〔集韻·微部〕○丨，字亦作隑。（同上）

圻 丨，岸。〔廣韻·欣部〕○丨訓為岸。〔述聞·卷二二〕○丨，丨堮。〔廣韻·欣部〕○丨，丨咢也。〔說文〕「垠，地垠也」義證引〔玉篇〕。○沂與丨通。〔漢書·張良傳〕補注。○祈丨古字通。〔左傳襄公一六年〕「賦丨父」洪詁。○他書假借丨作畿。〔說文〕「畿，天子千里地」段注。○衛裔丨，並聲近義同。〔釋詁〕「衛，垂也」郝疏。○丨音近畿。〔書·酒誥〕「若疇丨父」孫疏。○丨同垠。〔廣韻·痕部〕○丨與垠同。〔廣雅·釋邱〕「垠，厓也」疏證。又〔漢書·張良傳〕補注。○丨與畿同。〔周禮·環人〕孫正義。○丨、近、畿本一字。〔左傳襄公二五年〕「天子之地一丨」洪詁。○丨招即祈招。〔通雅·卷二九〕

禨 丨，祥也。〔廣韻·微部〕又〔集韻·微部〕。○丨之言祈也。〔廣雅·釋天〕「丨，祭也」疏證。○丨通作僟。〔集韻·微部〕○丨字乃既嘰之假借。〔說文〕「⿱幾鬼，鬼俗也」段注。○丨，讀同祈。（同上）段注引伏虔。○丨，讀為知幾其神之幾。（同上）段注引顧野王。

𢼸 丨者，眇也。〔說文〕「細，丨也」段注。又〔說文·上說文書〕「次列微辭」段注。○丨訓眇。〔說文〕「微，隱行也」段注。○小之又小曰丨。〔說文〕「絲，微也」段注。○丨，引申為凡細之偁。〔說文〕「丨，眇也」段注。○丨，耑萌始攸杳篠也。〔說文定聲·卷一二〕○丨通作微。〔說文〕「丨，妙也」義證。又〔集韻·微部〕。○丨，假借通用微。〔說文〕「微，隱行也」段注。○丨，經典通用微。〔說文〕「絲，微也」義證。○丨，凡微妙字，經傳皆以微為之。〔說文定聲·卷一二〕○凡古言丨眇者，即今之微妙字。〔說文〕「丨，眇也」段注。○丨與⿰貝微同。〔墨子〕「令吏卒丨得」雜志。○今以微代丨。〔說文〕「丨，妙也」句讀。○丨舊作微。〔說文〕「職，記丨也」段注。○丨，字亦作微。〔說文定聲·卷一二〕

⿱竹微 丨，竹名。〔廣韻·微部〕○丨，或曰即西山經之箭篃，厚裏而長節。〔說文定聲·卷一二〕○丨即篃也。〔說文〕「丨，竹也」義證。○丨，字亦作篃。〔說文定聲·卷一二〕○丨篃古今字也。〔說文〕「丨，竹也」段注。

㺔 丨，獸如犬，人面，見人即笑。〔文選·吳都賦〕「丨子長嘯」集釋引〔玉篇〕。○獄法之山有獸焉，其狀如犬而人面，其名曰丨。（同上）集釋引〔山海經·北山經〕。○丨子，猿類，猿身人面，見人嘯。（同上）集釋。○山丨，獸名，似犬，見人則笑，行疾如風。〔廣韻·微部〕

睎 丨，望也。〔廣韻·微部〕○丨，眄也。（同上）○丨，視也。（同上）○丨通作希。〔說文〕「丨，望也」義證。○希與丨通。〔廣雅·釋詁〕「丨，望也」疏證。○〔說文定聲·卷一二〕丨，以希為之。〔漢書·董仲舒傳〕「希世用事」。○希與丨同。〔墨子〕「城希裾門而直桀」雜志。

癓 丨，足瘡也。〔集韻·微部〕○丨，足上瘡。〔廣韻·微部〕引〔三蒼〕。○丨通作微。〔集韻·微部〕

⿲彳魚攵 丨，魚有力也。〔廣韻·微部〕○丨亦奮也。〔廣雅·釋詁〕「奮、揮，動也」疏證。○揮翬丨，並同義。（同上）○丨，字亦作鰴。〔說文定聲·卷一二〕

⿰衤圍 丨，重衣。〔廣韻·微部〕○丨丨，迷亂之意。〔說文定聲·卷一二〕○丨通作恛。〔釋訓〕「洄洄，惛也」邵正義。○丨丨即佪佪之聲借。〔釋訓〕「洄

洄，惛也」郝疏。○｜｜禨禨或即洄洄潰潰。〔通雅・卷九〕

**囗** ｜，回也，象圍帀之形也。〔廣韻・微部〕引〔文字音義〕。○｜，圍繞、週圍字當用此。〔說文〕「｜，回也」段注。○｜，經傳皆以圍為之。〔說文定聲・卷一二〕○｜音圍。〔說文〕「舍，市居曰舍」繫傳。又〔說文〕「韋，相背也」義證引〔五經文字〕。

**㵋** ｜，水不流濁貌。〔廣韻・微部〕○｜，止水圍守，少所宣洩之謂。〔說文定聲・卷一二〕

**韙** ｜，戾｜。〔廣韻・微部〕○｜與違通。〔廣雅・釋詁〕「｜，盭也」疏證。○｜，又借違字。〔說文〕「｜，戾也」義證。○｜，經典借違字。（同上）句讀。○｜，假借為韋。〔說文定聲・卷一二〕○｜或借緯字。〔說文〕「｜，戾也」義證。○｜，當為韋之或體。〔說文定聲・卷一二〕

**䩗** ｜，毛紛紛也。〔集韻・微部〕○｜，細毛。〔廣韻・微部〕

**蜰** ｜，蟲名，即負盤蟲。〔廣韻・微部〕○｜，其蟲作廉薑氣，味辛辣而臭，故名飛廉。〔說文定聲・卷一二〕○｜齊與蟦蠐通。〔廣雅・釋蟲〕「蛭蛒，蟦螬也」疏證。○｜遰、蜚遰即肥遰。〔通雅・卷八〕

**隇** ｜陝，險也。〔廣韻・微部〕○｜陝、威夷、倭遲，並字異而義同。〔廣雅・釋邱〕「｜陝，險也」疏證。

**㨝** ｜甈，褻器也。〔廣韻・微部〕○受尿之器曰｜。〔說文定聲・卷一二〕○｜言穢也。〔說文〕「｜，｜甈，褻器也」繫傳。○｜，決塘木也。〔廣韻・微部〕

**媁** ｜，美也。〔廣韻・微部〕○｜，美姿。〔集韻・尾部〕○｜，醜也。〔廣韻・尾部〕

**鬾** ｜，鬼俗。〔廣韻・微部〕○｜，謂好事鬼成俗也。〔說文〕「｜，鬼俗也」段注。○｜，假借為嘰。〔說文定聲・卷一二〕○｜字或作禨。〔說文〕「｜，鬼俗也」義證。

**譏** ｜，汔也。〔集韻・咍部〕又〔說文〕「｜，誒也，訖事之樂也」繫傳。○｜為訖。（同上）○｜，引申為竭盡之義，與訖略同。〔說文定聲・卷一二〕○｜，近也。〔集韻・微部〕○｜，危也。〔廣韻・微部〕又〔集韻・微部〕又〔咍部〕。○｜通作幾。〔釋詁〕「｜，汽也」邵正義。○剴、｜、磑並通。〔廣雅・釋詁〕「剴，磨也」疏證。○｜，幾之假借也。〔釋詁〕「｜，汽也」郝疏。○｜即幾也。（同上）○｜讀作剴。〔釋詁〕「｜，汽也」鄭注。

**膭** ｜，頰肉。〔廣韻・微部〕○｜或假借胲字。〔說文〕「｜，頰肉也」段注。○〔說文定聲・卷一二〕｜，以胲為之。〔漢書・東方朔傳〕「樹頰胲」。○｜，或作頄。〔說文〕「｜，頰肉也」段注。

**蚚** ｜，今蘇俗呼為恙子，又轉為弋子。〔說文定聲・卷一五〕○｜音祈。〔釋蟲〕「強，｜」鄭注。○｜，蟲名，蠅類。〔集韻・微部〕

**蟣** ｜，蘇俗謂之馬黃，蓋黃色而大之蛭也。〔說文定聲・卷一二〕○｜者，蝨之卵也。〔慧琳音義・卷六三〕引〔考聲〕。

**趭** ｜，走也。〔廣韻・微部〕

**僟** ｜，精也。〔廣韻・微部〕○｜，精詳也。〔說文〕「｜，精謹也」義證引〔玉篇〕。○深練於事曰｜。〔集韻・微部〕○｜，近也。〔說文〕「｜，精謹也」繫傳。○｜即切也。（同上）○｜通作幾。〔說文〕「｜，精謹也」義證。○｜，今作幾。（同上）句讀。○｜，假借為幾，實為近。〔說文定聲・卷一二〕○｜，此為譏察之本字，經傳皆以譏為之。（同上）

**盭** ｜，刏也。〔通雅・卷二八〕○｜謂割牲以釁也。〔說文定聲・卷一二〕○｜為羊血也。〔說文〕「｜，以血有所刏涂祭也」繫傳。○｜作祈，假借。（同上）○｜蓋亦刉字之異音。〔說文〕「｜，以血有所刉涂祭也」段注。○｜刉祈氣機相通。〔通雅・卷二八〕○｜，聲義與墍相近。〔廣雅・釋宮〕「墍，塗也」疏證。○｜刉氣是一字。〔通雅・卷二八〕

**㜣** ｜，女字。〔廣韻・微部〕

**蘬** ｜，薺實。〔說文定聲・卷一二〕○｜，馬蓼，似蓼而大也。〔廣韻・微部〕

**䡾** ｜，束也。〔廣韻・微部〕

**肙** ｜即古依字。〔說文〕「｜，歸也」句讀。○皈依即歸｜。（同上）義證。

**㚷** ｜，所謂僻違。〔說文〕「｜，衺也」繫傳。○｜，通作違。（同上）義證。○｜，俗乃作違。（同上）段注。○｜，經典多作回。（同上）

**蓶** ｜，蒐葵。〔廣韻・微部〕

**悕** ｜，悲也。〔廣韻・微部〕又〔集韻・微部〕。○｜，願也。〔廣韻・微部〕又〔集韻・微部〕。

**鄿** ｜，殷國名也。〔廣韻・微部〕

**烯** ｜，火色。〔集韻・微部〕

**魕** ｜，星名也。〔楚辭・遠逝〕「訊九｜與六神」補注。○｜，九｜，北斗星名。〔國策札記・卷中〕○｜堆即｜雀也。〔楚辭・天問〕「｜堆焉處」補注。○北號山有鳥白首鼠足名曰｜雀。〔集韻・微部〕引〔山海經〕。

**㙔** ｜，器也。〔集韻・微部〕○｜，古幃字。〔說文〕「幃，囊也」句讀。

**涾** 丨嗞，媿貌。〔集韻・微部〕

**岓** 丨，山傍石也。〔廣韻・微部〕〇山旁石曰丨。〔集韻・微部〕

**擨** 丨，报取也。〔集韻・微部〕

**旛** 丨，動旗。〔廣韻・微部〕

**桸** 丨，木名，汁可食。〔廣韻・微部〕〇丨，一曰勺也。〔集韻・微部〕

**潪** 丨，竭也。〔廣韻・微部〕〇丨，振去水也。〔集韻・微部〕〇丨，通作揮。（同上）

**淝** 丨，水名，在廬江。〔廣韻・微部〕〇丨，本作肥。（同上）〇丨，水名，出九江山入淮。〔集韻・微部〕

**炇** 丨，欲食也。〔集韻・微部〕

**犤** 丨，牛名。〔集韻・微部〕

**𤛆** 丨，獸名，牛白首一目。〔廣韻・微部〕〇丨，獸名，如牛，白首一目。〔集韻・微部〕

**獑** 丨，犬生一子。〔廣韻・微部〕

**䀏** 丨，大目。〔廣韻・微部〕

**笷** 丨，竹名。〔廣韻・微部〕又〔集韻・微部〕。

**籏** 丨，竹名。〔集韻・微部〕

**耭** 丨，耕也。〔集韻・微部〕

**蘐** 丨，菹丨草。〔廣韻・微部〕

**蛴** 丨，蟲名。〔集韻・之部〕

**蝛** 蛜丨，蟲也。〔廣韻・微部〕〇蛜丨，一曰蟠蝜。（同上）

**裹** 丨，裹也。〔廣韻・微部〕〇丨當為褢。〔説文〕「衺，丨也」義證。

**趘** 丨，走貌。〔廣韻・微部〕

**鐖** 丨，大鐮。〔集韻・微部〕〇丨，鉤逆鋩。（同上）

**鰄** 丨，魚名。〔廣韻・微部〕

**䲭** 丨，魚名。〔廣韻・微部〕〇丨，魚名，似鮒，出澇水。〔集韻・微部〕〇丨，或从非。（同上）

**鶤** 雞三尺曰丨。〔集韻・微部〕

**齮** 丨，齒危。〔廣韻・微部〕又〔集韻・微部〕。

# 續經籍籑詁卷第六

上平聲

## 六魚

魚 |，水蟲也。〔大戴·夏小正〕「|陟負冰」王詁。○|者，震之廢氣也。〔易·剥〕「貫|以宫人寵」李疏引郭璞。○文|，有翅能飛。〔楚辭·河伯〕「乘白黿兮逐文|」補注引〔文選〕注。○|鱗，謂若鱗之相比次。〔漢書·蒯通傳〕「|鱗雜襲」補注引沈欽韓。○因行貌而成行列者，謂之||衙衙。〔通雅·卷一〇〕○|袋，合|符之義也。〔通雅·卷三七〕○|腥草又名水生草。〔説文〕「蕕，水邊草也」義證引〔六書故〕。○古聲|與御通。〔春秋名字解詁上〕「鄭公子魚」述聞。○古五吾|三字通借。〔漢書·古今人表〕「羊|」補注引盧文弨。○|，假借為吾。〔説文定聲·卷九〕○|，假借為漁。（同上）○|讀為漁。〔易·繫下〕「以田以|」李疏。○|讀為御。〔春秋名字解詁上〕「鄭公子|」述聞。○官本|作漁。〔漢書·古今人表〕「晉叔|」補注。○|山亦作吾山。〔通雅·卷一〕

漁 侵奪無擇曰|。〔漢書·景帝紀〕「|奪百姓」補注引周壽昌。○|奪侵牟，猶獵也。〔通雅·卷二六〕○|，南監本作魚。〔漢書·地理志〕「效穀」注「本|澤漳也」補注引王鳴盛。

初 |，始也。〔廣韻·魚部〕○裁衣之始為|。〔説文定聲·卷五〕（「始」下）○衣始裁制，|之義也。〔説文〕「|，始也」義證引〔六書故〕。○|，謂展布帛以就裁。〔説文定聲·卷九〕○|，舒也。〔廣韻·魚部〕○|即席也。〔詩·賓之初筵〕「賓之|筵」朱傳。○|吉，朔日也。〔詩·小明〕「二月|吉」朱傳。○|生，謂情欲|生也。〔書·召誥〕「罔不在厥|生」孫疏。

書 |者，著也。〔説文〕「|，箸也」義證引〔玉篇〕。○著於竹帛曰|。〔説文〕「|，箸也」繫傳。○|謂文字符印也。〔慧琳音義·卷一一〕○今人總以報答謂之|。〔通雅·卷三二〕○|者，六|。〔漢書·食貨志〕「學六甲五方|計之事」補注引顧炎武。○|者，刑|。〔書·皋陶謨〕「|用識哉」孫疏。○|，盟|也。〔左傳襄公二六年〕「用牲加|徵之」洪詁引服虔。○|者，占兆之辭。〔書·金縢〕「啓籥見|」述聞。○|謂所|顧命之册也。〔書·顧命〕「太史秉|」孫疏。○|者，|雲物也。〔左傳僖公五年〕「而|」疏證。○|之言如也。〔説文〕「|，箸也」義證引〔玉篇〕。○|衣謂用裹|者。〔説文〕「帙，|衣也」段注。○|考，自|其課迹也。〔通雅·卷二二〕○以葉子裝釘謂之|本。〔通雅·卷三二〕○編集謂之|册。（同上）○|生即謂|手。〔通雅·卷一九〕○唐選大臣子孫工|者曰|手，後為吏|之名。（同上）○凡以文|為要約或|於符券，或載於簿|，並謂之|契。〔周禮·小宰〕「六曰聽取予以|契」孫正義。○所謂亡應|者，皆是不應經義也。〔漢書·董仲舒傳〕「對亡應|者」補注。○|字本作畫。〔漢書·安息國傳〕「|革」補注引王念孫。○|，庶也，紀庶物也，亦言著也。〔釋名·釋書契〕疏證。

舒 |，伸也。〔廣韻·魚部〕○|，展也。〔大戴·主言〕「|肘知尋」王詁。○|，緩。〔詩·小弁〕「不|究之」朱傳。○|，緩也。（同上）陳疏。又〔廣韻·魚部〕。又〔楚辭·遠遊〕「|并節以馳騖兮」補注引〔大人賦〕注。○|，遲也。〔廣韻·魚部〕○|亦遲也。〔禮記·玉藻〕「君子之容|遲」述聞。○|，遲緩也。〔詩·野有死麕〕「|而脱脱兮」朱傳。○|，緩散也。〔大戴·文王官人〕「義氣時|」王詁。○|，徐。〔詩·常武〕「王|保作」朱傳引或説。○|，徐也。〔廣韻·魚部〕○|，猶慢也。〔大戴·曾子立事〕「安而不|」王詁。○|即徐也。〔史記·十二諸侯年表〕「王伐|」志疑。○|，叙也。〔廣韻·魚部〕○徐之言|與安義近。〔釋訓〕「祁祁，徐也」郝疏。○|與紓音義皆同。〔説文〕「|，一曰|緩也」段注。○|，語詞。〔詩·野有死麕〕「|而脱脱兮」通釋。○|者，發聲字。〔詩·月出〕「|窈糾兮」通釋。○|，州名。〔廣韻·魚部〕○|，在今安徽廬州府廬江縣西。〔説文定聲·卷九〕○|之言予也。（同上）（「除」下）○|勃，展也。〔廣雅·釋詁三〕疏證。○|放與傲慢義近。〔釋言〕「敖，遨也」郝疏。○|鳧，鴨也。〔釋鳥〕「|鳧，鶩」鄭注。○|鴈，今之鵝也。〔釋鳥〕「|鴈，鵝」鄭注。○|雁，飛行|遲，故曰|雁。〔説文定聲·卷一〇〕（「鵝」下）○|通作紓。〔釋言〕「|，緩也」郝疏。又〔釋詁〕「|，叙也」邵正義。○|茶古字通用。〔釋天〕「十二月為涂」郝疏。○|、徐、部古字通。〔左傳哀公一四年〕「寘于|州」洪詁。○徐|古音通。〔左傳哀公一四年〕「執公於|州」洪詁。○|與舍古同聲而通用。〔史記·屈原賈生列傳〕「含憂」雜志。○|，假借為懌。〔説文定聲·卷九〕○|，假借為紓為徐。（同上）○|，假借為叙。（同上）○|，經傳或假豫。〔説文〕「|，伸也」段注。○|，經傳或假茶。（同上）○|宣聲轉。〔釋言〕「|，緩也」郝疏。○綏|又一聲之轉。〔廣雅·釋詁四〕「綏，|也」疏證。○|伸適俱一聲之轉。〔釋言〕「展，適也」郝疏。○禹|聲相近。〔廣雅·釋詁四〕「禹，|也」疏證。○攄|聲相近。〔廣雅·釋詁〕「攄，|也」疏證。○俗呼平水城，即|之轉音字變。〔漢書·地理志〕「平|」補注。○|懦、選耎，並輸儒之轉耳。〔廣雅·釋詁一〕「儒輸，愚也」疏證。○徐與|同。〔左傳哀公一四年經〕「寘于|州」洪詁。○部、|古字同。〔左傳僖公三年經〕「徐人取|」洪詁。○|，〔玉篇〕引作部。（同上）疏證引洪亮吉。○|又作部。〔漢書·地理志〕「|，故國」補注。○|，魯作茶。〔詩·閟宫〕「荆|是懲」集疏。

居 |，處也。〔詩·魚藻〕「有那其|」朱傳。又〔大戴·夏小正〕「君子之|幽也不言」王詁。又〔曾子制言〕「以|己尊」王詁。又〔曾子天圓〕「律|陰而

治陽」王詁。又〔少閒〕「由君丨之」王詁。又〔廣韻・魚部〕。○丨，國中也。〔詩・召旻〕「我丨圉卒荒」朱傳。○丨丨，家。〔論語・鄉黨〕「丨不容」朱注。○丨，謂丨家也。〔大戴・曾子立事〕「丨由仕也」王詁。○丨即家也。〔史記・司馬相如列傳〕「家丨徒四壁立」雜志。○丨，謂丨業。〔大戴・千乘〕「民各安其丨」王詁。○丨，著也。〔太素・邪傳〕「臂手孫絡之丨也」楊注。○丨，停也。〔本輸〕「動而不丨」楊注。○物之所處謂之丨，處置其物亦謂之丨。〔易・未濟〕「君子以慎辨物丨方」平議。○丨，安。〔詩・公劉〕「匪丨匪康」朱傳。○丨，安也。〔詩・生民〕「上帝丨歆」朱傳。又〔大戴・子張問入官〕「脩業丨久而譚」王詁。又〔廣韻・魚部〕。○丨，猶安也。〔詩・角弓〕「式丨婁驕」通釋。○丨，當也。〔廣韻・魚部〕○丨，積也。〔大戴・虞戴德〕「丨小不約」王詁。○丨，蓄也。（同上）○丨猶蓄也。〔列子・天瑞〕「没其先丨之財」平議。○丨當訓為蓄。〔詩・巧言〕「爾丨徒幾何」平議。○丨者，積貯之名。〔書・臯陶謨〕「懋遷有無化丨」孫疏。○丨，謂儲也。〔通鑑・漢紀一二〕「丨物致富」音注引服虔。○丨，猶藏也。〔論語・公冶長〕「臧文仲丨蔡」朱注。○丨謂所處之位。〔孟子・盡心上〕「丨移氣」朱注。○丨猶位也。〔晏子春秋・問上〕「不權丨」平議。○丨，謂存諸心。〔論語・顔淵〕「丨之無倦」朱注。○丨為兆域。〔詩・葛生〕「歸于其丨」後箋。○丨，墳墓也。（同上）朱傳。○丨猶徒然也。〔詩・菀柳〕「丨以凶矜」朱傳。○丨，謂未仕者。〔文選・補亡詩〕「彼丨之子」集釋引五臣。○丨處，謂燕丨閒處。〔大戴・文王官人〕「省其丨處」王詁。○退朝而處曰燕丨。〔說文〕「凥，処也」段注引鄭〔目録〕。○退燕避人曰閒丨。（同上）○積丨，猶積貯。〔漢書・烏孫國傳〕「積丨廬倉以討之」補注。○離丨，猶遠者也。〔楚辭・大司命〕「將以遺兮離丨」補注。○丨軍謂主人。〔漢書・天文志〕「丨軍不勝」補注。○丨息謂優閒。〔釋訓〕「宴宴，尼丨息也」鄭注。○丨次是其王侯妻號，猶今王妃偁福晉也。〔漢書・匈奴傳〕「長女云為須卜丨次」補注引沈欽韓。○丨鄛乃盧江。〔史記・項羽本紀〕「丨鄛人范增」志疑。○丨丨，惡也。〔詩・羔裘〕「自我人丨丨」集疏引魯說。○丨丨猶倨倨，不遜之意。〔釋訓〕「丨丨，惡也」郝疏。○丨猶辨也。〔禮記・樂記〕「丨成物」平議。○家丨二字，古聲義並相近。〔史記・司馬相如列傳〕「家丨徒四壁立」雜志。○丨踞跽𡱂啓跪，一聲之轉，其義並相近也。〔廣雅・釋詁三〕「啓，踞也」疏證。○丨與倨通。〔詩・羔裘〕「自我人丨丨」後箋。○舉與丨古字通。〔荀子・非相〕「丨錯」雜志。○丨、於聲相近，容古字通。〔左傳襄公一一年〕「丨安思危」洪詁。○丨，本當作凥，安坐也。〔詩・四牡〕「不遑啓處」後箋。○借丨為凥。〔說文〕「家，丨也」句讀。○丨，假借為凥。〔說文定聲・卷九〕○丨，假借為錮。（同上）○丨，假借為車。（同上）○丨，假借助語之詞。（同上）○丨，假借為倨。（同上）○俗丨作踞。（同上）○丨，倨之借字。〔墨子・非儒下〕「浩丨而自順」閒詁。○丨當為凥之假借。〔詩・四牡〕「不遑啓處」通釋。○丨，經傳皆作凥，古字假借。〔廣雅・釋詁〕「里、荒，凥也」疏證。○丨讀為舉。〔漢書・司馬相如列傳〕「族丨」雜志。又〔荀子〕「丨錯」雜志。○丨，讀作倨。〔墨子・非儒下〕「浩丨而自順」閒詁引顧千里。○丨丨，當讀為裾裾。〔詩・羔裘〕「自我人丨丨」通釋。○丨同倨。〔墨子・備穴〕「丨版上」閒詁引畢沅。○丨與踞同。〔釋訓〕「丨丨，惡也」郝疏。○丨當為凥。〔說文〕「屋，丨也」義證。○丨當作凥。〔說文・敘〕「分別部丨」段注。○凡丨處字古用凥。（同上）○凡今人丨處字，古衹作凥處。〔說文〕「丨，蹲也」段注。○今字用蹲丨字為凥處字。（同上）○丨，各本作踞，俗字也。〔說文〕「𡱂，長丨也」段注。○丨，各本作踞。〔說文〕「蹲，丨也」段注。○丨，字亦作⿱宀居。〔說文定聲・卷九〕○〔史記〕「奇貨可丨」，〔廣韻〕作⿱宀居。〔說文〕「賈，一曰坐賣售也」義證。○荐丨，〔晉語〕作荐處。〔左傳襄公四年〕「戎狄荐丨」洪詁。○丨，古文作𡰥。〔說文〕「丨，蹲也」義證引〔玉篇〕。

## 裾

丨，衣丨。〔廣韻・魚部〕○丨，衣之前襟也。〔說文定聲・卷九〕○袪丨同物。〔釋器〕「衱謂之丨」郝疏。○衣侈曰丨。〔說文〕「丨，衣袍也」義證引〔五音集韻〕。○丨，衣邊也。〔說文〕「裔，衣丨」繫傳。○帽之屠蘇垂者曰丨，亦曰裙。〔通雅・卷三六〕○丨倨通借。〔漢書・趙禹傳〕「禹為人廉丨」補注。○丨丨與居居同，亦謂其有倨敖之色也。〔詩・羔裘〕「自我人居居」後箋。○〔通雅・卷一〇〕丨丨猶褒褒也，言其儀象開盛也。〔荀子〕「由是丨丨」。○丨，假借為倨。〔說文定聲・卷九〕○丨，袪聲之轉。〔方言四〕「袿謂之丨」箋疏。○袪袷衱，俱聲相轉也。〔釋器〕「衱謂之丨」郝疏。○丨當為袪。〔說文〕「袉，丨也」義證。○丨當為椐之譌。〔墨子・備梯〕「丨城外」閒詁。○〔史記〕丨作据。〔漢書・司馬相如傳〕「低卬天蟜丨以驕驁兮」補注。

## 車

丨，車輅。〔廣韻・魚部〕○丨者，謂丨轍跡也。〔慧琳音義・卷一二〕○輿丨字異義同。〔左傳文公六年〕「子丨氏之三子」洪詁。○丨渠，丨網也。〔說文〕「航，大貝也」段注。○丨網者，輮也。（同上）○丨徹者，謂輿之下兩輪之間空中可通，故曰丨徹。〔說文〕「軌，丨徹也」段注。○揭丨，一名芞輿，香草也。〔文選・上林賦〕「揭丨衡蘭」注引應劭。○丨前子，一名芣苡，一名勝舄，一名牛遺，一名當道，一名蝦蟇衣。〔說文〕「苡，芣苡」義證引〔本草〕。○丨前實，雷之精也。（同上）義證引〔神仙服食經〕。○古丨輿通用。〔史記・孟子荀卿列傳〕「孟軻，鄒人也」志疑。○丨古音居。〔說文〕「丨，輿輪之總名也」段注。○丨，古音讀如祛。（同上）○丨，魯作輿。〔詩・出車〕「我出我丨」集疏。又〔抑〕「修爾丨馬」集疏。

## 渠

丨，溝丨。〔說文〕「丨，水所居」義證引〔玉篇〕。○丨，溝也。〔廣韻・魚部〕○丨，溝也。〔管子・樞言〕「梁池」雜志。○丨，梁也。〔慧琳音義・卷六〇〕○丨，謂籬落也。〔周禮・掌固〕「溝池樹丨之固」述聞。○丨者，魁也。〔本草・卷一二〕○丨，大也。〔通鑑・晉紀四〇〕「詔羣臣及附國丨帥皆會葬」音注。又〔魏紀一一〕「亮即其丨率而用之」音注。○丨魁皆訓為大。〔廣雅・釋草〕「蘪，芓也」疏證。○丨，後世用為彼人之稱，猶他也、伊也。〔說文定聲・卷九〕○丨，州名。〔廣韻・魚部〕○丨丨，深廣貌。〔詩・權輿〕「夏屋丨丨」朱傳。○丨丨猶瞿瞿，無守之貌。〔荀子・脩身〕

「丨丨然」集解引陳奐。○丨率，大率也。〔通鑑・魏紀〕「亮即其丨率而用之」音注。○凡言丨魁者，猶頭目也。〔通雅・卷一八〕○凡言丨水，必皆以人力為之。〔漢書・地理志〕「丨水東入海」補注引全祖望。○丨弭即巨昧、朐瀰之異稱。〔說文〕「洋，水出齊臨朐高山」義證。○丨搜，西域之國。〔漢書・武帝紀〕「北發丨搜」補注引錢大昕。○丨遽古字通。〔漢書・高帝紀〕「公巨能入乎」補注引沈欽韓。○丨魁頯顴頄，古通。〔通雅・卷一八〕○丨，假借為舉。〔說文定聲・卷九〕○丨，假借為芋。〔同上〕○丨，假借為鼁。〔同上〕○丨，假借為鉅。〔同上〕○丨，假借為牙。〔同上〕○丨，假借發聲之詞，豈也，俗作詎。〔同上〕○丨略，蜉蝣之假借字。〔說文〕「蟝，一曰浮游」段注。○丨莒古同聲，故又名莒。〔廣雅・釋草〕「蕖，芋也」疏證。○丨魁一聲之轉。〔同上〕○丨與魁一聲之轉。〔廣雅・釋器〕「吳魁，盾也」疏證。○丨略、蜣蜋，語之轉也。〔廣雅・釋蟲〕「天社，蜣蜋也」疏證。○康坑欿科丨，皆空之轉聲也。〔廣雅・釋水〕「阬，坑也」疏證。○欋與丨挐、丨疏皆語之轉也。〔廣雅・釋器〕「丨挐謂之杷」疏證。○丨蝍即蛣蜣，雙聲之轉。〔說文〕「蝍，丨蝍」段注。○丨、欅、椐，古今字耳。〔周禮・掌固〕「溝池樹丨之固」述聞。○丨與遽同。〔荀子・王制〕「豈丨得免夫累乎」集解引盧文弨。○丨與蕖同。〔廣雅・釋草〕「蕖，芋也」疏證。○丨略與蝶蟞同。〔方言一一〕「蜉蝣，秦晉之間謂之蝶蟞」箋疏。○丨挐亦作淭欅。〔方言五〕「杷，宋魏之間謂之丨挐」疏證。○丨當作渪。〔漢書・地理志〕「西山，丨水所出」補注。○丨，字或作欅。〔周禮・掌固〕「溝池樹丨之固」述聞。○丨，又作椐。〔同上〕○丨蒢，〔公羊〕作蘧蒢。〔左傳定公一五年經〕「次于丨蒢」洪詁。○〔魯〕丨丨亦作蘧蘧。〔詩・權輿〕「於我乎夏屋丨丨」集疏。

**蕖**　丨，芺丨。〔廣韻・魚部〕○芋之大根曰丨。〔廣雅・釋草〕「丨，芋也」疏證。○丨，或謂之芋魁，或謂之莒。〔同上〕○丨者，巨也。〔同上〕

**余**　丨，我也。〔廣韻・魚部〕○丨為舒遲之我也。〔釋詁〕「丨，我也」郝疏。○丨之引申訓為我。〔說文〕「丨，語之舒也」段注。○丨，自稱發聲之詞。〔說文定聲・卷九〕○丨與爾意同。〔說文〕「丨，語之舒也」繫傳。○丨于異字而同音義。〔同上〕段注。○言與台丨俱聲相轉，故其義同。〔釋詁〕「丨，我也」郝疏。○丨通吾。〔通雅・卷二〕○丨、予古通用。〔釋詁〕「丨，我也」郝疏。○丨餘字通。〔釋詁〕「烈，餘也」郝疏。○丨，假借為餘。〔說文定聲・卷九〕○丨，假借為梌。〔同上〕○丨，假借為徐。〔同上〕○丨，或曰借為吾。〔同上〕○丨，經傳亦多以予為之。〔同上〕○丨、予古今字。〔說文〕「丨，語之舒也」段注。○〔家語〕丨作其。〔左傳昭公七年〕「以餬丨口」洪詁。○丨且〔史記〕作豫且。〔莊子・外物〕「漁者丨且得予」集釋。○丨吾，〔通典〕作徐吾。〔漢書・地理志・上黨郡〕「丨吾」補注引吳卓信。

**予**　丨，我也。〔廣韻・魚部〕○丨與，古通用。〔詩・小毖〕「莫丨荓蜂」通釋。○丨，假借為余，實為吾。〔說文定聲・卷九〕○丨，假借為与。〔同上〕○丨，假借為許。〔同上〕○丨訓我者，余之借也。〔公羊傳襄公二九年〕注「丨，我也」陳疏。○推丨之丨假借為丨我之丨。〔說文〕「丨，推丨也」段注。○丨我之丨，〔儀禮〕古文、〔左氏傳〕皆作余。〔同上〕○丨，韓作維。〔詩・祈父〕「丨王之爪牙」集疏。○丨，魯作我。〔詩・谷風〕「棄丨如遺」集疏。

**譽**　丨，名。〔詩・思齊〕「丨髦斯士」朱傳。○丨，稱也。〔廣韻・魚部〕○丨者，揚人之善而過其實。〔論語・衛靈公〕「誰毀誰丨」劉正義。○〔說文定聲・卷九〕丨，假借為娛。〔左傳昭公二年〕「宣子丨之」。○丨即趣。〔說文〕「趣，安行也」義證。

**輿**　丨，車丨。〔廣韻・魚部〕○丨，輦也。〔說文〕「舉，對舉也」繫傳。○丨，車中受物之處。〔說文定聲・卷九〕○總稱車曰丨。〔慧琳音義・卷四八〕○丨謂車之總名也。〔慧琳音義・卷二二〕引〔玉篇〕。○丨者，軫、輢、軹、轛之總名。〔左傳成公二年〕「司馬、司空、丨帥」疏證引阮元。○車無輪曰丨。〔慧琳音義・卷四八〕○一曰車無輪曰丨。〔續音義・卷八〕○丨，載也。〔國策・秦策三〕「百人丨瓢而趨」補注。又〔慧琳音義・卷五三〕引〔文字集略〕。○丨，衆載也。〔續音義・卷八〕引〔玉篇〕。○丨，衆也。〔慧琳音義・卷二七〕引〔玉篇〕。又〔通鑑・唐紀二八〕「須杜丨言」音注。○丨，衆人也。〔說文〕「僕，給事者」繫傳。○丨，多也。〔慧琳音義・卷二七〕引〔玉篇〕。又〔廣韻・魚部〕。○丨，舁也。〔禮記・曾子問〕「遂丨機而往」集解。○丨，舉也。〔續音義・卷八〕引〔玉篇〕。○丨者，衆也。故丨訓為大。〔釋詁〕「權丨，始也」平議。○丨與輯同義，故丨或謂之輯。〔說文〕「輯，車和輯也」義證引王念孫。○丨，丨隸也。〔漢書・揚雄傳〕「蹂屍丨廝」補注引劉奉世。○丨人，車工也。〔孟子・滕文公下〕「則梓匠輪丨皆得食於子」朱注。○江南謂轎為肩丨。〔說文〕「舉，對舉也」義證引〔洪武正韻〕。○與、丨古通。〔漢書・司馬相如傳〕「扶丨猗靡」補注。○丨、與古通用。〔易・師〕「師或丨尸凶」平議。○古丨、與字通。〔左傳昭公一四年〕「欲立著邱公之弟庚丨」洪詁。○丨，假借為舁。〔說文定聲・卷九〕○丨，舁之假借也。〔說文〕「舉，對舉也」段注。○丨即舁。〔同上〕○丨亦作轝。〔說文〕「丨，車丨也」句讀。○丨，字或作轝。〔廣雅・釋器〕「簣，丨也」疏證。○丨，字亦作棜。〔說文定聲・卷九〕○丨如，〔唐志〕、〔通典〕作與如。〔史記・仲尼弟子列傳〕「公西丨如字子上」志疑。○丨如，〔通考〕作舉如。〔同上〕

**餘**　丨，饒也。〔廣韻・魚部〕○丨，皆也。〔同上〕○丨，賸也。〔同上〕○丨，殘也。〔同上〕○凡曰不全為丨。〔說文〕「縣，衆微杪也」義證引〔隋書・律歷志〕。○丨者，未死之丨人也。〔漢書・申屠嘉傳〕「而高帝時大臣丨見無可者」補注引周壽昌。○丨亦大意。〔說文〕「嚭，大也」義證。○丨子，謂支子也。〔左傳宣公二年〕「又宦其丨子」疏證。○丨子，即周禮國子之倅，諸子掌之。〔同上〕疏證引沈欽韓。○民之子弟亦謂之丨子。〔周禮・小司徒〕「大故致丨子」孫正義。○丨力，猶言暇日。〔論語・學而〕「行有丨力」朱注。○徐與丨亦聲近義同。〔廣雅・釋詁三〕「丨，皆也」疏證。○丨通作余。〔釋詁〕「烈，丨也」郝疏。又〔說文〕「丨，饒也」義證。○夷丨聲相近，古文通借。〔史記・十二諸侯年表〕「吳丨昧元年」志疑。○丨，假借為俱。〔說文定聲・卷九〕○丨，假借為鹽。（同上）○丨，假借為庶、為諸。（同上）○丨皇，字亦作艅艎。（同上）○丨皇與艅艎同。〔廣雅・釋水〕「艅艎，舟也」疏證。○丨當作與。〔韓子・主道〕「收其丨」集解引顧廣圻。○徐鍇本丨作余。〔說文〕「藪，九州之藪，并州昭丨祁」段注。○丨昧，〔刺客傳〕作夷昧。〔史記・十二諸侯年表〕「吳丨昧元年」志疑。○〔史記・歷書〕丨作邪。〔左傳文公元年〕「歸丨於終」洪詁。○丨，久也。〔廣雅・釋詁三〕疏證。○丨，猶多也。〔孟子・告子下〕「有丨師」焦正義。

**胥** 丨，相。〔詩・雨無正〕「淪丨以鋪」朱傳。又〔緜〕「聿來丨字」朱傳。又〔抑〕「無淪丨以亡」朱傳。又〔桑柔〕「不丨以穀」朱傳。又〔瞻卬〕「維予丨忌」朱傳。○丨，相也。〔詩・小旻〕「無淪丨以敗」朱傳。又〔角弓〕「無丨遠矣」朱傳。又〔公劉〕「于丨斯原」朱傳。又〔韓奕〕「侯氏燕丨」朱傳。又〔有駜〕「于丨樂兮」朱傳。又〔桑扈〕「君子樂丨」集疏引魯說。又〔孟子・梁惠王下〕「睊睊丨讒」朱注。又〔廣韻・魚部〕。○丨，相視也。〔孟子・萬章上〕「帝將丨天下而遷之焉」朱注。○丨，共視也，有相規之義。〔釋詁〕「丨，相也」鄭注。○丨者，相之皆也。〔釋詁〕「丨，皆也」郝疏。○丨者，長也。〔說文繫傳・通論中〕○丨，有才智之稱也。（同上）○徒中有才智者為之長曰丨。（同上）○丨，徒民給徭役者也。〔莊子・應帝王〕「丨易技係」集釋。○給徭役者有丨名。〔書・多方〕「丨伯小大多正」孫疏。○丨，待也。〔通鑑・周紀〕「太后盛氣而丨之入」音注。又〔管子・樞言〕「與人相丨」雜志。又〔管子・法法〕「丨足上尊時而王」雜志。○丨者，須也。〔史記・李斯列傳〕「丨人者去其幾也」雜志。○丨，猶須也。〔國策・趙策〕「揖之」雜志。○丨，少也，謂少時也。〔莊子・至樂〕「胡蝶丨也化而為蟲」集釋引俞樾。○丨亦可轉訓為嘉。〔詩・韓奕〕「侯氏燕丨」通釋。○丨疏，疏也。〔莊子・山木〕「猶旦丨疏於江湖之上」集釋引郭嵩燾。○丨靡，謂拘縛之也。〔漢書・楚元王傳〕「丨靡之」補注引劉敞。○丨靡者，空無所有之謂。〔荀子・儒效〕雜志。○丨靡，猶言丨無。（同上）○丨慼者，相憂也。〔書・盤庚中〕「保后丨慼」平議。○丨邪，即椰子樹。〔漢書・司馬相如傳〕「留落丨邪」補注引沈欽韓。○丨餘即楈枒，梛子也。〔通雅・卷四四〕○丨輔猶疏附。〔方言六〕「丨，輔也」箋疏。○丨，語辭。〔詩・韓奕〕「侯氏燕丨」朱傳。又〔桑扈〕「君子樂丨」朱傳。○丨之言疏也。〔荀子・儒效〕「丨靡」雜志。○丨與覷亦聲近義同。〔廣雅・釋詁一〕「覷，視也」疏證。○丨蔬古字通。〔左傳宣公一四年〕「車及於蒲丨之市」疏證引惠棟。又（同上）洪詁。○丨疏二字古通用。〔莊子・山木〕「猶旦丨疏於江湖之上」集釋。○古丨蘇二字多通用。〔史記・伍子胥列傳〕「因命曰丨山」志疑引〔日知録〕。○諝楈丨並通。〔廣雅・釋詁三〕「諝，智也」疏證。○丨，假借為疏。〔說文定聲・卷九〕○丨，假借為頿。（同上）○丨，假借為與。（同上）○丨，假借為襄。（同上）○丨，假借為相。（同上）○丨，假借為犀。（同上）○丨，假借為諝，謂知數記事者也。（同上）○丨，假借為助語之詞，猶〔楚辭〕之些也。（同上）○丨，引申假借為相與之義。〔說文〕「丨，蟹鹽也」段注。○丨與疏古同聲。〔方言六〕「丨，輔也」箋疏。○丨、相一聲之轉。〔說文定聲・卷九〕○丨、襄一聲之轉。（同上）○丨古音如羞。〔說文〕「楈，木也」義證。○丨與祝，乃聲之誤也。〔禮記・喪大記〕「大丨是斂」平議。○丨附即疏附。〔漢書・王莽傳〕「故尚書令唐林為丨附」補注引周壽昌。○丨與須，古今字。〔韓子・制分〕「願毋抵罪而不敢丨賞」集解。○丨俗作蝑。〔說文〕「丨，蟹醢也」義證引〔困學紀聞〕。○丨靡，〔說文〕作縃縻。〔漢書・楚元王傳〕「丨靡之」補注引劉敞。○〔周禮〕大丨小丨即〔詩〕之大雅小雅。〔說文〕「疋，或曰丨字」義證引袁枚。○丨紕，徐廣作犀毗。〔史記・匈奴列傳〕「黃金丨紕一」志疑。○〔索隱〕本丨餘作丨邪。〔史記〕雜志。



**狙** 丨，猿也。〔廣韻・魚部〕○丨為伺而取之也。〔方言六〕「自關而西曰索，或曰丨」箋疏。○丨亦詐也。〔漢書・連語〕「丨詐則曰丨伺也」雜志。○丨獷，亦驚之貌也。〔廣雅・釋言〕「猲，虘也」疏證。○丨與虘通。（同上）○丨，假借為覷。〔說文定聲・卷九〕○丨，假借為抯。（同上）

**鋤** 丨之言助也，助苗去穢也。〔說文〕「鉏，立薅所用也」義證引〔急就篇〕顏注。○丨同鉏。〔廣韻・魚部〕

**鉏** 丨，田器。〔廣韻・魚部〕○丨，理田器也。〔慧琳音義・卷三八〕引顧野王。○丨，去草之器也。〔說文〕「丨，立薅所用也」義證引〔急就篇〕顏注。○丨，一名茲基。（同上）○丨猶去也。〔說文定聲・卷九〕○丨之言除也。〔廣雅・釋器〕「鎡，丨也」疏證。○丨鋙與齟齬同意。〔說文定聲・卷九〕○丨牙猶丨鋙也。〔詩・破斧〕「又缺我錡」後箋。○丨，假借為葅。〔說文定聲・卷九〕○且于之合音為丨。（同上）○齊公子丨，亦作南郭且于。（同上）○丨，經作鋤，俗字也。〔慧琳音義・卷三八〕引顧野王。

**疏** 丨，通也。〔孟子・滕文公上〕「禹丨九河」朱注。又〔廣韻・魚部〕。又〔說文〕「踽，丨行貌」段注。又〔左傳成公一六年〕「而丨行首」述聞。○丨，丨通也。〔楚辭・懷沙〕「文質丨內兮」補注。○丨，㐬者，子生也，疋者，破包足動也，孕則塞，生則通，因轉注為開通分遠之誼。〔說文定聲・卷九〕○丨，分也。〔孟子・滕文公上〕「禹丨九河」朱注。又（同上）焦正義。又〔廣韻・魚部〕。○丨，遠也。〔大戴・曾子事父母〕「則是丨之也」王詁。又〔廣韻・魚部〕。○丨者，遠也。〔說文定聲・卷一二〕（「棄」下）○丨，引申為親丨。〔說文〕「踽，丨行貌」段注。○丨之引申為分丨。〔說文〕「丨，通也」段注。○丨之引申為丨記。（同上）○丨之引申為丨闊。（同上）○丨者，徹也。〔說文定聲・卷一二〕（「棄」下）○丨，除也。〔廣韻・魚部〕○丨言離其支。〔國策・齊策三〕「丨中國」鮑注。○丨，稀丨也。〔說文〕「踽，丨行貌」繫傳。○丨，理髮器也。〔字詁〕○櫛器之稀者曰丨。（同上）○櫛之大而粗所以理鬢者謂之丨。〔說文〕「梳，理髮也」義證引〔急就篇〕顏注。○丨，空也。〔荀子・儒效〕雜志。○丨，窗也。〔廣韻・魚部〕○丨即窗也。〔說文〕「虆，房屋之丨也」繫傳。○丨者，謂也。〔說文定聲・卷五〕〔「記」下〕○丨，麤也。〔孟子・滕文公上〕「齊丨之服」朱注。又〔禮記・喪大記〕「諸妻皆丨食」集解。○丨，糲也。〔詩・召旻〕「彼丨斯粺」朱傳。○丨，謂糲米也。〔禮記・喪大記〕「丨食水飲」集解。○丨食，麤飯也。〔論語・述而〕「飯丨食飲水」朱注。○丨食，糲飯也。〔孟子・萬章下〕「雖丨食菜羹」朱注。○凡經言丨食者，稷食也。〔說文〕「稷，齋也」段注引程瑤田。○粢食、稷食、丨食，異名而同實也。〔史記・太史公自序〕「糲粱」雜志。○注丨字，亦以丨通分析為義。〔說文定聲・卷九〕○率下親上曰丨附。〔詩・緜〕「予曰有丨附」朱傳。○麤與丨義相近。〔廣雅・釋詁二〕「茹，食也」疏證。○丨與理同義，謂分治之也。〔廣雅・釋詁三〕「丨，治也」疏證。○丨與疋音義同。〔說文〕「丨，通也」句讀。○丨與疋音義皆同。〔同上〕段注。○丨胥字義並通。〔漢書・趙充國傳〕「丨捕山間虜」補注引沈欽韓。○古疋丨䟽三字通用。〔說文〕「丨，通也」段注。○丨，通作胥。〔說文〕「枎，枎丨，四布也」段注。○丨，通作疎。〔說文〕「丨，通也」義證。○借丨為䟽。〔說文〕「虆，房屋之丨也」句讀。○丨，假借為䟽。〔說文定聲・卷九〕○丨，假借為梳。〔同上〕○丨，假借為粗。〔同上〕○丨，假借為搜。〔同上〕○丨，假借為麤。〔同上〕○丨，假借為糈。〔同上〕○丨，假借為疋。〔同上〕○丨，假借為相。〔同上〕○蒲丨，〔左傳〕作蒲胥，二字通。〔呂覽・行論〕「車及之蒲丨之市」校正。○丨讀為沙。〔詩・閟宮〕「纘大王之緒」通釋。○丨當作疋。〔說文〕「稀，丨也」義證。○丨當為䟽。〔說文〕「虆，房屋之丨也」義證。○丨窻當為䟽囪。〔說文〕「䟽，門戶丨窻也」義證。○丨，亦作蘇。〔說文〕「枎，枎丨，四布也」段注。○丨，齊作胥。〔詩・緜〕「予曰有丨附」集疏。○丨當為誸字之誤。〔左傳襄公二九年〕「祇見丨也」洪詁。

**疎**　丨為疏之俗體。〔釋名・釋采帛〕「丨者，言其經緯丨也」疏證。○丨即梳。〔史記・匈奴列傳〕「比余一」志疑。

**蔬**　丨，菜丨。〔廣韻・魚部〕○丨素古字通。〔荀子・王制〕「百索」雜志。○丨者，經典多作疏。〔釋天〕「丨不熟為饉」郝疏。○丨，官本作藪。〔漢書・嚴助傳〕「八丨為囿」補注。

**梳**　丨，理髮器也。〔字詁〕○丨之言導也。〔說文〕「丨，理髮也」繫傳。○丨之言疏也。〔說文〕「鬆，用丨比也」段注。○丨通作疏。〔說文〕「丨，理髮也」義證。○丨，〔漢書〕亦作疏。〔說文〕「丨，所以理髮也」段注。○器曰丨，用之理髮因亦曰丨。〔同上〕○丨，丨櫛。〔廣韻・魚部〕

**虛**　丨，即邱墟也。〔釋詁〕「壑，丨也」鄭注。○丨，本訓邱丨。〔詩・北風〕「其丨其邪」後箋引段玉裁。○丨，引申為丨落。〔說文〕「虗，器丨也」段注。又〔說文〕「丨，大丘也」段注。○丨，故城也。〔詩・定之方中〕「升彼丨矣」朱傳。○丨，空也。〔大戴・曾子立事〕「道言而飾其辭，丨也」王詁。○丨，空丨也。〔廣韻・魚部〕○丨者，實之間也。〔釋詁〕「丨，間也」郝疏。○丨，引申之為空丨。〔說文〕「丨，大丘也」段注。○丨，又引申之為凡不實之稱。〔同上〕○丨者，孔竅也，故亦訓心。〔莊子・田子方〕「人貌而天丨」集釋引俞樾。○丨言不設備。〔國策・燕策二〕「至於丨北地行其兵」鮑注。○無為曰丨。〔慧琳音義・卷二二〕○丨，寬貌。〔詩・北風〕「其丨其邪」朱傳。○丨者，北方玄武之第四宿也。〔禮記・月令〕「昏丨中」集解。○丨處，平居也。〔韓子・存韓〕「丨處則㤥然」集解引顧廣圻。○丨徐，狐疑也。〔詩・北風〕「其丨其徐」集疏引齊說。○丨徐猶舒徐。〔釋訓〕「其丨其徐，威儀容止也」郝疏。○丨徐，即徐徐。〔詩・北風〕「其丨其徐」集疏。○丨戾，即墟厲。〔通雅・卷七〕○丨，假借為居。〔說文定聲・卷九〕○丨之為枵，假借也。〔說文定聲・卷七〕〔「枵」下〕○丨者，舒之同音假借。〔詩・北風〕「其丨其邪」通釋。○丨讀為墟，墟里人所居，因借為居字。〔荀子・大略〕「丨之」集解引郝懿行。○丨，字亦作墟。〔說文定聲・卷九〕○丨同墟。〔墨子・襍守〕「富人在丨」閒詁引蘇時學。○丨與墟同。〔廣雅・釋詁二〕「墟，凥也」疏證。又〔漢書・爰盎傳〕「實廣丨」雜志。○邱墟字古皆作丨。〔同上〕○丨、墟古今字。〔說文〕「郭，齊之郭氏丨」段注。又〔荀子・哀公〕「亡國之丨」集解引郝懿行。○丨者，今之墟字。〔說文〕「丨，昆侖丘謂之昆侖丨」段注。○丨，墟字正文，俗从土。〔墨子・非攻中〕「丨數於千」閒詁引畢沅。○丨，〔公羊〕作郟。〔左傳桓公一二年經〕「公會宋公于丨」洪詁。○距丨，〔淮南〕作駏驉。〔呂覽・不廣〕「蛩蛩距丨」校正。○丨當作虗。〔呂覽・上農〕「四鄰來丨」平議。

**噓**　丨，吹丨。〔廣韻・魚部〕○出氣緩曰丨。〔慧琳音義・卷七六〕引顧野王。○丨，假借為歔。〔說文定聲・卷九〕○丨，經典借呼字。〔說文〕「丨，吹也」義證。

**徐**　丨者，舒緩之稱也。〔說文〕「徐，緩也」義證引〔急就篇〕顏注。○丨者，舒緩之名也。〔說文〕「丨，安行也」繫傳。○丨亦訓道。〔說文定聲・卷九〕○丨，古國，本從邑。〔說文〕「丨，安行也」繫傳。○丨，州名。〔廣韻・魚部〕○丨州即舒州。〔史記・魯周公世家〕「取丨州」志疑。○丨之言舒。〔釋訓〕「祁祁，丨也」郝疏。○丨與餘亦聲近義同。〔廣雅・釋詁三〕「餘，皆也」疏證。○古丨、郐聲通。〔詩・閟宮〕「遂荒丨宅」後箋陳奐補。○舒與丨古亦通。〔史記・齊太公世家〕「田常執簡公於徐州」志疑。○丨，假借為荼。〔說文定聲・卷九〕○丨，假借為杅。〔同上〕○丨，假借為汙。〔同上〕○丨，假借為俱。〔同上〕○丨，假借為洿。〔同上〕○丨，假借為𥁃。〔同上〕○丨，古借涂。〔同上〕○丨，音舒。〔通鑑・周紀〕「會于丨州」音注。又〔同上〕「圍丨州」音注。○丨、塗音近。〔史記・惠景間侯者年表〕「侯攜丨盧」志疑。○丨、舒同聲異字。〔漢書〕雜志。○丨當作涂。〔管子・揆度〕「其涂遠」義證引孫星衍。○丨，各本作餘。〔說文〕「零，丨雨也」段注。

**豬**　丨，豕子也。〔說文定聲・卷九〕○丨彘聲轉。〔釋獸〕「豕子，丨」郝疏。○都丨，皆聚也。〔廣雅・釋詁三〕「都，聚也」疏證。○丨野、休屠語之轉，皆取停水之義，孟－亦猶是也。〔廣雅・釋地〕「都野、孟－，池」疏證。〇－都諸，俱聲相近。古假借用之。〔書・禹貢中〕「導荷澤，被孟－」孫疏。〇經典－都通字。（同上）〇－，假借為都。〔說文定聲・卷九〕〇－，假借為緒。（同上）〇－壄，〔夏紀〕作都野。〔漢書・地理志上〕「至于－壄」補注。

**猪** 〇－，字亦作瀦。〔說文定聲・卷九〕〇－，俗作猪。〔廣韻・魚部〕－，當作豬。〔漢書・黃霸傳〕「某亭－子可以祭」補注引宋祁。〇－，南監本作豬。〔漢書・地理志・武咸郡〕「古文以為豬壄澤」補注引王鳴盛。

**閭** －，里門也。〔楚辭・哀郢〕「發郢都而去－兮」補注。又〔通鑑・周紀四〕「則吾倚－而望」音注。又〔本草・卷一五〕〇－，里中門也。〔國策・東周策〕「女－七百」鮑注。〇里外門曰－，亦曰閈。〔說文定聲・卷四〕（「閭」下）〇里外周帀有圍牆，其門謂之－。〔周禮・序官〕「脩－氏下士二人」孫正義。〇－，閭。〔廣韻・魚部〕〇巷門曰－。〔禮記・月令〕「門－毋閉」集解。〇－謂宮門也。〔晏子春秋〕雜志。〇－亦巷也。〔荀子〕雜志。〇－，居也。〔廣韻・魚部〕〇－巷皆居也。〔莊子・列禦寇〕「夫處窮－阨巷」集釋。〇－，侶也。〔廣韻・魚部〕〇－，侶也，二十五家相羣侶也。〔說文〕「－，里門也」繫傳。又〔漢書・食貨志〕「除社－嘗新春秋之祠」補注。〇五比為－。〔釋名・釋州國〕「五百家為黨」疏證。〇百人為－。〔說文〕「什，相十保也」義證引〔尉繚子〕。〇－族黨，皆聚居之義。〔廣雅・釋詁〕「鄰」疏證。〇鄉謂之－，遂謂之里，其義一也。〔廣雅・釋詁二〕「－，凥也」疏證。〇似驢之奇獸曰－，曰福祿，曰鼲。〔通雅・卷四六〕〇－盧字通。〔墨子・非攻中〕「子豈若古者吳闔－哉」閒詁。〇慮與－古同聲而通用。〔漢書〕雜志。〇慮－以音同借用。〔史記・河渠書〕「皓皓旰旰兮－殫為河」志疑引〔史記攷異〕。〇－，假借為廬。〔說文定聲・卷九〕〇－，假借為驢。（同上）〇－，假借為黸。（同上）〇－里一聲之轉。〔廣雅・釋詁二〕「－，凥也」疏證。〇〔晉志〕－作廬。〔漢書・天文志〕「故北夷之氣如羣畜穹－」補注。〇－，官本作藺。〔漢書・司馬相如傳上〕「奄－軒于」補注。〇〔史・表〕－作廬。〔漢書・王子侯表〕「楊虛侯將－」補注。〇門－，蔡邕月令說作門闔。〔呂覽・仲冬〕「審門－」校正。

**廬** －，寄也。〔詩・公劉〕「于時－旅」朱傳。又〔廣韻・魚部〕。又〔慧琳音義・卷八七〕。〇寄止曰－。〔慧琳音義・卷七〇〕〇－，別舍也。（同上）〇－，別室也。〔說文〕「－，寄也」義證引〔急就篇〕顏注。〇－，田間屋。〔國策・魏策一〕「然而－田廡舍」鮑注。〇－，田野之室也。〔說文〕「－，寄也」義證引〔急就篇〕顏注。〇在野曰－。〔說文定聲・卷一四〕〇在野曰－，在邑曰廛。〔說文〕「－，寄也」段注。〇－，舍也。〔廣韻・魚部〕〇－，庵類也。〔慧琳音義・卷三四〕引〔考聲〕。又〔卷八七〕引〔考聲〕。〇引申之凡寄居之處皆曰－。〔說文〕「－，寄也」段注。〇－謂學舍。〔漢書・揚雄傳〕「結以倚－」補注引沈欽韓。〇－，殿中止宿之舍。〔漢書・王莽傳〕「安漢公－為攝省」補注引胡注。〇門闕為－。〔易・剝〕「小人剝－」李疏。〇－即帳也。〔慧琳音義・卷八二〕〇－倉謂建倉。〔漢書・烏孫國傳〕「積居－倉以討之」補注引徐松。〇－江郡，以大江望－山名。〔通雅・卷一三〕〇古－、閭通。〔史記・惠景閒侯者年表〕「恭侯劉將－」志疑。〇－，假借為簷。〔說文定聲・卷九〕〇－，假借為鑪。（同上）〇－，古亦與盧相假借。〔說文〕「－，寄也」段注。〇將－，諸處並作將閭，蓋古通用。〔史記・孝景本紀〕「齊王將－」志疑。〇－字，〔釋文〕本引左氏經作盧，蓋古通用。〔史記・十二諸侯年表〕「蔡侯－元年」志疑。〇－當作盧。〔漢書・衛青霍去病傳〕「起冢象－山云」補注引何焯。〇〔索隱〕本－朐作盧朐。〔史記〕雜志。〇闔－，〔水經注〕作闔閭。〔左傳昭公二七年〕「闔－以其子為卿」洪詁。

**驢** －，畜也。〔廣韻・魚部〕〇－，一曰漠驪。〔說文〕「騡，－子也」義證引〔纂文〕。〇今人謂－父馬母者為－騾。〔說文〕「駃，駃騠，馬父贏子也」段注。〇－，臚也，臚，腹前也，馬力在膊，－力在臚也。〔本草・卷五〇〕

**諸** －，辯也。〔廣韻・魚部〕〇－，辯詞也。〔說文定聲・卷九〕〇－，別異之辭也。〔說文〕「－，辯也」繫傳。〇舉其一，則其餘謂之－以別之。（同上）段注。〇－－者，事之辯也。〔釋訓〕「－－，辯也」郝疏。〇－，非一也。〔廣韻・魚部〕〇－者，非一之辭。〔論語・八佾〕「－夏之亡」劉正義。〇－，衆也。〔論語・為政〕「舉直錯－枉」朱注。又〔禮記・燕義〕「－侯卿大夫」集解。〇－者，謂合衆采也。〔說文〕「絛，扁緒也」段注。〇國中之市非一，故曰－市。〔晏子春秋・內篇問下〕「國都之市」雜志。〇－父，朋友之同姓而尊者也。〔詩・伐木〕「以速－父」朱傳。〇－舅，朋友之異姓而尊者也。〔詩・伐木〕「以速－舅」朱傳。〇－姬，所謂諸侯嫁女同姓媵之者。〔詩・泉水〕「孌彼－姬」後箋。〇古謂老男老女為－君。〔通雅・卷一九〕〇－子即－儒。〔漢書・主父偃傳〕「游齊－子間」補注引郭嵩燾。〇－衧，袍也。〔說文〕「衧，－衧」繫傳。〇－蔗，一曰甘蔗。〔說文〕「藷，藷蔗也」義證引〔南方草木狀〕。〇－慮，山藤也。〔釋木〕「－慮，山櫐」鄭注。〇－慮乃葛藟。〔通雅・卷四一〕〇－慮，藤本蔓生者，今山蒲桃也。〔說文定聲・卷九〕〇－，語辭。〔詩・柏舟〕「日居月－」朱傳。〇－，語辭也。〔釋魚〕「前弇－果」鄭注。〇－者，古人語詞，猶今之言這言着也。〔通雅・卷五〕〇－亦者也。〔詩・杕杜〕「嗟行之人」通釋。〇－之為言者也。〔釋訓〕「－－，辯也」郝疏。〇－與者音義皆同。〔說文〕「－，辯也」段注。〇－，之也。〔廣韻・魚部〕〇－，或訓為之。〔說文〕「－，辯也」段注。〇－，旃也。〔廣韻・魚部〕〇〔釋詞・卷九〕－，之乎也。〔禮記・檀弓〕「吾惡乎哭－」。〇急言之曰－，徐言之曰之乎。〔釋詞・卷九〕〇－，或訓為之於。〔說文〕「－，辯也」段注。〇－者，之於之合聲。〔廣雅・釋言〕「－，之也」疏證。〇－安，言－凡望此者也。〔通雅・卷五〕〇－安猶－凡。〔廣雅・釋訓〕「無慮，都凡也」疏證。〇－凡猶都凡。（同上）〇都、－古字通。〔晏子春秋・內篇問下〕「國都之市」雜志。〇－、都古字通。〔述聞・卷二三〕「陳－字」。〇－，假借為者。〔說文定聲・卷九〕〇－，假借為

菹。(同上)○|當為者之假字。〔墨子・備城門〕「治裾|」閒詁。○|，於也，是疊韻假借。〔莊子・逍遙遊〕「而適|越」集釋引李楨。○|旃之，皆|聲之轉。〔廣雅・釋言〕「|、旃，之也」疏證。○|即者字。〔左傳僖公九年〕「以是藐|孤」疏證引王引之。○|讀為者。(同上)疏證引朱駿聲。又〔賈子・親疏危亂〕「六七|公皆無恙」平議。○|讀為堵。〔述聞・卷二三〕「陳|字」。○|與者同。〔釋魚〕「前弇|果」郝疏。○|與儲同。〔墨子・褋守〕「|材器用」閒詁引蘇時學。○|，當作渚。〔漢書・地理志・常山郡〕「|水所出」補注。○|字當為藷。〔漢書・司馬相如傳〕「|柘巴且」補注引劉奉世。○|當為請。〔墨子・號令〕「稽留不言|者」閒詁引畢沅。○悉|，〔新序・雜事五〕引作悉老。〔呂覽・尊師〕「神農師悉|」校正。○|，魯作姪。〔詩・韓奕〕「|娣從之」集疏。○|，〔五行志〕引作之。〔左傳襄公二六年〕「棄|堤下」洪詁。

除|，階也。〔廣韻・魚部〕○|，去也。(同上)○凡言|者，|故官就新官也。〔周禮・天官冢宰〕「史有十二人」孫正義。○|之言叙也，階級有次叙也。〔廣雅・釋宮〕「坻，|也」疏證。○|亦邪也。〔廣雅・釋宮〕「|、邪，道也」疏證。○|兼埽|芟|為義。〔釋言〕「襄，|也」郝疏。○|去與廢止義近。〔釋言〕「替，廢也」郝疏。○|，假借為祛。〔說文定聲・卷九〕○|，假借為儲。(同上)○|當讀為儲。〔詩・天保〕「何福不|」平議。○|當為險。〔荀子・議兵〕「|陒其下」集解引王念孫。

儲|，貯也。〔慧琳音義・卷九〕○|，聚也。〔韓子・內儲說上〕「內|說」集解引舊注。○畜物以為備曰|。〔慧琳音義・卷九〕○|，積聚以為副貳也。〔說文〕「|，待也」繫傳。○|，|副。〔廣韻・魚部〕○|，副君也。〔慧琳音義・卷五六〕引蔡邕。○|胥為宮館之名。〔義府・卷下〕引〔緯略〕。○屠蘇即|胥之轉聲。〔義府・卷下〕○|胥猶扶疏。(同上)○|胥猶言|蓄也。〔漢書〕雜志。○後之用|胥者，猶言御苑也。〔通雅・卷三八〕○|宮，即今之太子所居，亦謂之春宮也。〔慧琳音義・卷七七〕○|與即紓徐也。〔漢書・揚雄傳〕「|與虖大溥」補注。○|偫即|跱，猶言|置也。〔通雅・卷七〕○|，假借為除，實為祛。〔說文定聲・卷九〕

如|者，隨從之義。〔釋天〕「二月為|」郝疏。○|，往也。〔國策・齊策三〕「則子漂漂者將|何耳」鮑注。又〔廣韻・魚部〕。又〔通鑑・周紀〕「自|河內發民」音注。○凡有所往曰|。〔說文〕「|，從隨也」段注。○|，似也。〔廣韻・魚部〕○|，肖似也。〔荀子・大略〕「必|學」集解引郝懿行。○凡相似曰|。〔說文〕「|，從隨也」段注。○|，若也。〔廣韻・魚部〕○|猶若也。〔儀禮・鄉飲酒禮〕「公|大夫入」胡正義。○|猶同也。〔書・舜典〕「|五器」平議。○|者，與也。〔史記・平原君列傳〕「予秦地何|毋予孰吉」雜志。又〔書・舜典〕「|五器」述聞。○|即與也。〔儀禮・鄉飲酒禮〕「公|大夫入」述聞。○|亦可訓為與。(同上)又〔論語・先進〕「方六七十，|五六十」述聞。○|，猶與也。〔釋詞・卷七〕○|，及也。(同上)○|者，及也。〔書・舜典〕「|五器」述聞。○|者，當也。〔漢書〕雜志。○古者|與當同義。〔史記・李將軍列傳〕雜志。又〔漢書〕雜志。○|猶當也。〔漢書・董仲舒傳〕雜志。○〔釋詞・卷七〕|又為當|是之當。〔左傳僖公二二年〕「則|勿傷」。○|亦敵也。〔漢書・西南夷傳〕雜志。○|，均也。〔廣韻・魚部〕○|，謀也。(同上)○|猶宜也。〔義府・卷上〕○|，而也。〔廣韻・魚部〕又〔左傳隱公七年〕「歃|忘」洪詁引服虔。又〔太素・調陰陽〕「因於濕首|裹攘」楊注。○|即而也。〔管子〕雜志。○|猶而。〔國策・楚策一〕「非故|何也」補正。又〔趙策一〕「是非反|何也」補正。○|猶而也。〔詩・柏舟〕「|有隱憂」陳疏。又〔淇奧〕「綠竹|簀」陳疏。又〔羔裘〕「羔裘|濡」陳疏。又〔釋詞・卷七〕。○|與而音義同。〔墨子・明鬼下〕「賞賢|罰暴也」閒詁引畢沅。○古書多以而|互用，而其義則皆為|。〔荀子〕「雷擊之|牆厭之」雜志。○〔釋詞・卷七〕|猶乃也。〔詩・常武〕「|震|怒」。又〔論語・憲問〕「|其仁」劉正義引王引之。○|即爾也。〔莊子・人間世〕「何|德之衰也」平議。○古或謂|曰為。〔國策〕「縱韓為不能聽我」雜志。○|猶或也。〔論語・先進〕「|五六十」朱注。又〔儀禮・鄉飲酒禮〕「公|大夫入」平議。○|猶將也。〔漢書・翟方進傳〕「|勿收」雜志。又〔釋詞・卷七〕。○(同上)|猶然也。〔論語・鄉黨〕「恂恂|」。○(同上)|猶則也。〔史記・淮南王傳〕「不|常山王」。○(同上)|猶於也。〔莊子・德充符〕「固有執政焉|此哉」。○(同上)|猶乎也。〔禮記・祭義〕「善|爾之問也」。○|猶奈也。〔詩・晨風〕「|何|何」陳疏。○|，詞助也。〔釋詞・卷七〕○|，猶不如也。(同上)○|即無|。〔公羊傳昭公一二年〕注「|猶奈也」陳疏。○|即時水枝津也。〔漢書・地理志・齊郡〕「至西安入|」補注。○||，歷法非一，故曰||。〔慧琳音義・卷五〇〕○|絲，調忍也。〔詩・皇皇者華〕「六轡|絲」朱傳。○|濡，鮮澤也。(同上)○|谿即濡溪也，今譌為裕溪。〔漢書・地理志・六安國〕「|溪水首受沘」補注。○|皇，臺名。〔韓子・外儲說左上〕「句踐之稱|皇」集解引趙用賢。○|干，猶言若干也。〔通鑑・唐紀〕「某月須|干救助」音注。○〔釋詞・卷七〕|台猶奈何也。〔書・湯誓〕「夏罪其|台」。又〔漢書・敘傳〕「|台不匡」雜志。○|與茹通。〔釋言〕「啜，茹也」邵正義。○|通作于。〔釋詁〕「|，往也」郝疏。○|濡古通用。〔漢書・地理志・齊郡〕「廣饒」補注。○|而古通用。〔詩・柏舟〕「|有隱憂」通釋。又〔國語・魯語〕「獲|土缶」平議。又〔淮南・覽冥〕「涸而枯澤」平議。○而|古通用。〔詩・常武〕「|震|怒」通釋。○古|而皆通用。〔左傳隱公七年〕「歃|忘」疏證引惠棟。○|，假借為與。〔說文定聲・卷九〕○|，假借助語之詞。(同上)○|，假借發語之詞。(同上)○|讀為而。〔墨子・備穴〕「鑿|前」閒詁。又〔史記・曹叔世家〕「|公孫彊不脩厥政」雜志。又〔淮南〕雜志。又〔法言・五百〕「取之|單」平議。○|當讀為而。〔穀梁傳僖公一九年〕「|加力役焉」平議。○|字當讀為而。〔莊子・人間世〕「何|德之衰也」平議。○兩|字俱讀為而。〔荀子・儒效〕「鄉是|不臧，倍是|

不亡者」集解引盧文弨。○丨讀曰而。〔大戴・主言〕「使有司曰省丨時考之」王詁。又〔保傳〕「然丨不能從」王詁。又〔虞戴德〕「率天丨祖地」王詁。又〔誥志〕「民咸廢惡丨進良」王詁。又〔文王官人〕「志殷丨洝」「當丨强之」「知一丨不可以解也」「華丨誣」「少言丨行」「合志丨同方」王詁。又〔少閒〕「發丨用之」「君丨財之」「臣願君之立知丨以觀聞也」王詁。又〔本命〕「丨長萬物之義也」王詁。○丨當讀而。〔詩・生民〕「先生丨達」後箋。○丨讀與而同。〔漢書・郊祀志〕「雍縣無雲丨雷者三」補注引錢大昭。○丨與而同。〔墨子・備城門〕「兩鋌交之置丨平」閒詁。又〔史記・曹相國世家〕「丨齊故俗諸儒以百數」雜志。○丨與茹同。〔釋詁〕「丨，謀也」郝疏。○丨與猷同。（同上）○而丨若然，一聲之轉也。〔廣雅・釋詁二〕「簍，障也」疏證。○與丨若，一聲之轉。〔廣雅・釋言〕「與，丨也」疏證。○丨當為知。〔說文〕「獒，犬丨人心可使者」義證。又〔墨子・備城門〕「必審丨攻隊之廣狹」閒詁。○丨當作知。〔韓子・外儲說右上〕「非丨是」集解引顧廣圻。○丨，韓作若。〔詩・澤陂〕「傷丨之何」集疏。○丨，〔公羊傳〕作能。〔書・秦誓〕「丨有容」孫疏。○〔五行志〕丨作而。〔左傳昭公六年〕「火丨象之」洪詁。○〔新序・善謀〕丨作與。〔史記・虞卿傳〕「予秦地丨毋予」雜志。

**墟** 丨，大丘也。〔國策・東周策〕「則公之國虛矣」鮑注。○丨猶邱也，語之轉耳。〔廣雅・釋詁二〕「丨，凥也」疏證。○丨，凥也。〔莊子・秋水〕「拘於虛也」集釋。○人民之所居曰丨。〔慧琳音義・卷三二〕○丨，廢國邑也。〔慧琳音義・卷五三〕引〔考聲〕。○丨，毀滅無後之地也。〔慧琳音義・卷八二〕引〔古今正字〕。○丨同墟。〔廣韻・魚部〕○丨虛字同。〔國策・東周策〕「則公之國虛矣」鮑注。○虛與丨同。〔漢書・爰盎傳〕「實廣虛」雜志。○丨者虛之俗別字。〔說文〕「郭，齊之郭氏虛」句讀。

**菹** 丨，酢菜也。〔詩・信南山〕「是剥是丨」朱傳。○丨，以米粒和酢以漬菜也。〔說文〕「丨，酢菜也」繫傳。○丨，澤生草也。〔孟子・滕文公下〕「驅蛇龍而放之丨」朱注。○丨，本訓當為澤生草者。〔說文定聲・卷九〕○全物若牒謂之丨。〔禮記・郊特牲〕「恆豆之丨」集解。○丨，醢，肉醬也。〔離騷〕「后辛之丨醢兮」補注引五臣。○丨之言租也。〔廣雅・釋器〕「蓋，菹也」疏證。○丨與沮通。〔墨子・節葬下〕「下無丨漏」閒詁。○丨蒩蘊並通。〔廣雅・釋器〕「蓋謂之蘊」疏證。○葅葅丨蒩字並通。〔廣雅・釋草〕「蒩，蕺也」疏證。○丨，假借為苴。〔說文定聲・卷九〕○丨，假借為澤。（同上）○丨菜之丨，借為蘊。（同上）○丨者，組之借字。〔管子・禁藏〕「丨笠以當盾櫓」平議。○丨蘊蘊字並與菹同。〔廣雅・釋器〕「蟄，菹也」疏證。○丨字或作葅。〔說文〕「丨，酢菜也」義證。○丨或作沮。〔管子〕「丨菜」雜志。

**琚** 丨，玉也。〔說文〕「丨，瓊丨」義證引〔韻譜〕。○丨，玉名。〔廣韻・魚部〕○丨，佩玉名。〔詩・木瓜〕「報之以瓊丨」朱傳。又〔說文〕「丨，瓊丨」義證引〔五音集韻〕。○丨乃佩玉之一物。〔說文〕「丨，佩玉石也」段注。○丨與瑀略同。〔說文定聲・卷九〕

**旟** 丨，州里所建鳥隼之旗也。〔詩・干旄〕「孑孑干丨」朱傳。○鳥隼曰丨。〔詩・出車〕「彼丨旐斯」朱傳。○鳥隼為丨。〔國策・齊策五〕「從七星之丨」鮑注。○丨，揚也。〔詩・都人士〕「髮則有丨」朱傳。○丨，猶舉也。（同上）陳疏。○丨，衆也。〔詩・無羊〕「旐維丨矣」通釋。○丨，以與為訓。〔說文定聲・卷九〕○丨與譽義近。〔詩・都人士〕「髮則有丨」通釋。

**璵** 丨，魯之寶玉。〔廣韻・魚部〕

**與** 丨，疑辭。〔論語・泰伯〕「君子人丨」朱注。○丨者，疑辭。〔論語・學而〕「其為仁之本丨」朱注。又〔子罕〕「夫子聖者丨」朱注。○丨，語辭。〔論語・公冶長〕「於予丨何誅」朱注。○丨，語辭也。〔詩・葛生〕「誰丨獨處」通釋。○丨，語詞耳。〔大戴・誥志〕「曰丨」述聞。○丨、已皆語詞。〔漢書・藝文志〕「丨不得已」補注。○丨，語助也。〔漢書〕「丨苦甚」雜志。又〔釋詞・卷一〕。○丨，助句之詞。〔漢書・文帝紀〕「朕之不明丨嘉之」補注引王念孫。○丨猶也也。〔論語・公冶長〕「於予丨何誅」劉正義。又〔釋詞・卷四〕。○丨猶兮也。〔釋詞・卷四〕○丨丨有衆義。〔詩・楚茨〕「我黍丨丨」集疏。○丨丨、翼翼皆蕃盛貌。〔詩・楚茨〕「我黍丨丨」朱傳。○丨字通作也。〔禮記・祭義〕「其率同此丨」平議。○〔說文定聲・卷九〕丨，假借為歟。〔論語〕「然非丨」。○（同上）丨，假借為譽。〔廣雅・釋詁四〕「丨，譽也」。○丨丨即懇懇之假借。〔說文〕「懇，趣步懇懇也」段注。○丨讀曰歟，助辭。〔漢書・高帝紀〕「萬民丨苦甚」補注引劉攽。○丨讀如歟。〔墨子・非命中〕「三代之聖善人丨」閒詁引畢沅。○丨同歟。〔廣韻・魚部〕

**歟** 丨，語末詞。〔說文〕「丨，安气也」義證引〔玉篇〕。○丨，語末之辭，亦作與。〔廣韻・魚部〕○丨，經史多以與為之。〔說文定聲・卷九〕○官本丨作與。〔漢書・董仲舒傳〕「而不得騁丨」補注。

**畬** 丨，三歲田也。〔詩・臣工〕「如何新丨」朱傳。○丨，田三歲也。〔廣韻・魚部〕○丨，二歲田也。〔說文〕「易曰不菑丨」段注。○丨，燒穜。〔說文〕「丨，三歲治田也」義證。○丨謂既耕之而其土舒緩也。〔禮記・坊記〕「不菑丨」集解。○丨之言舒也。〔說文〕「二歲治田也」段注。

**疽** 丨，癰丨。〔廣韻・魚部〕○丨，癰也。〔通鑑・周紀〕「卒有病丨者」音注。○癰之久者曰丨。〔說文〕「丨，癰也」義證引〔急就篇〕顏注。○久癰為丨也。〔慧琳音義・卷一二〕○浮熱為丨。〔莊子・大宗師〕「以死為決疣潰癰」集釋引司馬注。○丨，假借為瘰。〔說文定聲・卷九〕○雎與丨同。〔廣雅・釋詁二〕「丨，癰也」疏證。○丨乃疒且二字之誤。〔淮南・人間〕「病丨將死」平議。

**苴** 丨，履中藉。〔廣韻・魚部〕○丨，履中草薦。〔通雅・卷一〕○丨，履中屈也。〔說文〕「丨，履中草」繫傳。○丨，茅藉祭也。〔楚辭・悲回風〕「草丨比而不芳」補注。○丨，苞丨。〔廣韻・魚部〕○丨，引申為苞丨。〔說文〕「丨，履中草」段注。○生曰草，枯曰丨。〔管子・地圖〕「丨草」雜志。○丨亦草也，語之轉耳。(同上)○草謂之ー，故枯草亦謂之ー。(同上)○ー，糟魄也。〔通雅・卷二〕○ー，蘇子也。〔詩・七月〕「九月叔ー」朱傳。○有子曰ー，無子曰枲。〔說文〕「枲，麻也」義證引〔玉篇〕。○ー，蘇之有蕡者。〔禮記・喪服〕「ー杖」集解。○ー，蘇之有蕡者也。〔大戴・本命〕「ー衰不補」王詁。○棲ー，雙聲連語，草惡貌。〔說文定聲・卷九〕○ー蓴，蘘荷也。〔楚辭・大招〕「膾ー蓴只」王注。○ー與葅通。〔通雅・卷二〕○ー粗字通。〔墨子・兼愛下〕「好ー服」閒詁。○ー，假借為粗。〔說文定聲・卷九〕○ー，假借為組。(同上)○ー，假借為葅。(同上)○ー，或曰借為苧。(同上)○ー與葅古同聲。〔廣雅・釋草〕「芥葅，水蘇也」疏證。○ー與葅同。〔管子・七臣七主〕「ー多滕驀」平議。○ー與粗同。〔管子・霸言〕「下ー」雜志。○ー，字亦作蘆。〔說文定聲・卷九〕○ー字或作蘆。〔管子・地圖〕「ー草」雜志。○ー當為莫。〔墨子・備城門〕「中藉ー為之橋」閒詁。○三家ー作粗。〔詩・召旻〕「如彼棲ー」集疏。○ー，〔周禮〕又作葅。〔說文〕「葅，茅藉也」義證。

**樗**ー，惡木。〔集韻・模部〕○ー，惡木也。〔詩・七月〕「采荼薪ー」朱傳。又〔我行其野〕「蔽芾其ー」朱傳。○ー，即臭椿。〔詩・七月〕「采荼薪ー」集疏。○ー，今之臭椿樹也。〔說文定聲・卷九〕○ー似椿而木虛惡。〔說文〕「樗，木也」義證引〔急就篇〕顏注。○ー，ー蒲戲。〔廣韻・魚部〕○ー蒲，博之總名也。〔通雅・卷三五〕○ー，字又通作華。〔說文〕「ー，木也」義證。○ー，字又作櫨。(同上)○ー又作杫。(同上)○ー或作樺。(同上)○ー即今人書樺字。〔說文〕「ー，木也」繫傳。○ー，字亦作摴。〔說文定聲・卷九〕○ー，舊作樗。〔說文〕「梠，山ー也」段注。○ー當為樗。〔說文〕「梠，山樗也」義證。○〔說文〕ー樗二篆互譌。〔說文定聲・卷九〕○ー者，枒之誤。〔說文〕「枒，枒木」段注。

**樗**ー，惡木。〔廣韻・魚部〕○ー，賭戲也。〔慧琳音義・卷七七〕○ー，通作樗。〔說文〕「ー，木也」義證。

**攄**ー，舒也。〔廣韻・魚部〕又〔楚辭・悲回風〕「攄青冥而ー虹兮」補注。又〔慧琳音義・卷一九〕引〔考聲〕。又〔卷六四〕引〔古今正字〕。又〔卷八二〕引〔韻英〕。○ー，張也。〔慧琳音義・卷一九〕引〔考聲〕。○ー，散也。(同上)引〔韻詮〕。○ー與攄聲近義同。〔方言一二〕「ー，張也」箋疏。○ー臚舒，義並相通。〔廣雅・釋詁四〕「ー，舒也」疏證。○ー舒聲相近。(同上)○ー舒聲亦相近。〔廣雅・釋詁一〕「ー，張也」疏證。○ー攄臚，聲並相近。(同上)

**於**ー，居也。〔廣韻・魚部〕○ー亦在也。〔廣雅・釋詁二〕「ー，凥也」疏證。○ー猶在也。〔漢書〕雜志。○ー者，自此之彼之詞。〔詩・桃夭〕「之子ー歸」陳疏。○ー與往同義。(同上)○ー亦為也。〔淮南內篇・氾論〕雜志。○ー猶為也。〔釋詞・卷一〕○ー即與也。〔詩・蜉蝣〕「ー我歸處」通釋。○ー，又有訓為與者。〔述聞・卷三一〕○ー與與同義。(同上)○ー猶與。〔國策・齊策三〕「而ー君之事殆矣」鮑注。○ー，更辭也。〔釋詁〕「ー，代也」鄭注。○ー，代也。〔廣韻・魚部〕○ー者，閒之代也。〔釋詁〕「ー，代也」郝疏。○ー猶如也。〔釋詞・卷二〕○ー猶之也。(同上)○ー，語辭也。〔廣韻・魚部〕○ー，語助也。〔釋詞・卷一〕○ー之為言相連及之意。〔釋詁〕「爰，ー也」郝疏。○ー是即焉也。〔管子・小問〕「唯莒ー是」雜志。○ー是與焉同義。〔公羊傳莊公八年〕「然後祠兵ー是」陳疏。○ー是者，承上之詞。〔釋詞・卷一〕○語詞之安或為ー是。〔管子・幼官〕「置大夫以為廷，安入」雜志。○ー于，舒緩也。〔通雅・卷四〕○ー于，猶于于也。〔莊子・天地〕「ー于以蓋衆」集釋引其世父說。○古或謂ー是為焉。〔史記・秦始皇本紀〕「焉」雜志。○ー與于同。〔國策・秦策〕「猶齊之ー魯也」雜志。○ー于字同。〔莊子・天地〕「ー于以蓋衆」集釋引其世父說。○ー與居聲相近。〔廣雅・釋詁二〕「ー，凥也」疏證。○ー當作于。〔漢書・地理志上〕「又東北會ー汶」補注引汪遠孫。○ー當作如。〔漢書・竇田灌韓傳贊〕「惡能救斯敗哉」補注。又〔管子・牧民〕「下令ー流水之原」義證引孫星衍。○況ー當作況以。〔漢書・禮樂志〕「況ー聖主廣被之資」補注引宋祁。○ー，魯作乎。〔詩・靜女〕「俟我ー城隅」集疏。○〔風俗通〕ー作諸。〔左傳莊公二二年〕「免ー罪戾」洪詁。

**茹**ー，食也。〔孟子・盡心下〕「舜之飯糗ー草也」朱注。又〔慧琳音義・卷一一〕引〔考聲〕。○ー，噉也。(同上)○ー，飲馬也。〔國策・楚策四〕「飲ー谿流」鮑注。○今萊陽人謂牛噉長草曰ー，人噉生菜連莖葉吞之亦曰ー。〔釋言〕「啜，ー也」郝疏。○食菜亦謂之ー。〔廣雅・釋詁二〕「ー，食也」疏證。○所食之菜亦謂之ー。(同上)○ー，香草名也，本草名茈胡。〔文選・離騷〕「攬ー蕙以掩涕兮」集釋引吳氏疏。○ー，相牽引貌也。〔廣韻・魚部〕○ー，草根相牽引貌。〔集韻・魚部〕○ー，度。〔詩・柏舟〕「不可以ー」朱傳。○ー，納也。〔詩・烝民〕「柔則ー之」朱傳。○訓ー為納。〔詩・柏舟〕「不可以ー」後箋引歐陽修。○ー，臭也。〔文選・離騷〕「攬ー蕙以掩涕兮」五臣注。○ー，柔也。(同上)集釋引〔玉篇〕。○ー，柔耎也。(同上)集釋引王注。○ー，恣也。〔廣韻・魚部〕○ー之義即是媮。〔義府・卷下〕承吉按。○ー，猶藏也。〔文選・離騷〕「攬ー蕙以掩涕兮」集釋引錢氏。○ー蘆，染草也。〔詩・東門之墠〕「ー蘆在阪」通釋。○ー蘆，茅蒐也，一名茜。(同上)朱傳。○ー草猶云ー麤。〔孟子・盡心下〕「舜之飯糗ー草也」焦正義。○ーー芮芮即蠕蠕。〔通雅・卷一〇〕

**蛆**蠅生子曰ー。〔說文〕「蜡，蠅胆也」段注。○已成為ー，乳生之曰胆曰蜡。(同上)○ー行趦趄，故謂之ー。〔本草・卷四〇〕○ー蝶之轉聲為蛩ー，又轉而為秦渠。〔廣雅・釋蟲〕「ー蝶，馬蚿也」疏證。○蛩ー與ー蝶，聲之遞轉也。(同上)○ー，俗胆字。〔廣韻・魚部〕○ー，胆之俗字。〔說文〕「蜡，蠅胆也」段注。

**胆**ー，蟲在肉中。〔廣韻・魚部〕○ー，假借為蛬。〔說文定聲・卷九〕○ー，此篆當為蜡之或體。(同上)○ー，或作蛆，俗字也。〔慧琳音義・卷二〕○

丨，蛆之正字。〔説文〕「蜡，蝿丨也」段注。○丨，今俗作蛆。〔説文〕「丨，蝿乳肉中也」繫傳。

**且** 丨，荐也。〔説文定聲・卷二〕○丨，所以承藉進物者。〔説文〕「丨，所以薦也」段注。○引申之凡有藉之詞皆曰丨。（同上）○古表德之字曰丨字，所以藉伯仲叔季者也。〔説文定聲・卷九〕○丨，存也。〔詩・出其東門〕「匪我思丨」通釋。○丨，多貌。〔詩・韓奕〕「籩豆有丨」朱傳。○丨有包含大多之意。（同上）後箋引阮元。○丨，辭也。〔國策・燕策二〕「丨攻齊」鮑注。○丨，語辭。〔詩・溱洧〕「士曰既丨」朱傳。又〔巧言〕「曰父母丨」朱傳。○丨，語辭也。〔詩・山有扶蘇〕「乃見狂丨」朱傳。又〔褰裳〕「狂童之狂也丨」朱傳。又〔廣韻・魚部〕。○丨，語助辭。〔詩・出其東門〕「匪我思丨」朱傳。○丨，句中助詞。〔詩・君子偕老〕「揚丨之晳也」通釋。○丨為句中語助。〔管子・大匡〕「豈丨不有焉乎」平議。○丨，歎辭。〔詩・椒聊〕「椒聊丨」朱傳。○丨，語餘聲。〔詩・巧言〕「曰父母丨」集疏。○丨月猶焦月，六月盛熱故曰焦。〔通雅・卷一二〕○丨慮，音苴廬，又音秋閭，屬遼西。〔通雅・卷一六〕○丨，假借為徂。〔説文定聲・卷九〕○丨，假借為庴。（同上）○丨即徂之假借。〔説文〕「迌，往也」段注。○丨即徂之省借。〔詩・出其東門〕「匪我思丨」通釋。○丨亦徂之假借字也。〔方言二〕「徂，往也」箋疏。○丨，或即怚之省借。〔詩・山有扶蘇〕「乃見狂丨」通釋。○丨為几字者，古文假借之法。〔説文〕「丨，所以薦也」段注。○丨，古讀若苴。〔漢書・西域傳〕「丨末」雜志。○丨與祖古同聲。〔方言一三〕「鼻或謂之祖」箋疏。○丨與俎古同聲。〔方言五〕「俎，几也」箋疏。○丨，古音俎。〔説文〕「丨，所以薦也」段注。○丨與駔同。〔漢書・西域傳〕「丨末」雜志。○丨當是俎之古文。〔説文〕「丨，薦也」句讀。○丨當作組。〔晏子春秋・諫下〕「帶球玉而冠丨」平議。○丨古文作且。〔説文〕「丨，薦也」義證引〔玉篇〕。○次丨，雙聲連語，俗字作趄，作跙。〔説文定聲・卷九〕○〔月令〕丨泄作沮泄。〔呂覽・音律〕「陽氣丨泄」校正。

**沮** 丨，水名，在房陵。〔廣韻・魚部〕○丨漆，二水名，在豳地。〔詩・緜〕「自土丨漆」朱傳。○丨非丨漳之丨，即漢水也，漢一名沔，一名丨。〔漢書・溝洫志〕「西方則通渠漢川、雲夢之際」補注引全祖望。○丨，止也，非也。〔廣韻・魚部〕○丨中即柤中也。〔通雅・卷一三〕○丨與且通。〔太玄・元數〕「二為方丨」平議。○苴丨通用。〔漢書・武帝紀〕「又遣浮丨將軍公孫賀出九原」補注。○丨，假借為徂。〔説文定聲・卷九〕○丨，假借為瀘。（同上）○丨且同字。〔韓子・説林上〕「馮丨曰」集解引顧廣圻。○丨，今之渣字。〔説文〕「揟，取水丨也」段注。○丨當為泜。〔漢書・地理志・常山郡〕「丨水首受中丘西山窮泉谷」補注引王念孫。又〔説文〕「泜，泜水」段注。○丨，〔左傳〕作睢。〔漢書・地理志・漢中郡〕「東山，丨水所出」補注引段玉裁。○丨，〔廣韻〕、〔玉篇〕作具。〔説文〕「揟，取水丨也」段注。

**袪** 丨，袂。〔詩・遵大路〕「摻執子之丨」朱傳。○丨，袂也。〔詩・羔裘〕「羔裘豹丨」朱傳。又〔左傳僖公五年〕「披斬其丨」洪詁引服虔。○丨，袖也。〔廣韻・魚部〕又〔慧琳音義・卷八五〕引〔考聲〕。○袖口謂之丨。〔儀禮・士喪禮〕胡正義。又〔廣雅・釋詁三〕「丨，開也」疏證。○析言之則袖曰袂，袂口曰丨。〔説文定聲・卷九〕○唐謂丨曰袖頭小稱。〔通雅・卷三六〕○丨，舉也。〔廣韻・魚部〕又〔續音義・卷五〕引〔集訓〕。○丨有舉義。〔漢書・兒寬傳〕「合丨於天地神祇」補注。○丨，抽也。〔慧琳音義・卷一〇〕引〔考聲〕。○丨，裁也。〔慧琳音義・卷八七〕引〔考聲〕。○丨，或曰藏去。〔説文〕「一曰丨，褏也」段注。○丨，或曰弆。（同上）○丨，其義亦為攘却。（同上）○丨，開也。〔慧琳音義・卷八七〕引〔考聲〕。○丨，揮開之意。〔説文定聲・卷九〕○丨胠古通用。〔儀禮・士喪禮〕胡正義。又〔廣雅・釋詁三〕「丨，開也」疏證。○丨，假借為裾。〔説文定聲・卷九〕○古有假丨為裾者。〔説文〕「一曰丨，褏也」段注。○丨，字亦誤作祛。〔説文定聲・卷九〕

**祛** 丨，去也。〔詩・駉〕「以車丨丨」集疏引韓説。○丨，除也。〔慧琳音義・卷七二〕引〔考聲〕。○丨，卻也。（同上）○丨，攘卻也。〔通鑑・晉紀一八〕「故作學箴以丨其蔽」音注。○丨丨，彊健也。〔詩・駉〕「以車丨丨」朱傳。○丨丨，當為疾驅之貌。（同上）集疏引陳喬樅。○官本丨作袪。〔漢書・賈山傳〕「祖父丨」補注。

**挐** 丨，牽引。〔廣韻・魚部〕○丨，牽引也。〔楚辭・九辯〕「枝煩丨而交橫」補注。○丨，煩也。（同上）○丨，糅也。〔楚辭・招魂〕「丨黄粱些」補注引王逸。○丨，假借為拏。〔説文定聲・卷九〕○今本説解丨拏二篆互譌。（同上）○丨，今作拏。〔説文〕「丨，持也」句讀。○丨，毛本監本作拏。〔左傳僖公元年經〕「獲莒丨」疏證。○丨，諸本並誤作拏。（同上）洪詁。

**櫚** 丨，栟丨，木名，有葉無枝。〔廣韻・魚部〕

**臚** 丨，皮也。〔慧琳音義・卷一六〕引〔考聲〕。○丨，皮丨。〔廣韻・魚部〕○丨，今人亦言皮丨也。〔説文〕「丨，皮也」繫傳。○丨亦膚也。〔慧琳音義・卷五五〕○丨，腹也。〔卷四八〕○腹前曰丨。〔廣韻・魚部〕○腹前曰丨，言所以養心膂也。〔慧琳音義・卷五五〕○丨，大也。〔卷一六〕引〔考聲〕。○丨，敘也，上陳告於下也。〔慧琳音義・卷一六〕○丨脹，謂腹皷脹也。〔通雅・卷一八〕○丨聲義與旅相近。〔廣雅・釋器〕「膂，肉也」疏證。○旅丨古通用。〔廣雅・釋詁四〕「膚，傳也」疏證。○丨，假借為專。〔説文定聲・卷九〕○丨，假借為轉。（同上）○丨，假借為敷。（同上）○丨，借為旅。（同上）○攄攎丨聲並相近。〔廣雅・釋詁一〕「攄，張也」疏證。○今字皮膚從籀文作膚，膚行而丨廢。〔説文〕「丨，皮也」段注。○〔説文定聲・卷九〕丨，京本以簠為之。〔易〕「剝牀以膚」。

**糈** 丨，祭神米也。〔離騷〕「懷丨而要之」補注。○饊謂之丨。（同上）戴注。○丨，糧也。〔集韻・魚部〕○丨當作䞓。〔説文〕「䞓，齎財卜問為䞓」段注。

**岨**　｜，石山戴土。〔廣韻・魚部〕○｜，謂土戴於石上也。〔說文定聲・卷九〕○｜峿即鉏鋙。〔文選・文賦〕「或｜峿而不安」集釋。○｜，〔史記〕作阻，此借字。〔漢書・蒯通傳〕「｜山河」補注。○｜，今作砠。〔說文〕「｜，石戴土也」句讀。○｜，字或作砠。（同上）義證。○｜，〔詩〕、〔爾雅〕作砠。（同上）段注。

**砠**　石山戴土曰｜。〔詩・卷耳〕「陟彼｜矣」朱傳。○｜同岨。〔廣韻・魚部〕○｜、岨實同一字。〔說文〕「岨，石戴土也」義證引陳啓源。○｜，齊、韓作岨。〔詩・卷耳〕「陟彼｜矣」集疏。

**淤**　｜，｜泥。〔廣韻・魚部〕○久泥曰｜泥。〔慧琳音義・卷七八〕○｜，澱滓也。〔卷一〇〕引〔韻英〕。

**瀦**　｜，渟水。〔集韻・模部〕○｜，水所停也。〔廣韻・魚部〕○亭水謂之｜。〔廣雅・釋詁三〕「躇，止也」疏證。○｜，義與躇亦相近也。（同上）

**阹**　｜，依山谷為牛馬之圈。〔廣韻・魚部〕○｜即去，實一字。〔左傳僖公一五年〕「千乘三去」洪詁引惠棟。

**胠**　｜，腋下。〔廣韻・魚部〕○｜即取人兩腋之義。〔說文〕「｜，掖下也」繫傳。○凡軍在傍曰｜。〔說文定聲・卷一二〕○｜，義與脅同。〔廣雅・釋詁四〕「脅，方也」疏證。○｜亦脅也，語之轉耳。〔廣雅・釋親〕「｜，脅也」疏證。○｜當作阹。〔荀子・榮辱〕「｜於沙而思水」平議。

**妤**　｜，婕｜，婦人官也。〔廣韻・魚部〕○婕｜，亦作倢伃。（同上）○伃同｜。（同上）

**伃**　｜為相予，則訓佐理亦宜然。〔說文〕「｜，婦官也」義證引〔石林燕語〕。○｜，假借為舒。〔說文定聲・卷九〕○｜，亦作妤。〔說文〕「｜，婦官也」段注。

**帤**　｜，幡巾。〔廣韻・魚部〕○｜，一曰敝巾也。〔說文定聲・卷九〕○｜，塞漏孔之故帛也。〔說文〕「｜，巾｜也」繫傳。○｜，通作挐。〔說文〕「｜，巾｜也」義證。○｜，假借為絮。〔說文定聲・卷九〕○｜當為絮。〔說文〕「｜，巾｜也」義證。○絮字或作｜。〔廣雅・釋詁三〕「絮，塞也」疏證。

**篨**　｜，籧｜，蘆蓆也。〔廣韻・魚部〕

**雎**　｜鳩，水鳥，一名王｜，狀類鳧鷖。〔詩・關雎〕「關關｜鳩」朱傳。○｜鳩，即魚鷹。（同上）集疏。○｜鳩為鶥鶚之類。（同上）後箋。○｜與疽同。〔廣雅・釋詁二〕「疽，癰也」疏證。○｜與沮通。〔左傳哀公六年〕「江漢｜漳」洪詁引〔文選〕注。○｜，元作且。〔國策・魏策四〕「魏人有唐｜者」鮑注。○｜，當作疽。〔管子・法法〕「痤｜之礦石也」義證引孫星衍。

**鴡**　｜鳩，鳧類，多在水邊。〔釋鳥〕「｜鳩，王｜」鄭注。○｜，〔淮南・說林〕謂之沸波。〔說文定聲・卷九〕○鷲者，｜鳩之合音。（同上）○｜，王符引作雎。〔左傳昭公一七年〕「｜鳩氏」洪詁。

**諝**　｜，有才智稱。〔廣韻・魚部〕○｜，有才智之稱也。〔說文〕「｜，知也」繫傳。○｜者，有才智也。〔說文〕「諝，女字也」段注。○｜慉胥並通。〔廣雅・釋詁三〕「｜，智也」疏證。○｜，經傳皆以胥為之。〔說文定聲・卷九〕○｜，〔周禮〕、〔詩〕皆假胥為之。〔說文〕「｜，知也」段注。

**蘧**　｜，｜麥。〔廣韻・魚部〕又〔虞部〕。○｜，今謂之瞿麥。〔說文〕「｜，｜麥也」繫傳。○｜，〔本草〕謂之瞿麥，一名巨句麥。（同上）段注。○｜，花紅紫赤可愛，子頗似麥，故名瞿麥。〔說文定聲・卷九〕引〔本草〕陶注。○｜，蕪麥也。〔慧琳音義・卷一九〕引〔韻英〕。○｜，今蘆蓆也。〔通鑑・晉紀〕「以｜篨覆之」音注。○｜，〔廣雅〕謂之紫蒌，一名麥句薑。〔說文〕「｜，｜麥也」段注。○｜，俗謂之洛陽花，一名石竹。（同上）○｜，假借為遽。〔說文定聲・卷九〕○｜，假借為籧。（同上）○｜為蕖之同音借字。〔文選・西京賦〕「｜藕拔」集釋。○｜，〔家語〕作璩，淮南王書同。〔左傳襄公一四年〕「入見｜伯玉」洪詁。○｜字或作蘧。〔說文〕「｜，｜麥也」義證。○｜蒢，〔公〕、〔穀〕本皆作籧篨。〔左傳文公一三年經〕「邾子｜蒢卒」洪詁。

**腒**　｜，鳥腊。〔廣韻・魚部〕○｜，久也。〔廣雅・釋器〕「｜，脯也」疏證。○｜與濾亦同義。〔廣雅・釋詁二〕「濾，乾也」疏證。○｜之言居。〔廣雅・釋詁三〕「｜，久也」疏證。○｜，假借為居。〔說文定聲・卷九〕○｜，字或作渠。〔廣雅・釋言〕「｜，央也」疏證。○｜，又作巨。（同上）○｜，又作遽。（同上）

**鐻**　｜，環屬也。〔文選・魏都賦〕「｜耳之傑」集釋。○｜者，以金銀為耳飾也。（同上）集釋。○｜，〔說文〕以為虡之或字。（同上）集釋引〔中山經〕郝注。○｜，〔說文〕引〔山海經〕作璩。（同上）集釋。○｜，金銀器名。〔集韻・魚部〕

**鶋**　｜，鶢｜，海鳥。〔廣韻・魚部〕

**椐**　｜，樻也。〔詩・皇矣〕「其檉其｜」朱傳。○｜，木名。〔廣韻・魚部〕○｜樻亦雙聲也。〔釋木〕「｜，樻」郝疏。

**紓**　｜，緩也。〔詩・采菽〕「彼交匪｜」朱傳。又〔左傳文公六年〕「難必抒矣」洪詁。又〔廣韻・魚部〕。又〔通鑑・晉紀一六〕「以｜交至之禍」音注。又〔唐紀五二〕「｜北邊患」音注。○｜謂怠緩也。〔詩・采菽〕「彼交匪｜」集疏。○｜，通作抒。〔說文〕「｜，緩也」義證。○｜與抒同。〔左傳莊公三〇年〕「以｜楚國之難」疏證引王念孫。○｜舒並與抒同。〔方言一二〕「抒，解也」箋疏。○｜亦作舒。〔左傳莊公三〇年〕「以｜楚國之難」疏證引王念孫。

**袽**　｜，袾｜，敝衣也。〔說文〕「絮，弊衣也」義證引〔玉篇〕。○｜，所以塞舟漏也。（同上）○｜，絲｜也。〔集韻・魚部〕○｜即絮字。〔說文〕「絮，敝衣」段注。

**絮** —，〔漢書·蒯通傳〕所謂束緼是也。〔說文定聲·卷九〕○—，假借為袈，為絮。〔同上〕○—，字或作袽、茹、絮、帤。〔廣雅·釋詁三〕「—，塞也」疏證。

**躇** —，躊—。〔廣韻·魚部〕○—與𨇨同。〔廣雅·釋詁三〕「𨇨，止也」疏證。

**𨇨** —，止不前也。〔集韻·脂部〕○跱—，雙聲連語，猶豫從容徘徊躑躅之貌。〔說文定聲·卷九〕○—，假借為𨑒。〔同上〕○—，字亦作躇。〔同上〕○假借以—為儲。〔說文〕「歭，—也」段注。

**櫫** 揭—，有所表識。〔廣韻·魚部〕○—與都古同聲。〔方言五〕注「楬，杙也，江東呼都」箋疏。

**趄** —，趑—。〔廣韻·魚部〕○—且古字通。〔釋言〕「奘，駔也」郝疏。○—，字又作跙。〔說文定聲·卷九〕

**鴽** —，鴾也。〔廣韻·魚部〕○—，鶕也，青州呼為鴾母。〔釋鳥〕「—，鴾母」鄭注。○—鶉、—鴾，鶕鶉也。〔通雅·卷四五〕

**綀** —，—葛。〔廣韻·魚部〕○—，綌屬。〔集韻·魚部〕○—，淳化本作疎。〔漢書·地理志上〕「絺紵」注「紵，織紵為布及—也」補注引宋祁。

**屠** —，殘殺也。〔慧琳音義·卷二〕引〔考聲〕。○—，殘煞也。〔同上〕○—謂分割枉害也。〔慧琳音義·卷二二〕引〔玉篇〕。○—蘇，闊葉草也。〔通雅·卷四一〕○—杜古字通。〔春秋繁露·玉杯〕「—其贅」平議。

**筡** —，析也。〔廣雅·釋言〕疏證。○—，竹篾名也。〔廣韻·魚部〕○—也篙也筤也篾也軡也筠也，實一物也。〔方言一三〕「—，析也」箋疏。○—，字亦作筎。〔說文定聲·卷九〕○—，今以茹為之。〔同上〕

**歔** —，—欷。〔廣韻·魚部〕○—，温吹也。〔通雅·卷一〕○—，蓋—欷者拉涕而收泗之聲。〔通鑑·唐紀〕「執手—欷」音注。○—欷，出氣悲泣也。〔慧琳音義·卷八二〕引〔集訓〕。○—欷，亦悲思悵快也。〔同上〕○—欷者，悲泣氣咽而抽息也。〔說文〕「—，—欷」繫傳。○—與噓通。〔說文〕「—，一曰出氣也」句讀。○—與噓亦通。〔廣雅·釋詁三〕「—，悲也」疏證。○—通作噓。〔說文〕「—，欷也」義證。○—，假借為噓。〔說文定聲·卷九〕○—，與噓略同。〔說文〕「—，一曰出氣也」段注。○—別作噓。〔通雅·卷一〕

**耡** —之言助也，助法去薉也。〔說文〕「—，商人七十而—」義證引〔急就篇〕顏注。○借—為助也。〔說文定聲·卷九〕○—即鉏字之或體。〔同上〕○—，今〔孟子〕作助。〔說文〕「—，殷人七十而—」段注。○—，〔周禮〕注引作莇。〔同上〕

**据** 倨、—通借。〔國策·齊策四〕「—慢驕奢」補正。○—當與倨通。〔呂覽·懷寵〕「子之在上無道—傲」校正。○—，假借為倨。〔說文定聲·卷九〕○—，假借為據。〔同上〕○—，假為據。〔說文〕「—，戟挶也」段注。

**蝑** —，蜙—蟲。〔廣韻·魚部〕○—，其聲戛戛，今蘇俗謂之札兒。〔說文定聲·卷九〕○蜙—之轉音為舂黍，又為蜙蝑，又為舂箕。〔同上〕

**瑹** 荼與—通。〔廣雅·釋器〕「—，笏也」疏證。

**唹** —，笑貌。〔廣韻·魚部〕

**驉** —，駏—，畜似騾也。〔廣韻·魚部〕

**籧** —，—篨。〔廣韻·魚部〕○—篨，一名𥶇。〔說文定聲·卷九〕○—篨，竹席也，江東人呼𥶇也。〔說文〕「—，—篨，粗竹席也」義證引〔玉篇〕。○—篨，蓋粗竹席之用以為困者。〔詩·新臺〕「—篨不殄」後箋引戴震。○—篨，今蘆席之類也。〔通雅·卷三四〕○—篨則今之蘆蓆觳簟之類耳。〔卷四九〕○瓊州出紅藤簟，一呼為笙，或謂之—篨，亦謂之行唐。〔說文〕「—，—篨，粗竹席也」義證引〔北户録〕。○—苗，席也。〔廣雅·釋器〕「笙、筵，席也」疏證。○簟可卷，故有—苗之名。〔方言五〕「簟，或謂之—苗」箋疏。○—篨為粗惡之物。〔詩·新臺〕「—篨不鮮」集疏。○—篨，蓋醜惡之通稱。〔同上〕通釋。○—篨，惡疾之名。〔詩·新臺〕「—篨不殄」後箋。○—篨，疾不能俯。〔集韻·魚部〕○—篨，不能俯，疾之醜者也。〔詩·新臺〕「—篨不鮮」朱傳。○—篨，口柔也。〔詩·新臺〕「—篨不鮮」後箋引戴震。○人之不肖者亦曰—篨。〔廣雅·釋訓〕「—篨、侏儒，八疾也」疏證。○—苗猶拳曲，語之轉也。〔廣雅·釋器〕「—苗，席也」疏證。○—，假借為蘧。〔說文定聲·卷九〕

**𡩟** —，—儲。〔廣韻·魚部〕

**魖** —，虛耗鬼也。〔慧琳音義·卷七五〕引〔異苑〕。○—，—耗鬼。〔廣韻·魚部〕○—，通作虛。〔說文〕「—，耗鬼也」義證。○—，亦借虛為之。〔說文〕「—，耗鬼也」句讀。

**疋** —，足也。〔廣韻·魚部〕○足者靜象，—者動象。〔說文定聲·卷九〕○—，鳥足之疏也。〔字詁〕○—，疏也。〔說文〕「疏，通也」繫傳。○—有稀義。〔字詁〕○大—，即大胥小胥也。〔通雅·卷一〕○—，假借為諝。〔說文定聲·卷九〕○—，假借為胥。〔同上〕○—古為雅字。〔廣韻·魚部〕○—、疏古今字。〔說文〕「—，一曰—記也」段注。○—，今字作疏。〔說文〕「記，—也」段注。○—，各本作疏。〔同上〕

**懙** ——，行步安舒也。〔集韻·魚部〕○——，舒徐有餘之貌。〔通雅·卷一〇〕○—，或作怘。〔集韻·魚部〕○—，亦書作懇。〔同上〕

**呿** —者，泣出之時，引氣張口也。〔太素·津液〕「故—而泣出矣」楊注。○—，睡聲也。〔慧琳音義·卷一〕○—是臥聲也。〔卷五〕引〔桂苑珠叢〕。○——，臥聲也。〔通雅·卷一〇〕○祛、胠、—，古通用。〔廣雅·釋詁三〕「祛，開也」疏證。○—，〔說苑〕作吁。〔呂覽·重言〕「君—而不唫」校正。

萮　芎—，香草。〔廣韻·魚部〕○有—，猶——也，美貌。〔詩·伐木〕「釃酒有—」集疏。

鋙　—，鋤屬。〔廣韻·魚部〕○—，不相當也。〔楚辭·九辯〕「吾固知其鉏—而難入」補注。

蒢　—，草名，可染。〔廣韻·魚部〕○蘧—，口柔也。（同上）○渠—〔傳〕作蘧篨。〔左傳定公一五年經〕「次于渠—」洪詁。

涂　—，水名，在堂邑。〔廣韻·魚部〕○—唐，今滁州也。〔通雅·卷一三〕○十二月為—，歲將除也。〔通雅·卷首之二〕○—之言除也。〔釋天〕「十二月為—」平議。○—，字亦作滁。〔説文定聲·卷九〕○—、塗古今字。〔説文〕「杇，所以—也」段注。

藷　—蔗，甘蔗。〔廣韻·魚部〕○—蔗，甘蔗也。〔説文〕「—，—蔗也」句讀。○—蔗，今甘蔗也。〔説文〕「—，—蔗也」繫傳。○—蔗，或作甘蔗。〔文選·南都賦〕「—蔗薑䪤」集釋引段玉裁。○—蔗，或作竿蔗，或干蔗。〔説文〕「—，—蔗也」段注。○—蔗，或作諸蔗，或都蔗。（同上）○—，即今山藥。〔説文定聲·卷九〕○—與藷同。〔廣雅·釋草〕「—萮，署預也」疏證。○—，或作藷、蒢。〔集韻·魚部〕

䲆　—，連行之貌。〔説文定聲·卷九〕○—，二魚也。〔集韻·魚部〕

𧕡　—，即蜉蝣。〔説文定聲·卷九〕○—，字亦作蝶。（同上）

藘　—，—菜，似蘇。〔廣韻·魚部〕○—，苦苣也。〔説文〕「—，菜也」段注。○—，野生者名褊苣，人家常食者為白苣。（同上）又〔説文定聲·卷九〕○—，或謂即蕒，或曰苦葵，青州謂之芑。〔説文定聲·卷九〕○苦—，今吳俗謂之萵苣笋。（同上）○—芑聲轉，故—又謂之芑。〔廣雅·釋草〕「蕒，藘也」疏證。○—字亦作蘧。〔説文定聲·卷九〕○—，字或作藘。（同上）又〔説文〕「—，菜也」段注。○—，字亦以苣為之。〔説文定聲·卷九〕○—，俗譌作苣。〔説文〕「—，菜也」段注。

艅　—艎，吳舟名。〔集韻·魚部〕○—艎，吳王船名。〔廣韻·魚部〕○—艎與—艎同。〔廣雅·釋水〕「—艎，舟也」疏證。○—，通作餘。〔集韻·魚部〕

嬩　—，女字。〔廣韻·魚部〕○—，古婕妤字也。〔説文〕「—，女字也」繫傳。○—與倢伃之伃略同。〔説文定聲·卷九〕○倢伃之伃蓋亦可用—。〔説文〕「—，女字也」段注。

舁　—者，共舉也。〔説文〕「擧，對舉也」段注。又〔通鑑·後唐紀一〕「—王彥章自隨」音注附録引史炤。○—，對舉。〔廣韻·魚部〕○—，兩人共擎也。〔慧琳音義·卷七八〕○—，謂衆人舉之。〔説文定聲·卷九〕○—，用力也，兩手及爪皆用也。〔説文〕「—，共舉也」繫傳。○—，以車載人，前拉後推。〔通鑑·後唐紀一〕「—王彥章自隨」音注附録。○轝、擧、—並字異而義同。〔廣雅·釋詁一〕「轝，舉也」疏證。○—，轉注為衆意，經傳皆以舉為之。〔説文定聲·卷九〕○—同舉。〔廣韻·魚部〕

楈　—，木名。〔廣韻·魚部〕○—枒，似栟櫚，皮可作索。〔文選·南都賦〕「—枒栟櫚」注引〔上林賦〕郭注。○—亦犂柄也。〔説文〕「—，木也」繫傳。○—枒亦作胥邪。〔説文定聲·卷九〕

櫖　—枯，藩籬名。〔廣韻·魚部〕○渠與—同，謂籬落也。〔廣雅·釋宮〕「—，杝也」疏證補正。

懅　—，怯也。〔廣韻·魚部〕○—，急速也。〔慧琳音義·卷一九〕

舉　—，謂兩人舉之。〔説文定聲·卷九〕○—，兩人對—之車。〔説文〕「—，對舉也」義證引〔增韻〕。○轝—舁，並字異而義同。〔廣雅·釋詁一〕「轝，舉也」疏證。○—，或作轝。〔説文〕「—，對舉也」義證。○—，俗作轝。〔説文〕「籠，舉土器也」義證。

揟　—，取水滓而挹之，今所謂濾水，如湑酒然。〔説文定聲·卷九〕○—與湑音義皆同。〔説文〕「—，取水沮也」段注。○—，取水具也。〔廣韻·魚部〕○—，借為䱷。〔説文定聲·卷九〕○—次，一作且次。〔漢書·地理志·武威郡〕「—次」補注。

蒩　—，苞蒩。〔廣韻·魚部〕○—亦包苴字。〔説文〕「—，茅藉也」繫傳。○—，蕺也。〔説文〕「蒩，菜也」段注引〔廣雅〕。○—，荊揚人謂—為蕺。（同上）段注引崔豹〔古今注〕。○—亦名土茹，葉覆地生，根可食。（同上）段注引〔蜀都賦〕劉注。○—者，苴之假字。〔周官·司巫〕平議。○—，班蔡作苴，假借字。〔説文〕「—以白茅」段注。○—，〔周禮·司巫〕以鉏為之。〔説文定聲·卷九〕○—，〔儀禮·士虞禮〕以苴為之。（同上）

伹　—，拙人。〔廣韻·魚部〕○—，拙人也。〔淮南〕「使—吹竽」雜志。○今俗亦以拙鈍為—。〔説文〕「—，拙也」義證引〔六書故〕。○—與粗同音，即今粗笨字也。（同上）句讀。○—，語辭也。〔慧琳音義·卷五〕○—，鈍也。一曰拙也。〔集韻·魚部〕

坥　—，螾場。〔廣韻·魚部〕○—，醫書謂之蚓樓土。〔説文定聲·卷九〕

俆　—與徐義略同。〔説文〕「—，緩也」段注。○—與徐字義同。（同上）繫傳。○—通作徐。（同上）義證。○—又通作余。（同上）○—又通作除。（同上）○—，假借為郤。〔説文定聲·卷九〕○—，經傳皆以徐為之。（同上）

藸　—，—拏草。〔説文〕「—，莖—也」義證引〔玉篇〕。又〔廣韻·魚部〕。○—，通作著。〔集韻·魚部〕

筁　—，飯器。〔廣韻·魚部〕○—簇亦—籚也。〔廣雅·釋器〕「籚，筐也」疏證。○—籚與厶盧同。（同上）○—簇一聲之轉。〔方言一三〕「簇，趙魏之交謂之—簇」箋疏。

厶　丨，藏也。〔説文定聲·卷九〕○丨，經傳皆以去為之。（同上）○丨，字亦作弆。（同上）

魼　丨，比目魚。〔廣韻·魚部〕○丨與胠同義。〔廣雅·釋親〕「胠，脅也」疏證。○丨，亦作鰈。〔説文〕「丨，魚也」義證引〔玉篇〕。○丨鰨，〔史記〕作鱸魶。〔漢書·司馬相如傳〕「禺禺丨鰨」補注。

柹　丨，板置驢上負物。〔廣韻·魚部〕○丨通作胠。〔説文〕「丨，极也」義證。

菸　丨、蔫古今字。〔説文〕「矮，病也」段注。

凥　丨，処也。〔説文〕「几，丨几也」段注。○丨，坐也。〔説文〕「丨，處也」義證。○丨，引申為凡丨処之字。〔説文〕「丨，処也」段注。○丨謂閒處。（同上）○丨几者，謂人所居之几也。〔説文〕「几，丨几也」段注。○丨，通作居。〔説文〕「丨，處也」義證。○丨、居古通用。〔方言三〕「慰、廛、度，丨也」疏證。○丨，經典借居為之。〔説文〕「丨，處也」句讀。○丨，經傳皆以居為之。〔説文定聲·卷九〕○丨與居同。〔楚辭·天問〕「其丨安在」補注。○丨，俗作居。〔説文〕「坐，止也」段注。○丨，各本作居。〔説文〕「家，丨也」段注。○丨當作凥。〔漢書·東方朔傳〕「丨益高」補注引王先慎。

岨　丨，通作徂。〔説文〕「丨，人相依丨也」義證。○丨，字亦作庾。〔説文定聲·卷九〕

畬　丨即余之籀文。〔説文定聲·卷九〕○丨，余也。〔集韻·魚部〕

篻　丨之言輿也。〔廣雅·釋器〕「丨，簏也」疏證。○丨即簏字。〔説文定聲·卷九〕○丨，或作葅。〔集韻·魚部〕

伽　丨，均也。〔集韻·魚部〕

噓　丨，呵叱人也。〔廣韻·魚部〕○丨，呵叱也。〔集韻·魚部〕

屠　丨，此也。〔廣韻·魚部〕又〔集韻·魚部〕。

膚　丨，廡也。〔廣韻·模部〕

寎　丨，假寐也。〔廣韻·魚部〕

崌　丨峽，山也。〔廣韻·魚部〕○丨，山名，北江所出。〔集韻·魚部〕

嘘　丨崎，山路。〔廣韻·魚部〕○丨，崎丨，山峻。〔集韻·魚部〕

嵐　丨，山名。〔廣韻·魚部〕引〔玉篇〕。

娓　丨，女字。〔集韻·魚部〕

嫖　丨，女字。〔集韻·魚部〕

壚　丨，黑土。〔集韻·魚部〕

毠　丨，犬多毛也。〔廣韻·魚部〕○丨，犬多毛貌。〔集韻·魚部〕

毹　丨，毛席也。〔集韻·魚部〕○丨，或作氀、毹。（同上）

愭　丨，志怯也。〔集韻·魚部〕

憪　丨丨，憂也。〔廣韻·魚部〕

相　丨，以木為闌也。〔集韻·魚部〕○刈餘曰丨，是草經刈割殘損之貌。〔詩·召旻〕「如彼棲苴」集疏。

架　丨，木名。〔集韻·魚部〕

椓　丨，木立死。〔集韻·魚部〕

櫸　渠丨，杷也。〔説文〕「杷，收麥器也」義證引〔玉篇〕。○渠丨，杷名。〔廣韻·魚部〕○丨與挐同。〔方言五〕「杷，宋魏之間謂之渠挐」箋疏。

櫨　丨，舒也。〔慧琳音義·卷三一〕引〔考聲〕。○丨蒲者，博弈賭戲也。〔慧琳音義·卷三一〕。

渠　宋魏之間謂杷為丨挐。〔集韻·魚部〕○丨，或作椇。（同上）○丨，通作渠。（同上）

淍　涺丨，海水洩處。〔廣韻·魚部〕○涺丨，〔莊子〕作尾閭。（同上）

瀦　丨，水名，在北嶽。〔廣韻·魚部〕○丨，水名，在恒山。〔集韻·魚部〕

爐　丨，山火。〔集韻·魚部〕○丨，火燒山界。〔廣韻·魚部〕

延　丨，通也。〔廣韻·魚部〕○丨與疏音義皆同。〔説文〕「丨，通也」段注。○丨，假借為疏。〔説文定聲·卷九〕○丨字或作疛。〔説文〕「丨，通也」義證。○丨當為䟽之古文。〔説文定聲·卷九〕○丨，一曰遠也。〔集韻·魚部〕

猬　丨，猨屬。〔集韻·魚部〕

⿰犭與　—，獸名。〔廣韻・魚部〕

璖　—，耳環。〔廣韻・魚部〕

⿰王⿰豦攵　—，玉名。〔集韻・魚部〕

⿰囪疋　—，門户青疏窗也。〔說文〕「—，門户疏窻也」義證引〔玉篇〕。〇—，窗穿刻為文，青以飾之。〔說文定聲・卷九〕〇窗户之之稀者—。〔字詁〕〇—，通作疏。〔集韻・魚部〕

⿰朋疋　—，青疏。〔廣韻・魚部〕

⿸疒如　—，病也。〔集韻・魚部〕

⿰石虛　—，石貌。〔集韻・魚部〕

磲　硨—，美石次玉。〔廣韻・魚部〕

礜　—，石藥。〔集韻・魚部〕

⿰石諸　礛—，青礪也。〔廣韻・魚部〕〇—，礪也，可以攻玉。〔集韻・魚部〕

⿱穴豦　—，穴類。〔廣韻・魚部〕〇—，空也。〔集韻・魚部〕

筎　刮取竹皮為—。〔集韻・魚部〕

箊　—，竹名。〔廣韻・魚部〕〇—，竹名，葉薄而廣。〔集韻・魚部〕

⿱竹沮　—，竹名。〔集韻・魚部〕

⿱竹胥　—，竹名。〔廣韻・魚部〕〇—，一曰箕屬。〔集韻・魚部〕

⿱竹舒　—，竹名。〔集韻・魚部〕

⿱竹閭　—⿱竹胥，竹名。〔廣韻・魚部〕

糬　—，糧也。〔集韻・魚部〕〇—，通作儲。〔同上〕

⿰糹疋　—，—繼。〔廣韻・魚部〕〇—，繼也。〔集韻・魚部〕

⿰糹渠　—，履飾。〔廣韻・魚部〕〇—，一曰綵名。〔集韻・魚部〕〇—，通作綶。〔同上〕

⿰羊余　—，野羊。〔廣韻・魚部〕〇—，郊羊也，皮可冒鼓，擊之益急。〔集韻・魚部〕〇—，或作羜。〔同上〕

⿱艹去　—，草器。〔廣韻・魚部〕

⿱艹居　苴—，草也。〔廣韻・魚部〕

蒩　—蓋，草名。〔集韻・魚部〕〇—蓋，菜名，似韭。〔同上〕

⿱艹狙　蒻之莖，蜀人於冬月取以春碎炙之，水淋一宿為—。〔說文〕「菹，酢菜也」義證引〔益州記〕。〇—當作菹。〔管子・禁藏〕「菹笠」義證。

蔖　—蘆，即厶盧。〔方言一三〕「蔖，趙魏之交謂之笭篨」疏證。〇—蘆，又即笭篨。〔同上〕

⿱艹書　—，草名。〔集韻・魚部〕

⿱艹挐　藸—，草名。〔廣韻・魚部〕

⿱艹魚　—，草名。〔集韻・魚部〕〇東人呼荏為—。〔同上〕〇荏狀如蘇，東人呼為—。〔本草・卷一四〕引陶弘景。〇—，或作⿱艹吾。〔集韻・魚部〕

⿱艹舒　—，魚薺。〔廣韻・魚部〕

⿱艹絮　—藘，草也。〔廣韻・魚部〕〇—藘，草名。〔集韻・魚部〕〇—藘，蒨也，可以染絳。〔同上〕〇—，通作茹。〔同上〕〇—，亦作茹。〔廣韻・魚部〕〇—，黏箸也。〔集韻・魚部〕

⿱艹⿱沮皿　凡醯酒所釀之菜與肉牒而不切者，俱謂之—菜。〔說文定聲・卷九〕〇—，經史皆以菹為之。〔同上〕

⿰禾著　蕎—，葱名。〔廣韻・魚部〕

⿱艹閭　—，菴—草。〔廣韻・魚部〕〇—，草名，狀如艾蒿。〔集韻・魚部〕

藘　—，⿱艹絮—草。〔廣韻・魚部〕〇古字—盧可通。〔詩・東門之墠〕「茹—在阪」後箋。

⿱艹儲　—，薯蕷別名。〔廣韻・魚部〕〇—，薯蕷而大。〔同上〕〇—萸，山藥也，根大，故謂—萸。〔廣雅・釋草〕「—萸，署預也」疏證。〇—萸之言儲與也。〔同上〕〇—，似薯蕷而大，或作稌。〔廣韻・魚部〕

蜍　—，蜘蛛。〔廣韻・魚部〕〇—，蟾—也。〔同上〕

蜛|，|蠩。〔廣韻・魚部〕○|，蟲名，可食。或从魚。〔集韻・魚部〕

⿰虫魚|，蠹魚也。〔集韻・魚部〕

蟝|蠷亦作渠略。〔方言一一〕「蜉蝣」疏證。○|同聶。〔廣韻・魚部〕

蠩|，或作鯺。〔集韻・魚部〕○|，或作蝫。（同上）○蜛|，一頭數尾，長二三尺，左右有腳，狀如蠶，可食也。〔廣韻・魚部〕○|，蜛|，蟲名，一曰蝦蟆。〔集韻・魚部〕

䙘|，繫|。〔廣韻・魚部〕○|，繫也。〔集韻・魚部〕

襖|，衣揚舉貌。〔集韻・魚部〕

賰|，貯也。〔廣韻・魚部〕○居與|通。〔廣雅・釋詁三〕「|，賣也」疏證。○|，或作㝦。〔集韻・魚部〕

㺄|，小走貌。〔廣韻・魚部〕○|，一曰小跳。〔集韻・魚部〕○有所持而走曰|。〔慧琳音義・卷七五〕引〔考聲〕。○|，驛馬車也。〔慧琳音義・卷七五〕○|，畏懼也。（同上）引〔字書〕。○|，犯也。〔集韻・魚部〕

蹹|，傳也，上傳語告下為|。〔集韻・魚部〕○|，通作臚。（同上）○|，或作臚。（同上）

輮|，車軨也。〔集韻・魚部〕

轆|，車輞。〔廣韻・魚部〕○|，車輪也。〔慧琳音義・卷一四〕引〔考聲〕。○|，耳|也，似輪。〔慧琳音義・卷一四〕○|、篨，義相近也。〔廣雅・釋器〕「|，輞也」疏證。○渠與|通。（同上）

郥|，在今陝西西安府鄠縣。〔說文定聲・卷九〕○|，鄉名，在右扶風。〔集韻・魚部〕

郚|，地名，在廬江。〔廣韻・魚部〕

鄌|，聚名。〔廣韻・魚部〕

醑|，甘美也。〔說文〕「䤄，醑也」繫傳。○美曰|。〔本草・卷二五〕引〔飲膳標題〕。

醵|，合錢飲酒。〔廣韻・魚部〕

闟|，門名。〔集韻・魚部〕

頣|，頷也。〔集韻・魚部〕

驉|，馬行徐而疾。〔說文〕「|，馬行徐而疾也」義證引〔玉篇〕。○|，馬行貌。〔廣韻・魚部〕○〔說文定聲・卷九〕||與與與、趨趨、懇懇同。〔詩〕「四牡||」。

駈|，傳馬名。〔廣韻・魚部〕○|與臚同聲。〔廣雅・釋詁四〕「膚，傳也」疏證。

魰|，捕魚也。〔慧琳音義・卷二七〕引〔玉篇〕。○|，捕水族也。〔卷四五〕引〔考聲〕。○|，正作䱷。〔卷二〕○|，或作漁。（同上）○|，同漁。〔廣韻・魚部〕

䱷|，|獵。〔廣韻・魚部〕○此|魰皆敘之別體，古假為捕魚字。〔周禮・天官冢宰〕「|人」孫正義。○|，亦同漁。〔廣韻・魚部〕

瀫|，同漁。〔廣韻・魚部〕○|，古文作魚，作𩻎。〔說文〕「|，搏魚也」段注。○|，字亦作䱷，作魰。〔說文定聲・卷九〕

鴾|，鳥似梟也。〔廣韻・魚部〕

鵌|，鳥名，似梟。〔集韻・魚部〕○|，或作鴾、鵨。（同上）

鸆|，鶢|鳥，白鷺也。〔廣韻・魚部〕

鸒|斯，鳥名。〔集韻・魚部〕

麮麥小者|。〔集韻・魚部〕

# 續經籍纂詁卷第七

上平聲

## 七　虞

**虞**　丨,度。〔詩・文王〕「有丨殷自天」朱傳。又〔雲漢〕「則不我丨」朱傳。○丨,度也。〔孟子・離婁上〕「有不丨之譽」朱注。又〔大戴・誥志〕「此謂歲丨汁月」王詁。又〔通鑑・漢紀四二〕「卒有不丨」音注。又〔唐紀四四〕「果如衆庶所丨」音注。又〔韓子・八姦〕「群臣丨其意」集解引舊注。又〔廣韻・虞部〕。○丨,慮。〔詩・抑〕「用戒不丨」朱傳。○丨為丨知者,言度知也。〔書・西伯戡黎〕注「史遷丨下有知字」孫疏。○丨猶圖。〔國策・燕策三〕「不丨君之明罪之也」鮑注。○丨,望也。〔左傳桓公一一年〕「日丨四邑之至也」述聞。○丨,亦望也。〔左傳昭公六年〕「始吾有丨於子」述聞。○丨亦候望也。〔廣雅・釋詁一〕「丨,望也」疏證。○丨、候皆訓為望,故古守藪之官謂之丨候。〔左傳桓公一一年〕「日丨四邑之至也」疏證引王念孫。○丨,憂也。〔儀禮・士昏禮〕「惟是三族之不丨」胡正義。又〔儀禮・士昏禮〕「三族之不丨」述聞。又〔左傳昭公四年〕「苟無四方之丨」述聞。又〔大戴・文王官人〕「營之以物而不丨」王詁。○丨,亦憂也。〔易・繫上〕「悔吝者憂丨之象也」述聞。又〔左傳哀公五年〕「二三子間於憂丨」述聞。○丨猶撫有也。〔詩・雲漢〕「則不我丨」述聞。又〔廣雅・釋詁一〕「丨,有也」疏證。○丨,安也。〔禮記・檀弓〕「而祝宿丨尸」集解。○丨,猶安也。〔公羊傳文公二年〕「丨主用桑」注「丨猶安神也」陳疏引鄭玄。○丨之言安也。〔禮記・喪大記〕「丨筐」平議。○丨,安神也。〔禮記・喪服〕「朋友丨祔而已」集解。○丨,樂也。〔國策・齊策四〕「清浄貞正以自丨」鮑注。又〔管子〕「丨而安」雜志。○丨者,誤也。〔大戴・文王官人〕「營之以物而不丨」述聞。○山夾水曰丨。〔本草・卷一六〕○丨者,囿之司獸者也。〔詩・騶虞〕「于嗟乎騶丨」集疏引魯說。○丨蓼,澤蓼也,生水中者。〔釋艸〕「薔,丨蓼」鄭注。○水草亦丨蓼。〔說文〕「蓼,辛菜」義證。○丨人,掌山澤之官。〔國策・魏策一〕「文侯與丨人期獵」鮑注。○丨人,掌水之守苑囿之吏也。〔孟子・滕文公下〕「招丨人以旌」朱注。○丨人,官,水丨,漁師。〔大戴・夏小正〕「丨人入梁」王詁。○〔說文定聲・卷九〕丨,假借為俉。〔崔駰北征頌〕「謐爾無丨」。○〔同上〕丨,假借為俌。〔廣雅・釋詁二〕「丨、護,助也」。○〔同上〕丨,假借為度,為慮。〔書・太甲〕「若丨機張」。○丨,凡云規度也者,以為度之假借也。〔說文〕「丨,騶丨也」段注。○丨娛通。〔漢書・嚴助傳〕「夷狄之地何足以為一日之閒」補注。○〔說文定聲・卷九〕丨,假借為娛。〔易・中孚〕「丨,吉」。○丨,凡云樂也安也者,娛之假借也。〔說文〕「丨,騶丨也」段注。○丨娛同。〔國策・齊策四〕「清浄貞正以自丨」鮑注。○丨與娛同。〔管子〕「丨而安」雜志。○丨與誤古同音通用。〔詩・閟宮〕「無貳無丨」。○丨與詿誤之誤,古聲義並同。〔廣雅・釋詁二〕「丨,欺也」疏證。○而不丨,〔逸周書〕作而不誤。〔大戴・文王官人〕述聞。○丨吳古字通。〔述聞・卷二二〕○古字吳丨通用。〔史記・晉世家〕「太伯丨仲」志疑。○吳丨古同聲。〔廣雅・釋詁二〕「丨,有也」疏證。○〔周頌・絲衣〕曰不吳,〔史記・孝武本紀〕作不丨。〔說文〕「吳,大言也」段注。○丨,又作吾,字並通。〔墨子・三辯〕「命曰騶丨」閒詁。○丨吾字同。〔漢書・藝文志〕「丨丘說一篇」補注。○丨,或以吾以牙為之。〔說文定聲・卷九〕○丨護聲相近,故皆為助也。〔廣雅・釋詁二〕「護,助也」疏證。○丨亦作墟。〔方言一二〕「丨,望也」箋疏。○〔說文定聲・卷九〕丨,字亦作澞。〔釋山〕「陵夾水,澞」。○丨,今作娛。〔慧琳音義・卷九〕○石經古文丨作⿱从大。〔左傳昭公元年〕「有文在其手曰丨」洪詁。○丨當作唐。〔說文〕「浩,丨書曰洪水浩浩」段注。○騶丨亦作騶吾。〔通雅・卷一〕○騶丨,〔山海經〕、〔墨子〕作騶吾。〔說文〕「丨,騶丨也」段注。○騶丨,〔漢書・東方朔傳〕作騶牙。〔同上〕○丨人,〔月令〕作澤人。〔呂覽・季夏〕「乃命丨人」校正。○丨丘即吾丘也。〔漢書・藝文志〕「丨丘說一篇」補注。○〔左傳僖公五年〕「太伯丨仲」,〔吳越春秋〕作吳。〔說文定聲・卷九〕○吳,聲變而為丨。〔漢書・地理志〕「又封周章弟中於河北」補注引吳仁傑。○晉唐叔丨字子于,取聲近。〔說文定聲・卷九〕

**愚**　丨者,戇也。〔說文繫傳・通論下〕又〔說文〕「嬬,丨戇多態也」段注。○丨,丨惷。〔廣韻・虞部〕○丨者,暗昧不明。〔論語・陽貨〕「古之丨也直」朱注。○丨者,知不足而厚有餘。〔論語・先進〕「柴也丨」朱注。○知者無不能貌為丨。○丨,若可陷可罔之類。〔論語・陽貨〕「其蔽也丨」朱注。○〔詩・抑〕「靡哲不丨」通釋。○丨之言寓也。〔說文繫傳・通論下〕○丨與遇古通。〔莊子・則陽〕「匿為物而丨不識」集釋。○丨,遇聲之誤。〔墨子・經說下〕「是不可智也,丨也」閒詁。○〔秦策〕「今丨惑與罪人同心」,姚本作遇。〔書・盤庚〕「暫遇姦宄」述聞。○〔晏子春秋・外篇〕「盛為聲樂以淫丨民」,〔墨子・非儒〕丨作遇。〔同上〕○丨,亦即暫遇姦宄之遇。〔同上〕○丨,一本作遇。〔莊子・則陽〕「匿為物而丨不識」集釋引俞樾。○丨,閩本作異。〔漢書・高后紀〕「諸中官、宦者令丞皆賜爵關內侯,食邑」補注引錢大昭。○丨,官本作異。〔同上〕補注。

**娛**　丨,丨樂。〔廣韻・虞部〕○丨,樂也。〔詩・出其東門〕「聊可與丨」朱傳。又〔管子〕「虞而安」雜志。○丨通作虞。〔說文〕「丨,樂也」義證。○丨,古多借虞為之。〔說文〕「丨,樂也」段注。○〔周頌・絲衣〕曰不吳,孔沖遠〔詩正義〕作不丨。〔說文〕「吳,大言也」段注。○丨,經傳多以虞為之。〔說文定聲・卷九〕

**隅**　丨,陬也。〔論語・述而〕「舉一丨」劉正義。又〔廣韻・虞部〕。○丨與陬為轉注。〔說文〕「丨,陬也」段注。○丨,角。〔詩・緜蠻〕「止于丘丨」朱

傳。○|，角也。〔楚辭·天問〕「|隈多有」補注。又〔廣韻·虞部〕。又〔晏子春秋〕「|肶之削」雜志。○|，廉角也。〔詩·抑〕「維德之|」朱傳。○|謂角。〔詩·靜女〕「俟我於城|」通釋。○算術以角為|。〔說文定聲·卷八〕○今之筭法謂角曰|。〔說文〕「臣，陬|」段注。○|眦者，|差也。〔晏子春秋〕「|肶之削」雜志。○|者，高山之阝也。〔說文〕「廉，仄也」段注。○|睉即|差，亦即|眦也。（同上）○〔說文定聲·卷八〕|，假借為嵎。〔魯語〕「守封|之山者也」。○|亦作嵎。〔說文〕「|，陬也」段注。○|作虞。〔說文定聲·卷八〕○|亦作禺。（同上）○|亦作湡。〔說文〕「|，陬也」段注。○|當作偶。〔韓子·難三〕「不敢|君」集解。

## 芻

|，刈草也。〔通鑑·周紀二〕「曾無所|牧」音注。○刈草曰|。〔漢書·谷永傳〕「使|蕘之臣得盡所聞於前」補注引胡注。○刈取以用曰|。〔說文〕「茭，乾|」繫傳。○|，草也。〔孟子·梁惠王下〕「|蕘者往焉」朱注。又〔公孫丑下〕「則必為之求牧與|矣」朱注。又〔國策·秦策四〕「|牧薪採」補正。○|，草也，以食馬。〔國策·秦策四〕「|牧薪採」鮑注。○|，藁也。〔禮記·祭統〕「士執|」集解。○|，茭草。〔說文〕「茭，乾|」義證引〔玉篇〕。○初刈曰蕘，既束曰|。〔說文〕「|，刈艸也」義證引趙宧光。○包束乾草曰|。〔公羊傳哀公一四年〕「薪采者也」陳疏引吳麦雲。○刈草包束曰|。〔本草·卷一五〕○飼馬曰|。〔儀禮·聘禮〕「積唯|禾」胡正義引郝敬。○|，象斷艸包束以飤馬牛者也。〔說文定聲·卷八〕○草食曰|。〔禮記·月令〕「案|豢」集解。○草食曰|，牛羊是也。〔孟子·告子上〕「猶|豢之悅我口」朱注。○|，姓。〔廣韻·虞部〕○|，俗作蒭作犓。〔說文定聲·卷八〕

## 蒭

|，草之總名也。〔慧琳音義·卷一二〕引〔集訓〕。

## 無

|，有|也。〔廣韻·虞部〕○|，不也。〔釋詞·卷一〇〕○|，猶不也。〔詩·隰有萇楚〕「樂子之|知」陳疏。又〔周書〕「靡適|口」雜志引薛綜。○|，未也。〔釋詞·卷一〇〕○|，非也。（同上）○|，毋也。（同上）○|毋義同。〔墨子·節葬下〕「|以厚葬」閒詁。○|，否也。〔釋詞·卷一〇〕○|，勿也。（同上）○|之言勿也。〔屈賦·遠遊〕「|涸而魂兮」戴注。○|，猶莫也。〔穀梁傳僖公二二年〕「|幸焉」述聞。○|猶得|也。〔韓子·內儲說上〕「則大臣|重」集解。○|者，有之閒也。〔釋詁〕「|，閒也」郝疏。○|，語辭。〔書·微子〕「今爾|指告」述聞。○|為語詞。〔詩·思齊〕「|射亦保」通釋。○|，發聲。〔左傳宣公一二年〕「|競惟烈」疏證。○|，發聲語助。〔詩·抑〕「|競維人」通釋。○|，發聲助也。〔史記〕「亡其」雜志。又〔墨子〕「毋|」雜志。○|，轉語詞也。〔釋詞·卷一〇〕○|者，庑也。〔說文繫傳·通論下〕○|慮，猶云亡論也。〔通雅·卷五〕○|慮者，粗計也。〔漢書〕雜志。○總計物數謂之|慮。（同上）○總度事宜亦謂之|慮。（同上）○|慮為都凡之名。（同上）○|慮，都凡之意也。〔述聞·卷三一〕○|慮或但謂之慮。〔漢書〕雜志。○|慮，轉而為都凡之訓。〔左傳宣公一二年〕疏證。○|慮亦大數之名，或作亡慮。〔廣雅·釋訓〕「|慮，都凡也」疏證。○提封、|慮、辜榷、揚榷皆大數之名，通訓為都凡也。〔漢書〕雜志。○|慮、勿慮、摹略、莫絡、孟浪皆一聲之轉。〔述聞·卷三一〕○|慮，又轉之為摹略。〔廣雅·釋訓〕「|慮，都凡也」疏證。○莫絡、孟浪、|慮，皆一聲之轉，皆都凡也。〔廣雅·釋訓〕「|慮，都凡也」疏證。○|慮即|閭。〔通雅·卷一六〕○|寧，寧也。〔論語·子罕〕「|寧死於二三子之手乎」朱注。又〔左傳昭公二二年〕「|寧以為宗羞」洪詁。○|以，|以言也。〔孟子·梁惠王上〕「|以，則王乎」焦正義引〔四書辨疑〕。○|祿，猶言不幸。〔詩·正月〕「念我|祿」朱傳。○|祿即不祿。〔左傳成公一三年〕「|祿」疏證。○|姑，一名楦榆。〔說文〕「梗，山枌榆」義證引〔急就篇〕顏注。○|陽，三國吳時名濼陽，晉、宋〔志〕作舞陽，唐名武谿，又曰巫溪。〔漢書·地理志〕「|陽」補注引徐松。○|由，|所行之路也。〔屈賦·惜往日〕「使貞臣為|由」戴注。○|憂即|寫之意也。〔方言一〇〕「或謂之|寫」箋疏。○|寫，猶言|甚也，寫之為音，猶些也。〔通雅·卷四九〕○|庶，即|也。〔詩·鷄鳴〕「|庶予子憎」通釋。○|庶，即庶|之倒文。（同上）○|婁，即牟婁，聲之轉也。〔左傳宣公一五年經〕「|婁」疏證引沈欽韓。○或言意，或言意亦，或言意亡，或言|意，或言亡意亦，皆轉語詞也。〔史記〕「亡其」雜志。○|基，謂不敬。〔左傳成公一三年〕「郤子|基」疏證。○|足，謂刖者也。〔荀子·正名〕「其與|足以異」集解引俞樾。○|文，謂禮質|文。〔書·洛誥〕「咸秩|文」疏證引江聲。○|經，謂不守先王之正經也。〔大戴·保傅〕「詩書禮樂|經」王詁。○|人，|憂國之人也。〔韓子·有度〕「亡國之廷|人焉」集解。○|封，言不為墳也。〔墨子·節葬下〕「滿埳|封」閒詁引畢沅。○〔通雅·卷四九〕今桐城謂|萬數曰悶數。〔賓退錄〕「諺云|萬數」。○毋|通。〔左傳僖公二四年〕「其|蒲狄乎」疏證。○|毋通，禁止辭也。〔論語·學而〕「|友不如己者」朱注。○|與毋通。〔管子·大匡〕「|國勞」義證。○|字與毋通。〔詩·蟋蟀〕「|已大康」陳疏。○〔通雅·卷二〕|，又通作毋。〔論語〕「毋意毋必」。○亡與|古字通。〔漢書〕「如也」雜志。○|通作没，盡也。〔通雅·卷二〕○|通作瞀，不明貌。（同上）○〔通雅·卷二〕|，又通作勿。〔論語〕「非禮勿視」。○（同上）|，又通作莫。〔詩〕「莫敢不來享」。○|通作无，又通作亡，又通作毋。〔釋言〕「靡，|也」郝疏。○|，通為无亡勿毋莫末没毛耗蔑微靡不曼瞀。〔通雅·卷二〕○|，讀為侮。〔墨子·天志中〕「|廖僔務」閒詁。○|讀為幠。〔荀子·禮論〕「|帾絲歶縷翣」集解。○|罔音義同。〔墨子·天志中〕「|廖僔務」閒詁引畢沅。○|古讀如模。〔釋言〕「罔，|也」郝疏。○|古讀模。〔釋訓〕「勿念，勿忘也」郝疏。○古人讀|與模音近。〔通雅·卷九〕○曼、莫、|一聲之轉。〔廣雅·釋言〕「曼、莫，|也」疏證。○侮某|亡古俱聲同聲轉之字。〔釋言〕「憮，撫也」郝疏。○|蕪同。〔漢書·王子侯表〕「|湖」補注。○|與毋同。〔廣雅·釋樂〕「毋句氏磬十六

枚」疏證。○丨，元作毋。〔國策·趙策三〕「夫丨脊之厚」鮑注。又〔韓策二〕「丨秦患而德楚」鮑注。○丨，魯作毋。〔詩·碩鼠〕「丨食我黍」集疏。又〔文王〕「丨念爾祖」集疏。○丨，齊作毋。〔詩·敬之〕「丨曰高高在上」集疏。○丨，〔月令〕作毋。〔呂覽·仲夏〕「丨燒炭」校正。○〔史記〕丨作毋。〔左傳哀公一五年〕「丨入為也」洪詁。○丨字或作毋。〔釋詞·卷一〇〕○官本丨作毋。〔漢書·食貨志〕「祭祀丨過旬日」補注。○魯丨已作毋已。〔詩·陟岵〕「夙夜丨已」集疏。○齊丨恒作毋常。〔詩·小明〕「丨恒安息」集疏。○齊丨貳亦作毋二。〔詩·大明〕「丨貳爾心」集疏。○丨幸，〔說苑〕作毋幸。〔呂覽·先識〕「丨幸必亡」校正。○丨，字或作妄。〔釋詞·卷一〇〕○丨，字或作忘。〔同上〕○〔古今人表〕丨作亡。〔左傳襄公三〇年〕「申丨宇曰」洪詁。○〔漢書〕引丨作无。〔左傳襄公三一年〕「誰能丨偷」洪詁。○〔古今人表〕作公子无知。〔左傳莊公八年〕「公孫丨知」洪詁。○〔易經〕丨字皆作无。〔說文定聲·卷九〕〔「橆」下〕○丨應作无，〔易經〕中未有丨字。〔漢書·藝文志〕「或脱去丨咎、悔亡」補注引周壽昌。○丨，字或作亡。〔釋詞·卷一〇〕○丨，魯作亡。〔詩·相鼠〕「人而丨儀」集疏。○〔古今人表〕丨作亡。〔左傳隱公二年經〕「丨駭帥師入極」洪詁。○〔地理志〕丨作亡。〔左傳襄公二九年〕「國丨主其能久乎」洪詁。○〔古今人表〕作郵亡恤。〔左傳哀公二年〕「郵丨卹御簡子」洪詁。○丨駭，〔漢書·古今人表〕作亡駭。〔公羊傳隱公二年經〕「丨駭帥師入極」陳疏。○〔漢書〕丨字皆作亡，其或作丨者皆後人所改。〔漢書〕「丨冰」雜志。○凡丨，魯作不。〔詩·板〕「丨敢戲豫」集疏。○〔水經注〕引作古而不死。〔左傳昭公二〇年〕「古而丨死」洪詁。○丨，魯皆作何。〔詩·谷風〕「丨草不死，丨木不萎」集疏。○丨當作毋。〔漢書·匡衡傳〕「情欲之感丨介乎容儀」補注引宋祁。○丨當作毌，讀為貫。〔列子·黃帝〕「吾與汝丨其文」平議。○「丨或」當從〔淮南〕作「若或」。〔呂覽·仲秋〕「丨或失時」校正。

橆〔說文定聲·卷九〕丨，假借為舞。〔周禮·鄉大夫〕故書「五曰興無」。○〔同上〕丨，假借為幠。〔荀子·禮論〕「無帾絲歶」。○〔同上〕丨，假借為罔。〔莊子·達生〕「水罔象」司馬注「無傷狀如小兒」。○丨，假借為毋。〔皋陶謨〕「無教逸欲有邦」。○丨，〔漢書〕多以亡為之。〔說文定聲·卷九〕○丨，〔史記〕引〔洪範〕皆以毋為之。〔同上〕

𣞤丨，俗作無。〔說文〕「丨，亡也」段注。

无丨者，虛丨也。〔說文〕「丨，奇字無」繫傳。

蕪丨，荒也。〔離騷〕「哀衆芳之丨穢」補注。○丨，荒丨。〔廣韻·虞部〕○丨，盛也。〔說文〕「無，豐也」繫傳。○丨菁，蔓菁也。〔說文〕「蘴，似丨菁」句讀。○丨菁即蔓菁。〔說文〕「蘴，蘆蘴，似丨菁」段注。○丨菁，北人名蔓菁，其根呼為丨根。〔同上〕義證引〔本草拾遺〕。○丨菁，今世俗謂之蔓菁。〔同上〕義證引〔本草衍義〕。○江東呼丨菁為菘。〔說文〕「葑，須從也」義證引〔御覽〕。○丨荑，一名無姑。〔說文〕「梗，山枌榆」義證引〔本草〕。○丨荑，無姑之實也。〔同上〕義證引〔急就篇〕顏注。○丨荑，有大小兩種，小丨荑即榆莢也。〔同上〕義證引〔本草衍義〕。○丨荑即榆莢所為也。〔說文〕「梗，山枌榆，有束莢可為丨荑也」繫傳。○〔說文定聲·卷九〕丨，假借為橆。〔釋詁〕「丨，豐也」。○〔同上〕丨，假借為逋。〔楚辭·哀郢〕「郭兩東門之可丨」。○丨者，𣞤之叚者也。〔釋詁〕「丨，豐也」郝疏。○丨，古讀如模。〔同上〕○丨者，蘴之轉聲也。〔廣雅·釋草〕「蘴，丨菁也」疏證。○邵本丨作毋。〔漢書·地理志〕「涇」補注引宋祁。○今人書繁無作丨。〔說文〕「無，豐也」繫傳。○𣞤與丨同。〔方言一三〕「𧀼，丨也」箋疏。

巫丨，祝也。〔通鑑·漢紀一四〕「公孫敖坐妻為丨蠱要斬」音注。○丨，謂事鬼神曰丨。〔慧琳音義·卷九〕○丨，所以交鬼神。〔論語·子路〕「不可以作丨醫」朱注。○丨，丨覡。〔廣韻·虞部〕○在女曰丨，在男曰覡，丨是總名。〔漢書〕「丨鬼」雜志。○丨猶醫也。〔周禮·夏官序官〕「丨馬下士二人」孫正義。又〔周禮·夏官序官〕「丨馬」平議。○丨醫古得通稱。〔論語·子路〕「不可以作丨醫」平議。○丨之與醫對文則別，散文則通。〔孟子·公孫丑上〕「丨匠亦然」平議。○丨猶無也。〔說文〕「丨，祝也」繫傳。○丨祝，謂司丨大祝之屬，並掌鬼神之事者。〔大戴·千乘〕「日麻丨祝」王詁。○丨咸，殷之傳天數者。〔離騷〕「丨咸將夕降兮」戴注。○丨咸為殷之賢大臣。〔史記·天官書〕「丨咸」志疑。○丨咸，殷賢臣，一云名咸，殷之丨也。〔離騷〕「丨咸將夕降兮」補注。○丨支祈，水神。〔通雅·卷二一〕○丨，一作巠。〔國策〕「輕西周」雜志。○俗字丨字或作巠。〔同上〕

于丨，於也。〔詩·采蘩〕「丨以采蘩」朱傳。又〔詩·擊鼓〕「丨以求之」陳疏。又〔廣韻·虞部〕。○丨於二字，其本義皆為氣舒之詞。〔詩·采蘩〕「丨以采蘩」後箋。○丨，往。〔書·大誥〕「敢弗丨從」孫疏。又〔詩·雨無正〕「維曰丨仕」朱傳。又〔棫樸〕「周王丨邁」朱傳。○丨，往也。〔書·虞夏書序〕「野丨飲食」孫疏。又〔詩·七月〕「三之日丨耜」朱傳。又〔七月〕「一之日丨貉」後箋。又〔擊鼓〕「丨以求之」集疏。又〔無衣〕「王丨興師」集疏。○丨，往取也。〔孟子·滕文公上〕「詩云晝爾丨茅」朱注。○丨之義訓取。〔詩·七月〕「晝爾丨茅」通釋。○丨，訓為往訓為在者，皆由氣出之義而引申之。〔詩·采蘩〕後箋。○丨，詞也。〔詩·葛覃〕「黃鳥丨飛」集疏。又〔說文·上說文書〕「丨時大漢」段注。○丨，越。〔書·洛誥〕「未定丨宗禮」孫疏引王引之。○丨猶越也。〔釋詞·卷一〕○丨，猶越也，與也。〔書·康誥〕「告女德之說丨罰之行」述聞。○丨猶越也，越猶與也，丨字為連及之詞。〔書·呂刑〕「罔中丨信」平議。○丨，曰也。〔廣韻·虞部〕○丨猶與也。〔釋詞·卷一〕○丨，猶如也。〔同上〕○丨猶是也。〔同上〕○丨，猶乎也。〔同上〕○丨，猶為也。〔詩·七月〕「三之日丨耜」通釋。又〔釋詞·卷一〕。○丨為須。〔左傳宣公二年〕「丨思丨思」疏證引惠棟。○

一嗟，歎辭。〔詩·麟之趾〕「一嗟麟兮」朱傳。又〔擊鼓〕「一嗟闊兮」朱傳。○一嗟，嘆詞，悲歎之詞也。〔詩·擊鼓〕「一嗟闊兮」陳疏。○一差，即吁嗟。〔詩·東門之枌〕「穀旦一差」通釋。○一差者，歌呼以事神之詞也。〔同上〕集疏。○一越即於越。〔通雅·卷一六〕○一歸，往歸。〔詩·燕燕〕「之子一歸」陳疏。○一飛，猶聿飛。〔詩·葛覃〕「黃鳥一飛」集疏。○一以，猶薄言，皆發聲語助也。〔詩·采蘩〕「一以采蘩」陳疏。○一何，猶奈何也。〔詩·十月之交〕「一何不臧」集疏引韓說。○一思，白頭貌。〔左傳宣公二年〕「一思一思」洪詁引賈逵。○一思為白須也。〔左傳宣公二年〕「一思一思」疏證引惠棟。○一遮，亦一諸之音也。〔文選·上林賦〕「淮南一遮」集釋引方氏〔通雅〕。○一一，廣大之意。〔莊子·盜跖〕「起則一一」集釋。○一一即盱盱也。〔莊子·應帝王〕「其覺一一」集釋。○一迂古通用。〔漢書·景十三王傳〕「膠西一王端」補注引李慈銘。○一如古通用。〔詩·振鷺〕「振鷺一飛」通釋。○一與為通。〔詩·定之方中〕「作一楚宮」通釋。○一與為古通用。〔同上〕平議引段玉裁。○古一為同聲，故得通用。〔書·康誥〕「一父不能字厥子」平議。○為一二字，古同聲而通用。〔國策〕「朝為天子」雜志。○一當讀為。〔詩·崧高〕「四國一蕃」通釋。○古一乎通。〔呂覽·審應〕「然則先生聖一」校正引盧文弨。○〔說文定聲·卷九〕一，假借為乎。〔呂覽·審應〕「然則先生聖一」。○〔同上〕一，假借為捕。〔孟子〕「殺越人一貨」。○〔同上〕一，或曰借為舉。〔孟子〕「殺越人一貨」。○〔同上〕一，假借為吳。〔淮南·原道〕「一越生葛絺」。○〔同上〕一，假借為紆。〔禮記·文王世子〕「況一其身以善其君乎」。○〔同上〕一，假借為訏。〔禮記·檀弓〕「一則一」。○〔同上〕一，假借為曰。〔詩·六月〕「王一出征」。○〔同上〕一，假借為如。〔詩·桃夭〕「之子一歸」。○一者，衷之假借字。〔說文〕「衦，諸衷也」段注。○乎，本字也，一，借字也。〔述聞·卷三一〕○一讀為迂。〔漢書〕「大笑之」雜志。○一讀為芋。〔述聞·卷二三〕○一讀為為，修也。〔詩·七月〕「三之日一耜」集疏引韓說。○一讀為於。〔詩·桃夭〕「之子一歸」陳疏。○一讀曰為。〔國策〕「朝為天子」雜志引〔禮記〕鄭注。○一，當讀曰為，謂作為此宮室也。〔詩·定之方中〕「作一楚宮」、「作一楚室」述聞。○〔說文定聲·卷九〕一曰雙聲。〔詩·六月〕「王一出征」。○一音吁。〔詩·麟之趾〕「一嗟麟兮」朱傳。又〔騶虞〕「一嗟乎騶虞」朱傳。又〔擊鼓〕「一嗟闊兮」朱傳。又〔權輿〕「一嗟乎」朱傳。○一於古今字。〔詩·采蘩〕「一沼一沚」陳疏。○一於為古今字，凡經多用一，凡傳多用於。〔說文〕「於，象古文烏省」段注。○一於二字在周時為古今字。〔說文〕「亏，於也」段注。○一，用為語辭者，則又用一為古字，用於為今字。〔詩·采蘩〕「一以采蘩」後箋。○官本一作於。〔漢書·地理志〕「號曰句吳」補注。○諸本一作於。〔左傳襄公二五年〕「至一莊宣，皆我之自立」洪詁。○一通作吁。〔釋詁〕「一，於也」邵正義。○一即吁字。〔詩·十月之交〕「一何不臧」平議。○一即古吁字。〔說文〕「忓，憂也」句讀。又〔說文〕「雩，从雨一聲」句讀。○一乃古字，吁則累增字也。〔說文〕「吁，驚語也」句讀。○一吁古今字。〔詩·麟之趾〕「一嗟麟兮」陳疏。○一，韓作吁。〔同上〕集疏。○一，魯作吁。〔詩·騶虞〕「一嗟乎騶虞」集疏。○一，韓作吁。〔詩·氓〕「一嗟女兮」集疏。○一，又通作吁。〔釋詁〕「一，曰也」郝疏。○一通作乎。〔同上〕○一即乎字。〔管子·山國軌〕「有道予」雜志。○今〔詩〕一作乎，〔漢書〕作虖。〔說文〕「猒，詩曰遭我一猒之閒兮」段注。○一，一本作為。〔詩·定之方中〕「作一楚宮」陳疏。○三家一作為。〔同上〕集疏。○一，本或作為。〔國策·秦策〕「朝為天子」雜志引〔釋文〕。○古聲一與為通。張載注〔魏都賦〕、李善注謝朓〔和伏武昌詩〕、王融〔曲水詩序〕引〔詩〕並作「作為楚宮，作為楚室」。〔詩·定之方中〕「作一楚宮」、「作一楚室」述聞。○三家一作以。〔詩·信南山〕「享一祖考」集疏。○一，當作干。〔大戴·勸學〕「一越戎貉之子」述聞。又〔說文〕「埻，墇旳」段注。○一越，本作干越，干越者，吳越也。〔漢書·貨殖傳〕「辟猶戎翟之與一越」補注引王念孫。○官本注一作干。〔漢書·高后紀〕「列侯幸得賜餐錢奉邑」補注。○一，〔史記〕作芋。〔漢書·司馬相如傳〕「奄閭軒一」補注。○一苗，〔墨子〕作有苗，古文也。〔書·呂刑上〕注「一一作有」孫疏。○一當作亡。〔漢書·匈奴傳〕「及畜產遠移死一不可勝數」補注引錢大昭。○一當作於。〔說文·敘〕「封一泰山者七十有二代」段注。○一諸本誤作於。〔左傳襄公九年〕「穆姜薨一東宮」洪詁。○一字乃以字之誤。〔穀梁傳僖公二八年〕「會一溫言」平議。

**亐** 一，舒一也。〔說文〕「兮，从丂八，象气越一也」句讀。○一，語之舒也。〔說文〕「吁，驚也」繫傳。○一呼者，謂此鳥善舒气自叫，故謂之烏。〔說文〕「孔子曰烏一呼也」段注。

○一，各本作盱。〔同上〕

**盂** 一，盤一。〔廣韻·虞部〕○一者，飲器也。〔說文〕「盌，小一也」段注。○〔說文定聲·卷一〇〕一者，椑屬。〔方言五〕「一謂之柯」。○一，椀之大者也。〔慧琳音義·卷五七〕引〔考聲〕。○一，椀之大者，一云椀無足曰一。〔卷一五〕引〔考聲〕。○一，曲貌也。〔廣雅·釋器〕「盩，一也」疏證。○一之言迂曲也。〔同上〕○一取迂曲之義，蓋圓陣也，魏晉時謂之甄。〔左傳文公一〇年〕「宋公為右一」疏證引沈欽韓。○〔通雅·卷三五〕一八，蹋鞠之彩名也。〔青箱雜記〕「一捧一八」。○〔說文定聲·卷九〕一，假借為邘。〔左傳定公八年〕「劉子伐一」。○一雩音同，古字亦通。〔左傳僖公二一年經〕「宋公楚子陳侯蔡侯鄭伯許男曹伯會于一」洪詁。○一靨，〔史記〕作壺靨，又作狐靨。〔左傳哀公一五年〕「下石乞一靨敵子路」洪詁。○一通作杅。〔說文〕「一，飯器也」義證。○

一亦作杅。〔方言五〕「盌謂之一」疏證。

**臞** 一，瘠也。〔廣韻·虞部〕○一，瘦。〔廣韻·遇部〕○一，少肉。〔國策·燕策二〕「何一也」鮑注。○一者，見之可驚瞿也。〔說文〕「一，少肉也」繫傳。○一脒雙聲。〔說文〕「脒，齊人謂一脒也」句讀。○一通作癯。〔釋言〕「一，瘠也」郝疏。○一，字或作癯。〔說文〕「一，少肉也」義證。

**衢** 一為四道交錯。〔釋宮〕「四達謂之一」郝疏。○道四達以上通謂之一。〔同上〕○一，或曰五達。〔說文〕「一，四達謂之一」義證。○一，或曰九交。

〔同上〕○歧道為—。〔屈賦·天問〕「靡蓱九—」戴注。○—地，四通之地。〔屈賦·說文〕「—，四達謂之—」義證引〔孫子·九變〕注。○—，歧也。〔屈賦·天問〕「靡蓱九—」補注引〔天對〕注。○—閭謂當—之閭也。〔晏子春秋·外篇不合經術者〕「立於閭」雜志。○〔說文定聲·卷九〕—，假借為歧。〔荀子·勸學〕「行—路者不至」。○〔同上〕—，假借為馗。〔天問〕「靡蓱九—」。○荀子書皆謂兩為—。〔荀子·勸學〕「—道」雜志。

儒—，柔也。〔廣韻·虞部〕○—者，柔也，弱也，選懦畏事之意。〔荀子·修身〕「偷—轉脫」集解引郝懿行。○—之言愞也。〔說文〕「—，柔也，術士之稱者也」繫傳。○〔說文定聲·卷八〕—，以懦為訓。〔說文〕「—，柔也」。○—，學者之稱。〔論語·雍也〕「女為君子—」朱注。○—，術士之稱也。〔慧琳音義·卷六五〕○古謂術士為—。〔周禮·太宰〕「四曰—以道得民」孫正義。○凡有一術可稱皆名之曰—。〔同上〕○—者，其人有伎術者也。〔周禮·太宰〕「四曰—」平議。○—，直也。〔續音義·卷八〕引〔切韻〕。○有道術之士謂—生也。〔漢書·伍被傳〕「殺術士」補注。○—輸，倒言之則曰輸—。〔廣雅·釋詁一〕「—輸，愚也」疏證。○—濡古字通用。〔管子·宙合〕「涅—」義證。○〔說文定聲·卷八〕—，假借為懦。〔荀子·脩身〕「偷—轉脫」。○〔同上〕—，以濡為之。〔衡方碑〕「少以濡術」。○〔同上〕—，以偄為之。〔魯峻碑〕「學為偄宗」。○官本—作㐵。〔漢書·云敞傳〕「云敞字幼—」補注。○〔漢表〕—作虎，〔通志·氏族略〕作彪。〔史記·高祖功臣侯者年表〕「孝侯武—」志疑。

濡—者，濡也。〔說文〕「泥，小—皃也」段注。○—，濡漬也。〔慧琳音義·卷八〕引〔集訓〕。○—，又濡—。〔廣韻·虞部〕○—，小溼也。〔慧琳音義·卷八〕引〔字統〕。○—亦淹也。〔方言一三〕「淹，敗也」箋疏。○—為遲鈍也。〔述聞·卷二二〕○—謂煩擱其髮。〔禮記·喪大記〕「—濯棄于坎」集解引皇氏。○耎、需、—、軟，並字異而義同。〔廣雅·釋詁二〕「耎，弱也」疏證。○—霍謂溦滓濡—也。〔說文〕「霍，雨—革也」義證。○—滯，遲留也。〔孟子·公孫丑下〕「是何—滯也」朱注。○—，水名，出涿郡。〔廣韻·虞部〕○遼西之—，字本作渜。〔漢書·地理志〕「水亦至范陽」雜志。○—乃渜之譌。〔漢書·地理志·遼西郡〕「玄水東入—水」補注。○—柔通。〔釋詁〕「柔，安也」郝疏。○〔說文定聲·卷八〕—，假借為需溼之需。〔廣雅·釋詁〕「—，漬也」。○〔同上〕—，假借為渜，今之灤河也。〔漢書〕「漁陽郡—水」。○〔同上〕—，假借為㼿。〔孟子〕「是何—滯也」。○〔同上〕—，假借為嬬，為偄，為媆，為懦。〔史記·刺客傳〕「無—忍之志」。○—與偄同。〔周禮·山虞〕孫正義。○耎—柔並一聲之轉。〔釋詁〕「柔，安也」郝疏。

濡—，本亦作濡，音儒。〔莊子·大宗師〕「相—以沫」集釋引〔釋文〕。

襦—者，今之襖子也。〔慧琳音義·卷九〕○—若今襖之短者。〔說文〕「—，短衣也」段注。○〔說文定聲·卷八〕—，其長及鄀，若今之短襖。〔說文〕「—，短衣也」。○〔同上〕—即褔也，小兒次衣。〔方言四〕「襜謂之—」。○〔同上〕—，假借為繻。〔周禮·羅氏〕「蜡則作羅—」。

須—謂頤下之毛。〔說文定聲·卷八〕○頤下曰—。〔本草·卷五二〕○—亦髮屬。〔說文定聲·卷四〕〔「鬚」下〕○—，引伸為凡下垂之偁。〔說文〕「—，頤下毛也」段注。○—，轉注為凡下垂之稱。〔說文定聲·卷八〕○今吾鄉凡束彩線下垂為飾者，俗曰蘇頭，皆—字也，—蘇雙聲。〔同上〕○—者，陰血所生而體柔。〔易·賁〕「賁其—」李疏。○—，待也。〔左傳成公一二年〕「寡君—矣」疏證引讀本。又〔通鑑·秦紀一〕「恐不能—也」音注。又〔唐紀二〇〕「欲何—邪」音注。又〔楚辭·思美人〕「聊假日以—峕」補注。又〔史記·李斯列傳〕「胥人者去其幾也」雜志。○—之言待也。〔左傳成公二年〕「子不少—」平議。○—言少待。〔國策·韓策二〕「—秦必敗」鮑注。○—胥同，待也。〔國策·秦策一〕「大王拱手以—」鮑注。○—者，遲也。〔荀子·禮論〕「使其—足以容事」集解引王引之。○—者，意所欲也。〔通鑑·梁紀一〇〕「知—水」音注。又〔唐紀五一〕「—得爾驢」音注。○—，意所欲也。〔廣韻·虞部〕○—，菰葑也。〔釋草〕「—，葑蓯」鄭注。○—，一名葑，即蔓菁。〔釋草〕「—，薞蕪」鄭注。○—，即蔓菁也，亦曰菘，菘—一聲之轉，字亦作蕦。〔說文定聲·卷八〕○—即薞蕪之合音。〔同上〕○—，即莎草也。〔同上〕○—，張口鼓腮。〔釋獸〕「魚曰—」鄭注。○—，才智之稱。〔說文〕「嬃，女字也」義證引〔鄭志〕。○—亦胥也。〔管子·法法〕「胥足上尊時而王」雜志。○—臾，西國時分名也，二刻為一—臾，三十—臾為一晝夜。〔慧琳音義·卷三〕○—臾猶從容。〔史記·淮陰侯列傳〕「—臾」雜志。○—臾猶從容、延年之意也。〔漢書·賈山傳〕「願少—臾毋死」補注。○從容、—臾，聲之轉耳。〔史記·淮陰侯列傳〕「—臾」雜志。○—搖即—臾，搖臾聲相近。〔漢書·禮樂志〕「臨—搖」補注引錢大昭。○〔通雅·卷三六〕—捷，猶言細屑。〔方言〕「楚人衣被醜敝謂之—捷」。○小而長者曰—慮長，越人呼船為—慮長，即鶻舸也。〔通雅·卷三四〕○—與頿通。〔詩·匏有苦葉〕「卬—我友」陳疏。又〔廣雅·釋言〕「需，頿也」疏證。○—頿古字通。〔述聞·卷二二〕○〔說文定聲·卷八〕—，假借為頿。〔易·歸妹〕「歸妹以—」。○樊遲名—，—者，頿之假借。〔說文〕「頿，立而待也」段注。○—即頿之叚借也。〔說文〕「需，頿也」段注。○—今借為—待，字本作頿。〔說文〕「頿，待也」義證引〔五經文字〕。○—與諝、胥同音通用。〔說文〕「嬃，女字也」段注。○〔說文定聲·卷八〕—，假借為諝。〔易·歸妹〕鄭注「—，有才智之稱」。○—或借胥字。〔說文〕「頿，待也」義證。○俗假—為需，別製鬒鬚字。〔說文〕「—，頤下毛也」段注。○〔說文定聲·卷八〕—，假借為嬬。〔易·歸妹〕「歸妹以—」荀、陸作嬬。○—與壻聲亦相近。〔方言三〕箋疏。○—莎聲相轉也。〔釋草〕「臺，夫—」郝疏。○—，魯作頿。〔詩·匏有苦葉〕「卬—我友」集疏。○—，俗作鬚。〔廣韻·虞部〕○—，俗字作鬚。〔說文定聲·卷八〕○—，諸本作鬚。〔左傳昭公二六年〕「鬒—眉」洪詁。○—即嬃字。〔說文〕「嬃，女字也」段注。○官本—作嬃。〔漢書·燕王傳〕「又太后女弟呂—女亦為營陵侯妻」補注。又〔陳平傳〕「又呂后女弟呂—」補注。○—作傾。〔管子·九守〕「虛心平意以待—」平議。○凡〔上林賦〕之鶻蘇、〔吳都賦〕之流蘇，今俗云蘇頭，皆即丨字也。〔説文〕「丨，頤下毛也」段注。○〔説文定聲・卷八〕丨，後人皆以蘇為之。〔子虛賦〕「靡魚丨之橈旃」。○申丨，〔漢書〕引作申繻。〔左傳昭公一七年〕「申丨」洪詁。○丨字乃順字之誤。〔荀子・富國〕「丨孰盡察」平議。○思丨之丨當為湏，湏是古文沬字，傳寫譌改為丨。〔詩・泉水〕「思丨與漕」集疏引陳蔚林。

**鬚** 在口上曰髭，在下曰丨。〔説文〕「頾，口上須也」義證引〔洪武正韻〕。○丨，俗須字。〔廣韻・虞部〕○丨是須之俗作也。〔説文〕「須，面毛也」句讀。

**株** 丨，木根也。〔廣韻・虞部〕○在土上者曰丨。〔説文〕「丨，木根也」繫傳。○丨，今俗語云樁。（同上）段注。○丨，今語轉曰樁。〔説文定聲・卷八〕○丨，殺樹之餘也。〔慧琳音義・卷三〕引〔考聲〕。○枿栽曰丨。〔説文〕「根，木丨也」義證引〔急就篇〕顔注。○丨檽，短柱，通作侏。〔集韻・虞部〕○〔通雅・卷四〕丨櫱，言高橛不動也。〔送文暢師〕「丨櫱」。○丨梜，木名，可為車輞。〔集韻・虞部〕

**誅** 丨，責也。〔國策・韓策一〕「而丨齊魏之罪」補正。又〔廣韻・虞部〕。又〔漢書・天文志〕「天子所丨也」補注。○丨，責讓也。〔論語・公冶長〕「於予與何丨」劉正義。○丨，責也，求也。〔通鑑・漢紀一八〕「是以貪財丨利」音注。○丨猶求也。〔國策・韓策一〕「而丨齊魏之罪」鮑注。○丨亦可通言求。〔詩・韓奕〕通釋。○丨，討也。〔國策・秦策一〕「丨周主之罪」鮑注。○丨，治也。〔説文〕「丨，討也」義證引〔孫子〕注。○丨謂殺戮。〔穀梁傳隱公五年〕「丨不填服」述聞。○凡訓丨者皆當為殊。〔説文〕「殛，殊也」義證。○〔説文定聲・卷八〕丨，假借為殊。〔廣雅・釋詁〕「丨，殺也」。○丨通作朱，侏之叚字。〔商子・墾令〕「則丨愚亂農」平議。○丨與殊同。〔釋言〕「殛，丨也」郝疏。○丨當讀謀。〔墨子・非儒下〕「孔某之丨也」閒詁引蘇時學。○丨字當為訹，字之誤也。〔墨子・耕柱〕「古之善者不丨」平議。○丨本作俟，俟訓待。〔荀子・議兵〕「然後丨之以刑」集解引王念孫。○丨一作鉄。〔史記・樊酈滕灌傳〕「又進破布別將肥丨」志疑引徐廣。

**蛛** 丨同鼄。〔廣韻・虞部〕

**殊** 丨，死也。〔廣韻・虞部〕○丨者，定死也。〔説文〕「丨，死也」繫傳。○丨之訓死也。〔周禮・太宰〕「八曰丨以馭其過」孫正義。○丨自死刑之名也。〔漢書・高帝紀〕「其赦天下丨死以下」補注引劉攽。○漢律丨死謂斬刑。〔説文〕「丨，死也」義證引〔增韻〕。○丨，絶也。〔通鑑・唐紀五七〕「今歲禮部丨不公」音注。又〔説文〕「丨，死也」義證引〔玉篇〕。○丨，異也。〔廣韻・虞部〕○丨又異也。〔説文〕「丨，死也」繫傳。○丨，引伸為丨異。（同上）段注。○丨釋，猶言絶棄。〔韓子・難言〕「丨釋文學」集解引王先謙。○古丨殺字作丨，與誅責字作誅迥別。〔説文〕「殛，丨也」段注。

**銖** 十黍之重為絫，十絫曰丨。〔説文定聲・卷八〕○百黍為丨。〔漢書・大宛國傳〕「爭分丨」補注引徐松。○錙丨，八丨為錙，二十四丨為兩。〔廣韻・虞部〕○〔説文定聲・卷八〕丨，假借為錭。〔淮南・齊俗〕「其兵戈丨而無刃」。

**瑜** 丨，玉名。〔廣韻・虞部〕○丨亦玉之光采也。〔説文〕「丨，瑾丨，美玉也」繫傳。○丨與愉亦通。〔方言一二〕「丨，悦也」箋疏。○丨，又作榆。〔史記・周本紀〕「弟丨立」志疑引〔人表〕。○丨，本或作渝，或作榆。（同上）志疑引〔國語補音〕。

**榆** 丨，木名。〔廣韻・虞部〕○丨，白枌也。〔詩・山有樞〕「隰有丨」朱傳。○丨，有赤白二種，又別有刺丨，名梗，所謂山枌丨也。〔説文定聲・卷一五〕（「枌」下）○丨，皮色赤，其白者為枌也。〔説文定聲・卷八〕○（同上）丨，〔爾雅〕作無姑，其實夷，即〔本草〕之蕪荑也。〔廣雅〕「山丨，毋估也」。○丨瀋俞柔，故謂之丨。〔本草・卷三五〕引王安石〔字説〕。○〔通雅・卷三四〕丨欓，以丨木為經函也。〔水經注〕「始以丨欓盛經」。○丨俞同音通用字。〔文選・難蜀父老〕「略斯丨」集釋。○〔説文定聲・卷八〕丨，假借為輸。〔太玄・元瑩〕「丨漏率刻」。○（同上）丨，假借為摇。〔素問・骨空論〕「折使丨臂齊肘」。○丨當讀為揄。〔太玄・元瑩〕「丨漏率刻」平議。○丨字讀若揄。〔賈子・勸學〕「丨鋏陂」平議。○雍丨，〔公〕、〔穀〕皆作雍喻。〔左傳襄公二三年〕「次于雍丨」洪詁。○巴丨，金陵本作巴俞。〔史記・司馬相如傳〕「巴丨宋蔡」志疑。

**諛** 丨，諂丨。〔廣韻・虞部〕○丨，諂言也。〔説文〕「丨，諂也」義證引〔急就篇〕顔注。○丨，謂諂言也。〔逸周書第四〕「以貪丨為事」雜志。○不擇是非而言謂之丨，希其意道其言謂之諂。〔慧琳音義・卷一三〕○丨者，言如物之腴也。〔説文繫傳・通論下〕○丨容一聲之轉。〔史記・儒林列傳〕「從容」雜志。

**愉** 丨，樂。〔説文〕「憪，丨也」繫傳。○丨，樂也。〔詩・山有樞〕「隰有榆」朱傳。又〔大戴・曾子立孝〕「居處温丨」王詁。又〔屈賦・東皇太一〕「穆將丨兮上皇」戴注。又〔廣韻・虞部〕。○丨，悦也，和也。（同上）○〔説文定聲・卷八〕丨之言輸也，中心悦而誠服也。〔釋詁〕「丨，服也」。○丨，心勞也。〔釋詁〕「丨，勞也」鄭注。○丨之言瘉也。（同上）述聞。○或云丨即瘉。（同上）鄭注。○凡薄皆云丨。〔説文〕「丨，薄也」段注。○丨丨，顔色和者。〔論語・鄉黨〕「丨丨如也」劉正義。○丨丨，和氣薄發於色也，引申為凡淺薄之稱。〔詩・山有樞〕「他人是丨」後箋。○丨通作諭。〔釋詁〕「丨，樂也」邵正義。○丨之為言輸也，又言諭。〔釋詁〕「丨，服也」郝疏。○丨，經典借偷字。〔説文〕「丨，薄也」義證。○丨讀為偷。〔荀子・富國〕「為之出死斷亡而丨者」集解引王念孫。○丨、偷、婾，並字異而義同。〔廣雅・釋詁二〕「婾，禆也」疏證。○丨、愈、偷字異而義同。〔史記・蘇秦列傳〕「愈充腹」雜志。○喻喻、俞俞、丨丨並字異而義同。〔廣雅・釋訓〕「喻喻，喜也」疏證。○丨通作婾，又通作俞，聲近娛，又近虞。〔釋詁〕「丨，樂也」郝疏。○〔説文定聲・卷八〕丨，假借為婾。〔説文〕「丨，薄也」。○丨又借婾字。〔説文〕「丨，薄也」義證。又（同上）句讀。○〔説文定聲・卷八〕丨，假借為揄。〔詩〕「他人是丨」。○〔同上〕丨，假借為瘉。〔釋詁〕「丨，勞也」。○丨通作窳。〔釋詁〕「丨，勞也」邵正義。○丨者，瘉之假音也。〔釋詁〕「丨，勞也」郝疏。○〔說文定聲・卷八〕丨，借為胍、窳、窳。○〔釋詁〕「丨，勞也」。○〔同上〕丨，假借為歈。〔吳都賦〕「吳丨越吟」。○丨，經典多作偷。〔說文〕「丨，薄也」句讀。○經傳中丨字或作偷者，皆後人所改也。〔荀子・富國〕「出死斷亡而丨」雜志。○魯、齊丨作媮。〔詩・山有樞〕「他人是丨」集疏。

**腴** 丨，肥丨。〔廣韻・虞部〕○丨，腹肥也。〔國策・秦策三〕「支分方城膏丨之地」鮑注。○丨者，腹下肥也。〔說文〕「螸，螽醜螸」段注。○丨，鳥獸腹之甘美者也。〔說文繫傳・通論下〕○凡人與物腹下肥者，通謂之丨。〔廣雅・釋親〕「肑謂之丨」疏證。○凡肉肥耎處曰丨。〔通雅・卷一八〕

**區** 凡言丨者皆有所藏也。〔說文〕「丨，踦丨，藏隱也」繫傳。○丨，所也。〔墨子・經下〕「說在寡丨」閒詁引張惠言。○丨，處所也。〔慧琳音義・卷五二〕○丨，限域也。〔卷一九〕引〔考聲〕。○〔說文定聲・卷八〕丨，九州之宇也。〔太玄・元攡〕「回行九丨」。○〔同上〕丨猶品也。〔論語〕「丨以別矣」。○丨猶類也。〔論語・子張〕「丨以別矣」朱注。○丨之言丨丨也。〔廣雅・釋詁〕「丨，小也」疏證。○五穀為丨。〔通雅・卷四〇〕○丨者，穀之異名。〔釋器〕「玉十謂之丨」郝疏。○丨與榆同類。〔管子・地員〕「品榆」雜志。○丨丨，少意。〔義府・卷下〕○今人自謂曰丨丨，蓋因少義而為自謙之辭。〔同上〕○丨丨當作嘔嘔。〔呂覽・務大〕「丨丨焉相樂也」校正。○丨脫，猶俗云邊際。〔漢書・蘇武傳〕「丨脫捕得雲中生口」補注引沈欽韓。○丨穴，猶云空穴。〔墨子・經說上〕「丨穴若」閒詁。○具丨，吳藪名。〔廣韻・虞部〕○丨，古或假丘字為之。〔說文〕「丨，踦丨，臧隱也」段注。○丨或假為句曲字。〔同上〕○丨轂聲轉。〔釋器〕「玉十謂之丨」郝疏。○拳拳、丨丨、款款，皆一聲之轉也。〔廣雅・釋訓〕「拳拳，愛也」疏證。○丨字本作蓲，或作樞，又作櫙。〔管子・地員〕「品榆」雜志。

**驅** 丨，策也。〔詩・山有樞〕「弗馳弗丨」朱傳。○丨，丨馳也。〔廣韻・虞部〕○丨，奔馳也。〔說文〕「丨，馬馳也」義證引〔玉篇〕。○丨，驟也。〔同上〕○丨，俗作駈。〔說文〕「丨，丨馬也」段注。○丨，古文作敺。〔廣韻・虞部〕

**敺** 丨，謂駕馭之。〔大戴・禮察〕「或丨之以法令」王詁。○丨，引申為凡駕馭追逐之稱。〔說文〕「驅，驅馬也，丨，古文驅从攴」段注。○丨、驅同。〔國策・趙策二〕「丨韓魏而軍於河外」鮑注。○丨與驅同。〔孟子・離婁上〕「故為淵丨魚者」朱注。又〔廣雅・釋天〕「丨而射之」疏證。○丨當讀為嘔。〔管子・幼官〕「行丨養」平議。

**軀** 丨，身也。〔廣韻・虞部〕○丨，泛言曰身。〔說文〕「丨，體也」繫傳。○舉四體曰丨。〔同上〕○丨猶區域也。〔同上〕

**朱** 丨，赤色。〔詩・七月〕「我丨孔陽」朱傳。○丨，赤也。〔廣韻・虞部〕○丨者，赤心木也。〔說文〕「絑，純赤也」段注。○丨，正色。〔論語・陽貨〕「惡紫之奪丨也」朱注。○丨，正色也。〔孟子・盡心下〕「恐其亂丨也」朱注。○丨芾，黃丨之芾也。〔詩・采芑〕「丨芾斯皇」朱傳。○丨紱，諸侯之服，當訓為韠。〔漢書・韋賢傳〕「黼衣丨紱」補注引錢大昕。○丨幩，即絳扇汗。〔詩・碩人〕「丨幩鑣鑣」集疏。○丨愚者，智術短小之謂。〔莊子・庚桑楚〕「人謂我丨愚」集釋引其世父說。○此丨儒，蓋屬於騶僕射，所謂群騶者也。〔漢書・東方朔傳〕「朔紿騶丨儒」補注引周壽昌。○〔說文定聲・卷八〕丨丨，猶祝祝也。〔風俗通〕「呼鷄曰丨丨」。○〔通雅・卷一〇〕丨丨，猶喌喌也，喌音祝。〔伽藍記〕「把粟與鷄呼丨丨」。○丨鉏即州。〔說文〕「俘，軍所獲也」段注。○星、張為丨烏。〔楚辭・惜誓〕「飛丨烏使先驅兮」補注引〔淮南〕「前丨烏」注。○丨堂，謂僭上赤墀。〔漢書・敘傳〕「亦丨其堂」補注。○丨與侏通。〔左傳襄公四年〕「丨儒是使」疏證。○丨，假借為邾。〔說文定聲・卷八〕○丨，假借為銅。〔同上〕○丨，引伸假借為純赤之字。〔說文〕「丨，赤心木」段注。○經傳言丨皆當作絑，丨其假借字也。〔說文〕「絑，純赤也」段注。○丨與銖同。〔廣雅・釋詁〕「銖，鈍也」疏證。○古音丨讀如州。〔說文〕「戍，守邊也」段注。○丨，古文作絑。〔書・堯典〕「胤子丨啓明」孫疏。○今本丨籚作侏盧。〔說文〕「春秋國語曰丨儒扶籚」段注。○〔說文定聲・卷八〕丨離，亦作侏儺，作兜離，作株離。〔周禮・鞮鞻氏〕注「四夷之樂，西方曰丨離」。○丨當作邾。〔漢書・古今人表〕「丨庶其」補注。

**珠** 丨，水精也。〔說文定聲・卷八〕○丨，陰精。〔大戴・易本命〕「蚌蛤龜丨」王詁。○丨為蚌精之名，亦為美石之通稱。〔廣雅・釋地〕「水精謂之石英」疏證。○大抵古人謂石之美者多謂之丨。〔說文〕「琅，琅玕，似丨者」義證引〔本草圖經〕。○圓者曰丨。〔說文〕「丨，蚌之陰精」義證引〔急就篇〕顏注。○丨子謂蚌也。〔漢書・司馬相如傳〕「明月丨子」補注引沈欽韓。○丨字古作夷。〔周官・玉府〕「共王之服玉佩玉丨玉」平議。

**趨** 丨，走也。〔大戴・曾子事父母〕「丨翔周旋」王詁。又〔孟子・公孫丑上〕「今夫蹶者丨者」朱注。又〔廣韻・虞部〕。○丨，疾行也。〔詩・緜蠻〕「畏不能丨」朱傳。又〔大戴・保傳〕「過廟則丨」王詁。○疾行曰丨。〔說文定聲・卷八〕○丨同趣，疾也，當音促。〔說文〕「剸，減也」段注。○丨與趣皆為疾走義。〔文選・歸去來辭〕集釋。○丨即趣，促也。〔國策・東周策〕「急北兵丨趙以秦魏」補正。○丨、趍、促、趣並字異義同。〔方言一二〕注「即丨織也」箋疏。○丨有疾徐二義。〔說文〕「丨，走也」義證。○行步丨走四者散文俱通。〔釋宮〕「門外謂之丨」郝疏。○丨，歸也。〔大戴・保傳〕「而天下之豪相率而丨之也」王詁。○丨，向也。〔韓子・孤憤〕「是以弊主上而丨於私門」集解引舊注。○丨，就也。〔國策・齊策四〕「王前為丨士」鮑注。○丨言往應之。〔國策・齊策五〕「患至則丨之」鮑注。○趨丨聲近，經典亦多通用。〔周禮・縣正〕「丨其稼事而賞罰之」孫正義。

〇〔說文定聲・卷八〕—，假借為趣。〔廣雅・釋詁〕「—，疾也」。〇（同上）—，借趣為—。〔漢書・賈誼傳〕「趣以肆夏」。〇（同上）—，假借為促。〔漢書・高帝紀〕「令—銷印」。〇—或借趍字。〔說文〕「—，走也」義證。〇〔說文定聲・卷八〕—，假借為趍，跢即趍。〔周禮・樂師〕「—以采齊，行以肆夏」。〇（同上）—，假借為取。〔史記・伯夷傳〕「—舍有時」。〇—趣同。〔國策・趙策二〕「方將約車—行」鮑注。〇—與趣同。〔韓子・八說〕「强弩—發」集解引王先謙。又〔廣雅・釋詁〕「趣，遽也」疏證。〇—與取同。〔呂覽・貴生〕「非所以完身養生之道也」校正。〇—發、騶發並與驟發同。〔漢書・爰盎列傳〕「材官騶發」雜志。〇—當讀為促。〔儀禮・聘禮記〕「將授志—」平議。〇官本—並作趍。〔漢書・禮樂志〕「文巧則—末背本者衆」補注。〇經例凡—走字作—，催促字作趣。〔周禮・縣正〕「—其稼事而賞罰之」孫正義。

**趍** —，正體作趨。〔慧琳音義・卷一二〕

**扶** —，—持也。〔廣韻・虞部〕〇—猶持也。〔國策・秦策三〕「其威內—」鮑注。〇—持二字義同。〔孟子・滕文公上〕「疾病相—持」焦正義。〇—，佐也。〔廣韻・虞部〕〇—，助也。（同上）〇—謂助之。〔國策・宋衛策〕「—梁伐趙」鮑注。〇—，進之也。〔大戴・少閒〕「有措—焉」王詁。〇—，傳近之也。〔漢書・翼奉傳〕「—河東」補注。〇投壺之數曰—。〔通雅・卷四〇〕〇四指為—。〔韓子・揚權〕「上失—寸，下得尋常」集解引舊注。〇—，自為木名，蓋緩言之曰—蘇，即—木耳。〔詩・山有扶蘇〕後箋。〇—木即蟠木，古音—如酺，聲轉為蟠。〔呂覽・為欲〕「東至—木」校正引錢大昕。〇—桑在碧海中，葉似桑樹，長數千丈，大二千圍，兩兩同根，更相依倚，是名—桑。〔離騷〕「總余轡乎—桑」補注引〔十洲記〕。〇〔通雅・卷七〕—於，猶—疏也，通作—疏、—蘇、—胥、—狩、—疋、搏疋。〔史記・上林賦〕「垂條—於」。〇—疏謂大木枝柯四布。〔文選・上林賦〕「垂條—疏」集釋。〇—蘇，—胥，小木也。〔詩・山有扶蘇〕「山有—蘇」朱傳。〇—蘇，急言為輔。〔詩・山有扶蘇〕「山有—蘇」通釋引錢大昕。〇—輿，佳氣貌。〔文選・子虛賦〕「—輿猗靡」集釋引〔韻會〕。〇—輿，又美稱。（同上）〇—搖，自下而上。〔釋天〕「—搖謂之猋」鄭注。〇—服即匍匐。〔漢書・霍光傳〕「中孺—服叩頭」補注。〇—伏即匍匐。〔漢書・匈奴傳〕「—伏稱臣」補注引周壽昌。〇—服即匍匐，亦作蒲—，又作—伏。〔漢書・揚雄傳〕「—服入橐」補注引蘇輿。〇匍匐、蒲伏、—伏、—服，並字異而義同。〔廣雅・釋詁〕「匍，伏也」疏證。〇—老，禿秋也。〔說文〕「鶖，鵚或從秋」義證引〔古今注〕。〇馮翊、—風皆官名，後因以為郡名耳。〔漢書・陳遵傳〕「與—風相失」補注引錢大昕。〇—疏，〔史記〕作—於，蓋—疏、—於並疊韻字，故通用。〔文選・上林賦〕「垂條—疏」集釋。〇〔說文定聲・卷九〕—，假借為榑。〔海外東經〕「湯谷上有—桑」。〇（同上）—，假借為杖。〔淮南・人閒〕「去高木而巢—枝」。〇（同上）—，假借為匍。〔禮記・檀弓〕「—服救之」。〇—疏，〔太玄經〕又作—疋，音義與疏同。〔文選・上林賦〕「垂條—疏」集釋。〇〔字詁〕—輿即彷徉之轉音。〔漢書・司馬相如傳〕「—輿猗靡」。〇—字當為杖。〔大戴・本命〕「言而後事行者—而起」王詁。〇—乃抉字之誤。〔墨子・節葬下〕「財以成者—而埋之」平議。

**符** —，信也。〔大戴・夏小正〕「諸向生皆蒙蒙—矣」王詁。〇—，信也，與之為信也。〔說文〕「冊，—命也」繫傳。〇—，信也，謂軍—。〔國策・秦策三〕「剖—於天下」鮑注。〇—與節為瑞信之通名。〔孟子・離婁下〕「若合—節」焦正義。〇—，—契。〔廣韻・虞部〕〇—，節也，分兩邊各持其一，合之為信。〔說文〕「—，信也」義證引〔玉篇〕。〇—，驗也。〔大戴・夏小正〕「諸向生皆蒙蒙—矣」王詁。〇—猶合也。〔韓子・八經〕「今—言於後以知謾誠語」集解。〇分而合之曰—。〔慧琳音義・卷四九〕〇—節令即秦之璽令。〔漢書・百官公卿表〕「屬官有尚書、符節」補注。〇〔說文定聲・卷八〕—，假借為浮，讀如孚。〔蜀都賦〕「—采彪炳」。〇（同上）—，假借為孚，孚付雙聲。〔史記・律書〕「言萬物剖—甲而出也」。〇（同上）—，假借為稃。〔淮南・俶真〕「蘆苻之厚」。〇—，字亦作苻，借為蒲。〔說文定聲・卷八〕

**鳬** —，鴨也。〔晏子春秋〕「—雁」雜志。〇—，野鴨。〔廣韻・虞部〕〇—，野鴨也。〔楚辭・卜居〕「將氾氾若水中之—乎」補注引五臣。〇—，水鳥如鴨者。〔詩・鳬鷖〕「—鷖在涇」朱傳。〇—，水鳥，如鴨。〔詩・女曰雞鳴〕「弋—與雁」朱傳。〇—，野鴨之小者也。〔慧琳音義・卷四〕引〔考聲〕。〇在野翼舒飛遠為—。〔慧琳音義・卷四六〕〇—，今野鴨也，家鴨曰舒—。〔說文定聲・卷八〕〇對文則—與鶩異，散文則鶩亦謂之—。〔晏子春秋〕「—雁」雜志。〇—雁，膳鳥也。〔釋鳥〕「—雁醜，其足蹼」郝疏。〇—，短羽也。〔說文〕「—，舒—，鶩也」繫傳。〇—，短羽高飛貌。〔本草・卷四七〕〇—葵，名茆，亦名[illegible]，今之蒓菜也。〔說文〕「茆，—葵也」段注。〇—葵，即莕菜也，一名接余。（同上）義證引〔本草〕。〇—葵，云南人名豬蓴。（同上）義證引〔本草〕唐本注。〇—，今人謂之葧臍，即—茈之轉語。〔說文〕「芍，—茈也」段注。

**雛** 凡鳥子生而啄食者皆曰—。〔說文〕「—，雞子也」義證引〔急就篇〕顏注。〇—，引伸為凡鳥子細小之偁。〔說文〕「—，雞子也」段注。〇—猶云初也。（同上）繫傳。〇鷇与—對文則異，散文則通。〔廣雅・釋鳥〕「鷇，—也」疏證。〇—與翟聲相轉。〔釋鳥〕「生噣，—」郝疏。〇噣—，〔說苑・游海章〕作噣趨，〔晏子・外篇〕作噣鄒，俱形近通借。〔漢書・古今人表〕「顏噣—」補注引梁玉繩。

**鶵** —，生噣—，鳥子生而能自啄者。〔楚辭・怨思〕「哀枯楊之冤—」補注。〇初生卵㲉而能自食者曰—。〔慧琳音義・卷二九〕引〔韻英〕。〇—，籀文雛。〔廣韻・虞部〕

**敷** —，布。〔詩・小旻〕「—于下土」朱傳。又〔賚〕「—時繹思」朱傳。〇—，布也。〔孟子・滕文公上〕「舉舜而—治焉」朱注。又〔慧琳音義・卷一四〕引

〔考聲〕。○|亦訓布。〔左傳宣公一二年〕疏證。○|者，義為布也。〔書・顧命下〕注「|，一作布」孫疏。○|猶布也。〔墨子・經説下〕「進行者先|近」閒詁。○|，散也。〔廣韻・虞部〕○|，施也。〔慧琳音義・卷一四〕引〔考聲〕。○|有施陳之義。〔詩・賚〕「|時繹思」通釋。○|者，徧也。〔書・金縢〕「|佑四方」述聞。○|，亦徧也。〔書・康誥〕「|求于殷先哲王」述聞。○|，至也。〔墨子・經下〕「宇進無近，説在|」閒詁引張惠言。○|求，徧求也。〔書・康誥〕「往|求于殷先哲王」孫疏。○|治即分治。〔孟子・滕文公上〕「舉舜而|治焉」焦正義。○時|者，是分也。〔書・益稷〕「帝不時|」孫疏。○布土即|土。〔書・禹貢上〕「禹|土」孫疏。○普與|，音義同。〔書・皋陶謨上〕注「|作普」孫疏。○賦、布、|、鋪，並聲近而義同。〔廣雅・釋詁〕「賦，布也」疏證。○|淺原，盧山也。〔通雅・卷一三〕○|、傅通。〔墨子・備蛾傅〕「|縣二脾上衡」閒詁。○|與傅通。〔墨子・備城門〕「維|上堞」閒詁。○|為布者，經典多通用。〔書・禹貢中〕注「|作布」孫疏。○傅、|古同聲而通用。〔廣雅・釋言〕「傅，|也」疏證。○|，假借為溥。〔説文定聲・卷九〕○|，假借為尃。〔同上〕○〔書〕傳以|為尃，音相近。〔書・禹貢上〕「禹|土」孫疏。○|同尃。〔書・盤庚下〕「今予其|心腹」孫疏。○傅與|音相近。〔書・禹貢上〕注「|作傅」孫疏。○|字通作普。〔書・金縢〕「|佑四方」平議。○|亦通作溥。〔同上〕○|，俗又作鋪，今列市買賣者曰鋪。〔説文定聲・卷九〕○|，本作傅。〔大戴・五帝德〕「使禹|土」述聞。○|，齊作傅。〔詩・長發〕「|奏其勇」集疏。○|，魯、齊作布。〔詩・長發〕「|政優優」集疏。○|淺原，〔地理志〕作傅淺原。〔書・禹貢下〕「至于|淺原」孫疏。○|為古文，傅為今文。〔漢書・地理志〕「禹|土」補注。

𢾽

|，陳也。〔集韻・模部〕○|與尃音義同。〔説文〕「|，㪔也」段注。○|或借傅字。〔同上〕義證。○|俗作敷。〔同上〕段注。○|當為尃。〔説文〕「譒，|也」義證。

夫

|，丈|。〔廣韻・虞部〕○|者，天也。〔説文繫傳・通論中〕○|者，妻之天也。〔禮記・喪大記〕「妻於|拘之」集解。○|謂君子。〔大戴・曾子制言下〕「|有世義者哉」王詁。○百畝為|。〔禮記・王制〕「|圭田無征」集解。○既狀曰|。〔説文繫傳・通論中〕○率人曰|。〔釋言〕「畯，農|也」述聞。○〔説文定聲・卷九〕|謂傅也。〔禮記・郊特牲〕「|也者，|也，|也者，以知帥人者也」。○〔同上〕|謂博也。〔風俗通〕「|者，膚也，言其知膚敏」。○|者，扶也。〔説文繫傳・通論中〕○|即鈇。〔墨子・備城門〕「蓋求齊鐵|」閒詁。○|即枎之省文，木名。〔漢書・司馬相如傳〕「隱|薁棣」補注。○|猶凡也。〔釋詞・卷一〇〕○|猶衆也。〔同上〕○|猶此也。〔公羊傳昭公二五年〕「有|不祥」陳疏。又〔釋詞・卷一〇〕。○|亦此也。〔述聞・卷一五〕○此稱|，猶此人云爾。〔左傳桓公一三年〕「|固謂君訓衆而好鎮撫之」疏證引李貽德。○|猶彼也。〔釋詞・卷一〇〕又〔荀子・王制〕「|堯舜者一天下也」集解。○言|者，皆指其人言也。〔左傳宣公二年〕「|其口衆我寡」疏證引阮元。○|，又語助。〔廣韻・虞部〕○|，發聲也。〔墨子〕「天胡説」雜志。○|，辭也。〔國策・趙策四〕「此|予與敵國戰」鮑注。○|，指事之詞。〔釋詞・卷一〇〕○|，歎美辭。〔大戴・主言〕「下土之人信也|」王詁。○|猶乎也，歎詞也。〔釋詞・卷一〇〕○|容，一名水芝。〔説文〕「蕍，菡蕍也」義證引〔古今注〕。○|人，姬媵之過稱。〔國策・齊策三〕「有與君之|人相愛者」鮑注。○此|子蓋大|之稱。〔左傳文公一五年〕「|子以愛我聞」疏證。○凡經言|家者，皆言男女。〔周禮・載師〕「凡民無職事者出|家之征」平議。○|不與鳺鴀同，鳩也。〔方言八〕箋疏。○閒民為人執事不赴役，亦出布以當役，謂之|布。〔説文定聲・卷一三〕〔「稅」下〕○|鍾，今兗州府汶上縣界有|鍾里。〔左傳桓公一一年經〕「公會宋公于|鍾」疏證引沈欽韓。○|國者，彼國也。〔管子・國蓄〕「|國之君不相中」平議。○|己氏猶言彼其之子。〔左傳文公一四年〕「曰|己氏」疏證引顧炎武。○|與趺通。〔墨子・備城門〕「中鑿|」閒詁。○〔説文定聲・卷九〕|，假借為敷。〔禮記・王制〕「|圭田無征」。○〔同上〕|，假借為發聲之詞。〔周禮・司烜氏〕「掌以|遂」。○|應讀為趺。〔墨子・備城門〕「|長丈二尺」平議。○|讀如|如是之|。〔公羊傳昭公二五年〕「有|不祥」陳疏引孔廣森。○|音扶。〔通鑑・周紀一〕「|三晉雖彊」音注。又〔同上〕「此|讒人欲為趙氏游説」音注。又〔周紀二〕「|民不可與慮始」音注。又〔周紀二〕「|唯仁者為知仁義之為利」音注。又〔周紀三〕「王知|苗乎」音注。○|，音扶，發語辭。〔通鑑・周紀三〕「|秦之所以重楚者」音注。○|同趺。〔墨子・備穴〕「必以堅材為|」閒詁引畢沅。又〔備穴〕「頡皋為兩|」閒詁。○|、趺字同。〔墨子・備城門〕「|長三丈以上」閒詁。○|容，〔史記〕、〔文選〕並作芙蓉。〔漢書・司馬相如傳〕「外發|容蔆華」補注。○|容，今本作芙蓉，俗字也。〔説文〕「蕍，未發為菡蕍，已發為|容」段注。○|，舊本作袪。〔廣雅・釋器〕「|襓，衣也」疏證。○〔説文定聲・卷九〕|，字變作砆，作玞。〔南山經〕「會稽之山，其下多砆石」注「武|石，似玉」。○〔風俗通〕|作無。〔左傳哀公一六年〕「亦|有奮心」洪詁。○|當作未。〔漢書・杜周傳〕「戊|，上也」補注引錢大昭。○|當為矢。〔墨子・備城門〕「蓋求齊鐵|」閒詁。○|子，當作孔子。〔大戴・五帝德〕「道諸|子之所」述聞。

膚

|，皮|。〔廣韻・虞部〕○|謂皮|。〔孝經〕「身體髮|」皮疏引邢昺。○|即肌，肌|即體。〔孟子・公孫丑下〕「無使土親|」焦正義。○臚|一字也。〔易・剥〕「剥牀以|」平議。○|即色也。〔述聞・卷三一〕○|，美。〔詩・文王〕「殷士|敏」朱傳。○|，美也。〔詩・狼跋〕「公孫碩|」朱傳。又〔廣韻・虞部〕。○|，大。〔詩・六月〕「以奏|公」朱傳。○|，大也。〔孟子・離婁上〕「詩云殷士|敏」朱注。○|，傳也。〔廣韻・虞部〕○|，浮也。〔書・盤庚〕「起信險|」孫疏。○朴與皮、|一聲之轉。〔廣雅・釋詁〕「朴，離也」疏證。

紆　｜，縈也。〔廣韻·虞部〕又〔通鑑·梁紀四〕「親｜朔望之禮」音注。又〔楚辭·悲回風〕「縹緜緜之不可｜」補注。又〔屈賦·悲回風〕「縹綿綿之不可｜」戴注。又〔說文〕「紟，蟲連行｜行者」段注。〇｜，縈曲也。〔慧琳音義·卷一三〕引〔考聲〕。〇｜，屈也。〔通鑑·梁紀四〕「親｜朔望之禮」音注。〇｜者，詘也。〔說文〕「縎，｜未縈繩」段注。又〔說文〕「紟，蟲連行｜行者」段注。〇｜，曲也，詘也。〔廣韻·虞部〕〇｜訓為詘，詘與屈通。〔儀禮·士喪禮〕「西領南上不綪」胡正義。〇｜，勞也。〔廣韻·虞部〕〇｜，亦或假汙為之。〔說文〕「｜，詘也」段注。

輸　以車遷賄曰｜。〔說文〕「｜，委｜也」段注。〇〔說文定聲·卷八〕｜，以車遷賄之意。〔說文〕「｜，委｜也」。〇｜，寫也。〔廣韻·虞部〕又〔國策·秦策一〕「常以國情｜楚」補正。〇凡傾寫皆曰｜。〔說文〕「｜，委｜也」段注。〇｜，送也。〔廣韻·遇部〕〇｜亦送也。〔國策·齊策三〕「｜象床」鮑注。〇｜，猶達也。〔書·呂刑〕「｜而孚」孫疏。〇｜，逆致也。〔太素·津液〕「｜於腸胃」楊注。〇｜言委以告之。〔國策·東周策〕「盡｜西周之情於東周」鮑注。〇｜，納也。〔慧琳音義·卷八五〕引〔考聲〕。〇｜，盡也。〔廣韻·虞部〕又〔慧琳音義·卷五五〕。〇｜，墮也。〔詩·正月〕「載｜爾載」朱傳。又〔廣韻·虞部〕。〇｜者，墮也。〔荀子·成相〕「基畢｜」集解引郝懿行。又〔荀子〕「基畢｜」雜志。〇古謂｜為墮。〔漢書〕「墮肝胆」雜志。〇｜之言渝也，謂變更也。〔書·呂刑〕「｜而孚」述聞。〇儒｜倒言之則曰｜儒。〔廣雅·釋詁一〕「儒｜，愚也」疏證。〇渝｜古字通。〔廣雅·釋言〕「｜，寫也」疏證。〇｜與渝通。〔書·呂刑〕「｜而孚」述聞。〇｜，讀為渝，｜渝古通用。〔廣雅·釋詁三〕「｜，更也」疏證。〇〔說文定聲·卷八〕｜，假借為渝。〔廣雅·釋詁三〕「｜，更也」。〇〔同上〕｜，假借為愉。〔方言〕「儒｜，愚也」。〇｜脫聲之轉。〔廣雅·釋詁四〕「揄，脫也」疏證。〇｜脫聲之轉也。〔方言一二〕「｜，棁也」箋疏。〇｜平，〔左氏〕作渝平，古字通。〔公羊傳隱公六年經〕「鄭人來｜平」陳疏。〇〔左傳隱公六年〕「鄭人來渝平」，〔公羊〕〔穀梁〕渝作｜。〔書·呂刑〕「｜而孚」述聞。〇｜誤作偷。〔商子·靳令〕「偷生於內」平議。

樞　｜，門扇轉處也。〔慧琳音義·卷一四〕引〔考聲〕。〇｜，門牝也。〔國策·秦策一〕「桑户棬｜之士耳」鮑注。〇｜，本也。〔廣雅·釋詁三〕疏證。〇｜，動也。〔太素·調陰陽〕「志欲如連｜」楊注。〇｜，莖也，今刺榆也。〔詩·山有樞〕「山有｜」朱傳。〇｜，即刺榆。〔同上〕集疏引陳藏器。〇｜紐，總會也。〔說文定聲·卷七〕〔「要」下〕〇｜機，發動之端也。〔慧琳音義·卷一一〕引〔集訓〕。〇｜機，言詞也。〔同上〕引〔考聲〕。〇〔說文定聲·卷八〕天｜，謂天體南北極之｜也。〔後漢·崔駰傳〕注「北斗七星，第一名天｜」。〇唐之｜密使，本宦官也，至五代時以｜密使為內輔臣，宰相為外輔臣。〔通雅·卷二三〕〇｜，假借為蓲。〔說文定聲·卷八〕〇｜，魯作蓲。〔詩·山有樞〕「山有｜」集疏。

廚　〔說文定聲·卷八〕｜，字作躕。〔後漢·仲長統傳〕注「踟躕，猶踟躇也」。〇〔同上〕｜，字亦作幮。〔字林〕「幮，帳也」。〇｜，俗字誤作廚。〔說文定聲·卷八〕〇｜，俗作廚。〔廣韻·虞部〕

厨　今吳人謂立饋為｜，以其貯食物也，俗作橱。〔通雅·卷三四〕

俱　｜，皆也。〔大戴·曾子天圓〕「｜則靁」王詁。又〔廣韻·虞部〕。〇｜，具也。〔同上〕〇｜一，分也。〔墨子·經下〕「說在｜一惟是」閒詁引張惠言。〇｜一為合。〔同上〕閒詁。〇｜密即拘彌之變字也。〔漢書·扜彌國傳〕「扜彌國」補注。〇｜胝，梵語數法名也。〔慧琳音義·卷二〕〇｜胝，天竺國數法名也。〔同上〕〇｜舍，此譯云藏，則庫藏之總名也。〔慧琳音義·卷七〇〕〇｜盧洲，梵語，義譯為高勝洲，地方高大，定壽千歲，無諸苦，常受樂，勝餘洲，故名。〔卷二〕〇｜盧洲，北洲也。〔卷七〕〇｜盧舍，梵語也，即大牛鳴吼，聲所極處。〔卷三〕〇〔說文定聲·卷八〕｜，以具為之。〔詩〕「百卉具腓」。

駒　｜，馬｜。〔廣韻·虞部〕〇馬子曰｜。〔說文〕「｜，馬二歲曰｜」義證引〔急就篇〕顏注。〇｜，馬之小者。〔詩·漢廣〕「言秣其｜」朱傳。〇｜，馬之未壯者。〔詩·白駒〕「皎皎白｜」朱傳。〇馬六尺以下曰｜。〔詩·株林〕「乘我乘｜」朱傳。〇｜即驕。〔說文〕「驕，馬高六尺為驕」義證。〇〔說文定聲·卷八〕｜，以蚼為之。〔方言一一〕「蚍蜉，齊魯之間謂之蚼蟓」。〇｜，本作驕。〔詩·株林〕「乘我乘｜」集疏引臧鏞堂。〇｜，〔毛詩〕古本作驕。〔詩·皇皇者華〕「我馬維｜」通釋。〇｜，本亦作驕也。〔詩·漢廣〕「言秣其｜」後箋引段玉裁。〇｜，當作驕。〔同上〕陳疏。

模　｜，法也。〔廣韻·模部〕又〔慧琳音義·卷五〕引〔字林〕。〇｜，形也。〔廣韻·模部〕〇｜，形也、規模也。〔慧琳音義·卷五〕引〔考聲〕。〇｜，形也，掩取象也。〔慧琳音義·卷五八〕〇｜，規也。〔廣韻·模部〕〇規形曰｜，亦掩取象也。〔慧琳音義·卷七一〕〇〔說文定聲·卷一〕木曰｜。〔說文〕「鎔，冶器法也」。〔「鎔」下〕〇｜，以木為規｜也。〔說文〕「｜，法也」繫傳。〇｜，又作摹，規也，謂掩取象也。〔慧琳音義·卷四六〕〇摹與｜通。〔廣雅·釋詁〕「摹，刑也」疏證。〇｜蔓聲轉。〔釋詁〕「蕪，豐也」郝疏。〇｜，或體爽，字亦作橅。〔說文定聲·卷九〕〇〔同上〕｜，以毋為之。〔禮記·內則〕「淳毋」。〇〔同上〕｜，以幕為之。〔鄭固碑〕「作世幙式」。〇〔同上〕｜，字亦作墲。〔方言一三〕「凡葬而無墳謂之墓，所以墓謂之墲」。〇｜，〔漢書〕亦作橅。〔說文〕「｜，法也」段注。〇｜當為橫。〔說文〕「牑，牀版也」義證。

謨　｜，謀也。〔詩·抑〕「訏｜定命」朱傳。又〔孟子·滕文公下〕「書曰文王｜」朱注。又〔廣韻·模部〕。〇作與｜，皆為之。〔釋詁〕「｜，偽也」述聞。〇載、｜、食，皆為也。〔同上〕〇載、｜者，作為之義。〔釋詁〕「載、｜，偽也」述聞引錢氏。〇｜或借莫字。〔說文〕「｜，議謀也」義證。〇｜，亦作暮。〔廣韻·模部〕

蒲丨，水草，可為席者。〔詩・澤陂〕「有丨與荷」朱傳。○丨，水草也，可以作席者。〔大戴・勸學〕「莞丨生焉」王詁。○丨，草名，似藺，可以作席。〔廣韻・模部〕○丨，莞藺之屬，生於水者也。〔說文〕「丨，水草也」義證。○丨丨，丨蒻也。〔詩・韓奕〕「維筍及丨」朱傳。○丨丨，丨柳。〔詩・揚之水〕「不流束丨」朱傳。○丨柳，生水邊，葉似青楊。亦曰丨移，亦曰水楊、丨楊也。〔說文〕「楊，木也」義證引〔古今注〕。○莞丨、葱丨、小丨、白丨，一物也，皆即苻蘺。〔說文定聲・卷一四〕○累呼曰丨柳，單呼曰丨，音同浦。〔說文〕「楊，丨柳」段注。○丨本亦偁蔤。〔說文〕「蔤，扶渠本」段注。○丨服、匍匐同。〔國策・秦策三〕「坐行丨服」鮑注。○匍匐、丨伏、扶伏、扶服，並字異而義同。〔廣雅・釋詁〕「匍，伏也」疏證。○丨蘇猶扶疏。〔公羊傳宣公六年〕注「丨蘇桑」陳疏引凌曙。○古語謂隨變而成者曰丨盧。〔說文〕「蠣，蠣贏，丨盧，細要土蜂也」段注引戴震。○〔說文定聲・卷九〕丨平，即〔書〕底席。〔釋名・釋牀帳〕「丨平，以丨作之，其體平也」。○丨子，戰國魏邑，一曰丨陽。〔漢書・地理志〕「丨子」補注。○丨城，今大名府長垣縣治。〔左傳桓公三年經〕「衛侯胥命于丨」疏證引〔一統志〕。○應城縣有古丨騷城。〔左傳桓公一一年〕「鄖人軍于丨騷」疏證引〔通典〕。○丨公英，孫思邈〔千金方〕作鳧公英，蘇頌〔圖經〕作僕公罌，〔庚辛玉册〕作鵓鴣英，俗呼丨公丁，又呼黃華地丁，淮人謂之白鼓釘，蜀人謂之耳瘢草，關中謂之狗乳草。〔本草・卷二七〕○僕累、丨盧、丨贏、薄贏，皆一聲之轉。〔國語・吳語〕「移就丨贏」述聞。○丨與薄通，古本或作薄也。〔左傳昭公二〇年〕「丨姑氏因之」洪詁。○丨作薄者，丨、薄聲之緩急，字形又相近。〔書・周書序〕注「丨作薄」孫疏。○丨社，〔左氏〕、〔穀梁〕經作亳社，丨是薄字之省，丨、亳古字通用。〔公羊傳哀公四年經〕「六月辛丑丨社災」陳疏引洪頤煊。○丨，蓋本作浦。〔說文〕「楊，丨柳也」段注。○丨，〔戰國策〕作滿，〔新序〕同。〔左傳定公五年〕「秦子丨、子虎帥車五百乘以救楚」洪詁。○丨字當作滿。〔左傳成公一八年經〕「晉弒其君州丨」疏證引〔校勘記〕。○丨宜作滿，字形之訛也。〔左傳成公一〇年〕「晉立太子州丨以為君」疏證引武億。○武丨，當依〔漢書・高紀〕作武滿。〔史記・高祖本紀〕「魏申徒武丨」志疑。○丨吾，一作鄱吾。〔漢書・地理志〕「丨吾」補注。○丨領，〔水經注〕作扶領，古通。〔史記・王子侯者年表〕「丨領」志疑。○丨陶，〔玉篇〕作丨萄。〔漢書・司馬相如傳〕「櫻桃丨陶」補注。

胡丨，頷下懸肉也。〔詩・狼跋〕「狼跋其丨」朱傳。○項垂曰丨。〔本草・卷五〇〕○丨，言牛頷下垂皮也。〔說文〕「丨，牛頷垂也」繫傳。○丨，牛自頤至頸下垂肥者也，引伸之凡物皆曰丨。〔說文〕「丨，牛頤垂也」段注。○丨謂駟馬車轅下垂拄地者。〔說文定聲・卷一二〕○輈初出軾前曲而上謂之丨。〔說文定聲・卷六〕（「輈」下）○丨，言宛曲也。〔說文〕「丨，牛頷垂也」繫傳。○人言漫丨者，謂漫裹其宛曲無稜利也。（同上）○丨，何。〔詩・生民〕「丨臭亶時」朱傳。○丨，何也。〔詩・伐檀〕「丨取禾三百廛兮」朱傳。又〔株林〕「丨為乎株林」集疏。又〔大戴・武王踐阼〕「毋曰丨殘」王詁。又〔廣韻・模部〕。又〔通鑑・唐紀一九〕「丨白，小子敢發此言」音注。○害、曷、丨、盍、何，皆一聲之轉也。〔廣雅・釋詁〕「害，何也」疏證。○丨，大也。〔詩・生民〕「丨臭亶時」通釋。○丨者，大也。〔漢書・地理志〕「故曰丨」補注引段玉裁。○丨，壽也。〔詩・載芟〕「丨考之寧」朱傳。又〔漢書・郊祀志〕「丨考之休」補注引周壽昌。○丨者，遐也。〔說文定聲・卷六〕（「考」下）○凡物黑色者，謂之丨。〔本草・卷三九〕○湖、壺義並與丨同。〔廣雅・釋詁〕「丨，大也」疏證。○丨互音義皆相近。〔釋名・釋形體〕「丨，互也」疏證。○丨丨，丨虜。〔廣韻・模部〕○壺邱，蓋即丨邱。〔釋邱〕「方邱，丨邱也」述聞。○古複姓有丨母氏。〔史記・王子侯者年表〕「丨母」志疑。○丨荽，汾人呼為香荽。〔說文〕「葰，薑屬，可以香口」義證引〔本草〕。○丨妲，即漢觟女伎，今之裝旦也。〔通雅・卷三五〕○丨祿，箭室也，〔韻會〕作丨簶，〔集韻〕或作韣韇。〔通雅・卷三五〕○丨桐，譯言柴也。〔漢書・鄯善國傳〕「丨桐、白草」補注引〔西域錄〕。○湖、丨古通。〔史記・高祖功臣侯者年表〕「高丨」志疑。○〔說文定聲・卷九〕丨，假借為曷，與安、焉、何、惡、烏、奚，皆一聲之轉。〔詩・日月〕「丨能有定」。○（同上）丨，假借為盬。〔左傳哀公一一年〕「丨簋之事」。○（同上）丨，假借為遐。〔詩・載芟〕「丨考之寧」。○瑕、丨音同，丨即瑕之音轉字變。〔漢書・地理志〕「故曰丨」補注引顧炎武。○丨何聲相轉。〔釋魚〕「鯦，當魱」郝疏。○丨、瑕古音相近。〔釋丘〕「方丘，丨丘」郝疏。○三家丨作何。〔詩・相鼠〕「丨不遄死」集疏。○丨一作湖。〔漢書・高惠高后文功臣表〕「高丨侯陳夫乞」補注。○〔史・表〕丨作湖。〔漢書・王子侯表〕「丨孰頃侯胥行」補注。○丨陽，〔地理志〕作湖陽。〔漢書・高帝紀〕「還攻丨陽」補注。○丨孰，〔後漢〕因〔續志〕作湖熟。〔漢書・地理志〕「丨孰」補注。

湖丨，江丨，廣曰丨也。〔廣韻・模部〕○丨猶都也。〔說文〕「丨，大陂也」繫傳。○丨特鍾水之大者耳。〔說文〕「丨，大陂也」段注。○凡大澤畜水，南方名曰丨。〔說文定聲・卷九〕○丨、胡互見，二字通用。〔漢書・地理志〕「丨陵」補注。○沆、丨一聲之轉。〔廣雅・釋地〕「沆，池也」疏證。○丨當作胡，宮名。〔史記・封禪書〕「天子病鼎丨甚」志疑。○丨，〔漢・表〕作胡。〔史記・高祖功臣侯者年表〕「頃侯丨」志疑。○丨陽，〔高紀〕作胡陽。〔漢書・地理志〕「丨陽」補注。○丨乃渚之誤。〔韓子・初見秦〕「取洞庭五丨江南」集解。○丨是渚之譌。（同上）集解引顧廣圻。

瑚丨，丨璉。〔廣韻・模部〕○夏曰丨。〔論語・公治長〕「丨璉也」朱注。○丨璉，一作丨槤、胡輦，乃医簋之類，或以木為之。〔通雅・卷三三〕

乎丨，辭也。〔廣韻・模部〕○丨，狀事之詞也。〔釋詞・卷四〕○丨，皆聲之餘也。〔說文〕「丨，語之餘也」繫傳。○凡言丨，皆上句之餘聲也。（同上）繫傳。又（同上）義證引〔通釋〕。○丨者，疑而未定之辭。〔論語・雍也〕「可謂仁丨」朱注。○丨哉，疑辭。〔論語・憲問〕「賜也賢丨哉」朱注。○丨猶之也。〔詩・蕩〕「人尚丨由行」通釋。○丨，極也。〔廣韻・模部〕○丨字古通作于。〔管子〕「有道予」雜志。○〔說文定聲・卷九〕丨，假借為于。〔禮記・中庸〕「莫見－隱，莫顯－微」。○－同呼。〔墨子・明鬼下〕「王－禽推多大戲」閒詁引畢沅。○－，崔本作于。〔莊子・人間世〕「且幾有翦－」集釋。○－作呼。〔漢書・藝文志〕「調百藥齊和之所宜」補注引官本注。○－，官本作虖。〔漢書・五行志〕「郤氏其亡－」補注。○德藩本－作虖。〔同上〕補注引葉德輝。○官本－作虖。〔漢書・五行志〕「吾其濟－」補注。○－當作虖。〔漢書・賈山傳〕「死葬－驪山」補注引宋祁。○－，〔史記〕多以虖為之。〔說文定聲・卷九〕○〔同上〕－為卒之誤字。〔廣雅・釋詁〕「－，極也」。○－，胡之誤。〔墨子・公輸〕「－不已」閒詁。○－，當為手。〔墨子・明鬼下〕「王－禽費中」閒詁。又〔同上〕「王－禽推哆大戲」閒詁引畢沅。○烏－，諸刊本皆作嗚呼。〔左傳哀公一六年〕「烏－哀哉」洪詁。

**亐**　－，古文乎。〔廣韻・模部〕

**壺**　－，飲器也。〔禮記・投壺〕「投－之禮」集解。○－，昆吾圜器。〔國策・東周策〕「非效－醯醬甀耳」鮑注。○－，酒器也。〔本草・卷二八〕○－，圓器也，腹大而有頸。〔說文〕「－，昆吾圜器也」義證引〔急就篇〕顏注。○－，瓠也。〔詩・七月〕「八月斷－」朱傳。○－，瓠之無柄者。〔說文〕「瓠，匏也」義證引〔古今注〕。○湖、－，義並與胡同。〔廣雅・釋詁〕「胡，大也」疏證。○－與瓠通。〔左傳襄公元年〕「寘諸瓠丘」疏證引惠棟。○－與狐通。〔左傳襄公四年〕「敗於狐駘」疏證引惠棟。○－與瓠古通用。〔釋木〕「棗，－棗」郝疏。○－瓠字古本通用。〔文選・弔屈原文〕「寶康瓠兮」集釋。○－狐古通。〔史記・仲尼弟子列傳〕「－黶」志疑。○〔說文定聲・卷九〕－，假借為瓠。〔詩・七月〕「八月斷－」。○－即瓠之假借字也。〔說文〕「匏，瓠也」段注。○〔通雅・卷三四〕－與瓠同。〔鶡冠子〕「中流失船，一－千金」。○－，讀與瓠同。〔詩・七月〕「八月斷－」陳疏。

**狐**　－，獸名。〔詩・北風〕「莫赤匪－」朱傳。○－，妖獸也。〔說文〕「－，祅獸也」義證引〔急就篇〕顏注。○－者，妖媚之獸。〔詩・有狐〕「有－綏綏」朱傳。○－，貉。〔廣韻・模部〕○－裘，戎服也。〔左傳襄公四年〕「臧之－裘」疏證。○－與壺古字通。〔左傳襄公四年〕「敗于－駘」洪詁。○－壺古字通。〔漢書・古今人表〕「－丘子林」補注引錢大昭。○壺、－字通。〔漢書・古今人表〕「－黶」補注引梁玉繩。○〔說文定聲・卷九〕－，假借為弧。〔廣雅〕「短－，蜮也」。○－矦聲轉。〔釋鳥〕「怪鴟」郝疏。○－疑與嫌疑一聲之轉。〔廣雅・釋訓〕「躊躇，猶豫也」疏證。○嫌疑、－疑、猶豫、躊躅，皆雙聲字。〔同上〕○－當作弧。〔左傳莊公一八年〕「秋，有蜮」服注「蜮，短－」疏證。○－胡，當依〔御覽〕作孤胡。〔漢書・狐胡國傳〕「－胡國」補注引王念孫。

**弧**　－，弓也。〔廣韻・模部〕○〔說文定聲・卷九〕－，弓之通稱。〔儀禮・大射儀〕注「采其有－矢之威」。○弦木為－。〔易・睽〕「先張之－」李疏。○角弓之往體寡，來體多者，亦曰－。〔說文定聲・卷九〕○張縿之弓曰－。〔儀禮・覲禮〕「－韣乃朝」胡正義。○－，引申之為凡紆曲之稱。〔說文〕「－，木弓也」段注。○〔說文定聲・卷九〕－，乖剌之意。〔廣雅・釋詁〕「－，盭也」。○－為張旗之器。〔左傳隱公一一年〕「潁考叔取鄭伯之旗蝥－以先登」疏證。○－，九星，在狼東南，天弓也。〔楚辭・東君〕「操余－兮反淪降」補注引〔晉志〕。○－，九星，在西宮。〔屈賦・東君〕「操余－兮反淪降」戴注。○〔說文定聲・卷九〕－，假借為窊。〔考工・輈人〕「凡揉輈欲其孫而無－深」。○－，各本作狐。〔說文〕「蜮，短－也」段注。

**孤**　－，－子。〔廣韻・模部〕○少而無父曰－。〔說文繫傳・通論中〕○－者，幼而無父之稱。〔大學〕「上恤－而民不倍」朱注。○幼而無父曰－。〔大戴・衛將軍文子〕「恭老恤－」王詁。○凡單獨皆曰－。〔說文〕「－，無父也」段注。○－作窮獨意解。〔史記・刺客列傳〕「而不棄其－也」志疑引趙太常。○－，尊獨也。〔太素・四時脈形〕「－藏以灌四傍者也」楊注。○－之言寡也。〔書・盤庚〕「無弱－有幼」述聞。○鰥、寡、－，一聲之轉，皆與獨同義。〔廣雅・釋詁三〕「寡、－，獨也」疏證。○－與弧聲近義同。〔廣雅・釋詁四〕「弧，盭也」疏證。○－之言顧也。〔國語・吳語〕「以心－句踐」平議。○－，謂稱－以臣之。〔國策・齊策一〕「南面而－楚韓梁」鮑注。○或諸侯嫡子亦僭稱－也。〔國策・燕策三〕「不棄其－也」補正。○－，謂嗣子也。〔禮記・雜記〕「－某須矣」集解。○－，即罛字，舟上網也。〔說文〕「罛，魚罟也」義證引〔古文苑・蜀都賦〕「枚－施兮纖繳出」注。○〔說文定聲・卷九〕－，蓋背恩之意。〔後漢・明德馬皇后紀〕注「－，負也」。○－子，死王事者之子也。〔大戴・千乘〕「朝－子八人」王詁。○－臣，遠臣。〔孟子・盡心上〕「獨－臣孽子」朱注。○－學，猶言獨學，一曰－學，猶棄學。〔漢書・翟方進傳〕「失父－學」補注引周壽昌。○俗以愁苦尖喙曰－都。〔通雅・卷三五〕○弱－連讀，言以為－弱而輕忽之也。〔書・盤庚〕「無弱－有幼」述聞。○背恩者曰－負。〔說文〕「－，無父也」段注。○－桐，桐特生者。〔書・禹貢上〕「嶧陽－桐」孫疏。○－，虜複姓，有獨－、溫－、步鹿－、步六－、乙速－氏。〔廣韻・模部〕○－格即蟈之合聲。〔釋魚〕「在水者黽」郝疏。○〔說文定聲・卷九〕－，假借為辜。〔吳語〕「以心－句踐」。○〔同上〕－，假借為顧。〔易・睽〕「－遇元夫」。○－傷，〔策〕作狐祥，〔新序〕作潢洋，義並得通。〔史記・春申君列傳〕「鬼神－傷」志疑。

**辜**　－，罪。〔詩・正月〕「民之無－」朱傳。○－，罪也。〔詩・雲漢〕「何－今之人」陳疏。又〔廣韻・模部〕。○罪－通名。〔釋詁上〕「－，辠也」郝疏。○凡有罪皆曰－。〔說文〕「－，辠也」段注。○－者，故也，十一月陽生欲革故取新也。〔釋天〕「十一月為－」郝疏。○－通作故，故－以聲為義也。〔釋詁上〕「－，辠也」郝疏。○－之言故也。〔釋天〕「十一月為－」平議。○－，負也。〔通鑑・唐紀四〕「今君既－付託」音注。○刳、挎、－、枯，義並相近。〔廣雅・釋詁〕「刳，屠也」疏證。○－功，謂取必規固以求功也。〔書・呂刑下〕「惟府－功」孫疏。○－謂磔也。〔莊子・則陽〕「至齊見丨人焉」平議。○丨射，即丨礫，又作枯礫。〔韓子・難言〕「田明丨射」集解引俞樾。○丨榷，丨障也，榷專也。〔通雅・卷二七〕○丨榷者，乃阻障而獨阻其利。〔漢書・翟方進傳〕「多丨榷為姦利者」補注引〔學林〕。○總括財利謂之丨榷。〔漢書・連語〕「丨榷」雜志。○略陳指趣亦謂之丨榷。〔同上〕○梗概與丨榷一聲之轉，分言之，則或曰丨，或曰榷。〔同上〕○提封、無慮、丨榷、楊榷，皆大數之名。〔同上〕○丨榷或作丨較，又作婞榷。〔漢書・陳萬年傳〕「没入丨榷財物」補注引王念孫。○總括財利，亦謂之丨較。〔廣雅・釋訓〕「婞榷，都凡也」疏證。○略陳旨趣謂之丨較。〔同上〕○丨較，蓋估計較量之謂。〔義府・卷下〕○丨較，猶梗概也。〔通雅・卷八〕○〔説文定聲・卷九〕丨，假借為固。〔後漢・靈帝紀〕注「丨，障也」。○〔同上〕丨，假借為故。〔漢書・律厤志〕集注「丨，必也」。○〔同上〕丨，假借為婞，實為賈，字亦以酤為之。〔漢書・陳咸傳〕「没入丨榷財物」。○〔同上〕丨，假借為殆。〔周禮・小子〕「凡沈丨候禳」。○丨讀作固。〔大戴・夏小正〕「其不丨之時也」平議。○丨者，婞之省。〔説文〕「婞，保任也」段注。○丨當為殆。

〔説文〕「礫，丨也」義證。

## 姑

丨，父之姊妹。〔廣韻・模部〕○丨，螻蛄也。〔孟子・滕文公上〕「蠅蚋丨嘬之」朱注。○丨，固也。〔漢書・律歷志〕「丨洗」補注引〔荀紀〕。○丨即咀也。〔孟子・滕文公上〕「蠅蚋丨嘬之」焦正義引阮元。○古讀瓜如丨，丨即瓜也。〔釋草〕「鉤，藈丨」郝疏。○丨，且也。〔詩・卷耳〕「我丨酌彼金罍」朱傳。又〔孟子・梁惠王下〕「丨舍女所學而從我」朱注。又〔通鑑・漢紀四五〕「唯知丨息」音注。又〔晉紀三一〕「欲求丨息」音注。○丨者，息也。〔文選・思玄賦〕「丨純懿之所廬」集釋。○丨，語助聲。〔孟子・滕文公上〕「蠅蚋丨嘬之」朱注。○古人謂父姊為丨姊。〔釋親〕「父之姊妹為丨」郝疏。○古人謂父妹為丨妹。〔同上〕○丨，舅丨。〔廣韻・模部〕○〔通雅・卷一九〕丨息，丨，婦女，息，小兒也。〔尸子〕「紂棄黎老之言，而用丨息之語」。○丨息，丨，姏丨也，息，頑童也。〔通雅・卷一九〕引焦弱侯。○凡言丨且者，皆倉猝不及細審之意。〔廣雅・釋詁〕「盬，猝也」疏證。○丨蘇乃吴都所在。〔史記・吴太伯世家〕「報丨蘇也」志疑。○丨蘇，或作丨胥、丨餘，吴人鄉語以鬚為蘇，故誤曰丨蘇。〔通雅・卷一三〕○丨與⿰鹵古通。〔廣雅・釋詁〕「⿰鹵古，息也」疏證。○〔説文定聲・卷九〕丨，假借為夃。〔詩・卷耳〕「我丨酌彼金罍」。○丨者，夃之假借字。〔詩・卷耳〕「我丨酌彼金罍」後箋。○〔説文定聲・卷九〕丨，假借發聲之詞。〔孟子〕「蠅蚋丨嘬之」。○丨，假為語詞。〔説文〕「丨，夫母也」段注。○丨，又沽之借字。〔詩・卷耳〕「我丨酌彼金罍」集疏。○丨與蛄同。〔方言一一〕「蛄諸謂之螻蛄」箋疏。○鉤藈丨俱聲相轉。〔釋草〕「鉤，藈丨」郝疏。○丨簍又枸簍之轉。〔方言九〕「車枸簍」箋疏。○丨簍，即枸簍之轉。〔廣雅・釋器〕「篕籠，傘也」疏證。○丨，一作蛄。〔廣雅・釋蟲〕「炙鼠，螻丨也」疏證。○三家丨作夃。〔詩・卷耳〕「我丨酌彼金罍」集疏。

## 觚

丨，酒爵。〔廣韻・模部〕○〔説文定聲・卷九〕丨，禮飲爵也。〔説文〕「丨，一曰觴受三升者謂之丨」。○丨，所以節酒。〔説文〕「丨，鄉飲之爵也」繫傳。○丨，小器也。〔論語・雍也〕「丨哉丨哉」劉正義。○丨者，棱也。〔同上〕○丨，方棱也。〔通鑑・唐紀一八〕「其基八丨」音注。○丨，八丨，有隅者也。〔説文〕「柧，棱也」義證引應劭。○凡有角隅皆為丨。〔文選・兩都賦〕「上丨棱而棲金爵」集釋。○丨者，棱也，以有棱角故謂之丨。〔説文〕「幡，書兒拭丨布也」義證引〔急就篇〕顔注。○丨者，棱也，今俗猶呼小兒學書簡為木丨章，蓋古之遺語也。〔説文〕「柧，棱也」義證引〔急就篇〕顔注。○丨者，學書之牘。〔同上〕○丨以學書或記事，若今書童及貿易人所用粉版。〔説文〕「幡，書兒拭丨布也」段注。○丨者，柧字，若今書僮及貿易人所用粉版。〔説文定聲・卷一四〕〔「幡」下〕○丨，棱也，或曰酒器，或曰木簡，皆器之有棱者也。〔論語・雍也〕「丨不丨」朱注。○丨，猶枝本也。〔慧琳音義・卷四六〕○丨竹即孤竹。〔釋地〕「丨竹、北户、西王母、日下謂之四荒」郝疏。○〔通雅・卷四四〕丨盧，菰蘆也。〔子虛賦〕「蓮藕丨盧」。○丨盧即瓠盧，丨盧、瓠盧、扈魯，並一聲之轉。〔漢書・司馬相如傳〕「蓮藕丨盧」補注。○〔説文定聲・卷九〕丨，假借為苽。〔漢書・司馬相如傳〕「蓮藕丨盧」。○〔同上〕丨，假借為把。〔淮南・主術〕「操其丨」。○〔同上〕丨，假借為孤。〔釋地〕「丨竹」。○丨為孤之假字。〔莊子・大宗師〕「與乎其丨而至堅者也」集釋引李楨。○〔説文定聲・卷九〕丨，假借為柧。〔史記・酷吏傳〕「破丨而為圜」。○丨者，柧之借字也。〔説文〕「幡，書兒拭丨布也」句讀。○丨，當為柧。〔同上〕義證。○丨即軱字。〔莊子・大宗師〕「與乎其丨而不堅也」平議。○丨與觚同。〔通雅・卷三三〕○丨當為觗，〔小戴〕作觴。〔大戴・投壺〕「當飲皆跪奉丨曰賜灌」王詁。○丨盧，〔史記〕作菰蘆。〔文選・子虛賦〕「蓮藕丨盧」集釋。

## 菰

丨，本作苽，茭草也，其中生菌如瓜形，可食，故謂之丨。〔本草・卷二三〕○丨曰蓬，今人謂之茭。〔説文〕「蔣，苽蔣也」義證引〔通志〕。○丨之有首者，謂之緑節。〔説文〕「苽，雕苽」義證引〔西京雜記〕。○丨之有米者，長安人謂之雕胡。〔同上〕○丨米，一名雕胡。〔同上〕義證引陶隱居。○丨根，蔣草也，江南人呼為茭草。〔説文〕「苽，一名蔣」義證引〔本草〕注。○雕胡即丨。〔史記・司馬相如傳〕「丨蘆」志疑。○丨同苽。〔廣韻・模部〕○丨與苽同。〔廣雅・釋草〕「丨，蔣也，其米謂之彫胡」疏證。○丨蘆，〔漢傳〕、〔文選〕作觚盧，張晏云扈魯。〔史記・司馬相如傳〕「丨蘆」志疑。

## 苽

丨，蔣也，其米雕胡，俗名茭，中臺如小兒臂曰丨手，可食，其根亦曰葑，字亦作菰。〔説文定聲・卷九〕○其草名曰丨。〔説文〕「茭，乾芻」繫傳。○丨，即彫胡也。〔廣雅・釋草〕「菰，蔣也，其米謂之彫胡」疏證。○丨生臺如兒臂，謂之丨手。〔説文〕「丨，雕丨」義證引〔嘉祐圖經〕。○雕丨，〔西京雜記〕及古詩多作雕胡。〔説文〕「丨，雕丨」繫傳。○青謂之丨蔣。〔説文〕「蔣，丨蔣也」繫傳。○丨封即菰葑。〔通雅・卷四四〕○〔説文定聲・卷九〕｜，假借為孤。〔校官碑〕「履菰竹之廉」。○〔同上〕｜，假借為箛。〔風俗通・聲音〕「菰，吹鞭也」。○｜字或作菰。〔說文〕「｜，雕｜」義證。○各本胡字作｜。〔說文〕「｜，雕胡」段注。

徒 ｜，步行也。〔廣韻・模部〕○｜，｜行也。〔通鑑・周紀三〕「秦人指甲｜裼以趨敵」音注。○〔說文定聲・卷九〕無車而行謂之｜，無車而戰謂之｜，無舟而渡亦謂之｜。〔聲類〕「｜，空也」。○｜，步行者。〔詩・黍苗〕「我｜我御」朱傳。又〔國策・東周策〕「士卒師｜」鮑注。○｜，步卒也。〔詩・車攻〕「｜御不驚」朱傳。又〔閟宮〕「公｜三萬」朱傳。○｜，從車者。〔國策・齊策四〕「｜百人」鮑注。○｜，隸也。〔廣韻・模部〕○｜謂役｜也。〔漢書・賈誼傳〕「輸之司寇，編之｜官」補注引王念孫。○｜者，衆也。〔漢書・百官公卿表〕「卨作司｜敷五教」補注引〔白虎通〕。○〔義府・卷上〕｜猶屬也。〔孟子〕「仲尼之｜」。○｜與役謂弟子也。〔呂覽・誣徒〕「師不能令於｜」校正。○｜，獨。〔韓子・外儲說左下〕「則｜翟黃也」集解引舊注。○｜猶獨也。〔荀子・子道〕「｜有所不知」集解引〔華嚴經音義〕。○｜，空也。〔禮記・王制〕「庶人耆老不｜食」集解。又〔孟子・告子下〕「｜取諸彼以與此」朱注。又〔廣韻・模部〕。又〔太素・人迎脈口診〕「陷下則｜灸之」楊注。○｜猶空也。〔儀禮・聘禮〕胡正義。又〔孟子・離婁上〕「｜善不足以為政」朱注。又〔國策・秦策一〕「｜處而致利」鮑注。○｜言無地與之。〔國策・韓策一〕「今公｜收之甚難」鮑注。○｜，但也。〔孟子・離婁上〕「｜餔啜也」朱注。○〔說文定聲・卷九〕｜謂但也，因又為但詞。〔廣雅・釋詁〕「｜，袒也」。○｜猶乃也。〔釋詞・卷六〕○｜屬，猶言黨友。〔墨子・非儒下〕「其｜屬弟子」閒詁。○｜隸，賤者偁。〔說文〕「埍，徒隸所凥也」段注。○｜驥，猶｜御也，謂行兵。〔莊子・徐無鬼〕「无｜驥於錙壇之宮」集釋引其世父。○特、獨、｜，俱一聲之轉。〔釋詁〕「梏，直也」郝疏。○｜與袒一聲之轉。〔淮南・齊俗〕「雖之夷狄｜倮之國」平議。○｜與袒一聲之轉也。〔廣雅・釋詁〕「｜，袒也」疏證。○申都，〔史・表〕作申｜，都、｜音同通用。〔漢書・高惠高后文功臣表〕「以韓申都下韓」補注。○｜蓋塗之假字。〔太玄・夷〕「或飫之塗」平議。○〔說文定聲・卷九〕｜，假借為度。〔管子・七法〕「則官｜毀」。○〔同上〕｜，假借為涂。〔列子・天瑞〕「食于道｜者」。○司｜當作司從。〔漢書・王莽傳〕「又置司恭、司｜」補注引齊召南。○｜，當為侍字之誤也。〔左傳莊公八年〕「誅屨於｜人費」述聞。

途 ｜，道也。〔廣韻・模部〕○堂｜作堂塗，亦作堂涂，並假借字。〔釋宮〕「堂｜謂之陳」郝疏。

塗 ｜，泥。〔詩・角弓〕「如｜｜附」朱傳。○｜，｜泥也。〔廣韻・模部〕○｜，泥也，自卑之甚。〔國策・燕策二〕「頓首｜中」鮑注。○｜，凍釋而泥｜也。〔詩・出車〕「雨雪載｜」朱傳。○｜猶污。〔國策・燕策一〕「王腦｜地」鮑注。○污、｜、漫，義相同。〔廣雅・釋詁〕「｜，污也」疏證。○｜，路也。〔大戴・曾子制言中〕「衡｜而償」王詁。又〔廣韻・模部〕。○｜訓道。〔論語・陽貨〕「遇諸｜」劉正義。○｜，汙也。〔慧琳音義・卷七五〕引〔考聲〕。○｜與拭義相近。〔廣雅・釋宮〕「幔，｜也」疏證。○｜與覆義相近。〔廣雅・釋宮〕「摸，｜也」疏證。○泥｜謂之埿湏。〔左傳襄公三○年〕「使吾子辱在泥｜久矣」洪詁引〔通俗文〕。○｜山有四，一者會稽，二者渝州，三者濠州，四者古國名，今宣州當｜縣也。〔楚辭・天問〕「焉得彼嵞山女」補注引蘇鶚〔演義〕。○｜，古文本又作數也，數亦斁之假借字。〔書・梓材〕「惟其｜丹雘」孫疏。○｜讀為除。〔荀子〕「脩｜」雜志。○｜當讀為斁。〔法言・問道〕「或問太古｜民耳目」平議。○｜，字亦作涂。〔廣雅・釋宮〕「黝，｜也」疏證。○｜，俗寫從土。〔墨子・七患〕「｜不芸」閒詁引畢沅。○｜，涂字俗寫从土。〔墨子・備城門〕「鑿扇上為棧｜之」閒詁引畢沅。○｜，俗字，當為涂。〔書・益稷〕「娶于｜山」孫疏。○｜，當為涂，俗加土。〔書・禹貢中〕「厥土惟｜泥」孫疏。○｜，俗字，當為涂。〔書・梓材〕「惟其｜塈茨」孫疏。○｜字本作涂。〔文選・奏彈曹景宗〕「｜中罕千金之費」集釋。○｜，古作涂。〔詩・防有鵲巢〕陳疏。○涂｜，古今字。〔說文〕「塗，涂也」段注。○｜，當作涂。〔詩・出車〕「雨雪載｜」陳疏。○｜，當為壁，字相似而誤也。〔左傳哀公六年〕「潛師閉｜」述聞。○〔左傳哀公六年〕「潛師閉｜」，〔列女傳・楚昭越姬〕作「伏師閉壁」。〔述聞・卷一九〕○｜，一作斁。〔書・梓材〕「惟其｜丹雘」孫疏。○｜，〔群經音義〕引作斁。〔書・梓材〕「惟其｜丹雘」孫疏。○〔水經注〕引｜作嵞。〔左傳哀公七年〕「禹合諸侯於｜山」洪詁。○〔淮水〕及〔江水〕引此並作嵞山。〔呂覽・音初〕「見｜山之女」校正。

荼 ｜，苦菜。〔廣韻・模部〕○｜，苦菜也。〔詩・七月〕「采｜薪樗」朱傳。又〔同上〕集疏。又〔桑柔〕「寧為｜毒」朱傳。○｜，苦菜，蓼屬也。〔詩・谷風〕「誰謂｜苦」朱傳。又〔緜〕「堇｜如飴」朱傳。○｜，苦菜，即今｜茗也。〔說文〕「｜，苦｜也」繫傳。○｜，蓼也，紫色者，｜也，青色者，蓼也。〔說文〕「蓼，辛菜」義證引〔古今注〕。○〔說文定聲・卷九〕｜，菜屬。〔說文〕「｜，苦｜也」。○｜又菜名，今野苦苣也。〔說文〕「｜，苦｜也」繫傳。○｜，陸草。〔詩・良耜〕「以薅｜蓼」朱傳。○｜，茅華。〔詩・出其東門〕「有女如｜」朱傳。○｜，茅莠。〔集韻・姥部〕○｜又茅秀也。〔說文〕「｜，苦｜也」繫傳。○｜，英｜也，英｜為茅菅之秀。〔詩・出其東門〕「有女如｜」後箋。○｜，萑苕。〔詩・鴟鴞〕「予所捋｜」朱傳。○｜即茶。〔通雅・卷四三〕○｜，繁也。〔詩・出其東門〕「有女如｜」後箋引〔埤雅〕。○｜，密也。〔同上〕後箋引范處義。○｜，借也。〔廣雅・釋詁〕疏證。○〔說文定聲・卷九〕｜，假借為涂。〔文選・與孫皓書〕「生人陷｜炭之艱」。○〔同上〕｜，假借為紓，為徐。〔書大傳〕「厥咎｜」。○〔同上〕｜，假借為藉。〔夏小正〕「取｜」。○〔同上〕｜，假借為舒。〔禮記・玉藻〕「諸侯｜」。○｜蓋賖之借字，賖｜古聲相近。〔廣雅・釋詁〕「｜，借也」疏證。○〔說文定聲・卷九〕｜，如今蘆花之類，可以裝褚為藉，故得藉名，或曰借為賖。〔方言一二〕「｜，借也」。○〔同上〕｜，字亦作瑹。〔廣雅・釋器〕

「瑹，笏也」。○｜，魯作荼。〔詩・良耜〕「以薅｜蓼」集疏。○｜，當作余。〔說文〕「斜，抒也」段注。○｜陵，〔後漢〕因〔續志〕作茶陵。〔漢書・地理志〕「｜陵」補注。

圖
｜，謂模寫其形象也。〔釋言〕「猷，｜也」郝疏。○｜，謀。〔詩・常棣〕「是究是｜」朱傳。○｜，謀也。〔詩・烝民〕「我儀｜之」朱傳。又〔漢書・揚雄傳〕「諸子｜微」補注引吳祕。又〔墨子・脩身〕「雖勞必不｜」閒詁引蘇時學。○｜與謀同義。〔說文〕「謀，慮難曰謀」段注。○｜，思也。〔漢書・揚雄傳〕「｜纍承彼洪族兮」補注。○｜即規畫。〔說文〕「｜，畫計難也」義證。○｜物，即謂山川奇異之物。〔左傳宣公三年〕「遠方｜物」疏證。○〔通雅・卷四〕「｜迴，言回環匍思也」。〔荀子〕「｜迴天下于掌上」。○〔說文定聲・卷九〕｜，假借為度。〔楚辭・懷沙〕「前｜未改」。○｜者，圓之誤字。〔荀子・儒效〕「｜回天下於掌上」平議。

屠
｜，殺也。〔廣韻・模部〕○｜言殺之酷。〔國策・秦策三〕「誅｜四十餘萬之衆」鮑注。○｜，刳也。〔廣韻・模部〕○｜，裂也。（同上）○匈奴謂賢曰｜者。〔漢書・鄯善國傳〕「其弟尉｜者降漢」補注引徐松。○｜瘏通。〔釋詁〕「瘏，病也」郝疏。○〔說文定聲・卷九〕｜，假借為鄏。〔詩・韓奕〕「出宿于｜」。○（同上）｜，假借為瘏。〔詩・鴟鴞〕「予口卒｜」。○｜鄏古今字。〔說文〕「鄏，左馮翊郃陽亭」段注。○｜蒯，〔禮記〕作杜蕢。〔左傳昭公九年〕「｜蒯趨入」洪詁。

奴
｜，人之下也。〔廣韻・模部〕○木之類近根者｜。〔說文〕「｜，｜婢皆古罪人」段注。又〔說文定聲・卷九〕。○引伸之水不流曰｜。〔說文〕「｜，｜婢皆古罪人」段注。○漢以來呼｜為蒼頭。〔說文〕「｜，｜婢皆古之罪人也」義證。○引伸之則凡子孫皆可偁｜。〔說文〕「帑，金幣所藏也」段注。○凡下賤之稱皆曰｜。〔說文定聲・卷九〕○（同上）｜，假借為濘。〔水經・滱水〕注「水黑曰盧，不流曰｜」。○｜僇為｜辱也。〔書・甘誓〕「予則孥戮」注「孥一作｜」孫疏。○｜，又假帑為之。〔說文〕「帑，金幣所藏也」段注。○｜同砮。〔墨子・備高臨〕「引弦鹿長｜」閒詁引畢沅。○｜與孥同。〔史記・夏本紀〕引〔竹書〕「命吏大夫｜遷于九源」志疑。

呼
｜者，外息也。〔說文〕「招，手評也」段注。○｜，喚也。〔孟子・盡心上〕「｜於垤澤之門」焦正義引閻若璩。○｜，叫號也。〔通鑑・周紀四〕「王孫賈乃入市中｜曰」音注。○謼、｜、嘑音義同。〔釋言〕「號，謼也」邵正義。○｜韓，單于之号。〔文選・東京賦〕「｜韓來享」補正引金甡。○吁、｜古字通也。〔禮記・檀弓〕釋文「｜作吁」述聞。○虖、嘑、謼、評並通，亦通作｜。〔廣雅・釋詁〕「評，鳴也」疏證。○〔說文定聲・卷九〕｜，假借為嘑。〔詩・蕩〕「式號式｜」。○（同上）｜，假借發聲之詞。〔左傳文公元年〕「江芈怒曰｜」。○｜者，評之借字。〔說文〕「招，手｜也」句讀。○｜與罅同。〔漢書・高帝紀〕「而釁鼓」補注引沈欽韓。○｜即吁字。〔左傳文公元年〕「｜役夫」述聞。○齊｜作謼。〔詩・蕩〕「式號式｜」集疏。○｜當為嘑。〔說文〕「噭，吼也，一曰噭，｜也」義證。又〔說文〕「嘖，大｜也」義證。○｜當作嘑。〔說文〕「嘖，大｜也」段注。○｜當作嘑，字之誤也。〔說文〕「一曰噭，｜也」段注。○｜當為評。〔說文〕「咞，｜雞重言之」義證。○｜當作評。〔說文〕「顲，｜也」段注。

吾
｜，我也。〔廣韻・模部〕○｜，經傳亦以余、以予、以我為之。〔說文定聲・卷九〕○｜，禦也。〔說文〕「圉，守之也」義證引〔漢官儀〕。○｜即敔字。〔說文〕「敔，禁也」義證。○漢改中尉為執金｜，｜，御也，執金革以御非常。〔廣韻・模部〕○｜子，小男小女也。〔通雅・卷二七〕○〔通雅・卷一九〕古謂小男小女為｜子。〔管子〕「｜非籍之諸君｜子」。○｜科，與吳魁同。〔廣雅・釋器〕「｜魁，盾也」疏證。○｜山即魚山也。〔漢書・溝洫志〕「｜山平分鉅野溢」補注引〔初學記〕。○｜邱即虞邱。〔呂覽・貴卒〕「中山之人多力者曰｜丘鴪」校正。○虞、｜古同音通用。〔漢書・吾丘壽王傳〕「｜丘壽王」補注引沈欽韓。○〔說文定聲・卷九〕｜，假借為御。〔續漢・百官志〕「執金｜」。○（同上）｜，假借為五。〔西周策〕「｜得將為楚王屬怒于周」。○（同上）｜，假借為鋙。〔左傳〕「使西鉏｜庀府守」。○凡自稱之詞，｜為正字，予、甫、余，皆音之借也。〔說文定聲・卷五〕（「台」下）○｜當讀為牙。〔管子・海王〕「｜子食鹽二升少半」平議。又〔太玄・勤〕「羈角之｜」平議。○｜當為若。〔墨子・貴義〕「｜取飾車食馬之費」平議。○｜，逆聲之轉也。〔國策・卷中〕「三百里通於燕之唐｜」札記引黃丕烈。○｜，諸本作吳。〔左傳昭公三〇年〕「好｜邊疆」洪詁。○｜當為圄之省。〔墨子・公孟〕「厚攻則厚｜」閒詁。○｜字乃客之誤。〔韓子・難勢〕「若｜所言」集解。○｜字乃君字之誤。〔管子・輕重丁〕「然則｜非託食之王邪」平議。

梧
｜，｜桐，木名。〔廣韻・模部〕○｜，桐也，美材也。〔孟子・告子上〕「舍其｜檟」朱注。○｜，亦謂之青桐。〔說文定聲・卷一〕○｜之言吳也。〔讀書雜志・卷四〕○魁｜皆六也。（同上）○魁與｜同義。〔漢書・張陳王周傳贊〕「以為其貌魁｜奇偉」補注。○牾、｜、迕、赶，並字異而義同。〔管子〕「位赶」雜志。○｜之言禦也。〔釋邱〕「當途，｜邱」述聞。○邱之當途者謂之｜邱。（同上）○〔說文定聲・卷九〕｜，假借為鼯。〔荀子・勸學〕「｜鼠五技而窮」。○｜，讀如寤。〔釋丘〕「當途，｜丘」郝疏。○｜成，一作郚城。〔漢書・地理志〕「｜成」補注。

吳
｜，譁也。〔詩・絲衣〕「不｜不敖」朱傳。○｜，引伸之為凡大之偁。〔說文〕「｜，大言也」段注。○｜，｜越。〔廣韻・模部〕○｜、吾、俁，聲近義同。〔方言一三〕「｜，大也」箋疏。○｜魁猶言大盾。〔廣雅・釋器〕「｜魁，盾也」疏證。○｜公，一作蜈蚣。〔廣雅・釋蟲〕「蝍蛆，｜公也」疏證。○｜嶽，其即｜山。〔漢書・地理志〕「｜山在西」補注引段玉裁。○自周尊岍山為嶽山，俗又謂之｜山，或又合稱｜嶽。〔史記・封禪書〕「｜岳」志

疑引〔錐指〕。○|山，即〔周禮〕之嶽山也。〔漢書·郊祀志〕「|山」補注。○|、虞古通。〔漢書·地理志〕「|山在西，上有|城」補注引趙一清。○|、虞古字通。〔漢書·王莽傳〕「商人杜|殺莽」補注引周壽昌。○虞、|古通。〔史記·封禪書〕「|岳」志疑。○夷|，|、吾古通，各本皆作夷吾。〔史記·惠景間侯者年表〕「趙夷|」志疑。○古|虞字通。〔釋名·釋州國〕「|，虞也」疏證。○古虞、娛、|三字本通用。〔詩·絲衣〕「不|不敖」後箋。○〔說文定聲·卷九〕|，假借為芋。〔廣雅·釋詁〕「|，本也」。○〔同上〕|，假借為俁。〔方言一三〕「|，大也」。○〔同上〕|，以虞為之。〔衡方碑〕「不虞不揚」。○|虞古同聲。〔廣雅·釋詁〕「虞，有也」疏證。○|，魯作虞。〔詩·絲衣〕「不|不敖」集疏。又〔泮水〕「不|不揚」集疏。

○〔淮南〕|作越。〔呂覽·有始〕「|之具區」校正。

○|當作吾。〔韓子·內儲說下〕「越與|同命」集解。

**租**

|，稅也。〔廣韻·模部〕○田稅曰|。〔說文〕「|，田賦也」義證引〔急就篇〕顏注。○|即稅也。〔漢書·刑法志〕「有稅有|」補注引王鳴盛。○|，聚。〔詩·鴟鴞〕「予所蓄|」朱傳。○|，積也。〔廣韻·模部〕○|，包裹也。〔集韻·侯部〕○〔通雅·卷二七〕|銖，|稅律也。〔貢禹傳〕「除其|銖之律」。○|，通作葅。〔詩·鴟鴞〕「予所蓄|」後箋引何楷。○〔說文定聲·卷九〕|，假借為作。〔詩·鴟鴞〕「予所蓄|」。○|，假借為祖。〔說文定聲·卷九〕○|，假借為貯，為儲。〔同上〕○|讀如葅。〔詩·鴟鴞〕「予所蓄|」集疏。○|當讀為苴。〔同上〕平議。

**盧**

|，飯器也。〔本草·卷二八〕○|，酒器之名。〔本草·卷三〇〕引或說。○|，小甕。〔說文〕「盧，[illegible]也」義證引〔急就篇〕顏注。○|，器以柳為之，亦曰笑|。〔說文定聲·卷九〕○|，黑色也。〔本草·卷三〇〕○|，黑也，俗作矑。〔說文〕「縣，|童子也」段注。○夷人謂黑為|。〔說文〕「壚，剛土也」義證引〔夢溪筆談〕。○凡物黑色謂之|。〔本草·卷一五〕○俗謂黑為|。〔說文〕「壚，剛土也」義證引〔圖經〕。○|旅同，黑弓也。〔國策·楚策四〕「方將脩其碆|」鮑注。○|弓即旅弓，黑弓也。〔說文〕「弴，畫弓也」段注。○|，田犬也。〔詩·盧令〕「|令令」朱傳。○驢、壚、|、旅、瀘，義並同也。〔廣雅·釋器〕「驢，黑也」疏證。○〔通雅·卷四〕|胡，笑在喉間聲也。〔後漢·應劭傳〕「觀之者掩口|胡而笑」。○兔|，一名兔縷，|亦縷也。〔說文〕「纑，布縷也」義證引〔急就篇〕顏注。○中|故城在襄陽府西南，古|戎也。〔左傳桓公一三年〕「羅與|戎兩軍之」疏證引〔一統志〕。○〔說文定聲·卷九〕|，假借為驢。〔書·文侯之命〕「|弓」。○〔同上〕|，假借為鸕。〔上林賦〕「箴疵鵁|」。○〔同上〕|，假借為壚。〔釋名·釋地〕「土黑曰|」。○〔同上〕|，假借為鑪，|牟即鑪模。〔淮南·原道〕「|牟六合」。○〔同上〕|，假借為籚。〔晉語〕「侏儒扶|」。○〔同上〕|，假借為鑪。〔漢書·食貨志〕「率開一|以賣」。○〔同上〕|，假借為蘆。〔漢書·司馬相如傳〕「蓮藕觚|」。○〔同上〕|，假借為櫨。〔禮記·明堂位〕注「刻欂|」。○〔同上〕|，假借為廬。〔荀子·富國〕「君|屋妾」。○〔同上〕|，假借為顱。〔漢書·武五子傳贊〕「頭|相屬于道」。○〔同上〕|，以閭為之。〔荀子·性惡〕「鉅闕辟閭」。○|與蕳同。〔廣雅·釋草〕「屈居，|如也」疏證。○|茹，離樓，一聲之轉也。〔同上〕○蒲|即蒲贏，一聲之轉。〔說文〕「蜃，雉入海化為蜃」義證。○鄭、|聲轉。〔漢書·地理志〕「故穰|陽鄉」補注引錢坫。○|作旅者，假音字。〔書·文侯之命〕注「|，一作旅」孫疏。○|通作顱。〔說文〕「縣，|童子也」義證。○|即顱字。〔說文〕「鍚，馬頭飾也」段注。○〔說文定聲·卷九〕|，字亦作矑。〔漢書·揚雄傳〕「玉女無所眺其清|」。○|，俗作矑。〔說文〕「縣，|童子也」義證。○〔三體石經〕|作旅。〔書·文侯之命〕「|弓一」孫疏。○〔說文定聲·卷九〕|，字亦作獹。〔漢書·王莽傳〕「是猶紲韓|而責之獲也」。○|，〔史記〕作彊。〔左傳成公一三年經〕「曹伯|卒于師」洪詁。○|，官本及〔史記〕作盧。〔漢書·伍被傳〕「略衡山以擊|江」補注。○〔上林賦〕鵁|，〔史記〕|作顱。〔說文〕「鵁，一曰鵁鸕也」段注。○|當作黸。〔說文〕「縣，|童子也」義證。○|當作羅。〔漢書·烏孫國傳〕「使長|侯光祿大夫惠為副」補注引錢大昭。○|，〔史記〕作鑪，字當作壚，通作鑪，|則文省也。〔漢書·司馬相如傳〕「迺令文君當|」補注。

**鑪**

|，|冶也。〔廣韻·模部〕○|，酒盆。〔同上〕○〔說文定聲·卷九〕|，亦酒缶。〔史記·司馬相如傳〕「文君當|」。○〔同上〕|，假借為鑪。〔莊子·大宗師〕「皆在|錘之間耳」。○|，香|也。〔慧琳音義·卷九一〕○|，俗作爐。〔說文〕「|，方|也」句讀。○爐作|。〔讀書雜志·卷三〕

**蘆**

|，|菔，菜名。〔廣韻·模部〕○|菔，根菜也，俗謂之蘿蔔。〔慧琳音義·卷七六〕○|菔，又為蘿蔔，又為萊菔。並音轉字通也。〔釋草〕「葖，|葩」郝疏。○|，今又謂之蘿蔔、萊菔，皆語之轉。〔說文定聲·卷九〕○河朔|菔俗呼蘿蔔。〔說文〕「|，|菔也」義證引〔通志〕。○|菔，亦得謂之菁。〔說文定聲·卷一七〕○|菔，今俗語通呼羅匐，聲轉而為萊菔。〔廣雅·釋草〕「菈遫，|菔也」疏證。○|菔是今溫菘。〔說文〕「菔，|菔，似蕪菁」義證引陶宏景。○|，|葦之未秀者。〔廣韻·模部〕○蒹葭即|。〔史記·司馬相如傳〕「菰|」志疑。○長丈許中空皮薄色白者，葭也，|也，葦也。〔本草·卷一五〕○|，漏|草。〔廣韻·魚部〕○〔說文定聲·卷九〕|，字亦作蘆。〔說文〕「|，|菔也」。○|者，色盧黑也。〔本草·卷一五〕○|讀為蘿，音轉字通也。〔釋草〕「葖，|葩」郝疏。○|，鉉本作蘆。〔說文〕「蒬，茅蒬，茹|」段注。

**蘇**

|，紫|，草也。〔廣韻·模部〕○|乃荏類，而味辛如桂。〔說文〕「|，桂荏也」義證引〔本草〕。○析言之，則|荏二物，統言之則不別也。〔同上〕段注。○|，今謂之紫|。〔說文定聲·卷九〕○|亦辛草之總名。〔通雅·卷四二〕○其無紫色不香者名野|，生池中者為水|，一名雞|，皆荏類也。〔文選·南都賦〕「|蔱紫薑」集釋引〔本草〕陶注。○|，復生也。〔孟子·梁惠王下〕「書曰后來其|」朱注。○|，死更生也。〔國策·楚策一〕「勃|乃|」鮑注。○死而更生曰|。〔楚辭·橘頌〕「|世獨立」補注。○|，舒暢也。〔本草·卷一四〕○|，悞也。〔廣韻·模部〕○|，取草也。

〔通鑑・漢紀二〕「樵｜後爨」音注。○｜者，取也。〔管子〕「漁利｜功」雜志。○｜，索也，語之轉。〔離騷〕「｜糞壤以充幃兮」戴注。○｜，滿也。〔廣韻・模部〕○穌與｜，字異而義同。〔管子〕「漁利｜功」雜志。○｜扇多，梵語，佛名也。〔慧琳音義・卷七〕○｜迷盧山，梵語，寶山名，或曰須彌山，或云彌樓山，唐妙高山，或名妙光山。〔卷一〕○｜與穌通。〔廣雅・釋詁〕「穌，取也」疏證。又〔釋詁〕「穌，生也」疏證。○〔說文定聲・卷九〕｜，假借為遡。〔荀子・議兵〕「｜刃者死」。○(同上)｜，假借為須。〔史記・司馬相如傳〕「蒙鶡｜」。○(同上)｜，假借為疏。〔楚辭・橘頌〕「｜世獨立」。○(同上)｜，假借為瘏。〔小爾雅・廣名〕「死而復生謂之｜」。○(同上)｜，假借為穌。〔漢書・韓信傳〕「樵｜後爨」。○｜之假借為樵｜。〔說文〕「｜，桂荏也」段注。○〔說文定聲・卷九〕｜，字亦作蘇。〔通俗文〕「屋平曰廜蘇」。○｜通作穌。〔方言一〇〕「悅、舒，｜也」箋疏。

**烏**　｜，反哺也。〔說文〕「｜，孝鳥也」繫傳。○｜，太陽之精也，亦至孝之應。〔說文〕「｜，孝鳥也」義證引〔瑞應圖〕。○｜，鴉，黑色。〔詩・北風〕「莫黑匪｜」朱傳。○｜，安也，語辭也。〔廣韻・模部〕○｜為舒氣之聲也。〔釋名・釋言語〕「嗚，舒也」疏證。○｜，發聲之詞。〔說文定聲・卷九〕○〔通雅・卷三九〕｜翅，乾脯也。〔庖人〕注「凉州｜翅」。○生陸者曰｜韭。〔通雅・卷四二〕○｜亘即｜桓，〔晉書〕作｜丸。〔卷一六〕○｜頭，天雄，附子一物。〔說文〕「萴，｜喙也」義證引〔博物志〕。○｜足俗呼墨草。〔通雅・卷一七〕○｜韭，石衣也。〔說文〕「萆，一曰萆歷，似｜韭」段注引〔本草〕。○｜芋，今鳧茈也。〔說文〕「芍，鳧茈也」義證引〔本草〕唐本注。○｜芋，一名藉姑。(同上)義證引〔本草〕。○｜芋，其根如芋而色｜也。〔本草・卷三三〕○菰首有黑灰如墨者名｜鬱。〔說文〕「菸，鬱也」義證引陳藏器。○｜桕，｜喜食其子，因以名之。〔本草・卷三五〕○｜揭即呼揭。〔漢書・匈奴傳〕「因北擊｜揭」補注引官本考證。○〔通雅・卷三二〕｜絲，箋之畫欄者也。〔霍小玉傳〕「｜絲欄素假三尺授李生」。○焉氏即｜氏也，又作閼氏。〔漢書・地理志〕「｜氏」補注引王念孫。○｜賊，即〔說文〕之｜鰂魚也。〔文選・吳都賦〕「｜賊」集釋。○｜鰂，一名墨魚。〔文選・吳都賦〕「｜賊」集釋引〔本草〕。○｜鰂，一名纜魚。(同上)○｜鰂，一名河伯度事小史。〔說文〕「鰂，鰞鰂，魚名」義證引〔古今注〕。○｜江即古延江也。〔漢書・地理志〕「南廣」補注引洪亮吉。○黑水即〔志〕之｜水。〔漢書・地理志〕「｜水出西」補注引全祖望。○｜飯樹，一名楊桐。〔通雅・卷四四〕○｜｜稷稷，言氣至而應也。〔卷一〇〕○｜瑟膩沙，梵語，譯云無見頂相，如來頂相之號也。〔慧琳音義・卷四〕○｜，假借以為｜呼也。〔說文〕「｜，孝鳥也」繫傳。○〔說文定聲・卷九〕｜，助語之詞，借為于。〔釋詁〕「於，代也」。○｜，借為焉，安之轉者。〔字詁〕○｜，借為歍。〔說文定聲・卷九〕○｜，假借為曷。(同上)○曷、害、安、焉、｜、胡、惡、何、奚諸字，皆一聲之轉。(同上)○｜之為閼，乃聲之通。〔漢書〕「閼氏」雜志。○｜氏之為閼氏，猶商於之為商安也。(同上)○｜犂靡，〔西域傳〕作安犂靡，｜、安聲相近。〔漢書・段會宗傳〕「小昆彌｜犂靡者」補注引錢大昕。○官本｜作嗚。〔漢書・禮樂志〕「｜呼孝哉」補注。○官本｜作惡。〔漢書・貢禹傳〕「陛下｜有所言」補注。○｜，〔藝文類聚〕作焉。〔史記・匈奴傳〕「漢使王｜等窺匈奴」志疑。〔左傳哀公一六年〕「｜乎哀哉」洪詁。○｜乎，諸本作嗚呼。〔左傳昭公二七年〕「｜乎」洪詁。○古用於，後用｜。〔字詁〕○〔說文定聲・卷九〕｜，字變作螐，即蜀桑蟲也。〔釋蟲〕「蚅，螐蠋」。○(同上)｜，字亦作嗚。〔書・洪範〕「嗚呼」。

**汙**　｜，停水也。〔詩・十月之交〕「田卒｜萊」朱傳。○水不泄謂之｜。〔左傳隱公三年〕「潢｜行潦之水」洪詁引〔文選〕注。○｜，窪也。〔大戴・少閒〕「｜池土察」王詁。○｜，濁也。〔孟子・盡心下〕「合乎｜世」朱注。○｜，塗也。〔慧琳音義・卷九〕引〔字書〕。○洿與｜同。〔荀子〕「｜漫」雜志。○濯淖｜泥四字同義。〔史記〕「濯淖」雜志。○｜，穢也。〔詩・十月之交〕「田卒｜萊」集疏引韓說。○｜為澣。〔說文定聲・卷四〕(「氾」下)○｜亦為勞。〔左傳昭公元年〕「處不辟｜」平議。○〔通雅・卷四〕｜邪，猶甌臾也。〔滑稽傳〕「甌窶｜邪」。○｜窬謂空竇納污也。〔說文〕「窳，污窬也」義證。○｜隆，一作窊隆、窳隆。〔通雅・卷七〕○｜即洿之假借字。〔說文〕「洿，濁水不流也」段注。○｜亦借洿字。〔說文〕「｜，薉也」句讀。○｜，用為夸字之假借，夸者，大也。〔孟子・公孫丑上〕「｜不至阿其所好」焦正義。

**污**　｜，同洿。〔廣韻・模部〕○｜與淤略同。〔說文定聲・卷九〕○｜，水曲也。〔大戴・曾子制言下〕「深澤之｜」王詁。○｜，下也。〔禮記・檀弓〕「道｜則從而｜」集解。○｜，塗也。〔慧琳音義・卷五七〕引〔字書〕。○｜，煩撋之以去其｜。〔詩・葛覃〕「薄｜我私」朱傳。○｜、塗、漫，義相同。〔廣雅・釋詁〕「塗，｜也」疏證。○｜衺、｜邪，並與窊衺同。〔廣雅・釋訓〕「委蛇，窊衺也」疏證。○｜與洿通。〔廣雅・釋詁〕「洿，聚也」疏證。○〔說文定聲・卷九〕｜，假借為窊。〔禮記・檀弓〕「道｜則從而｜」。○(同上)｜，假借為夸。〔大戴・子張問入官〕「群臣服｜矣」。○(同上)｜，假借為奃。〔淮南・原道〕「蹪蹈于｜壑穽陷之中」。○(同上)｜，或曰借為洿。〔書・允征〕「舊染｜俗」。○｜，經傳亦以徐為之，字作塗。〔說文定聲・卷九〕○｜又或通作臾。〔說文〕「窊，｜衺下也」義證。

**洿**　｜，窊下之地，水所聚也。〔孟子・梁惠王上〕「數罟不入｜池」朱注。○水深謂之｜。〔楚辭・天問〕「川谷何｜」補注引〔集韻〕。○｜，一曰窊。〔說文〕「渾，一曰｜下也」段注。○｜，濁水不流也。〔左傳文公六年〕「治舊｜」疏證引沈欽韓。○｜，染涴也。〔通鑑・漢紀三〕「何｜王為」音注。○｜邪，濁水不流之地。〔大戴・勸學〕「譬之如｜邪」王詁。○｜汙古通用。〔方言三〕疏證。又〔說文〕「潤，海岱之閒謂相汙曰潤」段注。○〔說文定聲・卷九〕｜，假借為夸。〔嘯賦〕「大而不｜」。○(同上)｜，假借為窊。〔說文〕「｜，一曰窳下也」。○(同上)｜，假借為注。〔廣雅・釋詁三〕「｜，深也」。○(同上)｜，假借為淤。〔釋名・釋言語〕「汙，｜也，如｜泥也」。○｜與污同。〔廣雅・釋詁三〕「｜，濁也」疏證。○｜與汙同。〔荀子〕

「汙漫」雜志。○｜與汚同。〔漢書〕「彗氾」雜志。
○｜，通作汙，薉也。〔方言三〕「氾，｜也」箋疏。

**枯**

｜，朽也。〔大戴·勸學〕「｜暴不復挺者」王詁。○｜，｜朽也。〔廣韻·模部〕○｜謂之芻茭。〔說文〕「蔣，苽蔣也」繫傳。○｜，或作殆，木乾死也。〔慧琳音義·卷五〕引〔考聲〕。○｜，或作殆，水乾死也。〔卷二〕引〔考聲〕。○｜為株也。〔易·困〕「臀困于株木」李疏引九家注。○｜與刳亦通。〔方言一二〕「刳，狄也」箋疏。○刳、挎、辜、｜，義並相近。〔廣雅·釋詁〕「刳，屠也」疏證。○｜磔猶刳磔也。〔方言一二〕「刳，狄也」箋疏。○｜讀為楛。〔荀子·脩身〕「勞勸而容貌不｜」集解引王念孫。○｜與殆通。〔廣雅·釋詁〕「殆，乾也」疏證。○盬、楛、苦、沽、｜、古、賈，皆以聲相近而字相通。〔漢書〕「人爭取賤賈」雜志。○〔說文定聲·卷九〕｜，假借為殆。〔荀子·正論〕「斬斷｜磔」。○｜，假借為楛。〔說文定聲·卷九〕○(同上)｜，假借為梧。〔齊策〕「下壘｜邱」。○(同上)｜，字亦作胋。〔廣雅·釋詁二〕「胋，乾也」。○｜，今〔尚書〕作楛。〔說文〕「｜，夏書曰惟箘輅｜」段注。○官本注｜作怙。〔漢書·地理志〕「惟箘簵楛」補注。

**麤**

｜、粗同，疏也。〔國策·趙策一〕「｜中而少親」鮑注。○｜與疏義相近。〔廣雅·釋詁〕「茹，食也」疏證。○｜粗二字義同而音異。〔廣雅·釋詁〕「粗，大也」疏證。○｜，引伸之為鹵莽之偁。〔說文〕「｜，行超遠也」段注。○｜，粗厲，少仁愛。〔國策·趙策一〕「｜中而少親」補正。○〔說文定聲·卷九〕｜，夸越鹵莽之意。〔漢書·禮樂志〕「｜厲猛奮之音作」。○｜為麈起之粗。〔通雅·卷一二〕○｜者，麻枲雜履之名也，南楚江淮之閒通謂之｜。〔說文〕「麤，草履也」義證引〔急就篇〕顏注。○｜，物不清也。〔楚辭·遠遊〕「精氣入而｜穢除」補注。○｜，警防也，鹿之性，相背而食，慮人獸之害也，故從三鹿。〔廣韻·模部〕引〔字統〕。○｜觕，若今人曰粗糙。〔說文〕「觕，角長皃」段注。○〔通雅·卷一〇〕｜｜，言｜而又｜也。〔管子〕「心之所慮，非特知于｜｜也」。○｜粗通。〔方言四〕「｜，履也」疏證。○｜者，麤之省借字。〔說文〕「苞，南陽以為｜履」句讀。○〔說文定聲·卷九〕｜，假借為麤，凡疏略之義，皆當為麤之轉注。〔方言四〕「｜，履也」。○(同上)｜，假借為粗。〔列子·說符〕「得其精而忘其｜」。○麤苴與｜粗同。〔晏子春秋〕「麤苴學」雜志。○〔說文定聲·卷九〕｜，以粗為之。〔禮記·樂記〕「其聲粗以厲」。○｜，經傳亦以粗為之。〔說文定聲·卷九〕○｜當讀為怚。〔韓子·十過〕「｜中而少親」集解引顧廣圻。○｜當為麤。〔說文〕「苞，草也，南陽以為｜履」義證。○｜，今人概用粗，粗行而｜廢。〔說文〕「｜，行超遠也」段注。○｜俗作麄。(同上)

**麄**

｜，踈也，大也。〔廣韻·模部〕○｜，物不精也。(同上)○｜，不善也。〔慧琳音義·卷三〕引顧野王。○長安以不歷臺省，出領廉訪節鎮者，呼為｜官。〔通雅·卷一九〕引〔唐詩紀事〕。
○｜，本亦作麤。〔廣韻·模部〕

**都**

邑有先君之廟曰｜。〔孟子·公孫丑下〕「王之為｜者」朱注。○有宗廟先君之主曰｜。〔說文〕「邑，國也」繫傳。○有宗廟曰｜。〔左傳莊公二八年〕「非｜也」疏證引〔北魏書·韓顯宗傳〕。○古城邑大者皆謂之｜。〔韓子·存韓〕「興兵而圍王一｜」集解。○｜，大邑。〔國策·燕策一〕「將五｜之兵」鮑注。○｜，大邑也。〔詩·十月之交〕「作｜于向」朱傳。○｜者，大邑之名。〔左傳莊公二八年〕「於晉為｜」疏證引顧炎武。○｜，邑也。〔禮記·月令〕「毋休于｜」集解。○｜即城也。〔史記·六國年表〕「伐魯取｜」志疑。○下邑曰｜。〔詩·干旄〕「在浚之｜」朱傳。○侯國之下邑亦曰｜。〔說文定聲·卷九〕○民所聚曰｜。〔說文〕「嫫，嫫母」段注。○古所謂國即今所謂｜也。〔晏子春秋〕「國｜之市」雜志。○王畿方千里，其最外之一周東南西北方百里者三十六，謂之｜。〔說文定聲·卷九〕○周制四縣為｜，方四十里，一千六百井，積一萬四千四百夫。〔史記·六國年表〕「取｜鄙七十三」志疑引〔通鑑〕胡注。○天子所宮曰｜。〔楚辭·九辯〕「紛旖旎乎｜房」補注。又〔廣韻·模部〕引〔帝王世紀〕。○停水東方曰｜。〔說文〕「沆，莽沆，大水」繫傳。○｜，大也。〔楚辭·九辯〕「紛旖旎乎｜房」補注引五臣。又〔太素·調陰陽〕「潰潰乎若壞｜」楊注。○｜即大也。〔漢書·翟方進傳〕「候伺常大｜授時」補注引王引之。又〔漢書〕「大｜授」雜志。○｜，總也。〔漢書·司馬相如傳〕「終｜攸卒」補注。○｜，猶總也。〔漢書·趙廣漢傳〕「廣漢嘗記召湖｜亭長」補注。又〔廣韻·模部〕。○｜，猶言總也。〔公羊傳隱公元年〕注「｜解經上會及暨也」陳疏。○｜謂｜肄也，｜之為言大總也。〔漢書·燕刺王傳〕「又將軍｜郎羽林」補注。○｜猶冣也。〔說文〕「嫫，嫫母，古帝妃｜醜也」段注。○｜亦聚也。〔廣雅·釋器〕「秅，之言｜也」疏證。○｜之言豬也，｜、豬皆聚也。〔廣雅·釋詁〕「｜，聚也」疏證。○今登人或言｜，｜亦總同之詞也。〔釋詁〕「胥，皆也」郝疏。○凡數曰｜。〔說文〕「嫫，嫫母，古帝妃｜醜也」段注。○詣極亦曰｜。(同上)○｜，美也。〔屈賦·悲回風〕「惟佳人之永｜兮」戴注。○｜有美義。〔漢書·地理志〕「｜關」補注引錢大昭。○美色謂之｜。〔詩·都人士〕「彼｜人士」通釋。○｜，閑雅也。〔詩·有女同車〕「洵美且｜」朱傳。○美德亦謂之｜。〔詩·都人士〕「彼｜人士」通釋。○｜，嘆詞也。〔釋詞·卷六〕○｜之言諸也，諸亦於也。〔釋詁〕「｜，於也」述聞。○名｜，｜邑有聞於時者。〔國策·秦策二〕「路之一名｜」鮑注。○經傳皆謂｜中為國中。〔晏子春秋〕「國｜之市」雜志。○｜市即諸市。(同上)○｜人，猶言美人也。〔詩·都人士〕「彼｜人士」通釋。○｜醜即〔新序〕所謂極醜無雙。〔說文〕「嫫，嫫母，｜醜也」義證。○｜凡者，猶今人言大凡、諸凡也。〔漢書〕雜志。○｜，總也，謂總治水之工，故曰｜水。〔漢書·百官公卿表〕「又均官、｜水兩長丞」補注。○｜官，秋官也。〔通雅·卷二三〕○｜尉即郡尉也。〔漢書·尹翁歸傳〕「舉廉為弘農｜尉」補注。○｜，大總也。〔漢書·霍光傳〕「言光出｜肄郎羽林」補注。○〔通雅·卷一九〕妓之頭角者為｜知。〔釀錢詩〕「未識｜知面」。○｜竈，大竈也。〔通雅·卷三八〕○揚州人謂此蟬為｜蟟，亦蛁蟧之轉聲也。

〔廣雅・釋蟲〕「䗖蟧，蛁蟧也」疏證。○漢有｜盧，唐名戴竿，一曰竿木。〔通雅・卷三五〕○｜廐，天子車馬所在。〔漢書・惠帝紀〕「｜廐災」補注引沈欽韓。○｜鼟，小鼓也。〔慧琳音義・卷四八〕○｜廣，南方山名。〔楚辭・遠游〕「絶｜廣以直指兮」補注引〔淮南〕注。○｜廣，國名，山在此國，因復曰｜廣山。（同上）○｜試日，即講武日也。〔漢書・翟義傳〕「於是以九月｜試日」補注引齊召南。○｜梁香，蘭也。〔説文〕「蕍，草，出吳林山」義證引〔荆州記〕。○｜梁香，亦名煎澤草。（同上）義證引〔廣志〕。○｜盧山一名可藺山。〔漢書・地理志〕「｜盧山在西」補注引〔元和志〕。○｜野澤，即休屠澤也，〔禹貢〕皆以豬為之。〔説文定聲・卷九〕○｜諸古字通。〔晏子春秋〕「國｜之市」雜志。○｜與諸古同聲通用。〔釋詁〕「｜，於也」郝疏。○〔説文定聲・卷九〕｜，假借為儲。〔廣雅・釋詁四〕「｜，藏也」。○（同上）｜，假借為椴，實為斷。〔方言五〕「櫯謂之椴」。○（同上）｜，假借發聲之詞。〔釋詁〕「｜，於也」。○｜胥聲轉。〔釋詁〕「胥，皆也」郝疏。○｜，古讀如奢。〔詩・山有扶蘇〕「不見子｜」陳疏。○｜凡與提封一聲之轉。〔漢書〕雜志。○｜，又作篤字。〔説文〕「蔞，蔞母，｜醜也」義證。○｜當作郭。〔史記・惠景間侯者年表〕「清｜」志疑。○｜乃郵字之訛。〔史記・孝文本紀〕「羣臣請處王蜀嚴道邛｜」志疑。

**鋪**　｜，陳也。〔詩・江漢〕「淮夷來｜」朱傳。又〔廣韻・模部〕。○｜，布也。〔詩・常武〕「｜敦淮濆」朱傳。又〔廣韻・模部〕。○｜亦布也。〔儀禮・士喪禮〕「布席如初」胡正義。○｜頒之言布班也。〔方言六〕「｜頒，索也」箋疏。○｜，徧也。〔詩・雨無正〕「淪胥以｜」朱傳。又〔慧琳音義・卷四〕引〔考聲〕。○｜，設也。〔廣韻・暮部〕○｜，設牀褥也。〔慧琳音義・卷四〕引〔韻詮〕。○｜敷義同。〔文選・典引〕「｜聞遺策在下之訓」集釋。○｜、敷聲近義通。〔左傳宣公一二年〕「｜時繹思」疏證引李富孫。○賦、布、敷、｜，並聲近而義同。〔廣雅・釋詁〕「賦，布也」疏證。○｜字當訓為病。〔詩・雨無正〕「淪胥以｜」述聞。○｜菜，謂布其香氣。〔文選・兩都賦〕「桑麻｜菜」集釋。○〔説文定聲・卷九〕古者箸門為螺形，謂之椒圖，是曰｜首。〔説文〕「｜，箸門｜首也」。○痛、｜古字通。〔詩・卷耳〕「我僕痛矣」釋文「痛本又作｜」述聞。○鋪、｜，並與補通。〔廣雅・釋詁〕「補，穧也」疏證。○〔説文定聲・卷九〕｜，假借為敷。〔小爾雅・廣詁〕「｜，布也」。○（同上）｜，假借為痛。〔詩・江漢〕「淮夷來｜」。○（同上）｜，假借為溥。〔詩・雨無正〕「淪胥以｜」。○｜者，痛之假借，訓為病。〔詩・雨無正〕「淪胥以｜」通釋。○抪與｜字同。〔廣雅・釋詁〕「｜、抪，布也」疏證。○｜脾一聲之轉。〔方言一二〕「｜、俾，止也」箋疏。○｜脾一聲之轉，方俗或云｜，或云脾耳。〔廣雅・釋詁〕「｜、脾，止也」疏證。○｜當為餔。〔墨子・號令〕「｜食更」閒詁。○｜當作餔。〔墨子・號令〕「｜食皆於署」閒詁引畢沅。○｜，〔韓詩〕作痛。〔詩・雨無正〕「淪胥以｜」述聞。○｜，韓作痛。（同上）集疏。

**禺**　｜，假借為寓。〔説文定聲・卷八〕○｜，假借為鰅。（同上）○木｜、龍｜者，寓之假借也。〔説文〕「寓，寄也」段注。○｜當為禹。〔漢書・外戚恩澤侯表〕「侯｜嗣」補注。○｜為嵎之省形存聲字。〔説文〕「嵎，封嵎之山」句讀。○｜，古偶字。〔管子・侈靡〕「將合可以｜」義證。

**嵎**　｜，山名，在吳。〔廣韻・虞部〕○山曲曰｜。〔孟子・盡心下〕「虎負｜」朱注。○〔説文定聲・卷八〕｜，假借為堣。〔書・堯典〕「宅｜夷」。○｜為郁者，聲之緩急。〔書・堯典上〕注「｜作郁」孫疏。○｜即隅字。〔説文〕「岊，陬隅」段注。○｜當為堣。〔書・堯典上〕「宅｜夷」孫疏。○｜夷，古文作堣，一作禺銕，禺，｜之省文。〔漢書・地理志〕「｜夷既略」補注。

**誣**　｜，加謗也。〔慧琳音義・卷七八〕○｜謂憑虛構架以謗人。〔説文定聲・卷九〕○凡無實而虛加皆為｜。〔説文〕「｜，加也」義證引戴震。○｜，枉也。〔慧琳音義・卷六〕引〔考聲〕。○｜，妄也。〔大戴・文王官人〕「華如｜」王詁。○｜，欺也。〔大戴・曾子立事〕「不能行而言之，｜也」王詁。○｜，罔也。〔大戴・曾子立事〕「執｜以彊」王詁。○｜，枉。〔廣韻・虞部〕○｜，以無為有也。〔説文〕「｜，加也」繫傳。○不肖而自以為賢是｜也。〔荀子・儒效〕「身不肖而｜賢」集解。○以惡取善曰｜。〔大戴・曾子立事〕「執｜以彊」王詁。又〔文王官人〕「日始妒｜者也」王詁。又〔慧琳音義・卷五二〕。○｜，與也。〔廣雅・釋詁三〕疏證。○｜能，自以為能。〔荀子・君道〕「臣不能而｜能」集解。○｜乃挾字之誤。〔荀子・非相〕「猶可｜欺也」平議。○｜，當為輕。〔大戴・曾子立事〕「喜之而觀其不｜」述聞。○｜蓋輕字之誤。〔國語・周語〕「拜不稽首，｜其王也」平議。

**竽**　｜，似笙，三十六簧。〔國策・齊策一〕「其民無不吹｜鼓瑟」鮑注。○｜，笙類，三十六簧。〔楚辭・東皇太一〕「陳｜瑟兮浩倡」補注。○｜，笙｜。〔廣韻・虞部〕○｜，管樂也，三十六管，長四尺二寸，管有簧。〔説文定聲・卷九〕○｜當為笑，字之誤也。〔荀子・正名〕「調｜奇聲」平議。

**雩**　｜，請雨，祭名。〔廣韻・虞部〕○｜，求雨祭。〔集韻・遇部〕○｜，祈雨之祭。〔説文〕「禜，設緜蕝為營」義證引〔三禮義宗〕。○｜，祭山川而祈雨也。〔左傳桓公五年〕「龍見而｜」疏證引服虔。○｜，吁嗟求雨之祭也。〔論語・先進〕「風乎舞｜」劉正義。○｜，為壇南郊之旁，旱祭，故从雨。〔説文定聲・卷九〕○｜，四月之祭也。〔説文〕「｜，夏祭樂於赤帝以祈甘雨也」繫傳。○大｜，夏祭天名。｜，遠也。〔左傳桓公五年經〕「大｜」洪詁引服虔。○｜之言吁。〔釋訓〕「號，｜也」郝疏。○｜猶芋也。〔釋天〕「螮蝀謂之｜」郝疏。○｜門即稷門也。〔左傳莊公一〇年〕「自｜門竊出」疏證。○｜，｜婁，古縣名，在盧江。〔廣韻・虞部〕○｜，虎字假音。〔墨子・旗幟〕「竟士為｜旗」閒詁引畢沅。○漢盧江｜婁縣讀為吁閭。〔説文〕「｜，夏祭樂于赤帝以祈甘雨也」義證。○｜或作𦐤。（同上）段注。○〔説文定聲・卷九〕｜，故或从羽。〔周禮・司巫〕「則師巫而舞｜」。○（同上）｜，左氏作盂。〔穀梁傳僖公二一年〕「會于｜」。

**吁**

丨，歎也。〔廣韻・虞部〕○丨，憂歎也。〔詩・卷耳〕「云何丨矣」朱傳。○丨，歎聲。〔大戴・少閒〕「公丨焉其色」王詁。○丨，歎聲也。〔釋詞・卷四〕○丨，驚也。〔大戴・四代〕「子丨焉其色」王詁。○丨，驚詞。〔說文〕「芋，大葉實根駭人，故謂之芋也」繫傳。○丨，疑怪辭也。〔廣韻・遇部〕○丨，疑怪之詞。〔續音義・卷三〕引〔切韻〕。○丨亦疑怪之辭也。〔慧琳音義・卷九〕○丨，疑怪貌。〔本草・卷二七〕○丨，喜貌。〔大戴・四代〕「子丨焉其色曰嘻」述聞。○丨，亦喜也。〔大戴・少閒〕「公丨焉其色」述聞。○丨，于也。〔說文〕「丨，驚也」繫傳。○〔通雅・卷一二〕丨荼，言長養也，讀曰噓舒。〔書大傳〕「丨荼萬物」。○盱、丨古字通。〔易・豫〕釋文「睢盱，小人喜悅之貌」述聞。○〔說文定聲・卷九〕丨，假借為歔。〔書大傳〕「陽盛則丨荼萬物而養之外也」。○〔同上〕丨，假借為忓。〔詩・卷耳〕「云何丨矣」。○〔同上〕丨，假借發聲之詞。〔方言一二〕「丨，然也」。○丨，忓字之假借。〔詩・卷耳〕「云何丨矣」通釋。○丨，即忓之假借。〔同上〕後箋引段玉裁。○丨，字通作呼。〔釋詞・卷四〕○丨，本亦作盱。〔詩・卷耳〕「云何丨矣」後箋。○丨，魯作盱。〔同上〕集疏。○丨，〔爾雅〕注引此作盱。〔同上〕朱傳。○丨當為盱。〔同上〕陳疏。

**盱**

丨，張目也。〔詩・何人斯〕「云何其丨」朱傳引〔字林〕。○丨，舉目。〔廣韻・虞部〕○丨，望也。〔詩・何人斯〕「云何其丨」朱傳。又〔都人士〕「云何丨矣」朱傳。○〔說文定聲・卷九〕丨，即蛇牀也。〔釋草〕「丨，虺牀」。○丨，蛇牀也。〔釋草〕「丨，虺牀」鄭注。○丨，憂也。〔詩・卷耳〕「云何丨矣」集疏引魯說。○丨與玗亦同義。〔廣雅・釋詁〕「玗，張也」疏證。○丨眙縣，在楚州。〔廣韻・虞部〕○丨丨，張目也。〔莊子・應帝王〕「其覺于于」集釋。○丨丨者，張目直視之容。〔荀子・非十二子〕「丨丨然」集解引郝懿行。○張目望視曰丨丨。〔通雅・卷一〇〕○丨與疔通。〔廣雅・釋詁〕「疔，病也」疏證。○于于即丨丨。〔莊子・應帝王〕「其覺于于」集釋。○丨，忓之假借，憂也。〔詩・何人斯〕「云何其丨」後箋。○〔說文定聲・卷九〕丨，假借為忓。〔詩・何人斯〕「云何其丨」。○〔同上〕丨，假借為訏。〔易・豫〕「丨豫」。○丨，本作忓。〔詩・卷耳〕「云何吁矣」後箋。○丨者，忓之假音也。〔釋詁〕「丨，憂也」郝疏。○丨音吁。〔詩・何人斯〕「云何其丨」朱傳。又〔都人士〕「云何丨矣」朱傳。

**旴**

丨亦忓之假借。〔說文〕「忓，㥛也」段注。

**瞿**

丨丨，鷹隼視也。〔廣韻・虞部〕○丨讀如章句之句。〔說文定聲・卷九〕○丨乃生于兩旁者。〔本草・卷一六〕○丨麥一名大菊。〔說文〕「菊，大菊，蘧麥」義證引〔本草〕。○經傳多假丨為䀠。〔說文〕「丨，鷹隼之視也」段注。○丨，或言丨丨，皆䀠之假借，丨行而䀠廢。〔說文〕「䀠，左右視也」段注。○〔說文定聲・卷九〕丨，假借為集。〔書・顧命〕「一人冕執丨」。○丨讀為欋。〔述聞・卷二三〕

**劬**

丨，勞也。〔廣韻・虞部〕○丨亦勞也。〔詩・鴻鴈〕「丨勞于野」集疏引魯說。○丨，勤也。〔慧琳音義・卷一八〕引〔考聲〕。○丨，勤也，亦勞也。〔卷六〕引〔考聲〕。○丨勞，病苦也。〔詩・凱風〕「母氏丨勞」朱傳。又〔鴻鴈〕「丨勞于野」朱傳。○丨勞，猶言不勝其勞也。〔詩・鴻鴈〕「雖則丨勞」後箋。○丨勞者，力乏之病也。〔釋詁〕「丨，病也」郝疏。○懼、瞿、丨，並聲義同。〔同上〕○丨邛一聲之轉。〔釋詁〕「邛，勞也」郝疏。○丨即勮之異體。〔詩・凱風〕「母氏丨勞」陳疏。

**朐**

其耑屈處曰丨。〔說文定聲・卷八〕○曲曰丨也。〔說文〕「丨，脯挺也」繫傳。○丨，引伸為凡屈曲之偁。〔同上〕段注。○丨忍蟲即丘蚓，今俗云曲蟺也。〔同上〕○丨衍，戎名，在北地。〔集韻・虞部〕○丨軥字通。〔左傳昭公二六年〕「繇丨汰輈」洪詁。○〔說文定聲・卷八〕丨，假借為蒟。〔說文〕「芋，熒丨也」。○丨，假借為句，〔十三州志〕有「丨忍蟲」。〔說文定聲・卷八〕○〔同上〕丨，假借為瞿。〔管子・侈靡〕「有時而丨」。○〔同上〕丨，假借為軥。〔左傳昭公二六年〕「繇丨汰輈」。○丨音劬。〔釋草〕「蹇，柜丨」鄭注。○丨者，昫字之誤。〔管子・侈靡〕「有時而丨」平議。

**絇**

丨，履頭飾也。〔廣韻・虞部〕又〔說文〕「家，一曰青絲頭履也」義證引〔玉篇〕。○舄屨鼻飾謂之丨。〔周禮・屨人〕「屨為赤舄黑舄赤繶」孫正義。○丨，糾合之謂。〔說文〕「丨，纑繩丨也」段注。○丨之言拘。〔釋詁〕「堅，固也」郝疏。○丨，絲丨。〔廣韻・遇部〕○〔說文定聲・卷八〕丨，以句為之。〔周禮・屨人〕「青句」。○丨者，借字耳，救與丨一聲之轉。〔釋器〕「丨謂之救」述聞。

**軥**

丨，車軛。〔廣韻・虞部〕○丨，軛下曲者。〔集韻・虞部〕○丨之言鉤也。〔廣雅・釋器〕「丨謂之軛」疏證。○丨錄猶局促。〔荀子・榮辱〕「丨錄疾力」集解引郝懿行。○丨錄蓋勞身苦體之意。〔同上〕集解引盧文弨。○丨，字或作絇。〔廣雅・釋器〕「丨謂之軛」疏證。

**鼩**

鼱丨，小鼠。〔廣韻・虞部〕○丨鼠，小鼠也，一名鼱丨，亦謂之鼷丨。〔釋獸〕「丨鼠」鄭注。

**繻**

丨，綵也。〔說文〕「丨，繒采色也」義證引〔玉篇〕。○丨，符帛也。〔說文〕「丨，繒采色」繫傳。○丨，傳符帛。〔廣韻・虞部〕○丨，即過所書紙也。〔漢書・終軍傳〕「關吏予軍丨」補注引沈欽韓。○〔說文定聲・卷一二〕丨者，綮也。〔漢書・終軍傳〕「關吏予軍丨」。（〔綮〕下）○丨葛，或云即長葛也。〔左傳桓公五年〕「戰於丨葛」疏證引〔春秋地名考略〕。○〔說文定聲・卷八〕丨，假借為愉。〔易・既濟〕「丨有衣袽」。○丨乃愉之假借。〔說文〕「丨，繒采色也」段注。○俞、丨一聲通。〔左傳桓公一八年〕「申丨曰」疏證。○〔說文定聲・卷八〕丨，〔公〕、〔穀〕皆以綸為之。〔左傳隱公二年〕「紀裂丨來迎女」。○丨，亦作纁，音訓。〔左傳成公一〇年〕「立公子丨」洪詁引鄭氏。○丨作襦。〔易・既濟〕「丨有衣袽」述聞引虞本。○丨即需。〔國策・卷中〕「與其相田丨不善」札記引吳氏補。○丨，當作需。〔說文〕「丨，繒采色也」段注。

**需**

丨，須也。〔廣雅・釋言〕○丨與須音義皆同。〔說文〕「須，立而待也」段注。○丨，待也。〔墨子・號令〕「當術丨敵」閒詁引蘇時學。又〔說文〕「丨，

頞也」義證引京房〔易傳〕。○|，遲疑頞待也。〔説文〕「|，頞也」繫傳。○|即濡。〔國策・秦策二〕「其|弱者來使」補正。○耎、|、濡、軟，並字異而義同。〔廣雅・釋詁〕「耎，弱也」疏證。○|，韋柔滑皃，或作劚。〔集韻・虞部〕○|有止義。〔述聞・卷二二〕○|，義亦與緛同。〔廣雅・釋詁〕「緛，縮也」疏證。○|，卦名。〔廣韻・虞部〕○空首幅曰|頭，或曰|章，|，批答也。〔通雅・卷三二〕○|須古字通。〔釋詁〕「頞，待也」郝疏。○〔説文定聲・卷八〕|，或曰借為嬬、為懦，或曰即本字之轉注，俱通。〔考工記・弓人〕「薄其帤則|」。○（同上）|，假借為頞。〔易・彖上〕傳「|，須也」。○|讀為懦。〔墨子・號令〕「當術|敵」閒詁。○〔説文定聲・卷八〕|，以濡為之。〔易・夬〕「若濡有愠」。○（同上）|，各本以繻、以襦為之。〔易・既濟〕「|有衣袽」。○〔説文定聲・卷一四〕|者，耎之誤字。〔考工記〕「馬不契|」。（「耎」下）

貙

|，獸名，似貍。〔廣韻・虞部〕○|，似貍，其大者曰|貗。〔説文定聲・卷八〕○|，字亦作貗。（同上）○一曰嘗新穀食前曰|膢。〔説文〕「膢，楚俗以二月祭飲食也」義證引〔太平御覽〕。○|音樞。〔釋獸〕「|貗，似貍」郭注。

⿰犭區

|，俗貙。〔廣韻・虞部〕

殳

|，檝之屬。〔説文〕「般，辟也」繫傳。○|，無刃。〔説文定聲・卷八〕○|，長丈二而無刃。〔詩・伯兮〕「伯也執|」朱傳。○|，亦杖名也。〔説文〕「杸，軍中士所持|也」義證引〔急就篇〕顔注。○|之言投也，投亦擊也。〔廣雅・釋器〕「|，杖也」疏證。○|，所以驅遣指使人也。〔説文〕「設，施陳也」繫傳。○|，殊也。〔説文定聲・卷四〕（「芟」下）○|、支意同。〔説文〕「設，施陳也」義證。○|書，書于|者，古者文既紀笏，武亦書|。〔通雅・卷三二〕

俞

|，然也，荅也。〔廣韻・虞部〕○|，然也。〔大戴・文王官人〕「其入人甚|」王詁。○|，然也，相然譍也。〔慧琳音義・卷五五〕○|、唯皆應詞。〔字詁〕○|，中空之義。〔説文定聲・卷八〕○|，猶窬穿之義。〔説文〕「|，空中木為舟」繫傳。○諸方書明堂圖肺|、心|、肝|者，皆針灸之穴也。〔慧琳音義・卷五四〕○|旬，梵語，合也，應也。〔卷九〕○〔通雅・卷二二〕|兒即蜲虵。〔管子〕「|兒見者霸」。○喻喻、||、愉愉，並字異而義同。〔廣雅・釋訓〕「喻喻，喜也」疏證。○〔説文定聲・卷八〕|，假借為逾。〔吳語〕「越聞|章」。○（同上）|，假借為踰。〔史記・蒙恬傳〕「而|弗立」。○（同上）|，假借為愉。〔呂覽・知分〕「|然而以待耳」。○（同上）|，假借發語之詞。〔釋言〕「|，然也」。○|與愈同。〔荀子〕「故傷於濕」雜志。○|同鄃。〔漢書・景武昭宣元成功臣表〕「|侯欒布」補注。○|即鄃。〔説文〕「鄃，清河縣」段注。○|，古愈字。〔漢書・食貨志〕「民|勤農」補注引錢大昕。○古愈字只作|。〔墨子・耕柱〕「我母|於人乎」閒詁引畢沅。○官本|作愈。〔漢書・五行志〕「災異|甚」補注。○官本注|州作渝州。〔漢書・禮樂志〕「巴|鼓員三十六人」補注。○||，〔地理志〕作鄃。〔漢書・高惠高后文功臣表〕「|侯呂它」補注。○|侯當作鄃。〔史記・呂太后本紀〕「呂他為|侯」志疑。

逾

|，越也。〔廣韻・虞部〕○〔説文定聲・卷八〕|，謂超越而進。〔説文〕「|，逑進也」。○|，益也。〔大戴・勸學〕「近而|明者」王詁。○〔説文定聲・卷八〕|，假借為踰。〔書・禹貢〕「|于洛」。○|又借愈字。〔説文〕「|，逑進也」義證。○|又借俞字。（同上）○|又借瘉字。（同上）○|與踰同。〔書・禹貢中〕注「|，一作踰」孫疏。○|當讀為偷。〔墨子・脩身〕「願欲日|」閒詁。○|踰一字。〔説文〕「|，逑進也」句讀。○|，經典作踰字。（同上）義證。

踰

|同逾。〔廣韻・虞部〕○|，越也。〔大戴・文王官人〕「强其所不足而不|也」王詁。○|，過也。〔孟子・梁惠王下〕「而孟子之後喪|於前喪」朱注。又〔荀子・君子〕「爵賞不|德」集解引王念孫。○|，過意。〔説文定聲・卷八〕（「愉」下）○凡有溝渠之處，不由橋梁輒躐越而過，是謂之|。〔周禮・禁暴氏〕「禁野之横行徑|者」孫正義。○|與逾音義略同。〔説文〕「|，越也」段注。○|與逾義小別。〔説文〕「逑，|也」段注。○怒、|，皆過也。〔荀子〕「不怒罪」雜志。○|言即遥言。〔通雅・卷七〕○|繕那，古云由旬，上古聖王軍行一日程也，印度國俗乃三十里。〔慧琳音義・卷二〕○〔説文定聲・卷八〕|，假借為遥。〔廣雅・釋詁一〕「逾，遠也」。○|作隃。〔史記索隱異文〕雜志。○|，當作渝。〔墨子・兼愛下〕「未|於世」閒詁。

窬

|，門邊小竇。〔廣韻・虞部〕○|，穿也。〔廣韻・侯部〕○|，穿牆。〔通鑑・秦紀一〕「呂不韋之盜，穿|之雄乎」音注。○|，穿|也。〔廣韻・虞部〕○|，鑿版以為户也。〔説文〕「|，穿木户也」繫傳。○|，穿木户也。〔慧琳音義・卷八三〕引〔考聲〕。○|，門旁穿木户也。〔説文定聲・卷八〕○|，門旁穿壁以木衺直居之。（同上）○凡物之取於空中者，皆得為|。〔論語・陽貨〕「其猶穿|之盜也與」劉正義。○⿰俞刂、|、牏三字並度矦反，義相近也。〔廣雅・釋詁〕「⿰俞刂，窬也」疏證。○|，踰牆。〔論語・陽貨〕「其猶穿|之盜也與」朱注。○受菌之具曰|。〔説文定聲・卷一二〕（「械」下）○〔説文定聲・卷八〕|，假借為俞。〔淮南・氾論〕「乃為|木方版以為舟航」。○（同上）|，假借為踰。〔論語〕「其猶穿|之盜也」。○|，又通作牏。〔説文〕「械，械|，褻器也」義證。○|，或作⿸广俞。（同上）○〔説文定聲・卷八〕|，字亦作⿸广俞。〔史記・萬石張叔傳〕「中褁廁|」。○|，字或作⿱穴余。〔説文〕「窳，污|也」義證。

覦

〔説文定聲・卷八〕|，有所冀望。〔説文〕「|，欲也」。○|謂有所冀望也。〔慧琳音義・卷二一〕引〔珠叢〕。○|，幸也。〔卷六二〕引顧

野王。○覬｜，欲得。〔廣韻・虞部〕○｜、欲聲相近。〔廣雅・釋詁〕「闓，欲也」疏證。○〔說文定聲・卷八〕｜，以窬為之。〔褚淵碑文〕「窺窬神器」。

揄 ｜，引也。〔太素・府病合輸〕「｜伸而從之」楊注。又〔慧琳音義・卷六七〕引〔字書〕。○｜，｜引。〔廣韻・厚部〕○｜，｜揚。〔廣韻・虞部〕○｜，詭言也。〔同上〕○｜，動也。〔同上〕又〔楚辭・惜賢〕「挑｜揚汰」補注。○｜猶毹也。〔方言二〕「｜，毳也」箋疏。○渝與｜，義亦相近。〔廣雅・釋詁〕「｜，脱也」疏證。○｜者，舀之假借。〔詩・生民〕「或舂或｜」通釋。○｜，假為舀也。〔說文〕「｜，引也」段注。○｜者，舀之假借字也。〔說文〕「舀，抒臼也」段注。○〔說文定聲・卷八〕｜，假借為輸。〔方言一二〕「｜、㨉，脱也」。○〔同上〕｜，假借為褕。〔禮記・喪大記〕「｜絞纁紐」。○〔同上〕｜，假借為臾。〔莊子・漁父〕「被髮｜袂」。○三家｜作舀。〔詩・生民〕「或舂或｜」集疏。

萸 ｜，茱｜。〔廣韻・虞部〕

臾 ｜者，右抴。〔說文定聲・卷八〕○｜曳，猶牽引也。〔說文〕「曳，｜曳也」段注。○縱｜讀曰勇，猶勉强也。〔說文定聲・卷八〕○須｜，猶須搖、斯須也。〔同上〕○｜與㼉通。〔方言五〕「罃，陳魏宋楚之間曰㼉」箋疏。○｜庾古字通也。〔說文〕「｜，束縛捽抴為｜」義證引楊慎。○〔說文定聲・卷八〕｜，或曰借為匬。〔荀子・大略〕「流丸止于甌｜」。○〔同上〕｜，字亦作瘐。〔漢書・宣帝紀〕「瘐死獄中」。○｜容古通用。〔說文〕「｜，束縛捽抴為｜」義證。○｜容聲相近，蓋一也。〔史記〕「從容」雜志。○｜音匱。〔說文〕「貴，物不賤」繫傳。○｜或作臾。〔通雅・卷二二〕

臾 ｜，善也。〔廣韻・虞部〕○｜，亦須｜。〔同上〕○曳、厂、｜、抴，並字異而義同。〔廣雅・釋詁〕「曳，引也」疏證。

歈 ｜，歌也。〔廣韻・侯部〕○巴｜，歌也。〔廣韻・虞部〕○｜之言揄也。〔廣雅・釋樂〕「｜，歌也」疏證。○｜與愉通。〔同上〕○〔說文定聲・卷八〕｜作俞。〔史記・司馬相如傳〕「巴俞」。

渝 ｜乃由滯變濁之稱。〔詩・羔裘〕「舍命不｜」通釋。○｜，變也。〔同上〕朱傳。又〔板〕「敬天之｜」朱傳。又〔左傳僖公二八年〕「有｜此盟」洪詁引虞翻。又〔國策・楚策一〕「華落而愛｜」鮑注。又〔通鑑・後晉紀一〕「吾非有｜前約也」音注。又〔廣韻・虞部〕。○｜，更也。〔左傳隱公六年〕「鄭人來｜平」洪詁引服虔。又〔左傳隱公六年經〕「鄭人來｜平」疏證引惠棟。○｜解猶懈怠也。〔淮南・道應〕「至長不｜解」雜志。○｜與輸通。〔書・虞夏書序〕「｜食于野」孫疏。○｜輸古字通。〔國語・周語〕「弗震弗｜」述聞。又〔廣雅・釋言〕「輸，寫也」疏證。○輸｜古通用。〔左傳隱公六年經〕「鄭人來｜平」洪詁。又〔廣雅・釋詁〕「輸，更也」疏證。○｜當讀為輸。〔廣雅・釋言〕「輸，寫也」疏證引王引之。○｜，讀當為輸。〔墨子・非樂上〕「｜食于野」閒詁引江聲。○｜讀為輸，輸，寫也。〔國語・周語〕「弗震弗｜」述聞。○｜讀為輸，二傳作輸。〔左傳隱公六年經〕「鄭人來｜平」疏證引惠棟。○｜當讀為愉，樂也。〔詩・板〕「敬天之｜」通釋。○｜當讀為偷。〔墨子・非樂上〕「｜食于野」閒詁。○〔說文定聲・卷八〕｜，假借為輸。〔左傳隱公六年〕「鄭人來｜平」。○〔同上〕｜，假借發聲之詞，與俞同。〔易・訟〕「｜安貞」。○｜，通作輸。〔釋言〕「｜，變也」郝疏。○｜，韓作偷。〔詩・羔裘〕「舍命不｜」集疏。

嶇 ｜，崎｜。〔廣韻・虞部〕○｜，沙堆。〔集韻・厚部〕

蔞 ｜，｜蒿。〔廣韻・虞部〕○｜，今人所養｜蒿也。〔說文〕「｜，草也」繫傳。○｜，｜蒿也，生水中，可食。〔詩・漢廣〕「言刈其｜」朱傳。○｜，蒿也。〔楚辭・大招〕「吳酸蒿｜」補注。○〔說文定聲・卷八〕｜蒿，一名購商，可烹魚作羹。〔說文〕「｜，草也」。○｜蒿即蔏｜，一名購。〔通雅・卷四一〕○｜蒿，俗語耳，古衹呼｜。〔說文〕「｜，草也」段注。○｜，香草也。〔楚辭・大招〕「吳酸蒿｜」章句。○｜，草木盛也。〔大戴・少閒〕「彊｜未虧」王詁。○柳、｜、縷、僂並通。〔廣雅・釋器〕「柳，車也」疏證。○｜即樓之假字。〔大戴・保傅〕平議。○｜褸音近。〔左傳宣公一二年〕「篳路藍縷」疏證。

鏤 屬｜，劍名。〔廣韻・虞部〕

婁 ｜，亦曳也。〔詩・山有樞〕「弗曳弗｜」朱傳。○〔通雅・卷一〇〕｜｜，言歷歷也。〔管子〕「｜｜然不忍水旱」。○〔說文定聲・卷八〕｜，假借為僂。〔釋木〕「瘣木苻｜」。○〔同上〕｜，假借為摟。〔詩・山有樞〕「弗曳弗｜」。○｜者，摟之假借字。〔詩・山有樞〕「弗曳弗｜」陳疏。○｜者，摟之省借，訓為牽。〔同上〕通釋。○〔說文定聲・卷八〕｜，假借發聲之詞。〔韓詩外傳〕「北方有獸，名曰｜」。○〔同上〕｜，假借助語之詞。〔公羊傳隱公元年〕「公及邾｜儀父盟于昧」。○〔篇韻〕｜作瞜。〔說文〕「瞴，瞴｜」段注。

苻 ｜，鬼目草。〔廣韻・虞部〕○｜，草之莩甲，通作孚。〔集韻・虞部〕○｜離，即蒲屬也。〔說文〕「蔙，夫離也」繫傳。○｜離，席草之細小纖弱者，亦作夫離。〔說文定聲・卷一〇〕○｜婁，即府僂。〔說文〕「府，俛病也」義證。

莩 ｜，餓死人也。〔孟子・梁惠王上〕「塗有餓｜而不知發」朱注。○｜，字亦誤作芆，見〔漢書・食貨志〕，又變作殍，見〔鹽鐵論〕。〔說文定聲・卷六〕○〔同上〕｜，假借為稃。〔後漢・章帝紀〕「萬物｜甲」。○〔同上〕｜，假借為𠬪，｜𠬪聲近。〔孟子〕「塗有餓｜」。○〔同上〕｜，字亦作苻。〔釋草〕「苻，鬼目」。又〔說文〕「｜，草也」句讀。○作｜者，芆之字誤。〔說文〕「𠬪，讀若詩摽有梅」段注。○｜蓋芓之譌。〔說文〕「芓，麻母也」義證。

**孚** 凡物之卵化者曰丨。〔詩・小宛〕通釋。○丨者，卵丨也。〔説文〕「甲，東方之孟，陽气萌動，从木戴丨甲之象」段注。○丨者，卵即丨也。〔説文〕「乳，人及鳥生子曰乳」段注。○丨之言丨乳也。〔易・姤〕「羸豕丨蹢躅」平議。○卵生者為丨，胎生者為乳。〔慧琳音義・卷二六〕○丨亦解之義也。〔廣雅・釋詁〕「毻，解也」疏證。○丨之言剖也。〔廣雅・釋詁〕「丨，生也」疏證。○丨，義與保同。〔説文〕「保，養也」繫傳。○桴粥即丨育，丨育猶覆育耳。〔廣雅・釋詁〕「丨，生也」疏證。○丨，信也。〔詩・文王〕「萬邦作丨」朱傳。又〔左傳莊公一〇年〕「小信未丨」洪詁引虞翻〔易〕注。又〔廣韻・虞部〕。又〔説文〕「保，養也」繫傳。又〔説文〕「丨，卵丨也」繫傳。○丨者，信也。〔説文〕「璠，二則丨勝」句讀。○丨亮詢三字亦當訓誠。〔釋詁〕「展，誠也」郝疏。○丨，悦也。〔續音義・卷八〕引〔玉篇〕。○竹中膜亦曰丨。〔通雅・卷一〕○丨，玉之光采也，今亦言符采也。〔説文〕「璠，璵璠」繫傳。○丨甲，猶今言㲉。〔説文〕「甲，从木戴丨甲之象」段注。○丨殼，鳥卵之外皮也。〔慧琳音義・卷六八〕引〔桂苑珠叢〕。○丨付古字通。〔書・君奭〕「厥基永丨于休」孫疏。○丨敷並與怤通。〔方言一二〕「怤，悦也」箋疏。○丨、趕、報、赴，古字並通。〔方言三〕「雞伏卵而未丨」箋疏。○〔説文定聲・卷六〕丨，假借為付。〔書・高宗肜日〕「天既丨命正厥德」。○(同上)丨，假借為包。〔周語〕「信，文之丨也」。○(同上)丨，假借為鶩。〔易・垢〕「羸豕丨蹢躅」。○(同上)丨，假借為蒪。〔禮記・聘義〕「丨尹旁達」。○(同上)丨，假借為稃。〔詩・大田〕箋「丨甲始生」。○古借丨為稃。〔説文〕「稃，穭也」段注。○〔説文定聲・卷六〕丨，讀為蒪芛。〔禮記・聘義〕「丨尹旁達」。○古音丨讀如浮。〔説文〕「蟊，多足蟲也」段注。○丨當讀為保。〔公羊傳僖公一五年〕「季氏之丨也」平議。○丨與符聲近。〔釋詁〕「丨，信也」郝疏。○丨有抱音。(同上)○丨，亦作桴，亦作孵。〔方言三〕「雞伏卵而未丨」箋疏。○〔説文定聲・卷六〕丨，字亦作菢。〔通俗文〕「鷄伏卵，北燕謂之菢」。○丨，漢〔熹平石經〕作付，與〔史記〕合，是今古文皆作付也。〔書・高宗肜日〕注「丨作付」孫疏。

**采** 丨，古文孚也。〔説文〕「袌，衣博裾，從衣丨聲」句讀。○丨，古文孚字。〔説文〕「餜，古文飽，從丨」義證。○丨音孚。〔説文〕「保，養也，丨，古文孞」義證引〔字鑑〕。

**桴** 丨，屋棟。〔廣韻・虞部〕○丨同枹，謂鼓椎也。〔慧琳音義・卷九〕○丨，筏也。〔論語・公冶長〕「乘丨浮于海」朱注。○丨粥，即孚育，孚育猶覆育耳。〔廣雅・釋詁〕「孚，生也」疏證。○丨，假為泭也。〔説文〕「泭，編木以渡也」段注。○〔説文定聲・卷六〕丨，假借為孚。〔夏小正〕「雞丨粥」。○(同上)丨，假借為莩，實為稃。〔詩・角弓〕箋「附，木丨也」。○(同上)丨，假借為泭。〔論語〕「乘丨浮于海」。○丨本訓棟，借為鼓柄字耳。〔説文〕「枹，擊鼓柄也」段注。○丨筏一聲之轉。〔方言九〕「簰謂之筏」箋疏。○丨孵並與孚同，亦抱聲之轉也。〔方言八〕「其卵伏而未孚」箋疏。○丨讀曰孚。〔大戴・夏小正〕「雞丨粥」王詁。

**郛** 丨，丨郭。〔廣韻・虞部〕○丨猶柎也。〔説文〕「丨，郭也」繫傳。○丨之猶曰大之。〔公羊傳昭公二九年〕「丨之」平議。○丨，字亦作垺。〔説文定聲・卷六〕○丨當作附，丨附聲近而誤。〔韓子・難二〕「圍衛之丨郭」集解。

**俘** 丨，囚也。〔廣韻・虞部〕○囚敵曰丨。〔左傳僖公二二年〕「示之丨馘」洪詁引李巡。○丨乃生得之稱。〔左傳成公三年〕「以為丨馘」疏證。○丨，軍所獲也。〔慧琳音義・卷九〕○引申之，凡得人民六畜，非軍獲，亦謂之丨。〔周禮・朝士〕「凡得獲貨賄、六畜者」孫正義。○丨，義亦與捊同。〔廣雅・釋詁〕「捊，取也」疏證。○〔説文定聲・卷六〕丨，假借為罰。〔小爾雅・廣言〕「丨，罰也」。○(同上)丨作浮，孚罰一聲之轉。〔禮記・投壺〕「若是者浮」。○丨，通作捊。〔釋詁〕「丨，取也」郝疏。○丨，本又作捊。(同上)邵正義。○丨，經傳古文當作寀，誤為丨。〔左傳莊公六年經〕「齊人來歸衛丨」疏證。○寶，或作保字，誤作丨耳。〔左傳莊公六年經〕「齊人來歸衛丨」洪詁。

**柎** 丨，欄足。〔廣韻・虞部〕○丨，足。〔説文〕「虡，鐘鼓之丨也」繫傳。○丨，足也。〔説文〕「欗，絡絲欗」繫傳。○凡器之足皆曰丨。〔説文〕「丨，闌足也」段注。○凡器足皆謂之丨。〔説文定聲・卷六〕(「頯」下)○凡器物之足皆得曰丨，俗字作跗。〔説文定聲・卷八〕○凡器足謂之丨，丨之言跗也。〔廣雅・釋器〕「跨，丨也」疏證。○凡物之足皆得言丨。〔説文定聲・卷七〕(「骹」下)○丨，鄂足也，疏丨作跗，又作趺。〔通雅・卷二〕○草木華房為丨。〔説文〕「郛，郭也」繫傳。又〔説文〕「稃，穭也」繫傳。○今謂草木枝耑華房之蒂為丨。〔説文〕「櫨，柱上丨也」繫傳。○凡編而附于木曰丨。〔通雅・卷三四〕○橃、䈏、箁、泭、丨，並同。〔廣雅・釋水〕「䈏，筏也」疏證。○〔説文定聲・卷八〕丨，假借為坿。〔儀禮・士冠禮〕「以魁丨之」。○(同上)丨，假借為拊。〔考工・弓人〕「方其峻而高其丨」。○丨與弣同。〔廣雅・釋器〕「弣，柄也」疏證。○丨又通作不。〔説文〕「丨，闌足也」義證。○丨，或作跗。(同上)○丨跗正俗字也。〔説文〕「丨，闌足也」段注。○〔説文定聲・卷八〕丨，字亦作蚹。〔莊子・齊物論〕「吾待蛇蚹蜩翼耶」。○(同上)丨，字又作趺。〔補亡詩〕注「與趺同」。○丨趺古今字。〔説文〕「欗，絡絲丨也」段注。○〔説文定聲・卷六〕丨，當作弣，猶柄也。〔釋器〕「梂，丨也」。(「梂」下)

**趺** 丨，足上也。〔慧琳音義・卷六〕引〔古今正字〕。○丨，俗用字也，正作跗。〔慧琳音義・卷一〕

**鈇** 丨，丨鉞。〔廣韻・虞部〕○丨，横斧也。〔慧琳音義・卷五三〕○丨者，有刃之物。〔公羊傳襄公二七年〕「執丨鑕」陳疏。○丨，莝斫刀也。〔中庸〕

「不怒而民威於丨鉞」朱注。○丨，今俗謂之剸刀，所以斷芻。〔說文定聲・卷九〕○丨，椹質也。〔說文〕「丨，斫莝刀也」段注。○〔說文定聲・卷九〕丨，假借為斧。〔穀梁傳莊公元年〕疏「丨鉞，謂大柯斧」。○〔同上〕丨，字借以言夫。〔古詩〕「槀砧隱丨」。

**迂** 丨，遠也。〔慧琳音義・卷四六〕又〔續音義・卷八〕。又〔廣韻・虞部〕。○丨即遠也。〔讀書雜志・卷八〕○〔說文定聲・卷九〕丨，僻遠也。〔說文〕「丨，避也」。○丨，大也。〔續音義・卷八〕○丨，亦廣大也。〔慧琳音義・卷四六〕○大與丨同義。〔漢書〕「大笑之」雜志。○丨猶廣也。〔同上〕○丨，曲也。〔廣韻・虞部〕○丨，曲也。〔慧琳音義・卷六六〕引〔文字典說〕。○丨，回也。〔說文〕「丨，避也」義證。○丨，避回也。〔說文定聲・卷九〕○丨，避也。〔慧琳音義・卷四六〕○訏、雩並與丨通。〔漢書〕「怪丨」雜志。○〔說文定聲・卷九〕丨，假借為誇。〔史記・孝武紀〕「事如丨誕」。○〔同上〕丨，假借為紆。〔周語〕「郤犫見其語丨」。○丨，大也，蓋即訏之假字。〔太玄・進〕「其道丨也」平議。○丨與于同。〔方言一〕「于，大也」箋疏。○丨讀為訏。〔漢書・郊祀志〕「然則怪丨阿諛苟合之徒」補注引王念孫。○怪丨猶詭怪也。〔同上〕○丨，〔賈子・禮容語〕作訏。〔國語・周語〕「其語丨」述聞。

**迃** 丨弘與迂深閎大同義。〔韓子・外儲說左上〕「故群臣士民之道言者丨弘」集解引王先謙。○丨即迂。〔史記・河渠書〕「北渡丨兮浚流難」志疑。○丨，迂本字。〔正字通〕

**姝** 丨，好也。〔國策・楚策四〕「閭丨子奢」鮑注。○丨，美色也。〔詩・靜女〕「靜女其丨」朱傳。○丨，美也。〔詩・干旄〕「彼丨者子」朱傳。○丨，美好。〔廣韻・虞部〕○丨，可訓美。〔詩・干旄〕「彼丨者子」通釋。○丨為有德之色。〔詩・靜女〕「靜女其丨」通釋。○袾、丨、姁，並字異而義同。〔廣雅・釋詁〕「袾，好也」疏證。○丨、姁、袾古字並通。〔方言一〕「好，趙魏燕代之間曰丨」箋疏。○丨為嫿之假借。〔詩・干旄〕「彼丨者子」後箋。○魯、齊丨作姁，亦作袾。〔詩・靜女〕「靜女其丨」集疏。○〔說文定聲・卷八〕丨，字亦誤作袾。〔廣雅・釋詁〕「袾，好也」。

**躕** 踟丨，行不進皃。〔廣韻・虞部〕

**拘** 丨，物去手能止之也。〔說文〕「丨，止也」繫傳。○丨，縶也。〔慧琳音義・卷八〕引〔集訓〕。○丨，執也。〔廣韻・虞部〕○丨，執持也。〔慧琳音義・卷三〕引〔韻英〕。○丨，留也。〔孟子・盡心上〕「君子不可虛丨」朱注。又〔管子〕「包止」雜志。○丨猶制。〔國策・秦策五〕「身布冠而丨於秦」鮑注。○丨之言丨礙也。〔廣雅・釋詁〕「丨，隔也」疏證。○丨，局也。〔慧琳音義・卷三〕引〔考聲〕。○丨者，奉其衣而稍引以自向。〔禮記・喪大記〕「妻於夫丨之」集解。○丨，局也，擁也。〔慧琳音義・卷八五〕引〔考聲〕。○丨亦堅固之意。〔釋詁〕「掔，固也」郝疏。○丨守與操持義近。〔釋詁〕「秉，執也」郝疏。○丨摟，聚也。〔集韻・侯部〕○丨摟，傴僂之轉也。〔通雅・卷五〕○丨某陌花，即赤蓮花。〔慧琳音義・卷三〕○丨有鉤音，古或通。〔國策・西周策〕「弓撥矢丨」補正。○〔說文定聲・卷八〕丨，假借為句。〔淮南・齊俗〕「丨罷拒折之容」。○丨讀若句，句者，曲也。〔荀子・哀公〕「丨領者」集解引郝懿行。○古讀丨如鉤。〔釋言〕「囚，丨也」郝疏。○丨救聲轉。〔釋器〕「絇謂之救」郝疏。○丨，姚本作鉤。〔國策・西周策〕「弓撥矢丨」補正。○丨，〔史・表〕作枸。〔漢書・王子侯表〕「丨侯賢」補注。○丨，〔莊子〕、〔風俗通〕並作抱。〔呂覽・慎人〕「今丘也丨仁義之道」校正。○丨當作揭。〔漢書・五行志〕「橶高后掖」補注引錢大昭。

**毹** 丨，氍丨也。〔廣韻・虞部〕○〔說文定聲・卷八〕氍丨，〔字苑〕作氍毹，亦作毹氀，〔釋名〕作裘溲，或云即〔禹貢〕之渠搜。〔聲類〕「氍丨，毛席也」。

**摹** 丨，規也。〔說文・叙〕「所以丨印也」段注。○丨者，規也。〔說文〕「揩，一曰丨也」段注。○丨，規丨也。〔說文〕「丨，規也」義證引〔玉篇〕。○丨與模義略同。〔說文〕「丨，規也」段注。○丨，或作摸，今人謂之摸㨼。〔同上〕○丨，取也。〔慧琳音義・卷八五〕引〔考聲〕。○丨謂以薄紙覆丨。〔通雅・卷三一〕○小兒羸病曰丨姑。〔卷三五〕引黃公紹。○丨略者，總括之辭，猶言無慮也。〔廣雅・釋訓〕「無慮，都凡也」疏證。○丨略，即今言之模量，古言之無慮。〔墨子・小取〕「焉丨略萬物之然」閒詁引俞正燮。○丨與模通。〔廣雅・釋詁〕「丨，刑也」疏證。○〔說文定聲・卷九〕丨，假借為模。〔廣雅・釋詁〕「丨，刑也」。○〔同上〕丨，假借為幕。〔方言二〕「張小使大謂之廓，陳楚之閒謂之摸」。

**酺** 里社聚飲者亦謂之丨。〔說文〕「丨，王德布大飲酒也」義證引王觀國。○大丨，飲酒作樂。〔廣韻・模部〕

**醐** 醍丨，酥屬。〔廣韻・模部〕○〔說文定聲・卷九〕丨，字作餬。〔通俗文〕「酪酥謂之飥餬」。

**蒱** 丨，音蒲，摴丨也。〔通鑑・隋紀六〕「乃至丨博、鷹狗」音注。○摴丨，戲也。〔廣韻・模部〕○丨澤，南監本、閩本作蒲澤。〔漢書・地理志〕「丨澤」補注引錢大昭。○丨，汪本、正統本作蒲。〔同上〕補注引朱一新。○丨，官本作蒲。〔同上〕補注。

**糊** 丨餅，蒸餅也。〔通雅・卷三九〕○〔同上〕丨皴，餅上之紋也。〔老學菴筆記〕引楊朴詩「數個丨皴徹骨乾」。

**餬** 丨，寄食。〔廣韻・模部〕○丨，又糜也。〔同上〕○鬻謂之丨。〔左傳僖公二八年〕疏證引俞樾。○食鬻亦謂之丨。〔同上〕○今江蘇俗粉米麥為粥曰丨。〔說文〕「鬻，鍵也」段注。○丨口言寄口。〔說文〕「丨，寄食也」義證。○丨口，言不足於食，僅給其口而已。〔義府・卷上〕○丨鬻通。〔釋言〕「丨，饘也」郝疏。○〔說文定聲・卷九〕丨，假借為鬻。〔釋言〕「丨，饘也」。○丨乃鬻之借字。〔說文〕「饘，宋謂之丨」句讀。○丨、鬻字並與粘同。〔廣雅・釋器〕「粘，饘也」疏證。○丨通作糊。〔說文〕「丨，寄食也」義證。○丨，或作餂。〔廣韻・模部〕○丨，字亦作餂。〔說文定聲・卷九〕○

｜，本當作此鬵。〔説文〕「鬵，鍵也」繫傳。

**酤** ｜謂造之一夜而熟，若今鷄鳴酒也。〔説文〕「｜，一宿酒也」繫傳。○凡一宿酒疾孰者曰｜。〔説文定聲・卷六〕（「酋」下）○｜，｜酒。〔廣韻・模部〕○｜，買也。〔詩・伐木〕「無酒｜我」朱傳。○｜榷、辜較並與嫴榷同。〔廣雅・釋訓〕「嫴榷，都凡也」疏證。○〔説文定聲・卷九〕｜，假借為買。〔説文〕「｜，一曰買酒也」。

**鴣** ｜，鷓｜鳥。〔廣韻・模部〕○｜鴝，當為鴣鶲。〔説文〕「鶲，桔鶲，尸鳩也」義證。

**沽** ｜，水名。〔廣韻・模部〕○｜，麤也。〔儀禮・既夕禮〕「弓矢之新｜功」胡正義。○｜有麤略之義。〔儀禮・喪服傳〕「冠者｜功也」胡正義。○蓋凡器物飲食之精者並謂之功，粗者並謂之｜。〔周禮・酒正〕孫正義。○盬、楛、苦、｜、枯、古、賈，皆以聲相近而字相通。〔漢書〕「人爭取賤賈」雜志。○〔説文定聲・卷九〕｜，假借為苦。〔儀禮・喪服傳〕「冠者｜功也」。○（同上）｜，假借為賈。〔論語〕「求善賈而｜諸」。○｜同酤。〔廣韻・暮部〕○｜，今字以為｜買字。〔説文〕「｜，｜水」段注。○｜當作汈。〔釋言〕「賈，市也」郝疏。○｜當作治。〔漢書・地理志〕「祁夷水北至桑乾入｜」補注。○｜當為治。〔漢書・地理志〕「于延水出塞外，東至寧入｜」補注引王念孫。

**呱** ｜，啼聲。〔廣韻・模部〕○｜，啼聲也。〔詩・生民〕「后稷｜矣」朱傳。○｜，猶｜｜然。（同上）陳疏。○青｜，俗謂蝦蟇也。〔慧琳音義・卷八〇〕

**蛄** ｜，螻｜蟲。〔廣韻・模部〕○螻｜，今俗謂之土狗。〔説文定聲・卷九〕○｜亦作姑。〔方言一一〕「螻螲謂之螻｜」疏證。

**菟** ｜、梌聲義並同。〔左傳宣公四年〕「謂虎於｜」疏證引王引之。○｜丘，地名。〔廣韻・模部〕○｜即䖘，古字多假借。〔方言八〕「虎，江淮南楚之間或謂之於䖘」疏證。○｜、檡、䖘並與䖘同。（同上）箋疏。○｜、䖘古今字。〔左傳宣公四年〕「謂虎於｜」疏證引李富孫。○｜氏，〔水經注〕引作兔氏。〔左傳昭公五年〕「勞屈生於｜氏」洪詁。

**駼** ｜，音徒。〔釋畜〕「騊｜馬」鄭注。○騊｜，馬。〔廣韻・模部〕○北海有獸狀如馬名曰騊｜。（同上）引〔山海經〕。

**砮** ｜，礪也。〔廣韻・模部〕

**膴** ｜，無骨腊。〔廣韻・虞部〕又〔模部〕。又〔集韻・虞部〕。○｜，去骨之乾肉。〔説文〕「｜，無骨腊也」義證。○非腊而鮮者曰｜。〔説文定聲・卷九〕○通而言之，獸肉亦得謂之｜。〔周禮・籩人〕「其實𩞁蕡白黑形鹽｜鮑魚鱐」孫正義。○｜，肉大臠。〔集韻・虞部〕○｜，大也。〔詩・小旻〕「民雖靡｜」朱傳。○｜，多也。（同上）朱傳。○｜，盛多。（同上）後箋。○｜，一曰法也。〔集韻・模部〕○｜與幠音義並同。〔周禮・腊人〕「凡祭祀共豆脯薦脯｜胖凡腊物」孫正義。○腜與｜，古通用。〔詩・緜〕「周原｜｜」通釋。○｜與腜古字通，又通作每。〔廣雅・釋訓〕「腜腜，肥也」疏證。○｜通作每。〔左傳僖公二八年〕「原田每每，舍其舊而新是謀」疏證。○〔説文定聲・卷九〕｜，假借為模。〔詩・小旻〕「民雖靡｜」。○（同上）｜，謂借為幠。〔詩・小旻〕疏「大也」。○｜亦與脢同。〔廣雅・釋親〕「胂謂之脢」疏證。○｜，當讀如梅。〔左傳僖公二八年〕「原田每每，舍其舊而新是謀」疏證。又〔廣雅・釋訓〕「腜腜，肥也」疏證。○｜，韓作腜。〔詩・緜〕「周原｜｜」集疏。

**幠** ｜者，覆也，亦大也。〔説文定聲・卷九〕○｜，大也。〔廣韻・模部〕○｜，大言也。〔禮記・投壺〕「毋｜」集解。○荒｜一聲之轉，皆謂覆也。〔荀子〕「無帾」雜志。又〔廣雅・釋詁〕「｜，覆也」疏證。○｜、幕、覆一聲之轉，故覆謂之幕，亦謂之｜。〔方言一〕箋疏。○｜亦牙也，方俗語有侈弇耳。〔廣雅・釋詁〕「｜，張也」疏證。○〔説文定聲・卷九〕｜，假借為侮。〔禮記・投壺〕「毋｜毋敖」。○（同上）｜，假借為誣。〔漢書・薛宣傳〕「焉可｜也」。○（同上）｜，假借為撫。〔釋詁〕「有也」。○｜荒聲轉也。〔釋詁〕「｜，有也」郝疏。○｜荒聲轉。〔釋詁〕「｜，大也」郝疏。○｜，通作無。〔説文〕「｜，覆也」義證。○｜，通作憮，又通作荒。〔釋言〕「｜，傲也」郝疏。○｜，通作撫。〔釋詁〕「｜，有也」邵正義。又（同上）郝疏。○｜，通作膴。〔釋詁〕「｜，大也」郝疏。○｜，一本或作膴。（同上）邵正義。○｜，字亦作𡰪。〔説文定聲・卷九〕○｜，以芋為之。（同上）○｜，以無為之。（同上）○魯、韓｜作憮。〔詩・巧言〕「昊天大｜」集疏。

**鼯** ｜，似鼠，一曰飛生。〔廣韻・模部〕○｜，亦作鴮、蜈。（同上）○〔説文定聲・卷九〕｜，字亦作鴮。〔蕪城賦〕「階鬥麏｜」。

**笯** ｜，籠鳥。〔廣韻・模部〕○｜，籠笿也。〔説文〕「｜，鳥籠也」義證引〔玉篇〕。

**駑** ｜，駘，最下馬也。〔大戴・勸學〕「｜馬無極」王詁。○｜馬，下乘也。〔説文〕「奴，奴婢皆古辠人」段注。○｜馬，喻不才之臣。〔楚辭・卜居〕「將隨｜馬之迹乎」補注引五臣。○｜，言其不俊。〔國策・秦策三〕「逐｜兔也」鮑注。○｜駘，喻不肖。〔楚辭・九辯〕「策｜駘而取路」補注引五臣。○｜，古字只作奴。〔墨子・魯問〕「奴馬四隅之輪」閒詁引畢沅。○｜，姚本作蹇。〔國策・秦策三〕「而逐｜兔也」補正。

**逋** ｜，謂常在外，若｜逃然。〔漢書・丙吉傳〕「數｜蕩」補注引王文彬。○｜，欠也。〔通鑑・唐紀五二〕「自理｜債」音注。○｜，欠也，負也。〔通鑑・宋紀二〕「原｜責」音注。○｜，｜懸也。〔廣韻・模部〕○〔説文定聲・卷九〕｜，羈維之意。〔廣雅・釋詁〕「｜，遲也」。○｜生，遲晚後生也。〔慧琳音義・卷一五〕引顧野王。○〔通雅・卷一八〕｜髮，言蓬首也，髮散亂也。〔樂府讀曲歌〕「｜髮不可料」。○〔説文定聲・卷九〕｜，假借為捕。〔南山經〕注引記曰「條風至出輕繫督｜留」。○｜乃膊之假字。〔法言・先知〕「死者｜」平議。

**艫** 丨，船尾。〔慧琳音義·卷八一〕引〔考聲〕。○丨，舟後。〔廣韻·模部〕○丨，在船後。〔說文〕「丨，舳丨也」義證引〔玉篇〕。○〔說文定聲·卷九〕丨，或曰船頭有屋如廬舍者，亦名飛丨。〔吳都賦〕「巨檻接丨」。○丨廬即閭丨聲之轉也，船頭。〔方言九〕「首謂之閤閭」箋疏。

**壚** 丨者，黑剛土也。〔說文〕「陧，耕以臿浚出下丨土也」段注。○丨，土黑而疏。〔廣韻·模部〕○丨，黑也。〔說文〕「丨，剛土也」繫傳。○黸、丨、盧、旅、瀘，義並同也。〔廣雅·釋器〕「黸，黑也」疏證。○丨，字通作盧。〔廣雅·釋地〕「丨，土也」疏證。

**徂** 丨，往。〔詩·氓〕「自我丨爾」陳疏。○丨，往也。〔書·商書序〕注「丨后者，言湯之法度也」孫疏。又〔詩·氓〕「自我丨爾」朱傳。又〔十月之交〕「以居丨向」朱傳。又〔四月〕「六月丨暑」朱傳。又〔小明〕「我征丨西」朱傳。又〔皇矣〕「侵阮丨共」朱傳。又〔詩·十月之交〕「以居丨向」陳疏。又〔天作〕「彼丨矣」陳疏。又〔詩·天作〕「彼丨者」集疏引韓說。又〔孟子·梁惠王下〕「詩云以遏丨莒」朱注。又〔廣韻·模部〕。○丨亦往也。〔詩·桑柔〕「云丨何往」朱傳。○丨，行也。〔詩·駉〕「思馬斯丨」朱傳。○丨，升也。〔孟子·萬章上〕「放勳乃丨落」朱注。○丨猶及也。〔釋詞·卷八〕○丨，齊語也。〔釋詁〕「丨，往也」鄭注。○古者謂死為丨落。〔孟子·萬章上〕「放勳乃丨落」朱注。○丨者，且之假音也。〔釋詁〕「丨，存也」郝疏。○丨，讀為且。〔詩·楚茨〕「丨賚孝孫」陳疏。○丨亦作迌。〔方言一〕「丨，往也」疏證。○丨，通作且。〔釋詁〕「丨，存也」邵正義。○韓丨牛作來牛。〔詩·絲衣〕「自羊丨牛」集疏。

**迌** 〔說文定聲·卷九〕丨，假借為駔。〔詩·駉〕「思馬斯徂」。○（同上）丨，假借為阻。〔莊子·則陽〕「已死不可徂」。○（同上）丨，假借為存。〔釋詁〕「徂，存也」。○（同上）丨，假借為殂。〔孟子〕「放勳乃徂落」。○（同上）丨，假借為徂。〔書·費誓〕「徂茲淮夷」。○丨，或借且字。〔說文〕「丨，往也」義證。○〔說文定聲·卷九〕丨，以且為之。〔詩·出其東門〕「匪我思且」。○丨，亦省作且。〔說文〕「丨，往也」句讀。

**孥** 丨，妻子之總稱也。〔慧琳音義·卷八〇〕引〔考聲〕。○丨，音奴，子也。〔通鑑·後梁紀一〕「章縱其丨使逸去」音注。○〔詩·常棣〕「樂爾妻丨」疏引作帑，亦假借字。〔書·甘誓〕「予則丨戮汝」孫疏。○丨音奴。〔通鑑·周紀二〕「舉以為收丨」音注。○丨通作帑。〔廣雅·釋天〕「軫謂之鳥丨」疏證。○丨，俗字，當從〔史記〕作帑。〔書·湯誓〕注「丨作帑」孫疏。○丨，俗字，當為奴。〔書·甘誓〕「予則丨戮汝」孫疏。

**瀘** 丨，水名。〔廣韻·模部〕○丨，亦州名，在蜀。（同上）○黸、壚、盧、旅、丨，義並同也。〔廣雅·釋器〕「黸，黑也」疏證。

**櫨** 丨，謂柱端方木也。〔慧琳音義·卷五二〕○丨，柱上方木也，山東江南皆曰枅，自陝以西曰楢。〔說文〕「丨，柱上柎也」義證引〔三蒼〕。○丨，即今之斗拱也。〔說文〕「丨，柱上柎也」繫傳。○丨，欂丨，柱也。〔廣韻·模部〕○薄丨，柱上枅也。〔文選·魏都賦〕「欒丨疊施」集釋引〔漢書〕顏注。○欂丨，累呼之也，單呼亦曰丨。〔說文〕「欂，欂丨」段注。○單言曰丨，累言曰欂丨，方木似斗形，在短柱上拱承屋棟，亦名枅，亦名楷。〔說文定聲·卷九〕○欂、丨、枅異名實一物。〔文選·魏都賦〕「欒丨疊施」集釋。○丨，木名。〔廣韻·模部〕○丨，黃丨。〔文選·南都賦〕「楓、柙、丨、櫪」集釋引〔漢書〕顏注。○〔古今注〕以丨為無患木。〔漢書·司馬相如傳〕「華楓枰丨」補注引沈欽韓。○〔說文定聲·卷九〕丨，假借為枰。〔說文〕「丨，一曰宅丨木，出宏農山也」。○（同上）丨，以盧為之。〔上林賦〕「盧橘夏熟」。○丨，或通作盧。〔說文〕「丨，柱上柎也」義證。○〔海外北經〕注引作有甘相焉。〔呂覽·本味〕「有甘丨焉」校正。○丨當作廬。〔淮南·脩務〕「不可以為丨棟」平議。

**餔** 丨，申時食。〔國策·中山策〕「飲食丨餽」鮑注。○丨者，日加申時食也。〔說文〕「申，神也」段注。○丨，夕食也，謂申時食也。〔說文〕「丨，日加申時食也」義證引〔三蒼〕。○丨，食也。〔孟子·離婁上〕「徒丨啜也」朱注。○引伸之義，凡食皆曰丨。〔說文〕「丨，申時食也」段注。○以食食之曰丨。〔國策·中山策〕「飲食丨餽」補正。○又以食食人謂之丨。〔說文〕「丨，申時食也」段注。○丨啜，即與世推移，同流從俗之意。〔孟子·離婁上〕「徒丨啜也」焦正義。○丨、鋪並與補通。〔廣雅·釋詁四〕「補，稽也」疏證。○〔說文定聲·卷九〕丨，假借為哺。〔漢書·高帝紀〕「呂后因丨之」。○丨，圃之假字。〔管子·七臣七主〕「瑤臺玉丨不足處」平議。○借丨為脯。〔說文〕「脘，胃府也」義證。○丨，通作哺。〔說文〕「丨，日加申時食也」義證。○〔說文定聲·卷九〕丨，字亦作晡。〔左傳昭公五年〕注「晡時謂僕」。○丨，當為釜。〔說文〕「齎，炊丨疾也」義證。

**晡** 丨，申時。〔廣韻·模部〕○丨，申時也。〔慧琳音義·卷一三〕○夕與丨皆有衺義。〔廣雅·釋詁二〕「夕，衺也」疏證。○丨與陠同聲。〔廣雅·釋詁二〕「陠，衺也」疏證。○丨一作餔。〔說文〕「餔，日加申時食也」句讀。

**玗** 丨，玉名。〔廣韻·虞部〕○丨，〔書〕所謂夷玉也。〔說文定聲·卷九〕○（同上）丨，以華為之。〔詩·著〕「尚之以瓊華乎而」。○（同上）丨，字亦作瑦。〔西山經〕「小華之山，其陽多瑦琈之玉」。

**蚨** 青丨，蟲，子母不相離。〔廣韻·虞部〕○青丨，或作青鳧。〔說文〕「丨，青丨」義證。○丨為〔爾雅〕「王，蚨蝪」之蚨。〔說文定聲·卷九〕

**諏** 丨，謀也。〔廣韻·虞部〕○丨，通作詛。〔釋詁〕「丨，謀也」郝疏。

**娵** 丨，美女也。〔慧琳音義·卷八六〕引〔考聲〕。○閭丨，好女也。〔楚辭·怨世〕「訟謂閭丨為醜惡」章句。○閭丨，梁王魏瞿之美女。（同上）補注引韋昭。○孟丨，好女也。〔楚辭·哀時命〕「隴廉與孟丨同宮」章句。○丨，觜星名。〔廣韻·虞部〕○丨訾，一名孟陬。〔漢書·律歷志〕「歲在大棣之東，井二十二度」
補注引全祖望。

**跔**　｜，手足寒也。〔廣韻・虞部〕○｜，筋遇寒不舒也。〔説文〕「｜，天寒足｜也」繫傳。○｜者，句曲不伸之意。〔説文〕「｜，天寒足｜也」段注。○｜，不伸也。〔同上〕義證引〔玉篇〕。○｜，蘇俗所謂膀牽筋。〔説文定聲・卷八〕〔「扣」下〕○｜，曲伏也。〔同上〕○｜藉，跳躍蹈藉也。〔國策・燕策一〕「呴藉叱咄」補正。○｜，或借躅字。〔説文〕「｜，天寒足｜也」義證。○〔説文定聲・卷八〕｜，假借為敂，亦作叩。〔淮南・精神〕「郄上｜頭」。○｜，諸書作踽。〔説文〕「｜，天寒足｜也」義證。

**玞**　｜，珷｜，美石次玉。〔廣韻・虞部〕

**裯**　｜，襌被也。〔詩・小星〕「抱衾與｜」朱傳。○｜，即〔論語〕之寢衣也。〔同上〕陳疏。○｜，襌衣也。〔廣韻・虞部〕○｜，牀帳，或作幮。〔集韻・虞部〕○〔説文定聲・卷六〕｜，假借為幬。〔詩・小星〕「抱衾與｜」。

**母**　〔説文定聲・卷五〕｜，假借為模。〔禮記・内則〕「淳｜」。○｜，讀如無。〔説文〕「翟，牟母也」義證。○｜，又作鴾。〔同上〕○｜，俗作鵡。〔同上〕○｜，當作毋。〔漢書・孝成趙皇后傳〕「｜間兒男女」補注。○｜，〔石經〕作毋，當从之。〔左傳僖公七年經〕「盟于甯｜」洪詁。

**軱**　｜，大骨也。〔廣韻・模部〕○｜，戾，大骨。〔集韻・模部〕○｜，盤骨。〔廣韻・模部〕○｜，一曰槃結骨皃。〔集韻・模部〕○觚與｜同。〔莊子・大宗師〕「與乎其觚而不堅也」集釋引俞樾。

**罛**　｜，魚罟。〔廣韻・模部〕○｜，音孤，魚罟也。〔詩・碩人〕「施｜濊濊」朱傳。○｜則為魚網之專稱。〔淮南〕「罟」雜志。○｜，最大之網。〔釋器〕「魚罟謂之｜」鄭注。○｜，網最大者也。〔説文〕「｜，魚网」繫傳。○｜，舟上網也。〔説文〕「｜，魚罟也」義證引〔古文苑・蜀都賦〕注。○｜，通作孤。〔説文〕「｜，魚罟也」義證。○｜，或作罛。〔同上〕○｜，魯亦作罟。〔詩・碩人〕「施｜濊濊」集疏。

**瘏**　｜，病也。〔詩・鴟鴞〕「予口卒｜」朱傳。又〔廣韻・模部〕。○｜，馬病不能進也。〔詩・卷耳〕「我馬｜矣」朱傳。○｜，通作屠。〔釋詁〕「｜，病也」郝疏。

**郚**　｜，鄉名，在東莞。〔廣韻・模部〕○｜，在今山東青州府安邱縣西南。〔説文定聲・卷九〕○｜城，故城在安邱縣西南峿山北。〔左傳莊公元年經〕「紀郱鄑｜」疏證引〔一統志〕。

**玈**　｜，黑弓。〔集韻・模部〕○｜，黑弓也。〔廣韻・模部〕○黸、壚、盧、｜、瀘，義並同也。〔廣雅・釋器〕「黸，黑也」疏證。○｜弓當作旅弓。〔左傳僖公二八年〕「｜弓矢千」疏證。○｜，正字當作黸。〔左傳僖公二八年〕「｜弓矢千」疏證引李貽德。○｜，當為黸之俗體，古借旅為之。〔説文定聲・卷九〕

**痡**　｜，病也。〔廣韻・虞部〕又〔集韻・模部〕。○｜，病也，又音孚。〔廣韻・模部〕○｜，人病不能行也。〔詩・卷耳〕「我僕｜矣」朱傳。○｜，或借鋪字。〔説文〕「｜，病也」義證。○｜，通作鋪。〔釋詁〕「｜，病也」邵正義。又〔釋詁〕「｜，病也」郝疏。

**毋**　｜，能有守也。〔説文〕「｜，止之也」繫傳。○｜者，禁止之辭，即絕也。〔論語・子罕〕「｜必」劉正義。○｜，止之辭。〔廣韻・虞部〕○｜，禁止辭。〔論語・雍也〕「｜，以與爾鄰里鄉黨乎」朱注。○｜者，禁止之辭。〔大學〕「｜自欺也」朱注。又〔通鑑・周紀三〕「｜復言」音注。○｜，語詞。〔墨子・尚同中〕「｜立而為政」閒詁。又〔尚同下〕「｜以聖王為聰耳」閒詁。又〔兼愛下〕「｜以兼為正」閒詁引戴望。又〔非攻中〕「今師徒唯｜興起」閒詁。又〔節用上〕「大人惟｜興師」閒詁。又〔節葬下〕「今雖｜法執厚葬」閒詁。又〔天志中〕「故唯｜明乎順天之意」閒詁。又〔非命上〕「今雖｜求」閒詁。○｜，語詞耳。〔墨子〕「｜無」雜志。○｜，敖餌也。〔集韻・模部〕○｜，無也。〔墨子・經下〕「五行｜常勝」閒詁引張惠言。○｜，亦姓。〔廣韻・虞部〕○｜寧，寧也。〔左傳襄公二九年〕「｜寧夫人，而焉用老臣」洪詁。○｜追，猶堥堆，即牟敦，古語堆起之狀。〔通雅・卷三六〕○｜無通。〔國策・趙策三〕「夫｜脊之厚」補正。又〔韓策二〕「｜秦患而德楚」補正。○無｜古通。〔墨子・非命中〕「｜僇其務」閒詁。○｜與無通。〔詩・角弓〕「｜教猱升木」通釋。○｜與無字通。〔墨子・備城門〕「節｜以竹箭」閒詁。○｜與無古字通。〔釋木〕「楡，無疵」郝疏。○｜，古通用無。〔説文〕「｜，止之詞也」段注。○｜，與無通，訓為不。〔論語・雍也〕「子曰｜」劉正義引王引之。○〔説文定聲・卷九〕｜，假借發聲之詞，｜追亦作牟追。〔儀禮・士冠禮記〕「｜追夏后氏之道也」。○〔同上〕｜，假借為模。〔禮記・内則〕「淳｜」。○｜無同。〔漢書・李陵傳〕「｜騎予女」補注。○｜與無同。〔論語・先進〕「｜吾以也」劉正義。又〔史記〕「崔杼歸」雜志。○｜無同，書中無多作｜。〔漢書・昭帝紀〕「遣使者振貸貧民｜種、食者」補注引周壽昌。○｜，音無。〔通鑑・周紀三〕「｜復言」音注。又〔説文〕「翟，牟｜也」段注。○〔説文定聲・卷九〕｜，以無為之。〔論語〕「請益曰無倦」。○〔同上〕｜，以勿為之。〔論語〕「過則勿憚改」。○官本｜作無。〔漢書・王莽傳〕「我年老｜適子」補注。○三家｜作無。〔詩・小宛〕「｜忝爾所生」集疏。○〔詩〕｜從作無縱。〔左傳昭公二〇年〕「｜從詭隨」洪詁。○｜害，〔史・表〕作不害。〔漢書・王子侯表〕「俞閭煬侯｜害」補注。○｜波，〔漢書・西南夷傳〕作亡波，亡，古無字。〔漢書・昭帝紀〕「鉤町侯｜波」補注引胡三省。○｜擇，〔史・表〕作無擇。〔漢書・高惠高后文功臣表〕「樂成簡侯衛｜擇」補注。○｜懌，〔史記〕作無澤。〔漢書・司馬遷傳〕「昌生｜懌」補注。○｜單當為｜樧。〔漢書・地理志〕「｜

罩」補注。○丨，當為侮。〔墨子·非命中〕「丨僇其務」閒詁。○丨，當作得。〔漢書·渠犂傳〕「重合侯丨虜侯者」補注引錢大昭。○諸本丨誤無。〔左傳襄公二三年〕「丨或如臧孫紇干國之紀」洪詁。

**杅** 丨，器也。〔集韻·虞部〕○齊人謂盤為丨。〔說文〕「盂，飯器也」義證引〔急就篇〕顏注。○丨，盛飯之器也。〔同上〕○丨即孟子所謂杯棬也，若今屈柳器然。〔說文〕「椲，木也，可屈為丨者」繫傳。○今江淮閒丨為鍑。〔說文〕「丨，所以塗也」繫傳。○因丨，匈奴地名。〔廣韻·虞部〕○丨即盂之假借。〔公羊傳宣公一二年〕注「丨，飲水器」陳疏引〔公羊問答〕。○丨即盂之假借字。〔說文〕「盂，飲器也」段注。○丨與盂同。〔方言一三〕「盂謂之榼」箋疏。又〔廣雅·釋器〕「盞，盂也」疏證。○丨與盂同，飲器也。〔方言五〕箋疏。○丨，或作桙。〔集韻·虞部〕

**邘** 丨，地名，在河內。〔廣韻·虞部〕○丨，在今河南懷慶府河內縣西北。〔說文定聲·卷九〕○丨城在懷慶府城西北三十里。〔左傳隱公一一年〕「王取鄔劉蔿丨之田於鄭」疏證引沈欽韓。○丨，姓。〔廣韻·虞部〕○〔說文定聲·卷九〕丨，以盂為之。〔左傳定公八年〕「劉子伐盂」。

**訏** 丨，大。〔詩·生民〕「實覃實丨」朱傳。又〔抑〕「丨謨定命」朱傳。○丨，大也。〔詩·溱洧〕「洵丨且樂」朱傳。又〔廣韻·虞部〕。○丨丨，大也。〔詩·韓奕〕「川澤丨丨」朱傳。○丨，字與誇略同。〔說文定聲·卷九〕○夸、丨、芋並從于聲，其義同也。〔廣雅·釋詁一〕「夸，大也」疏證。○丨，通作芋，又與憮通。〔釋詁〕「丨，大也」邵正義。○丨又借于字。〔說文〕「丨，一曰丨蓍」義證。○〔說文定聲·卷九〕丨蓍，假借雙聲連語，即吁嗟字。〔說文〕「丨，一曰丨蓍」。○丨與詡同。〔廣雅·釋訓〕「詡詡，大也」疏證。○丨、盱、詡、芋、宇古聲並相近。〔方言一〕「丨，大也」箋疏。○丨通作芋，又通作盱與吁。〔釋詁〕「丨，大也」郝疏。○丨，又吁字。〔說文〕「丨，詭譌也」繫傳。○今字作丨嗟。〔說文〕「丨，一曰丨蓍」段注。

**芙** 丨，丨蓉。〔廣韻·虞部〕○荷，別名丨蓉。〔離騷〕「集丨蓉以為裳」補注引〔爾雅〕注。○丨，其葉名荷，其華未發為菡萏，已發為丨蓉。〔同上〕補注引〔本草〕。○丨之言敷也。〔說文〕「藺，菡藺，芙蓉」繫傳。○丨蕖即丨蓉也。〔說文〕「茄，夫蕖莖」繫傳。○丨蓉，敷布容豔之意。〔本草·卷三三〕○丨蓉之言敷蕍也。〔廣雅·釋草〕「菡藺，丨蓉也」疏證。

**齵** 丨，齒不齊也。〔說文〕「丨，齒不正也」義證引〔玉篇〕。○丨，齒相佹也。〔說文〕「丨，齒不正也」義證引〔洪武正韻〕。○丨，齒偏也。〔說文〕「丨，齒不正也」繫傳。○丨丨，齒重生。〔廣韻·虞部〕○丨，齒重也。〔集韻·虞部〕○丨，齒參差也，今謂木器不平整曰丨，音敖，語之轉也。〔義府·卷上〕

**顱** 丨，首骨。〔國策·秦策四〕「頭丨僵仆」鮑注。○丨，頭丨。〔廣韻·模部〕○丨，腦蓋也。〔慧琳音義·卷九〕又〔說文〕「丨，頊丨，首骨也」義證引〔字書〕。○丨，字亦作髗，即顬髏也。〔說文定聲·卷九〕○頊丨，首骨也，或但謂之丨，船頭謂之艫，義亦同也。〔廣雅·釋親〕「頊丨謂之髑髏」疏證。○丨，通作盧。〔說文〕「丨，頊丨，首骨也」義證。○丨，〔漢書·武五子傳〕作盧。〔說文〕「丨，頊丨也」段注。

**矑** 丨，目童子也。〔廣韻·模部〕○丨，目瞳子也。〔說文〕「矑，盧童子也」義證引〔玉篇〕。

**旴** 丨，日始出皃。〔廣韻·虞部〕○丨，日始旦也，或从昈。〔集韻·虞部〕○〔說文定聲·卷九〕丨，借為訏。〔漢書·地理志〕注「丨，大也」。

**冔** 丨，冠名。〔集韻·模部〕○丨，商冠名。〔集韻·虞部〕○冕冠，殷曰丨。〔詩·文王〕「常服黼丨」集疏引蔡邕。

**句** ○冤丨，縣名，在曹州。〔廣韻·虞部〕○〔說文定聲·卷八〕丨，假借為絇。〔周禮·屨人〕「青丨」。○丨即絇。〔漢書·王莽傳〕「丨履」補注引沈欽韓。○丨音劬。〔漢書·郊祀志〕「黃帝得寶鼎冕候」補注引王念孫。○〔公羊傳〕作須朐，〔五行志〕亦同。〔左傳文公七年經〕「取須丨」洪詁。

**戵** 丨，戟屬。〔廣韻·虞部〕○古謂四出矛為丨。〔說文〕「衢，四達謂之衢」繫傳。

**邾** 丨，國名。〔廣韻·虞部〕○〔說文定聲·卷八〕丨，在今湖北黃州府。〔說文〕「丨，江夏縣」。○小丨國在今山東兗州嶧縣地。〔說文定聲·卷八〕○丨鄒一也。〔通雅·卷一三〕○丨婁即鄒。〔說文〕「俘，軍所獲也」段注。○丨婁之合聲為鄒，夷語也。〔說文〕「鄒，魯縣，古丨婁國」段注。○丨婁之合聲為鄒，周時或云鄒，或云丨婁者，語言緩急之殊也。〔漢書·地理志〕「騶，故丨國」補注引段玉裁。○丨，〔史記〕作騶，又作鄒。〔左傳哀公八年〕「吳為丨故將伐魯」洪詁。

**洙** 丨，水名，在魯。〔廣韻·虞部〕○丨水在今山東兗州府曲阜縣北，下流入沂。〔說文定聲·卷八〕

**褕** 丨狄，后衣。〔廣韻·虞部〕○〔說文定聲·卷八〕丨，襜衣也，非正朝衣。〔說文〕「丨，一曰直裾謂之襜丨」。○丨襜裧並襜之別體。〔周禮·巾車〕孫正義。○丨，音瑜，靡也。〔通鑑·漢紀二〕「丨衣甘食」音注。○〔說文定聲·卷八〕丨，或曰借為緰，美布也。〔史記·淮陰侯傳〕「丨衣甘食」。○丨，假借為揄。〔說文定聲·卷八〕○丨，今本作襦。〔釋名·釋衣服〕「亦曰襜丨」疏證。

**羭** 丨，黑羝。〔廣韻·虞部〕○黑曰丨。〔本草·卷五〇〕○牝曰丨。〔說文定聲·卷八〕

**蝓** 蝛丨，蝸牛。〔廣韻·虞部〕○蛞丨即蝸牛。〔說文〕「丨，虒丨也」段注。○丨，今蘇俗謂之延游，語之轉也，其有殼者如螺，古亦謂之蠃，即蝸牛也，蘇俗謂之背包延游。〔說文定聲·卷八〕

**瘉** 丨，病。〔詩·正月〕「胡俾我丨」朱傳。○丨，病也。〔詩·角弓〕「交相為丨」朱傳。又〔廣韻·虞部〕。○〔說文定聲·卷八〕丨，假借為逾。〔詩·正月〕「詩俾我丨」。○〔同上〕丨，以愉為之。〔論語〕「然則師愈與」。○丨，當作歈。〔說文〕「歈，人相笑相歈丨」義證。○丨之或从歈，或作歈，或作揄，或作⿰扌歈。(同上)段注。

**慺** —，悅也。〔廣韻・虞部〕〇——，恭謹貌。〔通雅・卷一〇〕〇——，猶言竭其貇貇款款也。(同上)

**膢** —，飲食祭也，冀州八月，楚俗二月。〔廣韻・虞部〕〇〔通雅・卷一二〕—臘，謂秋—冬臘也。〔韓子〕「—臘而相遺以水」。〇—，或作褸。〔說文〕「—，楚俗以二月祭飲食也」義證。〇〔說文定聲・卷八〕—，字亦作褸。〔廣雅・釋天〕「褸，祭也」。

**稃** —，穀皮。〔廣韻・虞部〕〇—即米殼也。〔說文〕「—，⿰禾會也」繫傳。〇—者，米外皮，今蘇俗謂之礱糠。〔說文定聲・卷六〕〇—，甲也。〔說文〕「—，⿰禾會也」義證引〔玉篇〕。〇—亦皮也。〔詩・生民〕「維秬維秠」後箋引〔鄭志〕答張逸。〇—，經典借孚字。〔說文〕「—，⿰禾會也」義證。

**泭** —，編竹木也。〔慧琳音義・卷九九〕引〔文字典說〕。〇—，縛竹木於水上，或作桴。(同上)引〔考聲〕。〇—，併木以渡，通作桴。〔集韻・尤部〕〇—即桴。〔釋言〕「舫，—也」鄭注。〇編木亦謂之—，浮之轉聲也。〔廣雅・釋水〕「⿰舟發，舟也」疏證。〇〔說文定聲・卷八〕小曰—，今有竹簰、木簰，水淺宜竹。〔方言九〕「—謂之簰」。〇—，水上—漚。〔廣韻・虞部〕〇—漚，浮渤也。〔通雅・卷首之二〕〇—，〔詩〕謂之方，或謂之筏，或謂之簰。〔屈賦・惜往日〕「乘氾—以下流兮」戴注。〇〔說文定聲・卷八〕—，以桴為之。〔論語〕「乘桴浮于海」。〇橃、⿱竹泭、⿱竹游、—、柎，並同。〔廣雅・釋水〕「⿱竹泭，筏也」疏證。〇—，又作柎。〔說文〕「—，編木以渡也」義證。〇—，或作柎。〔說文〕「—，編木以渡也」句讀。〇—，又作桴。(同上)又〔說文〕「—，編木以渡也」義證。〇—，字又作⿱竹泭。(同上)句讀。〇—，字或作⿱竹泭。(同上)義證。〇〔說文定聲・卷八〕—，字亦作艀。〔廣雅・釋水〕「艀，舟也」。〇—，或作游。〔廣韻・虞部〕〇—，本亦作游，又作桴，或作柎。〔方言九〕「—謂之簰」疏證。

**罦** —，覆車也，可以掩兔。〔詩・兔爰〕「雉離于—」朱傳。〇罬謂之—，—，覆車也。(同上)集疏引魯說。〇—，車上網，以捕鳥。〔廣韻・虞部〕〇—，覆車罔也。〔集韻・虞部〕

**麩** —，麥皮也。〔廣韻・虞部〕〇麥之皮為—。〔說文〕「稃，⿰禾會也」繫傳。〇—之言膚也。〔說文〕「—，小麥屑皮也」段注。〇—，或作麱。(同上)義證。

**枹** —，鼓杖。〔屈賦・東皇太一〕「揚—兮拊鼓」戴注。〇—，擊鼓杖。〔國策・齊策六〕「乃援—鼓之」鮑注。又〔通鑑・周紀四〕「援—鼓之，狄人乃下」音注。〇—，擊鼓槌也。〔楚辭・東皇太一〕「揚—兮拊鼓」補注。〇—罕，縣名，在河州。〔廣韻・虞部〕

**隃** —即遙也，—、踰、遙字並通用。〔漢書・黥布傳〕「—謂布何苦而反」補注引錢大昭。〇—即雁門山。〔說文〕「—，北陵西—雁門是也」繫傳。〇〔通雅・卷七〕—度即遥度。〔趙充國傳〕「兵難—度」。〇(同上)—謂即遥謂。〔黥布傳〕「—謂布何苦而反」。〇—麋，古縣，在扶風。〔廣韻・虞部〕〇—，又北陵名。(同上)〇北陵謂之—。〔廣雅・釋邱〕「培塿、堬，冢也」疏證。〇—、踰本書通用。〔漢書・司馬相如傳〕「捐國—限」補注。〇古字—、俞同。〔漢書・地理志〕「水在縣西」補注引錢坫。〇—、渝、榆、愉，皆揄之誤。〔史記・周本紀〕「子毀—立」志疑。

**嫫** —母，黃帝妻，皃甚醜，亦作⿱莫女。〔廣韻・模部〕

**⿱莫女** —母，一曰黃帝妻，貌甚醜。〔楚辭・惜往日〕「—母姣而自好」補注。〇—母一作侮母、嫫姆。〔說文〕「—，—母，古帝妃都醜也」段注。〇〔說文定聲・卷九〕—，字亦作嫫，作侮。〔古今人表〕「侮母，黃帝妃，生蒼林」。

**艀** —艇，舩也。〔廣韻・虞部〕〇—，艇短而深者。〔集韻・模部〕〇船亦謂之—，浮之轉聲也。〔廣雅・釋水〕「—，舟也」疏證。

**瓠** —⿰盧瓜，瓢也。〔廣韻・模部〕〇古—瓢通稱。〔說文〕「瓢，蠡也」句讀。〇此借—為壺。〔文選・弔屈原文〕「寶康—兮」集釋。

**箛** —，竹名。〔廣韻・模部〕〇〔說文定聲・卷九〕—，或曰竹名，當為本訓，吹鞭則菰之轉注也。〔南都賦〕「篠簳—箠」。〇—，蓋於鞭王作孔，馬上吹之呱呱然。〔說文〕「—，吹鞭也」繫傳。〇笳、—一物，今人亦謂之角或吹鞭，或卷木皮蘆葉而吹之。(同上)義證引〔六書故〕。〇〔說文定聲・卷九〕—，以菰為之。〔宋書・樂志〕「吹小菰、大菰」。

**虖** —，虎吼。〔廣韻・虞部〕〇—，歎也。〔廣韻・模部〕〇—池即徒駭。〔釋水〕「徒駭」郝疏。〇—、嘑、謼、評並通，亦通作呼。〔廣雅・釋詁〕「評，鳴也」疏證。〇—，借為乎字。〔墨子・尚同上〕「明乎天下」閒詁。〇—，假借為乎，〔史記〕、〔漢書〕多以為語餘之詞。〔說文定聲・卷九〕〇〔漢書〕多假—為乎字。〔說文〕「—，哮—也」段注。〇班史多假—為乎。〔說文〕「乎，語之餘也」段注。〇〔說文定聲・卷九〕—，字亦作滹，作滹。〔穆天子傳〕「北循—沱之陽」。〇—當作呼。〔漢書・元帝紀〕「匈奴—韓邪單于來朝」補注引宋祁。

**蒩** 茅—，藉封諸侯—以茅。〔廣韻・模部〕〇葅、蒩、菹、—，字並通。〔廣雅・釋草〕「—，蕺也」疏證。〇—，假借為蒩。〔說文定聲・卷九〕〇(同上)—，假借為菹。〔孟子〕綦毋邃注「澤生草言—」。

**惡** —，安也。〔廣韻・模部〕〇—猶安也。〔釋詞・卷四〕〇—猶何也。(同上)〇—猶何也，安也。〔公羊傳莊公一二年〕注「—乎至猶何所至」陳疏。〇—之言安也。〔孟子・滕文公上〕「—得賢」焦正義。〇—，歎辭也。〔孟子・公孫丑上〕「—，是何言也」朱注。〇—，不然之詞也。〔釋詞・卷四〕〇—，驚歎辭也。〔孟子・公孫丑下〕「—，是何言也」朱注。〇—，音烏，何也。〔通鑑・周紀三〕「天下—乎定」音注。〇—，讀曰烏，何也。〔通鑑・周紀二〕「子—得與魏成比也」音注。〇—曹，在今衛輝府延津縣東南。〔左傳桓公二年經〕「盟于—曹」疏證引沈欽韓。〇—曹，蓋烏巢之異文。(同上)○—乎，猶言何所。〔孟子・梁惠王上〕「天下—乎定」焦正義。○—許，猶言何許。〔墨子・非樂上〕「吾將—許用之」閒詁引畢沅。○—都奴，車師前王庭也。〔後漢〕為伊吾盧，聲之變。〔漢書・息夫躬傳〕「願助戊己校尉保—都奴之界」補注引沈欽韓。○〔說文定聲・卷九〕—，假借發聲之詞，與於、烏、何、安、焉等字同，實借為曷，—、曷一聲之轉。〔左傳桓公一六年〕「—用子矣」。○—讀如烏。〔墨子・親士〕「夫—有同方」閒詁引畢沅。○—音烏。〔通鑑・周紀三〕「是—足為大丈夫哉」音注。

刳　—，判也。〔國策・燕策三〕「—子腹及子之腸矣」鮑注。○—，又判也。〔廣韻・模部〕○—，屠也。〔大戴・易本命〕「好—胎殺夭」王詁。又〔廣韻・模部〕。○—，屠割也，剖去中物也。〔慧琳音義・卷七八〕引〔考聲〕。○—，剖破。〔廣韻・模部〕○—，空其腹也。〔慧琳音義・卷八七〕引顧野王。○—，謂空其腹也。〔慧琳音義・卷三三〕○—腹，謂空其腹也。〔卷四六〕○—、挎、辜、枯，義並相近。〔廣雅・釋詁三〕「—，屠也」疏證。○封、—一聲之轉，皆空中之意也。(同上)○〔說文定聲・卷九〕—，假借為夸。〔莊子・天地〕「君子不可以不—心焉」。

躍　—，行皃。〔廣韻・虞部〕○—，无行貌。〔說文〕「—，行皃」義證引〔篇海〕。○——，行貌。〔楚辭・九辯〕「右蒼龍之——」補注。○—，當為瞿之或體。〔說文定聲・卷九〕

杸　—殳古今字。〔方言九〕「其柄或謂之殳」箋疏。○—，當為殳之或體。〔說文定聲・卷八〕

髃　—，骨名，在膊前。〔廣韻・虞部〕○膊前骨謂之—。〔集韻・虞部〕

漊　—，一曰飲酒不醉。〔集韻・虞部〕○——，雨皃。(同上)○——，小雨不絕之皃。〔說文〕「—，雨——也」繫傳。

堬　冢謂之—，亦謂之培塿。〔廣雅・釋邱〕「培塿、—，冢也」疏證。○培塿、—，聲之轉。(同上)

荂　—，華榮也。〔集韻・虞部〕○—，即—榮之皃。〔廣韻・虞部〕○華—古音同。〔文選・吳都賦〕「異—蓲蔿」集釋引郝氏。○—同雩。〔廣韻・虞部〕○—或雩字。〔說文定聲・卷九〕

斞　—者，挹酒於尊之名。〔儀禮・士冠禮〕胡正義。

斞　—，挹也。〔廣韻・虞部〕又〔集韻・侯部〕。○—，酌也。〔廣韻・虞部〕○—容四升。〔說文定聲・卷九〕引何允〔毛詩隱義〕。○(同上)—，以仇為之。〔詩・賓之初筵〕「賓載手仇」。○—，或通作仇。〔說文〕「—，挹也」義證。

芋　—，尊大也。〔詩・斯干〕「君子攸—」朱傳。○—，草盛皃。〔廣韻・虞部〕又〔集韻・虞部〕。○—，猶言吁也。〔說文〕「—，大葉實根駭人，故謂之—



也」繫傳。○夸、訏、—並從于聲，其義同也。〔廣雅・釋詁一〕「夸，大也」疏證。○—訏古通字。〔方言一〕「訏，大也」箋疏。○〔說文定聲・卷九〕—，假借為訏。〔方言一二〕「—，大也」。○(同上)—，假借為幠，為宇。〔詩・斯干〕「君子攸—」。○—，當讀為宇，宇，居也。〔詩・斯干〕「君子攸—」述聞。○〔韓詩〕—作宇。(同上)○—，魯作宇。〔詩・斯干〕「君子攸—」集疏。○〔斯干〕以—為幠。〔說文〕「幠，覆也」段注。

姁　——，和好皃。〔集韻・虞部〕○—，—然，樂也。〔廣韻・虞部〕○—媮，美態。(同上)○〔通雅・卷一〇〕——，即嘔嘔、呴呴、煦煦。〔漢書・韓信傳〕「言語——」。○呴煦—欨古通用。〔廣雅・釋詁二〕「嘔㖡，色也」疏證。○〔說文定聲・卷八〕—，假借為欨，亦疊韻連語。〔舞賦〕「—媮致態」。○嫗煦、嘔喻、—媮，並疊韻之轉耳。〔廣雅・釋詁二〕「嘔㖡，色也」疏證。○言語——，〔史記〕作嘔嘔。〔漢書・韓信傳〕「言語——」補注引官本〔考證〕。○——，後作區區，〔孔叢〕作煦煦。〔呂覽・諭大〕「——焉相樂也」校正。

欨　—，吹也。〔慧琳音義・卷八六〕引〔玉篇〕。○—，吹—。〔說文〕「—，吹也」義證引〔玉篇〕。○吹—，一曰笑意。〔廣韻・虞部〕○以氣暵物為—，亦通作昫，又作呴、煦。〔通雅・卷一〕○—，叱也。〔慧琳音義・卷八六〕引〔玉篇〕。○—呵為陽。〔通雅・卷一〕○呴㖡煦㖡姁㖡—，古通用。〔廣雅・釋詁二〕「嘔㖡，色也」疏證。○〔說文定聲・卷八〕—，假借為雊。〔夏小正〕「雉震呴」。○(同上)—，字亦作嘔。〔大戴・文王〕「官人其皃固嘔」。

嘔　—、嫗、傴，古通用。〔廣雅・釋詁二〕「—㖡，色也」疏證。○—喻與呴愉同。〔方言一二〕注「忸愉猶呴愉也」箋疏。○嫗煦、—喻、姁媮，並疊韻之轉耳。〔廣雅・釋詁二〕「—㖡，色也」疏證。

嬃　—，女字。〔廣韻・虞部〕○楚人謂姊為—。〔漢書・高后紀〕「過其姑呂—」補注引賈侍中。○須與—古字通。〔漢書・高后紀〕「過其姑呂—」補注引錢大昭。○—蓋姊妹通稱。(同上)補注引王鳴盛。○—，假借為嬬。〔說文定聲・卷八〕○—娋語之轉。〔方言一二〕「娋，姊也」箋疏。○—通作須。〔說文〕「—，女字也」義證。又〔廣雅・釋天〕「—女謂之婺女」疏證。

咮　—，噣也。〔說文〕「噣，喙也」繫傳。○—，曲喙。〔廣韻・尤部〕○鳥曰—。〔說文定聲・卷一二〕(「喙」下)○〔說文定聲・卷八〕—，柳八星于古時值朱鳥之口。〔左傳襄公九年〕「—為鶉火」。○讐—，多言皃。〔廣韻・虞部〕○—與噣略同。〔說文定聲・卷八〕○—噣聲同。〔釋天〕「—謂之柳」郝疏。○—又作喙，又作噣。(同上)

趎　—，人名，〔莊子〕有南榮—。〔廣韻・虞部〕

氀　—，毛布。〔廣韻・虞部〕○—之言摟也。〔廣雅・釋器〕「—，罽也」疏證。○—與縷通。〔方言一二〕「縷，毳也」箋疏。

**闍**　|,城臺也。〔詩・出其東門〕「出其闉|」朱傳。○|,城門臺也。〔說文〕「|,闉|也」義證引〔玉篇〕。○〔說文定聲・卷九〕城臺曰|,即城隅也。〔說文〕「|,闉|也」。○闉|,城上重門。〔廣韻・模部〕○|音都。〔詩・出其東門〕「出其闉|」朱傳。又〔釋宮〕「|謂之臺」鄭注。

**瞴**　||,媚兒。〔集韻・虞部〕○盱、|字同。〔漢書・韋賢傳〕「||諂夫」補注引沈欽韓。

**纑**　|,練麻也。〔孟子・滕文公下〕「妻辟|」朱注。○|,布縷。〔廣韻・模部〕○|者,布縷也。〔說文〕「絇,|繩絇也」段注。○已紡而成謂之|。〔說文〕「|,布縷也」義證引〔急就篇〕顏注。○|即繩一股也。〔說文〕「縿,未練治|也」繫傳。○|、櫨同聲假借字。〔墨子・經上〕「|,閒虛也」閒詁。○|,亦與壚同。〔廣雅・釋地〕「壚,土也」疏證。

**鯆**　|,魚名,有文,出樂浪。〔廣韻・虞部〕○|鯆,狀如犂牛。〔楚辭・大招〕「|鯆短狐」補注。

**枸**　|,立木也。〔集韻・虞部〕○|蓋曲木之貌。〔詩・南山有臺〕「南山有|」通釋。○|猶拘也。〔廣雅・釋器〕「欋,|也」疏證。○|簍,傘也。〔廣雅・釋器〕○|簍者,蓋中高而四下之貌。〔廣雅・釋器〕「|簍,傘也」疏證。○|梢,今之猫刺也。〔通雅・卷四三〕○〔說文定聲・卷八〕|,假借為句。〔海內經〕「有木名曰建木,百仞無枝有九欘下有九|」。

**欋**　|,齊魯謂齒杷曰|。〔集韻・虞部〕○|,四齒杷也。〔說文〕「柬,莍臿也」義證引聶崇義。

**鸆**　||鵅。〔廣韻・模部〕○|鵅,即鸕鶿也。〔文選・上林賦〕「箴疵鵁盧」集釋引徐鍇。○|鵅,一名烏鬼。〔通雅・卷四五〕○峽中人謂|鵅為烏鬼。〔說文〕「|,|鵅也」義證引〔夔州圖經〕。○|,今蘇俗謂之水老鴨。〔說文定聲・卷九〕○|,假借為鷺。(同上)○|,今江蘇人謂之水老鴉。〔說文〕「|,|鵅也」段注。○|,通作盧。(同上)義證。○

**蝺**　|,蟲名,似蟬。〔集韻・鍾部〕○|,蠍|,似蟬而長,味辛,美可食,一名青蚨。〔廣韻・虞部〕引〔搜神記〕。○|,蠍|子,如蠶子,著草葉,得其子,母自飛來就之。〔廣韻・虞部〕引〔異物志〕。

**鍝**　|,鋸也。〔廣韻・虞部〕○|,鉀鋸也。〔集韻・虞部〕○|,一曰鎵|,蠻夷也。(同上)

**臑**　|,肱骨也。〔集韻・虞部〕○〔說文定聲・卷八〕羊豚曰|,在人曰肱。〔說文〕「|,臂羊矢也」。○|,爛也。〔楚辭・招魂〕「|若芳些」補注引〔說文〕。○|,嫩耎兒。〔廣韻・虞部〕○|,一曰嫩耎貌。〔楚辭・招魂〕「|若芳些」補注。○|之言濡也,濡者,柔也。〔說文〕「|,臂,羊豕曰|」段注。○胹、|、濡並通。〔廣雅・釋詁三〕「胹,熟也」疏證。○〔說文定聲・卷八〕|,假借為蝡。〔荀子・臣道〕「|而動」。○(同上)|,假借為煗。〔楚辭・招魂〕「|若芳些」。○|,〔玉篇〕作腝。〔說文〕「|,臂羊矢也」義證。○〔左傳宣公二年〕作宰夫胹熊蹯不熟。〔呂覽・過理〕「使宰人|熊蹯不熟」校正。○|是蠕之誤字。〔荀子・臣道〕「|而動」集解。

**獳**　朱|,獸名,似狐而魚翼,出則國有恐。〔廣韻・虞部〕

**跦**　|,行兒。〔廣韻・虞部〕○||,〔文選〕注引作株株。〔左傳昭公二五年〕「鸜鵒||」洪詁。

**牏**　|,築垣短版。〔廣韻・虞部〕又〔遇部〕。○|,築墻短板。〔集韻・遇部〕○〔說文定聲・卷八〕|,亦謂行清中受穢之短版,如今所云抽屜者耳。〔史記・萬石張叔傳〕「取親中裠厠|」。○|,假借為窬。〔說文定聲・卷八〕○|當作窬。〔漢書・石奮傳〕「取親中帬厠|」補注引李慈銘。○|當作窬,窬當是傍室中門牆,穿穴入地,空中以出水。〔漢書・石奮傳〕「取親中帬厠|」補注。

**蕍**　莇|,花兒。〔廣韻・虞部〕

**侏**　|儒,短人。〔廣韻・虞部〕○|儒,短人也。〔韓子・八姦〕「優笑|儒」集解引舊注。○|儒,短小人。〔國策・齊策五〕「和樂倡優|儒之笑」鮑注。○|儒,短柱,故以況短人。〔左傳襄公四年〕「朱儒是使」疏證引梁玉繩。○人之不肖者亦曰籧篨、戚施、|儒。〔廣雅・釋訓〕「|儒,八疾也」疏證。○|訓為大。〔周禮・甸祝〕「禂牲禂馬」孫正義。

**鮢**　|,魚名。〔廣韻・虞部〕又〔尤部〕。

**憮**　|,大也。〔詩・巧言〕「亂如此|」朱傳。○|,空也。〔廣韻・虞部〕又〔集韻・虞部〕。○〔說文定聲・卷九〕|,假借為侮。〔釋言〕「|,傲也」。○(同上)|,假借為幠。〔詩・巧言〕疏「禮,肉臠亦謂之|」。○(同上)|,假借為幠。〔廣雅・釋詁一〕「|,張也」。○|者,幠之假借。〔詩・巧言〕「亂如此|」通釋。

**鴸**　|,鳥名,似鴟。〔集韻・虞部〕○|,鳥名,似鴟,人首。〔廣韻・虞部〕○陶潛〔讀山海經〕詩|作鴸。〔說文〕「喌,呼雞重言之」義證。

**忓**　|,憂也。〔廣韻・虞部〕○吁可借為|也。〔說文〕「|,憂也,讀若吁」句讀。○|,〔詩〕以吁、盱字為之。〔說文定聲・卷九〕○|,通作吁,又通作盱。〔釋詁〕「盱,憂也」郝疏。

**翎**　|,曲羽。〔廣韻・麌部〕○|,鳥曲翎。〔集韻・麌部〕

**禂**　〔毛詩〕借禱為|。〔說文定聲・卷六〕

**㺃** 丨同鴉。〔廣韻・虞部〕

**瓶** 丨,小甖。〔廣韻・虞部〕

**甌** 丨,瓶也。〔廣韻・虞部〕○甖謂之丨,亦謂之瓿甊。〔廣雅・釋邱〕「培塿、堬,冢也」疏證。○丨與古通用。〔方言五〕「罃,陳魏宋楚之間謂之丨」疏證。

**瓿** 丨,小甖。〔集韻・虞部〕○甌丨,瓶也。〔廣韻・虞部〕

**穋** 丨,稷穰。〔廣韻・虞部〕○麴、騶、丨三字並以芻為聲,義相近矣。〔廣雅・釋草〕「稷穰謂之丨」疏證。

**陓** 陽丨,澤名。〔廣韻・虞部〕

**捄** 丨,盛土。〔廣韻・虞部〕○丨,盛土於器也。〔詩・緜〕「丨之陾陾」朱傳。○〔說文定聲・卷六〕丨,謂取土實之于虆也。〔詩・緜〕傳「丨,虆也」。○丨者,丨虆也,謂丨土於虆。〔詩・緜〕「丨之陾陾」後箋。○丨,捊也,勼也,猶揂也。〔說文定聲・卷六〕(「收」下)○丨,曲貌。〔詩・良耜〕「有丨其角」朱傳。○丨、鳩古音義同。〔詩・緜〕「丨之陾陾」通釋。○丨,即蘽之假借,虆梩徙土蘽也。(同上)後箋引段玉裁。○丨,或作筞。〔說文〕「丨,盛土於梩中也」義證。○丨當作觓。〔詩・良耜〕「有丨其角」後箋。

**柧** 丨,棱丨。〔廣韻・模部〕○八棱為丨。〔通雅・卷四〇〕○隅曰丨。〔說文定聲・卷二〕(「棱」下)○凡木四方有隅為棱,八棱為丨,故殿堂上宬高之處曰丨棱。〔卷九〕○三棱為丨木。〔說文〕「丨,棱」繫傳。又〔說文〕「丨,棱也」義證引〔字書〕。○丨,最高轉角處也。〔說文〕「丨,棱」繫傳。○觚,當為丨字,通用觚字。〔說文〕「幡,書兒拭觚布也」義證。○丨假借觚字。〔說文〕「丨,棱」繫傳。○〔說文定聲・卷九〕丨,以觚為之。〔西京賦〕「上觚棱」。○丨通作觚。〔說文〕「丨,棱也」義證。又(同上)句讀。○丨,字通作觚。〔廣雅・釋言〕「丨,棱也」疏證。○丨,俗作觚。〔說文〕「殳,以杸殊人也」義證。○〔說文定聲・卷九〕丨,字亦作軱。〔莊子・養生主〕「而況大軱乎」。

**峹** 丨山,古國名,禹所娶也。〔廣韻・模部〕○丨山,古國名,夏禹娶之,今宣州當塗縣也。〔說文〕「丨,一曰九江當丨也」義證引〔文字音義〕。○〔說文定聲・卷九〕丨,在今安徽鳳陽府懷遠縣東南。〔書・益稷〕「娶于丨山」。○(同上)丨,在今浙江紹興府。〔說文〕「丨,會稽山」。○丨塗古今字。〔說文〕「丨,會稽山也」段注。○〔說文定聲・卷九〕丨,字作塗。〔左傳〕「禹會諸侯於塗山」。○丨,亦作峹,又書作塗。〔廣韻・模部〕○塗者,涂之俗字,聲借為丨。〔說文〕「丨,會稽山」句讀。

**篕** 丨西竹,出會稽。〔廣韻・模部〕○〔說文定聲・卷九〕丨,假借為簾。〔廣雅・釋器〕「丨,筐也」。○(同上)丨,今本以盧為之。〔晉語〕「朱儒扶丨」。○(同上)丨,以廬為之。〔考工・輪輿〕「弓廬」。○丨,通作廬。〔說文〕「丨,積竹矛戟矜也」義證。○丨,或作盧。〔廣雅・釋器〕「丨,筐也」疏證。

**痀** 丨,曲脊。〔廣韻・虞部〕○〔說文定聲・卷八〕丨,劬也,字亦作劬。〔釋詁〕「劬、勞,病也」。○曲脊謂之丨僂,義與枸簍相近。〔廣雅・釋器〕「枸簍,傘也」疏證。○丨與傴同。〔廣雅・釋詁一〕「傴,曲也」疏證。○〔說文定聲・卷八〕丨與傴略同。〔列子・黃帝〕「見一丨僂者承蜩」。○丨,通作鉤。〔說文〕「丨,曲脊也」義證。

**穌** 丨,活也。〔慧琳音義・卷七一〕○丨,死而更生也。〔廣韻・模部〕又〔說文〕「丨,杷取禾若也」段注引〔玉篇〕。○丨,息也。〔廣韻・模部〕又〔說文〕「丨,杷取禾若也」段注引〔玉篇〕。○丨,謂更息也。〔慧琳音義・卷五六〕○丨,亦休息也。(同上)○丨,寤也。〔卷七一〕○丨,悟也。〔卷一〇〇〕引〔考聲〕。○丨,舒悅也。〔廣韻・模部〕○丨猶部斂之也。〔說文〕「丨,把取禾若也」繫傳。○丨與蘇字異而義同。〔管子〕「漁利蘇功」雜志。○丨與蘇通。〔廣雅・釋言〕「朔,丨也」疏證。又〔方言三〕「蘇,草也」箋疏。○〔說文定聲・卷九〕丨,假借為寤。〔廣雅・釋詁一〕「丨,生也」。○丨,諸書借蘇字。〔說文〕「丨,把取禾若也」義證。○丨,今樵蘇字皆以蘇為之。〔說文定聲・卷九〕○丨,通作蘇。〔廣雅・釋言〕「丨,寤也」疏證。○丨,今亦作蘇。〔說文〕「丨,把取禾若也」句讀。○蘇行而丨廢。〔說文〕「丨,杷取禾若也」段注。

**麻** 廜丨,草庵。〔廣韻・模部〕○廜丨酒,元日飲之,可除瘟氣。(同上)

**杇** 丨,鏝也。〔論語・公冶長〕「糞土之牆不可丨也」朱注。○丨,泥鏝。〔廣韻・模部〕○丨,泥鏝也,塗工之具,或作鋘、釫、捰。〔集韻・模部〕○〔說文定聲・卷九〕涂之亦曰丨。〔論語〕「不可圬也」。○丨,小木盆也。〔慧琳音義・卷七九〕引〔考聲〕。○椀之大者無足曰丨,或作盂。(同上)○〔說文定聲・卷九〕丨,假借為窊。〔史記・孔子世家〕「生而首上圩頂」。○(同上)丨,假借為盂。〔儀禮・既夕〕「兩敦兩杅」。○(同上)丨,假借為衺。〔公羊傳宣公一二年〕「杅不穿」。○丨,經傳多假為盂字。〔說文〕「丨,所以涂也」段注。○丨,經傳亦以徐為之,字作塗。〔說文定聲・卷九〕○丨,字亦作杅,亦作圬,今其器有鐵,有木。(同上)○經典丨作圬。〔釋宮〕「鏝謂之丨」郝疏。

**於** 丨,歎辭。〔詩・伐木〕「丨粲洒埽」朱傳。又〔文王〕「丨昭于天」朱傳。又〔清廟〕「丨穆清廟」朱傳。又〔昊天有成命〕「丨緝熙」朱傳。又〔雝〕「丨薦廣牡」朱傳。又〔武〕「丨皇武王」朱傳。又〔酌〕「丨鑠王師」朱傳。又〔賚〕「丨繹思」朱傳。又〔中庸〕「詩云丨穆不已」朱注。○丨,歎美辭。〔大學〕「詩云丨緝熙敬止」朱注。又〔孟子・梁惠王上〕「丨牣魚躍」朱注。○單言丨者,則為歎美之詞。〔釋詁〕「爰,丨也」郝疏。○丨乃語詞。〔釋詁〕「丨,代也」平議。○丨,亦發聲。〔左傳宣公四年〕「謂虎丨菟」疏證。○古者短言丨,長言烏呼,丨、烏一字也。〔說文〕「烏,取其助气,故以為烏呼」段注。

○丨乎，歎辭。〔詩・維天之命〕「丨乎不顯」集疏。○丨乎或作丨戲。〔釋詞・卷四〕○丨戲，歎辭。〔大學〕「詩云丨戲前王不忘」朱注。○丨，古作丨戲，今作嗚呼。〔廣韻・模部〕○丨乎，或作烏呼。〔釋詞・卷四〕○丨皇，歎美之辭。〔詩・臣工〕「丨皇來牟」朱傳。○〔書〕用丨，〔孟子〕用惡，丨之聲急，此歎美、驚歎之別。〔字詁〕○丨菟，虎文貌。〔左傳宣公四年〕「謂虎丨菟」疏證引王引之。○虎有文，謂之丨菟。（同上）○丨菟云者，言其文之丨菟然也。（同上）○丨菟與虍，聲近而義同。（同上）○單言之，謂之虍，重言之，謂之丨菟。（同上）○丨䖘與虍，聲近而義同，單言之則為虍，重言之則為丨䖘耳。〔廣雅・釋獸〕「丨䖘，虎也」疏證。○丨音烏。〔詩・伐木〕「丨粲洒埽」朱傳。又〔文王〕「丨昭于天」朱傳。又〔靈臺〕「丨牣魚躍」朱傳。○丨字宜作烏音讀也。〔左傳定公五年經〕「丨越入吳」洪詁。○丨，古文烏。〔說文〕「于，丨也」句讀。○丨者，古文烏也。（同上）段注。○丨為古文烏。〔左傳宣公四年〕「謂虎丨菟」疏證。○丨即古文烏字。〔漢書〕「闕氏」雜志。○丨乎，古用丨，後用烏。〔字詁〕○丨，本作烏，隸變作丨，又與于通。〔易・繫下〕「丨稽其類」李疏。○古文烏省作丨。〔書・堯典上〕「丨鯀哉」孫疏。○烏、丨本一字。〔孟子・告子下〕「丨，答是也何有」焦正義。○齊丨乎作嗚呼。〔詩・雲漢〕「王曰丨乎」集疏。○魯、韓丨乎作嗚呼。〔詩・抑〕「丨乎小子」集疏。○丨微閭，即〔職方〕、〔爾雅〕之醫無閭，語之轉耳。〔屈賦・遠遊〕「夕始臨乎丨微閭」戴注。

**誧**　丨，諫也。〔廣韻・模部〕○丨，謀也。〔廣韻・暮部〕○丨，大言也。〔說文〕「丨，大也」義證引〔玉篇〕。○丨，言之大也，與吳誇略同。〔說文定聲・卷九〕○丨義與溥通。〔廣雅・釋詁一〕「丨，大也」疏證。○丨，助也。〔說文〕「丨，一曰人相助也」義證引〔文字音義〕。○〔說文定聲・卷九〕丨，假借為敷。〔廣雅・釋詁四〕「丨，謀也」又「丨，諫也」。○（同上）丨，假借為俌。〔說文〕「丨，一曰人相助也」。○丨，或借甫字。〔說文〕「丨，大也」義證。○丨蓋甫之分別文。（同上）句讀。

**恗**　丨，怯也。〔廣韻・模部〕

**鮬**　丨，魚名。〔廣韻・暮部〕又〔集韻・虞部〕。○〔說文定聲・卷九〕丨，今旁皮魚也。〔釋魚〕「鱊丨，鱖鯞」。○丨，婢妾，魚名。〔廣韻・模部〕

**𢘑**　丨，思也。〔廣韻・虞部〕○丨，悅也。（同上）○說貌謂之丨愉。〔廣雅・釋詁三〕「丨愉，說也」疏證。○容貌可說者，亦謂之丨愉。（同上）○嘔喻、呴喻、丨愉，皆語之轉耳。〔廣雅・釋詁一〕「丨愉，喜也」疏證。○丨亦作敷。〔方言一三〕「丨，悅也」疏證。

**鸜**　丨同鴝，亦丨鵒。〔廣韻・虞部〕○〔說文定聲・卷九〕丨即鴝字。〔考工記〕「丨鵒不踰濟」。○丨者，雊之別體。〔說文定聲・卷一四〕（「鸜」下）○丨鵒本作鸛鵒，後人改作丨。〔說文〕「鴝，鴝鵒也」義證。

**懦**　丨，弱也。〔廣韻・虞部〕○丨，又作濡，弱也。〔方言一二〕注「儒輸猶丨撰也」箋疏。○丨或借需字。〔說文〕「丨，駑弱者也」義證。○丨與愞、偄二字同。〔廣雅・釋詁一〕「丨，弱也」疏證。○丨與偄嫨嬬俱略同。〔說文定聲・卷八〕○水丨弱，〔家語〕引作水濡弱。〔左傳昭公二〇年〕「水丨弱」洪詁。

**帤**　丨，金幣所藏。〔國策・趙策一〕「宮室小而丨不眾」鮑注。○丨之言囊也。〔說文〕「丨，金幣所藏也」段注。○裹金帛之囊曰丨。〔說文定聲・卷九〕○丨，子。〔詩・常棣〕「樂爾妻丨」朱傳。○丨者，細弱之號，妻子皆得稱之。〔左傳文公六年〕「宣子使臾駢送其丨」疏證。○丨、孥通。〔國策・趙策一〕「宮室小而丨不眾」補正。○丨與孥通用。〔史記・夏本紀〕「予則丨僇汝」志疑。○假丨為奴。〔說文〕「丨，金幣所藏也」段注。○〔說文定聲・卷九〕丨，假借為奴，字亦作孥。〔書・甘誓〕「予則孥戮汝」。○古妻奴字皆借丨為之。〔詩・常棣〕「樂爾妻丨」後箋。○丨讀如奴。〔說文〕「丨，金幣所藏也」段注。

**楰**　丨，木名。〔廣韻・虞部〕○丨，鼠梓，亦名苦楸。〔詩・南山有臺〕「北山有丨」朱傳。○丨，楸屬也。〔說文〕「丨，鼠梓木」繫傳。

**稌**　丨，稻也。〔詩・豐年〕「豐年多黍多丨」朱傳。又〔廣韻・模部〕。○丨，藥艸，署預也，或作藷、蒢。〔集韻・魚部〕

**麌**　丨，牝麌也。〔廣韻・模部〕○丨，獸名，牡麌也。〔集韻・模部〕

**湡**　丨，齊藪名，亦作隅。〔廣韻・虞部〕○丨，水名，在襄國。（同上）○丨水，在今直隸順德府邢臺縣西山，一名百泉水，又名死央水，又名胡盧河。〔說文定聲・卷八〕○丨，今作虞。〔說文〕「丨，水出趙國襄國之西山」義證引〔玉篇〕。

**堣**　丨夷，日所出處，〔書〕亦作嵎。〔廣韻・虞部〕

**犓**　丨，豢字經傳多省作芻。〔文選・七發〕「丨牛之腴」集釋。○經傳丨豢字，今皆作芻豢。〔說文〕「丨，以芻莝養圈牛也」段注。○丨，此字後出，當為芻之俗字。〔說文定聲・卷八〕○養牛曰丨。〔廣韻・虞部〕

**莁**　丨，丨荑。〔廣韻・虞部〕

**璑**　丨，三采玉。〔廣韻・虞部〕○〔說文定聲・卷九〕丨，當訓玉之亞者。〔說文〕「丨，三采玉也」。

**𨽍**　丨，地名，在弘農。〔廣韻・虞部〕

**衧**　丨，褎衣。〔廣韻・虞部〕

**謣**　丨，妄言。〔廣韻・虞部〕○丨，猶虛夸也。〔說文〕「丨，妄言也」繫傳。○丨，舉重勸力歌也。〔集韻・虞部〕○訏丨並與迂通。〔漢書〕「怪迂」雜志。

○〔説文定聲·卷九〕丨，假借為許。〔方言一二〕「丨，然也」。

**扜** 丨，指麾也。〔集韻·虞部〕○丨，揚也。〔廣雅·釋詁四〕○丨與玗通。〔廣雅·釋詁一〕「玗，張也」疏證。○丨，假為玗。〔説文〕「玗，滿弓有所鄉也」段注。○〔説文定聲·卷九〕丨，假借為玗。〔山海經〕「丨弓射黃虵」。○丨讀若紆。〔淮南〕「綦衛之箭」雜志。○玗、丨，古聲並與抓同。〔廣雅·釋詁一〕「抓，引也」疏證。○扞即丨字之訛。〔漢書·扜彌國傳〕「丨彌國」補注引徐松。○丨乃扞之譌。〔史記·惠景間侯者年表〕「丨吳、楚志疑」。○丨，舊訛作扞。〔呂覽·壅塞〕「因丨弓而射之」校正。

**抙** 丨，引也。〔廣韻·模部〕又〔集韻·模部〕。○丨，揚也。〔廣韻·模部〕

**軥** 丨，丨軳。〔廣韻·虞部〕○丨，車環軳也。〔同上〕○丨，輨内環軳也。〔集韻·虞部〕○輨者車駕具，其内有鞣革以環之曰丨。〔説文定聲·卷九〕○丨之言紆也。〔廣雅·釋器〕「丨謂之鞶」疏證。

**軴** 丨，舌屬。〔廣韻·虞部〕又〔集韻·虞部〕。○丨，形如釪舌。〔説文定聲·卷九〕〔「瞿」下〕○丨，字亦作欋，作櫂。〔卷九〕

**氍** 丨，織毛褥謂之丨毹。〔廣韻·虞部〕引〔風俗通〕。○丨毹，織毛為文彩，本胡語也，俗曰毛錦。〔慧琳音義·卷一三〕引〔考聲〕。○丨氀，氈也，或作氀。〔集韻·魚部〕○丨毹，毛席也。〔廣韻·虞部〕引〔聲類〕。

**灈** 丨，水名，在汝南。〔廣韻·虞部〕○〔説文定聲·卷九〕丨出縣之奥來山，入灑又入汝。〔説文〕「丨水出汝南吳房」。

**篻** 丨，竹名。〔廣韻·模部〕○丨，黑竹也。〔集韻·虞部〕○丨，黑皮竹也。〔廣韻·虞部〕

**墲** 丨，冢也。〔廣韻·虞部〕○丨，冢地。〔集韻·虞部〕○丨，規墓地也。〔廣韻·模部〕○規墓地曰丨。〔同上〕○丨通作𣞤，𣞤與撫同。〔方言一三〕「所以墓謂之丨」箋疏。○〔説文定聲·卷九〕丨，或體㮴字，亦作𣞤字，亦作模。〔方言一三〕「凡葬而無墳謂之墓，所以墓謂之丨」。〔「模」下〕

**骬** 𩩲丨，缺盆骨也。〔廣韻·虞部〕

**疛** 丨，病也。〔廣韻·虞部〕○盱與丨通。〔廣雅·釋詁一〕「丨，病也」疏證。

**鴝** 丨，丨鵒鳥。〔廣韻·侯部〕○丨，丨鵒，亦作鸜。〔廣韻·虞部〕○丨，丨鵒，鳥名，鵂鶹也。〔集韻·侯部〕○丨，今之八哥也。〔説文〕「丨，丨鵒也」段注。○〔説文定聲·卷八〕丨，今俗謂之八哥。〔考工記〕「鸜鵒不踰濟」。○丨，字或作鸜。〔説文〕「丨，丨鵒也」義證。

**斪** 丨，鉏屬。〔廣韻·虞部〕○丨，所以斫地，字亦以句為之。〔説文定聲·卷八〕○丨之言鉤也。〔説文〕「丨，丨斸，所以斫也」段注。○丨音衢。〔釋器〕「丨斸謂之定」鄭注。○丨，通作句。〔説文〕「丨，斫也」義證。

**䶄** 〔説文定聲·卷八〕丨，水蟲也。〔説文〕「丨，䶄屬，頭有兩角，出遼東」。○丨，讀如鉤。〔説文〕「丨，䶄屬，頭有兩角」段注。

**趯** 丨，走顧之皃。〔廣韻·虞部〕

**葋** 丨音劬。〔釋艸〕「丨，芋熒」鄭注。

**蚼** 丨蜉，蚍蜉。〔廣韻·虞部〕○丨蜉，蟲名，蚍蜉。〔集韻·虞部〕○丨蟓，螘也。〔廣雅·釋蟲〕「蛾，螘也」疏證。○〔説文定聲·卷八〕丨，假借為駒。〔廣雅·釋蟲〕「元丨，螘也」。○丨與駒字異音同。〔釋蟲〕「蚍蜉，大螘」郝疏。○〔説文定聲·卷八〕丨，以齁為之。〔周書〕「渠搜以齁犬能飛食虎豹」。

**嬬** 丨，妻名。〔廣韻·虞部〕○丨之言濡也。〔説文〕「丨，弱也」段注。○丨與懦同。〔同上〕句讀。○丨與嫨、偄略同。〔説文定聲·卷八〕

**頦** 丨，待也。〔廣韻·虞部〕○丨者，待也。〔説文〕「需，丨也」段注。○丨，立而待也。〔説文〕「丨，待也」繫傳。○經典率借須為丨。〔同上〕句讀。○丨，經傳皆以須為之。〔説文定聲·卷八〕○丨通作須。〔釋詁〕「丨，待也」邵正義。又〔説文〕「需，丨也」義證。○丨，通作須，又通作需。〔釋詁〕「丨，待也」郝疏。○今字多作需、作須而丨廢矣。〔説文〕「丨，立而待也」段注。

**袾** 丨，朱衣。〔廣韻·虞部〕○朱衣曰丨。〔廣韻·虞部〕引〔字統〕。○丨、姝、姁，並字異而義同。〔廣雅·釋詁一〕「丨，好也」疏證。○〔説文定聲·卷八〕丨，假借為姝，為姁。〔説文〕「丨，好佳也」。○〔同上〕丨，假借為絑。〔荀子·富國〕「天子丨袶衣冕」。○丨與姝字同。〔廣雅·釋詁一〕「丨、姝，好也」疏證。○丨，今〔詩〕作姝。〔説文〕「丨，好佳」繫傳。○今〔詩〕丨作姝。〔説文〕「丨，詩曰靜女其丨」段注。○丨當為孌。〔説文〕「袋，讀若靜女其丨之丨」義證引王念孫。

**茱** 丨，丨萸。〔廣韻·虞部〕○凡丨萸之屬皆通呼丨萸也。〔説文〕「茱，茱茰」義證。○〔説文定聲·卷八〕丨，一名藙也。〔蜀都賦〕「蒟蒻丨萸」。○〔説文定聲·卷六〕丨萸即樧，一名藙。〔三蒼〕「菉，丨萸」。〔「菉」下〕

**郇** 丨，地名，在涿郡。〔廣韻·虞部〕○丨，又縣名，在貝州。〔同上〕○丨，在今山東臨清州夏津縣東北境。〔説文定聲·卷八〕○丨，〔史記〕呂嬰、欒布皆封俞侯，以俞為之。〔同上〕○丨與俞同。〔漢書·溝洫志〕「丨居河北」補注引錢大昕。○丨，〔表〕作俞，字通。〔漢書·地理志〕「丨」補注。

**鰸** 丨，魚名，出遼東，似蝦無足。〔廣韻·虞部〕○丨，魚名。〔集韻·虞部〕○丨，水蟲，似蝦無足。〔集韻·侯部〕

**傴** 丨隅，不安兒。〔廣韻·虞部〕○攲丨，傾側不安，不能久立也。〔説文〕「丨，攲丨也」段注。○〔説文定聲·卷八〕丨陭，今字作崎嶇，傾側不平之皃。〔周景功勳銘〕「丨陭」。○丨，漢碑亦作嶇。〔説文〕「丨，敧丨也」段注。

**蕦** 丨，蕵蕪別名。〔廣韻・虞部〕

**鑐** 丨，鎖中丨也。〔廣韻・虞部〕○丨，金鐵銷而可流者，通作濡。〔集韻・虞部〕○丨鐵，熟鏷也。〔通雅・卷四八〕○鐵再三銷拍可以作鏷者為丨鐵。〔説文〕「鍒，鐵之耎也」義證引〔本草圖經〕。○〔説文定聲・卷八〕丨，即濡之轉注。〔管子・禁藏〕「被蓑以當鎧丨」。

**䵔** 丨，黏皃。〔廣韻・虞部〕

**蕍** 丨，澤蕮。〔廣韻・虞部〕○丨，音俞，澤瀉也。〔釋艸〕「丨，蕮」鄭注。○丨，藥艸，澤蕮也。〔集韻・虞部〕○丨猶敷丨，亦草木華之皃。〔説文〕「芛，艸之葟榮也」繫傳。○〔釋草〕之「丨，蕮」，當為「藚，蕮」，即水蕮。〔説文〕「蕢，艸也」義證。

**䩱** 丨，刀鞍。〔廣韻・遇部〕又〔集韻・遇部〕。○丨，一曰餘也，和也。〔同上〕○丨、愉、綸三字並音俞，其義同也。〔廣雅・釋詁三〕「丨，餘也」疏證。

**舀** 丨，臼也。〔廣韻・虞部〕○丨亦搯也。〔廣雅・釋詁二〕「丨，抒也」疏證。○丨同揄、抌，抒臼。〔廣韻・尤部〕○丨、抌、𦥷、揄、挑五字並聲近義同。〔廣雅・釋詁二〕「丨，抒也」疏證。

**絑** 丨，繒純赤色。〔廣韻・虞部〕○丨，經典但作朱。〔説文〕「丨，純赤也」句讀。○丨，通作朱。〔同上〕義證。○丨，作朱，蓋赤心木引申之義。〔説文定聲・卷八〕

**⿱山婁** 丨，山頂。〔廣韻・虞部〕○丨，山巔也。〔集韻・虞部〕引〔埤倉〕。

**⿰襄阝** 丨，鄉名。〔廣韻・虞部〕○〔説文定聲・卷八〕丨，在今河南南陽府鄧州東南二里穰縣故城地。〔説文〕「丨，南陽穰鄉」。

**榑** 丨桑，海外大桑，日所出也。〔廣韻・虞部〕○〔説文定聲・卷九〕丨，即叒木也，生東方，日所出地。〔説文〕「丨，丨桑，神木，日所出也」。○丨桑即扶桑也。〔説文〕「叒，日初出東方暘谷所登丨桑」義證引王觀國。○丨木即扶木。〔呂覽・求人〕「禹東至丨木之地」校正。○〔説文定聲・卷九〕丨，以扶為之。〔離騷〕「總余轡乎扶桑」。○丨通作扶。〔説文〕「丨，丨桑，神木」義證。○丨，〔十洲記〕作扶字。〔説文〕「丨，丨桑，神木，日所出也」繫傳。

**枎** 丨謂樹枝葉四布也。〔説文〕「丨，丨疏四布也」繫傳。○丨疏，盛也。〔廣韻・虞部〕○丨之言扶也，古書多作扶疏，同音假借也。〔説文〕「丨，丨疏四布也」段注。○丨疏，疊韻連語。〔説文定聲・卷九〕○丨，通作扶。〔説文〕「丨，丨疏四布也」義證。○丨疏，或作枎蔬。〔同上〕○丨疏，又作擢疏。〔同上〕

**鄜** 丨州，漢丨縣，今丨城，是隋作丨州。〔廣韻・虞部〕○丨音敷。〔説文〕「鄜，左馮翊縣」義證引孟康。○丨州，音孚。〔通雅・卷一六〕○〔史記〕丨作鄜。〔漢書・燕靈王傳〕「以其兄子丨侯呂台為呂王」補注。

**鄜** 〔説文定聲・卷七〕丨，在今陝西鄜州洛川縣，音轉讀如敷。〔説文〕「丨，左馮翊縣」。○丨，或作鄜。〔集韻・虞部〕

**歈** 丨，小畚器也。〔廣韻・虞部〕

**筟** 丨，織緯者。〔廣韻・虞部〕○丨，亦曰筦，頭圓列其梃如柵。〔説文定聲・卷六〕○丨車，紡車也。〔説文〕「緈，著絲於丨車也」義證引〔六書故〕。○丨車，亦曰緈車。〔説文〕「緈，著絲於丨車也」段注。○彄，管弦者，丨，管絲者。〔説文〕「丨，讀若春秋魯公子彄」義證。

**豧** 丨，豕聲。〔廣韻・遇部〕○丨，豕息。〔廣韻・虞部〕又〔集韻・模部〕。

**尃** 丨，布也。〔慧琳音義・卷二〇〕又〔廣韻・虞部〕。○丨，廣也。〔説文定聲・卷九〕○丨，開也。〔慧琳音義・卷二〇〕引〔考聲〕。○〔説文定聲・卷九〕丨，假借為敷。〔説文〕「丨，布也」。○丨，經典借敷字。〔説文〕「丨，布也」義證。○〔説文定聲・卷九〕丨，假借為溥。〔史記・司馬相如傳〕「氾丨濩之」。○丨又借溥字。〔説文〕「丨，布也」義證。○〔説文定聲・卷九〕丨，借為傅。〔易・説卦傳〕「震為丨」。○丨又借傅字。〔説文〕「丨，布也」義證。○丨又借鋪字。〔同上〕○丨，以扶為之。〔説文定聲・卷九〕○丨，廣也，經傳皆以博為之。〔同上〕○丨，以膚為之。〔同上〕○丨，古敷字。〔管子・水地〕「其音清丨徹遠」義證引孫星衍。○丨，經典通用敷。〔説文〕「播，敷也」義證。○丨今字作旉。〔説文〕「丨，布也」句讀。

**庯** 丨，石文見也。〔説文〕「丨，石閒見也」義證引〔玉篇〕。○丨，石文見皃。〔同上〕義證引〔五音集韻〕。○丨，石文皃。〔集韻・模部〕○丨，石閒見也。〔廣韻・虞部〕○丨，謂空隙處乍見也。〔説文定聲・卷九〕○閒出者曰丨陠。〔説文〕「陠，陖也」段注。○丨，〔史〕假逋字為之。〔説文〕「丨，石閒見也」段注。○〔説文〕丨，〔字林〕作峬。〔同上〕○逋峭亦作峬峭，即此丨字。〔説文定聲・卷九〕引溫子昇。

**紨** 丨，布也，又細紬也。〔廣韻・虞部〕○丨，謂大絲繒之粗者。〔説文〕「丨，一曰粗紬」段注。○大絲曰丨。〔同上〕義證引〔類篇〕。

**郙** 丨，古縣名，在琅邪。〔廣韻・虞部〕○〔説文定聲・卷九〕丨，漢文帝侯呂平國也，王莽改名純德。〔説文〕「丨，琅邪縣，一名純德」。

**⿰甫毛** 丨，毛解。〔廣韻・虞部〕○丨，鳥解毛曰丨。〔集韻・虞部〕○丨，一曰鬩也。〔同上〕

**鳺** 丨，鵧鳩鳥。〔廣韻・虞部〕○丨鴀，鳥名，或从隹。〔集韻・虞部〕○丨鴀，古作夫不，今俗呼勃。〔通雅・卷一〕○丨鴀，古通用夫不，楚鳩也。〔方言八〕「鳩，自關而東謂之鵖鷎」疏證。○丨與巂同，或作規。〔廣雅・釋鳥〕「鷤鳺，子丨也」疏證。○丨與規同。〔釋鳥〕「巂，周」郝疏。○丨音規。〔漢書・揚雄傳〕「徒恐鷤鳺之將鳴兮」補注引曹憲。

衭 丨，衣前襟。〔廣韻・虞部〕○丨，一曰前袼。〔說文定聲・卷九〕引〔六書故〕。○〔說文定聲・卷九〕今蘇俗有丨襟之語。〔廣韻〕「丨，衣前襟也」。○衣丨即袼也，今俗猶言之。〔說文〕「丨，襲丨」繫傳。○丨，襲袴也。〔說文〕「丨，襲丨也」義證引〔玉篇〕。○〔說文定聲・卷九〕丨，以夫為之。〔廣雅・釋器〕「夫襓，劍衣也」。

鮇 丨，丨鯕，魚名。〔廣韻・虞部〕

尪 丨，股曲也。〔說文〕「丨，股丨也」繫傳。○丨謂紆詘。〔說文定聲・卷九〕○丨之言紆也。〔說文〕「丨，股丨也」段注。○丨，盤旋。〔廣韻・虞部〕

褔 丨，編枲頭衣。〔廣韻・虞部〕○丨，枲頭衣。〔集韻・虞部〕○〔說文定聲・卷八〕丨，蘇俗謂之圍瀺，著小兒頸肩以受次者，其制圓。〔方言四〕「繄袼謂之丨」。○丨，編麻為衣也。〔說文〕「丨」繫傳。○丨，小兒涎衣。〔廣韻・侯部〕

蓲 丨，草名。〔廣韻・虞部〕○丨，敷也。〔文選・吳都賦〕「異荂丨蘛」集釋。○丨，煦也。〔集韻・虞部〕○丨即嫗也。〔方言二〕「抱、娩，耦也」箋疏。○丨蘛，華皃。〔集韻・虞部〕○江東呼細藋為烏丨。〔說文〕「丨，艸也」繫傳。○〔說文定聲・卷八〕丨，假借為蒪。〔吳都賦〕「異荂丨蘛」。○丨又敷之借聲。〔文選・吳都賦〕「異荂丨蘛」集釋引郝氏。○丨，省作苬。(同上)

筞 丨，丨策。〔廣韻・虞部〕○丨，帆張也。〔集韻・講部〕○〔說文定聲・卷八〕丨，今糧艘以蓆席為帆是也。〔說文〕「丨，棒雙也」。

䀠 丨，怒而衺視。〔說文〕「丨，目衺也」義證。○丨，怒貌也。(同上)義證引〔九經字樣〕。○丨與爽奭同意，皆从大會意。(同上)段注。

㡏 丨，裂繒。〔廣韻・虞部〕○裂繒曰丨。〔集韻・虞部〕又〔說文〕「丨，正耑裂也」義證引〔五音集韻〕。○丨謂隨幅而裂之也。〔說文〕「丨，正端裂」繫傳。○〔說文定聲・卷八〕衣之正褍裂曰丨，字亦作輸。〔廣雅・釋詁三〕「輸，餘也」。○丨，裁殘帛也。〔廣韻・遇部〕○丨，帛邊也，漢製以為關門符信。〔說文〕「丨，正耑裂也」義證引〔類篇〕。○輸、丨、緰三字並音俞，其義同也。〔廣雅・釋詁三〕「輸，餘也」疏證。

橾 車轂中曰丨，通作藪。〔集韻・厚部〕○車轂空謂之丨。〔集韻・虞部〕○轂中空曰丨。〔說文〕「轂，輻所湊也」段注。○丨，車轂中貫軸處也。〔說文〕「丨，車轂中空也」繫傳。○輻所趨之空曰丨。〔說文定聲・卷八〕引程瑤田。(「轂」下)○丨，〔周禮〕作藪，假借也。〔說文〕「丨，車轂中空也」繫傳。○〔說文定聲・卷七〕丨，以藪為之。〔考工・輪人〕「以轂圍之防梢其藪」。

匍 丨，丨匐。〔廣韻・模部〕○丨匐，伏地也。〔國策・秦策一〕「蛇行丨伏」鮑注。○丨匐，手足並行也。〔詩・生民〕「誕實丨匐」朱傳。○丨匐，手足並行，急遽之甚也。〔詩・谷風〕「丨匐救之」朱傳。○丨匐，猶黽勉也。〔詩・谷風〕「丨匐救之」陳疏。○丨匐，人雖長大，及其求事盡力之勤，猶亦稱之。〔說文〕「匐，伏地也」段注。○丨匐、蒲伏、扶伏、扶服，並字異而義同。〔廣雅・釋詁三〕「匍，伏也」疏證。○丨，猶捕也。〔詩・生民〕「誕實丨匐」陳疏。○丨，猶捕也，藉索可執取之言也。〔說文〕「匐，伏地也」段注。○今蘇俗以手撫摩曰丨，音如蒲。〔說文定聲・卷九〕○丨匐，又作扶伏。〔詩・谷風〕「丨匐救之」通釋。又〔說文〕「丨，手行也」義證。○魯、齊丨匐作扶服。〔詩・谷風〕「丨匐救之」集疏。○丨匐，又作蒲服。〔詩・谷風〕「丨匐救之」通釋。又〔說文〕「丨，手行也」義證。○丨匐，通作蒲伏。〔說文〕「丨，手行也」義證。○丨匐，或作蒲伏、扶服、蒲服。(同上)句讀。

𪕽 𪖈丨，似猨身，白腰，手有長白毛，善超坂絕巖也，亦作𪕾。〔廣韻・模部〕

𪕾 𪖈丨，鼠也，黑身白腰。〔說文〕「丨，斬丨鼠」義證引〔玉篇〕。○其字或作蟖胡，或作𪖈胡，或作𪖈猢，或作𪖈𪕽。〔說文〕「丨，斬丨鼠」段注。

泒 丨水在雁門。〔廣韻・模部〕○丨，字亦作滹，即滹池水之上源，出今山西代州繁峙縣泰戲山，即武夫山，古亦作戍夫山，亦名丨阜山。〔說文定聲・卷九〕

嫴 丨，凡事之估計豫圖耳。〔說文〕「丨，保任也」段注。○丨，苟且也。〔說文〕「夃，秦以市買多得為夃」義證引〔玉篇〕。○丨與保同義。〔說文〕「丨，保任也」段注。○丨，若律令傷人保丨也。〔說文〕「丨，保任也」繫傳。○丨榷，猶揚搉也。〔廣雅・釋訓〕「丨榷，都凡也」疏證。○酤榷、辜較，並與丨榷同。(同上)○〔說文定聲・卷九〕丨，假借為賈。〔廣雅・釋言〕「丨，榷也」。○(同上)丨，假借為夃。〔廣雅・釋詁三〕「丨，且也」。○(同上)丨，字亦作萿。〔廣雅・釋言〕「萿，括也」。○丨，通作姑。〔廣雅・釋詁三〕「丨，且也」疏證。○丨，通作辜。〔說文〕「丨，保任也」義證。○丨亦省作辜。(同上)句讀。○丨，今律有保辜，字以辜為之。〔說文定聲・卷九〕

𦞙 丨，丨脯。〔廣韻・模部〕○丨，丨膊，大脯也。〔集韻・模部〕

瓳 丨，甒丨。〔廣韻・模部〕○丨，甂甋也。〔廣韻・模部〕引〔博雅〕。

𧝄 丨，丨袮。〔廣韻・模部〕○丨，衣袖也，或書作裋。〔集韻・模部〕○胡與丨通。〔廣雅・釋器〕「袺謂之丨」疏證。○丨，字或作裋，通作胡。〔廣雅・釋器〕「裋，袖也」疏證。

𦨣 丨鄖即辜穰。〔通雅・卷七〕○丨鄖即磔攘。〔漢書・地理志〕「越巫丨鄖祠三所」補注引劉台拱。○丨，當是殆之訛。(同上)補注引錢大昕。

𧇥 丨，丨息，〔禮記〕作姑。〔廣韻・模部〕○丨，息也。丨息即姑息，亦即姑且，又即苟且，皆率略偷安之義。〔釋詁〕「苦，息也」郝疏。○姑與丨通。〔廣雅・釋詁二〕「丨，息也」疏證。

**酴** 丨，酒名。〔廣韻・模部〕〇丨亦酒名，所謂丨醾。〔説文〕「丨，酒母也」義證。〇丨，今之酵也。(同上)段注。又〔説文定聲・卷九〕。〇丨，蓋酒之初和頭也。〔説文〕「丨，酒母也」繫傳。〇丨，或作爐。〔説文〕「丨，讀若盧」義證。

**⿰牛余** 丨，黄牛虎文。〔廣韻・模部〕〇牛有虎文，謂之丨。〔左傳宣公四年〕「謂虎於菟」疏證引王引之。〇䖘與丨聲義並同。〔廣雅・釋獸〕「於䖘，虎也」疏證。

**涂** 丨，舒也，言陽雖微氣漸舒也。〔釋天〕「十二月為丨」郝疏。〇〔説文定聲・卷九〕丨，徐安行也。〔周憬功勳銘〕「行旅語于丨陸」。〇丨，猶術。〔墨子・非命上〕「心丨之辟」閒詁引畢沅。〇丨，水名，在益州。〔廣韻・模部〕〇〔説文定聲・卷九〕丨，假借為茶。〔廣雅・釋詁三〕「丨，害也」。〇(同上)丨，假借為塗，為途，實為徐。〔周禮・司險〕「五溝五丨」。〇(同上)丨，假借為杇。〔説文〕「杇，所以丨也」。〇(同上)丨，假借為污。〔禮記・内則〕「丨皆乾擘之」。〇丨，讀為除。〔荀子・禮論〕「齋戒脩丨」集解引王念孫。〇丨塗同。〔墨子・迎敵祠〕「皆為之丨菌」閒詁引蘇時學。〇丨與塗同。〔漢書・司馬相如傳〕「其土則丹青赭堊」補注。又〔漢書〕「侯意」雜志。〇丨與滁同。〔文選・奏彈曹景宗〕集釋引〔集韻〕。〇丨，讀同敷。〔詩・七月〕「塞向墐户」陳疏。〇丨，音除。〔文選・奏彈曹景宗〕集釋引〔困學紀聞〕。〇丨塗古今字。〔説文〕「塗，丨也」段注。〇古道塗、塗墍字皆作丨。〔説文〕「丨，从水余聲」段注。〇丨，〔周禮〕書塗路字如此。〔説文〕「丨，水出益州牧南山西北入澠」繫傳。〇丨，俗作塗，又作搽。〔説文〕「錯，金丨也」段注。〇丨者，古本作茶。〔釋天〕「十二月為丨」郝疏。

**⿰屠阝** 丨，鄉名。〔廣韻・模部〕〇〔説文定聲・卷九〕丨，在今陝西同州府郃陽縣。〔説文〕「丨，左馮翊丨陽亭」。〇(同上)丨，以屠為之。〔詩・韓奕〕「出宿于丨」。〇丨，通作屠。〔説文〕「丨，左馮翊丨陽亭」義證。

**捈** 丨，丨引。〔廣韻・模部〕〇丨，臥引。(同上)〇丨，臥引也。〔説文〕「臾，束縛捽抴為臾曳」段注。〇丨者，横引之。〔説文〕「厂，抴也」段注。〇〔説文定聲・卷九〕丨，謂横引之。〔説文〕「丨，臥引也」。〇(同上)丨，假借為斜。〔廣雅・釋詁二〕「丨，抒也」。〇(同上)丨，假借為筡。〔廣雅・釋詁四〕「丨，鋭也」。〇(同上)丨，字亦誤作梌。〔玉篇〕「梌，刺木也」。

**⿰余阝** 丨，地名。〔廣韻・魚部〕〇丨，下邑，地名。〔廣韻・模部〕〇丨，古音涂，今音徐。〔説文〕「丨，邾下邑地」繫傳。〇〔説文定聲・卷九〕丨，作徐。〔書・費誓〕「淮夷徐戎」。

**筡** 丨與捈通。〔廣雅・釋詁四〕「丨，鋭也」疏證。〇丨筤皆析竹之名。〔釋草〕郝疏。〇丨，筤也，篾也，筠也，實一物也。〔方言一三〕「丨，析也」箋疏。

**嘑** 謼呼丨音義同。〔釋言〕「號，謼也」邵正義。〇〔説文定聲・卷九〕丨爾，猶呼爾，咄啐之皃也。〔孟子〕「丨爾而與之」。〇呼與丨通，呼是怒聲。〔孟子・告子上〕「丨爾而與之」焦正義。〇虖、丨、謼、⿰言乎並通，亦通作呼。〔廣雅・釋詁二〕「⿰言乎，鳴也」疏證。〇丨呼字同。〔墨子・兼愛中〕「丨池之竇」閒詁。〇丨，或作謼。〔説文〕「丨，號也」段注。〇丨，各本作呼。〔説文〕「嚻，丨也」段注。〇丨，各本譌呼。〔説文〕「嚻，一曰大丨也」段注。

**⿰言乎** 丨者，召也。〔説文〕「招，手丨也」段注。〇丨，唤也。〔廣韻・模部〕〇虖、嘑、謼、丨並通，亦通作呼。〔廣雅・釋詁二〕「丨，鳴也」疏證。〇丨，經典借呼字。〔説文〕「丨，召也」義證。〇丨，又借嘑字。(同上)〇〔説文定聲・卷九〕丨，假借為嘑。〔廣雅・釋詁二〕「丨，鳴也」。〇(同上)丨，以呼為之。〔檀弓〕「平公呼而進之曰蕢」。〇丨者，召也，今字作呼。〔説文〕「寣，一曰河内相丨也」段注。〇後人以呼代之，呼行而丨廢。〔説文〕「丨，召也」段注。〇丨，各本作呼。〔説文〕「招，手丨也」段注。〇丨靈當為呼虛，呼虛謂閒隙虛曠之地。〔墨子・耕柱〕「丨靈數千」閒詁。

**歑** 丨，温吹氣息也。〔廣韻・模部〕〇丨，出氣息也。〔説文〕「丨，温吹也」義證引〔玉篇〕。〇出曰丨。(同上)〇丨與嘘意近，或通作吁。〔説文〕「丨，温吹也」句讀。〇〔説文定聲・卷九〕丨，以吁為之。〔書大傳〕「吁荼萬物」。〇丨，通作吁。〔説文〕「丨，温吹也」義證。

**虍** 丨，象文章屈曲也。〔説文〕「丨，虎文也」繫傳。〇於䖘與丨，聲近而義同，單言之則為丨，重言之則為於䖘耳。〔廣雅・釋獸〕「於䖘，虎也」疏證。

**雐** 丨，鳥名。〔廣韻・模部〕

**⿰鬼虎** 丨，鬼兒。〔廣韻・模部〕

**浯** 丨，水名。〔廣韻・模部〕〇丨水，出今山東沂州府莒州壺山亦曰巨平山，至安邱縣東南入濰。〔説文定聲・卷九〕〇丨，假借為梧。(同上)〇壺、丨同音變字也。〔漢書・地理志〕「壺山，丨水所出，東北入淮」補注。

**⿰酉俞** 醔丨，醬也。〔廣韻・模部〕〇〔説文定聲・卷八〕丨，謂榆醬。〔説文〕「丨，醔丨也」。

**蒤** 丨，茅針也。〔釋艸〕「丨，委葉」鄭注。〇丨，音涂。〔釋艸〕「丨，虎杖」鄭注。〇丨，當作茶。〔釋草〕「丨，委葉」郝疏。

**䖘** 烏丨，楚謂虎也。〔廣韻・模部〕〇丨與⿰牛余聲義並同。〔廣雅・釋獸〕「於丨，虎也」疏證。

**滹** 丨池，水名，〔周禮〕作虖池。〔廣韻・模部〕〇丨，通作虖。〔集韻・模部〕

**菩** 丨，草名，似艾。〔廣韻・模部〕〇丨，草，似艾。〔説文定聲・卷九〕〇梧楸蓋許所見作丨蕭。〔説文〕「丨，艸也，〔楚詞〕有丨蕭」段注。

**娪** 丨，美女。〔廣韻・模部〕〇吳人謂女為丨。〔集韻・魚部〕

**攎** 丨丨，斂。〔廣韻・模部〕〇攄、丨、臚，聲並相近。〔廣雅・釋詁一〕「攄，張也」疏證。〇丨，一曰引也，斂也。〔集韻・模部〕

黸 一，黑甚。〔廣韻・模部〕○一、壚、盧、玈、瀘，義並同也。〔廣雅・釋器〕「一，黑也」疏證。○一盧古通用。〔方言二〕注「一，黑也」疏證。○一，經傳或借盧為之。〔說文〕「一，齊謂黑為一」段注。○一，經傳或借旅為之。（同上）○一，亦借旅字。〔說文〕「一，齊謂黑為一」句讀。○一，假字當作旅。〔左傳僖公二八年〕「玈弓矢千」疏證引李貽德。○一借旅字。〔說文〕「一，齊謂黑為一」繫傳。○一，或通作盧。（同上）義證。○一，經傳皆以盧為之。〔說文定聲・卷九〕○一，省字當作盧。〔左傳僖公二八年〕「玈弓矢千」疏證引李貽德。○一，字又作玈。〔說文〕「一，齊謂黑為一」義證。○〔說文定聲・卷九〕一，俗字作矑。〔方言三〕「一，瞳之子謂之䁖」。

鬛 一，一鬛。〔廣韻・模部〕○一，鬛也。〔集韻・魚部〕又〔本草・卷三五〕。

盧 一，飯器。〔廣韻・模部〕○一，通作盧。〔說文〕「一，甑也」義證。○一，或作壚。（同上）○一，瓬也。〔廣韻・模部〕

虛 一同盧。〔廣韻・模部〕

獹 韓一，犬名。〔廣韻・模部〕○一，通作盧。〔廣雅・釋獸〕「韓一」疏證。

蠦 一蜰，一名蜚，又名蠦蠜。〔廣韻・模部〕○一，蜚一，蟲名，蜰也。〔集韻・模部〕

殂 一，死也。〔廣韻・模部〕○一，若言有所往也。〔說文〕「一，往死也」繫傳。○一之言退也，退，往也。（同上）段注。○一之言徂也，徂，往也。（同上）句讀。○一與徂通，亦通作且。〔方言一〕「徂，往也」箋疏。○一，通作徂。〔說文〕「一，往死也」義證。○一，今作徂。（同上）段注引〔玉篇〕。

嗚 一，一呼。〔廣韻・模部〕○一呼，歎辭。〔論語・八佾〕「一呼」朱注。○一，俗字，古止作烏。〔荀子・儒效〕「一呼而莫之能應」集解引郝懿行。○一呼，〔熹平石經〕作於戲。〔書・盤庚〕「一呼，今予告汝不易」孫疏。又〔立政〕「一呼，孺子王矣」孫疏。○〔熹平石經〕一呼作於戲，今文也。〔書・無逸〕注「一呼，一作於戲」孫疏。○一呼，〔潛夫論・述赦〕引作於戲，今文俱如是。〔書・康誥〕注「一呼一作於戲」孫疏。○一呼作於戲者，今文皆如是。〔書・召誥〕注「一呼一作於戲」孫疏。○一，歎傷也。〔集韻・莫部〕

歍 一，口相就也。〔廣韻・模部〕○一唈，即於悒，或作嗚唈，亦作嗚咽。〔釋言〕「僾，唈也」郝疏。○〔說文定聲・卷九〕一唈，或作於邑、怏悒。〔淮南・覽冥〕「一唈流涕」。○〔通雅・卷四〕一欽，猶一歔也。〔伯牙水仙操〕「一欽傷宮仙不還」。○一，與散略同，字亦作嗚。〔說文定聲・卷九〕

弙 一，滿挽弓，有所向。〔廣韻・模部〕○滿而審所向曰一。〔說文定聲・卷一六〕（「引」下）○一與扜聲義相近。〔廣雅・釋詁四〕「扜，揚也」疏證。○一與扜聲義並相近。〔方言一二〕「扜，揚也」箋疏。○盱與一亦同義。〔廣雅・釋詁一〕「一，張也」疏證。○一、扜，古聲並與抓同。〔廣雅・釋詁二〕「抓，引也」疏證。○扜與一通。〔廣雅・釋詁一〕「一，張也」疏證。○一，通作扜。〔說文〕「一，滿弓有所鄉也」義證。

捬 一，敷也。〔慧琳音義・卷九九〕引〔字書〕。○一，敷也，謂敷舒之也，今作鋪。〔卷六四〕引〔字書〕。○一，敷舒也，或作鋪。〔卷九九〕引顧野王。○一，展舒也，又布也。〔廣韻・模部〕○〔說文定聲・卷九〕一，假借為敷。〔廣雅・釋詁三〕「一，布也」。○（同上）一，假借為溥。〔漢書・中山靖王勝傳〕「塵埃一覆」。○（同上）一，假借為搏。〔廣雅・釋詁三〕「一，擊也」。○（同上）一，假借為刳。〔易・繫辭傳〕「挎木為舟」。○（同上）一，字亦作挎。〔儀禮・鄉飲酒禮〕「挎越內弦」。○一與鋪字同。〔廣雅・釋詁三〕「一，布也」疏證。

殆 一，一瘁。〔廣韻・模部〕○一，乾。〔說文〕「一，枯也」義證引〔玉篇〕。又〔說文〕「磔，辜也」義證引〔玉篇〕。○一，骨肉乾也。〔慧琳音義・卷七〕○一，一曰鴰也。〔集韻・模部〕○一同辜，磔也。〔說文〕「一，枯也」段注。○〔說文定聲・卷九〕一，以辜為之。〔周禮・掌戮〕「殺王之親者辜之」。○一，通作辜。〔說文〕「磔，辜也」義證。○一，字或作胋。〔說文〕「一，枯也」義證。

螐 一蠋，蟲也，大如指，白色。〔廣韻・模部〕○一蠋，蟲名，似蠶，通作烏。〔集韻・模部〕

陠 一，衺也。〔廣韻・模部〕又〔集韻・模部〕。○一同庯，屋上平。〔廣韻・模部〕○一，舍下也。〔集韻・莫部〕

峬 一峭，好形皃。〔廣韻・模部〕引〔字林〕。○一峭，好皃。〔集韻・模部〕○一即庯之隸變。〔說文〕「庯，石閒見也」段注。

軲 一，車也。〔廣韻・模部〕○一，又山名。（同上）○一，一曰輅一，車名。〔集韻・模部〕

挎 一，空也，坼也。〔廣韻・模部〕○一，除也，與刳相近。〔方言一二〕「刳，狄也」箋疏。○刳、一、辜、枯，義並相近。〔廣雅・釋詁三〕「刳，屠也」疏證。○一，亦作刳。〔易・繫下〕「刳木為舟」李疏。○一，持也。〔集韻・模部〕

橭 一，木名。〔廣韻・模部〕○牡一，木名，山榆也，一曰一梚，木枝四布，通作枯。〔集韻・模部〕○一，木四布也。〔廣韻・模部〕○一者，木枝四垂布也。〔慧琳音義・卷一二〕引〔韻詮〕。

蘼 一，草履。〔廣韻・姥部〕○一，即〔周禮〕之疏屨也。〔說文定聲・卷九〕（「麤」下）○一，以蘪蒯為之，不借之類。〔卷九〕

悇 一，樂也。〔集韻・魚部〕○一，苦憂也。〔集韻・模部〕○一憛，憂愁貌也。〔楚辭・謬諫〕「心一憛而煩冤兮」章句。○予、余通借，故一變為忬。〔說文〕「悆，喜也」義證。

㥥 〔說文定聲・卷八〕一，以虞為之。〔太玄・玄瑩〕「古者不𨕥不虞」。○一與娛同。〔說文〕「一，懽也」義證。○一字與娛同。〔說文〕「一，懽也」句讀。

眗　｜，日出温也。〔集韻・虞部〕〇｜與火部煦義略同。〔説文〕「｜，日出昷也」段注。〇煦｜義相近。〔廣雅・釋詁二〕「煦，爇也」疏證。〇｜煦古通用。〔説文〕「煦，一曰赤皃」段注。〇｜乃惸之訛。〔史記・高祖功臣侯者年表〕「康侯｜獨」志疑。〇｜衍，俗譌作朐衍。〔説文〕「｜，北地有｜衍縣」段注。

篘　｜，今蘇俗亦謂飯筥曰｜箕，箕者，筥之音轉。〔説文定聲・卷七〕〇｜，字或作筲。〔説文〕「｜，飯筥也」義證。

袾　｜，詛也。〔廣韻・遇部〕又〔集韻・虞部〕。〇｜，祝也。〔廣韻・遇部〕〇咒、｜一聲之轉。〔廣雅・釋言〕「｜，詛也」疏證。

貘　｜，獸名。〔集韻・模部〕〇｜，白豹。〔文選・吴都賦〕「俯蹴豻｜」注引〔爾雅〕。〇｜，白豹也。〔同上〕集釋引〔史記〕集解。〇｜，或曰豹白色者，别名貘。〔同上〕集釋引〔爾雅〕注。〇｜，〔上林賦〕與今〔爾雅〕俱作貘。〔同上〕集釋。

䵫　䴸、｜，字並與粘同。〔廣雅・釋器〕「粘，饘也」疏證。〇｜，又借粘字。〔説文〕「｜，鍵也」義證。〇｜，經典借䴸字。〔同上〕〇〔説文定聲・卷九〕｜，以䴸為之。〔釋言〕「䴸，饘也」。〇｜，〔釋言〕䴸饘也，當作此字。〔説文〕「｜，鍵也」段注。

夃　古者以買物多得為｜。〔説文〕「盈，滿器也」繫傳。〇｜，益多之義也。〔同上〕〇〔説文定聲・卷一七〕｜，猶多也。〔説文〕「盈，滿器也」。〇｜，義本訓多得，反之則為少略。〔詩・卷耳〕「不盈傾筐」後箋。〇｜，作姑作嫴，皆假借字。〔同上〕〇｜者，姑之假借字。〔説文〕「｜，秦人市買多得為｜」段注。〇｜，此字當訓姑且之詞，經傳皆以姑為之。〔説文定聲・卷九〕。〇｜，以沽為之。〔同上〕〇｜，凡姑且字正當作｜，蓋姑且者，少略之辭。〔詩・卷耳〕「不盈傾筐」後箋。〇｜，今〔詩〕作姑。〔説文〕「｜，秦以市買多得為｜」繫傳。〇｜酌，今〔毛詩〕作姑酌。〔説文〕「詩曰我｜酌彼金罍」段注。

穿　｜洝，卑下也。〔集韻・模部〕

菇　｜，當為沽，或當為苦。〔廣雅・釋言〕「｜，格也」疏證。

䣝　｜，賭勝曰｜。〔集韻・模部〕〇｜，賭勝。〔廣韻・模部〕引〔新字林〕。

韄　牛牽舟謂之｜。〔集韻・模部〕〇｜，折皮具，牛牽船。〔廣韻・模部〕

鱄　｜，｜鮬魚，一名江豚。〔説文〕「鮬，魚名」義證引〔玉篇〕。〇｜鮬之轉語為鮬鯆。〔廣雅・釋魚〕「｜鮬，鮬也」疏證。〇｜同鯆。〔廣韻・模部〕

胕　｜，肺｜心膂。〔廣韻・遇部〕〇｜，腐也。〔太素・諸風數類〕「營氣熱｜」楊注。〇｜，檢義當腐，寒勝肉熱，肉當腐。〔太素・陰陽〕「寒勝則｜」楊注。〇府、｜、府並通。〔廣雅・釋詁二〕「府，病也」疏證。〇｜，當作肤，與膚同。〔國策・楚策四〕「尾湛｜潰」鮑注。〇｜，腫也。〔集韻・虞部〕

跿　｜猶下文｜裎，此謂徒跣。〔國策・韓策一〕「｜跔科頭」補正。〇｜跔，跣也，或从徒。〔集韻・模部〕〇｜跔音徒俱，跳躍也。〔國策・韓策〕「虎摯」雜志。〇｜音徒。〔國策・韓策一〕「｜跔科頭」鮑注。〇〔通雅・卷一八〕｜跔即徒跔，拍張嗔拳之，飛脚縣腿也。〔史記・張儀傳〕「虎賁之士，｜跔科頭」。

雩　｜，艸木盛大皃。〔集韻・虞部〕〇｜，假借為華。〔説文定聲・卷九〕〇｜，字亦作蘤，俗作花，亦艸木之通名，經傳皆以華為之。〔同上〕〇｜，字亦作咵。〔同上〕〇今字花行而｜廢。〔説文〕「｜，艸木華也」段注。

㚜　｜，般冠名。〔廣韻・虞部〕

䣁　｜，除田草刃。〔集韻・模部〕

勴　｜，助也。〔集韻・模部〕

獁　｜，鄉名。〔廣韻・虞部〕

𦙶　｜，脯名。〔廣韻・虞部〕

嗏　｜，吐也。〔集韻・模部〕

啝　｜讀若諏，與嗾聲相近。〔左傳宣公二年〕「公嗾夫獒焉」疏證引臧琳。〇｜即嗾字。〔同上〕

嘏　｜，咽喉也。〔集韻・模部〕

嘝　｜，叱聲。〔集韻・虞部〕

嗦　｜，艸名，生水中。〔集韻・模部〕

嚅　囁｜，多言。〔廣韻・虞部〕

嚧　｜，呼豬聲也。〔廣韻・模部〕

圬　｜杇古字通。〔左傳襄公三一年〕「｜人以時」洪詁。〇｜，同杇，泥鏝。〔廣韻・模部〕

塗　｜、除聲義亦通，謂除道也。〔墨子・節葬下〕「必捶｜」閒詁。〇｜，當為涂。〔同上〕閒詁引畢沅。

塢　｜，古城也。〔慧琳音義・卷八九〕引〔字統〕。〇｜，小城壁也。〔卷九〇〕引〔文字集略〕。〇崇峻兩丘中間名之為｜。〔卷九〇〕〇｜，同隖。〔廣韻・姥部〕〇｜，小障也。〔通鑑・漢紀三四〕「起｜侯」音注。〇｜，野聚也。〔集韻・莫部〕

姇　｜，貪皃。〔集韻・虞部〕

⿰女殳　—與姝音義皆同。〔説文〕「—，好也」段注。〇袾、姝、—，並字異而義同。〔廣雅·釋詁一〕「袾，好也」疏證。〇—，今作姝。〔説文〕「—，好也」句讀。〇〔説文定聲·卷八〕—，當為姝之或體。〔詩〕「静女其—」。〇—，今〔詩〕作姝。〔説文〕「—，好也」繫傳。

⿱殳女　—，—悦。〔廣韻·虞部〕〇—，美色。〔集韻·虞部〕

⿰女甫　—，女字。〔集韻·模部〕

媮　—，靡也，又音偷。〔廣韻·虞部〕

媩　—，女字，或从乎。〔集韻·模部〕

⿰女斿　—，女字。〔集韻·虞部〕

孵　—，卵化。〔廣韻·虞部〕

⿱日山　—，山節也。〔集韻·虞部〕

⿱田山　—即隅之異文。〔説文〕「—，陬隅，高山之節也」句讀。

岣　—，—嶁，衡山别名。〔廣韻·虞部〕又〔集韻·虞部〕。〇—嶁，本作句婁，人句婁，謂其形也，因之龜有句婁，山有句婁，言其背高也。〔通雅·卷八〕

峹　—，山名。〔廣韻·模部〕

峿　區—，山名。〔廣韻·模部〕

⿰山取　—，—嵎。〔廣韻·虞部〕〇—，—嵎，高厓也。〔集韻·虞部〕〇—，一曰山石相向皃。〔同上〕

嵛　—，—次山，在雁門。〔廣韻·虞部〕

⿰山雩　—，山名。〔廣韻·模部〕

繻　—，頭—。〔廣韻·虞部〕〇—，繒頭也。〔通鑑·唐紀七〇〕「處存令軍士繫白—為號」音注。

庩　庯—，屋不平也。〔廣韻·模部〕

庯　—，屋上平。〔廣韻·模部〕〇—庩，屋不平。〔集韻·模部〕〇—庩，猶坡陀，山勢淩遲曰坡陀，屋勢淩遲曰—庩。〔義府·卷下〕

⿸广俞　—，行圊。〔集韻·虞部〕〇—，行圊也。〔説文〕「械，械窬，褻器也」義證引〔玉篇〕。〇—，木槽也。〔同上〕又〔説文〕「窬，一曰空中也」段注引〔玉篇〕。〇—與牏古通用。〔説文〕「窬，一曰空中也」段注。〇—者，窬之或體。〔同上〕

廜　—⿸广穌，草菴。〔廣韻·模部〕〇屋平曰—⿸广穌。〔廣韻·模部〕引〔通俗文〕。

⿸广歈　邪—，舉手相弄，或作⿸广歈歈。〔廣韻·虞部〕

⿸广瞿　—，倉也。〔集韻·虞部〕

⿰彳俞　—，行皃。〔廣韻·虞部〕

忂　—，此與足部躍音義同。〔説文〕「—，行皃」段注。〇—與躍同。〔同上〕句讀。

懯　—與忖同。〔方言一〇〕注「懯忖，急性也」箋疏。

憝　—、忖，字異音義同，懯忖，急性也。〔方言一〇〕「憝，惡也」疏證。

憝　—與忖同。〔廣雅·釋詁二〕「嫯，怒也」疏證。〇—，憖—，急速皃。〔集韻·虞部〕

怚　—，心不精也。〔集韻·模部〕〇—，通作粗。〔同上〕

⿰忄臾　—，憂也。〔廣韻·虞部〕

⿰忄冒　—，心明。〔廣韻·虞部〕

悖　—怴，夸誕也。〔集韻·模部〕

⿰朱戈　經典借誅為—。〔説文〕「列，分解也」義證。〇誅，〔集韻〕、〔類篇〕引〔廣雅〕並作—。〔廣雅·釋詁一〕「誅，殺也」疏證。〇—，殺也。一曰戈名。〔集韻·虞部〕

掫　—，擊也。〔廣韻·虞部〕又〔集韻·虞部〕。

搊　—，解也。〔廣韻·虞部〕又〔集韻·虞部〕。

⿰扌穌　—，摸也。〔集韻·模部〕

⿰扌敷　—，張也。〔廣韻·虞部〕〇—，揚也。〔集韻·虞部〕

⿰扌瞿　—疎，枝葉敷布皃。〔集韻·虞部〕

⿰乚攵　—，撫也。〔集韻·虞部〕

敼　敼丨，屋壞。〔廣韻・模部〕

歈　丨，投也。〔集韻・虞部〕

𣀔　丨，敂也。敂音邸。〔廣韻・模部〕○丨，敂丨，欺也。〔集韻・模部〕

鋘　丨，敂也。〔廣韻・模部〕

鋘　丨即也斛。〔通雅・卷四〇〕

晇　丨，日始出兒。〔集韻・模部〕

𣇉　丨，日陰也。〔集韻・模部〕

𣏌　丨，黃丨，木名。〔集韻・模部〕○丨，黃丨木，可染也。〔廣韻・模部〕○丨，亦名黃丨，可染，與榑別。〔說文定聲・卷九〕

梌　丨，木名。〔廣韻・模部〕○丨，刺木也。〔集韻・虞部〕○丨，鋭也。〔廣韻・模部〕

梚　丨，木名，楸也，或作梌。〔集韻・模部〕

槝　丨椑，青柹。〔廣韻・模部〕

𣘻　丨，楸木別名。〔廣韻・模部〕

椨　丨，草木子房。〔廣韻・虞部〕○丨，華萼也。〔集韻・虞部〕○丨，或作柎。〔同上〕

橅　丨，法也。〔集韻・虞部〕○〔字詁〕丨與模同。〔東方朔與公孫宏書〕「何必丨塵而游」。

檽　丨，梁上短木。〔集韻・虞部〕

𣟒　丨，木名。〔廣韻・虞部〕○丨檻，木名，葉如椿。〔集韻・虞部〕

𣜹　丨，木名，可染。〔集韻・模部〕

炊　丨丨，呼犬子也。〔廣韻・虞部〕○丨丨，呼犬子，或作欨，亦書作㹼。〔集韻・虞部〕

𣢯　丨丨，樂。〔廣韻・虞部〕○丨，喜也。〔集韻・模部〕

𡙇　丨，止也。〔集韻・模部〕

殦　丨，爛也，或作殕。〔集韻・模部〕

𡗝　丨，八觚杖也。〔廣韻・虞部〕

毹　丨，毛礫起兒。〔集韻・虞部〕

㴓　丨，汙丨。〔廣韻・虞部〕○丨，污也。〔集韻・虞部〕

𣶂　丨，水名，其中有神古人。〔廣韻・虞部〕

𣽁　丨，虎杖。〔廣韻・模部〕○丨，即紅草之大者。〔釋草〕「丨」郝疏。

𣿅　丨，水名。〔廣韻・虞部〕

𤈿　丨，煮食也。〔集韻・虞部〕○丨，拔器煮食。〔廣韻・虞部〕

爐　丨，火牀。〔廣韻・模部〕引〔玉篇〕。○燈丨，即燈盞也。〔慧琳音義・卷二五〕○丨作鑪。〔史記索隱〕「異文」雜志。

𤖸　丨，一曰橫木渡水。〔集韻・虞部〕○丨膢，遏水版。〔同上〕○丨膢，所以遏水。〔廣韻・虞部〕

膢　𤖸丨，所以遏水。〔廣韻・虞部〕○𤖸丨，遏水版。〔集韻・虞部〕

𤘬　丨，牛玄脣謂之丨。

牾　丨，獸名。〔集韻・模部〕○丨，相逆丨也。〔說文〕「夅，丨也」繫傳。

𤙩　南牛曰丨。〔本草・卷五〇〕

𤛓　丨，黑牛也。〔集韻・虞部〕○黑曰丨。〔本草・卷五〇〕

㹱　丨，犬聲。〔集韻・模部〕

𤟹　丨，丨獳。〔廣韻・虞部〕○丨，獸名。〔集韻・虞部〕

𤞲　丨，猿屬。〔廣韻・模部〕○丨，獸名，如猿，善啼。〔集韻・模部〕

猢　獑丨，獸名，似猨。〔廣韻・模部〕○謂之丨者，俗名猢猻。丨猴聲轉。〔釋獸〕「猶，如麂，善登木」郝疏。

𤢖　丨，豕求子謂之丨，或从豕。〔集韻・虞部〕

玃 丨，博也。〔集韻·虞部〕

玸 丨，玉文。〔廣韻·虞部〕

⿰王余 丨，美玉。〔廣韻·模部〕

⿰王吳 琨丨，美石。〔廣韻·模部〕

⿰王臾 丨，美石次玉。〔廣韻·虞部〕

⿰王尃 丨，玉名。〔廣韻·模部〕

瓐 丨，玉名。〔廣韻·模部〕〇丨之言黸也。〔廣雅·釋地〕「碧丨，玉」疏證。〇盧與丨通。（同上）

瓳 丨，瓜也。〔廣韻·模部〕〇丨，王瓜也。〔集韻·模部〕

⿰吾瓦 丨，甌也。〔集韻·模部〕

⿱⿰毛毛瓦 丨，柔皮。〔廣韻·虞部〕

⿰盧瓦 丨，酒器。〔廣韻·模部〕

⿰由夫 扶與丨通。〔廣雅·釋器〕「丨，畚也」疏證。

⿰由盧 虘、鑪、丨、盧並字異而義同。〔廣雅·釋器〕「鑪，缶也」疏證。

⿸疒付 丨，病腫。〔集韻·虞部〕

⿸疒胡 丨瘦，物在喉中。〔廣韻·模部〕〇丨，一曰物螫也。或作痄。〔集韻·模部〕

瘻 丨痀，傴脊也。〔集韻·虞部〕

⿸疒穌 丨，病也。〔集韻·模部〕

⿸疒盧 丨，癕病。〔集韻·模部〕〇丨，癱類。〔廣韻·模部〕引〔集略〕。

⿰目皮 丨，皮皵惡也。〔廣韻·模部〕〇丨之言麤也。〔廣雅·釋言〕「皸、皵，丨也」疏證。〇腊與皵，麤與丨，並同義。（同上）〇丨、皵一聲之轉。（同上）

盓 盤丨，旋流也。〔廣韻·模部〕〇丨江即烏江。〔通雅·卷一六〕

盬 丨讀如餬。〔左傳僖公二八年〕「丨其腦」疏證引俞樾。〇丨，陳楚謂塩池為丨。〔集韻·模部〕

眗 丨，晡也，一曰屈也。〔廣韻·虞部〕〇〔說文定聲·卷八〕丨，字亦作曉。〔埤蒼〕「丨，目深皃」。〇丨，左右視。〔集韻·虞部〕

⿰目禹 丨，張耳有所聞。〔集韻·虞部〕

⿱眗灬 丨瞜，笑也。〔集韻·虞部〕〇丨瞙，笑皃。〔廣韻·虞部〕

瞜 丨，瞴丨。〔廣韻·虞部〕〇眗丨，笑也。一曰瞴丨，微視。〔集韻·虞部〕

硃 丨研，朱砂。〔廣韻·虞部〕

⿰石臾 丨，石次玉也。〔廣韻·虞部〕〇丨，石名，或作碖。〔集韻·虞部〕

⿰石烏 丨，小嶂。〔集韻·模部〕

⿰石瞿 磫丨，青礪。〔廣韻·虞部〕

⿰礻夫 丨，祭名。〔廣韻·虞部〕

⿰礻吳 丨，福也。〔廣韻·模部〕

禑 丨，福也。〔集韻·虞部〕

⿰禾于 丨，禾不秀。〔集韻·虞部〕

⿰禾夫 里丨，再生稻也。〔廣韻·虞部〕引〔玉篇〕。

秼 丨，詛也。〔廣韻·虞部〕

⿰禾尃 丨，豆⿰禾尃也。〔廣韻·模部〕〇丨，大豆也。一曰穧也。〔集韻·模部〕

⿰禾荼 丨，穗也。〔廣韻·模部〕〇禾穗曰丨。〔集韻·模部〕

⿰立甫 丨，物之端。〔集韻·模部〕

⿱竹泭 橃、⿱竹⿰舟付、丨、泭、柎並同。〔廣雅·釋水〕「⿱竹⿰舟付，筏也」疏證。〇丨、桴、柎並與泭同。〔方言九〕「泭謂之篺」箋疏。

⿱竹捕 丨，以篾束物。〔廣韻·模部〕

笢　｜，黑竹。〔廣韻·虞部〕

箛　｜之言比附也。〔廣雅·釋水〕「｜，筏也」疏證。○檄、｜、箛、泭、柎並同。〔同上〕

篘　｜篚，箭室，又竹名。〔廣韻·模部〕○｜，竹名，或作筟。〔集韻·模部〕

篅　｜箷，小竹網，或作箁。〔集韻·模部〕

篐　｜，竹名。或省作箁。〔集韻·模部〕

篰　｜，竹名。〔廣韻·模部〕又〔集韻·模部〕。

篖　｜，竹笪，沈水取魚之具。〔廣韻·模部〕

篶　｜，篾也。〔集韻·模部〕

篹　｜，魚笱。〔集韻·虞部〕

篺　｜謂小兒學書之觚。〔説文〕「箈，剖竹未去節謂之箈」義證。○｜，稜也。〔廣韻·模部〕又〔集韻·模部〕。○｜，方也，本亦作觚。〔廣韻·模部〕○｜，通作觚。〔廣雅·釋器〕「箈，｜也」疏證。

篾　｜，｜被也。〔廣韻·模部〕引〔韻略〕。

粘　｜之言曼胡也。〔廣雅·釋器〕「｜，饘也」疏證。○餬、鬻字並與｜同。〔同上〕○｜，同黏，黏也。〔廣韻·模部〕

糊　｜，米不精也。〔廣韻·模部〕

糦　｜，粉餌也。或省作糐。〔集韻·虞部〕

結　｜縷，艸名。〔集韻·模部〕

綒　｜，纑罔也。〔集韻·虞部〕

綸　衫｜，帛也。〔廣韻·虞部〕○輸、褕、｜，三字並音俞，其義同也。〔廣雅·釋詁三〕「輸，餘也」疏證。

鈣　｜，汲器。〔集韻·虞部〕

鑪　｜，罍也。〔説文〕「｜，籀文盧，䍦也」義證引〔玉篇〕。○盧、｜、罏、盧，並字異而義同。〔廣雅·釋器〕「｜，缶也」疏證。

罟　此网有四名，罜也，罿也，罬也，｜也。〔説文定聲·卷六〕○｜，或體罦。〔説文〕「｜，覆車也」句讀。○｜，毛本作或體罦。〔説文定聲·卷六〕

罛　｜，雉網也。〔廣韻·虞部〕

翑　｜，飛皃。〔廣韻·虞部〕○｜，同雩。〔同上〕

翓　｜，翩下羽也。〔廣韻·虞部〕○｜，羽也。一曰細毛。〔集韻·虞部〕

翔　｜，飛皃。〔廣韻·虞部〕

耀　｜，耜也。〔集韻·虞部〕○｜，或从木作欋。〔同上〕

胅　｜，望也。〔廣韻·虞部〕○｜，希望也。〔集韻·虞部〕

肫　｜，胍，大腹。〔廣韻·模部〕

胍　｜肫，大腹。〔廣韻·模部〕○今北京呼花莛亦曰｜肫。〔通雅·卷四九〕○關中人以腹大為｜肫，音孤都，俗謂杖頭大者曰｜肫，後訛為骨朵。〔通雅·卷四九〕引宋景文。

艀　｜，船名。〔廣韻·模部〕又〔集韻·模部〕。

芓　｜，草名。〔集韻·模部〕○｜，草多。〔廣韻·模部〕

苦　｜蒢，花皃。〔廣韻·虞部〕又〔集韻·虞部〕。

芦　｜攎，收亂草也。〔廣韻·模部〕○｜攎，收亂艸。〔集韻·模部〕

苔　｜，花盛。〔廣韻·虞部〕

荳　菹｜，似韭。〔廣韻·虞部〕

莁　｜茹，艸名，生下田，可食。〔集韻·模部〕

茢　｜，芋也。〔集韻·虞部〕

蒫　｜茈，艸名，生下田，根可食。〔集韻·虞部〕

葫　｜，菜名，大蒜也。〔集韻·模部〕○｜，大蒜也，張騫使大宛所得之，食之損人目。〔廣韻·模部〕○今人謂｜為大蒜。〔説文〕「蒜，葷菜」義證引〔名

醫別録〕注。○—，—瓜，又草名。〔廣韻・模部〕

萬　—，所以正車輪者。〔集韻・虞部〕

蔦　—藘，荻也。〔廣韻・模部〕○—藘，艸名，荻也。〔集韻・模部〕

蒝　—，草也。〔廣韻・虞部〕○薢—，草名。〔集韻・虞部〕

蒱　—，膊魚。〔廣韻・模部〕○—，亦雉有—肉也。〔同上〕

蒣　—，草名。〔集韻・模部〕

蕦　—，木耳。〔集韻・虞部〕

蘆　—會，藥名。〔廣韻・模部〕

蘟　地—，藥名。〔廣韻・虞部〕

蔌　—，花葉布也。〔廣韻・虞部〕

蘪　—，或作蒦，或作苣。〔廣雅・釋草〕「蕢，—也」疏證。

虖　—，虎吼。〔集韻・虞部〕

虘　—，虎不柔。〔集韻・模部〕

虛　—，飲器也。〔説文〕「䖿，錖也」義證引〔玉篇〕。

虷　—，蛐蜒別名。〔廣韻・虞部〕

蜅　—，蛤—。〔廣韻・模部〕○—，蟲名，蛤也。〔集韻・模部〕○—，小蟹。〔廣雅・釋魚〕「—」疏證。

蜈　—，—蚣。〔廣韻・模部〕

螋　蠷—，蟲。〔廣韻・虞部〕

蝜　—，—作蝓。〔廣雅・釋蟲〕「蠋—，螪蜍也」疏證。

蝐　—，蜂屬。〔集韻・模部〕

蝁　—，甲蟲。〔集韻・模部〕

蠕　蝡—與蠢義同。〔釋詁〕「蠢，動也」郝疏。○—，蟲行皃。〔集韻・虞部〕

蠷　—蝮，蟲。〔廣韻・虞部〕○—蝮，蟲名。〔集韻・虞部〕

衧　—，大掖衣，如婦人袿衣也。〔説文定聲・卷九〕○—，以于為之。〔同上〕

袻　—，大袑衣也。〔廣韻・虞部〕○大袑謂之—。〔集韻・虞部〕

訏　—，詞。〔廣韻・虞部〕

譕　——，誘詞也。〔廣韻・虞部〕又〔集韻・虞部〕。○—與謨同。〔管子・形勢〕「—臣」雜志。

豾　—，變色豆也。〔廣韻・虞部〕○豆變色曰—。〔集韻・虞部〕

豧　—，豕名。〔廣韻・模部〕

貗　—，求子豬也。〔廣韻・虞部〕○牝曰彘，曰豝，曰—。〔本草・卷五〇〕

赮　—，火色。〔廣韻・虞部〕又〔集韻・虞部〕。○—，色墮落，通作渝。〔同上〕○—，渝之或體。〔釋言〕「渝，變也」郝疏。

趀　—，淺渡也。〔集韻・模部〕

趎　—趰，伏也。〔集韻・模部〕○趰—，伏地。〔廣韻・模部〕

跍　—，蹲皃。〔廣韻・模部〕

踌　—，馬蹀跡。〔集韻・模部〕○—，馬蹀跡也。〔廣韻・模部〕

踙　—，足不相過。〔集韻・虞部〕

踞　—，足寒曲也，通作昫。〔集韻・虞部〕

蹵　—跪，夷人屈膝禮。〔集韻・模部〕

軀　—，跛也。〔集韻・虞部〕

迂　—，窻也。〔集韻・虞部〕○窻—，牀也。〔廣韻・虞部〕

醧　丨，宴也。〔廣韻・虞部〕又〔集韻・虞部〕。〇丨，能者飲，不能者止也。〔廣韻・虞部〕〇丨，一曰能飲者飲，不能飲者止。〔集韻・虞部〕

醐　丨，醬也。〔集韻・模部〕〇醵丨，醬也。〔廣韻・模部〕

釪　錞丨，形如鐘，以和鼓。〔廣韻・虞部〕〇芣、丨、鏵、鋘，並字異而義同。〔廣雅・釋器〕「鏵，鋻也」疏證。〇丨，樂器。〔集韻・虞部〕

鉤　丨町，西南夷國名。〔集韻・虞部〕

鍸　丨，黍稷器，夏曰丨，商曰璉，周曰簠，或作鈷，通作瑚。〔集韻・模部〕

鍍　丨，以金飾物。〔廣韻・模部〕

鎢　丨錥，溫器。〔廣韻・模部〕又〔集韻・模部〕。〇丨錥，小釜也。〔說文〕「鎏，器也」義證引〔玉篇〕。

鑺　丨，戟屬，或从戈。〔集韻・虞部〕

⿵門俞　丨，窺也。〔廣韻・虞部〕〇丨，亦闚也。〔慧琳音義・卷七六〕引〔考聲〕。〇丨，小視也。（同上）引〔文字集略〕。

⿰阝句　丨，地名，在河東。〔廣韻・虞部〕

陎　丨婁，縣名。〔廣韻・虞部〕

雽　丨注，雨皃。〔廣韻・虞部〕〇⿱雨鹿丨，暴雨。〔集韻・虞部〕

⿰革余　丨，屧⿰革薄也。〔集韻・模部〕〇⿰革薄丨，屧。〔廣韻・模部〕

⿰革胡　丨箙，箭室。〔集韻・模部〕〇丨，通作箶。（同上）

顬　顳丨，耳前動。〔廣韻・虞部〕〇耳穴動謂之顳丨。〔集韻・虞部〕

頶　丨，牛頷垂也。〔廣韻・模部〕〇丨，又作胡、胋，謂牛頷垂也。〔慧琳音義・卷七〇〕〇丨，頷車。〔集韻・模部〕

⿰吾頁　丨，大頭也。〔集韻・模部〕

颫　丨風，大風。〔廣韻・虞部〕

⿰羽馬　丨，馬左足白。〔廣韻・虞部〕

䮿　丨，馬名。〔廣韻・模部〕又〔集韻・模部〕。

駚　丨，疾也。〔集韻・虞部〕

騟　丨，紫馬。〔廣韻・虞部〕〇丨，馬雜色。〔集韻・虞部〕

⿰馬瞿　丨，馬行也。〔集韻・虞部〕

鬚　丨，正體作須。〔慧琳音義・卷一一〕〇丨，蓮花蘂也。〔卷十六〕

⿰胡鬼　丨，山鬼。〔集韻・模部〕

魱　丨，海魚也，似鯿而大鱗，肥美多鯁。〔集韻・模部〕〇丨魚，即今鰣魚。〔說文〕「鮥，當互也」義證引〔類篇〕。〇當丨，魚名。〔廣韻・模部〕〇今登萊人呼丨鮥魚為何洛魚。「釋魚」「鮥，當丨」郝疏。〇丨音胡。〔釋魚〕「鮥，當丨」鄭注。

鮈　丨⿰魚吳，魚名。〔集韻・虞部〕〇⿰魚吳丨，魚名。〔廣韻・虞部〕

魳　丨，魚名，江豚也。〔集韻・模部〕

鮢　丨，魚名。〔集韻・虞部〕〇丨，似蝦無足。〔廣韻・虞部〕

鯆　丨，魚名，又江豚別名，天欲風則見。〔廣韻・模部〕〇丨䱐，魚名，亦作魳。（同上）

⿰魚吳　丨鮈，魚名，或从吾。〔集韻・模部〕

鰞　丨，丨鰂魚。〔廣韻・模部〕〇丨鰂，又名纜魚，又名墨魚。〔說文〕「鰂，丨鰂，魚名」義證。〇丨，字又作⿰魚吳。（同上）

⿱魚魚　丨，魚之大者。〔集韻・模部〕

鱬　朱丨，魚名，魚身人面。〔廣韻・虞部〕

鱸　丨，魚名。〔廣韻・模部〕

鳧　丨茨，俗所謂蒲薺也，或謂之必薺。〔廣雅・釋草〕「葃菇，水芋，烏芋也」疏證。〇〔通雅・卷四四〕丨茨，或作符訾。〔劉玄傳〕「人掘丨茨而食」。

⿰付鳥　丨，鳥名。〔集韻・虞部〕〇鵸丨，鳥名，三首，六足，六目，三翼。〔廣韻・虞部〕

鴮　丨鸅，鵜鶘別名，俗謂之掏河也。〔廣韻・模部〕

⿰羽鳥　丨，鳥羽。〔廣韻・虞部〕〇丨，鳥左足白，或从朋。〔集韻・虞部〕

𪀚　｜同鼯。〔廣韻・模部〕

鵏　｜，鳥名，鵝也。〔集韻・模部〕○｜豉，鳥。〔廣韻・暮部〕○｜鼓，鳥名。〔廣韻・模部〕

鶜　｜，一曰一宿之鳥。〔集韻・虞部〕○｜鳩，鳥名，鳺鴀也。（同上）○｜鳩，聲轉為鵓鳩，又轉為鵖鳩。〔釋鳥〕「隹其，鳺鴀」郝疏。○｜即夫不之合聲。（同上）

䳶　｜，鳥名，雀屬。〔廣韻・虞部〕

鶘　鵜｜，鳥名。〔廣韻・模部〕○｜夷，即鯸鮧之聲轉，今人謂之河豚者是也。〔廣雅・釋魚〕「鯸鮧，魺也」疏證。○｜，鳥名，沈水食魚。〔集韻・模部〕

鴡　｜，鳥名，或作雕、鵰。〔集韻・虞部〕

鷜　鶔｜，野鵝。〔廣韻・虞部〕

鷡　｜鴽，鳥名。〔廣韻・虞部〕

鸆　｜，鳥似禿鶖。〔廣韻・虞部〕

䴘　｜，鸈｜，一曰姻澤。〔廣韻・虞部〕

䴢　｜，麛也。〔文選・吳都賦〕「翳薈無｜鷚」注引〔説文〕。○｜，鹿子也。〔廣韻・虞部〕○小鹿謂之｜。〔廣雅・釋獸〕「麛，｜也」疏證。○｜之言僂也，亦弱小之稱。（同上）○麌與｜同。〔文選・吳都賦〕「俯就｜鷚」集釋引〔廣雅疏證〕。

麱　｜同麩。〔廣韻・虞部〕

𪍒　｜，麫粘也。〔通鑑・唐紀二二〕「｜心存撫使」音注。

䵖　｜，黏也。〔廣韻・模部〕○｜，粘也。〔説文〕「粘，｜或從米」義證引〔字書〕。○｜，假借為䵚。〔説文定聲・卷九〕○｜，字亦作糊，作𩚵，作粘，作架。（同上）○｜，又作糊。〔説文〕「｜，黏也」義證。○｜，俗作糊。（同上）段注。○｜，俗作𪌉。（同上）義證。○｜，俗作𪌉、糊。（同上）句讀。

鼄　鼅｜，網蟲，亦作蜘蛛。〔廣韻・虞部〕

𪕮　｜，鼠名。〔集韻・模部〕

鼯　｜，似鼠。亦作𪀚。〔廣韻・模部〕○｜，鼠名，似蝙蝠，亦謂之飛生。〔集韻・模部〕

# 續經籍籑詁卷第八

上平聲

## 八　齊

齊　｜，等也。等者，同也。同即如也。〔詩・大叔于田〕「兩服｜首」通釋。又〔墨子・經説上〕「及非｜之及也」閒詁引張惠言。○｜，引申為凡｜等之義。〔説文〕「｜，禾麥吐穗上平也」段注。○｜，同也。〔大戴・千乘〕「百姓｜以嘉善」王詁。又〔離騷〕「｜玉軑而並馳」補注。○｜，所以一之也。〔論語・為政〕「｜之以刑」朱注。○｜，整。〔詩・楚茨〕「既｜既稷」朱傳。○｜者，正也。〔詩・閟宮〕「實始翦商」後箋。○｜，亦正也。〔書・盤庚〕「｜乃位」述聞。○｜，莊。〔詩・思齊〕「思｜大任」朱傳。○｜為｜莊之莊。〔釋言〕「疾、｜，壯也」述聞。○｜，整也，中也，莊也，好也，疾也，等也。〔廣韻・齊部〕○｜，肅也。〔詩・小宛〕「人之｜聖」朱傳。○｜與肅同意。〔國語・楚語〕「｜肅以承之」述聞。○｜，謹慤。〔禮記・少儀〕「｜｜皇皇」集解。○｜，敬貌。〔詩・采蘋〕「有｜季女」朱傳。○｜，嚴敬貌。〔論語・鄉黨〕「必｜如也」劉正義。○壯與｜皆疾也。〔釋言〕「疾、｜，壯也」述聞。○｜字當訓為疾。〔國語・楚語〕「｜肅以承之」述聞。○｜者，壯之疾也。〔釋詁〕「｜，疾也」郝疏。○｜謂速。〔詩・小宛〕「人之｜聖」集疏引王引之。○｜亦遬也。〔禮記・玉藻〕「見所尊者｜遬」述聞。○｜者，智慮之敏也。〔荀子〕「｜明」雜志。又〔詩・小宛〕「人之｜聖」述聞。○｜有明智之義。（同上）通釋。○｜聖，聰明睿智之稱。（同上）述聞。○｜猶明也。〔左傳文公二年〕「子雖｜聖」平議。○｜即㑯。〔説文〕「緁，緶衣也」段注。○｜，衆也。〔説文〕「謳，｜歌也」繫傳。○｜讀曰躋，升也。〔大戴・小辨〕「是故昔者先王學｜大道」王詁。○｜，分量也。〔禮記・王制〕「｜其政」集解。○｜，謂分｜也。〔荀子・樂論〕「皆得其｜焉」集解引郝懿行。○｜謂契好也。〔説文〕「玫，火｜玫瑰也」繫傳。○｜，物之中央也。〔莊子・達生〕「與｜俱入」集釋。○｜，衰，喪服。〔論語・子罕〕「子見｜衰者」朱注。○｜者，緝也。（同上）劉正義。又〔禮記・深衣〕「下｜如權衡以應平」集解。○｜，裳下緝也。〔論語・鄉黨〕「攝｜升堂」劉正義。○｜，裳之下畔也。〔禮記・玉藻〕「縫｜倍要」集解。○｜者，萬物之潔｜也。〔説文繫傳・通論下〕○明｜，絜粢也。〔儀禮・士虞禮〕「明｜」述聞。○｜諧，古志怪之名。〔通雅・卷三〕○｜諧，當作人名為允。〔莊子・逍遥遊〕「｜諧者」集釋引俞樾。○｜斧之字，義取斬斷。〔漢書・王莽傳〕「此經所謂喪其｜斧者也」補注引沈欽韓。○｜等者，不橈減也。〔説文〕「輥，轂｜等貌」段注。○｜猶言列也。〔易・繫上〕「｜小大者存乎卦」平議。○｜蒸，言列饌也。〔通雅・卷三九〕○｜有限節之意。〔釋言〕

「將，一也」郝疏。○一又有和調之意。（同上）○一之為言劑也。（同上）○一與齎義相近。〔廣雅・釋詁〕「齎，好也」疏證。○一與濟聲近義同。〔廣雅・釋訓〕「濟濟，敬也」疏證。○一與資義同。〔釋言〕「將，一也」邵正義。○一通作齎。（同上）○一通作齎。〔釋詁〕「一，疾也」郝疏。○一資通。〔釋詁〕「陟，陞也」郝疏。○一字通作䶒。〔儀禮・士虞禮〕「明一溲酒」述聞。○齋一，慄栗，並通。〔廣雅・釋言〕「齋，慄也」疏證。○一，假借為臍。〔說文定聲・卷一二〕○一，假借為儕。（同上）○一，假借為躋。（同上）○一，假借為劑。（同上）○一，假借為薺。（同上）○一，假借為齋。（同上）○一，假借為薺。（同上）○一，假借為齏。（同上）○一，假借為齎。（同上）○一，假借為齎。（同上）○一，亦假為齋字。〔說文〕「一，禾麥吐穗上平也」段注。○一，古假為臍字。（同上）○一者，䶒之省借。〔詩・甫田〕「以我一明」通釋。○一者，齎之省借。〔詩・采蘋〕「有一季女」通釋。○作一，經典假借字也，作齎者，正字也。〔孟子・滕文公上〕「一疏之服」焦正義引阮元。○一，衣下縫也。（同上）朱注。○一讀為劑。〔淮南〕「一和萬方」雜志。○一讀為濟。〔管子・宙合〕「而無一其欲」平議。又〔霸言〕「則天下之兵可一」平議。又〔荀子・儒效〕「然而明不能一法教之所不及」平議。○一當讀為濟。〔詩・長發〕「至于湯一」平議。又〔大戴・小辨〕「昔者先王學一大道以觀於政」平議。○一當讀為醮。〔禮記・郊特牲〕「壹與之一」述聞。又〔荀子・禮論〕「大昏之未發一也」集解。又〔同上〕平議。又〔大戴・禮三本〕「大昏之未發一也」平議。○一當讀為資。〔字詁〕○一讀曰躋。〔大戴・小辨〕「是故昔者先王學一大道」王詁。○一讀曰齋。〔漢書・宣帝紀〕「就一宗正府」補注引錢大昭。又〔賈山傳〕「一嚴之色」補注。○一聲轉為捷。〔釋詁〕「一，疾也」郝疏。○一僉一聲之轉。〔釋詁〕「僉，皆也」郝疏。○一婧一聲之轉。〔方言一〇〕「婧，好也」箋疏。○一佌一聲之轉。〔管子・事語〕「一諸侯方百里」平議。○一讀若劑。〔晏子春秋〕「嗛一」雜志。○一讀如「天子方懠」之懠。〔離騷〕「反信讒而一怒」戴注。○一為粢盛之粢。〔儀禮・士虞禮〕「明一溲酒」述聞。○一與粢同。〔詩・甫田〕「以我一明」朱傳。○整、齏、一，字並同。〔廣雅・釋器〕「整，菹也」疏證。○明齏與明一同。〔儀禮・士虞禮〕「明一」述聞。○一當為醮。〔大戴・禮三本〕「大昏之未發一也」王詁。○一當為躋。〔荀子・禮論〕「祭一大羹」平議。○一當為其。〔韓子・說林上〕「一實利」集解。○一當作濟。〔漢書・王子侯表〕「為一王」補注。○〔玉篇〕引〔左傳〕作臍，臍俗字，當作一。〔左傳莊公六年〕「後君噬一」洪詁。○一，本作齎。〔字詁〕○一，本作薺。（同上）○一，本作劑。（同上）○一，本作躋。（同上）○一，本作䶒。（同上）○一，本又作䶒。〔詩・甫田〕「以我一明」陳疏。○少一，諸本作少姜。〔左傳昭公三年〕「少一有寵而死」洪詁。○采一，〔新書〕作采薺。〔漢書・賈誼傳〕「步中采一」補注。○采一，〔大戴禮〕作采茨。（同上）○一，〔玉篇〕引作臍。〔左傳莊公六年〕「後君噬一」疏證。○一，韓作齎。〔詩・采蘋〕「有一季女」集疏。○一，〔玉篇〕引作齎。（同上）後箋。

**亝**　古本齊作一。〔漢書・董仲舒傳〕「是以孔子在一而聞韶也」、「有治亂之所生，故不一也」、「一之以刑」補注引宋祁。○一同齊。〔集韻・齊部〕

**蠐**　一，一螬蟲。〔廣韻・齊部〕○一螬，糞中蟲也。〔慧琳音義・卷六二〕○一螬與蟦螬同。〔方言一一〕「蟦螬謂之蟦」箋疏。

**齍**　一，一螬。〔廣韻・脂部〕○一螬，此在糞土中者。〔說文定聲・卷一二〕○一與蠐同。〔詩・碩人〕「領如蝤蠐」陳疏。○一，字亦作蟦。〔說文定聲・卷一二〕

**臍**　一，膍一。〔廣韻・齊部〕○當腹之中曰一。〔慧琳音義・卷一二〕○一，中也，四方並湊者也。〔說文〕「齎，肶齎也」義證引宋均。○凡居中曰一。（同上）段注。○一俗字，當作齊。〔左傳莊公六年〕「後君噬齊」疏證引洪亮吉。○一亦臍字。〔說文定聲・卷一二〕○一，經傳多以齊為之。（同上）

**黎**　一，履以餬黏之也。〔說文〕「一，履黏也」繫傳。○古人作履黏以黍米謂之一。（同上）義證引〔爾雅翼〕。○一，蓋若今漿粉。〔漢書・王褒傳〕「羹一啥糗者」補注引王闓運。○一，衆也。〔慧琳音義・卷二九〕引〔韻詮〕。○一者，衆也。〔詩・桑柔〕「民靡有一」述聞。又〔雲漢〕「周餘一民」述聞。○又〔慧琳音義・卷七五〕。○一，衆也。〔廣韻・齊部〕○一者，多也。〔詩・桑柔〕「民靡有一」述聞。又〔雲漢〕「周餘一民」述聞。○一庶者，民之衆也。〔釋詁〕「一，衆也」郝疏。○一萌即一民。〔通雅・卷七〕○一服，編纖服之一庶也。〔屈賦・天問〕「而一服大說」戴注。○瓊州之蠻曰一人。〔通雅・卷一四〕○一，老，耆老也。〔詩・桑柔〕「民靡有一」集疏。○一老者，耆老也。〔述聞・卷三一〕○一，老人也。〔義府・卷下〕○一，遲也。〔說文〕「黎，恨也」繫傳。○一明，遲明，皆謂比明也。〔漢書〕「遲明」雜志。○一，黑也。〔詩・天保〕「羣一百姓」朱傳。又〔桑柔〕「民靡有一」朱傳。又〔孟子・梁惠王上〕「一民不飢不寒」朱注。○黑色曰一。〔本草・卷一七〕○一即黑也。〔說文〕「黔，一也」句讀。○一，黑貌。〔說文〕「黐，其色一黑而黃」段注。○一，猶秦言黔首也。〔詩・天保〕「羣一百姓」朱傳。○一之言麗也。〔釋詁〕「一，衆也」平議。○黧黎一黐，義並同也。〔廣雅・釋器〕「黧，黑也」疏證。○一與棃通。〔廣雅・釋詁〕「棃，老也」疏證。○棃一字通。〔釋詁〕「鮐背，壽也」郝疏。○一，通作棃。〔釋詁〕「一，衆也」郝疏。○一犂並與棃通。〔方言一〕「棃，老也」箋疏。○一通作菞。〔釋詁〕「一，衆也」郝疏。○一通作犂。（同上）○犂一通用。〔漢書・地理志〕「黎陽之南」補注。○邌與一一通。〔廣雅・釋詁〕「邌，遲也」疏證。○一又通作離。〔釋詁〕「一，衆也」平議。○古字一與耆通。〔詩・桑柔〕「民靡有一」通釋。又〔述聞・卷三一〕。○一，假借為黧。〔說文定聲・卷一二〕○一，假借為壚。（同上）○一，假借為齊。（同上）○一，假借為棃，實為耆。（同上）○一，假借為邌，為遲，實為直。（同上）○一，謂借為藜。（同上）○一，或曰借為黸。（同上）○一，或曰借為旅，為麗，皆一聲之轉。（同上）○一，〔史・表〕作犂。〔漢書・高惠高后文功臣表〕「一頃侯召奴」補注。○〔尚書〕一老作犁老。〔說文〕「耇，老人面凍一若垢」段注。○譯

音無定字，諸傳|、犁通作。〔漢書·鄭吉傳〕「屯田渠|」補注。〇昌遼即昌|，遼|雙聲變轉。〔漢書·地理志〕「莽曰禽虜」補注。〇遲|古同聲。〔廣雅·釋詁〕「邌，遲也」疏證。〇|，字亦作犂。〔同上〕又〔漢書〕「|亭」雜志。〇|，亦作犂。〔文選·舞賦〕「|收而拜」集釋。〇|，當為棃。〔說文〕「耇，老人面凍|若垢」義證。〇|，別作黎。〔說文〕「|，履黏也」義證。〇|，俗作黧。〔說文〕「黔，|也」段注。〇|字或作黧。〔呂覽·尊師〕「學於禽滑|」校正。〇|字或作黧。〔同上〕〇|，古字棃。〔方言一二〕「|，老也」疏證。〇|明亦作邌明。〔通雅·卷一二〕〇|庶作犂庶、葯庶。〔通雅·卷八〕〇|庶或作藜庶。〔同上〕〇索隱本|軒作犂軒。〔史記〕雜志。〇烏|，〔史·表〕作烏犂。〔漢書·景武昭宣元成功臣表〕「河綦康侯烏|」補注。〇|朱蒼，〔史·表〕作利倉。〔漢書·高惠高后文功臣表〕「軑侯|朱蒼」補注。〇漢碑以|獻為|儀。〔書·益稷〕「萬邦|獻」孫疏。〇今〔商書〕「西伯戡|」，許書所據古文尚書作𨙻。〔說文〕「𨙻，殷諸侯國」段注。

**犂**

|，耕也。〔廣韻·齊部〕〇|，墾田器。〔同上〕〇|，亦耕具也。〔說文〕「𤛆，耕也」義證引〔急就篇〕顏注。〇|，雜文。〔論語·雍也〕「|牛之子騂且角」朱注。〇|，牛駁。〔廣韻·脂部〕〇駁曰|。〔本草·卷五〇〕〇|為不純色。〔述聞·卷三二〕〇|，本訓當為黑牛之名。〔說文定聲·卷七〕〔「旄」下〕〇|牛為耕牛。〔述聞·卷三二〕引惠氏。〇|牛者，黃黑相雜之牛也。〔述聞·卷三二〕〇|之為遲也。〔說文〕「邌，徐也」段注。又〔文選·舞賦〕集釋。〇|猶比也。〔史記〕「|明孝惠還」雜志引徐廣。〇遲|二字並與比同義。〔廣雅·釋詁〕「邌，遲也」疏證。〇待、|義相近也。〔同上〕〇|如，一名利如。〔廣雅·釋草〕「|如，桔梗也」疏證。〇|如，一名盧如。〔同上〕〇|然，栗然也。〔集韻·尤部〕〇|䰱，小人國之靈鬼也。〔通雅·卷二一〕〇|，此即東郡黎縣也，古字通。〔史記·惠景間侯者年表〕「|」志疑。〇黎|古字通。〔左傳昭公二九年〕「顓頊氏有子曰|」洪詁。〇利、|古字通。〔廣雅·釋草〕「|如，桔梗也」疏證。〇黎、梨、|通用。〔史記·建元以來侯者年表〕「康侯烏|」志疑。〇古字黧、|通借。〔國策·秦策一〕「面目|黑」補正。又〔同上〕札記。〇|者，𤛆之省文。〔說文〕「樨，六叉|」句讀。〇|當為𤛆。〔同上〕義證。又〔說文〕「瑁，天子執玉以冒之似|冠」義證。〇|，一作比。〔漢書〕「遲明」雜志。〇伯州|，〔潛夫論〕作伯州黎。〔左傳成公一五年〕「伯州|奔楚」洪詁。〇〔後漢書〕|作黎。〔左傳襄公三一年〕「|比公生去疾」洪詁。

**𤛆**

|者，耕也。〔說文〕「鈐，鈐鏅，大|也」段注。〇耕、|義同。〔說文〕「|，耕也」義證。〇後乃以|名耕具。〔同上〕〇後人謂牛耕之器曰|。〔說文定聲·卷一二〕〇|冠，謂耜也。〔說文〕「瑁，天子執玉以冒之似|冠」段注。〇|，假借為齊。〔說文定聲·卷一二〕〇|，假借為梨。〔同上〕〇|，假借為邌。〔同上〕〇|，假借為貍。〔同上〕〇|，假借為鑗。〔同上〕〇|，假借為務。〔同上〕〇|，假借為黸，或為驪。〔同上〕〇|，同犂。

〔廣韻·齊部〕〇|，省作犂，隸體也。〔說文〕「耕，犂也」句讀。〇|，俗省作犂。〔說文〕「|，耕也」段注。〇|，字亦作𪏮。〔說文定聲·卷一二〕

**𪏮**

|，古犂字。〔方言六〕「蚍蜉|鼠之場謂之坻」疏證。〇|犂古今字。〔同上〕箋疏。

**犂**

|，本作𤛆。〔廣雅·釋地〕「|，耕也」疏證。〇|，或作犂。〔同上〕

**藜**

|，|藋。〔廣韻·齊部〕〇|藋皆穢草。〔晏子春秋〕雜志。〇|，蒿也。〔莊子·徐無鬼〕「|藋柱乎鼪鼬之逕」集釋。〇|，藋之赤者也。〔廣雅·釋草〕「蕈，葯也」疏證。〇|即萊也。〔說文〕「|，草也」句讀。〇|，即〔詩〕「北山有萊」之萊，〔爾雅〕之「釐，蔓華」也。〔說文定聲·卷一二〕〇今落帚，或謂落|。〔說文〕「|，草也」繫傳。〇蒺|，即〔詩〕「牆有茨」之茨也。〔說文定聲·卷一二〕〇|，利也。〔本草·卷一六〕〇|，假借為黎。〔說文定聲·卷一二〕〇|，或曰借為黸。〔同上〕〇|蘆，雙聲連語，亦作豐蘆。〔同上〕〇今本|作黎。〔釋名·釋地〕「似|草色也」疏證。〇〔藝文類聚〕引|作黎。〔漢書·揚雄傳〕「配|四施」補注引王先慎。〇官本|作黎。〔漢書·地理志〕「至于合|」補注。〇合|，〔水經注〕作合離。

〔同上〕

**梨**

|，一名山樆。〔漢書·司馬相如傳〕「欃離朱楊」補注引〔急就篇〕顏注。〇|面即務面。〔通雅·卷七〕〇|，〔文選〕作務，此通借字。〔漢書·揚雄傳〕「分|單于」補注。〇|同棃。〔廣韻·脂部〕

**棃**

|，一名山樆。〔說文〕「|，果名」義證引〔急就篇〕顏注。〇黧|黎雞，義並同也。〔廣雅·釋器〕「黧，黑也」疏證。〇|亦通用黎。〔方言一〕「|，老也」疏證。〇|，假借為務。〔說文定聲·卷一二〕〇|，假借為黎。〔同上〕〇|，借為耆。〔同上〕〇|老一聲之轉。〔方言一〕「|，老也」箋疏。〇|，字亦作黧。〔說文定聲·卷一二〕〇|，今本作黎。〔左傳文公一四年〕「盧戢|」疏證。

**蠡**

|，蟲嚙木中。〔集韻·齊部〕〇|，瓢也。〔同上〕〇|者，蠹也。〔說文〕「瓢，|也」段注。〇以一瓠劙為二亦曰|。〔同上〕〇|，一作蠡。〔說文〕「瓢，|也」段注。〇|，一作盠。〔同上〕

**黧**

|，黑而黃也。〔廣韻·齊部〕〇|黑，淺黑帶黃。〔說文〕「黔，|也」繫傳。〇|，古通作黎。〔廣雅·釋器〕「黎，黑也」疏證。〇|，古又作犂。〔同上〕〇|，黎之俗。〔墨子·節葬下〕「顏色|黑」閒詁。

**妻**

|，蓋夫人嬪婦之類。〔史記·秦本紀〕「以女弟繆嬴為豐王|」志疑引方氏〔補正〕。〇|者，治內職也。〔說文繫傳·通論中〕〇|者，判合也。〔同上〕〇|，齊也。〔廣韻·齊部〕〇|者，齊也。〔說文繫傳·通論中〕〇|當為姁。〔廣雅·釋親〕「嫗謂之|」疏證。

**萋** ｜，草盛貌。〔廣韻・齊部〕○｜，狀從者之盛。〔詩・有客〕「有｜有且」通釋。○｜，深切之意也。〔説文〕「｜，草盛」繫傳。○｜，言其色深切也。(同上)○｜｜，盛貌。〔詩・葛覃〕「維葉｜｜」朱傳。又〔出車〕「卉木｜｜」朱傳。又〔杕杜〕「其葉｜｜」朱傳。又〔大田〕「有渰｜｜」朱傳。○｜｜，垂條吐葉，紛華榮也。〔楚辭・招隱士〕「春草生兮｜｜」王注。○｜｜，草色。(同上)補注引五臣。○｜斐，小文之貌。〔詩・巷伯〕「｜兮斐兮」朱傳。○｜且，猶棲苴。〔詩・有客〕「有｜有且」集疏引黃山。○｜，韓作緀。〔詩・巷伯〕「｜兮斐兮」集疏。○｜，齊作淒。〔詩・大田〕「有渰｜｜」集疏。

**淒** ｜，雲貌。〔廣韻・齊部〕○｜，雲興貌。〔説文〕「｜，雲雨起也」義證引〔五音集韻〕。又〔集韻・脂部〕。○｜，水寒也。〔詩・風雨〕「風雨｜｜」後箋。○｜，寒風也。〔詩・緑衣〕「｜其以風」朱傳。○｜有陰寒之意。〔説文〕「｜，雲雨起也」段注。○｜｜，寒涼之氣。〔詩・風雨〕「風雨｜｜」朱傳。○｜｜，寒涼之意。(同上)陳疏。○｜｜猶蒼蒼。〔詩・蒹葭〕「蒹葭｜｜」朱傳。○｜｜讀為萋萋。〔詩・蒹葭〕「蒹葭｜｜」陳疏。○｜，俗作凄。〔説文〕「湝，水流湝湝也」義證。○｜，俗字作凄。〔説文定聲・卷一二〕○三家｜作湝。〔詩・風雨〕「風雨｜｜」集疏。○｜，〔玉篇〕引〔韓詩〕作湝。(同上)後箋。○｜風，〔淮南〕作涼風。〔呂覽・有始〕「西南曰｜風」校正。

**悽** ｜，痛也。〔廣韻・齊部〕又〔通鑑・唐紀〕「含｜貪亂」音注。又〔楚辭・遠遊〕「心愁｜而增悲」補注。○｜，悲也。〔廣韻・齊部〕又〔通鑑・唐紀〕「含｜貪亂」音注。○｜，｜愴也。〔説文〕「｜，痛也」義證引〔玉篇〕。

**隄** ｜，防也。〔廣韻・齊部〕○｜，猶防也。〔漢書・東方朔傳〕「不足以危無｜之輿」補注引劉攽。○｜，限也。〔通鑑・漢紀〕「不足以危無｜之輿」音注引蘇林。○｜，以堤為之。〔説文定聲・卷一二〕○官本注｜作提。〔漢書・刑法志〕注「謂之｜封」補注。○｜，李本作腹。〔呂覽・行論〕「殺文無畏於揚梁之｜」校正。

**堤** ｜同隄。〔廣韻・齊部〕又〔集韻・齊部〕。

**羝** ｜，牡羊也。〔詩・生民〕「取｜以軷」朱傳。○牡羊曰｜。〔本草・卷五〇〕○｜羒羊，皆牡羊。〔墨子・非儒下〕「｜羊視」閒詁引畢沅。○｜，羯羊也。〔慧琳音義・卷七七〕○｜，通作牴。〔説文〕「｜，牡羊也」義證。○｜，俗作𦍧。〔慧琳音義・卷七七〕

**鞮** ｜，革履。〔廣韻・齊部〕又〔國策・韓策一〕「甲盾｜鍪鐵幕」鮑注。○｜，革履也。〔説文〕「屨，履也」繫傳。○｜，薄革小履也。〔説文〕「｜，革履也」義證引〔急就篇〕顔注。○｜亦履。〔説文〕「鞠角，｜屬也」繫傳。○｜，單履也。〔説文〕「｜，革履也」義證引〔玉篇〕。○｜，屨也。〔説文〕「兜鍪，首鎧也」段注。○胡人履連脛謂之絡｜，如今鞾也。〔説文定聲・卷一二〕○｜，北狄西戎號也。〔慧琳音義・卷八五〕引〔考聲〕。○｜鍪，即兜鍪也。〔墨子〕「｜瞀」雜志。○｜鍪，即兜之轉也。〔廣雅・釋器〕「兜鍪謂之冑」疏證。○｜，假借為翟。〔説文定聲・卷一二〕○｜鞻，走部作趧婁。〔説文〕「靲，｜也」段注。

**低** ｜，俛也。〔廣韻・齊部〕○｜，垂也。(同上)○｜，｜昂也。(同上)○｜，下也。〔集韻・齊部〕○｜，降意也。〔通鑑・隋紀〕「既而上｜回數日」音注。○｜為舍止之舍。〔廣雅・釋詁〕「｜，舍也」疏證。○｜趆，即抵牾也。〔管子〕「｜」雜志。○抵｜古字通。(同上)○抵與｜通。〔廣雅・釋詁〕「蟄，｜也」疏證。○｜讀為氐。〔廣雅・釋詁〕「｜，舍也」疏證。○｜，俗作佤。〔廣韻・齊部〕○｜當作氐。〔墨子・經上〕「以為利而強｜也」閒詁引張惠言。

**氐** ｜，四星似箕而側，東方宿也。〔説文定聲・卷一二〕○｜者，東方蒼龍之第三宿。〔禮記・月令〕「旦｜中」集解。○二十八宿｜謂之本，又謂之天根。〔説文〕「柢，木根也」義證引戴侗。○〔説文定聲・卷一二〕｜，假借為邸。〔廣雅・釋詁〕「低，舍也」。○(同上)｜借為羝。〔史記・匈奴傳〕索隱「｜亦羊稱」。○(同上)｜，或曰借為奃。〔史記・秦始皇紀〕「大｜盡畔秦」。○(同上)｜，字亦作低。〔漢書・食貨志〕「封君皆｜首仰給焉」。○｜為高低字也。〔説文〕「｜，至也」段注。○｜，｜羌。〔廣韻・齊部〕

**稊** ｜，草名也。〔慧琳音義・卷五〕引〔考聲〕。○｜，似稗，一名英。(同上)引〔字林〕。○｜，秀也。〔大戴・夏小正〕「時有見｜」王詁。○｜者所為豆實蓋若筍蒲椿楷之屬。〔説文定聲・卷一二〕(「蕛」下)

**蕛** ｜，似稗而小。〔釋草〕「｜，芺」鄭注。○｜，假借為荑。〔説文定聲・卷一二〕○｜，以梯為之。(同上)○｜，以荑為之。(同上)○｜，亦作稊。(同上)

**題** ｜，額也。〔漢書・灌嬰傳〕「所將卒斬胡白｜將一人」補注引薛夢符。○｜者，額也。〔説文定聲・卷一三〕(「跋」下)○｜猶額也。〔説文〕「耑，物初生之｜也」繫傳。○｜，頭也。〔孟子・盡心下〕「榱｜數尺」朱注。又〔説文〕「｜，額也」義證引〔開元文字〕。○｜猶端也。〔説文〕「耑，物初生之｜也」繫傳。○｜猶耑也。〔説文定聲・卷一三〕(「跋」下)○｜，引申為凡居前之偁。〔説文〕「｜，額也」段注。○｜肩，即鶗也。〔通雅・卷四五〕○｜禽，謂迎禽而射之。〔廣雅・釋天〕「不｜禽」疏證。○既捷列名慈恩寺曰｜名會。〔通雅・卷二二〕○抵提並與｜通。〔廣雅・釋天〕「不｜禽」疏證。○｜，假借為提。〔説文定聲・卷一二〕○｜，假借為匙。(同上)○｜，假借為翟。(同上)○｜當讀為提。〔詩・小宛〕「｜彼脊令」平議。○｜顛聲轉。〔釋言〕「頭，｜也」郝疏。○顛｜頭，一聲之轉。〔廣雅・釋親〕「｜，頟也」疏證。○｜肩與鶗鴂同。〔廣雅・釋鳥〕「鶗肩，鶗也」疏證。○

丨肩，或作趧鶬。〔通雅·卷四五〕〇丨肩，或作鶙鶬。(同上)

**提** 丨挈義同。〔周禮·田僕〕「王丨馬而走」孫正義。〇引申之丨與舉義通。(同上)〇丨，拈掇也。〔通鑑·宋紀〕「反經丨傳」音注。〇丨丨，安舒之意。〔詩·葛屨〕「好人丨丨」朱傳。〇丨丨，媞媞，美好。(同上)通釋。〇丨折與徥亦通。〔方言六〕「徥用，行也」箋疏。〇〔説文定聲·卷一二〕丨，假借為擿。〔史記·周勃世家〕「以冒絮丨文帝」。〇(同上)丨，假借為是。〔太玄·元攡〕「疑者丨之」。〇(同上)丨，假借為斯。〔禮記·少儀〕「離而不丨心」。〇(同上)丨，假借為堤。〔荀子·脩身〕「不由禮則勃亂丨僈」。〇(同上)丨，借為隄。〔公羊傳僖公一六年〕注「丨月邊也」。〇(同上)丨，假借發聲之詞。〔廣雅·釋訓〕「丨封，都凡也」。〇丨封，即都凡之轉。〔廣雅·釋訓〕「丨封，都凡也」疏證。〇丨封，即多凡之轉語。〔説文定聲·卷一二〕〇丨當為題。〔太玄·元攡〕「疑者丨之」平議。〇丨當為睼。〔太玄·晦〕「睄丨明」平議。〇丨，〔後漢·郡國志〕引作祇。〔左傳宣公二年〕「其右丨彌明知之」疏證引〔校勘記〕。〇丨彌明，〔史記〕作示眯明。(同上)洪詁。〇丨彌明，〔古今人表〕作祁彌明。(同上)

**荑** 丨，初生草也。〔説文〕「丨，草也」繫傳。〇丨，亦茅也。〔詩·靜女〕「自牧歸丨」陳疏。〇丨，亦謂茅。〔詩·碩人〕「手如柔丨」陳疏。〇丨，茅之始生者。〔詩·靜女〕「自牧歸丨」朱傳。〇茅之始生曰丨。〔詩·碩人〕「手如柔丨」朱傳。〇丨，茅之初生也。〔説文定聲·卷一二〕〇丨，茅揠也。〔通雅·卷四二〕〇丨即蕛也。〔孟子·告子上〕「不如丨稗」焦正義。〇丨，丨秀。〔廣韻·齊部〕〇丨稗，草之似穀者。〔孟子·告子上〕「不如丨稗」朱注。〇〔説文定聲·卷一二〕丨，假借為苐。〔説文〕「丨，草也」。〇(同上)丨，假借為蕛。〔孟子〕「不如丨稗」。〇丨，蓋稊字。〔文選·風賦〕「被丨楊」集釋。〇丨，〔玉篇〕作苐。〔説文〕「丨，草也」義證。〇丨，或作苐。〔集韻·齊部〕

**苐** 丨，草也。〔廣韻·齊部〕〇丨，小徐本作荑。〔説文定聲·卷一二〕

**蹏** 丨，足也。〔廣韻·齊部〕〇丨即迒。〔釋獸〕「其跡丨」郝疏。〇丨，狀其式小。〔漢書·孝成趙皇后傳〕「赫丨書」補注引周壽昌。〇丨與踶通。〔廣雅·釋言〕「蹶，踶也」疏證。〇丨、蹄並與踶通。〔廣雅·釋詁〕「踶，蹋也」疏證。〇丨，假借為踶。〔説文定聲·卷一二〕〇丨與踶同。〔漢書〕雜志。〇丨與鷈同。〔釋鳥〕「鷈，須贏」郝疏。〇丨，俗作蹄。〔説文〕「丨，足也」繫傳。又(同上)段注。〇丨，經典作蹄。(同上)義證。〇丨，〔漢志〕作碮。〔史記·封禪書〕「舍之上林中丨氏觀」志疑。

**蹄** 丨蹗，不靜也。〔易·姤〕「羸豕孚丨堇」李疏引〔釋文〕。〇蹏、丨並與踶通。〔廣雅·釋詁〕「踶，蹋也」疏證。〇丨同蹏。〔廣韻·齊部〕〇丨與蹏同。〔廣雅·釋草〕「堇，羊蹏也」疏證。〇丨即蹢省文。〔墨子·非樂上〕「因其丨蚤」閒詁引畢沅。



**嗁** 丨，哭而無節也。〔慧琳音義·卷七六〕引〔文字集略〕。〇丨，哭無常節也。〔卷一四〕引〔玉篇〕。〇哭無常節曰丨。〔卷四〕引〔考聲〕。〇丨，今俗人作啼。〔説文〕「丨，號也」繫傳。〇丨，俗作啼。(同上)義證。又〔説文〕「丨，号也」段注。又〔慧琳音義·卷七六〕引〔文字集略〕。〇丨，或作謕。〔説文〕「丨，號也」義證。〇丨，字亦作謕。(同上)句讀。

**啼** 丨，同嗁。〔廣韻·齊部〕〇丨與嗁同。〔左傳莊公八年〕「人立而丨」疏證引李貽德。

**銻** 鎕丨，火齊。〔廣韻·齊部〕〇丨，似雲母，重沓而開，色黃赤如金，出日南，即玫瑰也。〔説文定聲·卷一二〕

**䨙** 霽雲謂之丨。〔集韻·齊部〕

**締** 丨，結。〔廣韻·齊部〕

**䗖** 螗丨，小蟬。〔廣韻·齊部〕〇丨謂螗丨，小蟬也。〔釋名·釋采帛〕「綈似丨蟲之色」疏證。

**蝭** 丨，丨蟧。〔廣韻·齊部〕〇丨蟧與蟪蟧同，蛁蟟之轉聲也。〔廣雅·釋蟲〕「蟪蟧，蛁蟧也」疏證。

**綈** 丨，厚繒也。〔廣韻·齊部〕又〔通雅·卷三七〕。又〔通鑑·周紀〕「取一丨袍贈之」音注。〇丨，厚繒之滑澤者也。〔説文〕「丨，厚繒也」義證引〔急就篇〕顏注。〇丨，今謂之平紬。(同上)〇丨，通作緹。〔説文〕「丨，厚繒也」義證。〇丨，又通作地。(同上)

**騠** 駃丨，馬名。〔廣韻·齊部〕〇丨，馬父贏母。〔説文定聲·卷一二〕〇蹢躅、跢跦、蹢躅、躑躅、踟躕、躑躅、踶躅、丨躅、踟跦，並字異而義同。〔廣雅·釋訓〕「蹢躅，跢跦也」疏證。〇丨與鞮通。〔廣雅·釋詁〕「鞮，驛也」疏證。

**鮧** 丨，鮎也。〔廣韻·齊部〕〇丨，魚名，鮎也，江東語。〔集韻·脂部〕又〔説文〕「鮷，大鮎也」義證引〔類篇〕。〇丨魚有二種，口腹俱大者名鱯，背青而口小者名鮎。〔説文〕「鱯，魚名」義證引〔本草蜀本圖經〕。

**鮷** 丨，大鱧。〔廣韻·齊部〕〇鮎之大者乃名為丨。〔文選·蜀都賦〕「丨鱧鯊鱨」集釋引王念孫。〇丨鮧鯷鯑，字皆通。(同上)集釋。〇丨，一作鮧。〔廣雅·釋魚〕「丨，鮎也」疏證。〇丨，字或作鮧。〔説文〕「丨，大鮎也」義證。〇丨，字又作鯷。(同上)〇丨，字又作鯑。(同上)〇丨，字亦作鯑。〔説文定聲·卷一二〕

**鯷** 丨，同鮧。〔廣韻·齊部〕〇丨魚，北人曰鰋，南人曰鮎。〔説文〕「鮷，大鮎也」義證引〔本草綱目〕。〇丨魚，古曰鰋，今曰鮎。(同上)

**禔** 丨，福也。〔説文〕「丨，安福也」義證引〔玉篇〕。又〔廣韻·齊部〕。〇丨，安也。〔説文〕「丨，安福也」義證引〔玉篇〕。〇丨身，安身也。〔説文〕「丨，安福也」義證。〇祇、一聲近，古通用。〔墨子・非命上〕「禍厥先神一」閒詁。〇〔說文定聲・卷一二〕一，假借為啻。〔史記・韓安國傳〕「一取辱耳」。〇一同示。〔墨子・非命上〕「禍厥先神一」閒詁引畢沅。〇一，〔史記〕作提。〔漢書・司馬相如傳〕「中外一福」補注。〇一，今本作祇。〔方言一三〕「一，福也」箋疏。

**鵜**　一，鴮鸅。〔詩・候人〕「維一在梁」集疏引魯說。〇一，水鳥，形如鶚而極大。〔文選・蜀都賦〕「鷸鷺一鶘」集釋引陸璣〔詩疏〕。〇一，洿澤水鳥，俗所謂淘河也。〔詩・候人〕「維一在梁」朱傳。〇一，一鶘。〔廣韻・齊部〕〇一，一鶘也，俗謂之淘河。〔釋鳥〕「一，鴮鸅」鄭注。〇一鶘，本單名一，以其胡能抒水，故名一鶘也。〔文選・蜀都賦〕「鷸鷺一鶘」集釋引段玉裁。〇淘河即一鶘之聲轉也。(同上)集釋。〇一與鴺同。〔楚辭・憫上〕「一集兮帷幄」補注。

**鴺**　一，亦名淘河。〔說文定聲・卷一二〕〇鷲一，山雞名。〔廣韻・齊部〕〇一，假借為嶲。〔說文定聲・卷一二〕〇古音一讀同夷。〔說文〕「一，一鶘」段注。

**媞**　一一，安也。〔集韻・齊部〕又〔楚辭・怨世〕「西施一一而不得見兮」補注。〇一一，一曰美好。〔集韻・齊部〕又〔楚辭・怨世〕「西施一一而不得見兮」補注。〇一一為女子好貌。〔詩・葛屨〕「好人提提」後箋。〇一、禔、祇，亦字異而義同。〔廣雅・釋詁一〕「一，安也」疏證。〇一、姼音義同。〔釋言〕「恀，恃也」郝疏。〇一一、提提、折折，並字異而義同。〔廣雅・釋詁一〕「一，安也」疏證。〇一、偍古字通。〔釋言〕「是，則也」郝疏。〇一通作提。〔釋訓〕「一一，安也」郝疏。〇一，又通作偍。(同上)〇一，借作折。(同上)〇〔說文定聲・卷一二〕一，假借為禔。〔廣雅・釋詁一〕「一，安也」。〇(同上)一，假借為緹。〔爾雅〕「藹侯，莎，其實一」。〇一，或作姼。〔集韻・齊部〕

**緹**　丹黃曰一。〔通雅・卷三七〕〇一，赤色。〔楚辭・昭世〕「襲英衣兮一䌙」補注引〔集韻〕。〇一，赤縑。〔集韻・齊部〕

**折**　一一，安舒貌。〔集韻・齊部〕〇一一，矩折之容也。〔通雅・卷一〇〕〇媞媞、提提、一一，並字異而義同。〔廣雅・釋詁一〕「媞，安也」疏證。

**篦**　一，眉一。〔廣韻・齊部〕

**鎞**　一，一釵。〔廣韻・齊部〕

**鈚**　〔說文定聲・卷一二〕一，字亦作鎞。〔通俗文〕「霍葉曰一」。

**陛**　一，牢也，所以拘罪人也。〔說文〕「一，牢也，所以拘非也」義證引〔玉篇〕。〇一犴，牢獄，所以拘非也。(同上)義證引〔洪武正韻〕。〇凡閑罪人者曰一牢。〔說文〕「一，一牢之獄」段注。〇一牢謂之獄。〔集韻・齊部〕〇一，字亦作狴，與犴獄同意。〔說文定聲・卷一二〕〇一，俗作狴。〔說文〕「一，牢也」句讀。〇一，或作狴。〔集韻・齊部〕〇一，或作隉。(同上)

**狴**　一犴，獄名。〔說文〕「陛，牢也」義證引〔禮部韻〕。〇一犴，獸也。〔廣韻・齊部〕〇一，同陛。(同上)

**梐**　一，牢也。〔慧琳音義・卷八七〕引〔集訓〕。〇一，獄名也。〔卷八七〕引〔考聲〕。〇一，門外行馬也。〔卷八七〕引〔集訓〕。〇一，亦作狴。(同上)

**雞**　一子，一之小者也。〔說文〕「雛，一子也」段注。〇埜一，此自埜地之一。〔漢書・五行志〕「埜一皆鳴」補注。〇一翹，一尾之曲垂也。〔說文〕「翹，尾長也」義證引〔急就篇〕顏注。〇一駭，角有光，一見而駭也。〔楚辭・怨思〕「弃一駭於筐簏」補注引宋衷。〇一駭，通天犀有一理如綖者，以盛米置一羣中，一欲往啄，至輒驚卻，故南人名為一駭。(同上)補注引〔後漢注〕。〇一頭，芡也。〔說文定聲・卷八〕(「瘦」下)〇一頭實，此即今蔿子。〔說文〕「芡，一頭也」義證引陶宏景。〇一斯，即笄纚之假借。〔說文〕「纚，冠織也」段注。〇一斯，通作笄纚。〔通雅・卷八〕〇一斯，即髼之合音。〔說文定聲・卷一二〕〇一，鴰聲相轉。〔釋鳥〕「鶬，麋鴰」郝疏。

**鷄**　一，知時畜也。〔大戴・四代〕「於時一三號」王詁。〇一，一曰燭夜。〔通雅・卷四五〕〇一，稽也，能考時也。〔說文〕「一，知時畜也」繫傳。〇露一，露棲之一也。〔楚辭・招魂〕「露一臛蠵」王注。〇一斯，髻也。〔廣雅・釋詁四〕〇一斯即笄縱。〔通雅・卷四九〕〇一斯蓋國名。(同上)〇一舌香，即今丁香也。〔通雅・卷四三〕〇一，籀文雞字。〔廣韻・齊部〕

**稽**　一，留止也。〔說文・叙〕「一譔其說」段注。又〔廣韻・齊部〕。〇一者，一留。〔說文〕「兮，語所一也」義證。〇一亦留止之義。〔公羊傳莊公八年〕注「為久一留之辭」陳疏。〇一，止也。〔書・酒誥〕「作一中德」平議。又〔荀子・非相〕「後世言惡則必一焉」集解引盧文弨。〇一，滯也。〔慧琳音義・卷三〕引〔考聲〕。〇一，緩也。〔通鑑・唐紀四二〕「遷延一命」音注。〇一，考也。〔廣韻・齊部〕又〔大戴・戴德〕「一其遠而明者」王詁。又〔文王官人〕「多一而儉貌」王詁。〇一義當訓考。〔荀子・非相〕「後世言惡則必一焉」集解。〇一猶考也。〔大戴・千乘〕「遠者一焉」王詁。〇一猶議也。(同上)〇一，計也。〔韓子・外儲說左上〕「請無以此為一也」集解。〇一猶計也。〔管子・侈靡〕「滿一」雜志。〇一，引申為審慎攷計之稱，故又訓為計。〔周禮・小宰〕「聽師田以簡一」孫正義。〇一者，計罪人名之簿書。〔管子〕「滿一」雜志。〇一猶合也。(同上)〇一，同也。〔廣韻・齊部〕〇一者，同也。〔荀子・非相〕「後世言惡則必一焉」集解引郝懿行。〇一猶同也。〔商子・賞刑〕「一焉皆懼」平議。〇一義近同。〔書・堯典〕注「一古，同天」孫疏。〇一，當也。〔廣韻・齊部〕〇一猶歸也。〔荀子・非相〕「後世言惡則必一焉」集解引盧文弨。〇一之言至也。〔儀禮・士喪禮〕「一顙成踊」胡正義。〇一，蓋梲櫺之類也。〔通雅·卷三五〕〇一首，首至地。〔左傳僖公二八年〕「重耳敢再拜一首」洪詁引賈逵。又〔國策·中山策〕「陰姬公一首曰」鮑注。〇一首者，言乎首舒遲至於地也。〔孟子·萬章下〕「北面一首再拜」焦正義引段玉裁。〇一首·顙同為頭至地，惟一顙以顙觸地無容為異耳。〔儀禮·士喪禮〕「一顙成踊」胡正義。〇一道即一首也。〔逸周書〕「一道謀告」雜志。〇一道猶同道也。〔荀子·宥坐〕「伊一首」集解引俞樾。〇〔說文定聲·卷一二〕一，假借為計。〔水經·河水注〕「因名會一」。〇（同上）一，假借為卟。〔廣雅·釋詁〕「一，問也」。〇（同上）一，假借為齊。〔廣雅·釋詁〕「一，合也」。〇（同上）一，假借為積。〔急就篇〕「沽酒釀醪一極程」。〇（同上）一，假借為禾。〔漢書·公孫宏傳〕注「一，礙也」。〇（同上）一，假借為棨。〔吳語〕「擁鐸拱一」。〇（同上）一，假借為楷。〔老子〕「亦一厥式」。〇（同上）一，假借為䭫。〔荀子·大略〕「至地曰一顙」。〇一，䭫之假借字。〔說文·上說文書〕「一首再拜」段注。〇一留又脊令之聲相轉。〔釋鳥〕「䳭鴒，鶅渠」郝疏。〇一，古作乩。〔慧琳音義·卷八〕〇一，古又作秵。（同上）〇〔熹平石經〕一作迪。〔書·盤庚〕「不其或一」孫疏。

**筓** 一，簪也。〔國策·燕策一〕「摩一以自刺也」鮑注。〇婦人之一則今之簪也。〔說文〕「一，簪也」義證引〔玉篇〕。〇一，衡一也。〔詩·君子偕老〕「副一六珈」朱傳。〇一即枅也。〔釋宮〕「開謂之槉」郝疏。〇一纚者，謂去冠而見髻。〔說文定聲·卷一二〕（「雞」下）〇一笳一聲之轉。〔廣雅·釋器〕「一、笳，簪也」疏證。

**枅** 一，承衡木也。〔廣韻·齊部〕〇一，柱上方木也。〔逸周書〕雜志引〔文選〕注。〇一，斗上橫木承棟者，橫之似筓也。〔說文〕「一，屋櫨也」繫傳。〇笮也，格也，栭也，芝栭也，一也，欂櫨也，六者一物也。〔逸周書〕「復格」雜志。〇一亦作楄。〔說文〕「一，屋欂櫨也」段注。

**兮** 一者，語所稽也。〔左傳僖公三二年〕「孟子，吾見師之出」疏證引臧琳。〇一，歌之曳聲也。〔字詁〕〇一為有所稽考未便言之也。〔說文〕「一，語所稽也」繫傳。〇一，語助。〔詩·螽斯〕「詵詵一」集疏。又〔廣韻·齊部〕。〇一也古通。〔說文〕「也，女侌也」段注。〇一與侯通。〔通雅·卷四〕〇〔說文定聲·卷一一〕一，以猗為之。〔詩·伐檀〕「河水清且漣猗」。〇一，古多以也字為之。〔說文定聲·卷一一〕〇一，古多以殹字為之。〔同上〕〇一，今〔詩〕作也。〔說文〕「媛，詩曰邦之媛一」段注。〇一，魯作也。〔詩·黃鳥〕「如可贖一」集疏。

**奚** 一，腹大。〔說文〕「豯，生三月豚」繫傳。〇一亦羌名。〔說文〕「一，大腹也」繫傳。〇一，東北夷名。〔廣韻·齊部〕〇凡此經之一皆為女奴。〔周禮·天官冢宰〕「一三百人」孫正義。〇一容，複姓。〔史記·仲尼弟子列傳〕「一容箴字子皙」志疑。〇一，何。〔詩·四月〕「一其適歸」朱傳。〇一，何也。〔廣韻·齊部〕〇一翅，不啻。〔孟子·告子下〕「一翅食重」焦正義引阮元。〇一說，言何辭以解說也。〔墨子·非攻上〕「夫一說書其不義」閒詁。〇一說，猶言何樂。（同上）閒詁引畢沅。〇一翅，猶言何但。〔孟子·告子下〕「一翅食重」朱注。〇或言何遽，或言一遽，或言豈遽，或言庸遽，或言甯遽，其義一也。〔漢書〕「何遽不若漢」雜志。〇古一豯通用。〔說文〕「一，大腹也」段注。〇一豯字並通。〔方言八〕箋疏。〇〔說文定聲·卷一二〕一，假借為嫨。〔周禮〕「一三百人」。〇（同上）一，假借發聲之詞。〔小爾雅·廣言〕「一，何也」。〇一為本字，豯為借字。〔漢書〕「豯養」雜志。〇一讀為鮭，聲近假借也。〔述聞·卷二三〕〇一吾當為一后，一后即謑詬之假音。〔墨子·節葬下〕「內續一吾」平議。〇瓠蠡、一蠡一聲之轉。〔墨子〕雜志。〇一字應作豯。〔漢書·地理志〕「一養澤在西」補注引官本考證。〇一，〔穀梁〕作即。〔左傳桓公一七年經〕「及齊師戰于一」洪詁。〇一，女部作嫨。〔說文〕「妾，有辠女子給事之得接于君者」段注。〇一毒，一作雞毒。〔廣雅·釋草〕「一毒，附子也」疏證。〇一養，〔周禮〕作豯養。〔說文〕「藪，九州之藪幽州一養」段注。〇一一，各本作豯豯。〔說文〕「豯，腹一一貌也」段注。

**蹊** 一，徑也。〔國策·燕策三〕「當餓虎之一」鮑注。又〔楚辭·悼亂〕「鹿一兮躡躡」補注。〇一，徑路。〔廣韻·齊部〕〇一，逕路也。〔通鑑·漢紀五七〕「虜亦遮守一要」音注。〇一亦徑也，語之轉耳。〔廣雅·釋宮〕「一，道也」疏證。〇史公以徑詁一。〔左傳宣公一一年〕「牽牛以一人之田」疏證。〇凡始行之以待後行之徑曰一，引申之義也。〔說文〕「一或從足」段注。〇一，人行處也。〔孟子·盡心下〕「山徑之一間」朱注。〇一，足跡也。（同上）焦正義引孔廣森。〇一或作徯。〔廣雅·釋宮〕「一，道也」疏證。〇〔楚世家〕、〔陳世家〕一並作徑。〔左傳宣公一一年〕「牽牛以一人之田」疏證。

**嫨** 一，女奴。〔廣韻·齊部〕〇一，通作奚。〔說文〕「一，女隸也」義證。〇一，借奚字。（同上）繫傳。〇一，〔周禮〕作奚，假借字也。（同上）段注。〇〔說文定聲·卷一二〕一，以奚為之。〔周禮·春官序官〕「奚四人」。

**傒** 一，東北夷名。〔廣韻·齊部〕〇一猶立也。〔說文〕「匚，衺傒有所俠藏也」繫傳。〇一囊，兩山之間鬼。〔通雅·卷二一〕〇一與蹊字通。〔墨子·備城門〕「昵道一近」閒詁。〇一即谿假音字。（同上）閒詁引畢沅。〇一，〔文選〕注引作奚。〔左傳昭公三一年〕「衛彪一曰」洪詁。〇〔史·表〕一作係。〔漢書·王子侯表〕「頃侯一嗣」補注。

**徯** 一，待也。〔大戴·少閒〕「或一將至也」王詁。〇一者，待也。〔說文〕「匚，衺一有所夾藏也」段注。〇一，有所望也。〔廣韻·齊部〕〇一醯，危也。〔廣雅·釋詁二〕「幾，危也」疏證。〇一，作傒。〔釋詁下〕「一」郝疏。

**騱** 驒一，野馬名。〔廣韻·齊部〕〇驒一，野馬也，似馬而小。〔說文定聲·卷一二〕〇一，馬前足白。〔廣韻·齊部〕

**豀** 一，反戾也。〔集韻·齊部〕〇一與谿同。〔廣雅·釋山〕「一，谷也」疏證。

鼷　丨，鼠之最小者。或謂之甘鼠。〔説文〕「丨，小鼠也」義證引〔博物志〕。〇丨鼠，鼠之最小者。〔釋獸〕「丨鼠」鄭注。〇丨，小鼠也，螫毒食人及鳥獸皆不痛。〔説文〕「丨，小鼠也」義證引〔玉篇〕。〇丨，今之甘口鼠也。（同上）又〔説文〕「丨，小鼠也」段注引〔玉篇〕。又〔説文定聲・卷一二〕。〇丨，鼠名，一名甘口鼠。〔廣韻・齊部〕

鷖　丨，鳧屬。〔廣韻・齊部〕〇丨，水鳥也。〔説文〕「丨，鳧屬也」繫傳。〇丨，青黑色水鳥也。〔慧琳音義・卷四〕引〔考聲〕。〇丨，鳳類也。（同上）〇丨，鷗也。〔詩・鳧鷖〕朱傳。〇丨，鷗渠，鷗也。〔通雅・卷四五〕〇丨，五彩之鳥。〔離騷〕「駟玉虬以乘丨兮」補注引〔山海經〕。〇蛇山有鳥，五色，飛蔽日，名丨鳥。（同上）〇〔説文定聲・卷一二〕丨，假借為繄。〔周禮・巾車〕「彫面丨總」。〇丨彌即嫛婗。〔説文〕「嫛，嫛婗也」段注。〇丨，通作翳。〔通雅・卷四五〕

𡏳　丨，塵埃。〔廣韻・齊部〕〇丨，塵也。〔廣韻・霽部〕

黳　丨，小黑。〔廣韻・齊部〕〇丨，黧，淺黑。〔集韻・佳部〕〇丨，古謂之黶子，今謂之痣。〔説文定聲・卷一二〕〇丨、翳義並與蠮同。〔方言一一〕「其小者謂之蠮螉」箋疏。〇黶、黳、丨，一聲之轉。〔廣雅・釋器〕「丨，黑也」疏證。

倪　丨，俾也。〔莊子・馬蹄〕「馬知介丨」集釋。〇丨，畔也。〔莊子・大宗師〕「不知端丨」集釋。〇庳與丨皆衺也。〔廣雅・釋詁二〕「頓、丨，衺也」疏證。〇丨者，耑丨也。〔説文繫傳・通論中〕〇丨，小兒也。〔孟子・梁惠王下〕「反其旄丨」朱注。〇丨、婗、麑、蜺、齯，義並同也。〔廣雅・釋親〕「婗，子也」疏證。〇丨通作睨。〔管子・輕重甲〕「天下丨而是耳」義證。〇睨與丨同義。〔廣雅・釋詁二下〕「頓、丨，衺也」疏證。〇埶、丨古文通。〔大戴・五帝德〕「依于丨皇」王詁。〇槷魁、臲卼、丨仉、劓刖，古皆通用。〔廣雅・釋詁一〕「隉，危也」疏證。〇〔説文定聲・卷一二〕丨，假借為睨。〔廣雅・釋詁二〕「頓、倪，衺也」。〇（同上）丨，假借為題。〔莊子・大宗師〕「不知端丨」。〇（同上）丨，假借為婗。〔孟子〕「反其旄丨」。〇借丨為題。〔説文〕「丨，俾也」段注。〇借丨為睨。（同上）〇丨，借為嫛婗之婗也。（同上）〇丨與睨同。〔呂覽・序意〕「以日丨而西望知之」校正。〇官本丨作兒。〔漢書・歐陽生傳〕「授丨寬」補注。

齯　丨，老人齒落復生。〔廣韻・齊部〕〇丨齒，齒落重也者。〔釋詁〕「丨齒，壽也」鄭注。〇倪、婗、麑、蜺、丨，義並同也。〔廣雅・釋親〕「婗，子也」疏證。〇〔毛詩〕作兒，古文，他書作丨，今文也。〔説文〕「丨，老人齒」段注。〇〔説文定聲・卷一二〕丨，此字後出，只當作兒。〔詩・閟宮〕「黃髮兒齒」。

霓　丨，虹。〔廣韻・霽部〕〇丨，雌虹。〔廣韻・齊部〕〇丨，雌丨也。〔説文〕「丨，屈虹，青赤或白色陰氣也」繫傳。〇虹雙出，色闇者為雌，雌曰丨。（同上）義證引〔尸子音義〕。〇丨者，氣也，起在日側，其色青赤白黃。（同上）義證。〇丨，雨與日相薄而成光，有雌雄，鮮者為雄虹，闇者為雌丨。〔説文定聲・卷一二〕〇丨，經傳多以蜺為之。（同上）

猊　丨，狻丨，師子屬，一走五百里。〔廣韻・齊部〕

鯢　丨，雌鯨。〔廣韻・齊部〕〇丨，雌鯨也。〔釋魚〕「丨，大者謂之鰕」鄭注。〇似鮎之魚謂之丨，雌鯨亦謂之丨。（同上）平議。〇丨魚，一名王鮪。〔説文〕「魶，魶魚似鼈而無甲」義證引〔本草〕。〇丨魚，一名鱯魚。（同上）〇丨魚，一名人魚。（同上）〇丨，亦名人魚。〔説文定聲・卷一二〕〇古謂丨為人魚也。〔釋魚〕「丨，大者謂之鰕」述聞。〇丨，亦名龍魚。〔説文定聲・卷一二〕〇丨，亦名魶。（同上）〇丨，假借為鰤。（同上）〇丨，以兒為之。（同上）〇丨，字亦作鮭。（同上）

輗　丨，車轅端持衡木。〔廣韻・齊部〕〇丨，轅端橫木。〔集韻・支部〕〇丨，轅端橫木，縛軛以駕牛者。〔論語・為政〕「大車無丨」朱注。〇轅與鬲相接之關鍵曰丨。〔説文定聲・卷一二〕〇（同上）丨，假借為軫。〔晉書音義〕「下丨，礙車也」。

醯　丨，醋也。〔論語・公冶長〕「或乞丨馬」朱注。〇丨，酢味也。〔廣韻・齊部〕〇丨、酢，一物二名也。〔説文〕「丨，酸也」義證引〔急就篇〕顏注。〇丨醬者，今之醋也。〔説文〕「瓨，似罌」段注。〇丨，字亦作榼，即今白木。〔説文定聲・卷一二〕〇丨，俗作醘。〔廣韻・齊部〕

西　丨，秋方。〔廣韻・齊部〕〇丨皇，帝少皞也。〔離騷〕「詔丨皇使涉予」戴注。〇丨土謂鎬京。〔漢書・翟義傳〕「有大難于丨土」補注。〇丨土謂岐、鎬。〔書・康誥〕「以修我丨土」孫疏。〇丨雝，文王之雍也。〔詩・振鷺〕「于彼丨雝」集疏引韓説。〇丨海曰僊海。〔漢書・平帝紀〕「置丨海郡」補注引齊召南。〇丨海亦曰鮮水海。（同上）〇丨海，即今青海也。（同上）〇丨零即先零。〔通雅・卷一六〕〇丨王母實乃丨方國名。〔史記・趙世家〕「見丨王母」志疑。〇丨不羹，在今河南許州襄城縣東南。〔説文定聲・卷一八〕（「鬻」下）〇丨頃山，一名強臺山，在今甘肅鞏昌府洮州廳丨番界。〔説文定聲・卷一七〕（「隕」下）〇丨顥謂丨方顥天。〔漢書〕「帝臨中壇」雜志。〇髹漆謂之丨皮。〔通雅・卷三四〕〇馬韉自黑而丹，自丹而黃，五色相疊曰丨皮。（同上）引〔因話録〕。〇丨之為申，古之恒言也。〔左傳僖公二八年〕「子丨將左」疏證。〇丨、衺、夕，一聲之轉。〔廣雅・釋詁二〕「夕，衺也」疏證。〇丨，古讀如先。〔文選・西都賦〕「汧涌其丨」補正引潘耒。〇丨，古音如詵也。〔説文〕「汛，灑也」段注。〇丨，古音讀如詵。〔説文〕「丨，鳥在巢上也」段注。〇丨，古音讀如僊。（同上）〇丨，字亦作栖。〔説文定聲・卷一五〕〇丨渳，一作丨洱、丨二、丨珥。〔通雅・卷一六〕〇丨當作南。〔漢書・西南夷傳〕「丨夷君長以十數」補注引錢大昭。〇丨當作而。〔漢書・匈奴傳〕「丨減北地」補注引劉攽。〇丨馳當作迺馳。〔史記・齊悼惠王世家〕「丨馳見齊王」志疑引〔史詮〕。〇丨隃，〔史記・趙世家〕作先俞。〔説文〕「隃，北陵丨隃鴈門是也」段注。

**棲** —，鳥—。〔廣韻·齊部〕○鳥宿曰—。〔國策〕「俱止於—」雜志。○—，雞所宿也。〔國策·秦策一〕「猶連雞之不能俱止於—」鮑注。○—，雞所止。〔集韻·霽部〕○雞宿曰—。〔國策〕「俱止於—」雜志。○—，止息也。〔釋詁〕「—，息也」鄭注。○凡居於高處謂之—，因而所居之處亦謂之—。〔國策〕「俱止於—」雜志。○—者，人物所—止，即庋閣之意也。〔廣雅·釋詁三〕「—，跂也」疏證。○—猶妻也，妻之言齊也。〔詩·六月〕「六月——」平議。○—摧聲近，—之言摧折也。〔詩·召旻〕「如彼—苴」通釋。○—蓋草枯之狀。〔同上〕通釋。○—苴，水中浮草。〔同上〕朱傳。○—遲，遊息也。〔詩·衡門〕「可以—遲」朱傳。○——，謂行不止也。〔詩·六月〕「六月——」通釋。○——猶遑遑，不安之貌。〔同上〕朱傳。○——與齊齊同訓。〔同上〕平議。○——，簡閱車馬貌。〔集韻·齊部〕○—，通作栖。〔詩·六月〕「六月——」陳疏。○—，齊作栖。〔詩·衡門〕「可以—遲」集疏。○—遲，或作西遲。〔釋詁〕「—遲」郝疏。

**栖** ——，依依也。〔論語·憲問〕「丘何為是——者與」朱注。○—亦通作萋。〔同上〕平議。○—即棲字。〔同上〕○—同棲。〔廣韻·齊部〕○—，正作棲。〔慧琳音義·卷二〕○——，猶皇皇也。〔通鑑·漢紀四七〕「——」音注。

**犀** —，—牛，似豕，角生鼻上。〔廣韻·齊部〕○—，堅也。〔通鑑·唐紀〕「刀槊—利」音注。又〔韓子·難二〕「—楯—櫓立於矢石之所不及」集解。○—謂直骨隱起。〔通雅·卷一八〕○—，久晚也。〔續音義·卷四〕引〔切韻〕。○—毗，今之鞓帶也。〔通雅·卷三七〕○—，一曰瓠中。〔集韻·齊部〕○郪、—、師，古音義通。〔公羊傳文公一六年經〕「盟于—丘」陳疏。○—毗通作胥紕、師比。〔通雅·卷三七〕○〔說文定聲·卷一二〕—，假借為棲。〔詩·碩人〕「齒如瓠—」。○〔同上〕—，借為庴。〔廣雅〕「—，緦也」。○—者，即棲之假借。〔詩·碩人〕「齒如瓠—」通釋。○—毗或轉為鮮卑、鵕鸃。〔通雅·卷三七〕○—當為屬。〔廣雅·釋言〕「—，總也」疏證。○—，宋本〔漢書〕作庴。〔說文〕「屖，石利也」段注。○—毗，〔史記〕作胥紕。〔漢書·匈奴傳〕「黃金—毗一」補注。

**澌** —，水盡。〔說文〕「—，水索也」義證引〔玉篇〕。○—為凡盡之偁。〔說文〕「死，—也」段注。○㾷、誓、—、嘶，並字異而義同。〔廣雅·釋言〕「喝，嘶也」疏證。○—，或作凘。〔說文〕「死，—也」義證。

**嘶** —，聲破也。〔太素·疽癰逆順刺〕「音—色脫」楊注。○—，亦破也。〔慧琳音義·卷一四〕又〔卷七六〕。○—，馬—。〔廣韻·齊部〕○—，馬鳴也。〔說文〕「誓，悲聲也」義證引〔玉篇〕。○今謂馬悲鳴為—也。〔同上〕繫傳。○㾷、誓、澌、—，並字異而義同。〔廣雅·釋言〕「喝，—也」疏證。○㾷、—通用。〔漢書·王莽傳〕「大聲而—」補注引沈欽韓。○廝、㾷、—、誓，並通。〔廣雅·釋詁三〕「廝，㪔也」疏證。○—者，誓字。〔說文定聲·卷一三〕（「喝」下）○馬—字亦當作㾷。〔說文〕「㾷，㪔聲也」段注。

**㾷** 凡言—者，皆破散之意也。〔方言六〕「—，散也」箋疏。○—，悲聲也。〔慧琳音義·卷三〇〕引顧野王。○—，咽病也。〔慧琳音義·卷三〇〕○—，噎也。〔集韻·支部〕○—、誓、斯、嘶、澌，聲同義並相近。〔方言六〕「—，散也」箋疏。○—、澌、嘶、斯、誓，聲同義並相近。〔方言六〕「—，噎也」箋疏。○—、誓、澌、嘶，並字異而義同。〔廣雅·釋言〕「喝，嘶也」疏證。○—與斯、澌字義相通。〔說文〕「—，㪔聲也」段注。○廝、—、嘶、誓，並通。〔廣雅·釋詁三〕「廝，㪔也」疏證。○—又通作斯。〔說文〕「—，㪔聲」義證。○—又通作澌。〔同上〕○—，同㾜。〔廣韻·齊部〕○—亦作嘶。〔方言六〕「—，噎也」疏證。○—，俗作誓、嘶。〔慧琳音義·卷三〇〕引顧野王。○—，俗又作誓。〔說文〕「—，㪔聲」義證。○—，字或作嘶。〔同上〕○—，又或作瘨。〔同上〕

**梯** —，木階也。〔慧琳音義·卷一二〕引〔韻英〕。○—即階也。〔說文〕「—，木階也」繫傳。○—，階級道也。〔慧琳音義·卷八五〕○—，隥也，可以登涉也。〔卷八〕引〔考聲〕。○—猶階也，以木為之，以升高也。〔通鑑·周紀四〕「毋為禍—」音注。○—之言次第也。〔廣雅·釋宮〕「—，階也」疏證。○—，凭也。〔說文〕「—，木階也」繫傳。○—言斜倚也。〔通雅·卷四〕○—几，凭几也。〔同上〕○〔說文定聲·卷一二〕—，假借為體。〔海內北經〕「西王母—几而戴勝杖」。

**鼙** —，亦謂之鞭。〔說文定聲·卷一二〕○—，通作鞞。〔說文〕「—，騎鼓也」義證。

**椑** —，圜榼。〔廣韻·齊部〕○—，圜榼也。〔說文〕「—，圜榼也」義證引〔急就篇〕顏注。○—，隋圜也。〔說文定聲·卷一二〕（「卑」下）○—，壁也。〔慧琳音義·卷一五〕○—即櫬也。〔左傳襄公二年〕「自為櫬」疏證。○親身之棺，名之為—。〔同上〕○—即地棺，親屍者也。〔說文定聲·卷一六〕（「櫬」下）○—榼，飲器。〔集韻·齊部〕○—，亦卑也。〔說文定聲·卷一五〕（「萆」下）○—之言卑也。〔廣雅·釋器〕「匾榼謂之—」疏證。○—，亦作牌。〔慧琳音義·卷一五〕○—當為柙。〔說文〕「櫪，櫪撕，—指也」義證。○—當為卑之或體。〔說文定聲·卷一二〕

**膍** —，牛百葉也。〔集韻·齊部〕○百葉曰—。〔本草·卷五〇〕○—，厚。〔詩·采菽〕「福祿—之」朱傳。○—，〔周禮〕謂之脾析。〔說文〕「—，牛百葉也」繫傳。○肶與—通。〔詩·采菽〕「福祿—之」陳疏。○〔說文定聲·卷一二〕—，假借為髀。〔詩·采菽〕「福祿—之」。

**㼰** —，罄也。〔說文〕「—，罌謂之—」義證引〔韻譜〕。○—，瓦器。〔廣韻·齊部〕

**批** —，擊也。〔廣韻·齊部〕又〔國策·燕策三〕「欲—其逆鱗哉」鮑注。又〔通鑑·唐紀〕「—其頰數十」音注。○—，亦擊也。〔漢書·揚雄傳〕補注。○—、㨽同，擊也。〔國策·秦策三〕「正亂—患」鮑注。○—，手擊也。〔通鑑·陳紀〕「角力—拉」音注。○—，反手擊也。〔通鑑·後唐紀一〕「優人—其頰」音注。○—

伉，椎擊其要也。〔通雅・卷五〕○丨，推也。〔廣韻・齊部〕○丨，轉也。〔同上〕○丨，示也。〔同上〕○丨，筆題之也。〔通鑑・後唐紀〕「衵丨其紙尾曰」音注。○丨，判也，今人謂之丨判。〔通鑑・唐紀〕「張九齡丨曰」音注。○丨扞即丨捍也。〔墨子・脩身〕「丨扞之聲」閒詁。○丨，助也。〔集韻・齊部〕

㨽　丨者，反手擊也。〔説文〕「耙，丨擊也」段注。○丨、批聲義並同。〔廣雅・釋詁〕「丨，擊也」疏證。○〔説文定聲・卷一二〕丨，假借為排。〔史記・孫吳傳〕「丨亢擣虛」。○今琵琶字當作丨耙。〔説文定聲・卷一二〕○丨，〔左傳〕作批，俗字也。〔説文〕「丨，反手擊也」段注。

躋　丨，登也。〔左傳文公二年〕「丨僖公」洪詁。又〔廣韻・齊部〕。○丨，升也。〔詩・蒹葭〕「道阻且丨」朱傳。又〔七月〕「丨彼公堂」朱傳。又〔斯干〕「君子攸丨」朱傳。又〔蒹葭〕「道阻且丨」後箋。又〔廣韻・齊部〕。○丨又訓墜。〔方言一〕「丨，登也」箋疏。○丨遭即氏惆之轉。〔方言一〇〕「惛，或謂之氏惆」箋疏。○丨，通作隮。〔釋詁〕「丨，陞也」邵正義。又〔同上〕郝疏。○丨，又通作齊。〔同上〕○丨，又通作資。〔同上〕○丨，通作擠。〔方言一〕「丨，登也」箋疏。○丨、隮、齊，古字並通。〔同上〕○丨，經典借隮字。〔説文〕「丨，登也」義證。○丨同隮。〔廣韻・齊部〕○丨，俗作隮。〔説文〕「商書曰予顛丨」段注。○丨，今〔尚書〕作隮。〔同上〕○丨，齊作齊。〔詩・長發〕「聖敬日丨」集疏。

齏　丨，醬屬也。〔慧琳音義・卷一七〕○細切曰丨。〔同上〕○細切謂之丨。〔禮記・郊特牲〕集解。○細切者為丨。〔説文定聲・卷一二〕〔「韲」下〕○丨本菜稱，用為肉稱也。〔説文〕「菹，酢菜也」段注。○丨同韲。〔廣韻・齊部〕

韲　凡醯醬所和，細切為丨。〔説文定聲・卷一二〕○酢菜之細切者曰丨。〔説文〕「丨，韲也」段注。○丨，䪢蒜為之。〔廣韻・齊部〕○丨或省作韲。〔説文〕「丨，韲也」義證。

𩐎　凡醯醬所和，細切為丨。〔楚辭・惜誦〕「懲於羹者而吹丨兮」補注引鄭康成。○丨者，細碎之名。〔廣雅・釋器〕「丨，菹也」疏證。○丨當訓為雜。〔莊子・大宗師〕「丨萬物而不為義」平議。○丨、齏、齊，字並同。〔廣雅・釋器〕「丨，菹也」疏證。○丨，同韲。〔玉篇〕

齎　丨，持遺也。〔通鑑・秦紀〕「丨盜糧者也」音注。又〔國策・西周策〕「以地丨周最」鮑注。○丨者，持遺也。〔説文・上説文書〕「遺臣丨詣闕」段注。○丨，持財遺人也。〔慧琳音義・卷二七〕○丨者，將持而遺之也。〔説文〕「丨，持遺也」義證引〔急就篇〕顏注。○丨，持也。〔慧琳音義・卷八一〕引顧野王。又〔廣韻・齊部〕。○近人則訓丨為持矣。〔説文〕「丨，持遺也」段注。○丨，持物行也。〔續音義・卷三〕引〔考聲〕。○丨，遺也。〔同上〕引〔切韻〕。又〔廣韻・齊部〕。○丨，付也。〔同上〕○丨，送也。〔同上〕○丨，裝也。〔同上〕○丨，行道之財用。〔集韻・霽部〕○丨即為財用。〔周禮・外府〕「共其則用之幣丨」孫正義。○丨謂下劣之資也。〔廣雅・釋詁一〕「𢗾，弱也」疏證。○此丨字專以食言。〔漢書・霍去病傳〕「上為遣太官丨數千乘」補注。○丨通作資。〔釋言〕「將，資也」郝疏。又〔廣雅・釋言〕「丨，裝也」疏證。○〔説文定聲・卷一二〕丨，假借為劑。〔周禮・𠨮人〕「禁門用瓢丨」。○〔同上〕丨，假借為隮。〔列子・黃帝〕「與丨俱入」。○〔同上〕丨，假借為資。〔周禮・典婦功〕「以授嬪婦及內人女功之事丨」。○丨讀為質劑之劑。〔義府・卷下〕○丨讀曰資。〔大戴・子張問入官〕「良工必自擇丨材」王詁。○丨與資同。〔廣雅・釋詁一〕「𢗾，弱也」疏證。○丨，俗字作賫。〔説文定聲・卷一二〕

賫　丨，持財與人也。〔慧琳音義・卷八〕引〔考聲〕。○丨，持也。〔卷一一〕引顧野王。又〔卷八七〕。○丨，正作齎。〔慧琳音義・卷八七〕○丨，俗齎。〔廣韻・齊部〕○丨即齎之俗。〔周禮・司尊彝〕孫正義。

擠　丨，排也。〔通鑑・漢紀一〕「為楚所丨」音注。又〔楚辭・尊嘉〕「辛夷兮丨滅」補注。○丨者，排也。〔説文〕「擠，抵也」段注。○丨，排丨。〔廣韻・齊部〕○丨，墜也。〔慧琳音義・卷九六〕引〔字書〕。○隮、丨古字通。〔左傳昭公一三年〕「知丨于溝壑矣」洪詁。○丨，〔書〕疏引作隮。〔同上〕

迷　丨，惑也。〔大戴・文王官人〕「丨隱遠而不相舍」王詁。又〔廣韻・齊部〕。○丨，誤也。〔大戴・盛德〕「丨惑失道」王詁。○丨，錯也。〔續音義・卷八〕引〔切韻〕。○丨，丨亂也。〔詩・板〕「威儀卒丨」陳疏。○丨藏，今之藏朦也。〔通雅・卷三五〕○丨陽，棘草也。〔通雅・卷四四〕○丨當讀為彌。〔呂覽・下賢〕「丨手其志氣之遠也」平議。

麛　丨，鹿子。〔禮記・玉藻〕「丨裘青豻褎」集解。又〔廣韻・齊部〕。○〔説文定聲・卷五〕丨，假借為麑。〔漢書・古今人表〕「鉏丨」。○丨，字亦作麑。〔説文〕「丨，鹿子也」段注。○丨或作麑。〔廣雅・釋獸〕「丨麛也」疏證。○丨，字或作麑。〔説文〕「丨，鹿子也」義證。

麑　丨，即今獅子。〔説文〕「丨，狻猊獸」繫傳。○丨，鹿子。〔論語・鄉黨〕「素衣丨裘」朱注。○丨之言兒也，弱小之稱也。〔廣雅・釋獸〕「麛，麑也」疏證。○倪、婗、丨、蜺、齯，義並同也。〔廣雅・釋親〕「婗，子也」疏證。○丨麛古字通也。〔釋獸〕「其子麛」郝疏。○丨，假借為麛。〔説文定聲・卷一一〕○丨，同猊。〔廣韻・齊部〕○丨，或作猊。〔説文〕「丨，狻丨獸也」義證。○鉏丨，〔古今人表〕作鉏麛。〔左傳宣公二年〕「使鉏丨賊之」洪詁。○鉏丨，〔説苑〕作鉏之彌。〔同上〕○鉏之彌急讀即作鉏丨。〔同上〕

泥　丨，塗也。〔大戴・武王踐阼〕「擾阻以丨之」王詁。○丨，今字皆用為塗丨字。〔説文〕「丨，丨水」段注。○土得水而爛曰丨。〔慧琳音義・卷八〕引〔玉篇〕。○丨即澤也。〔書・皋陶謨〕注「丨行乘橇」孫疏。○濯淖汙丨四字同義。〔史記〕「濯淖」雜志。○丨，弱也。〔釋獸〕「威夷長脊而丨」郝注。○丨丨，露濡貌。〔詩・蓼蕭〕「零露丨丨」朱傳。○丨丨，柔澤貌。〔詩・行葦〕「維葉丨丨」朱傳。○丨中猶言邑中。〔詩・式微〕「胡為乎丨中」後箋。○丨中猶中路也，亦寓賤辱義。（同上）集疏。○丨首，丨其頭面以降。〔文選・石闕銘〕「凶渠丨首」補正引劉良。○丨塗謂之涅湏。〔左傳襄公三〇年〕「使吾子辱在丨塗久矣」洪詁引〔通俗文〕。○丨通作坭。〔詩・式微〕「胡為乎丨中」通釋。○〔說文定聲・卷一二〕丨，假借為屔。〔爾雅〕「水潦所止，丨丘」。○丨即茷之假借。〔詩・行葦〕「維葉丨丨」通釋。○丨讀為涅。〔大戴・曾子制言〕「白沙在丨」述聞。○丨亦作涅。〔漢書・地理志〕「沂水出藍田谷」補注。○魏晉以後丨淖字作涅。〔說文〕「淖，丨也」段注。○丨當為泥。〔說文〕「沺，水吏也」義證。○丨，魯作柅。〔詩・行葦〕「維葉丨丨」集疏。○丨，韓作苨。（同上）

**埿** 丨，塗也。〔廣韻・齊部〕○泥、丨古今字。〔說文〕「墍，涂也」段注。

**臡** 丨，有骨醢也。〔廣韻・齊部〕○丨醢同物。〔釋器〕「有骨者謂之丨」郝疏。○丨，雜骨醬也。〔廣韻・齊部〕○丨，麋丨，肝髓醢也。〔說文〕「腝，或從難，有骨醢也」義證引〔玉篇〕。

**谿** 丨者，山瀆之無所通者也。〔說文〕「嶰，一曰小丨」段注。○丨，窮瀆氾也。〔說文定聲・卷一二〕○水注川曰丨。〔大戴・勸學〕「其赴百仞之丨」王詁。又〔易本命〕「丨谷為牝」王詁。○有水曰丨。〔說文〕「丨，山瀆無所通者」義證引〔春秋說題辭〕宋注。○丨者，隱也。（同上）義證引〔春秋說題辭〕。○丨子，弩也。〔廣雅・釋器〕○丨之為言深也。〔荀子・非十二子〕「綦丨利跂」集解。○丨讀為雞。〔荀子・非十二子〕「綦丨利跂」集解引郝懿行。○丨俗作溪。〔說文〕「丨，山瀆無所通者」繫傳。○〔穀梁〕丨作溪。〔左傳昭公一三年經〕「弒其君虔于乾丨」洪詁。

**溪** 趙本丨作谿。〔韓子・初見秦〕「左飲於淇丨」集解。○丨同谿。〔廣韻・齊部〕

**圭** 丨，丨璧。〔廣韻・齊部〕○丨璋即琥類。〔說文〕「琥，發兵瑞玉」義證。○丨，潔也。〔禮記・王制〕「夫丨田無征」集解。○丨，潔也，所以奉祭祀也。〔孟子・滕文公上〕「卿以下必有丨田」朱注。○六粟為一丨。〔說文〕「撮，四丨也」段注引〔孫子算經〕。○六十四黍為一丨。（同上）段注引孟康。○丨與蠲通。〔廣雅・釋詁〕「丨，潔也」疏證。○丨、奔、介、玠，古字並通。〔方言一〕「奔，大也」箋疏。○〔說文定聲・卷一一〕丨，假借為畦。〔禮記・王制〕「丨田無征」。○（同上）丨，假借為佳。〔周禮・蜡氏〕注「吉丨惟饎」。○丨蠲聲轉。〔釋言〕「蠲，明也」郝疏。○今本丨作閨。〔左傳襄公一〇年〕「篳門丨竇之人」洪詁。○〔史記〕丨作珪。〔左傳僖公九年〕「白丨之玷」洪詁。

**珪** 丨潔即蠲潔。〔通雅・卷七〕○丨，古文圭。〔廣韻・齊部〕

**閨** 丨，特立之户，上圜下方。〔國策・齊策三〕「至中丨」鮑注。○丨，特立之門也。〔說文〕「丨，特立之户」義證引〔玉篇〕。○宮中門小者曰丨。（同上）○宮中小門曰丨。〔通鑑・周紀〕「未至中丨」音注。○丨謂宮門之小者。〔荀子・解蔽〕「以為小之丨也」集解引郭嵩燾。○宮中之門其小者謂之丨。〔離騷〕「丨中既以邃遠兮」戴注。○丨為小門也。〔釋宮〕「其小者謂之丨」郝疏。○闈與丨即閤門也。〔周禮・守祧〕孫正義。○丨，丨閤。〔廣韻・齊部〕○丨門，〔初學記〕引作闈門。〔左傳昭公元年〕「私盟于丨門之外」洪詁。

**袿** 丨，長襦也。〔廣韻・釋器〕「袒飾，長襦也」疏證。○丨、裾聲相轉。〔釋器〕「衱謂之裾」郝疏。

**窐** 凡空穴皆謂之丨。〔說文〕「丨，空也」段注。○丨，甑孔也。〔說文〕「丨，甑空也」義證引〔玉篇〕。○丨，甑下孔。〔廣韻・齊部〕○丨，甑中孔也。〔說文〕「丨，空也」繫傳。○〔說文定聲・卷一一〕丨，假借為鑴。〔楚辭・哀時命〕「璋珪襍于甑丨兮」。○丨亦作瓹。〔說文〕「甂，一曰空也」段注。○丨，亦作甗。〔廣韻・齊部〕

**邽** 下丨縣，在馮翊。〔廣韻・齊部〕○上丨縣，在隴西。（同上）○丨，上邽縣在今甘肅秦州。〔說文定聲・卷一一〕○丨，假借為圭。（同上）

**睽** 丨，乖也。〔易・繫下〕「蓋取諸丨」李疏。又〔廣韻・齊部〕。○丨，異也。〔廣韻・齊部〕○丨，外也。（同上）○丨，字亦作䕒。〔說文定聲・卷一二〕

**奎** 丨亦人胅盆骨。〔說文〕「丨，兩髀之間」繫傳。○〔說文定聲・卷一二〕丨，猶胯也。〔釋天〕「降婁，丨婁也」。（「降」下）○〔說文定聲・卷一一〕丨，豕之胯與蹏也。〔莊子・徐無鬼〕「丨蹄曲隈」。○跨與胯，跬與丨，聲相近，皆中空之意也。〔廣雅・釋言〕「胯，丨也」疏證。○丨，星名。〔廣韻・齊部〕

**刲** 丨，刺也。〔大戴・諸侯釁廟〕「丨羊」王詁。○丨，割刺。〔廣韻・齊部〕○丨，割也。〔禮記・祭義〕「鸞刀以丨」集解。又〔通鑑・後唐紀〕「令壯士十人丨其肉自啗之」音注。○丨刳一聲之轉，皆空中之意也。〔廣雅・釋詁三〕「丨、刳，屠也」疏證。○丨，又作劃。〔廣韻・齊部〕○丨，字或作挂。〔說文〕「丨，刺也」義證。

**攜** 丨，提也。〔廣韻・齊部〕○丨猶取也。〔詩・板〕「丨無曰益」通釋。○丨，離也。〔廣韻・齊部〕又〔通鑑・唐紀〕「朱滔丨」音注。○丨，貳也。〔通鑑・唐紀〕「朱滔丨」音注。○息政外交曰丨。〔漢書〕「丨侯徐盧」雜志。○巂與丨通。〔廣雅・釋詁三〕「巂，離也」疏證。○〔說文定聲・卷一一〕丨，假借為巂。〔左傳僖公七年〕「招丨以禮」。○丨，古多假為巂。〔說文〕「丨，提也」段注。○丨，俗作携。〔說文〕「擕，以木有所擣也」義證。

**携** 丨，俗攜。〔廣韻・齊部〕

**畦** 丨，五十畝之介也。〔說文〕「塍，稻田中丨埒也」段注。○丨猶壟也。〔說文〕「丨，田五十畮曰丨」段注。○丨猶隴也。〔離騷〕「丨留夷與揭車兮」戴注。○丨，菜丨。〔廣韻・齊部〕○丨，二埒也。〔集韻・支部〕○丨，田中為堳埒也。〔文選・離騷〕「丨留夷與揭車兮」集釋引錢杲之。○丨時，其時若｜，故為｜時。〔漢書・郊祀志〕「故作｜時櫟陽」補注引錢大昭。○〔說文定聲・卷一二〕｜，以圭為之。〔禮記・王制〕「圭田無征」。

**觿**　｜者，佩角鋭耑，可以解結。〔說文〕「鑴，鬒也」段注。○｜，錐也，以象骨為之，所以解結。〔詩・芄蘭〕「童子佩｜」朱傳。○｜，錐也。〔禮記・內則〕「大｜木燧」集解。○｜，角錐，童子所佩。〔廣韻・齊部〕

**觽**　｜，事佩可以解結。〔集韻・支部〕

**蠵**　｜，大龜。〔廣韻・齊部〕

**緀**　｜斐，文章相錯貌。〔廣韻・齊部〕○今〔詩〕｜作萋。〔說文〕「｜兮斐兮」段注。

**禔**　｜，衣厚貌。〔說文定聲・卷一二〕○｜，衣服好貌。〔廣韻・齊部〕○｜｜與媞媞義略同。〔說文〕「｜，衣厚｜｜」段注。

**㡚**　｜，｜帷。〔廣韻・齊部〕

**卟**　｜，問卜也。〔廣韻・齊部〕○｜，與占同意。〔說文定聲・卷一二〕○｜，俗字作乩。〔同上〕○｜，俗作乩。〔說文〕「｜，卜以問疑也」段注。○〔說文定聲・卷一二〕｜，今本以稽為之。〔書・洪範〕「明用｜疑」。

**烓**　｜，今三隅竈也。〔說文〕「烓，行竈也」繫傳。○｜、烱、熲，聲近義同。〔方言一二〕「｜，明也」箋疏。○｜、烱、熲，並聲近而義同。〔廣雅・釋詁四〕「｜，明也」疏證。

**㷆**　｜，同烓。〔廣韻・齊部〕

**𦼮**　｜薺，藥名。〔廣韻・齊部〕○｜，蒺𦼮。〔廣韻・脂部〕

**凄**　｜，寒也。〔說文〕「湝，水流湝湝也」義證引〔玉篇〕。又〔廣韻・齊部〕。○｜，寒涼也。〔楚辭・悲回風〕「涕泣交而｜｜兮」補注。○｜｜，涼風也。〔詩・四月〕「秋日｜｜」朱傳。

**栜**　｜，赤栜也。〔詩・四月〕「隰有杞｜」朱傳。○｜，俗呼斥木。〔釋木〕「｜，赤栜」鄭注。○｜，樹之長條。〔廣韻・齊部〕○〔說文定聲・卷一二〕｜，假借為荑。〔爾雅〕「女桑，｜桑」。

**睼**　｜，遠視也，又坐見。〔廣韻・齊部〕○｜通作題。〔說文〕「｜，迎視也」義證。○｜與題通。〔文選・東都賦〕「弦不｜禽」補正。又〔同上〕集釋。○題、｜、題並通。〔廣雅・釋詁一〕「｜，視也」疏證。

**緊**　｜，戟衣也。〔廣韻・齊部〕○｜，赤黑繒。〔同上〕○｜，青黑繒。〔說文〕「｜，一曰赤黑色繒」義證引〔玉篇〕。○｜，青黑色繒也。〔說文定聲・卷一二〕○｜、鷖、翳、毉，義並與黳同。〔廣雅・釋器〕「黳，黑也」疏證。○｜，蒙也。〔左傳襄公一四年〕「｜伯舅是賴」洪詁引服虔。○｜，是也。〔廣韻・齊部〕○｜猶是也。〔左傳宣公二年〕「自詒伊慼」疏證。○｜，歎聲也。〔慧琳音義・卷六七〕引〔考聲〕。○｜，辭也。〔廣韻・齊部〕○｜，發聲也。〔左傳隱公元年〕「｜我獨無」洪詁引服虔。○｜，發語聲也。〔慧琳音義・卷六七〕引顧野王。○｜，助語之辭也。〔同上〕引〔文字典說〕。○〔說文定聲・卷一二〕｜，假借為緊。〔說文〕「｜，戟衣也」。○〔同上〕｜，假借為底。〔廣雅・釋詁一〕「｜，至也」。○〔同上〕｜，假借發聲之詞。〔左傳隱公元年〕「｜我獨無」。○｜，假借為語詞。〔說文〕「｜，戟衣也」段注。○｜扈，〔世表〕及〔世本〕、〔人表〕作「伊扈」，此作｜字，古通字。〔史記・周本紀〕「子共王｜扈立」志疑。○｜倪與嫛婗同。〔廣雅・釋親〕「婗，子也」疏證。

**禔**　｜，衣裓謂之禔也。〔廣韻・齊部〕○｜，裓｜。〔廣韻・屑部〕

**蜺**　｜，似蟬而小。〔廣韻・齊部〕○｜，虹也。〔國策・楚策一〕「野火之起也若雲｜」鮑注。○｜，日旁氣也。〔說文〕「霓，屈虹，青赤或白色陰氣也」義證引〔京房易傳〕。○｜者，斗之亂精也。〔同上〕引〔春秋演孔圖〕。○｜嫛，初生小兒名也，男曰｜，女曰嫛。〔慧琳音義・卷八六〕○倪、婗、麑、｜、齯，義並同也。〔廣雅・釋親〕「婗，子也」疏證。○〔說文定聲・卷一二〕｜，假借為霓。〔春秋元命苞〕「陰陽交為虹｜」。○｜者，霓之假借。〔釋天〕「｜為挈貳」郝疏。○｜，或假為虹霓字。〔說文〕「｜，寒蜩也」段注。

**鷈**　｜，鳥名。〔集韻・支部〕○｜，鷉｜，似鳧而小。〔廣韻・齊部〕○鷉｜亦疊韻連語，其大者曰鶻｜。〔說文定聲・卷一二〕○｜與鷉通。〔方言八〕「南楚之外謂之鷉｜」箋疏。○鷉與｜通。〔廣雅・釋鳥〕「鷉｜，鶻｜也」疏證。○｜或作鵜。〔說文〕「｜，鷉｜也」義證。又〔方言八〕「南楚之外謂之鷉｜」箋疏。○｜又作鵜。〔方言八〕「南楚之外謂之鷉｜」箋疏。

**巂**　｜者，周曰燕，越曰｜。〔說文定聲・卷一二〕○｜周，燕別名。〔說文〕「｜周，燕也」義證引〔御覽〕。○｜，即子規也。〔說文定聲・卷一二〕〔「鳺」下〕○｜周，子規也。〔說文〕「｜周，燕也」義證引〔禽經〕。○子鵑鳥今云是｜，或曰｜周。〔說文〕「｜周，燕也」義證引〔華陽國志〕。○〔說文定聲・卷一二〕｜，假借為規。〔禮記・曲禮〕「立規五｜」。○｜，同鸛。〔廣韻・齊部〕○官本｜作雋。〔漢書・成帝紀〕「越｜山崩」補注。

**鸛**　｜，子｜鳥，出蜀中。〔廣韻・齊部〕

**鑴**　｜與鑑同物。〔說文〕「｜，鬒也」段注。○｜，大鍾。〔廣韻・齊部〕

齎 一，等也。〔廣韻·齊部〕又〔集韻·齊部〕。○一者，等也。〔說文〕「輥，轂一等貌也」段注。○一與儕略同。〔說文定聲·卷一二〕○齊等字當作一。〔說文〕「一，等也」段注。○一，經典多用齊。〔說文〕「一，等也」義證。○一，或作𧷾。〔集韻·齊部〕

𨏼 一，車輪轉一周為一。〔集韻·齊部〕○一，通作巂。（同上）

笓 一，取蝦竹器。〔廣韻·齊部〕○一，取蝦具。〔集韻·齊部〕○一，次也。〔集韻·質部〕○坒、一、比並通。〔廣雅·釋詁三〕「坒、一，次也」疏證。○坒、一一字也。（同上）

麡 一，獸名，如麋，角前俯，入林則挂，常在平野。〔集韻·齊部〕○一狼似鹿而角向前，入林則挂其角。〔廣韻·齊部〕○一狼大如麋，角前向。〔文選·吳都賦〕「其下則有梟羊一狼」〔集釋引〔異物志〕。

酅 一，地名，在東平。〔廣韻·齊部〕○一邑在青州府臨淄縣東。〔左傳莊公三年經〕「以一入于齊」疏證引〔一統志〕。○一亭在齊國東安平縣南十餘里。（同上）引馬宗璉。○漢一亭在今山東青州府臨淄縣東。〔說文定聲·卷一二〕○（同上）一，假借為崖。〔左傳僖公二八年〕「楚師背一而舍」。○一，〔公羊〕、〔穀梁〕並作巂。〔左傳僖公二六年經〕「公追齊師至一」洪詁。

霋 一，當為霽之或體。〔說文定聲·卷一二〕

嬱 一，好也。〔詩·采蘋〕「有一季女」集疏引韓說。○一，好貌。〔廣韻·齊部〕○〔說文定聲·卷一二〕一，毛本以齊為之。〔詩·采蘋〕「有一季女」。

鑇 一，利也。〔廣韻·齊部〕又〔集韻·齊部〕。○〔說文定聲·卷一二〕一，以資為之。〔易·旅〕「得其一斧」。

䌆 一，絓一也。〔說文〕「絓，繭滓絓頭也」義證引〔玉篇〕。○繫一，惡絮也。〔說文定聲·卷一二〕○縴一，惡絮。〔廣韻·齊部〕○一與絓略同。〔說文定聲·卷一二〕○一字亦作𢄤。（同上）

邌 一，徐行貌。〔廣韻·齊部〕○一與黎通。〔廣雅·釋詁四〕「一，遲也」疏證。○一又借犂字。〔說文〕「一，徐也」義證。○一，史書皆以黎、以犂為之。〔說文定聲·卷一二〕

鯬 一，一鮁。〔廣韻·齊部〕○一，今鰻魚也，亦呼鰻一。〔釋魚〕「一，鮁」鄭注。○鮁、一、鮁三字古皆聲近。（同上）郝疏。

𨞈 一，在今山西潞安府黎城縣。〔說文定聲·卷一二〕○一，亭名，在上黨。〔廣韻·齊部〕○一，通作耆。〔說文〕「一，殷諸侯國」義證。○一，通作黎。（同上）○一，或作阢，或作飢，皆假借字也。〔說文〕「一，殷諸侯國」段注。○一，今文〔尚書〕作耆。（同上）

郪 一，縣名，在梓州。〔廣韻·齊部〕○一，在今安徽潁州府城東八里。〔說文定聲·卷一二〕○一丘，〔公羊〕作菑丘，〔穀梁〕作師丘。〔左傳文公一六年經〕「盟于一丘」洪詁。

袛 一，一裯，短衣。〔廣韻·齊部〕○古一振多通用。〔說文〕「䙉，鄉飲酒䙉」段注。○一裯雙聲字。〔方言四〕「或謂之一裯」箋疏。○一，緹之或體。〔說文定聲·卷一二〕（「祇」下）

奃 一，大也。〔廣韻·齊部〕○一，此謂根柢之大。〔說文〕「一，大也」段注。

𡰝 一褫，行跛。〔集韻·齊部〕○一與提攜義相近。〔說文〕「一，尪不能行，為人所引曰一𡰝」段注。○一𡰝與提攜略同。〔說文定聲·卷一二〕○一，〔玉篇〕作𡰝。〔說文〕「一，尪不能行」段注。

𧣒 一，獸角不正。〔廣韻·齊部〕○一，一曰鑴也。或書作䚢。〔集韻·齊部〕○摘，摘、掃並與一同義。〔廣雅·釋器〕「一，鑴也」疏證。○掃與一通。（同上）

䬳 一餬，寄食也。〔集韻·齊部〕○蘇酪之精醇者曰一餬。〔慧琳音義·卷四八〕○一餬，或作醍醐。〔卷一三〕

𧡟 一，一曰顯也。〔集韻·霽部〕○一，現也。〔廣韻·齊部〕○一，視貌。〔廣韻·霽部〕○一之為言亦察及微杪也。〔說文〕「一，顯也」段注。○一、睼、題並通。〔廣雅·釋詁一〕「一，視也」疏證。○提與一同。〔管子〕「提提」雜志。

醍 一，一醐。〔廣韻·齊部〕○一醐，酥之精粹也。〔慧琳音義·卷一二〕○一醐，酥之至精醇者。〔卷六〇〕引〔韻詮〕。○一醐，蘇中不凝者也。〔卷九六〕引〔考聲〕。○一、緹字同。〔周禮·司尊彝〕疏「齊一在堂」孫正義。○一，一酒。〔廣韻·齊部〕

鷤 一，一鴂鳥。〔廣韻·齊部〕○一鴂，又名杜鵑。〔漢書·揚雄傳〕「徒恐一鴂之將鳴兮」補注引〔玉篇〕。○一鴂、杜鵑一聲之轉。（同上）補注引王引之。○一鴂，一作鶗鴂。〔漢書〕「一鴂」雜志。○一鴂，一作鶗鴂。（同上）○一，字或作鶗。〔說文〕「巂周，燕也」義證。

鶗 一，一鴂鳥。〔廣韻·霽部〕○一，一鴂鳥，春三月鳴也。〔廣韻·齊部〕

鼶 一鼠，亦曰鼶鼠。〔說文定聲·卷一二〕○（同上）一鼬，今本作鼬鼪。〔爾雅〕注「夏小正曰一鼬則穴」。

鮷 一，魚黑色。〔廣韻·齊部〕○一，魚四足者。（同上）

厗 一，磄一，石也。〔廣韻·齊部〕○一，銳石也。〔說文定聲·卷一二〕○一，古銻字。〔說文〕「一，唐一，石也」段注引〔玉篇〕。又〔說文〕「鎕，鎕銻，火齊」義證引〔玉篇〕。○一，凡犀利正字當作此。〔說文定聲·卷一二〕○一，字亦作磃。（同上）○一，或作蹄。〔通雅·卷一六〕○一當為虒。〔漢書·地理志〕「—奚」補注引王念孫。

**騠** —，—鞮，四夷樂也。〔廣韻·齊部〕○—婁，經典作鞮鞻。〔説文〕「—，—婁，四夷之舞，各自有曲」義證。○—婁，今〔周禮〕作鞮鞻。〔同上〕段注。

**鷈** —、鷉同。〔方言八〕「野鳧，南楚之外謂之鸊鷉」疏證。○—與鷉亦通。〔同上〕箋疏。

**豍** —，豆名。〔廣韻·齊部〕○—豆，豌豆也。〔通雅·卷四四〕○—豆，扁豆也。〔同上〕○—豆，今謂蛾眉豆。〔同上〕○—，或作藊。〔同上〕

**幉** —，車—。〔廣韻·齊部〕○—幉，嗛也。一曰車帷。〔集韻·齊部〕

**螕** —，牛蝨。〔廣韻·齊部〕○—，牛虱也。〔本草·卷一七〕○—，今蘇俗謂之牛蝱。〔説文定聲·卷一二〕○—，今蘇俗謂之狗鼈。〔同上〕○—，今人謂齧狗蟲，語亦同。〔説文〕「—，齧牛蟲也」段注。○—蠹，即蚍蜉，又作蜱蜉，皆假借字。〔漢書·五行志〕「一曰螟始生」補注引葉德輝。

**梐** —，門外行馬。〔廣韻·齊部〕○—之言比密也。〔廣雅·釋宮〕「—，牢也」疏證。○—，假借為陛。〔説文定聲·卷一二〕○—，字本作陛。〔廣雅·釋宮〕「—，牢也」疏證。○—，又作狴。〔同上〕

**禾** —，木方長，上礙於物而曲也。〔説文〕「—，木之曲頭，止不能上也」繫傳。○—，木不長也。〔廣韻·齊部〕○—，木之曲止也。〔説文〕「稽，留止也」繫傳。○—即止也。〔説文〕「積，多小意而止也」繫傳。○—，與天同意。〔説文定聲·卷一二〕○—通作稽。〔説文〕「—，木之曲頭，止不能上也」義證。

**豯** —，豕生三月。〔廣韻·齊部〕○豕生三月曰—。〔説文〕「—，生三月豚」義證引〔玉篇〕。○—通作奚。〔方言八〕「豬，南楚或謂之豨」箋疏。○奚為本字，—為借字。〔漢書〕「—養」雜志。○—，字或作豯。〔説文〕「—，生三月豚」義證。○——當為奚奚。〔説文〕「—，腹——貌也」義證。○—，本作奚。〔漢書·地理志〕「藪曰—養」補注。

**犤** —，—犤，短也。〔集韻·齊部〕又〔支部〕。○—犤，短貌。〔廣韻·齊部〕○—犤，短也。〔廣雅·釋詁二〕「侏儒，短也」疏證。○匾㔸與—㔸一聲之轉。〔廣雅·釋器〕「匾，㔸也」疏證。

**螷** —，螢火。〔廣韻·齊部〕

**鍩** —，堅也。〔廣韻·齊部〕

**鍇** 鍇、—聲相近，方俗語轉耳。〔廣雅·釋詁二〕「鍇、—，堅也」疏證。

**螇** —蝷，今蘇俗曰知了，即蝭蟧之音轉也。〔説文定聲·卷一二〕○—蚸，今俗呼蛤苔板是也。〔同上〕○—，土螽，似蝗。〔廣韻·齊部〕○—蝷，似蟬。〔同上〕

**郋** —，里名。〔廣韻·齊部〕○今河南許州郾城縣東四十五里有故召陵城，召陵有—里。〔説文定聲·卷一二〕

**鼆** —，水蟲。〔廣韻·齊部〕○—，此蟲大腹，故从黽。〔説文定聲·卷一二〕

**嫛** 始生曰—婗。〔説文〕「婗，—婗也」義證引〔玉篇〕。○—婗，嬰兒貌也。〔同上〕繫傳。○—婗雙聲連語，猶言嬰兒也。〔説文定聲·卷一二〕○—婗疊韻連語，鷖彌、緊倪皆借字。〔説文〕「—，婗也」句讀。

**黟** —，一曰黑木。〔集韻·脂部〕○—，黑也。〔廣雅·釋器〕疏證。○—，今安徽徽州府—縣，本秦置縣，以—山得名。〔説文定聲·卷一〇〕○—，或作黝。〔集韻·脂部〕○—，或作黟。〔同上〕

**郳** —城在東海。〔廣韻·齊部〕○—城在滕縣東一里。〔左傳莊公五年經〕「—犁來來朝」疏證引〔兖州府志〕。○—城在繒城南。〔同上〕疏證引沈欽韓。○今山東兖州府滕縣、嶧縣並有—城。〔説文定聲·卷一二〕○—犁，〔公羊〕作倪犁。〔左傳莊公五年經〕「—犁來來朝」洪詁。

**譺** —，相言應辭。〔廣韻·齊部〕○—，猶是也，然也。〔慧琳音義·卷九〇〕

**婗** —，嫛—。〔廣韻·齊部〕○嫛—雙聲連語，即嬰兒之音轉。〔説文定聲·卷一二〕○—，兒始生。〔説文〕「—，嫛—也」義證引〔韻譜〕。○—亦兒也，方俗語有輕重耳。〔廣雅·釋親〕「—，子也」疏證。○倪、—、麑、蜺、齯，義並同也。〔同上〕○—，字亦作唲。〔説文定聲·卷一二〕

**㮴** —，椑—。〔廣韻·齊部〕○—，押指也，如今之拶指。〔説文定聲·卷一二〕○—讀同析。〔説文〕「—，櫪—也」段注。

**屖** —遲，不進也。〔説文〕「—，—遲也」繫傳。○—，瓠—。〔廣韻·齊部〕○—，堅也。〔説文〕「—，遲也」繫傳。○—，此字實屖之籀文。〔説文定聲·卷一二〕○—遲即〔陳風〕之棲遲也。〔説文〕「—，遲也」段注。○—，今作栖。〔同上〕段注引〔玉篇〕。

**誓** —，悲聲。〔廣韻·齊部〕○—，語而聲悲也。〔慧琳音義·卷八〕引〔考聲〕。○嘶、—、澌、嘶，並字異而義同。〔廣雅·釋言〕「喝，嘶也」疏證。○—，俗作嘶。〔説文〕「—，悲聲也」義證。○—，今作嘶。〔同上〕句讀。○—，聲散也。〔集韻·支部〕○—，善也。〔集韻·齊部〕

**櫅** —，木名，白棗也。〔集韻·齊部〕○—，白棗，可以為大車軸。〔説文〕「—，木也」義證引〔玉篇〕。○—，榆屬。〔説文定聲·卷一二〕○—榆，堪作車轂。〔廣韻·齊部〕○蹙咨之合聲為—。〔釋木〕「—，白棗」郝疏。

**睨** —，病人視貌。〔廣韻·齊部〕○—，各本作睨。〔説文〕「—，病人視也」段注。

**覞** —，病人視也。〔説文定聲·卷一二〕○—，讀若迷。〔同上〕○—，字亦作睨。〔同上〕

屔 ｜是正字，尼是假借字。〔説文〕「｜，反頂受水丘也」段注。〇｜是正字，泥是古通用字。〔同上〕〇｜，〔爾雅〕以泥為之。〔説文定聲・卷一二〕〇｜，本亦作泥。〔説文〕「｜，反頂受水丘也」義證引〔玉篇〕。〇｜，字亦作坭。〔説文定聲・卷一二〕

忚 ｜，欺慢之貌。〔廣韻・齊部〕〇｜與忚同。〔廣雅・釋訓〕「慴忚，欺謾也」疏證。

𠤷 ｜，匾｜，薄也。〔廣韻・齊部〕〇｜，薄貌也。〔慧琳音義・卷三四〕引〔考聲〕。〇｜，俗作牑。〔同上〕

𧇊 ｜，婢｜。〔廣韻・齊部〕

鷉 ｜，｜鶩，水鳥。〔廣韻・齊部〕〇｜鵜，水鳥。〔集韻・齊部〕〇｜或作鶨。〔同上〕

鼷 ｜，小畚。〔廣韻・齊部〕

𦓃 ｜，田器。〔廣韻・齊部〕〇｜，四齒，五齒杷也。〔説文定聲・卷一一〕〇｜亦杷也。〔説文〕「杷，收麥器」段注。〇｜之言刲也。〔廣雅・釋地〕「｜，耕也」疏證。〇｜字或作桂。〔説文〕「｜，｜义可以劃麥」義證。

茥 ｜，葐盆。〔説文〕「奎，兩髀之間」繫傳。〇｜，缺盆草也。〔廣韻・齊部〕〇｜，覆盆子。〔釋艸〕「｜，葐盆」鄭注。〇｜即覆盆也。〔説文〕「｜，缺盆也」繫傳。〇｜，苺子形似覆盆謂之｜，與山苺、藨苺同類別種。〔説文定聲・卷一二〕〇｜，一名蓬累。〔説文〕「｜，缺盆也」繫傳。〇｜、葐古聲相近。〔廣雅・釋草〕「葐盆，苺也」疏證。

湀 ｜，泉水通川。〔廣韻・齊部〕

藈 ｜，瓠瓠。〔廣韻・齊部〕〇鉤｜姑俱聲相轉。〔釋草〕「鉤，｜姑」郝疏。〇｜，亦作瓹。〔廣韻・齊部〕

驨 ｜，似馬，一角。〔廣韻・齊部〕

觟 ｜，盾握也。〔廣韻・卦部〕又〔集韻・卦部〕。

𢤱 ｜，有二心也。〔集韻・支部〕〇｜，離心也。〔廣韻・齊部〕〇｜，猶言攜貳也。〔説文〕「｜，有二心也」繫傳。〇｜與攜通。〔廣雅・釋詁三〕「｜，離也」疏證。〇｜，經典借攜字。〔説文〕「｜，有二心也」義證。〇｜，古多假借攜為之。〔同上〕段注。〇｜，字亦以攜為之。〔説文定聲・卷一一〕

纗 ｜，引申之為凡系之偁。〔説文〕「｜，維綱中繩也」段注。

𥄗 ｜，映人而視也。〔説文〕「｜，蔽人視也」繫傳。〇｜，能視也。〔廣韻・齊部〕〇｜，躁視也。〔集韻・齊部〕

睳 ｜，目晵。〔廣韻・齊部〕

徲 ｜徥即栖遲也。〔説文〕「遲，或從𡰥，徐行也」義證引錢大昕。〇｜，欽遲、希待之意當作此。〔説文定聲・卷一二〕〇｜，字亦作徲。〔同上〕〇｜，字亦作徲。〔同上〕

鑗 ｜，金屬。〔廣韻・脂部〕〇｜，黑金也。〔集韻・脂部〕〇｜與犂義同音別。〔説文〕「｜，金屬也」段注。〇｜，假借為犂。〔説文定聲・卷一二〕〇｜，字亦作劙。〔説文定聲・卷一二〕〇｜與鏫同。〔説文〕「｜，金屬」義證引〔玉篇〕。又〔同上〕句讀。〇｜，或作鏫。〔集韻・脂部〕

鱺 ｜，小鮦也。〔説文〕「｜，魚名」義證引〔類篇〕。〇｜，魚名，小鮦也。〔集韻・支部〕〇｜，鰻也。〔説文〕「｜，魚名」義證引戴侗。〇｜，即鰻也。〔説文定聲・卷一〇〕〇｜即今人謂鰻為鰻｜之字也。〔説文〕「｜，｜魚也」段注。〇〔説文定聲・卷一〕借｜為鱧。〔廣雅〕「｜，鮦也」。〔「鮦」下〕〇〔説文定聲・卷一〇〕｜，字亦作鯬。〔釋魚〕「鯬，鯠」。〇｜，一作鱧。〔廣雅・釋魚〕「｜，鮦也」疏證。〇｜，一作鱶。〔同上〕

觟 〔説文定聲・卷一一〕｜，假借為懈。〔淮南・俶真〕「萬民乃始慲｜離跂」。

焍 ｜，灼龜木。〔集韻・齊部〕

𨊥 ｜，讀如笄，轂末也。〔説文〕「軏，車徹也」義證引戴震。

㑆 ｜俾，佯不知貌。〔廣韻・齊部〕又〔集韻・齊部〕。

兒 ｜者，倪也。〔説文繫傳・通論中〕〇｜，姓也。〔廣韻・齊部〕〇｜，〔莊子〕作倪。〔漢書・古今人表〕「王｜」補注引梁玉繩。

刲 ｜，剄也。〔集韻・齊部〕〇剄｜，以刀解物。〔廣韻・齊部〕

𠟱 ｜，剚｜。〔廣韻・齊部〕〇｜，剚也。〔集韻・齊部〕

廲 ｜廔，綺窻。〔説文〕「廔，屋麗廔也」義證引〔玉篇〕。又〔廣韻・齊部〕。〇｜廔猶玲瓏也，漏明之象。〔説文〕「廔，屋麗廔也」繫傳。

岻 ｜，山名。〔廣韻・齊部〕

崹 崥｜，山貌。〔廣韻・齊部〕

搋 ｜，虒行貌。〔廣韻・齊部〕〇｜，不能行，為人所引。〔説文〕「搋，搋搋也」義證引〔玉篇〕。

矣 ｜，獸迹。〔廣韻・齊部〕又〔集韻・齊部〕。〇｜，邑名，在洛陽。〔廣韻・齊部〕

娫 —,女字。〔集韻·齊部〕

婜 —,齊人呼母。〔廣韻·齊部〕

⿱埶女 —,女字。〔集韻·齊部〕

媙 —,批也。〔集韻·齊部〕○—,或从手。(同上)

⿰女斯 —,女貌。〔集韻·齊部〕

抅 —抅,裂也。〔廣韻·齊部〕○抅—,裂也。〔集韻·齊部〕

徲 —,久待。〔廣韻·齊部〕

⿰扌奎 —,中鉤。〔廣韻·齊部〕○—,與封同。〔儀禮·特牲饋食禮〕「離肺」胡正義。

撕 —,提—。〔廣韻·齊部〕

悂 —,誤也。〔廣韻·齊部〕○—,意併也。〔集韻·齊部〕○—,或作⿰忄奎。(同上)

惿 —,—撕,心怯。〔集韻·齊部〕

⿰片是 —,辟方丈。〔集韻·齊部〕

⿰片虒 —,牌也。〔集韻·齊部〕

⿷匚垔 —,仆也。〔集韻·齊部〕

⿰圭欠 —,邪也。〔廣韻·齊部〕○—,邪貌。〔集韻·齊部〕○—,一曰聲也。(同上)

淣 —,水際也。〔集韻·齊部〕

⿰氵屖 —,研米槌也。〔廣韻·齊部〕○—,米瀾也。〔集韻·齊部〕

樨 —同⿰氵屖。〔廣韻·齊部〕

⿱隶木 —⿰木斯,弩楔木也。〔廣韻·齊部〕○—⿰木斯,弩楔。〔集韻·齊部〕

⿰木奎 —,橿也。〔廣韻·齊部〕○—,鋤橿也。〔集韻·齊部〕

榽 —蘇,木名,似檀。〔廣韻·齊部〕○—,—棱。〔廣韻·佳部〕

椑 —⿰木斯,小樹。〔廣韻·齊部〕○—,樹栽也。(同上)

檜 —,木名,如楓。〔集韻·齊部〕○—風,扶杓木也。〔廣韻·齊部〕

⿰木乖 —,棲也。〔集韻·齊部〕

⿰犭米 —犴,獸名。〔集韻·齊部〕

⿰犭是 —,犬名。〔集韻·齊部〕

⿸疒圭 —,癡貌。〔集韻·齊部〕

瑅 —,玉名。〔廣韻·齊部〕○—瑭,玉名。〔集韻·齊部〕○—,或从弟。(同上)

瑿 —珀,—是衆珀之長,故號—珀。〔本草·卷三七〕○—,亦作⿱殹石,其色黳黑,故名。(同上)

瓈 —,玻—,寶玉。〔廣韻·齊部〕○玻—,玉名。〔集韻·齊部〕

瓗 —,赤玉。〔集韻·齊部〕

磃 —霜,石藥,出道書。〔廣韻·齊部〕○—,性猛如貔,故名。〔本草·卷一〇〕

⿱殹石 —,美石,黑色。〔廣韻·齊部〕○—,美玉,黑色。〔集韻·齊部〕○—,黑色玉也。〔慧琳音義·卷八一〕引〔文字集略〕。○—,黑山寶也。〔卷七七〕引〔文字集略〕。○—,通瑿。(同上)○—,或作瑿。〔卷八一〕引〔文字集略〕。

磾 —,黑石也。〔慧琳音義·卷七七〕○—,石黑,可染繒,出琅邪。〔集韻·齊部〕○—,漢石經〔公羊傳〕以此為隄字。〔說文定聲·卷一四〕

⿰禾圭 —,田器也。〔說文〕「⿰禾圭,⿰禾圭叉可以劃麥」義證引〔玉篇〕。

⿱屖瓦 —,小瓶也。〔集韻·齊部〕

⿰巂瓦 —,甗下孔。〔廣韻·齊部〕○—,甗空也。〔集韻·齊部〕

⿰目奚 —,目動也。〔集韻·齊部〕

⿰目虒 ——,視困貌。〔廣韻·齊部〕

䁻 丨，視。〔廣韻·齊部〕○丨，視也。〔集韻·齊部〕

盠 丨，以瓢為飲器也。〔廣韻·齊部〕

胿 丨，腣丨。〔廣韻·齊部〕○腣丨，大腹。〔集韻·齊部〕

⿰月是 丨，膌丨，强脂。〔廣韻·齊部〕

⿰⺈色 丨，痛聲。〔廣韻·齊部〕

⿰奚色 丨，黃病色也。〔廣韻·齊部〕○丨，黃病色。或从兮。〔集韻·齊部〕

⿰臣虎 丨，臥也。〔廣韻·齊部〕又〔集韻·齊部〕。○丨，一曰虎臥息微。（同上）○丨同⿸虍臥。〔廣韻·齊部〕

⿸虍臥 丨，臥也。〔廣韻·齊部〕

蝰 丨，蛹也。〔廣韻·齊部〕○丨，蟲名，蠶蛹也。〔集韻·齊部〕

⿱艹蟲 丨，食苗蟲名。〔集韻·齊部〕

筣 丨，竹名。〔廣韻·齊部〕

⿱竹⿷匚是 丨，竹名。〔廣韻·齊部〕○丨，一曰竹器。〔集韻·齊部〕

莉 丨，茈丨，織荆。〔廣韻·齊部〕○丨，草名，一曰茈丨，織荊障。〔集韻·齊部〕

蒵 丨，草名。〔廣韻·齊部〕

⿱艹提 丨，草名。〔集韻·齊部〕○丨或作蕛。（同上）

⿱艹緹 丨，草名，蕛侯莎，其子丨。〔集韻·齊部〕○丨，通作緹。（同上）

⿱艹齎 丨，丨菜。〔廣韻·齊部〕

⿰衤尼 丨，喪禮首服。〔集韻·齊部〕

⿰衤夷 丨，衣名，裲襠也。〔集韻·齊部〕

⿱殹衣 丨袼，次衣。〔集韻·齊部〕

⿰衤巂 丨，一幅巾。〔集韻·齊部〕

⿰糹坒 丨，謬也。〔廣韻·齊部〕○丨，并也，事謬織疏也。〔集韻·齊部〕

粞 丨，碎米。〔廣韻·齊部〕○米碎曰丨。〔集韻·齊部〕

罠 丨，罔也。〔集韻·齊部〕

罤 丨，兔網。〔廣韻·齊部〕又〔集韻·齊部〕。○丨，罝之異名。〔釋器〕「兔罟謂之罝」郝疏。○丨，通作蹄。〔集韻·齊部〕

⿱罒米 丨，深入也。〔集韻·齊部〕○丨，或作罙、宷。（同上）

宷 丨，冒也。〔說文〕「敹，从攴丨」段注。○丨，或罙字。（同上）

⿰角畀 丨，横角牛名。〔廣韻·齊部〕○丨，牛角横。〔集韻·齊部〕

⿰⻊弟 丨，丨蹋。〔廣韻·齊部〕○丨，蹋也。〔集韻·齊部〕

⿰⻊奎 丨，丨踽，搏物貌。〔集韻·齊部〕

⿰言尼 丨，呼也。〔集韻·齊部〕

謕 丨，轉相誘語。〔廣韻·齊部〕○丨，語相誘。〔集韻·齊部〕

謑 丨，丨詢，怒也。〔集韻·齊部〕

⿰酉㒼 丨，醭丨，醬上白也。〔廣韻·齊部〕

⿱彌酉 麴蘖謂之丨。〔集韻·齊部〕

鈚 丨，丨箭。〔廣韻·齊部〕

銕 鐵謂之丨。〔集韻·齊部〕○丨，古以為鐵字。（同上）

⿰金奎 丨，鍷也。〔集韻·齊部〕

鑇 丨，切也。〔集韻·齊部〕

⿱齊隹 丨，鳥飛貌。〔集韻·齊部〕

頣　一，頭垂下貌。〔集韻·齊部〕

頿　一，頭垂貌。〔集韻·齊部〕

頚　一，頭不正。〔集韻·齊部〕

颱　一，風也。〔集韻·齊部〕

餅　一，餹餅。〔廣韻·齊部〕○一，餌也。〔集韻·齊部〕

骴　一，肩骨。〔廣韻·齊部〕○一，六畜頭中骨。〔集韻·齊部〕

騗　一，一遍。〔廣韻·齊部〕

鷖　一，馬色黑。〔集韻·齊部〕

驝　一，馬屬。〔廣韻·齊部〕○一，亦作騹。（同上）

鴺　一，水鳥。〔集韻·齊部〕○一，水鳥。〔說文〕「一，鳥也」繫傳。○一，一曰鵜。（同上）

鸊　一，一鵳，鳥名。〔廣韻·齊部〕又〔集韻·齊部〕。

麞　一，鹿屬。〔廣韻·齊部〕

麛　一，鹿跡。〔集韻·齊部〕○一，一曰鹿媒。（同上）

黫　一，汙也。〔集韻·齊部〕

鼊　一，一鼅，似黽，堪啖，多膏。〔廣韻·齊部〕○一鼅，黽屬，如黽而多膏。〔集韻·齊部〕○一，或作鼊。（同上）

# 續經籍纂詁卷第九

上平聲

## 九　佳

佳　一，善也。〔廣韻·佳部〕○一，好也。（同上）○善謂之一，亦謂之介。〔廣雅·釋詁一〕「一，大也」疏證。○一者，善之大也。（同上）○一，大也。〔詩·葛屨〕「宛然左辟」後箋。又〔廣韻·佳部〕。○大謂之介，亦謂之一。〔廣雅·釋詁一〕「一，大也」疏證。○一介語之轉耳。（同上）

街　四達之道曰一。〔說文〕「一，四通道也」義證引〔急就篇〕顏注。○一，交道也。（同上）義證引〔三蒼〕。○一，都邑之中大道也。〔慧琳音義·卷四〕引〔考聲〕。○一，道也。〔太素·經脈標本〕「胻氣有一」楊注。○一猶階也，並出之意。〔說文〕「一，四通道也」繫傳。○一彈，在鄉之旗亭也。〔通雅·卷三八〕○一與衢同。〔文選·兩都賦〕「一衢洞通」集釋。○一當作衙。〔管子·五行〕「六多所以一天地也」平議。

鞋　一，履也。〔廣韻·皆部〕○一，即履也。〔本草·卷三八〕○古者以革為屨，以帛為履，周人以麻為一。（同上）○一，同鞵。〔廣韻·佳部〕

鞵　一，革鞮也，革底麻枲。〔說文〕「一，革生鞮也」義證引〔玉篇〕。○一，屩也。〔廣韻·佳部〕○一，今俗作鞋。〔說文〕「一，革生鞮也」繫傳。

牌　一，牌牓也。〔廣韻·佳部〕

柴　一，薪也。〔廣韻·佳部〕○一，木一也。〔說文定聲·卷一六〕（「薪」下）○一之為言仳仳然小也。〔廣雅·釋木〕「梢，一也」疏證。○一池，即茈虒，音義並同差池。〔漢書·司馬相如傳〕「一池茈虒」補注。○一虒，當即讀差池也。〔義府·卷下〕○一與棧音義兩通。〔漢書·淮南厲王傳〕「與棘蒲侯一武太子奇謀」補注引盧文弨。○〔說文定聲·卷一二〕一，假借為柴。〔虞書〕「一望秩于山川」。○一讀為柴，同聲假借也。〔述聞·卷二三〕○一讀曰寨。〔漢書·地理志〕「一辟」補注引王鳴盛。○一，齊聲轉。〔釋詁〕「齊，病也」郝疏。○一當為柴。〔說文〕「禘，一祭天神」義證。○一，當本作骴。〔詩·車攻〕「助我舉一」後箋。○一，〔文選〕作傑。〔漢書·司馬相如傳〕「一池茈虒」補注。

釵　一，婦人歧笄也。〔廣韻·佳部〕○一，叉髻也。〔慧琳音義·卷五三〕引〔文字集略〕。

鞁　一，謂盛箭者也。〔慧琳音義·卷五五〕○鞴一，盛箭室。〔廣韻·佳部〕

差　一，弍也。〔說文定聲·卷一〇〕○一，忒也。（同上）○一，左不相值也。（同上）○一，一殊。〔廣韻·佳部〕○一，不齊。（同上）○一，擇。〔詩·吉日」「既－我馬」朱傳。○－，擇也。〔詩・東門之枌〕「穀旦于－」朱傳。又〔通鑑・漢紀〕「當－留新兵之温厚者千人」音注。○－、論，皆擇也。〔墨子〕「－論」雜志。○－，簡也。〔廣韻・皆部〕○－，觀也。〔詩・東門之枌〕「穀旦于－」後箋引〔黄氏日鈔〕。○－之言磋也。〔廣雅・釋詁三〕「－，磨也」疏證。○〔説文定聲・卷一〇〕－，假借為着。〔左傳〕「－軍鮑點」。○（同上）－，假借為羞。〔左傳襄公一四年〕「庾公－字子魚」。○（同上）－，假借為㽪。〔廣雅・釋詁三〕「－，磨也」。○－讀為羞。〔述聞・卷二三〕○瓻、－、錯一聲之轉。〔廣雅・釋詁三〕「瓻、－、錯，磨也」疏證。○－弗，別本作羌弗。〔史記・周本紀〕「子－弗立」志疑。

**厓**　－，山邊。〔廣韻・佳部〕○－，山邊也。〔説文〕「隩，水隈－也」段注。○－者，山邊也。〔説文〕「粼，水生－石閒粼粼也」段注。○－亦謂之巖。〔説文〕「巖，－也」段注。○平者曰－。〔説文〕「隒，崖也」段注。○山邊、水邊皆得名－。〔詩・蒹葭〕「在水之涘」後箋。○－，引申之為水邊。〔説文〕「隩，水隈－也」段注。○－乃總名，湄是－之別名。〔詩・蒹葭〕後箋。○－，方也。〔廣雅・釋詁四〕「踦、際，方也」疏證。○－與方同義。〔漢書〕雜志。○－，猶旁也。〔説文定聲・卷一二〕○－、涯並與崖通。〔漢書〕雜志。○－、岸、垠、堮，一聲之轉。〔廣雅・釋邱〕「垠，－也」疏證。○－，今之涯字。〔説文〕「瀕，水－」段注。○－，字或作崖。〔廣雅・釋邱〕「隒，－也」疏證。○－，又作涯。（同上）○－眥，〔史記〕曰睚眦，此用－者，省文也。〔漢書・孔光傳〕「－眥莫不誅傷」補注引宋祁。

**崖**　－，山際邊處也。〔慧琳音義・卷一〕引〔集訓〕。○－，山邊高險也。〔卷六〕引〔桂苑珠叢〕。○－者，高邊也。〔説文〕「隒，－也」段注。○－，高岸也。〔慧琳音義・卷二〕引〔韻英〕。○－，－岸。〔廣韻・支部〕○－，高－也。〔廣韻・佳部〕○－，厓之峻而高者。〔説文定聲・卷一二〕○－即岸也。（同上）○－，山澗險岸也。〔慧琳音義・卷六〕引〔考聲〕。○－，山澗邊險岸也。〔卷六六〕引〔考聲〕。○－，水邊地有垠堮也。〔説文〕「－，高邊也」繫傳。○東－猶東方耳。〔漢書・息夫躬傳〕「如使狂夫嘄謼於東－」補注引王念孫。○散樂呼天子為－公。〔通雅・卷一九〕○至尊亦稱巨公、－公。〔通雅・卷一九〕○－密，石櫻桃也。〔卷四四〕○－通作厓。〔説文〕「－，高邊也」義證。○－，假借為厓。〔説文定聲・卷一二〕○－、涯字同。〔漢書・地理志〕「莽曰淮敬」補注。○－即厓之絫增字。〔説文〕「厓，山邊也」句讀。○－乃厓之異文。〔漢書・司馬相如傳〕「磐石裖－」補注。○－，亦即涯異字。（同上）○索隱本－作厓。〔史記〕雜志。○－，舊校云一作㟜。〔呂覽・本味〕「南極之－」校正。

**涯**　－，水際。〔廣韻・佳部〕○－為水之止境。〔韓子・説林下〕「富有－乎」集解。○－與厓通。〔廣雅・釋詁一〕「厓，方也」疏證。○－、崖通用也。〔文選・西京賦〕「洪－立而指麾」集釋。○厓、－並與崖通。〔漢書〕「東崖」雜志。○－，〔史記〕作崖。〔漢書・司馬相如傳〕「察之無－」補注。

**階**　－，－級。〔廣韻・皆部〕○－，梯也。〔詩・巧言〕「職為亂－」朱傳。又〔瞻卬〕「維厲之－」朱傳。又〔論語・子張〕「猶天之不可－而升也」朱注。又〔孟子・萬章上〕「捐－」朱注。○－，登堂道也。〔説文〕「－，陛也」義證引〔玉篇〕。○－，登堂之道也。〔慧琳音義・卷一二〕引顧野王。○－，猶因也。〔廣雅・釋詁四〕「襲，因也」疏證。○－，漸也。〔説文繫傳・通論下〕○凡以漸而升皆曰－。〔説文〕「－，陛也」段注。○〔説文定聲・卷一二〕三－，亦名泰－。〔後漢・崔駰傳〕注「三台謂之三－」。

**偕**　－，俱。〔詩・杕杜〕「卜筮－止」朱傳。○－，俱也。〔詩・君子偕老〕「君子－老」陳疏。又〔廣韻・皆部〕。又〔太素・瘧解〕「俱行－出」楊注。○－，同也。〔孟子・梁惠王上〕「古之人與民－樂」焦正義。○－，並處也。〔孟子・公孫丑上〕「故由由然與之－而不自失焉」朱注。○－，齊一也。〔詩・賓之初筵〕「飲酒孔－」朱傳。○－老，言－生而－死也。〔詩・君子偕老〕朱傳。○－謂善也。〔詩・魚麗〕「維其－矣」集疏。○－與善同義。（同上）陳疏。○－亦嘉也，語之轉耳。（同上）述聞。○－當訓嘉，即吉也。〔詩・杕杜〕「卜筮－止」通釋。○－字當訓强。〔詩・陟岵〕「行役夙夜必－」平議。○－，强力也。〔説文〕「－，强也」繫傳。○－－，强壯貌。〔詩・北山〕「－－士子」朱傳。又〔集韻・皆部〕。○－臧，謂－之於善，有互助勖勉意。〔詩・野有蔓草〕「與子－臧」集疏。○－與皆通。〔孟子・梁惠王上〕「古之人與民－樂」焦正義。又〔墨子〕「－」雜志。○－俱即皆具之分別文。〔説文〕「俱，－也」句讀。○－，齊作皆。〔詩・無衣〕「與子－行」集疏。○－，〔周頌〕作皆。〔左傳襄公二年〕「降福孔－」洪詁。

**諧**　－，和也。〔廣韻・皆部〕○－，合也。（同上）○－，調也。（同上）○－，偶也。（同上）○－字當訓作偕。〔書・舜典〕「往哉汝－」孫疏。○－際，謂－合交際也。〔通雅・卷五〕○－者，通作龤。〔釋詁〕「－，和也」郝疏。○－，假借為龤。〔説文定聲・卷一二〕

**骸**　－，－骨。〔廣韻・皆部〕○－，形體骨也。〔慧琳音義・卷五一〕引〔考聲〕。○身體諸骨總名為－。〔卷一〕引〔玉篇〕。○－之言亦核也。〔廣雅・釋器〕「－，骨也」疏證。○〔説文定聲・卷五〕－，以覈為之。〔廣雅・釋器〕「覈，骨也」。

**排**　－者，擠也。〔説文〕「勃，－也」段注。○－，推也。〔楚辭・遠遊〕「－閶闔而望予」補注。○－，扺也。〔慧琳音義・卷一〕引顧野王。○－，去其壅塞也。〔孟子・滕文公上〕「－淮泗」朱注。○－，拒而退去之名。（同上）焦正義。○－猶背。〔墨子・貴義〕「無－其繩」閒詁引畢沅。○－，兵器名，所謂盾也。〔慧琳音義・卷八〕引〔考聲〕。○－，假借為捭，實為擘。〔説文定聲・卷一二〕○－，假借為輩。（同上）○今－偶字當作輩耦，或作輩耦。（同上）○－，或作棑。〔慧琳音義・卷八〕引〔考聲〕。○－，或作韛。〔説文〕「砛，冶橐榦也」段注。○－，或作橐。（同上）○－，當作橐。（同上）義證引〔焦氏筆乘〕。○－檄與棐檄同。〔管子〕雜志。

**乖**　丨，戾也。〔大戴・盛德〕「君臣上下相丨」王詁。又〔廣韻・皆部〕。○丨，盭也。〔説文定聲・卷一二〕○丨，睽也。〔廣韻・皆部〕○丨，離也。〔同上〕○丨，背也。〔同上〕○丨者，相背違也。〔説文〕「北，丨也」繫傳。○丨刺即丨戾聲之轉。〔義府・卷下〕○丨刺猶丨戾，語之轉耳。〔廣雅・釋訓〕「敦㦤，丨刺也」疏證。

**菲**　丨，不正也。〔集韻・佳部〕○丨同乖。〔廣韻・皆部〕

**懷**　丨，思。〔詩・雄雉〕「我之丨矣」朱傳。又〔揚之水〕「丨哉丨哉」朱傳。又〔常棣〕「兄弟孔丨」朱傳。又〔小明〕「豈不丨歸」朱傳。又〔鼓鐘〕「丨允不忘」朱傳。○丨，思也。〔詩・卷耳〕「嗟我丨人」朱傳。又〔終風〕「願言則丨」朱傳。又〔南山〕「曷又丨止」朱傳。又〔皇皇者華〕「每丨靡及」朱傳。又〔廣韻・皆部〕。○丨訓思。〔詩・終風〕「願言則丨」陳疏。○丨亦思也。〔詩・載馳〕「女子善丨」陳疏。又〔泉水〕「有丨于衛」陳疏。○丨，猶言思也。〔墨子・迎敵祠〕「丨亡爾社稷」閒詁。○丨，思念也。〔論語・里仁〕「君子丨德」朱注。○丨，眷念也。〔詩・皇矣〕「予丨明德」朱傳。○丨，想也，猶想望風采。〔漢書・陳遵傳〕「衣冠丨之」補注引周壽昌。○丨，蓋言思及此則傷心也。〔詩・終風〕「願言則丨」後箋引〔稽古編〕。○丨者，思之止也。〔釋詁〕「丨，止也」郝疏。○丨，抱也。〔論語・陽貨〕「然後免于父母之丨」朱注。又〔廣韻・皆部〕。○丨，藏也。〔論語・衛靈公〕「卷而丨之」朱注。又〔同上〕劉正義。又〔陽貨〕「丨其寶而迷其邦」劉正義。○丨，私也。〔説文〕「每，艸盛上出也」段注。○丨，和也。〔廣韻・皆部〕又〔續音義・卷八〕引〔玉篇〕。○丨、和雙聲得義。〔詩・皇皇者華〕「每丨靡及」後箋引陳碩甫。○丨，安也。〔續音義・卷八〕引〔切韻〕。○丨、安同意相受。〔書・文侯之命〕「肆先祖丨在位」孫疏。○壞作丨，柔也。〔左傳襄公一四年〕「王室之不壞」洪詁引服虔。○丨，來。〔詩・大明〕「聿丨多福」朱傳。又〔時邁〕「丨柔百神」朱傳。○丨，來也。〔大戴・盛德〕「蠻夷丨服」王詁。又〔廣韻・皆部〕。○丨，至也。〔大戴・主言〕「遠者來丨」王詁。○丨，歸。〔論語・衛靈公〕「卷而丨之」劉正義引俞樾。○丨，傷也。〔詩・正月〕「終其永丨」陳疏。○丨猶傷也。〔同上〕通釋。○丨春，當春而有丨也。〔詩・野有死麕〕「有女丨春」朱傳。○丨協即丨挾。〔通雅・卷七〕○丨交謂私相締交。〔荀子・王制〕「莫不丨交接怨」集解引郝懿行。○丨，謾，言虛謾也。〔通雅・卷五〕○壞、丨古字通。〔荀子〕「丨交接」雜志。○丨，假借為褱。〔説文定聲・卷一二〕○古文又多假丨為褱者。〔説文〕「丨，念思也」段注。○今人用丨挾字，古作褱夾。〔説文〕「褱，俠也」段注。○丨，或作孃。〔慧琳音義・卷二〕○丨當為德。〔漢書・蕭望之傳〕「丨終不坐」補注引王念孫。○丨當作壞字。〔漢書・食貨志〕「則敵必丨」補注引宋祁。○丨乃壞之誤。〔淮南・覽冥〕「羣臣準上意而丨當」平議。○〔史・表〕丨作壞。〔漢書・王子侯表〕「丨昌夷侯高遂」補注。

**淮**　丨，水名，出桐柏。〔廣韻・皆部〕○丨，此水數名，實緣音轉字變，灌、澮、潓、丨，音出一原，字經數變。〔漢書・地理志〕「丨水出」補注。○丨，匯也。〔説文〕「匯，器也」段注。○丨者，均其勢也。〔説文〕「丨，水出南陽平氏桐柏大復山」義證引〔春秋説題辭〕。○東丨乃東濰也，省文也。〔史記・王子侯者年表〕「東丨」志疑引〔疏證〕。○丨夷，夷之在丨上者也。〔詩・江漢〕「丨夷來求」朱傳。○丨、維古通。〔漢書・地理志〕「丨山，丨水所出」補注。○丨，假借為濰。〔説文定聲・卷一二〕○丨即濰之省。〔漢書・地理志〕「東北入丨」補注。○丨，蓋濰之異文。〔史記・王子侯者年表〕「東丨」志疑引〔日知録〕。○丨當為泡。〔漢書・地理志〕「丨水東北至沛入泗」補注。○丨當為灌。〔漢書・地理志〕「丨水出」補注引王念孫。○丨當為江。〔漢書・吳王傳〕「度丨走丹徒」補注引王念孫。○〔説文定聲・卷一二〕丨又為淫之誤字。〔尚書大傳〕「丨雨」。

**豺**　丨，狼屬。〔廣韻・皆部〕○丨，今亦謂丨狗。〔釋獸〕「丨，狗足」鄭注。○丨，瘦而猛捷，俗名丨狗。〔同上〕郝疏。○丨，其聲如犬，俗評丨狗。〔説文〕「丨，狼屬」段注。○丨，能勝其類，又知祭獸，可謂才矣。〔本草・卷五一〕引王安石〔字説〕。○丨，本又作犲。〔左傳昭公二八年〕「是丨狼之聲也」洪詁。○丨狼當作狼契。〔淮南・兵略〕「養禽獸者必去丨狼」平議。

**犲**　丨狼，犬屬。〔説文〕「嗥，咆也」繫傳。

**儕**　丨，等也。〔廣韻・皆部〕○丨，輩也。〔同上〕○丨，類也。〔同上〕○吾丨猶今人云我輩也。〔左傳宣公一一年〕「吾丨小人」疏證引梁履繩。○齊，正字也，丨，借字也。〔禮記・樂記〕「皆得其丨焉」述聞。○丨，當讀為齊。〔同上〕○丨，〔荀子・樂論〕、〔史記・樂書〕作齊。〔禮記・樂記〕「得其丨」述聞。

**埋**　丨，瘞也。〔廣韻・皆部〕○丨，藏也。〔同上〕○新葬者謂之丨。〔漢書・趙敬肅王傳〕「又使人椎丨攻剽」補注引顧炎武。○丨名，即以身殉名之意。〔漢書・翟方進傳〕「死國丨名」補注引蘇輿。○丨，當為薶。〔墨子・兼愛下〕「死喪不葬丨」閒詁引畢沅。

**薶**　丨，藏於草下也。〔説文〕「丨，瘞也」繫傳。○丨通作貍。〔釋言〕「丨，塞也」郝疏。○丨，又通作埋。〔同上〕郝疏。○丨，通作埋。〔同上〕邵正義。○丨，同埋。〔廣韻・皆部〕○丨，今俗作埋。〔説文〕「丨，瘞也」段注。○丨，字或作埋。〔廣雅・釋詁四〕「丨，藏也」疏證。

**霾**　風而雨土為丨。〔詩・終風〕「終風且丨」集疏引魯説。○丨，雨土蒙霧也。〔同上〕朱傳。○丨若雨沙也。〔説文〕「丨，風雨土也」繫傳。○丨，雨土也。〔通鑑・唐紀〕「風丨晝昏」音注。

**齋**　丨，戒潔也。〔大戴・保傳〕「有司參」王詁。○丨，潔也。〔廣韻・皆部〕○丨，敬也。〔同上〕○丨，亦莊也。〔同上〕○洗心曰丨。〔説文繫傳・通論下」○—衣即祭服也。〔漢書·丙吉傳〕「乃使出取—衣」補注引沈欽韓。○—斧，—戒受斧也。〔通雅·卷二五〕○—速者，—戒以自敕也。〔楚辭·大司命〕「吾與君兮—速」補注。○—齊，慄栗並通。〔廣雅·釋言〕「—，慄也」疏證。○—，經傳多以齊為之。〔說文定聲·卷一二〕○—，經典通用齊。〔廣韻·皆部〕

**齊** —，嚴敬貌。〔論語·鄉黨〕「必—如也」朱注。○—斧，翦—之斧也。〔說文〕「蕭，艾蒿也」繫傳。○—之為言—也。〔中庸〕「使天下之人—明盛服」朱注。又〔論語·述而〕「子之所慎，—、戰、疾」朱注。○—與齋通。〔廣雅·釋詁二〕「—，敬也」疏證。

**媧** 女—，在大庭柏皇前，亦古皇之號，非必婦人也。〔說文定聲·卷一〇〕○女—，伏羲之妹。〔廣韻·佳部〕

**蝸** —牛，小螺。〔廣韻·佳部〕

**娃** —，美貌。〔說文〕「—，或曰吳楚之間謂好曰—」義證引〔玉篇〕。○—，美女貌。〔廣韻·佳部〕○—猶佳也。〔廣雅·釋詁一〕「—，好也」疏證。○吳有館—宮，—，宮深意也。〔說文〕「—，圜深目貌也」繫傳。○—通作佳。〔方言二〕「—，美也」箋疏。○—，字亦作眭。〔說文定聲·卷一二〕○—，別作眭。〔說文〕「—，圜深目貌」義證。

**哇** —，滔淫之聲。〔說文定聲·卷一二〕○—，淫聲。〔廣韻·佳部〕○—，謳歌也。〔集韻·齊部〕○—，碍也。〔莊子·大宗師〕「其嗌言若—」集釋。○—，吐之也。〔孟子·滕文公下〕「出而—之」朱注。○—即吐也。〔同上〕焦正義。○—，假借為吐。〔說文定聲·卷一二〕○—，或借鼃字。〔說文〕「—，諂聲也」義證。○〔說文定聲·卷一二〕—，以鼃為之。〔東京賦〕「咸池不齊度於鼃咬」。

**皆** —，偏也。〔詩·豐年〕「降福孔—」朱傳。○—，凡也。〔慧琳音義·卷四五〕○—，例也。〔同上〕○—，通作偕。〔釋詁〕「僉，—也」郝疏。○—，假借為嘉。〔說文定聲·卷一二〕○—當作比。〔管子·七臣七主〕「—要審則法令固」平議。○〔御覽八〕—作比。〔呂覽·應同〕「無不—類其所生以示人」校正。○—，各本作偕，字之誤也。〔說文〕「俱，—也」段注。○—，魯作偕。〔詩·豐年〕「降福孔—」集疏。○—，〔亢倉子〕作第。〔呂覽·上農〕「大夫士—有功業」校正。

**荄** —，草根。〔廣韻·皆部〕○—，根也。〔說文〕「亥，—也」段注。○—，草莖也。〔慧琳音義·卷九五〕引〔考聲〕。○—，草木枯莖也。〔說文〕「—，草根也」繫傳。○—與核古聲亦相近。〔方言三〕「—，根也」箋疏。

**喈** —，鳥聲。〔廣韻·皆部〕○——，鳴也。〔詩·出車〕「倉庚——」陳疏。○——，雞鳴之聲。〔詩·風雨〕「雞鳴——」朱傳。○—，聲衆且和也。〔說文〕「—，鳥鳴聲也」繫傳。○——，鳴相和也。〔詩·葛覃〕「其鳴——」集疏。○——，聲之和也。〔詩·出車〕「倉庚——」朱傳。○——，和聲也。〔詩·鼓鍾〕「鼓鍾——」集疏引〔太玄〕范望注。○——，和聲之遠聞也。〔詩·葛覃〕「其鳴——」朱傳。○〔說文定聲·卷一二〕——猶膠膠也。〔詩·風雨〕「雞鳴——」。○——猶將將。〔詩·鼓鍾〕「鼓鍾——」朱傳。○—，疾聲也。〔詩·北風〕「北風其—」朱傳。○—，寒也。〔同上〕集疏。○—，通作湝。〔同上〕後箋。○—，通作偕。〔同上〕後箋引何楷。○—與諧同。〔詩·葛覃〕「其鳴——」陳疏。○—，當作湝。〔詩·北風〕「北風其—」通釋。又〔同上〕平議。

**揩** —，擳摩也。〔說文〕「—，摩拭也」義證引〔韻集〕。○—，摩也。〔慧琳音義·卷六二〕○—，拭也。〔卷一二〕引〔考聲〕。○—擳，摩拭。〔廣韻·皆部〕○—，擽也。〔禮記·明堂〕「拊搏玉磬—擊」集解。○—即扴之或體。〔說文定聲·卷一三〕

**膎** —，脯也。〔廣韻·佳部〕又〔通鑑·梁紀〕「軍士無—」音注。○古謂脯之屬為—。〔說文〕「—，脯也」繫傳。○—，肉食肴。〔通鑑·梁紀〕「軍士無—」音注。○—，肉食肴也。〔廣韻·佳部〕○通謂儲蓄食味為—。〔說文〕「—，脯也」繫傳。○今俗言人家無儲蓄為無—活。〔同上〕○—，俗作鮭。〔說文〕「—，脯也」段注。○—，字亦作鮭。〔說文定聲·卷一二〕

**蛙** —，蝦蟆屬。〔廣韻·佳部〕○今人稱—為水鷄、田鷄。〔通雅·卷二二〕○—即鼃之借字。〔逸周書〕雜志。○—即鼃字。〔說文〕「黽，鼃黽也」段注。

**鼃** —，今南人所謂水雞，亦曰田雞。〔說文〕「—，蝦蟆屬」段注。○—，以脰鳴者，蘇俗謂之田雞，揚州謂之水雞，亦曰吠蛤，言其聲閣閣也。〔說文定聲·卷一二〕○—可食，蝦蟇不可食，同類而異物。〔同上〕○—黽，蝦蟆屬。〔說文〕「蟈，蜮又从國」段注。○—者，〔周禮〕所謂蟈。〔說文〕「—，蝦蟆屬」段注。○—即畫。〔說文〕「蚔，畫也」段注。○—，假借為規。〔說文定聲·卷一二〕○—與畫同聲假借耳。〔廣雅·釋蟲〕「畫，蠍也」疏證。○—，古音圭。〔說文〕「黽，—黽也」段注。○—，亦作蠅、蛙。〔說文〕「—，蝦蟆屬」段注。○—，今作蛙、蠅。〔方言一二〕「—，始也」箋疏。○—，同蛙。〔廣韻·佳部〕○—與哇通。〔廣雅·釋詁〕「哇，衺也」疏證。○假—為哇。〔說文〕「哇，諂聲也」段注。○蠅同—。〔集韻·佳部〕

**湝** —，水流皃。〔廣韻·皆部〕○—，衆流之皃。〔說文〕「—，水流——」繫傳。○—，風雨不止。〔廣韻·皆部〕○涼與—義相近。〔詩·北風〕「北風其喈」平議。○——猶湯湯。〔詩·鼓鍾〕「淮水——」朱傳。○—當作潛字。〔說文〕「泫，—流也」段注。○〔說文定聲·卷一二〕——，毛本作淒淒。〔詩·風雨〕「風雨——」。

**痎** —，瘧疾，二日一發。〔廣韻·皆部〕

櫰　槐有二種，大葉而黑者曰―。〔釋木〕「―，槐大葉而黑」鄭注。○―，槐別名。〔漢書・罽賓國傳〕「檀、―、梓、竹、漆」補注引〔玉篇〕。

鮭　―，魚名。〔廣韻・佳部〕○―，吳人謂魚菜總稱。〔集韻・佳部〕○―龔，神名。（同上）○―之言恚。〔廣雅・釋魚〕「鯸鮔，鮐也」疏證。

簰　大桴曰―。〔廣韻・佳部〕○―，亦撥。〔慧琳音義・卷七八〕引〔考聲〕。○―，種也。〔廣雅・釋地〕疏證。○―、箄、椑並與篺同。〔方言九〕「泭謂之篺」箋疏。

篺　大桴曰―。〔集韻・佳部〕○〔說文定聲・卷八〕大曰篺。〔方言九〕「泭謂之―」。〔「泭」下〕○―或作箄。〔說文〕「泭，編木以渡也」義證。

箄　―、篺、簰，並同。〔廣雅・釋水〕「篺，筏也」疏證。

𧓕　江東呼蛙長而狹者為―。〔廣韻・佳部〕○―同𧌑。〔廣韻・支部〕

𧌑　蛙狹而長者為―。〔集韻・支部〕○―或作𧕅。（同上）○―或作𧐴。（同上）

騧　黃馬黑喙曰―。〔詩・小戎〕「―驪是驂」朱傳。○―，馬淺黃色。〔廣韻・佳部〕○―，假借為過。〔說文定聲・卷一〇〕

𨶶　―，斜開門。〔廣韻・佳部〕○―，門邪也。〔集韻・皆部〕

輂　―，連車也。〔廣韻・佳部〕又〔集韻・皆部〕。○―，車牽聯而行有等差也。〔說文〕「―，連車也」段注。○〔說文定聲・卷一〇〕―，以差為之。〔左傳〕「差車鮑點官名」。

啀　―，犬鬭。〔廣韻・佳部〕○――，露齒之貌。〔說文〕「齜，一曰開口見齒之貌」段注。○―喍，犬見齒也。〔慧琳音義・卷五三〕

捱　―，推也。〔廣韻・皆部〕○―，背負貌。（同上）

俳　―，―優。〔廣韻・皆部〕○―，今言―優是也。〔說文〕「―，戲也」繫傳。○―亦曰優，曰倡。〔說文定聲・卷一二〕○―，樂人戲笑也。〔慧琳音義・卷一二〕○―謂優之褻狎者也。〔說文〕「―，戲也」義證引〔急就篇〕顏注。○―優，樂人所為戲笑以自悅也。〔慧琳音義・卷四〕引顧野王。○裴回、―佪、徘佪，並字異而義同。〔廣雅・釋訓〕「―佪，便旋也」疏證。○―佪，便旋，此疊韻之變轉也。（同上）○―佪之正轉為盤桓，變之則為便旋。（同上）○―，俗字作徘。〔說文定聲・卷一二〕

𢡱　―，怨也。〔說文〕「―，怨恨也」義證引〔玉篇〕。○―，恨也。〔廣韻・佳部〕○―，恚也。〔說文〕「―，怨恨也」義證引〔玉篇〕。○―，心不平。〔廣韻・佳部〕又〔集韻・齊部〕。

㥏　―，今俗作𢡱。〔說文〕「―，怨恨也，从心彖聲」段注。

𥴩　―，―籭，古以為玉柱。〔廣韻・皆部〕○―，今俗作簁。（同上）

簁　―，竹器。〔集韻・佳部〕○―，竹器也，可以取粗去細也。〔慧琳音義・卷六四〕○―，或作籭、篩。（同上）

咼　―，口戾也。〔廣韻・佳部〕○―，口偏戾。〔慧琳音義・卷六六〕引〔考聲〕。○―，謂口偏戾也。〔卷三五〕引〔考聲〕。○―，假借為和。〔說文定聲・卷一〇〕○―，或以咼為之。（同上）○―，字亦作嗚。（同上）○―，俗作喎。〔慧琳音義・卷三五〕引〔考聲〕。

喎　―，口戾也。〔本草・卷四二〕○―，口偏戾也。〔慧琳音義・卷一五〕引〔考聲〕。○―，偏戾也。〔卷三三〕引〔考聲〕。○―，同咼。〔廣韻・佳部〕

齸　―，齒不齊也。〔說文〕「―，齒相斷也」繫傳。○―齵，齒不正也。〔廣韻・佳部〕○―齵，褰脣露齒之貌。〔續音義・卷四〕引〔玉篇〕。○開口見齒曰―啀。〔慧琳音義・卷二七〕引〔玉篇〕。○―，假借為齜。〔說文定聲・卷一二〕

竵　―，物不正。〔廣韻・佳部〕○―，俗字作歪。〔說文〕「―，不正也」段注。又〔說文定聲・卷一〇〕。

諣　―，言不正也。〔廣韻・佳部〕○―，言時刺探人意而覘伺。〔說文定聲・卷一二〕

猚　―通作睢。〔說文〕「―，睢陽有―水」義證。○―即蜼之別體。〔說文〕「蜼，如母猴」義證。

洼　―，水名。〔廣韻・佳部〕○―、窪、窊、窳字異，聲義並同。〔方言三〕「―，洿也」箋疏。

𤭛　―，甎也。〔集韻・皆部〕○―甎，磨也。〔廣雅・釋詁三〕「礲礪，磨也」疏證。○―甎，屑瓦洗器。〔廣韻・佳部〕○―與碨聲近義同。〔廣雅・釋詁三〕「―甎，磨也」疏證。○―與碨同。〔方言五〕「磑或謂之碨」箋疏。

䍲　―羺，胡羊。〔廣韻・佳部〕○胡羊曰―羺。〔本草・卷五〇〕

崽　―、囝，皆子也，江右謂子曰―，閩人謂子曰囝。〔通雅・卷一九〕○―，呼彼之稱。〔廣韻・佳部〕

𡃤　―，笑貌。〔廣韻・佳部〕

䁹　―，視貌。〔廣韻・佳部〕

䐙　―，瘦也。〔廣韻・皆部〕○―者，若草枯見根荄也。〔說文〕「臞，少肉也」繫傳。○―，聲轉為柴。〔說文〕「―，臞也」義證。○―，俗作𤸷。（同上）

𤸷　―，瘦也。〔廣韻・佳部〕又〔集韻・佳部〕。

騔 ｜，馬性和也。〔廣韻・皆部〕

瑎 ｜，黑石。〔廣韻・皆部〕○｜，黑玉也。〔慧琳音義・卷九四〕引〔字書〕。

龤 ｜，經傳皆以諧為之。〔說文定聲・卷一二〕○｜與諧音同義異，各書多用諧為｜。〔說文〕「｜，樂龢也」段注。○｜，今〔尚書〕作諧。〔說文〕「｜，樂和｜」繫傳。

欸 欸｜，氣逆病欸。〔廣韻・佳部〕

鶛 ｜、庳皆卑小之貌。〔釋鳥〕「鶛、鶨，其雄｜，牝庳」述聞。

貏 ｜，短頭狗也。〔廣韻・皆部〕

褢 ｜，抱也。〔說文〕「懷，思念也」繫傳。○｜者，褢也。〔說文定聲・卷九〕（「袪」下）○｜，苞也。〔廣韻・皆部〕○｜，俠也。（同上）○｜，歸也。（同上）○｜，安也。〔說文定聲・卷一二〕（「懷」下）○｜與褢略同，在衣曰｜，在手曰握。（同上）○｜與懷通。〔釋草〕「蘾懷羊」平議。○｜通作懷。〔說文〕「｜，一曰橐」義證。○｜，經傳皆以懷為之。〔說文定聲・卷一二〕

鱴 ｜，戎狄鹽。〔廣韻・皆部〕

褱 ｜，眢袷藏物也。〔說文〕「｜，一曰藏也」義證引〔玉篇〕。○在衣曰｜。（同上）○｜，抱也。（同上）○｜，苞也。（同上）○｜之為言回也。〔說文〕「｜，褎也」段注。○｜，假借為褎。〔說文定聲・卷一二〕○｜或借褎字。〔說文〕「｜，袖也」義證。○｜，古文懷字。〔慧琳音義・卷七二〕

榸 ｜，木樁也。〔字詁〕○吾鄉謂刀鈍曰｜。（同上）○謂手拘攣亦曰｜。（同上）

睚 ｜，怒視也。〔通鑑・漢紀〕「今爭｜眥之隙」音注。

蠆 ｜，蠆也。〔廣韻・齊部〕又〔集韻・齊部〕。○｜，假借為蠆。〔說文定聲・卷一二〕○｜，今相承作奎。（同上）

摧 ｜，亦揩也，方俗語轉耳。〔廣雅・釋詁三〕「｜，磨也」疏證。

攉 ｜，揩摩。〔廣韻・皆部〕

崴 ｜，｜㠢。〔廣韻・皆部〕○｜㠢，不平也。〔說文〕「嵬，高不平也」義證引〔玉篇〕。又〔集韻・皆部〕。○｜嵬，不平也。〔楚辭・抽思〕「軫石｜嵬」補注。○｜嵔，山谷不平貌。〔漢書・司馬相如傳〕「洞出鬼谷之堀礨｜魁」補注。○｜㠢猶崔嵬。〔說文〕「嵬，高不平也」義證引〔玉篇〕。○｜磈、嵔㕟、堀礨、鬱𡾋、｜魁，皆畏壘之變轉也。〔廣雅・釋訓〕「鍡鑸，不平也」疏證。○｜魁，〔史記〕作嵬磈。〔漢書・司馬相如傳〕「洞出鬼谷之堀礨｜魁」補注。

溾 ｜涹，穢濁。〔廣韻・皆部〕又〔集韻・皆部〕。

鱴 ｜，醫也。〔廣韻・皆部〕○｜，犬齩而掣挽曰｜。〔慧琳音義・卷七九〕

絺 ｜，訟也。〔廣韻・皆部〕

俙 ｜，面訟相是也。〔集韻・皆部〕○｜，面從相質正也。〔說文〕「｜，訟面相是也」繫傳。○｜，謂內爭而外順也。（同上）段注。○｜，〔虞書〕所謂面從。〔說文定聲・卷一二〕○｜，訟也。〔說文〕「｜，訟面相是」義證引〔玉篇〕。○｜，解也。（同上）

睚 ｜睞，張口露齒瞋怒作醫人之勢也。〔慧琳音義・卷七九〕

鵁 ｜鵁，鳥名。〔集韻・青部〕○｜鵁，小鳥名。〔集韻・佳部〕○｜鵁聲轉為批頰。〔釋鳥〕「鵁鳩，｜鵁」郝疏。

剒 ｜，小矛。〔廣韻・佳部〕○｜，小稍。〔集韻・佳部〕○｜，劊｜也。〔廣韻・佳部〕

勓 ｜，逼也。〔集韻・佳部〕

𠡠 劤｜，人有力也。〔廣韻・皆部〕○｜劤，有力貌。〔集韻・皆部〕

叉 ｜，兩枝也。〔廣韻・佳部〕○〔說文定聲・卷一〇〕｜，字亦作靫。〔通俗文〕「箭箙曰步靫」。○（同上）｜，字亦作衩。〔廣雅・釋器〕「衩，裍膝也」。○（同上）｜，字亦作釵。〔釋名・釋首飾〕「釵，｜也」。○｜，今釵字。〔說文〕「鰸，長寸，大如｜股」段注。

唻 ｜，唱歌聲。〔廣韻・皆部〕

啡 ｜，吹也。〔集韻・皆部〕

喍 ｜啀，犬鬭貌。〔集韻・佳部〕

嘊 ｜喍，犬鬭也。〔慧琳音義・卷二七〕又〔續音義・卷四〕。○｜喍，犬相啀也。（同上）引〔玉篇〕。○｜喍，齒相齗也。〔慧琳音義・卷一四〕引〔集訓〕。○｜喍，開口見齒也。（同上）○｜｜，牙牙也，音義皆同。〔通雅・卷一〇〕○｜喍，正體作𪘏齜。〔慧琳音義・卷一四〕引〔集訓〕。

嚆 ｜，口偏。〔廣韻・佳部〕○｜，口戾貌。〔集韻・佳部〕

嚌　丨喹，笑貌。〔集韻·佳部〕

豺　丨，山名，在平林。〔廣韻·皆部〕

𡿖　崴丨，不平貌。〔廣韻·皆部〕

虺　丨膭，馬病。〔廣韻·皆部〕又〔集韻·皆部〕。〇丨，或作瘣。〔集韻·皆部〕

娃　丨，醜女貌。〔廣韻·皆部〕〇丨，女媿也。〔集韻·佳部〕

媘　丨，女字。〔集韻·皆部〕

嫼　丨，意黠也。〔集韻·佳部〕

孃　丨，和也。〔廣韻·皆部〕

堦　丨，丨砌。〔廣韻·皆部〕

徍　丨徥，邪行貌。〔集韻·佳部〕

揩　俳丨，行惡。〔廣韻·皆部〕

扠　丨，打也。〔集韻·佳部〕〇丨，揩也。〔慧琳音義·卷三六〕〇丨，以拳加人。〔廣韻·佳部〕〇丨，以拳擊人也。〔慧琳音義·卷六一〕引〔韻詮〕。〇丨謂以拳擊人也。〔卷三六〕引〔考聲〕。〇丨，亦作搋。〔廣韻·佳部〕

𢪉　丨，積也。〔廣韻·佳部〕又〔集韻·佳部〕。

搩　丨，挾物。〔廣韻·佳部〕〇丨，扶也。〔集韻·佳部〕

攄　丨，擊也。〔集韻·佳部〕

搋　丨，散失也。〔集韻·皆部〕

悽　丨恂，自容人也。〔集韻·佳部〕

傒　丨，恨也。〔說文〕「傢，怨恨也」義證引〔類篇〕。〇慣丨，心不平。（同上）

慣　丨傒，心不平。〔集韻·佳部〕

欸　丨，邪貌。〔廣韻·佳部〕

㰤　丨，弱也。〔集韻·佳部〕〇丨，婗也。（同上）〇丨，丨佽。〔廣韻·佳部〕〇丨佽猶丨婗。〔說文〕「婗，媒婗也」義證引〔玉篇〕。

𢽷　丨，裁至也。〔集韻·皆部〕

湝　丨，漉米也。〔集韻·佳部〕

查　丨，丨郎。〔廣韻·佳部〕

棑　丨，丨筏。〔廣韻·佳部〕〇丨即盾之異名也。〔慧琳音義·卷六八〕

槐　丨，丨棱。〔廣韻·佳部〕〇丨榼，木名。〔集韻·佳部〕

犤　丨，牛也。〔廣韻·佳部〕

犪　丨，似牛，四角人目。〔廣韻·皆部〕

猚　丨，〔集韻〕、〔類篇〕字作豨。〔說文〕「睢陽有丨水」段注。

猅　犬短首謂之丨。〔集韻·皆部〕

痎　丨，癡貌。〔集韻·佳部〕

痲　丨，惡瘡。〔廣韻·皆部〕〇丨，疥疾。〔集韻·皆部〕

瘖　二日一發名丨瘧。〔說文〕「痎，二日一發瘧」義證引揚上善。

砑　丨，小石。〔集韻·佳部〕

硴　丨，碎也。〔集韻·皆部〕

磈　丨硒，不平也。〔廣韻·皆部〕〇丨硒，石不平貌。〔集韻·皆部〕〇丨，或作磈。（同上）〇丨，或作壞。（同上）

甈　丨，牡瓦。〔廣韻·皆部〕〇丨，牡瓦也。〔說文〕「戊，屋牡瓦下」義證引〔玉篇〕。〇牡瓦謂之丨。〔集韻·皆部〕

祡　丨，祭天燔柴。〔廣韻·佳部〕〇祭天神亦曰丨。〔說文定聲·卷七〕〔「尞」下〕〇丨與禪義同。〔說文〕「禪，祭天也」義證。〇丨，假借為柴。〔說文定聲·卷一二〕〇丨當為柴。〔說文〕「燒丨焚燎以祭天神」義證。

𥟑 —，耕也。〔集韻・佳部〕

䁢 —，視也。〔集韻・皆部〕

䏪 楚人謂乳為—。〔集韻・佳部〕

腡 —，手理也。〔廣韻・佳部〕

䐯 —膗，形貌惡。〔廣韻・皆部〕〇—膗，形惡。〔集韻・皆部〕

䉛 —，黑竹。〔集韻・皆部〕

芰 鬼—，草名。〔廣韻・佳部〕

茈 —葫，藥。〔廣韻・佳部〕〇—葫，藥草。〔集韻・佳部〕〇—，或作柴。〔同上〕〇—是古柴字。〔本草・卷一三〕引蘇恭。

𦰡 —，草名。〔集韻・皆部〕〇—，—雜斜絕。〔廣韻・佳部〕

䕷 —，—菔草。〔廣韻・皆部〕

萃 —，舛雜之貌。〔廣韻・佳部〕

葵 —，—斜。〔廣韻・佳部〕〇—，物不齊也。〔集韻・佳部〕

𢹿 —，除草也。〔集韻・皆部〕

䕸 —，草名，地黄也。〔集韻・佳部〕

薢 —茩，藥名，決明子是也。〔廣韻・皆部〕

藒 —，麻稈。〔廣韻・皆部〕

稭 —，同藒。〔廣韻・皆部〕

絓 —，惡絲。〔廣韻・佳部〕〇—、纚，字並與纚同。〔廣雅・釋器〕「纚，紬也」疏證。

𦀖 —，繻免。〔集韻・皆部〕

𦁀 —，大絲。〔廣韻・皆部〕

䊕 —，米之別名。〔廣韻・皆部〕

豨 —，獸名。〔集韻・皆部〕

𧳜 —，獸名。〔集韻・皆部〕

赽 —，起去也。〔廣韻・皆部〕〇—，起也。〔集韻・佳部〕

讗 —，—惰。〔廣韻・佳部〕

諰 —，語失也。〔廣韻・佳部〕〇—，一曰語失。〔集韻・佳部〕〇—，思之意。〔同上〕

輫 —，車箱。〔廣韻・皆部〕

鍇 —，鐵也。〔廣韻・皆部〕〇白鐵謂之—。〔集韻・皆部〕

霥 —，雨聲。〔廣韻・佳部〕又〔皆部〕。〇—，霖雨也。〔集韻・佳部〕

頙 頟—，頤傍。〔廣韻・佳部〕

頛 —，曲頤。〔集韻・皆部〕

頣 —，大面貌。〔集韻・皆部〕〇—，或作碩。〔同上〕

𩋙 —鞵，履也。〔廣韻・佳部〕又〔集韻・佳部〕。

𩗓 —，疾風。〔廣韻・皆部〕〇—，疾風也。〔集韻・皆部〕〇—，通作喈。〔同上〕

䶨 —，鹽也。〔廣韻・皆部〕〇—，亦作䶩。〔同上〕

𪐝 —，深黑色。〔集韻・皆部〕

𪘁 —，齹—。〔廣韻・佳部〕

# 續經籍纂詁卷第十

上平聲

## 十　灰

灰　｜，疑反字之誤，反者，販之假字。〔墨子·尚賢下〕「｜於常陽」平議。○〔説文定聲·卷五〕｜，炭之誤字。〔禮記·月令〕「毋燒｜」。

恢　｜，大也。〔楚辭·九辯〕「收｜台之孟夏兮」補注引黃魯直。又〔廣韻·灰部〕。又〔通雅·卷一二〕。○今人言｜｜，諧也。〔説文〕「悝，謿也」繫傳。○｜台，廣大貌。〔文選·九辯〕「收｜台之孟夏兮」補正。○｜台，猶〔説文〕｜⿱白大也。〔通雅·卷一二〕○｜⿱白大，廣大貌。〔楚辭·九辯〕「收｜台之孟夏兮」補注引〔舞賦〕注。○｜台，長養也。〔同上〕補注引五臣。○｜｜，志大也，或作⿰夾灰。〔慧琳音義·卷九一〕引〔考聲〕。○｜然，猶廓然也。〔通鑑·漢紀三八〕「｜然意解」音注。○｜｜然，廣廣然，義並與曠同。〔漢書〕「實廣虛」雜志。○｜與⿰夾灰通。〔廣雅·釋詁一〕「⿰夾灰，大也」疏證。○｜作悝，古字通用。〔史記·陳丞相世家〕「子簡侯｜代侯」志疑引〔史詮〕。○〔説文定聲·卷五〕｜，字亦作⿰夾灰。〔廣雅·釋詁一〕「⿰夾灰，大也」。○｜，簡文本作弔，盧文弨曰弔音的。〔莊子·齊物論〕「｜恑憰怪」集釋。

魁　引申之凡物大皆曰｜。〔説文〕「｜，羹斗也」段注。○｜、梧皆大也。〔漢書·張陳王周傳贊〕「以為其貌｜梧奇偉」補注引王念孫。○北斗以｜為首，故有九｜之稱。〔文選·甘泉賦〕「冠倫｜能」集釋引錢大昕〔養新録〕。○｜，師也。〔慧琳音義·卷六五〕○｜，師也，有也。〔卷七〇〕○｜師，一曰北斗星。〔廣韻·灰部〕○天文北斗七星，｜為身，杓為柄。〔説文定聲·卷一二〕○｜乃酒器名。〔本草·卷一八〕○｜壘，盤結也。〔楚辭·憫上〕「｜壘擠摧兮常困辱」補注。○｜岸者，高大之貌。〔讀書雜志·卷四〕○｜岸猶｜梧，語之轉耳。〔同上〕又〔廣雅·釋訓〕「｜岸，雄傑也」疏證。○〔通雅·卷一九〕｜父，猶塊附也。〔列子〕「以君之力，曾不能損｜父之丘」。○｜然即塊然。〔通雅·卷八〕○｜膾，屠割之人。〔慧琳音義·卷一〇〕○｜膾，屠割牲肉之人。〔卷四〕○〔慧琳音義·卷一〕｜膾者，屠煞兇惡之師也。〔大般若經·卷四〕「｜膾」。○｜蛤，宋人謂之瓦屋子，今浙人食之，亦名瓦隴子。〔説文〕「蛤，蜃屬，｜蛤一名復絫」段注。○｜礧子即傀儡之戲。〔漢書·禮樂志〕「常從象人四人」補注。○〔説文定聲·卷一二〕｜，假借為傀。〔廣雅·釋詁一〕「｜，大也」。○〔同上〕｜，假借為自。〔周語〕「｜陵糞土」。○〔同上〕｜，假借為裒。〔太玄·周〕「吉凶之｜」。○〔同上〕｜，假借為戹。〔後漢·東夷傳〕注「｜頭，猶科頭也」。○｜讀為裹。〔太玄·中〕「火｜頤」平議。○顝、魖、｜，古並同聲。〔廣雅·釋詁一〕「顝，大也」疏證。

隈　｜，水曲也。〔左傳僖公二五年〕「｜入而係輿人」疏證引〔玉篇〕。又〔廣韻·灰部〕。○山曲曰｜。〔説文定聲·卷一二〕〔「渨」下〕○｜字从阜，當訓山曲隩也。〔卷一二〕○厓内為隩，外為｜。〔楚辭·天問〕「隅｜多有」補注引〔爾雅〕。○隩謂之｜。〔屈賦·天問〕「隅｜多有，誰知其數」戴注。○凡言｜者，皆在内之名。〔莊子·徐無鬼〕「奎蹄曲｜」集釋。○引伸之弓曲亦曰｜。〔考工記〕「恒當弓之畏」孫正義。○｜厓，謂曲邊也。〔説文〕「隩，水｜厓也」段注。○｜，隱蔽之處也。〔慧琳音義·卷九〕又〔卷五九〕。○〔説文定聲·卷一二〕｜，此借字，古本作鞫。〔釋邱〕釋文「本作渨」。○〔同上〕｜，以畏為之。〔考工·弓人〕「恒當弓之畏」。○〔同上〕此義實當作渨。〔淮南·覽冥〕「漁者不爭｜」。○｜字誤，當作鞫。〔説文〕「澳，其外曰｜」義證引畢以珣。

回　｜，轉也。〔詩·雲漢〕「昭｜于天」朱傳。又〔廣韻·灰部〕。○｜者，轉也。〔説文〕「亘，求｜也」段注。○｜，｜環旋轉之意。〔説文〕「囘，｜也」句讀。○此｜依本義訓轉，俗作迴。〔説文〕「避，｜也」段注。○｜，曲也。〔孟子·盡心下〕「經德不｜」朱注。○｜，繞也，曲也。〔通鑑·漢紀四四〕「今逃匿避｜」音注。○｜，違也。〔詩·常武〕「徐方不｜」朱傳。又〔廣韻·灰部〕。○｜猶違也。〔説文〕「𣶒，逆流而上曰𣶒洄」義證。○｜，迂遠也。〔漢書·溝洫志〕「北渡｜兮迅流難」補注。○｜，枉也。〔漢書·賈捐之傳〕「執義不｜」補注。○｜，邪。〔詩·小旻〕「謀猶｜遹」朱傳。○｜，邪也。〔詩·鼓鐘〕「其德不｜」朱傳。又〔大明〕「厥德不｜」朱傳。又〔旱麓〕「求福不｜」朱傳。又〔閟宮〕「其德不｜」朱傳。又〔左傳昭公二六年〕「君無違德」洪詁。又〔大戴·五帝德〕「其行不｜」王詁。又〔廣韻·灰部〕。○｜，邪僻也。〔詩·小旻〕「謀猶｜遹」後箋。○｜，旋流也。〔荀子·致士〕「水深而｜」集解引郝懿行。○｜者，般旋而起之風。〔説文〕「飄，｜風也」段注。○｜水為淵，亦水之宛曲盤｜也。〔述聞·卷二三〕○｜遹，邪僻也。〔詩·桑柔〕「民之｜遹」朱傳。又〔召旻〕「潰潰｜遹」朱傳。又〔詩·抑〕「｜遹其德」陳疏。○｜遹，一作｜歍、｜泬、迴穴。〔通雅·卷七〕○｜辟之｜訓衺。〔説文〕「避，｜也」段注。○今稱火災曰｜禄。〔通雅·卷二二〕○裴｜、俳佪、徘徊，並字異而義同。〔廣雅·釋訓〕「俳佪，便旋也」疏證。○古｜違通用。〔左傳文公一八年〕「靖譖庸｜」疏證引段玉裁。○｜，窶之假借字。〔説文〕「窶，衺也」段注。○｜，假借為違，實為韋。〔説文定聲·卷一二〕○｜，假借為窶。〔同上〕○｜，字亦作迴、作徊。〔同上〕○｜，各本作亘。〔説文〕「亘，求｜也」段注。○｜，當作口。〔説文〕「口，｜也，象｜帀之形」義證。

迴　｜，還也。〔廣韻·灰部〕○｜穴即回遹，回旋不定之意。〔文選·風賦〕「｜穴錯迕」集釋。

**徊** 丨，施也。〔慧琳音義・卷九六〕引〔考聲〕。○丨，徘丨。〔廣韻・灰部〕

**槐** 丨，木名。〔廣韻・灰部〕○丨，士之冢樹。（同上）引〔五經通義〕。○丨之言歸也。〔説文〕「丨，木也」義證引〔春秋元命苞〕注。○丨木者，虛星之精也。（同上）義證引〔春秋説題辭〕。○丨里即犬邱。〔史記・周本紀〕「穆王即位，春秋已五十矣」志疑。○丨里即廢丘，屬右扶風。〔史記・李將軍傳〕「故丨里」志疑。○丨河即濟水也。〔説文定聲・卷一二〕（「泜」下）○丨，鬼者聲之轉也。〔國策〕「則置之丨谷」札記。○丨為外朝之樹。〔左傳・宣公二年〕「觸丨而死」疏證引馬宗璉。○丨之言懷也，懷來人于此也。〔本草・卷三五〕引吳澄注。○丨之言歸也，古者樹丨，聽訟其下，使情歸實也。（同上）引〔春秋元命苞〕。

**枚** 幹曰丨。〔詩・汝墳〕「伐其條丨」朱傳。○丨，枝也。〔廣韻・灰部〕○丨，幹也，枝曰條，幹曰丨。〔漢書・五行志〕「拔宮中樹七圍以上十六丨」補注引周壽昌。○丨，自條而出也。〔説文〕「丨，榦也」繫傳。○丨條對文則別，散文則通。〔釋木〕「桑、柳，醜條」郝疏。○丨，引伸為銜丨之丨，為丨數之丨。〔説文〕「丨，榦也」段注。○丨，狀如箸，橫銜之。〔楚辭・九辯〕「願銜丨而無言兮」補注。○丨，狀如箸，橫銜之，繣結於項。〔通鑑・秦紀三〕「章邯夜銜丨擊」音注。○丨，如箸，銜之，有繣結項中，以止語也。〔詩・東山〕「勿士行丨」朱傳引鄭氏説。○銜丨，所以止言者也。〔楚辭・九辯〕「願銜丨而無言兮」補注引五臣。○今俗或名丨曰個。〔説文〕「箇，竹丨也」段注。○丨與箇同。〔方言一三〕「丨，凡也」箋疏。○丨，馬鞭也。〔説文〕「丨，榦也」繫傳。○丨丨，礱密也。〔詩・閟宮〕「實實丨丨」朱傳。○丨，為微之假借也，謂之微者，兵事神密也。〔詩・東山〕「勿士行丨」後箋引段玉裁。○丨，當讀為微。〔左傳昭公一二年〕「南蒯丨筮之」平議。○〔説文定聲・卷一二〕丨，假借為微，微者，微之誤字。〔詩・東山〕傳「微也」。○（同上）丨，救之誤字。〔廣雅・釋詁三〕「丨，收也」。○丨，當為救字之誤也。〔廣雅・釋詁三〕「丨，收也」疏證。

**梅** 丨，果名。〔廣韻・灰部〕○丨，木名。〔詩・摽有梅〕「摽有丨」朱傳。○丨，古文作呆，象子在木上之形，丨乃杏類，故反杏為呆。〔本草・卷二九〕○〔召南〕之丨，今之酸果也。〔説文〕「丨，枏也」段注。○秦陳之丨，今之楠樹也。（同上）○後世取丨為酸果之名，而丨之本義廢矣。（同上）○雀丨，一名于丨。〔説文〕「楳，丨也」義證引〔名醫別録〕。○丨者，媒也，媒合衆味。〔本草・卷二九〕○〔説文定聲・卷六〕丨謂微也。〔禮記・玉藻〕「視容丨丨」。（「媢」下）○丨，貪也。〔楚辭・天問〕「穆王巧丨」補注引〔方言〕。○丨，慙也。（同上）補注引〔集韻〕。○〔埤雅〕以丨子黃時雨曰黃丨雨，人遂以黴天為丨天。〔通雅・卷一二〕○〔説文定聲・卷五〕丨，假借為某。〔中山經〕「靈山，其木多桃李丨杏」。○（同上）丨，假借為晦。〔禮記・玉藻〕「視容瞿瞿丨丨」。○丨、媒聲同。〔詩・摽有梅〕「摽有丨」陳疏。○丨，魯作楳。〔詩・墓門〕「墓門有丨」集疏。○丨當為某。〔説文〕「䕩，乾丨之屬」義證。又〔説文〕「楳，丨也」義證。○丨當作怒。〔説文〕「媢，一曰丨目相視也」段注。○丨，又當作侮。（同上）

**媒** 丨，通二姓之言者也。〔詩・伐柯〕「匪丨不得」朱傳。○丨、謀聲類同，故義亦通。〔周禮・司徒〕「丨氏下士二人」孫正義。○麴𪌭和，合成酒醴，名之為丨。〔漢書・李陵傳〕「全軀保妻子之臣隨而丨糵其短」補注引賈公彥。○丨與䴬聲轉字異耳。〔方言一三〕「𪍿𪌭䴯䴬」箋疏。○丨亦夢也。〔廣雅・釋詁一〕「瞢，慙也」疏證。○丨蝎，言丨糵而蝎蠹也。〔通雅・卷五〕○丨但，詭譎也。（同上）○丨丨，義與䵏相近。〔廣雅・釋器〕「䵏，黑也」疏證。○〔説文定聲・卷五〕丨，假借為霾。〔莊子・知北遊〕「丨丨晦晦」。

**煤** 丨，炱丨也。〔説文〕「炱，灰炱丨也」義證引〔玉篇〕。○炱丨，灰集屋也。〔廣韻・灰部〕

**瑰** 玫丨，火齊珠也。〔廣韻・灰部〕○瓊丨，石次玉。（同上）○丨瑋，身材奇絕長大也。〔慧琳音義・卷七九〕引〔考聲〕。○丨偉、丨瑋、瓌瑋，並字異義同。〔方言二〕注「言瓌瑋也」箋疏。○丨與傀通。〔廣雅・釋言〕「傀，美也」疏證。○㒑、傀、丨、瓌並通。〔廣雅・釋詁二〕「㒑，盛也」疏證。○〔説文定聲・卷一二〕丨，假借為傀。〔莊子・天下〕「其書雖瓌瑋」。○〔史記・司馬相如傳〕丨偉，〔漢書〕作丨瑋，〔魯靈光殿賦〕作瓌瑋，並字異而義同。〔廣雅・釋訓〕「丨瑋，琦玩也」疏證。

**瓌** 丨，同瑰。〔廣韻・灰部〕○丨，大也。〔慧琳音義・卷八五〕○丨，方美也，盛也。〔卷二五〕○丨，或作傀、瑰，丨琦者，美大之皃也。〔卷一二〕引〔考聲〕。○㒑、傀、瑰、丨並通。〔廣雅・釋詁二〕「㒑，盛也」疏證。

**瓌** 丨謂瓌寶也。〔説文〕「傀，偉也」繫傳。○丨，美大之貌也。〔慧琳音義・卷一九〕引〔考聲〕。○丨，或通作瑰。〔説文〕「丨，傀或從玉裹聲」義證。○丨同傀。〔廣韻・灰部〕○丨亦省作瑰。〔説文〕「丨，傀或字」句讀。

**雷** 丨，陰陽薄動也。〔大戴・夏小正〕「正月必丨」王詁。○陰陽相薄為丨。〔説文〕「電，陰陽激燿也」義證引〔河圖〕。○有聲名曰丨，有光名曰電。〔易・噬嗑〕「丨電噬嗑」李疏引〔稽覽圖〕。○丨師，軒轅主丨雨之神，一曰丨師，豐隆也。〔離騷〕「丨師告余以未具」補注引〔春秋合誠圖〕。○丨石，一作礧石，一名礉石。〔漢書・鼂錯傳〕「具藺石，布渠荅」補注引錢大昭。○丨波即丨塘。〔漢書・江都易王傳〕「後游丨波」補注引沈欽韓。○丨即盧縣。〔史記・王子侯者年表〕「丨」志疑。○丨，當為盧。〔漢書・王子侯表〕「丨侯豨」補注。○盧誤慮，又誤丨。（同上）補注引王念孫。○官本靁並作丨。〔漢書・梅福傳〕「丨風著災」補注。

**靁** 丨，古雷字。〔詩・殷其靁〕「殷其丨」陳疏。○陰陽相薄為丨。〔説文〕「電，霒昜激燿也」段注引〔河圖〕。○陽為陰伏，相薄而有聲為丨。〔大戴・曾子天圓」「俱則丨」王詁。○丨，今隸作雷，其烈者為辟歷。〔説文定聲・卷一二〕○丨者，圜轉之義。〔説文〕「櫑，龜目酒樽，刻木作雲雷，象施不窮也」繫傳。○〔説文定聲・卷一二〕丨，假借為頪。〔周禮・龜人〕「西龜曰丨屬」。○丨，頪之假借字。〔説文〕「頪，頭不正也」句讀。又〔同上〕段注。○〔説文定聲・卷一二〕丨，假借為罍。〔漢禮器碑〕「雷洗觴觚」。○〔同上〕丨，假借為儽。〔長笛賦〕「丨歎積息」。○〔同上〕丨，假借為磊。〔周禮・職金〕注〔搶雷椎椁之屬〕。○丨，古讀如回。〔説文〕「靁，齊人謂丨為靁」段注。

**罍** 丨，酒器，刻為雲雷之象，以黃金飾之。〔詩・卷耳〕「我姑酌彼金丨」朱傳。○經傳多以丨為盛酒器。〔儀禮・士冠禮〕「水在洗東」胡正義。○丨為大尊。〔通雅・卷三三〕○凡盛水之器曰丨。〔儀禮・少牢饋食禮〕「司宮設丨水于洗東」胡正義引〔禮經釋例〕。○丨，大瓶也。〔説文〕「櫑，龜目酒尊」義證引〔五經文字〕。○丨同櫑。〔廣韻・灰部〕

**隤** 丨，墜也。〔慧琳音義・卷一八〕引〔考聲〕。○丨，下墜也。〔通鑑・唐紀六四〕「宅後古牆因雨丨陷」音注。又〔廣韻・灰部〕。○丨，物下墜也。〔慧琳音義・卷八七〕引〔考聲〕。○丨，壞隊下也。〔説文〕「丨，下隊也」義證引〔玉篇〕。○丨字或作隤，隤之言墜也。〔説文〕「丨，下隊也」義證引〔急就篇〕顔注。○丨，扇車之道也。〔同上〕○丨與陷同義。〔廣雅・釋言〕「免，丨也」疏證。○丨，猶遠也。〔詩・角弓〕「莫肯下丨」集疏引韓説。○丨，邪也。〔慧琳音義・卷一八〕引〔考聲〕。○丨之言摧丨，傾衺之義也。〔廣雅・釋詁二〕「丨，衺也」疏證。○丨字兼有順義。〔易・繫下〕「丨然示人簡矣」述聞。○〔繫辭〕丨，孟本作退，退亦訓順。〔述聞・卷二〕○丨城在衛輝府獲嘉縣西北。〔左傳隱公二年〕「丨懷」疏證引沈欽韓。○蹟與丨通。〔廣雅・釋言〕「蹟，壹也」疏證。○丨音頹。〔詩・卷耳〕「我馬虺丨」朱傳。○丨，字亦作墤。〔説文定聲・卷一二〕○丨，經傳亦以頹為之。〔同上〕○三家丨作頹。〔詩・卷耳〕「我馬虺丨」集疏。○丨，字或作頹。〔説文〕「丨，下隊也」義證。○丨，當作頹。〔詩・卷耳〕「我馬虺丨」陳疏。

**頹** 丨，下墜也。〔楚辭・悲回風〕「歲曶曶其若丨兮」補注。○丨，下墜也，與隤同。〔楚辭・逢紛〕「意晻晻而日丨」補注。○丨，暴風也。〔廣韻・灰部〕○丨，風之焚輪者也。〔詩・谷風〕「維風及丨」朱傳。○丨風之旋而上者為丨。〔同上〕後箋引陸佃。○丨，扶搖即猋是也，羊角即丨是也。〔同上〕後箋。○丨，猶嘳也，太息之聲也。〔文選・長門賦〕「遂丨思而就牀」集釋。○丨，又作瘣，陰病也，又曰疝。〔慧琳音義・卷五八〕○丨，〔詩〕作隤，亦假音也。〔釋詁〕「虺、丨，病也」郝疏。

**穨** 丨同頹。〔廣韻・灰部〕○丨，毀傷也。〔慧琳音義・卷六〇〕引〔集訓〕。○〔説文定聲・卷一二〕丨，假借為隤。〔詩・谷風〕「維風及丨」。○丨，今俗字作頹。〔説文〕「丨，秃皃」段注。○丨，諸本誤作頹。〔左傳昭公二六年〕「生丨禍心」洪詁。○丨，今〔毛詩〕作隤，誤字也。〔説文〕「丨，秃皃」段注。





**摧** 丨，折也。〔慧琳音義・卷一〕引顧野王。又〔廣韻・灰部〕。○丨，莝。〔詩・鴛鴦〕「丨之秣之」朱傳。○丨，剉也。〔慧琳音義・卷一〕引〔考聲〕。又〔卷五一〕引〔考聲〕。○丨，倒也。〔慧琳音義・卷二七〕○丨，滅也。〔詩・雲漢〕「先祖于丨」朱傳。○丨，阻也。〔廣韻・灰部〕○丨，沮也。〔詩・北門〕「室人交徧丨我」朱傳。○丨亦墜也。〔詩・雲漢〕「先祖于丨」通釋。○丨者，擠也。〔説文〕「捘，丨也」段注。○丨，通作催，相迫也。〔詩・北門〕「室人交遍丨我」通釋。○丨，〔韓詩〕作誰，謫也。〔同上〕○借丨為莝。〔文選・七發〕「遂推而進之」集釋。○〔説文定聲・卷一二〕丨，假借發聲之詞。〔釋詁〕「丨，至也」。○丨與慛同。〔廣雅・釋訓〕「慛慛，悲也」疏證。○丨、推聲相近。〔廣雅・釋詁三〕「丨，推也」疏證。○丨察摵並一聲之轉也。〔釋詁〕「丨，至也」郝疏。○〔小雅〕秣之丨之，以丨為莝。〔説文〕「莝，斬芻」段注。○〔説文定聲・卷一二〕丨，字亦作慛。〔廣雅・釋詁一〕「慛，憂也」。○丨，各本作推。〔説文〕「捘，丨也」段注。○丨，韓作莝。〔詩・鴛鴦〕「丨之秣之」集疏引王應麟。○丨即權之壞字。〔漢書・張湯傳〕「湯丨謝」補注引郭嵩燾。

**催** 丨，迫也。〔廣韻・灰部〕○丨，擣，相迫蹙也。〔説文〕「丨，相擣也」繫傳。○丨，擣撞，與沮壞義亦相因。〔詩・北門〕「室人交徧摧我」後箋。○丨歸、杜宇、杜鵑、子鵑、秭歸、謝豹，皆怨鳥子規也。〔通雅・卷四五〕○丨碃郎，篙師也。〔通雅・卷一九〕○丨，摧之或體。〔説文定聲・卷一二〕

**堆** 丨，聚也。〔慧琳音義・卷六〕引〔考聲〕。○丨，聚土。〔廣韻・灰部〕

**陪** 丨，重阜也，所謂再成邱也。〔説文定聲・卷五〕○丨，重乘也。〔國策・楚策一〕「出則丨乘」鮑注。○臣之臣為丨。〔左傳昭公七年〕「無丨臺也」洪詁引韋昭。○丨，貳也。〔詩・蕩〕「以無丨無卿」朱傳。○丨，助也。〔通鑑・隋紀四〕「諸郡送一藝戶丨東都三千餘家」音注。○丨，丨廁也。〔廣韻・灰部〕○〔説文定聲・卷五〕丨猶山也。〔左傳定公四年〕「分之土田丨敦」。○諸侯之臣於天子曰丨臣。〔説文〕「丨，重土也」繫傳。○丨臣，家臣也。〔論語・季氏〕「丨臣執國命」朱注。○〔説文定聲・卷五〕丨尾，山在今湖北德安府安陸縣北，亦名横尾山。〔書・禹貢〕「至於丨尾」。○培與丨通。〔廣雅・釋詁二〕「丨，益也」疏證。○丨、培通。〔釋言〕「丨，朝也」郝疏。○〔説文定聲・卷五〕丨，假借為培。〔説文〕「丨，一曰滿也」。○丨者，部之假字。〔釋言〕「丨，朝也」平議。○丨當讀為倍，即今向背字。〔文選・閑居賦〕「丨京泝伊」集釋引〔讀書志餘〕。○丨，通作陛。〔釋言〕「丨，朝也」邵正義。○丨作倍。〔讀書雜志・卷三〕○丨，諸本皆作倍。〔左傳僖公三〇年〕「焉用亡鄭以丨鄰」疏證。○丨，或通作培。〔説文〕「丨，重土也」義證。○丨，又通作培。〔同上〕○丨，當作培。〔左傳定公四年〕「分之土田丨敦」洪詁。○丨，諸刊本誤倍。〔左傳僖公三〇年〕「焉用亡鄭以丨鄰」洪詁。

**杯** ｜，酒器也。〔說文〕「⿷匚贛，小桮也」義證引〔急就篇〕顏注。○｜即桮。〔方言五〕「桮落，又謂之豆筥」疏證。○｜同桮。〔廣韻・灰部〕○｜與桮同。〔方言五〕「盃，桮也」箋疏。○｜，麩字假音。〔墨子・備城門〕「灰康粃｜」閒詁引畢沅。○｜當為柸之借字，柸即稃也。〔同上〕閒詁。

**盃** ｜，俗杯字。〔廣韻・灰部〕

**桮** ｜，酒器也，一名⿷匚贛。〔說文〕「｜，⿷匚贛也」義證引〔急就篇〕顏注。○｜，古盛羹若注酒之器，通名曰杯也。〔說文定聲・卷五〕○｜，字亦作杯、作柸。〔同上〕○｜，盞也，俗作盃。〔慧琳音義・卷七六〕○籠絡之器，亦曰｜箸。〔通雅・卷三三〕○｜棬，屈木所為，若巵匜之屬。〔孟子・告子上〕「猶｜棬也」朱注。○〔說文定聲・卷五〕｜，假借為棓。〔海內北經〕「蛇巫之山，有人操杯而東向立」。○｜、杯同。〔方言五〕「盃，｜也」疏證。○柸、｜、棓一字。〔漢書・律歷志〕「安陵｜育治終始」補注引葉德輝。○｜，俗作杯。〔說文〕「｜，⿷匚贛也」段注。

**醅** ｜，酒未漉也。〔廣韻・灰部〕○｜，又作酥，謂未漉酒者也。〔慧琳音義・卷七二〕○今所用潑｜字，謂酒未沸者。〔說文定聲・卷五〕○未榨曰｜。〔本草・卷二五〕○｜，醉飽。〔廣韻・尤部〕○｜，醉飽也。〔集韻・尤部〕○坏、肧、衃、｜，並音片回反，義相近也。〔廣雅・釋言〕「㱿，培也」疏證。

**嵬** ｜，崔｜。〔廣韻・灰部〕○｜，正作儡，長大皃。〔慧琳音義・卷九〇〕○｜瑣猶委瑣也。〔荀子・非十二子〕「喬宇｜瑣」集解。又〔正論〕「天下之｜，一時之瑣」集解。○｜瑣，所謂小言詹詹也。〔荀子・非十二子〕「喬宇｜瑣」集解引郝懿行。○｜容者，怪異之容。〔荀子・非十二子〕「吾語汝學者之｜容」集解引郝懿行。○〔說文定聲・卷一二〕｜，假借為怪。〔荀子・正論〕「夫是之謂｜說」。○｜音巍。〔詩・卷耳〕「陟彼崔｜」朱傳。○｜，魯作巍。〔詩・谷風〕「維山崔｜」集疏。

**推** ｜，排也。〔慧琳音義・卷一四〕引〔韻英〕。又〔廣韻・脂部〕。○｜，去也。〔詩・雲漢〕「則不可｜」朱傳。○｜，移也。〔通鑑・漢紀五二〕「皆相｜以直」音注。○｜猶移。〔國策・趙策四〕「｜其怨於趙」鮑注。○｜，尋也。〔通鑑・漢紀五二〕「烈使｜求」音注。○｜車謂｜引其車。〔韓子・八說〕「故有挑銚而｜車者」集解。○〔說文定聲・卷一二〕｜，假借為摧。〔夏小正〕傳「抵猶｜也」。○｜當作椎。〔說文〕「摑，手｜之也」義證。○｜當為摧。〔說文〕「擣，手｜也」義證。

**開** ｜，闢户也。〔楚辭・天問〕「何｜而明」補注。○｜，啓也。〔大戴・保傅〕「夫｜於道術」王詁。又〔衛將軍文子〕「｜蟄不殺」王詁。○｜，啓導之意。〔漢書・刑法志〕「若｜後嗣」補注。○｜，通也。〔大戴・虞戴德〕「｜施教于民」王詁。○｜，｜解。〔廣韻・咍部〕○｜言始得罪。〔國策・秦策三〕「｜罪於楚魏」鮑注。○｜字與闓、启皆略同。〔說文定聲・卷一二〕○｜士，梵語，菩薩者也，謂以法｜道之士。〔慧琳音義・卷一六〕○｜闔者，乾坤陰陽之謂，即天地也。〔漢書・禮樂志〕「參侔｜闔」補注。○｜陽，〔星經〕作闓陽。〔漢書・天文志〕「魁枕參首」補注。○新本｜作啓。〔漢書・賈誼傳〕「｜章之計不萌」補注引宋祁。○｜章，〔新書〕亦作啓章，避景帝諱改。〔同上〕補注。○｜右即啓佑，避景帝諱。〔漢書・谷永傳〕「以遇天所｜右」補注引蘇輿。○｜，當為闓。〔說文〕「猲，犬張耳皃」義證引朱文藻。

**哀** ｜，悲｜也。〔廣韻・咍部〕○｜，傷也。〔大戴・曾子事父母〕「和歌而不｜」王詁。○｜者，閔也。〔說文繫傳・通論下〕○｜者，依也，悲實依心故曰｜也。〔說文〕「㥖，痛聲也」義證引〔文心雕龍〕。○｜者，愛也。〔漢書〕「見｜」雜志。○｜與愛聲義相近。〔廣雅・釋詁一〕「齡，｜也」疏證。○｜與愛聲義並相近。〔方言一〕「憮俺、憐，愛也」箋疏。○｜與愛聲近義同。〔方言一〇〕「沅澧之原凡言相憐｜謂之嘳」箋疏。○｜與愛聲相近而義相通，故字亦相通。〔漢書〕「見｜」雜志。○｜憐亦慈愛之意也。〔釋詁〕「⿰忄某，愛也」郝疏。○｜，謂等差也，有等差即有次弟。〔述聞・卷二二〕○｜焉猶依然也。〔漢書〕「曰｜烏」雜志。○｜烏乃衆星相聚之貌。〔同上〕○｜烏即依烏，謂其攢聚紛芒之狀也。〔通雅・卷一一〕○｜與愛古字通。〔管子〕「見與之交」雜志。○〔說文定聲・卷一二〕｜，假借為㤅。〔呂覽・報更〕「人主胡可以不務｜士」。○〔同上〕｜，假借發聲之詞。〔後漢・班彪傳〕「｜牢」。○｜者，即依之假字耳。〔淮南・說林〕「各｜其所生」平議。○｜、依古同聲。〔漢書〕「曰｜烏」雜志。○｜音依。〔說文〕「㥖，痛聲也」義證引裴瑜。○｜當為懼。〔說文〕「悼，懼也」義證。○｜，當為衰。〔述聞・卷二二〕○｜，舊本作衰誤。〔呂覽・勿躬〕「寒｜作御」校正。

**埃** ｜，塵｜。〔廣韻・咍部〕○｜，塵微也。〔太素・五節刺〕「病惡｜煙」楊注。○｜，城三堵也。〔集韻・旨部〕○｜⿱皆日，或作曖曃。〔說文〕「⿱皆日，｜⿱皆日，日無光也」義證。○｜⿱皆日，又作霼靆。〔同上〕○｜，當從〔玉篇〕作堅。〔說文〕「堅，麤｜也」段注。

**臺** ｜，四方高也。〔說文〕「｜，觀四方而高者」義證引〔玉篇〕。○土高四方曰｜。〔廣韻・咍部〕○積土四方，高丈，曰｜。〔說文定聲・卷五〕○累土曰｜。〔說文〕「｜，觀四方而高者」義證引〔古今注〕。○〔說文定聲・卷五〕｜，如城隅也。〔禮記・月令〕「可以處｜榭」。○｜，夫須也。〔詩・都人士〕「｜笠緇撮」朱傳。○｜，夫須，即莎草也。〔詩・南山有臺〕「南山有｜」朱傳。○｜，夫須，山莎也。〔通雅・卷四一〕○｜即雲｜菜。〔釋艸〕「｜，夫須」鄭注。○｜若今人言菜｜也。〔說文〕「䒽，草木華也」繫傳。○｜猶跆，在人下之稱也。〔說文〕「僕，給事者」繫傳。○｜之言相等也。〔廣雅・釋詁一〕「｜，輩也」疏證。○｜亦待也，方俗語有輕重耳。〔廣雅・釋詁二〕「｜，待也」疏證。○｜，戴侯之國。〔史記・高祖功臣侯者年表〕「｜」志疑。○｜簡猶持簡。〔淮南・俶真〕「｜簡以游太清」平議。○｜主，憲長也。〔通雅・卷二四〕○周人名其｜曰逃債｜，洛陽南宮簃樓是也。〔漢書・諸侯王表〕「有逃責之｜」補注引〔御覽〕。○｜與儓通。〔廣雅・釋詁一〕「儓，｜也」疏證。又〔釋詁三〕「儓，當也」疏證。○｜、儓蓋通用。〔方言二〕「丨，匹也」疏證。○丨、鐙古通用，亦一聲之轉也。〔釋草〕「丨，夫須」郝疏。○〔說文定聲・卷五〕丨，假借為特。〔方言一〕「丨，匹也」。○（同上）丨，假借為待，或為嬯。〔廣雅・釋詁二〕「丨，待也」。○（同上）丨，假借為侍。〔左傳昭公七年〕「僕臣丨服」。○丨與臺同。〔廣雅・釋草〕「蒚，臺也」疏證。○古丨讀同持。〔說文〕「丨，觀四方而高者」段注。○丨讀如題。〔荀子・成相〕「高其丨」集解引郝懿行。○丨，或作古文握。〔說文〕「丨，觀四方而高者」段注。○〔說文定聲・卷五〕丨誤壺，因又作狐。〔左傳襄公四年〕「狐駘」。○（同上）丨，握之誤字。〔淮南・俶真〕「丨簡以游太清」。

苔

丨，蘚也。〔廣韻・咍部〕○丨、台古同聲，故得通用。〔漢書〕「千合」雜志。○丨同落。〔廣韻・咍部〕○丨，字作菭。〔說文〕「菭，水衣」繫傳。

該

丨，軍中約也。〔廣韻・咍部〕○丨，備也。〔離騷〕「齊桓聞以丨輔」戴注。○丨又備也。〔說文〕「丨，軍中約」繫傳。○丨，備也，咸也，兼也，皆也。〔廣韻・咍部〕○丨，包也。〔慧琳音義・卷六一〕引〔韻英〕。○丨，倫也。〔卷九〕○丨，義與苦相近。〔廣雅・釋詁四〕「恗，苦也」疏證。○丨，義與絯亦相近。〔廣雅・釋詁三〕「絯，束也」疏證。○丨、晐、賅，字異義同。〔方言一二〕「丨，咸也」箋疏。○丨、侅、荄，音義皆同。〔釋名・釋天〕「亥，核也」疏證。○晐與丨通。〔廣雅・釋詁二〕「晐，備也」疏證。又〔廣雅・釋言〕「晐，包也」疏證。○〔說文定聲・卷五〕丨，假借為晐。〔方言一二〕「丨，咸也」。○丨同絯，飽息也。〔說文〕「丨，讀若心中滿丨」段注。○丨，通作晐。〔方言一二〕「丨，咸也」箋疏。○丨，亦作賅。（同上）疏證。○〔說文定聲・卷五〕丨，讀若噫也，字亦作絯。〔廣雅・釋詁三〕「絯，束也」。○丨作閡。〔漢書・律歷志〕「丨臧萬物而雜陽閡種也」補注引官本孟注。○丨，〔古今人表〕作垓。〔左傳昭公二九年〕「曰重曰丨」洪詁。○丨，讀若心中滿丨，當作瀗恗。〔說文〕「恗，苦也」義證。

才

草木之始為丨。〔說文定聲・卷五〕（「始」下）○丨，木也。〔說文〕「閉，闔門也」繫傳。○丨，材力也。〔詩・駉〕「思馬斯丨」朱傳。○丨，力也。〔大戴・四代〕「君何為不觀器視丨」王詁。○〔說文定聲・卷五〕丨，質也。〔禮記・學記〕「教人不盡其材」。○丨，猶材質，人之能也。〔孟子・告子上〕「非丨之罪也」朱注。○丨亦人之器用也。〔說文〕「散，妙也」繫傳。○丨，用也，質也，力也，文丨也。〔廣韻・咍部〕○丨色，色之有丨藝者。〔大戴・四代〕「見丨色脩聲不視聞」王詁。○丨，引伸為凡始之偁。〔說文〕「丨，艸木之初也」段注。○材質字當作丨，丨者，引申為本始之義。〔說文定聲・卷五〕○丨，始詞也。〔說文〕「僅，丨能也」繫傳。○丨，引申為僅、暫之義。〔說文定聲・卷五〕○丨，蓋伎人之號。〔漢書・孝元傅昭儀傳〕「昭儀少為上官太后丨人」補注引沈欽韓。○人配天地為三丨。〔說文〕「人，天地之性最貴者也」繫傳。○哉、丨古字通。〔書大傳〕「亢丨」述聞。○〔說文定聲・卷五〕丨，假借為材。〔詩・駉〕「思馬斯丨」。○〔說文定聲・卷八〕丨，亦借為事，當作士。〔魯語〕「咨丨為諏」。（「諏」下）○〔說文定聲・卷五〕丨，以纔為之。〔漢書・賈山傳〕「纔數月耳」。○（同上）丨，以裁為之。〔漢書・王貢兩龔鮑傳序〕「裁自閱數人」。○（同上）丨，以財為之。〔漢書・李陵傳〕「財令陵為助兵」。○（同上）丨，以載為之。〔孟子〕「朕載自亳」。○（同上）丨，以哉為之。〔釋詁〕「丨，始也」。○（同上）丨，以材為之。〔禮記・中庸〕「故天之生物必因其材而篤焉」。○丨，于始義亦借材、財、裁，今人借纔。〔說文〕「丨，艸木之初也」句讀。○丨、財、裁同。〔國策・趙策一〕「唯王丨之」鮑注。○丨，亦用此為哉生魄字。〔說文〕「丨，艸木之初也」繫傳。○丨，古亦用此為纔始字。（同上）○丨，讀為哉。〔書大傳〕「亢丨」述聞。○丨，通作哉。〔說文〕「丨，艸木之初也」義證。○丨，又通作載。（同上）○茂下材作丨。〔漢書・武帝紀〕「其令州郡察吏民有茂材異等」補注引官本注。○凡丨能字，當作材。〔說文定聲・卷五〕

材

丨，木梃也。〔廣韻・咍部〕又〔說文定聲・卷一二〕。（「閉」下）○丨，木之勁直堪入於用者。〔說文〕「丨，木梃也」繫傳。○凡木已斬伐可施工匠者曰丨。〔慧琳音義・卷四七〕○丨，丨木也。〔孟子・告子上〕「以為未嘗有丨焉」朱注。○丨，謂百穀草木。〔大戴・五帝德〕「養丨以任地」王詁。○丨，質也。〔中庸〕「必因其丨而篤焉」朱注。○丨，亦質性也。〔慧琳音義・卷四七〕○引申之，凡可用之物皆為丨。〔周禮・大宰〕「三曰虞衡作山澤之丨」孫正義。○引伸之義，凡可用之具皆曰丨。〔說文〕「丨，木梃也」段注。○〔說文定聲・卷五〕丨謂皮革齒牙骨角毛羽也。〔左傳隱公五年〕「其丨足以備器用」。○丨者，椁丨也。〔書・顧命下〕「伯相命士須丨」孫疏。○丨人，謂王者因人之丨而器使之之道也。〔荀子・君道〕「丨人」集解引盧文弨。○才與丨通。〔墨子・經上〕「知丨也」平議。○丨、財字通。〔墨子・公孟〕「著稅偽丨」閒詁。○〔說文定聲・卷五〕丨，假借為哉。〔論語〕「無所取丨」。○（同上）丨，假借為裁。〔鄭語〕「丨兆物」。○（同上）丨，假借為才。〔易・繫辭〕「象者，丨也」。○（同上）丨，假借為財。〔史晨後碑〕「還所斂民錢丨」。○（同上）丨，或曰借為側。〔管子・地員〕「山之丨」。○（同上）丨，假借為垂，丨垂雙聲。〔管子・地員〕「山之丨」。○丨、財、裁、纔，皆同聲假借，當以才為正。〔說文〕「僅，丨能也」義證。○丨與裁同。〔論語・公冶長〕「無所取丨」朱注。○丨，今俗用之，纔字也。〔說文〕「僅，丨能也」段注。○丨人，當從〔史記〕作才人。〔漢書・淮南厲王傳〕「令故美人丨人得幸者十人從居」補注。

財

丨，貨也，賄也。〔廣韻・咍部〕○丨謂幣帛。〔儀禮・士冠禮〕「主人酬賓」胡正義。又〔大戴・盛德〕「丨物失量」王詁。○泉貨曰丨。〔大戴・千乘〕「作於丨賄」王詁。○丨，泉穀也。〔大戴・千乘〕「老疾用丨」王詁。○丨賄實泉帛穀粟之通名。〔釋言〕「賄，丨也」郝疏。○丨謂國用。〔大戴・主言〕「外行三至而丨不費」王詁。○丨，可以入用也。〔說文〕「丨，人所寶」繫傳。○可以為用而寶之故曰丨。〔說文繫傳・通論下〕○丨，節也。〔易・泰〕「后以丨成天地之道」李疏引鄭注。○丨亦成也。〔荀子〕「丨萬物」雜志。○丨，裁始也。〔說文〕「涚，丨溫水也」繫傳。○丨即才也。〔孟子・盡心上〕「有達丨者」焦正義。○丨，少也。〔漢書・鼂錯傳〕「唯陛下丨擇」補注。○丨猶少也。〔漢書・張安世傳〕「唯天子丨哀」補注。又〔師舟傳〕「惟陛下丨覽衆心」補注引王念孫。○凡言丨幸、裁幸、丨察、裁察、丨擇、丨哀、丨覽，義皆訓少。〔漢書・李陵傳〕「丨令陵為助兵」補注引王念孫。○丨留神，猶言少留神耳。〔漢書・李尋傳〕「唯丨留神」補注。○丨足猶纔足也。〔管子・度地〕「率部校長官佐各丨足」平議。○〔通雅・卷八〕丨察即裁察。〔酷吏傳〕「丨察」。○（同上）丨哀即裁哀，言裁奪哀憐之也。〔張安世傳〕「丨哀深辭」。○丨與材通。〔漢書・鼂錯傳〕「資丨不下五帝」補注。○丨、裁通。〔史記・呂后本紀〕「寧蚤自丨」志疑引〔考要〕。○古丨與裁通。〔漢書・成帝紀〕「水所毀傷困乏不能自存者，丨振貸」補注引錢大昭。○丨與裁古通用。〔漢書〕「丨幸」雜志。○丨與才通。〔方言一三〕「君平丨有千言耳」箋疏。○丨、纔通。〔墨子・襍守〕「守所者丨足」閒詁。○丨與纔通。〔荀子〕「口耳之閒，即四寸耳」雜志。○〔通雅・卷八〕古纔、才、裁、丨通用。〔張安世傳〕「丨哀深辭」。○〔說文定聲・卷五〕丨，假借為材。〔禮記・禮器〕「設于地丨」。○（同上）丨，假借為裁。〔易・泰〕「丨成天地之道」。○（同上）丨，假借為才。〔漢書・霍光傳〕「長丨七尺三寸」。○丨，今借纔。〔說文〕「浞，丨溫水也」句讀。○丨者，才之借字。（同上）○丨、纔、才、裁，古皆借為始字意。〔說文〕「僅，才能也」繫傳。○裁與丨同。〔荀子〕「丨萬物」雜志。○丨與裁同。〔漢書・貨殖傳〕「故易曰后以丨成輔相天地之宜」補注引王鳴盛。○丨、裁同字。〔韓子・十過〕「斬山木而丨之」集解引顧廣圻。○丨同材。〔墨子・尚賢下〕「有一牛羊之丨」閒詁引畢沅。○丨、材同。〔國策・楚策一〕「而丨於柱國」鮑注。○丨與材同。〔孟子・盡心上〕「有達丨者」朱注。○丨讀曰材。〔大戴・四代〕「且草可丨也」王詁。○丨讀曰材，謂草木。〔大戴・盛德〕「丨物不蕃」王詁。○丨讀曰裁。〔大戴・少閒〕「君如丨之」王詁。○丨、才通。〔說文〕「叀，專小謹也，屮丨見也」義證。○丨當作才。〔說文〕「䨘，小雨丨零也」段注。○丨俗作纔。〔說文〕「瞥，過目也，一曰丨見也」句讀。○丨，今纔字。〔說文〕「撽，一曰刺之丨至也」段注。○丨，今之纔字。〔說文〕「瞥，一曰丨見也」段注。○丨，今字作纔。〔說文〕「䨘，小雨丨零也」段注。○丨，當為具。〔墨子・備城門〕「盆蠡各二丨」閒詁引蘇時學。○丨，當作錢。〔漢書・張良傳〕「散鹿臺之丨」補注。○丨，當作材。〔管子・七法〕「聚天下之精丨」義證引孫星衍。○臨丨，各本作臨射。〔呂覽・務本〕「臨丨則貪得」校正。○自丨，〔漢書〕改自賊。〔史記・呂后本紀〕「寧蚤自丨」志疑。

## 裁

丨，丨衣。〔廣韻・咍部〕○丨，製也。〔說文〕「丨，制衣也」義證引〔類篇〕。○引伸為丨度、風丨。〔說文〕「丨，制衣也」段注。○丨，量也。〔通鑑・漢紀三六〕「願復丨賜」音注。○丨，審定也。〔漢書・兒寬傳〕「時丨闊狹」補注。○丨，剬節也。〔通鑑・宋紀一〕「執政每丨量不盡與」音注。○丨，割正也。〔論語・公冶長〕「不知所以丨之」朱注。○丨，禁也。〔太素・調食〕「命曰五丨」楊注。○丨，劣也，不欠也。〔慧琳音義・卷二五〕○丨有減損之義。〔釋言〕「丨，節也」郝疏。○丨之言載也，成也。〔易・泰〕「財成天地之道」述聞。○丨，亦載也。〔易・繫上〕「化而丨之」述聞。○丨與財同，猶言少也。〔漢書・蓋寬饒傳〕「唯丨省覽」補注。○丨，猶少也，丨，財通用。〔漢書・諸葛豐傳〕「唯陛下丨幸」補注引王念孫。○丨，僅也。〔國策・燕策一〕「丨如嬰兒」補正。○丨縑，帛書也。〔通雅・卷三二〕○〔說文定聲・卷五〕丨，假借為才。〔漢書・王貢兩龔鮑傳序〕「丨日閱數人」。○丨與財同。〔荀子〕「財萬物」雜志。○丨讀為材。〔管子・形勢〕「丨大者衆之所比也」平議。○丨通作財。〔釋言〕「丨，節也」邵正義。○丨通作才。〔說文〕「丨，制衣也」義證。○丨，古通作材。〔管子・形勢〕「丨大者」義證引孫星衍。○丨當作栽。〔說文〕「栽，築墻長版也」義證。

## 來

丨，小麥。〔詩・思文〕「貽我丨牟」朱傳。○丨，今小麥也。〔說文〕「丨，周所受瑞麥」繫傳。○丨即秾也。〔說文〕「秾，齊謂麥為秾」繫傳。○丨，至也。〔書・召誥〕「越若丨三月」述聞。○丨，亦至也。〔釋言〕「懷，丨也」述聞。○丨，至也，及也。〔廣韻・咍部〕○丨，往也。〔詩・文王有聲〕「遹追丨孝」述聞。○丨即往也。〔史記〕「丨古」雜志。○丨，歸也。〔詩・采薇〕「我行不丨」朱傳。○丨，猶歸也。〔詩・常武〕「徐方既丨」通釋。○丨，歸附也。〔論語・子張〕「綏之斯丨」朱注。○丨，猶還也。〔國策・秦策二〕「使者未丨」姚注。又〔廣韻・咍部〕。○丨謂丨降。〔漢書・文帝紀〕「與王興居去丨者」補注。○丨，嗣續無乏意。〔詩・文王有聲〕「遹追丨孝」後箋引〔稽古編〕。○後丨曰丨，所從丨者亦曰丨。〔詩・文王有聲〕後箋。○丨，慰撫也。〔詩・大東〕「職勞不丨」朱傳。○古者謂相思勤為丨。〔詩・女曰雞鳴〕「知子之丨之」述聞。○丨，讀勞丨之丨，謂勸勉之也。〔禮記・中庸〕「丨百工也」述聞。○丨，賚也，謂賚其勤也。〔釋詁〕「丨，勤也」鄭注。○丨謂謁請。〔書・呂刑下〕「惟丨」孫疏。○丨與勑通，順也。〔詩・常武〕「徐方既丨」通釋。○〔說文定聲・卷五〕丨即松楊也，俗謂之油松。〔爾雅・釋木〕「椋即丨」。○丨，語詞。〔詩・四牡〕「將母丨諗」陳疏。又〔閟宮〕「淮夷丨同」通釋。○丨，古粖字，語詞也。〔詩・大田〕「丨方禋祀」陳疏。○凡詩中丨字，皆是語詞。〔詩・谷風〕「伊予丨塈」述聞。又〔四牡〕「將母丨諗」述聞。又〔采芑〕「荊蠻丨威」述聞。又〔桑柔〕「反予丨赫」述聞。又〔江漢〕「淮夷丨求」、「淮夷丨鋪」、「王國丨極」述聞。○丨猶是也。〔詩・采芑〕「蠻荊丨威」通釋。又〔谷風〕「伊予丨塈」述聞。○丨，詞之是也。〔釋詞・卷七〕○丨，句中語助也。（同上）○丨，句末語助也。（同上）○丨乃語助之辭。〔禮記・檀弓〕「嗟丨之食」平議。○丨牟，麥也。〔詩・臣工〕「於皇丨牟」朱傳。○丨歸者，出也。〔公羊傳宣公一六年經〕「丨歸」陳疏引孔廣森。○丨亦勞也，字本作勑。〔讀書雜志・卷四〕○丨許，後進也。〔詩・下武〕「昭茲丨許」後箋。○丨事，猶云後事。〔漢書・李尋傳〕「丨事之師也」補注引蘇輿。○丨古，往古也。〔述聞・卷六〕○丨古即往古也。〔史記〕「丨古」雜志。○丨月，亦曰明月。〔通雅・卷一二〕○丨鋪，猶言是止。〔詩・江漢〕「淮夷丨鋪」通釋。○丨革，紂佞臣也。〔楚辭・惜誓〕「丨革順志而用國」補注。○古丨、黎同音，州黎即州丨也。

〔左傳成公七年經〕「吳入州｜」疏證引馬宗璉。〇〔說文定聲·卷五〕｜鳩，大鷃也。〔釋鳥〕「鷹，｜鳩」。〇｜禽，即林擒也。〔通雅·卷四三〕〇｜與倈通。〔廣雅·釋詁四〕「倈，伸也」疏證。〇｜與勑通。〔廣雅·釋詁四〕「勑，勤也」疏證。〇｜、勑字通。〔周禮·樂師〕「詔｜瞽皋舞」孫正義。〇古者｜、釐、秠三字相通。〔通雅·卷二〕〇理、釐、｜並音同字通。〔釋詁〕「賚，賜也」郝疏。〇〔說文定聲·卷五〕｜，假借為賚。〔儀禮·特牲禮〕「｜女孝孫」。〇〔同上〕｜，假借為在，實為司。〔史記·夏本紀〕「｜始滑」。〇〔同上〕｜，假借為勑。〔釋詁〕「｜，勤也」。〇〔同上〕｜，假借為禧。〔儀禮·特牲禮〕「｜女孝孫」注「讀曰釐」。〇｜字乃賚之假字。〔書·洛誥〕「伻｜｜視予」平議。〇｜者，勑之假音也。〔釋詁〕「｜，勤也」郝疏。〇〔說文定聲·卷五〕｜，以勑為之。〔廣雅·釋詁四〕「倈，伸也」。〇｜，讀為勞｜之｜。〔詩·女曰雞鳴〕「知子之｜之」述聞。〇｜讀如黎。〔荀子·成相〕「任惡｜」集解引郝懿行。〇古｜讀如釐。〔詩·大東〕「既往既｜」通釋。〇古｜讀如釐，故與戾音相近。〔公羊傳隱公五年〕「登｜之也」陳疏。〇｜，當讀如〔爾雅〕勞｜之｜，字正作勑。〔詩·頍弁〕「兄弟俱｜」通釋。〇｜與戾聲轉義同。〔方言一〕「戾，至也」箋疏。〇｜者，通作戾，戾、｜聲同。〔釋詁〕「｜，至也」郝疏。〇｜音賚。〔詩·大東〕「職勞不｜」朱傳。〇｜、釐音同。〔左傳隱公一一年經〕「夏，公會鄭伯于時｜」洪詁。〇｜字古音黎。〔通雅·卷一〕〇｜、釐、喜，古聲相近。〔詩·思文〕「貽我｜麰」述聞。〇往｜之｜，正字是麥，菽麥之麥，正字是｜。〔說文定聲·卷五〕〇｜，亦作䅘。〔本草·卷二二〕〇｜牟之｜，即麳之省文。〔文選典引〕集釋引吳仁傑。〇｜，古勑字。〔詩·大東〕「職勞不｜」陳疏。〇勞｜之｜，本作勑。〔同上〕通釋。〇｜，勑之省，俗作徠。〔說文〕「勑，勞也」段注。〇｜作徠。〔詩·閟宮〕「徂｜之松」集疏引〔唐石經〕。〇｜，魯作糇。〔詩·采薇〕「我行不｜」集疏。〇｜，齊作倈。〔詩·常武〕「徐方既｜」集疏。〇｜者，賚之省。〔詩·既醉〕「釐爾女士」後箋。〇｜，當為賚。〔墨子·非攻下〕「成帝之｜」閒詁引畢沅。〇｜，傳作郲。〔左傳隱公一一年經〕「公會鄭伯於時｜」疏證。〇｜作萊。〔漢書·武帝紀〕「幸琅邪，禮日成山」補注引官本注。〇｜，通作戾。〔釋言〕「格，｜也」郝疏。〇〔說苑〕｜作求。〔呂覽·驕恣〕「鸞徼｜之」校正。〇｜，當作求。〔詩·大東〕「既往既｜」通釋引洪頤煊。〇｜，舊本作采。〔呂覽·古樂〕「以｜陰氣」校正。〇〔說文定聲·卷五〕｜，乘字之誤，詩本借乘為倗也。〔詩〕「知子之｜之」。〇｜是泰字之訛，即七字也。〔史記·夏本紀〕「｜始滑」志疑引〔丹鉛録〕。

**萊**

｜，草也。〔詩·南山有臺〕「北山有｜」後箋。〇｜，草名。〔同上〕朱傳。〇｜，蒿藋之屬。〔說文定聲·卷五〕〇｜即灰藋之紅心者，河朔人名落藜，南人名胭脂｜，亦曰鶴頂草。〔說文〕「｜，蔓華也」義證引〔本草〕。〇｜，藜草。〔廣韻·咍部〕〇｜即藜也。〔說文〕「藜，艸也」義證。〇｜，亦名藜。〔說文〕「｜，蔓華也」義證引陳啓源。〇｜即藜也，亦草名。〔詩·南山有臺〕「北山有｜」通釋。〇｜即為釐。〔同上〕〇｜即〔爾雅〕之釐也。〔通雅·卷四四〕〇｜與藡為一草也。〔詩·南山有臺〕「北山有｜」通釋。〇｜，草穢也。〔詩·十月之交〕「田卒汙｜」朱傳。又〔大戴·五帝德〕「以辟山｜」王詁。〇｜為草｜穢污之稱。〔周禮·閭師〕「以樹事貢草木」孫正義。〇｜本為草，因之田休不耕但生草者謂之｜。〔同上〕〇｜菔一名雹葖，一名溫菘，一名紫花松，吳名楚菘，嶺南名秦菘。〔說文〕「蘆，蘆菔也」義證引〔通志〕。〇｜菔，乃根名，上古謂之蘆葩，中古轉為｜菔，後世譌為蘿卜。〔本草·卷二六〕〇〔說文定聲·卷五〕｜，國在今山東登州府黃縣。〔左傳宣公七年〕「公會齊侯伐｜」。〇〔同上〕｜夷，在今山東登州｜州二府之地。〔書·禹貢〕「｜夷作牧」。〇〔同上〕｜，假借為釐。〔周禮·大司馬〕「虞人｜所田之野」。〇〔同上〕｜，以釐為之。〔釋草〕「釐，曼華」。〇｜，經典多用為艸｜字。〔說文〕「｜，蔓華也」段注。〇｜，今〔釋艸〕作釐。〔同上〕〇｜中應作秦中。〔漢書·郊祀志〕「｜中之屬」補注引齊召南。

**栽**

｜，築墻也。〔說文〕「｜，築墻長版也」義證引〔急就篇〕顏注。〇｜築者，｜木而始築也。〔左傳莊公二九年〕「水昏正而｜」洪詁引惠棟。〇｜，種也。〔廣韻·咍部〕〇｜，植也。〔說文〕「｜，築牆長板」繫傳。〇種植草木曰｜。〔慧琳音義·卷七〕〇｜，危也。〔卷一三〕〇｜，始也。〔同上〕〇〔說文定聲·卷五〕｜，假借為植，為蒔。〔禮記·中庸〕「故｜者培之」。〇〔同上〕｜，假借為載。〔廣雅·釋室〕「｜，閣也」。

**哉**

｜為間隔之詞也。〔說文〕「｜，言之間也」繫傳。〇｜，語辭。〔詩·文王〕「陳錫｜周」朱傳。〇｜，語助。〔廣韻·咍部〕又〔說文〕「｜，言之間也」義證引〔玉篇〕。〇｜，句中語助也。〔釋詞·卷八〕〇｜，語之助聲。〔慧琳音義·卷三〕引〔考聲〕。〇〔說文定聲·卷五〕｜，助語之詞，閒于文字者也。〔說文〕「｜，言之間也」。〇｜，猶矣也。〔釋詞·卷八〕〇｜，問詞也。〔同上〕〇｜，歎詞也。〔同上〕〇〔說文定聲·卷五〕｜，游衍之詞。〔論語〕「野｜由也」。〇〔同上〕｜，量度之詞。〔禮記·曾子問〕「祭｜」。〇｜謂語末之辭也。〔慧琳音義·卷二一〕〇｜為語已之詞，又為游衍之詞。〔釋詁〕「｜，閒也」郝疏。〇何｜，猶云何也。〔漢書·田延年傳〕「今縣官出三千萬自乞之何｜」補注引周壽昌。〇｜，載也。〔詩·文王〕「陳錫｜周」後箋。〇｜，通作載。〔釋詁〕「｜，始也」邵正義。〇｜、載，以同聲通用。〔詩·文王〕「陳錫｜周」通釋。〇才與｜通。〔書·泰誓〕注「大傳｜引作才」孫疏。〇〔說文定聲·卷五〕｜，假借為才。〔釋詁〕「｜，始也」。〇｜為才之假借字。〔說文·叙〕「五曰轉注」段注。〇｜，即才之假音。〔詩·文王〕「陳錫｜周」通釋。〇〔說文定聲·卷五〕｜，假借為鼒。〔史記·封禪書〕「鼒鼎及｜」。〇〔同上〕｜，假借為司，字亦變作截。〔廣雅·釋詁一〕「｜，視也」。〇｜為栽，栽，植也。〔詩·文王〕「陳錫｜周」後箋。〇｜、載皆始也，秦漢以來，謂始為纔，即此音之轉。〔字詁〕〇｜，魯、韓作載。〔詩·文王〕「陳錫｜周」集疏。〇｜即才。〔說文〕「才，艸木之初也」段注。〇〔書·武成〕｜生明，顏魯公〔家廟碑〕作才生明。〔義府·卷上〕

〇〔說文定聲・卷五〕｜，戎之誤字。〔莊子・應帝王〕「紛而封｜」。〇｜與我形相近，字之誤也。〔書・洛誥〕注「｜一作我」孫疏。

災　｜，害也。〔說文〕「巛，害也」義證引〔玉篇〕。〇｜、菑音義同。〔釋詁〕「烖，危也」郝疏。〇｜，籒文烖字。〔廣韻・咍部〕天火曰｜。〔通鑑・漢紀一三〕「柏梁臺｜」音注。〇天火為｜。〔左傳桓公一四年經〕「壬申御廩｜」洪詁引〔春秋考異郵〕。〇｜謂水火大｜。〔周禮・小司徒〕「凡國之大事致民」孫正義。〇天反時為｜。〔大戴・千乘〕「理天之｜祥」王詁。〇天反時曰｜。〔慧琳音義・卷六〕引〔集訓〕。〇｜，害也。〔大戴・誥志〕「非以為｜」王詁。〇｜，傷害也。〔大戴・曾子大孝〕「｜及乎身」王詁。〇｜，禍也。〔大戴・千乘〕「共任其｜」王詁。〇害物曰｜。〔左傳隱公元年〕「有蜚，不為｜」疏證引〔異義〕。〇｜，謂水旱蟲螟之類。〔大戴・盛德〕「五穀不｜」王詁。〇｜，謂水旱癘疫之害。〔大戴・誥志〕「其可以怨遠｜乎」王詁。〇｜亦稱祥。〔說文〕「祲，精氣感祥」句讀。〇引伸之凡失意自天而至曰｜。〔說文〕「咎，｜也」段注。〇烖同｜。〔書・盤庚〕「以自｜于厥身」孫疏。〇｜，一本作烖。〔左傳宣公一六年〕「天火曰｜」疏證。〇〔周禮〕｜作烖。〔大戴・朝事〕「致會以補諸侯之｜」王詁。〇〔史記〕作菑，｜、菑通用。〔漢書・司馬相如傳〕「灑沈澹｜」補注。〇哉、｜聲近因而致誤。〔書・康誥〕「非終乃惟眚｜」平議。〇

灾　天反時曰｜，曰亦病也。〔慧琳音義・卷七〇〕〇｜，籒文作災，又作烖，傷也，凡傷害人者皆曰｜。〔同上〕〇｜从火宀，是宀之危也。〔釋詁〕「烖，危也」郝疏。〇｜同烖。〔廣韻・咍部〕〇｜，丙字之古文。〔說文定聲・卷五〕

烖　天火曰｜。〔廣韻・咍部〕〇天地變異皆謂之｜。〔周禮・膳夫〕「天地有｜則不舉」孫正義。〇〔說文定聲・卷五〕｜，假借為巛。〔周禮・司服〕「大｜」。〇｜，經傳多借菑為之。〔說文〕「｜，天火曰｜」段注。〇｜者，與灾、災同。〔釋詁〕「｜，危也」郝疏。〇〔說文定聲・卷五〕｜，以甾為之。〔冀州從事郭君碑〕「降此殉甾」。〇〔同上〕｜，以菑為之。〔詩・生民〕「無菑無害」。〇｜，古災字。〔中庸〕「｜及其身者也」朱注。〇｜、災異文同字。〔釋名・釋天〕「灾，｜也」疏證。

扻　｜，古文烖字。〔廣韻・咍部〕

猜　｜，疑也。〔通鑑・陳紀八〕「卿何｜警如是」音注。又〔廣韻・咍部〕。〇〔說文定聲・卷一七〕｜字从犬，如狡獪狂猛之類，本以言犬，移以言人。〔說文〕「｜，恨賊也」。〇｜，恨也。〔廣韻・咍部〕〇｜，今作倸。〔方言一二〕「｜，恨也」箋疏。

胎　｜，孕在腹中未出者也。〔大戴・易本命〕「好剞｜殺夭」王詁。〇形生之始為｜。〔說文定聲・卷五〕〔「始」下〕〇｜，始也。〔廣韻・咍部〕〇〔說文定聲・卷五〕｜，假借為駘。〔方言一三〕「｜，逃也」。〇〔同上〕｜，假借為鮐。〔孔耽碑〕「背有｜文」。〇｜、倢一聲之轉。〔方言一三〕「｜倢，逃也」箋疏。

台　三｜，魁下六星曰三｜。〔文選・贈劉琨〕「三｜擒朗」集釋引〔後漢・郎顗傳〕注。〇｜，三｜星。〔廣韻・咍部〕〇｜，鮐也，大老則背有鮐文。〔詩・行葦〕「黃耇｜背」朱傳。〇｜背，即背黑文耳。〔同上〕通釋。〇｜，即胎也。〔楚辭・九辯〕「收恢｜之孟夏兮」補注引黃魯直。〇｜即詒。〔釋言〕「貽，遺也」郝疏。〇駘與｜聲義相近。〔廣雅・釋詁二〕「｜，失也」疏證。〇閣與｜同意。〔字詁〕〇｜與臺同義。〔廣雅・釋詁一〕「臺，輩也」疏證。〇｜與臺同義，通作儓。〔方言二〕「臺，匹也」箋疏。〇天｜，山名。〔廣韻・咍部〕〇〔說文定聲・卷五〕｜，在今山東沂州府費縣南有｜亭。〔左傳襄公一二年〕「圍｜」。〇〔同上〕｜，假借為駘。〔方言六〕「｜，失也，宋魯之閒曰｜」。〇〔同上〕｜，假借為鮐。〔詩・行葦〕「黃耇｜背」。〇｜為鮐之假借字。〔說文〕「鮐，漁魚也」段注。〇〔說文定聲・卷五〕｜，假借為枱。〔盧諶詩〕「三｜擒朗」。〇義，假借作｜。〔釋詁〕「｜，我也」郝疏。〇｜與瓵同。〔漢書〕「千合」雜志。〇｜者，與儀同。〔釋詁〕「｜，我也」郝疏。〇｜，讀當為詒。〔墨子・經說上〕「為是為是之｜彼也」閒詁引顧千里。〇言與｜余俱聲相轉，故其義同。〔釋詁〕「｜，我也」郝疏。〇｜，魯作鮐。〔詩・行葦〕「黃耇｜背」集疏。又〔閟宮〕「黃髮｜背」集疏。

孩　｜，始生小兒。〔廣韻・咍部〕〇｜者，小兒將學語時能鼓頷也。〔說文〕「㘈，小兒有知也」義證引〔洪武正韻〕。〇｜，幼稚也。〔慧琳音義・卷八一〕引顧野王。〇｜提，二三歲之閒，知｜笑，可提抱者也。〔孟子・盡心上〕「｜提之童」朱注。〇｜，讀如根荄。〔墨子・脩身〕「殺傷人之｜」閒詁引畢沅。

豗　｜，相｜擊。〔廣韻・灰部〕

虺　｜，｜隤。〔廣韻・灰部〕〇｜隤，馬罷不能升高之病。〔詩・卷耳〕「我馬｜隤」朱傳。〇｜隤，疊韻字，皆謂病貌也。〔同上〕述聞。〇｜｜，震雷聲。〔詩・終風〕「｜｜其靁」集疏。〇〔詩〕及〔爾雅〕之｜，俱瘣之假音也。〔釋詁〕「｜頹，病也」郝疏。〇三家｜作瘣。〔詩・卷耳〕「我馬｜隤」集疏。

悝　｜，病也。〔廣韻・灰部〕〇｜，疾也。〔說文〕「｜，一曰病也」義證引〔玉篇〕。〇｜，大也。〔廣韻・灰部〕〇｜，開也。〔慧琳音義・卷八五〕引〔韻英〕。〇｜即今之詼字，謂詼諧啁調也。〔說文〕「｜，啁也」段注。〇｜，假借為慦，為悔。〔說文定聲・卷五〕〇｜，又借里字。〔說文〕「｜，一曰病也」義證。〇｜與詼同。〔廣雅・釋詁四〕「詼，調也」疏證。〇〔說文定聲・卷五〕｜，字亦作詼。〔廣雅・釋詁四〕「詼，調也」。〇｜、瘇同字耳。〔說文〕「｜，一曰病也」段注。〇｜，字或作瘇。〔同上〕義證。

洄　｜，逆流。〔廣韻・灰部〕〇水逆上旋流曰｜澓也。〔慧琳音義・卷七六〕〇｜音回。〔詩・蒹葭〕「遡｜從之」朱傳。〇｜，旋也。〔慧琳音義・卷二

一〕○｜，大水迴流也。〔卷一二〕引〔文字音義〕。○｜，澓，謂河海中深淵之處水旋轉也。〔卷二二〕○〔説文定聲・卷一二〕｜，假借為闠，幽暗意也。〔七發〕「｜闠悽愴」。

**禖**

｜，求子祭。〔説文〕「｜，祭也」義證引〔玉篇〕。○｜，祈子之祭也。〔説文定聲・卷五〕○郊｜，求子祭也。〔廣韻・灰部〕○〔説文定聲・卷五〕高｜之｜，以腜為義也。〔説文〕「腜，婦始孕腜兆也」。〔「腜」下〕

**縗**

｜，喪衣，長六寸，博四寸。〔廣韻・灰部〕○〔説文定聲・卷一二〕｜，前曰衰，後曰負版。〔説文〕「｜，喪服衣也」。○｜經，喪服也。〔慧琳音義・卷八六〕○｜，編鷺羽為衣。〔集韻・灰部〕○｜，經典多假借衰為之。〔説文〕「｜，喪服衣」段注。○｜，通作衰。〔説文〕「髽，禮女子髽衰」義證。○｜，亦作衰。〔廣韻・灰部〕○｜，經傳亦以衰為之。〔説文定聲・卷一二〕

**衰**

｜者，當心六寸布也。〔論語・子罕〕「齊｜」劉正義引〔通典〕。○衣統名為｜。〔論語・子罕〕「齊｜」劉正義。○｜，當為縗。〔説文〕「髽，禮女子髽｜」義證。

**崔**

｜，｜嵬。〔廣韻・灰部〕○｜嵬，土山之戴石者。〔詩・卷耳〕「陟彼｜嵬」朱傳。○｜嵬，山巔也。〔詩・谷風〕「維山｜嵬」朱傳。○｜嵬，一名阢也。〔説文〕「阢，石山戴土也」段注。○｜嵬，厜㕒，字異義同。〔釋山〕「崒者，厜㕒」郝疏。○｜巍，一作陮隗、隆隗、嵲隗，或用畏隹。〔通雅・卷八〕○｜｜，高大貌。〔詩・南山〕「南山｜｜」朱傳。○｜隤與虺隤聲近。〔釋詁〕「虺頹，病也」郝疏。○｜錯，後人加玉為璀，又作璀璨。〔漢書・司馬相如傳〕「｜錯發𣯛」補注。○〔説文定聲・卷一二〕｜，假借為摧。〔費鳳別碑〕「肝摧意悲」。○｜嵬當即厜㕒之假借，山顛也。〔詩・谷風〕「維山｜嵬」通釋。○｜嵬，又與崒嵬同。（同上）○｜嵬，又與陮隗同。（同上）○陮隗與｜嵬同。〔詩・卷耳〕「陟彼｜嵬」陳疏。○｜嵬，亦巉之轉也。〔廣雅・釋詁四〕「嵬，高也」疏證。○｜嵬、崒危、厜㕒聲相近，皆巉巘之轉也。〔廣雅・釋詁四〕「崪，高也」疏證。○｜與崔、陮字皆同。〔説文定聲・卷一二〕○韓｜嵬作岑原。〔詩・谷風〕「維山｜嵬」集疏。○｜嵬，作業峩。〔文選・西都賦〕「增盤｜嵬」補正引〔後漢〕注。

**裴**

｜，衣長皃。〔廣韻・灰部〕○｜，假借為蜚，伯益之後，｜氏。〔説文定聲・卷一二〕（「裴」下）○｜回，俗字作徘徊。（同上）○｜回，俗乃作俳佪、徘徊矣。〔説文〕「｜，長衣皃」段注。○｜，字亦作裶。〔説文定聲・卷一二〕○｜，此即〔子虛賦〕裶字也。〔説文〕「｜，長衣皃」段注。○今人乃以｜為氏，氏族之｜，古用蜚。〔漢書・司馬相如傳〕「衯衯裶裶」補注引錢大昭。

**裶**

｜，衣長皃。〔廣韻・微部〕又〔集韻・微部〕。○｜，即裴字。〔文選・子虛賦〕「衯衯｜｜」補正引錢大昕〔史記考異〕。

**培**

｜，絫土也。〔説文定聲・卷五〕○｜，引申為凡裨補之偁。〔説文〕「｜，｜敦，土田山川也」段注。○｜，益也。〔廣韻・灰部〕又〔説文〕「｜，｜敦，土田山川也」義證引〔玉篇〕。○｜，隄也。〔廣韻・灰部〕○｜，垣也，擁隄土也。〔慧琳音義・卷七四〕○｜，助也。〔廣韻・灰部〕○｜，治也。（同上）○｜，隨也。（同上）○｜，重也。（同上）○｜與坏通，未燒瓦器也。〔方言一三〕「｜，深也」箋疏。○｜，篆作坮，為栽｜。〔通雅・卷一〕○｜之言馮也。〔莊子・逍遥遊〕「而後乃今｜風」集釋引王念孫。○｜與陪通。〔廣雅・釋詁二〕「陪，益也」疏證。○｜夏，〔齊語〕作負夏，古字通也。〔管子・小匡〕「築蔡鄢陵｜夏」平議。○｜，坏之假借。〔説文〕「坏，一曰瓦未燒」段注。○〔説文定聲・卷五〕｜，假借為陪。〔左傳〕「分之土田｜敦」。○｜、坪、坯、陪，四字書傳多互用。〔通雅・卷一〕○｜敦，〔左傳〕作倍敦。〔説文〕「｜，｜敦」段注。

**坏**

瓦器未燒曰｜。〔慧琳音義・卷五〕引〔韻英〕。○｜者，土器未燒之總名。〔説文〕「｜，一曰瓦未燒」段注。○｜，今俗謂土｜，古語也。（同上）○土曰｜。〔説文〕「樸，木素也」繫傳。○｜之言胚胎也。〔廣雅・釋言〕「㲉，培也」疏證。○｜，脆也。〔慧琳音義・卷一五〕○｜，胚、衃、醅並音片回反，義相近也。〔廣雅・釋言〕「㲉，培也」疏證。○｜與培通。（同上）○｜，假借為培也。〔説文〕「｜，一曰瓦未燒」段注。○｜，或作砙。（同上）○｜，亦作岯，作阫。〔説文定聲・卷五〕○｜，借為陪字。（同上）○｜，或作垺。〔説文〕「｜，一曰瓦未燒」義證。○｜，又作阫。（同上）○〔説文定聲・卷五〕｜，以伾為之。〔書・禹貢〕「至於大伾」。

**坯**

｜，未燒瓦也。〔廣韻・灰部〕

**駘**

｜，駑馬。〔廣韻・咍部〕○｜，亦駑也。〔慧琳音義・卷八三〕引顧野王。○儓、嬯、｜，義並相近。〔廣雅・釋詁二〕「儓，醜也」疏證。○｜與台聲義相近。〔方言六〕「台、既，失也」箋疏。○〔説文定聲・卷五〕｜藉，猶蹈藉也。〔史記・天官書〕「兵相｜藉」。○｜，〔漢書〕作跆藉，字變作跆。〔説文定聲・卷五〕○台與｜古字通。〔左傳襄公四年〕「敗于狐｜」洪詁。○〔説文定聲・卷五〕｜，假借為郃。〔左傳昭公九年〕「魏｜芮岐畢」。○｜，讀與郃同，音胎，郃、｜、檗本一字。〔左傳昭公九年〕「魏｜芮岐畢吾西土也」洪詁引顏師古。○｜，〔詩〕作郃。（同上）○臺｜，〔論衡〕作臺台，〔水經注〕同。〔左傳昭公元年〕「實沈臺｜」洪詁。

**垓**

｜，階也。〔説文〕「陔，階次也」義證引〔御覽〕。○｜，八極。〔廣韻・咍部〕○｜，限極也。〔慧琳音義・卷三〇〕引〔考聲〕。○｜，今作姟，數名也，十億曰兆，十兆曰經，十經曰｜。〔慧琳音義・卷九〕○｜下，隄名，沛郡項羽敗處也。〔廣韻・咍部〕○〔説文定聲・卷五〕｜，假借為陔。〔史記・孝武紀〕「壇三｜」。○（同上）｜，讀如噫也。〔淮南・俶真〕「設于無｜坫之宇」。○兼｜當為兼晐。〔説文〕「｜，兼｜八極地也」義證。○｜，

字亦作晐。〔說文定聲・卷五〕

**陔** 丨，階也。〔文選・補亡詩〕「循彼南丨」集釋引〔玉篇〕。○丨，殿階次序。〔廣韻・咍部〕○丨，近階之處也。〔說文〕「丨，階次也」段注。○丨，當訓戒。〔文選・補亡詩序〕「南丨，孝子相戒以養也」集釋引賈昌朝〔群經音辨〕。○丨之言戒。〔周禮・鍾師〕「祴夏」孫正義。○丨即祴也。〔詩・南陔〕通釋。○〔說文定聲・卷五〕丨，假借為祴。〔儀禮・燕禮〕「奏丨」。○丨，通作垓。〔說文〕「丨，階次也」義證。○〔封禪書〕〔孝武紀〕丨作垓。〔漢書・郊祀志〕「三丨」補注。

**騋** 丨，馬高七尺。〔廣韻・咍部〕○馬七尺以上為丨。〔詩・定之方中〕「丨牝三千」朱傳。

**徠** 丨，還也。〔廣韻・咍部〕

**⿱髟豈** 鬚丨，多須皃。〔集韻・至部〕

**皚** 丨，霜雪貌。〔說文〕「丨，霜雪之白也」義證引〔韻譜〕。○丨，霜雪白皃。〔廣韻・咍部〕○丨與溰同。〔廣雅・釋訓〕「漼溰，霜雪也」疏證。○〔說文定聲・卷一二〕丨，字亦作溰。〔七發〕「浩浩溰溰」。○磑磑、溰溰、丨丨，並字異而義同。〔廣雅・釋器〕「丨，白也」疏證。

**鋂** 丨，一環貫二也。〔詩・盧令〕「盧重丨」朱傳。○丨，大鐶。〔廣韻・灰部〕

**傀** 丨者，大也。〔廣雅・釋詁二〕「肖，小也」疏證。○丨，大皃。〔廣韻・灰部〕○丨，壯大也。〔慧琳音義・卷一七〕引〔集訓〕。○丨，盛也。〔同上〕引〔桂苑珠叢〕。又〔廣韻・灰部〕。○丨，美也。〔廣雅・釋言〕○丨，又美也。〔廣韻・灰部〕○丨，偉也，亦怪異。〔同上〕○丨琦者，美皃也。〔慧琳音義・卷一七〕○丨與塊同，獨居之貌也。〔荀子〕「丨然」雜志。○〔通雅・卷八〕丨然即塊然。〔荀子〕「丨然獨立天地之閒而不畏」。○〔說文定聲・卷一二〕丨與塊然同，孤立之皃。〔荀子・性惡〕「則丨然獨立天地之閒而不畏」。○⿰亻褱、丨、瑰、瓌並通。〔廣雅・釋詁二〕「⿰亻褱，盛也」疏證。○〔說文定聲・卷一二〕丨，假借為怪。〔周禮・大司樂〕「大丨異烖」。○丨或借魁字。〔說文〕「丨，偉也」義證。○丨讀曰虺。〔大戴・虞戴德〕「昔商老彭及仲丨」王詁。○丨累聲之轉也。〔國策〕「韓丨相韓」札記。

**⿰亻褱** 丨，〔聲類〕傀字。〔說文〕「瓌，傀或從玉裹聲」義證引〔玉篇〕。○丨、傀、瑰、瓌並通。〔廣雅・釋詁二〕「丨，盛也」疏證。

**焞** 丨丨，盛也。〔詩・采芑〕「嘽嘽丨丨」朱傳。○丨，魯作推。〔同上〕集疏。

**蓷** 丨，草名。〔廣韻・灰部〕○丨，益母艸也，一名充蔚。〔說文〕「丨，萑也」繫傳。○丨，益母也，又茺蔚也。〔詩・中谷有蓷〕「中谷有丨」集疏引韓說。○丨即茺蔚也。〔說文〕「丨，萑也」義證引劉歆。○丨，即今益母草也。〔詩・中谷有蓷〕「中谷有丨」朱傳。○丨，茺蔚之合聲。〔釋草〕「萑，丨」郝疏。○丨者，充蔚之合聲。〔廣雅・釋草〕「益母，充蔚也」疏證。○〔說文定聲・卷一二〕茺蔚者，丨之合音。〔韓詩傳〕「茺蔚也」。○丨，臭穢。〔說文〕「丨，萑也」義證引劉歆。○〔說文定聲・卷一二〕萑與雖皆丨之同聲，臭穢又茺蔚之轉語。〔釋草〕「萑，丨」。○隹，各本作萑。〔說文〕「丨，隹也」段注。

**欸** 丨，歎也。〔廣韻・咍部〕○丨，呰也。〔說文〕「呰，苛也」義證引〔玉篇〕。○又〔說文〕「丨，訾也」義證引〔玉篇〕。○丨，又為飽聲，亦作噯。〔通雅・卷一〕○〔說文定聲・卷五〕丨，實與誒同字。〔說文〕「丨，呰也」。○丨乃，搖櫓聲。〔通雅・卷一〕○〔說文定聲・卷五〕丨，假借為唉。〔廣雅・釋詁一〕「丨，譍也」。○丨，通作唉。〔說文〕「丨，訾也」義證。○丨，通作誒、唉。〔方言一〇〕「丨，然也」箋疏。○丨，又作譥。〔通雅・卷一〕

**絯** 丨，拘束也。〔集韻・麥部〕

**崍** 丨嵦，山也。〔廣韻・咍部〕

**詼** 丨，調。〔廣韻・灰部〕○丨為調戲之調。〔廣雅・釋詁四〕「丨，調也」疏證。

**煨** 丨，煻丨火。〔廣韻・灰部〕○丨，熱灰火也。〔慧琳音義・卷一五〕○丨，盆中火。〔國策・秦策一〕「蹈丨炭」鮑注。○丨，盆中火⿰火鬼。〔說文〕「丨，盆中火」段注引〔玉篇〕。○丨，畜火。〔集韻・迄部〕○丨謂埋物熱灰中令熟。〔說文定聲・卷一二〕引〔通俗文〕。○丨，義與衮略同。〔說文定聲・卷一二〕○⿰火鬼、熄、丨、煴，皆一聲之轉也。〔廣雅・釋詁四〕「⿰火鬼、熄、丨、煴也」疏證。○丨，當為煤，字之誤也。〔廣雅・釋言〕「丨，火也」疏證。

**⿰糸畏** 丨，五色絲飾。〔廣韻・灰部〕○丨，斷色絲兩紐中而糾之。〔集韻・灰部〕

**脢** 丨，脊側之肉。〔廣韻・灰部〕○丨，夾脊肉。〔集韻・微部〕○丨同脥。〔廣韻・灰部〕

**脥** 丨，脊側之肉。〔楚辭・招魂〕「敦丨血拇」補注。○丨與脢同，背肉也。〔禮記・內則〕「取牛羊麋鹿麕之肉必丨」集解。○丨與脢同。〔廣雅・釋親〕「胂謂之脢」疏證。又〔說文〕「脢，背肉也」義證引惠棟。○丨即脢字。〔說文〕「脢，背肉也」段注。○丨即脢字，聲相近。〔文選・招魂〕「敦丨血拇」集釋。

**塺** 丨，塵也。〔楚辭・陶壅〕「霾土忽兮丨丨」補注。又〔廣韻・灰部〕。○丨之言蒙也。〔說文〕「丨，霾也」段注。

**鎚** 丨，治玉也。〔廣韻・灰部〕○丨，所以擊物者也，椎之俗字。〔慧琳音義・卷一〇〕○丨，槌擊也。〔卷一四〕引〔考聲〕。○丨，打鐵丨也。〔同上〕○丨，持也。〔同上〕○丨，摘也。〔同上〕○丨，亦作椎。〔同上〕

**頧**　母—，夏冠名。〔廣韻・灰部〕○—，〔禮記〕作追。（同上）

**肧**　—，孕一月。〔廣韻・尤部〕○—，懷胎一月。〔廣韻・灰部〕○—，肢也，三月如水龍狀也。〔說文〕「—，婦孕一月也」義證引〔文子・九守〕注。○坏、—、衃、醅並音片回反，義相近也。〔廣雅・釋言〕「㲉，培也」疏證。○〔說文定聲・卷五〕—，字亦作胚。〔釋詁〕注「胚，胎未成」。

**胚**　—謂之阿儸囉。〔說文〕「肧，婦孕一月也」義證引〔釋典〕。

**桅**　—，小船上檣竿也。〔廣韻・灰部〕○—，本作杝，今以—為—竿。〔說文定聲・卷三〕（「颿」下）

**唉**　—，慢譍。〔廣韻・咍部〕○—，慢譍也。〔說文〕「—，譍也」義證引〔字書〕。又〔慧琳音義・卷五五〕引〔字書〕。○—，應聲也。〔說文〕「—，譍也」義證引〔玉篇〕。又〔說文定聲・卷五〕。（「誒」下）○今順天人謂然為—。〔釋言〕「俞，然也」郝疏。○—、欸古通用也。〔說文〕「—，應也」段注。○〔說文定聲・卷五〕—，假借為誒，為欸。〔史記・項羽紀〕「—，孺子不足與謀」。○（同上）—，假借為誒。〔管子・入國〕「禹立諫鼓于朝而備訊—」。○誒、—並與欸同。〔廣雅・釋詁一〕「欸，譍也」疏證。○韋孟詩「勤—厥生」，〔漢書〕—作誒。〔說文〕「誒，可惡之詞」段注。

**鮐**　—，魚也。〔廣韻・咍部〕○—，亦名侯—，即今之河豚也。〔說文〕「—，海魚也」段注。○—，今登萊海上人呼此魚正如臺。〔釋詁〕「—背，壽也」郝疏。○—，所謂老人—背也。〔說文〕「—，海魚也」繫傳。○—背，背皮有—魚文。〔釋詁〕「—背，壽也」鄭注。○—背，耇，老壽也。〔詩・行葦〕「黃耇—背」集疏引魯說。○〔說文定聲・卷五〕—，以台為之。〔詩・閟宮〕「黃髮台背」。

**炲**　—，—煤。〔廣韻・咍部〕○—，今蘇俗謂之烟塵。〔說文定聲・卷五〕○—，—煤，煙塵也。〔說文〕「—，灰—煤也」義證引〔玉篇〕。○—，火煙所生也。〔說文〕「—，灰—煤也」繫傳。○—煤，煙塵也。〔慧琳音義・卷五八〕又〔說文〕「—，灰—煤也」段注引〔玉篇〕。○—，字或作台。〔說文定聲・卷五〕○—，字亦作㶼。（同上）○—，字又作烗。（同上）○—音苔，謂草烟栖聚—煤黑之惡色也。〔太素・證候之一〕「黑如—者死」楊注。○—，同炱。〔集韻・咍部〕

**荄**　—，草根。〔廣韻・咍部〕○—，草根莖也。〔太素・色脈診〕「草—之枝」楊注。○—，隴也。〔文選・七發〕「—軫谷分」集釋引五臣。○—與陔同音可通用。（同上）集釋。○—為陔之假借。（同上）○—，通作核，又通作箕。〔釋草〕「—，根」郝疏。

**纔**　—，繒色一入。〔集韻・咍部〕○—，淺也。〔慧琳音義・卷七二〕引〔古今正字〕。○—，今用為才字，乃淺義引伸。〔說文〕「—，帛雀頭色也」段注。○—，一色之淺也，引伸之，則甫爾為—。〔漢書・鼂錯傳〕「遠縣—至」補注引〔六書故〕。○〔說文定聲・卷四〕—，與用財、材、裁字皆同。〔漢書・鼂錯傳〕「遠縣—至」。○哉、載皆始也，秦漢以來，謂始為—，即此音之轉。〔字詁〕○—，暫也。〔慧琳音義・卷六〕引〔考聲〕。○—，一曰暫也。〔集韻・咍部〕○—，或作栽，作才，暫也。〔慧琳音義・卷五〕引〔考聲〕。○—，僅也。〔廣韻・咍部〕○—猶僅也。〔慧琳音義・卷六〕引顧野王。○〔說文定聲・卷四〕—，假借為才，毚、才亦一聲之轉。〔廣雅・釋言〕「—，暫也」。

**邰**　—，地名，在始平，或作斄。〔廣韻・咍部〕○—，姜嫄邑。〔說文〕「—，炎帝之後姜姓所封」義證引〔玉篇〕。○今陝西乾州武功縣南有—城驛，即古斄城也。〔說文定聲・卷五〕○—，假借為台。（同上）○—，以斄為之。（同上）○—，或作駘。〔說文〕「—，炎帝之後姜姓所封」義證。○—，魯、韓作台，齊作斄。〔詩・生民〕「即有—家室」集疏。○周人作—，漢人作斄。〔說文〕「右扶風斄縣是也」段注。○—又台之譌。〔史記・漢興以來將相名臣年表〕「以呂台為呂王」志疑。

**頦**　—，頤下。〔廣韻・咍部〕○—為頰肉。〔說文〕「䐈，頰肉也」段注。○—，與頰略同。〔說文定聲・卷五〕○—，假借為䐈。（同上）○—，字亦作頣。（同上）

**能**　—即熊，又為三足鼈之名。〔通雅・卷四六〕○淮南鼈三足曰—。〔通雅・卷一〕○—與耐通。〔詩・民勞〕「柔遠—邇」後箋引〔稽古編〕。○—與而古字通。〔管子・形勢解〕「然—戰勝攻取，立為天子」平議。○〔說文定聲・卷五〕—，假借為台，實為相，或為臺。〔漢書・天文志〕「魁下六星兩兩相比者曰三—」。○—讀為乃，非才—之—，—、乃聲近義通。〔漢書・韓信傳〕「—千里襲我」補注。○—乃語詞之轉，非才—之—，—當讀為而，古字多借—為而。〔詩・芄蘭〕「—不我知」後箋引王引之。○—，讀為而。〔詩・谷風〕「不我—慉」陳疏。○—音耐。〔說文〕「忍，—也」繫傳。

**椳**　—，户樞。〔廣韻・灰部〕○—，門樞。〔集韻・灰部〕○—，蘇俗謂之門印子。〔說文定聲・卷一二〕

**衃**　—猶肧也。〔說文〕「—，凝血也」繫傳。○坏、肧、—、醅並音片回反，義相近也。〔廣雅・釋言〕「㲉，培也」疏證。○〔說文定聲・卷五〕—，假借雙聲連語，〔說文〕蚍衃，〔毛詩傳〕作芘芣，葵之名芘—，猶大螘之名蚍蜉也。〔釋草〕「荍，芘—」。

**㶼**　—，火盛。〔廣韻・之部〕○—，火盛皃。〔集韻・之部〕○—，熱甚。〔廣韻・咍部〕○—、譆、熹並通。〔廣雅・釋詁二〕「—，爇也」疏證。

**儓**　—，輿—。〔廣韻・咍部〕○—、嬯、駘義並相近。〔廣雅・釋詁二〕「—，醜也」疏證。○—、嬯、臺、駘，義並相近。〔方言三〕「—，農夫之醜稱也」箋疏。○—與臺同。〔方言一三〕「臺，支也」箋疏。○—，亦作嬯。〔方言三〕「—，農夫之醜稱也」疏證。

**晐**　—，日之光兼覆也。〔說文〕「—，兼—也」繫傳。○—，備也，兼也。〔廣韻・咍部〕○—與該通。〔廣雅・釋詁二〕「—，備也」疏證。又〔廣雅・釋言〕「丨，包也」疏證。○丨，今字以該為之。〔說文定聲・卷五〕○丨，字或作該。〔說文〕「丨，兼丨也」義證。○丨，俗作該。〔說文〕「垓，兼丨八極地也」段注。○丨，又或作賅。〔說文〕「丨，兼丨也」義證。○〔莊子〕、〔淮南〕作賅，今多作該。（同上）段注。○丨，字亦誤作賅，變作豥。〔說文定聲・卷五〕○此丨備正字，今字則該，賅行而丨廢矣。〔說文〕「丨，兼丨也」段注。○丨，又或作姟。（同上）義證。

**侅** 丨，奇丨，非常。〔廣韻・咍部〕○丨，奇也，謂人事奇異也。〔慧琳音義・卷九七〕引〔考聲〕。○奇丨，一作奇胲、奇咳、奇賌。〔通雅・卷三〕○丨，飲食至咽曰丨。〔集韻・咍部〕○丨溺猶言沉溺之深。〔莊子・盜跖〕「丨溺於馮氣」集釋引其世父。○丨正字，胲其假借字耳。〔說文〕「丨，奇丨，非常也」段注。○其字又作賌，亦假借也。（同上）○〔說文定聲・卷五〕丨，假借為噫。〔莊子・盜跖〕「丨溺于馮氣」。○假丨為礙。〔說文〕「丨，奇丨，非常也」段注。○丨，正字也，胲、咳、賌皆借字耳。〔漢書〕「奇胲」雜志。○丨即駭，古字同。〔左傳僖公二六年〕「使受命于展禽」洪詁。○〔說文定聲・卷五〕丨，以胲為之。〔漢書・藝文志〕「五音奇胲」。○（同上）丨，以咳為之。〔史記・扁倉傳〕「五色診奇咳」。○（同上）丨，以晐為之。〔淮南・兵略〕「刑德奇賅之數」。○（同上）丨，以駭為之。〔莊子・大宗師〕「彼有駭形而無損心」。○丨，通作咳。〔說文〕「丨，奇丨，非常也」義證。○丨，字或作賌。（同上）義證。又（同上）句讀。○丨，又通作胲。（同上）義證。

**峐** 丨即屺也。〔釋山〕「無草木丨」鄭注。

**棶** 丨即來之或體也。〔說文定聲・卷五〕

**䚡** 丨，角中骨。〔廣韻・咍部〕○角中骨曰丨。〔集韻・之部〕○角胎曰丨。〔本草・卷五〇〕○丨，引伸謂凡物之文理也。〔說文〕「丨，角中骨也」段注。○丨，字變作鰓，亦作⿰齒思。〔說文定聲・卷五〕○丨，即魚鰓之鰓。〔卷五〕（「思」下）○丨，自外可以知中。〔說文〕「玉，石之美有五德」繫傳。○〔說文定聲・卷五〕丨，假借為諰。〔漢書・刑法志〕「鰓鰓常恐天下之一合而共軋己也」。○丨，字或作鰓。〔說文〕「丨，角中骨也」義證。

**偎** 丨，愛也。〔廣韻・灰部〕○丨薆亦依隱之義。〔釋宮〕「樞謂之丨」郝疏。○〔說文定聲・卷一二〕丨，假借為僾。〔字林〕「丨，仿佛皃，不審也」。

**⿰畏風** 丨，風低皃。〔廣韻・灰部〕

**蚘** 丨，人腹中長蟲。〔廣韻・灰部〕

**玫** 丨，丨瑰。〔廣韻・灰部〕○丨瑰，玉名。〔說文〕「丨，火齊，丨瑰也」繫傳。○丨瑰，美玉名也。〔說文〕「丨，火齊，丨瑰也」義證引〔急就篇〕顏注。○丨瑰，玉名，齊謂契好也契刻也。（同上）義證引〔孝經援神契〕。○或曰珠之尤精者曰丨瑰。（同上）義證引〔急就篇〕顏注。○丨瑰，珠也，圓好者次玉也。〔慧琳音義・卷九〕○丨，字亦作瑁。〔說文定聲・卷一五〕○丨，字亦作碚。（同上）○丨，字亦作砇。（同上）

**腜** 丨之言媒也。〔廣雅・釋親〕「丨，胎也」疏證。○丨猶謀也，始謀也。〔說文〕「丨，婦胎孕丨兆也」繫傳。○〔通雅・卷九〕丨丨，即每每也。〔左思賦〕「丨丨坰野」。○膴與丨古字通，又通作每。〔廣雅・釋訓〕「丨丨，肥也」疏證。○〔說文定聲・卷五〕丨，假借為模。〔韓詩・小旻〕「民雖靡丨」。○（同上）丨，假借為發聲之詞。〔韓詩・小旻〕傳「靡丨，猶無幾何」。○〔韓詩〕曰「周原丨丨」，又曰「民雖靡丨」，〔毛詩〕皆作膴。〔說文〕「丨，婦孕始兆也」段注。

**⿱罒每** 丨，雉網。〔廣韻・灰部〕○丨，雉罔也。〔說文〕「丨，网也」義證引〔玉篇〕。

**漼** 丨溰，雷霜積聚皃。〔集韻・灰部〕

**咍** 丨，笑也。〔廣韻・咍部〕○〔通雅・卷四〕丨，嗤也。〔左思賦〕「囅然而丨」。○丨臺，即臺⿰口息之聲也，固晉人常語也。〔通雅・卷一八〕○改與丨同。〔廣雅・釋詁二〕「改、丨，笑也」疏證。

**擡** 丨揌，動也。〔廣雅・釋詁一〕「振，動也」疏證。○丨，振動也。（同上）疏證引〔玉篇〕。

**瘣** 丨，馬病。〔廣韻・灰部〕

**渨** 丨，丨沒。〔廣韻・灰部〕○〔說文定聲・卷一二〕丨，當訓水曲澳也，水曲曰丨。〔說文〕「丨，沒也」。○丨與溾同。〔廣雅・釋詁三〕「溾，濁也」疏證。

**蛕** 丨，俗作蛔，蟲屬。〔說文定聲・卷五〕○丨同蚘。〔廣韻・灰部〕○丨，又作蚘。〔說文〕「丨，腹中長蟲也」義證。○丨，字或作蛔。（同上）義證。又（同上）句讀。

**儡** 丨，勞心也。〔集韻・脂部〕○丨同，無分別也。〔慧琳音義・卷八〇〕引〔考聲〕。○今謂木偶戲為傀丨。〔說文定聲・卷一二〕

**瓃** 丨，玉器。〔廣韻・灰部〕又〔脂部〕。○丨，玉器，或作瓌。〔集韻・脂部〕○丨與櫑同字。〔說文定聲・卷一二〕

**轠** 丨，丨轤。〔廣韻・灰部〕○〔說文定聲・卷九〕丨轤，假借雙聲連語，猶鹿盧。〔漢書・楊雄傳〕「丨轤不絕」。（「盧」下）

**⿸疒貴** 丨，陰病。〔廣韻・灰部〕

**⿸广隹** 丨，墜也。〔廣韻・灰部〕○丨，厭也。〔說文〕「丨，屋從上傾下也」義證。

**魋** 丨，獸似熊而小。〔廣韻・灰部〕○丨，俗呼為赤熊。〔說文定聲・卷一二〕○（同上）丨，假借為頧。〔史記〕「丨顏蹙齃膝攣」。○（同上）丨，假借為椎。〔漢書·陸賈傳〕「尉陀—結箕踞」。〇—音頽。〔釋獸〕「—如小熊」鄭注。〇—結，〔史記〕作椎髻，義同。〔漢書·程鄭傳〕「賈—結民」補注。

譢　—，譟也。〔廣韻·灰部〕

蹪　—，蹪仆。〔廣韻·灰部〕〇—與隤通。〔廣雅·釋言〕「—，壹也」疏證。

嵟　—，高也。〔廣韻·灰部〕〇—即崔也。〔說文定聲·卷一二〕〇—嵬，高也。〔說文〕「—，高也」繫傳。〇—，今俗作崔。（同上）〇—，或作崔。〔說文〕「—，高也」義證。〇—，亦作陮。（同上）段注引〔玉篇〕。

敦　—，此字本訓擿也。〔說文定聲·卷一五〕〇〔通雅·卷一〕—，詆也。〔詩〕「—琢其旅」。〇〔卷九〕——，推而不移之皃也。〔詩〕「—彼獨宿」。〇〔說文定聲·卷一五〕—，假借為琱，—琱一聲之轉。〔詩·棫樸〕「—琢其旅」。〇（同上）—，假借為端。〔說文〕「詆也，一曰誰何也」。〇（同上）—，假借為憝。〔說文〕「—，怒也」。〇—與搥同。〔廣雅·釋詁四〕「搥，擿也」疏證。

嗺　—，—送歌。〔廣韻·灰部〕〇—，口—頽。〔廣韻·灰部〕引〔字書〕。〇—，高皃。〔廣韻·虞部〕〇—酒，一作嗺酒，即催酒也，—酒乃唐人熟語。〔通雅·卷二八〕

郿　—，鄉名，在聞喜。〔廣韻·灰部〕〇—，在今山西絳州聞喜縣，伯益之後封于—。〔說文定聲·卷一二〕〇今字裴行而—廢矣。〔說文〕「—，河東聞喜鄉」段注。

郶　—，鄉名，在扶風。〔廣韻·灰部〕〇—，讀若倍，—鄉即萯鄉。〔漢書·宣帝紀〕「行幸萯陽宮」補注引錢大昭。〇〔史記〕作鄁，鄁、—其讀一也。〔漢書·周緤傳〕「更封緤為—城侯」補注。

頧　—，曲頤皃。〔廣韻·皆部〕〇—，曲頤也。〔廣韻·灰部〕〇—，或作頧。〔說文〕「—，曲頤也」義證。

磑　——、溰溰、皚皚，並字異而義同。〔廣雅·釋器〕「皚，白也」疏證。〇剴、譏、—，並通。〔廣雅·釋詁三〕「剴，磨也」疏證。〇鎧、塏，並與—聲近義同。〔廣雅·釋詁一〕「—，堅也」疏證。

朘　—，赤子陰也。〔廣韻·灰部〕〇—，亦作峻。〔說文〕「—，赤子陰也」義證引〔玉篇〕。〇〔說文定聲·卷一五〕—，卵字之借也。〔老子〕「未知牝牡之合而—作」釋文「河上作峻」。

毅　—，—段。〔廣韻·咍部〕〇〔說文定聲·卷五〕—改疊韻連語。〔說文〕「—，—改，大剛卯也」。

嬯　—，鈍劣。〔廣韻·咍部〕〇—，鈍劣也。〔說文〕「—，遲鈍也」義證引〔玉篇〕。〇—，今人謂癡。（同上）段注。〇儓、—、駘義並相近。〔廣雅·釋詁二〕「儓，醜也」疏證。〇〔說文定聲·卷五〕—，假借為特。〔廣雅·釋詁三〕「儓，當也」。〇（同上）—，假借為侍。〔廣雅·釋詁一〕「儓，臣也」。〇—，或作懛。〔說文〕「—，遲鈍也」義證。〇—，又作儓。（同上）〇〔說文定聲·卷五〕—，字亦作儓。〔方言三〕「儓，農夫之醜稱也」。〇—，字又作儓。〔說文〕「—，遲鈍也」句讀。

箈　—，竹萌。〔廣韻·咍部〕〇—謂竹牙未成筍者。〔說文〕「—，竹萌也」繫傳。〇—字或作箔。（同上）義證。

餡　—，餅也。〔廣韻·灰部〕

搥　—，擿也。〔廣韻·灰部〕〇敦與—同。〔廣雅·釋詁四〕「—，擿也」疏證。〇磓、擿、沰、石、磓、—，聲義並相近。（同上）又〔廣雅·釋言〕「沰，—也」疏證。〇〔說文定聲·卷一二〕—，字亦作磓。〔海賦〕「五嶽鼓舞而相磓」。

磓　—，落也，亦作塠。〔廣韻·灰部〕

慛　—，傷也，憂也。〔廣韻·灰部〕〇—之言摧也。〔廣雅·釋詁一〕「—，憂也」疏證。〇愁、—語之轉耳。（同上）

娝　—，婦人皃。〔廣韻·灰部〕

㕻　—，版也。〔廣韻·灰部〕又〔咍部〕。〇—，版也，或作杯。〔集韻·灰部〕

𨋩　—，車箱。〔廣韻·灰部〕又〔集韻·灰部〕。又〔說文〕「篚，車笭也」義證引〔玉篇〕。〇—之言棐也。〔廣雅·釋器〕「—，箱也」疏證。〇—之言棐也，輔也。〔方言九〕「箱謂之—」箋疏。

痦　—，弱也。〔廣韻·灰部〕〇脾之積名曰—。〔說文〕「痦，痛也」義證引〔八十一難經〕。

蕾　—，艸名，牛蘈也。〔集韻·灰部〕〇—，牛蘈，草也。〔廣韻·灰部〕〇—即羊蹄菜。〔釋艸〕「—，牛蘈」鄭注。〇〔說文定聲·卷一二〕—，字亦作蘈。〔釋草〕「—，牛蘈」。

㞜　—，履屬，有頸曰—。〔廣韻·灰部〕

㦤　—，以巾拭墀。〔集韻·灰部〕〇—，古之善塗者。〔廣韻·灰部〕

㞃　——，夋夋，當作㞃㞃，通聲為叜叜、謏謏、肅肅、蹜蹜、宿宿、粟粟。〔通雅·卷一〇〕

絯 ｜，多也。〔廣韻・咍部〕〇｜之言兼該也。〔廣雅・釋詁三〕「｜，多也」疏證。

跆 蹋｜，連手唱歌。〔廣韻・咍部〕〇｜籍，〔天官書〕作駘藉，駘、籍並通假字。〔漢書・天文志〕「兵相｜籍」補注。

郂 ｜，鄉名，在陳留。〔廣韻・咍部〕〇｜，陳留鄉，在河南開封歸德二府界。〔說文定聲・卷五〕

㱯 ｜，殺羊出胎。〔廣韻・咍部〕〇｜，羊胎，又音數。（同上）

豥 ｜，豕四蹄白。〔廣韻・咍部〕〇四蹄白曰｜。〔本草・卷五〇〕〇｜，古本〔爾雅〕作駭。〔說文定聲・卷五〕

剴 ｜，大鐮，一曰摩也。〔廣韻・咍部〕〇｜，摩也。〔集韻・微部〕〇｜，切地以芟刈者，亦名鉊，字亦作鐖。〔說文定聲・卷一二〕〇｜、刉音義皆同也。〔說文〕「｜，一曰摩也」段注。〇｜與杚槩音義皆同。（同上）〇引伸之為規諷之義。（同上）〇今人乃謂直言為｜切。（同上）〇｜，磑、鐖並通。〔廣雅・釋詁三〕「｜，磨也」疏證。〇〔說文定聲・卷一二〕｜，假借為磑〔說文〕「｜，一曰摩也」。〇｜，又通作磑。〔說文〕「｜，一曰摩也」義證。

祴 ｜夏，樂章名。〔廣韻・咍部〕又〔集韻・黠部〕。〇｜樂，賓出奏也。〔通雅・卷二九〕〇｜，讀如駭也，禮經以陔、以肆為之。〔說文定聲・卷五〕

姟 ｜，數也，十兆曰｜。〔廣韻・咍部〕〇十億曰兆，十兆曰京，十京曰｜，猶大數也。〔慧琳音義・卷一六〕引〔風俗通〕。〇｜，大也，數名也。〔卷七七〕引〔考聲〕。

胲 ｜，足大指毛肉也。〔廣韻・咍部〕〇｜，足指毛肉。〔說文〕「｜，足大指毛也」義證引〔玉篇〕。〇｜，足太指也。〔慧琳音義・卷二六〕引〔玉篇〕。〇｜，足大指也。〔卷六七〕〇｜之言該也。〔說文〕「膜，肉間｜膜也」段注。〇〔說文定聲・卷五〕｜，假借為侅。〔史記・扁倉傳〕「診奇｜」。〇｜，假借為䐡也。〔說文〕「｜，足大指毛肉」段注。〇〔說文定聲・卷五〕｜，假借為䐡，頰肉也。〔漢書・東方朔傳〕「樹頰｜」。〇（同上）｜，假借為晐。〔廣雅・釋詁二〕「｜，備也」。〇侅，正字也，｜、咳、賌皆借字耳。〔漢書〕「奇｜」雜志。

䶬 ｜，牙也。〔廣韻・咍部〕〇〔說文定聲・卷一二〕｜謂齒相摩切。〔說文〕「｜，齸牙也」。〇｜，義亦與剴同。〔廣雅・釋詁三〕「剴，磨也」疏證。

餩 ｜，飴也。〔廣韻・咍部〕〇飴曰｜。餽。〔說文〕「豋，豆飴也」義證引〔玉篇〕。

𪌂 ｜，麴也。〔廣韻・咍部〕〇｜之言哉也。〔廣雅・釋器〕「｜，麴也」疏證。

斄 ｜，彊曲尾，可以箸起衣。〔說文〕「｜，彊曲毛」義證引〔爾雅翼〕。〇豪氂即此｜。（同上）義證。〇｜，古褚衣用之，字亦作秏，作𦚌。〔說文定聲・卷五〕〇｜，鄉名，在扶風。〔廣韻・咍部〕〇〔說文定聲・卷五〕｜，假借為斄。〔莊子・逍遥遊〕「今夫｜牛」。〇（同上）｜，假借為邰。〔史記・周本紀〕「其母有｜氏」。〇｜、庲、犛、氂並同。〔廣雅・釋器〕「犛，毛也」疏證。〇〇字應作邰，｜，借用也。〔漢書・地理志〕「昔后稷封｜」補注引錢坫。〇｜，古讀來聲，近犛。〔說文〕「｜，彊曲毛，可以箸起衣」義證。〇｜，又作氂。〔說文〕「邰，炎帝之後姜姓所封，周棄外家國」義證。〇〔說文定聲・卷五〕｜，誤作犛。〔漢書・王莽傳〕「以犛裝衣」。

𡊻 ｜與𤥓同，亦通作來。〔廣雅・釋地〕「𤥓，瓄，玉」疏證。〇｜，亦作𤥓。〔廣韻・咍部〕

𧲜 ｜，貍也。〔廣韻・咍部〕〇｜與狸，語之轉耳。〔方言八〕「貔，陳楚江淮之間謂之｜」箋疏。

淶 ｜，水名，出涿郡。〔廣韻・咍部〕〇｜水，一名巨馬河，源出今直隸易州廣昌縣｜山。〔說文定聲・卷五〕

鯠 ｜，魚名。〔廣韻・咍部〕〇〔說文定聲・卷五〕鰻｜，即今之鰻鱺，鱺｜鰲一聲之轉。〔廣韻〕「鰻｜，魚名」。（「魾」下）〇魾、鰲、｜三字古皆聲近。〔釋魚〕「鰲，｜」郝疏。

鶆 ｜當鶆字之訛。〔釋鳥〕「鷹，｜鳩」鄭注。

𣯍 ｜，毛起。〔廣韻・咍部〕〇｜，毛起也。〔廣韻・之部〕〇｜，彊曲毛，可以箸起衣，或作𦚌。〔集韻・之部〕

庲 ｜，舍也。〔廣韻・哈部〕

棶 ｜，｜椋，木名。〔廣韻・咍部〕〇｜，椋也。〔說文〕「椋，即來也」義證引〔玉篇〕。

𡿧 天反時為｜。〔說文〕「｜，害也」義證引〔玉篇〕。〇｜，象川不通形。〔說文〕「｜，害也，從一雝川」義證。〇｜，凡作灾、烖、葘，皆假借字也。（同上）段注。〇｜，經傳皆以烖、以葘為之。〔說文定聲・卷五〕〇｜，通作災。〔說文〕「｜，害也」義證。〇｜，又通作甾。（同上）〇｜，又通作葘。（同上）〇｜，又通作栽。（同上）

𢦏 ｜，與烖、葘音同而義相近。〔說文〕「｜，傷也」段注。〇｜之言才也，始也。〔說文〕「𢧵，古文𧖵」段注。

睵 ｜，睽也，或作㦲。〔廣韻・哈部〕

渽 ｜，水名，出蜀。〔廣韻・咍部〕〇｜水出蜀，許慎以為涐水也。〔說文〕「涐，水出蜀汶江徼外」義證引吕忱。〇｜當為涐。〔漢書・地理志〕「大渡水東南至南安入｜」補注引〔一統志〕。〇｜當作涐。〔漢書・地理志〕「｜水出徼外」補注。〇｜乃涐字之誤。〔說文〕「涐，水出蜀汶江徼外」義證引胡渭。

**偲** 丨，多才能也。〔廣韻·哈部〕〇丨之言材也，有材力也。〔說文〕「丨，强力也」繫傳。〇丨，多鬚之貌。〔詩·盧令〕「其人美且丨」朱傳。

**赽** 丨謂疑其不齊使之並而往以察驗之也。〔說文〕「丨，疑之等丨而去也」繫傳。〇丨，行濡滯之貌，謂有疑故遲鈍以行也。〔說文定聲·卷五〕〇丨，起也。〔說文〕「丨，疑之等丨而去也」義證引〔類篇〕。

**⿺走里** 丨，留意。〔廣韻·哈部〕〇丨，將走有意留。〔說文〕「丨，留意也」義證引〔類篇〕。〇丨與邐誼略同，聲亦相近。〔說文定聲·卷五〕〇丨，邪足。〔集韻·灰部〕

**鰓** 丨，魚類。〔廣韻·哈部〕〇丨，魚頰中骨也。〔慧琳音義·卷六三〕引〔考聲〕。〇丨，魚頰內實也。(同上)引〔桂苑珠叢〕。〇〔通雅·卷九〕丨丨，葸也。〔漢書·刑法志〕「丨丨常恐」。

**揌** 丨，擡丨。〔廣韻·哈部〕〇丨，意不合也。(同上)〇丨，擇也。〔集韻·哈部〕

**揔** 丨丨，振迅也，或作揌。〔慧琳音義·卷九九〕引〔古今正字〕。

**敳** 丨，有所理。〔廣韻·哈部〕

**隑** 丨，企立。〔廣韻·哈部〕

**⿱癶圣** 丨與恢音義皆同。〔說文〕「丨，大也」段注。〇丨，與恢略同。〔說文定聲·卷一二〕〇丨或音為恢也。〔說文〕「丨，大也」繫傳。〇㚘、丨並訓大。(同上)義證引〔玉篇〕。〇丨本從灰，傳寫誤作圣。(同上)義證引畢以珣。

**鏧** 丨謂从重物繫布帛絲縷使下垂也。〔說文〕「丨，下垂也」義證。〇丨之言隤也。(同上)段注。〇丨，通作錘。(同上)義證。

**核** 丨，籩實也。〔詩·賓之初筵〕「殽丨維旅」朱傳。〇棉胎曰丨。〔通雅·卷三六〕〇丨與覈同，謂精確得其實也。〔通鑑·漢紀二一〕「事必丨其真」音注。〇丨，又音覈。〔說文〕「丨，蠻夷以木皮為篋，狀如籢尊之形也」繫傳。〇〔周禮〕曰其植物宜覈物，當作此丨字。(同上)

**娝** 丨，不肖。〔集韻·侯部〕〇〔說文定聲·卷五〕丨，字亦作婄。〔廣雅·釋詁二〕「婄，醜也」。

**⿰牛累** 丨，縻也。〔說文定聲·卷一二〕

**⿰言貴** 汝南呼欺曰丨。〔集韻·灰部〕

**⿰己欠** 丨與咍同。〔廣雅·釋詁一〕「丨，笑也」疏證。〇丨，〔楚辭〕、〔吳都賦〕作咍。〔說文〕「丨，笑不壞顏曰丨」段注。

**轛** 丨，車式下木直立者。〔集韻·灰部〕〇丨者，軓內縮板之縱橫小木也。〔說文定聲·卷一二〕(「軓」下)〇〔說文定聲·卷一二〕丨，蓋以對為訓也，軓在兩旁，丨在前嚮人也。〔考工·輿人〕注「丨者，以其鄉人為名」。

**柸** 丨治即不怡也。〔淮南·道應〕「乃止駕止丨治」平議。〇官本丨作杯。〔漢書·灌夫傳〕「爭丨酒」補注。

**𠂤** 丨，小塊也。〔說文〕「丨，小自也」義證引〔玉篇〕。〇丨，小塊也，俗作𡌏。〔慧琳音義·卷七六〕引〔聲類〕。〇丨，堆也，堆衆自也。〔說文繫傳·通論上〕〇古治金玉突起者為丨。〔說文〕「丨，小自也」段注。〇〔說文定聲·卷一四〕丨猶衆也，與師同意。〔說文〕「官，吏事君也」。〇丨音堆。〔說文〕「師，二千五百人為師」繫傳。〇〔說文定聲·卷一二〕丨，以魋為之。〔周憬功勳銘〕「殄絕犂魋」。〇(同上)丨，以碓為之。〔史記·河渠書〕「鑿離碓」。〇(同上)丨，以敦為之。〔爾雅〕「邱一成為敦邱」。〇(同上)丨，以隊為之。〔左傳文公一六年〕「分為二隊」。〇(同上)丨，以魁為之。〔周語〕「高山而蕩以為魁陵糞土」。〇(同上)丨，以追為之。〔七發〕「踰岸出追」。〇丨即堆字。〔說文〕「帥，佩巾也」繫傳。〇丨，俗字作堆。〔說文〕「丨，小自也」段注。〇丨作堆，俗字耳。〔說文〕「氏，巴蜀名山岸脅之丨旁箸欲落墮者曰氏」段注。〇丨，語之轉為敦，俗作墩。〔說文〕「丨，小自也」段注。〇俗有墩字，此即丨音之轉。〔字詁〕〇丨，通作追。〔說文〕「丨，小自也」義證。〇丨，又或作𡌏。(同上)〇丨，又或作垖。(同上)

**佪** 丨、恛、洄字異義同。〔說文〕「⿰衤回，重衣皃也」義證。〇丨丨，惛也。(同上)義證引〔玉篇〕。又〔廣韻·灰部〕引〔玉篇〕。

**倈** 玄孫之子為丨，通作來。〔集韻·哈部〕

**僓** 丨，頃也。〔集韻·灰部〕

**粭** 丨，勤也。〔集韻·哈部〕〇丨，至也。(同上)

**⿰才力** 丨，壯也。〔集韻·哈部〕

**⿰畾力** 丨，勉也。〔廣韻·灰部〕

**⿸厂卓** 丨，撲物也，亦作掉。〔廣韻·灰部〕

**⿸厂來** 斄、丨、氂、釐並同。〔廣雅·釋器〕「氂，毛也」疏證。

**咳** 丨，小兒笑皃。〔廣韻·哈部〕〇丨者，小兒之笑也。〔說文繫傳·通論中〕〇丨，稚小也。〔慧琳音義·卷四六〕〇丨，頦也。〔禮記·內則〕「丨而名之」集解。〇丨，今本作孩，誤。〔說文〕「⿺走里，留意也，讀若小兒丨」段注。

哌 —，聲也。〔集韻・灰部〕

坏 —，以土封罅隙也。〔通雅・卷一〕

垍 —，正作磓，墜也，落也。〔慧琳音義・卷二六〕

垖 —，土之高貌上聚也，或作𠂤，作堆。〔慧琳音義・卷三〕引〔考聲〕。○—，俗作塠，丘阜高也。〔同上〕引〔集訓〕。

塺 —，塵也，或作堥。〔集韻・灰部〕

𡎎 ——，坐皃。〔廣韻・灰部〕引〔聲譜〕。

墤 —，俗云土塊。〔廣韻・怪部〕

錗 —，艸木子垂皃。〔集韻・灰部〕

𡖦 —，多也。〔廣韻・灰部〕

奓 —，大皃。〔廣韻・咍部〕

姡 —，好色。〔集韻・灰部〕○—，好色皃。〔廣韻・咍部〕

𡛟 —，女字，或从追。〔集韻・灰部〕

媁 —，女字。〔集韻・灰部〕

豗 —，豬—地。〔說文〕「豤，齧也」義證引〔玉篇〕。

樻 —，虺—。〔廣韻・灰部〕○—，遺也。〔集韻・夬部〕

屦 —，粗履不借也，或作屦。〔集韻・灰部〕○—即屦之異文。〔方言四〕「粗者謂之屦」箋疏。

𡧪 —，高皃。〔廣韻・灰部〕

嵦 —，崍—。〔廣韻・咍部〕

𢄤 —幃，綵也。〔廣雅・釋器〕「春草，綵也」疏證。

徘 —，—徊。〔廣韻・灰部〕○裴回、俳佪、—徊，並字異而義同。〔廣雅・釋訓〕「俳佪，便旋也」疏證。○〔史記〕—作裴，其義同。〔漢書・司馬相如傳〕「於是乘輿弭節—徊」補注。○—徊，一作俳佪、裵回。〔通雅・卷六〕

𢓜 —，行急皃。〔廣韻・灰部〕

恛 —，昏亂皃。〔集韻・灰部〕

愄 —，中善。〔集韻・灰部〕

懛 —剴，失志皃。〔廣韻・咍部〕

挼 —，擊也。〔廣韻・灰部〕

揋 —，—掎。〔廣韻・灰部〕

㨟 —，觸也。〔廣韻・咍部〕又〔集韻・咍部〕。

攂 —，研物也。〔集韻・灰部〕

𣀌 —，摧也。〔集韻・灰部〕

槯 —，木名。〔集韻・灰部〕○—，木名，堪作杖。〔廣韻・灰部〕

檇 —，木有所擣也。〔廣韻・灰部〕

檑 —，木節也，或作椶。〔集韻・灰部〕

檯 —，木名。〔廣韻・咍部〕○—，—舉。〔同上〕

欸 —，飲也。〔集韻・咍部〕

㰻 〔說文定聲・卷五〕—，戲笑聲。〔說文〕「—，戲笑貌」。○〔同上〕—，字亦作嗤。〔後漢・隗囂傳〕「豈多嗤乎」。○〔同上〕—字亦作歖，作咍。〔廣雅・釋詁一〕「—，笑也」。○〔同上〕—，字亦作改，所謂冷笑。〔玉篇〕「改，笑不壞顏也」。○〔同上〕—，以蚩為之。阮籍〔詠懷詩〕「嗷嗷今自蚩」。

毢 —，毸—。〔廣韻・咍部〕。

毸 —毢，鳳舞。〔廣韻・灰部〕○—毢，毛羽皃。〔集韻・灰部〕

氂 —，外傳作萊，古字通。〔左傳襄公二三年〕「獲晏—」洪詁引惠棟。

洃　—，溲粉。〔集韻·灰部〕

湈　—，壞也，或作殜。〔集韻·灰部〕

㵥　—，水名。〔廣韻·咍部〕

焴　—，光色。〔廣韻·灰部〕

熣　—煤，煙塵。〔集韻·灰部〕

燗　—，爛也。〔集韻·灰部〕

膗　—，—膭。〔廣韻·灰部〕○—膭，崩也。〔集韻·灰部〕

膭　膗—，屋破狀。〔廣韻·灰部〕

犤　—，牛白色。〔集韻·灰部〕

犭阝　—，鄉名，在濰陽。〔廣韻·灰部〕○—即雉字。〔說文〕「雉，雉鳥也，睢陽有雉水」段注。

獃　—癡，象犬小時未有分別。〔廣韻·咍部〕

𤢿　—，獸名。〔集韻·咍部〕

珻　—，玉名。〔集韻·灰部〕

璝　—，石次玉也，亦作瓌，又作瑰。〔慧琳音義·卷七五〕引〔字書〕。○—，火齊珠也，亦作瑰。〔卷四五〕引〔考聲〕。○—，火齊珠。〔集韻·灰部〕

𤬪　—，瓜—。〔廣韻·灰部〕

砙　—，瓦未燒者，或作培，通作坏。〔集韻·灰部〕

𤮐　—，屋棟瓦也。〔廣韻·灰部〕○—，屋櫺瓦也。〔集韻·灰部〕

晐　—者，垓字之異也。〔說文〕「垓，兼晐八極地也」段注。

𤱈　—，荒田。〔集韻·咍部〕○—，耕外舊場。〔廣韻·咍部〕

畾　—，田閒。〔廣韻·灰部〕○—，田閒也。〔說文〕「藟，艸也」義證引〔玉篇〕。

疢　—，癥結病也。〔說文〕「痞，痛也」義證引〔玉篇〕。

㾏　—，病也。〔廣韻·咍部〕又〔集韻·咍部〕。○—，一曰儜劣。〔集韻·灰部〕

痽　—，腫也，或作胎。〔集韻·灰部〕

𤸎　—，病也。〔集韻·咍部〕

𤻔　—，陰病也。〔慧琳音義·卷四八〕

盔　—，器，盂盛者也。〔廣韻·灰部〕

𥁕　—，器名。〔集韻·灰部〕

𥃀　—，歃血器。〔集韻·灰部〕

𦌾　—，百囊，魚網。〔廣韻·灰部〕

𥑁　—，落也，投下也。〔慧琳音義·卷七九〕引〔考聲〕。

𥗼　—，小石。〔集韻·灰部〕

𥜥　—，劍飾。〔集韻·灰部〕

箂　—，竹名。〔集韻·咍部〕

籉　—，可禦雨也。〔廣韻·咍部〕

䊆　—，滫粉麪為劑。〔集韻·灰部〕

粞　—，碎米。〔廣韻·咍部〕

䊈　—，酒母。〔廣韻·灰部〕○—，酒本曰—，或从酉，通作媒。〔集韻·灰部〕

𥽜　—，精米。〔集韻·灰部〕

𨦤　—，器名。〔集韻·咍部〕

鏙　—，器名。〔集韻·灰部〕

**腜** 丨，有骨醢，或作䏿。〔集韻·咍部〕

**膭** 丨，肥也。〔廣韻·咍部〕○丨，肉美。〔廣韻·海部〕○丨，畜胎。〔廣韻·灰部〕

**膭** 丨，肥也。〔集韻·灰部〕○丨，肥皃。〔廣韻·灰部〕

**芣** 丨，蔽前草箭。〔廣韻·咍部〕

**茴** 丨，香草名。〔廣韻·灰部〕

**茠** 丨，艸名。〔集韻·灰部〕

**茬** 參丨，不齊等也。〔慧琳音義·卷一六〕引〔考聲〕。

**萉** 丨，山草。〔廣韻·灰部〕

**莪** 丨，蒔。〔廣韻·咍部〕

**萓** 丨，乾菜。〔集韻·咍部〕

**菲** 丨，艸名。〔集韻·灰部〕

**蓘** 丨，艸盛皃。〔集韻·灰部〕

**蒐** 丨，菜名。〔廣韻·灰部〕

**薹** 丨，蕓丨。〔廣韻·咍部〕○丨，艸名，夫蕦也。〔集韻·咍部〕○今世通謂草抽莖作華者為丨矣。〔廣雅·釋草〕「蕱，丨也」疏證。

**襊** 丨，棺覆。〔廣韻·灰部〕

**觤** 丨，角曲中。〔集韻·灰部〕○丨，角曲中也。〔廣韻·灰部〕○丨，此字後出，角曲處，弓曲處，皆當引伸于隈。〔說文定聲·卷一二〕○丨，通作畏。〔說文〕「丨，角曲中也」義證。

**詴** 丨，呼聲。〔集韻·灰部〕

**誒** 丨、唉並與欸同。〔廣雅·釋詁一〕「欸，譍也」疏證。

**諰** 丨，謹也。〔集韻·咍部〕

**諰** 丨，謙也。〔集韻·灰部〕

**譆** 丨，諟也。〔集韻·咍部〕

**豗** 丨，豆萁下葉也。〔集韻·灰部〕

**豗** 丨，豕掘地。〔慧琳音義·卷六一〕引〔文字典說〕。○丨，豕掘地也。〔廣韻·灰部〕○刺端如棘針者丨。〔說文〕「㣇，蟲似豪豬者」義證引〔炙轂子〕。

**賅** 丨，贍也。〔廣韻·咍部〕

**賌** 侅，正字也，賅、咳、丨，皆借字耳。〔漢書〕「奇賅」雜志。○丨讀若該，奇丨者，奇秘之要，非常之術也。〔讀書雜志·卷九〕

**趡** 丨，逼也。〔廣韻·灰部〕

**軆** 丨，長身。〔廣韻·咍部〕

**輫** 丨，車盛皃。〔廣韻·灰部〕○丨丨，盛貌也。〔詩·大車〕「大車丨丨」集疏引韓說。

**逨** 丨，至也。〔廣韻·咍部〕

**醅** 丨，醉也。〔集韻·灰部〕

**醀** 丨，醯也。〔集韻·灰部〕○丨，醋之別名。〔廣韻·灰部〕

**鋂** 丨，鑽也。〔集韻·灰部〕

**鐳** 丨，瓶也，壺也。〔廣韻·灰部〕○丨，古缾也。〔集韻·灰部〕

**鑘** 丨，劒首飾也，亦作櫑。〔廣韻·灰部〕

**阫** 丨，牆也。〔集韻·灰部〕○丨與培同。〔莊子·庚桑楚〕「日中穴丨」集釋。

**陔** 殺丨，笑聲也。〔廣韻·咍部〕

**阬** 丨與鞠同。〔通雅·卷一六〕

**陝** 丨，階也。〔集韻·咍部〕○丨，一曰丨隑，長皃。〔同上〕

**隑** 丨丨，崩隤也。〔廣韻·灰部〕

醅　酟｜，醜面。〔廣韻·灰部〕〇｜｜，面陋。〔集韻·灰部〕

顂　｜體，頭長皃。〔集韻·咍部〕

顝　｜，大頭。〔廣韻·灰部〕

顋　｜，顂｜。〔說文〕「鳳，神鳥也」義證引〔玉篇〕。〇｜，俗又作腮。〔廣韻·咍部〕

⿰風貴　｜，風也。〔集韻·灰部〕

⿰飠崔　｜，飯也。〔集韻·灰部〕

⿰馬回　｜，馬名。〔廣韻·灰部〕

騩　｜，白馬。〔集韻·灰部〕

⿰骨台　｜，骨起。〔集韻·灰部〕

⿱髟來　｜鬆，多須皃。〔集韻·灰部〕

⿱髟台　｜鬗，婦人偽髻。〔集韻·咍部〕又〔廣韻·咍部〕引〔證俗文〕。

⿱髟隹　｜，髮亂垂皃。〔集韻·灰部〕

⿱髟豈　｜髿，毛亂皃。〔集韻·咍部〕

豥　｜，豰也。〔集韻·咍部〕〇｜，一曰麋中瑰。〔同上〕

魺　｜，魚名。〔廣韻·灰部〕

鮠　｜，魚名，似鮎。〔廣韻·灰部〕

鮪　｜，魚名。〔集韻·灰部〕〇鰃，石首魚也，小者曰｜。〔通雅·卷四七〕

鰃　｜，魚名。〔廣韻·灰部〕

鎧　鯢｜，雄蟹也。〔廣韻·咍部〕

駘　｜，鳥名。〔廣韻·咍部〕

鴝　｜，雀屬。〔廣韻·灰部〕

鵜　｜，誘取禽者。〔集韻·灰部〕

鷚　｜，鳥名。〔廣韻·咍部〕

麳　｜，小麥。〔廣韻·咍部〕

黴　｜黱，大黑。〔廣韻·咍部〕

黱　黴｜，大黑皃。〔廣韻·咍部〕

# 續經籍纂詁卷第十一

上平聲

## 十一 真

**真** ｜，｜偽也。〔廣韻·真部〕○｜，一曰實也。〔集韻·眞部〕○｜，引伸為｜誠。〔説文〕「｜，僊人變形而登天也」段注。○｜者，僊也。〔説文繫傳·通論上〕○｜者，化也。（同上）○中品曰｜。〔説文〕「｜，僊人變形而登天也」義證引〔太真科〕。○｜，又姓。〔廣韻·真部〕○｜人，正人也。〔説文〕「｜，僊人變形而登天也」義證引李奇。○鍊形為氣名曰｜人。（同上）義證引〔司馬子坐·忘樞翼篇〕。○得天地之道故謂之｜人也。（同上）義證引〔文子〕。○改形免世厄，號之曰｜人。（同上）義證引〔參同契〕。○｜人，猶云誠若人言也。〔漢書·楊敞傳〕「｜人所謂鼠不容穴銜窶數者也」補注引何焯。○本一性而言謂之｜如。〔説文〕「｜，僊人變形而登天也」義證引〔天隱子·神解篇〕。○｜越，或作震越，卧具也。〔慧琳音義·卷九〕○｜紫，則累赤而殷者。〔通雅·卷三七〕○貞與｜通。〔通雅·卷一〕○｜假借為慎。〔説文定聲·卷一六〕○古文匕一為｜。〔説文繫傳·通論上〕○｜當作宇。〔漢書·敘例〕「劉寶字道｜」補注。○｜公，〔漢志〕、〔人表〕及〔世本〕皆作「慎公」。〔史記·三代世表〕「魯｜公」志疑。○｜公乃慎公之誤。〔史記·十二諸侯年表〕「魯｜公濞十五年」志疑。○｜，直之誤字。〔説文定聲·卷一六〕

**因** ｜，象茵褥之形，中象縫綫文理。〔説文定聲·卷一六〕○｜者，就也。〔説文〕「姻，女之所｜故曰姻」段注。又〔廣韻·真部〕。○｜，謂民相就而助成耕耨之事。〔書·堯典〕「厥民｜」孫疏。○｜，託也。〔廣韻·真部〕○｜，猶依也。〔論語·學而〕「｜不失其親」朱注。又〔國策·東周策〕「無｜事也」補正。○｜，一曰意不足。〔集韻·諄部〕○〔釋詞·卷二〕｜，由也。〔書·禹貢〕「西傾｜桓是來」。○（同上）｜，猶也，亦聲之轉也。〔國策·楚策〕「黃雀｜是已」。○｜謂｜人之力。〔詩·載馳〕「誰｜誰極」通釋。○｜，仍也。〔論語·先進〕「｜之以饑饉」朱注。又〔廣韻·真部〕。○｜為仍舊。〔説文定聲·卷一六〕○｜之言重襲也。〔書·堯典〕「厥民｜」平議。○｜，緣也。〔廣韻·真部〕○｜，連接也。〔逸周書〕「闢開修道」雜志。○有此有彼曰｜。〔國策·東周策〕「無｜事矣」鮑注。○｜，亦姓。〔廣韻·真部〕○｜塵即茵陳。〔通雅·卷四一〕○｜塵與茵陳同。〔廣雅·釋草〕「｜塵，馬先也」疏證。○｜雜，猶言重積。〔漢書·司馬相如傳〕「而后｜雜縉紳先生之略術」補注。○｜坘，或言因提，亦稱天主，或稱先帝。〔慧琳音義·卷九〕○嬰、｜二字以音同通借。〔史記·魯仲連傳〕「東藩之臣｜齊」志疑。○｜，古姻字。〔詩·皇矣〕「｜心則友」陳疏。○｜，即茵之古文。〔説文定聲·卷一六〕○｜，當作固。〔墨子·三辯〕「｜為無智矣」閒詁。○｜當為固字之誤也。〔漢書·賈誼傳〕「｜恬而不知怪」補注引王念孫。○｜乃困字之誤。〔淮南·泰族〕「故｜其患則造其備」平議。○官本｜作音。〔漢書·禮樂志〕「庶幾宴享」補注。○丙，｜字之誤文。〔説文定聲·卷一六〕

**茵** ｜，虎皮褥也。〔慧琳音義·卷一二〕引顧野王。○以虎皮為蓐曰｜。〔卷二三〕引〔玉篇〕。○小車所藉者曰｜。〔説文定聲·卷一六〕（「鞻」下）○｜，亦輦轎之屬。〔文選·兩都賦〕「乘｜步輦」集釋引〔敬齋古今黈〕。○｜之言因也。〔廣雅·釋器〕「丙，席也」疏證。○鞇、｜、絪，並字異而義同。〔廣雅·釋器〕「鞋韉謂之鞇」疏證。○鞇與｜同。〔廣雅·釋器〕「丙，席也」疏證。○｜芋，本作因預。〔本草·卷一七〕○｜，或作鞇。〔慧琳音義·卷一二〕引顧野王。○｜字或作絪。〔説文〕「｜，車重席」義證。○｜，字亦作絪。〔説文定聲·卷一六〕○｜，因之別體。（同上）○｜亦作鞇。〔漢書·周陽由傳〕「同車未嘗敢均｜馮」補注引宋祁。○｜，亦作絪。（同上）○蓋｜薦軾中，或用席為之，字从艸；或用絲、或用革為之，故字取從絲從革也。（同上）引周壽昌。○｜，當作囦。〔説文〕「丙，舌兒」義證。

**鞇** ｜，車中所坐蓐也。〔説文〕「茵，車重席」義證引〔急就篇〕顏注。○｜鞦，車中馮也。〔通雅·卷三五〕○｜，同茵。〔廣韻·真部〕

**辛** ｜，薑味也。〔廣韻·真部〕○｜，辣也。〔説文〕「｜，金剛味｜」義證引〔玉篇〕。○｜，辣味也。〔慧琳音義·卷三〕引〔考聲〕。○｜者，辠也。〔説文繫傳·通論下〕○羊上為｜，大辠也。〔説文定聲·卷一四〕（「辛」下）○｜，假借，古用以紀旬，因又以紀年、紀月、紀時。〔説文定聲·卷一六〕○｜自，酸鼻也。〔説文〕「辠，犯灋也，从｜自」段注。○少｜，細｜也，似杜衡。〔説文定聲·卷一六〕○馬｜，即靡草之薺。（同上）○｜夷，花初發如筆，北人呼為木筆。〔楚辭·湘夫人〕「｜夷楣兮葯房」補注引〔本草〕。○｜夷，其苞初生如荑而味｜也。〔本草·卷三四〕○｜處即薪處，中山縣。〔漢書·王子侯表〕「｜處」補注。○｜，借為信。〔説文定聲·卷一六〕○｜，幸字之誤。〔周書·五權〕「荷至乃｜」平議。○干｜，〔説苑·尊賢篇〕作干莘。〔呂覽·當染〕「夏桀染於干｜歧踵戎」校正。

**新** 木曰｜。〔説文定聲·卷七〕（「蕘」下）○以斤斫取曰｜。〔公羊傳哀公一四年〕「薪采者也」陳疏引吳麦雲。○斤木為棷曰｜。〔説文定聲·卷八〕（「棷」下）○木始斤斲，｜之義也。〔説文〕「初，始也」義證引〔六書故〕。○｜，一曰初也。〔集韻·眞部〕○｜，引申之為凡始基之偁。〔説文〕「｜，取木也」段注。○｜，｜故也。〔廣韻·真部〕○｜者，革其舊之謂也。〔大學〕「在親民」朱注。○木伐更生，故凡除舊生｜者皆名為｜。〔公羊傳哀公一四年〕「薪采者也」陳疏引吳麦雲。○｜士，｜誠士也。〔通雅·卷二二〕○｜昏，夫所更娶之妻也。〔詩·谷風〕「宴爾｜昏」朱傳。○｜特，猶丨婚也。〔詩・我行其野〕「求爾丨特」通釋。〇漢以還呼子婦為丨婦。〔義府・卷下〕〇二歲曰丨田。〔詩・采芑〕「于彼丨田」朱傳。〇丨夷，即辛夷也。〔楚辭・自悲〕「列丨夷與椒楨」補注。〇丨雉，樹如杜仲，花如小蓮。〔說文定聲・卷一六〕〇丨雉，一名木筆。（同上）〇丨宮即設帷帳也。〔漢書・孝武李夫人傳〕「飾丨宮以延貯兮」補注引何焯。〇丨宮即先公之宮。〔公羊傳成公三年〕注「謂之丨宮者」陳疏引毛奇齡。〇丨甫，即梁甫也。〔詩・閟宮〕「丨甫之柏」集疏。〇丨城即梁國之丨里也。〔左傳文公四年〕「圍邧丨城」疏證引顧棟高。〇丨城是鄉名。〔史記・高祖本紀〕「丨城三老董公遮說漢王以義帝死故」志疑。〇丨陽縣屬汝南。〔史記・高祖功臣侯者年表〕「丨陽」志疑。〇信成即丨城，字通用。〔漢書・匈奴傳〕「封烏厲屈為丨城侯」補注。〇古丨、信通用。〔史記・高祖功臣侯者年表〕「丨陽」志疑。〇古親、丨通。〔公羊傳宣公一六年〕「丨周也」陳疏引惠棟。〇信、丨通用。〔漢書・外戚恩澤侯表〕「褒丨」補注引錢大昭。〇信、丨字通。〔漢書・地理志〕「丨野」補注。〇丨、信古字通。〔漢書・王嘉傳〕「及賜孔鄉侯、汝昌侯、陽丨侯國」補注引錢大昭。〇古薪、丨通用。〔史記・王子侯者年表〕「丨館」志疑。〇丨，通作薪。〔說文〕「丨，取木也」義證。〇丨字古通作信。〔漢書〕「陽信」雜志。〇丨，假借為亶。〔說文定聲・卷一六〕〇丨，假借為親。（同上）〇丨，假借為𪓰。（同上）〇丨，以信為之。（同上）〇丨讀為親。〔公羊傳宣公一六年〕「丨周也」陳疏引惠棟。〇信、丨同字。〔漢書・地理志〕「丨平」補注。〇丨，魯、齊作寢。〔詩・閟宮〕「丨廟奕奕」集疏。〇丨甫一作梁甫。〔詩・閟宮〕「丨甫之柏」通釋。〇官本丨作薪。〔漢書・王子侯表〕「耐為鬼丨」補注。〇〔史・表〕丨作訢。〔漢書・高惠高后文功臣表〕「康侯丨嗣」補注。〇陽丨，〔哀紀〕、〔杜鄴外戚傳〕俱作陽信。〔漢書・外戚恩澤侯表〕「陽丨侯鄭業」補注引錢大昭。〇〔表〕丨作薪。〔漢書・地理志〕「丨處」補注。〇官本、南監本丨作親。〔漢書・王莽傳〕「予將丨築焉」補注。〇丨鄉，〔地理志〕作信鄉，古字通。〔漢書・王子侯表〕「丨鄉侯豹」補注。

## 薪

丨，草柴。〔說文定聲・卷一六〕〇丨，謂楚木蔓草也。〔詩・漢廣〕「翹翹錯丨」陳疏。〇𪐴曰丨。〔詩・無羊〕「以丨以蒸」朱傳。〇大曰丨。〔說文定聲・卷一二〕〔「柴」下〕〇大者丨。〔國策・秦策四〕「芻牧丨採」鮑注。〇木可折者曰丨。〔慧琳音義・卷五二〕〇一曰大木可析曰丨。〔集韻・眞部〕〇供爨曰丨。〔儀禮・聘禮〕胡正義引郝敬。〇取木而然之曰丨。〔說文〕「丨，蕘也」義證引〔急就篇〕顏注。〇丨，借為姺。〔說文定聲・卷一六〕〇丨，假借為兟。（同上）〇丨，字亦作莘。（同上）〇丨，字亦作菜。（同上）〇丨，一作新。〔公羊傳哀公一四年〕「丨采者也」陳疏引吳夌雲。〇〔史・表〕丨作新。〔漢書・王子侯表〕「丨館侯未央」補注。〇〔中山縣志〕丨作新。（同上）

## 晨

丨，旦也。〔集韻・眞部〕〇丨，謂昧爽時也。〔詩・庭燎〕「夜鄉丨」述聞。〇丨為未明之時也。（同上）〇丨，將明未明謂之丨。（同上）〇丨，早也，明也。〔廣韻・真部〕〇水星常伏日下，不見，故謂之丨。〔說文定聲・卷一五〕〔「辰」下〕〇丨風，鸇也。〔詩・晨風〕「鴥彼丨風」朱傳。〇丨風，似鷂而小。〔釋鳥〕「丨風，鸇」鄭注。〇丨風猶伺風，與丨門同意。〔說文定聲・卷一五〕〔「鷐」下〕〇丨門，掌丨啓門。〔論語・憲問〕「丨門曰」朱注。〇丨服，猶云夙駕。〔文選・辯亡論上〕「戎馬無丨服之虞」補正引汪師韓。〇丨與辰通用。〔漢書・律歷志〕「推合丨所在星」補注引沈欽韓。〇今以丨為晨。〔說文〕「丨，曟或省」句讀。〇丨，或作唇。〔集韻・眞部〕〇丨，魯亦作鷐。〔詩・晨風〕「鴥彼丨風」集疏。〇丨，當作辰。〔淮南・說山〕「見卵而求丨夜」平議。〇官本丨作辰。〔漢書・郊祀志〕「其令天下立靈星祠」補注。

## 曟

此丨謂水星。〔說文〕「丨，早昧爽也」義證。〇丨，假借為鷐。〔說文定聲・卷一五〕〇丨，經傳皆以晨為之。（同上）〇丨，古文晨。〔廣韻・真部〕

## 辰

丨，日月之會謂之丨。〔漢書・律歷志〕「推合晨所在星」補注引李銳。〇以日月所會言之，謂之丨。〔漢書・律歷志〕「丨者，日月之會而建所指也」補注引錢大昕。〇丨，丨象也。〔廣韻・真部〕〇丨者，星也。〔國語・周語〕「丨角見而雨畢」述聞。〇丨當指月宿所值之星。〔詩・小弁〕「我丨安在」通釋。〇丨，十二子。〔屈賦・東皇太一〕「吉日兮丨良」戴注。〇丨者，即二十八宿也。〔說文定聲・卷一五〕〔「曟」下〕〇凡經傳言星丨，丨者二十八宿也。〔卷一五〕〇對文則二十八宿為丨。〔說文定聲・卷一七〕〔「曡」下〕〇丨謂大丨。〔大戴・夏小正〕「丨繫于日」王詁。〇丨，謂丨角也。〔大戴・夏小正〕「丨則伏」王詁。〇浼星即丨星。〔漢書・天文志〕「丨星入太白中」補注。〇丨，時。〔詩・車舝〕「丨彼碩女」朱傳。又〔抑〕「遠猶丨告」朱傳。又〔桑柔〕「我生不丨」朱傳。〇丨，時也。〔詩・駟驖〕「奉時丨牡」朱傳。又〔左傳桓公二年〕「三丨旂旗」洪詁引服虔。〇丨為時也。〔說文〕「曟，房星為民田時者」繫傳。〇丨，猶時也。〔詩・小弁〕「我丨安在」朱傳。〇丨，丨時也。〔廣韻・真部〕〇引申之凡時皆曰丨。〔說文〕「丨，房星，天時也」段注。〇丨，假借以紀月。〔說文定聲・卷一五〕〇丨，叚借以紀年。（同上）〇丨，叚借以紀十二時。（同上）〇丨，古用以紀旬。（同上）〇五時謂之五丨。〔書・皋陶謨〕「撫于五丨」孫疏。〇星丨亦延長之義也。〔漢書〕「振美」雜志。〇丨言萬物之蜄也。〔說文〕「天，顛也」義證引戴侗。〇丨，與后、卮同意。〔說文定聲・卷一五〕〇丨，或曰身中有身，知其蠢蠢，不見其人，故从丏，亦通。（同上）〇丨陵，在今河南陳州府西華縣。（同上）〇丨陽，在今湖南丨州府丨溪縣。（同上）〇丨陽，舊治在丨水之陽，故取名焉。〔楚辭・涉江〕「夕宿丨陽」補注引〔水經〕。〇凡字之從眞聲丨聲者，往往通用。〔詩・駟驖〕「奉時丨牡」述聞。〇丨，假借為蜃。〔說文定聲・卷一五〕〇丨，假借為欣。（同上）〇丨，假借為晨。（同上）〇丨，假借為唇。（同上）〇丨，假借晨。（同上）〇丨，晨字之轉注。（同上）〇丨、順音同，流俗聲轉耳。〔漢書・地理志〕「丨陽，三山谷，丨水所出」補注引洪亮吉。〇丨讀為振。〔詩・車舝〕「丨彼碩女」平議。〇丨當讀為晨。〔詩・駟驖〕「奉時丨牡」通釋。又（同上）平議。〇丨，當為慎。

（同上）述聞。○—，魯作展。〔詩・車舝〕「—彼碩女」集疏。○—，〔列女傳〕作展。〔說文定聲・卷一五〕○—當為是。〔大戴・本命〕「—故陰以陽化」王詁。○—故，本作是故。（同上）述聞。○—，〔穀梁〕作夷。〔左傳宣公一一年經〕「盟于—陵」洪詁。

## 臣

—者，牽也，心常牽於君也。〔說文繫傳・通論中〕○—，伏也。〔廣韻・真部〕○—象人屈服之狀也。〔說文繫傳・通論中〕○—附，歸服也。〔孟子・滕文公下〕「惟—附于大邑周」朱注。○—衛，謂蕃衛。〔書・顧命〕「曰二—衛」孫疏。○閒氣為—。〔說文〕「人，天地之性最貴者也」義證引〔春秋演孔圖〕。○—與使同義。〔廣雅・釋詁〕疏證。○—者，司君之闕也。〔說文繫傳・通論上〕○—，家—。〔論語・憲問〕「公叔文子之—大夫僎」朱注。○—，謂家—。〔墨子・耕柱〕「今使子有二—於此」閒詁引畢沅。○男為人—。〔國策・秦策四〕「流亡為—妾」鮑注。○僕猶—也。〔詩・正月〕「并其—僕」通釋。○—，男子賤稱。〔廣韻・真部〕○—，男子賤稱也。〔大戴・衛將軍文子〕「使其—如藉」王詁。○—妾，謂厮役之屬。〔大戴・曾子立事〕「忿怒其—妾」王詁。○狄—謂狄之俘也。〔左傳宣公一五年〕「晉侯賞桓子狄—千室」疏證。○—工，羣—百官也。〔詩・臣工〕「嗟嗟—工」朱傳。○—之君，謂—變而為君也。〔韓子・難四〕「—之君也」集解引王先謙。○—者，纏堅也。〔說文〕「臤，堅也」繫傳。○堅、絓、賢、藖、掔、豎、臤、—八字並聲近而義同。〔廣雅・釋詁〕「豎，堅也」疏證。○—，假借發聲之詞。〔說文定聲・卷一六〕○古文—字作𢀳。〔卷一六〕〔「嚚」下〕○—當作官。〔商子・墾令〕「信則—不敢為邪」平議。○—當為匿字之誤。〔韓子・主道〕「為姦—」集解引王念孫。○—當作民。〔韓子・十過〕「藏於—」集解引顧廣圻。○—當作功。〔韓子・難三〕「—相進也」集解引顧廣圻。○—當作臣。〔史記・田完世家〕「秦魏攻韓」志疑引〔史記考異〕。○—當作常。〔漢書・霍光傳〕「令故昭帝侍中中—侍守王」補注引朱一新。

## 人

—者，天地之心而氣之帥也。〔說文〕「大，天大地大—亦大」義證引戴侗。○—者，有生之最靈。〔說文〕「—，天地之性最貴者也」義證引盧思道〔勞生論〕。○萬物之所尊者，—也。（同上）義證引〔宋書・歷志〕。○秀氣為—。（同上）義證引〔春秋演孔圖〕。○精氣為—。（同上）義證引〔文子〕。○仁與—同義，古書二字通用。〔廣雅・釋詁〕「—，仁也」疏證。○—之言仁也。〔公羊傳文公二年〕「以—心為皆有之」述聞。○—之者仁之也。〔穀梁傳莊公元年〕「始—之也」述聞。○可—者，可憐哀也。〔禮記・雜記〕「可—也」平議。○可—也，猶言可含忍也。〔大戴・曾子立孝〕「可—也，吾任其過」平議。○—者，偶也。〔淮南〕「與造化者為—」雜志。○—耦猶言爾我親密之詞。〔說文〕「仁，親也」段注。○—從者，言如—之相聽從也。〔大戴・夏小正〕「鹿—從」王詁。○—，賢—。〔國策・齊策四〕「孟嘗君好—」鮑注。○—，賢—也。〔易・繫上〕「射之者—也」李疏引虞注。○—者，臣也。〔詩・雝〕「宣哲維—」平議。○—，謂官—也。〔書・皋陶謨〕「在知—」孫疏。○羣后為—。〔書・堯典〕「神—以和」孫疏。○正—，謂在位之正長。〔書・洪範〕「凡厥正—」孫疏。○—牧，謂牧民之君也。〔孟子・梁惠王上〕「今夫天下之—牧」朱注。○—謂民。〔詩・定之方中〕「匪直也—」集疏。○—亦民也。〔管子〕「不與大慮始」雜志。○—謂庶民。〔大戴・武王踐阼〕「與其溺於—也」王詁。○—，衆也。〔荀子〕「天下之—百姓」雜志。○—即衆。〔公羊傳隱公四年〕「其稱—何」陳疏。○—猶衆也。〔國語・越語〕「用—無藝」述聞。○—與衆同義。〔荀子・王霸〕「所以接天下之—」集解。○衆—曰—。〔釋言〕「師，—也」鄭注。○—，他—也。〔論語・學而〕「其諸異乎—之求之與」朱注。○果實之心亦謂之—。〔說文〕「—，天地之性最貴者也」段注。○果實之—在核中，如—在天地之中，故曰—。〔說文定聲・卷一六〕○—參，一名土精。〔說文〕「蓡，—蓡，藥艸」義證引〔異苑〕。○—與仁字通。〔墨子・非儒下〕「周公旦非其—也邪」閒詁。○—字亦通作仁。〔禮記・雜記〕「可—也」平議。○古字—與仁通。〔荀子・脩身〕「術禮義而情愛—」集解引王引之。○—即仁之叚字。〔周書・度訓〕平議。○—讀為仁。〔荀子〕「愛—」雜志。○—當讀為仁。〔呂覽・論人〕「哀之以驗其—」平議。○—字當讀作仁。〔呂覽・舉難〕「故君子責—則以—」平議。○—，讀如—偶之—。〔墨子・尚同下〕「百姓為—」閒詁引戴望。○—，當讀如仁者—也之—。〔詩・四月〕「先祖匪—」通釋。○—與仁同。〔荀子〕「靡之環之」雜志。○—，俗以仁為之。〔說文定聲・卷一六〕○—，魯作言。〔詩・青蠅〕「讒—罔極」集疏。○〔熹平石經〕—作民。〔書・洪範〕「謀及庶—」孫疏。○釋文大—或作大夫。〔左傳襄公三○年〕「大—之忠儉者」洪詁。○—當作入。〔墨子・大取〕「苟—於其中者」閒詁。○—當為入。〔墨子・小取〕「—船非—木也」閒詁引蘇時學。○舊校云—則一作久則。〔呂覽・順說〕「其實—則甚不安之」校正。○聖—，〔初學記〕十七〔賢類〕引作賢士。〔呂覽・贊能〕「不若得一聖—」校正。○—正當作令正。〔呂覽・求人〕「北至—正之國」平議。○〔戰國策〕—字或作一生。〔國策〕「王之所憂」雜志。○中—，〔史記〕作中民，此避唐諱改。〔漢書・文帝紀〕「中—十家之產也」補注引李慈銘。○官本逸—作逸民。〔漢書・外戚恩澤侯表〕「四方之政行焉」補注。○—當作民。〔漢書・宣帝紀〕「賜天下—爵各一級」補注引錢大昭。○—當作民，蓋避唐諱改。〔漢書・景十三王傳贊〕「自凡—猶繫于習俗」補注。○凡果實中有—，〔本艸〕本皆作—，明刻皆改作仁。〔說文〕「秀，上諱」段注。○果—之字，自宋元以前〔本艸〕、方書、詩歌記載無不作—字，自明成化重刊〔本艸〕乃盡改為仁字。〔說文〕「—，天地之性最貴者也」段注。

## 仁

—者，親也。〔說文繫傳・通論上〕○—，親也，謂—恩相親偶也。〔大戴・曾子制言〕「雖行不受必忠，曰—」王詁。○上下相親曰—。〔慧琳音義・卷七一〕○貴賢親親曰—。（同上）○—，愛也。〔大學〕「—親以為寶」朱注。又〔大戴・誥志〕「曰斆—賓也」王詁。○—者兼愛。〔說文繫傳・通論上〕○—，愛人以及物。〔大戴・保傅〕「三公三少固明孝—禮義」王詁。○—者，所以博施於物。〔說文〕「—，親也」義證引〔尹文子〕。○古所謂—

者，乃以人意相存問之意。〔詩・叔于田〕「洵美且丨」平議。〇丨者，情志好生愛人，其立字二人為丨。〔說文〕「丨，親也」義證引〔春秋元命苞〕。〇人二為丨。〔說文繫傳・通論上〕〇丨者，人也。（同上）又〔說文〕「義，从我从羊」段注引董子。〇丨者，人之行也。〔說文繫傳・通論上〕〇丨，謂丨術。〔大戴・保傳〕「所以長恩且明有丨也」王詁。〇丨聞謂丨之聲名播於遠方也。〔孟子・離婁上〕「今有丨心丨聞」焦正義。〇丨，寬裕也。〔漢書・董仲舒傳〕「或丨或鄙」補注。〇凡果核中實有生氣者曰丨。〔易・乾〕「君子體丨足以長人」李疏。〇丨頻即檳榔也。〔通雅・卷四四〕〇丨與人古字與人同義，古書二字通用。〔廣雅・釋詁〕「人，丨也」疏證。〇丨與人古字通，人亦民也。〔禮記・表記〕注「丨，亦當言民」述聞。〇丨與人通。〔墨子・大取〕「小丨與大丨」閒詁。〇丨，假借為人。〔說文定聲・卷一六〕〇丨，假借為民。（同上）〇丨乃人之叚字。〔管子・立政〕「大德不至丨」平議。〇丨讀為人。〔周書・度訓〕「丨德土宜」平議。〇丨當讀為佞。〔書・金縢〕「予丨若考能多材多藝」平議。又〔穀梁傳文公六年〕「使丨者佐賢者」平議。〇人與丨同。〔荀子〕「靡之環之」雜志。〇丨，古作忎。〔集韻・眞部〕〇丨，古作𡰥。（同上）〇古文千心為丨。〔說文繫傳・通論上〕〇古文尸二為丨。（同上）〇丨當作人。〔荀子・仲尼〕「以為丨則必聖」平議。〇〔一統志〕「檳榔一名丨頻」。〔漢書・司馬相如傳〕「丨頻並閭」補注引沈欽韓。

**𡰥**　丨，古文仁字。〔說文〕「迡，遲或从丨」義證。

**神**　兩精相薄謂之丨。〔說文〕「魄，陰丨也」義證引〔子華子〕。〇丨者，不測者也。〔大戴・子張問入官〕「百姓者卑賤而丨」王詁。〇丨者，秘之慎也。〔釋詁〕「丨，慎也」郝疏。〇丨者，隱而莫測其所由者也。〔韓子・揚權〕「主上不丨」集解引舊注。〇丨也者，變化之極，妙萬物而為言，不可以形詰者也。〔易・繫上〕「陰陽不測謂之丨」李疏引韓康伯注。〇天曰丨。〔論語・述而〕「禱爾于上下丨祇」朱注。又〔說文〕「鬼，人所歸為鬼」義證引〔玉篇〕。〇丨，謂天丨。〔大戴・曾子天圓〕「陽之精氣曰丨」王詁。〇丨者，配天之稱。〔書・盤庚〕「丨后之勞爾先」孫疏。〇鬼亦訓丨。〔管子〕「祥其丨矣」雜志。〇或曰鬼丨，或曰鬼，或曰丨，其義一也。（同上）〇丨，靈也。〔廣韻・真部〕〇祖考為丨。〔書・堯典〕「丨人以和」孫疏。〇丨猶臣也。〔禮記・月令〕「其丨句芒」平議。〇丨者，心之寶也。〔說文〕「心，人心」義證引〔文子〕。〇丨，引也，謂引繩以正表。〔說文〕「丨，天丨引出萬物者也」義證。〇丨、引義通。（同上）〇丨即儆。〔說文〕「儆，理也」義證。〇丨與伸亦同義。〔廣雅・釋詁〕「申，伸也」疏證。〇丨，治也。〔釋詁〕「丨，治也」述聞。〇大丨，亦謂大治也。（同上）述聞。〇丨訓治猶申訓治也。（同上）平議。〇丨為尊重之重。〔釋詁〕「丨，重也」述聞引錢氏。〇丨寶即重寶。〔管子・禁藏〕「重於丨寶」平議。〇丨保，蓋尸之嘉號。〔詩・楚茨〕「丨保是饗」朱傳。〇丨器者，聖人之大寶，曰位是也。〔漢書・敘傳〕「不知丨器有命」補注引劉奉世。〇丨物，蓍龜也。〔易・繫上〕「天生丨物」李疏。〇八丨，八方之丨。〔文選・甘泉賦〕「八丨奔而警蹕兮」集釋。〇八丨一曰天主，二曰地主，三曰兵主，四曰陰主，五曰陽主，六曰月主，七曰日主，八曰四時主。（同上）引〔史記・封禪書〕。〇丨后，謂成湯也。〔書・盤庚〕「丨后之勞爾先」孫疏。〇丨農氏亦稱烈山氏。〔漢書・律歷志〕「故天下號曰丨農氏」補注引錢大昕。〇丨光為宫名。〔漢書・揚雄傳〕「切丨光」補注。〇旦明曰丨。〔通雅・音義襍論〕〇丨鈴，鈴索也。〔通雅・卷二三〕〇丨倉，藉田倉也。〔通雅・卷二八〕〇丨陂，在蔡陽縣界，有松子亭，下有丨陂也。〔文選・南都賦〕「松子丨陂」集釋引〔襄陽耆舊記〕。〇丨與伸身竝音同字通。〔釋詁〕「丨，重也」郝疏。〇丨陳引古聲亦相近。〔廣雅・釋詁〕「丨，陳也」疏證。〇丨申引聲並相近。〔廣雅・釋詁〕「丨，引也」疏證。〇丨，假借為申。〔說文定聲・卷一六〕〇丨，假借為儆。（同上）〇丨，假借為嗽。（同上）〇丨，假借為慎。（同上）〇丨，或讀為引。〔廣雅・釋詁〕「丨，引也」疏證。〇丨，齊、韓作祀。〔詩・雲漢〕「敬恭明丨」集疏。〇丨，古作神。〔集韻・眞部〕〇丨，古作⿰礻亶。（同上）

**親**　丨，愛也。〔大戴・主言〕「上之丨下也如腹心」王詁。又〔曾子疾病〕「近者不丨」王詁。又〔子張問入官〕「則無可以取丨於百姓矣」王詁。又〔廣韻・真部〕。〇丨，近也。〔大戴・曾子立事〕「丨人必有方」王詁。又〔論語・學而〕「而丨仁」朱注。又〔孟子・公孫丑下〕「無使土丨膚」焦正義。又〔荀子〕「脩潔之為丨」雜志。又〔廣韻・真部〕。〇丨，一曰近也。〔集韻・眞部〕〇丨，附也。〔太素・五邪刺〕「鍼干其邪肌肉丨」楊注。〇丨，密至也。〔說文〕「丨，至也」繫傳。〇祭當為詧，丨詧者，至詧也。〔說文〕「祭，祭祀也」義證。〇丨謂父母。〔荀子・禮論〕「一朝而喪其嚴丨」平議。又〔通鑑・周紀〕「家聽於丨」音注。〇父母者，情之最至者也，故謂之丨。〔說文〕「丨，至也」段注。〇丨，指兄弟之丨。〔左傳文公一五年〕「喪，丨之終也」疏證。〇丨戚，謂其父也。〔左傳昭公二〇年〕「丨戚為戮」述聞。〇丨戚，謂父母。〔墨子・非命中〕「不能善事其丨戚」閒詁。〇丨戚，謂父母也。〔大戴・曾子疾病〕「丨戚不說」王詁。又〔墨子・節葬下〕「其丨戚死」閒詁。〇丨戚，即父母也。〔墨子・天志上〕「丨戚兄弟所知識」閒詁。又〔非命上〕「入則孝慈於丨戚」閒詁。〇以丨戚稱父母。〔史記・宋世家〕「丨戚」志疑引〔庭立紀聞〕。〇古人稱父母為丨戚。〔墨子・兼愛下〕「奉承丨戚」閒詁引錢大昕。又〔賈子・傳職〕「天子不姻於丨戚」平議。〇古人稱父母亦曰丨戚。〔管子・侈靡〕「丨戚之愛，性也」平議。〇丨戚謂父母兄弟。〔漢書・司馬遷傳〕「念丨戚」補注。〇六丨：諸父一也，諸舅二也，兄弟三也，姑姊四也，昏媾五也，姻亞六也。〔漢書・賈誼傳〕「以奉六丨」補注引王先恭。〇丨者謂帝之子孫。〔漢書・賈誼傳〕「丨者或亡分地以安天下」補注。〇丨，猶自為朝廷近臣也。〔漢書・蘇建傳〕「兄弟丨近」補注引周壽昌。〇丨身，言不離左右也。〔論語・陽貨〕「丨於其身為不善者」朱注。

〔楚辭・惜往日〕「思久故之丨身兮」補注。○丨有，身為天子也。〔荀子・正論〕「丨有天下之籍」集解。○丨通作親。〔釋言〕「齎，丨也」郝疏。○丨讀為新。〔韓子・亡徵〕「丨臣進而故人退」集解。○丨與瀙同。〔漢書〕「舞陽」雜志。○丨，字亦作儭。〔説文定聲・卷一六〕○丨即瀙之省。〔史記・建元以來侯者年表〕「丨陽」志疑。○丨，古作親。〔集韻・眞部〕○丨，古作寴。〔同上〕○丨，或作媇。〔同上〕○丨，當作新。〔大學〕「在丨民」朱注引程子。○丨，當為事。〔墨子・小取〕「獲之丨」閒詁引畢沅。○舊校云丨一作視。〔呂覽・去宥〕「唐姑果恐王之丨謝子賢於己也」校正。○丨弗，〔東周策〕作「祝弗」，人姓名。〔史記・孟嘗君列傳〕「而聽丨弗」志疑。○丨當作新。〔漢書・傅喜傳〕「皆丨以外屬封」補注引劉攽。

## 申

丨，神也。〔説文〕「神，天神」句讀。○丨，身也。〔廣韻・真部〕○丨，伸也。〔同上〕○丨即引也。〔説文〕「神，天神引出萬物者也」繫傳。○丨者，引長。〔説文〕「丨，神也」段注。○丨，至也。〔楚辭・九辯〕「獨丨旦而不寐兮」補注引五臣。○丨者引而至之謂。〔屈賦・思美人〕「丨旦以舒中情兮」戴注。○丨旦，猶言達旦。〔同上〕○丨猶展。〔國策・楚策四〕「蹄丨膝折」鮑注。○丨，舒也。〔國策・魏策四〕「衣焦不丨」補正。○丨，寬展也。〔通鑑・晉紀〕「聽孝廉丨至七年乃試」音注。○丨，重也。〔詩・假樂〕「自天丨之」朱傳。又〔烈祖〕「丨錫無疆」朱傳。又〔離騷〕「又丨之以攬茝」補注引五臣。又〔通鑑・漢紀〕「丨令軍中恣聽射獵」音注。又〔廣韻・真部〕。○丨者，重也。〔漢書・文帝紀〕「丨教令」補注引周壽昌。○謂之丨者，重宿之義。〔説文定聲・卷一六〕〔「信」下〕○丨，重也，丁寧反覆之意。〔孟子・梁惠王上〕「丨之以孝悌之養」朱注。○丨旦，重旦也。〔通雅・卷一一〕○丨，容也。〔廣韻・真部〕○丨丨，其容舒也。〔論語・述而〕「丨丨如也」朱注引楊氏。○丨丨，和舒之貌。〔離騷〕「丨丨其詈予」補注。○丨丨，言和而有節也。〔漢書・石奮傳〕「丨丨如也」補注引王先惠。○丨乃約束之義。〔孟子・梁惠王〕「丨之从孝悌之義」平議。○紳與丨同義。〔廣雅・釋詁〕「紳，束也」疏證。○丨與寅同意。〔説文定聲・卷一六〕○宜、丨猶言利西南耳。〔春秋名字解詁〕「楚鬬宜丨字子西、公孫丨字子西、魯曾丨字子西」述聞。○丨，又辰名，太歲在丨曰涒灘。〔廣韻・真部〕○丨，又姓。〔集韻・眞部〕○丨，亦州名。〔同上〕○丨，亦州名，后魏為郢州，周為丨州。〔廣韻・真部〕○丨，姜姓之國，在今鄧州信陽軍之境。〔詩・揚之水〕「不與我戍丨」朱傳。○丨，今河南南陽府南陽縣北。〔説文定聲・卷一六〕○丨，又姓。〔廣韻・真部〕○丨陽，故趙將也。〔史記・秦楚之際月表〕「河南王丨陽始，故楚將」志疑。○丨與伸通。〔廣雅・釋詁〕「丨，伸也」疏證。○甲乃丨字之誤，丨與陳通。〔春秋繁露・服制〕「舟車甲器有禁」平議。○神丨引聲並相近。〔廣雅・釋詁〕「神，引也」疏證。○丨，亦叚信。〔説文〕「丨，神也」段注。○丨，假借為身。〔説文定聲・卷一六〕○丨，假借為嗽。〔同上〕○丨，假借為司。〔同上〕○丨，叚借，古以紀旬、紀年、紀月、紀時。〔同上〕○丨，叚借以命天體之十二宮。〔同上〕○丨讀曰信。〔管子〕「丨主」雜志。○丨，讀為身。〔春秋名字解詁〕「魯叔孫丨字子我」述聞。○丨當作信而讀為丨。〔荀子・解蔽〕「使詘丨」集解引郝懿行。○丨與伸同。〔方言七〕「展，信也」箋疏。○丨，字又作信。〔廣雅・釋詁〕「丨，伸也」疏證。○丨，作伸者俗字。〔説文〕「丨，神也」段注。○丨，即胂之古文。〔説文定聲・卷一六〕○丨各本作曳。〔説文〕「蚩，蟲丨行也」段注。○丨當為曲。〔説文〕「楺，屈丨木也」義證。○丨當為司。〔晏子春秋・諫上〕「則丨田存焉」平議。○丨，〔文選〕作信。〔國策・魏策四〕「衣焦不丨」補正。

## 伸

丨，舒也。〔説文〕「丨，屈丨」義證引〔玉篇〕。又〔廣韻・真部〕。○丨亦延長之義。〔漢書〕「振美」雜志。○丨，理也。〔廣韻・真部〕○丨，直也。〔同上〕○丨，信也。〔同上〕○舒丨適俱一聲之轉。〔釋言〕「展，適也」郝疏。○丨，通作申。〔集韻・眞部〕○申與丨通。〔廣雅・釋詁〕「申，丨也」疏證。○神與丨身竝音同字通。〔釋詁〕「申，重也」郝疏。○身丨信三字古同聲通用。〔釋詁〕「朕，身也」郝疏。○丨，假借為俽。〔説文定聲・卷一六〕○丨，假借為身。〔同上〕○丨，經史多以信為之。〔同上〕○丨，經典作信。〔集韻・眞部〕○丨，古經傳皆作信。〔説文〕「丨，屈丨」段注。○〔周易〕屈丨作信，假借也。〔同上〕繫傳。○丨讀同辛。〔詩・閟宮〕「新甫之柏」通釋。○丨、俽一字。〔説文〕「俽，理也」句讀。○丨，字又作信。〔廣雅・釋詁〕「申，丨也」疏證。○古丨字亦作申。〔説文・上説文書〕「引而申之」段注。○丨，或曰即申字。〔説文定聲・卷一六〕

## 紳

丨，大帶。〔廣韻・真部〕○丨，帶之垂者也。〔大戴・哀公問五義〕「然則今夫章甫句屨丨帶而搢笏者」王詁。○丨，大帶之垂者。〔論語・衛靈公〕「子張書諸丨」朱注。○大帶束腰垂其餘以為飾，謂之丨。〔説文定聲・卷一六〕○對文則丨為帶之垂者，散文則帶亦謂之丨。〔廣雅・釋器〕「丨，帶也」疏證。○丨猶厲也。〔方言四〕「厲謂之帶」箋疏。○丨之言申也。〔廣雅・釋詁〕「丨，束也」疏證。○丨與申同義。〔同上〕○丨，或从革。〔集韻・眞部〕

## ⿰革申

丨，革帶。〔廣韻・真部〕

## 身

丨，懷孕也。〔詩・大明〕「大任有丨」朱傳。○丨亦⿰亻身也。〔廣雅・釋詁〕「丨，⿰亻身也」疏證。○丨，中有丨，故訓重也。〔説文定聲・卷一六〕○丨謂躬也。〔孝經〕「丨體髮膚」皮疏引邢昺。○丨，自己稱也。〔釋詁〕「朕，丨也」鄭注。○丨己我三字轉注也。〔孟子・梁惠王下〕「非丨之所能為也」焦正義。○丨猶人也。〔荀子・勸學〕「謹順其丨」集解引郝懿行。○頸以下股以上亦謂之丨。〔通説〕「丨」述聞。○人自頂以下踵以上總謂之丨。〔同上〕○舒與丨又聲轉義同矣。〔釋詁〕「朕，丨也」郝疏。○天丨二字古音義並同。〔史記・大宛列傳〕「其東南有丨毒國」志疑。○丨伸信三字古同聲通用。〔釋詁〕「朕，丨也」郝疏。○神與伸丨竝音同字通。〔釋詁〕「申，重也」郝疏。○丨，假借為⿰亻身。〔説文定聲・卷一六〕○丨，以信為之。〔同上〕〇丨者，㑗之省借。〔詩·大明〕「大任有丨」通釋。〇丨者古字，㑗者今字。〔說文〕「㑗，神也」段注。〇丨，魯作人。〔詩·何人斯〕「不見其丨」集疏。〇三家丨作娠。〔詩·大明〕「大任有丨」集疏。〇〔熹平石經〕丨作命。〔書·盤庚〕「以自災于厥丨」孫疏。〇丨當作人。〔淮南·詮言〕「一丨之丨既數變矣」平議。

**賓** 丨，敬也。〔大戴·誥志〕「日敎仁丨也」王詁。〔四代〕「楣機丨薦不蒙」王詁。又〔廣韻·真部〕。〇丨有敬義。〔漢書·司馬相如傳〕「故遣中郎將往丨之」補注。〇丨，丨客也。〔孟子·告子下〕「無忘丨旅」朱注。〇散文丨客通稱，對文則丨尊而客卑，丨大而客小。〔說文定聲·卷一六〕〇丨，謂丨禮之也。〔漢書·司馬相如傳〕「故遣中郎將往丨之」補注。〇丨，亦有導義。〔同上〕〇丨，導也。〔漢書·禮樂志〕「九夷丨將」補注。〇丨，導也。〔廣韻·真部〕〇丨，迎也。〔同上〕〇丨，列也。〔同上〕〇丨，服也。〔同上〕〇丨，懷德也。〔釋詁〕「丨，服也」鄭注。〇丨義為擯却也。〔書·多士〕「予惟四方罔攸丨」孫疏。〇丨謂傳擯之擯。〔漢書·叔孫通傳〕「大行設九丨」補注引劉攽。〇九丨，擯者九人，掌臚句傳也。〔同上〕〇丨階者，西階。〔書·顧命〕「由丨階隮」孫疏。〇王丨，謂助祭諸侯。〔書·洛誥〕「王丨殺禋咸格」孫疏。〇孟當讀為萌，丨萌，戰國時遊士往來諸侯之國謂之丨萌。〔荀子·解蔽〕「昔丨孟之蔽者」集解引俞樾。〇丨餘即〔史記·匈奴傳〕所謂比余也。〔賈子·匈奴〕「具帶服丨餘」平議。〇丨婚亦漢世恒言，新結為婚，禮加丨敬，故云然。〔漢書·王嘉傳〕「賢家有丨婚及見親」補注引蘇輿。〇丨丨猶頻頻。〔莊子·德充符〕「彼何丨丨以學子為」平議。〇儐與丨聲近義同。〔廣雅·釋詁〕「丨，列也」疏證。〇丨、擯通。〔國策·趙策四〕「五國復堅而丨之」補正。〇丨通作嬪。〔釋詁〕「丨，服也」邵正義。〇丨，古文通作擯。〔書·康王之誥〕「丨稱奉圭兼幣」孫疏引武億。〇丨儐或古字通用。〔公羊傳宣公八年〕注「大夫曰丨尸」陳疏。〇丨，假借為鬢。〔說文定聲·卷一六〕〇丨，假借為并。〔同上〕〇丨，假借為擯。〔同上〕〇丨，假借為儐。〔同上〕〇丨者，嬪之叚音也。〔釋詁〕「丨，服也」郝疏。〇蓋丨者濱之借字。〔文選·羽獵賦〕「濱渭而東」集釋。〇丨，讀為擯。〔管子·形勢〕「衣冠不正則丨者不肅」平議。〇丨當讀為擯。〔莊子·天道〕「丨禮樂」平議。〇丨與擯同。〔書·多士〕「予惟四方罔攸丨」孫疏。〇丨即擯。〔國策·魏策二〕「其次丨秦」補正。〇丨，古文儐。〔漢書·律歷志〕「蕤丨」補注引錢大昭。〇丨，或作儐。〔公羊傳宣公八年〕注「大夫曰丨尸」陳疏。〇丨當為賨字之誤也。〔荀子·王制〕「使丨旅安而貨財通」集解引王引之。〇〔國策·趙策〕「六國從親以擯秦」，〔史記·蘇秦傳〕作「丨秦」。〔書·多士〕「予惟四方罔攸丨」孫疏。〇官本丨作濱。〔漢書·王莽傳〕「率土之丨」補注。〇丨賜當依浙本作賞賜。〔漢書·韋賢傳〕「丨賜長老」補注引王念孫。〇〔熹平石經〕「丨」作「責」。〔書·多士〕注「丨一作責」孫疏。

**濱** 丨，厓也。〔詩·采蘋〕「南澗之丨」朱傳。〇丨，涯也。〔詩·北山〕「率土之丨」朱傳。〇丨，水厓也。〔廣韻·真部〕〇丨，邊也。〔方言一〇〕注「丨，水邊也」箋疏。〇丨，水際。〔廣韻·真部〕〇滸丨涯浦皆水畔之地。〔孟子·萬章上〕「率土之丨」焦正義。〇丨者，服也。〔說文〕「嬪，服也」義證引〔通典〕。〇丨、瀕、頻並字異而義同。〔廣雅·釋邱〕「丨，厓也」疏證。〇丨，通作瀕。〔方言一〇〕注「丨，水邊也」箋疏。〇丨賓乃古字通用，水涯也。〔詩·北山〕「率土之丨」後箋。〇丨與邊聲相近。〔廣雅·釋邱〕「丨，厓也」疏證。〇丨，或从頻。〔集韻·眞部〕〇丨，古作湾。〔同上〕〇丨，古作頻。〔同上〕〇丨，古作隫。〔同上〕〇丨，古當作瀕。〔詩·北山〕「率土之丨」陳疏。〇丨者，瀕之或體也。〔文選·羽獵賦〕「丨渭而東」集釋。〇丨，俗字，當為瀕。〔書·禹貢〕注「丨一作瀕」孫疏。〇丨，古本有省作賓者，遂作賓服解。〔詩·北山〕「率土之丨」通釋。〇古本丨作瀕。〔詩·采蘋〕「南澗之丨」集疏。

**鄰** 五家為丨也。〔大戴·曾子制言〕「不與聚丨」王詁。〇丨，近也。〔大戴·子張問入官〕「雖行必丨矣」王詁。又〔廣韻·真部〕。又〔太素·知官能〕「虛與實丨」楊注。〇丨，一曰近也。〔集韻·眞部〕〇丨，親也。〔大戴·曾子立事〕「善則有丨」王詁。又〔廣韻·真部〕。〇丨，猶親也。〔論語·里仁〕「必有丨」朱注。〇丨，引申為凡親密之稱。〔說文〕「丨，五家為丨」段注。〇丨謂近臣也。〔漢書·禮樂志〕「其丨翼翼」補注引劉敞。〇丨，堅貌也。〔管子〕「丨以里」雜志。〇丨丨，衆車之聲。〔詩·車鄰〕「有車丨丨」朱傳。〇丨者遴之叚字。〔太玄·止〕「行可丨也」平議。〇丨，假借為粦。〔說文定聲·卷一六〕〇丨，叚借為零。〔同上〕〇丨，假借為緊。〔同上〕〇丨讀如白石粼粼之粼。〔管子·水地〕「丨以理者」義證。〇丨，古作厸。〔集韻·眞部〕〇丨當為吝。〔大戴·保傅〕「丨愛於疏遠卑賤」王詁。〇丨，字亦作甐。〔說文定聲·卷一六〕〇丨，字亦作厸，厸字當是比之誤體。〔同上〕〇四丨，〔月令〕作四鄙。〔呂覽·季冬〕「四丨入保」校正。〇丨，魯、齊丨作轔。〔詩·車鄰〕「有車丨丨」集疏。

**鱗** 丨，魚甲。〔廣韻·真部〕〇丨，龍蛇屬。〔說文〕「虡，鐘鼓之柎也」繫傳。〇丨，魚龍之屬。〔大戴·易本命〕「介丨夏食冬蟄」王詁。〇丨，魚龍之丨也。〔說文〕「丨，魚甲也」義證引〔玉篇〕。〇以丨丨狀丨次。〔通雅·卷一〇〕〇丨集，猶言魚聚而向流。〔漢書·司馬相如傳〕「二方之君丨集仰流」補注引瞿鴻禨。〇丨，又姓。〔廣韻·真部〕又〔集韻·眞部〕。〇官本丨作麟。〔漢書·宣帝紀〕「九眞獻奇獸」補注。〇〔天官書〕丨作凌。〔漢書·天文志〕「故其占驗丨雜米鹽」補注。

**麟** 丨，仁獸。〔廣韻·真部〕〇丨，大麚也。〔說文〕「丨，大牝鹿也」義證引〔玉篇〕。〇丨，木之精。〔詩·麟之趾〕「丨之角」集疏引齊說。〇丨，木精也。〔說文〕「麒，仁獸也」義證引〔春秋演孔圖〕。〇丨，王者嘉祥也。〔同上〕義證引〔瑞應圖〕。〇丨者，麕身狼尾馬足，含仁戴義。〔同上〕義證引〔白帖」。○丨，毛蟲之長也。〔詩·麟之趾〕「于嗟丨兮」朱傳。○丨角曰信旛，古之麾號也。〔說文〕「旛，幅胡也」義證引〔御覽〕。○丨眴，即嶙峋也。〔文選·西京賦〕「坻崿鱗眴」補正引〔藝林伐山〕。○丨，假借為麐。〔說文定聲·卷一六〕○丨，書傳多以為麒麐字。〔說文〕「丨，大牝鹿也」繫傳。○經典用仁獸字多作丨，蓋同音叚借。〔說文〕「丨，大牝鹿也」段注。○丨，依說文作麐。〔詩·麟之趾〕「于嗟丨兮」陳疏。○丨，〔史記〕作獸。〔左傳哀公一四年〕「叔孫氏之車子鉏商獲丨」洪詁。○丨，當作麐。〔說文〕「卑，杜林以為麒丨字」段注。○丨同麐。〔廣韻·真部〕

麐　丨，仁獸。〔廣韻·真部〕○丨即麟字。〔釋獸〕「丨，麕身牛尾一角」鄭注。○丨，經傳皆以麟為之。〔說文定聲·卷一五〕○丨，〔玉篇〕、〔廣韻〕皆麟丨為一字。〔說文〕「丨，牝麒也」段注。○丨，經典多作麟者，借音字也。〔文選·子虛賦〕「射麋腳麟」集釋。

珍　丨，寶也。〔廣韻·真部〕○丨者，寶之美也。〔釋詁〕「丨，美也」郝疏。○丨，貴也。〔左傳文公八年〕「公子遂丨之也」洪詁引薛綜。又〔廣韻·真部〕。○丨，重也。(同上)○丨謂丨物宜獻也。〔釋詁〕「丨，獻也」鄭注。○丨享對文則別，散文則通。(同上)郝疏。○丨、腆同訓為善。〔釋言〕「昣，殄也」述聞。○丨、腆又同訓為美。(同上)○丨與昣通。〔釋詁〕「丨，獻也」平議。○丨與腆古聲亦相近。〔釋言〕「昣，殄也」述聞。○丨，俗作珎。〔廣韻·真部〕又〔集韻·眞部〕。○丨當作軫。〔史記·楚世家〕「生熊丨」志疑。

瞋　丨，張目也。〔國策·魏策一〕「丨目切齒」鮑注。○丨，張盛也。〔太素·營衛氣行〕「衛其外則陽氣丨」楊注。○丨，怒也。〔廣韻·真部〕○丨，與謓義略同。〔說文〕「丨，張目也」段注。○丨與搷聲義並相近。〔方言一二〕「搷，揚也」箋疏。○丨與搷聲義相近。〔搷雅·釋詁〕「搷，揚也」疏證。

塵　丨者，鹿行土也。〔說文〕「坱，𪋻埃也」段注。○丨，引申為土飛揚之偁。(同上)○丨瞖，瘴目也。〔慧琳音義·卷六六〕引〔字書〕。○丨中，猶言丨市中也。〔漢書·原涉傳〕「睚眦於丨中」補注引王念孫。○丨者，通作填。〔釋言〕「烝，丨也」郝疏。○丨，又通作寘。(同上)○丨轉為烝。〔釋詁〕「丨，久也」郝疏。○丨者，陳之叚音也。(同上)○今人謂時之久曰鎮日，曰鎮年，以鎮為之，皆丨字也。〔說文定聲·卷一六〕○丨當作廛。〔管子·侈靡〕「市丨之所及」義證引孫星衍。○丨垢，或作塺均墶堁，通作蓬塊。〔通雅·卷一七〕○丨，〔玉篇〕作㙦。〔說文〕「坒，𪋻也」段注。

𪋻　丨，埃丨也。〔說文〕「丨，鹿行揚土也」義證引〔玉篇〕。○丨，引申為凡揚土之偁。(同上)段注。○丨，以陳為之。〔說文定聲·卷一六〕○丨，以填為之。(同上)○丨，以烝為之。(同上)○丨，以寘為之。(同上)○丨，亦省作塵。(同上)○丨，俗作尘。〔集韻·眞部〕

陳　丨，列也。〔大戴·夏小正〕「丨筋革」王詁。又〔千乘〕「丨刑制辟」王詁。○丨猶列。〔國策·齊策四〕「美人充下丨」鮑注。○丨，布也。〔論語·季氏〕「丨力就列」朱注。又〔廣韻·真部〕。○丨，一曰布也。〔集韻·眞部〕○丨，張也。〔廣韻·真部〕○丨猶敷也。〔詩·文王〕「丨錫哉周」朱傳。



○丨，衆也。〔廣韻·真部〕○丨，謂丨力。〔大戴·衛將軍文子〕「君丨則進」王詁。○丨，丨列也。〔廣韻·真部〕又〔通鑑·漢紀〕「夾道丨」音注。○丨列其人亦謂之丨。〔左傳隱公五年〕「丨魚而觀之」平議。○成列則云丨于某。〔國策·齊策一〕「軍於邯鄲之郊」補正。○丨，軍丨。〔國策·韓策三〕「丨四辟去」鮑注。○丨為戰丨也。〔書·顧命〕「丨教則肄」孫疏。○制行伍曰丨。〔孟子·盡心下〕「我善為丨」朱注。○丨，謂軍師行伍之列。〔論語·衛靈公〕「問丨於孔子」朱注。○丨布與約信義近。〔釋言〕「矢，誓也」郝疏。○丨列施設俱與經理義近。〔釋言〕「基，設也」郝疏。○丨列即處置之義。〔周禮·內宰〕「丨其貨賄」孫正義。○丨，治也。〔書·梓材〕「惟其丨修」述聞。○丨亦治也。〔書·梓材〕「丨修為厥疆畎」孫疏。○丨掾猶經營也。〔說文〕「掾，緣也」段注。○丨者，道也。〔荀子〕「刑稱丨」雜志。○丨，見也。〔詩·文王〕「丨錫哉周」集疏引韓說。○丨，故也。〔廣韻·真部〕○丨猶故。〔國策·楚策一〕「丨卒盡矣」鮑注。○丨猶塵也。〔釋詁〕「劉，丨也」平議。○丨，舊也。〔太素·順養〕「春三月，此謂發丨」楊注。○丨穀，猶言積穀。〔詩·豐年〕「萬億及秭」集疏引陳喬樅。○丨穀曰秭也。(同上)集疏引韓說。○丨，塗也。〔通鑑·漢紀〕「夾道丨」音注。○丨，堂塗也。〔詩·何人斯〕「胡逝我丨」朱傳。○丨，一曰堂下徑。〔集韻·眞部〕○丨，堂下至門之徑也。(同上)○丨者，自堂至門所行之處也。〔釋宮〕「堂途謂之丨」鄭注。○堂塗左右曰丨。〔詩·何人斯〕「胡逝我丨」集疏引韓說。○堂下有階，東西階及門之涂以甓甃之，是謂之堂涂，亦謂之丨。(同上)集疏引焦循。○丨，為屋壁。(同上)後箋引戴震。○丨，亦州名，隋之丨州。〔廣韻·真部〕○丨，又姓。(同上)○丨與田通。〔荀子·非十二子〕「是丨仲史鰌也」集解引盧文弨。○丨與甸通。〔周書·祭公〕「作丨周」平議。○古者丨田聲同，其字通用。〔釋詁〕「矢，丨也」郝疏。○田甸畋敶丨古同聲而通用。〔書·梓材〕「惟其丨修」述聞。○古者田甸丨同聲。〔廣雅·釋詁〕「田，丨也」疏證。○丨聲又近塵。〔書·盤庚〕「丨于茲」孫疏。○神丨引古聲亦相近。〔廣雅·釋詁〕「神，丨也」疏證。○丨，叚借為敶。〔說文定聲·卷一六〕○丨，叚借為塵。(同上)○借丨為敶。〔說文〕「豈，丨樂立而上見也」句讀。○丨者，敶之借字。〔說文〕「設，丨也」句讀。○丨者，敶之叚音也。〔釋詁〕「矢，丨也」郝疏。○丨，敶之叚借字也。〔說文〕「䡴，陷敶車也」段注。○丨，俗叚借為敶列之敶。〔說文〕「丨，宛丘也」段注。○凡言丨設者，敶之假借字，丨行而敶廢矣。〔說文〕「設，施丨也」段注。○丨錫即申錫之叚借。〔詩·文王〕「丨錫哉周」通釋。○丨當讀為申。(同上)平議。○丨，古陣字。〔左傳莊公四年〕疏證。又〔國策·楚策一〕「丨卒盡矣」補正。○丨，古敶字。〔詩·棠棣〕「烝也無戎」陳疏。○丨，古作陣。〔集韻·眞部〕○兩丨字皆伸之誤也。〔大戴·衛將軍文子〕「君丨則進，不丨則行而退」平議。○丨當作湅。〔商子·來民〕「冬丨其實」平議。○丨丨，當作敶敶。〔說文〕「田，敶也」段注。○丨武，〔史〕、〔漢〕中亦作「柴武」。〔史記·孝文本紀〕「大將軍丨武」志疑。○丨，左氏作成。〔漢書·五行志〕「妃以五丨」補注引錢大昭。○

丨，汪本作成。（同上）補注引朱一新。〇丨，德藩本作成。（同上）補注引葉德輝。〇丨，官本作成。（同上）補注。〇〔史記〕丨作田，亦同字。〔漢書・郭解傳〕「東陽丨君孺」補注。

**敶**　丨，列也。〔離騷〕「就重華而丨詞」補注。又〔集韻・眞部〕。〇丨，通作陳。（同上）〇丨，經典借陳字。〔説文〕「丨，列也」義證。〇丨，經典皆借陳為之。（同上）句讀。〇丨，此本丨列字，後人假借陳為之，陳行而丨廢矣。（同上）段注。〇丨甸古音同。〔釋詁〕「神，治也」郝疏。〇丨神聲近。（同上）〇丨，古音陳。〔説文〕「田，丨也」段注。〇丨者，古戰陣字。〔説文〕「䡴，陷丨車也」段注。〇丨，古書軍丨多如此。〔説文〕「丨，列也」繫傳。〇丨，俗或作陣。（同上）義證。〇丨，或作敕。〔集韻・眞部〕

**春**　丨，萅，蠢也。〔説文〕「丨，推也」義證引〔春秋説題辭〕。〇丨，蠢也，萬物蠢動而出也。（同上）義證引〔玉篇〕。〇丨，動也。（同上）義證引〔尸子〕。〇丨，陽也。〔説文〕「丨，推也」繫傳。〇丨為陽中，萬物以生。〔公羊傳〕「春秋公羊經傳」陳疏。又〔説文〕「丨，推也」義證引〔三統歷〕。〇丨者，神明推移精華結紐。（同上）〇丨者，四時之始。〔公羊傳隱公元年〕注「以上繫王於丨」陳疏。〇丨，四時之首。〔廣韻・諄部〕〇丨為天之始。〔公羊傳隱公元年〕注「天之所命」陳疏。〇凡歲首三月統名曰丨。〔公羊傳隱公元年〕注「丨者，四時本名也」陳疏。〇夏之寅月、商之丑月、周之子月，皆謂之丨。〔漢書・高帝紀〕「丨正月」補注引王引之。〇丨服，單袷之衣。〔論語・先進〕「丨服既成」朱注。〇籍而入選曰丨闕。〔通雅・卷二二〕〇丨蠢皆有出義，丨蠢出一聲之轉耳。〔廣雅・釋詁〕「蠢，出也」疏證。〇丨蠢聲同。〔釋詁〕「蠢，作也」郝疏。〇丨山丨水，官本作春山、春水。〔漢書・地理志〕「丨山，丨水所出」補注。〇丨居，〔新序〕作香居。〔呂覽・驕恣〕「丨居問於宣王」校正。〇丨，一曰蠢也。〔集韻・諄部〕〇丨，亦姓。（同上）〇丨，古作萅。（同上）〇丨，古作旾。（同上）〇丨，古作𣌾。（同上）〇丨，隸作丨。（同上）〇丨，假借為蠢。〔説文定聲・卷一五〕〇丨，假借為鈍。（同上）〇丨字亦作芚。（同上）

**津**　丨，濟渡處。〔論語・微子〕「使子路問丨焉」朱注。〇丨人，掌渡之吏士。〔墨子・節用中〕「丨人不飾」閒詁。〇都道所湊為丨。〔説文〕「丨，水渡也」義證引〔古文苑・漢律賦〕注。〇丨，液也。〔説文〕「液，𦘔也」義證引〔字書〕。〇丨，汗也。〔太素・經脈之一〕「是主丨所生病者」楊注。〇腠理所洩之汗，謂之為丨。〔太素・六氣〕「汗出腠理，是謂丨」楊注。〇通而言之，小便、汗等，皆稱一液；今別骨節中汁為液，故餘名丨也。〔太素・六氣〕「何謂液」楊注。〇丨，潤也。〔續音義・卷一〇〕引〔切韻〕。〇丨，假借為𦘔。〔説文定聲・卷一六〕〇經傳多假借丨為𦘔潤字。〔説文〕「丨，水渡也」段注。〇丨，古作雔。〔集韻・眞部〕

**雔**　丨，古文津。〔廣韻・眞部〕

**秦**　丨，伯益之後。〔左傳桓公四年〕「丨師侵芮」疏證引〔世本〕。〇丨，隴西谷名。（同上）疏證引〔詩譜〕。〇丨，在今甘肅丨州清水縣。〔説文定聲・卷一六〕〇丨，在今山東曹州府范縣。（同上）〇丨城，今丨州清水縣。〔左傳桓公四年〕「丨師侵芮」疏證引江永。〇彼時匈奴謂中國人為丨人，猶後世言漢人耳。〔漢書・匈奴傳〕「與丨人守之」補注引顧炎武。〇亦以漢降匈奴者謂之丨人。〔漢書・渠犂傳〕「馳言丨人」補注引徐松。〇丨神即怒特祠。〔漢書・揚雄傳〕「丨神下讋」補注。〇丨亭即街亭。〔通雅・卷一四〕〇丨皮，本作梣皮，其木小而岑高，故以為名。〔本草・卷三五〕〇丨渠即蛆蟝之聲轉。〔釋蟲〕「蜋，馬䗃」郝疏。〇蓁榛通丨也。〔文選・風賦〕「離丨衡」集釋引桂氏札樸。〇丨謂借為榛。〔説文定聲・卷一六〕〇丨讀為溱。〔漢書・地理志〕「丨水東南至湞陽入匯」補注引王念孫。〇丨水，他書皆作溱水。（同上）補注引段玉裁。

**頻**　丨，數也。〔廣韻・真部〕〇丨，今訓數。〔説文〕「瀕，水厓，人所賓附也」段注。〇丨，比也。〔廣韻・真部〕〇丨，急也。（同上）〇丨，急蹙也。〔詩・桑柔〕「國步斯丨」朱傳。〇丨為丨眉。〔孟子・滕文公下〕「己丨顣曰」焦正義。〇丨，厓。〔詩・召旻〕「不云自丨」朱傳。〇丨，又姓。〔廣韻・真部〕〇丨果曰丨婆，言相思也。〔通雅・卷四三〕〇丨伽音，梵語，西方鳥名，能作美聲。〔慧琳音義・卷四〕〇濱瀕丨，並字異而義同。〔廣雅・釋邱〕「濱，厓也」疏證。〇丨與賓同聲而通用。〔周禮・大行人〕「其貢丨物」述聞。〇丨即賓之借字。〔周禮・大行人〕注「故書嬪作丨」述聞。〇丨與顰同。〔孟子・滕文公下〕「己丨顣曰」朱注。〇丨為顰省。（同上）焦正義。〇丨者，顰之隸省。〔詩・桑柔〕「國步斯丨」陳疏。〇丨乃瀕之省。〔史記・六國年表〕「城塹河丨」志疑。〇三家丨作矉。〔詩・桑柔〕「國步斯丨」集疏。〇魯丨作濱。〔詩・召旻〕「不云自丨」集疏。

**蘋**　丨，大萍也。〔廣韻・真部〕〇小者為萍，大者為丨。〔淮南〕「萍樹根於水」雜志。〇丨，水草。〔楚辭・湘夫人〕「鳥萃兮丨中」補注引五臣。〇丨，水上浮萍也，江東人謂之薸。〔詩・采蘋〕「于以采丨」朱傳。〇丨即〔西山經〕之薲草。〔呂覽・本味〕「崑崙之丨」校正引郭璞。〇薸萍丨俱一聲之轉。〔釋草〕「苹，蓱，其大者丨」郝疏。〇丨，又作薲。〔廣韻・真部〕

**薲**　丨蘋古今字。〔説文〕「丨，大蓱也」段注。〇丨，俗作蘋。（同上）繫傳。〇丨，或作蘋。（同上）

**顰**　丨，丨眉，蹙也。〔廣韻・真部〕〇丨蹙，聚眉也。〔慧琳音義・卷四四〕引〔考聲〕。〇丨，以頻為之。〔説文定聲・卷一一〕〇丨，俗作嚬。〔説文定聲・卷一二〕

**𩕳**　丨，通作頻。〔説文〕「丨，涉水丨蹙」義證。〇丨，又或作矉。（同上）〇丨，又或作顰。（同上）〇丨，字或作嚬。（同上）

**嚬**　丨者，嘁眉也。〔慧琳音義・卷一〕引〔文字集略〕。○丨噈，聚眉也。〔卷一一〕引〔字書〕。○丨，濊也。〔同上〕引〔考聲〕。○丨，憂愁思慮不樂之皃。〔續音義・卷一〕引顧野王。○丨眉，慼眉而視，忿怒之形也。〔慧琳音義・卷一〇〕○丨嘁者，憂愁思慮不樂之貌也。〔卷一〕引顧野王。○丨，笑也。〔廣韻・真部〕○丨與顰同，愁戚之貌。〔通鑑・周紀〕「吾聞明主愛一丨一咲」音注。○丨，古文作顰。〔慧琳音義・卷一〕引〔文字集略〕。又〔續音義・卷一〕引顧野王。

**銀**　丨艾，謂丨印艾綬也。〔通雅・卷三二〕○丨黄，謂先丨印而後金也。〔同上〕○垠、丨、圻、壍、沂，並字異而義同。〔廣雅・釋言〕「垠，咢也」疏證。○丨，假借為垠。〔說文定聲・卷一五〕

**垠**　丨，限也，謂橋也。〔漢書〕「邳沂」雜志。○丨，咢也。〔廣雅・釋言〕○丨，剻。〔廣韻・痕部〕○丨，涯也。〔慧琳音義・卷三〇〕引〔考聲〕。○丨，畔也。〔同上〕○丨，丨岸也。〔廣韻・真部〕○丨，畔岸也。〔楚辭・涉江〕「霰雪紛其無丨兮」補注。○丨字本訓崖岸。〔漢書・張良傳〕「良嘗閒從容步游下邳圯上」補注。○丨，冢也。〔莊子・列禦寇〕「胡嘗視其良」集釋引俞樾。○丨猶壙也。〔同上〕○丨銀圻壍沂，並字異而義同。〔廣雅・釋言〕「丨，咢也」疏證。○氾丨語之轉。〔漢書〕「邳沂」雜志。○厓岸丨堮一聲之轉。〔廣雅・釋邱〕「丨，厓也」疏證。○丨，段借為畿。〔說文定聲・卷一五〕○丨，〔毛詩〕以祈為之。〔同上〕○〔釋文〕良或作丨。〔莊子・列禦寇〕「胡嘗視其良」集釋引俞樾。

**筠**　丨，竹青皮。〔集韻・諄部〕○丨，竹皮之美質也。〔廣韻・真部〕

**巾**　丨，可以拂也。〔說文〕「帚，糞也」繫傳。○丨，本以拭物，後人著之於頭。〔說文〕「丨，佩丨也」段注引〔玉篇〕。○丨者，所以覆物，亦所以拭物。〔廣雅・釋器〕「帤，丨也」疏證。○以衣被車謂之丨。〔慧琳音義・卷二三〕引〔珠叢〕。○又覆物者亦謂之丨。〔字詁〕○著首謂之丨。〔同上〕○古者以尺布裹頭為丨。〔本草・卷三八〕○後世以紗、羅、布、葛縫合，方者曰丨，圓者曰帽，加以漆制曰冠。〔同上〕○丨，下版也。〔說文〕「業，大版也」繫傳。○丨，所持也。〔說文〕「聿，手之疌巧」繫傳。○丨即純也。〔說文〕「席，籍也」繫傳。○著首者亦或謂之頭丨。〔字詁〕○藉手者曰汗丨。〔同上〕○拭手者曰手丨。〔同上〕○在領者曰領丨。〔同上〕○丨卷，猶丨幞。〔文選・皇太子釋奠會作詩〕「丨卷充街」集釋。○丨卷，乃言士子之服也。〔同上〕集釋。○執一卷經以代手板，此謂丨卷也。〔同上〕集釋引何焯。○漢魏晉以來，謂漆紗之冠曰幘，通用曰丨幘。〔通雅・卷三六〕○丨褠、丨幘，禪衣也。〔同上〕○丨冪即是丨之可以覆物者。〔周禮・冪人〕「冪人掌共丨冪」孫正義。

**囷**　丨，圓廩。〔國策・秦策一〕「丨倉空虛」鮑注。○丨，圓倉也。〔詩・伐檀〕「胡取禾三百丨兮」朱傳。○丨，圜倉也。〔說文〕「丨，廩之圜者」義證引〔急就篇〕顏注。○倉圓曰丨。〔廣韻・真部〕○圜謂之丨。〔說文定聲・卷一五〕○方曰倉，圓曰丨，皆私積也。〔本草・卷二五〕○三百丨者，三百稛也。〔詩・伐檀〕平議。○丨，字亦作麕。〔說文定聲・卷一五〕

**民**　丨者，冥也。〔說文〕「氓，丨也」義證引〔孝經援神契〕。○丨者，萌而無識也。〔說文繫傳・通論中〕○丨者象其蒙然衣服憧憧而行之皃也。〔同上〕○丨者，氓也。〔同上〕○丨謂衆丨。〔書・臯陶謨〕「在安丨」孫疏。○丨，人也。〔詩・生民〕「厥初生丨」朱傳。○丨者，人也，統貴賤言之。〔書・臯陶謨〕「自我丨聰明」孫疏。○丨，亦人也。〔論語・雍也〕「務丨之義」朱注。○丨，猶人也。〔詩・角弓〕「丨之無良」通釋。○丨，猶人也，本不指無位之衆丨。〔詩・正月〕「丨之訛言」後箋。○丨，猶人也，對天言之，則皆為丨，非專此草野之丨也。〔同上〕○丨者，對天之稱，謂先王。〔書・高宗肜日〕「王司敬丨」孫疏。○丨者，無位之稱。〔論語・微子〕「逸丨」朱注。又〔孟子・盡心上〕「有天丨者」朱注。○土箸者曰丨。〔說文定聲・卷一六〕○丨猶私也。〔周禮・調人〕「以丨成之」平議。○丨事，謂農事。〔孟子・滕文公上〕「丨事不可緩也」朱注。○丨義，丨道所宜也。〔大戴・誥志〕「以會丨義」王詁。○丨，讀為泯。〔國語・楚語〕「丨煩可教訓」述聞。○丨，〔漢書〕注引作「萌」。〔書・堯典〕「黎丨於變時雍」孫疏。○〔漢書・谷永傳〕、〔熹平石經〕「丨」作「人」。〔書・無逸〕注「丨一作人」孫疏。○丨，劉逵引傳作使。〔左傳宣公三年〕「丨入川澤山林」洪詁。○丨，今本誤作名。〔左傳桓公六年〕「聖王先成丨而後致力於神」洪詁。○〔風俗通〕丨作人。〔左傳哀公一六年〕「丨知不死」洪詁。○遺丨，〔史記〕作遺風。〔左傳襄公二九年〕「有陶唐氏之遺丨乎」洪詁。○遺丨，本作遺風。〔同上〕述聞。○丨當為名。〔墨子・經説上〕「出丨者也」閒詁。○丨當為氏。〔墨子・經説上〕「儇，昫丨也」閒詁。○丨當作威。〔韓子・愛臣〕「徙其丨而傾其國」集解引王渭。○丨當作人。〔韓子・亡徵〕「刑戮小丨」集解引顧廣圻。○丨，舊校云一作身。〔呂覽・節喪〕「貧國勞丨」校正。○丨人，舊校云一作良人。〔呂覽・淫辭〕「以示諸丨人」校正。○景德本丨作人。〔漢書・文帝紀〕「孝文皇帝」補注引宋祁。○丨作人。唐諱世作代、丨作人，治作理，兩漢書注多如此。〔同上〕引周壽昌。○丨當作人。〔漢書・武帝紀〕「免為庶丨」補注引李慈銘。○官本丨作萌。〔漢書・食貨志〕「故丨皆勸功樂業」補注。○官本注，丨作萌。唐寫本竝同。〔漢書・食貨志〕「使丨以時」補注。○姚本丨作人。〔漢書・食貨志〕「四丨有業」補注引宋祁。○丨乃氏字之誤。〔春秋繁露・順命〕「州國人丨」平議。

**珉**　丨，美石次玉。〔廣韻・真部〕○丨，石之次玉者。〔漢書・司馬相如傳〕「丨玉旁唐」補注。○丨，似玉而非也。〔說文〕「丨，石之美者」繫傳。○瑉、丨、碈，並字異而義同。〔廣雅・釋地〕「瑉石，石之次玉」疏證。○丨，或作瑉。〔集韻・眞部〕○丨，或作砇。〔同上〕○丨，或作碈。〔同上〕○丨，或作玟。〔同上〕○丨，或作砇。〔同上〕○丨，亦作玟。〔廣韻・真部〕○丨，亦作碈。〔同上〕○丨，亦作瑉。〔同上〕○丨字或作瑉。〔說文〕「丨，石之美者」義證。

**瑉** 丨、珉、碣，並字異而義同。〔廣雅・釋地〕「丨石，石之次玉」疏證。〇丨，玟之或體。〔說文〕「玟，一曰石之美者」段注。

**碣** 丨，石之似玉者也。〔禮記・聘義〕「君子貴玉而賤丨者何也」集解。〇瑉、珉、丨，並字異而義同。〔廣雅・釋地〕「瑉石，石之次玉」疏證。

**貧** 丨，無財者也。〔說文〕「丨，財分少也」義證引〔急就篇〕顏注。〇丨，乏也。〔廣韻・真部〕〇丨，少也。（同上）〇丨亦有分意。〔漢書・趙充國傳〕「丨破其衆」補注引錢大昭。〇丨，陋也。〔慧琳音義・卷六二〕引〔韻英〕。〇丨，古作穷。〔集韻・眞部〕〇寡丨二字傳寫互易。〔論語・季氏〕「不患寡而患不均，不患丨而患不安」平議。

**穷** 丨，古文貧。〔廣韻・真部〕

**蒓** 丨，水葵。〔廣韻・諄部〕〇蔡朗父諱純，改丨為露葵，北人不知，以緑葵為之。〔本草・卷一九〕引〔顏氏家訓〕。〇丨與蓴同。〔廣雅・釋草〕「茆，鳧葵也」疏證。

**蓴** 丨，蒲秀。〔廣韻・諄部〕〇丨，今以為丨菜。〔說文定聲・卷一四〕〇丨，段借為蘩。（同上）〇丨，字本作蒓。〔本草・卷一九〕〇丨，字亦作蒓。〔說文定聲・卷一四〕

**淳** 丨，清也。〔廣韻・諄部〕又〔慧琳音義・卷七〕引〔考聲〕。〇丨，和也。〔大戴・五帝德〕「故教化丨鳥獸昆虫」王詁。又〔四代〕「百草咸丨」王詁。〇丨，朴也。〔廣韻・諄部〕〇丨，一曰質也。〔集韻・諄部〕〇丨，漬也。（同上）〇丨，猶湓也。〔慧琳音義・卷九二〕引〔古今正字〕。〇丨，亦姓。〔集韻・諄部〕〇準丨義並與埻同。〔廣雅・釋詁〕「丨，法也」疏證。〇丨于，其實本樂器名。〔通雅・卷三〇〕〇丨、純古通。〔左傳襄公一一年〕「廣車軘車丨十五乘」洪詁。〇焞丨純古並通用。〔漢書〕「火純天地」雜志。〇丨對一聲之轉。〔說文定聲・卷一五〕〇丨耑一聲之轉。（同上）〇丨，段借為瀕。（同上）〇丨，段借為焞。（同上）〇丨，段借為醇。（同上）〇丨，段借為惇。（同上）〇丨，段借為準。（同上）〇丨，段借為對。（同上）〇丨，或為耑。（同上）〇丨，純醇二字之假借也。〔說文〕「丨，淥也」段注。〇丨讀若諄。〔廣雅・釋詁〕「丨，漬也」疏證。〇丨，字本作焞。〔國語・鄭語〕「丨燿敦大」述聞。〇丨，正作㵮。〔慧琳音義・卷三〕引〔考聲〕。〇丨，亦作純。〔說文定聲・卷一五〕〇丨，亦作醇。（同上）〇丨，或作厚。〔集韻・諄部〕〇丨，古作㵮。（同上）

**醇** 丨，不澆酒也。〔慧琳音義・卷一八〕引〔文字典說〕。〇丨，厚也。〔楚辭・遠遊〕「精丨粹而始壯」補注。又〔廣韻・諄部〕。〇厚曰丨。〔本草・卷二五〕引飲膳標題。〇厚薄曰丨澆。〔說文〕「丨，不澆酒也」段注。〇丨，醲也。〔說文〕「醲，厚酒也」義證引〔三蒼〕。又〔廣韻・諄部〕。〇不變曰丨。〔楚辭・遠遊〕「精丨粹而始壯」補注引班固云。〇一色成體謂之丨。〔易・繫下〕「萬物化丨」李疏引〔梅福傳〕。又〔說文〕「丨，不澆酒也」段注。〇丨與純，一色也。〔漢書・食貨志〕「自天子不能具丨駟」補注。〇丨，美也。〔楚辭・遠遊〕「精丨粹而始壯」補注。〇丨，純美也。〔慧琳音義・卷一八〕引〔文字典說〕。〇丨與純通。〔易・繫下〕「萬物化丨」李疏。〇丨，段借為惇。〔說文定聲・卷一五〕〇丨，假借為嫥。（同上）〇丨，當作淳。〔說文〕「釃，一曰丨也」段注。〇丨，字亦作酏。〔說文定聲・卷一五〕〇丨，或作酏。〔集韻・諄部〕〇丨，古作醕。（同上）〇官本丨作純。〔漢書・梅福傳〕「一色成體謂之丨」補注。

**酏** 丨，酒厚也。〔集韻・諄部〕〇丨，美也。〔廣韻・諄部〕〇丨，純美酒也。（同上）

**純** 丨，猶專也。〔屈賦・悲回風〕「物有丨而不可為」戴注。〇丨，一也。〔大戴・少閒〕「成於丨」王詁。〇丨，丨一不雜也。〔中庸〕「丨亦不已」朱注。〇丨，不雜也。〔詩・維天之命〕「文王之德之丨」朱傳。〇丨，至也。〔廣韻・諄部〕〇丨，篤也。（同上）〇丨即誠。〔易・乾〕「丨粹精也」李疏。〇丨，亦不已。〔詩・維天之命〕「文王之德之丨」集疏引齊說。〇丨，大也。〔詩・酌〕「時丨熙矣」陳疏。又〔廣韻・諄部〕。〇丨，亦大也。〔詩・卷阿〕「丨嘏爾常矣」陳疏。〇丨與介同意。〔釋詁〕「丨，大也」郝疏。〇丨，和也。〔論語・八佾〕「從之，丨如也」朱注。〇丨與焞通，丨亦明也。〔詩・維天之命〕「文王之德之丨」通釋。〇丨，至美也。〔慧琳音義・卷六四〕引顧野王。〇丨，好也。〔廣韻・諄部〕〇丨，文也。（同上）〇丨，緣也。〔荀子・正論〕「殺赭衣而不丨」集解引郝懿行。〇冠履之緣亦皆曰丨。〔釋器〕「緣謂之丨」郝疏。〇舄履繞口之飾謂之丨。〔周禮・屨人〕孫正義。〇凡毛物一色者謂之丨。〔周禮・牧人〕「凡外祭毀事用尨可也」孫正義。〇二算為丨。〔通雅・卷四〇〕〇丨字自有黑義。〔周禮・媒氏〕「入幣丨帛」述聞。〇丨，樸，全木也。〔莊子・馬蹄〕「故丨樸不殘」集釋。〇丨束，猶包之也。〔詩・野有死麕〕「白茅丨束」朱傳。〇丨，通作淳。〔釋詁〕「丨，大也」郝疏。〇丨，通作醕。〔方言一三〕「丨，好也」箋疏。〇焞、淳、丨古並通用。〔漢書〕「光丨天地」雜志。〇丨與醇聲相近。〔書・多方〕「惟天不畀丨」孫疏。〇黗與丨聲相近。〔周禮・媒氏〕「丨帛無過五兩」述聞。〇黗與丨聲義相近，古字可通。〔儀禮・士冠禮〕「丨衣」述聞。〇丨，段為醇。〔說文〕「丨，絲也」段注。〇丨，醇之段借字。〔說文〕「醇，不澆酒也」段注。〇丨，段借為緣。〔說文定聲・卷一五〕〇丨，段借為全。（同上）〇丨，段借為善。（同上）〇丨，段借為奄。（同上）〇丨，段借為煩。（同上）〇丨，段借為稛。（同上）〇丨，段借為準。（同上）〇丨，以淳為之。（同上）〇丨者，黗之借字也。〔周禮・媒氏〕「丨帛無過五兩」述聞。〇丨，讀曰肫。〔大戴・哀公問五義〕「穆穆丨丨」王詁。〇丨，讀曰焞。〔漢書〕

「光丨天地」雜志。○丨同醇。〔說文〕「絑，丨赤也」段注。又〔說文〕「駁，馬色不丨」段注。○丨，亦作酏。〔方言一三〕「丨，好也」箋疏。○丨，或作淳，美也。〔慧琳音義・卷一二〕引顧野王。○丨，或為纁。〔說文定聲・卷一五〕○丨，或為耑。〔同上〕○丨，當為黗。〔儀禮・士冠禮〕「丨衣」述聞。○丨，亦當為黗。〔士冠禮〕〔士昏禮〕「丨衣」述聞。○三家丨作屯。〔詩・野有死麕〕「白茅丨束」集疏。○〔釋文〕丨，〔地理志〕作屯。〔左傳襄公一八年〕「執孫蒯于丨留」洪詁。

脣丨，口丨。〔廣韻・諄部〕○口邊謂丨。〔廣雅・釋邱〕「漘，厓也」疏證。○丨，假借為水厓之字。〔說文〕「丨，口耑也」段注。○丨，古从頁。〔集韻・諄部〕○丨，或作脗。〔同上〕○丨，或作䐇。〔同上〕○丨，亦書作脤。〔同上〕○反丨一作反脣。〔漢書・賈誼傳〕「則反丨而相稽」補注引宋祁。

倫丨，類也。〔荀子〕「人論」雜志。又〔續音義・卷一〇〕引〔考聲〕。○丨，猶類也。〔大戴・文王官人〕「女何慎乎非丨」王詁。○丨，其輩類。〔國策・宋衛策〕「內臨其丨」鮑注。○丨，等也。〔荀子〕「人論」雜志。又〔廣韻・諄部〕。○丨，比也。〔廣韻・諄部〕又〔續音義・卷一〇〕引〔切韻〕。○丨，道也。〔廣韻・諄部〕○丨，道理也。〔續音義・卷一〇〕引〔考聲〕。○丨，理也。〔說文繫傳・通論下〕又〔廣韻・諄部〕。○丨，理也，謂事理也。〔釋詁〕「丨，勞也」鄭注。○丨，粗言之曰道，精言之曰理。〔說文〕「丨，一曰道也」段注。○丨，序也。〔孟子・滕文公上〕「皆所以明人丨也」朱注。○丨，理次。〔大戴・子張問入官〕「考是大丨」王詁。○丨，次序之體。〔中庸〕「行同丨」朱注。○丨，有條理次敘也。〔說文定聲・卷一五〕〔「掄」下〕○丨，義理之次第也。〔論語・微子〕「言中丨」朱注。○丨當訓事。〔漢書・五行志〕「不知其彝丨逌叙」補注引朱一新。○丨，順也。〔廣雅・釋詁〕疏證。○丨之言順也。〔廣雅・釋詁〕「丨，順也」疏證。○丨與敕同義。〔釋詁〕「丨，勞也」邵正義。○丨比序，義亦同。〔孟子・離婁下〕「察於人丨」焦正義。○丨與熏通。〔釋詁〕「丨，勞也」述聞。○丨又與勳通。〔同上〕○掄丨論並通。〔廣雅・釋詁〕「掄，擇也」疏證。○丨與綸古字通。〔管子〕「綸理」雜志。○丨論古字通。〔荀子〕「臣謹脩」雜志。○丨，假借為惀。〔說文定聲・卷一五〕○丨，假借為掄。〔同上〕○丨與論同。〔荀子〕「無偏貴賤」雜志。○丨與淪同。〔釋詁〕「丨，勞也」郝疏。○伶丨，〔古今人表〕作泠淪。〔呂覽・古樂〕「黃帝令伶丨作為律」校正。○丨乃偷字之誤。〔賈子・制不定〕「特賴其尚幼丨㛄之數也」平議。○〔諸侯王表〕丨作榆，〔廣川惠王傳〕作瘉。〔漢書・平帝紀〕「廣川惠王曾孫丨為廣德王」補注引錢大昕。

綸丨，絲丨。〔廣韻・諄部〕○丨，青絲綬也。〔本草・卷一九〕○丨，繩約也。〔釋詁〕「貉，丨也」鄭注。○丨為繩名。〔詩・采綠〕「言丨之繩」通釋。○丨者，繩直也。〔說文定聲・卷一五〕○理絲曰丨。〔詩・采綠〕「言丨之繩」朱傳。○丨為糾繩之稱。〔同上〕通釋。○丨亦明也。〔莊子・齊物論〕「而其子又以文之丨終」平議。○丨理即倫理。〔管子〕「丨理」雜志。○丨組，海中草生彩理有象之者，因以名云。〔文選・吳都賦〕「丨組紫絳」集釋引〔爾雅〕郭注。○倫與丨古字通。〔管子〕「丨理」雜志。○丨，謂借為倫。〔說文定聲・卷一五〕○丨，叚借為倫。〔同上〕○丨，讀曰論。〔易・繫辭〕「彌丨天地之道」述聞。○丨，亦倫字也。〔廣雅・釋詁〕「丨，道也」疏證。○丨乃輪之譌。〔史記・天官書〕「蕭索丨困」志疑。○丨，〔鄭世家〕亦作輪。〔漢書・古今人表〕「鄭成公丨」補注。

輪丨，車丨。〔廣韻・諄部〕○丨，謂車丨。〔大戴・勸學〕「輮而為丨」王詁。○丨又為輻轂之總名矣。〔考工記〕「是故察車自丨始」孫正義。○丨人，車工也。〔孟子・滕文公下〕「則梓匠丨輿皆得食於子」朱注。○丨，橫枝也。〔楚辭・招隱士〕「樹丨相糾兮」補注引五臣。○丨樘即塔上持露盤之柱杆也。〔續音義・卷六〕○丨猶通。〔國策・趙策二〕「然而四丨之國也」鮑注。○行地為丨。〔易・既濟〕「曳其丨」李疏引〔考工記〕「丨崇輿廣」鄭注。○丨之言員也。〔廣雅・釋器〕「軾，丨也」疏證。○丨之言運也。〔同上〕○丨之言倫也。〔說文〕「丨，有輻曰丨」段注。○丨之言倫理也。〔方言九〕「丨，韓楚之間謂之軾」箋疏。○丨，假借為綸。〔說文定聲・卷一五〕○丨，假借為淪。〔同上〕○丨當作轂。〔說文〕「軹，車丨小穿也」段注。○〔史記〕丨作綸。〔漢書・司馬相如傳〕「紛丨威蕤」補注。○丨臺，〔史記〕作侖頭。〔漢書・李廣利傳〕「烏孫丨臺易苦漢使」補注。

淪丨，沒也。〔慧琳音義・卷二二〕引〔玉篇〕。又〔卷八二〕引〔韻詮〕。又〔廣韻・諄部〕。○丨，漬也。〔慧琳音義・卷一二〕引〔考聲〕。○丨，陷。〔詩・雨無正〕「丨胥以鋪」朱傳。又〔小旻〕「無丨胥以敗」朱傳。又〔抑〕「無丨胥以亡」朱傳。○丨，沈也。〔楚辭・遠遊〕「微霜降而下丨兮」補注。○丨，小風水成文。〔詩・伐檀〕「河水清且丨猗」朱傳。○丨渙皆以水波有彣章喻也。〔說文定聲・卷一五〕〔「輪」下〕○丨，有倫理也。〔說文〕「丨，小波為丨」繫傳。○丨義與倫相近。〔廣雅・釋詁〕「丨，順也」疏證。○丨陰，常氣。〔廣雅・釋天〕○薰胥即丨胥。〔詩・雨無正〕「丨胥以鋪」述聞。○丨胥，謂類與受其病。〔同上〕後箋。○丨胥，猶言類相皆是一概之辭，亦即有牽率之義。〔同上〕○丨薰皆有普偏之義。〔釋言〕「丨，率也」郝疏。○丨薰，其字通。〔同上〕○丨薰古音相近。〔同上〕○丨薰聲相近。〔詩・雨無正〕「丨胥以鋪」述聞。又〔漢書〕「方命」雜志。○丨薰二字古讀雙聲，假借。〔詩・雨無正〕「丨胥以鋪」後箋。○丨，叚借為倫。〔說文定聲・卷一五〕○丨，為率之叚借也。〔說文〕「丨，一曰沒也」段注。○丨，韓作勳，魯、齊作薰。〔詩・雨無正〕「丨胥以鋪」集疏。

匀丨，齊也。〔說文〕「姰，鈞適也」義證引〔玉篇〕。又〔廣韻・諄部〕。○丨，徧也。〔同上〕○丨，一曰均也。〔集韻・諄部〕○丨，假借為均。〔說文定聲・卷一六〕○官本丨作均。〔漢書・五行志〕「袀服振振，取虢之旂」補注。

## 旬

十日曰一。〔廣韻·諄部〕○一，周帀十日而言之也。〔說文〕「一，偏十日為一」繫傳。○一，偏。〔詩·桑柔〕「其下侯一」朱傳。又〔江漢〕「來一來宣」朱傳。○一，偏也。〔集韻·諄部〕○一與均音義皆略同。〔說文〕「一，偏也」段注。○一均聲義並同。〔廣雅·釋詁〕「一，治也」疏證。○一即徇也。〔釋言〕「徇，偏也」鄭注。○一即眴。〔左傳文公一二年〕「使者目動而言肆」疏證。○一，迎也。〔太素·虛實所生〕「陰陽一平」楊注。○甲子一日一迎為一。〔同上〕○一一，言聚而視也。〔通雅·卷一〇〕○曰一休，曰下沐，曰請急，皆假也。〔通雅·卷二六〕○一始，妖氣也。〔通雅·卷一一〕○鎮星之精為一始。〔楚辭·遠遊〕「造一始而觀清都」補注引〔大象賦〕注。○一通作徇。〔釋言〕「徇，偏也」郝疏。○一通作洵。〔釋言〕「洵，均也」郝疏。○一，又通作詢。〔同上〕○一均古通用。〔同上〕○一，字通作洵。〔廣雅·釋詁〕「一，治也」疏證。○古一勻多通用。〔說文〕「鈞，三十斤也」段注。○古字一與均通。〔詩·桑柔〕「其下侯一」後箋。○郇一洵三字通。〔漢書·地理志〕「一陽」補注。○一，假借為偏。〔說文定聲·卷一六〕○一，假借為均。〔同上〕○一，假借為徇。〔同上〕○一，以旬為之。〔同上〕○古多叚一為均。〔說文〕「均，平偏也」段注。○一，當如字讀。〔周禮·均人〕「豐年則公一用三日焉」述聞。○一，魯作洵。〔詩·桑柔〕「其下侯一」集疏。

## 㫬

一，通作宣。〔說文〕「一，古文」義證。○一，古文旬。〔廣韻·諄部〕

## 巡

一，行也。〔大戴·五帝德〕「一九州」王詁。又〔集韻·諄部〕。○一，歷也。〔慧琳音義·卷四〕引〔考聲〕。○一，偏也。〔續音義·卷四〕○一，察也。〔同上〕○一，行城也。〔左傳宣公二年〕「華元為植，一功」疏證引〔御覽〕。○一師，即徇師也。〔左傳宣公四年〕「王使一師」疏證。○一，逡一。〔廣韻·諄部〕○逡一、逡遁、遵遁、一遁、逡循、蹲循、遁一，並字異而義同。〔廣雅·釋訓〕「逡一，卻退也」疏證。○遁與一通。〔公羊傳宣公六年〕「趙盾逡一北面再拜稽首」義證引凌曙。○一，古通作徇。〔集韻·諄部〕○徇一古同聲而通用。〔廣雅·釋言〕「徇，一也」疏證。○一，假借為沿。〔說文定聲·卷一五〕○一，假借為遁。〔同上〕○一乃順之假借。〔賈子·輔佐〕「以時一循」平議。○一，或作𨊻。〔慧琳音義·卷四〕引〔考聲〕。又〔集韻·諄部〕。○一，〔月令〕、〔淮南〕作順。〔呂覽·孟秋〕「一彼遠方」校正。○一，〔月令〕作持。〔呂覽·季夏〕「命神農將一功」校正。

## 馴

一，擾也。〔廣韻·諄部〕又〔通鑑·晉紀〕「非可一之物」音注。○一，順也。〔同上〕音注。○一，引伸為凡順之偁。〔說文〕「一，馬順也」段注。○一，從也。〔廣韻·諄部〕又〔通鑑·晉紀〕「非可一之物」音注。○一，善也。〔廣韻·諄部〕○一，猶雅一。〔墨子·脩身〕「無以竭一」閒詁。○一駮止是駮馬耳。〔漢書·司馬相如傳〕「楚王乃駕一駮之駟」補注引劉奉世。○循一順，義並與揗同。〔廣雅·釋詁〕「揗，順也」疏證。○一訓字通。〔墨子·脩身〕「無以竭一」閒詁。○一，假借為順。〔說文定聲·卷一五〕○古一訓順三字互相叚借。〔說文〕「一，馬順也」段注。○一讀為訓。〔墨子·兼愛中〕「教一其臣」閒詁。○一與訓同。〔墨子·天志中〕「一天明不解之道」閒詁引畢沅。

## 鈞

一，三十斤。〔孟子·梁惠王上〕「吾力足以舉百一」朱注。又〔國策·楚策四〕「若曰勝千一」鮑注。○三十斤為一。〔屈賦·卜居〕「蟬翼為重千一為輕」戴注。○一，二十斤也。〔廣韻·諄部〕○一一重萬一千五百二十銖。〔漢書·律歷志〕「四一為石」補注引錢大昕。○一，衡也。〔說文〕「䄷，百二十斤也」義證引〔玉篇〕。○一，同也。〔墨子·尚同下〕「發罪一」閒詁引江聲。又〔孟子·告子上〕「一是人也」朱注。○一、均同，均，同也。〔左傳襄公二六年〕「多鼓一聲」洪詁。○一均同，平也。〔國策·秦策四〕「一吾悔也」鮑注。○一與均同。〔國策·齊策五〕「故其費與死傷者一」鮑注。○一，均也，均平無等差也。〔慧琳音義·卷一一〕引〔考聲〕。○一，參亭也。〔詩·行葦〕「四鍭既一」朱傳。○一，假借為純。〔說文定聲·卷一六〕○一，假借為均。〔同上〕○古叚一為均。〔說文〕「均，平偏也」段注。○一為均之通借字。〔孟子·告子上〕「一是人也」焦正義。○一，均字假音，〔墨子·貴義〕「民聽不一」閒詁引畢沅。○一當為均。〔說文〕「姰，一適也」義證。○一校當作鉤校。〔漢書·律歷志〕「一校諸歷用狀」補注引宋祁。○一，諸刊本皆作均。〔左傳襄公三一年〕「年一擇賢」洪詁。○一，〔史記〕作均。〔左傳定公一三年〕「刑已不一矣」洪詁。○一丘，〔漢表〕作騶丘。〔史記·王子侯者年表〕「一丘」志疑。

## 均

一，平。〔詩·節南山〕「秉國之一」朱傳。○一，平也。〔大戴·子張問入官〕「政一則民無怨」王詁。又〔廣韻·諄部〕。○一，亦平也。〔離騷〕「字余曰靈一」補注引五臣。○一，平治也。〔中庸〕「天下國家可一也」朱注。○一兼平、偏二義，通言之，凡平並得為一。〔周禮·司徒〕「一人中士二人」孫正義。○一，同也。〔左傳僖公五年〕「一服振振」疏證。○一，同也，謂同其計而用之。〔韓子·存韓〕「一如貴人之計」集解引舊注。○一，調也。〔詩·皇皇者華〕「六轡既一」朱傳。又〔荀子·非相〕「口舌之一」集解引俞樾。○一者，齊其勞逸。〔周禮·宮伯〕「月終則一秩，歲終則一敘」述聞。○一，易也。〔釋詁〕「一，易也」述聞。○學曰成一。〔廣韻·諄部〕○一與純同。〔左傳僖公五年〕「一服振振」疏證。○一與辨同義。〔荀子·富國〕「忠信調和一辨之至也」集解引王念孫。○其土地所出之物，官自轉輸於京，謂之一輸。〔漢書·食貨志〕「稍稍置一輸以通貨物」補注引王鳴盛。○一之言勻也。〔釋言〕「傭，一也」郝疏。○一與徇亦聲近義同。〔廣雅·釋詁〕「徇，疾也」疏證。○旬一聲義並同。〔廣雅·釋詁〕「一，治也」疏證。○一通作鈞。〔說文〕「一，平偏也」義證。又〔釋詁〕「一，易也」郝疏。又〔集韻·諄部〕。○鈞一通用。〔漢書·律歷志〕「其竅厚一者」補注。○一與鈞通。〔荀子〕「明道而分一之時」雜志。○一，假借為袗。〔說文定聲·卷一六〕○一，假借為沿。〔同上〕○一者，沿之假借字。〔說文〕「沿，緣水而下也」段注。○一，或作勻。〔集韻·諄部〕○一，亦書作𡊄。〔同上〕○一，字亦作畇。〔說文定聲·卷一六〕○一舊作鈞。〔說文〕「姰，

—適也」段注。○—，古釣字。〔左傳昭公四年〕「夏啓有鈞臺之享」洪詁。○—，齊作鈞。〔詩・節南山〕「秉國之—」集疏。○—，賈服諸儒本皆為袀。〔左傳僖公五年〕「—服振振」疏證。○—，〔周禮〕作旬。〔集韻・諄部〕○—，〔呂覽〕作鈞，〔説苑〕、〔風俗通〕同。〔漢書・律歷志〕「其竅厚—者」補注。

**臻**

—，至也。〔詩・泉水〕「遄—于衛」朱傳。又〔雨無正〕「則靡所—」朱傳。又〔同上〕陳疏。又〔雲漢〕「饑饉薦—」朱傳。又〔大戴・用兵〕「水旱—焉」王詁。又〔廣韻・臻部〕。○傳、—皆至也。〔詩・菀柳〕「于何其—」朱傳。○—，到也。〔慧琳音義・卷一〕○—，重至也。〔釋詁〕「—，乃也」鄭注。○—，聚也。〔慧琳音義・卷七八〕引〔考聲〕。○—者，荐也。〔説文定聲・卷一五〕（「郡」下）○薦—並與仍同義。〔釋詁〕「—，乃也」述聞。○—，猶仍也。〔説文定聲・卷一六〕○—，乃也。〔廣韻・臻部〕○—，猶迺也。〔説文定聲・卷一六〕○—通作轃。〔釋詁〕「薦，—也」郝疏。又〔集韻・臻部〕。○—，假借為荐。〔説文定聲・卷一六〕○—，古亦叚溱為之。〔説文〕「—，至也」段注。○—，古文作臸。〔慧琳音義・卷一〕

**榛**

—，木名。〔集韻・眞部〕○—，似栗而小。〔詩・簡兮〕「山有—」朱傳。又〔旱麓〕「—楛濟濟」朱傳。○—，栗類也，似栗而小，正圓。〔説文〕「亲，果實如小栗」義證引〔通志〕。○—即棘。〔釋木〕「終，牛棘」郝疏。○—，一曰菆也。〔集韻・臻部〕○—，聚也。〔廣雅・釋詁三〕○—，草木密盛也。〔慧琳音義・卷六三〕引〔文字典説〕。○—，草木密盛皃也。〔卷七九〕○—，草木茂盛也。〔卷一〇〇〕引〔考聲〕。○—之為言蓁蓁然也。〔廣雅・釋木〕「木聚生曰—」疏證。○—與終聲相轉。〔釋木〕「終，牛棘」郝疏。○—叢族聚俱一聲之轉。〔釋木〕「木族生為灌」郝疏。○—同亲。〔廣韻・臻部〕○—，當作亲。〔詩・定之方中〕「樹之—栗」陳疏。○—，或作蓁。〔集韻・臻部〕

**亲**

—，—栗。〔廣韻・臻部〕○—與栗同義。〔左傳莊公二四年〕「不過榛、栗、棗、脩」疏證引惠棟。○—之言辛，物小之稱也。〔廣雅・釋木〕「—，栗也」疏證。○榛實當作—。〔通雅・木〕○—，即榛之古文。〔説文定聲・卷一六〕○—，今五經皆作榛也。〔説文〕「—，實如小栗」繫傳。○—，經典皆作榛。〔説文〕「—，果實如小栗」句讀。○—，通作榛。〔同上〕義證。又〔廣雅・釋木〕「—，栗也」疏證。○—，又作槈。〔同上〕○—，亦作梓。〔集韻・臻部〕○—，〔蜀都賦〕作槈。〔説文〕「—，實如小栗」段注。

**槈**

—梓皆榛也。〔通雅・木〕○—亦同亲。〔廣韻・臻部〕○榛與—同。〔文選・蜀都賦〕「—栗罅發」李注。○榛字亦作—者，乃聲之轉。〔同上〕集釋。

**姻**

壻之父曰—。〔詩・節南山〕「瑣瑣—亞」朱傳。○壻之親屬名曰—。〔説文定聲・卷一五〕（「婚」下）○—，婚—。〔廣韻・真部〕○—者，女之所因也。〔説文繫傳・通論中〕○親於外—曰—。〔同上〕○—本為外親之名。〔周禮・大司徒〕「三曰以陰禮教親」孫正義。○引伸之親於内外親亦謂之—。〔同上〕○姊妹之夫為—兄弟。〔説文〕「甥，謂我舅者吾謂之甥」段注。○嫺—古字通。〔左傳隱公元年〕「士踰月外—至」洪詁。○魯—作因。〔詩・我行其野〕「不思舊—」集疏。

**闉**

—，曲也。〔集韻・先部〕○—，曲城也。〔詩・出其東門〕「出其—闍」朱傳。○曲城曰—。〔説文定聲・卷九〕（「闍」下）○—即城門也。〔詩・出其東門〕「出其—闍」陳疏。○—闍，曲城重門。〔同上〕通釋。○—闍，城上重門。〔廣韻・真部〕○—扼，移軛也。〔説文定聲・卷一五〕○堙垔陻—湮並字異而義同。〔廣雅・釋詁〕「堙，塞也」疏證。○—，假借為遷。〔説文定聲・卷一五〕○—，假借為垔。〔同上〕○—，假借為舁。〔同上〕○—，實借為偃。〔同上〕○—同垔。〔墨子・備城門〕「救—池」閒詁引畢沅。○—與堙同。〔墨子〕「煙資」雜志。

**宸**

—，屋宇也。〔慧琳音義・卷八三〕引〔文字典説〕。○—，謂屋檐。〔説文定聲・卷一五〕○—，即今人所謂屋檐。〔漢書〕「柍桭」雜志。○屋宇謂之—。〔廣雅・釋邱〕「湑，厓也」疏證。○—，室之奥者。〔集韻・眞部〕引賈逵。○—，屋宇。天子所居。〔廣韻・真部〕○後人指帝居曰—。〔集韻・眞部〕○—，假借為辰。〔説文定聲・卷一五〕○—，字亦作桭。〔説文定聲・卷一五〕

**寅**

—，辰名。〔廣韻・真部〕○—，亦辰名。〔廣韻・脂部〕○—者，太歲所在之辰。〔漢書〕「太歲在子」雜志。○—，古以紀六旬，為十二枝之一。〔説文定聲・卷一六〕○—，又以紀年、紀月、紀時。〔同上〕○—，又以命天體之十二宮。〔同上〕○昧爽為—。〔説文〕「晨，早昧爽也」繫傳。○—，螾然也。〔説文〕「天，顛也」義證引戴侗。○—，與申同意。〔説文定聲・卷一六〕○—，叚借為濱。〔同上〕○—，叚借為演。〔同上〕○—，敬也。〔廣韻・脂部〕○—者，夤之叚音也。〔釋詁〕「—，敬也」郝疏。○—即夤之叚字。〔淮南・説林〕「—邱無壑」平議。○凡〔尚書〕—字皆假—為夤也。〔説文〕「夤，敬惕也」段注。

**嬪**

—，婦也。〔詩・大明〕「曰—于京」朱傳。又〔廣韻・真部〕。○—與婦同義。〔説文〕「—，服也」段注。○宮女九人謂九—也。〔漢書・貢禹傳〕「宮女不過九人」補注引王先慎。○一曰妻死曰—。〔廣韻・真部〕○—，通作濱。〔説文〕「—，服也」義證。○—，叚借為賓。〔説文定聲・卷一六〕○賓，本字也，—，借字也。〔周禮・太宰〕「二曰—貢」述聞。○—，亦讀為賓。〔周禮・大行人〕「其貢—物」述聞。

**齗**

—，齒根肉。〔説文〕「—，齒本也」義證引〔玉篇〕。又〔廣韻・欣部〕。○—，齒根肉也。〔説文〕「—，齒本也」義證引〔急就篇〕顏注。○—，齒本肉也。〔説文定聲・卷一五〕○——，爭辨露其齒本。〔同上〕○——，爭訟也。〔集韻・山部〕○—即齦，自有咬牙爭辨之義。〔通雅・卷一〇〕○彼此爭辭，露其齒本，故曰——。〔説文〕「—，齒本肉也」段注。○—，以矧為之。〔説文定聲・卷一五〕○——蓋即誾誾之同音假借字。〔文選・運命論〕

「閭閻於洙泗之上」集釋。○｜，字亦通借作閭。〔史記・魯周公世家〕「｜｜如也」志疑。○｜、閭並與誾同。〔廣雅・釋訓〕「誾誾，語也」疏證。○｜，或作嚚。〔集韻・山部〕

**旻** ｜，幽遠之意。〔詩・小旻〕「｜天疾威」朱傳。○仁覆愍下，謂之｜天。〔廣韻・真部〕○｜，或作閔，通作䫉。〔集韻・眞部〕○｜，假借為閔。〔說文定聲・卷一五〕○｜，以䫉為之。（同上）○｜，字亦作旼。（同上）

**彬** ｜，文質雜半。〔廣韻・真部〕○｜｜，猶班班，物相雜而適均之貌。〔論語・雍也〕「文質｜｜」朱注。○｜｜，亦分之義也。〔廣雅・釋詁〕「刎，分也」疏證。○｜份斌並字異而義同。〔廣雅・釋詁〕「｜，文也」疏證。○｜｜，一作份份旼邠邠。〔通雅・釋詁〕

**斌** ｜同彬。〔廣韻・真部〕○彬份｜並字異而義同。〔廣雅・釋詁〕「彬，文也」疏證。

**份** ｜，文質相半也。〔說文〕「｜，文質備也」繫傳。○彬、｜、斌並字異而義同。〔廣雅・釋詁〕「彬，文也」疏證。○｜，通作邠。〔說文〕「｜，文質備也」義證。○｜，或借邠字為之。（同上）段注。○｜，古或借豳字為之。（同上）段注。○｜，或作斌。（同上）義證。○｜，字亦作斌。〔說文定聲・卷一五〕○｜，字亦作玢。（同上）○｜，今作古文彬。〔說文〕「｜，文質備也」句讀。○俗｜作斌。（同上）段注。○｜，今〔論語〕作彬，古文也。（同上）○｜，俗作斌。〔集韻・眞部〕

**鶉** ｜，鷂屬。〔詩・鶉之奔奔〕「｜之奔奔」朱傳。又〔伐檀〕「胡瞻爾庭有縣｜兮」朱傳。又〔集韻・諄部〕○｜，鶡也。〔詩・四月〕「匪｜匪鳶」朱傳。○鶉｜對文則別，散文則通。〔釋鳥〕「鶉，｜」郝疏。○對文則｜與鶉異，散文則通。〔廣雅・釋鳥〕「雕，｜也」疏證。○｜，南方七宿，星七，星形如鳥伸項，故得｜名。〔說文定聲・卷一五〕○此｜字即鷻字。〔說文〕「雕，一曰｜字」段注。○｜陰，〔續志〕作鶉陰。〔漢書・地理志〕「｜陰」補注。

**䨺** ｜，黃黑雜文，雄善鬥。〔說文定聲・卷一五〕○｜，字亦作鶉。（同上）

**皴** ｜，皮起也。〔慧琳音義・卷七六〕○｜，皮細起也。〔廣韻・諄部〕○｜，當為皯。〔說文〕「皯，黑｜也」義證。

**遵** ｜，循。〔詩・遵大路〕「｜大路兮」朱傳。又〔酌〕「｜養時晦」朱傳。○｜，循也。〔詩・汝墳〕「｜彼汝墳」朱傳。又〔七月〕「｜彼微行」朱傳。又〔九罭〕「鴻飛｜渚」朱傳。又〔孟子・盡心上〕「｜海濱而處」朱注。又〔漢書〕「後儉」雜志。又〔廣韻・諄部〕。○｜，率也。（同上）又〔通鑑・唐紀〕「務相｜養」音注。○｜，行也。〔詩・汝墳〕「｜彼汝墳」集疏引魯、韓說。又〔廣韻・諄部〕。○｜，習也。（同上）○｜遁即逡巡、逡遁、逡循、蹲循，並字異而義同。〔荀子〕「｜道」雜志。○｜俊一聲之轉。〔方言二〕「｜，俊也」箋疏。○｜與後古字通。〔漢書〕「後儉」雜志。○｜，或曰僎之借字。

〔說文定聲・卷一五〕○｜當為尊。〔漢書・百官公卿表〕「守京輔都尉王｜為京兆尹」補注。又〔王尊傳〕「二卿坐黜」補注。○洞本｜作尊。〔史記・始皇本紀〕「於是二世乃｜用趙高」志疑引〔史詮〕。

**循** ｜，順也。〔大戴・曾子制言〕「｜行達矣」王詁。又〔大戴・千乘〕「｜其灌廟」王詁。○徇作｜，順也。〔左傳文公一一年〕「國人弗徇」洪詁引服虔。○｜，順也。〔管子〕「｜誤為脩」雜志。又〔荀子〕「脩道而不貳」雜志。又〔慧琳音義・卷一〕引〔考聲〕。○｜猶順也。〔國策・魏策三〕「今王｜楚趙而講」鮑注。○撫｜皆順也。〔廣雅・釋詁〕「揗，順也」疏證。○｜，行順也。〔國策・齊策三〕「為天下｜便計」鮑注。○｜，巡也。〔大戴・哀公問五義〕「其莫之能｜」王詁。○｜，亦巡也。〔慧琳音義・卷二〇〕○｜，亦歷也。（同上）○｜，巡歷也。〔卷七〇〕○｜，亦徧也。（同上）○｜即徇。〔國策・魏策三〕「今王｜楚趙而講」補正。○｜，行也。〔國策・趙策二〕「今重甲｜兵」補正。○｜，按行也。〔慧琳音義・卷六〕引〔韻英〕。○｜猶繞也。〔說文〕「徼，｜也」繫傳。○｜，遵也。〔韓子・十過〕「而尹鐸｜之」集解。○｜，述也。〔慧琳音義・卷一〕○｜，因也。〔管子〕「｜誤為脩」雜志。○｜者，不改作也。〔釋詁〕「遹，｜也」鄭注。○｜言其因舊。〔國策・趙策二〕「今重甲｜兵」鮑注。○凡言｜者，皆率由舊章之謂。〔漢書〕「脩」雜志。○｜，從也。〔大戴・曾子制言〕「｜道而行」王詁。又〔大戴・勸學〕「皆｜其理」王詁。○｜亦從也。〔管子〕「｜誤為脩」雜志。○｜，猶云從。〔墨子・經上〕「｜所聞而得其意」閒詁引畢沅。○｜，引伸為撫｜。〔說文〕「｜，行也」段注。○｜，摩｜也。〔大戴・小辨〕「是故｜弦以觀於樂」王詁。○｜，引伸為｜｜有序。〔說文〕「｜，行也」段注。○｜謂次及之也。〔史記・孝文本紀〕「乃｜從代來功臣」志疑引〔評林〕。○｜｜，有次序貌。〔論語・子罕〕「夫子｜｜然善誘人」朱注。○｜之言遂也。〔晏子春秋〕「脩哀」雜志。○｜哀即遂哀。（同上）○｜，善也。〔廣韻・諄部〕○｜，美也。〔慧琳音義・卷五〕引〔考聲〕。○｜約謂與立功之約相依｜。〔韓子・制分〕「凡畸功之｜約者難知」集解引王先謙。○｜馴順，義並與揗同。〔廣雅・釋詁〕「揗，順也」疏證。○悛、後、逡、｜、蹲並字異而義同。〔廣雅・釋詁〕「逡，｜也」疏證。○｜順通。〔左傳文公一一年〕「國人勿徇」疏證引李貽德。○｜通作順。〔釋詁〕「遹，｜也」郝疏。○｜，又通作修。（同上）○｜徇通用。〔墨子・號令〕「長夜五｜行」閒詁引蘇時學。○｜與巡字通。〔周禮・小司徒〕「小軍旅巡役治其政令」孫正義。○｜巡古亦通用。〔周禮・鄉師〕「以木鐸徇於市朝」孫正義。○｜脩古字通也。〔荀子・王霸〕「不好｜正其所以有」集解引郝懿行。○｜與遁古音同。〔釋言〕「逡，退也」郝疏。○修｜一聲之轉。〔釋詁〕「遹，｜也」郝疏。○脩｜述俱一聲之轉。〔釋言〕「律，述也」郝疏。○｜遂一聲之轉。〔晏子春秋〕「脩哀」雜志。○｜，假借為遁。〔說文定聲・卷一五〕○｜，假借為揗。（同上）○｜，假借為巡。（同上）○｜亦揗之借字。〔說文〕「撫，一曰｜也」句讀。○｜與揗同。〔荀子・富國〕「拊｜之」集解引郝懿行。○古用丨巡字，漢用徇字。〔説文〕「徇，行示也」段注。○今人撫丨字古葢作揗。〔説文〕「揗，摩也」段注。○丨，元作脩。〔國策・趙策二〕「丨法無愆」鮑注。○丨一作脩。〔漢書・劉向傳〕「宣帝丨武帝故事」補注引宋祁。○丨當作脩。〔韓子・外儲説左下〕「是故丨車馬」集解引王渭。○丨當為脩。〔漢書・地理志〕「丨成道」補注引王念孫。○丨乃脩字之誤。〔墨子・經下〕「廣與丨」平議。又〔荀子・君道〕「丨平道之人」平議。○丨，〔漢書〕作脩。〔史記・孝文本紀〕「乃丨從代來功臣」志疑。

**振** 丨，動也。〔通鑑・宋紀〕「手丨不自禁」音注。○丨，戰也。（同上）○丨，猶起發之也。〔説文〕「耒，手耕曲木也」繫傳。○丨，舉也。〔國策・燕策二〕「欲以復丨故地也」鮑注。又〔説文〕「亩，穀所丨入宗廟」繫傳。○丨，舉救也。〔國策・齊策六〕「丨窮補不足」鮑注。又〔説文〕「耒，古者垂作耒相，以丨民也」句讀。○丨，救也。〔國策・燕策二〕「不可丨也」鮑注。又〔燕策三〕「禍必不丨矣」鮑注。○丨，止。〔詩・采芑〕「丨旅闐闐」朱傳。○丨丨，奮也。〔集韻・眞部〕○丨丨，盛也。（同上）○丨丨，盛貌。〔詩・螽斯〕「丨丨兮」朱傳。○丨丨，衆盛也。（同上）通釋。○丨丨，羣飛貌。〔詩・有駜〕「丨丨鷺」朱傳。○丨丨，厚也。〔集韻・眞部〕○丨丨，信厚也。〔詩・殷其靁〕「丨丨君子」朱傳。○丨丨，仁厚貌。〔詩・麟之趾〕「丨丨公子」朱傳。○丨與帪通。〔方言五〕「飤馬橐燕齊之間謂之帪」箋疏。○丨，叚借為娠。〔説文定聲・卷一五〕○丨，叚借為賑。（同上）○丨、震同。〔國策・中山策〕「乘其丨懼而滅之」鮑注。又〔燕策三〕「丨怖大王之威」鮑注。○丨，當作震。〔通鑑・宋紀〕「手丨不自禁」音注。

**甄** 丨，陶也。〔慧琳音義・卷八〇〕引〔古今正字〕。○丨，化之也。〔説文〕「丨，匋也」繫傳。○陶人作瓦器謂之丨土也。（同上）義證引〔玉篇〕。○丨，識也。〔慧琳音義・卷四二〕引〔考聲〕。○丨，察也。（同上）又〔通鑑・唐紀〕「而無所丨別」音注。○丨引申為察也。〔説文〕「丨，匋也」段注。○丨，免也。〔通鑑・唐紀〕「丨恕以勉其自新」音注。○丨，引申為勉也。〔説文〕「丨，匋也」段注。○丨為偏師。〔左傳文公一〇年〕「宋公為右盂」疏證。○丨即盂。〔文選・曲水詩序〕「昭灼丨部」集釋。○丨與鄄通。〔史記・齊太公世家〕「諸侯會桓公於丨」志疑。○丨，叚借為焞。〔説文定聲・卷一五〕○丨，叚借為震。（同上）○丨，叚借為準。（同上）○丨，〔考工記〕叚借為震掉字。〔説文〕「丨，匋也」段注。○丨一作甄。〔漢書・黥布傳〕「會丨」補注引周壽昌。○丨當作張。〔漢書・匡衡傳〕「衡乃與御史大夫丨譚共奏顯」補注引劉奉世。

**禋** 精意以享謂之丨。〔詩・大田〕「來方丨祀」朱傳。又〔生民〕「克丨克祀」朱傳。○丨，精也。〔説文〕「丨，潔祀也」義證引〔三禮義宗〕。○丨，潔也。（同上）○丨，絜敬之祭。〔左傳隱公一一年〕「況能丨祀許乎」洪詁引孫炎。○丨，敬也。〔廣韻・真部〕○丨，祭也。（同上）○丨，祀。〔詩・維清〕「肇丨，迄用有成」朱傳。○丨，煙也。〔説文〕「丨，潔祀也」義證引〔三禮義宗〕。○以煙訓丨。〔説文定聲・卷一五〕○以垔訓丨。（同上）○丨，祭天也。〔釋詁〕「丨，祭也」鄭注。○丨者，配天之名。〔書・洛誥〕「丨于文王武王」孫疏。○丨是祀天地之名。〔書・洛誥〕「曰明丨」孫疏。○丨乃祭祀通稱。〔詩・維清〕「肇丨」通釋。○丨通作煙。〔釋詁〕「丨，祭也」郝疏。○丨，字亦作禋。〔説文定聲・卷一五〕○丨，〔大傳〕作煙。〔書・舜典〕「丨于六宗」孫疏。○田不丨，古今人表作田不禮。〔呂覽・當染〕「宋康王染於唐鞅田不丨」校正。

**岷** 丨山，一名沃焦山。〔説文〕「⿱敃山，山在蜀湔氏西徼外」義證引〔華陽國志〕。○丨作汶，借字也。〔書・禹貢〕注「史遷丨作汶」孫疏。○丨，汶字同。〔漢書・地理志〕「禹貢崏山在西徼外」補注。○崏、丨即⿱敯山省字也。〔書・禹貢〕注「丨一作崏」孫疏。○丨即⿱敯山省。〔漢書・地理志〕「丨嶓即藝」補注引蘇輿。○丨，或作崏。（同上）○丨，亦作汶。（同上）○丨，又作文。（同上）○丨，閩本作崏。（同上）引錢大昭。

**⿱敯山** 丨，在今四川龍安府松藩廳西北二百二十里。〔説文定聲・卷一五〕○丨，以汶為之。（同上）○丨，今俗作岷。〔説文〕「丨，山在蜀湔氏西徼外」繫傳。○丨，改作岷。〔説文〕「涐，水出蜀汶江徼外」義證引趙宧光。○丨，或作⿱敃山。〔集韻・眞部〕○丨，或作岷。（同上）○丨，或作崏。（同上）○丨，或作汶。（同上）○丨，字亦作岷。〔説文定聲・卷一五〕○丨，字亦作崏。（同上）○丨，字亦作岐。（同上）○丨，字亦作峎。（同上）○丨，字亦作⿱敃山。（同上）

**⿱敃山** 丨，或通作汶。〔説文〕「丨，山在蜀湔氏西徼外」義證。○丨，字或作崏。（同上）○丨，又或作岷。（同上）○丨，此篆省作崏。〔説文〕「丨，丨山也」段注。○丨，隸變作汶。（同上）○丨，隸變作文。（同上）○丨，隸變作岐。（同上）○丨，隸變作峎。（同上）○丨，俗作⿱敃山。（同上）○丨，俗作岷。（同上）

**⿱山昏** 丨，字或作岷。〔廣雅・釋山〕「蜀山謂之丨山」疏證。○丨，又作汶。（同上）

**崏** 丨，當作⿱敯山。〔説文〕「江，水出蜀湔氏徼外丨山，入海」義證。

**諄** 丨，告之丁寧也。〔慧琳音義・卷五四〕引〔考聲〕。○丨丨，詳熟也。〔詩・抑〕「誨爾丨丨」朱傳。○丨丨，詳語之貌。〔孟子・萬章上〕「丨丨然命之乎」朱注。○丨，至也。〔廣韻・諄部〕○丨，誠懇皃。（同上）○丨丨，眊亂也。〔左傳襄公三一年〕「而丨丨焉如八九十者」述聞。○丨啍憝譈憞字異義同。〔方言七〕「丨憎所疾也」箋疏。○忳肫訰丨音義同。〔釋訓〕「訰訰，亂也」邵正義。○丨憝憞譈敦古聲並相近，義亦同也。〔方言三〕「丨，罪也」箋疏。○丨，叚借為惇。〔説文定聲・卷一五〕○丨，叚借為惷。（同上）○丨，叚借為暷。（同上）○丨，叚借為淳。（同上）○丨，俗或作啍。〔説文〕「丨，告曉之孰也」義證。○丨，當為誖。〔墨子・經下〕「非誹者丨」閒詁引張惠言。○丨，當為諒。〔國語・晉語〕「丨趙鞅」述聞。○丨，齊作忳。〔詩・抑〕「誨爾丨丨」集疏。○丨丨，或作訰訰。〔左傳襄公三一年〕「丨丨焉」述聞。○丨丨，又作忳忳。（同上）

訰　—，亂言之皃。〔廣韻・諄部〕○—，心亂皃。〔集韻・諄部〕○忳肫諄—音義同。〔釋訓〕「——，亂也」邵正義。○—者，諄之或體也。（同上）郝疏。

椿　—，木名。〔廣韻・諄部〕○—，木名，櫄也。〔集韻・諄部〕○—櫬聲轉。〔釋草〕「櫬，木菫」郝疏。○—蕣聲相近。（同上）○—字又作櫄，其氣熏也。〔本草・卷三五〕○—字或作櫄。〔說文〕「櫄，（杶）或從熏」義證引〔急就篇〕顏注。

詢　—，咨也。〔廣韻・諄部〕○—，猶度也。〔詩・皇皇者華〕「周爰咨—」朱傳。○——，事也。〔慧琳音義・卷二〕引〔韻詮〕。○——，舉目視專也。〔太素・十二瘧〕「目——然」楊注。○—，通作恂。〔釋詁〕「—，信也」鄭注。又（同上）邵正義。○叚—為恂也。〔說文〕「恂，信心也」段注。○—者，恂之叚音也。〔釋詁〕「恂，信也」郝疏。○—，俗字，當為恂。〔書・秦誓〕「—茲黃髮」孫疏。

恂　—，信也。〔廣韻・諄部〕○—，均也。〔慧琳音義・卷一〇〇〕引〔文字典說〕。○—，恭順也。〔卷八四〕引〔韻詮〕。○——，溫恭皃也。（同上）引〔韻英〕。○——，信也。〔卷八五〕引〔考聲〕。○——，信實之貌。〔論語・鄉黨〕「孔子於鄉黨——如也」朱注。○——，順也。〔慧琳音義・卷一五〕引〔韻詮〕。○—慄，戰懼也。〔大學〕「瑟兮僩兮者，—慄也」朱注。○詢—音義同。〔方言一〕「—，信也」疏證。○—洵詢聲義亦同，古亦通用。（同上）箋疏。○——、悛悛、逡逡並字異而義同。〔廣雅・釋訓〕「——，敬也」疏證。○——、悛悛並聲近而義同。〔廣雅・釋詁〕「悛，敬也」疏證。○—通作洵。〔釋詁〕「—，信也」郝疏。○—又通作詢。（同上）○—，謂借為峻。〔說文定聲・卷一六〕○—，假借為旬。（同上）○—，假借為惸。（同上）○—今借洵。〔說文〕「—，信心也」繫傳。○—，或借詢字。（同上）義證。○—又借洵字。（同上）○——，悛巡字之叚借。（同上）段注。○—，〔毛詩〕叚洵字為之。（同上）○—或作峻。〔說文〕「僩，武皃」段注。○——，〔史記〕作悛悛。〔漢書・李廣蘇建傳贊〕「李將軍——如鄙人」補注引李慈銘。○—，〔漢表〕作捊。〔史記・高祖功臣侯者年表〕「—」志疑。○—，〔索隱〕本作拘。（同上）

漘　—，水際。〔廣韻・諄部〕○—，水厓也。〔通鑑・梁紀〕「西逼河—」音注。○—之為言脣也。〔詩・葛藟〕「在河之—」朱傳。○水厓謂之—。〔廣雅・釋邱〕「—，厓也」疏證。○夷上洒下曰—。〔詩・葛藟〕「在河之—」朱傳。○上平坦而下水深曰—。〔通鑑・梁紀〕「西逼河—」音注。

莘　—，國名。〔詩・大明〕「纘女維—」朱傳。○—縣今屬東昌府。〔左傳桓公一六年〕「待諸—」疏證。○—亭在魏州—縣北十三里。（同上）疏證引〔元和志〕。○東郡陽平侯國有—亭。（同上）疏證引〔郡國志〕。○—，長也。〔詩・魚藻〕「有—其尾」朱傳。○辡詵駪—侁甡𤕤並字異而義同。〔廣雅・釋詁〕「辡，多也」疏證。○—，即辡之異體。〔詩・魚藻〕「有—其尾」陳疏。○〔御覽九九四〕—作華。〔呂覽・別類〕「夫草有—有藟」校正。○—，曰抄作萃。（同上）

堙　—，塞也。〔墨子〕「煙資」雜志。○—塡皆塞也。（同上）○—抑皆塞之也。〔墨子〕「溝境」雜志。○—抑同義。〔漢書・溝洫志〕「禹—洪水十三年」補注引蘇輿。○—即闉。〔說文〕「闉，城內重門也」義證。○—，土山也。〔廣韻・真部〕○—同陻。（同上）○—亜陻闉湮並字異而義同。〔廣雅・釋詁〕「—，塞也」疏證。○抑—音轉。〔漢書・溝洫志〕「禹—洪水十三年」補注引蘇輿。○伊抑—亦聲之轉。（同上）○湮、陻、—同字。（同上）○—，當為垔。〔墨子・備城門〕「—水穴」閒詁引畢沅。○—鬱，一作抑鬱、抑怨、壹鬱、泱鬱、湮鬱、伊鬱。〔通雅・卷六〕○〔家語〕—又作陻。〔左傳襄公二五年〕「井—木刊」洪詁。○〔文選〕—作湮。〔左傳昭公元年〕「慆—心耳」洪詁。

屯　—，向草木之始生也。〔莊子・寓言〕「火與日吾—也」集釋引其世父說。○—，草生之難也。〔說文〕「春，推也」繫傳。○—，難也。〔廣韻・諄部〕又〔通鑑・晉紀〕「流離—厄」音注。○—，厚也。〔廣韻・諄部〕○—，聚也。〔莊子・寓言〕「火與日吾—也」集釋引司馬。又〔離騷〕「飄風—其相離兮」補注。○—與頓通。〔方言一〇〕「頓，惛也」箋疏。○—與純通。〔左傳閔公元年〕「—固」平議。○—，叚借為倳。〔說文定聲・卷一五〕○—，叚借為奄。（同上）

駰　陰白雜毛曰—。〔詩・皇皇者華〕「我馬維—」朱傳。又〔駉〕「有—有騢」朱傳。○——，陰白雜毛黑者。〔集韻・諄部〕○—，馬陰淺黑色。〔廣韻・真部〕○—，白馬黑陰。（同上）

呻　——，吟。〔廣韻・真部〕○—，聲引氣也。〔說文〕「—，吟也」繫傳。○—儵，—而唫也，呼有聲而無字也。〔通雅・卷五〕

粼　—，水在石間。〔廣韻・真部〕○—，水流石間不駛也。〔說文〕「—，水生厓石間——也」繫傳。○——，清澈也。〔詩・揚之水〕「白石——」後箋。○——，水清石見之貌。（同上）朱傳。○—，假借為零。〔說文定聲・卷一六〕○—，借為鱗。（同上）○—，字亦作𥴶，邛竹、扶老之類。（同上）

磷　—，同粼。〔廣韻・真部〕

轔　—，轥也。〔慧琳音義・卷三〇〕○—，跡也。（同上）○—，轢也。〔文選・藉田賦〕「接游車之——」集釋引〔廣雅〕。○—，車聲。〔廣韻・真部〕○—，車聲也。〔詩・車轔〕「有車——」集疏引魯說。○——，衆車聲。〔集韻・眞部〕○—，古通作鄰。〔文選・藉田賦〕「接游車之——」集釋。○—，亦作蹸。（同上）○—，或作蹸。〔慧琳音義・卷三〇〕○—，或作躪。（同上）

璘　—㻞，文皃。〔廣韻・真部〕。又〔集韻・眞部〕。○瞵㻞、—彬、—班並字異而義同。〔廣雅・釋詁〕「—，文也」疏證。○—㻞，若今言斕斑。〔漢書・揚雄傳〕「壁馬犀之瞵㻞」補注。

**瀕** ｜，厓也。〔説文・上説文書〕「宅此汝｜」段注。○濱｜頻並字異而義同。〔廣雅・釋丘〕「濱，厓也」疏證。○｜並雙聲。〔説文定聲・卷一六〕○｜比雙聲。（同上）○｜，叚借為比。（同上）○｜，假借為櫇。（同上）○｜，假借為顰。（同上）○｜，假借為闠。（同上）○｜，或曰借為並。（同上）○｜與顠同。〔漢書・成帝紀〕「行舉｜河之郡」補注引錢大昭。○｜，字亦作頻。〔説文定聲・卷一六〕○｜，今字作濱。〔説文〕「｜，水厓，人所賓附也」段注。○｜作濱，俗字。〔漢書・地理志〕「海｜廣瀉」補注。○｜，俗作濱。〔漢書・成帝紀〕「行舉｜河之郡」補注引錢大昭。

**嚚** ｜，聲不善。〔説文〕「｜，語聲也」義證。○｜者，蓋多言也。〔書・堯典〕「母｜」孫疏。○不能言謂之｜。〔國語・晉語〕「｜瘖不可使言」述聞。○｜，有聲而不能成語者。〔説文定聲・卷一六〕○｜，愚也。〔廣韻・真部〕○｜庸即｜訟。〔通雅・卷八〕○｜，經傳皆借為佞字。〔説文定聲・卷一六〕○｜，當為囂。〔説文〕「囂，聲也」義證。

**罠** ｜，彘網。〔廣韻・真部〕○｜，亦幕也。〔廣雅・釋器〕「｜，兔罟也」疏證。○｜、羉聲轉也。〔釋器〕「彘罟謂之羉」郝疏。

**笢** ｜，竹膚。〔廣韻・真部〕○｜，竹青也。〔説文〕「｜，竹膚也」繫傳。○｜，竹外青皮也。〔廣雅・釋草〕「其表曰｜」疏證。○｜亦篾也。〔方言五〕注「今云竹篾篷也」箋疏。○｜、簢、篾实一字也，篾也。〔方言一三〕箋疏。○｜笏，即篾忽，狀其聲之微細也。〔文選・長笛賦〕「｜笏抑隱」集釋。

**閩** ｜，｜越蛇種也。〔廣韻・真部〕○｜，叚為蟁字。〔説文〕「｜，東南越它種」段注。○｜，假借為蟁。〔説文定聲・卷一五〕

**豳** ｜，地名，本｜國之地。又有｜城，公劉所邑，蓋此地也，因以名州。〔廣韻・真部〕○｜州新平縣即漢漆沮縣，詩｜國公劉所邑之地也。〔説文〕「｜，美陽亭即｜也」義證引〔括地志〕。○｜，開元十三年以｜與幽字相涉，改為邠。（同上）義證引〔元和志〕。○｜，谷名也。（同上）義證引〔郡國都城記〕。○｜，姓。〔廣韻・真部〕○｜與虨，同部之假借也。〔説文〕「虨，虎文彪也」段注。○｜汃並與邠同。〔方言一二〕「邠唐冀兖之間曰假」箋疏。○｜，亦作邠。〔廣韻・真部〕○｜，〔周書〕作汾，即〔郡國志〕潁川襄城縣之汾丘。〔史記・周本紀〕「登｜之阜」志疑。○或云汾當作邠，即古｜字。（同上）

**邠** ｜，州名。〔廣韻・真部〕○｜州故豳。〔説文〕「豳，美陽亭即豳也」義證引〔唐書・地理志〕。○｜，今陝西｜州也。〔説文定聲・卷一五〕○｜，假借為汃。（同上）○｜，假借為份。（同上）

**逡** ｜，退。〔説文〕「｜，復也」義證引〔玉篇〕。○｜，退也。（同上）義證引〔韻譜〕。又〔漢書・公孫弘傳〕「則羣臣｜」補注。○｜亦遵也。〔廣雅・釋詁〕「｜，循也」疏證。○｜，｜巡。〔屈賦・思美人〕「遷｜次而勿驅兮」戴注。○｜，｜巡，退也。〔廣韻・諄部〕○｜巡，郤退也。〔廣雅・釋訓〕○｜巡，郤退之義也。〔公羊傳成公二年〕「晉郤克投戟｜巡」陳疏。○｜巡，郤退貌。〔通鑑・漢紀〕「｜巡席後」音注。○｜巡猶遷延也。〔説文〕「巡，視行皃」義證。○｜遁即｜巡，是郤退之意。〔儀禮・士喪禮〕胡正義。○竣、踆、｜並同。〔廣雅・釋詁〕「竣，伏也」疏證。○悛、後、｜、循、蹲並字異而義同。〔廣雅・釋詁〕「｜，循也」疏證。○｜巡、｜遁、遵遁、巡遁、｜循、蹲循、遁巡，並字異而義同。〔廣雅・釋訓〕「｜巡，郤退也」疏證。○｜踆古通用。〔釋言〕「｜，退也」邵正義。○｜又與後通。〔公羊傳宣公六年〕「趙盾｜巡北面再拜稽首」陳疏引淩曙。○｜巡，通為遵循、蹲循、遵遁、巡遁、遜遁。〔通雅・卷七〕○｜，假借為迅。〔説文定聲・卷一五〕○｜遁、巡遁、｜循、蹲循、遵循，皆｜巡之叚借字也。〔公羊傳宣公六年〕「趙盾｜巡北面再拜稽首」陳疏引淩曙。○｜又作後。〔説文〕「｜，復也」義證。○｜遁或作遵循。（同上）○｜巡，一作遁巡、｜循。〔通雅・卷七〕○｜遁為｜巡之異文。〔史記・始皇本紀〕「｜巡遁逃而不敢進」志疑。

**踆** ｜，退也。〔廣韻・諄部〕○蹲、｜、夋並同字。〔廣雅・釋詁〕「蹲，踞也」疏證。○竣、｜、逡並同。〔廣雅・釋詁〕「竣，伏也」疏證。

**匔** ｜，同踆。〔廣韻・諄部〕

**䨲** 兔狡者｜。〔集韻・諄部〕○東郭｜，古之狡兔也。〔廣韻・諄部〕

**畇** ｜，墾田。〔廣韻・諄部〕○｜，亦均也。〔詩・信南山〕「｜｜原隰」通釋。○｜，即旬也。（同上）通釋。○｜｜，墾辟貌。（同上）朱傳。○｜者，均之或體也。〔釋訓〕「｜｜，田也」郝疏。

**侁** ｜，行皃。〔廣韻・臻部〕○｜，往來｜｜，行聲。〔説文〕「｜，行皃」義證引〔玉篇〕。○｜｜，衆貌。〔楚辭・招魂〕「往來｜｜些」補注引五臣。○㚫、詵、駪、莘、｜、甡、𧆞並字異而義同。〔廣雅・釋詁〕「㚫，多也」疏證。○｜，通作姺。〔説文〕「｜，行皃」義證。○｜，通作莘。〔説文〕「倂，送也」義證。○｜，假借為姺。〔説文定聲・卷一五〕○｜，或作𢓊。〔集韻・臻部〕

**𢓊** ｜，往來皃。〔集韻・臻部〕○｜，往來之皃。〔廣韻・臻部〕

**歅** ｜，秦穆公時，有方｜，一名皐，善相馬也。〔廣韻・真部〕○｜，或作諲。（同上）

**塡** ｜，壓也。〔廣韻・真部〕○｜，久。〔詩・瞻卬〕「孔｜不寧」朱傳。○｜，久也。〔詩・召旻〕「孔｜不寧」朱傳。○｜與陳塵同，蓋言久也。〔詩・桑柔〕「倉兄｜兮」朱傳引舊説。○｜篆，方｜書也。〔通雅・卷三二〕○｜星，其行歲｜一宿，故名｜星。〔廣雅・釋天〕「鎮星謂之地侯」疏證。○｜，叚借為塵。〔説文定聲・卷一六〕○｜，叚借為殄。（同上）○｜與鎮同。〔説文〕「｜，塞也」繫傳。

闇　丨，和也。〔廣韻・真部〕〇丨，一曰語也。〔集韻・諄部〕〇丨，又姓。〔廣韻・真部〕〇丨丨，中正之皃。（同上）〇丨丨、言言、訢訢，並字異而義同。〔廣雅・釋訓〕「丨丨，敬也」疏證。〇言、丨、誾俱聲義同。〔釋詁〕「誾，敬也」郝疏。〇丨丨當為闇闇。〔文選・長門賦〕「芳酷烈之丨丨」集釋。又〔廣雅・釋訓〕「馣馣，香也」疏證。

㖆　丨，山名。〔集韻・諄部〕〇丨丨，爭辯也，謂和悅而諍。〔通雅・卷一〇〕〇丨同闇。〔廣韻・真部〕〇丨與誾同。〔文選・運命論〕「誾誾於洙泗」集釋。〇齗、誾並與丨同。〔廣雅・釋訓〕「丨丨，語也」疏證。

泯　丨，沒也。〔廣韻・真部〕〇丨，滅。〔詩・桑柔〕「靡國不丨」朱傳。〇〔鄭世家〕以絶訓丨。〔左傳宣公一二年〕「不丨其社稷」疏證。〇丨者，㥵之假借。〔詩・桑柔〕「靡國不丨」通釋。

肞　丨，和也。〔廣韻・真部〕〇丨丨，和也。〔集韻・眞部〕〇丨丨即亹亹也。〔廣雅・釋詁〕「文，勉也」疏證。〇丨與忞亦同義。（同上）

忞　丨，自強也。〔說文〕「丨，強也」繫傳。〇丨，自勉強也。（同上）義證引〔玉篇〕。又〔廣韻・真部〕。〇丨與敃略同。〔說文定聲・卷一五〕〇丨丨與漫漫聲亦相近。〔廣雅・釋訓〕「丨丨，亂也」疏證。〇丨黽雙聲。〔說文定聲・卷一五〕〇丨，假借為睯。（同上）〇丨，假借為惛。（同上）〇丨，經典借敃字。〔說文〕「丨，彊也」義證。〇丨，今〔尚書〕作敃。〔說文〕「周書曰在受德丨」段注。

㖆㖆同義。〔法言・問神〕「傳千里之丨丨者」平議。

洵　丨，信。〔詩・叔于田〕「丨美且仁」朱傳。又〔羔裘〕「丨直且侯」朱傳。又〔有女同車〕「丨美且都」朱傳。又〔溱洧〕「丨訏且樂」朱傳。〇丨，信也。〔詩・擊鼓〕「于嗟丨兮」朱傳。又〔靜女〕「丨美且異」朱傳。又〔宛丘〕「丨有情兮」朱傳。〇丨，均也。〔詩・桑柔〕「其下侯丨」集疏引魯說。又〔廣韻・諄部〕。〇丨，龕也。（同上）〇丨即旬也。〔釋言〕「丨，均也」鄭注。〇丨，水名，在晉陽。〔廣韻・諄部〕〇丨，假借為戩。〔說文定聲・卷一六〕〇丨，假借為泫。（同上）〇丨，假借為夐。（同上）〇丨，假借為均。（同上）〇丨，假借為恂。（同上）〇丨，謂借為旬。（同上）〇借丨為恂。〔釋言〕「丨，龕也」郝疏。〇丨，即夐之假借。〔詩・擊鼓〕「于嗟丨兮」通釋。〇丨者，恂之假借。〔詩・羔裘〕「丨直且侯」通釋。〇丨者，旬之段借也。〔釋言〕「丨，均也」郝疏。〇丨者，泫之段借字也。〔說文〕「泫，湝流也」段注。〇丨，有假為恂者。〔說文〕「丨，過水出也」段注。〇丨，有假為夐者。（同上）〇丨，有假為泫者。（同上）〇丨，經有假借丨為均者。（同上）〇丨，毛訓丨為遠，以丨為夐之假借耳。〔詩・擊鼓〕「于嗟丨兮」後箋。〇丨，讀為恂。〔詩・宛丘〕「丨有情兮」陳疏。〇丨，讀為夐，聲轉通也。〔詩・擊鼓〕「于嗟丨兮」陳疏。〇丨，魯作夐。（同上）集疏。〇丨，魯作詢。〔詩・溱洧〕「丨訏且樂」集疏。

溱　丨，水名，在河南。〔廣韻・臻部〕〇丨，鄭水名。〔詩・褰裳〕「褰裳涉丨」朱傳。〇丨水，出今湖南桂陽州臨武縣。〔說文定聲・卷一六〕〇丨水亦名湞水，避仁宗名改為眞水。〔漢書・地理志〕「龍川」補注引〔輿地紀勝〕。〇丨丨，衆也。〔詩・無羊〕「室家丨丨」朱傳。〇丨丨，言風雨之盛也。〔墨子・尚同上〕「丨丨而至者」閒詁。〇丨丨，漉漉，汗出也。〔通雅・卷一〇〕〇丨蓁聲同字通。〔墨子・尚同上〕「丨丨而至者」閒詁。〇丨，假借為臻。〔說文定聲・卷一六〕〇丨，同臻。〔墨子・尚同上〕「丨丨而至者」閒詁引畢沅。〇丨，亦同臻。〔漢書・王襃傳〕「萬祥畢丨」補注引周壽昌。〇丨，魯作蓁。〔詩・無羊〕「室家丨丨」集疏。

詵　丨，先致其言也。〔說文〕「丨，致言也」繫傳。〇丨，致言以先容之意。〔說文定聲・卷一五〕〇丨，衆人言也。〔廣韻・臻部〕〇丨與辡義亦相近。〔詩・螽斯〕「螽斯羽丨丨兮」陳疏。〇丨丨，和集貌。（同上）朱傳。〇丨，與甡聲義相通。〔詩・螽斯〕「丨丨兮」後箋引戴震。〇丨，與莘聲義相通。（同上）〇丨，與侁聲義相通。（同上）〇丨，與駪聲義相通。（同上）〇丨，與辡聲義相通。（同上）〇丨，通作莘。〔詩・螽斯〕「丨丨兮」通釋。〇丨，為辡之假借。（同上）後箋。〇以衆多釋丨丨，謂即辡辡之假借。〔說文〕「詩曰螽斯羽丨丨兮」段注。〇丨丨，或作辡辡。〔詩・螽斯〕「丨丨兮」陳疏。〇丨丨，或作駪駪、莘莘、侁侁。〔說文〕「詩曰螽斯羽丨丨兮」段注。

駪　丨，馬多。〔廣韻・臻部〕〇丨，本義為馬衆多。〔詩・螽斯〕「詵詵兮」後箋。〇丨，引申為凡物衆多。（同上）〇丨丨，衆多也。〔詩・皇皇者華〕「丨丨征夫」後箋。〇丨丨，衆多疾行之貌。（同上）朱傳。〇丨莘古聲轉通用。〔詩・皇皇者華〕「丨丨征夫」通釋。〇丨丨，侁侁之同聲段借。（同上）通釋。〇丨，魯作侁。（同上）集疏。〇丨丨，〔國語〕、〔說苑〕引詩皆作莘莘。（同上）後箋。

桭　丨，屋梠。〔廣韻・真部〕〇丨，屋梠也。〔集韻・眞部〕〇丨，兩楹間。〔廣韻・真部〕〇兩楹間謂之丨。〔集韻・眞部〕〇丨與宸同，今人所謂屋檐。〔漢書・揚雄傳〕「日月纔經於怏丨」補注引王念孫。〇丨即宸。〔說文〕「宸，屋宇也」段注。

湮　丨，落也。〔廣韻・真部〕又〔慧琳音義・卷八二〕。〇丨，沒也。〔慧琳音義・卷八〇〕引〔考聲〕。〇丨，隕沒也。〔釋詁〕「丨，落也」鄭注。〇丨，沈也。〔廣韻・真部〕〇丨，沈於地下。〔慧琳音義・卷八二〕引〔文字集略〕。〇丨亦堙也。〔墨子〕「溝境」雜志。〇堙亞陻闉丨並字異而義同。〔廣雅・釋詁〕「堙，塞也」疏證。〇丨堙古字通，〔釋文〕丨作堙。〔左傳昭公二九年〕「鬱丨不育」洪詁。〇丨，假借為亞。〔說文定聲・卷一五〕〇丨，或作亞。〔慧琳音義・卷八二〕引〔文字集略〕。〇丨，或作堙。（同上）〇丨塞之字當為亞。〔墨子・非攻下〕「以丨其溝池」閒詁引畢沅。

**儐** —，敬也。〔廣韻・真部〕又〔集韻・眞部〕。○—，假借為賓。〔説文定聲・卷一六〕○—，字或作擯。〔廣雅・釋詁〕「—，道也」疏證。○—，又作賓。（同上）○—，韓作賓。〔詩・棠棣〕「—爾籩豆」集疏。

**燐** —之言——然也。〔廣雅・釋蟲〕「螢火，䗲也」疏證。○—同粦。〔廣韻・真部〕

**粦** —，鬼火。〔廣韻・真部〕又〔集韻・眞部〕。○—與燐同。〔廣雅・釋蟲〕「螢火，䗲也」疏證。○—字俗作䗲。〔説文定聲・卷一六〕○—字俗作燐。（同上）

**夤** —，恭也。〔集韻・脂部〕○—，進也。〔漢書・叙傳〕「—用刑名」補注引〔玉篇〕。○—，—緣，連也。〔廣韻・真部〕○—，敬惕也。（同上）○—，假借為限。〔説文定聲・卷一六〕○—，假借為延。（同上）○—，假借為峻。（同上）○—，假借為胂。（同上）○—，假借為莇。（同上）○—，以肕為之。（同上）○—，〔周易〕假為胂。〔説文〕「胂，夾脊肉也」段注。○—，經典借寅字。〔説文〕「—，敬惕也」義證。○—，經典多省作寅。（同上）句讀。○—，即寅之別體。〔説文定聲・卷一六〕○—，鄭本作臏。（同上）

**荀** —，草名。〔廣韻・諄部〕○—，竹萌也，今作筍。〔説文〕「筍，竹胎也」義證引〔古文苑〕注。○—之為孫，如孟卯之為芒卯，司徒之為申徒，語音轉耳。〔漢書・楚元王傳〕「伯者，孫卿門人也」補注引顧炎武。○郇—古字通。〔左傳僖公二年〕「晉—息請以屈產之乘」疏證引洪亮吉。○郇—古字同。〔左傳桓公九年〕「—侯賈伯伐曲沃」洪詁。○—作苟。〔國語・晉語〕「滕、箴、任、—」述聞引〔路史〕。○—侯，〔北征賦〕注引作郇侯。〔左傳桓公九年〕「—侯」疏證引〔校勘記〕。

**郇** —，地名，在河東解縣。〔廣韻・諄部〕○—，在今山西蒲州府猗氏縣西北。〔説文定聲・卷一六〕○—，假借為新。（同上）○—，讀若洵。（同上）○—荀古字同。〔左傳桓公九年〕「荀侯」疏證。○—伯即荀伯。〔詩・下泉〕「—伯勞之」集疏引齊説。○—，〔五音集韻〕作郇。〔説文〕「—，周武王子所封國」義證。

**錞** —，樂器，鳴之所以和鼓。〔廣韻・諄部〕○—，亦玉石名。〔説文定聲・卷一五〕○樂器之圜敦者名—釪。〔通雅・卷一六〕○—于縣屬北海，以其形似—于而名。（同上）○—，段借為緣。〔説文定聲・卷一五〕○—或作鐓。〔説文〕「—，矛戟柲下銅鐏也」義證。○—，字亦作鐓。〔廣雅・釋詁〕「—，低也」疏證。

**竣** —，止也。〔廣韻・諄部〕○—，倨也。（同上）○—，改也。（同上）○—，退立也。〔説文〕「—，偓—也」繫傳。○許書之—蓋與蹲音義皆同。〔説文〕「—，居也」段注。○—，假借為逡。〔説文定聲・卷一五〕○—，假借為悛。（同上）○—，假借為鐏。（同上）○—，假借為佺。（同上）○—，或借浚字。〔説文〕「—，偓—」句讀。又（同上）義證。○—，或借逡字。（同上）義證。○—，又借踆字。（同上）義證。○—、踆、逡並同。〔廣雅・釋詁〕「—，伏也」疏證。○—，實與蹲同字。〔説文定聲・卷一五〕○—，亦作踆。（同上）

**紃** —，環綵條也。〔廣韻・諄部〕○—，緣履之圓條也。〔説文〕「—，圜采也」義證引〔急就篇〕顏注。○—，以采線辮之，其體圓。〔説文定聲・卷一五〕○—，縷也。〔慧琳音義・卷五八〕○—，謂雜也。（同上）○—徇音近通借。〔漢書・古今人表〕「楚熊—」補注引梁玉繩。○—鉛古聲相近，故字亦相通。〔荀子・非十二子〕「反—察之」集解引王引之。○—，假借為訓。〔説文定聲・卷一五〕○—，假借為穿。（同上）○—，假借為循。（同上）○熊—，〔楚世家〕作熊徇。〔漢書・古今人表〕「楚熊—」補注引梁玉繩。

**蓁** —，草盛貌。〔廣韻・臻部〕○——，茂也。〔詩・桃夭〕「其葉——」集疏引魯説。○——，盛貌。（同上）集疏引韓説。○——，美盛貌。（同上）集疏引齊説。○——，葉之盛也。（同上）朱傳。○——，相湊也。〔説文〕「—，艸盛皃」繫傳。○——菁菁，聲近而義同。〔廣雅・釋訓〕「——，茂也」疏證。○——，轉為增增。〔釋訓〕「——，戴也」郝疏。○——，通作溱溱。（同上）○—與榛通。〔廣雅・釋詁〕「榛，聚也」疏證。○—，假借為榛。〔説文定聲・卷一六〕○—或借溱字。〔説文〕「—，草盛皃」義證。○—聲同臻。〔詩・桃夭〕「其葉——」陳疏。○〔毛詩〕——，〔齊詩〕作溱溱。〔説文〕「—，草盛皃」義證。

**輑** —，車軸相逢。〔廣韻・真部〕○—，車軸也，連曰—。〔集韻・諄部〕○—，軺車前橫木也。〔集韻・文部〕○—，段借為羣。〔説文定聲・卷一五〕

**礥** —，艱險。〔廣韻・先部〕○—，又剛强也。（同上）○—，鞭也。〔廣韻・真部〕

**侲** —，養馬者。〔集韻・眞部〕○—，一曰—子，童男女稱。（同上）○—，欲仆皃。（同上）○—娠古通字。〔方言三〕「燕齊之間養馬者謂之娠」箋疏。○—，讀如辱。〔説文定聲・卷八〕（「儥」下）

**䟴** —，與〔口部〕唇、〔雨部〕震、〔手部〕振音義略同。〔説文〕「—，動也」段注。○—，別作蹍。（同上）義證。

**麎** —，牝麋。〔廣韻・真部〕○麋牝曰—。〔集韻・支部〕○—，以祁為之。〔説文定聲・卷一五〕○—，以慎為之。（同上）○—在漢時必讀與祁音同。〔説文〕「—，牝麋也」段注。

**帪** —，馬菀囊也。〔廣韻・真部〕○—之言振也。〔廣雅・釋器〕「—，囊也」疏證。○幝、幓、—，皆收斂之名。（同上）

**䥑** —，樂器。〔集韻・眞部〕○—，竹器。〔廣韻・仙部〕

**譚** 丨，敬也。〔廣韻·真部〕又〔集韻·諄部〕。○丨者，禋之叚音也。〔釋詁〕「丨，敬也」郝疏。

**娠** 丨猶震也。〔釋詁〕「丨，動也」鄭注。○丨振通。（同上）郝疏。○丨，通作振。（同上）○丨，又通作身。（同上）○丨，亦叚震為之。〔說文〕「丨，女妊身動也」段注。○丨，即辰字之小篆。〔說文定聲·卷一五〕○丨，叚借為䟴。（同上）○丨亦作侲。（同上）又〔方言三〕「燕齊之間養馬者謂之丨」疏證。○有丨，〔史記〕作有身。〔漢書·高帝紀〕「已而有丨」補注。

**瑨** 丨，美石次玉。〔廣韻·真部〕

**柛** 丨，即槇字，仆木也。〔說文〕「獘，頓仆也」義證。○丨，謂獘踣也。〔廣韻·真部〕

**螓** 丨，亦蟬名。〔本草·卷四一〕○丨，如蟬而小，其額廣而方正。〔詩·碩人〕「丨首蛾眉」朱傳。○丨，蟬也。〔通雅·卷四七〕○丨蜻，似蟬而小。〔廣韻·真部〕○丨與蜻一聲之轉。〔方言一一〕「有文者謂之蜻蜻」箋疏。○丨，頸之假借。〔詩·碩人〕「丨首蛾眉」後箋。○丨乃頸之假借。（同上）通釋。○丨，即蜻之異體。（同上）陳疏。○丨、蜻一字也。〔說文〕「詩所謂頸首」段注。○三家丨作頸。〔詩·碩人〕「丨首蛾眉」集疏。

**紉** 丨，單繩。〔廣韻·真部〕○繩單曰丨。〔說文定聲·卷一八〕〔「緉」下〕○單股曰丨。〔卷六〕〔「糾」下〕○凡單展曰丨。〔卷一五〕○丨猶貫也。〔屈賦·離騷〕「丨秋蘭以為佩」戴注。○丨，方言曰續，楚謂之丨。（同上）補注。○丨，繩縷也，展而續之。〔說文〕「丨，繟繩也」義證引〔玉篇〕。○綫接於鍼曰丨。〔說文〕「丨，單繩也」段注。○丨，索也，謂筋傳之也。〔太素·卷二八〕「外在於筋丨」楊注。○丨，擘也。〔廣雅·釋言〕○丨，猶擗摽也。〔說文定聲·卷一五〕○丨，假借發聲之詞。（同上）○丨，謂轉展痛也。〔太素·卷一三〕「缺盆丨痛」楊注。○丨，各本訛作紐。〔廣雅·釋言〕「丨，擘也」疏證。

**蠙** 丨，珠母。〔廣韻·真部〕○丨者，玭之母。〔說文定聲·卷一六〕○丨，水苔也。〔集韻·眞部〕

**鄞** 丨，縣名，在會稽。〔廣韻·真部〕

**縜** 丨，繩紐。〔廣韻·真部〕○丨，持綱紐。〔集韻·文部〕○丨，以小繩貫大繩而結于网可係可解者。〔說文定聲·卷一五〕○丨，引申為凡紐之偁。〔說文〕「丨，綱紐也」段注。○丨，長寸也。〔說文〕「丨，持綱紐也」繫傳。○丨，讀如笨也。〔說文定聲·卷一五〕

**奫** 丨，泉水。〔廣韻·真部〕○丨潫，水深廣皃。〔集韻·諄部〕

**麇** 丨，麞也。〔廣雅·釋獸〕疏證。○稇、囷、丨聲近義同。〔廣雅·釋詁〕「稇，束也」疏證。○丨，羣也。〔集韻·文部〕○丨與麕古字通。〔左傳昭公元年經〕「楚子丨卒」洪詁。○丨、麏字近音同。〔左傳文公一〇年〕「丨子逃歸」洪詁。○丨，困之叚字。〔左傳哀公二年〕「羅無勇丨之」平議。○丨，假借為稇。〔說文定聲·卷一五〕○稇丨字同。〔左傳哀公二年〕「羅無勇丨之」洪詁。○丨字亦作麏。〔左傳文公一〇年〕「丨子逃歸」洪詁。○丨字亦作囷。〔說文定聲·卷一五〕○丨，〔公羊〕丨作囷。〔左傳文公一〇年〕「丨子逃歸」洪詁。○丨，〔史記〕、〔世家〕作員。〔左傳昭公元年經〕「楚子丨卒」洪詁。○丨至，〔文選〕注引作麕至。〔左傳昭公五年〕「求諸侯而丨至」洪詁。○丨，潁氏本作麏。〔春秋文公一一年〕「楚子伐丨」疏證。○丨同麏。〔廣韻·真部〕

**麏** 丨，鹿屬。〔廣韻·真部〕○丨，麞也。〔集韻·文部〕

**麕** 丨，獐也，鹿屬，無角。〔詩·野有死麕〕「野有死丨」朱傳。○麇丨同麏。〔廣韻·真部〕○〔釋文〕丨亦作麏。〔左傳昭公元年〕「子皮賦野有死丨之卒章」洪詁。

**箘** 丨，桂，又竹名。〔廣韻·真部〕○丨圓聲近義同。〔方言五〕「簙或謂之丨」箋疏。○丨之言圓也。〔廣雅·釋草〕「丨，箭也」疏證。○丨、箭、宛轉、丨簬，宛簬，其義一也。（同上）○丨簬一名聆風。（同上）○丨或通作菌。〔說文〕「丨，丨簬也」義證。○丨又作箟。（同上）○丨簬，或作箟簬，又作宛路。〔廣雅·釋草〕「丨簬，箭也」疏證。

**鶞** 丨，鳥名。〔集韻·諄部〕

**珣** 丨，玉名。〔廣韻·諄部〕○丨，或作瑄。〔說文〕「丨，一曰玉器，讀若宣」義證。○丨，字亦作瑄。〔說文定聲·卷一六〕○丨，字亦作亶。（同上）

**掄** 丨，擇也。〔廣韻·諄部〕○丨倫論並通。〔廣雅·釋詁〕「丨，擇也」疏證。○丨，叚借為倫。〔說文定聲·卷一五〕

**窀** 丨，丨穸，下棺。〔廣韻·諄部〕○丨穸，謂葬埋於地下長夜也。〔慧琳音義·卷九二〕○丨曰長埋謂之丨。〔集韻·諄部〕○丨，穴中見火。〔廣韻·山部〕○丨，以惇為訓。〔說文定聲·卷一五〕○丨穸，古字作屯夕。〔左傳襄公一三年〕「惟是春秋丨穸之事」洪詁引正義。

**杶** 丨，本似樗。〔說文〕「丨，木也」義證引〔玉篇〕。○丨，木似樗，中車轅，食不堪食。（同上）繫傳。○丨，即今之椿。〔文選·吳都賦〕「緜杬丨櫨」集釋。○丨，通作椿。〔集韻·諄部〕○丨，或从熏。（同上）○丨，亦作櫄。（同上）○丨，亦作杻。（同上）○丨，亦作槆。（同上）

**僎** 丨，輔主人者。〔集韻·眞部〕○丨，介丨也。（同上）○丨者，降席而遵法也。〔廣韻·諄部〕○丨，或作遵。（同上）○丨，通作撰。〔說文〕「丨，具也」義證。○丨，通作選。（同上）○丨，叚借為贊。〔說文定聲·卷一四〕○丨，字又作譔。〔說文〕「丨，具也」義證。

鶉—，西方雉名。〔廣韻·諄部〕○雉西方曰—。〔集韻·諄部〕引〔爾雅〕。○—，或作蹲。〔同上〕

袀—，皂服也。〔說文〕「袗，玄服」義證引〔吳都賦〕。○—，黑服也。〔左傳僖公五年〕「均服振振」疏證。○—，戎服也。〔說文〕「袗，玄服」義證引〔玉篇〕。○—，戎衣也。〔廣韻·諄部〕○—，紺繒也。〔說文〕「袗，玄服」義證引蔡邕。○偏裻謂之—。〔集韻·諄部〕○—，通作均。〔同上〕○—即均之假借字耳。〔說文〕「—，玄服也」段注。○—讀若均。〔左傳僖公五年〕「均服振振」疏證。又〔說文〕「—，玄服也」段注。○—，古文皆作均。〔左傳僖公五年〕「均服振振」疏證引惠棟。○—，〔左傳〕作均。〔漢書·律歷志〕「—服振振」補注引錢大昕。○—服即〔左傳〕之均服。〔呂覽·悔過〕「今—服回建」校正。

姺—，蓋即有莘國。〔左傳昭公元年〕「商有—邳」洪詁。○—，在今河南開封府陳留縣東。〔說文定聲·卷一五〕○—，在今河南汝寧府汝陽縣。〔同上〕○—，在今河南陝州盧氏縣。〔同上〕○—，在今陝西同州府郃陽縣。〔同上〕○—，女字。〔廣韻·臻部〕○—，通作侁。〔說文〕「—，殷諸侯為亂，疑姓也」義證。○—，又通作莘。〔同上〕○—，又通作㜪。〔同上〕○莘、—、侁、㜪並同音。〔左傳昭公元年〕「商有—邳」洪詁。○—，字作莘。〔說文定聲·卷一五〕

甡—，並生而齊盛也。〔說文〕「—，衆生並立之皃」繫傳。○—，衆多皃。〔廣韻·臻部〕○——，毛傳以衆多釋——，是為本義。〔詩·螽斯〕「詵詵兮」後箋。○——，衆多並行之貌。〔詩·桑柔〕「——其鹿」朱傳。○⿰辛先、詵、駪、莘、侁、—、⿱生⿰生生並字異而義同。〔廣雅·釋詁〕「—，多也」疏證。○——，其字或作詵詵，或作駪駪，或作侁侁，或作莘莘，皆假借也。〔說文〕「—，衆生竝立之皃」段注。

墐合和黍穰而塗之謂之—塗。〔說文〕「—，涂也」段注。○—，同堇。〔廣韻·真部〕

堇—，黏土。〔廣韻·真部〕○—，黏土也。〔集韻·諄部〕○—，或从土。〔同上〕○—，古作𡋯。〔同上〕

⿰矛堇—，矛柄。〔廣韻·真部〕○—，又鉏耰也。〔同上〕○—，古作矜。〔說文〕「矜，矛柄也」段注。又〔方言一二〕注「皆矛戟之—」箋疏。○—，或作矜。〔集韻·欣部〕

矜—，矛柄。〔國策·燕策一〕「—戟砥劍」鮑注。○—，本矛柄也。〔廣韻·蒸部〕○—為矛柄也。〔方言九〕「其柄謂之—」箋疏。○—，引申之為凡長兵柄之通稱。〔周禮·考工記〕「戈柲六尺有六寸」孫正義。○—與殳同。〔方言九〕「其柄自關而西或謂之殳」箋疏。○—，通作槿。〔集韻·諄部〕○—，或作⿱矜木。〔同上〕○—，或作⿰矛堇。〔同上〕又〔說文〕「—，矛柄也」義證。○—，今字作⿰矛堇。〔同上〕句讀。○—、⿰矛堇古今字。〔方言九〕注「今字作⿰矛堇」箋疏。○—，字亦作⿰矛堇。〔說文定聲·卷一六〕

畛—，田界。〔廣韻·真部〕○—，田畔也。〔詩·載芟〕「徂隰徂—」朱傳。○—，井田間陌。〔國策·楚策一〕「食田六百—」鮑注。○—，段借為根。〔說文定聲·卷一六〕○—，字亦作畇。〔同上〕

嶙—峋，深崖狀也。〔廣韻·真部〕○—峋，山厓重深皃。〔集韻·眞部〕

瞵—，視貌。〔楚辭·昭世〕「進—盼兮上丘墟」補注。又〔廣韻·真部〕。○—⿰目扁即璘彬。〔說文〕「份，文質備也」義證。○—⿰王扁、璘彬、璘班，並字異而義同。〔廣雅·釋詁〕「璘，文也」疏證。○—，段借為眩。〔說文定聲·卷一六〕○〔文選〕五臣本—作璘。〔漢書·揚雄傳〕「璧馬犀之—⿰王扁」補注。

眴—，目動也。〔莊子·德充符〕「少焉—若」集釋引崔說。又〔慧琳音義·卷一〕引〔玉篇〕。又〔卷四〕引〔考聲〕。○目動曰—。〔左傳文公一二年〕「使者目動而言肆」疏證引服虔。○—謂動目私視之也。〔說文〕「—，旬或从目旬」繫傳。○—，目搖也。〔太素·經脈厥〕「發為—僕」楊注。○—，動目而使之也。〔通鑑·秦紀〕「梁—籍曰」音注。○—，揚雄所謂目瞑—而亡見也。〔屈賦·懷沙〕「—兮窈窈」戴注。○—，通作恂。〔漢書·司馬相如傳〕「儵胂倩浰」補注。○—，⿱穴旬之假字。〔莊子·德充符〕「少焉—若」平議。○—若、恂然，文異義同。〔同上〕集釋引俞樾。○—與瞬同。〔楚辭·懷沙〕「—兮杳杳」補注。○—即瞬之異文。〔漢書·司馬相如傳〕「儵胂倩浰」補注。○—同瞤。〔廣韻·諄部〕○—，〔釋文〕本亦作瞬，司馬云驚貌。〔莊子·德充符〕「少焉—若」集釋。○—作响。〔史記·楚世家〕「子熊—立」志疑引〔玉篇〕。

兟—，進也。〔說文〕「贊，从貝，从—」段注引徐鉉。又〔廣韻·臻部〕。○—，通作贊。〔說文〕「—，進也」義證。

禛—，吉祥也。〔慧琳音義·卷八五〕○三家—作祺。〔詩·維清〕「維周之—」集疏。

唇—，驚也。〔廣韻·真部〕又〔集韻·諄部〕。○—，經典用震字。〔說文〕「—，驚也」句讀。○—，經典借震字。〔同上〕義證。○—，假借為脤，今俗用為—齒字。〔說文定聲·卷一五〕○—，或書作㖘。〔集韻·眞部〕

㖘—同唇。〔廣韻·真部〕

薽—，草名，一曰豕首。〔廣韻·仙部〕○—，又名彘盧。〔同上〕○葝—，豕首草也。〔廣韻·真部〕○—，即今地菘草也。〔說文〕「—，豕首也」繫傳。○—，即本草之天名精也。〔說文定聲·卷一五〕○—，形似藍，故名蝦蟇藍，亦藍草類也。〔同上〕

胂—，夾脊肉。〔集韻·脂部〕○—，俠脊肉也。〔太素·經脈之一〕「从髆內左右別下貫—」楊注。○夾脊曰—。〔通雅·卷一八〕○—即寅。〔同上〕

○丨，申也。〔廣韻・真部〕○丨，胂也。〔同上〕○丨，或作胰。〔集韻・脂部〕○丨，字亦作胤。〔說文定聲・卷一六〕○丨，〔史記〕、〔文選〕作胂。〔漢書・司馬相如傳〕「儵丨倩浰」補注。

**烟** 丨煴，天地氣。〔廣韻・真部〕○丨煴與氤氳同。〔義府・卷下〕○絪縕與丨煴同。〔廣雅・釋訓〕「絪絪縕縕，氣也」疏證。○丨煴或作氤氳，同聲通用。〔文選・兩都賦〕「降丨煴」集釋。○丨煴與絪縕同聲通用。〔同上〕○丨當為熛。〔韓子・喻老〕「以突隙之丨焚」集解引王引之。○丨矢當作熛矢。〔墨子・備城門〕「為丨矢射火」閒詁。

**絪** 丨縕，天地合氣也。〔集韻・諄部〕○丨縕與烟煴同。〔廣雅・釋訓〕「丨丨縕縕，氣也」疏證。○鞇、茵、丨，並字異而義同。〔廣雅・釋器〕「鞋韉謂之鞇」疏證。○丨縕，麻枲。〔廣韻・真部〕○丨當讀為垔。〔大戴・用兵〕「水土未丨」平議。○丨，或作烟。〔集韻・諄部〕○丨，或作氤。〔同上〕

**垔** 丨，塞也。〔廣韻・真部〕○堙丨陻闉湮，並字異而義同。〔廣雅・釋詁〕「堙，塞也」疏證。○丨，假借為湮。〔說文定聲・卷一五〕○丨，假借為禋。〔同上〕○丨，假借為弇。〔同上〕○古賦多呼丨為先。〔說文〕「丨，塞也」繫傳。○丨又通作闉。〔同上〕義證。○丨，或作堙。〔同上〕○丨，字俗作堙。〔說文定聲・卷一五〕○丨，字俗作陻。〔同上〕○丨，今作陻。〔同上〕○丨，古書多作堙。〔說文〕「丨，塞也」段注。○丨，古書多作陻。〔同上〕

**洇** 丨，水名。〔廣韻・真部〕○丨，字亦作涃。〔說文定聲・卷一六〕○丨，〔玉篇〕及小徐皆作涃。〔說文〕「丨，丨水也」段注。

**捆** 丨，就也。〔廣韻・真部〕○丨，謂以手就也。〔說文定聲・卷一六〕○丨與因音義同。〔說文〕「丨，就也」段注。○今此丨仍字皆作因仍也。〔同上〕繫傳。○丨者因之絫增字。〔同上〕句讀。

**鷐** 丨風，鸇也。〔廣韻・真部〕○丨，一名鶾。〔說文〕「丨，丨風也」段注。○丨，通作晨。〔集韻・眞部〕○丨，〔毛詩〕作晨，古文假借。〔說文〕「丨，丨風也」段注。○丨，作晨。〔說文定聲・卷一五〕

**茞** 丨，草名。〔廣韻・真部〕

**邸** 丨，地名。〔廣韻・真部〕

**𠊲** 丨，妊身也。〔說文〕「丨，神也」段注引〔玉篇〕。○丨即身。〔釋詁〕「申，重也」郝疏。○丨，姓。〔集韻・眞部〕

**𢑚** 丨，引也。〔廣韻・真部〕○丨，經典借伸字。〔說文〕「丨，引也」義證。

**䰠** 丨，此蓋鬼而神者也。〔說文定聲・卷一六〕○丨即神之別體也。〔說文〕「丨，神也」句讀。

**檳** 丨，丨榔。〔廣韻・真部〕○丨，丨榔，木名，無枝，實从心生。〔集韻・眞部〕

**矉** 丨，恨視。〔集韻・眞部〕○丨，假借為顰。〔說文定聲・卷一六〕○丨，假借為闐。〔同上〕○丨者，顰之假借。〔說文〕「丨，恨張目也」段注。○丨，〔毛詩〕作頻。〔同上〕

**䰼** 丨，鬼兒。〔廣韻・真部〕又〔集韻・眞部〕。○丨，此蓋與覸覵之義相近。〔說文〕「丨，鬼兒」段注。

**駗** 丨，馬載重難行兒。〔集韻・眞部〕○丨驙，猶趁邅也。〔說文〕「驙，丨驙也」義證。○丨驙，馬載重難行。〔說文〕「丨，馬載重難行也」義證引〔玉篇〕。○丨，即〔易〕「屯如邅如」之屯。〔說文定聲・卷一六〕○丨，馬色。〔廣韻・真部〕

**獜** 丨丨，犬健也。〔廣韻・真部〕○令、丨聲近。〔說文〕「丨，健也」義證。○丨，今詩作令。〔說文〕「丨，健也」繫傳。○丨丨，〔毛詩〕作令令。〔同上〕段注。○丨，或从金。〔集韻・眞部〕○丨，亦書作獜。〔同上〕

**鱗** 丨，魚名。〔廣韻・真部〕○丨，段為鱗。〔說文〕「丨，丨魚也」段注。○丨，假借為鱗。〔說文定聲・卷一六〕

**𦘔** 丨，飾也。〔廣韻・真部〕○丨，音義皆與畫通。〔說文〕「丨，俗語以書好為丨」段注。

**杁** 丨，屋上間丨。〔廣韻・真部〕

**詢** 丨，誑也。〔廣韻・真部〕

**顛** 丨，頭憒也。〔集韻・眞部〕○丨，頭憒懣也。〔廣韻・真部〕

**翻** 丨丨，翁飛兒。〔廣韻・真部〕

**𢹎** 丨，拭也。〔廣韻・真部〕又〔集韻・眞部〕。○丨，婧也。〔同上〕○丨，段借為艱。〔說文定聲・卷一五〕○丨，段借為謹。〔同上〕

**謓** 丨，猶蘇俗所謂冷笑也，內怒而外笑。〔說文定聲・卷一六〕○丨，今人以嗔為之。〔同上〕○丨，今人作嗔。〔說文〕「丨，恚也」繫傳。○今人用嗔，古用丨。〔同上〕段注。○丨，字亦作嗔。〔廣雅・釋詁〕「丨，怒也」疏證。○丨，又作瞋。〔同上〕○丨，亦作㥲。〔集韻・眞部〕

**䐜** 丨，張起也。〔太素・順養〕「胃中寒則丨脹」楊注。○丨，肉脹起。〔說文定聲・卷一六〕○丨，肉脹起也。〔廣韻・真部〕○丨，謂肉脹起。〔集韻・眞部〕○邪氣張肉曰丨。〔說文〕「丨，起也」義證引〔六書故〕。○丨，義亦與瞋同。〔廣雅・釋詁〕「瞋，張也」疏證。

**縝** 丨，密緻也。〔集韻・眞部〕○丨，紛。〔廣韻・真部〕○一曰丨紛，衆盛。〔集韻・眞部〕

**蒷** 一,菟瓜。〔廣韻・真部〕〇一,艸名,菟瓜也。〔集韻・脂部〕〇一,即土瓜也,俗呼新羅葛。〔釋艸〕「一,菟瓜」鄭注。〇一,一名瓜裂。〔說文〕「一,兔瓜也」義證引〔太平御覽〕。

**犢** 一,牛名。〔廣韻・真部〕又〔集韻・眞部〕。〇北牛曰一。〔本草・卷五〇〕

**螾** 一,丘蚓也。〔說文〕「坥,益州部謂一場曰坥」段注。〇螼一仄行,即寒蚓也。〔大戴・勸學〕「一無爪牙之利」王詁。〇〔册府元龜〕有「大螻如羊,大一如虹」。〔漢書・郊祀志〕「黃龍地一見」補注引沈欽韓。〇一,寒蟬。〔廣韻・真部〕〇一,蟲名,寒螿也。〔集韻・諄部〕〇演、一、引古並同聲。〔廣雅・釋言〕「寅,演也」疏證。

**繽** 一,一紛。〔廣韻・真部〕〇一紛,盛也。〔續音義・卷六〕引〔切韻〕。〇一紛,盛皃。〔慧琳音義・卷七〕引〔集訓〕。〇一紛,一曰盛皃。〔集韻・眞部〕〇一紛,衆多皃也。〔慧琳音義・卷七〕引〔字書〕。〇一紛,亂也。〔集韻・眞部〕〇一紛,天花亂墜皃也。〔慧琳音義・卷一四〕〇一紛,謂讒慝交加,暗者身晦而不光也。〔漢書・揚雄傳〕「暗纍以其一紛」補注。〇鄢郢一紛,謂楚歌楚舞交雜並進。〔漢書・司馬相如傳〕「鄢郢一紛」補注。〇一,大徐作賓。〔說文〕「鬪,讀若一」段注。〇一,各本作鬪。(同上)

**鬪** 一鬪,謂鬥連結牽引。〔說文定聲・卷一六〕〇一,字亦作繽。(同上)〇一,今俗作繽字。〔說文〕「一,鬪也」繫傳。

**鬮** 一,一爭。〔說文〕作一鬪。〔廣韻・真部〕

**檳** 一,木名。〔廣韻・真部〕〇一,今檳榔樹也。〔說文定聲・卷一六〕〇一,通作頻。〔說文〕「一,木也」義證。〇一,以頻為之。〔說文定聲・卷一六〕〇一,字亦作檳。(同上)

**獱** 一,獺之別名。〔廣韻・真部〕〇一,似青狐,居水中食魚。〔說文〕「一,或从賓」義證引〔三蒼解詁〕。〇一,獺屬,似狐青色,居水中食魚。〔集韻・眞部〕〇一,或音編。〔說文〕「猵,獺屬」義證引〔本草圖經〕。〇一即猵,或曰犞牂。〔通雅・卷四六〕〇一,或作猵。〔集韻・眞部〕

**圁** 一,縣名,在一水之陰,因以為名。〔集韻・諄部〕〇一陽,縣名,在西河。〔廣韻・真部〕〇圜與一聲相近。〔漢書〕「圜水」雜志。〇古無一字,故借圜為之。(同上)

**麠** 一,獸名,似貉而八目。〔廣韻・真部〕引〔山海經〕。〇一,獸名,如貉,八目。〔集韻・諄部〕

**䜩** 一,多言。〔廣韻・真部〕〇一,一曰多言。〔集韻・眞部〕

**䶵** 一,虎爭聲。〔集韻・宥部〕〇一,兩虎爭聲。〔廣韻・真部〕

**䪽** 一,大頭。〔廣韻・真部〕〇一,頭大也。〔說文〕「一,頭一也」繫傳。〇一,頭大皃。〔集韻・諄部〕〇一砡與瑉砡同。〔廣雅・釋詁〕「瑉砡,齊也」疏證。〇一砡,石齊頭貌。〔文選・長笛賦〕李注。〇一,〔史記・楚世家〕作惲,〔漢書年表・人表〕同。〔左傳文公元年經〕「楚世子商臣弒其君一」洪詁。〇一、〔公〕、〔穀〕皆以髡為之。〔說文定聲・卷一五〕〇一,與願畧同。(同上)

**𡇍** 一,回也。〔集韻・文部〕〇一,田十二頃。〔廣韻・真部〕〇田十有二頃曰一。〔通雅・卷四〇〕〇田十有二頃謂之一。〔集韻・文部〕〇一,與圓畧同。〔說文定聲・卷一五〕〇一,通作股。〔說文〕「一,回也」義證。〇一,又作畬。〔通雅・卷四〇〕

**莂** 一,茅根也。〔說文定聲・卷一六〕〇一,蔽也。〔說文〕「一,芟也」義證引〔玉篇〕。〇一,藕根小者。〔廣韻・真部〕〇藕小者一。〔集韻・諄部〕〇一,藕紹也。(同上)〇一,叚借為郇。〔說文定聲・卷一六〕〇一,字亦作荀。(同上)

**揗** 一,與揗畧同。〔說文定聲・卷一五〕〇一,字亦作抆。(同上)〇一,字亦作搁。(同上)〇今人所用抆字即一字也。〔說文〕「一,撫也」段注。

**揞** 一,撫也。〔廣韻・真部〕〇一,或省作抿。〔集韻・眞部〕〇一,本作揞。(同上)

**搁** 一即揞字也。〔說文〕「揞,撫也」段注。〇一蓋即〔手部〕揞字,今之抆字。〔說文〕「幔,墀地也,以巾一之」段注。

**峮** 嶙一,山皃。〔集韻・諄部〕〇一嶙,山相連皃。(同上)〇嶙一,山相連皃。〔廣韻・真部〕〇一,亦从囷。〔集韻・諄部〕〇一,或書作峮。(同上)

**瘖** 一,病也。〔說文〕「疷,病也」義證引〔玉篇〕。又〔廣韻・真部〕。又〔集韻・眞部〕。〇一,或省作痻。(同上)〇一與瘖同。〔字彙〕

**痻** 一,病。〔詩・桑柔〕「多我覯一」朱傳。

**痕** 一,病也。〔說文〕「疷,病也」義證引宋劉彝。〇一,通作閔。(同上)

**暋** 一,視皃。〔廣韻・真部〕〇一,同旼。(同上)

**旼** 一,視皃。〔廣韻・真部〕又〔集韻・眞部〕。〇一,或作暋。(同上)〇一,或作昀。(同上)

**緡** 一,綸也。〔詩・何彼穠矣〕「維絲伊一」朱傳。又〔抑〕「言一之絲」朱傳。〇一,亦絲緒,釣魚綸也。〔廣韻・真部〕〇一,錢貫。(同上)〇一貫千錢,出算二十,故謂之一。〔說文定聲・卷一五〕〔「鍇」下〕〇一者,絲也,以貫錢,一貫千錢,出二十為算也。〔漢書・食貨志〕「臧繦千萬」補注引〔通典〕注。〇此借一為鍇,訓業訓本,若今商賈成本之謂。〔漢書・武帝紀〕「初算一錢」補注引蘇輿。〇算一錢者,占度貨物成本直錢若干,薄納官税,有不實則繩以法。(同上)○丨,又姓。〔廣韻・真部〕○丨,在今山東兖州府金鄉縣東北。〔説文定聲・卷一五〕(「緡下」)○丨蠻,鳥聲。〔大學〕「詩云丨蠻黄鳥」朱注。○丨、緜一聲之轉。〔廣雅・釋詁〕「丨、緜,施也」疏證。○〔穀梁〕丨作閔。〔左傳僖公二三年經〕「齊侯伐宋圍丨」洪詁。

緍 丨,吳人解衣相被謂之丨。〔集韻・眞部〕○丨,一曰錢丨。(同上)○丨,一曰國名。(同上)○丨,又姓。(同上)○丨丨,猶泯泯也。〔通雅・卷一〇〕○丨丨,與民民、綿綿通轉。(同上)○丨,假借為暝。〔説文定聲・卷一五〕○丨,假借發聲之詞。(同上)○丨,或作緡。〔集韻・眞部〕○丨、罠古今字。〔説文〕「罠,所以釣也」段注。

鍲 丨,算税也。〔廣韻・真部〕○丨、緡義同。〔廣雅・釋詁〕「丨,税也」疏證。○丨、緡並通。〔釋詁〕「貯,本也」疏證。○丨與錉同。〔集韻・眞部〕

錉 丨,筭税也。〔説文〕「丨,業也」義證引〔玉篇〕。○丨,通作緡。(同上)○丨,或从民。〔集韻・眞部〕○丨,字亦作貯。〔説文定聲・卷一五〕○丨,即緡之俗字。(同上)○一貫千錢,出算二十,故謂之緡,从金者後出字。(同上)

鶥 丨,鳥似翠而赤喙。〔廣韻・真部〕○丨,或作䧄。〔集韻・眞部〕○丨,或作鶥。(同上)

汃 丨,西方極遠之國。〔廣韻・真部〕○蜀九月曰丨月。〔通雅・卷一二〕引升菴。○丨,作邠。〔説文〕「爾雅曰西至於丨國,謂之四極」段注。○丨之作豳,聲之誤也。(同上)○丨,今本作邠。〔説文定聲・卷一三〕○丨,今〔爾雅〕作邠。〔説文〕「丨,西極之水」繫傳。

玢 丨,文采狀也。〔廣韻・真部〕○丨,玉文也。〔集韻・文部〕○丨豳,玉文理皃。(同上)○丨豳,〔史記〕作璸斒。〔漢書・司馬相如傳〕「丨豳文磷」補注。

攽 丨,气分。〔集韻・眞部〕○丨與頒音同義近。〔説文〕「丨,分也」句讀。○丨,叚借為分。〔説文定聲・卷一五〕○丨,讀與彬同。(同上)○丨字或作𠛘。〔説文〕「丨,分也」義證。○丨,亦从刀。〔集韻・眞部〕

𠛘 丨,分也。〔集韻・眞部〕○丨、攽、頒聲近義同。〔廣雅・釋詁〕「丨,分也」疏證。

砏 丨,石。〔廣韻・真部〕○丨,石也。〔集韻・眞部〕○丨,大聲也。〔集韻・文部〕○丨磤,石聲。〔楚辭・危俊〕「鉅寶遷兮丨磤」補注。又〔集韻・删部〕。○丨磤,大雷。〔廣韻・諄部〕○丨、磤,合言之則曰丨磤。〔廣雅・釋詁〕「磤,聲也」疏證。○丨,水名。〔廣韻・真部〕

肫 丨,面秀骨。〔説文〕「丨,面頯也」義證引〔五音集韻〕。○丨,俗謂之兩顴。〔説文定聲・卷一五〕○股骨最上謂之丨。〔左傳宣公一六年〕「殽烝」疏證引凌廷堪。○丨,腊之全者。〔集韻・諄部〕○丨,鳥藏。〔廣韻・諄部〕○丨丨,懇至貌。〔中庸〕「丨丨其仁」朱注。○忳、丨、訰、諄音義同。〔釋訓〕「訰訰,亂也」邵正義。○丨,假借為腨。〔説文定聲・卷一五〕○丨,假借為惇。(同上)○丨,假借為純,實為全。(同上)○丨,亦作膞。〔説文〕「膞,切肉也」段注。○丨,亦作膞,皆〔説文〕之腨字也。〔説文〕「骼,禽獸之骨曰骼」段注。○丨丨,〔大戴記〕作純純。〔荀子・哀公〕「繆繆丨丨」集解引郝懿行。○丨,〔史〕、〔漢〕作準。〔説文〕「丨,面頯也」段注。

輴 丨,載柩車也。〔廣韻・諄部〕○丨,亦謂載柩車也。〔莊子・達生〕「死得於腞楯之上」集釋。○丨,即𨊻字。〔説文〕「欙,山行所乘者」義證。

𨊻 丨之言巡也,巡繞之詈。〔説文〕「丨,車約丨也」段注。○丨,通作篆。(同上)義證。○丨與輴同。〔説文〕「欙,山行所乘者」義證引〔玉篇〕。○丨,同輴。〔廣韻・諄部〕○丨,即巡之異文。〔史記・始皇本紀〕「親巡遠方黎民」志疑。

𢅤 丨,䶜也。〔集韻・諄部〕○丨,布貯曰丨。〔廣韻・諄部〕○布貯曰丨。(同上)○丨,布戴米。〔集韻・眞部〕○丨之言屯聚。〔廣雅・釋器〕「丨、𧉅也」疏證。○丨,假借為𥬠。〔説文定聲・卷一五〕○丨者,㡆之或體,領耑也,故从巾。(同上)

栒 丨,木名,可為鉏柄。〔集韻・諄部〕○丨,或作杊。(同上)○丨,或作枸。〔説文〕「丨,大木可為鉏柄」義證。

姰 丨,狂也。〔廣韻・諄部〕又〔集韻・諄部〕。○丨之言眴也。〔廣雅・釋詁〕「丨,狂也」疏證。○丨,今作勻。〔説文〕「丨,鈞適也」義證。

𦎫 丨即埻字之叚借也。〔説文〕「埻,埻旳」段注。○今俗云純熟,當作此字,純醇行而丨廢矣。〔説文〕「丨,孰也」段注。

陙 丨,小阜。〔集韻・眞部〕○丨,小阜名也。〔廣韻・諄部〕

𡗜 丨,大也。〔廣韻・諄部〕○丨,此謂敦厚之大。〔説文〕「丨,大也」段注。○丨,通作純。〔集韻・諄部〕

犉 丨,黄牛黑脣。〔廣韻・諄部〕○黄牛黑脣曰丨。〔詩・無羊〕「九十其丨」朱傳。又〔良耜〕「殺時丨牡」朱傳。又〔集韻・諄部〕。○牛七尺曰丨。〔詩・無羊〕「九十其丨」集疏引陳喬樅。

瞤 丨,目動。〔廣韻・諄部〕又〔集韻・僊部〕。○丨,目瞼動也。〔續音義・卷七〕引〔切韻〕。○無故目自動曰丨。〔慧琳音義・卷三六〕引〔考聲〕。○今謂眼瞼掣動為丨動。〔卷七三〕○丨與螾亦聲近義同。〔廣雅・釋詁〕「螾,動也」疏證。○丨,或作䁢。〔集韻・諄部〕○丨,又作眴。〔續音義・卷七〕引〔切韻〕。

棆 丨,木名。〔説文〕「丨,母杶也」義證引〔玉篇〕。又〔廣韻・諄部〕。○丨,木名,似豫章。〔集韻・諄部〕○丨,今謂之鈞樟。〔釋木〕「丨,無疵」鄭注。○丨,無疵,梗屬,似豫章。〔説文〕「丨,母杶也」繫傳。○丨通作蕎。(同上)義證。○丨杶雙聲兼疊韻。〔釋木〕「丨,無疵」郝疏。

侖 ｜，思也。〔慧琳音義・卷九〇〕引〔集訓〕。〇｜，理也。〔說文〕「輪，有輻有輪」段注。〇論、惀並與｜通。〔廣雅・釋詁〕「｜，思也」疏證。〇｜或借論。〔說文〕「｜，思也」義證。〇｜，字亦變作崙。〔說文定聲・卷一五〕

踚 ｜，行也。〔廣韻・諄部〕

夋 ｜，倨也。〔說文定聲・卷一八〕〔「竣」下〕又〔廣韻・諄部〕。〇｜之為倨，借為竣字。〔說文定聲・卷一八〕〔「竣」下〕〇｜通作踆。〔說文〕「｜，行｜｜也」義證。〇｜，假借為蹲。〔說文定聲・卷一五〕〇｜，假借為竣。（同上）〇蹲踆｜並同字。〔廣雅・釋詁〕「蹲，踞也」疏證。

嶟 ｜，山皃。〔廣韻・諄部〕〇｜，山銳也。〔集韻・諄部〕〇｜｜，竦峭皃。（同上）

灥 ｜，三泉相通。〔廣韻・諄部〕

潧 ｜，通作溱。〔集韻・臻部〕〇｜，通作淨。（同上）〇｜，｜洧今亦作溱，｜溱双聲。〔說文定聲・卷二〕〇｜，經傳皆作溱，秦聲。〔說文〕「｜，水出鄭國」段注。

𨬍 ｜，小鑿。〔廣韻・仙部〕又〔臻部〕引〔埤蒼〕。〇｜，小鑿也。〔集韻・臻部〕

轃 ｜，大車簀也。〔廣韻・先部〕〇｜，假借為臻。〔說文定聲・卷一六〕〇又假｜作臻字。〔漢書・王襃傳〕「萬祥畢溱」補注引周壽昌。

墫 ｜，士舞也。〔集韻・諄部〕〇｜，舞皃。〔集韻・諄部〕〇｜｜，舞皃。〔集韻・諄部〕〇｜，或从足。（同上）

扟 ｜，從上擇取物也。〔廣韻・臻部〕〇｜，從上把也。〔說文定聲・卷一六〕〇｜，與攟略同。（同上）〇｜，假借為損。（同上）〇｜，假借為婿。（同上）

𧖴 ｜，衆盛皃。〔廣韻・臻部〕〇｜疑，猶羣疑也。〔說文定聲・卷六〕〇㚘詵駪莘侁甡｜並字異而義同。〔廣雅・釋詁〕「㚘，多也」疏證。〇｜與燊同意。〔說文〕「｜，衆盛也」段注。〇｜，當與棽略同。〔說文定聲・卷六〕

燊 ｜，熾也。〔廣韻・臻部〕〇｜，一曰火熾皃。〔集韻・臻部〕〇｜，與〔木部〕𧖴字同意。〔說文〕「｜，盛皃」段注。

籸 ｜，粉滓。〔廣韻・臻部〕〇｜，粉澤也。〔集韻・臻部〕〇｜，粥凝也。（同上）〇除日焚柴曰｜盆。〔通雅・卷一二〕〇｜，或作䊇。（同上）〇｜，或从先。〔集韻・臻部〕

阠 ｜，陵名。〔集韻・臻部〕〇八陵東名｜。〔廣韻・臻部〕

𤵸 ｜，寒病。〔廣韻・臻部〕又〔集韻・眞部〕。〇｜，寒噤也。〔說文〕「｜，寒病也」繫傳。〇噤｜，感寒健忍之狀也。（同上）繫傳。〇凡〔素問〕、〔靈樞〕、〔本艸〕言洒洒、洗洗者，其訓皆寒，皆｜之叚借。（同上）段注。〇｜，又作瘮。（同上）義證。

曟 ｜，俗所謂大人星也。〔說文定聲・卷一五〕〇｜，通作辰。〔集韻・眞部〕〇｜，叚借為晨。〔說文定聲・卷一五〕〇｜，叚借為鷐。（同上）

儿 ｜者人也。〔說文繫傳・通論上〕〇｜者，人在下者也。〔說文繫傳・通論中〕〇｜與人同。〔荀子〕「阪為先」雜志。

𨶹 ｜，昏也。〔集韻・眞部〕〇｜，或作䖟。（同上）

螴 ｜蜳，不安定皃。〔集韻・眞部〕

𢘐 ｜，憂也。〔集韻・諄部〕〇｜、惸音義同。〔釋訓〕「惸惸，憂也」郝疏。〇｜，字亦作𢗌。〔說文定聲・卷一六〕〇｜，〔廣韻〕作𢗌。〔說文〕「｜，惪也」段注。〇｜，或作𢗌。〔集韻・諄部〕〇｜，或作忳。（同上）

𣗳 ｜，簀版。〔集韻・欣部〕〇｜，叚借為榛。〔說文定聲・卷一六〕

𥑢 ｜，石不平皃。〔集韻・眞部〕〇｜，一曰礪也。（同上）

𥳍 ｜，一曰器名。〔集韻・眞部〕

䞋 ｜者，業也，若今人所謂本錢。〔廣雅・釋詁〕「｜，本也」疏證。〇｜，一曰算也。〔集韻・眞部〕〇｜，一曰稅也。（同上）〇｜本作錞。〔說文〕「錞，業也」義證引〔玉篇〕。〇｜，或作䞙。〔集韻・眞部〕

䞙 ｜，貨也。〔廣韻・青部〕又〔集韻・青部〕。

𤢖 ｜猭，連延皃。〔集韻・眞部〕〇｜猭，即獮猭，相率奔逸。〔文選・洞簫賦〕「密漢泊以｜猭」集釋。〇｜，此字當从犬，軟聲。〔說文定聲・卷一六〕

膞 ｜，股骨也。〔集韻・諄部〕〇｜胳，腿肉也。〔通雅・卷三九〕〇｜，叚借為腨，謂腓腸也。〔說文定聲・卷一四〕〇｜，〔說文〕之腨字也。〔說文〕「骼，禽獸之骨曰骼」段注。

𣘻 ｜，木也，與杶同物而異名。〔說文〕「｜，杶也」義證引〔五經文字〕。〇｜，假借為郇。〔說文定聲・卷一六〕〇｜，以筍為之。（同上）〇｜，作簨。（同上）〇｜，字亦作枸。（同上）

枸 ｜，一曰木名。〔集韻・諄部〕〇｜，邑名，在扶風。（同上）〇｜，當作栒，此即右扶風｜邑縣也。〔漢書・高惠高后文功臣表〕「栒頃侯溫疥」補注引王念孫。〇｜，作栒者，借字耳。（同上）

㡄　丨，領耑也。〔集韻·諄部〕○丨，或从衣。（同上）○丨，字亦作袧。〔說文定聲·卷一六〕

𧺆　丨，行速丨丨也。〔說文定聲·卷一五〕

𧼌　丨，走皃。〔集韻·諄部〕○丨字與巡、循同音，義亦相近。〔說文〕「丨，走皃」句讀。○丨，當云讀若綴。〔說文定聲·卷一三〕

慇　丨，憂也。〔集韻·諄部〕○丨，亦省。（同上）○丨，以隱為之。〔說文定聲·卷一五〕

殷　丨，隱也。〔本草·卷九〕○丨，一曰中也。〔集韻·欣部〕○丨，一曰大也。（同上）○丨，一曰衆也。（同上）○丨，亦商别號，因以為姓。（同上）○丨、衣一聲之轉，今安徽黟縣人猶讀丨如衣。〔說文定聲·卷一五〕○丨，段借為慇。（同上）○丨，字亦作鄎。（同上）○丨，一作段。〔史記·儒林列傳〕「廣川丨忠」志疑引徐廣。

筋　丨，體之力也，可以相連屬作用也。〔說文〕「丨，肉之力也」義證引〔太平御覽〕。○丨，又姓。〔集韻·欣部〕○丨，古作竻。（同上）○丨，或作腱。（同上）○丨，或作膫。（同上）○丨，俗作筯。（同上）

菦　丨，蔓蒿也。〔說文〕「丨，菜，類蒿」義證引〔玉篇〕。○丨，即今人所食芹菜。（同上）段注。○丨，即芹之或體。〔說文定聲·卷一五〕○丨，〔詩〕、〔禮〕皆作芹。〔說文〕「丨，菜，類蒿」段注。

芹　丨，俗作靳，即今水丨菜。〔說文定聲·卷一五〕○丨，今水中丨菜。〔集韻·欣部〕○丨，亦作靳。（同上）

斳　丨，當作蘄，从艸、丨，諧聲也。〔本草·卷二六〕○丨，後省作芹。从斤，亦諧聲也。（同上）○丨字俗作芹字。（同上）

𣶒　丨淪，水回旋皃。〔集韻·諄部〕○丨淪，水旋流皃。〔集韻·欣部〕

𠊧　丨，治也。〔集韻·眞部〕○丨，理也。（同上）

湮　丨，寒皃。〔集韻·諄部〕

𠞂　丨，削也。〔集韻·眞部〕

眴　丨，通作恂。〔說文〕「丨，目搖也」義證。○丨，假借為𦉶。〔說文定聲·卷一六〕

訇　丨，字亦作訽。〔說文定聲·卷一六〕

𦉶　丨，驚也。〔集韻·諄部〕○丨，驚辭也。〔莊子·德充符〕「少焉眴若」集釋引俞樾。○丨，通作恂。〔說文〕「丨，驚詞也」義證。○眴為丨之叚字。〔莊子·德充符〕集釋引俞樾。

嗔　丨，怒也。〔廣韻·真部〕○丨，同瞋。（同上）

𡉏　丨，土壁也。〔集韻·諄部〕

埻　丨與臬同義，故皆訓為法。〔廣雅·釋詁〕「丨，法也」疏證。

䝅　丨，周也。〔集韻·諄部〕

𨐨　丨，多也。〔說文〕「詵，致言也」義證引〔玉篇〕。又〔廣韻·臻部〕。○丨詵駪莘侁甡㚕並字異而義同。〔廣雅·釋詁〕「丨，多也」疏證。○丨即甡字。〔說文定聲·卷一六〕

𤲍　丨，菜畦。〔廣韻·真部〕○蔬畦曰丨。〔集韻·眞部〕○丨，或作疄。（同上）

瞵　丨，田壟。〔廣韻·真部〕

妁　丨，女始粧也。〔集韻·諄部〕

婣　丨與因通。〔廣雅·釋詁〕「因，親也」疏證。

㜪　有丨，國名。〔廣韻·臻部〕○丨與莘同。〔漢書·古今人表〕「有丨一氏」補注引錢大昭。○丨，或作㛛。〔集韻·臻部〕

𡣍　丨，姿也。〔集韻·眞部〕○丨丨，姿。〔廣韻·真部〕

𡵎　丨，謂山怪也。〔說文定聲·卷一六〕○丨，獸名，狀如狗。〔集韻·臻部〕○丨，通作莘。（同上）

崘　丨，崓，山皃。〔集韻·諄部〕

帘　丨，幕也。〔廣韻·臻部〕又〔集韻·臻部〕。

𢏂　丨，弰也。〔集韻·諄部〕

弫　丨，旗弧。〔集韻·眞部〕

虨　丨，虎文。〔廣韻·真部〕○丨，虎文也。〔廣韻·諄部〕○丨、彪雙聲，可以通借。〔說文〕「丨，虎文，彪也」句讀。○丨，俗作𧇁。〔廣韻·真部〕

徇　丨，使也。〔集韻·諄部〕○丨，一曰徧示。（同上）○丨與循同義。〔管子·四時〕「故天曰信明」義證引孫星衍。○丨，今巡字。〔左傳宣公四年〕

「王使巡師曰」洪詁引〔字詁〕。○—,或作佝。〔集韻·諄部〕○—,或作佝。(同上)○—,服本作循。〔左傳文公二年〕「國人弗—」疏證。

後 遵與—古字通。〔漢書〕「—儉」雜志。○—讀為遵。(同上)

怐 —,憂悶。〔廣韻·諄部〕

⿰忄申 —,憂也。〔集韻·眞〕

怋 —,亂也。〔說文〕「—,怓也」繫傳。又〔廣韻·真部〕。○—,字亦作痻。〔說文定聲·卷一六〕○—,字亦作㾓。(同上)

恮 —,謹也。〔集韻·諄部〕

悃 —,志純一也。〔說文〕「—,愊也」義證引〔玉篇〕。

悛 —,改也。〔集韻·諄部〕○—、後、逡、循、蹲,並字異而義同。〔廣雅·釋詁〕「逡,循也」疏證。○怐怐、——、逡逡,並字異而義同。〔廣雅·釋訓〕「怐怐,敬也」疏證。

惇 —,心實也。〔廣韻·諄部〕○—,厚也。〔集韻·諄部〕

惀 —,欲曉知也。〔廣韻·諄部〕○—,欲知皃。〔集韻·諄部〕○—,一曰思也。(同上)

愍 —,心亂。〔集韻·文部〕○—,字本作忞。〔廣雅·釋詁〕「惃惷頓—,亂也」疏證。○—,或作暋。(同上)○—,又作泯。(同上)

愕 —,慄,猶恐懼也。〔說文定聲·卷一六〕(「恂」下)

憖 —猶傷也。〔左傳僖公二八年〕疏證引朱駿聲。○—猶缺也。(同上)○—猶齧也。(同上)○—當與閒同義。〔左傳文公一二年〕「兩君之士皆未—也」疏證引洪亮吉。○—,地名。〔集韻·諄部〕○憖,本作—,俗省作憗。〔正字通〕

⿰忄賓 —,敬也。〔廣韻·真部〕○—,心伏也。〔集韻·眞部〕

捘 —,推也。〔廣韻·諄部〕

揗 —,手相安慰。〔廣韻·諄部〕○—,一曰摩也。〔集韻·諄部〕

搸 —,聚也。〔廣韻·臻部〕○—,琴瑟音。(同上)○—,琴瑟聲。〔集韻·眞部〕

敃 —,勉也。〔集韻·眞部〕○—,同暋。〔集韻·眞部〕

啟 —,擊聲。〔廣韻·真部〕

殷 —,喜動也。〔集韻·眞部〕○—,喜而動皃。(同上)○—,一曰擊也。(同上)○—,或从攴。(同上)

暋 —,强也。〔集韻·眞部〕

齗 —,大笑。〔廣韻·真部〕又〔集韻·欣部〕。○—,通作沂。(同上)○—,或作𪗚。(同上)○—,或作齘。(同上)

昬 —,蔑也,讀曰泯。〔書·牧誓〕「—棄厥肆祀弗答」述聞。○—與涽聲相近。〔書·皋陶謨〕「下民—墊」注康成「—,没也」孫疏。

豘 —,豵也。〔方言八〕「豵,關西謂之貒」疏證。○—豯皆豬子也。(同上)箋疏。○—,本作肫。(同上)疏證。

臏 —,脊—。〔廣韻·真部〕○—,夾脊肉也。〔集韻·諄部〕○當脊肉曰—也。〔慧琳音義·卷七二〕○—,通作夤。〔集韻·諄部〕

杋 —,木名。〔集韻·眞部〕

杓 —即勻之轉注。〔說文定聲·卷一六〕

栶 —,木名。〔集韻·諄部〕○—,就也。〔國策·秦策五〕「狀如振—」鮑注。

⿰木林 —,木分也。〔集韻·眞部〕

楯 —,木名。〔廣韻·諄部〕○—,欄檻也。〔集韻·諄部〕

栒 —,杶也。〔集韻·諄部〕○—,杶木別名。〔廣韻·諄部〕

⿰木昬 —,木名。〔集韻·諄部〕

橉 —,字亦作橉。〔廣雅·釋宮〕「—,砌也」疏證。

橇 —,禹治水所乘者。〔集韻·諄部〕○—,通作輴。(同上)

檈 —,承食案也。〔廣韻·諄部〕○—,圜案也。〔集韻·諄部〕

⿰木銀 —,木名,色白。〔廣韻·真部〕

⿰木盡 —,盂也。〔集韻·眞部〕

櫬 —,木名,王蒸也。〔集韻·眞部〕○—,即朝生暮落花也。〔釋艸〕「—,木槿」鄭注。○—,梧桐也,以其可為棺—,故曰—。〔釋木〕「—,梧」鄭注。

**歐**　一歔，嘅也。〔集韻·諄部〕

**欥**　一，氣逆也。〔廣韻·諄部〕○一，信也。〔同上〕○一欥，喜兒，一曰氣逆也。〔集韻·諄部〕○一，或从气。〔同上〕

**毴**　一，罽布也。〔集韻·臻部〕

**殍**　一，速也。〔莊子·達生〕「以黃金注者一」集釋。○今本一作殙。〔同上〕集釋引盧文弨。

**氤**　一氳，元氣盛也。〔廣韻·真部〕○一氳，謂天地未分之始氣也。〔慧琳音義·卷一九〕○一氳，陰陽和氣也。〔卷八〕引〔字統〕。○一氳，祥瑞氣也。〔卷六〕

**汶**　一，一山郡。〔廣韻·真部〕

**泃**　一，水名。〔廣韻·真部〕○一，水名，出沂縣。〔集韻·諄部〕

**湺**　一，棠棗木汁，可以染。〔集韻·眞部〕

**涒**　一灘，水流曲折兒。〔集韻·諄部〕

**湣**　一，謚也。〔集韻·眞部〕○〔家語〕一作緡，音義同。〔史記·三代世表〕「宋一公」志疑。

**潃**　一，流兒。〔集韻·諄部〕

**瀵**　一，水清兒。〔集韻·眞部〕○一，水名。〔廣韻·真部〕

**焞**　一，明也。〔國語·鄭語〕「淳燿敦大」述聞。又〔廣韻·諄部〕。○一，一曰灼龜炬。〔集韻·諄部〕

**犉**　一，牛行遲。〔廣韻·諄部〕○一，牛行遲也。〔同上〕又〔集韻·諄部〕。○一，牛行遲兒。〔同上〕

**犻**　一，正作豚。〔續音義·卷八〕

**狆**　一，狂也。〔集韻·眞部〕

**狺**　一，犬吠聲。〔集韻·諄部〕○一一，吠聲。〔楚辭·九辯〕「猛犬一一而迎吠兮」補注。○一一，犬爭。〔同上〕○一一，開口貌。〔同上〕補注引五臣。○一，同犷。〔廣韻·真部〕

**犷**　一，吠不止也。〔說文〕「一，犬吠聲」繫傳。○一，大聲。〔廣韻·真部〕

**獙**　一，犬走草狀。〔廣韻·真部〕○犬走艸謂之一一。〔集韻·眞部〕

**玭**　一，珠也。〔廣韻·真部〕○一者，蠙珠也。〔說文定聲·卷一二〕○一者，蠙之珠。〔卷一六〕〔「蠙」下〕○一即蠙。〔說文〕「瑀，石之次玉者」段注。○一本是蚌名，以為珠名。〔說文〕「一珠，珠之有聲者」段注。○一，蓋以蠙為之。〔說文定聲·卷一二〕○一、蠙各字，今分蠙為正篆。〔同上〕○汪本一作玭。〔漢書·五行志〕「故行步有佩玉之度」補注引朱一新。

**瑞**　一同彲。〔廣韻·真部〕

**璶**　一，玉名。〔集韻·眞部〕○一，或省作瑾。〔同上〕

**瑱**　一，場也。〔集韻·諄部〕

**瓆**　一，玉名。〔集韻·諄部〕○一，或从春。〔同上〕

**瑃**　一，玉名。〔廣韻·諄部〕

**畇**　一，墾田兒。〔集韻·諄部〕○一，均也。〔廣韻·諄部〕○一一即畇畇。〔通雅·卷九〕○一，或作畇。〔集韻·諄部〕○一，或作畃。〔同上〕

**瘨**　一，腹脹病。〔集韻·眞部〕

**皴**　一，皮理。〔集韻·眞部〕

**皸**　足坼曰一。〔集韻·諄部〕

**盡**　一，氣液也。〔說文定聲·卷五〕〔「盡」下〕○一，通作津。〔說文〕「一，氣液也」義證。○一，字多以津為之。〔說文定聲·卷一六〕○一，各書皆假津為之，津行而一廢矣。〔說文〕「一，氣液也」段注。○一，今作津。〔同上〕繫傳。

**濜**　一，氣之液也。〔廣韻·真部〕○一，本亦作盡。〔同上〕

**眒**　一，引目也。〔集韻·眞部〕○一，一曰疾也。〔同上〕○一，鳥獸驚兒。〔廣韻·真部〕○一者，驚疾之貌。〔漢書·司馬相如傳〕「倏眒倩浰」補注。○一又與眴同。〔同上〕○一，古作瞚。〔集韻·眞部〕

**眘**　一，大目也。〔集韻·眞部〕○一，大目兒。〔廣韻·真部〕

**眴**　一，鈍目也。〔廣韻·諄部〕又〔集韻·諄部〕。

碅｜磳，石危皃。〔集韻·諄部〕

碖｜，石也。〔集韻·諄部〕

磌｜，柱下石也。〔廣韻·真部〕○｜然，聲也。〔集韻·眞部〕

⿰石寘｜，碎石聲。〔集韻·眞部〕

禛｜，以眞受福。〔廣韻·真部〕○｜，與禎義略同。〔説文定聲·卷一六〕

秂｜，禾欲結者。〔集韻·眞部〕

秵｜，禾華也。〔集韻·諄部〕

稹｜，概也。〔廣韻·釋言〕○｜，艸木根相迫迮也。〔集韻·眞部〕○｜，或从木。（同上）

寘｜與填同。〔釋言〕「烝，塵也」郝疏。○｜，塵之叚音。（同上）

遵｜，喜也。〔廣韻·諄部〕○｜，喜皃。〔集韻·諄部〕

箟｜，箭竹。〔廣韻·真部〕○｜蔽，局也。〔通雅·卷三五〕

⿱竹侖｜子，船具。〔廣韻·諄部〕又〔集韻·諄部〕

⿱竹兟｜，篳也。〔集韻·臻部〕

⿰糹辰｜，緻也。〔集韻·眞部〕

⿰糹盾｜，縫也。〔廣韻·諄部〕又〔集韻·諄部〕。○｜與循通。〔廣雅·釋詁〕「緣，循也」疏證。

緸｜冤，摇動皃。〔集韻·諄部〕

繗｜，紹也。〔廣韻·真部〕又〔集韻·眞部〕。○｜，理絲也。（同上）

⿰糹頻｜，擣衣。〔廣韻·真部〕○｜，擣衣也。〔集韻·眞部〕

⿰糹麇｜，束也。〔集韻·諄部〕○｜，或作⿰糹囷。（同上）

⿰羊東｜，獸名，似羊，目在耳後。〔廣韻·真部〕又〔集韻·眞部〕。

⿰羊垔｜，黑羊。〔廣韻·真部〕又〔集韻·諄部〕。○｜，或从因。（同上）

⿰羊辛｜，羽多。〔廣韻·臻部〕又〔集韻·臻部〕。

翩｜｜猶繽繽，群飛貌也。〔廣雅·釋訓〕「｜｜，飛也」疏證。○｜，飛皃。〔廣韻·真部〕○｜翁，飛皃。〔集韻·眞部〕

⿰耒侖｜，耕也。〔集韻·諄部〕

⿰舟侖｜，船前桄也。〔集韻·諄部〕○｜，船｜。〔廣韻·諄部〕

芒｜，艸名。〔集韻·眞部〕

苠｜，竹膚也。〔集韻·眞部〕

莀｜，艸多皃。〔集韻·眞部〕

⿱艹⿰犭斤｜，亭名，在江夏。〔廣韻·真部〕

菴｜，艸名。〔集韻·諄部〕

菌｜桂出交趾，員如竹。〔集韻·諄部〕引〔本艸〕。○｜露，與箘簬同。〔廣雅·釋草〕「箘簬，箭也」疏證。

蓳｜蘆，香艸。〔集韻·諄部〕○｜，通作茵。（同上）

蒖｜，芀也。〔廣韻·真部〕○｜，艸名，梟葵也。〔集韻·眞部〕○｜，一曰蕒莢實。（同上）

⿱艹脊｜牛，草，似蘭，青黑色。〔廣韻·諄部〕

⿱艹粦｜，艸名，似竹，中實。〔集韻·眞部〕○｜，通作粼。（同上）

⿱艹兟｜，艸名。〔集韻·臻部〕

⿱艹榛｜，木叢生。〔廣韻·臻部〕○｜，一曰菆也。〔集韻·臻部〕○｜，或作榛。（同上）

⿱艹臻｜，草木雜生也。〔續音義·卷六〕引〔考聲〕。

蘡｜薁，似葡萄而小，子黑也。〔慧琳音義·卷九九〕引〔考聲〕。

虋｜，禾名。〔集韻·眞部〕○赤粢為｜。〔本草·卷二三〕○草之茂者為｜。〔本草·卷一八〕○｜，俗作門。（同上）

**蚐**　丨，蟲名，馬蚿也。〔集韻·諄部〕

**蚼**　丨，蟲名。〔廣韻·諄部〕又〔集韻·諄部〕。

**蜫**　丨即蚿之異文。〔釋文〕「丨，馬蚿」郝疏。

**蜠**　丨，貝也。〔集韻·諄部〕○丨，大貝。〔廣韻·真部〕○丨乃貝子之名。〔本草·卷二八〕○丨䲠聲轉。〔釋魚〕「丨，大而險」郝疏。○丨，或从貝。〔集韻·諄部〕

**蝹**　丨丨，龍皃。〔廣韻·真部〕又〔集韻·諄部〕。

**蜦**　丨，神蛇，能興雲雨。〔廣韻·諄部〕○丨，或作蜧。〔集韻·諄部〕

**蠎**　丨，一作燐。〔廣雅·釋蟲〕「螢火，丨也」疏證。

**蟁**　丨，蟲名，負盤也。〔集韻·眞部〕

**衶**　丨，以巾覆物也。〔集韻·諄部〕

**袗**　丨，衣同色。〔集韻·眞部〕○古文丨為均。〔左傳僖公五年〕「均服振振」疏證引惠棟。○丨乃袀之譌。（同上）疏證。

**裑**　丨者，衣中也。〔說文定聲·卷八〕（「袾」下）○丨，謂衣中也。〔廣雅·釋器〕「衽，丨也」疏證。○丨，字通作身。（同上）

**䘳**　袴襉曰丨。〔集韻·諄部〕

**覗**　丨，視也。〔集韻·諄部〕

**䚀**　丨䙿，暫見。〔廣韻·真部〕又〔集韻·眞部〕。○丨，叚借為閔。〔說文定聲·卷一六〕○丨，字亦作顏。（同上）

**䚁**　丨，觓也，二十枚曰丨。〔集韻·諄部〕

**訔**　丨丨，和敬皃。〔集韻·諄部〕引鄭康成。○誾誾、丨丨、訢訢，並字異而義同。〔廣雅·釋訓〕「誾誾，敬也」疏證。

**訷**　丨，說也。〔集韻·眞部〕○丨，丨說〔廣韻·真部〕○丨，信也。（同上）

**賓**　丨，美也。〔慧琳音義·卷八五〕引〔考聲〕。○丨，美好也。〔廣韻·真部〕○丨，美皃。〔集韻·諄部〕

**趍**　丨，獨行皃。〔集韻·諄部〕

**趁**　丨，越履。〔廣韻·真部〕○丨𧼮，行不進皃。〔集韻·眞部〕

**趙**　丨，走皃。〔集韻·諄部〕

**趣**　丨，行也。〔廣韻·諄部〕

**踀**　丨，踔也。〔集韻·眞部〕

**跧**　丨，蹷也。〔廣韻·諄部〕○丨，蹴也。〔集韻·諄部〕○丨，卑也。（同上）

**蹸**　丨丨，行皃。〔集韻·眞部〕○丨，叚借為輪。〔說文定聲·卷一六〕○丨，叚借為壼。（同上）○丨，實為梱。（同上）○丨，又作轔。〔說文〕「丨，轢也」義證。○丨，或作轔。〔文選·藉田賦〕「接游車之轔轔」集釋引〔集韻〕。

**蹲**　丨與蓴亦聲近義同。〔廣韻·釋詁〕「蓴，聚也」疏證。○悛、後、逡、循、丨並字異而義同。〔廣雅·釋詁〕「逡，循也」疏證。○逡巡、逡遁、遵遁、巡遁、逡丨、丨循、遁巡，並字異而義同。〔廣雅·釋訓〕「逡巡，卻退也」疏證。○丨、踆、夋並同字。〔廣雅·釋詁〕「丨，踞也」疏證。

**躰**　丨，走皃。〔集韻·眞部〕

**輴**　丨，車軶也。〔集韻·眞部〕

**䡅**　丨，字或作軝。〔說文〕「𨍭，車伏兔下革也」義證引〔急就篇〕顏注。

**𨏊**　丨，車也。〔集韻·眞部〕

**𨍭**　丨，或作䡅。〔說文〕「丨，車伏兔下革也」義證。

**𠥑**　丨，通作辰。〔集韻·眞部〕○丨，今借辰字。〔說文〕「丨，日月合宿為辰」繫傳。○丨，各本作為辰。〔說文〕「丨，日月合宿為丨」段注。

**迚**　丨，邅也。〔集韻·諄部〕○丨丨，邅。〔廣韻·諄部〕

**迿**　丨，先也。〔集韻·諄部〕

**邅**　丨，不行也。〔集韻·諄部〕

**郇**　丨，姓也。〔廣韻·真部〕又〔集韻·眞部〕。

**鈱**　丨，鐵也。〔集韻·眞部〕○丨丨，鋭。〔廣韻·真部〕

鍎 —，器名。〔集韻・諄部〕

鏻 —，健兒。〔廣韻・真部〕

鑌 —，利鐵也。〔集韻・眞部〕○—，鐵，為刀甚利。〔廣韻・真部〕

闅 —，低目視也。〔廣韻・真部〕○—，亭名，在汝南。〔同上〕○—，鄉名。〔集韻・眞部〕

陯 —，山阜陷也。〔廣韻・諄部〕又〔集韻・諄部〕。

𨿽 —，鳥名，鶉雞也。〔集韻・諄部〕○—，鶉雞晚生者。〔廣韻・諄部〕○—，或从鳥。〔集韻・諄部〕

霦 璘—，玉光色。〔廣韻・真部〕

頵 —，權骨也。〔集韻・諄部〕

頣 —，彊頭也。〔集韻・眞部〕○—，强也。〔廣韻・真部〕○—，或从昬。〔集韻・眞部〕

馪 —，香氣盛皃。〔集韻・眞部〕

馻 —，馬逆毛。〔集韻・諄部〕

驎 —，騏—，白馬黑脊。〔廣韻・真部〕○—，馬斑文。〔集韻・眞部〕○—，通作粼。〔同上〕

鬊 —，亂髮也。〔集韻・諄部〕○亂髮為—。〔説文〕「𦣻，百同，故百也」繫傳。

鬒 㐱、—，義亦與稹同。〔廣雅・釋言〕「稹，概也」疏證。

魿 —，蟲連行紆行者。〔集韻・諄部〕○—，或从虫。〔同上〕

魿 —，蟲魚連行。〔廣韻・真部〕

鯙 —，魚名。〔集韻・諄部〕

鯩 —，魚名。〔廣韻・諄部〕

鰆 —，海魚名。〔集韻・諄部〕

䲋 —，魚尾長也。〔廣韻・臻部〕○—，魚名。〔集韻・臻部〕○—，長尾皃。〔同上〕○—，通作莘。〔同上〕○—，或省作鮮。〔同上〕

鳾 —鸛，小鳥。〔集韻・眞部〕

駒 —鵖，小鳥。〔廣韻・諄部〕

鬊 —，稔也。〔集韻・諄部〕

鼘 —，鼓聲。〔集韻・諄部〕○—，同鼖。〔廣韻・真部〕

鼖 —，鼓聲。〔廣韻・真部〕

齗 —，笑露齒。〔集韻・諄部〕

# 續經籍纂詁卷第十二

上平聲

## 十二文

文丨者，錯畫也。〔説文〕「綺，丨繒也」段注。○青與赤謂之丨。〔禮記・月令〕「黼黻丨章」集解引〔考工記〕。○物相襍謂之丨。〔説文定聲・卷一五〕○丨，貍丨也。〔左傳宣公二年傳〕「丨馬百駟」洪詁引賈逵。○依類象形謂之丨。〔説文〕「書，箸也」義證引〔玉篇〕。○象形、指事謂之丨。〔説文定聲・卷一五〕○丨，字也。〔孟子・萬章上〕「不以丨害辭」朱注。○丨，古曰丨，今曰字。〔説文・上説文書〕「作説丨解字」段注。○字曰丨。〔通雅・卷三〕○丨即謂書契也。〔説文・敘〕「言丨者宣教明化於王者朝廷」段注。○丨者，各書之體。〔漢書・東方朔傳〕「三冬丨史足用」補注。○丨，飾之也。〔論語・子張〕「小人之過也必丨」朱注。○丨謂丨飾也。〔同上〕劉正義。○丨，丨章也。〔中庸〕「丨理密察」朱注。又〔廣韻・文部〕。○丨者，順理而成章之謂。〔論語・憲問〕「可以為丨矣」朱注。○丨，典籍也。〔論語・八佾〕「丨獻不足故也」朱注。○丨，典法也。〔大戴・保傅〕「答遠方諸侯不知丨雅之辭」王詁。○丨謂節丨。〔大戴・禮三本〕「成於丨」王詁。○丨者，循理用法之謂。〔漢書・蕭何傳〕「以丨毋害為沛主吏掾」補注。○丨，禮。〔詩・大明〕「丨定厥祥」朱傳。○丨，丨德也。〔詩・思文〕「思丨后稷」陳疏。○丨謂辯也。〔國策・秦策一〕「丨士並飭」鮑注。○丨，兆也。〔廣韻・文部〕○丨，善也。〔同上〕○丨，美也。〔同上〕○丨，美大之稱。〔詩・雝〕「亦右丨母」述聞。○丨章，飾也。〔説文〕「彰，丨章也」繫傳。○丨章，法度也。〔大戴・曾子制言〕「言為丨章」王詁。○丨章，法令也。〔國策・秦策一〕「丨章不成者」鮑注。○丨章，禮樂法度也。〔論語・泰伯〕「其有丨章」朱注。○丨章謂丨物典章，稽古以立丨垂訓者也。〔漢書・卜式傳〕「式又不習丨章」補注引何焯。○丨孰，謂丨法孰爛也。〔通雅・卷五〕○丨深者，外丨飾而內刻深。〔漢書・汲黯傳〕「安丨深巧善宦」補注。○過於理則為丨深、為舞丨。〔漢書・蕭何傳〕「以丨毋害為沛主吏掾」補注。○丨致謂丨敝之極也。〔漢書・董仲舒傳〕「若宜少損周之丨致」補注引何焯。○漢以來丨移，通謂之牒。〔通雅・卷三二〕○丨筆，丨謂詩歌之屬，筆謂銘賦之流。〔慧琳音義・卷二七〕○凡言丨理者，交錯曰丨，條遂曰理。〔字詁〕○丨理猶條理也。〔漢書・高帝紀〕「甚有丨理」補注引周壽昌。○丨貌猶丨理。〔荀子・大略〕「丨貌情用」集解引王念孫。○丨茵，車中所坐虎皮褥也。〔詩・小戎〕「丨茵暢轂」朱傳。○丨茵，虎蓐。〔同上〕集疏引韓説。○丨馬，馬之毛色有丨采者。〔左傳宣公二年〕「丨馬百駟」疏證引丘光庭。○丨繡，衣之美者也。〔孟子・告子上〕「所以不願人之丨繡也」朱注。○丨繡，謂棺飾。〔墨子・節葬下〕「丨繡必繁」閒詁。○丨軒，車有雕飾者。〔國策・宋衛策〕「舍其丨軒」鮑注。○丨舞為羽舞。〔詩・簡兮〕「方將萬舞」後箋引何楷。○丨考，丨德之考，謂丨王也。〔禮記・坊記〕「惟朕丨考無罪」述聞。○丨始，漢之招也，漢丨始五行舞，本舜招樂也，高祖六年，更名曰丨始。〔通雅・卷二九〕○丨昌六星，在北斗魁前。〔楚辭・遠遊〕「後丨昌使掌行兮」補注。○丨昌六星如匡形。〔同上〕引〔大象賦〕注。○斗魁戴匡六星曰丨昌宮。〔屈賦・遠遊〕「後丨昌使掌行兮」戴注引〔史記・天官書〕。○丨莫，猶忞慔，亦雙聲連語。〔説文定聲・卷一五〕○〔説文定聲・卷一五〕丨，假借為忞。〔廣雅・釋詁三〕「丨，勉也」。○〔同上〕丨，假借為紊。〔書・洛誥〕「咸秩無丨」。○〔同上〕丨，假借為彣。〔廣雅・釋詁二〕「丨，飾也」。○丨山郡，丨即敃字之假借也。〔説文〕「敃，敃山也」段注。○丨讀為忞。〔廣雅・釋詁〕「丨，勉也」疏證。○丨當讀為紊。〔書・洛誥〕「咸秩無丨」述聞。○趙氏讀丨為彣。〔孟子・萬章上〕「不以丨害辭」焦正義。○古人讀丨如民。〔漢書・高帝紀〕「吏以丨法教訓辨告」補注引錢大昕。○丨，今字作紋。〔説文定聲・卷一五〕○丨當為彣。〔説文〕「彦，美士有丨，人所言也」義證。○丨章之丨本作彣，省而作丨。〔孟子・萬章上〕「不以丨害辭」焦正義。○丨章亦彣彰之省。〔説文〕「彣，䰛也」句讀。○丨章當為彣彰。〔説文〕「䰛，有丨章也」義證。○丨質當為彣噴。〔説文〕「份，丨質備也」義證。○丨當為之之誤。〔墨子・經説上〕「若智之慎丨也」閒詁。○丨當作玄，玄即蚿字之省。〔墨子・大取〕「其類在蛇丨」閒詁引洪頤煊。○〔史記〕丨作汶。〔漢書・西南夷傳〕「冉駹為丨山郡」補注。○丨馬，賈氏本作媽馬。〔左傳宣公二年〕「丨馬百駟」疏證。○丨侯，〔漢志〕作緡公。〔史記・六國年表〕「魯丨侯元年」志疑。○不丨，〔大戴禮〕、〔史記〕皆作不反。〔荀子・禮論〕「哭之不丨也」集解引盧文弨。

聞丨，知也。〔大戴・曾子制言〕「胡為莫之丨也」王詁。○丨，相丨也。〔詩・葛藟〕「亦莫我丨」朱傳。○丨，謂聲所至也。〔慧琳音義・卷二一〕引〔珠叢〕。○丨謂薦達也。〔漢書・匡衡傳〕「彼誠有所丨也」補注。○往曰聽，來曰丨。〔説文〕「丨，知聲也」段注。○丨，引申之為令丨廣譽。〔同上〕○丨亦譽也。〔孟子・告子上〕「令丨廣譽施於身」朱注。○丨猶恤問也。〔廣雅・釋詁一〕「虞，有也」疏證。○不丨問，謂不通信問也。〔漢書・嚴助傳〕「數年不丨問」補注引李慈銘。○丨、問古通用。〔詩・葛藟〕「亦莫我丨」通釋。○丨即問字也。〔荀子・堯問〕「不丨即物少至」集解引王念孫。○丨當為閒。〔墨子・公孟〕「先生之言有可丨者焉」閒詁引畢沅。○丨見當為閒俔。〔説文〕「俔，一曰丨見」義證。○丨，一作問。〔呂覽・權勳〕「不丨其聲」校正。○丨，各本作文。〔説文〕「徵，行於微而丨達者即徵也」段注。

紋丨，綾也。〔廣韻・文部〕○吳越謂小綾為丨也。〔慧琳音義・卷八六〕引〔考聲〕。○丨者，文之俗字。〔説文〕「文，象交文」段注。○丨當作納。〔韓子・八經」「而務賕丨之政」集解引孫詒讓。

**蟁** 丨蝱,齧人飛蟲。〔大戴・誥志〕「蟁虻不食天駒」王詁。○丨,亦曰蚋。〔說文定聲・卷一六〕○丨作蚊,俗。〔說文〕「蚋,秦晉謂之蚋,楚謂之丨」段注。

**雲** 陰陽聚為丨。〔說文〕「丨,山川氣也」義證引〔春秋元命包〕。○丨者,運氣布恩普博也。〔同上〕義證。○丨者,天地之本也。〔同上〕義證引〔河圖〕。○若煙非煙,若丨非丨,郁郁紛紛,蕭索輪囷,是謂慶丨。〔楚辭・思忠〕「枉車登兮慶丨」補注引〔漢・天文志〕。○丨,渠也。〔廣雅・釋天〕疏證。○丨漢,天河也。〔詩・棫樸〕「倬彼丨漢」朱傳。又〔雲漢〕「倬彼丨漢」朱傳。○丨漢,細星之光也。〔通雅・卷一一〕○丨子,雨也。〔通雅・卷三九〕引〔彥周詩話〕。○丨子,碎丨母也。〔通雅・卷三九〕引葛洪〔丹經〕。○丨將,丨之主帥。〔莊子・在宥〕「丨將東遊」集釋引司馬彪。○丨中君,丨師也。〔屈賦・雲中君〕戴注。○丨翔即回翔也。〔說文定聲・卷一五〕○丨翹,丨招也。〔通雅・卷二九〕○丨罕自是畢網。〔漢書・司馬相如傳〕「戴丨罕」補注。○丨孫謂遠孫,猶言裔孫也。〔釋親〕「仍孫之子為丨孫」郝疏。○丨瞢,在今湖北荆州府監利、石首二縣地,古亦名巴邱湖。〔說文定聲・卷一五〕○丨之為言運也。〔說文〕「丨,山川氣也」義證引〔春秋說題辭〕。○〔說文定聲・卷一五〕丨,假借為賱。〔釋親〕「仍孫之子為丨孫」。○風丨當作風塵。〔漢書・敘傳〕「彼皆躡風丨之會」補注引王念孫。

**氛** 丨氳,祥氣。〔廣韻・文部〕○丨氳,氣盛貌也。〔慧琳音義・卷八〕引〔文字集略〕。○丨,妖氣。〔楚辭・遠遊〕「絕丨埃而淑尤兮」補注。○丨侵,妖氣。〔廣韻・文部〕○丨沴,祅氣也。〔慧琳音義・卷八八〕○氣丨,亦作雰氣。〔漢書・司馬相如傳〕「清氣丨而後行」補注。

**氳** 丨,俗氛字。〔廣韻・文部〕

**分** 丨,猶割也。〔說文定聲・卷一五〕〔「釁」下〕○丨,賦也。〔廣韻・文部〕○丨,施也。〔同上〕○丨,與也。〔同上〕又〔廣雅・釋詁三〕疏證。○〔說文定聲・卷一五〕丨,猶明辨可識也。〔神女賦〕「含然諾其不丨兮」。○丨北者,即〔呂氏春秋〕所謂卻也。〔書・舜典〕「丨北三苗」孫疏。○丨當讀為份。〔荀子・儒效〕「丨丨兮其有終始也」集解引俞樾。○丨當讀為棼。〔法言・學行〕「羿逢蒙丨其弓」平議。○丨,〔釋文〕作介。〔莊子・漁父〕「其丨於道也」集釋。○丨丨當為介介。〔荀子・儒效〕「丨丨兮其有終始也」集解引王念孫。○八丨,當為八介。〔大戴・投壺〕「矢八丨」述聞。○〔熹平石經〕丨作比。〔書・盤庚〕「汝丨猷念以相從」孫疏。○犯丨當作犯文。〔荀子・性惡〕「合於犯丨亂理」平議。

**紛** 丨,亂也。〔國策・燕策二〕「可大丨已」鮑注。又〔漢書・揚雄傳〕「何純絜而離丨」補注。又〔離騷〕「丨總總其離合兮」補注引五臣。○丨,絲亂也。〔字詁〕○丨猶亂。〔說文〕「弭,弓無緣可以解轡丨者」段注。○丨紜,衆也,亂也。〔廣韻・文部〕○丨,盛貌。〔離騷〕「丨獨有此姱節」補注。○丨丨,衆多貌。〔續音義・卷六〕引〔切韻〕。○丨,言羅罔之多也。〔漢書・中山靖王傳〕「丨驚逢羅」補注。○丨挐亦多益之意。〔廣雅・釋詁二〕「賢,益也」疏證。○丨糅,衆雜也。〔楚辭・九辯〕「惟其丨糅而將落兮」補注引五臣。○丨,大也。〔續音義・卷六〕引〔切韻〕。○此丨字正冒名。〔文選・羽獵賦〕「青雲為丨」集釋。○〔說文定聲・卷一五〕丨猶彬華也。〔長笛賦〕「丨葩爛漫」。○丨與芬義亦相近。〔廣雅・釋詁三〕「芬,和也」疏證。○丨,怡,喜也。〔廣雅・釋詁一〕○〔說文定聲・卷一五〕丨纔猶惛怓也。〔廣雅・釋訓〕「丨纔,不善也」。○〔說文定聲・卷一五〕丨,假借為紊。〔廣雅・釋詁三〕「丨,亂也」。○〔同上〕丨,假借為份。〔易・巽〕「用史巫丨若」。○〔同上〕丨,假借為帉。〔禮記・內則〕「左佩丨帨」。○〔同上〕丨,假借為扮。〔漢書・霍去病傳〕「漢匈奴相丨挐」。○〔同上〕丨,假借為彪。〔周禮・司几筵〕「設莞筵丨純」。○〔同上〕丨,假借為鳻。〔蜀都賦〕「羽族丨泊」。○〔同上〕丨,假借為惛。〔廣雅・釋訓〕「丨纔,不善也」。○〔同上〕丨,假借發聲之詞。〔方言一〇〕「丨,怡,喜也」。○丨讀為忿。〔老子・四章〕「解其丨」平議。○棼棼、丨丨並與紛紛同。〔廣雅・釋訓〕「紛紛,亂也」疏證。○丨或作帉,並與帉同。〔方言四〕「大巾謂之帉」箋疏。○丨員即丨紜。〔漢書・禮樂志〕「六丨員」補注引錢大昭。○丨紜,一作丨云、丨員、汾沄、閿賱。〔通雅・卷六〕

**芬** 丨丨,丨芳。〔廣韻・文部〕○丨丨,香也。〔詩・鳧鷖〕「燔炙丨丨」朱傳。○丨,香氣分布也。〔慧琳音義・卷二〕引〔考聲〕。○丨,和也。〔慧琳音義・卷八〕○丨薌,和也。〔荀子〕雜志。○凡人相和好亦謂之丨。〔廣雅・釋詁〕「丨,和也」疏證。○丨,美也。〔墨子・經說上〕「志以天下為丨」閒詁引張惠言。○丨,引申為衆多意。〔漢書・禮樂志〕「丨樹羽林」補注。○丨與紛義亦相近。〔方言一〇〕「丨,喜也」箋疏。○〔說文定聲・卷一五〕丨蒩,亦名鷄蘇,亦名菜。〔廣雅・釋草〕「丨蒩,水蘇也」。○〔同上〕丨,假借為墳。〔管子・地員〕「丨然若灰」。○〔同上〕丨,假借為紛,實為紊。〔漢書・禮樂志〕「丨哉芒芒」。

**焚** 丨者何,樵之也。〔左傳桓公七年經〕「丨咸丘」洪詁。○丨炙,即所謂炮烙之刑也。〔墨子〕「楚毒」雜志。○丨輪,即紛綸棼亂之狀。〔詩・谷風〕「維風及頹」傳「頹,風之丨輪者也」集疏。○丨輪,自上而下,〔釋天〕「丨輪謂之頹」鄭注。○丨、棼古通用。〔同上〕平議。○〔左傳〕假丨為僨。〔說文〕「僨,僵也」段注。○丨,火部作燓。〔說文〕「煩,一曰丨省聲」段注。○丨,各本篆作燓。〔說文〕「丨,燒田也」段注。

**墳** 丨,土之高大者也。〔廣雅・釋邱〕「丨,冢也」疏證。○丨,封土而高之也。〔說文〕「丨,墓也」義證引〔急就篇〕顏注。○丨,大防。〔釋地〕「丨莫大於河丨」鄭注。○丨,大防也。〔詩・汝墳〕「遵彼汝丨」朱傳。○丨,此字本訓大防也。〔說文定聲・卷一五〕○丨為高處。〔說文〕「丨,墓也」段注。

○—，大也。〔詩・苕之華〕「牂羊—首」朱傳。○—，墓也。〔廣韻・文部〕○—，—籍。（同上）○—蕡音義同。〔釋樂〕「大鼓謂之蕡」郝疏。○濆、—字別而義實通。〔詩・汝墳〕「遵彼汝—」陳疏。○—、濆字異而義同。〔廣雅・釋邱〕「—，厓也」疏證。○自然成者濆，人為之者—。〔說文定聲・卷一五〕〔「濆」下〕○—坋通。〔釋丘〕「—，大防」郝疏。○—通作賁。〔釋詁〕「—，大也」郝疏。○—又通作頒。（同上）○假—為頒。〔說文〕「頒，大頭也」段注。○—假為濆。〔說文〕「—，墓也」段注。○—假為坋。（同上）○〔說文定聲・卷一五〕—，假借為蚡。〔後漢・明帝紀〕「漸就壞—」。○（同上）—，假借為濆。〔晉語〕「地—」。○（同上）—，假借為分。〔楚辭・天問〕「地方九則何以—之」。○（同上）—，假借為頒。〔詩・苕之華〕「牂羊—首」。○（同上）—，假借為黂。〔周禮・司烜氏〕「共—燭庭燎」。○（同上）—，假借為文。〔左傳昭公一二年〕「是能讀三—五典」。○（同上）—，假借為濆。〔廣雅・釋邱〕「—，厓也」。○—、濆，古經假借通用也。〔說文〕「濆，水厓也」段注。○—當讀羒羊之羒。〔詩・苕之華〕「牂羊—首」通釋。○—、封、墦，一聲之轉。〔廣雅・釋邱〕「—，冢也」疏證。○—、分聲相近。〔廣雅・釋詁〕「—，分也」疏證。○〔說文定聲・卷一五〕—，以賁為之。〔張納功德叙〕「綜賁典」。○（同上）—，字亦作墦。〔孟子〕「卒之東郭墦間」。○—，字亦作坋。〔詩・汝墳〕「遵彼汝—」陳疏。○賁、墳古今字。〔左傳僖公四年〕「公祭之地，地—」洪詁。○—當作坋。〔釋丘〕「—，大防」郝疏。○—，齊作蕡。〔詩・苕之華〕「牂羊—首」集疏。○〔穀梁〕—作賁。〔左傳僖公四年〕「公祭之地，地—」洪詁。

羣　—，衆也。〔詩・天保〕「—黎百姓」朱傳。○—猶衆。〔墨子・兼愛下〕「既率爾—」閒詁引畢沅。○—，引伸為凡類聚之偁。〔說文〕「—，輩也」段注。○黨之黨謂之—。〔說文〕「攩，朋—也」義證引〔六韜〕。○—謂—居。〔大戴・曾子制言〕「則吾與之聚—嚮爾」王詁。○獸三曰—。〔詩・吉日〕「或—或友」朱傳。○—衆即衆也。〔漢書〕「而—臣衆上不疑惑」雜志。○—生，庶物也。〔漢書・董仲舒傳〕「延及—生」補注。○—匹二字平列而同義。〔詩・假樂〕「率由—匹」通釋。○—，和也。〔詩・小戎〕「俴駟孔—」朱傳。○和以處衆曰—。〔論語・衛靈公〕「—而不黨」朱注。○—者，油油與人。（同上）劉正義。○—，猶君也。〔墨子・兼愛下〕「既率爾—對諸—」閒詁引惠棟。○—，俗作群。〔說文〕「—，輩也」段注引〔五經文字〕。○—，齊作仇。〔詩・假樂〕「率由—匹」集疏。

帬　—，本訓為帔。〔說文定聲・卷一五〕○—如今之披肩，繞于領。（同上）○—，一名帔。〔說文〕「帔，弘農謂—帔也」義證引〔急就篇〕顏注。○—即裳也。（同上）○—，一曰襬。（同上）○—之言圍也，圍繞要下也。〔廣雅・釋器〕「繞領，—也」疏證。○—或作裠。〔方言四〕箋疏。○—，亦作裙。〔廣韻・文部〕

君　—，出令治民者也。〔說文定聲・卷一五〕○—者，長民之通稱也。〔說文繫傳・通論上〕○—是后辟尊稱。〔書・君奭〕「周公若曰—奭」孫疏。○古之言—者與王同義。〔說文〕「王，天下所歸往也」義證。○天子諸侯通稱—。〔公羊傳隱公元年〕「—之始年也」注「惟王者然後改元立號」陳疏引孔廣森。○—，通謂先公先王也。〔詩・天保〕「—曰卜爾」朱傳。○—，諸侯也。〔詩・斯干〕「室家—王」朱傳。○—謂有土者。〔大戴・主言〕「故天下之—可得而知也」王詁。○—謂令長。〔漢書・王尊傳〕「願諸—卿勉力正身以率下」補注引錢大昕。○—，羣下之所歸往也。〔說文繫傳・通論上〕○—，官也。（同上）○—者，尹也。（同上）○—者，正也。（同上）○—者，天下之所取表正也。（同上）○異姓婦女以思澤封者曰—。〔漢書・平帝紀〕「賜公太夫人號曰功顯—」補注引〔獨斷〕。○—謂女—也，極形夫人之尊貴。〔詩・碩人〕「無使—勞」集疏引魯說。○—，小—也。〔詩・鶉之奔奔〕「我以為—」朱傳。○—謂夫也。〔禮記・內則〕「—已食」集解。○—者，羣也。〔論語・雍也〕「然後—子」劉正義。○—，主也。〔大戴・小辨〕「忠信其—」王詁。○—謂心。〔大戴・小辨〕「口倦其—」王詁。○—亦謂嫡也。〔廣雅・釋詁〕「嫡，—也」疏證。○—祖母是嫡祖母之稱。〔左傳文公一六年〕「至于—祖母」疏證引沈欽韓。○—猶威也。〔詩・羔裘〕平議。○—猶美也。〔孟子・滕文公上〕「—哉舜也」平議。○—與羣聲近義通。〔左傳僖公二八年〕「—臣不協」平議。○—子，有德位之通稱。〔論語・季氏〕「侍於—子有三愆」朱注。○—子，在位者之通稱。〔大戴・主言〕「今之—子」王詁。○—子，謂在位之人。〔孟子・滕文公下〕「其—子實玄黃于匪以迎其—子」朱注。○—子，卿大夫若有德者。〔大戴・四代〕「中備以—子言」王詁。○—子者，—上位，子下民。〔大戴・主言〕「其至于—子之言者」王詁。○—子謂上也。〔漢書・賈山傳〕「故—子不常見其齊嚴之色」補注。○—子，才德出衆之名。〔論語・述而〕「得見—子者」朱注。○—子，聖人之通稱也。〔孟子・盡心上〕「夫—子所過者化」朱注。又〔儀禮・鄉飲酒禮〕「告于先生—子」述聞。○—子，謂將帥也。〔詩・采薇〕「—子之車」朱傳。○—子，夫也。〔詩・君子偕老〕朱傳。○—子，婦人目其夫之辭。〔詩・君子于役〕朱傳。○—子，婦人目其夫也。〔詩・小戎〕「言念—子」朱傳。○—婦，主婦也。〔詩・楚茨〕「—婦莫莫」朱傳。○—臣即羣臣也。〔左傳僖公二八年〕「—臣不協」疏證引俞樾。○廷尉典法之官，三尺是掌，故曰—律。〔漢書・何並傳〕「罪在弟身與—律」補注引何焯。○我—猶言我家。〔漢書・王章傳〕「我—數剛」補注引周壽昌。○相—猶言相長也。〔荀子・議兵〕「未有以相—也」集解。○—遷子，槫栗也。〔通雅・卷四三〕○—尹通。〔釋言〕「尹，正也」郝疏。○古音—與羣同。〔詩・楚茨〕「—婦莫莫」平議。○古者—與羣同聲。〔釋詁〕「天帝，—也」述聞。○—，轉讀若威。〔詩・皇矣〕「克長克—」通釋。○—與威同音。〔釋訓〕「桓桓，威也」郝疏。○—當作若。〔韓子・外儲說左下〕「—知能謀天下」集解引顧廣圻。○—當作侯。〔漢書・酈商傳〕「賜商爵信成—」補注引劉奉世。○—當依〔封禪書〕作居。〔漢書・郊祀志〕「而神靈之封—

七千」補注引王念孫。○順—當為順命。〔大戴・衛將軍文子〕「有道順—」述聞。○—或作尹。〔左傳昭公二〇年〕「棠—尚」洪詁。○—氏，〔公〕、〔穀〕皆作尹氏。〔左傳隱公三年經〕「—氏卒」洪詁。○—，各本作公。〔左傳僖公二八年〕「聞—至」疏證。○諸本—作公。〔左傳定公元年〕「凡從—出而可以入者」洪詁。○—，通行本作軍。〔左傳宣公一二年〕「楚—討鄭」疏證。○—臣乃羣姬之譌。〔史記・天官書〕「尾為九子，曰—臣」志疑引王孝廉。

**軍**　—，—旅也。〔廣韻・文部〕○—者，謂營壘也。〔左傳成公一六年〕「宋齊衛皆失—」平議。○行—所駐為垣曰—壁。〔說文〕「壘，—壁也」段注。○—正，—司馬也。〔通雅・卷二五〕○—正猶卒正，—之率也。〔國策・西周策〕「令太子將—正」鮑注。○—門為和門。〔漢書〕「攻其前垣」雜志。○凡言—于某地者，猶言師于某也。〔國策・齊策一〕「—於邯鄲之郊」補正。○—司空令，將—之屬員也。〔漢書・馮奉世傳〕「前將—韓增奏以為—司空令」補注引錢大昕。○—、運、圍，古聲並相近。〔廣雅・釋言〕「—，圍也」疏證。○諸—當作諸君。〔漢書・項藉傳〕「願為諸—決戰」補注引王念孫。

**勤**　—，勞也。〔廣韻・欣部〕○—動，勞苦也。〔孟子・滕文公上〕「將終歲—動」朱注。○慰其—亦曰—。〔說文〕「—，勞也」段注。○—，病也。〔國語・楚語〕「—民以自封」述聞。○—，憂也。〔詩・鴟鴞〕「恩斯—斯」通釋。○古謂憂為—也。〔穀梁傳僖公二年〕「不雨者—雨也」述聞。○—之言憂—也。〔周書・糴匡〕「年饑則—而不賓舉祭以薄」平議。○民之所—即民之所憂也。〔穀梁傳莊公二九年〕「必時視民之所—」平議。○—，盡也。〔廣韻・欣部〕○—，篤厚也。〔詩・鴟鴞〕「恩斯—斯」朱傳。○—猶厚。〔國策・燕策二〕「深結趙以—之」鮑注。○—與辱同義。〔禮記・檀弓〕注「—，勞辱之事也」述聞。○—猶辱也。〔左傳昭公一三年〕「子毋—」述聞。○瘽、—、懃，字異而義同。〔國語・楚語〕「—民以自封」述聞。○—通作廑。〔釋詁〕「—，勞也」郝疏。○〔說文定聲・卷一五〕—，以謹為之。〔列子・說符〕「無以立慬于天下」。○—，字亦作懃。〔國語・楚語〕「—民以自封」述聞。○唐寫本—作勸。〔漢書・食貨志〕「民俞—農」補注。○〔大戴記〕—作動。〔荀子・哀公〕「—行不知所務」集解引郝懿行。

**斤**　斫木之斧謂之—。〔說文〕「—，斫木斧也」段注。○十六兩曰—。〔說文定聲・卷八〕〔「銖」下〕○——，仁也。〔集韻・欣部〕○——有明審之義。〔釋訓〕「——，察也」郝疏。○——通作肩肩。〔同上〕邵正義。○——，即昕昕之省借。〔詩・執競〕「——其明」通釋。○〔說文定聲・卷一五〕—，以釿為之。〔莊子・在宥〕「於是乎釿鋸制焉」。○—，字或作釿。〔說文〕「—，斫木也」義證。

**筋**　—與劤聲義亦相近。〔廣雅・釋詁二〕「劤，力也」疏證。○〔考工記〕故書—或作薊。〔說文〕「—，肉之力也」段注。

**䈥**　—，俗筋字。〔廣韻・欣部〕

**勳**　—，功—也。〔廣韻・文部〕○王功曰—。〔說文〕「—，能成王功也」段注引〔司勳〕。○—猶閽也，主殿宮門戶之職。〔說文〕「閽，常以昏閉門隸也」段注引胡廣。○—通作勛。〔釋詁〕「—，功也」郝疏。○—，又通作勲。〔同上〕○〔說文定聲・卷一五〕—，假借為帥。〔後漢・蔡邕傳〕注「—，帥也」。○〔同上〕—，假借為閽。〔漢書・百官公卿表〕注「—之言閽也」。○—讀閽，今閩越間猶有此音。〔漢書・百官公卿表〕「更名光祿—」補注引何焯。○—，古文作勛。〔書・堯典〕「曰放—」孫疏引〔說文〕。○〔周禮〕故書—作勛。〔說文〕「—，能成王功也」段注。

**勛**　—，古文勳，小篆實一字。〔周禮・夏官序官〕「司勳上士二人」孫正義。○—，古文勳。〔廣韻・文部〕

**薰**　—，香草。〔廣韻・文部〕○—即今零陵香。〔說文定聲・卷一五〕○零陵香名燕草，又名—草。〔說文〕「—，香草也」義證引〔南越志〕。○俗人呼蕙草狀如茅而香者為—草。〔同上〕義證引陶隱居。○—陸香即乳香。〔義府・卷下〕○—者，熏也。〔本草・卷一四〕○—即閽也。〔說文〕「閽，常以昏閉門隸也」義證。○〔韓詩〕訓—為帥。〔漢書〕「方命」雜志。○〔說文定聲・卷一五〕—，假借為熏。〔別賦〕「陌上草—」。○〔同上〕—，假借為勳。〔夏承碑〕「策—著於王家」。○〔同上〕—，假借為葷。〔儀禮・士相見禮〕古文「問夜，膳—」。○〔同上〕—，假借為帥。〔漢書・叙傳〕注引三家詩「—，帥也」。○—假借，燻俗體，作熏為正。〔釋訓〕「爞爞，—也」郝疏。○—鬻，〔史記〕作葷粥，音同字異耳。〔漢書・燕刺王傳〕「—鬻氏虐老獸心」補注。

**曛**　—，日入也，黃昏時。〔廣韻・文部〕○黃—，日暮時也。〔慧琳音義・卷六〇〕○黃—，俗曰黃昏。〔同上〕○日暮時曰—黃也。〔慧琳音義・卷八二〕

**熏**　—，火氣盛貌。〔廣韻・文部〕○—，灼。〔詩・雲漢〕「憂心如—」朱傳。○—轑，言—灼轑轢也。〔通雅・卷四〕○——，和說也。〔詩・鳧鷖〕「公尸來止——」朱傳。○〔說文定聲・卷一五〕—，假借為葷。〔家語・五儀〕「則志不在于食焄」。○〔同上〕—，假借為纁。〔禮記・禮器〕「元衣—裳」。○〔同上〕—，假借為帥。〔後漢・蔡邕傳〕注引〔韓詩〕「—，帥也」。○—字乃薰字之假借。〔詩・鳧鷖〕「公尸來止——」平議。○〔說文定聲・卷一五〕—，以薰為之。〔易・艮〕「厲薰心」。○〔同上〕—，字亦作焄。〔史記・酷吏傳〕「以君大豪」。○—，俗字作燻。〔說文定聲・卷一五〕○—當為勳。〔淮南・精神〕「人之耳目曷能久—勞而不息乎」平議。○—風，〔淮南〕作景風。〔呂覽・有始〕「東南曰—風」校正。

**燻**　—即熏字俗寫。〔墨子・節葬下〕「—上謂之登遐」閒詁引畢沅。○—同熏。〔廣韻・文部〕

**醺**　——，飲有酒氣熏熏然。〔說文〕「—，醉也」繫傳。○—謂酒氣熏蒸。〔同上〕段注。

**纁**　—者，淺絳也。〔說文〕「纁，帛赤黃色也」段注。○—，淺絳也，其為色黃而兼赤。〔楚辭・思美人〕「與—黃以為期」補注。○—，絳色。〔釋天〕「—帛

縿」鄭注。○｜黄，日入色。〔屈賦・思美人〕「與｜黄以為期」戴注。○｜，字亦作熉。〔說文定聲・卷一五〕

**葷** ｜，臭菜。〔廣韻・文部〕○｜，臭菜也。〔慧琳音義・卷六三〕○｜，辛物。〔大戴・哀公問五義〕「志不在於食｜」王詁。○｜者，辛臭之菜，葱薤之屬。〔說文定聲・卷一二〕(「齋」下)○｜，通謂芸臺、椿、韭、蒜、蔥、阿魏之屬。〔說文〕「｜，臭菜也」繫傳。○｜菜亦疏耳。〔荀子・富國〕「｜菜百疏以澤量」集解引郝懿行。○〔說文〕所謂｜菜者乃今大蒜也。〔說文〕「蒜，｜菜」義證引〔圖經〕。○｜菜，所以辟凶邪也。〔說文〕「｜，臭菜也」義證引〔玉篇〕。○｜，通作薰。〔說文〕「｜，臭菜也」義證。○｜或借葷字。(同上)○〔說文定聲・卷一五〕｜，假借為薰。〔漢書・霍去病傳〕「所獲｜允之士」。○｜同熏。〔漢書・霍去病傳〕「所獲｜允之士」補注。

**耘** ｜，除草也。〔詩・甫田〕「或｜或耔」朱傳。○｜，去田間草也。〔詩・載芟〕「千耦其｜」朱傳。○｜，耔也。(同上)集疏引王逸。○｜，假為抎也。〔說文〕「抎，有所失也」段注。○｜同秐、⿰耒員。〔廣韻・文部〕○｜，⿰耒員、⿱艹耘省文。〔墨子・三辯〕「農夫春耕夏｜」閒詁引畢沅。○｜，齊作芸。〔詩・甫田〕「或｜或耔」集疏。

**⿰耒員** ｜通作芸。〔說文〕「｜，除苗間薉也」義證。○〔說文定聲・卷一五〕｜，以芸為之。〔詩・載芟〕「千耦其芸」。○｜，今字作耘。〔說文〕「｜，除苗間穢也」段注。○｜，字亦作耘。〔說文定聲・卷一五〕○｜，或作耘。〔慧琳音義・卷四二〕○｜，俗作耘。〔慧琳音義・卷八六〕

**云** ｜，旋也。〔詩・正月〕「昏姻孔｜」朱傳。○｜，有也。〔公羊傳文公二年〕「大旱之日短而｜災」述聞。○古者多謂有為｜。〔荀子〕「｜能」雜志。○｜者，有也。(同上)○｜亦有也。〔易・繫下〕「是故變化｜為」平議。○｜猶有也。〔釋詞・卷三〕○｜益，有益也。〔荀子・法行〕「其｜益乎」集解。○易｜者，易親也。〔管子・侈靡〕「人死則易｜」平議。○｜，言也。〔大戴・曾子立事〕「道遠日益｜」王詁。又〔廣韻・文部〕。又〔釋詞・卷三〕。○｜者，言也。〔荀子・解蔽〕「而使墨｜」集解引郝懿行。○｜，曰也。〔釋詞・卷三〕○｜，辭也。〔廣韻・文部〕○｜，語詞也。〔詩・君子偕老〕「｜如之何」陳疏。○｜為語詞。〔詩・卷耳〕「｜何吁矣」陳疏。○｜，語已詞也。〔釋詞・卷三〕○｜，語中助詞也。(同上)○｜，發語詞也。(同上)○｜為發語之詞。〔詩・桑中〕「｜誰之思」陳疏。○｜乎，語已詞也。〔釋詞・卷三〕○｜爾，語已詞也。(同上)○疊｜爾兩字，是終竟無疑之詞。〔孟子・公孫丑下〕「是何足與言仁義也｜爾」焦正義。○｜猶或也。〔釋詞・卷三〕○｜猶是也。(同上)○｜猶然也。(同上)○｜猶所也。〔漢書・李尋傳〕「各有｜為」補注。○｜猶焉也，足句之詞。〔漢書〕雜志。○｜猶如也。〔釋詞・卷三〕○｜何者，如何也。〔漢書〕「當｜何」雜志。○｜何，猶言｜如之何。〔詩・卷耳〕「｜何吁矣」集疏。○｜能，蓋即營幹之意。〔荀子・儒效〕「｜能則必為亂」集解引盧文弨。○｜員古通用。〔說文〕「雲，山川氣也」段注。○｜，或通作員。〔釋詞・卷三〕○古多假｜為曰。〔說文〕「雲，山川氣也」段注。○｜讀如運數之運。〔管子・侈靡〕「人死則易｜」義證引孫星衍。○｜即妘字。〔說文〕「妘，祝融之後姓也」段注。○｜即運字。〔管子〕雜志。○｜，本古文雲。〔詩・正月〕「昏姻孔｜」後箋。○古文｜作員。〔說文〕「霣，一曰雲轉起也」段注。○｜，字或作員。〔荀子〕「｜能」雜志。○今之｜字乃員之省文。〔書・秦誓〕「若弗｜來」孫疏引〔困學紀聞〕。

**芸** ｜，香草也。〔廣韻・文部〕○｜，香草也，今人謂之七里香者是也。〔說文〕「｜，草也」義證引〔夢溪筆談〕。○｜即今｜蒿也。(同上)義證引〔急就篇〕顏注。○｜亦菜屬。(同上)義證。○｜，黃盛也。〔詩・裳裳者華〕「｜其黃矣」朱傳。○｜，盛多也。〔本草・卷三六〕○｜為草木盛之通稱。〔詩・裳裳者華〕「｜其黃矣」後箋。○｜｜、云云、抎抎，通為沄沄、魂魂、營營，言其盛猶｜｜也。〔通雅・卷九〕○｜，除草也。〔詩・甫田〕「或｜或芓」集疏引齊說。○｜，去草也。〔論語・微子〕「植其杖而｜」朱注。○〔說文定聲・卷一五〕｜，假借為⿰耒員。〔詩・載芟〕「千耦其｜」。○(同上)｜，假借為⿰貝云。〔詩・裳裳者華〕「｜其黃矣」。○｜者，⿰貝云字之假借。〔詩・裳裳者華〕「｜其黃矣」通釋。○古假｜為⿰貝云。〔說文〕「⿰貝云，物數紛⿰貝云亂也」段注。○｜，⿱艹⿰耒員省文。〔墨子・七患〕「塗不｜」閒詁引畢沅。

**棼** ｜，複屋棟也。〔廣韻・文部〕○｜，亦名檼。〔說文定聲・卷一五〕○｜｜，亂貌也。〔字詁〕○｜與紛通。〔廣雅・釋訓〕「紛纏，不善也」疏證。○紛｜古字通。〔左傳隱公四年〕「以亂猶治絲而｜之也」洪詁。○〔說文定聲・卷一五〕｜，假借為紊。〔左傳隱公四年〕「猶治絲而｜之也」。○(同上)｜，假借為蕡。〔周禮・巾車〕「｜蔽」。○(同上)｜，假借為帉。〔左傳僖公二八年〕「楚鬬椒字伯｜」。○｜，假借為紛亂字。〔說文〕「｜，複屋棟也」段注。○｜作枌者，同音借字耳。〔文選・兩都賦〕「列｜橑以布翼」集釋。○｜輪與紛綸同。〔釋天〕「｜輪謂之穨」平議。○｜｜、紛紛，並與衯衯同。〔廣雅・釋訓〕「衯衯，亂也」疏證。

**汾** ｜，水名，出太原晉陽山，西南入河。〔詩・汾沮洳〕朱傳。○｜王者，汾胡之王。〔詩・韓弈〕「｜王之甥」平議。○〔說文定聲・卷一五〕｜，假借為墳。〔詩・韓弈〕「｜王之甥」。○｜即墳之假借也。〔說文〕「｜，｜水出太原晉陽山」段注。○｜，字亦作⿰氵邠。〔說文定聲・卷一五〕○｜沄即紛紜。〔漢書・揚雄傳〕「｜沄沸渭」補注。○紛紜、紛云、｜沄，並與紛⿰貝云同。〔廣雅・釋詁〕「紛，亂也」疏證。○｜當為墳。〔漢書・地理志〕「莽曰汝｜」補注引周壽昌。

**濆** ｜，水厓也。〔說文〕「涓，小流也」段注。○｜，水際也。〔廣韻・文部〕○｜，水厓墳潤也。〔說文〕「｜，水厓也」繫傳。○｜，涌也。〔楚辭・逢紛〕

「丨滂沛兮」補注。○〔說文定聲・卷一五〕丨，今大溵水，在河南許州郾城縣。〔釋水〕「汝為丨」。○丨與墳略同，自然成者丨。〔說文定聲・卷一五〕○丨義與墳亦相近。〔廣雅・釋詁一〕「墳，分也」疏證。○墳、丨字異而義同。〔廣雅・釋邱〕「墳，厓也」疏證。○丨與墳字別而義同。〔左傳成公一五年〕「則決睢澨」疏證引胡渭。○丨墳通。〔釋丘〕「墳，大防」郝疏。○〔說文定聲・卷一五〕丨，假借為奮。〔管子・勢〕「以待天下之丨作也」。○（同上）丨，假借為濆。〔公羊傳昭公五年〕「敗莒師于丨泉」。○丨，土人讀如濆。〔說文〕「澱，回泉也」段注。○沸、丨，一聲之轉。〔廣雅・釋水〕「丨泉，涌泉也」疏證。○丨當作噴。〔說文〕「瀑，一曰沫也」段注。○丨，經典作墳。〔說文〕「丨，水厓也」義證。○丨泉，〔左傳〕作蚡泉，〔穀梁〕作賁泉，皆古字通用。〔廣雅・釋水〕「丨泉，涌泉也」疏證。

**枌** 丨，白榆。〔廣韻・文部〕○丨，白榆也。〔詩・東門之枌〕朱傳。○白丨，先生葉，後箸莢。〔說文定聲・卷八〕〔「榆」下〕○〔說文定聲・卷一五〕丨，假借為棼。〔七命〕「丨栱嵯峨」。

**雰** 丨，霧氣。〔廣韻・文部〕○丨是凍雨，結為霜雪。〔左傳成公一六年經〕「雨，木冰」疏證。○丨，雨雪之亂也。〔字詁〕○丨，雪貌。〔慧琳音義・卷六八〕引〔古今正字〕。○丨丨，雪貌。〔詩・信南山〕「雨雪丨丨」朱傳。又〔楚辭・悲回風〕「漱凝霜之丨丨」補注。又〔九辯〕「霰雪丨糅其增加兮」補注。○丨丨，雪盛貌也。〔廣雅・釋訓〕「丨丨，雪也」疏證。○丨丨猶紛紛。〔詩・信南山〕「雨雪丨丨」陳疏。○丨同氛。〔廣韻・文部〕○三家丨作紛。〔詩・信南山〕「雨雪丨丨」集疏。

**氳** 丨，氤丨，元氣。〔廣韻・文部〕

**員** 丨，益也。〔詩・正月〕「丨于爾輻」朱傳。又（同上）後箋。○丨，丨與云同，語辭也。〔詩・出其東門〕「聊樂我丨」朱傳。○丨，亦語助也。〔書・秦誓〕「若弗丨來」述聞。○覞與丨亦聲近義同。〔廣雅・釋詁三〕「丨，衆也」疏證。○丨云古通。〔說文〕「鄖，漢南之邑，从邑，丨聲」句讀。○丨與云字通。〔廣雅・釋詁一〕「丨，有也」疏證。○〔說文定聲・卷一五〕丨，假借為冤。〔詩・出其東門〕「聊樂我丨」。○（同上）丨，假借為均。〔詩・商頌〕「景丨維河」。○（同上）丨，假借為鄖。〔漢書・古今人表〕「丨公辛」。○（同上）丨，假借為云，實為曰。〔書・秦誓〕「若弗丨來」。○丨，古亦假丨為云。〔說文〕「雲，山川氣也」段注。○用為語辭則古人多假丨為之，後人多假云為之。〔詩・出其東門〕「聊樂我丨」後箋。○丨當讀為「南北為運」之運。〔詩・玄鳥〕「景丨維河」通釋。○丨當讀如「婚姻孔云」之云，猶友也。〔詩・出其東門〕「聊樂我丨」通釋。○丨即云也。〔書・秦誓〕「若弗丨來」述聞引〔正義〕。○云丨古今字。〔詩・出其東門〕「聊樂我丨」後箋。○丨，〔釋文〕亦作云。（同上）○丨，籀文作鼎。〔說文〕「妘，祝融之後姓也」段注。○丨，益也。〔廣韻・文部〕

**欣** 丨，喜也。〔廣韻・欣部〕○丨、喜音近義同。〔左傳成公一三年〕「公子丨時」疏證引李富孫。○丨時，喜善也。〔述聞・卷二二〕○丨丨，樂也。〔詩・鳧鷖〕「旨酒丨丨」朱傳。○丨丨，和悅貌。〔楚辭・東皇太一〕「君丨丨兮樂康」補注引五臣。○丨、訢義略同。〔說文〕「丨，笑喜也」段注。○丨作矧。〔說文〕「丨，笑喜」繫傳。○丨讀為軒。〔詩・板〕「無然憲憲」後箋引惠氏〔古義〕。○丨與訢同字。〔說文定聲・卷一五〕○丨時，〔新序〕作喜時。〔左傳成公一三年〕「公子丨時」洪詁。

**訢** 丨，喜也。〔廣韻・欣部〕○丨，樂也。〔大戴・曾子制言〕「則君子丨然以交同」王詁。○丨，喜形於言也。〔說文〕「丨，憘也」繫傳。○丨丨，喜也。〔大戴・曾子制言〕「知我吾無丨丨」王詁。○丨與欣音義皆同。〔說文〕「丨，喜也」段注。○丨與欣同。〔孟子・盡心上〕「終身丨然」朱注。○皇丨即皇欣。〔漢書・高惠高后文功臣表〕「屬皇丨」補注。○丨〔史・表〕作欣。〔漢書・王子侯表〕「荼陵節侯丨」補注。

**忻** 丨，悅也。〔慧琳音義・卷四〕引〔考聲〕。○丨謂心之開發。〔說文〕「丨，闓也」段注。○丨同欣。〔廣韻・欣部〕

**芹** 丨，水草。〔詩・采菽〕「言采其丨」朱傳。○丨，今水丨也。〔說文〕「丨，楚葵也」繫傳。○丨，丨菜也。〔釋草〕「丨，楚葵」鄭注。○丨，水菜也。〔詩・泮水〕「薄采其丨」朱傳。○丨，水菜，食之宜丈夫。〔說文〕「丨，楚葵也」義證引〔五音集韻〕。又〔廣韻・欣部〕。○萍、蘋，丨菜之別名也。〔說文〕「丨，楚葵也」義證引〔風土記〕。○丨豈古字通。〔釋草〕「丨，楚葵」郝疏。○丨菦古字通。（同上）○古讀丨若旂。（同上）

**殷** 丨，盛也。〔禮記・曾子問〕「有丨事」集解。又〔國策・秦策二〕「民丨富」鮑注。○丨者，盛也。〔荀子・王制〕「必將於愉丨赤心之所」集解引郝懿行。○丨，衆也。〔詩・溱洧〕「丨其盈矣」朱傳。又〔大戴・千乘〕「古者丨書為成男成女名屬」王詁。又〔廣韻・欣部〕。又〔通鑑・陳紀〕「相府事丨」音注。又〔唐紀〕「方事之丨」音注。○丨，大也。〔詩・柏舟〕「如有隱憂」集疏。又〔廣韻・欣部〕。○丨，中也。〔大戴・文王官人〕「志丨如浚」王詁。又〔廣韻・欣部〕。○丨，正也。〔大戴・文王官人〕「志丨如浚」王詁。又〔廣韻・欣部〕。○丨字當訓正。〔書・呂刑〕「惟丨于民」平議。○丨，深也。〔詩・柏舟〕「如有丨憂」集疏引韓說。○丨，靁聲也。〔詩・殷其靁〕朱傳。○丨丨，憂也。〔詩・北門〕「憂心丨丨」朱傳。○丨猶定也。〔書・禹貢〕「九江孔丨」平議。○丨為黑色。〔左傳成公三年〕「左輪朱丨」疏證。○丨士者，商孫子之臣屬。〔詩・文王〕「丨士膚敏」後箋。○丨武，猶言宋武也。〔詩・殷武〕「撻彼丨武」集疏。○丨丨陳陳，猶隱隱展展也。〔通雅・卷九〕○丨與隱通。〔文選・曲水詩序〕集釋。○〔說文定聲・卷一五〕丨，假借為震。〔詩〕「丨其靁」。○（同上）丨，假借為隱。〔釋言〕「丨，中也」。○古依字作㐆，丨從㐆，故讀丨聲如依也。〔說文〕「㐆，歸也」

義證引惠棟。○｜軫即隱賑，音轉字變。〔釋言〕「賑，富也」郝疏。○｜軫又為賑賭。(同上)○〔說文定聲・卷一五〕｜，字亦作磤。〔廣雅・釋詁四〕「磤，聲也」。○｜本作慇字。〔說文〕「慇，痛也」繫傳。○｜，韓作霣。〔詩・殷其靁〕集疏引韓說。

**沄** ｜，回轉之流｜｜然也。〔說文〕「｜，轉流也」段注。○｜，水廣大之貌。〔說文定聲・卷一五〕○｜、浩、沅同義。〔說文〕「浩，澆也」段注。○｜與澐同字。〔說文定聲・卷一五〕

**昕** ｜，日欲出也。〔廣韻・欣部〕○大明曰｜。〔說文〕「晞，乾也」義證引〔纂要〕注。○｜猶焮也，日炙物之貌。〔說文〕「｜，旦也」繫傳。○｜之言炘炘也。〔廣雅・釋詁四〕「｜，明也」疏證。○炘、｜義亦相近。〔廣雅・釋詁二〕「炘，爇也」疏證。○｜天，軒天也。〔通雅・卷一一〕○｜晞同音通用。〔說文〕「晞，乾也」句讀。○｜讀為軒。〔通雅・卷一一〕

**黂** ｜，異色之衣也。〔詩・大車〕「毳衣如｜」集疏引韓說。○｜，麻也。〔廣雅・釋草〕疏證。○苴麻一名｜。〔說文〕「｜，萉，或從麻賁，枲實也」義證引〔四民月令〕。○｜者，實之貌也。〔廣雅・釋草〕「｜，麻也」疏證。○｜，或借蕡字。〔說文〕「｜，枲實也」義證。

**緼** 枲曰｜。〔說文〕「袍，襺」繫傳。○｜，亂麻。〔廣韻・文部〕○｜謂亂麻。〔說文定聲・卷一五〕○｜韍即韎韐。〔儀禮・士喪禮〕「韎韐」胡正義。○｜與蘊通。〔方言一三〕「蘊，饒也」箋疏。○〔說文定聲・卷一五〕｜，假借為薀。〔廣雅・釋詁四〕「｜，饒也」。

**翁** ｜，翻｜，飛貌。〔廣韻・文部〕

**翂** ｜與翁同。〔廣雅・釋訓〕「翁翁，飛也」疏證。

**煴** ｜，烟｜，天地氣也。〔廣韻・文部〕○温與｜同義。〔廣雅・釋詁四〕「熅，｜也」疏證。○媼、｜並與緼通。〔廣雅・釋詁四〕「緼，饒也」疏證。○｜蓋温之借字。〔說文〕「衮，炮肉，以微火温肉也」句讀。○熅、煾、煨、｜，皆一聲之轉也。〔廣雅・釋詁四〕「熅，煾，煨，｜也」疏證。

**幩** ｜，馬扇汗。〔集韻・文部〕○｜謂以帛纏馬口旁鐵扇汗使不汗也。〔說文〕「｜，馬纏鑣扇汗也」繫傳。○｜，鑣飾也。〔詩・碩人〕「朱｜鑣鑣」朱傳。○｜，以朱幓縷纏馬銜之上垂之，且以為飾也。〔說文定聲・卷一五〕○｜，一名排沫。(同上)

**蕡** ｜，草木多實。〔廣韻・文部〕○｜即麻實。〔說文〕「黂，萉或從麻賁，枲實也」義證引〔本草〕注。○｜，實之盛也。〔詩・桃夭〕「有｜其實」朱傳。○｜，實之大也。(同上)後箋引段玉裁。○｜，傳以為實貌，不止言其大，並其繁茂之狀。〔詩・桃夭〕「有｜其實」後箋。○｜者，大也。(同上)平議。○｜，枲也。〔說文定聲・卷一五〕○｜與費字異而義同。〔漢書〕「蕡侯方」雜志。○｜與墳、賁字異而義同。〔詩・桃夭〕「有｜其實」平議。○｜，假借以為木實錯雜之貌。〔詩・桃夭〕「有｜其實」後箋。○｜，頒之假借。(同上)通釋。○｜，假借為黂，即萉字。〔說文定聲・卷一五〕○｜，假借為墳大字。〔說文〕「｜，襍香草」段注。○｜，讀若「治絲而棼」之棼。〔墨子・天志下〕「是｜我者」閒詁引顧千里。

**賁** ｜，三足龜。〔廣韻・文部〕○淮南鼈三足曰能，二足曰｜。〔通雅・卷二〕○｜，微也。〔續音義・卷七〕引〔韻集〕。○｜，大鼓也。〔詩・靈臺〕「｜鼓維鏞」朱傳。○｜，沸也。〔通雅・卷一〕○｜猶憤也。(同上)○｜，東海縣名。〔史記・絳侯世家〕「沛公拜勃為虎｜令」志疑。○辨、頒、斑、般、｜並字異而義同。〔廣雅・釋詁三〕「辬，文也」疏證。○〔說文定聲・卷一五〕｜，假借為墳。〔王政碑〕「研典｜」。○(同上)｜，假借為憤。〔禮記・樂記〕「奮末廣｜之音作」。○(同上)｜，假借為鼖。〔詩・靈臺〕「｜鼓維鏞」。○｜，古斑字。〔通雅・卷二〕引傅氏。○苗｜皇，外傳作苗棼皇。〔左傳宣公一七年〕「苗｜皇使」洪詁。○苗｜皇，〔說苑〕引作釁蚠黃。〔左傳成公一六年〕「苗｜皇在晉侯之側」洪詁。

**炘** ｜，熱貌。〔廣韻・欣部〕○｜、昕義亦相近。〔廣雅・釋詁二〕「｜，爇也」疏證。

**鄖** 〔說文定聲・卷一五〕｜，今湖北德安府安陸縣。〔左傳桓公一一年〕「｜人軍于蒲騷」。○｜，今江蘇揚州府如皋縣東立發壩。〔說文定聲・卷一五〕○｜關，今湖北｜陽府｜西縣。(同上)○涓、｜音義並同。〔左傳桓公一一年〕「｜人軍于蒲騷」洪詁。○｜又通作員。〔說文〕「｜，漢南之國」義證。○䢵｜同。〔左傳宣公四年〕「若敖取于䢵」疏證。○｜，又作䢵。〔說文〕「｜，漢南之國」句讀。

**豶** ｜，豕也。〔廣韻・文部〕○｜，今俗猶呼劇猪。〔說文〕「｜，羠豕也」義證引崔憬。○｜，亦謂之䝐。〔說文〕「䝐，｜也」義證引〔急就篇〕顏注。○｜，或謂之劇。〔說文〕「｜，羠豕也」段注。○｜，亦謂之犍。(同上)段注。○｜，犗豕。〔說文〕「䝐，｜也」義證引〔急就篇〕顏注。○｜，犗也。〔說文〕「｜，羠豕也」義證引〔玉篇〕。○牡去勢曰｜。〔本草・卷五〇〕○｜、羠、騬、犗，皆割勢異名。〔說文〕「｜，羠豕也」義證引趙宧光。○｜，字或作獖。(同上)義證。

**妘** ｜，女字。〔廣韻・文部〕

**羵** ｜，土中怪羊。〔廣韻・文部〕○墳與｜通。〔廣雅・釋天〕「土神謂之｜羊」疏證。

**鼖** ｜，大鼓。〔廣韻・文部〕○墳｜音義同。〔釋樂〕「大鼓謂之｜」郝疏。○｜之言墳也。〔廣雅・釋樂〕「｜鼓，鼓名」疏證。○｜、賁、墳聲類同，故並有大義。〔周禮・鼓人〕「以｜鼓鼓軍事」孫正義。○｜或作賁。〔廣雅・釋樂〕「｜鼓，鼓名」疏證。○｜又作鞼。(同上)

**鞼** ｜同鼖。〔廣韻・文部〕○｜通作賁。〔說文〕「｜，鼖或从革」義證。

**朌** —，大首。〔廣韻·刪部〕〇—，大首貌。〔廣韻·文部〕〇顮頢謂之—。〔集韻·刪部〕〇〔史·表〕—作勝。〔漢書·高惠高后文功臣表〕「彊圉侯留—」

補注。

**饙** —，蒸飯也。〔廣韻·文部〕〇—，蒸米也。〔慧琳音義·卷六三〕引〔字書〕。〇米一蒸曰—。〔說文定聲·卷六〕〔「餾」下〕〇下水湆之曰—，再蒸之曰餾。〔說文定聲·卷一五〕

**餴** —，蒸米一熟，而以水沃之，乃再蒸也。〔詩·泂酌〕「可以—饎」朱傳。〇—同饙。〔廣韻·文部〕〇饙、—皆或體字。〔詩·泂酌〕「可以—饎」通釋。

**臐** 膷、—、膮一聲之轉。〔廣雅·釋器〕「臐，臛也」疏證。〇古文—作熏。〔說文〕「膮，豕肉羹也」段注。

**宭** —，羣居。〔廣韻·文部〕〇—，古亦借麇字為之。〔說文〕「—，羣居也」繫傳。

**皸** —，足坼。〔廣韻·文部〕〇—瘃，凍瘡也。〔通雅·卷一八〕〇龜與—聲近義同。〔廣雅·釋言〕「—，皵也」疏證。

**帉** 巾謂之—。〔集韻·文部〕〇—帨即巾也。〔說文〕「巾，佩巾也」繫傳。〇—鍺，籭綏也。〔通雅·卷三六〕

**衯** —，巾也，亦作帉。〔廣韻·文部〕〇—，拭物巾也。〔說文〕「楚謂大巾曰—」義證引〔玉篇〕。〇—通作紛。（同上）義證。〇〔說文定聲·卷一五〕—，以紛為之。〔禮記·內則〕「紛帨」。〇—、帉同。〔說文〕「楚謂大巾曰—」段注。

**慇** —，—懃。〔廣韻·欣部〕〇——，疾痛也。〔詩·正月〕「憂心——」朱傳。〇—或通作殷。〔說文〕「—，痛也」義證。〇〔說文定聲·卷一五〕—，假借為殷。〔孫叔敖碑〕「以—潤國家」。〇—，魯作隱。〔詩·桑柔〕「憂心——」集疏。

**濦** —，今變作溵。〔釋水〕「汝為濆」郝疏。〇—，水名，在潁川。〔廣韻·欣部〕〇溵同—。（同上）又〔通雅·卷一六〕。

**𢡌** —，憂也。〔集韻·欣部〕〇〔說文定聲·卷一五〕—，假借為慇。〔廣雅·釋詁二〕「—，哀也」。〇—與哀一聲之轉。〔廣雅·釋詁二〕「—，哀也」疏證。

**懃** —，慇—。〔廣雅·欣部〕〇—，勞也。〔大戴·衛將軍文子〕「好學省物而不—」王詁。〇—讀曰勤。（同上）

**慬** —，憂也。〔說文〕「—」義證引〔玉篇〕。〇—，憂哀。〔廣韻·欣部〕〇—，僅也。〔公羊傳定公八年〕「—然後得免」陳疏引孔廣森。

**廑** —，僅能居也。〔說文〕「—，少劣之居」繫傳。〇—，引申之與僅同。〔說文〕「—，少劣之尻」段注。〇—，通作僅。〔說文〕「—，少劣之居」義證。〇—，又通作堇。（同上）〇〔說文定聲·卷一五〕—，假借為勤。〔漢書·敘傳〕「廣阿之—」。〇—，經典多借為僅。〔說文〕「—，少劣之居」句讀。〇古多用—為僅。〔說文〕「—，少劣之尻」段注。〇—，古勤字也。〔左傳僖公三〇年〕「衛侯使賂周歂冶—曰」洪詁引〔古今字詁〕。〇—，字亦作廝。〔說文定聲·卷一五〕〇—，或作廝。〔說文〕「—，少劣之居」義證。〇—，字又作廝。（同上）句讀。〇—，〔史記〕作勤。〔漢書·文帝紀〕「今—身從事」

補注。

**瘽** —，病也。〔廣韻·欣部〕〇—為勞劇之病也。〔釋詁〕「—，病也」邵正義。〇—通作懃。（同上）郝疏。〇—，字亦作懃。〔說文〕「—，病也」段注。

**堇** —，土性黏者。〔說文〕「—，黏土也」段注。〇—，田陌土黏。〔說文定聲·卷一五〕〔「墐」下〕〇—泥，黏土也。〔通鑑·唐紀〕「以—泥為餅食之」音注。〇—塊，黏土也。〔通雅·卷一七〕〇—與埴異字同義。〔說文〕「—，黏土也」段注。〇—、謹、墐、㔮，皆和之聲轉也。〔方言二〕「和，黏也」箋疏。〇〔說文定聲·卷一五〕—，以謹為之。〔禮記·內則〕「塗之以謹塗」。〇—與饉同。〔廣雅·釋天〕「三穀不升曰饉」疏證。

**垠** 古者邊界謂之—咢。〔說文〕「—，地—咢也」段注。〇—，與限略同。〔說文定聲·卷一五〕〇—或作沂。〔說文〕「—，地—咢也」段注。〇—，字亦作圻。（同上）〇—同圻。〔廣韻·欣部〕〇—，古文作墾。〔說文〕「—，地—也」義證引〔玉篇〕。〇—，〔淮南〕亦作墾。〔說文〕「—，地—咢也」段注。

**齗** —，齷也。〔慧琳音義·卷七八〕引〔考聲〕。〇—與狠音義同。〔說文〕「—，齧也」段注。〇〔說文定聲·卷一五〕—，假借為斷。〔太玄·密〕「琢齒依—」。〇—，今人又用為斷字。〔說文〕「—，齧也」段注。〇—同斷。〔廣韻·欣部〕

**鄞** —，縣名，在會稽郡。〔廣韻·欣部〕

**閿** —亭，今河南汝寧府西平縣。〔說文定聲·卷一五〕〇—鄉，今河南陝州閿鄉縣。（同上）〇—，俗作閺。〔說文〕「—，氐目視也」段注。

**衯** —，衣亂也。〔字詁〕〇〔說文定聲·卷一五〕—，假借為紊。〔廣雅·釋訓〕「——，亂也」。〇棼棼、紛紛，並與——同。〔廣雅·釋訓〕「——，亂也」疏證。

**蚡** —，龍貌。〔廣韻·文部〕〇——，動也。〔廣雅·釋訓〕疏證。

**篔** —簹，竹名。〔廣韻·文部〕〇長節曰—簹。〔通雅·卷四二〕

**澐** —，江水大波。〔廣韻·文部〕〇—通作沄。〔說文〕「江水大波謂之—」義證。〇—實與沄同字。〔說文定聲·卷一五〕

**魵** —，魚名。〔廣韻·文部〕〇—，一名斑魚。〔說文〕「鰕，—也」義證。〇班魚謂之—魚。〔釋魚〕「—，鰕」述聞。〇—魚，一名鰕魚。〔說文〕「—，—魚也」段注。〇—之言辨也。〔說文定聲·卷一五〕〇—，通作斑。〔說文〕「—，魚名」義證。〇—斑聲近。〔釋魚〕「—，鰕」郝疏。

**羒** —，牡羊也。〔說文定聲·卷一五〕引〔初學記〕。〇—，牝羊。〔集韻·文部〕〇—，白羝羊也。〔廣韻·文部〕〇白曰—。〔本草·卷五〇〕

**轒** —即蓋弓。〔說文定聲·卷一五〕〇—亦曰枸簍，曰隆曲，曰篷籠，曰筷，曰篷，曰橇。（同上）〇—輼，兵車。〔廣韻·文部〕〇—之為言奔也。〔說文定聲・卷一四〕〔「輐」下〕○丨蒕即棆字。〔說文〕「丨，淮陽名車穹隆丨」段注。

鼢　丨，田中鼠。〔廣韻・文部〕○丨，鼠名，行地中者。〔集韻・文部〕

蘄　丨，本訓當為香草。〔說文定聲・卷一五〕○丨即今川芎。〔同上〕○當歸曰丨。〔本草・卷一四〕○山丨，即蠶頭，當歸細葉者。〔說文定聲・卷一五〕○丨即芹。〔通雅・卷四一〕○丨通作芹。〔說文〕「丨，草也」義證。○〔說文定聲・卷一五〕丨，假借為蘄。〔西京賦〕「結駟方丨」。○〔同上〕丨，假借為祈。〔呂覽・振亂〕「所以丨有道」。

⿰鬲文　丨，摩也。〔廣韻・文部〕

彣　丨，青與赤雜。〔廣韻・文部〕○丨通作文。〔說文〕「丨，戫也」義證。○凡丨章、丨采、丨明字，經傳皆以文為之。〔說文定聲・卷一五〕○凡言文章皆當作丨彰。〔說文〕「丨，戫也」段注。○丨彰，各本作文章。〔說文〕「戫，有丨彰也」段注。

馼　丨，馬赤鬣縞身，目如黃金，文王以獻紂。〔廣韻・文部〕○丨，黃目之馬也。〔說文〕「丨，馬赤鬣縞身」義證引〔纂文〕。○白馬朱鬣，丨。〔廣雅・釋獸〕疏證。○〔說文定聲・卷一五〕丨，假借為文。〔說文〕「丨馬百駟」。○〔同上〕丨，以文為之。〔海外西經〕「乘文馬」。○丨，羣書皆省作文。〔說文〕「丨，从馬从文文亦聲」句讀。○丨馬，〔左傳〕作文馬。〔說文〕「丨馬百駟」段注。

愪　丨，憂也。〔廣韻・文部〕○丨，俗作忶。〔說文〕「丨，憂貌」義證。

䞫　丨，亂也。〔廣韻・文部〕○丨、⿰貝見同音而義近。〔說文〕「⿰貝見，外博衆視也」段注。○丨通作云。〔說文〕「丨，物數紛丨亂也」義證。○丨又通作芸。〔同上〕義證。○丨，假借隕字。〔同上〕繫傳。○丨，即今紛紜字。〔同上〕繫傳。○丨，今字作紜。〔同上〕段注。○丨又作紜。〔同上〕義證。○丨，字亦作紜。〔說文定聲・卷一五〕

輐　轒丨，兵車。〔廣韻・文部〕○丨，亦作輼。〔廣雅・釋器〕「丨，車也」疏證。

壼　丨，鬱也。〔廣韻・文部〕○丨鬱，不得泄也。〔說文〕「丨，不得泄凶也」義證引〔五音集韻〕。又〔集韻・屑部〕。○丨，愁思蘊結之狀。〔說文定聲・卷一五〕○丨，香氣繚繞之狀。〔同上〕○丨，或曰言元氣渾然吉凶未分也。〔同上〕○壹丨，氣擁鬱也。〔說文〕「丨，壹丨也」繫傳。○壹丨，元氣也。〔易・繫下〕「天地壹丨」李疏引〔廣雅〕。○壹丨者，氣凝聚充塞之狀。〔說文定聲・卷一五〕○丨，通作緼。〔說文〕「丨，壹丨也」義證。○壹丨者双聲連語，亦作絪緼，作氤氳，作烟熅。〔說文定聲・卷一五〕○壹丨，音轉而為抑鬱，為於邑。〔同上〕○壹丨，今〔易〕作絪緼。〔說文〕「丨，壹丨也」繫傳。

妢　丨乃汃之假字。〔考工記〕「丨胡之笴」平議。○丨當從或本作邠。〔同上〕

鳻　丨是鳥聚貌。〔漢書・黃霸傳〕「鳻雀飛集丞相府」補注引宋祁。○丨雀如鶡。〔同上〕補注引〔玉篇〕。○丨，當從〔集韻〕、〔類篇〕作頒。〔說文〕「雇，九雇春雇丨盾」段注。○丨亦作鴍。〔廣韻・文部〕

鴍　丨，鳥聚而亂也。〔字詁〕○丨，字亦作翁。〔說文定聲・卷一五〕

橨　丨，船邊木也。〔廣韻・尾部〕○丨，舟邊木也。〔集韻・尾部〕○丨，或作⿰片賁。〔同上〕○丨，枰仲木別名。〔廣韻・文部〕引〔埤蒼〕。

梤　丨，香木也。〔說文〕「丨，木也」繫傳。又〔集韻・文部〕。○〔說文定聲・卷一五〕丨，假借為分，或為芬。〔西都賦〕「桑麻鋪丨」。○丨，或作樸。〔集韻・文部〕○丨同棻。〔廣韻・文部〕

棻　丨，香木名也。〔廣韻・文部〕

𩰠　○𩰗丨猶繽紛也。〔說文定聲・卷一五〕○丨，經典借棼字。〔說文〕「丨，⿵鬥燹連結𩰗紛相牽也」義證。○丨，今俗書紛字。〔同上〕繫傳。○丨，一作燓。〔同上〕○丨，𩰗丨之皃。〔廣韻・文部〕

斦　丨，二斤。〔廣韻・欣部〕○丨即椹櫍之櫍。〔說文定聲・卷一五〕○丨當讀如質。〔同上〕○〔說文定聲・卷一五〕丨，以質為之。〔穀梁傳昭公八年〕「以葛覆質」。

犾　丨，二犬爭也。〔慧琳音義・卷五五〕引〔考聲〕。○丨，犬相吠也。〔廣韻・欣部〕○丨與⿰犭斤、狠畧同。〔說文定聲・卷一五〕○丨，或作狺、⿰犭斤。〔慧琳音義・卷五五〕引〔考聲〕。

⿱艹⿰犭斤　丨，草也。〔說文〕「丨，草多貌」義證引〔玉篇〕。○丨，亭名。在江夏郡。〔廣韻・欣部〕

⿰犭斤　丨，字亦作嚬。〔說文定聲・卷一五〕○丨，字亦作狺。〔同上〕○丨與狺同。〔說文〕「丨，犬吠聲」義證引〔玉篇〕。

狺　丨，犬爭。〔廣韻・欣部〕○丨即⿰犭斤字。〔說文〕「⿰犭斤，犬吠聲」段注。

扮　丨，握也。〔國策・魏策二〕「丨之請焚天下之秦符者」鮑注。○丨，并也。〔同上〕○丨，猶并也。〔說文〕「丨，握也」段注。○丨，掘也。〔廣韻・文部〕○丨亦奮也，方俗語有輕重耳。〔廣雅・釋詁一〕「丨，動也」疏證。

⿰賁毛 —毨，罽也。〔廣韻·文部〕又〔集韻·刪部〕。

砏 —汃，水石。〔廣韻·文部〕

⿱屮分 —，草初生，香分布也。〔廣韻·文部〕〇—，草初生，香分布。〔集韻·文部〕

⿱山黑 —，風至之貌也。〔慧琳音義·卷七六〕引〔考聲〕。

坌 —，埽棄之也。〔廣韻·文部〕

⿰分毛 —，毛落。〔廣韻·文部〕〇—，毛落也。〔集韻·文部〕

⿰爿賁 —，牀衻也。〔集韻·文部〕

昐 —，日光。〔集韻·文部〕

桾 —櫏，木也。〔廣韻·文部〕〇—櫏，君遷，子如瓠形。〔文選·吳都賦〕「平仲—櫏」集釋引劉注。〇—櫏當作君遷。（同上）集釋。

橒 —，木名。〔廣韻·文部〕

⿰牜分 —，牡牛也。〔集韻·文部〕

獯 —，北方胡名，夏曰—鬻，周曰獫狁，漢曰匈奴。〔廣韻·文部〕〇—狁，匈奴別名也，唐虞謂之—鬻，周謂之獫狁，漢謂之匈奴，今謂之突厥，皆北狄也。〔慧琳音義·卷七七〕引〔考聲〕。

瘟 ——，小痛貌。〔集韻·文部〕

⿸疒賁 —，瘒也。〔廣韻·文部〕

耺 —，耳中聲。〔廣韻·文部〕

⿰分虎 —，虎聲。〔廣韻·欣部〕

蚠 —、棼同聲通假。〔左傳宣公一七年〕「苗賁皇使」疏證引李富孫。

⿱竹君 —，竹名。〔廣韻·文部〕

⿱竹雲 —，竹名。〔廣韻·文部〕

蒀 葐—，盛貌。〔廣韻·文部〕

⿰禾昷 —，同蒀。〔廣韻·文部〕

葐 —，—蒀。〔廣韻·文部〕〇—蒀，盛貌。〔文選·蜀都賦〕「鬱—蒀以翠微」集釋引〔玉篇〕。〇—蒀蓋與氛氳通。（同上）集釋。〇—蒀又與紛緼通。（同上）

蒶 —蘊，蘊積也。〔集韻·文部〕

蕓 —薹，菜名。〔廣韻·文部〕

鄞 —，草也。〔廣韻·欣部〕

⿰豕軍 —，豕也。〔集韻·文部〕

誾 —，和悅而諍。〔集韻·欣部〕

谸 —，谷名，在臨汾。〔廣韻·文部〕

⿱艹鼖 鼓鳴謂之—。〔集韻·文部〕

雯 —，雲文。〔廣韻·文部〕〇雲成章曰—。〔集韻·文部〕

馩 —馧，香氣。〔廣韻·文部〕

馚 —，同馩。〔廣韻·文部〕

⿰分馬 —，馬行疾貌。〔集韻·文部〕

鮶 —，蟲名，水—，如魚乘馬。〔廣韻·文部〕

鴖 —母，鳥名。〔集韻·文部〕

鶤 —，似鴿，白身，三目，赤尾，六足。〔廣韻·文部〕

麏 —，麢也。〔楚辭·招隱士〕「白鹿—麢兮」補注。

⿰豸斤 —，黏也。〔集韻·欣部〕

⿰龠斤 —，大箎。〔廣韻·欣部〕又〔集韻·欣部〕。〇—，通作沂。（同上）

# 續經籍纂詁卷第十三

上平聲

## 十三元

**元** —,始也。〔廣韻·元部〕○—者,始也。〔漢書〕「辭之所謂大也」雜志。○人身之始為—。〔說文定聲·卷五〕(「始」下)○—者,端也。〔說文〕「—,始也」義證引〔春秋說〕。○—,首也。〔孟子·滕文公下〕「勇士不忘喪其—」朱注。又〔左傳隱公元年〕「惠公—妃孟子」洪詁引〔春秋元命苞〕。又〔說文〕「—,始也」繫傳。○〔說文定聲·卷一四〕—,當訓首也。〔說文〕「—,始也」。○—,頭也。〔本草·卷五〇〕○—,從人從上,其文象人身之首也。〔釋詁〕「—,首也」鄭注。○—,長也。〔詩·崧高〕「王之—舅」朱傳。又〔閟宮〕「建爾—子」集疏引韓說。又〔廣韻·元部〕。○—者,長也。〔儀禮·士冠禮〕「天子之—子猶士也」胡正義。○—為長幼之長。〔廣雅·釋詁四〕「—、良,長也」疏證。○—,善也。〔左傳文公一八年〕「天下之民謂之八—」洪詁。又〔禮記·文王世子〕「一有—良」集解。○—,善之長。〔說文〕「—,始也」繫傳。○—,善也,民之類善,故稱—。〔國策·秦策一〕「子——」鮑注。○—日,善日也,吉日也。〔書·舜典〕「月正—日」述聞。○——,民也,良善之民。〔通鑑·漢紀三〇〕「則——馬所呼天」音注。○——謂百姓,字當音云。〔義府·卷下〕○—良一也。〔禮記·文王世子〕「一有—良」平議。○—,大也。〔詩·六月〕「—戎十乘」朱傳。又〔采芑〕「方叔—老」朱傳。又〔書·西伯戡黎〕「格人—龜」平議。又〔書·酒誥〕「我命惟—祀」孫疏。又〔廣韻·元部〕。○—者,大也。〔本草·卷四五〕○—,氣也。〔廣韻·元部〕○中氣曰—。〔說文〕「无,奇字無」義證引〔子華子〕。○—,太初之中氣也。〔說文〕「完,全也」義證引〔子華子〕。○—,天地之所以生生者也。〔易·坤〕「至哉坤—」李疏引〔六書精蘊〕。○—者,本也。〔淮南內篇〕「生之充」雜志。○—與原同義。〔廣雅·釋地〕「原,大原也」疏證。○〔史記〕—作原。〔漢書·司馬相如傳〕「故曰非常之—」補注。○—士,上士也。〔孟子·萬章下〕「—士受地視子男」朱注。○——亦蒸庶通稱。〔漢書·武帝紀〕「勸——」補注引蘇輿。○漢—,漢初也。〔漢書·平帝紀〕「漢—至今」補注引胡注。○漢—謂漢初年。〔漢書·陳湯傳〕「漢—以來」補注引胡注。○一—為建—,二—為—光,三—為—朔,四—為—狩,五—為—鼎。〔漢書·武帝紀〕「建——年」補注引吳仁傑。○—枵,一名顓頊之虛。〔漢書·律歷志〕「歲在大棣之東井二十二度」補注引全祖望。○—功,即高惠高后文功臣表,所謂昭—功之侯籍者也。〔漢書·景武昭宣元成功臣表〕「續—功次云」補注引何焯。

**原** 高平曰—。〔詩·皇皇者華〕「于彼—隰」朱傳。○高平曰太—。〔公羊傳昭公元年經〕「晉荀吳帥師敗狄于大—」陳疏引惠士奇。○廣平曰—。〔詩·綿〕「周—膴膴」朱傳。又〔左傳僖公二八年〕「—田每每」疏證引〔御覽〕。○高地之廣平者謂之—。〔周禮·大司徒〕「辨其山林川澤丘陵墳衍—隰之名物」孫正義。○凡可耕種通謂之—。〔釋地〕「可食者曰—」郝疏。○—,端也,平而有度。〔說文〕「邍,高平之野,人所登」義證引〔春秋說題辭〕。○—,泉所出也。〔說文〕「灥,水泉本也」義證引〔文子〕。○—,水泉本也。〔大戴·勸學〕「誰知其非源泉也」王詁。〔子張問入官〕「源泉不竭」王詁。○—俗字作源。〔說文〕「—,篆文灥省」句讀。○—,古本作源,〔史記〕亦作源。〔漢書·李廣利傳〕「決其水—」補注。○—,俗字作源。〔說文定聲·卷一四〕○—,正字,源,俗字。〔孟子·離婁下〕「—泉混混」焦正義引阮元。○—,本也,水之來處也。〔孟子·離婁下〕「則取之左右逢其—」朱注。○—,本也。〔廣雅·釋詁三〕疏證。又〔漢書·律歷志〕「合三體而為之—」補注。○—,端也。〔公羊傳昭公元年經〕「晉荀吳帥師敗狄于大—」陳疏引惠士奇。○—,再也。〔通鑑·後梁紀六〕「蜀主作高祖—廟于萬里橋」音注。○〔說文定聲·卷一四〕—,度也。〔神女賦〕「志未可乎得—」。又〔漢書〕「不可勝—」雜志。○—者,量也。(同上)又〔漢書·王莽傳〕「臣聞功亡—者賞不限」補注引王念孫。○—亦量也。〔漢書〕「不可勝—」雜志。○—,計也。〔漢書·東方朔傳〕「不可勝—」補注引王念孫。○—,卜也。〔易·比〕「—筮元永貞」李疏引干注。○—源古字通,謂察度其事故也。〔墨子·非命上〕「有—之者」閒詁。○—當作緣,因也。〔韓子·主道〕「下不能—」集解。○—,謹厚之稱。〔孟子·盡心下〕「一鄉皆稱—人焉」朱注。○—與愿同,訓謹也。〔荀子·榮辱〕「孝弟—愨」集解引郝懿行。○—與愿同。〔孟子·盡心下〕「其惟鄉—乎」朱注。○〔說文定聲·卷一四〕—,假借為愿。〔論語〕「鄉—,德之賊也」。○—之,謂宥之也。〔史記〕「黥之」雜志。○所輸之處亦稱委,故曰—委。〔說文〕「委,隨也」段注。○—與省同義。〔莊子·天道〕「而—省次之」平議。○—,猶放逸也。〔慧琳音義·卷四四〕○—隰是稷之神。〔說文〕「邍,高平之野,人所登」義證引〔禮記外傳〕。○已立太廟而再立廟曰—廟。〔通鑑·後梁紀六〕「蜀主作高祖—廟于萬里橋」音注。○〔說文定聲·卷一四〕—,蜥蜴也。〔考工·梓人〕注「胷鳴,榮—屬」。○—,當為僎。〔論語·陽貨〕「鄉—」平議。○—,當作邍。〔釋名·釋地〕「廣平曰—」疏證。○〔說文定聲·卷一四〕—,假借為邍。〔釋地〕「廣平曰—」。○—者,阮假借字也。〔說文〕「阮,代郡五阮關也」段注。

**厵** —乃古文。〔說文〕「—,水本也」段注。○原乃—之省文。〔釋名·釋地〕「廣平曰原」疏證。○—,水原本也。〔說文〕「—,水泉本也」義證引〔玉篇〕、〔韻譜〕、〔復古編〕、〔洪武正韻〕。○—,此水原字。(同上)繫傳。○—,同源,水原曰源。〔廣韻·元部〕○—,俗作源。〔說文〕「—,水泉本也」義證。○—,單呼曰原,絫呼曰原泉。〔說文〕「—,水本也」段注。

**京** ｜，古原字。〔通雅·卷一七〕

**邍** ｜，經典借原字。〔說文〕「｜，高平之野，人所登」義證。

**源** 水原曰｜。〔廣韻·元部〕○水本曰｜。〔說文〕「厵，水泉本也」義證引蔡邕。○水本為｜也。〔慧琳音義·卷一一〕引顧野王。○｜，放之本也。〔卷五〕引〔玉篇〕。○｜，古作原。〔說文〕「謜，徐語也。孟子曰故謜謜而來」段注。○｜｜，若水之相繼也。〔孟子·萬章上〕「故｜｜而來」朱注。

**黿** ｜，似鼈而大。〔廣韻·元部〕○蠑螈、｜是一物。〔漢書·五行志〕「漦化為玄｜」補注引葉德輝。○｜、蜥蜴是一物。〔同上〕○蚖蟬與｜鼉同。〔淮南〕「蚖蟬者泥百仞之中」雜志。○｜作蚖。〔史記〕「索隱本異文」雜志。○｜，字或作蚖。〔說文〕「｜，大鼈也」義證。○〔說文定聲·卷一四〕｜，假借為蚖。〔鄭語〕「化為玄｜」。

**園** 果曰｜。〔說文定聲·卷一六〕(「田」下)○樹果曰｜。〔說文〕「圃，種菜曰圃」義證引〔藝文類聚〕。○｜，樹果菜也。〔說文〕「囿，苑有垣也」繫傳。○｜所以蓺果。〔說文〕「｜，所以樹果也」義證引〔增韻〕。○苑有藩曰｜。〔說文〕「囿，苑有垣也」義證引〔初學記〕。○｜者，圃之藩，其內可種木也。〔詩·將仲子〕「無踰我｜」朱傳。○｜，｜圃。〔廣韻·元部〕○｜圃對文則異，散文則通。〔說文〕「圃，種菜曰圃」義證。

**猨** ｜狖，輕捷之獸。〔楚辭·涉江〕「｜狖之所居」補注引五臣。○猿，俗｜，通蝯。〔文選·南都賦〕「騰｜飛鼺棲其間」集釋引〔干祿字書〕。○｜，同蝯。〔廣韻·元部〕

**蝯** ｜猴。〔廣韻·元部〕○｜善攀援，故稱｜。〔說文〕「｜，善援」段注。○｜，俗作猿。〔廣韻·元部〕又〔說文〕「｜，善援，禺屬」段注。○｜即猨。〔釋獸〕「猱｜善援」鄭注。○｜，通作猨。〔說文〕「｜，善援，禺屬」段注。○｜，今俗別作猨。〔同上〕繫傳。○｜，通作爰。〔同上〕義證。

**轅** ｜，車也。〔左傳僖公一五年〕「於是乎作爰田」洪詁引賈逵。○小車謂之輈，大車謂之｜。〔說文〕「軒，曲輈藩車也」段注引戴震。○大車左右兩木直而平者謂之｜。〔說文定聲·卷六〕(「輈」下)○大車、柏車、羊車皆左右兩木曰｜，其形直，一牛在｜間。〔卷一四〕○紺｜，耕根車，天子親耕所乘者也，一名芝車，一名三蓋。〔文選·藉田賦〕「紺｜綴於黛耜」集釋引〔晉書·輿服志〕。○紺｜，親幸耕藉御之三蓋車，一名芝車，又名耕根。〔同上〕集釋引桂氏〔札樸〕。○｜，輈也。〔楚辭·離世〕「必折軛而摧｜」補注。又〔國策·齊策五〕「今折｜而炊之」鮑注。○｜與輈對文則別，散文則通。〔說文定聲·卷一四〕○｜，假借為趄。〔同上〕○｜田，易田也。〔通雅·卷二六〕○｜即犂柄也。〔說文〕「樨，六叉犂，一曰犂上曲木犂｜」繫傳。○〔兩粵傳〕｜作榬。〔漢書·景武昭宣元成功臣表〕「蘅兒嚴侯｜終古」補注。○古爰｜同用。〔漢書·地理志〕「制｜田」補注引錢坫。○｜爰通。〔方言九〕「｜，楚衛之間謂之輈」箋疏。○借｜為爰。〔說文〕「爰，籒文以為車｜字」句讀。○｜戚，〔史記〕作爰戚。〔漢書·曹參傳〕「攻｜戚及亢父」補注。○袁｜古字同。〔左傳僖公四年經〕「齊人執陳｜濤塗」洪詁。○｜，〔釋文〕、〔穀梁傳〕並作袁。〔漢書·高帝紀〕「｜生說漢王」補注引錢大昭。○〔荀紀〕｜作袁，古字通。〔漢書·成帝紀〕「殺司隸校尉｜豐於殿中」補注引王先慎。○｜，字或作轅。〔說文〕「｜，輈也」義證。

**垣** ｜，牆也。〔詩·氓〕「乘彼垝｜」朱傳。又〔同上〕陳疏。又〔板〕「太師維｜」朱傳。又〔國策·趙策一〕「公宮之｜」鮑注。○｜，亦牆也。〔左傳襄公三一年〕「厚其牆｜」述聞。○｜，四周牆也。〔慧琳音義·卷九〕○｜，亦名垝。〔釋宮〕「垝，謂之坫」郝疏。○｜，｜墉也。〔廣韻·元部〕○｜猶院，周繞之意。〔說文〕「｜，牆也」繫傳。○｜之言環也，環繞于宮外也。〔廣雅·釋宮〕「𡒄，｜也」疏證。○｜謂城。〔國策·燕策二〕「軍於東｜矣」鮑注。○｜，〔漢表〕作桓，蓋古通借字。〔史記·惠景間侯者年表〕「｜」志疑。○｜邑，〔表〕作桓邑。〔漢書·梁懷王傳〕「濟川王明以｜邑侯立」補注引宋祁。○〔說文定聲·卷一四〕｜，假借為珣。〔西山經〕「其陽多嬰｜玉」。

**𩏽** ｜，籒文垣。〔廣韻·元部〕

**煩** ｜，勞也。〔廣韻·元部〕○｜，繁也。〔大戴·曾子立事〕「好道｜言，亂也」王詁。○｜，熱。〔說文〕「｜，熱頭痛也」繫傳。○｜者，熱頭痛也。〔說文〕「擾，｜也」段注。又〔說文〕「壤，｜擾也」段注。○｜，亂也。〔大戴·千乘〕「有｜而不治」王詁。又〔子張問入官〕「｜以不聽矣」王詁。又〔文王官人〕「｜之，以觀其治」王詁。○｜，引伸為｜亂之稱。〔說文〕「擾，｜也」段注。○引伸之凡心悶皆為｜。〔說文〕「懣，｜也」段注。○｜挐，擾亂也。〔楚辭·九辯〕「枝｜挐交橫」補注引五臣。○｜，憤悶｜亂也。〔說文〕「｜，熱頭痛也」義證引〔玉篇〕。○｜，辱也。〔大戴·曾子本孝〕「｜言不及於己」王詁。○｜碎，猶瑣小也。〔漢書·京房傳〕「皆以房言｜碎」補注引錢大昭。○｜撋，猶挼莎也。〔通雅·卷五〕○｜撋，猶挼莎，今人多用此義，而字作挪。〔說文〕「挼，一曰兩手相切摩也」段注引阮孝緒〔字略〕。○｜，免也。〔國策·燕策一〕「何為｜大王之廷耶」鮑注。○｜，亦汙垢也。〔詩·葛覃〕「薄污我私」陳疏。○〔說文定聲·卷一四〕｜，反覆澣潤之意。〔詩·葛覃〕箋「｜撋之用功深」。○〔同上〕｜，假借為券。〔廣雅·釋詁一〕「｜，勞也」。○〔同上〕｜，假借為蕃。〔淮南·主術〕「法省而不｜」。○〔同上〕｜，假借為頑。〔楚語〕「若民｜可教訓」。

**繁** ｜，多。〔詩·正月〕「正月｜霜」朱傳。○｜，多也。〔廣韻·元部〕○｜，多也，謂子孫｜衍也。〔大戴·保傅〕「素成｜成」王詁。○｜殖，眾多也。〔孟子·滕文公上〕「禽獸｜殖」朱注。○｜殖即｜息，即眾也。〔同上〕焦正義。○｜會，錯雜也。〔楚辭·東皇太一〕「五音紛兮｜會」補注引五臣。

○｜，概也。〔廣韻·元部〕○｜，亦作蕃，古字通。〔左傳定公四年〕「封父之｜弱」洪詁。○｜通作蕃。〔孟子·滕文公上〕「禽獸｜殖」焦正義。○｜，讀為敏。〔荀子〕「巧｜」雜志。○｜讀為敏，巧敏謂便佞也。〔荀子·富國〕「直將巧｜拜請而畏事之」集解引王引之。○｜者，白色也，讀若老人髮白曰皤。〔釋畜〕「青驪｜鬣」述聞。○｜之為言皤也。〔廣雅·釋草〕「｜母，蒡葧也」疏證。○馬之白鬣謂之｜鬣。〔釋畜〕「｜鬣」述聞。○｜平聲近而字通。〔漢書〕「閼氏」雜志。○｜，通用樊字。〔通雅·卷二〕○｜弱，弓也。〔藝文類聚〕引〔廣雅〕疏證。○｜動，〔月令〕作萌動。〔呂覽·孟春〕「草木｜動」校正。○｜，由胡，今水生蔞蒿，辛香而美。〔詩·采蘩〕「于以采蘩」集疏引〔齊詩〕。

**緐** ｜，今作繁。〔說文〕「蘩，从草｜聲」句讀。○｜，經典皆作繁。〔說文〕「｜，馬髦飾也」句讀。

**鷩** ｜與繁通。〔廣雅·釋鳥〕「｜鳥，鴘也」疏證。○繁與｜俱從敏聲而音為煩。（同上）

**蕃** ｜，息也。〔廣韻·元部〕○｜，｜息也。〔大戴·本命〕「六畜｜於宮中」王詁。○凡鳥獸孳乳｜息亦謂之｜。〔周禮·大司徒〕「以｜鳥獸」孫正義。○｜，茂也。〔太素·順養〕「夏三月此謂｜秀」楊注。又〔廣韻·元部〕。○｜，滋也。〔廣韻·元部〕又〔說文〕「｜，草茂也」義證引〔急就篇〕顏注。○｜與藩同。〔漢書·息夫躬傳〕「保塞稱｜」補注。○｜、藩通。〔廣雅·釋器〕「轓，箱也」疏證。○〔說文定聲·卷一四〕｜，假借為藩。〔易·晉〕「｜庶」。○｜，諸本作藩。〔左傳定公四年〕「以｜屏周」洪詁。○｜，韓作藩。〔詩·崧高〕「四國于｜」集疏。○｜，蔽也。（同上）朱傳。○｜為屏蔽之義。〔周禮·大司馬〕「又其外方五百里曰｜畿」孫正義。○｜，屏也。〔慧琳音義·卷八五〕○｜，｜屏。〔廣韻·元部〕○〔說文定聲·卷一四〕｜，假借為繁。〔禮記·明堂位〕「周人黃馬｜鬣」。○｜弱，〔史記〕作繁弱。〔漢書·司馬相如傳〕「｜弱」補注。○〔說文定聲·卷一四〕｜，假借為變。〔漢書·成帝紀〕引〔書〕「於｜時雍」。○｜，應同古文〔尚書〕讀蕃為變。〔漢書·成帝紀〕「故書云黎民於｜時雍」補注引錢大昭。○｜，蓋白色也。〔禮記·明堂位〕「周人黃馬｜鬣」述聞。○｜讀為播。〔易·說卦〕「為｜鮮」平議。○轓｜通。〔廣雅·釋器〕「轓，箱也」疏證。○〔說文定聲·卷一四〕｜，假借為服。〔北山經〕「涿光之山其鳥多｜」。○（同上）｜，假借為蘋。〔西山經〕「陰山其草多茆｜」。○（同上）｜，假借為軓。〔太玄·積〕「至于｜也」。○｜露，古之冕旒似露而垂。〔漢書·董仲舒傳〕「｜露、清明、竹林之屬」補注引齊召南。○｜，戎狄總名也。〔慧琳音義·卷八五〕○｜蹋魚，今銅盆魚也。〔通雅·卷四七〕

**樊** ｜，藩也。〔詩·東方未明〕「折柳｜圃」朱傳。又〔青蠅〕「止于｜」朱傳。○｜，籠也。〔說文〕「｜，鷙不行也」段注。○｜，｜籠。〔廣韻·元部〕○｜藩古字通。〔釋言〕「｜，藩也」邵正義。○｜，字通作藩。〔廣雅·釋言〕「｜，邊也」疏證。○｜，齊作藩，魯作藩。〔詩·青蠅〕「止于｜」集疏。○〔說文定聲·卷一四〕｜，假借為楙，為藩。〔詩·東方未明〕「折柳｜圃」。○｜者，楙之假借。〔釋言〕「｜，藩也」郝疏。○｜，借為楙字。〔說文〕「｜，鷙不行也」段注。○｜與驜同。〔廣雅·釋詁三〕「驜，止也」疏證。○｜，山邊也。〔慧琳音義·卷九〇〕引〔考聲〕。○〔說文定聲·卷一四〕｜，字亦作驜。〔廣雅·釋訓三〕「驜，止也」。○｜，假借為鞶。〔釋名〕「鞅其下飾曰｜纓」。○｜，當為攀。〔說文〕「奱，｜也」義證。

**楙** ｜，今俗所謂籬笆是也，實即藩字之古文。〔說文定聲·卷一四〕○｜，藩屏。〔廣韻·元部〕○｜，二木中枝交也。〔說文〕「｜，藩也」繫傳。○｜，今〔詩〕作樊。〔說文〕「｜，詩曰營營青蠅止于｜」段注。○〔說文定聲·卷一四〕｜，毛本以樊為之。〔詩·青蠅〕「止于｜」。○｜通作樊。〔釋言〕「樊，藩也」郝疏。○｜，經典通作樊。〔說文〕「｜，藩也」義證。

**翻** ｜，飛貌。〔詩·小毖〕「｜飛維鳥」集疏引韓說。○｜，同飜。〔廣韻·元部〕○｜，或从飛。〔集韻·元部〕○｜，亦作拚。（同上）

**飜** ｜，覆也。〔廣韻·元部〕○｜，飛也。（同上）

**旛** ｜，旐也。〔廣韻·元部〕又〔慧琳音義·卷六〕引〔字書〕。○｜，旌旐總名。〔廣韻·元部〕○｜，旌旗總名也。〔慧琳音義·卷六〕引〔韻英〕。○凡旗之正幅亦曰｜。〔說文定聲·卷六〕〔「游」下〕○九旗正幅之帛曰｜胡，亦曰縿，今字以幡為之。〔說文定聲·卷一四〕○｜，旗幅下垂者。〔集韻·元部〕○假幅為｜，而｜廢矣。〔說文〕「｜，｜胡也」段注。○｜胡，各本作幅胡。（同上）○｜又作轓。〔說文〕「｜，幅胡也」義證。○｜，或通作弧。（同上）

**暄** ｜，温也。〔廣韻·元部〕○｜又作晅。〔通雅·卷一〕○煖，讀為｜。〔廣雅·釋詁三〕「煖，煗也」疏證。○煗，讀為｜。（同上）

**煖** ｜，同暄。〔廣韻·元部〕

**萱** ｜，忘憂草。〔廣韻·元部〕○｜草，又名忘憂草，吳中書生謂之療愁。〔說文〕「藼，令人忘憂草也」義證引〔述異記〕。○｜，本作諼。〔本草·卷一六〕

**藼** ｜或作萱。〔釋訓〕「萲，忘也」邵正義。○｜之言諼。諼，忘也。〔說文〕「｜，令人忘憂之草也」段注。○引伸之凡忘皆曰｜。〔說文〕「諼，詐也」段注。○｜草，今〔詩〕作諼草。〔說文〕「安得｜草」段注。○｜，字亦作蘐。〔說文定聲·卷一四〕○｜，字亦作萲。（同上）

**諠** ｜草，忘憂也。〔詩·伯兮〕「焉得｜草」集疏引韓說。○｜，｜譁。〔廣韻·元部〕○｜作喧。〔慧琳音義·卷一〕○｜作讙。（同上）○｜，或作藋。（同上）

**喧** ｜，大語也。〔廣韻·元部〕○｜與咺同，痛也。〔方言一〕「南楚江湖之間謂之嘽咺」箋疏。○｜當為咺。〔漢書·孝武李夫人傳〕「｜不可止兮」補

注引沈欽韓。○丨咺字異而義同。〔廣雅·釋詁四〕「烜，明也」疏證。○宣丨字異而義同。（同上）○丨烜字異而義同。（同上）

叩

丨，喚聲。〔廣韻·元部〕○丨，衆人並呼。〔説文〕「丨，驚嘑也」繫傳。○丨同喧。〔集韻·元部〕○丨音喧。〔説文〕「僉，皆也」義證引〔五經文字〕。○丨，即諠也。〔説文〕「單，大也」繫傳。○丨與讙通。〔説文〕「丨，驚嘑也」段注引〔玉篇〕。○〔説文定聲·卷一四〕丨，假借為讙。〔孟子〕注「咻，嚾也」。○（同上）丨，字亦作嚾，争辯也。〔荀子·非十二子〕「嚾嚾然而不知其所非也」。○（同上）丨，假借為宣。〔禮記·大學〕「赫兮喧兮」。○丨，假借為愃。〔説文定聲·卷一四〕○丨，假借為烜。（同上）

宛

丨，屈也。〔慧琳音義·卷四三〕又〔廣韻·元部〕。○丨，枉屈也。〔通鑑·唐紀五二〕「有丨濫者以聞」音注。○丨，枉也，曲也。〔廣韻·元部〕○丨，亦煩也。〔慧琳音義·卷四三〕○丨，亂也。〔説文〕「煩，熱頭痛也」繫傳。○丨與戾同意。〔説文定聲·卷一四〕○丨，當讀如怨。〔墨子·天志中〕「丨不興矣」閒詁引蘇時學。○丨，抑也。〔廣雅·釋言〕疏證。○丨，苦也。〔慧琳音義·卷五〕引〔考聲〕。○丨讀同宛。〔漢書·息夫躬傳〕「丨頸折翼」補注引沈欽韓。○丨句，〔盧綰傳〕、〔晉志〕並作宛句。〔漢書·地理志〕「丨句」補注引吳卓信。○丨延與蜿蜒同。〔漢書·楊雄傳〕「颸翠氣之丨延」補注引錢大昭。

惌

丨，或作冤。〔慧琳音義·卷一〕○丨，丨枉。〔廣韻·元部〕○丨，憎也。〔慧琳音義·卷二〕○丨，仇也。〔卷三〕引〔考聲〕。○丨，嫌也。（同上）○丨，恨望也。〔慧琳音義·卷二〕引顧野王。

言

丨，丨語也。〔廣韻·元部〕○出於口為丨。〔説文繫傳·通論下〕○丨者，人之丨也。（同上）○直丨為丨。（同上）○丨者，直丨。（同上）○直丨曰丨。〔詩·公劉〕「于時丨丨」朱傳。○直曰丨，丨己事也。〔慧琳音義·卷七二〕○丨，當為丨語之丨。〔詩·終風〕「寤丨不寐」通釋。○丨者，心之聲也。〔説文〕「意，志也」義證。○丨者，所以通己於人。〔説文〕「名，自命也」義證引〔文子·符言〕。○音發為丨，一音為一丨。〔釋言〕鄭注。○丨，自丨也。〔論語·泰伯〕「其丨也善」朱注。○自丨曰丨。〔論語·鄉黨〕「寢不丨」朱注。○丨者，意之間也。〔釋詁〕「丨，間也」郝疏。○丨語二字對文則別，散則通也。〔釋詁〕「話，丨也」郝疏。○丨者，文字之聲也。〔説文〕「詞，意内而丨外也」段注。○丨，當為音。〔説文〕「意，察丨而知意也」義證。又〔説文〕「詞，意内而丨外也」義證。○一字曰丨。〔説文繫傳·通論下〕○一字為一丨。〔釋言〕邵正義。又〔漢書·東方朔傳〕「誦二十二萬丨」補注引沈欽韓。○丨當為謂。〔韓子·外儲説左上〕「右御冶工丨王曰」集解。○行文曰丨。〔通雅·卷三〕○丨亦議也。〔荀子〕「義」雜志。○無可丨謂無可訾議也。〔漢書·衛綰傳〕「終無可丨」補注。○丨亦問也。〔漢書〕「丨問其臣」雜志。○丨猶念也。〔孟子·公孫丑上〕「永丨配命」朱注。○丨謂命令。〔國策·齊策四〕「制丨者王也」鮑注。○丨，號令也。〔大戴·子張問入官〕「丨調悦則民不辨法」王詁。○丨即政教。〔書·益稷〕「以出納五丨」孫疏。○丨謂毁譽之丨也。〔書·立政〕「兼于庶丨」孫疏。○丨者，毁之間也。〔釋詁〕「丨，間也」述聞。○丨，名也。〔韓子·二柄〕「丨與事也」集解引舊注。○失丨猶失道也。〔穀梁傳襄公二五年〕「莊公失丨淫于崔氏」平議。○丨當為善。〔荀子·非相〕「故君子之於丨也」集解引王引之。○丨，我也。〔詩·終風〕「願丨則嚏」陳疏。又〔泉水〕「駕丨出遊」陳疏。○丨丨，與誾誾同，和敬貌。〔禮記·玉藻〕「二爵而丨丨斯」集解。○丨，辭也。〔詩·葛覃〕「丨告師氏」朱傳。○丨，詞也。〔詩·終風〕「寤丨不寐」、「願丨則嚏」集疏。○丨，語詞。〔詩·葛覃〕「丨告師氏」通釋。○丨為語助詞。〔詩·瓠葉〕「酌丨獻之」通釋。○丨，亦語詞也。〔詩·載馳〕「丨采其蝱」陳疏。○丨，亦語詞。〔詩·女曰雞鳴〕「弋丨加之」陳疏。○丨，詁訓丨也。〔大戴·小辨〕「士學順辨丨以遂志」王詁。○丨，謂文辭。〔大戴·文王官人〕「素動人以丨」王詁。○〔釋詞·卷五〕丨，云也，語詞也。〔詩·葛覃〕「丨告師氏，丨告丨歸」。○〔説文定聲·卷一四〕丨，假借發聲之詞。〔釋詁〕「丨，我也」。○（同上）丨，助語之詞。〔釋詁〕「丨，間也」。○丨，助語之詞，間于文字者也。〔説文定聲·卷五〕（「哉」下）○丨訓應也。〔釋樂〕「大簫謂之丨」郝疏。○成丨，謂誠信之丨，一成不易也。〔楚辭·離騷〕「初既與余成丨兮」補注。○丨丨，高大也。〔詩·皇矣〕「崇墉丨丨」朱傳。○丨與延通。〔釋詁〕「丨，間也」郝疏。○丨與台聲相轉，故其義同。〔釋詁〕「丨，我也」郝疏。○丨與余聲相轉，故其義同。（同上）○丨誾聲義同。〔釋詁〕「誙，敬也」郝疏。○丨誙聲義同。（同上）

軒

丨，丨車也。〔廣韻·元部〕○丨，安車也。〔慧琳音義·卷一五〕引〔考聲〕。○丨，曲輈藩車也。〔國策·楚策一〕「寵臣不避丨」鮑注。○丨，車之却而後也。〔詩·六月〕「如輊如丨」朱傳。○丨輬，蓋車之有蔽者。〔文選·招魂〕「丨輬既低」集釋。○丨之言扞蔽也。〔廣雅·釋器〕「丨，車也」疏證。又〔左傳閔公二年〕「鶴有乘丨者」疏證引王念孫。○丨，車之曲輈而有藩蔽者。〔説文定聲·卷一四〕○丨輊，即丨輖也。〔詩·六月〕「如輊如丨」後箋引惠棟。○丨，言車輕。（同上）後箋引段玉裁。○〔説文定聲·卷六〕丨，言輕而高。〔詩·六月〕「如輊如丨」。（「輖」下）○後頓曰丨。〔説文〕「輊，抵也」義證引〔玉篇〕。○〔説文定聲·卷一四〕前高曰丨。〔詩·六月〕「如輊如丨」。○長廊有窗而周迴者曰丨。〔漢書·孝武衛皇后傳〕「丨中，得幸」補注引何焯。○丨，檻樓上板。〔楚辭·招魂〕「檻層丨些」補注引五臣。○以版為之曰丨，通名曰檻。〔説文〕「櫺，楯間子也」繫傳。○丨，簷前也。〔慧琳音義·卷三二〕引〔考聲〕。○檐宇之末曰丨。〔楚辭·招魂〕補注。又〔集韻·元部〕。○丨，字又作轓。〔左傳閔公二年〕「鶴有乘丨者」疏證。○丨與騫通。〔廣雅·釋訓〕「騫騫，飛也」疏證。○丨與胖同。胖之言片也。〔説文〕「牒，薄切肉也」義證。○〔説文定聲·

卷一四〕丨，假借為胖。〔禮記·內則〕「肉腥細者為膾，大者為丨」。〇〔同上〕丨，假借為衎。〔莊子·天地〕釋文「丨，寬悅之貌」。〇丨虎，二傳作罕虎。〔公羊傳昭公元年經〕「鄭丨虎」陳疏。〇丨丨，猶言僤僤也。〔通雅·卷一〇〕〇丨朱，謂丨轅、朱襄二帝會集也。〔漢書·禮樂志〕「鳴琴竽會丨朱」補注。〇丨轅是其號。〔史記·五帝紀〕「姓公孫名曰丨轅」志疑。〇丨于，江東呼茜，音猶。〔文選·子虛賦〕「丨于衆物」集釋引〔爾雅〕郭注。〇丨于，即〔爾雅〕之茜蔓于。〔同上〕集釋引〔爾雅〕郭注。〇丨于，亦單稱于。〔同上〕集釋引〔馬融傳〕注。

## 藩

丨，籬。〔詩·板〕「价人維丨」朱傳。〇丨，籬也。〔廣韻·元部〕〇丨，亦丨屏也。〔同上〕〇丨，今人謂之籬笆。〔說文〕「楙，丨也」段注。〇丨，籬落也。〔同上〕繫傳。〇丨，俗作轓。〔說文〕「軒，曲輈丨車也」段注。〇丨作轓，義同。〔說文〕「藩，大箕也」繫傳。〇丨，字亦作傘、作橃。〔說文定聲·卷一四〕〇古亦謂車兩壁為丨。〔說文〕「藩，大箕也」繫傳。〇丨作蕃。〔史記索隱〕本「異文」雜志。〇丨，通作蕃。〔釋言〕「樊，丨也」郝疏。〇丨，〔外傳〕作蕃。〔左傳襄公二七年〕「以丨為軍」洪詁。〇〔史記〕作蕃，即丨也。〔漢書·戾太子傳〕「止于丨」補注引周壽昌。〇丨亦作蕃。〔漢書·天文志〕「丨臣」補注。〇藩與丨音義皆同。〔說文〕「藩，一曰蔽也」段注。〇丨，實即楙字之異文。〔說文定聲·卷一四〕〇樊，字通作丨。〔廣雅·釋言〕「樊，邊也」疏證。〇丨，蕁芫，葉如韭。〔廣韻·元部〕

## 魂

丨，氣也。〔說文〕「魄，陰神也」義證引傳遜。〇人之精氣曰丨。〔說文〕「丨，陽氣也」義證引〔禮記外傳〕。〇丨主死氣之舍。〔易·繫上〕「遊丨為變」李疏引〔越紐録〕。〇志勝氣為丨。〔通雅·卷一八〕引子瞻。〇氣之神曰丨。〔通雅·卷一八〕〇丨，丨魄也。〔廣韻·魂部〕〇丨魄亦稱營魄，精神氣化也。〔通雅·卷一八〕〇凡人形體謂之魄，其精氣謂之丨。〔儀禮·士喪禮〕胡正義。〇天氣為丨。〔說文〕「丨，陽氣也」義證引〔文子〕。〇動以營身之謂丨。〔同上〕義證引〔內觀經〕。〇丨，陽游氣也。〔同上〕義證引〔玉篇〕。〇丨，陽也。〔說文〕「魄，陰神也」義證引傳遜。〇人始生化曰丨。〔說文〕「丨，陽氣也」義證引〔玉篇〕。〇丨，神也。〔詩·出其東門〕「聊樂我丨」集疏引韓說。又〔說文〕「魄，陰神也」義證引傳遜。〇丨者，神也。〔荀子〕「夸誕逐丨」集解引郝懿行。〇隨神往返謂之丨。〔同上〕集解引〔子華子〕。〇丨，構，即神祠。〔義府·卷下〕〇遊丨謂之鬼。〔易·繫上〕「遊丨為變」李疏引鄭注。〇〔說文定聲·卷一五〕丨，假借為賑，為運。〔夏小正〕「丨也者，動也」。〇丨丨，猶營營。〔通雅·卷一〇〕

## 渾

丨，丨濁。〔廣韻·魂部〕〇今人謂水濁為丨。〔說文〕「丨，溷流聲也」段注。〇丨，無分別貌。〔慧琳音義·卷一〇〇〕引〔文字典說〕。〇丨淆，正作溷殽，溷濁雜亂也。〔卷三九〕〇〔說文定聲·卷一五〕丨，假借為溷。〔說文〕「丨，一曰洿下貌」。〇丨，言其形體丨丨如也。〔漢書·揚雄傳〕「而大潭思丨天」補注引沈欽韓。〇丨，合也。〔太素·人迎脈口診〕「外揣言丨束為一」楊注。〇二水合流為丨濤。〔說文〕「丨，溷流聲也」段注引酈善長。〇丨，水流聲也。〔慧琳音義·卷四八〕〇丨，水濆涌之聲也。〔說文〕「丨，混流聲也」義證引〔玉篇〕。〇丨者，水流之墜也。〔釋詁〕「丨，墜也」郝疏。〇丨與混略同。〔說文定聲·卷一五〕〇丨與混同。〔廣雅·釋訓〕「混混，流也」疏證。〇丨混古字通。〔方言二〕「丨，盛也」箋疏。〇丨與昆聲相近。〔廣雅·釋詁二〕「昆，盛也」疏證。〇丨，〔史記·表〕作昆。〔漢書·藝文志〕「公孫丨邪十五篇」補注引錢大昭。〇丨昆古字通。〔方言二〕「丨，盛也」箋疏。〇丨焜古字通。〔同上〕〇丨丨沅沅，猶言茫茫沆沆耳。〔漢書〕「沈斥」雜志。〇丨丨沅沅，廣大貌也。〔淮南內篇〕「茫茫沈沈」雜志。〇〔說文定聲·卷一五〕丨，假借為運。〔太玄·瑩〕「周丨歷紀」。〇丨都，〔志〕作軍都。〔漢書·周勃傳〕「御史大夫施屠丨都」補注。〇丨敦，〔莊子〕作倱伅。〔左傳文公一八年〕「天下之民謂之丨敦」洪詁。〇丨脫，猶言活脫。〔通雅·卷四〕

## 褌

袴合襠謂之丨，最親身者也。〔儀證·既夕禮〕「設明衣，婦人則設中帶」胡正義引顏師古。〇合襠謂之丨。〔說文〕「幝，幒也」義證引〔急就篇〕顏注。〇丨，即今之合襠袴也。〔方言四〕箋疏。〇今之滿襠褌，古之丨也。〔說文〕「幝，幒也」段注。〇丨襠，以渾複為之，故曰丨。〔本草·卷三八〕〇丨亦作裩，褻衣也。〔同上〕〇丨，同幝。〔廣韻·魂部〕〇丨，亦作幝。〔方言四〕「丨，陳楚江淮之間謂之裕」疏證。

## 幝

滿襠褌古曰丨曰幒。〔說文定聲·卷九〕（「絝」下）〇丨，褻衣。〔廣韻·魂部〕〇今之滿當袴，則古謂之丨。〔說文〕「絝，脛衣也」段注。〇〔說文定聲·卷一五〕丨，假借為帬。〔司馬相如傳〕「犢鼻褌」。

## 温

丨，和。〔詩·燕燕〕「終丨且惠」朱傳。〇丨，和也，柔也。〔廣韻·魂部〕〇丨，和厚也。〔通鑑·唐紀七三〕「君可選一丨信大將」音注。〇丨，和厚也。〔論語·學而〕「夫子丨良恭儉讓」朱注。〇丨者，色之和。〔論語·子張〕「即之也丨」朱注。〇丨，良也。〔續音義·卷八〕引〔玉篇〕。〇丨，善也。〔同上〕引〔切韻〕。〇丨，善也，良也。〔廣韻·魂部〕〇丨丨，和柔貌。〔詩·小宛〕「丨丨恭人」朱傳。〇丨，猶丨丨。〔小宛〕「飲酒丨克」陳疏。〇丨，暖也。〔廣韻·魂部〕〇丨與煴同義。〔廣雅·釋詁四〕「熅，煴也」疏證。〇今以為丨煙字。〔說文〕「丨，从水𥁕聲」段注。〇〔說文定聲·卷一五〕丨，假借為煴。〔廣雅·釋詁三〕「丨，煗也」。〇丨[illegible]，和煦而不烈也。〔通雅·卷四九〕〇丨，尋繹也。〔論語·為政〕「丨故而知新」朱注。〇丨是尋繹之義。〔漢書·成帝紀〕「丨故知新」補注引周壽昌。〇丨，亦是燖煖之義。〔同上〕〇燖丨即燖揾。〔說文〕「揾，没也」義證。〇和柔亦謂之丨藉。〔漢書〕「連語」雜志。〇含蓄謂之丨藉。〔同上〕〇丨藉者，含蓄有餘之意。〔同上〕〇丨藉又作尉薦。〔詩·小宛〕「飲酒丨克」通釋。〇飲酒雖醉，能以丨藉自勝，故曰丨克。〔詩·小宛〕「飲酒丨克」集疏。〇丨，謂承藉。〔禮記·禮器〕「丨之至也」集解引皇侃。〇丨與蕰同。蘊者積也。經典通作蘊。〔荀子·榮辱〕「其丨厚矣」集解引郝懿行。〇〔說文定聲·卷一五〕丨，假借為蕰。〔荀子·榮辱〕「其丨厚矣」。〇丨讀為蘊。〔荀子〕

「其功盛姚遠矣」雜志。〇丨當讀為蕰。〔春秋繁露·楚莊王〕「視其丨辭」平議。〇丨讀曰蘊。〔漢書·義縱傳〕「少丨籍」補注。〇丨，一曰溳也。〔說文定聲·卷一五〕〇丨，一曰汩也。〔同上〕〇丨讀為慍。〔管子〕「丨怒」雜志。〇丨，讀為緼。〔呂覽·必已〕「不衣芮丨」平議。〇丨，當為昷。〔說文〕「玉，潤澤以丨仁之方也」義證。〇〔說文定聲·卷一五〕丨，假借為昷。〔廣雅·釋詁一〕「丨，善也」。〇〔同上〕丨，假借為醞。〔禮記·內則〕「柔色以丨之」。〇〔同上〕丨，假借為梱，猶言渾淪也。〔禮記·中庸〕「丨而理」。〇丨即縓之假借字也。〔說文〕「縓，帛赤黃色」段注。〇〔漢·表〕許丨作許盎，聲相近。〔史記·高祖功臣侯者年表〕「靖侯許丨元年」志疑。〇丨蠖即污之反語也。〔廣雅·釋詁三〕「濩，污也」疏證引陳觀樓。〇丨蠖，言塵滓深曲之狀也。〔通雅·卷四〕〇國初襲唐宋之風，舉子見先達，謝見。又數日再投啓事，謂之丨卷。〔通雅·卷三一〕〇丨，水名，出犍為。〔廣韻·魂部〕

**孫**

外丨亦得稱丨。〔漢書·衛太子史良娣傳〕「見丨孤」補注引王先慎。〇外丨女亦可稱丨。〔詩·何彼襛矣〕「平王之丨」集疏。〇丨，亦遠丨之通稱。〔釋親〕「子之子為丨」郝疏。〇丨，恭順也。〔大戴·主言〕「弟子知其不丨也」王詁。〇丨，順也。〔左傳僖公一五年〕「公曰不丨」洪詁引服虔。〇丨者，逡循恭敬之意。〔說文〕「倨，不遜也」段注。〇引申之義為丨順。〔說文〕「丨，子之子曰丨」段注。〇引申之義為丨遁。〔同上〕〇丨，讓。〔詩·狼跋〕「公丨碩膚」朱傳。〇丨者，遜也。〔說文繫傳·通論中〕〇丨與遜通。〔廣雅·釋詁二〕「遜，去也」疏證。〇丨，愻之省也。〔左傳僖公一五年〕「公曰不丨」疏證。〇丨，遜之假借。〔說文〕「愻，順也」段注。〇〔說文定聲·卷一五〕丨，假借為愻。〔詩·文王有聲〕「詒厥丨謀」。〇丨卿，荀卿也。〔韓子·難三〕「燕子噲賢子之而非丨卿」集解引顧廣圻。

**門**

堂之口曰丨。〔說文〕「户，護也」義證引〔六書精蘊〕。〇外曰丨。〔說文〕「户，半丨曰户」義證引〔六書精蘊〕。〇大曰丨，小曰户。〔同上〕義證引〔急就篇〕顏注。〇在宅區域曰丨。〔說文定聲·卷一五〕〇兩扇曰丨。〔同上〕〇一扉曰户，兩扉曰丨。〔說文〕「户，半丨曰户」義證引〔玉篇〕。〇丨，人所出入也。〔說文〕「丨，聞也」義證引〔玉篇〕。〇〔說文定聲·卷一五〕丨，謂廟丨也。〔釋宮〕「閍，為之丨」。〇丨闔，丨扇也。〔說文〕「扉，户扇也」段注。〇丨限，乃堂之邊際。〔文選·西京賦〕集釋。〇丨籍，置牒于丨，以案出入也。〔通雅·卷二八〕〇丨籍，出入宮殿丨之籍也。〔漢書·竇嬰傳〕「太后除嬰丨籍」補注引胡注。〇丨，問也。〔廣韻·魂部〕〇丨，聞也。〔同上〕〇丨當為聞。〔墨子·號令〕「丨守乃入舍」閒詁。〇龍丨，楚東丨。〔楚辭·哀郢〕「顧龍丨而不見」王注。〇龍丨，即郢城之東丨。〔同上〕補注引〔水經〕。〇南關三丨，其一名龍丨。〔同上〕補注引伍端休〔江陵記〕。〇丨者，守丨者也。〔左傳宣公一五年〕疏證引惠棟。〇正室謂之丨子。〔文選·補亡詩〕「粲粲丨子」集釋引〔周禮〕。〇丨子，正室適子將代父當丨者。〔同上〕集釋引〔周禮〕鄭注。〇國子即丨子，在家曰丨，在朝曰國。〔同上〕集釋引或曰。〇丨衛即衛尉者，掌宮丨衛屯兵。〔漢書·五行志〕「殿丨丨衛户者莫見」補注引葉德輝。〇丨大夫，亦太子、太傅、少傅屬官。〔漢書·金日磾傳〕「為太子丨大夫」補注。〇〔隸釋〕謂漢儒開丨授徒，總稱曰丨生。〔通雅·一九〕〇〔隸釋〕謂漢儒開丨授徒，親授業者則曰弟子，次相傳授，則曰丨生。〔同上〕〇〔隸釋〕謂漢儒開丨授徒，未冠則曰丨童。〔同上〕〇受業者為弟子，弟子之弟子為丨人。〔說文定聲·卷一五〕引朱彝尊。〇同丨者，同師之謂。〔漢書·孟喜傳〕「同丨梁丘賀疏通證明之」補注引沈欽韓。〇丨下，喻親近之人也。〔楚辭·七諫〕「見怨丨下」注。〇蠭丨即逢蒙。〔呂覽·聽言〕「蠭丨始習於甘蠅」校正。〇逢丨，〔孟子〕作逢蒙。〔漢書·古今人表〕「逢丨子」補注。〇〔說文定聲·卷一五〕丨，假借為蒙。〔荀子·王霸〕「羿蠭丨善服射者也」。〇〔同上〕丨，假借為虋。〔釋草〕注「丨冬，一名滿冬」。〇丨，〔玉篇〕有古文作閅。〔說文〕「丨，聞也」義證。

**尊**

丨，高也。〔廣韻·魂部〕〇丨，崇也。〔大戴·曾子疾病〕「君子丨其所聞」王詁。〇丨，重也。〔廣韻·魂部〕〇丨，貴也。〔同上〕又〔大戴·主言〕「明主因天下之爵以丨天下之士」王詁。〇丨，謂丨長。〔大戴·曾子制言中〕「是以君子以仁為丨」王詁。〇丨，敬也。〔廣韻·魂部〕〇丨，丨卑。〔同上〕〇丨者，恭敬奉持之意。〔中庸〕「故君子丨德性而道問學」朱注。〇丨，君父之稱。〔廣韻·魂部〕〇丨，君也。〔說文〕「朢，月滿」義證引〔春秋元命苞〕。〇今士大夫家妻稱夫曰丨卿。〔通雅·卷一九〕〇丨章，猶言舅姑也。〔同上〕〇丨謂霸。〔國策·韓策三〕「此皆以一勝立丨」鮑注。〇古者多謂丨為明。〔荀子〕「知士不能明」雜志。〇丨明，謂丨事而明著之。〔墨子·明鬼下〕「將不可不丨明也」閒詁。〇丨與樽同。〔易·謙〕「謙丨而光」述聞。〇丨，當讀如樽。〔國語·越語〕「卑辭丨禮」平議。〇丨，讀撙節退讓之撙。〔同上〕〇〔釋文〕之樽本或作丨，又作罇。〔左傳襄公二三年〕「新丨絜之」洪詁。〇丨當為遵，古字通。〔墨子·備城門〕「而君丨用之」平議。〇丨，讀為遵。〔同上〕閒詁引俞樾。〇丨，當讀為遵。〔論語·堯曰〕「丨五美」平議。〇浙本丨作遵。〔漢書·董仲舒傳〕「丨其所聞」補注引宋祁。〇丨，當讀為剸。〔墨子·大取〕「益其益，丨其丨」平議。〇丨之言損也，小也。〔易·謙〕「謙丨而光」述聞。〇丨用，猶專用也。〔墨子·備城門〕「君丨用之」閒詁引蘇時學。〇丨丨，言其蔚多也。〔通雅·卷九〕〇丨丨，謂正丨之服。〔禮記·大傳〕「二曰丨丨」集解。〇丨食，廟食也。〔楚辭·天問〕「丨食宗緒」補注。

**罇**

丨，字本作尊。〔廣雅·釋器〕「泰，丨也」疏證。〇丨，本又作尊，从缶从木，後人所加。〔廣韻·魂部〕

**樽**

置酒曰丨。〔大戴·諸侯遷廟〕「丨于西序下」王詁。

**存**

丨，在也。〔廣韻·魂部〕〇丨即在也。〔孟子·告子上〕「雖丨乎人者」焦正義。〇〔說文定聲·卷一五〕丨亦司也。〔北齊·儒林傳敘〕「齊氏司一」。○(同上)一，假借為在，實為司。〔釋詁〕「一，察也」。○一，猶留也。〔禮記・燕義〕「國子一游卒」集解。○一，謂操而不舍。〔孟子・盡心上〕「一其心」朱注。○〔文選〕注引一作有。〔管子・心術〕「若一若亡」義證引孫星衍。○一，省也。〔大戴・曾子立事〕「而勿慮一焉」王詁。○一，察也。〔廣韻・魂部〕。又〔大戴・子張問入官〕「一是美惡」王詁。○不一，謂不及察。〔漢書・司馬相如傳〕「駭不一之地」補注。○不一，猶言不虞。(同上)補注引劉攽。○一，問也。〔國策・秦策五〕「無一介之使以一之」鮑注。○一者，問也。〔禮記・王制〕「八十月告一」平議。○一，恤問也。〔廣韻・魂部〕又〔說文〕「在，一也」段注。○一，恤也。〔大戴・曾子立事〕「一往者」王詁。○〔說文定聲・卷一五〕一，假借為荐，實為巽，猶進也。〔禮記・祭義〕「一諸長老」。○一，亦當為薦。〔禮記・祭義〕「一諸長老」述聞。

**蹲**

足底著地，而下其脽，聳其膝曰一。〔說文〕「居，一也」段注。又〔詩・四牡〕「不遑啓處」後箋引段玉裁。○一，踞也，謂豎膝坐也。〔慧琳音義・卷五七〕引〔考聲〕。○一，謂豎脚坐也。〔卷七八〕○一，坐也。〔廣韻・魂部〕○一，猶坐也。〔說文定聲・卷一〇〕(「趖」下)○一，猶虛坐也。〔慧琳音義・卷二七〕○一，曲股立也，又作跧。〔通雅・卷四九〕○一，猶立也。〔左傳成公一六年〕「一甲而射之」疏證引惠棟。○一，引伸為居積之義。〔說文〕「一，居也」段注。○蹲一音義同。〔左傳成公一六年〕「養由基一甲而射之」洪詁。○一與蹲、僔通。〔左傳成公一六年〕「一甲而射之」疏證。○〔說文定聲・卷一五〕一，假借為僔。〔左傳成公一六年〕「一甲而射之」。○遵遁即逡巡、逡遁、逡循、一循，並字異而義同，言以退讓自居也。〔荀子〕「遵道」雜志。○一循，當讀為逡巡。〔莊子・至樂〕「一循勿爭」平議。○一循即逡巡。〔莊子・至樂〕「一循勿爭」集釋。○一，今〔爾雅〕作鶉。〔說文〕「雉，有十四種，西方曰一」段注。○〔說文定聲・卷一五〕一，字亦變作鶉。〔釋鳥〕「西方曰鶉」。○一，魯作壿。〔詩・伐木〕「一一舞我」集疏。○官本一作噂。〔漢書・五行志〕注「虛言噂沓」補注。○一鴟，即芋也。〔文選・蜀都賦〕「一鴟所伏」集釋引〔水經・江水注〕。○一一，舞貌。〔詩・伐木〕「一一舞我」朱傳。○一一義與選同。(同上)平議。○一，古文作踆。〔左傳成公一六年〕「一甲而射之」疏證引惠棟。○一，〔山海經〕作踆。〔說文〕「一，居也」段注。○一，其字亦作竣。〔說文〕「居，一也」段注。○一與竣同字。〔說文定聲・卷一五〕

**敦**

一，厚也。〔詩・常武〕「鋪一淮濆」朱傳。又〔孟子・萬章下〕「薄夫一」朱注。又〔通鑑・唐紀四九〕「并致書一諭之」音注。又〔大戴・主言〕「民一」王詁。又〔五帝德〕「長而一敏」王詁。又〔衛將軍文子〕「一其言」王詁。又〔廣韻・魂部〕。○一，加厚也。〔中庸〕「一厚以崇禮」朱注。○一與篤通，有厚義。〔詩・北門〕「王事一我」後箋。○〔通雅・卷二〕一，音惇，大也。「姓一名洽，衛之醜人」。○一大語之轉。〔方言一〕「一，大也」疏證。○一、慕，皆勉也。〔荀子・儒效〕「一慕焉，君子也」集解引王引之。○一，治也。〔荀子・榮辱〕「一比其事業」集解引王引之。又〔左傳僖公二七年〕「一詩書」疏證引俞樾。○一，治之也。〔詩・閟宮〕「一商之旅」朱傳。○一劍即治劍。〔莊子・說劍〕「今日試使士一劍」集釋引其世父。○一，聚貌。〔詩・行葦〕「一彼行葦」朱傳。○一通屯，聚也。〔詩・閟宮〕「一商之旅」集疏。○一讀為堆。一比者，一迫比近叢集於前也。〔荀子・彊國〕「一比於小事」集解引郝懿行。○一，迫也。〔通鑑・唐紀四九〕「并致書一諭之」音注。又〔廣韻・魂部〕。○〔說文定聲・卷一五〕一，假借為督。〔孟子〕「使虞一匠」。○一與督一聲之轉，督，促也。〔詩・北門〕「王事一我」後箋。○一，通于督促，亦可以訓為促迫。(同上)○一，當與諄同。〔荀子・議兵〕「莫不一惡」集解引盧文弨。○一與諄音義同。〔荀子・禮論〕「所一惡之文」集解引盧文弨。○〔說文定聲・卷一五〕一，假借為諄。〔釋詁〕「一，勉也」。○諄與一亦聲之轉。〔荀子〕「一惡」雜志。○一亦頓也。〔詩・常武〕「鋪一淮濆」後箋。○一通作頓。〔釋天〕「在子曰困一」郝疏。○一又通頓。〔文選・答賓戲〕「斃一」集釋。○一，猶今之頓也。〔通雅・卷二九〕○一惇通。〔釋詁〕「一，勉也」郝疏。○一與惇通。〔廣雅・釋詁一〕「一，信也」疏證。○一惇古字通。〔荀子〕「一慕焉」雜志。○一與惇通，信也。〔方言七〕箋疏。○〔說文定聲・卷一五〕一，假借為惇。〔禮記・曲禮〕「一善行而不怠」。○凡云一厚者皆假一為惇。〔說文〕「一，怒也」段注。○一與憝同。〔通雅・卷二〕○一憝同。〔漢書・敘傳〕「深作一害」補注引周壽昌。○一，投也。〔詩・北門〕「王事一我」後箋。○一，猶投擲也。(同上)朱傳。○一琢，選擇也。〔詩・有客〕「一琢其旅」。○一琢猶雕琢。(同上)陳疏。○一與雕通。〔行葦〕「一弓既堅」朱傳。○一通作雕。(同上)通釋。○一，魯作彫。(同上)集疏。○〔說文定聲・卷一五〕一，字作綧。〔管子・君臣〕「丈尺一綧」。○一，字或作綧。〔管子〕「綧制」雜志。○一，簋也。〔禮記・內則〕「一牟卮」集解。○一與𥂤同。〔廣雅・釋器〕「𥂤，盂也」疏證。○一墪，黍稷器也。〔周禮・瘍醫〕孫正義。○槩，即杚也，所以平斗斛者，一亦其類。〔荀子・君道〕「斗斛一槩者」集解引郝懿行。○一槩，即準槩。(同上)引盧文弨。○一一，猶團團也。〔詩・行葦〕「一彼行葦」通釋。○一沌伅皆字之異。〔左傳文公一八年〕「謂之渾一」疏證。○渾一，〔史記〕作渾沌，〔莊子〕作倱伅。〔左傳文公一八年〕「天下之民謂之渾一」洪詁。○〔說文定聲・卷一五〕一，假借為弴。〔詩・行葦〕「一弓既堅」。○一，弴之假借字。〔說文〕「弴，畫弓也」段注。○〔說文定聲・卷一五〕一，假借為錞，或為笹。〔詩・常武〕「鋪一淮濆」。○(同上)一，假借為脝。〔詩・東山〕「一彼獨宿」。○(同上)一，假借為自。〔釋邱〕「一成為一邱」。○一，古文作敦。〔史記・王子侯者年表〕「一侯劉光」志疑。

**𢿌**

一，俗作敦，敬也，崇重也。〔慧琳音義・卷三六〕引〔考聲〕。

**暾** 丨，日出皃。〔廣韻・魂部〕○丨義與燉同。〔廣雅・釋詁四〕「焞，明也」疏證。

**屯** 丨，聚也。〔離騷〕「丨余車其千乘兮」補注引五臣。又〔廣韻・魂部〕。○將丨是丨營。〔漢書・馮奉世傳〕「以將丨為名」補注引沈欽韓。○豚豚與丨丨相通轉。〔通雅・卷九〕

**豚** 丨，豕子。〔廣韻・魂部〕○丨，謂豕之始生者也。〔說文〕「丨，小豕也」義證引〔急就篇〕顏注。○丨魚，河豚也。〔易・中孚〕「丨魚吉」李疏。○河丨丨當為魨。〔說文〕「鯸，魚名」義證引〔博雅〕。○丨丨，沌沌也，與暾暾、屯屯、焞焞、敦敦、推推皆相通轉。〔通雅・卷九〕○丨，字本作腞，即腯字。〔禮記・曲禮下〕「丨曰腯肥」述聞。

**㹠** 丨，同豚。〔廣韻・魂部〕○丨與豚同。〔廣雅・釋草〕「豚耳，馬莧也」疏證。○丨與豚同，豕子也。〔通鑑・唐紀四四〕「如取孤丨也」音注。

**腞** 丨，即豚字。〔廣雅・釋草〕「丨耳，馬莧也」疏證。○丨與豚同。〔廣雅・釋獸〕「豯豱，丨也」疏證。○丨，豕子也。〔說文〕「丨，小豕也」義證引〔玉篇〕。

**豘** 丨，同豚。〔廣韻・魂部〕

**村** 丨，墅也。〔廣韻・魂部〕○丨，通作邨。〔集韻・魂部〕

**邨** 丨，地名，亦音村。〔廣韻・魂部〕○丨，又變字為村。〔說文〕「丨，地名」段注。○丨，俗作村。（同上）句讀。○丨，本音豚，屯聚之意。（同上）段注。

**盆** 丨，瓦器。亦作瓫。〔廣韻・魂部〕○丨者，瓫也。〔說文〕「甇，大丨也」段注。又〔說文〕「鑑，大丨也」段注。○丨即缶也。〔墨子〕「瓴缶」雜志。○丨與溢同。〔漢書〕「衍溢」雜志。○丨溢，瀵起也。〔通雅・卷一七〕○〔說文定聲・卷一五〕丨，假借為扮。〔禮記・祭義〕「夫人繅三丨手」。

**奔** 丨，走也。〔左傳宣公二年〕「既合而來丨」洪詁引賈逵。○丨丨，走也。〔廣韻・魂部〕○丨遺，皆疾意也。〔漢書〕「逐遺風」雜志。又〔漢書・王褒傳〕「追丨電，逐遺風」補注引王念孫。○引伸之凡赴急曰丨。〔說文〕「丨，走也」段注。○凡出亡曰丨。（同上）○丨，敗走也。〔論語・雍也〕「丨而殿」朱注。○丨謂身自行。〔左傳宣公九年〕疏證。○女不待聘而嫁者謂之丨。〔禮記・內則〕「丨則為妾」集解。○丨讀為奮。〔書・牧誓〕「弗迓克丨」平議。○丨亦皋也。〔說文繫傳・通論中〕○丨，其字古或假賁。〔說文〕「丨，走也」段注。○丨與賁古字通用。〔漢書・翟義傳〕「丨走以傳近奉承高皇帝所受命」補注引王念孫。○魯、齊丨丨作賁賁。〔詩〕「鶉之丨丨」集疏。○丨丨，鬬也。（同上）後箋引陸佃。○丨，其字古或假本。〔說文〕「丨，走也」段注。○喻德宣譽曰丨奏。〔詩・綿〕「予曰有丨奏」朱傳。○丨荼利迦花，唐云白蓮花，其花如雪，如銀光，人間無有。〔慧琳音義・卷三〕○丨，〔漢書・五行志〕作犇。〔左傳僖公五年〕「虢公其丨」洪詁。

**犇** 丨與奔同。〔廣雅・釋宮〕「駃，丨也」疏證。○丨，衆牛走也，或作奔。〔慧琳音義・卷一二〕引〔考聲〕。○丨，牛羣走也。〔卷八〇〕引〔考聲〕。○丨，謂犀牛走也。〔卷三二〕引顧野王。○丨，牛驚。〔廣韻・魂部〕引〔文字集略〕。○丨命者，臨時選取精勇，若今募勇矣。〔漢書・昭帝紀〕「及發犍為蜀郡丨命擊益州」補注引俞樾。○官本注上丨字作賁。〔漢書・五行志〕「火中成軍，虢公其丨」補注。

**論** 丨，說也。〔廣韻・魂部〕又〔通鑑・唐紀七二〕「重榮上章丨訴不已」音注。○丨，議也。〔廣韻・魂部〕。又〔通鑑・周紀二〕「宗室非有軍功丨」音注。○丨，謂討丨。〔大戴・保傅〕「天子不丨先聖王之德」王詁。○凡言語循其理，得其宜謂之丨。〔說文〕「丨，議也」段注。○丨，知也。〔莊子・齊物論〕「而其子又以文之綸終」集釋。○丨，思也。〔廣韻・魂部〕○丨，考也。〔大戴・盛德〕「古者天子孟春丨吏德行」王詁。○丨，決也。〔荀子〕「辯則速丨」雜志。○丨，謂斷其罪。〔漢書・蘇武傳〕「會丨虞常」補注。○丨，擇也。〔大戴・盛德〕「丨吏公行之」王詁。又〔四代〕「丨其明者」王詁。○差丨皆擇也。〔墨子〕「差丨」雜志。○丨，選也。〔漢書〕「丨臣」雜志。○丨，亦選也，字本作掄。〔漢書・武帝紀〕「哀公以丨臣」補注引王念孫。○〔說文定聲・卷一五〕丨，假借為掄。〔齊語〕「丨比協材」。○丨，倫也。〔大戴・文王官人〕「顧小物而不知大丨」王詁。又〔詩・靈臺〕「於丨鼓鐘」朱傳。○丨猶倫也。〔荀子・性惡〕「丨而法」集解引郝懿行。○丨倫古字通。〔荀子〕「臣謹脩」雜志。○丨與倫古字通。〔荀子・致士〕「知微而丨」集解引郝懿行。○丨讀為倫。〔荀子〕「人丨」雜志。又〔墨子・經說上〕「等異丨也」閒詁引張惠言。又〔荀子・解蔽〕「莫見而不丨」集解引郝懿行。○〔說文定聲・卷一五〕丨，假借為倫。〔禮記・王制〕「必即天丨」。○丨者，倫之借字。〔荀子・臣道〕「人臣之丨」集解。○丨議，謂講學者出謀發慮也。〔大戴・曾子立事〕「其壯不丨議」王詁。○丨命，言丨全其命也。〔通雅・卷二七〕○〔說文定聲・卷一五〕丨，假借為侖。〔詩・靈臺〕「於丨鼓鐘」。○丨者，侖之假借。〔說文〕「侖，思也」段注。○丨與侖通。〔廣雅・釋詁二〕「侖，思也」疏證。○〔詩・靈臺〕於丨，正侖之假借。〔說文〕「丨，議也」段注。○丨與倫通。〔淮南・覽冥〕「知不能丨」平議。○綸與丨通。〔莊子・齊物論〕「而其子又以文之綸終」集釋引俞樾。○〔說文定聲・卷一五〕丨，假借為綸。〔易・屯〕「君子以經丨」。

**坤** 丨，乾丨。〔廣韻・魂部〕○丨，从土申聲，實即籀文陳字。〔說文定聲・卷一六〕○丨，母道也。〔說文〕「始，女之初也」繫傳。○丨順同聲。〔廣雅・釋詁二〕「乾，健也」疏證。○丨即順也。（同上）○〔說文定聲・卷一六〕丨，字亦作巛，或以川為之。〔廣雅・釋詁四〕「巛，柔也」。

**巛** 丨，古文坤。〔廣雅・魂部〕○丨，古坤字。〔漢書・律歷志〕「小周乘丨策」補注引〔官本考證〕。○丨順聲相近。〔廣雅・釋詁一〕「丨，順也」疏證。○作丨者，乃順之假字。〔易・坤〕平議。

**昏**　日入氐下曰一。〔釋詁〕「旦，早也」郝疏。○日居氐下曰一。〔慧琳音義・卷七〕引〔字書〕。○日入後三刻為一。〔左傳宣公一二年〕「以至于一」疏證引馬宗璉。又〔說文〕「一，日冥也」義證引〔五經要義〕。○一，闇也。（同上）○一一，闇也。〔孟子・盡心下〕「今以其昏昏」集注。○一，引伸為凡闇之稱。〔說文〕「一，日冥也」段注。○一者，明之代也。〔釋詁〕「昏，代也」郝疏。○一之言泯，沒也。〔左傳昭公一九年〕「札瘥夭一」述聞。○一者，蔑也，讀如泯。〔書・牧誓〕「一棄厥肆祀弗答」孫疏引王引之。○一與泯通。〔書・顧命上〕「無敢一逾」孫疏。○一，亂也。〔逸周書〕「一行口顧」雜志。又〔慧琳音義・卷七〕引〔考聲〕。○〔楚世家〕一作亂。〔左傳宣公三年〕「桀有一德」疏證。○一椓，一亂椓喪之人也。〔詩・召旻〕「一椓靡共」朱傳。○一，勉也。〔文選・册魏公九錫文〕「嗇民一作」補正。○一與惛同。〔廣雅・釋訓〕「惛惛，亂也」疏證。○一者，惛之假借。〔詩・小宛〕「彼一不知」通釋。○〔說文定聲・卷一五〕一，假借為惛。〔老子〕「我獨若一」。○（同上）一，假借為殙。〔書・益稷〕「下民一墊」。○一，讀為敃。〔書・盤庚〕注康成「一，讀為敃」孫疏。○一，各本作闇。〔說文〕「閹，宮中奄一閉門者」段注。○一者，通作瞀，又通作愍。〔釋詁〕「一，强也」郝疏。○壻之父，婦之父相謂曰一姻。〔詩・我行其野〕「一姻之故」朱傳。○〔說文定聲・卷一五〕一，假借為婚。〔禮記・昏義〕「一禮者，將合二姓之好」。○（同上）一，字亦作曛。〔楚辭・思美人〕「與曛黃以為期」。○一，視也，或書作眡。〔集韻・脂部〕○一眡一字也。〔說文〕「眡，視皃也」段注。○一聲者，當從民作昬。〔說文〕「惛，不憭也，從心一聲」義證。○一，从民聲，故从民之字俱音同字通。〔釋詁〕「一，强也」郝疏。○〔說文定聲・卷一五〕一，假借為敃。〔釋詁〕「一，强也」。○（同上）一，假借為怋。〔書・牧誓〕「一棄厥肆祀弗答」。○黃一，喻晚節也。〔楚辭・抽思〕「日黃一以為期兮」補注。○一怓通作譊曉。〔通雅・卷八〕

**婚**　一，一姻，嫁也。〔廣韻・魂部〕○一姻，猶兄弟也。〔國策・魏策二〕「合讎國以伐一姻」鮑注。○妻之昆弟為一兄弟。〔說文〕「甥，謂我舅者吾謂之甥」段注。

**𢋯**　一者，古文婚字。〔說文〕「巎，墀地也」段注。

**敯**　〔通雅・卷八〕一敯即婚媾。〔詛楚〕「絆以一敯」。

**閽**　一，守門人也。〔廣韻・魂部〕○一，即守門隸人也。〔說文〕「一，常以昏閉門隸也」義證引〔御覽〕。○一，昏也。（同上）義證引〔御覽〕。○古一寺，小宦人也。（同上）義證引〔唐書・許康佐傳〕。

**痕**　一，瘢也。〔廣韻・痕部〕○傷瘢曰一。〔慧琳音義・卷四〕引〔字書〕。○一，亦腫起之義也。〔廣雅・釋詁二〕「一，腫也」疏證。○一，今用為凡物一迹字。〔說文定聲・卷一五〕

**根**　入土曰一。〔說文〕「株，木一也」繫傳。○一，本也。〔孟子・盡心上〕「仁義禮智一於心」朱注。○樹本曰一。〔說文〕「一，木株也」義證引〔急就篇〕顏注。○一，一柢。〔廣韻・痕部〕○一荄之言一基也，古聲荄與基同。〔廣雅・釋草〕「荄，一也」疏證。

**恩**　一，愛也。〔廣韻・痕部〕○一，情愛也。〔詩・鴟鴞〕「一斯勤斯」朱傳。○一，一澤也。〔廣韻・痕部〕○一，惠也。（同上）○〔說文定聲・卷一六〕一，謂慇也。〔廣雅・釋詁四〕「一，隱也」。○一，魯作殷。〔詩・鴟鴞〕「一斯勤斯」集疏。○一者，因也。〔說文繫傳・通論下〕○一，隱也。〔廣韻・痕部〕

**吞**　一，咽也。〔廣韻・痕部〕○咽喉本名一，俗云喉一是也。〔說文〕「一，咽也」段注。○一歎，亦謂之太息也。〔說文〕「歎，一曰太息也」句讀。○一歎，不敢吟也，所謂飲恨一聲也。（同上）

**騵**　騮馬白腹曰一。〔詩・大明〕「駟一彭彭」朱傳。○一，赤馬白腹。〔廣韻・元部〕○一與縓聲義相近。〔廣雅・釋器〕「一謂之紅」疏證。

**沅**　武陵郡有臨一縣，南臨一水。〔離騷〕「濟一湘以南征兮」補注引〔後漢志〕。○一，水名，在象郡鐔淫城西，亦云在牂牁。〔廣韻・元部〕

**嫄**　一，通作原。〔說文〕「一，台國之女」義證。○一，〔史記〕作原。〔說文〕「一，部國之女」段注。○一，韓作原。〔詩・生民〕「時維姜一」集疏。○一，所謂姜一。〔說文〕「一，台侯之女」繫傳。○姜一，帝嚳之妃。〔廣韻・元部〕

**援**　一，引也。〔禮記・緇衣〕「不一其所不及」集解。又〔大戴・曾子制言上〕「己先則一之」王詁。又〔誥志〕「則上下一」王詁。又〔通鑑・周紀四〕「一枹鼓之」音注。○一，手引也。〔通鑑・周紀五〕「穰侯一立昭王」音注。○一，猶引也，取也。〔大戴・曾子立事〕「亦不以一人」王詁。○一，一引也。〔廣韻・元部〕。○一之言一引，憂思相牽引之貌也。〔廣雅・釋訓〕「撣一，牽引也」疏證。○一，引也，故有助意。〔國策・西周策〕「此皆恃一國而輕近敵也」鮑注。○一者，謂依據護助之言也。〔慧琳音義・卷四六〕○一，一助也。〔說文〕「媛，美女也，人所欲一也」繫傳。○一，救之也。〔孟子・離婁上〕「嫂溺一之以手者」朱注。○接一，救助也。〔楚辭・天問〕「又何以為此一也」補注。○一，扳引也。〔大戴・衛將軍文子〕「居下位而不一其上」王詁。○一，攀一也。〔詩・皇矣〕「無然畔一」朱傳。○一捋古今字。〔說文〕「纕，一臂也」段注。○一，字亦作捋。〔說文定聲・卷一四〕○一臂者，捋衣出其臂也。〔說文〕「纕，一臂也」段注。○一，字亦作揎。〔說文定聲・卷一四〕○兵器謂之一。〔詩・皇矣〕「以爾鉤一」平議。○一引與撣義近。〔釋言〕「芼，搴也」郝疏。○一，爰之累增字也。〔說文〕「爰，引也」句讀。○一與爰通。〔大戴・曾子立事〕「亦不以一人」平議。○官本注｜作爰。〔漢書・哀帝紀〕「中山孝王太后媛」補注。○狐｜，〔齊策〕作狐咺，〔古今人表〕作狐爰。〔呂覽・貴直〕「狐｜說齊湣王」校正。○〔說文定聲・卷一四〕｜，假借為忨。〔廣雅・釋詁三〕「撣，貪也」。○〔同上〕｜，假借為換。〔詩・皇矣〕「無然畔｜」。○｜，〔史・表〕作煖。〔漢書・景武昭宣元成功臣表〕「潦悼侯王｜訾」補注。

**媛** ｜，美也。〔集韻・元部〕○嬋｜，牽引貌。〔同上〕○｜，嬋｜，枝相連引。〔廣韻・元部〕

**膰** 宗廟之肉名曰｜。〔左傳僖公二四年〕「天子有事｜焉」洪詁引〔五經異義〕。又〔左傳成公三年〕疏證。○｜，祭餘熟肉。〔廣韻・元部〕○｜，熊掌，其肉難熟。〔左傳宣公二年〕「宰夫胹熊｜不孰」洪詁引服虔。○他經作｜，乃俗耳。〔說文〕「䊩，宗廟火孰肉」段注。

**蹯** ｜，掌足通稱。〔左傳宣公二年〕「宰夫胹熊｜不孰」疏證引李貽德。○｜，獸足。〔國策・趙策三〕「虎怒決｜而去」鮑注。○｜，亦書作蹞。〔集韻・元部〕○｜同蹞，足有文也。〔廣韻・元部〕

**蹞** ｜，〔左傳宣公二年〕作蹯。〔呂覽・過理〕「使宰人臑熊｜不熟」校正。○｜與蹯同。〔漢書・哀帝紀贊〕「即位痿痺」注「｜踒者，弩名」補注引〔玉篇〕。○｜踒，兩足蹋也，此謂兩足行之狀。〔同上〕補注引沈欽韓。○｜蹯弩，即蹶張者也。〔同上〕

**燔** ｜，炙也。〔廣韻・元部〕○｜，亦灼也。〔淮南・內篇〕「炊以鑪炭」雜志。○｜，音煩，爇也。〔通鑑・秦紀二〕「｜其石」音注。○｜，火爇物。〔國策・魏策二〕「乃煎熬｜炙」鮑注。○｜，燒肉也。〔詩・楚茨〕「或｜或炙」朱傳。○肉爇之曰｜。〔國策・魏策二〕「乃煎熬｜炙」補正。○䊩正字，｜假借字。〔周禮・量人〕「制其從獻脯｜之數量」孫正義。○〔詩〕作｜，為䊩假借字。〔說文〕「䊩，宗廟火孰肉」段注。○｜，所以從獻者也。〔禮記・少儀〕「｜亦如之」集解。○〔說文定聲・卷一四〕｜與焚略同。〔說文〕「｜，爇也」。○〔同上〕｜，假借為䊩。〔詩・生民〕「載｜載烈」。○｜與捭一聲之轉。〔禮記・禮運〕「｜黍捭豚」述聞。

**䊩** ｜作燔，由隸省，省火存肉則為膰，省肉存火則為燔也。〔左傳襄公二二年〕「與執｜焉」洪詁。○〔說文定聲・卷一四〕｜，以燔為之。〔詩・行葦〕「或燔或炙」。○｜，經典借燔字。〔說文〕「｜，宗廟火孰肉」義證。○｜，經典作燔者，省肉也。〔說文〕「｜，宗廟火孰肉」句讀。○｜，古文多作燔，不分別也。〔說文〕「燔，爇也」段注。○｜，今世經傳多作燔，作膰。〔說文〕「｜，宗廟火孰肉也」段注。

**爰** ｜即曰字也。〔呂覽・序意〕「｜有大圜在上」平議。○｜，於也。〔孟子・梁惠王下〕「詩云｜整其旅」朱注。又〔詩・定之方中〕「｜伐琴瑟」朱傳。又〔擊鼓〕「｜居｜處」朱傳。又〔同上〕陳疏。又〔皇皇者華〕「周｜咨諏」朱傳。又〔斯干〕「｜笑｜語」朱傳。又〔廣韻・元部〕。○｜，于也。〔慧琳音義・卷一〕引〔考聲〕。○｜，行也。〔廣韻・元部〕○｜，為也。〔同上〕○｜，換也。〔文選・永明九年策秀才文〕「若｜井開制」集釋引惠士奇。○｜，引也。〔廣韻・元部〕○｜者，引也，聲兼意。〔說文〕「瑗，从玉｜聲」句讀。○｜，猶與也。〔釋詞・卷二〕○｜訓易。〔漢書・食貨志〕「自｜其處」補注。○｜之言易也。〔書・盤庚上〕「既｜宅于兹」平議。○｜｜，緩也。〔詩・兔爰〕「有兔｜｜」集疏。○｜｜，緩意。〔同上〕朱傳。○｜｜，讀如緩同。〔同上〕陳疏。○｜｜，謂物情舒緩自如。〔同上〕集疏。○｜｜，發蹤之貌也。〔同上〕集疏引韓說。○｜，恚也。〔廣雅・釋詁二〕疏證。○｜，哀心。〔廣韻・元部〕○｜，即援之古文也。〔說文定聲・卷一四〕○｜，此與援音義皆同。〔說文〕「｜，引也」段注。○｜，〔匈奴傳〕作援。〔漢書・息夫躬傳〕「卑｜寖強盛」補注引錢大昭。○轅、｜同。〔左傳僖公一五年〕「晉於是乎作｜田」洪詁引孟康。○｜轅皆假借。〔同上〕洪詁引徐鍇。○〔說文定聲・卷一四〕｜，假借為轅。〔說文〕「｜，籀文以為車轅字」。○｜與轅通。〔漢書・爰盎傳〕「｜盎字絲」補注引齊召南。○｜戚，〔曹參傳〕作轅戚。〔漢書・地理志〕「｜戚」補注。○古｜袁通。〔說文〕「平，語平舒也」繫傳。○｜，假借為袁。〔說文定聲・卷一四〕○｜，假借為蝯。〔同上〕○｜臂，〔史記〕作猨臂，｜，猨省字。〔漢書・李廣傳〕「為人長｜臂」補注。○｜通咺。〔方言〕「｜，哀也」箋疏。○〔說文定聲・卷一四〕｜，假借為咺。〔方言〕「｜，哀也」。○｜咺古同聲而通用。〔廣雅・釋詁二〕「｜，恚也」疏證。○｜喛古同聲而通用。〔同上〕○｜，正字當作䞤。〔左傳僖公一五年〕「晉於是乎作｜田」疏證。○〔說文定聲・卷一四〕｜，假借為䞤。〔小爾雅・廣詁〕「｜，易也」。○〔說文〕｜作䞤。〔漢書・食貨志〕「自｜其處」補注引錢大昕。○｜，易也賞衆以田，易其疆畔。〔左傳僖公一五年〕「晉於是乎作｜田」洪詁引服虔。○｜田，以田出車賦。〔同上〕洪詁引賈逵。○｜居，海鳥也。〔釋鳥〕「｜居，雜縣」鄭注。○｜居、爰延聲相轉。〔同上〕郝疏。○｜書，援律定罪書也。〔通雅・卷二七〕○｜書，簡牘也。〔說文〕「篰，萹｜也」義證。○｜書者謂案牘耳。〔漢書・張湯傳〕「傳｜書」補注引劉奉世。○｜哀，猶曾傷，謂哀而不止也。〔廣雅・釋詁二〕「｜，恚也」疏證引王引之。○｜與為形相近，古文或作為。〔書・無逸〕注史遷「｜暨作為與」孫疏。○｜類，〔史・表〕作元頃。〔漢書・高惠高后文功臣表〕「厭次侯｜類」補注。○〔說文定聲・卷一四〕｜，假借為桓。〔廣雅・釋詁四〕「𤔣，表也」。○〔同上〕｜，字亦作𤔣。〔廣雅・釋詁四〕「𤔣，循也」。○〔同上〕｜，假借為愠。〔方言六〕「｜，恚也」。○｜，假借為亏、為粵、為曰，皆發聲之詞。〔說文定聲・卷一四〕○｜，詞也。〔詩・桑中〕「｜采唐矣」集疏。○｜，語詞。〔詩・公劉〕「｜方起行」通釋。○｜，為發語之詞。〔詩・擊鼓〕「｜居｜處」後箋引嚴粲。○｜為引起下文之詞。〔釋詁〕「｜，曰也」郝疏。

**鶢** 爰居，｜鶋本字，後人加鳥耳。〔文選・吳都賦〕「｜鶋避風」集釋。○｜，｜鶋，海鳥。〔廣韻・元部〕○海鳥｜鶋，即今之禿鶖。〔文選・吳都賦〕「｜

鵾避風」集釋引〔景焕閒談〕。○丨鵾，為〔急就章〕之乘風，即爰居。〔同上〕集釋引楊升庵。○丨鵾，〔廣雅〕作延居，云怪鳥屬也。〔同上〕集釋。

**䞣**　丨，通作爰。〔集韻·元部〕○丨田，易居也。〔左傳僖公一五年〕「晉於是乎作爰田」洪詁。又〔漢書·食貨志〕「自丨其處」補注引錢大昕。○丨謂以田相换易也。〔說文〕「丨，丨田，易居也」繫傳。○丨，易田名也。〔廣韻·元部〕○爰、轅、丨、换四字音義同也。〔說文〕「丨，丨田，易居也」段注。

**薠**　丨，青丨，似莎而大。〔文選·南都賦〕「其草則有蘪苧丨莞」注引〔山海經〕郭注。○丨，似蘋而大。〔廣韻·元部〕○丨狀如葴。〔文選·南都賦〕「其草則有蘪苧丨莞」集釋引〔淮南〕高誘注。○丨或借蕃字。〔說文〕「丨，青丨似莎者」義證。

**蘩**　丨，皤蒿。〔廣韻·元部〕○丨，白蒿也。〔詩·采蘩〕「于以采丨」朱傳。又〔七月〕「采丨祁祁」朱傳。○〔說文定聲·卷一四〕丨，今蘇俗謂之蓬蒿菜。〔說文〕「丨，白蒿也」。○丨蔞，此草即是雞腸也。〔說文〕「蔞，草也」義證引〔本草〕唐本注。○丨，齊作繁。〔詩·采蘩〕「于以采丨」集疏。○丨，當作蘇。〔同上〕陳疏。○丨義與皤同。〔廣雅·釋器〕「皤，白也」疏證。

**袢**　丨，絺綌。〔廣韻·元部〕○〔說文定聲·卷一四〕丨，當為裏衣之稱，亦謂之丨䘸。〔詩·君子偕老〕「是紲丨也」。○丨姅義亦相近。〔說文〕「丨，衣無色也」段注。○丨普音義皆同。〔同上〕○丨延，猶伴奐也。〔詩·君子偕老〕「是紲丨也」平議。

**幡**　拭觚之布曰丨。〔說文〕「篇，書僮竹笘也」段注。○〔說文定聲·卷一四〕丨，即拭布也。〔說文〕「丨，書兒拭觚布也」。○丨，拭簡布。〔集韻·元部〕○今瀞巾曰丨布。〔說文〕「丨，書兒拭觚布也」義證引趙宧光。○今人呼丨布，〔內則〕所謂帉帨。〔同上〕義證引〔增韻〕。○古者以縑帛依書長短隨事截之名曰丨紙。〔同上〕義證引〔初學記〕。○古以擣絮為紙曰丨紙。〔通雅·卷三二〕○丨，旛旗之細也，于其上題署事物名號，以為識別。〔說文定聲·卷七〕〔「幖」下〕○丨丨，反覆貌。〔詩·巷伯〕「捷捷丨丨」朱傳。○〔說文定聲·卷一四〕丨，假借為反。〔漢書·食貨志〕「獄少丨者」。○丨然即翻然，翻然即反然也。〔孟子·萬章上〕「既而丨然」焦正義。○丨然，變動之貌。〔同上〕朱注。○丨即旛字。〔說文〕「旛，幅胡也」句讀。○丨即旛之俗。〔說文〕「旛，旛胡也」段注。○丨，字亦作旛。〔廣雅·釋器〕「幖，丨也」疏證。○丨，當作旛。〔說文〕「所以書丨信也」段注。○丨，旛之俗字也，古有旛無丨。〔說文〕「幡，丨幟也」段注。○丨，假借為旛，今所用幢丨字。〔說文定聲·卷一四〕○〔同上〕丨，假借為券。〔呂覽·觀表〕「綠圖丨薄」。○丨，當為繙。〔說文〕「丨，書兒拭觚布也」義證。

**播**　丨，冢也。〔孟子·離婁下〕「卒之東郭丨間」朱注。又〔廣韻·元部〕。○丨之言墳也。〔孟子·離婁下〕「卒之東郭丨間」焦正義引程瑤田。○丨瑚與甂瓯同。〔廣雅·釋宮〕「甂瓯，甂甎也」疏證。○〔說文定聲·卷九〕丨瑚即璠瑚。〔漢脩堯廟碑〕「地致丨瑚石闔二坐」。〔「瑚」下〕○丨之言般也。〔廣雅·釋丘〕「丨，冢也」疏證。○墳、封、丨一聲之轉，皆謂土之高大者也。〔廣雅·釋丘〕「墳，冢也」疏證。

**璠**　丨，丨璵，魯之寶玉也。〔廣韻·元部〕○〔說文定聲·卷九〕播瑚即丨瑚。〔漢脩堯廟碑〕「地致播瑚石闔二坐」。〔「瑚」下〕

**繙**　丨，冤也。〔說文〕「帣，幡也」義證引〔玉篇〕。○〔說文定聲·卷一四〕丨與煩冤同。〔說文〕「丨，冤也」。〔「冤」下〕○〔同上〕丨，雜亂之意。〔莊子·天道〕「于是丨十二經以說老聃」。○丨，丨帣，亂取帣。〔廣韻·元部〕○丨，字亦作幡。〔說文定聲·卷一四〕○丨，繽丨，風吹旗貌。〔廣韻·元部〕○丨，繽丨，風吹旗也。〔說文〕「帣，幡也」義證引〔類篇〕。

**轓**　丨，車箱。〔說文〕「軒，曲輈藩車」義證引〔玉篇〕。又〔廣韻·元部〕。○丨，車大箱也。〔廣韻·元部〕○丨，蔽也。〔說文〕「軓，車耳反出也」段注。○丨之言藩屏也。〔廣雅·釋器〕「丨，箱也」疏證。○丨、蕃、藩並通。〔同上〕○丨，經典作藩。〔說文〕「軒，曲輈藩車」義證。○〔說文定聲·卷一四〕丨，藩字之轉注。〔漢書·董卓傳〕注「丨，車箱也」。〔「軓」下〕

**番**　丨，本造此字為獸足掌也。〔說文〕「丨，獸足謂之丨」繫傳。○丨，字又作蹯，此字實即釆之異文也。〔說文定聲·卷一四〕○丨，數也。〔廣韻·元部〕○丨，遞也。〔同上〕○丨，齊作皮，韓作繁。〔詩·十月之交〕「丨維司徒」集疏。○平丨，若今言平反也。〔漢書·張歐傳〕注「退令平丨之」補注。○官本丨作蕃。〔漢書·卜式傳〕「隨牧蓄丨」補注。○〔說文定聲·卷一四〕丨，假借為蕃。〔白石神君碑〕「永永丨昌」。○紙幅謂之丨。〔通雅·卷三二〕○紙謂其可翻，故以丨數之，因以一次為一丨。〔通雅·卷四〕○丨者，皤字之省也。〔釋訓〕「丨丨，勇也」郝疏。○〔說文定聲·卷一四〕丨，假借為磻。〔漢書·安帝紀贊〕注「蹞蹉者弩名」。○〔同上〕丨，假借為藩。〔荀子·禮論〕「縵茨丨閼」。○〔同上〕丨，假借為反。〔列子·湯問〕「迭為三丨」。○〔同上〕丨，或曰借為嬗。〔同上〕釋文「更代也」。

**反**　丨，不合也。〔國策·韓策三〕「所以不丨魏者」鮑注。○丨亦謂不信。〔國策·韓策一〕「不若聽而備於其丨也」鮑注。○丨，猶報也。〔國策·燕策三〕「所以不能丨勝秦者」鮑注。○丨，言報之。〔國策·魏策一〕「而丨於楚王」鮑注。○丨，謂還。〔國策·韓策三〕「周必寬而丨之」鮑注。○丨與翻同。〔論語·子罕〕「偏其丨而」朱注。○丨，斷獄平丨。〔廣韻·元部〕○丨宇，蓋中低而四旁高，如屋宇之丨。〔史記·孔子世家〕「生而首上圩頂」志疑。○丨側，猶丨覆。〔詩·關雎〕「輾轉丨側」後箋。○丨者，阪之古文。〔說文〕「丨，覆也」句讀。

**諼**　丨，忘也。〔詩·淇奧〕「終不可丨兮」朱傳。又〔考槃〕「永矢弗丨」朱傳。又〔同上〕後箋。又〔同上〕陳疏。又〔伯兮〕「焉得丨草」朱傳。又〔同上〕集疏引魯說。又〔本草·卷一六〕。○丨，詐也。〔廣韻·元部〕○丨與爰、暖聲並相近。〔方言六〕箋疏。○丨，即藼之假借。〔詩·淇奧〕「終不可丨兮」通釋。〇丨蓋薏之假借。〔説文〕「丨，詐也」段注。〇丨即薆之假借。〔詩・淇奥〕「終不可丨兮」通釋。〇丨即萲字之假音。〔釋訓〕「丨，忘也」郝疏。〇丨者，萲之假音也。〔文選・養生論〕集釋。〇丨，魯作萲。〔詩・伯兮〕「焉得丨草」集疏。〇丨即萱之假借。〔詩・淇奥〕「終不可丨兮」通釋。〇丨，假借為萱。〔説文定聲・卷一四〕〇丨，假借為吅。〔同上〕〇丨，假借為讙。〔同上〕〇丨，齊作諠。〔詩・淇奥〕集疏。〇丨，韓亦作諠。〔詩・伯兮〕集疏。〇丨聲與愋相近。〔方言一二〕「愋，知也」箋疏。〇丨，亦作諠。〔集韻・元部〕

**萲** 丨，忘也。〔詩・伯兮〕「焉得諼草」集疏引魯説。〇丨者，蕿字之省。〔釋訓〕「丨，忘也」郝疏。〇丨者，蕿之省。〔文選・養生論〕集釋。〇丨，通作諼。〔集韻・元部〕

**貆** 丨，獸名。〔廣韻・元部〕〇丨與貛聲義並同。〔方言八〕「貛，關西謂之貒」箋疏。

**哼** 丨，口氣。〔廣韻・魂部〕〇丨丨，重遲之貌。〔詩・大車〕「大車丨丨」朱傳。〇丨丨，當為車行之聲。〔同上〕通釋。〇韓丨丨作輴輴。〔同上〕集疏。〇〔通雅・卷一〇〕丨丨，即諄諄。一作訰訰，通作忳忳。〔莊子〕「悦夫丨丨」。〇丨，字亦作啍。〔説文定聲・卷一五〕〇丨與諄同。〔詩・大車丨丨〕陳疏。〇〔説文定聲・卷一五〕丨，假借為諄。〔荀子・哀公〕「無取口丨」。

**焞** 丨，明也。〔漢書〕「光純天地」雜志。又〔漢書・揚雄傳〕「光純天地」補注引王念孫。〇丨，灼龜火也。〔集韻・魂部〕〇〔説文定聲・卷一五〕丨，字亦作燉。〔漢書・地理志〕「敦煌郡」。〇丨淳純古並通用。〔漢書〕「光純天地」雜志。〇〔説文定聲・卷一五〕丨，今本作淳，謂借為奄。〔鄭語〕「以丨燿惇大」。〇丨，官本作敦。〔漢書・張騫傳〕「俱在祁連、丨煌間」補注。

**埍** 八音三曰土，土，丨也。〔説文〕「壎，樂器也」義證引〔宋書・樂志〕。

**壎** 丨同埍。〔廣韻・元部〕〇丨音塤。〔詩・何人斯〕「伯氏吹丨」朱傳。〇土曰丨，大如鵝子，鋭上平底，似稱錘，六孔。〔詩・何人斯〕「伯氏吹丨」朱傳。〇丨篪，〔月令〕作笣簧。〔呂覽・仲夏〕「調竽笙丨篪」校正。

**騫** 丨，飛舉貌。〔廣韻・元部〕〇丨與軒通。〔廣雅・釋詁三〕「丨，飛也」疏證。〇丨之言軒也，軒軒然起也。〔同上〕

**鴛** 丨，丨鴦，匹鳥。〔廣韻・元部〕〇丨鴦，匹鳥也。〔詩・鴛鴦〕「丨鴦于飛」朱傳。〇丨鴦，終日並游，有宛在水中央之意也。或曰雄鳴曰丨，雌鳴曰鴦。〔本草・卷四六〕

**掀** 丨，以手高舉。〔廣韻・元部〕〇丨之言軒也。〔説文〕「丨，舉出也」段注。〇〔説文定聲・卷一五〕丨，字又作炘。〔甘泉賦〕「垂景炎之炘炘」。



**鞬** 建與丨同。〔廣雅・釋器〕「丨，藏也」疏證。〇丨，所謂櫜丨也。〔説文〕「丨，所以戢弓矢」繫傳。〇丨，馬上盛弓矢器。〔廣韻・元部〕〇丨之言鍵閉也。〔廣雅・釋器〕「丨，藏也」疏證。

**⿰革蹇** 丨，同鞬。〔廣韻・元部〕〇丨，即鞬，即今之插袋也。〔通雅・卷三五〕

**昆** 丨，兄也。〔詩・葛藟〕「謂他人丨」朱傳。又〔廣韻・魂部〕。〇丨即晜孫之晜。〔釋言〕「丨，後也」平議。〇〔説文定聲・卷一五〕丨，假借為罤。〔詩・葛藟〕「謂他人丨」。〇丨者，罤之假借也。〔釋言〕「丨，後也」郝疏。〇丨，後也。〔廣韻・魂部〕〇丨，同也。〔同上〕〇丨者，同也。〔説文〕「輥，轂齊等皃也」段注。〇丨亦訓同，日比之是同也。〔説文〕「丨，同也」繫傳。〇丨者，衆也。〔大戴・五帝德〕「故教化淳鳥獸丨虫」王詁。〇丨，衆也，小虫也。〔慧琳音義・卷一〕〇丨，假借字也，正體作蚰。〔同上〕〇〔説文定聲・卷一五〕丨，假借為蚰。〔夏小正〕「丨，小蟲，抵蚳」。〇丨蟲者，謂渾而言諸虫也。〔通雅・卷二〕〇〔史・表〕丨作渾。〔漢書・景武昭宣元成功臣表〕「濕陰定侯丨邪」補注。〇古渾丨通用。〔史記・惠景間侯者年表〕「侯公孫丨邪」志疑。〇丨侖，言渾淪也。山作崑崙，人貌渾淪亦稱崑侖。〔通雅・卷一〕〇丨侖，並通混沌、坤屯、困敦。〔同上〕〇丨山，崐崘山也。〔漢書・陳湯傳〕「揚威丨山之西」補注引胡注。〇今〔詩〕丨作混。〔説文〕「駾，詩曰丨夷駾矣」段注。〇丨吾，圜器也。〔通雅・卷首之一〕〇丨吾，丨侖者，古皆以為圓渾之通稱。〔通雅・卷四〕〇〔説文定聲・卷一五〕丨吾，猶犬牙也。〔列子・湯問〕「西戎獻丨吾之劍」。〇丨于，猶丨吾也。〔通雅・卷四〕〇丨吾，謂石之次玉者也。〔廣雅・釋地〕「琨珸，石之次玉」疏證。〇丨同琨。〔説文〕「琨，石之美者」段注。〇丨吾，夏桀諸侯。〔説文〕「匋，瓦器也」繫傳。〇〔史記〕丨吾作琨珸。〔漢書・司馬相如傳〕「琳珉丨吾」補注。〇丨即鶤字，與鶤同。〔漢書・司馬相如傳〕「亂丨雞」補注。〇丨子即鼲子也。〔説文〕「鼲，鼲鼠」段注引王引之。〇丨與焜同。〔方言〕「焜，晠也」箋疏。〇〔説文定聲・卷一五〕丨，假借為焜。〔廣雅・釋詁二〕「丨，盛也」。〇〔同上〕丨，字亦作騉。〔釋畜〕「騉蹄趼善陞甗」。〇〔同上〕丨，字亦作猑。〔漢書・馬融傳〕注「猑虢，野馬也」。〇〔同上〕丨，假借為犬。〔孟子〕「文王事丨夷」。

**罤** 丨，同昆。〔廣韻・魂部〕〇丨通作昆。〔釋言〕「昆，後也」郝疏。〇丨，昆弟字當作此，昆行而丨廢矣。〔説文〕「丨，周人謂兄曰丨」段注。〇丨，經傳多以昆為之。〔説文定聲・卷一五〕〇丨通作昆。〔説文〕「丨，周人謂兄曰丨」義證。〇昚弟曰丨。〔同上〕繫傳。

**晜** 丨，同昆。〔廣韻・魂部〕〇丨孫亦遠孫之通稱。〔釋親〕「來孫之子為丨孫」郝疏。〇周人謂兄為丨也。〔説文〕「舅，母之兄弟為舅」段注。〇丨當讀為貫。〔釋親〕「來孫之子為丨孫」平議。〇罤或作丨。〔説文〕「罤，周人謂兄曰罤」義證。〇丨者，罤之誤。〔同上〕段注。

**琨** —，石似珠也。〔説文〕「—，石之美者」繫傳。○—，—瑌，玉名。〔廣韻・魂部〕○—珸，通作昆吾。〔廣雅・釋地〕「—珸，石之次玉」疏證。

**瑻** —，同琨。〔廣韻・魂部〕○—瑻，美玉，即〔廣雅〕琨珸，石之次玉者。〔説文〕「—，琨或从貫」義證引〔類篇〕。

**鵾** —，—雞。〔廣韻・魂部〕○—雞似鶴黃白色。〔楚辭・九辯〕「—，雞啁哳而悲鳴」補注。○—似鶴而大，或作鶤。〔慧琳音義・卷四〕引顧野王。○—雞，似鶴頸而大也。〔卷一一〕引顧野王。

**鶤** —同鵾。〔廣韻・魂部〕○—，通作鵾字。〔説文〕「—，—雞也」義證。○雞三尺為—。(同上)繫傳。○—，通作昆字。(同上)義證。○—，通作鸛字。(同上)

**鯤** —，凡魚子之總名，亦謂之鰥。〔釋魚〕「—，魚子」鄭注。○魚子之未生者曰—。〔説文〕「鰤，魚子已生者也」段注。○未生者曰—，即〔説文〕卝字，字亦作卵。〔説文定聲・卷一〇〕〔「鰤」下〕○—，即鰥字，訓魚子者，借為卵。〔卷一五〕〔「椿」下〕○—鰥古通用。〔釋魚〕「—，魚子」郝疏。○—即卵字。〔説文〕「鰤，魚子已生者也」段注。○〔通雅・卷四七〕魚子曰—鮞。〔魯語〕「魚禁—鮞」。○—本小魚名，〔莊子〕用為大魚之名。〔莊子・逍遥遊〕「其名為—」集釋引方以智。○—，北溟大魚。〔廣韻・魂部〕

**緼** —，赤黃間色。〔集韻・魂部〕○—，亂絲也。〔本草・卷一九〕○—者，縟之假借字。〔説文〕「韎，一入曰韎」段注。

**捫** —，持。〔詩・抑〕「莫—朕舌」朱傳。○—，持，謂手把執物也。〔慧琳音義・卷九〕○—，以手撫持。〔廣韻・魂部〕○—，摸也。〔通鑑・漢紀二二〕「漢王傷胷，乃—足」音注。又〔太素・十二水〕「審切循—按」楊注。○—，摸也，亦拭也。〔慧琳音義・卷一五〕○—，摸搎也。〔卷八〕引〔韻詮〕。○—，撫也。〔楚辭・悲回風〕「遂儵忽而—天」補注。

**蓀** —，香草。〔廣韻・魂部〕○—，香草也。〔慧琳音義・卷九八〕引〔古今正字〕。○—即蘭—也。〔説文〕「茚，昌蒲也」繫傳。○有葉無脊者名—。(同上)○〔説文定聲・卷一五〕—，即荃字。〔上林賦〕「葴持若—」。

**飧** —，熟食也。〔詩・大車〕「有饛簋—」朱傳。○熟食曰—。〔詩・伐檀〕「不素—兮」朱傳。○夕曰—。〔説文定聲・卷一八〕〔「饌」下〕○—，蓋毛於饔—皆謂熟而可食者。〔詩・伐檀〕「不素—兮」後箋。○—饔與常食不同，且多生腥不盡熟物也。(同上)○—，夕食澆水，似水澆飯，故受—名。〔詩・伐檀〕「不素—兮」集疏。○—，水和飯也。〔説文〕「餐，吞也」義證引〔玉篇〕。○—，水洗飯也。〔太素・陰陽〕「夏生—泄」楊注。○—，魯、齊作湌。〔詩・伐檀〕「不素餐兮」集疏。○—餕古通用。〔廣雅・釋器〕「孰食謂之—饔」疏證。○〔説文定聲・卷一五〕—，假借為饡。〔字林〕「—，水澆飯也」。○—，或作餐。〔集韻・魂部〕

**飱** —，俗作飧，非也。〔説文〕「飧，餔也」段注。

**惇** —，厚。〔書・洛誥〕「—宗將禮」孫疏。○—，厚也。〔廣韻・魂部〕○—為厚。〔文選・兩都賦〕「命夫—誨」集釋。○—篤皆厚也。〔漢書〕「—厚篤於故舊」雜志。○敦—古字通。〔荀子〕「敦慕焉」雜志。○—通作敦。〔釋詁〕「—，厚也」郝疏。○敦與—通。〔廣雅・釋詁一〕「—，信也」疏證。○—，經傳皆以敦為之。〔説文定聲・卷一五〕○〔夏紀〕—作敦。〔漢書・地理志〕「終南—物至于鳥鼠」補注。○—，經典借敦字。〔説文〕「—，厚也」義證。○—淳敦聲近義同。〔方言一〕「敦，大也」箋疏。○凡—厚字當作此。〔説文〕「—，厚也」段注。○—，當讀為憝。〔賈子・容經〕「故威勝德則—」平議。○—，迫也，詆也，誰何也。〔通鑑・周紀三〕「飾辭以相—」音注。

**憞** —，猶敦也。〔左傳僖公二七年〕「説禮樂而敦〔詩〕〔書〕」疏證引俞樾。

**憞** —，經典多借敦惇本作—。〔方言七〕「惇，信也」疏證。○—，惇本字。〔正字通〕為之。〔説文〕「—，厚也」句讀。

**芚** —，菜似莧也。〔廣韻・魂部〕

**賁** —，勇也。〔廣韻・魂部〕○——，爭鬬惡貌。〔詩・鶉之賁賁〕集疏引齊説。○—與奔同。〔書・大誥〕「敷—」孫疏。○—奔古通用。〔詩・白駒〕「—然來思」通釋。○—與奔古通。〔呂覽・壹行〕「孔子卜得—」校正。○—與奔古字通。〔荀子・彊國〕「下比周—潰」集解引郝懿行。○古假—為奔。〔説文〕「—，飾也」段注。○虎—，舊作虎奔，言如虎之奔也。〔左傳僖公二八年〕「虎—三百人」疏證引〔續漢書百官志〕注。○—士即奔士也。〔墨子・備蛾傳〕「令—士」閒詁。○〔詩〕——作奔奔，音義並通。〔左傳襄公二七年〕「鶉之——」洪詁。○—潰，謂奔走—散而去也。〔荀子・彊國〕「下比周—潰」集解引郝懿行。○—然，或以為來之疾也。〔詩・白駒〕「—然來思」朱傳。○—然，蓋狀馬來疾行之貌。(同上)通釋。○—然，光采之貌也。(同上)朱傳。○〔説文定聲・卷一五〕—，即甲士也。〔孟子〕「虎—三千人」。○—義與墳同，墳者，大也。〔荀子・堯問〕「—於外」集解引郝懿行。○——，色不純。〔詩・鶉之賁賁〕集疏引魯説。○—，隔也。〔太素・陰陽雜説〕「其傳為息—」楊注。○—，謂膈也。〔太素・經筋〕「合—下」楊注。○—即鼖也。〔釋樂〕「大鼓謂之—」郝疏。○〔説文定聲・卷一五〕—，假借為僨。〔禮記・射義〕「—軍之將」。○〔射義〕假—為僨。〔説文〕「僨，僵也」段注。○—，又與潰通。〔通雅・卷一〕○—響，腹脹貌也。〔太素・三變刺〕「怫愾—響」楊注。○—響，虛起貌。〔太素・邪傳〕「—響腹脹」楊注。

崘 丨，崐丨。〔廣韻・魂部〕○〔夏紀〕丨作侖。〔漢書・地理志〕「織皮昆丨」補注。○丨，或書作崙。〔集韻・魂部〕

髡 丨，去髮。〔廣韻・魂部〕○丨，去髮也。〔楚辭・涉江〕「接輿丨首兮」補注。○丨首，鬄去髮也。〔屈賦・涉江〕「接輿丨首兮」戴注。○丨頑即㮯頭。〔說文〕「頑，㮯頭也」義證。又〔同上〕句讀。○〔說文定聲・卷一四〕丨，假借為梡。〔釋木〕「丨梱」。

惛 丨，不明。〔廣韻・魂部〕○丨，迷忘也。〔通鑑・晉紀二〇〕「尋丨眩而入」音注。○老而多忘曰丨。〔慧琳音義・卷五七〕引〔考聲〕。○丨，亂也。〔大戴・四代〕「吾恐丨而不能用也」王詁。又〔虞戴德〕「名失則丨」、「保丨乎前」王詁。○丨俗字當作殙。〔說文〕「殙，瞀也」義證。○丨與昬同。〔孟子・梁惠王上〕「吾丨」朱注。○丨通作昏。〔方言一〇〕「惃，丨也」箋疏。○閔愍丨字通。〔漢書・劉向傳〕「臣甚丨焉」補注。○丨，假借為怋。〔說文定聲・卷一五〕○丨，字亦作㖧。〔同上〕○丨，假借為悶。〔同上〕○㖧㖧與丨丨同。〔廣雅・釋訓〕「丨丨，亂也」疏證。○丨怓，猶讙譁也。〔詩・民勞〕「以謹丨怓」朱傳。○三家丨怓作讙嘵。〔同上〕集疏。○丨怓與紛纚聲近而義同。〔廣雅・釋訓〕「紛纚，不善也」疏證。

怋 丨丨，不明，又亂也。〔廣韻・魂部〕○丨，各本作惛。〔說文〕「怓，詩曰以謹丨怓」段注。○丨怓為連綿字。〔同上〕○丨或借泯字。〔說文〕「丨，怓也」義證。○丨同惛。〔集韻・魂部〕

跟 足後曰丨。〔慧琳音義・卷一〕引〔字統〕。○足後曰丨，亦謂之踵。〔說文〕「丨，足踵也」義證引〔急就篇〕顏注。○丨，足後踵也。〔廣韻・痕部〕○踵丨曰丨。〔通雅・卷一八〕○丨以艮為之。〔說文定聲・卷一五〕

跟 丨，同跟。〔廣韻・痕部〕

瀿 丨，米汁。〔廣韻・元部〕

弴 丨，畫弓也，天子丨弓。〔廣韻・魂部〕○丨，〔詩〕〔禮〕假追為之。〔說文〕「丨，畫弓也」段注。○丨，〔孟子〕作弤。〔同上〕

弤 丨，同弴。〔廣韻・魂部〕

掄 丨，通作論。〔說文〕「丨，擇也」義證。○揮丨，全而不破。〔集韻・魂部〕○丨，一曰貫也。〔廣韻・魂部〕

螈 丨，晚蠶。〔廣韻・元部〕

輐 丨，兵車。〔廣韻・元部〕○〔說文定聲・卷一四〕丨，假借為輼。〔廣雅・釋器〕「輼，丨車也」。

槝 丨，同搗。〔廣韻・元部〕

搗 丨，丨子𢫬蒲，采名。〔廣韻・元部〕

𩜼 丨，粥也，亦作飦。〔廣韻・元部〕

𩱳 丨，籒文鍵也。〔廣韻・元部〕

𩱡 丨，同鍵。〔廣韻・元部〕

𩱍 丨餰飦，並字異而義同。〔廣雅・釋器〕「飦，饘也」疏證。

餰 丨者，鬻之或字。〔說文〕「饘，宋衛謂之丨」段注。○丨，厚粥。〔通鑑・隋紀三〕「薄田足以具丨粥」音注。○鬻厚者謂之丨。〔說文〕「酏，賈侍中說酏為鬻清」段注。

軘 丨，兵車。〔廣韻・魂部〕

榬 丨，絡絲籰。〔廣韻・元部〕○丨，當訓為絡。〔管子・霸形〕「於是令之縣鐘磬之丨」平議。○丨之言爰也，爰，引也。〔方言五〕「籰，丨也」箋疏。○丨，籰也，或作簑。〔集韻・支部〕○丨，或作楥。〔方言五〕「籰，丨也」箋疏。

蘊 丨，水中草。〔文選・蜀都賦〕「雜以丨藻」翰注。○丨，叢也。〔同上〕劉注。○丨，畜。〔詩・雲漢〕「丨隆蟲蟲」朱傳。○丨，丨積。〔廣韻・文部〕○丨，猶聚也。〔慧琳音義・卷一〇〕○丨，謂聚草束之以燃也。〔卷五二〕○丨與薀同。〔廣雅・釋詁二〕「薀，盛也」疏證。○丨亦作薀。〔方言一二〕「丨，崇也」疏證。○丨薀煴義並相近。〔方言一二〕「丨，積也」箋疏。○丨鬱語之轉。〔廣雅・釋詁二〕「薀，積也」疏證。○丨與緼通。〔廣雅・釋詁四〕「緼，饒也」疏證。○丨宛亦聲之轉。〔方言一三〕「宛，蓄也」箋疏。○丨怨委一聲之轉。〔晏子春秋〕「怨利生孽」雜志。○丨利，本字也，怨利，借字也。〔同上〕

薀 丨，丨藻，節中生葉。〔廣韻・魂部〕○丨，諸本作蘊。〔左傳昭公一〇年〕「丨利生孽」洪詁。

㖧 丨丨，目所不見。〔集韻・魂部〕

鞎 丨，車革前飾。〔廣韻・痕部〕○丨，車革前也。〔集韻・元部〕○丨，猶垠，以革緣之為垠堮也。〔說文〕「丨，車革前曰丨」繫傳。○〔說文定聲・卷一五〕丨，即〔詩・韓奕〕之鞹鞃。〔釋器〕「輿革前謂之丨」注。

甗 丨，無底甑也。〔廣韻・元部〕

緷　—，大束也。〔集韻·微部〕○—即緄也。〔通雅·卷二〕○—，通作揮。〔釋器〕「百羽之—」平議。○—槀掍並通，又與稛聲相近也。〔廣雅·釋詁三〕「—，束也」疏證。○—，槀字之假借。〔說文〕「—，緯也」段注。○〔說文定聲·卷一五〕—，假借為稛。〔字林〕「—，大束也」。

犍　—，犗也。〔說文〕「犗，騬牛也」義證引〔字書〕。○—，犗牛名。〔廣韻·元部〕○去勢曰—。〔本草·卷五〇〕○—掯劇與虔聲同義亦近。〔方言·卷一〕「虔，殺也」箋疏。○—與羯同。〔廣雅·釋獸〕「犗，羯也」疏證。○—，宋本〔說文〕从木。漢碑皆作犍。〔漢書·地理志〕「—為郡」補注引段玉裁。

劇　—，以刀去牛勢。〔廣韻·元部〕○—，劅也。〔集韻·元部〕

軒　—，乾革。〔廣韻·元部〕○—，黎—，國名，在西域。〔廣韻·山部〕

杬　—，木名，出豫章，煎汁藏果及卵不壞。〔廣韻·元部〕○—，今南人謂之—樹，其皮可煎汁藏梅也。〔釋木〕「—，魚毒」鄭注。○—，去水草也，又為木名。〔通雅·卷四一〕○〔爾雅〕—字本或作芫。〔說文〕「芫，魚毒也」段注。

羱　—，—羊，角大者可為器。〔廣韻·元部〕

芫　—，草名，有毒，可為藥也。〔廣韻·元部〕○—草，一名魚毒。〔說文〕「—，魚毒也」段注引〔急就篇〕顏注。○—花一名去水，一名毒魚，一名杜—，其根名蜀桑，可用毒魚。〔同上〕義證引〔本草〕。○—華，一名魚毒。〔說文〕「—，魚毒也」義證引〔急就篇〕顏注。○〔說文定聲·卷一四〕—，即今—條。〔說文〕「—，魚毒也」。○—，字或作杬。〔說文〕「—，魚毒也」義證。

薞　—即芫之俗體。〔說文〕「芫，魚毒也」義證。○—，草名，無魚也，凡水有此草則無魚。〔同上〕義證引〔類篇〕。

蚖　〔說文定聲·卷一四〕—，今蘇俗謂之四脚蛇，形似壁虎而大。〔釋魚〕「蠑螈，蜥蜴」。○—蟬與黿鼉同。〔讀淮南書後〕雜志。○—，蠑—，蜥蜴也。〔廣韻·元部〕○〔說文定聲·卷一四〕—，假借為杬。〔管子·地員〕「其木宜—蔏與杜松」。

螈　—，即蚖字，蛇醫也。〔說文〕「易，蜥易」段注。○—，當作蚖。〔說文〕「蚖，榮蚖」段注。○—原蚖字異音義同。〔方言〕「守宮，其在澤中者，或謂之蠑—」疏證。○—，蜥蜴，總曰螭，在草澤者曰蠑—。〔通雅·卷四七〕

袁　—，古與爰通用。〔說文〕「—，長衣皃」段注。○—婁，〔左傳〕作爰婁，—爰通。〔公羊傳成公二年經〕「及國佐盟于—婁」陳疏。○—，〔公〕、〔穀〕作爰。〔同上〕洪詁。○〔釋文〕—，本多作轅。〔左傳僖公四年經〕「齊人執陳轅濤塗」洪詁。

洹　—，水名，亦縣名，在相州。〔廣韻·元部〕



䢴　—，百合。〔廣韻·元部〕又〔說文〕「—，小蒜也」義證引〔玉篇〕。○—，百合也。〔通雅·卷四四〕○—，蒜也。〔廣韻·元部〕○—，中國蒜也。〔說文〕「—，小蒜也」繫傳。

蠜　—，蟲螽。〔廣韻·元部〕○—，阜螽也，即蚣蝑。〔說文〕「—，阜—也」義證引〔玉篇〕。○〔說文定聲·卷一四〕—，即阜螽之轉語。〔漢書·文帝紀〕注「俗呼為簸蝩」。○〔同上〕—，假借為蟠，今蘇俗所謂地鼈蟲也。〔廣雅·釋蟲〕「負—蝩也」。

笲　—，竹器。〔廣韻·元部〕又〔禮記·昏義〕「婦執—」集解。○—，竹器也。〔通鑑·唐紀一〇〕「令公主執—行盥饋之禮」音注。○—，竹器，婦贄棗脩者。〔集韻·元部〕

咺　—，懼也。〔集韻·元部〕○—宣喧烜並字異而義同。〔廣雅·釋詁四〕「烜，明也」疏證。○—，當作宣。〔韓子·難四〕「趙—走山」集解引顧廣圻。○—者，蓋宣之借字，宣，著。〔詩·淇奧〕「赫兮—兮」後箋。○—，假借為宣。〔說文定聲·卷一四〕○—，假借為查。〔同上〕○—，借為愃。〔同上〕○—，字亦作暖。〔同上〕○—，魯作烜，齊作喧，韓作宣，亦作愃。〔詩·淇奧〕「赫兮—兮」集疏。○—即查之假借。〔說文〕「查，奢查也」段注。○—喧與爰煖聲義並同。〔方言一二〕「爰，暖，哀也」箋疏。○—援爰，皆聲之轉也。〔國策〕「有孤狐—者」札記引丕烈。

晅　—，曰氣也。〔集韻·元部〕○—，亦作烜，蓋即煖字也。〔說文〕「煖，昷也」段注。○—暵烜煖互用。〔通雅·卷一〕

帣　—，幡—。〔廣韻·元部〕○—與綣聲義並近。〔方言四〕「幡綣謂之幭」箋疏。○借冕為—。〔說文〕「—，幡也」句讀。

眢　—，目無精。〔說文〕「—，無明也」繫傳。○—，目空皃。〔廣韻·元部〕○—，目無明也。〔集韻·元部〕○—，廢井也。〔同上〕

菀　—，敗也。〔廣韻·元部〕又〔說文〕「蔫，菸也」義證引〔玉篇〕。○—，萎—也。〔同上〕○眢宛義與—並相近。〔廣雅·釋詁四〕「痿，—也」疏證。○蔫、菸、痿、—皆一聲之轉。〔釋詁四〕「蔫、菸、痿，—也」疏證。

鴛　—，—鷁，似鳳。〔廣韻·元部〕

蜿　—，—蟺，龍狀也。〔廣韻·元部〕○—蟺，詘曲迴轉美貌也。〔慧琳音義·卷九五〕引顧野王。

樠　—，一名松心。〔說文〕「—，松心木」繫傳。○—，松心。〔廣韻·元部〕又〔莊子·人間世〕「以為門户則液—」集釋引李楨。○—，松心木，萬松塘土人呼為—木，音讀若門。〔漢書·烏孫國傳〕「山多松—」補注引洪亮吉〔雜録〕。○—有二訓，一曰松心，一曰木名。〔同上〕補注引徐松。

鼲　—，鼠名。〔廣韻·魂部〕○—，今俗語通曰灰鼠，聲之轉也。〔說文〕「—，—鼠」段注。○〔說文定聲·卷一五〕—，今俗以灰為之。〔說文〕「—，—

鼠」。○｜，字或作狎。〔說文〕「｜鼠出丁零胡」義證。○｜，字通作昆。〔廣雅・釋獸〕「｜鼠」疏證。○｜，或借昆字。〔說文〕「｜鼠出丁零胡」義證。

崐 ｜，｜崘，山名。〔廣韻・魂部〕○｜崘，當作昆侖。〔說文〕「櫾，｜崘山河隅之長木也」段注。○｜，或書作崑。〔集韻・魂部〕

輼 ｜，｜輬，車也。〔廣韻・魂部〕○｜輬，輕車。〔慧琳音義・卷八一〕引〔考聲〕。○｜輬，如衣車，有窗牖，閉之則温，開之則涼。〔慧琳音義・卷七七〕引孟康。○密閉者為｜。〔說文定聲・卷一四〕(「轒」下)○｜，字亦作轀。〔卷一五〕○｜，後以載喪，因為喪車之稱。(同上)○温與｜通。〔廣雅・釋器〕「｜，車也」疏證。○｜，通作温。〔說文〕「｜，卧車也」義證。○｜，當作轀。〔墨子・備城門〕「兩材合而為之｜」閒詁。

璊 ｜，玉色赤。〔說文〕「璊，以毳為繝」繫傳。又〔詩・大車〕「毳衣如｜」朱傳。○｜，玉色赤也。〔廣韻・魂部〕○穈色在朱黃之間，似赭非赭，蓋所謂｜也。〔說文〕「｜，玉經色也」義證引〔夢溪筆談〕。○｜，韓作穈，魯、齊作𥢔。〔詩・大車〕「毳衣如｜」集疏。○｜，或作玧。〔集韻・魂部〕

玧 蠻夷充耳謂之｜珸。〔說文〕「｜，璊或從允」義證。

虋 ｜，赤粱穀也。〔說文〕「｜，赤苗嘉穀」繫傳。○｜，詩傳云赤苗也，即今赤粱粟也。〔說文〕「｜，赤苗，嘉穀也」義證引〔玉篇〕。○｜，赤苗。〔詩・生民〕「惟｜惟芑」集疏引魯說。○｜，赤粱粟也。〔廣韻・魂部〕○｜，字亦作𥢔。〔說文定聲・卷一五〕○｜，即今薔薇也。(同上)○｜，假借為門。(同上)○麥須曰｜。〔本草・卷一六〕○｜，或作𥢔、穈。〔集韻・魂部〕

𥢔 ｜，即虋字之或體。〔說文〕「璊，玉經色也，禾之赤苗謂之｜」段注。

穈 ｜，魯作虋。〔詩・生民〕「維｜維芑」集疏。○｜，赤粱粟也。〔詩・生民〕「恒之｜芑」朱傳。○｜杞，粱類也。〔說文〕「粟，嘉穀實也」義證引陶隱居。○赤苗曰｜。〔集韻・脂部〕○稷之璊色者謂之｜。〔說文〕「璊，玉經色也」義證引〔夢溪筆談〕。○｜為床米，類稷。〔說文〕「虋，赤苗，嘉穀也」義證引〔九盛俗書〕。○｜，又作床。(同上)義證。

亹 ｜，山絕水也。〔集韻・魂部〕○｜，水流峽中，兩岸如門也。〔詩・鳧鷖〕「鳧鷖在｜」朱傳。○〔義府・卷上〕｜｜，即勉勉也。〔易・繫傳〕「成天下之｜｜」。○｜｜，浼浼之異文也。〔詩・新臺〕「河水浼浼」後箋引段玉裁。○｜｜，潤潤之異文。(同上)○｜，即虋。〔齊民要術〕引〔爾雅〕作虋。〔說文〕「虋，赤苗，嘉穀也」義證。○｜者，虋之俗。〔詩・文王〕「｜｜文王」陳疏。

璺 ｜，即釁之異文，亦作舋。〔方言六〕「器破而未離謂之｜」箋疏。

繜 ｜，衣也。〔廣韻・魂部〕○｜衣，如今蘇俗婦人所用之卷膀也。〔說文定聲・卷一五〕○｜，假借為剸。(同上)○｜，假借為緷。(同上)

飩 ｜，餛｜。〔廣韻・魂部〕

嶟 ｜，山皃。〔廣韻・魂部〕

臋 ｜，脽也。〔說文〕「屍，髀也」義證引〔急就篇〕顏注。○｜，音屯，尻之厚肉也。〔太素・經脈之一〕「從腰中下貫｜」楊注。

屍 ｜，字或作臋。〔說文〕「屍，髀也」義證。○〔說文定聲・卷一五〕｜，猶尾也。〔廣雅・釋詁四〕「｜，微也」。

庉 風與火為｜。〔廣韻・魂部〕○古無炖字，故借｜為之。〔釋天〕「風與火為｜」述聞。

湓 ｜，水名，在尋陽。〔廣韻・魂部〕○｜，一曰水涌也。(同上)○瀵與｜聲近而義同。〔漢書〕「衍溢」雜志。○盆與｜同。(同上)○〔說文定聲・卷一五〕｜，此即歕字。〔通俗文〕「含水濆曰｜」。○｜，一曰水溢也。〔集韻・魂部〕

濆 ｜，潠也。〔廣韻・魂部〕○｜泉即湓泉。〔通雅・卷二〕引〔濟志〕。

棔 ｜，合棔，木名，朝舒夕斂。〔廣韻・魂部〕

噴 ｜，沫也。〔說文〕「濆，一曰沫也」段注。○｜，嚏也。〔廣雅・釋言〕疏證。○｜，同濆。〔廣韻・魂部〕○｜與歕同。〔廣雅・釋詁四〕「歕，吐也」疏證。○〔說文定聲・卷一五〕｜，假借為歕。〔說文〕「｜，一曰鼓鼻」。○(同上)｜，假借為憤。〔嚴訢碑〕「發｜授事」。○｜，或借膹字。〔說文〕「｜，一曰鼓鼻」義證。

拫 ｜，急引。〔廣韻・痕部〕○｜，輓也。〔漢書・灌夫傳〕「引繩排｜」補注引〔玉篇〕。○｜格，猶批｜也。〔通雅・卷五〕

羳 ｜，羊黃腹也。〔廣韻・元部〕○〔說文定聲・卷一四〕｜，西人謂之繭耳羊，低小細肋，其耳甚小。〔說文〕「｜，黃腹羊也」。

蟠 ｜，蟠負。〔廣韻・元部〕○｜，般旋字之假借也。〔說文〕「｜，鼠婦也」段注。

𪕺 ｜，鼠名。〔廣韻・元部〕○｜，白｜。〔說文〕「｜，鼠也」段注引〔廣雅〕。又〔說文〕「｜，鼠也」義證引〔玉篇〕。○｜之言蟠也。〔說文〕「｜，鼠也」段注引王念孫。○｜蟠同。〔釋蟲〕「蟠，鼠負」郝疏。○〔說文定聲・卷一四〕｜，假借為蟠。〔說文〕「｜，或曰鼠婦」。○｜，〔爾雅〕作蟠。〔說文〕「｜，鼠也」繫傳。

𨞰 ｜，鄉名，在京兆杜陵。〔廣韻・元部〕○〔說文定聲・卷一四〕｜，今陝西西安府南三十里之樊川，即秦嶺之子午谷也，漢樊噲封地。〔說文〕「｜，京兆杜陵鄉」。○｜，羣書皆省作樊。〔說文〕「｜，京兆杜陵鄉」句讀。

⿰犭番　丨，犬鬬也。〔廣韻・元部〕

緐　丨，馬飾名也。〔廣韻・元部〕○丨，馬髦飾。〔説文〕「緐，丨采飾也」段注。○集絲絛下垂為飾曰丨。〔説文〕「丨，馬髦飾也」段注。○丨，或作繁。（同上）義證。○丨，俗改其字作繁。（同上）段注。○丨，引申為丨多。（同上）○蘇，〔儀禮〕假丨字為之。〔説文〕「蘇，白蒿也」段注。○〔説文定聲・卷一四〕丨，假借為蕃。〔淮南・原道〕「筆策繁用者」。○丨蘇，今〔尚書〕作蕃廡。〔説文〕「商書曰庶草丨蘇」段注。○〔説文定聲・卷一四〕丨，假借為緢。〔琴賦〕「翕韡曄而繁縟」。○（同上）丨，以樊為之。〔周禮・巾車〕「錫樊纓」。

⿰氵蕃　丨，大波。〔廣韻・元部〕○丨，大波也。〔莊子・應帝王〕「鯢桓之審為淵」集釋引俞樾。○丨、潘、蕃，並字異而義同。〔廣雅・釋器〕「潘，瀾」疏證。

喛　丨，恚也。〔廣雅・釋詁二〕疏證。○丨，恐懼。〔廣韻・元部〕○爰、丨、咺古同聲而通用。〔廣雅・釋詁二〕「爰、喛，恚也」疏證。

⿰角雚　丨，揮角。〔廣韻・元部〕

⿰角亘　丨，角匕。〔廣韻・元部〕○〔説文定聲・卷一四〕丨，〔儀禮・士冠禮〕有角柶是也。〔説文〕「丨，角匕也」。

蒬　丨，棘丨，草名。〔廣韻・元部〕○〔説文定聲・卷一四〕丨，以苑為之。〔廣雅〕「蕀苑，遠志也」。

輐　丨，量物之具。〔廣韻・元部〕○靴履破而補空隙曰丨子。〔通雅・卷四九〕○丨，或作鞔。〔説文〕「鞔，履空也」義證。

⿰韋宛　丨鞔通。〔方言四〕「自關而東複履其庳者謂之鞔」箋疏。

⿰革冤　丨，取泥之器。〔説文〕「丨，一曰抒井丨」段注。又〔説文〕「丨，量物之丨」繫傳。

琂　丨，石似玉。〔廣韻・元部〕

純　丨，亦束也。〔詩・野有死麕〕「白茅丨束」通釋。○丨屯古通用。（同上）○古屯丨通字。〔書・文侯之命〕「侵戎國家丨」孫疏。○丨與燉亦聲近義同。〔廣雅・釋詁四〕「焞，明也」疏證。

謜　丨，徐語。〔廣韻・元部〕○丨丨，愿也。〔説文〕「丨，徐語也」繫傳。○丨，通作原。〔廣雅・釋詁一〕「丨，度也」疏證。○丨與原古字通。〔漢書〕「不可勝原」雜志。○〔説文定聲・卷一四〕丨，假借為原。〔廣雅・釋詁一〕「丨，度也」。

⿰飠元　丨，丨餌。〔廣韻・元部〕○丨之言圜也，今人通呼餌之圜者為丨。〔廣雅・釋器〕「丨，餌也」疏證。

瀿　楚人謂水暴溢為丨。〔集韻・元部〕○丨與溢聲近而義同。〔漢書〕「衍溢」雜志。

鐇　丨，椎也。〔慧琳音義・卷九〇〕引〔文字典説〕。○丨，廣刃斧也。（同上）引〔韻詮〕。又〔廣韻・元部〕。

襎　丨，丨裷，幭也。〔廣韻・元部〕○丨裷，謂其繙帑也。〔通雅・卷三六〕○丨裷疊韻字。〔方言四〕「丨裷謂之幭」箋疏。○丨裷即幡帑之異文。（同上）

愋　丨，恨也。〔廣韻・元部〕○丨與喛同。〔廣雅・釋詁二〕「丨，恚也」疏證。又〔方言六〕「丨，恚也」、〔方言一二〕「喛，哀也」箋疏。

翧　丨，飛來。〔廣韻・元部〕○丨丨，猶翾翾也。〔廣雅・釋訓〕「丨丨，飛也」疏證。

蝖　丨，蠐螬。〔廣韻・元部〕○翾、蜎、丨、蠉，並字異而義同。〔廣雅・釋詁三〕「翾，飛也」疏證。

⿰飠宛　丨，貪也。〔廣韻・元部〕○丨，貪食。〔集韻・元部〕

⿰車軍　丨，車前輕也。〔廣韻・元部〕○丨，還也。（同上）○丨，車相避也。（同上）○丨之言圍也，下圍馬頸也。〔説文〕「丨，軶軥也」段注。○丨之言軒，上舉之意。〔廣雅・釋詁三〕「丨，軻也」疏證。○〔説文定聲・卷一五〕丨，猶軒軒也。〔廣雅・釋詁三〕「丨，軻也」。○（同上）丨，假借為運。〔廣雅・釋詁四〕「丨，還也」。

籓　丨，大箕也。〔廣韻・元部〕○丨，蔽也。（同上）○丨箕，籮、篙類也。〔説文〕「丨，大箕也」義證。○〔説文定聲・卷一四〕丨，假借為藩。〔説文〕「丨，一曰蔽也」。○丨，字或作篠。〔説文〕「丨，蔽也」義證。

⿱竹⿰犭番　丨，蔽也。〔集韻・元部〕

芉　丨籓為古今字。〔説文〕「丨，箕屬」句讀。○丨，箕屬，弃糞器。〔説文〕「丨，箕屬」義證引〔玉篇〕。

赶　丨，獸舉尾走。〔廣韻・元部〕○丨，舉尾走。〔集韻・月部〕○丨，馬走。〔説文〕「丨，舉尾走也」義證引〔類篇〕。○〔説文定聲・卷一四〕丨，謂獸畜急走。〔説文〕「丨，舉尾走也」。○（同上）丨，謂逡巡曲也。〔管子・君臣〕「心道進退而刑道滔丨」。

楎　丨，犂轅頭也。〔説文〕「丨，一曰犂上曲木犂轅」段注引〔玉篇〕。又（同上）義證引〔玉篇〕。○丨，犂上曲木也。〔廣韻・元部〕○三爪犂曰丨。（同上）○丨，今開荒之犂，又有歧刃也。〔説文〕「丨，六叉犂」繫傳。○丨，亦名三脚耬，今陝甘人用之。〔説文〕「丨，六叉犂」段注。

棞　丨，混也，不破之木也。〔説文〕「梡，丨木薪也」繫傳。○丨，大木未剖。〔廣韻・魂部〕○木未判為丨。〔慧琳音義・卷五二〕引〔纂文〕。○丨，凡物之頭渾全者皆曰丨頭。〔説文〕「頑，丨頭也」段注。○凡物渾淪未破者皆得曰丨。（同上）○丨，完木未析也。〔説文定聲・卷一五〕「〔梱〕下」○丨，木未破也。〔説文〕「丨，梡木未析也」義證引〔玉篇〕。○未判為丨。〔説文〕「梡，丨木薪也」義證引〔纂文〕。○凡全物渾大皆曰丨。〔説文〕

「丨，梡木未析也」段注。○〔說文定聲·卷一五〕丨，今蘇俗常語謂之或侖，或侖者，丨字之合音。〔說文〕「丨，完木未析也」。○丨，棞也。〔說文〕「頑，丨頭也」繫傳。

⿰角昆　丨，角全也。〔集韻·魂部〕

⿰犭軍　丨，似犬，人面，見人則笑，行疾如風。〔廣韻·魂部〕

忶　丨，心悶也，或从魂。〔集韻·魂部〕

⿰忄魂　丨，丨悶。〔廣韻·魂部〕

⿰亻軍　丨，女字。〔廣韻·魂部〕

⿰扌囷　丨，丨推。〔廣韻·魂部〕

菎　丨，香草。〔廣韻·魂部〕○丨，香草也。〔楚辭·招魂〕「丨蔽象棊」補注。○〔說文定聲·卷一五〕丨蕗即箘簬，或言丨蕗今之箭囊也。〔楚辭·七諫〕「丨蕗雜于廏蒸兮」。〔「藁」下〕

蜫　丨，虫總名。〔慧琳音義·卷一三〕引〔集訓〕。○丨，同䖵。〔廣韻·魂部〕

䖵　〔說文定聲·卷一五〕丨，經傳皆以昆為之。〔說文〕「丨，蟲之總名也」。○丨之言昆也。〔說文〕「丨，蟲之總名也」段注。○丨，經典通用昆字。〔同上〕義證。

⿱昆䖵　蛞丨，科斗蟲也。〔廣韻·東部〕

⿲魚昆欠　丨，丨干，不可知也。〔廣韻·魂部〕○〔說文定聲·卷一五〕丨干雙聲連語，與昆干同。〔說文〕「丨，昆干，不可知也」。○丨，通作騉。〔說文〕「丨，昆干，不可知也」義證。

惃　丨，亂也。〔廣韻·魂部〕

猑　丨，獸名。〔廣韻·魂部〕

騉　丨，丨駼，馬名，牛蹄，能升高山。〔廣韻·魂部〕

昷　丨，訓仁也。〔說文〕「鋞，丨器也」段注。○丨訓仁，故引申為丨煖字。〔同上〕○許意當用丨為温煖。〔說文〕「温，从水，丨聲」段注。○丨通作温。〔說文〕「丨，仁也」義證。○丨，後人乃假温也。〔說文·上說文書〕「渥衍沛滂」段注。○凡云温和、温柔、温暖者，皆當作此字，温行而丨廢。〔說文〕「丨，仁也」段注。

⿰昏頁　丨，頭多殟丨。〔廣韻·魂部〕○丨，不曉也。〔說文〕「丨，繫頭殟也」義證引〔玉篇〕。○〔說文定聲·卷一五〕丨，假借為惛。〔莊子〕「問焉則丨然」。○〔同上〕丨，謂被繫，卒然無知。〔說文〕「丨，繫頭殟也」。

⿰毛㒼　丨，赤色，罽名。〔廣韻·魂部〕○今〔詩〕丨作璊。〔說文〕「詩曰毳衣如丨」段注。○丨，今作璊。〔說文〕「丨，以毳為繝也」句讀。○丨為璊之或體。〔說文定聲·卷一四〕○丨，毛本作璊，許所引三家詩當係俗字。〔同上〕

殟　丨，病也。〔廣韻·魂部〕○丨，即瘟疫之瘟。〔說文〕「⿰昏頁，繫頭丨也」句讀。○丨，屈頭死之也。〔同上〕繫傳。○丨與殰同誼。〔說文定聲·卷一五〕

豱　丨，豕名。〔廣韻·魂部〕

⿰昷瓜　丨，瓜名。〔廣韻·魂部〕

⿰鹵昷　丨，戎狄云鹽。〔廣韻·魂部〕

涒　丨，丨灘，歲在申也。〔廣韻·魂部〕○〔說文定聲·卷一五〕丨，此以顛為訓。〔淮南〕高注「丨，大灘修也」。

黗　丨，黃黑色也。〔廣韻·魂部〕○丨，字亦作⿰黃享。〔說文定聲·卷一五〕○丨與純聲義相近。〔廣雅·釋器〕「丨，黑也」疏證。○丨與䵌同。〔廣雅·釋器〕「䵌，黃也」疏證。

䵌　丨，黃色。〔廣韻·魂部〕○丨，亦黗也，方俗語有輕重耳。〔廣雅·釋器〕「丨，黗也」疏證。

⿱竹殿　丨，榜也。〔廣韻·魂部〕

忳　丨，悶也。〔廣韻·魂部〕又〔楚辭·離騷〕「丨鬱邑余侘傺兮」補注。又〔惜誦〕「中悶瞀之丨丨」補注。○丨鬱，憂思貌。〔離騷〕「丨鬱邑余侘傺兮」補注引五臣。○丨肫諄音義同。〔釋訓〕「訰訰，亂也」邵正義。

菕　丨，丨蘦，草也。〔廣韻·魂部〕

豤　丨，齧也。〔廣韻·魂部〕○〔通雅·卷一〇〕丨丨，猶款款也。〔劉向傳〕「丨丨欲好死亡之誅」。○丨即懇字，俗作懇。〔通雅·卷一〇〕

殙　丨，病也。〔廣韻·魂部〕○丨，死也。〔廣雅·釋詁三〕疏證。○丨，未立名而死。〔廣韻·魂部〕○丨，言甚矜閔之也。〔說文〕「丨，瞀也」義證。○

丨，迷也。〔史記〕「疑殆」雜志。〇丨，古通作昏。〔廣雅·釋詁三〕「殙，死也」疏證。〇丨，今傳作昏。〔說文〕「丨，瞀也」段注。〇丨，實與惛同字，不省人事之謂也。〔說文定聲·卷一五〕〇惛與丨通，亦通作昏。〔廣雅·釋詁一〕疏證。〇〔說文定聲·卷一五〕丨，假借為惛。〔莊子·達生〕「以黃金注者殙」。

**殙** 丨，瞀也。〔集韻·魂部〕

**歕** 丨，吹氣也。〔廣韻·魂部〕〇丨，丨氣也。〔說文〕「丨，吹氣也」義證引〔玉篇〕。〇丨，吐也。〔廣韻·魂部〕〇丨，又作噴，謂含物而丨散之。〔慧琳音義·卷五六〕〇丨，口含物丨散也。〔說文〕「丨，吹氣也」義證引〔玉篇〕。〇噴與丨同。〔廣雅·釋詁四〕「丨，吐也」疏證。〇丨，字亦作噴。〔廣雅·釋言〕「丨，潠也」疏證。

**衮** 丨，炮炙也，以微火温肉。〔說文定聲·卷一二〕〇丨，薶物灰中令其熱也。〔說文〕「丨，炮肉」義證引〔五音集韻〕。〇丨與熅同。〔廣雅·釋詁四〕「熅，煴也」疏證。

**熅** 丨，同衮。〔廣韻·痕部〕

**還** 丨，疾走。〔集韻·先部〕〇丨，疾走貌。〔廣韻·仙部〕〇儇丨翾並通。〔廣雅·釋詁一〕「獧，疾也」疏證。

**掩** 丨，相援也。〔集韻·元部〕

**魭** 丨，魚名。〔集韻·元部〕

**揵** 丨，舉也。〔集韻·元部〕

**顐** 丨，醜貌。〔廣韻·文部〕

**燓** 丨，今作焚。〔說文〕「丨，燒田也」繫傳。〇丨，字或作焚。（同上）義證。〇丨，經皆作焚。（同上）句讀。〇〔說文定聲·卷一五〕丨，假借為僨。〔左傳襄公二四年〕「象有齒以焚其身」。

**驎** 丨騜，馬躊躇不行也。〔集韻·元部〕

**涽** 丨，亂也。〔詩·桑柔〕「靡國不丨」集疏引王引之。〇丨丨，未定貌。〔集韻·魂部〕

**頣** 丨丨，丨顐。〔廣韻·魂部〕〇〔說文定聲·卷一五〕丨，無髮則與髡同。〔說文〕「丨，無髮也，一曰耳門也」。〇丨，猶髡也。〔說文〕「丨，無髮也」繫傳。

**頣** 丨，通作髡。〔說文〕「丨，無髮也」義證。〇丨，省作囷。〔說文〕「丨，無髮也」句讀。〇丨，通作囷。〔說文〕「丨，一曰耳門」義證。

**顐** 丨，顐鶤，禿無髮也。〔廣韻·魂部〕又〔集韻·魂部〕。〇丨，即諢。〔通雅·卷四九〕

**崘** 丨，亦作崙。〔說文〕「丨，山阜陷也」義證引〔玉篇〕。

**惀** 思求曉知謂知丨。〔楚辭·哀郢〕「憎慍丨之脩美兮」補注。〇丨，思也。〔說文〕「丨，欲知之貌」義證引〔玉篇〕。〇丨，或借論字。（同上）義證。〇丨，或借綸字。（同上）句讀。〇丨又借綸字。（同上）義證。〇丨與侖通。〔廣雅·釋詁二〕「侖，思也」疏證。

**𢕟** 丨，字或作𡐓。〔廣雅·釋宮〕「丨，塗也」疏證。〇丨，通作𡐓。〔說文〕「丨，墀地以巾撋之」義證。〇丨，今〔漢書〕字竟作𡐓。〔說文〕「丨，墀地也」段注。〇丨人即〔莊子〕郢人。（同上）

**鞹** 丨丨，鞹鞹，猶廓廓也，言其廓廓落落，猶無毛之皮也。〔通雅·卷九〕

**傆** 丨，怒也。〔集韻·元部〕

**刓** 丨，刊木枝也。〔集韻·魂部〕

**剆** 丨，削也。〔集韻·痕部〕

**勸** 丨，健也。〔集韻·元部〕

**吨** 丨丨，言不明也。〔集韻·魂部〕

**嗌** 丨，吐也。〔集韻·魂部〕

**囩** 丨，回也。〔集韻·元部〕

**坉** 丨，以草裹土築城及填水也。〔廣韻·魂部〕〇草土填水曰丨。〔集韻·魂部〕

**墩** 丨，平地有堆。〔廣韻·魂部〕

**婉** 丨，婉也。〔集韻·元部〕

**婉** 丨丨，美也。〔廣韻·元部〕

**嬔** 丨，兔子。〔集韻·元部〕

嬔｜，匹偶。〔集韻・元部〕

⿰山瓫｜，山形似瓫。〔集韻・魂部〕

⿱敦山｜，山貌。〔集韻・魂部〕

⿰弓鬲｜，生養也。〔廣韻・元部〕

惋裁餘曰｜。〔集韻・元部〕

愃｜，快也。〔集韻・元部〕

⿰忄原｜，測量也。〔集韻・元部〕

悗｜，吊服。〔集韻・魂部〕

拵｜，据也。〔廣韻・魂部〕

搎｜，捫｜，摸搎也。〔廣韻・魂部〕〇｜，捫也，或从廾。〔集韻・魂部〕

⿰扌頓｜，｜捼也。〔說文〕「捼，推也」義證引〔玉篇〕。〇｜捫，挼也，通作頓。〔集韻・元部〕

攑｜，舉也。〔廣韻・元部〕

攐｜，摳衣也。〔集韻・元部〕

⿱孛手｜，擊也。〔集韻・魂部〕

⿰月敦｜，月光也，或省。〔集韻・魂部〕

榅｜，根也。〔集韻・魂部〕

榞｜，實如甘蕉，而皮可食。〔廣韻・元部〕

⿰木宴｜，櫄也。〔集韻・元部〕

⿰木焉｜，所以平量斗斛。〔廣韻・痕部〕

橔｜，枯也。〔集韻・魂部〕

槐｜，｜榾。〔廣韻・魂部〕

歕｜，不可知也。〔廣韻・魂部〕

沄｜，水流貌。〔廣韻・魂部〕

沌｜，水勢。〔廣韻・魂部〕

⿰氵本｜，水急也。〔集韻・魂部〕

渜｜，濡湯也。〔集韻・魂部〕

瀳｜，水至也。〔集韻・魂部〕

燉｜，火色。〔廣韻・魂部〕〇｜，火熾。（同上）〇｜煌郡，｜大煌，盛也。（同上）〇｜｜，即暾暾。〔左傳僖公五年〕疏證。

爨｜｜，鼎欲沸貌。〔集韻・魂部〕

⿰牛原｜，獸如牛也。〔廣韻・元部〕

⿰牛敦｜，牛名。〔集韻・魂部〕

獂｜，豕屬。〔廣韻・元部〕

猻｜，猴｜。〔廣韻・魂部〕

珢｜，石次玉。〔廣韻・痕部〕

琿｜，玉名。〔廣韻・魂部〕

⿸疒卷｜，謂手屈指不展也。〔慧琳音義・卷三〇〕引〔文字集略〕。

瘒｜，癡貌。〔廣韻・魂部〕

⿰目享｜，視不明。〔集韻・魂部〕

礬｜者，燔也。燔石而成也。〔本草・卷一一〕〇｜，藥石也，有白青黃黑絳五种。〔集韻・元部〕

⿰礻薦｜，祭也。〔集韻・元部〕

⿰禾番　—，稻也。〔廣韻·元部〕

笎　—，竹名。〔集韻·元部〕

窀　—，火見穴中。〔廣韻·魂部〕

⿱竹言　—，大簫。〔廣韻·元部〕

⿱竹亘　—，竹華也。〔集韻·元部〕

⿰米滿　—，粥凝。〔廣韻·魂部〕又〔集韻·元部〕。

臗　—，體也。〔廣韻·魂部〕○—，臀也。〔同上〕

髖　—，同臗。〔廣韻·魂部〕

腱　—，脊—肉也。〔楚辭·招魂〕「肥牛之—」補注。○—，筋肉。〔同上〕引五臣。○—，筋頭也。〔同上〕補注。○—，筋也，一曰筋頭。〔廣韻·元部〕

⿰舟番　—，舟飾也。〔集韻·元部〕

⿱艹腱　—，瓜病。〔集韻·元部〕

蕵　—，烏—草。〔廣韻·魂部〕○—蕪，酸可食也。〔同上〕○—蕪，乃酸模之音轉，酸模又酸母之音轉，皆以味而得名。〔本草·卷一九〕

⿱艹言　—，草名。〔廣韻·元部〕

菛　—冬，草名，通作虋。〔集韻·魂部〕

蒝　—，莖葉布也。〔廣韻·元部〕又〔説文〕「—，草木形」義證引〔玉篇〕。

葐　—，覆—草。〔廣韻·魂部〕

⿱艹脘　—，蒲也。〔廣韻·魂部〕

⿱艹睆　—，—蒲，草名。〔集韻·魂部〕

⿰虫敦　—蜩，蟲名，似蟬而長。〔集韻·魂部〕○—蜩，蟲名。〔廣韻·魂部〕

裮　—褐，衣也。〔集韻·魂部〕

⿰軍見　—，視。〔廣韻·魂部〕

訰　—，多言也。〔集韻·魂部〕

⿺走曼　—，行遲。〔廣韻·魂部〕○—，行緩也。〔集韻·元部〕

⿰車反　—，車兩耳出也。〔廣韻·元部〕

鋺　—，鋤頭，曲鐵。〔廣韻·元部〕

⿰阝否　—，阬也。〔集韻·痕部〕

霕　—，大雨也。〔集韻·魂部〕

⿰叕頁　面不正曰—。〔集韻·元部〕

⿵風屯　—，風也。〔集韻·魂部〕

⿱𣪊食　—，貪食。〔集韻·魂部〕

餛　—，—飩。〔廣韻·魂部〕○—飩，餅也。〔廣雅·釋器〕疏證。○—飩，〔齊民要術〕作餫飩，〔北户録〕作渾屯。〔廣雅·釋器〕「餛飩，餅也」疏證。

餫　—，同餛。〔廣韻·魂部〕

⿰馬昷　—，—驪，駿馬。〔廣韻·魂部〕

⿰馬軍　—騱，野馬。〔廣韻·魂部〕

⿱髟園　—，鬋髮也。〔集韻·魂部〕

⿰盆鳥　—，—鳩鳥。〔廣韻·魂部〕○—鳩，即鳻鳩，〔方言〕所謂戴鳻，非鶻鵃。〔説文〕「鶻，鶻鵃也」義證。○—鳩，即鳻鳩，字通作班。〔方言八〕箋疏。○—即鳻。〔方言八〕「鳩，其大者謂之鳻鳩」疏證。

⿰宣鳥　—，—鴝，鳥名。〔廣韻·元部〕

鷭　—鴝，鳥名，似鶡，或从隹。〔集韻·元部〕

⿰賁鳥　—，如鵲，三目六足白身。〔廣韻·魂部〕

鸞|，比翼鳥也。〔廣韻·魂部〕

麤|，鹿屬。〔廣韻·魂部〕

馤|，香也。〔廣韻·魂部〕

黚|，黑也。〔集韻·魂部〕

# 續經籍纂詁卷第十四

上平聲

## 十四　寒

寒|，陰氣。〔大戴·夏小正〕「|日滌凍塗」王詁。○|，|暑也。〔廣韻·寒部〕○|者，凍肉之類也。〔通雅·卷三九〕○|，蹇苦也。〔說文定聲·卷一四〕○|乞，猶言窮陋也。〔通鑑·宋紀〕「外舍|乞」音注。○|心，如履冰也。〔漢書·鄒陽傳〕「|心銷志」補注。○|火，即涼餤也。〔通雅·卷四八〕○|具，捻頭也。〔本草·卷二五〕引林洪清。○環餅一名|具。（同上）引賈思勰〔要術〕。○|具，冬春可留數月，及|食禁煙用之，故名|具。（同上）○|具，服虔〔通俗文〕謂之餲。（同上）○|具，張揖〔廣雅〕謂之粰粇。（同上）○|具，〔楚辭〕謂之粔籹。（同上）○|具，〔雜字解詁〕謂之膏環。（同上）○|即鸖鶾之合聲也。〔釋鳥〕「鸖鶾，鶡鴠」郝疏。○|鴉，慈鳥也。〔通雅·卷四五〕○|蟬，小而色青，初秋始鳴，深秋而歇，與他蜩微別。〔說文定聲·卷一四〕（「蟬」下）○北方北極之山曰|門。〔楚辭·遠遊〕「逴絶垠乎|門」補注引〔淮南子〕。○今山東萊州府濰縣東有|亭。〔說文定聲·卷一四〕○古|韓通。〔呂覽·勿躬〕「|哀作御」校正。○|韓古通用。〔呂覽·觀表〕「|風是相口齒」校正。○|，假借為琝。〔說文定聲·卷一四〕○|，字亦變作蹇。（同上）○|當為塞。〔說文〕「䰟，|也」義證。○|浞，〔古今人表〕作韓浞，〔水經注〕同。〔左傳·襄公四年〕「|浞」洪詁。○|哀即世本之韓哀。〔呂覽·勿躬〕「|哀作御」校正。

韓|之本義，即韓篆下所云抒井具也。〔說文定聲·卷一四〕○|，在今直隸順天府固安縣。（同上）○|，在今山西平陽府河津萬泉之間。（同上）○隋始析置之|城縣，其地在今陝西同州府。（同上）○|子，|非子也。〔漢書·韓安國傳〕「嘗受|子雜說鄒田生所」補注。○|衆，齊人|終。〔楚辭·遠遊〕「羨|衆之得一」補注引〔列仙傳〕。○|通作幹。〔釋詁〕「翰，幹也」郝疏。○|，又通作翰。（同上）○寒|古字通。〔漢書·王褒傳〕「|哀附輿」補注引錢大昕。○〔漢書〕|作寒，古通。〔史記·游俠列傳〕「陝|孺」志疑。○|，假借為幹。〔說文定聲·卷一四〕○|，乾道本作轉。〔韓子·存韓〕「則|可以移書定也」集解。○|，藏本亦作轉。（同上）集解引盧文弨。○|，當作轉。〔韓子·存韓〕「|秦强弱」集解引顧廣圻。○官本|作翰。〔漢書·郊祀志〕「立神明臺、井幹樓」補注。

翰|，天鷄羽，有五色。〔廣韻·寒部〕○|，羽。〔詩·小宛〕「|飛戾天」朱傳。○|，幹也，所以當牆兩邊障土者也。〔詩·桑扈〕「之屏之|」朱傳。

○高飛曰—。〔説文〕「鶾，雞肥—音者也」段注。○聲高亦曰—。（同上）○邵本—作韓。〔漢書・郊祀志〕「立神明臺、井幹樓」補注引宋祁。

**鶾**　—同翰。〔廣韻・寒部〕○—，通作翰。〔集韻・寒部〕

**丹**　—，赤也。〔廣韻・寒部〕○—者，石之精。〔説文〕「—，巴越之赤石也」段注。○凡藥物之精者曰—。（同上）○後世言藥石之精亦曰—。〔説文定聲・卷一四〕○竊—，淺赤色。（同上）○—府，猶赤心也。〔文選・辯亡論下〕「親仁罄—府之愛」補正引金甡。○以—漆地，故偁—墀。〔説文〕「墀，涂地也」段注。○漢制以彤漆塗地曰—墀。〔説文〕「㙾，墀地以帛擱之也」繫傳。○—車者，—漆之車。〔大戴・五帝德〕「—車白馬」王詁。○—粟，細沙如粟。〔文選・南都賦〕「—粟」集釋引〔山海經〕郭注。○—粟，即今之朱砂。（同上）○—粟、—干，皆—砂也。〔通雅・卷四八〕○—丘，即明光也。〔楚辭・遠遊〕「仍羽人於—丘兮」補注。○—良，螢也。〔通雅・卷四七〕○—棘，一名忘憂草。〔説文〕「藼，令人忘憂艸也」義證引〔古今注〕。○—陽乃楚地。〔史記・六國年表〕「—伐衛取—陽」志疑。○—楊，—陽郡—陽縣也，〔晉志〕以山多赤柳得名。〔史記・王子侯者年表〕「—楊」志疑。○—書鐵契，以鐵為契，以—書之，謂以—書盟誓之言於鐵券。〔漢書・高帝紀〕「—書鐵契」補注引〔通鑑〕胡注。○—，彤字之譌也。〔左傳莊公二三年經〕「—桓宮楹」疏證。○—，即彤字。〔説文定聲・卷一四〕○—，韓亦作赭。〔詩・終南〕「顔如渥—」集疏。○〔説苑〕—作舟。〔呂覽・直諫〕「得—之姬」校正。

**殫**　—，盡也。〔廣韻・寒部〕○—，極盡也。〔慧琳音義・卷八五〕引〔考聲〕。○—，氣絶也。〔國策・楚策一〕「殥而—悶」鮑注。○—，通作單。〔説文〕「—，殛盡也」義證。○—，假借為癉。〔説文定聲・卷一四〕○—，以單為之。（同上）○—，古多假單字為之。〔説文〕「—，極盡也」段注。○—，字亦作勯。〔説文定聲・卷一四〕

**單**　—，大也。〔廣韻・寒部〕○—，大言也。〔説文定聲・卷一四〕○—，當為大言也。〔説文〕「—，大也」段注。○—，夸誕之辭。〔説文定聲・卷一四〕○—，亦與亶同，故以大為訓。〔詩・天保〕「俾爾—厚」後箋引詩附記。○—訓大，引申之皆得有信厚之義。（同上）○—，一也。〔詩・公劉〕「其軍三—」陳疏引胡承珙。○—，獨也。（同上）又〔通鑑・漢紀〕「陳寔出於—微」音注。○—，孤也。（同上）○—即—處之謂。〔詩・公劉〕「其軍三—」通釋。○—，引伸為雙之反對。〔説文〕「—，大也」段注。○—，與但字義亦近。〔莊子・盜跖〕「—以反一日之無故」集釋。○—，盡也。〔詩・天保〕「俾爾—厚」朱傳。又〔韓子・飾邪〕「故智能—」集解引王先謙。○—，亦盡也。〔墨子・辭過〕「—財勞力」閒詁。○—，薄也。〔通鑑・漢紀〕「陳寔出於—微」音注。○—薄亦淺略也。〔釋言〕「僤，淺也」郝疏。○—與殫通。〔廣雅・釋詁〕「殫，盡也」疏證。○—與禪通。〔方言四〕「汗襦，或謂之禪襦」箋疏。○亶、—古通。〔史記・鄭世家〕「殺其大夫—伯」志疑。○—、亶古通。〔史記・仲尼弟子列傳〕「鄡—字子家」志疑。○—與亶古通。〔通雅・卷八〕○—，叚借為禪。〔説文定聲・卷一四〕○—，叚借為殫。（同上）○—，叚借為擅。（同上）○—者，亶之叚借。〔詩・天保〕「俾爾—厚」通釋。○—，讀為廛。〔春秋名字解詁〕「鄡—字子家」述聞。○—，讀為癉。〔晏子春秋〕「路世之政—事之教」雜志。○—當讀為燀。〔呂覽・禁塞〕「自今—脣乾肺」平議。○—，同殫。〔墨子・天志中〕「竭力—務以利之」閒詁引蘇時學。○—與殫同。〔通鑑・周紀〕「王之威亦—矣」音注。○—與禪同。〔方言四〕「禪衣，江淮南楚之間謂之褋」箋疏。○—，字或作癉。〔晏子春秋〕「路世之政—事之教」雜志。○—，魯作亶。〔詩・天保〕「俾爾—厚」集疏。○—當作殫，古字通。〔左傳襄公二七年〕「—斃其死」洪詁。○—，〔爾雅〕引詩作亶。〔詩・天保〕「俾爾—厚」後箋。○—，當作亶。〔莊子・盜跖〕「—以反一日之無故」集釋。○—伯即〔左傳〕檀伯，亦作曼伯。〔史記・鄭世家〕「殺其大夫—伯」志疑。○—父，〔呂覽〕作亶父。〔漢書・地理志〕「—父」補注。○—當作單。〔漢書・地理志〕「莽曰—城」補注引宋祁。○〔文選〕—作殫。〔漢書・枚乘傳〕「—極之綂斷幹」補注。○—字當作簞。〔文選・七命〕「—醪投川」集釋。

**安**　—，定也。〔大戴・子張問入官〕「—身取譽為難也」王詁。又〔漢書・王莽傳〕「—後復徵召之」補注引胡注。○—後，猶言事定後也。（同上）○—，止也。〔大戴・千乘〕「有—民」王詁。又〔廣韻・寒部〕。○—有止義。〔釋詁〕「—，止也」郝疏。○—之義謂止而坐之也。〔儀禮・燕禮〕「皆坐乃—」胡正義。○—與坐同義。〔釋詁〕「妥，—，坐也」述聞。○—，處也。〔大戴・曾子制言中〕「不—貴位」王詁。又〔孟子・公孫丑上〕「敢問所—」朱注。○—猶處也。（同上）焦正義。○自—，猶處也。〔左傳文公一一年〕「郕太子朱儒自—於夫鍾」疏證引服虔。○—，息也。〔國策・秦策五〕「必絶其謀而—其兵」補正。○—隱與止息義近。〔釋詁〕「徽，止也」郝疏。○—息與養義近。〔釋詁〕「艾，養也」郝疏。○—，徐。〔詩・何人斯〕「爾之—行」朱傳。○—，—徐也。〔廣韻・寒部〕○—猶徐。〔國策・魏策四〕「不如—行求質於秦」鮑注。○—，猶徐也。〔通鑑・漢紀〕「且—之」音注。○——，不輕暴也。〔詩・皇矣〕「攸馘——」朱傳。○——，猶連連，亦舒徐之意。（同上）陳疏。○—行，即緩步。〔詩・何人斯〕「爾之—行」通釋。○—，平也。〔廣韻・寒部〕○—，寧也。（同上）○—，謂—靜之貌。〔釋訓〕「懕懕，—也」鄭注。○—，樂也。〔大戴・曾子大孝〕「—為難」王詁。又〔曾子事父母〕「故父母—之」王詁。○—制，—習制度。〔漢書・刑法志〕「未有—制矜節之理也」補注。○所—謂所善也。〔左傳莊公一〇年〕「衣食所—」平議。○—危猶利善。〔大戴・千乘〕「以觀—危」王詁。○—言其不勞。〔國策・趙策一〕「秦禍—移於梁矣」鮑注。○妥帖之為—也。〔説文定聲・卷一〇〕〔「移」下〕○擾之為—。〔晏子春秋〕「自今已後」雜志。○今人施物於器曰—。〔釋詁〕「—，止也」郝疏。○—據，猶案據也。

〔晏子春秋〕「則為人主所案據腹而有之」雜志。○丨顧，猶内顧也。〔大戴・保傅〕「丨顧咳唾趨行不得」王詁。○丨曠猶久也。〔吕覽・長見〕「與處則不丨」校正。○丨，縣在長沙。〔史記・王子侯者年表〕「丨成」志疑。○丨，七國時魏寧新中邑，秦更名丨陽，漢省入蕩陰。〔史記・高祖功臣侯者年表〕「丨陽」志疑。○丨，語詞。〔荀子・仲尼〕「丨忘其怒」集解引王念孫。○丨，語辭也。〔管子・七法〕「若是丨治矣」平議。○丨亦用為語詞。〔説文〕「丨，竫也」段注。○丨猶於也。〔大戴・用兵〕「何世丨起」述聞。又〔釋詞・卷二〕。○丨，猶於是也。〔同上〕○丨，焉也。〔同上〕○丨猶焉也。〔孟子・梁惠王〕「寡人願丨承教」平議。○丨猶肰也，焉也。〔荀子・勸學〕「丨特將學雜識志，順詩書而已耳」集解引郝懿行。○丨猶是也。〔管子〕「丨入其受命焉」雜志。○丨亦則也。〔同上〕○丨猶則也。〔釋詞・卷二〕○以丨代則字用。〔荀子・正論〕「丨能誅之」集解。○丨猶案也。〔荀子・勸學〕「丨特將學雜識志，順詩書而已耳」集解。○丨案竝猶則也。〔同上〕○丨，然也。〔釋詞・卷二〕○丨猶乃也。〔同上〕○丨，語詞，猶乃也。〔管子〕「丨入其受命焉」雜志。○語詞之丨，或為乃，或為則，或為是，或為於是，其義并相近。〔同上〕○荀書或用焉，或用案，或用丨，字異語同，皆以為發聲。〔荀子〕「焉廣三寸」雜志。○丨亦何也。〔大戴・虞戴德〕「高舉丨取」王詁。○丨得罪，猶言何所得罪也。〔漢書・霍光傳〕「我故羣臣從官丨得罪」補注引胡注。○晏宴侒丨竝聲義同。〔釋詁〕「豫，丨也」郝疏。○丨於一聲之轉。〔大戴・用兵〕「何世丨起」述聞。○丨通作案。〔釋詁〕「丨，止也」郝疏。○丨晏通字。〔書・堯典〕注「丨丨」一作晏晏」孫疏。○丨與晏古字通。〔左傳哀公六年〕「使胡姬以丨孺子如賴」洪詁。○丨與焉古同聲而通用。〔國策〕「董閼丨于」雜志。○丨，假借為曷，短言之曰曷，長言之曰丨。〔説文定聲・卷一四〕○丨殘與盌盞同。〔方言一三〕「盂，河濟之閒謂之盌盞」箋疏。○丨，即閼字也。〔史記〕「塞鄳阸」雜志。○丨丨作晏晏，今文也。〔書・堯典〕「欽明文思丨丨」孫疏。○文思丨丨，〔後漢書・馮衍傳〕及〔第五倫傳〕注引〔尚書考靈燿〕俱作「文塞晏晏」。〔同上〕○丨，〔公羊〕作鞌。〔左傳定公一〇年經〕「會于丨甫」洪詁。○〔漢書〕引丨作焉。〔左傳襄公三一年〕「將丨用樹」洪詁。○丨于，又作閼于。〔韓子・難言〕「董丨于死而陳於市」集解。○丨土，當為案士，猶言案兵也。〔史記・始皇本紀〕「丨土息民」志疑。○商丨，即商於。〔鹽鐵論・非鞅篇〕「封之於商丨之地」述聞。○丨，字或作案。〔釋詞・卷二〕○丨，字或作焉。〔同上〕

**鞌** 丨，韉也。〔續音義・卷九〕引〔切韻〕。○丨，丨韉。〔廣韻・寒部〕○鞍，所以被馬取其安也。〔説文〕「丨，馬鞁具也」義證引〔急就篇〕顏注。○丨，今山東濟南府歷城縣地。〔説文定聲・卷一四〕○丨，〔史記集解〕又作鞍。〔左傳成公二年〕「師陳于丨」洪詁。○丨，或書作鞍。〔集韻・寒部〕

**難** 丨，艱也。〔廣韻・寒部〕○丨，不易稱也。〔同上〕○丨，險丨也。〔釋詁〕「阻，丨也」鄭注。○丨，愼。〔詩・桑扈〕「不戢不丨」朱傳。○丨猶抑也。〔廣雅・釋詁〕「攤，按也」疏證。○丨，即患也。〔左傳昭公一六年〕「無賄之丨」述聞。○丨，亦患也。〔左傳昭公一〇年〕「丨不慎也」述聞。○古人多謂患為丨。〔孟子・離婁下〕「於禽獸又何丨焉」述聞。○不丨者，不患也。〔大戴・曾子制言〕「固不丨」述聞。○丨謂忌之。〔國策・中山策〕「陰簡丨之」鮑注。○丨，畏阻意。〔國策・東周策〕「秦知趙之丨與齊戰也」補正。○丨，言其不和。〔同上〕鮑注。○丨近，謂令人畏而遠之。〔漢書・季布傳〕「使酒丨近」補注引顧炎武。○丨，盛貌。〔詩・隰桑〕「其葉有丨」朱傳。○木丨，珠名，其色黃，生東夷。〔廣韻・寒部〕○濡水一名丨水。〔漢書〕「泏水」雜志。○丨，借為丨易之丨。〔説文〕「鷬，鷬鳥也」繫傳。○經典借丨為戁。〔説文〕「戁，見鬼驚詞」句讀。○丨，讀為戁。〔大戴・曾子立事〕「君子恭而不丨」述聞。○丨，讀為戁，敬也。〔禮記・儒行〕「居處齊丨」述聞。○丨，亦讀為戁。〔荀子・君道〕「君子恭而不丨」述聞。○丨，當讀為戁。〔詩・桑扈〕「不戢不丨」通釋。○丨，讀患丨之丨。〔大戴・曾子制言〕「固不丨」述聞。○丨讀〔詩〕「不戁不竦」之戁。〔荀子・君道篇〕「恭而不丨」集解引王引之。○三家丨作儺。〔詩・桑扈〕「不戢不丨」集疏。○丨，當為靳。〔墨子・耕柱〕「是使翁丨雉乙」閒詁。○丨，當為雜，訓帀。〔墨子・號令〕「守宮三丨」閒詁。○丨乃離字之誤。〔墨子・備蛾傳〕「令有力四人下上之勿丨」平議。○乾道本丨作能。〔韓子・初見秦〕「幾不丨矣」集解。○丨，當為惡。〔説文〕「憚，忌丨也」義證。

**鷬** 丨，段借為艱。〔説文定聲・卷一四〕○丨，段借為蹇。〔同上〕○丨，段借為憚。〔同上〕

**鷬** 丨，今為難易字。〔説文〕「丨，鷬鳥也」段注。

**餐** 丨，吞也。〔離騷〕「夕丨秋菊之落英」補注。又〔楚辭・遠遊〕「丨六氣而飲沆瀣兮」補注。○丨，食也。〔詩・伐檀〕「不素丨兮」朱傳。○丨，猶食也。〔詩・狡童〕「使我不能丨兮」陳疏。○丨，引伸之為人食之。〔説文〕「丨，吞也」段注。○丨，又引伸之為人所食。〔同上〕○丨錢，月奉也。〔通雅・卷二二〕○丨錢，蓋所謂食料錢也。〔通鑑・唐紀〕「丨錢已多」音注。○丨與鰺聲相轉。〔釋魚〕「鮂，黑鰦」郝疏。○丨，假借為攱。〔説文定聲・卷一四〕○丨，假借為饡。〔同上〕○湌與丨同。〔廣雅・釋詁〕「湌，食也」疏證。○丨，亦作湌。〔方言一二〕「南楚之相謁而丨」疏證。○丨，或作餐。〔説文〕「丨，吞也」段注。○丨，當作殘。〔韓子・十過〕「充之以丨」集解引盧文弨。○丨，當為飡。〔説文〕「湌，丨或從水」義證。○丨，當作飡。〔説文〕「侻，小皃」義證。

**湌** 水沃飯曰丨。〔集韻・寒部〕○丨同餐。〔廣韻・寒部〕○丨與餐同。〔廣雅・釋詁〕「丨，食也」疏證。○丨，餐之別體。〔方言一二〕箋疏。○丨，俗字也，正體作餐。〔慧琳音義・卷一〕

**飡**　—，小食。〔國策·中山策〕「下壺—臣父」鮑注。○餐，俗作—。〔廣韻·寒部〕

**灘**　—，水—。〔廣韻·寒部〕○沙—字亦或作潬。〔說文〕「𤅩，水濡而乾也」段注。

**𤅩**　—，假借為暵。〔說文定聲·卷一四〕○—，毛本以暵為之。（同上）○—，字亦作潬。（同上）○—，字或作潬。〔說文〕「—，水濡而乾也」義證。○—，後人用為沙灘。（同上）段注。○—，後世用為沙灘字。〔說文定聲·卷一四〕

**潬**　—，水中沙出。〔集韻·寒部〕○水中沙出曰—。〔慧琳音義·卷三五〕引〔考聲〕。○水中處曰—。（同上）引〔古今正字〕。○—，通作灘。〔集韻·寒部〕○—，或作灘。〔慧琳音義·卷三五〕引〔古今正字〕。

**壇**　封土曰—。〔說文定聲·卷一八〕（「墠」下）○封土為—。〔左傳宣公一八年〕「—帷」疏證引焦循。○凡—皆聚土為官，故亦謂之封也。〔周禮·肆師〕「封于大神」孫正義。○于墠築土曰—。〔說文定聲·卷一四〕○凡委土而平築之謂之墠，於墠之上積土而高若堂謂之—。〔周禮·司徒〕孫正義。○—，堂基也。〔荀子〕「—宇」雜志。又〔史記〕「廣鶩」雜志。○—，封土祭處。〔廣韻·寒部〕○—為祭天。〔說文定聲·卷一四〕（「禪」下）○—場，祭—場也。〔墨子·明鬼下〕「必擇國之正—」閒詁引劉逢祿。○—宇猶曰界域。〔荀子·儒效〕「言有—宇」集解引王念孫。○廛與—古同聲而通用。〔管子〕「利—宅」雜志。○—墠音近，得相通借。〔左傳宣公一八年〕「—帷」疏證引焦循。○—，假借為墠。〔說文定聲·卷一四〕○—，假借為暵。（同上）○—，假借為廛。（同上）○—，假借為憚。（同上）○—即[金亶]之段字。〔周官·夏官序官〕「暴內陵外則—之」平議。○司馬相如賦段—為坦。〔說文〕「坦，安也」段注。○經典多用—為墠，古音略同也。〔說文〕「墠，野土也」段注。又〔文選·七發〕集釋。○—當讀為嬗。〔淮南·要略〕「標舉終始之—也」平議。○—即墠字。〔說文〕「墠，野土也」段注。○—，字亦作壇。〔說文定聲·卷一四〕○—，服虔本作墠。〔左傳襄公二八年〕「舍不為—」洪詁。○〔史記〕—作墠。〔漢書·文帝紀〕「其廣增諸祀—場珪幣」補注。

**檀**　—，堅韌木也。〔說文〕「—，木也」義證引〔急就篇〕顏注。○—，木可為車者。〔詩·伐檀〕「坎坎伐—兮」朱傳。○—，堅木，宜為車者。〔詩·大明〕「—車煌煌」朱傳。○—，善木也。〔本草·卷三四〕○—，香木也。〔慧琳音義·卷八〕○—，假借為壇。〔說文定聲·卷一四〕○—伯，〔史記〕作單伯。〔左傳桓公一五年〕「殺—伯」洪詁。○—，木名，亦州名。〔廣韻·寒部〕

**彈**　—，糾也。〔廣韻·寒部〕○—，射也。（同上）○—，—棊。（同上）○—，丸射也。〔集韻·寒部〕○陰陽之脈至寸口相擊曰—也。〔太素·陰陽雜說〕「陰陽相過曰—」楊注。

**殘**　—，餘也。〔說文〕「骴，鳥獸—骨曰骴」段注。又〔廣韻·寒部〕。○—，碎割也。〔說文定聲·卷一四〕○不方正即—也。〔說文〕「町，田踐處曰町」義證。○—者，賊也。〔說文〕「畸，[歹月]田也」段注。○—，傷也。〔孟子·梁惠王下〕「賊義者謂之—」朱注。○—，猶害。〔國策·秦策一〕「張儀之—樗里疾也」鮑注。○—，壞也。〔大戴·武王踐阼〕「毋曰胡—」王詁。○—，敗壞也。〔國策·齊策三〕「則汝—矣」鮑注。○—，謂滅也。〔國策·中山策〕「魏文侯欲—中山」鮑注。○—，猶殄也。〔左傳宣公二年〕「—民以逞」疏證引劉壽曾。○—殺義通。〔左傳成公七年〕疏證。○—，殺害也。〔大戴·用兵〕「以禁—止暴於天下也」王詁。○—與[歹月]通。〔說文〕「戔，賊也」段注。○[月戔][歹月]—並通。〔廣雅·釋詁〕「[月戔]，枿也」疏證。○—，假借為[歹月]。〔說文定聲·卷一四〕○—當讀為翦。〔周官·大司馬〕「放弒其君則—之」平議。○—同[歹月]。〔說文〕「骴，鳥獸—骨曰骴」段注。○—，今俗用為[歹月]餘字，今則—專行而[歹月]廢矣。〔說文〕「—，賊也」段注。○—，即戔字之或體。〔說文定聲·卷一四〕

**干**　—，求也。〔論語·為政〕「子張學—祿」朱注。又〔孟子·公孫丑下〕「則是—澤也」朱注。又〔廣韻·寒部〕。○—傺，謂求仕而不去也。〔楚辭·惜誦〕「欲儃佪以—傺兮」補注。○—，猶與也。〔國語·晉語〕「—二命」述聞。○—，亦與也。〔國語·晉語〕「邢侯非其官也而—之」述聞。○—者，閒也。〔說文定聲·卷一四〕（「闌」下）○—，觸也。〔廣韻·寒部〕○—，犯也。〔大戴·曾子事父母〕「不—逆色」王詁。又〔荀子〕「白刃扞乎胸」雜志。又〔漢書〕「奸日」雜志。又〔廣韻·寒部〕。○—，冒進也。〔大戴·曾子制言下〕「則不—其土」王詁。○—，扞也。〔詩·采芑〕「師—之試」朱傳。又〔左傳襄公二五年〕「陪臣—掫」洪詁引服虔。又〔集韻·寒部〕。○—城，皆所以扞外而衞內者。〔詩·兔罝〕「公侯—城」朱傳。○諸侯曰—城，言不敢自專，禦於天子也。（同上）集疏引魯說。○—，盾也。（同上）朱傳。又〔孟子·萬章上〕「—戈朕」朱注。又〔說文〕「敵，繫連也」繫傳。○—，謂盾也。〔詩·采芑〕「師—之試」通釋。○—，楯也。〔論語·季氏〕「而謀動—戈於邦內」朱注。又〔說文〕「盾，瞂也」義證引〔春秋元命苞〕。○—，舞名。〔屈賦·天問〕「—協時舞，何以懷之」戴注。○—舞者，所以持盾也。（同上）○—本—櫓之—。〔字詁〕○—猶杵也。〔說文〕「舌，一曰—所以舌之」段注。○—，亦杠也，語之轉耳。〔廣雅·釋詁〕「天子杠高九仞」疏證。○—，猶箇也。〔通鑑·唐紀〕音注引程大昌。○—，厓也。〔詩·伐檀〕「寘之河之—兮」朱傳。○—，一曰澗也。〔集韻·寒部〕○—，水涯也。〔詩·斯干〕「秩秩斯—」朱傳。又〔集韻·寒部〕。○—，溪名也。出良劍。〔莊子·刻意〕「夫有—越之劍者」集釋。○—，亦國名。〔荀子·勸學〕「—越夷貉之子」平議。○—，南方越名。〔文選·吳都賦〕「包括—越」注引〔漢書音義〕。○—即虞也。〔韓子·難二〕「且蹇叔處—而—亡」平議。○—遂，地名，即周語之聆遂也。〔說文定聲·卷一四〕○—越為二國。〔漢書〕「—越」雜志。○—越者，吳越也。（同上）○—越者，謂吳越也。〔淮南〕「—越」雜志。○—越夷貉四者皆國名。〔荀子·勸學〕「—越夷貉之子」集解引王念孫。〇丨將，韓王劍師也。〔楚辭・通路〕「竦余劍兮丨將」補注引張揖。〇丨將陽龜文，莫耶陰漫理，此二劍吳王使丨將作之。〔同上〕補注引〔博物志〕。〇丨將、莫邪皆利刃之貌，故又為劍戟之通稱。〔廣雅・釋器〕「丨將、鏌釾，劍也」疏證。〇〔吳越春秋〕丨將者，吳人也，與歐冶子同師。〔漢書・司馬相如傳〕「建丨將之雄戟」補注引沈欽韓。〇丨通作奸。〔釋言〕「丨，求也」郝疏。〇丨，古通作閒。〔國語・晉語〕「丨二部」述聞。〇竿杆丨古字通用。〔釋木〕「棧木，丨木」郝疏。〇丨，假借為扞。〔說文定聲・卷一四〕〇丨，假借為戰。〔同上〕〇丨，假借為竿。〔同上〕〇丨，假借為迀。〔同上〕〇丨，假借為岸。〔同上〕〇丨，假借為澗。〔同上〕〇丨，假借為榦。〔同上〕〇丨，假借為玕。〔同上〕〇丨，假借為豻。〔同上〕〇丨，假借為乾。〔同上〕〇丨，假借發聲之詞。〔同上〕〇丨，假借竿字。〔說文〕「丨，犯也」段注。〇丨，假借為澗。〔說文〕「澗，山夾水也」段注。〇丨，邗之借字。〔墨子・兼愛中〕「以利荊楚丨越」閒詁。〇丨者，戰之段借。〔公羊傳昭公二五年〕注「丨，楯也」陳疏。〇丨者，戰之段借也。〔釋言〕「丨，扞也」郝疏。〇丨為敦之假借也。〔說文〕「敦，止也」段注。〇丨為扞之段借。〔說文〕「戰，盾也」段注。〇丨即澗之假借。〔詩・斯干〕「秩秩斯丨」通釋。〇丨即澗之借字。〔同上〕集疏。〇丨與乾音同，得相假借。〔釋名・釋飲食〕「丨飯，飯而暴乾之也」疏證。〇丨，借為水際之丨。〔字詁〕〇凡丨旄、丨旟、丨旌皆竿之假借。〔說文〕「竿，竹梃也」段注。〇丨，讀與澗同。〔詩・斯干〕「秩秩斯丨」陳疏。〇丨，字本作邗，古國名。〔荀子・勸學〕「丨越夷貉」集解引俞樾。〇俗多用丨代戰。〔說文〕「戰，盾也」段注。〇三家丨作竿。〔詩・干旄〕「孑孑丨旄」集疏。〇丨，當作邗。〔管子・小問〕「昔者吳丨戰」平議。〇丨辛舊本作羊辛。〔呂覽・當染〕「夏桀染於丨辛歧踵戎」校正。〇丨，今作豻。〔說文〕「弓，周禮庾弓以䠶丨侯鳥獸」段注。〇湖本丨譌于。〔史記・儒林列傳〕「是以仲尼丨七十餘君無所遇」志疑。

**肝** 丨，本藏。〔廣韻・寒部〕〇丨，木之精也。〔說文〕「丨，木藏也」義證引〔樂動聲儀〕。

**竿** 丨，竹丨。〔廣韻・寒部〕〇竹曰丨。〔說文定聲・卷一七〕（「梃」下）〇竹璞曰丨。〔說文〕「箇，竹枚也」繫傳。〇引伸之木直者亦曰丨。〔說文〕「丨，竹梃也」段注。〇丨牘，竹簡也。〔通雅・卷四〕〇丨牘即簡牘也。〔說文〕「丨，竹梃也」段注。〇丨摩，猶干劘也。〔通雅・卷四〕〇格枷丨一聲之轉。〔廣雅・釋器〕「簁謂之枷」疏證。〇丨通作干。〔說文〕「箭，以丨擊人也」義證。〇丨杆干古字通用。〔釋木〕「棧木，干木」郝疏。〇丨，假借為簡。〔說文定聲・卷一四〕〇丨，假借為搫。〔同上〕〇丨，以干為之。〔同上〕〇丨與梓同。〔國策・趙策三〕「無鈞丨鐔蒙須之便」鮑注。〇丨作干。〔史記索隱〕「異文」雜志。

**乾** 丨，丨濕。〔廣韻・寒部〕〇丨侯音干，謂其水嘗丨也。〔通雅・卷一六〕〇丨，又為燥。〔說文定聲・卷一四〕〇丨與堅義相成。〔說文〕「垎，水丨也」段注。〇丨沒猶言白沒之也。〔通雅・卷五〕〇丨沒，言無所將而沒取利，今猶有丨折之稱。〔漢書・張湯傳〕「始為小吏，丨沒」補注引沈欽韓。〇丨沒，言以公家財物入己，如水之淹物，沈沒無迹也。〔義府・卷下〕〇丨餱，若今小硬物。〔通雅・卷四九〕〇丨，段借為榦。〔說文定聲・卷一四〕〇丨，借為熯。〔同上〕〇丨，借為暵。〔同上〕



**漧** 丨，與乾同。〔楚辭・九辯〕「后土何時而得丨丨」補注。〇丨，古文乾。〔廣韻・寒部〕

**闌** 丨，門遮也。〔說文〕「橫，丨木也」段注。〇丨，門越也。〔說文〕「丨，門遮也」義證引〔字鑑〕。〇丨，以木遮門也。〔慧琳音義・卷八三〕引〔考聲〕。〇丨，引伸為酒丨字。〔說文〕「丨，門遮也」段注。〇俗謂蘘檻為丨。〔同上〕〇丨，牢也。〔廣韻・寒部〕〇丨，遮也，希也。〔同上〕〇丨，止遏之意。〔說文定聲・卷一四〕〇丨，引伸為凡遮之偁。〔說文〕「橫，丨木也」段注。〇丨，丨入之丨。〔國策・魏策三〕「河山以丨之」鮑注。〇丨，妄也。〔通鑑・漢紀〕「而文吏繩以為丨出財物于邊關乎」音注引應劭。又〔漢紀〕「丨入殿中」音注。〇飲酒半罷曰丨。〔廣韻・寒部〕〇丨，晚也。〔同上〕〇丨干，淚不斷貌。〔通鑑・唐紀〕「流涕丨干」音注。〇丨干，泣涕縱橫。〔同上〕〇欄丨蘭並字異而義同。〔廣雅・釋宮〕「欄，牢也」疏證。〇丨，通作蘭。〔說文〕「丨，門遮也」義證。又〔廣雅・釋言〕「丨，閑也」疏證。〇丨，以蘭為之。〔說文定聲・卷一四〕〇漢書以丨為䦨之段借。〔說文〕「䦨，妄入宮亦也」段注。〇丨亦與讕同。〔廣雅・釋詁〕「閒，加也」疏證。〇丨，元作蘭。〔國策・魏策三〕「河山以丨之」鮑注。〇丨，當為䦨。〔漢書・汲黯傳〕「文吏繩以為丨出財物如邊關乎」補注引錢大昭。〇丨，字亦作欄。〔說文定聲・卷一四〕（「楝」下）〇丨，後世所用欄干字。〔卷一四〕

**欄** 丨，閑也。〔集韻・寒部〕〇丨者，遮也。〔說文定聲・卷一四〕（「闌」下）〇丨之言遮闌也。〔廣雅・釋宮〕「丨，牢也」疏證。〇丨，木名。〔廣韻・寒部〕〇丨，木蘭也。〔說文〕「欒，木，似丨」繫傳。〇丨，木名，桂類。〔同上〕義證引〔類篇〕。〇丨，楝子也。〔通雅・卷四三〕〇丨闌蘭並字異而義同。〔廣雅・釋宮〕「丨，牢也」疏證。〇丨，通作闌。〔集韻・寒部〕〇丨者，以楝為之。〔說文定聲・卷一四〕（「闌」下）〇丨即闌之借字。〔墨子・非攻上〕「至入人丨廄」閒詁。〇丨與蘭同。〔廣雅・釋木〕「木丨，桂丨也」疏證。〇丨者，今之楝字。〔說文〕「欒，丨，似丨」段注。〇丨，俗作楝，乃用丨為闌檻俗字。〔說文〕「丨，丨木也」段注。

**瀾** 丨，大波。〔廣韻・寒部〕〇丨，水之湍急處也。〔孟子・盡心上〕「必觀其丨」朱注。〇丨，段借為連。〔說文定聲・卷一四〕〇丨漣同字。〔說文〕「漣，丨或從連」段注。〇丨，亦作漣，後出字。〔說文定聲・卷一四〕〇凡丨漫當作此丨字。〔說文〕「丨，大波為丨」段注。

**蘭** 丨，香草。〔廣韻・寒部〕〇丨，一名水香，生大吳池澤。〔說文〕「丨，香艸也」義證引〔本草〕。〇楚騷之丨，當是澤丨。〔文選・離騷經〕「余既滋丨之九畹兮」集釋引〔遯齋閑覽〕。○古所謂｜，皆今之澤｜。〔說文定聲·卷五〕〔「茝」下〕○｜芷皆香草。〔大戴·曾子疾病〕「芯乎如入｜芷之室」王詁。○｜，即芄也。〔說文定聲·卷一四〕○今所謂建｜、蕙｜，即藥品中之澤｜，蘇俗謂之淨頭草者是。〔同上〕○｜，一榦一花而香有餘者。〔文選·離騷經〕「余既滋｜之九畹兮」集釋引山谷。○木｜，芳木也。〔說文定聲·卷一四〕○都染香乃｜草爾，俗名｜香。〔說文〕「｜，香艸也」義證引陶宏景。○｜輿，輕車也。〔通雅·卷三五〕○｜子，豚也。〔通雅·卷四六〕○｜陵酒，即曲阿酒。〔通雅·飲食〕○欄闌｜並字異而義同。〔廣雅·釋宮〕「欄，牢也」疏證。○闌通作｜。〔廣雅·釋言〕「闌，閑也」疏證。○｜，通作蓮。〔廣雅·釋草〕「蕑，｜也」疏證。○｜闌古通用。〔方言三〕注「謂｜圂也」疏證。○｜，假借為闌。〔說文定聲·卷一四〕○｜，變之叚字。〔左傳襄公二八年〕「季｜尸之，敬也」平議。○｜，闌借字。〔漢書·王莽傳〕「與牛馬同｜」補注。○｜亦作簡。〔大戴·曾子疾病〕「芯乎如入｜芷之室」王詁。○｜，字亦作蕑。〔說文定聲·卷一四〕

看

｜，以手翳目而望也。〔說文〕「｜，睎也」繫傳。○凡有所望者，常以手加目上障日聚光也。〔說文定聲·卷一四〕○｜食，飣坐也，謂釘而不食者。〔通雅·卷三九〕

輡

｜，古文看。〔廣韻·寒部〕

刊

｜，削也。〔廣韻·寒部〕○｜，刻也。〔同上〕○｜者，削而定之。〔廣雅·釋詁〕「｜，定也」疏證。○凡有所削去謂之｜。〔說文〕「｜，剟也」段注。○｜有刪除之義。〔左傳襄公二五年〕「井堙木｜」洪詁。○｜與除同義。〔廣雅·釋詁〕「揣，除也」疏證。○斬高即｜木。〔書·皋陶謨〕「隨山｜木」孫疏。○｜，假借為栞。〔說文定聲·卷一四〕○｜，假借為竿。〔同上〕

丸

｜，彈｜。〔廣韻·桓部〕○｜即彈｜也。〔漢書〕「為彈」雜志。○｜，轉注為彈｜。〔說文定聲·卷一四〕○｜，轉注為藥｜。〔同上〕○｜，又牢｜。〔同上〕○｜，箭箙之圓者，字亦作⿰夬丸。〔同上〕○｜，屈也。〔說文〕「骫，骨耑骫奊也」繫傳。○仄而可反為｜。〔說文〕「｜，圜傾側而轉者」繫傳。○｜之言和也。〔文選·長笛賦〕「｜挻彫琢」集釋引〔讀書志餘〕。○｜｜，直也。〔詩·殷武〕「松柏｜｜」朱傳。○烏桓即烏｜。〔說文〕「｜，圜傾側而轉者」義證。○｜，假借為嫥。〔說文定聲·卷一四〕○｜，又借垸字。〔說文〕「｜，圜傾側而轉者」義證。○｜，或借桓字。〔同上〕○｜山，〔封禪書〕及〔漢·郊祀志〕、〔路史〕俱作「凡山」。〔史記·五帝紀〕「登｜山」志疑。○｜山，〔初學記〕引〔史〕作「桓山」。〔同上〕

桓

｜，武。〔詩·長發〕「玄王｜撥」朱傳。○｜，剛勇之貌。〔同上〕通釋。○｜｜，武也。〔廣韻·桓部〕○｜｜，武貌。〔詩·桓〕「｜｜武王」朱傳。○表雙立為｜。〔說文〕「｜，亭郵表」繫傳。○柱之植立者曰｜。〔說文〕「桓，亭郵表也」義證引〔六書故〕。○｜與柱義同。〔墨子·備城門〕「｜長丈二尺半」閒詁。○植立表坊曰｜門。〔通雅·卷三八〕○柱之雙植以為門者謂之｜門，亦謂和門，亦謂華表。〔說文〕「｜，亭郵表也」義證引〔六書故〕。○｜，聲之轉曰和表，亦曰華表。〔說文定聲·卷一四〕○｜義當作亘。〔說文〕「亘，求回也」段注。○盤｜即般還。〔釋言〕「般，還也」郝疏。○磐｜，猶般旋也。〔說文定聲·卷一四〕○｜圭蓋以｜為瑑飾。〔同上〕○｜是即隴阺。〔說文〕「氏，巴蜀名山岸脅之自旁箸欲落墒者曰氏」段注。○｜邑當是陳留長垣縣。〔史記·惠景間侯者年表〕「｜邑」志疑。○｜水，一名白水。〔說文定聲·卷一四〕○｜，假借為宣。〔同上〕○｜，假借為亘。〔同上〕○｜，假借為咺。〔同上〕○｜，假借為查。〔同上〕○｜者狟之叚借也。〔釋訓〕「｜｜，威也」郝疏。○｜為查之借字。〔說文〕「查，奢查也」句讀。○｜即查之叚借字。〔同上〕段注。○｜，自經傳皆借為查字，乃致｜行查廢矣。〔同上〕○｜，又作瓛。〔說文〕「｜，亭郵表」繫傳。○｜譚，〔新論〕、〔隋志〕作華譚。〔說文〕「｜，亭郵表也」義證。○｜，〔父三王傳〕作垣。〔史記·惠景間侯者年表〕「｜邑」志疑。○｜邑，〔桓邑傳〕作垣邑。〔漢書·王子侯表〕「｜邑侯明」補注。○｜，〔史·表〕作垣。〔漢書·景武昭宣元成功臣表〕「｜侯賜」補注。○官本｜作完。〔漢書·古今人表〕「楚屈｜」補注。

紈

｜，｜素。〔廣韻·桓部〕○｜，即素之軟細者。〔說文〕「｜，素也」義證引〔急就篇〕顏注。○｜，謂白緻繒，今之細生絹也。〔說文定聲·卷一四〕○素者粗細絹之大名，｜則其細者。〔同上〕○白｜素出齊魯。〔同上〕○｜當作紈。〔文選·曲水詩序〕「｜牛露犬之玩」集釋。

端

｜，立容直也。〔說文定聲·卷一四〕○｜，直也。〔韓子·內儲說上〕「衆｜參觀」集解引舊注。又〔廣韻·桓部〕。○｜，正也。〔公羊傳莊公一三年〕注「時曹子｜劍守桓公」義疏。又〔孟子·離婁下〕「｜人也」朱注。又〔韓子·解老〕「雖義｜不黨」集解引顧廣圻。又〔廣韻·桓部〕。○｜，本也。〔大戴·衛將軍父子〕「而謀其｜也」王詁。○｜，首也。〔大戴·武王踐阼〕「於席之四｜為銘焉」王詁。○｜謂所陳事之首也。〔韓子·揚權〕「凡上之患，必同其｜」集解引舊注。○｜，頭也。〔文選·王文憲集序〕「攻乎異｜」集釋引戴東原。○｜，緒也。〔孟子·公孫丑上〕「仁之｜也」朱注。又〔莊子·大宗師〕「不知｜倪」集釋引成疏。又〔廣韻·桓部〕。○凡未紀緒皆謂之｜。〔韓子·內儲說上〕「衆｜參觀」集解。○｜，用為發耑、耑緒字者，叚借也。〔說文〕「｜，直」段注。○｜者，始也。〔書·康王之誥〕「用｜命于上帝」平議。○｜，諦也。〔說文〕「瑞，以玉為信也」繫傳。○｜猶專也。〔國策·燕策三〕「敢｜其願」鮑注。○｜，故也。〔韓子·飾邪〕「非以｜惡子反也」集解引舊注。○｜，等也。〔廣韻·桓部〕○｜，言門之中耳。〔說文定聲·卷一四〕○｜言陽精｜｜，故其氣纖殺也。〔說文〕「沇，水出河東東垣王屋山」義證引〔通典〕。○｜，玄｜服。〔論語·先進〕「｜章甫」朱注。○｜衣者，禮衣｜正無殺也。〔大戴·哀公問五義〕「今夫｜衣玄裳冕而乘路者」王詁。○｜委，亦曰委｜。〔文選·吳都賦〕

「蓋丨委之所彰」集釋。○丨委，元丨委貌。（同上）集釋引〔周語〕「晉侯丨委以入武宮」韋注。○丨委，禮衣之幅正者。〔說文〕「丨，直也」繫傳。○丨委，丨言正也，委猶緌也。〔通雅・卷一六〕○丨冕，謂玄衣玄冕，鄉大夫祭服也。〔大戴・保傅〕「丨冕」王詁。○始皇名正，秦人諱之，故改正月為丨月。〔史記・秦楚之際月表〕「丨月」志疑。○丨頤即朵頤。〔通雅・卷八〕○無丨崖，猶無垠鄂也。〔莊子・天下〕「無丨崖之辭」集釋。○丨與耑通。〔孟子・公孫丑上〕「仁之丨也」焦正義。又〔廣雅・釋詁〕「耑，末也」疏證。○丨耑古通用。〔方言一〇〕疏證。○喘耎、丨蝡、喘臑，古字通用，皆謂動貌也。〔廣雅・釋詁〕「揣，抁，動也」疏證。○丨，假借為耑。〔說文定聲・卷一四〕○丨，假借為喘。（同上）○丨，假借為褍。（同上）○借丨為耑。〔說文〕「倪，俾也」段注。○丨讀為喘，喘，微言也。〔荀子・勸學〕「丨而言」集解。○丨當讀為轉。〔禮記・樂記〕「纍纍乎丨如貫珠」平議。○丨當為耑。〔說文〕「元，始也」義證。○丨，〔史記〕作觿。〔漢書・司馬相如傳〕「其獸則麒麟角丨」補注引沈欽韓。○丨，又為冕之誤字。〔說文定聲・卷一四〕

湍　丨，急瀨也。〔廣韻・桓部〕○丨，疾瀨也。〔屈賦・悲回風〕「憚涌丨之磕磕兮」戴注。○丨，疾水也。〔慧琳音義・卷六五〕○丨，波流潆回之貌也。〔孟子・告子上〕「性猶丨水也」朱注。○淺水流沙上曰丨也。〔慧琳音義・卷四八〕○丨之言遄也。〔廣雅・釋水〕「丨，瀨也」疏證。○丨與圖亦聲近義同。〔廣雅・釋詁〕「丨，瀨也」疏證。

酸　丨，醋也。〔廣韻・桓部〕○丨漿，葴也。〔通雅・卷四一〕○丨漿草即蟠蜞青。（同上）引〔茹艸編〕。○丨痟，猶丨削也，脛痠骨丨也。〔通雅・卷一八〕○丨削猶痠痟，語之轉耳。〔廣雅・釋詁〕「痟，病也」疏證。○丨通作霰。〔管子・輕重甲〕「天丨然雨」義證。○丨當為霰。（同上）平議。○痠字通作丨。〔廣雅・釋詁〕「痠，痛也」疏證。○丨乃酉字之誤。〔荀子・正名〕「腥臊洒丨」集解引王念孫。

團　丨，圓也。〔說文定聲・卷一四〕○丨丨，圓。〔廣韻・桓部〕○今人曰丨瓢，謂為一瓢之地也。〔通雅・卷三八〕○丨焦，丨標也。（同上）○丨，通作摶。〔說文〕「丨，圜也」義證。○丨，通作傳。（同上）○丨又通作專。（同上）○丨，叚借為嫥。〔說文定聲・卷一四〕○丨，假借為摶。（同上）○丨，以專為之。（同上）○丨，以揣為之。（同上）○丨，毛本作溥。（同上）

摶　丨，團也。〔說文〕「瓬，周家丨埴之工也」繫傳。○丨身即團身。〔通雅・卷一二〕○丨丨，即謂團結也。〔通雅・卷九〕○丨，圜也。〔慧琳音義・卷一三〕引〔古今正字〕。又〔卷六二〕引〔字統〕。○丨之言圜也。〔呂覽・審時〕「丨米而薄糠」平議。○凡物之圜者曰丨。〔說文〕「丨，以手圜之也」段注。○丨，圓也。〔慧琳音義・卷七〇〕○丨，厚也。（同上）○丨與黏同義。〔廣雅・釋詁〕「黐，黏也」疏證。○丨謂飯已涎黏成丨。〔釋器〕「丨者謂之糷」鄭注。○丨即專一之專。〔荀子〕「博若一人」雜志。○丨，捉也。〔慧琳音義・卷一三〕引〔聲類〕。○丨，握也。〔卷一三〕引〔考聲〕。又〔卷六一〕引〔考聲〕。○丨，附持也。（同上）○丨謂束木。〔墨子・經下〕「以檻為丨」閒詁。○丨治謂丨土為甎。〔晏子春秋〕「丨治」雜志。○丨食者，衆味相和食也。〔慧琳音義・卷一五〕○丨揜，揜人而奪其物也。〔通雅・卷二七〕○蓴丨敦並通。〔廣雅・釋詁〕「蓴，聚也」疏證。○丨，段借為嫥。〔說文定聲・卷一四〕○丨，段借為團。（同上）○丨，古亦借為專壹字。〔說文〕「丨，以手圜之也」段注。○丨，舊音團，今音捲。〔通雅・卷一〕○丨與專同。〔管子〕「博出入」雜志。又〔呂覽・執一〕「所以丨之也」校正。○丨即專字。〔管子〕「吉凶」雜志。○丨，古專壹字。〔說文〕「玉，專以遠聞」段注。○丨，俗字作團。〔說文〕「丨，以手圜之也」段注。○丨字俗書作摶。〔管子・幼官〕「九本摶大，人主之守也」義證引王念孫。○丨，舊本作摶。〔呂覽・決勝〕「丨則勝離矣」校正。○丨當為摶。〔說文〕「瓬，周家丨埴之工也」義證。

攢　丨，叢也。〔慧琳音義・卷三九〕引〔古今正字〕。○丨，合也。〔續音義・卷四〕引〔切韻〕。○丨與欑通。〔廣雅・釋言〕「欑，盧也」疏證。○丨字當作簪。〔韓子・用人〕「因丨而縫」平議。○〔史記〕丨作鑽。〔漢書・司馬相如傳〕「丨羅列聚叢以蘢茸兮」補注。

官　丨，丨舍也。〔漢書・鮑宣傳〕「侍御史至司隸丨」補注引周壽昌。○丨即丨舍也。〔漢書・韓延壽傳〕「令文學校丨諸生皮弁執俎豆」補注。○丨謂丨舍也。〔漢書・龔勝龔舍傳〕「何必縣丨」補注。○丨，職也。〔大戴・曾子立事〕「大夫士曰旦思其丨」王詁。○丨，分職任政者也。〔大戴・小辨〕「知政必知丨」王詁。○丨者，任也。〔荀子・王制〕「丨施而衣食之」集解。○丨施，猶言任用。（同上）○丨謂挾威勢。〔書・呂刑〕「惟丨」孫疏。○丨，猶仕也。〔大戴・子張問入官〕「子張問入丨於孔子」王詁。○丨，事也。〔廣韻・桓部〕○丨猶事也。〔大戴・虞戴德〕「丨之教士」王詁。又〔誥志〕「在家撫丨而國」王詁。○有位謂之丨。〔左傳文公一五年〕疏證引李貽德。○丨，尊榮之稱。〔國策・楚策四〕「知者丨之」鮑注。○或曰丨者，同居一朝。〔說文定聲・卷七〕（「寮」下）○丨，君也。〔大戴・虞戴德〕「此唯丨民之上德也」王詁。又〔廣雅・釋宮〕疏證。又〔廣韻・桓部〕○丨猶公也。〔大戴・千乘〕「是以母弟丨子咸有臣志」王詁。○丨命，猶言公命也。〔左傳襄公四年〕「無失丨命」疏證。○丨與長同義。〔廣雅・釋詁〕「丨，君也」疏證。○五丨，謂下大夫五人也。〔大戴・千乘〕「列其五丨」王詁。○丨，法也。〔廣韻・桓部〕○丨伯，謂司政典獄也。〔書・呂刑〕「敬之哉丨伯」孫疏。○丨獄，謂貴丨之獄。〔書・呂刑〕注史遷「帷丨作丨獄」孫疏。○丨都者，五丨之總司也。〔管子・撥度〕「故相任寅為丨都」平議。○丨之謂主其事也。〔國策・楚策四〕「知者丨之」補正。○丨女，宦女即貫女。〔通雅・卷八〕○丨即鍾丨省文也。〔漢書・食貨志〕「鑄丨赤仄」補注引周壽昌。○百丨，猶百體也。〔禮記・月令〕「百丨靜」述聞。○丨與館古字通用。〔左傳襄公一六年〕「改服修丨」平議。○丨，段借為館。〔說文定聲・卷一四〕○｜，古館字。〔管子・入國〕「上收而養之疾｜」平議。○｜即古館字。〔書・堯典〕「鞭作｜刑」平議。○｜館古同字。〔呂覽・愛士〕「陽城胥渠處廣門之｜」平議。○｜館古今字也。〔管子・立政〕「遂于鄉｜」平議。○｜人當為館人。〔左傳哀公三年〕「｜人肅給」平議。○｜當作宮。〔墨子・號令〕「家人各令其｜中」閒詁引蘇時學。○舊校云人｜一作人臣。〔呂覽・審分〕「人主好治人｜之事」校正。○汪本｜作宮。〔漢書・天文志〕「餘三星後｜之屬也」補注引朱一新。○官本｜作宮。(同上)○｜，〔天官書〕亦作宮。(同上)○｜，各本俱作宮。〔漢書・地理志〕「有雲夢｜」補注引周壽昌。○｜當作關。〔漢書・地理志〕「有涯浦｜」補注引錢大昭。○｜即關也。(同上)補注引王鳴盛。○官本｜作宦。〔漢書・周勃傳〕「｜者令張釋諭告」補注。○官本｜作宦，〔史記〕同。〔漢書・淮南厲王傳〕「毋得｜為吏」補注。○官本｜並作宦。〔漢書・孝成許皇后傳〕「｜吏枝恨」補注。

**觀**

｜，視也。〔詩・有瞽〕「永｜厥成」朱傳。又〔廣韻・桓部〕。○以此視彼曰｜。〔說文定聲・卷一四〕○｜，示也。〔儀禮・士冠禮〕胡正義引朱子。又〔韓子・喻老〕「而｜之伐齊以弊吳」集解。又〔文選・西都賦〕「隆上都而｜萬國」補正引許慶宗。○｜，示之也。〔通鑑・晉紀〕「｜兵河南」音注。○｜者，見之示也。〔釋言〕「｜，示也」郝疏。○使彼視此亦曰｜。〔說文定聲・卷一四〕○以其上可遠｜謂之｜。〔說文〕「闕，門｜也」繫傳。○以事曰｜。〔義府・卷上〕引〔書・無逸〕「無淫于｜」王詁。○｜，遊也。〔孟子・梁惠王下〕「吾何脩而可以比於先王｜也」朱注。○此｜字當作游解。〔漢書・司馬相如傳〕「｜乎成山」補注引沈欽韓。○｜即涫。〔說文〕「涫，灊也」段注。○今燕俗名湯熱為｜。(同上)○積土，不方者曰｜。〔說文定聲・卷五〕(〔臺〕下)○｜館字通。〔漢書・宣帝紀〕「屬玉｜」補注引周壽昌。○｜，段借為貫。〔說文定聲・卷一四〕○｜，段借為勸。(同上)○｜，讀當為爟。〔書・盤庚〕「予若｜火」孫疏。○｜本作勸。〔荀子・非相〕「｜人以言」集解引王念孫。

**冠**

｜有貫義。〔孟子・離婁下〕「被髮纓｜」焦正義。○｜，首飾。〔廣韻・桓部〕○｜為元服。〔說文〕「｜，豢也」義證引李尤〔冠幘銘〕。○｜者，冕之總名，備首飾也。(同上)義證引〔急就篇〕顏注。○長｜一曰齋｜。〔漢書・高帝紀〕「乃以竹皮為｜」補注。○｜｜者，首戴｜也。〔管子〕「｜雜志。○｜，當作踝。〔管子・小問〕「其深及｜」平議。○各本｜作冕。〔說文〕「組，綬屬也，其小者以為｜纓」段注。

**鸞**

｜似鳳多青。〔說文〕「｜，亦神靈之精也」繫傳。○黃鳳謂之｜。(同上)義證引〔禽經〕。○｜皇，靈鳥。〔離騷〕「｜皇為余先戒兮」補注引五臣。○离為｜。〔廣韻・桓部〕○｜，鈴也。〔詩・駟驖〕「輶車｜鑣」朱傳。○｜，車鈴也。〔離騷〕「鳴玉｜之啾啾」補注引五臣。○鈴在鑣曰｜。〔詩・采芑〕「八｜瑲瑲」朱傳。○｜，設衡者也。〔詩・蓼蕭〕「和｜雝雝」集疏引魯說。○｜在衡，和在軾。(同上)集疏引韓說。○｜與鑾通。〔左傳桓公二年〕「錫｜和鈴」疏證。○｜，假借為鑾。〔說文定聲・卷一四〕○｜鳥讀曰鸛雀。〔漢書・地理志〕「｜鳥」補注引〔舊唐志〕。○｜，當作鑾。〔詩・駟驖〕「輶車｜鑣」陳疏。○｜，魯作鑾。〔詩・庭燎〕「｜聲噦噦」集疏。○三家｜作鑾。〔詩・泮水〕「｜聲噦噦」集疏。○｜當作鑾。(同上)後箋陳奐補。又〔詩・烈祖〕「八｜鶬鶬」集疏。○｜，劉本作鑾。〔呂覽・孟春〕「乘｜輅」校正。○｜徼，〔說苑・君道篇〕作欒激。〔呂覽・驕恣〕「沈｜徼於河」校正。

**鑾**

｜，｜鈴。〔廣韻・桓部〕○｜，經傳以鸞為之。〔說文定聲・卷一四〕

**欒**

｜，柱上曲木兩頭受櫨者。〔文選・魏都賦〕「｜櫨疊施」集釋引〔西京賦〕「結重｜以相承」注。○｜，柱上曲木，兩頭受欂櫨者。〔說文定聲・卷一二〕(〔枅〕下)○｜栱，曲枅也，承斜曲木也。〔慧琳音義・卷七八〕○｜，借為圜曲之偁，如鐘角曰｜，屋曲枅曰｜是。〔說文〕「｜，｜木」段注。○｜，鐘口兩角也。〔字詁〕○｜者，小而銳之貌。〔考工記〕「兩｜謂之銑」孫正義。○｜，攣也，拳然也。〔文選・魏都賦〕「｜櫨疊施」集釋引〔釋名〕。○｜｜，瘠貌。〔詩・素冠〕「棘人｜｜兮」朱傳。○｜，亦引也。〔春秋名字解詁〕「齊公子堅字｜」述聞。○｜，似木蘭。〔說文定聲・卷一四〕○｜荊，紫荊也。〔通雅・卷四三〕○｜攣二字聲同義通。〔韓子・外儲說右上〕「故與二｜博」集解。○｜與攣通。〔春秋名字解詁〕「齊公子堅字｜」述聞。○｜，假借為彎。〔說文定聲・卷一四〕○｜，讀為臠。〔詩・素冠〕「棘人｜｜兮」陳疏。○｜，魯作臠。(同上)集疏。○｜，當作孿。〔說文〕「蜀，葵中蠶也」義證。○｜，三家詩作臠。〔說文定聲・卷一四〕○｜子即蘭子也。〔韓子・外儲說右上〕「左右有｜子者」平議。

**巒**

｜，小山而銳。〔廣韻・桓部〕○山小而銳曰｜。〔楚辭・悲回風〕「登石｜以遠望兮」補注。

**歡**

｜，喜也。〔廣韻・桓部〕○｜，悅。〔說文〕「懽，喜歡也」義證引〔玉篇〕。○｜通作驩。〔說文〕「｜，喜樂也」義證。○｜驩讙三字古通用。〔韓子・內儲說上〕「成｜以太仁弱齊國」集解。○｜，假借為勸。〔說文定聲・卷一四〕○｜，當作勸。〔韓子・解老〕「人應則輕｜」集解引顧廣圻。

**懽**

｜，同歡。〔廣韻・桓部〕○｜，段借為歡。〔說文定聲・卷一四〕

**寬**

｜，裕也。〔廣韻・桓部〕○｜，宏裕也。〔詩・淇奧〕「｜兮綽兮」朱傳。○｜，｜大也。〔詩・考槃〕「碩人之｜」陳疏。○｜，廣。(同上)朱傳。○｜，緩也。〔廣韻・桓部〕○｜博，｜大之衣，賤者之服也。〔孟子・公孫丑上〕「不受於褐｜博」朱注。○｜綽，｜緩自得之貌。〔詩・淇奧〕「｜兮綽兮」集疏。○｜即優也。〔孟子・萬章下〕「鄙夫｜」焦正義。○｜，愛也。〔廣韻・桓部〕○｜，縱也。〔大戴・子張問入官〕「愛之勿｜於刑」王詁。○｜焦，今之薄脆。〔通雅・卷三九〕○｜，聲義並與讙同。〔墨子・天志下〕「｜者然曰」閒詁。○｜，假借為完。〔說文定聲・卷一四〕○｜，古文假完字為之。〔說文〕「丨，屋丨大也」段注。○丨當為囂之借字。〔墨子・天志下〕「丨者然曰」閒詁。○丨當為覺。〔說文〕「應，一曰丨也」義證。

**盤** 丨，沐浴之丨也。〔大學〕「湯之丨銘」朱注。○丨，樂也。〔通鑑・晉紀〕「丨于遊畋」音注。○丨石即磐石。〔荀子・富國〕「安於丨石」集解引盧文弨。○丨桓即般還。〔釋言〕「般，還也」郝疏。○洀桓、般桓、畔桓、磐桓、槃桓、丨桓，並字異而義同。〔廣雅・釋訓〕「般桓，不進也」疏證。○蹁躚、丨姍，此疊韻之相近者也，皆行不正之貌也。〔廣雅・釋訓〕「蹁躚，丨姍也」疏證。○丨與蟠通。〔方言一二〕「未陞天龍謂之蟠龍」箋疏。○丨與鑾音同可通用。〔左傳隱公元年〕「有蜚」疏證。○丨與般同。〔方言一二〕「般，大也」箋疏。○丨，籀文槃。〔廣韻・桓部〕○丨作槃。〔史記索隱異文〕雜志。又〔文選・西都賦〕「增丨崔嵬」補正引〔後漢書〕。○磐石作丨石。〔史記索隱異文〕雜志。○鞶珊作丨姍。（同上）○丨桓，一作磐桓、畔桓、洀桓、般桓、伴奐、半漢。〔通雅・卷六〕○丨，當作般。〔書・秦誓〕「民訖自若是多丨」平議。又〔說文〕「般，辟也」段注。○丨，〔熹平石經〕作般。〔書・盤庚〕注「丨一作般」孫疏。○丨，〔漢書・揚雄傳〕亦作般。（同上）○〔釋文〕丨字又作般。〔左傳襄公九年〕「祀丨庚于西門之外」洪詁。○〔史記〕丨作槃。〔漢書・田蚡傳〕「學丨盂諸書」補注。

**槃** 丨，器名。〔詩・考槃〕「考丨在澗」朱傳引陳氏。又〔廣韻・桓部〕。○丨，承水器。〔說文定聲・卷一四〕○丨之用有三：會盟之丨也，飲食之丨也，洒濯之丨也。〔說文〕「丨，承丨也」義證。○丨，引伸之義為凡承受者之偁。（同上）段注。○丨，樂也。〔通鑑・漢紀〕「丨于遊田」音注。○丨，盤桓之意。〔詩・考槃〕「考丨在澗」朱傳。○丨丨，猶般般也，古言班班，今言般般。〔通雅・卷一〇〕○丨胖並與般通。〔廣雅・釋詁〕「般，大也」疏證。○丨，假借為般。〔說文定聲・卷一四〕○丨，假借為鞶。（同上）○丨，假借為瘢。（同上）○丨，假借為昪。（同上）○丨，假借為磻。（同上）○丨，字亦作柈。〔說文定聲・卷一四〕○丨，字亦作洀。（同上）○丨，今字皆作盤。〔說文〕「丨，承丨也」段注。○三家丨作盤。〔詩・考槃〕「考丨在澗」集疏。○陰丨，〔後漢〕因〔續志〕作陰盤。〔漢書・地理志〕「陰丨」補注。

**柈** 丨，俗槃字。〔廣韻・桓部〕

**鎜** 丨，古文槃。〔廣韻・桓部〕

**蟠** 丨為屈伏之名。〔方言一二〕「未陞天龍謂之丨龍」箋疏。○丨，紆迴轉也。〔慧琳音義・卷三二〕引顧野王。○丨，紆迴轉相纏。〔卷六八〕引顧野王。○丨，猶匊也。〔說文定聲・卷一四〕○丨，龍丨也。〔廣韻・桓部〕○丨，鼠負蟲。（同上）○丨，今之瓮底蟲也。〔說文〕「⿰鼠番，或曰鼠婦」段注。○丨，瓮底下白粉蟲也。〔釋蟲〕「丨，鼠負」鄭注。○丨，即〔詩〕之伊威也，今蘇俗謂之草鞋蟲。〔說文定聲・卷一四〕○丨木即槫木也。〔大戴・五帝德〕「東至丨木」平議。○丨，叚借為般。〔說文定聲・卷一四〕○丨，借為丨曲字。〔說文〕「丨，鼠婦也」段注。○丨即⿰鼠番字。〔說文〕「⿰鼠番，或曰鼠婦」段注。

**漫** 丨，塗也。〔通鑑・唐紀〕「豈可復以己之腥臊污丨賢者乎」音注。○污、塗、丨義相同。〔廣雅・釋詁〕「塗，污也」疏證。○丨沍，義與鏝胡同。〔廣雅・釋器〕「鏝胡，戟也」疏證。○丨與浼聲義並同。〔方言三〕「浼，洿也」箋疏。

**榦** 丨，築牆兩旁木也，所以制版者。〔說文〕「丨，築牆耑木也」繫傳。○丨亦猶何也。〔詩・韓弈〕「丨不庭方」平議。○丨，俗作幹。〔說文〕「丨，築牆耑木也」段注。○丨，井上木。〔集韻・寒部〕

**韓** 丨，井垣也。〔說文〕「井，八家一井」繫傳。又〔廣韻・寒部〕。○丨，通作韓。〔說文〕「丨，井垣也」義證。○丨又通作幹。（同上）○井丨，其字多作井榦。〔說文〕「丨，井橋也」段注。○丨，或作榦、幹。〔集韻・寒部〕

**汗** 丨衣亦短衣。〔方言四〕箋疏。○可丨，蕃王稱。〔廣韻・寒部〕

**鄲** 丨，蓋以殫為訓。〔說文定聲・卷一四〕○丨，今直隸廣平府邯丨縣。（同上）○丨音多，沛郡之縣。〔通雅・卷一六〕○丨之音多，其音古矣。〔漢書・地理志〕「丨」補注引段玉裁。○丨多雙聲，俗呼轉變。（同上）○考丨縣之丨，蘇林、孟康、酈道元、顏籀、司馬貞皆音多。〔漢書〕「丨侯」雜志。○丨，本作單。〔漢書・地理志〕「邯丨」補注引段玉裁。

**攤** 丨，開也。〔廣韻・寒部〕○丨，緩也。（同上）○丨同攤，手布也。〔集韻・寒部〕

**姍** 丨，好也。〔集韻・寒部〕○丨，一曰誹謗也。（同上）○丨，詐也。〔廣韻・寒部〕○丨，醜也。〔集韻・桓部〕○丨，猶般旋也。〔說文定聲・卷一四〕○〔漢書〕丨笑，與⿱冊心義略同。〔說文〕「⿱冊心，疾利口也」段注。○丨，與訕罯同。〔說文定聲・卷一四〕○丨，字亦作嫚。（同上）

**珊** 丨，丨瑚。〔廣韻・寒部〕○丨瑚，似樹，大者高三尺餘，枝格交錯，無葉，有青色者曰琅玕。〔說文定聲・卷一四〕○生於海者為丨瑚。〔說文〕「丨，丨瑚」義證引〔本草衍義〕。○丨瑚，今人所謂丨瑚石也。（同上）繫傳。○丨瑚生水底石邊。〔文選・上林賦〕李注。○丨瑚，或曰蘇胡。〔廣雅・釋地〕「丨瑚，珠」疏證。○丨，覩史多，梵語，上方欲界中天名也，唐云知足天。〔慧琳音義・卷六〕

**玕** 丨，琅丨，美石次玉。〔廣韻・寒部〕○丨，玉之生而圓似珠者。〔說文定聲・卷一四〕○琅丨，猶言闌干也。（同上）

**奸** 丨，犯也。〔廣雅・釋詁〕○丨，亦犯也。〔通鑑・周紀〕「乃畏丨名犯分而天下共誅之也」音注。○丨，以淫犯也。〔廣韻・寒部〕○丨，不以道犯也。〔說文〕「丨，犯淫也」繫傳。○丨，引伸為凡有所犯之偁。（同上）段注。○丨，干也。〔左傳成公一二年〕「又丨先王之禮」疏證。○丨猶干也。〔左傳莊公二〇年」「丨王之位」疏證。〇本書丨、干通用。〔漢書・燕王傳〕「旦畫丨澤」補注引王先慎。〇丨，假借為干。〔説文定聲・卷一四〕〇丨，假借為迂。〔同上〕〇丨者，干之絫增字也。〔説文〕「丨，犯也」句讀。〇丨，亦作奸。〔集韻・寒部〕〇〔史記〕丨作犯。〔左傳昭公一三年〕「吾父再丨王命」洪詁。〇丨，〔後漢書〕注引又作干。〔同上〕

**貆**　丨，貉屬。〔廣韻・桓部〕〇丨，貉類。〔詩・伐檀〕「胡瞻爾庭有縣丨兮」朱傳。〇丨，舊云貉之類。〔説文〕「丨，貈之類」段注。〇丨與貛同，今狗貛也。〔詩・伐檀〕「胡瞻爾庭有縣丨兮」後箋引〔稽古編〕。

**刓**　丨，圓削。〔廣韻・桓部〕〇丨，圓削也。〔楚辭・懷沙〕「丨方以為圜兮」補注。〇丨，削也。〔慧琳音義・卷五三〕〇丨，鏤也。〔廣雅・釋言〕疏證。〇丨，鈍也。〔通鑑・唐紀〕「兵械丨弊」音注。〇丨，一曰齊也。〔集韻・桓部〕〇丨隱規影，如今之影射也，亦曰飛寄。〔通雅・卷二六〕〇园、抏、玩，並與丨通。〔廣雅・釋言〕「銚，丨也」疏證。〇丨又通作抏。〔説文〕「丨，剸也」義證。〇丨又通作玩。〔同上〕〇丨，假借為玩。〔説文定聲・卷一四〕〇丨，假借為完。〔同上〕〇丨，字又作抏。〔同上〕〇丨，字又作捖。〔同上〕〇丨，字亦作剜。〔同上〕〇丨，字或作圓。〔説文〕「丨，剸也」義證。〇丨，又或作輐。〔同上〕〇丨，又作园。〔同上〕〇丨，或作抏。〔説文〕「銚，吪圜也」義證。〇丨，或作冠。〔集韻・桓部〕〇丨，〔齊物論〕作园。〔説文〕「丨，剸也」段注。

**园**　丨，同刓。〔廣韻・桓部〕〇丨抏玩並與刓通。〔廣雅・釋言〕「銚，刓也」疏證。

**剜**　丨，削也。〔集韻・桓部〕〇丨，刻削也。〔廣韻・桓部〕〇丨，挑中心也。〔慧琳音義・卷四八〕〇今人丨字當作捾。〔説文〕「捾，搯捾也」段注。

**𠛱**　丨，曲刻也。〔慧琳音義・卷四五〕引〔考聲〕〇丨，斗削也。〔卷六二〕引〔字統〕。

**慱**　丨丨，憂勞之貌。〔詩・素冠〕「勞心丨丨兮」朱傳。〇丨丨，言素冠之人思慕專一，有終身之痛也。〔同上〕後箋引虞東學時。〇丨丨即惴惴。〔説文〕「惴，憂懼也」義證。〇輲、惴惴、丨丨，並與耑聲近義同。〔廣雅・釋詁〕「耑，小也」疏證。〇丨音團，與摶同。〔文選・思玄賦〕「志摶摶以應懸兮」集釋。〇丨丨，蓋摶摶之別體也。〔釋訓〕「丨丨，憂也」郝疏。

**棺**　丨，椁。〔廣韻・桓部〕〇丨，關也。〔慧琳音義・卷五五〕〇丨，所以斂身。〔説文〕「丨，關也」義證引〔急就篇〕顔注。〇虚者為丨。〔説文定聲・卷五〕〔「柩」下〕〇丨，完也。〔慧琳音義・卷五五〕〇丨，古作椉。〔集韻・桓部〕〇丨，俗作琯。〔同上〕

**驩**　丨，馬名。〔廣韻・桓部〕〇丨，猶悦也。〔墨子・大取〕「天下之利丨」間詁。〇丨虞即歡娛。〔孟子・盡心上〕「丨虞如也」焦正義。〇丨虞，與歡娛同。〔同上〕朱注。〇鋪面朱緑裝飾，謂之丨門。〔通雅・卷一九〕引〔夢華録〕。〇丨，假借為歡。〔説文定聲・卷一四〕〇丨，古段為歡字。〔説文〕「丨，馬名」段注。〇古書多借丨為歡。〔左傳文公六年經〕「晉侯丨卒」疏證。〇〔孟子〕借丨為歡。〔説文〕「歡，喜樂也」段注。〇丨讀為觀。〔周書・太子晉〕「遠人來丨」平議。〇丨讀為讙。〔春秋名字解詁〕「齊王丨字子敖」述聞。〇丨與懽同。〔左傳昭公六年〕「寡君以為丨也」洪詁。〇咸丨，〔後漢〕因〔續志〕作咸懽。〔漢書・地理志〕「咸丨」補注。

**鴅**　丨，鳥名，人面鳥喙。〔集韻・桓部〕〇丨，古驩字。〔管子・侈靡〕「丨然若謞之靜」義證。

**讙**　丨者，譁也。〔説文〕「聒，丨語也」段注。〇丨，丨喧。〔廣韻・桓部〕〇丨，囂皃。〔廣韻・元部〕〇丨，音喧，譁然不服之聲。〔通鑑・漢紀〕「諸將皆丨」音注。〇丨譁，言語訩訩也。〔説文〕「丨，譁也」義證引〔三蒼〕。〇丨吺，多言之意。〔説文〕「吺，讘吺，多言也」義證。〇丨，下丨城在泰安府肥城縣西南。〔左傳桓公三年經〕「齊侯送姜氏于丨」疏證引〔一統志〕。〇丨、驩通。〔公羊傳文公六年經〕「晉侯丨卒」陳疏。〇丨與吅通。〔廣雅・釋詁〕「丨，鳴也」疏證。〇丨，假借為吅。〔説文定聲・卷一四〕〇丨，假借為歡。〔同上〕〇丨，假借為囂。〔同上〕〇丨，今人多作喧。〔説文〕「丨，譁也」繫傳。〇丨，亦作諠。〔廣雅・釋詁〕「丨，鳴也」疏證。〇丨，亦作諠，凡人相責讓則其聲諠譁。〔方言七〕「丨，讓也」箋疏。〇〔左氏〕〔穀梁〕丨作驩。〔公羊傳文公六年經〕「晉侯丨卒」陳疏。〇官本丨並作驩。〔漢書・刑法志〕「放丨兜」補注。〇丨，一本作譁。〔漢書・陳平傳〕「諸將盡丨」補注引宋祁。

**嚾**　丨者，呼也。〔荀子・非十二子〕「丨然不知其所非也」集解引郝懿行。〇丨丨，嘑也。〔慧琳音義・卷五七〕引〔考聲〕。〇丨，或作讙。〔同上〕

**諠**　丨，忘也。〔大學〕「詩云終不可丨兮」朱注。〇丨，即讙之異體。〔詩・車攻〕陳疏。

**鑽**　丨謂木中取火也。〔慧琳音義・卷二一〕〇丨空謂以組縷綴甲所穿之空竅。〔周禮・考工記〕「丨空」孫正義。〇丨與鐫聲近義同。〔廣雅・釋言〕「鐫，鑿也」疏證。〇丨與欑通。〔廣雅・釋詁〕「欑，聚也」疏證。〇丨，段借為欑。〔説文定聲・卷一四〕

**磐**　丨，大石。〔廣韻・桓部〕〇丨，山石之安者。〔集韻・桓部〕〇丨，猶根據也。〔慧琳音義・卷七七〕引顧野王。〇幋、鞶、丨，義並與般同。〔廣雅・釋詁〕「般，大也」疏證。〇洀桓、般桓、畔桓、丨桓、槃桓、盤桓，並字異而義同。〔廣雅・釋訓〕「般桓，不進也」疏證。〇丨，或作𥑮。〔集韻・桓部〕〇丨，亦作盤。〔説文〕「亘，求面也」段注。〇丨，亦作槃。〔同上〕〇丨，義當作般。〔同上〕〇丨石作盤石。〔史記索隱異文〕雜志。〇丨，漢詔作般。〔易・漸〕「鴻漸于丨」述聞。〇丨，〔史記〕作槃。〔漢書・司馬相如傳〕「丨石裖崖」補注。〇丨，〔文選〕作盤。〔同上〕

**鞶**　｜，大帶。〔儀禮・士昏禮〕「庶母及門内施｜」胡正義引張爾岐。○｜，以革為之也。〔說文〕「｜，大帶」繫傳。○｜，字从革，當以革帶為正。〔說文定聲・卷一四〕○｜帶，革帶也。（同上）又〔通雅・卷三七〕。○馬腹帶亦曰｜。〔說文定聲・卷一四〕○絲囊亦稱｜，猶紳帶之亦稱｜。（同上）○鞶内鞁亦曰｜。（同上）○｜，漢代或謂之傍囊，或謂之綬囊。〔說文〕「｜，大帶也」義證引〔宋書・禮志〕。○｜，樊也。〔左傳成公二年〕疏證引汪士鐸。○｜之言盤。〔廣雅・釋器〕「軒謂之｜」疏證。○幋、｜、磐，義並與般同。〔廣雅・釋詁〕「般，大也」疏證。○｜與繫古通用。〔儀禮・士昏禮〕「庶母及門内施｜」胡正義。○｜或借般字。〔說文〕「｜，大帶」義證。○｜與繫同。〔周禮・内司服〕「凡内具之物」孫正義。○｜，字又作繫。〔說文定聲・卷一四〕○〔釋文〕｜又作盤。〔左傳定公六年〕「定之｜鑑」洪詁。

**瘢**　｜，痏痕。〔廣韻・桓部〕○｜，創痕也。〔說文〕「｜，痍也」義證引〔玉篇〕。○痍傷處已愈有痕曰｜。（同上）繫傳。

**鏝**　｜，泥｜。〔廣韻・桓部〕○鐵者曰｜。〔說文定聲・卷一四〕○｜胡者，寬大之名。〔廣雅・釋器〕「｜胡，戟也」疏證。○曼與｜通。（同上）○｜作曼，古通用。〔方言九〕「戟，秦晉之間謂其大者曰｜胡」箋證。○｜，假借為縵。〔說文定聲・卷一四〕○｜，古書或从槾為｜。（同上）

**槾**　｜，今人猶謂為泥｜也。〔說文〕「｜，杇也」繫傳。○木者曰｜。〔說文定聲・卷一四〕（「鏝」下）○今圬者塗器，有鐵者，形如刀，有木者，形如半月，有柄，二器相需為用。〔卷一四〕○｜者，污之貪也。〔廣雅・釋詁〕「｜，貪也」疏證。○｜，荆也。〔文選・南都賦〕「｜、栢、杻、橿」李注。○｜荆，當即蔓荆也。（同上）集釋。○｜音萬，亦｜荆也。（同上）集釋引〔集韻〕。○漫與｜通。〔廣雅・釋詁〕「｜，貪也」疏證。○｜，通作慢。〔說文〕「｜，杇也」義證。○｜，假借為鏝。〔說文定聲・卷一四〕○｜，假借為幔。（同上）○｜以漫為之。（同上）○｜同鏝。〔廣韻・桓部〕○｜，或作墁。〔說文〕「｜，杇也」義證。○｜，或作慢。（同上）○｜，又作漫。（同上）○｜，又作㨟。（同上）○｜，〔孟子〕作墁。〔說文〕「｜，杇也」段注。

**墁**　｜，牆壁之飾也。〔孟子・滕文公下〕「毀瓦畫｜」朱注。○｜同鏝。〔廣韻・桓部〕

**鬗**　｜，長髮。〔廣韻・桓部〕○｜，引伸為凡長之偁。〔說文〕「｜，髮長皃」段注。

**謾**　｜，欺也。〔韓子・内儲說上〕「賞譽薄而｜者」集解引舊注。又〔楚辭・惜往日〕「或訑｜而不疑」補注。又〔國策・齊策六〕「｜固於齊」鮑注。又〔廣韻・桓部〕。○｜，慢也。（同上）○｜台，懽也。〔廣雅・釋詁〕疏證。○｜讉，欺也。（同上）○讉之言｜也，合言之則曰讉｜。（同上）○｜讉猶｜誕。（同上）○｜訑與｜誕又一聲之轉矣。（同上）○訑｜，倒言之則曰｜訑。（同上）○｜，叚借發聲之詞。〔說文定聲・卷一四〕○｜，叚借為䜅。（同上）

**瞞**　｜，目瞼低也。〔說文〕「｜，平目也」繫傳。○｜，目不明也。〔廣韻・桓部〕○｜然，慙皃。〔集韻・寬部〕○｜｜瞑瞑，謂耽於酒食聲色惛瞀迷亂之容也。〔荀子・非十二子〕「｜｜然瞑瞑然」集解引郝懿行。○｜，今俗借為欺謾字。〔說文〕「｜，平目也」段注。○｜，假借為謾，今所用欺｜字。〔說文定聲・卷一四〕○｜，字亦作瞞。（同上）

**潘**　｜，淅米汁。〔廣韻・桓部〕○｜，米瀾也。〔集韻・元部〕○｜即眞番。〔說文定聲・卷四〕（「鲹」下）○｜鄉即鄱。〔通雅・卷一六〕○瀋、｜、蕃，並字異而義同。〔廣雅・釋器〕「｜，瀾也」疏證。○｜，段借為瀋。〔說文定聲・卷一四〕○｜，以播、波字為之。（同上）○｜，字或作瀋。〔說文〕「｜，淅米汁也」義證。○｜，當作瀵。〔說文〕「瀵，水漫也」段注。○｜曰水名，在河南滎陽。〔集韻・桓部〕○｜和即卞和。〔漢書・古今人表〕「｜和」補注引翟云升。

**嘽**　｜，馬喘。〔廣韻・寒部〕○｜｜，喘息貌，取疲苦之義。〔詩・四牡〕「｜｜駱馬」後箋引〔稽古編〕。○｜｜，行遲也，義亦與疲勞喘息通也。（同上）○｜之言癉。〔詩・四牡〕「｜｜駱馬」通釋。○｜｜，衆也。〔詩・采芑〕「戎車｜｜」朱傳。○｜｜，衆盛也。〔詩・崧高〕「徒御｜｜」朱傳。○｜｜，衆盛貌。〔詩・常武〕「王旅｜｜」朱傳。○｜｜，衆盛之貌。〔詩・四牡〕「｜｜駱馬」朱傳。又（同上）後箋引〔稽古編〕。○｜咺，懼也。〔廣雅・釋詁〕疏證。○懼而喘息謂之｜，哀而恐懼謂之咺，合言之則曰｜咺。〔方言一〕箋疏。○驒驒，義與｜｜同。〔廣雅・釋訓〕「｜｜，衆也」疏證。○｜通作瘅。〔詩・四牡〕「｜｜駱馬」通釋。○｜與瘅通。〔廣雅・釋訓〕「瘅瘅，疲也」疏證。○｜蟬古通用。〔方言一〕疏證。○｜｜，或作瘅瘅。〔通雅・卷九〕○｜｜，或作驒驒。（同上）○｜｜，通作蟬。（同上）○三家｜作瘅。〔詩・四牡〕「｜｜駱馬」集疏。

**跚**　｜，蹣｜，跛行皃。〔廣韻・寒部〕

**胖**　｜，大也。〔集韻・桓部〕○今俗謂人體肥盛曰｜子。〔說文定聲・卷一四〕○｜之言般也。〔說文〕「｜，一曰廣肉」段注。○｜，安舒也。〔大學〕「心廣體｜」朱注。○槃、｜並與般通。〔廣雅・釋詁〕「｜，大也」疏證。○｜，段借為伴。〔說文定聲・卷一四〕○｜即伴之假借也。〔說文〕「伴，大皃」段注。

**弁**　｜，冠名。〔詩・甫田〕「突而｜兮」朱傳。○｜，飛拊翼貌。〔詩・小弁〕「｜彼鸒斯」朱傳。○｜，昪之段借也。〔說文〕「昪，喜樂皃」段注。

**豻**　｜，胡地野犬。〔集韻・删部〕○｜，胡地野狗，似狐而小。〔廣韻・寒部〕○｜，胡地野犬，似狐而小，黑喙。〔廣韻・删部〕

**犴**　｜，同豻。〔廣韻・寒部〕

箽　｜，｜筒，小篋。〔廣韻·寒部〕〇｜，筒有蓋。〔說文定聲·卷五〕〔「筒」下〕〇｜，竹器。〔論語·雍也〕「一｜食」朱注。又〔孟子·梁惠王下〕「｜食壺漿」朱注。〇｜，竹器也。〔通鑑·周紀〕「｜食壺漿以迎王師」音注。〇｜，為箱匧之屬。〔說文定聲·卷一四〕〇｜，假借為觶。（同上）

癉　｜，病。〔詩·板〕「下民卒｜」朱傳。〇｜，病也。〔通鑑·唐紀〕「非所以彰善｜惡也」音注。〇｜，風在手足病。〔廣韻·寒部〕〇火｜，小兒病也。（同上）〇｜，熱也。〔太素·順養〕「夫人中熱消｜則便寒」楊注。又〔三瘧〕「｜瘧者」楊注。〇｜與憚古亦通用。〔廣雅·釋詁〕「憚，怒也」疏證。〇｜，叚借為疸。〔說文定聲·卷一四〕〇｜，叚借為燀。（同上）〇｜，叚借為炟。（同上）

完　｜，全也。〔通鑑·周紀〕「不如伐蜀｜」音注。〇｜，備也。〔論語·子路〕「苟｜矣」朱注。〇｜，治也。〔孟子·萬章上〕「父母使舜｜廩」朱注。〇｜，固也。〔大戴·勸學〕「巢非不｜也」王詁。〇｜，猶保守。〔慧琳音義·卷九〕〇｜謂免也。〔漢書·惠帝紀〕「皆｜之」補注。〇不加髡鬄，則謂之｜。〔漢書·刑法志〕「諸當｜者」補注。〇耐之罪輕於髡，不鬄其髮，僅去須鬢，是曰耐，亦曰｜。〔說文〕「耏，罪不至髡也」段注。〇｜，假借為寬。〔說文定聲·卷一四〕〇｜，假借為莧。（同上）〇｜，假借為豋。（同上）〇｜，假借為院。（同上）〇古或假｜為髡。〔說文〕「髡，鬄髮也」段注。〇｜當讀為捖。〔左傳隱公元年〕「大叔｜聚」平議。〇｜即院。〔說文〕「寏，周垣也」義證。〇｜，當是院字。〔左傳襄公三一年〕「繕｜葺牆」洪詁。

瓛　｜，圭名。〔廣韻·桓部〕〇｜，通作桓。〔集韻·桓部〕

岏　｜，巑｜。〔廣韻·桓部〕

莞　｜，草名。〔廣韻·桓部〕〇｜，草也，可以為席。〔慧琳音義·卷八〇〕引〔古今正字〕。〇｜，草名，可以作席者。〔大戴·勸學〕「｜蒲生焉」王詁。〇｜，似藺而圓，可為席。〔說文〕「｜，艸也」義證引〔玉篇〕。又〔廣韻·桓部〕。〇｜即蒲也。〔釋艸〕「｜，苻蘺」鄭注。〇｜，似蒲而圓者也。〔慧琳音義·卷八〇〕引顧野王。〇｜，似蒲而圓，今之為蓆是也。〔說文〕「｜，艸也」義證引殷敬順。〇蓋｜有二，一似蒲，一似藺，皆可為席。〔文選·南都賦〕「其草則有藨苧蘋｜」集釋。〇｜，乃蒲之別種。（同上）引〔爾雅〕郭注。〇｜蓋即今席子艸。〔說文〕「｜，艸也」段注。〇｜，即今席子草。〔說文定聲·卷一四〕〇｜，小蒲也。〔說文〕「｜，艸也」義證引〔六書故〕。〇｜，蒲席也。〔詩·斯干〕「下｜上簟」朱傳。〇｜，燈心艸也。〔通雅·卷四一〕〇｜又謂之鐙心草。〔說文〕「｜，艸也」義證引〔六書故〕。〇白芷，一名｜。〔楚辭·愍命〕「｜芎棄於澤洲兮」補注。〇｜即芄蘭也。〔說文〕「芄，芄蘭，｜也」義證。〇｜之言管也，凡莖中空者曰管。〔說文〕「｜，艸也」段注。〇此｜當為雚。〔說文〕「芄，芄蘭，｜也」段注。

貛　｜，牡狼。〔廣韻·桓部〕〇｜，與狼雖同類，而狼牡｜帷見〔爾雅〕，疑狦之借字也。〔說文定聲·卷一四〕〇｜，有豬｜，亦有狗｜。（同上）〇｜，通作犿。〔集韻·桓部〕〇｜，以貆為之。〔說文定聲·卷一四〕〇許謂｜即貒。〔說文〕「狼，似犬」段注。〇｜乃貒之或體。〔說文〕「｜，野豕也」段注。又〔詩·伐檀〕後箋。〇｜，亦作獾。〔集韻·桓部〕〇｜，亦作貛。（同上）〇｜，亦作貆。（同上）〇｜，亦作貒，通作犿。（同上）〇貆、狟竝即｜字。〔說文〕「貒，獸也」義證。〇｜當作灌。〔呂覽·本味〕「｜｜之炙」校正。〇舊校云｜一作獲。（同上）

獾　｜，野豚。〔廣韻·桓部〕〇｜，亦狀其肥鈍之貌。〔本草·卷五一〕〇｜，又作貆。（同上）

犿　｜，同獾。〔廣韻·桓部〕

貒　｜，似豕而肥。〔釋獸〕「｜子貗」鄭注。又〔楚辭·悼亂〕「｜貉兮蟫蟫」補注。又〔廣韻·桓部〕〇｜，團也，其壯團肥也。〔本草·卷五一〕〇｜，一名貛。〔釋獸〕「｜子貗」鄭注。〇｜貛同物。（同上）郝疏。〇｜，與貛同物。〔說文定聲·卷一四〕〇｜、貛一字。〔詩·伐檀〕「胡瞻爾庭有縣貆兮」後箋。〇｜貛本一字。〔說文〕「貛，野豕也」段注。

髖　｜，兩股間也。〔廣韻·桓部〕〇｜，〔埤蒼〕作髁。〔說文〕「｜，髀上也」段注。〇｜，〔字林〕作䯛。（同上）

般　｜者，辟也。〔說文〕「亘，求回也」段注。〇舟之旋曰｜。（同上）〇｜者槃，謂屈槃繞之也。〔說文〕「鞶，馬尾鞶」繫傳。〇｜辟，漢人語，謂退縮旋轉之皃也。〔說文〕「｜，辟也」段注。〇洀桓、｜桓、畔桓、磐桓、槃桓、盤桓，並字異而義同。〔廣雅·釋訓〕「｜桓，不進也」疏證。〇｜，一曰移也。〔集韻·桓部〕〇｜，｜運。〔廣韻·桓部〕〇｜旋與遷徙義近。〔釋詁〕「遷，徙也」郝疏。〇｜，引伸為｜遊。〔說文〕「｜，辟也」段注。〇｜，樂也。〔逸周書〕「畢桓于黎民｜」雜志。又〔廣韻·桓部〕。〇｜，引伸為｜樂。〔說文〕「｜，辟也」段注。〇樂謂之｜，亦謂之凱。〔廣雅·釋詁〕「｜，大也」疏證。〇｜，大也。〔說文〕「胖，一曰廣肉」段注。〇大謂之凱，亦謂之｜。〔廣雅·釋詁〕「｜，大也」疏證。〇伴與｜亦聲近義同。（同上）〇幋、鞶、磐，義並與｜同。（同上）〇｜，亦數別之名。〔集韻·桓部〕〇｜之言泮也，陂也。〔易·漸〕「鴻漸于磐」述聞。〇辩、斑、頒、｜、賁，並字異而義同。〔廣雅·釋詁〕「辩，文也」疏證。〇｜與盤通。〔孟子·盡心下〕「｜樂飲酒」焦正義。〇｜與播古字通。〔春秋名字解詁〕「楚鬭｜字子揚」述聞。〇｜還班古字通用。〔釋言〕「｜，還也」邵正義。〇｜，叚借為昪。〔說文定聲·卷一四〕〇｜，叚借為槃。（同上）〇｜，叚借為泮。（同上）〇｜，叚借為鞶。（同上）〇｜，叚借為瘢。（同上）〇｜，叚借為伴。（同上）〇｜，叚借為搫。（同上）〇｜，以胖為之。（同上）〇｜者，昪之叚音也。〔釋詁〕「｜，樂也」郝疏。〇｜亦昪之叚借也。〔說文〕「昪，喜樂皃」段注。〇｜，讀如〇｜即播之假借也。〔春秋名字解詁〕「楚鬭｜字子揚」述聞。

頒賜之頒。〔墨子・尚賢中〕「—爵以貴之」閒詁引畢沅。○—即伴。〔說文〕「伴，大皃」段注。○—，亦作班。〔釋言〕「—，還也」鄭注。○—又或作泮。〔說文〕「—，辟也」義證。○磐字古作—也。〔漢書・郊祀志〕「鴻漸于—」補注引錢大昭。○—，它書或作班，古字通。〔國策・宋衛策〕「公輸—為楚設機」補正。○子—，〔史記〕作子班。〔左傳莊公三二年經〕「子—卒」洪詁。○—陽，宋、魏志作盤陽。〔漢書・地理志〕「—陽」補注引吳卓信。○—陽，北齊平州刺史朱岱林墓志作槃陽。〔同上〕

**拌** —，弃也。〔廣韻・桓部〕又〔集韻・桓部〕。○—之言播棄也。〔方言一〇〕「—，棄也」箋疏。又〔廣雅・釋詁一〕「—，棄也」疏證。○播與—古聲相近。〔同上〕

**撣** —，觸也。〔慧琳音義・卷六二〕又〔廣韻・寒部〕。○—，拼也。〔慧琳音義・卷六二〕○—與提一聲之轉。〔廣雅・釋詁〕「—，提也」疏證。○—，叚借為禪，實為傳。〔說文定聲・卷一四〕○—，叚借為戰。〔同上〕

**萑** —，—葦。〔廣韻・桓部〕○—，即菼也。〔說文定聲・卷一四〕○—，即雛也。〔同上〕○—，即薍也。〔同上〕○—，以萑為之。〔同上〕○—又或作萑。〔說文〕「—，薍也」義證。○—，經典或省作萑。〔同上〕○—，〔易〕亦作萑，俗作藿。〔廣韻・桓部〕

**雈** —，假借為萑。〔說文定聲・卷一四〕○—，當作萑。〔詩・七月〕「八月—葦」陳疏。又〔小弁〕「—葦淠淠」陳疏。○—，魯作莞。〔同上〕集疏。○〔韓子・內儲說〕引作萑。〔左傳昭公二〇年〕「—苻之澤」洪詁。○〔韓詩外傳〕—作萑。〔同上〕○—苻，〔唐石經〕初刻作萑蒲。〔同上〕○—蒲，〔周禮注〕引作莞蒲。〔左傳昭公二〇年〕「澤之—蒲」洪詁。○—蒲，〔風俗通義〕引作萑蒲。〔同上〕○〔釋文〕—，本或作萑。〔左傳昭公二六年〕「次于—谷」洪詁。○—，木兔鳥也。〔廣韻・桓部〕○—，蓋今貓頭鷹之小者，耳上有毛，如角。〔說文定聲・卷一四〕

**雚** —，薍也。〔楚辭・天問〕「莆—是營」補注。○—，細葦也，葦秀已後為—。〔慧琳音義・卷七三〕引〔夏小正〕。○—，與萑同。〔楚辭・天問〕「莆—是營」補注。

**汍** —瀾，泣淚。〔廣韻・桓部〕○—瀾，泣皃。〔集韻・桓部〕○——，水盛沄旋之貌。〔說文〕「潧，詩曰潧與洧方——兮」段注。○——，與洹洹同。〔同上〕○—，為洹之重文。〔詩・溱洧〕「溱與洧，方——兮」後箋引〔玉篇〕。○萑蘭即—瀾之異文。〔漢書・息夫躬傳〕「涕泣流兮萑蘭」補注。○—瀾，一作萑蘭。〔通雅・卷六〕○—瀾，一作—濫。〔同上〕○—瀾，一作丸蘭。〔同上〕○——，各本作渙渙。〔說文〕「詩曰潧與洧方——兮」段注。○——，〔漢志〕又作灌灌。〔同上〕

**芄** —蘭，草名。〔廣韻・桓部〕○—蘭，蘿藦也。〔說文〕「—，—蘭，莞也」繫傳。○—蘭，草，一名蘿藦。〔詩・芄蘭〕「—蘭之支」朱傳。○—蘭，即今田野間所名麻雀官者。〔同上〕集疏引焦循。○—蘭，雚草也。〔同上〕後箋。○—蘭莞三字叠韻，長言則—蘭，短言則莞。〔說文〕「—，—蘭，莞也」句讀。○絫言曰丸蘭，單言曰—。〔說文定聲・卷一四〕

**綄** —，船上候風羽，楚謂之五兩。〔廣韻・桓部〕○—之言綰也。〔廣雅・釋詁〕「—，纏也」疏證。○—與繯同。〔說文定聲・卷一四〕〔「絙」下〕

**巑** —岏，山皃。〔集韻・桓部〕○—岏，水山皃。〔廣韻・桓部〕○—岏，高銳皃也。〔慧琳音義・卷九九〕引〔文字典說〕。○巉巖轉之為岑崟，又轉之為—岏。〔廣雅・釋詁〕「—岏，高也」疏證。

**欑** —，積竹杖也。〔說文〕「鐓，矛戟柲下銅鐏也」段注。○—，聚也。〔慧琳音義・卷五三〕引〔考聲〕。又〔廣雅・釋詁〕疏證。○—，聚木也。〔慧琳音義・卷一二〕引〔考聲〕。○—，木叢也。〔廣韻・桓部〕○—，聚小山也。〔慧琳音義・卷一二〕引〔考聲〕。○—即矛戟柄。〔說文〕「柲，—也」繫傳。○—亦曰矜。〔同上〕○—亦謂之盧。〔同上〕○今人輿之兩衡以鬃布圍竹于木曰—。〔說文〕「—，積竹杖也」義證引趙宧光。○—城在修武縣西北二十里。〔左傳隱公一一年〕「—茅」疏證引沈欽韓。○—，義與鑽同。〔說文〕「—，一曰穿也」句讀。○—，與〔金部〕鑽音義皆同。〔同上〕段注。○—訓穿，即鑽字也。〔同上〕繫傳。○—，假借為鑽。〔說文定聲・卷一四〕○—與饡同。〔說文〕「—，一曰叢木」句讀。○—，或作巑。〔慧琳音義・卷一二〕引〔考聲〕。

**敦** —，聚也。〔詩・閟宮〕「—商之旅」通釋。○—，聚貌。〔通雅・卷一二〕○—，獨處不移之貌。〔詩・東山〕「—彼獨宿」朱傳。○—與蹲通。〔詩・行葦〕「—彼行葦」陳疏。○蓴、摶、—並通。〔廣雅・釋詁〕「蓴，聚也」疏證。○—亦當讀屯。〔詩・閟宮〕「—商之旅」通釋。

**倌** —人，主駕。〔廣韻・桓部〕○—人，主駕者也。〔詩・定之方中〕「命彼—人」朱傳。○—人，當為傳命之官。〔同上〕通釋。○—人，蓋掌巾車脂轄之事。〔說文定聲・卷一四〕○—猶官也。〔說文〕「—，小臣也」繫傳。

**繁** —，馬鬣上飾。〔集韻・桓部〕○—，馬大帶也。〔左傳成公二年〕「—纓以朝」洪詁。○樊、—古字同。〔同上〕○—纓，馬飾。〔廣韻・桓部〕○—，或作緐。〔集韻・桓部〕○—，或作絆。〔同上〕

**鰻** —鯠，魚也。〔廣韻・桓部〕○—鯠，即〔爾雅〕之鰲鯠，〔廣雅〕之大鰈謂之鰒，今俗曰—鱺是也。〔說文定聲・卷一四〕○—鯠者，—鱺之轉聲也。〔廣雅・釋魚〕「魱，鰲也」疏證。

**曼**　—，長。〔詩・閟宮〕「孔—且碩」朱傳。○—訓長也。〔荀子・正論〕「—而饋」集解引郝懿行。○—，延長也。〔屈賦・哀郢〕「—予目以流觀兮」戴注。○—，路遠。〔廣韻・桓部〕○——，長也。〔離騷〕「路——其脩遠兮」補注引〔集韻〕。○——，亦漫漫也。〔通雅・卷九〕○—亦無也。〔荀子〕「優差等」雜志。○今高昌人謂聞為—。〔慧琳音義・卷七三〕○蠻、—通也。〔公羊傳昭公一六年經〕「楚子誘戎—子殺之」義證。○—，段借為縵。〔說文定聲・卷一四〕○—，或曰借為蔄。（同上）○—、滿聲相近。〔左傳成公一〇年〕疏證引武億。○戎—，〔左氏〕〔穀梁〕作戎蠻。〔公羊傳昭公一六年經〕「楚子誘戎—子殺之」義疏。

**痑**　—，馬疲乏也。〔說文〕「—，馬病」繫傳。○—，力極。〔廣韻・寒部〕○憚與—亦同義。〔廣雅・釋訓〕「——，疲也」疏證。○—與嘽聲義並同。〔方言一〕「南楚江湘之間謂之嘽咺」箋疏。○嘽與—通。〔廣雅・釋訓〕「——，疲也」疏證。○〔小雅・四牡〕「嘽嘽駱馬」。〔說文〕「詩曰——駱馬」段注。

**襌**　—，—衣。〔廣韻・寒部〕○—衣，單直身也。〔通雅・卷三六〕○—衣似深衣而褒大，亦以其無裏，故呼為—衣。〔說文〕「—，衣不重」義證引〔急就篇〕顏注。○—繿即單繿也。〔說文〕「繿，并絲繒也」段注引任大椿。○—襂，正今兜袖單衣無襬者也。〔通雅・卷三六〕○—之言單也。〔廣雅・釋器〕「覆䘹，—衣也」疏證。○—，通作單。〔說文〕「—，衣不重」義證。又〔廣雅・釋詁〕「—，襌也」疏證。又〔集韻・寒部〕。○—與單通。〔廣雅・釋言〕「片，—也」疏證。○—單古通用。〔方言四〕「—衣，江淮南楚之間謂之褋」疏證。○—，假借為殫。〔說文定聲・卷一四〕○—，今俗皆借單字。〔說文〕「—，衣不重」繫傳。

**忓**　—者，以下犯上之意。〔說文〕「—，極也」段注。

**籣**　—，盛弩矢，人所負也。〔廣韻・寒部〕○—字或作韊。〔說文〕「—，所以盛弩矢」義證。

**韊**　可負曰—。〔通雅・卷三五〕○—即籣字。〔說文〕「籣，所以盛弩矢，人所負也」段注。○—同籣。〔廣韻・寒部〕

**讕**　—，以語防闌之也。〔說文〕「—，詆—也」繫傳。○—，以言抵闌，猶今言抵賴也。〔說文定聲・卷一四〕○—，逸言。〔廣韻・寒部〕○—，段借為諫。〔說文定聲・卷一四〕○—，或借闌字。〔說文〕「—，詆—也」義證。又〔漢書・梁懷王傳〕「王陽病抵—」補注。

**峘**　—者，絙也。山小而長，控大山之前如絙索，故名—。〔說文定聲・卷三〕（「—岋」下）○—，或从丸。〔集韻・桓部〕○—，或从完。（同上）○—，亦書作屾。（同上）○—，亦書作岨。（同上）

**洹**　—，盛貌也。〔詩・溱洧〕「方——兮」集疏引韓說。○——，流也。〔集韻・桓部〕引〔博雅〕。○涣涣、——，灌灌，並字異而義同。〔廣雅・釋訓〕「——，流也」疏證。○—，一曰水名，在齊魯間。〔集韻・桓部〕○—汍同。〔說文〕「—，—水」段注引〔玉篇〕。○—，字亦作汍。〔說文定聲・卷一四〕

**狻**　—猊，師子，猛獸。〔廣韻・桓部〕○—猊，即師子也。〔慧琳音義・卷七一〕

**𧳜**　—，同狻。〔廣韻・桓部〕

**眢**　—，目無睛。〔廣韻・桓部〕○—，井無水。（同上）○—，一曰廢井。〔集韻・桓部〕○—，字亦作睕。〔說文定聲・卷一四〕

**涫**　—，沸也。〔楚辭・哀時命〕「氣—鬻其若波」補注。○—，段借為盥。〔說文定聲・卷一四〕○—，俗字作滚，蘇俗音轉如衮。（同上）

**邯**　—鄲，趙都也。〔史記・趙世家〕「拔我—鄲」志疑。○—，段借為敢。〔說文定聲・卷四〕

**邗**　—，越別名。〔廣韻・寒部〕○—，即通禹貢揚州之貢道，今江蘇揚州府江都縣，古—城地也。〔說文定聲・卷一四〕○—，今—溝也。〔說文〕「—，國也」繫傳。

**灓**　—、淋一聲之轉。〔廣雅・釋詁〕「—，漬也」疏證。○—，亦書作灤。〔集韻・桓部〕

**羉**　—，彘罟。〔廣韻・桓部〕○—，彘網也。〔集韻・桓部〕○—，遮截之網。〔釋器〕「彘罟謂之—」鄭注。○—幕一聲之轉。（同上）郝疏。○—、罠、幕一聲之轉。〔廣雅・釋器〕「罠，兔罟也」疏證。

**藆**　—，草名。〔集韻・寒部〕○—蔣，草也。〔廣韻・寒部〕

**虷**　—，井中赤蟲。〔集韻・寒部〕○—蟹，一名蜎蟲。〔廣韻・寒部〕○—蟹，蘇俗謂之水蛆，以飼金魚。〔說文定聲・卷一四〕○—字本作干，干，犯也。〔漢書・鮑宣傳〕「白虹—日」補注引王念孫。

**匰**　—，宗庙盛主器。〔廣韻・寒部〕引〔字書〕。○—，通作簞。〔廣雅・釋器〕「—，笥也」疏證。○—，以簞為之。〔說文定聲・卷一四〕○—與簞同。〔廣雅・釋器〕「簞，筐也」疏證。

**侒**　—與安音義同。〔說文〕「—，宴也」段注。○晏、宴、—、安竝聲義同。〔釋詁〕「豫，安也」郝疏。○—，經典通作安。〔說文〕「—，宴也」義證。○—即安字。（同上）句讀。

**𥁢**　—盞，大盂。〔廣韻・寒部〕○—盞，字亦作安殘。〔廣雅・釋器〕「—盞，盂也」疏證。

**譠**　—，謾也。〔廣韻・山部〕○—慢，欺慢言也。〔廣韻・寒部〕○—謾、儃慢、誕謾，並字異而義同。〔廣雅・釋詁〕「—謾，緩也」疏證。○—謾，或作

亶僾。(同上)

[月冊] —,脂肪。〔廣韻·寒部〕○—,脂肪也。〔集韻·寒部〕○在腰曰肪,在胃曰—。〔慧琳音義·卷二〕引〔通俗文〕。○—,或作膻。〔集韻·寒部〕

[竹刪] —,竹器。〔廣韻·寒部〕又〔集韻·寒部〕。○—,今刷鍋帚也。〔說文定聲·卷一四〕○箾—亦一聲之轉。(同上)○—,以巽為之。(同上)

儃 —,態也。〔廣韻·寒部〕○—與邅通。〔廣雅·釋詁〕「邅,轉也」疏證。

貚 —,貙屬。〔廣韻·先部〕○—即貙—也,〔漢書〕稱貙犴。〔說文〕「—,貙屬也」義證。

驒 —,連錢驄。〔廣韻·寒部〕○—,一曰青驪白文。(同上)○—駭,匈奴畜,似馬而小。(同上)○——,義與嘽嘽同。〔廣雅·釋訓〕「嘽嘽,衆也」疏證。

[月戔] —,禽獸食餘。〔廣韻·寒部〕○—,獸食之餘也。〔說文〕「[歹月],禽獸所食餘也」義證引〔玉篇〕。○—、[歹月]、殘並通。〔廣雅·釋詁〕「—,枂也」疏證。

[歹月] —,引伸為凡物之餘。〔說文〕「—,禽獸所食餘也」段注。○[月戔]—殘並通。〔廣雅·釋詁〕「[月戔],枂也」疏證。○—,經傳皆以殘為之。〔說文定聲·卷一四〕○—同[月戔]。〔廣韻·寒部〕

[歹肉] —者,禽獸所食餘也。〔說文〕「畸,—田也」段注。○凡餘謂之—。(同上)○—,各本作殘。(同上)○—,通作殘。〔說文〕「—,禽獸所食餘也」義證。○—,〔玉篇〕作[月戔]。(同上)

戔 —,傷也。〔廣韻·寒部〕○——,束帛皃。(同上)○一曰——,多也。〔集韻·寒部〕○—與殘音義皆同。〔說文〕「—,賊也」段注。○—,通作殘。〔集韻·寒部〕○—,通作諓。〔說文〕「—,賊也」義證。○—與殘通。〔廣雅·釋詁〕「—,傷也」疏證。○—諓古通用。〔說文〕「靖,一曰細皃」段注。○殘者—之絫增字。〔說文〕「—,賊也」句讀。

𣦼 —,穿也。〔廣韻·寒部〕○—殘可通借。〔說文〕「—,殘穿也」句讀。

盞 盌—,盂也。〔集韻·寒部〕引〔博雅〕。○盌—,大盂。〔廣韻·寒部〕

鳱 雃鵲,鵲也,知未來事者,或从鳥。〔集韻·寒部〕○—鵲,鳥名,知未來事,噪則行人至。〔廣韻·寒部〕○—與雃同。〔廣雅·釋鳥〕「雃鵲,鵲也」疏證。

[鳥干] —同鳱,即雁也。〔詩·匏有苦葉〕「雝雝鳴—」集疏引陳喬樅。

迀 —,進也。〔廣韻·寒部〕○—,一曰遮也。〔集韻·寒部〕○—,經典借干字。〔說文〕「—,進也」義證。○—,經傳皆以干為之。〔說文定聲·卷一四〕

[門䜌] —,妄入宮門。〔廣韻·寒部〕○—,律所謂闌入也。〔說文〕「—,妄入宮掖也」繫傳。○無符傳出入為—。(同上)義證引〔玉篇〕。○—,妄也。(同上)○—,通作闌。〔集韻·寒部〕○—,以闌為之。〔說文定聲·卷一四〕○—,以蘭為之。(同上)

栞 —,槎木也。〔廣韻·寒部〕○—與除同義。〔廣雅·釋詁〕「栞,去也」疏證。○—,字亦作刊。(同上)○—,〔枚書〕作刊。〔漢書·地理志〕「九山—旅」補注。

栞 —,隨其所行山路—之。〔說文〕「—,槎識也」繫傳。○—者,衺斫木以為表識。〔說文定聲·卷一四〕○—、栞、刊並通。〔廣雅·釋詁〕「栞,識也」疏證。○—,今本以刊為之。〔說文定聲·卷一四〕○—同栞。〔廣韻·寒部〕○今〔尚書·益稷〕、〔禹貢〕皆作「隨山刊木」。〔說文〕「—,槎識也」段注。

絙 —,緩也。〔廣韻·桓部〕○—,緩也。〔說文〕「—,緩也」義證引〔玉篇〕。○—橋,縣度也。〔通雅·卷三八〕○—,以宣為—。〔說文定聲·卷一四〕○—,或曰即綄字。(同上)

豲 —,豕屬。〔廣韻·桓部〕○—,一曰邑名,在天水。〔集韻·桓部〕○〔玉篇〕貆與—同。〔周禮·草人〕之貆,則亦借為貛也。〔說文定聲·卷一四〕○—,或作獂。〔集韻·桓部〕○—,或作貆。(同上)○—,俗作獂。〔說文〕「—,逸也」義證。

[羊莧] —,山羊細角而形大也。〔廣韻·桓部〕

莧 —同[羊莧]。〔廣韻·桓部〕○—,今出甘肅,大者重百斤,角大盤環,小者角細長。〔說文定聲·卷一四〕○—謂發聲之詞。(同上)○—,字亦作[羊元]。(同上)○—,字亦作羱。(同上)○—,字亦作羦。(同上)○—,或作羦。〔集韻·桓部〕○—,俗作羱。〔說文〕「—,山羊細角者」段注。

狟 —,本訓犬行。〔說文〕「迀,往也」段注。○—,大犬也。〔廣韻·桓部〕○—,武皃也。〔說文〕「—,犬行也」義證引〔玉篇〕。○—段作桓。〔說文〕「敀,人姓也」段注。○—,假借為貛。〔說文定聲·卷一四〕○——者,桓桓之段借字。〔說文〕「周書曰尚——」段注。○〔牧誓〕以—為桓。〔說文〕「敀,迮也」段注。○—,今作桓。〔說文〕「—,犬行也」義證引〔玉篇〕。○—,今〔尚書〕作桓。(同上)繫傳。○—,今本作桓。〔說文定聲·卷一四〕○——,今作桓桓。〔說文〕「周書曰尚——」段注。

寏 —,周垣。〔廣韻·桓部〕○—,今所謂圍牆也。〔說文定聲·卷一四〕○—,四面庰蔽也,亦謂之院落。〔說文〕「—,周垣也」義證。○—之言完也。(同上)段注。○—,以完為之。〔說文定聲·卷一四〕○—,或作院。〔集韻·桓部〕

院 —同寏。〔廣韻·桓部〕○—,周垣也。〔左傳襄公三一年〕「繕完葺牆」洪詁。

𨇦 —,踰也。〔廣韻·寒部〕又〔集韻·寒部〕。

嚾　丨哰，傄拏，語不可解。〔廣韻·寒部〕○丨，通作讕。〔集韻·寒部〕

鼾　丨，臥息也。〔集韻·寒部〕○丨，臥氣激聲。〔廣韻·寒部〕○吳人謂鼻聲為丨。〔集韻·寒部〕

萓　丨，堇類。〔廣韻·桓部〕○丨，艸名，似堇葉大。〔集韻·桓部〕

⿰丸皮　丨，皮病。〔廣韻·桓部〕○皾丨，矢藏。〔集韻·桓部〕○皾丨，箭器也。〔說文〕「韇，弓矢韇也」義證引〔玉篇〕。○丨，通作丸。〔廣雅·釋器〕「丨，藏也」疏證。

垸　丨，漆加骨灰上也。〔廣韻·桓部〕○燒骨以漆曰丨。〔周禮·考工記〕孫正義。○丨謂以骨灰和桼而為桼之骨也。〔說文〕「桼，桼丨已復楻之」繫傳。○丨與逭通。〔廣雅·釋詁〕「逭，轉也」疏證。○丨，叚借為鍰。〔說文定聲·卷一四〕○丨，叚借為丸。〔同上〕○丨，或曰借為旋。〔同上〕

琓　丨，補也。〔集韻·桓部〕○丨，以桼和灰而髹也。〔同上〕○丨，通作丸。〔同上〕

捖　丨，揳刮摩也。〔廣韻·桓部〕○丨，摩，工治玉也。〔集韻·桓部〕○丨之言摶也。〔左傳隱公元年〕「大叔完聚」平議。

抏　丨，挫也。〔廣韻·桓部〕○丨者，耗也，消耗之名。〔漢書·食貨志〕「百姓丨敝以巧法」補注。○丨，摧挫消耗之意也。〔漢書·吾丘壽王傳〕「海內丨敝」補注。○丨敝猶刓弊。〔通雅·卷七〕

园　丨，圜削也。〔集韻·桓部〕○丨、抏、玩，並與刓通。〔廣雅·釋言〕「鈋，刓也」疏證。○丨，或作抏。〔集韻·桓部〕

褍　丨，衣正幅。〔廣韻·桓部〕○丨，正幅衣也。〔說文〕「丨，衣正幅」義證引〔玉篇〕。○丨，衣及裳不衺殺之幅。〔說文定聲·卷一四〕○丨，〔春秋左傳〕及〔禮〕所謂端委之衣。〔說文〕「丨，衣正幅」繫傳。○丨，衣長也。〔廣韻·桓部〕○丨，衣寬皃。〔集韻·桓部〕○丨，借端為之。〔說文〕「丨，衣正幅」句讀。○丨，經典借端字。〔同上〕義證。○丨，經傳皆以端為之。〔說文定聲·卷一四〕○丨，各本作耑。〔說文〕「褕，正丨裂也」段注。

⿰角耑　丨，角丨，獸名，狀如豕，角善，為弓。〔廣韻·桓部〕○丨，〔漢書〕、〔文選〕作端。〔說文〕「丨，角丨，獸也」段注。

耑　丨，物初生之題。〔說文〕「鍴，兵丨也」段注。又〔說文〕「元，始也」義證。○丨，物初生之題也。〔說文·上說文書〕「立一為丨」段注。又〔說文〕「芒，艸丨」句讀。○丨者，艸木初生之題也。〔說文〕「緒，絲丨也」段注。○丨，頭也。〔說文〕「絜，麻一丨也」段注。○丨，凡額之偁。〔說文〕「叀，車軸丨也」段注。○丨，引申為凡物之顛與末。〔說文〕「鍴，兵丨也」段注。○禾之垂者即丨也。〔說文〕「⿰禾耑，禾垂皃也」繫傳。○丨者，草之微始。〔說文定聲·卷一一〕(「倪」下)○丨，亦始也。〔說文〕「元，始也」義證。○丨，引申為凡始之偁。〔說文·上說文書〕「立一為丨」段注。○專與丨皆小意也。〔廣雅·釋器〕「耑，卮也」疏證。○丨者，高也。〔說文定聲·卷一二〕(「揣」下)○一丨猶一束也。〔說文〕「絜，麻一丨也」段注。○丨又轉通斷也。〔通雅·卷一〇〕○端與丨通。〔廣雅·釋詁〕「丨，末也」疏證。○丨端字通。〔漢書·天文志〕「隨北丨銳」補注。○丨，今借端。〔說文〕「丨，物初生之題也」句讀。○丨，或借端字。〔同上〕義證。○丨，經傳皆以端為之。〔說文定聲·卷一四〕○丨與端同。〔方言一〇〕「緒，或曰端」箋疏。○丨，古發端字作此。〔說文〕「丨，物初生之題也」段注。○丨，古發端之丨直如此而已。〔同上〕繫傳。○丨，今俗用以為媆字。〔說文定聲·卷一四〕○〔天官書〕「隨北丨銳」作「隋北端兑」。〔漢書·天文志〕「隨北丨銳」補注。

⿰骨元　丨，⿰骨可丨。〔廣韻·桓部〕

⿰兔元　丨，兔子也。〔集韻·桓部〕○丨，丨[illegible]。〔廣韻·桓部〕

⿺辶專　丨，齊也。〔廣韻·桓部〕○丨，或曰以揣為之。〔說文定聲·卷一四〕

豌　丨，豆也。〔廣韻·桓部〕○丨豆，其苗柔弱宛宛，故得丨名。〔本草·卷二四〕

⿱夗豆　丨，同豌。〔集韻·桓部〕○丨豆，初生葉微嫩，可食，揚州人以為常疏，四五月作莢，長寸餘，其中子圓如珠，煮食甜美。〔說文定聲·卷一四〕

婠　丨，德好皃。〔廣韻·桓部〕○丨之言娟娟也。〔廣雅·釋詁〕「丨，好也」疏證。

⿰黃耑　丨，黃黑色。〔廣韻·桓部〕

⿱雨豙　丨，小雨。〔廣韻·桓部〕

篿　丨，竹器。〔廣韻·桓部〕

煓　丨，火盛。〔廣韻·桓部〕○丨，火熾盛皃。〔集韻·桓部〕

痠　丨，丨疼。〔廣韻·桓部〕○丨，痛皃也。〔慧琳音義·卷七九〕引〔考聲〕。○丨，骨痛也。〔續音義·卷七〕引〔考聲〕。○丨字通作酸。〔廣雅·釋詁〕「丨，痛也」疏證。

⿰叀刂　丨與剬義相近。〔說文〕「丨，或从刀，專聲」段注。○丨、專同字。〔國策·卷下〕「王欲醳臣丨任所善」札記引丕烈。○丨當作團。〔說文〕「刓，丨也」段注。

⿰鳥敦　丨，鳥名。〔集韻·桓部〕○丨，亦書作鷻。〔同上〕○鷻，鳶之別名。〔廣韻·桓部〕

菆　｜，｜塗。〔廣韻·桓部〕○｜，積木以殯。〔集韻·桓部〕○｜，通作欑。〔集韻·桓部〕○｜，菆字假音。〔墨子·明鬼下〕「立以為｜位」閒詁引畢沅。○｜與叢同。〔墨子〕「｜位」雜志。○｜即叢字。（同上）閒詁引洪頤煊。○｜，或作桽。〔集韻·桓部〕

毌　｜，穿物持也。〔廣韻·桓部〕○｜，冠也。〔通雅·卷三六〕○｜，古貫穿用此字。〔說文〕「｜，穿物持之也」段注。○｜貫古今字。〔說文〕「患，惪也」段注。○古｜多作串。（同上）○｜，小篆亦作串。〔說文定聲·卷一四〕○｜，實即貫之古文。（同上）

虊　｜，艸名，鳧葵也。〔集韻·僊部〕○｜即茆也。〔說文〕「｜，鳧葵也」繫傳。○｜，一名茆，今江南謂之蓴菜，以蓴為之。〔說文定聲·卷一四〕○｜，又名屏風。（同上）○｜，豬蓴。〔說文〕「｜，鳧葵也」義證。○｜、蓴古今字。（同上）段注。○古作｜，今作蓴。（同上）○古作｜，今作蒓。（同上）○｜，字亦作蘊。〔說文定聲·卷一四〕○｜，字亦作蒓。（同上）

𧅱　｜，蔦葵也。〔廣韻·桓部〕○｜，茆也。（同上）

𣤶　｜，欠皃。〔廣韻·桓部〕○｜，迷惑不解理。（同上）○｜，一曰心惑不悟皃。〔集韻·桓部〕

曫　｜，日夕昏時。〔廣韻·桓部〕○｜之言蠻也。〔說文〕「｜，日且昏時也」段注。○｜即莫也。（同上）

驩　｜，｜鸛鳥，射之則銜矢射人。〔廣韻·桓部〕○｜，亦謂之雃鴿。〔說文〕「｜，｜專，畐蹂」段注。○｜，叚借為歡。〔說文定聲·卷一四〕○｜，字亦作鴅。（同上）○｜，字亦作鳱。（同上）

酄　｜，魯郡邑名。〔廣韻·桓部〕○｜，在今山東泰安府肥城縣西南。〔說文定聲·卷一四〕○｜，通作讙。〔說文〕「｜，魯下邑」義證。○｜，通作驩。〔集韻·桓部〕○｜，〔春秋左傳〕作讙字。〔說文〕「｜，魯下邑」繫傳。○｜，今三傳皆以讙為之。〔說文定聲·卷一四〕○｜，亦作讙。（同上）

𨏈　｜，車衡三束。〔集韻·桓部〕○｜之言欑也。〔說文〕「｜，車衡三束也」段注。○｜，或作轒。〔集韻·桓部〕○｜，或作轒。（同上）

𨐊　｜，車縛軛也。〔廣韻·桓部〕○小車曲輈之縛曰｜。〔說文定聲·卷八〕（「暈」下）

劗　｜，剃髮。〔廣韻·桓部〕○｜，剃髮也。（同上）○吳人謂髡髮為｜。〔集韻·桓部〕○｜與翦同義。〔淮南〕「被髮文身」雜志。○｜讀若鑽。〔淮南〕「民人｜髮文身」雜志。○｜又讀若欑。（同上）

鸛　｜，水鳥也。〔說文〕「礐，毒石也」義證引〔博物志〕。○｜，水鳥似鶴者也。〔詩·東山〕「｜鳴于垤」朱傳。

雚　｜字象鳥頭目有角形也。〔本草·卷四九〕○鵙鵂曰｜。（同上）○｜，水鳥也。〔集韻·桓部〕○｜，今俗作鸛。〔說文〕「｜，小爵也」繫傳。○｜，各本作鸛。〔說文〕「垤，詩曰｜鳴于垤」段注。

𡚀　｜，化也。〔廣韻·桓部〕○｜，始也。（同上）○奞與｜同。〔方言一二〕「｜，化也」箋疏。○｜，或作雈。〔集韻·桓部〕

幋　｜，大巾。〔廣韻·桓部〕○｜，囊也。〔說文〕「｜，覆衣大巾也」繫傳。○｜之言般也。〔廣雅·釋器〕「｜，巾也」疏證。○｜、鞶、磐，義並與般同。〔廣雅·釋詁〕「般，大也」疏證。○｜，與㡎略同。〔說文定聲·卷一四〕

𩮀　｜，｜頭，曲髮為之。〔廣韻·桓部〕○｜，又臥髻也。（同上）○｜，所謂槃桓髻。〔說文〕「｜，臥髻也」繫傳。○〔唐韻〕又借臥髻之｜為䯿。〔說文〕「䯿，頭髮半白也」段注。

搫　｜，手不正也。〔說文〕「｜，｜擭，不正也」義證引〔玉篇〕。○｜即｜擭也。〔說文定聲·卷一四〕（「般」下）○｜，｜㧞，婉轉。〔廣韻·桓部〕○｜，一曰除也。〔集韻·桓部〕○｜，叚借為芉。〔說文定聲·卷一四〕○｜，叚借為弆。（同上）○｜，即解衣｜礴字。（同上）○｜，今俗作搬，訓遷運。（同上）

𥋡　｜，轉目視也。〔廣韻·桓部〕○｜謂目般旋而視。〔說文定聲·卷一四〕

媻　｜，小妻。〔廣韻·桓部〕○｜，奢也。（同上）又〔集韻·桓部〕。○｜｜，來往皃。〔廣雅·釋訓〕疏證。○｜｜，來往皃。〔廣韻·桓部〕○｜姍猶般旋也。〔釋訓〕「婆娑，舞也」郝疏。○｜娑，舞皃。〔說文定聲·卷一〇〕（「娑」下）○槃散、｜珊、｜姍，並與盤姍同。〔廣雅·釋訓〕「蹁躚，盤姍也」疏證。○｜珊借為蹣跚字。〔說文〕「｜，奢也」段注。○｜珊作盤跚。〔史記索隱〕「異文」雜志。○｜，或作婆。〔說文〕「｜，奢也」義證。

縏　｜，小囊。〔集韻·桓部〕○官本｜作繁。〔漢書·百官公卿表〕「一姓｜」補注。

𪐴　｜，下色。〔廣韻·桓部〕○｜姍，下色皃。〔說文〕「｜，｜姍，下色」義證引〔玉篇〕。

慲　｜，忘也。〔廣韻·桓部〕○｜，不曉了之意也。〔說文〕「｜，忘也」繫傳。○｜，粘涂不省事之謂。〔說文定聲·卷一四〕○｜兜即驩兜。〔說文〕「｜，｜兜也」義證。○｜兜蓋古語，忘之皃也，猶今人曰糊塗不省事。（同上）段注。○｜兜或作讙兜。（同上）義證。

𦿆　｜，無穿孔狀。〔廣韻·桓部〕○今以皮冒鼓曰｜，言平帖無縫也。〔說文定聲·卷一四〕○｜胡、漫胡、漫沍皆形容之語，聲義並同。〔周禮·鱉人〕「鱉人掌取互物」孫正義。○｜爰，簡牘也。〔說文〕「節，｜爰也」繫傳。○｜即芇寫誤也。〔說文〕「芇，相當也」義證。

鞔　｜，蓋也。〔慧琳音義·卷三四〕引〔考聲〕。○｜，覆也。〔卷三七〕引〔韻詮〕。○｜，｜鞋，履。〔廣韻·桓部〕○｜，蘇俗謂之鞣鞤。〔說文定聲·

卷一五〕○釘皷皮曰—鼓。〔通雅·卷四九〕○—，叚借為茻。〔說文定聲·卷一五〕

**芇**　—，相當也。〔廣韻·桓部〕○—與茻同義。〔廣雅·釋詁〕「茻，當也」疏證。○圍棋兩無勝負曰—。〔通雅·卷三五〕引〔通玄集〕。○—，俗本譌作茻。〔說文〕「—，相當也」段注。

**䙃**　—欳，亭名，在上艾。〔集韻·桓部〕

**㼋**　—故甎也。〔集韻·桓部〕○—坻，大甎。〔廣韻·桓部〕

**黺**　—，輩也。〔集韻·桓部〕引〔博雅〕。○—，一曰部也。〔同上〕○—，亦類也。〔慧琳音義·卷七四〕○—之言班也。〔廣雅·釋詁〕「—，輩也」疏證。

**華**　—，棄糞器名。〔廣韻·桓部〕○—，貯蕟其中，可推而遠棄于野也，箕小，—大。〔說文定聲·卷一四〕○—，又姓。〔集韻·桓部〕○—，呂靜作籓。（同上）

**萖**　—，蒲類。〔集韻·桓部〕○—即蒲屬也。〔說文〕「—，夫蘺也」繫傳。○白芷一名—。（同上）○—，當為莞之或體。〔說文定聲·卷一四〕○—，〔釋艸〕亦作莞。〔說文〕「—，夫離」段注。

**㚎**　—，大口也。〔說文〕「—，奢—也」義證引〔玉篇〕。又〔集韻·寒部〕。○—，或借宣字。〔說文〕「—，奢—也」義證。○—，經傳多以桓為之。〔說文定聲·卷一四〕○—，經傳多以宣為之。（同上）

**灡**　混—，猶汍灡也。〔說文定聲·卷一四〕○—，通作瀾。〔說文〕「—，潘也」義證。又（同上）句讀。又〔集韻·寒部〕。○—與瀾同。〔廣雅·釋器〕「泔、潘，灡也」疏證。

**嚻**　〔玉篇〕—與喚同。〔說文〕「—，呼也」義證。○—、喚古今字。（同上）段注。○—，字今作喚。〔說文定聲·卷一四〕○—，或作嚾。〔集韻·桓部〕

**蓴**　—，草叢生。〔說文〕「—，蒲叢也」義證引〔類篇〕。又〔集韻·桓部〕。○蒲穗形圓，故謂之—。〔廣雅·釋草〕「蒲穗謂之—」疏證。○梟葵葉團，故江南名之為—矣。—團古同聲。〔廣雅·釋草〕「虇、茆，梟葵也」疏證。○艸之聚亦曰—。〔說文定聲·卷一五〕（「傳」下）○—之為言團團然叢聚也。〔廣雅·釋草〕「蒲穗謂之—」疏證。○—、摶、敦並通。〔廣雅·釋詁〕「—，聚也」疏證。

**勯**　—，力竭也。〔集韻·寒部〕

**鱄**　—，目赤魚。〔說文〕「—，魚也」繫傳。○—，〔穀梁〕作專。〔左傳襄公二十七年經〕「衛侯之弟—出奔晉」洪詁。

**但**　—，語辭。〔廣韻·寒部〕○—，語辭也。〔集韻·寒部〕○—，辭之固也。（同上）○—，亦姓。（同上）

**侒**　—，歡也。〔集韻·桓部〕

**偳**　—，抄—。〔廣韻·桓部〕○—，人名。（同上）○—，或曰人名。〔集韻·桓部〕

**傳**　—，皆也。〔集韻·桓部〕

**僤**　—，疾也。〔集韻·寒部〕○—，明也。（同上）

**剬**　—，齊也。〔廣韻·桓部〕○—，剸齊也。〔集韻·寒部〕○—，斷齊也，猶制。〔國策·齊三〕「夫—楚者王也」鮑注。○—與剸聲亦相近。〔廣雅·釋詁〕「—，斷也」疏證。

**啴**　—，歎也。〔廣韻·寒部〕又〔集韻·寒部〕。

**圝**　—，圜也。〔集韻·桓部〕○—，亦團也。〔續音義·卷五〕引〔字書〕。○團—，圓也。〔廣韻·桓部〕

**墷**　—，土覆。〔集韻·桓部〕○—，或作墁。（同上）

**墦**　—，冢也。〔集韻·桓部〕

**媶**　—，嫰也。〔集韻·桓部〕○—，一曰怒也。〔集韻·寒部〕○—，老嫗皃。（同上）

**嬗**　—，緩也。〔廣韻·寒部〕又〔集韻·寒部〕。

**尪**　—，—服。〔廣韻·寒部〕○—，股也。〔集韻·寒部〕

**帴**　—，帗也。〔廣韻·寒部〕○—，帬也。〔集韻·寒部〕○—，婦人脅衣也。（同上）

**帵**　—，裁餘也。〔集韻·桓部〕○—，—子，裁餘。〔廣韻·桓部〕○裁衣餘帛曰—子。〔通雅·卷四九〕

**㡘**　—，—衫、—裙。〔廣韻·寒部〕

**䜌**　大帶曰—帶，又稱舞風帶。〔通雅·卷四九〕○—帶，或作鸞帶。（同上）○—，俗省作帟。（同上）

**㢆**　—，峙居也。〔廣韻·桓部〕○—，儲物也。〔集韻·桓部〕

**忨**　—，貪也。〔廣韻·桓部〕又〔集韻·桓部〕。○—、愞聲相轉。〔釋言〕「愞，—也」郝疏。

**㥶** ｜，忮也。〔集韻・寒部〕

**悹** ｜，憂也。〔廣韻・桓部〕又〔集韻・桓部〕。○｜，亦書作悺。〔同上〕

**悗** ｜，惑也。〔廣韻・桓部〕又〔集韻・桓部〕。○｜，忘情貌。〔韓子・忠孝〕「黔首｜密蠢愚」集解引舊注。○｜密謂忘情而靜謐也。〔同上〕集解引孫詒讓。○｜，此經中為悶字。〔太素・陽明脈解〕「｜則惡人」楊注。○｜，或从曼。〔集韻・桓部〕○舊校云又本｜作悦。〔呂覽・審分〕「實以過｜」校正。

**慊** ｜，情切也。〔慧琳音義・卷八三〕引考聲。

**憚** ｜，驚怛也。〔集韻・寒部〕○｜與痑亦同義。〔廣雅・釋訓〕「痑痑，疲也」疏證。○〔史記・春申君傳〕｜作單，古字假借耳。〔廣雅・釋詁〕「｜，怒也」疏證。

**⿰旱戈** ｜，｜盾。〔廣韻・寒部〕○｜者，所以自衛。〔說文定聲・卷一四〕○小者曰｜，中者曰瞂，大者曰櫓，總名曰盾。〔同上〕○｜，通作干。〔集韻・寒部〕○｜借作干。〔釋言〕「干扞也」郝疏。○｜，經傳皆以干為之。〔說文定聲・卷一四〕

**扞** ｜之言干也。〔荀子〕「白刃｜乎胷」雜志。

**捥** ｜，捩也。〔集韻・桓部〕○｜，或作拏。〔同上〕

**攔** ｜，階際木，句｜。〔廣韻・寒部〕

**攛** ｜，擲也。〔集韻・桓部〕

**⿰扌䜌** ｜，聚也。〔集韻・桓部〕○｜，擇也。〔同上〕

**攼** ｜，求也。〔集韻・寒部〕○｜，得也。〔同上〕

**胮** ｜，或作胖。〔慧琳音義・卷一〕

**⿰月曷** ｜吺，四凶之一。〔集韻・桓部〕○｜，通作鵙。〔同上〕○｜，今通作驩。〔同上〕

**⿰月單** ｜，大腹。〔廣韻・寒部〕○胍肫謂之｜。〔集韻・寒部〕

**膰** ｜，大腹。〔集韻・桓部〕

**梡** ｜，木名，子可食。〔廣韻・桓部〕○｜，木名，可食，出蒼梧。〔集韻・桓部〕

**樠** ｜，木名。〔集韻・桓部〕○｜，木名，松心。〔廣韻・桓部〕

**槫** ｜，柩車也。〔集韻・桓部〕○｜即膞也。〔說文〕「膞，小卮有耳蓋者」段注。

**檲** ｜，大木。〔集韻・桓部〕

**⿰𠦝毛** ｜，獸豪也。〔集韻・寒部〕

**⿰牛干** ｜，止牛也。〔集韻・寒部〕

**⿰犭般** ｜，｜狐，犬也。〔廣韻・桓部〕○｜狐，犬短尾。〔集韻・桓部〕

**⿰犭㒼** ｜，獸似狸也。〔廣韻・桓部〕

**畔** 洀桓、般桓、｜桓、磐桓、槃桓、盤桓，並字異而義同。〔廣雅・釋訓〕「般桓，不進也」疏證。○古｜字通作般樂之般。〔史記・吳太伯世家〕「而又可以｜乎」志疑。○｜，宜讀為般也。〔同上〕

**番** ｜禺，縣名，在南海。〔集韻・桓部〕○｜和，縣名，在張掖郡。〔同上〕

**⿸疒番** ｜，病死也。〔集韻・桓部〕○｜，棄｜。〔廣韻・桓部〕

**⿸疒亶** ｜，疫病。〔集韻・寒部〕

**⿸疒槃** ｜，痕也。〔慧琳音義・卷一四〕引〔考聲〕。

**癵** ｜，病也。〔廣韻・桓部〕○｜，瘦也。〔同上〕○｜，病也，身體拘曲手足拳曲也。〔慧琳音義・卷二四〕引顧野王。○｜，病體拘曲也。〔集韻・僊部〕○｜，通作攣。〔同上〕○｜，或作癴。〔同上〕○｜，或作⿸疒戀。〔同上〕○｜，或作孿。〔同上〕○｜，亦作⿸疒戀。〔廣韻・仙部〕

**癴** ｜者攣之俗體也。〔釋詁〕「｜，病也」郝疏。

**⿰日番** 馬作足橫行曰｜。〔集韻・桓部〕引董遇說。

**軷** ｜，膜也。〔集韻・寒部〕

**⿱干皿** ｜，盤也，大盌名也。〔廣韻・寒部〕○｜謂之槃。〔廣雅・釋器〕疏證。○｜音干戈之干。〔同上〕

**晼**　|　|，深目皃。〔集韻・桓部〕

**鬱**　|　，視也。〔集韻・桓部〕〇|　，目昏也。（同上）

**𢷎**　|　，遥捉矛也。〔集韻・桓部〕

**磻**　|　，溪名。〔集韻・桓部〕〇|　，一曰以石箸堆繁也。（同上）〇|　謂般字。〔説文定聲・卷一四〕〇|　，字亦作磐。（同上）

**稈**　|　即稭之和皮者。〔説文〕「|　，禾莖也」繫傳。

**穛**　|　，禾垂皃。〔廣韻・桓部〕〇禾垂曰|　。〔集韻・桓部〕

**穳**　|　，禾聚也。〔集韻・桓部〕〇|　，刈禾積也。〔廣韻・桓部〕〇|　，穳也。（同上）〇|　，亦作纂。〔集韻・桓部〕

**纂**　|　，同穳。〔廣韻・桓部〕

**寰**　|　，穴黑皃。〔集韻・桓部〕

**簸**　|　，篾也。〔廣韻・桓部〕〇|　，捕魚笱，其門可入不可出。（同上）〇|　，一曰捕魚笱，入而不可出。〔集韻・桓部〕〇|　籛，竹名。（同上）〇|　筡，竹篾，一曰捕魚笱。（同上）

**籛**　|　，|　笭。〔廣韻・寒部〕〇|　，竹籤也。〔集韻・寒部〕〇|　，或从粲。（同上）

**篅**　|　，竹名。〔集韻・桓部〕〇|　，竹名，出南嶺。〔廣韻・桓部〕

**籊**　|　，竹杍。〔集韻・桓部〕

**粗**　|　，白米。〔集韻・桓部〕

**粽**　|　，粉餌。〔集韻・桓部〕

**繺**　|　，亂也。〔集韻・桓部〕〇|　，理也。（同上）〇|　，古作𦆽。（同上）

**糫**　|　，|　頭，餅也。〔廣韻・桓部〕〇|　|　，飯澤。〔集韻・桓部〕

**饅**　|　，|　頭，餅也。〔集韻・桓部〕〇|　，或从麥。（同上）〇|　，糫俗字。〔廣韻・桓部〕

**綄**　|　，連也。〔廣韻・桓部〕

**繟**　|　，寬緩。〔廣韻・寒部〕〇|　，滯緩也。〔集韻・寒部〕

**緖**　|　，寃也。〔集韻・桓部〕〇|　，亂也。（同上）

**繵**　|　，繩也。〔集韻・寒部〕〇|　，一曰紫色。（同上）

**羦**　|　，野羊名。〔集韻・桓部〕〇|　，或从原。（同上）〇|　，或从元。（同上）

**羱**　|　，野羊角大。〔廣韻・桓部〕

**豩**　|　，鷙攫急疾皃。〔集韻・寒部〕

**䊐**　|　，丸屬。〔廣韻・桓部〕

**䅼**　|　，種遍皃。〔廣韻・桓部〕〇|　，偏種皃。〔集韻・桓部〕

**聅**　軍法以矢貫耳曰|　。〔廣韻・寒部〕

**癴**　|　|　，病瘠皃。〔廣韻・桓部〕〇|　|　，臞也。〔集韻・桓部〕〇|　，通作欒。〔釋詁〕「癴，病也」郝疏。又〔集韻・桓部〕。〇|　，又通作癵。〔釋詁〕「癵，病也」郝疏。〇|　，或作𤻝。〔集韻・桓部〕

**彈**　|　誕，言不正。〔集韻・寒部〕〇|　誕，言不正也。〔廣韻・寒部〕

**𦪙**　|　，舟名。〔集韻・寒部〕

**芄**　|　，艸名。〔集韻・桓部〕〇|　，或作杬。〔本草・卷一七〕

**蔓**　|　菁，菜也。〔廣韻・桓部〕〇|　菁，艸名，蕪菁也。〔集韻・桓部〕

**蒜**　|　，艸名。〔廣韻・桓部〕又〔集韻・桓部〕。

**韓**　白|　，草也。〔廣韻・寒部〕〇白|　，艸名。〔集韻・寒部〕

**欒**　|　，小臣主駕者。〔集韻・桓部〕

**鸛**　|　，艸名。〔集韻・寒部〕

**虔**　今贛州即古|　州。〔通雅・卷一〕〇|　亦有干音。（同上）

蚖　—，蛇醫也。〔慧琳音義・卷二七〕引〔玉篇〕。〇—，毒蛇。〔廣韻・桓部〕又〔集韻・桓部〕。〇—，古作螈。〔慧琳音義・卷二七〕引〔玉篇〕。

蜿　蟠—，龍皃。〔廣韻・桓部〕〇—，亦作蛩。〔集韻・桓部〕

蟤　—，魚似鮒而豕尾。〔廣韻・桓部〕〇今登萊人呼蛅蟴為—蛓。〔釋蟲〕「蟔，蛅蟴」郝疏。〇—蟭，螵蛸聲之轉也。〔釋蟲〕「其子蜱蛸」郝疏。

⿰虫寒　—⿰虫憲、地龍、蛩蟺、堅蠶、蟺螾、螳螾、朐腮附引，皆蚯蚓也。〔通雅・卷四七〕

⿱寒虫　—，蟲名。〔集韻・寒部〕〇—⿰虫憲，蚯蚓也。(同上)

蟺　—，水蟲名，似蜥蜴。〔集韻・寒部〕〇—，或作鼉。(同上)

⿸尸蟲　—，蟲名。〔集韻・寒部〕

⿸厂蠶　—，再蠶也。〔集韻・桓部〕〇—，通作螈。(同上)

巑　—，汙也。〔集韻・桓部〕

衦　—若今熨衣使展也。〔說文〕「—，摩展衣」繫傳。

槃　—，衣表也，吳俗語。〔集韻・桓部〕

縵　—，胡衣。〔集韻・桓部〕

襸　—，補也。〔集韻・桓部〕

襴　—衣，言下有欄緣也。〔通雅・卷三六〕

襴　衣與裳連曰—。〔集韻・寒部〕〇—，或省。(同上)

姍　—，豕名。〔集韻・寒部〕

賁　—，勇而疾走曰虎—。〔集韻・寬部〕〇—亦姓。(同上)〇—隅即番禺。〔通雅・卷一六〕

趯　—即摶。〔通雅・卷九〕

跘　江南謂開膝坐為—跨，山東謂之甲趺。〔說文〕「跨，踞也」義證引〔俗典〕。

踆　—，以足逆躢曰—。〔集韻・寬部〕〇—，蹲也。(同上)

蹣　—跚，行不進也。〔慧琳音義・卷八五〕引〔考聲〕。〇—跚，跛行貌。〔說文〕「跛，行不正也」義證引〔玉篇〕。

蹩　—，屈足也。〔集韻・桓部〕

蹣　—，踰也。〔集韻・桓部〕〇—，踰牆。〔廣韻・桓部〕〇—跚，跛行皃。(同上)又〔集韻・桓部〕。〇槃散，猶—跚、般旋也。〔說文定聲・卷一四〕〔「跚」下〕〇—，亦作蹣。〔集韻・桓部〕〇—，亦作跘。(同上)〇—跚與盤姍同。〔廣雅・釋訓〕「蹁躚，盤姍也」疏證。

躦　—跃，聚足。〔集韻・桓部〕〇—，或作蹲。(同上)

躼　—，此字準義合是剜字。〔慧琳音義・卷七五〕

轒　—轝，車名。〔集韻・寒部〕

鄟　—，郕—之邑。〔廣韻・桓部〕〇—，邑名，屬郕鄭。〔集韻・桓部〕

酇　—，—聚也。〔廣韻・桓部〕〇—，聚居也。〔集韻・桓部〕〇百家為—。(同上)〇—與鄽一聲之轉。〔文選・漢高祖功臣頌〕集釋。

釬　—，器也。〔集韻・寒部〕〇—，一曰急也。(同上)

鍴　—，鑽也。〔廣韻・桓部〕

鏄　—，塊鐵。〔集韻・桓部〕

鑽　—，刺也。〔廣韻・桓部〕

雗　—，鳥名，雗鸈也。〔集韻・寒部〕〇—碼，鳥，一名雗鷄。〔廣韻・寒部〕

霽　—，露皃。〔廣韻・桓部〕

溥　——，露多皃。〔集韻・桓部〕〇—，或作霽。(同上)

灢　—，雨露濃皃。〔集韻・桓部〕

醃　—，塗面。〔集韻・桓部〕

靬　—，弓衣。〔廣韻・寒部〕〇—，弓衣也。〔集韻・寒部〕〇—，乾革也。(同上)

頇　—，頭無髮皃。〔集韻・寒部〕〇顢—，大面皃。〔廣韻・寒部〕

**顢** 丨頇,大面皃。〔廣韻·桓部〕又〔集韻·寒部〕。

**⿰風專** 丨,塼風也。〔集韻·桓部〕

**飦** 丨,熼飯。〔集韻·寒部〕

**⿰飠元** 丨,餌也。〔集韻·桓部〕

**⿰馬耑** 丨,馬名。〔集韻·桓部〕

**⿰𠦝⿱𠆢馬** 丨,一曰馬毛長也。〔集韻·寒部〕〇馯丨,馬名。〔同上〕〇馯丨,蕃大馬。〔廣韻·寒部〕〇丨,多借翰字為之。〔說文〕「丨,馬毛長者也」段注。

**⿰馬寒** 丨,馬多毛。〔集韻·寒部〕

**驙** 丨,白馬黑脊。〔廣韻·寒部〕〇騏驎謂之丨。〔集韻·寒部〕

**鬘** 丨,髮美皃。〔集韻·桓部〕〇凡丨字皆當作鬗。〔說文〕「鬗,髮皃」段注引玄應。

**⿰丸鳥** 丨鴅,鳥名,鳥喙蛇尾。〔集韻·桓部〕〇丨鴅,鳥,鳥喙蛇尾也。〔廣韻·桓部〕

**鷤** 丨,雉子。〔集韻·寒部〕〇鸛丨,如鵲,短尾,射之,銜矢射人。〔廣韻·寒部〕〇丨鳺之聲轉為鷤鳺。〔釋鳥〕郝疏。

**鷷** 丨,西方雉名。〔集韻·奐部〕

**⿸鹿元** 丨,鹿一歲。〔廣韻·桓部〕〇丨,鹿三歲也。〔集韻·桓部〕

**⿰享黃** 丨,黃色。〔廣韻·桓部〕〇丨,或作䊵。〔同上〕又〔集韻·桓部〕。

**黿** 丨,大鼈。〔集韻·桓部〕〇丨,似鼈。〔廣韻·桓部〕

**⿰齒夋** 丨,齒酸也。〔集韻·桓部〕

# 續經籍籑詁卷第十五

上平聲

## 十五　删

**删** 丨,削也。〔慧琳音義·卷六四〕引〔集訓〕。〇丨,除削也。〔廣韻·删部〕〇丨,剟也。〔慧琳音義·卷六四〕引〔訓文〕。〇丨,除也。〔同上〕引〔韻詮〕。又〔說文〕「丨,剟也」義證引〔三蒼〕。〇丨,定也。〔廣韻·删部〕〇凡刊落不用者皆謂之丨。〔說文〕「丨,剟也」段注。

**潸** 丨,出涕皃。〔廣韻·删部〕〇丨,涕下貌。〔詩·大東〕「丨焉出涕」朱傳。

**關** 丨,持門橫木。〔墨子·備城門〕「門植丨必環錮」閒詁。〇〔說文定聲·卷一四〕橫木為丨。〔說文〕「丨,以木橫持門户也」。〇丨者,所以拒門之木。〔說文〕「丨,以木橫持門户也」義證引顧炎武。〇丨,以木橫持門户也。〔義府·卷下〕〇以木橫持門户曰丨。〔說文〕「扛,橫丨對舉也」段注。〇丨者,橫物,即今之門欘。〔說文〕「闌,丨下牡也」段注。〇丨,今呼腰丨。〔說文〕「丨,以木橫持門户也」義證。〇丨,隔也,礙也。〔慧琳音義·卷一三〕引〔考聲〕。〇丨,扃也。〔慧琳音義·卷一二〕引〔聲類〕。又〔說文〕「丨,以木橫持門户也」義證引〔玉篇〕。〇丨,鑰。〔楚辭·招魂〕「虎豹九丨」補注引五臣。〇丨者,界上之門。〔大戴·主言〕「昔者明主丨譏而不征」王詁。〇丨猶城也。〔太玄·閑〕「赤臭播丨」平議。〇凡立乎此而交彼曰丨。〔說文〕「丨,以木橫持門户也」段注。〇丨,凡兩相交曰丨。〔說文〕「彎,持弓丨矢也」段注。〇丨,通也。〔大戴·子張問入官〕「察一而丨於多」王詁。又〔漢書·王褒傳〕「進退得丨其忠」補注。又〔佞幸傳〕「公卿皆因丨說」補注。又〔通鑑·漢紀三一〕「得吏民與郎交丨謗毀者數千章」音注。〇丨猶通也。〔漢書·郊祀志〕「因巫為主人,丨飲食」補注。〇丨,通白也。〔漢書·石奮傳〕「事不丨決於慶」補注。又〔王嘉傳〕「欲丨公卿示重慎」補注。〇凡通言於上曰丨。〔荀子〕「丨內」雜志。〇丨與納義相近,故字亦相通。〔同上〕〇〔說文定聲·卷一四〕事不覿面,相隔而由中人以通達謂之丨。〔史記·梁孝王世家〕「有所丨說于景帝」。〇丨,會也。〔通鑑·漢紀二七〕「欲丨公卿」音注。〇丨,引申之曰丨閉、曰機丨、曰丨白、曰丨藏。〔說文〕「丨,以木橫持門户也」段注。〇丨,四支也。〔太素·五節刺〕「刺丨節之支絡也」楊注。〇丨,即函谷丨。〔韓子·存韓〕「以嚮秦軍於丨下矣」集解。〇丨說即通說。〔漢書·梁孝王傳〕「大臣及爰盎等有所丨說於帝」補注引王先慎。〇丨白即通白,與丨說義同。〔同上〕〇〔通雅·卷五〕丨戾,機捩也。〔杜陽雜編〕「丨戾在鍾地」。〇丨籥即管鑰。〔墨子·備城門〕「方尚必為丨籥」閒詁引蘇時學。〇丨中,猶云扃中。

〔墨子·貴義〕「丨中載書甚多」閒詁引畢沅。〇造請權要曰丨節。〔通雅·卷二三〕〇〔通雅·卷二六〕丨策猶丨說也，或曰交丨。〔谷永傳〕「無所丨策」。〇〔說文定聲·卷一三〕閒丨，乃轄與轂相擊之聲。〔詩〕「閒丨車之舝兮」。（「轄」下）〇丨丨，雌雄相應之和聲也。〔詩·關雎〕「丨丨雎鳩」朱傳。〇丨丨，謂鳥聲之兩相和悅也。（同上）集疏。〇丨丨噰噰者，鳥聲之和也。〔釋詁〕「丨丨噰噰，音聲和也」郝疏。〇丨，閉也，丨內者，謂掩閉其邪志。〔荀子·臣道〕「而能化易時丨內之」集解引郝懿行。〇丨與貫通。〔大戴·子張問入官〕「察一而丨于多」述聞。〇彎、丨、貫並通。〔廣雅·釋詁一〕「彎，引也」疏證。〇〔說文定聲·卷一四〕丨，假借為彎。〔左傳昭公二一年〕「豹則丨矣」。〇（同上）丨，假借為貫。〔書大傳〕「雖禽獸之聲猶悉丨于律」。〇或假貫為丨。〔說文〕「彎，持弓丨矢也」段注。〇丨，假借為絣，今機丨字當取義于杼軸。〔說文定聲·卷一四〕〇丨，假借為豢。〔說文定聲·卷一四〕〇丨與貫同。〔大戴·子張問入官〕「而丨於多」述聞。〇丨與彎同。〔孟子·告子下〕「越人丨弓而射之」朱注。〇丨讀為管，管即鎖。〔墨子·備穴〕「為之户及丨籥」閒詁。〇丨，古讀如管。〔詩·關雎〕「丨丨雎鳩」陳疏。〇丨即管字假音。〔墨子·耕柱〕「周公旦非丨叔」閒詁引畢沅。〇丨，讀為絣。〔詩·車舝〕「閒丨車之舝兮」陳疏。〇丨括聲之轉。〔方言一二〕「括、丨，閉也」箋疏。〇〔月令〕丨作管。〔呂覽·孟冬〕「慎丨籥」校正。〇丨，〔通俗文〕作欄。〔說文〕「丨，以木橫持門户也」段注。〇〔說文定聲·卷一四〕丨，字亦作攔。〔太玄·元攡〕「攔神明而定摹」。〇関，丨俗字。〔廣韻·刪部〕〇乾道本丨作闗。〔韓子·存韓〕「以嚮秦軍於丨下矣」集解。

**寰** 丨，病也。〔廣韻·刪部〕

**彎** 引弓將滿，是之謂丨。〔說文〕「丨，持弓關矢也」段注。〇已滿曰丨。〔說文定聲·卷一六〕（「引」下）〇丨，挽弓曲勢也。〔續音義·卷五〕引〔切韻〕。〇丨亦抓也，語之轉耳。〔廣雅·釋詁一〕「丨，引也」疏證。〇丨，環曲兒。〔續音義·卷五〕引〔考聲〕。〇丨即關。〔文選·過秦論〕「士不敢丨弓而報怨」集釋。〇丨碕，險峻也。〔文選·吳都賦〕「左稱丨碕」補正引董潮。〇丨關貫三字音近通用。〔文選·過秦論〕「士不敢丨弓而報怨」集釋。〇丨、關，貫並通。〔廣雅·釋詁一〕「丨，引也」疏證。〇丨，經傳多以關為之。〔說文定聲·卷一四〕〇丨弓，〔陳涉世家贊〕作貫弓。〔漢書·項籍傳〕「士不敢丨弓而報怨」補注。

**闤** 丨，市垣也。〔集韻·刪部〕〇市墻曰丨。〔說文〕「營，市居也」義證引〔古今注〕。又〔說文〕「闠，市外門也」義證引〔古今注〕。〇市巷謂之丨。〔說文〕「市，買賣所之也」義證引「纂要」。又〔說文〕「闠，市外門也」義證引〔纂要〕。〇丨闠，丨，市垣也，闠，市門也。〔廣韻·刪部〕引〔古今注〕。〇丨，即繯字之俗體。〔說文定聲·卷一四〕



**還** 丨，反。〔詩·何人斯〕「爾丨而入」朱傳。〇丨，反也。〔廣韻·刪部〕〇丨丨，反顧也。〔國策·秦策三〕「盡公不丨私」鮑注。〇丨，反，言改事也。〔國策·秦策四〕「吾將丨其委質」鮑注。〇丨，復也。〔廣韻·刪部〕〇丨者，復也。〔說文〕「望，出亡在外，望其丨也」段注。又〔說文〕「轉，丨也」段注。〇丨，退也，顧也。〔廣韻·刪部〕〇丨猶歸也。〔詩·十畝之閒〕「行與子丨兮」朱傳。〇丨者，今之環字，旋也。〔說文〕「般，辟也」段注。〇丨當音旋，義同。〔國策·燕策二〕「丨而視之」補正。〇善曰丨，不善曰復。〔公羊傳宣公一六年〕「丨者何」陳疏引孔廣森。〇丨謂轉車就旁側也。〔禮記·少儀〕「然後丨立」集解。〇丨，義與旋同。〔廣雅·釋詁二〕「旋，短也」疏證。〇丨與儇聲近而義同。〔荀子〕「靡之環之」雜志。〇丨走，反走也。〔韓子·喻老〕「扁鵲望桓侯而丨走」集解。〇般丨班古字通用。〔釋言〕「般，丨也」邵正義。〇〔說文定聲·卷一四〕丨，假借為繯。〔左傳襄公一〇年〕「丨鄭而南」。〇丨與環同。〔漢書·食貨志〕「丨廬樹桑」補注引錢大昕。又〔述聞·卷二二〕。〇環丨同字。〔國策〕「秦王丨柱而走」札記。〇丨讀為營。〔荀子〕「不丨秩」雜志。又〔荀子〕「丨主」雜志。〇丨當讀為環。〔管子·山至數〕「內則大夫自丨」平議。〇丨與旋古同聲。〔方言一三〕注「便旋，庳小貌也」箋疏。〇丨音旋。〔詩·出車〕「薄言丨歸」朱傳。〇丨，通作環，又通作旋。〔釋言〕「丨，返也」郝疏。〇丨，即今環字。〔說文〕「轉，丨也」段注。〇丨，亦作環。〔方言一三〕「丨，積也」箋疏。〇丨環古今字。〔說文〕「繯，落也」段注。〇〔周禮〕注引丨作旋。〔管子·弟子職〕「周丨而貳」義證引孫星衍。〇丨，當作遠。〔漢書·吳王傳〕「漢兵丨」補注引王念孫。〇丨，當為遝。〔賈子·容經〕「怮然懾然若不丨」平議。〇丨，當為遝字，遝與逮同。〔漢書·天文志〕「太白丨之」補注引王念孫。〇丨乃遝字之誤。〔賈子·禮〕「禮者，所以節義而沒不丨也」平議。〇浙本丨作遷。〔漢書·孔光傳〕「故霸丨長子福名數於魯」補注。

**環** 丨，玉丨。〔廣韻·刪部〕〇肉好若一謂之丨，言孔及質廣狹豐殺正齊也。〔說文〕「丨，璧也，肉好若一謂之環」義證引〔急就篇〕顏注。〇丨，圜也。〔孟子·公孫丑下〕「夫丨而攻之」朱注。〇丨引申為圜繞無端之義。〔說文〕「丨，璧肉好若一謂之丨」段注。〇〔說文定聲·卷一四〕丨猶籠絡也。〔荀子·臣道〕「丨主圖私為務」。〇丨者，還也。〔漢書·李廣傳〕「而數數自循其刀丨」補注引周壽昌。〇丨與捐皆圓貌也。〔釋器〕「丨謂之捐」述聞。〇市墻曰丨。〔說文定聲·卷一二〕（「闤」下）〇市營曰丨，亦作闤。〔說文定聲·卷一七〕（「營」下）〇刀本曰丨，人所捧握也。〔說文〕「琫，佩刀上飾也」段注。〇丨與營同義。〔管子〕「丨其私」雜志。〇丨與察同義，蓋取圍丨巡察之義。〔周官·夏官序官〕「丨人」平議。〇丨之言營也。〔管子〕「丨其私」雜志。〇丨衛即營衛。（同上）〇丨繞即營繞。（同上）〇丨域，猶言圍繞之界。〔左傳文公一四年經〕疏證。〇以圓丨內空體無際，故曰丨中。〔莊子·齊物論〕「樞始得其丨中」集釋引古注。〇〔說文定聲·卷一四〕丨，假借為還。〔大戴·保傳〕「亟顧丨面」。〇（同上）丨，假借為旋、為轉。〔周禮·樂師〕「一拜以鐘鼓為節」。○〔同上〕一，假借為懁、為趯。〔周禮·夏官〕「一人」。○〔同上〕一，假借為繯。〔齊語〕「一山于有牢」。○一與還同。〔左傳襄公一〇年〕「諸侯之師還鄭而南」疏證引李貽德。○一與圜同。〔廣雅·釋詁三〕「圜，圓也」疏證。○一讀為營。〔管子·五行〕「地競一」義證。又〔韓子·人主〕「得勢擅事以一其私」集解。○一讀為營，營，惑也。〔荀子〕「一主」雜志。○一讀曰還。〔大戴·保傅〕「步一中規」王詁。○一與扃音相近。〔墨子·備城門〕「門植關必一固」閒詁引畢沅。○〔說文定聲·卷一四〕一，字亦作寰。〔穀梁傳隱公元年〕「寰內諸侯」。○一字亦作還。〔管子〕「一其私」雜志。○〔公羊〕一作瑗。〔左傳襄公一九年經〕「齊侯一卒」洪詁。○睘一義同。〔墨子·節葬下〕「使人三睘」閒詁。

**鬟**　一，髻一。〔廣韻·刪部〕

**鐶**　一，指一。〔廣韻·刪部〕○一，刀一。〔國策·齊策五〕「一鉉絕」鮑注。○劍首或謂之一。〔考工記〕孫正義引金榜。○一，古通作環。〔廣雅·釋器〕「鏁，一也」疏證。

**鍰**　六兩曰一，一，黃鐵也，一曰錢也。〔廣韻·刪部〕○一者，一千一百五十二黍之重，二十五一而成十二兩。〔呂刑〕之一當作鋝，〔考工·弓人〕之鋝當作一。〔說文定聲·卷一四〕○一，假借為環。〔同上〕○垸，一假借字也。〔說文〕「鋝，十銖二十五分之十三也」義證引戴震。○一，讀如丸。〔同上〕○〔說文定聲·卷一四〕一，以垸為之。〔考工·冶氏〕「重三垸」。○〔同上〕一，以鐉為之。〔書大傳〕「死罪罰二千鐉」。○〔同上〕一，以選為之。〔漢書·蕭望之傳〕「金選」。○一，今文作率，或作選，或作鐉。〔書·呂刑下〕「其罰百一」孫疏。○一，當為鋝，率，假借字也。〔書·呂刑下〕注「史遷一作率」孫疏。

**寰**　一，圻也，天子千里封域也。〔慧琳音義·卷四〕引〔桂苑珠叢〕。○一，國之境內也，又圻內也。〔慧琳音義·卷七七〕引〔文字典說〕。○一，王者封畿內縣。〔廣韻·刪部〕○古書縣邑皆作一。〔說文〕「縣，繫也」繫傳。○一通作縣。〔左傳宣公一一年〕「轘諸栗門，而縣陳」疏證引〔集韻〕。

**圜**　一，一圍。〔廣韻·刪部〕○一圍義通。〔考工記〕「以其一為之深而一之」孫正義。○渾圓曰一。〔說文定聲·卷一四〕○一則天也。〔屈賦·天問〕「一則九重，孰營度之」戴注。○一與圓同，天體也。〔楚辭·天問〕「一則九重」補注引〔說文〕。○一案謂案曲抱也。〔說文〕「檈，一案」繫傳。○〔說文定聲·卷一四〕一，假借為繯。〔漢書·郊祀志〕注「一，繞也」。○一與圓聲相近，古無圓字，故借一為之。〔漢書〕「一水」雜志。○環與一同。〔廣雅·釋詁三〕「一，圓也」疏證。○寰陽即一陽。〔漢書·地理志〕「一陽」補注引段玉裁。○一，當為環。〔說文〕「圓，一全也」義證。○一，當作圂。〔墨子·旗幟〕「三十步而為之一」閒詁。

**班**　一，分也。〔楚辭·天問〕「何往營一祿」補注。○一，布也。〔通鑑·陳紀七〕「分遣大使以盟誓一下四方」音注。○一，布告也。〔漢書〕「辨告」雜志。○一，次也。〔左傳文公六年〕「一在九人」洪詁引服虔。○一，列也。〔孟子·萬章下〕「周室一爵祿也」朱注。又〔通鑑·唐紀六〕「一劍四十人」音注。○一，齊等之貌。〔孟子·公孫丑上〕「若是一乎」朱注。○一者，謂貴賤之差等耳。〔文選·藉田賦〕「貴賤以一」集釋。○一，徧也。〔大戴·虞戴德〕「可以一乎」王詁。○一有偏義。〔釋言〕「一，賦也」郝疏。○一者，有差等而偏分之辭也。〔公羊傳僖公三一年〕「一其所取侵地于諸侯」陳疏引孔廣森。○一，亦均也。〔述聞·卷二二〕○相牽不進曰一。〔屈賦·遠遊〕「一曼衍而方行」戴注。○一魚即魵魚也。〔說文〕「魵，魵魚也」段注。○一與般通。〔廣雅·釋詁四〕「般，還也」疏證。○一與般古通。〔說文〕「磑，古者公輸一作磑」段注。○一與斑通。〔廣雅·釋詁一〕「斑，分也」疏證。○般還一古字通用。〔釋言〕「一，賦也」邵正義。○一、般、還古字通。〔左傳襄公一八年〕「有一馬之聲」洪詁。○〔說文定聲·卷一四〕一，假借為分。〔小爾雅·廣詁〕「一，次也」。○〔同上〕一，假借為攽。〔釋言〕「一，賦也」。○〔同上〕一，假借為糞。〔廣雅·釋詁三〕「一，布也」。○〔同上〕一，假借為彪。〔漢書·叙傳〕「楚人謂虎文一」。○〔同上〕一，假借為般。〔左傳襄公一〇年〕「請一師」。○一為般旋字之假借。〔文選·封禪文〕集釋。○一與彪，同類之假借也。〔說文〕「彪，虎文彪也」段注。○一即辨字之假借，今之斑字也。〔說文〕「陧，危也」段注。○一、辨同。〔說文〕「辨，判也」義證。○一亦與辯同。〔荀子〕「辨」雜志。○〔春秋傳〕作般，與一同。〔漢書·叙傳〕「楚人謂虎一」補注引何焯。○一讀曰辨，辨治同義。〔荀子·君道〕「善一治人者也」集解。○一，通作頒。〔釋言〕「一，賦也」郝疏。○一通作朌，又通作頒。〔釋言〕「一，賦也」邵正義。○一，諸刊本作斑。〔左傳文公一一年〕「禦之耏一」洪詁。○〔說苑·政理〕作族姓變立，變立即古文一位字也。〔左傳襄公三一年〕「辨於其大夫之族姓一位貴賤能否」洪詁引惠棟。

**斑**　一，駁文也。〔離騷〕「一陸離其上下」補注。○一，駁也，文也。〔廣韻·刪部〕○一，文玉也。〔慧琳音義·卷六一〕引〔考聲〕。○一，文彰皃也。〔卷八八〕引〔大呂〕。○一魚即魵魚。〔釋魚〕「魵，鰕」郝疏。○一猫，味辛寒，有毒，一名龍尾。〔說文〕「螌，螌蝥，毒蟲也」段注引〔本艸經〕。○一猫，螌蝥俗字也。〔同上〕○班與一通。〔廣雅·釋詁一〕「一，分也」疏證。○一與班同。〔廣雅·釋詁三〕「一，次也」疏證。○一者，辬之俗，今乃一行而辬廢矣。〔說文〕「辬，駁文也」段注。○官本一作班。〔漢書·食貨志〕「一白不提挈」補注。○官本一俱作班。〔漢書·公孫弘傳〕「待詔金馬門」補注。○〔史記〕一作斒。〔漢書·司馬相如傳〕「被一文」補注。○辬同一。〔廣韻·刪部〕

辬丨，引伸為凡不純之稱。〔說文〕「丨，駁文也」段注。○丨、斑、頒、般、賁，並字異而義同。〔廣雅・釋詁三〕「丨，文也」疏證。○丨華，文麗也。〔說文〕「丨，駁文也」義證引〔纂文〕。○丨華，丨駁華麗也。〔文選・西京賦〕「上丨華以交紛」補正引〔丹鉛録〕。○〔說文定聲・卷一六〕丨，假借為辨，為班。〔廣雅・釋詁一〕「斑，分也」。○丨，或假班為之。〔說文〕「丨，駁文也」段注。○丨，古斑字。〔文選・西京賦〕「上丨華以交紛」補正。○丨，或作斑。〔說文〕「丨，駁文也」義證。○丨，今作斑也。〔說文〕「丨，駁文也」繫傳。○〔說文定聲・卷一六〕丨，字亦作編。〔通俗文〕「文章謂之編斕」。○丨，又通作般。〔說文〕「丨，駁文也」義證。○丨，又通作賁。〔同上〕○丨之字多或體，〔易卦〕之賁字，〔上林賦〕之編字，〔史記〕璸編，〔漢書〕、〔文選〕玢豳，俗用之斑字皆是。〔說文〕「丨，駁文也」段注。

頒丨，魚大首。〔廣韻・文部〕○丨，大首貌。〔詩・魚藻〕「有丨其首」朱傳。又〔說文〕「丨，大頭也」義證引〔類篇〕。○頟兩旁曰丨。〔說文〕「丨，一曰鬢也」義證引〔洪武正韻〕。○丨，布也。〔廣韻・刪部〕○丨，分也。〔禮記・祭義〕「丨禽隆諸長者」集解。○丨，賜也。〔廣韻・刪部〕○常賜謂之丨。〔周禮・膳夫〕「凡肉脩之丨賜皆掌之」孫正義。○丨，衆皃。〔廣韻・文部〕○丨、班義通。〔周禮・宮伯〕「以時丨其衣裘」孫正義。○丨與班古字通。〔禮記・玉藻〕釋文「須音班」述聞。○刌、攽、丨聲近義同。〔廣雅・釋詁一〕「刌，分也」疏證。○辬、斑、丨、般、賁，並字異而義同。〔廣雅・釋詁三〕「辬，文也」疏證。○頭黑白半曰丨，亦辬之假借字。〔說文〕「辬，駁文也」段注。○假丨為翬也。〔說文〕「丨，大頭也」段注。○假丨丨為班也。〔同上〕○〔說文定聲・卷一五〕丨，假借為糞。〔書・洛誥〕「乃惟孺子丨」。○〔同上〕丨，假借為辬，為翬。〔說文〕「丨，一曰鬢也」。○〔同上〕丨，假借為攽。〔周禮・大宰〕「匪丨之式」。○〔同上〕丨，謂借為豶。〔詩・魚藻〕「有丨其首」。○丨與斑同，老人頭半白黑也。〔孟子・梁惠王上〕「丨白者不負戴於道路矣」朱注。○丨通作汾。〔說文〕「丨，大頭也」義證。○丨通作墳。〔同上〕○〔說文定聲・卷一五〕丨，以墳為之。〔詩・苕之華〕「牂羊墳首」。○丨，魯作賁。〔詩・魚藻〕「有丨其首」集疏。

般丨，以次相連而行。〔漢書・司馬相如傳〕「丨乎裔裔」補注。○丨，還師，亦作班師。〔廣韻・刪部〕○丨，還也，通作班。〔集韻・刪部〕○丨僧伽胝，梵語大衣名也，或云僧伽梨，是佛所披袈裟也。〔慧琳音義・卷二〕○經典丨、斑、班字皆通用。〔漢書・賈誼傳〕「丨紛紛其離此郵兮」補注。○經典多借丨為班。〔文選・封禪文〕「丨丨之獸」集釋。○〔說文定聲・卷一四〕丨，假借為班。〔漢書・禮樂志〕「丨裔裔」。○丨班異文。〔左傳宣公四年〕「鬭丨為令尹」疏證。○丨通作班。〔說文〕「丨，辟也」義證。○丨通作盤。〔同上〕○丨，或作跘。〔同上〕○本書班作丨。〔漢書・禮樂志〕「丨裔裔」補注。○官本丨作盤。〔漢書・翼奉傳〕「丨庚遷殷」補注。○〔外傳〕丨作班。〔左傳僖公二八年〕「門尹丨如晉師」洪詁。○丨師，〔史記〕作班師。〔左傳哀公一七年〕「丨師而還」洪詁。○世子丨，〔白虎通〕作世子班。〔左傳襄公三〇年經〕「蔡世子丨弒其君固」洪詁。

蠻丨，南丨。〔論語・衛靈公〕「雖丨貊之邦行矣」朱注。○丨，南丨也。〔詩・角弓〕「如丨如髦」朱傳。○丨，南夷名。〔廣韻・刪部〕○丨者，夷狄通稱，故匈奴亦謂之丨。〔漢書・康居國傳〕「匈奴百丨大國」補注引徐松。○外夷相謂為丨。〔漢書・匈奴傳〕「故有威名於百丨」補注引周壽昌。○古人單稱夷及丨，皆可為四裔之通號。〔史記・匈奴傳〕「居于北丨」志疑。○丨荆，荆州之丨也。〔詩・采芑〕「蠢爾丨荆」朱傳。○丨荆原作荆丨。〔同上〕集疏。○丨者，文皃，日將入而色有異也。〔說文〕「𧍷，日且昏時也」段注。○丨、髦皆無知之名。〔詩・角弓〕「如丨如髦」集疏引黃山。○〔說文定聲・卷一四〕丨，以慢為訓。〔漢書・地理志〕注「丨謂以文德丨幕而覆之」。○丨之言慢易也。〔廣雅・釋詁三〕「丨，傷也」疏證。○丨，即鶼鶼也。〔通雅・卷四五〕○〔說文定聲・卷一四〕丨，假借為變。〔廣雅・釋詁三〕「丨，傷也」。○〔同上〕丨，假借為曼。〔左傳昭公一六年〕「楚子誘戎丨子殺之」。○丨、麻讀聲近也。〔漢書・地理志〕「丨中，故戎丨子國」補注。○丨來當為䜌來。〔說文〕「䜌，一曰不絕也」義證。○戎丨子，〔公羊〕作戎曼子，〔郡國志〕引〔左傳〕作鄤子。〔左傳昭公一六年經〕「楚子誘戎丨子弒之」洪詁。

顏丨，丨頟。〔廣韻・刪部〕○丨，頟也。〔說文〕「面，丨前也」繫傳。○頟角曰丨。〔說文〕「丨，眉目之間也」義證引〔增韻〕。○丨，眉上也。〔太素・經筋〕「上頭下丨」楊注。○頟之中曰丨、曰庭，眉目間亦通曰丨。〔漢書・高帝紀〕「隆準而龍丨」補注引沈彤。○庭謂之丨。〔屈賦・遠遊〕「玉色頩以晚丨兮」戴注。○頟謂之丨題。〔廣雅・釋親〕「丨題，頟也」疏證。○丨，高不平也。〔述聞・卷二二〕○丨之言氣畔也。〔說文〕「丨，眉目之間也」義證引〔春秋元命苞〕。○丨，丨容。〔廣韻・刪部〕○丨，容也。〔楚辭・九辯〕「丨淫溢而將罷兮」補注引五臣。○凡羞媿喜憂必形於丨，謂之丨色。〔說文〕「丨，眉之間也」段注。○丨色，人之儀節也。〔說文〕「色，丨氣也」繫傳。○丨、岸古字通。〔述聞・卷二二〕○〔說文定聲・卷一四〕丨，假借為雁。〔漢書・嚴助傳〕「以逆執事之丨行」。○丨與岸同。〔史記・河渠書〕「自徵引洛水至商丨山下」志疑。○丨、岸一音之轉。〔漢書・古今人表〕「屠丨賈」補注。○丨、雁一聲之轉，丨之為雁，猶岸之為丨，皆以聲轉通用。〔漢書・嚴助傳〕「徼幸以逆執事之丨行」補注。

姦丨，私也，詐也。〔廣韻・刪部〕○於外為丨。〔說文〕「𤔔，治也」繫傳。○引申為凡丨宄之稱。〔說文〕「丨，厶也」段注。○丨色即閒色。〔說文〕「紫，帛青赤色」義證引楊慎。○正色之外雜互而成者曰丨色。〔同上〕○〔說文定聲・卷一四〕丨，假借為干。〔淮南・主術〕「各守其職，不得相丨」。○丨，讀曰奸，奸，犯也。〔禮記・樂記〕「八風從律而不丨」述聞。○丨，俗作姧。〔說文〕「丨，厶也」段注。○丨，後用奸字。〔同上〕

菅丨，草名。〔廣韻・刪部〕○丨，草茅類也，其葉如刃。〔慧琳音義・卷七五〕引〔考聲〕。○丨，白花茅也，或作葌。〔慧琳音義・卷七九〕引〔韻英〕。

〇〔說文定聲・卷一四〕已漚之茅曰｜，故未漚之茅曰野｜。〔釋草〕「白華，野｜」。〇｜、茅同類，亦可通名。〔廣雅・釋草〕「｜，茅也」疏證。〇〔通雅・卷四二〕｜，芒也。〔詩〕「漚｜」。〇〔說文定聲・卷一四〕｜，假借為蕑，即蘭。〔漢書・地理志〕「方秉｜兮」。〇(同上)｜，假借為姦。〔管子・牧民〕「野蕪曠則民乃｜」。〇｜，一作葌。〔楚辭・招魂〕「蘩｜是食兮」補注。

攀 ｜，引也。〔慧琳音義・卷四〕引〔古今正字〕。又〔廣韻・刪部〕。〇｜，戀也。〔續音義・卷九〕引〔切韻〕。〇今俗語以手開門曰｜開。〔說文〕「閞，从門，从𠬜」段注。〇｜同扳。〔廣韻・刪部〕又〔集韻・刪部〕。

𠬜 ｜，引也。〔文選・上林賦〕「仰｜橑而捫天」集釋引〔說文〕。〇｜者，今之攀字，引也，讀如班。〔說文〕「閞，虞書曰闢四門，从門，从｜」段注。〇｜，古攀字也。〔文選・上林賦〕「仰｜橑而捫天」注引晉灼。〇｜，或作攀、扳。〔集韻・刪部〕〇｜字或作扳。〔說文〕「｜，引也」義證。

頑 〔說文定聲・卷一四〕｜謂頭梱鈍不銳。〔說文〕「｜，梱頭也」。〇｜之義為鈍。〔孟子・萬章下〕「｜夫廉」焦正義。〇｜，愚也。〔慧琳音義・卷六六〕引〔考聲〕。〇｜，｜愚。〔廣韻・刪部〕〇｜，以為愚魯之稱。〔說文〕「｜，梱頭也」段注。〇｜者，無知覺。〔孟子・萬章下〕「｜夫廉」朱注。〇｜字，古皆是貪字。〔孟子・萬章下〕「｜夫廉」焦正義引毛奇齡。〇｜有衆義。〔書・周書序〕「遷殷｜民」孫疏。〇｜以元為聲，元元即衆民也。〔書・皋陶謨〕注「史遷庶｜作諸衆」孫疏。〇〔皋陶謨〕「庶｜讒說」，〔史記〕釋為「諸衆讒嬖」。〔書・周書序〕「遷殷｜民」孫疏。〇〔說文定聲・卷一四〕｜，假借為忨。〔孟子〕「｜夫廉」。〇｜、惲亦聲之轉。〔左傳成公一〇年〕「立髡｜」疏證引李富孫。〇｜、原音相近。(同上)〇〔公〕、〔穀〕髡｜皆作髡原。〔左傳襄公七年經〕「鄭伯髡｜如會」洪詁。

山 積石曰｜。〔大戴・千乘〕「準揆｜林」王詁。〇｜之為言宣也，含澤布氣調五行也。〔說文〕「｜，宣也」義證引〔春秋說題辭〕。〇｜者，氣之苞，所以含精藏雲，故觸石而出。〔說文〕「｜，宣也」義證引〔春秋元命苞〕。〇｜，縣，屬南陽。〔史記・惠景間侯者年表〕「｜都」志疑。〇出錢給文書得出沐，曰｜郎。〔通雅・卷二七〕〇漢世謂關外為｜東。〔漢書・溝洫志〕「而｜東從汚無限」補注。〇｜頭，俗語墻之宧高處也。〔說文〕「垛，門堂孰也」段注。〇｜罍，罇也。〔廣雅・釋器〕疏證。〇｜脊，今之衝坂也。〔通雅・卷一七〕〇兩｜相竝，故曰兼｜。〔易・艮〕「兼｜艮」李疏。〇｜柰，俗謁為三柰，又謁為三賴，皆土音也，或云本名｜辣，南人舌音呼｜為三，呼辣如賴，故致謬誤。〔本草・卷一四〕〇｜樝，大者高丈許，謂之棠梂。〔說文定聲・卷六〕(「聊」下)〇｜薑，即〔爾雅〕之｜薊，今白术也。〔說文定聲・卷一八〕(「薑」下)〇｜獺，一名插翹。〔通雅・卷四六〕引范成大〔虞衡志〕。〇蜥蜴，總曰螭，大者曰｜龍子。〔通雅・卷四七〕〇｜當為虛。〔說文〕「河，水出焞煌塞外昆侖｜」義證。



鰥 ｜即大魚之｜。〔字詁〕〇｜，今揚州人謂之鯶子魚，聲如混，或如衮。〔詩・敝笱〕「其魚魴｜」述聞。〇｜，即鯤字。〔詩・敝笱〕「其魚魴｜」通釋。〇｜，魚名，魚目不閉。無妻之人，愁悒不能寐，目恒｜｜然，故曰｜。〔禮記・王制〕「老而無妻者謂之矜」集解。〇｜，｜寡。〔廣韻・山部〕〇老而無妻曰｜。〔詩・鴻雁〕「哀此｜寡」朱傳。〇其性獨行，故曰｜。〔本草・卷四四〕〇｜為離家行役之人。〔書・召誥〕注「瘝一作｜」孫疏。〇｜、寡、孤一聲之轉，皆與獨同義。〔廣雅・釋詁三〕「孤、寡，獨也」疏證。〇｜即瘝。〔釋詁〕「｜，病也」鄭注。〇矜｜通字。〔書・堯典上〕注「｜作矜」孫疏。〇古文｜，矜音，字蓋通用。〔漢書・雋疏于薛平彭傳贊〕「于定國父子哀｜哲獄」補注引劉奉世。〇〔詩・大雅〕｜作矜，古字通也。〔左傳昭公元年〕「不侮｜寡」洪詁。〇〔說文定聲・卷一五〕｜，假借為矜，實為憐，當為悳。〔釋詁〕「｜，病也」。〇(同上)｜，借為卵。〔詩・敝笱〕箋「｜，魚子也」。〇｜多假借為｜寡字。〔說文〕「｜，｜魚也」段注。〇〔說文定聲・卷一五〕｜，以矜為之。〔禮記・王制〕「老而無妻者謂之矜」。〇(同上)｜，蓋以擐為之。〔禮記・內則〕注「鯤或作擐」。〇(同上)｜，字亦作瘝，或作癏。〔書・康誥〕「恫瘝乃身」。〇(同上)｜，又作鱞。〔詩・桃夭序〕「國無鱞民」。〇鯇，或作｜。〔詩・敝笱〕「其魚魴｜」述聞。〇｜，字又作鯤。(同上)〇｜，經典通作矜，別作瘝。〔釋詁〕「｜，病也」郝疏。〇〔石經〕｜作矜。〔書・無逸〕注「｜，一作矜」孫疏。〇三家｜作鯤。〔詩・敝笱〕「其魚魴｜」集疏。〇｜寡字蓋古祇作矜，矜即憐之叚借。〔說文〕「｜，｜魚也」段注。

間 ｜，｜隙也，又中｜也。〔通鑑・周紀三〕「王以其｜伐韓」音注。〇｜，隙也，從空隙之路而行也。〔通鑑・周紀四〕「懷王從｜道走趙」音注。〇｜，隙也，近也，又中｜。〔廣韻・山部〕〇｜，暇隙也。〔國策・秦策三〕「願少賜游觀之｜」鮑注。〇請｜之｜，暇隙也。〔國策・秦策二〕「與之｜」鮑注。〇｜猶頃也。〔國策・燕策二〕「臣｜離齊趙」鮑注。〇｜為中也。〔管子〕「庸田」雜志。〇｜，異也。〔通鑑・梁紀一一〕「人無｜言」音注。〇｜，亂。〔左傳定公四年〕「惎｜王室」洪詁引賈逵。〇｜，私見之。〔國策・魏策一〕「｜齊行人以百金」鮑注。〇｜謂微行。〔國策・趙策三〕「｜入邯鄲」鮑注。〇｜問，微問也。〔通鑑・漢紀二〕「漢王使人｜問之」音注。〇｜關，猶展轉也。〔詩・車舝〕「｜關車之舝兮」集疏引阮福。〇｜關，設舝聲。(同上)朱傳。〇設舝艱阻為｜關。(同上)後箋。〇｜關，亦設置也。〔慧琳音義・卷四六〕〇｜關，謂崎嶇辛苦得達之皃。(同上)〇｜，當作閒，官本作閑。〔漢書・王褒傳〕「君人者勤於求賢而逸於得人」補注。

蕑 ｜，蘭也。〔詩・溱洧〕「方秉｜兮」朱傳。又〔澤陂〕「有蒲與｜」朱傳。又〔廣韻・山部〕。又〔集韻・刪部〕。〇〔詩〕｜即蘭。〔說文〕「爤，燗或从閒」段注。〇｜，通作葌。〔廣雅・釋草〕「｜，蘭也」疏證。〇｜，即葌之或字。〔詩・溱洧〕「方秉｜兮」陳疏。〇｜，魯作蓮。〔詩・澤陂〕「有蒲及丨」集疏。○丨，齊作菅。〔詩・溱洧〕「方秉丨兮」集疏。

**艱** 丨，難。〔書・顧命〕「濟于丨難」孫疏。○丨，丨難。〔廣韻・山部〕○引申之，凡難理皆曰丨。〔說文〕「丨，土難治也」段注。○丨，險也。〔詩・何人斯〕「其心孔丨」朱傳。○丨難，窮厄也。〔詩・中谷有蓷〕「遇人之丨難矣」朱傳。○不耕之士，得食為難，故曰丨食也。〔書・益稷〕「暨稷播奏庶丨食」孫疏。○丨，當讀為饎。〔書・益稷〕「奏庶丨食」平議。○〔說文定聲・卷一五〕丨，馬本作根，種植之物也。〔書・益稷〕「暨稷播奏庶丨食鮮食」。○丨、根聲形俱相近。〔書・皋陶謨〕注「丨作根」孫疏。○〔說文定聲・卷一五〕丨，字亦作墾。〔廣雅・釋地〕「墾，耕也」。○丨，〔魏石經〕作囏。〔書・大誥〕「丨大」孫疏。○丨，乾道本注本、明德藩本，字俱作囏。〔漢書・異姓諸侯王表〕「其丨難也」補注引周壽昌。○丨，官本作囏。（同上）補注。○〔史〕丨作限，〔通典・食貨志〕作險。〔漢書・溝洫志〕「更底柱之丨」補注引蘇輿。

**囏** 丨，古文艱。〔廣韻・山部〕○丨，通作勤。〔史記〕「堵敖」雜志。○丨，籀文艱字。〔周書〕「不圖善」雜志。

**閑** 丨，闌也。〔論語・子張〕「大德不踰丨」朱注。又〔廣韻・山部〕。又〔說文〕「相，木丨」繫傳。又〔說文〕「圈，養畜之丨也」段注。○丨猶闌也。〔說文〕「丨，止也」繫傳。○蓋梐枑所以遮闌行人，故亦謂之丨。〔周禮・虎賁氏〕「舍則守王丨」孫正義。○牧馬之處謂之丨。〔說文〕「駉，牧馬苑也」段注。○丨，防也。〔大戴・少閒〕「上謂之丨」王詁。又〔廣韻・山部〕。○丨，引申為防丨。〔說文〕「丨，闌也」段注。○陶潛有〔閑情賦〕，謂闌止其情欲也。〔說文〕「丨，闌也」繫傳。○丨，習也。〔大戴・保傅〕「不丨於威儀之數」王詁。又〔通鑑・漢紀六〇〕「不丨軍事」音注。又〔廣韻・山部〕。○丨，調習也。〔詩・駟驖〕「四馬既丨」朱傳。○丨者，居之習也。〔釋詁〕「丨，習也」郝疏。○丨者，丨習威儀。〔大戴・保傅〕「於是比選天下端士孝悌丨博有道術者」平議。○丨，法也。〔大戴・千乘〕「近者丨焉」王詁。又〔廣韻・山部〕。○丨，大也。〔詩・殷武〕「旅楹有丨」通釋。又〔廣韻・山部〕。○丨，亦大也。〔詩・那〕「萬舞有奕」通釋。○丨，大也，謂丨然大也。〔詩・殷武〕「旅楹有丨」集疏引韓說。○丨，禦也。〔廣韻・山部〕○丨，法也。（同上）○丨，梐枑也。〔通雅・卷二〕○丨，廄義同。〔周禮・校人〕「天子十有二丨」孫正義。○丨，暇也。〔廣韻・山部〕○無事曰丨。〔慧琳音義・卷二二〕○丨習，謂低仰便也。〔說文〕「頒，頭丨習也」繫傳。○丨丨，徐緩也。〔詩・皇矣〕「臨衝丨丨」朱傳。○丨丨，往來者自得之貌。〔詩・十畝之閒〕「桑者丨丨兮」朱傳。○丨丨，為多人之貌。（同上）後箋。○丨丨，原作閒閒，猶言寬閒也。（同上）集疏。○借丨為嫻。〔說文〕「頒，頭丨習也」句讀。○〔說文定聲・卷一四〕丨，假借為嫻。〔曹子建樂府〕「美女妖且丨」。○丨，又借為嫺習字。〔說文〕「丨，闌也」段注。○丨者，閒之假借也。〔釋言〕「寬，丨也」郝疏。○丨，古多借為清閒字。〔說文〕「丨，闌也」段注。○〔說文定聲・卷一四〕丨，假借為閒。〔淮南・本經〕「丨靜而不躁」。○（同上）丨，或曰借為幹。〔後漢・班固傳〕「招白丨」。○（同上）丨，或曰借為櫚。〔詩・殷武〕「旅楹有丨」。○（同上）丨，假借為遺，為攢。〔詩・卷阿〕「既丨且馳」。○丨，當作閒。〔詩・柏舟〕陳疏。又〔說文〕「暇，丨也」義證。○丨丨，當作閒閒。〔詩・十畝之閒〕「桑者丨丨兮」陳疏。○丨，通作閒。〔釋詁〕「丨，習也」郝疏。○〔史記〕丨作嫺。〔漢書・司馬相如傳〕「妖冶丨都」補注。

**閒** 丨，隙也。〔大戴・曾子立事〕「承丨觀色而復之」王詁。又〔廣韻・山部〕。又〔集韻・山部〕。○丨，罅隙也。〔論語・泰伯〕「吾無丨然矣」朱注。○丨，空隙也。〔字詁〕○丨者，隙之可尋者也，有隙則兩相丨隔。〔漢書・嚴助傳〕「夷狄之地何足以為一日之丨」補注引郭嵩燾。○丨，暇也。〔大戴・少丨〕「今日少丨」王詁。○丨者，稍暇也，故曰丨暇。〔說文〕「丨，隙也」段注。○丨謂丨居。〔大戴・主言〕「得夫子之丨也難」王詁。○丨猶中也。〔大戴・主言〕「惟士與大夫之言之丨也」王詁。○丨，謂中空者。〔墨子・經上〕「丨，不及旁也」閒詁。○丨，謂夾者也。〔墨子・經上〕「有丨，中也」閒詁引陳澧。○丨者，私也，古謂私為丨。〔漢書・朱博傳〕「丨步至廷尉中」補注引王念孫。○丨有寬意，與深遠義近。〔釋言〕「宨，肆也」郝疏。○〔說文定聲・卷一四〕斷而續者為丨。〔釋詁〕「丨，代也」。○丨邑言空邑。〔墨子・耕柱〕「見宋鄭之丨邑」閒詁。○丨，安也。〔集韻・山部〕○丨暇謂安息。〔孟子・公孫丑上〕「國家丨暇」焦正義。○丨招，謂使人私招之也。〔漢書・荊王傳〕「使人丨招楚大司馬周殷」補注引王念孫。○有丨，即謂有隙可乘。〔漢書・伍被傳〕「天下勞苦有丨矣」補注。○〔說文定聲・卷一四〕丨，假借為閑。〔左傳僖公二八年〕「願以丨執讒慝之口」。○（同上）丨，假借為嫺。〔史記・司馬相如傳〕「雍容丨雅」。○（同上）丨，假借為櫚。〔韓詩・殷武〕「旅楹有丨」。○丨與閑同。〔荀子・王制〕「丨樹藝」集解引王念孫。○丨，通作閑。〔集韻・山部〕○丨與嫺同。〔釋訓〕「便便，辯也」郝疏。○丨讀曰閑，習也。〔大戴・夏小正〕「將丨諸則」王詁。○〔說文定聲・卷一四〕丨，字又作澗。〔淮南・俶真〕「甘瞑于溷澖之域」。○丨，古嫺字。〔詩・柏舟〕「威儀棣棣，不可選也」陳疏。○官本丨作閑。〔漢書・枚乘傳〕「不甚丨靡」補注。○丨，各本作閑，俗字也。〔說文〕「暇，丨也」段注。○丨乃聞字之誤。〔賈子・宗首〕「疑且歲丨所不欲焉」平議。

**嫺** 丨，丨雅。〔廣韻・山部〕○丨，長好貌。〔說文〕「僩，丨也」義證引〔玉篇〕。○丨謂閑雅透迤若女子也。〔說文〕「丨，雅也」繫傳。○丨，假借為攢，今用為丨習字。〔說文定聲・卷一四〕○丨，又借閑。〔說文〕「丨，雅也」句讀。○丨，古多借閒為之。〔說文〕「丨，雅也」段注。○丨，通作僩。〔說文〕「丨，雅也」義證。○丨，又通作閒。（同上）義證。○丨，亦省作閒。（同上）句讀。○丨，又通作閑。（同上）義證。○丨，閒雅也。〔說文〕「僩，丨兒」繫傳。

鷴 白｜，似雉，而尾長四五尺。〔廣韻·山部〕

鷳 ｜即〔爾雅〕之萑，〔說文〕之舊與雖，〔莊子〕之鴟鵂，今之貓頭鷹也。字亦作鷳。〔說文定聲·卷一四〕○｜，假借為鶾。〔同上〕○｜，今之鴟鷹也。〔說文〕「｜，雖也」段注。○｜萑疊韻，實一物也。〔釋鳥〕「萑，老鵵」郝疏。

孱 ｜｜劣皃。〔廣韻·山部〕○｜，偄弱也。〔慧琳音義·卷九六〕引〔考聲〕。○冀州人謂愞弱為｜。〔說文〕「孨，謹也」段注引孟康。○〔說文定聲·卷一五〕｜，謹也。〔大戴·曾子立事〕「君子博學而｜守之」。○｜，顏不齊皃也。〔慧琳音義·卷九六〕引〔考聲〕。○｜，窄也。〔集韻·山部〕○｜，呻也。〔同上〕○假｜為孨。〔說文〕「孨，謹也」段注。○〔說文定聲·卷一五〕｜，假借為孨。〔史記·陳餘傳〕「吾王｜王也」。○官本｜作潺。〔漢書·地理志〕「涪，有｜亭」補注。

潺 ｜湲，水流。〔廣韻·山部〕

殷 ｜，赤黑色也。〔廣韻·山部〕○〔說文定聲·卷一五〕｜，假借為煙，或為蔫。〔左傳成公二年〕「左輪朱｜」。

斒 ｜，文雜也。〔慧琳音義·卷二四〕引〔考聲〕。○｜，或作斑，文皃也。〔慧琳音義·卷四〇〕○｜爛，色不純也。〔廣韻·山部〕○｜爛，文駮也。〔慧琳音義·卷四〇〕引〔韻英〕。○｜爛，文䮂也。〔同上〕引〔古今正字〕。○｜爛，色不純也，或从并，亦作𪏮。〔集韻·山部〕○｜，爛｜。〔廣韻·刪部〕

湲 ｜，水流皃。〔廣韻·山部〕

綸 〔說文定聲·卷一五〕｜，所謂宛轉繩也。〔說文〕「｜，青絲綬也」。○〔同上〕｜，轉注為糾，故糾之即曰｜。〔御覽〕引〔說文〕「｜，糾青絲綬也」。○｜、組、綖、綬，印紱也。〔通雅·卷三七〕

眅 ｜，目多白皃。〔廣韻·刪部〕○〔通雅·卷九〕｜｜即反反。〔韓詩〕「威儀｜｜」。○｜，或作瞥。〔說文〕「瞥，轉目視也」義證引姚伯聲。

憪 ｜，心靜。〔廣韻·山部〕○｜，猶偷薄也。〔說文定聲·卷一四〕〔「撲」下〕○｜，今人所用閒靜字當作此字。〔說文〕「｜，愉也」段注。

擐 ｜，貫也。〔廣韻·刪部〕○｜，貫申也。〔通鑑·魏紀六〕「人馬｜甲」音注。○｜甲，｜衣甲也。〔左傳成公二年〕「｜甲執兵」洪詁引賈逵。○｜，又訓著。〔同上〕疏證。○｜是穿著之名。〔通雅·卷一〕引玄該。○〔說文定聲·卷一四〕｜，假借為援。〔禮記·王制〕注「｜衣出其臂脛」。

轘 ｜，｜轅。〔廣韻·刪部〕○〔說文定聲·卷一四〕｜，假借為環。〔管子·地圖〕「｜轅之險」。

扳 ｜，挽也。〔廣韻·刪部〕○｜同攀。〔同上〕又〔集韻·刪部〕。○｜即攀也。〔公羊傳隱公元年〕注「｜，引也」陳疏。○｜，義與攀同。〔廣雅·釋言〕「｜，援也」疏證。○｜與攀同，引也。〔楚辭·哀時命〕「往者不可｜援兮」補注。

矔 ｜，人目多白。〔廣韻·山部〕○｜，竊視也。〔孟子·離婁下〕「王使人｜夫子」朱注。○｜，引伸為闚伺之義。〔說文〕「｜，戴目也」段注。○｜，目上視，所謂望羊。〔說文定聲·卷一四〕○｜與閒聲義相近。〔廣雅·釋詁三〕「閒，覗也」疏證。○〔說文定聲·卷一四〕｜，假借為瞷。〔釋畜〕「馬一目白，｜」。○〔同上〕｜，假借為閒。〔方言二〕「｜，眄也，吳揚江淮之閒或曰｜」。○｜，目多白也。〔慧琳音義·卷六三〕引〔韻英〕。○｜瞯晛閒並聲近義同。〔方言二〕「｜，眄也」箋疏。○｜音閑。〔釋畜〕「一目白，｜」鄭注。

瞯 ｜同矔。〔說文〕「矔，戴目也」段注。

綿 ｜，織貫杼也。〔廣韻·刪部〕○以絲貫於杼中而後織，是之謂｜。〔說文〕「｜，織以絲毋杼也」段注。

騥 ｜，馬一歲。〔廣韻·刪部〕○｜，一歲馬。〔集韻·咍部〕○〔說文定聲·卷一四〕｜，隸當作馬。〔說文〕「｜，馬一歲也」。

馬 ｜，別作駭。〔說文〕「｜，馬一歲也」義證。○〔字林〕始變｜為駭也。〔同上〕段注。

㻵 ｜，馬一歲也。〔集韻·耕部〕

反 ｜，屋牡瓦名。〔廣韻·刪部〕○〔說文定聲·卷一四〕｜，凡瓦下載者曰牝，上覆者曰牡，牡瓦，今之瓪瓦也。〔說文〕「｜，屋牡瓦也」。○｜，所謂屋棧也。〔說文〕「｜，屋牝瓦下」義證。○｜之言似環也。〔說文〕「｜，屋牡瓦也」段注。○｜，假借為䋣。〔說文定聲·卷一四〕○｜與䋣音相近。〔說文〕「｜，一曰維綱也」段注。

螌 ｜蝥，毒蟲。〔廣韻·刪部〕○｜，二三月在芫花上，呼芫青，四五月在王不留行上，呼王不留行蟲，六七月在葛花上，呼葛上亭長，八月在豆花上，呼斑貓，十月蟄，呼地膽。〔說文定聲·卷一四〕引〔別録〕注。○｜，〔本草〕作斑貓，聲之轉。〔同上〕○｜蝥，或作｜蝥。〔說文〕「｜，｜蝥，毒蟲也」義證。○｜蝥，又作斑茅。〔同上〕○｜蝥，又作斑貓。〔同上〕

䈲 ｜，賤事也。〔集韻·尾部〕○｜，賤事之皃。〔廣韻·刪部〕○〔說文定聲·卷一五〕｜，經傳皆以頒、以班為之。〔周禮〕「匪頒之式」。○｜，又借般字。〔說文〕「｜，賦事也」義證。○｜，又借盼字。〔同上〕○｜，經典借班字。〔同上〕○｜，古頒字。〔說文〕「｜，賦事也」繫傳。

蕑 ｜，香草。〔廣韻·刪部〕又〔說文定聲·卷一四〕。○｜，香草也。〔慧琳音義·卷七八〕引〔玉篇〕。○｜，或借菅。〔說文〕「｜，艸，出吳林山」義證。

蘭 ｜同蕑。〔廣韻·刪部〕○｜，當作蕑。〔說文〕「蕑，艸，出吳林山」義證。

**妏** 丨，訟也。〔廣韻・删部〕

**鬜** 丨，鬢禿皃。〔廣韻・删部〕又〔山部〕。○丨、顧、楬、髡並通。〔廣雅・釋詁二〕「丨，禿也」疏證。○丨、顧音義皆同。〔説文〕「丨，鬢禿也」段注。

**㹀** 〔説文定聲・卷一四〕丨，狼，似犬。〔廣雅・釋獸〕「丨，狼也」。○丨，惡健犬。〔集韻・删部〕

**黫** 丨，黑色。〔廣韻・山部〕引〔字林〕。○丨，又作羥，黑羊也。〔慧琳音義・卷五三〕引〔字書〕。

**訕** 丨，謗也。〔廣韻・删部〕又〔集韻・山部〕。○丨，怨詈也。〔孟子・離婁下〕「與其妾丨其良人」朱注。

**患** 丨，難也。〔大戴・曾子立事〕「忿怒思丨」王詁。

**獌** 丨，狼屬。〔廣韻・删部〕○貙之大者曰丨。〔説文定聲・卷五〕〔「貍」下〕○〔説文定聲・卷一四〕貙大者曰丨，或以豻為之也。〔釋獸〕「貙丨，似貍」。

**㹇** 丨，獸名，似羊而黑色，無口，不可殺也。〔廣韻・删部〕○丨同羵。（同上）

**鳽** 丨，大鳩。〔廣韻・删部〕○丨鳩，即班鳩，字或作鳻。〔廣雅・釋鳥〕「鶌鵴，鳩也」疏證。

**鳻** 鶌鵴，其大而有班者謂之丨鳩。〔廣雅・釋鳥〕「鶌鵴，鳩也」疏證。

**疝** 丨，丨痂，病也。〔廣韻・山部〕○小腹痛，大小便難，曰丨。〔太素・五藏命分〕「為弧丨」楊注。

**癎** 丨，風病也。〔説文定聲・卷一四〕○丨，小兒瘨。〔廣韻・山部〕○丨，小兒瘨病。〔説文〕「丨，病也」義證引〔玉篇〕。○丨，通作膶。（同上）義證。○丨，風病。〔慧琳音義・卷一三〕○顛厥掣縱曰丨。〔通雅・卷一八〕

**䮞** 丨，馬一目白。〔廣韻・山部〕○丨，馬環目。〔説文〕「丨，馬一目白曰丨」繫傳。○丨，以瞯為之。〔説文定聲・卷一四〕○丨，字亦作騆。（同上）○〔爾雅・釋獸〕丨作瞯。〔説文〕「丨，馬一目白曰丨」段注。

**覵** 丨，很戾而視也。〔説文〕「丨，很視」繫傳。○〔説文定聲・卷一四〕丨，假借為閒。〔禮記・祭義〕「見閒以俠甒」。○（同上）丨，字亦作覸。〔孟子〕「成覸謂齊景公曰」。○成丨，〔淮南・齊俗訓〕作成荆。〔説文〕「齊景公之勇臣有成丨者」段注。○成丨，〔孟子・滕文公〕篇作成覸。（同上）

**蛝** 丨，蟲名。〔廣韻・山部〕○丨與蚿，亦聲之轉。〔廣雅・釋蟲〕「蛆蝶，馬蚿也」疏證。

**藖** 丨，莖餘。〔廣韻・山部〕○堅、緊、賢、丨、掔、鞏、臤、臣，八字並聲近而義同。〔廣雅・釋詁一〕「鞏，堅也」疏證。

**顧** 丨，長脰皃。〔集韻・先部〕○丨，頭髮少皃。〔廣韻・山部〕○丨，一曰頭少髮皃。〔集韻・先部〕○丨，頭少髮也。〔説文〕「丨，頭鬢少髮也」繫傳。○丨即鬜也。〔説文〕「鬜，鬢禿也」段注。○丨、髟部鬜音義皆同，蓋實一字矣。〔説文〕「丨，頭鬢少髮也」段注。○丨與鬜同字。〔説文定聲・卷一四〕○丨與鬜同。〔説文〕「丨，頭鬢少髮也」句讀。○鬝、丨、楬、髡並通。〔廣雅・釋詁二〕「鬝，禿也」疏證。○〔説文定聲・卷一四〕丨，謂借為侹，為頸，肩、壬雙聲。〔考工・梓人〕後鄭注「丨，長脰皃」。○〔考工記〕丨字，故書或作䡖。〔説文〕「羥，羊名也」段注。又〔説文〕「覵，齊景公之勇臣有成覵者」段注。又〔説文〕「丨，頭鬢少髮也」段注。

**掔** 丨之言堅也，緊也。〔説文〕「丨，固也」段注。○丨之為言堅也，又言腴也。〔釋詁〕「丨，厚也」郝疏。○堅、緊、賢、藖、丨、鞏、臤、臣，八字並聲近而義同。〔廣雅・釋詁一〕「鞏，堅也」疏證。○鞏、丨、臤並通。（同上）○丨或假借為牽字。〔説文〕「丨，固也」段注。○丨轉為鞏，又轉為礥。〔釋詁〕「丨，固也」郝疏。○几丨聲轉。（同上）○丨，通作堅，又通作牽。（同上）○丨，或作慳。〔説文〕「丨，固也」義證。

**臤** 丨，堅也。〔廣韻・山部〕又〔集韻・寒部〕。○丨者，堅也。〔説文〕「飭，致丨也」段注。○丨，持之固也，與掔略同。〔説文定聲・卷一六〕○丨者，臣執事也。〔説文〕「賢，多才也」繫傳。○堅、緊、賢、藖、掔、鞏、丨、臣，八字並聲近而義同。〔廣雅・釋詁一〕「鞏，堅也」疏證。○鞏、掔、丨並通。（同上）○丨，古堅字。〔左傳成公四年經〕「鄭伯堅卒」疏證引惠棟。

**鞏** 丨，堅破聲。〔廣韻・山部〕○丨，遴也。〔慧琳音義・卷六九〕引〔考聲〕。○堅、緊、賢、藖、掔、丨、臤、臣，八字並聲近而義同。〔廣雅・釋詁一〕「丨，堅也」疏證。○丨與堅通。〔方言二〕「鍇，堅也」箋疏。○丨、掔、臤並通。〔廣雅・釋詁一〕「丨，堅也」疏證。○丨，或作慳，愛財也。〔慧琳音義・卷二〇〕引〔古今正字〕。

**虥** 丨，虎淺毛皃。〔廣韻・山部〕

**㺌** 丨，犬鬭聲也。〔廣韻・山部〕○丨，亦作狠。（同上）○犬爭曰丨，或从閑，通作狠。〔集韻・山部〕

**虤** 丨，虎怒。〔廣韻・山部〕

**羥** 丨，黑羊。〔廣韻・齊部〕又〔山部〕。○丨，一曰群羊相積。〔集韻・齊部〕○丨，借為凡黑之稱。〔説文〕「丨，一曰黑羊也」段注。○丨，字或作黫。〔廣雅・釋器〕「丨，黑也」疏證。

**虦** 貓曰丨。〔説文定聲・卷一四〕○丨苗即淺毛。（同上）○竊與丨皆淺也。〔釋獸〕「虎竊毛謂之丨貓」述聞。○丨，獸名。〔集韻・山部〕○丨，或書作戲。（同上）

僝　｜，惡罵也。〔廣韻·山部〕〇〔說文定聲·卷一五〕｜，字作潺。〔水經注〕「涪縣有潺水」。

⿰車單　｜，｜軒。〔廣韻·山部〕〇｜，軒輞。〔廣韻·仙部〕

⿰金孱　｜，小鑿名。〔廣韻·山部〕

訮　｜，爭也。〔廣韻·山部〕〇｜，諍語也。〔集韻·山部〕

⿸虍彣　｜，虎文。〔廣韻·山部〕〇｜，與文部辬音義皆相近。〔說文〕「｜，虎文彪也」段注。〇｜，假借作班。（同上）〇〔說文定聲·卷一五〕｜，以豳為之。〔司馬相如傳〕「被豳文」。

⿸虍林　｜與⿸虍彣同。〔廣雅·釋詁三〕「｜，文也」疏證。

攽　｜，今借頒。〔說文〕「｜，分也」繫傳。〇｜，今〔尚書〕作頒，〔周禮〕亦作頒，當是｜為正字，頒為假借字。〔說文〕「｜，分也」段注。〇｜，經傳皆以頒、以班為之，字與𢽎略同。〔說文定聲·卷一五〕

⿺走曼　｜，行遲也。〔集韻·桓部〕〇｜，行遲皃。〔廣韻·桓部〕〇〔說文定聲·卷一四〕｜，今遲鈍意以慢為之。〔說文〕「｜，行遲也」。〇｜，今人通用慢字。〔說文〕「｜，行遲也」段注。

⿰車真　〔說文定聲·卷一六〕｜與轟略同，字亦作輷。〔蒼頡篇〕「輷輷，衆車聲也」。〇｜弘，大聲。〔說文〕「｜，車｜弘聲也」段注。〇｜，字亦作輴。〔說文定聲·卷一六〕〇｜，字亦作輴。（同上）

⿰犭單　｜，噬也。〔廣韻·山部〕

圓　｜圜古通用。〔方言一三〕疏證。〇｜，幅員字也。〔說文〕「｜，圜全也」繫傳。

⿱䜌力　｜，削也。〔集韻·刪部〕

⿰口官　｜，二鳥和鳴。〔廣韻·刪部〕〇｜，鳥和鳴｜然也，即關關雎鳩之關。〔通雅·卷一〇〕

⿰口閒　｜，訟詞。〔廣韻·山部〕

㘖　｜｜，爭皃。〔集韻·刪部〕〇｜｜，爭鬬貌。〔韓子·揚權〕「其鬬｜｜」集解。

⿰土座　｜，門聚。〔廣韻·山部〕

⿰土睘　｜堵，謂面一堵墻也。〔集韻·刪部〕

⿰女⿱罒奐　｜，媚容也。〔廣韻·山部〕

慳　｜，固也。〔說文〕「掔，固也」義證引〔增韻〕。〇｜，惜也。〔慧琳音義·卷一〕引〔韻英〕。〇｜，悋也。〔廣韻·山部〕〇｜，恪也。〔說文〕「掔，固也」義證引〔增韻〕。〇｜者，謂悋也。〔慧琳音義·卷一〕引〔集訓〕。〇｜，老人智也。〔集韻·山部〕〇｜，〔說文〕作掔。〔說文〕「掔，固也」義證引〔增韻〕。〇｜字為掔之俗。〔說文〕「掔，固也」段注。

⿰扌樊　｜，今人書樊字。〔說文〕「𠬜，引也」繫傳。

斕　｜，｜媥。〔廣韻·山部〕〇數同｜。（同上）

⿰木彥　｜，木名，似檀。〔廣韻·刪部〕

⿰木關　｜，手相關付也。〔集韻·刪部〕

⿰木彎　｜，曲木。〔集韻·刪部〕

⿰歹冊　｜，單于別名。〔廣韻·刪部〕

潾　｜，水皃。〔廣韻·山部〕

灣　｜，水曲。〔廣韻·刪部〕

⿰牛因　｜，牛尾色也。〔廣韻·山部〕〇牛尾色謂之｜，或作犍。〔集韻·山部〕

⿰犭斑　｜，獸名。〔集韻·刪部〕

⿰犭⿱𢆶灬　｜，獸走皃。〔廣韻·山部〕

⿰王扁　｜璘，玉文，或从分。〔集韻·山部〕

⿰分瓜　｜，瑞瓜。〔集韻·刪部〕

⿸疒寡　｜，瘴。〔廣韻·刪部〕〇｜，瘴也。〔廣雅·釋言〕

瘝　｜，病也。〔集韻·山部〕〇｜，當為矜，或為鰥，｜，俗字。〔書·康誥〕「恫｜乃身」孫疏。〇｜，俗字，當為鰥。〔書·召誥〕「厥終智藏｜在」孫疏。

○丨，郭氏注〔爾雅〕引此文作鰥。〔書·召誥〕注「丨一作鰥」孫疏。○丨，當為鰥。〔書·康誥〕「丨厥君」孫疏。

**瘝** 丨，瘅病。〔集韻·山部〕

**瞵** 丨丨，視皃。〔集韻·删部〕

**瞯** 丨，視皃。〔集韻·山部〕

**穇** 丨，赤丨，稻名。〔廣韻·删部〕

**糫** 丨，餌也，粔籹，吳人謂之膏丨，或从麥。〔集韻·删部〕○膏丨，粔籹。〔廣韻·删部〕

**羴** 丨，羊臭。〔廣韻·山部〕

**蠻** 蟵丨，蟲名。〔廣韻·删部〕

**鐶** 丨，犂釬也。〔廣韻·山部〕又〔集韻·山部〕。

**頖** 丨即頒字。〔說文定聲·卷一四〕(「泮」下)

**䬗** 丨，飛遶皃。〔廣韻·删部〕○丨，禽繞飛也。〔集韻·删部〕

**鬝** 丨，寡髮也。〔集韻·删部〕

**鬜** 丨，髮半白。〔廣韻·删部〕

**鬘** 丨，衣。〔廣韻·删部〕

**鬘** 花丨者，西方嚴身具也，猶如綏帶。〔慧琳音義·卷一六〕

**鷴** 丨丨，水鳥名，紅白深目，目旁毛長，亦書作鷳。〔集韻·删部〕

**鶼** 丨似鳧，一目一足一翼，相得乃飛，即比翼鳥也。〔廣韻·删部〕

**黰** 丨，畫車輪也。〔廣韻·删部〕又〔集韻·删部〕。



# 續經籍籑詁卷第十六

下平聲

## 一　先

**先** 丨，丨後也。〔廣韻·先部〕○丨，之在儿上也。〔說文〕「丨，前進也」繫傳。○丨，引伸為往也。(同上)段注。○丨，過也。〔孟子·滕文公上〕「未能或之丨也」朱注。○丨，猶高。〔國策·趙策二〕「動而有明古丨世之功」鮑注。○丨即為開。〔詩·小弁〕「尚或丨之」通釋。○丨秦猶言前朝耳。〔漢書·河間獻王傳〕「獻王所得書皆古文丨秦舊書」補注。○丨，丨君。〔國策·趙策二〕「事丨者」鮑注。○丨，謂丨生也。〔大戴·文王官人〕「丨則任賢」王詁。○〔通雅·卷一九〕丨，猶言丨生也。〔晁錯傳〕「公卿言鄧丨」。○丨生，祇是初生，猶蘇俗言頭生也。〔說文定聲·卷一三〕(「挚」下)○丨生猶〔內則〕之長者。〔卷一五〕○丨生，父兄也。〔論語·為政〕「有酒食丨生饌」朱注。○丨生謂儒生也。〔漢書·路溫舒傳〕「故盛服丨生不用於世」補注。○卿大夫之已致仕者為丨生。〔儀禮·鄉飲酒禮〕「告于丨生君子」述聞。○丨進，猶言前輩。〔論語·先進〕「丨進於禮樂」朱注。○丨僯，僯於家也。〔大戴·曾子立孝〕「丨僯之謂也」王詁。○相導前後曰丨後。〔離騷〕「忽奔走以丨後兮」補注。○丨後，猶言始終。〔易·坤〕「丨迷後得主利」述聞。○〔通雅·卷二〇〕丨施即西施，古丨西通音。〔國策〕「豈毛廧丨施哉」。○丨驅，前驅也。〔離騷〕「前望舒使丨驅兮」補注引李善注。○丨驅，導路也。(同上)補注引〔史記·周本紀〕師古注。○互相推敬謂之丨輩。〔通雅·卷二二〕○丨談即丨游也。〔卷二六〕○丨游丨為游揚道地也。(同上)○丨穀即僥季。〔史記·晉世家〕「丨穀將右行」志疑。○丨師，此即所謂經師也。〔漢書·劉歆傳〕「然後鄒、魯、梁、趙頗有〔詩〕、〔禮〕、〔春秋〕丨師」補注引齊召南。○丨王，謂湯。〔尚書·盤庚〕「古我丨王」孫疏。○丨王當作丨生，即謂堂谿公也。〔韓子·問田〕「丨生有幸臣之意」集解引俞樾。○〔說文定聲·卷一五〕丨，叚借為西。〔神女賦〕「丨施掩面」。○(同上)丨，叚借為洗。〔易·繫辭〕京、荀、虞本「聖人以此丨心」。○丨本作失。〔淮南子·說林〕「故之與丨」平議。○丨或作洗。〔說文〕「丨，前進也」義證。

**前** 丨往也。〔漢書·張騫傳〕「欲地接目丨通大夏」補注。○丨進皆有勤意。〔釋詁〕「翦，勤也」郝疏。○得第謂之丨進士。〔通雅·官制〕○丨列猶丨驅也。〔公羊傳定公四年〕「寡人請為之丨列」陳疏。○丨元年乃胡亥二年。〔漢書·高惠高后文功臣表〕「以執盾丨元年從起碭」補注引吳仁傑。○丨即莿之誤。〔漢書·王子侯表〕「丨侯信」補注引王念孫。○諸侯先發，武王後至，故曰丨師。〔尚書·泰誓〕「丨師乃鼓」孫疏。○丨翦通。

〔爾雅・釋言〕郝疏。○丨，古之翦字，今之歬字。〔說文〕「翦，羽生也」段注。

**歬**　丨，古文前。〔廣韻・先部〕○凡言丨者緩詞，凡言先者急詞也，其為進一也。〔說文〕「先，前進也」段注。○〔說文定聲・卷一四〕丨，叚借為淺。〔周禮・巾車〕「木路前樊鵠纓」。○〔同上〕丨，今隸作前。〔廣雅・釋詁〕「前，進也」。○丨，隸作前。〔集韻・先部〕

**千**　丨，十百也。〔廣韻・先部〕○百與丨，數之大者也。〔詩・假樂〕「子孫丨億」集疏引〔論衡・儒增篇〕。○此丨人，官名。〔漢書・韓延壽傳〕「軍假司馬、丨人持幢旁轂」補注。○丨童，秦始皇使徐福將童男女丨人入海求蓬萊，置此城以居之，故名。〔漢書・地理志〕「丨童」補注引〔元和志〕。○丨日酒，玄石中山也。〔通雅・飲食〕○丨與芊古字通。〔說文〕「谸，望山谷丨丨青也」段注。○丨芊為古今字。〔同上〕○〔說文定聲・卷一六〕丨，叚借為谸，即今字之阡陌。〔管子・四時〕「正丨伯」。○丨百，各本作阡陌，俗字也。〔說文〕「田，口十，丨百之制也」段注。○丨當為干，干，犯也。〔韓子・初見秦〕「不至丨人」集解引王先謙。○丨里，本作十步。〔大戴・勸學〕「不能丨里」述聞。

**阡**　丨陌，南北為丨，東西為陌。〔廣韻・先部〕○丨陌，田間之道也。〔左傳成公二年〕疏證引程瑤田。又〔漢書・地理志〕「開仟伯」補注引程瑤田。○谸、丨、仟並字異而義同。〔廣雅・釋宮〕「谸，道也」疏證。○谸谸、仟仟、芊芊、丨丨，並字異而義同。〔廣雅・釋訓〕「芊芊，茂也」疏證。○丨，古只為仟。〔墨子・襍守〕「丘陵，丨陌」閒詁引畢沅。○丨陌本作仟伯。〔漢書・項籍傳〕「而免起丨陌之中」補注引王念孫。○丨陌字并作仟伯。〔漢書〕「收司」雜志。

**谸**　丨，或作阡，阡之言伸也，直度之名也。〔廣雅・釋宮〕「丨，道也」疏證。○丨、阡、仟並字異而義同。〔同上〕

**箋**　丨謂表識。〔說文〕「幯，幡幟也」段注。○丨，於書中有所表記之也。〔說文〕「丨，表識書也」繫傳。○丨，小簡也。〔慧琳音義・卷七八〕引〔考聲〕。○今人總以短而單幅謂之丨。〔通雅・書札〕○丨，一曰編也，古者書紀其事以竹編次為之。〔集韻・先部〕○丨香即馢香，今作棧香。〔通雅・木〕○丨與幯亦同義。〔廣雅・釋器〕「幯，幡也」疏證。○丨今作牋。〔說文〕「丨，表識書也」繫傳。

**牋**　丨同箋。〔廣韻・先部〕○丨者，表也，表識其情也。〔說文〕「箋，表識書也」義證引〔文心雕龍・書記〕。

**葥**　丨，古文箋。〔廣韻・先部〕○丨，箋識也，或从手，亦書作椾。〔集韻・僊部〕

**韉**　丨，鞍丨。〔廣韻・先部〕○丨，馬鞍之氈替也。〔慧琳音義・卷六〇〕○丨，或作韯。〔同上〕○丨，又作𦇧。〔同上〕

**天**　丨之為言顛也，無所與高也。〔說文繫傳・通論上〕○一大為丨。〔同上〕○丨，上玄也。〔廣韻・先部〕○丨與大同義。〔廣雅・釋詁一〕「丨，大也」疏證。○丨之言瑱。〔說文〕「丨，顛也」義證引〔春秋元命苞〕。○元氣闓陽為丨。〔說文〕「丨，顛也」義證引〔河圖・叶光〕。○水土之氣升而為丨。〔說文〕「丨，顛也」義證引〔物理論〕。○丨，即理也。〔論語・八佾〕「獲罪於丨」朱注。○丨，謂王也。〔詩・殷武〕「丨命多辟」集疏。○〔說文定聲・卷一六〕丨、田二小星，在角宿之上，大角之下。〔後漢・東夷傳〕注「龍星、左角曰丨、田」。〔「田」下〕○丨、地、太一，所謂神三也。〔史記・封禪書〕「祠神三，一丨，一地，一太一」志疑引「史詮」。○丨一亦星名。〔漢書・藝文志〕「丨一兵法三五篇」補注。○丨子，周王也。〔詩・出車〕「自丨子所」朱傳。○能令當世之人明曉理道，勉為善良，斯謂之丨子也。〔漢書・鼂錯傳〕「能明其世者謂之丨子」補注。○丨弓，虹也。〔通雅・天文〕○丨山最高，冬夏常雪，故曰白山。〔漢書・武帝紀〕「與右賢王戰于丨山」補注引〔西河舊事〕。○丨王猶大王也。〔國語・吳語〕「昔者越國見禍得罪於丨王」平議。○丨王，匈奴以丨為重，猶云丨所封之王也。〔漢書・匈奴傳〕「以尉史為丨王」補注引周壽昌。○丨化，丨道也。〔大戴・虞戴德〕「以上明于丨化也」王詁。○丨旗南北門左右各兩星，為丨市。〔史記・天官書〕「旗中四星曰丨市」志疑。○水神屬陰，故曰丨妃，今以為林氏。〔通雅・姓名〕○丨步，猶言時運也。〔詩・白華〕「丨步艱難」朱傳。○丨邑，猶大邑也。〔廣雅・釋詁〕「丨，大也」疏證。○丨均者，丨倪也。〔說文定聲・卷一六〕〔「均」下〕○丨命者，丨所賦之正理也。〔論語・季氏〕「畏丨命」朱注。○丨工人代，故官曰丨官。〔漢書・李尋傳〕「舉有德行道術通明之士充備丨官」補注。○丨性，謂丨命之性，仁義禮智信也。〔書・西伯戡黎〕「不虞丨性」孫疏。○丨癸，精氣也。〔太素・壽限〕「二七而丨癸至」楊注。○〔張騫傳〕作身毒。〔後漢・桓紀〕作丨竺，〔杜篤傳〕作丨督，又或曰摩伽佗，曰婆羅門，〔宋史〕稱東印度，〔明史〕榜葛剌，〔西域記〕云賢豆，今從正音宜云印度。〔漢書・皮山國傳〕「南與丨篤接」補注。○丨明謂丨象。〔大戴・虞戴德〕「明法于丨明」王詁。○丨使者，世人泛言神道也。〔左傳宣公三年〕「夢丨使與己蘭」疏證引俞正燮。○丨軌猶丨道也。〔漢書・楊雄傳〕「丨軌之不辟兮」雜志。○丨津，丨潢也。〔屈賦・離騷〕「朝發軔于丨津」戴注。○言丨神則泛指群神。〔說文〕「祡，燒柴燎以祭丨神」句讀。○丨胤，猶言丨之子。〔書・高宗肜日〕「罔非丨胤」孫疏。○丨家大家官家宅家，縣官官家，皆指謂國家也。〔通雅・稱謂〕○丨根，為丨下万物作根，故曰丨根也。〔慧琳音義・卷四六〕○丨狼，一星，在西宮。〔屈賦・東君〕「舉長矢兮射丨狼」戴注。○丨狼，一星，在東井南，為野將，主侵掠。〔楚辭・東君〕「舉長矢兮射丨狼」補注引〔晉書・天文志〕。○〔說文定聲・卷一八〕丨狼，一星，明大異常在參左足東南。〔楚辭・東君〕「舉長矢兮射丨狼」。〔「狼」下〕○丨極，〔論語〕所謂北辰，〔周髀〕所謂正北極，亦曰赤道極。〔屈賦・天問〕「丨極焉加」戴注。○丨畢，畢星也。〔詩・大東〕「有捄丨畢」朱傳。○丨雁地雁，仢約也。〔通雅・天文〕○推手小舉之為丨揖。〔說文〕「揖，攘也」段注。○丨道，謂丨與道也。〔漢書・揚雄傳〕「芒芒丨道」補注引蘇輿。○丨橋即雲梁鵝車。〔通雅・車類〕○丨機，自然也。〔莊子·秋水〕「今予動吾丨機」集釋引司馬云。○丨德，玄德也。〔大戴·四代〕「昔虞舜丨德嗣堯」王詁。○丨雞一名山雞。〔説文〕「翰，丨雞也」段注引樊光。○丨名精，一名麥句薑，一名蝦蟇藍，一名豕首，一名丨門精，一名玉門精，一名彘顱，一名蟾蜍蘭，一名覲。〔説文〕「薽，豕首也」義證引〔本草〕。○丨名精，鹿活草是也。〔同上〕○丨名精即豕首。〔説文〕「薽，豕首也」義證。○丨蔓青，訛為丨名精，有玉門、麥句薑、劉憒、活鹿、地菘、蟾蜍蘭諸名，即〔爾雅〕之葝薽豕首也。〔通雅·艸〕○霍山即丨柱山，在廬江灊縣西南。〔史記·封禪書〕「登禮灊之丨柱山」志疑。○丨棘，丨門冬。〔通雅·艸〕引高秀實。○丨門冬，一名顛棘。〔通雅·艸〕引冷齋。○丨門冬一名顛勒。〔説文〕「蘠，蘠蘼，虋冬也」義證引〔本草〕。○丨門冬一名顛棘，在東岳名淫羊藿，在中岳名丨門冬，在西岳名管松，在北岳名無不愈，在南岳名百部，在京陸山阜名顛棘。〔説文〕「蘠，蘠蘼，虋冬也」義證引〔神仙服食方〕。○〔説文定聲·卷一六〕丨，段借為先。〔禮記·緇衣〕「惟尹躬丨見于西邑夏」。○丨當從景祏本作天。〔漢書·五行志〕「丨虖」補注引王念孫。○舊校云丨一作民。〔呂覽·懷寵〕「順丨之道也」校正。○〔月令〕丨數作大數。〔呂覽·仲秋〕「凡舉事無逆丨數」校正。○丨子，皆當作大子。〔大戴·保傅〕「輔翼丨子有此具」、「縣於丨子，丨子之善」述聞。又「則丨子正矣，丨子正而丨下定」述聞。○丨皇，〔史記〕作大章，〔占經〕引甘氏作大皇。〔漢書·天文志〕「石氏曰名丨皇」補注引沈欽韓。○丨乃大字之誤。〔莊子·讓王〕「丨寒既主」平議。○丨，當為夫。〔墨子·非命中〕「當丨有命者」閒詁引畢沅。○丨字誤，當從〔漢志〕作夫。〔史記·天官書〕「丨雷電」志疑引「正譌」。○〔説文定聲·卷一六〕丨，而之誤字。〔易·睽〕「其人丨且劓」。○丨官乃五官之誤。〔荀子·正名篇〕「待丨官之當簿其類」集解引俞樾。

**兲** 丨，同天。〔廣韻·先部〕○兲、丨並古文天。〔説文〕「天，顛也」義證引〔玉篇〕。

**堅** 丨者，剛也。〔説文〕「垍，丨土也」段注。又〔説文〕「聲，車丨也」段注。○丨，引伸為凡物之剛。〔説文〕「丨，土剛也」段注。○丨，剛土也。〔説文〕「丨，剛也」繫傳。○丨者，剛土也。〔説文〕「墧，丨不可拔也」段注。○〔説文定聲·卷一六〕丨，从土，臤聲，剛土也。〔説文〕「丨，剛也，从臤、从土」。○丨，定也。〔大戴·虞戴德〕「丨物」王詁。○丨，使之不疑也。〔漢書·李廣傳〕「用丨其意」補注。○丨猶勁也。〔詩·行葦〕「敦弓既丨」朱傳。○丨，固也，長也。〔廣韻·先部〕○跳、趺、丨為長短之長。〔廣雅·釋詁〕「跳、飫、丨，長也」疏證。○丨，强也。〔廣韻·先部〕○丨謂築土。〔説文〕「壤，柔土也」義證引〔九章算術〕注。○築土曰丨。〔説文定聲·卷一八〕〔「壤」下〕○丨，甲。〔國策·楚策〕「被丨執鋭」鮑注。○丨訓矜。〔説文定聲·卷二〕〔「兢」上〕○丨土，〔周禮〕所謂彊㯺。〔説文〕「垍，丨土也」段注。○急繕猶言丨勁也。〔爾雅·釋詁〕「掔，固也」郝疏。○〔説文定聲·卷一六〕丨，在今河南衛輝府濬縣北。〔公羊傳定公一四年〕「公會齊侯、衛侯于丨」。○丨與賢通。〔左傳成公四年〕「鄭伯丨卒」疏證引惠棟。○丨與牽通。〔春秋名字解詁〕「齊公子丨字欒」述聞。○絙、絚、經並同丨。〔史記·十二諸侯年表〕「鄭襄公丨元年」志疑。○丨、絚、賢、蕡、掔、掔、臤、臣八字並聲近而義同。〔廣雅·釋詁一〕「掔，丨也」疏證。○古文臤、丨、賢三字通。〔公羊傳成公四年經〕「鄭伯丨卒」陳疏。○古丨字省作臤。〔左傳成公四年〕「鄭伯丨卒」疏證引惠棟。○〔周紀〕丨作藖，音相近。〔漢書·古今人表〕「懿王丨」補注引錢大昕。○丨，官本作監。〔漢書·地理志〕「莽曰丨水」補注引錢大昕。○丨，〔公羊〕作「臤」，〔穀梁〕作「賢」，〔玉篇〕又引作「絚」。〔史記·十二諸侯年表〕「鄭襄公丨元年」志疑引〔九經古義〕。○丨，〔通典〕引〔史〕作肩。〔史記·仲尼弟子列傳〕「公丨定字子中」志疑。

**絚** 丨，古堅字。〔釋名·釋采帛〕「絹，絚也」疏證引段説。○丨，緊也，通作堅。〔集韻·先部〕

**肩** 丨，項下。〔廣韻·先部〕○丨，項傍也。〔續音義·卷二〕引〔切韻〕。○肱骨三，最上者謂之丨。〔左傳宣公一六年〕疏證引凌廷堪。○臂本曰丨。〔説文〕「丨，髆也」義證引〔六書故〕。○丨，任也。〔廣韻·先部〕○丨謂任。〔説文〕「克，丨也」段注。○丨者，任也。〔説文〕「勊，尤劇也」段注。○任事以丨。〔説文定聲·卷三〕〔「膺」下〕又〔卷一四〕。○丨，塍也。〔廣韻·先部〕○丨，勝作也。〔釋詁〕「丨，作也」鄭注。○丨，克也。〔廣韻·先部〕○丨者，與克制義近。〔釋詁〕「丨，克也」郝疏。○丨，作也。〔廣韻·先部〕○丨之為言堅也，堅强與能勝義近。〔釋詁〕「丨，克也」郝疏。○丨，一曰在也，克也。〔集韻·先部〕○丨，羸小皃。〔集韻·痕部〕○單呼曰丨，絫呼曰丨甲。甲之言葢也，丨葢乎衆體也。〔説文〕「髆，丨甲也」段注。○丨，迫，猶駕丨也。〔通雅·身體〕○丨，為大獸。〔詩·還〕「并驅從兩丨兮」後箋。○獸三歲曰丨。〔同上〕朱傳。○〔説文定聲·卷一四〕丨，假借為豜。〔詩·還〕「並驅從兩丨兮」。○〔同上〕丨，或曰借為顛。〔莊子·德充符〕「其脰丨丨」。○丨本字當作顛。〔莊子·德充符〕「其脰丨丨」集釋引李楨。○丨即顛。〔説文〕「顛，頭鬢少髮也」段注。○丨，魯作豣。〔詩·還〕「並驅從兩丨兮」集疏。○丨，石鼓文及字書作豣。〔同上〕通釋。○〔弟子傳〕名一作堅。〔漢書·古今人表〕「公丨子」補注。○中丨，〔史記〕作射王中臂。〔左傳桓公五年〕「祝聃射王中丨」洪詁。

**賢** 丨，貨貝多於人也。〔説文〕「丨，多才也」義證引戴侗。○多才曰丨。〔説文繫傳·通論下〕○丨，多才也。〔慧琳音義·卷四八〕○丨，謂中而才者也。〔孟子·離婁下〕「故人樂有丨父兄也」朱注。○丨，有德行者。〔大戴·千乘〕「尚丨進能使知事」王詁。○德行、道執踰人者謂之丨。〔説文〕「丨，多才也」義證引戴侗。○丨能，謂有德者。〔大戴·盛德〕「丨能失官爵」王詁。○丨，善也。〔通鑑·周紀五〕「平原君以為丨」音注。又〔廣韻·先部〕。○丨亦善之大也。〔廣雅·釋詁〕「丨，大也」疏證。○丨，大也。〔廣韻·先部〕○丨，能也。〔通鑑·周紀五〕「平原君以為丨」音注。

又〔廣韻・先部〕。〇丨，優也。〔漢書・曹參傳〕「陛下觀參孰與蕭何丨」補注。〇丨之本義為多。〔詩・北山〕「我從事獨丨」通釋。〇引伸之凡多皆曰丨。〔說文〕「丨，多財也」段注。〇丨，欲其用之如貝之行也，如貝之積聚也。〔說文〕「丨，多才也」繫傳。〇丨，勝也。〔大戴・衛將軍文子〕「聞之孰為丨也」王詁。又〔文王官人〕「丨人以言」王詁。〇丨，謂勝也。〔禮記・投壺〕「某丨於某」集解。〇丨猶勝。〔國策・秦策〕「丨於兄弟」鮑注。〇丨，猶勝也。〔大戴・曾子事父母〕「由己為丨人則亂」王詁。又〔孟子・公孫丑上〕「未知其孰丨」朱注。〇丨，亦勞也。〔詩・北山〕「我從事獨丨」通釋。又(同上)述聞。〇丨勞，猶言劬勞也。〔孟子・萬章〕「我獨丨勞也」述聞。又〔廣雅・釋詁一〕「丨，勞也」疏證。〇丨，士之美稱也。〔慧琳音義・卷四八〕〇丨者亦用而寶之。〔說文繫傳・通論下〕〇丨者，丨臣也。(同上)〇丨餘，卿大夫之餘子之丨者。〔大戴・千乘〕「國中丨餘秀興閱焉」王詁。〇丨父子，猶云丨父之子。〔漢書・王吉傳〕「左曹陳咸薦駿丨父子」補注引齊召南。〇丨長史，謂縣令丞也。〔漢書・韓延壽傳〕「重使丨長吏、嗇夫、三老、孝弟受其恥」補注引胡注。〇〔說文定聲・卷一六〕丨，叚借為䁂，取譬于大目。〔考工・輪人〕「去一以為丨」。〇掔、䁂，義並與丨同。〔廣雅・釋詁一〕「丨，大也」疏證。〇臤，古文丨。〔廣韻・先部〕〇古丨字省作臤。〔左傳成公四年〕疏證引惠棟。〇丨，古直以臤為丨，後乃加貝。〔說文〕「丨，多才也」句讀。〇丨，當作臤。〔說文〕「臤，堅也」義證。〇舊本丨作貴。〔呂覽・舉難〕「以樂騰為丨」校正。

**弦**　張於琴瑟者亦曰丨。〔說文〕「丨，弓丨也」段注。〇丨，琴瑟也。〔論語・陽貨〕「聞丨歌之聲」朱注。〇丨，以絲播其詩也。〔禮記・文王世子〕「春誦夏丨」集解。〇丨，直也。〔墨子・經說下〕「丨其前」閒詁引畢沅。〇丨，俗作絃。〔說文〕「丨，弓丨也」段注。〇〔說文定聲・卷一六〕丨，字亦變作舷。〔廣雅・釋水〕「舥謂之舷，謂船兩邊木如丨者也」。

**絃**　丨，俗弦字。〔廣韻・先部〕〇丨，通作弦。〔集韻・先部〕

**煙**　丨，火鬱氣。〔說文〕「丨，大氣也」義證引〔增韻〕。〇丨，元氣也。〔慧琳音義・卷二〕引〔考聲〕。〇丨煴猶壹壺也。〔說文〕「煴，鬱丨也」段注。〇丨同堙。〔墨子・襍守〕「凡待丨衝」閒詁引畢沅。〇丨當作堙。(同上)閒詁。〇丨當為堙。〔墨子・備梯〕「丨資吾池」閒詁引蘇時學。〇丨或作烟。〔慧琳音義・卷二〕引〔考聲〕。〇〔說文定聲・卷一五〕丨，字亦作黫。〔字林〕「黫，黑色也」。

**烟**　丨同煙。〔廣韻・先部〕

**垔**　丨，古文煙。〔廣韻・先部〕

**歅**　丨，籀文煙。〔廣韻・先部〕

**燕**　〔說文定聲・卷一四〕丨以衍為訓，今宛平縣猶曰衍平。〔釋名・釋州國〕「丨，宛也」。〇丨國謂臧荼。〔漢書・禮樂志〕「葢定丨國」補注引沈欽韓。〇〔說文定聲・卷一四〕丨，姞姓，黃帝之後。〔左傳隱公五年〕「衛人以丨師伐鄭」。〇丨公，邵公也。〔楚辭・思古〕「丨公操於馬圉」王注。〇丨支，今作胭脂，古通焉支。〔通雅・艸〕〇丨、偃聲相近。〔戰國策〕「丨郭之法」雜志。

**蓮**　〔說文定聲・卷一四〕丨以苓為之。〔詩・采苓〕「采苓采苓」。〇(同上)丨以蘭為之。〔詩・澤陂〕「有蒲與蕑」。

**憐**　丨，哀也。〔慧琳音義・卷三〕引〔考聲〕。〇丨與哀同義。〔方言六〕「悛、㥏，丨也」箋疏。〇丨，愛也，又哀矜也。〔廣韻・先部〕〇丨，矜之也。〔說文〕「丨，哀也」義證引〔玉篇〕。〇丨職，言以愛丨為事。〔方言七〕「丨職愛也」箋疏。〇自丨，失志也。〔楚辭・九辯〕「私自丨兮何極」補注引五臣。〇丨从粦聲與鱗、麟等字同。〔文選・九辯〕「惆悵兮而私自丨」集釋。〇丨，或作怜。〔集韻・先部〕

**怜**　丨，俗憐字。〔廣韻・先部〕

**田**　丨即陳也。〔淮南・氾論〕「故使陳成常鴟夷子皮得成其難」雜志。〇〔說文定聲・卷一六〕丨謂陳也，陳列種穀之地也。〔說文〕「丨，陳也」。〇陳列之整齊謂之丨。〔說文〕「丨，陳也」段注。〇丨丨者，即陳陳相因也。(同上)〇所稼曰丨。〔公羊傳桓公元年〕「丨多邑少稱丨」陳疏引孔廣森。〇土已耕者曰丨。〔釋言〕「土，丨也」鄭注。〇地之可治曰丨。〔說文繫傳・通論中〕〇丨，謂耕治之也。〔詩・甫田〕「無丨甫丨」朱傳。〇丨即畋之省借，即治丨也。(同上)通釋。〇丨者，言治丨也。〔釋訓〕「畇畇，丨也」郝疏。〇典農之官或謂之丨。〔周禮・籥章〕孫正義。〇丨畯，丨大夫，勸農之官也。〔詩・七月〕「丨畯至喜」朱傳。〇丨畯，教丨之官，亦謂之丨月令。〔說文〕「畯，農夫也」段注。〇丨祖，先嗇也，謂始耕丨者，即神農也。〔詩・甫田〕「以御丨祖」朱傳。〇丨猶土也。〔說文〕「畱，止也」繫傳。〇丨，謂采丨也。〔左傳宣公二年〕疏證。〇丨，獵也。〔孟子・滕文公下〕「昔齊景公丨」朱注。〇丨乃丨獵。〔左傳文公一八年〕「爭丨弗勝」洪詁。〇〔義府・卷上〕以獸曰丨。〔書・無逸〕「于丨」。〇丨，取禽也。〔詩・叔于田〕朱傳。〇春蒐夏苗秋獮冬狩總謂之丨。〔周禮・鄉師〕「凡四時之丨」孫正義。〇丨車，丨獵之車。〔詩・車攻〕「丨車既好」朱傳。〇丨役謂起徒役以丨獵也。〔周禮・鼓人〕「丨役亦如之」孫正義。〇丨獵，放獵逐禽也。〔大戴・主言〕「畢弋丨獵之得」王詁。〇丨，大鼓也。〔詩・有瞽〕「應丨縣鼓」朱傳。〇丨當作朄，小鼓也。〔詩・有瞽〕「應丨縣鼓」朱傳引鄭氏。〇崩聲謂之丨丨。〔廣雅・釋訓〕「闐闐，聲也」疏證。〇丨界者，丨之竟處也。〔說文〕「畔，丨界也」段注。〇丨法謂丨事之典法。〔周禮・鄉師〕「前期出丨灋」孫正義。〇丨律，蒐丨律也。〔通雅・刑法〕〇丨畜，謂力丨之蓄積也。〔說文〕「畜，丨畜也」段注。〇丨連即成連。〔文選・七發〕集釋引或說。〇此云丨賦者，謂用一井之丨賦耳。〔漢書・刑法志〕「哀公用丨賦」補注引葉德輝。○丨禾即齊太公和。〔莊子·徐无鬼〕「丨禾一睹我」集釋引盧文弨。○古者，丨、甸、陳同聲。〔廣雅·釋詁二〕「丨，陳也」疏證。○丨與佃通。〔墨子·明鬼下〕「丨車數百乘」閒詁引畢沅。○丨、陳古通用。〔漢書·藝文志〕「丨子二五篇」補注引錢大昭。○古人陳、丨二字形近音同，或相通借。〔史記·十二諸侯年表〕「丨常始此也」志疑。○〔說文定聲·卷一六〕丨，叚借為佃。〔詩·甫田〕「無丨甫丨」。○（同上）丨，叚借為畋。〔易·師〕「丨有禽」。○（同上）丨，叚借為朄。〔詩·有瞽〕「應丨縣鼓」。○（同上）丨，叚借為陳，春秋後始稱丨氏。〔史記·田敬仲完世家〕。○丨即陳字，叚丨為陳也。〔說文〕「丨，敶也」段注。○丨讀為畋。〔易·繫辭下〕「以丨以魚」李疏。○丨，古音陳。〔說文〕「丨，敶也」段注。○丨音佃。〔詩·甫田〕「無丨甫丨」朱傳。○丨、畋古今字。〔左傳宣公二年〕「宣子丨於首山」疏證引李富孫。○〔釋文〕丨本又作佃。〔左傳昭公二〇年〕「齊侯至自丨」洪詁。○丨，齊、魯作朄。〔詩·有瞽〕「應丨縣鼓」集疏。○〔西京賦〕李善注引丨作畋。〔書·無逸〕「文王不敢盤于遊丨」孫疏。○丨不禋，〔墨子〕作伷不禮。〔呂覽·當染〕「丨不禋」校正。○丨常即陳恒。〔墨子·非儒下〕「於丨常之門」閒詁。○丨常即陳成子恒。〔史記·十二諸侯年表〕「丨常始此也」志疑。○丨閒當為回閒。〔說文〕「畾」義證。○〔說文定聲·卷一六〕丨，申之誤字。〔禮記·緇衣〕「周丨觀文王之德」。○丨乃日字之誤。〔管子·小匡〕「丨莫不見禽而後反」平議。

**塡**　丨，塞也。〔廣韻·先部〕○堙、丨皆塞也。〔墨子〕「煙資」雜志。○丨，加也。〔廣韻·先部〕○丨，滿也。（同上）○丨丨者，盈滿之容。〔荀子·非十二子〕「丨丨然，狄狄然」集解引郝懿行。○雷聲謂之丨丨。〔廣雅·釋訓〕「闐闐，聲也」疏證。○丨星為信。〔史記·天官書〕「丨星乃為之動搖」志疑。○〔說文定聲·卷一六〕丨，叚借為鎮。〔爾雅〕「煮丨棗」。○（同上）丨，叚借為瘨。〔詩·小宛〕「哀我丨寡」。○（同上）丨，叚借為奠。〔禮記·檀弓〕「主人既祖丨」。○（同上）丨，叚借為瑱。〔淮南·詮言〕「昆山之玉丨」。○丨，讀為殄。〔詩·小宛〕「哀我丨寡」陳疏。○丨，讀為殄，謂殄戮之也。〔穀梁傳隱公五年〕「誅不丨服」述聞。○丨當讀為矜。〔詩·小宛〕「哀我丨寡」平議。○丨，塵之叚音。〔釋言〕「烝，塵也」郝疏。○窴、丨、塵、陳四字同音，皆訓久。〔說文〕「𪋻，鹿行揚土也」段注。○丨即鎮字。〔荀子·君道〕「丨撫百姓」集解引盧文弨。○丨與鎮字同。〔漢書·天文志〕「丨星」補注。○古多以丨為鎮撫字。〔史記〕「鎮」雜志。○窴與丨同。〔廣雅·釋詁三〕「窴，塞也」疏證。○丨與窴音義同。〔說文〕「丨，弆也」段注。○窴、鎮與丨同。〔說文〕「𪋻，鹿行揚土也」段注。○丨作鎮。〔漢書·天文志〕「四丨星，出四隅」補注。

**窴**　〔說文定聲·卷一六〕丨即塡之或體。〔說文〕「丨，塞也」。○丨，塞也。〔慧琳音義·卷八五〕引〔考聲〕。○丨，滿也。（同上）○丨，塡也。〔楚辭·天問〕「何以丨之」補注。○〔說文定聲·卷一六〕丨，叚借為鎮。〔長笛賦〕「窾圝丨詖」。○（同上）丨，叚借為塵。〔詩·東山〕傳「烝，丨也」。○丨同塡。〔廣韻·先部〕○丨與塡同。〔廣雅·釋詁三〕「丨，塞也」疏證。○丨、塡同義，塡行而丨廢矣。〔說文〕「丨，弆也」段注。○〔說文定聲·卷一六〕丨，或曰字亦作寘。〔太玄·法〕「鉼寘腹」。○丨者，寘之變體。〔說文定聲·卷一六〕○丨渾，〔史記〕作窴渾，此丨渾當即窴渾也。〔漢書·衛青傳〕「大軍出丨渾」補注引齊召南。○丨，亦作鎮。〔集韻·先部〕

**鈿**　丨，金花。〔廣韻·先部〕○丨，謂金花也。〔慧琳音義·卷二二〕引〔文字集略〕。○丨，金花飾。〔集韻·先部〕○丨，以珽寶裝飾也。〔慧琳音義·卷一七〕引〔考聲〕。○丨，以珍寶裝飾也。〔慧琳音義·卷四〇〕引〔考聲〕。○丨，以珍寶厠填也，裝飾也。〔慧琳音義·卷七九〕引〔考聲〕。○丨窠，錦上雲龍之地也。〔通雅·布帛〕

**年**　丨，穀熟也。〔廣雅·釋天〕疏證。○穀一熟為一丨。〔左傳襄公二七年〕「不及五稔者」洪詁引〔釋文〕。○周曰丨，取禾一熟也。〔說文〕「丨，穀熟也」繫傳。○丨猶歲也。〔周禮·大史〕「正歲丨以序事」述聞。○丨與歲正同義。〔周禮·司士〕「辨其丨歲」述聞。○天之行謂之歲，人之行謂之丨。〔史記·始皇本紀〕「丨十三歲」志疑引〔日知録〕。○〔說文定聲·卷一六〕丨，叚借為佞。〔大戴·公冠〕「近于民，遠于丨」。○丨夫，二傳作佞夫。〔公羊傳襄公三〇年經〕「天王殺其弟丨夫」陳疏。○陳丨即〔吳越春秋〕之陳音，古丨、音聲相近。〔呂覽·簡選〕「王子慶忌陳丨猶欲劒之利也」校正引梁仲子。○丨與稘、秋同意。〔說文定聲·卷一六〕○歲亦丨也，古無丨歲並稱者。〔史記·始皇本紀〕「丨十三歲」志疑。

**秊**　丨，同年。穀熟曰丨。〔廣韻·先部〕○丨勞，遷叙也。〔通雅·官制〕○丨，或作年。〔集韻·先部〕

**顛**　丨，頂也。〔太素·經脈之一〕「從丨至耳上角」楊注。又〔廣韻·先部〕。○丨者，頂也。〔說文〕「厓，巠義，山丨也」段注。○丨者，人之頂也，以為凡高之偁。〔說文〕「天，丨也」段注。○丨，引伸為凡物之頂。〔說文〕「丨，頂也」段注。○丨，倒也。〔離騷〕「厥首用夫丨隕」補注。○丨沛，猶僵仆。〔詩·蕩〕「丨沛之揭」通釋。○丨沛，仆拔也。（同上）朱傳。○丨沛，謂偃仆也。〔慧琳音義·卷五二〕○丨躋，言丨仆不得升也。〔書·微子〕「丨隮若之何其」孫疏。○丨，墜也。〔慧琳音義·卷一五〕引〔字書〕。○丨者，失隊也。〔論語·季氏〕「丨而不扶」劉正義。○丨，隕也。〔左傳哀公一一年〕「其有丨越不共」洪詁引服虔。○丨，偃仰也。〔慧琳音義·卷一五〕引〔考聲〕。○丨沛，傾覆流離之際。〔論語·里仁〕「丨沛必於是」朱注。○丨倒，狼狽之狀。〔詩·墓門〕「丨倒思予」朱傳。○丨覆，壞亂也。〔孟子·萬章上〕「太甲丨覆湯之典刑」朱注。○丨覆，謂窮也。〔詩·谷風〕「及爾丨覆」陳疏。○〔說文定聲·卷一六〕丨棘，即天門冬也。〔廣雅·釋草〕「丨棘，女朮」。○丨與瘨通。〔書·盤庚〕「丨越不恭」孫疏。○丨、天音相近也。〔本草·卷一八〕○丨與頂一聲之轉。〔方言六〕「丨、頂，上也」疏證。○丨、頂、題一聲之轉。〔釋言〕「丨，題也」郝疏。○丨、題、顛一聲之轉。〔廣雅・釋親〕「題，頟也」疏證。○〔說文定聲・卷一六〕—，段借為嗔。〔禮記・玉藻〕「盛氣—實」。○(同上)—，段借為癲。〔素問・脉解〕「故狂巔疾也」。○(同上)—，段借為趙、為蹎。〔詩・蕩〕「—沛之揭」。○—，段為闐也。〔說文〕「闐，盛皃也」段注。○—，讀為蹎。〔詩・蕩〕「—沛之揭」陳疏。○—覆，通作蹎仆、—踣、—匐、蹎蹞。〔通雅・釋詁〕○—，俗字巔。〔說文〕「—，頂也」句讀。○—，俗造巔字。〔說文〕「厓，巠義，山—也」段注。○〔說文定聲・卷一六〕—，俗亦作巔。〔素問・方盛衰論〕「頭痛巔疾」。○(同上)—，又作傎。〔儀禮・士喪禮〕注「或傎倒衣裳」。○(同上)—，又作顚。〔廣雅・釋親〕「顚，頟也」。○(同上)—，字亦作傎。〔廣雅・釋言〕「傎，倒也」。○—冥與—眴同。〔方言・七〕「—眴謂之賑眩」箋疏。○—沛又作蹎蹞。〔慧琳音義・卷五二〕○—覆，一作蹎覆。〔通雅・釋詁〕○〔水經注〕—作巔。〔左傳僖公二年〕「入自—軨」洪詁。○—，〔釋文〕作巔。〔離騷〕「厥首用夫—隕」補注。○—倒，〔樂府〕或作丁倒。〔說文〕「頂，—也」段注。○〔大雅〕、〔論語〕—沛皆即蹎跋也。〔說文〕「跋，蹎也」段注。

**巔** —，山頂也。〔詩・采苓〕「首陽之—」朱傳。又〔廣韻・先部〕。又〔集韻・先部〕。○—，末也。〔慧琳音義・卷八八〕引〔考聲〕。○—，殞也。(同上)

**牽** —，引也。〔廣韻・先部〕○—，向前引之也。〔說文〕「徬，附行也」繫傳。○—，挽也。〔廣韻・先部〕○—，連也。(同上)○凡聯貫之詈曰—。〔說文〕「—，引而前也」段注。○—，牲可—而行者。〔左傳僖公三三年〕「脯資餼—竭矣」洪詁引鄭司農。○引伸之，輓牛之具曰—。〔說文〕「—，引而前也」段注。○—，即車轄也。〔慧琳音義・卷八〇〕引顧野王。○—，謂之百丈。〔通雅・卷三四〕○—，亦謂之簽。(同上)○〔說文定聲・卷一六〕—，在今河南衛輝府濬縣之北。〔左傳定公一四年〕「公會齊侯、衛侯于—」。○—牛，星名。〔詩・大東〕「睆彼—牛」朱傳。○〔說文定聲・卷一六〕河鼓三星在牛宿之上，如—之，故曰—牛。〔釋天〕「河鼓謂之—牛」。○荊楚人呼—牛為檐鼓。〔史記・天官書〕「—牛為犧牲」志疑。○絮幕曰—離。〔通雅・布帛〕○貧者着衣可以幕絮也，或謂之—離。〔說文〕「繫，一曰惡絮」段注。○—縭、—離、縴纚，一也。〔說文〕「繭滓絓頭也」義證。○——作幸。〔漢書・韋賢傳〕「豈不—位」補注引宋祁。○〔說文定聲・卷一六〕—，字亦作縴。〔字林〕「縴紋，挽舟繩」。○漢唐扶頌捺—君車，字作⿱玄手。〔說文〕「—，引前也」義證引畢以珣。○〔易〕—羊，〔子夏傳〕作掔。〔左傳宣公一二年〕「鄭伯肉袒—羊以逆」疏證引李富孫。○—，〔釋文〕云，本又作掔。〔左傳定公一四年經〕「會齊侯、衛侯于—」洪詁。

**⿱玄手** —⿱玄手即牽挽。〔通雅・釋詁〕

**妍** —，美也。〔廣韻・先部〕○—，好也。(同上)又〔方言一〕「自關而西秦晉之故都曰—」箋疏。○—，淨也。〔廣韻・先部〕○—，慧也。〔慧琳音義・卷六二〕引〔考聲〕。又〔卷九一〕。○—，慧巧之意。〔說文定聲・卷一四〕○—，段借為愿。(同上)○—，段借為訮。(同上)○—，段借為閒。(同上)○—，一作忓。〔方言一〕「自關而西秦晉之故都曰—」箋疏。

**研** —，磨也。〔廣韻・先部〕○以石曰—磨。〔說文定聲・卷一四〕○—即硯也。〔通雅・器用〕○〔說文定聲・卷一四〕—，段借為硯。〔江賦〕「綠苔鬖髿乎—上」。○—與硯同。〔說文〕「硯，石滑也」段注。○—與碧同。〔廣雅・釋詁〕「碧，磨也」疏證。又〔釋言〕「閑，碧也」疏證。○—，亦作硯。〔說文〕「—，礱也」段注。○—，字亦作硯。〔說文定聲・卷一四〕

**硯** —，同研。〔廣韻・先部〕

**眠** —，寐也。〔廣韻・先部〕○合目曰—。〔說文定聲・卷一二〕(「寐」下)○—娗亦謾讉也，方俗語有侈弇耳。〔廣雅・釋詁二〕「謾讉，欺也」疏證。○方言之—，蓋指瞑眩之瞑也。〔通雅・諺原〕○—同瞑。〔廣韻・先部〕○—、瞑、寢、䁅，並同。〔廣雅・釋言〕「瞑，寢也」疏證。○古—多作瞑。〔通雅・諺原〕○—，或作瞑。〔方言一〇〕「—，欺謾之語也」箋疏。又〔集韻・先部〕○—，字或作瞑。〔廣雅・釋詁三〕「—眩，亂也」疏證。○—為瞑之俗。〔文選・七發〕「臥不得瞑」集釋。

**淵** —，深。〔詩・燕燕〕「其心塞—」朱傳。又〔大戴・五帝德〕「洪—以有課」王詁。○—，深也。〔詩・定之方中〕「秉心塞—」朱傳。又〔廣韻・先部〕。又〔禮記・月令〕「名源—澤」集解。又〔大戴・衛將軍文子〕「其為人之—泉也」王詁。又〔慧琳音義・卷一〇〇〕引〔韻詮〕。○—，深水也。〔大戴・武王踐阼〕「寧溺於—」王詁。又〔孟子・離婁上〕「故為—毆魚者」朱注。○——，深水貌。〔大戴・四代〕「——然」王詁。○—者，水之停積。〔韓子・揚權〕「填其洶—，毋使水清」集解引舊注。○水通之斯為川，塞之斯為—。〔說文〕「川，貫穿通流水也」義證引李蕭遠。○——，深遠也。〔詩・那〕「鞉鼓——」朱傳。○——，靜深貌。〔中庸〕「——其—」朱注。○—泉，靜深而有本也。〔中庸〕「溥溥—泉」朱注。○——，鼓聲。〔詩・采芑〕「伐鼓——」朱傳。○——，猶鼘鼘。(同上)朱傳。○——，讀鼘鼘。(同上)陳疏。○〔說文定聲・卷一六〕—，段借為鼘。〔詩・那〕「鞉鼓——」。○—者，𣶒之絫增字。〔說文〕「𣶒，—或省水」句讀。○鼘鼘、——、鼝鼝，並字異而義同。〔廣雅・釋訓〕「鼘鼘，聲也」疏證。○三家—作鼝。〔詩・那〕「鞉鼓——」集疏。○——本作𣶒𣶒、囦囦，因作鼘鼘。〔通雅・釋詁〕○〔說文定聲・卷一六〕—，字亦作奫。〔吳都賦〕「泓澄奫潫」。○—，本作回。〔大戴・衛將軍文子〕「是顏—之行也」述聞。○—，各本作泉，唐人避諱改也。〔說文〕「湫，安定朝那有湫—」段注。○—，〔史記〕、〔文選〕作深，當為深。〔漢書・賈誼傳〕「沕—潛㠯自珍」補注。○—泉一本作拼泉。〔漢書・地理志〕「—泉」補注引宋祁。○—，古作𣶒。

〔集韻・先部〕

**棩** 丨，古文淵。〔說文〕「丨，淵或省水」義證引〔九經字樣〕。〇丨，回水也。〔說文繫傳・通論中〕〇丨，回流也。〔說文繫傳・通論下〕〇丨，深水也。〔同上〕〇丨與淵同。〔廣雅・釋山〕「丨，谷也」疏證。

**囦** 丨，古文淵。〔廣韻・先部〕

**刹** 丨，同淵。〔廣韻・先部〕

**涓** 丨，亦大水溢出別為小水之名也。〔說文〕「丨，小流也」段注。〇凡言丨丨者，皆謂細小之流。〔同上〕〇丨水即琅邪折泉。〔史記・王子侯者年表〕「丨」志疑引〔方輿紀要〕。〇〔說文定聲・卷一四〕丨，叚借為捐，供潔埽庭除之役，故曰中丨。〔吳語〕「乃見其丨人嚋」。〇〔同上〕丨，亦訓擇，或曰此誼借為東，亦通。〔魏都賦〕「丨吉日」。〇丨與蠲同。〔漢書・禮樂志〕「丨選休成」補注引沈欽韓。

**蠲** 丨，多足蟲也。今巫山夔州人謂之艸鞵絆，亦曰百足蟲。〔說文〕「丨，馬丨也」段注。〇〔通雅・卷二〕丨，此蓋指蠋耳。〔明堂月令〕「腐草為丨」。〇丨，亦名馬蛾、馬⿰虫遂、馬蚰、馬軸、馬陸、馬蚈、馬蚿、馬蠸。〔說文定聲・卷一二〕〇丨，又名蛆蟝、蠽蛆、商蚷、秦渠，皆一聲之轉。〔同上〕〇丨，又曰蛝、曰蚼，皆一聲之轉。〔同上〕〇丨，又謂之刀環蟲者。〔同上〕〇丨，除也。〔廣韻・先部〕〇丨，潔也。〔同上〕又〔慧琳音義・卷五〕引〔考聲〕。又〔卷八七〕引〔考聲〕。〇丨，絜也。〔集韻・齊部〕〇丨猶絜也。〔詩・天保〕「吉丨為饎」通釋引宮人注。〇丨謂清潔也。〔慧琳音義・卷三二〕引顧野王。〇丨，言齊戒滌濯之潔。〔詩・天保〕「吉丨為饎」朱傳。〇丨，明也。〔廣韻・先部〕又〔集韻・齊部〕。〇丨者，明也。〔荀子・王制〕「事行則丨疑」集解引郝懿行。〇丨為蟲之明也。〔釋言〕「丨，明也」郝疏。〇丨為除之明也。〔同上〕〇丨為潔之明也。〔同上〕〇〔說文定聲・卷一二〕丨，當訓善也。〔晉語〕「國人弗丨」。又〔集韻・齊部〕。〇〔通雅・卷二〕丨，書傳用為丨潔，與圭涓通。〔明堂月令〕「腐草為丨」。〇圭、丨古同聲，丨，舊音圭。〔逸周書〕「腐草化為螢」雜志。〇〔說文定聲・卷一二〕丨，叚借為圭，實為佳。〔小爾雅・廣詁〕「丨，潔也」。〇丨乃圭之假借字也。〔說文〕「丨，馬丨也」段注。〇〔說文定聲・卷一二〕丨，叚借為捐。〔廣雅・釋詁三〕「丨，除也」。〇〔同上〕丨，以輯為之。〔魏元丕碑〕「餘類不輯」。〇丨，古讀若圭，亦與烓聲近義同。〔廣雅・釋詁四〕「烓，明也」疏證。〇丨之古音如圭。〔說文〕「丨，馬丨也」段注。〇丨，魯、齊作圭。〔詩・天保〕「吉丨為饎」集疏。

**邊** 丨，旁也。〔楚辭・遠遊〕「丨馬顧而不行」補注。又〔說文定聲・卷一四〕。〇丨，亦餘也。〔廣雅・釋詁三〕「輸，餘也」疏證。〇丨，畔也，又丨陲也，近也，厓也，方也。〔廣韻・先部〕〇丨垂即境上也。〔漢書・元帝紀〕「竟寧元年」補注。〇丨當讀為籩，即今篋字也。〔管子・問〕「丨信傷德」平議。〇丨、櫋聲與顯近，義亦同。〔方言二〕「顯，雙也」箋疏。〇丨鮮，並與蹁躚同。〔廣雅・釋訓〕「蹁躚，盤姍也」疏證。〇丨當是適字之譌，古敵字多作適。〔墨子・七患〕「丨國至境」閒詁引洪頤煊。

**籩** 丨，竹豆。〔論語・泰伯〕「丨豆之事」朱注。〇丨，竹豆也。〔詩・伐柯〕「丨豆有踐」朱傳。〇單言丨者可概豆。〔釋器〕「竹豆謂之丨」郝疏。〇丨，竹器。〔廣韻・先部〕〇丨，禮器也。〔說文定聲・卷一四〕〇丨，字亦作箯，此竹名也。〔卷一四〕〔「箯」下〕

**編** 丨，次也。〔廣韻・先部〕〇丨，聯次也。〔大戴・勸學〕「丨之以髮」王詁。〇以繩次物曰丨。〔國策・秦策〕「天下丨隨而伏」補注。又〔韓子・初見秦〕「天下丨隨而服矣」集解引吳師道。〇丨，次簡也。〔國策・楚策一〕「入則丨席」鮑注。〇以絲次弟竹簡而排列之曰丨。〔說文〕「丨，次簡也」段注。〇丨猶列也。〔慧琳音義・卷八〇〕引顧野王。〇丨者，比連也。〔卷七七〕引劉兆。〇簡謂之丨。〔廣雅・釋器〕「牑，版也」疏證。〇丨甿者，民戶也。〔慧琳音義・卷六〇〕〇丨蔣謂作席。〔說文〕「蔣，苽蔣也」義證。〇小者曰丨鐘。〔說文定聲・卷一二〕〔「鐘」下〕〇丨，叚借為扁。〔卷一六〕〇丨，讀為辮。〔詩・君子偕老〕「鬒髮如雲，不屑髢也」陳疏。〇丨、編音近字變。〔漢書・地理志〕「益陽」補注。〇丨緒、扁緒、偏諸，聲轉字異耳。〔廣雅・釋器〕「丨緒，絛少」疏證。〇丨，又作辮。〔慧琳音義・卷二三〕

**玄** 丨，赤黑色也。〔詩・何草不黃〕「何草不丨」朱傳。〇丨，黑而有赤之色。〔詩・七月〕「載丨載黃」朱傳。〇丨，黑也。〔廣韻・先部〕〇丨，黑色也。〔本草・卷一二〕〇丨冠，黑繒冠也。〔儀禮・士冠禮〕「主人丨冠朝服」胡正義。〇丨，寂也。〔廣韻・先部〕〇丨，遠也。〔漢書・敘傳〕「系高頊之丨胄兮」補注引王先慎。〇丨，幽遠也。〔廣韻・先部〕〇丨者，幽遠也。〔說文〕「黃，地之色也」段注。〇丨，當為幽也，遠也。〔說文〕「丨，幽遠也」義證。〇丨者，深微之稱。〔詩・長發〕「丨王桓撥」朱傳。〇衣無文曰丨。〔通雅・衣服〕〇上氣曰始，中氣曰元，下氣曰丨。〔說文〕「无，奇字無」義證引〔子華子〕。〇丨與黃同義。〔詩・何草不黃〕「何草不丨」通釋。〇丨王，即湯。〔詩・長發〕「丨王桓撥」集疏引魯說。〇丨黃，幣也。〔孟子・滕文公下〕「書曰匪厥丨黃」朱注。〇丨黃，病也。〔詩・卷耳〕「我馬丨黃」集疏引魯說。〇丨黃，亦病也。〔詩・何草不黃〕「何草不黃」、「何草不丨」述聞。〇丨黃，雙聲字，皆謂病貌也。〔詩・卷耳〕「我馬丨黃」述聞。〇丨黃，丨馬而黃，病極而變色也。〔詩・卷耳〕「我馬丨黃」朱傳。〇丨黃者，天地之襍也。〔說文〕「黃，地之色也」段注。〇丨武，謂龜蛇。〔楚辭・遠遊〕「召丨武而奔屬」補注引說者曰。〇龜與蛇交，曰丨武。〔同上〕補注引〔文選〕注。〇丨武，北陸七宿也。〔屈賦・遠遊〕「召丨武而奔屬」戴注。〇二十八宿，北方為丨武。〔楚辭・遠遊〕「召丨武而奔屬」補注。〇冬為丨英。〔楚辭·怨世〕「偏與乎丨英異色」補注引〔爾雅〕。○丨宮，深宮也。〔說文〕「丨，幽遠也」繫傳。○丨鬯，醇酒也。〔通雅·飲食〕引〔抱朴子〕。○丨鳥，鳦也。〔詩·玄鳥〕「天命丨鳥」朱傳。○丨袞，丨衣而畫以卷龍也。〔詩·采菽〕「丨袞及黼」朱傳。○丨尊，明水也。〔大戴·禮三本〕「大饗尚丨尊」王詁。○云丨裳者，齊服也。〔大戴·哀公問五義〕「今夫端衣丨裳冕而乘路者」王詁。○丨者丨端，齊服也。〔禮記·文王世子〕「丨而養」集解。○丨端，禮服。〔儀禮·士昏禮〕「使者丨端至」胡正義。○丨端，諸侯視朝之服。〔大戴·公符〕「公丨端與皮弁皆韠」王詁。○丨精乃池中鹽根。〔通雅·金石〕引〔緯略〕。○以黑漆塗地曰丨墀。〔說文〕「幔，墀地以帛撊之也」繫傳。○〔說文定聲·卷一六〕丨，叚借為眩。〔荀子·正論〕「上周密則下疑丨矣」。○〔同上〕丨，叚借為沅。〔莊子·知北遊〕「於丨水之上」。○〔同上〕丨，叚借為元，或為源。〔儀禮·士冠禮〕「元酒在西」。○〔同上〕丨，叚借為遠，或為原廟之原。〔爾雅·釋親〕「曾孫之子為丨孫」。○丨讀為眩。〔荀子·解蔽〕「疑丨之時」集解引郝懿行。○丨與眩同。〔荀子·正論〕「則下疑丨矣」集解引郝懿行。○〔史記〕丨作眩。〔漢書·司馬相如傳〕「紅杳眇以丨湣兮」補注。○官本丨作懸。〔漢書·吳芮傳〕「迺遇芮之將梅鋗」補注。○〔史記〕丨作炫。〔漢書·司馬相如傳〕「采色丨耀」補注。○丨當作叀。〔說文〕「牽，引前也，丨聲」義證引畢以珣。○〔說文定聲·卷一六〕丨，袞之誤字。〔大戴·公冠〕「四加丨冕」。

## 縣

丨者，系也。〔說文〕「挈，丨持也」段注。又〔說文〕「縋，以繩有所丨也」段注。○丨，引伸之則為所系之偁。〔說文〕「丨，繫也」段注。○丨，引申為凡總持之偁。〔說文〕「系，丨也」段注。○丨者，弦也。〔說文〕「邑，國也」義證引黃恭〔十四州記〕。○丨謂遠隔也。〔漢書·賈誼傳〕「而丨屬於漢」補注引王念孫。○〔說文定聲·卷一四〕丨，猶虛也。〔莊子·大宗師〕「此古之所謂丨解也」。○丨，即丨門也。〔墨子·備城門〕「塹之末為之丨」閒詁。○丨猶衡也。〔荀子·彊國〕「丨之以王者之功名」集解。○丨衡，輕重等也。〔國策·秦策三〕「不能與齊懸衡矣」鮑注。○丨出，從上溜也。〔釋水〕「沃泉丨出」。○平圃，丨圃也。〔離騷〕「夕余至乎丨圃」補注。○玄與丨古字通。〔同上〕補注引東方朔〔十洲記〕。○丨圃，與玄圃同。〔廣雅·釋山〕「崑崙有三山，閬風、板桐、元圃」疏證。○丨解，以生為丨，以死為解。〔莊子·養生主〕「古者謂是帝之丨解」集釋引崔說。○〔通雅·卷五〕丨遲，猶言思遲丨切也。〔趙壹傳〕「昭其丨遲」。○丨讀如懸。〔漢書·賈誼傳〕「而丨屬於漢」補注引劉奉世。○丨，今人加心。〔說文〕「丨，繫也」繫傳。○丨，俗今通用懸。〔廣韻·先部〕○丨，此丨挂正字。〔墨子·法儀〕「正以丨」閒詁引畢沅。○丨，古懸掛字皆如此作。〔說文〕「丨，繫也」段注。○丨、懸古今字。〔方言七〕「佻抗丨也」箋疏。○丨，俗字作懸。〔說文定聲·卷一四〕○丨，相承借為州丨字。〔廣韻·先部〕○丨，各本作繫。〔說文〕「系，丨也」段注。

## ⿰亻縣

丨，同懸。〔墨子·經上〕「窮知而丨於欲也」閒詁引畢沅。○丨猶繫也。〔同上〕閒詁引張惠言。○丨，縣字異文。〔墨子·經說上〕「丨於欲之理」閒詁引畢沅。○丨，讀如縣挂之類。〔同上〕

## 泉

丨，水原也。〔大戴·衛將軍文子〕「其為人之淵丨也」王詁。○丨，凡水原所出也。〔說文〕「丨，水原也」繫傳。○丨水者，丨出之水也。〔說文〕「灥，丨水也」段注。○丨，丨源也。〔廣韻·仙部〕○丨源即百泉也。〔詩·竹竿〕「丨源在左」朱傳。○丨，錢別名。〔廣韻·仙部〕○丨即錢也，謂之丨者，欲其貿易流行不壅積也。〔說文〕「貝，海介蟲也」繫傳。○古以貝為貨，周有丨，故即以丨名貝。〔說文定聲·卷一四〕○古者謂錢曰丨布。〔說文〕「丨，水原也」段注。○丨陵，零陵縣名。〔史記·王子侯者年表〕「丨陵」志疑。○全鳩即丨鳩，字隨音變。〔漢書·戾太子傳〕「臧匿丨鳩里」補注。○丨、前古字通。〔左傳僖公一一年〕「揚、拒、丨、皐、伊、雒之戎同伐京師」洪詁。又〔同上〕疏證引洪亮吉。○丨、〔左氏〕、〔穀梁〕作原字，古原、丨義通音通。〔公羊傳昭公三年經〕「滕子丨卒」陳疏。○丨，〔天官書〕作錢。〔漢書·天文志〕「下有積丨」補注。○丨，作蟓者俗字。〔說文定聲·卷一四〕○高丨，〔中山經〕作高前。〔呂覽·本味〕「高丨之山」校正。

## 遷

丨，升。〔詩·伐木〕「丨于喬木」朱傳。○丨，去下之高也。〔廣韻·仙部〕○丨，徙。〔詩·賓之初筵〕「舍其坐丨」朱傳。又〔殷武〕「是斷是丨」朱傳。○丨，徙也。〔詩·氓〕「以我賄丨」朱傳。又〔大戴·文王官人〕「置義而不可丨」王詁。又〔左傳襄公二九年〕「丨而不淫」洪詁引服虔。○丨，言將從於殷。〔書·盤庚〕「盤庚丨於殷」孫疏。○凡言丨者，自彼之此之詞。〔史記·周本紀〕「東丨于雒邑」志疑引〔日知録〕。○丨，移也。〔論語·雍也〕「不丨怒」朱注。○丨，丨移。〔屈賦·思美人〕「丨逡次而勿驅兮」戴注。○丨與移、徙亦同義。〔廣雅·釋詁〕「令，避也」疏證。○丨，為丨易，無還歸之義。〔詩·雨無正〕「謂爾丨于王都」後箋。○丨與避同義。〔廣雅·釋詁〕「令，避也」疏證。○丨亦就時也。〔書·皐陶謨中〕「懋丨有無化居」孫疏。○丨延，不進貌。〔國策·楚策四〕「外阪丨延」鮑注。○〔說文定聲·卷一五〕丨延，猶逡遁也。〔左傳襄公一四年〕「晉人謂之丨延之役」。○〔通雅·卷一二〕丨方，西方也。〔前漢志〕「少陰者丨方」。○丨通作還。〔釋詁〕「丨，徙也」郝疏。○丨，又通作僊。〔同上〕○丨、僊古通字，䙴即僊之省字，亦作仙。〔方言八〕「蝙蝠或謂之䙴鼠」箋疏。○丨之讀仙，乃是古音。〔漢書·王莽傳〕「昔符命文立安為新丨王」補注引錢大昕。○〔說文定聲·卷一五〕丨以舁為之。〔漢書·郊祀志〕「常山王有罪䙴」。○〔同上〕丨以僊為之。〔魏元丕碑〕「有畢萬者，僊去仕晉」。○丨，本作選。〔逸周書〕「丨同氏姓」雜志。○丨當作䙴。後丨絕同。〔漢書·韋賢傳〕「越丨于魯」補注引宋祁。○丨或當迁。〔左傳宣公一二年〕「使群臣丨大國之迹於鄭」疏證引沈欽韓。○丨，進也。〔同上〕疏證引〔集韻〕。又〔廣韻·先部〕。○丨，行近也。〔左傳宣公一二年〕疏證引〔玉篇〕。○丨，表也。〔同上〕引〔集韻〕。○丨，標記也。〔廣韻·先部〕。○撫謂之丨。〔集韻·先部〕○丨，伺候也。〔廣韻·先部〕又〔左傳宣公一二年〕疏證引〔集韻〕。○丨，迁葬。〔廣韻·先部〕○丨，字與遷別。〔左傳宣公一二年〕疏證引沈欽韓。

**遷** 丨，古文遷。〔廣韻·仙部〕

**仙** 丨，神仙。〔廣韻·仙部〕○上品曰聖，中品曰眞，下品曰丨。〔說文〕「眞，僊人變形而登天也」義證引〔太眞科〕。○丨，木名，出祁連。〔集韻·僊部〕○丨室即天子宣室也。〔文選·曲水詩序〕「紀言事於丨室」集釋。○丨與䙴同。〔方言八〕「蝙蝠或謂之䙴鼠」箋疏。

**僊** 丨丨，舞皃。〔廣韻·仙部〕○丨丨，舞袖飛揚之意。〔說文〕「丨，長生丨去」段注。○丨丨，軒舉之狀。〔詩·賓之初筵〕「屢舞丨丨」朱傳。○〔說文定聲·卷一五〕丨，段借為遷。〔國三老袁良碑〕「丨修城之鄗」。○丨同仙。〔廣韻·仙部〕○丨或作仙。〔說文〕「丨，長生丨去」義證。○丨，字亦作仙，即仚字。〔廣雅·釋詁三〕「仙，已也」疏證。○丨、西、青並聲轉字變。〔漢書·地理志〕「有西王母石室、丨海」補注。○仙行而丨廢。〔說文〕「丨，長生丨去」段注。

**䙴** 丨，古文仙。〔廣韻·仙部〕○丨，隸作僊，通作仙。〔集韻·仙部〕

**鮮** 丨，好也。〔慧琳音義·卷七〕引〔考聲〕。○丨，明也。〔大戴·勸學〕「丨潔以出」王詁。○生潔為丨。〔楚辭·大招〕「丨蠵甘雞」王注。○丨，淨也。〔慧琳音義·卷七四〕引〔字書〕。○丨，善。〔詩·皇矣〕「度其丨原」朱傳。○丨，善也。〔廣韻·仙部〕○丨，魚名，出貉國。〔論語·學而〕「而好犯上者丨矣」劉正義。○鳥獸新殺曰丨。〔大戴·曾子大孝〕「烹熟丨香」王詁。○〔說文定聲·卷一四〕丨，生殺也。〔左傳昭公五年〕「葬丨者自西門」。○丨者，羊之氣也。〔本草·卷一三〕○丨之言斯也。〔史記〕「姜姓解亡」雜志。○丨之言散也。〔禮記·月令〕「穀實丨落」述聞。○黃絹曰丨支。〔通雅·卷三七〕○丨水，即西海，一名青海，又名卑禾羌海。〔漢書·趙充國傳〕「开在丨水上者」補注引齊召南。○丨元即耿光。〔通雅·卷八〕○丨民，猶言孤子。〔詩·蓼莪〕「丨民之生」後箋。○丨民，以無怙恃故謂之丨民。〔同上〕後箋引放齋詩說。○丨郁者，妙花丨明，香氣郁遏之盛也。〔慧琳音義·卷四〕○蕃丨，謂異也。〔易·說卦〕「為蕃丨」李疏。○丨，白也。〔同上〕○丨支即燕支。〔漢書·司馬相如傳〕「丨支黃礫」補注引沈欽韓。○〔說文定聲·卷一四〕丨，段借為善。〔釋詁〕「丨，善也」。○〔同上〕丨，段借為鱻。〔禮記·內則〕「冬宜丨羽」。○丨者，尠之段音也。〔釋詁〕「丨，罕也」郝疏。○丨者，鱻之段音也。〔釋詁〕「丨，善也」郝疏。○丨，經傳乃段為新鱻字。〔說文〕「丨，丨魚也」段注。○丨、斯古音近，斯之言析也。〔詩·皇矣〕「度其丨原」通釋。○古丨聲近斯，遂相通借。〔詩·蓼莪〕「丨民之生」通釋引阮宮保。○丨與斯古亦同聲。〔禮記·月令〕述聞。○斯、丨音轉字通。〔釋詁〕「丨，善也」郝疏。○〔說文定聲·卷一四〕丨之聲又轉為斯。〔楚辭·大招〕「若丨卑只」。○丨讀為斯。〔書·盤庚中〕「丨以不浮于天時」平議。○丨讀為獻。〔淮南·俶真〕「華藻鏄丨」平議。○丨讀曰析。〔大戴·五帝德〕「丨支」王詁。○丨、解二字通用。〔詩·皇矣〕「度其丨原」通釋。○丨，本作鱻。〔說文〕「鱻，新魚精也」段注。○丨，今人用為鱻。〔說文〕「丨，魚也」繫傳。○丨，當為鱻。〔說文〕「尟，不丨也」義證。○凡丨明、丨新字皆當作鱻，自漢人始以丨代鱻。〔說文〕「鱻，新魚精也」段注。○丨者，今人鱓字。〔說文〕「蟬，非它丨之穴無所庇」段注。○丨、巘同字。〔詩·皇矣〕「度其丨原」後箋。○丨、蘇聲相近。〔史記·十二諸侯年表〕「曹戴伯丨元年」志疑。○〔漢書·谷永傳〕、〔熹平石經〕丨作于，是今文也。〔書·無逸〕注「丨一作于」孫疏。

**錢** 〔說文定聲·卷一四〕丨亦曰臿。〔說文〕「丨，銚也，古田器」。○丨，亦曰鏊。〔說文定聲·卷一四〕○丨，面丨。〔漢書·罽賓國傳〕「有金銀為丨」補注引徐松。○丨乃景王大丨，其重半兩，當今一二枚。〔漢書·食貨志〕「為丨千三百五十」補注引沈彤。○丨謂國色賦入。〔漢書·王莽傳〕「賞賜邑丨悉以享士」補注。○丨即泉字。〔漢書·王莽傳〕「直貨丨二十五」補注引錢大昕。○丨之為言泉也。〔說文〕「貝，海介蟲也」義證引〔錢神論〕。○漢時丨曰泉也。〔漢書·食貨志〕「文曰小丨直一」補注引沈欽韓。○〔說文定聲·卷一四〕丨，段借為泉。〔史記·平準書〕「龜貝金丨」。○秦漢乃段借丨為泉。〔說文〕「丨，銚也，古者田器」段注。

**煎** 丨，熬也。〔說文〕「鎊，丨膠器也」段注。○有汁而乾曰丨。〔國策·魏策二〕「乃丨熬燔炙」補正。○凡有汁而乾謂之丨。〔周禮·內饔〕「內饔掌王及后世子膳羞之割亨丨和之事」孫正義。○丨和蓋謂丨熬而以五味調和之。〔同上〕○翦與丨聲近義同。〔廣雅·釋詁一〕「丨，盡也」疏證。

**然** 丨，燒也。〔大戴·武王踐阼〕「其禍將丨」王詁。又〔通鑑·唐紀六八〕「火不能丨」音注。○丨，謂火燃也。〔通鑑·唐紀六七〕「戰艦既丨」音注。○以火燒物曰丨。〔說文〕「烄，丨火也」段注。○〔釋詞·卷七〕丨，猶焉也。〔禮記·祭義〕「國人稱願丨」。又〔平議〕。○〔釋詞·卷七〕丨，猶而也。〔詩·終風〕「惠丨肯來」。○〔同上〕丨且，而且也。〔韓子·難言〕「丨且七十說而不受」。○丨後，而後也。〔釋詞·卷七〕○丨，語助，又如也。〔廣韻·仙部〕○〔說文定聲·卷一四〕丨，猶如也。〔詩·葛屨〕「宛丨左辟」。○丨，是也。〔廣韻·仙部〕○丨者，是也。〔詩·板〕「無丨憲憲」後箋。○丨，猶是也。〔詩·定之方中〕「終丨允藏」陳疏。又〔常棣〕「亶其丨乎」陳疏。又〔史記〕「丨」雜志。○丨，如是也。〔荀子·王霸〕「丨而兵勁」集解引王念孫。○丨，如是也，凡經稱丨則、雖丨、不丨、無丨、胡丨、夫丨者，皆是也。〔釋詞·卷七〕○〔釋詞·卷七〕丨故，是故也。〔禮記·少儀〕「丨故上無怨而下遠罪也」。○丨故猶是故也。〔荀子·大略〕「丨故民不困財」集解引王念孫。○丨，可也。〔韓子·解老〕「道者，萬物之所丨也」集解。

○丨，猶可也。〔孟子・告子上〕「獨無所同丨乎」朱注。○〔釋詞・卷七〕丨，猶則也。〔墨子・尚同〕「丨胡不審稽古之治」。○丨與則義同。〔墨子・非命中〕「丨胡不嘗考之」閒詁。○丨故即丨則也。〔韓子・難三〕「丨故忠臣盡忠於公」集解。○〔釋詞・卷七〕丨，猶乃也。〔莊子・天地〕「今丨君子也」。又〔漢書・丙吉傳〕「丨無所懲艾」補注引王念孫。○丨，猶順。〔墨子・經上〕「佴，所丨也」閒詁引畢沅。○丨即嘫，應聲也。〔說文〕「嘫，語聲也」段注。○丨，詞也。〔詩・終風〕「惠丨肯來」集疏。○丨為語詞。〔荀子・正名〕「莫不丨謂之不知」集解引郭嵩燾。○丨，比事之詞也。〔釋詞・卷七〕○丨，狀事之詞也。〔同上〕○丨，詞之轉也。〔同上〕○丨而者，亦詞之轉也。〔同上〕○丨而者，詞之承上而轉者也，猶言如是而也。〔同上〕○丨後，乃也。〔同上〕○丨則，猶丨而。〔漢書・石奮傳〕「丨則官曠民愁」補注。○丨，通叚為語詞，訓為如此，爾之轉語也。〔說文〕「丨，燒也」段注。○〔說文定聲・卷一四〕丨，叚借為嘫。〔廣雅・釋詁二〕「丨，膺也」。○丨，即嘫之省借。〔詩・角弓〕「民胥丨矣」通釋。○〔說文定聲・卷一四〕丨，叚借助語之詞。〔禮記・祭義〕「國人稱願丨曰」。○而、如、若、丨一聲之轉也。〔廣雅・釋詁二〕「籆，障也」疏證。○丨當讀作麑。〔周官・巾車〕「丨複」平議。○三家丨作如。〔詩・葛屨〕「宛丨左辟」集疏。○丨與燃同。〔通鑑・唐紀六八〕「火不能燃」音注。○丨即燃字正文。〔墨子・備穴〕「丨炭杜之」閒詁引畢沅。○〔說文定聲・卷一四〕丨，俗字作燃。〔說文〕「丨，燒也」。○丨俗作燃。〔說文〕「丨，燒也」段注。○丨，〔呂覽注〕引作則。〔左傳僖公二三年〕「雖丨何以報我」洪詁。○丨舊誤作紗。〔呂覽・當染〕「非獨染絲丨也」校正。

**燃**　丨，俗然字。〔廣韻・仙部〕○浙本丨作然。〔漢書・賈誼傳〕「火未及丨」補注引宋祁。○言深紅之光曰丨。〔通雅・卷三七〕

**熯**　丨，古然字也。〔管子〕「萩室丨造」雜志。

**難**　丨與然同。〔讀淮南子書後引說林篇〕「弗鑽不丨」雜志。○蘸、丨並同。〔廣雅・釋詁二〕「蘸，爇也」。

**延**　丨，長行也。〔國策・齊策三〕「倍楚之割而丨齊」鮑注。又〔通鑑・秦紀二〕「丨袤萬餘里」音注。○丨，安步然後知千里之行也。〔說文〕「丨，長行也」繫傳。○丨，長也。〔廣韻・仙部〕○丨者，長也。〔荀子・議兵〕「丨則若莫邪之長刃」集解引郝懿行。○丨，亦長也。〔廣雅・釋詁二〕「曼，長也」疏證。○丨之言長也。〔荀子・議兵〕「丨則若莫邪之長刃」平議。○丨丨，伸則專訓長。〔說文〕「丨，長行也」段注。○丨丨，長也。〔墨子・親士〕「分議者丨丨」閒詁引洪頤煊。○丨，引也。〔國策・齊策四〕「宣王使謁者丨入」鮑注。○〔說文定聲・卷一四〕凡施于年者謂之丨。〔方言一〕「丨，年長也」。○丨，進也。〔廣韻・仙部〕○丨，有饒益意。〔國策・齊策三〕「倍楚之割而丨齊」鮑注。○丨，陳也。〔廣韻・仙部〕○丨，言也。〔同上〕○丨，進也。〔同上〕○丨者，進士閒也。〔釋詁〕「丨，閒也」郝疏。○丨者，息之閒也。〔同上〕述聞。○丨，稅也，遠也。〔廣韻・仙部〕○〔說文定聲・卷一四〕覆長于冕，故曰丨。〔禮記・玉藻〕「前後邃丨」。○東西曰丨。〔荀子・議兵〕「丨則若莫邪之長刃」集解引盧文弨。○丨，謂衡布。〔荀子〕「丨」雜志。○丨即埏。〔釋詁〕「丨，閒也」鄭注。○丨移與侈大義近。〔釋言〕「庶，侈」郝疏。○丨鼎，謂偃覆之鼎。〔墨子・非樂上〕「鍾猶是丨鼎也」閒詁。○丨鼎，謂如鼎而橢不正圜。〔同上〕○〔說文定聲・卷一四〕丨，叚借為引。〔釋詁〕「丨，進也」。○〔同上〕丨，叚借為閒。〔釋詁〕「丨，閒也」。○丨讀丨袤之丨。〔荀子・議兵〕「丨則若莫邪之長刃」集解引盧文弨。又〔荀子〕「丨」雜志。○丨、施一聲之轉。〔釋詁〕「弛，易也」郝疏。○融、羕、永、引、丨，俱一聲之轉。〔釋詁〕「丨，長也」郝疏。○丨、挻、梴聲義並同。〔方言一〕「丨，長也」箋疏。○丨，今通行本作郔。〔左傳宣公三年〕「晉侯伐鄭，及丨」疏證。○〔說文定聲・卷一四〕丨，字亦作綖。〔左傳桓公二年〕「衡紞紘綖」。○〔同上〕丨，字亦作莚。〔釋草〕注「蔓，莚生」。○蔓丨字多作莚。〔說文〕「蔓，葛屬也」段注。○〔說文定聲・卷一四〕丨，字亦作蜒。〔楚辭・大招〕「蝮蛇蜒只」。○丨乃迡字之誤，迡古起字。〔漢書・哀帝紀〕「丨于側陋可親民者」補注引俞樾。

**筵**　丨，席也。〔詩・賓之初筵〕「賓之初丨」陳疏。○丨，席也，鋪陳曰丨，藉之曰席。〔廣韻・仙部〕○布席亦謂之丨。〔儀禮・士冠禮〕「蒲丨二在南」胡正義。○丨，為神布席也。〔大戴・諸侯遷廟〕「丨于户牖閒」王詁。○丨之言延也。〔廣雅・釋器〕「丨，席也」疏證。

**氈**　丨，細纏也。〔說文〕「丨，撚毛也」義證引〔韻集〕。○杵毛為之曰丨。〔慧琳音義・卷一四〕引〔考聲〕。○丨，毛為席。〔說文〕「丨，撚毛也」義證引〔玉篇〕。○丨，席也。〔廣韻・仙部〕○丨，古多假旃字。〔說文〕「丨，撚毛也」段注。

**旃**　丨，曲柄旗。〔國策・楚策一〕「王抽丨旄」鮑注。○丨，之也。〔詩・采苓〕「舍丨舍丨」朱傳。又〔廣韻・仙部〕。○丨，又訓焉。〔詩・陟岵〕「上慎丨哉」通釋。○通帛曰丨。〔孟子・萬章下〕「庶人以丨」朱注。○丨猶言甄也。〔說文〕「丨，旗曲柄也，所以丨表士衆」繫傳。○丨荼羅，梵語，屠膾主煞守獄之人也。〔慧琳音義・卷一〕引〔西域記〕。○〔說文定聲・卷一四〕丨，叚借為氈。〔漢書・王吉傳〕「細丨之上」。○丨為氈之假借字。〔漢書・烏孫國傳〕「穹廬為室兮丨為墻」補注引徐松。○〔說文定聲・卷一四〕丨，叚借為顓。〔釋天〕「太歲在乙曰丨蒙」。○丨，叚借為語助。〔說文〕「丨，旗曲柄也」段注。○〔說文定聲・卷一四〕丨，叚借助語之辭。〔小爾雅・廣訓〕「丨，焉也」。○諸、丨、之，皆一聲之轉也。〔廣雅・釋言〕「諸、丨，之也」疏證。○丨，之焉之合聲。〔釋詞・卷九〕○丨，為之焉之合聲。〔詩・陟岵〕「上慎丨哉」通釋。○丨者，之焉之合聲。〔廣雅・釋言〕「丨，之也」疏證。○〔說文定聲・卷一四〕成然之合音即丨也。〔左傳昭公一三年〕「楚鬬成然字子旗」。○丨也，疾言之為丨，徐言之為成然。〔左傳昭公一三年〕「楚鬬成然字子旗」述聞。○〔家語〕丨作旌。〔左傳昭公二〇年〕「丨以招大夫」洪詁。○〔說文定聲・卷一四〕此丨字當作展，謂展動之，為士庶之幖識也。〔說文〕「｜，旗曲柄也，所以｜表士衆」。

旜　｜，同旃。〔廣韻・仙部〕

鱣　鯉之大者曰｜。〔說文〕「鯉，｜也」義證引〔古今注〕。○｜，江東呼為黃魚。〔廣韻・仙部〕○｜，江東呼為黃魚，今所謂鱘鰉魚也。〔說文定聲・卷一四〕○｜，魚，似龍，黃色，銳頭，口在頷下，背上腹下皆有甲，大者千餘斤。〔詩・碩人〕「｜鮪發發」朱傳。○｜鮪，大魚也。〔詩・四月〕「匪｜匪鮪」朱傳。○｜，鱏屬也。〔說文〕「鱏，魚名」義證引〔南越志〕。○〔說文定聲・卷一四〕｜，叚借為鱓。〔後漢・楊震傳〕「鳥銜三｜」。○｜即鱓。〔韓子・說林下〕「｜似蛇」集解。○｜與鱏同。〔釋魚〕「｜」郝疏。

⿰魚廛　｜，同鱣。〔廣韻・仙部〕

羶　｜，羊臭也。〔廣韻・仙部〕○｜根，羊也，亦名卷婁。〔通雅・卷四六〕引〔仇池筆記〕。

羴　｜，羊氣臭也。〔說文〕「｜，羊臭也」義證引〔玉篇〕。○〔說文定聲・卷一四〕｜，叚借為馨。〔禮記・郊特牲〕「然後焫蕭合羶薌」。○｜同羶。〔集韻・仙部〕

蟬　｜，蜩也。〔廣韻・仙部〕○｜，今蘇俗謂知了。〔說文定聲・卷一四〕○｜，｜連系續之言也。〔說文〕「｜，以旁鳴者」義證引〔玉篇〕。○｜聯，相續之言也。〔慧琳音義・卷八七〕引顧野王。○｜出語之轉，故｜又為出。〔方言一〕「｜，出」疏證。○｜出語之轉，｜之轉為出，猶｜之轉為續耳。〔方言一〕「楚曰｜出也」箋疏。○｜即慘，聲之轉耳。〔方言一三〕「｜，毒也」疏證。○｜者，變化相禪也。〔本草・卷四一〕○｜翼，言薄也。〔楚辭・卜居〕「｜翼為重」補注引李善注。○｜與⿰車單相通。〔廣雅・釋器〕「⿰車單⿰車矍，輞也」疏證。○〔說文定聲・卷一四〕｜，叚借為傳。〔方言一〕「｜，續也」。○〔同上〕｜，叚借為怛，或曰借為亶。〔方言一三〕「｜，毒也」。○〔同上〕｜，叚借為戰，實為顫。〔廣雅・釋詁〕「｜，懼也」。○〔同上〕｜，叚借為發聲之詞。〔方言一〕「｜，出也」。○｜即鱓之叚字。〔周書・王會〕「甌人｜蛇」平議。○｜、蟺、蟬並字異義同。〔方言一〕「｜，續也」箋疏。

纏　｜，束也。〔慧琳音義・卷一〕引〔考聲〕。○｜，縛之也。〔慧琳音義・卷一〕引〔桂苑珠叢〕。○｜，繞也。〔廣韻・仙部〕○｜，約也。〔說文〕「｜，繞也」義證引〔玉篇〕。○｜即項伯也。〔史記・高祖功臣侯者年表〕「侯項｜元年」志疑。○〔說文定聲・卷一四〕｜，叚借為躔。〔漢書・王莽傳〕「歲｜星紀」。○｜，當作纆。〔韓子・說疑〕「或在囹圄縲紲｜索之中」集解引盧文弨。

纒　｜，俗纏字。〔廣韻・仙部〕

廛　城市內畝半空地謂之｜。〔慧琳音義・卷四〕引〔玉篇〕。○｜，居也。〔通鑑・宋紀八〕「乃至酤販市｜」音注。又〔慧琳音義・卷八〕引〔考聲〕。又〔卷二〕引〔考聲〕。又〔廣韻・仙部〕。○｜即居也。〔孟子・滕文公上〕「願受一｜而為氓」焦正義。○｜，民所居也。〔同上〕朱注。○｜，居民區域之名。〔集韻・綫部〕○｜、宅皆謂邑里之居，｜在市，宅在邑。〔荀子・王制〕「定｜宅」集解引郝懿行。○｜，市中空地。〔通鑑・宋紀八〕「乃至酤販市｜」音注。○｜，城市中空地也。〔慧琳音義・卷八〕引〔考聲〕。○〔同上〕此民｜也。〔周禮・載師〕「園｜二十而一」。○〔說文定聲・卷一四〕此市｜也。〔管子・五輔〕「市鄽而不稅」。○未有宅肆其基地通謂之｜。〔周禮・廛人〕「｜人中士二人」孫正義。○古書凡言｜者猶今人所謂基地。〔周禮・司徒〕「｜人中士二人」孫正義。○凡民居之地不論宅肆有無，其區域並謂之｜。〔周禮・載師〕「以｜里伍國中之地」孫正義。○在里曰｜。〔說文定聲・卷一四〕○｜猶躔也。〔孟子・公孫丑上〕「｜而不征」焦正義。○｜通作⿸广里。〔廣雅・釋地〕「瀍，理也」疏證。○｜，通作壇。〔說文〕「｜，一畝半，一家之居」義證。○｜，古通作壇。〔方言三〕「｜，尻也」箋疏。○｜與壇古同聲而通用。〔管子〕「利壇宅」雜志。○｜與宅聲之轉。〔方言三〕「｜，尻也」箋疏。○〔說文定聲・卷一四〕「｜，字亦作瀍。〔廣雅・釋水〕「瀍，壇也」。○｜或作壥。〔說文〕「｜，一畝半，一家之居」義證。○三百｜者，三百纏也。〔詩・伐檀〕「胡取禾三百｜兮」平議。○｜，亦作鄽。〔集韻・仙部〕

鄽　｜，市｜。〔廣韻・仙部〕○｜，市物邸舍。〔大戴・主言〕「市｜而不稅」王詁。

躔　｜，日月行也。〔廣韻・仙部〕○星之｜次，星所履行也。〔說文〕「｜，踐也」繫傳。○｜畯古音相近。〔釋獸〕「其跡｜」郝疏。

連　｜者，負車也。〔說文〕「續，｜也」段注。○｜若車之相｜也。〔說文〕「｜，員｜也」繫傳。○｜，合也，續也。〔廣韻・仙部〕○凡物相｜屬則合并，故｜引申之亦訓合也。〔周禮・大司徒〕「三曰聯兄弟」孫正義。○｜，引申為｜屬字。〔說文〕「｜，負車也」段注。○｜｜，屬續狀。〔詩・皇矣〕「執訊｜｜」朱傳。○｜，還也。〔廣韻・仙部〕○｜，數也。〔太素・調陰陽〕「志欲如｜樞」楊注。○｜謂繩繫之。〔國策・秦策一〕「猶｜雞之不能俱止於棲亦明矣」鮑注。○｜謂不解。〔國策・齊策二〕「｜於城下」鮑注。○｜與漣同，泣下也。〔國策・齊策四〕「管燕｜然流涕曰」鮑注。○｜，門持關。〔楚辭・招魂〕「刻方｜些」補注。○〔說文定聲・卷一四〕｜即內則之燂潘，所以類也。〔禮記・玉藻〕「｜用湯」。○｜，亦名旱蓮，狀似當歸而非鱧腸也。〔釋艸〕「｜，異翹」鄭注。○｜，〔本草〕謂之｜翹。〔同上〕又〔說文定聲・卷一四〕。○｜卷，長曲貌。〔楚辭・雲中君〕「靈｜蜷兮既留」補注。○｜卷，言其｜卷局曲，狀若盤辟。〔漢書・司馬相如傳〕「詘折隆窮躩以｜卷」補注。○｜蜷，句蹄也。〔楚辭・遠遊〕「驂｜蜷以驕驁」補注。〇丨遱，猶參差零瓏若丨若絶之意也。〔說文〕「遱，丨遱也」繫傳。〇〔通雅・卷一〕丨犿，謂宛轉丨環也。〔莊子・天下〕「丨犿無傷也」。〇丨洏者，泣淚流皃。〔慧琳音義・卷九三〕引〔韻略〕。〇丨獨，猶言幼獨也。〔墨子・兼愛中〕「丨獨無兄弟者」閒詁引洪頤煊。〇丨獨，猶言窮苦煢獨耳。（同上）閒詁。〇屏風有疊扇可開闔曰丨屏。〔通雅・卷三四〕〇天地辟，分為十紀，曰丨通。〔廣雅・釋天〕疏證。〇丨敖是司庾之官。〔史記・高祖功臣侯者年表〕「為丨敖典客」志疑。〇〔說文定聲・卷一四〕丨，叚借為聯。〔廣雅・釋詁二〕「丨，續也」。〇（同上）丨，叚借為槤。〔禮記・明堂位〕「夏后氏之四丨」。〇（同上）丨，叚借為鏈。〔漢書・食貨志〕「殺以丨錫」。〇（同上）丨，叚借為輦。〔莊子・讓王〕「民相丨而從之」。〇〇（同上）丨，謂借為輦。〔易・蹇〕「往蹇來丨」。〇（同上）丨，叚借為闌。〔楚辭・招魂〕「刻方丨些」。〇（同上）丨，叚借為瀾。〔禮記・玉藻〕「丨用湯」。〇丨當讀為孿。〔禮記・內則〕「丨用湯」平議。〇丨當讀為離。〔墨子・兼愛中〕「丨獨無兄弟者」平議。〇丨當讀為離，丨與離一聲之轉。（同上）閒詁引俞樾。〇丨，讀為輦。〔詩・皇矣〕「執訊丨丨」陳疏。〇丨當讀為輦。〔呂覽・審為〕「民相丨而從之」平議。〇丨與鉛聲同。〔漢書・食貨志〕「殺以丨錫」補注引沈欽韓。〇𨎮丨，語之轉。〔廣雅・釋詁三〕「𨎮孳、僆，孿也」疏證。〇丨枷、羅枷、羅丨亦聲之轉。〔方言五〕注「今丨枷」箋疏。〇丨、輦古今字。〔說文〕「輦，輓車也」段注。〇丨即古文輦也。〔說文〕「丨，負車也」段注。〇丨遱與謰謱同義。〔說文〕「遱，丨遱也」句讀。〇丨遱、謰謱、嗹嘍、丨嘍，並字異而義同。〔廣雅・釋訓〕「囒哰，謰謱也」疏證。〇丨遱、嗹嘍、丨嘍，並與謰謱同。〔方言一〇〕「謰謱，拏也」箋疏。〇丨當為連。〔說文〕「轡，馬轡也，與丨同意」義證。〇負車，各本作員丨。〔說文〕「丨，負車也」段注。〇員丨也者，當為貫丨。〔說文〕「丨，員丨也」義證引楊君峒。〇丨，〔集韻〕作槤。〔楚辭・招魂〕「刻方丨些」補注。〇江南古莊本丨作運。〔莊子・秋水〕「五帝之所丨」集釋引其世父說。〇丨枷今作丨枷。〔通雅・卷四九〕〇舊校云，丨一作速。〔呂覽・蕩兵〕「丨反兵也」校正。

**聯**

丨者，連也。〔說文〕「續，連也」段注。又〔說文〕「輟，車小缺復合者也」段注。又〔說文〕「叕，綴丨也」段注。〇丨，綿不絶。〔廣韻・仙部〕〇〔說文定聲・卷一四〕丨，字亦作縺。〔慧琳音義〕引〔字書〕「縺縷不解也」。〇丨連古今字也。〔說文〕「丨，連也」段注〇丨、連為古今字。〔說文〕「連，負車也」段注。〇〔官本注〕丨作連。〔漢書・郊祀志〕「其下四方地，為腏」補注。〇凡丨續、丨合、牽丨、結丨字，經傳皆以連為之。〔說文定聲・卷一四〕

**漣**

丨，風行水成文也。〔詩・伐檀〕「河水清且丨猗」朱傳。〇丨，漣漪，風動水皃。〔廣韻・仙部〕〇丨，大波。〔詩・伐檀〕「河水清且丨漪」通釋。〇丨丨，流貌也。〔詩・氓〕「泣涕丨丨」集疏引魯說。〇丨丨，淚下貌。（同上）引韓說。〇借丨為連心。〔文選・祭古冢文〕「縱鍤丨而」集釋。〇丨，魯作瀾。〔詩・伐檀〕「河水清且丨」集疏。〇丨，亦作瀾。（同上）通釋。〇古丨亦為瀾。〔通雅・卷一〇〕〇丨者，瀾之或字。〔說文〕「連心，易曰泣涕連心如」段注。

**篇**

丨，一義聯也。〔說文〕「丨，書也」繫傳。〇丨，丨什也。〔廣韻・仙部〕〇丨首即蔀首。〔漢書・律歷志〕「為丨首」補注引李鋭。〇丨，通作遍。〔說文〕「丨，一曰關西謂榜曰丨」義證。〇丨，叚借為扁。〔說文定聲・卷一六〕〇丨與扁同義。〔說文〕「丨，一曰關西謂榜曰丨」句讀。

**偏**

丨，不正也。〔大戴・曾子天圓〕「丨則風」王詁。又〔廣韻・仙部〕。〇丨，言示以均平，惡其丨黨也。〔漢書・王嘉傳〕「示平惡丨」補注引周壽昌。〇丨，衺也。〔廣韻・仙部〕〇丨，謂不周備也。〔大戴・虞戴德〕「必丨」王詁。〇丨，鄙也。〔廣韻・仙部〕〇丨，謂軍所駐之一面也。〔說文〕「戲，三軍之丨也」段注。〇丨猶專也。〔國策・楚策四〕「不丨於死」鮑注。〇丨衣，丨裻之衣。〔左傳閔公二年〕「公衣之丨衣」洪詁引服虔。〇丨提，酌酒注子也。〔通雅・卷三三〕〇丨宕，謂丨奇跌宕也。〔卷五〕〇丨幡，即〔詩〕之翩反也。〔漢書・司馬相如傳〕「落英幡纚」補注。〇今欽一目，故謂之丨盲。〔漢書・杜周傳〕「家富而目丨盲」補注引繆荃孫。〇〔通雅・卷三六〕織緣曰丨諸。〔賈誼傳〕「緁以丨諸緣」。〇扁緒、編緒、丨諸即一物，聲轉字異耳。〔漢書・賈誼傳〕「為之繡衣絲履丨諸緣」補注。〇丨諸即編緒之叚借。（同上）補注引沈欽韓。〇編緒、扁緒、丨諸聲轉字異耳。〔廣雅・釋器〕「編緒，絛也」疏證。〇丨與徧通。〔墨子・小取〕「則不可丨觀也」閒詁。〇丨、徧字通。〔墨子・經說上〕「丨祭從者」閒詁。〇丨、徧聲同字通。〔墨子・經說下〕「偏宇不可丨舉」閒詁。〇〔說文定聲・卷一六〕丨，叚借為偏。〔易・益〕「丨辭也」。〇丨讀為徧。〔荀子・王制〕「分均則不丨」集解引王念孫。〇古多以丨為徧。〔墨子〕「丨」雜志。〇〔說文定聲・卷一六〕丨，叚借為諞。〔書・秦誓〕馬本「惟截截善丨言」。〇此丨當讀為翩。〔漢書・孝武李夫人傳〕「何姍姍其來遲」補注引王先慎。〇丨讀為遍。〔荀子〕「丨」雜志。〇丨與徧同。〔墨子〕「遠施用丨」雜志。〇丨，當為徧。〔墨子・非攻下〕「丨具此物」閒詁引畢沅。〇丨當為倫字之誤也，倫與論同。〔荀子・王霸〕「無丨貴賤」集解引王念孫。

**便**

丨，安。〔國策・趙策一〕「張孟談丨厚以丨名」鮑注。〇丨，安也。〔廣韻・仙部〕〇丨，所安者。〔國策・楚策三〕「願王召所丨習而觴之」鮑注。〇丨，辯也。〔廣韻・仙部〕〇丨，猶辯也。〔書・立政〕注史遷「作以丨百姓」孫疏。〇丨丨，辯也。〔論語・鄉黨〕「丨丨言」劉正義。又（同上）朱注。〇丨謂巧。〔國策・齊策五〕「丨弓引弩而射之」鮑注。〇丨，順其所好。〔國策・齊策四〕「不使左右丨辟」鮑注。〇丨者，順易之意。〔義府・卷上〕〇丨，有習義。（同上）〇丨，習熟也。〔論語・季氏〕「友丨辟」朱注。〇〔說文定聲・卷一六〕丨猶足恭也。〔論語・季氏〕「友丨辟」。〇丨，謂丨嬖。〔大戴・子張問入官〕「則謹其所丨」王詁。〇丨習猶丨嬖。〔國策・楚策三〕「願王召所丨習而觴之」補正。〇丨僻，得嬖美好之色。〔韓子・八姦〕「丨僻好色」集解引舊注。〇丨嬖，近習嬖幸之人也。〔孟子・梁惠王上〕「丨嬖不足使令於前與」朱注。〇〔說文定聲・卷一六〕丨辟，安習愛幸之人。〔論語〕「友丨辟」。○丨娟，好貌也。〔楚辭・大招〕「體丨娟只」王注。○丨娟，輕麗貌。〔楚辭・遠遊〕「雌蜺丨娟以增撓兮」補注。○徘佪，丨旋，此疊韻之變轉也。〔廣雅・釋訓〕「徘佪，丨旋也」疏證。○古訓丨、辨通。〔漢書・武帝紀〕「初作便門橋」補注引沈欽韓。○丨，古與平、辨通用。〔説文〕「丨，安也」段注。○〔説文定聲・卷一六〕丨，叚借為辯。〔爾雅・釋言〕「丨丨，辯也」。○（同上）丨，叚借為般。〔論語〕「友丨辟」。○丨，讀如箯。〔漢書・尹賞傳〕「丨輿出」補注引劉攽。○丨譬，或當為丨嬖。〔墨子・尚同中〕「政以為丨譬」閒詁引戴望。○丨蕃，〔詩小雅〕作平平。〔左傳襄公一一年〕「丨蕃左右」洪詁。○丨，〔史記〕作编。〔漢書・司馬相如傳〕「丨姍嫳屑」補注。又〔文選・上林賦〕「丨姍嫳屑」集釋。

**緜** 丨，亦連也，謂相續不斷也。〔慧琳音義・卷九〕○丨者，引繩營之，使連綿也。〔漢書・叔孫通傳〕「與其弟子百餘人為丨蕞野外」補注。○丨者，聯散也，因以為絮之偁。〔説文〕「絮，敝丨也」段注。○精曰丨，麤曰絮。〔廣韻・仙部〕○今則謂新者為丨，故者為絮。〔説文〕「絮，敝丨也」義證引〔急就篇〕顔注。○漬繭擘之精者為丨。（同上）義證引〔玉篇〕。○丨，引申為凡聯屬之偁。〔説文〕「丨，聯散也」段注。○丨，薄也。〔淮南子〕「旋縣」雜志。○丨，弱也。〔集韻・薛部〕○丨，又引申為薄弱之偁。〔説文〕「丨，聯散也」段注。○丨，猶彌漫也。〔史記〕「歷曰縣長」雜志。○丨丨，長也。〔大戴・勸學〕「無丨丨之事者」王詁。○丨丨，不絕貌。〔詩・緜〕「丨丨瓜瓞」朱傳。○丨丨，長而不絕之貌。〔詩・葛藟〕「丨丨葛藟」朱傳。○丨丨，詳密也。〔詩・載芟〕「丨丨其麃」朱傳。○丨丨，猶蔓蔓耳。〔廣雅・釋訓〕「丨丨，長也」疏證。○丨藐，好視也。〔漢書・司馬相如傳〕「微睇丨藐」補注引王念孫。又〔漢書〕「丨藐」雜志。○丨連猶櫋聯也。〔釋名・釋宮室〕「櫋，丨也，丨連榱頭使齊平也」疏證。○丨密即嚊密。〔釋言〕「嚊，密也」郝疏。○丨蠻，文貌。〔詩・緜蠻〕「丨蠻黄鳥」集疏引韓説。○丨蠻，鳥聲。（同上）朱傳。○〔説文定聲・卷一四〕丨，叚借發聲之詞。〔方言六〕「丨，施也，吳越之間脱衣相被謂之緍」。○丨與彌聲近而義同。〔史記〕「歷曰縣長」雜志。○丨藐、丨邈、眳藐，並字異而義同。〔漢書〕「丨藐」雜志。○矊與丨同義。（同上）

**綿** 丨同緜。〔廣韻・仙部〕○精者曰丨。〔通雅・卷三七〕○今謂新者曰丨。（同上）○絮、丨皆繭之通稱。〔左傳宣公一二年〕疏證。○丨，微也。〔續音義・卷五〕引〔切韻〕。○丨，薄弱也。〔國策・魏策一〕「丨丨不絕」鮑注。○丨，歷也。〔續音義・卷五〕引〔切韻〕。○丨絡，網羅也。〔慧琳音義・卷一〇〕○丨藥即眠藥。〔通雅・卷四九〕○丨與曼古同聲。〔廣雅・釋木〕疏證。

**全** 丨，完也。〔廣韻・仙部〕○丨，具也。（同上）○丨，純用玉也。〔説文〕「仝，完也」繫傳。○丨，謂純色。〔墨子・明鬼下〕「犧牲之不丨肥」閒詁引畢沅。○引申之疾愈亦為丨。〔周禮・醫師〕「十丨為上」孫正義。○丨兵謂短兵自衛者。〔漢書・韓王信傳〕「胡者丨兵」補注引沈欽韓。○言胡丨用鋭利之兵以殺敵。（同上）補注引周壽昌。○〔説文定聲・卷一四〕丨，假借為兆，赤子陰囊也，中核如卵。〔老子〕「未知牝牡之合而丨作」。○丨與牷同。〔墨子・明鬼下〕「犧牲之不丨肥」閒詁引畢沅。○丨今書作牷。〔文選・七發〕「純粹丨犧」集釋。○〔説文定聲・卷一四〕丨，字亦作痊。〔莊子・徐無鬼〕「今予病少痊」。○丨者，乃侌字之誤。〔老子・五十五章〕「未知牝牡之合而丨作」平議。○丨乃令字之誤。〔淮南・道應〕「道丨為無用之事」平議。○丨字乃壐字之誤。〔淮南・詮言〕「必關户而丨封」平議。

**仝** 丨同全。〔廣韻・仙部〕○丨，或作全。〔集韻・仙部〕○一説純玉曰丨。（同上）

**宣** 丨，天子丨室也。〔字詁〕○丨，施行也。〔慧琳音義・卷二二〕○丨，徧〔詩・桑柔〕「秉心丨猶」朱傳。○丨，徧也。〔詩・公劉〕「既順迺丨」朱傳。又〔廣韻・仙部〕。○丨，引伸為徧也。〔説文〕「丨，天子丨室也」段注。○丨，布。〔詩・文王〕「丨昭義問」朱傳。○丨，布也。〔詩・江漢〕「來旬來丨」朱傳。又〔通鑑・魏紀二〕「終不丨泄」音注。又〔廣韻・仙部〕。○丨，引伸為布也。〔説文〕「丨，天子丨室也」段注。○丨，布散而居也。〔詩・緜〕「迺丨迺畝」朱傳。○丨，示也。〔詩・鴻鴈〕「謂我丨驕」朱傳。○丨之言顯。〔詩・雍〕「丨哲維人」通釋。○丨，明也。（同上）又〔通鑑・魏紀二〕「終不丨泄」音注。又〔詩・文王〕「丨昭義問」述聞。又〔廣韻・仙部〕。○丨，引伸為明也。〔説文〕「丨，天子丨室也」段注。○丨哲猶明哲也。〔詩・雝〕「丨哲維人」平議。又（同上）述聞。○丨昭，猶言明昭。〔詩・文王〕「丨昭義問」通釋。又（同上）述聞。○丨朗者，明朗也。〔國語・楚語〕「光遠丨朗」述聞。○丨，通。〔詩・雝〕「丨哲維人」朱傳。○丨，通也。〔廣韻・仙部〕○丨，引伸為通也。〔説文〕「丨，天子丨室也」段注。○丨之言通也。〔詩・公劉〕「既順乃丨」通釋。○丨，遍通也。〔慧琳音義・卷二一〕○丨，散也。〔廣韻・仙部〕○丨，引伸為散也。〔説文〕「丨，天子丨室也」段注。○丨，緩也。〔廣韻・仙部〕○丨，引伸為緩也。〔説文〕「丨，天子丨室也」段注。○頭髮顥落曰丨。〔易・説卦〕「其於人也為丨髮」李疏引鄭注。○曲尺，其股謂之丨。〔通雅・卷四〇〕○丨之言暢也。〔詩・公劉〕「既順乃丨」通釋。○〔説文定聲・卷一四〕丨，亦旬也，徇也。〔詩・江漢〕「來旬來丨」。○丨，導其溝洫也。〔詩・緜〕「迺丨迺畝」朱傳引或説。○丨，有寬大之義。〔國語・周語〕「寬肅丨惠君也」平議。○丨，蓋謂大室。〔説文〕「丨，天子丨室也」段注。○丨，當訓大室也，與寬畧同。〔説文定聲・卷一四〕○丨室，猶〔月令〕大室。（同上）○丨，王之廟也。〔説文〕「䠶，弓弩發於身而中於遠也」義證引顧炎武。○丨室，未央前殿正室也。〔説文〕「丨，天子丨室也」義證引〔三輔黄圖〕。○丨室，為退朝聽政之所。（同上）義證引〔容齋續筆〕。○丨室，布政教之室。（同上）義證引如淳。○丨為侈大之意。〔詩・鴻雁〕「謂我丨驕」述聞。○丨，亦驕也。（同上）

述聞。○—驕猶言驕奢。(同上)述聞。又(同上)集疏引王引之。○—驕，以我矜憐撫掩為—驕，有類於姑息。(同上)後箋引〔稽古編〕。○—驕，其愚蒙者必且謂姑息示百姓以驕，使之求多於上也。(同上)後箋引戴震。○—力，言用力。〔書・益稷〕「予欲—力四方」孫疏。○—髮，蒜髮也。〔通雅・卷一八〕○今人以早見二毛者謂之蒜髮，或曰算髮，並即—音之轉。〔字詁〕○—，鮮之通借。〔釋詁〕「寡，罕也」郝疏。○—、鮮聲同，故—亦為白。〔左傳宣公二年〕疏證引沈欽韓。○借—為絙。〔釋言〕「—，緩也」郝疏。○—當為垣之假借。〔詩・崧高〕「四方于—」通釋。○〔說文定聲・卷一四〕—，叚借為亘，即旬。〔釋言〕「—，徧也」。○(同上)—，叚借為顯。〔左傳僖公二七年〕「未—其用」。○(同上)—，叚借為甄。〔釋言〕「—，緩也」。○(同上)—，叚借為甄，或曰借為屭，亦通。〔易・說卦〕「為—髮」。○(同上)—，叚借為元。〔考工・車人〕「半矩謂之—」。○(同上)—，叚借為珣，字亦作瑄。〔釋器〕「璧大六寸謂之—」。○(同上)—，叚借為衒。〔小爾雅・廣言〕「—，示也」。○(同上)—，叚借為查，或為散。〔書・皋陶謨〕「日—三德」。○(同上)—，叚借為恂。〔左傳文公一八年〕「—慈惠和」。○(同上)—，叚借為烜，即爟。〔書・舜典〕疏「—，明也」。○—借與亘布之亘同用。〔字詁〕○—乃烜之叚字。〔詩・雝〕「—哲維人」平議。○—字，趄之叚字。〔詩・緜〕「迺—迺畝」平議。○—聲近桓。〔書・盤庚〕「不—乃心」孫疏。○—讀為和。(同上)○咺、—、喧、烜，並字異而義同。〔廣雅・釋詁四〕疏證。○—字當作珣。〔釋器〕「璧大六寸謂之—」郝疏。○—當作宜，字之誤也。〔淮南・俶真〕「不知耳目之—」平議。○〔說文定聲・卷一二〕—者，官之誤字。〔史記・天官書〕索隱引〔元命苞〕「宮之言—也」。(「宮」下)○—，古文作亘。〔說文〕「—，天子—室也」義證引〔玉篇〕。○—髮，今本作寡髮。〔易・說卦〕「其於人也為—髮」李疏。

**宣**　〔通雅・卷八〕—奓即宣侈。〔詛楚〕「淫失耽亂—奓競從」。

**鐫**　—，破木也。〔慧琳音義・卷六三〕引〔文字典說〕。○—，刻石也。(同上)○—，鑽也。〔廣韻・仙部〕○—，鏨也。(同上)○—、椓方俗語轉耳。〔方言二〕「—，椓也」箋疏。○鑽與—聲近義同。〔廣雅・釋言〕「—，鑿也」疏證。○—，字亦作鋑。〔說文定聲・卷一四〕

**鋑**　—，古文鐫。〔廣韻・仙部〕

**穿**　—，通也。〔莊子・外物〕「天之—之」集釋引其世父說。又〔廣韻・仙部〕。又〔說文〕「川，毌—通流水也」段注。○—，穴也。〔慧琳音義・卷一二〕引〔韻英〕。○—，塹穴也。〔漢書・陳湯傳〕「木城—中人」補注。○—，—穴也。〔慧琳音義・卷二〕引〔考聲〕。○—，孔也。〔廣韻・仙部〕○—，破也。〔續音義・卷八〕引〔韻集〕。○—，漏也。(同上)引〔玉篇〕。○—，車轂口金也，車行則膏轂之—以利轉。〔述聞・卷二三〕○突與—同義。〔廣雅・釋詁〕「斛，—也」疏證。

**川**　—，山—也。〔廣韻・仙部〕○—，貫穿也。〔說文〕「—，貫穿通流水也」義證引〔玉篇〕。○—，流也。(同上)義證引〔玉篇〕。○—，通也。(同上)義證引〔玉篇〕。○水通之斯為—。(同上)義證引李蕭遠。○黑、弱、河、瀁、江、沇、淮、渭、洛為九—。〔史記・夏本紀〕「道九—」志疑。○〔說文定聲・卷一五〕—，或曰借為穿。〔北山經〕「倫山有獸焉，其—在尾上」。○—當讀為順。〔禮記・中庸〕「小德—流」平議。○六—，〔淮南・地形〕作「六品」，后作「六水」。〔呂覽・有始〕「水有六—」校正。

**緣**　—，循也。〔大戴・子張問入官〕「故上者辟如—木者」王詁。○—亦循也。〔管子〕「既人脩理」雜志。○—，經營馳逐之謂，猶云貪—也。〔說文定聲・卷一四〕「掾，—也」。(「掾」下)○—者，因也。〔管子〕「經水若澤」雜志。○—，—由。〔廣韻・仙部〕○—，引申為因緣。〔說文〕「—，衣純也」段注。○—，—飾也。〔莊子・列禦寇〕「—循偃佒困畏」集釋。○—，邊際—飾也。〔釋器〕「—謂之純」鄭注。○—飾，釋回增美之意也。〔說文定聲・卷五〕(「飾」下)○〔說文定聲・卷一四〕—，叚借為褖。〔周禮・內司服〕「—衣」。○(同上)—，叚借為捐。〔方言一〇〕「—，廢也」。

**鳶**　—亦鷙鳥也。〔詩・四月〕「匪鶉匪—」朱傳。○—，鴟類。〔詩・旱麓〕「—飛戾天」朱傳。又〔中庸〕「詩云—飛戾天」朱注。○—，鴟類也。〔廣韻・仙部〕○—即鴟也，今之鷂鷹。〔釋鳥〕「—烏醜其飛也翔」郝疏。○—，今俗呼老鴟者也。〔說文〕「鳶，鷙鳥也」義證引〔急就篇〕顏注。○隿即—字。〔說文定聲・卷五〕(「隿」下)○—或體作戴。〔說文〕「鳶，鷙鳥也」義證引王念孫。○〔韓世家〕—作戴。〔史記・秦本紀〕「至大梁，破暴—」志疑。○—，諸本作戴。〔左傳昭公一五年〕「以鼓子—鞮歸」洪詁。○〔大雅〕—飛戾天，—亦當為鳶。〔說文〕「鷻，雕也」段注。○〔倉頡〕有—字，許無者，謂鷻為正字，—為俗字也。(同上)○—，古字本作弋，隸變作—。〔釋鳥〕「—烏醜其飛也翔」郝疏。

**鳶**　—，此今之鴞字也。〔說文〕「—，鷙鳥也」段注。○蓋唐初已認—為鳶，二字不分。〔說文〕「鷻，雕也」段注。○—，或从弋。〔集韻・仙部〕

**戴**　—與鳶同。〔國策〕「睪子」雜志。○鳶，亦作—。〔集韻・仙部〕

**鉛**　—易沿流，故謂之—。〔本草・卷八〕○—，一曰錫之類也。〔廣韻・仙部〕○—，假為巡。〔說文〕「沿，緣水而下也」段注。○〔說文定聲・卷一五〕—，叚借為沿。〔荀子・禮論〕「則必反鉛過故鄉」。○—當作鋊。〔漢書・食貨志〕「令不可得摩取—」補注引錢大昭。○〔說文定聲・卷一五〕—字亦誤作鈆。〔漢書・江都易王非傳〕「或髠鉗以鈆杵舂」。○—陵卓子，〔韓子・外儲說右〕作延陵卓子。〔漢書・古今人表〕「—陵卓子」補注引梁玉繩。

**鈆**　—同鉛。〔廣韻・仙部〕

**捐**　—，弃也。〔通鑑・周紀一〕「—不急之官」音注。○—，棄也。〔周紀三〕「秦人—甲徒裼以趨敵」音注。又〔唐紀五一〕「朝廷已知相公—館」音注。

又〔慧琳音義·卷一二〕引〔考聲〕。〇丨，弃也。〔廣韻·仙部〕又〔管子〕「丨瘠」雜志。〇丨與緣同音，棄也。〔方言一三〕「緣，廢火」箋疏。〇丨亦棄。〔國策·齊策六〕「亦丨燕棄也」鮑注。〇丨者，棄也。〔說文定聲·卷一四〕〔「涓」下〕〇丨，弃也。〔通鑑·周紀四〕「遂丨燕歸趙」音注。〇丨，除去也。〔通鑑·周紀二〕「丨不急之官」音注。〇〔說文定聲·卷一四〕糞除薉污謂之丨。〔說文〕「丨，棄也」。〇丨，去也。〔孟子·萬章上〕「丨階」朱注。〇丨，置也。〔楚辭·湘君〕「丨余玦兮江中」補注引五臣。〇丨之言圓也。〔釋器〕「環謂之丨」述聞。〇丨即鋗也。〔說文〕「鋗，環之有舌者」義證引龔麗正。〇丨者，鋗之假借字。（同上）段注。〇丨瘠，謂棄齒於道也。〔管子〕「丨瘠」雜志。〇〔說文定聲·卷一四〕寺人謂之中涓，丨以涓為之。〔說文〕「丨，棄也」。〇（同上）丨，叚借為圓，或曰借為鋗。〔釋器〕「環謂之丨」。〇丨與肙音義同。〔釋器〕「環謂之丨」郝疏。〇丨與梋亦同義。〔廣雅·釋詁三〕「圓，圓也」疏證。

旋 旋旗之指摩曰丨。〔說文〕「亘，求回也」段注。〇㫃疋為丨，人足隨旌旗也。〔說文〕「丨，周丨旌旗之指麾」繫傳。〇丨，疾也。〔通鑑·宋紀九〕「大禍亦丨至耳」音注。又〔廣韻·仙部〕。〇丨，回。〔詩·黃鳥〕「言丨言歸」朱傳。〇丨，還也。〔廣韻·仙部〕〇丨之言還也。〔方言六〕「摳揄，丨也」箋疏。〇丨，還反也。〔通鑑·宋紀九〕「大禍亦丨至耳」音注。〇丨，還車。〔詩·清人〕「左丨右抽」朱傳。〇丨，引申為凡轉運之偁。〔說文〕「丨，周丨」段注。〇〔通雅·卷一八〕丨，溲也。〔左傳〕「廷以夷射姑丨焉」。〇丨亦小也。〔淮南·內篇〕「丨縣」雜志。〇丨玉，赤玉也。〔說文〕「瓊，赤玉也」繫傳。〇丨式，抱陰陽式法也。〔通雅·卷三〕〇丨目，即運目。〔文選·上林賦〕「交精丨目」補正。〇丨復花一名戴椹，一名金沸，一名盛椹。〔說文〕「蕧，盜庚也」義證引〔本草〕。〇丨與還通。〔釋言〕「般，還也」郝疏。〇丨，經傳亦多以還為之。〔說文定聲·卷一四〕〇丨，叚借為淀。（同上）〇丨，叚借為還。（同上）〇丨環古同聲。〔考工記·梟氏〕「鍾縣謂之丨」述聞。〇璇、璿、丨、琁，並字異而義同。〔廣雅·釋地〕「璇瓚，玉」疏證。〇〔書〕古文作丨，即琁字。〔說文〕「琁，瓊或從旋省」義證。〇周丨，〔呂覽〕注引作周還。〔左傳僖公二三年〕「與君周丨」洪詁。〇丨目，〔史記〕作矘目。〔文選·上林賦〕「交精丨目」集釋。又〔漢書·司馬相如傳〕補注。

娟 嬋丨，好姿態皃。〔廣韻·仙部〕〇丨，便丨，舞皃。（同上）

船 丨之言㳂沿也。〔說文〕「丨，舟也」段注。〇小曰舟，大曰丨。〔說文〕「丨，舟也」義證引〔風土記〕。〇大丨一名天橫，以濟大水。〔說文〕「濭，一曰以丨渡水」義證引〔六韜〕。

舩 丨同船。〔廣韻·仙部〕

涎 丨，口津也。〔慧琳音義·卷一二〕引〔考聲〕。〇丨，小兒唾也。〔說文〕「唾，口液也」義證引〔三蒼〕。〇丨，同次。〔廣韻·仙部〕

次 丨，慕欲口液也。〔方言四〕箋疏。〇丨，口液也。〔廣韻·仙部〕又〔慧琳音義·卷七五〕引〔集訓〕。〇丨，口中津也。（同上）〇丨，今小兒丨衣。〔說文〕「褔，編枲衣」繫傳。〇丨，俗作涎。〔方言四〕箋疏。又〔說文〕「丨，慕欲口液也」段注。〇丨，今俗訛作涎。（同上）繫傳。〇丨，又作延。〔慧琳音義·卷五七〕〇丨，或作㳄，籀文作㵪。〔方言四〕箋疏。〇丨，字亦作泹。〔說文定聲·卷一四〕〇丨，又作漾、唌。〔說文〕「丨，慕欲口液也」句讀。

鞭 丨亦曰策，曰箠。〔說文定聲·卷一六〕〇丨，馬策也。〔廣韻·仙部〕〇丨，馬箠。〔禮記·典禮〕「乘路馬，必朝服載丨策」集解。〇丨，撾馬杖也。〔慧琳音義·卷二〕引〔字書〕。〇丨、策、箠皆馬檛之名。〔說文〕「丨，驅也」義證引〔初學記〕。〇用革以村罪人謂之丨。〔慧琳音義·卷一〕引顧野王。〇丨當讀為綆。〔淮南·覽冥〕「左右若丨」平議。〇丨，字亦省作便。〔說文定律·卷一六〕〇丨，驅也者，當為毆遲也。〔說文〕「丨，驅也」義證。〇丨鞘，當作音丨鞘之鞘。〔方言五〕注「丨鞘」疏證。

銓 丨，丨衡也。〔廣韻·仙部〕〇丨者，衡也。〔說文〕「揣，量也」段注。〇丨，稱也。〔說文〕「稱，丨也」義證引〔急就篇〕顏注。〇丨，量也。〔廣韻·仙部〕又〔通鑑·晉紀七〕「弘敘功丨德」音注。〇丨，度也。〔廣韻·仙部〕〇丨，次也。（同上）〇丨，選也。〔通鑑·晉紀七〕「弘敘功丨德」音注。〇丨，通作輇。〔說文〕「丨，衡也」義證。〇丨與硂同。〔廣雅·釋詁一〕「硂，度也」疏證。

硂 丨，同銓。〔廣韻·仙部〕

筌 丨，笱也。〔通雅·卷三四〕〇丨，捕魚笱也。〔慧琳音義·卷八〇〕引顧野王。〇丨，取魚竹器。〔廣韻·仙部〕〇丨，捕魚竹器也。〔慧琳音義·卷六〇〕〇丨蹄，謂魚笱與兔蹄也。〔通雅·卷三四〕〇丨，字亦作荃。〔廣雅·釋器〕「篧、丨謂之笓」疏證。

專 丨者，六寸薄也。〔說文〕「嫥，壹也」段注。〇〔說文定聲·卷一四〕丨即笏也，亦謂之手版，其度二尺有六寸。〔說文〕「丨，六寸薄」。〇丨，薄也。〔廣雅·釋言〕疏證。〇丨者，紡丨也。〔說文〕「嫥，壹也」段注。〇丨，今絡絲之塼也。〔說文〕「丨，六寸薄也」繫傳。〇丨，擅也。〔廣韻·仙部〕又〔大戴·千乘〕「子女丨曰媄」王詁。又〔本命〕「是故無丨制之義」王詁。又〔論語·子路〕「不能丨對」劉正義引閻若璩。〇丨，獨也。〔廣韻·仙部〕又〔論語·子路〕「不能丨對」朱注。〇丨，猶獨也。〔論語·子路〕劉正義。〇丨，單也。〔廣韻·仙部〕又〔禮記·郊特牲〕「君丨席而酢焉」集解。〇丨謂統領之也。〔漢書〕「轉胡衆」雜志。〇丨，謂丨欲。〔大戴·子張問入官〕「丨者」王詁。〇丨，壹也。〔漢書·匈奴傳〕「故明法度以丨衆心也」補注引胡注。又〔慧琳音義·卷七二〕。〇丨，即丨壹之意。〔說文〕「玉，其聲舒揚，丨以遠聞」句讀。〇丨，自是也。〔廣韻·仙部〕〇丨，猶自是也。

〔慧琳音義・卷一七〕○丨，任也。（同上）○丨與耑，皆小意也。〔廣雅・釋器〕「耑，卮也」疏證。○丨，布也。〔說文〕「玉，石之美有五德」繫傳。又〔說文〕「玉，丨以遠聞」段注。○丨，布以法度也。〔說文〕「專，布也」繫傳。○丨，政也。〔廣韻・仙部〕○丨，誠也。（同上）○〔通雅・卷九〕丨丨，即慱慱也。〔九辨〕「計丨丨之不可化兮」。○丨丨，為瓜之團聚貌。〔詩・東山〕毛傳「敦猶丨丨」通釋。○丨祿謂以戚叛也。〔左傳襄公二六年〕「丨祿以周旋戮也」洪詁引服虔。○丨又通摶。〔說文〕「摶，壹也」義證。○假丨為摶。〔易・繫辭〕「其靜也丨」平議。○〔說文定聲・卷一四〕丨，段借為嫥。〔廣雅・釋言〕「丨，齊也」。○（同上）丨，段借為嫥。〔廣雅・釋詁四〕「丨，業也」○（同上）丨，段借為轉。〔廣雅・釋言〕「丨，轉也」。○（同上）丨，段借為環。〔淮南・本經〕「民之丨室蓬廬」。○（同上）丨，段借為圜。〔史記・屈賈傳〕「大丨槃物兮」。○（同上）丨，段借為團。〔周禮・大司徒〕「其民丨而長」。○丨，又通作顓。〔說文〕「嫥，壹也」義證。○丨亦與顓通。〔說文〕「顓，頭顓顓謹皃」句讀。○丨，又通作剸。〔說文〕「嫥，壹也」義證。○〔說文定聲・卷一四〕丨，以傳為之。〔孟子〕「庶人不傳贄為臣」。○丨、摶、轉聲相近，故丨又通作轉。〔漢書〕「轉胡衆」雜志。○丨讀為摶。〔呂覽・辯士〕「樹墝不欲丨生而族居」平議。○古書多以摶為丨。〔管子〕「博出入」雜志。○丨，亦作塼，作甎，俗作磚。〔說文定聲・卷一四〕○今丨之俗字作甎、塼。〔說文〕「丨，一曰丨，紡丨」段注。○丨，鍇作專，音敷。〔說文〕「玉，丨以遠聞」段注。○丨，當作嫥。〔說文〕「擅，丨也」段注。又〔說文〕「壹，丨壹也」義證。○丨，當為嫥，通用丨字。〔說文〕「擅，丨也」義證。○丨壹，許作嫥壹。〔說文〕「摶，以手圜之也」段注。○丨精，〔御覽・卷二七二〕作摶精。〔呂覽・論威〕「幷氣丨精」校正引盧文弨。○越本丨作傳。〔漢書・文帝紀〕「人其以朕為忘賢有德者而丨於子」補注引宋祁。

**甎** 丨，丨瓦。〔廣韻・仙部〕○丨，〔字林〕作塼。〔說文〕「甓，令適也」段注。○丨，古祇作專。（同上）

**塼** 丨，紡錘。〔集韻・僊部〕○丨，燒土甓也。〔慧琳音義・卷一三〕○丨，古作專。〔說文〕「坒，絫甓也」段注。

**圓** 丨，規也。〔廣韻・先部〕○中規者謂之丨。〔大戴・曾子天圓〕「天丨而地方者」王詁。○平丨曰丨。〔說文定聲・卷一四〕（「圜」下）○丨、纇、丨、員，並通。〔廣雅・釋詁三〕「纇，丨也」疏證。○〔說文定聲・卷一五〕丨以隕為之。〔詩・長發〕「幅隕既長」。○丨，同圜。〔廣韻・仙部〕○〔說文定聲・卷一四〕渾丨曰圜，平丨曰丨，規丨之器曰圓。〔說文〕「圓，規也」。（「圓」下）

**圜** 丨，天體。〔廣韻・仙部〕○丨，天體也，天丨而地方。〔說文〕「丨，天體也」義證引〔玉篇〕。○渾圓為丨。〔說文定聲・卷一四〕○丨，此方員字。〔說文〕「丨，天體也」繫傳。

**員** 丨，周也。〔詩・玄鳥〕「景丨維河」集疏引黃山。○丨，即丸也。〔墨子・備穴〕「令容七八丨艾」閒詁。○貝曰丨。〔說文定聲・卷一五〕○〔通雅・卷一〇〕丨丨，言頭暈也。〔內經〕「頭痛丨丨」。○丨，圓之假借字。〔說文〕「圓，圜全也」段注。○丨運聲義相近。〔墨子・非命中〕「立朝夕於丨鈞之上」閒詁。○規、纇、圓、丨，並通。〔廣雅・釋詁三〕「纇，圓也」疏證。○丨渠即焉者之轉。〔漢書・焉耆國傳〕「王治丨渠城」補注引錢大昕。○〔說文定聲・卷一五〕丨，箋謂借為圓。〔詩・玄鳥〕「景丨維河」。○（同上）丨，假借為圓丨，云皆圓也。〔廣雅・釋詁一〕「或、丨、方、云，有也」。○（同上）丨，段借為隕。〔詩・正月〕「丨于爾幅」。○（同上）丨，段借為均。〔詩・玄鳥〕「景丨維河」。○（同上）丨，段借為貶。〔素問・刺熱論〕「其逆則頭痛丨丨」。○丨讀為圓。〔詩・玄鳥〕「景丨維河」後箋陳奐補。

**乾** 達于上者謂之丨。〔說文定聲・卷一四〕○丨為天。（同上）○丨，天也，君也。〔廣韻・仙部〕○丨，訓健。〔易・乾〕「丨，元亨利貞」李疏引〔易緯乾坤鑿度〕。○丨為龍。〔易・乾〕「潛龍勿用」李疏引九家注。○丨，堅也。〔廣韻・仙部〕○丨侯，晉地，晉人以居公者。〔史記・孔子世家〕「齊處昭公丨侯」志疑引余有丁。○丨、健同聲。〔廣雅・釋詁二〕「丨，健也」疏證。

**虔** 丨，虎之行兢兢然有威。〔說文〕「丨，虎行皃也」繫傳。○丨，敬。〔詩・韓奕〕「丨共爾位」朱傳。○丨，敬也。〔詩・長發〕「有丨秉鉞」朱傳。○敬為丨。〔說文〕「丨，虎行皃也」繫傳。○丨，恭也，固也。〔廣韻・仙部〕○丨者，敬之固也。〔釋詁〕「丨，固也」郝疏。○丨，殺也。〔廣韻・仙部〕○丨猶伐也。〔詩・殷武〕「方斲是丨」通釋。○丨亦截也。（同上）朱傳。○析、丨古字通。〔春秋名字解詁〕「伯丨字子析」述聞。○〔說文定聲・卷一六〕丨，段借為謹。〔廣雅・釋詁一〕「丨，敬也」。○（同上）丨，段借為儇。〔方言一〕「丨，慧也」。○（同上）丨，段借為譞。〔方言一二〕「丨，謾也」。○（同上）丨，段借為掔。〔釋詁〕「丨，固也」。○（同上）丨，段借為戕。〔方言一〕「丨，殺也」。○（同上）丨，段借為緊。〔書・呂刑〕「奪攘矯丨」。○（同上）丨，段借為枯。〔釋宮〕「椹謂之丨」。○丨與劫聲義相近。〔詩・殷武〕「方斲是丨」後箋陳奐補。○丨與騫聲近而義同。〔廣雅・釋詁三〕「丨，少也」疏證。○丨與劫、慎義同。〔釋詁〕「丨，固也」邵正義。○〔說文定聲・卷一六〕丨，字亦作榩。〔釋宮〕「椹謂之丨」。○丨，魯作榩。〔詩・殷武〕「方斲是丨」集疏。

**愆** 丨，過。〔詩・假樂〕「不丨不忘」朱傳。○丨，過也。〔詩・氓〕「匪我丨期」朱傳。又〔伐木〕「乾餱以丨」朱傳。又〔蕩〕「既丨爾止」陳疏。又〔抑〕「不遐有丨」朱傳。又〔廣韻・仙部〕。○凡物差過亦謂之丨。〔慧琳音義・卷六三〕引顧野王。○丨，失也。〔大戴・千乘〕「能之不丨」王詁。又〔慧琳音義・卷四〕引〔考聲〕。○丨，差爽也。〔通鑑・晉紀二四〕「退必丨乏」音注。○丨，違也。〔通鑑・魏紀六〕「事多丨滯」音注。○經典丨諐通用。

〔釋言〕「侰，過也」郝疏。○〔說文定聲·卷一四〕丨，叚借為蹇。〔左傳昭公二六年〕「王丨於厥身」。○（同上）丨，叚借為遃。〔左傳昭公四年〕「冬無丨陽」。○丨，齊作騫，魯亦作愆。〔詩·假樂〕「不丨不忘」集疏。○〔爾雅疏〕丨作侰。〔左傳昭公四年〕「禮義不丨」洪詁。○丨俗作㥶。〔說文〕「丨，過也」句讀。○丨，正篆為䙴之本字。〔說文定聲·卷一四〕

**僁** 丨，籀文愆。〔廣韻·仙部〕○丨通作作遃。〔釋言〕「丨，過也」郝疏。○丨，又通作蹇。（同上）○丨，又通作㥶。（同上）

**䙴** 丨，正作愆，亦過也。〔慧琳音義·卷九四〕引〔字書〕。

**㥶** 丨，愆俗字。〔廣韻·仙部〕

**愆** 丨，過。〔慧琳音義·卷七〕引〔考聲〕。○丨，或作愆。（同上）

**騫** 丨，馬腹縶。〔廣韻·仙部〕○丨，馬病。〔說文〕「丨，馬腹縶」義證引〔字書〕。○丨，腹病丨損。〔說文〕「丨，馬腹熱也」繫傳。○丨，虧也。〔詩·天保〕「不丨不崩」朱傳。又〔詩·無羊〕「不丨不崩」朱傳。○丨，虧少。〔廣韻·仙部〕○丨，引伸通為虧損之稱。〔詩·無羊〕「不丨不崩」通釋。○〔說文定聲·卷一四〕丨，叚借為攐。〔左傳襄公二六年〕注「拂衣丨裳也」。○（同上）丨，叚借為搴。〔漢書·楊僕傳〕「非有斬將丨旗之實也」。○（同上）丨，叚借為鶱。〔廣雅·釋詁三〕「丨，飛也」。○（同上）丨，叚借為愆。〔荀子·正名〕「永思丨兮」。○虔與丨聲近而義同。〔廣雅·釋詁三〕「丨，少也」疏證。○古丨衣字作丨，今假褰而褰之本義廢矣。〔說文〕「褰，絝也」段注。○丨，〔詩〕丨裳字本用此，俗借褰絝字為之。〔說文〕「丨，馬腹縶也」段注。○丨，當作騫，鼓舞之意。〔文選·車駕幸京口三月三日侍遊曲阿後湖作〕「人靈丨都野」補正。

**權** 丨，黃英木也。〔說文〕「丨，黃華木」義證引〔玉篇〕。○丨，野决明。〔釋艸〕「丨，黃華」鄭注。○〔說文定聲·卷一四〕丨，本字為木，轉注亦以名草也。〔釋草〕「丨，黃華」。○丨，稱也。〔晏子春秋〕「丨居」雜志。○丨猶稱也。〔晏子春秋·問上〕「不丨居以為行」平議。○丨猶度。〔國策·趙策二〕「丨甲兵之用」鮑注。○丨，秉也。〔廣韻·仙部〕○丨，稱錘也。〔論語·子罕〕「未可與丨」朱注。又〔堯曰〕「謹丨量」朱注。又〔孟子·梁惠王上〕「丨，然后知輕重」朱注。又〔離婁上〕「嫂溺援之以手者，丨也」朱注。又〔廣韻·仙部〕。○丨，稱丨也，所以稱物之輕重而取中也。〔孟子·盡心上〕「執中無丨」朱注。○丨，五丨也。〔說文〕「銖，丨十絫黍之重也」段注。○五丨，銖兩斤鈞秳也。（同上）○丨者，所以稱物平施知輕重也。〔論語·堯曰〕「謹丨量」劉正義。○丨衡，所以稱輕重也。〔韓子·有度〕「審得失有丨衡之稱者」集解引舊注。○丨者，輕重所在。〔國策·齊策三〕「以太子丨王也」鮑注。○丨，宜也。〔廣韻·仙部〕○丨者，事之宜，重之所在也。〔國策·齊策五〕「必藉於丨」鮑注。○丨，平也。〔廣韻·仙部〕○〔說文定聲·卷一四〕兩高相平謂之丨。○丨者，平也。兩高相平謂之丨。〔廣雅·釋親〕「丨，頔也」疏證。○丨，猶勢也。〔國策·秦策四〕「臣見王之丨輕天下」鮑注。○懸者曰丨。〔說文定聲·卷一八〕〔「衡」下〕○丨，攉變也。〔廣韻·仙部〕○丨猶變也。〔國策·韓策三〕「如是之丨也」鮑注。○臨危制變曰丨。〔說文〕「丨，黃華木」義證引劉氏〔新論·明權〕。○丨者，反經無事也。（同上）義證引〔申鑒〕。○丨，謂量事設謀也。〔韓子·揚權〕集解引舊注。○丨，常合道也。〔慧琳音義·卷一〇〕引〔考聲〕。又〔卷三六〕引〔考聲〕。○丨，反常合道。〔廣韻·仙部〕○反常合道謂之丨宜。〔慧琳音義·卷二九〕引〔考聲〕。○丨謂外與貴也。〔國策·燕策一〕「其以丨立」鮑注。○丨者，不久之名也。〔說文繫傳·通論上〕○丨，猶習也。〔說文定聲·卷一四〕〔「灌」下〕○丨，輔骨。〔國策·中山策〕「准頞丨衡」鮑注。○丨，面上頰骨也。〔慧琳音義·卷二〇〕引〔考聲〕。○丨與謂與國也。〔管子·幼官〕「丨與」平議。○丨與，始也。〔詩·權輿〕「不承丨與」朱傳。○人之始事亦曰丨與。（同上）通釋。○丨奇者，奇譎非常之意。〔漢書·禮樂志〕「精丨奇」補注。○爟、觀、丨並通。〔廣雅·釋詁二〕「爟，爇也」疏證。○〔說文定聲·卷一四〕丨，叚借為縣。〔廣雅·釋器〕「錘謂之丨」。○（同上）丨，叚借為丨勢之丨。〔廣雅·釋詁三〕「丨，重也」。○（同上）丨，叚借為丨變之丨。〔公羊傳桓公一一年〕「丨者，反于經然後有善者也」。○（同上）丨，叚借為䪹。〔釋詁〕「丨與，始也」。○（同上）丨，叚借為丨骨之丨。〔國策·中山策〕「眉目準頞丨衡」。○（同上）丨，叚借為爟。〔史記·封禪書〕「通丨火」。○丨乃借字。〔漢書·郊祀志〕「通丨火」補注。○〔說文定聲·卷一四〕丨，借為拳。〔詩·盧令〕箋「鬈讀當為丨」。（「鬈」下）○丨，俗作顴。〔說文〕「肫，面頯也」段注。○丨者，今之顴字。〔說文〕「頯，丨也」段注。○〔說文定聲·卷一四〕丨，字亦作顴。或作顴。〔說文〕「頯，丨也」義證。○〔廣雅·釋親〕「顴，頔也」。○丨，當作顴。〔國策·中山策〕「准頞丨衡」鮑注。○丨與，單言之則亦曰丨。〔廣雅·釋草〕「蘡，蘗也」疏證。

**拳** 空丨猶言空手。〔文選·報任少卿書〕「更張空丨」集釋引或說。○丨，屈手也。〔說文〕「丨，手也」義證引〔玉篇〕。又〔廣韻·仙部〕。○手卷之為丨。〔說文〕段注。○今舒之為手，卷之為丨。〔說文定聲·卷六〕〔「手」下〕○張之為掌，卷之為丨。〔卷一四〕○丨，力。〔詩·巧言〕「無丨無勇」朱傳。○丨，气勢也。（同上）後箋。○〔說文定聲·卷一四〕丨丨，猶勞勞勤勤也。〔廣雅·釋訓〕「丨丨，愛也」。○（同上）丨，叚借為卷。〔莊子·人間世〕「其枝細則丨曲」。○丨，叚借為券，或為眷。〔說文定聲·卷一四〕○丨，叚為捲。〔說文〕「捲，氣埶也」段注。○丨者捲之借字。〔文選·吳都賦〕「覽將帥之丨勇」集釋。○丨丨，奉持之皃。〔廣韻·仙部〕○丨丨、區區、款款，皆一聲之轉也。〔廣雅·釋訓〕「丨丨，愛也」疏證。○古丨握字从手作攉。〔文選·吳都賦〕「覽將帥之丨勇」集釋引〔五經文字〕。○丨當為捲。〔說文〕「舁、或曰丨勇字」義證。○丨當為眷。〔漢書·李廣傳〕「士張空—」補注。○倦倦、卷卷、——，並字異而義同。〔廣雅・釋訓〕「——，愛也」疏證。○〔說文〕引〔國語〕捲勇，今〔齊語〕作捲，作—。〔文選・吳都賦〕「覽將帥之—勇」集釋。

**捲**　—，勇壯也。〔說文〕「捲，氣埶也」段注。○—、變也。〔慧琳音義・卷六〕引〔考聲〕。○—與拳同。〔說文〕「捲，氣埶也」段注。○—，古拳字，俗作權，譌。〔文選・吳都賦〕「覽將帥之拳勇」集釋引〔九經字樣〕。○—者捲之或體也。〔文選・吳都賦〕「覽將帥之拳勇」集釋。

**椽**　—，亦謂之榱，亦謂棼橑。〔通雅・卷三八〕○—，屋—也。〔說文〕「構，蓋也」繫傳。○—，屋桷也。〔廣韻・仙部〕○—，所以稱屋也。〔慧琳音義・卷八二〕引〔韻詮〕。○—當為掾，本書從手從木之字通作。〔漢書・郭解傳〕「解兄子斷楊—頭」補注。

**傳**　—，驛遞也。〔國策・齊策五〕「車舍人不休—」鮑注。○秦漢以後凡急事速行乘車曰—。〔周禮・行夫〕「行夫掌邦國—遽之小事」孫正義。○—，轉也。〔廣韻・仙部〕○—，猶轉也。〔漢書・王莽傳〕「—相舉奏」補注引周壽昌。○—之為言轉也，以輾轉而期於早達也。〔釋言〕「馹，—也」郝疏。○凡展轉引伸之偁皆曰—。〔說文〕「—，遽也」段注。○—，通也。〔孟子・萬章下〕「庶人不—質為臣」朱注。○—，遞也。〔漢書・劉向傳〕「禹、稷與皋陶—相汲引」補注引胡注。○又凡由此遞彼皆曰—。〔說文定聲・卷一四〕○—，猶言也。〔楚辭・天問〕「遂古之初誰—道之」補注。○—言者，相—而言也。〔儀禮・士相見禮〕「妥而後—言」平議。○—言者，古語也。〔說文〕「諺，—言也」段注。○—，轉相告呼也。〔漢書・原涉傳〕「—曰無驚祁夫人」補注。○—戰大內，蓋—呼大內諸人助戰。〔漢書・陳湯傳〕「—戰大內」補注引周壽昌。○—謂—遺。〔說文〕「詒，相欺詒也」義證。○—，猶稱也。〔漢書・武五子傳贊〕「—得天人之祐助云」補注。○—，失所守也。〔太素・陰陽合〕「摶而勿—」楊注。○—者，—因辭也。〔漢書・張湯傳〕「—爰書」補注引劉奉世。○—爰書者，—因辭而著之文書。（同上）補注。○〔說文定聲・卷一四〕—，叚借為擐。〔釋宮〕「植謂之—，—謂之突」。○—轉同字。〔漢書・杜鄴傳〕「—相驚恐」補注引蘇輿。○—，續志注作轉。〔呂覽・節喪〕「—以相告」校正。○—為傅字譌，傅讀曰附，謂附於爰書。〔史記・酷吏列傳〕「—爰書」志疑引〔史記考異〕。○—當作傅。〔墨子・備城門〕「比—薪土」閒詁引顧千里。○乃—當作及傳。〔墨子・號令〕「乃—城」平議。○—當為傅。〔漢書・藝文志〕「—周五星行度三十九卷」補注引王念孫。○—當作傅。〔漢書・郊祀志〕「其—在勃海中」補注引葉德輝。○—亦當為傅，讀曰附。〔漢書・五行志〕「—載畦孟」補注引錢大昕。○—當為傅，傅與賦古字通。〔漢書・淮南厲王傳〕「使為離騷—」補注引王念孫。

**焉**　黃鳳謂之—。〔說文〕「—，—鳥，黃色」義證引〔禽經〕。○—，鳥雜毛。〔廣韻・仙部〕○—當是戴。〔通雅・卷四五〕○—，安也。〔廣韻・元部〕○—，猶安也。〔論語・公冶長〕「如丘者—」劉正義。○—，何也。〔大戴・禮三本〕「無天地—生」王詁。又〔小辨〕「非吾子問之而—也」王詁。又〔論語・為政〕「人—廋哉」朱注。又〔楚辭・九辯〕「超逍遙兮今—薄」補注引五臣。又〔廣韻・仙部〕。○—，於也。〔國策・卷下〕「—辭孤竹之君」札記。○—，猶於也。〔史記・秦始皇本紀〕「—作信宮渭南」雜志。又〔釋詞・卷二〕。○—而，猶言於而。〔墨子・天志上〕「—而晏日」閒詁。○—爾，猶云於此也。〔說文定聲・卷一四〕○〔釋詞・卷二〕—，猶是也。〔詩・防有鵲巢〕「心—忉忉」。○（同上）—，猶於是也。〔禮記・月令〕「天子—始乘舟」。又〔史記・秦始皇本紀〕「—作信宮渭南」雜志。又〔墨子・非攻下〕「—磨為山川」雜志。○—之為言於是也。〔墨子・非攻下〕「湯—敢奉率其衆」閒詁引王紹蘭。○—字容有於是之制。〔公羊傳隱公二年〕注「—爾猶於是也」陳疏。○古多用—為發聲，訓為於，亦訓為於是。〔說文〕「—，—鳥」段注。○—猶然也。〔荀子・議兵〕「霍—離耳」集解。○〔釋詞・卷二〕—，狀事之詞，與然同義。〔詩・小弁〕「惄—如擣」。○—者，狀事之詞，與然同義。〔漢書・天文志〕「曰哀烏郎位」雜志。○〔釋詞・卷二〕—，比事之詞也，亦與然同義。〔大學〕引〔書・秦誓〕「其如有容—」。○—，乃也。〔墨子・非攻下〕「—磨為山川」雜志。○—訓乃。〔墨子・兼愛上〕「—能治之」閒詁。○—猶乃也。〔墨子・親士〕「—可以長生保國」雜志。又〔釋詞・卷二〕。又〔墨子・非攻下〕「—率天下之百姓」閒詁引戴望。又〔墨子・大取〕「—智某也」閒詁。○—，猶則也。〔荀子・議兵〕「入—焦沒耳」集解引王念孫。又〔釋詞・卷二〕。○〔釋詞・卷二〕—，猶乎也。〔詩・杕杜〕「嗟行之人，胡不比—」。○（同上）—，猶也也。〔左傳昭公三二年〕「民之服—」。○—，辭也。〔楚辭・遠遊〕「—乃逝以徘徊」補注。○〔說文定聲・卷一四〕上—字為於是，下—字為語助也。〔禮記・學記〕「藏—，脩—，息—，游—」。○—字古多以為發聲。〔荀子・非相〕「面長三尺，—廣三寸」集解引盧文弨。又（同上）雜志。○—閼即蔫菸。〔說文〕「蔫，菸也」義證。○—於古字通用。〔管子・幼官〕「流之—荑命」義證引孫星衍。○—借為詞助也。〔說文〕「—，—鳥，黃也」繫傳。○〔說文定聲・卷一四〕—，叚借為曷，與安同。〔廣雅・釋詁一〕「—，安也」。○（同上）—，叚借助語之辭，與用然字亦同。〔易・坤〕「故稱龍—」。○（同上）—，叚借發聲之詞。〔公羊傳隱公二年〕「託始—爾」。○—本鳶字，借與安—相轉。〔通雅・卷一〕○荀書或用—、或用案、或用安，字異語同，皆以為發聲。〔荀子・非相〕「面長三尺，—廣三寸」集解引盧文弨。○〔五行志〕—作安。〔左傳昭公一五年〕「舉典將—用之」洪詁。○—在，〔漢書・五行志〕作何在。〔左傳僖公一六年〕「吉凶—在」洪詁。○—用之，〔釋文〕本或作何用之。〔左傳襄公一三年〕「—用之」洪詁。○—，魯作然。〔詩・定之方中〕「終—允臧」集疏。○—，魯作也。〔詩・菀柳〕「無自瘵—」集疏。○悖—，〔正義〕引作浡然，〔韓詩外傳〕引作勃然。〔左傳莊公一一年〕「其興也悖—」洪詁。○—當從〔大戴禮〕作居。〔荀子・勸學〕「禽獸群—」集解引劉台拱。

**躚** 丨，蹁丨，旋行皃。〔廣韻・先部〕○丨，舞皃。〔廣韻・仙部〕

**蹮** 丨，同躚。〔廣韻・先部〕

**芊** 丨，草盛。〔廣韻・先部〕○丨丨，茂也。〔集韻・先部〕○裕裕、仟仟、丨丨、阡阡，並字異而義同。〔廣韻・釋訓〕「丨丨，茂也」疏證。

**舷** 丨，舩丨。〔廣韻・先部〕○丨，舩兩緣也。〔慧琳音義・卷六四〕○丨，或作弦。〔廣雅・釋水〕「舩謂之丨」疏證。

**咽** 丨，丨喉。〔廣韻・先部〕○丨，會厭後下食孔也。〔太素・腸度〕「丨大二寸半」楊注。○丨者，因也，言食因於是以上下也。〔說文〕「丨，嗌也」段注。○丨，吞也。〔孟子・滕文公下〕「三丨」朱注。○丨，所以吞丨物也。〔說文〕「吞，丨也」義證引〔急就篇〕顏注。○丨丨，鼓聲之深長也。〔詩・有駜〕「鼓丨丨」朱傳。○〔說文定聲・卷一六〕丨，叚借為鼘。〔詩・有駜〕「鼓丨丨」。○丨丨即鼘鼘之假借。〔詩・有駜〕通釋。○丨與淵同。〔同上〕朱傳。○丨，俗作嚥。〔說文〕「吞，丨也」義證。○丨，字亦作嚥。〔說文定聲・卷一六〕○丨丨因作鼘鼘。〔通雅・卷一〇〕○丨當作噎，聲之誤也。〔說文〕「嗢，丨也」段注。○丨，或作胭。〔集韻・先部〕

**胭** 丨，喉也，項也。〔慧琳音義・卷一一〕引〔考聲〕○丨，喉也，北人名頸為丨。〔卷七二〕○〔慧琳音義・卷二〕丨即頸之異名也。〔大般若經・卷二〕「項丨」。○丨或作腰、臙，皆古字也。〔慧琳音義・卷二〕○丨，丨項。〔廣韻・先部〕

**闐** 丨丨，盛貌。〔詩・采芑〕「振旅丨丨」朱傳引或說。○盛貌謂之丨丨。〔廣雅・釋訓〕「丨丨，盛也」疏證。○丨，轟轟丨丨，盛皃。〔廣韻・先部〕○丨丨，盛也，衆盛之意。〔詩・采芑〕「振旅丨丨」後箋。○丨闐俱盛皃也。〔慧琳音義・卷八四〕引〔玉篇〕。○盛聲亦謂之丨丨。〔廣雅・釋訓〕「丨丨，盛也」疏證。○丨丨，鼓聲。〔楚辭・九辯〕「屬雷師之丨丨兮」補注。又〔釋天〕「振旅丨丨，出為治兵尚威武也」鄭注。○丨丨，亦鼓聲也。〔詩・采芑〕朱傳。○丨，塞也。〔慧琳音義・卷六三〕引〔文字典說〕。○丨，通作填。〔說文〕「丨，盛皃」義證。○丨，聲義與此（嗔）同。〔說文〕「嗔，盛氣也」段注。○丨與實同。〔史記・大宛列傳〕「惡睹本紀所謂崑崙者乎」志疑。○丨，韓作嗔，齊作輷。〔詩・采芑〕「振旅丨丨」集疏。○丨，〔孟子〕作填。〔說文〕「丨，盛皃也」段注。

**駢** 丨，並駕二馬。〔廣韻・先部〕○併馬謂之儷駕，亦謂之丨。〔說文〕「丨，駕二馬也」段注。○丨，並也。〔廣雅・釋言〕○凡二物并曰丨。〔說文〕「丨，駕二馬也」段注。○丨，謂羅列也。〔慧琳音義・卷八九〕引顧野王。○丨，猶羅列也。〔卷六〇〕引〔玉篇〕。○丨羅，猶羅列也。〔慧琳音義・卷四〇〕引顧野王。○丨者，脅骨之生兩兩相竝也。〔說文〕「骿，并脅也」義證引程大昌。○丨脅謂脅骨連若版也。〔說文〕「脅，兩膀也」繫傳。○丨緘曰雙書。〔通雅・卷三二〕○丨蹎即胼胝。〔通雅・卷一八〕○丨闐，謂溢滿也，盛也。〔慧琳音義・卷六一〕○丨與胼通。〔廣雅・釋詁二〕「胼，益也」疏證。○丨與併通。〔廣雅・釋詁二〕「併，列也」疏證。○〔說文定聲・卷一七〕丨，謂借為併。〔春秋元命苞〕「顓項丨幹」注「猶重也」。○(同上)丨，叚借為併。〔東都賦〕「丨部曲」。○(同上)丨，叚借為并、為骿。〔左傳僖公二三年〕「曹共公聞其丨脅」。○(同上)丨，叚借為蹁。〔孟子〕章指「故禹稷丨蹎」。○(同上)丨，叚借為密，實為比。〔漢書・高惠高后文功臣表〕「許盎以丨隣從」。○(同上)丨，叚借為邦。〔論語〕「奪伯氏丨邑三百」。○丨，〔金樓子〕作胼。〔左傳僖公二三年〕「曹共公聞其丨脅」疏證。○丨應作骿，〔論衡〕作比脇，〔晉語〕作骿。(同上)洪詁。

**輧** 丨，四面屏蔽，婦人車。〔廣韻・先部〕○丨，婦人車四面屏蔽者。〔集韻・先部〕○丨，通作荓。〔廣雅・釋器〕「丨，車也」疏證。○〔說文定聲・卷一七〕丨，以駢為之。〔莊子・天下〕釋文「田駢名廣」。

**綖** 丨，冠上覆也。〔廣韻・仙部〕

**埏** 丨，際也，地也。〔廣韻・仙部〕○丨，墓道。(同上)○丨，地際也。〔集韻・綫部〕○丨，隧道也。〔釋詁〕「延，間也」鄭注。○丨，打瓦也。〔廣韻・仙部〕○丨、衍聲相近。〔廣雅・釋地〕「丨，池也」疏證。

**饘** 丨，粥餅也。〔左傳僖公二八年〕「甯子職納橐丨焉」疏證引〔御覽〕。○厚曰丨。〔本草・卷二五〕○厚者曰丨。〔說文定聲・卷一四〕○丨，同𩟄。〔廣韻・仙部〕○丨與鬻同。〔說文〕「丨，糜也」句讀。○〔說文定聲・卷一四〕丨與鬻睯同。〔方言一〕「相謁而食麥丨」。○〔爾雅〕之丨當作健。〔釋言〕「餬，丨也」郝疏。

**𩟄** 丨，厚粥也。〔廣韻・仙部〕○饘，糜也，丨同。〔說文〕「饘，糜也」義證引〔玉篇〕。○丨與饘同，丨與酏皆粥。〔禮記・內則〕「以與稻米為酏」集解。○鬻、丨、飦並字異而義同。〔廣雅・釋器〕「飦，饘也」疏證。

**飦** 丨，糜也。〔孟子・滕文公上〕「丨粥之食」朱注。○丨、饘字通。(同上)焦正義。

**鬻** 丨，今饘字。〔說文〕「丨，鬻也」繫傳。○丨與饘睯同。〔說文定聲・卷一四〕

**甄** 丨，察也。〔廣韻・仙部〕又〔慧琳音義・卷四七〕引〔考聲〕。○丨，明也。(同上)引〔考聲〕。○丨，表明。(同上)引〔桂苑珠叢〕。○丨，一曰免也。〔廣韻・仙部〕○〔說文定聲・卷一五〕丨丨，猶奔奔、賁賁也。〔楚辭・悼亂〕「鶉鴿兮丨丨」。

**邅** 丨，行不進。〔楚辭・九辯〕「丨翼翼而無終兮」補注。○丨，迍丨也。〔廣韻・仙部〕○丨，回也。〔屈賦・湘君〕「丨吾道兮洞庭」戴注。○丨，移也。

〔廣韻・仙部〕又〔慧琳音義・卷六〇〕引〔考聲〕。〇｜之言纏繞也。〔廣雅・釋詁四〕「｜，轉也」疏證。〇驙、邅、｜、亶，並字異而義同。〔釋詁三〕「驙，難也」疏證。

挻　｜，長也。〔廣韻・仙部〕〇｜，柔也。（同上）〇｜，和也。（同上）〇｜，亦和也。〔文選・長笛賦〕「丸｜彫琢」集釋。〇｜，猶引也。〔說文定聲・卷一四〕（「羨」下）〇凡柔和之物，引之使長，摶之使短，可析可合，可方可圓，謂之｜。〔卷一四〕〇｜，取也。〔廣韻・仙部〕〇｜，繫也。（同上）〇｜，埴土也，謂作泥物也。〔慧琳音義・卷五八〕〇｜，竟也。〔廣雅・釋詁三〕疏證。〇｜，或作煽。〔廣韻・仙部〕〇〔說文定聲・卷一四〕｜，叚借為延，字亦誤作埏，延長之轉注。〔聲類〕「埏，墓隧也」。〇（同上）｜，叚借為綖。〔廣雅・釋詁二〕「｜，緩也」。〇（同上）｜，叚借為篡。〔方言一〕「｜，取也」。〇｜，今字作揉，猶煣也。〔說文定聲・卷一四〕〇｜，俗字作埏。〔說文〕「｜，長也」段注。〇〔說文定聲・卷一四〕｜，挺之誤字。〔漢書・賈誼傳〕「則因而｜之矣」。〇（同上）｜，字多誤作挺。〔吳語〕「王安挺志」。〇（同上）｜，又誤作挺。〔荀子・性惡〕「故陶人挺埴而為器」。〇（同上）｜，字亦誤作埏。〔管子・任法〕「猶埴之在埏也」。

梴　｜，木長。〔廣韻・仙部〕〇｜，木長貌。〔說文〕「｜，木長也」義證引〔玉篇〕。〇｜，長貌。〔詩・殷武〕「松桷有｜」朱傳。〇｜之言延也。〔廣雅・釋詁二〕「挻，長也」疏證。〇｜字後出，即延也。〔說文定聲・卷一四〕〇｜即緜聯之意。〔通雅・卷三八〕〇｜，義與挻同。〔廣雅・釋詁二〕「挻，長也」疏證。

鋋　｜，小矛。〔廣韻・仙部〕〇其小者可用戰曰｜。〔說文〕「｜，小矛也」段注。〇矛謂之｜，故以矛刺物亦謂之｜。〔廣雅・釋器〕「穳謂之｜」疏證。〇｜、鍦、錟，皆矛也。〔通雅・卷三五〕〇｜，鐵把小矛也，江淮吳越或謂之鍦。〔說文〕「｜，小矛也」義證引〔急就篇〕顏注。

嘕　｜，笑皃。〔廣韻・仙部〕〇｜、㗔，其義同也。〔廣雅・釋訓〕「｜｜，喜也」疏證。

㗔　｜之言衎衎也。〔廣雅・釋詁一〕「｜，樂也」疏證。〇｜，或作嘕。〔集韻・仙部〕

瀍　｜，水名，在河南。〔廣韻・仙部〕〇｜，俗字，當為廛。〔書・洛誥〕「我又卜｜水東」孫疏。〇｜字當作廛。〔書・禹貢中〕「伊、洛、｜、澗既入于河」孫疏。〇｜水，〔淮南子〕作廛水，俗加水旁耳。〔漢書・地理志〕「禹貢｜水出替亭北」補注。

翩　｜，飛貌。〔廣韻・仙部〕〇｜，疾飛也。〔屈賦・悲回風〕「｜冥冥之不可娛」戴注。又〔楚辭・悲回風〕補注。〇｜，反貌。〔詩・角弓〕「｜其反矣」朱傳。〇｜，猶｜｜也。〔詩・桑柔〕「旟旐有｜」陳疏。〇｜｜，飛貌。〔詩・四牡〕「｜｜者鵻」朱傳。〇｜｜，言疾速也。〔說文〕「｜，疾飛也」繫傳。〇｜｜，便旋輕捷之皃。〔慧琳音義・卷三二〕引顧野王。〇｜｜，往來貌。〔詩・巷伯〕「緝緝｜｜」朱傳。〇｜｜，往來皃也。〔慧琳音義・卷六二〕引〔考聲〕。〇｜｜者，言之巧也。〔詩・巷伯〕「緝緝｜｜」通釋。〇｜翻，飛之象也。〔慧琳音義・卷一二〕〇｜翻，便旋輕捷之皃也。〔卷六二〕引顧野王。〇｜與媥通。〔廣雅・釋詁三〕「媥，輕也」疏證。〇｜者，偏之假借。〔詩・角弓〕「｜其反矣」陳疏。〇〔說文定聲・卷一六〕｜，字亦作鶣。〔舞賦〕「鶣鷅燕居」。〇（同上）｜，字亦作鶣。〔廣雅・釋訓〕「鶣鶣，飛也」。〇｜，韓作繽。〔詩・巷伯〕「緝緝｜｜」集疏。〇〔周易〕｜｜，古文作偏偏。〔說文〕「偏，頗也」段注。〇｜當為翑。〔說文〕「翑，讀若｜」義證。〇

扁　｜，門户封署也。〔說文〕「｜，署也」繫傳。〇｜，小舟。〔廣韻・仙部〕〇〔說文定聲・卷一六〕｜，叚借為偏。〔漢書・貨殖傳〕「迺乘｜舟」。〇｜讀為遍。〔荀子〕「｜善之度」雜志。〇編緒、｜緒、偏緒，聲轉字異耳。〔廣雅・釋器〕「編緒，絛也」疏證。〇｜，今書作編。〔莊子・盜跖〕「編虎須」集釋引盧文弨。

平　｜，即辨也。〔詩・采菽〕「｜｜左右」通釋。〇｜｜，辯治也。（同上）朱傳。〇｜，成也。〔國策・齊策五〕「衛國城割｜」鮑注。〇｜晝，無事之日，猶｜日。〔國策・趙策二〕「武靈王｜晝間居」鮑注。〇〔通雅・卷三四〕唐以｜脫名器。〔酉陽雜俎〕「金｜脫犀頭匙著」。〇｜章，一作便章、辯章。〔通雅・卷八〕〇｜秩，一作苹秩、｜辨、便程、辯秩。（同上）〇｜｜，當作采采。〔史記・宋微子世家〕「王道｜｜」志疑引〔尚書後案〕。

櫋　｜亦槐也。〔說文〕「｜，房｜聯也」繫傳。〇椽端沿檐，謂之｜梠，亦謂之槐，亦謂之槾，或曰雀梠，曰連綿。〔通雅・卷三八〕

牷　｜亦謂純色也。〔周禮・充人〕「充人掌繫祭祀之牲｜」孫正義。〇｜，牛全色。〔廣韻・仙部〕〇體具曰｜。〔禮記・祭義〕「犧｜祭牲」集解。〇｜，字从全，亦會意，當以體完為本訓。〔說文定聲・卷一四〕〇牛完全當為｜字之訓。〔卷一七〕（「牲」下）〇｜或省作全。〔文選・七發〕「純粹全犧」集釋。

朘　｜，縮也，減也。〔通鑑・後唐紀三〕「頗｜刻軍糧」音注。〇｜，縮肭。〔廣韻・仙部〕〇〔說文定聲・卷一五〕｜，即今皴字之訓。〔漢書・董仲舒傳〕「民日削月｜」。〇｜，謂若行步之安舒者，轉而蹇踧蹇跛也。〔漢書・董仲舒傳〕「民日削月｜」補注。〇月｜之｜，則鐫字之借，或浚字之借也。〔說文定聲・卷一五〕〇｜，卵字。〔卷一四〕（「全」下）

儇　｜，智也。〔通鑑・唐紀七九〕「其間復有性識｜利」音注。〇｜，智也，慧也。〔廣韻・仙部〕〇｜謂輕薄察慧小才也。〔說文〕「｜，慧也」繫傳。〇｜之言翾也。〔方言一二〕「｜，謾也」箋疏。〇｜，敏也。〔說文〕「慧，｜也」繫傳。〇｜，疾也。〔通鑑・唐紀七九〕「其間復有性識｜利」音注。又

〔廣韻·仙部〕。〇丨，利也。〔詩·還〕「揖我謂我丨兮」朱傳。又〔通鑑·唐紀七九〕音注。又〔廣韻·仙部〕。〇丨，舞皃。〔廣韻·仙部〕〇丨與還聲近而義同，積貫之意也。〔荀子·榮辱〕「靡之丨之」集解引王引之。〇懁與丨通。〔廣雅·釋詁〕「丨，慧也」疏證。〇丨、趨、翾並通。〔廣雅·釋詁〕「獧，疾也」疏證。〇〔說文定聲·卷一四〕丨，叚借為趨。〔詩·還〕「揖我謂我丨兮」。〇(同上)丨，叚借為譞。〔方言一二〕「丨，謾也」。〇(同上)丨，叚借為還。〔荀子·禮論〕「設掩面丨目」。〇作丨者聲近而借耳。〔詩·還〕「揖我謂我丨兮」〔韓詩〕作「嫙」述聞。〇丨、翾、懁、譞、獧，聲義並同。〔方言一〕「丨，慧也」箋疏。〇丨，當為環。〔墨子·經說上〕「丨，眴民也」閒詁。〇丨當為環，聲之誤。〔經上〕「丨稘秖」閒詁。

翾 丨，小飛。〔廣韻·仙部〕〇丨，小飛也。〔楚辭·東君〕「丨飛兮翠曾」補注。又〔淮南·俶真〕「而蝁蝨適足以丨」雜志。〇丨，小飛皃也。〔慧琳音義·卷九六〕引〔考聲〕。〇丨亦翧也。〔廣雅·釋詁〕「翧、丨，飛也」疏證。〇丨，小飛蟲也。〔慧琳音義·卷三二〕引〔韻英〕。〇丨者，疾也。〔文選·思玄賦〕「丨鳥舉而魚躍」集釋。〇丨之言儇也。〔廣雅·釋詁三〕「丨，飛也」疏證。〇儇與丨通。〔文選·思玄賦〕「丨鳥舉而魚躍」集釋。〇儇、趨、丨並通。〔廣雅·釋詁一〕「獧，疾也」疏證。〇〔說文定聲·卷一四〕丨，叚借為儇。〔荀子·不苟〕「喜則輕而丨」。〇假丨為儇也。〔說文〕「丨，小飛也」段注。〇〔說文定聲·卷一四〕丨，叚借為反。〔海賦〕「翻動成雷」。〇(同上)丨以轓為之。〔通俗文〕「水碓曰轓車」。〇蠉與丨同。〔淮南子〕雜志。〇丨、儇、趨字異義同。〔方言一二〕「儇，疾也」箋疏。〇丨、蜎、螝、蠉，並字異而義同。〔廣雅·釋詁〕「丨，飛也」疏證。〇〔說文定聲·卷一四〕丨，字亦作翻，作翧。〔廣雅·釋訓〕「丨丨、翧翧、翻翻，飛也」。〇丨或作䳜。〔說文〕「丨，小飛也」繫傳。〇丨，〔韓詩外傳〕作快。〔文選·思玄賦〕集釋。

嬛 丨，續也，一曰輕舉。〔集韻·僊部〕〇丨，身輕便皃。〔廣韻·仙部〕〇丨，便丨，輕麗皃。(同上)〇〔說文定聲·卷一四〕丨，即欲續緜緊，尚未結繫之意。〔方言一二〕「丨，未續也，楚曰丨」。〇丨、蠉古通用，蟲行也。〔方言一二〕「丨，續也」疏證。〇假丨為煢。〔詩·閔予小子〕「丨丨在疚」通釋。〇〔說文定聲·卷一四〕丨與獨行睘睘字同，皆孤特之貌。〔詩·閔予小子〕「丨丨在疚」。〇(同上)丨，字亦作娟，以聲為意。〔魯靈光殿賦〕「旋室㛹娟以窈窕」。

瓀 丨，珉也，或从耎。〔集韻·僊部〕

瑌 丨，珉也，玉佩也。〔廣韻·仙部〕

沿 丨，從流而下也。〔廣韻·仙部〕〇丨言傍水陸行。〔書·禹貢中〕康成注「丨，順水行也」孫疏。〇丨簷，蔓延也。〔本草·卷二四〕〇丨或借巡字。〔說文〕「丨，緣水而下也」義證。〇丨或借巡字，古音丨、巡亦疊韻。(同上)句讀。〇〔說文定聲·卷一五〕丨，以鉛為之。〔荀子·榮辱〕「鉛之重之」。〇丨、緣音義同。〔說文〕「丨，緣水而下也」句讀。〇丨，古文作均。〔說文〕「丨，緣水而下也」義證。〇丨作均者，均蓋彴字。〔書·禹貢中〕史遷注「丨作均」孫疏。〇丨，鄭本作松，蓋古文，馬本作均，與史公同，蓋今文也。(同上)

㳂 丨同沿。〔廣韻·仙部〕

還 丨，回旋也。〔詩·泉水〕「丨車言邁」朱傳。〇丨，遶也。〔禮記·檀弓〕「右丨其封且號者三」集解。〇丨，便捷之貌。〔詩·泉水〕「丨車言邁」後箋。又〔還〕「子之丨兮」朱傳。〇丨，亦好也。〔廣雅·釋詁一〕「嫙，好也」疏證。〇〔說文定聲·卷一四〕丨，猶籠絡也。〔荀子·成相〕「比周丨主黨與施」。〇丨至謂速。〔漢書·天文志〕「殃丨至者，雖大當小」補注。〇丨至即至也，丨起即起也。〔荀子·王霸〕「舜禹丨至，王業丨起」集解引王念孫。〇丨反謂之顧反。〔史記·樂毅列傳〕「顧反」雜志。〇丨味，短味也。〔說文〕「欙，欙味稔棗」繫傳。〇丨旋古通用。〔詩·還〕「子之丨兮」通釋。〇丨者，嫙之假借，訓好。(同上)〇〔說文定聲·卷一四〕丨，叚借為嫙。〔詩·還〕「子之丨兮」。〇(同上)丨，叚借為趨。〔廣雅·釋詁一〕「儇，疾也」。〇(同上)丨，謂借為趨。〔詩·還〕「子之丨兮」毛傳「便捷之貌」。〇(同上)丨，叚借為旋，為轉。〔禮記·內則〕「左丨授師」。〇(同上)丨，叚借為懁。〔釋木〕「丨味稔棗」。〇丨讀曰旋。〔雜志·卷四〕〇丨與環同。〔管子〕「環其私」雜志。〇睘與丨同。〔墨子〕「三睘」雜志。〇嫙、丨字異而義同。〔廣雅·釋詁一〕「嫙，好也」疏證。〇今人丨繞字用環，古經傳祇用丨字。〔說文〕「丨，復也」段注。〇丨，〔齊詩〕作營。〔詩·還〕「子之丨兮」通釋引〔漢書·地理志〕。〇丨，齊作營，韓作嫙。(同上)集疏。〇丨即旋字。〔墨子〕「丨至」雜志。〇周丨止息，晉隋志，吳龔書並作周旋止息。〔漢書·天文志〕「周丨止息」補注。〇丨當作逮。〔漢書·律歷志〕「丨師」補注引錢大昕。

悁 丨，忿也。〔通鑑·漢紀二〇〕「今陛下不忍丨丨之忿」音注。〇丨亦忿。〔國策·趙策二〕「然而心忿丨含怒之日久矣」鮑注。〇丨，憂也。〔通鑑·漢紀二〇〕音注。〇丨丨，憂，悒也。〔廣韻·仙部〕〇丨，憂患也。〔太素·陰陽雜說〕「及為痿厥喘丨」楊注。〇丨丨，猶悒悒也。〔詩·澤陂〕「中心丨丨」朱傳。〇丨猶狷也。〔說文〕「丨，忿也」繫傳。〇丨之言獧也。(同上)段注。〇〔說文定聲·卷一四〕丨，叚借為痟。〔文選·謝靈運登臨海嶠詩〕「顧望脰未丨」。

痟 丨，酸足也。〔慧琳音義·卷三三〕〇丨，骨節疼也，今俗謂痟酸。〔說文〕「丨，疲也」段注依〔文選·謝靈運登臨海嶠詩〕李善注引〔說文〕補。

鯿 丨，同鯾，魚名。〔廣韻·仙部〕〇丨，扁也，其身扁也。〔本草·卷四四〕〇丨、魴、魾俱聲轉。〔釋魚〕「魴，魾」郝疏。

**詮**　—，具也。〔說文·叙〕「稽譔其說」段注。○—，叙也。〔慧琳音義·卷二〕引〔考聲〕。又〔卷三〇〕引〔考聲〕。○—，具記言也。〔說文〕「—，具也」繫傳。○具說事理曰—。〔慧琳音義·卷五〇〕○—，理也，理其事之詞也。〔說文〕「吹，—詞」繫傳。○—，明也。〔慧琳音義·卷二〕引〔考聲〕。○—，謂顯了。〔卷五〇〕○—，證也。〔卷二〕引〔考聲〕。又〔卷三〇〕引〔考聲〕。○—，平也。〔廣韻·仙部〕又〔慧琳音義·卷二〕引〔考聲〕。○—，字亦通作譔。〔廣雅·釋詁三〕「—，具也」疏證。○—，史、傳多以譔為之。〔說文定聲·卷一四〕

**佺**　—，偓—，仙人。〔廣韻·仙部〕

**痊**　—，病瘳。〔廣韻·仙部〕○病差曰—。〔慧琳音義·卷四〕引〔考聲〕。

**悛**　—，止也。〔廣韻·仙部〕又〔慧琳音義·卷六〇〕引〔考聲〕。又〔通鑑·周紀一〕「智伯不—」音注。○—，改也。〔廣韻·仙部〕又〔通鑑·周紀一〕音注。又〔唐紀六二〕音注。○—，覺也。〔慧琳音義·卷六〇〕引〔考聲〕。○—，亦浚也。〔廣雅·釋詁二〕「—，敬也」疏證。○恮與—通，—亦浚也。（同上）○—，叚借為恮。〔說文定聲·卷一五〕○—，叚借為銓。（同上）○—與竣亦聲近義同。〔廣雅·釋詁三〕「竣，止也」疏證。○恂恂、——，並聲近而義同。〔釋詁一〕「—，敬也」疏證。○—，義與恮同。〔釋詁四〕「恮，懂也」疏證。○—、逡字同。〔左傳哀公三年〕「外內以—」洪詁。○—與浚同。〔方言六〕「浚，敬也」箋疏。

**荃**　芥莖葉根為—也。〔說文〕「—，芥脃也」義證。○—，香草。〔廣韻·仙部〕○—亦香草也。〔說文〕「荃，芥脃也」繫傳。○—與蓀同，香草。〔離騷〕「—不察余之中情兮」補注。○蕉竹之屬皆—也。〔漢書·江都易王傳〕「繇王閩侯亦遺建—、葛」補注引〔廣東新語〕。○—即絟也。〔通雅·卷三七〕○—，靈脩相謂之美稱。〔屈賦·離騷〕「—不察予之中情兮」戴注。○〔說文定聲·卷一四〕—，叚借為絟。〔漢書·江都易王非傳〕「亦遺建—葛」。○—與蓀同。〔文選·離騷經〕集釋引洪慶善。○〔說文定聲·卷一四〕—，亦作筌。〔吳都賦〕「筌魱鱈」。○〔通雅·卷三四〕舊註楚人結草折竹以卜曰—。〔楚辭〕「索瓊茅以筳—」。

**篿**　○—又作榑。〔說文〕「—，圜竹器也」義證。○—，字或作篅。（同上）

**遄**　—猶摶也，駛易也。〔說文〕「—，往來數也」繫傳。○—，速也。〔詩·相鼠〕「胡不—死」朱傳。又〔崧高〕「式—其行」朱傳。又〔廣韻·仙部〕。○—，疾。〔詩·泉水〕「—臻于衛」朱傳。又〔巧言〕「亂庶—沮」朱傳。○—，疾也。〔廣韻·仙部〕○—，通作顓。〔釋詁〕「—，疾也」郝疏。

**卷**　—，曲也。〔詩·卷阿〕「有—者阿」朱傳。○—有曲義。〔詩·民勞〕「以謹繾綣」後箋。○—引申為凡曲之稱。〔詩·卷阿〕「有—者阿」通釋。○—阿，曲阿也。〔說文〕「—，膝曲也」繫傳。○其書于帛可捲者謂之—。〔說文定聲·卷一六〕（〔篇〕下）○—，區也。〔中庸〕「一—石之多」朱注。○—，鬈髮之美也。〔詩·澤陂〕「碩大且—」朱傳。○—髮，鬢旁短髮不可斂者，曲上—然以為飾也。〔詩·都人士〕「—髮如蠆」朱傳。○—，齊人曰武，秦人曰委。〔說文定聲·卷二〕（〔紘〕下）○—，冠武也。〔通鑑·齊紀二〕「巾—在庭」音注。○——猶拳拳也。〔通雅·卷九〕○—然猶云拳拳然也。〔禮記·檀弓〕「執女手之—然」平議。○——，猶眷戀也。〔通鑑·漢紀二八〕「而元后——猶握一璽」音注。○—栢，陸台也，即長生不死草。〔通雅·四二〕○—章為顓頊之子。〔史記·楚世家〕「稱生—章」志疑。○—與韏通。〔廣雅·釋詁四〕「銋，韏也」疏證。○—、眷、綣，並通。〔釋器〕「綣，幘也」疏證。○〔說文定聲·卷一四〕—，叚借為券。〔法言〕「——之書」。○（同上）—，叚借為鬈。〔詩·澤陂〕「碩大且—」。○（同上）—，叚借為拳。〔禮記·檀弓〕「執女手之—然」。○（同上）—，或曰借為拳。〔禮記·檀弓〕「——石之多」。○（同上）—，叚借為券或為眷，猶勞勞勤勤也。〔漢書·賈捐之傳〕「敢昧死竭——」。○（同上）—，叚借為圈。〔禮記·中庸〕「——石之多」。○—音權。〔詩·澤陂〕「碩大且—」朱傳。又〔都人士〕「—髮如蠆」朱傳。○—當讀為圈。〔管子·內業〕「中有—城」平議。○—與頍，一聲之轉也。〔廣雅·釋器〕「綣，幘也」疏證。○—與桊聲近義同。（同上）「桊謂之纕」疏證。○婘、鬈、—，義並相近也。〔釋詁一〕「婘，好也」疏證。○惓惓、——、拳拳，並字異而義同。〔廣雅·釋訓〕「拳拳，愛也」疏證。○〔說文定聲·卷一四〕—又為鬈。〔陳風〕「碩大且—」。○—，一本作婘，好也。〔詩·澤陂〕「碩大且—」後箋。○〔說文定聲·卷一四〕—，字亦作啳。〔淮南·脩務〕「啳脥哆嗚」。○（同上）—，字亦作埢。〔甘泉賦〕「單埢垣兮」。

**顴**　—，頰骨。〔廣韻·仙部〕○—，鼻左右高處也。〔太素·熱病說〕「大—發赤」楊注。○—，字通作權。〔廣雅·釋親〕「—，頔也」疏證。

**鬈**　—，髮好也。〔廣韻·仙部〕○—，髮柔好也。〔說文〕「—，髮好也」繫傳。○—，鬚鬢好貌。〔詩·盧令〕「其人美且—」朱傳。○—，胡人髮也。〔廣韻·仙部〕○—，引伸為凡好之偁。〔說文〕「—，髮好也」段注。○—與婘義亦相近。〔詩·還〕「揖我謂我儇兮」韓詩作「婘」述聞。○婘、—、卷，義並相近也。〔廣雅·釋詁一〕「婘，好也」疏證。

**孿**　—，綴也。〔說文〕「—，係也」義證引〔玉篇〕。○—，—綴。〔廣韻·仙部〕○凡拘牽連繫者皆曰—。〔易·中孚〕「有孚—如」李疏。○—者，係而引之，其義近擢。〔說文〕「—，係也」段注。○—，拘也。〔慧琳音義·卷六九〕引〔考聲〕。○—，牽縮也。〔通鑑·漢紀五四〕「遂稱脚—」音注。○—，手足屈弱病也。〔慧琳音義·卷二〕引〔考聲〕。○—躄，手足屈弱病也。〔卷一三〕○—，手足筋急拘束，不能行步申縮也。〔卷六〇〕引〔韻英〕。○—夷，即留夷，—，留聲之轉也。〔廣雅·釋草〕「—夷，芍藥也」疏證。○〔說文定聲·卷一四〕—，叚借為孌。〔漢書·外戚傳〕「上所以——顧念我者」。○—，正體作癵。〔慧琳音義·卷六〇〕引〔韻英〕。

**棬**丨，屈木盂也。〔國策・秦策〕「桑户丨樞之士耳」鮑注。又〔說文〕「𧯷，豆屬」義證引〔玉篇〕。○丨，器似升，屈木作。〔廣韻・仙部〕○丨，器似斗，屈竹為之。〔續音義・卷九〕引〔切韻〕。○丨與桊同。〔廣雅・釋器〕疏證。○丨丨，〔莊子・讓王篇〕作捲捲。〔呂覽・離俗〕「丨丨乎后之為人也」校正。○丨者，桊之譌。〔說文〕「桊，牛鼻環也」段注。

**䀇**丨，盌也。〔廣韻・仙部〕○盎、棬、圈並與丨通。〔方言五〕「盂，海岱東齊北燕之閒或謂之丨」箋疏。

**燀**丨，火起皃。〔廣韻・仙部〕

**戔**丨，一曰顯見皃。〔集韻・先部〕○丨丨，猥積皃。（同上）○丨丨，委積之貌。〔易・賁〕「束帛丨丨」李疏引虞注。○丨丨，禮之多也。（同上）李疏引薛注。○丨丨為過儉是也。（同上）李疏引王弼注。○丨丨、淺淺、諓諓即戔戔，亦即捷捷。〔方言一〕箋疏。○丨通作殘。〔易・賁〕「束帛丨丨」李疏。○〔說文定聲・卷一四〕丨，叚借為殘。〔考工・鮑人〕注「讀為羊猪丨之丨」。○戔戔、諓諓、丨丨、淺淺，並字異而義同。〔廣雅・釋訓〕「諓諓，善也」疏證。○丨即殘字之古文。〔說文定聲・卷一四〕○丨丨，〔子夏傳〕作殘殘。〔易・賁〕「束帛丨丨」李疏。

**豜**丨，三歲豕。〔詩・七月〕「獻丨于公」朱傳。○丨，大豕也，一曰豕三歲。〔廣韻・先部〕○丨之言堅，謂堅彊有力也。〔釋獸〕「絕有力，丨」郝疏。○〔說文定聲・卷一四〕丨，叚借為麉。〔釋獸〕「麉，絕有力，丨」。〔說文定聲・卷一四〕丨，毛本以肩為之。〔詩・還〕「並驅從兩丨兮」。○丨肩一物，丨本字，肩假借也。〔說文〕「丨，三歲豕」段注。○今〔詩〕丨作肩。〔說文〕「詩曰並驅從兩丨兮」段注。

**猏**丨，豜俗字。〔廣韻・先部〕

**豣**丨，獸三歲曰丨。〔詩・還〕「並驅從兩丨兮」集疏引魯說。○丨，同豜。〔廣韻・先部〕

**幵**丨，凡岐頭兩平曰丨。〔說文〕「丨，平也」段注。○安定涇陽有丨頭山，在今甘肅平涼府，一名空同山。〔說文定聲・卷一四〕○丨，即岍字，山名，吳嶽也。（同上）○丨，在今陝西鳳翔府隴州南，汧水出焉。（同上）○丨頭或作笄頭，又作雞頭。〔廣雅・釋山〕「薄落謂之丨頭」疏證。○丨，〔括地志〕作笄，〔輿地志〕作雞。〔說文〕「涇，水出安定涇陽丨頭山」義證。○丨頭山亦作笄頭山，〔始皇紀〕作雞頭山，在今平涼府西南四十里。（同上）段注。

**祆**丨，胡謂神為丨。〔集韻・先部〕○祅常為丨。〔說文〕「祅，地反物為祅也」義證引孔臧〔鴞賦〕。○胡神官品令有丨正。〔廣韻・先部〕○丨神，即夷稱天神也。〔通雅・卷一二〕

**蜎**丨，井中小蛣蟩赤蟲也，一名孑孓。〔釋魚〕「丨，蠉」鄭注。○丨，俗謂之水蛆。〔說文〕「丨，肙也」段注。○〔說文定聲・卷一四〕丨，所謂搖動蟲也。〔釋魚〕「丨，蠉」。（「蠉」下）○〔卷一四〕丨，蟲行貌。〔說文〕「丨，肙也」。○丨謂蟲動。〔說文〕「丨，蜎也」義證。○丨丨，動貌。〔詩・東山〕「丨丨者蠋」朱傳。○丨，飛皃也。〔慧琳音義・卷九〕○丨，蠋皃。〔廣韻・仙部〕○丨，蜀貌。〔說文〕「蜀，中象其身丨丨」義證引〔玉篇〕。○丨謂不直皃，如蜀身之丨丨然也。〔說文〕「丨，蜎也」義證引程瑤田。○丨丨，為獨行之貌。〔詩・東山〕「丨丨者蠋」通釋。○丨，丨蠉。〔廣韻・先部〕○丨蠉，井中小蟲也。〔集韻・先部〕○丨蜵，乃蟲。（同上）○〔說文定聲・卷一四〕丨，一說肙訓，借為蠉。〔說文〕「丨，肙也」。○（同上）丨，叚借為翾。〔鬼谷子〕「揣丨飛蠉動」。○（同上）丨，或以蠋，亦有肉無骨如丨也。〔詩〕「丨丨者蠋」。○翾、丨、蝖、蠉，並字異而義同。〔廣雅・釋詁三〕「翾，飛也」疏證。○丨，或作蠉。〔慧琳音義・卷九〕○丨即肙之或體。〔說文定聲・卷一四〕

**仟**丨，千人長也。〔廣韻・先部〕○丨伯，此亦田畝之丨佰耳。〔漢書・食貨志〕「有丨伯之得」補注引吳仁傑。○丨伯，官本作阡陌。〔漢書・五行志〕「京師郡國民聚會里巷丨伯」補注。○丨伯為田渠交午之稱。〔地理志〕「開丨伯」補注引錢坫。○丨眠，廣遠。〔廣韻・先部〕○丨伯，乃阡陌借字也。〔漢書・韓延壽傳〕「閭里丨伯有非常」補注。○谸、阡、丨，並字異而義同。〔廣雅・釋宮〕「谸，道也」疏證。

**湔**丨，水名。〔說文〕「崏，山在蜀丨氐西徼外」繫傳。○丨水，出今四川龍安府松潘廳至瀘州入江，即緜水，雒水也。〔說文定聲・卷一四〕○丨，洗也。〔廣韻・仙部〕○丨，亦洗也。〔通鑑・唐紀七一〕「尚書欲拯救丨洗汝曹」音注。○丨，手浣也。〔國策・楚策四〕「君獨無意丨祓僕」鮑注。○丨謂洗浣也。〔慧琳音義・卷一六〕引〔字林〕。○丨，滌也。〔通鑑・唐紀七一〕「尚書欲拯救丨洗汝曹」音注。○丨，濯也。〔說文〕「丨，一曰手瀚也」義證引〔三蒼〕。○丨，水丨也。〔說文〕「濽，污灑也」義證引〔玉篇〕。○丨，洗污衣也。〔慧琳音義・卷九二〕引〔文字集略〕。○澣衣不全濯之，僅濯其垢處曰丨。〔說文〕「一曰丨，半瀚也」段注。○丨，丨葫，藥名。〔廣韻・先部〕○丨，或借煎字。〔說文〕「丨，水出蜀郡緜虒玉壘山」義證。○〔說文定聲・卷一四〕丨，叚借為濽。〔通俗文〕「水傍沾曰丨」。○丨、濺同。〔國策・齊策三〕「臣請以臣之血丨其衽」鮑注。

**枅**丨，尾櫨也，或作椾。〔集韻・先部〕

**蚿**丨，馬丨蟲，一名百足。〔廣韻・先部〕○丨之轉聲為蜋，又轉而為蠲，為蚼，又轉而為蠸、為蚈。〔廣雅・釋蟲〕「蛆蟝，馬丨也」疏證。

**畋**丨，即獵也。〔慧琳音義・卷九〇〕○丨當訓獵也。〔說文定聲・卷一六〕○丨，取禽獸也。〔廣韻・先部〕○丨，取也。〔大戴・五帝德〕「極丨土石金玉」王詁。○丨，經典借田字。〔說文〕「丨，平田也」義證。○丨，又借佃字。（同上）○〔說文定聲・卷一六〕丨，叚借為佃。〔書・多方〕「丨爾田」。○丨，或借佃字。〔說文〕「丨，平田也」句讀。

**佃**　｜，作田。〔說文〕「｜，中也」段注引〔玉篇〕。○｜，作田也。〔廣韻·先部〕○｜，治田也。〔通鑑·晉紀二〕「吳人大｜皖城」音注。○〔說文〕畋，平田也，此當為｜字之訓。〔說文定聲·卷一六〕（「畋」下）○｜，段借為畋。〔卷一六〕

**磌**　｜，柱礎。〔廣韻·先部〕○｜之言鎮壓也。〔廣雅·釋宮〕「｜，礩也」疏證。

**蹎**　｜，｜仆。〔廣韻·先部〕○｜者，僵仆也。〔荀子·正論〕「｜跌碎折」集解引郝懿行。○｜倒字作｜。〔說文〕「｜，頂也」繫傳。○｜蹶，猶頓仆反倒也。〔慧琳音義·卷四三〕○｜，經傳皆以顛為之。〔說文定聲·卷一六〕○｜，經傳多段借顛字為之。〔說文〕「｜，跋也」段注。○｜跋，假作顛沛。〔詩·狼跋〕「狼跋其胡」通釋。

**驒**　｜，馬額白，今戴星馬。〔廣韻·先部〕

**滇**　｜，｜池，在建寧。〔廣韻·先部〕○水原廣末更狹似倒流故曰｜池。〔說文〕「｜，益州也」繫傳。○｜池讀作顛池，以顛為義。〔漢書·地理志〕「大澤在西，｜池澤在西北」補注。○｜，｜污，大水兒。〔廣韻·先部〕○｜污，水大兒。〔集韻·先部〕○｜或借顛字。〔說文〕「｜，益州池名」義證。

**汧**　｜水，出今陝西鳳翔府岍山東南，流至寶雞縣入渭。〔說文定聲·卷一四〕○｜，出不流，｜字之本義。（同上）○｜，汗池。〔文選·西都賦〕「｜涌其西」補正引〔爾雅〕注疏。○｜，凡水為所決陂障，與出而停成汙池者。（同上）○｜字或作岍。〔說文〕「｜，水出扶風｜縣西北」義證。

**胼**　｜，｜胝，皮上堅也。〔廣韻·先部〕○凡言｜胝，猶並胝耳。〔說文定聲·卷一七〕（「骿」下）○｜，骿省文从月。〔墨子·備梯〕「手足｜胝」閒詁引畢沅。

**跰**　｜，同胼。〔廣韻·先部〕○｜蹁、邊鮮並與蹁躚同。〔廣雅·釋訓〕「蹁躚，盤姍也」疏證。

**蠙**　｜，｜珠。〔廣韻·先部〕

**鼘**　｜，鼓聲。〔廣韻·先部〕○｜，通作淵。〔說文〕「｜，鼓聲也」義證。○｜｜，〔詩·小雅〕〔商頌〕作淵淵，假借字也。（同上）段注。○｜，又通作咽。（同上）義證。○｜｜，〔魯頌〕作咽咽，假借字也。（同上）段注。○｜又作鼝。（同上）義證。

**鼝**　｜｜、淵淵、鼝鼝，並字異而義同。〔廣雅·釋訓〕「｜｜，聲也」疏證。

**潺**　｜，｜湲，水流兒。〔廣韻·仙部〕○｜湲，流涕貌。〔楚辭·九辯〕「涕｜湲兮下霑軾」補注引五臣。○｜，字亦作潹。〔說文〕孱篆下讀若汝南潹水。〔說文定聲·卷一五〕

**諓**　｜，巧言也。〔集韻·先部〕又〔說文〕「｜，善言也」義證引〔玉篇〕。○｜即戔。〔說文〕「戔，賊也」段注。○｜或借翦字。〔說文〕「｜，善言也」義證。○戳戳，｜｜、戔戔、淺淺，並字異而義同。〔廣雅·釋訓〕疏證。

**蜒**　｜，蚰｜。〔廣韻·仙部〕

**孱**　｜，不肖也。〔廣韻·仙部〕○｜，偪仄之意。〔說文定聲·卷一五〕

**嬋**　｜者，蟬聯之意。〔說文〕「嬗，緩也」段注。○｜娟，好姿態兒。〔續音義·卷五〕引〔考聲〕。○｜娟，舞兒。〔卷六〕引〔切韻〕。○憂思相牽謂之｜媛，樹枝相牽亦謂之｜媛。〔廣雅·釋訓〕「撣援，牽引也」疏證。○｜連，族親也。〔楚辭·逢紛〕「惟楚懷之｜連」王注。○｜連，猶牽連。（同上）補注。○儃佪與｜媛，古聲相近也。〔廣雅·釋訓〕「撣援，牽引也」疏證。○｜字亦作嬗。〔說文〕「嬗，緩也」段注。

**儃**　｜，態也。〔廣韻·仙部〕○｜佪，不進貌。〔楚辭·惜誦〕「欲｜佪以干傺兮」補注。○｜儃，謂怠緩也。〔廣雅·釋詁〕「譠謾，緩也」疏證。○〔說文定聲·卷一四〕｜，以嬗為之，｜實與嬗同字。〔淮南·本經〕「曲拂邅回」。○｜佪與嬋媛，古聲相近也。〔廣雅·釋訓〕「撣援，牽引也」疏證。○〔通雅·卷九〕｜｜墠墠與坦坦同。〔莊子〕「｜｜然不趨」○譠謾、｜僈、誕謾，並字異而義同。〔廣雅·釋詁二〕「譠謾，緩也」疏證。○譠謾，或作｜僈。（同上）

**瑄**　｜即珣之俗字。〔說文〕「珣，讀若宣」句讀。

**儇**　｜，性戾。〔集韻·刪部〕○｜，一曰急也，此與獧音義同。〔說文〕「｜，慧也」段注。○｜、還、趨，其義皆近。（同上）○｜與儇通。〔廣雅·釋詁二〕「儇，慧也」疏證。○｜與儇通。〔淮南子·主術〕「不智而辯慧｜給則乘驥而成」雜志。

**騆**　｜，青驪曰｜，今鐵驄也。〔詩·有駜〕「駜彼乘｜」朱傳。

**瞑**　｜，城下田也。〔廣韻·仙部〕○｜，即今灘字。〔說文定聲·卷一四〕（「灘」下）○｜，字亦作堧。〔卷一四〕○｜，字亦作壖。（同上）○｜，字亦作瞤。（同上）

**攌**　｜，擩也，或从委。〔集韻·支部〕○｜，摧物也。〔廣韻·仙部〕又〔說文〕「捼，推也」義證引〔玉篇〕。○｜，與擩同。或作挼、作捼。〔通雅·卷一〕

**蝝**　｜，蝗子，一曰蟻子。〔廣韻·仙部〕○｜即蝗之小者。〔漢書·五行志〕「一曰螟始生」補注引葉德輝。○｜亦蟻類。〔漢書·五行志〕「劉歆以為｜」補注引沈欽韓。○｜為蝝子。〔公羊傳宣公一五年〕「冬，｜生」注「變蝝言｜」陳疏。○〔說文定聲·卷二〕始生曰｜。〔說文〕「螽，蝗也」。〔「螽」下〕

**漩** ｜，回｜。〔廣韻・仙部〕○｜，謂峽中回流大者。〔説文〕「｜，回泉也」段注。○｜亦借旋為之。〔説文〕「｜，回㴇也。從水旋省聲」句讀。

**璿** 美玉謂之｜。〔廣雅・釋詁一〕「嫙，好」疏證。○｜，即蚌所含珠也。〔慧琳音義・卷八七〕引顧野王。○古以｜為旋。〔説文〕「｜，美玉也」繫傳。○璇、｜、旋、琁，並字異而義同。〔廣雅・釋地〕「璇瓊，玉」疏證。

**篿** ｜，竹輿。〔廣韻・仙部〕○｜者，織竹之輿也。〔説文〕「｜，竹輿也」義證引〔急就篇〕顏注。○｜，人舁以行者，今人謂之轎。〔説文定聲・卷一六〕○｜，舉土器。〔公羊傳文公一五年〕注「筍者，竹｜」陳疏引郭璞。○〔通雅・卷三五〕｜輿，編輿也，晉以來謂之藍輿，或曰擔子，猶兜子也。〔張耳傳〕「貫高以｜輿前」。○｜與畊亦聲近義同。〔廣雅・釋器〕「畊，畚也」疏證。○〔説文定聲・卷一六〕｜，以筍為之。〔公羊傳文公一五年〕「筍將」。

**顓** ｜，謹也。〔説文〕「｜，頭｜｜謹皃」繫傳。○｜者，專也。（同上）義證引〔世本〕。○〔通雅・卷八〕｜己即專己。〔漢志〕「沛楚之失，急疾｜己」。○〔説文定聲・卷一四〕｜冢者，遲鈍曲謹之意。〔爾雅・釋天〕「太歲在乙曰旃蒙」。（「旃」下）○｜｜，狀其蠢蒙無所知識。〔漢書・賈捐之傳〕「｜｜獨居一海之中」補注。○｜頊，言能專正天之道也。〔説文〕「｜，頭｜｜謹皃」義證引〔世本〕。○｜頊者，寒縮也。〔説文〕「頊，頭項項謹皃」段注。○北海之神曰｜頊。〔楚辭・遠遊〕「從｜頊乎增冰」補注引太公〔金匱〕。○北方壬癸，其帝｜頊。（同上）補注。○亦假｜作專。〔説文〕「｜，頭｜｜謹皃」段注。○〔説文定聲・卷一四〕｜段借為嫥。〔漢書・諸侯王表〕「｜作威福」。

**篅** ｜，倉也。〔慧琳音義・卷一四〕引〔集訓〕。○｜，今江蘇謂之土簏是也。〔説文〕「｜，以判竹，圜以盛穀者」段注。○｜，蘇俗有編稻草為之者，亦謂之米囤。〔説文定聲・卷一四〕○｜衣，即今之女人所著帬是也。〔慧琳音義・卷六三〕○〔説文定聲・卷一四〕｜，段借為團。〔論衡・變動〕「果蓏之細員圌易轉」。○圌與｜同。〔廣雅・釋詁三〕「｜，圓也」疏證。○｜，正作圌。〔慧琳音義・卷一四〕引〔集訓〕。○｜，別作圌。〔説文〕「｜，以判竹，圜以盛穀者」段注。○｜，今俗作圜。〔説文〕「｜，以判竹，圜以盛穀也」繫傳。

**圌** ｜，竹倉也。〔慧琳音義・卷九〇〕引〔集訓〕。○湍與｜亦聲近義同。〔廣雅・釋詁三〕「｜，圓也」疏證。○｜，輇並音市緣反，其義一也。（同上）○｜與篅同。（同上）○｜同篅。〔廣韻・仙部〕

**跧** ｜，蹴也。〔廣韻・仙部〕○｜，屈也，伏也。（同上）○｜，屈伏也。〔説文〕「｜，一曰卑也」義證引〔類篇〕。○｜，｜伏也。〔廣韻・刪部〕

**湲** ｜，潺｜。〔廣韻・仙部〕

**褰** ｜，袴。〔詩・褰裳〕「｜裳涉溱」後箋。○｜，摳也。（同上）後箋引〔詩緝〕。○｜，摳衣也。〔慧琳音義・卷一〇〕引〔考聲〕。○｜，｜衣。〔廣韻・仙部〕○｜亦有作騫者，謂虧其下體之衣。〔説文〕「攐，摳衣也」段注。○齊魯謂袴曰｜。〔續音義・卷九〕引顧野王。○｜，揭也。〔國策・魏策四〕「必｜裳而趨大王」鮑注。○揭、｜、摳，一聲之轉，故亦並訓為舉也。〔廣雅・釋詁一〕「揭，舉也」疏證。○｜踧，猶朘縮也，今謂之揎攐。〔通雅・卷四九〕○｜與綅通。〔廣雅・釋詁三〕「綅，縮也」疏證。○｜、騫，並與搴通。〔釋詁一〕「搴，舉也」疏證。○〔説文定聲・卷一四〕｜，段借為攐。〔禮記・曲禮〕「暑無｜裳」。○經典皆段｜為攐。〔左傳昭公二五年〕「徵｜與襦」平議。○｜，俗乃假為騫衣字，而｜之本義廢矣。〔説文〕「｜，絝也」段注。○｜、𧞣、𧝝，並同。〔廣雅・釋器〕「𧝝謂之絝」疏證。○｜、𧝝並與𧞣同。〔方言四〕「袴，齊魯之間謂之𧞣」箋疏。○｜，今〔方言〕作𧞣，俗字也。〔説文〕「｜，絝也」段注。○官本｜作蹇。〔漢書・董仲舒傳〕「民日削月朘」補注。

**𧞣** ｜，齊魯言袴。〔廣韻・仙部〕○褰、｜、𧝝，並同。〔廣雅・釋器〕「𧝝謂之絝」疏證。

**搴** ｜，亦拔也。〔莊子・至樂〕「攓蓬而指之」集釋。○｜，拔取也。〔通鑑・晉紀一三〕「未必有斬將｜旗之才」音注。○｜，拔取也，南楚語。〔離騷〕「朝｜阰之木蘭兮」補注引〔説文〕。○｜、擢皆謂拔取之也。〔莊子・駢拇〕「擢德塞性」集釋。○｜者，㨜之省，又與攓通。〔文選・離騷經〕「朝｜阰之木蘭兮」集釋。○｜與攐同。〔廣雅・釋言〕「攐，摳也」疏證。○｜，㨜之或體。〔釋言〕「芼，｜也」郝疏。○攓、｜、𢶍皆㨜之或字。〔管子〕「絶芋」雜志。

**蔫** ｜，｜菸也。〔廣韻・元部〕○｜，物不鮮也。〔仙部〕○今蘇俗謂物之不鮮新者曰｜。〔説文定聲・卷一四〕○｜，䵷也。〔説文〕「｜，菸也」義證引〔玉篇〕。○｜、菸、𣨙、葾，皆一聲之轉也。〔廣雅・釋詁四〕「｜、菸、𣨙，葾也」疏證。○〔説文定聲・卷一四〕｜，以暵為之。〔詩・中谷有蓷〕「暵其溼矣」。○𣨼與｜同。〔廣雅・釋詁四〕「｜，葾也」疏證。○｜或作𣨼。〔説文〕「｜，菸也」義證。○〔説文定聲・卷一四〕｜，字又作𣨼。〔大戴・用兵〕「草木𣨼黃」。○（同上）葾即｜之別體。〔廣雅・釋詁四〕「｜，葾也」。

**𣨼** ｜讀曰蔫，菸也。〔大戴・用兵〕「草木｜黃」王詁。○｜與蔫同。〔廣雅・釋詁四〕「蔫，葾也」疏證。

**瘨** ｜，病。〔詩・雲漢〕「胡寧｜我以旱」朱傳。又〔召旻〕「｜我饑饉」朱傳。○｜，病也。〔廣韻・先部〕○｜之言顛也。〔廣雅・釋詁四〕「｜，狂也」疏證。○｜，狂。〔國策・楚策一〕「｜而殫悶」鮑注。○｜，今之顛狂字也。〔説文〕「｜，病也」段注。○｜，倒也。（同上）繫傳。○｜，字通作顛。〔廣雅・釋詁四〕「｜，狂也」疏證。○｜又通作顛。〔説文〕「｜，病也」義證。○〔説文定聲・卷一六〕｜，段借為䐜。〔説文〕「｜，一曰腹張」。○｜，義與瞋同。〔廣雅・釋詁一〕「瞋，張也」疏證。○｜與䐜、瞋字意略同。〔説文〕「｜，一曰腹張」段注。○｜俗作癲。〔説文〕「｜，病也」義證。

**癲**　丨癎，小兒瘨病也。〔慧琳音義・卷六〕引〔集訓〕。〇丨同瘨。〔廣韻・先部〕

**嫣**　丨，長皃。〔廣韻・仙部〕〇丨，好皃。(同上)〇丨即嫣也。〔通雅・卷一〇〕

**⿴行千**　丨丨，仟仟、芊芊、阡阡，並字異而義同。〔廣雅・釋訓〕「芊芊，茂也」疏證。〇丨，字亦作阡、作仟、作芊、作盰。〔說文定聲・卷一六〕

**岍**　丨，山名，在京兆。〔廣韻・先部〕〇丨，俗字，當從史公為「汧」。〔書・禹貢〕「導丨及岐」孫疏。

**緶**　丨，縫也。〔廣韻・仙部〕〇丨，交枲縫衣也。〔說文〕「丨，交枲也」義證引〔玉篇〕。

**骿**　丨，丨肋。〔廣韻・先部〕〇丨謂肋骨連合為一也。〔說文〕「丨，并脅也」繫傳。〇丨胝，蓋即累胝，重胝之義。〔漢書・司馬相如傳〕「躬傶丨胝無胈」補注。〇丨，通作駢。〔說文〕「丨，并脅也」義證。〇丨，叚借為併。〔說文定聲・卷一七〕〇丨，叚借為姘，實為幎。(同上)〇丨，字亦作胼。(同上)〇丨，〔左傳〕、〔史記〕作駢。〔說文〕「丨，丨脅、并幹也」段注。〇丨，〔論衡〕作仳。(同上)

**⿰禾肙**　丨，麥莖。〔廣韻・先部〕〇丨又作⿰麥肙。〔說文〕「丨，麥莖也」義證。〇丨，一作⿱艹⿰禾肙。(同上)段注。

**郔**　丨，當在今河南開封府鄭州。〔說文定聲・卷一四〕〇丨通作延。〔說文〕「丨，鄭地」義證。〇〔補刻石經〕及淳化本丨作延。〔左傳宣公三年〕「晉侯伐鄭及丨」洪詁。

**廯**　丨，倉廩。〔廣韻・仙部〕〇〔說文定聲・卷三〕丨即鮮字或加广耳。〔爾雅・釋言〕「㐭，丨也」。(「㐭」下)〇丨，古本當作鮮。〔說文〕「㐭，蒼黃㐭而取之」段注引臧鏞堂。

**⿰目延**　丨，相顧視也。〔廣韻・仙部〕

**驙**　白馬黑脊曰丨。〔廣韻・仙部〕〇丨，馬載重，行難。(同上)〇趁⿺走亶，駗丨，雙聲連語，即〔易〕之屯邅也。〔說文定聲・卷一四〕〇丨、⿺走亶、邅、亶，並字異而義同。〔廣雅・釋詁三〕「丨，難也」疏證。〇丨，今〔易〕作邅。〔說文〕「丨，駗丨也」繫傳。

**仚**　丨，山居長往也。〔集韻・僊部〕〇丨，輕舉也。(同上)〇丨，輕舉皃。〔廣韻・仙部〕〇丨，引伸為高舉皃。〔說文〕「丨，人在山上皃」段注。〇〔說文定聲・卷一五〕丨，叚借為䙴。鮑照〔書勢〕「鳥丨魚躍，高舉之貌」。〇屳丨一字也。〔說文〕「丨，人在山上皃」句讀。〇丨當為僊之或體。〔說文定聲・卷一五〕

**譞**　〔說文定聲・卷一四〕丨，言之慧也。〔說文〕「丨，丨慧也」。〇丨，察慧也。〔說文〕「丨，丨慧也」繫傳。〇丨，智也。〔廣韻・仙部〕〇丨與儇音義皆同。〔說文〕「丨，丨慧也」段注。〇丨與儇同。(同上)句讀。

**絟**　丨，細布。〔廣韻・仙部〕又〔集韻・薛部〕。〇丨，細布別名。〔廣韻・薛部〕〇麻布細者為丨。〔通雅・卷三七〕〇凡麻絲之細者為丨。〔本草・卷一五〕〇江南第帀之屬，皆為丨。〔說文定聲・卷一四〕〇丨，以荃為之。(同上)〇丨，或作荃。〔集韻・薛部〕

**駩**　丨，白馬黑脣。〔廣韻・仙部〕〇丨音詮。〔釋畜〕「白馬黑脣丨」鄭注。

**騡**　丨，白馬黑脣。或从全。〔集韻・僊部〕

**騝**　丨，騮馬黃脊。〔廣韻・仙部〕〇〔說文定聲・卷一四〕丨，字或以騫為之。〔釋畜〕「駵馬黃脊丨」。

**鄢**　丨即傿。〔說文〕「傿，引為賈也」義證。〇丨與郾古通。〔史記・楚世家〕志疑。〇丨陵，〔淮南・氾論訓〕作陰陵，陰、鄢聲相近。〔左傳成公一六年〕「晉楚遇於丨陵」洪詁。〇丨陵，〔漢志〕〔表〕並作傿陵，與丨同。〔史記・高祖功臣侯者年表〕「丨陵」志疑。

**籛**　丨，楚人革馬鞌鞍韉。〔廣韻・先部〕

**沺**　丨丨，本于田田。〔通雅・卷九〕

**楄**　丨，木名，食不噎。〔廣韻・先部〕〇丨者，闊也。〔說文〕「楪，丨也，楪薄也」繫傳。〇丨通作偏。〔說文〕「丨，丨部方木也」義證。〇丨當為牑。(同上)

**鋗**　丨，銅銚。〔廣韻・先部〕〇丨，釜之有鐶者。〔說文定聲・卷一四〕〇丨銚，温器也。〔通雅・卷三三〕〇〔說文定聲・卷一四〕丨，叚借為琄。〔漢書・禮樂志〕「展詩應律丨」

**焆**　丨，明也。〔廣韻・先部〕

**鱻**　丨，引申為凡物新者之偁。〔說文〕「丨，新魚精也」段注。〇衆而不變是丨也。〔說文〕「丨，新魚精也」繫傳。〇丨，通作鮮。(同上)義證。又(同上)句讀。〇〔說文定聲・卷一四〕丨，以鮮為之。〔書・益稷〕「暨益奏庶鮮食」。〇(同上)丨以新為之，凡經傳新舊字，皆丨久二字之借。〔書・盤庚〕「器非求舊惟新」。

**狿**　丨，獌丨，大獸名。〔廣韻・仙部〕

**秈**　丨，丨稻。〔廣韻・仙部〕〇今吾蘇客米謂之丨，即稴也。〔說文定聲・卷一八〕(「秔」下)〇丨亦粳屬之先熟而鮮明之者，故謂之丨。〔本草・卷二二〕〇丨即稴字。〔說文〕「稴，稻不黏者」段注。

**髯** 丨，女鬢垂皃。〔廣韻·仙部〕

**鸇** 丨，晨風鳥。〔廣韻·仙部〕〇丨，食雀者也。〔孟子·離婁上〕「為叢敺爵者，丨也」朱注。〇丨，鷂屬也。〔說文〕「丨，鸇風也」繫傳。〇丨，字亦作鸕。〔說文定聲·卷一四〕〇丨又作鸕。〔說文〕「丨，鸇風也」段注。

**鷏** 丨鸇為同字。〔國策·卷下〕「有雀生丨於城之陬」札記。

**揎** 丨，手發衣也。〔廣韻·仙部〕〇〔通雅·卷一〕古作丨，今呼拴。〔東坡詩〕「玉腕半丨雪碧袖」。

**擐** 丨，同揎。〔廣韻·仙部〕〇丨，俗又作揎。〔說文〕「纕，援臂也」段注。

**堧** 丨，江河邊地。〔廣韻·仙部〕〇丨，廟垣。（同上）〇官本丨作㮇。〔漢書·溝洫志〕「故盡河丨棄地」補注。

**璇** 北斗魁四星為丨璣。〔楚辭·怨上〕「上察兮丨璣」補注。〇丨與旋同。〔左傳文公六年〕疏證引李貽德。〇丨、璿、琁、旋，並字異而義同。〔廣雅·釋地〕「丨璜，玉」疏證。〇丨同琁，美石次玉。〔廣韻·仙部〕

**琁** 丨璣，北斗也。〔漢書·揚雄傳〕「攀丨璣而下視兮」補注引張銑。〇丨與璇同，非瓊字。〔說文〕「丨，瓊或从旋省」義證引〔玉篇〕。〇丨，今書作璿。（同上）義證。

**漩** 丨，水深。〔廣韻·仙部〕〇丨，水深皃。（同上）

**㹼** 丨，獼丨，兔走皃。〔廣韻·仙部〕〇丨，獸名，似兔。〔集韻·僊部〕

**鍵** 丨，鑰也。〔廣韻·仙部〕〇丨，其牡。〔國策·趙策三〕「納于筦丨」鮑注。〇關下牡謂之丨。〔說文〕「闔，關下牡也」段注。〇丨，門牡，所以止扉，亦謂之剡移。〔說文〕「閣，所以止扉者」段注引蔡邕〔月令章句〕。〇〔說文定聲·卷一四〕丨，叚借為楗。〔方言五〕「户鑰，自關而東，陳、楚之間謂之丨」。

**蹮** 丨，丨蹁不行。〔廣韻·仙部〕〇丨局、丨蹁，並與𨇤局同。〔廣雅·釋訓〕「𨇤局，偏跧也」疏證。

**蜷** 丨，蟲形詰屈。〔廣韻·仙部〕〇丨，蟲形詰屈也。〔離騷〕「丨局顧而不行」補注。

**阡** 三里為丨。〔廣韻·先部〕〇三里曰丨。〔通雅·卷四〇〕〇三里田為丨。〔集韻·先部〕〇丨即圩字。〔通雅·卷四〇〕

**幡** 丨，旛幟。〔廣韻·先部〕〇丨之言箋也。〔說文〕「幡，幡幟也」段注。〇丨、箋聲義亦略同。〔周禮·泉府〕「以其賈買之物楬而書之」孫正義。

**訮** 丨，怒也。〔廣韻·先部〕〇丨，訶也。（同上）〇丨，丨訶皃。（同上）〇丨，訟也。〔說文〕「丨，諍語丨丨也」義證引〔玉篇〕。〇丨，〔匡謬正俗〕所謂毆研即此。（同上）段注。

**帹** 丨，布名。〔廣韻·先部〕又〔集韻·先部〕。〇今山東登州府黃縣，古東萊郡之丨縣也。〔說文定聲·卷一六〕〇（同上）丨縣字亦作㧐，作㥉。〔說文〕「丨，丨布也」。〇丨，或作㧐。〔說文〕「丨，布出東萊」義證引〔漢志〕。〇〔續志〕〔晉書〕丨作㥉，〔廣韻〕作㧐。丨為正。〔漢書·地理志〕「丨」補注。

**鳽** 丨，鵁丨，鳥名。〔廣韻·先部〕〇丨，䴔渠，鳥名。〔廣韻·耕部〕〇丨，水鳥也，今亦謂之鵁鶄，似鳧，脚高毛冠。〔釋鳥〕「丨，鵁鶄」鄭注。〇丨者古名，鵁鶄者今名。〔說文〕「丨，鵁鶄也」段注。

**𪔵** 丨，龍鬐脊上丨丨。〔廣韻·薛部〕〇丨，龍鬐。〔集韻·屑部〕〇丨丨，龍者皃。〔說文〕「丨，龍者脊上丨丨」段注。

**胘** 丨，牛百葉。〔廣韻·先部〕〇丨，肚丨，牛百葉也。（同上）〇丨，今俗言肚丨也。〔說文〕「丨，牛百葉也」繫傳。〇〔說文定聲·卷一六〕丨，胃之厚處。〔廣雅·釋器〕「胃謂之丨」。〇丨即胃之厚處。〔說文〕「丨，牛百葉也」段注引李時珍。

**㤢** 丨，人性急也。〔說文〕「丨，恁也」段注。〇丨借弦字。〔說文〕「丨，急也」義證引趙宧光。〇〔說文定聲·卷一六〕丨，字亦作謏。〔莊子·外物〕「謀稽乎謏」。

**伭** 丨，很也。〔集韻·先部〕〇丨、㤢義略同。〔說文〕「丨，很也」段注。

**𦯎** 丨，草名。〔廣韻·先部〕

**㜣** 丨，謂婦嫠守志。〔說文定聲·卷一六〕

**婱** 丨，婦人守志。〔廣韻·先部〕

**䞁** 丨，疾走。〔廣韻·先部〕

**萹** 丨即蜀葵也。〔釋艸〕「丨，戎葵」鄭注。〇丨，芵葵也，今蜀葵。〔廣韻·先部〕〇丨音肩。〔釋艸〕「丨，戎葵」鄭注。

**麉** 丨，鹿有力。〔廣韻·先部〕〇丨，鹿之絕有力者。〔廣韻·先部〕〇丨，亦作麗。（同上）〇麗，今〔爾雅〕作丨。〔說文〕「麗，鹿之絕有力者」段注。

**鰹** 鮦大曰丨。〔廣韻·先部〕〇丨，黑魚之大者，即鱧也。〔說文定聲·卷一六〕

**楩** 丨，酸小棗。〔文選·上林賦〕「枇杷丨柿」集釋引〔說文〕。〇丨木，乃酸棗也。〔漢書·司馬相如傳〕「枇杷丨柿」補注。〇酸棗樹為丨支，單呼之則曰—。〔文選·上林賦〕集釋。○嶺外有果名—子，東坡改名海漆。〔同上〕集釋引朱氏〔翌猗覺寮雜記〕。○—，—支，香草。〔廣韻·先部〕○—之言柔也。〔說文〕「—，酸小棗」繫傳。

**嗔** —，今俗以為謓恚字。〔說文〕「—，盛氣也」段注。○—，經典借顛字。〔同上〕義證。○〔說文定聲·卷一六〕—，以顛為之。〔禮記·玉藻〕「盛氣顛實」。

**䢋** —，在今陝西西安府醴泉縣。〔說文定聲·卷一六〕

**槙** —，樹梢也。〔說文〕「—，木頂也」義證引〔玉篇〕。○—，樹杪也。〔說文〕「—，木也」繫傳。○—，木上。〔廣韻·先部〕○—，通作顛。〔說文〕「—，木頂也」義證。○—，經典皆借顛為之。〔同上〕句讀。○—，〔尚書〕作顛。〔說文〕「—，木也」繫傳。○—與顛聲義並同。〔方言六〕「—，頂上也」箋疏。○今顛行而—廢矣。〔說文〕「—，木頂也」段注。○〔說文定聲·卷一六〕—，字亦作榊。〔釋木〕「木自斃榊」。

**⿺走眞** —，走頓。〔廣韻·先部〕○—，經典借顛字。〔說文〕「—，走頓也」義證。○—，又借蹎字。〔同上〕義證。○—蹎音義同。〔同上〕段注。○—與蹎同。〔同上〕句讀。○—，又作傎。〔同上〕義證。

**驒** —，—騱，野馬。〔廣韻·先部〕○—騱，駏驉類。〔集韻·齊部〕

**雃** 〔說文定聲·卷一四〕—，雀屬，即脊令也，脊令者，精列之翻語。〔說文〕「—，石鳥，一名雝𪄠，一曰精列」。

**揅** 以手曰—摩。〔說文定聲·卷一四〕〔「研」下〕○—，挈破。〔廣韻·先部〕○〔說文定聲·卷一四〕—，叚借為研。〔廣雅·釋詁三〕「—，磨也」。○研與—同。〔廣雅·釋詁三〕「—，磨也」疏證。又〔廣雅·釋言〕「挈，—也」疏證。

**矏** —，密緻兒。〔廣韻·仙部〕○—，引申為凡密之偁也。〔說文〕「—，目旁薄緻宀宀也」段注。○—，今人云眼瞼單也。〔同上〕繫傳。○—蓋即〔方言〕之顯。〔說文〕「—，目旁薄緻宀宀也」段注。○〔說文定聲·卷一四〕—，或曰字亦作矊。〔楚辭·招魂〕「遺視矊些」。

**⿱髟臱** —，燒煙畫眉。〔廣韻·先部〕

**⿱宀臱** —，不見。〔廣韻·先部〕○臱，宀宀不見也，即—字之解。〔說文定聲·卷一四〕〔「臱」下〕○—，室中無人也。〔說文〕「—，—不見也」繫傳。○—者臱之絫增也。〔同上〕句讀。○—與臱音義皆同。〔說文〕「—，—不見也」段注。○——當作宀宀。〔說文〕「—，——不見也」義證。

**蹁** —，行不正兒。〔廣韻·先部〕○—躚言足不正也。〔說文〕「—，足不正也」繫傳。○—躚，盤姍，此疊韻之相近者，皆行不正之貌也。〔廣雅·釋訓〕「—躚，盤姍也」疏證。○—躚，蹣跚也。〔說文〕「—，拖後足馬」義證引〔玉篇〕。○—，—躚，旋行兒。〔廣韻·先部〕○—躚，亦旋行也。〔慧琳音義·卷五二〕

**弲** —，角弓也。〔集韻·僊部〕○—，角弓兒。〔廣韻·仙部〕○—，弓勢。〔先部〕○—蓋即卷字。〔說文〕「—，角弓也」句讀。○—，字或作卷。〔同上〕義證。

**剈** —，剜也。〔說文〕「—，挑取也」義證引〔玉篇〕。○—，今俗之剜。〔同上〕段注。○—亦剜也，語有侈斂耳。〔廣雅·釋詁四〕「—，剜也」疏證。○—，曲翦。〔廣韻·先部〕

**⿺辶⿱山山** —，行兒。〔廣韻·先部〕

**雥** —，鳥羣。〔廣韻·先部〕

**縺** —，—縷，不解。〔集韻·僊部〕○—，—縷，寒具。〔廣韻·先部〕

**⿰車甸** —，——，衆車聲。〔廣韻·先部〕○——，衆車聲也。〔詩·采芑〕「振旅——」集疏引齊說。○車聲謂之——。〔廣雅·釋訓〕「闐闐，聲也」疏證。○——與闐通。〔文選·魏都賦〕「振旅——」集釋。○⿰車眞亦作—。〔說文定聲·卷一六〕〔「⿰車眞」下〕○—，古字作軥，今字作—，〔玉篇〕作輷。〔文選·魏都賦〕集釋引段氏。

**鷏** —，蚊母鳥也。〔廣韻·先部〕

**搷** —，擊也。〔廣韻·先部〕又〔集韻·先部〕。○—，揚也。〔同上〕○—，引也。〔同上〕

**𠑉** —，倒也。〔廣韻·先部〕○—，—隕也。〔同上〕○—，通作顛。〔廣雅·釋言〕「—，倒也」疏證。

**傎** —，倒也。〔說文〕「⿺走眞，走頓也」義證引〔龍龕手鑑〕。○—，亦倒也。〔慧琳音義·卷一四〕引〔考聲〕。○—，隕也。〔說文〕「⿺走眞，走頓也」義證引〔龍龕手鑑〕。○—同𠑉。〔廣韻·先部〕

**縴** —，—縓，惡絮。〔廣韻·先部〕又〔集韻·先部〕。○—縓，惡絮是也。〔說文〕「繫，繫縓也」段注。

**蚈** —，螢火。〔廣韻·先部〕○—，讀如蹊徑之蹊。〔周書〕「腐草化為螢」雜志。○—聲與圭亦相近，即蠲之或體也。〔同上〕○〔月令〕作腐草為螢，此書舊本作腐草化為螢—。〔呂覽·季夏〕「腐草化為—」校正。

堅 ｜，固也。〔廣韻·先部〕又〔墨子·迎敵祠〕「｜緯」閒詁引蘇時學。○｜，厚也。〔廣韻·先部〕○｜，引也。〔屈賦·離騷〕「｜木根以結茝兮」戴注。○｜，持也。〔廣韻·先部〕○｜，俗作牽。〔慧琳音義·卷三〕

聤 ｜為視聽之聽。〔廣雅·釋詁四〕「聤，聽也」疏證。○｜，行而上聽。〔集韻·青部〕

瓳 ｜，黃瓜名。〔廣韻·先部〕

賆 ｜，益也。〔廣韻·先部〕○｜者，增多之意，故為益也。〔廣雅·釋詁二〕「｜，益也」疏證。○駢與｜通。（同上）

鞙 ｜，馬勒。〔集韻·先部〕○｜，魯作琄，齊、韓作絹。〔詩·大東〕「｜｜佩璲」集疏。

圎 ｜，規也。〔廣韻·仙部〕○｜，規也。所以為圓。〔說文〕「｜，規也」義證引〔古文苑〕注。○｜，圓也。〔廣雅·釋詁三〕疏證。○｜，小圜也。〔說文〕「｜，規也」繫傳。○規圓之器曰｜。〔說文定聲·卷一四〕○｜之言旋也。〔廣雅·釋詁三〕「｜，圓也」疏證。○｜，今人言用娟娟義出此。〔說文〕「｜，規也」繫傳。○｜通作捐。（同上）義證。○｜音旋。（同上）義證引〔古文苑〕注。○｜，字亦作园。〔說文定聲·卷一四〕○｜，今俗以圈為之。（同上）

梋 ｜，椀屬。〔廣韻·先部〕○車轗謂之｜。〔集韻·僊部〕○捐與｜亦同義。〔廣雅·釋詁三〕「圎，圓也」疏證。

矎 ｜，直視。〔廣韻·先部〕○｜與夐同。〔廣雅·釋訓〕「夐夐，視也」疏證。

甂 ｜，小盆。〔廣韻·先部〕○｜，有觜小瓮也。〔慧琳音義·卷八五〕引〔考聲〕。○｜，似瓮而小。（同上）○〔通雅·卷三四〕｜甌，指小｜盆。〔淮南〕曰「狗彘不擇｜甌」。

蝙 ｜蝠，今亦謂之｜蝠，鼠所化，故又名仙鼠。〔釋鳥〕「｜蝠，服翼」郝注。○｜，｜蝠，仙鼠，又名伏翼。〔廣韻·先部〕○今登州謂｜蝠為螌蚨，語聲之轉耳。〔釋鳥〕郝疏。○｜蝠，亦曰服翼，曰飛鼠，曰蟙䘃。〔說文定聲·卷一六〕

猵 ｜，獺屬。〔廣韻·先部〕○｜，如小狗，故从犬。〔說文定聲·卷一六〕○｜狙似猨而狗頭，食獼猴。〔莊子·齊物論〕「猨｜狙以為雌」集釋。○｜俗作獱。〔說文〕「｜，獺屬」繫傳。

萹 ｜，｜竹草。〔廣韻·先部〕○｜，｜竹，艸名。〔集韻·先部〕○｜，亦呼為｜竹。〔楚辭·思美人〕「解｜薄與雜菜兮」補注引〔本草〕。○｜，｜茿，可食。〔廣韻·仙部〕○｜，蒲類。〔釋艸〕「｜，苻止」郝注。○｜蓄，艸木動皃。〔集韻·先部〕○｜薄，謂｜蓄之成叢者。〔楚辭·思美人〕「解｜薄與雜菜兮」補注。

牑 ｜，牀上版也。〔廣韻·先部〕○牀版謂之｜，簡謂之編，其義一也。〔廣雅·釋器〕「｜，版也」疏證。○｜與楄可通借。〔說文〕「｜，牀版也」句讀。

𧼮 ｜，走頓也。〔說文〕「｜，走意」義證引〔類篇〕。

⿱𦥑⿱囟㔾 ｜，同遷。〔廣韻·仙部〕○｜即䙴之或體。〔說文〕「舁與䙴同意」段注。

䙴 〔說文定聲·卷一五〕｜，段借為遷。〔廣雅·釋言〕「䙴，遷也」。○｜，此與遷、揭音義同。〔說文〕「｜，升高也」段注。○｜即〔左傳〕堙之環城之堙，此其本字也。〔說文定聲·卷一五〕○｜，字亦作畁。（同上）引〔三國志·孫休傳〕注。

肰 ｜，犬肉。〔廣韻·仙部〕○｜，犬肉也。〔說文〕「猒，飽也」繫傳。○｜音然。（同上）又〔說文〕「然，燒也」繫傳。

繎 ｜，絲勞皃。〔廣韻·仙部〕○｜｜，絲難理。（同上）○｜，〔說文〕「絲勞」，一曰紅色。〔集韻·僊部〕○〔說文定聲·卷一四〕｜與紿同誼。〔廣韻〕「絲勞貌」。

⿱艹難 ｜，草名。〔廣韻·仙部〕○｜、蘸並同。〔廣雅·釋詁二〕「｜，爇也」疏證。○｜即蘸字之或體。〔說文定聲·卷一四〕○｜，當作蘸。〔說文〕「｜，從艸難」義證。

蘸 ｜，諸書省艸作難。〔說文〕「蘸，從艸難」義證。

⿰衤延 ｜，車韞｜。〔說文〕「｜，車温也」義證引〔玉篇〕。○｜，當作車温｜。〔說文〕「｜，車温也」段注。○｜謂車蔽。〔說文定聲·卷一四〕○｜，帑｜，牛領上衣。〔廣韻·仙部〕

⿺走亶 ｜，移也。〔廣韻·仙部〕○｜，同行難也。（同上）○｜，段借為儃。〔說文定聲·卷一四〕○驙、｜、邅、亶，並字異而義同。〔廣雅·釋詁三〕「驙，難也」疏證。○｜，字亦作邅，實與儃同字。〔說文定聲·卷一四〕

脠 ｜，生肉醬。〔廣韻·仙部〕○｜，魚醢也。（同上）○｜字或作鯅。〔說文〕「｜，生肉醬也」義證。○〔說文定聲·卷一四〕｜，字亦作脡。〔釋名〕「生｜以一分膾二分細切合和挻攪之也」。○｜，此字從延，非從延也。〔說文〕「｜，生肉醬也」段注。

畁 ｜，吳王次子名。〔廣韻·先部〕

盷 ｜，目大皃。〔廣韻·先部〕

⿰辛毛 ｜，｜毽罽。〔廣韻·仙部〕

**蓒**　丨，茂兒。〔集韻・清部〕

**𪆵**　丨丨，江湘間人謂額也。〔廣韻・仙部〕

**鏈**　丨，鉛礦。〔廣韻・仙部〕〇丨通作連。〔廣雅・釋器〕「鉛礦謂之丨」疏證。〇〔説文定聲・卷一四〕丨，以連為之。〔漢書・食貨志〕「殺以連錫」。

**磾**　丨同鏈。〔廣韻・仙部〕

**㢟**　〔魏志〕「峻㢟下獄」㢟即丨字也。〔説文〕「丨，安步丨丨也」段注。

**撣**　丨丨，援，牽引。〔廣韻・仙部〕〇丨之言蟬連，憂思相牽引之貌也。〔廣雅・釋訓〕「丨援，牽引也」疏證。〇丨，舊本作禪。〔漢書・匈奴傳〕「遣子右於涂仇丨王烏夷當入侍」補注引宋祁。

**翾**　丨，飛兒。〔廣韻・仙部〕〇丨亦騫也。〔廣雅・釋詁三〕「丨，飛也」疏證。〇丨、企並音許延反，義相近也。（同上）

**𪅻**　丨，翻也。〔慧琳音義・卷六三〕引〔文字典説〕。〇丨翩，飛相及兒。〔廣韻・仙部〕〇丨翩，即鄰翁之轉也。〔廣雅・釋詁三〕「丨，飛也」疏證。

**鰱**　丨，魚名。〔廣韻・仙部〕〇丨魚，色白，其微黑者謂之鰫。〔説文定聲・卷一四〕

**遳**　丨，心悲而泣下也。〔説文〕「丨，泣下也」繫傳。〇丨，經典借漣字。（同上）義證。又（同上）句讀。〇丨，今〔易〕作連。（同上）繫傳。〇〔説文定聲・卷一四〕丨，以瀾為之。〔易・屯〕「泣涕丨如」。〇〔易・屯〕「泣涕丨如」今作泣血漣如。〔説文定聲・卷一四〕〇〔易〕作泣血漣如。〔説文〕「易曰泣涕丨如」段注。

**𤃬**　丨，水名，出王屋山。〔廣韻・仙部〕〇丨亦沇也。〔通雅・卷一六〕〇丨水即沇水。（同上）〇丨音輦。（同上）

**媥**　丨，身輕便兒。〔廣韻・仙部〕〇丨之言翩也。〔廣雅・釋詁三〕「丨，輕也」疏證。〇丨姺即蹁躚。〔漢書・司馬相如傳〕「便姍嫳屑」補注。

**㾫**　丨，身枯。〔廣韻・仙部〕〇丨之言偏也。〔説文〕「丨，半枯也」段注。〇丨謂氣偏有所不至也。〔説文〕「㾫，丨病也」繫傳。〇〔説文定聲・卷一六〕丨以扁為之。〔尚書大傳〕「禹其跳，湯扁」。〇丨，羣書皆作偏。〔説文〕「丨，半枯也」句讀。

**諞**　丨，巧言。〔廣韻・仙部〕〇丨，辯佞之言。〔集韻・僊部〕〇丨通作便。〔説文〕「丨，便巧言也」句讀。〇〔説文定聲・卷一六〕丨，今本以便為之。〔論語〕「友丨佞」。〇丨聲與戔、諓亦相近。〔書・秦誓〕注「丨一作𧩨，又作諓」孫疏。〇〔通雅・卷一〇〕丨即辨字。〔書〕「截截善丨言」。〇丨亦省作扁。〔説文〕「丨，便巧言也」句讀。〇丨，今〔論語〕作便。〔説文〕「丨，便巧言也」繫傳。〇丨，所據古文又作偏也。〔書・秦誓〕注馬融「丨偏」孫疏。〇〔公羊傳〕丨作𧩨。〔書・秦誓〕注「丨一作𧩨」孫疏。

**蝒**　丨，馬蜩也。〔廣雅・釋蟲〕疏證。〇丨與蚵同。〔説文〕「丨，馬蜩也」義證。〇丨，字亦作𧓕。〔説文定聲・卷一四〕〇丨，馬蜩，蟬中最大。〔廣韻・仙部〕

**蚵**　丨同蝒。〔廣韻・仙部〕〇丨，此〔爾雅〕之蜓蚞，螇螰也。〔説文定聲・卷一六〕〇丨蚗，各本皆作蚒蚗。〔説文〕「丨，丨蚗，蟬屬」段注。

**宀**　丨，深屋。〔廣韻・仙部〕又〔説文繫傳・通論上〕。〇丨丨猶緜緜。〔釋言〕「𢉖，密也」郝疏。

**𦤶**　丨，字亦作𦤭。〔説文定聲・卷一四〕

**𦣞**　丨，視遠之兒。〔廣韻・仙部〕

**檈**　丨，圜案。〔廣韻・仙部〕〇圜者曰丨。〔説文定聲・卷一四〕〔「案」下〕

**櫰**　丨，〔爾雅〕只作還。〔説文定聲・卷一四〕〇丨，〔爾雅〕不從木。〔説文〕「丨，丨味稔棗」繫傳。

**嬛**　丨，好兒。〔説文〕「丨，好也」義證引〔玉篇〕。又（同上）段注。〇丨與旋通。〔方言六〕「摳揄旋也」箋疏。〇丨，通作還。〔説文〕「丨，好也」義證。〇丨、還，字異而義同。〔廣雅・釋詁一〕「丨，好也」疏證。〇丨，同璇。〔廣韻・仙部〕

**璇**　丨，好兒。〔廣韻・仙部〕

**嫙**　丨，娥眉兒。〔廣韻・仙部〕〇丨，美女也。〔説文〕「丨，好也」義證引〔玉篇〕。〇丨丨，容也。〔廣雅・釋訓〕疏證。〇〔通雅・卷九〕丨丨即媛媛，以二目斜視也。〔相如賦〕「柔撓丨丨」。〇丨，讀若潤。〔説文〕「丨，好也」義證。〇丨，讀若娟。〔漢書・司馬相如傳〕「柔橈丨丨」補注。〇丨即娟字也。〔廣雅・釋詁一〕「丨，好也」疏證。〇丨，今人所書娟字也。〔説文〕「丨，好也」繫傳。〇今人所用娟字當即丨。〔説文〕「丨，好也」段注。〇〔説文定聲・卷一四〕丨字亦作娟。〔魯靈光殿賦〕「旋室嫙娟以窈窕」。〇（同上）丨，字亦作婘、作嬽。〔廣雅・釋詁一〕「婘、嬽，好也」。〇丨，〔史記〕作嬛嬛。〔説文〕「丨，好也」段注。〇丨，今〔文選〕譌作嫚嫚。（同上）〇嫚嫚、嬛嬛皆借字之誤。〔漢書・司馬相如傳〕「柔橈丨丨」補注。

**矊**　丨，瞳子黑。〔廣韻・仙部〕〇丨，目中瞳子。〔楚辭・招魂〕「遺視丨些」補注引五臣。〇丨丨，眇，遠視。〔廣韻・仙部〕〇丨與緜同義。〔漢書〕「緜藐」雜志。〇丨又作矏。〔方言二〕注「言丨邈也」疏證。

**𩕳**　丨，雙生。〔廣韻・仙部〕〇丨之言聯緜也。〔廣雅・釋詁三〕「丨，孿也」疏證。

**𥇒**　丨，目眇視兒。〔廣韻・仙部〕

**愃** 丨，吳人語快。〔廣韻·仙部〕○丨、喧並通。〔方言二〕注「今江東人呼快為丨」箋疏。○丨，〔毛詩〕作咺，〔韓詩〕作宣。〔説文〕「丨，詩曰赫兮丨兮」段注。

**剶** 丨，刓也。〔廣韻·仙部〕○丨，削也，或从全。〔集韻·仙部〕

**釗** 丨，剔也。〔廣韻·仙部〕

**櫞** 丨，枸丨，樹皮可作粽。〔廣韻·仙部〕

**⿷匚占** ○丨，漉米竹器。〔廣韻·仙部〕○淅籤即淅籅之轉，雙聲之相近者也，急言之則為丨。〔方言五〕「炊籅，或謂之丨」注「江東呼為淅籤」箋疏。○丨之言浚也。〔廣雅·釋器〕「丨，籅也」疏證。

**⿷匚至** 丨，箕也。〔集韻·僊部〕

**膞** 丨，鳥胃也。〔廣韻·仙部〕○〔説文定聲·卷一四〕丨，段借為輇。〔考工·旊人〕「器中丨，丨崇四尺，方四寸」。○丨乃端之段字。〔太玄·元文〕「福則有丨」平議。

**鱄** 丨，魚名。〔廣韻·仙部〕○〔説文定聲·卷一四〕丨設諸，亦作專諸，剸諸。〔左傳昭公二〇年〕「乃見丨設諸焉」。○丨設諸，〔公羊〕、〔史記〕、〔吳越春秋〕並作專諸。〔左傳昭公二〇年〕「乃見丨設諸焉」洪詁。

**輲** 丨者，車之名。〔説文〕「輪，有輻曰輪，無幅曰輇」段注引戴震。○丨，無輪車名。〔廣韻·仙部〕○輇同丨。（同上）○丨，惴惴、慱慱，並與耑聲近義同。〔廣雅·釋詁二〕「耑，小也」疏證。

**椯** 丨，木名。〔廣韻·仙部〕○丨即⿰角耑也。〔説文〕「⿰角耑，小卮也」句讀。○揣與丨聲義同也。〔廣雅·釋詁三〕「揣，除也」疏證。

**歂** 丨，讀為端。〔春秋名字解詁〕「鄭駟丨字子然」述聞。

**恮** 丨，謹皃。〔廣韻·仙部〕○丨，懂也。〔集韻·僊部〕○丨，曲卷也。〔廣韻·仙部〕○丨與悛通，悛亦浚也。〔廣雅·釋詁一〕「悛，敬也」疏證。

**譔** 丨，專教也。〔説文·叙〕「稽丨其説」段注。○丨，善言。〔廣韻·仙部〕○〔説文定聲·卷一四〕丨，段借為巽。〔楚辭·大招〕「聽歌丨只」。○丨，音與詮同。〔説文·叙〕「稽丨其説」段注。

**鐉** 丨，所以鉤門户樞也。〔集韻·僊部〕○〔説文定聲·卷一四〕丨，段借為鍰，實為鋝。〔尚書大傳〕「死罪罰二千丨」。

**嫥** 丨，可愛之皃。〔廣韻·仙部〕又〔説文〕「丨，一曰女丨丨」義證引〔玉篇〕。○丨，嫩也。（同上）義證引〔五音集韻〕。○丨，經典通用專。〔説文〕「丨，壹也」義證。○丨，經傳皆以專為之。〔説文定聲·卷一四〕○丨，段借為摶。（同上）

**鄟** 〔釋文〕丨，本又作甎，〔説苑〕亦同。〔左傳定公八年〕「晉師將盟衛侯于丨澤」洪詁。

**輇** 丨者，輪之名。〔説文〕「輪，有輻曰輪，無幅曰丨」段注引戴震。○腞讀為丨，謂載柩車也。〔莊子·達生〕「死得於腞楯之上」集釋引王念孫。○〔説文定聲·卷一四〕借丨為棧也。〔禮記·喪大記〕注「丨車，柩車也」。○（同上）丨，段借為遄。〔穆天子傳〕「是曰壺輲」。○（同上）丨，段借為銓。〔莊子·外物〕「後世丨人諷説之徒」。○圌、丨並音市緣反，其義一也。〔廣雅·釋詁三〕「圌，圓也」疏證。○丨，同輲。〔廣韻·仙部〕

**栓** 丨，木丁也。〔廣韻·仙部〕

**鰬** 丨，魚名。〔廣韻·仙部〕

**辛** 丨，罪也。〔集韻·山部〕○丨，愆也。〔説文繫傳·通論下〕○丨音愆。〔説文〕「丨，辠也」義證引〔五經文字〕。○丨，愆字也。〔説文繫傳·通論中〕○丨，古文愆。〔廣韻·仙部〕

**⿺走虔** 丨，蹇足跟也。〔廣韻·仙部〕○丨蹇，行皃。〔集韻·山部〕

**攐** 丨，縮也。〔廣韻·仙部〕○丨，通作褰。〔説文〕「丨，摳衣也」義證。○丨，經傳皆以褰為之。〔説文定聲·卷一四〕

**觠** 丨，曲角。〔廣韻·仙部〕○丨，曲角也。〔通鑑·梁紀一四〕「丨牸牛犢」音注。○丨有權、捲二音，通作卷，皆謂屈曲也。〔廣雅·釋詁二〕「丨，曲也」疏證。○攓與丨通。〔廣雅·釋訓〕「丨局，傗跧也」疏證。○丨，或曰借為卷，為眷，為攓。〔説文定聲·卷一四〕○丨，字作蜷，作踡。（同上）

**揵** 丨，舉也。〔廣韻·仙部〕○丨槌，警衆之木。〔慧琳音義·卷八〇〕○丨搥，梵語，即僧堂中打靜砧槌也，打鍾、擊磬、吹螺等類是也。〔慧琳音義·卷五二〕

**婘** 丨，美皃。〔廣韻·仙部〕○丨與嬽字同。〔廣雅·釋詁一〕「丨，好也」疏證。○丨、鬈、卷，義並相近也。（同上）

**嬽** 丨，同婘。〔廣韻·仙部〕

**蠸** 丨，食瓜葉，黃甲蟲。〔廣韻·仙部〕○丨，今瓜葉上黃甲小蟲。〔釋蟲〕「丨，輿父，守瓜」鄭注。○丨輿猶權輿也，物之小者亦為權輿。（同上）平議。○〔説文定聲·卷一四〕丨，借為偃鼠之偃。〔莊子·至樂〕「瞀芮生乎腐丨」。

**蠡**　｜，齒曲。〔廣韻・仙部〕

**趯**　｜，曲走皃。〔廣韻・仙部〕

**臛**　｜，｜睽，醜皃。〔廣韻・仙部〕○頦、哆、｜、啳並通。〔廣雅・釋詁二〕「｜，醜也」疏證。

**捲**　｜，謂作氣有勢也。〔説文〕「｜，氣勢也」段注。○｜，用力也。〔慧琳音義・卷四七〕引〔考聲〕。○｜，力也。〔續音義・卷九〕引〔玉篇〕。○｜，收也。〔慧琳音義・卷九九〕引〔考聲〕。○｜，｜衣也。〔説文〕「｜，一曰｜收也」義證引〔五經文字〕。○｜，即今人所用舒卷字也。（同上）段注。○｜，屈手也。〔慧琳音義・卷四七〕引〔集訓〕。○｜，即拳也。〔文選・吳都賦〕「覽將帥之拳勇」集釋引〔史記・孫子傳〕注。○〔通雅・卷七〕｜握即拳握。〔張堪傳〕「｜握之物」。○｜，通作卷。〔説文〕「｜，一曰｜收也」義證。○｜，〔論語〕段卷字為之。（同上）段注。○｜，經傳皆以卷為之。〔説文定聲・卷一四〕○｜，通作鬈，或作拳。〔説文〕「｜，气勢也」義證。○｜，通作權。（同上）義證。○｜，通作鬈、權。（同上）句讀。○｜，字或借拳。（同上）○｜，段借為拳。〔説文定聲・卷一四〕○〔通雅・卷九〕｜音權，今通用惓惓。〔讓王篇〕「｜｜乎后之為人」。○西｜，〔後漢〕因〔續志〕作西卷。〔漢書・地理志〕「西｜」補注。

**䜌**　｜，段借為亂。〔説文定聲・卷一四〕○｜，段借為蠻。（同上）○｜，段借為聯。（同上）○｜與敽同意。敽，煩也。（同上）○｜與𤔔、亂音義皆同。〔説文〕「｜，亂也」段注。○周秦之語則｜為古文欒也。〔左傳昭公二五年〕「夢大子欒即位於廟」洪詁。○｜，宋景公之名，〔左傳〕作欒，〔古今人表〕作兜欒，〔宋世家〕作頭曼。〔説文〕「｜，亂也，一曰治也」段注。

**溤**　｜水，當在今山西汾州府寧鄉縣境入河。〔説文定聲・卷一四〕

**葥**　｜，今落帚草也。〔説文〕「｜，王彗也」繫傳。○〔説文定聲・卷一四〕｜，即〔本草〕之地膚也，其子色青。〔釋草〕「葥，王蔧」。○｜，字亦作葥。〔説文定聲・卷一四〕○｜，〔釋草〕字作葥。〔説文〕「｜，王彗也」段注。

**傓**　｜即媥。〔方言一二〕「嫣娗｜也」疏證。

**詃**　｜，言急。〔集韻・先部〕

**𢎘**　｜，華盛重累也。〔説文〕「｜，草木弓盛也」繫傳。

**鄢**　｜，董遇注本作偃。〔左傳襄公二九年〕「立敬仲之曾孫｜」洪詁。

**䣺**　｜，以孔下酒也。〔説文〕「｜，䤋酒也」義證引〔玉篇〕。○｜謂涓涓而下也。（同上）段注。○｜，蘇俗所謂盄酒。〔説文定聲・卷一四〕

**肙**　蛣蟩本名｜。〔説文〕「蜎，蜎也」義證。○｜，水蟲也，今蘇俗謂之打拳蟲。揚州謂之翻跟兜蟲。〔説文定聲・卷一四〕○｜，空也。〔釋器〕「環謂之捐」郝疏。○｜，通作蜎。〔説文〕「｜，小蟲也」義證。○〔説文定聲・卷一四〕｜，段借為蠉。〔字林〕「蜎，蟲貌也」。○（同上）｜，段借為削。〔説文〕「｜，一曰空也」。○（同上）｜，故書以絹為之。〔考工・廬人〕「刺兵欲無蜎」。○捐與｜音義同。〔釋器〕「環謂之捐」郝疏。○｜，即蜎之古文。〔説文定聲・卷一四〕○｜，蜎之古文也。〔説文〕「｜，小蟲也」句讀。○｜、蜎蓋古今字。〔説文〕「蜎，｜也」段注。○｜，各本作蜎。（同上）

**唌**　｜，謾也。〔説文〕「｜，語｜嘆也」繫傳。○｜｜，讒急皃。〔集韻・僊部〕○〔説文定聲・卷一四〕｜，段借為次。〔江賦〕「噴浪飛｜」。

**嘫**　｜，語聲。〔廣韻・山部〕○｜，謂相應之聲，經傳皆以然為之。〔説文定聲・卷一四〕

**謰**　｜謂繁拏也。〔説文〕「｜，｜謱也」義證引〔玉篇〕。○｜謱，拏也。南楚曰｜謱。〔楚辭・疾世〕「媒女詘兮｜謱」補注引〔方言〕。○｜謱，言諸拏也。一曰語亂也。（同上）○〔説文定聲・卷一四〕｜謱，辭支離牽引之謂。〔説文〕「｜，｜謱也」。○連遱、｜謱、嗹嘍、連嘍，並字異而義同。〔廣雅・釋訓〕「囒哰，｜謱也」疏證。

**嗹**　｜，｜嘍，言語繁絮皃。〔廣韻・先部〕

**𨓜**　〔説文定聲・卷一四〕｜，段借為愆。〔漢書・劉輔傳〕「元首無失道之｜」。

**鷣**　｜，鳥名，似鶴碧色。〔集韻・僊部〕

**鶣**　｜䴊，輕皃。〔集韻・僊部〕

**㝷**　｜，以手循也。〔集韻・僊部〕○｜，修也。〔集韻・映部〕

**亘**　｜者，回也。〔説文〕「｜，求回也」段注。○｜，宛轉經營之意。〔説文定聲・卷一四〕○｜，通作桓。〔説文〕「｜，求｜也」義證。○｜，古音讀如桓。〔説文〕「｜，求回也」段注。

**叀**　｜，小謹也。〔集韻・僊部〕○｜者，小謹也。〔説文〕「顓，頭顓顓謹皃」段注。○｜，順也。〔説文〕「𣪠，揉屈也」繫傳。○〔説文定聲・卷一四〕｜為牽纏之義。楊雄〔酒箴〕「一旦｜礙為甍所轠」。○｜之義引伸讀同纏。〔説文〕「叀，从｜。」｜者，如｜馬之鼻」段注。○或曰｜即縛字，白鮮色也。〔説文定聲・卷一四〕○｜，古文㕻字。（同上）○｜，今字作專。〔説文〕「顓，頭顓顓謹皃」段注。

⿰月旋　─與旋同。〔淮南子〕「旋縣」雜志。

癵　─,足病也,足筋不展也。〔慧琳音義・卷六一〕引〔考聲〕。○癵,病也,亦作─。〔廣韻・仙部〕

奱　─,攣─。〔說文〕「─,樊也」義證引〔玉篇〕。○─與攣同義。〔廣雅・釋言〕「─,樊也」疏證。○𤁎與攣䘏同。〔說文定聲・卷一四〕(「𤁎」下)○─,此與攣音義皆同。〔說文〕「─,樊也」段注。

⿰阝肙　─,圓之假借字。〔說文〕「圓,圜全也」段注引毛傳。

⿰糹雚　卷、𢾍、─,並通。〔廣雅・釋器〕「纗,幘也」疏證。

埢　─,圜墻也。〔集韻・僊部〕

惓　──,猶言勤勤也。〔通鑑・周紀一〕「未嘗不──也」音注。○──,通作卷卷、拳拳、捲捲。〔通雅・卷九〕○──、卷卷、拳拳,並字異而義同。〔廣雅・釋訓〕「拳拳,愛也」疏證。

⿰食肙　─,〔周書〕字作餵。〔說文定聲・卷一四〕

⿰言肙　─、睊、狷並同聲假借字。〔墨子・經上〕「─,作嗛也」閒詁。○─,當為狷之借字。(同上)○─讀為狷。〔墨子・經說上〕「─,為是之台彼也」閒詁。○─,與涓字同義。〔經上〕「─,作嗛也」閒詁引洪頤煊。○─,字又作狷。(同上)閒詁。

繵　安陵─,即〔燕策〕之楚安陵君壇也。〔漢書・古今人表〕「安陵─」補注引梁玉繩。○─與繕通。〔廣雅・釋言〕「─,繕也」疏證。

啳　頯、哆、臛、─,並通。〔廣雅・釋詁二〕「臛,醜也」疏證。

僊　─,身不正也。〔廣韻・先部〕○─蹮,舞容。〔集韻・先部〕○─蹮,通作蹁跰。(同上)

⿰白亢　─,高也。〔集韻・僊部〕

顛　─,高遠也。〔集韻・先部〕

刻　─,自刎頸也。〔廣韻・先部〕

勬　─,負物也。〔集韻・僊部〕

⿷匚旋　─,簿也。〔廣韻・仙部〕○─,竹器名。(同上)○宛專、─璇,皆圓之貌也。〔廣雅・釋草〕「箘,箭也」疏證。

厧　─,─冢。〔廣韻・先部〕

⿸厂顛　─,塚也。〔集韻・先部〕

⿰口賢　─,難也。〔廣韻・先部〕

圓　─,面圓也。〔廣韻・仙部〕

⿰土座　─,門聚。〔廣韻・仙部〕

⿱覀丁　─,外高也,或从丁。〔集韻・僊部〕

⿰女面　─,黠也。〔楚辭・大招〕「美目─只」王注。○─,美目貌。(同上)補注。

㛣　─,─娟,美好。〔廣韻・仙部〕

⿰女建　─娟,眉細長皃。〔集韻・僊部〕

峑　─,山巔。〔廣韻・仙部〕

⿰山肙　─,山曲。〔廣韻・仙部〕○─,山阿。〔集韻・僊部〕

嵮　─,讀為顛,山頂也。〔荀子・大略〕「─如也」集解引盧文弨。

⿺尢兒　─,邪行。〔廣韻・先部〕

⿸广藿　─,行不正皃。〔廣韻・仙部〕

⿱龹子　─,貪色也。〔集韻・先部〕

弰　─,弓末也。〔通鑑・陳紀四〕「彎弓纏─」音注。

⿰弓扁　─,弓反張也。〔集韻・僊部〕

⿰弓𣶒　─,弓隈也,通作淵。〔集韻・先部〕

⿰彳亶　─,轉也。〔慧琳音義・卷九六〕引〔考聲〕。

⿱吅心　─,急也。〔集韻・先部〕

慳　｜悋，固惜也，或作｜賢。〔慧琳音義·卷三〕引〔韻英〕。

⿰忄旁　｜，忘也。〔廣韻·仙部〕又〔集韻·先部〕。

拴　｜，揀也。〔廣韻·仙部〕

⿰扌旋　｜，引也。〔集韻·僊部〕

⿰先攵　｜，琴聲也。｜音鮮。〔通雅·卷三〇〕

⿱日卷　｜，小幘。〔廣韻·仙部〕〇卷、｜、纏，並通。〔廣雅·釋器〕「纏，幘也」疏證。

杄　｜，木名。〔廣韻·先部〕

栴　｜，｜檀，香木。〔廣韻·仙部〕〇〔慧琳音義·卷三〕｜檀香，梵語，白檀香名也。〔大般若經·卷三二二〕「｜檀香」。

⿰木面　｜，木名。〔廣韻·仙部〕

榩　｜，廩也，構木為之。〔廣韻·仙部〕

槤　｜，簃也。〔廣韻·仙部〕〇｜，横關柱。（同上）

棧　｜，小栗名，趙魏間語也。〔廣韻·先部〕

⿰木箋　｜，香木。〔廣韻·先部〕

櫏　｜，栝｜，木名。〔廣韻·仙部〕

⿰木關　｜，竪木杙。〔集韻·僊部〕

槾　｜，｜密也。〔廣韻·仙部〕

欟　｜，｜鴿。〔廣韻·仙部〕〇｜鴿亦鳽鴿也。〔說文〕「鳽，鳽鴿也」義證引〔玉篇〕。

⿰毛戔　｜，毦屬。〔集韻·先部〕

濺　｜，疾流皃。〔廣韻·先部〕

灥　｜，三泉。〔廣韻·仙部〕〇｜，雨而泉出。〔集韻·綫部〕

熞　｜，灼鐵淬之。〔集韻·先部〕

爟　｜，爪轉也。〔集韻·僊部〕

犴　｜，獸，似豹而少文。〔廣韻·先部〕〇｜，獸名，似豹而少文。〔集韻·先部〕

⿰犭玄　｜，性褊急也。〔集韻·先部〕

⿰犭因　｜，獸名，如牛，四角白首。〔集韻·先部〕

⿰犭然　｜，猓然，獸名。〔廣韻·仙部〕

⿰犭燕　｜，｜豩，兔走皃。〔廣韻·仙部〕

玭　｜，班珠。〔廣韻·先部〕

珫　｜珸，蠻夷充耳。〔集韻·僊部〕

玹　｜，石次玉。〔廣韻·先部〕〇｜，一曰石次玉。〔集韻·先部〕

甂　｜，陶器。〔集韻·先部〕

⿰巛瓦　｜，江東呼盆曰｜。〔集韻·僊部〕

痃　｜病，即腹中冷氣病也。〔慧琳音義·卷六六〕〇食不消反為｜癖。〔卷三八〕引〔古今正字〕。〇｜癖，腹中冷氣病也。〔卷一三〕

⿸疒肩　｜，骨節疼也。〔廣韻·先部〕

⿸疒卷　｜，手屈病。〔集韻·僊部〕〇｜，手屈病也。〔廣韻·仙部〕

⿱开皿　｜，醆也。〔廣韻·先部〕

盰　｜瞑，遥視。〔集韻·先部〕

⿰目夭　｜，視也。〔集韻·先部〕

⿰石先　｜，石次玉也。〔廣韻·先部〕

⿰石虔　｜，磌也。〔集韻·僊部〕

袀 ｜亦黑色也。〔墨子〕「祇禂」雜志。

䅭 ｜，籬上豆也。〔廣韻・先部〕

𦂮 ｜，織一番也。〔集韻・先部〕

編 寋謂之｜。〔集韻・先部〕

𦄿 ｜，緊也。〔廣韻・先部〕

䈈 ｜，竹名。〔廣韻・仙部〕

䈴 ｜，户板謂之｜箄。〔集韻・先部〕

䈰 ｜，車軸也。〔廣韻・仙部〕〇｜，治車軸也。〔集韻・僊部〕

𥳘 ｜，竹名。〔廣韻・先部〕

䉦 ｜，箬｜，竹名。〔廣韻・仙部〕

籤 ｜，細削竹也。〔集韻・先部〕

𦖋 ｜，聲盈耳也。〔集韻・先部〕

𦝢 ｜，短也。〔廣韻・仙部〕又〔集韻・僊部〕。

䜌 ｜，瘦兒。〔集韻・僊部〕

誕 ｜，｜譂，語不正也。〔廣韻・先部〕

譂 ｜，｜誕，語不正也。〔廣韻・先部〕

䑳 ｜，船前桄。〔集韻・先部〕〇｜，此謂船前橫木也。〔廣雅・釋水〕「輪謂之桄」疏證。

苮 ｜，草名，似莞。〔廣韻・仙部〕〇｜席，蓋細蒲艸席也。〔通雅・卷四一〕

荓 ｜，并之叚音。〔釋詁〕「拼，使也」郝疏。

莦 ｜，草名。〔廣韻・先部〕

葲 ｜，芊｜，草也。〔廣韻・仙部〕

𦼮 ｜，以色飾紙，通作牋。〔集韻・先部〕

𦻢 ｜蔞，艸名。〔集韻・僊部〕

䕼 ｜，野豆。〔集韻・僊部〕

蔫 ｜，｜尾草，一名射千。〔廣韻・仙部〕

臾 ｜，蟲入火兒。〔集韻・僊部〕

蜁 ｜，｜蝸，蝸螺也。〔廣韻・仙部〕

𧌑 ｜，貝也，白質黃文。〔廣韻・仙部〕

𧍬 ｜，｜蜁，沙蝨也。〔廣韻・仙部〕〇｜蜁，蟲名，沙蝨也。〔集韻・僊部〕〇｜蜁之言便旋也。〔廣雅・釋蟲〕「沙蝨，｜蜁也」疏證。〇｜，亦作㔺。〔廣韻・仙部〕

蟤 ｜，蜿｜，蛇名。〔廣韻・仙部〕

蟺 ｜，守宮別名。〔廣韻・仙部〕

𧍞 ｜，｜蠻，蟲名。〔廣韻・仙部〕

蠻 ｜蜓，蟲名。〔集韻・僊部〕

䙇 ｜，促衣縫也。〔廣韻・仙部〕

褍 ｜，衣曲也。〔集韻・先部〕

覑 ｜，斜視。〔集韻・僊部〕

䚩 ｜，角俯仰也。〔集韻・僊部〕

𦓆 ｜菽，婦人面飾。〔集韻・先部〕

謗 ｜，慧黠也。〔集韻・先部〕

⿰豸先　｜，豕類。〔集韻・先部〕

⿰豸便　｜，猪也。〔集韻・僊部〕

⿰𧾷田　｜，蹋地聲。〔廣韻・先部〕

⿰𧾷里　｜，鍾形下廣也。〔集韻・脂部〕

⿰𧾷延　｜，行也。〔集韻・僊部〕

⿰𧾷雚　｜，曲脊行也。〔廣韻・仙部〕

⿰𧾷邊　｜，足趾不正。〔廣韻・先部〕

⿰車身　｜，振之別體。〔文選・曲水詩序〕「輶車朱軒，懷荒振遠之使」集釋。

⿰阝焉　｜，〔地理志〕作傿。〔說文〕「鄦，梁｜縣有鄦亭」段注。

鈆　｜，錫也。〔續音義・卷一〇〕引〔切韻〕。

鎋　｜牽同，車軸耑鍵也。〔國策・齊策一〕「｜擊摩車而相過」鮑注。

⿵鬥先　｜，試力士錘。〔集韻・先部〕

闐　｜，市門。〔集韻・僊部〕

⿰雨真　｜，雨聲。〔集韻・先部〕〇｜，一曰雨甚。〔同上〕

韆　｜，｜鞦，繩戲。〔廣韻・仙部〕

⿰玄頁　｜，顒後。〔集韻・先部〕

⿰亘頁　｜，｜額。〔廣韻・仙部〕

⿰甹頁　｜，頭圓也。〔廣韻・仙部〕

⿰卮耑　｜，卮也。〔廣雅・釋器〕

⿰馬玄　｜，馬一歲。〔廣韻・先部〕又〔說文〕「馬，馬一歲也」義證引〔玉篇〕。〇七尺之馬牡者黑而微赤為｜也。〔說文定聲・卷五〕（「騋」下）

騚　｜，馬四蹄皆白也。〔廣韻・先部〕

鯅　｜，魚醬。〔廣韻・仙部〕又〔說文〕「脠，生肉醬」義證引〔玉篇〕。

鯾　｜，魴魚也。〔說文〕「｜，魚名」義證引〔玉篇〕。

鵑　｜，杜｜鳥。〔廣韻・先部〕

鵳　｜，鶣｜，鷂屬。〔廣韻・先部〕

鸇　｜，鴝｜，小鳥。〔廣韻・仙部〕

鷒　｜，鳥名。〔廣韻・仙部〕

⿰黍連　｜，穄禾也。〔集韻・僊部〕

⿺麥粦　｜，｜⿺麥婁，餅也。〔廣韻・先部〕〇｜｜，寒具。〔集韻・先部〕

⿰黃舌　｜，黃白色。〔集韻・先部〕

⿱敃黹　｜，黹緶也。〔說文〕「緶，一曰緁衣也」義證引〔玉篇〕。〇｜，紩也。〔集韻・先部〕

⿰亶黽　｜鼅，鼄類，似蜘蛛，出遼東，土人食之。〔集韻・先部〕

⿰齒并　｜，并齒也。〔集韻・先部〕

齻　｜，牙｜。〔廣韻・先部〕

# 續經籍籑詁卷第十七

下平聲

## 二　蕭

**蕭** 丨，蒿也。〔詩·下泉〕「浸彼苞丨」朱傳。又〔蓼蕭〕「蓼彼丨斯」朱傳。又〔生民〕「取丨祭脂」朱傳。又〔廣韻·蕭部〕。〇丨，蒿也，此統言之，諸家云薌蒿、艾蒿者，析言之。〔說文〕「丨，艾蒿也」段注。〇丨，香蒿也。〔禮記·祭義〕「見以丨光」集解。又〔郊特牲〕「丨合黍稷」集解。〇丨，荻也。〔詩·采葛〕「彼采丨兮」朱傳。〇丨，今人所謂荻蒿也，或云牛尾蒿。〔詩·下泉〕「浸彼苞丨」集疏引邢疏。〇丨，亦名薌蒿，一名牛尾蒿。〔說文定聲·卷六〕〇丨之言丨梢，衺出之義也。〔廣雅·釋詁二〕「丨，衺也」疏證。〇丨之言丨梢，衺出之貌也。（同上）〇凡蒿艸衺出之皃曰丨梢，故亦謂之邪蒿。〔說文定聲·卷六〕〇丨，肅也。〔論語·季氏〕「丨墻之內」劉正義。〇丨，擊也。〔屈賦·東君〕「丨鍾兮瑤虡」戴注。〇丨，斧名。〔廣韻·蕭部〕〇丨丨、悠悠，皆閑暇之貌。〔詩·車攻〕「丨丨馬鳴，悠悠旆旌」朱傳。〇丨墻，屏也。〔論語·季氏〕「丨墻之內也」朱注。〇〔說文定聲·卷一八〕丨墻，猶今所謂照墻，在門之外，當門之中。〔論語〕「丨墻之內」。（「墻」下）〇古言丨斧則謂芟艾之斧也。〔說文〕「丨，艾蒿也」繫傳。〇丨瑟，秋風貌。〔楚辭·九辯〕「丨瑟兮草木搖落而變衰」補注引五臣。〇〔說文定聲·卷六〕丨蓧，猶丨條也。〔張平子碑〕「都封樹之丨蓧」。（「蓧」下）〇〔通雅·卷八〕丨然，即騷然。〔食貨志〕「江淮之間，丨然有煩費矣」。〇丨，亦與肅同音通用。〔說文〕「丨，艾蒿也」段注。〇〔說文定聲·卷六〕丨段借為肅。〔論語〕「而在丨墻之內也」。〇（同上）丨段借為寮。〔景福殿賦〕「丨曼雲征」。〇丨同橚。〔說文〕「橚，長木皃」段注。〇汪本丨作肅。〔漢書·地理志〕「莽曰丨武」補注引朱一新。〇〔說文定聲·卷六〕丨，字亦變作颾。〔廣雅·釋詁四〕「颾，風也」。〇丨索通作丨瑟，本作丨索。〔通雅·卷六〕〇丨森，一作丨蔘、掣參、箾蔘、橚槮。（同上）〇丨條，一作丨蓧、椮蓧、霄霏。（同上）

**簫** 丨，籟也。〔說文〕「籟，三孔龠也」義證引〔白帖〕。〇丨，一名籟。〔釋樂〕「大丨謂之言」鄭註。又〔說文〕「籟，三孔龠也」義證引〔宋書·樂志〕。〇丨，編小竹管為之。〔詩·有瞽〕「丨管備舉」朱傳。〇丨，大者無底，小者有底。〔漢書·元帝紀〕「鼓琴瑟吹洞丨」補注引何焯。〇丨，大者二十三管，小者十六管，有底；其無底者謂之洞丨。〔說文定聲·卷六〕〇丨韶，樂名。〔廣雅·釋樂〕「休流、扶持、大予」疏證。〇丨勺，即銷鑠也。〔漢書·禮樂志〕「丨勺羣慝」補注引李光地。〇丨取肅清之義，勺取挹取之義。（同上）補注。〇〔說文定聲·卷六〕丨段借為筱。〔廣雅·釋艸〕「丨，箾也」。〇（同上）丨，以箾為之。〔左傳襄公二九年〕「見舞韶箾者舜樂也」。〇丨，古篠字。〔廣雅·釋草〕「丨，箾也」疏證。〇丨當為肅。〔荀子·樂論〕「竽笙丨和」集解引王引之。〇〔說文定聲·卷六〕丨，字亦變作𥳹、作䈾、作鞘、作䈾。〔禮記·曲禮〕「右手執丨」。〇丨，或作箾。〔集韻·蕭部〕

**箾** 丨，舞丨。〔廣韻·蕭部〕〇丨，本舞器，又為虞舜舞曲名。〔左傳襄公二九年〕「見舞象丨南籥者」洪詁。〇丨，舞曲名，言天下樂丨去無道。（同上）洪詁引賈逵。〇丨者，持竿而舞。〔說文定聲·卷七〕〇丨通作捎。〔說文〕「丨，以竿擊人也」義證。〇〔說文定聲·卷七〕丨段借為簫。〔說文〕「虞舜樂曰丨韶」。〇丨蔘與掣參，即〔西京賦〕橚槮之假音字也。〔文選·上林賦〕「紛溶丨蔘」集釋。〇丨、象，即〔左傳〕之象、丨。〔荀子·禮論〕「汋桓丨簡象」集解引王念孫。

**挑** 丨，撓也。〔楚辭·惜賢〕「丨揄揚汰」補注。〇丨者，謂撥動之。〔說文〕「丨，撓也」段注。〇丨，丨撥。〔廣韻·蕭部〕〇丨，謂發揚也。〔韓子·說難〕「說者明言禮義以丨其惡」集解引舊注。〇丨，抉。〔慧琳音義·卷七〕引〔考聲〕。〇丨，剔除也。〔慧琳音義·卷一三〕引〔韻英〕。〇斛與丨字通。〔廣雅·釋詁三〕「斛、丨，穿也」疏證。〇丨與誂通。〔廣雅·釋詁一〕「誂，誘也」疏證。〇〔說文定聲·卷七〕丨段借為誂。〔秦策〕「楚人有兩妻人丨其長者」。〇（同上）丨段借為嶢。〔廣雅·釋詁四〕「𢮿，高也」。〇（同上）丨段借為𣪌。〔說文〕「丨，一曰𢹂也」。〇（同上）丨段借為銚。〔廣雅·釋詁〕「丨，穿也」。〇（同上）丨，以斛為之。〔爾雅〕「斛謂之䖀」。〇丨當讀為翟。〔韓子·外儲說右下〕「延陵卓子乘蒼龍丨文之乘」平議。〇丨當讀為翟，翟之假字。（同上）集解引俞樾。〇丨與佻同。〔荀子·彊國〕「其服不丨」集解引盧文弨。

**貂** 丨，鼠，如犬。〔說文〕「丨，鼠屬」義證引〔玉篇〕。〇丨，亦謂之粟鼠。（同上）義證引〔爾雅翼〕。〇丨、鼲並鼠屬。〔說文〕「貂，鼠屬」義證引〔寰宇記〕。〇丨，鼠屬，大而黃黑，出丁零國。〔國策·秦策一〕「黑丨之裘弊」鮑注。〇丁零國今人謂之丨零。〔說文〕「丨，鼠屬」義證引〔爾雅翼〕。〇刀、鯛、丨，亦聲近而義同。〔廣雅·釋詁二〕「𠚊，短也」疏證。〇〔說文定聲·卷七〕丨，字亦作鼦。〔爾雅〕注「鼬似鼦」。

**刁** 丨，軍器。〔廣韻·蕭部〕〇丨，通作刀。〔方言一三〕「無升謂之丨斗」箋疏。〇鵃、丨，義並與𠚊同。〔廣雅·釋詁二〕「𠚊，短也」疏證。〇丨當作刀。〔韓子·二柄〕「豎丨自宮以治內」集解。〇丨間，金陵本作刀間。〔史記·貨殖列傳〕「而丨間」志疑。〇丨斗，即〔說文〕之鐎斗。〔方言一三〕「無升謂之丨斗」箋疏。

**凋** 丨，傷也。〔國策·秦策三〕「為其丨榮也」鮑注。〇丨，瘁也，半傷也。〔通鑑·周紀三〕「今秦有敝甲丨兵軍於澠池」音注。〇丨，丨落。〔廣韻·蕭部〕○—，又通作雕。〔説文〕「—，半傷也」義證。○〔説文定聲・卷六〕—，以彫為之。〔荀子・子道〕「勞苦彫萃」。○(同上)—，以雕為之。〔呂覽・辨士〕「寒則雕」。

**彫**

凡琱琢之成文曰—。〔説文〕「—，琢文也」段注。○凡經傳言—，有謂刻鏤者，有謂繪畫者。〔説文〕「弴，畫弓也」段注。○—，—刻，亦作雕。〔廣韻・蕭部〕○—之本義與琱玉之琱同。〔左傳宣公二年〕「厚斂以—墻」疏證引李貽德。○凡刻畫木器為文字謂之—器。〔周禮・司約〕「小約劑，書於丹圖」孫正義。○—弓者，蓋以五采畫之。〔説文〕「弴，畫弓也」段注。○〔通雅・卷七〕—落者，刊落也。〔漢書〕「—落洪支」。○(同上)—㓜本作—皷。〔魏蔣子通傳〕「—㓜之民」。○—蓬，米茭也。〔釋艸〕「齧，—蓬」鄭注。○—胡，枚乘〔七發〕謂之安胡。〔説文〕「苽，雕胡」段注。○—，又通作錭。〔説文〕「—，琢文也」義證。○—通作雕。(同上)又〔集韻・蕭部〕。○—與凋通。〔廣雅・釋詁四〕「凋，傷也」疏證。○〔説文定聲・卷六〕—段借為凋。〔論語〕「然後知松柏之後—也」。○(同上)—段借為琱。〔孟子〕「玉人—琢之」。○(同上)—，以雕為之。〔史記・酷吏傳〕「斲雕而為樸」。○(同上)—，以敦為之。〔詩・行葦〕「敦弓既堅」。○(同上)—，以追為之。〔詩・棫樸〕「追琢其章」。○—，字與琱同。〔説文〕「—，琢文也」句讀。○—，又或作琱。(同上)義證。

**雕**

—，鶚屬。〔廣韻・蕭部〕○—亦大鷲鳥也，一名鷻。〔説文〕「—，鷻也」義證引〔急就篇〕顔注。○—，〔漢書音義〕、〔廣雅〕皆—鷲為一鳥。〔説文〕「鷻，—也」段注。○—，畫也。〔左傳宣公二年〕「厚斂以—墻」洪詁引賈逵。○—，刻畫也。〔論語・公冶長〕「朽木不可—也」朱注。○——猶昭昭也。〔荀子・議兵〕「——焉縣貴爵重賞」集解引盧文弨。○—胡之飯，即今所食茭苗米也。〔説文〕「苽，—苽，一名蔣」繫傳。○—、鵰古字通。〔釋鳥〕「鵰鳩，鶻鵃」郝疏。○—與彫通，撲之反也，今俗用刁字。〔義府・卷下〕○〔説文定聲・卷六〕—段借為彫。〔書・顧命〕「—玉仍几」。○(同上)—段借為凋。〔周語〕「民力—盡」。○—，假借為琱琢、凋零字。〔説文〕「—，鷻也」段注。○〔説文定聲・卷六〕—段借為琱。〔考工・總目〕「玉楖—矢磬」。○(同上)—段借為鵃。〔詩・小宛〕傳「鳴鳩鶻鵰」。○—、敦聲相轉。〔釋器〕「玉謂之—」郝疏。○故書—或為舟。〔説文〕「—，鷻也」段注。○鵰，籀文—。〔廣韻・蕭部〕○—胡作彫胡。〔史記索隱異文〕雜志。○—胡，〔玉篇〕作蔣胡，即枚乘〔七發〕之安胡也。〔漢書・司馬相如傳〕「東蘠—胡」補注。

**迢**

—，遠也。〔慧琳音義・卷七一〕○—，遰也。(同上)○—，—遰。〔廣韻・蕭部〕○—遰，路長也。〔慧琳音義・卷一六〕引〔文字典説〕。

**條**

—，枝也。〔詩・汝墳〕「伐其—枚」集疏引魯、韓説。○枝曰—。(同上)朱傳。○—，小枝也。〔廣韻・蕭部〕○—，自枝而出也。〔説文〕「—，小枝也」繫傳。○枚、—，對文則別，散文則通。〔釋水〕「桑柳醜，—」郝疏。○—，山楸也。〔詩・終南〕「有—有梅」朱傳。○—，自名柚。(同上)後箋引何楷。○—，歗貌。〔詩・中谷有蓷〕「—其歗矣」朱傳。○—，為木盛貌。〔詩・七月〕「蠶月—桑」平議。○—者，芬香—鬯之謂。〔詩・椒聊〕「遠—且」後箋引段玉裁。○—，有挑義。〔詩・七月〕「蠶月—桑」後箋。○—，取也。(同上)通釋。又(同上)後箋。○—者，調也。〔左傳隱公五年〕「所以節八音而行八風」疏證引錢塘。○—，教也。〔廣韻・蕭部〕○—，貫也。(同上)○—，謂録治之。〔漢書・宣帝紀〕「上遣使者分—中都官獄」補注。○—，枝落也。〔集韻・蕭部〕○—即鳴—。〔左傳桓公二年〕「以—之役生大子」疏證引沈欽韓。○—與滌音義近。〔詩・中谷有蓷〕「—其歗矣」通釋。○匬、蓧、—、莜，並字異而義同。〔廣雅・釋器〕「匬，畚也」疏證。○—桑者，取桑之大名。〔詩・七月〕「蠶月—桑」後箋。○—桑，枝落也不備取耳，此亦謂—為挑撥而取之。(同上)後箋。○—桑，—其下垂不揚起之—采其葉也。(同上)後箋引段玉裁。○—理，猶言脈絡。〔孟子・萬章下〕「始—理也」朱注。○—風，即炎風。〔左傳隱公五年〕「所以節八音而行八風」疏證引錢塘。○〔説文定聲・卷三〕東北亦曰—風。〔易・通卦驗〕「立春—風至」。〔「風」下〕○〔通雅・卷三二〕—刺，分—刺書也。〔漢書・外戚傳〕「其—刺使大長秋來白之」。○—對，即今—陳也。〔通雅・卷三一〕○今—奏謂之開坐。(同上)○—約，謂之禁書。(同上)○——與秩秩義同。〔釋訓〕「——，智也」邵正義。○——，為行貌，作脩者借字耳。〔荀子〕「脩脩兮」雜志。○古字—、脩相通。〔詩・椒聊〕「遠—且」後箋。○—侯之—，〔漢書・表〕〔志〕作脩，古字通用。〔史記・孝景本紀〕「以太尉—侯周亞夫為丞相」志疑。○—讀曰脩。〔管子・明法解〕「百官—通」義證。○—、脩古同聲。〔方言一〕「脩，長也」箋疏。○—，乃挑之假借。〔詩・七月〕「蠶月—桑」通釋。○〔説文定聲・卷六〕—段借為修。〔詩・七月〕「蠶月—桑」。○(同上)—段借為楸。〔詩・終南〕「有—有梅」。○(同上)—段借為滌。〔周禮・脩狼氏〕注「除也」。○(同上)—段借為條。〔周禮・巾車〕「—纓五就」。○(同上)—，謂借為筱。〔淮南・俶真〕注「—風鳴—言其迅也」。○(同上)—，謂借為筱。〔釋訓〕「——，智也」。○—暢，讀為滌蕩。〔禮記・樂記〕「感—暢之氣」述聞。○滌蕩、—暢、慆蕩，聲相近，故字相通。(同上)○滌、—，聲類同。〔周禮・秋官序官〕「—狼氏下士六人」孫正義。○—音挑。〔詩・七月〕「蠶月—桑」朱傳。○—與柚，古音相近也。〔廣雅・釋木〕「柚，棒也」疏證。○——、慆慆，猶刀刀之聲也。〔通雅・卷一〇〕○—，韓作挑。〔詩・七月〕「蠶月—桑」集疏。○—，字或作挑。(同上)後箋。○—，字亦變作樤。〔説文定聲・卷六〕○〔説文定聲・卷三〕—，〔左傳隱公五年正義〕引作調。〔易通卦驗〕「立春—風至」。〔「風」下〕○官本注—作修。〔漢書・文帝紀〕「具為令」補注。○—脱，或作跳脱、—達。〔通雅・卷三四〕

**髫**

—，小兒髮。〔廣韻・蕭部〕○—，小兒髮也。〔慧琳音義・卷六二〕引〔文字集略〕。○—，小兒剃髮留兩邊髮也。〔卷五七〕引〔考聲〕。○小兒剃頭髮留兩邊不剃曰｜。〔卷八四〕引〔集訓〕。○鼗、鞉、鞀、｜，並字異而義同。〔廣雅·釋樂〕「鞀鼓，鼓名」疏證。○｜鬑，鬢髮疏薄皃。〔說文〕「鬑，鬋也」義證引〔玉篇〕。○｜髦，童子垂髮。〔集韻·蕭部〕○｜，俗作齠。〔廣韻·蕭部〕

**齠** ｜，毀齒也。〔集韻·蕭部〕○｜，俗字也，正體作髫，小兒剃髮留兩邊胎髮曰髫。〔述三藏記〕「｜齔」音義引〔考聲〕。

**跳** ｜，躍也。〔說文〕「滕，水超踊也」段注。又〔廣韻·蕭部〕。○｜，踉也。〔慧琳音義·卷八〕引〔韻詮〕。○｜，越也。〔同上〕○｜，走貌。〔楚辭·九辯〕「故駶｜而遠去」補注引五臣。○｜，疾走。〔漢書·高帝紀〕「漢王｜」補注引何若瑶。○〔說文定聲·卷七〕｜，亦趒字之訓。〔釋名〕「｜，條也，如艸木枝條務上行也」。○〔同上〕｜者，踦也。〔尚書大傳〕「禹其｜」。○｜，義亦與佻同。〔左傳成公一六年〕「楚師輕窕」疏證引王念孫。又〔廣雅·釋詁一〕「挑，疾也」疏證。○｜驅，謂疾驅也。〔同上〕疏證。又〔左傳成公一六年〕疏證引王念孫。○掉捎、｜｜、搖捎，並聲近而義同。〔廣雅·釋詁一〕「掉捎，動也」疏證。○寫表章，別起行頭者，謂之｜出。〔通雅·卷三一〕引〔春秋正義〕。○〔說文定聲·卷七〕｜段借為逃。〔史記·高祖紀〕「漢王｜」。○〔同上〕｜段借為趒。〔說文〕「｜，一曰躍也」。○｜，或作趒。〔慧琳音義·卷八〕

**蜩** ｜，蟬也。〔詩·七月〕「五月鳴｜」朱傳。又〔小弁〕「鳴｜嘒嘒」朱傳。○｜，大蟬。〔廣韻·蕭部〕○｜、螗，皆蟬也。〔詩·蕩〕「如｜如螗」朱傳。○｜即蟬之異名也。〔釋蟲〕「｜，蜋｜」鄭註。○｜，如蟬而微小，鳴聲甚大而亮，不易捕捉，因譌為伏亮。〔詩·七月〕「五月鳴｜」集疏。○｜之小者曰蟜蛣，曰蟪，曰蜋，曰蜺，其大者曰螗，曰蝘，最大者曰蝒。〔說文定聲·卷六〕○西方深山有獸毛色如猴，能緣高大，名為｜。〔文選·上林賦〕「蛭｜蠼猱」集釋引〔史記索隱〕。○｜當猢。〔漢書·司馬相如傳〕「蛭｜玃蝚」補注。

**苕** ｜，｜菜也。〔廣韻·蕭部〕○｜，｜饒也。〔詩·防有鵲巢〕「邛有旨｜」朱傳。○｜，陵｜也，亦名凌霄。〔詩·苕之華〕「｜之華」朱傳。○｜，一名陵時，似紫草，生水中。〔同上〕集疏引陸疏。○｜者，抽條搖遠生華而無莩蕚也。〔說文〕「芀，葦華也」繫傳。○古來亦通謂草木翹秀者為｜。〔說文〕「｜，艸也」繫傳。○｜，遰遠也。〔慧琳音義·卷四七〕○〔說文定聲·卷七〕｜段借為芀。〔荀子·勸學〕「繫之葦｜」。○｜者，芀之借字。〔說文〕「葝，芀也」句讀。○｜、招同音相假。〔左傳成公一六年經〕「舍之于｜丘」疏證引臧壽恭。

**調** ｜，和也。〔大戴·曾子天圓〕「合五味之｜」王詁。又〔廣韻·蕭部〕。○｜者，和也。〔晏子春秋〕「謂於民」雜志。○｜悅，和悅也。〔大戴·子張問入官〕「｜悅者」王詁。○｜，謂弓強弱與矢輕重相得也。〔詩·車攻〕「弓矢既｜」朱傳。○〔說文定聲·卷六〕｜段借為啁。〔廣雅·釋言〕「｜，啁也」。○｜讀如同。〔詩·車攻〕「弓矢既｜」朱傳。○｜與啁同。〔廣雅·釋訓〕「讙譟，啁欺也」疏證。○｜，魯作朝，齊作周。〔詩·汝墳〕「惄如｜飢」集疏。○｜當為周。〔淮南·人間〕「然而心｜於君」平議。○｜當作猢。〔淮南·詮言〕「其終本必｜」平議。

**梟** ｜，訓狐也。〔釋鳥〕「｜，鴟」鄭註。○｜，山精也。〔楚辭·哀時命〕「使｜楊先導兮」補注引〔淮南〕「山出嘄陽」注。○｜，不孝鳥，一名流離。〔通鑑·漢紀一七〕「乃復聞｜聲」音注。○｜鴟，惡聲之鳥也，長舌而能多言者也。〔詩·瞻卬〕「為｜為鴟」朱傳。○｜鴟、土｜，訓狐、幸胡、鵋鶀、鵂鶹，一物。〔通雅·卷四五〕○｜，健也。〔通鑑·漢紀二〕「燕人來致｜騎助漢」音注引應劭。○｜，勇也。〔同上〕音注引張晏。○漢儀以夏至為｜。〔說文〕「｜，不孝鳥也」繫傳。○｜者，斬首而｜之木上也。〔通鑑·漢紀四九〕「｜其渠帥」音注。○｜羊，即嘄陽。〔漢書·司馬相如傳〕「射游｜」補注。○｜與驍通。〔廣雅·釋詁二〕「驍，健也」疏證。○〔說文定聲·卷七〕｜段借為驍、為勢、為豪。〔淮南·原道〕「為天下｜」。○〔同上〕｜段借為撓。〔荀子·非十二子〕「以｜亂天下」。○〔同上〕｜段借為県。〔漢書·高帝紀〕「｜故塞王欣頭」。○〔同上〕｜，以嘄為之。〔羽獵賦〕「蠲嘄陽」。○｜即鼓造之合聲。〔釋鳥〕「｜，鴟」郝疏。○〔說文定聲·卷七〕｜，字亦變作嘄。〔漢書·賈誼傳〕「偭嘄獺以隱處兮」。

**澆** ｜，渼也。〔說文〕「醇，不｜酒也」段注。○｜者，渼也。〔說文〕「浩，｜也」段注。○｜，沃也。〔慧琳音義·卷一二〕又〔廣韻·蕭部〕。○｜為沃之細。〔說文〕「｜，渼也」段注。○｜，薄也。〔慧琳音義·卷一一〕引〔考聲〕。又〔卷八七〕引〔考聲〕。又〔廣韻·蕭部〕。又〔通鑑·梁紀一二〕「庶改｜競之俗」音注。○薄曰｜。〔說文〕「醇，不｜酒也」段注。○｜，一曰薄也。〔集韻·蕭部〕○｜，浮薄也。〔慧琳音義·卷八三〕引〔文字典說〕。○｜，湍也。〔楚辭·離世〕「波澧澧而揚｜兮」補注。○｜，一曰水回波。〔同上〕○〔說文定聲·卷七〕｜段借為磽。〔莊子·繕性〕「澆醇散朴」。○〔同上〕｜段借為繞。〔南都賦〕「陽侯｜兮掩鳧鷖」。○｜、敖音相近。〔左傳襄公四年〕「生｜及豷」洪詁。○｜當作沆。〔說文〕「浩，｜也」段注。○｜，〔論語〕作奡。〔左傳襄公四年〕「生｜及豷」洪詁引惠棟。

**聊** ｜，願也。〔詩·園有桃〕「｜以行國」陳疏。又〔同上〕集疏。○｜者，願之詞也。〔詩·泉水〕「｜與之謀」陳疏。○｜，願也，願者亦且也。〔同上〕通釋。○｜，且也。〔慧琳音義·卷一二〕引〔集訓〕。○｜，且略之辭。〔詩·園有桃〕「｜以行國」朱傳。○｜之本字為僇，且也。〔詩·泉水〕「｜與之謀」後箋。○｜即茮。〔詩·椒聊〕「椒｜之實」通釋。○｜猶賴也。〔廣雅·釋言〕「俚，｜也」疏證。○｜，語助也。〔詩·椒聊〕「椒｜且」朱傳。又〔廣韻·蕭部〕。○〔說文定聲·卷六〕｜，今山東東昌府｜城縣。〔左傳昭公二〇年〕「｜攝以東」。○｜段為僇也。〔說文〕「｜，耳鳴也」段注。○｜者，憀之段借字。〔說文〕「憀，憀然也」段注。○〔說文定聲·卷六〕｜段借為賴，｜、賴，一聲之轉，或以憀、以俚為之。〔秦策〕「百姓不｜生」。○〔同上〕｜，段借發聲之詞。〔詩·泉水〕「｜與之謀」。○膠與｜同。〔說文〕「｜，耳鳴也」句讀。○｜，字或作膠。〔同上〕義證。○｜當作僇。〔説文〕「俚，丨也」義證。○凡丨賴可作僇賴。〔説文〕「僇，僇然也」段注。

**遼**　丨，遠也。〔公羊傳桓公一一年〕「少丨緩之」陳疏。又〔廣韻·蕭部〕。○丨巢，義與寮巢同。〔廣雅·釋詁四〕疏證。○〔説文定聲·卷七〕丨段借為僚。〔楊統碑〕「百丨歎傷」。○(同上)丨，以勞為之。〔詩·漸漸之石〕「山川悠遠，維其勞矣」。○丨，或作勞。〔集韻·蕭部〕

**寥**　丨，空也。〔廣韻·蕭部〕○丨，寂丨也。(同上)○丨，丨廓也。(同上)○丨與繆同義。〔廣雅·釋詁三〕「丨，深也」疏證。○丨、廖、廫、繆，義並相近。
(同上)

**撩**　丨，理也。〔廣韻·蕭部〕○丨，捋整理也。〔説文〕「丨，理之也」段注。○丨，取也。〔太素·十二水〕「以心丨之」楊注。○丨，取物。〔廣韻·蕭部〕。○丨，取動也。〔通鑑·唐紀二六〕「天下人必謂汝能丨李日知嗔」音注。○丨，一曰取物也。〔集韻·蕭部〕○丨，攏取物也。〔通鑑·梁紀二○〕「不丨自落」音注。○丨擲，謂遥擲也。〔慧琳音義·卷一九〕○丨亦撈也，方俗語有侈弁耳。〔廣雅·釋詁一〕「丨，取也」疏證。○丨與料，聲近義同。〔廣雅·釋詁二〕「丨，理也」疏證。○丨舉者，摳衣也，手提衣而走也。〔慧琳音義·卷六○〕○丨罟，今謂之抄網也。〔釋器〕「罺謂之汕」郝疏。○丨通作繚。〔説文〕「丨，理也」義證。○丨，今多作料量之料。〔説文〕「丨，理之也」段注。○丨，今字以料為之。〔説文定聲·卷七〕○(同上)丨，字亦作撈，今俗呼入水取物為撈。〔方言〕「撈，取也」。

**僚**　丨，官。〔詩·大東〕「百丨是試」朱傳。○同官為丨。〔廣韻·蕭部〕○大夫謂百丨。〔書·皋陶謨上〕「百丨師師」孫疏。○丨，第九品人也。〔慧琳音義·卷七七〕引顧野王。○丨、寮、遼，古通用字。〔史記·仲尼弟子傳〕「公伯丨字子周」志疑。○丨，借為同寮字。〔説文〕「丨，好皃」段注。○丨，亦可用嫽。〔説文〕「嫽，女字也」段注。○丨與寮同。〔書·多士〕「有服在百丨」孫疏。○丨即寮俗字。〔書·多方〕「有服在大丨」孫疏。○丨，賤稱。〔集韻·蕭部〕

**寮**　丨，窻也。〔慧琳音義·卷二○〕○丨，窗牖之名也。〔説文〕「丨，穿也」繫傳。○丨同僚。〔廣韻·蕭部〕○同官為丨，通作僚。〔集韻·蕭部〕○丨通作僚。〔釋詁〕「丨，官也」邵正義。○丨、僚，經傳通用。(同上)郝疏。○〔弟子傳〕丨作僚。〔漢書·古今人表〕「公伯丨」補注。

**堯**　丨，至高之皃。〔廣韻·蕭部〕○丨猶嶢嶢。〔説文〕「丨，高也」段注引〔白虎通〕。○丨之為高，為饒。〔書·堯典〕注「丨者，高也，饒也」孫疏。○帝丨，丨德高遠之意也。〔説文〕「丨，高也」繫傳。○丨與嶢通。〔廣雅·釋訓〕「嶢嶢，危也」疏證。

**嶢**　丨之言堯也，堯，高也。〔方言六〕「丨，高也」箋疏。○丨丨，至高之皃。〔説文〕「堯，高也」段注。○丨丨，山之高也。〔通鑑·漢紀四二〕「丨丨者易缺」音注。○嶕丨，山危。〔廣韻·蕭部〕○丨、翹聲義同。〔釋訓〕「丨丨，危也」郝疏。○翹與丨，亦聲近義同。〔廣雅·釋訓〕「丨丨，危也」疏證。○堯與丨通。(同上)○〔説文定聲·卷七〕丨與阢同誼，丨、阢一聲之轉。〔説文〕「丨，焦丨，山高皃」。○(同上)丨段借為扤，丨扤一聲之轉。
〔廣雅·釋詁三〕
「嶤，持也」。

**幺**　丨，丨麽，小也。〔廣韻·蕭部〕○楚人謂小為丨。〔説文〕「丨，小也」義證引〔宋史·岳飛傳〕。○丨，幼也。〔説文〕「丨，小也」繫傳。○丨，小子也。〔説文〕「叀，專小謹也」繫傳。○丨麽，並小細也。〔慧琳音義·卷九八〕引〔考聲〕。○丨、麽二字連文，俱是微小之意。〔漢書〕「丨麽」雜志。又〔漢書·叙傳〕「又況丨麽」補注引王念孫。○丨者，系之半，細小幽隱之誼。〔説文定聲·卷七〕○丨，無識也。〔説文〕「𤔔，治也」繫傳。○俗謂一為丨。〔説文〕「丨，小也」段注。○亦謂晚生子為丨。(同上)○不長曰丨。〔漢書〕「丨麽」雜志引李善注引〔通俗文〕。○丨者，麽也。〔説文定聲·卷一四〕(「叀」下)○丨，猶繯蹟之也。〔説文〕「後，遲也」繫傳。○丨，象財有形質也。〔説文〕「丨，小也」繫傳。○丨，通作夭。〔説文〕「丨，小也」義證。○〔説文定聲·卷七〕丨段借為紗。〔文賦〕「弦丨徽急」。○紗與丨同。〔漢書〕「丨麽」雜志。○紗麽與丨麽同。〔廣雅·釋詁二〕「紗麽，小也」
疏證。

**宵**　丨，夜。〔詩·小星〕「肅肅丨征」朱傳。○丨，夜也。〔廣韻·宵部〕○丨田，夜獵也。〔釋天〕「丨田為獠」鄭註。○丨人，猶小人也。〔莊子·列禦寇〕「丨人之離外刑」集釋引俞樾。○丨行，蟲名。〔詩·東山〕「熠燿丨行」朱傳。○〔通雅·卷三六〕丨衣，薄絹也。〔士昏禮〕「姆纚笄丨衣」。○丨、肖、痟，義並同也。〔廣雅·釋詁二〕「肖，小也」疏證。○丨，有假丨為小者。〔説文〕「丨，夜也」段注。○有假丨為肖者。(同上)○〔説文定聲·卷七〕丨段借為小。〔禮記·樂記〕「丨雅肄三」。○(同上)丨段借為肖。〔淮南·要略〕「浸想丨類」。○(同上)丨段借為綃。〔儀禮·士昏禮〕「姆纚笄丨衣」。○(同上)丨段借為嗾，丨、嗾，一聲之轉。〔方言一三〕「丨，使也」。○丨，當為消之借字。〔文選·洛神賦〕「悵神丨而蔽光」集釋。○丨、嗾，一聲之轉。〔方言一三〕「丨，使也」疏證。又(同上)箋疏。○丨、俏並與肖同。〔方言七〕「肖類法也」箋疏。○丨，字亦作肖。〔莊子·列御寇〕「丨人之離外刑者」平議。

**消**　丨，未盡而將盡也。〔説文〕「丨，盡也」段注。○丨，除也。〔孟子·滕文公下〕「鳥獸之害人者丨」朱注。○丨，衰減也。〔通鑑·宋紀一二〕「與時丨息」音注。○丨，滅也，盡也，息也。〔廣韻·宵部〕○丨，亦河上地名。〔詩·清人〕「清人在丨」朱傳。○胃中熱盛，津液枯固，水穀即丨，謂之曰丨。〔漢書·司馬相如傳〕「常有丨渴病」補注引〔素問·奇病論〕馬時注。○丨息，猶丨長也。〔方言二〕箋疏。○丨息者，乾坤也。〔易·剝〕「君子尚｜息盈虛」李疏。○乾息為盈，坤｜為虛。（同上）李疏引虞翻注。○息為陽，｜為陰。〔漢書・京房傳〕「然少陰倍力而乘｜息」補注引葉德輝。○｜搖，逍遥也。〔詩・清人〕「河上乎｜搖」集疏引韓說。○〔通雅・卷六〕｜搖，又為須臾。〔東平王蒼傳〕「｜搖仿佯」。○逍遥、招搖、｜搖、｜搖，並字異而義同。〔廣雅・釋訓〕「逍遥，徜徉也」疏證。○｜通作脩。〔説文〕「｜，盡也」義證。○〔説文定聲・卷七〕｜叚借為銷。〔素問・皮部論〕「熱多則筋弛骨｜」。○（同上）｜，今字作逍。〔檀弓〕「｜搖于門」。○（同上）｜，以趙為之。〔檀弓〕「｜搖于門」。○｜當作郋。〔史記・淮南衡山列傳〕「內鑄｜銅以為錢」志疑。○痟瘍，轉為｜渴。〔廣雅・釋詁一〕「痟瘍，病也」疏證。○｜瀲與痟瘍同。（同上）

**霄** ｜，近天氣也。〔廣韻・宵部〕○｜即消。〔釋天〕「雨霓為｜雪」鄭註。○｜雪，今人所謂溼雪著物則消者也。〔説文〕「｜，雨霓為｜也」繫傳。○｜雪，今人所謂溼雪也，著則消。〔説文〕「｜，雨霓為｜」義證引〔韻會〕。○｜霓者，虛無寂漠之意。〔淮南〕「｜霓」雜志。○｜，當是宵之借。〔呂覽・明理〕「有｜見」校正。○〔説文定聲・卷七〕｜叚借為宵。〔呂覽・明理〕「有｜見」。○（同上）｜叚借為消。〔墨子・經說上〕「｜盡，蕩也」。○｜，亦叚消。〔説文〕「｜，雨霰為｜」段注。○｜與消同。〔墨子・經說上〕「｜盡，蕩也」閒詁引畢沅。

**綃** ｜，未湅之絲曰｜。〔説文〕「｜，生絲也」段注。○以生絲織繒曰｜。（同上）○｜，生絲繒也。〔廣韻・宵部〕○｜即幧。〔方言四〕「幓，幧頭也」疏證。○｜與絜同義。〔廣雅・釋器〕「絜，繩索也」疏證。○以生絲之繒為衣則曰｜衣。〔説文〕「｜，生絲也」段注。○｜與䘯通。〔方言四〕「䘯謂之袺」箋疏。○｜通作宵。〔説文〕「｜，生絲也」義證。○｜，又通作繡。（同上）○〔説文定聲・卷七〕｜叚借為捎。〔釋名・釋首飾〕「｜，頭｜鈔也，鈔髮使上從也」。○（同上）｜叚借為梢。〔海賦〕「維長｜」。○（同上）｜，以繡為之。〔詩・揚之水〕「素衣朱繡」。○｜，古經多作宵、作繡。〔説文〕「｜，生絲也」段注。

**銷** ｜，鑠也。〔廣韻・宵部〕○｜者，鑠金也。〔説文〕「冶，｜也」段注。○｜，散也。〔慧琳音義・卷四〕○｜，釋也。〔慧琳音義・卷八〕引〔考聲〕。○｜，乾也。（同上）引〔博雅〕。○梟、操、鍪、｜，並字異而義同。〔廣雅・釋器〕「梟，臿也」疏證。○｜志，戒逸樂也。〔漢書・鄒陽傳〕「寒心｜志」補注。○｜距，｜其距也。〔通雅・卷七〕○｜通作消。〔説文〕「｜，鑠金也」義證。○｜與焇通。〔廣雅・釋詁二〕「焇，乾也」疏證。○｜，即鍬之聲轉叚借字。〔釋器〕「斛謂之疀」郝疏。○〔説文定聲・卷七〕｜叚借為燥。〔廣雅・釋詁二〕「焇，乾也」。○（同上）｜叚借為銚。〔釋名〕「鍤或曰｜」。○｜即本書斛字。〔説文〕「陧，耕以臿浚出下壚土也」義證。○官本｜作消。〔漢書・王吉傳〕「質樸日｜」補注。○｜，或作消。〔慧琳音義・卷八〕引〔考聲〕。○｜，或作焇。（同上）引〔博雅〕。

**焇** ｜同銷。〔廣韻・宵部〕○｜，曝也，爍也。〔集韻・宵部〕

**超** ｜，跳也。〔説文〕「滕，水｜踊也」段注。○〔説文定聲・卷七〕｜，趒也。〔説文〕「｜，跳也」。○｜，躍而過也。〔孟子・梁惠王上〕「挾太山以｜北海」朱注。○｜，上去意也。〔廣雅・釋詁一〕「｜，遠也」疏證。○距亦｜也。〔漢書〕「投石拔距」雜志。○｜亦拔也。（同上）○｜，遠也。〔漢書・揚雄傳〕「｜既離虖皇波」補注。○｜之言迢也。〔廣雅・釋詁一〕「｜，遠也」疏證。○｜與趣同義。〔説文〕「｜，跳也」段注。○｜騰與敏疾義近。〔釋言〕「肇，敏也」郝疏。○｜等，｜於常等之上。〔漢書・食貨志〕「軍功多用｜等」補注引周壽昌。○｜特者，｜遠特異也。〔説文〕「趬，｜特也」義證。○〔説文定聲・卷七〕｜叚借為邵。〔華嚴音義〕引〔韻圃〕「｜，高也」。○（同上）｜叚借為惆。〔莊子〕「武侯｜然不對」。○（同上）｜，字亦作迢。〔吳都賦〕「曠瞻迢遞」。

**朝** ｜，早也。〔詩・緜〕「來｜走馬」朱傳。又〔廣韻・宵部〕。○諸侯春見曰｜。〔詩・沔水〕「｜宗于海」朱傳。○｜者，諸侯春見天子之名。〔禮記・曲禮〕「諸公東面諸侯西面曰｜」集解。○｜，謂諸侯見於天子。〔中庸〕「｜聘以時」朱注。○｜，覲君之總稱。〔集韻・宵部〕○｜，見也。〔漢書・蕭望之傳〕「闕於｜享」補注。○｜，召也。〔大戴・千乘〕「｜孤子八人」王詁。○｜者，召也。〔晏子春秋・諫下〕「未幾｜韋囧解役而歸」平議。○凡治民之處曰｜。〔禮記・奔喪〕「哭辟市｜」集解。○漢律春曰｜，秋曰請，如諸侯｜聘也。〔説文〕「請，謁也」義證引〔增韻〕。○｜，謂路寢。〔詩・山有樞序〕「有｜廷不能洒埽」述聞。○觀宗遇，禮雖有四，通名曰｜。〔説文定聲・卷六〕○天子諸侯皆三｜，路門之內曰燕｜，亦曰內｜，雉門即應門，其內曰治｜，庫門即臯門，其內曰外｜，凡｜不屋，君臣咸立于廷。〔説文定聲・卷六〕引戴震。○謂｜宗為潮水。〔書・禹貢中〕「江、漢｜宗于海」孫疏引今文家說。○｜夕，義亦為敬。〔詩・雨無正〕「莫肯｜夕」通釋。○平旦為｜霞。〔楚辭・遠遊〕「漱正陽而含｜霞」補注引〔莊子〕「御六氣之辨」李注。○｜霞，赤雲。（同上）補注引〔琴賦〕「餐沆瀣兮帶｜霞」五臣注。○｜正，以正月｜京師也。〔左傳文公四年〕「昔諸侯｜正於王」疏證。○｜儛，即成山也。〔孟子・梁惠王下〕「吾欲觀於轉附｜儛」焦正義。○｜服，內有褐衣，即中衣，中衣內有葛衣，葛衣內有明衣。〔説文定聲・卷一六〕〔「紾」下〕○旦至食時為終｜。〔廣韻・宵部〕○濟南有｜陽，〔水經注〕以為華寄封國。〔史記・高祖功臣侯者年表〕「｜陽」志疑。○〔通雅・卷一七〕｜夕池，海名，言潮汐也。〔枚乘傳〕「｜夕池，潮有｜夕之期」。○｜，通作調，又通作輖，又通鼂，又通晁。〔釋詁〕「｜，早也」郝疏。○｜與調，古字通。〔荀子・哀公〕「｜禮畢矣」集解引郝懿行。○〔説文定聲・卷六〕｜叚借為召。〔楚辭・遠遊〕「｜四靈于九濱」。○｜當讀為周。〔詩・漸漸之石〕「不皇｜矣」平議。○鼂與｜同。〔漢書・張湯傳〕「王｜，齊人」補注引錢大昕。○｜夕，後為潮汐字。〔漢書·枚乘傳〕「不如｜夕之池」補注。

**翰**　｜，古文朝字。〔廣韻·宵部〕

**潮**　｜｜水。〔廣韻·宵部〕○〔說文定聲·卷六〕｜，字亦作濤。〔淮南·人間〕「起波濤」。○〔同上〕｜，字亦作潟。〔廣雅·釋水〕「潟，波也」。○｜當作淖。〔荀子·正論〕「｜陷之」集解引盧文弨。○｜同淖，通作朝。〔集韻·宵部〕

**淖**　｜，今俗作潮。〔說文〕「｜，水朝宗于海也」繫傳。

**囂**　｜，讙聲也，聲高出頭上也。〔說文定聲·卷七〕○嚻，讙也，謂讙譁不靜之貌也。〔慧琳音義·卷七○〕○｜，喧也。〔通鑑·唐紀五〕「今度險而｜」音注。又〔廣韻·宵部〕。○｜、嘩互相訓。〔左傳成公一六年〕「在陳而｜」疏證。○｜，為聲之閒也。〔釋訓〕「｜，閑也」郝疏。○｜，毀謗也。〔慧琳音義·卷五一〕引〔考聲〕。○｜，衆多貌。〔詩·十月之交〕「讒口｜｜」朱傳。○｜，亦衆也。〔國語·楚語〕「｜庶為樂」述聞。○｜庶，謂聲音之衆多也。〔同上〕○｜｜，聲衆盛也。〔詩·車攻〕「選徒｜｜」朱傳。○｜｜，無欲自得之貌。〔孟子·萬章上〕「｜｜然曰」朱注。○｜磝即敖也。〔左傳宣公一二年〕疏證。○｜為閑之假借，｜｜即閑閑也。〔孟子·盡心上〕「人知之亦｜｜」焦正義。○〔說文定聲·卷七〕｜，與用枵同。〔養生論〕「則｜然思食」。○｜，〔晉語〕作譁。〔左傳成公一六年〕「在陳而｜」洪詁。○｜，今俗作喧字。〔說文〕「｜，呼也」繫傳。

**樵**　｜，柴也。〔廣韻·宵部〕○木曰｜。〔說文定聲·卷七〕〔「蕘」下〕○｜，木也，一曰薪。〔說文〕「｜，散木也」義證引〔五經文字〕。○薪謂之｜，因而取薪亦謂之｜。〔廣雅·釋木〕「｜，薪也」疏證。○｜，取薪也。〔通鑑·漢紀二二〕「｜蘇爨」音注。○掉｜，振訊也。〔廣雅·釋訓〕○｜室與熯竈同意。〔管子〕「萩室熯造」雜志。○｜與萩，古字通。〔同上〕○｜與劁通。〔廣雅·釋言〕「劁，刈也」疏證。○〔說文定聲·卷六〕｜段借為譙，實為巢。〔漢書·趙充國傳〕「為壍壘木｜」。○〔同上〕｜，字又作劁。〔廣雅·釋詁二〕「劁，斷也」。○蕉，｜之俗。〔墨子·備城門〕「為薪蕉挈」閒詁。

**譙**　〔通雅·卷四〕｜詬，言｜讓垢辱也。〔呂覽〕「雞狗牛馬，不可｜詬遇之」。○｜｜，殺也。〔詩·鴟鴞〕「予羽｜｜」朱傳。○｜｜，即噍殺之義。〔同上〕後箋。○｜當為燋，燋燋，形容苦悴之狀。〔同上〕集疏。○〔說文定聲·卷六〕｜段借為巢。〔漢書·陳勝傳〕「與戰｜門中」。○｜，當讀如顦顇之顦。〔詩·鴟鴞〕「予羽｜｜」通釋。○｜，古文作誚。〔方言七〕「｜，讓也」箋疏。○｜與噍同。〔詩·鴟鴞〕「予羽｜｜」陳疏。○官本｜作醮。〔漢書·灌嬰傳〕「攻苦、｜」補注。○｜讓，一作誚讓。〔通雅·卷四〕○｜，一曰樓之別稱。〔集韻·宵部〕

**驕**　｜，馬高六尺。〔廣韻·宵部〕○六尺以下五尺以上謂之｜。〔說文〕「｜，馬高六尺為｜」段注。○｜者，馬高六尺之名。人自高大，亦稱｜。〔論語·學而〕「富而無｜」劉正義。○｜，｜恣之義。〔說文〕「｜，一曰野馬」段注。○｜，矜肆也。〔論語·學而〕「富而無｜」朱注。○｜，矜夸。〔論語·泰伯〕「使｜且吝」朱注。○｜者，慢也。〔詩·鴻鴈〕「謂我宣｜」陳疏。○｜，壯貌。〔詩·碩人〕「四牡有｜」朱傳。○｜猶蹻蹻也。〔同上〕陳疏。○｜，寵之也。〔國策·秦策一〕「故｜張儀以五國」鮑注。○｜與趫，亦同義。〔廣雅·釋詁二〕「蹻，健也」疏證。○｜｜，張王之意。〔詩·甫田〕「維莠｜｜」朱傳。○｜鶩，馬行縱恣也。〔楚辭·遠遊〕「驂連蜷以｜鶩」補注。○｜蹇，謂不順也。〔通鑑·漢紀六〕「｜蹇，數不奉法」音注。○〔說文定聲·卷七〕不｜，無疥瘍也。〔北山經〕「晉水其中多鮆魚，食之不｜」。○｜，蓋喬字之借，喬，高也。〔詩·甫田〕「維莠｜｜」後箋。○〔說文定聲·卷七〕｜，段借為喬，字亦變作憍。〔公羊傳襄公一九年〕「為其憍蹇」。○〔同上〕｜段借為矯。〔周書·皇門〕「譬若畋犬｜用逐禽」。○〔同上〕｜段借為趫。〔詩·碩人〕「四牡有｜」。○〔同上〕｜段借為蟜。〔中山經〕「平逢之山有神焉，其狀如人而二首，名曰｜蟲」。○〔同上〕｜段借為搔。〔北山經〕「晉水其中多鮆魚，食之不｜」。○〔同上〕｜段借為獢。〔詩·駟鐵〕「載獫歇｜」。○〔同上〕｜，毛本以駒為之，駒、｜雙聲。〔說文〕「｜，馬高六尺為｜，从馬，喬聲，詩曰我馬維｜」。○憍，古通作｜。〔廣雅·釋詁三〕「憍，傷也」疏證。○｜與憍同。〔詩·巷伯〕「｜人好好」陳疏。○｜，元作憍。〔國策·魏策一〕「智伯必｜」鮑注。○憍與｜同。〔管子〕「惕而有大慮」雜志。○｜，魯作喬。〔詩·甫田〕「維莠｜｜」集疏。○｜，魯、齊作獢。〔詩·駟驖〕「在獫歇｜」集疏。○｜當作撟，謂撟君也。〔韓子·八說〕「人臣輕上曰｜」集解引孫詒讓。○｜，俗本作嬌。〔說文〕「嫿，｜也」段注。

**憍**　｜，憐也。〔廣韻·宵部〕○｜，恣也。〔大戴·武王踐阼〕「戒之｜」王詁。又〔廣韻·宵部〕。○自恣為｜，淩他為慢。〔慧琳音義·卷二〕引〔玉篇〕。○｜，慢。〔卷六〕引〔玉篇〕。○｜，矜也。〔楚辭·抽思〕「｜吾以其美好兮」補注。又〔慧琳音義·卷一八〕。又〔集韻·宵部〕。○｜，謂自矜。〔慧琳音義·卷五一〕引顧野王。○｜，縱恣也。〔卷五一〕○｜，自矜伐縱恣媟慢也。〔大般若經·卷四七〕「｜舉」音義引顧野王。○｜，傷也。〔慧琳音義·卷一八〕○｜，正也。〔卷一三〕○｜｜，高仰也。〔集韻·宵部〕○｜尸迦，梵語，即天主帝釋之別號也。〔大般若經·卷七七〕「｜尸迦」音義。○｜通作驕。〔釋訓〕「旭旭，｜也」郝疏。又〔集韻·宵部〕。○｜，本亦作驕。〔廣韻·宵部〕○｜，古通作驕。〔廣雅·釋詁三〕「｜，傷也」疏證。○｜與驕同。〔管子〕「惕而有大慮」雜志。○｜，即驕字。〔國策·卷中〕「知伯必｜」札記。○｜，即驕字，經典俱借驕為｜。〔荀子·榮辱〕「惕悍｜暴」集解引郝懿行。○｜泄，即驕泰之異文。〔荀子·榮辱〕「｜泄者」集解引王念孫。

**嬌**　｜，女字。〔廣韻·宵部〕○｜，亦態。〔同上〕○｜極即高絅。〔漢書·古今人表〕「｜極」補注引錢大昭。○｜，驕之借字。〔漢書·罽賓國傳〕「無欲則丨嫚」補注。○丨即驕字。〔說文〕「嫶，驕也」段注。○丨即驕之俗字。〔方言一二〕箋疏。○丨，乃驕之俗字耳。〔說文〕「怚，驕也」段注。

**焦** 丨，傷火也。〔慧琳音義・卷三〇〕引〔考聲〕。又〔卷三〇〕引〔考聲〕。又〔廣韻・宵部〕。○丨，熱也。〔太素・順養〕「肺氣丨漏」楊注。○丨，卷。〔國策・魏策四〕「衣丨不申」補正。○丨，義近盡。〔說文〕「潐，盡也」段注。○且月為丨。〔通雅・卷一〕○瘲、嘄、丨，並字異而義同。〔廣雅・釋詁三〕「瘲，縮也」疏證。○丨，在今陝西西安府三原縣。〔說文定聲・卷六〕○丨嶢，山高皃。〔說文〕「堯，高也」段注。○嶕嶢、丨嶢，並字異而義同。〔廣雅・釋詁四〕「嶕嶢，高也」疏證。○丨煙之訓為臭，謂聲臭之臭也。〔廣雅・釋器〕「丨煙，臭也」疏證。○鳥之極大與極小者皆曰丨鶵。〔說文定聲・卷七〕(「嶢」下)○丨泌，三丨泌于三隧也。〔通雅・卷一八〕○丨、譙，古通用。〔左傳僖公二三年〕「遂取丨夷」疏證引惠棟。○丨、譙可通用。〔漢書・京房傳〕「事梁人丨延壽」補注。○〔說文定聲・卷六〕丨段借為譙。〔淮南・主術〕「擒之丨門」。○(同上)丨段借為鐎。〔周禮・鬱人〕注「以煮之丨中」。○丨，讀為瘲。〔戰國策〕「衣丨不申，頭塵不去」雜志。○丨，讀為摧。〔荀子・議兵〕「若以丨熬投石焉」平議。又(同上)集解引俞樾。○丨，本皆作燋，俗。〔釋名・釋言語〕「燥，丨也」疏證。○丨，〔魯語〕作僬。〔說文〕「僥，南方有丨僥人長三尺，短之極也」段注。○〔說文定聲・卷六〕丨，字亦作僬。〔海外南經〕「丨僥國」。○(同上)丨，字亦作膲。〔淮南・天文〕「月死而蠃蛖膲」。○(同上)丨，字亦作蟭。〔釋蟲〕「蜱蛸」注「一名蟳蟭蟷蠰卵也」。○(同上)丨，字變作嶕。〔廣雅・釋詁四〕「嶕嶢，高也」。○丨火，〔莊子・逍遥遊〕作爝火。〔呂覽・求人〕「丨火不息」校正引梁仲子。○丨國即譙國。〔通雅・卷一六〕○丨朋，〔文選〕作鷦鵬。〔漢書・司馬相如傳〕「猶丨朋已翔乎寥廓」補注。

**爑** 丨，籀文焦。〔廣韻・宵部〕○丨，或借燋字。〔說文〕「丨，火所傷也」義證。

**蕉** 丨，生枲也者，未練治也。〔說文〕「丨，生枲也」義證。○丨，麻未漚治者。〔說文定聲・卷六〕○丨，薪樵也。〔呂覽・不屈〕「丨大大鉅」校正。○丨葛，葛之細者。〔文選・吳都賦〕「丨葛升越」集釋。○丨萃猶憔悴也。〔左傳成公九年〕「無棄丨萃」洪詁。○丨、樵，古字通用。〔義府・卷下〕○丨與焦通。〔莊子・人間世〕「澤若丨」集釋。○〔說文定聲・卷六〕丨段借為焦。〔廣雅・釋器〕「丨，黑也」。○(同上)丨段借為醮。〔左傳成公九年〕「無棄丨萃」。○丨萃，〔史記索隱〕作顦悴，丨萃為借字。〔左傳成公九年〕「無棄丨萃」疏證引李富孫。○丨，芭丨。〔廣韻・宵部〕○丨，今俗以此為芭丨字。〔說文〕「丨，生枲也」段注。○〔說文定聲・卷六〕丨，後世以為芭丨字。〔吳都賦〕「丨葛升越」。○〔列子〕書以丨為樵。〔說文〕「樵，散木也」段注。○丨與樵同。〔廣雅・釋木〕「蕉，薪也」疏證。○丨，亦同樵。故可訓芟夷。〔莊子・人間世〕「死者以國量乎澤若丨」集釋引盧文弨。○丨當作焦。〔呂覽・不屈〕「豎子操丨火而鉅」平議。○顦悴即丨萃之異文。〔左傳成公九年〕「無棄丨萃」疏證引錢氏。

**椒** 丨，木名。〔廣韻・宵部〕○丨，樹似茱萸，有針刺，其實味辛而香烈。〔詩・椒聊〕「丨聊且」朱傳。○丨，謂秦丨及蜀丨也。〔說文〕「茮，茮菉」義證引〔急就篇〕顏注。○丨，芬芳之物也。〔詩・東門之枌〕「貽我握丨」朱傳。○丨聊，香草也。〔詩・椒聊〕「丨聊且」集疏。○丨聊，丨、聊疊韻，單呼曰丨，絫呼曰丨聊。〔詩・椒聊〕「丨聊之實」後箋引段玉裁。○土高四墮曰丨邱。〔廣雅・釋邱〕疏證引〔文選〕注。○丨糈，以丨香米饊也。〔離騷〕「懷丨糈而要之」補注引孟康。○皇后稱丨房。〔說文〕「茮，茮菉」義證引〔漢官儀〕。○丨圖，龍之一子，似螺，師其閉户，故立丨圖于門，一曰螺首。〔通雅・卷三八〕○萩、菽、丨，古並通。〔左傳文公九年經〕「楚子使丨來聘」疏證引王引之。○丨，〔說苑〕作湫，湫與丨古字通。〔左傳哀公元年〕「吳王夫差敗越于夫丨」洪詁。○狄當為秋，秋者，丨之假借，古聲丨與秋同。〔春秋名字解詁〕「周劉狄字伯蚠」述聞。○丨，山巔。〔廣韻・宵部〕○丨本木名，言山丨者，當為嶕之借字。〔文選・泛湖歸出樓中翫月〕「裴猿響山丨」集釋。○丨，段借為埱。〔說文〕「埱，气出土也」段注。○〔三家〕丨作馥。〔詩・載芟〕「有丨其馨」集疏。○〔穀梁〕丨作菽。〔左傳文公九年經〕「楚子使丨來聘」洪詁。○丨舉，〔外傳〕作湫舉。〔左傳襄公二六年〕「丨舉娶于申公子牟」洪詁。○丨舉，〔古今人表〕作湫舉。〔左傳昭公四年〕「使丨舉如晉」洪詁。

**茮** 丨同椒。〔廣韻・宵部〕○丨為椒字。〔說文〕「丨，丨菉」繫傳。○丨謂酒也。〔說文定聲・卷六〕

**燋** 丨，傷火也。〔廣韻・宵部〕○丨，炬火也，所以然火也。〔說文〕「丨，所以然持火也」義證引〔玉篇〕。○丨，義與蕉同。〔廣雅・釋器〕「蕉，黑也」疏證。○〔說文定聲・卷六〕丨段借為醮。〔淮南・氾論〕「丨而不謳」。○丨與焦同。〔管子〕「火暴」雜志。

**饒** 丨，益也。〔慧琳音義・卷一〇〕引〔考聲〕。又〔廣韻・宵部〕。○丨，猶益也。〔國策・趙策三〕「是我以三國丨中山而取地也」鮑注。○丨，飽也。〔慧琳音義・卷一〇〕引〔考聲〕。又〔廣韻・宵部〕。○丨，餘也。〔廣韻・宵部〕○丨，寬裕。〔說文〕「優，丨也」繫傳。○丨，引伸之凡有餘皆曰丨。(同上)段注。○丨，有餘裕也。〔通鑑・秦紀一〕「關中由是益富丨」音注。○丨，引以為凡甚之偁。〔說文〕「丨，飽也」段注。○近人索丨、討丨之語，皆謂已甚而求己也。(同上)○今蘇俗買物請益謂之討丨頭。〔說文定聲・卷七〕○丨段借為儌。(同上)○丨，當讀為僥。〔禮記・曲禮下〕「不丨富」述聞。○丨與儌同。(同上)○丨當作撓一，屈也。〔管子・版法解〕「則下丨」義證。○丨當為譊。(同上)平議。

**橈** 丨，曲也。〔慧琳音義・卷一二〕引〔考聲〕。又〔漢書〕「逗丨」雜志。又〔漢書・韓安國傳〕「廷尉當恢逗丨」補注引王念孫。○引伸之凡物曲弱並謂之丨。〔考工記〕「已敝則丨」孫正義。○丨，楫也。〔廣韻・宵部〕○丨與迟同義。〔漢書〕「逗丨」雜志。又〔漢書・韓安國傳〕「廷尉當恢逗丨」補注引王念孫。○棟丨，棟曲也。〔說文〕「丨，曲也」繫傳。○〔說文定聲・卷七〕丨，段借為燿。〔法言・重黎〕「分無安之丨」注「時榮也」。○(同上〕｜，或曰借為掉，亦通。〔淮南·主術〕「夫七尺之｜而制船之左右者，以水為資」。○官本｜並作撓。〔漢書·賈山傳〕「旌旗不｜」補注。○官本、南監本｜並作撓。〔漢書·叙傳〕「實｜實凶」補注。

**蕘**　｜，薪也。〔孟子·梁惠王下〕「芻｜者往焉」朱注。○艸曰｜、曰薪。〔說文定聲·卷七〕○｜，芻｜。〔廣韻·宵部〕○〔說文定聲·卷七〕｜，即〔詩〕之葑，〔爾雅〕之須，〔周禮〕之菁，亦名菘。〔方言三〕「｜，蕪青也」。○｜，蕪菁也。〔廣雅·釋草〕疏證。○｜，草初生貌也。〔慧琳音義·卷九一〕○初刈曰｜。〔說文〕「芻，刈草也」義證引趙宧光。○攀折木枝曰｜。〔公羊傳哀公一四年〕「薪采者也」陳疏引吳麦雲。○｜豎，刈草者也。〔通鑑·漢紀四三〕「或牧兒、｜豎薪刈其下」音注。○｜者，饒也。〔本草·卷一七〕

**燒**　｜，猶熬也。〔說文〕「椴，一曰｜麥柃椴也」段注。○自然為｜，以人為｜也。〔慧琳音義·卷九〕○｜，火也，然也。〔廣韻·宵部〕○〔通雅·卷二二〕初登第有｜尾宴，大臣獻食亦曰｜尾。〔邵氏聞見録〕「士人登第，必展歡宴，謂之｜尾」。○〔說文定聲·卷七〕｜，段借發聲之詞。〔後漢·馬援傳〕「｜虜」。

**遥**　｜，遠也，行也。〔廣韻·宵部〕○｜者，疾也。〔漢書〕「｜增擊而去之」雜志。又〔漢書·賈誼傳〕「｜增擊而去之」補注引王念孫。○｜，亦遠也。〔漢書〕「遠姚」雜志。○踞、｜、摇，義並相近。〔廣雅·釋詁二〕「踞，跳也」疏證。○｜興者，疾興也。〔漢書〕「遥興輕舉」雜志。○｜與摇同，古字通用。〔釋詁〕「摇，作也」郝疏。○｜，通作摇。〔方言六〕「｜，疾行也」箋疏。○｜與媱通。〔廣雅·釋詁一〕「媱，婬也」疏證。○｜與蕩與媱惕通。〔廣雅·釋詁三〕「媱惕，戲也」疏證。○｜、遠語之轉也。〔方言六〕「｜、廣，遠也」箋疏。○｜蕩、佚傷、遥窕，一聲之轉。〔方言六〕箋疏。○｜遥同，或作繇。〔方言六〕「｜，疾行也」箋疏。○｜，亦作遥。〔同上〕疏證。○｜與遥同。〔廣雅·釋訓〕「遥遥，行也」疏證。○｜字俗，當作繇。〔釋名·釋車〕「軺車，軺，｜也」疏證。

**傜**　｜，役也。〔廣韻·宵部〕○｜役者，隨從而為之者也。〔說文〕「繇，隨從也」段注。○｜，使也。又喜也。〔廣韻·宵部〕○｜，通作繇。〔說文〕「｜，喜也」句讀。○｜，通作摇。〔同上〕○｜，亦作傜。〔方言六〕「｜，衺也」疏證。

**姚**　｜，｜悦，美好兒。〔廣韻·宵部〕○｜，亦遠也。〔荀子·榮辱〕「其功盛｜遠矣」集解引王引之。又〔同上〕雜志。○人之美好可喜者謂之｜娧。〔方言五〕箋疏。又〔廣雅·釋詁一〕「｜娧，好也」疏證。○｜莖，菥蓂也，擢莖高於薺而相似。〔釋艸〕「｜莖，涂薺」鄭註。○｜｜，猶繇繇也，亦與遥遥、陶陶通聲。〔通雅·卷九〕○｜，通作窕。〔說文〕「｜，或為｜嬈也」義證。○窕與｜通。〔廣雅·釋詁一〕「｜娧，好也」疏證。○｜可通摇。〔文選·曲水詩序〕集釋。○〔說文定聲·卷七〕｜段借為遥。〔荀子·榮辱〕「其功盛｜遠矣」。○｜，段借為嫯。〔說文定聲·卷七〕○｜，段借為挑。〔同上〕○｜段借為嬥。〔同上〕○｜讀為遥。〔漢書〕「遠｜」雜志。又〔漢書·禮樂志〕「雅聲遠｜」補注引王念孫。○｜娧，聲轉為容閱、容悦。〔方言一一〕「｜娧，好也」箋疏。○｜娧、摇悦並與銚鋭同。〔方言五〕「盌或謂之銚鋭」箋疏。○｜侯，〔史·表〕作桃侯。〔漢書·百官公卿表〕「｜丘侯劉舍為太僕」補注引沈欽韓。

**摇**　｜，動也，作也。〔廣韻·宵部〕○｜者，掉之不及也。〔說文〕「掉，｜也」段注。○｜，旁｜也。〔說文〕「沖，涌繇也」段注。○｜亦躍也，方俗語有輕重耳。〔廣雅·釋詁一〕「｜，上也」疏證。○｜與踞，聲同義亦相近。〔方言一〕「踞，跳也」箋疏。○踞、遥、｜，義並相近。〔廣雅·釋詁二〕「踞，跳也」疏證。○南方有鳥赤質五色曰｜。〔說文〕「雉，有十四種」義證引〔白帖〕。○｜｜即遠貌。〔漢書·五行志〕「遠哉｜｜」補注引王念孫。○｜｜，無所定也。〔詩·黍離〕「中心｜｜」朱傳。○｜裔，隨風兒。〔慧琳音義·卷一二〕○｜辭即動言。〔管子〕「操辭」雜志。○｜扤即｜刖。〔通雅·卷七〕○｜捎猶掉捎也，一作｜消。〔廣雅·釋詁一〕「掉捎，動也」疏證。○掉捎、跳踃、｜捎，並聲近而義同。〔同上〕○｜悦、銚悦、姚娧，其義一也。〔方言一二〕「姚娧，好也」箋疏。○｜愮古通用。〔方言一〇〕「｜療，治也」疏證。○｜與愮通。〔方言一二〕「愮，悖也」箋疏。○｜通遥。〔左傳莊公二二年〕疏證。○｜通作遥，並作遥。〔方言二〕「｜，疾也」箋疏。○｜與遥通。〔廣雅·釋詁一〕「｜，疾也」疏證。又〔漢書〕「遥增擊而去之」雜志。又〔漢書〕「遥興輕舉」雜志。○〔說文定聲·卷六〕｜段借為踞。〔楚辭·九章〕「願｜起而横奔兮」。○〔同上〕｜段借為鷂。〔釋名·釋衣服〕「｜翟，畫｜雉之文於衣也」。○〔同上〕｜，以猶為之。〔禮記·檀弓〕「咏斯猶」。○〔同上〕｜，以揄為之。〔素問·骨空論〕「揄臂齊肘」。○｜，為愮之假借，憂無告也。〔詩·黍離〕「中心｜｜」後箋。○｜｜，即愮愮之假借。〔同上〕通釋。○｜｜，即愮愮。〔釋詁〕「繇，憂也」郝疏。○｜與遥同。〔釋詁〕「｜，作也」郝疏。○｜，又與愮同。〔同上〕○｜，又與踞同。〔同上〕○｜與愮同，亦作恌。〔方言一〇〕「愮，治也」箋疏。○〔說文定聲·卷六〕｜，字亦作愮。〔廣雅·釋詁三〕「愮，亂也」。○｜當為榣。〔說文〕「櫜，木葉｜白也」義證。又〔說文〕「榣，樹｜兒」義證。○三家｜作愮。〔詩·黍離〕「中心｜｜」集疏。○三家｜作颻。〔詩·鴟鴞〕「風雨所漂｜」集疏。○｜，一本作瑶。〔墨子·所染〕「智伯｜染於智國張武」閒詁引畢沅。○｜，〔漢紀〕作繇字。〔漢書·惠帝紀〕「立閩越君｜為東海王」補注引錢大昭。○｜｜，諸刊本作遥遥，遥俗字。〔左傳昭公二五年〕「遠哉｜｜」洪詁。○｜光，〔淮南·本經〕作瑶光。〔漢書·天文志〕「魁枕參首」補注。

**謡**　｜，徒歌也。〔大戴·保傳〕「號呼歌｜聲音不中律」王詁。○徒歌曰｜。〔詩·園有桃〕「我歌且｜」朱傳。又〔國策·中山策〕「觀人民｜俗」鮑注。

又〔通鑑・周紀四〕「齊小兒｜曰」音注。○｜，謂｜言也。〔離騷〕「｜諑謂余以善淫」補注。

**䚻** ｜，徒歌。〔集韻・尤部〕○獨歌謂之｜。〔説文〕「｜，徒歌也」義證引〔藝文類聚〕。○｜，謂無絲竹之類，獨歌之。〔説文定聲・卷六〕○｜，古讀若由。〔説文〕「｜，徒歌也」義證。○｜、謡，古今字也。（同上）段注。○｜，經傳皆作謡。〔説文定聲・卷六〕○｜，或作謡。〔集韻・宵部〕

**軺** ｜，使車。〔廣韻・宵部〕○一馬曰｜車，二馬曰｜傳。〔漢書・梅福傳〕「求假｜傳」補注引〔晉書・輿服志〕。○一馬則｜車，庶人所乘也。〔漢書・鮑宣傳〕「駕一馬」補注引沈欽韓。

○｜通迢。〔左傳莊公二二年〕疏證。

**瑤** ｜為美石。〔詩・生民〕「維玉及｜」通釋。○｜，美玉。〔廣韻・宵部〕○｜，美玉也。〔詩・木瓜〕「報之以瓊｜」朱傳。又〔楚辭・東皇太一〕「｜席兮玉瑱」補注。○｜，亦佩玉名。〔詩・木瓜〕「報之以瓊｜」後箋。○｜，玉之次。〔離騷〕「雜｜象以為車」戴注。○｜、爵，所以亞王酬賓也。〔周禮・内宰〕「凡賓客之祼獻｜爵皆贊」孫正義。○｜義與姚亦同。〔方言一三〕「姚，好也」箋疏。○｜華，麻花也。〔楚辭・大司命〕「折疏麻兮｜華」補注引謝靈運詩「｜華未敢折」説者云。○｜光，北斗杓星也。〔楚辭・遠游〕「騰羣鶴於｜光」補注。○｜與搖通。〔廣雅・釋詁三〕「搖，擊也」疏證。○｜，亦與姚同。〔廣雅・釋詁一〕「姚，好也」疏證。○｜，字或變作䔄。〔説文定聲・卷六〕

**韶** ｜，古者和樂之音皆謂之｜。〔説文〕「｜，虞舜樂也」義證引〔增韻〕。○｜，舜樂也，紹也。〔廣韻・宵部〕○｜者，紹也。〔公羊傳隱公五年〕注「舜曰簫｜」陳疏引〔春秋元命苞〕。○｜，紹也，言能紹堯之道也。〔説文〕「｜，虞舜樂也」繫傳。○｜，一曰美也。〔集韻・宵部〕○｜猶招也。〔左傳莊公二〇年〕「樂及偏舞」疏證。○｜，又訓昭。〔文選・封禪文〕「繼｜夏」集釋。○｜，亦訓明。（同上）○舜樂曰大｜。〔説文〕「｜，虞舜樂也」義證引〔樂動聲儀〕。○〔説文定聲・卷七〕｜，齊樂，亦冒｜名。〔論語〕「子在齊，聞｜」。○｜濩，殷成湯樂大濩也。〔左傳襄公二九年〕「見舞｜濩者」洪詁引賈逵。○｜箾，有虞氏之樂大｜也。〔左傳襄公二九年〕「見舞｜箾者」洪詁引服虔。○｜，〔周禮〕作磬。〔説文〕「｜，虞舜樂也」段注。○〔説文定聲・卷七〕｜，以招為之。〔獨斷〕「一曰大招」。○｜與磬、招同。〔廣雅・釋樂〕「簫｜，樂名」疏證。○｜，或作招。〔説文〕「｜，虞舜樂也」段注。○｜箾，〔史記〕作招箾。〔左傳襄公二九年〕「見舞｜箾者」洪詁。

**磬** ｜同韶。〔廣韻・宵部〕○韶，或作｜、招。〔集韻・宵部〕

**昭** ｜，明。〔詩・文王〕「宣｜義問」朱傳。又〔大明〕「｜事上帝」朱傳。又〔雲漢〕「｜假無贏」朱傳。又〔烝民〕「｜假于下」朱傳。又〔噫嘻〕「既｜假爾」朱傳。○｜，明也。〔大戴・四代〕「是以祭祀｜有神明」王詁。又〔少閒〕「故天子｜有神於天地之閒」王詁。又〔詩・鹿鳴〕「德音孔｜」朱傳。又〔文王〕「於｜于天」朱傳。又〔泮水〕「｜假烈祖」朱傳。又〔廣韻・宵部〕。又〔説文・敘〕「厥誼不｜」段注。○｜，亦明也。〔詩・既醉〕「介爾｜明」陳疏。○｜，引申為凡明之偁。〔説文〕「｜，日明也」段注。○｜者，明著之詞。〔國語・周語〕「｜人過」述聞。○｜，明也，所謂大明之上也。〔楚辭・天問〕「冥｜瞢闇」補注。○｜，引申之為人之明哲。〔説文〕「哲，｜哲，明也」段注。○｜，光。〔詩・雲漢〕「｜回于天」朱傳。○｜，光也。〔廣韻・宵部〕○｜，著也。（同上）○｜，覿也。（同上）○精誠表見曰｜。〔詩・噫嘻〕「既｜假爾」集疏。○釗者，勉也，義與｜相近。〔書・虞夏書序〕「｜我周王」孫疏。○｜，乃跖之子。〔史記・高祖功臣侯者年表〕「侯｜元年」志疑。○〔説文定聲・卷七〕｜，在今山西太原府祁縣東七里。〔釋地〕「燕有｜餘祁」。○｜｜，明也。〔孟子・盡心下〕「賢者以其｜｜」朱注。○｜，明，猶光大也。〔詩・既醉〕「介爾｜明」朱傳。○言其精誠之顯達曰｜假。〔詩・長發〕「｜假遲遲」通釋。○〔詩〕凡言｜假者，義為｜其誠敬以假神，｜其明德以假天。〔詩・噫嘻〕「既｜假爾」集疏。○｜質，謂明潔之質。〔離騷〕「惟｜質其猶未虧」戴注。○｜｜，小也。〔荀子・富國〕「｜｜然為天下憂不足」集解引王念孫。○｜兆，寶龜。〔左傳定公六年〕「成之｜兆」洪詁引賈逵。○｜容，猶古｜夏也。〔通雅・卷二九〕○｜涉，姓也，又作｜沙氏。〔史記・高祖功臣侯者年表〕「共侯｜涉掉尾」志疑。○｜卯，即孟卯也。〔韓子・外儲説左下〕「｜卯西説而秦韓罷」集解引顧廣圻。○九澤，總名之曰｜餘祁。〔漢書・地理志〕「九澤在北，是為｜餘祁」補注。○｜即韶也。〔説文〕「韶，虞舜樂也」義證引〔鹽鐵論〕「武｜不擊」。○｜、韶通用，｜，舜樂。〔漢書・司馬相如傳〕「繼｜夏」補注。○｜與韶通。〔書・君奭〕「｜武王惟冒」孫疏。○｜同詔。〔書・君奭〕「時｜文王」孫疏。○｜，讀如〔釋詁〕「詔亮左右」之詔。〔書・君奭〕「乃惟｜文王」述聞。○照與｜古通用。〔易・象傳〕「君子以自｜明德」平議。○｜通作照。〔釋詁〕「｜，見也」郝疏。○｜者，通作炤。（同上）○｜字古通作招。〔國語・周語〕「｜人過」述聞。○｜、〔漢・表〕名招，古字通用。〔史記・王子侯者年表〕「侯｜」志疑。○｜、釗，皆紹之叚借。〔釋詁〕「釗，見也」郝疏。○〔説文定聲・卷七〕｜叚借為韶。〔史記・李斯傳〕「｜虞武象」。○｜當讀為隉。〔禮記・祭法〕「埋少牢於泰｜」平議。○｜與釗聲相近。〔書・文侯之命〕「克左右｜事厥辟」孫疏。○蔡｜吳，〔左氏〕、〔穀梁〕作蔡朝吳，朝、｜字通。〔公羊傳昭公一五年經〕「夏蔡｜吳奔鄭」陳疏。○照記與｜詔同。〔廣雅・釋詁三〕「詔，告也」疏證。○｜，〔三體石經〕作邵。〔書・文侯之命〕「｜升于上」孫疏。○｜，〔釋詁〕注引作釗。〔書・虞夏書序〕「｜我周王」孫疏。○｜，〔説文〕作佋。〔左傳定公四年〕「曹，文之｜也」洪詁。○｜，〔史記〕作招。〔左傳襄公二八年經〕「楚子｜卒」洪詁。○｜，或作苕。〔廣雅・釋地〕「｜華，玉」疏證。○｜當作明。〔韓子・外儲説左下〕「｜卯西説而秦韓罷」集釋引俞樾。○｜，〔國策〕、〔新書〕、〔漢書〕、〔文選〕並作召。〔史記・始皇本紀〕「｜滑」志疑。○｜，〔陳涉世家〕作邵。（同上）

**招**｜，以手評。〔釋言〕「徵，召也」郝疏。○｜，｜呼也。〔廣韻・宵部〕○｜，｜要也。〔說文〕「｜，手呼也」義證引〔玉篇〕。○以手曰｜。〔說文定聲・卷七〕○｜，來也。〔廣韻・宵部〕○｜，致也。〔呂覽・本生〕「命之曰｜蹷之機」校正。又〔文選・七發〕「雖令扁鵲治內」集釋引畢沅。○｜，言召兵。〔國策・魏策二〕「兵為｜質」鮑注。○｜，罥也，羈其足也。〔孟子・盡心下〕「又從而｜之」朱注。○｜，即旳字。〔說文〕「埻，㙛旳」段注。○｜，旳也。〔戰國策〕「以其類為｜」雜志。○｜，射之旳也。〔管子〕「倍｜而必拘之」雜志。○｜，古義訓為舉也。〔漢書・嚴助傳〕「欲｜會稽之地」補注。○｜，危也。〔大戴・四代〕「小無｜大」王詁。○｜固樂之通名也。〔通雅・卷二九〕○｜｜，號召之貌。〔詩・匏有苦葉〕「｜｜舟子」朱傳。○｜權，謂作為形勢｜權歸也。〔漢書・季布傳〕「辯士曹丘生數｜權顧金錢」補注引劉攽。○今俗語謂煽惑人為｜搖，當用此從木二字（柖榣），謂能｜致而搖動也。〔說文〕「榣，樹動也」段注。○｜搖一星，在北斗杓間。〔楚辭・離世〕「撫｜搖以質正」補注引〔隋志〕。○北斗魁第八星曰｜搖。〔通雅・卷一二〕○｜｜，迢迢也。〔通雅・卷一〇〕○｜德即明德。〔國語・周語〕「｜人過」述聞。○逍遙、｜搖、消搖、消搖，並字異而義同。〔廣雅・釋訓〕「逍遙，儴徉也」疏證。○｜、韶、磬，字並通。〔墨子・三辯〕「又脩九｜」閒詁。○｜、昭古通用。〔國語・楚語〕「明｜利以道之文」平議。○｜、昭音同字亦通。〔文選・封禪文〕「｜翠黃乘龍於沼」集釋。○｜與韶通。〔左傳昭公一二年〕「祭公謀父作祈｜之詩」洪詁。○｜、旳古聲相近，故字亦相通也。〔戰國策〕「以其類為｜」雜志。○｜與翹通。〔廣雅・釋詁一〕「翹，舉也」疏證。○｜、翹字訓通。〔漢書・五行志〕「而好盡言｜人過」補注。○〔說文定聲・卷七〕｜叚借為旳。〔呂覽・本生〕「共射其一｜」。○（同上）｜叚借為昭。〔周語〕「好盡言以｜人過」。○（同上）｜叚借為紹。〔孟子〕「又從而｜之」。○（同上）｜叚借為韶。〔左傳昭公一二年〕「祈｜之時」。○（同上）｜叚借為撟。〔列子〕「孔子勁能｜國門之關」。○（同上）｜叚借為翹。〔繁陽令楊君碑〕「三公並｜」。○｜，讀曰翹。〔大戴・四代〕「小無｜大」王詁。○｜，讀為翹。〔莊子・駢拇〕「自虞氏｜仁義以撓天下也」平議。○｜，訓舉者皆讀為翹。〔漢書・五行志〕「而好盡言以｜人過」補注引沈欽韓。○｜與喬音相近。〔墨子・親士〕「｜木近伐」閒詁。○｜，讀如〔孟子〕「又从而｜之」之｜。〔管子・七法〕「猶倍｜而必拘之」義證。○｜之即豖之也。〔說文〕「豖，豖絆足行豖豖也」段注。○｜，賈逵本作昭。〔左傳昭公一二年〕「祭公謀父作祈｜之詩」洪詁。○｜，或作苕或作遙。〔左傳昭公八年〕「屬諸司徒｜與公子過」洪詁引〔史記索隱〕。○｜，作暴。〔國語・周語〕「好盡言以｜人過」述聞。○｜，一作旳。〔呂覽・數盡〕「反修于｜」校正。○｜作昭。〔史記・十二諸侯年表〕「楚康王｜元年」志疑。○〔史・表〕｜作昭。〔漢書・王子侯表〕「思侯｜嗣」補注。○｜，官本作詔。〔漢書・禮樂志〕「故孔子適齊聞｜」補注。○韶、磬、｜同字，並以紹繼為義。〔漢書・禮樂志〕「｜，繼堯也」補注。○〔說文定聲・卷七〕｜搖，正字可作柖榣。〔甘泉賦〕「徘徊｜搖」。○雲翹即雲｜。〔漢書・五行志〕「而好盡言㠯｜人過」補注。○｜繇，一本作皋陶。〔漢書・揚雄傳〕「｜繇泰壹」補注引宋祁。○｜丘，〔左氏〕、〔穀梁〕作苕丘。〔公羊傳成公一六年經〕「晉人季孫行父舍之于｜丘」陳疏。○〔史記〕｜搖，〔漢書〕作消搖，〔文選〕作消搖。〔廣雅・釋訓〕「逍遙，儴徉也」疏證。

**颻**｜，回風暴起，從下而上。〔說文定聲・卷七〕○｜，又通作飄。〔說文〕「｜，扶搖風也」義證。○｜與猋通。〔廣雅・釋詁四〕疏證。○｜者，扶搖之合聲也。（同上）○｜，俗誤作颾。〔說文定聲・卷七〕

**標**｜，木杪也。〔廣韻・宵部〕○｜，亦末也。〔說文〕「剽，砭刺也」段注引〔素問・標本病傳論〕。○｜，猶杪末也。〔墨子・經說下〕「本短｜長」閒詁引畢沅。○高遠之木枝曰｜。〔說文定聲・卷七〕（「杪」下）○人多言｜置言若樹杪之高置也。〔說文〕「｜，木｜末也」繫傳。○｜，引伸之義曰｜舉。〔說文〕「｜，木杪末也」段注。○｜，舉也。〔慧琳音義・卷一二〕引〔集訓〕。又〔卷七六〕引〔考聲〕。又〔廣韻・宵部〕。○｜，牌也。〔慧琳音義・卷七六〕○｜，書也，書板為牓。〔慧琳音義・卷一二〕引〔集訓〕。○｜，表也。〔通鑑・晉紀二〕「立｜簡試」音注。○｜之言表也。〔說文〕「｜，木｜末也」繫傳。○古謂本末曰本｜，亦作本剽。〔說文〕「｜，木杪末也」段注。○｜、剽、幖並通。〔廣雅・釋器〕「幖，幡也」疏證。○〔說文定聲・卷七〕｜叚借為幖。〔遊天台賦〕「赤城霞起而建｜」。○｜讀為剽。〔管子・侈靡〕「廉以｜人」平議。○｜，或作幖。〔慧琳音義・卷一二〕○〔說文定聲・卷七〕｜，字亦以飄為之，作翲。〔史記・太史公自序〕「閒不容翲忽」。

**杓**｜即勺也。〔禮記・禮器〕「樿｜」集解。○｜，猶標也。〔說文〕「｜，枓柄」繫傳。又〔廣雅・釋詁一〕「｜，末也」疏證。○｜，北斗柄星。〔廣韻・宵部〕○｜，北斗之柄第一星取此為名。〔說文〕「｜，枓柄」繫傳。○衡、｜，皆妖氣也。〔淮南〕「衡｜」雜志。○〔說文定聲・卷七〕｜叚借為摽。〔淮南・道應〕「孔子勁｜北門之關」。

**鑣**｜，馬銜也。〔詩・駟驖〕「輶車鸞｜」朱傳。○｜者，馬銜也。〔說文〕「鑾，人君乘車四馬｜八鑾」段注。○｜者，馬銜外鐵。〔詩・碩人〕「朱幩｜｜」朱傳。○銜與旁鐵統謂之｜。（同上）集疏。○｜，今之馬銜上排沫也。〔慧琳音義・卷九三〕○｜，馬銜橫貫口中，其兩端外出者系以鑾鈴。〔說文〕「｜，馬銜也」段注。○｜，銜之兩耑出口外者，系以鑾鈴與扇汗之幩。〔說文定聲・卷七〕○｜之言苞也，所以包斂馬口者也。〔說文〕「｜，馬銜也」義證引〔急就篇〕顏注。○｜｜，盛也。〔詩・碩人〕「朱幩｜｜」朱傳。○｜｜、麃麃、儦儦、瀌瀌，義並同也。〔廣雅・釋訓〕「｜｜，盛也」疏證。○〔說文定聲・卷七〕｜，古文以苞為之。〔儀禮・既夕禮記〕「約綏約轡木｜」。

**瓢** —，瓠也。〔說文〕「—，蠡也」義證引〔古今注〕。○—，瓠瓜也。(同上)義證引〔玉篇〕。○—，半瓠也。〔慧琳音義・卷九五〕引〔考聲〕。○以一瓠劙為二曰—。〔說文〕「—，蠡也」段注。○一瓠劙為二曰—。〔說文定聲・卷七〕○—、瓠、瓠臚、匏，實一物也。〔方言五〕「勺，或謂之—」箋疏。○—、浮古同聲。〔廣雅・釋草〕「薸，蓱也」疏證。

**苗** —者，禾也。〔說文〕「莠，禾粟下揚生莠也」段注。○禾之始生曰—，對本言之，則為末也。〔廣雅・釋詁一〕「—，末也」疏證。○穀未秀曰—。〔說文定聲・卷一〇〕(「禾」下)○—，本禾未秀之名，因以黍稷未秀者亦通稱為—。〔公羊傳莊公六年〕注「—者，禾也」陳疏引臧庸。○—，穀之始生曰—，草之始生亦曰—。〔詩・白駒〕後箋引〔詩緝〕。○—，本禾未秀之名，因以為凡艸木初生之名。〔說文〕「—，艸生於田者」段注。○—，田—。〔廣韻・宵部〕○—，即蓧也。〔說文〕「蓨，—也」義證。○—，猶杪也。〔廣雅・釋詁一〕「—，末也」疏證。○—，求也，衆也，禾秀也。〔廣韻・宵部〕○—，狩獵之通名。〔詩・車攻〕「選徒囂囂」朱傳。○夏獵曰—。〔廣韻・宵部〕○沅靖貴州之蠻，通謂之—。〔通雅・卷一四〕○〔說文定聲・卷七〕—段借為民，民、—雙聲。〔法言・重黎〕「秦楚播其虐于黎—」。○(同上)—段借為獠。〔爾雅〕「夏獵為—」。○(同上)—段借為杪。〔廣雅・釋詁一〕「—，末也」。○古或假—為茅。〔說文〕「—，艸生於田者」段注。○—讀為芼。〔釋天〕「夏獵為—」平議。○—同矛。〔墨子・備水〕「人擅—」閒詁引畢沅。○許書以—為貓也。〔說文〕「虦，虎竊毛謂之虦—」段注。

**貓** 狸之搏鼠者曰—。〔廣雅・釋獸〕「狸，—也」疏證。○—，似虎而淺毛。〔詩・韓奕〕「有—有虎」朱傳。○—，其名自呼。〔本草・卷五一〕○猫，俗—字。〔廣韻・宵部〕

**要** —，猶腰也。〔說文〕「—，身中也」繫傳。○—，裳—。〔詩・葛屨〕「—之襋之」朱傳。○裳耑曰—。〔說文定聲・卷五〕(「襋」下)○—，謂裳之上半也。〔禮記・玉藻〕「縫齊倍—」集解。○—，乃人衣帶下之—。〔詩・葛屨〕「—之襋之」後箋引段玉裁。○—者，衣裳之際也。〔漢書・終軍傳〕「—衣裳」補注引郭嵩燾。○—，謂中。〔國策・秦策四〕「—絕天下也」鮑注。○—，猶挾也。〔漢書・龔勝龔舍傳〕「使者—說」補注引周壽昌。○—，—結也。〔通鑑・周紀三〕「太子—黨聚衆」音注。○—，約也。〔國策・秦策四〕「以絕從親之—」鮑注。又〔漢書・南粵傳〕「—以用漢法」補注。○—，成也。〔詩・擇兮〕「倡予—女」朱傳。又(同上)集疏。○—，猶迎也。〔詩・桑中〕「—我乎上宮」朱傳。○—，求。〔孟子・公孫丑上〕「非所以—譽於鄉黨朋友也」朱注。○—，求也。〔孟子・萬章上〕「人有言伊尹以割烹—湯有諸」朱注。○—，有挾而求也。〔論語・憲問〕「雖曰不—君」朱注。○—，徼也。〔大戴・千乘〕「崩本以—閒」王詁。○—，亦徼也。〔慧琳音義・卷七〇〕○—，召也。(同上)○—，呼也。(同上)○—者，為其罪法之—辭也。〔書・多方〕「其戰—囚之」孫疏。○—領，斬刑也。〔國策・魏策二〕「自使有—領之罪」鮑注。○—眇，精微貌。〔楚辭・遠遊〕「神—眇以淫放」補注。○徼，字通—，又作邀。〔廣雅・釋詁二〕「—，遮也」疏證。○〔說文定聲・卷七〕—段借為就，就、—雙聲。〔詩・擇兮〕「倡予—女」。○(同上)—段借為約。〔左傳文公六年〕「由質—」。○(同上)—段借為徼。〔孟子〕「以—人爵」。○—，腰正字。〔墨子・魯問〕「斧鉞鉤—」閒詁引畢沅。○—，舊作腰，俗寫。〔墨子・兼愛中〕「好士細—」閒詁引畢沅。○—，今作腰。〔廣韻・宵部〕○—，今字作腰。〔說文定聲・卷七〕○—與腰同。〔楚辭・哀時命〕「欲伸—而不可得」補注。○—，俗作罥。〔說文〕「褽，一曰弩—」段注。○—當作邀。〔漢書・匈奴傳〕「大將軍霍光欲發兵—擊之」補注引錢大昭。○〔說文定聲・卷七〕—，字亦作喓。〔詩〕「喓喓草蟲」。

**腰** —，人身之中。〔國策・魏策四〕「梁者，山東之—也」鮑注。○—舟，即中流之一壺也，前人方言有—舟之語。〔通雅・卷三四〕○〔通雅・卷四〇〕帶一圍，亦名一—，猶一稱一領也。〔老學菴筆記〕「周武帝賜李賢御十三環金帶一—是也」。

**邀** —，循也。〔慧琳音義・卷二九〕引〔古今正字〕。○—，求也。〔卷七〕引〔字書〕。○—，要求也。〔左傳成公一三年〕「豈敢—亂」洪詁引〔漢書集注〕。○—者，要其情也。〔說文〕「覈，乍—遮其辭得實曰覈也」繫傳。○—，遮也。〔慧琳音義・卷七〕引〔考聲〕。○—，—遮。〔廣韻・宵部〕○—，亦順也。〔莊子・知北遊〕「—於此者」平議。

**鴞** —，惡聲鳥也。〔說文〕「—，鴟—，寧鴂也」繫傳。○—，惡聲之鳥也。〔詩・泮水〕「翩彼飛—」朱傳。○〔說文定聲・卷七〕—即桃蟲、鷦鷯也。〔說文〕「—，鴟—，鸋鴂」。○(同上)—段借為梟。劉向〔九歎〕「鴟—集于木蘭」。○〔說文定聲・卷一二〕—，字當作梟。〔楚辭・憂苦〕「鴟—集于木蘭」。(「雖」下)○〔史記〕—作梟。〔漢書・賈誼傳〕「鴟—翱翔」補注。

**喬** 上句曰—。〔說文〕「朻，高木也」繫傳。○木上句曰—。〔說文〕「—，高而屈也」繫傳。○上竦枝曰—。〔詩・漢廣〕「南有—木」朱傳。○—木上竦，少陰之木。(同上)集疏引魯說。○—，上曲也。〔說文〕「—，高而曲也」繫傳。○—，高。〔詩・伐木〕「遷于—木」朱傳。○—，高也。〔詩・般〕「嶞山—嶽」朱傳。又〔廣韻・宵部〕。又〔太素・知鍼石〕「搖—足胻獨陷者也」楊注。○—謂昂首也。〔說文〕「父，榘也」義證。○大曰—。〔說文定聲・卷七〕(「簥」下)○—亦作蹻，皆疾健皃。〔太素・陰陽喬脈〕「—脈安起安止」楊注。○—，本為羽飾之名。〔詩・清人〕「二矛重—」通釋。○—與蹻，繚與蹽，並同義。〔廣雅・釋言〕「蹽，蹻也」疏證。○—通作橋。〔釋詁〕「—，高也」郝疏。○—，又通作嶠。(同上)○—，又通作僑。(同上)○古—高通用。〔說文〕「歐陽—說，离，猛獸也」段注。○—，或借橋字。〔說文〕「—，高而屈也」義證。○—，又借驕字。(同上)義證。○—，亦借驕字。〔同上〕句讀。○〔說文定聲·卷七〕丨段借為蹻。〔漢書·揚雄傳〕「嶠高舉而大興」。○〔同上〕丨，經傳多以驕為之。〔禮記·樂記〕「齊音傲辟丨志」。○丨、磬，一聲之轉。〔釋樂〕「大磬謂之馨」郝疏。○丨，魯一作嶠。〔詩·時邁〕「及河丨嶽」集疏。○〔說文定聲·卷七〕丨，字亦變作嶠。〔爾雅·釋山〕「銳而高，嶠」。

**橋** 丨，水丨也。〔說文〕「丨，水梁也」義證引〔蓺文類聚〕。○丨，水梁也。〔廣韻·宵部〕○丨，渡水梁也。〔慧琳音義·卷一二〕○東楚謂丨為圯。〔說文〕「丨，水梁也」義證引〔蓺文類聚〕。○丨，駢木為之者。〔說文定聲·卷七〕○丨即欙也。〔同上〕○丨，桔皋也。〔墨子·備穴〕「以丨鼓之」閒詁引畢沅。○上竦無枝曰丨。〔詩·山有扶蘇〕「山有丨松」朱傳。○凡器有橫梁者，工匠皆呼曰丨。〔通雅·卷三五〕○丨，為取水於下之器，聲義與撟並相近。〔方言二〕「撟，選也」箋疏。○丨之言矯也，矯然也。〔說文〕「丨，水梁也」繫傳。○丨，矯借字，言馬驤首之狀。〔漢書·揚雄傳〕「萬騎屈丨」補注。○丨山，有水自縣北穿山而過，山若丨然，因以為名。〔漢書·地理志〕「丨山在南」補注引〔舊志〕。○丨大，謂高明廣大也。〔大戴·衛將軍文子〕「其丨大人也常以皓皓」王詁。○丨松，言高松也。〔詩·山有扶蘇〕「山有丨松」集疏。○丨丨、佼佼、翹翹、蹻蹻，即矯矯喬起之聲意也。〔通雅·卷九〕○丨引、案杌，言矯摩也。〔通雅·卷一八〕○丨、喬古通。〔詩·山有扶蘇〕「山有丨松」集疏。○丨、槁古通用。〔同上〕通釋。○〔說文定聲·卷七〕丨段借為喬。〔詩〕「山有丨松」。○〔同上〕丨段借為矯。〔呂覽·離謂〕「其與丨言無擇」。○丨，讀為撟引之撟。〔管子·形勢解〕「斬高丨下」平議。○以丨代矯也。〔荀子·儒效〕「以丨飾其情性」集解。○丨音矯。〔國策·秦策四〕「今王使成丨守事於韓」補正引劉伯莊。○丨，亦作喬。〔詩·山有扶蘇〕「山有丨松」朱傳。○〔說文定聲·卷七〕丨，字亦變作轎。〔廣雅·釋詁三〕「轎，軻也」。

**僑** 丨與產皆長大之意。〔春秋名字解詁〕「鄭公孫丨字子產」述聞。○丨與喬義略同。〔說文〕「丨，高也」段注。○丨，寄也。〔廣韻·宵部〕○丨，客也。〔慧琳音義·卷七七〕引〔考聲〕。又〔廣韻·宵部〕。○丨人，今俗謂之踹丨，丨即趫字。〔說文〕「趫，善緣木之士也」段注。○丨、喬二字古通。〔左傳文公一一年〕「獲長狄丨如」疏證引李富孫。○〔說文定聲·卷七〕丨段借為喬。〔樊敏碑〕「松丨協軌」。○〔同上〕丨段借為趫。〔太玄·玄吉〕「天僵健而丨蹻」。○丨，用為寯寓字。〔說文〕「丨，高也」段注。○丨、嬌、赳，一聲之轉也。〔廣雅·釋詁四〕「丨，材也」疏證。○丨，〔釋文〕本又作喬。〔左傳文公一一年〕「獲長狄丨如」洪詁。○〔說文定聲·卷七〕丨，字亦作寯。〔韓子·亡徵〕「羈旅丨士」。○子丨，〔蕭望之傳〕作子蟜。〔漢書·藝文志〕「光祿大夫子丨賦三篇」補注引錢大昭。

**寯** 丨同僑。〔廣韻·宵部〕○丨，字通作僑。〔廣雅·釋詁四〕「丨，客也」疏證。

**妖** 丨猶夭胎，言尚微。〔說文〕「蠥，衣服歌謠艸木之怪謂之祆」段注。○丨，丨豔也。〔廣韻·宵部〕○丨，婦人巧作姿態也。〔慧琳音義·卷七七〕引〔考聲〕。○醜其事故曰丨。〔文選·西征賦〕「驅吁嗟而丨臨」集釋。○草木之異謂之丨。〔漢書·谷永傳〕「丨孽並見」補注引胡注。○丨玩，好女也。〔楚辭·招魂〕「鄭衛丨玩」朱注。○丨孽者，禍之萌。〔中庸〕「必有丨孽」朱注。○丨蠱即丨冶。〔通雅·卷七〕○丨與祅通。〔廣雅·釋言〕「祅，殀也」疏證。○丨，賈君本作祆。〔左傳宣公一五年〕「地反物為丨」疏證。○丨當作祆。〔釋名·釋天〕「丨，殀也」疏證。○祅祥字多作丨。〔史記〕「天夭」雜志。○〔漢書·藝文志〕丨並作訞。〔左傳莊公一四年〕「人無釁焉，丨不自作」洪詁。○〔史記〕丨作姣。〔漢書·司馬相如傳〕「丨冶閑都」補注。

**祅** 丨，丨災。〔廣韻·宵部〕○槍、欃、棓、彗，總名為丨星。〔漢書·天文志〕「丨星，不出三年」補注。○官本丨作妖，古字通用。〔漢書·律歷志〕「誦不詳之辭，作丨言」補注。○夭與丨同。〔史記〕「天夭」雜志。○丨、夭字同。〔漢書·天文志〕「晚為夭丨及彗星」補注。○丨，俗作妖。〔漢書·天文志〕「丨星，不出三年」補注引錢大昭。

**夭** 丨，屈也。〔左傳宣公一二年〕「丨且不整」疏證引傳遜。○少長曰丨。〔大戴·易本命〕「好刳胎殺丨」王詁。○丨、么同，小貌。〔國策·趙策四〕「刳胎焚丨」鮑注。○〔說文定聲·卷七〕凡草木既生枝葉，其杪有旁出側附之形，故曰丨。〔詩·隰有萇楚〕「丨之沃沃」。○短折者為丨也。〔說文〕「枖，木少盛皃」繫傳。○丨，禍。〔詩·正月〕「丨丨是椓」朱傳。○丨，和舒之皃。〔廣韻·宵部〕○草木之盛通名丨。〔詩·隰有萇楚〕「丨之沃沃」通釋。○丨丨，少好貌。〔詩·凱風〕「棘心丨丨」朱傳。〔隰有萇楚〕「丨之沃沃」朱傳。又〔大學〕「詩云桃之丨丨」朱注。○丨丨，少好之貌。〔詩·桃夭〕「桃之丨丨」朱傳。○丨丨，木少盛貌也。〔詩·凱風〕「棘心丨丨」集疏。○丨丨，美盛貌。〔詩·正月〕「丨丨是椓」通釋。又〔桃夭〕「桃之丨丨」集疏引齊說。○丨丨，其色愉也。〔論語·述而〕「丨丨如也」朱注引楊氏。○丨丨，容也。〔廣雅·釋訓〕疏證。○沃沃與丨丨，亦同義。〔廣雅·釋訓〕「𡝩𡝩，茂也」疏證。○丨紹，形容美好之詞。〔詩·月出〕「舒丨紹兮」通釋。○丨紹，糾緊之意。〔同上〕朱傳。○丨駒，駒犢也。〔大戴·誥志〕「蜃虻不食丨駒」王詁。○丨衝，恠雲也。〔通雅·卷一二〕○〔說文定聲·卷七〕丨段借為祆。〔周禮·硩蔟氏〕「掌覆丨鳥之巢」。○〔同上〕丨，段借為杳。〔素問·玉機真藏論〕「色丨不澤」。○丨與𡝩同，字又作枖。〔廣雅·釋訓〕「𡝩𡝩，茂也」疏證。○丨與祅同。〔史記〕「天丨」雜志。○魯、韓丨丨作枖枖，又作𡝩𡝩。〔詩·桃夭〕「桃之丨丨」集疏。

**漂** 丨，浮也。〔楚辭·悲回風〕「丨翻翻其上下兮」補注。又〔廣韻·宵部〕。○丨，搖蕩之也。〔詩·蘀兮〕「風其丨女」集疏。○丨飄同，言其細若絲髮。〔國策・齊策三〕「傷此若髮一」鮑注。又〔同上〕「髮一」雜志。○慓、嘌、剽、僄、一，並字異而義同。〔廣雅・釋詁一〕「慓，急也」疏證。○一之言摽，潎之言擊，洴之言拼，澼之言擗，皆謂擊也。〔廣雅・釋言〕「一，潎也」疏證。○翲翲、一一、縹縹、飄飄，並字異而義同。〔廣雅・釋訓〕「翲翲，飛也」疏證。○一疽即瘭疽。〔通雅・卷一八〕○一亦叐之假借。〔説文〕「叐，讀若詩摽有梅」段注。○〔説文定聲・卷七〕一段借為票。〔釋名・釋地〕「土白曰一，一輕飛散也」。○〔同上〕一段借為標。〔漢書・楊惲傳〕「一然皆有節槩」。○〔同上〕一段借為飄。〔詩・蘀兮〕「風其一女」。○一，飄借字。〔漢書・楊惲傳〕「一然皆有節槩」補注。○一讀若秒。〔戰國策〕「髮一」雜志。○一飄同。〔詩・蘀兮〕「風其一女」朱傳。○一當作飄。〔管子・七臣七主〕「大風一屋折樹」義證引孫星衍。○一，別本作標。〔國策・齊策三〕「傷此若髮一」補正。○〔説文定聲・卷七〕一，字又作瘭。〔莊子・則陽〕「一疽疥癰」。○〔同上〕一，字亦變作膘。〔廣雅・釋詁二〕「膘，腫也」。

**飄** 回風曰一。〔詩・匪風〕「匪風一兮」朱傳。○〔説文定聲・卷七〕一，〔莊子〕所謂羊角。〔説文〕「一，回風也」。○一，風貌。〔詩・匪風〕「匪風一兮」集疏。○一，猶一一也。〔同上〕陳疏。○一風，暴風也。〔同上〕朱傳。○一風，旋風也。〔離騷〕「一風屯其相離兮」補注。○一風，雲蜺。〔同上〕補注引戴注。○一與僄聲義並同。〔方言一〇〕「僄，輕也」箋疏。○僄、嫖、票、剽、縹、一並字異而義同。〔廣雅・釋詁三〕「僄，輕也」疏證。○翲翲、漂漂、縹縹、一一，並字異而義同。〔廣雅・釋訓〕「翲翲，飛也」疏證。○風為一一。〔通雅・卷九〕○一，又通作猋。〔説文〕「一，回風也」義證。○一，或借飆。〔同上〕○〔説文定聲・卷七〕一段借為飈。〔詩・何人斯〕「其為一風」。○〔同上〕一段借為標。〔呂覽・觀表〕「聖人則不可以一矣」。○〔同上〕一段借為叐。〔莊子・達生〕「雖有忮心者，不怨一瓦」。○〔同上〕一，字亦作翲。〔廣雅・釋訓〕「翲翲，飛也」。○一，〔史記〕作熛。〔漢書・蒯通傳〕「一至風起」補注。○舊校云，一風一作猋風。〔呂覽・慎大〕「一風暴雨日中不須臾」校正。○一姚即一搖。〔漢書・孝武李夫人傳〕「縹一姚虖愈莊」補注引王文彬。○一搖，一作一飄、漂搖、影搖、一姚、髟鼬、嫖姚、剽姚、票姚、票鷂。〔通雅・卷六〕

**翹** 一，鳥尾也。〔廣韻・宵部〕○一，鳥尾長毛也。〔楚辭・招魂〕「砥室翠一」補注。○一，企也。〔説文〕「蹻，舉足行高也」義證引〔類篇〕。○凡高舉曰一。〔説文〕「一，尾長毛也」段注。○一，舉也。〔禮記・儒行〕「麤而一之」集解引陳澔。又〔廣韻・宵部〕。○一與嶢，聲近而義同。〔詩・鴟鴞〕「予室一一」通釋。○一與嶢，亦聲近義同。〔廣雅・釋訓〕「嶢嶢，危也」疏證。○〔説文定聲・卷七〕一足，謂舉足也。〔莊子・馬蹄〕「一足而陸」。○一，懸也，危也。〔廣韻・宵部〕○一一，危也。〔詩・鴟鴞〕「予室一一」朱傳。○一一，秀起之貌。〔詩・漢廣〕「一一錯薪」朱傳。○一一，高大之意。〔同上〕陳疏。○一一，衆也。〔同上〕集疏引魯、韓説。○一一，為衆多之貌。〔同上〕述聞。○一搖，幽州人謂之一饒。〔本草・卷二七〕○招與一通。〔廣雅・釋詁一〕「一，舉也」疏證。○〔説文定聲・卷七〕一段借為趬。〔莊子・馬蹄〕「一足而陸」。

**倏** 一，飛疾之皃。〔廣韻・屋部〕○一，一一，飛羽聲。〔廣韻・蕭部〕○一，疾貌。〔莊子・大宗師〕「一然而往」集釋。○一一，敝也。〔詩・鴟鴞〕「予尾一一」朱傳。○一一，與消消音義正同。〔同上〕通釋。○一然即蕭然。〔通雅・卷八〕○一翬即蕭暉。〔同上〕○一當作倏。〔詩・鴟鴞〕「予尾一一」集疏。○〔説文定聲・卷六〕一，字當作倏。〔詩〕「予尾一一」。〔「繙」下〕

**祧** 一，謂曾祖之廟。〔左傳襄公九年〕「以先君之一處之」洪詁引服虔。○一，遠祖廟也。〔廣韻・蕭部〕○一即朓也。〔説文定聲・卷七〕○上一，祭也；下一，廟也。〔同上〕

**佻** 一，輕一，苟且也。〔説文〕「一，愉也」繫傳。○一訓苟且，苟且者必輕。〔同上〕段注。○一，猶輕也。〔説文定聲・卷七〕〔「挑」下〕○一，輕一。〔廣韻・蕭部〕○一，輕薄也。〔通鑑・漢紀五一〕「帝以辯輕一無威儀」音注。○一，輕薄不奈勞苦之貌。〔詩・大東〕「一一公子」朱傳。○一，獨行皃。〔廣韻・蕭部〕又〔集韻・豪部〕。○一，猶貪也。〔説文定聲・卷七〕〔「挑」下〕○一，言所愉悦嘉美者至。〔漢書・禮樂志〕「一正嘉吉弘以昌」補注。○一與窕同，訓寬肆。〔荀子・王霸〕「一其期日」集解引盧文弨。○一與朓，聲義又相近也。〔廣雅・釋詁二〕「朓，疾也」疏證。○一與跳亦同義。〔廣雅・釋詁四〕「跳，長也」疏證。○一通作恌。〔釋言〕「一，偷也」郝疏。○一通作嬥。〔同上〕○〔説文定聲・卷七〕一段借為迢遙之超。〔荀子・王霸〕「一其期日」。○〔同上〕一段借為料。〔方言一三〕「恌，理也」。○〔同上〕一段借為県。〔方言七〕「一，縣也」。○〔同上〕一段借為趒。〔方言一二〕「一，疾也」。○一、偷、侻，俱聲相轉。〔釋言〕「一，偷也」郝疏。○一、偷一聲之轉。〔廣雅・釋詁三〕「媮，巧也」疏證。○一，魯作苕。〔詩・大東〕「一一公子」集疏。○〔詩〕一作恌。〔左傳昭公一〇年〕「視民不一」洪詁。○一一，當從〔韓詩〕作嬥嬥。〔詩・大東〕「一一公子」述聞。○一一，當作姚姚。〔同上〕義證。○一一，一作苕苕、嬥嬥。〔通雅・卷九〕

**恌** 一，媮也。〔慧琳音義・卷四七〕引〔考聲〕。○一，薄也。〔同上〕○一，偷薄也。〔詩・鹿鳴〕「視民不一」朱傳。○一，偷薄，薄己以厚民之意。〔同上〕後箋。○一，轉薄。〔廣韻・蕭部〕○一即佻。〔釋言〕「佻，偷也」鄭註。○魯作一、作偷，韓作佻。〔詩・鹿鳴〕「視民不一」集疏。

**徼** 一，巡也。〔國策・韓策一〕「為除守一亭障塞」鮑注。○一，循也。〔通鑑・漢紀二〕「分卒守一乘塞」音注。○一，引申為一求。〔説文〕「一，循也」段注。○一，求也。〔大戴・曾子本孝〕「不興險行以一幸」王詁。又〔中庸〕「小人行險以一幸」朱注。又〔莊子・在宥〕「此以人之國僥倖也」集釋。又〔廣韻・蕭部〕。○一，抄也。〔大戴・四代〕「一勿與事」王詁。又〔廣韻・蕭部〕。又〔論語・陽貨〕「惡一以為知者」劉正義。○一，伺察也。

〔同上〕朱注。〇丨，小道也。〔文選・魏都賦〕「豪丨互經」集釋引〔廣韻〕。〇豪丨，道也。〔文選・魏都賦〕「豪丨互經」集釋。〇丨，在西南，所以丨隔蠻夷。〔說文〕「嶅，山在蜀前湔氏西丨外」繫傳。〇北方之塞亦曰丨，東方之塞亦曰丨。〔漢書・鄧通傳〕「人有告通盜出丨外鑄錢」補注引胡注。〇丨幸，覬非望也。〔通鑑・隋紀六〕「陛下乘危丨幸」音注。〇丨、絞古通。〔左傳成公一四年〕疏證引臧琳。〇丨，字通作要，又通作邀。〔廣雅・釋詁二〕「丨，遮也」疏證。〇丨，或借邀字。〔說文〕「丨，循也」義證。〇〔說文定聲・卷七〕丨叚借為徼。〔左傳文公二年〕「寡君願丨福于周公、魯公」。〇〔同上〕丨叚借為擊。〔封禪文〕「丨麋鹿之怪獸」。〇凡傳言丨福者，皆當作儌福為正。〔說文〕「儌，㑁也」段注。〇丨與闄聲相近。〔廣雅・釋詁二〕「丨，遮也」疏證。〇古字丨儌同。〔左傳僖公四年〕「君惠丨福於敝邑之社稷」洪詁。〇丨當作儌。〔同上〕疏證引沈欽韓。〇〔說文定聲・卷七〕丨，字亦作闄。〔廣雅・釋詁二〕「闄，遮也」。

**膋**　丨，腸間脂也。〔禮記・內則〕「肝丨」集解。又〔祭義〕「取膟丨」集解。又〔慧琳音義・卷三七〕。又〔廣韻・蕭部〕。〇丨，脂膏也。〔詩・信南山〕「取其血丨」朱傳。又〔慧琳音義・卷三七〕。〇丨，乃脂膏也。〔本草・卷九〕〇丨，三家作膫。〔詩・信南山〕「取其血丨」集疏。〇丨，又作膫。〔慧琳音義・卷三七〕

**膫**　丨同膋。〔廣韻・蕭部〕〇〔說文定聲・卷七〕急言曰丨，緩言曰膟膋。〔禮記・郊特牲〕「取膟膋燔燎升首」。〇丨同膋。〔廣韻・蕭部〕〇〔說文定聲・卷七〕丨叚借為燎。〔詩・含神霧〕「男懦弱女高丨」。

**鷯**　丨，鷦丨。〔廣韻・蕭部〕〇丨音遼。〔釋鳥〕「鳭丨，剖葦」鄭註。

**漻**　丨，浩丨，清水。〔說文〕「丨，清深也」義證引〔玉篇〕。〇丨，水清也。〔廣韻・蕭部〕〇丨，清貌也。〔詩・溱洧〕「丨其清矣」集疏引韓說。〇丨丨即寥寥，曠遠之貌也。〔晏子春秋〕「頸尾咳於天地乎」雜志。〇丨、瀏聲義亦同。〔廣雅・釋詁一〕「丨，清也」疏證。〇丨與寥通。〔廣雅・釋詁四〕「寥，藏也」疏證。〇丨讀為寥。〔韓子・主道〕「丨乎莫得其所」集解引顧廣圻。〇〔說文定聲・卷六〕丨，字亦作漻。〔海賦〕「漻晉輵浩汗」。

**僥**　丨，非分而求也。〔慧琳音義・卷一七〕引〔考聲〕。〇丨倖，皆非所得而得之者。〔慧琳音義・卷五二〕〇丨倖，言被其德澤也，冀望得儌遇也。〔同上〕〇〔說文定聲・卷七〕丨叚借為儌。〔陳情表〕「庶劉丨倖」。〇丨或作徼。〔慧琳音義・卷一七〕引〔考聲〕。又〔莊子・在宥〕「此以人之國丨倖也」集釋。〇丨，僬丨，國名。〔廣韻・蕭部〕

**嘵**　丨，懼也。〔詩・鴟鴞〕「予維音丨丨」集疏引三家說。〇丨丨，急也。〔同上〕朱傳。〇丨，懼聲。〔廣韻・蕭部〕〇〔說文定聲・卷七〕丨，以憢為之。〔釋訓〕「憢，懼也」。

**哨**　丨，口不正也。〔廣韻・宵部〕〇〔說文定聲・卷七〕丨，叚借發聲之詞，猶嗾也，嗾丨雙聲。〔方言六〕「秦、晉之鄙，使犬曰丨」。

**虈**　丨亦茝也。〔說文〕「茝，丨也」義證引〔玉篇〕。〇白芷，一名丨。〔說文〕「丨，楚謂之蘺，晉謂之丨，齊謂之茝」繫傳。又〔楚辭・怨上〕「芳丨兮挫枯」補注。〇丨，白芷別名。〔廣韻・宵部〕〇丨，今之白芷也，其葉曰葯。〔說文定聲・卷七〕

**枵**　丨，虛耗之名也。〔說文〕「丨，木皃」繫傳。〇丨，玄丨，虛危之次。〔廣韻・宵部〕〇丨，叚借為虛，虛丨一聲之轉。〔說文定聲・卷七〕〇丨之為耗，叚借也。〔同上〕〇丨，字亦作呺，作謞。〔同上〕

**噍**　丨，啁丨聲。〔廣韻・宵部〕〇丨殺，當即讀為憔悴。〔義府・卷上〕〇〔禮記・樂記〕丨殺，〔漢書・禮樂志〕作憔悴。〔同上〕〇丨殺，作焦殺。〔史記索隱〕「異文」雜志。

**嬈**　〔說文定聲・卷七〕丨，叚借為撓。〔淮南・原道〕「其神不丨」。

**鰩**　藋水之魚名曰丨。〔文選・吳都賦〕「文丨夜飛而觸綸」集釋引〔呂覽・本味篇〕。〇〔洛神賦〕所稱文魚，當即此文丨。〔同上〕集釋引鈕玉樹。〇丨，泰器之山濩水出焉，是多丨魚。〔同上〕集釋引〔西山經〕。

**佋**　丨，廟丨穆也，或作昭。〔廣韻・宵部〕〇丨通作昭。〔說文〕「丨，廟丨穆」義證。〇丨，今文作昭。〔說文〕「丨，廟丨穆也」繫傳。

**愮**　丨，憂也。〔說文〕「懽，喜歡也」義證引〔玉篇〕。又〔廣韻・宵部〕。〇丨，悸也。〔同上〕〇丨，邪也。〔同上〕〇丨，惑也。〔同上〕〇丨與恌同。〔方言一三〕「恌，理也」箋疏。〇丨、搖音義同。〔釋訓〕「丨丨，憂無告也」邵正義。〇丨即搖。〔同上〕鄭註。〇丨，通作搖。〔釋詁〕「繇，憂也」郝疏。〇丨，又通作繇。〔同上〕〇丨，又通作陶。〔同上〕〇丨，又通作遙。〔釋訓〕「丨丨，憂無告也」郝疏。〇丨，又通作恌。〔同上〕〇丨與搖通。〔廣雅・釋詁三〕「搖，治也」疏證。〇搖與丨通。〔廣雅・釋詁三〕「丨，亂也」疏證。〇丨，聲轉為悠，又轉為愈。〔釋詁〕「繇，憂也」郝疏。

**陶**　悠與丨古聲同。〔廣雅・釋詁二〕「鬱，悠思也」疏證。

**幖**　丨，幡也。〔慧琳音義・卷六六〕引〔文字典說〕。〇丨，幡旗之類也。〔卷一二〕引〔桂苑珠叢〕。〇丨，頭上幟也。〔卷四〕引〔考聲〕。又〔卷四五〕引〔考聲〕。又〔廣韻・宵部〕。〇丨，牌也。〔慧琳音義・卷六六〕引〔考聲〕。〇丨，畫牌也。〔卷四〕引〔玉篇〕。〇丨，表識也。〔同上〕〇丨，立為記也。〔卷四〕引〔韻詮〕。〇丨，處所也。〔同上〕〇丨，竿頭也。〔卷一四〕引〔字書〕。〇丨，舉也。〔卷六六〕引〔考聲〕。〇丨之言表也。〔廣雅・釋器〕

「幖，幡也」疏證。○剽、標、｜並通。〔廣雅・釋器〕「｜，幡也」疏證。○凡物之｜識亦曰徽識。〔說文〕「｜，｜識也」段注。○｜徽，旌旗之細也，于其上題署事物名號以為識別。〔說文定聲・卷七〕○｜通作剽。〔說文〕「｜，幟也」義證。○｜，又通作標。(同上)○剽、表皆叚借字，｜其本字也。〔說文〕「｜，｜識也」段注。○〔說文定聲・卷七〕｜，以表為之。〔周禮・肆師〕「表齍盛告絜」。○(同上)｜，以標為之。〔後漢・皇甫嵩傳〕「著黃巾為標幟」。○｜，或作標。〔慧琳音義・卷四〕引〔考聲〕。○｜，標牓字亦當作此字。〔說文定聲・卷七〕○｜，今字多作標牓。〔說文〕「｜，｜識也」段注。

熛｜，迸火也。〔說文〕「｜，火飛也」義證引〔三蒼〕。○｜即火也。〔晏子春秋〕「寸之烟」雜志。○｜讀若標，火飛也。〔淮南書後〕引〔齊俗篇〕「譬若水之下流｜之上尋也」雜志。○｜，借猋為之。〔說文〕「｜，火飛也」段注引班固〔答賓戲〕。○｜，以猋為之。〔說文定聲・卷七〕○｜，即票之或體。(同上)

麃｜亦鹿屬也。〔釋獸〕「麠，大｜」郝疏。○｜以鹿走，俗呼跑。〔通雅・卷一〕○｜，耘也。〔詩・載芟〕「緜緜其｜」朱傳。○｜、蹻，聲轉義通。〔詩・清人〕「駟介｜｜」陳疏。○｜｜，武貌。(同上)朱傳。○鑣鑣、｜｜、儦儦、瀌瀌，義並同也。〔廣雅・釋訓〕「鑣鑣，盛也」疏證。○〔說文定聲・卷七〕｜叚借為藨。〔釋草〕「藨，｜」。○(同上)｜叚借為穮。〔詩・載芟〕「綿綿其｜」。○〔鄭風〕「駟介｜｜」當用儦。〔說文〕「儦，行貌」義證引趙宧光。○｜｜，蓋儦儦之叚借字也。〔說文〕「｜，麠屬」段注。○｜與藨同。〔廣雅・釋地〕「藨，耕也」疏證。○｜，魯作穮。〔詩・載芟〕「緜緜其｜」集疏。

儦｜，行皃。〔廣韻・宵部〕○｜，行動之皃。〔說文〕「｜，行皃」繫傳。○駓、騃、伾、鄙、｜，五字並聲近而通用。〔廣雅・釋訓〕「駓駓，走也」疏證。○｜｜，衆貌。〔詩・載驅〕「行人｜｜」朱傳。○｜｜，盛皃。〔說文〕「｜，行皃」段注引〔玉篇〕。○鑣鑣、麃麃、｜｜、瀌瀌，義並同也。〔廣雅・釋訓〕「鑣鑣，盛也」疏證。○｜通作麃。〔說文〕「｜，行皃」義證。○｜｜，韓作騃騃。〔詩・吉日〕「｜｜俟俟」集疏。○｜｜，各本及〔詩經〕皆作鑣鑣。〔說文〕「詩曰朱幩｜｜」段注。

穮｜，〔周頌〕叚麃為之。〔說文〕「｜，耨鉏田也」段注。○〔說文定聲・卷七〕｜，以麃為之。〔詩・載芟〕「緜緜其麃」。○｜與藨同。〔廣雅・釋地〕「藨，耕也」疏證。○｜，〔文選〕注作藨。〔左傳昭公元年〕「是｜是蓘」洪詁。

⿰耒麃｜，除田薉也，亦作穮。〔廣韻・宵部〕

瀌｜，雪皃。〔廣韻・宵部〕○｜｜，盛貌。〔詩・角弓〕「雨雪｜｜」朱傳。○｜｜，雪盛貌。〔廣雅・釋訓〕「｜｜，雪也」疏證。○鑣鑣、麃麃、儦儦、｜｜，義並同也。〔廣雅・釋訓〕「鑣鑣，盛也」疏證。○〔說文定聲・卷七〕｜，〔韓詩外傳〕以麃為之。〔詩・角弓〕「雨雪｜｜」。○｜，魯作麃。〔詩・角弓〕「雨雪｜｜」集疏。○｜，〔劉向傳〕作麃。〔說文〕「｜，｜｜，雨雪貌」段注。○｜｜，一作麃麃、爊爊、駓駓、伾伾、騃騃。〔通雅・卷一〇〕

葽｜，草名。〔詩・七月〕「四月秀｜」朱傳。○｜，秀｜，草也。〔廣韻・宵部〕○｜，狗尾草也。〔說文〕「｜，艸也」繫傳。○｜者，幽葽也。〔說文〕「｜，艸也」義證引戴震。○｜，一名｜繞。〔詩・七月〕「四月秀｜」集疏。○｜，苦｜也。(同上)集疏引魯說。○｜，草盛皃。〔廣韻・蕭部〕○｜、芺聲相近，當謂苦芺。〔說文〕「｜，劉向說此味苦，苦｜也」義證。○〔說文定聲・卷七〕｜叚借為枖。〔漢書・禮樂志〕注「｜，盛皃也」。

喓｜，蟲聲。〔廣韻・宵部〕○｜｜，聲也。〔詩・出車〕「｜｜草蟲」陳疏。又(同上)朱傳。

弨｜，弓弛强而體反也。〔說文〕「｜，弓反也」繫傳。○｜，弓反曲。〔廣韻・小部〕○｜，弓反曲也。〔集韻・小部〕○｜，弓弛皃。〔說文〕「｜，弓反也」義證引〔玉篇〕。又〔廣韻・宵部〕。○｜，弛弓。〔集韻・宵部〕○｜，弛貌。〔詩・彤弓〕「彤弓｜兮」朱傳。

趫｜，善緣木走。〔集韻・宵部〕○｜，善走。〔廣韻・宵部〕○｜，善走也。〔通鑑・唐紀二五〕「皆｜勇善騎射」音注。○｜，捷也。〔通鑑・晉紀二三〕「畏生｜勇」音注。○｜，義與僑亦相近。〔廣雅・釋詁四〕「僑，材也」疏證。○蹻與｜通。〔廣雅・釋詁二〕「蹻，健也」疏證。○〔說文定聲・卷七〕｜，以蹻為之。〔七啓〕「蹻捷若飛」。○｜當作蹻。〔說文〕「蹻，舉足行高也」義證。

瀟｜｜，風雨之聲。〔詩・風雨〕「風雨｜｜」朱傳。○｜｜，風雨暴疾貌。(同上)後箋引〔集韻〕。

鰷｜，白｜，魚名。〔廣韻・蕭部〕○｜鯈、鯫、鰦，皆小魚也。〔通雅・卷四七〕

驍｜，良馬也。〔說文〕「｜，良馬也」段注。○｜，引伸為勇捷之偁。(同上)段注。○｜，借用梟。(同上)義證引戴侗。○｜，｜武也。〔廣韻・蕭部〕○〔史・表〕｜作梟。〔漢書・高惠高后文功臣表〕「以｜騎都尉擊項籍」補注。

獠｜，夜獵也。〔廣韻・蕭部〕○｜，直獵耳。〔漢書・司馬相如傳〕「於是酒羣相與｜於蕙圃」補注引劉奉世。○｜夷，獸類也，嗜欲不節，以人為肴，潛行水中，死則豎埋。〔慧琳音義・卷七七〕引〔異物銘〕。

憀｜，賴也。〔說文〕「｜，｜然也」義證引〔玉篇〕。○｜者，｜賴也。〔說文〕「聊，耳鳴也」段注。○｜，無｜，賴也。〔廣韻・蕭部〕○｜，或借聊字。〔說文〕「｜，｜然也」義證。○｜叚借為賴。〔說文定聲・卷六〕○賴、俚、聊、｜，一聲之轉。(同上)○｜，叚借發聲之詞。(同上)

**料**　丨,量也。〔廣韻・蕭部〕○丨者,量也。〔釋樂〕「小者謂之丨」郝疏。又〔國策・秦策四〕「王之丨天下過矣」鮑注。又〔通鑑・漢紀五〇〕「丨簡刺史,二千石能否」音注。○丨者,數也。〔釋樂〕「小者謂之丨」郝疏。○丨,度也。〔通鑑・漢紀五〇〕「丨簡刺史」音注。○稱其多少曰丨。〔説文〕「丨,量也」段注。○輕重曰量,多少曰丨。〔説文定聲・卷七〕○丨,丨理也。〔廣韻・蕭部〕○引申之,凡所量度豫備之物曰丨。〔説文〕「丨,量也」段注。○撩與丨,聲近義同。〔廣雅・釋詁二〕「撩,理也」疏證。

**橑**　丨,椽也。〔楚辭・湘夫人〕「桂棟兮蘭丨」補注引〔説文〕。又〔集韻・蕭部〕。又〔通鑑・唐紀五五〕「重丨者皆索之」音注。○丨,蓋骨,亦椽也。〔廣韻・蕭部〕○丨,是複屋之椽。〔文選・兩都賦〕「列棼丨以布翼」集釋。○丨,一曰星丨,簷前木。〔楚辭・湘夫人〕「桂棟兮蘭丨」補注。○丨,周謂之榱,秦謂之椽,齊魯之間謂之桷楣,或謂梁。〔屈賦・湘夫人〕「桂棟兮蘭丨」戴注。○丨,通作轑。〔説文〕「丨,椽也」句讀。

**簝**　丨,宗廟盛肉竹器。〔廣韻・豪部〕○丨,宗廟盛肉方竹器。〔廣韻・蕭部〕

**膮**　丨,豕羹也。〔廣韻・蕭部〕○丨,此乾于鉶羹為豆實者,所謂膗也。〔説文定聲・卷七〕○丨、膗,聲相近。〔廣雅・釋器〕「膗,臛也」疏證。○膷、腫、丨,一聲之轉。(同上)

**痟**　丨,渴病名。〔慧琳音義・卷二七〕○丨,渴病也。〔續慧琳音義・卷二〕引〔切韻〕。○丨,丨渴,病也。〔廣韻・宵部〕○肖、宵、丨,義並同也。〔廣雅・釋詁二〕「肖,小也」疏證。○〔説文定聲・卷七〕酸丨,雙聲連語。〔説文〕「丨,酸丨,頭痛」。○丨、削,聲類同。〔周禮・疾醫〕「春時有丨首疾」孫正義。○丨𤸫,轉為消渴。〔廣雅・釋詁一〕「丨𤸫,病也」疏證。○丨與消渴之消同。〔文選・七命〕集釋引盧説。○丨,或作消。〔慧琳音義・卷二七〕

**蛸**　丨,蟰丨,蟲也。〔廣韻・宵部〕○〔説文定聲・卷七〕丨,今曰蟰丨。〔説文〕「丨,蟲丨,堂蜋子」。

**鼂**　丨,早也。〔楚辭・湘君〕「丨騁騖兮江皋」補注。○丨、晁,並朝夕之朝。〔楚辭・天問〕「會丨爭盟」補注。○古叚丨為朝。〔説文〕「丨,匽丨也」段注。○〔説文定聲・卷六〕丨,字亦作晁。〔漢書・景帝紀〕「御史大夫晁錯」。○丨,俗作晁。〔説文〕「丨,匽丨也」句讀。○晁同丨。〔廣韻・宵部〕

**歊**　〔通雅・卷九〕丨,氣上出也。〔西京賦〕「吐金景,丨浮雲」。○丨,熱氣。〔廣韻・宵部〕○丨,謂熱氣也。〔慧琳音義・卷九九〕引顧野王。○丨與𧦝,音同義近。〔説文〕「𧦝,聲也,氣出頭上」段注。○〔通雅・卷九〕丨丨即歊歊。〔西都賦〕「吐金景,丨浮雲」。○丨,〔祭義〕假蒿字為之。〔説文〕「丨,丨丨,气上出皃」段注。○〔通雅・卷九〕丨丨,通熇熇。〔西都賦〕「吐金景,丨浮雲」。○丨,亦作歊。〔説文〕「丨,丨丨,气上出皃」段注。○丨,字亦作歊。(同上)句讀。○〔説文定聲・卷七〕丨,字亦作歊。〔漢書・叙傳〕「曲陽丨丨」。

**鐎**　丨,即鈴也。〔説文〕「丨,丨斗也」段注。○丨,即刁斗也。(同上)○丨,刁斗也。温器,三足而有柄。〔廣韻・宵部〕○丨,即刁斗,以銅為之,受一斗,軍中晝以炊飯,宵持擊以行夜。〔説文定聲・卷六〕○丨斗,刁斗也。〔通雅・卷三五〕○盉不梁而把曰丨斗。〔説文〕「丨,丨斗也」義證引〔博古圖〕。

**鷮**　丨,雉也。〔詩・車舝〕「有集維丨」朱傳。○丨,雉名。〔廣韻・宵部〕○丨,似雉而小,走鳴長尾。(同上)

**鷦**　丨即鷦鷯,鷦鷯合聲為丨也。〔釋鳥〕「桃蟲,丨」郝疏。○丨,丨鷯,小鳥。〔廣韻・宵部〕○丨,丨鵬,南方神鳥,似鳳。(同上)○丨,亦曰丨鷯、曰桃雀、曰工雀、曰巧婦、曰桑飛、曰丨鸎,鳥之始小後大者。〔説文定聲・卷六〕○丨鷯之猶言蚼蟟也。〔方言八〕注「即丨鷯也」箋疏。○丨眇雀,俗呼為巧婦。〔説文〕「丨,丨眇,桃蟲也」繫傳。○丨鷯、懱爵,皆以小為義。〔方言八〕箋疏。○丨眇謂其小也,取義於焦眇也。〔説文〕「丨,丨眇」段注。○丨眇、丨鷯,皆小貌也。〔廣雅・釋鳥〕「丨眇,工鵲也」疏證。○丨眇者,丨鷯之轉。(同上)○丨鵬,一作焦明。〔文選・吳都賦〕「稽丨鵬」集釋。○丨鵬,一作丨鳴、鳭鷯。〔通雅・卷四五〕

**繇**　丨,喜也。〔廣韻・宵部〕○丨,於也。(同上)○丨,由也。(同上)○丨通作摇。〔釋詁〕「丨,憂也」鄭註。○借丨為遥。〔説文〕「毀,丨擊也」句讀。○丨讀為遥。〔荀子・禮論〕「丨其期」集解引王引之。○官本丨讀曰傜。〔漢書・文帝紀〕「務省丨費目便民」補注。○丨讀曰傜,役也。〔通鑑・秦紀三〕音注。○丨、傜古今字。〔説文〕「漢律,民不丨貲錢二十三」段注。○丨、摇古今字。〔説文〕「沖,涌丨也」段注。○丨,蓋今之傜字。〔説文〕「勨,丨緩也」段注。○丨當作摇。〔説文〕「澹,澹丨兒」段注。○丨,或作繇。〔集韻・宵部〕

**䌛**　丨者,隨從也。〔説文〕「嫳,不丨也」段注。○丨通作由。〔説文〕「丨,隨從也」義證。○古丨由通用一字也。(同上)段注。○〔説文定聲・卷六〕丨段借為由。〔爾雅・釋水〕「丨膝以下為揭」。○(同上)丨段借為悠。〔釋詁〕「丨,憂也」。○(同上)丨段借為畜。〔漢書・李尋傳〕「人民丨俗」。○(同上)丨段借為傜。〔禮記・襍記〕「給丨役」。○(同上)丨段借為嗂。〔釋詁〕「丨,喜也」。○(同上)丨段借為榣。〔周禮・追師〕注「若今步丨矣」。○(同上)丨段借為蘨。〔書・禹貢〕「厥草惟丨」。○(同上)丨段借為籀。〔左傳閔公二年〕「成風聞成季之丨」。○丨,亦用為傜役字。〔説文〕「丨,隨從也」段注。○丨,字亦作繇,作䌛,作遥。〔説文定聲・卷六〕○丨,或作油字。〔説文〕「沇,水出南郡高城沇山,東入丨」義證。○丨,俗作摇。〔説文〕「旚,旌旗旚丨也」義證。○丨之譌體作繇。〔説文〕「丨,隨從也」段注。

**摽**　〔説文定聲・卷七〕丨,段借為標。〔漢書・王莽傳〕「及至青戎丨末之功」。○(同上)丨,以杓為之。〔淮南・道應〕「孔子勁杓北門之關」。○(同上)

丨，字亦作摭。〔文選・海賦〕「大明摭轡于金樞」。〇丨與剽同。〔廣雅・釋詁三〕「丨，擊也」疏證。

窯 丨，燒穴。〔集韻・笑部〕〇丨，燒瓦窯也。〔廣韻・宵部〕〇丨者，燒造瓦器處也。〔慧琳音義・卷一一〕〇丨，凡燒瓦器之竈曰丨。〔說文〕「瓦，器已燒之總名」段注。〔說文定聲・卷一〇〕燒之之竈曰丨。〔說文〕「瓦，土器已燒之總名」。〔「瓦」下〕〇〔卷七〕丨，以陶為之。〔詩・緜〕「陶復陶穴」。〇丨，即今窰字正文。〔墨子・備穴〕「今如丨」閒詁引畢沅。

窰 丨同窯。〔廣韻・宵部〕

珧 弓以蜃者謂之丨。〔楚辭・天問〕「馮丨利決」補注引〔爾雅〕。〇玉丨，蜃甲。〔廣韻・宵部〕〇丨蜃，以蜃為銚也，即推輪也。〔韓子・八說〕「故有丨銚而推車者」集解引舊注。〇丨與濯，音近相通。〔釋魚〕「蜃小者，丨」郝疏。〇丨，字或作蝫。〔說文〕「丨，蜃甲也」義證。

銚 丨，田器。〔廣韻・蕭部〕〇丨者，田器。〔說文〕「斛，斛旁有庣也」段注。〇丨，長矛也。〔集韻・蕭部〕〇丨，燒器，亦古田器。〔廣韻・宵部〕〇今煮物瓦器謂之丨子。〔說文〕「丨，昷器也」段注。〇丨，燒器也，淺於釜鬲屬也。〔慧琳音義・卷一二〕引〔考聲〕。〇丨，臿，今之鍫也。〔說文〕「鍵，斛也」段注。〇盌之美好可愛者謂之丨鋭。〔方言五〕「盂或謂之丨鋭」箋疏。〇汞以百兩為一丨。〔通雅・卷四〇〕〇〔說文定聲・卷七〕丨段借為鎬、為鐈。〔說文〕「丨，温器也」。〇丨與鑼，古同聲。〔方言五〕箋疏。〇丨與斛同。〔方言五〕「臿，燕之東北朝鮮洌水之間謂之斛」箋疏。〇丨、斛、梟三字同，即今鍫字也。〔說文〕「丨，昷器也」段注。〇丨鋭與姚娧同。〔方言一三〕「姚娧，好也」箋疏。〇丨與鍬同。〔國策・齊策三〕「操丨鎒」補正。〇丨，字亦作鍬。〔說文定聲・卷七〕〇丨，字亦作銚。〔同上〕〇丨，或作斷。〔說文〕「丨，一曰田器」義證。

蘇 丨，草茂也。〔廣韻・宵部〕

鷂 丨之言搖，急疾之名。〔廣雅・釋鳥〕「鷂鵰，丨也」疏證。〇丨，大雉名。〔廣韻・宵部〕

褕 丨，狄后衣，亦作揄。〔廣韻・宵部〕〇丨者正字，揄者假借字也。〔說文〕「丨，丨翟，羽飾衣」段注。

釗 丨，剗也。〔慧琳音義・卷九二〕引〔古今正字〕。〇丨，劁也。〔同上〕〇丨，弩闕。〔廣韻・蕭部〕〇丨，覩也。〔同上〕〇丨，遠也。〔同上〕〇丨，見也，勉也，亦弩牙。〔廣韻・宵部〕〇丨與紹，聲近義同。〔釋詁〕「丨，見也」邵正義。〇丨與劭，聲近義同。〔方言七〕「丨、超，遠也」箋疏。〇昭、丨，皆紹之段借。〔釋詁〕「丨，見也」郝疏。〇丨，當是劭之段借字。〔說文〕「劭，勉也」段注。〇〔說文定聲・卷七〕丨段借為劭。〔釋詁〕「丨，勉也」。〇〔同上〕丨段借為昭。〔釋詁〕注「逸書曰丨我周王」。〇〔同上〕丨段借為超。〔方言七〕「丨，遠也」。〇丨與刜，聲近義同。〔廣雅・釋詁一〕「刜，斷也」疏證。

髟 丨，長髮丨丨也。〔說文〕「丨，長髮猋猋也」義證引〔玉篇〕。〇丨，髮長皃。〔廣韻・宵部〕〇一曰白黑髮襍而丨。〔說文〕「丨，長髮猋猋也」段注引李善。〇丨，屋翼也。〔廣韻・銜部〕〇丨䰄，旚繇之假借字也。〔說文〕「丨，長髮猋猋也」段注。〇猋猋，當依〔玉篇〕作丨丨。〔同上〕

篻 丨，竹門也。〔文選・吳都賦〕「丨簩有叢」集釋引〔玉篇〕。〇丨，竹名。〔廣韻・宵部〕

薸 丨，萍屬。〔說文〕「蕢，大蕢也」義證引〔玉篇〕。〇丨即小苹也。〔同上〕義證引陳啓源。〇丨、蓱、蘋，俱一聲之轉。〔釋草〕「苹、蓱，其大者蘋」郝疏。

蟯 丨，人腹中蟲。〔廣韻・宵部〕〇丨，蟲動皃。〔集韻・笑部〕

嵪 丨，亦作嶠，山鋭而高。〔廣韻・宵部〕

嶠 丨，通作喬。〔釋山〕「鋭而高，丨」郝疏。〇丨，又通作橋。〔同上〕〇丨，即喬字之或體也。〔釋詁〕「喬，高也」邵正義。

轎 丨，小車。〔廣韻・宵部〕〇丨，竹輿。〔集韻・宵部〕〇丨，江南人又謂之籃輿，不通舟車，故用肩輿以行。〔漢書・嚴助傳〕「輿丨而隃領」補注引胡注。

彯 丨丨，長組之皃。〔廣韻・宵部〕〇丨搖，飄搖之同音字也。〔文選・曲水詩序〕「丨搖武猛」集釋。

荍 丨，芘芣。〔詩・東門之枌〕「視爾如丨」集疏引魯說。〇丨，芘芣也，又名荊葵。〔同上〕朱傳。〇丨，為荊葵。〔同上〕後箋引〔廣雅〕。〇丨，今佳蜀葵也。〔說文〕「丨，蚍衃也」繫傳。〇丨，草名，今荊葵也。〔廣韻・宵部〕〇丨，即經典所謂葵也，今揚州人以為常蔬。〔說文定聲・卷六〕引阮芸臺。〇丨，與大蠵同偁。〔說文定聲・卷六〕

蕎 丨，丨麥。〔廣韻・宵部〕〇丨，藥名，一名大戟。〔同上〕

彇 丨，弓弭。〔廣韻・蕭部〕〇丨，字亦作簫。〔廣雅・釋器〕「丨，𨈆也」疏證。

斛 丨，斗旁耳。〔廣韻・蕭部〕〇丨者，斛旁有庣也，击之類。〔說文〕「鍵，丨也」段注。〇丨與挑字通。〔廣雅・釋詁三〕「丨、挑，穿也」疏證。〇丨，又通作銷。〔說文〕「丨，一曰突也」義證。〇丨，通作銚。〔同上〕〇丨者，銚之段借字。〔說文〕「丨，斛旁有庣也」段注。〇〔說文定聲・卷七〕丨段借為銚。〔說文〕「丨，一曰利也」。〇丨，捷，段借為銚臿也。〔說文〕「鍵，丨也」段注引江沅。〇〔說文定聲・卷七〕丨段借為趒。〔說文〕「丨，一曰突也」。〇丨音鍬。〔釋器〕「丨謂之鍵」鄭註。〇銚、丨、梟三字同，即今鍫字也。〔說文〕「銚，昷器也」段注。〇丨，或作庣。〔說文〕「丨，斛旁有丨」義證。〇丨者，銚也。〔說文定聲・卷四〕〔「臿」下〕〇丨即銚。〔方言五〕「臿，燕之東北朝鮮洌水之間謂之丨」疏證。〇丨，或作庣。〔說文〕「丨，斛旁有｜」句讀。

**鞗**　｜，轡也。〔詩·蓼蕭〕「｜革沖沖」朱傳。○｜，革轡。〔廣韻·蕭部〕○｜革，轡首也。〔詩·韓奕〕「｜革金厄」朱傳。○｜，為轡首之飾。〔詩·蓼蕭〕「｜革沖沖」陳疏。○｜者，鋚之叚借，轡首之飾。（同上）通釋。○｜音條。（同上）朱傳。

**敹**　｜，穿鉄也。〔說文定聲·卷七〕○｜叚借為料。（同上）

**鐐**　｜，紫磨金也。〔廣韻·蕭部〕○｜，有孔鑪。（同上）○寮、遼、｜，義並相近。〔廣雅·釋詁三〕「寮，空也」疏證。○｜子，下役之稱。〔通雅·卷一九〕○｜子，亦庖人之別稱。〔通雅·卷一九〕引升菴。

**豂**　｜，空谷。〔廣韻·蕭部〕○｜，虛廫之谷也。〔說文〕「｜，空谷也」段注。○寥與｜同義。〔廣雅·釋詁三〕「寥，深也」疏證。○寥、廖、廫、｜，義並相近。（同上）

**垚**　｜，土高皃。〔廣韻·蕭部〕○｜，高皃。〔集韻·嘯部〕○｜，積纍而上象高形。〔說文〕「｜，土高也」義證引〔韻會〕。

**怮**　｜，憂懣也。〔說文〕「｜，憂皃」義證引〔玉篇〕。○｜，｜｜，憂也。〔廣韻·蕭部〕○⿰幼欠與｜同。〔廣雅·釋詁一〕「｜，憂也」疏證。

**逍**　｜，｜遙。〔廣韻·宵部〕○｜遙，遊燕也。〔詩·羔裘〕「羔裘｜遙」通釋。○｜遙，遊戲也。（同上）集疏。○｜遙，遊息也。〔詩·白駒〕「於焉｜遙」朱傳。○｜遙，猶翺翔也。〔離騷〕「聊｜遙以相羊」補注。○｜遙、招搖、消搖，並字異而義同。〔廣雅·釋訓〕「｜遙，儴徉也」疏證。○｜遙、儴徉，疊韻之轉也。（同上）○｜遙、儴徉、徙倚，聲之轉。〔廣雅·釋訓〕「仿佯，徙倚也」疏證。○〔通雅·卷六〕｜遙，古作消搖。〔詩〕「河上乎｜遙」。○｜遙，當作消搖。〔詩·羔裘〕「羔裘｜遙」陳疏。○韓｜遙作消搖。〔詩·清人〕「河上乎｜遙」集疏。○｜，通作消。〔集韻·宵部〕

**⿳𦥯冖王**　｜，長皃。〔廣韻·宵部〕○｜，長臂皃，一曰纖殺也。〔集韻·宵部〕

**怊**　｜，悵恨。〔廣韻·宵部〕○｜，悵恨也。〔楚辭·遠遊〕「｜惝怳而乖懷」補注。○｜，奢也。〔廣韻·宵部〕

**燎**　｜，庭燭曰｜。〔大般若經·卷九〕「如｜」音義引〔字書〕。○｜，庭火也。〔廣韻·宵部〕○火田為｜。〔慧琳音義·卷七〇〕○｜，輕燒也。〔慧琳音義·卷一二〕引〔考聲〕。又〔卷六二〕引〔考聲〕。○｜，當讀為燎。〔詩·月出〕「佼人｜兮」陳疏。○｜，當為寮。〔說文〕「柴，燒柴焚｜以祭天神」義證。○｜，亦當作寮。〔詩·旱麓〕「民所｜矣」陳疏。○景祐本｜作寮。〔漢書·食貨志〕「所以省費｜火」補注引王念孫。○｜焚，當作撩聚。〔淮南·本經〕「｜焚天下之財」平議。

**⿱殸喬**　｜，大磬也。〔廣韻·宵部〕○｜，大磬。〔集韻·宵部〕○〔說文定聲·卷七〕｜，當作喬。〔釋樂〕「大磬謂之｜」。

**憔**　｜，｜悴，瘦也。〔廣韻·宵部〕○｜與蕉，義亦相近也。〔廣雅·釋器〕「｜，黑也」疏證。○醮悴、醮顇、｜悴，並字異而義同。〔廣雅·釋詁一〕「醮悴，憂也」疏證。○〔通雅·卷六〕｜悴，一作蕉萃、癄瘁、嶕殺、焦瘁、顦顇、⿱焦火悴。〔孟子〕「民之｜悴於虐政」。○｜同顦。〔廣韻·宵部〕

**顦**　｜顇，又作蕉萃。〔說文〕「顇，｜顇也」義證。○｜顇或作憔悴。（同上）義證。○｜顇，字又作憔悴、蕉悴。（同上）句讀。又〔慧琳音義·卷三〕。

**⿰火龜**　｜，灼龜不兆也。〔廣韻·宵部〕

**䍃**　｜，瓶也。〔集韻·宵部〕引〔廣雅〕。

**嗂**　｜，樂也。〔廣韻·宵部〕○｜，此字與䚻義相近。〔說文〕「｜，喜也」段注。○｜，通傜。〔釋詁〕「繇，喜也」郝疏。○｜，又通作繇。（同上）○｜，又通作猶。（同上）○｜，又通由。（同上）○｜，又通作油。（同上）○〔說文定聲·卷六〕｜，以陶為之。〔禮記·檀弓〕「人喜則斯陶」。

**䌛**　｜，旄絲也。〔集韻·宵部〕○〔說文定聲·卷七〕｜，氂牛尾之細如絲者。〔說文〕「｜，旄絲也」。○｜，細而毛也。〔說文〕「｜，旄絲也」義證引〔六書故〕。○〔說文定聲·卷七〕｜叚借為皃，今本正作貌。〔說文〕引〔書·呂刑〕「惟｜有稽」。○（同上）｜，以旄為之。〔賈子·容經〕「跘旋之容旄如濯絲」。

**紗**　｜，小意。〔集韻·宵部〕○｜尫，小皃也。〔說文〕「幼，急戾也」義證引〔玉篇〕。○〔說文定聲·卷七〕｜，以幺為之。〔文賦〕「弦幺徽急」。○｜與幺同。〔漢書〕「幺麿」雜志。○｜麼與幺麼同。〔廣雅·釋詁二〕「｜麼，小也」疏證。

**贆**　｜，貝居陸也。〔廣韻·宵部〕

**剽**　｜，砭以石鍼病也。〔說文〕「｜，砭刺也」繫傳。○｜，小輕也。〔廣韻·宵部〕○｜，末也。〔集韻·宵部〕○｜與摽同。〔廣雅·釋詁三〕「｜，擊也」疏證。○標、嘌、｜、僄、漂，並字異而義同。〔廣雅·釋詁一〕「標，急也」疏證。○僄、嫖、票、｜、縹、飄，並字異而義同。〔廣雅·釋詁三〕「僄，輕也」疏證。○｜、標、幖並通。〔廣雅·釋器〕「幖，幡也」疏證。○〔說文定聲·卷七〕｜叚借為標。〔考工·弓人〕「則其為獸必｜」。○（同上）｜叚借為勡。〔蒼頡篇〕「｜，截也」。○｜，亦作摽。〔莊子·庚桑楚〕「有長而無乎本｜」集釋引〔釋文〕。○｜，當作標。（同上）引盧文弨。

**幧**　｜，帕也。〔集韻·宵部〕○｜，斂髮謂之｜頭。〔廣韻·宵部〕○｜、綃、幓、⿰衤蕉、帩，並字異而義同。〔方言四〕「紗績｜頭也」箋疏。○｜頭即幓頭也，一曰袹首。〔通雅·卷三六〕○｜頭、⿰衤焦頭、綃頭、帩頭，並字異而義同。〔廣雅·釋器〕「帞頭，｜頭也」疏證。○｜同⿱攸巾，亦作幓。〔廣韻·宵部〕○

｜，或作幓、⿱敉巾。〔集韻・宵部〕

**翲** ｜，高飛。〔廣韻・宵部〕○｜｜、漂漂、縹縹、飄飄，並字異而義同。〔廣雅・釋訓〕「｜｜，飛也」疏證。○漂與｜通。〔同上〕○｜忽即嫖忽，古通秒忽。〔通雅・卷七〕○｜，亦與秒同。〔戰國策〕「髮」雜志。

**僄** ｜，輕也。〔廣韻・宵部〕○｜之言飄也。〔廣雅・釋詁三〕「｜，輕也」疏證。○僄、嘌、剽、｜、漂，並字異而義同。〔廣雅・釋詁一〕「僄，急也」疏證。○｜、嫖、票、剽、縹、飄，並字異而義同。〔廣雅・釋詁三〕「｜，輕也」疏證。○｜，字與嫖同。〔說文〕「｜，輕也」句讀。○｜，亦作剽。〔方言一〇〕「｜，輕也」疏證。

**踃** ｜，跳｜。〔廣韻・蕭部〕○〔說文定聲・卷七〕｜即趙字。〔舞賦〕「簡惰跳｜」。

**⿰毛兆** ｜同翗，羽翼蔽皃。〔廣韻・蕭部〕

**撨** ｜，擇也。〔廣韻・蕭部〕○｜，取也。〔廣韻・宵部〕○｜，擇取也。〔集韻・宵部〕○｜，拭也。〔同上〕○捎、撊、｜，聲並相近。〔廣雅・釋詁二〕「捎、撊、｜，擇也」疏證。

**庣** 〔說文定聲・卷七〕｜，猶孔穴也。〔漢書・律歷志〕「旁｜焉」。○｜，不滿之皃。〔廣韻・蕭部〕○｜，過也。〔集韻・蕭部〕○｜，即窕之異體。〔說文〕「斛，斛旁有庣也」段注。○｜，當為窕之或體。〔說文定聲・卷七〕

**趒** ｜，雀行。〔廣韻・蕭部〕○｜，鳥雀跳行也。〔說文〕「｜，雀行也」繫傳。○〔說文定聲・卷七〕｜，以跳為之。〔漢書・項籍傳〕「漢王跳」。○｜與躍略同。〔說文定聲・卷七〕○｜，今人槩用跳字。〔說文〕「｜，雀行也」段注。

**蓧** ｜即苕也。〔釋艸〕「｜，蓨」鄭註。○｜，竹器。〔論語・微子〕「以杖荷｜」朱注。又〔同上〕劉正義。○｜，苗也。〔廣韻・蕭部〕○⿷匚攸、｜、條、莜，並字異而義同。〔廣雅・釋器〕「⿷匚攸，畚也」疏證。○｜，即蓨之異文。〔說文〕「蓨，苗也」義證。

**刟** ｜，斷穗。〔廣韻・蕭部〕

**琱** ｜，治璞也。〔說文〕「｜，治玉也」義證引〔初學記〕。○｜，｜琢。〔廣韻・蕭部〕○〔說文定聲・卷六〕｜，謂刻文也。〔漢書・王莽傳〕「飾以令銀｜文」。○｜，或借雕字。〔說文〕「｜，治玉也」義證。○〔說文定聲・卷六〕｜段借為彫。〔漢書・東方朔傳〕「陰奉｜琢刻鏤之好」。

**鯛** ｜，魚名。〔廣韻・蕭部〕○｜，小魚也。〔說文〕「｜，魚骨耑脆」繫傳。

**䂏** ｜，短尾犬也。〔廣韻・蕭部〕○⿰衤鳥、刁義並與｜同。〔廣雅・釋詁二〕「｜，短也」疏證。

**蛁** ｜蟟，茆中小蟲。〔廣韻・蕭部〕○｜蟟，今曰知了。〔說文定聲・卷七〕（「蟟」下）○｜蟟與虭蟧同。〔方言〕「蛥蚗，自關而東謂之虭蟧」箋疏。○｜蟧即｜蟟。〔說文〕「｜，虫也」疏證。

**⿰衤鳥** ｜、刁，義並與䂏同。〔廣雅・釋詁二〕「䂏，短也」疏證。○｜，或作裯。〔集韻・蕭部〕

**芀** ｜，葦華。〔廣韻・蕭部〕○｜，萑葦之秀。〔說文定聲・卷七〕○｜，雲南人呼｜茅，語轉為刀茅。〔說文〕「｜，葦華也」義證。○｜，字或作苕。〔同上〕

**鳭** ｜｜鷯，剖葦，求蟲食，似雀，青班色。〔廣韻・蕭部〕○｜同鳭。〔廣韻・宵部〕○｜者，刀之俗字。〔說文〕「鷯，刀鷯」段注。

**⿰犭周** ｜，多也。〔廣韻・蕭部〕又〔集韻・蕭部〕。○｜，蠻語多也。〔通鑑・後梁紀四〕「號｜金堡三王」音注。○｜，大也。〔廣韻・蕭部〕又〔集韻・蕭部〕。○｜，蠻語大也。〔通鑑・後梁紀四〕「號｜金堡三王」音注。

**弴** ｜，天子弓也。〔廣韻・蕭部〕○｜，〔詩〕又作敦。〔同上〕○敦，一作｜。〔通雅・卷一〕

**瞗** ｜，熟視。〔廣韻・蕭部〕

**⿷匚攸** ｜，田器。〔廣韻・蕭部〕○〔說文定聲・卷六〕｜，以蓨為之。〔論語〕「以杖荷蓧」包注「｜，草器名也」。

**𠧪** ｜與苕同，謂草木之秀實也。〔說文〕「｜，草木垂｜｜然」繫傳。○｜，草木實垂，｜｜然也。〔廣韻・蕭部〕○｜，或曰即今卣字，中尊也。〔說文定聲・卷六〕○｜，或借油字。〔說文〕「｜，艸木實垂｜｜然也」義證。○〔說文定聲・卷六〕｜，以調為之。〔莊子・齊物論〕「而獨不見之調調乎之刁刁乎」。○｜之隸變為卣。〔說文〕「｜，艸木實垂｜｜然」段注。

**県** ｜，謂懸首於木上竿頭以肆其辜也。〔慧琳音義・卷六五〕○｜，懸首於木上竿頭，以肆大辠，秦刑也。〔說文〕「｜，到首也」義證引〔玉篇〕。○｜，到懸首。〔廣韻・蕭部〕○｜，漢律有県首多借梟字。〔說文〕「｜，到首也」繫傳。○｜，通作梟。〔同上〕義證。○｜，亦通作梟。〔廣雅・釋言〕「｜，磔也」疏證。○｜，或作梟。〔慧琳音義・卷六五〕○｜，即今之倒字。〔說文定聲・卷七〕

**憿** ｜，｜幸。〔廣韻・蕭部〕○｜，行險也。〔說文〕「｜，幸也」義證引〔玉篇〕。○｜，經典借儌字。〔同上〕義證。○｜，又借僥字。〔同上〕○〔說文定聲・卷七〕｜段借為激。〔童子逢盛碑〕「感｜三成」。○｜，經傳皆以儌為之，俗作僥倖、儌倖。〔說文定聲・卷七〕○｜，今多作儌。〔說文〕「｜，幸也」繫傳。○｜，又或作儌。（同上）義證。○｜，俗又作儌。（同上）句讀。○｜幸，又作僥倖。〔廣韻・蕭部〕○｜幸，俗作僥倖、儌倖、徼倖，皆非也。〔說文〕「｜，幸也」段注。

螑　｜，水蟲，似蛇，四足，能害人也。〔廣韻・蕭部〕○｜，獺屬，害魚者，或作蟂。〔集韻・蕭部〕○｜即蛟也。〔通雅・卷四七〕

寮　｜，穿也。〔廣韻・蕭部〕○〔說文定聲・卷七〕｜，或曰官者，同居一朝，如俗謂同學為同窗也。〔釋詁〕「｜，官也」。○｜、遼、鐐，義並相近。〔廣雅・釋詁三〕「｜，空也」疏證。○〔說文定聲・卷七〕｜段借為僚。〔左傳文公七年〕「同官為寮」。○｜，亦假僚字為之。〔說文〕「｜，穿也」段注。○〔說文定聲・卷七〕｜，字亦作寮。〔魏都賦〕「皦日籠光于綺寮」。○｜，俗省作寮。〔說文〕「｜，穿也」段注。

鮡　｜，魚名。〔廣韻・蕭部〕

嬥　｜｜，往來皃。〔集韻・蕭部〕○｜｜，愈遐急也。〔文選・魏都賦〕「或明發而｜歌」集釋引〔爾雅〕。○〔說文定聲・卷七〕｜段借為趯。〔魏都賦〕「或明發而｜歌」。○｜，今作佻。〔說文定聲・卷七〕○佻佻，〔韓詩〕作｜｜。（同上）

毴　｜｜毴，毛皃。〔廣韻・蕭部〕

䝤　｜，耳鳴。〔廣韻・豪部〕○｜，耳中鳴也。〔廣韻・蕭部〕○｜嘈，耳鳴。〔集韻・豪部〕

墽　｜，周垣。〔廣韻・蕭部〕○｜之言繚繞也。〔廣雅・釋宮〕「｜，垣也」疏證。

璙　｜，亦美玉也。〔說文〕「｜，玉也」繫傳。

嫽　｜，好也。〔文選・舞賦〕「貌｜以妖蠱兮」集釋。○｜，婦人以為美稱。〔漢書・烏孫國傳〕「楚主侍者馮｜」補注引徐松。○｜，謂相｜敹也。〔慧琳音義・卷六四〕○｜，弄也。（同上）○｜，相｜戲也。〔廣韻・蕭部〕○｜，觸也。〔慧琳音義・卷六四〕○僚、｜通。〔漢書・烏孫國傳〕「楚主侍者馮｜」補注引徐松。○｜與僚通。〔文選・舞賦〕「貌｜以妖蠱兮」集釋。

髎　｜，髖也。〔說文〕「髖，髀上也」義證引〔玉篇〕。○｜，髖骨也。〔廣韻・宵部〕○｜，髖骨名。〔廣韻・蕭部〕

熮　｜，火爛。〔廣韻・有部〕○｜段借為嘹，嘹、｜一聲之轉。〔說文定聲・卷六〕

嶚　｜，高也。〔廣雅・釋詁四〕「巉巊、岑崟，高也」疏證。○｜｜，巢，山皃。〔廣韻・蕭部〕

繚　｜，纏也。〔慧琳音義・卷二七〕○｜者，繞也。〔荀子・議兵〕「矜糾收｜之屬」集解引郝懿行。○｜，｜祭也。〔儀禮・鄉飲酒禮〕「弗｜，右絶」胡正義引李如圭。

顤　｜，頭高長皃。〔廣韻・蕭部〕○｜，與嶢同義。〔廣雅・釋詁四〕「嶢、｜，高也」疏證。○｜顤，高也。（同上）○〔說文定聲・卷七〕｜，字亦作顤。〔廣雅・釋詁一〕「顤，大也」。

憢　｜｜，懼也。〔廣韻・蕭部〕○｜嘵通。〔釋訓〕「｜｜，懼也」鄭註。○｜者，嘵之或體也。（同上）郝疏。

䆗　｜，長大皃。〔廣韻・蕭部〕

膫　｜，膝｜，腫欲潰也。〔廣韻・蕭部〕

顟　｜，大額。〔廣韻・蕭部〕○｜，今作墳。〔說文〕「｜，大頭也」繫傳。○〔說文定聲・卷七〕｜，字亦作䆗。〔通俗文〕「醜曰䆗」。

鰷　｜之言幼也。〔廣雅・釋魚〕「｜，鰌也」疏證。○｜，小也。（同上）○〔說文定聲・卷六〕｜，字亦作鰶。〔玉篇〕「鰶，小鰌也」。

鄡　〔說文定聲・卷七〕｜，今直隸順德府平鄉縣治，字亦作鄵。〔說文〕「｜，鉅鹿縣」。○｜，或作鄵。〔說文〕「｜，鉅鹿縣」義證。

墽　｜，擊也。〔說文〕「｜，𣪠田也」義證引〔玉篇〕。○｜與𣪠同，下擊也。（同上）義證引〔三蒼解詁〕。○｜，其訓蓋本作擊也。（同上）段注。○｜，當訓擊，與敲略同。〔說文定聲・卷七〕○擊、｜，並音五交反，其義同也。〔廣雅・釋詁四〕「擊，擊也」疏證。

獢　｜，猲｜，短喙犬也。〔廣韻・宵部〕○〔說文定聲・卷七〕｜，以驕為之。〔詩・駟鐵〕「載獫歇驕」。○｜，〔毛詩〕又作驕。〔說文〕「｜，猲｜也」段注。

蔈　｜，草皃。〔廣韻・宵部〕

䰐　｜，炊氣。〔廣韻・宵部〕

醮　｜，面枯皃。〔廣韻・宵部〕○｜，面｜，枯也。（同上）○｜悴、｜顇、憔悴，並字異而義同。〔廣雅・釋詁一〕「｜悴，憂也」疏證。○〔說文定聲・卷六〕｜，字亦作嫶。〔漢書・外戚傳〕「嫶妍太息」。○（同上）｜，字亦作憔。〔吳語〕「而日以憔悴」。○（同上）｜，字亦作癄，亦即㦗字。〔冥禮・樂志〕「是以纖微癄瘁之音作」。

蔈　｜，草名。〔廣韻・宵部〕○｜，｜子藥。〔說文〕「｜，艸也」義證引〔玉篇〕。

墽　｜與敲，字異音義同。〔方言一〇〕「楚凡揮棄物謂之拌，或謂之敲」疏證。○〔說文定聲・卷七〕｜段借為敲。〔廣雅・釋詁一〕「｜，棄也」。○｜與敲同。〔方言一〇〕「棄，或謂之敲」箋疏。

**䱵** 丨，煎鹽。〔廣韻・宵部〕

**㕧** 丨，鳴也。〔廣韻・宵部〕

**㖃** 丨丨然，大皃。〔廣韻・宵部〕〇丨，亦作枵。〔莊子・逍遥遊〕「非不丨然大也」集釋引俞樾。

**䁻** 丨，耳中聲。〔廣韻・宵部〕〇丨，耳鳴。〔廣韻・豪部〕〇丨，義與嘈同。〔廣雅・釋詁四〕「嘈，聲也」疏證。

**嶕** 丨，山名。〔集韻・宵部〕〇丨嶢。〔廣韻・宵部〕〇丨嶢，山高。〔説文〕「丨，丨嶢，山高皃」義證引〔玉篇〕。〇山之高曰丨嶢。〔説文定聲・卷七〕（「嶢」下）〇丨嶢，叠韻字，高也。〔方言六〕「巍、嶢、崝、嶮，高也」箋疏。〇丨嶢，高也。〔廣雅・釋詁四〕〇嶕嶢，轉之為岑崟，又轉之為巑岏，又轉之為丨嶢。（同上）〇丨，古祇作焦。〔説文〕「嶢，焦嶢，山高皃」段注。

**篍** 丨，大管名也。〔廣韻・宵部〕〇大管謂之丨。〔説文〕「管，如篪六孔，十二月之音物開地牙故謂之管」繫傳。〇丨，一曰田器。〔集韻・宵部〕

**噍** 丨，啁丨聲。〔廣韻・宵部〕〇㿥、丨、焦，並字異而義同。〔廣雅・釋詁三〕「㿥，縮也」疏證。

**蟭** 丨，螵丨，螗蜋卵也。〔廣韻・宵部〕

**䌛** 丨，瓜也。〔集韻・宵部〕〇丨，其形長，即拄杖瓜。〔説文〕「丨，瓜也」義證。〇丨，北人音轉呼為梢瓜。（同上）

**襓** 丨即韜也。〔説文〕「韜，劍衣也」段注。〇丨，劍衣。〔廣韻・宵部〕

**媱** 丨，遊戲也。〔慧琳音義・卷二五〕引〔玉篇〕。〇丨之言逍遥。〔廣雅・釋詁三〕「丨，戲也」疏證。〇丨之言逍遥也。〔方言一〇〕「丨，遊也」箋疏。〇丨，美好。〔廣韻・宵部〕〇遥與丨通。〔廣雅・釋詁一〕「丨，婬也」疏證。〇遥蕩與丨愓同。〔廣雅・釋詁三〕「丨愓，戲也」疏證。〇〔説文定聲・卷六〕丨，以遙為之。〔方言一〇〕「遥，淫也」。

**歊** 丨，氣出。〔廣韻・宵部〕

**烑** 丨，光也。〔廣韻・宵部〕

**榣** 丨，木名。〔廣韻・宵部〕〇丨之言摇也。〔説文〕「丨，樹動也」段注。〇〔説文定聲・卷六〕丨段借為櫾。〔西山經〕「槐江之山，其陰多丨木之有若」。〇丨即櫾字。〔説文〕「櫾，崐崘山河隅之長木也」段注。〇〔説文定聲・卷六〕丨，字亦作飖。〔幽通賦〕「飖颻風而蟬蛻兮」。

**踹** 丨亦躍也。〔廣雅・釋詁二〕「丨，躍，跳也」疏證。〇丨、遥、摇，義並相近。（同上）

**柖** 丨，亦樹動皃。〔説文〕「丨，樹摇皃」繫傳。〇丨之言招也，樹高大則如能招風者然。（同上）段注。〇丨通作招。（同上）義證。〇丨與榣略同。〔説文定聲・卷七〕〇丨，射的也。〔廣韻・宵部〕

**盄** 丨，今蘇俗煎茶器曰吊子，即此丨字。〔説文定聲・卷七〕

**猋** 丨，犬走貌。〔楚辭・九辯〕「丨壅蔽此明月」補注。〇丨，群犬走貌。〔楚辭・雲中君〕「丨遠舉兮雲中」補注。又〔廣韻・宵部〕。〇丨，引伸為凡走之偁。〔説文〕「丨，犬走皃」段注。〇扶摇謂之丨。〔詩・谷風〕「習習谷風，維山崔嵬」後箋。〇風之鋭而上者為丨。（同上）後箋引陸佃。〇飄、丨聲相近，故字相通。〔漢書〕「衛殤公丨」補注。〇〔説文定聲・卷七〕丨段借為飆。〔爾雅〕「扶摇謂之丨」。〇丨，當正作飆。〔漢書・息夫躬傳〕「矰若浮丨」補注。〇丨，万飆字俗省。〔漢書・蒯通傳〕「飄至風起」補注。〇丨作飊，俗字也。〔説文〕「貝，居陸名丨」段注。〇〔説文定聲・卷七〕丨，為猋之誤字，猶倐忽也。〔思玄賦〕「乘丨忽兮馳虚無」。

**瘭** 丨，疽病也。〔慧琳音義・卷五六〕〇丨，丨疽，病名。〔廣韻・宵部〕〇丨，疽，瘡名也。〔慧琳音義・卷六四〕引〔考聲〕。〇丨，亦疽也，惡瘡也。〔慧琳音義・卷七九〕引〔集訓〕。〇丨，熾也。〔慧琳音義・卷五七〕引〔集訓〕。

**蔈** 丨定，秒定也。〔通雅・卷四〇〕〇〔説文定聲・卷七〕丨段借為票。〔爾雅〕「丨荂，荼」。〇（同上）丨段借為漂。〔淮南・墬形〕「容華生丨」。〇（同上）丨段借為秒。〔説文〕「丨，一曰末也」。〇（同上）丨，字亦作薸。〔爾雅〕注「水中浮萍，江東謂之薸」。〇（同上）丨，字又作𦼮。〔廣雅〕「𦼮，蓱也」。

**旚** 丨，旌旗飛揚皃。〔廣韻・宵部〕

**藨** 丨，醋莓，可食。〔廣韻・豪部〕〇丨，蔽屬，可為席。〔漢書・司馬相如傳〕「其高燥則生葴析苞荔」補注引〔玉篇〕。〇丨，古謂之丨，今謂之莓。〔通雅・卷四二〕〇丨，耕也。〔廣雅・釋地〕〇今登萊人謂丨莓為嫯門。〔釋草〕「丨，麃」郝疏。

**蟲** 〔説文定聲・卷一二〕丨，段借為蠠。〔儀禮・既夕〕「蜱醢」。〇（同上）丨蛸，即螵蟭語轉。〔吳普本草〕「一名冒焦」。〇丨，同蜱。〔廣韻・支部〕〇丨，字或作螵。〔説文〕「丨，丨蛸也」義證。〇丨，字或作蜱。〔説文〕「蛸，丨蛸」義證。

**鐈** 丨，釜也。〔廣雅・釋器〕疏證。〇丨，似鼎長足。〔廣雅・宵部〕〇丨之言喬然高也。〔廣雅・釋器〕「丨，釜也」疏證。

**驫**　—，衆馬走皃。〔廣韻·宵部〕○——，猶儦儦也。〔廣雅·釋訓〕「——，走也」疏證。

**膲**　—膲，腫也。〔廣雅·釋詁二〕疏證。○—膲，腫潰也。〔集韻·宵部〕○—膲，腫欲潰也。〔廣韻·宵部〕○—膲猶胮肛，語之轉耳。〔廣雅·釋詁二〕「—膲，腫也」疏證。

**蟜**　—，蠪—，螘也。〔廣韻·宵部〕○〔說文定聲·卷七〕—段借為趫。〔詩·泮水〕「——虎臣」。

**祅**　—，地反物為—。〔說文〕「蠥，衣服歌謠艸木之怪謂之—」段注。○統言皆謂之—，析言則—蠥異也。〔說文〕「—，地反物為—也」段注。○—，經傳通作妖。（同上）○—，衣服、歌謠、草木之怪，經傳皆以妖為之。〔說文定聲·卷七〕○—省作祆。〔說文〕「—，地反物為—也」段注。

**枖**　—通作夭。〔說文〕「—，木少盛皃」義證。○夭與娱同，字又作—。〔廣雅·釋訓〕「娱娱，茂也」疏證。○—，實夭字之或體，加水。〔說文定聲·卷七〕

**繑**　脛衣上有系，系於惲帶曰—。〔說文〕「—，絝紐也」段注。○—，如今套褲之系係于帶者。〔說文定聲·卷七〕○—，謂袴細也。〔慧琳音義·卷九八〕引〔考聲〕。○—，通作譑。〔說文〕「—，絝紐也」義證。○—與屩同。〔管子〕「絏—」雜志。

**趬**　—，行輕也。〔集韻·蕭部〕○—，行輕皃。〔廣韻·宵部〕○—與剽，聲義皆相近。〔方言二〕「剽，獪也」箋疏。○—，今蘇俗語有言輕—者，有言—脚者，皆此字。〔說文定聲·卷七〕

**票**　今俗間信券曰—。〔說文〕「㶾，火飛也」段注。○—、熛二字同音同義，似—正熛俗。〔說文〕「熛，火飛也」段注。○僄、嫖、—、剽、縹、飄，並字異而義同。〔廣雅·釋詁三〕「僄，輕也」疏證。○—姚讀如飄摇，謂輕疾也。〔說文〕「嫖，輕也」段注。○—姚，作—鷂。（同上）段注引〔漢紀〕。

**嫖**　—，身輕便皃。〔廣韻·宵部〕○—與僄，音義皆同。〔說文〕「—，輕也」段注。○僄、—、票、縹、飄，並字異而義同。〔廣雅·釋詁三〕「僄，輕也」疏證。○—、飄同。〔漢書·廣川惠王傳〕「—昌忽」補注。○—，字與僄同。〔說文〕「—，輕也」句讀。

**旚**　—，旍旗—摇之貌。〔說文〕「—，旌旗—繇也」義證引〔玉篇〕。○—，旌旗動貌。〔廣韻·宵部〕○—或借飄字。〔說文〕「—，旌旗—繇也」義證。○—繇，借字作髟融。（同上）句讀。○〔說文定聲·卷七〕—，作髟亦同。馬融〔廣成頌〕「羽旄紛其髟融」。○—，今字作飄。〔說文〕「—，旌旗—繇也」段注。○—繇，今作飄摇。（同上）句讀。

**犥**　—，牛色不美澤。〔說文〕「—，牛黄白色」義證引〔玉篇〕。○—，牛黄白色。〔廣韻·宵部〕

**䀀**　—，盂也。〔廣韻·宵部〕○〔說文定聲·卷七〕—，今蘇俗有手簥子，似碟而高足，表裏皆黍赤，盛乾果以祀神。〔廣雅·釋器〕「—，盂也」。

**鏢**　刀室之末，以銅飾之曰—。〔說文〕「—，刀削末銅也」段注。○—，刀劍鞘下飾也。〔廣韻·宵部〕○—通作標。〔說文〕「—，刀削末銅也」義證。

**䙳**　—，—捷輕便也。〔說文〕「—，輕行也」義證。

**慓**　—，急也。〔廣韻·宵部〕○—、嘌、僄、漂、剽，並字異而義同。〔廣雅·釋詁二〕「—，急也」疏證。

**瞟**　—，—瞭，明察。〔說文〕「—，瞭也」義證引〔玉篇〕。○—，—睽、明視。〔廣韻·宵部〕

**嘌**　—，疾吹之皃。〔廣韻·宵部〕○—，猶——也。〔詩·匪風〕「匪車—兮」陳疏。○—，漂摇不安之貌。（同上）朱傳。○慓、—、僄、漂、剽，並字異而義同。〔廣雅·釋詁一〕「慓，急也」疏證。○—，即舊聲而加泛灔者，名曰—唱，讀之如瓢。〔通雅·卷二九〕

**嘺**　—，不知。〔廣韻·宵部〕

**翲**　—，側飛。〔廣韻·宵部〕○—、𩙪古通用。〔方言一二〕「翬，—飛也」疏證。

**嘄**　—，字亦作嘂。〔說文定聲·卷七〕○—，字亦誤作嘄。（同上）

**䳱**　—木，今烏木也。〔通雅·卷四三〕○—，義與蕉同。〔廣雅·釋器〕「—，黑也」疏證。

**削**　—屢，謂—治牆空竅坳突處使平。〔詩·緜〕「—屢馮馮」後箋引〔詩小學〕。○〔通雅·卷三四〕屏亦有呼—捕者。〔後漢·方術·楊由傳〕「風吹—捕」。○—蔑即消滅。〔通雅·卷八〕○—然即蕭然。〔通雅·卷八〕

**嫶**　—即醮字。〔說文〕「醮，面焦枯小也」段注。○—妍，言憔悴而妍也。〔通雅·卷一八〕

**么**　—，末子曰—。〔本草·卷五〇〕

**侄**　—，驕也。〔集韻·宵部〕

**傜**　〔說文定聲·卷六〕—，役也。〔禮記·王制〕注「不給其傜」。○—，通作繇。〔說文〕「—，喜也」義證。○—，又通作摇。（同上）○—，又通作猶。（同上）○〔說文定聲·卷六〕—段借為遥。〔荀子·王霸〕「—其期日」。○—與傜同。〔方言六〕「傜，衺也」箋疏。○—，字或作傜。〔說文〕「—，自關以西物大小不同謂之—」義證。○—，字亦作傜、作傜。〔說文定聲·卷六〕

**僬**　僬與—通。〔廣雅·釋訓〕「—僥，八疾也」。○—僥，短人。〔集韻·宵部〕

**傲** 丨，要也。〔説文〕「傲，幸也」繫傳。

**僚** 丨，友也。〔慧琳音義・卷二〕引〔韻英〕。○丨，助也。（同上）○丨，第九品人也。〔卷二〕引〔玉篇〕。○丨，或作僚。（同上）○丨，或作寮。〔卷二〕引〔韻英〕

**僬** 丨，丨僬，多智。〔集韻・蕭部〕

**劁** 丨，刈草。〔廣韻・宵部〕

**昌** 丨，望遠也。〔廣韻・蕭部〕

**匋** 丨即窑。〔通雅・卷三三〕

**卧** 丨，問卜。〔廣韻・宵部〕○丨，卜問也。〔集韻・蕭部〕

**邵** 丨，高也。〔集韻・宵部〕

**厎** 丨當為疕。〔説文〕「斛，斛旁有斛」義證。

**叀** 丨，專也。〔説文〕「丨，專小謹也」繫傳。○丨，言人之專謹若小子也。（同上）

**召** 丨，以口評。〔釋言〕「徵，丨也」郝疏。○丨，求義近。〔釋言〕「速，徵也」郝疏。

**墂** 丨，封土為識。〔集韻・宵部〕

**嫑** 大丨古要字。〔通雅・卷一六〕

**奃** 丨，張羽。〔廣韻・宵部〕

**媄** 丨，此即笑之本字。〔説文〕「丨，一曰女子笑皃」義證。○丨，少而速壯也。〔説文〕「丨，巧也」繫傳。○丨丨，茂也。〔詩・桃夭〕「桃之丨丨」集疏引韓説。○〔説文定聲・卷七〕丨叚借為夭。〔呂覽・察賢〕「疾病妖厲去矣」。○（同上）丨叚借為祅。〔晉語〕「辨丨祥于謡」。○夭與丨同。〔廣雅・釋訓〕「丨丨，茂也」疏證。○丨，俗省作妖。〔説文〕「丨，巧也」段注。○丨，俗作妖。（同上）義證。○今用丨為祅，非也。（同上）段注。

**嬝** 丨，竦身也。〔集韻・黝部〕

**宎** 丨，窔聲。〔集韻・蕭部〕

**宦** 丨，户樞聲。〔集韻・蕭部〕

**寥** 丨，丨寥，空也。〔廣韻・蕭部〕

**岧** 丨嶢，山高皃。〔廣韻・蕭部〕○丨嶢，山峯高峻皃。〔慧琳音義・卷八〕○丨嶢，如山高峻貌也。〔卷九一〕○丨嶢，山並立皃，或作岹嶢。〔卷九九〕引〔考聲〕。

**嶆** 丨潔，即潮溼。〔通雅・卷八〕

**嫖** 丨，山峯。〔廣韻・宵部〕○丨，山峯出皃。〔集韻・宵部〕○丨，或作嫖、磦。（同上）

**嵺** 丨，崖虚。〔廣韻・蕭部〕○丨，崖虚也。〔楚辭・九辯〕「宋丨兮收潦而水清」補注。○丨，空虚也，與寥同。（同上）○繆、廫、寥、嵺、丨，義並相近也。〔廣雅・釋詁三〕「丨，空也」疏證。

**杪** 丨，網細者丨。〔集韻・宵部〕

**帕** 丨，細絲。〔廣韻・宵部〕

**廧** 丨，座也。〔廣韻・宵部〕

**廫** 丨，空中虚皃。〔説文〕「丨，空虚也」義證引〔五音集韻〕。○丨，霩丨。（同上）義證引〔復古編〕。○丨霩，開朗貌。（同上）義證引〔洪武正韻〕。○丨霩，开朗皃，另作寥廓，竝非。〔説文〕「霩，雨止雲罷皃」義證引〔六書正譌〕。○繆、丨、寥、嵺、廫，義並相近也。〔廣雅・釋詁三〕「廫，空也」疏證。○〔説文定聲・卷六〕丨叚借為鄝，以國為氏。〔説文新附〕「廖，人姓也」。○丨，此今之寥字。〔説文〕「丨，空虚也」段注。○丨，字或作廖。（同上）義證。○丨，又作寥。（同上）

**彇** 丨，引弓也。〔集韻・蕭部〕

**彇** 丨，弓利。〔廣韻・宵部〕

**繇** 丨之言由也，所謂自由自便也。〔説文〕「丨，弓便利也」段注。

**愮** 丨丨，亦作怞怞。〔釋訓〕「丨丨，勞也」鄭注。

**憿** 丨，惡也。〔通鑑・漢紀三〕「楚丨羣策而自屈其力」音注。

**憭**｜，空皃。〔廣韻·蕭部〕

**懆**｜，日出明。〔集韻·豪部〕

**捎**｜，摇｜，動也。〔廣韻·宵部〕

**揙**｜亦陗也，方俗語有輕重耳。〔廣雅·釋詁四〕「陗、｜，高也」疏證。

**搖**｜，古摇字。〔管子〕「搖」雜志又〔淮南子·兵略〕「推其｜｜」雜志。

**撟**｜，舉手。〔廣韻·宵部〕○｜揉字當作矯，矯引申之為揉木角之稱。〔考工記〕「｜幹欲孰於火而無贏」孫正義。

**撓**｜挑，宛轉也。〔集韻·蕭部〕

**擙**｜，舉也。〔慧琳音義·卷七八〕引〔考聲〕。

**擄**｜，擊也。〔廣韻·蕭部〕○｜，把也。（同上）

**敹**｜，理也。〔慧琳音義·卷一〇〇〕引〔考聲〕。○｜，或作撩。（同上）

**敹**｜，揀擇。〔廣韻·蕭部〕

**斛**｜，田器。〔集韻·蕭部〕○｜，或作銚、斛。（同上）

**暚**｜，明也。〔集韻·宵部〕

**朷**｜，枝落也。〔集韻·蕭部〕○｜，通作條。（同上）

**椆**｜苕，木名。〔集韻·蕭部〕

**桑**｜，抄飯匙也。〔廣韻·宵部〕○｜，匕也。〔集韻·宵部〕

**梟**銚、斛、｜三字同，即今鍫字也。〔說文〕「銚，昷器也」段注。○｜橾鍫銷並字異而義同。〔廣雅·釋器〕「｜，臿也」疏證。

**樤**｜，柚條。〔廣韻·蕭部〕

**橾**梟、｜、鍫、銷，並字異而義同。〔廣雅·釋器〕「梟，臿也」疏證。

**橐**｜，囊張大皃。〔廣韻·豪部〕又〔集韻·豪部〕。○｜，或作櫜。〔說文〕「｜，囊張大皃」義證。○｜，讀如苞苴之苞。（同上）段注。

**櫜**｜，櫜也。〔廣韻·宵部〕

**穛**｜，生麻。〔廣韻·宵部〕○｜，麻苦雨生壞也。〔集韻·宵部〕○｜，或作穲、蕉、穛。（同上）

**橚**｜槮，樹長貌。〔楚辭·九辯〕「萷｜槮之可哀兮」補注。又〔廣韻·蕭部〕。○｜槮，艸木盛皃。〔集韻·蕭部〕○｜爽，｜槮是也。〔楚辭·九辯〕「萷｜槮之可哀兮」補注。○橚即｜字，又與楸同。〔文選·蜀都賦〕「杞｜椅桐」集釋引〔說文〕、〔集韻〕。

**櫾**〔說文定聲·卷六〕｜，以榣為之。〔西山經〕「榣水之有若」。

**歊**｜歊，氣上烝。〔集韻·宵部〕○｜，健也。〔廣韻·宵部〕○｜，一曰健皃。〔集韻·宵部〕

**歗**｜與恔同。〔廣雅·釋詁一〕「恔，憂也」疏證。

**殀**｜，字當作夭。〔釋名·釋天〕「妖，｜也」疏證。

**妖**｜，少死曰｜。〔慧琳音義·卷二〕○｜，俗作妖。（同上）

**殀**｜，害物也。〔集韻·宵部〕

**毹**｜毦，氍毹。〔集韻·宵部〕

**毦**｜，兜鍪上毛飾。〔廣韻·宵部〕○｜，冑顛曰｜。〔集韻·宵部〕

**涘**｜，即鐐之假借字。〔說文〕「鋈，白金也」段注。

**潚**｜，浮也。〔慧琳音義·卷三二〕

**焇**｜亦燥也，方俗語有侈弇耳。〔廣雅·釋詁二〕「｜，乾也」疏證。

**燆**｜，火行。〔集韻·蕭部〕

**爂**｜，輕脆也。〔集韻·宵部〕

**燎**｜，火逼也。〔續音義·卷九〕

**爑**｜，今〔春秋左傳〕作焦。〔說文〕「｜，灼｜不兆也」繫傳。

**炤**｜，牀別名。〔廣韻·宵部〕又〔集韻·宵部〕。○｜，通作招。（同上）

⿰片多 丨，几也。〔廣韻・宵部〕○丨，俎几也。〔集韻・宵部〕

犪 丨，牛馴伏。〔廣韻・宵部〕○丨、柔，亦聲義通。〔周禮・大宰〕「以丨萬民」孫正義。

⿰犭肖 丨，狂也。〔廣韻・宵部〕

猺 丨，獏丨，狗種也。〔廣韻・宵部〕

獥 丨，狼子。〔集韻・蕭部〕

⿰犭鄡 丨，犬黄白色。〔廣韻・宵部〕

⿸疒卯 丨，疾也。〔集韻・蕭部〕

⿰召皮 丨，肉之䰟莫，或从亶。〔集韻・宵部〕

皽 丨，皮上腜膜。〔廣韻・宵部〕

瞍 丨，目無眸子。〔廣韻・蕭部〕○丨，目有眹無珠子曰丨。〔集韻・蕭部〕

⿰目䍃 丨，美目。〔集韻・宵部〕

瞭 丨，惡視皃。〔集韻・宵部〕

硝 硭丨，藥名。〔廣韻・宵部〕

⿰禾票 丨，稻田秀出者。〔集韻・宵部〕

穚 丨，禾秀。〔廣韻・宵部〕

⿱竹⿰糸欠 丨，吹竹箫。〔廣韻・宵部〕○丨，籥管一名丨。〔集韻・宵部〕

⿱竹桃 丨支，竹名。〔集韻・宵部〕

⿱竹聊 丨，竹名，似苦竹而細軟，江漢間謂之苦丨。〔集韻・蕭部〕

⿱竹舀 丨之言韜也。〔廣雅・釋器〕「丨，籢也」疏證。

繰 丨，帛如紺色。〔集韻・宵部〕

⿰糸蕉 丨，生枲也。〔廣韻・宵部〕

翏 丨，高飛皃。〔廣韻・蕭部〕○丨，高飛也。〔集韻・蕭部〕

⿰召羽 丨，毹，毛皃。〔廣韻・蕭部〕

⿰肖羽 丨，鳥毛羽也。〔廣韻・宵部〕○丨，羽翼蔽皃。〔廣韻・蕭部〕

聎 丨，耳疾。〔廣韻・蕭部〕

朓 丨，月出西方。〔廣韻・蕭部〕○丨，晦而月見西方。〔集韻・蕭部〕

脩 丨丨，羽敝也。〔集韻・宵部〕○丨丨，或作⿰攸翁⿰骨翁。（同上）

膲 丨，人之三丨。〔廣韻・宵部〕

臕 丨，脂丨，肥皃。〔廣韻・宵部〕○馬肥俗呼丨。〔通雅・卷一〕

⿰舟召 丨，吴丨。〔廣韻・蕭部〕

⿰舟周 丨之言𥏝也，凡物之短者謂之𥏝。〔廣雅・釋水〕「丨，舟也」疏證。○刀、舠、丨，並字異而義同。〔廣雅・釋水〕「丨，舟也」疏證。丨、貂，亦聲近而義同。〔廣雅・釋詁四〕「𥏝，短也」疏證。

艘 丨，船揔名。〔廣韻・蕭部〕

⿱艹佰 丨，草名。〔廣韻・宵部〕

萷 丨蔘，木枝竦也。〔楚辭・九辯〕「丨櫹椮之可哀兮」補注。又〔集韻・爻部〕。○丨椮，艸木茂皃。〔集韻・宵部〕○丨蔘，今承用作蕭森，〔史記〕作蕭蔘。〔漢書・司馬相如傳〕「紛溶丨蔘」補注。

蓨 丨，一名丨蓧、丨苗、蓫蓄，皆一聲之轉，亦名羊蹄，又名鬼目，俗名土大黄，其根治腫毒。〔説文定聲・卷六〕○丨縣，本漢條縣也。〔説文〕「丨，苗也」義證引〔十道志〕。○丨，字亦作蓧、作蓚。〔説文定聲・卷六〕○莜即丨之或體。〔卷六〕〔「莜」下〕

⿰氵蔏 丨丨，葫，茭實。〔廣韻・蕭部〕

⿱艹缶 丨，蒲葉也。〔廣韻・宵部〕○丨，草也。（同上）

蔐　|，艸名，菰蔣也，其米謂之|葫。〔集韻·蕭部〕○|通作彫。（同上）○|，或作藡。（同上）

蔋　|，旱山無草為|。〔集韻·宵部〕

蕉　|，草器。〔廣韻·蕭部〕

䕩　|，草木疎莖。〔廣韻·蕭部〕○寮、|、鐐，義並相近。〔廣雅·釋詁三〕「寮，空也」疏證。

𧀼　|之為言漂也。〔廣雅·釋草〕「|，萍也」疏證。○|與薸同。（同上）

藮　|，薪也。〔廣雅·釋木〕

𧃒　|，蓮|，草也。〔廣韻·宵部〕

蘨　|，草高大也。〔說文〕「|，艸盛皃」繫傳。○|又借由字。（同上）義證。○|，或借油字。（同上）

虭　|蟧，音如貂料，即蛁蟟也。〔說文〕「螇，螇鹿，蛁蟟也」段注。

𧉧　|，蠶初生也。〔廣韻·宵部〕○|，蠶初生者。〔集韻·宵部〕

蛁　|，|蟰，狀如黃蛇，魚翼，出入有光。〔廣韻·蕭部〕

蚴　|蟉，金陵本作蚴蟉。〔史記·司馬相如列傳〕「驂赤螭青虯之|蟉蜿蜒」志疑。

蜱　|，蟲名。〔廣韻·宵部〕

𧍫　|，蛇名。〔廣韻·宵部〕

螵　|，|蛸。〔廣韻·宵部〕○|蛸，蟲名。〔集韻·宵部〕○|，或作蛗。（同上）

蟟　|，蛁|。〔廣韻·蕭部〕

蟧　|，馬|，大蟬。〔廣韻·蕭部〕

蟰　|，蛸蟲。〔廣韻·蕭部〕○|蛸，小蜘蛛也。〔詩·東山〕「|蛸在户」朱傳。○|蛸，小鼅鼄長脚者，俗呼喜子。〔釋蟲〕「|蛸，長踦」鄭註。○|蛸，鼅鼄之一種，俗謂喜母。〔說文〕「|，|蛸，長股者」段注。○|，或作蠨。（同上）義證。○|蛸，俗作蠨蛸。（同上）段注。

褭　|，死人衣。〔廣韻·蕭部〕

祒　|，以縑裹棺也，其色，君朱綠，大夫玄祿，士玄。今蘇俗製衾通曰|，不知非吉語。〔說文定聲·卷七〕

䘯　|謂之袥。〔廣雅·釋器〕疏證。

䙅　|，襻也。〔詩·葛屨〕「要之襋之」後箋引〔玉篇〕。○|，|襻。〔廣韻·宵部〕○|，為衣系，猶今人言紐，非衣裳之要。〔詩·葛屨〕後箋。

褿　|，一曰衣齊好。〔集韻·宵部〕○|，祖也。（同上）

旚　|，旗旒。〔廣韻·宵部〕○|，旗旒謂之|。〔集韻·宵部〕

覞　|，見也。〔集韻·蕭部〕

䚩　|，角曲。〔集韻·宵部〕

䚧　|，同鑣。〔廣韻·宵部〕

訞　|，巧言貌。〔說文〕「|」義證引〔玉篇〕。○|，巧言皃。〔廣韻·宵部〕○|，災也。〔說文〕「|」義證引〔玉篇〕。○|孽，或為妖孽。〔大戴·易本命〕「|孽數起」王詁。

謤　|，言有所止。〔集韻·宵部〕

䜍　|，謰，巧言。〔集韻·蕭部〕

䜊　|，谷大皃。〔集韻·蕭部〕

𧯤　|谺，空谷皃。〔集韻·蕭部〕

𧼮　遙與|同。〔廣雅·釋訓〕「||，行也」疏證。○||，猶躍躍耳。（同上）

𨘋　|，疾行。〔廣韻·宵部〕○|，一曰相隨行。〔集韻·宵部〕○|，進也。（同上）

䢁　〔說文定聲·卷六〕|段借為媱。〔方言一〇〕「遥，淫也」。○（同上）|，以踰為之，踰、遥雙聲。〔漢書·陳湯傳〕「踰集都賴」。○（同上）|，字亦作遥。〔方言六〕「遥，疾行也」。

蹺　|，揭足。〔廣韻·宵部〕

蹻　|，舉足。〔集韻·蕭部〕○|，足捷也。〔說文〕「趫，善緣木走之才」繫傳。○|，驕也。〔廣韻·宵部〕○|，慢也。（同上）○|，屐也。〔國策·秦策

一〕「嬴滕履丨」鮑注。〇王子丨，蓋即王子喬，周靈王太子晉也。〔說文〕「趫，讀若王子丨」段注。

輖 丨，叚為輖。〔說文〕「丨，重也」段注。

軺 官本注丨作謠。〔漢書・平帝紀〕「親迎立軺併馬」補注。

轈 丨轕，車亂皃。〔集韻・蕭部〕

鋚 丨，紹頭，銅飾。〔廣韻・蕭部〕

鏒 丨，以箴紩衣。〔集韻・宵部〕〇丨通作繰。（同上）

鐰 丨，戟屬。〔集韻・蕭部〕

鍫 丨，臿也。〔廣韻・宵部〕〇喿、橾、丨、銷，並字異而義同。〔廣雅・釋器〕「喿，臿也」疏證。〇丨，亦作斛。〔廣韻・宵部〕

鍬 銚為正字，丨乃俗字。〔文選・祭古冢文〕集釋。

鐰 丨同鍫。〔廣韻・宵部〕

鐦 刀鋒為丨。〔說文〕「鏢，刀削末銅也」段注。

闄 丨，門大開皃。〔集韻・蕭部〕

韶 丨，擊也。〔廣韻・宵部〕

鞫 丨，鼓也。〔集韻・宵部〕

鞪 丨，收束也。〔集韻・宵部〕

鞽 丨同橇，蹋樀行。〔廣韻・宵部〕

頌 丨，頭小皃。〔集韻・蕭部〕

顟 丨丨，高鼻深目皃。〔集韻・蕭部〕

颮 丨，涼風。〔廣韻・宵部〕

颵 丨丨，風聲。〔集韻・宵部〕

颷 丨，小火也。〔慧琳音義・卷四八〕又〔卷五九〕。〇丨，又作熛。〔卷四八〕〇丨，字體作熛。〔卷五九〕

颻 丨，颫颻上行風也。〔慧琳音義・卷一七〕引〔考聲〕。

飂 〔說文定聲・卷六〕丨，字亦作飉，翏、尞雙聲。〔風俗通〕「微風曰飉」。

飉 丨，風也。〔廣韻・蕭部〕〇丨亦飂也，語之轉耳。〔廣雅・釋詁四〕「丨，風也」疏證。

飆 丨飄，風吹皃。〔廣韻・宵部〕又〔集韻・宵部〕。

飁 丨，涼風。〔廣韻・蕭部〕

餆 丨，餌食。〔廣韻・宵部〕

餋 丨，餳也。〔集韻・宵部〕

饕 丨，馛，香皃。〔集韻・宵部〕

駣 馬三歲曰丨。〔集韻・蕭部〕

髫 丨，小兒留髮。〔廣韻・蕭部〕〇丨通作綢。〔說文〕「丨，髮多也」義證。

髳 丨丨，髮亂皃。〔集韻・宵部〕〇丨，或作顠。（同上）

髾 丨，細長。〔廣韻・蕭部〕

魈 丨，蟲鬼。〔集韻・宵部〕

鰷 丨，字變為鰷，音變為條。〔釋魚〕「鮂，黑鰦」郝疏。〇丨，字亦作鰷。〔說文定聲・卷六〕〇丨，字亦作鯈。（同上）

鱎 丨之言皜也。〔廣雅・釋魚〕「鮊，丨也」疏證。〇丨，一作橋。（同上）

鳿 丨鵂，鳥名，三首六目六翼六足。〔集韻・宵部〕

鵃 鶻丨，鳥也。〔廣韻・宵部〕〇丨音嘲。〔釋鳥〕「鶌鳩，鶻丨」鄭注。

鷯 丨，鳥名，似山鷄而長尾。〔廣韻・宵部〕

鷅 丨，鳥飛。〔廣韻・宵部〕

**鷚**丨，鳥名，天鷚也。〔集韻・蕭部〕○鷚丨音綢繆。〔釋鳥〕「丨，天鷚」鄭註。

**鼦**丨，乃俗貂字。〔説文〕「鼬，如鼠」段注。

# 續經籍纂詁卷第十八

下平聲

## 三　肴

**肴**肉曰丨。〔説文〕「丨，啖也」義證引〔典引〕蔡注。○丨，為治肉之名。〔詩・女曰雞鳴〕「君子共丨也」通釋。○魚肉為丨。〔楚辭・招魂〕「丨羞未通」章句。○凡非穀而食曰丨。〔廣韻・肴部〕○丨謂雜膳也。〔慧琳音義・卷六四〕○丨，葅也，亦啖也。〔廣韻・肴部〕○丨，熟饋可啖之肉。〔説文定聲・卷七〕○丨，謂已修庖之可入口也。〔説文〕「丨，啖也」繫傳。○丨，折俎。〔説文定聲・卷七〕○丨，豆實。（同上）○丨，骨體也。〔廣韻・肴部〕又〔楚辭・東皇太一〕「蕙丨蒸兮蘭藉」補注。○骨折謂之丨。〔屈賦・東皇太一〕戴注。○丨，禮之折俎也。（同上）○丨通作殽。〔釋言〕「宜，丨也」郝疏。又〔廣雅・釋器〕「丨，肉也」疏證。又〔説文〕「丨，啖也」義證。○丨與殽通。〔詩・女曰雞鳴〕「君子共丨也」通釋。○丨段借為爻。〔説文定聲・卷七〕○丨，經傳多以殽為之。（同上）

**殽**丨，相錯雜也。〔慧琳音義・卷八六〕引〔古今正字〕。○丨，雜亂也。（同上）引〔考聲〕。○丨，和也。〔廣韻・肴部〕○丨，亂也。（同上）○丨，雜也。〔楚辭・怨思〕「世丨亂猶未察」補注。又〔廣韻・肴部〕。又〔通鑑・梁紀八〕「丨亂四海」音注。○丨，錯也。（同上）音注。○丨，溷丨也。〔廣韻・肴部〕○丨，俎實也。〔詩・既醉〕「爾丨既將」朱傳。又〔淮南子〕「周公丨腝不收於前」雜志。○丨，豆實也。〔詩・賓之初筵〕「丨核維旅」朱傳。○丨，牲體也。〔儀禮・士昏禮〕「必丨全」述聞。○丨，骨體也。〔禮記・禮運〕「孰其丨」集解。○丨，食也。〔詩・園有桃〕「其實之丨」朱傳。○丨，通稱食。〔詩・園有桃〕「其實之丨」通釋。○丨，效也。〔禮記・禮運〕「丨於地」集解。○〔説文定聲・卷七〕丨，晉地，在今河南府永寧縣北五十里，山有二陵，道在其閒。〔左傳僖公三二年〕「晉人禦師必於丨」。○丨借為效字。〔説文〕「丨，相襍錯也」段注。○〔説文定聲・卷七〕丨段借為效。〔禮記・禮運〕「丨以降命」。○（同上）丨段借為爻。〔廣雅・釋詁〕「丨，亂也」。○（同上）丨段借為肴。〔禮記・曲禮〕「丨之序辯祭之」。○丨，經典借為肴字。〔説文〕「丨，相襍錯也」段注。○丨或借淆字。〔説文〕「丨，相雜錯也」義證。○丨，古作肴。〔詩・園有桃〕「其實之丨」陳疏。○〔説文定聲・卷七〕丨，字亦變作崤。〔蜀都賦〕「崤函有帝皇之宅」。

**餚**丨，肉也。〔慧琳音義・卷一八〕引〔考聲〕。○丨，脯羞水果之屬也。（同上）○凡非穀而食之者皆曰丨。〔慧琳音義・卷一八〕引顧野王。○丨，正

體作肴。〔同上〕○丨同肴。〔廣韻・肴部〕

**巢**

丨之言高也。〔說文〕「丨，鳥在木上曰丨」段注。○丨，廬江居丨縣，春秋時丨國也。〔史記・高祖功臣侯者年表〕「丨」志疑。○〔說文定聲・卷七〕丨，在今安徽廬州府丨縣東。〔書・序〕「丨伯來朝」。○丨父，以樹為丨而寢其上，故號丨父。〔漢書・古今人表〕「丨父」補注引梁玉繩。○〔說文定聲・卷七〕丨叚借為勦。〔廣雅・釋詁〕「丨，健也」。○丨讀若纅。〔釋樂〕「大笙謂之丨」郝疏。○丨作巢，後出字。〔左傳成公一六年〕「楚子登丨車」疏證。○〔說文定聲・卷七〕丨，字亦作巢。〔廣雅・釋詁〕「巢，高也」。○〔同上〕丨，字亦作漅。〔江賦〕「朱滻丹漅」。○丨，宜作轈。〔左傳成公一六年〕「楚子登丨車」疏證。

**交**

丨者，丨脛也。〔說文〕「接，丨也」段注。○足接為丨。〔說文定聲・卷四〕〔「接」下〕○丨，接也。〔孟子・盡心上〕「豕丨之也」朱注。○丨猶接。〔國策・趙策二〕「與代丨地」鮑注。○其短而不直達於檐者名丨，丨，接也。〔釋宮〕「直不受檐謂之丨」郝疏。○丨引伸為凡相接之稱。〔說文〕「接，丨也」段注。○〔說文定聲・卷七〕凡丨兵校讎，皆互相接兩相比之義。〔小爾雅〕「校，戰丨也」。○丨，合也。〔廣韻・肴部〕○凡兩者相合曰丨。〔說文〕「丨，丨脛也」段注。○丨，日月丨會，謂晦朔之閒也。〔詩・十月之交〕「十月之丨」朱傳。○丨，戾也。〔廣韻・肴部〕○丨，往來相錯也。〔漢書・郊祀志〕「船丨海中」補注。○丨，丨脩也。〔大戴・文王官人〕「以丨一人」王詁。○丨，友也。〔大戴・曾子疾病〕「不敢外丨」王詁。○丨言相善己。〔國策・韓策二〕「公叔之與周君丨也」鮑注。○丨謂與國。〔國策・楚策一〕「外絶其丨」鮑注。○丨，與諸侯丨。〔國策・趙策二〕「在於擇丨」鮑注。○兩軍相對曰丨。〔國策・齊策一〕「與秦丨和而舍」鮑注。○丨，丨際也。〔詩・采菽〕「彼丨匪紓」朱傳。○丨言彼此割地。〔國策・齊策五〕「丨割而不相憎」鮑注。○丨，領也。〔廣韻・肴部〕○丨，共也。〔同上〕○丨有小義。〔詩・皇矣〕「不大聲以色，不長夏以革」後箋。○丨亦敖也。〔詩・桑扈〕「彼丨匪敖」述聞。○丨猶遮也。〔說文〕「轎，車箱丨革也」段注。○丨猶兼也。〔墨子・天志中〕「撽遂萬物以利之」平議。○丨猶皆。〔國策・燕策二〕「惡丨分於臣也」鮑注。○丨，姣也。〔詩・桑扈〕「彼丨匪敖」述聞。○丨之言姣也。〔同上〕○丨，侮也。〔同上〕○丨、傲一義。〔詩・采菽〕「彼丨匪紓」陳疏。○丨即邀也，古字只作徼。〔莊子・庚桑楚〕「相與丨食乎地而丨樂乎天」平議。○丨同，謂上下丨而其志同也。〔大戴・曾子制言下〕「則君子訢然以丨同」王詁。○丨好，今人稱丨好為相與。〔通雅・釋詁〕○丨遊，丨結奔走之也。〔漢書・息夫躬傳〕「皆丨遊貴戚」補注。○丨別，猶言丨相別。〔墨子・兼愛下〕「然即之丨別者」閒詁。○丨，丨易，言其舉動之變易無常也。〔周書〕「克易」雜志。○丨關，後因以書約為丨關，或曰關署其事。〔通雅・事制〕○丨丨，飛往來之貌。〔詩・桑扈〕「丨丨桑扈」朱傳。○丨午，更用事也。〔說文〕「五，五行也」繫傳。○丨午，漢有丨午，亦謗木也。〔通雅・宮室〕○丨子，丨子始于蜀，大觀元年改丨子為錢引。〔通雅・貨賄〕○閱丨者，別椽長短之名也。〔釋宮〕「直不受檐謂之丨」郝疏。○白雉山有木名丨讓。〔文選・蜀都賦〕「丨讓所植」集釋引〔酉陽雜俎〕。○丨精即駮盧，〔史記〕作駮鯖。〔漢書・司馬相如傳〕「丨精旋目」補正。○丨趾，足相鄉。〔楚辭・大招〕「南丨阯只」補注引〔記〕「丨趾」注。○丨阯，其俗男女同川而浴，故曰丨阯。〔楚辭・大招〕「南丨阯只」補注引〔後漢書〕。○丨臂歷指，今之背翦摎指也。〔通雅・卷二七〕○丨通作狡，狡猾也。〔公羊傳宣公一二年〕「丨易猶往來也」陳疏引洪頤煊。○丨邀古通用。〔墨子・天志中〕「撽遂萬物以利之」平議。○丨丨，通作咬咬，鳥聲也。〔詩・黃鳥〕「丨丨黃鳥」通釋。○〔說文定聲・卷七〕丨，叚借為僥。〔詩・桑扈〕「彼丨匪敖」。○〔同上〕丨，叚借為駮。〔上林賦〕「丨精旋目」。○〔同上〕丨，叚借為这。〔儀禮・特牲饋食禮〕「丨錯以辯」。○丨即徼之叚借。〔詩・桑扈〕「彼丨匪敖」通釋。○丨者，这之省借。〔詩・楚茨〕「獻醻丨錯」通釋。○丨，絞之省借。〔左傳成公一四年〕疏證引臧琳。○丨乃狡之借字。〔文選・登樓賦〕「氣丨憤於胸臆」集釋。○丨，今人假丨脛之丨為这會字。〔說文〕「这，會也」段注。○丨讀為校。〔管子・幼官〕「丨物因方」平議。○丨讀為狡。〔荀子・大略〕「奉妒昧者謂之丨譎」平議。又〔同上〕集解引俞樾。○丨讀為姣。〔荀子・勸學〕「匪丨匪舒」集解引王引之。又〔荀子〕「匪丨匪舒」雜志。○丨當讀為皎。〔易・大有〕「厥孚丨如」平議。○丨當讀如儌倖。〔詩・采菽〕「彼丨匪紓」通釋。○〔說文定聲・卷七〕丨以校為之。〔左傳僖公二三年〕「有人而校」。○〔同上〕丨以骹為之。〔考工記・弓人〕注「齊人名手足掔為骹」。○丨即篙，一聲之轉。〔方言九〕疏證。○丨，古絞字。〔詩・采菽〕「彼丨匪紓」陳疏。○丨，古絞字。丨、傲一義。〔詩・采菽〕「匪丨匪紓」集疏。○丨、蛟古今字。〔漢書・鄒陽傳〕「臣聞丨龍襄首奮翼」補注引錢大昭。○蛟、丨同字。〔漢書・高帝紀〕「則見丨龍於上」補注。○丨或作傚。〔詩・桑扈〕「彼丨匪敖」述聞。○丨，字或作佼。〔淮南・覽冥〕「燕雀佼之」述聞。○丨字當依〔漢諸侯王表〕作洨。〔史記・呂后本紀〕「子產為丨侯」志疑。○丨一作友。〔呂覽・觀世〕「嬰未嘗得丨也」校正引舊校。○丨，古文作丨，今文作大丨。〔書・堯典〕「宅南丨」述聞。○丨，〔大戴記〕丨作立。〔荀子・哀公〕「止丨不知所定」集解引郝懿行。○丨當作敵。〔韓子・五蠹〕「丨大未必不有疏」集解引王渭。○丨當為效。〔周官・大行人〕「歸脤以丨諸侯之福」平議。○敬文誤作敬丨。〔荀子・大略〕「不敬丨」平議。

**郊**

邑外謂之丨。〔詩・駉〕「在坰之野」朱傳。又〔大戴・曾子制言〕「入境及丨」王詁。又〔孟子・告子上〕「以其丨於大國也」朱注。○邑外曰丨。〔廣韻・肴部〕○丨者，薪木之所也。〔說文〕「椒，木薪也」繫傳。○丨牧林坰實皆野也。〔書・牧誓〕「王朝至于商丨牧野」平議。○丨即圜丘也。〔禮記・郊特牲〕「丨之用辛也」集解。○近丨乃三十里。〔漢書・鄭當時傳〕補注引劉奉世。○丨勞，近丨三十里。〔左傳昭公二年〕「晉侯使丨勞」洪詁。○丨者，丨祭也。〔書·金縢〕「王出丨」孫疏。○丨，祀天。〔中庸〕「丨社之禮」朱注。○丨，祀天地也。〔詩·雲漢〕「自丨徂宮」朱傳。○丨，祀天祈農事。〔左傳桓公五年〕「啓蟄而丨」疏證引服虔。○丨者，祀天以祖配食也。〔禮記·祭法〕「丨嚳」集解。○丨、圻古通。〔詩·祈父〕通釋。○丨鄗聲之轉。〔左傳文公三年〕「取王官及丨」疏證引李富孫。○丨，〔周禮〕故書作蒿，假借字。〔說文〕「丨，距國百里為丨」段注。○及丨，〔史記·秦本紀〕作及鄗。〔左傳文公三年〕「取王官及丨」洪詁。

茅

丨俗閒謂丨針。〔說文〕「丨，菅也」義證引〔嘉祐圖經〕。○丨葉如矛，故謂之丨。〔本草·卷一三〕○菅、丨同類，亦可通名。〔廣雅·釋草〕疏證。○統言則丨菅是一，析言則菅與丨殊。〔說文〕「丨，菅也」段注。○丨亦潔也。〔釋言〕「丨，明也」平議。○丨，菅之不滑澤有毛者，可縮酒，又以為藉。〔說文定聲·卷六〕○丨蒐，蒨草。〔集韻·隊部〕○丨根，此即今白丨。〔說文〕「丨，菅也」義證引陶隱居。○丨之花曰丨秀。〔說文〕「⿱艹私，丨秀也」義證引〔通志〕。○江南貢菁丨，一名香丨，即香蒲之類。〔文選·吳都賦〕「食葛香丨」集釋引〔別録〕陶注。○香丨有二，一曰丨香，莖葉黑褐色，花白色；又有白丨香，如丨根，道家用作浴湯者。(同上)○前丨即丨旌。〔左傳宣公一二年〕「前丨慮無」疏證。○前丨猶前明。(同上)○丨鴟即今貓兒頭。〔釋鳥〕「狂，丨鴟」郝疏。○丨門即雉門。〔韓子·外儲說右上〕「荆莊王有丨門之法」集解引孫詒讓。○丨蠿即蟊蠿。〔方言一一〕注「江東呼為蟊蠿」疏證。○〔說文定聲·卷六〕丨段借為敄。〔左傳宣公一二年〕「前丨慮無」。○(同上)丨段借為霿。〔釋言〕「丨，明也」。○丨當讀為旄。〔公羊傳宣公一二年〕「左執丨旌」述聞。○丨、貿古音皆讀如矛。〔左傳成公元年經〕「王師敗績于丨戎」疏證引〔校勘記〕。○丨，齊魯之儒讀丨為貿。(同上)疏證引惠士奇。○丨、貿聲之轉。(同上)疏證引李富孫。○丨蒐聲轉即韎韐。〔釋草〕「茹藘，丨蒐」郝疏。○丨、髳同。〔左傳成公元年經〕「王師敗績于丨戎」疏證引沈欽韓。○丨當為矛。〔墨子·迎敵祠〕「丨參發」閒詁。○丨旌，亦作旄旌。〔公羊傳宣公一二年〕「丨旌」述聞引〔新序·雜事〕。○丨戎，〔公〕、〔穀〕皆作貿戎。〔左傳成公元年經〕「王師敗績于丨戎」洪詁。

嘲

丨，言相調也。〔說文〕「悝，啁也」義證引〔玉篇〕。又〔廣韻·肴部〕。○丨哳，大鳥鳴也。〔慧琳音義·卷九九〕引顧野王。○丨哳，或作啁哳。(同上)

謿

丨，譺也。〔慧琳音義·卷一四〕○啁、嘲、丨並通。〔廣雅·釋詁〕「啁，調也」疏證。○丨，或作嘲。〔慧琳音義·卷一四〕○嘲，或作丨、通作啁。〔集韻·爻部〕

鈔

丨，强取也。〔說文〕「丨，叉取也」義證引「玉篇」。○丨，略取也。〔慧琳音義·卷五七〕○竊取人文字曰丨。〔說文〕「丨，叉取也」段注。○剿、勦、丨並通。〔廣雅·釋詁〕「剿，取也」疏證。○〔說文定聲·卷七〕丨以勦為之。〔禮記·曲禮〕「毋勦說」。○丨，俗作抄。〔說文〕「丨，叉取也」句讀。又(同上)段注。○〔說文定聲·卷七〕丨，俗字作抄。〔通俗文〕「遮取謂之抄掠」。○丨，或作抄。〔慧琳音義·卷五七〕引〔考聲〕。○丨同抄。〔廣韻·肴部〕

抄

丨，掠也。〔慧琳音義·卷二七〕○丨，强取物也。(同上)○丨，略也。〔廣韻·肴部〕○造紙者謂之丨。〔通雅·卷三二〕○十撮為一丨。〔說文〕「撮，四圭也」段注引〔孫子筭經〕。○丨與鈔同。〔方言一二〕「鈔，强也」箋疏。○丨或作鈔。〔慧琳音義·卷二七〕

包

丨，丨裹。〔廣韻·肴部〕○丨，一曰本也。〔集韻·爻部〕○丨，引伸之為凡外裹之稱。〔說文〕「丨，妊也」段注。○丨落，成就之意也。〔說文〕「繯，落也」段注。○丨茅，菁茅丨匭之也，以供祭祀。〔左傳僖公四年〕「爾貢丨茅不入」洪詁引賈逵。○丨孚古字通用。〔管子·八觀〕「大凶則衆有大遺苞矣」義證。○丨，段借為勹。〔說文定聲·卷六〕○丨，今借丨為勹。〔說文〕「勹，裹也」句讀。○丨，段借為炮。〔說文定聲·卷六〕○丨，段借為苞。(同上)○丨，亦作苞。〔說文〕「丨，妊也」段注。○丨，古假作苞。〔詩·野有死麕〕「白茅丨之」陳疏。○古字丨、孚一聲之轉。〔左傳成公二年〕疏證引〔別雅〕。○从孚从丨字經多相通。〔公羊傳隱公八年經〕「公及莒人盟于丨來」陳疏。○丨為古胞字。〔說文〕「丨，兒生裹也」句讀。○丨，古文作苞。〔漢書·地理志〕「厥丨橘柚錫貢」補注。○丨，以胞為之。〔說文定聲·卷六〕○古丨與孚同。〔通雅·卷一〕○丨當為勹。〔說文〕「芻，刈草也」義證。○丨本亦作庖。〔說文〕「庖，厨屋也」句讀。○丨當作抅。〔管子·輕重甲〕「遺財不可丨止」義證。○丨，〔文選〕注引〔傳〕作苞。〔左傳昭公元年〕「丨藏禍心以圖之」洪詁。○〔呂覽〕注引〔傳〕丨茅作苞茆。〔左傳僖公四年〕「爾貢丨茅不入」洪詁。○丨來，〔左氏〕作浮來。〔公羊傳隱公八年經〕「公及莒人盟于丨來」陳疏。○丨犧一作庖犧。〔通雅·卷一〕

膠

煎皮消作水，凝冷而成丨。〔慧琳音義·卷一〇〕○丨，丨漆。〔廣韻·肴部〕○丨，著也。〔墨子·經說下〕「丨絲去石」閒詁引張惠言。○丨，固也。〔詩·隰桑〕「德音孔丨」朱傳。又〔風雨〕「雞鳴丨丨」後箋引〔埤雅〕。○丨者，昵之固也。〔釋詁〕「丨，固也」郝疏。○丨，有接續不已之意。〔詩·風雨〕「雞鳴丨丨」後箋引姚炳。○丨，所以連綴物令相黏著也。〔慧琳音義·卷一四〕引顧野王。○丨，戾也。〔楚辭·大招〕「白皓丨只」補注。○丨，一曰欺也。〔集韻·爻部〕○丨，面不平也。〔廣韻·肴部〕○丨丨猶喈喈也。〔詩·風雨〕「雞鳴喈喈」朱傳。○丨丨，為雜意。(同上)後箋引〔詩緝〕。○丨加，戾也。〔楚辭·九辯〕「亦多端而丨加」補注引〔集韻〕。○丨加，猶交加。〔漢書·揚雄傳〕「其相丨葛兮」補注。○丨葛，驅馳也。〔廣雅·釋訓〕疏證。○丨葛，車馬喧雜貌。〔楚辭·遠遊〕「騎丨葛以雜亂兮」補注。○丨葛，猶寥闊。〔漢書·揚雄傳〕「則不能撠丨葛」補注。○丨葛，猶今言寥闊也。〔漢書・司馬相如傳〕「張樂乎丨葛之寓」補注。○丨葛、丨輵、轇輵，並字異而義同。〔廣雅・釋訓〕「丨葛，驅馳也」疏證。○丨與攪通。〔廣雅・釋詁〕「攪，亂也」疏證。○丨、摎，並與獿聲近義同。〔廣雅・釋詁〕「獿，擾也」疏證。○〔說文定聲・卷六〕丨，叚借為謬。〔方言三〕「丨，詐也」。○丨，嘐之借字，雞鳴也。〔詩・風雨〕「雞鳴丨丨」後箋。又（同上）通釋。○丨，當為僇之省借，盛也。〔詩・隰桑〕「德音孔丨」通釋。○丨丨與糾糾，固通聲也。〔通雅・卷一〇〕○丨，亦以角為之。〔說文定聲・卷六〕○丨作嘐。〔詩・風雨〕「雞鳴丨丨」集疏。○丨，字亦作轇。〔說文定聲・卷六〕

**爻**

丨謂效也。〔易・繫上〕「丨法之謂坤」李疏。○丨、效同聲同義。〔廣雅・釋詁〕「丨，效也」疏證。○丨也者，效天下之動者也。〔漢書・律歷志〕「虛者，丨律夫陰陽」補注引王先慎。○丨也者，言乎變者也。（同上）○丨，引伸為凡變動之稱。（同上）○道有變動，故曰丨。（同上）又〔易・繫辭下〕「丨在其中矣」李疏。○丨，肴也。〔通雅・卷二〕○丨，體解也。（同上）○凡从丨之字皆錯雜意。〔說文定聲・卷七〕○丨，閒，帳息也。〔通雅・卷三七〕

**苞**

丨，叢生也。〔詩・鴇羽〕「集于丨栩」朱傳。又〔廣韻・肴部〕。○丨，草叢生也。〔詩・下泉〕「浸彼丨稂」朱傳。○丨，叢生而固也。〔詩・斯干〕「如竹丨矣」朱傳。○丨之言固也。〔詩・生民〕「實方實丨」陳疏。○丨，豐也，茂也。〔廣韻・肴部〕○物之稹固而發生茂盛者為丨也。〔釋詁〕「丨，豐也」邵正義。○丨，蔓也。〔易・姤〕「以杞丨瓜含章」李疏。○木之柔者故為丨。（同上）○丨，箭竹叢生。〔釋木〕「如竹箭曰丨」鄭注。○丨，甲而未拆也。〔詩・生民〕「實方實丨」朱傳。又〔行葦〕「方丨方體」朱傳。○丨，本也。〔詩・長發〕「丨有三蘖」朱傳。又〔行葦〕「敦彼行葦」陳疏。○丨與葆音義並同，本也。〔詩・長發〕「丨有三蘖」通釋。○丨，裹，藏納也。〔大戴・勸學〕「丨裹不清以入」王詁。○丨苴，裹曰丨，藉曰苴。〔通鑑・漢紀〕「丨苴盈於門庭」音注。○凡經傳言丨苴者，裹之曰丨，藉之曰苴。〔說文〕「包，妊也」段注。○丨裹肉曰丨苴。〔莊子・逍遥遊〕「庖人雖不治庖」集釋。○方本丨葆茂音義俱通。〔釋詁〕「丨，豐也」郝疏。○丨，通作枹。（同上）○丨與枹古字通。〔釋木〕「樸，枹者」郝疏。○丨即匏，同音通用。〔文選・難蜀父老〕「舉丨蒲」集釋。○丨，叚借為藨。〔說文定聲・卷六〕○丨，叚借為勹。（同上）○丨，叚借為彪。（同上）○丨，叚借為匏。（同上）○丨，叚借為俘。（同上）○丨，假借為包裹。〔說文〕「丨，艸也」段注。○丨包皆假借，正作勹。〔說文〕「蔪，艸相蔪丨也」義證。○丨，讀為俘。〔穀梁傳隱五年〕「丨人民」述聞。○丨當讀作莩。〔管子・八觀〕「則衆有大遺丨矣」義證。○丨，或作芑。〔說文定聲・卷九〕（「藨」下）○丨，齊俗作包。〔說文〕「夏書曰厥丨橘柚」段注。○丨，齊作包。〔詩・長發〕「丨有三蘖」集疏。○丨，魯作枹。〔詩・晨風〕「山有丨櫟」集疏。○官本注丨作包。〔漢書・義縱傳〕「銜之」補注。

**梢**

丨，樹枝末也。〔說文〕「丨，木也」繫傳。○丨，枝丨也。〔廣韻・肴部〕○丨，船舵尾也。（同上）○丨，頭也。〔慧琳音義・卷六三〕引〔文字典說〕。○丨之言削也。〔釋木〕「丨，丨擢」述聞。○丨丨為言稍稍然小也。〔廣雅・釋木〕「丨，柴也」疏證。○丨擢，猶纖擘也。〔說文定聲・卷七〕○今關東器再著漆謂之丨漆。〔通雅・卷三四〕○丨與稍義相近。〔廣雅・釋器〕「稍，矛也」疏證。○丨與稍通。〔廣雅・釋詁〕「稍，盡也」疏證。○丨通作橚。〔說文〕「丨，木也」義證。○〔說文定聲・卷七〕丨段借為捎。〔吳都賦〕「丨雲無以踰」。○（同上）丨段借為消。〔方言一二〕「丨，盡也」。○（同上）丨段借為杪，今謂木末為丨。〔赭白馬賦〕「垂丨植髮」。○（同上）丨段借為箾。〔漢書・揚雄傳〕集注「丨，擊也」。○（同上）丨，字亦變作旓。〔漢書・揚雄傳〕「被雲丨」。○丨擢字蓋本從手作捎。〔說文〕「丨，丨木也」段注。

**蛟**

母龍曰丨。〔慧琳音義・卷一九〕引〔抱朴子〕。○丨亦龍屬，或稱丨龍。〔文選・南都賦〕「憚夔龍兮丨螭」集釋。○龍子一角者丨。〔說文定聲・卷六〕（「虯」下）○有鱗曰丨龍。〔離騷〕「麾丨龍使梁津兮」補注引〔廣雅〕。○丨段借為鮫。〔說文定聲・卷七〕○丨當讀為鮫。〔漢書〕「射丨」雜志。○丨當讀為鮫，謂江中大魚也。〔漢書・武帝紀〕「親射丨江中」補注引王念孫。

**庖**

丨，食厨也。〔廣韻・肴部〕○丨之為言苞也。〔莊子・逍遥遊〕「丨人雖不治丨」集釋引〔周禮・庖人〕注。○丨烰亦音近段借字。〔周禮・冢宰〕「丨人中士四人」孫正義。○〔說文定聲・卷六〕丨，以包為之。〔易・繫辭〕「包犧氏」。○丨，王符引作胞。〔左傳哀公元年〕「為之丨正」洪詁。○丨當作宓。〔漢書・叙傳〕「河圖命丨」補注。

**匏**

丨，瓠也。〔詩・匏有苦葉〕「丨有苦葉」朱傳。又〔廣韻・肴部〕。○丨，瓠也，縣丨可以為笙。〔說文〕「丨，瓠也」義證引〔古今注〕。○丨與瓠渾言不別。〔詩・匏有苦葉〕「丨有苦葉」陳疏。○丨，即今之壺盧瓜。（同上）集疏。○丨，笙也。〔禮記・郊特牲〕「丨竹在下」集解。○丨即笙。〔釋樂〕「大笙謂之巢」郝疏。○丨，瓠屬。總言笙簧。〔通雅・卷三〇〕○丨，判之曰蠡。〔說文〕「丨，瓠也」段注。○丨，判之曰瓢。（同上）○瓠有柄者曰縣丨。〔說文〕「瓠，丨也」義證引〔古今注〕。○丨，判之曰蓋。（同上）○丨，取其團圓可包藏物也。〔說文〕「丨，瓠也」義證引〔玉篇〕。○〔說文定聲・卷六〕丨居，圓形如丨，故名。〔國語・楚語〕「先君莊王為丨居之臺」。○丨之轉聲為瓢。〔廣雅・釋草〕「丨，瓠也」疏證。○丨即鞄字。〔說文〕「鞄，柔革工也」義證。○丨一作瓠。〔漢書・天文志〕「丨瓜，有青黑星守之」補注。○〔說文定聲・卷六〕丨，字亦作瓟。〔楚辭・愍命〕「瓟蠡蠹于筐簏」。○丨當為鞄。〔墨子・節用中〕「輪車鞼丨」閒詁引畢沅。

**坳**　一，地不平也。〔廣韻·肴部〕〇一，不平也。〔慧琳音義·卷八三〕又〔卷八六〕引顧野王。

**敲**　一，横撾也。〔説文〕「搉，一也」段注。〇一，横擊也。〔説文〕「一，横擿也」義證引〔三蒼〕。〇一，擊頭也。〔廣韻·肴部〕〇一、攷、[illegible]、聲義相因。〔通雅·卷一〕〇搉、毃、一，聲義並同。〔廣雅·釋詁〕「搉，擊也」疏證。〇搉、一、毃三字，古同聲而通用。〔國策〕「商敵為資」雜志。〇搉字古通作一。(同上)〇一當作毃。〔説文〕「毃，擊頭也」段注。〇一當依〔史·表〕作鄗。〔漢書·王子侯表〕「一安侯延年」補注引王念孫。〇官本一作歊。(同上)補注。

**胞**　一，一胎。〔廣韻·肴部〕〇一，生兒裹也。〔集韻·爻部〕〇一，樹花一胎也。〔慧琳音義·卷八〕〇一，苞盛尿也。〔太素·調食〕「膀胱之一薄以濡」楊注。〇庖通作一。〔漢書·百官公卿表〕「又一人」補注引錢大昕。〇案一與庖通。〔莊子·庚桑楚〕「湯以一人籠伊尹」集釋引盧文弨。〇〔説文定聲·卷六〕一，段借為包。〔莊子·外物〕「一有重閬」。〇(同上)一，段借為庖。〔莊子·楊朱〕「一厨之下」。〇一借為脬字。〔説文〕「一，兒生裹也」段注。

**抛**　一，一擲。〔廣韻·肴部〕〇一，棄也。〔集韻·爻部〕

**鮫**　一今所謂沙魚。〔説文〕「一，海魚也」段注。〇一，一魚，即今之沙魚。〔文選·南都賦〕「黿鼉一蟕」集釋引〔説文〕段注。〇一，海沙魚之大者也。〔通雅·卷四七〕〇一，鯌屬，皮有珠文而堅。〔文選·南都賦〕「黿鼉一蟕」注引〔山海經〕注。〇一，其皮可磨錯，故謂之鯌魚。〔説文〕「一，海魚也」段注。〇〔説文定聲·卷七〕一，段借為蛟。〔禮記·中庸〕「黿鼉一龍」。〇一，本又作蛟。〔説文〕「一，海魚也」段注。〇舟一當作舟叙。〔左傳昭公二〇年〕「舟一守之」洪詁引莊述祖。〇〔説文定聲·卷七〕一，叙之誤字。〔左傳昭公二〇年〕「舟一守之」。

**鐃**　〔説文定聲·卷七〕一謂譊譊也。〔釋名·釋樂〕「一，聲一一也」。〇一鈸，今亦用以節樂，或謂之草子，或謂之鋪鈸。〔通雅·卷三〇〕〇一與撓通。〔廣雅·釋詁〕「和、鑾、鐲、一，鈴也」疏證。

**骹**　一，足脛也。〔太素·五藏命分〕「合脇菟一者汗下」楊注。〇凡物之足皆得言一。〔説文定聲·卷七〕〇一，凡物脛皆得以一名。〔卷七〕〔「茭」下〕〇一，直也。〔方言九〕「矛一」箋疏。〇一骨即脛骨。〔説文〕「骭，一也」義證引〔增韻〕。〇一通作校。〔説文〕「一，脛也」義證。〇一同跤，脛骨近足細處。〔廣韻·肴部〕〇〔説文定聲·卷七〕一，以校為之。〔禮記·祭統〕「執校」。〇(同上)一，字亦作骲。〔埤蒼〕「一，骨鏃也」。〇(同上)一，字亦作嗃。〔莊子·在宥〕「焉知曾史之不為桀跖嚆矢也」。〇(同上)一，字亦作蔽。〔廣雅·釋草〕「蔽，根也」。〇(同上)一，字亦作髐。〔南山經〕注「鴞音如髐箭之髐」。

**炮**　一，炙肉也。〔説文〕「一，毛炙肉也」義證引〔玉篇〕。〇裹肉而燔之曰一。〔説文〕「一，毛炙肉也」義證引〔古史考〕。〇裹物而燒之謂之一。〔禮記·內則〕「一，取豚若將」集解。〇一，以鐵匕貫肉加于火炙之。〔説文定聲·卷六〕〇一，合毛炙物。〔廣韻·肴部〕又〔楚辭·招魂〕「胹鼈一羔」補注。〇一，一曰裹物燒。〔廣韻·肴部〕〇一，火熟物也。〔慧琳音義·卷九九〕〇一烙，刑具。〔韓子·喻老〕「紂為肉圃，設一烙」集解。〇一烙，飲食奢侈之事。(同上)〇〔説文定聲·卷六〕一，段借為咆。〔詩·蕩〕「女炰烋于中國」。〇炰與一異體。〔詩·瓠葉〕「一之燔之」後箋引服虔。〇一，或作炰。〔慧琳音義·卷九九〕引〔韻英〕。又〔集韻·爻部〕。〇一犧即伏羲。〔通雅·卷一〕〇炰，一之或體也。〔説文〕「一，毛炙肉也」段注。

**炰**　一，同炮。〔廣韻·肴部〕〇一，烝也。〔詩·六月〕「一鼈膾鯉」通釋。〇一，乃蒸煮之名。〔詩·瓠葉〕後箋。〇一烋，氣健貌。〔詩·蕩〕「女一烋于中國」朱傳。〇一烋之言狍鴞也。(同上)後箋引段氏〔詩經小學〕。〇一烋或作咆哮。(同上)通釋。〇一烋當為咆哮之借。(同上)後箋。〇一當作炮。〔詩·閟宮〕「毛一胾羹」後箋引陳奐補。〇一，其異體作炰。〔詩·瓠葉〕後箋。〇一，炮之或體也。〔説文〕「炮，毛炙肉也」段注。

**髾**　一，髮尾。〔廣韻·肴部〕〇一，髮末。〔集韻·爻部〕〇蓋漢時圭衣制最華麗，其刻繒為飾者謂一，亦謂之襳離。〔周禮·內司服〕孫正義。〇〔説文定聲·卷七〕一則與旓同字。〔後漢·馬融傳〕注「旌旗所垂之羽毛也」。〇一，若今長帶交股岐分。〔漢書·司馬相如傳〕「蜚襳垂一」補注引郭松燾。

**筲**　一，竹器，容斗二升。〔論語·子路〕「斗一之人」朱注。〇一，斗一，竹器。〔廣韻·肴部〕〇魏謂箸桶為一。〔通雅·卷四九〕〇𥳓與一通。〔廣雅·釋器〕「一，箸筩也」疏證。〇一亦作𥳓。〔方言五〕「箸筩，陳楚宋魏之間謂之一」疏證。〇一亦作𥳓。〔方言一三〕「簇南謂之一」疏證。〇一即𥳓字也。〔説文〕「𥳓，飯筥也」段注。

**哮**　一，虎怒聲也。〔慧琳音義·卷一四〕引〔集訓〕。〇一，一闞。〔廣韻·肴部〕〇〔説文定聲·卷六〕一段借為虓。〔通俗文〕「虎聲謂之一唬」。〇一，正體作虓。〔慧琳音義·卷一四〕引〔集訓〕。〇一，亦作狗。〔説文〕「一，豕驚聲也」段注。〇〔説文定聲·卷六〕一，字亦作烋。〔詩·蕩〕「女炰烋于中國」。〇(同上)一，字亦作庨。〔長笛賦〕「庨窌巧老」。

**呶**　讙也。〔詩·賓之初筵〕「載號載一」朱傳。又〔説文〕「品，衆口也」繫傳。〇一，喧一。〔廣韻·肴部〕〇一與怓亦同義。〔廣雅·釋詁〕「怓，亂也」疏證。〇一又借怓字。〔説文〕「一，讙聲也」義證。〇一或作譊。(同上)又〔集韻·爻部〕。

**捎** 丨，今俗語云丨帶是也。〔說文〕「丨，自關已西凡取物之上者為撟丨」段注。○丨，除也。〔廣雅·釋器〕「筲謂之笎」疏證。○丨，芟也。〔廣韻·肴部〕○〔說文定聲·卷七〕丨段借為消。〔考工·輪人〕「以其圍之阞丨其藪」。○〔同上〕丨段借為趙。〔廣雅·釋詁〕「丨，動也」。○〔同上〕丨段借為箾。〔東京賦〕「丨魑魅」薛注「殺也」。○丨、擲、撨，聲並相近。〔廣雅·釋詁〕「丨，擇也」疏證。○丨，聲轉為笎。〔廣雅·釋器〕「筲謂之笎」疏證。○丨、選聲之轉耳。〔方言二〕「丨，選也」箋疏。○〔說文定聲·卷七〕丨，字變作幧。〔方言四〕「帞頭曰幧頭」。

**譊** 丨，聲高噪獰也。〔說文〕「丨，恚呼也」繫傳。○丨，恚呼也。〔廣韻·肴部〕○丨，爭也。〔同上〕

**麃** 〔說文定聲·卷七〕丨，似麇無角。〔說文〕「丨，麠屬」。○丨，似麇而無角。〔說文〕「丨，麠屬」段注。○丨，似麠無角，大丨有一角，則謂之麠。〔說文〕「麠，大丨也」段注。○丨，獸名，似鹿。〔廣韻·肴部〕

**茭** 丨，牛蘄為本訓。〔說文定聲·卷七〕○故凡芻以丨名。〔同上〕○成萎曰丨。〔說文〕「芻，刈艸也」義證引趙宧光。○生芻一束乾之曰丨。〔說文〕「丨，乾芻也」繫傳。○草索則謂之丨，今揚州府人謂之草約子。〔墨子〕「帶丨」雜志。○臺中有黑者謂之丨鬱。〔說文〕「菸，鬱也」義證引胡三省。○丨與筊通，其草索亦謂之丨。〔廣雅·釋器〕「筊，繩索也」疏證。○〔說文定聲·卷七〕丨，段借為筊。〔史記·河渠書〕「搴長丨兮沈美玉」。○〔同上〕丨，段借為交。〔考工·弓人〕「今夫丨解中有變焉」。○丨，又作蔽，蓋借為骹。〔說文定聲·卷七〕○丨，段借發聲之詞。〔同上〕○丨，當為芰。〔釋草〕「葯，丨」述聞。○丨，芰之誤字。〔說文定聲·卷七〕

**淆** 丨，濁水。〔廣韻·肴部〕○丨，混淆。〔同上〕○丨，雜亂也。〔慧琳音義·卷九六〕引〔考聲〕。○官本丨作殽。〔漢書·董仲舒傳〕「賢不肖渾丨」補注。

**虓** 丨，虎聲。〔廣韻·肴部〕○丨，虎之自怒也。〔詩·常武〕「闞如丨虎」朱傳。○丨，師子鳴。〔說文〕「丨，一曰師子」義證引〔復古編〕。○丨與唬雙聲同義。〔說文〕「丨，虎鳴也」段注。○丨，嚇，大怒也。〔慧琳音義·卷七六〕引〔埤蒼〕。○哮即丨之假借。〔詩·常武〕「闞如丨虎」通釋。○〔說文定聲·卷六〕丨段借為敲。〔呂覽·必己〕「船人怒而以楫丨其頭」。○丨，或作唬。〔慧琳音義·卷七六〕

**泡** 丨，今俗曰包河。〔說文〕「丨，丨水」段注。○丨，流貌也。〔同上〕○丨，浮漚也。〔同上〕○丨，水上浮漚。〔廣韻·肴部〕○丨，水上浮漚也。〔慧琳音義·卷四〕引〔考聲〕。又〔卷七〕。○丨，一曰盛也。〔集韻·爻部〕○丨，流也。〔同上〕○丨水，今曰丨河，自山東單縣流經江蘇豐縣沛縣至泗亭驛，合于泗。〔說文定聲·卷六〕○丨炎，水上丨沫之類，隨雨滴而生者也。〔慧琳音義·卷二〇〕○丨或通作苞。〔說文〕「丨，水出山陽平樂」義證。○〔說文定聲·卷六〕丨，段借為葆。〔方言二〕「丨，盛也」。○丨，段借為雹。〔漢書·藝文志〕注「丨，水上浮漚也」。

**烋** 丨，猛厲貌也。〔慧琳音義·卷九四〕引〔考聲〕。○丨丨，自矜氣健兒，或从口。〔集韻·爻部〕

**媌** 丨，美好皃。〔廣韻·肴部〕○丨之言妙也。〔廣雅·釋詁〕「丨，好也」疏證。○丨，字或作姉。〔說文〕「丨，目裏好也」義證。

**嶅** 丨，山多小石。〔廣韻·豪部〕○丨或通作敖。〔說文〕「丨，山多小石也」義證。○〔說文定聲·卷七〕丨，以磽為之。〔釋名〕「山多小石曰磽，磽，堯也，每石堯堯，山獨處而出見也」。○丨，字或作磝。〔說文〕「丨，山多小石也」義證。○丨，或作磝、磽。〔集韻·爻部〕

**磝** 丨，硣丨。〔廣韻·肴部〕○丨磽，一作嶅碻、敖鄗。〔通雅·卷八〕

**恔** 丨，心亂。〔廣韻·肴部〕

**旓** 丨，旌旗旒也。〔廣韻·肴部〕○凡旗之正幅亦曰丨。〔說文定聲·卷六〕〔游〕下

**墝** 丨埆，薄地也。〔說文〕「确，礊石也」義證引〔物理論〕注。○丨埆，謂多石瘠薄。〔說文〕「确，礊也」段注。○丨，丨埆，瘠土。〔廣韻·肴部〕○丨埆當為磽确，礊石也，俗寫从土。〔墨子·親士〕「丨埆者其地不育」閒詁引畢沅。

**聱** 丨，不聽也。〔廣韻·肴部〕○丨耴，魚鳥狀也。〔文選·吳都賦〕「魚鳥丨耴」集釋引〔廣韻〕。○丨即謷之俗。〔說文〕「謷，不省人言也」段注。○丨，蓋謷之俗體。〔文選·吳都賦〕「魚鳥丨耴」集釋。

**筊** 丨，竹索。〔廣韻·肴部〕○丨，今之篾纜也。〔說文〕「丨，竹索也」段注。○〔說文定聲·卷七〕丨，交亦意，今之篾纜。〔說文〕「丨，竹索也，从竹交聲」。○丨，一訓交也。〔釋樂〕「小者謂之丨」郝疏。○丨，掐也。〔慧琳音義·卷二七〕引〔玉篇〕。○丨，刮也。〔同上〕○丨，通作茭。〔說文〕「丨，竹索也」義證。○〔說文定聲·卷七〕丨，以茭為之。〔漢書·溝洫志〕「搴長茭兮湛美玉」。

**咬** 丨，淫聲。〔廣韻·肴部〕○丨，鳥聲。〔同上〕○丨丨，鳥聲，通作膠。〔集韻·爻部〕

**啁** 〔說文定聲·卷六〕丨，戲謔也。〔聲類〕「謿話，訛言也」。○丨、嘲、謿並通。〔廣雅·釋詁〕「丨，調也」。○丨噍，小鳥鳴也。〔慧琳音義·卷九五〕引顧野王。○〔說文定聲·卷六〕丨噍，小鳥之聲也。〔呂覽·求人〕「丨噍巢于林」。○丨嘐，語多。〔說文〕「丨，丨嘐也」義證引〔類篇〕。○丨與調聲亦相近。〔廣雅·釋詁〕「丨，調也」疏證。○丨為調戲之調。〔同上〕○丨即調也。〔說文〕「悝，丨也」義證。○丨即今之嘲字。〔同上〕段注。○丨，字亦作嘲。〔說文定聲·卷六〕○丨，今人丨作嘲。〔說文〕「丨，嘐也」段注。○丨，俗作嘲。〔說文〕「悝，丨也」句讀。○丨噍，〔莊子〕作鵃鷯。

〔呂覽・求人〕「丨噍巢於林」校正。

咆　丨，丨虓，熊虎聲。〔廣韻・肴部〕

犛　丨者，髦也，其髦可為旌旄也。〔本草・卷五一〕

鞘　丨，鞭丨。〔說文〕「⿰革焉，綏也」義證引〔玉篇〕。又〔廣韻・肴部〕。

罺　丨，罟也。〔文選・吳都賦〕「丨鰝鰕」集釋引〔玉篇〕。○丨，盛魚器也。〔同上〕○丨，撩罟也。〔釋器〕「丨謂之汕」鄭註。又〔集韻・爻部〕。○丨，抄網。〔廣韻・肴部〕○丨，謂攩取之也。〔釋器〕「丨謂之汕」鄭註。○丨與摷聲義亦同。〔廣雅・釋器〕「摷，取也」疏證。○丨者，樔之或體也。〔釋器〕「丨謂之汕」郝疏。

詨　丨，吳人謂叫呼為詨者，或作謼，丨即號也。〔通雅・卷四九〕○丨，誇語也。〔廣韻・肴部〕○丨嗃並同義。〔廣雅・釋詁〕「嗃，鳴也」疏證。○丨謞並同義。〔同上〕○丨亦謂平易也，字通作佼。〔廣雅・釋詁〕「丨，斆也」疏證。

⿰凹頁　丨，頭凹也。〔廣韻・肴部〕○丨顤即凹磽。〔通雅・卷七〕○〔說文定聲・卷六〕丨，字亦作⿰凹鳥。〔魯靈光殿賦〕「丨顤顟而睽睢」。

勦　丨，勞也。〔集韻・爻部〕○丨，絶也。〔慧琳音義・卷三九〕引〔考聲〕。又〔卷八七〕引〔考聲〕。○丨，割也。〔卷三九〕引〔考聲〕。又〔卷八七〕引〔考聲〕。○丨，輕捷也。〔廣韻・肴部〕○剿、丨、鈔並通。〔廣雅・釋詁〕「剿，取也」疏證。○〔說文定聲・卷七〕丨段借為鈔。〔禮記・曲禮〕「毋丨說」。○〔同上〕丨段借為剿。〔書・甘誓〕「天用勦絶其命」。○後人以丨代⿺鬼堯。〔說文〕「⿺鬼堯，从鬼，堯聲」段注。○丨即剿。〔說文〕「剿，絶也」義證。○丨作剿，則孔壁中古文也。〔書・甘誓〕注「丨一作剿」孫疏。

⿰巢刀　丨即剿字。〔禮記・曲禮〕「毋丨說」平議。○丨，舊本从力。〔墨子・明鬼下〕「天用勦絶其命」閒詁。

轈　丨，古本巢。〔說文〕「丨，兵車高如巢」句讀。○丨，兵車，若巢以望敵也。〔廣韻・肴部〕

罞　丨，麋罟也。〔廣韻・肴部〕○丨即冡字。〔說文〕「冒，冡而前也」義證引〔釋器〕「麋罟謂之丨」。

嗃　丨，丨暑，恚也。〔廣韻・肴部〕○丨，謍丨，迅聲。〔集韻・爻部〕○丨，鳴也。〔廣雅・釋詁二〕「丨，鳴也」疏證。○髇、嚆，義亦與丨同。〔同上〕

佼　丨，好也。〔晏子春秋〕「不任」雜志。○丨，效也，像也。〔集韻・爻部〕○丨、交古字通用。〔管子・明法解〕「則民務交」義證引孫星衍。○丨即交，字通。〔墨子・七患〕「游者愛丨」閒詁。○丨，古多借丨為姣。〔說文〕「姣，好也」段注。○丨同交。〔說文〕「傷，一曰交傷」段注。○丨與交同。〔管子・形勢〕「烏鳥之狡」義證引王念孫。○丨與姣同。〔晏子春秋〕「不任」雜志。○丨即交之累增字。〔說文〕「丨，交也」句讀。

抓　丨，丨掐。〔廣韻・肴部〕○丨本作拔。〔文選・上書諫吳王〕「手可擢而丨」集釋引〔讀書志餘〕。○丨，搔也。〔集韻・爻部〕引〔博雅〕。

鵁　丨，鸕鷀之屬也。〔說文定聲・卷七〕○丨，此鳥以交目得名，睛交而孕。〔同上〕○丨鶄，鳥名也，一名丨鸕，似鳧高足，江淮畜可以厭火是也。〔慧琳音義・卷九〕○丨鶄，今之茭鷄，一名交矑，以睛交者也。〔通雅・卷四五〕○丨盧即鸕鷀也。〔漢書・司馬相如傳〕「箴疵丨盧」補注。○丨鶄通作交精。〔釋鳥〕「鳽，丨鶄」郝疏。又〔說文〕「丨，鶄也」義證。○〔說文定聲・卷七〕丨鶄，字作交精。〔上林賦〕「交精旋目」。○〔同上〕丨，字亦作蟂。〔史記・賈誼傳〕「偭蟂獺以隱處」。

姣　丨，謂容體壯大之好也。〔說文〕「丨，好也」段注。○好，或謂之丨。〔楚辭・東皇太一〕「靈偃蹇兮丨服」補注引〔方言〕。○丨，言丨潔也。〔同上〕○丨，通作佼。〔說文〕「丨，好也」義證。又〔方言一〕「好，或謂之丨」箋疏。○丨、佼古字通。〔晏子春秋〕「不任」雜志。○〔說文定聲・卷七〕丨段借為皎。〔方言一〕注「丨，潔也」。○丨當讀為佼。〔左傳襄公九年〕「棄位而丨」平議。○丨字又作佼。〔說文〕「丨，好也」句讀。○丨作妖。〔呂覽・達鬱〕「公丨且麗」校正。

樔　丨謂其高若鳥巢也，今田中守稻屋然。〔說文〕「丨，澤中守艸樓」繫傳。○〔說文定聲・卷八〕登丨，即居橧巢也。〔東征賦〕「諒不登丨而椓蠡兮」。(「椓」下)○〔說文定聲・卷七〕丨，段借為剿。〔漢書・外戚傳〕「命丨絶而不長」。○〔同上〕丨，段借為罺。〔詩・南有嘉魚〕傳「汕汕，丨也」。○丨，或作罺。〔文選・吳都賦〕「丨鰝鰕」集釋引〔釋文〕。○丨即搔字之俗。〔書・甘誓〕「天用丨絶其命」孫疏。

謷　丨，不肖也。〔廣韻・肴部〕○丨，不肖人也。〔集韻・爻部〕○〔說文定聲・卷七〕丨，段借為嗷。〔漢書・食貨志〕注「丨丨，衆口愁聲也」。○〔同上〕丨，字亦作聱。〔廣雅〕「丨，不入人語也」。

嘐　丨，誇語也。〔廣韻・肴部〕○丨，言不實而夸。〔集韻・爻部〕○丨丨，志大言大也。〔孟子・盡心下〕「其志丨丨然」朱注。○丨，大也。〔集韻・爻部〕○丨，大言不實。〔同上〕○丨，字亦作嘐。〔說文定聲・卷六〕

掊　丨，捶也。〔廣雅・釋言〕疏證。○丨，手掊也。〔慧琳音義・卷七七〕引〔考聲〕。○丨，手掊。〔廣韻・肴部〕○丨，引取也。〔集韻・爻部〕○丨，聚斂也。〔詩・蕩〕「曾是丨克」通釋引李黼平。○丨克，聚斂也。〔孟子・告子下〕「丨克在位」朱注。○丨克，聚斂之臣也。〔詩・蕩〕「曾是丨克」朱傳。○〔說文定聲・卷五〕丨，自大也。〔孟子・告子下〕「丨克在位」。○〔同上〕丨，謂借為捊。〔孟子・告子下〕「丨克在位」。○〔同上〕，丨段借

為䛂。〔詩・蕩〕「曾是丨克」。〇丨，字亦作刨。〔說文定聲・卷五〕

**瓟**　丨，似瓠，可為飲器。〔廣韻・肴部〕〇丨瓜，一名天鷄，在河鼓東。〔楚辭・思忠〕「援丨瓜兮接糧」補注引〔天官星占〕。〇丨瓜，四星，在危南。〔同上〕補注引〔洛神賦〕注。〇丨瓜，五星，在離珠北，天子之果園。〔同上〕補注引〔大象賦〕注。〇丨，匏之或體。〔集韻・爻部〕〇丨或从爪。〔同上〕

**爮**　丨，或作捊，以前脚丨地，牛虎猫犬之怒也。〔慧琳音義・卷七九〕〇丨，俗字，正體作捊。〔卷六〇〕

**訬**　丨者，丨擾也。〔說文〕「𡜊，丨疾也」段注。〇丨，獪狡也。〔說文〕「丨，丨擾也，一曰丨獪也」繫傳。〇丨，健也。〔廣韻・肴部〕〇〔說文定聲・卷七〕丨，叚借為狡。〔後漢書・馬融傳〕注「丨，輕捷也」。〇今蘇俗謂讙呶曰炒鬧，即此丨擾字。〔說文定聲・卷七〕

**鄛**　丨，在今河南南陽府新野縣東北。〔說文定聲・卷七〕〇〔同上〕居丨，居巢，今安徽廬州府巢縣即湯放桀之南巢。〔漢書・項籍傳〕「居丨人范增」。〇〔同上〕丨，叚借為巢。〔漢書・項籍傳〕「居丨人范增」。〇官本丨絕之丨作勦。〔漢書・項籍傳〕「居丨人范增」補注。〇居丨，今本〔漢紀〕作居巢。〔史記・項羽本紀〕「居丨人范增」志疑。

**脬**　盛尿處曰丨。〔說文〕「丨，膀胱也」義證引〔三蒼〕。〇丨，盛小便器尿脬也。〔慧琳音義・卷二〕引〔考聲〕。〇丨，腹中水府。〔廣韻・肴部〕〇丨者，肺之府也。〔說文定聲・卷六〕〇丨通作胞。〔廣雅・釋親〕「膀胱謂之丨」疏證。〇丨與胞互通。〔通雅・卷一〕〇〔說文定聲・卷六〕丨，以胞為之。〔素問・氣厥論〕「胞移熱于膀胱」。〇丨，今本作胞，魏晉人即以胞為丨也。〔釋名・釋形體〕「丨，鞄也」疏證。〇丨字或作胞。〔說文〕「丨，膀胱也」義證。〇丨，俗作胞。〔說文〕「丨，旁光也」段注。〇餓丨如莩，後別作殍。〔通雅・卷一〕

**颮**　丨，風聲。〔廣韻・肴部〕〇丨丨，衆多皃。〔集韻・覺部〕〇丨丨，紛紛衆多皃。〔廣韻・覺部〕

**枹**　丨者，苞也。〔說文定聲・卷八〕〔「樸」下〕〇丨即苞。〔釋木〕「樸，丨者」郝疏。〇木叢生曰丨。〔集韻・爻部〕〇丨，樹木叢生枝節盤結。〔廣韻・肴部〕引〔爾雅〕注。〇〔說文定聲・卷六〕丨，叚借為勹。〔釋木〕「樸，丨者」。

**⿱竹捎**　丨，飯器。〔說文〕「𠀠，杜林以為竹筥」段注。〇丨今言丨箕。〔說文〕「丨，陳留謂飯帚曰丨」繫傳。〇丨亦盛箸籠。〔說文〕「丨，一曰宋魏謂箸筩為丨」義證引〔太平御覽〕。〇丨，飯帚。〔廣韻・肴部〕〇丨，今蘇俗謂之筅箒。〔說文定聲・卷七〕〇丨即今之刷鍋帚也。〔廣雅・釋器〕「丨謂之筅」疏證。〇丨之言捎也，所以捎去餘飯也。〔同上〕〇丨與筲通。〔方言五〕「箸筩，陳楚宋魏之間謂之筲」箋疏。〇丨，叚借為梢。〔說文定聲・卷七〕〇〔說文定聲・卷七〕丨，叚借為⿱竹⿰耒肖。〔說文〕「一曰飯器」。〇丨與捎同。〔廣雅・釋器〕「捎，動也」疏證。〇丨⿱竹⿰耒肖並與筲同。〔方言一三〕「⿱竹旅，南楚謂之筲」箋疏。又〔廣雅・釋器〕「筲，⿱竹旅也」疏證。〇丨當為⿱竹⿰耒肖。〔說文〕「筥，丨也」義證。〇丨或作筲。〔說文〕「丨，一曰宋魏謂箸筩為丨」義證。

**洨**　丨水，出今直隸正定府獲縣井陘山，下流至寧晉縣入胡盧河，上源四泉交合，故曰丨。〔說文定聲・卷七〕

**庨**　丨，宮室高邃貌。〔集韻・爻部〕〇丨，丨豁，宮殿形狀。〔廣韻・肴部〕

**鄗**　丨，在長安西上林苑中。〔楚辭・匡機〕「顧遊心兮丨酆」補注。〇〔說文定聲・卷七〕丨，叚借為蒿。〔公羊傳桓公一五年〕「公會齊侯于丨」。

**倄**　丨，疾害也。〔說文〕「丨，刺也」繫傳。〇丨，猶痛也。〔說文定聲・卷七〕〇丨，痛聲。〔廣韻・肴部〕

**勹**　丨，包也，象曲身皃。〔廣韻・肴部〕〇丨，通作包。〔說文〕「丨，裹也」義證。〇丨，經傳皆以包為之。〔說文定聲・卷六〕

**鞄**　丨，鮑氏為甲攻皮之工也。〔說文〕「丨，柔革工也」繫傳。〇丨，丨皮。〔廣韻・肴部〕〇丨，柔革工。〔集韻・爻部〕

**这**　丨，往來交會也。〔說文〕「丨，會也」繫傳。〇東西正相值為丨。〔說文〕「丨，會也」段注。〇遘、丨與錯、交通。〔廣雅・釋言〕「遘，丨也」疏證。〇丨，〔禮經〕皆以交錯字為之。〔說文定聲・卷七〕

**貓**　丨，經所謂貓牛正犛牛也。〔說文〕「犛，西南夷長髦牛也」義證。〇貍之可畜者亦曰丨。〔說文定聲・卷五〕〔「貍」下〕〇丨，食鼠貍也，或从犬。〔集韻・爻部〕

**⿰包阝**　丨，西南夷地。〔說文定聲・卷六〕

**嘮**　丨，丨呶，讙也。〔廣韻・肴部〕〇丨，丨呶，聲皃也。〔慧琳音義・卷九九〕〇丨或作謸。〔說文〕「丨，丨呶，讙也」義證。

**獿**　丨，一曰獪也。〔集韻・爻部〕〇丨，犬擾駭也。〔說文〕「丨，犬獿獿咳吠也」義證引〔玉篇〕。〇丨獿，犬吠。〔集韻・爻部〕〇丨，義與剿相近。〔方言二〕「剿，獪也」箋疏。〇丨，經傳多以狡為之。〔說文定聲・卷六〕

**𡥈**　丨，放也。〔說文定聲・卷七〕〇丨謂放效也。〔說文〕「丨，效也」義證引〔類篇〕。又〔集韻・爻部〕。〇丨，經典通用學字。〔說文〕「丨，效也」義證。

**嚆**　髇、丨，義與嗃同。〔廣雅・釋詁二〕「嗃，鳴也」疏證。〇丨，吳人謂叫呼。〔集韻・爻部〕

**骲**　丨，骨鏃也。〔集韻・爻部〕〇〔說文定聲・卷六〕丨，與骹同字。〔通俗文〕「鳴箭曰骹」。

**摎**　丨，撓也。〔廣韻・肴部〕〇丨，束也。〔同上〕〇丨，物相交也。〔集韻・爻部〕

捊　—，取也。〔易・象上傳〕「君子以—多益寡」李疏。○—，引取。〔廣韻・肴部〕○—，各本作擾。〔說文〕「捄，一曰—也」段注。○—，亦作抱。〔廣韻・肴部〕○—，俗本作裒。〔易・象上傳〕「君子以—多益寡」李疏。○—，或作褎。（同上）

轇　—，—轕，戟形。〔廣韻・肴部〕

僇　—，叚借為嘐。〔說文定聲・卷六〕○—，用聊亦同。（同上）○—即嘐字也。〔管子〕「倮大衍」雜志。○嘐—古字通。（同上）○—，字亦作僇。〔說文定聲・卷六〕

娋　—，小娋，偷也。〔廣韻・肴部〕○—，又作燮。〔方言一二〕「—，姊也」箋疏。

漻　—滈，水廣也。〔通雅・卷六〕○—滈，水皃。〔廣韻・肴部〕

鵁　—，—鶄，鳥也。〔廣韻・肴部〕○—通茅。〔釋鳥〕「狂，茅鴟」郝疏。○—與茅同。〔廣雅・釋鳥〕「—鶄，鵁也」疏證。

烄　—，熱也。〔廣韻・肴部〕又〔集韻・爻部〕。○—，乾也。〔廣韻・肴部〕○—之言槁也。〔廣雅・釋詁〕「—，乾也」疏證。

摷　—，擊也。〔廣韻・肴部〕○—之言勦也。〔廣雅・釋詁〕「—，取也」疏證。○—、剿、勦，並字異而義同。〔廣雅・釋言〕「勦，天也」疏證。○〔說文定聲・卷七〕—，叚借為鈔。〔廣雅・釋詁一〕「—，取也」。○（同上）—，叚借為掉。〔廣雅・釋詁一〕「—，動也」。○鈔，或作勦、抄、—。〔集韻・爻部〕

䰕　—，訓當云「鬼捷皃」。〔說文〕「—，从鬼，堯聲」段注。○—，剽輕為害之鬼也。（同上）又〔說文〕「—，健也」義證引〔玉篇〕。○—，剽捷之鬼也。〔說文定聲・卷七〕○—，疾皃。〔廣韻・肴部〕○—，疾也。〔方言二〕箋疏。○—與勦聲同義亦相近。（同上）○—，叚借為驍。〔說文定聲・卷七〕○—，叚借為獟。（同上）○後人以勦代—。〔說文〕「—，从鬼，堯聲」段注。

狍　—，獸名，羊身人面，目在腋下。〔廣韻・肴部〕

蟊　—，蟊—，蟲名。〔廣韻・肴部〕○〔說文定聲・卷六〕—，似蟬而小，青色。〔方言一一〕「蜩蟧謂之蟊蜩」。○—，狀如大馬蟻，有翼，大名蟊—，俗作斑貓。〔說文定聲・卷六〕○—，古音當如木。〔說文〕「—，蟊—也」段注。○〔說文定聲・卷六〕—作茅。〔釋蟲〕「蟊茅蜩」。○—，舊本—作蟊。〔呂覽・異用〕「昔蛛—作網罟」校正。○〔說文定聲・卷六〕—，字亦作蠚。〔廣雅・釋蟲〕「蟠蠚，旻青也」。○（同上）—，字亦作蠚。〔廣雅・釋蟲〕「青蠚，青蟕也」。

蟊　—，—賊，害苗之蟲也。〔詩・瞻卬〕「—賊—疾」朱傳。○食根曰—。〔詩・大田〕「及其—賊」朱傳。○—，—蟲，食草根者。〔楚辭・怨上〕「—

蠿兮號西」補注。○—即蠿—，蜘蛛之別名也。〔說文〕「蝥，盤蝥也」繫傳。○—，蝹兆氣不澤也。〔集韻・東部〕○蝥、蟊、—古字通用。〔廣雅・釋蟲〕「青蟊，青蟕也」疏證。○—者，蟲之叚借。〔詩・大田〕「及其—賊」通釋。○—，語詞也。〔詩・瞻卬〕「—賊—疾」平議。

獿　—，獸名。〔廣韻・豪部〕○—，獸也。〔漢書・揚雄傳〕「—人亡」補注引〔玉篇〕。○—，犬吠聲。〔說文定聲・卷六〕○—獿謂犬吠。〔說文〕「—，—獿也」義證引〔類篇〕。○—獿，犬駭吠聲。〔說文〕「獿，犬——咳吠也」義證引〔五音集韻〕。○—人，古之善塗墍者。〔莊子・徐無鬼〕「郢人堊慢」集釋引服虔。○—與猱同。〔漢書・揚雄傳〕「—人亡」補注引王念孫。○—，當為擾。〔禮記・樂記〕「—雜子女」述聞。○—，字當為夒之或體，沾犬旁耳。〔說文定聲・卷六〕○—人，舊譌作㥏人。〔莊子・徐無鬼〕「郢人堊慢」集釋引盧文弨。

隟　—，俗隙字。〔方言三〕注「言有間—」箋疏。○—與隙同。〔方言一三〕「而君與雄獨何譖—而匿當乎哉」箋疏。

佬　—，佬，大皃。〔集韻・爻部〕

勦　—與剿聲同義亦相近。〔方言二〕「勦，獪也」箋疏。○—、剿、摷，並字異而義同。〔廣雅・釋言〕「剿，天也」疏證。○—、勦、鈔並通。〔廣雅・釋詁〕「—，取也」疏證。○—即鈔字之叚借也。〔說文〕「鈔，叉取也」段注。○—當作剿。〔說文〕「羆，讀若夏書天用—絕」段注。○—當為剿。（同上）義證。

窅　—，目深。〔廣韻・肴部〕

呹　—，—咋，多聲。〔廣韻・肴部〕○—，淫聲也。〔淮南子〕「—聲清於耳」雜志。○—與咬同。（同上）

咬　—，吞乾物也。〔集韻・爻部〕

嘐　—，小兒聲。〔廣韻・肴部〕

姣　—，好也。〔集韻・爻部〕

嫪　—，齊人呼姊。〔廣韻・肴部〕

寥　—窲，屋深皃。〔集韻・爻部〕

尥　—，牛脛相交也。〔廣韻・肴部〕○—，牛行足外出也。〔集韻・爻部〕

尦　—，脛交也。〔集韻・爻部〕○—，或作尥。（同上）

巢　嶚—，山高皃。〔廣韻・宵部〕

**廫** ｜，山谷深廣皃。〔集韻・爻部〕

**廲** ｜，崒也。〔集韻・爻部〕〇｜，｜捽。〔廣韻・肴部〕

**鵃** ｜，綵色也。〔集韻・爻部〕

**弰** 弓｜。〔廣韻・肴部〕〇｜，弓末。〔集韻・爻部〕〇｜，謂弓兩頭。〔續音義・卷一〕引〔考聲〕。

**怓** ｜，快也。〔廣韻・肴部〕

**恏** ｜材，伏態。〔集韻・爻部〕〇｜伢，伏態皃。〔廣韻・肴部〕〇｜與㺜同。〔廣雅・釋詁〕「㺜，獪也」疏證。

**恔** ｜，黠也。〔說文〕「｜，憭也」義證引〔玉篇〕。〇｜，佼人本此字。〔說文〕「｜，憭也」繫傳。

**㤇** ｜，恷也。〔集韻・爻部〕

**挍** ｜，一曰憤意。〔集韻・爻部〕

**抛** ｜，亦投。〔慧琳音義・卷七五〕引〔考聲〕。〇｜，俗作抛。（同上）

**㪉** ｜，擊也。〔集韻・爻部〕

**教** ｜，效也。〔廣韻・肴部〕

**㪣** ｜，擊也。〔廣韻・肴部〕

**校** ｜，桷也。〔集韻・爻部〕〇｜之言較也。〔廣雅・釋器〕「｜，槌也」疏證。〇校與｜通。（同上）

**梎** ｜，柌，鐮柄。〔廣韻・肴部〕

**㮁** ｜，｜桃，梔子。〔廣韻・肴部〕

**麭** ｜，赤黑之漆。〔廣韻・肴部〕

**䉰** ｜，蒜束。〔廣韻・肴部〕

**洨** ｜，｜沙，藥名。〔廣韻・肴部〕

**滶** ｜，大水皃。〔集韻・爻部〕

**㴔** ｜，水盛皃。〔集韻・爻部〕

**烋** ｜，乾也。〔集韻・爻部〕

**牊** ｜，角挑也。〔集韻・爻部〕

**猇** ｜，虎聲。〔廣韻・肴部〕

**獓** ｜，犬多毛。〔廣韻・肴部〕

**疱** ｜，人面熱氣所生小瘡也。〔慧琳音義・卷八一〕引〔桂苑珠叢〕。

**㾖** ｜，瘷，喉病。〔集韻・爻部〕

**窅** ｜，深目皃。〔廣韻・肴部〕

**眑** ｜，面目不平。〔廣韻・肴部〕

**磝** ｜，磟，山勢。〔集韻・爻部〕

**磽** ｜，謂多小石也。〔說文〕「墽，｜也」繫傳。〇｜，石地。〔廣韻・肴部〕〇｜，堅也。〔慧琳音義・卷六〇〕又〔卷七二〕引顧野王。〇｜，堅硬也。〔說文〕「｜，磬石也」義證引〔玉篇〕。〇｜，瘠薄也。〔慧琳音義・卷六〇〕又〔孟子・告子上〕「則地有肥｜」朱注。〇｜與墽音義同。〔說文〕「｜，磬也」段注。〇｜确，堅也。〔說文〕「磬，堅也」義證。〇｜，俗作墝。〔說文〕「｜，磬石也」義證。

**磝** ｜，同砇，砇磝，城名。〔廣韻・肴部〕〇｜之義同磽，則兼謂土石堅鞕耳。〔說文〕「墽，磽也」段注。

**秌** ｜，禾穇生。〔廣韻・肴部〕

**稥** ｜，同蔹。〔廣韻・肴部〕

**穮** ｜，穛，禾虛皃。〔集韻・爻部〕

**窌** ｜，深空之皃。〔廣韻・肴部〕又〔集韻・爻部〕。

**窙** ｜，高氣。〔廣韻・肴部〕

**窯** ｜，寥，空寂。〔集韻・爻部〕

筊　丨，小籥，一十六管。〔廣韻・肴部〕
⿱竹殽　丨，竹索。〔集韻・爻部〕
⿰米交　丨，丨糆，米餅。〔廣韻・肴部〕
絞　丨，黃色。〔廣韻・肴部〕
綃　丨，帆維。〔廣韻・肴部〕
緢　絲旋曰丨。〔集韻・爻部〕
⿰糸捎　丨，維舟謂之丨。〔集韻・爻部〕
鉸　丨，樂器，以土為之，雙相黏為丨也。〔廣韻・肴部〕
⿱罒包　丨，覆車網也。〔廣韻・肴部〕
䎐　丨，耳中聲。〔廣韻・肴部〕
胶　丨，脛骨也。〔集韻・爻部〕〇丨，丨聲也。〔廣韻・肴部〕引〔字書〕。
艽　丨，秦丨，藥名。〔廣韻・肴部〕
⿱艹巢　丨，麥草名。〔說文〕「藻，水艸也」義證引〔類篇〕。又〔集韻・爻部〕。
⿱艹殽　丨，茅根。〔廣韻・肴部〕〇丨，黃茅根煎取汁治消渴也。〔說文〕「茍，茅根也」義證引〔玉篇〕。〇丨與茭同。（同上）
⿰扌⿱艹巢　丨，丨取。〔廣韻・肴部〕
蛸　丨，蠨丨，喜子。〔廣韻・肴部〕
䘯　丨，衣袵。〔廣韻・肴部〕
觘　丨，角匕。〔集韻・爻部〕
誵　丨，言不恭謹。〔集韻・爻部〕
⿰言巢　丨，代人說也。〔廣韻・肴部〕

⿰貝翏　丨，錢。〔廣韻・肴部〕引〔謎語〕。
趠　丨，超也。〔集韻・爻部〕
⿺走周　丨，丨趟，跳躍。〔廣韻・肴部〕
⿺走巢　丨，競走。〔集韻・爻部〕
跑　丨，足跑地也。〔廣韻・肴部〕
⿰足巢　丨，行捷也。〔集韻・爻部〕
軳　丨，車鈴。〔集韻・爻部〕〇丨，一曰戾也。（同上）
軪　丨，丨軋。〔廣韻・肴部〕〇丨，車聲也。（同上）〇丨，奇皃。（同上）
輎　丨，兵車。〔廣韻・肴部〕
⿰酉交　丨，沽也。〔廣韻・肴部〕
鉋　丨，丨刷。〔廣韻・肴部〕
殽　丨，囊也。〔廣韻・肴部〕
頝　丨，丨顤，頭不媚也。〔廣韻・肴部〕
顟　丨，丨顤，頭長皃。〔說文〕「顤，高長頭」義證引〔玉篇〕。〇丨，顤丨，胡人面狀。〔廣韻・肴部〕
颮　丨，熱風。〔廣韻・肴部〕
颵　丨，風聲。〔廣韻・肴部〕
⿵風高　丨，風丨丨也。〔廣韻・肴部〕
髇　丨，丨箭。〔廣韻・肴部〕〇丨、嗃，義亦與嗃同。〔廣雅・釋詁〕「嗃，鳴也」疏證。
鷎　丨，高皃。〔集韻・爻部〕
鮹　丨，海魚，形如鞭鞘。〔廣韻・肴部〕

**鱳** 丨，魚子。〔集韻・爻部〕

**鳭** 丨，丨鷍，黄鳥。〔廣韻・肴部〕

**鵃** 丨，鶻丨，似山鵲而小，短尾，至春多聲。〔廣韻・肴部〕

**鷍** 丨，鳭丨，鳥名。〔廣韻・肴部〕

# 續經籍纂詁卷第十九

下平聲

## 四　豪

**豪** 凡髦鬣皆曰丨。〔說文〕「㣇，脩豪獸」段注。〇丨，凡言丨毛，引伸之義也。〔說文〕「𧰲，𧰲豕，鬣如筆管者」段注。〇智過十人謂之丨。〔說文〕「俊，才過千人也」義證引〔文子〕。〇丨，即其郡人之桀出者。〔漢書・王温舒傳〕「擇郡中丨敢往吏十餘人為爪牙」補注引周壽昌。〇丨，丨民，謂其邑人之傑出者耳。〔漢書・韓安國傳〕「雁門馬邑丨聶壹」補注引周壽昌。〇丨，謂丨俊。〔大戴・保傅〕「而天下之丨相率而趨之也」王詁。〇凡言丨俊，引伸之義也。〔說文〕「𧰲，𧰲豕，鬣如筆管者」段注。〇丨傑，才德出衆之稱。〔孟子・滕文公上〕「彼所謂丨傑之士也」朱注。〇丨傑，有過人之才智者也。〔孟子・盡心上〕「若夫丨傑之士」朱注。〇丨，丨俠。〔廣韻・豪部〕〇丨，强也。〔漢書・食貨志〕「故大賈畜家不得丨奪吾民矣」補注引周壽昌。〇丨，借作毫，毫芒者，毛端頭也，微少也。〔慧琳音義・卷一二〕〇丨，俗作毫。〔說文〕「丨，籒文从豕」句讀。〇官本注，丨作毫。〔漢書・賈誼傳〕「而芒刃不頓者」補注。〇丨乃嵴之譌。〔史記・太史公自序傳〕「悼丨之旅」志疑。

**豪** 丨豬，毛如笄而端黑也。〔說文〕「𧰲豕，鬣如筆管者」義證引〔玉篇〕。

**𧰲** 丨，所謂豪豬。〔說文〕「丨，豕鬣如筆者，出南郡」繫傳。〇丨，此所謂豪豬也，今人謂之箭豬。〔說文〕「丨豕，鬣如筆管者」義證引戴侗。〇〔說文定聲・卷七〕丨，俗字作毫。此豕能以脊上豪射物，一名貆豬，蘇俗謂之箭豬。〔說文〕「豪豕，鬣如筆管者」。

**毫** 丨，長毛。〔廣韻・豪部〕〇丨，毛長也。〔慧琳音義・卷二七〕引〔玉篇〕〇丨，長鋭秀毛。〔慧琳音義・卷一〕引〔集訓〕。〇凡度之法，初起於忽，十忽為絲，十絲為丨。（同上）引〔九章筭經〕。〇〔說文定聲・卷七〕丨，叚借為獒。〔漢書・食貨志〕「不得豪奪吾民矣」。（「𧰲」下）〇獒與丨古字通。〔釋畜〕「未成丨狗」平議。〇〔書・旅獒〕丨以獒為之。〔說文定聲・卷七〕（「𧰲」下）

**操** 丨，立志不改也。〔慧琳音義・卷九〇〕引〔考聲〕。〇持志貞固曰丨。〔卷八九〕引顧野王。〇持志貞固曰丨也。〔卷二一〕〇丨，丨持。〔廣韻・豪部〕〇丨縵，即今之和絃。〔義府・卷上〕〇〔通雅・卷三五〕或曰丨欖，或曰六赤，皆骰子也。〔御覽〕「丨欖弄棊」。〇〔卷七〕丨杯即丨棓。〔山海經〕「蛇巫之山，有人丨杯而東向立」。〇丨，通作躁。〔說文〕「丨，把持也」義證。〇丨，叚字，其正字當作剿。〔公羊傳莊公三〇年〕「蓋以丨之為已蹩矣」平議。○〔說文定聲・卷七〕｜字亦以摻為之，摻、｜一聲之轉。〔詩・遵大路〕「摻執子之手兮」。○｜重讀之曰節｜曰琴｜，皆去聲。〔說文〕「｜，把持也」段注。○｜同纅。〔墨子・節葬下〕「革闠三｜」閒詁引畢沅。○｜舊作摻，俗字。〔呂覽・古樂〕「｜牛尾投足以歌八闋」校正。○｜當作燥。〔說文〕「檄，榜也」義證。

**條**　｜，亦曰編諸。〔說文定聲・卷六〕○｜，辮絲也。〔慧琳音義・卷六〇〕引〔文字典說〕。○｜，織絲如繩也。（同上）引〔考聲〕。○｜，織絲如繩然也。〔卷六九〕引〔考聲〕。○｜，編絲繩也。〔廣韻・豪部〕○〔說文定聲・卷六〕潤者為紴絨，陿者為｜，圓者為紃，今蘇俗所用珠梅邊織邊桂子闌干之類。〔禮記・襍記〕注「若今時｜」。○｜，通作條。〔說文〕「｜，偏緒也」義證。○｜，字亦作絛。〔說文定聲・卷六〕

**幍**　｜同條。〔廣韻・豪部〕

**髦**　｜，｜鬣也。〔廣韻・豪部〕○｜，｜俊也。（同上）○〔說文定聲・卷七〕｜，〔漢書〕所謂壯髮。〔一切經音義四〕引〔說文〕「｜，髮中豪者也」。○髮中之秀出者謂之｜髮。〔說文〕「｜，｜髮也」段注。○｜，夷髮也。〔詩・角弓〕「如蠻如｜」朱傳。○｜，俊也。〔詩・甫田〕「烝我｜士」朱傳。又〔棫樸〕「｜士攸宜」朱傳。又〔思齊〕「譽｜斯士」朱傳。○｜，選也。〔慧琳音義・卷八二〕引〔集訓〕。○士之選謂之｜。〔釋言〕「｜，選也」述聞。○｜之言芼，謂選擇也。〔詩・思齊〕「譽｜斯士」通釋。○｜之言豪也，在毛謂之豪，在士謂之選。〔釋言〕「｜，選也」郝疏。○｜，一名女朮。〔釋艸〕「｜，顛蕀」鄭注。○｜、毛通作。〔漢書・古今人表〕「中桓南宮｜」補注。○〔說文定聲・卷七〕｜，叚借為毛。〔儀禮・既夕記〕「馬不齊｜」。○古亦假｜為毛字。〔說文〕「｜，｜髮也」段注。○｜與旄古字通。〔釋名・釋丘〕「前高曰｜丘」疏證。○〔說文定聲・卷七〕｜，叚借為旄。〔七命〕「建雲｜」。○｜者，旄之叚借字。〔說文〕「戉，司馬灋云周𠂇杖黃戉，又把白｜」段注。○亦借｜為髳。〔說文〕「髳，髮或省」句讀。○〔說文定聲・卷七〕｜，叚借為髳。〔詩・柏舟〕「髧彼兩｜」。○（同上）｜，叚借為氂。〔釋畜〕注「｜，牛也」。○（同上）｜，叚借為嵍，實為氂。〔釋名〕「前高曰｜邱」。○｜即蛑之轉。〔方言一一〕「螳螂謂之｜」箋疏。○〔說文定聲・卷七〕｜，叚借發聲之詞，｜、蛑一聲之轉。〔方言一一〕「螳蜋謂之｜，或謂之蛑蛑」。○莫貈合聲亦為｜。〔釋蟲〕「莫貈，螳蜋，蛑」郝疏。○｜、毛古同用。〔說文〕「毴，虞書曰鳥獸毴｜」段注。○｜，齊、韓作髮，亦作髳。〔詩・柏舟〕「髧彼兩｜」集疏。○｜，〔說文〕作髮，又作髳。〔左傳昭公九年〕「豈如弁｜」洪詁。○〔詩〕｜即〔書〕髳。〔說文〕「髳，漢令有髳長」段注。○〔方言〕之｜當為髳，即〔爾雅〕之蛑也。〔說文〕「蜋，堂蜋也」義證。○〔說文定聲・卷七〕｜，字亦作髫。〔後漢・伏湛傳〕「髫髮」。○（同上）｜，字亦作齠。〔七命〕「元齠巷歌」。○｜當作髫。〔釋名・釋形體〕「｜，冒也」疏證。

**刀**　｜，所以守也。〔說文繫傳・通論中〕○｜，所以解也。〔說文〕「剬，分解也」繫傳。○〔說文定聲・卷七〕（錢）始鑄為｜形，即以命之。〔漢書・食貨志〕「及金｜龜貝」。○小船曰｜。〔詩・河廣〕「曾不容｜」朱傳。○小船曰｜，字从舟省，會意，與｜斧之｜不同。〔字詁〕○｜者，舠之假借，小船之稱。〔詩・河廣〕「曾不容｜」通釋。○百張謂之｜，五百謂大｜。〔通雅・卷三二〕○｜，亦姓，俗作刁。〔漢書・刀閒傳〕「而｜閒獨愛貴之」補注引〔玉篇〕。○｜筆以治文書。〔漢書・賈誼傳〕「在於｜筆筐篋」補注引周壽昌。○貂、｜字通。〔墨子・所染〕「易牙，豎｜之徒」閒詁。○｜，〔衛風〕假借為舠字。〔說文〕「｜，兵也」段注。○｜，叚借為舟。〔說文定聲・卷七〕○｜，或謂借為舠、為舠，舠、舠，皆因詩製字，｜實舟之誤字。〔同上〕○｜本有貂音，後人始作刁字。〔呂覽・貴公〕「用豎｜」校正。○｜、舠、貂，亦聲近而義同。〔廣雅・釋詁二〕「貂，短也」疏證。○｜、舠、舠，並字異而義同。〔廣雅・釋水〕「舠，舟也」疏證。○〔說文定聲・卷七〕｜，字亦變作刁。〔方言一三〕「無升謂之刁斗」。○｜，官本作刁，是。〔漢書・李廣傳〕「不擊｜斗自衛」補注。○豎｜舊本作豎刁，俗字｜亦有貂音。〔呂覽・知接〕「願君之遠易牙豎｜」校正。○〔說文定聲・卷六〕｜，〔御覽〕引詩作舠，俗字也。〔詩・河廣〕「曾不容｜」。（「舠」下）○｜魚，俗字作魛。〔說文〕「鮆，｜魚也」段注。○〔說文定聲・卷七〕｜，字變作鳭。〔釋鳥〕「鳭鷯剖葦」。○（同上）｜字亦誤作刐。〔廣雅・釋詁一〕「刐，斷也」。

**萄**　｜，蒲｜。〔廣韻・豪部〕又〔說文〕「｜，艸也」義證引〔玉篇〕。○｜，今人為蒲｜字。（同上）段注。○｜，今以為蒲｜字。〔說文定聲・卷六〕

**猱**　｜，猴也。〔廣韻・豪部〕○｜，獮猴也。〔詩・角弓〕「毋教｜升木」朱傳。○｜，似猴而長尾。〔文選・南都賦〕「轂玃｜挺戲其巔」集釋引〔吳都賦〕注。○｜，即今所謂戎，皮為鞌褥者也。（同上）集釋引〔上林賦〕顏注。○｜，聲轉為戎。〔廣雅・釋獸〕「｜，狝猴也」疏證。○｜挺，獸也。〔文選・吳都賦〕「射｜挺」集釋。○｜即夒字。〔說文〕「猴，夒也」段注。○｜或作夒，又作獶。〔廣雅・釋獸〕「｜，猕猴也」疏證。○｜，〔樂記〕字作獶，即夒字之隸變也。〔文選・南都賦〕「轂玃｜挺戲其巔」集釋。

**夒**　｜，今作猱。〔說文〕「｜，貪獸也」繫傳。○｜或作猱。〔說文〕「｜，一曰母猴」義證。又〔文選・南都賦〕「轂玃猱挺戲其巔」集釋引〔匡謬正俗〕。○｜，或作獶。〔說文〕「｜，貪獸也」義證。○｜，又作蝚。〔說文〕「｜，一曰母猴」義證。○｜通作嚘。（同上）○｜，或作猱。〔集韻・豪部〕

**褒**　｜，進揚美也。〔廣韻・豪部〕○｜者，天子有慶於諸侯加地進律之名。〔公羊傳隱公元年〕注「有土嘉之曰｜」陳疏引孔廣森。○｜衣，大其袍囊，所謂大掖衣也。〔說文定聲・卷六〕○引伸之為凡大之偁，為｜美。〔說文〕「｜，衣博裾」段注。○〔說文定聲・卷六〕｜，姒姓，夏同姓所封國。〔鄭語〕「｜人｜姁」。○｜，或借袍字。〔說文〕「｜，衣博裾」義證。○〔說文定聲・卷六〕｜，叚借為俘。〔詩・殷武〕「裒荊之旅」。○（同上）

丨,叚借為捊。〔釋詁〕「裒,聚也」。○(同上)丨,借為裒。〔周禮·大祝〕「八曰丨拜」。○(同上)丨,叚借為報,實為復。〔禮記·襍記〕「復諸侯以丨衣冕服爵弁服」。○(同上)丨,叚借為報,實為覆。〔周禮·大祝〕「八曰丨拜」。○丨,俗作裒。〔說文〕「丨,衣博裾」義證。○丨,字亦作褎。〔說文定聲·卷六〕

**褒** 丨,進也。〔慧琳音義·卷三四〕又〔卷四八〕。○丨,猶進也。〔左傳宣公三年〕疏證引王念孫。○丨,揚美之。〔慧琳音義·卷七一〕○丨,猶揚美也。〔卷三四〕○丨,猶揚美之也。〔慧琳音義·卷一〕引顧野王。又〔卷四八〕。○丨,俗褒字。〔廣韻·豪部〕

**桃** 丨,果名。〔廣韻·豪部〕○丨,木名,華紅,實可食。〔詩·桃夭〕「丨之夭夭」朱傳。○丨,毛果也。〔說文〕「丨,果也」義證引〔玉篇〕。○丨性早花,易植而子繁,故字从木、兆。十億曰兆,言其多也,或云从兆諧聲也。〔本草·卷二九〕○丨之為言兆也,兆,小也。〔詩·小毖〕「肇允彼丨蟲」陳疏。○丨枝,今丨枝竹,可為杖。〔釋艸〕「丨枝,四寸有節」鄭注。○侯丨,山桃,子如麻子。〔文選·南都賦〕「侯丨梨栗」注引曹毗。○侯丨,辛夷花未發時,苞如小丨子,有毛,名侯丨。(同上)集釋引陳藏器。○丨蟲之桃亦取兆聲,謂其小。〔說文〕「鷦,鷦鷯,丨蟲也」段注。○丨蟲,鷦鷯,小鳥也。〔詩·小毖〕「肇允彼丨蟲」朱傳。○丨蟲,始小終大之鳥也。〔說文〕「鷦,鷦鷯,丨蟲」繫傳。○丨部即丨棓。〔通雅·卷七〕○遲芒稻,其米赤,號丨花米。〔通雅·卷三九〕○〔說文定聲·卷七〕丨在今山東兗州府汶上縣東北。〔左傳昭公七年〕「吾與子丨」。○(同上)丨在今山東濟寧州北。〔國策〕注「任城有丨聚」。○丨邱在東阿縣安平鎮東八十里。〔左傳桓公一〇年經〕「公會衛侯于丨丘」疏證引應勝志。○丨鄉城在濟寧州東北六十里。〔左傳隱公一〇年〕「公會齊侯鄭伯於老丨」疏證引沈欽韓。○丨與兆同。〔廣雅·釋器〕「樹,兆杠也」疏證。

**糟** 丨,不醬酒也。〔慧琳音義·卷九〕○古以帶滓之酒為丨,今謂漉酒所棄之粕為丨。〔說文定聲·卷六〕○已漉之粕為丨。〔說文〕「丨,酒滓也」段注。○丨,粕也。〔廣韻·豪部〕○丨,酒粕也。〔說文〕「丨,酒滓也」義證引〔急就篇〕顏注。○〔說文定聲·卷六〕丨粕,謂丨中之魄也。〔淮南·道應〕「是直聖人之丨粕耳」。○丨或作醩。〔慧琳音義·卷九〕

**蒏** 丨同糟。〔廣韻·豪部〕○丨亦糟字。〔說文〕「糟,酒滓也」段注。

**漕** 丨,衛邑名。〔詩·擊鼓〕「土國城丨」朱傳。

**旄** 丨,幢也。〔國策·楚策一〕「王抽旃丨」鮑注。○以氂為幢曰丨。〔說文〕「氂,犛牛尾也」段注。○丨,注丨於旗干之首也。〔詩·出車〕「建彼丨矣」朱傳。○丨,旌旄竿飾也。〔說文定聲·卷七〕○珥丨,謂以氂牛尾析而著之旗之兩旁也。〔文選·甘泉賦〕「流星丨以電燭兮」集釋。○丨,牛尾也。〔漢書·爰盎傳〕「盎解節丨懷之」補注。○丨,牛尾也,舞者所執。〔釋器〕「丨謂之蘢」鄭注。○以飾物曰丨。〔說文〕「氂,氂牛尾」繫傳。○丨,丨鉞。〔廣韻·豪部〕○丨,杞柳也。〔釋木〕「丨,澤柳」鄭注。○丨與冬桃同名。(同上)○丨,今謂之丨桃。〔釋木〕「丨,冬桃」鄭注。○前高後下曰丨丘。〔詩·旄丘〕「丨丘之葛兮」朱傳。○丨亦謂之眊。〔說文〕「丨,幢也」繫傳。○丨眊同,無目也。〔國策·楚策一〕「丨不知人」鮑注。○丨、眊、耄字通,並昏也。(同上)補正。○丨即髦也。〔說文〕「髦,髮也」義證。○丨即氂也。〔釋器〕「丨謂之蘢」郝疏。○丨牛即犛牛。〔說文〕「氂,犛牛尾也」段注。○丨牛者,犛牛也。〔說文〕「犛,西南夷長髦牛也」義證。○丨車,戎車之倅。〔左傳宣公二年〕「趙盾為丨車之族」洪詁引服虔。○丨丘,在臨河縣東四十步。〔釋丘〕「前高丨丘」鄭注。○丨,〔說文〕引〔司馬法〕作髦,亦古字通。〔書·牧誓〕注「丨一作髦」孫疏。○〔說文定聲·卷七〕丨,叚借為氂。〔左傳襄公一〇年〕「騂丨之盟」。○丨者,氂之叚借也。〔釋器〕「丨謂之蘢」郝疏。○〔說文定聲·卷七〕丨,叚借為楙。〔爾雅〕「丨,冬桃」。○(同上)丨,叚借為嵍。〔詩·旄邱〕傳「前高後下曰丨邱」。○(同上)丨,叚借為媢。〔方言一三〕「毷,好也」。○(同上)丨,叚借為耄。〔禮記·射義〕「丨期稱道不亂」。○丨、髦、犛,實一字耳。〔文選·甘泉賦〕「流星丨以電燭兮」集釋。○丨與氂同。〔詩·干旄〕「孑孑干丨」陳疏。○〔天官書〕丨作髦。〔漢書·天文志〕「昴曰丨頭」補注。○丨,字亦作毷。〔說文定聲·卷七〕○丨,字亦作耗。(同上)○〔史記〕丨作毛。〔漢書·爰盎傳〕「盎解節丨懷之」補注。○〔詩〕鄭箋及疏引此傳丨並作耗。〔左傳宣公二年〕「趙盾為丨車之族」洪詁。○三家丨作堥。〔詩·旄丘〕「丨丘之葛兮」集疏。○今〔周書〕丨作施。〔文選·甘泉賦〕「流星丨以電燭兮」集釋。○牦與丨同,或作毛。〔本草·卷五一〕

**袍** 丨,襺也。〔詩·無衣〕「與子同丨」朱傳。○箸以緼曰丨。〔說文定聲·卷一四〕(「襺」下)○丨,有著之衣也。〔禮記·喪大記〕「丨必有表」集解。○丨,衣有箸者,今之綿衣。〔說文定聲·卷六〕○丨,衣有著者也。蓋衣之賤者。〔論語·子罕〕「衣敝緼丨」朱注。○或曰箸以亂麻曰丨,以新緜曰襺。〔說文定聲·卷六〕○複衣,即丨也。〔禮記·喪大記〕「複衣複衾」集解。○丨若今襖之長者。〔說文〕「襦,短衣也」段注。○丨,長襦也。〔廣韻·豪部〕又〔通鑑·周紀五〕「取一綈丨贈之」音注。○長衣曰丨,下至足跗。〔說文〕「丨,襺也」義證引〔急就篇〕顏注。○丨,今以為外衣之通偁。〔說文定聲·卷六〕○古者丨必有表,後代為外衣之偁。〔說文〕「丨,襺也」段注。○丨,包也。〔論語·子罕〕「衣敝緼丨」劉正義。○丨,褻衣。(同上)○丨,私褻之服。〔釋言〕「丨,襺也」郝疏。○〔說文定聲·卷六〕丨以褒為訓。〔續漢·輿服志〕「丨者,周公抱成王宴居故施丨」。○丨即裒之借字。〔方言四〕「關之東西謂之襌衣有褒者」箋疏。○丨當為褒。〔說文〕「裾,衣丨也」義證。○〔公羊傳〕曰「反袂拭面,涕沾丨」,此丨當作褒。〔說文〕「裾,衣褒也」段注。

褎　一同袍。〔廣韻・豪部〕〇一亦作袍。〔方言四〕「無一者謂之裎衣」疏證。

撓　一，攪也。〔廣韻・豪部〕〇一，曲也。〔説文〕「玉，石之美有五德」繫傳。又〔通鑑・陳紀八〕「辭色不一」音注。〇一，纏也。〔楚辭・遠遊〕「雌蜺便娟以增一兮」補注。〇一一，亂也。〔莊子・在宥〕「絜汝適復之一一以遊無端」集釋引俞樾。〇一，擾也。〔集韻・豪部〕〇一弱，屈弱也。〔大戴・四代〕「一弱不立」王詁。〇〔通雅・卷一八〕一膕，言屈體也。〔荀子〕「屈要一膕」。〇一與橈通。〔通雅・卷一〕〇〔説文定聲・卷七〕一，叚借為橈。〔晉語〕「抑一志以從君」。〇一與交同音。〔墨子・天志中〕「以聘一四鄰」閒詁引畢沅。〇一與橈同。〔方言九〕「楫謂之橈」箋疏。〇一即橈之俗。〔墨子・經下〕「貞而不一」閒詁。〇一、蹻，音義並與嬈同。〔廣雅・釋詁二〕「嬈」疏證。〇一、淖，義並與嬈同。〔廣雅・釋詁一〕「嬈，弱也」疏證。〇大一，〔人表〕作大填。〔呂覽・尊師〕「黃帝師大一」校正。〇大一，〔新序雜事〕王引呂子作大真。〔同上〕〇一當為橈。〔説文〕「玉，不一而折，勇之方也」義證。〇一曰一之一，當作橈。〔漢書・鼂錯傳〕「則匈奴之衆易一亂也」補注。

蒿　一，菣也。〔詩・鹿鳴〕「食野之一」朱傳。〇一，蓬一。〔廣韻・豪部〕〇一，即青一也。〔詩・鹿鳴〕朱傳。〇一，江東人呼為犱一。〔説文〕「一，菣也」義證引〔蜀本圖經〕。〇一，賤草也。〔詩・蓼莪〕「匪莪伊一」朱傳。〇一，蘩草也。〔楚辭・大招〕「吳酸一蔞」王注。〇一，草之高者也。〔本草・卷一五〕引〔晏子〕。〇一宮，猶言茅茨土階也。〔通雅・卷三八〕〇一里，喪歌也，謂人死魂魄歸乎一里。〔説文〕「薨，死人里也」義證引〔古今注〕。〇以蓬一字為一里，乃流俗所作耳。〔漢書・武帝紀〕「十二月，襢高里」補注引沈欽韓。〇〔説文定聲・卷七〕一，叚借為藃，實為縞。〔廣雅・釋草〕「其一，青蓑也」。〇〔同上〕一，叚借為耗，實為消。〔晉語〕「使民一焉忘其安樂」。〇〔同上〕一，叚借為眊。〔莊子・駢拇〕「一目而憂世之患」。〇〔同上〕一，叚借為歊。〔禮記・祭義〕「焄一悽愴」。〇〔同上〕一，叚借為薨。〔古今注〕「李延年分薤露、一里為二曲」。〇〔同上〕一，叚借為郊。〔周禮・載師〕故書「任近一之地」。〇一乃睢之叚字。〔莊子・駢拇〕「一目而憂世之患」平議。〇一讀為槀。〔韓子・十過〕「皆以荻一楛楚牆之」集解引顧廣圻。〇一，當讀為藃。〔廣雅・釋草〕「其一，青蓑也」疏證。

濤　一，波一。〔廣韻・豪部〕〇海潮曰一。〔慧琳音義・卷五一〕引〔文字典説〕。又〔卷六八〕引〔文字典説〕。〇一古當音稠。〔説文〕「淖，水朝宗于海也」段注。〇一即淖之異體。〔同上〕

皋　澤曲曰一。〔詩・鶴鳴〕「鶴鳴于九一」集疏引魯説。〇水旁地為一，即水邊淤地。〔同上〕後箋。〇一為曲局之局，又為界局之局。〔廣雅・釋言〕「一，局也」疏證。〇一，澤也。〔説文〕「鶴，鳴九一，聲聞于天」繫傳。〇一有緩義。〔釋詁〕「一，病也」郝疏。〇一猶高也。〔荀子・大略〕「一如也」集解引郝懿行。〇一，鳴也。〔廣雅・釋詁二〕「獋，鳴也」疏證。〇一，又引申為凡進之偁。〔説文〕「一，气一白之進也」段注。〇一猶皡也。〔同上〕繫傳。〇禮祝曰一。〔説文定聲・卷六〕〇一，囊也。〔太素・十五絡脈〕「一腫卒疝」楊注。〇一狼，亦作郭狼，亦作一琅。〔漢書・地理志〕「一狼」補注。〇一一為頑傲之義。〔詩・召旻〕「一一訿訿」後箋。〇一陶，複姓也。〔説文〕「李，果也」繫傳。〇一、告通。〔釋訓〕「一一，刺素食也」郝疏。〇或叚一為櫜。〔説文〕「一，气一白之進也」段注。〇〔説文定聲・卷六〕一，叚借為彪，或曰借為櫜。〔左傳莊公一〇年〕「蒙一比而先犯之」。〇〔同上〕一，叚借為高。〔禮記・明堂位〕「天子一門」。〇一，或叚為高。〔説文〕「一，气一白之進也」段注。〇〔説文定聲・卷六〕一，叚借為咎。〔左傳哀公二一年〕「魯人之一」。〇〔同上〕一，叚借為号。〔禮記・禮運〕「告曰，一某復」。〇〔同上〕一，叚借為號。〔周禮・樂師〕「詔來鼓一舞」。〇一者，浩之叚音也。〔釋訓〕「一一，刺素食也」郝疏。〇一、臭義相近，音同。〔説文〕「臭，大白也」段注。〇古告、一、嗥、號四字音義皆同。〔説文〕「一，周禮曰詔來鼓一舞」段注。〇一同皋。〔廣韻・豪部〕〇一，俗字作皋。〔説文定聲・卷六〕〇一與高同。〔詩・召閔〕「一一訿訿」後箋。〇〔説文定聲・卷七〕一者，櫜字。〔釋名・釋親屬〕「高，一也」。〔「高」下〕〇一，古澤字。〔詩・鶴鳴〕後箋引惠棟。〇一字或作睾。〔説文定聲・卷六〕〇俗書一字作睾。〔國策〕「睾子」雜志。〇一當為睪，睪即澤。〔説文〕「翰，天雞赤羽也」義證。〇〔説文定聲・卷六〕一字誤作睪。〔素問・繆刺論〕注「睪，陰丸也」。〇一，魯作浩。〔詩・召旻〕「一一訿訿」集疏。〇一，韓作高。〔詩・緜〕「一門有伉」集疏。〇一鼬，〔公羊〕作浩油。〔左傳定公四年經〕「盟于一鼬」洪詁。〇一，局也。〔廣韻・豪部〕〇一，澤也。〔左傳襄公一七年〕「澤門之晳」洪詁引服虔。又〔廣韻・豪部〕。〇一陶，〔家語〕引作咎繇。〔左傳昭公一四年〕「一陶之刑也」洪詁。〇一繇，〔漢書〕作咎繇。〔左傳文公五年〕「一陶」洪詁。〇一，澤中水溢出所為坎。〔詩・鶴鳴〕「鶴鳴于九一」朱傳。〇一，九折澤也。一云澤中水溢出所為坎。〔離騷〕「步余馬於蘭一兮」補注。〇一，高也。〔廣韻・豪部〕〇一與高音義正同。〔詩・緜〕「一門有伉」通釋。〇一，當讀為謞，相欺也。〔詩・召旻〕「一一訿訿」通釋。〇一一，頑慢之意。〔詩・召旻〕朱傳。〇以虎皮連合縫之，故謂之一比。〔義府・卷上〕「一比」。〇〔説文定聲・卷六〕一牢，猶牢籠也。〔荀子・王霸〕「一牢天下而制之」。〔「牢」下〕又〔通雅・卷五〕。〇一為澤之假借。〔詩・鶴鳴〕「鶴鳴于九一」通釋。〇一字或作睪。〔國策・齊策三〕「及之睪黍梁父之陰」補正。〇〔通雅・卷五〕一牢，或作儚侔。〔馬融傳〕「一牢陵山」。〇一陶，舜臣，古作咎繇。〔廣韻・豪部〕

號　一，呼。〔詩・賓之初筵〕「載一載呶」朱傳。〇一，大呼也。〔大戴・保傅〕「一呼歌謠聲音不中律」王詁。又〔廣韻・豪部〕。又〔楚辭・天問〕「進一呼又莫吾聞」補注。〇一，鳴也。〔大戴・四代〕「於時鷄三一」王詁。〇一，大哭也，痛聲也。〔慧琳音義・卷一三〕引〔考聲〕。〇一，哭也。〔廣韻·豪部〕○丨，長言之也。〔詩·正月〕「維丨斯言」朱傳。○丨是復之聲，皋、丨字同，為魂復魄也。〔漢書·劉向傳〕「而丨曰」補注引沈欽韓。○〔釋詞·卷四〕丨，何也。〔荀子·哀公〕「君丨然也」。○黃帝之琴名丨鍾。〔楚辭·愍命〕「破伯牙之丨鍾兮」補注引〔軒轅本紀〕。○齊桓公有鳴琴曰丨鍾。（同上）補注引傅玄〔琴賦〕。○名與丨散文則通。〔詩·正月〕「維丨斯言」通釋。○丨通作諕，又通作嘑。〔釋言〕「丨，諕也」郝疏。○〔說文定聲·卷七〕丨，叚借為号。〔漢書·劉向傳〕「丨曰」。○（同上）丨，以歊為之。〔莊子·則陽〕「猶有嗃也」。○（同上）丨，叚借為胡，實發聲之詞，胡、丨一聲之轉。〔荀子·哀公〕「君丨然也」。○丨或作獋，音義同。〔說文〕「獋，譚長說嘷從犬」義證引〔急就篇〕顏注。

**陶** 丨，定丨也。〔韓子·有度〕「攻盡丨魏之地也」集解引舊注。○丨，丨甄。〔廣韻·豪部〕○〔說文定聲·卷六〕丨，匋義之引申。〔方言一〕「丨，養也」。○今呼丨為土墼。〔說文〕「復，地室也」義證引戴震。○丨，謂以瓦為尊敦之屬。〔禮記·郊特牲〕「器用丨匏」集解。○丨，為甑者。〔孟子·滕文公上〕「不為厲丨冶」朱注。○丨，作瓦器也。〔說文〕「匋，瓦器也也」義證引〔玉篇〕。○丨，瓦窯也。〔慧琳音義·卷一一〕引〔集訓〕。○丨即窯也。〔廣雅·釋宮〕「匋，窯也」疏證。○丨，瓦竈也。〔慧琳音義·卷一三〕引〔考聲〕。○丨，窯竈也。〔詩·緜〕「丨復丨穴」朱傳。○丨，變也。〔詩·菀柳〕「上帝甚丨」集疏引韓說。○丨，變也，變亦化也。〔廣雅·釋詁三〕「匋，匕也」疏證。○丨者，閉穴以熄火，氣鬱於內，則不復然。〔義府·卷上〕○丨，暢也。〔詩·鼓鍾〕「憂心且丨」集疏引韓說。○丨，除也。〔詩·蟋蟀〕「日月其丨」集疏引韓說。○吾鄉謂長曰丨。〔字詁〕○丨，喜也，正也，化也。〔廣韻·豪部〕○丨讀為謟。〔荀子·榮辱〕「丨誕突盜」集解引王念孫。○丨古讀如謠，謠者，毀也。（同上）集解引郝懿行。○〔說文定聲·卷六〕鬱丨，猶方言之鬱悠思也。〔禮記·檀弓〕注「鬱丨也」。○鬱丨，可訓喜，可訓思，亦可訓憂。〔說文定聲·卷六〕○丨丨，和樂之貌。〔詩·君子陽陽〕「君子丨丨」朱傳。○丨丨，猶暢樂意也。〔詩·清人〕「駟介丨丨」集疏。○丨丨，樂而自適之貌。〔詩·清人〕朱傳。○魯浮作丨，丨丨，當訓盛長貌。〔詩·江漢〕「江漢丨丨」集疏引陳喬樅。○丨丨，長養之氣盛也。〔屈賦·懷沙〕「丨丨孟夏兮」戴注。○丨丨，思之結於中也。〔禮記·祭義〕「丨丨遂遂」集解。○匋、丨、匕、化並通。〔廣雅·釋詁三〕「匋，匕也」疏證。○丨當作匋，書多通用。〔說文〕「虛，古丨器也」段注。○〔說文定聲·卷六〕丨，叚借為匋。〔禮記·郊特牲〕「器用丨匏」。○（同上）丨，叚借為窯。〔詩·緜〕「丨復丨穴」。○經之丨即窯，字之叚借也。〔說文〕「窯，燒瓦窯竈也」段注。○〔說文定聲·卷六〕丨，叚借為嗂，謂借為悠為傜亦可。其實皆單辭形況字。〔禮記·檀弓〕「人喜則斯丨」。○丨，即騊之假借。〔詩·清人〕「駟介丨丨」陳疏。○丨與傜、嗂聲俱相近。〔詩·君子陽陽〕「君子丨丨」陳疏。○丨丨即傜傜之假借也。〔說文〕「傜，喜也」段注。○丨讀為謟。〔荀子〕「丨誕」雜志。○丨亦與滔同。〔廣雅·釋訓〕「淘淘，流也」疏證。○丨丨與蹈蹈同。（同上）「蹈蹈，行也」疏證。

○皋丨，〔家語〕引作咎繇。〔左傳昭公一四年〕「皋丨之刑也」洪詁。○丨唐乃陰康之誤。〔呂覽·古樂〕「昔丨唐氏之始」校正。

**螯** 丨，蟹屬。〔廣韻·豪部〕又〔說文〕「蠏，有二敖八足」段注。

**翱** 丨，丨翔。〔廣韻·豪部〕○丨翔，猶彷徉也。〔詩·清人〕「河上乎丨翔」陳疏。○丨翔，猶逍遙也。〔詩·羔裘〕「羔裘丨翔」朱傳。○丨翔，浮游也。〔廣雅·釋訓〕○丨遊，往來迅疾貌。〔楚辭·雲中君〕「聊丨遊兮周章」補注引五臣。○丨翔，遊戲之貌。〔詩·清人〕「河上乎丨翔」朱傳。○丨翔、遊敖皆一聲之轉也。〔廣雅·釋訓〕「丨翔，浮游也」疏證。

**鼇** 丨，海中大鼈。〔楚辭·天問〕「丨戴山抃」補注。又〔集韻·豪部〕。○丨即巨龜。〔楚辭·天問〕「丨戴山抃」補注引〔玄中記〕。○龜之大者曰丨。〔說文〕「龜，舊也」段注。○驁、獒、丨，義並同也。〔廣雅·釋詁一〕「驁，大也」疏證。○丨，字亦作鰲。〔說文定聲·卷七〕

**敖** 丨，游也。〔詩·鹿鳴〕「嘉賓式燕以敖」朱傳。又〔廣韻·豪部〕。○丨，出游也。〔國策·韓策三〕「中國白頭游丨之士」鮑注。又〔說文〕「蠏，有二丨八足」段注。○丨者，放也。〔說文〕「贅，以質錢也」繫傳。○出放為丨也。〔說文〕「丨，游也」繫傳。○丨，容不肅也。〔禮記·投壺〕「毋丨」集解。○丨，謂之笑之大放也。〔詩·終風〕「謔浪笑丨」集疏。○丨，服本作放，云淫放也。〔左傳襄公三〇年〕「大夫丨」洪詁。○丨有樂意，丨遊同義也。〔詩·鹿鳴〕「嘉賓式燕以丨」通釋。○丨，調弄也。〔史記·高祖功臣侯者年表〕「為連丨典客」志疑。○丨猶翱翔。〔說文〕「丨，游也」繫傳。○丨音遨，謂伺遨翔之物。〔莊子·逍遙遊〕「卑身而伏，以候丨者」集釋引司馬。○丨，倨也。〔楚辭·抽思〕「丨朕辭而不聽」補注。○矜己淩物謂之丨。〔禮記·曲禮〕「丨不可長」集解。○丨，蓋贅之假借，頭高為此字本義，引申為頭長、長。〔詩·碩人〕「碩人丨丨」後箋。○丨丨，長貌。〔詩·碩人〕朱傳。○丨即嶅。〔說文〕「嶅，山多小石也」句讀。○魯有具、嶅二山。丨蓋即嶅字，以多小石得名。（同上）段注。○〔說文定聲·卷七〕丨，在今河南開封府滎澤縣。〔左傳宣公一二年〕「晉師在丨鄗之閒」。○丨，舞位也。〔詩·君子陽陽〕「右招我由丨」朱傳。○丨、聱、警、獒、驁，並與顤同義。〔廣雅·釋詁四〕「顤，高也」疏證。○丨、聱、謷音義同。〔釋訓〕「丨丨，傲也」邵正義。○丨、聱、謷、嚻古俱通用。（同上）郝疏。○丨、熬古字通。〔國策·魏策二〕「乃煎熬燔炙」補正。○丨與奡通。〔左傳襄公四年〕「生澆及豷」疏證引惠棟。又（同上）洪詁。○驁與丨通。〔廣雅·釋言〕「丨，妄也」疏證。○丨、傲通。〔詩·桑扈〕「彼交匪丨」朱傳。○〔說文定聲·卷六〕丨，叚借為傲。〔釋言〕「丨，傲也」。○古多假丨為傲。〔說文〕「傲，倨人」段注。○古多借丨為傲。〔說文〕「丨，游也」句讀。○經傳多假丨為倨傲字。〔說文〕「丨，游也」段注。○丨，傲字假音。〔墨子·兼愛中〕「貴必丨賤」閒詁引畢沅。○丨者，傲之叚音也。〔釋詁〕「丨，戲謔也」郝疏。○丨音傲。〔詩·終風〕「謔浪笑丨」朱傳。○丨，叚借為謷。〔說文定聲·卷

七〕○|,叚借為獒。〔同上〕○|,叚借為嚣。〔同上〕○|,叚借為嫯。〔同上〕○|,叚借發聲之詞。〔同上〕○|,當讀同游|之|。〔詩・終風〕「謔浪笑|」通釋。○|讀如遨遊之遨。〔漢書・天文志〕「箕為|客」補注引〔經星補攷〕。○|音翱。〔詩・柏舟〕「以|以遊」朱傳。又〔詩・鹿鳴〕「嘉賓式燕以|」朱傳。○|當讀為驁。〔詩・君子陽陽〕「右招我由|」平議。○|、澆音相近。〔左傳襄公四年〕「生澆及豷」疏證引惠棟。○|與傲同。〔楚辭・抽思〕「|朕辭而不聽」補注。○|,亦作傲。〔廣雅・釋言〕「|,妄也」疏證。○〔釋文〕|本一作傲。〔左傳襄公三〇年〕「大夫|」洪詁。○|者,與警同。〔釋訓〕「||,傲也」郝疏。○|,或作遨。〔集韻・豪部〕○|,俗字作遨。〔說文定聲・卷七〕○|,〔後漢書〕始有遨字。〔說文〕「|,游也」句讀。○|,俗作螯,作聱。〔說文〕「蟹,有二|八足」段注。○|,魯作驁。〔詩・絲衣〕「不吳不|」集疏。○〔史〕|作驁。〔漢書・郊祀志〕「不吳不|」補注引朱一新。○〔爾雅〕引|作淫。〔管子・四稱〕「|其婦女」義證引孫星衍。○今〔左傳〕|作澆,〔論語〕及〔夰部〕作奡。〔說文〕「豷,春秋傳曰生|及豷」段注。

遨　|同敖。〔廣韻・豪部〕

曹　|,判事以言也。〔說文定聲・卷六〕○|,輩也。〔國策・卷中〕「王賁韓他之|」札記引吳氏正。又〔通鑑・秦紀三〕「乃率其|耦」音注。又〔廣韻・豪部〕。○|之引伸為輩也。〔說文〕「|,獄兩|也」段注。○|猶類也。〔同上〕○|,群也。〔廣韻・豪部〕又〔說文定聲・卷六〕。○|之引伸為羣也。〔說文〕「|,獄兩|也」段注。○|,|局也。〔廣韻・豪部〕○之|,往掾史治事之所也。〔漢書・爰盎傳〕「之|與長史掾議之」補注。○〔說文定聲・卷六〕|國姬姓,文王子叔振鐸之後,武王封之陶邱,今山東|州府定陶縣,宋滅之,其裔以國為氏。〔左傳桓公五年〕「淳于公如|」。○〔同上〕|,叚借為漕。〔左傳閔公二年〕「立戴公以廬于|」。○|蓋槽之假借。〔說文〕「槽,嘼之食器」段注。○漕作|,古文省。〔左傳閔公二年〕「立戴公以廬于|」洪詁。○|,〔詩〕作漕,即漕虛戴公。〔漢書・地理志〕「而更封衛於河南|」補注引陳奐。○|乃遭之省。〔史記・殷本紀〕「子|圉立」志疑。

𣍘　|,言詞理獄也。〔說文〕「|,獄之兩曹也」繫傳。○|,古文曹。〔廣韻・豪部〕。

鼗　|,小鼓。〔論語・微子〕「播|武入於漢」朱注。○|,小鼓著柄者。〔廣韻・豪部〕○以桴擊之曰鼓,以手搖之曰|。〔說文〕「鼓,郭也」義證引〔通典〕〔世本〕。○|如鼓而小,持其柄搖之,旁耳還自擊。〔釋樂〕「大|謂之麻」郑注。○|,大者謂之麻,小者謂之料。〔廣韻・豪部〕○|、鞀、鞉同。〔同上〕○|、鞉、鞀、磬,並字異而義同。〔廣雅・釋樂〕「鞀鼓,鼓名」疏證。



鞀　|,小鼓也。〔說文定聲・卷七〕○|,鼓有柄也。〔說文〕「|,遼也」繫傳。○|,貫把鼓也,搖而鳴之。〔同上〕義證引〔急就篇〕顏注。○〔說文定聲・卷七〕|,叚借為韶。〔周禮・大司樂〕「大咸大磬」。○|,〔周禮〕以為韶字。〔說文〕「|,|遼也」段注。○|同鼗。〔廣韻・豪部〕○|與鼗同。〔廣雅・釋樂〕「|鼓,鼓名」疏證。○|,或作鞉。〔集韻・豪部〕

鞉　以手搖之曰|。〔說文〕「鞀,遼也」義證引〔宋書・樂志〕。○|,如鼓而小,有柄,兩耳,持其柄搖之,則旁耳還自擊。〔詩・有瞽〕「|磬柷圉」朱傳。○官本注|作鼗。〔漢書・禮樂志〕「或適諸侯,或入河海」補注。○|同鼗。〔廣韻・豪部〕

遭　|,|逢。〔廣韻・豪部〕○|,值也。〔說文〕「|,遇也」繫傳。○|,俗云週|是也。〔說文〕「|,一曰邐行」段注。○|即後人所云周|也。〔說文定聲・卷六〕○兩|猶言兩𣍘。〔說文〕「𣍘,獄之兩𣍘也」義證引錢大昕。○|猶帀也,若物帀相值也。〔說文〕「|,遇也」繫傳。○|、造古字通。〔漢書・翟方進傳〕「予未|其明悊能道民於安」補注引錢大昭。

餻　|,餌也。〔慧琳音義・卷六二〕引〔字統〕。○|,|糜。〔廣韻・豪部〕○〔說文定聲・卷七〕|,字亦作糕。〔方言一三〕「餌謂之|」。○|,或作糕。〔集韻・豪部〕

糕　|,狀如凝膏也。〔本草・卷二五〕○|與餻同。〔方言一三〕「餌謂之餻」箋疏。

篙　|,謂刺船竹也。〔慧琳音義・卷六五〕○|,進船竿。〔廣韻・豪部〕○〔說文定聲・卷七〕|,字亦作槁。〔方言九〕「所以刺船謂之槁」。

槁　|,本作篙。〔方言九〕「所以刺船謂之|」疏證。○|、篙、槁、交、棹並字異義同。〔同上〕箋疏。○|或省作篙。〔集韻・豪部〕

羔　|,羊子。〔廣韻・豪部〕○|,羊子也。〔大戴・夏小正〕「初俊|」王詁。○小曰|,大曰羊。〔詩・羔羊〕「|羊之皮」朱傳。○今東齊遼東人通呼熊虎之子為|,|即狗之轉。〔釋獸〕「其子狗」郝疏。○皋、|古字通。〔左傳哀公一五年〕「子|將出」洪詁。○|、皋古通用。〔史記・仲尼弟子列傳〕「高柴字子|」志疑。○〔說文定聲・卷七〕|以皋為之。〔禮記・檀弓〕「季子皋葬其妻」。○〔同上〕|,恙之譌字。〔易・說卦〕虞本「兑為|」。○|當為恙,字之誤也。〔周易・說卦傳〕「兑為羊」。羊、虞作羔」述聞。○|者,養之誤也。〔說文〕「|,羊子也」段注引臧鏞堂。

高　|,尊也。〔禮記・月令〕「以大牢祠於|禖」集解。○|者,尊崇之稱。〔釋親〕「|祖王父」郝疏。○|,猶極也。〔漢書・尹翁歸傳〕「|至於死」補注引周壽昌。○|,上也,崇也,敬也。〔廣韻・豪部〕○|謂罪名之上者,猶言上刑矣。〔同上〕補注引顧炎武。○|,大也。〔太素・調陰陽〕「|骨乃壞」楊注。○|,大也,遠也。〔大戴・虞戴德〕「|舉安取」王詁。○|,貴重也。〔國策・秦策二〕「張子必|子」鮑注。○|,陵也。〔大

戴・文王官人」「｜人以氣」王詁。○慢前為貢，心舉為｜。〔慧琳音義・卷二五〕引〔玉篇〕。○｜，即枯槁之槁。〔楚辭・九辯〕「寧窮處而守｜」補注。○｜，皋也。〔文選・魏都賦〕「古公草創而｜門有閌」集釋引〔釋名〕。○｜，近危。〔大戴・曾子本孝〕「孝子不登｜」王詁。○｜與倉舍同意。〔說文定聲・卷七〕○｜下猶屈申也。〔左傳宣公一五年〕「諺曰，｜下在心」疏證引〔御覽〕。又〔同上〕洪詁引失名。○｜平曰太原。〔說文〕「邍，｜平之野，人所登」義證引〔春秋說題辭〕。○｜長與戴義近。〔釋訓〕「嶭嶭，戴也」郝疏。○｜衍，猶｜平，亦猶墳衍。〔漢書・揚雄傳〕「陵｜衍之嵱嵷兮」補注。○所謂｜陵，進退不請也。〔漢書・地理志〕「｜陵」補注。○｜組，今之揣索也。〔通雅・卷三五〕○｜后，謂成湯也。〔書・盤庚〕「｜后丕乃崇降罪疾」孫疏。○｜祖，謂文王。〔書・顧命〕「無壞我｜祖寡命」孫疏。○｜祖者，臣下總謚號之稱。〔史記・太史公自序傳〕「作｜祖本紀第八」志疑。○｜陽乃一代通稱。〔史記・楚世家〕「｜陽生稱」志疑。○｜陽，鄉聚名。〔漢書・梁孝王傳〕「西至｜陽」補注引齊召南。○｜陽乃圉縣之鄉名。〔史記・酈生陸賈列傳〕「酈生食其者，陳留｜陽人也」志疑。○｜武蓋初賜名號侯。〔史記・高祖本紀〕「｜武侯鰓」志疑。○｜里山亦曰嵩里山。〔漢書・武帝紀〕「十二月，襢｜里」補注引沈欽韓。○｜湖侯，陳夫乞也。〔漢書・高惠高后文功臣表〕「功比｜湖侯」補注引錢大昭。○｜、皋通。〔史記・仲尼弟子列傳〕「｜柴字子羔」志疑引補注。○〔說文定聲・卷七〕｜，叚借為膏。〔素問・通評虛實論〕「肥貴人則｜粱之疾也」。○〔同上〕｜，叚借為郊。〔禮記・月令〕「｜禖」。○｜者，郊之借字。〔禮記・月令〕「以大牢祠于｜禖」述聞。○〔說文定聲・卷七〕｜，叚借為蒿。〔廣雅・釋詁一〕「｜，養也」。○｜與郭，聲之轉也。〔墨子・所染〕「晉文染於舅犯、｜偃」閒詁引梁玉繩。○｜，亦可讀如郭。〔墨子・所染〕平議。○｜讀為咎。〔晏子春秋・外篇〕「訾猶倮而｜橛者」平議。○皋、｜聲義並同。〔文選・魏都賦〕「古公草創而｜門有閌」集釋。○｜當作亭。〔漢書・地理志〕「中部都尉治原｜」補注。

嘈｜，喧｜。〔廣韻・豪部〕○｜囋，聲諠多皃也。〔慧琳音義・卷八七〕引〔考聲〕。○｜、⿰口卉，合言之則曰｜⿰口卉。〔廣雅・釋詁四〕「⿰口卉，聲也」疏證。○｜⿰口卉、｜哰、｜囐、｜囋，並字異而義同。〔同上〕○｜襍，一作｜啐。〔通雅・卷六〕

搔｜，刮也。〔說文〕「蛘，騷蛘也」段注。○｜，爬刮。〔廣韻・豪部〕○｜，摩也。〔慧琳音義・卷七六〕引〔考聲〕。○人曰｜，馬曰騷，其意一也。〔說文〕「騷，摩馬也」段注。○｜首，括髮。〔詩・靜女〕「｜首踟蹰」集疏。○｜頭，一名擿頭。〔通雅・卷三六〕○｜勞，簍籮也。〔通雅・音義襍論〕○｜，通作騷。〔說文〕「｜，搯也」義證。○〔說文定聲・卷六〕｜，叚借為慅。〔淮南・氾論〕「厭文｜法」。○｜，俗作瘙，或作⿸疒喿，穌到切，今四川人語如此。〔說文〕「疥，｜也」段注。○｜瘍，俗作瘙瘍。〔說文〕「｜，刮也」段注。○｜或為蚤。〔說文〕「叉，手足甲也」段注。

毛｜，即鬚髮及身毛也。〔太素・任脈〕「生豪｜」楊注。○｜，膚體之餘氣末屬也。〔詩・小弁〕「不屬于｜」朱傳。○凡地所生者皆曰｜。〔公羊傳宣公一二年〕注「境埆不生五穀曰不｜」陳疏。○｜之名可因草而通之於木。〔廣雅・釋草〕「｜，草也」疏證。○河朔謂無曰｜。〔說文〕「𣞤，亡也」義證引〔佩觽〕。○｜氂，猶後世言毫釐，時俗轉寫異字耳。〔漢書・梁懷王傳〕「｜氂過失」補注。○｜犀即氂牛。〔通雅・卷四六〕○｜犀，即豕也，古人謂之貓豬，交廣謂之豬神。〔同上〕引升菴。○｜、苗古同音，苗亦曰｜。〔說文〕「虦，虎竊｜謂之虦苗」段注。○借｜為髦。〔說文〕「髦，髮中毫者也」句讀。○今文〔禮〕叚｜為髦也。〔說文〕「髦，髦髮也」段注。○〔說文定聲・卷七〕｜，叚借為無。〔水經・濛水〕注「燕語呼｜為無」。○〔同上〕｜，叚借為氂。〔書・禹貢〕「齒革羽｜」。○｜與毫同。〔漢書・鄒陽傳〕「茅焦亦廑脫死如｜氂耳」補注。○金陵本｜作旄。〔史記・夏本紀〕「齒革羽｜」志疑。○｜當為髦。〔說文〕「騮，赤馬黑｜尾也」義證。又〔說文〕「巤，｜巤也」義證。○｜當作屯。〔漢書・杜周傳〕「遣使者｜莫如先考驗」補注引錢大昭。又〔李尋傳〕「光祿勳平當、光祿大夫｜莫如」補注。

艘｜，海大船也。〔說文〕「⿰木叟，船總名」義證引〔韻集〕。○｜，亦船槽也。〔慧琳音義・卷九〇〕引〔考聲〕。○艘同⿰木叟，亦作｜。〔廣韻・豪部〕

滔｜，漫也，又水流皃。〔廣韻・豪部〕○｜｜，水流貌。〔楚辭・河伯〕「波｜｜兮來迎」補注。○｜｜，流而不反之意。〔論語・微子〕「｜｜者天下皆是也」朱注。○｜｜，水漫也。〔說文〕「｜，水漫漫大皃」義證引〔韻譜〕。○｜｜，大水皃。〔詩・四月〕「｜｜江漢」朱傳。○｜｜者，亂貌也。〔論語・微子〕劉正義。○｜與蹈通。〔管子・君臣〕「心道進退，而形道｜赶」義證。○陶與｜古字通。〔詩・江漢〕「武夫｜｜」述聞。○｜｜，順流貌。〔同上〕朱傳。○｜｜，流貌。〔詩・載驅〕「汶水｜｜」朱傳。○韜、縚、｜，並通。〔廣雅・釋詁三〕「韜，寬也」疏證。○〔說文定聲・卷六〕｜，叚借為本。〔管子・君臣下〕「心道進退而刑道｜赶」。○〔同上〕｜，叚借為慆，實為忒。〔西京賦〕「天命不｜」。○｜｜與蹈蹈聲義亦相近。〔廣雅・釋訓〕「蹈蹈，行也」疏證。○陶亦與｜同。〔廣雅・釋訓〕「淘淘，流也」疏證。○淘淘與｜｜同。〔同上〕○｜風，〔淮南〕作條風。〔呂覽・有始〕「東方曰｜風」校正。○〔楚辭・九章〕「｜｜孟夏兮」，〔史記・屈原傳〕作「陶陶」述聞。○〔詩・江漢〕「江漢｜｜」，〔風俗通義・山澤〕引作「江漢陶陶」述聞。

騷｜，擾也。〔說文〕「蛘，｜蛘也」段注。○｜，擾也。〔通鑑・晉紀二七〕「人情｜動」音注。○｜，俗謂搔馬。〔說文〕「｜，一曰摩馬」義證。○｜，愁也。〔廣韻・豪部〕又〔通鑑・晉紀二七〕「人情｜動」音注。○｜與慅亦同義。〔廣雅・釋詁四〕「慅，愁也」疏證。○｜，動也。〔說文〕「蛘，｜蛘也」段注。○｜，引伸之義為｜動。〔說文〕「｜，摩馬也」段注。○｜，擾動也。〔詩・常武〕「徐方繹｜」朱傳。○｜，動搖之皃也。〔慧琳音義・卷七七〕引顧野王。○｜，謂馬擾動也。〔說文定聲・卷六〕○｜之言蕭也。〔廣雅・釋詁三〕「｜，蹇也」疏證。○｜之言蕭也，蕭衰也。〔方言六〕「｜，蹇也」箋疏。○丨痒者，擾動於肌膚間也。〔說文〕「蛘，丨蛘也」段注。○丨與慅亦聲近義同。〔廣雅・釋訓〕「慅慅，憂也」疏證。○〔說文定聲・卷六〕丨，叚借為搔。〔說文〕「丨，一曰摩馬也」。○借丨為搔。〔說文〕「疥，搔瘍也」句讀。○〔說文定聲・卷六〕丨，叚借為躁。〔北山經〕「食之不丨」。○丨，躁字叚音。〔墨子・經說上〕「丨之利害」閒詁引畢沅。○〔說文定聲・卷六〕丨，叚借為愁。〔晉語〕「邇者丨離」。○丨者，慅之叚音也。〔釋詁〕「丨，動也」郝疏。○丨即慅之叚借字也。〔說文〕「慅，動也」段注。○丨與埽同。〔史記〕「竈上丨除」雜志。○丨，各本作搔。〔說文〕「蛘，丨蛘也」段注。○丨，當作慅。〔釋詁〕「丨，動也」邵正義。

**韜**　丨，劍衣也。〔說文〕「紛，馬尾丨也」段注。○丨，引申為凡衣之偁。〔同上〕○丨，藏也。〔廣韻・豪部〕又〔廣雅・釋詁四〕「葬，藏也」疏證。又〔慧琳音義・卷六四〕引〔考聲〕。又〔卷八七〕引〔考聲〕。○丨，寬也。〔廣韻・豪部〕又〔續音義・卷一〇〕引〔切韻〕。○綢、縚、丨，字異而義同。〔廣雅・釋言〕「綢，縚也」疏證。○丨、縚、滔並通。〔廣雅・釋詁三〕「丨，寬也」疏證。○丨通作匋。〔管子〕「解匋」雜志引王引之。○〔說文定聲・卷六〕丨，叚借為滔。〔廣雅・釋詁二〕「丨，緩也」。○〔同上〕丨，叚借為綯。〔小爾雅・廣器〕「縚，索也」。○〔同上〕丨，叚借為弢。〔廣雅・釋器〕「丨，弓藏也」。○〔同上〕丨，本亦以叏為之。〔儀禮・士昏禮〕「纚縚髮」。○丨，本又作弢。〔管子〕「解匋」雜志。

**縚**　丨同韜。〔廣韻・豪部〕○丨與韜，字之通也。〔史記・仲尼弟子列傳〕「南宮括，字子容」志疑。

**繅**　丨，繹繭為絲。〔廣韻・豪部〕○丨旒紞紘緌延，皆委也。〔通雅・卷三六〕○丨，經傳或以繰為之，或用縿者，又繰之形譌。〔說文定聲・卷七〕○丨，俗作繰。〔說文〕「丨，繹繭為絲也」段注。○丨，字或作繰。〔同上〕義證。又〔同上〕句讀。○丨，字或作縿。〔同上〕句讀。○繰同丨。〔廣韻・豪部〕

**膏**　丨，肥肉。〔孟子・告子上〕「所以不願人之丨粱之味也」朱注。○丨者，神之液。〔說文〕「丨，肥也」義證引〔春秋元命苞〕。○丨，肥也，脂也。〔廣韻・豪部〕○丨者，脂也。〔說文定聲・卷七〕○脂丨散文則通，對文則別。〔釋器〕「冰，脂也」郝疏。○丨，脂所漬也。〔詩・羔裘〕「羔裘如丨」朱傳。○丨，澤也。〔廣韻・豪部〕○澤面曰丨。〔詩・伯兮〕「豈無丨沐」集疏。○丨與潤同義。〔易・屯〕「屯其丨」李疏。○丨，謂潤之也。〔慧琳音義・卷六七〕引顧野王。○丨，所以澤髮者。〔詩・伯兮〕「豈無丨沐」朱傳。○心下丨。〔說文定聲・卷一八〕〔「肓」下〕○瀛洲有玉丨如酒，名曰玉酒。〔文選・南都賦〕「玉丨滵溢」集釋引〔十洲記〕。○玉丨，密山丹水出馬，其中多白玉，是有玉丨。〔同上〕注引〔山海經〕。○如丨，謂其裘色鮮美，故日光照之如脂丨之潤澤。〔詩・羔裘〕「羔裘如丨」後箋。○〔地道記〕石丨山作石高山。〔漢書・地理志〕「石丨山，洋水所出」補注。○〔說文定聲・卷七〕丨，叚借為櫜。〔周禮・大司徒〕注「丨物謂蓮芡之屬」。○丨謂人脂。〔說文〕「丨，肥也」段注。

**牢**　丨，養牛馬圈。〔廣韻・豪部〕○丨，閑養之圈。〔國策・楚策四〕「亡羊而補丨」鮑注。○丨與圈得通偁也。〔說文〕「圈，養畜之閑也」段注。○丨乃豢畜之室，牛丨大，羊丨小，故皆得丨名。〔本草・卷五〇〕○牛羊豕之閑曰丨，養牲所曰丨，故牲即曰丨。〔說文定聲・卷六〕○丨，牲備也。〔說文〕「丨，閑，養牛馬圈也」義證引〔玉篇〕。○牛一羊一豕一為一丨也。〔左傳僖公一五年〕「饋七丨焉」洪詁引賈逵。○丨，謂主國所致饔餼之丨數也。〔禮記・禮運〕「七介七丨」集解。○丨謂縷之密者耳。〔左傳閔公二年〕「歸夫人魚軒重錦三十兩」疏證。○丨，堅也，固也。〔廣韻・豪部〕○丨，價值也。〔通鑑・漢紀五〇〕「烏桓以丨稟逋縣」音注。○〔通雅・卷七〕丨落者，寥落也。〔上林賦〕「丨落陸離」。○丨落即無偶之意。〔漢書・霍去病傳〕「諸宿將常留落不耦」雜志。○今王府勛戚，稱手下曰丨子，大內門軍亦曰丨子。〔通雅・卷一九〕○今俗語以丨挍為聚也。〔釋詁〕「樓，聚也」郝疏。○丨挍猶樓蒐，皆斂聚之意。〔同上〕○〔說文定聲・卷六〕丨，叚借為勞。〔史記・平準書〕「官與丨盆」。○〔同上〕丨，叚借為縷，實為窨。〔儀禮・士喪禮〕「丨中旁寸」。○〔同上〕丨盆借為簝。〔史記・平準書〕「官與丨盆」。○樓丨略俱一聲之轉。〔釋詁〕「樓，聚也」郝疏。○今人呼圈為闌，闌丨雙聲語轉也。〔說文〕「丨，閑」句讀。○丨字古讀若留，故丨落通作留落。〔漢書・霍去病傳〕「諸宿將常留落不耦」雜志。○丨字古讀若劉，故與懰通。〔漢書〕「畔丨愁」雜志。○丨讀為懰。〔同上〕○丨讀為懰，懰為憂也。〔漢書・揚雄傳〕「畔丨愁」補注引王念孫。○丨讀為婁。〔儀禮・士喪禮〕「丨中旁寸」平議。○〔通雅・卷七〕丨落，一作遼落，廖落。〔上林賦〕「丨落陸離」。○丨，或从穴。〔集韻・豪部〕

**窂**　丨，同牢。〔廣韻・豪部〕

**醪**　丨，濁酒。〔廣韻・豪部〕○丨，汁滓酒。〔太素・知古今〕「為五穀湯液及丨醴奈何」楊注。○〔說文定聲・卷六〕丨，今蘇俗所謂白酒。〔三蒼〕「丨，有滓酒也」。○〔同上〕丨，字亦作醙。〔儀禮・聘禮〕「醙黍清皆兩壺」。

**逃**　丨，亡也。〔廣韻・豪部〕又〔大戴・武王踐阼〕「憍則丨」王詁。○丨，去也。〔廣韻・豪部〕○凡言丨者皆謂義當留而竊去者也。〔說文〕「丨，亡也」義證引〔春秋通例〕。○丨，避也。〔廣雅・釋詁三〕又〔廣韻・豪部〕。○丨丨，言驚而獝也。〔通雅・卷一〇〕○丨或借跳字。〔說文〕「丨，亡也」義證。○〔說文定聲・卷七〕丨，以陶為之。〔荀子・榮辱〕「陶誕突盜」。

**槽**　丨，馬丨。〔廣韻・豪部〕又〔說文〕「丨，畜獸之食器」義證引〔玉篇〕。○丨，馬櫪也。〔慧琳音義・卷八一〕引〔考聲〕。○丨，今專為馬櫪之名。〔說文定聲・卷六〕○丨，果華實相半也。〔廣韻・豪部〕○丨與皁聲義並同。〔方言五〕「櫪或謂之皁」箋疏。○〔說文定聲・卷六〕丨，叚借為酋，實為遒。〔淮南・氾論〕「丨矛無擊」。

**濠** 丨，城丨。〔廣韻・豪部〕〇丨，梁也。〔慧琳音義・卷八八〕引〔韻略〕。〇丨城即肴成之音轉字變。〔漢書・地理志〕「莽曰有成」補注。

**壕** 丨，同濠。〔廣韻・豪部〕〇丨，城池下也。〔慧琳音義・卷一五〕引〔考聲〕。〇丨，城下池，通作濠。〔集韻・豪部〕

**綯** 丨是繩。〔孟子・滕文公上〕「宵爾索丨」焦正義。〇丨，即繩也。〔詩・七月〕「宵爾索丨」述聞。又〔同上〕後箋引〔經義述聞〕。又〔同上〕集疏引王引之。〇索丨，猶言糾繩。〔詩・七月〕「宵爾索丨」述聞。〇〔爾雅〕訓丨為絞者，絞亦繩也。〔述聞・卷五〕〇丨，繩之絞者為丨。〔詩・七月〕後箋。〇丨，索也。〔詩・七月〕朱傳。〇丨，謂糾絞繩索也。〔廣韻・豪部〕〇丨與紨、緧古聲亦相近。〔廣雅・釋器〕「丨、紨，緧也」疏證。

**勞** 丨苦謂之丨。〔左傳僖公二六年〕「公使展喜犒師」洪詁引服虔。〇丨，勤苦也。〔詩・碩鼠〕「莫我肯丨」朱傳。〇丨，力極也。〔慧琳音義・卷四六〕引舍人。又〔大戴・主言〕「是故內脩七教而上不丨」王詁。〇丨訓為勤，常語也，又訓為勉。〔通說〕「丨」述聞。〇丨，丨事也。〔論語・公冶長〕「無施丨」朱注。〇丨，猶功也。〔詩・民勞〕「無棄爾丨」朱傳。〇丨，謂有功。〔論語・公冶長〕「無施丨」朱注。〇丨，倦也，勤也，病也。〔廣韻・豪部〕〇用心甚亦曰丨。〔詩・燕燕〕「實丨我心」集疏。〇丨，謂為人任其丨也。〔墨子・魯問〕「有力以丨人」閒詁。〇丨，憂也。〔詩・月出〕「丨心悄兮」通釋。又〔論語・里仁〕「丨而不怨」劉正義。又〔廣雅・釋訓〕「慅慅，憂也」疏證。又〔禮記・坊記〕「丨而不怨」述聞。〇丨，亦憂也。〔詩・甫田〕「丨心忉忉」通釋。又〔羔裘〕「丨心忉忉」陳疏。〇丨人，即憂人也。〔詩・巷伯〕「丨人草草」通釋。又〔巷伯〕「矜此丨人」集疏。〇丨心，即憂心。〔詩・素冠〕「丨心慱慱兮」集疏。〇丨、略一聲之轉，皆謂奪取也。〔廣雅・釋詁一〕「撈，取也」疏證。〇丨、略一聲之轉，皆謂强取也。〔方言二〕「略，求也」箋疏。〇丨而慰之，亦曰丨。〔說文定聲・卷七〕（「稾」下）〇丨者謂叙其勤苦以慰勉之。〔釋詁〕「丨，勤也」郝疏。〇古曰櫌，今曰丨。〔說文〕「案，櫌禾也」段注引賈思勰。〇丨來即丨勑。〔墨子・尚賢下〕「而不相丨來也」閒詁。〇丨來，安集之也。〔說文〕「勑，丨勑也」繫傳。〇丨者，遼之段借也。〔說文〕「遼，遠也」段注。〇丨也之丨讀如丨來之丨。〔儀禮・鄉飲酒禮〕胡正義。〇丨讀為撈。古無撈字，借丨為之。〔管子〕「論比計」雜志。〇丨當讀為僚。〔春秋繁露・官制象天〕「以三分之丨率之」平議。

**簩** 丨，竹名，一枝百葉，有毒。〔廣韻・豪部〕又〔文選・吳都賦〕「篻丨有叢」集釋引〔集韻〕。〇篾丨，竹名，皮利可為刀。〔同上〕集釋。〇簩竹，即丨竹，作簩者形似致誤。〔同上〕集釋。

**艚** 船丨。〔廣韻・豪部〕

**洮** 丨水，出今甘肅丨州衛西南徼外西頃山，至蘭州府入河。〔說文定聲・卷七〕〇丨，在今山東曹州府濮州西南。〔同上〕〇丨是淅米，或當為沐稷，故以丨髮為說也。〔書・顧命上〕注「馬融曰丨，丨髮也」孫疏。〇丨，沐也。〔慧琳音義・卷五八〕〇丨，猶汰也。〔卷四六〕〇丨，清汰。〔廣韻・豪部〕〇〔說文定聲・卷七〕丨，段借為桃，在今山東兖州府泗水縣。〔左傳莊公二七年〕「公會杞伯姬于丨」。〇〔同上〕丨，段借為澆，為浂。〔通俗文〕「淅米謂之丨汰」。〇〔同上〕丨，段借為澡。〔書・顧命〕「王乃丨頮水」。〇丨，有假為濯者。〔說文〕「濯，瀚也」段注。〇丨水當作沘水。〔史記・高祖本紀〕「漢將別擊布軍丨水南北」志疑引〔瞥記〕。

**慅** 丨，恐懼。〔廣韻・豪部〕〇丨，憂也。〔詩・月出〕「勞心丨兮」集疏。〇丨，亦憂也。〔同上〕陳疏。〇丨丨，憂愁不安也。〔通鑑・陳紀八〕「軍中丨丨」音注。〇丨、秋、愁，聲並相近。〔廣雅・釋詁四〕「丨、秋，愁也」疏證。〇丨嬰，〔慎子〕作草纓，草與丨蓋音同假借字。〔荀子・正論〕「丨嬰」集解引郝懿行。〇丨，通作騷。〔釋詁〕「騷，動也」郝疏。〇丨，經典用騷字。〔說文〕「丨，動也」義證。〇〔說文定聲・卷六〕丨，段借為懆。〔詩・月出〕「勞心丨兮」。〇〔同上〕丨，段借為澡。〔荀子・正論〕「丨嬰」。〇〔同上〕丨，段借為早。〔說文〕「丨，一曰起也」。〇丨音草。〔詩・月出〕「勞心丨兮」朱傳。〇丨，字亦作慺。〔說文定聲・卷六〕

**慆** 丨，喜也。〔說文〕「丨，說也」義證引〔玉篇〕。〇丨，悅樂。〔廣韻・豪部〕〇丨，慢。〔詩・蕩〕「天降丨德」朱傳。〇丨，過也。〔詩・蟋蟀〕「日月其丨」朱傳。〇丨丨，久也。〔集韻・豪部〕〇丨丨，言久也。〔詩・東山〕「丨丨不歸」朱傳。〇丨、蹈，古同聲而通用也。〔國策〕「禕布與縣」雜志。〇丨，古與滔互段借。〔說文〕「丨，說也」段注。〇〔說文定聲・卷六〕丨，段借為滔。〔詩・蕩〕「天降丨德」。〇丨與滔聲義皆相近。〔詩・蟋蟀〕「日月其丨」陳疏。〇丨，經典借陶字。〔說文〕「丨，說也」義證。〇〔說文定聲・卷六〕丨，段借為韜。〔左傳昭公三年〕「以樂丨憂」。〇〔同上〕丨，段借為忒，丨忒一聲之轉。〔左傳昭公二七年〕「天命不丨久矣」。〇丨，字亦作謟。〔說文定聲・卷六〕〇丨，韓作陶。〔詩・蟋蟀〕「日月其丨」集疏。〇三家丨作滔，亦作悠。〔詩・東山〕「丨丨不歸」集疏。

**舠** 丨，小船。〔廣韻・豪部〕〇丨，小船也，或从周。〔集韻・豪部〕〇舠、刀並與䑠同，小船也。〔方言九〕「舟，自關而西謂之船」箋疏。〇刀、丨、䑠，並字異而義同。〔廣雅・釋水〕「䑠，舟也」。

**螬** 丨，蠐丨，蟲。〔廣韻・豪部〕〇丨，蠐丨，蟲也。〔孟子・滕文公下〕「丨食實者過半矣」朱注。〇緩呼為蠐丨，急呼則單為丨。〔孟子・滕文公下〕焦正義。

**蠤** 〔說文定聲・卷六〕丨，字亦作螬。〔爾雅〕「蟦蠐丨」。

**叨**　|，忝也。〔慧琳音義·卷二二〕引〔韻圃〕。○|，|濫。〔廣韻·豪部〕

**綢**　|，韜也。〔釋天〕「素錦|杠」鄭注。又〔屈賦·湘君〕「薜荔拍兮蕙|」戴注。○〔說文定聲·卷六〕|，叚借為韜。〔禮記·檀弓〕「|諫設旐」。○|、縚、韜，字異而義同。〔廣雅·釋言〕「|，縚也」疏證。

**氂**　|，|牛尾也。〔廣韻·豪部〕○〔說文定聲·卷七〕前高後下亦|尾之轉注。〔詩·旄邱〕傳「前高後下曰旄邱」。〔「旄」下〕○|，又音毛，字通作旄。〔廣雅·釋器〕「|，毛也」。○|，經傳皆以旄為之。〔說文定聲·卷七〕○犛、庲、|、氂，並同。〔廣雅·釋器〕「|，毛也」疏證。

**芼**　|，菜也。〔廣韻·豪部〕○鈃中菜謂之|。〔說文〕「芐，地黃也」繫傳。○|猶冒也。〔說文〕「|，艸覆蔓」繫傳。

**裯**　|，謂短衣衹|也。〔說文定聲·卷六〕

**忉**　|，憂心皃。〔廣韻·豪部〕○||，憂貌。〔詩·防有鵲巢〕「心焉||」朱傳。○||，憂勞也。〔詩·甫田〕「勞心||」朱傳。○|、怛聲轉義同。〔釋訓〕「||，憂也」郝疏。○|蓋即忍之異文。〔詩·甫田〕「勞心||」通釋。

**饕**　貪財曰|。〔廣韻·豪部〕○貪財謂|。〔左傳文公一八年〕「謂之|餮」洪詁引賈逵。○|飻，貪也。〔廣雅·釋詁二〕「|、嗇，貪也」疏證。○|餮本貪食之名，故其字從食。〔左傳文公一八年〕疏證引王念孫。○貪財、貪食，總謂|餮。〔左傳文公一八年〕述聞。○貪財、貪食，總謂之|餮。|、餮一聲之轉，不得分貪財為|，貪食為餮也。〔廣雅·釋詁二〕「|飻，貪也」疏證。○〔說文定聲·卷七〕|，此今所用叨承字。〔華嚴經序音義〕引〔韻圃〕「叨，忝也」。○叨與|同。〔左傳文公一八年〕疏證引王念孫。○|，或作叨。〔集韻·豪部〕

**驁**　|，駿馬。〔廣韻·豪部〕○|，避不祥也。〔說文〕「|，駿馬以壬申日死乘馬忌之」繫傳。○謷與|通。〔廣雅·釋詁一〕「|，大也」疏證。○|與敖通。〔廣雅·釋言〕「敖，妄也」疏證。○〔說文定聲·卷七〕|，叚借為警。〔莊子·庚桑楚〕釋文引〔廣雅〕「|，妄也」。○〔同上〕|，叚借為贅。〔廣雅·釋詁一〕「|，大也」。○敖、謷、獒、|，並與顤同義。〔廣雅·釋詁四〕「顤，高也」疏證。○|亦作傲。〔廣雅·釋言〕「敖，妄也」疏證。

**獒**　|，犬高四尺。〔廣韻·豪部〕○|，大犬之名。〔廣雅·釋嘼〕「晉|」疏證。○狗四赤為|。〔說文〕「|，犬如人心可使者」繫傳。○〔說文定聲·卷七〕|，叚借為豪。〔書·序〕鄭注「|讀曰豪」。○驁、|、鼇，義並同也。〔廣雅·釋詁一〕「驁，大也」疏證。

**熬**　|，煎也。〔廣韻·豪部〕○乾煎曰|。〔國策·魏策二〕「乃煎|燔炙」補正。○〔說文定聲·卷七〕|，叚借為嗷。〔漢書·陳湯傳〕「||苦之」。○|，元作敖。〔國策·魏策二〕「乃煎|燔炙」鮑注。○|或作鏊。〔方言七〕「|，火乾也」箋疏。○|亦作鏊。〔同上〕疏證。

**臊**　魚臭曰腥，猳臭曰|。〔慧琳音義·卷一〇〕○|，腥|。〔廣韻·豪部〕○|，腋臭也。〔慧琳音義·卷七九〕引〔字書〕。○|，又通作騷。〔說文〕「|，豕膏臭也」義證。○|，字或作⿰月蚤。〔同上〕

**槄**　|，山楸也。〔釋木〕「|，山榎」鄭注。○|，今山楸也。〔廣韻·豪部〕

**檮**　〔說文定聲·卷六〕|，木下檷頭也。〔說文〕「|，斷木也」。○無疇匹為|。〔左傳文公一八年〕「謂之|杌」疏證。○|杌為斷木之定名。〔孟子·離婁下〕「楚之|杌」焦正義。○|杌，凶頑皃也。〔慧琳音義·卷八五〕引〔韻英〕。○|杌即頑之名。〔孟子·離婁下〕「楚之|杌」焦正義。○〔說文定聲·卷六〕|，叚借為擣。〔左傳文公一八年〕「|戭」。○〔同上〕|，叚借為翳。〔爾雅·序〕「不揆|昧」。○〔同上〕|，以陶為之。〔荀子·榮辱〕「陶誕比周以爭與」。

**匋**　燒之曰|。〔說文定聲·卷七〕〔「窯」下〕○|者，作瓦器也。〔說文〕「甄，|也」段注。○|者所用以旋轉調勻。〔釋言〕「傭，均也」郝疏。○|，養也。〔廣韻·豪部〕○|、陶、匕、化並通。〔廣雅·釋詁三〕「|，匕也」疏證。○|通作陶。〔廣雅·釋宮〕「|，窯也」疏證。又〔說文〕「|，瓦器也」義證。○〔說文定聲·卷六〕|，以陶為之。〔通俗文〕「陶竈曰窯」。○|，史篇讀若缶同。〔說文〕「|，瓦器也」繫傳。○|，史篇讀與缶同，古者夏臣昆吾作|。〔說文定聲·卷六〕○|讀與韶同。〔管子〕「解|」雜志。○|，各本作陶。〔說文〕「投，|竈窗也」段注。○|，今字作陶，陶行而|廢矣。〔說文〕「|，作瓦器也」段注。○|即窯之古文。〔說文〕「窯，燒瓦窯竈也」句讀。○|、窯蓋古今字。〔同上〕段注。

**裪**　|，|⿰衤矞，衣袖。〔廣韻·豪部〕○|⿰衤矞，袖褾也。〔集韻·豪部〕○陶與|通，|袖古聲相近。〔方言四〕「|⿰衤矞謂之袖」箋疏。

**澇**　|水，出今陝西西安府鄠縣南山|谷，至長安縣入渭。〔說文定聲·卷七〕○|，今用為旱澇字。〔說文〕「|，从水，勞聲」段注。○|，水浸苗也。〔慧琳音義·卷二〇〕引〔考聲〕。又〔卷九三〕引〔考聲〕。○|户，謂魚秧也。〔通雅·卷四七〕○〔說文定聲·卷七〕|，叚借為潦，今亦通用為旱|字。〔海賦〕「飛|相磢」。○|，〔史〕、〔漢〕、〔文選〕皆作潦，惟〔封禪書〕正作|。〔說文〕「|，|水」段注。○|，或作潦。〔集韻·豪部〕

**弢**　|，弓衣。〔廣韻·豪部〕○|是盛旌之囊也。〔左傳成公一六年〕「乃內旌於|中」疏證引沈欽韓。○|與韔與韣同物。〔說文〕「|，弓衣也」段注。○|，與鼓同意，以韋為之，亦名韔，亦名韣，亦名鞬。〔說文定聲·卷七〕○|與韜為劍衣，音義俱近，故韜|通用。〔同上〕○|，又通作韜。〔說文〕「|，弓衣也」義證。○|，與韜同。〔廣雅·釋器〕「韜，藏也」疏證。○|，或省作⿱屮支。〔說文〕「|，弓衣也」句讀。

**蟧**　|，小蟬。〔廣韻·豪部〕○|，蟲名，小蟬也。〔集韻·豪部〕○|之言佯也，佯，大也。〔方言一一〕「|謂之蟗蜩」箋疏。

**蟍** |即螃。〔方言一一〕「蛥蚗或謂之蛥螃」疏證。○|與螃同。〔同上〕箋疏。○|或為螃。〔大戴・夏小正〕「寒蟬也者，蝭|也」王詁。

**蟟** |即螃。〔方言一一〕「蛥蚗或謂之蛥螃」疏證。

**翿** |，翳也。〔詩・宛丘〕「值其鷺|」朱傳。又〔君子陽陽〕「左執|」後箋。○|，纛也，舞者所執也。〔廣韻・豪部〕○|，舞者所持羽旄之屬。〔詩・君子陽陽〕「左執|」朱傳。○|也、纛也、羽葆也，異名而同實也。〔說文〕「|，翳也」段注。○|，為雜羽之名。〔詩・小戎〕「蒙伐有苑」後箋。○|，通作韜。〔說文〕「|，翳也」義證。○|、纛古同聲。〔方言二〕「|，翳也」箋疏。○翳、翢、|同字。〔說文〕「|，翳也」段注。○|本作翳。〔詩・君子陽陽〕「左執|」集疏。○|又作翢。〔方言二〕「|，翳也」疏證。○|，乃儔別體。〔詩・君子陽陽〕後箋。

**翢** |，羽葆幢。〔廣韻・豪部〕○|與翿同。〔方言二〕「|，翳也」箋疏。○翿，亦作|。〔廣韻・豪部〕

**淘** ||，水流也。〔集韻・豪部〕○||與滔同。〔廣雅・釋訓〕「||，流也」疏證。

**尻** |，今俗云溝子是也。〔說文〕「|，脾也」段注。○|，臀內也。〔慧琳音義・卷七五〕引〔韻詮〕。○|，脽也。〔說文〕「|，脾也」義證引〔急就篇〕顏注。○|，髖也。〔同上〕義證引〔三蒼〕。○|，隱處也。〔慧琳音義・卷五四〕引〔考聲〕。○|，經傳以醜、以州為之。〔說文定聲・卷八〕〔「涿」下〕○|，讀窮究之究。〔說文定聲・卷六〕○|，字或作脈。〔說文〕「|，脾也」義證。○|，俗字作𡱂。〔說文定聲・卷八〕〔「涿」下〕○|，俗字作豚。〔同上〕○|，亦作脈。〔集韻・豪部〕

**脈** |乃尻之俗體。〔呂覽・觀表〕「許鄙相|」校正。

**鼛** |，大鼓也。〔詩・鼓鐘〕「鼓鐘伐|」朱傳。○|，役事車鼓，長丈二尺。〔廣韻・豪部〕○|，通作臯。〔詩・緜〕「|鼓弗勝」通釋。○|，通作咎。〔說文〕「|，大鼓也」義證。○|或作臯。〔廣雅・釋樂〕「|鼓，鼓名」疏證。○|，〔周禮〕作臯。〔說文〕「|，大鼓也」段注。

**鏕** |，銅瓫。〔廣韻・豪部〕○|，釜也。〔廣雅・釋器〕「鍑，釜也」疏證。○|，謂重烹之，當暑防魚餒也。〔說文定聲・卷六〕〔「奧」下〕○|與熝，温與熅，並同義。〔廣雅・釋詁四〕「|，熅也」疏證。○|，段借為熬。〔說文定聲・卷六〕○|，或借為熬。〔同上〕○|，或作熝。〔說文〕「|，昷器也」段注。○|，字亦作熝。〔說文定聲・卷六〕○|，或作鏖。〔說文〕「|，昷器也」段注。

**鏖** |，同鏕。〔廣韻・豪部〕○盡死殺人曰|。〔集韻・豪部〕

**謷** |，不省語也。〔廣韻・豪部〕○|，不肖人其言煩苛也。〔說文〕「|，不肖人也」繫傳。○|，哭不止悲。〔廣韻・豪部〕○|，高大貌。〔莊子・德充符〕「|乎大哉」集釋。○〔通雅・卷四九〕|有甚意，今楚黃人謂事之甚者曰|。〔莊子〕「|乎大哉」。○|，放也，今取遨遊意。〔莊子・德充符〕「|乎大哉」集釋引簡文。○||，毀也。〔詩・十月之交〕「讒口||」集疏引魯說。○|與敖通。〔廣雅・釋詁四〕「誠，調也」疏證。○|與驐通。〔釋詁一上〕「驐，大也」疏證。○敖、聱、|、嗷古俱通用。〔釋訓〕「||，傲也」郝疏。○〔說文定聲・卷七〕|，段借為傲。〔莊子・大宗師〕「|乎其未可制也」。○〔同上〕|，段借為嫯。〔荀子・禮論〕「歌謠謸笑」。○〔同上〕|，段借為敖。〔莊子・德充符〕「|乎大哉」。○〔同上〕|，段借為囂。〔釋訓〕「||，傲也」。○〔同上〕|，段借為号。〔說文〕「|，一曰哭不止，悲聲||也」。○敖、聱、|音義同。〔釋訓〕「||，傲也」邵正義。

**咷** |，號|。〔廣韻・豪部〕○〔說文定聲・卷七〕嗷|、號|，皆疊韻連語。〔說文〕「|，楚謂兒泣不止曰嗷|」。

**挑** 〔說文定聲・卷七〕|，輕薄皃。〔詩・子衿〕「|兮達兮」。○|，輕儇跳躍之貌。〔詩・子衿〕「|兮達兮」朱傳。○|達，蓋疾行滑利之貌。〔詩・青衿〕「|兮達兮」通釋。○|達，往來相見皃。〔廣韻・豪部〕○|達，傳云往來相見貌，往來者，謂其避人游蕩，獨往獨來。〔詩・子衿〕「|兮達兮」後箋。○|，與佻同，佻佻，獨行貌。〔同上〕○|與搯、掏聲亦相近也。〔廣雅・釋詁二〕「舀，抒也」疏證。○舀、抭、𣁬、揄、|五字並聲近義同。〔同上〕○|當作𢼸。〔說文〕「詩曰𢼸兮達兮」段注。

**槔** |，桔|。〔廣韻・豪部〕

**嚻** ||，亦是衆多之貌。〔詩・車攻〕「選徒||」述聞。○||，自得不肯受言之貌。〔詩・板〕「聽我||」朱傳。○|或曰敖，今河南敖倉是也。〔說文〕「|，聲也」義證。○|、嗸、謷、嗷古俱通用。〔釋訓〕「敖敖，傲也」郝疏。○|或借咻字。〔說文〕「|，聲也」義證。○||即謷謷之段借。〔說文〕「謷，不省人言也」段注。○|，魯作敖。〔詩・板〕「聽我||」集疏。○|，魯、韓作嗸，魯又作謷、敖。〔詩・十月之交〕「讒口||」集疏。

**臑** 臂下謂之|。〔左傳宣公一六年〕「原襄公相禮，殽烝」疏證引凌廷堪。○|，羊豕臂也。〔集韻・豪部〕

**撈** 沈取曰|。〔集韻・豪部〕○〔說文定聲・卷七〕今俗呼入水取物為|。〔通俗文〕「沈取曰|」。〔「撩」下〕○|，取也。〔廣韻・豪部〕○|，漉取也。〔慧琳音義・卷五七〕引〔考聲〕。○今俗語猶謂略取人物曰|。〔管子〕「論此計」雜志。○|通作勞。〔廣雅・釋詁一〕「|，取也」疏證。又〔方言一三〕「|，取也」箋疏。○勞讀為|，古無|字，借勞為之。〔管子〕「論此計」雜志。

**嘷** |，熊虎聲。〔廣韻・豪部〕○|，獸鳴也。〔慧琳音義・卷一三〕引〔考聲〕。○|、獆古字通。〔左傳襄公一四年〕「豺狼所|」洪詁。○|同獆。〔廣韻・豪部〕

**獆**　一，其聲高大也。〔說文〕「嗥，咆也」繫傳。○一、嗥、皋，並通。〔廣雅・釋詁二〕「嗥，鳴也」疏證。

**嗷**　一一，衆口愁也。〔楚辭・惜賢〕「聲一一以寂寥兮」補注。○一一，衆口愁聲。〔通鑑・晉紀二二〕「上下一一」音注。○一一，雁鳴聲衆也。〔說文〕「一，衆口愁也」繫傳。○一，或借熬字。〔說文〕「一，衆口愁也」義證。○一又借囂字。（同上）○〔說文定聲・卷七〕一，段借為囂。〔楚辭・惜賢〕「聲嗸嗸以寂寥兮」。○一，亦書作嗸。〔集韻・豪部〕○一同嗸。〔廣韻・豪部〕○一，衆口愁也。〔豪部〕○一一，通用謷謷、敖敖、熬熬、囂囂。〔通雅・卷九〕○嗸，今〔說文〕作一，後人所妄改。〔說文〕「嗸，衆口愁也」段注。

**薅**　一，除田草也。〔廣韻・豪部〕○一者，披去田艸也。〔說文〕「鉏，立一斫也」段注。○一即耘田也。〔說文〕「槈，一器也」繫傳。○一，去也。〔詩・良耜〕「以一荼蓼」朱傳。○一，字亦作媷。〔說文定聲・卷六〕○一，魯作茠。〔詩・良耜〕集疏。○一，或作鎒。〔集韻・豪部〕

**鎒**　一即薅。〔國策・齊策三〕「操銚一」補正。

**蕔**　一，當訓陳草復生。〔說文定聲・卷六〕（「薅」下）○茠、茠、一、薅，並字異而義同。〔廣雅・釋詁三〕「茠，除也」疏證。

**茠**　一或薅字。〔說文〕「䝝，漢律曰䝝田一艸」段注。○休為正，一偕聲也。〔釋言〕「庥，蔭也」郝疏。○一又省作休。〔說文〕「一，蕔或從休」義證。○一字或作㧽。（同上）

**蒿**　一，當訓拔去田艸，為薅之籀文，蕔、一二字相承互譌。〔說文定聲・卷六〕（「薅」下）

**㧽**　一、蕔、茠、薅，並字異而義同。〔廣雅・釋詁三〕「一，除也」疏證。

**蚼**　一，蝗子。〔廣韻・豪部〕○一犬，如犬而青，食人從首始。〔尚書〕「䶂犬」雜志引〔山海經〕。○一或作蚼。〔說文〕「蚼，北方有蚼犬食人」段注引〔山海經〕郭注。

**櫜**　一，韜。〔詩・彤弓〕「受言一之」朱傳。又〔時邁〕「載一弓矢」朱傳。○一，韜也。〔左傳莊公一〇年〕「蒙皋比而先犯之」疏證。又〔廣韻・豪部〕。○一為韜，盛物之名。〔儀禮・士喪禮〕「設冒一之」胡正義。○韜弓謂之一。〔左傳昭公元年〕「請垂一而入」洪詁。○一，受箭器。〔左傳僖公二三年〕「右屬一鞬」疏證引〔御覽〕。○一，一曰車上囊。〔廣韻・豪部〕○引伸之義凡韜於外者皆為一。〔說文〕「一，車上大櫜」段注。○一、皋古字通。〔管子〕「韔」雜志。○一，亦作韔，省為皋。〔左傳莊公一〇年〕「蒙皋比而先犯之」疏證。

**韔**　一，本作皋，即櫜字也。〔管子〕「一」雜志。○一同櫜。〔集韻・豪部〕

**咎**　一，殃咎也。〔左傳宣公一二年〕「一之徒也」疏證。○一與皋通。〔國策・韓策二〕「夫楚欲置公子一」補正。○〔說文定聲・卷六〕一，段借為鼛。〔後漢・馬融傳〕「伐一鼓」。○一，姓也，通作皋。〔集韻・豪部〕

**橷**　一，冬桃。〔廣韻・豪部〕○一，〔爾雅〕以旄為之。〔說文定聲・卷六〕

**楏**　一同橷。〔廣韻・豪部〕○一，木名，冬桃也。〔集韻・豪部〕○一，通作旄。（同上）○一，或作橷。（同上）

**軞**　一，公車也。〔集韻・豪部〕○一，通作旄。（同上）

**謟**　一，疑也。〔廣韻・豪部〕○一者，惑也。〔晏子春秋〕「蔽一」雜志。○一亦誕也。〔荀子〕「陶誕」雜志。○一、滔古字通。〔左傳哀公一七年〕「天命不一」洪詁引李善。○一，通作慆，又通作滔。〔釋詁〕「一，疑也」郝疏。

**騊**　野馬、一駼為一物。〔漢書・司馬相如傳〕「軼野馬，轉一駼」補注。○北海內有獸狀如馬，名一駼。〔文選・子虛賦〕「轉一駼」注引〔海外經〕。

**𢧵**　一，戟鋒。〔廣韻・豪部〕○戟鋒謂之一。〔集韻・豪部〕

**峱**　一，山名也。〔詩・還〕「遭我乎一之間兮」朱傳。○一，亦作嶩。〔說文〕「一，一山也」段注引顏師古。○一字或作巎。〔說文〕「一，山在齊地」義證。○一，齊作巎。〔詩・還〕「遭我乎一之間兮」集疏。○一，〔地理志〕引作巎。〔說文〕「一，一山也」段注。○一同巎。〔廣韻・豪部〕

**巎**　一，字或作峱。〔說文〕「峱，山在齊地」義證引〔漢・志〕顏注。○一，亦作嶩。（同上）

**嶩**　元史有一一，其署名或作峱嶩。〔說文〕「峱，山在齊地」義證引盧文弨。○一同峱。〔集韻・豪部〕

**䝞**　一，木名。〔廣韻・豪部〕

**勢**　一，健也。〔集韻・豪部〕○一者，健也。〔說文定聲・卷一三〕（「傑」下）○一，俊健。〔廣韻・豪部〕○一，彊也。〔集韻・豪部〕○一，豪傑真字，自段豪為之而一廢矣。〔說文〕「一，健也」段注。○一，通作豪。〔集韻・豪部〕

**䕶**　一，葛之白花。〔廣韻・豪部〕○一，如葛，白華也。〔說文〕「一，葛屬，白華」義證引〔玉篇〕。○〔說文定聲・卷六〕一，字亦作莕。〔廣雅・釋艸〕「一蘇，白莕也」。

**鐽**　一，一鑪，錍也。〔廣韻・豪部〕○一鑪當為鉀鑪。〔廣雅・釋器〕「一鑪，鏑也」疏證。

**薧**　一，死人里。〔廣韻・豪部〕○一，一里，黃泉也。〔說文〕「一，死人里也」義證引〔玉篇〕。○一，謂虛墓之所。〔說文定聲・卷七〕○一，以蒿為之。

（同上）○（同上）｜，叚借為槁。〔周禮・庖人〕「死生鱻｜之物」。○（同上）｜，字亦作殦。〔廣雅・釋詁二〕「殦，乾也。」

騊｜，馬行也。〔說文〕「｜，馬行皃」義證。○｜，亦徐行意。〔說文定聲・卷六〕○馬徐行曰｜｜。〔說文〕「｜，馬行皃」段注。○｜，猶滔滔也。（同上）繫傳。○｜或借陶。（同上）句讀。○｜，或借陶字。（同上）義證。○｜，〔籀文〕作⿱匋馬。（同上）義證。○｜，馬行皃。〔廣韻・豪部〕

犥｜，牛羊無子。〔廣韻・豪部〕又〔集韻・豪部〕。

夲｜，大十者，猶兼十人也。〔廣韻・豪部〕○𠦍同｜。（同上）

滔｜，淅米。〔廣韻・豪部〕

覜｜，見也。〔廣韻・豪部〕又〔集韻・豪部〕。

萏｜，白｜草，食之不飢。〔廣韻・豪部〕

豋｜，野豆。〔廣韻・豪部〕○｜豆，今所謂豌豆也。〔通雅・卷四四〕

蹽｜，同豋。〔廣韻・豪部〕

掐｜為抽刃。〔書・泰誓〕注「慆一作｜」孫疏。○中國言｜，江南言挑。〔慧琳音義・卷七二〕○｜，｜搯。〔廣韻・豪部〕○｜搯，蓋漢時恒言，乃複語也。〔說文〕「搯，｜搯也」句讀。○〔說文定聲・卷六〕｜，叚借為舀。〔廣雅・釋詁二〕「｜，抒也」。○（同上）｜，叚借為慆。〔周書〕「古大誓師乃｜」。○（同上）｜，叚借為擂。〔三家詩・清人〕「左旋右｜」。○｜，一曰抒也，或作掏。〔集韻・豪部〕○｜、掏一字也。〔廣雅・釋詁二〕「｜、掏，抒也」疏證。○｜，今作抽，二韻古通。〔說文〕「｜，搯也」句讀。○〔說文定聲・卷六〕｜，今俗字誤作掐。〔魯語〕「無｜膺」注「叩也」。

㚘｜，滑也。〔說文〕「｜，滑也。詩云｜兮達兮」段注。○｜，手飾也。〔說文定聲・卷七〕○｜，叚借為挑。（同上）○｜，叚借為泰。（同上）○｜音弢。〔說文〕「鼓，郭也」義證引〔增韻〕。○｜兮達兮，今〔鄭風〕挑兮達兮。〔說文〕「｜，滑也。詩云｜兮達兮」段注。○｜，腰鼓大頭名。〔廣韻・豪部〕○一曰戎鼓大首謂之｜。〔集韻・豪部〕

鱢｜，鯹臭。〔廣韻・豪部〕○｜，鮏｜也。〔說文〕「｜，鮏臭也」義證引〔玉篇〕。○｜與鮏同義。（同上）段注。○〔說文定聲・卷七〕｜，魚臭。〔廣雅・釋器〕「｜，臭也」。○（同上）｜，叚借為臊。〔周禮〕「膳膏｜」。

慅｜，驕也。〔廣韻・豪部〕○｜驕也者，謂驕駷。〔說文〕「｜，｜驕也」義證。○｜作騷，亦同。〔說文定聲・卷六〕

詾｜，詉｜，言不節。〔廣韻・豪部〕○｜詸，語不了。〔說文〕「｜，往來言也」義證引〔類篇〕。○〔說文定聲・卷六〕｜，叚借為禱。〔說文〕「｜，一曰祝也」。○｜，俗作啕。〔說文〕「｜，往來言也」義證。

詉｜讉，亂語。〔說文〕「｜，詾或從包，往來言也」義證引〔類篇〕。○｜，同詾。〔廣韻・豪部〕

鋾｜，｜鈍也。〔廣韻・豪部〕○｜，一曰鋾鑄也。〔集韻・豪部〕○今俗謂挫抑人為｜鈍。〔說文〕「｜，鈍也」段注。○〔說文定聲・卷六〕｜，叚借為彫。〔荀子・富國〕「｜琢刻鏤」。○｜或作鉤，鉤，䰧鈍也。〔說文〕「｜，鈍也」義證。○｜，或作鉤。〔集韻・豪部〕

燂｜，火餘木也。〔廣韻・豪部〕○｜，燒餘柴也。〔慧琳音義・卷六四〕引〔考聲〕。○今俗語謂燒壞曰｜，凡物壞亦曰｜。〔說文〕「｜，㸑也」段注。○今北人凡言事物壞曰｜。〔說文定聲・卷六〕

箌｜，牛簏。〔廣韻・豪部〕○｜，牛筐也。〔說文〕「䶄，古器也」義證引〔玉篇〕。○｜之言韜也。〔方言一三〕「｜，簏也」箋疏。

掏｜，｜擇。〔廣韻・豪部〕○｜即搯也。〔說文〕「搯，搯也」段注。

傮｜，終也。〔廣韻・豪部〕○｜與酋音近義同，其訓皆為終。〔荀子・富國〕「｜然要時務民」集解引郝懿行。○｜然即嘈然也，猶嘈嘈紛雜之意。（同上）集解。○〔說文定聲・卷六〕｜，叚借為曹。〔魏都賦〕「｜響起」。○（同上）｜，以酋為之。〔詩・卷阿〕「似先公酋矣」。○｜、酋、就俱一聲之轉。〔釋詁〕「酋，終也」郝疏。

殢｜，同傮。〔廣韻・豪部〕

潡｜，水名，出南陽魯陽縣。〔廣韻・豪部〕○｜水，在今河南汝州魯山縣至郟縣入汝。〔說文定聲・卷七〕

薂｜，蘩蔞也，可為菜茹，兼作牙藥。〔釋艸〕「｜，蔆蔆」鄭注。○｜，雞腸草也。〔廣韻・豪部〕

顟｜，高頭也。〔廣韻・豪部〕○顟｜猶｜顟耳。〔廣雅・釋詁四〕「顟｜，高也」疏證。

㩋｜，擊皃。〔廣韻・豪部〕○｜，擊也。〔集韻・豪部〕○｜、敹，其義同也。〔廣雅・釋詁三〕「㩋，擊也」疏證。○｜即敲字。〔說文〕「敲，橫擿也」段注。

鐰｜亦燥也。〔廣雅・釋詁二〕「｜，乾也」疏證。○｜，鐵剛折也。〔廣韻・豪部〕○剛折謂之｜。〔集韻・豪部〕

禮｜，祭豕先也。〔廣韻・豪部〕

幧｜，帬也。〔廣韻・豪部〕○｜，一曰帗也，謂一幅巾；一曰婦人脅衣，今之兜肚。〔說文定聲・卷六〕○｜，叚借為嬌。（同上）○｜，字亦作嬙。（同

上)〇丨，字亦作𥂮。(同上)〇丨，字又作㺜。(同上)

**諕** 丨，或借呼字。〔說文〕「丨，號也」義證。〇丨即號之或體。〔說文定聲・卷七〕

**髮** 丨，如今蘇俗處女額上飾髮兩綹曰胡蝶須。〔說文定聲・卷六〕〇(同上)丨，以髦為之。〔詩〕「如蠻如髦」。〇丨，經典皆作髦為之。〔說文〕「丨，髮至眉也」句讀。〇丨，今〔詩〕作髦。(同上)繫傳。〇許引〔毛詩〕作丨，今則〔詩〕、〔禮〕皆作髦，或由音近假借，丨與髦義古畫然不同。(同上)段注。

**毦** 其餘簡擇為丨。〔說文〕「丨，擇也」繫傳。〇丨，通作芼。(同上)義證。〇丨，以芼為之。〔說文定聲・卷七〕〇丨，本亦作芼。〔說文〕「丨，擇也」句讀。

**䓔** 丨，日出明。〔集韻・豪部〕

**熝** 丨，埋物灰中令熟。〔廣韻・豪部〕〇〔說文定聲・卷六〕今蘇城市熟肉之肆俗呼丨肉店。〔廣雅・釋詁四〕「丨，熅也」。〇丨、熓、煨、熅，皆一聲之轉也。〔廣雅・釋詁四〕「丨、熓、煨、熅也」疏證。

**爊** 丨，煨也。或作𤒜。〔集韻・豪部〕

**爈** 丨，熱炙煨物令熟。〔慧琳音義・卷九九〕引〔集訓〕。〇丨，或作㸅，亦作爊。(同上)

**獶** 丨，長毛犬。〔廣韻・豪部〕〇丨、毴，皆多毛犬也。〔說文〕「丨，犬惡毛也」義證引〔纂文〕。〇丨，濃而亂也。(同上)繫傳。〇丨，今讀如猱，猶〔詩・還〕之狃，〔韓〕作嶩也，農猱一聲之轉。〔說文定聲・卷一〕

**隓** 無水曰隍，有水曰丨。〔續音義・卷八〕引〔字書〕。〇丨，俗作壕。(同上)〇丨，一曰城下道。〔集韻・豪部〕

**瘙** 丨，疥也。〔集韻・豪部〕〇丨，疥丨。〔說文〕「疥，搔也」義證引〔玉篇〕。〇丨，或通作騷。(同上)〇丨，乃騷俗字。〔說文〕「蛘，騷蛘也」段注。

**嫪** 丨與𧮫通。〔廣雅・釋詁一〕「𧮫，好也」疏證。〇丨，好也。〔集韻・豪部〕引〔廣雅〕。

**䧞** 丨丨，陰，地名，在齊。〔集韻・豪部〕〇丨陰，〔管子・小匡〕作岱陰，當作岱陰。〔國語・齊語〕「地南至於丨陰」述聞。

**洦** 丨浪，驚擾皃。〔集韻・豪部〕

**癆** 丨，朝鮮謂中毒曰丨。〔集韻・豪部〕〇丨，又作𤻲。〔方言三〕「凡飲藥傅藥而毒，北燕朝鮮之閒謂之丨」箋疏。

**哰** 丨，嘮丨，㨶拏。〔廣韻・豪部〕〇丨嘮丨，謰謱，言語不解也。〔集韻・豪部〕

**啕** 丨，多言。〔廣韻・豪部〕

**嘈** 丨嘈，聲也。〔廣韻・豪部〕

**夰** 丨，進也。〔集韻・豪部〕

**𤕤** 丨䖑，物未精。〔集韻・豪部〕

**峼** 丨，嵲丨。〔廣韻・豪部〕

**嵪** 丨嶅，山峻。〔集韻・豪部〕

**嶗** 丨，山險，或作嶗。〔集韻・豪部〕

**嵲** 丨，丨峼，古亭。〔廣韻・豪部〕

**艚** 丨，藉也。〔廣韻・豪部〕

**傜** 丨徇，緩行皃。〔集韻・豪部〕

**慅** 丨，苦心皃。〔廣韻・豪部〕〇丨，苦心也。〔集韻・豪部〕〇丨，一曰瘜病。(同上)

**恅** 丨，知也，局也。〔廣韻・豪部〕

**㤭** 丨，局知也，或从皋。〔集韻・豪部〕

**懆** 丨，劣也，或从憂。〔集韻・豪部〕

**慱** 丨，愁也。通作騷。〔集韻・豪部〕

**慠** 丨丨，憂心也，亦書作慠。〔集韻・豪部〕

**托** 丨，攪也。〔慧琳音義・卷二三〕又〔續音義・卷二〕引〔切韻〕。〇丨，亦動也。(同上)

**㨢** 丨，較多少曰丨。〔集韻・豪部〕

**𣪊** 丨，平持。〔廣韻・豪部〕

**㑾** 丨，日色，或从㚣。〔集韻・豪部〕

**暭** 丨，日色。〔集韻・豪部〕

暓 —,日光。〔集韻·豪部〕

⿰日曹 —,日晚。〔集韻·豪部〕

朷 —,木心。〔廣韻·豪部〕

⿱⿱耂夂木 —,船接頭木。〔廣韻·豪部〕

⿱⿱耂夂丰 —,同⿱⿱耂夂木。〔廣韻·豪部〕

⿰木聊 —,木名。〔廣韻·豪部〕

⿰片毛 —,毛起兒。〔廣韻·豪部〕又〔集韻·豪部〕○—,一曰輕也。或从巾。（同上）

耗 —,獨兒。〔集韻·豪部〕

⿰牛攸 —,牛行遲兒。〔廣韻·豪部〕○牛徐行謂之—。〔説文定聲·卷六〕（「駋」下）○牛徐行曰——。〔説文〕「駋,馬行兒」段注。○俗謂舒遲曰——。〔説文〕「—,牛徐行也」段注。○—,義亦與韜同。〔廣雅·釋詁二〕「韜,緩也」疏證。

⿰犭蒿 —,豕名。〔集韻·豪部〕

⿰王勞 —,玉名。〔廣韻·豪部〕

⿱𤇾石 —,石器,或从牢,从勞。〔集韻·豪部〕

⿰禾皋 —,禾名。〔集韻·豪部〕

⿰米睪 今之餹餅曰—。〔廣韻·豪部〕

⿱竹桃 —篠,竹名。〔集韻·豪部〕○—,通作桃。（同上）

⿱竹蚤 ——,竹聲。〔集韻·豪部〕

聱 —,不聽。〔廣韻·豪部〕

⿰月曹 —,—脆。〔廣韻·豪部〕○—,脆也,一曰腹鳴。〔集韻·豪部〕

⿱艹耗 —,荒也。〔集韻·豪部〕

設 —,往來言也。〔集韻·豪部〕○—,一曰小兒語不正。（同上）○—,—詾,言不節。〔廣韻·豪部〕

詘 —,喜也。〔集韻·豪部〕○—,謎也。（同上）

⿰谷卒 ⿰谷皋—,深谷兒。〔廣韻·豪部〕

⿰谷皋 —,—⿰谷卒,深谷兒。〔廣韻·豪部〕又〔集韻·豪部〕。

軳 —,戾也。〔廣韻·豪部〕○—,車軫也。（同上）

⿰車蒐 —,蒼色飾車既練所乘者。〔集韻·豪部〕

酕 —,—醄,醉也。〔廣韻·豪部〕○—,—醄,極醉兒。〔集韻·豪部〕

⿰金蚤 —,—鉾,銅器。〔集韻·豪部〕

鏊 —,釜屬。〔集韻·豪部〕

鏪 —,穿也。〔集韻·豪部〕

⿰镸敖 —,長大兒。〔廣韻·豪部〕

⿰镸勞 —,—⿰镸敖,長兒。〔集韻·豪部〕

⿰阝皋 —,—⿱敖土。〔廣韻·豪部〕

⿰皋頁 —,—⿰壽頁,面大。〔集韻·豪部〕○—,⿰壽頁—,大面兒。〔廣韻·豪部〕

⿰壽頁 —,—⿰皋頁,大面兒。〔廣韻·豪部〕

⿵風毛 —,輕兒。〔廣韻·豪部〕

颾 —,風聲。〔廣韻·豪部〕

⿱敖䖵 —,風聲。〔集韻·豪部〕

⿰馬毛 —,一曰馬長毛。〔集韻·豪部〕○—,馬騣長也。〔慧琳音義·卷七五〕引〔考聲〕。○—,車翣以禦風塵。〔集韻·豪部〕

⿱敖肉 —,蟹大腳也。〔廣韻·豪部〕

**𨰰**丨，丨𩩂，高皃。〔廣韻・豪部〕

**鰝**丨，高也。〔廣韻・豪部〕

**鰲**丨，魚名。〔廣韻・豪部〕○丨者，鼇也。〔義府・卷下〕

**鱢**丨，魚名。〔廣韻・豪部〕

**鶩**丨，不祥鳥，白首赤口也。〔廣韻・豪部〕

**鵯**丨，鴟丨，鳥名。〔廣韻・豪部〕○官本丨作翱。〔漢書・賈誼傳〕「鴟鴞丨翔」補注。

# 續經籍籑詁卷第二十

下平聲

## 五　歌

**歌**丨，詠聲也。〔説文〕「丨，詠也」義證引〔玉篇〕。○丨者，長引其聲以誦之也。〔説文〕「丨，詠」繫傳。○詠詩曰丨。〔説文〕「丨，詠也」義證引〔藝文類聚〕。○長言謂之丨。〔同上〕義證引〔急就篇〕顔注。○合曲曰丨。〔詩・園有桃〕「我丨且謡」朱傳。○有章曲曰丨。〔同上〕集疏引韓説。○丨吹者，横吹也。〔漢書・渠犂傳〕「丨吹数十人」補注引徐松。○悲丨，亦水聲。〔楚辭・株昭〕「谿谷悲丨」補注。○丨者，哥之絫增字。〔説文〕「丨，詠也」句讀。○丨，魯、齊作謌。〔詩・江有汜〕「其嘯也丨」集疏。○謌同丨。〔廣韻・歌部〕○謌，或丨字也。〔説文〕「皋，登謌曰奏」段注。

**多**丨，衆。〔書・洛誥〕「予旦以丨子越御事」孫疏。○丨，衆也。〔大戴・子張問入官〕「察一而關於丨」王詁。又〔廣韻・歌部〕。○丨謂富。〔詩・小宛〕「哀我填寡」通釋。○丨即厚也。〔説文〕「爹，厚脣皃也」繫傳。○丨猶厚。〔國策・趙策三〕「而令趙人丨君」鮑注。○丨猶甚也。〔詩・晨風〕「忘我實丨」通釋。○丨，重也。〔廣韻・豪部〕○上丨竝與重義近。〔釋詁〕郝疏。○丨者，事之過丨也。〔説文〕「丨，重也」繫傳。○丨，引伸為勝之偁。〔説文〕「丨，緟也」段注。○丨猶勝也。〔韓子・八經〕「行參以謀丨」集解引王先謙。○丨者，賢也。〔穀梁傳桓公八年〕「夫已丨乎道」平議。○丨之猶言賢之。〔韓子・南面〕「主誘而不察，因而丨之」集解引王先謙。○戰功曰丨。〔説文〕「丨，重也」繫傳。又〔漢書・周勃傳〕「所將卒當馳道為丨」補注引劉敞。○丨訓重而以為戰功之名，猶最訓積而以為課最之名，並取層絫無上之義。〔周禮・司勳〕「戰功曰丨」孫正義。○丨，私取田宅以自盈也。〔漢書・高帝紀〕「今小吏未嘗從軍者丨滿」補注。○丨貝丨，樹名。〔廣韻・歌部〕○北呼父為阿丨。〔通雅・卷一九〕○丨言，謂囂也。〔國策・卷中〕「其卒雖衆丨言而輕走易北」札記。○丨門，謂專政者丨，不由君出也。〔左傳成公一六年〕「晉政丨門」疏證引〔讀本〕。○丨端，謂辯知不窮。〔漢書・東方朔傳〕「上知朔丨端」補注。○丨口，謂瑣瑣致辯也。〔義府・卷上〕○丨態謂淫巧。〔荀子〕「形態」雜志。○丨揭羅，梵語，香名也，即零陵香也。〔大般若經・卷三一八〕「丨揭羅」音義。○丨摩羅，梵語，香名也，唐云霍香。〔同上〕○丨與祇，古同聲而通用。〔左傳襄公二九年〕「祇見疏也」述聞。○丨與祇同，適也。〔論語・子張〕「丨見其不知量也」朱注。○丨字當讀為祇，祇，適也。〔詩・杕杜〕「而丨為恤」平議。○丨，亦讀為祇。〔左傳定公一五年〕「丨取費焉」述聞。○丨，讀為祇，祇，適也。〔公羊傳昭公二五年〕「君無丨辱焉」述聞。○丨，讀為祇，祇，適也。〔左傳襄公一四年〕「丨遺秦獲」述聞。○〔說文定聲・卷一○〕丨叚借為祇，實為啻。〔論語〕「丨見其不知量也」。○丨當讀為侈。〔詩・卷阿〕「既庶且丨」平議。○〔說文定聲・卷一○〕丨，字亦作絼。〔廣雅・釋詁四〕「絼，丨也」。

羅

丨，網。〔詩・兔爰〕「雉離于丨」朱傳。○丨，罔也。〔詩・鴛鴦〕「畢之丨之」朱傳。○鳥罟謂之丨。〔詩・兔爰〕「雉離于丨」集疏引魯說。○丨，覆張之網也。〔釋器〕「鳥罟謂之丨」鄭註。○丨專為捕鳥之罔，通言之則凡罔並得稱丨。〔周禮・夏官序官〕「丨氏下士一人」孫正義。○丨，謂設禁網而民無所逃罪也。〔通鑑・漢紀二二〕「於以丨元元之兵」音注。○丨，丨綺也。〔廣韻・歌部〕○丨，乃繒之文理交錯者，今俗之起花。〔漢書・司馬相如傳〕「雜纖丨」補注。○丨，一曰帛之美者。〔集韻・戈部〕○丨列，分散列之。〔說文〕「璣，玉英華丨列秩秩」繫傳。○丨紨，即丨敷，古美人名，故漢女子多取為名。〔漢書・昌邑哀王傳〕「女丨紨」補注引周壽昌。○丨，故居宜城西山，楚文王又徙之於長沙，今丨縣是矣。〔左傳桓公一二年〕「丨人欲伐之」疏證引沈欽韓。○丨川城在宜城縣西南二十里。〔同上〕疏證引〔一統志〕。○丨刹娑，梵語，鬼名。〔大般若經・卷五○八〕「丨刹娑」音義。○罹與丨，古字通。〔廣雅・釋獸〕「不丨罘罳」疏證。○丨當讀為罹。〔左傳襄公八年〕「職競作丨」平議。○丨、離聲轉義同。〔釋器〕「鳥罟謂之丨」郝疏。○丨枷、連枷、丨連，一聲之轉。〔方言五〕「僉，宋魏之間謂之欇殳」疏證。○丨枷、連皆、丨連，一聲之轉。〔廣雅・釋器〕「柫謂之枷」疏證。○今藩籬字亦當為丨之轉注，或曰杝之俗字。〔說文定聲・卷一○〕○丨，字亦作邏。〔同上〕○丨，字亦作罹，經傳亦以離為之。〔同上〕○官本丨作罹。〔漢書・刑法志〕「今或丨于文法」補注。○丨，或作欏。〔說文〕「椂，丨也」義證。

河

丨者，水之伯。〔說文〕「丨，水出焞煌塞外昆侖山」義證引〔孝經・援神契〕。○丨，出今西域枯爾坤山即崑崙山，經甘肅、陝西、河南、山東至江蘇淮安府安東縣入海。〔說文定聲・卷一○〕○丨，星宿海西南有丨名阿勒坦郭勒，蒙古語阿勒坦即黃金，郭勒即丨也，水色全黃，始名黃丨。〔史記・大宛列傳〕「窮丨源」志疑引阿彌達氏。○丨，北方流水之通名。〔詩・關雎〕「在丨之洲」朱傳。○丨，實鷄南二十里為大散關，山自西來，即秦嶺一支，水在嶺北行，通名曰丨。〔通雅・卷一三〕○丨，汾丨。〔史記・秦本紀〕「晉、楚流死丨二萬人」志疑。○丨，在定陶者其澤也，在胡陵者其流也。〔史記・夏本紀〕「浮于淮、泗通于丨」志疑引〔禹貢集解〕。○丨伯，丨神也。〔屈賦・河伯〕戴注。○馮遲，丨伯也，一名馮夷。〔莊子・秋水〕「丨伯欣然自喜」集釋。○古者，丨北之地皆謂之丨內。〔漢書・地理志〕「丨內郡」補注引胡謂。○丨池，即仇池異名。〔漢書・地理志〕「丨池」補注。○丨南，即周王城。〔史記・呂不韋傳〕「食丨南洛陽十萬户」志疑引金耀辰。○丨上塞，即丨上郡之北境與匈奴邊界處。〔漢書・高帝紀〕「繕治丨上塞」補注引宋祁。○丨之為言荷也。〔說文〕「丨，水出焞煌塞外昆侖山」義證引〔春秋說題辭〕。○丨，當作何，與荷通。〔史記・天官書〕「牽牛為犧牲，其北丨鼓」志疑。○〔說文定聲・卷一○〕丨，叚借為汚。〔晉語〕「有如丨水」。○〔同上〕丨，叚借為菏。〔書・禹貢〕「徐州浮于淮、泗，達于丨」。○〔同上〕丨，叚借為發聲之詞。〔吳仲山碑〕「感痛奈丨」。○舊校云丨一作阿。〔呂覽・音切〕「殷整甲徙宅西丨」校正。○達于丨，即是達于荷。〔史記・夏本紀〕「浮于淮、泗通于丨」志疑。○丨當作荷。〔漢書・地理志〕「通于丨」補注。又〔同上〕補注引朱一新。○丨當作菏。〔同上〕補注引王鳴盛。○丨，當依〔說文〕作菏。〔同上〕補注引王念孫。

戈

丨，戟也。〔論語・季氏〕「而謀動干丨於邦內」朱注。又〔同上〕劉正義。又〔孟子・萬章上〕「干丨朕」朱注。○丨，干丨。〔廣韻・歌部〕○戟偏距曰丨。〔說文〕「丨，平頭戟也」義證引〔增韻〕。○雙枝為戟，單枝為丨。〔說文〕「戟，有枝兵也」義證引〔韻譜〕。○句丨，一聲之轉。〔廣雅・釋器〕「丨，戟也」疏證。○丨，句子戟也，或謂之雞鳴，或謂之擁頸。〔屈賦・國殤〕「操吳丨兮」戴注。○平之則為丨。〔說文〕「丨，平頭戟也」繫傳。○丨船，丨戟為長兵，列之於船以著威武，遂有丨船之名。〔文選・苦熱行〕「丨船榮既薄」集釋。○丨船，上建丨矛，四角悉垂旛旄葹葆，麾蓋照灼涯涘。〔同上〕集釋引〔西京雜記〕。○丨船者，將軍之號也。〔同上〕集釋引王氏〔學林〕。○丨當為弋。〔墨子・備高臨〕「如如丨射」閒詁。

阿

丨，大陵也。〔詩・卷阿〕「有卷者丨」朱傳。○大陵曰丨。〔詩・菁菁者莪〕「在彼中丨」朱傳。○丨，曲丨也。〔詩・緜蠻〕「止于丨丨」朱傳。○曲陵曰丨。〔詩・考槃〕「考槃在丨」朱傳。○丨，謂山曲隈處也。〔同上〕集疏。○引伸之凡曲處皆得稱丨。〔說文〕「丨，大陵曰丨」段注。○丨，衺也。〔詩・節南山〕「節彼南山有實其猗」後箋。○丨，曲也。〔同上〕又〔廣韻・歌部〕。○丨猶曲，文理曲也。〔說文〕「谷，口上丨也」繫傳。○丨，謂有所曲狥於上。〔禮記・月令〕「丨黨則罪」集解。○從上之非謂之丨。〔說文〕「娿，媕娿也」義證引〔申鑒・雜言〕。○丨邑，謂屈從人意也。〔漢書〕「丨邑」雜志。○丨，倚也。〔說文〕「伊，殷聖人丨衡也，尹治天下者」繫傳。又〔廣韻・歌部〕。○丨之為言猗也。〔詩・隰桑〕「隰桑有丨」陳疏。○丨，美貌。〔同上〕朱傳。○丨，棟宇之通稱。〔儀禮・士昏禮〕「當丨東面致命」平議。○丨，近也。〔廣韻・歌部〕○丨，一曰比也。〔集韻・歌部〕○丨，一曰慢應。〔同上〕○丨，細繒也。〔史記〕「丨縞」雜志。○夷人自曰丨。〔本草・卷三四〕○偏高曰丨丘。〔詩・載馳〕「陟彼丨丘」朱傳。○四丨謂楣之蓋四垂也。〔左傳成公二年〕「椁有四丨」疏證。○今巴濮之人自呼丨陽者，丨即我也。〔釋詁〕「陽，予也」郝疏。○丨丨，猶喝喝也，歎息聲。〔通雅・卷一○〕○金史呼長子為丨迭。〔通雅・卷一九〕○今人作書與子，亦自稱丨翁。〔同上〕○江南曰丨媽，或作姥，或呼為妳，因作奶。〔同上〕○江南呼母曰丨姐。〔同上〕○丨戎，從弟也。〔同上〕○巴人自稱曰丨陽。〔同上〕○丨堵，猶今之這箇也，不可定指為錢。〔通雅・卷四九〕○丨堵，猶今所謂兀底也。〔同上〕引馬永卿。○丨魏，草木汁也。〔通雅・卷四二〕○丨房亦曰丨城。〔史記・始皇本紀〕「先作前殿丨房」志疑。

○丨衡，蓋師保之官。〔詩・長發〕「實維丨衡」集疏。○丨衡是官，非名也。〔史記・殷本紀〕「伊尹名丨衡」志疑。○丨濫堆，驪山鳥也。〔通雅・卷四五〕○丨𨈫迴，即丨濫堆也。〔通雅・卷四五〕引李白詩「羌笛橫吹丨𨈫迴」。○丨耨達，正梵音云丨那婆達多，唐云無熱惱池，在五印度北有此龍池。〔述三藏記〕「丨耨達」音義。○丨素洛，不飲酒神也。〔大般若經・卷五四〕「丨素洛」音義。○丨練若，亦云丨蘭若，梵語，寂静處也。〔同上〕○〔説文定聲・卷一〇〕丨，叚借為倚。〔詩・長發〕「實惟丨衡」。○〔同上〕丨，叚借為羅。〔列子・周穆王〕「衣丨錫」。○〔同上〕丨，叚借為娿。〔後漢・崔寔傳〕「丨保」。○丨即娿之叚字。〔書・君奭〕平議。○丨與誽，一聲之轉。〔方言六〕「荆齊曰誽與猶秦晉言丨與」箋疏。○丨與奇衺之衺，聲亦相近。〔廣雅・釋詁二〕「丨，衺也」疏證。○有丨，即丨丨也。〔詩・隰桑〕「隰桑有丨」集疏。○丨即娿也。〔説文〕「娿，女師也」段注。○丨難，即丨那也。〔釋詁〕「那，衆也」郝疏。○丨那與猗儺同。〔廣雅・釋草〕「鬼桃，羊桃也」疏證。○丨匼即丨邑。〔通雅・卷七〕○丨澤，〔水經注〕引作柯澤。〔左傳襄公一四年〕「敗公徒于丨澤」洪詁。○少丨，晉灼〔音義〕作少倚。〔漢書・王莽傳〕「少丨」補注引宋祁。○丨郍，今承用作婀娜。〔漢書・司馬相如傳〕「猗柅從風」補注。○丨富汗即愛烏罕。〔漢書・張騫傳〕「西擊塞王」補注引郭嵩燾。

## 和

丨，中丨也。〔左傳昭公二八年〕「慈丨徧服曰順」洪詁引服虔。○剛柔得道謂之丨。〔論語・學而〕「丨為貴」刘正義引〔賈子・道術〕。○丨，從容不迫之意。〔同上〕朱注。○丨，順也，諧也。〔廣韻・戈部〕○丨，不堅不柔也。〔同上〕○丨者，無乖戾之心。〔論語・子路〕「君子丨而不同」朱注。○丨，布也。〔説文〕「憂，丨之行也」繫傳。○丨，鈴也。〔詩・蓼蕭〕「丨鸞雝雝」陳疏。○丨即利也。〔易・乾〕「保合大丨」李疏。○軾前曰丨。〔詩・載見〕「丨鈴央央」朱傳。○丨，棺兩頭水。〔國策・魏策二〕「見棺之前丨」鮑注。○棺前曰丨。〔通雅・卷三四〕○軍門曰丨。〔國策・齊策一〕「與秦交丨而舍」鮑注。○丨謂軍門也。〔漢書〕「攻其前垣」雜志。○丨猶應。〔國策・秦策一〕「少者丨汝」鮑注。○丨與小鼓名應同。〔釋樂〕「小者謂之丨」郝疏。○宣之為丨，猶桓之為丨也。〔周禮・大宰〕「始丨布治于邦國」述聞。○丨平，亦悦懌也。〔釋言〕「夷，悦也」郝疏。○丨聲，即纏聲也。〔通雅・卷二九〕○丨恒，猶恒丨也。〔書・洛誥〕「丨恒四方民」孫疏。○軍門為丨門。〔漢書〕「攻其前垣」雜志。○兩軍相對為交丨。〔同上〕○丨旨，調美也。〔詩・賓之初筵〕「酒既丨旨」朱傳。○酸鹹甘苦不同嘉味以濟謂之丨羹。〔説文〕「鬻，五味盉羹也」義證引〔申鑒・雜言〕。○丨市，猶周之質人也。〔通雅・卷二七〕○丨鸞，皆鈴也。〔大戴・保傳〕「升車則聞丨鸞之聲」王詁。○丨者，通作龢。〔釋詁〕「諧，丨也」郝疏。○丨、龢古通用。〔廣雅・釋詁二〕「利，丨也」疏證。○丨為龢之叚借。○〔詩・那〕「既丨且平」通釋。○〔外傳〕丨作龢。〔左傳昭公元年〕「秦伯使醫丨視之」洪詁。○丨當作龢。〔説文〕「諴，丨也」段注。又〔説文〕「講，丨解也」段注。又〔説文・上説文書〕「神人以丨」段注。又〔説文〕「中，丨也」義證。○丨當為龢。〔説文〕「調，丨也」義證。又〔説文〕「龤，樂丨龤也」義證。○丨當作盉。〔説文〕「曆，丨也」段注。又〔同上〕義證。○丨當為盉。〔説文〕「鼎，三足兩耳，丨五味之寶器也」義證。○丨、利通。〔釋詁〕「剡，利也」郝疏。○丨當為利。〔漢書・公孫弘傳〕「順之丨起」補注引王念孫。○丨者，又通作咼。〔釋詁〕「諧，丨也」郝疏。○丨，又通作瑀。〔同上〕○古聲宣與丨相近，故宣字通作丨。〔禮記・月令〕「布德丨令」述聞。○丨當讀為宣。〔書・盤庚上〕「女不丨吉言于百姓」平議。○丨，亦讀為宣。〔大宰職〕「丨布治于邦國都鄙」述聞。○丨，當讀為宣。〔禮記・月令〕「布德丨令」述聞。又〔大宰職〕「始丨布治于邦國」述聞。○丨，亦當讀為宣。〔月令〕「布德丨令」述聞。○丨讀唱丨之丨。〔漢書・揚雄傳〕「陰陽清濁穆羽相丨兮」補注。○丨、胡聲轉。〔釋丘〕「方丘，胡丘」郝疏。○丨本係唱丨字，今則槩用丨而龢廢矣。〔説文〕「調，龢也」段注。○丨當作何。〔漢書・藝文志〕「田丨傳之」補注引錢大昭。○丨當為私字之誤也。〔荀子・正名〕「其丨樂少矣」集解引王念孫。

## 咊

丨，即今和字也，讀若甘受和之和。〔淮南子〕「齊和萬方」雜志。○〔説文定聲・卷一〇〕丨，叚借為龢。〔周語〕「樂從和」。○丨，古文和字。〔廣韻・戈部〕○和，古書作丨。〔集韻・戈部〕

## 龢

丨，調也。〔説文〕「劦，同力也」段注。○不剛不柔曰丨。〔説文繫傳・通論〕○丨田，曰柔地曰潤解，對剛土而言。〔説文〕「畭，丨田也」段注。○今聲之嘈囋稱丨。〔文選・洞簫賦〕「行鍖銋以丨囉」集釋。○丨，軍門也。〔國語・吳語〕「還軍接丨」述聞。○丨，通作和。〔釋訓〕「廱廱，丨也」郝疏。○和、丨，古通用。〔廣雅・釋詁三〕「利，丨也」疏證。○經傳多假和為丨。〔説文〕「丨，調也」段注。○丨，經典借和字。〔同上〕義證。○丨，經傳多以和為之。〔説文定聲・卷一〇〕○丨，古和字，諧也，合也。〔廣韻・戈部〕○丨，各本作和。〔説文〕「調，丨也」段注。又〔説文〕「垸，㠯桼丨灰丸而髹也」段注。○丨，俗作和。〔説文・上説文書〕「神人以和」段注。

## 波

丨，丨浪。〔廣韻・戈部〕○丨之言丨蕩也。〔廣雅・釋水〕「陽侯，丨也」疏證。○蜀謂老為丨。〔通雅・卷一九〕○丨與裨聲同，裨，益也。〔左傳僖公二三年〕「其丨及晉國者」疏證引沈欽韓。○丨瀾，即淵源也。〔義府・卷下〕○丨蕩，即播蕩也。〔莊子・外物〕引司馬注「丨臣謂丨蕩之臣」述聞。○丨盪猶播蕩也。〔西京賦〕「河渭為之丨盪」述聞。○丨律或作婆律，即今之冰片也。〔通雅・卷四三〕○丨、陂通用。〔漢書・地理志〕「富丨」補注。○丨，義近傍。〔漢書・西域傳〕「丨河西行至莎車」補注引徐松。○丨，假借為陂字。〔説文〕「丨，水涌流也」段注。○丨與播，古字通。〔周官・職方氏〕注「丨讀為播」述聞。又〔莊子・人間世〕「夫言者風丨也」集釋。○丨，讀為播。〔左傳僖公二三年〕「丨及晉國」述聞。○丨，此水本字作藩，叚字作播。〔漢書・地理志〕「滎、丨既豬」補注。○丨，即〔禹貢〕之播。〔漢書・地理志〕「寖曰丨、溠」補注。

**科** —，程也。〔國策・秦策一〕「—條既備」鮑注。又〔通鑑・魏紀九〕「又—兵子弟十八以下、十五以上三千餘人」音注。又〔廣韻・戈部〕。○—，等也。〔論語・八佾〕「為力不同—」朱注。又〔韓子・有度〕「準夷而高—削」集解引舊注。○—，條也，本也，品也，又—斷也。〔廣韻・戈部〕○—，坎也。〔孟子・離婁下〕「盈—而後進」朱注。○—之言窠也。〔廣雅・釋水〕「阬、洫、溝、科，坑也」疏證。○—頭，不著兜鍪。〔國策・韓策一〕「跿跔—頭」鮑注。○—頭，不冠露髻也。〔通鑑・漢紀五四〕「布—頭袒衣」音注。○—條，謂—分條列，大綱已舉也。〔漢書・司馬遷傳〕「既—條之矣」補注。○—斗，蝦蟆子未生脚者。〔釋魚〕「—斗，活東」鄭註。○—戹猶婐妮也。〔說文〕「戹，—戹，木節也」義證。○〔說文定聲・卷一〇〕—，叚借為坎。〔孟子〕「盈—而後進」。○（同上）—叚借為戹。〔易・說卦傳〕「為—上槁」。○康、坑、歁、—、渠，皆空之轉聲也。〔廣雅・釋水〕「阬，坑也」疏證。○—與窾，聲亦相近。〔廣雅・釋詁三〕「窾、—，空也」疏證。○〔說文定聲・卷一〇〕—，字亦作蝌。〔書・序〕「—斗文字」。

**柯** —，斧柄。〔中庸〕「詩云伐—伐—」朱注。又〔國策・魏策一〕「將成斧—」鮑注。○—，斧柄也。〔詩・伐柯〕「伐—如何」朱傳。○—斧者，大斧也。〔說文〕「—，斧柄也」段注。○—，枝也。〔楚辭・九辯〕「—彷佛而萎黃」補注引五臣。又〔慧琳音義・卷七五〕引顧野王。○—，枝—。〔廣韻・歌部〕○—，斧—。（同上）○—之假借為枝—。〔說文〕「—，斧柄也」段注。○孟謂之—也。〔說文定聲・卷一〇〕○—，榦也，古聲—與榦同。〔廣雅・釋水〕「—，莖也」疏證。○榦、笴、—，聲義並同也。（同上）○—、股，聲之轉也。〔廣雅・釋水〕「笳、股，枝也」疏證。○—與括同，括、—一聲之轉。〔釋詁〕「—，法也」郝疏。○—欘，轉為—舒，又為哥舒。〔通雅・卷三五〕○—陵即加陵。〔釋地〕「陵莫大於加陵」郝疏。又〔公羊傳成公一七年經〕「六月乙酉同盟于—陵」陳疏。○—陵，〔淮南・人間〕作嘉陵。〔左傳成公一七年經〕「同盟于—陵」洪詁。○—作和。〔漢書・地理志〕「屬袞州」補注。○—，即阿也。〔史記・六國年表〕「趙相魏相會魯—盟」志疑。○〔說文定聲・卷一〇〕—，字亦作笴。〔考工記〕「妢胡之笴」。○景德本—作牁。〔漢書・昭帝紀〕「牂—談指」補注引宋祁。

**陀** —，陂—，不平之皃。〔廣韻・歌部〕○—，或作陁。〔集韻・戈部〕○—、阤、陁，三字並通。〔廣雅・釋詁一〕「陁、阤，壞也」疏證。

**陁** —，邪貌。〔漢書・天文志〕「山崩及—」補注。○—，俗陀字。（同上）○—，一作阤。（同上）○迆、池、施、—，並字異而義同。〔廣雅・釋詁二〕「迆，衺也」疏證。○—與陀同。〔廣雅・釋詁二〕「陂陀，衺也」疏證。

**娥** —，美好也。〔廣韻・歌部〕○—，娙—，女子長而好也。〔說文〕「—，帝堯之女舜妻—皇也」繫傳。○英與—同義。〔廣雅・釋詁一〕「—，美也」疏證。○—與峩字異義同。〔方言一〕「—，好也」箋疏。○〔說文定聲・卷一〇〕—，以俔為之，俔、—雙聲。〔大戴・五帝德〕「俔皇」。

**蛾** —，蠶—。〔廣韻・歌部〕○—，蠶蛾也，其眉細而長曲。〔詩・碩人〕「螓首—眉」朱傳。○—眉，形若蠶蛾眉也。〔離騷〕「衆女嫉余之—眉兮」補注引顏注。○地生為菌，木生為—。〔本草・卷二八〕○北人曰—，南人曰蕈。（同上）○—與蟻通。〔左傳僖公一五年〕「—析謂慶鄭曰」洪詁引婁壽。○古—與蟻通。（同上）疏證引婁壽。○—，亦娥之假借，好。〔詩・碩人〕「螓首—眉」通釋。○—，作—者，字之假借，娥者，美好輕揚之意。（同上）後箋引〔詩小學〕。○—，古蟻字。〔楚辭・天問〕「蠡—微命」補注。○—、蟻，古今字。〔說文〕「—，羅也」義證。○—同蟻。〔左傳宣公一二年〕疏證。○—同螘。〔墨子・公孟〕「是猶荷轅而擊—也」閒詁引畢沅。○三家—作娥。〔詩・碩人〕「螓首—眉」集疏。○—傅即蟻附。〔墨子・備蛾傳〕「子問—傅之守邪」閒詁引洪頤煊。○—同䖸。〔集韻・歌部〕

**䖸** 〔說文定聲・卷一〇〕—，謂借為豸。〔列子・黃帝〕「禽獸蟲蛾」釋文「無足曰蛾」。○（同上）—叚借為蝥。〔海內北經〕「朱蛾其狀如—」。

**鵝** 雁，—也。〔晏子春秋〕「鳧雁」雜志。○對文則—與雁異，散文則—亦謂之雁。（同上）○鴈、—，古人則通。〔釋鳥〕「舒鴈，—」郝疏。○—，鳥名。〔集韻・歌部〕

**蘿** —，女—。〔廣韻・歌部〕○—菔，或作蘿蔔，根菜名也。〔慧琳音義・卷一二〕○—蒿，可以覆蠶，故謂之—。〔本草・卷一五〕○—摩，即羊婆奶，白環藤也。〔通雅・卷四一〕○—，叚借為籬，實為杝，實亦借為羅也。〔說文定聲・卷一〇〕○—蔔與盧菔同，又作羅服。〔方言三〕「蘴蕘，蕪菁也，其紫華者為蘆菔」箋疏。○—蔔轉為萊菔。（同上）○—者，羅之誤。〔說文〕「椽，羅也」段注。

**荷** —，芙蕖也。〔詩・澤陂〕「有蒲與—」朱傳。○—華，芙蕖也。〔詩・山有扶蘇〕「隰有—華」朱傳。○—，芙蓉之莖。〔楚辭・招魂〕「雜芰—些」補注引五臣。○—，其花亦曰夫容。〔說文定聲・卷一〇〕○—茄、菡萏亦可互稱。（同上）○—禮，苛禮也。〔通雅・卷五〕○—，此謂定陶之菏澤。〔漢書・地理志〕「又東至于—」補注引段玉裁。○菏、—通用。〔漢書・地理志〕「道—澤」補注。○儋何字本作何，作—者借字耳。〔漢書〕「—鍤」雜志。○—字當讀為苛，古字通也。〔周書・王權〕「官庶則—」平議。○〔說文定聲・卷一〇〕—，叚借為苛。〔漢書・酈食其傳〕「皆握齱好—禮」。○漢人多用—為訶。〔說文〕「呧，苛也」段注。○—與何同。〔廣雅・釋水〕「河，何也」疏證。又〔墨子・明鬼下〕「在—繈之中」閒詁引畢沅。○—，當作何。〔詩・清人〕「二矛重僑」陳疏。○—，魯作茄。〔詩・澤陂〕「有蒲與—」集疏。

**何** —，荷。〔詩・長發〕「—天之休」朱傳。○—，任也。〔詩・玄鳥〕「百祿是—」朱傳。○—，克負也。〔說文〕「—，儋也」義證引〔玉篇〕。○—，揭。〔詩・候人〕「—戈與祋」朱傳。○—，揭也。〔詩・無羊〕「—蓑—笠」朱傳。○—，當也。〔易・大畜〕「—天之衢」李疏引虞注。○—者，問也。〔說文〕

「—，一曰誰也」段注。又〔說文〕「誰，—也」義證引〔白帖〕注。○—者，辭也。〔說文〕「—，一曰誰也」段注。○—者，詰辭也。〔公羊傳桓公二年〕注「—者，將設事類之辭」陳疏。○呵、—音同即義同也。〔文選・過秦論〕「陳利兵而誰—」集釋。○—，初見而驚訝之詞。〔詩・何彼襛矣〕「—彼襛矣」集疏。○—論，試題也。〔通雅・卷三〕○—，字亦作蚵，蜥易之屬。〔說文定聲・卷一〇〕○—者，曷也。〔公羊傳桓公二年〕注「—者，將設事類之辭」陳疏。○—者，奚也。（同上）○—者，孰也。（同上）○—與孰同義。〔史記〕「予秦地—如毋予孰吉」雜志。○—猶奈—也。〔史記〕「謂天下—」雜志。○—與猶—為也。〔漢書〕「—與」雜志。○—其，即—居也，居，語詞也。〔詩・園有桃〕「子曰—其」通釋。○—曾，—乃也，—則也。〔釋詞・卷八〕○—則，—也也。〔釋詞・卷八〕○—遽，或言奚遽，或言豈遽，或言庸遽，或言寗遽，其義一也。〔漢書〕「—遽不若漢」雜志。○—遽，或言豈鎧，或言豈遽，或言庸詎，其義一也。〔荀子〕「豈遽知」雜志。○可與—通。〔左傳宣公一二年〕「又可以為京觀乎」洪詁。○可與—，古本通用。〔左傳昭公八年〕「若—吊也」平議。○古—字通作可。〔左傳襄公一〇年〕「則—謂正矣」述聞。○—與呵通。〔廣雅・釋言〕「譙，呵也」疏證。○—，亦借為呵。〔說文〕「—，一曰誰也」段注。○古苛、—通。〔漢書・爰盎傳〕「絲能日飲，亡—」補注引吳仁傑。○〔說文定聲・卷一〇〕—，或曰借為訶。〔史記・秦皇紀〕「陳利兵而誰—」。○（同上）—，段借發聲之詞。〔易・大畜〕「—天之衢」。○（同上）—，以河為之。〔童子逢盛碑〕「無可柰河」。○—，經傳亦以荷為之。〔說文定聲・卷一〇〕○—，以柯為之。（同上）○—，讀為枷。〔春秋名字解詁〕「宋公子—字弗父」述聞。○古音—與枷通，故枷通作—。（同上）○誐與—音近。〔左傳襄公二七年〕「—以恤我」洪詁。○害、曷、胡、盍、—，皆一聲之轉也。〔廣雅・釋詁三〕「害，—也」疏證。○—樓，活絡之轉語也。〔通雅・卷四九〕○—當為丂。〔說文〕「誰，—也」義證。○誰—之—本作可。〔說文〕「誰，—也」義證引張弨。○—，魯作胡。〔詩・山有樞〕「—不日鼓瑟」集疏。又〔揚之水〕「云—其憂」集疏。又〔天保〕「—福不除」集疏。○〔史記〕—作胡。〔左傳哀公五年〕「—黨之乎」洪詁。○—為，〔新序〕作胡為。〔左傳襄公三一年〕「—為」洪詁。○舊校云，—一作曷。〔呂覽・異寶〕「今我—以子之千金劍為乎」校正。○官本注—作河。〔漢書・成帝紀〕補注。○〔史・表〕—作河。〔漢書・高惠高后文功臣表〕「後七年，侯—嗣」補注。○—與荷通。〔易・大畜〕「—天之衢」李疏。○儋—字本作—，作荷者借字耳。〔漢書〕「—鍤」雜志。○—讀如擔荷之—。〔管子・小匡〕「用此五子者—功」義證引孫星衍。○—與荷同。〔易・噬嗑〕「—校滅耳」李疏。○—，齊作荷。〔詩・候人〕「—戈與祋」集疏。○—，石經及諸本作荷。〔左傳隱公三年〕「百祿是—」洪詁。○—俗作荷。〔說文〕「—，儋也」段注。○通行本—作乎。〔左傳成公二年〕「可若—」疏證。○—，辭也。〔廣韻・歌部〕

**過**

—，越也。〔說文〕「—，度也」義證引〔玉篇〕。○—，經也。〔廣韻・戈部〕○—，甚也。〔國策・卷上〕「—頤豕視若是者信反」札記引高彼。○—，猶勝也。〔國策・趙策四〕「—趙已安邑矣」鮑注。○—，猶多。〔國策・宋衛策〕「夫人於事已者—急」鮑注。○—，猶誤。〔國策・秦策二〕「—聽於張儀」鮑注。○—，猶誤也。〔國策・秦策三〕「是王—舉顯於天下」鮑注。○—，猶失。〔國策・齊策六〕「君臣—計」鮑注。○—者，罪之小者。〔國策・趙策二〕「忠無—罪」鮑注。○—，猶不幸。〔國策・趙策三〕「—而遂正於天下」鮑注。○〔通雅・卷四九〕辰州人謂以物予人曰—。〔唐詩紀事〕「宮人手裡—茶湯」。○—意，猶言—垂恩意。〔漢書・公孫弘傳〕「陛下下—意擢臣弘卒伍之中」補注引周壽昌。○—官，—門下省也，猶今之—堂也。〔通雅・卷二二〕○—，—所也。〔廣韻・戈部〕○—所，猶今之遞鋪也，因以—所文書，亦名—所。〔通雅・卷三八〕○〔說文定聲・卷一〇〕—，字亦作渦。〔爾雅・釋水〕「—辨回川」。○—，當為遇，字之誤也。〔左傳襄公三〇年〕「—諸廷」述聞。○—，或作遇。〔莊子・漁父〕「今者丘得遇也」集釋。

**磨**

—，研—也。〔慧琳音義・卷八〕引〔考聲〕。○—，—礪。〔廣韻・戈部〕○治石謂之—。〔集韻・戈部〕○—，拭也。〔慧琳音義・卷三〕引〔韻英〕。○—蝎，忌犯也。〔通雅・卷四〕○古—、摩通用。〔說文〕「槸，木相摩也」句讀。○—與摩同。〔廣雅・釋詁三〕「摩，近也」疏證。又〔左傳宣公一二年〕疏證。○—，齊作摩。〔詩・淇奧〕「如琢如—」集疏。○—當作摩，古今字也。〔荀子・正論〕「是規—之說也」集解引郝懿行。○舊校云，—一作靡。〔呂覽・誠廉〕「丹可—也」校正。○—，當作䃺。〔說文〕「䃺，碎也」義證。○—，或作攠。〔慧琳音義・卷八〕○—，當作磿。〔史記・樂毅列傳〕「故鼎反乎—室」志疑。○—，乃磿之訛。〔史記・高祖功臣侯者年表〕「功比—侯」志疑。○—，乃磿之譌，與歷通。〔史記・春申君列傳〕「王又割濮—之北」志疑。

**螺**

—，蚌屬。〔廣韻・戈部〕○今海邊人凡戴殼者通謂之—。〔釋魚〕「蝟，蠌」郝疏。○—之無殼者古亦乎—，有殼者正評螔蝓。〔說文〕「蝓，虒蝓也」段注。○蠡與—通。〔荀子〕「忽兮其極之遠也」雜志。○—與蟧，聲相轉。〔釋魚〕「小者蟧」郝疏。

**蠃**

—同螺。〔廣韻・戈部〕○—即螔蝓。〔說文〕「蝸，蝸—也」段注。○—者，今人所用螺字。（同上）○—，樂器也。〔慧琳音義・卷三〕○—，古多叚蠡為之。〔說文〕「蝸，蝸—也」段注。○—音螺。〔釋魚〕「蚹—，螔蝓」鄭註。○—，俗作螺。〔慧琳音義・卷三〕○—，或作螺。〔集韻・戈部〕○—，或作螺，俗字也。〔慧琳音義・卷一〕○—，俗字作螺。〔說文定聲・卷一〇〕

**禾**

—者，穀連藁秸之總名。〔詩・七月〕「十月納—稼」朱傳。○—象穗成，故為嘉穀之通名。〔說文定聲・卷一〇〕○穀已秀曰—。（同上）○—，稷也。〔說文〕「米，粟實也，象—實之形」義證。○—，粟苗。〔廣韻・戈部〕○—即粱也，為今之小米。〔詩・七月〕「—麻菽麥」通釋。○—者，今之小米。

〔說文〕「苗，艸生於田者」段注。○丨，即今之小米也。〔書·周書序〕「唐叔得丨」孫疏。○丨粟者，今之小米。〔說文〕「莠，丨粟下揚生莠也」段注。○丨，粟之有稾者也，其實粟也，其米粱也。〔說文〕「丨，嘉穀也」義證引程瑤田。○丨銜滋液以生，故以丨為名。（同上）義證引〔春秋說題辭〕。○丨者，五穀之龢氣也。〔說文繫傳·通論〕○丨之言和也。〔說文〕「丨，嘉穀也」義證引〔五經文字〕。○丨當作和。〔呂覽·必己〕「以丨為量」平議。○丨成作和城，在鉅鹿敬武貫縣之閒。〔漢書·高惠高后文功臣表〕「丨成孝侯公孫者」補注。

**窠**

丨，丨窟，又巢。〔廣韻·戈部〕○今江蘇語言通名禽獸所止曰丨。〔說文〕「巢，鳥在木上曰巢，在穴曰丨」段注。○凡言丨者，皆中空之義。〔廣雅·釋宮〕「丨，巢也」疏證。○丨，或借薖為之。〔說文〕「丨，空也」段注。○〔說文定聲·卷一〇〕丨，以薖為之。〔詩·考槃〕「碩人之薖」。○（同上）丨，以科為之。〔孟子〕「盈科而後進」。○丨，或借科為之。〔說文〕「丨，空也」段注。○丨，其字亦作窾。（同上）

**哥**

丨，古作歌字，今呼為兄也。〔廣韻·歌部〕○丨，發聲之語，如可而平，今以為稱兄之詞。〔說文定聲·卷一〇〕○丨猶歌也。〔說文〕「丨，聲也」繫傳。○丨或借為歌字。（同上）○丨，〔書〕作歌，官本丨並作歌。〔漢書·藝文志〕「詩言志，丨詠言」補注引錢大昭。

**娑**

丨訶，此言能忍或堪忍，一言雜會世界也。〔放光般若經·卷一〕「丨訶」音義。○婆丨，舞者之容。〔廣韻·歌部〕○丨，通作沙。〔說文〕「丨，舞也」義證。○丨，亦省作沙。（同上）句讀。

**駝**

丨，駱丨。〔廣韻·歌部〕○驝駝，即駱丨。〔慧琳音義·卷一三〕

**駞**

丨，駝俗字。〔廣韻·歌部〕○丨，正作駝，背有肉鞍能負重，善行致遠。〔慧琳音義·卷六〕引〔玉篇〕。

**佗**

丨，背負曰丨。〔說文〕「丨，負何也」義證引〔六書故〕。○本訓謂人負物，故畜産載負亦曰丨。〔說文定聲·卷一〇〕○丨，加也。〔詩·小弁〕「予之丨矣」朱傳。○丨，加為丨之本義。（同上）後箋。○丨訓荷，故亦訓加。（同上）平議。○丨與拸亦聲近義同。〔廣雅·釋詁二〕「丨，加也」疏證。○丨與訑通，欺也。〔方言一〕「言謾訑」箋疏。○丨丨，美也。〔廣韻·歌部〕○丨與姹同，為夸美之義。〔漢書·韓安國傳〕「即吕嫪鄙小縣」補注。○〔說文定聲·卷一〇〕丨，發聲之詞，字亦作他。〔呂覽·貴生〕「又況於他物乎」。○蛇與丨通。〔詩·君子偕老〕「委委丨丨」陳疏。○丨，讀為紽。〔春秋名字解詁〕「陳公子丨字五父」述聞。○丨，亦它之聲借。〔釋訓〕郝疏。○丨，字亦以它為之。〔說文定聲·卷一〇〕○他與丨同。〔史記·陳杞世家〕「蔡人為丨殺五父及桓公太子免而立丨，是為厲公」志疑。○丨音駝。〔詩·君子偕老〕「委委丨丨」朱傳。○丨，非我也。〔廣韻·歌部〕○他，俗丨字，今通用。（同上）○丨即訑。〔說文〕「訑，加也」義證。○北宮丨，丨作他。〔左傳昭公一一年經〕「北宮丨鄭罕虎」洪詁。○〔史記〕丨作他。〔漢書·陸賈傳〕「尉丨平南越」補注。○丨，隸變為他，用為彼之偁。〔說文〕「丨，負何也」段注。○丨，〔書〕疏引作鮀。〔左傳定公四年〕「使祝丨從」洪詁。○丨，字亦作拕。〔詩·小弁〕「予之丨矣」平議。○丨俗字為駝，為馱。〔說文〕「丨，負何也」段注。○丨，俗字作駝，作馱。〔說文定聲·卷一〇〕○丨，俗字作馱。（同上）句讀。○丨，各本誤作鮀。〔漢書·古今人表〕「祝丨父」補注引梁玉繩。○橐丨，今俗譌誤，謂之駱駝。〔說文〕「丨，負何也」繫傳。

**他**

丨，古通作也。〔墨子〕「也」雜志。○丨，古字作陀。〔太玄·窮〕「禍天以丨」平議。○丨，〔後漢書·謝弼傳〕注引作它。〔書·秦誓〕「無丨技」孫疏。○丨，元作池。〔國策·秦策四〕「王何不召公子丨而問焉」鮑注。

**沱**

丨，江之別者。〔詩·江有汜〕「江有丨」朱傳。○丨有二義，一為陂，一為江丨。〔說文〕「丨，江別流也」義證。○丨，陂也。（同上）○丨，滂丨，大雨也。〔廣韻·歌部〕○〔說文定聲·卷一〇〕丨，在今湖北荊州府入漢，即夏水也。〔書·禹貢〕「荊州丨潛既道」。○（同上）丨，在今四川成都府郫縣北，一名郫江，至瀘州復入江。〔釋水〕「江為丨」。○丨，謂江水出別為丨也。〔廣韻·歌部〕○丨，江別流出㟭山東，別為丨。〔楚辭·離世〕「淩黃丨而下低兮」補注。○丨，今又為池字。〔說文〕「丨，江別流也」繫傳。○丨若，一作池若、沲若、𣸣若。〔通雅·卷八〕

**鼉**

丨，似蜥，長丈餘，皮可冒鼓。〔詩·靈臺〕「丨鼓逢逢」朱傳。

**峩**

丨，嵯丨。〔廣韻·歌部〕○丨之言岭峨。〔廣雅·釋詁四〕「丨，高也」疏證。○丨丨，盛壯也。〔詩·棫樸〕「奉璋丨丨」朱傳。○丨丨，高貌。〔楚辭·招魂〕「增冰丨丨」補注引五臣。○嵯丨，疊韻連語，與厜㕒同字，亦作厜㕒。〔說文定聲·卷一〇〕○丨眉，本以兩山相對如丨眉，故名。〔通雅·卷一四〕○丨丨與儀儀，古亦同聲。〔廣雅·釋訓〕「娥娥，容也」疏證。○丨與娥同。（同上）

**那**

丨，多。〔詩·那〕「猗與丨與」朱傳。○丨，多也。〔詩·桑扈〕「受福不丨」朱傳。又〔廣韻·歌部〕。○丨，安。〔詩·魚藻〕「有丨其居」朱傳。○丨，何也。〔廣韻·歌部〕○丨，都也。（同上）○丨，盡也。（同上）○丨，於也。（同上）又〔釋詁〕「丨，於也」述聞。○丨者，奈之轉也。〔釋詞·卷六〕○丨者，奈何之合聲也。〔釋詞·卷六〕○今人用丨字，皆為奈何之合聲。〔說文〕「丨，西夷國」段注。○丨、儺雙聲通用。〔詩·桑扈〕「受福不丨」通釋。○丨與奲通。〔廣雅·釋詁二〕「奲，多也」疏證。○奲為本字，丨為段借字。〔說文〕「奲，富奲奲皃」段注。○〔說文定聲·卷四〕丨，段借為多。〔爾雅·釋詁〕「丨，多也」。○（同上）丨，段借為奓。〔楚語〕「使富都丨豎贊焉」。○（同上）丨，段借為宜。〔詩·魚藻〕「有丨其居」。○（同上）丨，段借為聃。〔史記·管蔡世家〕索隱「丨季」。○（同上）阿丨，猶枝之猗儺，禾之倚移，旗之旖施。〔南都賦〕「阿丨蓊茸」。○丨羅延，梵語，欲界中天名也。〔大般若經・卷四七〇〕「｜羅延」音義。〇｜庾多，數法名也。〔大般若經・卷一〕「｜庾多」音義。〇｜蓋即毋駝之毋字，古今字也。〔說文〕「｜，西夷國」段注。

苛　｜，小草。〔國策・楚策一〕「以｜廉聞於世」鮑注。〇｜，小草生貌。〔說文〕「｜，小艸也」義證引〔玉篇〕。〇｜，引伸為瑣碎之偁。〔說文〕「嬈，｜也」段注。〇｜，引伸為凡瑣碎之稱。（同上）〇｜，細也。〔漢書・薛宣朱博傳贊〕「㠯｜察失名」補注引官本。又〔通鑑・秦紀三〕「吾問其將皆握齪，好｜禮」音注。又〔漢紀二〕「父老苦秦｜法久矣」音注。〇｜，政煩也。〔廣韻・歌部〕〇｜，以細草喻細政，猶言米鹽也。〔說文〕「｜，小草也」繫傳。〇｜，細詰問也。〔通雅・卷五〕〇｜廉，猶刻廉也。（同上）〇｜，一曰急也。〔集韻・歌部〕〇｜，謂｜刻。〔釋言〕「康，｜也」鄭註。〇｜，害也，音柯。〔太素・調陰陽〕「大風｜毒」楊注。〇｜，鼻病，有本作苟。〔太素・熱病說〕「｜軫鼻」楊注。〇｜、妎聲轉，義相成。〔釋言〕「｜，妎也」郝疏。〇｜，怒也。〔廣韻・歌部〕〇｜、妎一聲之轉，皆怒也。〔方言二〕「｜，怒也」箋疏。〇｜、妎皆怒也，｜、妎一聲之轉。〔廣雅・釋詁二〕「齘、苛，怒也」疏證。〇｜、訶、呵，聲近義並同。〔方言二〕「｜，怒也」箋疏。〇訶、呵、｜，義相近。〔廣雅・釋言〕「詆，呵也」疏證。〇｜與何同音通訓。〔漢書・王莽傳〕「關津｜留」補注引蘇輿。〇｜與何通。〔廣雅・釋詁二〕「｜，問也」疏證。〇｜，通作荷。〔釋言〕「康，｜也」郝疏。〇〔說文定聲・卷一〇〕｜叚借為疴。〔禮記・內則〕「疾痛｜養」。〇｜與訶同，即詆訶之訶。〔詩・召閔〕「皋皋訿訿」後箋。〇〔說文定聲・卷一〇〕｜叚借為訶。〔禮記・王制〕「譏｜察」。〇｜者，訶之假借字。〔說文〕「呧，｜也」段注。〇〔說文定聲・卷一二〕｜，即訶之借字。〔說文〕「詆，｜也」。（「詆」下）〇｜即訶。〔說文〕「呧，｜也」義證。〇｜，亦當作訶。〔說文〕「呰，｜也」段注。〇｜，或借荷字。〔說文〕「｜，小艸也」義證。〇｜當作荷，同音叚借字。〔釋言〕「康，｜也」平議。〇古｜字本作荷。〔左傳昭公一三年〕「｜慝不作」洪詁引惠棟。〇｜癢，一作｜癢、疴痒。〔通雅・卷一八〕

訶　｜，責也。〔廣韻・歌部〕〇｜，怒也。（同上）〇｜者，大言而怒也。〔慧琳音義・卷七〕引〔考聲〕。〇〔說文〕「舌，語相｜相歫也」句讀。〇｜，怒也。〔廣韻・歌部〕〇相｜，謂以惡聲加人。又〔廣韻・歌部〕。〇｜，責也。〔說文〕「舌，語相｜相歫也」句讀。〇｜、呵、苛，義相近。〔廣雅・釋言〕「詆，呵也」疏證。〇漢人｜多假荷為之。〔說文〕「詆，｜也」段注。〇｜，字亦作呵，經傳皆以苛為之。〔說文定聲・卷一〇〕〇｜，字亦作呵。〔廣雅・釋詁二〕「｜，怒也」疏證。〇｜，俗作呵。〔說文〕「｜，大言而怒也」義證。〇〔說文定聲・卷一〇〕｜，字亦作歌。〔廣雅・釋詁二〕「歌，息也」。〇（同上）｜，字亦作嘲。〔廣雅・釋訓〕「呵呵、嘲嘲，笑也」。〇呵同｜。〔廣韻・歌部〕

珂　｜，礦石類也，次於玉也。〔慧琳音義・卷二〕〇｜，石之次玉。〔文選・吳都賦〕「致遠流離與｜珹」集釋引〔廣雅〕。〇｜，白玉珮也。〔慧琳音義・卷四〕引〔韻詮〕。〇｜，馬腦。〔廣韻・歌部〕〇蓋｜者，馬勒飾，石形似之，因以名焉。〔文選・吳都賦〕「致遠流離與｜珹」集釋引〔廣雅疏證〕。〇貝大者｜，皮黃黑，骨白，可飾馬具。（同上）集釋引〔爾雅翼〕。〇老鵰化西海為珹，已裁割若馬勒者謂之｜。（同上）集釋。〇｜，謂螺屬。〔慧琳音義・卷二二〕引〔玉篇〕。〇｜，螺屬也，在海中。〔文選・吳都賦〕「致遠流離與｜珹」集釋引〔玉篇〕。〇｜，或作砢。（同上）集釋引〔集韻〕。

軻　〇｜，車接軸。〔集韻・歌部〕〇轗｜，猶坎坷也。〔說文定聲・卷一〇〕

痾　｜，病也。〔廣韻・歌部〕〇｜，病皃。〔說文〕「蠥，禽獸蟲蝗之怪謂之蠥」段注。〇｜者，病气有所倚也。〔說文〕「疒，｜也」繫傳。〇｜，猶倚也。〔說文〕「疴，病也」繫傳。〇｜同疴。〔集韻・歌部〕

莎　｜，草也。〔說文〕「｜，鎬侯也」義證引〔玉篇〕。〇｜，香附也。〔通雅・卷四一〕〇｜，根名香附子，荊襄人謂之｜草。〔楚辭・招隱士〕「青｜雜樹兮」補注。〇｜，亦名｜隨，一名地毛，其實附根而生，謂之緹，即今香附子。〔說文定聲・卷一〇〕〇｜草一名薃，一名侯｜。〔說文〕「｜，鎬侯也」義證引〔本草〕。又〔漢書・司馬相如傳〕「薛｜青薠」補注引〔本草〕。〇｜草，其草可為笠及雨衣，疏而不沾，故字从草从沙。〔本草・卷一四〕〇｜雞，或謂之天雞。〔說文定聲・卷一〇〕〇｜，借為挼。（同上）〇｜，以沙為之。（同上）〇｜雞，古衹作沙。〔說文〕「鮀，鮎也」段注。

蓑　｜，草名，可為雨衣。〔廣韻・戈部〕〇｜，草衣也。〔說文〕「衰，艸雨衣」義證引〔玉篇〕。〇｜，因其為衣垂綏，如孝子衰衣之狀，故又从衰也。〔本草・卷一四〕〇｜與莎同音。〔廣雅・釋草〕「其蒿，青｜也」疏證。〇｜，即衰之俗。〔詩・無羊〕「何｜何笠」陳疏。〇衰，俗作｜。〔說文〕「衰，艸雨衣」義證。

梭　｜，織具。〔廣韻・戈部〕〇｜，謂織｜，行緯者也。〔慧琳音義・卷五八〕〇｜，持緯者。〔說文〕「縢，機持經者」義證。〇〔說文定聲・卷一五〕｜，即杼也。〔通俗文〕「｜，織具也，所以行緯」。〇｜，今人訓織具者，用為杼字也。〔說文〕「｜，｜木也」段注。〇｜，又作桫、筊。〔慧琳音義・卷五八〕〇〔說文定聲・卷一五〕｜，字亦作桫。〔廣雅・釋器〕「桫謂之縢」。

桫　｜同梭。〔廣韻・戈部〕〇｜，亦作梭。〔說文〕「縢，機持經者」義證引〔玉篇〕。又〔廣雅・釋器〕。

婆　｜，老母稱也。〔廣韻・戈部〕〇｜，一曰女老稱。〔集韻・戈部〕〇｜，在廣西見猺人之老者，一寨呼之曰｜。〔通雅・卷一九〕〇｜娑，舞貌。〔詩・東門之枌〕「｜娑其下」朱傳。〇｜嗽，星名也。〔慧琳音義・卷五八〕〇｜羅門，梵語，即梵文天名也，唐云浮行。〔大般若經・卷三三〇〕「｜羅門」音義。〇｜，應作媻，｜俗字。〔漢書・地理志〕「｜娑其下」補注引錢坫。

摩 ｜，謂｜刀也。〔説文〕「剴，大鐮也，一曰｜」繫傳。○｜，研也。〔國策・秦策二〕「簡練以為揣｜」鮑注。○｜，亦拭也。〔廣雅・釋詁二〕「攠，拭也」疏證。○｜，近也。〔左傳宣公一二年〕「｜壘而還」疏證引〔御覽〕。○｜，猶迫也。（同上）疏證引鄭康成。○｜，言切近過之。〔國策・秦策二〕「於是乃｜燕烏集闕」鮑注。○｜，研｜，又滅也，隱也，迫也。〔廣韻・戈部〕○旋轉稱｜。〔易・繫辭上傳〕「剛柔相｜」李疏。○｜訶衍，梵語，唐云大乘也。〔仁王般若經・上卷〕「｜訶衍」音義。○｜揭陀，梵語，中天竺國名也，或云｜竭提。〔大般若經・卷一〇五〕「｜揭陀」音義。○｜頂，｜突其頂也。〔孟子・盡心上〕「｜頂放踵利天下」朱注。○｜鐧，即磨鑢。〔通雅・卷七〕○｜通作磨。〔方言七〕「希鑠｜也」箋疏。○｜亦通磨。〔説文〕「剴，一曰｜也」句讀。○｜通作磨。（同上）義證。○｜，又通作劘。（同上）○〔説文定聲・卷一〇〕｜，以磨為之。〔禮記・大學〕「如琢如磨」。○（同上）｜，叚借為礳。〔方言一三〕「｜，滅也」。○（同上）｜，叚借為縻。〔漢書・董仲舒傳〕「｜民以誼」。○（同上）｜，叚借為邇。〔禮記・禮器〕「不｜蚤」。○（同上）｜，叚借為靡。〔孟子〕「｜頂放踵」。○｜，借為靡，無也。〔説文定聲・卷一〇〕○靡與｜同。〔漢書〕「漸｜」雜志。○磨與｜同。〔廣雅・釋詁三〕「｜，近也」疏證。○｜即磨。〔漢書・司馬遷傳〕「古者富貴而名｜滅」補注引周壽昌。○｜即磨字。〔説文〕「厝，厲石也，｜也」句讀。○｜，俗作磨。〔説文〕「礱，礳也」義證。○｜，字亦作鄘。〔説文定聲・卷一〇〕○｜，字亦作𢉖。（同上）○〔史・表〕｜作麾。〔漢書・景武昭宣元成功臣表〕「下｜侯詩毒尼」補注。○｜，俗从石作磨。〔説文〕「｜，礱也」段注。○｜鋁，亦作磨鑢。〔方言七〕「燕齊｜鋁謂之希」疏證。

魔 ｜，鬼｜。〔廣韻・戈部〕○｜，鬼也。〔集韻・戈部〕○｜，梵音麼羅，唐云力也。〔大寶積經・卷一三〕「｜鬼」音義。

訛 ｜，妖語也。〔釋詁〕「｜，言也」鄭註。○｜，偽。〔詩・沔水〕「民之｜言」朱傳。又〔正月〕「民之｜言」朱傳。○｜，偽也。〔詩・正月〕後箋。○｜，謬也。〔廣韻・戈部〕○｜，動也。（同上）○｜，動。〔詩・無羊〕「或寢或｜」朱傳。○｜與行義同。〔釋詁〕「｜，言也」邵正義。○｜，化。〔詩・節南山〕「式｜爾心」朱傳。○｜化也。〔廣韻・戈部〕○｜，本訓化。〔漢書・天文志〕「｜言，誠然」補注。○｜，鈋也。〔説文定聲・卷一四〕（「刓」下）○｜言，譌言，即人之偽言。〔詩・正月〕「民之｜言」後箋。○｜言，姦偽之言。（同上）○｜、吪、為、偽，並與譌通。〔廣雅・釋詁三〕「蔿，匕也」疏證。○｜通作吪。〔釋詁〕「｜，動也」邵正義。○｜與吪通。〔廣雅・釋詁四〕「吪，言也」疏證。○｜與鈋通。〔廣雅・釋言〕「鈋，刓也」疏證。○｜者，譌之叚音也。〔釋詁〕「｜，言也」郝疏。○｜同鈋。〔漢書・吾丘壽王傳〕「海內抗敝」補注。○｜，俗字，當為譌。〔書・堯典上〕「平作南｜」孫疏。○｜，亦作吪。〔方言三〕疏證。○｜，當為吪。〔詩・無羊〕「或寢或｜」陳疏。○｜者，吪之或體也。〔釋詁〕「｜，動也」郝疏。又〔釋言〕「｜，化也」郝疏。

吪 ｜同訛。〔廣韻・戈部〕○｜，動也。〔詩・兔爰〕「尚寐無｜」朱傳。又〔説文〕「鈋，｜圜也」段注。○｜，化。〔詩・破斧〕「四國是｜」朱傳。○｜訓化者，乃動引申之義，非借｜為化。（同上）後箋。○訛、｜、為、偽，並與譌通。〔廣雅・釋詁三〕「蔿，匕也」疏證。○｜通作訛。〔釋詁〕「訛，動也」郝疏。○〔説文定聲・卷一〇〕｜，叚借為化。〔詩・破斧〕「四國是｜」。○（同上）｜，叚借為譌。〔廣雅・釋詁四〕「｜，言也」。○（同上）｜，以譌為之。〔詩・無羊〕「或寢或訛」。

譌 ｜，｜言也，當為偽言。〔説文〕「｜，｜言也」義證。○妖言曰｜。（同上）義證引〔玉篇〕。○｜，猶化也。〔廣雅・釋言〕「蔿，｜也」疏證。○｜者，假也，詐也，經傳皆以偽為之。〔説文定聲・卷九〕（「謨」下）○｜之言為也，造作語言讙譁動聽謂之｜言。〔釋詁〕「｜，言也」郝疏。○｜通作訛，又通作吪。（同上）○｜同訛。〔廣韻・戈部〕○｜或作訛，通作吪。〔集韻・戈部〕○｜、訛，古通用。〔方言三〕「｜，化也」疏證。○｜通作訛。（同上）箋疏。○｜，又通作吪。（同上）○｜、偽、為，並與蔿通。〔方言二〕「獪，楚鄭曰蔿」箋疏。○為、偽、｜古同，通用。〔説文〕「｜，｜言也」段注。○訛、吪、為、偽，並與｜通。〔廣雅・釋詁三〕「蔿，匕也」疏證。○｜，今詩作吪，假借也。〔説文〕「｜，｜言也」繫傳。○｜，或借化字。（同上）義證。○〔説文定聲・卷一〇〕｜，叚借為化。〔爾雅・釋言〕「訛，化也」。○（同上）｜，叚借為吪。〔爾雅・釋詁〕「訛，動也」。○（同上）｜，叚借為為，實為偽。〔書・堯典〕「平秩南訛」。○｜，今〔小雅〕作訛。〔説文〕「｜，詩曰民之｜言」段注。○｜，〔困學紀聞〕二引作為字。〔史記・五帝紀〕「便程南｜」志疑。

驘 ｜，驢種而馬生文也。〔説文〕「｜，驢父馬母」義證引〔通典〕。○｜者，馬牝驢牡所生，似驢而健於馬。（同上）義證引〔爾雅翼〕。○｜，其馬父驢母者為駏驉。〔説文定聲・卷一〇〕○｜，今字作騾。〔説文〕「｜，驢父馬母者也」段注。○｜，俗字作騾。〔説文定聲・卷一〇〕○｜同騾。〔廣韻・戈部〕○｜，亦作騾。〔集韻・戈部〕

騾 ｜，｜馬。〔廣韻・戈部〕○牡驢交馬而生者，｜也。〔本草・卷五〇〕○｜，驢為牡馬為牝即生｜。〔説文〕「驘，驢父馬母」義證引〔古今注〕。○｜，古文作驘，从馬，从羸，諧聲。〔本草・卷五〇〕

鞾 ｜，有頸履也。〔慧琳音義・卷一四〕引〔韻詮〕。○｜，有項履也。〔卷六五〕引〔韻詮〕。○｜，皮履也，所以華足。〔本草・卷三八〕○｜，｜鞋。〔廣韻・戈部〕○｜，胡服也。〔慧琳音義・卷六五〕○｜，胡屩也。〔卷一四〕○｜，俗作靴。（同上）○〔説文定聲・卷九〕｜，俗作靴。〔釋名〕「｜，本胡服，趙武靈王所服」。○｜｜，一作煒煒、韡韡、鞾鞾。〔通雅・卷九〕○｜，或作靴。〔集韻・戈部〕

**靴**　｜同鞾。〔廣韻·戈部〕

**頗**　｜，頭偏也。〔說文〕「曁，日｜見也」段注。○頭偏則不能全見其面，故謂事之略然者曰｜。（同上）○｜，引伸為凡偏之偁。〔說文〕「｜，頭偏也」段注。○｜，偏也。〔通鑑·唐紀五〇〕「據此｜僻」音注。○｜者，閒見之詞。〔說文·叙〕「｜改定古文」段注。○｜緣，謂其緣邪裂之。〔韓子·十過〕「蔣席｜緣」集解引顧廣圻。○｜，通作陂。〔說文〕「｜，頭偏也」義證。○偏｜當作音偏｜之｜。〔方言六〕注「偏｜」疏證。○玻璃，本作｜黎。〔通雅·卷四八〕

**瑳**　｜，玉色鮮白。〔廣韻·歌部〕○｜，鮮白色。〔詩·竹竿〕「巧笑之｜」朱傳。○｜，亦鮮盛貌。〔詩·君子偕老〕「｜兮｜兮」朱傳。○｜，當為齜之假借，開口見齒之貌。〔詩·竹竿〕「巧笑之｜」通釋。○〔說文定聲·卷一〇〕｜，段借為齹，字亦作磋。〔釋器〕「象謂之磋」。○玼、｜，異部而音近。〔詩·君子偕老〕「｜兮｜兮」陳疏。○｜，與玼署同，字亦作磋。〔說文定聲·卷一〇〕○｜，俗作磋。〔說文〕「𤮐，｜垢瓦石也」段注。○｜，字當用厝。（同上）

**抄**　｜，摩｜。〔廣韻·歌部〕

**挲**　｜同抄。〔廣韻·歌部〕○｜磨即磋磨。〔通雅·釋詁〕

**紽**　｜，蓋以絲飾裘之名也。〔詩·羔羊〕「素絲五｜」朱傳。○｜，亦為縫。（同上）後箋引集解。○｜，縫之突兀謂之｜。（同上）後箋引胡一桂。○｜，合五羊之皮為一裘，循其合處以素絲英飾。（同上）引范處義。○｜，讀為「予之佗」之佗，佗，加也，其英飾五，故曰五佗。（同上）後箋引戴震。○｜，絲數。〔廣韻·歌部〕○｜，絲數也。〔集韻·戈部〕○｜，絲之數量。〔詩·羔羊〕「素絲五｜」後箋引戴震。○五絲為｜。（同上）述聞。○〔說文定聲·卷一〇〕｜，以佗為之。〔左傳莊公二二年〕「陳公子佗字五父」。

**酡**　｜，飲而赭色著面。〔楚辭·招魂〕「朱顏｜些」補注。○｜，飲酒朱顏皃。〔廣韻·歌部〕○〔說文定聲·卷一〇〕｜，謂赭也。〔楚辭·招魂〕「朱顏｜些」。

**鮀**　｜，魚名。〔廣韻·歌部〕○｜，口腹俱大者名鱯。〔說文〕「｜，鮎也」義證引〔本草蜀本圖經〕。○｜，口小背黄腹白者名鮠，一名河㹠。（同上）○｜者，肉多形圓，陀陀然也。〔本草·卷四四〕○｜，一名鮷，亦名鯷，名鮧。〔說文定聲·卷一〇〕

**瘥**　｜，病也。〔廣韻·歌部〕○｜，通作嫅。〔釋詁〕「｜，病也」郝疏。○｜與差通。〔方言三〕「南楚病愈者謂之差」箋疏。○｜，通作差。〔廣雅·釋詁一〕「｜，瘉也」疏證。○｜，為疵之假借。〔詩·節南山〕「天方薦｜」通釋。○〔說文定聲·卷一〇〕｜，段借為差。〔說文〕「｜，瘉也」。○〔三家〕｜作嗟。〔詩·節南山〕「天方薦｜」集疏。

**莪**　｜，蘿。〔詩·菁菁者莪〕「菁菁者｜」朱傳。○｜，蒿也。（同上）又〔釋艸〕「｜，蘿」鄭註。○｜，草名，似斜蒿。〔廣韻·歌部〕○｜，俗謂之抱孃蒿。〔說文〕「｜，蘿｜，蒿屬」義證引李時珍。○｜蒿，廩蒿也。〔說文〕「菻，蒿屬」義證引〔廣志〕。○｜，美菜也。〔詩·蓼莪〕「蓼蓼者｜」朱傳。○｜秋老，亦有蒿名，始生香美可食，謂之｜。（同上）集疏。○｜，亦峩也，｜科高也。〔本草·卷一五〕○〔說文定聲·卷一〇〕｜，以儀為之。〔衡方碑〕「悼蓼儀之劬勞」。○我、義聲近，〔詩〕蓼｜，〔漢碑〕作儀是也。〔說文〕「蛾，羅也」義證。

**俄**　｜，衺也。〔左傳文公一八年〕疏證引王念孫。又〔廣雅·釋詁二〕「｜，衺也」疏證。○｜，傾貌。〔詩·賓之初筵〕「側弁之｜」朱傳。○｜爾，少選倏忽之類，促於須臾也。〔慧琳音義·卷三〕○｜，頃，速也。〔廣韻·歌部〕○｜、義同聲，故｜或通作義。〔廣雅·釋詁二〕「｜，衺也」疏證。○｜眉班，侍從先立班也。〔通雅·卷二八〕○｜眉，即蛾眉也。（同上）○〔說文定聲·卷一〇〕｜，段借發聲之詞。〔公羊傳桓公二年〕「｜而可以為其有矣」。○（同上）｜，字亦作䫏。〔廣雅·釋詁二〕「｜、䫏，衺也」。○｜、䫏，一字也。〔廣雅·釋詁二〕「｜、䫏，衺也」疏證。

**哦**　｜，吟｜。〔廣韻·歌部〕

**拕**　｜，曳也。〔慧琳音義·卷三一〕○｜，曳也，俗作拖。〔廣韻·歌部〕○｜，音他，曳也。〔通鑑·漢紀九〕「｜舟而入水」音注。○〔說文定聲·卷一〇〕｜，段借為佗。〔易·訟〕「終朝三｜之」。○｜，段借為褫也。〔說文〕「｜，曳也」段注。○｜者，褫之假借字。〔說文〕「褫，奪衣也」段注。○｜，諸詮音他。〔漢書·揚雄傳〕「｜豪豬」補注引宋祁。○｜，或作拖，亦省作扡。〔集韻·戈部〕

**拖**　｜，猶擲也。〔禮記·少儀〕「｜諸辟」集解。○｜，俗字，當作拕。〔說文〕「蹁，一曰｜後足馬」段注。

**扡**　｜，曳也。〔慧琳音義·卷七〇〕○｜，讀如終朝三拕之拕。〔墨子·非攻上〕「｜其衣裘」閒詁引畢沅。○｜，即拕之異文，拖，即拕之俗。〔墨子·非攻上〕「｜其衣裘」閒詁。

**儺**　｜，行有度也。〔詩·竹竿〕「佩玉之｜」朱傳。○｜，猶猗｜，柔順也。（同上）後箋引段玉裁。○｜，柔緩，腰身裊｜。（同上）後箋引〔詩緝〕。○｜，驅疫。〔廣韻·歌部〕○｜，所以逐疫。〔論語·鄉黨〕「鄉人｜」朱注。○其毆疫字本作難，自假｜為毆疫字，而｜之本義廢矣。〔說文〕「｜，行有節也」段注。○〔說文定聲·卷一四〕｜，以難為之。〔周禮·占夢〕「遂令始難毆疫」。○〔說文定聲·卷一四〕｜，段借為𩴽。〔論語〕「鄉人｜」。

**難** —，索室驅鬼也。〔禮記·月令〕「命國—」集解。〇—，古儺字。〔詩·桑扈〕「不戢不—」陳疏。〇—，郤凶惡也。〔集韻·戈部〕〇—，通作儺。(同上)

**呵** 訶、—、苛，義相近。〔廣雅·釋言〕「詆，—也」疏證。〇——猶嗬嗬也，方俗語有輕重耳。〔廣雅·釋訓〕「——，笑也」疏證。〇—，通作苛。〔文選·過秦論〕集釋。〇—，又或可通作抲。(同上)〇—，當作抲。〔漢書·李廣傳〕「—止廣」補注引譚宗浚。〇—，當作訶。〔說文〕「㔾，反丂也，讀若—」義證。〇—即訶之俗。〔周禮·世婦〕孫正義。〇—同訶。〔廣韻·歌部〕

**皤** —，老人白也。〔廣韻·戈部〕〇—，白髮亦偁—。〔說文〕「—，老人白也」段注。〇引伸為凡白素之偁也。(同上)〇—，老也。〔慧琳音義·卷九八〕引〔考聲〕。〇—，通作番。〔說文〕「—，老人白也」義證。〇—，亦借番為之。(同上)句讀。〇〔說文定聲·卷一四〕—，謂借為蕃也。〔魏都賦〕「行庖——」。〇(同上)—叚借為簙。〔左傳宣公二年〕「—其腹」。〇(同上)—，謂借為般。〔易·賁〕「賁如—如」。〇—如，一作燔如、波如、槃如。〔通雅·卷八〕〇—或从頁。〔集韻·戈部〕

**顊** ——，勇舞皃。〔廣韻·戈部〕〇—同皤。(同上)〇—，老皃。〔集韻·戈部〕

**麽** 細小曰—。〔集韻·戈部〕〇—，其有不成杪曰—。〔說文〕「𦭝，衆微杪也」義證引〔隋書·律歷志〕。

**薖** —，草名。〔廣韻·戈部〕〇—，或即萵苣。〔說文〕「—，艸也」句讀。〇—，寬大皃。〔廣韻·戈部〕〇—，亦寬大之意也。〔詩·考槃〕「碩人之—」朱傳引或說。〇〔說文定聲·卷一〇〕—借為餓。〔詩·考槃〕「碩人之—」。〇(同上)—，叚借為窠。〔詩·考槃〕「碩人之—」。〇—為叚字，當作和。〔詩·考槃〕「碩人之—」平議。〇—，字或作萵。〔說文〕「—，艸也」義證。

**渦** —，水坳。〔廣韻·戈部〕〇—，〔說文〕作過水，〔經〕作過。〔漢書·地理志〕「入—渠」補注。〇—，〔說文〕、〔水經注〕並作過。〔漢書·地理志〕「—水首受狼湯渠」補注。

**茄** —，芙蕖莖。〔集韻·歌部〕〇—，—子，菜可食人。〔廣韻·戈部〕〇—，又藥五加也。〔說文〕「—，夫渠莖」繫傳。〇—音加，加于藌上也。〔本草·卷三三〕〇—之言柯也。〔說文〕「—，扶渠莖」段注。〇—，古與荷通。〔文選·西京賦〕「蔕倒—於藻井」集釋。〇—，古與荷通用。〔說文〕「—，扶渠莖」段注。〇〔說文定聲·卷一〇〕—，叚借為荷。〔西京賦〕「蔕倒—于藻井」。

**牁** —，所以繫舟。〔廣韻·歌部〕〇—，當為柯。〔說文〕「沅，水出牂—故且蘭」義證。〇—，通作柯。〔集韻·歌部〕〇牁為—俗。〔文選·難蜀父老〕「徼牂—」集釋。

**牫** —同牁。〔廣韻·歌部〕引陸云。

**磋** 治象牙曰—。〔廣韻·歌部〕〇—，或作搓，二手相摩也。〔慧琳音義·卷一〇〇〕〇切、—、磨二字對文則異，散文則通矣。〔廣雅·釋詁三〕「—，磨也」疏證。〇〔三家〕—作瑳。〔詩·淇奧〕「如切如—」集疏。

**傞** —，舞不止也。〔集韻·戈部〕〇—，舞不止皃。〔廣韻·歌部〕〇——，不止也。〔詩·賓之初筵〕「屢舞——」朱傳。〇—，猶參差也。〔說文〕「—，醉舞皃」繫傳。〇〔三家〕—作姕。〔詩·賓之初筵〕「屢舞——」集疏。

**鹺** —，鹹也，河内語。〔說文〕「—，鹹也」義證引〔類篇〕。〇—，鹹也。〔廣雅·釋言〕疏證。〇—與鮺，義亦相近。〔廣雅·釋器〕「䱹，鮺也」疏證。

**跎** —，蹉—。〔廣韻·歌部〕

**詑** —，欺也。〔慧琳音義·卷一一〕引顧野王。又〔廣韻·歌部〕。〇—，謾欺之意也。〔說文〕「—，兖州謂欺曰—」繫傳。〇—，沇州謂欺曰—。〔說文〕「逸，兔謾訑善逃也」義證。〇—，欺也，或作訑。〔集韻·戈部〕〇—，不信也。〔慧琳音義·卷一一〕引顧野王。〇譎、—、訑，並字異而義同。〔廣雅·釋訓〕「詭隨，小惡也」疏證。〇—謾，—亦謾也，合言之則曰—謾。〔廣雅·釋詁二〕「—，欺也」疏證。〇——，自得皃，猶覞覞也。〔通雅·卷九〕〇〔說文定聲·卷一〇〕—，假借為迆。〔纂文〕「訑，避也」。〇—、訑並與他同。〔方言一〇〕「他，欺謾之語也」箋疏。〇訑與—同。〔廣雅·釋言〕「誕，訑也」疏證。〇—，今作訑。〔慧琳音義·卷一一〕引顧野王。〇—，字亦作他。〔說文定聲·卷一〇〕〇—，或又作他。〔說文〕「—，沇州謂欺曰—」義證。

**訑** —，詑俗字。〔廣韻·戈部〕〇—，兖州人以相欺為—人。〔說文〕「詑，沇州謂欺曰詑」義證引〔纂文〕。

**詍** 譎、詑、—，並字異而義同。〔廣雅·釋訓〕「詭隨，小惡也」疏證。〇—與詑同。〔集韻·戈部〕又〔廣雅·釋詁二〕「詑，欺也」疏證。又〔廣雅·釋言〕「誕，—也」疏證。〇—作詑。〔說文〕「逸，失也。从辵兔，兔謾—善逃也」段注。

**番** —，滋也。〔說文〕「茲，艸木多益」義證引〔急就篇〕顏注。〇—，遞代之次也。〔慧琳音義·卷八九〕引〔韻英〕。〇——，勇也。〔集韻·戈部〕〇——，武勇貌。〔詩·崧高〕「申伯——」朱傳。〇—麗，梅里也。〔通雅·卷一三〕〇—陽，即鄱陽。〔漢書·吳芮傳〕「秦時—陽令也」補注。〇—陽，豫章縣也，今饒州府鄱陽縣治。〔漢書·高帝紀〕「追斬布—陽」補注。〇〔說文定聲·卷一四〕—，叚借為播。〔楚辭·九歌〕「—芳椒兮成堂」。

○丨，音近皤。〔書·秦誓〕「丨丨良士」孫疏。○丨音盤。〔說文〕「沛，沛水，出遼東丨汗塞外，西南入海」段注。○丨，字或作皤。〔說文〕「丨，獸足謂之丨」義證。

**碆** 丨，纜繳石。〔廣韻·戈部〕○丨，石可為矢鏃。〔同上〕○丨，石也可為矢鏃。〔集韻·戈部〕

**菏** 丨，丨蘢，草也。〔廣韻·歌部〕○丨，其水當在山東兖州府魚臺縣東流入泗。〔說文定聲·卷一〇〕○丨，古本亦作荷。〔漢書〕「達於河」雜志引〔五經文字〕。○丨，古〔尚書〕、〔史記〕、〔漢書〕、〔水經注〕皆作荷。〔說文〕「丨，丨水」段注。○丨水，出於丨澤，因謂之丨水。〔漢書〕「南籍端水」雜志。

**蹉** 丨，蹵也。〔慧琳音義·卷一四〕引〔字書〕。○丨，一曰跌也。〔集韻·戈部〕○丨，丨跌也。〔廣韻·歌部〕○丨，足跌蹋也。〔慧琳音義·卷八三〕引〔考聲〕。○丨與差，跌與失，並字異而義同。〔廣雅·釋詁四〕「跌，差也」疏證。○丨跎，失足。〔楚辭·株昭〕「中坂丨跎」補注。○丨跎，失足也。〔廣雅·釋訓〕疏證。○丨跎與崔隤聲轉。〔釋詁〕「虺頹，病也」郝疏。

**搓** 丨，挪也。〔慧琳音義·卷三七〕引〔古今正字〕。○丨，丨挪也。〔集韻·戈部〕○丨，手丨碎也。〔廣韻·歌部〕

**驒** 青驪驎曰丨。〔詩·駉〕「有丨有駱」朱傳。○丨，連錢驄。〔廣韻·歌部〕○丨騱，即騊駼也，野馬乃騊駼之異名。〔漢書·司馬相如傳〕「蛩蛩丨騱」補注。○丨音陀。〔釋畜〕「青驪驎丨」鄭註。

**醝** 丨，白酒也。〔廣韻·歌部〕○白曰丨。〔本草·卷一五〕○〔說文定聲·卷一〇〕丨，叚借為鹺。〔廣雅·釋言〕「丨，鹹也」。

**獻** 丨，丨罇。〔廣韻·歌部〕○丨，酒尊名。〔集韻·戈部〕○丨，賢也。〔論語·八佾〕「文丨不足」劉正義。○古音儀與丨通。〔廣雅·釋言〕「儀，賢也」疏證。○丨，亦疏之假借。〔詩·閟宮〕「犧尊將將」通釋。○丨，亦作犧。〔廣韻·歌部〕○犧，或作丨，戲。〔集韻·戈部〕

**囮** 丨，鳥媒也。〔通鑑·隋紀三〕「絕丨去媒」音注。○丨者，今之雉媒也。〔說文定聲·卷一〇〕○丨，網鳥者媒。〔廣韻·戈部〕○〔說文定聲·卷一〇〕丨，當作罿也，伺視之意。〔說文〕「丨，譯也」。○丨與圝義同而音異。〔廣雅·釋言〕「丨，圝也」疏證。

**嶓** 丨，丨冢，山名。〔廣韻·戈部〕又〔集韻·戈部〕。○丨冢，在梁州。〔楚辭·思美人〕「指丨冢之西隈兮」補注引〔禹貢〕「導丨冢至於荆山」注。○丨，故蓋作播，與波古通用。〔書·禹貢〕「岷丨既藝」平議。

**捼** 丨，手縈也。〔集韻·戈部〕○丨，又通作綏。〔說文〕「丨，推也」義證。○丨，又通墮。〔同上〕○丨，或作挼。〔同上〕○丨，丨莎，俗作挼。〔廣韻·戈部〕

**挼** 丨曲，謂舞曲也。〔通雅·卷三〇〕○丨，〔周禮〕、〔禮經〕或作隋，或作墮，或作綏。〔說文〕「丨，摧也」段注。○〔說文定聲·卷一〇〕丨，叚借為隋。〔儀禮·少牢禮〕「隋祭」。○〔同上〕丨，叚借為槎。〔後漢·馬融傳〕注「搓，斫也」。○〔同上〕丨，字亦作搓。〔埤蒼〕「搓，挪也」。○〔同上〕丨，字亦作抄。〔聲類〕「摩抄，猶捫摸也，亦抹殺也」。

**蝌** 丨，丨蚪，蟲名。〔廣韻·戈部〕又〔集韻·戈部〕。

**⿰鳥可** 丨，丨鵝。〔廣韻·歌部〕○丨，雁也。〔說文定聲·卷一〇〕○丨，多借駕字。〔說文〕「丨，丨鵝也」繫傳。○丨，字亦作駕。〔同上〕段注。又〔說文定聲·卷一〇〕。○丨，古作駕。〔說文〕「丨，丨鵝也」段注。○丨，以駕為之。〔說文定聲·卷一〇〕○丨，字亦作鴐。〔同上〕○丨鵝，亦為鴐鵝。〔方言八〕「鴈，自關而東謂之丨鵝」箋疏。○丨即鴐，亦作駕，古通用駕。〔方言八〕「鴈，自關而東謂之丨鵝」疏證。○鴐與丨同。〔方言八〕注「今江東通呼為丨」箋疏。○丨，即駕字。〔說文〕「丨，丨鵝也」義證引顧炎武。

**睋** 丨，視也。〔廣韻·歌部〕○丨，卧而睨之曰丨。〔公羊傳定公八年〕「丨而鍰其板」陳疏引孔廣森。○丨，讀為俄，俄謂須臾之頃也。〔同上〕「丨而曰」述聞。

**⿰糸阿** 丨，繒之細者。〔廣韻·戈部〕○丨之言苛細也。〔廣雅·釋器〕疏證。○丨，字可通阿。〔同上〕

**渦** 丨，水回。〔廣韻·戈部〕○丨，水旋流也。〔慧琳音義·卷九四〕引〔考聲〕。○丨，辡水旋流也。〔卷六三〕引〔考聲〕。○〔說文定聲·卷一〇〕丨，叚借為蝸。〔江賦〕「盤渦谷轉」。○丨，又借過字。〔說文〕「丨，水受淮陽扶溝浪湯渠」義證。○丨，經典作渦。〔同上〕

**婀** 丨娜，美貌。〔字詁〕○丨娜，舒遲貌。〔同上〕○丨娜，二字總輕婉柔弱之意。〔同上〕○丨，媕丨，不決。〔廣韻·歌部〕○丨，通作阿。〔說文〕「丨，媕丨也」義證。○丨同妸。〔集韻·歌部〕

**踒** 丨，足跌也。〔集韻·戈部〕

**籮** ○丨，篩丨。〔廣韻·歌部〕○丨之言漉也，所以漉米而去滓者也。〔方言五〕「箕，陳魏宋楚之間謂之丨」。○江南謂筐底方上圜曰丨。〔集韻·戈部〕

**鍋** 丨，小鑊也。〔慧琳音義·卷一四〕引〔字書〕。○丨，鎗釜之屬也，無足小鑊也。〔慧琳音義·卷六二〕○丨，温器。〔廣韻·戈部〕

**倭** 丨，東海中國也。〔廣韻·戈部〕○丨，女王國名，在東海中。〔集韻·戈部〕○丨傀，即仳倠之聲轉。〔文選·四子講德論〕「嫫母丨傀」集釋。

囉 丨，小兒語也。〔廣韻・歌部〕○丨，歌詞。（同上）○丨，嘍丨。（同上）○丨，歌助聲。〔集韻・戈部〕○丨剎娑，梵語，惡鬼神也。〔大般若經・卷三三三〕「丨剎娑」音義。

嵯 丨之言嵾丨。〔廣雅・釋詁四〕「丨，高也」疏證。○丨峩，高皃。〔說文〕「丨，山皃」義證引〔玉篇〕。又〔楚辭・招隱士〕「山氣巃嵸兮石丨峨」補注引五臣。○丨峨，高大貌。〔漢書・司馬相如傳〕「丨峨嶕嶫」補注。○丨峨，巀嶭，峻蔽日也。〔楚辭・招隱士〕「山氣巃嵸兮石丨峨」注。○丨池，義同差池，謂石之不齊也。〔漢書・司馬相如傳〕「丨峨嶕嶫」補注。○丨峩、丨峨、厜㕒、嵳峩，並字異而義同。〔廣雅・釋詁四〕「丨峩，高也」疏證。○丨峩，崔嵬，亦巉巗之轉也，又轉之為丨峩。（同上）○〔說文定聲・卷一〇〕丨，與厜㕒亦同。〔史記・司馬相如傳〕「崔巍丨峨」。○丨作嵯。〔漢書・地理志〕「酇，莽曰贊治」補注。

劘 丨，削也。〔廣韻・戈部〕又〔集韻・戈部〕。

䃎 砐丨，山高皃。〔說文〕「丨，石巖也」義證引〔玉篇〕。○丨，字亦作礒。〔說文定聲・卷一〇〕

㚥 丨，女師。〔廣韻・歌部〕○丨，姆也。〔集韻・歌部〕○〔說文定聲・卷一〇〕丨，婦人年五十無子者，擇以為傅。〔說文〕「丨，女師也」。○（同上）丨，以阿為之。〔史記〕「阿保」。

滒 丨，多汁。〔廣韻・歌部〕○丨，今江蘇俗語謂之稠也。〔說文〕「丨，多汁也」段注。○丨，讀歌謳之歌。（同上）

齹 丨，齹丨跌。〔廣韻・歌部〕○丨，謂參差蹋跌不平正也。〔說文〕「丨，齒差跌皃」段注。○丨，今傳作䶩，實一字也。〔說文〕「丨，春秋傳，鄭有子丨」段注。○丨，〔篇海〕作佗齒。〔說文〕「丨，齒差跌皃」義證。

鞾 丨，鞍緧。〔廣韻・歌部〕○丨，謂今馬後鞦，連絡馬尾後者也。〔說文〕「丨，馬尾丨」繫傳。○丨，蓋鞫之轉語。（同上）段注。○〔說文定聲・卷一〇〕丨，或謂之曲綯。〔說文〕「丨，馬尾紂也」。

瘥 丨，殘薉田也。〔廣韻・歌部〕○〔說文定聲・卷一〇〕丨，與畸略同。〔說文〕「丨，殘田也」。○（同上）丨，段借為瘥。〔詩・節南山〕「天方薦丨」。

䣜 丨，縣名，在譙郡。〔廣韻・歌部〕○此縣本為丨，中古以來借酇字為之耳，讀皆為丨。〔說文〕「丨，沛國縣」義證引顏師古。○丨，今河南歸德府永城縣西南有故城，此縣漢後改為酇，蕭何始封于丨縣。〔說文定聲・卷九〕○丨，或从贊。〔集韻・戈部〕

鄿 丨，今永城縣東有丨陽集，土人讀如嵯。〔說文〕「鄿，沛國縣」義證引錢大昕。○南陽丨音贊，此沛丨音嵯。（同上）義證引姚察。○丨音嵯。（同上）義證引應劭。

䶩 丨，穀麥淨也。〔廣韻・歌部〕○丨與瘥同。〔廣雅・釋詁四〕「瘥，舂也」疏證。○〔說文定聲・卷一〇〕丨，字亦作瘥。〔廣雅・釋詁四〕「瘥，舂也」。○丨，或作瘥。〔說文〕「丨，一曰擣也」義證。

虘 丨，虎不柔也。〔廣韻・歌部〕○〔說文定聲・卷九〕丨，不柔者，怚之訓。〔說文〕「丨，虎不柔不信也」。○䟃、㺥、丨，皆驚散之貌也。〔廣雅・釋言〕「䟃，㺥，丨也」疏證。○丨當作䣜。〔說文〕「䶩，鹹也，河內謂之䶩，沛人言若丨」義證。

涐 丨，水名，在汶江。〔廣韻・歌部〕

䛠 丨，嘉善也。〔廣韻・歌部〕○丨，今俗聞人有善嘉美曰丨。〔釋詁〕「假，嘉也」郝疏。○丨與假音義同。（同上）

㭒 丨，矮也。〔慧琳音義・卷一八〕引〔考聲〕。○丨，短也。〔廣韻・戈部〕○丨與痤通。〔廣雅・釋言〕「痔，痤也」疏證。

牠 無角曰丨。〔本草・卷五〇〕○丨，一曰牛無角也。〔集韻・戈部〕

蠃 丨，如人，羊角，虎爪。〔廣韻・歌部〕

瘥 丨，擣也。〔廣韻・歌部〕

躦 丨與𨅝同。〔廣雅・釋詁二〕「丨，蹋也」疏證。○丨、𨅝同，蹋也。〔廣韻・歌部〕

頾 丨，齊也。〔廣韻・歌部〕○俄、丨一字也。〔廣雅・釋詁二〕「俄，衺也」疏證。

欏 丨，㯓木也。〔說文〕「椽，羅也」義證引〔玉篇〕。○丨木，出湖廣及南安，謂之倭丨，又謂之草丨。（同上）義證引〔格物要論〕。○丨，桫丨，木名。〔廣韻・歌部〕○丨，字通作羅，丨之言羅羅也。〔廣雅・釋宮〕「丨，杝也」疏證。○丨、落、杝，一聲之轉。〔廣雅・釋宮〕「丨、落，杝也」疏證。

魌 丨，人值鬼驚聲。〔廣韻・歌部〕又〔說文〕「丨，見鬼驚詞」義證引〔纂文〕。○丨，驚敺疫癘之鬼也。（同上）義證引〔玉篇〕。○丨，此驅逐疫鬼正字，擊鼓大呼似見鬼而逐之，故曰丨，經傳皆以儺為之。〔說文定聲・卷一四〕○丨為奈何之合聲。〔說文〕「丨，見鬼驚詞」段注。○凡驚詞曰那者，即丨字。（同上）

婀 丨，女字。〔廣韻・歌部〕○〔說文定聲・卷一〇〕丨，一作娜。〔莊子・知北遊〕「丨荷甘人名」。

鬴 丨，釜也。〔廣雅・釋器〕疏證。○丨，今俗作鍋。〔說文〕「丨，秦名土鬴曰丨」段注。又〔說文定聲・卷一〇〕。○丨，以檛為之。（同上）○丨，即今鍋字也。〔廣雅·釋器〕「丨，釜也」疏證。

趖　丨，丨疾。〔廣韻·戈部〕〇丨，今京師謂日昃時為晌午，丨，此其誼也。〔說文定聲·卷一〇〕〇丨，字亦作蓌。〔同上〕〇丨，段借為坐。〔同上〕

⿰女坐　丨，訬疾。〔廣韻·戈部〕〇丨，輕薄之意。〔說文定聲·卷一〇〕〇丨，字亦作遳。〔同上〕

鄱　丨，即〔漢志〕魯國蕃縣。〔史記·太史公自序傳〕「戹困丨」志疑。〇丨，故曰番，後漢加邑作丨陽。〔漢書·地理志〕「丨陽」補注引洪亮吉。〇〔說文定聲·卷一四〕丨，段借為皮，丨、皮雙聲。〔史記·太史公自序〕「戹困丨薛彭城」。〇丨，字本作番，〔地理志〕作丨陽者，漢字也。〔說文〕「丨，丨陽」段注。〇丨同番，丨陽，豫章縣。〔集韻·戈部〕

搫　丨，除也，披散也。〔廣韻·戈部〕〇丨，斂聚也。〔集韻·戈部〕

痤　丨，小腫也。〔慧琳音義·卷六三〕〇丨，瘯蠡也。〔說文〕「丨，小腫也」繫傳。〇丨，癤也。〔慧琳音義·卷六三〕又〔說文〕「丨，小腫也」段注引〔玉篇〕。又〔廣韻·戈部〕。〇丨，癰之類，然小也，俗謂之癤子。〔太素·調陰陽〕「乃生丨疽」楊注。〇肥即痱，古字通用，今俗謂之癤，吾鄉人謂之丨。〔字詁〕〇丨，義與挫相近。〔廣雅·釋詁二〕「脞，短也」疏證。〇接慮，急言之亦近於丨，故又謂之丨。〔同上〕〇瘯蠡與族累同，急言之則為丨矣。〔同上〕〇世子丨，〔穀梁〕作世子座，同音段借也。〔公羊傳襄公二六年〕「宋公殺其世子丨」陳疏。〇丨與脞同。〔廣雅·釋詁二〕「脞，短也」疏證。

銼　丨，丨鑹，小釜。〔廣韻·戈部〕

⿰𦰩能　丨，獸名，似鼠班頭，食之明目。〔廣韻·歌部〕

瘑　丨，疽瘡也。〔說文〕「瘑，口咼也」義證引〔玉篇〕。〇丨，瘡也。〔廣韻·戈部〕〇疝同丨。〔同上〕〇丨，首瘍。〔集韻·戈部〕〇丨，秃也，一曰創也。〔同上〕

遳　丨，脆也。〔廣韻·戈部〕又〔集韻·戈部〕。

⿱坐木　丨，木⿱坐木。〔廣韻·戈部〕

睉　丨，目小皃。〔集韻·戈部〕〇丨，小目。〔廣韻·戈部〕

鈋　丨，刓也。〔廣韻·戈部〕〇丨，去角也。〔同上〕〇〔說文定聲·卷一〇〕丨，謂去其角。〔廣雅·釋言〕「丨，刓也」。〇〔同上〕丨，破觚為圓也。〔說文〕「丨，吪圜也」。〇丨，通作訛。〔說文〕「丨，吪圜也」義證。

䴹　丨，丸熟。〔廣韻·戈部〕〇丨，俗所謂圜熟，言旋轉之易也。〔說文〕「丨，丸之孰也」段注。〇丨，謂蹋踘之丸。〔說文定聲·卷五〕

紴　丨，錦類，又絛屬也。〔廣韻·戈部〕〇丨，水波錦文。〔說文〕「丨，絛屬」義證引〔玉篇〕。

盉　丨，調五味器。〔廣韻·戈部〕〇丨、鑊聲轉，盉小鑊也。〔通雅·卷三三〕〇丨，通作和。〔說文〕「丨，調味也」義證。〇丨，經傳皆以和為之。〔說文定聲·卷一〇〕

髍　丨，謂身支半枯。〔集韻·戈部〕〇丨，麻子最細，故為微小之偁，俗字作麼。〔說文定聲·卷一〇〕〇丨，段借為麻。〔同上〕〇丨，或書作⿱麻月。〔說文〕「丨，㾓病也」義證。〇丨，或書作⿱麻月。〔集韻·戈部〕

⿱麻月　丨，偏病。〔廣韻·戈部〕〇丨，言其病。〔漢書·叙傳〕「又況幺丨」補注引錢大昕。

𠀀　丨，气已舒。〔集韻·歌部〕引徐鍇。〇丨，氣之舒也。〔說文定聲·卷一〇〕

覶　〔說文定聲·卷一四〕丨縷，詳言之意。〔吳都賦〕「嗟難得而丨縷」。〇丨縷，古書亦作覼縷，詳言之意。〔說文〕「丨，好視也」段注。〇丨縷，委曲也。〔同上〕段注引〔玉篇〕。又〔同上〕義證引〔玉篇〕。〇丨縷，猶委曲也。〔慧琳音義·卷九七〕引顧野王。〇丨縷與連遱聲亦相近，故同訓為委曲矣。〔廣雅·釋訓〕疏證。〇丨與㜇義近。〔說文〕「丨，好視也」段注。〇丨與㜇，亦聲近義同。〔廣雅·釋詁一〕「㜇，好也」疏證。〇丨，聲如維。〔說文〕「丨，好視也」義證。〇丨，俗作覼。〔同上〕句讀。〇丨，字亦誤作覼。〔說文定聲·卷一四〕

磻　丨，射石也。〔說文〕「丨，以石箸隿繁也」義證引〔纂文〕。〇丨，以石維繳也。〔同上〕義證引〔玉篇〕。〇丨石可為鏃。〔同上〕義證引〔韻譜〕。〇丨即碆。〔國策·楚策四〕「方將脩其碆盧」補正。〇丨，〔玉篇〕、〔廣韻〕碆字同此。〔說文〕「丨，以石箸隿繁也」段注。〇丨，字亦作碆。〔說文定聲·卷一四〕〇丨，通作碆。〔集韻·戈部〕

螚　丨與⿱能䖵同，一名蛧。〔廣雅·釋蟲〕「⿱能䖵，𧈻也」疏證。

⿱能䖵　〔說文定聲·卷五〕丨，字亦作螚，亦名蛧。〔淮南·說林〕「兔齧為⿱能䖵」。

譌　丨，退言。〔廣韻·戈部〕〇丨與訛，聲義並同。〔方言一〕「偎，慧也，楚或謂之丨」箋疏。〇丨、訛、訑，並字異而義同。〔廣雅·釋訓〕「詭隨，小惡也」疏證。〇丨，字或作訛，又作訑。〔同上〕

摞 —，理也。〔廣韻·戈部〕

腡 —，手指文也。〔廣韻·戈部〕

萪 —，艸名，海葱也。〔集韻·戈部〕○—，一曰藤類。(同上)

⿰亻過 —，美。〔廣韻·戈部〕

涹 —，濁也。〔廣韻·戈部〕

⿰女過 —，鵞鳥食已吐其皮毛如丸。〔集韻·戈部〕

⿴囗釆 —，借為播字。〔說文〕「—，古文番」義證。

伽 —，—藍。〔廣韻·戈部〕

侳 —，安也。〔廣韻·戈部〕

仯 —，行也，又舞不止。〔廣韻·歌部〕

恒 —餓—。〔廣韻·戈部〕○—餓，癡兒。〔廣韻·戈部〕

⿰亻彖 —，疲勢。〔集韻·戈部〕

餓 —，—恒，癡兒。〔廣韻·戈部〕

剆 —，擊也。〔廣韻·歌部〕又〔集韻·戈部〕。

厄 —，木節。〔廣韻·戈部〕

呿 —，張口兒。〔廣韻·戈部〕

呿 —，開口聲。〔廣韻·歌部〕

唆 —，⿰口過—，小兒相應。〔廣韻·戈部〕

⿰口過 —，小兒相應也。〔廣韻·戈部〕

嘽 —，一曰—喛，泣兒。〔集韻·戈部〕○——，衆也。(同上)

⿰口靴 —，吐氣聲。〔廣韻·戈部〕

堶 —，飛塼戲也。〔廣韻·戈部〕又〔集韻·戈部〕。○—，或作砣、甎、瓶。(同上)

堝 —，甘—。〔廣韻·戈部〕

⿰土過 —，地—，窟也。〔廣韻·戈部〕

⿰多冉 —，多也。〔廣韻·歌部〕

⿰多委 —，燕人云多。〔廣韻·戈部〕○—，燕人謂多曰—。〔集韻·戈部〕

麼 —，—尼。〔廣韻·戈部〕

媻 —與䪏略同。〔說文定聲·卷一四〕○—，亦作婆，波、般雙聲。(同上)

⿰女蜀 —，順也。〔集韻·戈部〕

它 —者，虫也。〔說文〕「蜦，—屬也」段注。○—，即蠆也。〔通雅·卷四七〕○—，有曲長之義。〔釋訓〕「——，美也」郝疏。○—，猶今言無恙也。〔說文定聲·卷一〇〕○—，猶言彼也。〔說文〕「—，上古艸尻患—，故相問無—乎」段注。○〔說文定聲·卷一〇〕—，叚借為祂。〔魯語〕「仲孫—字子服」。○(同上)—，叚借為陁。〔太玄·玄攡〕「夫地他然示人明矣」。○(同上)—，叚借發聲之詞，字亦以佗為之。〔儀禮·覲禮〕「天子曰非他」。○—，或叚佗為之。〔說文〕「—，上古艸尻患—，故相問無—乎」段注。○—，讀為祂。〔春秋名字解詁〕「魯仲孫—字子服」述聞。○—音拖。〔詩·柏舟〕「之死矢靡—」朱傳。○—，古他字。〔漢書〕「至—」雜志。○〔說文定聲·卷一〇〕—，經傳用彼、伊字亦同。〔詩·鶴鳴〕「—山之石」。○—，俗作他。〔說文〕「—，上古艸尻患—，故相問無—乎」段注。○—，魯作他，亦作佗。〔詩·柏舟〕「之死矢靡—」集疏。○官本—作佗。〔漢書·藝文志〕「破壞形體」補注。○——，〔文選〕作他他，〔史記〕作佗佗。〔漢書·司馬相如傳〕「——藉藉」補注。○—師，二字誤倒，當作師—。〔荀子·成相〕「孰—師」集解引郝懿行。○蛇同—。〔廣韻·歌部〕

彼 —，蹇也。〔集韻·戈部〕

⿸尸⿰彳夋 —，或作鞾。〔廣雅·釋器〕「鞈，—也」疏證。

⿰可弋 ⿰爿弋—，杙也。〔廣雅·釋宮〕疏證。

㤎　｜，法也。〔廣韻·歌部〕〇｜，楷也。〔同上〕

𢪃　｜，撝也。〔廣韻·戈部〕

挪　｜，挼｜。〔廣韻·歌部〕

枷　｜，刑具。〔廣韻·戈部〕

柁　｜，木葉落。〔集韻·戈部〕

桫　｜，｜欏，木名，出崐崘山。〔廣韻·歌部〕又〔集韻·戈部〕。

㭫　｜，今之麥李，即青李也。〔釋木〕「｜，接慮李」鄭注。

楇　｜，紡車收絲具。〔廣韻·戈部〕

𣘗　｜，木名，櫨李也。〔集韻·戈部〕

槖　｜，今弓胡簏也。〔說文〕「｜，車上大槖」繫傳。

𣟴　｜，木名，可為箭笴。〔集韻·戈部〕〇｜，或作樶。〔同上〕

檥　｜，附船著岸。〔集韻·歌部〕

欯　｜，出氣。〔集韻·戈部〕〇｜，欠去。〔廣韻·戈部〕〇｜，欠｜，張口引氣也。〔慧琳音義·卷三〕〇欠｜，引氣而張口曰欠｜。〔大般若經·卷三六〕「欠｜」音義引〔桂苑珠叢〕。〇｜，或作痷。〔慧琳音義·卷三〕

呰　｜，止也。〔廣韻·歌部〕

𣨼　｜，小疫，病也。〔廣韻·歌部〕

𡢃　｜，一曰未婚而夭。〔集韻·戈部〕

𣦼　｜，死皃。〔集韻·歌部〕

汏　｜，淅也。〔集韻·戈部〕〇｜，水激過也。〔說文〕「｜，淅𣿅也」繫傳。

涶　｜，水在西河。〔廣韻·戈部〕〇｜，字與唾或體同。〔說文定聲·卷一〇〕

澕　｜，水深皃。〔集韻·戈部〕

𣎆　｜，梢頭。〔廣韻·戈部〕

牱　｜，似牛白尾。〔廣韻·歌部〕〇｜，獸名，似牛白尾。〔集韻·戈部〕

犐　｜同牠。〔廣韻·戈部〕

玻　｜，｜瓈玉，西國寶。〔廣韻·戈部〕

珴　｜，奉珪璋皃。〔集韻·歌部〕

𤭯　｜，瓦盌。〔廣韻·歌部〕〇｜，缶也。〔集韻·戈部〕

㼷　｜，居結棟謂之合｜。〔集韻·歌部〕

𤵺　｜，病也。〔集韻·戈部〕〇｜，或作㾏。〔集韻·戈部〕

痑　｜，馬病。〔廣韻·歌部〕〇｜，力極也。〔同上〕

瘑　｜，腳手病。〔廣韻·戈部〕

𤺋　｜，疾也。〔集韻·戈部〕

𩌦　｜，聚體。〔集韻·戈部〕

㿺　｜，杯也。〔廣韻·戈部〕

𥃭　｜，偷視。〔廣韻·歌部〕〇｜，視之略也。〔集韻·戈部〕

碢　｜，碾｜。〔廣韻·戈部〕〇｜，碾輪，通作硧、磚。〔集韻·戈部〕〇｜，圓薄而小，形似輾｜，集訓作堶。〔慧琳音義·卷九〇〕引〔韻英〕。

磚　｜，圜皃。〔集韻·戈部〕〇｜，圜皃也。〔慧琳音義·卷四二〕引〔考聲〕。

𥗊　｜，石磑也。〔集韻·戈部〕〇｜，引申之義為研磨。〔說文〕「｜，石磑也」段注。〇｜，所以碎石而非碎也。〔說文〕「碎，糜也」段注。〇｜與磨同，亦通作摩。〔方言五〕注「即磨也」箋疏。〇｜，經典作磨，磨摩通用。〔說文〕「研，｜也」句讀。〇〔說文定聲·卷一〇〕｜，段借為摩。〔爾雅·釋器〕「石謂之磨」。

袻 —，祭也。〔集韻·歌部〕

䄉 —同娥，美好也。〔廣韻·歌部〕

稞 —，青—，麥名。〔廣韻·戈部〕

𥢧 —，穀積也，或作稞。〔廣韻·戈部〕

窊 —衺，污衺、污邪，並與—衺同。〔廣雅·釋訓〕「委蛇，—衺也」疏證。

𡫯 —，穴居也。〔集韻·戈部〕

𥮉 —，竹名。〔廣韻·戈部〕

䈓 —，籠屬。〔廣韻·歌部〕

簻 —，—軸。〔廣韻·戈部〕

緺 —，綬名。〔廣韻·戈部〕

縲 —，大索也。〔集韻·戈部〕

繁 —，姓也。〔廣韻·戈部〕○—，則有婆音，—延壽、—欽之姓，音婆，一作緐。〔通雅·卷二〕

縗 —，編鷺羽為衣也。〔集韻·戈部〕

𦅻 —，綾紋。〔集韻·戈部〕

差 —，㴇也，通作溠。〔集韻·戈部〕○蹉與—，跌與失，並字異而義同。〔廣雅·釋詁四〕「跌，—也」疏證。○—、瘥，古通用。〔方言三〕「—，愈也」疏證。○〔說文定聲·卷一〇〕—，字亦作蹉。〔禮記·曲禮〕注「重蹉跌也」。

𦍩 —，似羊四耳九尾。〔廣韻·歌部〕○無角曰羶，曰—。〔本草·卷五〇〕

𤿱 —，飛皃。〔集韻·戈部〕

胒 —，—骫，手足曲病。〔廣韻·戈部〕

脞 —，胞也。〔廣韻·戈部〕

𦙶 —，大腹也。〔集韻·戈部〕

𦡻 —，獸名。〔集韻·戈部〕

䏫 —，漏病。〔廣韻·戈部〕

䐳 —，麋鹿骨醬。〔廣韻·歌部〕○—，雜骨醬也。〔集韻·歌部〕○—，或作臞。〔同上〕

𦢖 —同䏫。〔廣韻·戈部〕

𦢬 —，驢腸胃也。〔廣韻·戈部〕又〔集韻·戈部〕。

䑼 —，船名。〔集韻·歌部〕

艖 —，小舸。〔廣韻·歌部〕

𦬉 —，草名。〔廣韻·戈部〕

莏 —，手挼—也。〔廣韻·戈部〕

菠 —，—薐，菜名。〔集韻·戈部〕○—稜，本作頗稜。〔通雅·卷四四〕

蒫 —，薺實。〔廣韻·歌部〕

蔢 —，—蓌，草木盛皃。〔廣韻·歌部〕

蔂 —，盛土草器。〔廣韻·戈部〕

蕃 —，白蒿也。〔集韻·戈部〕

𧄍 —，草名，生水中。〔廣韻·戈部〕

蚵 —，蚵蠪。〔廣韻·歌部〕

蜾 —，—蠃，桑蟲。〔集韻·戈部〕

蟠 —，委也。〔集韻·戈部〕

蠡 —，瓠瓢也。〔廣韻·戈部〕

袉丨，裾也。〔廣韻・歌部〕〇〔說文定聲・卷一〇〕丨，猶下文純衣纁衻。〔儀禮・士昏禮〕「纁裳緇丨」。〇（同上）丨，段借為拕。〔論語〕「朝服丨紳」。〇丨，字亦作袘，作袘。〔說文定聲・卷一〇〕〇丨，字亦作褫。（同上）

䄉丨，衣盛飾。〔集韻・歌部〕

覼丨，丨縷，委曲。〔廣韻・戈部〕〇丨，本作覶，音羅。〔通雅・卷一〇〕

訑丨，避也。〔慧琳音義・卷一七〕

誘丨，丨詆。〔廣韻・戈部〕〇丨，僻誕也。〔集韻・戈部〕

䂳丨，倭也。〔廣韻・戈部〕

誇丨，拒譍也。〔集韻・戈部〕

課丨，丨差。〔廣韻・戈部〕

譒丨，敷也。〔集韻・戈部〕

迱丨，逶丨，行皃。〔廣韻・歌部〕

迦丨諜，穢言。〔集韻・戈部〕

迦丨互，令不得行也。〔集韻・戈部〕

遳今以丨為矬。〔通雅・卷四九〕

邏丨，謂遊兵以禦寇者。〔慧琳音義・卷五八〕〇丨，循行非違也。（同上）引〔韻略〕。〇丨，遮也。〔集韻・戈部〕

跢丨，攜幼行也。〔集韻・戈部〕

𨂇丨，足跌。〔集韻・戈部〕

𨊻丨，疾馳。〔廣韻・歌部〕〇丨，車疾馳。〔集韻・戈部〕

輠丨，車盛膏器。〔廣韻・戈部〕

酡丨，酒之色。〔集韻・戈部〕

酏丨，粥清也。〔集韻・支部〕

鉈丨，字與𥎞同。〔廣雅・釋器〕「𥎞，矛也」疏證。

鉌丨，丨鑾。〔廣韻・戈部〕〇丨，亦作和。（同上）〇丨鑾，鈴也。〔集韻・戈部〕〇丨通作和。（同上）

鉕丨鐸，銅器。〔集韻・戈部〕

鈳丨，丨鏻，小釜。〔廣韻・歌部〕

鈔丨，丨鑼，銅器。〔廣韻・歌部〕〇丨鑼，銅器，或从娑。〔集韻・戈部〕

鍦丨即鉈字。〔說文〕「鉈，短矛也」段注。

鑹丨，銼丨，小釜。〔廣韻・戈部〕〇〔說文定聲・卷一〇〕丨，釜屬。〔說文〕「丨，銼丨也」。

鑼鈔丨，器也。〔廣韻・歌部〕

陂丨與坡音義皆同。〔說文〕「丨，阪也」段注。〇丨池讀如坡陁，猶言靡迤耳。〔漢書・司馬相如傳〕「罷池丨陁」補注引〔刊謬正俗〕。〇丨池讀如丨陀。〔漢書・司馬相如傳〕「丨池貏豸」補注。〇〔說文定聲・卷一〇〕丨，字亦作岥。〔西征賦〕「裁岥岮以隱嶙」。

坡丨，坂也。〔慧琳音義・卷八三〕引〔考聲〕。〇丨，丨坂。〔廣韻・戈部〕〇丨曰阪。〔說文〕「阺，秦謂陵阪曰阺」段注。〇丨謂丨陀也。〔說文〕「丨，阪也」繫傳。〇丨即陂。〔說文〕「畔，田界也」段注。〇丨、陂二字音義皆同。〔說文〕「丨，阪也」段注。〇丨，邪下皃。〔慧琳音義・卷八三〕〇丨之言頗也。〔釋地〕「陂者曰阪」郝疏。〇丨，亦作陂、岥。〔慧琳音義・卷八三〕〇丨、陂異部同字。〔說文〕「阪，丨者曰阪」段注。〇丨，陂之或體。〔說文定聲・卷一〇〕

陒丨陀，不平。〔廣韻・戈部〕〇丨陁，不平也。〔集韻・戈部〕

阤丨，古陀字。〔漢書・地理志〕「從丨山出銅」補注引錢坫。

陊丨，丨堆。〔廣韻・戈部〕

𩋡丨，馬尾。〔廣韻・歌部〕〇丨鞄，樂器。（同上）又〔集韻・戈部〕。

𩍐丨，皮帖履。〔集韻・戈部〕

頙　一，傾頭。〔廣韻・歌部〕
鋰　一，骨一。〔廣韻・戈部〕
餧　一，一食也。〔廣韻・戈部〕
鑼　一，鉀一。〔廣韻・歌部〕
鏻　一，哺兒。〔廣韻・戈部〕
馱　一，一騎也。〔廣韻・歌部〕〇一，馬負物。〔集韻・戈部〕〇一與佗同。〔方言七〕「凡以驢馬駝駝載物者謂之負佗」箋疏。〇一幕法，言備什物也。〔通雅・卷二五〕
骴　一，手足疾皃。〔廣韻・戈部〕〇一同骴。〔同上〕
骬　一，膝骨。〔廣韻・歌部〕
髁　一，膝骨。〔廣韻・戈部〕
髊　一，治牙骨也。〔集韻・戈部〕〇一通作磋。〔同上〕
髿　一，鬖一，髮皃。〔廣韻・戈部〕
鬖　一，髮多皃。〔廣韻・歌部〕〇一，髮多也。〔集韻・戈部〕
魦　一，魚名。〔廣韻・戈部〕
鮀　一，魚名。〔廣韻・戈部〕〇一，魚名，或从厄。〔集韻・戈部〕
魺　一，魚名。〔廣韻・歌部〕〇一之言訶。〔廣雅・釋魚〕「鰫魱，一也」疏證。
鸁　一，獸名，魚身鳥翼。〔廣韻・戈部〕〇一，魚名。〔集韻・支部〕
鴈　一與鴈同。〔方言八〕箋疏。
鴣　一，鳥名。〔廣韻・戈部〕
鸁　一，桑飛鳥也。〔廣韻・戈部〕〇果一，工雀也。〔廣雅・釋鳥〕疏證。

麧　一，餌也。〔集韻・戈部〕
麱　一，餅也。〔集韻・戈部〕
鼧　一，鼠名。〔廣韻・歌部〕
齹　一，齒本。〔廣韻・歌部〕

# 續經籍籑詁卷第二十一　下平聲

## 六　麻

麻｜，枲屬也。〔説文〕「｜與林同」義證引〔玉篇〕。○｜，轉注為凡枲之大名。〔説文定聲・卷一〇〕○｜是胡｜。〔説文〕「｜與林同」義證引〔本草〕陶宏景。○｜謂大｜及胡｜。（同上）義證引〔急就篇〕顔注。○｜，｜紵。〔廣韻・麻部〕○｜謂｜草可緝績者。〔大戴・子張問入官〕「是故夫工女必自擇絲｜」王詁。○枲已緝績者曰｜，古無木棉，凡言布，皆｜為之。〔説文定聲・卷一〇〕○加工曰｜。〔説文〕「｜，枲也」繫傳。○｜，稀疏匀調也。〔説文〕「磿，和也，｜，調也」繫傳。○｜之言靡，緻密之意。〔釋樂〕「大鼗謂之｜」郝疏。○｜子最細，故為微小之稱，俗字作麽。〔説文定聲・卷一〇〕（「𪎭」下）○｜，言多而難理也。〔漢書・王莽傳〕「三輔盜賊｜起」補注引錢大昭。○｜，穀名。〔詩・丘中有麻〕「丘中有｜」朱傳。○｜蒸，折｜中幹也，亦曰菆。〔説文〕「熜，然｜蒸也」段注。○｜冕，緇布冠也。〔論語・子罕〕「｜冕，禮也」朱注。○｜紙，生布作紙也。〔通雅・卷三二〕○｜沙，印本之初出未精者也。〔卷三二〕○｜與靡古字通。〔釋樂〕「大鼗謂之｜」平議。○〔説文定聲・卷一〇〕｜，以靡為之。〔漢書・地理志〕「牧靡，升｜所出」。○靡、｜、虋聲相轉。〔釋草〕「虋靡，虋冬」郝疏。

花｜妥，為｜落。〔説文〕「妥，安也」段注。○｜蕋謂之蓓蕾，亦謂之葤。〔通雅・卷四二〕○｜，俗華字，今通用。〔廣韻・麻部〕

霞｜，日氣也。〔三藏聖教序〕「撥煙｜」音義引〔韻英〕。○｜，天際赤雲也。（同上）音義引〔考聲〕。○｜，赤雲氣。〔廣雅・釋地〕「｜，玉」疏證。○｜，赤氣騰為雲。〔廣韻・麻部〕○｜，雲日氣相薄。〔集韻・麻部〕○｜，或作赮。〔三藏聖教序〕「撥煙｜」音義。

家｜，居也。〔廣韻・麻部〕○｜，人所居，通曰｜。〔説文〕「｜，居也」義證引〔玉篇〕。○｜謂一門之內。〔詩・桃夭〕「宜其室｜」朱傳。○｜，門內之通名也。〔詩・緜〕「未有｜室」朱傳。○｜、居二字，古聲義並相近。〔史記〕「相如乃與馳歸成都，｜居徒四壁立」志疑。○女以男為｜。〔孟子・滕文公下〕「女子生而願為之有｜」朱注。○夫｜曰｜。〔國策・東周策〕「三歸之｜」鮑注。○王畿其內一周方百里者二十謂之削，亦謂之｜。〔説文定聲・卷九〕（「都」下）○大夫曰｜。〔説文〕「｜，尻也」段注。○大夫稱｜。〔韓子・揚權〕「不貴其｜」集解。○大夫稱｜，卿稱都，對文則然，散文則可總言｜。〔書・梓材〕「厥臣達大｜」孫疏。○｜，謂有采地之臣。〔書・皋陶謨上〕「夙夜浚明有｜」孫疏。○｜者，專指王｜而言。〔漢書・外戚傳〕「｜凡十侯」補注引周壽昌。○｜，｜法也。〔史記〕「因以起其｜」雜志。○｜，伏几也，今謂之夾膝。〔説文〕「几，踞几也」義證引〔急就篇〕顔注。○｜猶中也。〔墨子・經説上〕「東西｜南北」閒詁。○｜主，謂卿大夫也。〔墨子・兼愛中〕「今｜主獨知愛其｜」閒詁。○｜令，掌食邑也。〔漢書・高帝紀〕「太公｜令説太公曰」補注引沈欽韓。○｜丞，掌食邑也。（同上）○皇太子官稱｜臣。〔漢書・戾太子傳〕「皇后及｜吏請問皆不報」補注引沈欽韓。○北朝稱天子曰｜｜。〔通雅・卷一九〕○北齊呼嫡母亦曰｜｜。（同上）○八口之｜即稱｜口。（同上）○｜室，猶室｜也。〔詩・桃夭〕「宜其｜室」朱傳。○｜人，一｜之人也。〔詩・桃夭〕「宜其｜人」朱傳。○室｜之相，此女也，男曰｜老。〔國策・秦策三〕「其相室曰」鮑注。○居｜當為｜居，凡言隱不仕者皆謂｜居。〔漢書・爰盎傳〕「盎雖居｜」補注。○｜人，猶庶人。〔漢書・欒布傳〕「彭越為｜人時」補注。○凡古曰｜人者，猶今曰人｜也。〔説文〕「｜，尻也」段注。○〔説文定聲・卷九〕｜人，猶今言人｜也。〔漢書・惠帝紀〕「見蘭陵｜人井中」。○｜人子迺宗室女也。〔漢書・婁敬傳〕「取｜人子為公主」補注。○漢制良｜子入宮無職號者謂為｜人子，有上｜人子、中｜人子之別。（同上）補注引周壽昌。○｜，此乃豕之尻，叚為人之尻。〔説文定聲・卷九〕○｜，如牢牛之尻，叚為拘辠之陛牢也。（同上）○｜，字與牢同意，借為人所尻室。（同上）引戴侗。○｜，叚借為賈。〔説文定聲・卷九〕○｜，即稼字也。〔大戴・五帝德〕「陶｜事親」述聞。○｜作嘉。〔詩・節〕「｜父作誦」集疏。○｜，官本｜作家。〔漢書・地理志〕「有堯｜靈臺」補注。又〔漢書・陸賈傳〕「掘燒君王先人｜墓」補注。○｜字本作冢。〔史記・衛將軍驃騎列傳〕「冢在大猶鄉」志疑引〔史詮〕。○｜當作冢。〔漢書・地理志〕「有堯｜靈臺」補注引錢大昭。○｜當作嫁。〔説文〕「稼，一曰稼、｜事也」義證。○｜當為稼。〔大戴・五帝德〕「陶｜事親」王詁。

𣗪｜，春藏葉可以為飲。〔廣韻・麻部〕○｜，茗也。〔集韻・麻部〕○｜、茶同。（同上）○｜，俗作茶。〔廣韻・麻部〕

華｜，草木之｜也。〔詩・皇皇者華〕「皇皇者｜」朱傳。又〔大戴・曾子疾病〕「夫｜繁而實寡者，天也」王詁。又〔少閒〕「則｜英必得其節以秀孚矣」王詁。○｜，荂也。〔説文〕「｜，榮也」繫傳。○木謂之｜。（同上）○｜，草盛也。〔廣韻・麻部〕○｜，猶秀也。〔詩・出車〕「黍稷方｜」陳疏。○｜與秀散文則同，對文則別。〔説文〕「蕳，未發為菡蕳，已發為夫容」段注。○｜，菁｜。〔國策・楚策一〕「｜落而愛渝」鮑注。○｜亦芀也。〔釋草〕「葭，｜」郝疏。○｜，樗木也。〔文選・上林賦〕「｜楓枰櫨」集釋引〔説文〕。○開花謂之｜。〔説文定聲・卷九〕○｜，即今之皮貼弓者也。〔文選・上林賦〕「｜楓枰櫨」集釋引〔漢書〕顔注。○｜，乃赤色也。〔禮記・內則〕「大夫之｜」平議。○｜，高麗也。〔國策・秦策一〕「見説趙王於｜屋之下」鮑注。○｜猶奢。〔國策・齊策五〕「完者內酺而｜樂」鮑注。○凡物盛麗皆曰｜。〔説文〕「葩，｜也」段注。○｜猶光也。〔大戴・四代〕

「知之—也」王詁。〇—，光之浮—也。〔説文〕「瑟，玉英—相帶如瑟弦」繫傳。〇—，色也。〔廣韻・麻部〕〇—者，猶榮—，容色之異也。〔大戴・曾子立事〕「不服—色之服」王詁。〇—者，猶榮—，容色之象也，以色亂國故謂—孽。〔漢書・五行志〕「—者色也」補注引葉德輝。〇—與上金支秀—同義。〔漢書・禮樂志〕「—爗爗」補注。〇古光—字與花實字同義。〔説文〕「葩，—也」段注。〇—與譁聲近義同。〔廣雅・釋詁三〕「譁，匕也」疏證。〇—，不實也。〔大戴・文王官人〕「—如誣」王詁。〇—猶㔉也。〔釋木〕「瓜曰—之」郝疏。〇疏—，瑶草也。〔楚辭・大司命〕「折疏麻兮瑶—」補注引李善。〇交木于其耑則謂之—表。〔説文〕「桓，亭郵表」繫傳。〇—酌，謂置—於酒中。〔楚辭・招魂〕「—酌既陳」補注引五臣。〇—苹，竝頭蓮也。〔通雅・卷四二〕〇—鈴，小釵也。〔通雅・卷三三〕〇—鬘，梵語云麼羅，西國人嚴身之具也。〔大般若經・卷四九〕「—鬘」音義。〇—山乃陽—山，在陝西西安府雒南縣東北。〔史記・趙世家〕「造父取驥之乘匹，與桃林盜驪」志疑。〇函谷亦得稱為—下。〔韓子・初見秦〕「比周而軍—下」集解引王先謙。〇—與瓠通。〔禮記・郊特牲〕「天子樹瓜—」述聞。〇—，即撝之叚借。〔説文〕「撝，裂也」段注。〇〔説文定聲・卷九〕—，叚借為雩。〔詩〕「皇皇者—」。〇（同上）—，叚借為嶹。〔禮記・中庸〕「載—嶽而不重」。〇（同上）—，叚借為瓠。〔禮記・郊特牲〕「天子樹瓜—」。〇（同上）—，叚借為蠖。〔洪範五行傳〕「時則有—孽」。〇（同上）—，叚借為竵、為咼，或曰借為尪，亦通。〔周禮・形方氏〕「無有—離之地」。〇—音花。〔詩・桃夭〕「灼灼其—」朱傳。又〔白華〕「白—菅兮」朱傳。又〔苕之華〕「苕之—」朱傳。〇—音驊。〔説文〕「僷，宋衛之間謂—僷僷」繫傳。〇—字古聲讀如「八月斷壺」之壺。〔禮記・郊特牲〕「天子樹瓜—」述聞。〇古讀—如敷。〔説文〕「葩，—也」義證引陸德明。〇—，漢時或讀如韡，俗遂通作花。〔説文〕「葩，—也」義證引陸德明。〇—，或从化作花。〔集韻・麻部〕〇—，俗作花。〔説文〕「—，榮也」段注。〇—，又為光—、—夏字。（同上）〇〔説文定聲・卷九〕—，字亦作驊、作[illegible]、作[illegible]。〔穆天子傳〕「右服—騮」。〇—即樺字。〔文選・上林賦〕「—楓枰櫨」集釋引〔説文繫傳〕。〇—當作樺。〔漢書・司馬相如傳〕「—楓枰櫨」補注引沈欽韓。〇—即譁之省文。〔荀子・子道〕「奮於言者—」集解引俞樾。又（同上）平議。〇舊校云，—一作藿。〔呂覽・明理〕「其狀若衆植—以長」校正。〇—隤即—洞。〔通雅・卷八〕

**雩** —華一字。〔説文〕「—，艸木—也」句讀。〇—，俗字作花。（同上）

**沙** —，所謂大磧也。〔漢書・匈奴傳〕「少草木，多大—」補注。〇—，引伸之凡生澁皆為—。〔説文〕「—，水散石也」段注。〇—，—汰。〔廣韻・麻部〕〇—，亦汰也。〔續音義・卷一〇〕引〔切韻〕。〇—，摩抄也。〔楚辭・株昭〕「貴寵—劘」補注。〇—，鳳皇也。〔説文〕「娑，舞也」段注引張逸。〇—飾，即疏飾。〔詩・閟宮〕「犧尊將將」通釋。〇—汰，去惡物也。〔慧琳音義・卷八九〕〇〔通雅・卷七〕—劘即磋磨。〔九懷〕「貴寵—劘」。〇麈俗呼野人為—魂。〔通雅・卷四九〕引〔隣幾雜志〕。〇—[illegible]，洮𧊒之漢也。〔通雅・卷一三〕〇—參，白色，宜于—地，故名。〔本草・卷一二〕〇—魚狀皃非一，皆皮上有—，堪揩木，如木賊。〔説文〕「鮫，海魚也」段注引陳藏器。〇—羑城，在今武昌府江夏縣西南。〔荀子・彊國〕「乃有—羑與俱」集解。〇〔説文定聲・卷一〇〕—，叚借為莎。〔詩・閟宮〕傳「犧尊有—飾也」。〇（同上）—，叚借為嘶。〔周禮・内饔〕「鳥皫色而—鳴貍」。〇官本—作砂。〔漢書・郊祀志〕「黄冶變化」補注。又〔巴寡婦清傳〕「筋角丹—千斤」補注。〇—，字亦作砂。〔説文定聲・卷一〇〕〇—，從石作砂者，俗字也。〔説文〕「—，水散石也」段注。〇〔説文定聲・卷一〇〕—，今字作紗。〔釋名〕「縠又謂之—」。〇—，即今之紗。〔大戴・曾子制言〕「白—在泥」述聞。

**砂** —，小石也。〔本草・卷一〇〕〇—，沙俗字。〔廣韻・麻部〕〇—、沙同。〔集韻・麻部〕

**車** —，横視之肖，或云—，少昊時駕牛，奚仲始駕馬。〔説文定聲・卷九〕〇黄帝作—，引重致遠。少昊時加牛，禹時奚仲加馬，周公作指南—。〔廣韻・麻部〕引〔古史考〕。〇—當輕—。〔漢書・衛青傳〕「—輜畜產畢收為鹵」補注。〇—當作運。〔漢書・李廣利傳〕「轉—人徒相連屬至敦煌」補注引宋祁。〇—乃庫之誤。〔墨子・節葬下〕「虛—府」平議。

**牙** —，牡齒也。〔詩・行露〕「誰謂鼠無—」朱傳。〇—，比於齒為牡也。〔説文〕「—，牡齒也」繫傳。〇—，—齒。〔廣韻・麻部〕〇統言之皆偁齒偁—，析言之則前當唇者偁齒，後在輔車者偁—，—較大於齒。〔説文〕「—，壯齒也」段注。〇兩旁曰—，當中曰齒。〔本草・卷五一〕〇—也者，以為固抱也。〔説文〕「輮，車网也」段注。〇—，言以—相噬。〔國策・秦策三〕「相—者」鮑注。〇—，萌—也。〔漢書・律歷志〕「旅助黄鐘宣氣而—物也」補注。〇—，—旗。〔廣韻・麻部〕〇牡曰豭，曰—。〔本草・卷五〇〕〇—者，畜豕之杙。〔易・大畜〕「豶豕之—」李疏。〇車輞會謂車輪外輞也，謂之—。〔説文〕「枒，木也」繫傳。〇後世官府早晚軍吏兩謁，亦謂之—。〔通雅・卷二六〕引劉馮事。〇—即今所謂衙也。〔通雅・卷二六〕〇通呼公府、公門為—門。〔説文〕「衙，行皃」義證引〔南部新書〕。〇軍前大旗謂之—旗。（同上）〇騶—亦即騶虞。〔文選・封禪文〕「然後囿騶虞之珍羣」集釋。〇騶—即騶吾。（同上）〇—讀為圉。〔春秋名字解詁〕「齊東郭—字垂」述聞。〇—同芽。〔説文〕「糱，—米也」段注。〇—、芽古今字。〔説文〕「管，十二月之音，物開地—，故謂之管」段注。〇古多以—為芽。〔説文〕「芽，萌也」段注。〇官本、南監本—作芽。〔漢書・王莽傳〕「或見萌—」補注。〇—、枒蓋古今字。〔説文〕「枒，一曰車网會也」段注。〇—亦作枒。〔説文〕「輮，車网也」段注。〇—當為芽。〔説文〕「糱，—米也」義證。〇三—作三耳。〔呂覽・淫辭〕「公孫龍言藏之三—甚辯」校正引盧文弨。〇君—，〔禮・緇衣〕作君雅。〔漢書・古今人表〕「君—」補注引梁玉繩。

蛇 —者，虫也。〔説文〕「蠻，南蠻，它種，从虫」段注。○—，毒蟲。〔廣韻·麻部〕。○螣—無足而飛。〔楚辭·通路〕「螣—兮後從」補注引〔荀子〕。○螣—無足而騰。〔同上〕引〔文子〕。○梅福隱—門，或稱夷門。〔通雅·卷一三〕○—即它之或體。〔釋訓〕「佗佗，美也」郝疏。○—，它俗字也。〔説文〕「—，它或从虫」段注。○虵，俗—字。〔廣韻·麻部〕○它、—、虵同。〔集韻·麻部〕○虵，或作—。〔慧琳音義·卷二〕

瓜 —者，縢生布於地者也。〔説文〕「—，蓏也」段注。○—，蓏也，縢生布于地，外象其蔓，中象其實。〔説文定聲·卷九〕○—，在木曰果，在地曰蓏，大曰—，小曰瓞。〔本草·卷三三〕○大曰—，小曰瓞。〔詩·緜〕「緜緜—瓞」朱傳。○—菹，今名瓜齏。〔説文〕「藍，—菹也」句讀。○古者—、姑同音。〔説文〕「苦，苦婁果蠃也」義證引李時珍。

斜 —，凡以斗挹出之謂之—。〔説文〕「—，抒也」段注。○—，通作賒。〔同上〕義證。○—，叚借為衺。〔説文定聲·卷九〕○〔同上〕—，以余為之。〔楊君石門頌〕「余谷之川」。○—同衺，不正也。〔廣韻·麻部〕○邪、—並與衺同。〔廣雅·釋詁〕「頓侻，衺也」疏證。○注文—，或作衺。〔漢書·司馬相如傳〕「邪與肅慎為鄰」補注引宋祁。○日—，〔史記〕作日施。〔漢書·賈誼傳〕「庚子日—」補注。

邪 —，今沂州也。〔説文〕「—，琅—郡名也」繫傳。○—，不正也。〔廣韻·麻部〕○—，辟也。〔孟子·公孫丑上〕「—辭知其所離」焦正義。○—，—僻也。〔同上〕朱注。○—，道也。〔説文〕「—，琅—郡」義證引〔九經字樣〕。○—，一作徐，緩也。〔詩·北風〕「其虛其—」朱傳。○—，鬼病。〔廣韻·麻部〕○〔釋詞·卷四〕—，猶也也。〔莊子·德充符〕「不知先生之洗我以善—」。○—，猶乎也。〔釋詞·卷四〕○—，猶歟也。〔同上〕○—，猶兮也。〔同上〕○—，又語未定之詞。〔説文〕「—，琅—郡名也」繫傳。○—，助語之詞，字亦誤作耶。〔説文定聲·卷九〕○—，疑辭也。〔通鑑·周紀三〕「儀以寡人絕齊未甚—」音注。○—揄，舉手笑也。〔通雅·卷七〕○布帛廣施諸纏足謂之—幅。〔詩·采菽〕「—幅在下」集疏。○—幅，偪也。〔同上〕朱傳。○南方草木狀之—悉茗，今廣州之素馨花也。〔通雅·卷四二〕○—，古與左通。〔漢書·揚雄傳〕「—界虞淵」補注引錢大昭。○〔説文定聲·卷九〕—，叚借為巵。〔莊子·在宥〕「豈直過也而去之—」。○〔同上〕—，叚借為除。〔廣雅·釋宫〕「—、除，道也」。○〔同上〕—，叚借為衺。〔賈子·道術〕「方直不曲謂之正，反正為—」。○〔同上〕—，叚借為餘。〔史記·麻書〕「歸—于終」。○—借作衺，衺猶女惡也。〔慧琳音義·卷三〕引顧野王。○—者，徐之同音假借。〔詩·北風〕「其虛其—」通釋。○—與除古聲相近，除亦—也。〔廣雅·釋宫〕「—、除，道也」疏證。○古—音余。〔通雅·卷二〕○也與—同。〔史記〕「余不敢言之—」雜志。○—、斜並與衺同。〔廣雅·釋詁二〕「頓侻，衺也」疏證。○—，古書用為衺



正字。〔説文〕「—，琅—郡名也」段注。○—，魯、齊作徐。〔詩·北風〕「其虛其—」集疏。○俗書—字作耶。〔國策〕「客即對曰」雜志。○—、衺同，通作斜。〔集韻·麻部〕○—，疑辭，或从耳作耶。〔同上〕

芽 —，萌—。〔廣韻·麻部〕○官本—作牙。〔漢書·金日磾傳〕「霍氏有事萌—」補注。

嘉 —，美。〔詩·烝民〕「柔—維則」朱傳。○—，美也。〔詩·假樂〕「假樂君子」朱傳。又〔廣韻·麻部〕。又〔本草·卷四四〕。○—者，美之也。〔釋詁〕「衛，—也」鄭註。○—，稱美之也。〔漢書·盧綰傳〕「里中—兩家親相愛」補注。○—、旨，皆美也。〔詩·頍弁〕「爾酒既旨，爾殽既—」朱傳。○—與孔俱有美意。〔春秋名字解詁〕「宋公孫—字孔父」述聞。○—，善。〔詩·抑〕「無不柔—」朱傳。○—，善也。〔詩·破斧〕「亦孔之—」朱傳。又〔廣韻·麻部〕。○—美者謂之好，亦謂之孔。〔春秋名字解詁〕「宋公孫—字孔父」述聞。○—與孔亦俱有大意。〔同上〕○—謂—祥而有示。〔屈賦·天問〕「玄鳥致詒女何—」戴注。○—，樂也。〔大戴·千乘〕「百姓齊以—善」王詁。○—，通作賀。〔釋詁〕「衛，—也」郝疏。○—與賀古同聲而通用。〔廣雅·釋言〕「賀，—也」疏證。○—，或作佳。〔集韻·麻部〕○—，聲轉為佳。〔釋詁〕「—，美也」郝疏。○—，柯聲借。〔釋地〕「陵莫大於加陵」郝疏。○今東齊里語美辭曰—賀。〔釋詁〕「衛，—也」郝疏。○—穀者，謂稷，今之小米也。〔書·呂刑〕「農殖—穀」孫疏。○—客，謂附庸小國。〔詩·那〕「我有—客」集疏引魏源。○—魚，鯉質鱒鯽肌，出於沔南之丙穴。〔詩·南有嘉魚〕「南有—魚」朱傳。○—夜猶言良夜。〔漢書·禮樂志〕「俠—夜」補注。○—至，樂章篇名。〔漢書·禮樂志〕「奏—至」補注引錢大昭。○〔説文定聲·卷一〇〕—，以假為之。〔詩〕「假樂君子」。○〔同上〕—，以賀為之。〔儀禮·覲禮〕「予一人賀之」。○〔熹平石經〕—作綏。〔書·盤庚〕「—績于朕邦」孫疏。○—為密，今文也。〔書·無逸〕注「史遷—作密」孫疏。○—，〔史記〕作壽。〔左傳哀公五年〕「公子—公子駒公子黔奔衛」洪詁。○—，當作喜。〔文選·典引注〕引〔韓詩〕「貽我—嫠」述聞。○—乃喜之譌。〔史記·司馬相如列傳〕「其—可—」志疑。

瑕 —，玉病也。〔廣韻·麻部〕○—者，玉之病也。〔荀子·法行〕「—適竝見」集解引郝懿行。○玉有疵謂之—適，猶言有疵謂之—讁也。〔春秋名字解詁〕「衛公子—字子適」述聞。○—，疵病也。〔詩·狼跋〕「德音不—」朱傳。○—，穢也。〔大般若經·卷四二〕「—隙」音義引〔玉篇〕。○赤玉謂之—。〔廣雅·釋地〕「—，玉」疏證。○—，楚地也，今蒙州蒙城縣。〔左傳桓公六年〕「軍於—以待之」疏證引〔春秋分地記〕。○—，何。〔詩·泉水〕「不—有害」朱傳。○古—、胡二字通用。〔説文〕「闅，低目視也」義證引顧炎武。又〔左傳文公一三年〕「晉侯使詹嘉處—」疏證引顧炎武。○—轉為胡，又改為湖。〔同上〕○—丘，即胡丘。〔釋丘〕「方丘，胡丘」郝疏。○—，過也。〔詩·思齊〕「烈假不—」朱傳。又〔廣韻·麻部〕。○—，古與遐通。

〔詩·狼跋〕「德音不一」平議。〇一，遠、過二義俱可通。〔詩·泉水〕「有一有害」後箋引張釋之。〇一，遠也，蓋以一為遐之借。〔詩·狼跋〕「德音不一」後箋。〇〔説文定聲·卷九〕一，叚借為遐，實為騢。〔詩·思齊〕「烈假不一」。〇一，讀為遐。〔詩·二子乘舟〕「不一有害」陳疏。〇一，讀為遐。〔詩·泉水〕「不一有害」陳疏。〇一，蓋古文止作叚，讀為遐也。〔左傳成公元年〕「晉侯使一嘉平戎于王」洪詁引惠棟。〇漢碑一作遐。〔詩·思齊〕「烈假不一」集疏。〇一，當讀假，訓已。〔詩·狼跋〕「德音不一」通釋。〇一、假同，〔左傳成公元年〕「晉侯使一嘉平戎于王」疏證引李富孫。〇一與假古字通。〔漢書〕「陷假」雜志。〇一、假聲相近，故字亦相通。〔史記〕「甫一」雜志。〇〔史·表〕一作假。〔漢書·高惠高后文功臣表〕「夷侯一嗣」補注。〇一，古多一為叚。〔説文〕「叚，借也」段注。〇〔説文定聲·卷一三〕一者，叚借為叚字。〔左傳襄公三一年〕「楚陽匄字子一」。〔「匄」下〕〇一，或借碬字。〔説文〕「一，玉小赤也」義證。〇〔説文定聲·卷九〕一，叚借為蝦。〔南都賦〕「駮一委蛇」。〇（同上）一，叚借為騢。〔詩·泉水〕「不一有害」。〇（同上）一，叚借為瘕。〔禮記·聘義〕「一不揜瑜」。〇（同上）一，叚借為惡。〔詩·狼跋〕「德音不一」。〇（同上）一，叚借為罅。〔淮南·精神〕「審乎無一」。〇（同上）一，叚借為助語之詞。〔禮記·表記〕「一不謂矣」。〇一，霞借字。〔漢書·揚雄傳〕「噏清雲之流一兮」補注。〇一，當讀為格。〔管子·法法〕「令入而不至謂之一」平議。〇〔説文定聲·卷九〕一，今字作霞。〔漢書·揚雄傳〕「噏清雲之流一」。〇（同上）一，字亦作椵。〔江賦〕「壁立椵駮」。〇一與溉亦音之轉。〔左傳宣公二年〕「生子一」疏證引李富孫。〇〔鄭世家〕一作溉。（同上）〇〔史記〕一作溉。〔左傳宣公三年〕「生子一」洪詁。

**紗** 一，絹屬，一曰紡纑。〔廣韻·麻部〕又〔集韻·麻部〕。〇總、一、糸、紑、細，皆絲之微也。〔廣雅·釋詁四〕「幾、總、一、系，微也」疏證。〇一、眇、篎、𪔟、秒、翲、藐，聲並同杪，是凡言杪者，皆小之義也。〔方言二〕「杪，小也」箋疏。〇一之言眇小也。〔廣雅·釋詁四〕「一，微也」疏證。〇總、忽、一、秒並通。（同上）〇一，古祇作沙，無一字。〔説文〕「縠，細縛也」段注。〇一，通作沙。〔集韻·麻部〕

**鴉** 一，烏別名。〔廣韻·麻部〕

**雅** 〔説文定聲·卷九〕大而純黑，反哺者烏，小而不純黑，不反哺者一，一即烏之轉聲。〔説文〕「一，楚烏也，一名鸒，一名卑居，秦謂之一」。〇一跽，一拜。〔文選·魯靈光殿賦〕「儼一跽而相對」補正。〇一叉，即椏杈耳。〔字詁〕引唐人詩「展幛玉一叉」承吉按。〇〔説文定聲·卷九〕一，字亦作鴉、作鵶。〔莊子·齊物論〕「鴟鴉耆鼠」。〇鴉，或作一、鵶。〔集韻·麻部〕

**鵶** 一，烏別名也。〔續音義·卷五〕引〔切韻〕。〇一，烏之類也，形小而喙足皆赤。〔慧琳音義·卷一一〕〇一同鴉。〔廣韻·麻部〕〇一或作鴉。〔慧琳音義·卷一二〕

**遮** 一者，遏也。〔説文〕「閼，一攤也」段注。〇〔説文定聲·卷一八〕一，扞蔽之意。〔廣雅·釋詁二〕「亢，一也」。〔「亢」下〕〇一者，止其詭道也。〔説文〕「覈，乍邀一其辭得實曰覈也」繫傳。〇一，斷也。〔廣韻·麻部〕〇一莫，猶言儘教也，蓋侔莫也。〔通雅·卷五〕〇一迦越羅，梵語，轉輪王也。〔放光般若經·卷五〕「一迦越羅」音義。〇一、庶同。〔集韻·麻部〕〇一、庶古字通用。〔管子·侈靡〕「六畜一育」義證。〇一、庶古字通。〔管子〕「一」雜志。〇〔説文定聲·卷九〕一，叚借為庶。〔管子·侈靡〕「六畜一育，五穀一熟」。

**乂** 一，凡岐頭之物皆曰一。〔説文定聲·卷一〇〕〇一，叚借為杈。（同上）

**叉** 一，指相交也。〔説文〕「一，手指相錯也」義證引〔玉篇〕。〇凡布指錯物閒而取之曰一。〔説文〕「一，手指相錯也」段注。〇凡岐頭皆曰一。（同上）〇一，交手。〔廣韻·麻部〕〇首笄曰一。〔説文〕「一，手指相錯也」段注。〇一，今字作釵。（同上）〇一，今釵字。〔説文〕「𪚯，龜甲邊也」段注。〇一，今之釵字。〔説文〕「蟜，𧒆蟜」段注。〇一與杈同。〔廣雅·釋木〕「一，枝也」疏證。

**葩** 一，花也，又草花白。〔廣韻·麻部〕〇一，今謂草華房為一也。〔説文〕「皅，草華之白」繫傳。〇在田野曰一。〔説文〕「麻，枲也」繫傳。〇一，盛美皃。〔慧琳音義·卷九〕〇一，謂雩之麗采美盛。〔説文定聲·卷九〕〇一，草木華初坼也。〔説文〕「一，華也」繫傳。〇一即麻也，猶言派也。〔説文〕「𣏟，一之總名也」繫傳。〇一亦散也，通作皅。〔説文〕「一，華也」段注。〇一，字通作芭。〔廣雅·釋草〕「一，華也」疏證。〇一是皅之累增字。〔説文〕「皅，艸華之白也」句讀。〇〔説文定聲·卷九〕一，字亦作芭。〔楚辭·招魂〕「傳芭兮代舞」。〇一當為葩。〔説文〕「𣏟，一之總名也」義證。〇一，亦作皅。〔廣韻·麻部〕

**皅** 一，花白皃。〔慧琳音義·卷一〇〇〕〇一，照曜也。（同上）引〔考聲〕。〇〔説文定聲·卷九〕一，字亦作蘤。〔廣雅·釋草〕「蘤，華也」。

**奓** 一訓為過。〔釋詁〕「一，勝也」郝疏。〇一，引申為凡充庈之偁。〔説文〕「一，張也」段注。〇一侈，亦衆多之意。〔釋詁〕「庶，衆也」郝疏。〇夸一猶言觰沙，皆疊韻字也。〔釋詁〕「一，勝也」郝疏。〇一，張也，侈也，勝也。〔廣韻·麻部〕〇一摩他，梵語，止心寂靜也。〔大般若經·卷三〕「一摩他」音義。〇〔説文定聲·卷九〕一，叚借為都。〔荀子·賦〕「閭娵、子一莫之媒也」。〇一，經傳亦多以侈為之。〔説文定聲·卷九〕

**楂** 木桃酢澀而多渣，故謂之一。〔本草·卷三〇〕〇一，水中浮木。〔廣韻·麻部〕又〔集韻·麻部〕。〇一，一曰柴門。〔集韻·麻部〕〇一即槎字。〔管子·山國軌〕「為柴一」義證引孫星衍。〇查、槎同一。〔廣韻·麻部〕

查　丨，水中浮木也。〔通鑑·宋紀一三〕「繫流丨及船腹」音注。○丨，丨下，地名，亦姓。〔集韻·麻部〕

槎　丨，水中流木也。〔慧琳音義·卷七二〕引〔考聲〕。○丨同楂。〔廣韻·麻部〕○丨同查。〔同上〕

衙　丨丨，行貌。〔楚辭·九辯〕「通飛廉之丨丨」補注。○丨丨是行列之意，後人以所治為丨。〔說文〕「丨，丨丨，行皃」段注。○古者軍行有牙尊者所在，後人因以所治為丨。〔集韻·麻部〕○丨，丨府。〔廣韻·麻部〕○丨，以官治為丨。〔說文定聲·卷九〕○宋時曰丨前，猶長隨也。〔通雅·卷一九〕○丨前、散從，猶今之內外班也。〔同上〕○今之巷道名為丨衕。〔說文〕「衕，通街也」義證引楊慎。○丨本作牙。〔說文〕「丨，行皃」義證引〔南都新書〕。○丨衕，又作衙衕。〔說文〕「衕，通街也」義證引楊慎。

賖　〔說文定聲·卷九〕在我曰丨。〔說文〕「丨，貰買也」。○丨，緩也。〔慧琳音義·卷五一〕引〔考聲〕。○今人謂遲緩為丨也。〔說文〕「丨，貰買也」繫傳。○丨，不交也。〔廣韻·麻部〕○丨，遠也。〔慧琳音義·卷五一〕引〔考聲〕。又〔通鑑·唐紀二一〕「苟求丨死」音注。○丨，一曰達也。〔集韻·麻部〕○丨，叚借為紓。〔說文定聲·卷九〕○丨，叚借為徐。〔同上〕○丨，叚借為奢。〔同上〕○丨，叚借為餘。〔同上〕○丨與荼古聲相近。〔方言一二〕「荼，借也」箋疏。

誇　丨，大言也。〔廣韻·麻部〕○丨，又借夸字。〔說文〕「丨，譀也」義證。○丨，或作侉。〔同上〕○丨，通作夸。〔集韻·麻部〕

巴　俗謂乾物為丨，丨亦焦意也。〔本草·卷一五〕○丨猶婁也。〔說文〕「豝，牝豕也」義證引〔字說〕。○丨歈，歌也。〔說文〕「嗙，訶聲，嗙喻也」義證引〔切韻〕。○杏仁曰丨旦，乃大宛種也。〔通雅·卷四三〕○今俗呼掌為丨掌。〔釋言〕「般，還也」郝疏。○丨掌即般掌之聲轉。〔同上〕○丨飛柂，即笆犂也，或作芭籬，亦呼搶籬，即古之儲胥柴離也。〔通雅·卷三八〕○〔說文定聲·卷九〕丨，字亦作芭。〔史記·張儀傳〕注「益州，天苴，讀為芭黎」。○（同上）「丨，字亦作尊。〔漢書·司馬相如傳〕「諸柘丨且」。○丨且即尊苴也。〔漢書·司馬相如傳〕「諸柘丨且」補注。○丨俞，古作嗙喻。〔漢書·司馬相如傳〕「丨俞宋蔡」補注。

加　誣人亦曰丨。〔說文〕「丨，語相譄丨也」段注。○丨，惡聲之丨人也。〔同上〕繫傳。○丨，不得理之謂也。〔同上〕段注引袁宏。又〔論語·公冶長〕「丨諸我也」劉正義。○引申之凡增丨並謂之丨。〔周禮·司勳〕「唯丨田無國正」孫正義。○引申之凡據其上曰丨。〔說文〕「丨，語相譄丨也」段注。○丨，陵也。〔同上〕段注引馬融。又〔論語·公冶長〕「丨諸我也」劉正義引馬融。又〔廣韻·麻部〕。○丨，增也，上也。〔廣韻·麻部〕○丨猶尚也。〔儀禮·士冠禮〕「醮于客位丨有成也」胡正義引敖繼公。又〔公羊傳隱公元年〕「丨有成也」陳疏引敖繼公。○丨，尊也。〔儀禮·士冠禮〕「醮于客位丨有成也」胡正義引敖繼公。又〔公羊傳隱公元年〕「丨有成也」陳疏引敖繼公。○丨、居並有止義。〔孟子·公孫丑上〕「夫子丨齊之卿相」焦正義。○丨，中也。〔詩·女曰雞鳴〕「弋言丨之」朱傳。○丨，丨豆也。〔同上〕陳疏。○丨巢，即架巢。〔說文〕「丨，語相譄丨也」段注。○丨景，即幜。〔通雅·卷三六〕○丨趺，謂交足坐也。〔慧琳音義·卷七二〕○丨通作駕。〔釋詁〕「丨，重也」郝疏。○〔說文定聲·卷一〇〕丨，叚借為駕。〔廣雅·釋詁二〕「丨，載也」。○（同上）丨，叚借為冓，今字作架。〔淮南·本經〕「大夏曾丨」。○丨，當讀為假。〔孟子·公孫丑上〕「夫子丨齊之卿相」平議。○丨字，三傳〔春秋〕皆作假，蓋古字通寫。〔史記·十二諸侯年表〕「鄭莊公三十三，以璧丨魯」志疑。○丨、嘉古聲同。〔釋地〕「陵莫大於丨陵」郝疏。○古無架字，以丨為之。〔說文〕「誣，丨也」段注。○丨當為如。〔說文〕「彼，往有所丨也」義證。○丨，〔文選〕注引作嘉。〔管子·小匡〕「君有丨惠於其臣」義證引孫星衍。

耶　丨者，與字之轉音而借用者也。〔義府·卷上〕○丨同邪。〔集韻·麻部〕○邪，俗作丨。〔廣韻·麻部〕○丨，當作取。〔墨子·耕柱〕「人不見而丨」閒詁引蘇時學。

嗟　丨，咨也。〔廣韻·麻部〕又〔國策·趙策三〕「吒丨」鮑注。○〔釋詞·卷八〕丨，語助也。〔詩·中谷有蓷〕「何丨及矣」。○丨者，語詞也。〔詩·猗嗟〕「猗丨昌兮」通釋。○美歎曰丨。〔詩·麟之趾〕「于丨麟兮」陳疏。○傷歎亦曰丨。〔同上〕○丨丨，重歎以深敕之也。〔詩·臣工〕「丨丨臣工」朱傳。○丨、⿱髟差、⿱差言同。〔詩·麟之趾〕「于丨麟兮」陳疏。○⿱差言、丨、蹉並同。〔釋詞·卷八〕○丨當為⿱差言。〔說文〕「嗞，丨也」義證。○䟀、蹉即丨也。〔說文〕「䜐，咨也」義證引任大椿。○丨者，⿱差言之或體也。〔釋詁〕「丨，蹉也」郝疏。○丨子與丨嗞同。〔詩·綢繆〕「子兮子兮」述聞。○丨嗞。〔詩·綢繆〕傳「子兮者，丨茲也」述聞。○丨茲即丨嗞，歎詞也。〔詩·綢繆〕「子兮子兮」集疏。○丨咨一作齎咨、蹉資。〔通雅·卷八〕○⿱差言同丨。〔廣韻·麻部〕○丨，古作蹉。〔集韻·麻部〕

蹉　丨，長歎。〔廣韻·麻部〕○丨，憂嘆也。〔說文〕「䜐，咨也」義證引〔玉篇〕。○丨，今作嗟。〔同上〕

⿱差言　丨，嗞也。〔說文定聲·卷一〇〕○丨，今俗從口作嗟。〔說文〕「丨，咨也」繫傳。○丨，或作嗟。〔集韻·麻部〕

遐　丨，遠也。〔詩·汝墳〕「不我丨棄」朱傳。又〔天保〕「降爾丨福」朱傳。又〔鴛鴦〕「宜其丨福」朱傳。又〔廣韻·麻部〕。又〔通鑑·晉紀二三〕「即復緬成丨域」音注。○丨，尤遠也。〔釋詁〕「永，丨也」鄭詁。○丨，久也。〔詩·鴛鴦〕「宜其丨福」朱傳。○丨訓遠者，當即瑕字之假借。〔詩·天保〕「降爾丨福」通釋。○丨，胡。〔詩·南山有臺〕「丨不眉壽」集疏。○丨不，胡也。〔詩·隰桑〕「丨不謂矣」集疏。○丨，又與胡通。〔詩·天保〕

「降爾丨福」通釋。○丨不，即胡不也。〔詩・棫樸〕「丨不作人」集疏。○凡〔詩〕言丨不者，猶言胡不。〔詩・隰桑〕「丨不謂矣」通釋。○〔釋詞・卷四〕丨，何也。〔詩・南山有臺〕「丨不眉壽」。○丨、何通。〔詩・南山有臺〕「丨不眉壽」朱傳。又〔旱麓〕「丨不作人」朱傳。又〔抑〕「不丨有愆」朱傳。○丨與何同。〔詩・棫樸〕「丨不作人」朱傳。又〔隰桑〕「丨不謂矣」朱傳。○丨、瑕，古通用。〔隰桑〕陳疏。○丨，通作瑕，又通作假。〔釋詁〕「丨，遠也」郝疏。○丨與嘏聲近而義同。〔詩・天保〕「降爾丨福」通釋。○丨，即嘏之俗體。〔説文〕「嘏，大遠也」義證。○丨舉，猶言往事。〔文選・答蘇武書〕「彼二子之丨舉」補正引〔容齋續筆〕。○丨心，即遐思。〔詩・白駒〕「而有丨心」集疏。○丨，俗字，當為假。〔書・召誥〕「天既丨終大邦殷之命」孫疏。○丨，或作假。〔集韻・麻部〕

**笳** 丨，丨簫，卷蘆葉吹之也。〔廣韻・麻部〕○丨，胡人卷蘆葉吹之也。〔集韻・麻部〕○丨，當讀為柯。〔廣雅・釋木〕「丨，枝也」疏證。○笄、丨，一聲之轉。〔廣雅・釋器〕「笄、丨，籃也」疏證。

**差** 丨，擇也。〔廣韻・麻部〕○丨，别也。〔漢書・公孫弘傳〕「自九卿吕下至於小吏無丨」補注。○丨，淅也。〔禮記・喪大記〕「御者丨沐于堂上」集解。○丨，愈也。〔通鑑・漢紀一四〕「不除之，上終不丨」音注。○丨，互不相值也。〔慧琳音義・卷一四〕○丨，舛也。〔廣韻・麻部〕○丨舛，不齊也。〔慧琳音義・卷一四〕引顧野王。又〔卷・六〇〕引顧野王。○丨，邪也。〔晏子春秋〕「隅肶之削」雜志。○丨、忒義相通也。〔釋言〕「爽，丨也」邵正義。○槎與丨聲義亦相近。〔廣雅・釋詁二〕「丨，衺也」疏證。○丨、槎古同聲，故通用。〔漢書〕「茬」雜志。○丨，或古字丨通作嗟。〔詩・東門之枌〕「穀旦于丨」後箋。○〔説文定聲・卷一〇〕丨，叚借為挼。〔禮記・喪大記〕「御者丨沐于堂上」。○丨，讀為瑳。〔呂覽・君守〕「智丨自亡也」平議。○衰、丨一聲之轉。〔廣雅・釋詁四〕「屖，丨也」疏證。○丨，亦鯗字也。〔廣雅・釋器〕「鮺，鯗也」疏證。○景丨，〔法言〕、〔人表〕皆作景瑳。〔史記・屈原賈生傳〕「景丨之徒者」志疑。

**蟆** 丨，蝦丨，亦作蟇。〔廣韻・麻部〕○丨，背有黑點，身小，能跳接百蟲，作呷呷聲，舉動極急。〔説文定聲・卷九〕

**譁** 丨，讙也。〔國策・趙策二〕「微諫而不丨」鮑注。又〔集韻・麻部〕。○丨，諠丨。〔廣韻・麻部〕○丨，謂諠噪也。〔慧琳音義・卷一九〕引〔考聲〕。○丨與華聲近義同。〔廣雅・釋詁四〕「丨，匕也」疏證。○蔿、譌、丨，皆謂變化也。〔廣雅・釋言〕「蔿、譌，丨也」疏證。○〔説文定聲・卷九〕丨，叚借為匕。〔廣雅・釋詁三〕「丨，匕也」。○丨字當讀為華。〔荀子・性惡〕「衆者暴寡而丨之」平議。又〔同上〕集解引俞樾。○丨，或作嘩。〔集韻・麻部〕○誇同丨。〔廣韻・麻部〕

**蝦** 丨，丨蟆。〔廣韻・麻部〕○丨蟆，背有黑點，身小，能跳接百蟲，解作呷呷聲，舉動極急。〔説文〕「丨，丨蟆也」段注。○丨蟇，俗言丨蟇懷土，一夕復還其所，虽或遐之，常慕而返，故名丨蟇。〔本草・卷四二〕引王安石〔字説〕。○〔説文定聲・卷九〕丨蟆，即〔月令〕之反舌無聲也。〔易・通卦〕「丨蟆無聲」。○〔卷九〕丨蟆，借為夏馬字。〔禮記・月令〕「丨蟆掉尾肅肅」。(「丨蟆」下)○丨，古或借為霞字。〔説文〕「丨，蝦蟆也」段注。○〔説文定聲・卷九〕丨，叚借為霞，實為瑕。〔山海經〕「景燭日煇，朱丨九光」。○(同上)丨，叚借為鰕。〔楚辭・通路〕「從丨兮遊陼」。○丨，〔漢書〕作叚，皆霞字之異文。〔史記・天官書〕「天雷電、丨虹」志疑引孫侍御。○丨，〔史記〕作蝦。〔漢書・賈誼傳〕「夫豈從丨與蛭螾」補注。

**拏** 丨，牽也。〔廣韻・麻部〕又〔慧琳音義・卷八〇〕。○丨，引也。(同上)○丨，相牽引也。〔通鑑・唐紀四四〕「曾不料兵連禍丨」音注。○拘捕有罪曰丨。〔説文〕「丨，持也」義證。○丨，亂也。〔慧琳音義・卷八〇〕引〔字書〕。○丨通作挐。〔説文〕「挐，牽引也」義證。○丨、挐、敂並通。〔廣雅・釋詁〕「訋，丨也」疏證。○挐與丨同。(同上)○丨又作敂。〔方言一〇〕「嘲哰、謰謱，丨也」疏證。○丨當為挐。〔説文〕「豝，一曰二歲能相把丨也」義證。○丨當作紛挐之挐。〔漢書・嚴安傳〕「禍挐而不解」補注引錢大昭。○丨，今俗作拿。〔説文〕「挐，持也」義證。○丨，或作挐。〔集韻・麻部〕。

**貑** 丨，豕也。〔廣韻・麻部〕○丨，牡豕也。〔管子〕「旦暮欲齧我猳而不使也」雜志。○牡曰丨，曰牙。〔本草・卷五〇〕○一歲曰丨。〔詩・騶虞〕「壹發五豝」朱傳。○丨、豭音同字通。〔釋獸〕「牝豝」郝疏。○丨，俗又作猳。〔説文〕「丨，牡豕也」義證。○猳即丨之俗字。〔管子〕「旦暮欲齧我猳而不使也」雜志。○丨，俗作猳。〔廣韻・麻部〕

**葭** 丨，蘆也。〔詩・騶虞〕「彼茁者丨」朱傳。又〔蒹丨〕「蒹丨蒼蒼」朱傳。○丨，亦名葦。〔詩・騶虞〕「彼茁者丨」朱傳。○丨，亦葦也。〔釋詁〕「丨，華」郝疏。○丨、蘆、葦，一也。〔通雅・卷四二〕○初生曰丨。〔説文定聲・卷四〕(「剡」下)○未秀曰丨。〔説文定聲・卷一二〕(「葦」下)○丨者，嘉美也。〔本草・卷一五〕○丨蕟，即今人所謂蘆簾也。〔廣雅・釋器〕「蕟，席也」疏證。○叚、丨字同。〔漢書・王子侯表〕「虖丨康侯澤」補注。○丨當與笳同。〔文選・答蘇武書〕集釋引林暢園。○列家即列丨之同音變字。〔漢書・地理志〕「列丨水東入滮」補注。

**髽** 丨者，婦人有喪者結去纚而紒曰丨。〔説文〕「丨，喪結」義證引〔禮記外傳〕。○丨，婦人喪髻。〔廣韻・麻部〕○丨，露紒也。〔禮記・喪服〕「男子免而婦人丨」集解。又〔喪服〕「禿者不丨」集解。○丨，去纚而露紒也。〔喪大記〕「婦人丨」集解。○丨者，去韜髮之纚而露髻也。〔檀弓〕「魯婦人之丨而弔也」集解。○丨，婦人當男子括髮，免則丨，齊斬之丨皆布總。〔説文〕「丨，喪結」段注引戴先生。○丨，婦人之露髺，猶男子之髻髮去纚箸以麻若布。〔説文定聲·卷一〇〕〇丨，枲麻與髮相半結之。〔左傳襄公四年〕「國人逆喪者皆丨」洪詁引鄭衆。〇丨，屈布為巾，高四寸，著于額上。（同上）洪詁引馬融。

**茄** 丨，荷莖。〔廣韻·麻部〕

**撾** 丨，馬策也。〔慧琳音義·卷八〕又〔卷六六〕引〔考聲〕。〇丨，捶也。〔慧琳音義·卷八〕又〔卷七八〕引〔文字典説〕。又〔卷七八〕引〔文字典説〕。〇丨，打也。〔慧琳音義·卷六六〕引〔文字典説〕。〇丨，擊也。〔慧琳音義·卷二八〕引〔考聲〕。又〔集韻·麻部〕。〇丨，撞也。〔慧琳音義·卷二〇〕引〔聲類〕。〇丨，即築之隸變。〔説文〕「摧，敲也」段注。〇〔説文定聲·卷七〕丨，即築字。〔説文〕「敲，横丨也」。（「敲」下）

**檛** 丨，棰首謂之丨，一曰骨朵。〔通雅·卷三五〕〇丨，馬策杖也。〔慧琳音義·卷三四〕引〔考聲〕。〇丨，擊也。〔通鑑·漢紀三四〕「因以節丨殺數人」音注。〇丨，棰也。〔廣韻·麻部〕〇築、簻、丨並同。〔廣雅·釋器〕「箠、策，築也」疏證。又〔廣韻·麻部〕。又〔集韻·麻部〕。

**築** 丨，段借為踝。〔説文定聲·卷一〇〕〇丨、檛，古今字。〔説文〕「丨，箠也」段注。〇〔説文定聲·卷一〇〕丨與檛略同。〔説文〕「丨，箠也」段注。〇丨，亦作簻。（同上）〇丨，或作簻。〔説文〕「丨，箠也」義證。〇丨又或作檛。（同上）

**簻** 古謂樂之管曰丨。〔文選·長笛賦〕「裁已當丨便易持」補正引楊慎〔丹鉛録〕。〇築、丨、檛並同。〔廣雅·釋器〕「箠，築也」疏證。

**呀** 丨，啥丨，張口皃。〔廣韻·麻部〕〇丨，丨呷也。（同上）〇丨，吧丨。（同上）

**罝** 丨，罟也。〔詩·兔罝〕「肅肅兔丨」朱傳。〇丨，兔罟也。〔廣韻·麻部〕又〔通鑑·漢紀二四〕「張羅罔丨罘」音注。〇丨，兔網也。〔詩·兔罝〕「肅肅兔丨」集疏引魯説。〇丨，遮截之網。〔釋器〕「兔罟謂之丨」鄭註。〇丨猶遮也。〔説文〕「丨，兔網也」繫傳。〇丨，又名罟，罟省作罘。〔釋器〕「兔丨謂之丨」郝疏。

**枷** 丨，柫也，所以擊草。〔説文〕「丨，擊禾連丨也」繫傳。〇丨，連丨，打穀具。〔廣韻·麻部〕〇丨，大丨、連丨也，打穀之具。〔説文〕「丨，柫也」義證引〔古文苑·僮約〕注。〇丨是打禾麥牀。〔漢書·王莽傳〕「必躬載拂」補注引沈欽韓。〇丨，俗又名了了。〔説文定聲·卷一〇〕〇丨，丨鎖。〔廣韻·麻部〕〇丨，頸梏也。〔慧琳音義·卷一三〕引〔玉篇〕。〇丨者，穿木為孔，丨於頸，因縶罪人之具也。〔慧琳音義·卷一〇〕〇丨之言歌也。〔方言五〕注「今連丨」箋疏。又〔廣雅·釋器〕「柫之言丨也」疏證。〇〔説文定聲·卷一〇〕丨，段借為架，實為加為冓。〔禮記·曲禮〕「不同椸丨」。〇丨者，迦字之假借。〔管子〕「旦暮欲齧我假而不使也」雜志。〇羅丨即連皆，皆、丨一聲之轉。〔廣雅·釋器〕「柫謂之丨」疏證。〇格、丨、竿，一聲之轉。〔廣雅·釋詁〕「篗謂之丨」疏證。

**媧** 丨，古女后也。〔廣韻·麻部〕〇丨，古之神聖女。〔集韻·麻部〕

**杷** 丨，爬草土、收禾麥器也。〔説文〕「丨，收麥器也」義證引〔六書故〕。〇有齒為丨，皆所以推引聚禾穀也。（同上）義證引〔急就篇〕顔注。〇丨，平田疏田器也，有齒為丨。〔通雅·卷三四〕〇丨，桂之屬。〔説文定聲·卷九〕〇丨，一名渠挐。〔説文〕「丨，收麥器」繫傳。〇丨者，所以聚也。（同上）〇丨，又可以掊土，亦可以為軍器。〔方言五〕「丨，宋魏之間謂之渠挐」箋疏。〇丨，引伸為凡用手之偁。〔説文〕「掊，丨也」段注。〇用手捊聚亦曰丨。〔説文〕「撅，以手有所丨也」段注。〇丨，引伸之義為引取，與掊、捊義略同。〔説文〕「丨，收麥器」段注。〇丨，掊也。〔慧琳音義·卷二七〕〇丨，搔也。（同上）〇以手搔肉曰丨。〔慧琳音義·卷七六〕引顧野王。〇丨，一曰枇丨，果名。〔集韻·麻部〕〇丨，段為肥，即今琵琶，字當作搱肥。〔説文定聲·卷九〕〇丨，字亦作扒、作捌，八、別、巴一聲之轉。〔説文定聲·卷九〕〇丨，或作爬。〔慧琳音義·卷二七〕〇丨，今俗用之刨字也。〔説文〕「掊，丨也」段注。〇丨，各本作把。（同上）〇丨，官本作把。〔漢書·董仲舒傳〕「朱干玉戚」補注。

**蝸** 丨，水生觳蟲也。〔慧琳音義·卷二〕引〔桂苑珠叢〕。〇〔説文定聲·卷一〇〕古丨嬴同訓，後人别水生可食者為嬴，陸生不可食者為丨牛。〔説文〕「丨，嬴也」。〇水生可食者為螺，陸生不可食者曰丨牛。〔説文〕「丨，丨嬴也」段注。〇丨牛，小螺。〔廣韻·麻部〕〇丨，舊音當如過。〔説文〕「丨，丨嬴也」段注。〇丨牛，或作瓜牛。（同上）

**騧** 丨，黄馬黑喙。〔廣韻·麻部〕〇〔説文定聲·卷一〇〕丨，段借為蝸。〔景福殿賦〕「丨徙增錯」。〇丨，宋明帝以丨字旁似禍改作騋。〔説文〕「丨，黄馬黑喙」義證。

**芭** 華之初秀曰丨。〔屈賦·禮魂〕「傳丨兮代鼓」戴注。〇丨，丨蕉。〔廣韻·麻部〕〇丨與杷義亦相近也。〔廣雅·釋宫〕「欂，杝也」疏證。〇丨讀曰葩。〔大戴·夏小正〕「拂桐丨」王詁。

**鯊** 丨，鮀也，魚狹而小，常張口吹沙，故又名吹沙。〔詩·魚麗〕「魚麗于罶，鱨丨」朱傳。〇丨，小魚體圓而有點文，常張口吹沙，故亦名吹沙。〔釋魚〕「丨，鮀」鄭註。〇丨，魚名，今之吹丨小魚是也。〔廣韻·麻部〕

**窊** 丨，凹也。〔廣韻·麻部〕〇丨隆猶卑高也。〔説文〕「丨，汙邪，下也」段注。〇丨，又通作窳。〔説文〕「丨，污衺，下也」義證。〇丨，本作窳。〔説文〕「洿，一曰丨下也」段注。〇丨，又或作㼖。〔説文〕「丨，汙衺，下也」義證。〇〔説文定聲·卷九〕丨，字又作㼖。〔周禮·形方氏〕注「正之使不㼖邪」。

○丨，或作洂。〔集韻·麻部〕又〔說文〕「丨，污衺，下也」義證。○丨，下溼地也。〔慧琳音義·卷四〕引〔韻詮〕。○丨，或作窪。（同上）

**豝** 丨，豕也。〔廣韻·麻部〕○丨，牡豕也。〔詩·騶虞〕「壹發五丨」朱傳。○豕牝曰丨。〔詩·吉日〕「發彼小丨」朱傳。○牝曰彘，曰丨，曰豭。〔本草·卷五〇〕○丨，為牝豕之小者。〔詩·騶虞〕「壹發五丨」後箋。○丨，所謂婁豬。〔說文〕「丨，牝豕也」義證引〔字說〕。○丨，婁豬牝豕。（同上）義證引〔增韻〕。○丨，字或作豝。（同上）義證。

**緺** 丨，青丨綬也。〔廣韻·麻部〕○丨，綬青紫色文。〔集韻·麻部〕

**珈** 丨，婦人首飾。〔廣韻·麻部〕○丨之言加也，以玉加於笄而為飾也。〔詩·君子偕老〕「副笄六丨」朱傳。○丨與副同義。（同上）陳疏。

**騢** 丨，馬赤白雜毛。〔廣雅·釋地〕○丨，馬赤白雜色。〔廣韻·麻部〕○丨駮馬。〔說文〕「丨，馬赤白雜毛」繫傳。○彤白雜色曰丨。〔詩·駉〕「有駰有丨」朱傳。○丨，赭白色，似丨魚也。〔說文〕「丨，馬赤白雜毛」義證引〔玉篇〕。○丨音遐。〔釋畜〕「彤白雜毛丨」鄭註。

**枒** 丨，即丨木。〔說文〕「丨，木也」繫傳。○丨，木，出交阯，高數十丈，葉在其末也。（同上）義證引〔玉篇〕。○丨，南方草木狀，又作椰。〔文選·南都賦〕「楈丨栟櫚」集釋。○丨，杈丨。〔廣韻·麻部〕○丨，亦謂之胥邪，俗字作梛，作椰。〔說文定聲·卷九〕○（同上）丨，叚借為牙。〔說文〕「丨，一曰車輞會也」。○丨，〔漢書〕作邪，〔史記〕作餘，皆其假借字。〔說文〕「丨，木也」義證引龔麗正。○丨，字又作丫。〔說文定聲·卷九〕○丨，字亦作椏。（同上）○丨，字作柳者，俗字也。〔說文〕「丨，木也」義證引龔麗正。○丨、椰同，木名，出交趾。〔集韻·麻部〕

**釾** 丨，鏌丨。〔廣韻·麻部〕○丨、鋣同。（同上）

**驊** 丨，丨騮，周穆王馬。〔廣韻·麻部〕○丨，駿馬名。〔集韻·麻部〕

**赮** 丨，赤色。〔集韻·麻部〕○丨，日朝赤色。〔廣韻·麻部〕○〔史記〕丨作蝦，蓋古借用字。〔漢書·天文志〕「夫雷電、丨虹」補注引朱一新。

**窪** 丨，深也。〔廣韻·麻部〕○丨，牛蹄積水也。〔說文〕「丨，清水也」義證引〔玉篇〕。○丨，下溼地也。〔慧琳音義·卷一二〕○〔說文定聲·卷一二〕丨，叚借為窒。〔說文〕「丨，一曰窊也」。○丨，或作凹。〔慧琳音義·卷一二〕

**麚** 丨，牡鹿。〔楚辭·招隱士〕「白鹿麏丨兮」補注。又〔廣韻·麻部〕。○丨之言假也。〔釋獸〕「鹿，牡丨」述聞。○丨，字亦作麚，作豭。〔說文定聲·卷九〕○丨，俗作麚。〔說文〕「丨，牡鹿也」段注。又（同上）義證。○丨、麚同。〔廣韻·麻部〕○丨，或作麚。〔集韻·麻部〕

**洼** 丨，深也。〔廣韻·麻部〕○丨，義與窪同。〔廣雅·釋詁一〕「窪，下也」疏證。

**丫** 丨，象物開之形。〔廣韻·麻部〕○丨，物之岐頭者。〔集韻·麻部〕

**苴** 丨，糞草。〔通雅·卷一〕○水草曰丨。（同上）○丨，水中浮草。（同上）又〔廣韻·麻部〕引〔詩傳〕。○草枯曰丨。〔屈賦·悲回風〕「草丨比而不芳」戴注。○丨，菜壤。〔通雅·卷二〕○丨，慢也。（同上）○丨，一作蒼。（同上）○丨，又作涾。（同上）

**艖** 丨同䑨，小船名。〔廣韻·麻部〕

**䑨** 丨與艖字同。〔廣雅·釋水〕「丨，舟也」疏證。○丨艄與艖艀同。（同上）○丨與艖同。〔方言九〕「小舸謂之艖」箋疏。

**汙** 丨與窊通。〔廣雅·釋詁二〕「窊，下也」疏證。

**汚** 〔說文定聲·卷九〕丨，叚借為紆。〔左傳成公一四年〕「盡而不丨」。○〔說文定聲·卷九〕丨，叚借為誇。〔孟子〕「丨不至阿其所好」。○（同上）丨，叚借為窒。〔禮記·禮運〕「丨尊而杯飲」。○（同上）丨，叚借為窪。〔大戴·少閒〕「丨地土察」。

**鴐** 丨，丨鵞鳥。〔廣韻·麻部〕○丨鵝，即〔說文〕之鴚鵝，加、可音同。〔文選·子虛賦〕「連丨鵝」集釋。○丨、鵞疊韻。〔爾雅·釋鳥〕「鴚，鵞鵝」郝疏。○丨，古作駕。〔說文〕「鴚，鴚鵝也」段注。

**筊** 丨，鳥籠。〔廣韻·麻部〕○丨，籠也。〔集韻·麻部〕○丨，或作篹。（同上）

**蕸** 丨，荷葉。〔廣韻·麻部〕○丨，遠于密也。〔本草·卷三三〕

**夸** 丨，奢也。〔慧琳音義·卷八二〕引〔考聲〕。又〔廣韻·麻部〕。○丨，大。〔詩·板〕「無為丨毗」朱傳。○丨，大也。〔慧琳音義·卷八二〕○丨，謂丨毗。〔大戴·曾子立事〕「丨而無恥」王詁。○丨、淫皆過度之義。〔廣雅·釋詁〕「丨，婬也」疏證。○丨訓為婬，與媱、窕、劮、婸同義，皆謂淫佚無度也。（同上）○丨者，自矜耀其能，傲漢也。〔漢書·康居國傳〕「故為無所省以丨旁國」補注引胡注。○丨，愚也。〔慧琳音義·卷八二〕引〔考聲〕。○丨之言誇也。〔方言一二〕「丨，婬也」箋疏。○丨，叚借為汙。〔說文定聲·卷九〕○〔說文定聲·卷九〕丨，叚借為蠖。〔洪範·五行傳〕注「丨蚓，蟲之生于土而游于土者」。○（同上）丨，叚借為侉。〔淮南·脩務〕「形丨骨佳」。○（同上）丨，叚借為誇。〔周書·謚法〕「華言無實曰丨」。○（同上）丨，叚借為華。〔舞賦〕「丨容乃理」。○丨，字或作侉。〔說文〕「丨，奢也」義證。○丨即荂之省文，今俗作花字。〔漢書·司馬相如傳〕「丨條直暢」補注引王文彬。○丨毗，亦作舿毗。〔說文〕「侉，憰詈也」段注。○丨毗，字亦作舿䠞。〔說文定聲·卷九〕○丨毗當為侉佌。（同上）○丨毗，一作舿舭、舿䑀。〔通雅·卷六〕

**鉈** —，短矛。〔廣韻・麻部〕〇〔説文定聲・卷一〇〕—，一名鋋。〔説文〕「—，短矛也」。〇—，矛也。〔説文〕「—，短矛也」句讀。〇—與鍦同。（同上）句讀。〇—，或作⿰矛也。（同上）義證。

**瘕** —，癥也。〔説文〕「—，女病也」義證引〔急就篇〕顏注。〇—，病也。〔廣韻・麻部〕又〔集韻・麻部〕。〇—者，假物之形也。〔説文〕「—，女病也」義證引〔八十一難經〕張世賢注。

**杈** —之言錯也。〔廣雅・釋木〕「叉，枝也」疏證。〇—，—杷，田器。〔廣韻・麻部〕〇—，一曰—杷，農器。〔集韻・麻部〕〇—，亦借叉為之。〔説文〕「—，—枝也」句讀。〇〔説文定聲・卷一〇〕—，叉亦意，此字後出，亦即叉之轉注。〔説文〕「—，—枝也」。

**樝** —，即今棃之肉粗味酸者也。〔説文〕「—，—果似棃而酢」段注。〇—，似棃而酸。〔廣韻・麻部〕〇—，蓋即今鐵棃。〔文選・子虛賦〕「—棃楟栗」集釋。〇—，棃之不臧者。（同上）〇—，似小梨，味劣於棃，蜜煮則香美過之。〔説文〕「—，果似棃而酢」義證引王禎〔農書〕。又〔漢書・司馬相如傳〕「—梨楟栗」補注引王禎〔農書〕。〇—之為言酢也。〔廣雅・釋木〕「—，梨也」疏證。〇—梨者，梨之別種也，即今之山查。〔漢書・司馬相如傳〕「—梨楟栗」補注。〇—，五指撮也。〔慧琳音義・卷二七〕引〔玉篇〕。〇—，擊也。（同上）〇—，抱也。（同上）〇〔説文定聲・卷九〕—，以相為之。〔海外北經〕「平邱爰有甘相」。〇—，字又作查。〔説文〕「—，果似棃而酢」義證。〇—，字又作楂。（同上）〇—，〔内則〕作相。〔文選・子虛賦〕「—棃楟栗」集釋。〇—，或作相。〔廣韻・麻部〕

**相** —同樝。〔廣韻・麻部〕〇—，煎藥滓。（同上）〇—，棃屬，肉堅而香。〔文選・子虛賦〕集釋引〔齊民要術〕所引〔風土記〕。〇—之言阻也。〔説文〕「—，木閑」繫傳。〇—之言阻遏也。〔廣雅・釋宮〕「—，匽也」疏證。〇〔説文定聲・卷九〕—，叚借為槎。〔通俗文〕「刈餘曰—」。〇（同上）—，叚借為樝。〔禮記・內則〕「—棃曰鑽之」。〇（同上）—，叚借發聲之詞。〔封氏聞見記〕「俗呼丈夫、婦人縱放不拘禮度者為—」。〇—、涾聲相近。〔廣雅・釋宮〕「—、涾，匽也」疏證。〇—瀆即查瀆，一名查浦。〔漢書・地理志〕「錢唐」補注。

**𤕣** —，吳人呼父。〔廣韻・麻部〕

**痂** —，瘡—。〔廣韻・麻部〕〇—，瘡上甲也。〔説文〕「疕，頭瘍也」義證引〔急就篇〕。〇今謂瘡生肉所蛻乾為—。〔説文〕「—，乾瘍也」繫傳。〇後人乃謂瘡所蛻鱗為—。〔説文〕「—，疥也」段注。〇〔説文定聲・卷一〇〕今謂瘡所脱之鱗為—。〔南史〕「劉邕嗜食—」。

**姱** —，好也。〔離騷〕「紛獨有此—節」補注。〇—，言實好也。〔離騷〕「苟余情其信—以練要兮」補注。〇—，大也。（同上）補注引五臣。〇—，奢也。〔慧琳音義・卷九六〕引〔古今正字〕。〇——，奢皃。〔廣韻・麻部〕〇—，即嫭字。〔説文定聲・卷九〕

**鋘** —，—鏊。〔廣韻・麻部〕〇—、鏵、釫同。（同上）〇苿、釫、鏵、—，並字異而義同。〔廣雅・釋器〕「鏵，鏊也」疏證。〇苿、釫、—、鏵同。〔集韻・麻部〕

**鏵** —，鏊也。〔説文〕「苿，兩刃臿也」義證引〔玉篇〕。〇—，音華，鏊別名，俗呼鍤。（同上）義證引胡渭。〇—，同鋘。〔廣韻・麻部〕〇—之言華也，中裂謂之華。〔方言五〕「臿，宋魏之間謂之—」箋疏。〇華義與—同。〔廣雅・釋器〕「—，鏊也」疏證。〇苿、釫、—、鋘，並字異而義同。（同上）〇—即苿。〔説文〕「⿰阝召，耕㠯臿浚出地下壚土也」段注。〇—即釫字也。〔説文〕「苿，或從金亏」段注。〇—，古文苿、—二形，今作釫，或作鋘。〔方言五〕「臿，宋魏之間謂之—」箋疏。〇鏵、—語之轉。〔廣雅・釋器〕「—，鏊也」疏證。

**蚆** —，螺屬，兩首鋭者。〔集韻・麻部〕〇—者，雲南人呼貝為肥。〔釋蟲〕「—，博而頯」郝疏。

**溠** 水合闕溢謂之—。〔通雅・卷一七〕〇—水，在隨州西三十里。〔左傳莊公四年〕「除道梁—」疏證引〔方輿紀要〕。〇—水，在德安府隨州西北，今名扶躬河。（同上）疏證引〔一統志〕。

**衺** —者，𡨄也。〔説文〕「匸，—徯有所夾臧也」段注。又〔説文定聲・卷九〕。〇—，猶女惡也。〔慧琳音義・卷三〕引顧野王。〇—，不正也。〔廣韻・麻部〕〇經典借邪為—。〔説文〕「—，𡨄也」句讀。〇西、—、夕，一聲之轉。〔廣雅・釋詁二〕「夕，—也」疏證。〇—，今字作邪。〔説文〕「—，𡨄也」段注。〇〔周禮〕敘邪作奇—也。〔説文〕「—，紕也」繫傳。

**秅** —，唐為烏篤，一云烏荼。篤、荼皆—之同音變字。〔漢書・烏秅國傳〕「烏—國」補注。〇—當作秏。（同上）「王治烏—城」補注引劉敞。

**碬** —，礪石也。〔廣韻・麻部〕〇—，石文也。〔説文〕「—，礪石也」繫傳。〇—，磍—，高下也。〔説文〕「—，厲石也」義證引〔玉篇〕。〇今〔春秋左傳〕書公孫—作公孫段。〔説文〕「—，礪石也」繫傳。

**⿸麻黽** —，鼃—，似鼃鼊，生海邊沙中，肉甚美，多膏。〔廣韻・麻部〕

**⿰石亞** —，碨—，地形不平。〔廣韻・麻部〕〇—，土不平謂之—。〔集韻・麻部〕

**哆** —，張口皃。〔廣韻・麻部〕〇—侈，微張之貌。〔詩・巷伯〕「—兮侈兮」朱傳。〇—之言侈也。〔春秋名字解詁〕「漆雕—字子斂」述聞。〇—，垂也。〔慧琳音義・卷七九〕

**椰** 丨子，木名，出交州。〔廣韻·麻部〕

**葤** 丨即茶。〔說文〕「萒，茅秀也」義證引〔廣雅〕。○丨，丨蒿。〔廣韻·麻部〕○丨，茅穗也，一曰蓄積也。〔集韻·麻部〕○丨、萒一聲之轉。〔廣雅·釋草〕「萒，茅穗也」疏證。○丨與茶同。（同上）

**皶** 丨，皰鼻。〔廣韻·麻部〕○丨，鼻上皰，或从鼻从肉，亦作皻。〔集韻·麻部〕

**齖** 丨齵，齒不正。〔集韻·麻部〕○丨，齴丨，齒不平正。〔廣韻·麻部〕

**煆** 丨，火氣。〔集韻·麻部〕○丨，火氣猛也。〔廣韻·麻部〕

**奓** 丨，下大也。〔說文〕「丨，厚脣貌」義證引〔玉篇〕。○丨，張也。〔廣韻·麻部〕

**笆** 丨，有刺竹籬。〔廣韻·麻部〕○丨，竹之有刺者，一曰笮也。〔集韻·麻部〕

**齇** 丨訓丨齒也。〔說文〕「丨，丨齒，齒不相值也」段注。○丨，丨齖，齒不平。〔說文〕「丨，齬齒也」義證引〔玉篇〕。○丨，丨齖。〔廣韻·麻部〕。○丨，齒不正。〔說文定聲·卷九〕○丨亦齒參差聲。〔說文〕「丨，齬齒也」繫傳。○丨或省作齟。〔說文〕「丨，齬齒也」義證。

**鍜** 丨，鐵。〔詩·公劉〕「取厲取丨」朱傳。○丨，鋣丨。〔廣韻·麻部〕

**頣** 丨，傾丨，言語無度。〔廣韻·麻部〕○丨，傾丨，言不正也。〔集韻·麻部〕

**鋣** 丨，丨鍜。〔廣韻·麻部〕○兜領即丨鍜。〔說文〕「丨，丨鍜」段注。○〔說文定聲·卷九〕丨鍜，亦疊韻連語，一名盆領。〔說文〕「丨，丨鍜，頸鎧也」。

**颬** 風吹謂之丨。〔集韻·麻部〕○丨，吐氣，又風皃。〔廣韻·麻部〕

**齣** 丨，咬也。〔慧琳音義·卷七二〕引〔文字典說〕。○丨，大齧也。〔廣韻·麻部〕

**犌** 丨，牛有力者。〔集韻·麻部〕○丨，牛絶有力。〔廣韻·麻部〕

**迦** 丨維，梵語，佛下生之處也。〔述三藏記〕「丨維」音義。○丨遮末尼，珠寶名也，玉石也。〔大般若經·卷三〇三〕「丨遮末尼」音義。

**茬** 丨，薺實。〔廣韻·麻部〕又〔集韻·麻部〕。○丨，即今水葒花之大者。〔說文定聲·卷一二〕〔「蘬」下〕

**剄** 丨，自刎。〔廣韻·麻部〕○丨，剄也。〔墨子〕「涖丨羊」雜志。○剄作丨者，或字耳。（同上）

**犘** 丨，丨牛，重千斤，出巴中。〔廣韻·麻部〕○〔說文定聲·卷一〇〕丨，俗名犇牛。〔釋畜〕「丨，牛」。

**盬** 丨，杯也。〔廣韻·麻部〕

**毪** 丨，㲯丨，毛衣。〔廣韻·麻部〕

**鈀** 丨，兵車。〔廣韻·麻部〕○丨，兵車或施鐵固之，取其堅緻。〔說文定聲·卷九〕

**茒** 丨即茶也。〔說文〕「丨，茆丨也」義證。○丨即昌蒲。〔說文定聲·卷九〕○丨，草名。〔廣韻·麻部〕

**謯** 丨，丨詠也。〔說文〕「丨，丨娽也」義證引〔玉篇〕。又〔廣雅·釋言〕。○丨，詠也。〔廣韻·麻部〕引〔說文〕。○不信者，丨之訓。〔說文定聲·卷九〕〔「虘」下〕○〔卷九〕丨，叚借為詛。〔漢書·外戚傳〕「為媚道祝丨後宮有身者」。

**衺** 丨邪，即歪斜。〔通雅·卷四九〕「正之使不丨邪離絶」引〔周禮〕注。○丨邪，離絶之皃。〔廣韻·麻部〕又〔集韻·麻部〕。○丨邪與窊衺亦聲近而義同。〔廣雅·釋訓〕「委蛇，窊衺也」疏證。

**蟆** 丨，蟲名，似蛇。〔廣韻·麻部〕○丨，大蛇名，善啖小蛇。〔集韻·麻部〕

**抓** 丨，引也。〔廣韻·麻部〕又〔集韻·麻部〕。○丨，擊也。〔廣韻·麻部〕又〔集韻·麻部〕。

**挐** 丨亦杈也。〔說文〕「杈，杈枝也」繫傳。○丨，絲絮相牽。〔廣韻·麻部〕

**搋** 丨，取也。〔慧琳音義·卷七二〕引〔考聲〕。○丨，爪取也。（同上）引〔古今正字〕。○丨、戲、担並同。〔廣雅·釋詁〕「丨，取也」疏證。○丨，字亦作戲。〔慧琳音義·卷七二〕引〔考聲〕。○戲、丨同。〔廣韻·麻部〕○丨，取也。〔廣韻·麻部〕

**叡** 丨，今俗語讀如渣。〔說文〕「丨，叉卑也」段注。○丨，字亦以担為之。〔說文定聲·卷九〕

**戲** 丨，以指按也。〔廣韻·麻部〕○指按謂之丨。〔集韻·麻部〕

**袈** 丨，衣敝。〔廣韻·麻部〕○丨猶言帛臭也。〔說文〕「丨，弊衣」繫傳。○丨與帤、絮通用。〔說文〕「丨，弊衣也」句讀。○丨與絮可通用也。〔說文〕「丨，敝衣」段注。○〔說文定聲·卷九〕丨，字亦作袽。〔易·既濟〕「繻有衣袽」。

**迦** 丨，不得進也。〔廣韻·麻部〕○丨互，猶曰犬牙左右制也。〔說文〕「丨，丨互令不得行也」繫傳。○丨互，即梐枑行馬也，後人謂之攩衆。〔說文定聲·卷一〇〕○（同上）丨，字亦作迦。〔太玄·迎〕「迎父迦逅」。

**鰕** 丨，大鯢。〔廣韻·麻部〕○魵謂之丨，鯢大者亦謂丨。〔釋魚〕平議。○丨魚謂今之蝦，亦魚屬也。〔說文〕「騢，謂色似丨魚也」段注。○〔說文定

聲・卷九〕|，此即人魚也，亦名鰨，亦名魶，亦名鯷。〔海外西經〕「龍魚陵居，一曰|」。○|音霞，入湯則紅色如霞也。〔本草・卷四四〕○|，古亦借瑕為之。〔說文〕「|，|魚也」段注。○古亦用|為雲赮字。〔同上〕○|者，今之蝦字。〔同上〕

**⿰足叚** |，脚下。〔廣韻・麻部〕

**⿰韋叚** |，帖後跟也。〔說文〕「|，履也」繫傳。○|，履跟後帖。〔廣韻・麻部〕○〔說文定聲・卷九〕|，緞當為此之或體。〔急就篇〕「履舄沓裒越緞紃」。○|，或从革作⿰革叚。〔集韻・麻部〕○⿰革叚同|。〔廣韻・麻部〕

**⿰言𠬪** |，絲|，語不解也。〔廣韻・麻部〕

**⿱叚虫** |，米中黑蟲。〔廣韻・麻部〕又〔集韻・麻部〕。○|、强一聲之轉。〔方言一一〕「姑施謂之强蛘」箋疏。

**貑** |，獸，如熊，黃白文，關西呼曰|羆。〔集韻・麻部〕○|，|熊。〔廣韻・麻部〕

**妑** |，女字也。〔廣韻・麻部〕引〔字林〕。○|，女名。〔集韻・麻部〕

**抯** |，一曰取物泥中。〔集韻・麻部〕○|、摣字通。〔墨子・天志下〕「|格人之子女」閒詁。○摣、叡、|並同。〔廣雅・釋詁〕「摣，取也」疏證。○|、摣實一字也。〔說文〕「|，挹也」段注。

**⿸广乇** |，通作秅。〔說文〕「|，開張屋也」義證。○|，今開|字以拓為之。〔說文定聲・卷九〕○|，今字作秅。〔說文〕「|，開張屋也」段注。○|，或作垞。〔同上〕義證。○|，字亦作秅。〔說文定聲・卷九〕○|，字亦作秅。〔同上〕

**秅** |，開張屋也。〔廣韻・麻部〕

**⿱宀多** |，厚脣。〔廣韻・麻部〕○|，緩口。〔同上〕○多尚為|。〔說文〕「|，厚脣皃也」繫傳。○今人謂小兒無禮教為|跌。〔同上〕

**譇** 〔說文定聲・卷九〕|，遁辭也，羞澀辭窮、支離牽引之謂。〔說文〕「|，|拏羞窮也」。○|詉，言不正也。〔說文〕「|，拏羞窮也」義證引〔玉篇〕。○|詉，不解。〔集韻・麻部〕○|，或作⿰言屠。〔同上〕○〔說文定聲・卷九〕|，字亦作惹。〔方言一○〕「拏或謂之惹」。○|帶即侘傺。〔通雅・卷七〕

**⿰言屠** |，|詉，語不正也。〔廣韻・麻部〕○|與譇同。〔方言一○〕注「言|拏也」箋疏。

**侘** |，|傺，失意。〔廣韻・麻部〕○|傺，失志皃。〔集韻・麻部〕○〔說文定聲・卷九〕|傺，字亦作⿰忄宅憏。〔離騷〕「忳鬱邑余|傺兮」。

**觰** |，角上廣。〔說文〕「|，下大者也」義證引〔韻譜〕。○|，角上廣也。〔廣韻・麻部〕○|之言奢也。〔廣雅・釋詁一〕「|，大也」疏證。

**⿰舍阝** |，今廬江舒縣。〔說文〕「|，地名」段注引〔玉篇〕。○〔說文定聲・卷九〕|，叚借為舒。〔玉篇〕「春秋僖三年，徐人取|」。

**⿰氵虘** |，出今陝西鄜州中部縣子午山，入洛河。〔說文定聲・卷九〕○|，經典借沮字。〔說文〕「|，水出北地直路西」義證。○〔說文定聲・卷九〕|，以沮為之。〔書・禹貢〕「漆沮既從」。

**訍** |，訏也。〔集韻・麻部〕

**誽** |，不服不執而相伺。〔墨子・經上〕「服執|」閒詁。○|司，猶刺探。〔說文〕「|，言相|司也」段注。○|之言惹也。〔同上〕

**椵** |，因械也。〔集韻・麻部〕○|，通作枷。〔同上〕

**叚** 〔說文〕|，借也者，當為耤。〔說文〕「|，借也」義證。○|，或借段字。〔說文〕「碬，厲石也」義證。○|讀為遐。〔左傳成公元年〕疏證引惠棟。○|讀為遐，古文从省。〔同上〕疏證引李富源。○|讀為蝦。〔管子・五行〕「羽卵者不|」義證。○|音櫝。〔說文〕「碬，厲石也」義證引〔六經正誤〕。○|、假一字。〔說文〕「|，借也」句讀。○|，經典通用假。〔同上〕○|，即今假字。〔管子〕「交殷」雜志。○假借之字本作|。〔同上〕○|，凡云假借當作此字。〔說文〕「|，借也」段注。○|，本作碬。〔說文〕「碬，厲石也」義證引王應麟。

**侉** |謂疲憊之詞也。〔說文定聲・卷九〕○|，怯也。〔集韻・麻部〕○|即夸毗字。〔說文〕「|，憜譽也」段注。○〔說文定聲・卷九〕|，字又作侉。〔廣雅・釋詁四〕「侉，怯也」。○〔同上〕|，字亦作⿺辶雩。〔太玄・玄瑩〕「古者不⿺辶雩不虞，漫其思慮」。

**⿱大瓜** |，此謂|下之大也。〔說文〕「|，|大也」段注。○|，大也。〔集韻・麻部〕○|，俗作⿰扌瓜。〔說文〕「|，|大也」義證。

**窐** |，空也。〔說文定聲・卷一一〕

**⿱奢谷** |，嗻聲。〔廣韻・麻部〕

**⿰忄宅** |憏，未定也。〔集韻・麻部〕

**⿱罒牙** |，免罟。〔集韻・麻部〕

**些** |，少也。〔廣韻・麻部〕

**⿰亻欠** |，歋|，猶歋妮也。〔廣韻・麻部〕

庶　丨儸，健而不德。〔廣韻・麻部〕〇丨儸，健而不德也。〔集韻・麻部〕

划　丨，丨撥，進船也。〔廣韻・麻部〕

剳　丨，劄物。〔廣韻・麻部〕

匕　丨，變也。〔集韻・麻部〕

吧　丨，丨呀，大口皃。〔廣韻・麻部〕〇丨，丨呀，小兒忿爭。〔同上〕

哇　丨，婬聲。〔廣韻・麻部〕

咤　丨，達利丨。〔廣韻・麻部〕引〔釋典〕。

啞　丨嘔，小兒學言。〔集韻・麻部〕

嘛　口欲發悲曰丨。〔字詁〕〇丨，口動也。〔同上〕〇丨音麻。〔同上〕

垞　丨，古嵩國。〔說文〕「庛，開張屋也」義證引〔輿地志〕。

塗　丨，丨飾。〔廣韻・麻部〕〇丨，沮洳也，一曰飾也。〔集韻・麻部〕〇丨，或省作涂。〔同上〕

奓　丨，大皃。〔集韻・麻部〕

奢　丨，大口皃。〔廣韻・麻部〕〇丨丨，大皃。〔集韻・麻部〕

娎　丨，美也。〔廣韻・麻部〕又〔集韻・麻部〕。

婐　丨，女侍。〔廣韻・麻部〕〇丨，女侍也。〔集韻・麻部〕

嫭　丨，憍也。〔廣韻・麻部〕

嬃　丨，㝔丨，女作姿態。〔廣韻・麻部〕

孲　丨子，赤子。〔集韻・麻部〕

奈　丨，㝔丨。〔廣韻・麻部〕

㝔　丨，丨奈，作恣態皃。〔廣韻・麻部〕〇丨，丨奈，不正。〔集韻・麻部〕

岈　丨，峆丨，山深之狀。〔廣韻・麻部〕

㡊　丨即廡。〔周禮・遺人〕「凡國野之道，十里有廬」孫正義。〇丨，庌丨，不齊。〔集韻・麻部〕

庌　丨㡊，不齊。〔集韻・麻部〕

廬　丨，屋隤也。〔集韻・麻部〕〇丨，壞也。〔廣韻・麻部〕

怚　丨同嫭。〔廣韻・麻部〕

㤰　丨，怨也。〔集韻・麻部〕

㤿　丨，心自大也。〔集韻・麻部〕

㦊　丨，心不直。〔集韻・麻部〕

㦒　丨，心亂。〔集韻・麻部〕

㦃　丨，丨愍。〔廣韻・麻部〕

㤞　丨㤵，無志。〔集韻・麻部〕

㦗　丨，心侈也。〔集韻・麻部〕

挓　丨抄，開皃。〔集韻・麻部〕

㧓　丨當作拏。〔漢書・游俠傳〕「搤丨而游談者」補注引錢大昭。

捈　丨，揶也。〔集韻・麻部〕

㨋　丨，揉也，關中語。〔集韻・麻部〕〇丨，謂揉摩也。〔慧琳音義・卷六三〕引〔考聲〕。

㧡　丨，手捉物。〔集韻・麻部〕

㧌　丨，寬也。〔集韻・麻部〕

㩜　丨即㓾字也。〔墨子〕「洫洫丨羊」雜志。

擨　丨歈，舉手相弄。〔廣韻・麻部〕又〔集韻・麻部〕。〇丨通作邪。〔同上〕〇丨，亦作揶。〔同上〕

敀　—，斂也。〔集韻・麻部〕

㕦　—，爬—，以收除也。〔廣韻・麻部〕

雩　—，—然，象草木之盛。〔說文〕「—，光也」繫傳。

柧　—，棱也。〔集韻・麻部〕

梛　—木，亦名楕—。〔說文〕「楕，木也」繫傳。

⿱沙木　—，—棠，木名。〔廣韻・麻部〕

梌　—，刺木。〔廣韻・麻部〕

椏　—，—杈，樹枝。〔廣韻・麻部〕

榑　—，字亦作樺。〔說文定聲・卷九〕

燊　—，熾也。〔集韻・麻部〕

樺　—，木皮可以為燭。〔說文〕「樗，木也」義證引〔玉篇〕。

⿰木莎　—，拘引也。〔集韻・麻部〕

⿰余欠　—，出氣也。〔集韻・麻部〕

⿰至欠　—，氣逆。〔集韻・麻部〕

⿰歹差　—，小疫。〔廣韻・麻部〕

髦　—，—毟，毛衣。〔廣韻・麻部〕

浾　—，棠汁。〔廣韻・麻部〕〇—，棠木汁。〔集韻・麻部〕

⿰氵屠　—漥，沾溼也。〔集韻・麻部〕

爹　—，羌人呼父也。〔廣韻・麻部〕

⿰牛巴　牛角相背謂之—。〔集韻・麻部〕

⿱羊牛　牛之牝者曰—。〔本草・卷五〇〕

猳　—，—貜。〔廣韻・麻部〕〇—，貜也。〔集韻・麻部〕

爬　—，搔也。〔廣韻・麻部〕

⿰甚瓦　—瓬，礲垢也。〔集韻・麻部〕

畬　—，燒榛種田。〔廣韻・麻部〕

⿰田差　—，殘田也。〔集韻・麻部〕〇—，殉而且蕪之田也，是曰—。〔說文〕「—，殉薉田也」段注。

疨　—，—病。〔廣韻・麻部〕

痄　—疨，病甚。〔集韻・麻部〕

⿸疒宅　—，—癡兒。〔廣韻・麻部〕〇—，癡兒。〔集韻・麻部〕

⿸疒奈　—，瘡痕。〔廣韻・麻部〕〇—，瘢—。（同上）

痳　—，—風。〔廣韻・麻部〕〇—，熱病。（同上）〇—，風病。〔集韻・麻部〕

⿸疒虘　—，疙也。〔集韻・麻部〕〇—，瘡痂甲也。〔廣韻・麻部〕

⿸疒烏　—，癢也。〔集韻・麻部〕

⿰皮巴　—皻，鼻病。〔廣韻・麻部〕

⿰目瓜　—，目也。〔集韻・麻部〕〇—，或作瞴。（同上）

⿱厤目　—，緩視兒。〔集韻・麻部〕

睱　—，目勻兒。〔集韻・麻部〕

硨　—，—磲。〔廣韻・麻部〕〇—磲，石實也，鮮白色，次於白玉。〔慧琳音義・卷一四〕

⿰禾牙　—，稷也。〔集韻・麻部〕

⿰禾査　—，赤—，稻名。〔廣韻・麻部〕

穲 丨，禾盛也。〔集韻・麻部〕

窼 丨，窊丨，深皃。〔廣韻・麻部〕

粆 丨，蔗飴。〔集韻・麻部〕○丨，通作沙。（同上）

粲 丨，米也。〔集韻・麻部〕

糟 丨，滓也。〔續音義・卷五〕引〔考聲〕。○丨，麻丨也。（同上）引〔切韻〕。

𦏵 丨，飛皃。〔集韻・麻部〕

胯 丨，兩股間也。〔廣韻・麻部〕

侈 丨，含舌皃。〔廣韻・麻部〕

膞 丨，腵丨，脯也。〔廣韻・麻部〕

膠 丨，黏也。〔廣韻・麻部〕○丨，不密也。（同上）○丨胗，不密也。〔集韻・麻部〕

膼 丨，膇也。〔廣韻・麻部〕

舥 丨丨，脚船也。〔廣韻・麻部〕○浮梁謂之丨。〔集韻・麻部〕

荼 丨，苦菜。〔廣韻・麻部〕○丨即古茶字。〔本草・卷三二〕引楊慎〔丹鉛録〕。

𦯬 丨，梟屬。〔廣韻・麻部〕○丨，丨屬。〔集韻・麻部〕

苴 澤有草曰丨。〔集韻・麻部〕

蒩 丨，芹楚葵，生水中。〔廣韻・麻部〕

䔢 丨，木名，皮可為索。〔廣韻・麻部〕

䕯 丨，豬丨草。〔廣韻・麻部〕

藸 丨茲，亂艸。〔集韻・麻部〕

蛙 丨，蝦蟆屬也。〔廣韻・麻部〕

蚱 丨螯，蟲名，如蜆而大。〔集韻・麻部〕○丨，通作車。（同上）

𧙓 丨，衣不正也。〔慧琳音義・卷三五〕○丨，或作邪。（同上）

叡 釵、叉，並與丨通。〔廣雅・釋器〕「䑝謂之丨」疏證。

觰 丨，牛角闊也。〔廣韻・麻部〕○丨，牛角張。〔集韻・麻部〕

迦 丨，誣也。〔集韻・麻部〕

詉 丨，譇丨，語皃。〔廣韻・麻部〕○丨與拏同。〔方言一〇〕注「言諸拏也」。

谺 丨，谽丨，谷中大谷皃。〔廣韻・麻部〕

䝚 丨，蚆之別體。〔釋魚〕「丨，博而頯」郝疏。○丨、貝聲轉。（同上）

跁 丨，跒，蹲也。〔集韻・麻部〕

跏 丨，屈足坐也。〔說文〕「跨，踞也」義證引〔類篇〕。又〔集韻・麻部〕。○丨，丨趺，坐也。〔廣韻・麻部〕

跨 丨，吳人云坐。〔廣韻・麻部〕

踁 丨，岐道。〔集韻・麻部〕

躇 丨，丨跱，行難皃。〔廣韻・麻部〕

𨆌 丨，行失序。〔集韻・麻部〕

䠸 丨躭，體柔也。〔廣韻・麻部〕○丨躭，體柔。〔集韻・麻部〕○丨，通作夸。（同上）

𨉷 丨，身傴皃。〔集韻・麻部〕

鉏 丨牙，物旁出也。〔集韻・麻部〕

鈔 丨鑼，器也。〔集韻・麻部〕

鋣 丨同釾，鏌釾。〔廣韻・麻部〕

鎈 丨，錢異名。〔廣韻・麻部〕

鍦 —同䶨。〔廣韻・麻部〕○—同鉈，短矛。〔同上〕

闍 —，闉—，城上重門也。〔廣韻・麻部〕

𩈎 —，黄面。〔集韻・麻部〕

靫 —鞴，弓箭室也。〔廣韻・麻部〕

𩑶 —，頤旁也。〔集韻・麻部〕

𩒉 —，牙車，通作車。〔集韻・麻部〕

𩓡 —，短頭也。〔集韻・麻部〕

䫆 —，—頣，難語。〔廣韻・麻部〕

𩩍 𩨨—，髂骨。〔廣韻・麻部〕○—𩨨，髂上骨。〔集韻・麻部〕

𩨨 —，額上骨也。〔廣韻・麻部〕

𩬩 —，—皃。〔集韻・麻部〕

髿 —，髮—，垂皃。〔廣韻・麻部〕

魦 —，鮫魚。〔說文〕「鮫，海魚」義證引〔玉篇〕。○—同鯊，魚名。〔廣韻・麻部〕○〔說文定聲・卷一〇〕—，或云即鮫也。〔說文〕「—，魚名，出樂浪潘國」。

䱹 —，魚名。〔集韻・麻部〕

𪀕 —鵈，鳥名。〔集韻・麻部〕

鞢 —，鳥名，似雉。〔廣韻・麻部〕

𪌉 —，碎麥也。〔集韻・麻部〕

䵙 —黟，相黏也。〔集韻・麻部〕

䵚 —支，穀名。〔集韻・麻部〕

𪎸 赤黍曰—。〔本草・卷二三〕

# 續經籍籑詁卷第二十二 下平聲

## 七 陽

**陽** 山南曰—。〔詩·殷其靁〕「在南山之—」朱傳。又〔還〕「遭我乎猺之—兮」朱傳。○山南為—。〔晏子春秋〕「泰山之上」雜志。○水北曰—。〔詩·渭陽〕「曰至渭—」陳疏。○—，南。〔國策·秦策一〕「臣聞天下陰燕—魏」鮑注。○—，日。〔詩·湛露〕「匪—不晞」朱傳。○—，謂日也。〔屈賦·遠遊〕「—杲杲其未光」戴注。○日中為正—。〔楚辭·遠遊〕「漱正—而含朝霞」補注引〔莊子〕李注。○—，明也。〔詩·七月〕「我朱孔—」朱傳。又〔載見〕「龍旂——」朱傳。○—，温和也。〔詩·七月〕「春日載—」朱傳。○—，喜也。〔莊子·人間世〕「始乎—，常卒乎陰」集釋引疏。○—為得意之貌。〔春秋名字解詁〕述聞。○秦孫—字伯樂，—之言暢也，其心舒暢也。（同上）○——，亦樂意。〔詩·君子陽陽〕「君子——」通釋。○——，得志之貌。（同上）朱傳。○——，君子之貌也。（同上）集疏引韓說。○〔說文定聲·卷一八〕—，猶外也，顯也。〔漢書·田儋傳〕「儋—為縛其奴」。○（同上）—，猶外也，顯也，字亦變作佯。〔禮記·檀弓〕注「何佯若善之」。○凡顯見謂之—。〔莊子·人間世〕「始乎—，常卒乎陰」集釋引其世父說。○—，十月也。〔詩·采薇〕「歲亦—止」朱傳。又〔杕杜〕「日月—止」朱傳。○—，—月，指當年之十月。〔采薇〕「歲亦—止」後箋。○—禮為男子之禮。〔周禮·大司徒〕「二曰以—禮教讓則民不爭」平議。○眉上曰—。〔詩·猗嗟〕「卬若—兮」集疏引韓說。○—，陰—。〔廣韻·陽部〕○—妜義亦相近。〔釋詁〕「—，予也」郝疏。○—與養通。（同上）平議。○—之為言養也。（同上）郝疏。○養之言——也，—與養古同聲，故孫—字伯樂。〔廣雅·釋詁一〕「養，樂也」疏證。○自呼阿—亦如自稱斯養。〔釋詁〕「—，予也」郝疏。○羊與—通。〔廣雅·釋器〕「—門，簹也」疏證。又〔釋器〕「白—，刀也」疏證。○—當為煬。〔漢書·王子侯表〕「安—侯樂」補注引錢大昭。○—讀為陽。〔詩·湛露〕「匪—不晞」陳疏。○—揚通作。〔漢書·古今人表〕「晉解—」補注。○—揚古通。〔禮樂志〕「增—波」補注。○揚—古字通。〔禮記·檀弓下〕「—門之介夫死」述聞。○—與佯同。〔漢書·高帝紀〕「—尊懷王為義帝」補注。○—佯同，不實也。〔國策·韓策一〕「必以率為—也」鮑注。○—、鍚聲義亦同。〔廣雅·釋魚〕「鰑，鮦也」疏證。○〔說文定聲·卷一八〕—，段借為妜。〔釋詁〕「—，予也」。○（同上）—，段借為蕩。〔洞簫賦〕「橫潰以—遂」。○—即暘之段借。〔詩·湛露〕「匪—不晞」通釋。○—當為暘，經典用—字通行已久。〔說文〕「日，實也，太—之精不虧」義證。○—即揚之假借。〔詩·君子陽陽〕「君子——」陳疏。○〔說文定聲·卷一八〕—，段借為昜，為暘。〔釋名·釋邱〕「邱高曰—邱，體高近—也」。○—與佯字相段，義亦相通。〔漢書·爰盎傳〕「今公—從數騎」補注。○—邱應作楊邱。〔漢書·藝文志〕「—丘侯劉隁賦十九篇」補注引齊召南。○官本注姓—作姓楊。〔漢書·地理志〕「—曲」補注。○—當為楊，官本作揚。〔漢書·百官公卿表〕「中尉丞—僕為主爵都尉」補注。○敞姓楊，非姓—。〔漢書·外戚恩澤侯表〕「安平敬侯—敞」補注引〔官本考證〕。○—，南監本作楊，閩本作揚。〔漢書·宣帝紀〕「平通侯—惲」補注引錢大昭。○—、楊古多通用。〔呂覽·不二〕「—生貴己」校正。○—當作陰。〔史記·傅靳蒯成傳〕「—陵侯傅寬」志疑。○—陵，當作陰陵。〔史記·高祖功臣侯者年表〕「—陵」志疑。○—，〔續志〕、〔宋志〕作暘。〔漢書·五行志〕「厥罰恒—」補注。○—當作煬。〔漢書·王子侯表〕「廣戚—侯勳」補注引錢大昭。○—，汪本作煬。（同上）補注引朱一新。○〔史記〕—作詳，詳即佯字。〔漢書·張良傳〕「上—許之」補注引周壽昌。○—本—作傷。〔國策·韓策一〕「必以率為—也」補注。○夷—五，〔晉語〕作夷羊午。〔左傳成公一七年〕「夷—五」洪詁。○—子，仙人—陵子。〔文選·子虛賦〕「—子驂乘」集釋引〔史記集解〕。○—子，伯樂字也。（同上）集釋注引張揖。○—侯，古之諸侯，有罪自投江，其神為大波。〔楚辭·哀郢〕「淩—侯之氾濫兮」補注引應劭。○—，天街之南也。〔漢書·天文志〕「行畢—」補注引沈欽韓。○—山即陰山。山在中國之北，故名陰山。水北曰—，山在河水之北，故亦謂之—山。〔史記〕「陶山」雜志引〔禹貢錐指〕。○—水即沮水。〔漢書·地理志〕「東至江陵入—水」補注引段玉裁。○—谷即暘谷，亦云湯谷，並字通。〔漢書·地理志〕「嵎夷既略，惟、甾其道」補注引錢坫。○積—為天，天有九重，故曰重—。〔楚辭·遠遊〕「集重—入帝宮兮」補注。○上為清，清又為—，故曰重—。（同上）補注引〔文選〕「重—集清氣」注。○—隴陰隴，子午之橋起闗也。〔通雅·天文〕○—焰，熱時遙望地上屋上—氣也。〔慧琳音義·卷七〕○今人于暑晨登高山，嘗見山腰以下巨浸茫茫，惟夏秋間有之，故曰—餤，實則霧也。〔通雅·天文〕○—九，災氣有九，—阨五，陰阨四，合為九。〔文選·吳都賦〕「則以為世濟—九」集釋引劉注。○月道與黃道相交，正交從黃道北出黃道南，古謂之—。〔漢書·律歷志〕「加時、在望日衡辰」補注引錢大昕。○—燧，火鏡也。以銅鑄成，其面凹，摩熱向日，以艾承之，則得火。〔本草·卷五〕○—阿，樂曲之和聲。〔楚辭·招魂〕「發揚荷些」補注引〔淮南子〕高注。

○—阿，古之名倡。（同上）

**楊** —枝硬而揚起，故謂之—。〔本草·卷三五〕○—，柳之揚起者也。〔詩·東門之楊〕「東門之—」朱傳。○—，赤莖柳。〔廣韻·陽部〕○—，一名蒲柳，可以為矢。〔說文〕「—，木也」義證引〔急就篇〕顔注。○—柳，蒲柳也。〔詩·采薇〕「—柳依依」朱傳。○〔說文定聲·卷一八〕—，此實柳也。〔左傳定公六年〕「獻—楯六十」。○—與柳別，散文則—柳亦通稱。〔說文定聲·卷一八〕○（同上）—，即今之蒼术。〔釋草〕「—，枹薊」。○—，白术也。〔釋草〕「—，枹薊」鄭註。○—，水楊也，可為箭簳，樹與柳相似。〔釋木〕「—，蒲柳」鄭註。○—園，下地也。〔詩·巷伯〕「—園之道」朱傳。○—陽通用。〔漢書·王子侯表〕「—丘共侯安」補注。○古陽—通用。〔史記·王子侯者年表〕「丹—」志疑。○—當作陽。〔廣雅·釋言〕「—，揚也」疏證。○揚與—古通。〔史記·十二諸侯年表〕「執解—」志疑。○—、揚同聲而異字。〔漢書〕「揚」雜志。○凡—州字，古皆從木，不從手。（同上）雜志。○—陓，陽華之叚字。〔釋地〕「秦有—陓」平議。○古假—為揚。〔說文〕「—，蒲柳也」段注。○—，官本作揚。〔漢書·張馮汲鄭傳贊〕「—子曰為孝文親詘」補注。○—干，〔左傳〕作揚干。〔漢書·古今人表〕「—干」補注。○—，官本竝作揚。〔鼂錯傳〕「南攻—粵」補注。○官本—作揚，〔漢書〕從木從手之字多通作。〔伍被傳〕「而大將軍材能非直章邯、—熊也」補注。○〔傳〕—作陽。〔諸侯王表〕「王—嗣」補注。○陽虎之陽，獨此處作—，蓋古字通用。〔史記·十二諸侯年表〕「魯定公五、—虎」志疑。○—，柳也，亦州名。〔漢書〕「佩觿」雜志。○—舟，—木為舟。〔詩·菁菁者莪〕「汎汎—舟」朱傳。○漢魏之—州，今壽州也。〔通雅·地輿〕

# 揚

〔說文定聲·卷一八〕—，舉者本義，飛者叚借。〔說文〕「—，飛舉也」。○—，舉也。〔大戴·曾子制言上〕「明日則或—其言矣」王詁。又〔離騷〕「—雲霓之晻藹兮」補注引五臣注。又〔禮記·祭統〕「對—以辟之」集解。又〔鄉飲酒〕「盥洗—觶」集解。○—亦舉也。〔尚書·堯典上〕「明明—側陋」孫疏。○—者，飛舉也。〔說文〕「颺，風所飛—也」段注。○—，稱。〔詩·江漢〕「對—王休」朱傳。○—，稱也。〔大戴·曾子立事〕「身言之，後人—之」王詁。又〔通鑑·陳紀六〕「今者對—」音注。○—，起也。〔詩·大叔于田〕「火烈且—」朱傳。○—謂舉之使明也。〔韓子·揚權〕集解引舊注。○—，明也。〔詩·君子偕老〕「子之清—」後箋。○—，亦明也。〔野有蔓草〕「清—婉兮」通釋。○—，導也，明也。〔廣韻·陽部〕○—，顯言之。〔國策·秦策四〕「楚王—言與秦遇」鮑注。○—，眉上廣也。〔詩·君子偕老〕「—且之晳」朱傳。又〔君子偕老〕「子之清—」朱傳。○人眉目間廣—曰—。〔說文〕「鍚，馬頭飾也」段注。○—，顏額角豐滿也。〔詩·君子偕老〕「子之清—」朱傳。○—，眉之美也。〔猗嗟〕「清—婉兮」朱傳。○—，起也，言目俊。〔猗嗟〕「美目—兮」後箋引〔詩緝〕。○—者，目開之貌。（同上）通釋引邱光庭。○—，—其目而視之，謂其瞻視之明。（同上）後箋引范處義。○—，讀如—休之—，謂美貌也。（同上）通釋。○〔說文定聲·卷一八〕—，眉目清明之誼。〔詩·猗嗟〕「美目—兮」。○—猶動。〔國策·韓策二〕「而不患楚之能—河外也」鮑注。○—，目之動也。〔詩·猗嗟〕「美目—兮」朱傳。○—，悠—也。〔詩·揚之水〕「—之水」朱傳。○—，輕—也。〔漢書·五行志〕「驕—奢侈」補注引周壽昌。○—，水緩流之貌。〔詩·揚之水〕「—之水」朱傳。○熾火亦謂之—。〔周禮·卜師〕「—火以作龜」孫正義。○—與煬通，熾也。〔方言一三〕「煬，炙也」箋疏。○—，盛也。〔詩·正月〕「燎之方—」朱傳。○—者，通作颺。〔釋詁〕「—，續也」郝疏。○—與颺通。〔廣雅·釋詁二〕「—，說也」疏證。○—、媵聲轉。〔釋言〕「媵，送也」郝疏。○—與媵、騰古字通，並通媵。〔方言二〕「—、媵，雙也」箋疏。○楊、—古通用。〔呂覽·行論〕「殺文無畏於—梁之隄」校正。○楊、—同聲而異字。〔漢書〕「楊」雜志。○楊、—通作字。楊雄之作—雄，亦與此同。〔漢書·樊噲傳〕「從攻破—熊於曲逆」補注。○—楊字同，〔漢書〕從手從木之字類多通作。〔漢書·揚雄傳〕「偪—侯」補注。○凡楊州字，古皆從木不從手。〔漢書·天文志〕「牽牛、婺女、—州」補注引王念孫。○—當從木旁，凡地名、姓名，字皆作楊。〔漢書·地理志〕「淮、海惟—州」補注引汪遠孫。○鷹—，猶云鷹鸇。〔詩·大明〕「時維鷹—」通釋。○—搉，猶辜榷也，—搉古今，猶約略古今。〔漢書·敘傳〕「—搉古今」補注引王念孫。○—榷而陳之，猶言約略而陳之。〔漢書第十六〕「連語」雜志。○提封、無慮、—榷皆大數之名，故〔廣雅〕通訓為大凡也。〔漢書第十六〕「連語」雜志。○—觸，謂天—而中侯也。—觸即剡注。〔通雅·禮儀〕○〔說文定聲·卷一八〕—，叚借為颺。〔考工·矢人〕「中强則—」。○（同上）—，以颺為訓。〔爾雅〕李注「江南其氣慘勁，厥性輕—」。○（同上）—，叚借為易。〔離騷〕「—雲霓之晻靄兮」。○（同上）—，以易為訓。〔太康地記〕「—州漸太陽位，天氣奮—，故取名焉」。○—者，易之叚字。〔釋詁〕「—，續也」平議。○〔說文定聲·卷一八〕—，叚借為詳。〔廣雅·釋詁二〕「—，說也」。○（同上）—，叚借為盪。〔詩〕「—之水」。○（同上）—，叚借為傷。〔詩·泮水〕「不吳不—」。○—為瘍之叚借。〔詩·泮水〕「不吳不—」通釋。○〔說文定聲·卷一八〕—，叚借為宕。〔儀禮·大射儀〕「上曰—」。○（同上）—，叚借為愓。〔漢書·五行志〕「驕—奢侈」。○（同上）—，叚借為暘。〔禮記·玉藻〕「盛氣顛實—休」。○（同上）—，叚借發聲之詞。〔廣雅·釋訓〕「—搉，凡也」。○—或假作陽。〔詩·泮水〕「不吳不—」通釋。○—，齊作陽。〔詩·正月〕「燎之方—」集疏。又〔泮水〕「不吳不—」集疏。○—當作陽。〔說文〕「紺，帛深青而—赤色也」段注。○〔史記〕—作陽。〔左傳僖公一五年〕「步—御戎」洪詁。○官本—作楊。〔漢書·武帝紀〕「朕巡荊—」補注。○〔史記〕—作楊。〔左傳襄公三年〕「—干亂行於曲梁」洪詁。○—應作楊。〔左傳襄公二九年〕「—韓魏皆姬姓也」洪詁。○〔晉世家〕—又作楊。〔左傳宣公一五年〕「解—」洪詁。○〔表〕作楊，今本作—，古通。〔史記·衛康叔世家〕「子莊公—立」志疑。○—陽古字通。〔左傳定公六年〕「敗於繁陽」洪詁。○舊校云，—一作翔。〔呂覽·數盡〕「為飛—」校正。○—，鉞。〔詩·公劉〕「干戈戚—」朱傳。○—歷，漢碑用颺歷，他文用歇歷。〔說文〕「—，飛舉也」段注。○—阿，歌曲也。〔楚辭·大招〕「謳和—阿」補注。○—荷，楚歌名。〔招魂〕「發—荷些」補注引五臣注。○—阿即陽阿。〔大招〕「謳和—阿」補注。○—靈，—己之靈。〔屈賦·湘君〕「橫大江兮—靈」戴注。○都陸即—陸。〔漢書·地理志〕「莽曰—陸」補注引〔通鑑〕胡注。○〔說文定聲·卷一八〕—門，即〔檀弓〕陽門，宋國門名也。〔左傳昭公二一年〕「公自—門見之」。

敭 丨，明丨。〔廣韻·陽部〕

[昜支] 丨歷，言明丨閲歷也。〔通雅·釋詁〕

香 穀與酒之臭曰丨。〔說文定聲·卷一八〕○丨，謂黍稷馨丨也。〔大戴·曾子大孝〕「烹熟鮮丨」王詁。○丨，臭也，非味也。〔荀子〕「五味調丨」雜志。○古文鄉作丨。〔說文〕「膷，豕肉羹也」段注。○〔說文定聲·卷一八〕丨，字亦作薌。〔荀子·非相〕「欣驩芬薌以道之」。○丨當為盉。〔荀子·禮論〕「五味調丨」集解引王念孫。○〔說文定聲·卷一八〕丨，叚借為響。〔甘泉賦〕「丨呹肸以棍批兮」。○汪本丨作鄉。〔漢書·地理志〕「有班氏丨亭」補注引朱一新。○〔說文定聲·卷一〇〕丨纓，以五采繩為之，許嫁後佩之。〔思元賦〕「獻環琨與琛縭兮」注「今之丨纓」。○丨薷，其氣丨，其葉柔，故以名之。〔本草·卷一四〕○丨菜，香茸，聲之轉。〔廣雅·釋草〕「蘸菜，蘇也」疏證。○在木而楠香者曰丨蕈。〔通雅·艸〕

香 丨，俗作香、丨囊，燒香器也。〔慧琳音義·卷五〕

鄉 丨之言境，言其在人境內，非天王所置，故言丨。〔說文〕「丨，國離邑，民所封丨也」義證引〔交廣記〕。○五州為丨。〔釋名·釋州國〕「萬二千五百家為丨」疏證。○萬二千五百家為丨。〔大戴·曾子制言上〕「不與聚丨」王詁。○十亭一丨，丨有三老。〔漢書·高帝紀〕「擇丨三老一人為縣三老」補注引宋祁。○丨，猶黨也。〔詩·采芑〕「于此中丨」通釋。○丨亦為所。(同上)○丨向同。〔墨子·耕柱〕「倍義而丨祿」閒詁。○丨，今向字。〔說文〕「弙，滿弓有所向也」段注。○丨，今作向。〔說文〕「偭，丨也」句讀。○丨與向同。〔孟子·告子下〕「君不丨道」朱注。○丨與向字通。〔墨子·兼愛下〕「即求以丨其上也」閒詁。○丨猶向也。〔繫傳·通論上〕○丨讀曰向。〔通鑑·周紀上〕「秦兵不敢東丨」音注。○丨讀如向。〔墨子·襍守〕「外外丨」閒詁引蘇時學。又〔尚賢中〕「天丨其德」閒詁引畢沅。○丨音向。〔詩·庭燎〕「夜丨晨」朱傳。○丨、向聲同也。〔說文〕「蚼，司馬相如說从向」段注。○古向字皆作丨。〔左傳昭公一八年〕「乃毀於而丨」洪詁。○丨者，今之向字，漢字多作丨，今作向。〔說文〕「䢼，國離邑，民所封丨也」段注。○丨，今人所用之向字也，漢人無作向者。〔說文〕「偭，丨也」段注。○丨謂微向，非正向也。(同上)繫傳。○丨者，嚮也。(同上)句讀。○嚮作丨。〔史記索隱〕「異文」雜志。○丨讀曰嚮。〔大戴·四代〕「丨也君之言善」王詁。又〔漢書·天文志〕「易，其丨凶」補注。又〔通鑑·周紀二〕「東丨以制諸侯」音注。又〔周紀二〕「并力西丨而攻秦」音注。又〔周紀五〕「丨者吾相張君也」音注。○〔釋詞·卷四〕丨，字亦作嚮。〔詩·庭燎〕「夜嚮晨」。○丨亦嚮之聲也。〔繫傳·通論上〕○丨，方也。〔韓子·內儲說上〕「夫矢來有丨」集解引舊注。○丨猶方也。〔釋詞·卷四〕○丨猶方也，字亦作嚮。〔詩·庭燎〕「夜丨晨」述聞。○夜丨晨亦謂夜方晨也。(同上)○丨者，鄙俗之意。〔論語·陽貨〕「丨原，德之賊也」朱注。○丨人，丨里之常人也。〔孟子·公孫丑上〕「思與丨人立」朱注。又〔離婁下〕「我由未免為丨人也」朱注。○丨人，一丨之人也。〔禮記·鄉飲酒義〕「以道丨人士君子」述聞。○丨，仿也。〔說文繫傳·通論上〕○丨即抱也。〔漢書·李尋傳〕「日蝕有背丨」補注。○丨同嚮。〔墨子·非命上〕「丨者言曰」閒詁引畢沅。○嚮與丨同。〔廣雅·釋言〕「曩，丨也」疏證。○今嚮作丨。〔左傳僖公二八年〕「丨役之三月」洪詁。○丨，嚮省文。〔墨子·節葬下〕「丨者吾本言曰」閒詁引畢沅。○丨，嚮字省文。〔兼愛下〕「且丨吾本言曰」閒詁引畢沅。○丨讀為享。〔尚賢中〕「天丨其德」閒詁。○饗當為丨。〔說文〕「廱，天子饗飲辟廱」義證。○丨當讀為饗。〔漢書·高帝紀〕「臨河南丨」補注引錢大昭。○丨音享，饗者丨也。〔漢書·文帝紀〕「而專丨獨美其福」補注引周壽昌。○丨丨當是飽貌。〔荀子·榮辱〕「丨丨而飽已矣」集解。○〔說文定聲·卷一八〕丨，叚借為向。〔釋宮〕「兩階間謂之丨」。○(同上)丨，叚借為嚮。〔左傳僖公二八年〕「丨役之三月」。○(同上)丨，叚借為卿。〔禮記·冠義〕「遂以贄見於丨大夫」。○(同上)丨，叚借為響。〔漢書·天文志〕「丨之應聲」。○丨，〔新序〕作嚮。〔左傳昭公四年〕「何丨而不濟」洪詁。○丨，諸本皆作向。〔左傳昭公一八年〕「乃毀於而丨」洪詁。○丨，牖也。〔禮記·明堂位〕「達丨」集解。○丨亦官名。〔國語·魯語〕「市立三丨」述聞。○丨學，庠序之總名也。〔義府·卷下〕○投刺曰丨貢。〔通雅·官制〕○〔通雅·卷一九〕稱妻曰丨里。沈約〔山陰柳家女詩〕「還家問丨里」。○丨帳，丨計簿也。〔通雅·事制〕○丨大夫，卿也。〔儀禮·士冠禮〕「遂以贄見於丨大夫丨先生」述聞引段玉裁。○丨大夫者，丨人之在朝為大夫者。(同上)述聞引張古愚。○丨大夫，本丨之仕為大夫在朝者。(同上)述聞引段玉裁。○丨先生，謂已為大夫而致仕者。(同上)述聞引劉端臨。○丨先生，丨大夫致仕者。(同上)述聞引段玉裁。○丨先生，仍是丨人為大夫者，但致仕耳。(同上)述聞引張古愚。

光 火儿為丨。〔說文繫傳·通論上〕○古文廿火為丨。(同上)○日中為丨。〔易·大畜〕「煇丨日新」李疏引管輅。○丨者，明之用也。〔孟子·盡心上〕「容丨必照焉」朱注。○丨，遠而自他有耀者也。〔說文〕「頤，廣頤也」段注引〔周內史說易〕。○丨，大也。〔續音義·卷四〕引〔切韻〕。○丨亨猶大亨也。〔易·需〕「有孚丨亨」述聞。○丨，謂如水丨。〔詩·大車〕「監亦有丨」集疏。○丨與見義相成。〔釋詁〕「顯，見也」郝疏。○丨景，謂白日之可睹也。〔屈賦·惜往日〕「慙丨景之誠信兮」戴注。○丨正訓充。〔書·堯典〕「丨被四表」述聞。○丨即廣也。〔說文〕「頤，廣頤也」段注。○丨與廣通。〔墨子·天志中〕「丨施之天下」閒詁。○丨與廣通，皆充廓之義。〔書·堯典〕「丨被四表」述聞。○丨廣聲同義通。〔詩·敬之〕「學有緝熙于丨明」後箋。○丨猶廣也，大也。〔漢書·賈誼傳〕「寶康瓠兮」補注。○丨之言廣也。〔國語·周語〕「少丨王室」述聞。○丨之為言廣也。〔釋言〕「桄，充也」郝疏。○丨之為言猶廣也。〔易〕「丨」述聞。○丨之言廣也，大也。〔易·謙〕「謙尊而丨」述聞。○丨大，猶廣大也。〔易〕「丨」述聞。○丨，章盛貌。〔太素・刺法〕「精氣乃丨」楊注。○丨廣皆衆盛之意。〔釋詁〕「庶，衆也」郝疏。○丨遠者，廣遠也，廣與遠同義。〔國語・楚語〕「丨遠宣朗」述聞。○丨被之丨作横，又作廣，字異而聲義同。〔書・堯典〕「丨被四表」述聞。○丨通作横。〔釋言〕「桄，充也」邵正義。○丨通作横。〔同上〕郝疏。○丨與横字同聲相通。〔文選・兩都賦〕「是故横被六合」集釋。○丨與桄通，又與横通。〔釋詁〕「緝，丨也」郝疏。○丨、桄、横古同聲而通用，皆充廣之義。〔書・堯典〕「丨被四表」述聞。○丨被即横被也。〔同上〕孫疏。○丨廣古通用。〔荀子・勸學〕「地見其丨」集解引劉台拱。又〔墨子・尚同下〕「丨譽令聞」閒詁引俞樾。又〔荀子〕「天見其明，地見其丨」雜志。○古者丨、廣二字通用。〔釋詁〕「緝，丨也」邵正義。○丨猶廣也，丨、廣古通用。〔荀子・儒效〕「取是而丨之也」集解引郝懿行。○古丨、廣聲同義通。〔詩・文王〕「穆穆文王，於緝熙敬止」後箋。○丨、黄古同聲。〔周書〕「古黄」雜志。○丨、頮聲轉。〔釋言〕「頮，充也」郝疏。○〔説文定聲・卷一八〕丨字亦作胱。〔釋名〕「脬或曰膀胱，言體短而横廣也」。○〔同上〕丨，叚借為廣。〔易・坤〕「含萬物而化丨」。○丨輔，王符引作股肱。〔左傳襄公二七年〕「宜其丨輔五君以為盟主」洪詁。○丨，各本作色。〔説文〕「玓，玓瓅，明珠丨也」段注依李善所引。○〔通雅・卷三八〕丨門即横門。〔三輔黄圖〕「棘門在横門外」。

**茪**　丨，光也。〔説文繫傳・通論中〕

**洸**　丨，同光。〔廣韻・唐部〕

**昌**　丨，盛也。〔詩・還〕「子之丨兮」朱傳。又〔鷄鳴〕「朝既丨矣」朱傳。又〔猗嗟〕「猗嗟丨兮」朱傳。又〔大戴・千乘〕「國有道則民丨」王詁。又〔誥志〕「國家之丨」王詁。○丨，盛壯貌。〔詩・丰〕「子之丨兮」朱傳。○丨，美也。〔説文〕「丨，美言也」繫傳。又〔本草・卷四四〕。○丨，引申為凡美盛之稱。〔詩・猗嗟〕「猗嗟丨兮」通釋。又〔同上〕集疏。○丨，顯也。〔通鑑・陳紀六〕「何得遂至丨言」音注。○丨即明也。〔説文〕「丨，美言也」繫傳。○丨，引伸之為凡光盛之稱。〔説文〕「丨，一曰日光也」段注。○〔説文定聲・卷一八〕丨，或曰此義實借為光，或為蘬，亦通。〔蜀都賦〕「天帝運期而會丨」注「慶也」。○丨即黨字。〔書・皋陶謨上〕注「丨一作讜」孫疏。○丨或為黨，聲相近。〔同上〕孫疏。○黨、讜、丨，聲近義同。〔廣雅・釋詁一〕「黨，善也」疏證。○丨、讜、黨當並聲近而義同。〔釋言〕「丨，當也」述聞。○丨、讜、黨、當，並聲近而義同。〔管子〕「當言」雜志。○丨為當理之當。〔釋詁〕「丨，當也」述聞。○丨，當也，故邱之後當進者謂之丨邱。〔釋邱〕「途出其後，丨邱」述聞。○丨言即當言也。〔説文〕「丨，美言也」繫傳。○丨、戴義同。〔釋邱〕「途出其後，丨邱」郝疏。○〔義府・卷下〕丨、倡古字通用。〔詩・紀〕「丨樂肉飛」。○丨讀為倡和之倡。〔廣雅・釋詁一上〕「丨，始也」疏證。○猖一作丨，〔釋文〕作倡，字異而義同。〔廣雅・釋訓〕「裮被，不帶也」疏證。○〔説文定聲・卷一八〕丨，叚借為唱。〔廣雅・釋詁一〕「丨，始也」。○〔同上〕丨，叚借為當。〔釋詁〕「丨，當也」。○〔同上〕丨，叚借為閶。〔白虎通・八風〕「丨盍者，戒收藏也」。○〔同上〕丨，叚借為襄，丨披實為倀跛。〔離騷〕「何桀紂之丨披兮」。○〔咎繇謨〕「禹拜丨言」，今文〔尚書〕作黨。〔説文〕「丨，美言也」段注。○丨作景。〔史記・五帝紀〕「丨意娶蜀山氏女曰丨僕」志疑引〔路史〕。○丨蒲，一名丨陽。〔説文〕「茚，丨蒲也」義證引〔本草〕。○〔通雅〕丨羊謂之茚，一曰蕘韭。〔淮南〕「丨羊去蚤蝨」。

**堂**　丨者，廟朝之通稱。〔説文定聲・卷一八〕〔「唐」下〕○丨，漢以後曰殿。〔説文〕「丨，殿也」段注。○古謂之丨，秦始謂之殿。〔説文定聲・卷一八〕○〔説文定聲・卷一〕對文則匌垣之内統名曰宮，正中曰丨。〔考工・匠人〕「丨上度以筵，宮中度以尋」。〔「宮」下〕○丨，屋也，丨除也。〔廣韻・唐部〕○古上下皆稱丨。〔説文〕「丨，殿也」段注。○凡正室之有基者則謂之丨。〔同上〕義證引〔急就篇〕顔注。○丨犹公丨也。〔詩・羔裘〕「狐裘在丨」朱傳。○東西丨即東西廂。〔釋宮〕「東西牆謂之序」郝疏。○丨，山之寬平處也。〔詩・終南〕「有紀有丨」朱傳。○凡山形四方而高者曰丨。〔釋邱〕「畢丨牆」平議。○丨之言丨丨也。〔廣詁・釋詁四〕「丨，明也」疏證。○丨丨，兵盛貌。〔太素・量順刺〕「無擊丨丨之陳」楊注。○丨丨，容儀盛者。〔論語・子張〕「丨丨乎張也」劉正義。○丨丨，容貌之盛。〔同上〕朱注。○丨讀為棠。〔詩・終南〕「有紀有丨」述聞。○丨、棠古字通。〔左傳定公五年〕「為丨谿氏」洪詁。○棠與丨通。〔廣雅・釋器〕「丨谿，劍也」疏證。○丨即棠，棠丨古通。〔漢書・地理志〕「丨邑」補注。○棠丨古字通用。〔詩・終南〕「有紀有丨」述聞。○丨與鏜通，音湯。〔通雅・釋詁〕○丨，假借字。〔詩・終南〕「有紀有丨」述聞。○三家丨作棠。〔同上〕集疏。○丨，楚丘之旁邑也。〔詩・定之方中〕「望楚與丨」朱傳。○丨，演義丨，當也，當正向陽之屋。〔説文〕「丨，殿也」義證。○丨皇，今講武榭。〔漢書・胡建傳〕「監御史與護軍諸校列坐丨皇上」補注引沈欽韓。○丨蜋與當蠰一語小異耳。〔説文〕「蜋，丨蜋也」段注。○丨，蹚也。〔説文〕「鏊，車樘結也」義證引〔急就篇〕顔注。○〔通雅〕丨谿即唐溪。〔風俗通〕「封丨谿」。○唐以政事丨，故宰相稱丨老。〔通雅・稱謂〕○唐宰相治事之地曰政事丨，故所下書曰丨帖。〔通雅・書札〕引宋徐度敦立。

**坣**　丨，古文堂字。〔廣韻・唐部〕

**章**　赤與白謂之丨。〔禮記・月令〕「黼黻文丨」集解引〔考工記〕。○丨，文丨也。〔詩・裳裳者華〕「維其有丨矣」朱傳。又〔都人士〕「出言有丨」朱傳。又〔棫樸〕「為丨于天」朱傳。○丨，美也。〔易・坤〕「含丨可貞」李疏引孔疏。○丨，明也。〔論語・先進〕「端丨甫」劉正義。又〔禮記・緇衣〕「上好仁」集解。又〔郊特牲〕「敬丨別也」集解。○丨者，明也。〔説文〕「彰，文彰也」義證引〔文心雕龍〕。○丨，亦明也。〔國策・秦策三〕「明言丨理」補注。○丨，顯著也。〔漢書・康居國傳〕「以丨漢家不通無禮之國」補注。○○凡功之顯著者謂之丨。〔左傳宣公一二年〕「使子孫無忘其丨」述聞。○丨，善明理也。〔說文〕「卿，丨也」繫傳。○成丨，分別之也。〔說文〕「斐，分別文也」繫傳。○成篇曰丨。〔通雅・釋詁〕○丨句者，經師指括其文，敷暢其義，以相教授。〔漢書・藝文志〕「歐陽丨句三十一卷」補注引沈欽韓。○丨，表。〔詩・抑〕「維民之丨」朱傳。○丨，表也。〔通鑑・後唐紀三〕「上丨待罪」音注。○丨，亦表也。〔詩・長發〕「為下國綴旒」後箋引陳奂補。○丨，亦徽識之類也。〔墨子〕「衣丨微」雜志。○凡物之表皆謂之丨，亦謂之旗。〔春秋名字解詁〕「齊弦丨，字子旗」述聞。○丨，奏也。〔通鑑・後唐紀三〕「上丨待罪」音注。○丨者，諸獄告劾之書，上之廷尉者也。〔漢紀一三〕「廷尉一歲至千餘丨」音注。○丨，法也。〔漢書・揚雄傳〕「終後誕丨乖離」補注引劉敞。○丨，典法也。〔孟子・離婁上〕「詩云，率由舊丨」朱注。○丨，法度也。〔詩・載見〕「曰求厥丨」朱傳。○〔通雅・卷四○〕丨程，法式也。〔漢高紀〕「張蒼定丨程」。○王丨者，猶言王者之程式也。〔左傳僖公二五年〕「王丨也」平議。○大丨，猶大法也。〔國語・周語〕「余敢以私勞變前之大丨」平議。○堯時仁義大行，法度丨明，故曰大丨也。〔漢書・禮樂志〕「大丨，丨之也」補注引〔初學記〕。○音十為丨。〔說文繫傳・通論上〕○樂竟曰丨。〔同上〕○歌所止曰丨。〔說文〕「丨，樂竟為一丨」段注。○丨，鍾聲轉。〔釋親〕「兄公」郝疏。○丨，即君公二字合語。〔義府・卷下〕「君公」詁。○古婦人稱夫之父為丨。〔義府・卷下〕○古謂木材之實者為丨。〔說文〕「柍，梅也」繫傳。○近代變丨言檀，義亦同。〔同上〕繫傳。○〔說文定聲・卷一八〕丨，字亦作樟。〔史記・司馬相如傳〕「楩枏豫丨」。○丨，同彰。〔書・盤庚〕「用德丨厥善」疏證。○丨，讀同彰。〔詩・抑〕「維民之丨」陳疏。○丨彰同義。〔書・皋陶謨〕注「史遷彰作丨」孫疏。○丨字同漳。〔漢書・地理志〕「覃懷底績，至于衡丨」補注引錢坫。○丨，當作鄣。〔史記・吳王濞傳〕「上患吳，會稽輕悍」志疑。○丨，為鄣之省。〔同上〕「吳有豫丨郡銅山」志疑。○障即丨。〔漢書・地理志〕「丨山在東北」補注。○丨應作障。〔吳王傳〕「吳有豫丨郡銅山」補注引齊召南。○丨與商古字通。〔荀子〕「審詩丨」雜志。○商與丨古字通。〔管子〕「大司田」雜志。○〔說文定聲・卷一八〕丨，叚借為彰。〔禮記・樂記〕「大丨，丨之也」。○〔同上〕丨，叚借為獐。〔考工〕「畫繢之事山以丨」。○〔同上〕丨，叚借為檀，丨檀雙聲。〔史記・貨殖傳〕「山居千丨之材」。○〔同上〕丨，叚借為伀，丨伀雙聲。〔釋名・釋親屬〕「俗或謂舅曰丨」。○各字不連縣者曰丨艸。〔說文・敍〕「漢興有艸書」段注。○丨甫，禮冠。〔論語・先進〕「端丨甫」朱注。○丞相、將軍黃金印龜紐文曰丨。〔說文〕「印，執政所持信也」義證引〔漢舊儀〕。○丨閏，閏法也。〔通雅・天文〕○丨蔀紀元，歷之大槩積數也。〔同上〕○丨中，一丨之中數也。〔漢書・律歷志〕「以閏法乘歲中，得丨中」補注引錢大昕。○丨歲，亦即閏法。〔律歷志〕「閏法十九，因為丨歲」補注引李銳。○以五乘會數四十七，得二百三十五為丨月。〔律歷志〕「是為丨月」補注引李銳。○所謂丨歲者，乃歲實也，丨月者，朔實也，丨閏者，一歲之閏分也。〔律歷志〕「九丨歲為百七十一歲」補注引錢大昕。○丨，一作軍。〔呂覽・誣徒〕「以丨則有異心」

校正。

**張** 弓施弦曰丨。〔說文定聲・卷一六〕〔「引」下〕○丨者，施弓弦也。〔說文〕「開，丨也」段注。○丨者，丨弓弦以射也。〔公羊傳隱公五年〕「百金之魚公丨之」陳疏引孔廣森。○施弦於弓曰丨。〔說文〕「引，開弓也」段注。○〔說文定聲・卷一八〕攱之曰丨。〔說文〕「丨，施弓弦也」。○丨，本謂弓施弦，引申為凡作之偁。〔說文〕「丨，攱弓弦也」段注。○鉤弦使滿，以竟矢之長亦曰丨。〔說文〕「引，開弓也」段注。○丨，奮拳而敵。〔文選・報任安書〕「更丨空拳」補正引趙曦明。○丨丨，施也。〔廣韻・陽部〕○丨亦行也。〔廣雅・釋詁一〕「攄，引也」疏證。○丨設義一也。〔漢書・律歷志〕「如法為一寸，則黃鐘之長也」補注。○丨設旗鼓也。〔左傳襄公二三年〕「丨武軍於熒庭」洪詁。○布與丨亦同義。〔荀子〕「施」雜志。○丨與帳同。〔荀子・正論〕「居則設丨容負依而坐」集解引郝懿行。○丨，俗字脹瘨二形。〔說文〕「瘨，病也，一曰腹丨也」句讀。○瘨、脹、丨並通。〔廣雅・釋詁二〕「瘨，病也」疏證。○丨亦暴露義。〔左傳成公二年〕疏證。○丨武，即長武子，長、丨字通。〔墨子・所染〕「染於智國，丨武」閒詁。○丨當為彊。〔穀梁傳襄公三年〕「是大夫丨也」述聞。○數弩曰丨，亦謂之綦。〔通雅・算數〕○丨，大也。〔詩・韓奕〕「孔脩且丨」朱傳。○丨，自侈大也。〔楚辭・卜居〕「讒人高丨」補注。○丨之，美大之也。〔公羊傳隱公五年〕「百金之魚公丨之」平議。○楚即大楚也。〔漢書・陳勝傳〕「號為丨楚」補注。○丨楚，若云丨大楚國也。〔同上〕雜志引劉德。○丨皇，一作傽徨慞惶，通為倉皇蒼皇。〔通雅・釋詁〕○丨，〔玉篇〕引作脹，脹即丨之俗字。〔左傳成公一〇年〕「將食丨如廁」洪詁。○丨，〔朝鮮傳〕作長。〔漢書・景武昭宣元成功臣表〕「幾侯丨路」補注。○丨，〔墨子〕作長。〔呂覽・當染〕「范吉射染於丨柳朔王生」校正。○丨者，烏喙之名。〔廣雅・釋天〕「丨謂之鶉尾」疏證。

**王** 丨，天子之異稱也。〔左傳成公八年經〕疏證。○丨者，有天子之號。〔漢書・王莽傳〕「漢氏諸侯或稱丨」補注引胡注。○丨，古號也，夏殷周稱丨。〔說文〕「丨，天下所歸往也」義證引〔晉百官表〕。○丨，周丨也。〔詩・出車〕「丨命南仲」朱傳。○丨，往也。〔詩・臣工〕「丨釐爾成」集疏引馬瑞辰。○丨、往通。〔詩・板〕「及爾出丨」朱傳。○丨與往古通用。〔臣工〕「丨釐爾成」通釋。○丨者，天下之往也。〔說文〕「丨，天下所歸往也」義證引〔文子〕。○丨，天下所歸往也。〔大戴・用兵〕「猶威致丨」王詁。○丨者，天下之所歸往也。〔說文繫傳・通論上〕○丨者，往也，神所向往，人所樂歸。〔說文〕「丨，天下所歸往也」義證引〔春秋文曜鉤〕。○仁義所往曰丨。〔周書〕「仁義所在」雜志。○丨者，往也，言其惠澤優游天下歸往也。〔說文〕「丨，天下所歸往也」義證引〔桓譚新論〕。○諸侯見於天子曰丨。〔左傳隱公九年〕「宋公不丨」疏證引王念孫。○丨之言往也，往見於天子也。〔同上〕○丨往叠韻。〔説文〕「丨，天下所歸往也」句讀。○古讀丨聲如往。〔釋詁〕「晧晧，美也」郝疏。○古者丨、往同聲而互訓。〔周書〕「仁義所在」雜志。○丨與往聲同義同而字亦相通。〔同上〕○丨者，受命之始。〔公羊傳隱公六年〕注「以上繫丨於春」陳疏。○丨事，丨命使為之事也。〔詩・北門〕「丨事適我」朱傳。○凡交於大國朝聘會盟征伐之事，謂之丨事。〔同上〕後箋引〔日知録〕。○丨，大也。〔廣韻・陽部〕○〔説文定聲・卷一三〕丨者，大也。〔字林〕「鉞，丨斧也」。〔「鉞」下〕○凡言丨，皆大意。〔説文定聲・卷四〕〔「墣」下〕○凡物之大者或曰丨。〔説文定聲・卷一五〕〔「莙」下〕○凡物之大者，或稱丨。〔説文定聲・卷一〕〔「蒙」下〕○〔説文定聲・卷一八〕丨猶皇也，皇、丨皆大意。〔釋魚〕「蟒丨，蛇冣大者」。〔「蝗」下〕○丨猶長也。〔詩・桑柔〕「滅我立丨」通釋。○丨，尊上之稱。〔釋親〕「祖，丨父」郝疏。○父之父偁丨父。〔説文〕「舅，母之兄弟為舅」段注。○父之母偁丨母。〔同上〕段注。○子孫通稱先世為丨。〔史記・周本紀〕「昔我先丨世后稷」志疑引韋昭。○丨，古玉字也。〔荀子・王霸〕「改丨改行也」集解引郝懿行。○丨當作玉。〔周書・武寤〕「丨食無疆」平議。又〔韓子・內儲下〕「被丨衣」平議。○丨即古玉字。〔史記・十二諸侯年表〕「共丨子，肘丨」志疑。○丨當作玉，古人於美好之物皆曰玉。〔韓子・內儲下〕「被丨衣」集解引俞樾。○丨門即玉門。〔呂覽・首時〕「不忘丨門之辱」校正。○公丨丹即公玉丹，古玉字作丨。〔過理〕「謂公丨丹曰」校正。○丨當為主。〔大戴・保傅〕「再為義丨」述聞。又〔漢書・西南夷傳〕「各自以一州丨」補注引王念孫。○丨當作主。〔韓子・初見秦〕「以為丨謀不患者也」集解引顧廣圻。○丨當作生。〔問田〕「然所以廢先丨之教」集解引王渭。○丨當為國。〔漢書・異姓諸侯王表〕「更為淮南丨」補注。○〔説文定聲・卷一八〕丨，叚借為往。〔詩・板〕「及爾出丨」。○諸本丨作玉。〔左傳襄公二九年〕「家臣展瑕展丨父為一耦」洪詁。○古丨字亦作壬。〔史記・十二諸侯年表〕「宋成公丨臣元年」志疑。○官本丨作壬。〔漢書・王子侯表〕「平鄉孝侯丨」補注。○丨，〔通考〕作壬。〔同上〕補注引錢大昭。○舊校云，聖丨一作聖人。〔呂覽・聽言〕「聖丨之道廢絶」校正。○三家丨季作文丨。〔詩・皇矣〕「維此丨季」集疏。○丨，〔賈子・胎教〕作主。〔大戴・保傅〕「再為義丨」述聞。○〔賈子〕丨作立，一本丨作主。〔保傅〕「丨左右」述聞。○丨喬，丨子喬，周靈丨太子晉也。〔楚辭・遠遊〕「吾將從丨喬而娛戲」補注。○丨梁即丨良。〔漢書・天文志〕「客星居丨梁東北可九尺」補注。○趙之伯樂曰丨良，曰郵無恤，曰郵良，又曰郵無政，曰丨子期，曰丨子於期。〔漢書・王褒傳〕「丨良執靶」補注引〔癸巳存稿〕。○丨司者，言丨嗣位也。〔書・高宗肜日〕「丨司敬民」孫疏。○丨賓，謂助祭諸侯。〔書・洛誥〕「丨賓殺禋咸格」孫疏。○丨人，丨氏族人。〔書・君奭〕「商實百姓、丨人」孫疏引江聲。○丨庭，踐土也。〔左傳僖公二八年〕「盟諸侯于丨庭」洪詁引服虔。○丨城即成周。〔漢書・地理志〕「周公致太平，營以為都，是為丨城」補注。○丨畿，可作丨圻。〔説文〕「圻，垠或从斤」段注。○丨圻，亦可作丨垠。〔同上〕○丨連，黃連也。〔廣雅・釋草〕疏證。○蟒蛇之大者曰丨蛇。〔釋魚〕「蟒，丨蛇」鄭註。○丨倪，堯時賢人也。〔莊子・齊物〕「齧缺問乎丨倪」集釋引〔高士傳〕。

## 房

丨，室旁夾室也。〔説文〕「丨，室在旁也」義證引〔六書故〕。○丨者，旁也，在室兩旁也。〔漢書・鼂錯傳〕「家有一堂二内」補注引王鳴盛。○〔説文定聲・卷一八〕室左右為東西丨。〔説文〕「丨，室在傍者也」。○秦築宮于驪山之旁曰阿丨宫也。〔説文〕「丨，室在旁也」繫傳。○丨、旁古通。〔史記・王子侯者年表〕「丨光」志疑。○〔説文定聲・卷一八〕丨，以傍為訓。〔釋名〕「丨，旁也，室之兩旁也」。○丨與防古字通。〔左傳定公五年〕「卒於丨」洪詁。又〔文選・文賦〕補正。○〔説文定聲・卷一八〕丨，字作防亦同，或曰借為雱。〔月賦〕「徘徊丨露」。○丨當讀為方。〔國語・晉語〕「保其土丨」平議。○丨子，〔後漢・光武紀〕作防子。〔漢書・地理志〕「丨子」補正。○丨謂椓也。〔詩・大田〕「既方既皁」通釋。○丨，花丨。〔楚辭・九辯〕「紛旖旎乎都丨」補注引五臣注。○丨者，蒼神之精。〔説文〕「辰，震也」義證引〔春秋元命苞〕。○丨者，東方蒼龍之第四星。〔禮記・月令〕「日在丨」集解。○丨中道，謂丨星之中道也。〔漢書・天文志〕「然用之，一決丨中道」補注引朱一新。

## 芳

丨，香草也。〔離騷〕「苟余情其信丨」補注。○丨，當作艸香。〔説文〕「丨，香艸也」段注。○丨，芬丨。〔廣韻・陽部〕○春草曰丨卉。〔説文〕「卉，艸之總名也」義證引〔纂要〕。○丨字當讀為房。〔呂覽・審時〕「穗鉅而丨奪」平議。

## 長

丨者，首髮也。〔説文定聲・卷一四〕〔「元」下〕○〔卷一八〕丨，字當訓髮，人毛之最丨者也，與老同意。〔説文〕「丨，久遠也」。○丨，久也。〔詩・長發〕「丨發其祥」朱傳。又〔大戴・千乘〕「此國之所以丨也」王詁。又〔虞戴德〕「守之以丨」王詁。又〔漢書・賈山傳〕「不可丨也」補注。○〔説文定聲・卷一八〕丨，轉注為丨久。〔廣雅・釋詁三〕「丨，久也」。○〔同上〕丨，轉注為丨短。〔易・説卦〕「巽為丨，為高」。○丨，竟。〔詩・甫田〕「禾易丨畝」朱傳。○陳丨義近。〔釋詁〕「永，丨也」郝疏。○彌亦丨也。〔漢書〕「持久」雜志。○演亦丨也。〔釋詁〕「永，丨也」郝疏。○丨與脩同。〔同上〕郝疏。○丨猶常也。〔詩・雨無正〕「浩浩昊天，不駿其德」陳疏。○丨之言常也。〔皇矣〕「不丨夏以革」平議。○引久者，丨久也。〔漢書〕「持久」雜志。○丨道，猶言大道。〔詩・泮水〕「順彼丨道」通釋。○丨生豫，言丨生可樂。〔漢書・禮樂志〕「丨生豫」補注。○丨駕猶遠馭。〔司馬相如傳〕「遠撫丨駕」補注。○不丨者，無所丨也。〔荀子・法行〕「必不丨也」集解引俞樾。○丨子猶鉅子也。〔儒效〕「隨其丨子」平議。○丨善與首同義。〔釋詁〕「良，首也」郝疏。○丨有敏意。〔釋言〕「肇，敏也」郝疏。○少丨猶少育。〔左傳僖公二年〕「且少丨于君」疏證。○丨讀為粻。〔荀子・性惡〕「今人飢，見丨而不敢先食者」平議。○〔説文定聲・卷一八〕丨，叚借為張。〔廣雅・釋詁四〕「丨，挾也」。○今〔淮南子〕凡丨字皆作修。〔漢書・淮南厲王傳〕「淮南厲王丨」補注引盧文弨。〇丨，即〔春秋〕丨狄。〔史記・五帝紀〕「東丨鳥夷」志疑引趙太常。〇丨人，防風氏丨狄之屬。〔屈賦・天問〕「丨人何守」戴注。〇丨衣，喪服之次曰丨衣，深衣也。〔説文定聲・卷一八〕（「常」下）〇丨跽乃古語，丨俗作踞，人安坐則形弛，敬則小跪聳體若加丨焉，故曰丨跽。〔説文〕「跽，丨跽也」段注。又〔方言七〕注「今東都人亦呼丨跽為踞登」箋疏。〇丨爵，世及之爵也。〔漢書・賈誼傳〕「雖有丨爵不輕得復」補注引周壽昌。〇丨楚，羊桃也。〔釋艸〕「丨楚，銚弋」鄭註。〇啓明、丨庚皆金星名。〔詩・大東〕「西有丨庚」朱傳。〇丨兵，戈矛之屬。〔國策・西周策〕「丨兵在前」鮑注。
〇丨松，其葉如松，服之丨年。〔本草・卷一二〕

**塘** 丨，隄防也，或作隓。〔慧琳音義・卷一二〕引〔韻英〕。〇丨，又作隓。〔説文〕「隄，丨也」義證。〇丨，古通作唐。〔廣雅・釋地〕「丨，池也」疏證。

**隓** 〇丨，字亦作塘，通作唐。〔廣雅・釋宮〕「丨，隄也」疏證。
長沙人謂隄為丨。〔慧琳音義・卷七七〕引〔古今正字〕。

**妝** 丨，飾也。〔廣韻・陽部〕〇丨，俗作粧。〔説文〕「丨，飾也」義證。〇丨，今俗作粧。（同上）繫傳。〇〔説文定聲・卷一八〕丨，字亦作娤。〔廣雅・釋詁二〕「丨，飾也」。〇娤、丨、裝、莊並通。〔廣雅・釋詁二〕「娤，飾也」疏證。〇〔説文定聲・卷一八〕丨，以裝為之。〔登徒子好色賦〕「不待飾裝」。
〇（同上）丨，以莊為之。
〔上林賦〕「靚莊刻飾」。

**娤** 丨與裝同。〔廣雅・釋言〕「裝，褖也」疏證。〇丨妝裝莊並通。〔釋詁二〕「丨，飾也」疏證。

**粧** 丨者，妝之俗字。〔説文〕「妝，飾也」段注。〇丨，粉飾也。〔廣韻・陽部〕

**常** 丨，下帬也。〔説文〕「衣，上曰衣，下曰丨」段注。〇凡旌旗通得稱丨。〔周禮・司勳〕「凡有功者銘書於王之太丨」孫正義。〇今字裳行而丨廢矣。〔説文〕「丨，下帬也」段注。〇丨，猶長也。〔詩・卷阿〕「純蝦爾丨矣」陳疏。〇丨，猶云長。〔殷武〕「曰商是丨」通釋。〇丨當作長。〔説文〕「恒，丨也」段注。〇丨長聲相近。〔廣雅・釋詁一〕「長，丨也」疏證。〇八尺曰尋，倍尋曰丨。〔韓子・五蠹〕「布帛尋丨」集解。〇分寸尺墨仞丈尋丨度數莫長於丨，故曰丨。〔説文定聲・卷一八〕〇丨久謂之終古。〔史記〕「終日」雜志。〇世守為丨。〔易・文言〕「後得主而有丨」李疏。〇丨，猶言保守也。〔墨子・尚賢中〕「與天地同丨」閒詁。〇丨有謂世相及。〔荀子・正論〕「丨有天下之籍」集解。〇丨，復其丨也。〔詩・鴇羽〕「曷其有丨」朱傳。〇丨，引伸為經丨字。〔説文〕「丨，下帬也」段注。〇丨，典也。〔詩・思文〕「陳丨于時夏」陳疏。〇丨謂之刑，亦謂之庸。〔廣雅・釋詁一〕「容，法也」疏證。〇丨、祥聲近義通。〔書・立政〕「其唯克用丨人」平議。〇丨與祥古字通。〔莊子・天運〕「天有六極五丨」平議。〇丨、商聲相近。〔廣雅・釋詁一〕「商，丨也」疏證。〇丨與尚通。〔老子〕「道丨無名」平議。又〔淮南・詮言〕「故丨無禍，不丨有福，丨無罪，不丨有功」平議。〇丨當作



尚。〔老子〕「丨有司殺者殺」平議。〇古丨、尚通用。〔詩・殷武〕「曰商是丨」平議。〇丨與尚古通。〔老子〕「道可道，非丨道，名可名，非丨名」平議。〇丨字讀作尚。〔老子〕「故丨無，欲以觀其妙，丨有，欲以觀其徼」平議。〇丨當讀為尚，右也。〔墨子・非命下〕「上帝不丨」閒詁。〇丨作嘗。〔漢書・高帝紀〕「高祖丨繇咸陽」補注引劉攽。〇丨，元作嘗。〔國策・東周策〕「丨欲東周與楚惡」鮑注。〇丨當為嘗。〔荀子・正論〕「丨有天下之籍」集解引盧文弨。〇丨或作嘗。〔詩・閟宮〕「居丨與許」朱傳。〇丨嘗古通用。〔列子・周穆王〕「丨甘以為苦」平議。〇丨通作嘗，又通作尚。〔釋詁〕「典，丨也」郝疏。〇恒作丨，避文帝諱。〔漢書・天文志〕「夜丨星不見」補注。〇丨者，即棠也。〔詩・閟宮〕「居丨與許」平議。〇倘佯、尚羊、尚佯、丨羊、相佯、徜徉，並字異而義同。〔廣雅・釋訓〕「徜徉，戲蕩也」疏證。〇戲蕩謂之丨羊，故舞貌亦謂之丨羊，跳貌亦謂之丨羊。（同上）〇〔説文定聲・卷一八〕丨，叚借為嘗。〔禮記・少儀〕「馬不丨秣」。〇（同上）丨，叚借為長。〔小爾雅〕「倍尋謂之丨」。〇恒丨之丨，乃長之叚借字，長亦久也。〔説文定聲・卷二〕（「恒」下）〇（卷一八）丨，叚借為棠。〔詩〕「丨棣之華」。〇丨為棠之叚借。〔詩・常棣〕「丨棣之華」通釋。〇官本丨作嘗。〔漢書・郊祀志〕「臣丨往來海中」補注。〇南本丨作嘗。〔公孫弘傳〕「諸丨與弘有隙」補注引宋祁。〇丨，魯作棠，韓丨棣作夫栘。〔詩・常棣〕「丨棣之華」集疏。〇丨之巫，〔管子・小稱〕作堂巫。〔漢書・古今人表〕「丨之巫」補注。〇丨盛，〔史記〕作尚盛。〔衛綰傳〕「劍丨盛，未嘗服也」補注。〇秩亦猶丨也。〔百官公卿表〕「景帝中六年更名太丨」補注引劉攽。〇丨當作車。〔霍光傳〕「光為奉丨都尉光祿大夫」補注引錢大昭。〇人丨當作人掌。〔食貨志〕「世之有飢穰，天之行也」補注引宋祁。又（同上）「歲數豐穰」補注引宋祁。〇丨，丨棣也。〔詩・采薇〕「維丨之華」朱傳。〇丨棣，一名夫栘。〔常棣〕「丨棣之華」後箋。〇丨棣，郁李也。〔釋木〕「丨棣，棣」鄭註。〇〔説文定聲・卷一〇〕花實白者為丨棣。〔釋木〕「丨棣，棣」。（「栘」下）〇丨棣，棣也，子如櫻桃可食。〔詩・常棣〕「丨棣之華」朱傳。〇丨羊即負蠜。〔説文〕「蠜，臭蟲，負蠜也」段注。〇丨伯於漢為侍中。〔書・立政〕「王左右丨伯」孫疏。〇丨任亦為侍中之職。（同上）「王左右丨伯，丨任」孫疏。〇丨伯、丨任，長見近習之臣，猶漢之中丨侍也。〔説文定聲・卷一八〕〇丨參，日朝參也。〔通雅・禮儀〕〇丨酒，謂丨飲酒也。〔韓子・説林上〕「彝酒者，丨酒也」集解。〇丨安即長安。〔漢書・王莽傳〕「惟丨安御道多以所近為名」補注。〇〔通雅〕丨選，用丨所選也。〔衛青傳〕「所將丨選」。〇丨山，即北岳恒山。〔漢書・武帝紀〕「還幸北地，祠丨山」
補注引齊召南。

**尚** 倘佯、丨羊、常羊、相佯、徜徉，並字異而義同。〔廣雅・釋訓〕「徜徉，戲蕩也」疏證。〇丨羊與襄徉，古亦同聲。〔廣雅・釋訓〕「逍遥，襄徉也」疏證。
〇丨羊，或作
徜徉。（同上）

涼丨，薄寒也。〔慧琳音義・卷六二〕引〔韻英〕。○丨，微寒也。〔同上〕引〔考聲〕。○丨，寒貌也。〔詩・北風〕「北風其丨」集疏引韓説。○丨，引伸為寒。〔説文〕「丨，薄也」段注。○丨，薄也。〔詩・桑柔〕「職丨善背」朱傳。又〔廣韻・漾部〕。○丨丨，薄也，不見親厚於人也。〔孟子・盡心下〕「行何為踽踽丨丨」朱注。○丨亦為雜也。〔左傳閔公二年〕「尨丨」疏證引王念孫。○尨丨皆雜也。〔同上〕述聞。○丨當為䬆。〔説文〕「萐，萐莆，堯時生於庖厨，扇暑而丨」義證。○丨，或作䬆。〔詩・北風〕「北風其丨」通釋。○丨，本或作䬆。〔説文〕「䬆，北風謂之䬆」段注。○丨與㝗同。〔廣雅・釋詁一〕「㝗，禣也」疏證。○丨即㝗字。〔説文〕「㝗，薄也」段注。○丨、閬古字通。〔史記〕「弗生」雜志。○借丨為椋。〔左傳閔公二年〕「尨丨」疏證引惠棟。○椋丨通假。〔同上〕疏證。○借丨為椋。〔左傳閔公二年〕「尨丨冬殺」洪詁。○丨音亮。〔詩・大明〕「丨彼武王」朱傳。○丨，佐助也。〔同上〕○假丨為亮也。〔説文〕「亮，明也」段注。○丨，魯作亮。〔詩・大明〕「丨彼武王」集疏。○古〔爾雅〕丨作㝗。〔左傳昭公四年〕「君子作法於丨」洪詁引〔郭忠恕汗簡〕。○丨風，〔月令〕作盲風。〔呂覽・仲秋〕「丨風生」校正。○丨風，〔月令〕作温風。〔季夏〕「丨風始至」校正。

霜丨，凝露。〔廣韻・陽部〕○寒氣凝以為丨，丨從地升也。〔説文〕「丨，喪也」義證引〔五經通義〕。○丨以殺木。〔同上〕義證引〔春秋元命苞〕。○丨以挫物。〔同上〕義證引〔孝經援神契〕。○丨之為言亡也，物以終也。〔同上〕義證引〔春秋考異郵〕。○丨者，陰精冬令也，四時代謝以丨收殺。〔同上〕○〔説文定聲・卷一八〕丨，字亦作孀。〔列子・湯問〕「京城氏之孀妻」。○丨，當為霧。〔漢書・爰盎傳〕「有如遇丨露行道死」補注引王念孫。○丨，九月中。〔律歷志〕「丨降」補注引錢大昭。○〔義府・卷下〕丨月為九月。〔隸釋〕「丨月之靈」。○丨月，朽月，九月也。〔通雅・天文〕

藏丨，蓄也。〔詩・十月之交〕「亶侯多丨」朱傳。○丨，收也。〔大戴・千乘〕「庶虞丨」王詁。○丨亦斂。〔釋詁〕「戢，聚也」郝疏。○丨猶聚也。〔詩・芣苡〕「采采芣苡，薄言有之」後箋。○物之所丨曰丨。〔通鑑・周紀三〕「客有善為狗盜者，入秦丨中」音注。○丨，貯，蓄積也。〔大戴・千乘〕「凡民之丨貯」王詁。○丨，匿也。〔曾子制言〕「良賈深丨如虚」王詁。○丨匿義皆為微。〔釋詁〕「竄，微也」郝疏。○丨謂不見也。〔韓子・揚搉〕「四海既丨」集解引舊注。○丨，猶言葬也。〔列子・楊朱〕「相與賦而丨之」平議。○屏即丨也。〔管子〕「并丨」雜志。○丨，懷也。〔大戴・武王踐阼〕「惡有丨之約」王詁。○丨者，義也。〔禮記・禮運〕「禮之丨」集解。○丨，猶託也。〔禮運〕「所以丨身也」集解。○丨當作臧。〔詩・隰桑〕「中心臧之」陳疏。○丨，古臧字。〔詩・芣苡〕陳疏。○臧，古丨字。〔荀子〕「己所丨」雜志。又〔淮南・天文〕「秋分雷臧」雜志。○丨，古作臧。〔詩・隰桑〕「中心丨之」集疏。又〔荀子・賦〕「日月下丨」集解引郝懿行。○丨，古只作臧。〔墨子・三辯〕「秋斂冬丨」閒詁引畢沅。○丨，古但作臧。〔釋名・釋宮室〕「倉，丨也」疏證。○丨，當作臧，古臧字也。〔荀子・富國〕「交無所丨之」集解引郝懿行。○丨，今字也，古作臧。〔説文〕「𦣞，一曰丨也」段注。○丨，俗字，當為臧。〔書・召誥〕「厥終知丨」孫疏。○以從艸之丨為臧匿字，始於漢末。〔説文〕「臧，善也」段注。○牂牂、將將並與丨丨同。〔廣雅・釋訓〕「丨丨，茂也」疏證。○丨，古書作臧，通俗為丨。〔釋言〕「挾，丨也」郝疏。○丨者，臧之叚借。〔詩・隰桑〕「中心丨之」通釋。○官本丨作臧。〔漢書・禮樂志〕「陰入伏丨於下而時出佐陽」補注。又〔藝文志〕「於是建丨書之策」補注。○丨，〔呂覽〕注引作載。〔左傳襄公二〇年〕「名丨在諸侯之策」洪詁。○丨莨，草名中牛馬芻。〔文選・子虛賦〕「其埤溼則生丨莨」集釋引郭璞。○丨莨即狼尾草也，莨稂亦為丨莨。〔漢書・司馬相如傳〕「其埤溼則生丨莨蒹葭」補注。

場築之堅實者曰丨。〔説文定聲・卷一四〕（「墠」下）○除地曰丨。〔卷一四〕（「壇」下）○丨，圃也。〔詩・白駒〕「食我丨苗」朱傳。○丨即圃也。〔同上〕陳疏。○丨墠並築地之名。〔周禮・司徒〕「丨人下士二人」孫正義。○丨，冢上之壇丨也。〔孟子・滕文公上〕「築室於丨」朱注。○鹿之所息謂之丨。〔詩・東山〕「町疃鹿丨」集疏。○塲、丨古今字。〔方言一三〕「又言恐雄為太元經由鼠坻之與牛丨也」箋疏。○字亦作塲，除地曰丨，亦曰墠。〔説文定聲・卷一八〕○丨塲古今字。〔方言六〕「坻、坥，丨也」箋疏。○丨，俗作塲，古作壤。〔説文〕「坥，益州部謂螾丨曰坥」段注。○丨、障聲義近。〔釋言〕「障，畛也」郝疏。○丨與暘義相近。〔説文〕「丨，一曰山田不耕者」段注。○〔説文定聲・卷一八〕丨，段借為暘。〔説文〕「丨，一曰田不耕也」。○今闈丨，謂春秋試士之所，必有平坦大庭以容衆，故曰丨。〔説文定聲・卷一八〕○丨師即丨人也。〔孟子・告子上〕「今有丨師」焦正義。○丨師，治丨圃者。〔同上〕朱注。○丨人者，掌園地之官也。〔周禮・司徒〕「丨人下士二人」孫正義。

央丨，中也。〔詩・庭燎〕「夜未丨」朱傳。又〔屈賦・離騷〕「時亦猶其未丨」戴注。○丨，位内為四方之主也。〔説文〕「丨，中丨也」義證引〔玉篇〕。○丨、旁同意。〔詩・蒹葭〕「宛在水中丨」通釋。○丨丨，鮮明貌。〔詩・六月〕「白旆丨丨」朱傳。○丨丨，鮮明也。〔出車〕「旂旐丨丨」朱傳。○丨丨，猶英英也。〔同上〕陳疏。○英、丨古同聲通用。〔同上〕通釋。○丨，盡也。〔慧琳音義・卷九〕○丨，亦已也。〔古詩〕「調弦未遽丨」述聞。○夜未丨者，夜未已也。〔詩・庭燎〕「夜未丨」述聞。○〔説文定聲・卷一八〕丨，古發聲之詞，緩言曰未渠丨，急言曰未丨。〔詩・庭燎〕「夜未丨」。○夜未丨者，言夜未往也。〔詩・庭燎〕「夜未丨」後箋。○丨，且也。〔同上〕後箋引段玉裁。○丨亡叠韻。〔方言一〇〕「丨亡，獪也」箋疏。○丨亡，亦作鞅罔。〔方言一〇〕「凡小兒多詐而獪謂之丨亡」疏證。○丨，魯作鉠。〔詩・載見〕「和鈴丨丨」集疏。○〔通雅〕丨瀆，匽豬，陰溝也。〔荀子〕「入其丨瀆」。○中宸，猶言丨振。〔漢書〕「柍振」雜志。○丨振，謂半檐也。〔同上〕

泱丨即瀼。〔詩・瞻彼洛矣〕「維水丨丨」集疏。○丨丨，深廣也。〔同上〕朱傳。○丨與英古字通。〔説文〕「丨，滃也」段注。○丨，通作盎。〔同上〕義證。○—，或借盎字。〔同上〕句讀。

**秧** 今謂苗初生者曰—。〔說文定聲·卷一八〕

**嬙** —，婦官也。〔通鑑·唐紀一六〕「嬪—之間」音注。

**狼** —，大如狗，蒼色。〔說文〕「—，似犬」義證引〔酉陽雜俎〕。○—似青狗。〔同上〕義證引〔急就篇〕顏注。○—，似犬，銳頭白頰，高前廣後。〔詩·還〕「並驅從兩—兮」朱傳。○—，全似青色犬，惟目縱為異，其腸直，鳴則竅沸也。〔說文定聲·卷一八〕○—與戾同義。〔漢書第十六〕「連語」雜志。○—亦戾也，—戾乃雙聲連語，不可分為二義。〔漢書·嚴助傳〕「今閩越王—戾不仁」補注引王念孫。○—戾語之轉。〔廣雅·釋詁四〕「—，盭也」疏證。○—戾一聲之轉。〔孟子·滕文公上〕「樂歲粒米—戾」焦正義。○—與戾一聲之轉。〔廣雅·釋詁三〕「—戾，狠也」疏證。○—戾，猶—藉，言多也。〔孟子·滕文公上〕「粒米—戾」朱注。○—藉，草縱横也。〔慧琳音義·卷五四〕○—狽，失次序也。〔卷八五〕引〔考聲〕。○—狽，遽猝也。〔同上〕引〔考聲〕。○—狽，猝遽也。〔卷八九〕引〔考聲〕。○—狽，敗亂也。〔同上〕引〔文字集略〕。○—狽，心亂失次也。〔卷九一〕引〔文字集略〕。○—顧，驚貌。〔國策·齊策一〕「則—顧」鮑注。○〔說文定聲·卷一八〕—，段借為稂，或曰借為朗，或曰借為盪。〔周禮·條狼氏〕注「—，—扈道上」。○—湯，邵本作—浪。〔漢書·地理志〕「有—湯渠」補注引宋祁。○莨蓎即—湯異文。〔同上〕補注。○〔漢·表〕—作根，—根音近。〔史記·王子侯者年表〕「郁—」志疑。○邊人謂舉烽燧為—火，—望謂—煙候望之地。〔漢書·匈奴傳〕「快心於—望之北哉」補注引胡注。○—尾，似茅而高，人以苫屋，俗名蘆稈莛。〔釋草〕「孟，—尾」郝疏。○—把草，閩人呼爺為郎罷，則—把當作郎罷。〔本草·卷一六〕

**牀** —，人之棲息自安之具也。〔慧琳音義·卷一〕引〔博雅〕。○—，所以坐臥也。〔說文〕「—，安身之坐者」義證引〔急就篇〕顏注。○—，身所安也。〔同上〕義證引〔玉篇〕。○—，人所倚箸也。〔同上〕義證。○古稱—榻非特臥具也，多是坐物。〔同上〕義證引王觀國。○—是大名，簀是—板。〔方言五〕「—，齊魯之間謂之簀」箋疏。○—，字亦作床，古閒居坐于—，隱于几，不垂足，夜則寢，晨興則斂枕簟。〔說文定聲·卷一八〕

**床** —，牀俗字，簀也。〔廣韻·陽部〕

**方** 訓並乃—本義。〔漢書·枚乘傳〕「—輸錯出」補注。○—，並也。〔說文〕「杭，—舟」繫傳。又〔漢書·司馬相如傳〕「雜還膠輵以—馳」補注。又〔枚乘傳〕「—輸錯出」補注引王念孫。○—猶并也。〔漢書〕「—輸錯出」雜志。○—與並同義。〔同上〕○—有並義。〔莊子·達生〕「覆卻萬—陳乎前」集釋引俞樾。○—之言竝也。〔易·比〕「不寧—來」平議。又〔書·梓材〕「作兄弟—來」平議。○凡—皆訓併。〔公羊傳宣公一二年〕注「大夫—舟」

陳疏。○—來，猶云竝來。〔論語·學而〕「有朋自遠—來」平議。○—木，並木也。〔說文定聲·卷八〕（「泭」下）○—，亦兩也。〔國策·齊策一〕「車不得—軌」鮑注。○—舟，今之舫，並兩船也。〔說文〕「杭，—舟」繫傳。○—舟，謂兩船相併也。〔義府·卷上〕○—，比也。〔論語·憲問〕「子貢—人」朱注。又〔廣韻·陽部〕。又〔通鑑·晉紀三〕「孤飲酒可以—誰」音注。○—，訓比也。〔論語·憲問〕「子貢—人」劉正義。○—，猶比也。〔禮記·內則〕「—物出謀發慮」集解引朱熹。○—者，比也。〔說文〕「玉，絜之—也」句讀。○—，猶比，猶敵。〔國策·趙策三〕「今者齊韓相—」鮑注。○—之義為比。〔孟子·萬章上〕「故君子可欺以其—」焦正義。○—，又引伸之為比—。〔說文〕「—，併船也」段注。○—即舫。〔釋言〕「舫，泭也」鄭註。○—，或作舫。〔說文〕「—，併船也」義證。○—，正字，俗用舫。〔同上〕段注。○—、舫、枋並字異義同。〔方言九〕「—舟謂之濮」箋疏。○—，桴。〔詩·谷風〕「—之舟之」朱傳。又〔漢廣〕「不可—思」朱傳。○—，常也。〔莊子·大宗師〕「彼遊—之外者也」集解引司馬云。又〔左傳成公一八年〕「官不易—」述聞。○〔說文定聲·卷一八〕—者，不動也。〔大戴·曾子〕「天圓地道曰—」。○授—者，授之以百官之常任也。〔左傳閔公二年〕「授—任能」平議。○—，道也。〔孟子·萬章上〕「故君子可欺以其—」朱注。又〔大戴·曾子立事〕「親人必有—」王詁。又〔文王官人〕「合志如同—」王詁。又〔禮記·經解〕「有—之士」集解。又〔太素·藏府氣液〕「余聞—士」楊注。○—即道也。〔漢書〕「鞠躬履—」雜志。○—，猶道也。〔屈賦·天問〕「何聖人之一德，卒其異—」戴注。又〔莊子·大宗師〕「敢問其—」集釋引疏。○—與道一也。〔孟子·萬章〕「故君子可欺以其—」平議。○—即道也，履方猶言踐道。〔漢書·馮奉世傳贊〕「宜鄉侯參鞠躬履—」補注引王念孫。○—，術也。〔論語·雍也〕「可謂仁之—也已」朱注。又〔國策·韓策二〕「客何—所循」鮑注。○—，法也。〔通鑑·陳紀三〕「故使官—窮此紛雜」音注。○—為則。〔書·皋陶謨〕孫疏引史遷。○—，大略也。〔國策·齊策三〕「言其—」鮑注。○中矩者謂之—。〔大戴·曾子天圓〕「天圓而地—者」王詁。○—，正也。〔詩·殷武〕「—斲是虔」朱傳。又〔太素·本神論〕「寫必有—」楊注。○—人，猶言正人。〔論語·子路〕「子貢—人」平議。○—，所也。〔廣雅·釋言〕疏證引〔後漢書〕注。○—為—所之—。〔孟子·離婁下〕「立賢無—」焦正義。○—，所也，以為安居之所。〔詩·鵲巢〕「維鳩—之」後箋引〔詩說解頤〕。○—，處也。〔太素·三刺〕「補須一—實」楊注。○—處，—居其所，未變徙也。〔詩·十月之交〕「豔妻扇—處」朱傳。○—，猶隅也。〔荀子·禮論〕「有—之士」集解引郝懿行。○—，區域也。〔莊子·大宗師〕「彼遊—之外者也」集釋引成疏。○—，四—。〔國策·楚策四〕「而載—府之金」鮑注。○—之言四—也。〔易·繫辭傳〕「—以類聚」平議。○—猶竟也，竟內謂之—。〔詩·六月〕「侵鎬及—」平議。○—，祭四—也。〔雲漢〕「—社不莫」朱傳。○—，謂秋祭四—地示后土句芒等也。〔墨子·明鬼下〕「周代祝社—」閒詁。○—為四—之事。〔漢書·地理志〕「后不省—」補注引蘇輿。○晉國之丨，蓋舉晉之四境言之。〔國語・晉語〕平議。○丨，朔丨，今靈夏等州之地。〔詩・出車〕「往城于丨」朱傳。○〔通雅〕任一丨曰丨面。〔倪若水傳〕「冗官擢丨面」。○丨國，四丨來附之國也。〔詩・大明〕「以受丨國」朱傳。○丨外，殊域也。〔漢書・董仲舒傳〕「施虖丨外」補注。○丨外，言殊域。〔同上〕補注。○丨明者，上下四丨之神明，天之司盟。〔書・序〕「誕資有牧丨明」孫疏。○丨，猶端也。〔楚辭・九辯〕「何所憂之多丨」補注引五臣注。○丨，始也。〔詩・公劉〕「爰丨啓行」朱傳。○丨，猶甫也。〔鵲巢〕「維鳩丨之」後箋引段玉裁。○旁、丨古通，丨，且也。〔莊子・人間世〕「旁十數」集釋引俞樾。○丨，將也。〔詩・小戎〕「丨何為期」朱傳。○丨，猶云將也。〔簡兮〕「丨將萬舞」通釋。○丨之言將也。〔小戎〕「丨何為期」通釋。○丨，版也。〔中庸〕「布在丨策」朱注。○丨即版也。〔儀禮・士冠禮〕「筮與席，所卦者具饌于西塾」胡正義。○〔通雅〕丨版謂之丨。〔聘禮〕「不及百名書于丨」。○丨，極畝也。〔詩・大田〕「既丨既皁」陳疏。○丨，房也。〔詩・生民〕「實丨實苞」朱傳。○丨，房也，謂孚甲始生。〔詩・大田〕「既丨既皁」朱傳。○丨、房古字通。〔書・商書序〕「遇汝鳩、汝丨」孫疏。○丨，古字房，通用丨。〔詩・鵲巢〕「維鳩丨之」後箋引戴震。○讀丨為房。〔同上〕述聞引戴東原。○丨與，音房豫。〔通雅・地輿〕○丨，旁也。〔說文〕「鬃，門內祭先祖所以彷徨」繫傳。○丨，猶旁也。〔詩・汾沮洳〕「彼汾一丨」陳疏。○丨，猶旁。〔墨子・天志上〕「丨施天下」閒詁引畢沅。○丨與旁通。〔書・堯典上〕「湯湯洪水丨割」孫疏。又〔立政〕「丨行天下」孫疏。又〔呂刑上〕「庶戮丨告無辜于上」孫疏。又〔詩・生民〕「實丨實苞」平議。○丨、旁古字通。〔周書〕「大開丨封于下土」雜志。○丨、旁古今字。〔漢書・儒林傳〕「故詳延天下丨聞之士」補注引沈欽韓。○丨、旁古通用，溥也。〔詩・玄鳥〕「丨命厥后」通釋。○丨猶旁也，旁之言徧也。〔同上〕○丨，字或作旁，旁，依也。〔詩・鵲巢〕「維鳩丨之」述聞。○丨即是旁，旁即是傍，丨舟，猶言傍舟，謂相依傍。〔義府・卷上〕○丨，讀為旁，古字通用，旁、薄、唐、皇皆大也。〔荀子・君道〕「丨皇周浹於天下」集解引郝懿行。○丨，讀為旁，旁之言溥，徧也。〔書・堯典〕「湯湯洪水丨割」述聞。○丨與旁古聲義並同，有大義。〔詩・大明〕「以受丨國」通釋。○丨，古讀如旁，亦讀如傍，此丨當讀為依傍之傍。〔荀子・勸學〕「丨其人之習君子之說」集解引郝懿行。○丨之，猶附之也。〔詩・鵲巢〕「維鳩丨之」平議。○丨皇，猶旁皇也。〔漢書・揚雄傳〕「溶丨皇於西清」補注。○丨與博同義。〔漢書〕「丨聞」雜志。○丨聞之士，即博聞之士，丨與博同義。〔漢書・武帝紀〕「故詳延天下丨聞之士」補注引王念孫。○丨割為溥害也。〔書・堯典上〕「湯湯洪水丨割」孫疏。○丨，讀若旁。〔詩・生民〕「實丨實苞」陳疏。○丨為古旁。〔通雅・疑始〕○丨，古讀如旁，亦讀如傍。〔釋水〕「大夫丨舟」郝疏。○丨，大也。〔管子・霸言〕「丨而不最」義證引孫星衍。○丨者，大也，量之最大者也。〔廣雅・釋器〕「斞十曰秉」疏證。○丨為大也。〔說文〕「丨，併船也」段注。○丨，猶類也。〔孟子・離婁下〕「立賢無丨」朱注。○丨，有也。〔詩・板〕「天下丨難」陳疏。○丨，

有之也。〔鵲巢〕「維鳩丨之」朱傳。○丨，當為不。〔墨子・大取〕「丨至，尺之不至也」閒詁。○撫、丨一聲之轉，丨之言荒。〔廣雅・釋詁一〕「丨、撫，有也」疏證。○丨幠荒聲之轉，荒與丨，聲有輕重耳。〔詩・鵲巢〕「維鳩丨之」後箋。○丨，向也。〔論語・先進〕「且知丨也」朱注。○丨，鄉也。〔詩・皇矣〕「萬邦之丨」朱傳。○丨，亦鄉也。〔禮記・緇衣〕「其惡有丨」集解。○丨，猶鄉也。〔儀禮・士相見禮〕「若不得則正丨不疑君」胡正義。○丨，嚮也。〔詩・鵲巢〕「維鳩丨之」後箋引〔何氏古義〕。○丨，逆也。〔孟子・梁惠王下〕「丨命虐民」朱注。○丨者，開丨也。〔孟子・滕文公上〕「丨里而井」焦正義。○丨本苞葆茂，音義俱通。〔釋詁〕「苞，豐也」郝疏。○丨猶是也。〔詩・殷武〕「丨斲是虔」通釋。○丨讀曰放。〔漢書・衛青霍去病傳贊〕「票騎亦丨此意」補注。○丨，通作放。〔說文〕「丨，併船也」義證。○丨當讀為放。〔詩・鵲巢〕「維鳩丨之」述聞。○漢時俱讀丨為放也。〔書・堯典上〕「丨命圮族」孫疏。○放命，本字也，丨命，借字也。〔漢書〕「丨命」雜志。○放依之放，通作丨，猶放命之放，通作丨也。〔詩・鵲巢〕「維鳩丨之」述聞。○丨、防古通。〔漢書・古今人表〕「宋丨叔嘉子」補注引錢大昭。○丨負聲之轉。〔書・堯典上〕注「史遷丨作負」孫疏。○丨物與辨物義同。〔禮記・內則〕「四十始仕丨物」平議。○丨羊、仿佯、彷徉、丨洋，並字異而義同。〔廣雅・釋訓〕「仿佯，徙倚也」疏證。○丨，又叚借為甫。〔說文〕「丨，併船也」段注。○〔說文定聲・卷一八〕丨，叚借為防。〔漢書・張湯傳〕注「掘地為坑曰丨」。○假丨為謗。〔說文〕「謗，毀也」段注。○〔說文定聲・卷一八〕丨，叚借為滂。〔荀子・富國〕「丨丨如河海」。○〔同上〕丨，叚借為妨。〔書・堯典〕「丨命圮族」。○〔同上〕丨，叚借為望。〔廣雅・釋詁四〕「丨，表也」。○〔同上〕丨，叚借為橫。〔禮記・樂記〕「丨以類聚」。○〔同上〕丨，叚借為匚。〔易・坤〕「至靜而德丨」。○〔同上〕丨，叚借為旁。〔廣雅・釋詁一〕「丨，大也」。○丨，又假借為旁。〔說文〕「丨，併船也」段注。○〔說文定聲・卷一八〕丨，叚借為傍。〔虞書〕「宅朔丨」。○〔同上〕丨，叚借為房。〔詩・大田〕「既丨既皁」。○丨者，房之叚字。〔墨子・備城門〕「五十步一丨」平議。○〔說文定聲・卷一八〕丨，叚借為當，為將。〔東京賦〕「丨其用財取物」。○〔同上〕丨，或曰借為望。〔淮南・天文〕「丨諸見月則津而為水」。○〔同上〕丨，叚借為法，丨、法一聲之轉。〔論語〕「可謂仁之丨也已」。○丨，叚借發聲之詞。〔說文定聲・卷一八〕○丨，〔白虎通・聖人篇〕引作旁。〔書・皋陶謨下〕注「丨一作旁」孫疏。○今文〔尚書〕丨作放。〔詩・鵲巢〕「維鳩丨之」述聞。○丨命，今文〔尚書〕作放命，本字也，古文〔尚書〕作丨命，借字也。〔漢書・叙傳〕「諸侯丨命」補注引王念孫。○〔羣書治要〕引丨作旁。〔管子・形勢解〕「於四丨無擇也」義證引孫星衍。○丨，魯作舫。〔詩・漢廣〕「不可丨思」集疏。○〔史記〕丨洋作彷徉。〔漢書・吳王傳〕「丨洋天下」補注。○今以丨伯稱藩司。〔通雅・官制〕○丨書，書于丨也，蓋持丨策，以待書也，因為通稱。〔通雅・書札〕○丨城，山也。〔左傳僖公四年〕「楚國丨城以為城」洪詁引服虔。○丨城，涿之邑也。〔韓子・有度〕「襲涿丨城」集解

引舊注。○〔通雅〕丨中，斥上也。〔張湯傳〕「治丨中」。○丨田，今曰丈量。〔通雅·算數〕○丨田，即均田也。〔說文〕「均，平徧也」義證引〔通典〕。○〔說文定聲·卷一八〕丨鍾，似為豆區釜鍾之鍾。〔說文〕「鈁，丨鐘也」。〔「鈁」下〕○丨明者，木也，此蓋明堂之制也。〔漢書·律歷志〕「誕資有牧丨明」補注引吳仁傑。○丨山冠似進賢冠，以五彩縠為之。〔昌邑哀王傳〕「而冠丨山冠」補注引〔漢輿服志〕。○〔說文定聲·卷一八〕丨良，即蝄蜽。〔周禮·方相氏〕「敺丨良」。

**漿** 丨，酢也。〔本草·卷五〕引陳嘉謨。○丨，丨水。〔廣韻·陽部〕○丨，酢丨也。〔屈賦·東皇太一〕「奠桂酒兮椒丨」戴注。○丨，水也，酢丨也。〔通鑑·周紀三〕「簞食壺丨以迎王師」音注。○〔說文定聲·卷一八〕丨，字又作𩚃。〔列子·列禦寇〕「吾嘗食于十𩚃」。○丨截二字互訓。〔說文〕「⿰氵將，酢⿰氵將也」段注。○丨飯，粥也。〔韓子·外儲說右上〕「子路以其私秩粟為丨飯」集解。

**⿰氵將** 丨，通用漿字。〔說文〕「丨，酢丨也」義證。

**觴** 丨，酒器。〔大戴·武王踐阼〕「於丨豆為銘焉」王詁。○凡爵觚觶角散實之以行酒，皆曰丨。〔說文定聲·卷九〕〔「觚」下〕○總名曰爵，其實曰丨者，餉也。〔卷一八〕引〔韓詩說〕。○丨，作生爵形，實曰丨。〔楚辭·招魂〕「實羽丨些」補注。○觶實曰丨，蓋以飲之。〔國策·齊策五〕「殺牛而丨士」鮑注。○羽丨，酒器也，插羽于上。〔楚辭·招魂〕「實羽丨些」補注引五臣注。○羽丨，杯上綴羽，以速飲也。〔同上〕補注。○丨，饗也。〔漢書·禮樂志〕「激長至重丨」補注。○丨，字亦作觴。〔說文定聲·卷一八〕○〔同上〕丨，段借為鬺，即鬺。〔太玄·竈次〕「五鼎大可丨」。

**梁** 丨者，橋丨其本義，而棟丨其假借也。〔說文〕「橋，水丨也」段注。○丨，橋也。〔詩·大明〕「造舟為丨」朱傳。又〔孟子·離婁下〕「十二月輿丨成」朱注。又〔國策·中山策〕「發丨焚舟以專民」鮑注。○丨，即橋也。〔管子〕「丨池」雜志。○丨，謂橋丨。〔墨子·經說上〕「若人過丨」閒詁。○丨，本謂橋丨，引申為取魚之丨。〔周禮·⿰魚攴人〕「⿰魚攴人掌以時⿰魚攴為丨」孫正義。○丨，魚丨也。〔詩·白華〕「有鶖在丨」朱傳。○丨，謂魚丨。〔孟子·梁惠王下〕「澤丨無禁」朱注。○丨，堰石障水而空其中以通魚之往來者也。〔詩·谷風〕「毋逝我丨」朱傳。○石絕水曰丨。〔詩·有狐〕「在彼淇丨」朱傳。○石絕水為丨。〔詩·鴛鴦〕「鴛鴦在丨」朱傳。○或曰石渡水為丨。〔說文〕「丨，水橋也」繫傳。○丨，即今浮橋也。〔同上〕繫傳。○丨，橫亘也。〔說文〕「桓，竟也」繫傳。○丨者，橫亘之稱，故山多以丨為名。〔春秋名字解詁〕「沈諸丨字子高」述聞。○丨，車丨，言其穹隆也。〔詩·甫田〕「如茨如丨」朱傳。○〔說文定聲·卷一八〕以其穹隆，故謂之丨。〔詩·甫田〕「如茨如丨」。○丨者，屋之大丨。〔釋宮〕「杗廇謂之丨」郝疏。○杗廇中央謂之丨。〔同上〕○〔說文定聲·卷一八〕丨，南北之棟也。〔釋宮〕「杗廇謂之丨」。○大木南北者曰丨。〔說文定聲·卷一八〕○屋大材南北者曰丨。〔說文定聲·卷二〕〔「棟」下〕○自棟而南盡于承霤，總謂之丨。〔同上〕引程瑤田。○丨倚，如屋丨之相倚。〔漢書·司馬相如傳〕「蜩蟉偃蹇怵㚟㠯丨倚」補注。○丨，堤也。〔釋地〕「丨莫大於溴丨」鄭註。○丨與匽同義。〔荀子〕「渠匽」雜志。○丨，訓為伸。〔詩·閟宮〕「大啓尓宇」通釋。○良丨通用。〔漢書·王子侯表〕「丨鄉侯交」補注。○〔說文定聲·卷一八〕丨，以勍為說。〔晉太康地記〕「丨州者，言西方金剛之氣彊丨，故名」。○〔同上〕丨，段借為勍。〔釋名·釋宮室〕「丨，强丨也」。○〔同上〕丨，段借為諒。〔白虎通·封禪〕「丨者，信也」。○〔同上〕丨，段借為粱。〔素問·通評虛實論〕「肥貴人則高丨之疾也」。○丨，當作粱。〔韓子·五蠹〕「不務丨肉」集解。○官本丨作粱。〔漢書·食貨志〕「食必丨肉」補注。○金陵本丨作粱。〔史記·范睢蔡澤列傳〕「吾持丨刺齒肥」志疑。○丨山，〔史記〕作良山。〔漢書·梁孝王傳〕「北獵丨山」補注。○古良、丨字通。〔史記·王子侯者年表〕「壽丨」志疑。○王丨，〔天官書〕作王良，〔晉志〕亦作王良。〔漢書·天文志〕「旁一星，曰王丨」補注引〔官本攷證〕。○丨，丨父也。〔揚雄傳〕「禪丨基」補注。○丨父屬泰山。〔史記·高祖功臣侯者年表〕「功臣受封者百有餘人」志疑。○丨，〔淮南〕作鄭。〔呂覽·有始〕「丨之圃田」校正。

**莊** 丨，當曰艸大也。〔說文〕「丨，上諱」段注。○丨，草盛皃。〔同上〕義證引〔玉篇〕。○丨，引伸之為凡盛義，後人加米作粧。〔漢書·司馬相如傳〕「靜丨刻飾」補注。○丨，盛飾也。〔說文〕「丨，上諱」繫傳。○丨，〔易〕、〔書〕、〔詩〕三經俱不見此字，疑草整齊皃，故轉注為嚴敬之訓，或曰借為妝也。〔說文定聲·卷一八〕○丨夫子，即嚴夫子也。〔漢書·藝文志〕「丨夫子賦二十四篇」補注引錢大昭。○道路六達謂之丨，亦道路交會之盛也。〔說文〕「丨，上諱」繫傳。○丨是街名。〔孟子·滕文公下〕「引而置之丨嶽之間數年」焦正義引顧炎武。○別業為丨。〔通鑑·唐紀二五〕「幸韋嗣立丨舍」音注。○丨，正也。〔周書〕「疾大夫卿士」雜志。○丨，恭也。〔大戴·曾子大孝〕「居處不丨」王詁。○丨，亦敬也。〔說文〕「祇，敬也」義證。○丨，嚴也。〔大戴·文王官人〕「丨而安人」王詁。○丨之字曰嚴。〔說文〕「丨，上諱」義證引伏侯〔古今注〕。○漢明帝名丨，漢世多以嚴字為之。〔說文定聲·卷一八〕○丨，謂容貌端嚴也。〔論語·為政〕「臨之以丨則敬」朱注。○丨嚴為裝嚴之誤也。〔漢書·鄭當時傳〕「自請治行五日」補注。○丨與裝通。〔文選·長笛賦〕集釋。○奘、妝、裝、丨並通。〔廣雅·釋詁二〕「奘，飾也」疏證。○〔說文定聲·卷一八〕丨丨，猶奘奘也。〔管子·小問〕「丨丨乎何其士也」。○古丨、壯通用。〔說文〕「武，止戈為武」段注。○丨作壯。〔史記〕雜志。○丨，本作壯。〔周書〕「叡圍」雜志。○丨、壯古字通。〔同上〕○丨與壯同義。〔同上〕○丨之言壯，壯亦大也。〔釋言〕「六達謂之丨」郝疏。○古書丨、壯多通用。〔說文〕「丨，上諱」段注。○丨、壯古音義通。〔莊子·天下〕「不可與丨語」集釋。○丨，當讀為壯。〔禮記·緇衣〕「心丨則體舒」平議。○俗書丨字作庄。〔管子〕「洴」雜志。○丨,字亦作藏。〔説文定聲・卷一八〕○丨者,壯盛字之假借也。〔説文〕「顗,謹丨皃」段注。○〔説文定聲・卷一八〕丨,叚借為壯。〔周書・謚法〕「兵甲亟作曰丨,勝敵志强曰丨,屢征殺伐曰丨,獨斷好勇致力曰丨」。○〔同上〕丨,叚借為奘,六道旁出也。〔釋宮〕「六達謂之丨」。

**⿸疒土** 丨,莊俗字,莊田也。〔廣韻・陽部〕○隸書莊字作丨,俗又省作庄。〔管子〕「洊」雜志。

**庄** 隸書莊字作⿸疒土,俗又省作丨。〔管子〕「洊」雜志。

**黄** 丨,中央土之正色。〔詩・緑衣〕「緑衣丨裏」朱傳。○五穀通可謂之丨。〔詩・生民〕「種之丨茂」通釋。○丨,熱病也。〔通鑑・隋紀五〕「治丨不差」音注。○丨耇,老人之稱。〔詩・行葦〕「以祈丨耇」朱傳。○丨耇,面凍梨色,如浮垢,老人壽徵也。〔行葦〕「丨耇台背」集疏引孫炎。○丨髮,髮白更丨也。〔釋詁〕「丨髮,壽也」郝疏。○丨胡聲轉。〔同上〕○丨騂曰丨。〔詩・駉〕「有驪有丨」朱傳。○纁丨,蓋丨昏時也。〔楚辭・思美人〕「與纁丨以為期」補注。○丨丨,狐裘色也。〔詩・都人士〕「狐裘丨丨」朱傳。○皇丨聲相近。〔書・皋陶謨中〕注「華蟲,丨也」孫疏。○丨,橫省文,橫即衡也。〔漢書・食貨志〕「是為布貨十品」補注引葉德輝。○丨河當作橫河。〔地理志〕「東至堂陽入丨河」補注引趙一清。○丨、光古字通。〔天文志〕「丨道,一曰光道」補注。○〔説文定聲・卷一八〕丨,叚借為湟。〔七發〕「丨池紆曲」。○丨為皇之假借。〔詩・駉〕「有驪有丨」通釋。○官本丨作皇。〔漢書・成帝紀〕「走入橫城門,闌入尚方掖門」補注。○丨帝,劉本作皇帝,皇、丨古通用。〔呂覽・貴公〕「醜不若丨帝」校正。○丨鳥,鸝也。〔詩・葛覃〕「丨鳥于飛」朱傳。○丨鳥,即今之丨雀之至小者。〔同上〕後箋。○丨鳥,蓋今之丨雀也,似雀而色純丨。〔同上〕後箋引段注。○倉庚,幽冀謂之丨鳥,正今之丨鶯。〔同上〕集疏。○丨鸝,鶬鶊也,又作丨離。〔説文〕「離,丨倉庚也」義證引〔增韻〕。○丨鵠,大鳥,一舉千里。〔楚辭・惜誓〕「丨鵠之一舉兮」補注引師古。又〔卜居〕「寧與丨鵠比翼乎」補注引師古。○丨鵠,喻逸士也。〔同上〕補注引五臣注。○鯼,小者名丨花魚。〔通雅・魚〕○丨花,菜花。〔文選・張季鷹雜詩一首〕「丨花如散金」集釋。○丨英,當為蕾英。〔説文〕「英,草榮而不實者,一曰丨英」義證。○丨屑,細香也。〔通雅・襍用〕○丨鐶,即紫藤花之根。〔文選・蜀都賦〕「青珠丨環」集釋引沈括。○丨環,一名陵泉,一名大就,味苦,主治蟲毒,生蜀郡。〔同上〕集釋引張氏。○蜀丨環,一名生葛,一名韭根。〔同上〕集釋引張氏。○中丨,石中丨子,丨石脂。〔南都賦〕「中丨轂玉」集釋引〔博物志〕。○〔通雅・卷三七〕生苧謂之丨潤。〔蜀都賦〕「箭中丨潤」。○丨荃,俗作丨芩。〔説文〕「荃,丨荃」句讀。○丨芩,一名妬婦。〔同上〕義證引〔本草〕。○丨芩,一名空腸,一名腐腸,一名內虛,一名妬婦。〔同上〕義證引〔急就篇〕顏注。○人參入脾曰丨參。〔本草・卷一二〕○丨斤乃食葛。〔通雅・木〕○丨者,色丨,為補藥之長,故名,今俗通作丨芪。〔本草・卷一二〕○丨精,僊家以為芝草之類,以其得坤土之精粹,故謂之丨精。〔同上〕○丨連,其根連珠而色丨,故名。〔本草・卷一三〕○丨獨,土卵也,梁漢人食之,又名土豆,土芋,實非芋類。〔通雅・艸〕○〔通雅・卷三六〕丨子,即簧也,猶稱花子朵子之類。〔李義山宮中詩〕「低扇遮丨子」。○丨繶,即黑舄之飾。〔周禮・屨人〕「丨繶」孫正義。○丨鐘,樂器,喻禮樂之士。〔楚辭・卜居〕「丨鐘毀棄」補注引五臣注。○丨堥,蓋即燒丨土為堥也。〔周禮・瘍醫〕孫正義。○丨卷,丨本也,故曰鉛丨,曰官丨。〔通雅・器用〕○丨冊,以丨小而名也。唐制,凡民始生為丨,四歲為小,故相沿號曰丨冊。〔通雅・事制〕○丨流,言以丨金為勺而有鼻以流鬯。〔詩・旱麓〕「丨流在中」後箋。○〔通雅・卷二五〕丨頭,習流也。〔枚乘上吳王書〕「遣羽林丨頭循江而下」。○丨泉,濁水也。〔孟子・滕文公下〕「下飲丨泉」朱注。○天地玄丨,泉在其中,故曰丨泉。〔左傳隱公元年〕「不及丨泉,無相見也」洪詁引服虔。○日行曰丨道,丨道即中道。〔漢書・天文志〕「青道二,出丨道東」補注引沈欽韓。○官名有乘丨令,晉官,主乘輿。〔廣韻・唐部〕○今京師勾欄中諢以紿人者曰丨六。〔通雅・諺原〕引〔疑耀〕。○丨昏星,夕見西方後日而沒,蘇俗謂之丨昏星。〔説文定聲・卷一八〕〔「庚」下〕○丨棘,地名。〔楚辭・悲回風〕「施丨棘之枉策」補注。

**倉** 丨廩,並穀所入。〔國策・西周策〕「丨廩空」鮑注。○方曰丨。〔秦策一〕「囷丨空虛」補注引高誘。○有屋曰廩,無屋曰丨。皆官積也。〔本草・卷二五〕○方曰丨,圓曰囷,皆私積也。〔同上〕○〔説文定聲・卷一八〕丨,況,悳甚也。〔詩・桑柔〕「丨兄填兮」。○丨兄與愴怳同,悲閔之意也。〔詩・桑柔〕「丨兄填兮」朱傳。○丨兄,又為丨皇,忽遽之貌。〔同上〕通釋。○丨兄,蓋愴涼之意。〔同上〕○丨卒、造次,語之轉。〔廣雅・釋詁二〕「趚,猝也」疏證。○〔通雅・卷七〕丨卒,一作蒼踤、蒼猝。〔漢平帝紀〕「丨卒時,橫賦斂者,儻其值」。○丨猝,暴疾皃也。〔慧琳音義・卷九七〕引〔考聲〕。○今人多用蒼猝,古書多用丨卒。〔説文〕「踤,一曰丨踤」段注。○丨吾,即蒼梧。〔通雅・地輿〕○丨琅根,椒圖鋪首也。〔通雅・宮室〕○丨海君,蓋諸粵之君長也。〔漢書・張良傳〕「東見丨海君」補注引沈欽韓。○丨英,即滄浪也。〔墨子・旗幟〕「死士為丨英之旗」平議。○丨,青也。〔太素・十二瘧〕「令人色丨丨然」楊注。○丨英之旗,即青色旗。〔墨子・旗幟〕「死士為丨英之旗」平議。○丨耳,名常思菜。〔詩・卷耳〕「采采卷耳」後箋引陶淵明。○丨,丨庚。〔廣韻・唐部〕○丨庚,黃鸝也。〔詩・七月〕「有鳴丨庚」朱傳。又〔出車〕「丨庚喈喈」朱傳。○〔説文定聲・卷一八〕丨庚,即後世所謂黃鶯也,亦名摶黍。〔釋鳥〕「丨庚,商庚」。○丨庚與鶬鶊同。〔方言八〕「驪黃,自關而東謂之鶬鶊」箋疏。○丨與鶬同。〔方言八〕「鴈,或謂之鶬鴚」箋疏。○丨黃,亦疊韻字,其義則為忽遽。〔詩・桑柔〕「丨兄填兮」後箋。○丨,即蒼。〔國策・魏策四〕「丨鷹擊於殿上」補注。○丨或作蒼。〔説文・叙〕「黃帝之史丨頡」段注。○黃帝史丨頡、〔左傳〕八凱丨舒,疑當以蒼為正。〔説文定聲・卷一八〕○〔同上〕丨,叚借為蒼。

〔禮記・月令〕「駕｜龍」。○｜、蒼古通。〔史記・惠景間侯者年表〕「侯利｜」志疑。○官本｜作蒼。〔漢書・高帝紀〕「元年冬十月」補注。又〔食貨志〕「今王侯朝賀以｜璧」補注。又〔郊祀志〕「而張｜據水德」補注。

**皇** ｜，大。〔詩・皇矣〕「｜矣上帝」朱傳。又〔武〕「於｜武王」朱傳。○｜，大也。〔正月〕「有｜上帝」朱傳。又〔楚茨〕「先祖是｜」朱傳。又〔烈文〕「繼序其｜之」朱傳。又〔載見〕「思｜多祜」朱傳。○｜者，大也。〔繫傳・通論上〕○｜｜，大。〔詩・大明〕「檀車｜｜」集疏引陳喬樅。○｜，美。〔文王〕「思｜多士」朱傳。○｜，美也。〔般〕「於｜時周」陳疏。又〔載見〕「思｜多祜」朱傳。○｜，大也，美也。〔大戴・小辨〕「治政之樂，｜於四海」王詁。○｜者，始也。〔說文繫傳・通論上〕○｜｜，美也。〔詩・假樂〕「穆穆｜｜」朱傳。○｜姑，謂祖姑也。〔禮記・曾子問〕「不袝于｜姑」述聞。○｜，君也。〔屈賦・離騷〕「恐｜輿之敗績」戴注。又〔禮記・服問〕「為其｜姑」集解。又〔詩・楚茨〕「先祖是｜」朱傳。○德合北辰者稱｜。〔說文〕「｜，大也」義證引〔中侯勑省圖〕。○｜帝本兼採三｜五帝義，三｜，古之盛天子也。〔漢書・高帝紀〕「今上尊太公曰太上｜」補注引何焯。○｜士，謂天子之命士也。〔文選・諷諫詩〕「斯惟｜士」補正引何焯。○｜，｜考也。〔屈賦・離騷〕「｜覽揆余初度兮」戴注。○｜，正也。〔詩・破斧〕「四國是｜」集疏引魯說。○｜，匡也。〔同上〕朱傳。○｜，充也。〔大戴・小辨〕「｜於四海」述聞。○〔通雅・卷四二〕｜辜，謂初生之堇也。〔淮南子〕「醴泉生｜華」。○｜，古煌字。〔詩・皇皇者華〕「｜｜者華」陳疏。○｜之為言煌。〔說文繫傳・通論上〕○｜，猶煌煌也。〔詩・斯干〕「朱芾斯干」陳疏。又〔同上〕朱傳。又〔皇皇者華〕朱傳。○｜者，煌煌其道爛然顯明。〔說文〕「｜，大也」義證引〔春秋元命苞〕。○｜｜，盛也。〔詩・泮水〕「烝烝｜｜」朱傳。○｜｜，顯盛貌。〔禮記・曲禮〕「諸侯｜｜」集解。○｜｜，美盛之貌。〔釋詁〕「｜｜，美也」鄭註。○｜｜，顯明不蹇躓也。〔禮記・少儀〕「穆穆｜｜」集解。○晃晄｜煌爌爌，並字異而義同。〔廣雅・釋詁四〕「晃，明也」疏證。○｜與況通。〔書・無逸〕「無｜曰」孫疏。○｜，當讀為況。〔詩・谷風〕「｜恤我後」平議。○｜之言徨。〔詩・楚茨〕「先祖是｜」通釋。○｜與惶通。〔廣雅・釋訓〕「惶惶，劇也」疏證。○｜讀為惶。〔呂覽・先己〕「督聽則姦塞不｜」平議。○惶惶即｜｜也。〔孟子・滕文公下〕「則｜｜如也」焦正義。○｜｜，急速也。〔通鑑・漢紀九〕「｜｜求仁義」音注。○｜｜，如有求而弗得之意。〔孟子・滕文公下〕「則｜｜如也」朱注。○黃白曰｜。〔詩・東山〕「｜駁其馬」朱傳。又〔駉〕「有驈有｜」朱傳。○｜者，空虛之名。〔廣雅・釋宮〕「堂、堭，壂也」疏證。○〔義府・卷下〕｜極為五日。〔隸釋〕「｜極之日」。○｜極者，大中也。〔說文〕「中，和也」繫傳。○〔說文定聲・卷一八〕｜，即今之黃雀。〔釋鳥〕「｜，黃鳥」。○〔同上〕方｜，即周禮之方相。〔莊子・達生〕「野有方｜」。○〔同上〕｜，字亦作凰，或曰借為翌也。〔詩・卷阿〕「鳳｜于飛」。○艸木之華一名｜。〔釋言〕「｜，華也」鄭註。○｜，或作葟。〔說文〕「芛，艸之｜榮也」義證。○｜即葟之省，為華榮之貌。〔詩・皇皇者華〕「｜｜者華」通釋。○英｜，猶英葟也。〔說文定聲・卷一八〕○｜，當作葟。〔說文〕「芛，艸之｜榮也」段注。○｜菵聲相轉。〔釋草〕「｜，守田」郝疏。○｜，即本草之菵米，可為飯者也。〔說文定聲・卷一八〕○｜，或作徨。〔說文〕「鬃，門內祭先祖所彷｜也」段注。○〔說文定聲・卷一八〕｜，亦作遑。〔詩・四牡〕「不遑啓處」。○〔同上〕｜，字亦作偟。〔釋言〕「偟，暇也」。○｜，通作遑，別體作偟。〔說文定聲・卷一八〕○｜，當作王。〔漢書・禮樂志〕「粱｜鼓員四人」補注引沈欽韓。又〔司馬相如傳〕「五三六經載籍之傳」補注引宋祁。○｜，通作王，又通作黃。〔釋詁〕「｜｜，美也」郝疏。○｜、王二字通訓。〔漢書・孝成許皇后傳〕「｜極者，王氣之極也」補注引蘇輿。○古讀｜聲如王。〔釋詁〕「暀暀，美也」郝疏。○｜、黃古通。〔史記・歷書〕「蓋｜帝考定星歷」志疑。○｜、蟥字通。〔釋蟲〕「蛂、蟥，蛢」郝疏。○｜與橫、光，古同聲而通用。〔大戴・小辨〕「｜於四海」述聞。○｜之為弗｜。〔史記〕「弗生」雜志。○〔說文定聲・卷一八〕｜，叚借為翌。〔周禮・掌次〕「設｜邸」。○〔同上〕｜，叚借為廙。〔詩・漸漸之石〕「不｜朝矣」。○〔同上〕｜，叚借為妝。〔儀禮・聘禮〕「賓入門｜」。○〔同上〕｜，叚借為廣。〔漢書・胡建傳〕「列坐堂｜上」。○〔同上〕｜，叚借為黈。〔帝繫〕「舜妻女｜」。○｜者，葟之叚音。〔釋言〕「華，｜也」郝疏。○｜，為匡之假借。〔詩・破斧〕「四國是｜」後箋引段玉裁。○｜為匡之假借，正也。〔同上〕通釋。○〔說文定聲・卷一八〕｜，叚借為匡，實為匚。〔釋言〕「｜，正也」。○〔同上〕｜，叚借為暀，為煌。〔廣雅・釋詁二〕「｜，美也」。○〔同上〕｜，叚借為況，實為兄。〔書・無逸〕「則｜自敬德」。○｜，字或作義。〔周官・舞師〕「教｜舞」平議。○｜，〔詩〕作遑。〔左傳哀公五年〕「不敢怠｜」洪詁。○｜，諸本作遑。〔左傳襄公八年〕「不｜啓處」洪詁。○｜，〔史記〕作遑。〔漢書・賈誼傳〕「文帝謙讓未｜也」補注。○｜，魯作葟。〔詩・皇皇者華〕「｜｜者華」集疏。○｜，魯作騜。〔東山〕「｜駁其馬」集疏。又〔駉〕「有驈有｜」集疏。○｜，齊作煌。〔假樂〕「穆穆｜｜」集疏。○｜，魯作爾。〔瞻卬〕「無忝｜祖」集疏。○〔石經〕｜作光。〔書・無逸〕「無｜曰」孫疏。○｜，〔熹平石經〕作兄。〔同上〕注「｜自，一作兄曰」孫疏。○｜，〔公羊〕作況。〔秦誓〕「我｜多有之」孫疏。○｜即益。〔無逸〕「｜自敬德」孫疏。○官本｜作黃。〔漢書・百官公卿表〕「易敘宓羲、神農、｜帝作教化民」補注。○｜、黃通用。〔莊子・齊物〕「是｜帝之所聽熒也」集釋引盧文弨。○官本｜作湟。〔漢書・五行志〕「四將軍衆十萬征南越」補注。○｜，〔世家〕作弗湟，〔世本〕作弗｜。〔年表〕作弗生。〔律歷志〕「子惠公｜立」補注引杭世駿。○｜，〔說苑〕引作黃。〔左傳成公一六年〕「苗賁｜在晉侯之側」洪詁。○｜門，城南門也。〔左傳宣公一二年〕「入自｜門」疏證引高士奇。○｜，即騜。〔說文〕「騜，黃馬發白色」段注。

**裝** ｜，飾也。〔慧琳音義・卷三〕引〔考聲〕。○束其外曰｜，故著絮於衣亦曰｜。〔說文〕「裝，裹也」段注。○｜出者，朝服而出。〔漢書・王嘉傳〕「嘉遂丨出」補注引胡注。○裝、妝、丨、莊並通。〔廣雅・釋詁二〕「裝，飾也」疏證。○丨，字多以藏為之，藏即莊字。〔說文定聲・卷一八〕○丨，讀為壯，盛也。〔文選・長笛賦〕「中息更丨」集釋引〔讀書志餘〕。○丨者，妝之叚借字。〔說文〕「妝，飾也」段注。○〔說文定聲・卷一八〕丨，叚借為妝。〔廣雅・釋言〕「丨，襐也」。○丨，〔史記〕作莊，班氏避明帝諱而改曰丨耳。〔漢書・儒林傳〕「子乘授齊田何子丨」補注引齊召南。

**肪** 〔本草〕有鴈丨，鴈脂也。〔說文〕「丨，肥也」繫傳。○丨删，凝脂也。〔慧琳音義・卷二〕引〔韻英〕。

**殤** 丨之義二，男女未冠笄而死謂丨，在外而死者謂之丨，丨之言傷也。〔屈賦・國殤〕戴注。○丨，謂未成人而死者也。〔禮記・喪服〕「庶子不祭丨」集解。○愓與傷通，是以其可哀傷而名為丨也。〔儀禮・喪服經傳〕「子子之長丨中丨」胡正義。

**襄** 丨，除也。〔詩・墻有茨〕「不可丨也」朱傳。又〔出車〕「玁狁于丨」朱傳。○丨，與攘通。〔同上〕陳疏。○丨，通作攘。〔釋言〕「丨，除也」郝疏。○古丨、攘通。〔詩・墻有茨〕「不可丨也」後箋引段玉裁。○丨，駕也。〔大叔于田〕「兩服上丨」朱傳。○丨，上也。〔出車〕「玁狁于丨」朱傳引或說。○丨，當訓舉。〔左傳定公一五年〕「不克丨事」洪詁。○丨、揚聲相近。〔書・皋陶謨上〕注「揚我忠言」孫疏。○經傳贊丨、匡丨字，以丨為之。〔說文定聲・卷一八〕〔「毀」下〕○今人用丨為輔佐之義。〔說文〕「丨，漢令，解衣而耕謂之丨」段注。○丨，返也。〔廣韻・陽部〕○丨，引伸之為反復。〔說文〕「丨，漢令，解衣而耕謂之丨」段注。○丨，雜色也。〔說文〕「錦，丨色織文也」繫傳。○丨邑，漢魏郡有縣能緘錦綺，因名丨邑也。〔同上〕繫傳。○〔說文定聲・卷一八〕丨，謂藹茂也。〔書・皋陶謨〕鄭注「丨之言暢也」。○儴徉、相羊、丨羊、儴佯，並字異而義同。〔廣雅・釋訓〕「逍遙，儴徉也」疏證。○丨安，蓋取丨水安流之義。〔漢書・地理志〕「丨安」補注引洪亮吉。○〔說文定聲・卷一八〕丨，字亦作裮。〔廣雅・釋訓〕「裮被，不帶也」。○丨，當作穰。〔漢書・高帝紀〕「丨侯王陵降」補注引全祖望。○丨，當為穰。〔史記・高祖本紀〕「丨侯王陵」志疑引韋昭。○丨庇，即穰庇。〔呂覽・無義〕「丨庇不受」校正。○丨，當作驤，省作丨。〔釋言〕「丨，駕也」郝疏。○丨，當讀為驤。〔詩・大叔于田〕「兩服上丨」通釋。○古丨、讓通用。〔老子六九章〕平議。○〔說文定聲・卷一八〕丨，叚借為穰。〔釋言〕「丨，除也」。○〔同上〕丨，叚借為驤。〔釋言〕「丨，駕也」。○丨者，驤之叚借也。〔釋言〕「丨，駕也」郝疏。○古多叚丨為驤。〔說文〕「驤，馬之低仰也」段注。○丨，驤之假借字。〔說文〕「丨，漢令，解衣而耕謂之丨」段注。○〔說文定聲・卷一八〕丨，叚借為仰。〔西京賦〕「丨岸夷塗」。○丨，攘之假借字。〔說文〕「丨，漢令，解衣而耕謂之丨」段注。○衞孫丨，字伯國，丨讀為壤，聲近假借也。〔春秋名字解詁〕述聞。○〔說文定聲・卷一八〕丨，叚借為毀，助理也。〔書・皋陶謨〕「思日贊贊丨哉」。○丨，齊、魯作攘。〔詩・出車〕「玁狁于丨」集疏。○〔史記・司馬相如傳〕「招摇乎丨羊」，〔文選〕五臣本作「招摇乎儴佯」。〔廣雅・釋訓〕「逍遙，儴徉也」疏證。○丨尺，謂從旁記數也。〔通雅・禮儀〕

**驤** 丨，馬騰躍也。〔續音義・卷一〇〕引〔字書〕。○丨，逸也。〔同上〕引〔考聲〕。○丨，騰起也。〔慧琳音義・卷八三〕○丨，速也。〔廣韻・陽部〕○丨，馬右足白。〔集韻・陽部〕○丨，借襄字。〔說文〕「丨，馬之低卬也」義證。

**相** 丨，視。〔詩・節南山〕「丨爾矛矣」朱傳。又〔小弁〕「丨彼投兔」朱傳。又〔四月〕「丨彼泉水」朱傳。又〔召旻〕「我丨此邦」朱傳。○丨，視也。〔節南山〕「丨爾矛矣」陳疏。○丨，瞻視也。〔廣韻・陽部〕○〔通雅・卷一八〕丨林，猶言丨視如林。阮籍〔莊論〕「猶豫丨林」。○丨，質也。〔詩・棫樸〕「金玉其丨」朱傳。○丨，共供也。〔廣韻・陽部〕○丨羊，猶徘徊也。〔離騷〕「聊逍遙以丨羊」補注。○丨佯，徙倚也。〔楚辭・九辯〕「聊逍遙以丨佯」補注。○儴佯、丨羊、襄羊、儴佯，並字異而義同。〔廣雅・釋訓〕「逍遙，儴佯也」疏證。○倘佯、尚羊、尚佯、常羊、丨佯、徜徉，並字異而義同。〔釋訓〕「徜徉，戲蕩也」疏證。○丨似謂之類，亦謂之肖。〔釋詁一〕「類，法也」疏證。○丨，及也。〔集韻・陽部〕○前者省決未了，而後者復來，謂之丨乘。〔漢書・王莽傳〕「前後丨乘」補注引胡注。○丨思，即紅豆樹也。〔文選・吳都賦〕「丨思之樹」集釋。○〔通雅・卷八〕丨迿，即丨狥。〔公羊傳〕「推刃之道也，朋友丨衞而不丨迿也」。○丨胥一聲之轉。〔釋詁〕「胥，皆也」郝疏。○丨，當作梋。〔說文〕「朴，丨高也」義證。○丨與雅皆樂器名，丨以糠實其中。〔通雅・釋詁〕○〔說文定聲・卷一八〕丨，叚借為像。〔詩・桑柔〕「考慎其丨」。○〔同上〕丨，叚借為想。〔吳都賦〕「丨思之樹」。○〔同上〕丨，叚借為昌。〔水經注・清漳水〕「丨昌聲韻合」。○〔同上〕丨，叚借為禳。〔禮記・祭法〕「丨近于坎壇」。○古謂丨敵為丨與。〔墨子〕「何故丨」雜志。○丨與，謂與共事也。〔大戴・曾子制言上〕「是故人之丨與也」洪詁。○丨於，朴言之曰阿與，文言之曰丨於。〔通雅・釋詁〕

**湘** 丨，烹也。〔詩・采蘋〕「于以丨之」朱傳。○鬺、鬺、丨，聲近義同。〔廣雅・釋言〕「鬺，鬺飪也」疏證。○〔說文定聲・卷一八〕丨，叚借為鬺。〔詩・采蘋〕「于以丨之」。○丨，讀為鬺，假借字也。〔詩・采蘋〕「于以丨之」陳疏。○丨，假借為鬺。〔說文〕「丨，从水，相聲」段注。○〔毛詩〕丨字，鬺之假借，亨也。〔詩・采蘋〕「于以丨之」後箋引段玉裁。○邵本丨作相。〔漢書・郊祀志〕「丨山」補注引宋祁。○丨神，為舜之二女宵明、燭光。〔史記・始皇本紀〕「上問博士曰，丨君何神」志疑引〔路史〕。

**緗** 淺黃曰丨。〔通雅・綵色〕○丨，淺黃色，正作纕。〔慧琳音義・卷八八〕引〔考聲〕。○丨，淺黃色也。〔卷八三〕引〔考聲〕。○丨，亦緝也。〔卷八三〕

**廂** 丨，廡也。〔楚辭・怨思〕「蒺藜蔓乎東丨」補注。○東丨，東序之屋也。〔說文〕「序，東西牆也」義證引〔急就篇〕顏注。○丨，當作箱。〔釋宮〕「室有東西丨曰廟」郝疏。○丨、箱，其義一也。〔廣雅・釋器〕「輫，箱也」疏證。

**箱** 〔說文定聲·卷一八〕｜，字亦作廂。〔釋宮〕「室有東西廂曰廟」。○｜，車｜也。〔詩·大東〕「不以服｜」朱傳。又〔甫田〕「乃求萬斯｜」朱傳。○｜，謂大車之輿。〔說文〕「轖，車｜交革也」段注。○｜，即謂大車之輿也。〔說文〕「｜，大車牝服也」段注。○輢較在車兩旁通謂之｜。〔周禮·考工記〕孫正義。○大車謂之｜，｜謂之輫。〔說文定聲·卷九〕(「輿」下)○｜之言輔相也。〔廣雅·釋器〕「輫，｜也」疏證。○｜之言相，夾輔之名也。〔方言九〕「｜謂之輫」箋疏。○｜之言相，相謂左右助勴也。〔釋宮〕「室有東西廂曰廟」郝疏。○｜，｜籠。〔廣韻·陽部〕○｜，竹筩也。〔通鑑·唐紀五二〕「以｜貯敕及告身二十餘通」音注。○〔說文定聲·卷一八〕｜字漢以前無篋笥之稱，當云似車｜之形。〔漢書·周昌傳〕注「正寢之東西室皆曰｜，言似｜篋之形」。○篋｜，其義一也。〔廣雅·釋器〕「輫，｜也」疏證。○廂｜，其義一也。(同上)○｜，假借為匧笥之稱。〔說文〕「｜，大車牝服也」段注。○｜，又假借為東西室之稱。(同上)○〔史記〕｜作廂。〔漢書·周昌傳〕「呂后側耳於東｜聽」補注。

**創** ｜，痍也。〔慧琳音義·卷二〕引〔韻英〕。○｜者，傷也。〔說文〕「蝕，敗｜也」段注。○金傷為｜。〔左傳成公一六年〕疏證引李貽德。○瘡與｜同。〔廣雅·釋詁一〕「癠，｜也」疏證。○｜，字或作瘡。〔說文〕「刅，傷也」義證。○｜作瘡。〔漢書·項籍傳〕「疽發背死」補注引官本注。

**瘡** ｜，肉傷也。〔慧琳音義·卷七八〕○｜，痍也，或作創。〔卷一〇〕引〔韻英〕。○｜，俗字也。〔玉篇〕作戧。〔卷二〕○疽疥曰創，俗作｜。(同上)引〔韻詮〕。○官本｜作創。〔漢書·季布傳〕「今｜痍未瘳」補注。

**刱** ｜，瘡俗字。〔廣韻·陽部〕

**刅** ｜，刃所傷。〔說文〕「｜，傷也」繫傳。○｜，音瘡。〔說文〕「刱，造法刱業也」繫傳。○｜，音創。〔說文〕「梁，水橋也」繫傳。○〔說文定聲·卷一八〕｜，段借為瑲。〔詩·采芑〕「有創蔥珩」。

**忘** ｜，即遺亡也。〔孟子·離婁下〕「不｜遠」焦正義。○棄，｜也。〔詩·晨風〕「｜我實多」通釋。○｜，失也。〔大戴·衛將軍文子〕「是故不｜」王詁。○｜為遺失，亦過也。〔孟子·離婁上〕「不愆不｜」焦正義。○｜與亡同。〔書·酒誥〕「永不｜在主家」述聞。又〔周書〕「盡｜吾其度」雜志。○｜與亡同，言不失前人之大功。〔書·大誥〕「茲不｜大功」述聞。○亡、｜古字通。〔韓子·說難〕「則德｜」集解。○｜，當為亡。〔賈子·勸學〕「昔者南榮跦醜聖道之｜乎己」平議。○｜讀為亡。〔脩政語〕「故播之於天下而不｜者」平議。○｜，當讀為亡。〔國語·晉語〕「其仁可以利公室不｜」平議。○｜，讀若芒。〔管子·四時〕「惛而｜也者，皆受天禍」平議。○｜乃亡之借字。〔莊子·刻意〕「無不｜也」集釋。○〔說文定聲·卷一八〕｜，段借發聲之詞，與用安，用無，用毋皆同。〔趙策〕「｜其憎懷而愛秦耶」。○官本｜作亡。〔漢書·食貨志〕「是離民也」補注。



**芒** ｜者，艸耑也。〔說文〕「銳，｜也」段注。○｜者，艸耑也，引伸為凡鐵銳之偁，今俗用鋒鋩字，古祇作｜。〔說文〕「朿，木｜也」段注。○｜，草末也，然如劒刃，觸則傷人。〔慧琳音義·卷八〕引〔考聲〕○凡刺人者謂之｜。〔說文〕「秒，禾｜也」句讀。○｜，謂麥穀為｜種。〔說文〕「｜，艸耑」繫傳。○｜，引申為｜角字。〔說文〕「銳，｜也」段注。○｜，或作鋩。(同上)義證。○｜，今俗用鋒鋩字。(同上)段注。○｜，即鋒鋩字也。〔說文〕「｜，艸耑也」段注。○｜｜，遠貌。〔詩·玄鳥〕「宅殷土｜｜」集疏。○｜｜，無知之貌。〔孟子·公孫丑上〕「｜｜然歸」朱注。○｜，引伸為｜昧、｜遠意。｜｜，言羽旄馳行愈遠而不可見。〔漢書·禮樂志〕「羽旄殷盛，芬哉｜｜」補注。○｜然，即茫然。〔通雅·釋詁〕○｜、滅一聲之轉。〔方言一三〕「｜，滅也」箋疏。○｜｜，大貌。〔詩·玄鳥〕「宅殷土｜｜」朱傳。○｜｜，廣大貌。〔楚辭·悲回風〕「莽｜｜之無儀」補注。○｜｜，猶湯湯也。〔詩·長發〕「洪水｜｜」陳疏。○｜與荒同。〔淮南·內篇〕「忽區」雜志。○蛖讀如｜。〔荀子〕「蒙鳩」雜志。○芴｜，即忽荒，荒、｜通用。〔莊子·至樂〕「｜乎芴乎」集釋。○｜，又通亡。〔方言一三〕「｜，滅也」疏證。○｜之為言亡也。〔釋詁〕「忽，盡也」郝疏。○〔說文定聲·卷一八〕｜，段借為亡。〔方言一三〕「｜，滅也」。○(同上)｜，段借為忘。〔莊子·大宗師〕「｜然彷徨乎塵垢之外」。○(同上)｜，段借為萌。〔孟子〕「｜｜然歸」。○(同上)｜，段借為盲。〔莊子·齊物〕「人之生也，固若是｜乎」。○(同上)｜，段借為巟，即今茫字。〔詩·長發〕「洪水｜｜」。○｜｜，當即荒荒之假借。〔詩·玄鳥〕「宅殷土｜｜」通釋。○〔說文定聲·卷一八〕｜，段借為邙。〔文選·應休璉書〕注引〔說文〕「｜，洛北大阜也」。○帝｜，或曰帝荒。〔史記·夏本紀〕「子帝｜立」志疑引〔竹書〕。○｜，〔爾雅〕作莣。今俗謂之笆茅，可以為籬故也。〔本草·卷一三〕○｜卯，〔西周策〕、〔韓子〕、〔淮南〕作孟卯，音之轉也。〔史記·秦本紀〕「擊｜卯華陽」志疑。○｜，宋本或作亡，或作土。〔玉篇〕、〔集韻〕、〔類篇〕作土。〔說文〕「邙，河南雒陽北｜山上邑」段注。○｜，杜榮。〔說文〕「芒，杜榮也」義證引〔雜字解詁〕。○｜種，五月節，言有｜之穀可稼種也。〔漢書·律歷志〕「｜種」補注引錢大昭。

**望** 目｜陽曰｜視，今曰羊眼人。〔通雅·身體〕

**甞** ｜，口試其味也。〔說文〕「｜，口味之也」繫傳。○｜，試也。〔墨子〕「法美」雜志。又〔大戴·保傅〕「乃得｜之」王詁。又〔韓子·說難〕「論其所憎，則以為｜己也」集解引舊注。○｜，亦試也。〔國策·秦策三〕「｜試於王乎」鮑注。○｜，猶試也。〔墨子·非攻中〕「今｜計軍上」閒詁。又〔大戴·衛將軍文子〕「請｜以告」王詁。○｜，當訓試。〔莊子·養生主〕「技經肯綮之未｜」集釋引李楨。○｜同嘗，試也，曾也。〔廣韻·陽部〕○｜，食也。〔詩·鴇羽〕「父母何｜」朱傳。○｜新，謂新穀熟，｜之。〔大戴·千乘〕「｜新于皇祖皇考」王詁。○｜，暫也。〔廣雅·釋言〕疏證引〔衆經音義〕。○丨、曾通。〔釋言〕「憯，曾也」郝疏。○丨，引伸凡經過者為丨，未經過為未丨。〔說文〕「丨，口味之也」段注。○秋曰丨。〔詩·天保〕「禴祠烝丨」朱傳。○丨，秋祭名。〔閟宮〕「秋而載丨」朱傳。○秋祭曰丨。〔楚茨〕「以往烝丨」朱傳。○丨，秋祭也。〔禮記·少儀〕「未丨不食新」集解。又〔中庸〕「明乎郊社之禮，禘丨之義」朱注。○丨，言秋祭名也。〔慧琳音義·卷六六〕引〔文字典說〕。○丨者，宗廟之秋祭也。〔禮記·月令〕「丨，犧牲告備于天子」集解。○丨，謂秋祭宗廟也。〔郊特牲〕「春禘而秋丨」集解。○丨為四時祭也。〔公羊傳文公二年〕「三年祫、五年禘」陳疏。○丨，美也。〔慧琳音義·卷六六〕引〔考聲〕。○〔說文定聲·卷一八〕丨，字亦作甞。〔思元賦〕「非余心之所甞」。○當、丨古字通。〔荀子〕「丨有說」雜志。○古多以當為丨。〔荀子〕「當賢」雜志。○丨，讀為當。〔荀子·宥坐〕「亦丨有說」集解引王念孫。○丨若，當作當若。〔墨子·明鬼下〕「丨若鬼神之能」閒詁。○丨，當作常，古通。〔國策·東周策〕「丨欲東周與楚惡」補注。○丨，舊本作當。〔呂覽·士節〕「而丨乞所以養母焉」校正。○丨，當從〔史記〕作常。〔漢書·酈食其傳〕「食其丨為說客」補注。○官本丨作常。〔陸賈傳〕「平丨燕居深念」補注。又〔杜周傳〕「丨獲尊官」補注。又〔王吉傳〕「丨以為念」補注。又〔董賢傳〕「丨留中視醫藥」補注。○徐廣丨作賞，〔漢書〕又作當。〔史記·西南夷傳〕「滇王丨羌乃留」志疑。

**甞**　〔慧琳音義·卷二〕丨，即嘗。〔大般若經·卷五三〕「丨食」。○丨，謂昔為之也。〔慧琳音義·卷二二〕引〔玉篇〕。○丨、常古通用。〔方言一三〕「常聞」箋疏。

**償**　丨，報也。〔通鑑·周紀三〕「取丨於齊也」音注。○丨，報也，當也。〔廣韻·陽部〕○丨之為言猶當也。〔史記〕「什倍其丨」雜志。○丨，還也。〔國策·秦策二〕「而取丨於齊也」鮑注。○丨之言還也。〔漢書·賈誼傳〕「所以數丨之」補注引劉奉世。○古丨只作賞，此俗寫。〔墨子·號令〕「以其賈倍丨之」閒詁引畢沅。○丨，〔呂氏春秋〕作賞。〔國策·齊策六〕「求所以丨者」補注。

**鱨**　丨，魚名。〔廣韻·陽部〕○丨，黃頰魚也。〔說文〕「丨，揚也」繫傳。又〔同上〕義證引〔字書〕。○丨，揚也，今黃頰魚也。〔詩·魚麗〕「魚麗于罶，丨鯊」朱傳。○丨，今黃鱨魚也，一名揚。〔說文〕「丨，楊也」義證引林朝儀〔蟲異賦〕注。○丨，今黃丨魚也，性浮而喜飛躍，故一名揚。〔詩·魚麗〕「魚麗于罶，丨鯊」集疏。○〔本草〕有黃顙魚，即丨也，亦名黃丨魚，又名黃頰魚，又名䱀䰲，又名黃䰲。〔說文〕「丨，楊也」義證引陳啓源。

**檣**　丨，關中曰丨竿是也。〔慧琳音義·卷九〕○丨，〔匈奴傳〕作牆。〔漢書·元帝紀〕「賜單于待詔掖庭王丨為閼氏」補注引梁玉繩。

**⿰爿采**　丨，又作牆，颿柱也。〔慧琳音義·卷九〕引〔字林〕。

**槍**　〔說文定聲·卷一八〕丨，歫人之械也。〔說文〕「丨，歫也」。○丨者，兵仗也，木長丈餘，兩頭施鐵刃，謂之丨。〔慧琳音義·卷一一〕○木兩頭小而銳曰丨。〔說文〕「丨，歫也」義證引〔三蒼解詁〕。○丨，拒也。〔慧琳音義·卷七六〕引〔考聲〕。○丨者，歫也，謂以長物相刺。〔說文〕「戧，長丨也」段注。○丨者，謂牴觸也。〔說文〕「歫，一曰丨也」段注。○丨有相迎鬭爭之意。〔說文〕「丨，歫也」段注。○丨，猶拄也，至也。〔慧琳音義·卷五二〕○木擁丨纍者，即以木為拒馬丨耳，行營圍守皆用之。〔漢書·揚雄傳〕「木雍丨纍」補注引沈欽韓。○丨，欃丨，祆星。〔廣韻·庚部〕○丨，今俗作鎗。〔說文〕「丨，歫也」段注。○丨攘，或作搶攘。〔說文〕「丨，一曰丨攘也」義證。○〔說文定聲·卷一八〕丨，字亦作搶。〔漢書·揚雄傳〕注「搶，刺也」。○丨，搪，鋸也。〔集韻·唐部〕○丨，在紫宮之右，棓之左。〔史記·天官書〕「紫宮左三星曰天丨」志疑引〔補正〕。

**坊**　丨，丨巷。〔廣韻·陽部〕○丨，區也，謂區院也。〔慧琳音義·卷二二〕引〔韻林〕。○俗以丨為里邑之名。〔說文〕「防，隄也」段注。

**囊**　丨，袋也。〔廣韻·唐部〕○有底曰丨。〔說文〕「橐，丨也」繫傳。○無底曰丨。〔詩·公劉〕「于橐于丨」朱傳。○有底曰丨，無底曰橐。〔同上〕集疏引陳喬樅。又〔慧琳音義·卷三〕引〔集訓〕。○無底曰橐，有底曰丨，皆所以盛餱糧也。〔孟子·梁惠王下〕「于橐于丨」朱注。○大曰丨，小曰橐，皆盛物具也。〔慧琳音義·卷六〕引〔集訓〕。○丨與橐同。〔方言五〕「飤馬橐，自關而西謂之裺丨」箋疏。○橐與丨，對文則異，散文則通。〔廣雅·釋器〕「橐，丨也」疏證。○丨，所以持魚，即今之網口。〔釋器〕「緵罟謂之九罭」郝疏。○石經、閩、監、毛三本，韓本，丨作糧。〔孟子·梁惠王下〕「行者有裹丨也」焦正義引阮元。

**郎**　〔說文定聲·卷一八〕丨，魯遠邑，其後以邑為氏。〔左傳隱公元年〕「費伯帥師城丨」。○丨邪，以地居鄒魯，人有善道，故為郡名。〔說文〕「邪，琅邪郡」義證引〔九經字樣〕。○此丨是宿衛丨。〔漢書·楊惲傳〕「名曰山丨」補注引錢大昭。○班、史〔紀〕〔傳〕稱丨者，皆指宿衛之丨。〔百官公卿表〕「丨掌守門戶」補注引錢大昕。○丨，近侍之官也。〔韓子·有度〕「勢在丨中」集解引舊注。○丨中，為丨居中，君之左右之人也。〔孤憤〕「丨中不因，則不得近主」集解引舊注。○丨中府，即丨中署也。〔漢書·高后紀〕「殺之丨中府吏舍廁中」補注。○蓋漢初之丨中，為中丨官之長，故其長官謂之丨中令，官署謂之丨中署。〔漢書·惠帝紀〕「中丨、丨中滿六歲爵三級，四歲二級，外丨滿六歲二級」補注。○中丨乃天子禁中親近之人，丨中者，言丨侍於中，非以丨中為官名也，外丨者，外廷也。〔同上〕補注引姚鼐。○外丨宜對在中者而言，非員外之散丨也，後世散丨稱外丨者，乃借用舊名。〔同上〕補注引何焯。○丨，良也。〔說文〕「邪，琅邪郡」義證引〔九經字樣〕。○丨之言良也，良與丨，聲之侈弇也。〔廣雅·釋詁一〕「丨，君也」疏證。○丨，婦人以稱男子。〔說文定聲·卷一八〕○丨、廊同。〔韓子·十過〕「集於丨門之垝」集解引盧文弨。又〔國策·韓策三〕「今臣處丨中」鮑注。○丨勞聲轉。〔釋蟲〕「虰蛵，負勞」郝疏。○丨當之轉口即籠東，輕轉即伶仃，籠東之搭舌即龍鍾，丨當之仄聲即落拓，大抵皆失志蹭蹬之意。〔字詁〕○落桑合音為丨。〔說文定聲・卷一八〕○以丨為男子之偁及官名者，皆良之假借字也。〔說文〕「丨，魯亭也」段注。○〔說文定聲・卷一八〕丨，叚借為良。〔廣雅・釋詁一〕「丨，君也」。○(同上)丨，叚借為㝗。〔周書〕「重亢重丨」。○巖丨，猶〔相如傳〕所稱高廊。〔漢書・董仲舒傳〕「游於巖丨之上」補注。○丨臺，即泉臺也。〔左傳莊公三〇年〕「築臺于丨」疏證引江永。○閩以父為丨伯。〔通雅・稱謂〕○丨位為星名。〔漢書〕「曰哀烏」雜志。○天文有丨位十星，在太微垣五帝座之東。〔說文定聲・卷一八〕○朗榆即丨榆。〔釋木〕「無姑，其實夷」郝疏。

**唐** 丨，言而不當也。〔慧琳音義・卷六〕引〔考聲〕。○丨，徒也。〔卷五〕引〔玉篇〕。○〔說文定聲・卷一八〕丨，空也。〔莊子・田子方〕「是求馬于丨肆也」。○(同上)丨，亦空意。〔西方書〕「福不丨捐」。○丨，又為空也。〔說文〕「丨，大言也」段注。○丨，徒也，空也。〔慧琳音義・卷九〕○丨，虛也。〔卷五〕引〔字書〕。○丨者，大也。〔說文〕「隄，丨也」段注。○丨者，廣大之貌，丨其者，形容之詞。〔漢書・揚雄傳〕「平原丨其壇漫兮」補注引王念孫。○丨，引伸為大也。〔說文〕「丨，大言也」段注。○廟中路謂之丨。〔詩・防有鵲巢〕「中丨有甓」朱傳。○丨中，庭道也。〔文選・兩都賦〕「前中丨而後太液」集釋引孔晁。○原野之道亦通名丨。〔釋宮〕「廟中路謂之丨」郝疏。○丨，為蓄水之名。(同上)郝疏。○丨，字近塘。〔漢書・揚雄傳〕「超丨陡」補注。○丨塘正俗字。〔說文〕「隄，丨也」段注。○凡陂塘字，古皆作丨，取虛而多受之意。〔說文〕「丨，大言也」段注。○丨、蕩一聲之轉。〔左傳成公一五年〕「蕩澤為司馬」疏證引李富孫。○丨，當作棠。〔釋木〕「丨棣，移」郝疏。○丨棣，郁李也。〔論語・子罕〕「丨棣之華」朱注。○丨棣，移也，似白楊。〔詩・何彼穠矣〕「丨棣之華」朱傳。○丨，今菟絲子，僅供合藥，非食菜。〔詩・桑中〕「爰采丨矣」後箋引〔識名解〕。○〔說文定聲・卷一〕丨，其大者單評蒙。〔詩・桑中〕傳「丨蒙，菜名」。〔「蒙」下〕○丨，蒙菜也，一名兔絲。〔詩・桑中〕「爰采丨矣」朱傳。○〔說文定聲・卷一八〕丨蒙雙聲連語，或單評丨，或單評蒙。〔釋草〕「丨蒙，女蘿」。○丨、屠一聲之轉。〔釋鳥〕「鶩，鷵鶥」郝疏。○〔說文定聲・卷一八〕丨，字亦作螗。〔詩・蕩〕「如蜩如螗」。○丨與螗同。〔方言一一〕「蟬，宋衛之間謂之螗蜩」箋疏。○丨，讀曰螗。〔大戴・夏小正〕「丨蜩鳴」王詁。○丨，黑色也。〔本草・卷四一〕○丨突與搪揬同。〔廣雅・釋詁四〕「搪，揬也」疏證。○丨突與搪揬通，皆棖觸之意也。〔方言一三〕「搪，張也」箋疏。○丨丨臧臧，猶堂堂藏藏也，今人語或云昂昂藏藏。〔通雅・釋詁〕○〔說文定聲・卷一八〕丨，叚借為溏。〔管子・地員〕「黃丨無宜也」。○(同上)丨，叚借為亡。〔莊子・徐無鬼〕「其求丨子也」。○(同上)丨，叚借為鎕。〔淮南・脩務〕「丨碧堅忍之類」。○(同上)丨，叚借為廷，丨廷一聲之轉。〔詩・防有鵲巢〕「中丨有甓」。○(同上)丨，叚借為宕。〔七發〕「浩丨之心」。○丨，叚借為陂丨，乃又益之土旁作塘矣。〔說文〕「隄，丨也」段注。○〔說文定聲・卷一八〕丨，叚借為防，字亦作塘，作隚。〔廣雅・釋室〕「隚，隄也」。○〔通雅・卷三五〕丨梯，今之翻空梯也。〔鹽鐵論〕「丨梯」。○丨屠鶩，即阿濫堆也。〔通雅・鳥〕

**唐** 丨，或作唐，虛也。〔慧琳音義・卷三〕引〔字書〕。

**歞** 丨，古文唐字。〔廣韻・唐部〕

**啺** 丨，古文唐字。〔廣韻・唐部〕

**狂** 丨，妄也。〔墨子・經下〕「丨舉不可以知異」閒詁引張惠言。○丨舉，猶言妄說。(同上)閒詁。○丨，愚妄。〔詩・載馳〕「衆穉且丨」集疏。○丨，猶妄動作也。〔說文〕「痳，丨走也」義證引〔急就篇〕顔注。○丨者，愚騃驚悖也。〔慧琳音義・卷二〕引〔考聲〕。○丨者，志願太高。〔論語・陽貨〕「古之丨也肆」朱注。○丨者，志極高而行不掩。〔子路〕「必也丨狷乎」朱注。○丨，躁率也。〔陽貨〕「其蔽也丨」朱注。○蓋以不與主和，號曰丨。〔漢書・烏孫國傳〕「號丨王」補注引徐松。○心不能審得失之理也，則謂之丨。〔詩・載馳〕「衆穉且丨」集疏。○丨，惑也。〔桑柔〕「俾民卒丨」朱傳。○丨，病也。〔廣韻・陽部〕○丨，丨人也。〔詩・山有扶蘇〕「乃見丨且」朱傳。○丨夫，中心無守之人。〔東方未明〕「丨夫瞿瞿」集疏。○臺無所鑒，謂之丨生。〔文選・任彥昇出郡傳舍哭范僕射〕「夫子值丨生」集釋引〔淮南子〕。○丨生，蓋以草為比。〔荀子・君道〕「是丨生者也」集釋引俞樾。○丨簡，志大而略於事也。〔論語・公冶長〕「吾黨之小子丨簡」朱注。○丨狷，丨者進取於善道，狷者守節無為也。〔慧琳音義・卷四六〕○猖丨，不倫理也。〔卷三〕引〔考聲〕。○丨攘，義與俇躟同。〔廣雅・釋訓〕「俇躟，惶劻也」疏證。○丨屈，即僑丨也。〔莊子・知北遊〕「問乎丨屈」集釋。○丨且，丨但，丨行拙鈍之人。〔詩・山有扶蘇〕「乃見丨且」通釋。○丨作往者，當為俇。〔書・微子〕注「史遷丨作往」孫疏。○丨，當作㹖。〔說文〕「謬，丨者之妄言也」義證。○丨，移以言人，乃製任字。〔說文定聲・卷一八〕○丨與誑同。〔韓子・顯學〕「世必以為丨」集解引張榜。○丨，俗作鵟。〔釋鳥〕「丨，寢鳥」郝疏。○〔說文定聲・卷一八〕丨茅鴟，即今之猫頭鷹，其鳴曰轂鹿。〔釋鳥〕「丨茅鴟」。○(同上)丨，叚借為往。〔書・微子〕「我其發出丨」。○丨即㞷之叚字。〔荀子・君道〕「是丨生者也」平議。○丨，叚借之為人病偁。〔說文〕「丨，狾犬也」段注。

**憆** 丨，狂也。〔集韻・陽部〕

**腸** 丨，丨胃。〔廣韻・陽部〕○羊丨，趙險塞名，山形屈辟，狀如羊丨。〔楚辭・大招〕「西薄羊丨」補注引〔國策〕注。○瘤者，瘜肉之見於外者也，丨覃者，隱於內者也。〔說文〕「瘜，寄肉也」義證。○丨，或作脹。〔說文〕「腨，腓丨也」義證引〔類篇〕。○丨，當作腹。〔漢書・元后傳〕「且羌胡尚殺首子以盪丨正世」補注引宋祁。

**强** |，即蚚也。〔釋蟲〕「|醜，捋」郝疏。○|，牛宝也，蠅類，噉牛馬血。（同上）鄭註。○|蚚，雙聲。〔釋蟲〕「|，蚚」郝疏。○|，蛘，黑米象也。〔通雅・蟲〕○|，力也。〔墨子〕雜志。○|，多也。〔太素・傷寒〕「熱甚而|食之」楊注。○|食，猶言努力加餐，此為惡言。〔漢書・衡山王傳〕「王|食」補注。○|為不曲法從私。〔韓子・有度〕「奉法者|」集解引舊注。○景與彊通，故又與|通也。〔史記〕「翟景」雜志。○倞、競、|，聲並相近。〔廣雅・釋詁一〕「倞，|也」疏證。○|者，當也。〔釋詁〕「彊，當也」述聞。○|，抑也，堅也。〔慧琳音義・卷二七〕○|，健也，暴也。〔廣韻・陽部〕○|，暴也，謂暴殄也。〔大戴・保傅〕「飽而|」王詁。○|，勉也。〔釋詁〕「|，勤也」鄭註。又〔說文定聲・卷一八〕。○|，勉也。〔周禮・梓人〕「|飲|食」孫正義。又〔大戴・文王官人〕「|其所不足而踰也」王詁。○|，通作彊。〔釋言〕「|，暴也」郝疏。○|，當作彊，即勉也。〔釋詁〕「鶩，|也」邵正義。○|，勉|也。（同上）鄭註。又〔大戴・子張問入官〕「雖服心|矣」王詁。又〔孟子・盡心上〕「|恕而行」朱注。○|與直義近。〔釋詁〕「梗，直也」郝疏。○冒與|義亦近。〔釋詁〕「暋，|也」郝疏。○邦偃曰|。〔釋言〕「僨，僵也」鄭註。○〔說文定聲・卷一八〕|，段借為勥。〔釋詁〕「|，勤也」。○|者，段音也，當作勥。〔釋詁〕「|，勤也」郝疏。○〔說文定聲・卷一八〕|，段借為彊，實為勍。〔蒼頡篇〕「|，健也」。○（同上）|，段借為襁。〔史記・周公世家〕「成王少，在|葆之中」。○|，今本作彊。〔莊子・人間世〕「而|以仁義繩墨之言術」集釋引盧文弨。○|，〔古今人表〕作彊。〔左傳莊公一六年〕「刖|鉏」洪詁。○宋本及〔穀梁傳〕|並作彊。〔左傳僖公二年〕「懦而不能|諫」洪詁。

**彊** 自勝之謂|。〔易・乾〕「君子以自强不息」李疏引〔史記・商君傳〕。○|與强通用。〔廣韻・陽部〕○|勥二字，經典俱通作强。〔釋詁〕「鶩，强也」郝疏。○〔說文定聲・卷一八〕隆|，或曰弓車似弓曲也，其上竹曰郎疏。〔釋名・釋車〕「隆|」。○|，當讀為僵，僵，斃也。〔國語・晉語〕「宋衆無乃|乎」述聞。○〔說文定聲・卷一八〕|，段借為勥。〔淮南・脩務〕「功可|成」。○（同上）|，段借為勍。〔釋言〕「|，暴也」。○（同上）|，段借為疆。〔史記・越世家〕「越王無|」。○|，〔傳〕作疆，〔史・表〕同。〔漢書・高惠高后文功臣表〕「孝景中三年，侯|嗣」補注。

**康** |，安也。〔詩・賓之初筵〕「酌彼|爵」朱傳。又〔天作〕「文王|之」朱傳。又〔公劉〕「匪居匪|」陳疏。又〔禮記・禮運〕「是謂小|」集解。又〔大戴・禮察〕「德教行而民|樂」王詁。○|共者，安固也。〔書・盤庚中〕「惟喜|共」平議。○|，寧也。〔詩・公劉〕「匪居匪|」朱傳。○|，和也，樂也。〔廣韻・唐部〕○|回，謂安思回邪也。〔通雅・釋詁〕○|，空也。〔說文〕「瓠，瓠匏也」繫傳。○|之言空也。〔說文〕「甈，|瓠，破罌也」段注。又（同上）繫傳。○〔說文定聲・卷一八〕|空一聲之轉。〔爾雅〕「|瓠」李注「|，空也」。○|有廣大之義。〔釋宮〕「五達謂之|」郝疏。○古聲|與荒通。〔管子〕「歲凶庸」雜志。○|、坑、飲、科、渠，皆空之轉聲也。〔廣雅・釋水〕「阬，坑也」疏證。○|，讀若抗。〔詩・賓之初筵〕「酌彼|爵」朱傳引或說。○杭與|同。〔釋宮〕「五達謂之|」述聞。○|，同康，為居屋也。〔書・無逸〕「文王卑服即|功」孫疏。○|，通作慷。〔釋詁〕「|，樂也」郝疏。○〔說文定聲・卷一八〕|，字亦作㼜，作甈。〔釋器〕「|瓠謂之甈」。○|，或作桐，聲之轉也。〔書・康誥〕「無|好逸豫」孫疏。○|，今作糠。〔釋器〕「|謂之蠱」鄭註。○|，糠或省字。〔墨子・備城門〕「灰|粃」閒詁引畢沅。○|，穀皮中空之謂。〔說文〕「漮，水虛也」段注。○〔說文定聲・卷一八〕|，今蕪俗米皮之粉細者曰穅，字亦作糠。〔莊子・逍遥遊〕「塵垢粃穅」。○慷慨倒轉即愷|矣。〔釋詁〕「|，樂也」郝疏。○|瓠，謂破罌也。〔說文〕「甈，|瓠」段注。○|瓠，謂瓦壺之毀裂者也。〔漢書・賈誼傳〕「寶|瓠兮」補注。○|，越本作糠，糠，惡謚也，好樂怠政曰糠。〔漢書・中山靖王傳〕「子|王昆侈嗣」補注引宋祁。○|叔、|伯，皆因食采以為號。〔史記・三代世表〕「衛，|伯」志疑。○〔說文定聲・卷一八〕|，段借為康。〔釋詁〕「|，安也」。○（同上）|，段借為漮。〔詩・賓之初筵〕「酌彼|爵」。○（同上）|，段借為廣。〔禮記・祭統〕「|周公」。○（同上）|，段借為歉，實為穅。〔周書・謚法〕「凶年無穀曰糠」。○|，當為荒之段借。〔詩・賓之初筵〕「酌彼|爵」通釋。○〔說文定聲・卷一八〕|，段借為亢。〔禮記・明堂位〕「崇坫|圭」。○|，當為抗，同音段借字。〔釋言〕「|，苛也」平議。○〔說文定聲・卷一八〕|，段借為苛，|苛一聲之轉。〔釋言〕「|，苛也」。○（同上）|，段借為愷，|愷一聲之轉，猶慷慨、梗槩、硠磕之為雙聲字也。〔釋詁〕「|，樂也」。○（同上）|，段借為剛，〔爾雅〕注大瓠，則謂借為廣。〔釋器〕「|瓠謂之甈」。

**岡** 山脊曰|。〔詩・卷耳〕「陟彼高|」朱傳。又〔陟岵〕「陟彼|兮」朱傳。又〔正月〕「為|為陵」朱傳。○岃施曰|。〔卷耳〕「陟彼高|」集疏引韓說。○|桐即油桐，又荏桐。〔通雅・木〕○|，俗亦誤作崗，作罡。〔說文定聲・卷一八〕

**崗** |，岡俗字。〔廣韻・唐部〕

**𡵓** |，今作岡，岡之言綱也。〔廣雅・釋邱〕「|，阪也」疏證。

**堽** |，岡俗字。〔廣韻・唐部〕

**蒼** |者，艸色也。〔說文〕「綼，帛|艾色也」段注。○|，青也。〔詩・鷄鳴〕「|蠅之聲」集疏。又（同上）陳疏。○|筤，青也。〔易・說卦傳〕「為|筤竹」李疏引九家注。○|狼，青色也，在竹曰|筤，在天曰倉浪，在水曰滄浪，字異而義皆同。〔吕覽・審時〕「後時者弱苗而穗|狼」校正。○奴曰|頭。〔慧琳音義・卷七五〕○|頭，蓋以青帕首。〔國策・魏策一〕「|頭二十萬」鮑注。○|頭盧兒，守舍兒也。〔漢書・鮑宣傳〕「|頭盧兒皆用致富」補注引沈欽韓。○|者，|天。〔書・皋陶謨中〕「至于海隅|生」孫疏。○|蠅，即青蠅，喻讒人也。〔詩・鷄鳴〕「|蠅之聲」集疏。○|，引

伸為凡青黑色之偁。〔說文〕「丨，艸色也」段注。○丨生，草木也。〔說文〕「蓆，廣多也」繫傳。○丨生，猶言黎民。〔書·皋陶謨中〕「至于海隅丨生」孫疏。○〔說文定聲·卷一八〕丨領，猶清泠也。〔呂覽·離俗〕「自投于丨領之淵」。○丨踤，亦作倉卒，今作丨猝。〔說文〕「踤，一曰丨踤」句讀。○丨，舊作倉，丨黃者，匆遽之意。〔說文〕「倉，丨黃取而臧之」段注。○〔說文定聲·卷一八〕丨，以倉為之。〔漢脩堯廟碑〕「恩如浩倉」。○丨，古作倉。〔詩·黍離〕「悠悠丨天」陳疏。○丨，舊作倉。〔說文〕「亯，丨黃亯而取之」段注。○丨，或通作倉。〔廣雅·釋器〕「丨，青也」疏證。○丨、滄字同。〔漢書·武帝紀〕「為丨海郡」補注。○丨海，一作滄海。〔公孫弘傳〕「時又東置丨海」補注引宋祁。○丨梧，〔後漢〕作倉梧。〔地理志〕「丨梧」補注。○丨，韓作倉。〔詩·黍離〕「悠悠丨天」集疏。又〔鴇羽〕「悠悠丨天」集疏。○丨領，〔莊子〕作清泠。〔呂覽·離俗〕「自投於丨領之淵」校正。○丨兕，此水獸，一身九頭，善覆人船。〔史記·齊太公世家〕「丨兕」志疑。○箕曰丨龍，是年太歲木星在其度也。〔說文定聲·卷一八〕○丨梧者，於楚則川號汨羅，在漢則邑稱零桂。〔史記·五帝紀〕「南巡狩，崩於丨梧之野，葬于江南九疑，是為零陵」志疑。

匡

丨，正。〔詩·楚茨〕「既丨既勑」朱傳。○丨，正也。〔六月〕「以丨王國」朱傳。又〔周書〕「以丨辛苦」雜志引孔注。○正其不正為丨。〔說文〕「丨，飯器，筥也」段注。○丨，當訓為丨正。〔詩·楚茨〕「既丨既勑」通釋。○丨，引伸叚借為丨正。〔說文〕「丨，飯器，筥也」段注。○凡小不平曰丨刺。(同上)○革其丨刺亦曰丨也。(同上)○丨，救也。〔周書〕「以丨辛苦」雜志。○丨，又為救。〔詩·六月〕「以丨王國」通釋。○丨與救同意。〔國語·晉語〕「丨困資無」述聞。○丨者，助也。〔詩·六月〕「以丨王國」通釋。○丨，隨也。〔慧琳音義·卷七六〕引〔考聲〕。○丨，猶恐也。〔禮記·禮器〕「衆不丨懼」集解。○丨與恇通。〔廣雅·釋詁四〕「恇，怯也」疏證。○丨，俗作筐。〔說文〕「漢律令，簞，小丨也」段注。○丨，或作眶。〔說文〕「眥，目丨也」義證。○〔說文定聲·卷一八〕丨，字又作眶。〔西京賦〕「隅目高眶」。○軭字通作丨。〔廣雅·釋詁四〕「軭，盭也」疏證。○〔說文定聲·卷一八〕丨，叚借為軭。〔考工·輪人〕「輪雖敝不丨」。○(同上)丨，叚借為恇。〔禮記·禮器〕「衆不丨懼」。○〔樂記〕「衆不丨懼」，此叚丨為恇也。〔說文〕「恇，怯也」段注。○〔說文定聲·卷一八〕丨，叚借為方，實為匚。〔莊子·齊物論〕「與王同筐牀」。○(同上)丨，叚借為尪。〔荀子·正論〕「傴巫跛丨」。○(同上)丨，叚借為枉，為橫。〔淮南·齊俗〕「筐不可以持屋」。○(同上)丨，叚借為枉，猶曲也。〔越語〕「月盈而丨」。○丨，諸本誤作筐。〔左傳文公一一年經〕「叔彭生會晉郤缺于承丨」洪詁。○丨，各本作筐，用或體。〔左傳文公一一年經〕「叔彭生會晉郤缺于承丨」疏證。○丨，本鄭鄙邑。〔史記·孔子世家〕「去衛，將適陳，過丨」志疑引〔四書賸言〕。○丨，輔助也。〔廣韻·陽部〕

荒

丨謂草穢水掩地也。〔說文〕「丨，蕪也」繫傳。○丨之言尨也。(同上)段注。○丨，亦有蒙密之義。〔詩·樛木〕「葛藟丨之」後箋。○丨，大也。〔詩·公劉〕「豳居允丨」朱傳。○丨，大之也。〔廣雅·釋詁一〕「荒，大也」疏證。○丨，奄也。〔詩·樛木〕「葛藟丨之」朱傳。又〔閟宮〕「遂丨大東」朱傳。○丨，亦奄覆之意也。〔說文〕「幠，覆也」義證。○丨，通作幠。〔詩·閟宮〕「遂丨大東」通釋。又〔釋言〕「丨，奄也」郝疏。○丨與幠聲義同。〔方言一〕「幠，大也」箋疏。○丨幠一聲之轉，皆謂覆也。〔荀子〕「無帾」雜志。又〔廣雅·釋詁二〕「幠，覆也」疏證。○丨，廢也。〔孟子·梁惠王下〕「從獸無厭謂之丨」朱注。又〔大戴·誥志〕「誥志無丨」王詁。○丨，虛也。〔詩·桑柔〕「具贅卒丨」朱傳。○丨，治。〔天作〕「大王丨之」朱傳。○好樂怠政曰丨。〔荀子〕「啖啖然」雜志。○丨，亦樂酒無厭之意。〔詩·抑〕「丨湛于酒」通釋。○極、丨，皆遠也。〔廣雅·釋詁一〕「極，遠也」疏證。○丨與芒通。〔書·皋陶謨下〕「惟丨廢土功」孫疏。○丨，亦忙遽也。(同上)○丨，讀為亡。〔書·微子〕「我家耄駲于丨」平議。○丨，音與亡相近。(同上)注「史遷丨作亡」孫疏。○喪與丨聲相近。(同上)注「史遷丨作喪」孫疏。○丨、失、遺，皆忘也。〔廣雅·釋詁二〕「慌、失，忘也」疏證。○丨與怳通。〔淮南·內篇〕「怳忽」雜志。○丨忽，不分明之貌。〔楚辭·湘夫人〕「丨忽兮遠望」補注。○古聲康與丨通。〔管子〕「歲凶庸」雜志。○〔說文定聲·卷一八〕丨，叚借為亡。〔書·微子〕「天毒降災丨殷邦」。○(同上)丨，叚借為妄。〔書·呂刑〕「耄丨」。○(同上)丨，叚借為忘。〔盤庚〕「無丨失朕命」。○(同上)丨，叚借為巟。〔廣雅·釋詁一〕「丨，遠也」。○丨，叚為巟也。〔說文〕「巟，水廣也」段注。○〔說文定聲·卷一八〕丨，據許書則借為巟。〔周禮·司服〕「大丨」注「饑饉也」。○〔小戴〕丨作幠。〔大戴·投壺〕「無丨無傲」王詁。○丨，魯作幠。〔詩·閟宮〕「遂丨大東」集疏。○柳衣謂之丨。〔周禮·縫衣〕「衣翣柳之材」孫正義。○丨谷，今竹林。〔左傳桓公一三年〕「莫敖縊於丨谷」疏證。

遑

丨，暇。〔詩·四牡〕「不丨啓處」朱傳。又〔采薇〕「不丨啓居」朱傳。又〔何人斯〕「亦不丨舍」朱傳。又〔殷武〕「不敢怠丨」朱傳。○丨，暇也。〔殷其靁〕「莫敢或丨」朱傳。又〔杕杜〕「征夫丨止」朱傳。又(同上)陳疏。又〔小弁〕「不丨假寐」朱傳。又〔漸漸之石〕「不丨朝矣」朱傳。○丨，古祇作皇。〔谷風〕「丨恤我後」陳疏。○丨，皇之或體也。〔釋言〕「偟，暇也」郝疏。○丨，俗字，當從〔楚語〕作皇。〔書·無逸〕「不丨暇食」孫疏。○丨、惶同。〔方言一〇〕「丨，遽也」疏證。○丨與惶同。〔廣雅·釋詁二〕「征伀，懼也」疏證。○丨惑，語之轉，字亦作惶。〔晏子春秋〕「君之惶」雜志。○丨丨，一作惶惶。〔楚辭·九辯〕「鳳獨丨丨而無所集」補注。○丨丨，不得所貌。(同上)補注引五臣。○丨，韓作皇。〔詩·殷其靁〕「莫敢皇息」集疏。○丨，三家作皇。〔谷風〕「丨恤我後」集疏。○丨，魯作偟。〔四牡〕「不丨啓處」集疏。

偟

丨即遑之別體。〔詩·四牡〕「不遑啓處」通釋。○丨，通作遑。〔釋言〕「丨，暇也」郝疏。○丨，亦作遑。(同上)鄭注。○丨丨，暇。〔廣韻·唐部〕○丨，暇也。〔詩·四牡〕「不丨啓處」集疏引魯說。○丨暇一聲之轉。〔釋言〕「丨，暇也」郝疏。○丨，皇之或體也。(同上)郝疏。○丨，一本作皇。（同上）邵正義。

行　｜，道。〔詩·載馳〕「亦各有｜」朱傳。又〔小弁〕「｜有死人」朱傳。又〔鹿鳴〕「示我周｜」集疏引齊説。○｜，道也。〔六月〕「以先啓｜」朱傳。又〔七月〕「遵彼微｜」陳疏。又〔天作〕「彼徂者，岐有夷之｜」集疏引韓説。又〔行葦〕「敦彼｜葦」朱傳。又〔國策·魏策四〕「見人於大｜」補正。○｜，猶道也。〔詩·車舝〕「景｜｜止」通釋。○｜為道也。〔左傳襄公二六年〕「欒范易｜以誘之」洪詁。○古謂道為｜。〔漢書·司馬相如傳〕「大｜越成」補注引王念孫。○｜，路也。〔詩·天作〕「有夷之｜」朱傳。○｜，列也。〔鴇羽〕「肅肅鴇｜」朱傳。○｜，｜列。（同上）集疏。又〔大東〕「載施之｜」朱傳。○｜，指軍｜也。〔左傳宣公一二年〕「出入此｜也」疏證。○｜，陣也。〔詩·東山〕「勿士｜枚」朱傳引鄭氏説。○｜前，謂最前｜。〔漢書·高帝紀〕「令一人｜前」補注引劉攽。○｜首，即領隊者也。〔左傳成公一六年〕「而疏｜首」疏證引沈欽韓。○前｜，猶言前隊。〔漢書·霍去病傳〕「前｜捕虜千四百人」補注。○｜潦，流潦也。〔詩·采蘋〕「于彼｜潦」朱傳。○｜，猶用也。〔國策·趙策一〕「君其｜之」鮑注。○｜，猶將也。〔詩·十畝之間〕「｜與子還兮」朱傳。○訓｜為翮。〔鴇羽〕「肅肅鴇｜」後箋。○〔通雅·卷五〕｜窳，猶｜濫也。〔唐·韓琬傳〕「器不｜窳」。○｜苦，亦｜濫之稱也。〔周禮·胥師〕注「以為｜濫」述聞。○古人謂物脃薄曰｜，或曰苦，或曰｜苦，或曰｜敝，或曰｜濫。〔胥師〕注「察其詐偽飾｜」述聞。○取｜苦之物，飾以欺人，故曰飾｜。（同上）述聞。○｜敝，言脆薄也。〔通雅·釋詁〕○｜馬，梐枑也，宋謂之杈。〔通雅·宮室〕

妨　｜，｜害。〔廣韻·陽部〕○｜，若女之性相｜也。〔説文〕「｜，害也」繫傳。○娉｜一聲之轉。〔廣雅·釋詁三〕「娉、｜，害也」疏證。○〔秦紀〕｜作防。〔漢書·古今人表〕「秦女｜」補注。

棠　〔説文定聲·卷一八〕｜，實之白而甘者曰｜。〔爾雅〕「杜，甘｜」。○牡者曰｜，無子者也。〔説文〕「｜，牡曰｜，牝曰杜」義證引〔急就篇〕顏注。○｜，梨木。〔説文〕「｜，牡曰｜」義證引〔玉篇〕。○｜，今俗呼｜梨。（同上）義證。○〔説文定聲·卷一〇〕花實俱赤者為｜棣。〔爾雅〕「唐棣，移」。〔「移」下〕○｜棣，常棣，實一物也。〔通雅·木〕○甘｜，今之杜梨。〔楚辭·思古〕「甘｜枯於豐草兮」補注引〔爾雅〕注。○｜、堂古字通。〔左傳襄公一四年〕「子囊師于｜」洪詁。○｜與堂古字通。〔左傳昭公二〇年〕「｜君尚謂其弟員曰」洪詁。○｜，字亦作樘，樘、｜一聲之轉。〔説文定聲·卷一八〕○｜，段借為樘。〔釋名·釋車〕「｜，樘也」。○（同上）｜，段借為塘。〔列子·黄帝〕「而遊於｜行」。

翔　｜者，鳥高飛而張其兩翼也。〔易·豐上六象傳〕「天際｜也」平議。○｜，布翅｜也。〔説文〕「｜，迴飛也」繫傳。○飛不動翅曰｜。〔慧琳音義·卷五〕引〔字統〕。○｜有高起貌。〔國策·秦策四〕「雲｜而不敢校」補注。○｜，翺｜。〔廣韻·陽部〕○迴｜，猶翺｜也。〔楚辭·大司命〕「君迴｜兮以下」補注。○高｜，遠去也。〔九辯〕「將去君而高｜」補注引五臣。○｜，回顧也。〔大戴·易本命〕「則鳳凰不｜焉」王詁。○｜，｜視也。〔説文〕「｜，迴飛也」繫傳。○｜，謂行而張拱。〔儀禮·士冠禮〕胡正義。○｜，行而張拱也。〔大戴·曾子事父母〕「趨｜周旋」王詁。○｜，字亦作鴹。〔説文定聲·卷一八〕○｜與蹌同。〔呂覽·尊師〕「疾趨｜」校正。○｜｜，猶蹌蹌，軒舉也。〔禮記·少儀〕「濟濟｜｜」集解。○｜｜，此以狀舞之容。〔漢書·禮樂志〕「雲舞｜｜」補注。○｜與佯古亦同聲。〔廣雅·釋訓〕「仿佯，徙倚也」疏證。○｜羊，猶云徜徉，徘徊也。〔通鑑·唐紀六〇〕「環旋｜羊愰駭之間」音注。○〔説文定聲·卷一八〕｜，段借為祥。〔易·豐〕「天際｜也」。○（同上）｜，段借為詳。〔漢書·西域傳〕「道里遠近｜實矣」。

良　｜，善。〔詩·黄鳥〕「殲我｜人」朱傳。○｜，善也。〔鶉之奔奔〕「人之無｜」朱傳。又〔十月之交〕「不用其｜」陳疏。又〔孟子·離婁上〕「莫｜於眸子」朱注。又〔大戴·誥志〕「民咸廢惡如進｜」王詁。又〔禮記·月令〕「莫不質｜」集解。又〔國策·秦策一〕「｜僕妾也」鮑注。○｜，訓善。〔孟子·告子上〕「人之所貴者非｜貴也」焦正義。○｜，謂心之善也。〔論語·學而〕「温｜恭儉讓」集解。○｜者，本然之善也。〔孟子·告子上〕「非｜貴也」朱注。又〔盡心上〕「其｜能也」朱注。○｜之義為善，｜心即善心，善心即仁義之心。〔告子上〕「其所以放其｜心者」焦正義。○物之美者曰｜。〔周禮·典絲〕「及獻功則受｜功而藏之」孫正義。○｜人，夫也。〔孟子·離婁下〕「其｜人出」朱注。○｜人，夫稱也。〔詩·綢繆〕「見此｜人」朱傳。○｜人，｜既訓善，則｜人男女皆可通稱。（同上）後箋。○｜，賢也。〔廣韻·陽部〕○｜，賢也，能也。〔大戴·主言〕「昔者明主以盡知天下｜士之名」王詁。○｜，信也。〔大戴·文王官人〕「觀其貞｜」王詁。又〔通鑑·漢紀五三〕「自謂｜得天子歡心也」音注。○｜，當訓為長。〔荀子·成相〕「｜由姦詐」集解引王念孫。○｜，猶長也。〔慧琳音義·卷二二〕引〔玉篇〕。○元、｜，為長幼之長。〔廣雅·釋詁四〕「元、｜，長也」疏證。○｜，亦為大。〔國語·吳語〕「夫吳，｜國也」平議。○｜久，謂之終日。〔史記〕「終日」雜志。○｜，甚也。〔漢書·李尋傳〕「｜有不得已也」補注。又〔説文〕「｜，善也」繫傳。○｜，猶善也。〔賈子·益壤〕「其欲有卒也類｜有」平議。○｜，易直也。〔論語·學而〕「夫子温｜恭儉讓以得之」朱注。○〔通雅·卷七〕｜萌，即｜民。〔管子〕「其人力同而宮室美者，｜萌也」。○漢制，凡從軍不在七科讁内者，謂之｜家子。〔漢書·李廣傳〕「而廣以｜家子從軍擊胡」補注引周壽昌。○｜作蜋。〔方言一一〕「陳鄭之間謂之蜋蜩」疏證。○｜與蜋同。〔方言一一〕「蟬，陳鄭之間謂之蜋蜩」箋疏。○｜讀曰蜋。〔大戴·夏小正〕「｜蜩鳴」王詁。○〔釋文〕｜或作埌。〔莊子·列禦寇〕「胡嘗視其｜」集釋引俞樾。○｜，又為勉彊之彊。

〔春秋名字解詁〕「齊高彊，字子｜」述聞。○｜，亦彊也，｜與梁古字通。〔同上〕○｜、梁古通。〔漢書・古今人表〕「隨季｜」補注。○〔説文定聲・卷一八〕｜，叚借發聲之詞。〔左傳昭公一八年〕「弗｜及也」。

**航** 斻、｜、迒、亢，義並與杭同。〔廣雅・釋詁二〕「杭，渡也」疏證。○｜，又作斻、桁。〔方言九〕「舟，或謂之｜」箋疏。

**斻** 謂渡為｜。〔説文〕「｜，方舟也」段注。○｜，亦作航。〔同上〕段注。○｜，又或作航。〔同上〕義證。○〔説文定聲・卷一八〕｜，字亦作航。〔後漢・杜篤傳〕注「航，舟渡也」。○｜、航古今字。〔方言九〕「｜，或謂之航」箋疏。○｜，通作杭。〔説文〕「｜，方舟也」義證。○｜、航、迒、亢，義並與杭同。〔廣雅・釋詁二〕「杭，渡也」疏證。○｜，〔爾雅〕作方。〔説文〕「｜，方舟也」繫傳。○｜，或作亙。〔同上〕義證。○〔説文定聲・卷一八〕｜，以杭為之，今浙江杭州府餘杭縣，因始皇渡此，其地有餘｜，故名。〔詩・河廣〕「一葦杭之」。

**颺** ｜，謂風所飛揚也。〔慧琳音義・卷九〕○｜，顯舉也。〔卷八〇〕引〔桂苑珠叢〕。○｜，即揚字也。〔釋詁〕「揚，續也」邵正義。○｜同揚。〔書・皋陶謨中〕「時而｜之」孫疏。○揚與｜同。〔皋陶謨中〕注「史遷｜作揚」孫疏。○揚與｜通。〔廣雅・釋詁二〕「揚，説也」疏證。○〔説文定聲・卷一八〕｜，叚借為揚。〔虞書〕「皋陶拜手稽首｜言曰」。

**倡** ｜，即俳也。〔説文〕「｜，樂也」段注。○｜，音昌，妓女也。〔通鑑・秦紀三〕「其母，｜也」音注。○｜優，｜樂也。〔國策・齊策五〕「和樂｜優侏儒之笑」鮑注。○｜，導也。〔齊策六〕「為士卒｜曰」鮑注。○猖被，猖一作昌，〔釋文〕作｜，並字異而義同。〔廣雅・釋訓〕「裮被，不帶也」疏證。○〔説文定聲・卷一八〕｜，叚借為唱。〔詩・蘀兮〕「｜予和女」。○〔同上〕｜，叚借為昌、為藹，調暢也。〔太玄・去〕「物咸倜｜」。○｜乃昌之叚字。〔大戴・禮三本〕「萬物以｜」平議。○｜，當從故書作昌，即唱之古文也。〔周禮・樂師〕「遂｜之」平議。

**倀** ｜，狂妄也。〔説文〕「｜，狂也」繫傳。○｜，失道貌。又狂也。〔廣韻・陽部〕○｜｜，狂行不知所如也。〔禮記・仲尼燕居〕「｜｜乎其何之」集解。○｜，多作猖。〔説文〕「｜，狂也」句讀。○｜，或作猖。〔同上〕義證。○｜，俗字作猖。〔説文定聲・卷一八〕○〔同上〕｜，以昌為之。〔離騷〕「何桀紂之昌披兮」。

**羌** ｜，發聲也。〔楚辭・哀郢〕「｜靈魂之欲歸乎」補注。○｜，楚人發語端也。〔離騷〕「｜內恕己以量人兮」補注。○｜，章也。〔廣韻・陽部〕○〔釋詞・卷五〕｜，字或作慶。〔漢書・揚雄傳〕「竢慶雲而將舉」。○｜與慶古字通。〔漢書〕「竢慶雲而將舉」雜志。○〔説文定聲・卷一八〕｜，叚借為彊。〔廣雅・釋詁四〕「｜，强也」。○｜，乃也。〔離騷〕「｜內恕己以量人兮」戴注引呂延濟。○〔説文定聲・卷一八〕｜，叚借發聲之詞。〔廣雅・釋言〕「｜，乃也」。○〔同上〕｜，叚借為鄉。〔廣雅・釋言〕「｜，鄉也」。

**羗** ｜，同羌，古文。〔廣韻・陽部〕

**慶** ｜，亂也。〔集韻・陽部〕○羌、｜字同。〔漢書・廣川惠王傳〕「其殿門有成｜畫」補注引沈欽韓。○｜，讀為羌，發聲也。〔禮樂志〕「｜陰陰」補注引王念孫。○〔説文定聲・卷一八〕｜，叚借發聲之詞，或用羌，亦同。〔漢書・敘傳〕「｜未得其云已」。

**姜** ｜，齊姓。〔詩・衡門〕「必齊之｜」朱傳。○｜，齊女，言貴族也。〔桑中〕「美孟｜矣」朱傳。○｜，猶養也。〔國語・周語〕「賜姓曰｜氏」平議。○〔説文定聲・卷一八〕｜，叚借為彊。〔廣雅・釋詁四〕「｜，强也」。○｜原，｜姓，原字。〔詩・生民〕「時維｜原」集疏引韓説。

**僵** ｜，仆也。〔通鑑・漢紀一五〕「上林有柳樹枝｜自起生」音注。○｜仆皆顛頓之名。〔釋言〕「僨，｜也」。○後倒曰｜。〔太素・經脈厥〕「｜仆歐血善衄」楊注。○｜為卻偃。〔釋言〕「僨，｜也」郝疏。○｜為仰倒。〔説文〕「｜，偃也」段注。○｜，僨。〔國策・秦策四〕「頭顱｜仆」鮑注。○死而不朽曰｜。〔本草・卷三九〕○今人語言乃謂不動不死為｜。〔説文〕「｜，偃也」段注。○〔説文定聲・卷一八〕｜，字又作僵。〔荀子・仲尼〕「可炊而僵也」。○｜，字亦作殭。〔説文定聲・卷一八〕

**薑** ｜，能彊御百邪，故謂之｜。〔本草・卷二六〕○｜，禦溼菜也，辛而不葷。〔説文〕「薑，禦溼之菜也」義證引〔急就篇〕顏注。○｜，謂生｜，乾｜也。〔同上〕○｜同僵。〔墨子・備梯〕「恐為身｜」閒詁引畢沅。

**蔃** ｜，隸省作薑。〔説文〕「｜，禦溼之菜也」句讀。○〔説文定聲・卷一八〕山｜，即〔爾雅〕之山薊，今白术也。〔廣雅・釋草〕「山｜，茉也」。○〔同上〕｜，即今之菱。〔廣雅・釋草〕「廉｜，薐也」。○〔同上〕｜，字亦作薑。〔論語〕「不徹薑食」。

**繮** ｜，馬緤也。〔説文〕「｜，馬紲也」義證引〔玉篇〕。○｜，字或作韁。〔同上〕句讀。○｜，字亦作韁，馬曰｜。〔説文定聲・卷一八〕

**韁** ｜與繮同。〔廣雅・釋器〕「靮謂之繮」疏證。○｜，馬紖也。〔説文〕「繮，馬紲也」義證引〔急就篇〕顏注。

**橿** ｜，類堅緻之木也。〔説文〕「｜，枋也」繫傳。○鉏柄長，其柄曰｜。〔説文定聲・卷九〕〔「鉏」下〕○｜，柌｜，鉏柄。〔説文〕「｜，枋也」義證引〔玉篇〕。○今俗人尚謂鉏柄為｜。〔同上〕繫傳。○橿與｜聲近義同。〔廣雅・釋器〕「｜，柄也」疏證。○〔説文定聲・卷一八〕｜，叚借為柄。〔釋名・釋用器〕「鋤，齊人謂其柄曰｜，｜然正直也」。

**疆** 丨，比田之界也。〔説文〕「畺，比田也」義證引〔急就篇〕顔注。○丨，界也。〔大戴・千乘〕「通其四丨」王詁。○丨，謂定其大界。〔詩・信南山〕「我丨我理」集疏。○丨，謂畫其大界。〔緜〕「迺丨迺理」朱傳。○丨者，為之大界也。〔信南山〕「我丨我理」朱傳。○丨，封丨也。〔大戴・少閒〕「丨蔞未虧」王詁。○丨，竟也。〔詩・七月〕「萬壽無丨」朱傳。○丨之言竟也。〔廣雅・釋詁四〕「丨，窮也」疏證。○丨潦，沙礫之田。〔左傳襄公二五年〕「數丨潦」洪詁引孫毓。○丨礤者，有石之地。（同上）疏「孫毓讀為丨潦」述聞。○丨，古文作畺。〔左傳桓公一七年〕「齊人侵魯丨」洪詁引惠棟。又〔桓公一七年〕「丨埸之事」疏證引惠棟。○丨、畺同字，非叚借字。〔釋詁〕「丨，垂也」郝疏。○丨，通作壃，又作彊。（同上）○丨界境，俱一聲之轉。（同上）○甿丨竟，古聲並相近。〔廣雅・釋詁三〕「甿，竟也」疏證。○丨，當為彊。〔漢書・地理志〕「瀰丨」補注。○丨，通作彊。〔説文〕「丨，畺或從彊土」義證。○官本丨作彊。〔漢書・灌嬰傳〕「傳至孫丨」補注。○丨，韓作壃。〔詩・信南山〕「丨埸有瓜」集疏。

**畺** 丨之言介也，丨以三畫為介得聲，丨即介之轉音。〔説文定聲・卷一六〕〔「畕」下〕○丨，字亦作壃。〔卷一八〕○丨，境亦此字之別體。（同上）○丨與疆同。〔廣雅・釋詁三〕「丨，竟也」疏證。又〔釋詁三〕「疆，界也」疏證。○丨、界義同。〔説文〕「丨，界也」段注。○丨，古疆字。〔漢書・孝武李夫人傳〕「精浮游而出丨」補注引錢大昭。○丨，字或作壃。〔説文〕「丨，界也」義證。○〔説文定聲・卷一八〕丨，叚借為勍。〔禮記・月令〕「可以美土疆」。○（同上）丨，叚借為僵。〔陳君閣道碑〕「車馬疆頓」。

**萇** 〔説文定聲・卷一八〕丨，即夾竹桃也。〔南都賦〕「薇蕪蓀丨」。○丨楚，銚弋。〔詩・隰有萇楚〕「隰有丨楚」集疏引魯説。○丨楚，銚弋，今羊桃也。（同上）朱傳。○丨楚，或曰鬼桃，葉似桃，子亦似桃。〔文選・南都賦〕「薇蕪蓀丨」集釋引〔爾雅〕郭注。○丨音長。〔詩・隰有萇楚〕「隰有丨楚」朱傳。

**糧** 丨，字亦作粮，作粻，當訓路穀也。〔説文定聲・卷一八〕○丨者，穀也。〔説文〕「畚，蒲器也，所以盛丨」段注。○丨，乃行者之乾食。〔説文〕「丨，穀也」義證。○丨，謂糗糒之屬。〔孟子・梁惠王下〕「師行而丨食」朱注。○丨，亦作粮。〔説文〕「丨，穀食也」段注。○丨，通作粮。〔釋言〕「粻，丨也」郝疏。○丨，糗也。〔詩・公劉〕「迺裹餱丨」朱傳。○丨，儲食也。〔慧琳音義・卷三〕引〔集訓〕。○甘溪水味極甘冷，旁有石，名禹餘丨。〔文選・南都賦〕「太一餘丨」集釋引〔廣州記〕。○南人呼平澤中一種藤，謂為禹餘丨。（同上）集釋引〔名醫別録〕陶注。○扶海洲上有䔒車，名自然穀，亦名禹餘丨，世傳禹治水時棄餘於江水中而為藥。（同上）集釋引〔博物志〕。

**粮** 丨，糧字俗寫。〔墨子・魯問〕「取其狗豕食丨衣裘」閒詁引畢沅。

**穰** 丨，已經擇治也。〔説文〕「丨，黍梨已治者」繫傳。○丨，禾黍穗餘也。〔慧琳音義・卷三〇〕引〔考聲〕。○丨，蹂禾黍之餘。〔集韻・清部〕○丨，禾莖也。〔廣韻・陽部〕○丨，豐多也。〔韓子・難二〕「入多者丨也」集解引舊注。○丨丨，多也。〔説文〕「丨，黍梨已治者」繫傳。又〔詩・烈祖〕「豐年丨丨」朱傳。又〔執競〕「降福丨丨」朱傳。○丨丨，福豐之號也。〔釋訓〕「丨丨，福也」郝疏。○丨，轉注為掃除，經傳皆以襄、以攘為之。〔説文定聲・卷一八〕○丨字，本作⿰襄阝。〔漢書・地理志〕「莽曰農丨」補注引洪亮吉。○〔説文定聲・卷一八〕丨，叚借為⿰月襄。〔廣雅・釋詁四〕「丨，豐也」。○丨，魯一作禳。〔詩・執競〕「降福丨丨」集疏。○〔説文定聲・卷一八〕丨，古以為彗。〔説文〕「丨，黍梨已治者」。

**⿰襄阝** 丨，假借穰字。〔説文〕「丨，今南陽穰縣是」繫傳。○丨者古字，穰者漢字。〔説文〕「丨，今南陽穰縣」段注。

**將** 丨，長也。〔詩・烈祖〕「我受命溥丨」述聞。又（同上）集疏。又〔敬之〕「日就月丨」通釋。又〔楚辭・九辯〕「恐余壽之弗丨」補注引五臣。○丨，大也。〔詩・正月〕「亦孔之丨」朱傳。又〔巧言〕「為猶丨多」朱傳。又〔烈祖〕「我受命溥丨」朱傳。又〔長發〕「有娀方丨」朱傳。○丨者，大也。〔荀子・賦〕「讒口丨丨」集解引郝懿行。○丨大，謂長大也。〔詩・長發〕「有娀方丨」後箋陳奐補。○丨丨，大也。〔荀子・王霸〕「如霜雪之丨丨」集解引郝懿行。○凡書傳謂大拇為丨指。〔説文〕「拇，丨指也」繫傳。○所謂丨指者，為諸指之率也。（同上）○丨與奘同。〔方言一〕「丨，大也」箋疏。○丨，壯也。〔詩・北山〕「鮮我方丨」朱傳。○丨，亦為美。〔既醉〕「爾殽既丨」通釋。○丨與嘉同義。〔破斧〕「亦孔之丨」通釋。○丨、嘉、休，皆美也。（同上）述聞。○丨，行也。〔詩・鹿鳴〕「承筐是丨」陳疏。又（同上）朱傳。又〔文王〕「裸丨于京」朱傳。又〔既醉〕「爾殽既丨」朱傳。又〔大戴・曾子立孝〕「是故禮以丨其力」王詁。○丨，亦行也。〔詩・何草不黄〕「何人不丨」朱傳。○丨，奉行也。〔烝民〕「仲山甫丨之」朱傳。○丨，送也。〔鵲巢〕「百兩丨之」朱傳。又〔燕燕〕「遠于丨之」集疏引魯説。又〔漢書・禮樂志〕「九夷賓丨」補注。又〔通鑑・漢紀三二〕「丨護而前」音注。○丨，亦送也。〔詩・丰〕「悔予不丨兮」朱傳。○丨，赴送也。〔釋言〕「丨，送也」鄭註。○丨者，送也。〔荀子・解蔽〕「所丨受」集解引郝懿行。○丨有行、送二義。〔孟子・萬章下〕「以君命丨之」焦正義。○丨，猶持也。〔屈賦・東皇太一〕「盍丨把兮瓊漿」戴注。○丨，當作持。〔墨子・尚賢中〕「丨養其萬民」平議。○丨，齎持也。〔通鑑・唐紀五一〕「人丨物詣市」音注。○丨，齎一聲之轉。〔釋言〕「丨，資也」郝疏。○生丨，謂生致之也，丨讀丨送之丨。〔漢書・李廣利傳〕「今生丨，卒失大事」補注引李慈銘。○丨，亦挽也。〔李廣傳〕「兩創者丨車」補注。○〔説文定聲・卷一八〕丨，手以中指為丨指，足以大指為丨指，轉注為丨帥。〔説文〕「丨，帥也」。○〔通雅・卷四九〕丨牢，猶言把穩。〔晉載記〕「陛下丨牢大過耳」。○丨，奉。〔詩・我將〕「我丨我享」朱傳。○丨，奉也。〔那〕「湯孫之丨」朱傳。○丨，猶奉也。〔孟子・盡心上〕「幣之未丨者也」朱注。○丨，助也。〔離妻上」「詩云,裸－于京」朱注。○－,猶扶助也。〔詩・樛木〕「福履－之」朱傳。○－,如字,挾也,攜也。〔通鑑・漢紀二四〕「御史遂－雲去」音注。○－者,奉也,衞也。〔詩・鵲巢〕「百兩－之」通釋。○－,進也。〔敬之〕「日就月－」朱傳。○－,猶進也。〔儀禮・士相見禮〕「若有－食者」胡正義。○－,奉持而進之也。〔詩・楚茨〕「或肆或－」朱傳。○－,扶進也。〔無將大車〕「無－大車」朱傳。○－,養也。〔四牡〕「不遑－父」朱傳。又〔桑柔〕「天不我－」朱傳。○－,讀與養同。〔四牡〕「不遑－父」陳疏。○－養,即慫慂之轉。〔廣雅・釋詁〕「慫慂,勸也」疏證。○－養,亦當與縱臾同義。－謂扶進之,養謂長育之,總謂導成其反謀耳。〔漢書・衡山王傳〕「皆－養勸之」補注。○－,請也。〔詩・氓〕「－子無怒」朱傳。又〔將仲子〕「－仲子兮」朱傳。又〔正月〕「－伯助予」朱傳。○－,願也。〔氓〕「－子無怒」朱傳。又〔丘中有麻〕「－其來施施」朱傳。○－其來,願其來。(同上)平議。○－,順也。〔漢書・王莽傳〕「毋－虛」補注引王先慎。○－,殆也。〔董仲舒傳〕「又－無補與」補注。又〔論語・子罕〕「固天縱之－聖」朱注。○－,猶相。〔詩・溱洧〕「伊其－謔」通釋。○－,側。〔皇矣〕「在渭之－」朱傳。○－訓烹。〔我將〕「我－我享」通釋。○－,亦能也。〔匪風〕「誰－西歸」通釋。○〔說文定聲・卷一八〕－,轉注猶專主也。〔漢書・叔孫通傳〕「人臣無－」。○－,且也。〔詩・簡兮〕「方－萬舞」通釋。又〔谷風〕「－恐－懼」朱傳。○－者,且然而未必之辭。〔論語・陽貨〕「吾－仕矣」朱注。○－,猶方也。〔詩・谷風〕「－恐－懼」陳疏。○－,有漸之詞。〔楚辭・九辯〕「恐余壽之弗－」補注。○古者為與－同義。〔漢書〕「為」雜志。○〔通雅・卷五〕－毋、得亡、毋乃,皆發問之聲也。〔韓詩外傳〕「坐乎－毋」。○－無者,然而未遽然之辭。〔義府・卷下〕○〔說文定聲・卷一八〕－陽,猶相羊也。〔書大傳〕「羲伯之樂舞－陽」。○－－,嚴正也。〔詩・緜〕「應門－－」朱傳。○－－,集也。〔執競〕「磬筦－－」朱傳。○－－,集聚之貌也。〔荀子〕「－－」雜志。○－－,聲也。〔詩・有女同車〕「佩玉－－」朱傳。又〔鼓鐘〕「鼓鐘－－」朱傳。○－－,佩玉聲也。〔終南〕「佩玉－－」朱傳。○－－,猶瑲瑲也。(同上)陳疏。○－－,鸞鑣聲。〔庭燎〕「鸞聲－－」朱傳。○－宿,猶言行止。〔管子・五輔〕「慎－宿」平議。○－與牂通。〔呂覽・音律〕「以－陽氣」平議。○嗇與－古字通。〔廣雅・釋詁〕「慫慂,勸也」疏證。○牂牂、－－,並與藏藏同。〔釋訓〕「藏藏,茂也」疏證。○鎗瑲－鏘鶬,並字異而義同。〔釋詁四〕「鎗,聲也」疏證。○－與墻古通用。〔詩・皇矣〕「在渭之－」通釋。○讀－如羌。〔將仲子〕「－仲子兮」通釋。○－,讀與醬同。〔楚茨〕「或肆或－」陳疏。○－、臧聲相近。〔破斧〕「亦孔之－」述聞。○－,辭也。〔氓〕「－子無怒」集疏引韓說。又〔谷風〕「－恐－懼」集疏引韓說。○－,語詞。〔邱中有麻〕「－其來施」通釋。○－,語詞也。〔荀子・解蔽〕「－須道者之虛」集解引王引之。○〔釋詞・卷八〕－,猶乃也。〔墨子・尚賢〕「－可得而衆也」。○(同上)－,猶抑也。〔楚辭・卜居〕「－送往勞來斯無窮乎」。○－多,猶孔多。〔詩・巧言〕「為猶－多」集疏。○古詩好事相扶－,當作扶牂,字之叚借。〔說文〕「牂,扶也」段注。○〔說文定聲・卷一八〕－,叚借為牂。〔廣雅・釋言〕「－,扶也」。○(同上)－,叚借為長。〔釋詁二〕「－,長也」。○(同上)－,叚借為良。〔釋詁一〕「－,美也」。○(同上)－,叚借為傍。〔詩・皇矣〕「在渭之－」。○(同上)－,叚借為漿。〔周禮・鬯人〕注「蚌曰合－」。○(同上)－,叚借為壯,為奘。〔釋詁〕「－,大也」。○－即奘字之叚借。〔詩・北山〕「鮮我方－」通釋。○－為牆之假借字。〔左傳成公三年經〕疏證引臧壽恭。○〔說文定聲・卷一八〕－,叚借發聲之詞。〔廣雅・釋詁二〕「－,欲也」。○(同上)－,或曰借為當,猶方也。〔詩・谷風〕「－恐－懼」。○鎗鎗,－－,古文假借。〔鼓鍾〕「鼓鍾－－」陳疏。○－－,當即蹡蹡之古文假借。〔執競〕「磬筦－－」陳疏。○－,當作牸。〔韓子・解老〕「戎馬乏則－馬出」集解引顧廣圻。○－,魯作鏘。〔詩・有女同車〕「佩玉－－」集疏。又〔終南〕「佩玉－－」集疏。○－,魯作鏘,齊作將。〔緜〕「應門－－」集疏。○－,齊作鏘,魯作瑲,亦作鎗,韓作蹡。〔執競〕「磬筦－－」集疏。○官本－作蔣。〔漢書・律歷志〕「子哀公－立」補注。○－,〔世本〕、〔漢志〕、〔釋文〕並作蔣。〔史記・十二諸侯年表〕「魯哀公－元年」志疑。○〔集韻〕或作摪,通作－。〔漢書・孝景王皇后傳〕「扶－出拜」補注引沈欽韓。○－咎如,〔左氏〕作廧咎,〔穀梁〕作牆咎如,古－、牆皆从爿得聲,通廧。〔公羊傳成公三年經〕「晉郤克衞孫良夫伐－咎如」陳疏。○－,〔初學記〕、〔後漢書〕注作持。〔呂覽・報更〕「－以遺之」校正。○－軍,謂卿也。〔墨子・尚同中〕「置以為左右－軍大夫」閒詁。○－大夫,猶大夫－也。〔漢書・百官公卿表〕「位從－大夫」補注。○－作少府,周官之匠人也。〔通雅・官制〕

## 牆

－,障也,所以自障蔽也。〔說文〕「－,垣蔽也」義證引〔急就篇〕顏注。○－取愛嗇自護也。(同上)繫傳。○－,垣也。〔詩・將仲子〕「無踰我－」朱傳。又〔慧琳音義・卷四〕引顧野王。○築土曰－。(同上)引〔字書〕。○－,兩頭板也。〔說文〕「牏,築－短版也」繫傳。○堂亦兩邊復有崖岸曰－。〔釋丘〕「畢堂－」平議。○－,當作廂。〔說文〕「序,東西－也」義證引畢以珣。○－,今謂之壁。〔釋宮〕「東西－謂之序」鄭註。○〔說文定聲・卷一八〕－,字又作廧。〔漢脩堯廟碑〕「繕飭壂廧」。○(同上)－,字亦作廧、作嗇、作墻。〔說文〕「－,垣蔽也」。○〔公羊〕廧作將,〔穀梁〕作－。〔左傳成公三年經〕「晉郤克衞孫良夫伐廧咎如」洪詁。○凡覆柩車者上曰柳,下曰－。〔周禮・縫人〕「衣翣柳之材」孫正義。○－居,薰籠也,即篝也。〔通雅・褋用〕

## 桑

－,蠶所食葉木。〔大戴・夏小正〕「攝－」王詁。○－,木名,葉可飼蠶者。〔詩・定之方中〕「降觀于－」朱傳。○－,柳類,婀娜垂條也。〔說文〕「叒,日初出東方陽谷所登榑－叒木也」繫傳。○－者,謂采－者。〔詩・十畝之間〕「－者閑閑兮」集疏。○－之言喪也。〔黃鳥〕「止于－」通釋。○索郎合音為－。〔說文定聲・卷一八〕(「郎」下)○－土,－根也。〔詩・鴟鴞〕「徹彼－土」朱傳。又(同上)集疏引魯說。○－土,－根之皮也。〔孟子・公孫丑上〕「詩云，徹彼丨土」朱注。〇丨薪，薪之善者也。〔詩・白華〕「樵彼丨薪」朱傳。〇丨扈，竊脂也。〔桑扈〕「交交丨扈」朱傳。〇丨扈，青翠有文采，與鶯羽之丨扈為一物。〔小宛〕「交交丨扈」後箋引〔爾雅〕正義。〇丨根，猶言蒼筤耳。〔廣雅・釋蟲〕「蜻蛉，倉螘也」疏證。〇丨根者，猶蒼筤，言青也。〔說文定聲・卷一七〕〔「蜻」下〕〇丨萸者，世作椹蕃二字。〔說文〕「蕈，丨萸也」義證引葛洪〔字苑〕。〇丨飛，即鳩。〔釋鳥〕「桃蟲，鷦」郝疏。〇〔說文定聲・卷一八〕丨飛，即〔詩〕之桃蟲，〔爾雅〕之鳭鷯、鶨鳩，〔莊子〕之鷦鷯。〔廣雅〕「丨飛，工雀也」。〇丨鳩，鳲鳩，聲相轉。〔釋鳥〕「鳲鳩，鴶鵴」郝疏。〇丨林，湯樂也。〔左傳襄公一〇年〕「請以丨林」洪詁引司馬彪。〇丨林，殷樂。〔同上〕洪詁引皇甫謐。〇丨丘，當為乘丘。〔漢書・王子侯表〕「丨丘侯頃」補注引王念孫。〇丨丘，燕地，後屬于齊。〔史記・王子侯者年表〕「丨丘」志疑。〇丨丘，在漢中山國，本燕地，時屬於齊。〔史記・趙世家〕「韓舉與齊、魏戰，死於丨丘」志疑。〇相、丨古同聲，故借丨為相。〔荀子〕「乘杜」雜志。〇丨，〔經典釋文〕作乘。〔說文〕「溺，丨欽所說」段注。〇柔，當為丨。〔漢書・地理志〕「衛地有柔間濮上之阻」補注。

桒

丨，桑俗字。〔廣韻・唐部〕

剛

丨，强也。〔大戴・四代〕「丨毅犯神」王詁。〇丨，堅强不屈之意。〔論語・公冶長〕「吾未見丨者」朱注。〇引伸凡有力曰丨。〔說文〕「丨，彊斷也」段注。〇丨者，勇之體。〔論語・陽貨〕「好丨不好學」朱注。〇丨，既成而丨也。〔詩・采薇〕「薇亦丨止」朱傳。〇丨，猶牡也。〔禮記・明堂〕「周騂丨」集解。〇丨與棡同。〔漢書・禮樂志〕「丨，別柎員二人」補注引沈欽韓。〇丨，當為綱。〔大戴・本命〕「八者，維丨也」王詁。〇丨，字亦作鋼。〔說文定聲・卷一八〕〇丨，俗作鋼。〔說文〕「丨，彊斷也」句讀。〇〔說文定聲・卷一八〕丨，段借為犅。〔禮記・明堂位〕「周騂丨」。〇丨者，犅之假借，牛父也。〔詩・閟宮〕「白牡騂丨」通釋。〇丨鼓，即鼖，謂掆之也。〔通雅・樂器〕〇丨平，邑名。〔國策〕「傳衛國城割平」雜志。

㓻

丨，剛俗字。〔廣韻・唐部〕

祥

凡統言則災亦謂之丨，析言則善者謂之丨。〔說文〕「丨，福也」段注。〇合言則氛、丨有吉凶之別，單言丨，則丨亦主凶。〔說文〕「氛，丨氣也」義證。〇吉氣為丨。〔大戴・千乘〕「理天之災丨」王詁。〇丨，猶禎也。〔說文〕「蠥，禽獸蟲蝗之怪謂之蠥」段注。〇在德為丨。〔說文〕「祅，地反物為妖也」義證引孔臧〔鴞賦〕。〇丨，善也。〔書・君奭〕「其終出于不丨」孫疏。又〔大戴・虞戴德〕「迎之以丨」王詁。又〔用兵〕「不丨于天」王詁。又〔禮記・禮運〕「是謂大丨」集解。〇丨者，善也。〔易・履〕「視履考丨」平議。〇丨，吉也。〔詩・大明〕「文定厥丨」朱傳。〇丨，吉也，善也。〔廣韻・陽部〕〇丨、善、福，三字義相近。〔孟子・離婁下〕「言無實不丨」焦正義。〇丨，古通作常。〔書・呂刑〕「告爾丨刑」平議。〇丨與詳通。〔廣雅・釋詁三〕「丨，諟也」疏證。〇丨、詳古字通。〔荀子〕「不詳」雜志。〇丨之言詳也。〔說文〕「丨，福也」繫傳。〇丨者，通作詳，又通作羊。〔釋詁〕「丨，善也」郝疏。〇丨，亦永也。〔書・君奭〕「其終出于不丨」孫疏。〇丨，亦惡徵也。〔易・豐〕「天際丨也」李疏。〇丨，妖怪也。〔說文〕「祲，精氣感丨」義證引〔玉篇〕。〇〔說文定聲・卷一八〕丨，段借為詳。〔書・呂刑〕「告爾丨刑」。〇〔同上〕丨，段借為像。〔周書・武順〕「天道曰丨」。〇徐廣丨作詳，二字古通。〔史記・太史公自序傳〕「嘗竊觀陰陽之術大丨」志疑。〇〔熹平石經〕丨作永。〔書・盤庚〕「崇降弗丨」孫疏。〇弗丨，今文作不永，弗丨，亦言弗長也。〔同上〕

詳

丨，多言之。〔詩・牆有茨〕「不可丨也」後箋。〇丨，審察也。〔大戴・子張問入官〕「丨以失之」王詁。〇丨，審也，論也，諟也。〔廣韻・陽部〕〇慎、諟、丨、悉、索，俱審聲之轉，即丨審之義。〔釋詁〕「覆，審也」郝疏。〇丨、佯通。〔國策・卷下〕「其次堅約而丨講」札記。〇丨、佯同字。〔韓子・內儲說上〕「西門豹丨遺轄」集解引顧廣圻。〇丨，即佯字。〔漢書・爰盎傳〕「今公陽從數騎」補注。〇丨，詐也，與佯同。〔楚辭・天問〕「箕子丨狂」補注。〇丨，詐也，字亦作佯。〔大戴・文王官人〕「丨為不窮」王詁。〇丨，又音羊，為丨狂字。〔說文〕「丨，審議也」段注。〇丨，讀曰佯，詐也。〔通鑑・周紀三〕「張儀丨墮車」音注。又〔秦紀二〕「田儋丨為縛其奴」音注。〇丨，善也。〔周書〕「以昏求臣」雜志引注。〇丨、祥同。〔墨子・迎敵祠〕「不脩義丨」閒詁引畢沅。〇丨與祥同。〔漢書・叙傳〕「季世不丨」補注引周壽昌。又〔同上〕「漸化不丨」補注。〇丨、祥古字通。〔易・困〕「不見其妻，不丨也」李疏。〇丨者，祥也，古字通。〔公羊傳宣公一二年〕注「善用心者曰丨」陳疏引淩曙。〇丨，即祥也，丨祥古通。〔漢書・禮樂志〕「抑不丨」補注引周壽昌。又〔食貨志〕「刑戮將甚不丨」補注引周壽昌。〇丨與讀義相近。〔詩・墻有茨〕「不可丨也」陳疏。〇〔說文定聲・卷一八〕丨，段借為祥。〔周書・皇門〕「以昏求臣作威，不丨」。〇丨，經傳多假借為祥字。〔說文〕「丨，審議也」段注。〇〔說文定聲・卷一八〕丨，段借為易，字亦變作佯。〔史記・吳世家〕「公子光丨為足疾」。〇〔同上〕丨，段借為翔。〔吳仲山碑〕「出入敖丨」。〇丨，即揚之同音假借。〔詩・牆有茨〕「不可丨也」通釋。〇不丨，南本作不許。〔漢書・文帝紀〕「子弘等皆非孝惠皇帝子」補注引宋祁。〇聞其丨，本作聞其小。〔荀子・非相〕「聞其丨而不知其大也」集解引王念孫。

洋

丨，水流皃。〔廣韻・陽部〕〇丨，水流皃也。〔慧琳音義・卷一四〕引〔集訓〕。〇丨，溢也。〔釋言〕「丨，多也」鄭註。〇丨丨，流也。〔廣雅・釋訓〕〇丨丨，水流貌。〔詩・衡門〕「泌之丨丨」朱傳。〇丨丨為水流貌。〔同上〕通釋。〇丨丨，水盛貌。〔楚辭・哀郢〕「焉丨丨而為客」補注。〇丨丨，盛大貌。〔詩・碩人〕「河水丨丨」朱傳。〇丨丨，廣大之貌。〔大明〕「牧野丨丨」朱傳。〇丨丨，流動充滿之意。〔中庸〕「丨丨乎」朱注。〇丨丨為思之長也。〔詩·二子乘舟〕「中心丨丨」集疏。○丨丨，美。〔韓子·難言〕「丨丨纚纚然」集解引舊注。○丨丨，美也。〔論語·泰伯〕「丨丨乎盈耳哉」劉正義。○丨丨，美盛意。（同上）朱注。○丨丨，猶言方羊。〔孟子·萬章上〕「少則丨丨焉」焦正義。○丨丨，通作油油。〔詩·碩人〕「河水丨丨」通釋。○丨丨，聲轉為蠅蠅，又轉為油油，又轉為繩繩。〔釋詁〕「丨，多也」郝疏。○丨謂賁之爛丨丨然也。〔慧琳音義·卷六五〕○丨謂賁之消爛丨丨然也。〔卷七〇〕○丨，通作穰。〔釋詁〕「丨，多也」郝疏。○丨當為洋。〔說文〕「丨，水出齊臨朐高山」義證。○〔水經注〕、〔地理志〕巨丨水，竝當作洋。（同上）○〔詩〕「泌之丨丨」「河水丨丨」，竝當為洋洋。（同上）○〔說文定聲·卷一八〕丨，叚借為泱。〔漢書·燕王旦傳〕「威武丨溢」。○（同上）丨，叚借為詳。〔釋詁〕「丨，多也」。○（同上）丨丨，即〔詩·二子乘舟〕之養養。〔釋訓〕「丨丨，思也」。○魯丨丨，亦作油油。〔詩·碩人〕「河水丨丨」集疏。

**暘** 丨，日暴之也。〔說文〕「丨，日出也」繫傳。○〔說文定聲·卷一八〕丨，易之別體。〔書·堯典〕「丨谷」。○陽與丨通。〔書·洪範下〕注「史遷丨作陽」孫疏。○丨字與陽通。〔廣雅·釋詁四〕「陽，明也」疏證。○丨，又作陽，是音近通借。〔史記·五帝紀〕「居郁夷曰丨谷」志疑。○丨，或借陽字。〔說文〕「丨，日出也」義證。○丨，各本作陽。〔說文〕「堣，堣夷，在冀州丨谷」段注。

**徉** 丨，儴丨，徙倚。〔廣韻·陽部〕

**佯** 丨，偽也。〔大戴·文王官人〕「丨為不言」王詁。○丨，音羊，詐也。〔通鑑·周紀五〕「武安君丨敗而走」音注。○丨，古字多作陽，詐也。〔周紀五〕「范雎丨為不知永巷而入其中」音注。○丨作詳。〔史記〕雜志。○丨，弱也。〔慧琳音義·卷五二〕又〔廣韻·陽部〕。

**粱** 丨，米名。〔國策·齊策四〕「食丨肉」鮑注。○丨，即今北方之小米。〔周禮·醫師〕「犬宜丨」孫正義。○丨，粟類也。〔詩·鴇羽〕「不能蓺稻丨」朱傳。○丨是秋粟，今俗謂之丨。〔說文〕「丨，米名也」義證引〔氾勝之書〕。○丨，即粟也，自漢以後，始以大而毛長者為丨，細而毛短者為粟，今則通呼為粟。〔本草·卷二三〕○丨，即粟也，穈也，芑也，今小米之大而不黏者。〔說文定聲·卷一八〕○丨，稻丨。〔廣韻·陽部〕○丨者，黍稷之總名。〔說文〕「穀，續也，百穀之總名」義證引〔物理論〕。又〔說文〕「丨，米名也」義證引〔初學記〕。○黍稷曰丨。（同上）義證引〔物理論〕。○丨，美穀。〔孟子·告子上〕「所以不願人之膏丨之味也」朱注。○丨者，良也，穀之良者也。〔本草·卷二三〕○粟之美者為丨。〔說文〕「丨，米名也」義證引〔六書故〕。○丨，米之善者。〔國策·齊策四〕「食丨肉」補注。○丨精而糲粗。〔史記〕「糲丨」雜志。○丨者，白丨也，今北方猶呼粟米之純白者丨米。〔說文〕「丨，米名也」義證引程瑤田。○丨，古祭祀所用粢盛是也，可作饔食及釀酒，亦如糯米。（同上）義證引〔氾勝之書〕。○黃丨，出蜀漢，號為竹根黃。〔楚辭·招魂〕「挐黃丨些」補注引〔本草〕。

**量** 丨，或作量，分多少度長短曰丨也。〔慧琳音義·卷三〕引〔桂苑珠叢〕。○丨，度也。〔大戴·衛將軍文子〕「君雖不丨於臣」王詁。又〔子張問入官〕「丨之無狡民之辭」王詁。又〔盛德〕「財物失丨」王詁。又〔本命〕「宮事必丨」王詁。○稱其輕重曰丨。〔說文〕「料，丨也」段注。○丨者，稱輕重也。〔說文〕「揣，丨也」段注。○丨，概度也。〔通鑑·宋紀一〕「執政每裁丨不盡與」音注。○丨，概度多少也。〔說文〕「丨，稱輕重也」義證引〔洪武正韻〕。○丨，程也。〔慧琳音義·卷八〕引〔韻英〕。○丨，即大小長短之齊限也。〔禮記·月令〕「衣服有丨」集解。○凡所容受曰丨。〔說文〕「丨，稱輕重也」段注。○引伸之，凡料理曰丨。（同上）○〔說文定聲·卷一八〕丨，此言尺寸也。〔離騷〕「不丨鑿而正枘兮」。○丨，平也。〔慧琳音義·卷八〕引〔字書〕。○丨，當讀為良。〔禮記·曲禮〕「幣曰丨幣」平議。○〔說文定聲·卷一八〕丨，叚借為良。〔海內北經〕「大封國有文馬，名曰吉丨之乘」。○陸丨，〔史·表〕作陸梁。〔漢書·高惠高后文功臣表〕「陸丨侯須無」補注。

**羊** 丨，善也。〔釋木〕「遵，丨棗」郝疏。○丨，祥也。〔說文〕「祥，福也，从示，丨聲」句讀。又〔說文繫傳·通論上〕。○丨，祥也，故吉禮用之。〔本草·卷五〇〕○丨，吉祥也。〔說文〕「丨，祥也」繫傳。○丨，美物也。〔說文〕「茍，自急敕也」繫傳。○丨者，美物也。〔說文繫傳·通論上〕。又〔通論下〕。○丨與美善同意。〔釋訓〕「穆穆，敬也」郝疏。○丨與義、善、美同意。〔說文定聲·卷五〕（「茍」下）○凡祭丨曰柔毛。〔廣韻·陽部〕○丨，一名髯須主簿。（同上）引崔豹〔古今注〕。○古丨、陽字通。〔釋名·釋姿容〕「丨，陽也」疏證。○丨與蛘同。〔方言一一〕「姑蠻謂之強蛘」箋疏。○秦漢金石多以丨為祥。〔墨子·明鬼下〕「敬莙以取丨」閒詁引孫星衍。○〔說文定聲·卷一八〕丨，叚借為祥。〔考工·車人〕「丨車」。○（同上）丨，叚借為蠅，蠅丨一聲之轉。〔方言一一〕「蠅，東齊謂之丨」。○丨，官本作陽。〔漢書·地理志〕「莽曰從丨」補注。○〔左傳〕夷丨五，亦作夷陽五，〔晉語〕作夷陽午，丨陽亦通。〔漢書·古今人表〕「丨魚」補注引盧文弨。○丨柰，即胡頹子。〔通雅·木〕○丨棗，實小黑而圓，又謂之丨矢棗。〔孟子·盡心下〕「曾皙嗜丨棗」朱注。○丨矩，曲尺也。〔通雅·算數〕○風曲上行曰丨角。〔楚辭·昭世〕「登丨角兮扶輿」補注引〔莊子〕「搏扶搖丨角」。○旋風曲戾，猶如丨角。（同上）補注引〔莊子〕「搏扶搖丨角」疏。○丨，屬司馬，火也。〔漢書·五行志〕「故致丨旤」補注引沈欽韓。○丨桃，一名鬼桃，一名羊腸，一名萇楚，一名御弋，一名銚弋。〔說文〕「萇，萇楚，銚弋，一名丨桃」義證引〔本草〕。

**傷** 丨，創也。〔說文〕「凋，半丨也」段注。○丨，丨損。〔廣韻·陽部〕○丨謂損丨。〔孝經〕「不敢毀丨」皮疏引邢昺。○丨，敗也。〔大戴·誥志〕「非以丨事」王詁。○丨敗，亦過差也。〔釋言〕「爽，差也」郝疏。○丨肥，縮耗也。〔說文〕「藃，艸皃」義證。○丨即缺也。〔左傳文公一二年〕疏證引沈氏。〇丨，猶毀也。〔國策・東周策〕「恐容之丨己也」鮑注。〇丨，譖毀也，害也，損也。〔通鑑・周紀四〕「欲丨安平君」音注。〇丨身，今小産也。〔義府・卷下〕〇丨，思也。〔詩・卷耳〕「維以不永丨」集疏引魯說。〇丨者，哀之過而害於和者也。〔論語・八佾〕「哀而不丨」朱注。〇丨，惜也。〔離騷〕「丨靈脩之數化」補注引五臣。〇丨與傷通。〔廣雅・釋詁二〕「悠，丨也」疏證。〇丨、傷古通用。〔方言一〕疏證。〇丨，一作傷，痛也，憂也。〔楚辭・九辯〕「中結軫而增丨」補注。〇丨當為惕，與蕩同字。〔荀子・樂論〕「使人心丨」平議。〇丨當為傷。〔大戴・文王官人〕「其貌直而不丨」述聞。〇傷與丨字形極相似。〔同上〕〇丨，未成人。〔廣韻・漾部〕〇借丨為傷。〔說文〕「愴，丨也」句讀。〇〔說文定聲・卷一八〕丨，段借為傷。〔釋詁〕「丨，思也」。〇丨，傷之假借。〔詩・卷耳〕「維以不永丨」通釋。〇此丨即傷之段借。〔說文〕「傷，㥞也」段注。〇丨，是傷之假借字。〔詩・卷耳〕「維以不永丨」集疏。〇丨者，傷之段音也。〔釋詁〕「丨，思也」郝疏。〇經典皆借丨為傷。〔說文〕「傷，憂也」句讀。〇丨，魯、韓作陽。〔詩・澤陂〕「丨如之何」集疏。〇丨，鄭衆〔周禮〕注引作「無面夷」。〔左傳哀公二年〕「無面丨」洪詁。

**湯**　丨，熱水。〔廣韻・唐部〕〇丨丨，流皃。〔陽部〕〇丨丨，水盛貌。〔詩・氓〕「淇水丨丨」朱傳。又〔載驅〕「汶水丨丨」朱傳。〇丨丨，波流盛貌。〔沔水〕「其流丨丨」朱傳。〇丨丨，沸騰之貌。〔鼓鐘〕「淮水丨丨」朱傳。〇丨，音傷。〔氓〕「淇水丨丨」朱傳。〇丨孫，指主祭之宋公。〔烈祖〕「丨孫之將」集疏。〇丨孫，謂宋桓公。〔殷武〕「丨孫之緒」集疏。〇丨非名也，以地為號，故稱成丨，武丨。〔史記・殷本紀〕「子天乙立，是為成丨」志疑。〇丨特商國中一邑名，成丨者，猶成周也。〔同上〕志疑引〔路史・發揮〕。〇〔說文定聲・卷一八〕丨，段借為盪。〔書・堯典〕疏引〔謚法〕「除虐去殘為丨」。〇〔同上〕丨，段借為暘。〔史記・司馬相如傳〕「石以丨谷為界」。〇丨谷，〔虞夏書〕曰暘谷。〔屈賦・天問〕「出自丨谷」戴注。〇〔書〕「宅嵎夷，曰暘谷」即丨谷也。〔楚辭・天問〕「出自丨谷」補注。

**魴**　丨，即鯿魚也。〔說文〕「丨，赤尾魚也」段注。〇丨，今人猶謂之鯿魚。〔春秋名字解詁〕「楚公子丨字子魚」述聞。〇丨，魚名，身廣而薄，少力細鱗。〔詩・汝墳〕「丨魚赬尾」朱傳。〇魚之最佳者為丨。〔敝笱〕「其魚丨鰥」集疏。〇丨，又作鰟。〔汝墳〕「丨魚赬尾」後箋。〇丨，方也，其狀方。〔本草・卷四四〕〇丨，音房。〔詩・汝墳〕「丨魚赬尾」朱傳。又〔衡門〕「必河之丨」朱傳。〇丨，古讀如旁。〔釋魚〕「丨，魾」郝疏。〇鯿、丨、魾聲相轉。〔同上〕郝疏。〇丨、彭同聲相假。〔左傳成公一八年經〕「晉侯使士丨來乞師」疏證引臧壽恭。〇丨，〔周禮・大卜〕注引作鮒。〔左傳昭公一七年〕「請改卜令曰丨也」洪詁。〇今蘄俗有鰟皮魚，即〔爾雅〕之鱖鯞，古曰魚婢，亦曰妾魚，當名傍婢魚，丨、鰟、傍聲相近耳。〔說文定聲・卷一八〕

**彰**　丨，明也。〔通鑑・唐紀二六〕「非所以丨善癉惡也」音注。〇丨者，文丨也。〔說文〕「絨，采丨也」段注。〇丨，通作章。〔釋言〕「黼，丨也」郝疏。又〔說文〕「丨，文丨也」義證。又〔說文〕「丨，彣丨也」段注。〇丨，經傳多以章為之。〔說文定聲・卷一八〕

**漳**　章、丨同。〔漢書・地理志〕「東至鄣入青丨」補注引錢坫。〇丨，官本作鄣。〔地理志〕「莽曰丨安」補注引朱一新。

**麞**　丨異於麋者，無角。〔說文〕「丨，麇屬也」段注。〇丨，字亦作獐，丨無角有牙而不能噬。〔說文定聲・卷一八〕〇丨，或作獐。〔廣雅・釋獸〕「麇，丨也」疏證。〇丨，俗作獐。〔說文〕「丨，麇屬」義證。〇〔說文定聲・卷一八〕丨，以章為之。〔考工〕「畫繢之事以章」。〇丨，一名麢，青州人謂麢為丨。〔說文〕「麇，丨也」義證引〔伏侯古今注〕。

**獐**　丨喜文章，故字从章。〔本草・卷五〕〇丨性驚憚，故謂之丨，又善聚散，故又名麕。〔本草・卷五一〕引〔埤雅〕。

**璋**　半圭曰丨。〔詩・斯干〕「載弄之丨」朱傳。又〔棫樸〕「左右奉丨」朱傳。又〔禮記・祭統〕「大宗執丨」集解。又〔祭統〕「圭丨特」集解。〇丨，玉也。〔說文〕「弄，玩也」繫傳。〇丨者，丨瓚。〔書・顧命下〕「秉丨以酢」孫疏。〇〔說文定聲・卷一八〕丨，段借為彰。〔管子・牧民〕「不丨兩原則刑乃繁」。

**猖**　丨，狂駭也。〔慧琳音義・卷八六〕引顧野王。〇丨披，昌披，謂亂也。〔離騷〕「何桀紂之丨披兮」補注引五臣。〇裮被、丨披，丨一作昌，〔釋文〕作倡，字異而義同。〔廣雅・釋訓〕「裮被，不帶也」疏證。〇丨蹶，謂變易情性也。〔慧琳音義・卷四九〕

**商**　通物曰丨。〔大戴・主言〕「丨慤」王詁。〇行曰丨。〔左傳宣公一二年〕疏證。〇行貨曰丨，居貨曰賈。〔孟子・梁惠王上〕「丨賈皆欲藏於王之市」朱注。〇丨，度也。〔說文〕「蒦，規蒦，丨也」繫傳。〇丨，略之也。〔說文〕「丨，從外知內也」繫傳。〇丨量音近而義亦相成。〔漢書・律歷志〕「丨之為言章也」補注引錢大昭。〇古字丨與章通。〔左傳僖公二五年〕「申息之師戍丨密」述聞。〇丨、章古字通。〔春秋名字解詁〕「衞卜丨字子夏」述聞。〇丨，亦大也。〔同上〕〇丨與章古字通。〔管子〕「大司田」雜志。〇丨，讀為章。〔荀子〕「審詩丨」雜志。〇丨，讀為章，章、丨古字通。〔荀子・王制〕「審詩丨」集解引王引之。〇丨、章二字聲近義通。〔國語・周語〕「司丨協名姓」平議。〇丨，當為章。〔管子・輕重戊〕「道四涇之水以丨九州之高」平議。〇丨之言章，盛也，大也。〔春秋名字解詁〕「秦丨字子丕」述聞。〇丨、漳聲近讀移耳。〔漢書・地理志〕「高唐」補注。〇丨，宋也。〔韓子・內儲說上〕「丨太宰使少庶子之市」集解引顧廣圻。又〔漢書・溝洫志〕「東方則通溝江淮之閒」補注引沈欽韓。〇丨搉，猶丨較也。〔國策〕「丨敵為資」雜志。〇大較，又謂丨搉，即揚搉之轉。〔廣雅・釋訓〕「揚搉，都凡也」疏證。〇丨蓋即丨奄。〔釋言〕「弇，蓋也」郝疏。〇丨蓋，丨奄也。〔韓子・說林上〕「將攻丨蓋」集解引江聲。〇丨於為丨安。〔漢書〕「閼氏」雜志。〇九數五曰丨功。〔漢書・食貨志〕「時大司農中丞耿壽昌以善為算能一功利得幸於上」補注引周壽昌。〇一原，亦謂之一顏。〔溝洫志〕「自徵引洛水至一顏下」補注引〔通典〕。〇一容，猶言一禮。〔禮記・樂記〕「使之行一容而復其位」平議。〇一樂，蓋倡優之樂也。〔漢書・禮樂志〕「一樂鼓員十四人」補注引沈欽韓。〇以金銀絲餞器曰一，謂鑲嵌也。〔通雅・古器〕〇一蚷、秦渠、馮功、馬蚿、百足，刀環蟲也。〔通雅・蟲〕〇一蚷即蛆蠑之聲轉。〔釋蟲〕「蛝，馬蝬」郝疏。〇〔說文定聲・卷一八〕一，叚借為𧷸。〔周禮・大宰〕「六曰一賈阜通貨賄」。〇〔同上〕一，借為𧷸。〔易・兌〕「一兌」虞注「巽為近利市三倍，故稱一」。〇〔同上〕一，叚借為漳。〔水經・漯水〕注「一漳聲相近」。〇〔呂覽・勿躬〕「弦章」，〔韓子・外儲說〕作「弦一」述聞。〇官本一作岡。〔漢書・古今人表〕「陳亢」補注。〇一容，〔說苑・敬慎篇〕作常樅，一常音近字變。〔漢書・古今人表〕「一容」補注。〇〔楚世家〕一作殷。〔左傳宣公三年〕「一紂暴虐」疏證。〇一，三家作京。〔詩・殷武〕「一邑翼翼」集疏。〇一君，爵號也。〔史記・太史公自序傳〕「作一君列傳第八」志疑。

𧷸 通物曰一。〔說文〕「𧷸，行賈也」義證引〔玉篇〕。〇通四方之珍異謂之一人也。(同上)

𧶠 一，經傳皆以商為之。〔說文定聲・卷一八〕〇一，經傳皆作商，商行而一廢矣。〔說文〕「一，行賈也」段注。〇一，俗作𧷸。(同上)段注。〇一，經典皆借商。(同上)句讀。〇一，諸家書並假商字。(同上)繫傳。

防 一，人所築以捍水者。〔詩・防有鵲巢〕「一有鵲巢」朱傳。〇一，為止水之隄，引申為一檢之義。〔周禮・大司徒〕「以五禮一萬民之偽而教之中」孫正義。〇一，一禦也。〔廣韻・陽部〕〇一者，御也。〔本草・卷一三〕〇一，引申為凡備禦之偁。〔說文〕「一，隄也」段注。〇一，障也。〔大戴・文王官人〕「一其不足」王詁。〇一，當也。〔詩・黃鳥〕「百夫之一」朱傳。〇一，當也，禦也。〔易・小過〕「弗過一之」述聞。〇一，俗作坊。〔說文〕「一，隄也」段注。〇一，字亦作坊。〔說文定聲・卷一八〕〇一，為今村坊字。(同上)〇一，古多作方。〔說文〕「釳，椉輿馬頭上一釳」段注。〇一、房古通。〔史記・廉頗藺相如傳〕「廉頗攻魏之一陵」志疑。〇一與房古字通。〔文選・文賦〕「瘖一露與桑間」集釋。〇房與一古字通。〔左傳定公五年〕「卒於房」洪詁。〇一，即方之假借也。〔說文〕「方，併船也」段注。〇〔說文定聲・卷一八〕一，謂借為竝。〔詩・黃鳥〕「百夫之一」傳「比也」。〇(同上)一，叚借為當。〔黃鳥〕「百夫之一」。〇一，叚借為望，今建坊字，言衆所望也。〔說文定聲・卷一八〕〇女一，〔秦詩譜疏〕及〔人表〕作女妨。〔史記・秦本紀〕「有子曰女一」志疑。〇一，當作妨。〔漢書・五行志〕「以一王宮室」補注引王先慎。〇宣一，〔河渠書〕作宣房。〔溝洫志〕「宣一塞兮萬福來」補注。〇〔史記〕一作房。〔陳勝傳〕「以朱一為中正」補注。〇一，射時唱獲者所以蔽身之具，一名乏。〔釋宮〕「容謂之一」鄭註。〇一露，古曲也。〔文選・文賦〕「瘖一露與桑間」補正。

篚 一，竹器。〔詩・卷耳〕「不盈頃一」朱傳。〇方曰一。〔采蘋〕「維一及筥」朱傳。〇方底曰一。(同上)集疏引魯說。〇一，所以盛幣帛者也。〔鹿鳴〕「承一是將」朱傳。〇一篋以貯財幣。〔漢書・賈誼傳〕「在於刀筆一篋」補注引周壽昌。〇一曲皆育蠶之具。〔說文〕「曲，象器曲受物之形」義證引〔古文苑・元后誄〕注。〇一與匡通。〔廣雅・釋詁一〕「匡，滿也」疏證。〇一當為匡，古字同也。〔禮記・喪大記〕「虞一」平議。〇一，當為匚，所以容髮也。〔說文〕「櫃，一當也」義證。〇對文則一與筥異，散文則通。〔廣雅・釋器〕「簞，一也」疏證。〇〔天官書〕一作匡，字同。〔漢書・天文志〕「斗魁戴一六星」補注。

煌 一一，鮮明貌。〔詩・大明〕「檀車一一」朱傳。〇一一，大明貌。〔東門之楊〕「明星一一」朱傳。〇一一，亦美大之意。〔說文〕「皇，大也」義證。〇一，字或作熿。〔說文〕「一，煇也」義證。〇晃晄皇一熿爌，並字異而義同。〔廣雅・釋詁四〕「晃，明也」疏證。〇魯一一作皇皇。〔詩・大明〕「檀車一一」集疏引陳喬樅。

艎 〔說文定聲・卷一八〕一即皇。〔說文新附〕「艅，一也」。

篁 一，竹叢也。〔楚辭・山鬼〕「余處幽一兮」補注引五臣。〇一，竹蘽也。〔屈賦・山鬼〕「處幽一兮」戴注。〇今人訓一為竹。〔說文〕「一，竹田也」段注。

隍 一，池之在城外者。〔說文〕「一，城池也」段注。〇一，通作湟。(同上)義證。〇〔說文定聲・卷一八〕一，字亦作堭。〔廣雅・釋室〕「堭，壂也」。〇湟、堭、一通。〔釋詁〕「一，虛也」郝疏。〇一，蓋與潢同。〔說文〕「一，城池也」句讀。

凰 一者，美也，大也。〔本草・卷四九〕

蝗 一，蟲名，一為災。〔廣韻・唐部〕〇一，古曰螽，曰蝝。〔說文定聲・卷一八〕〇一蟲本作蟲一，蟲一猶言蟲螟，亦猶〔禮〕言草茅，〔傳〕言鳥烏，〔荀子〕言禽犢，今人言蟲蟻耳。〔漢書・食貨志〕「而枯旱一蟲相因」補注引王念孫。〇〔說文定聲・卷一八〕一，字亦作蟒。〔方言一一〕「蟒謂之蚮」。〇一，當為蟥。〔說文〕「蛢，蟜一」義證。

惶 一，恐也。〔國策・燕策三〕「時一急」鮑注。〇一，悚也。〔慧琳音義・卷三〕引〔集訓〕。〇一，悚懼失次也。〔續音義・卷三〕引〔韻英〕。〇一，遽也。(同上)〇一慌，荒虛也，亦憂悼在心皃也。〔慧琳音義・卷九〕〇一恐，發語辭也。〔漢書・朱博傳〕「對言一恐」補注引周壽昌。〇皇與一通。〔廣雅・釋訓〕「一一，勮也」疏證。〇一與遑同。〔方言一〇〕「遑，遽也」箋疏。〇一與惑同。〔晏子春秋〕「君子一」雜志。〇一、惑，語之轉耳，字

亦作遑。(同上)

璜　半璧曰丨。〔禮記・禮運〕「琥丨爵」集解。○左右組之末，其玉曰丨。〔說文定聲・卷一八〕(「珩」下)○(卷一八)泮宮水半似丨，字別作黌，或亦以横為之。〔後漢・儒林傳〕注「黌，學也」。○丨，俗作黌。〔說文定聲・卷一八〕(「横」下)○丨，亦作黄。〔呂覽・舉難〕「友曰翟丨」校正。

榔　桄丨，樹名也，水中有屑如麪可食。〔文選・蜀都賦〕「麪有桄丨」集釋引劉注。○蜀有樹名桄丨，皮裏出屑如麪。(同上)集釋引〔博物志〕。○桄丨，木外皮有毛似栟櫚而散生，绖綆漬之不腐。(同上)集釋引〔臨海異物志〕。○桄丨出興古國者，樹高七八丈，其大者一樹出麪百斛。(同上)集釋引魏王〔花木志〕。○丨，檳丨。〔廣韻・唐部〕

廊　丨，廡也，殿下外屋也。〔廣韻・唐部〕○丨，但是東西廂之上有周檐、下無牆壁者，葢今所謂遊丨。〔漢書・竇嬰傳〕「陳丨廡下」補注。○小屋檐短曰丨。〔慧琳音義・卷九一〕引〔文字典說〕。○丨者，高大之稱，猶高門謂之閌矣。〔廣雅・釋宫〕「丨，舍也」疏證。○丨廡，並是堂下兩邊屋也。〔慧琳音義・卷九一〕○丨字通作郎。〔廣雅・釋宫〕「丨，舍也」疏證。○〔通雅・卷二八〕丨餐，賜食丨下也。〔五代會要〕「唐制常參官，每日朝退賜食，謂之丨餐」。

浪　丨，今但為波丨字。〔說文〕「丨，从水，良聲」段注。○樂丨，音狼。〔通雅・地輿〕

滄　丨，此字與滄略同。〔說文定聲・卷一八〕○丨滄音義同。〔說文〕「丨，寒也」段注。○丨丨，寒也，音倉。〔太素・順養〕「寒毋丨丨」楊注。○蒼、倉、丨，三字並通用。〔孟子・離婁上〕「丨浪之水清兮」焦正義引盧文弨。○丨，東海之別名也。〔慧琳音義・卷一〇〇〕○〔夏紀〕丨作蒼。〔漢書・地理志〕「又東為丨浪之水」補注。

綱　丨，网中維絡大繩也。〔說文〕「罠，釣也」繫傳。○丨者，維網之大繩也。〔說文定聲・卷一八〕○(同上)網必有丨，繩之大者為丨。〔論語〕「子釣而不丨」。○丨，以大繩屬網，絶流而漁者也。〔論語・述而〕「子釣而不丨」朱注。○丨，丨紀。〔廣韻・唐部〕○丨作岡。〔史記〕雜志。○丨應作剛。〔漢書・王子侯表〕「清河丨王子」補注引齊召南。○〔說文定聲・卷一八〕丨，叚借為綱。〔論語〕「子釣而不丨」。○丨、剛古通借。〔史記・范雎蔡澤傳〕「而伐齊丨壽」志疑。○丨，亦亢之叚借字也。〔說文〕「抗，扞也」段注。

亢　丨，喉嚨也。〔說文〕「丨，人頸也」繫傳。○丨，鳥之頸也。(同上)義證引樊光。○丨，鳥喉嚨也。〔釋鳥〕「丨，鳥嚨，其粻嗉」鄭註。○丨，星名，一名丨父。〔廣韻・唐部〕○〔說文定聲・卷一八〕角丨，義取蒼龍之頷也。〔釋天〕「壽星，角丨也」。○丨，俗作吭。〔說文〕「丨，人頸也」義證。○吭、本作丨字。(同上)繫傳。○丨，俗作肮，作吭。(同上)段注。○丨，字亦作肮，作吭。〔說文定聲・卷一八〕○丨，音剛。〔國策・齊策一〕「徑丨父之險」補正。○丨如頭，頭丨原音剛。〔通雅・天文〕○頏、丨古字通也。〔易・小過〕「已丨也」李疏。○丨踁並與迒同。〔廣雅・釋詁三〕「迒，迹也」疏證。○〔說文定聲・卷一八〕丨，叚借為頏。〔詩・燕燕〕「頡之頏之」。○(同上)丨，叚借為迒。〔廣雅・釋言三〕「丨，迹也」。○丨，當為允。〔太平御覽・皇親部一二〕引〔尚書大傳〕「丨才」述聞。

喪　凡失物則為丨。〔說文〕「丨，亡也」繫傳。○丨國，謂商國也。〔公羊傳僖公二二年〕「吾雖丨國之餘」述聞。

器　丨，同喪，死丨也。〔廣韻・唐部〕

穅　丨之言康也。〔廣雅・釋器〕「丨謂之稭」疏證。○丨與康、荒音義並通。〔漢書・諸侯王表〕「丨王昆侈嗣」補注引沈欽韓。○丨，官本作康，〔穅王傳〕作康王。〔諸侯王表〕「丨王昆侈嗣」補注。

糠　丨，穅俗字，穀皮。〔廣韻・唐部〕○丨，米皮也。〔說文〕「穅，穀皮也」義證引〔急就篇〕顔注。○丨，亦謂之蟲。(同上)○丨，諸粟穀之殻也。〔本草・卷二五〕

肓　膏下，丨。〔說文定聲・卷一八〕○丨，通作荒。〔說文〕「丨，心上鬲下也」義證。

潢　丨，積水也。〔慧琳音義・卷九三〕○積水曰丨，小曰洿，大曰丨也。〔卷五二〕○丨，潦也。〔卷九三〕○丨，水深廣貌。〔楚辭・九辯〕「然丨洋而不可帶」補注。○丨者，池也。〔說文〕「丨，積水池也」義證引〔孫子・行軍篇〕。○丨汙，停水之處。〔詩・考槃〕「考槃在澗」後箋。○丨，染黄色也。〔慧琳音義・卷八六〕引〔考聲〕。○丨，字或作湟。〔說文〕「丨，積水池」義證。○〔說文定聲・卷一八〕丨，叚借為瀇。〔春秋元命苞〕「丨主河渠」。○丨，即洸借字。〔荀子・富國〕「丨然兼覆之」集解。

簧　丨，笙中丨也。〔詩・鹿鳴〕「吹笙鼓丨」集疏引魯説。○丨，笙竽管中金葉也。〔君子陽陽〕「左執丨」朱傳。○丨，笙中金葉，吹笙則鼓動之以出聲。〔車鄰〕「並坐鼓丨」朱傳。○單言丨，亦即笙。〔釋樂〕「大笙謂之巢」郝疏。○〔說文定聲・卷一八〕丨，叚借為篁，猶竹册也。〔廣雅・釋器〕「丨，籍也」。

茫　宇宙之廣大曰丨丨也。〔慧琳音義・卷八五〕○丨然，謂不了也。〔卷五七〕○丨，通作恾。〔方言二〕「丨，遽也」箋疏。○丨與萌通。〔廣雅・釋詁一〕「萌，遽也」疏證。○丨、萌古通用。〔方言二〕「丨，遽也」疏證。○丨、萌、芒，字異聲義並同。(同上)箋疏。○莽與丨古同聲。〔淮南・内篇〕

「｜｜沈沈」雜志。○｜｜沆沆，即莽莽沆沆。（同上）

茫 ｜，滄｜。〔廣韻・唐部〕

傍 ｜與旁別，四旁四方皆當此，猶邊際也。〔說文定聲・卷一八〕○｜，左右箱也。〔太素・刺瘧節度〕「｜五胠輸各一」楊注。○｜生者，上從龍獸禽畜，下及水陸昆蟲，業倫惡趣，非人天之正道，皆曰｜生。〔慧琳音義・卷五〕○｜偟，當作方皇。〔說文〕「先祖所｜偟也」句讀。○｜偟，一作㥬偟、房皇、方皇、彷徨。〔通雅・釋詁〕○｜，當作傍。〔詩・北山〕「王事｜｜」陳疏。○｜與訪通。〔墨子・尚同上〕「下有善則｜薦之」閒詁。○〔說文定聲・卷一八〕｜，叚借為仿。〔禮記・中庸〕注「想思其｜僾之皃」。○｜，當為訪之借字。〔墨子・尚同中〕「已有善｜薦之」閒詁。○｜，古多假並為之。〔說文〕「｜，近也」段注。○｜，亦假旁為之。（同上）○｜｜，即旁旁之假借。〔詩・北山〕「王事｜｜」通釋。

㑂 ｜併聲轉。〔釋水〕「大夫方舟」郝疏。

旁 ｜亦溥也。〔易・乾〕「｜通情也」述聞。○｜之言溥也，偏也。〔繫辭上〕「｜行而不流」述聞。又〔國語・魯語〕「民｜有慝」述聞。○｜溥連語，即｜薄也。〔說文〕「｜，溥也」句讀。○〔說文定聲・卷九〕｜薄猶｜溥也。〔淮南・本經〕「｜薄衆宜」。（「薄」下）○｜者，雲｜薄也。〔說文定聲・卷九〕（「普」下）○｜，泛及也。〔禮記・少儀〕「不｜狎」集解。○｜者，廣之大也。〔廣雅・釋詁二〕「｜，大也」疏證。○｜魄，廣被也。〔莊子・逍遥遊〕「將｜礴萬物」集釋引李楨。○｜魄，即｜薄，皆謂大也。〔荀子・性惡〕「雜能｜魄」集釋引郝懿行。○〔說文定聲・卷一八〕｜魄，亦雙聲連語，猶｜溥也。〔封禪文〕「｜魄四塞」。○｜薄，一作｜礴、盤礴、｜魄。〔通雅・釋詁〕○｜辟，猶便辟，｜便雙聲字。〔荀子・議兵〕「｜辟曲私之屬」集解。○〔說文定聲・卷一八〕｜，以傍為訓。〔釋名・釋道〕「物兩為岐，在邊曰｜」。○｜，房，謂翼輔也。〔屈賦・惜誦〕「曰有志極而無｜」戴注。○｜，猶隰也。〔左傳桓公三年〕「逐翼侯於汾隰」疏證。○｜，猶偏也。〔左傳莊公二一年〕疏證。○〔攷工記・梓人〕「仄行」，即｜行也。〔說文〕「蟹，有二敖八足，｜行」段注。○｜行，｜通也。〔易・繫下〕「｜行而不流」李疏。○｜國，鄰國也。〔漢書・康居國傳〕「故為無所省以夸｜國」補注引胡注。○｜、方同。〔百官公卿表〕「十有二牧，柔遠能邇」補注。○｜讀為方，古字通用。〔莊子・人間世〕「其可以為舟者｜十數」集釋引俞樾。○｜，古通作方。〔易・繫下〕「｜行而不流」述聞。又〔廣雅・釋詁二〕「｜，廣也」疏證。○｜，亦與方通用。〔漢書・地理志〕「｜行天下」補注。○｜與方古聲義並同。〔廣雅・釋詁二〕「｜，大也」疏證。○｜與傍意同。〔漢書・李尋傳〕「｜宮闕仍出」補注。○｜與榜通。〔廣雅・釋詁四〕「榜，輔也」疏證。○〔說文定聲・卷一八〕｜，字又作滂。〔字林〕「滂濞，水暴至聲也」。○｜、彭互通。〔詩・長發〕「韋顧既伐」通釋。○｜、彭古聲義並同。〔清人〕「駟甲｜｜」通釋。○騯、｜、彭，並同義。〔廣雅・釋訓〕「彭彭，盛也」疏證。○｜｜，馳驅不息之貌。〔清人〕「駟介｜｜」朱傳。○｜，當作訪。〔墨子・襍守〕「令騎若吏行｜視」閒詁引蘇時學。○｜，字又作滂。〔說文定聲・卷一八〕○（同上）｜，以汸為之。〔荀子・富國〕「汸汸如河海」。○（同上）｜，段借為傍。〔周書・王會〕「｜天子而立于堂上」。○（同上）｜，段借為傍。〔漢書・食貨志〕注「｜，依也」。○（同上）｜，段借為榜。〔楚辭・惜誦〕「曰有志極而無｜」。○（同上）｜，段借為膀。〔考工・梓人〕「以｜鳴者」。○（同上）｜，段借為趽。〔荀子・議兵〕「｜辟曲私之屬」。○（同上）｜，段借為妄。〔禮記・少儀〕「不｜狎」。○｜，當為放之借字。〔莊子・齊物〕「｜日月」集釋。○〔說文定聲・卷一八〕｜，唐，謂借為芒碭。〔漢書〕注「文石也」。○｜光，〔史・表〕作房光。〔漢書・王子侯表〕「｜光侯殷」補注。○｜，三家作騯。〔詩・清人〕「駟介｜｜」集疏。○凡〔儀禮〕古文作｜，今文作方，凡〔尚書〕古文作方，今文作｜。〔說文〕「虞書曰，｜求孱功」段注。○｜光，俗作膀胱。〔說文〕「脬，｜光也」句讀。○〔通雅・卷六〕｜羅，一作｜蠡，歷離。〔史記〕「｜羅日月星辰」。○｜羅，連語耳。〔廣雅・釋地〕「蒔，種也」疏證。

㝑 ｜，或作㑂。〔說文〕「鬃，門內祭先祖所｜皇也」段注。○｜，或作彷。（同上）○｜，讀如滂，與溥雙聲，後人訓側，其義偏矣。〔說文〕「旁，溥也」段注。○｜午，一作逢午。〔通雅・釋詁〕○〔通雅・卷四七〕｜不肯，即蹩也。〔東坡志林〕「俗謂之｜不肯」。

汪 ｜，水深廣也。〔說文〕「｜，深廣也」義證引〔玉篇〕。○｜，水大皃也。〔慧琳音義・卷七五〕引〔古今正字〕。○｜，深廣也。〔卷五五〕引〔文字典說〕。○亭水曰｜。〔左傳桓公一五年〕「尸諸周氏之｜」洪詁引服虔。又〔僖公三三年〕「瑕覆于周氏之｜」疏證引〔通俗文〕。○｜，水停皃也。〔慧琳音義・卷七五〕引〔考聲〕。○今俗語謂小水聚曰｜。〔說文〕「｜，深廣也」段注。○｜，污池也，所停湛水也。〔慧琳音義・卷七九〕○｜濊，猶滂沱，盛皃也。〔卷九九〕引顧野王。

浲 ｜陶，即汪字。〔通雅・地輿〕

臧 ｜，善。〔詩・雨無正〕「庶曰式｜」朱傳。又〔小旻〕「謀｜不從」朱傳。又〔甫田〕「我田既｜」朱傳。○｜，善也。〔雄雉〕「何用不｜」朱傳。又〔定之方中〕「終焉允｜」朱傳。又〔還〕「揖我謂我｜兮」朱傳。又〔猗嗟〕「射則｜兮」朱傳。又〔載馳〕「視爾不｜」陳疏。又〔頍弁〕「庶幾有｜」朱傳。又〔大戴・誥志〕「國家之｜」王詁。又〔論語・子罕〕「何用不｜」劉正義。又〔屈賦・天問〕「該秉季德，厥父是｜」戴注。又〔通鑑・周紀二〕「人主自｜」音注。○｜者，善也。〔說文〕「蟄，｜也」段注。○｜，美也。〔詩・野有蔓草〕「與子偕｜」朱傳。○贓私字，古亦用｜。〔說文〕「｜，善也」段注。○納受財貨曰｜，或作贓。〔慧琳音義・卷一三〕引顧野王。○｜，賤稱也。〔墨子・大取〕「以｜為其親也」閒詁引顧千里。○｜，即｜獲之｜。（同上）閒詁。又〔經説上〕「命之—，私也」閒詁。〇—獲，奴婢稱也。〔楚辭·哀時命〕「釋管蔡而任—獲兮」補注引〔方言〕。〇〔説文定聲·卷一八〕—，讀為裝。〔説文〕「倉，穀—也」。（「倉」下）〇（同上）—者，裝也。〔説文〕「葬，—也」。（「葬」下）〇（同上）—，裝字引申之義。〔史記〕「越人蒙，字子—」。〇—即藏字正文，謂葬親。〔墨子·大取〕「以—為其親也」閒詁引畢沅。〇—，守藏者也。〔楚辭·哀時命〕「釋管蔡而任—獲兮」補注引或曰。〇—，慝也。〔尊嘉〕「辛夷兮擠—」補注。〇—與藏同。〔廣雅·釋邱〕「藏謂之壙」疏證。〇—，古藏字。〔左傳宣公一五年〕疏證。又〔荀子〕「已所—」雜志。又〔荀子·富國〕「善—其餘」集解引盧文弨。又〔解蔽〕「所以—」集解引郝懿行。〇—，即今藏字。〔説文定聲·卷九〕（「賦」下）又〔説文〕「—，善也。—，籀文」義證。〇—與藏義同。〔釋詁〕「—，善也」邵正義。〇—者，通作藏。藏，古作—，又通作戕。（同上）郝疏。〇〔義府·卷上〕—，從戕從臣，臣即賊也，而在中掩之義也。〔左傳文公一八年〕「掩賊為—」。〇藏，當作—，善也。引伸之義，善而存之亦曰—，—之之府亦曰—，俗皆作藏。〔説文〕「倉，穀藏也」段注。〇—，籀文字亦作藏，實莊之別體，借莊為裝耳，俗字亦作贓、作臟。〔説文定聲·卷一八〕〇—字當訓為壯，壯者盛也。〔詩·還〕「揖我謂我—兮」平議。〇擠—宗戕，俱一聲之轉。〔釋詁〕「寁，速也」郝疏。〇—、戕古字通用，謂羊也。〔呂覽·淫辭〕「至於藏三牙」校正。〇—，當為孟。〔左傳襄公二三年〕「則季氏信有力於—氏矣」述聞。〇—，當為減字。〔漢書·食貨志〕「有司請令民得買爵及贖禁錮免—罪」。〇〔説文定聲·卷一八〕—，叚借為裝。〔左傳文公一八年〕「掩賊為藏」。〇（同上）—，叚借為奘。〔方言一二〕「—，厚也」。〇（同上）—，叚借發聲之詞。〔楚辭·哀時命〕「釋管晏而任—獲兮」。〇官本—作藏。〔漢書·文帝紀〕「—郭穿復土屬將軍武」補注。〇—，各本作藏。〔左傳僖公二四年〕「守—者也」疏證。〇官本注—作桑。〔漢書·元帝紀〕「隕霜傷麥稼，秋罷」補注。〇—，各本作盛。〔説文〕「医，—弓弩矢器也」段注。〇—，同匪，善也，厚也。〔廣韻·唐部〕

## 琅

—，玉之生而圜者。〔説文定聲·卷一八〕〇—，—玕，石似玉。〔説文〕「—，—玕，似珠者」義證引〔玉篇〕。〇—玕，一曰石之似珠者也。（同上）義證引〔急就篇〕顔注。〇生於山者為—玕。〔説文〕「珊，珊瑚」義證引〔本草衍義〕。〇—玕，火齊珠也。〔説文〕「—，—玕，似珠者」義證引〔急就篇〕顔注。〇—玕，瑠璃之類，火齊寶也。（同上）義證引〔本草〕唐本注。〇—，即—玕，或謂之珠樹，或謂之碧樹，其赤者為珊瑚，或謂之火樹。〔屈賦·東皇太一〕「璆鏘鳴兮琳—」戴注。〇真珠謂—玕。〔漢書·地理志〕「貢球、琳、—玕」補注引段玉裁。〇古者以鐵環係罪人，謂之—當。〔漢書〕「鎖」雜志。〇—當其頸，即鎖其頸。〔漢書·王莽傳〕「以鐵鎖—當其頸」補注引王念孫。〇古者以鐵連環係罪人謂之—當，—當德即鎖德也。〔罽賓國傳〕「陰末赴鎖—當德」補注引王念孫。〇〔説文定聲·卷一八〕—，叚借為鋃，實疊韻連語。〔漢書·王莽傳〕「以鐵鎖—當其頸」。

〇〔史·表〕—作狼。〔漢書·王子侯表〕「臯—侯遷」補注。〇——，〔史記〕、〔文選〕作硠硠。〔司馬相如傳〕「——礚礚」補注。

## 蜋

〔説文定聲·卷一八〕—，或曰當作蚈父，即〔夏小正〕之匽也，此字當以〔爾雅〕—蜩為本訓。〔説文〕「—，堂—也」。〇—，蜣—蟲，一名蛣蜣。〔廣韻·陽部〕〇〔説文定聲·卷一八〕—，以良為之。〔夏小正〕「良蜩鳴」。

## 螂

—，亦作蜋。〔方言一一〕「螳—謂之髦」疏證。

## 當

—，田與田相持也。〔説文〕「—，田相值也」段注。〇或曰—者，田相值也。〔説文定聲·卷五〕（「值」下）〇—，相值也。〔國策·秦策一〕「所—未嘗不破也」鮑注。〇—，值也。〔屈賦·思美人〕「乃迅高而難—」戴注。又〔楚辭·思美人〕「羌宿高而難—」補注。〇—，敵也。〔公羊傳隱公元年〕「—國也」陳疏引孔廣森。又〔廣韻·唐部〕。又〔國策·齊策四〕「晚食以—肉」鮑注。〇—，亦敵也。〔漢書〕「恐不能與」雜志。〇—，猶敵也。〔孟子·公孫丑上〕「文王何可—也」朱注。又〔左傳成公一六年〕「不可—也」疏證引李貽德。〇—，亦對也。〔説文定聲·卷三〕（「應」下）〇—，猶對也。〔左傳文公四年〕「則天子—陽」平議。〇—，合也。〔漢書·杜周傳〕「—時為是」補注。〇—可訓為配。〔漢書〕「尚魯元公主」雜志。〇引申之，凡相持相抵皆曰—。〔説文〕「—，田相值也」段注。〇丁鼎之為—也。〔説文定聲·卷一一〕（「鍾」下）〇—，丁也。〔史記〕「勮易處」雜志。〇—字又有盛壯之義。〔釋詁〕「丁，—也」述聞。〇—年，壯年。〔墨子·非儒下〕「—年不能行其禮」閒詁。〇—年猶丁年，丁—雙聲互訓。〔漢書·司馬遷傳〕「—年不能究其禮」補注引蘇輿。〇—年，壯年也，或曰丁年。〔墨子〕「遲者」雜志。〇—路，居要地也。〔孟子·公孫丑上〕「夫子—路於齊」朱注。〇—路，—仕路也。（同上）焦正義引綦毋邃。〇謂—路而為政者。〔漢書·董仲舒傳〕「—塗之士」補注。〇—世，—世俗意也。〔韓安國傳〕「知足以—世取舍」補注。〇縣—常山，故曰—城。〔地理志〕「—城」補注引〔括地志〕。〇—，亦與也。〔廣雅·釋言〕「與，如也」疏證。〇—與親義近。〔釋言〕「膺，親也」郝疏。〇中，—也。〔管子〕「以繿緣繿」雜志。〇〔釋詞·卷六〕—，猶則也。〔墨子·辭過〕「—為宮室不可不節」。〇—，猶過也。〔離騷〕「哀朕時之不—」戴注。〇—，讀為嘗。〔墨子·天志下〕「—發吾府庫」閒詁。又〔墨子〕「法美」雜志。〇古多以—為嘗。〔荀子〕「—賢」雜志。〇—、嘗古字通。〔荀子〕「嘗有説」雜志。〇—、嘗古字通用。〔墨子·明鬼下〕「—晝日中處乎廟」閒詁。〇—、嘗字通，嘗，試也。〔非樂上〕「—為之撞巨鍾」閒詁。〇—與嘗通，嘗，試也。〔法儀〕「—皆法其父母」閒詁。〇—與償亦同義。〔史記〕「什倍其償」雜志。〇—，當作堂。〔公羊傳文公二年〕注「—所當奉事也」陳疏。〇—言，讜言。〔管子〕「—言」雜志。〇昌、讜、黨、—，并聲近而義同。（同上）〇—猶方也。〔説文定聲·卷一八〕（「將」下）〇〔釋詞·卷六〕—猶將也。〔孟子·離婁〕「—如後患何」。〇—，猶順。〔國策·趙策二〕「—世輔俗」鮑注。〇〔釋詞·

卷六〕|猶如也。〔墨子・明鬼〕「|齊之有社稷」。○古者如與|同義。〔史記〕「如」雜志。○|，|於理也。〔漢書・孝成趙皇后傳〕「天下以為|」補注。○|，讀如奏|之|。〔孟子・萬章下〕「曰會計|而已矣」焦正義引孫星衍。○|者，以之自任也。〔漢書・霍光傳〕「桑弘羊|與諸大臣共執退|」補注引胡注。○|，當作富。〔韓子・飭令〕「案兵不攻必|」集解引顧廣圻。○|若，猶言|如。〔墨子・尚同中〕「|若尚同」閒詁。又〔兼愛下〕「|若兼之」閒詁。○|羊即尚羊也。〔廣雅・釋訓〕「徜徉，戲蕩也」疏證。○|，當作常。〔公羊傳文公二年〕注「當所|奉事也」陳疏。○|，猶言是也。〔墨子・經說上〕「|牛非馬」閒詁。○|，是嘗之借字。〔荀子・性惡〕「今|試去君上之執」集解。○|讀為嘗，同聲叚借字，嘗試也。〔墨子・兼愛上〕「|察亂何自起」閒詁。○|賢即嘗賢，作|者，借字耳。〔荀子・君子〕「先祖|賢」集解引王念孫。○〔說文定聲・卷一八〕|，叚借為尚。〔荀子〕「先祖|賢」。○自|，〔史記〕作自如，如|義同。〔漢書・李廣傳〕「廣軍自|」補注。○|，別本作嘗。〔呂覽・疑似〕「戎寇|至」校正。○|，官本作堂。〔漢書・郊祀志〕「|上之屬」補注。○|户，匈奴官名。〔霍去病傳〕「得相國、|户」補注。○|，謂棺前後蔽也。〔廣雅・釋器〕「其|謂之牀」疏證。○|兔，其|兩轐閒謂之|兔。〔說文定聲・卷六〕〔「輹」下〕○輹葍於兩伏兔閒者，名曰|兔。〔說文〕「轐，車伏兔也」段注。○|鮔，鰫也。〔通雅・魚〕○|歸，本非芹類，特以華葉似芹，故得芹名，|歸調血，為女人要藥，有思夫之意，故有|歸之名。〔本草・卷一四〕

**璫** |，耳飾也。〔慧琳音義・卷九二〕

**庠** |，學名。〔孟子・梁惠王上〕「謹|序之教」朱注。○|，周曰序，周家又兼用之，鄉為|，里為序，家為塾。〔漢書・食貨志〕「於里有序而鄉有|」補注引〔御覽〕。○|，官舍也。〔廣雅・釋宮〕「|，官也」疏證。○|者，養也。〔通鑑・漢紀二四〕「設|序」音注。○|，訓為養，序訓為財，皆是教導之名，初無別異也。〔廣雅・釋詁一〕「|，養也」疏證。○〔說文定聲・卷一八〕|，叚借為痒。〔廣雅・釋詁四〕「|，傷也」。

**裳** |，下服。〔論語・子罕〕「子見齊衰者，冕衣|者與瞽者」朱注。○上曰衣，下曰|。〔大戴・五帝德〕「黼|」王詁。○古者|亦得通稱衣。〔漢書・石奮傳〕「取親中帬廁腧」補注。○|，當謂之下帬，俗亦呼|為帬。〔說文定聲・卷一五〕〔「帬」下〕○|、衣，平居之服也。〔詩・東山〕「制彼|衣」朱傳。○|、常一字。〔裳裳者華〕「||者華」陳疏。○|與常同字。〔同上〕通釋。○||，古本作常。〔同上〕朱傳引董氏。○||，猶堂堂。〔同上〕朱傳。○||，魯、韓作常。〔同上〕集疏。

**昂** |，舉也。〔廣韻・唐部〕○||，馬行貌。〔楚辭・卜居〕「寧||若千里之駒乎」補注引五臣。○||，志行高也。〔同上〕補注。○|，當為卬。〔說文〕「儼，|頭也」義證。

**鶊** |，字亦鶬，其色白，故屬西方。〔說文定聲・卷一八〕○|，同鶬，鶬鶬。〔廣韻・陽部〕

**鄣** |，壅也。〔楚辭・哀郢〕「妒被離而|之」補注。○|與障同。〔管子〕「阮而不遂」雜志。○〔說文定聲・卷一八〕|，叚借為墇。〔禮記・祭法〕「鯀|洪水」。○|字乃障之叚字。〔左傳昭公一九年〕「莒子奔紀|」平議。

**障** |，隔也。〔廣韻・陽部〕○|者，開通之反。〔禮記・月令〕「毋有|塞」集解。○|，日光上進皃。〔集韻・陽部〕○|汗，亦曰弇汗。〔說文〕「韐，防汗也」義證引〔初學記〕。

**餹** |，|餅，黍膏餅。〔廣韻・唐部〕

**糛** |，同糖，飴也。〔廣韻・唐部〕

**瘍** |，頭瘡而在身也。〔說文〕「|，頭瘡也」繫傳。○凡在頭身及四肢者，並謂之|。〔周禮・醫師〕「凡邦之有疾病者，疕|者造焉」孫正義。○|為凡創癰之通名。〔冢宰〕「|醫」孫正義。○|醫者，今之外科醫也。〔同上〕○〔說文定聲・卷一八〕|，叚借為蛘。〔禮記・曲禮〕「頭有創則沐，身有|則浴」。

**鏘** |，鏗|。〔廣韻・陽部〕○鎗、瑲、將、|、鶬，並字異而義同。〔廣雅・釋詁四〕「鎗，聲也」疏證。○蹡、蹌、鶬、|，並字異而義同。〔釋訓〕「蹡蹡，走也」疏證。○蹩、鶬、|，皆同音借字。〔文選・魏都賦〕「||濟濟」集釋。○||，今〔禮記〕作蹌蹌。〔同上〕集釋。○今〔詩〕|作將，古字也。〔漢書・禮樂志〕「磬管||」補注引錢大昭。

**鏜** |，字从金，當訓鐘聲。〔說文定聲・卷一八〕○|，擊鼓聲也。〔詩・擊鼓〕「擊鼓其|」朱傳。○其實鼞闛|三字，或為鼓聲，或為鐘聲，或為盛皃，統作堂亦無不可。〔說文定聲・卷一八〕○|，亦鼞也。〔說文〕「鼞，鼓聲也」段注。○|，以鐵貫物。〔廣韻・唐部〕○|鞳，一作鏜鞳、闛閣、闛鼘，鐘鼓聲也。〔通雅・釋詁〕○〔說文定聲・卷一八〕〔毛詩〕借|為鼞。〔說文〕「|，鐘鼓之聲」。○|為叚借，三家詩作鼞，本字也。〔詩・擊鼓〕「擊鼓其|」通釋。○|，齊、韓作鼞。〔同上〕集疏。

**尣** |，曲脛，俗作尢。〔廣韻・唐部〕○|，一足跛曲也。〔說文〕「|，跛曲脛也」繫傳。○|，尫字。〔說文〕「瘇，脛氣腫」繫傳。

**尢** |，引申之為曲脊之偁。〔說文〕「|，尫也」段注。○〔說文定聲・卷一八〕|，字亦作尩。〔荀子・王霸〕「百姓賤之如尩」。○〔同上〕|，或作彭。

〔易・大有〕虞本「匪其尩」。

**尩** —，—弱。〔廣韻・唐部〕○—，破也。〔續音義・卷一〕引〔考聲〕。○—與匡亦聲義同。〔廣雅・釋詁四〕「軭，鎑也」疏證。○—，〔釋文〕一本作尪。〔左傳成公一六年〕「潘—」洪詁。○—，又或作尫。〔說文〕「—，尣古文从㞷」義證。○—，或借匡字。（同上）○—，弱也。〔慧琳音義・卷四八〕又〔通鑑・齊紀一〇〕「比纏—疢」音注。○—，今作尫，弱也，亦小也。〔慧琳音義・卷四三〕○—，弱也。〔通鑑・宋紀三〕「汝曹視此人—纖儒弱」音注。○—，弱也，本作尢。〔慧琳音義・卷一六〕引〔韻詮〕。○短小曰—。（同上）引〔通俗文〕。○—，謂不能俯。〔左傳僖公二一年〕「公欲焚巫—」疏證。

**硠** —，礚，石聲。〔說文〕「—，石聲」義證引〔玉篇〕。又〔廣韻・唐部〕。○—，當訓為清澈之聲，非石聲。〔說文〕「硠，石聲」段注。○—，以音求義則當為硠。（同上）○〔說文定聲・卷一八〕—，今本誤作硠。〔釋名〕「雷，—也」。

**桁** —，械也。〔廣韻・唐部〕○木在足曰械，大械曰—。〔集韻・唐部〕○穿木加足曰械，大械曰—。〔慧琳音義・卷一七〕引〔通俗文〕。○—，衣架也。〔卷六〇〕引〔考聲〕。○—，衣竿也，亦衣架也。〔卷六一〕引〔韻英〕。

**杭** —即航字，舟所以渡，故謂渡為杭。〔詩・河廣〕「一葦—之」後箋引段玉裁。○—，度也。（同上）朱傳。又〔屈賦・惜誦〕「魂中道而無—」戴注。○—，航同。〔方言九〕「舟或謂之航」箋疏。○—與航同。〔楚辭・惜誦〕「魂中道而無—」補注。○—，亦訓蔽。〔詩・河廣〕「一葦—之」平議。○—，在〔說文〕為抗之或字，有舉而加之之意。（同上）後箋。○〔說文定聲・卷一八〕—，叚借為瀩。〔太元・劇〕「蔽于天—」。○—，魯作斻。〔詩・河廣〕「一葦—之」集疏。

**頏** 飛而下曰—。〔詩・燕燕〕「頡之—之」朱傳。○飛而上曰—。（同上）後箋引段注。○毛傳曰「飛而下曰—」，當作飛而上曰—。〔說文〕「亢，人頸也」段注。○—之言亢，高也，舉也。〔詩・燕燕〕「頡之—之」通釋。○—，頡—。〔廣韻・唐部〕○〔說文定聲・卷一八〕頡—，直上直下之皃。〔淮南書〕「嚴志頡—之行」。○〔淮南書〕「嚴志頡—之行」，—即斻也。〔說文〕「斻，直項莽斻皃」段注。

**牂** 白羊曰吳羊，多無角。黑羊曰夏羊，多有角，白。或通稱為—。〔說文定聲・卷一八〕○—，牝羊。〔廣韻・唐部〕○牝羊曰羜，曰—。〔本草・卷五〇〕○—羊，牝羊也。〔詩・苕之華〕「—羊墳首」朱傳。○—然，盛貌也。〔慧琳音義・卷四四〕○——，盛貌。〔詩・東門之楊〕「其葉——」朱傳。○——、將將，並與藏藏同。〔廣雅・釋訓〕「藏藏，茂也」疏證。○—，字亦誤作牂。〔說文定聲・卷一八〕○—，字或作牂。〔說文〕「—，牡羊也」義證。○—牁，弋也，所以繫縻綆。〔說文〕「蒦，—蒦，可以作縻綆」義證。○—牁，音近臧戈，繫船橛也。〔通雅・地輿〕○—者，杙長大——然也。〔廣雅・釋宮〕「牂牁，杙也」疏證。○牂牁，字本作—柯。（同上）○——，為將將之假借，盛貌。〔詩・東門之楊〕「其葉——」通釋。○—，齊作將。（同上）集疏。

**⿰牜羊** —然，盛皃。〔慧琳音義・卷五二〕○—，為牂之別體。〔文選・難蜀父老〕集釋。○—牁，〔漢志〕作牂柯。〔說文〕「牂，—牁縣」義證。

**湟** —、堭、隍通。〔釋詁〕「隍，虛也」郝疏。○〔說文定聲・卷一八〕—，叚借為潢。〔夏小正〕「—潦生苹」。○（同上）—，叚借為隍。〔七發〕「—池紆曲」。

**滂** —者，沛也。〔說文・上說文書〕「渥衍沛—」段注。○—，水廣及皃。〔說文〕「—，沛也」繫傳。○—沛，大水流溢也。〔慧琳音義・卷七八〕○磅—義同。〔廣雅・釋詁四〕「磅，聲也」疏證。○—，亦與雱同。〔釋訓〕「雱雱，雪也」疏證。○—人，當作榜人。〔淮南・時則〕「令—人入材葦」平議。○〔說文定聲・卷一八〕—，叚借為舫。〔淮南・時則〕「令—人入材葦」。○〔史記〕—作澎。〔漢書・司馬相如傳〕「—濞沆溉」補注。○—池，即—沱。〔通雅・釋詁〕

**桹** 郁—，即郁郎也。〔漢書・王子侯表〕「郁—侯驕」補注引沈欽韓。○—，桄—，木名。〔廣韻・唐部〕○郁—，〔史・表〕作郁狼。〔漢書・王子侯表〕「郁—侯驕」補注。

**溏** —，食消，利也。〔太素・經脈之一〕「—」楊注。

**碭** 以—名山，又以—名縣，本為文石之名。〔說文〕「—，文石也」段注。

**筤** —，車籃，一名笑笑。〔廣韻・唐部〕○—，一曰籃也。〔集韻・唐部〕○—之言良也。〔廣雅・釋器〕「—謂之笑」疏證。○郎與—通。（同上）○〔說文定聲・卷一八〕—，以郎為之。〔釋名〕「車弓上竹曰—」。

**禳** —，除殃祭也。〔通鑑・晉紀二三〕「秦羣臣奏請—災」音注。○—，祭以除禍也，謝也。〔慧琳音義・卷七六〕引〔考聲〕。○〔說文定聲・卷一八〕—，謂禳除也。〔周禮・女祝〕注「卻變異曰—」。○—之為言攘也。〔說文〕「—，磔—祀除癘殃也」繫傳。

**攘** —，除也。〔太素・調陰陽〕「因於濕首如裹—」楊注。○—，止除也。〔慧琳音義・卷七七〕引〔考聲〕。○—，卻也。〔大戴・保傅〕「故切而不—」王詁。又〔詩・甫田〕「—其左右」後箋引〔詩緝〕。○〔說文定聲・卷一八〕—，猶舍也。〔離騷〕「忍尤而—垢」。○—，拒也，推也。〔慧琳音義・卷七七〕引〔考聲〕。○—，推也，猶拓。〔國策・趙策二〕「十年—地」鮑注。○—，言推臂前也。〔齊策六〕「交游—臂而議於世」鮑注。○—，為援袂出

臂。〔詩・甫田〕「|其左右」後箋引〔六書故〕。○|臂，謂除衣袖，謂出臂也。〔慧琳音義・卷四八〕○|，謂除去衣袂而出臂也。〔卷二三〕引顧野王。○〔說文定聲・卷一八〕|，謂推手使前，拱揖之容也。〔說文〕「|，推也」。○|，揖|也。〔說文〕「揖，讓也」義證引〔玉篇〕。○|，乃揖讓字。〔說文〕「纕，|臂也」段注。○|，古讓字。〔禮記・曲禮〕「左右|辟」集解。○凡退讓用|。〔說文〕「|，推也」段注。○|，經典通用讓。〔說文〕「揖，讓也」義證。○凡三揖三|字。經傳多以讓為之。〔說文定聲・卷一八〕○引申之，使人退讓亦用|。〔說文〕「|，推也」段注。○古者讓、|同聲，字亦通用。〔廣雅・釋詁二〕「讙，讓也」疏證。○|，古讓字。〔詩・甫田〕「|其左右」後箋引孔顨。○揖讓字，古作|，譙讓字，古作讓，|臂，|羊字，古作纕敭。〔漢書・禮樂志〕「盛揖|之容」補注引錢大昭。○擾|字古用孃。〔說文〕「孃，煩擾也」段注。○〔說文定聲・卷一八〕|，謂容止掩者，斂手也。〔方言一二〕「|，掩止也」。○|，取。〔詩・甫田〕「|其左右」朱傳。○|，取也。〔文選・離騷經〕「忍尤而|詬」補正。○|，猶取。〔國策・齊策五〕「則名號不|而至」鮑注。○奪取曰|，竊取曰|。〔詩・甫田〕「|其左右」後箋。○|，剔。〔皇矣〕「|之剔之」朱傳。○|，遽也。〔楚辭・九辯〕「逢此世之俇|」補注。○|，狂也。〔同上〕○|，音穰。〔詩・甫田〕「|其左右」朱傳。○|，字亦作儴。〔說文定聲・卷一八〕○|與纕聲近義同。〔廣雅・釋器〕「絭謂之纕」疏證。○〔說文定聲・卷一八〕|，段借為禳。〔禮記・月令〕「九門磔|」。○〔同上〕|，段借為穰。〔公羊傳僖公四年〕「|夷狄」。○〔同上〕|，段借為孃。〔魯語〕「而大|諸夏」。○〔同上〕|，段借為驤。〔舞賦〕注引〔埤蒼〕「|，疾行兒」。○〔同上〕|，段借為囊。〔離騷〕「忍尤而|垢」。○〔同上〕|，段借為纕。〔論語〕「其父|羊」。○凡云|地、|夷狄，皆襄之假借字也。〔說文〕「襄，漢令，解衣而耕謂之襄」段注。○|即毀之假借。〔說文〕「毀，亂也」句讀。

## ⿰襄攴

|，敓也。〔集韻・陽部〕○|，盜也。〔廣韻・陽部〕

## 蹌

|，動也。〔慧琳音義・卷五二〕○|，頭至地也。〔卷七八〕○|，趨翼如也。〔詩・猗嗟〕「巧趨|兮」朱傳。○蹡|鶬鏘，並字異而義同。〔廣雅・釋訓〕「蹡蹡，走也」疏證。○||，舒揚貌。〔禮記・曲禮〕「士||」集解。○濟濟、||，言有容也。〔詩・楚茨〕「濟濟||」朱傳。

## 鶬

|，今呼|鴰。〔說文〕「|，麋鴰也」繫傳。○|，即|鴰也。〔釋鳥〕「|，麋鴰」鄭註。○|鴰，鄙俗名為錯落。〔文選・西都賦〕「|鴰鴇鶂」集釋。○|，|鶊，鳥名。〔廣韻・唐部〕○||，謂容貌舒揚，|與蹌同。〔儀禮・士冠禮〕「左手執前進容」胡正義。○鎗瑲將鏘|，並字異而義同。〔廣雅・釋詁四〕「鎗，聲也」疏證。○蹡蹌|鏘，並字異而義同。〔釋訓〕「蹡蹡，走也」疏證。○||，猶瑲瑲也。〔詩・烈祖〕「八鸞||」集疏。○|，韓、魯作|，齊作瑲，毛原作鎗。〔載見〕「肇革有|」集疏。

## 瀼

||，露蕃貌。〔詩・蓼蕭〕「零露兒||」朱傳。○||，亦露多貌。〔野有蔓草〕「零露||」朱傳。○||，露也，或作⿱雨襄。〔集韻・陽部〕○|與⿱雨襄同。〔廣雅・釋訓〕「⿱雨襄⿱雨襄，露也」疏證。○〔說文定聲，卷一八〕|，作穰可也。〔海賦〕「||溼溼」。○|，音壤。〔詩・蓼蕭〕「零露||」朱傳。○|，水淤也，或从土。〔集韻・養部〕○|，水流兒，或从曩。〔蕩部〕

## ⿱雨襄

|，同瀼，露濃兒。〔廣韻・陽部〕

## 瓤

|，瓜實也。〔廣韻・陽部〕

## 枋

|，檀木也。〔說文〕「橿，|也」義證引〔字書〕。又〔說文〕「|，木可作車」繫傳。○蜀人以木偃為|。〔同上〕○|，木名，蜀以木偃魚為|。〔廣韻・陽部〕○|與舫同。〔釋水〕「庶人乘泭」郝疏。○〔說文定聲・卷一八〕|，段借為方，實為泭。〔後漢・岑彭傳〕「|箄」。○〔同上〕|，段借為柄。〔儀禮・士冠禮〕「面|」。○〔禮〕、〔周官〕皆以|為柄。〔說文〕「|，|木」段注。○|，〔周禮〕以為柄字。〔說文〕「|，木可作車」繫傳。

## 螗

|，蓋蟬之大者。〔說文〕「蜩，蟬也」段注。○|，當依〔小正〕作唐。〔同上〕段注。

## 搶

|，突也。〔國策・魏策四〕「以頭|地耳」鮑注。○|，拒也，突也。〔廣韻・陽部〕○|攘，亂兒。〔集韻・庚部〕○|攘，不安貌。〔說文〕「槍，一曰槍欀也」義證引〔白帖〕。○|，當為槍。〔說文〕「歫，止也，一曰|也」義證。○|，當為蹌。〔說文〕「踢，一曰|也」義證。

## 戕

|，殺也。〔廣韻・陽部〕○|，害也。〔詩・十月之交〕「曰予不|」朱傳。又〔大戴・武王踐阼〕王詁。○|，為加虐殺之。〔左傳宣公一八年經〕「邾人|鄫子于鄫」疏證。○|與牂通，杙也。〔國策・楚策一〕「有狂兕牂車」補注。○|，|牁，亦作牂。〔廣韻・唐部〕○|戕，橛也。〔集韻・陽部〕○〔說文定聲・卷一八〕|，字亦誤作戕。〔孫根碑〕「大虐戕仁」。○〔熹平石經〕|作近。〔書・盤庚〕「汝有|」孫疏。

## 螳

|，|螂，兩臂如斧，當轍不避，故得當郎之名。〔本草・卷三九〕○|蜋，沛魯以南謂之蟷蠰，三河之域謂之|蜋，燕趙之際謂之食庬，齊濟以東謂之馬敫。〔說文〕「蛸，蟲蛸，堂蜋子」段注引王瓚問。

## 蟷

|，螗螂別名。〔說文〕「|，|蠰，不過也」段注。○|蠰，螗螂別名。〔同上〕○|蠰，疊韻連語，本訓當為〔爾雅〕之螗蜩。〔說文定聲・卷一八〕○|，字亦作螗、作螳。〔同上〕

## 宋

|，屋梁。〔廣韻・陽部〕○梁，屋上梁也，一名|。〔說文〕「|，棟也」義證引〔急就篇〕顏注。○〔說文定聲・卷一八〕|，以望為之。〔釋名〕「檼或謂

之望，言高可望也」。○｜，屋大梁也。〔說文〕「｜，棟也」繫傳。

**踉** ｜，跳｜。〔廣韻・陽部〕○｜｜，｜蹡，行皃。（同上）○｜蹡，欲行也。〔集韻・陽部〕○今書良作｜。〔莊子・徐無鬼〕「｜位其空」集釋引盧文弨。

**眶** ｜，眼｜也。〔說文〕「眥，目匡也」義證引〔玉篇〕。○目郭曰｜，一作匡。〔通雅・諺原〕。

**煬** ｜，暘也。〔說文〕「｜，炙燥也」繫傳。○｜，炙燥也。〔楚辭・自悲〕「觀天火之炎｜兮」補注。○｜，爍金也，或作烊。〔集韻・陽部〕○｜之言揚也。〔廣雅・釋詁二〕「｜，爇也」疏證。○〔史・表〕｜作殤。〔漢書・高惠高后文功臣表〕「｜侯程嗣」補注。

**鍚** ｜，兵名。〔廣韻・陽部〕○馬眉上飾曰｜，今當盧也。〔詩・韓奕〕「鉤膺鏤｜」朱傳。○｜鍚亦與揚通。〔方言二〕「驢瞳之子，或謂之揚」箋疏。○陽｜聲義亦同。〔廣雅・釋魚〕「鰑，鮦也」疏證。○｜，齊、韓作鐊。〔詩・韓奕〕「鉤膺鏤｜」集疏。

**鐊** 〔說文定聲・卷一八〕｜，字亦作鍚。〔左傳文公一一年〕「至于鍚穴」。○｜，字或作鍚。〔說文〕「｜，馬頭飾也」義證。○｜，俗謂之當顱。（同上）義證引〔急就篇〕顏注。

**稂** ｜，童粱。〔詩・下泉〕「浸彼苞｜」朱傳。又〔大田〕「不｜不莠」朱傳。○｜，童粱也。〔集韻・陽部〕○｜，守田也，俗呼鬼稻。〔釋艸〕「｜，童粱」鄭註。

**蓈** ｜，莠類也。〔說文〕「｜，禾粟之采生而不成者謂之董｜」繫傳。○〔說文定聲・卷一八〕｜，叚借為莨。〔詩・下泉〕「浸彼苞稂」。

**菖** 所謂蘭蓀，即今｜蒲也。〔說文〕「茚，昌蒲也」義證引〔夢溪筆談〕。○｜蒲，香草。（同上）義證引〔劉氏新論〕袁注。○｜蒲，艸名，蓀也，通作昌。〔集韻・陽部〕

**鐺** 〔說文定聲・卷一八〕鎖曰鋃｜。〔說文〕「｜，鋃｜」。○鬴有足曰｜，宜為此字本訓。〔說文定聲・卷一八〕○｜，鋃｜。〔廣韻・唐部〕

**洸** ｜，水皃。〔說文〕「｜，水涌光也」義證引〔韻譜〕。○｜，水涌也。〔集韻・唐部〕○｜，水皃。〔說文〕「｜，水涌光也」義證引〔玉篇〕。○｜，武貌。〔詩・谷風〕「有｜有潰」朱傳。○｜｜，武貌。〔江漢〕「武夫｜｜」朱傳。○〔通雅・卷一〇〕｜｜，言其狀多而動容也。〔詩〕「武夫｜｜」。○｜洋、一作潢洋、瀇瀁、潢漾，通為曠漾、罔養。〔通雅・釋詁〕○狐祥、孤傷、瀇瀁、潢漾、｜洋、瀇洋，並與潢洋同。〔廣雅・釋訓〕「潢潒，浩盪也」疏證。○｜｜，當作浩浩。〔荀子・宥坐〕「其｜｜乎」集解引王念孫。○｜，音光。〔詩・谷風〕「有｜有潰」朱傳。○｜，字亦作滉。〔說文定聲・卷一八〕○｜｜，當為僙僙之同音假借。〔詩・江漢〕「武夫｜｜」通釋。○｜，魯作僙，齊作潢，韓作趪。（同上）集疏。

**閶** ｜，此字本訓門，後遂以為天門。〔說文定聲・卷一八〕○楚人名門曰｜闔。〔屈賦・離騷〕「倚｜闔而望予」戴注。○宮之正門曰｜闔。〔說文〕「｜，天門也」義證引「三輔黃圖」。○宮牆兩藩正南開如門象者，名｜闔。〔離騷〕「倚｜闔而望予」補注引〔天文大象賦〕。○｜即鼚也。〔說文〕「鼚，鼓聲也」段注。

**瑲** ｜，玉聲。〔廣韻・陽部〕○｜｜，聲也。〔詩・采芑〕「八鸞｜｜」朱傳。○｜｜，鑾聲。（同上）集疏。○有｜，猶｜｜。〔采芑〕「有｜蔥珩」集疏。○鎗｜將鏘鶬，並字異而義同。〔廣雅・釋詁四〕「鎗，聲也」疏證。○｜，亦作鎗。〔說文〕「詩曰攸革有｜」段注。○有｜，今〔詩〕作有鶬。（同上）○〔說文定聲・卷一八〕｜，以鎗為之。〔禮記・玉藻〕「然後玉鏘鳴也」。○｜，或借鎗字。〔說文〕「｜，玉聲也」義證。○｜，又借將字。（同上）○｜，又借鏘字。（同上）

**蹡** ｜蹌鶬鏘，並字異而義同。〔廣雅・釋訓〕「｜｜，走也」疏證。

**⿱將足** ｜，同蹡。〔廣韻・陽部〕○｜與蹡同。〔廣雅・釋訓〕「蹡蹡，走也」疏證。○｜，容止貌也。〔說文〕「｜，行皃」義證引〔三蒼〕。○｜，敬也。（同上）○〔禮〕言行容者，皆｜為正字，蹌為叚借字。〔說文〕「｜，行皃」段注。○｜，或借鏘字。（同上）義證。○〔說文定聲・卷一八〕｜，叚借為莊，實為妝。〔三蒼〕「｜，敬也」。○｜｜，今〔詩〕作將將。〔說文〕「｜，詩曰，管磬｜｜」段注。

**纕** ｜，收衣袖絭。〔說文〕「｜，援臂也」義證引〔玉篇〕。○｜，馬腹帶。〔廣韻・陽部〕○｜，通作攘。〔說文〕「｜，援臂也」義證。○〔說文定聲・卷一八〕｜，字又變作壤。〔晉語〕「亡人之所懷挾嬰壤」。○（同上）｜，以攘為之。〔孟子〕「攘臂下車」。○｜，各本作攘。〔說文〕「絭，｜臂繩也」段注。

**彭** ｜｜，多貌。〔詩・載驅〕「行人｜｜」朱傳。○｜｜，即騯騯，謂馬盛也。〔駉〕「以車｜｜」通釋。○｜、旁古通用。〔北山〕「四牡｜｜」通釋。○〔說文定聲・卷一八〕｜，或曰字亦作⿱彭衣。〔書・大傳〕「儀伯樂舞⿱彭衣哉」。

**蘉** ｜，勉也。〔廣韻・唐部〕○｜，訓勉，勉與明、孟通字。〔書・洛誥〕注「｜，勉也」孫疏。○｜，亦或為薨，聲近明，明即勉也。〔洛誥〕「汝乃是不｜」孫疏。○｜，即寢也。（同上）

**蔣** ｜，菰也。〔說文〕「｜，苽｜也」義證。○｜，菰，蒲草也。（同上）義證引〔古文苑・僮約〕。○｜，苽草也。（同上）繫傳。○｜，菰，蒲草也。〔漢書・司馬相如傳〕「｜芧青薠」補注。○〔說文定聲・卷一八〕｜，其米曰雕胡。〔說文〕「｜，苽｜也」。○｜，謂藿葦色青而華之時。〔大戴・夏小正〕「荼，藿葦之秀，為｜褚之也」王詁。○｜，薦也。〔說文〕「⿱竹將，剖竹未去節謂之⿱竹將」義證引〔晉陽秋〕。○〔說文定聲・卷一八〕｜，叚借為薦，為藉，藉薦｜皆雙聲。〔夏小正〕傳「荼也者，以為君薦｜也」。

斨　—，方銎。〔詩・七月〕「取彼斧—」朱傳。○方銎曰—。〔破斧〕「又缺我—」朱傳。○凡斧皆隋銎，其方者—。〔說文定聲・卷一八〕○—，斧—，皆斧，豳人用以取桑，非兵器也。〔詩・破斧〕「又缺我—」後箋引〔稽古編〕。

亡　—，音隱。〔說文〕「—，逃也」繫傳。○—，當為伦。〔說文〕「遂，—也」義證。○—，逃—也。〔通鑑・周紀四〕「追—逐北」音注。○逃去為—。〔周紀五〕「不如—秦」音注。○—其夫者，背夫而逃也。〔史記・張耳陳餘傳〕「嫁庸奴，—其夫」志疑。○—，謂出奔也。〔左傳襄公二七年〕「幸而後—」述聞。○—，去國也。〔國策・中山策〕「中山君—」鮑注。○以罪去國曰—。〔東周策〕「宮他—西周」鮑注。○—，訓出—之—。〔漢書・張耳傳〕「—邸父客」補注引朱一新。○—，滅也。〔大戴・盛德〕「國必—」王詁。○—，猶失也。〔孟子・梁惠王下〕「樂酒無厭謂之—」朱注。○引申之則謂失為—。〔說文〕「亾，逃也」段注。○—度，失度也。〔周書〕「盡忘吾其度」雜志。○—，謂喪地。〔國策・韓策三〕「以燕—於齊」鮑注。○—，—國也。〔韓策三〕「陳蔡—於楚」鮑注。○—，謂社主—也。〔漢書・郊祀志〕「宋大丘社—」補注。○引申之亦謂死為—。〔說文〕「—，逃也」段注。○—，不在也。〔荀子〕「制與在此—乎人」雜志。○—與不在同義。〔穀梁傳成公七年〕「乃者—乎人之辭也」述聞。○—，即去也，即不在。〔詩・葛生〕「予美—此」通釋。○—，謂存—之—。〔禮記・檀弓〕「—於禮者之禮也」述聞。○—，讀存—之—，—者，不在也。〔穀梁傳僖公三一年〕「—乎人之辭也」述聞。○—，謂出在國外者。〔禮記・坊記〕「先—者而後存者」集解。○—命，避禍自逃其命。〔漢書・張耳傳〕「嘗—命遊外黃」補注引劉奉世。○—，猶已也。〔詩・綠衣〕「曷維其—」述聞。○—，無也。〔論語・子張〕「日知其所—」朱注。又〔大戴・主言〕「使處者恤行者有興—」王詁。又〔衛將軍文子〕「—汲汲」王詁。又〔盛德〕「—德法」王詁。又〔禮記・檀弓〕「稱家之有—」集解。又〔淮南子書後〕引〔說林篇〕「賊心—也」雜志。○—、無通。〔墨子・明鬼下〕「若使鬼神請—」閒詁。○—、無同。〔國策・齊策一〕「君曰—」鮑注。○—同無。〔墨子・非命中〕「意—昔三代之暴不肖人也」閒詁引畢沅。○—、無同字。〔公孟〕「愈於—」閒詁。○—，古無字。〔明鬼下〕「知有與—」閒詁。○—與無同。〔詩・谷風〕「何有何—」陳疏。又〔論語・雍也〕「今也則—」朱注。○—，讀為無。〔論語・述而〕「—而為有」朱注。又〔義府・卷上〕。○—，當讀為無。〔左傳哀公三年〕「舊章不可—也」洪詁。○—，讀作無。〔論語・子張〕「焉能為—」朱注。○—，讀如無。〔莊子・外物〕「—其略弗及邪」集釋。○—，讀如無，或言—，或言—其，皆其轉語也。〔史記〕「—其」雜志。○凡言—其者，皆轉語詞也。（同上）○—其，猶—乃。〔國策・秦策三〕「—其言臣者將賤而不足聽邪」補注。○—其，猶得—。（同上）鮑注。○—與無古通用。〔釋言〕「靡，無也」邵正義。○—與無古字通。〔漢書〕「—如也」雜志。○無慮亦大數之名，或作—慮。〔廣雅・釋訓〕「無慮，都凡也」疏證。○—賴，無所恃以資生，如今游手白徒也。〔漢書・高帝紀〕「始大人常以臣—賴」補注引周壽昌。○—，猶言無病也。〔墨子・經說上〕「治病，—也」閒詁。○或言意，或言意亦，或言意—，或言無意，或言—意亦，皆轉語詞也。〔史記〕「—其」雜志。○—意亦者，意亦也。意亦者，抑亦也。（同上）○—鄂，猶無垠。〔漢書・楊雄傳〕「紛被麗其—鄂」補注。○—無荒幠通用。〔呂覽・知接〕「無由接而言見謊」校正。○—與毋同。〔漢書・趙充國傳〕「得—效五年時不分別人而并繫我」補注。○—、毋古自通用。〔爰盎傳〕「絲能日飲，—何」補注。○—與罔同。〔周書〕「—不綏于卹」雜志引王引之。○央—與鞅罔同。〔廣雅・釋訓〕「鞅罔，無賴也」雜志。○—，忘也。〔大戴・勸學〕「殆教—身」王詁。○—、忘通。〔墨子・大取〕「死—親」閒詁。○—與忘通。〔經說上〕「身處志往，存—也」閒詁。又〔孟子・告子下〕「然而不—者」焦正義。○—，讀為忘。〔韓子・說林下〕「而—其富之涯乎」集解。○—讀若忘。〔難四〕「—臣而不後君」集解。○—當作忘。〔十過〕「是—楚國之社稷」集解引顧廣圻。○己當作—，—與忘同。〔管子〕「己無己」雜志。○—即忘也。〔禮記・檀弓上〕「—則弗之忘矣」述聞。○—即忘字也。〔詩・角弓〕「至于己斯—」述聞。○—當讀如忘。（同上）通釋。○—如，猶云蔑如。〔漢書〕「—如也」雜志。○—與芒通。〔方言一三〕「芒，滅也」箋疏。○—當讀為芒。〔孟子・梁惠王下〕「樂酒無厭謂之—」平議。○—，進也。〔廣韻・陽部〕○—，當為有。〔漢書・梅福傳〕「—益於時」補注引王念孫。○—恙，猶言尚在耳。〔賈誼傳〕「令此六七公者皆—恙」補注。○—，當作亦。〔墨子・非命下〕「意—昔三代之暴不肖人與」閒詁引蘇時學。○〔說文定聲・卷一八〕—，段借為無，無—亦一聲之轉。〔易・泰〕「朋—」。○—，亦段為有無之無。〔說文〕「—，逃也」段注。○—，作忘者，假借字。〔詩・綠衣〕「曷維其—」述聞。○〔說文定聲・卷一八〕—，段借為忘。〔詩・綠衣〕「曷維其—」。○—，或曰借為忘。〔孟子・梁惠王下〕「樂酒無厭謂之—」平議。○—，魯、齊作忘。〔詩・終南〕「壽考不—」集疏。○忘，〔大戴記〕作—。〔荀子・勸學〕「怠慢忘身」述聞。○忘，〔漢書〕作—。〔史記・主父傳〕「天下忘干戈之事」述聞。○忘，〔韓子・十過〕作—。〔呂覽・權勳〕「忘荊國之社稷」述聞。○—閒，〔藝文類聚〕作無窮。〔漢書・賈誼傳〕「汤穆—閒」補注。○—何，〔史記〕作毋何。〔爰盎傳〕「—何」補注引吳仁傑。○以—，〔左傳昭公四年〕作以盟。〔呂覽・慎行〕「以—其大夫」校正。○—、無古通。〔漢書・古今人表〕「顏夷」補注引李賡芸。○—、無古字通。〔釋言〕「憮，撫也」郝疏。○侮某無—，古俱聲同聲轉之字。（同上）

殃　—，咎也，禍也。〔通鑑・周紀三〕「不取，必有天—」音注。○—猶禍惡也。〔大戴・用兵〕「夫天下之報—於無德者」王詁。

⿰歺央　—，敗也。〔集韻・唐部〕

⿰礻央　—，同殃，罰也，敗也。〔廣韻・陽部〕

**薌** 丨與香字同。〔慧琳音義・卷九五〕引〔文字典說〕。○丨與香同。羶丨，牛羊腸間脂也。〔禮記・郊特牲〕「焫蕭合羶丨」集解。○丨，葢同蠁。〔說文〕「肸，肸蠁，布也」段注。

**礓** 丨，土變為石形如薑也。〔慧琳音義・卷一九〕

**薔** 丨，澤蓼也。〔說文〕「丨，丨虞，蓼」義證引〔玉篇〕。○丨，一曰虞蓼。〔同上〕○丨同蘠，東丨子，十月熟，可食。〔廣韻・陽部〕○〔說文定聲・卷五〕丨，辛菜，〔禮記・內則〕實蓼是也。〔釋草〕「丨，虞蓼」。○丨，丨薇。〔廣韻・陽部〕○丨蘼，乃營實苗，而〔爾雅〕指為虋冬，蓋古書錯簡也。〔本草・卷一八〕○丨，段借，今之丨薇，即〔爾雅〕之蘠蘼。〔說文定聲・卷五〕

**蘠** 〔說文定聲・卷一八〕丨，即今薔薇也。〔釋草〕「丨蘼，虋冬」。○丨蘼，今謂之天門冬。〔釋艸〕「丨蘼，虋冬」鄭註。○丨，或名地門冬，或名筵門冬，或名顛棘，或名淫羊食，或名管松。〔說文〕「丨，丨蘼，虋冬也」義證引〔抱朴子・仙藥篇〕。○東丨子，色青黑。〔文選・子虛賦〕「蒹葭東丨」集釋引〔廣志〕。○東丨似蓬，其實如葵子。〔同上〕集釋引〔漢書〕顏注。○〔爾雅〕有「薔，虞蓼」，蓋即今水蓼也，似即為東丨。〔同上〕集釋。○丨，〔史記索引〕作薔。〔同上〕集釋。○丨，字亦誤以薔為之。〔說文定聲・卷一八〕○〔同上〕丨，段借為牆。〔修華嶽碑〕「丨屋傾亞」。○〔史記〕丨作薔。〔漢書・司馬相如傳〕「東丨雕胡」補注引梁章鉅。

**喤** 丨，小兒啼聲。〔說文〕「丨，小兒聲」義證引〔玉篇〕。○丨丨，大聲也。〔詩・斯干〕「其泣丨丨」朱傳。○丨丨，和也。〔執競〕「鐘鼓丨丨」朱傳。○三家丨皆作鍠。〔同上〕集疏。○〔說文定聲・卷一八〕丨，段借為鍠。〔詩・執競〕「鐘鼓丨丨」。

**䣼** 雜和謂之丨，雜毛牛謂之㹁，其義一也。〔廣雅・釋器〕「丨，漿也」疏證。○丨即涼字也。〔說文〕「丨，襍味也」段注。

**慞** 丨，懼也。〔續音義・卷三〕引〔切韻〕。○丨惶，怖兒，懼也。〔慧琳音義・卷二〇〕○丨，遍驚不安之狀。〔卷二七〕○丨惶，懼也。〔集韻・陽部〕○丨惶，憂懼也。〔慧琳音義・卷六三〕引〔字書〕。○丨惶，怖懼兒也。〔卷九九〕引〔考聲〕。○丨惶，言怖懼兒也。〔卷六三〕引〔考聲〕。

**鑲** 丨，鉤丨，兵器。〔廣韻・陽部〕○勾丨，兵器也。〔說文〕「丨，作型中腸也」段注。○古兵有鉤有丨，引來曰鉤，推去曰丨。〔說文〕「揖，讓也」義證引王幼學。

**鬤** 丨，鬇丨，亂毛。〔廣韻・陽部〕○丨，鬡丨，亂髮兒。〔廣韻・庚部〕

**汸** 〔通雅・卷九〕丨與滂通。〔荀子〕「丨丨如河海」。○丨與滂同。〔廣雅・釋訓〕「滂滂，流也」疏證。

**邡** 〔說文定聲・卷一八〕丨，段借為訪。〔穀梁傳昭公二五年〕「丨公也」。

**鈁** 〔說文定聲・卷一八〕丨，酒器之方者。〔說文〕「丨，方鐘也」。○丨，鑊屬。〔廣韻・陽部〕

**孀** 楚人謂寡婦曰丨。〔慧琳音義・卷九八〕引〔古今正字〕。

**嶈** 丨，山高貌。〔廣韻・陽部〕○丨，山高兒。〔集韻・陽部〕

**洭** 丨水，亦曰湟水。〔說文〕「丨，丨水」段注。○丨水，亦名下湟水，亦曰潢水。〔說文定聲・卷一八〕○丨，本作滙。〔史記・南越傳〕「下滙水」志疑。

**滙** 丨與湟聲相近，故字相通。〔漢書〕「匯」雜志。○丨夷，謂丨水上之夷也。〔同上〕

**莨** 丨，草名。〔廣韻・唐部〕○丨，狼尾草。〔說文〕「丨，艸也」義證引程瑤田。○烏頭，一名丨。〔說文〕「𦸈，艸」義證引吳普〔本草〕。○藏丨，艸名也。〔說文〕「丨，艸也」繫傳。○丨若，一作蘭蕩。〔通雅・艸〕○丨若，一作蘭蕩，其子服之，令人狂浪放宕，故名。〔本草・卷一七〕○〔說文定聲・卷一八〕丨，字亦作蒗。〔中山經〕「大騩之山有草焉，其名曰蒗」。

**㱂** 丨，猶康，空也。〔說文〕「丨，飢虛也」繫傳。○丨，通作漮。〔說文〕「丨，饑虛也」義證。○丨，又通作康。〔同上〕義證。○〔說文定聲・卷一八〕丨，段借為穅。〔廣雅・釋天〕「四穀不升曰丨」。

**苀** 丨，薜荔也。〔釋艸〕「丨，東蠡」鄭註。

**趪** 丨，走兒。〔集韻・唐部〕

**枊** 〔說文定聲・卷一八〕或曰丨當為柳，即〔孟子〕之杞柳，馬融〔廣成頌〕柜柳楓楊，或謂之櫸柳，或謂之鬼柳，皆聲之轉耳。〔釋木〕「楥，柜丨」。

**凔** 丨，寒兒。〔廣韻・唐部〕○丨，字與滄略同。〔說文定聲・卷一八〕○丨與滄音義皆同。〔說文〕「丨，寒也」段注。○〔說文定聲・卷一八〕丨，字亦作漺。〔方言一三〕「漺，净也」。

**彷** 丨，丨徨。〔廣韻・唐部〕○丨徉，仿佯，遊行貌。〔楚辭・招魂〕「丨徉無所倚」補注引五臣。○丨徉，猶放蕩耳。〔廣雅・釋詁三〕「惕，戲也」疏證。○方羊、仿佯、丨徉、方洋，並字異而義同。〔釋訓〕「仿佯，徙倚也」疏證。○浮游、丨徉亦一聲之轉。〔釋訓〕「翱翔，浮游也」疏證。○丨徉與浮游一聲之轉。〔方言一二〕「蜉蝣」箋疏。○丨佛，一作仿佛、方佛、放弗、髣髴、倆佛、放患，通作放物、方物。〔通雅・釋詁〕○〔史記・吳王濞傳〕「丨徉天下」，〔漢書〕作方洋。〔廣雅・釋訓〕「仿佯，徙倚也」疏證。○丨徉，徘徊也，〔左傳〕作方羊。〔說文〕「翱，翔也」段注。

徬 丨，字亦作彷。〔說文定聲·卷一八〕〇（同上）丨，以旁為之。〔莊子·齊物論〕「旁日月」。

彷 遊戲放蕩謂之丨徉。〔廣雅·釋訓〕「丨徉，徙倚也」疏證。〇地勢潢蕩亦謂之丨徉。（同上）〇䘬徉、丨徉，聲相近。（同上）〇方羊、丨徉、彷徉、方洋，並字異而義同。（同上）

膷 丨，今肉中生息肉也。〔說文〕「腥，星見食豕，令肉中生小息肉也」義證引〔玉篇〕。〇丨，牛之美者。〔集韻·陽部〕〇丨臐膮，一聲之轉。〔廣雅·釋器〕「膷，臛也」疏證。

衁 丨，血也。〔廣韻·唐部〕〇丨，心上血也。〔說文〕「丨，血也」繫傳。

鴹 丨，鷸丨，一足鳥，舞則天下雨。〔廣韻·陽部〕〇丨，當為鴹。〔說文〕「羍，牟母也」義證。

恇 丨，懼也。〔通鑑·唐紀四〕「人情丨擾」音注。〇丨，怯也。〔晉紀三五〕「內實丨怯」音注。〇丨，音匡，怯也。〔晉紀四〇〕「朝廷丨懼」音注。〇丨，恐也。〔慧琳音義·卷五六〕〇丨與俇亦聲近義同。〔廣雅·釋訓〕「俇俇，劻也」疏證。〇丨，或通作匡。〔說文〕「丨，怯也」義證。

莣 丨，草也，似茅皮，可以為繩索履屩等。〔慧琳音義·卷一〇〕〇丨為繩索苡也。〔說文〕「丨，杜榮也」繫傳。〇丨，杜榮。〔廣韻·陽部〕〇丨，與莨略同。〔說文定聲·卷一八〕〇（同上）丨，字亦作茵。鮑照〔樂府〕「茵露夜沾衣」。

鋃 丨鐺，或作琅當。〔說文〕「丨，丨鐺，瑣也」義證。〇古者以鐵環係罪人，謂之琅當，〔說文〕作丨鐺。〔漢書〕「鎖」雜志。〇漢以後罪人不用纍紲，以鐵為連環不絕係之，謂之鍊鐺。〔說文〕「丨，丨鐺」段注。〇〔說文定聲·卷一八〕丨鐺疊韻連語，蘓俗謂之鍊條。〔說文〕「丨，丨鐺」。〇丨，鍾聲。〔廣韻·唐部〕

⿰禾荒 丨，果蓏不熟。〔廣韻·唐部〕〇荒年字當作丨，荒行而丨廢矣。〔說文〕「丨，虛無食也」段注。〇丨，經典借荒字。（同上）義證。〇丨，饑荒字，古多借荒字。（同上）繫傳。〇丨，〔玉篇〕作⿰禾巟。（同上）義證。〇〔說文定聲·卷一八〕丨，據許當為凶荒之正字。〔說文〕「丨，虛無食也」。

⿰禾巟 丨，凶年也。〔說文〕「⿰禾荒，虛無食也」義證引〔玉篇〕。〇丨，空也。（同上）

霶 丨，丨霈，大雨。〔廣韻·唐部〕

雱 丨，雨雪有溥偏之義。〔詩·北風〕「雨雪其丨」後箋。〇丨，雪盛貌。（同上）朱傳。〇丨丨，雪盛貌也。〔廣雅·釋訓〕「丨丨，雪也」疏證。〇丨，音滂。〔詩·北風〕「雨雪其丨」朱傳。

䨦 丨，同雱，雨雪盛皃。〔廣韻·唐部〕

磅 丨，石聲。〔廣韻·唐部〕〇丨、滂義同。〔廣雅·釋詁四〕「丨，聲也」疏證。

膀 丨胱者，肺之府也。〔說文〕「脬，丨胱也」義證引〔春秋元命苞〕。〇丨胱者，腎之府。（同上）義證引〔難經〕。〇丨胱，為津液之府。〔說文〕「脬，丨胱也」句讀。〇丨之言旁也。〔廣雅·釋親〕「丨，脅也」疏證。〇〔說文定聲·卷一八〕丨，以旁為之。〔考工記〕「以旁鳴者」。〇丨胱，通作旁光。〔廣雅·釋親〕「丨胱謂之脬」疏證。〇〔說文定聲·卷一八〕丨胱，當作旁光。〔素問·痺論〕「少腹丨胱」。〇丨，脹也。〔集韻·唐部〕

髈 丨，同膀。〔廣韻·唐部〕

样 丨，槌也。〔廣韻·陽部〕又〔唐部〕。〇丨，懸蠶柱。〔陽部〕〇丨愓，並音羊，其義同也。〔廣雅·釋器〕「丨，槌也」疏證。

昜 丨，此陰陽正字也，陰陽行而侌丨廢矣。〔說文〕「丨，開也」段注。〇丨即古陽，為侌丨字，丨者，雲開而見日也，經傳皆以山南水北之陽為之。〔說文定聲·卷一八〕〇丨，飛也。〔廣韻·陽部〕〇曲丨，〔後漢〕作曲陽。〔漢書·地理志〕「曲丨」補注。

輰 丨⿰車遂，通作陽遂。〔廣雅·釋器〕「丨⿰車遂，車也」疏證。

鰑 丨，赤鱺也。〔說文〕「丨，魚名」義證引〔玉篇〕。〇丨之言陽，赤色箸明之貌。〔廣雅·釋魚〕「丨，鮦也」疏證。

鸉 丨，白鷢，似鴈。〔說文〕「鷢，白鷢，王鵙也」義證引〔玉篇〕。〇丨，鳥名，白鷢也，江東語。〔集韻·清部〕〇丨，音楊。〔釋鳥〕「丨，白鷢」鄭註。

禓 丨，道上祭，一曰道神。〔廣韻·陽部〕〇〔說文定聲·卷一八〕丨，犯軷之類。〔說文〕「丨，道上祭」。〇丨，字或作禓。〔說文〕「丨，道上祭」義證。〇丨，强鬼也。（同上）義證引〔玉篇〕。〇丨者，强死鬼也，謂時儺索室敺疫逐强死鬼也。（同上）義證引〔世本〕注。〇〔說文定聲·卷一八〕丨，叚借為祥，或為禳。〔禮記·郊特牲〕「鄉人丨」。〇丨者，禳之叚字。〔禮記·郊特牲〕「鄉人丨」平議。〇丨，叚借為獻，或為儺。〔說文定聲·卷一八〕

崵 丨，通作陽。〔說文〕「丨，丨山，在遼西」義證。〇丨谷，此即〔堯典〕之「暘谷」也。〔說文〕「丨，一曰嵎銕丨谷也」段注。〇〔說文定聲·卷一八〕丨，叚借為暘。〔說文〕「丨，一曰嵎銕丨谷也」。

諹 丨，讙也。〔集韻·陽部〕〇丨，譽也。〔麻部〕

⿱楊皿 丨，杯也。〔集韻·陽部〕

痒 —，痛—也。〔說文〕「—，瘍也」義證引〔玉篇〕。〇—，病也。〔詩·正月〕「瘋憂以—」朱傳。〇—，段借為蛘，今用為痛—字。〔說文定聲·卷一八〕

癢 —、痒同。〔說文〕「痒，瘍也」義證。

䬗 —，此字實即涼字之轉注。〔說文定聲·卷一八〕

椋 —，材中車輞也。〔說文〕「—，即來也」義證引〔玉篇〕。〇—，—子也，其材堅韌。〔釋木〕「—，即來」鄭注。

𣧼 —，今〔爾雅〕、〔左傳〕作涼，假借。〔說文〕「—，事有不善—」繫傳。

𤛑 〔說文定聲·卷一八〕—，白黑襍毛牛也。〔說文〕「—，牻牛也」。〇雜毛牛謂之—。〔廣雅·釋器〕「䣼，漿也」疏證。〇—，段借為𣧼，〔說文〕引〔左閔二傳〕「牻—」今本作「尨涼」，亦是借字。〔說文定聲·卷一八〕

輬 —，卧車也。〔楚辭·招魂〕「軒—既低」補注。〇—，如衣車，密閉者為輼，開窻牖者為—。〔說文定聲·卷一五〕(「輼」下)〇涼與—通。〔廣雅·釋器〕「輼—，車也」疏證。〇輼—車亦温涼字之轉注，因車名又加車旁耳。(同上)〇—，〔史記〕作涼。〔說文〕「—，卧車也」段注。

𥏫 〔說文定聲·卷一八〕—與傷略同，此謂傷於矢。〔說文〕「—，傷也」。〇—，傷也。〔廣韻·陽部〕〇—，傷也，亦从倉。〔集韻·陽部〕〇此—當作𥏫。〔說文〕「—，傷也」義證。

鬺 —，飪也。〔廣雅·釋言〕〇—，亦作鬻。〔說文〕「—，煮也」義證引〔玉篇〕。又〔說文〕「—，鬻也」段注。〇—，〔玉篇〕同鬺。〔說文〕「—，煮也」義證。〇—，亦作鬺。〔說文〕「—，鬻也」段注。〇—，字亦作鬺，作鬻，作烹。〔說文定聲·卷一八〕〇—鬺湘，聲近義同。〔廣雅·釋言〕「—、鬺，飪也」疏證。

萇 —柳，當陸別名。〔說文〕「—，艸也」義證引〔玉篇〕。〇—柳，當陸別名。〔廣韻·陽部〕

畕 —，畺疆皆其絫增字。〔說文〕「—，比田也」句讀。〇—，讀如敶列之敶。(同上)段注。〇—，今音讀如畺。〔說文定聲·卷一八〕

餦 —，—餭，餳也。〔廣韻·陽部〕〇—餭，餳也。〔集韻·陽部〕又〔楚辭·招魂〕「有—餭些」集釋。〇—，即乾飴也。(同上)補注引〔方言〕「餳謂之—餭」注。〇—，一曰餅也。(同上)補注。又〔集韻·陽部〕。〇—餭，一曰餌也。〔楚辭·招魂〕「有—餭些」補注。〇—餭，古字當作張皇。〔文選·招魂〕「有—餭些」集釋。

裮 —，衣披不帶。〔廣韻·陽部〕〇—被，猖披，—一作昌，釋文作倡，並字異而義同。〔廣雅·釋訓〕「—被，不帶也」疏證。

殭 不死曰—。〔慧琳音義·卷七一〕引〔字略〕。

踉 東郡謂雙膝跪地曰—跪。〔慧琳音義·卷一六〕引〔字書〕。

粻 —，糧。〔詩·崧高〕「以峙其—」朱傳。〇—，糧也。(同上)集疏引魯說。又〔禮記·王制〕「五十異—」集解。〇—，食米也。〔離騷〕「精瓊靡以為—」補注。又〔國策·東周策〕「周—秦韓」鮑注。〇—，糧食也。〔說文〕「齛，羊—也」繫傳。〇—之言餦。〔釋鳥〕「其—嗉」述聞。〇鳥獸藏食之處通謂之—。〔釋鳥〕「亢，鳥嚨，其—嗉」述聞。〇—程，即餦餭。〔方言一三〕「餳謂之餦餭」疏證。〇—程、張皇，並與餦餭同。(同上)箋疏。〇—，通作張。〔廣雅·釋天〕「張謂之鶉尾」疏證。

儴 —，即襄也。〔釋詁〕「—，因也」鄭註。〇—，通作襄，又通作攘。(同上)邵正義。〇儴佯、相羊、襄羊、—佯，並字異而義同。〔廣雅·釋訓〕「逍遥，儴佯也」疏證。〇—者，攘之段音也。〔釋詁〕「—，因也」郝疏。

蘘 —，紫者曰蓄葅，白者曰—荷。〔說文〕「—，—荷也」繫傳。〇—荷也者，菜屬。(同上)義證。〇—荷，一名蓴苴。(同上)義證引〔急就篇〕顏注。〇—荷，至齊梁間猶呼覆葅、覆蓄，音同，俚俗訛耳。(同上)義證引吳仁傑。〇—，一名蓄葅者。(同上)義證。〇—，荷也，—荷巴且，巴蕉也。〔史記·司馬相如傳〕「諸蔗猼且」志疑。〇〔說文定聲·卷一八〕—荷，亦名巴且，亦曰巴蕉。〔閒居賦〕「—荷依陰」。〇—荷，或作蘠苴。〔文選·南都賦〕「若其園圃則有蓼蕺—荷」集釋引〔廣雅疏證〕。〇—荷，或單謂之荷。(同上)集釋引〔古今注〕。〇—荷，或謂嘉草。(同上)集釋引〔搜神記〕。〇—荷，芋渠是也，又謂之嘉草。(同上)集釋引〔後漢·馬援傳〕注。〇—荷，可為葅，亦可為藥。〔漢書·司馬相如傳〕「茈薑—荷」補注。

孃 —，煩也。〔集韻·養部〕〇—，煩擾也。〔陽部〕〇煩擾為—。〔說文定聲·卷一八〕(「毀」下)〇—，字或作攘。〔說文〕「—，煩擾也」義證。〇—，亂也。〔廣韻·陽部〕〇—，一曰肥大。〔集韻·陽部〕〇—與䑋通。〔說文〕「—，一曰肥大也」句讀。〇—與䑋音義皆同。(同上)段注。〇䑋—壤穰，並通。〔廣雅·釋詁二〕「䑋，盛也」疏證。〇毀—並與穰聲近義同。〔廣雅·釋詁一〕「穰，雜也」疏證。〇〔說文定聲·卷一八〕—，字變作鬤。〔楚辭〕「被髮鬤只」。〇—，擾攘字古多以攘為之，〔賈誼傳〕之搶攘，〔楚辭〕之恇攘，皆是。〔說文定聲·卷一八〕〇—，母稱。〔廣韻·陽部〕〇—，段借發聲之詞，古詩耶—字以為母稱。〔說文定聲·卷一八〕〇—，或借攘字。〔說文〕「毀，亂也」義證。〇〔說文定聲·卷一八〕—，段借為䑋。〔說文〕「—，一曰肥大也」。

娘 —，少女之号。〔廣韻·陽部〕〇—菜、孟菜、妲菜，蕺菜也。〔通雅·穀蔬〕

**匚** 丨，受物器，籀作匚。〔集韻·燭部〕○丨，即㮚也，據許所說，是即匚之古文。〔說文定聲·卷一八〕○丨者，㮚也。〔說文〕「匠，从丨、斤」段注。○丨即筐字。〔通雅·疑始〕○丨，所以容髮也。〔說文〕「㮰，筐當也」義證。○丨，可叚作方也。〔說文〕「丨，受物之器」段注。

**牂** 丨，通作將。〔釋言〕「將，送也」郝疏。○丨，今作將。〔說文〕「丨，扶也」義證引〔玉篇〕。○丨，經典皆借將。（同上）句讀。○〔說文定聲·卷一八〕丨，經傳皆以將為之。〔詩〕「好事相扶將」。

**𥄗** 丨，即今之忙字，亦作茫，俗作忙。〔說文〕「𥄗，翌也」段注。○丨、明古通用。〔釋言〕「翌，明也」邵正義。○丨，忘也。〔廣韻·陽部〕

**𥅫** 〔說文定聲·卷一八〕丨，字亦作䀮，亡瞢雙聲。〔書·洛誥〕「汝乃是不䀮」。○（同上）丨，今字作忙，蓋以忘為之。〔廣雅·釋詁一〕「𥄗，遽也」。○（同上）丨，古作茫，則以㠩為之。〔方言二〕「茫，遽也」。

**牄** 丨，鳥獸來食穀聲。〔說文〕「丨，鳥獸來食聲也」義證引〔玉篇〕。○丨，或作嗆。（同上）義證。○丨，蓋壁中古文如此，孔安國易為蹌。（同上）段注。○丨，今〔尚書〕作蹌。（同上）繫傳。○丨，言自外來也。〔說文〕「戕，槍也」義證。

**軖** 丨，通作匡。〔說文〕「丨，車戾也」義證。○丨，亦省作匡。（同上）句讀。○丨，字通作匡。〔廣雅·釋詁四〕「丨，盭也」疏證。○〔說文定聲·卷一八〕丨，以匡為之。〔考工記〕「萬之以眡其丨也」。

**勥** 丨者，以力相迫也。〔說文〕「丨，迫也」段注。○丨，通作彊。（同上）義證。○丨，乃强後起之專字。（同上）句讀。○丨，舊作彊。〔說文〕「勉，丨也」段注。○勉丨字，經傳皆以强為之。〔說文定聲·卷一八〕

**蕩** 〔說文定聲·卷一八〕其根謂之丨。〔蘇頌圖經〕「商陸，俗名章柳」。○丨，同蕩，䔲蕩，馬尾。〔廣韻·唐部〕○〔說文定聲·卷一八〕丨，字亦作蕩。〔爾雅〕「䔲蕩，馬尾」。○丨，草名。〔廣韻·陽部〕

**蕩** 丨，同蕩。〔說文〕「蕩，艸也」段注。

**軖** 丨，繅輪也。〔集韻·陽部〕○丨，紡車也。〔廣韻·陽部〕

**㞷** 丨，草木妄生，狂、匡、往，皆從此。〔廣韻·陽部〕○丨，叢雜意。〔說文定聲·卷一八〕

**踼** 丨，字亦作𨂝。〔說文定聲·卷一八〕○丨與堂音義同。〔說文〕「丨，一曰槍也」段注。○〔說文定聲·卷一八〕丨，叚借為盪。〔史記·扁鵲傳〕「重陽者𨂝心主」。○（同上）丨，叚借為踼，迭𨂝猶跌宕，亦雙聲連語。〔思元賦〕「蘏以迭𨂝」。

**闛** 丨，盛皃。〔廣韻·唐部〕○丨與鏜古字通。〔漢書·司馬相如傳〕「鏗鎗丨鞈」補注。○丨，亦鼞也。〔說文〕「鼞，鼓聲也」段注。○丨即鼞也。〔說文〕「丨，丨丨，盛皃也」段注。○丨，通作堂。（同上）義證。○丨，叚借為闐也。（同上）段注。○此假丨為闐。〔漢書·揚雄傳〕「西馳丨闔」補注引朱珔。○丨鞈，汲古本〔史記〕作鏜鞈。〔司馬相如傳〕「鏗鎗丨鞈」補注。

**鎕** 丨銻，即玫瑰。〔說文〕「丨，丨銻，火齊也」段注。○〔說文定聲·卷一八〕丨銻，即玫瑰也。〔說文〕「丨，丨銻，火齊也」。○丨銻，字或作磄磄。〔說文〕「丨，丨銻」義證。

**㝩** 丨，屋虛大也。〔說文〕「㝩，屋㝩丨也」繫傳。○丨，㝩丨，宮室空皃。〔廣韻·唐部〕。○丨，屋㝩丨也。〔說文〕「丨，㝩也」義證引〔玉篇〕。○丨，空虛也。（同上）義證引〔玉篇〕。○丨與梁義同。〔說文〕「㝩，屋㝩丨也」繫傳。○丨之言良也，猶安居也。〔說文定聲·卷一八〕○（同上）丨，以㠩為之。〔廣雅〕「㠩，尻也」。

**簜** 丨，丨簍，漉米竹器。〔廣韻·陽部〕

**犺** 丨，牛名，日行三百里，能行流沙中。〔集韻·陽部〕

**欀** 丨，丨木，皮中有如白米屑，擣之可為麪。〔廣韻·陽部〕○丨，木名，出交阯，皮中有米，屑之可食。〔文選·吳都賦〕「文丨楨橿」集釋引〔集韻〕。○丨，當為欀。〔說文〕「槍，歫也，一曰槍丨也」義證。

**蠰** 〔說文定聲·卷一八〕丨，即蟷蠰，蚌也，此字當以〔爾雅〕丨齧桑為本訓。〔說文〕「丨，蟷丨也」。○丨，蟷丨，即螗蜋也。〔廣韻·唐部〕○〔說文定聲·卷一八〕丨，形似天牛，亦名齧髮。〔淮南·道應〕「猶黃鵠與丨蟲也」。

**𦵔** 丨，今人猶謂蒙窗櫺櫺格曰丨。〔方言·一三〕「丨，隨也」疏證。

**蚟** 丨，一作王。〔廣雅·釋蟲〕「丨孫，蜻蛪也」疏證。

**鼞** 丨，鼓聲。〔廣韻·陽部〕

**煻** 丨，灰兼細火也。〔慧琳音義·卷六九〕引〔考聲〕。○丨，丨煨火。〔廣韻·唐部〕○熱灰謂之丨煨。〔集韻·唐部〕○丨煨，熱地獄名也。〔慧琳音義·卷七〇〕○今俗謂以火溫出冬閒花曰唐花，即丨字也。〔說文〕「煨，盆中火」段注。

**篖** 丨，竹笪。〔廣韻·唐部〕

隚　—，陪土為路也，隄也。〔慧琳音義·卷六七〕引〔考聲〕。

篖　—，罩也。〔廣韻·唐部〕

鶶　鳩之總名曰—鶶。〔廣雅·釋鳥〕「—鶶，鳩也」疏證。○—鶶，為鳩之總名。〔方言八〕「鳩，自關而東謂之—鶶」箋疏。

駺　—，音郎。〔釋畜〕「尾白—」鄭註。

𥎊　—，短矛。〔廣韻·唐部〕○—，鈹也。〔廣雅·釋器〕

掆　—，舉也。〔廣韻·唐部〕○相對舉物曰—。〔說文〕「扛，橫關對舉也」義證引〔文字集略〕。○〔說文定聲·卷一八〕—，即扛。〔文字集略〕「相對舉物曰—」。

犅　牛之牡者曰—。〔本草·卷五〇〕○騂—，猶言騂牡耳。〔公羊傳文公一三年〕「魯公用騂—」述聞。○〔說文定聲·卷一八〕—，以剛為之。〔詩·閟宮〕「白牡騂剛」。○—，或借剛字。〔說文〕「—，特牛也」義證。

魧　—，大貝。〔廣韻·唐部〕○—魚，即嬾婦魚也。〔說文〕「—，一曰魚膏」義證引楊慎。○〔說文定聲·卷一八〕—，字亦作蚢。〔江賦〕「紫蚢如渠」。○—，〔江賦〕作蚢。〔說文〕「—，大貝」段注。

笐　—，中竹之名，或曰竹，衣架曰—，即〔爾雅〕之竿箷也，亦以木為之。〔說文定聲·卷一八〕○引申之，取竹為衣架亦曰—。〔說文〕「—，竹列也」段注。○—，挂衣架也。〔集韻·絳部〕○—，一曰竹列。（同上）

迒　—，獸迹。〔廣韻·唐部〕又〔集韻·唐部〕。○—，車迹也。〔集韻·江部〕○繹、—，皆長意也。〔廣雅·釋宮〕「墿，—，道也」疏證。○—，亦䟘也，語有緩急耳。〔廣雅·釋宮〕「—，道也」疏證。○—之言杭，橫度之名也。（同上）○—，或作䟘，亦通作亢。（同上）○亢䟘，並與—同。〔廣雅·釋詁三〕「—，迹也」疏證。○抗、航、—、亢，義並與杭同。〔釋詁二〕「杭，渡也」疏證。○〔說文定聲·卷一八〕—，叚借為羕。〔方言一三〕「—，長也」。○—，或借亢字。〔說文〕「—，獸迹也」義證。

䟘　—，同迒。〔廣韻·唐部〕

𨓍　—，兔迳。〔廣韻·庚部〕

㝩　—，猶安宅也，求安莫重于居處，故—、安、寧字皆从宀，康聲，經傳皆以康為之。〔說文定聲·卷一八〕○—謂屋閒。〔說文〕「—，屋—㝗也」義證引〔類篇〕。○—，或通作康。（同上）義證。○—，又通作槺。（同上）○槺梁，即—㝗。〔釋詁〕「漮，虛也」郝疏。○〔說文定聲·卷一八〕—，字亦作槺，字亦誤作㝗。〔長門賦〕「委參差以槺梁」。○—，俗又作㝗，㝗與槺同。〔方言一三〕「—，空也」疏證。○—、康古通用，別作漮，亦作歑。（同上）○〔說文定聲·卷一八〕—，叚借為歑。〔方言一三〕「—，空也」。

𧒄　—蛃，蟲名，蜻蛉也。〔集韻·唐部〕

漮　—、空，聲之轉也。〔方言一三〕「—，空也」箋疏。○—之言空也。（同上）○—，通作康。〔說文〕「—，水虛也」義證。○—，字又作𩞑。（同上）○—陾歑㝩穅康空，字異義同。〔方言一三〕「—，空也」箋疏。○—，通作穅，又通作㝩，又通作槺，又通作荒。〔釋詁〕「—，虛也」郝疏。

絖　—，絲曼延也。〔集韻·唐部〕○—之言网也。〔說文〕「—，絲曼延也」段注。○〔說文定聲·卷一八〕—，以荒為之。〔詩·樛木〕「葛藟荒之」。

謊　〔說文定聲·卷一八〕—，猶誑也，妄也。〔呂覽〕「無由接而見—」。○—義與慌同。〔廣雅·釋言〕「慌，寢也」疏證。○—言怳忽也。〔說文〕「—，夢言也」繫傳。○—，字亦作謊。〔說文定聲·卷一八〕○（同上）—，叚借為忘。〔廣雅·釋言〕「—，忽也」。○舊本—作謊。〔呂覽·知接〕「無由接而言見—」校正。○怳與—通。〔廣雅·釋言〕「—，忽也」疏證。○—，夢言也。〔廣韻·蕩部〕○—，夢中言也。〔養部〕○—，夢言也。〔集韻·養部〕

㡛　—，幪也。〔說文〕「一曰—，隔也」段注。又〔說文〕「—，設色之工，治絲練者」義證引〔玉篇〕。○—，隔也。（同上）○—，蒙掩。〔廣韻·唐部〕○—，或作㡛。〔說文〕「—，設色之工，治絲練者」義證。○—，通作荒。（同上）○—統，古葢一字。〔說文〕「統，絲曼延也」段注。○—，猶冡覆也。〔說文定聲·卷一八〕○—，字亦作㡛。（同上）○（同上）—，以荒為之。〔爾雅〕「荒，奄也」。

㠩　—，字亦作汒。〔說文定聲·卷一八〕○（同上）—，字亦作茫。〔淮南·俶真〕「茫茫沈沈」。○（同上）—，字亦作漭。〔高唐賦〕「涉漭漭」。○（同上）—，叚借為㠩。〔孟子〕「芒芒然歸」。○（同上）—，叚借為盲。〔淮南書〕「茫然無覺」。○（同上）—，叚借為忘。〔莊子·天地〕「沁若于夫子之所言矣」。○（同上）—，叚借為㝗。

帍　—，幭也。〔廣韻·唐部〕

㡆　—，通作荒。〔廣雅·釋詁一〕「—，大也」疏證。又〔說文〕「—，水廣也」義證。○—，引申為凡廣大之偁。（同上）段注。○—，大也。〔說文〕「濊，水至也」段注。

𣹰　—，同㠩，水廣也。〔廣韻·唐部〕

〔廣雅·釋詁二〕「—，尻也」。

**堭** 湟—隍通。〔釋詁〕「隍，虛也」郝疏。○—，通作皇。〔廣雅・釋宮〕「堂、—，壂也」疏證。○—，堂—，合殿。〔廣韻・唐部〕

**騜** —，黃貌也。〔釋畜〕「黃白，—」述聞。○—，〔毛詩〕作皇。〔說文〕「驈，詩曰有驈有—」段注。○—，馬黃白色。〔集韻・陽部〕

**媓** —之言皇也，皇與—通。〔方言六〕「母謂之—」箋疏。

**蟥** —，以翼鳴者，今蘇俗謂之金烏蟲。〔說文定聲・卷一八〕○—，各本作蝗。〔說文〕「蚒，蟠—，以翼鳴者」段注。

**諻** —，聲也。〔廣韻・庚部〕○—，銅器聲。〔集韻・耕部〕○鍠瑝喤—諻況鐄，並字異而義同。〔廣雅・釋詁四〕「鍠，聲也」疏證。

**翌** —，翺也，舞者執以祀星。〔集韻・陽部〕○—，羽舞名。〔廣韻・唐部〕○—，通作皇。〔說文〕「—，樂舞」義證。○—，或曰此實當為鳳皇本字。〔說文定聲・卷一八〕

**䅣** —，黍之黃而不黏者。〔說文定聲・卷一八〕○—，或借皇字。〔說文〕「—，榜—也」義證。

**韹** —，草木華榮也。〔說文〕「—，蕚榮也」義證引〔玉篇〕。○—，通作皇。〔同上〕義證。

**鼟** —，鼓聲。〔廣韻・唐部〕○鼓聲盛為—。〔說文〕「唐，大言也」繫傳。

**斛** 〔說文定聲・卷一八〕—，量米旁溢。〔說文〕「—，量溢也」。○—，量溢也。〔廣韻・唐部〕

**桄** —字本訓當為橫木，與橫略同。〔說文定聲・卷一八〕○—，取木充滿之義，今言牀—是也。〔說文〕「—，充也」繫傳。○—，牀下中間橫—也。〔慧琳音義・卷九二〕○—，字亦作橫，橫於中也，亦謂牀—也。〔卷六八〕引〔考聲〕。○—，又作軦，謂車及梯轝等橫木者也。〔卷五二〕○〔說文定聲・卷一八〕—，字亦作軦，凡牀—、梯—皆是。〔聲類〕「軦，車下橫木也」。○—，門前橫木也。〔通鑑・唐紀一五〕「乃登門—大呼」音注。○—之言橫也。〔廣雅・釋水〕「艜謂之—」疏證。○—，通作光。〔釋言〕「—，充也」郝疏。○—之字，古多假橫為之。〔說文〕「—，充也」段注。

**橫** —即桄字。〔說文〕「且，足有二—」段注。○—者，桄也。〔說文〕「軥，車—軨也」段注。

**軦** —，同轒，車下橫木。〔廣韻・唐部〕

**𤖯** —，牀—也，謂橫木也。〔續音義・卷九〕引〔字書〕。○—，牀橫木也。〔說文〕「牑，牀版也」義證引〔篇海〕。○—，牀下橫木。〔集韻・唐部〕

**蝪** —，蛈—，蟲名。〔廣韻・唐部〕○—，音湯。〔釋蟲〕「王，蛈—」鄭註。

**佒** —，體不申也。〔廣韻・唐部〕○身傴謂之—。〔集韻・陽部〕○—，一曰樂也。〔同上〕

**貖** 江東呼貉為—，或从犬。〔集韻・唐部〕

**狭** —，同貖，貉屬。〔廣韻・唐部〕

**炕** 〔說文定聲・卷一八〕—，段借為揚。〔釋木〕「葉晝聶宵—」。

**筕** —，—篖，竹笪。〔說文〕「笪，筕也」義證引〔玉篇〕。又〔廣韻・庚部〕。○—，—篖，織竹也。〔集韻・唐部〕○仰屋承塵為—唐，亦謂搪隔。〔通雅・諺原〕

**胻** —，脛也。〔集韻・唐部〕○—之言梗也。〔廣雅・釋親〕「—，脛也」疏證。○鳥戾天而曰—。〔詩・燕燕〕「頡之頏之」通釋引段玉裁。○〔說文定聲・卷一八〕—，段借為頏。〔甘泉賦〕「魚頡而鳥—」。○—，借為頡頏之頏。〔漢書〕「鳥胻」雜志。

**䯒** —與胻同。〔廣雅・釋親〕「胻，脛也」疏證。

**肮** 大脈謂之—。〔集韻・唐部〕○—作亢。〔史記〕雜志。

**卬** —，望也。〔楚辭・九辯〕「—明月而太息兮」補注。○—者，望欲有所庶及也。〔說文〕「雌，如母猴，—鼻長尾」段注。○今則仰行而—廢，且多改—為仰矣。〔說文〕「—，望也」段注。○—，即仰之古文，亦作昂。〔說文定聲・卷一八〕○—，古仰字。〔通鑑・秦紀一〕「上不足—則下不可用也」音注。○—、仰古通用。〔周禮・保氏〕「五曰軍旅之容」孫正義。○—，或通作仰。〔說文〕「—，望，欲有所庶及也」義證。○—與仰通。〔廣雅・釋詁四〕「—，嚮也」疏證。○仰、—聲義並同。〔釋詁一〕「仰、—，舉也」疏證。○—，高也。〔廣韻・唐部〕○—，向也，讀為仰。〔漢書・李廣傳〕「抑數萬之師」補注。○——，尊嚴也。〔詩・卷阿〕「顒顒——」朱傳。○—，即䩕。〔方言四〕「東北朝鮮洌水之間謂之䩕角」疏證。○—乃䩕之省形存聲字。〔說文〕「䭰，䭰䭰，馬怒皃」句讀。○激—，猶激勵也。〔漢書・揚雄傳〕「激—萬乘之主」補注引宋祁。○—與昂通，有激厲之意。〔方言六〕「厲、—，為也」箋疏。○—，我。〔詩・白華〕「—烘于煁」朱傳。○—，我也。〔匏有苦葉〕「人涉—否」朱傳。又〔生民〕「—盛于豆」朱傳。又〔廣韻・唐部〕。○—者，與姎同。〔釋詁〕「—，我也」郝疏。○姎—我，竝聲相轉。〔同上〕○—者，姎之假借，為我之通稱。〔詩・匏有苦葉〕「人涉—否」通釋。○〔說文定聲・卷一八〕—，段借為姎。〔釋詁〕「—，我也」。○〔同上〕—，段借為迎。〔晉語〕「有原以—浦而後大」。○〔同上〕—，段借，亦發聲之詞。〔詩・生民〕「—盛于豆」。○〔同上〕—，段借發聲之詞。〔方言六〕「—，為也」。○—，各本作仰。〔說文〕「慨，—涂也」段注。○—系，即仰繫。〔通雅・釋詁〕○—角，屐上施也，形若今木履而下有齒焉。〔說文〕「䩕，䩕角，鞮屬」義證引〔急就篇〕顏注。

吂　|,不知也。〔廣韻·唐部〕

朚　|,|悵,失道皃。〔廣韻·映部〕又〔集韻·映部〕。

䅭　〔說文定聲·卷一八〕|,黍之黃而不黏者,即穈。〔廣雅·釋草〕「|程,穄也」。

茚　|,字亦作茚,|茒,一名昌陽,亦曰堯韭,曰水宿。〔說文定聲·卷一八〕〇|與印同,亦作茚。〔廣雅·釋草〕「印,蒲也」疏證。

鞆　〔說文定聲·卷一八〕|,以印為之,蘇俗謂之木屐。〔急就篇〕「靸鞮印角褐襪巾」。〇仰印,並與|通。〔廣雅·釋器〕「|角,履也」疏證。〇|、仰,假借通用。〔方言四〕「大麤謂之|角」疏證。

䣘　鄚|二同。〔說文〕「|,地名」段注引〔玉篇〕。

鍠　|,樂也,鐘鼓聲。〔說文〕「|,鐘聲也」義證引〔九經字样〕。〇|,又作鐄。（同上）〇|,字或作諻。（同上）〇〔說文定聲·卷一八〕|,字亦作諻。〔釋訓〕「諻諻,樂也」。〇|瑝喤諻況鐄,並字異而義同。〔廣雅·釋詁四〕「|,聲也」疏證。〇今〔詩〕|作喤。〔漢書·禮樂志〕「鐘鼓||」補注引錢大昭。

瑝　|,玉聲。〔廣韻·庚部〕

愓　||,行直疾兒。〔集韻·陽部〕

婸　|與蕩通用。〔方言六〕「|,婬也」疏證。〇南譯女人自稱曰|徒。|音陽。〔通雅·稱謂〕引元美。

鬺　鬺|湘,聲近義同。〔廣雅·釋言〕「鬺、|,飪也」疏證。〇|,古烹飪字。〔漢書·郊祀志〕「皆嘗|亨上帝鬼神」補注引何焯。〇|,餁也。〔詩·采蘋〕「于以|之」集疏引韓說。

䖆　〔說文定聲·卷一八〕|,即香薷也。〔方言〕「蘇,荏也,其小者謂之|葇」。〇|葇,即香薷也。〔廣雅·釋草〕「|葇,蘇也」疏證。〇|葇,是雞蘇也。〔說文〕「|,菜也」義證。〇|,亦作穰。〔方言三〕「蘇,芥,草也」疏證。

逿　|,過也。〔集韻·唐部〕

㼚　坑與|同。〔廣雅·釋器〕「|,瓶也」疏證。

㼜　|,同堈。〔廣韻·唐部〕

俇　|脚,謂脚曲也。〔慧琳音義·卷五八〕〇|,當作尪。〔荀子·王霸〕「百姓賤之如|」集解引郝懿行。

𢓜　|儴,惶遽也。〔集韻·陽部〕

傏　|,挨也,通作唐、塘。〔集韻·唐部〕〇|俟,不遜。〔廣韻·唐部〕

傽　|遑,傽偟,行不正。〔楚辭·逢尤〕「遽|遑兮驅林澤」補注引〔集韻〕。

儅　|,止也。〔廣韻·唐部〕

儣　|,武兒,或从走。〔集韻·庚部〕〇|,||,武兒。（同上）

涼　|,寒氣也。〔詩·北風〕「北風其|」朱傳。〇|,同涼,薄也。〔廣韻·陽部〕〇|者,薄之別名。〔左傳莊公三二年〕「虢多|德」疏證引惠棟。

𦍩　|,勸也。〔集韻·陽部〕

劻　|,|勷。〔廣韻·陽部〕

劻　|勷,遽也,或作狂。〔集韻·陽部〕

勆　|,有力也。〔集韻·唐部〕

勷　劻|,迫兒。〔廣韻·陽部〕

溏　|溏,涷相著兒。〔集韻·唐部〕

吭　|,鳥喉。〔廣韻·唐部〕〇|,聲也。〔蕩部〕

咉　|,𠴨聲。〔廣韻·唐部〕

哴　|吭,吹兒。〔廣韻·唐部〕〇|,一曰兒啼不止。〔集韻·唐部〕

嗆　|,鳥食也。〔集韻·陽部〕〇|,一曰愚兒。（同上）

廧　|,牆俗寫。〔墨子·經說上〕「|外之利害」閒詁引畢沅。〇|、牆同。〔國策·趙策一〕「皆以荻蒿苦楚|之」鮑注。〇|,即牆之隸變。〔左傳成公三年經〕「|咎如」疏證引臧壽恭。〇唐石經|作廧。〔左傳僖公二三年〕「狄人伐|咎如」疏證引〔九經字樣〕。〇|嗇字同,小臣也。〔國策·東周策〕「謂相國御展子|夫空曰」鮑注。

⿰弓旁丨，弦急也，或省。〔集韻・唐部〕

⿰弓羊丨，曲弓。〔集韻・陽部〕

⿸广良丨，高也。〔集韻・唐部〕

⿱宀⿰爿昌丨，寐語。〔廣韻・唐部〕

峎丨，峻丨，山名，冬日所入。〔廣韻・唐部〕

嵻丨峎，山空貌。〔通雅・音義襍論〕

鞤丨，衣治鞋履。〔廣韻・唐部〕

嫜丨、章義同。〔釋親〕「兄公」郝疏。

⿱羊土〔通雅・卷九〕丨即洋。〔石鼓詩〕「丨丨趨趨」。

垙丨，丨陌。〔廣韻・唐部〕〇丨，陌也，或从自，从田。〔集韻・唐部〕

堈丨，甕也。〔廣韻・唐部〕

埅丨，俗省作坊，堤也。〔説文〕「防，隄也」句讀。

⿰土長丨，道也。〔廣韻・陽部〕

墇丨，通作障。〔説文〕「丨，擁也」義證。

彺丨，急行。〔廣韻・陽部〕〇丨，行遽皃。〔集韻・陽部〕

徜丨，丨徉，猶徘徊也。〔廣韻・陽部〕〇丨徉，一作倘佯、尚羊、常羊、相羊、相佯、⿰彳襄佯、儴佯、襄羊、倡佯、常翔、相翔，通為彷徉、仿佯、方佯。〔通雅・釋詁〕〇倘佯、尚羊、尚佯、常羊、相佯、丨徉，並字異而義同。〔廣雅・釋訓〕「丨徉，戲蕩也」疏證。

徫丨徨，行不正。〔集韻・陽部〕

⿰彳襄丨，丨徉。〔廣韻・陽部〕〇丨徉，逍遥也。〔集韻・陽部〕〇丨徉，一曰行皃。（同上）〇逍遥、丨徉，疊韵之轉也。〔廣雅・釋訓〕「逍遥，丨徉也」疏證。〇丨徉，仿佯，聲相近。〔廣雅・釋訓〕「仿佯，徙倚也」疏證。〇逍遥、丨徉、徙倚，聲之轉。（同上）〇丨徉、相羊、儴佯，並字異而義同。〔廣雅・釋訓〕「逍遥，丨徉也」疏證。

抂丨擾，亂皃。〔集韻・陽部〕〇官本正文注，丨並作枉。〔漢書・諸侯王表〕「可謂撟丨過其正矣」補注。

抰丨，打也。〔集韻・唐部〕

⿱羊手丨，捍也，衛也。〔廣韻・唐部〕

忙丨，同恾，怖也。〔廣韻・唐部〕

忼丨，映丨，很戾。〔廣韻・唐部〕

⿰忄行丨，悦也。〔集韻・唐部〕

恍丨，武也。〔廣韻・唐部〕〇丨根，木名。（同上）

慯丨與傷同。〔釋言〕「恫，痛也」郝疏。〇丨與傷通。〔方言一〕「悼，傷也」箋疏。〇丨與傷同義相通也。（同上）

⿱尚心丨，人行五丨也，通作常。〔集韻・陽部〕

爿丨，判木也，讀若牆。〔説文定聲・卷一八〕〇丨，亦判木也。〔説文〕「牀，安身之坐者」義證引鄭漁仲。〇丨，殳也。（同上）

牓丨，履編模也。〔集韻・唐部〕

⿰片匡丨，與莣通。〔方言一三〕「莣，隨也」箋疏。

⿰歹羊丨，女鬼。〔廣韻・陽部〕〇丨，祥字異文。〔墨子・非樂上〕「降之百丨」閒詁引畢沅。

⿰夕羊丨，女鬼。〔集韻・陽部〕〇丨，一曰殘也。（同上）

⿰日亢丨，旱熱。〔廣韻・唐部〕〇丨，暑熱也，或省。〔集韻・唐部〕

⿰日羊丨，明也，或从𦍋。〔集韻・陽部〕〇丨，明也。〔唐部〕

暘丨之水，即揚之水。〔通雅・釋詁〕

暲丨，日明。〔廣韻・陽部〕

⿱日量丨，與量同。〔廣雅・釋詈〕「吉丨」疏證。

㰲|，畝|。〔廣韻・唐部〕

畝|，|㰲，貪皃。〔廣韻・唐部〕

𢧢|，戈也。〔集韻・陽部〕

烊|，焇|。〔廣韻・陽部〕

𤎼|，炙燥。〔集韻・陽部〕

沆|，渡也。〔廣韻・唐部〕

漟|，溪也。〔集韻・唐部〕

𣿧|，没也。〔集韻・唐部〕

框|，棺門。〔廣韻・陽部〕

棡|，橫檣木。〔集韻・唐部〕

㭿|，飛|，斜桷。〔廣韻・唐部〕

楻|，|畢，撞柲也。〔集韻・庚部〕

榶|，|棣，木名。〔廣韻・唐部〕

槺|，|梁，虛梁也。〔廣韻・唐部〕〇〔通雅・卷八〕|梁，即是康宧。〔長門賦〕「委參差以|梁」。〇|梁，即康宧，空貌。〔文選・長門賦〕「委參差以|梁」集釋。

樟|，其木理多文章，故謂之|。〔本草・卷三四〕〇|，豫|，木名。〔廣韻・陽部〕

檔|，木名。〔廣韻・唐部〕

犺|，水牛。〔廣韻・唐部〕

𤛘|，並犅牛也。〔集韻・唐部〕

猐|，同羌。〔廣韻・陽部〕

獚|，犬名。〔廣韻・唐部〕

獽|，戎屬。〔廣韻・陽部〕〇|，戎屬也。〔慧琳音義・卷九四〕引〔文字集略〕。〇|，戎號也。〔同上〕引〔考聲〕。

𤬫|，|瓤。〔廣韻・唐部〕

癀|，|疸病也。〔說文〕「疸，黃病也」義證引〔玉篇〕。〇|，疸病也，或从皇。〔集韻・唐部〕〇|，病也。〔廣韻・唐部〕又〔慧琳音義・卷三三〕引〔考聲〕。

瘖|，气疾。〔集韻・唐部〕

砊|礚，雷聲。〔集韻・唐部〕〇|，硠，石聲。〔廣韻・庚部〕

硭|，|硝。〔廣韻・陽部〕

琩|，耳璫。〔廣韻・陽部〕

瑒|，玉名。〔廣韻・陽部〕

瑭|，玉名。〔廣韻・唐部〕

磄|，|磃，佐石。〔集韻・唐部〕〇|磃，怪石也，鋭石也。〔說文定聲・卷一一〕〔「虒」下〕〇|，|岸石也。〔廣韻・唐部〕

磅|，小石落聲。〔廣韻・庚部〕

皀|，穀之馨也。〔集韻・陽部〕〇|，稻香。〔廣韻・陽部〕

瓺|，瓶也。〔廣韻・陽部〕

𤭛|瓬，破罌。〔集韻・唐部〕

𤮏|，瓷器。〔廣韻・唐部〕

𤮨題甋謂之|溝。〔集韻・唐部〕

禟|，祐也。〔集韻・唐部〕

杧|，稻稃也，或从芒。〔集韻・陽部〕

秎 ｜，禾名。〔廣韻·陽部〕

糖 蜀人謂黍曰｜。〔集韻·唐部〕

穬 ｜，野穀。〔集韻·唐部〕

𥄫 ｜洋，仰視皃。〔集韻·唐部〕

䀮 ｜瞸，目皃。〔廣韻·唐部〕又〔集韻·唐部〕。

眻 ｜，美目。〔廣韻·陽部〕〇｜，一曰美目，或作暘，通作揚。〔集韻·陽部〕〇眉間曰｜。〔同上〕

眼 ｜，目病。〔集韻·唐部〕

䀮 ｜，目不明。〔廣韻·唐部〕〇｜，目不明也。〔慧琳音義·卷七九〕〇｜，不明也。〔卷五七〕

瞸 䀮｜，目皃。〔廣韻·唐部〕

胦 ｜，脝｜。〔廣韻·陽部〕

脝 ｜，腔也。〔集韻·陽部〕〇｜，與茝同。〔方言一三〕「茝，隨也」箋疏。

䏿 ｜，肥也。〔集韻·唐部〕

䐖 狼｜，南夷國名。〔廣韻·唐部〕

䐸 ｜，病𦝫，或从亢。〔集韻·唐部〕

䐹 ｜，耳｜，耳下。〔廣韻·唐部〕

𦤮 ｜，臭也。〔集韻·唐部〕

𢒼 ｜，美善也。〔集韻·陽部〕

䍧 ｜，多也。〔廣韻·陽部〕又〔集韻·陽部〕。

蚢 蚟｜，蟲名。〔廣韻·陽部〕

蚟 ｜，海中大蝦。〔廣韻·陽部〕

---

蛖 ｜，讀如芒。〔荀子〕「蒙鳩」雜志。〇蒙｜蔑，一聲之轉，皆謂細也。〔同上〕

蛘 ｜，蟲名。〔廣韻·陽部〕

蜣 ｜，｜蜋。〔廣韻·陽部〕〇｜蜋，蟲名，或作蜋。〔集韻·陽部〕

蜼 ｜，小蟲。〔集韻·陽部〕

螃 ｜蟹，本只名蟹，俗加｜字。〔廣韻·唐部〕

螪 ｜，｜羊蟲。〔廣韻·陽部〕〇｜，字作螪。〔釋蟲〕「蛒，｜何」郝疏。

蠄 ｜，蠶白。〔廣韻·陽部〕

翔 ｜，飛高下也。〔廣韻·唐部〕

𧕨 ｜｜，鵲行皃，通作彊。〔集韻·陽部〕

簹 ｜，篔｜，竹名。〔廣韻·唐部〕〇｜，義與棺當同。〔廣雅·釋器〕「其當謂之𦝫」疏證。

茳 ｜，茠｜，草名。〔廣韻·唐部〕〇｜，音光。〔釋艸〕「薢茩，芺｜」鄭註。

茛 ｜蒖，藥名。〔廣韻·陽部〕〇｜蒖，藥艸。〔集韻·陽部〕

莔 ｜，青｜子也。〔廣韻·陽部〕

蒗 ｜，｜毒，藥名。〔廣韻·唐部〕〇｜，｜毒，藥艸，或从浪。〔集韻·唐部〕

蘯 ｜，｜茉，艸名，百合也。〔集韻·陽部〕

蘠 ｜，艸名，可作縻綆。〔集韻·陽部〕

襠 ｜，即背｜也，一當背，一當胸。〔慧琳音義·卷三七〕引〔古今正字〕。〇｜，本字應作當。〔釋名·釋衣服〕「上無｜者也」疏證。

紻 ｜，纓謂之｜。〔集韻·陽部〕

綡 ｜，冠纓。〔廣韻·陽部〕〇｜，纓也。〔集韻·陽部〕

縍 ｜，同幫。〔廣韻·唐部〕

纕　一，淺黃。〔廣韻·唐部〕

䊨　一一，洸洸，皆本光光。〔通雅·釋詁〕

豬　一，豕名。〔集韻·唐部〕

賘　一，賦也。〔廣韻·陽部〕○一，賦斂也。〔集韻·陽部〕

贓　一，賄也。〔慧琳音義·卷八六〕引〔考聲〕。○納賄曰一。〔廣韻·唐部〕○官本一作臧。〔漢書·貢禹傳〕「賈人、贅壻及吏坐一者，皆禁錮不得為吏」補注。

躴　一，身長也。〔集韻·唐部〕○一躿，身長皃。〔廣韻·唐部〕

躿　一躴，身長。〔廣韻·唐部〕

䞶　一，趨行。〔廣韻·陽部〕

䟫　一躟，行遽，或从走。〔集韻·陽部〕

䠙　踉一，急行。〔廣韻·唐部〕○一，當作旁。〔墨子·經說下〕「無一也」閒詁引張惠言。

躟　一，疾行。〔廣韻·陽部〕

趪　一，走皃。〔廣韻·唐部〕

𨕖　一，讀曰章，明也。〔大戴·千乘〕「不相陵斯庶嬪一」王詁。

謒　一，語輕也。〔集韻·陽部〕

讜　一，忠言。〔集韻·唐部〕

䚕　一，視也。〔集韻·唐部〕

輰　轒一，軘軨。〔廣韻·唐部〕

轒　一，兵車也，或从堂。〔集韻·唐部〕○一輰，軘軨。〔廣韻·唐部〕

轅　一之言空也。〔說文〕「漮，水虛也」義證引〔急就篇〕顏注。○一車，送亡者之紙簍也。簍當似箱，古人謂箱為屏擋，故亦以屏呼之。〔通雅·襍用〕

轞　一，車一。〔廣韻·唐部〕

醭　一，加杯上酒。〔廣韻·唐部〕

赯　一，赤色。〔廣韻·唐部〕

鉠　一，鈴聲。〔廣韻·陽部〕

鋩　一，刃端。〔廣韻·陽部〕

鋿　一，車一，輪鐵。〔廣韻·陽部〕○一，一曰車輪繞鐵，或从常。〔集韻·陽部〕○一，磨也。〔同上〕

鋼　一，金之精者也。〔慧琳音義·卷二六〕引〔文字集略〕。○一，一鐵。〔廣韻·唐部〕

鎊　一，一削。〔廣韻·唐部〕

鎗　一，字亦作鏘。〔說文定聲·卷一八〕○〔同上〕一，叚借為愴。〔文選·宋孝武宣貴妃誄〕「鏘楚挽于槐風」。

閌　一，門高皃。〔集韻·唐部〕

閶　一，門周木也。〔集韻·陽部〕

閬　一，高門。〔廣韻·唐部〕

閶　一，門聲和也。〔廣韻·陽部〕

闛　一，高門也。〔廣韻·唐部〕

闣　一，門闕也。〔集韻·唐部〕

霙　一一，白雲皃。〔廣韻·陽部〕

隒　一，虛也。〔廣韻·唐部〕

隚　一，殿基。〔廣韻·唐部〕○殿基謂之一。〔集韻·唐部〕

韔　一，馬頭上靼。〔說文〕「鞧，勒靼也」義證引〔玉篇〕。○一，馬額上靼。〔廣韻·陽部〕○一，馬靼。〔集韻·陽部〕

鞾　一，鞋革皮也。〔廣韻·唐部〕

⿰革章 —，馬鞹。〔集韻·陽部〕○—，—泥，鞍飾。〔廣韻·陽部〕

⿰風唐 —，風皃。〔集韻·唐部〕

餳 —，字亦作餹，作糖。〔說文定聲·卷一八〕○〔同上〕餦餭合音為—。〔方言一三〕「—謂之餦餭，—謂之餹，凡飴謂之—」。

⿰食倉 —，食也。〔集韻·唐部〕

⿰食黃 —，糜也。〔集韻·唐部〕

饟 —，饋也。〔廣韻·陽部〕

⿰骨良 骯—，股肉。〔廣韻·唐部〕○股內謂之—。〔集韻·陽部〕

髣 —，—髴。〔廣韻·未部〕○—髴，髮亂。〔集韻·未部〕

⿱髟堂 —，—鬤。〔廣韻·陽部〕○—鬤，髮亂。〔集韻·陽部〕

駍 砰—軯軿，義同。〔廣雅·釋詁四〕「砰，聲也」疏證。

⿰馬卬 ——，馬怒皃。〔集韻·唐部〕○—，千里駒。〔廣韻·唐部〕

⿰馬喪 —，馬色。〔廣韻·唐部〕

⿰馬廣 決—，馬旋毛在脊也。〔廣韻·唐部〕

驦 驌—，良馬。〔廣韻·陽部〕

騻 —，同驦。〔廣韻·陽部〕

魟 —，—鮹。〔廣韻·陽部〕

⿰魚央 —，黃賴魚，一名—魟。〔說文〕「鱝，魚名」義證引〔本草〕。○—魟魚，即黃頰魚。〔同上〕義證。○—，魚名，善醒酒。〔集韻·唐部〕

⿰魚良 —，魚脂。〔廣韻·唐部〕○—，蟹其雄曰—鱧。〔集韻·唐部〕

⿰魚狂 —，大魚，或書作鰲。〔集韻·陽部〕

鯧 —，—鯸，魚名。〔廣韻·陽部〕又〔集韻·陽部〕。

鰑 —，魚名，鱺也。〔集韻·陽部〕

鱑 —，魚名。〔廣韻·唐部〕○—，或作鰉。〔集韻·唐部〕

鱂 —，鱋—，魚名。〔廣韻·陽部〕

鴋 —，鸉—，鳥名，人面鳥身。〔廣韻·陽部〕○—，鳥名。〔集韻·陽部〕

⿱亡鳥 —，雉鳴。〔廣韻·唐部〕

鵟 —，鴟屬。〔廣韻·陽部〕

鶶 —，—鷵，鳥名，似烏，蒼白色。〔廣韻·唐部〕

⿰商鳥 —，—鶊。〔廣韻·陽部〕○—，一曰—鶊，鶩黃。〔集韻·陽部〕○—，—鴹。〔廣韻·陽部〕○—，—鴹，鳥名。〔集韻·陽部〕

⿰章鳥 吳人呼水雞為—渠。〔廣韻·陽部〕

⿰嵩鳥 —，鶤—，鳥名。〔廣韻·陽部〕

⿰⿱士黃殳 —，卵中黃。〔集韻·唐部〕

⿰黑亢 —，黑皃。〔集韻·唐部〕

⿰黑昜 —，黑也。〔集韻·陽部〕

⿱大黽 —，黿屬，頭喙似鴟。〔集韻·唐部〕

⿰鼠唐 鼱—鼠，一月三易腸。〔廣韻·唐部〕

⿱將鼻 —，臭也，亦作蕎。〔集韻·陽部〕

⿰齒將 —，小齒。〔集韻·陽部〕

# 續經籍籑詁卷第二十三　下平聲

## 八　庚

**庚**　—與更通。〔廣雅·釋訓〕「更更」疏證。又〔釋訓〕「行行，更更也」疏證。○—，取其改更。〔漢書〕「振美」雜志。○—與賡同義。〔説文〕「賡，古文續」段注。○〔説文定聲·卷一八〕—，猶續也。〔禮記·檀弓〕「請—之」。○更—賡，並通。〔廣雅·釋言〕「更，償也」疏證。○—，道也。〔左傳成公一八年〕「以塞夷—」洪詁。又〔義府·卷上〕「請—之」詁。○古字—與迒同。〔左傳成公一八年〕「以塞夷—」洪詁。○—與迒，古亦同聲。〔廣雅·釋宮〕「迒，道也」疏證。○——，義與迒同。（同上）疏證。○——，成實貌。〔説文〕「—，位西方，象秋時萬物——有實也」段注。○〔説文定聲·卷一八〕——，堅皃。〔説文〕「—，秋時萬物——有實也」。○——，堅强之皃。〔説文〕「—，位西方，象秋時萬物——有實也」繫傳。○〔通雅·卷一八〕——，猶伉伉也，言文亢起也。〔漢文卜〕「大横——」。○—辛者，—，更也，辛，新也，言物皆改更而新也。〔説文〕「—，位在西方」義證引〔三禮義宗〕。○—午，亦剛日也。〔詩·吉日〕「吉日—午」朱傳。○〔説文定聲·卷一八〕—，字亦作鶊。〔楚辭·悼亂〕「鶬鶊兮喈喈」。○—，亦作浭。〔説文〕「灅，水出右北平浚靡東南入—水」繫傳。○—，讀如岡。〔説文〕「—，位西方，象秋時萬物——有實也」段注。○〔説文定聲·卷一八〕—，段借為經，實為徑。〔小爾雅·廣言〕「—，道也」。

**更**　—，改也。〔論語·子張〕「—也，人皆仰之」劉正義。又〔孟子·公孫丑下〕「及其—也」朱注。又〔大戴·四代〕「舌不—氣」王詁。又〔少閒〕「殷民—眩」王詁。又〔漢書〕「—奏之」雜志。又〔國策·趙策二〕「—不用侵」補正。○—，改也，謂改秦法。〔漢書·賈誼傳〕「為官名悉—，奏之」補注引王念孫。○—，—改。〔通鑑·周紀三〕「及其—也」音注。○—與改同義。〔方言六〕箋疏。○—，代也。〔墨子·號令〕「鋪食—」閒詁引蘇時學。○—，番代。〔漢書·廣川惠王傳〕「—擊之」補注。○—，言其去來—代也。〔説文〕「迭，—迭也」義證引〔急就篇〕顔注。○時者，—也。〔荀子〕「時舉而待御」雜志。○時、代，皆—也。（同上）○或言時為，或言代為，或言—為，是時、代皆—也。（同上）○—，猶易。〔國策·秦策五〕「願卿之—計」鮑注。○易與—同義。〔考工記·函人〕「眡其裏而易則材—也」平議。○—，歷也。〔大戴·本命〕「與—三年喪」王詁。○—，經也，歷也。〔通鑑·漢紀四四〕「臣已—之」音注。○—，猶迭。〔國策·西周策〕「本末—盛」鮑注。○迭，—也。〔管子〕「秩相勝」雜志。○—，猶反。〔國策·趙策二〕「—不用侵」鮑注。○—者，償也，報也。〔國語·晉語〕「不—厥貞」述聞。○—，亦訓繼。〔説文〕「—，改也」段注。○—、庚、賡，並通。〔廣雅·釋言〕「—，償也」疏證。○—與受，古今字耳。〔左傳昭公二九年〕「以—豕韋之後」洪詁。○—始，申儆之也。〔漢書·宣帝紀〕「與士大夫厲精—始」補注引劉攽。○——，彊也。〔廣雅·釋訓〕○行行、——，聲相近，皆彊貌也。〔釋訓〕「行行，——也」疏證。○—，讀曰庚。〔漢書·宣帝紀〕「其—諱詢」補注引周壽昌。○官本—作庚。〔禮樂志〕「長麗前掞光耀明」補注。○入厠曰—衣。〔義府·卷下〕○古時入厠名—衣，因即以名其小憩之處。〔義府·卷下〕○五—為五叟，田—為田叟。〔通雅·音義襍論〕○踐—，即是代人。過—則是總代人繇戍。卒—，即古者田賦出兵之制，戍邊三日則仿力役之制。〔漢書·昭帝紀〕「三年以前逋—賦未入者」補注引何焯。

**叓**　〔説文定聲·卷一八〕—，即亭長也。〔漢書·昭帝紀〕注「更有三品，有卒—，有踐—，有過—」。○（同上）—，段借為炳。〔考工·函人〕「則材更也」。○（同上）—，段借為經，實為徑，經更雙聲。〔廣雅·釋詁三〕「更，過也」。○（同上）—，段借為庚。〔晉語〕「姓利相更」。

**羹**　—，以菜為主，肉為汁也。〔説文〕「臛，肉—也」繫傳。○古之—有二，一為肉臛，〔儀禮〕「膷，臐膮」是也。一為肉汁，「太—湆不和」是也。〔説文〕「⿱⿲弓羔弓鬲，五味盉—也」義證。○—，大—，鉶—也，肉汁之有菜和者也，盛之鉶器，故曰鉶—。〔詩·閟宮〕「毛炰胾—」朱傳。○和調五味曰—。〔慧琳音義·卷一五〕引顧野王。○—，即肉也。〔釋器〕「肉謂之—」郝疏。○—，臛也。〔楚辭·招魂〕「陳吳—些」補注。○—，為濡且濁之物也。〔儀禮·士虞禮〕「嘉薦普淖」胡正義。○—之言良也。〔説文〕「獻，宗廟犬名—獻」段注。○古讀—若岡。〔釋器〕「肉謂之—」郝疏。○—，舊音郎。〔地理志〕作更字。〔左傳昭公一一年〕「城陳蔡不—」洪詁。

**⿱⿲弓羔弓鬲**　—，羹有有菜者，有無菜者，有肉調者。〔説文定聲·卷一八〕○（同上）—，字亦作⿰月羹。〔廣雅·釋器〕「⿰月羹謂之湆」。○鍇本—作羹。〔説文〕「—，詩曰亦有和—」段注。

**⿰月羹**　—，熟肉。〔廣韻·庚部〕

**秔**　—，次于粳而黏于穛者曰粳，今北方所謂南米、大米也。今吾蘓主米謂之稉。〔説文定聲·卷一八〕○古以不粘者曰—。〔説文定聲·卷六〕〔「稻」下〕○—則稻之不黏者。〔周禮·食醫〕「凡會膳食之宜，牛宜稌」孫正義。○—，稻屬也，不黏。〔説文〕「—，稻屬」義證引〔字書〕。○—，謂稻之不黏者，以別於粳也。（同上）義證引〔急就篇〕顔注。○—，音庚，稻之不黏者。〔通鑑·唐紀一五〕「—米斗十一錢」音注。○—，秈稻也。〔慧琳音義·卷八〕引〔集訓〕。○—，—稻。〔廣韻·庚部〕○江南呼—為秈。〔文選·南都賦〕「滍皐香—」集釋引〔聲類〕。○—，此旱稻也，〔内則〕謂之陸稻，〔管子」謂之陵稻。〔說文〕「丨，稻屬」義證。

**粳** 丨，秔俗字。〔廣韻・庚部〕○丨，乃穀稻之總名也。〔本草・卷二二〕○粘者為糯，不粘者為丨。（同上）○丨者，硬也。（同上）

**稉** 丨，同秔。〔廣韻・庚部〕○丨，古作秔。〔漢書・揚雄傳〕「馳騁丨稻之地」補注引宋祁。

**阬** 丨，塹也。〔釋詁〕「丨，虛也」鄭注。○丨，亦丨塹字。〔說文〕「丨，閬也」繫傳。○丨塹，亦隄阻也。（同上）段注。○丨，澤也。〔廣雅・釋地〕「甿，池也」疏證。○丨與斥同。〔漢書〕「沈斥」雜志。○丨，即沆字也，丨與澤同類。〔漢書・刑法志〕「除山川沈斥」補注引王念孫。○九丨，九州也。〔說文〕「丨，閬也」繫傳。○丨，閬也。〔說文〕「塹，丨也」段注引江沆。○丨閬，猶閌閬，空虛貌也。〔釋詁〕「丨，虛也」郝疏。○丨，俗作坑。〔說文〕「丨，閬也」句讀。○丨，俗字作坑。（同上）段注。○〔說文定聲・卷一八〕丨，字亦作坑。〔莊子・天運〕「在谷滿谷，在坑滿坑」。○（同上）丨，叚借為墳，為隍。〔釋詁〕「丨，虛也」。○丨，為荒之誤字，實借為漮。〔說文定聲・卷一八〕○丨，為岡之音近借字。〔文選・甘泉賦〕「陳衆軍於東丨兮」集釋。○峌谷，師古作丨谷。〔說文〕「峌，峌谷也」段注。

**坑** 丨，丨壍。〔慧琳音義・卷六〕引〔古今正字〕。○丨，虛也，塹也。〔卷二七〕引〔玉篇〕。○丨，山脊也。〔楚辭・大司命〕「導帝之兮九丨」補注。○丨，即阬，與岡同，謂山脊也。〔文選・甘泉賦〕「陳衆軍於東阬兮」集釋引〔九歌・大司命〕集注。○丨之言康也。〔廣雅・釋水〕「阬，丨也」疏證。○丨與沆同。〔釋地〕「甿，池也」疏證。又〔漢書〕「沈斥」雜志。○丨，大澤也，其字或作甿，或作丨。（同上）雜志。○康丨欿科渠，皆空之轉聲也。〔廣雅・釋水〕「阬，丨也」疏證。○丨衡閜砢者，揭蘗傾敵貌也。〔文選・上林賦〕「丨衡閜砢」集釋引〔史記索隱〕。○丨衡，丨或作抗，言樹之支幹相抗爭衡也。（同上）集釋引〔漢書〕顏注。○丨，即抗之同音借字。傾敵謂條幹支柱相傾相敵，正抗衡之義。〔漢書・司馬相如傳〕「丨衡閜砢」補注。

**坈** 丨，字書作坑，俗作坈。〔楚辭・初放〕「與麋鹿同丨」補注。○陂池曰丨。（同上）

**坈** 丨，或作坑，坎也。〔慧琳音義・卷六〕引〔考聲〕。

**盲** 目不見色謂之丨也。〔說文〕「丨，目無牟子」義證引〔急就篇〕顏注。○丨義與䀮亦相近。〔廣雅・釋詁一〕「䀮，遽也」疏證。○〔說文定聲・卷一八〕丨，叚借為䀮。〔禮記・月令〕「丨風至」。○（同上）丨，叚借為望。〔周禮・內饔〕「豕丨視而交睫腥」。○丨，當為育。〔說文〕「娥，帝堯之女，舜妻娥皇字也」義證。

**橫** 丨，闌木也。〔說文〕「丨，闌木也」義證引〔玉篇〕。○丨，充也。〔說文〕「桄，充也」義證引〔急就篇〕顏注。又〔楚辭・雲中君〕「丨四海兮焉窮」補注引〔禮記〕「以丨於天下」注。○丨，充塞也。〔墨子〕「窕丨」雜志。○丨，謂充滿强大。〔說文〕「觵，兕牛角可以飲者也」義證。○溥遍所及曰丨。〔書・堯典〕「光被四表」述聞引戴震。○丨與廣通。〔詩・玄鳥〕「方命厥后」通釋。○丨，讀為廣。〔荀子・脩身〕「丨行天下」集解引王引之。○丨者，謂之廣。〔說文定聲・卷一八〕（「廣」下）○丨與光同。〔法言・序〕「幽宏丨廣」平議。○丨，即光也。〔漢書・王莽傳〕「昔唐堯丨被四表」補注引錢大昭。○此丨門，丨橋也，丨光字，古同音而通用。〔戾太子傳〕「焚蘇文於丨橋上」補注。○丨與桄略同。〔說文定聲・卷一八〕○丨，又通作桄。〔說文〕「丨，闌木也」義證。○丨，縱丨也。〔廣韻・庚部〕○丨捘，乃大挨也。〔漢書・王莽傳〕「名曰丨捘」補注引沈欽韓。○丨，言莫之敵。〔國策・楚策四〕「不足以丨世」鮑注。○丨失，謂極騁智辯。〔韓子・說難〕「又非吾敢丨失而能盡之難也」集解引顧廣圻。○丨，讀曰衡。〔大戴・衛將軍文子〕「無道丨命」王詁。○丨與衡古通。〔左傳襄公三年〕「至于衡山」疏證引顧棟高。○丨，古作衡。〔荀子・賦〕「反見從丨」集解引郝懿行。○〔說文定聲・卷一八〕丨，以衡為之。〔詩〕「衡門之下」。○丨與黌同，學舍也。〔通鑑・晉紀一三〕「作東丨」音注。○丨行，部不由中道，行而旁出。〔漢書・司馬相如傳〕「扈從丨行」補注。○丨，字亦作桁。〔說文定聲・卷一八〕○丨，或作闌。〔說文〕「丨，闌木也」義證。○丨，當作廣。〔漢書・蒯伍江息夫傳贊〕「蒯通一說而喪三儁」補注。○〔說文定聲・卷一八〕丨，叚借為光。〔水經・睢水〕注「丨亭，世謂之光城，蓋光丨聲相近」。○（同上）丨，叚借為璜。〔後漢・鮑昱傳〕「德乃修起丨舍」。○丨，〔天官書〕作潢。〔漢書・天文志〕「旁有入星，絕漢，曰天丨」補注引〔官本攷證〕。○王丨，〔河水注〕作王潢。〔溝洫志〕「大司空掾王丨」補注。○丨，長安門名。〔廣韻・唐部〕○丨行，丨班也。〔通雅・禮儀〕

**觥** 丨，爵也，以兕角為爵也。〔詩・卷耳〕「我姑酌彼兕丨」朱傳。○丨容五升，所以為罰爵也。〔桑扈〕「兕丨其觩」集疏引韓說。○丨，曲起之皃。〔說文〕「丨，兕牛角可以飲者」繫傳。○丨，音肱。〔詩・七月〕「稱彼兕丨」朱傳。○丨，同觵。〔廣韻・庚部〕

**觵** 丨，丨角，為酒器，受七升，罰失禮者。〔廣韻・庚部〕○丨丨，當為橫橫。〔說文〕「丨，其狀丨丨，故謂之丨」義證。○丨丨，壯皃，猶僙僙也。（同上）段注。○丨，正字，觥，俗字。〔左傳成公一四年〕「兕丨其觩」疏證。○〔說文定聲・卷一八〕丨，叚借為侊。〔越語〕「觵飯不及壺飧」。

**彭** 丨，即韸也。〔說文〕「丨，鼓聲也」段注。○丨，通作逢。〔說文〕「丨，鼓聲也」義證。○丨，盛也。〔廣韻・庚部〕○丨丨，盛貌。〔詩・駟〕「以車丨丨」朱傳。○丨丨，强盛貌。〔大明〕「駟騵丨丨」朱傳。○丨丨，衆盛貌。〔出車〕「出車丨丨」朱傳。○丨丨與旁旁同，音博庚、蒲庚二反。〔廣雅・釋訓〕「丨丨，盛也」疏證。○怲怲與丨丨，古同聲。（同上）○騯旁丨，並同義。（同上）○丨，讀如旁。〔詩・載驅〕「行人丨丨」陳疏。○搒篣丨，並通。〔廣雅・釋詁三〕「搒，擊也」疏證。○丨，行也，道也。〔廣韻・庚部〕○丨，假借，其正字則騯也。〔說文〕「丨，鼓聲也」段注。○丨丨，蓋騯騯之段借。〔詩・出車〕「出車丨丨」通釋。○〔說文定聲・卷一八〕丨，段借為騯。〔詩・北山〕「四牡丨丨」。○〔同上〕丨，以逢為之，丨、逢一聲之轉。〔詩・靈臺〕「鼉鼓逢逢」。○〔通雅・卷三五〕丨排，盾也，今又謂之搪排。〔南史〕「朱超石設丨排」。○士丨，〔左氏〕、〔穀梁〕作魴，古音丨與魴同部，得段借也。〔公羊傳成公一八年經〕「晉侯使士丨來乞師」陳疏。○丨湃，〔史記〕作滂濞，丨旁古通，澎湃，謂水之旁溢。〔漢書・司馬相如傳〕「洶涌丨湃」補注。○〔郡國志〕費縣有祊亭，古祊丨字通，此丨即祊。〔高惠高后文功臣表〕「丨簡侯秦同」補注引錢坫。○丨即祊，澎即鬃也，亦省作丨。〔王子侯表〕「丨侯强」補注引錢坫。○丨，河上地名。〔詩・清人〕「清人在丨」朱傳。○丨咸，蓋前脩之足為師法者。〔離騷〕「願依丨咸之遺則」戴注。○丨咸，殷之介士，不得其志，投江而死。〔同上〕補注引師古注。○丨蒙，當是田駢之師。〔莊子・天下〕「丨蒙、田駢、慎到聞其風而悅之」集釋引俞樾。○丨鑑太傅，〔禮・帝繫篇〕「陸終氏六子，其三曰籛，是為丨祖」是也。〔屈賦・天問〕「丨鑑斟雉帝何饗」戴注。○丨祖，即陸終氏第三子籛鏗，號為大丨氏。〔漢書・地理志〕「丨城，古丨祖國」補注。○丨侯，秦同也。〔高惠高后文功臣表〕「比丨侯，户千」補注引錢大昭。○丨，筑水，古名丨水。〔左傳桓公一二年〕「分涉于丨」疏證引〔一統志〕。

**棚**　編木橫竪為之皆曰丨，今謂架于上以蔽下者曰丨。〔說文定聲・卷二二〕○丨，棧也。〔廣韻・耕部〕○連閣曰丨。〔慧琳音義・卷五二〕○〔說文定聲・卷二二〕丨，庋閣也。〔廣雅・釋詁三〕「丨，攱也」。○今蘇俗諺語曰搭丨，蓋空中樓閣之謂。〔說文定聲・卷二二〕○丨車，是樓車也，正作轈。〔慧琳音義・卷八一〕引〔考聲〕。

**亨**　丨與鬺通。〔廣雅・釋詁三〕「鬺，熟也」疏證。○丨與烹同義。〔詩・采蘋〕「于以湘之」陳疏。○丨，煮熟之也。〔楚茨〕「或剝或丨」朱傳。○丨音烹。〔同上〕朱傳。又〔七月〕「七月丨葵及菽」朱傳。○丨，古享字。〔左傳昭公四年〕「夏啓有鈞臺之享」洪詁。○丨，即享字。〔漢隸拾遺〕雜志。○丨，為古享字。〔左傳昭公四年〕「丨神人」述聞。又〔昭公二九年〕「夏后饗之」洪詁。○丨，皆古享字。〔易・大有〕「公有丨于天子」述聞。○享，即今之烹字也，經典省作丨。〔墨子〕「為享豚」雜志。○丨，當作享，古丨、享字通。〔漢書・兒寬傳〕「肅邕永丨」補注引李慈銘。○丨，亦作亯。〔方言七〕「丨，熟也」疏證。○丨，讀如饗。〔詩・采蘋〕「于以湘之」後箋引段玉裁。○大丨，初也。〔易・无妄〕「大丨以正」李疏。○大丨，初乾也。〔同上〕李疏。○〔新序〕丨作享，古文丨享字通。〔左傳昭公四年〕「脩德音以丨神人」洪詁。○丨，當從〔新序〕讀為享。〔同上〕述聞。○〔孝武紀〕丨作饗，〔封禪書〕作享。〔漢書・郊祀志〕「報祠大丨」補注引朱一新。

**享**　丨者，祭獻神也，故神歆亦曰丨，奉上亦曰丨。〔說文定聲・卷一八〕〔「饗」下〕○〔卷一八〕丨，獻其誠達之則無不順嘉，故亦曰亯，字作亨。〔晉語〕「衆而順嘉也，故曰亨」。○〔同上〕丨，段借為鬺，字亦作烹，作亨。〔周禮・內饔〕「割亨煎和之事」。

**亨**　丨，煮也。俗作烹。〔廣韻・庚部〕

**鎗**　丨，鼎類。〔廣韻・庚部〕○丨，鼎類也，俗作鐺。〔慧琳音義・卷一〇〕引〔考聲〕。○丨，鼎類也，或作鐺。〔卷六二〕引〔考聲〕。○丨，三足鬴也。〔說文〕「鎗，丨鏓也」義證引〔六書故〕。○丨，或作鏘，乃俗字。〔說文〕「丨，丨鏓」段注。○丨瑲將鏘鶬，並字異而義同。〔廣雅・釋詁四〕「丨，聲也」疏證。○〔說文定聲・卷一八〕丨，段借為瑲。〔禮記・經解〕注「然後玉丨鳴也」。○丨丨，將將、鶬鶬，皆段借字。〔說文〕「丨，丨鏓」段注。

**英**　丨，華也。〔詩・汾沮洳〕「美如丨」朱傳。○丨，猶華也。〔有女同車〕「顏如舜丨」朱傳。○丨者，花也。〔說文〕「薏，一曰薏丨」句讀。○丨蘂，盖俱是華。〔廣雅・釋草〕「蘂，華也」疏證。○丨，光中之實也。〔說文〕「瑛，玉丨華相帶如瑟弦」繫傳。○丨，即俊也。〔詩・羔裘〕「三丨粲兮」後箋引〔詩緝〕。○丨，猶美也。〔同上〕陳疏。○才過人曰丨。〔通鑑・陳紀八〕「宜在宗丨」音注。○才出萬人曰丨。〔國策・齊策三〕「小國丨傑之士」鮑注。○智過萬人謂之丨。〔說文〕「俊，才過千人也」義證引〔文子〕。○丨，才德之秀出者。〔禮記・禮運〕「三代之丨」集解。○丨，亦玉也。〔詩・汾沮洳〕「美如丨」平議。○玉丨，玉有丨華之色。〔楚辭・哀時命〕「采鍾山之玉丨」補注引〔援神契〕。○瑛丨，義並同也。〔廣雅・釋詁一〕「丨，美也」疏證。○丨丨，輕明之貌。〔詩・白華〕「丨丨白雲」朱傳。○丨丨，亦雲之白貌。〔同上〕通釋。○丨丨，亦作央央。〔同上〕通釋。○〔通雅・卷九〕丨丨，通作泱泱，丨，華茂也，有作央央。〔詩〕「丨丨白雲」。○醠䣐盎丨，字異而義同。〔廣雅・釋器〕「丨，酒也」疏證。○丨，古音如央，故與浪同聲。〔墨子・旗幟〕「死士為倉丨之旗」平議。○丨與韺同。〔廣雅・釋樂〕「五韺，樂名」疏證。○丨與娥同義。〔釋詁一〕「娥，美也」疏證。○丨，刻畫也。〔詩・清人〕「二矛重丨」通釋引干寶。○八丨，即八元。〔史記・五帝紀〕「乃流四凶族」志疑。○六分為丨。〔陳杞世家〕「皐陶之後，或封丨、六」志疑引〔路史〕。○三丨，或以為裘之丨飾。〔詩・羔裘〕「三丨粲兮」後箋引〔詩緝〕。○丨，初生也。〔大戴・少閒〕「則華丨必得其節以秀孚矣」王詁。○夫丨，即丨氏。〔史記・十二諸侯年表〕「楚成王二十六，滅六、丨」志疑。○丨者，瑛之假借。〔詩・著〕「尚之以瓊丨乎而」陳疏。○〔說文定聲・卷一八〕丨，段借為瑛。〔詩・著〕「尚之以瓊丨乎而」。○〔同上〕丨，段借為柍。〔釋木〕「時丨梅」。○丨，即偃，二字音相近而轉。〔左傳僖公一七年經〕「齊人、徐人伐丨氏」疏證引黃生。○丨，以朱羽為矛飾也。〔詩・清人〕「二矛重丨」朱傳。○女丨，〔世本〕作女瑩，〔大戴禮〕作女匽。〔說文〕「嬴，帝少皞之姓也」段注。

**瑛**〔說文定聲·卷一八〕「|，此字後出，即英之轉注，古只用英。〔說文〕「|，玉光也」。○|，玉光。〔廣韻·庚部〕○|，經典多作英。〔說文〕「|，玉光也」義證。○|、英義並同也。〔廣雅·釋詁一〕「英，美也」疏證。

**烹**|，煮也。〔國策·齊策一〕「天下為秦相|」鮑注。○|，所謂鼎鑊之誅。〔國策·齊策一〕「臣請|」鮑注。

**亯**|，獻也，獻於上也。〔說文〕「|，獻也」繫傳。○|者，進上也。〔說文〕「㫗，厚也」繫傳。○|，俗作烹。〔說文〕「鬻，|也」句讀。○|，亦作烹。〔方言七〕「亯，熟也」箋疏。○|，一作亨，俗作烹。〔說文〕「蔓，艸也，可以|魚」句讀。○|，經典借為亨煮。〔說文〕「|，獻也」義證。

**平**|，和也。〔詩·擊鼓〕「|陳與宋」朱傳。○|，猶和也。〔烈祖〕「既戒既|」朱傳。○|，和適也。〔太素·三虛三實〕「雖|居」楊注。○|者，語|舒也。〔說文〕「均，|偏也」段注。○|，引申為凡|舒之偁。(同上)○|，引伸為凡安舒之偁。〔說文〕「|，語|舒也」段注。○|，合二國之好也。〔詩·擊鼓〕「|陳與宋」朱傳。○|，正也。〔何彼襛矣〕「|王之孫」朱傳引舊說。又〔大戴·文王官人〕「其行甚|」王詁。○|，正也，和也。〔通鑑·周紀三〕「秦昭王使向壽|宜陽」音注。○|，謂抑其騰躍。〔周禮·司徒〕孫正義。○|，易也。〔廣韻·庚部〕○|，成也。〔春秋隱公六年〕「鄭人來渝|」疏證引惠棟。○|，成也，和也。〔大戴·朝事〕「則天下太|」王詁。○登|者年穀之成也。〔釋詁〕「|，成也」郝疏。○|，靜也。〔淮南·內篇〕「知不能|」雜志。○|，均也。〔大戴·千乘〕「哀樂|」王詁。○病愈為|也。〔易·坎〕「祇既|」述聞。○|，使也。〔書·酒誥〕「勿辯乃司民湎于酒」述聞。○|者，使也。〔堯典〕「|在朔易」孫疏。○|秩，為使課其事。〔堯典〕「|秩東作」孫疏。○|秩為便程者，聲俱相近。(同上)注「史遷|秩作便程」孫疏。○|民，謂齊民也。〔呂刑〕「延及|民」孫疏。○|，生，|日也。〔論語·憲問〕「久要不忘|生之言」朱注。○|反，理正幽枉也。〔漢書·雋不疑傳〕「有所|反」補注引〔通鑑〕胡注。○|，音梗。〔詩·采菽〕「||左右」朱傳。○古者|、便皆同字。〔書·堯典〕「|章百姓」述聞。○古者|、便字通用。〔釋訓〕「便便，辯也」邵正義。○|、辯通。〔釋訓〕「諸諸、辯也」郝疏。○|、辯古字通。〔荀子〕「忠信調和均辨之至也」雜志。○|與辯、便古音可通。〔書·堯典〕「|章百姓」述聞。○辨讀為|。〔荀子〕「忠信調和均辨之至也」雜志。○蒻蒲子可以為|席，|當為苹。〔說文〕「苹，蓱也」義證。○|與苹通。〔書·堯典〕「|秩東作」述聞。○|苹，古亦通用。〔周禮·車僕〕「車僕掌苹車之萃」孫正義。○|，通作苹，又通作便，又通作辯，又通作凝。〔釋詁〕「|，成也」郝疏。○|與抨通。〔書·君奭〕「天壽|格」孫疏。○|，博之義與明為近。〔釋訓〕「目上為名」郝疏。○|，當為采。〔說文〕「豑，爵之次第也，曰，|豑東作」義證。○|，古文作𠀭。〔說文〕「采，辨別也」義證。○〔說文定聲·卷一七〕因古書段借采或作|，|或作采，遂相亂也。〔說文〕「|，語|舒也」。○(同上)|，段借為采。〔書·堯典〕「|章百姓」。○(同上)|，段借為姘。〔荀子·富國〕「|關市之征」。○辯即|之假借。〔書·酒誥〕「勿辯乃司民湎于酒」述聞。○|，今文俱作辨也。〔堯典上〕注「|，一作辨」孫疏。○|，〔史·表〕作繁。〔漢書·高惠高后文功臣表〕「|嚴侯張瞻師」補注。○此|即繁，繁|聲近而字通，若〔詩〕之「||左右」，〔左傳〕作「便蕃左右」。(同上)補注引王念孫。○〔通雅·卷一三〕|隔，車耳也。〔周禮·輿人〕「兩輢上出軾者，今之|隔也」。○|乃席名。〔荀子·正名〕「輕煖|簟」集解引俞樾。○〔通雅·卷四三〕|仲，銀杏也，一名榒，一名火棗木。〔沈雲卿詩〕「芳春|仲綠」。○蒲|、|簟，并當為苹。〔說文〕「蒻，蒲子，可以為|席」義證。○|熮，即|燥。〔通雅·釋詁〕

**評**|，|量，亦|事。〔廣韻·庚部〕○|，訂也。〔慧琳音義·卷七一〕引字書。○|與平通。〔廣雅·釋詁三〕「|，平也」疏證。○|，訶也。〔慧琳音義·卷五四〕引〔古今正字〕。

**枰**謂木器之平偁|，如今言棊|是也。〔說文〕「|，平也」段注。○今言棊局為|，亦言上平也。(同上)繫傳。○|，一曰博局，或作榒。〔集韻·庚部〕○|與榻對文則異，散文則通。〔廣雅·釋器〕「廣平，榻|也」疏證。○|仲，木名。〔說文〕「|，平也」繫傳。又〔漢書·司馬相如傳〕「華楓|櫨」補注引〔玉篇〕。又〔廣韻·庚部〕。○|，〔史記〕作榒。|與榒，聲之轉也。〔文選·上林賦〕「華楓|櫨」集釋。

**京**|，人所居高邱也。〔說文〕「|，人所為絶高邱也」義證引〔九經字樣〕。○|，人所為絶高丘也。〔楚辭·陶壅〕「淹低佪兮|泝」補注。○|，丘之絶高者也。〔慧琳音義·卷一〇〕引〔考聲〕。○〔說文定聲·卷一八〕對文則人力所作者為|。〔釋邱〕「絶高為之|」。○|，高丘也。〔詩·定之方中〕「景山與|」朱傳。又〔甫田〕「如坻如|」朱傳。又〔公劉〕「乃覯于|」朱傳。又〔說文〕「囷，廩之圜者」繫傳。○|，高也。〔國策·楚策四〕「處|臺之下」鮑注。○|，大也。〔說文〕「鱷，海大魚也」段注。又〔漢書·地理志〕「|兆尹」補注引〔決録〕注。又〔通鑑·周紀二〕「諸侯會于|師」音注。○|，一曰大也。〔楚辭·陶壅〕「淹低佪兮|泝」補注。○||，亦大也。〔詩·正月〕「憂心||」朱傳。○|，高大也。〔太素·經脈之一〕「循|骨至小指外側」楊注。○|與墳同意。〔釋詁〕「|，大也」郝疏。○|，大也。〔廣韻·庚部〕○|，古音讀疆。〔文選·與滿公琰書〕「是|臺之樂也」集釋。○|，當讀為勍。〔左傳莊公二二年〕「莫之與|」平議。○|臺，即强臺也。〔淮南·原道〕「豈必處|臺章華」平議。○|、景聲義同。〔釋詁〕「|，大也」郝疏。○邱阜陵|，對文則異，散文則通。〔廣雅·釋邱〕「四起曰|」疏證。○|矜，其義一也，通作齡。〔方言一〕「|，大也」箋疏。○|，周也。〔詩·思齊〕「|室之婦」朱傳。○|，周|也。〔大明〕「曰嬪于|」朱傳。○|，周，猶周|也。〔下泉〕「念彼|周」朱傳。○〔說文定聲·卷一八〕|，段借為鯨。〔羽獵賦〕「騎|魚」。○天子之都名為|師。〔詩·下泉〕「念彼|師」集疏。○官|師曰|官。〔通雅·官制〕○|

觀，亦可止稱丨。〔左傳宣公一二年〕「以為丨觀」疏證。○丨觀之制，露骸封土也。（同上）疏證。○宋有丨瓦，通謂勾欄，其始名則猶闌干也。〔通雅・宮室〕○丨垓，亦曰經垓。〔通雅・算數〕○丨，數法名也，從一至載，數法之名有十五等，丨當第八，在兆之上。〔慧琳音義・卷六〕引劉洪。○丨魚，一曰吐魪，即杜父魚，一名黄鰤，俗名舩矴魚。〔通雅・魚〕○丨倉，指丨師之倉也。〔文選・東京賦〕「發丨倉」補正引何焯。

**驚** 丨，懼也。〔廣韻・庚部〕○丨亦警。〔釋訓〕「兢兢，戒也」郝疏。○丨、警同。〔墨子・襍守〕「即有丨」閒詁。○丨同警。〔號令〕「即有丨」閒詁引蘇時學。○丨，讀為警。〔號令〕「卒有丨事」閒詁。○丨之言猶警也。〔釋詁〕「丨，懼也」郝疏。○〔說文定聲・卷一七〕丨，叚借為警。〔易・震〕「丨百里」。○（同上）丨，叚借為儆，戒慎葡具也。〔詩・車攻〕「徒御不丨」。○○舊校云，丨或作夢。〔呂覽・慎大〕「其生若丨」校正。○丨蟄者，蟄蟲丨而走出也。〔漢書・律歷志〕「丨蟄」補注引錢大昭。○漢改啓蟄為丨蟄，避景帝諱。（同上）補注引錢大昕。○古節氣以丨蟄為正月中。（同上）補注引齊召南。○丨事律，以丨事告急也。〔通雅・刑法〕

**荆** 丨，叢生，其子入藥品。〔說文定聲・卷一七〕○丨，楚木也。〔慧琳音義・卷一二〕引顧野王。○丨，丨楚。〔廣韻・庚部〕○楚，丨也。〔管子〕「樊棘」雜志。○丨，楚之別號。〔詩・閟宮〕「丨舒是懲」朱傳。○丨，一名楚。〔說文〕「丨，楚木也」義證引〔急就篇〕顏注。○丨，或為楚，楚亦丨木之別名也。（同上）義證引〔夢溪筆談〕。○丨州因此為名也，故其國名楚。（同上）繫傳。○丨楚，古通稱曰丨舒。〔通雅・地輿〕○丨蠻者，羣蠻之一，若〔史記〕之言楚蠻。〔漢書〕「蠻丨」雜志。○丨、強聲之轉也。〔國策・卷下〕札記引丕烈。○丨彊，聲同而異字。〔漢書〕「楊」雜志。○〔說文定聲・卷一七〕丨，叚借為荆。〔廣雅・釋詁三〕「丨，治也」。○〔說苑〕丨作箭。〔呂覽・直諫〕「葆申東細丨五十」校正。○丨泉之水，蓋即滄浪之水也。〔釋名・釋采帛〕「丨泉之水」疏證。○丨葵，即〔廣韻〕丨藩。〔說文〕「芘，一曰芘芣木」義證。○丨葵花，一名錦葵。〔說文〕「苃，蚍虾也」義證引羅願。

**明** 丨或從囧。〔說文繫傳・通論上〕○日月為丨。〔易・繫上〕「知幽丨之故」李疏。又〔說文繫傳・通論上〕。○日月亦為大丨。〔易・晉〕「順而麗乎大丨」李疏。○陽曰丨。〔大戴・誥志〕「丨，孟也」王詁。○日照於晝為丨。〔禮記・祭義〕「以別幽丨」集解。○清、光，皆丨也。〔說文繫傳・通論上〕○丨，瑩澈也。〔本草・卷一二〕○丨，猶潔也。〔中庸〕「使天下之人齊丨盛服」朱注。○丨，猶絜也。〔儀禮・士虞禮〕「丨齊溲酒」述聞。○丨，潔白也。〔禮記・曲禮〕「稷曰丨粢」集解。○丨齊，絜粢也。〔儀禮・士虞禮〕「丨齊」述聞。○丨，通也。〔大戴・虞戴德〕「稽其遠而丨者」王詁。○丨，通也，發也。〔廣韻・庚部〕○丨發二字同義。〔詩・小宛〕「丨發不寐」通釋。○丨發，猶言達旦。（同上）集疏。又（同上）後箋。○丨發，謂將旦而光丨開發也。（同上）朱傳。○丨，猶曉也。〔黄鳥〕「不可與丨」陳疏。○丨，顯也。〔詩・訪落〕「以保丨其身」朱傳。又〔通鑑・周紀四〕「國一綦丨」音注。○丨，顯，猶示二大國惡之天下不能善也。〔國策・韓策三〕「且丨公之不善於天下」鮑注。○丨，猶言光顯。〔漢書・王嘉傳〕「非所目丨朝廷也」補注。○丨，有顯效也。〔釋詁〕「丨，成也」鄭註。○丨丨，謂丨顯有丨德之人。〔墨子・尚賢中〕「丨丨不常」閒詁。○著丨，皆丨也。〔漢書〕「垂統理順」雜志。○丨，光也，昭也。〔廣韻・庚部〕○丨者，光之體。〔孟子・盡心上〕「日月有丨」朱注。○丨者，縣象著物也。〔大戴・誥志〕「天曰作丨」王詁。○丨，猶備也，著也。〔詩・楚茨〕「祀事孔丨」朱傳。○丨，亦示也。〔漢書〕「丨示」雜志。○丨，猶示也。〔國策・東周策〕「丨羣臣」鮑注。○丨丨，猶昭昭。〔詩・小明〕「丨丨上天」陳疏。○丨丨，辨治也。〔有駜〕「在公丨丨」朱傳。○論，丨也。〔荀子〕「論」雜志。○丨，詳盡之義近察。〔書・堯典上〕注「史遷上丨為悉」孫疏。○丨，謂丨鬼神之實有也。〔墨子・明鬼下〕閒詁。○丨者，言任用賢人能不疑也。〔論語・顏淵〕「子張問丨」集解。○丨辯，謂善惡不相掩。〔韓子・有度〕「丨辯而易治」集解引舊注。○丨，謂天地之間，萬物陳列，著于耳目者。〔易・繫上〕「知幽丨之故」李疏引荀爽注。○丨之義，一為修丨，一為明審。〔孟子・公孫丑上〕「及是時丨其政刑」焦正義。○丨、著、修，三字義通。（同上）○丨與斤同義。〔漢書・律歷志〕「斤者，丨也」補注引沈欽韓。○丨，猶尊也。〔管子〕「戒心」雜志。○丨者，尊也。〔荀子〕「知士不能丨」雜志。○古者多謂尊為丨。（同上）○丨與推皆尊崇之謂也。（同上）○丨，亦大也。〔荀子〕「天見其丨，地見其光」雜志。○丨者，大也。（同上）○丨、孟字通。〔文選・四子講德論〕集釋。○丨與孟通。〔書・皋陶謨上〕「浚丨有家」孫疏。又〔文侯之命〕「克慎丨德」孫疏。○丨，通作孟。〔釋詁〕「丨，成也」郝疏。○丨都，即孟諸，丨孟字通，是丨亦勉也。〔漢書・翟方進傳〕「其勉助國道丨」補注引孫星衍。○丨聲近孟。〔書・康誥〕「克丨德慎罰」孫疏。○丨與孟聲相近。〔泰誓〕「丨于先祖之遺」孫疏。又〔洛誥〕「丨作有功」孫疏。又〔多方〕「爾邑克丨」孫疏。又〔顧命〕「爾尚丨時朕言」孫疏。○丨、孟聲相近，丨即勉也。〔皋陶謨下〕「元首丨哉」孫疏。○丨與孟聲近而義通。〔大戴・曾子制言〕「故士執仁與義而丨行之未篤故也」平議。○孟、丨古聲同而通用，故勉謂之孟，亦謂之丨。〔書・盤庚〕「丨聽朕言」述聞。○丨，勉。〔多方〕「大不克丨保享」孫疏。○丨，勉也。〔顧命〕「爾尚丨時朕言」述聞。又〔多士〕「罔不丨德恤祀」孫疏。○丨，謂自勉。〔康誥〕「丨德慎罰」孫疏。○丨，亦勉也。〔詩・訪落〕「以保丨其身」通釋。○丨者，勉也。〔書・洛誥〕「茲予其丨農哉」孫疏。又〔詩・訪落〕「以保丨其身」集疏。○丨勉，一聲之轉，故古多謂勉為丨。〔江漢〕「丨丨天子」述聞。○丨丨，猶勉勉也。〔有駜〕「在公丨丨」陳疏。○亹亹勉勉丨丨，一聲之轉。（同上）述聞。○亹亹勉勉丨丨，亦一聲之轉。〔江漢〕「丨丨天子」述聞。○丨，成也。〔臣工〕「將受厥丨」述聞。又〔國語・周語〕「丨令德矣」述聞。○丨者，成也。〔釋詁〕「丨，成也」述聞。

○丨與成、就同義。（同上）○古謂成為丨。〔詩・臣工〕「將受厥丨」述聞。○丨考者，長老之成也。〔釋詁〕「丨，成也」郝疏。○丨，亦訓盛。〔國語・周語〕「使至於爭丨以妨王宮」平議。○丨之言盛也。〔荀子・議兵〕「故仁人用，國日丨」平議。○古丨與盛同義。〔詩・甫田〕「以我齊丨」通釋。○丨堂，盛貌也。〔左傳文公二年〕「不登於丨堂」疏證引〔南齊書〕。又（同上）洪詁。○庶丨，謂衆貴戚。〔書・皋陶謨〕「庶丨勵翼」孫疏。○丨與直義近。〔釋詁〕「較，直也」郝疏。○乾為大丨。〔易・晉〕「順而麗乎大丨」李疏。○丨畏，言賞罰。〔書・皋陶謨〕「天丨畏」孫疏。○丨字古讀若芒。〔盤庚〕「丨聽朕言」述聞。○丨，古音近芒。〔釋言〕「翌，丨也」邵正義。○丨，古讀若芒，不得與名通。〔墨子〕「敢問神」雜志。○丨，當讀為萌。〔書・皋陶謨〕「庶丨勵翼」平議。○古音丨如盲。〔漢書・地理志〕「葭丨」補注引錢大昕。○丨作哲。〔離騷〕「夫維聖哲以茂行兮」補注。○孟豬、丨都、望諸，皆同聲假借。〔廣雅・釋地〕「孟豬，池」疏證。○丨丨，即勉勉之假借，謂其在公盡力也。〔詩・有駜〕「在公丨丨」通釋。○官本丨作民。〔漢書・哀帝紀〕「詔將軍、中二千石舉丨兵法有大慮者」補注。○〔緇衣〕引經，丨作民。〔書・康誥〕注「丨一作民」孫疏。○〔史記〕丨主作盟主。〔左傳襄公二九年〕「險而易行，以德輔此則丨主也」洪詁。○丨星，啓丨也。〔詩・東門之楊〕「丨星煌煌」朱傳。○丨星，謂啓丨之星。（同上）通釋。○丨星，啓丨之星，先日而出者也。〔女曰鷄鳴〕「丨星有爛」朱傳。○三丨，謂三光。〔大戴・少閒〕「行三丨」王詁。○丨月，乃海月也。〔漢書・司馬相如傳〕「丨月珠子」補注引沈欽韓。○丨月，珠名。〔楚辭・涉江〕「被丨月兮珮寶璐」補注引五臣。○丨月，夜光之珠，有似月光，故曰丨月。（同上）補注引〔淮南子〕「丨月之珠」注。○丨號者，丨神之號，尊而祀之。〔漢書・揚雄傳〕「尊丨號」補注。○丨年，即延年。〔郊祀志〕「名曰丨年」補注。○丨堂，祖廟。〔左傳文公二年〕「不登於丨堂」洪詁引服虔。○丨堂者，蓋行禮之宮。（同上）疏證引孫星衍。○告朔行政謂之丨堂。（同上）洪詁引穎容。○布政之堂，故稱丨堂。（同上）洪詁引〔五經異義〕。○布政之堂，故曰丨堂。（同上）疏證引〔南齊書〕。○丨堂者，天子所居之初名也。（同上）疏證引阮太傅。○丨堂，王者所居，以出政令之所也。〔孟子・梁惠王下〕「人皆謂我毀丨堂」朱注。○丨堂者，天道之堂也。〔說文〕「薙，除艸也」義證引〔初學記〕。○丨堂者，壇也。古所謂丨堂者，未始施屋室也。〔漢書・郊祀志〕「名曰昆侖」補注引吳仁傑。○丨堂，其制在國之近郊東南之地，凡九室，室四户八牖，上圓下方，此古義也。〔說文定聲・卷一八〕（「堂」下）○丨堂者，以其加方丨於其上，壇而不屋，故曰丨堂。〔漢書・律歷志〕「誕資有牧方丨」補注引吳仁傑。○辟廱之水曰靈沼，中為堂曰丨堂，即虞庠也，凡堂之高丨者，皆謂之丨堂。〔說文定聲・卷一二〕（「廱」下）○所以順四時，行月令，宗祀先王，祭五帝，故謂之丨堂。〔說文〕「薙，除艸也」義證引〔初學記〕。○丨堂太廟，凡有八名，其體一也。〔左傳文公二年〕「不登於丨堂」洪詁引穎容。○東都之丨堂，亦謂之清廟。（同上）疏證引汪中。○丨堂，或稱總街。（同上）疏證引孫星衍。○丨堂，或稱總期。（同上）疏證引孫星衍。○丨堂，或稱衢室。（同上）疏證引孫星衍。○丨堂，或稱合宮。（同上）疏證引孫星衍。○黄道經其中七曜之所行心為丨堂。〔漢書・李尋傳〕「入天門，上丨堂」補注。○丨禋，以丨堂得名。〔書・洛誥〕「曰丨禋拜手稽首」孫疏。



**朙** 〔說文定聲・卷一八〕丨，叚借為盟。〔詩・黄鳥〕「不可與明」。

**盟** 丨，丨約，殺牲歃血也。〔廣韻・庚部〕○殺牲用書而臨之以神謂之丨。〔禮記・曲禮〕「涖牲曰丨」集解。○大事曰丨，小事曰誓。〔慧琳音義・卷九〕○丨，當作明。〔說文〕「⿰耳闁，言若斷耳為丨」段注。○丨，〔水經注〕引作會。〔左傳昭公七年〕「丨于濡上」洪詁。○丨，一作明，二字古通。〔史記・吳太伯世家〕「則丨主也」志疑。○丨字古亦讀若芒，丨亡同音，故借亡為丨耳。〔左傳昭公四年〕「丨其大夫」述聞。

**𥁰** 丨，同盟。〔廣韻・庚部〕○丨者，諸侯以下事也。〔說文定聲・卷一八〕○（同上）丨，謂天子無丨禮，東遷後王室卑乃有之耳。〔荀子・大略〕「丨詛不及三王」。

**鳴** 丨，聲相命也。〔說文〕「丨，鳥聲也」義證引〔玉篇〕。○引伸之，凡出聲皆曰丨。（同上）段注。○丨，言說也。〔莊子・德充符〕「子以堅白丨」集釋。○丨，嘶丨。〔廣韻・庚部〕○名丨命，古亦同聲同義。〔廣雅・釋詁三〕「命，名也」疏證。○雷丨者，驚衆也。〔楚辭・卜居〕「瓦釜雷丨」補注引五臣。○明與丨，古字通。〔荀子・天論〕「星隊木丨」平議。○丨作明。〔史記・高祖功臣侯者年表〕「功臣受封者百有餘人」志疑。○丨謙，當作冥謙。〔易・謙〕「丨謙」平議。○丨廉，乃言其聲之美。〔廣雅・釋樂〕「丨廉，琴名」疏證。○丨鳩，斑鳩也。〔詩・小宛〕「宛彼丨鳩」朱傳。○丨鞘，即丨蹕之名。〔通雅・戎器〕○丨球，即〔明堂位〕之玉磬。〔書・益稷〕「戛擊丨球」孫疏。○丨條，在安邑西，即湯敗桀處。〔史記・五帝紀〕「南巡狩，崩於蒼梧之野」志疑。

**榮** 丨，華也。〔大戴・夏小正〕「丨芸，時有見稊，始收」王詁。○丨，即華也。〔說文〕「丨，桐木也」句讀。○丨，丨華。〔廣韻・庚部〕○丨，猶華也，亦可為虛矣。〔列子・周穆王〕「丨汝之糧」平議。○丨，草華也。〔國策・秦策三〕「為其凋丨也」鮑注。○丨，謂先見其徵應若草木之有華丨也。〔釋言〕「祺，祥也」郝疏。○丨，猶光華也，光寵也。〔慧琳音義・卷七六〕○丨，光明也。〔大戴・曾子制言上〕「生以辱不如死以丨」王詁。○丨，盛也。〔夏小正〕「丨芸，時有見稊，始收」王詁。○引伸凡揚起為丨。〔說文〕「丨，一曰屋梠之兩頭起者為丨」段注。○丨，推言之，為凡物滋長之稱。〔漢書・禮樂志〕「霆聲發丨」補注。○丨，翼也。〔通雅・宮室〕引〔演繁露〕。○丨，屋翼也。〔大戴・諸侯遷廟〕「設洗當東丨」王詁。○古謂樂為丨。〔論語・子張〕「其生也丨」平議。○丨，亦小木之名。〔釋木〕「丨，桐木」述聞。○丨，皮白，不實，材中琴瑟。〔說文定聲・卷一七〕○丨一作營。〔易・否〕

「不可丨以祿」述聞引虞翻。○丨，讀為營。〔晏子春秋〕「丨君」雜志。○丨營古字通。〔同上〕○丨，當作熒。〔韓子・內儲說下〕「以驕丨其意」集解引王渭。○〔說文定聲・卷一七〕丨，字亦作蠑。〔方言八〕「南楚蛇醫或謂之蠑螈」。○〔同上〕丨，如鳥飛兩翼舒也，亦名鴟吻。〔甘泉賦〕「列宿乃施于上丨兮」。○借丨為營。〔韓子・內儲說下〕「以丨其意而亂其政」述聞。○〔說文定聲・卷一七〕丨，叚借為營。〔老子〕「雖有丨觀，燕處超然」。○〔同上〕丨，叚借為縈。〔列子・周穆王〕「丨汝之糧」。○〔同上〕丨，叚借為瑩。〔呂覽・振亂〕「且辱者也而丨」。○〔同上〕丨，叚借為鎣。〔蒼頡篇〕「丨，治也」。〔「瑩」下〕○〔卷一七〕丨，叚借為犖。〔說文〕「丨，一曰屋梠之兩頭起者為丨」。○作丨者，假借字也。〔商子・農戰篇〕「故民不丨」述聞。○丨澤，〔左傳〕、〔韓詩外傳〕竝作熒澤。〔呂覽・忠廉〕「及懿公於丨澤」校正。

**瑩**

丨，光采。〔詩・著〕「尚之以瓊丨乎而」後箋引〔詩緝〕。○丨，即琇之光明。〔淇奧〕「充耳琇丨」陳疏。○丨，當作鎣，猶明也。〔說文〕「鎣，丨鐵也」段注。○丨，引伸為磨。〔說文〕「丨，玉色也」段注。○丨，舊作鎣。〔莊子・則陽〕「魏丨怒」集釋引盧文弨。

**兵**

丨，戎器也。〔墨子・號令〕「六弩四丨」閒詁引蘇時學。○丨，謂戎丨。〔大戴・盛德〕「諸侯無丨而正」王詁。○丨，謂戈戟之屬。〔詩・擊鼓〕「踊躍用丨」朱傳。○丨，謂五丨。〔大戴・主言〕「是以丨革不動而威」王詁。○古之言丨，謂五丨也。〔說文〕「丨，械也」義證引顧炎武。○丨，械也。〔說文〕「鏠，丨耑也」段注。○丨謂器械。〔漢書・鼂錯傳〕「此將不省丨之禍也」補注。○丨者，械也。〔說文〕「戟，有枝丨也」段注。○丨謂丨器。〔漢書・叔孫通傳〕「設丨」補注。○丨，戎也。〔廣韻・庚部〕○丨權，即律書。〔史記・太史公自序傳〕「律歷改易，丨權山川」志疑。○丨，詭道也，乘勢以為用者也。〔通鑑：漢紀三〕「今將軍欲舉倦敝之丨頓之燕堅城之下」音注。○丨，當作與。〔韓子・初見秦〕「棄甲丨弩」集解。○丨，當作民。〔商子・畫策〕「觀其治丨用者强」平議。

**兄**

丨，本訓當為滋益之詞，與欠同意。〔說文定聲・卷一八〕○丨者，滋益之詞，故祝兄字从之。〔說文定聲・卷二〕〔「兢」下〕○丨，又訓為益也。〔方言一〇〕「膊，丨也」箋疏。○丨者，與祝同意。〔說文定聲・卷一三〕〔「兑」下〕○〔卷一八〕丨者，世俗之常語，亦非正字。〔廣雅・釋親〕「丨，況也」。○口儿為丨。〔說文繫傳・通論中〕○丨字，當从皃省，會意。〔字詁〕○丨、怳同。〔詩・召旻〕「職丨斯引」朱傳。○丨與況同。〔墨子〕「丨」雜志。○〔說文定聲・卷一八〕丨，以況為之。〔晉語〕「衆況厚之」。○古多以丨為況字。〔史記〕「況」雜志。○丨，當讀為況。〔方言一〇〕「膊，丨也」箋疏。○〔管子〕書凡況字皆正作丨。〔說文定聲・卷一八〕○丨，通作況，又通皇。〔釋言〕「矧，況也」郝疏。○丨者，況也，能以言況其弟也。〔說文繫傳・通論中〕○〔毛詩〕本皆作丨，俗人乃改作从水之況，又譌為況。〔說文〕「丨，長也」段注。○丨，昆也。〔同上〕義證引〔玉篇〕。○丨弟，通名。〔釋親〕「丨弟」郝疏。○丨弟，朋友之同儕者。〔詩・伐木〕「丨弟無遠」朱傳。○丨弟，與國也。〔皇矣〕「同爾丨弟」朱傳。○〔說文定聲・卷一八〕丨，又作貺，厚也。〔釋詁〕「貺，賜也」。○〔同上〕丨，借為亢。〔廣雅・釋詁一〕「丨，大也」。○丨，叚借發聲之詞，今浙江杭州人評丨為阿況，亦曰況老。〔說文定聲・卷一八〕○經典亦借丨為況。〔說文〕「丨，長也」句讀。○丨弟，齊作弟丨。〔詩・皇矣〕「同爾丨弟」集疏。○丨，魯亦作昆。〔常棣〕「丨弟孔懷」集疏。○丨，當作凡，官本作凡。〔漢書・諸侯王表〕「平干四人隨父，丨八人」補注引錢大昭。○夫之丨曰丨嫜。〔通雅・稱謂〕引黃公紹。

**卿**

丨，反覆節其事也。〔說文〕「丨，章也」繫傳。○丨與慶同，慶即喜也。〔史記〕「丨雲見」雜志。○丨，蓋美稱。〔漢書・燕王傳〕「令其子求事呂后所幸大謁者張丨」補注。○戰國人褒尊人曰丨，漢世遂為常語。〔趙廣漢傳〕「某掾丨所為」補注。○次于公者為丨，故古以丨為平稱。〔通雅・稱謂〕○丨謂丞尉。〔漢書・王尊傳〕「願諸君丨勉力正身以率下」補注引錢大昕。○丨謂左庶長以上之爵。〔鼂錯傳〕「以自增至丨」補注引錢大昭。○〔說文定聲・卷一八〕漢之九丨，謂太常、光祿、衞尉、廷尉、大僕、大鴻臚、宗正、大司農、少府等也。〔說文〕「丨，六丨」。○若煙非煙，若雲非雲，郁郁紛紛，蕭索輪囷，是為丨雲。〔史記〕「丨雲見」雜志。○喜氣、和氣，皆是釋丨雲二字。〔同上〕○丨，當作鄉。〔漢書・成帝紀〕「封中山王舅諫大夫馮參為宜丨侯」補注引錢大昭。○〔說文定聲・卷一八〕丨，叚借為鄉。〔禮記・射義〕「丨大夫士之射也，必先行鄉飲酒之禮」。○〔同上〕丨，叚借為慶，實為景。〔書大傳〕「百工相和而歌丨雲」。

**生**

丨，从屮，達土，會意，進于㞢也。〔說文定聲・卷一七〕○丨，猶進。〔國策・魏策二〕「而丨以殘秦」鮑注。○丨，進也，造也，因物造變謂之丨。〔慧琳音義・卷二七〕引〔玉篇〕。○丨丨，猶進進也。〔通雅・釋詁〕○丨，猶起也。〔詩・緜〕「文王蹶厥丨」朱傳。○丨，起也，謂興起在位也。〔大戴・衞將軍夫子〕「其言足以丨」王詁。○丨，出也。〔文王官人〕「以名故不丨焉」王詁。○丨丨，長也。〔廣韻・庚部〕○丨，即育也。〔孟子・公孫丑上〕「是集義所丨者」焦正義。○丨者，養也。〔左傳昭公二五年〕「丨于六氣」平議。○〔說文定聲・卷一七〕丨，轉注為丨養之丨。〔周禮・大宰〕「丨以馭其福」。○任養萬物故曰丨。〔大戴・夏小正〕「丨必於南風」王詁。○自無而有曰丨。〔曾子立事〕「太上不丨惡」王詁。○本無而致有之之謂丨。〔韓子・解老〕「無功則丨有德」集解。○丨者，天地之大德。〔說文〕「人，天地之性最貴者也」義證引盧思道〔勞生論〕。○天地之所貴者，丨也。〔同上〕義證引〔宋書・歷志〕。○丨，發見也。〔孟子・盡心上〕「其丨色也」朱注。○丨者，丨民。〔書・臯陶謨中〕「至于海隅蒼丨」孫疏。○〔說文定聲・卷一七〕丨，轉注為丨民之丨。〔詩〕「厥初丨民」。○〔同上〕丨，轉注為丨財之丨。〔詩・谷風〕「既丨既育」。○丨丨，猶丨息也。

〔書・盤庚〕「敢共一一」孫疏引江聲。○性與一同。〔荀子〕「以脩身自明」雜志。○一、性古通用。〔詩・緜〕「文王蹶厥一」通釋。○一、性字通用。〔荀子・榮辱〕「人之一固小人」集解。○一，讀為性。〔管子〕「閉則類」雜志。又〔荀子〕「一」雜志。○一，當讀為性。〔易・觀〕「觀其一」平議。○一字當讀為性。〔晏子春秋・問上〕「地不同一」平議。又〔商子・算地〕「非一之常也」平議。○一與姓古字通。〔管子・牧民〕「毋曰不同一」平議。又〔呂覽・察賢〕「弊一事精」平議。○性與一古字通。〔孟子・告子〕「一之謂性」平議。○性物，即一物也。〔淮南子〕書後引〔泰族篇〕「天地之性物也」雜志。○一，猶世也。〔公羊傳莊公三二年〕注「父死子繼曰一」陳疏。○一，謂先一也。〔漢書・蕭何傳〕「鮑一謂何曰」補注引沈欽韓。○一，亦先一也。〔鼂錯傳〕「學申商刑名於軹張恢一所」補注引周壽昌。又〔司馬遷傳〕「余聞之董一」補注引周壽昌。○漢時稱一即先一。〔叔孫通傳〕「一何言之諛也」補注引周壽昌。○〔説文定聲・卷一七〕一，轉注為先一之一。〔史記・儒林傳〕「言禮自魯高堂一」。○本書先一，或稱光，或稱一。〔漢書・高帝紀〕「以魏地萬户封一」補注。○〔説文定聲・卷一七〕一，轉注為一孰之一。〔考工・矢人〕「欲一而摶」。○一即胜。〔説文〕「胜，一曰不孰也」義證。○一，當作胜。〔淮南・説山〕「祭之日而言狗一」平議。○一即胜字之省。〔釋器〕「米者謂之糪」郝疏。○一虜，即虜之一口。〔漢書・韓安國傳〕「捕一口虜」補注。○一口虜，虜之一得者。〔渠犂傳〕「若捕一口虜」補注引徐松。○一分，蓋夫婦乖異。〔地理志〕「好一分」補注。○一分，乖戾之意，謂心曲有彼此分界也。〔義府・卷下〕○一，業也。〔大戴・曾子制言下〕「一耕稼以老十室之邑」王詁。○應訓一為治。〔漢書・律歷志〕「取竹之解谷一」補注。○一，語詞也。〔詩・常棣〕「不如友一」通釋。○一之為弗一。〔史記〕「弗一」雜志。○今江北謂痛楚作聲為一含。〔通雅・諺原〕○甥一，一也。〔釋親〕「姊妹之夫為甥」鄭注。○一，當讀為笙。〔管子・形勢〕「一棟覆屋」平議。○〔説文定聲・卷一七〕一，段借為性。〔呂覽・侈樂〕「搖蕩一」。○（同上）一，段借為姓。〔書〕「汨作九共槀飫序別一分類」。○一，段借為媘，今人所用瘦一字。〔説文定聲・卷一七〕○一，〔漢書・禮樂志〕作先。〔禮記・經解〕「倍死忘一」述聞。○一，〔墨子〕作胜。〔呂覽・當染〕「范吉射染於張柳朔王一」校正。○舊校云，一一作牙。〔月令〕作句。〔季春〕「一者畢出」校正。○舊校云，一一作出。〔本味〕「此伊尹一空桑之故也」校正。○一，〔説苑〕作性。〔察賢〕「弊一事精」校正。○汪本一作牲。〔漢書・郊祀志〕「三帛二一一死為贄」補注引朱一新。○一，一作涅，蓋古以音同通用。〔史記・十二諸侯年表〕「曹桓公終一元年」志疑。○〔左傳〕一作甥。〔漢書・古今人表〕「公子縠一」補注。○一，〔月令〕作至。〔呂覽・仲秋〕「涼風一」校正。○一，舊本作至。〔壅塞〕「此所謂肉自一蟲者也」校正。○舊校云，一一作至。〔高義〕「從此一矣」校正。○一，〔史記〕作笙。〔左傳莊公九年〕「殺子糾于一竇」洪詁。○一牆曰垣衣。〔説文〕「菭，水衣」繫傳。○一色，即金也。〔慧琳音義・卷四八〕○一鐵落，鐵漿也。〔太素・陽厥〕「以一鐵落為飲」楊注。○一者，謂新一未乾之草。〔莊子・讓王〕「茨以一草」集釋。

**甥** 今人呼姊妹之子為一。〔釋親〕「姊妹之夫為一」鄭注。○姊妹之子曰一。〔詩・猗嗟〕「展我一兮」朱傳。○壻亦可謂之一。〔釋親〕「妻之父為外舅」鄭注。○古壻亦稱一。〔通雅・稱謂〕○一生，一也。〔釋親〕「姊妹之夫為一」鄭注。○一者，後生之偁。〔説文〕「一，謂我舅者吾謂之一」段注。○一者，後生之稱也，故女夫為壻，亦曰一。〔説文定聲・卷一七〕○〔通雅・卷一九〕指外孫為一也。〔魏舒傳〕「出貴一」。○一舅，謂母姑妹妻族也。〔詩・頍弁〕「兄弟一舅」朱傳。

**笙** 一，樂器也。〔廣韻・庚部〕○大一十九簧，小一十三簧。〔説文定聲・卷一七〕○一，長四寸、十三簧。正月之音，物生，故謂之一。〔詩・鹿鳴〕「鼓瑟吹一」集疏引魯説。○〔説文定聲・卷一七〕磬與一同在東方者曰磬。〔周禮・眂瞭〕「擊頌磬一磬」。○與一同在東階者曰一磬，或説與一相應者曰一磬。〔説文定聲・卷一〕（「頌」下）○凡樂皆四節，次謂之一奏。〔儀禮・鄉飲酒禮〕「工歌鹿鳴」胡正義引凌廷堪。○一者，精細之名。〔廣雅・釋器〕「一，席也」疏證。○一之言星星也。〔釋詁二〕「一，小也」疏證。○〔説文定聲・卷一七〕一，即今所謂瘦生也。〔廣雅・釋詁二〕「一，小也」。○生之為一，以義通。〔史記・齊太公世家〕「遂殺子糾於一瀆」志疑。○〔説文定聲・卷一七〕一，段借為媘。〔方言二〕「一，細也」。○（同上）一，謂借為生。〔周禮・眂瞭〕「擊頌磬一磬」注「一，生也」。○一、樫同音，得通假。〔左傳宣公一八年經〕「至一」疏證引臧壽恭。

**牲** 養之曰嘼，用之曰一。〔説文〕「嘼，犠也」義證引〔玉篇〕。○一，畜所生者用為一也。〔説文〕「犠，畜一也」義證。○一，犠一。〔廣韻・庚部〕○〔説文定聲・卷一七〕一者，祭祀之牛也。〔周禮・庖人〕注「將用之曰一」。○一，當為生。〔説文〕「犠，畜一也」義證。○一，引伸為凡畜之偁。〔説文〕「一，牛完全也」段注。○〔説文定聲・卷一七〕一，段借為生。〔魯論語〕「君賜一」。○（同上）一，段借為胜，或為生也。〔周禮・掌客〕「一三十有六」。

**擎** 一，舉也。〔廣韻・庚部〕

**鯨** 一，海精，一魚。〔文選・吳都賦〕「徽一輩出於羣犗」集釋引〔春秋孔演圖〕「海精死」注。○一，同鱷。〔廣韻・庚部〕○一，賈君本作鱷。〔左傳宣公一二年〕「取其一鯢而封之」疏證。

**鱷** 一，即鯨也。〔通雅・魚〕○一，古鯨字。〔漢書・翟方進傳〕「取其一鯢築武軍」補注。○一，亦作鯨。〔説文〕「一，海大魚也」段注。○一，鯨魚別名。〔廣韻・陽部〕○一，大魚，雄曰一，雌曰鯢。〔庚部〕○〔説文定聲・卷一八〕一，以京為之。〔漢書・揚雄傳〕「騎京魚」。○一，〔羽獵賦〕作京。

〔説文〕「一，海大魚也」段注。

黥　一，墨涅面也。〔説文〕「一，墨刑在面也」繫傳。○墨刑在面謂之一。〔書・吕刑〕「刵劓劅一」述聞。○一，刻其面以墨窒之，故或从刀，字亦作剠。〔説文定聲・卷一八〕○一，黑刑在面，並同剽、剠。〔廣韻・庚部〕○墨涅其額曰一。〔國策・秦策一〕「一劓其傅」鮑注。○一為墨刑，不應為名，當依〔漢表〕作黥。〔史記・惠景間侯者年表〕「侯僕一」志疑。

迎　一，逆也。〔離騷〕「九疑繽其並一」補注。○一，亦可讀若御。〔史記〕「逆河」雜志。○一字亦有御音。〔同上〕雜志。○御逆一，俱一聲之轉。〔釋詁〕「迓，一也」郝疏。○一迓御，俱音轉字通。〔釋言〕「逆，一也」郝疏。○一逆御，古聲竝相近。〔史記〕「一河」志疑。○一，讀曰逆。〔大戴・子張問入官〕「而民嚴而不一也」王詁。○一，當為逆。〔韓子・外儲説右上〕「公因而一殺之」集解引孫詒讓。○一、逆聲轉通用。〔方言二〕「逆，一也」箋疏。○一之義亦為逆。〔書・金縢〕「朕小子其新一」孫疏。○〔説文定聲・卷一八〕一，段借為卬。〔史記・天官書〕「一角而戰者不勝」。

行　兩足相待為一也。〔説文〕「一，人之步趨也」繫傳。○徐趨，即一也。〔禮記・玉藻〕「徐趨皆用是」集解。○步趨為一，從人步趨亦為一，引申之，從人一事亦曰一。〔公羊傳桓公一四年〕注「以己從人曰一」陳疏。○一步趨走四者散文俱通。〔釋宮〕「堂上謂之一」郝疏。○小曰一。〔説文繫傳・通論上〕○懷之曰一。〔同上〕○一者，安一。〔説文〕「一，人之步趨也」繫傳。○一者，安一也。〔説文繫傳・通論上〕○一，往也。〔詩・無衣〕「與子偕一」朱傳。○一者，往也。〔漢書〕「一事」雜志。○一事，即往事。〔同上〕○一事，猶故事。〔漢書・中山靖王傳〕「大臣懲吳楚七國一事」補注。○一事，猶言故事。〔王莽傳〕「下準一事」補注。○所謂一事者，即故事也。〔漢書〕「一事」雜志。○一，謂一事，若今署任也。〔漢書・景帝紀〕「吏及諸有秩受其官屬所監、所治、所一、所將」補注。○一，去也。〔詩・北風〕「攜手同一」朱傳。○一，猶去也。〔園有桃〕「聊以一國」陳疏。又〔韓子・內儲説上〕「使人一之所易」集解。○一國，去國。〔詩・園有桃〕「聊以一國」集疏。○一謂一師征伐。〔大戴・主言〕「一施彌博」王詁。○一，嫁。〔詩・大明〕「長子維一」朱傳。○一，嫁也。〔蝃蝀〕「女子有一」集疏。○一，謂嫁也。〔同上〕陳疏。○一，即為嫁。〔泉水〕「女子有一」通釋。○一與遷義近。〔釋詁〕「運，徙也」郝疏。○一與送義相成。〔釋言〕「將，送也」郝疏。○一，從也。〔論語・子張〕「道之斯一」朱注。○一，奉也。〔大戴・少閒〕「一三明」王詁。○一，奉一也。〔大戴・曾子大孝〕「一親之遺體」王詁。○一與由同。〔釋言〕「試，用也」郝疏。○貫與服、一同義。〔漢書〕「貫一」雜志。○一，猶用也。〔大戴・少閒〕「將一重器」王詁。又〔國語・晉語〕「一比義高」述聞。○一，用也，謂奉一也。〔大戴・盛德〕「能一德法者為有一」王詁。○一之與為，其義通。〔易・井〕「一惻也」平議。○一為偽者，偽亦為也。〔書・堯典下〕注「史遷一作偽」孫疏。○一，謂身體其事也。〔大戴・曾子立事〕「患其不能一也」王詁。○一，謂遊履也。〔慧琳音義・卷九〕○一者，一也，人所履一也。〔説文繫傳・通論上〕○一者，巡其先後也。〔周禮・宮伯〕「一其秩敘」述聞。○一，按視也。〔國策・秦策四〕「智伯出一水」鮑注。○一，之一，兼相他國故。〔齊策三〕「孟嘗君出一國」鮑注。○一，謂己之所一。〔韓子・解老〕「是以一軌節而舉之也」集解。○一，道。〔詩・行露〕「厭浥一露」朱傳。○一，道也。〔易・復〕「天一也」述聞。又〔剝〕「天一也」述聞。又〔蠱〕「天一也」述聞。又〔書・康誥〕「告女德之説于罰之一」述聞。又〔詩・十月之交〕「不用其一」朱傳。又〔論語・子路〕「不得中一而與之」朱注。又〔大戴・曾子制言上〕「一無據旅」王詁。○一與道義通。〔釋詁〕「一，言也」平議。○一，謂道路。〔大戴・曾子制言上〕「一則為人負」王詁。○一，謂一道。〔漢書・揚雄傳〕「以為君子得時則大一」補注。○天一，謂天道也。〔易・乾〕「天一健」述聞。○乾一，亦謂乾道。〔同人〕「乾一也」述聞。○吉一，謂吉道也。〔困〕「吉一也」述聞。又〔豐〕「吉一也」述聞。○數一，數道也。〔漢書・伍被傳〕「通谷數一」補注引王念孫。○一，謂通達於天下也。〔禮記・禮運〕「大道之一也」集解。○一潦，流潦也。〔詩・泂酌〕「泂酌彼一潦」朱傳。○一潦，道路之水。〔説文〕「潢，積水池也」段注。○一潦，道路之水是也。〔左傳隱公三年〕「潢汙一潦之水」洪詁引服虔。○一潦，道上無源之水也。〔孟子・公孫丑上〕「河海之於一潦」朱注。○一之為言流也，雨水流一，停蓄汙下之處，其水無源，故曰一潦。〔詩・采蘋〕「于彼一潦」集疏。○一期，當謂會盟之期。〔左傳昭公七年〕「使臣請問一期」述聞。○一酒，蓋謂薄酒。〔周禮・酒正〕孫正義。○一言者，輕浮之名。〔詩・巧言〕「往來一言」平議。○古人謂物脆薄曰一敝。〔周禮・胥師〕孫正義引王引之。○古人謂物脆薄曰一濫。〔同上〕○古人謂物脆薄曰一苦。〔同上〕○古人謂物脆薄曰一，曰苦。〔胥師〕「察其詐偽飾一儥慝者而誅罰之」孫正義引王引之。○一盬，謂不堅固也。〔漢書〕「夫婦之道苦」雜志。○一，且也。〔詩・十畝之間〕「一與子還」通釋。○一，即詐，瞋語也。〔釋詁〕「一，言也」鄭註。○一言，猶云語言。〔詩・巧言〕「往來一言」通釋。○一言，可一之言。〔同上〕後箋。○一之言莖也，若枝莖也。〔説文繫傳・通論上〕○〔説文定聲・卷一八〕一，段借為竟。〔漢書・司馬相如傳〕「為鼓一再一」。○〔同上〕一，段借發聲之詞，與用將同。〔文選・與吳質書〕「別來一復四年」。○一字當作法。〔韓子・有度〕「釋公一」集解。○一，當作遺。〔難二〕「則是桓公一義」集解引顧廣圻。○〔漢紀〕改一事為近事，近事亦往事也。〔漢書・陳湯傳〕「君子以功覆過而為之諱一事」補注引王念孫。○一，〔御覽〕作為。〔呂覽・去私〕「四時無私一也」校正引孫志祖。○官本一作衡。〔漢書・成帝紀〕「加賜爵右更」補注。○官本注一作衡。〔宣帝紀〕「鸞鳳又集長樂宮東闕中樹上」補注。○〔初學記〕一引作講。〔左傳襄公二八年〕「一其政事」洪詁。○祀一，〔淮南・時則〕作祀井。〔呂覽・孟冬〕「其祀一」校正。○舊校云，一一作過。〔必己〕「莊子一於山中」校正。○一德，李善注〔文選・王元長曲水詩序〕作修德。〔上德」「丨德三年」校正。○丨人，掌使之官。〔論語·憲問〕「丨人子羽脩飾之」朱注。○古者謂丨人為丨李。〔左傳僖公三○年〕「丨李之往來」疏證引顧炎武。○古者謂丨人亦曰丨理。〔同上〕疏證引顧炎武。○丨，官名，謂丨人也。〔春秋名字解詁〕「齊陳逆字子丨」述聞。○〔通雅·卷五〕丨李，丨使也，即裝任也。〔僖公三○年〕「丨李之往來」。○丨夫，亦即丨人之屬。〔周禮·行人〕「丨人掌邦國傳遽之小事」孫正義。○大丨，即大丨令，省不言令也。〔史記·孝景本紀〕「大丨為丨人」志疑。○盛酒於觶中以飲人曰丨觴。〔說文〕「酌，盛酒丨觴也」段注。○命酌曰請丨觴。〔同上〕○木螳螂，一名丨馬。〔說文〕「柾，丨馬也」義證引〔六韜〕。○丨馬，闌路三叉木也，三木交笙鉤聯阻人不得闖入。〔同上〕義證引趙宧光。○御廊立朱桼杈子，路心立黑桼杈子，即丨馬也。〔同上〕義證引〔東京夢華錄〕。○丨暉，南中畜蠱之家，蠱昏夜飛出，飲水之光如曳彗，所謂丨暉也。〔文選·苦熱行〕「吹蠱痛丨暉」補正引楊慎〔丹鉛錄〕。

## 衡

丨謂牛好牴觸以木闌制之也。〔說文〕「丨，牛觸橫大木其角」繫傳。○丨，軛也。〔論語·衛靈公〕「則見其倚於丨也」朱注。○丨，車軛上橫木也。〔大戴·保傳〕「在丨為鸞」王詁。○丨者，橫也，橫木在馬頭上者。〔說文〕「軛，車轅耑持丨者」義證引〔急就篇〕顏注。○丨，即牿。〔說文定聲·卷一八〕○橫一木而上無屋，謂之丨門。〔詩·衡門〕「丨門之下」集疏。又〔同上〕後箋引劉禎。○丨，宮殿四面欄，縱者曰欄，橫者曰楯。〔漢書·爰盎傳〕「百金之子不騎丨」補注引〔纂要〕。○丨，即扃也。〔說文〕「畁，舉也」義證。○丨者，橫木，所以取平。〔說文定聲·卷一四〕〔「關」下〕○〔說文定聲·卷一八〕丨，所以取平。〔書·君奭〕「時則有若保丨」。○丨，平也。〔說文〕「伊，殷聖人阿丨也，尹治天下者」繫傳。又〔禮記·喪大記〕「君封以丨」集解。○丨，橫也，平也。〔廣韻·庚部〕○丨，音橫。〔詩·南山〕「丨從其畝」朱傳。○丨，橫也。〔大戴·曾子事父母〕「不丨坐」王詁。又〔說文〕「楅，以木有所逼束」繫傳。○丨，即橫。〔國策·趙策三〕「必有大臣欲丨者也」鮑注。○丨，古橫字。〔詩·南山〕「丨從其畝」後箋引〔詩正義〕。又〔閟宮〕「夏而楅丨」後箋引陳奐。○丨與橫同。〔孟子·梁惠王下〕「一人丨行於天下」朱注。○丨，當讀為橫。〔荀子·致士〕「丨聽顯幽」平議。○橫與丨古通用。〔左傳襄公二年〕「至于丨山」洪詁。○經典丨多與橫通。〔書·禹貢上〕注康成「丨漳者，漳水橫流入河」孫疏。○丨之言橫也。〔廣雅·釋器〕「丨，楖也」疏證。○丨與橫同，橫，不順也。〔孟子·告子下〕「丨於慮」朱注。○古多以丨為橫。〔說文〕「橫，闌木也」段注。○丨聽之丨，當讀為橫，橫廣音近義通。〔荀子·致士〕「丨聽顯幽」集解引俞樾。○〔義府·卷上〕丨，謂鐘上平處也。〔考工·鳧氏〕「甬上謂之丨」。○縣丨天下，謂法度加於天下。〔漢書·鄒陽傳〕「懸丨天下」補注引王念孫。○丨，稱也。〔墨子·經說下〕「丨加重於其一旁」閒詁引張惠言。○丨，作珩。〔左傳桓公二年〕「丨紞紘綖」疏證引校勘記。○丨珩通。〔說文〕「珩，佩上玉也」義證。○丨，即珩字。〔同上〕段注。○丨與珩同。〔廣雅·釋器〕「總，青也」疏證。○丨，佩上之珩也。〔禮記·玉藻〕「縕韍幽丨」集解。○〔說文定聲·卷一八〕丨，如佩首之有珩也。〔考工·鳧氏〕「甬上謂之丨」。○〔同上〕丨，叚借為珩。〔禮記·玉藻〕「縕韍幽丨」。○丨者，橫之假借。〔詩·衡門〕「丨門之下」陳疏。○丨者，橫之假借字。〔南山〕「丨從其畝」陳疏。○〔說文定聲·卷一八〕丨，叚借為橫。〔虞書〕「同律度量丨」。○〔同上〕丨，叚借為桄。〔禮記·襍記〕「甕甒筲丨」。○丨，同蘅。〔漢書·司馬相如傳〕「丨蘭芷若」補注。○丨與蘅同。〔廣雅·釋草〕「楚蘅，杜蘅也」疏證。○〔說文定聲·卷一八〕丨，字亦作蘅。〔廣雅〕「楚蘅，杜蘅也」。○丨，香草。〔國策·楚策四〕「仰嚙蔆丨」鮑注。○丨，即荇，接余水草也。〔同上〕補正。○丨，〔賈子〕作橫。〔漢書·食貨志〕「有勇力者聚徒而丨擊」補注。○丨，各本作橫。〔說文〕「緯，織丨絲也」段注。○齊丨從作橫從，韓作橫由。〔詩·南山〕「丨從其畝」集疏。○官本丨作耕。〔漢書·藝文志〕「而不能言其義」補注。

## 耕

丨，犂也。〔廣韻·耕部〕○丨，牛犂也。〔說文〕「丨，犂也」義證引〔玉篇〕。○丨者，犂也。〔說文〕「疇，丨治之田也」段注。○丨，種也，人丨曰丨，牛丨曰犂。〔說文定聲·卷一七〕引〔齊民要術一〕。○丨，當為耜。〔說文〕「耒，手丨曲木也」義證。○丨，當讀為粳。〔春秋名字解詁〕「宋司馬丨字子牛，一名犂」述聞。○丨，謂正月。〔左傳襄公七年〕「今既丨而卜郊」述聞。○〔說文定聲·卷一七〕丨，叚借為併。〔廣雅·釋詁四〕「丨，齊也」。

## 萌

丨，芽也。〔孟子·告子上〕「非無丨蘖之生焉」朱注。○丨，丨牙。〔廣韻·耕部〕○丨，生芽之兆。〔說文〕「丨，艸也」繫傳。○丨、芽，析言則有別，統言則不別。〔說文〕「丨，艸木芽也」段注。○丨，始生也。〔大戴·禮察〕「安危之丨應於外也」王詁。○丨者，始生也。〔說文〕「夢，灌渝」義證引錢大昭。○丨與夢通。〔同上〕義證引孫星衍。○古丨蒙夢同音。〔同上〕義證引惠棟。○丨，猶懵懵無知貌。〔說文〕「甿，田民也」段注。○丨，猶懵懵無知皃也。〔說文〕「民，衆丨也」段注。○古謂民曰丨。〔同上〕○漢人丨字，淺人多改為氓。〔同上〕○丨氓同。〔國策·燕策二〕「施及丨隸」鮑注。○丨、氓同字。〔漢書·匈奴傳〕「以遏邊丨之禍」補注。○丨，即氓字。〔墨子·經上〕「君、臣、丨，通約也」閒詁引鈕樹玉。○丨，古與氓同。〔漢書·高惠高后文功臣表〕「昔唐以萬國致時雍之政」補注。○丨，謂邊民也。〔通鑑·漢紀二六〕「以遏邊丨之禍」音注。○甿與氓同，亦通作丨。〔廣雅·釋詁三〕「甿，癡也」疏證。○丨與甿同。氓或作丨，或作甿。〔漢書·揚雄傳〕「遐丨為之不安」補注引錢大昭。○今丨作甿，俗改也。〔說文〕「周禮曰，以興耡利丨」段注。○〔說文定聲·卷一八〕丨，叚借為甿。〔管子·山國軌〕「謂高之丨曰」。○〔同上〕丨，叚借為氓。〔史記·三王世家〕「姦巧邊丨」。○丨，氓字之假音。〔墨子·尚賢上〕「四鄙之丨人」閒詁引畢沅。又〔非攻中〕「施舍群丨」閒詁引畢沅。○丨，當作明。〔韓子·說林上〕「聖人見微以知丨」集解引顧廣圻。○丨，當從故書作甍。〔周禮·薙氏〕「春始生而丨之」平議。○丨，〔玉篇〕、〔篇海〕竝引作草木芽也。〔說文〕「丨，草芽也」義證。○丨，〔列子·黃帝篇〕作罪。〔莊子·應帝王〕「丨乎不震不正」集釋引俞樾。

**氓**　丨，民也。〔詩·氓〕「丨之蚩蚩」朱傳。○〔義府·卷上〕亡民為丨。〔孟子〕「願為之丨」。○在野曰丨。〔國策·秦策一〕「而不憂民丨」鮑注。○外來者曰丨。〔說文定聲·卷一六〕〔「民」下〕○自彼來此之民曰丨。〔卷一八〕○丨，凡庶也，百姓也。〔慧琳音義·卷九一〕○丨，為盲昧無知之稱。〔詩·氓〕通釋。○丨，猶懞懞，無知皃也。〔慧琳音義·卷八四〕○美民為丨，猶美士為彥，美女為媛也。〔詩·氓〕「丨之蚩蚩」集疏。○丨與甿同。〔孟子·滕文公上〕「願受一廛而為丨」焦正義。○丨，亦作甿。〔方言三〕「丨，民也」疏證。○漢人改丨為甿。〔說文〕「民，衆萌也」段注。○丨，唐人諱民，石經皆改為甿。〔說文〕「甿，田民也」段注。○丨，當作民。〔韓子·有度〕「莊王之丨社稷也」集解引顧廣圻。○甿、丨，古祇作萌。〔說文〕「甿，田民也」段注。○甿與丨通，亦通作萌。〔廣雅·釋詁三〕「甿，癡也」疏證。○丨、甿、萌、盲，聲義並同，古皆通。〔方言三〕「丨，民也」箋疏。○〔說文定聲·卷一八〕丨，段借為甿。〔管子·八觀〕「丨家無積而衣服修」。○〔同上〕丨，以萌為之。〔史記·三王世家〕「姦巧邊萌」。○丨，亦借用萌。〔方言三〕「丨，民也」疏證。

**萌**　丨，古文氓同，冥昧皃也。〔慧琳音義·卷二〇〕

**甿**　丨，用氓，民也。〔廣韻·耕部〕○丨，字與氓同。〔說文〕「丨，田民也」句讀。○丨氓，古祇作萌。〔同上〕段注。○丨與氓通，亦通作萌。〔廣雅·釋詁三〕「丨，癡也」疏證。○〔說文定聲·卷一八〕丨，段借為氓。〔三蒼〕「邊人曰丨」。○〔同上〕丨，段借為狂。〔廣雅·釋詁三〕「丨，癡也」。

**甍**　丨，所以承瓦。〔說文〕「丨，屋棟也」繫傳。○凡屋通以瓦蒙之曰丨。〔左傳襄公二八年〕「援廟桷動於丨」洪詁引程瑤田。又〔廣雅·釋宮〕「丨謂之甑」疏證。○凡屋通以瓦蒙之曰丨，丨為覆桷之瓦。〔說文定聲·卷二〕引程瑤田。○〔通雅·卷三八〕屋蒙謂之丨，丨一作瓾，一曰屋欞。〔左傳〕「動于丨」。○丨瓾古今字。〔方言一三〕「瓾謂之甑」箋疏。○〔說文定聲·卷二〕丨，字亦作瓾。〔方言一三〕「瓾謂之甑」。○丨，或作瓾。〔廣雅·釋宮〕「丨謂之甑」疏證。○丨，屋棟也。〔慧琳音義·卷八二〕引〔考聲〕。○丨，亦棟也。〔續音義·卷二〕引〔切韻〕。○丨，自屋表言之謂之丨，俗曰屋脊。〔說文定聲·卷二〕○丨，字亦作欞。〔同上〕○〔說文定聲·卷二〕丨，段借為萌，丨萌一聲之轉。〔周禮·薙氏〕故書「春始生而丨之」。

**欞**　丨，屋棟也。〔廣韻·耕部〕

**紘**　丨，冠卷也。〔廣韻·耕部〕○丨，冠卷維也。〔說文〕「丨，冠卷也」義證引〔玉篇〕。○丨，自下而上系於笄者。〔說文〕「纓，冠系也」段注。○丨屬于笄首。〔說文定聲·卷二〕○丨者，冠卷。〔說文〕「閎，一曰縷十丨也」段注。○丨者，冠維也。〔說文〕「綱，网丨也」段注。○丨，引申為凡維系之偁。〔同上〕○引申之，凡中寬者曰丨。〔說文〕「丨，冠卷維也」段注。

**宏**　丨者，屋深。〔說文〕「弘，弓聲也」段注。○〔說文定聲·卷二〕丨，深大之屋，凡聲如有應響。〔說文〕「丨，屋深響也」。○丨，大也。〔左傳襄公二九年〕「聖人之丨也」洪詁引賈逵。又〔廣韻·耕部〕。○丨與洪同。〔書·盤庚〕「用丨茲賁」孫疏。○丨，即空也。〔酒誥〕「若保丨父」孫疏。○硡丨谹耾竑颰浤鈜，並字異而義同。〔廣雅·釋詁四〕「硡，聲也」疏證。○〔說文定聲·卷二〕丨，以弦為之。〔法言·脩身〕「其為中也弦深」。○〔同上〕丨，以閎為之。〔禮記·月令〕「其器圜以閎」。○蔡邕注〔典引〕引傳丨作治。〔左傳襄公二九年〕「聖人之丨也」洪詁。

**厷**　丨，大通也，或作宏。〔集韻·耕部〕

**閎**　丨，巷頭門也。〔說文〕「丨，巷門也」義證引〔玉篇〕。○在巷頭者曰丨。〔周禮·保氏〕「使其屬守王闈」孫正義。○丨是夾道之門。〔左傳成公一七年〕「入于丨」疏證。○丨，猶閭也。〔說文〕「丨，巷門也」段注。○丨與閈同義，皆謂門也。〔左傳襄公三一年〕「高其閈丨」述聞。○丨，讀為紘。〔說文〕「紘，冠卷維也」段注。○〔說文定聲·卷二〕丨，段借為宏。〔禮記·月令〕「其器圜以丨」。○丨，亦宏之段借字。〔說文〕「宏，屋深也」段注。○官本丨作閌。〔漢書·王子侯表〕「侯丨嗣」補注。

**莖**　丨，草木幹也。〔說文〕「丨，枝柱」義證引〔玉篇〕。○丨，草木幹也。〔廣韻·耕部〕○丨，本也，草木曰丨。〔慧琳音義·卷一〕引〔考聲〕。○艸曰丨，木曰幹，散文則草木枝亦皆曰丨。〔說文定聲·卷一七〕○丨子，謂石榴楊柳之屬也。〔慧琳音義·卷二六〕○牛丨，牛郄也。〔廣雅·釋草〕○〔說文定聲·卷一七〕丨，字亦作䪴。〔廣雅·釋詁四〕「䪴，荆也」。○丨與䪴同。〔廣雅·釋樂〕「六䪴，樂名」疏證。○〔說文定聲·卷一七〕丨，以挺為訓。〔白虎通·禮樂〕「顓頊曰六丨，言和律厤以調陰陽，丨，著也」。○丨，當作筳。〔呂覽·贊能〕「孫叔敖沈尹丨相與友」校正。○丨，當為莝。〔說文〕「犓，以芻丨養牛也」義證。○〔說文定聲·卷一七〕丨，謂借為挺。〔西京賦〕「徑百常而丨擢」注「特也」。

**甖**　丨，瓦器。〔廣韻·耕部〕○丨，即罌字。〔說文〕「瓮，罌也」段注。○丨與罌同。〔廣雅·釋器〕「罌，瓶也」疏證。○丨與罃同。〔方言五〕「罃，陳魏宋楚之間曰甋」箋疏。○丨罃同音，蓋一字。〔同上〕疏證。

**罌**　丨，即甖。〔方言五〕「瓶，甖也」疏證。○丨與甖同。〔同上〕箋疏。○丨與甖同，盂也。〔同上〕箋疏。○〔說文定聲·卷一七〕丨，與罃略同，字亦作甖。〔方言五〕「瓮，或謂之甖」。○丨，又通作罃。〔說文〕「丨，缶也」義證。○丨，甄之大腹者也。〔同上〕義證引〔急就篇〕顏注。○近人謂丨罃一字，依許則劃然二物，丨大罃小，用各不同。〔説文〕「罃，備火長頸缾也」段注。〇丨者，罃也。〔説文〕「瓮，丨也」段注。〇丨，通作甖。〔説文〕「丨，缶也」義證。〇丨，字或作儋。（同上）

〇丨同甖。〔廣韻・耕部〕

**罃** 丨，長頸瓶也，俗作甖。〔慧琳音義・卷七六〕引〔字書〕。〇丨與罌略同，字亦作甇。〔説文定聲・卷一七〕〇丨，讀為鶯。〔春秋名字解詁〕「晉知丨字子羽」述聞。〇〔説文定聲・卷一七〕丨，借為鶯。〔晉語〕「知丨」注「字子羽」。〇丨，當作甇。〔史記・魏世家〕「子擊生子丨」志疑。〇女丨，〔五帝紀〕作女甇，〔帝繫篇〕作女匽。〔漢書・古今人表〕「女丨」補注引梁玉繩。

**鶯** 丨，鳥毛有斑文貌也，或作鸎。〔慧琳音義・卷四〕引〔考聲〕。〇丨，鳥羽文也。〔説文〕「丨，鳥也」繫傳。又〔廣韻・耕部〕〇丨然，有文章也。〔詩・桑扈〕「有丨其羽」朱傳。〇有丨，猶丨丨也，形容羽領文章之美。（同上）集疏。〇丨丨，猶熒熒也，皃其光彩不定。〔説文〕「丨，鳥有文章皃」段注。〇〔説文定聲・卷一七〕丨，字亦作鸎，三國後始別作鸎為黃鸎字。〔射雉賦〕「鸎綺翼而䞓撾」。

**鸎** 丨，黃丨。〔廣韻・耕部〕

**櫻** 丨，含桃。〔廣韻・耕部〕〇丨，或作鸎。〔廣雅・釋木〕「含桃，丨桃也」疏證。

**泓** 丨，水深也。〔廣韻・耕部〕〇丨，都盡也。〔慧琳音義・卷七四〕〇丨，字亦作浤。〔説文定聲・卷二〕〇丨潧，或用噌吰，通作噌吰。〔通雅・釋詁〕

**橙** 丨，柚屬。〔廣韻・耕部〕〇丨，柚屬也，而葉正圓。〔説文〕「丨，橘屬」義證引〔風土記〕。〇丨，柚木也。〔説文定聲・卷二〕（「鄧」下）〇丨，吾楚俗謂之橘紅。〔漢書・司馬相如傳〕「黃甘丨榛」補注。〇丨，或作蹬，登陟階級道也。〔慧琳音義・卷一八〕引〔考聲〕。

**爭** 丨，古文作事。〔説文〕「丨，引也」義證引〔玉篇〕。〇丨，競也。〔大戴・子張問入官〕「亂至則丨」王詁。又〔廣韻・耕部〕〇以手曰丨。〔説文定聲・卷一二〕（「訟」下）〇丨，彼此競引物也。〔説文定聲・卷一七〕引〔慧琳音義〕。〇丨，謂引之使歸于己。〔詩・小旻〕「維邇言是丨」通釋。〇丨，辨也。〔大戴・曾子立事〕「雖不説亦不彊丨也」王詁。〇對辨為丨。〔曾子事父母〕「達善而不敢丨辨」王詁。〇〔説文定聲・卷一七〕丨，轉注為丨辯。〔越語〕「丨者，事之末也」。〇很與丨鬭同義。〔漢書〕「忤恨」雜志。〇丨命，猶拒命也。〔左傳成公一七年〕「有黨而丨命」疏證。〇丨長，先登授玉。〔左傳隱公一一年〕「滕侯薛侯來朝丨長」洪詁引服虔。〇丨財謂以財貨取與相抵冒而告之官者。〔周禮・大司徒〕孫正義。〇丨，讀曰諍。〔漢書・韓延壽傳〕「納諫丨」補注引胡注。〇丨，元作諍。〔國策・秦策二〕「兩虎丨人而鬥」鮑注。〇丨，或即竫字之省，善也。〔詩・小旻〕「維邇言是丨」通釋。〇丨，讀為綪。〔淮南・時則〕「直而不丨」平議。〇〔説文定聲・卷一七〕丨，此綪字之意。〔説文〕「丨，引也」。〇〔説文定聲・卷一七〕丨，叚借為諍。〔孝經〕「天子有丨臣，士有丨友，父有丨子」。〇徐廣謂丨一作扞。〔史記・齊太公世家〕「陪臣丨趣有淫者」志疑。〇丨獸，〔列子・説符篇〕作逐獸。〔呂覽・精諭〕「丨獸者趨」校正。

**箏** 丨，樂器，秦蒙恬所造。〔廣韻・耕部〕〇丨，古以竹為之，秦樂也。〔説文〕「丨，鼓弦竹身樂也」繫傳。〇丨，五弦筑身樂也。〔説文定聲・卷一七〕引〔御覽〕。〇丨，古五弦施于竹如筑，秦蒙恬改為十二弦，變形如瑟，易竹以木。唐以後加十三弦。〔説文定聲・卷一七〕〇丨丨，弦索聲也。〔説文定聲・卷一七〕（「綪」下）

**清** 水青為丨。〔説文繫傳・通論上〕〇丨，純潔也。〔論語・公治長〕「丨矣」劉正義。〇水治曰丨。〔詩・黍苗〕「泉流既丨」朱傳。〇丨，汛掃也。〔國策・秦策一〕「丨宮除道」鮑注。〇丨，讀絜丨之丨。〔釋名・釋姿容〕「簁作丨簁也」疏證。〇丨，謂拂除令絜丨也。〔釋詁〕「拒，丨也」鄭註。〇凡人潔之亦曰丨。〔説文〕「丨，朖也」段注。〇引申之，凡潔曰丨。（同上）〇丨者，漉酒而丨出其汁也。〔廣雅・釋詁二〕「丨，盪也」疏證。〇丨與圊通。〔釋宮〕「圊，厠也」疏證。〇丨圊古今字。〔説文〕「槭，槭窬」段注。又〔説文〕「厠，丨也」段注。〇丨，即今圊字。〔漢書・石奮傳〕「取親中帬厠腧」補注引李慈銘。〇丨，字亦作圊。〔荀子・王制〕「脩采丨」集解引俞樾。〇〔説文定聲・卷一七〕丨，字亦作圊。〔漢書・石奮傳〕注「腧，行丨也」。〇丨，今俗字書或作圊。〔説文〕「厠，丨也」繫傳。〇丨，言其處特異餘所常當加潔丨也。（同上）義證引〔急就篇〕顏注。〇丨，澄也。〔説文〕「丨，朖也」義證引〔急就篇〕。〇丨，猶明也。〔書・皋陶謨中〕注史遷「明為丨」孫疏。〇丨，謂丨明。〔釋言〕「漠，丨也」鄭註。〇丨丨，明也。〔詩・維清〕「維丨緝熙」朱傳。〇丨，視丨明也。〔君子偕老〕「子之丨揚」朱傳。〇丨，明晰之義。〔釋訓〕「明明，察也」郝疏。〇丨之為明，杯水見眸子。〔説文〕「丨，朖也」義證引〔文子〕。〇丨酒，丨潔之酒，鬱鬯之屬也。〔詩・信南山〕「祭以丨酒」朱傳。〇丨徵，謂審察也。〔沔水〕「甯莫之懲」通釋。〇丨彈，謂丨商也。〔文選・為顏彥先贈婦〕「總章饒丨彈」補正引何焯。〇丨明，三月中，言物生丨淨明絜。〔漢書・律歷志〕「丨明」補注引錢大昭。〇丨泠泠，以喻潔白。〔楚辭・怨世〕「丨泠泠而殲滅兮」王注。〇丨，丨揚。〔詩・猗嗟〕「美目丨兮」後箋。〇丨，目之美也。〔猗嗟〕「丨揚婉兮」朱傳。〇丨，目丨明也。〔猗嗟〕「美目丨兮」朱傳。〇丨揚，視丨明也。〔君子偕老〕「子之丨揚」後箋。〇丨揚，猶丨明也。〔野有蔓草〕「丨揚婉兮」集疏。〇丨揚，眉目之間婉然美也。（同上）朱傳。〇丨，即視容丨明也。〔猗嗟〕「美目丨兮」後箋。〇丨，當為青。〔説文〕「彰，丨飾也」義證。〇丨，當為靜。〔説文〕「靜，審也」義證。〇丨并與靜同。〔史記〕「順丨」雜志。〇丨，靜也。〔詩・清廟〕「於穆丨廟」朱傳。又〔維清〕「維丨緝熙」陳疏。〇丨，靜也，澄也，潔也。〔廣韻・清部〕〇肅然丨靜，謂之丨廟。〔左傳桓公二年〕「丨廟茅屋」洪詁引賈逵。〇丨，同瀞。〔説文〕「丨，

腈也」段注。○—，同淨，本字當作瀞。〔漢書・周仁傳〕「期為不潔—」補
注引李慈銘。○瀞—並通。〔廣雅・釋詁四〕「瀞，寒也」疏證。○—，通作
靖，又通作靜，又通作清。〔釋詁〕「拒，—也」郝疏。○—潔，猶言平靖。
〔漢書・王莽傳〕「—潔江湖之盜賊」補注。○—，當為積。〔説文〕「滓，—
水也」義證。○—溧同義。〔春秋繁露・陰陽義〕「故—溧之於歲也」平議。
○古書多假—為瀞。〔説文〕「瀞，無垢薉也」段注。○〔説文定聲・卷一
七〕—，叚借為瀞。〔周禮・酒正〕「一曰—」。○（同上）—，叚借為清，為
瀞。〔風賦〕「——泠泠」。○（同上）—，叚借為青。〔白虎通・八風〕「—明
者，青芒也」。○（同上）—，叚借為靜。〔禮記・玉藻〕「視容—明」。○—
揚，韓作青揚。〔詩・野有蔓草〕「—揚婉兮」集疏。○〔史・表〕—作靖。
〔漢書・高惠高后文功臣表〕「頃侯—嗣」補注。○—，韓作瀞。〔詩・大
明〕「會朝—明」集疏。○—，〔漢・表〕作青，古通用字。〔漢・志〕作—陽。
〔史記・高祖功臣侯者年表〕「胡侯呂—」志疑。○始曰—臺，更名曰靈臺。
〔漢書・律歷志〕「右將軍史各一人雜侯上林—臺」補注引黃圖。○〔説文〕
泠水，即班志之—水也。〔地理志〕「—水西北至蕪湖入江」補注引段玉裁。
○—都，帝之所居。〔楚辭・遠遊〕「造旬始而觀—都」補注引〔列子〕。○
—，邑名。〔詩・清人〕「—人在彭」朱傳。○—彈，謂—
商也。〔文選・為顏彥先贈婦〕「總章饒—彈」集釋。

**情** 心青為—。〔説文繫傳・通論中〕○—即性也。〔孟子・告子上〕「乃若其
—則可以為善矣」平議。○—，心所欲也。〔國策・西周策〕「令敝邑以君
之—」鮑注。○—者，性之欲也。〔易・乾〕「利貞者，性—也」李疏引正義。
○—者，人之陰气有欲者也。〔説文繫傳・通論中〕○性動為—。〔易・
乾〕「利貞者，性—也」李疏。○—者，性之動也。〔孟子・告子上〕「乃若有
—」朱注。○—者，性之發也。〔大戴・哀公問五義〕「能測萬物之—性者
也」王詁。○—謂吉凶之著見也。〔禮記・祭義〕「天地之—」集解。○—
者，魄之主。〔説文〕「—，人之陰气有欲者」義證引〔孝經・援神契〕。○—
者，亦精神之所生積精成青也。〔説文繫傳・通論中〕○—，實也。〔荀子〕
「質請而喻」雜志。又〔荀子・不苟〕「以—自竭」集解引郝懿行。又〔禮
記・表記〕「以求處—」集解。又〔大學〕「無—者不得盡其辭」朱注。又〔論
語・子張〕「如得其—」集解。又〔孟子・離婁下〕「故聲聞過—」朱注。又
〔韓子・姦劫弒臣〕「皆不知治亂之—」集解。○—，猶實。〔國策・秦策
二〕「請謁事—」鮑注。○—猶實也。〔墨子・辭過〕「此非云益煗之—」平
議。○—猶誠。〔國策・齊策四〕「是皆率民而出於孝—者也」鮑注。○—
與誠通。〔墨子・非攻中〕「—欲譽之審」閒詁。○—之言誠也。〔管子〕
「精也」雜志。○古書誠—通用。〔墨子〕「—」雜志。○—者，好惡之誠，無
所欺隱。〔論語・子路〕「民莫敢不用—」集解。○—，誠實也。（同上）朱
注。○—，猶素也，實也。〔孟子・告子上〕「乃若其—」焦正義引戴震。○
—素，猶—實也。〔漢書〕「—素」雜志。○—，靜也。〔廣韻・清部〕○靜與
—古同聲而通用。〔廣雅・釋詁四〕「—，靜也」雜志。○—謂國事之隱者。
〔國策・秦策一〕「常以國—輸楚」鮑注。○—，當讀為請。〔周禮・小宰〕
「六曰以叙聽其—」平議。○墨子書—請二字並與誠通。〔墨子〕「請」雜
志。○古者—、請同聲而通用。〔荀子〕「質請而喻」雜志。○—皆讀為性，
墨子書通以—為請。〔墨子〕「請守」雜志。○精與—同。〔管子〕「精也」雜
志。○—，當為惰。〔墨子・脩身〕「在身而—」閒詁。○—字當作色。〔韓
子・姦劫弒臣〕「欲知墨白之—」集解。○—者，精之借字。〔荀子・解蔽〕
「其—之至也」集解。○舊校云，—一作殆。〔呂覽・行論〕「—矣宋公之言
也」校正。○—刻—作精。〔荀子・解
蔽〕「其—之至也」集解引盧文弨。

**晴** —，天—。〔廣
韻・清部〕

**姓** —，雨而見星。〔集韻・耕部〕○—，字亦作晴，作暒，夜曰—。〔説文定
聲・卷一七〕○古—，今之晴。〔説文〕「—，雨而夜除星見也」段注。○
—，今日作晴字。（同上）繫傳。○—，亦作暒。（同上）義
證。○—光者，星光也。〔説文定聲・卷一七〕〔「晶」下〕

**暒** 古—，今之晴。〔説文〕「姓，雨而夜除星見也」段注。○—，雨止也。（同
上）義證引〔玉篇〕。○—，無雲也。（同上）義證引〔玉篇〕。○—，雨止無
雲也。（同上）義證引〔三蒼解詁〕。○—，雨止無雲星見也，或作姓。〔集
韻・徑部〕○—，精明也。〔説文〕「姓，雨而夜除星見也」義證引〔玉篇〕。
○—，〔占經〕引〔志〕作𣅀，唐以前本亦或作
晴。〔漢書・天文志〕「天—而見景星」補注。

**精** 〔説文定聲・卷一七〕—，糳米使純潔也。〔説文〕「—，擇也」。○—，擣也。
〔離騷〕「—瓊靡以為粻」補注引五臣。○—，鑿也。〔論語・鄉黨〕「食不厭
—」朱注。○—糳語之轉耳。〔廣雅・釋詁二〕「—、糳，小也」疏證。○—，
米也。〔莊子・人間世〕「鼓筴播—」集釋引疏。○—，善米也。〔論語・鄉
黨〕「食不厭—」劉正義。○—微猶—細也。〔韓子・説疑〕「以集—微」集
解。○—猶明。〔國策・魏策四〕「無—於此者矣」鮑注。○—，明也，正
也，善也，好也。〔廣韻・清部〕○—，引申為凡冣好之偁。〔説文〕「—，擇
米也」段注。○—，今晴字。〔漢書・天文志〕「天暒而見景星」補注引朱一
新。○—者，今晴字。〔説文〕「姓，雨而夜除星見也」段注。○—與晴同。
〔漢書・李尋傳〕「日月光—」補注。○—即晴也，亦作暒。〔陳湯傳〕「天氣
—明」補注引周壽昌。○古晴字作—，晴暒姓一字。〔京房傳〕「陰霧不—」
補注引錢大昭。○—，今晴字。〔説文定聲・卷六〕〔「糟」下〕○—謂—光
也，俗作晴。〔説文〕「瞦，目童子—瞦也」段注。○〔説文定聲・卷一七〕
—，字亦作晴，又為瞋。〔廣雅・釋言〕「晴，讀也」。○撥雲霧而見青天亦
曰—。〔説文〕「—，擇米也」段注。○〔説文定聲・卷一七〕—光者，姓光
也。〔説文〕「晶，—光也」。〔「晶」下〕○—氣謂之神。〔易・繫下〕「—氣為
物」李疏引鄭注。○—物者，—氣結成之物。〔説文〕「蝄，蝄蜽，山川之—
物也」段注。○生之所自謂之—。〔説文〕「魄，陰神也」義證引〔子華子〕。
○—，謂修士—潔也。〔韓子・孤憤〕「則—辯之功息」集解引舊注。○—
與情同。〔管子〕「—也」雜志。○—與情古字通。〔呂覽・察賢〕「弊生事

丨」平議。○丨與悍義相近，故以丨悍連文。〔漢書〕「靜悍」雜志。○丨之言甚也。〔呂覽・序意〕「三者皆私設丨」平議。○丨與青同。〔漢書・天文志〕「捎雲丨白者」補注。○丨，或作鯖。〔說文〕「鱻，新魚丨也」義證。○丨者，即今之鯖字。（同上）段注。○丨列，即蜻蛚。〔方言一一〕「蜻蛚，楚謂之蟋蟀」疏證。○丨列者，鶺鴒之轉聲也。〔廣雅・釋鳥〕「丨列，雅也」疏證。○丨列鶺鴒聲相轉。〔釋鳥〕「鶺鴒，鶅渠」郝疏。○丨，當讀為旌。〔國語・周語〕「五色丨心」平議。○〔說文定聲・卷一七〕丨，字作鼱。〔釋獸〕「鼩鼠」注「小鼱鼩也」。○丨，〔玉篇〕作鼱。〔說文〕「鼩，丨鼩鼠也」義證。○〔說文定聲・卷一七〕丨，叚借為姓。〔史記・天官書〕「天丨而見景星」。○（同上）丨，叚借為請。〔廣雅・釋詁二〕「丨，論也」。○（同上）丨，叚借為情。〔荀子・脩身〕「術順墨而丨雜汙」。○（同上）丨，叚借為晶。〔呂覽・圜道〕「丨行四時」。○（同上）丨，叚借為菁。〔風賦〕「將擊芙蓉之丨」。○丨力，一作積力。〔漢書・顏安樂傳〕「為學丨力」補注引宋祁。○〔荀子・法行〕丨作情。〔管子・水地〕「瑕適皆見丨也」義證引孫星衍。○事丨，〔說苑〕作事情。〔呂覽・察賢〕「弊生事丨」校正。○〔通雅・卷三八〕丨廬，猶丨舍也。〔姜肱傳〕「其盜謝肱于丨廬」。○丨舍，言丨一齋心也。凡屋之傍齋，即曰丨舍，言潔也。〔通雅・宮室〕

**睛** 丨，目珠子也。〔廣韻・清部〕○丨，眼黑精也，古人呼為眸子。〔慧琳音義・卷四〕引〔纂韻〕。

**菁** 丨，韭菜之華也。〔說文〕「丨，韭華也」繫傳。○丨，又為䪢、韭、蕎三種華之稱。〔廣雅・釋草〕「丨，華也」疏證。○丨，通謂艸木之英。〔說文〕「丨，韭華也」繫傳。○丨，蕪丨，菜也。〔廣韻・清部〕○丨，蔓丨也，一曰冥青，一曰蕪丨，又曰芴丨。〔說文〕「菔，蘆菔，似蕪丨」義證引〔急就篇〕顏注。○丨，美也。〔續音義・卷一〇〕引〔字書〕。○丨，音精，丨丨，盛貌。〔詩・菁菁者莪〕「丨丨者莪」朱傳。○丨丨，亦盛貌。〔杕杜〕「其葉丨丨」朱傳。○丨丨，茂盛之貌。（同上）後箋。○丨之言丨丨然盛也。〔廣雅・釋草〕「丨，華也」疏證。○丨，中，草茂密處也。〔通鑑・唐紀七〇〕「搜丨中」音注。○丨蓁以聲近而轉，故通用。〔詩・菁菁者莪〕「丨丨者莪」通釋引李舟。○蓁蓁、丨丨，聲近而義同。〔廣雅・釋訓〕「蓁蓁，茂也」疏證。○丨丨，通作蓁蓁，溱溱。〔通雅・釋詁〕○〔說文定聲・卷一七〕丨，叚借為精。〔書・禹貢〕「包匭丨茅」。○（同上）丨，叚借為萍。〔詩〕「丨丨者莪」。○韓丨丨作蓁蓁。〔詩・菁菁者莪〕集疏。

**晶** 丨，象星三兩相聚之形，或曰丨即古星字。〔說文定聲・卷一七〕○丨，光也。〔廣韻・清部〕○丨，為星之古文。〔說文〕「萬物之精，上為列星」句讀。

**旌** 旄首曰丨。〔說文〕「旄，幢也」繫傳。○析羽為丨。〔詩・干旄〕「孑孑干丨」朱傳。○折羽為丨。〔屈賦・湘君〕「荃橈兮蘭丨」戴注引〔周禮・司常〕。○析羽而注於旍干之首曰丨。〔孟子・萬章下〕「大夫以丨」朱注。○丨，析羽注竿首以精進士卒。〔國策・楚策一〕「心搖搖如懸丨」鮑注。



○丨，即常、旂、旜、物、旗、旟、旐之加以羽旄者也。〔說文定聲・卷一七〕○（同上）丨，虞制但以氂牛尾注竿首。〔釋天〕注「旄首曰丨」。○丨旗者，旗之通偁。〔說文〕「㫃，丨旗之游㫃蹇之皃」段注。○丨，表也。〔左傳莊公二八年〕「且丨君伐」洪詁引賈逵。又〔僖公二四年〕「且丨善人」洪詁。○丨，引申為表識之義。（同上）疏證引李貽德。○丨，引申為凡表異之偁。〔說文〕「丨，所以精進士卒也」段注。○〔通雅・卷一〇〕丨丨，猶旆旆也。〔王褒九懷〕「過萬里兮丨丨」。○丨旂對文則異，散文則通。〔國策〕「制丹衣柱建九斿」疏證。○丨，從生，作旍譌。〔說文〕「丨，游車載丨」義證。○丨，一作旍。〔左傳宣公一二年〕「御靡丨」疏證引〔御覽〕。○旍與丨同。〔呂覽・季秋〕「載旍旐」校正。○〔說文定聲・卷一七〕丨，或曰借為晶。〔思元賦〕「丨性行以製佩兮」。○丨與旍同。〔呂覽・明理〕「其狀若懸旍而赤」校正。○〔晉太康地志〕丨陽縣，〔魏志〕作旍陽。〔說文〕「丨，游車載丨」義證。

**旍** 丨同旌，旌旗。〔廣韻・清部〕○丨即旌字。〔楚辭・遠遊〕「擥彗星以為丨兮」補注。○丨與旌同。〔湘君〕「蓀橈兮蘭旌」補注。○丨，旌垂鈴也。〔屈賦・少司命〕「孔蓋兮翠丨」戴注。

**盈** 丨，滿。〔詩・良耜〕「百室丨止」朱傳。○丨，滿也。〔鵲巢〕「維鳩丨之」朱傳。又〔匏有苦葉〕「濟丨不濡軌」後箋。又〔孟子・滕文公上〕「則必取丨焉」朱注。又〔大戴・曾子立事〕「亦不求丨於人也」王詁。又〔勸學〕「丨不求概」王詁。○丨猶充也。〔主言〕「不以丨宮室也」王詁。○丨，充也，滿也。〔廣韻・清部〕○丨，多也。〔墨子・經下〕「說在丨否知」閒詁引張惠言。○丨，亦餘也，語之轉耳。〔廣雅・釋詁四〕「餘，丨也」疏證。○丨，即嬴也。〔說文〕「郯，東海縣，帝少昊之後所封」段注。又〔左傳宣公四年經〕「公及齊侯平莒及郯」疏證。○丨嬴字同。〔漢書・地理志〕「徐，故國，丨姓」補注。○丨嬴同字。〔地理志〕「莒，故國，丨姓」補注。○丨嬴古字通。〔左傳僖公二七年〕「蔿賈尚幼」洪詁。○丨與嬴古字通。〔方言一二〕「惵，嬴也」箋疏。○丨，讀為嬴。〔春秋名字解詁〕「晉荀丨字伯夙」述聞。○嬴嬴、丨丨，並與嬴嬴同。〔廣雅・釋訓〕「嬴嬴，容也」疏證。○嬴、丨聲同。〔釋詁〕「鞠，丨也」郝疏。○丨與嬴通。〔廣雅・釋詁四〕「餘，丨也」疏證。○丨飽，即嬴飽。〔墨子〕「嬴飽」雜志。○丨億，亦語之轉也。〔廣雅・釋詁一〕「丨，滿也」疏證。○丨、逞古字通。〔釋詁〕「鞠，丨也」郝疏。○丨，通作逞。（同上）郝疏。○丨與逞古字通。〔漢書〕「好惡積意」雜志。○丨與逞古同聲而通用。〔廣雅・釋詁一〕「丨，滿也」疏證。○丨，緛，猶丨縮也。〔管子〕「涅儒」雜志。○丨，懈也，緩也。〔慧琳音義・卷二三〕引〔玉篇〕。○丨與窮義相成。〔釋言〕「鞠，窮也」郝疏。○丨數，猶偶數也。〔左傳莊公一六年〕「就丨數焉」疏證。○丨丨，對立之狀。〔說文〕「楹，柱也」繫傳。○丨讀為楹，楹，柱也。〔春秋名字解詁〕「齊陳丨字子芒」述聞。○丨，讀為桯。〔春秋名字解詁〕「宋大宰丨字蕩」述聞。○〔說文定聲・卷一七〕—，叚借發聲之詞。〔方言〕「婁，—，怒也」。○官本—作嬴。〔漢書·律歷志〕「五星之—縮不是過也」補注。○〔秦紀〕嬴姓，—嬴字通。〔地理志〕「少昊後，—姓」補注引錢坫。

**楹** —，柱也。〔詩·斯干〕「有覺其—」朱傳。又〔禮記·明堂〕「刮—」集解。又〔廣韻·清部〕。○—，屋柱也。〔大戴·武王踐阼〕「於—為銘焉」王詁。○—，柱也，堂上有東西—。〔屈賦·卜居〕「將突梯滑稽如脂如韋以絜—乎」戴注。○度屋曰—，一列為一—。〔通雅·算數〕○—之言盈。〔說文〕「—，柱也」繫傳。○〔說文定聲·卷一七〕—，以桯為之。〔考工·輸人〕「桯圍倍之」。○—，〔史記〕作柱。〔左傳襄公二五年〕「公拊—而歌」洪詁。○—，當為形。〔墨子·經說上〕「—之生」閒詁引畢沅。

**瀛** —，大海。〔廣韻·清部〕

**嬴** —與贏同。〔周書〕「六極不—」雜志。○—與贏通。〔廣雅·釋詁三〕「贏，過也」雜志。○—，通作贏。〔方言一二〕「僷，—也」箋疏。又〔方言一三〕「曉，—也」箋疏。○—之言贏也。〔國語·周語〕「故謂之—亂」平議。○—贏並與攍同。〔方言七〕「攍，儋也」箋疏。○—嬴，古今字。〔方言一二〕「嬴，好也」箋疏。○—與嬴有省不省之異。〔同上〕疏證。○—與盈通。〔方言一二〕「僷，—也」疏證。○—，亦通作盈。〔方言一三〕「曉，—也」箋疏。○—猶盈也，—與贏同，贏，有餘也。〔荀子·彊國〕「—則敖上」集解引郝懿行。○—，義亦與縊同。〔廣雅·釋詁二〕「縊，緩也」疏證。○—縮，五星早出為—，晚出為縮。〔通鑑·秦紀一〕「進退—縮」音注。○—勝，猶贏勝。〔韓子·外儲說左下〕「猶—勝而履蹻」集解引顧廣圻。○〔說文定聲·卷一七〕—，叚借為贏。〔大荒東經〕「是維—土之國」。○〔同上〕—，叚借為籯。〔淮南·氾論〕「鞎蹻—蓋」。○〔同上〕—，叚借為鎣。〔方言九〕「凡箭鏃胡合—者」。○〔同上〕伯翳子皋陶偃姓，蓋以偃為之，—偃一聲之轉。〔鄭語〕「—，伯翳之後也」。○—當作嬴。官本作嬴。〔漢書·郊祀志〕「而天墜神祇之物皆至」補注引朱一新。○徐—，〔史記〕作徐姬。〔左傳僖公一七年〕「徐—」洪詁。○—，〔地理志〕作盈。〔說文〕「—，帝少皞之姓也」段注。

**贏** —，有餘賈利也。〔國策·西周策〕「而—四十金」鮑注。○—，利也，益也，有餘也，財長也。〔廣韻·清部〕○—者，過也。〔周書〕「六極不贏」雜志。○—謂過差。〔詩·雲漢〕「昭假無—」通釋。○—，過孰也。〔周書〕「六極不—」雜志引〔考工記〕鄭注。○—盈聲同。〔釋詁〕「鞠，盈也」郝疏。○—之言盈。〔墨子〕「贏飽」雜志。○—，義與縊同。〔廣雅·釋詁二〕「縊，緩也」疏證。○—者，肅之反，謂政令之寬縱也。〔禮記·月令〕「不可以—」集解。○—，通作嬴。〔說文〕「—，有餘賈利也」義證。○—與攍通。〔廣雅·釋詁三〕「攍，擔也」疏證。○—，擔也。〔通鑑·秦紀一〕「冠胄帶劍，—三日之糧」音注。○〔說文定聲·卷一七〕—，亦作攍。〔方言七〕「攍，儋也」。○〔同上〕—，叚借為縊。〔禮記·月令〕「天地始肅，不可以—」。○〔同上〕—，叚借為嫈，安止也。〔左傳襄公三一年〕「以—諸侯」。○〔同上〕—，叚借為籯。〔荀子·議兵〕「—三日之糧」。

**營** —者，市居也。〔說文〕「塋，墓地」段注。○周回為—也。〔說文〕「—，市居也」繫傳。○—謂周垣。〔說文〕「—，市居也」義證。○—，繞也。〔說文〕「禜，設緜蕝為—」句讀。○〔說文定聲·卷一七〕—，圍繞也。〔公羊傳莊公二五年〕「朱絲—社」。○徑直為經，周迴為—，謂相步其基址也。〔義府·卷上〕○—，治也。〔詩·黍苗〕「召伯—之」朱傳。○—，度也。〔漢書·韓信傳〕「迺行—高燥地」補注引周壽昌。○—，造也，度也。〔廣韻·清部〕○—，謀為也。〔孟子·梁惠王上〕「詩云，經之—之」朱注。○—猶求。〔國策·楚策一〕「好利可—也」鮑注。○—，引申之為經—、—治。〔說文〕「—，市居也」段注。○—亦域也。〔管子〕「國城」雜志。○—，謂—域。〔書·召誥〕「達觀于新邑—」孫疏。○—窟，穴處也。〔孟子·滕文公下〕「上者為—窟」朱注。○〔說文定聲·卷一七〕—窟，四圍擁土也。〔禮記·禮運〕「冬則居—窟」。○—，表。〔詩·靈臺〕「經之—之」朱傳。○—，聚也。〔太素·四時脈形〕「冬脈如—」楊注。○——，往來貌。〔楚辭·抽思〕「魂識路之——」補注。又〔說文〕「蠅，——青蠅」段注。○——，往來飛聲。〔詩·青蠅〕「——青蠅」朱傳。○—，惑也。〔大戴·曾子立事〕「居約而觀其不—也」王詁。又〔文王官人〕「煩亂之而志不—」王詁。又〔晏子春秋〕「榮君」雜志。○—，惑也，謂—惑其主也。〔荀子〕「環主」雜志。○—，亦惑也。〔漢書〕「—亂富貴之耳目」雜志。○—與惑同義。〔漢書·禮樂志〕「以—亂富貴之耳目」補注引王念孫。○—者，惑也。〔漢書·敘傳〕「皓頤志而弗—」補注引王引之。又〔漢書〕「—亂富貴之耳目」雜志。又〔漢書〕「皓頤志而弗—」雜志。○—，訓為惑，故或謂之—惑。〔漢書〕「—亂富貴之耳目」雜志。○惑—，猶—惑。〔漢書〕雜志。○—惑，即熒惑。〔同上〕○—或即熒惑。〔漢書·吳王傳〕「御史大夫朝錯—或天子」補注引沈欽韓。○熒惑，或作—惑，又作—或。〔管子〕「四曰上下左右」雜志。○—字本作營，或作熒，通作營，又通作榮。—訓為惑，故或謂之—惑。〔漢書·禮樂志〕「以—亂富貴之耳目」補注引王念孫。○—，謂繞惑之。〔李尋傳〕「為妻妾役使所—」補注引宋祁。○—惑者，御史之象，主禁令刑罰。〔廣雅·釋天〕「—惑謂之罰星」疏證。○榮、—古字通。〔晏子春秋〕「榮君」雜志。○—環字通也。〔釋名·釋言語〕「私，恤也」疏證。○古書—與環通。〔漢書·地理志〕「子之—兮」補注引錢大昕。○—與環古同聲而通用。〔管子〕「環其私」雜志。又〔荀子〕「環主」雜志。○—者，環也，水環其前與左也。〔釋邱〕「水出其左，—邱」述聞。○—與還，古同聲而通用。〔荀子〕「不還秩」雜志。○—與熒通。〔漢書·吳王傳〕「御史大夫朝錯—或天子」補注引錢大昕。○—，當作熒。〔李尋傳〕「—惑往來亡常」補注引劉攽。○—，或作熒。〔廣雅·釋天〕「—惑謂之罰星」疏證。○—，當作榮。〔漢書·敘傳〕「不—不拔」補注引宋祁。○—字本作營。

〔漢書〕「｜亂富貴之耳目」雜志。○｜字通作｜。（同上）○｜同瞀，瞀與眴音相近。〔墨子・非儒下〕「繁飾邪術以｜世君」閒詁引畢沅。○劉與｜聲近而義同。〔廣雅・釋地〕「｜，耕也」疏證。○四｜者，四變也。〔易・繫辭上傳〕「是故四｜而成易」李疏。○｜者，謂七八九六也。（同上）李疏引荀爽注。○〔說文定聲・卷一七〕｜，叚借為縈，或為嶸。〔廣雅・釋詁一〕「｜，上也」。○（同上）｜，叚借為陰，｜者，陰也。｜、陰雙聲。〔淮南・精神〕「燭｜指天」。○（同上）｜，叚借為瞀。〔荀子・宥坐〕「言談足以飾邪｜眾」。○〔淮南・鴻烈〕、〔漢書〕皆假｜為瞀，｜行而瞀廢。〔說文〕「瞀，瞀惑也」段注。○今本〔韓非〕｜作環，二字雙聲語轉，其義亦相通。〔說文〕「厶，韓非曰倉頡作字自｜為厶」段注。○三家｜作瞀。〔詩・青蠅〕「｜｜青蠅」集疏。○｜，本作嫙，嫙、昌、茂，皆好也，作還、作｜者，借字耳。〔詩・還〕「子之還兮」述聞。○｜，即｜丘。〔史記・惠景閒侯者年表〕「｜」志疑。○｜丘者，山名也。

〔漢書・地理志〕「莽曰齊陵」補注。

嬰

女曰｜。〔說文繫傳・通論中〕又〔說文〕「｜，頸飾也」繫傳。○女曰｜，其聲細，嚶嚶然。〔說文繫傳・通論中〕○女曰｜，男曰兒。〔廣韻・清部〕○｜，頸下也。〔慧琳音義・卷二五〕○｜，縈也。〔通鑑・晉紀三〕「不聞以方任｜之」音注。○｜，繞也。〔周紀四〕「許、鄢陵｜城而上蔡，召陵不往來也」音注。○｜，縶也。〔慧琳音義・卷二〕引〔考聲〕。○｜，遭也。〔卷一九〕引〔韻詮〕。○｜，遭也。〔卷二〕引〔韻詮〕。○｜，觸。〔韓子・說難〕「若有人｜之者」集解引舊注。○｜，當也。〔通鑑・魏紀八〕「而女獨｜戮於二門」音注。○｜者，纓也。〔說文繫傳・通論中〕○｜，又癭也。（同上）○｜，當訓為加。〔漢書・賈誼傳〕「而欲｜以芒刃」補注。○｜，今攖字。〔荀子・議兵〕「｜之者斷」集解引盧文弨。○｜、賏古字通。〔左傳宣公一一年〕「楚左尹子重侵宋」疏證引王引之。○｜，實與賏同字。〔說文定聲・卷一七〕○｜兒，嫛婗之轉語。〔說文〕「｜，繞也」段注。○〔說文定聲・卷一七〕｜兒，小兒言語不清，嫛婗然也。〔禮記・襍記〕「中路，｜兒失母也」。○旦生夕死曰｜鬼。〔說文〕「魃，一曰小兒鬼」義證引〔易林〕。○｜嫇，又作瑩嫇。〔說文〕「嫇，｜嫇也」義證。○〔說文定聲・卷一七〕｜，叚借為纓。〔晉語〕「亡人之所懷挾｜壤」。○（同上）｜，叚借為瞀。〔文選〕注引〔說文〕「｜，繞也」。○（同上）｜，叚借為瑩。〔北山經〕「燕山多｜石」。○（同上）｜，叚借為鷹，｜薄，猶鷹搏也，｜鷹雙聲。〔淮南・要略〕「以與天和相｜薄」。○｜，鍇本作蘡。〔說文〕「蘡，｜蘡也」段注。○｜，即〔江賦〕之纓字，蓋朱黑相閒而｜繞也。〔說文〕「弴，畫弓也」段注。

纓

〔說文定聲・卷一六〕｜，嬰也。〔呂覽・離俗〕「丹績之絢法｜也」。〔「絢」下〕○｜與嬰通。〔說文〕「嬰，繞也」段注。○｜，冠系也。〔孟子・離婁上〕「可以濯我｜」朱注。又〔慧琳音義・卷九二〕。○｜，冠｜。〔廣韻・清部〕○帶下垂者謂之｜。〔左傳成公二年〕「繁｜以朝」疏證引汪士鐸。○｜，以二組系于冠武，結頤下者。〔說文定聲・卷一七〕○以二組絲系於冠卷，結頤下，是謂｜。〔說文〕「｜，冠系也」段注。○｜，謂之紻。〔說文〕「紻，｜卷也」義證引〔類篇〕。○｜，馬鞅也。〔左傳成公二年〕「繁｜以朝」洪詁。○〔說文定聲・卷一七〕｜，亦馬飾。〔左傳桓公二年〕「楚子自為環弁玉｜」。○（同上）｜，叚借為賏。〔七發〕「翠鬣紫｜」。

○（同上）｜，叚借為癭。〔海外北經〕「拘｜之國」。

貞

｜與占同義。〔易・屯〕「小｜吉，大｜凶」平議。○內卦為｜，朝占用之。〔說文〕「卧，易卦之上體也」義證引〔唐六典〕。○｜之言丁也。〔釋詁三〕「｜，當也」疏證。○｜，當也。〔易・巽〕「喪其資斧，｜凶」述聞。又〔離騷〕「攝提｜于孟陬兮」戴注。○｜之言當也。〔易・豫〕「｜疾」平議。○｜，正。〔論語・衛靈公〕「君子｜而不諒」劉正義。○｜，正也。〔禮記・文王世子〕「萬國以｜」集解。又〔說文〕「禎，祥也」繫傳。又〔廣韻・清部〕。○｜，固也，固，久也。〔廣雅・釋詁一〕「字，生也」疏證。○｜，正而固也。〔論語・衛靈公〕「君子｜而不諒」朱注。○｜，誠也。〔大戴・文王官人〕「觀其｜良」王詁。○｜，當訓定。〔周書・祭公〕「維天｜文王之董用威」平議。○｜，通征。〔墨子・非樂上〕「蜚鳥｜蟲」閒詁引宋翔鳳。○｜，當為負。〔墨子・經下〕「｜而不撓」閒詁。○｜祥，即禎祥也。〔漢隸拾遺〕雜志。○｜｜，頭痛甚皃。〔太素・厥頭痛〕「｜｜頭重而痛」楊注。○〔說文定聲・卷一七〕｜，叚借為當。〔書・洛誥〕「我二人共｜」。○（同上）｜，叚借為成。〔周書・諡法〕「大慮克就曰｜」。○（同上）｜，叚借為正，為定。〔易・乾〕「元亨利｜」。○｜，當為征之叚字。〔墨子・明鬼下〕「百獸｜蟲」閒詁。○｜侯，〔史・表〕作眞侯。〔漢書・高惠高后文功臣表〕「中邑｜侯朱進」補注。

成

〔說文定聲・卷一七〕｜，字亦作晟，此義經傳皆以盛為之，茂盛當為｜之本訓。〔公羊傳莊公八年〕「｜者何，盛也」。○｜，就也。〔詩・樛木〕「福履｜之」朱傳。又〔大戴・保傅〕「化與心｜」王詁。○｜，畢也，就也。〔廣韻・清部〕○｜、備義同。〔周禮・典絲〕孫正義。○｜亦功也。〔荀子〕「其功盛姚遠矣」雜志。又〔漢書〕「遠姚」雜志。○｜者，功就不可易也。〔大戴・盛德〕「能｜德法者為有功」王詁。○｜者，謂其有｜跡。〔釋詁〕「功，｜也」鄭註。○｜功，事業也。〔論語・泰伯〕「其有｜功也」朱注。○｜就與會合義近。〔釋言〕「集，會也」郝疏。○｜就，當為｜之轉注。〔說文定聲・卷一七〕○｜者，誘掖獎勸以｜其事也。〔論語・顏淵〕「君子｜人之美」朱注。○｜謂｜人也。〔大戴・曾子事父母〕「未｜於弟也」王詁。○｜，｜其禮也。〔詩・鵲巢〕「百兩｜之」朱傳。○｜相者，｜此治也。〔荀子〕「｜相」雜志。○｜與究同義。〔廣雅・釋詁四〕「備，究也」疏證。○｜猶終也。〔大戴・保傅〕「素誠繁｜」王詁。又〔曾子本孝〕「而｜於孝子也」王詁。○古謂終為｜，｜當訓終。〔荀子・榮辱〕「｜則必不得其所好」集解引俞樾。○｜者，樂之一終。〔孟子・萬章下〕「孔子之謂集大｜」朱注。○｜，樂之一終也。〔論語・八佾〕「以｜」朱注。○舜樂九｜，九章也。〔說文〕「章，樂竟為一章」義證。○｜，平。〔詩・節南山〕「誰秉國｜」朱傳。○｜，平也。〔緜〕「虞芮質厥｜」朱傳。又〔大戴・千乘〕「｜長幼老疾孤寡」王詁。又〔廣韻・清部〕。○丨亦平也。〔左傳桓公二年經〕「以丨宋亂」疏證引江熙。○平、丨同義。〔詩・節南山〕「誰秉國丨」通釋。○丨,平也,猶和。〔國策・韓策三〕「以為丨」鮑注。○丨,猶求丨也。〔左傳僖公七年〕「君若去之為丨」疏證。○丨,猶盟也。〔公羊傳隱公六年〕「輸平猶墮丨也」陳疏引惠棟。○丨乃鄰國結好之稱。〔詩・緜〕「虞芮質厥丨」後箋引〔稽古編〕。○丨者,結好之謂。〔屈賦・少司命〕「獨與予兮目丨」戴注。○丨說,謂丨其約誓之言。〔詩・擊鼓〕「與子丨說」朱傳。○丨說即丨言,猶丨約也。(同上)通釋。○丨,重也。〔楚辭・天問〕「璜臺十丨」補注引郭璞。○丨,亦重也。〔詩・鳧鷖〕「福祿來丨」通釋。○〔說文定聲・卷六〕丨猶重也,故高之轉注曰丨。〔周禮・司儀〕「為壇三丨」。(〔就〕下)○一層謂之一丨。〔通雅・算數〕○丨,亦襲也。〔廣雅・釋詁四〕「襲、丨,重也」疏證。○丨,善也。〔廣韻・清部〕○丨猶善也。〔大戴・文王官人〕「以觀其備丨」王詁。○丨即為福。〔詩・那〕「綏我思丨」通釋。○丨猶福也。〔烈祖〕「賚我思丨」通釋。○丨,備也。〔大戴・千乘〕「年穀不丨」王詁。○丨猶備也。〔虞戴德〕「君之聞如未丨也」王詁。○丨器者,大器也。〔老子六十七章〕「故能丨器長」平議。○丨縣,亦猶大縣也。〔左傳昭公五年〕「韓賦七邑,皆丨縣也」平議。○丨,定也。〔大戴・誥志〕「日月丨歲厤」王詁。○丨猶定也。〔禮記・王制〕「必察小大之比以丨之」集解。○丨師,已定之民。〔漢書・禮樂志〕「詔撫丨師」補注。○丨,猶一丨不易之丨。〔左傳宣公一二年〕「師無丨命」疏證。○正與丨古通用,政也。〔詩・節南山〕「誰秉國丨」通釋。○丨,亦次也。〔國語・周語〕「制朝以序丨」平議。○計溝洫謂之丨。〔左傳成公元年經〕疏證。○丨空,謂河身疏通。〔漢書・溝洫志〕「行疾則自刮除丨空而稍深」補注。○丨然,是閒放之貌。〔莊子・大宗師〕「丨然寐」集釋。○丨與盛通。〔公羊傳莊公八年〕「盛則曷為謂之丨」陳疏引惠棟。又〔荀子・非十二子〕「丨名況乎諸侯」平議。○丨,通作盛。〔釋詁〕「功,丨也」郝疏。○丨與盛通,丨名,猶盛名。〔荀子・非十二子〕「丨名況乎諸侯」集解引俞樾。○丨,讀為盛。〔韓子・飾令〕「以丨智謀」集解引顧廣圻。○丨與盛古字通。〔詩・甫田〕平議。○丨與盛古同聲而通用。〔荀子〕「其功盛姚遠矣」雜志。○盛山即丨山,古字通用。〔史記・始皇本紀〕「至榮丨山」志疑。○丨即誠字。〔周書〕「丨」雜志。○丨即誠字也。〔管子〕「必丨」雜志。○丨又通作誠。〔釋詁〕「功,丨也」郝疏。○丨與誠通。〔管子〕「戒心」雜志。○丨當讀為誠。〔詩・雨無正〕「飢丨不遂」陳疏。又〔論語・述而〕「好謀而丨者也」平議。○丨與城同。〔史記・高祖功臣侯者年表〕「蒯丨」志疑。○丨城通作。〔漢書・百官公卿表〕「軍正陽咸延為少府」補注。又〔匈奴傳〕「殺後丨長」補注。○丨、城字通。〔外戚恩澤侯表〕「丨都景丨侯商」補注。○丨、城通用字。〔外戚恩澤侯表〕「呂丨侯呂忿」補注。又〔地理志〕「高丨」補注。○丨當作城。〔高帝紀〕「降枳道旁」補注。○丨、城字同,南丨即魯武城。〔地理志〕「南丨」補注。○城、丨古字通。〔漢書〕「濟陽」雜志。○丨即誠之假借。〔詩・我行其野〕「丨不以富」通釋。○誠作丨者,



假借字耳。〔管子〕「必丨」雜志。○〔說文定聲・卷一七〕丨,段借為誠。〔詩・我行其野〕「丨不以富」。○(同上)丨,段借為定。〔晉語〕「民無丨君」。○(同上)丨,段借為平。〔詩・節南山〕「誰秉國丨」。○(同上)丨,段借為城。〔魯峻碑陰〕「勃海高丨河閒阜丨」。○(同上)丨,段借為重,實為緟。〔釋邱〕「邱一丨為敦邱」。○(同上)丨,段借為壥。〔周禮・宰夫〕「則令正曰丨」。○(同上)丨,段借為塵。〔荀子・正名〕「則從諸夏之丨俗」。○(同上)丨,段借為郕。〔禮記・檀弓〕「丨人有其兄死」。○官本丨作城。〔漢書・武帝紀〕「丨至浚稽山」補注。又〔王子侯表〕「新丨侯武」補注。又〔地理志〕「今之河南雒陽,穀丨」補注。○丨,通用字。〔王子侯表〕「武丨侯賢」補注。○丨鄉,〔志〕作城鄉。〔王子侯表〕「丨鄉質侯慶」補注。○丨父,〔管子・小匡〕、〔呂覽・勿躬〕、〔齊魯世家〕並作城父。城、丨通用字。〔古今人表〕「王子丨父」補注引梁玉繩。○陽丨,〔表〕、〔傳〕俱作陽城。〔藝文志〕「陽丨侯劉德賦九篇」補注。○〔史記〕丨作城,通借字。〔韓安國傳〕「梁丨安人也」補注。○〔史〕、〔漢〕丨、城二字通用。〔史記・高祖本紀〕「乃道碭至丨陽」志疑。○湘丨,〔南越傳〕作湘城,城丨字同。〔漢書・景武昭宣元成功臣表〕「湘丨侯監居翁」補注。○陽城,應作丨陽,丨城通作。〔樊噲傳〕「從攻陽城」補注。○足利本後人記云,丨作郕。〔左傳桓公六年〕「會於丨」疏證引校勘記。○丨、城、郕三字同。〔漢書・景武昭宣元成功臣表〕「都丨敬侯金安上」補注。○〔周禮〕丨作除。〔大戴・朝事〕「殷眺以丨邦國之貢」王詁。○〔公羊〕丨作戌。〔左傳成公一五年經〕「宋世子丨」洪詁。○丨,〔公羊〕作戊。〔左傳定公四年經〕「杞伯丨卒于會」洪詁。○榮丨,〔史・表〕作榮盛。〔漢書・高惠高后文功臣表〕「夷侯榮丨嗣」補注。○丨陶,〔漢表〕亦作丨陰,〔方輿紀要〕亦謂之城陰城。〔史記・惠景閒侯者年表〕「丨陶」志疑。○丨周乃洛陽。〔十二諸侯年表〕「齊、晉、秦、楚,其在丨周微甚」志疑。

**𢦩** 丨,古文成字。〔廣韻・清部〕

**盛** 在器曰丨。〔孟子・滕文公下〕「以供粢丨」朱注。又〔大戴・誥志〕「齊丨必潔」王詁。又〔本命〕「為其不可與共粢丨也」王詁。○在器曰丨,謂今之柸盂也。〔慧琳音義・卷五八〕○亦評器為丨。〔說文〕「丨,黍稷在器中以祀者也」段注。○丨,丨受也,黍稷在器也。〔廣韻・清部〕○丨,受也。〔通鑑・隋紀六〕「以稱丨之」音注。○丨與載義相近。〔廣雅・釋詁二〕「堪,載也」疏證。○丨音成。〔詩・采蘋〕「于以丨之」朱傳。○丨,成也。〔荀子・臣道〕「尚賢使能而饗其丨」集解。○丨與成同。〔釋山〕「如防者丨」郝疏。○成、丨古字通。〔左傳文公一八年〕「以誣丨德」洪詁。○〔公羊〕皆以丨為成。(同上)疏證引校勘記。○丨亦省作成。〔說文〕「丨,黍稷在器中者也」句讀。○丨,當讀成就之成。〔易・說卦傳〕「莫丨乎艮」述聞。○丨讀為成,成亦功也。成與丨古同聲而通用。〔荀子・榮辱〕「其功丨姚遠矣」集解引王引之。○丨當為宬。〔說文〕「城,以丨民也」義證。又

〔說文〕「容，丨也」義證。○古字多借丨為成。〔易·說卦傳〕「莫丨於艮」述聞。○〔說文定聲·卷一七〕丨，叚借為成，謂新成熟之穀也。〔公羊傳·文公一三年〕「周公丨」。○(同上)丨，叚借為郕。〔穆天子傳六〕「丨柏之子也」。○(同上)丨，叚借為宬。〔考工·匠人〕「白丨」。○丨山，〔封禪書〕作成山，〔地理志〕亦作成山。〔漢書·郊祀志〕「丨山入海」補注引齊召南。○榮丨，〔漢·表〕作榮成，成與丨古通。〔史記·高祖功臣侯者年表〕「慶侯榮丨」志疑。○蜀才本成作丨。〔易·繫上〕「成象之謂乾」述聞。○定本成德為丨德。〔左傳文公一八年〕「以誣丨德」洪詁。○〔正義〕本丨作成。(同上)述聞。○〔漢書·郊祀志〕成作丨。〔封禪書〕「七曰目主，祠成」述聞。○〔史記·春申君傳〕成作丨。〔秦策〕「今王使成橋守事於韓」

述聞。

## 城

丨，盛也，所以盛守人物。〔說文〕「丨，以盛民也」繫傳。○丨者，盛也，所以盛受民物也。(同上)義證引〔古今注〕。○丨者，言其中之盛受。〔說文〕「墉，丨垣也」段注。○丨，都也。〔詩·干旄〕「在浚之丨」朱傳。○丨，丨郭。〔廣韻·清部〕○丨，猶國也。〔詩·瞻卬〕「哲婦傾丨」朱傳。○丨闕，即南丨缺處。〔青衿〕「在丨闕兮」通釋。○丨臺謂之丨隅。〔靜女〕「俟我於丨隅」後箋引戴震。○丨，即築丨也。〔漢書〕「築丨」雜志。○丨謂增築之。〔漢書·梁孝王傳〕「梁王丨守睢陽」補注。○丨將，築丨市之兵也。〔通雅·官制〕○丨垝津者，築丨於垝津也。〔史記·魏世家〕「丨垝津以臨河內」志疑。○〔說文定聲·卷一七〕丨旦，謂夜鳴勞勞如丨旦者也。〔方言八〕「鶡鴠，自關而東謂之丨旦」。○丨藏者，藏粟於丨中也。〔管子〕雜志。○丨成古通。〔漢書·景武昭宣元成功臣表〕「宜丨戴侯燕倉」補注。○丨，當作成。〔地理志〕「北新丨」補注引王鳴盛。○丨、成古字通。〔漢書〕「濟陽」雜志。○丨、成通用字。〔漢書·楚元王傳〕「以親親行謹厚封為陽丨侯」補注。○丨亦作成。〔地理志〕「莽曰魏丨」補注引錢大昭。○古丨字多作成。〔左傳隱公一一年〕「隰郕」述聞。○丨陽當作成陽。〔漢書·地理志〕「雍、沮會同」補注引齊召南。又〔項籍傳〕「梁使羽與沛公別攻丨陽」補注引齊召南。○南丨即南成。〔王子侯表〕「南丨節侯貞」補注。○成、丨同字。〔高帝紀〕「魏相國建丨侯彭越」補注。○成、丨通作。〔高祖呂皇后傳〕「建丨侯釋之子祿為趙王」補注。○成、丨古通。〔史記·十二諸侯表〕「晉獻公九年，始丨絳都」志疑。○〔史〕、〔漢〕中成與丨多通用。〔秦本紀〕「丨陽君入朝」志疑。○丨，或作域。〔漢書·敘傳〕「方今雄桀帶州丨者」補注引宋祁。○丨當為誠。〔大戴·子張問入官〕「大丨而公治之」王詁。○丨，當作攻。〔墨子·襍守〕「近丨則近害」閒詁。○〔史·表〕丨作成。〔漢書·高惠高后文功臣表〕「侯宜丨嗣」補注。又〔高惠高后文功臣表〕「擊項籍丨皋有功」補注。又〔高惠高后文功臣表〕「梧齊侯陽丨延」補注。○東丨，〔東越傳〕作東成。〔景武昭宣元成功臣表〕「東丨侯居股」補注。○丨，〔新序〕作成，〔外傳〕亦作成。〔呂覽·勿躬〕「臣不若王子丨父」校正。○丨，〔新序〕作圄。〔勿躬〕「平原廣丨」校正。

## 誠

丨，信也。〔廣韻·清部〕○丨猶信也，設辭也。〔漢書·高帝紀〕「丨如父言，不敢忘德」補注引周壽昌。○丨，信實也。〔大戴·子張問入官〕「大城而公治之」王詁。○丨，實也。〔孟子·離婁上〕「反身不丨」焦正義引戴震。又(同上)朱注。又〔盡心上〕「反身而丨」朱注。○丨，實也。〔大學〕「先丨其意」朱注。○丨者，真實無妄之謂。〔中庸〕「丨之不可揜如此夫」朱注。○丨信，猶言丨然。〔屈賦·惜往日〕「慙光景之丨信兮」戴注。○丨言者，貌言若丨。〔荀子·大略〕「丨言」集解引郝懿行。○古書丨、情通用。〔墨子〕「情」雜志。○丨重，言其尊貴如此，信為重也。〔漢書·汲黯傳〕「大將軍尊貴，丨重」補注。○古謂丨為慎也。〔周書〕「遠慎而近藐」雜志。○慎獨之慎，則當訓為丨。〔荀子〕「君子善心莫善於丨」集解。○丨，審也，敬也。〔廣韻·清部〕○丨與成同。〔禮記·檀弓上〕「不丨於伯高」述聞。○丨當為成。〔管子·君臣上〕「其丨也以守戰」平議。○丨或作成。〔周書〕「成」雜志。○丨，古通作成。(同上)○丨，讀為請。〔晏子春秋〕「嬰丨革之」雜志。○古者丨與請通。(同上)「請」雜志。○墨子書情請二字，並與丨通。

〔墨子〕「請」雜志。

## 呈

丨，示也，平也，見也。〔廣韻·清部〕○丨與程同。〔漢書·尹翁歸傳〕「責以員程」補注引沈欽韓。○程與丨同。〔史記〕「理達於理」雜志。○丨與逞通。〔廣雅·釋詁一〕「丨，解也」疏證。○〔說文定聲·卷一七〕丨，叚借為逞。〔左傳僖公二三年〕「而殺人以丨」。○(同上)丨，叚借為程。〔樊安碑〕「作丨作式」。○(同上)丨，叚借為徵。〔列子·天瑞〕「而味味者未嘗丨」。

## 程

十二秒為丨，而當一分度之所起也。〔說文定聲·卷一七〕○丨，法。〔詩·小旻〕「先民是丨」朱傳。○丨，式也。〔墨子·號令〕「署之曰某丨」閒詁引蘇時學。又〔廣韻·清部〕。○丨，品也。〔廣韻·清部〕○丨，品式也。〔屈賦·遠遊〕「余將焉所丨」戴注。○丨，量也。〔韓子·人主〕「賢士丨行於不肖」集解。○丨，權衡斗斛律曆也。〔說文〕「丨，丨品也」繫傳。○丨，期也，限也。〔廣韻·清部〕○丨與呈古字通。〔史記〕「理達於理」雜志。○呈與丨同。〔漢書·刑法志〕「自丨決事」補注。○秩與丨，古聲義並同。〔廣雅·釋言〕「秩，丨也」疏證。○丨當為程。〔墨子·備城門〕「渠立丨」閒詁。○〔說文定聲·卷一七〕丨，叚借為徵。〔廣雅·釋詁四〕「丨，示也」。○〔漢·表〕丨作郢，古通。〔史記·高祖功臣侯者年表〕「侯吳丨」志疑。

## 酲

丨，醉未覺也。〔說文〕「丨，一曰醉而覺也」義證引〔玉篇〕。○丨，醉而未覺之稱。〔詩·節南山〕「憂心如丨」通釋。○丨，酒病。〔廣韻·清部〕○酒病曰丨。〔詩·節南山〕「憂心如丨」朱傳。○病酒曰丨。〔通鑑·漢紀三八〕「猶解丨當以酒也」音注。○〔說文定聲·卷一七〕丨，煩悶之義。

〔七發〕「噓唏煩—」。○—，長也。〔廣雅・釋言〕○〔說文定聲・卷一七〕—，段借為長。〔廣雅・釋言〕「—，長也」。

**聲**　萬物之音為—。〔說文繫傳・通論上〕○單出曰—，宮商角徵羽，五—是也。〔說文定聲・卷一七〕○二可為—。〔說文〕「哥，—也」繫傳。○耳殼為—。〔說文繫傳・通論上〕○實而精者曰—。〔同上〕○—，殸籀文。〔方言一三〕「—，忘也」箋疏。○—，—音。〔廣韻・清部〕○—為律。〔大戴・保傅〕「—音不中律」王詁。○—，言也。〔大戴・少閒〕「鼓民之—」王詁。○—，名也。〔孟子・公孫丑上〕「非惡其—而然也」朱注。○—猶名也。〔國策・西周策〕「而—畏天下」鮑注。○—聞，名譽也。〔孟子・離婁下〕「故—聞過情」朱注。○—，威—。〔國策・魏策三〕「而有—者相之」鮑注。○—問，猶言音問。〔漢書・蘇武傳〕「有—問來」補注。○—亦鳴也。〔漢書〕「野雞」雜志。○—，宣也。〔孟子・萬章下〕「金—而玉振」朱注。○—，宣也，宣倡士卒之勇氣。〔左傳僖公二二年〕「金鼓以—氣也」疏證引劉用熙。○—，通作磬。〔釋言〕「偬，—也」郝疏。○—，當作磬。〔淮南・泰族〕「一言—然」平議。○—，當作庫。〔說文〕「庫，始開也」義證。○—，當作稱。〔漢書・于定國傳〕「學士咸—焉」補注引錢大昭。○—洋水，亦謂之清洋河。〔地理志〕「—洋水所出」補注引顧祖禹。○〔通雅・卷二六〕—地，—價門地也。〔後漢書〕「坐作—價」。○—欽，以—相轉而合也。〔通雅・樂曲〕○—喏，猶唱喏也。〔通雅・禮儀〕○—聖字古相假借。〔說文〕「聖，通也」段注。○—當為馨之段借。〔詩・文王〕「無—無臭」通釋。○—與馨字音義相近，漢人每相假借。〔椒聊〕後箋。○〔漢衡方碑〕「—香」即馨香。〔說文〕「馨，香之遠聞者」義證。

**征**　—，行。〔詩・小明〕「我—徂西」朱傳。○—，行也。〔小星〕「肅肅宵—」朱傳。又〔鴻鴈〕「之子于—」朱傳。又〔黍苗〕「烈烈—師」陳疏。又〔車攻〕「之子于—」陳疏。又〔桑柔〕「—以中垢」朱傳引或說。○往與—，字異而義同。〔同上〕通釋。○—夫，使臣與其屬也。〔皇皇者華〕「駪駪—夫」朱傳。○—者，上伐下也。〔論語・季氏〕「禮樂—伐」劉正義。○—，取也。〔孟子・梁惠王上〕「上下交—利」朱注。又〔大戴・文王官人〕「—利而依隱於物」王詁。○—，賦也。〔主言〕「關譏而不—」王詁。○—，税也。〔孟子・梁惠王下〕「關市譏而不—」朱注。○凡經，賦税通謂之—。〔周禮・大司徒〕「制天下之地—」孫正義。○—賦斂，其義同。〔漢書〕「暴虐」雜志。○—，正也。〔孟子・梁惠王上〕「王往而—之」朱注。○—，所以正人也。〔盡心下〕「—者上伐下也」朱注。○政、—聲相近。〔大戴・主言〕「致其—」述聞。○—正政通。〔墨子・節葬下〕「諸侯力—」閒詁。○〔通雅・卷七〕—營，一作正營、怔營，通作屏營。〔後漢・鄧騭傳〕「惶恐—營」。○—伀、怔伀、征伀，並字異而義同，遑遽也。〔方言一〇〕「或謂之征伀」箋疏。○—，鈔本〔北堂書鈔・武功部二〕、〔藝文類聚・武部〕、〔太平御覽・兵部三十四〕引此並作政。〔大戴・主言〕「致其—」述聞。○—之，〔漢・傳〕作正之。〔史記・朝鮮傳〕「使濟南太守公孫遂往—之」志疑。

**正**　—，此字本訓當為矦中也，象方形。〔說文定聲・卷一七〕○受矢者為—。〔說文定聲・卷四〕(〔乏〕下)又〔卷一七〕。○畫布曰—，侯之中，射之的也。〔中庸〕「失諸—鵠」朱注。○—，設的於侯中而射之者也。〔詩・猗嗟〕「不出—兮」朱傳。○—，守一以止也。〔說文〕「—，是也」繫傳。○—同征。〔墨子・辭過〕「以其常—」閒詁引蘇時學。○—讀如征。〔管子・輕重乙〕「—籍者」義證。○—作征，古字通。〔史記・封禪書〕「—伯僑，充尚」志疑。○征—聲類同，義亦相近。〔周禮・大司馬〕「以九伐之灋—邦國」孫正義。○—征政，聲類並同。〔周禮・禁暴氏〕「禁暴氏掌禁庶民之亂暴力—者」孫正義。○—，—朔。〔廣韻・清部〕○—，謂—朔，年始也。〔大戴・誥志〕「而順至—之統也」王詁。○日中為—。〔說文〕「是，直也」繫傳。○謂之—月者，十二月之長。〔公羊傳隱公元年〕「王—月也」陳疏引孔廣森。○—與征同。〔廣雅・釋詁二〕「征，懼也」疏證。○〔說文定聲・卷一七〕—，段借為征，實為徵。

〔周禮・司勳〕「惟加田無國—」。

**鉦**　—音征，鐃也。〔詩・采芑〕「—人伐鼓」朱傳。○—，鐃也，似鈴。〔廣韻・清部〕○—，鐃也，其形似鼓，故名金鼓。〔漢書・司馬相如傳〕「摐金鼓」補注。○—似鈴而異於鈴。〔說文〕「—，鐃也」段注。○—，其柄半在上，半在中，執柄搖之使與體相擊而為聲。〔說文定聲・卷一七〕○—，鐲也。〔詩・采芑〕「—人伐鼓」朱傳。○—者，丁寧之合聲。〔左傳宣公四年〕「著于丁寧」疏證引王念孫。○世人切脚語謂—為丁寧。〔說文〕「鈴，令丁也」義證引〔容齋隨筆〕。○—，所以止鼓，亦名丁寍，丁寍者，—之合音。〔說文定聲・卷一七〕

**輕**　—車，亦謂兵車。〔說文〕「—，—車也」段注。○—車，古之戰車也。〔說文〕「軖，車等閒皮匧也」段注。○—，—重。〔廣韻・清部〕○—，引申為凡—重之—。〔說文〕「—，—車也」段注。○—對重言，非賤之謂也。〔漢書・食貨志〕「錢益多而—」補注引周壽昌。○〔通雅・卷三七〕紗至—者曰—容。王建〔宮詞〕「縑羅不著愛—容」。○—猶忽也。〔國策・秦策三〕「—起相牙者」鮑注。○—，謂—忽也。〔荀子〕「—舊怨」雜志。○—，言其行疾。〔國策・秦策二〕「則秦且—使重幣而事君之國也」鮑注。○—禽，飛禽之—疾者。〔漢書・司馬相如傳〕「流離—禽」補注。○—，謂—佻失據。〔大戴・文王官人〕「以觀其不—」王詁。○—，易也。〔晏子春秋〕「從—」雜志。又〔孟子・告子下〕「皆將—千里而來告子善」朱注。○—猶易也。〔梁惠王上〕「故民之從之也—」朱注。○—者易為之。〔國策・燕策一〕「彼且德燕而—亡宋」鮑注。○—與俠同義。〔廣雅・釋詁二〕「遊，俠也」疏證。○寬然無患謂之—窕。〔說文〕「窕，突肆極也」段注。○鋿鏗輷—，義同。〔廣雅・釋詁四〕「鋿，聲也」疏證。○—當作⿱殸足。〔說文〕「䟫，—也」義證。○〔韻譜〕「娍，—足」，—足本是⿱殸足字，誤分為二。〔說文〕「娍，—也」義證。○—，當為卿。〔墨子・尚同中〕「—大夫師長」閒詁引畢沅。○誣—二字，書傳往往相亂。〔國策〕「—而周」雜志。○—，謂男子要經，婦人首經也。〔禮記・喪服〕「易服者易—者」集解。○—劍，劍名。〔史記・

周本紀」「以丨劍擊之」志疑引孔晁。○丨劍,〔周書〕作丨吕。〔史記·周本紀〕「以丨劍擊之」志疑。

**名** 丨即命也。〔左傳桓公二年〕「命之曰仇」疏證引校勘記。又〔字詁〕。○丨猶命也。〔周書·周祝〕「朕則丨汝」平議。○丨、命通。〔墨子·尚賢中〕「乃丨三后」閒詁。○丨與命古字通。〔左傳桓公二年〕「異哉君之丨子也」洪詁。○丨,命也。丨、命字通。〔漢書·律歷志〕「丨察發斂」補注引周壽昌。○丨者,所以命其實也。〔論語·衛靈公〕「疾没世而丨不稱」劉正義。○丨,丨字。〔廣韻·清部〕○丨,幖幟也,自命也。〔慧琳音義·卷七〇〕○此所謂丨者,號也。〔史記·五帝紀〕「丨曰重華」志疑。○古謂字曰丨,故以文字題識即謂之丨。〔書·禹貢〕「厥丨包匭菁茅」平議。○丨鳴命,古亦同聲同義。〔廣雅·釋詁三〕「命,丨也」疏證。○丨,稱也。〔漢書·董仲舒傳〕「終陽以成歲為丨」補注。○丨猶稱也。〔詩·猗嗟〕「猗嗟丨兮」朱傳。○丨,聲譽也。〔孟子·告子下〕「先丨實者」朱注。○丨謂惡丨也。〔左傳僖公四年〕「被此丨也」疏證。○丨,大也。〔莊子·人間世〕「求高丨之麗者斬之」集釋。又〔禮記·雜記〕「其丨者成」述聞。○丨川,大川也,訓丨為大。〔莊子·天下〕「丨山三百」集釋。○丨,成也。〔周書〕「朕則丨女」雜志。○丨、銘古今字。〔墨子·迎敵祠〕「左置旌于隅練丨」閒詁。○丨,亦作銘。〔書·禹貢〕「厥丨包匭菁茅」平議。○丨與明通。〔釋訓〕「目上為丨」郝疏。又〔詩·猗嗟〕「猗嗟丨兮」陳疏。又〔文選·西京賦〕集釋。○丨猶明也。〔詩·猗嗟〕「猗嗟丨兮」平議。○丨,當作民,古字通用。〔墨子·經説上〕「賤者丨」閒詁引張惠言。○丨當讀明,亦昌盛之義。〔詩·猗嗟〕「猗嗟丨兮」通釋。○丨田,占田也,各以丨自占。〔漢書·哀帝紀〕「吏民丨田」補注。○目上為丨。〔詩·猗嗟〕「猗嗟丨兮」集疏引魯説。○丨,謂目之仰視也。(同上)後箋。○丨,言有勇決之稱。〔國策·秦策一〕「丨師數百萬」鮑注。○丨,謂異姓之女來嫁於己族。〔禮記·大傳〕「三曰丨」集解。○〔説文定聲·卷一七〕丨,叚借為明,或為矏。〔詩〕「猗嗟丨兮」。○〔天官書〕丨作命,丨、命字通。〔漢書·天文志〕「以所犯丨之」補注。○丨作民。〔成帝紀〕「流民欲入關,輒籍内」補注。○丨,韓作顯。〔詩·猗嗟〕「猗嗟丨兮」集疏。○丨數,户籍也。〔漢書·淮南厲王傳〕「以亡丨數自占者」補注。○〔通雅·卷二六〕丨數,户版也。〔孔霸傳〕「子福還丨數于魯」。○丨捕,謂詔書所指丨令捕者。〔漢書·平帝紀〕「詔所丨捕」補注引周壽昌。○丨賊,著丨之賊,謂詔所指丨欲誅者也。〔蕭望之傳〕「以罰丨賊梁子政阻山為害」補注引周壽昌。○今俗則呼丨刺為拜帖。〔通雅·書札〕○古刺以紙書曰丨紙。(同上)引孔平仲〔談苑〕。○丨例,刑丨法例也。〔通雅·刑法〕

**令** 丨,使也。〔詩·車鄰〕「寺人之丨」朱傳。又〔廣韻·清部〕。又〔通鑑·周紀二〕「丨天下之將相會於洹水之上」音注。又〔周紀三〕「請丨齊罷兵」音注。又〔周紀五〕「而不及今丨有功於國」音注。○丨謂使。〔國策·韓策三〕「丨成功名於天下」鮑注。○丨適與瓴甋同。〔廣雅·釋宮〕「瓴甋,甗甎也」疏證。○瓴甋,丨適俗字也。〔説文〕「甓,丨適也」段注。○丨甓,即丨適也。〔説文〕「墼,丨適也」段注。○丨辟與瓴甓同。〔廣雅·釋宮〕「甓,甋甎也」疏證。○靈、丨同聲同義。〔廣雅·釋詁一〕「靈,善也」疏證。○古丨或作霝,作靈。〔説文〕「轜,軨,司馬相如説,軨从霝」段注。○霝靈丨,聲義並同。〔廣雅·釋言〕「霝,丨也」疏證。○丨丨,犬頷下環聲。〔詩·盧令〕「盧丨丨」朱傳。○鈴鈴丨丨,義與玲瓏並相近。〔廣雅·釋詁四〕「玲瓏,聲也」疏證。○丨丁與鈴釘同,皆疊韻字。〔方言九〕「今江東呼為鈴釘」箋疏。○丨是姓。〔史記·孝文本紀〕「丨勉」志疑。○〔説文定聲·卷一六〕丨,叚借為瓴。〔詩·防有鵲巢〕傳「甓,丨適也」。○丨丨者,鈴鈴之古文假借字。〔詩·盧令〕「盧丨丨」陳疏。○丨適,〔考工記〕注作丨甓。〔説文〕「甓,丨適也」段注。○丨,三家作鏻,一作獜,又作泠。〔詩·盧令〕「盧丨丨」集疏。○丨支,〔齊世家〕作離支,離丨聲相轉。〔淮南子〕作丨疵。〔漢書·地理志〕「丨支」補注引錢坫。○〔説文定聲·卷一六〕脊丨,〔爾雅〕作鶺鴒,與蜻蛉同名,一名精列。〔詩·小宛〕「題彼脊丨」。

**并** 丨,合也。〔國策·燕策三〕「秦丨趙」鮑注。○合一為丨。〔説文定聲·卷一七〕○丨之為言精合交丨。〔説文〕「併,竝也」義證引〔春秋元命苞〕。○丨,當為屏。〔管子·弟子職〕「既徹丨器」平議。○〔説文定聲·卷一七〕丨,叚借為栟。〔甘泉賦〕「攢丨閭與茇葀兮」。○丨,合也。〔廣韻·清部〕○逢之與丨,亦聲之轉也。〔書·金縢〕「乃丨是吉」孫疏。○〔六書故〕「栟櫚,葉下有毛如髮,故亦謂髮櫚」,是椶乃丨閭。〔漢書·司馬相如傳〕「仁頻丨閭」補注。

**傾** 丨,側也。〔慧琳音義·卷八〕引〔考聲〕。○丨,側也,伏也,攲也。〔廣韻·清部〕○丨與平正相反也,故名丨字夷父,夷,平也。〔春秋名字解詁〕「宋樂丨,字夷父」述聞。○丨者,人之仄也。〔説文〕「頃,仄也」段注。○丨,引申謂凡矢皆曰丨。〔説文〕「丨,仄也」段注。○丨戲,言丨斜也。〔通雅·釋詁〕○丨,覆。〔詩·瞻卬〕「哲婦丨城」朱傳。○丨,覆也。〔大戴·四代〕「地丨水流之」王詁。○丨者,覆也。〔論語·秦伯〕注「丨奪」劉正義。○丨,亦隤也。〔慧琳音義·卷六〇〕引〔字書〕。○丨,危也。〔周書〕「須國」雜志。○丨者,却不御也。〔國策·中山策〕「所丨蓋與車」鮑注。○丨覆,言丨險反覆也。〔漢書·息夫躬傳〕「寵、躬皆丨覆有佞邪材」補注。○丨實與頃同字。〔説文定聲·卷一七〕○丨,古多用頃為之。〔説文〕「丨,仄也」段注。○丨,當依注文作順。〔周書·文政〕「丨九戒」平議。

**縈** 丨,卷也。〔慧琳音義·卷一二〕引〔考聲〕。○丨,卷之也。〔卷二三〕引〔珠叢〕。○丨,收卷也。〔説文〕「丨,收韏也」義證引〔玉篇〕。○收績曰丨。〔慧琳音義·卷一〇〕○丨,收卷絲若索繞而疊之也,今蘇俗語丨積團,丨草把皆是。〔説文定聲·卷一七〕○丨,旋。〔詩·樛木〕「葛藟丨之」

朱傳。○｜，旋也。〔慧琳音義・卷一〇〕○｜，繞也。〔廣韻・清部〕○｜，纒也，繞也。〔慧琳音義・卷八〕引〔考聲〕。○｜，盤結。〔詩・樛木〕「葛藟｜之」後箋。○〔說文定聲・卷一七〕｜，亦營之轉注，｜非本字。〔思元賦〕「臨｜河之洋洋」。○｜紆，本有回曲之義。〔文選・兩都賦〕「步甬道以｜紆」集釋。○｜、云聲近。〔詩・樛木〕「葛藟｜之」陳疏。○｜與縈同。〔同上〕○〔說文定聲・卷一七〕｜，叚借為營，據〔說文〕則借為縈，縈後出字。〔詩・樛木〕「葛藟｜之」傳「旋也」。○｜，魯、韓作縈。〔詩・樛木〕「葛藟｜之」集疏。

錫　黏米煮孰為餦餭，和之以飴則曰｜。〔說文定聲・卷一四〕〔「饊」下〕○｜，以糵消米取汁而煎之，厚强者為｜。〔說文〕「飴，米糱煎也」義證引〔急就篇〕顏注。○｜之為言洋也，取其洋洋然也。〔同上〕○稠者曰｜，彊硬如錫也。〔本草・卷二五〕○｜，飴也。〔廣韻・清部〕

瓊　｜，玉之美者。〔詩・木瓜〕「報之以｜琚」朱傳。○謂玉色之美為｜。〔說文〕「｜，赤玉也」義證引〔韻會〕。○｜是白玉。〔字詁〕○｜，玉名。〔廣韻・清部〕○｜者，美玉之大稱，非玉名也。〔說文定聲・卷一四〕○｜，即瑩也。〔說文〕「｜，赤玉也」義證。○｜瑰，石而次玉。〔詩・渭陽〕「｜瑰玉佩」朱傳。○｜瑩，亦美石似玉者。〔著〕「尚之以｜瑩乎而」朱傳。○｜英，亦美石似玉者。〔同上〕○｜華，美石似玉者。〔同上〕○｜枝，玉樹。〔離騷〕「折｜枝以繼佩」補注引〔後漢〕注。○積石生樹曰｜枝。〔文選・離騷經〕「折｜枝以為羞兮」集釋引〔莊子外傳〕。○南方有鳥，其名為鳳，所居積石千里，天為生食，其樹名｜枝。〔同上〕集釋引〔藝文類聚〕及〔太平御覽〕。○｜靡，殆取｜枝之實而屑之與。〔文選・離騷經〕「精｜靡以為粻」集釋。○｜，玉色美也，因以為凡潔美之通稱。〔離騷〕「折｜枝以繼佩」戴注。○古書｜與琁多通用。〔文選・陶徵士誄〕集釋。○璿與｜通。〔詩・渭陽〕「｜瑰玉佩」陳疏。

琁　｜，即瓊字。〔荀子・賦〕「｜玉瑤珠」集解引郝懿行。

璚　｜，同瓊。〔廣韻・清部〕○｜者，如帶｜在日四方。〔漢書・天文志〕「暈適背穴」補注引〔晉志〕。

賡　｜，即續字也。〔釋詁〕「｜，續也」邵正義。○｜，言續。〔書・皋陶謨〕「乃｜載歌」孫疏。○｜，通作更。〔說文〕「｜，古文續」義證。○更、庚、｜，並通。〔廣雅・釋言〕「更，償也」疏證。○｜，俗為庚。〔釋詁〕「｜，續也」郝疏。○｜者，庚之叚音也。〔同上〕

⿸广賣　｜，續也。〔集韻・庚部〕○｜，本為續。〔通雅・疑始〕

蝱　｜，蟲也。〔廣韻・庚部〕○｜，其實似蜂，而大小似蠅也。〔慧琳音義・卷六〕○｜與䖟同。〔方言九〕「其三鐮長尺六者謂之飛䖟」箋疏。○〔說文定聲・卷一八〕｜，字亦作䖟。〔楚語〕「䖟蠸之既多而不能掉其尾」。○｜，音盲。〔詩・載馳〕「言采其｜」朱傳。○｜，貝母也。〔同上〕○｜與莔同。〔廣雅・釋草〕「貝父，藥實也」疏證。○〔說文定聲・卷一八〕｜，叚借為莔。〔詩・載馳〕「言采其｜」。○｜，魯作莔。〔詩・載馳〕「言采其｜」集疏。○｜，讀如茫。〔說文〕「｜，齧人飛蟲」段注。

虻　｜以翼鳴，其聲｜｜，故名。〔本草・卷四一〕

黌　｜，學舍，通作橫。〔集韻・庚部〕

鍠　〔說文定聲・卷一八〕｜，字亦作鐄。〔長笛賦〕「錚鐄罃嗃」。○｜瑝喤諻諻況鐄，並字異而義同。〔廣雅・釋詁四〕「｜，聲也」疏證。○〔說文定聲・卷一八〕｜，毛本作喤。〔說文〕「｜，鐘聲也」。

喤　｜，泣聲。〔廣韻・庚部〕○｜，｜呷也。〔同上〕○｜、諻通。〔方言一二〕「譟，諻，音也」疏證。○〔說文定聲・卷一八〕｜，字亦作諻。〔方言一二〕「諻，音也」。○鍠瑝｜諻諻況鐄，並字異而義同。〔廣雅・釋詁四〕「鍠，聲也」疏證。

祊　祭于廟門曰｜，故廟門即謂之｜。〔說文定聲・卷一八〕○｜，廟門傍祭。〔廣韻・庚部〕○｜，音崩，廟門內也。〔詩・楚茨〕「祝祭于｜」朱傳。○｜也者，倞也。〔禮記・郊特牲〕「｜之言倞也」集解。○｜、彭古字通也。〔左傳成公一八年經〕「晉侯使士魴來乞師」洪詁。○｜，當為祇。〔詩・楚茨〕「祝祭于｜」通釋引杜子春。○｜為古文假借字，邴為正字。〔左傳隱公八年經〕「陳伯使宛來歸｜」疏證引臧壽恭。○〔公羊〕｜皆作邴。〔左傳隱公八年〕「鄭伯使宛來歸｜」洪詁。○｜，〔漢書・五行志〕亦作邴。〔左傳隱公八年經〕「庚寅我入｜」洪詁。○｜，魯作閍，齊、韓作⿱髟彭。〔詩・楚茨〕「祝祭于｜」集疏。

⿱髟彭　｜，同祊。〔廣韻・庚部〕○〔說文定聲・卷一八〕｜，字亦作閍。〔釋宮〕「閍謂之門」。○〔同上〕｜，叚借為邴。〔左傳隱公八年〕「鄭伯使宛來歸祊」。○〔同上〕｜，叚借為方，實為傍。〔周禮・大司馬〕「致禽以祀祊」。

輣　｜，兵車。〔廣韻・耕部〕○｜，兵車也，樓車也。〔通鑑・漢紀一二〕「陳喜作｜車」音注。

⿰車旁　｜，同輣，兵車。〔廣韻・庚部〕

搒　｜，笞打。〔廣韻・庚部〕○｜，掠也。〔集韻・唐部〕○〔說文定聲・卷一八〕｜，叚借為榜。〔廣雅・釋詁三〕「榜，擊也」。○｜篣彭，並通。〔廣雅・釋詁三〕「｜，擊也」疏證。

樘　｜，柱也。〔慧琳音義・卷一二〕引〔考聲〕。○｜，柱也，亦作橖。〔續音義・卷六〕引〔字書〕。○以木歫曰｜，字多以堂為之。〔說文定聲・卷一八〕○｜之言堂也。〔說文〕「｜，邪柱也」繫傳。○｜，又作牚。〔說文〕「｜，衺柱也」義證。○｜，俗作撐。(同上)○｜，或作棖。(同上)○｜字或作牚，或作撐，皆俗字耳。〔說文〕「｜，衺柱也」段注。○｜，或作棠。〔說文〕「鍪，車｜結也」義證。○堂、牚，義並與｜同。〔廣雅·釋器〕「｜，距也」疏證。○堂、歫與｜、距同。〔釋言〕「｜，距也」疏證。○〔說文定聲·卷一八〕｜，字亦作撐。何承天〔纂文〕「撐，觸也」。○(同上)｜，亦作振。〔字統〕「振，觸也」。○棖、｜並同。〔廣雅·釋詁三〕「棖，止也」疏證。○〔說文定聲·卷一八〕｜，亦作敹。〔廣雅·釋詁四〕「敹，揬也」。○槍與｜聲相近。〔釋器〕「｜，距也」疏證。○｜，古音堂。〔說文〕「鍪，車｜結也」段注。

**撐**　｜，距也，或作堂、蹚。〔集韻·庚部〕

**橕**　｜，正行敂，撞也。〔慧琳音義·卷七九〕引〔考聲〕。

**橖**　｜，車｜。〔廣韻·唐部〕○｜，觸也。〔慧琳音義·卷七九〕引〔韻詮〕。

**樘**　｜，柱也，或作樘。〔集韻·庚部〕○｜，撥也。〔廣韻·庚部〕○堂｜牚，並字異而義同。〔廣雅·釋言〕「樘，距也」疏證。

**牚**　｜柱，衺枋柱也。〔慧琳音義·卷一六〕引〔考聲〕。○｜，義與樘同。〔廣雅·釋器〕「樘，距也」疏證。○堂撐｜，並字異而義同。〔釋言〕「樘，距也」疏證。○此｜字當作樘。〔文選·魯靈光殿賦〕「枝｜杈枒而斜據」集釋。

**瞠**　｜，直視。〔集韻·庚部〕

**傖**　吳人罵楚人曰｜。〔集韻·庚部〕○｜，楚人別種也。〔廣韻·庚部〕○｜囊，亂皃。〔集韻·唐部〕

**崢**　｜，｜嶸，山皃。〔廣韻·庚部〕○｜與崝同。〔方言六〕「崝，高也」箋疏。○｜嶸，或為崝嵤，嶒嶝。〔通雅·釋詁〕○崝嵤、崝嶸、｜嵤、｜嶸，並字異而義同。〔廣雅·釋詁三〕「崝嵤，深也」疏證。

**苹**　｜，｜蒻也。〔說文〕「｜，蓱也」義證。○｜，當為草。(同上)○｜，蔞蒿也。〔釋艸〕「｜，藾蕭」鄭注。○｜，藾蕭也，青色、白莖，如筯。〔詩·鹿鳴〕「食野之｜」朱傳。○｜葭，一曰蒲白，又曰萍別名，又云藾蕭也。〔廣韻·庚部〕○｜，藺蒚也。〔廣雅·釋草〕疏證。○｜，蒨，〔說文〕謂之艾蒿，以其色青白似艾也。〔詩·鹿鳴〕「食野之｜」集疏。○｜，即〔子虛賦〕薛莎之薛。〔說文定聲·卷一七〕○讀若｜者，｜當為采。〔說文〕「蹁，讀若｜」義證。○許君則｜蓱同物，不謂｜為叚借。〔說文〕「｜，蓱也」段注。○〔毛詩〕、〔夏小正〕以｜為萍，皆屬叚借。(同上)○〔說文定聲·卷一七〕｜，叚借為萍。〔說文〕「｜，蓱也」。○(同上)｜，叚借為抨。〔書·堯典〕馬本「｜秩東作」。○(同上)｜，叚借為軿。〔周禮·車僕〕「｜車之萃」。

**麠**　｜，大麃。〔說文〕「｜，大鹿也」義證引〔玉篇〕。○｜，獸名，一角，似麋，牛尾。〔廣韻·庚部〕○｜，與麐相似，惟黑色耳。〔說文定聲·卷一八〕○｜，音京。〔釋獸〕「｜，大麃」鄭註。

**麖**　｜，同麠。〔廣韻·庚部〕○｜之言京也。〔釋獸〕「｜，大麃」述聞。○｜，當作麃。〔文選·吳都賦〕「緽麖｜」集釋引胡氏〔考異〕。

**棖**　｜，門兩旁木。〔廣韻·庚部〕○門之兩旁長木謂之｜。〔儀禮·聘禮〕「每門每曲揖」胡正義引李如圭。○其門之兩旁木則謂之｜。〔士冠禮〕「布席于門中闑西閾外西面」胡正義引邢昺。○兩旁貼方曰｜。〔通雅·宮室〕○｜，為門閫上豎木。〔詩·丰〕後箋。○｜與樘略同，柱也。〔說文定聲·卷一八〕○｜，猶柱也。〔慧琳音義·卷七四〕○｜，觸也。〔卷一七〕引〔字統〕。○｜、堂古通用。〔方言三〕「｜，法也」疏證。○｜、樘古亦通用。〔方言三〕「｜，隨也」疏證。○｜、棠、堂，三字通用。〔史記·仲尼弟子傳〕「申黨字周」志疑。○敞、｜，並與敹通。〔廣雅·釋詁四〕「敹，揬也」疏證。○｜堂牚樘，並字異義同。〔方言三〕「｜，法也」箋疏。○｜樘牚，字異聲義並同。〔方言三〕「｜，隨也」箋疏。○｜、樘並同。〔廣雅·釋詁三〕「｜，止也」疏證。○｜，正作敂，亦作敦，又作橖。〔慧琳音義·卷五七〕○〔說文定聲·卷一八〕｜，叚借為樘。〔文選·祭古冢文〕「以物｜撥之」。○(同上)｜，叚借為趟，或為攩。〔方言三〕「｜，隨也」。○(同上)｜，叚借為章，或為像。〔說文〕「｜，一曰法也」。○申｜，〔弟子傳〕作申黨。〔漢書·古今人表〕「申｜」補注。

**鼪**　｜，江東呼鼬鼠為｜，或从鳥。〔集韻·庚部〕○｜鼬，鼠也。〔廣韻·庚部〕

**猩**　｜｜，能言，似猿聲如小兒也。〔廣韻·庚部〕○｜｜，能言而知來，猶惺惺也。〔本草·卷五一〕○｜｜，或作狌狌。〔通雅·獸〕

**狌**　｜，同猩。〔廣韻·庚部〕○｜｜，即猩猩。〔荀子·非相〕「今夫｜｜形笑」集解。○｜｜，或作猩猩。〔說文〕「臭，獸也，似｜｜」義證。○｜｜，其字亦作猩猩。(同上)段注。○｜｜，人形，言笑如人，亦二尺，惟有毛為異耳。〔荀子·非相〕「今夫｜｜形笑」集解引郝懿行。○｜｜，如狗，聲如小兒嘑。〔說文〕「臭，似｜｜」段注引諸家說。

**勍**　｜，强也。〔通鑑·晉紀二七〕「此亦｜敵」音注。○｜，强力。〔廣韻·庚部〕○｜，多力也。〔慧琳音義·卷四九〕引〔考聲〕。又〔卷一三〕引〔考聲〕。○｜與倞蓋同。〔說文〕「｜，彊也」句讀。○｜與倞音義皆同。(同上)段注。○｜，古音讀如彊。(同上)○彊｜競，古並同聲。〔廣雅·釋訓〕「｜｜，武也」疏證。○｜，經傳多以競為之。〔說文定聲·卷一八〕○｜，猶固執也。〔卷一八〕〔「諒」下〕

**珩**　｜，佩上玉。〔廣韻·庚部〕○｜，佩首橫玉也。〔詩·采芑〕「有瑲蔥｜」朱傳。○｜佩玉，所以節行步也。〔說文〕「｜，佩上玉也」義證引〔玉篇〕。○

丨，珮上衡也。〔慧琳音義・卷八五〕引顧野王。〇丨者，佩首横玉，所以繫組。〔説文定聲・卷一八〕〇丨之言衡也，衡施於佩上也。〔廣雅・釋地〕「白丨，玉也」疏證。〇丨，韓、魯、齊作衡。〔詩・采芑〕「有瑲蔥丨」集疏。

**鏗**　丨，丨鏘，金石聲也。〔説文〕「鑋，金聲也」義證引〔玉篇〕。又〔廣韻・耕部〕。〇丨鏘，金玉衆盛之貌也。〔慧琳音義・卷九一〕〇丨鏘、丨鎗，聲義並同。〔廣雅・釋詁四〕「鎗，聲也」疏證。〇摼、丨聲義並同。〔釋詁三〕「掔，擊也」疏證。〇摼丨⿰金身，並通。〔釋言〕「⿰金身，撞也」疏證。〇⿰金身丨轃輕，義同。〔釋詁四〕「⿰金身，聲也」疏證。〇丨鍧，鍾聲也。〔慧琳音義・卷八三〕引〔考聲〕。〇丨，堅也。〔卷九一〕〇〔論語〕丨爾，亦即此臤。〔説文〕「臤，餘堅者」義證。〇丨爾一作僩爾。〔通雅・釋詁〕〇官本鑑作丨。〔漢書・禮樂志〕「但聞鑑鎗」補注。

**⿰扌身**　丨，琴聲。〔説文〕「鑋，金聲也」義證引〔玉篇〕。又〔廣韻・耕部〕。〇丨與鏗同。〔説文〕「鑋，金聲也」義證引〔玉篇〕。

**⿰金身**　丨，同鏗。〔廣韻・耕部〕〇摼、鏗、丨，並通。〔廣雅・釋言〕「丨，撞也」疏證。〇丨鏗轃輕，義同。〔釋詁四〕「丨，聲也」疏證。

**蘅**　丨，杜丨，香草，大者曰杜若。〔廣韻・庚部〕

**桁**　丨，屋丨。〔廣韻・庚部〕〇〔通雅・卷三四〕横架曰丨。〔古樂府・東門行〕「還視丨上無縣衣」。〇丨，折屋檁也。〔慧琳音義・卷八一〕引〔考聲〕。〇丨，一曰葬具。〔集韻・庚部〕

**硜**　丨丨，小人皃。〔廣韻・耕部〕〇丨，古文磬字。〔釋名・釋樂器〕「磬，罄也」疏證。〇丨者，古文磬字也。〔説文〕「臤，餘堅也」段注。〇丨，當為悾。〔説文〕「悾，恨也」義證。〇丨磬罄，並聲近而義同。〔廣雅・釋詁一〕「轃，堅也」疏證。

**硻**　〔説文定聲・卷一七〕丨丨，亦鄙皃。〔論語〕「丨丨然小人哉」。

**⿰石坙**　丨丨，猶硜硜也。韓退之曰「焉能守丨丨」。〔通雅・卷九〕

**牼**　丨，牛膝骨。〔廣韻・耕部〕〇丨，牛膝下骨。〔同上〕〇丨，牛厀下骨。〔集韻・山部〕〇丨，牛脛也。〔説文〕「丨，牛膝下骨」段注。〇丨蓋與脛同，丨為牛厀骨專字。〔同上〕句讀。〇〔説文定聲・卷一七〕牛曰丨。〔説文〕「丨，牛厀下骨也」。〇〔同上〕丨，段借為顧，為髃，肩巠雙聲。〔考工・梓人〕故書「數目丨脰」。〇〔公〕、〔穀〕丨皆作瞷，以音同而轉。〔左傳襄公一七年經〕「邾子丨卒」洪詁。

**翃**　丨，蟲飛。〔廣韻・耕部〕〇丨丨，飛也，或書作⿰犭厷。〔集韻・耕部〕〇丨與⿰犭厷同。〔廣雅・釋訓〕「⿰犭厷⿰犭厷，飛也」疏證。〇砿宏、峪玹、吰颯、丨鉉，並字異而義同。〔廣雅・釋詁四〕「砿，聲也」疏證。

**丁**　丨，音爭，丨丨，伐木聲。〔詩・伐木〕「伐木丨丨」朱傳。〇丨，同朾，伐木聲也。〔廣韻・耕部〕〇丨丨，椓杙聲也。〔兔罝〕「椓之丨丨」朱傳。〇〔説文定聲・卷一〕丨猶頳也。〔説文〕「蠪，丨螘也」。〔「蠪」下〕〇〔卷一七〕丨，又作⿱到丁。〔字林〕「⿱到丁，設幕」。

**嚶**　丨，鳥聲。〔廣韻・耕部〕〇丨，音鶯，丨丨，鳥聲之和也。〔詩・伐木〕「鳥鳴丨丨」朱傳。〇丁丁，丨丨，相切直也。〔詩・伐木〕「伐木丁丁」集疏引魯説。〇丨，魯作鸎。〔詩・伐木〕「丨其鳴矣」集疏。

**鸚**　丨，丨鵡。〔廣韻・耕部〕〇丨鵡，如嬰兒之學母語，故字从母。〔本草・卷四九〕引王安石〔字説〕。

**鸎**　丨，或云丨項有文，故从賏。〔本草・卷四九〕〇丨，或作鶯，鳥羽有文也。〔本草・卷九〕

**錚**　丨，金聲。〔廣韻・耕部〕〇丨、琤義同。〔廣雅・釋詁四〕「丨，聲也」疏證。

**琤**　丨，玉聲。〔廣韻・庚部〕又〔耕部〕。〇錚、丨義同。〔廣雅・釋詁四〕「錚，聲也」疏證。

**砰**　丨，石大聲也。〔慧琳音義・卷九四〕引〔字書〕。〇丨，又作硑，大聲也。〔卷三三〕〇丨，丨磕，如雷之聲。〔廣韻・耕部〕〇丨磷，雷聲。今楚人方言猶謂有聲曰丨磷。輷輘即丨磷之異文，軒轔亦丨磷之意。〔漢書・司馬相如傳〕「徑入雷室之丨磷鬱律兮」補注。〇丨磅，一作丨硼。〔通雅・釋詁〕〇丨、磅，合言之則曰丨磅。〔廣雅・釋詁四〕「丨，磅，聲也」疏證。〇丨駢軯，義同。〔同上〕〇丨，字當作碎。〔漢書・揚雄傳〕「丨轒輼」補注引宋祁。

**怦**　丨，心急。〔廣韻・耕部〕〇丨丨，心急。〔楚辭・九辯〕「心丨丨兮諒直」補注。〇〔通雅・卷一〇〕丨丨，當如恙恙，心急也，中直也。〔九歌〕「心丨丨兮」。〇丨丨，忠謹貌。〔楚辭・九辯〕「心丨丨兮諒直」補注。〇丨丨，心不足貌。〔同上〕補注引五臣。

**繃**　丨，束兒衣。〔廣韻・耕部〕〇〔通雅・卷三六〕丨，緥綵也，一作强葆、襁褓、緥保。〔墨子〕「桐棺三寸，葛以丨之」。〇丨，字亦作綳。〔説文定聲・卷二〇〕〇丨，又或作窮。〔説文〕「丨，束也」義證。

**伻**　丨，使人。〔廣韻・耕部〕〇丨當為抨。〔書・洛誥〕「丨來毖殷」孫疏。〇丨與抨同。〔立政〕「乃丨我有憂」孫疏。〇丨，俗字。〔洛誥〕「丨來以圖及獻卜」孫疏。

**弸**　丨，弓弱兒。〔廣韻・耕部〕〇丨，丨環也。〔同上〕〇丨環，弓聲。〔文選・甘泉賦〕「帷丨環其拂汨兮」集釋引〔集韻〕。〇丨環，開張。〔同上〕集釋引〔廣韻〕。〇丨環，帷帳起兒。〔同上〕集釋引〔玉篇〕。

轟　—，古字作軥，今字作輷。〔說文〕「——，羣車聲也」段注。○〔說文定聲·卷一六〕—與轒略同，字亦作輷。〔廣雅·釋訓〕「輷輷，聲也」。○〔同上〕—，字亦作輷。〔魏都賦〕注引〔蒼頡篇〕「輷輷，衆車聲也」。○—，字亦作軥。〔說文定聲·卷一六〕○輷輷、輷輷、——，並字異而義同。〔廣雅·釋訓〕「輷輷，聲也」疏證。

輷　—，同轟。〔廣韻·諍部〕○—，同轟，羣車聲。〔耕部〕○—，車聲。〔說文〕「轟，羣車聲」義證引〔玉篇〕。○輷輷、——、轟轟，並字異而義同。〔廣雅·釋訓〕「——，聲也」疏證。

軥　——、輷輷、轟轟，並字異而義同。〔廣雅·釋訓〕「輷輷，聲也」疏證。

訇　—，匉—，大聲。〔廣韻·耕部〕○—，引申為匉—大聲。〔說文〕「—，駭言聲」段注。○—與砿聲近義同。〔廣雅·釋詁四〕「砿，聲也」疏證。○—，即圁本字。〔說文〕「—，讀若玄」義證。○—磕，一作洶溢。〔通雅·釋詁〕○〔說文定聲·卷一六〕—，借為轟。〔上林賦〕「砰磅—磕」。

鍧　—，鏗—，鐘鼓聲相雜也。〔廣韻·耕部〕

瞪　—，直視皃。〔廣韻·耕部〕

蜻　—，即〔詩〕之螓，字亦變作蠑，青秦雙聲。〔說文定聲·卷一七〕○〔同上〕—，亦名桑根。〔呂覽·精諭〕「每居海上從—遊」。○—蜓，或亦作—蛉。〔說文定聲·卷一七〕（「蜓」下）○—蛉，今人作—蜻、—蜓。〔說文〕「蛉，—蛉也」段注。○—蛉之言蒼筤也。〔廣雅·釋蟲〕「—蛉，倉螘也」疏證。○—蛉轉之則為蛪蛉，為—蜓，又轉之則為桑根。〔同上〕○〔說文定聲·卷一六〕—蛉，亦曰狐黎，曰康伊，曰蝍蛉，曰白宿，蘇俗謂之青亭。〔尸子〕「荊莊王命養由基射—蛉」。（「蛉」下）○—蜓，或作青蛉，又作虰蛵，或曰負勞，曰諸乘，曰胡黎，曰紗羊，曰蟌莣，曰蠊蛜，曰江鷄，曰青卒，曰緯緆，曰青衣使者，曰赤弁丈人，曰紺蠻，曰白宿，曰蝍蛉，一物也。〔通雅·蟲〕○—，—蛚，蟋蟀也。〔廣韻·清部〕○—蛚，即蟋蟀，一作蟋蛐，一名孫旺。〔通雅·蟲〕○—首作螓首也。〔說文〕「潧，水出鄭國」義證。

鶄　—，—鶴，鳥也，出南海。〔廣韻·青部〕○—，鵁—，鳥也。〔清部〕○鵁—，一名鳽。〔文選·吳都賦〕「—鶴」集釋。

鯖　〔說文定聲·卷一七〕—，以睛交而孕，故名交精。〔上林賦〕「交精旋目」。

籯　—，籠也。〔廣韻·清部〕○—之言盛受也。〔廣雅·釋器〕「—，箸筩也」疏證。○—與籝同。〔方言五〕「箸筩或謂之籝」箋疏。

籝　—與籯同。〔廣雅·釋器〕「籯，箸筩也」疏證。

塋　—，墓域也。〔廣韻·清部〕○墓域曰—。〔禮記·月令〕「—丘壟之大小高卑」集解。○—，經營其地而葬之。〔說文〕「—，墓地」段注。○〔說文定聲·卷一七〕—，叚借為營。〔禮記·月令〕「—邱壟之大小高卑厚薄之度」。

瓔　—，—珞。〔廣韻·清部〕○—珞，頸飾也。〔慧琳音義·卷七八〕

楨　—，木名。〔文選·吳都賦〕「文欀—橿」劉注。○—，或省木作貞。〔同上〕集釋。○—，女貞也。〔楚辭·自悲〕「列新夷與椒—」補注。○—之言貞也。〔釋詁〕「—，榦也」郝疏。○—，為兩首之木。〔書·費誓〕「乃—榦」孫疏。○〔說文定聲·卷一七〕植于兩耑者曰—。〔釋詁〕舍人注「—，正也，築墻所立兩木也」。○—，築牆所立兩木也。〔詩·文王〕「維周之—」後箋引〔詩緝〕。又〔釋詁〕「—，榦也」鄭註。○—，亦築牆兩頭橫木也。〔說文〕「—，剛木也」繫傳。○—，當牆兩端者也，—以固其防。〔漢書·匡衡傳〕「以立基—」補注引周壽昌。○—，榦也。〔詩·文王〕「維周之—」朱傳。○—，—榦，題曰—，旁曰榦。〔廣韻·清部〕○—幹，版築之具，題曰—，旁曰幹，以築垣牆，喻治天下也。〔通鑑·漢紀二〇〕「夫朝廷者，天下之—幹也」音注。○—幹，對文則別，散文則通。〔釋詁〕「—，幹也」郝疏。○—、翰、儀、榦，皆謂立木也。〔釋詁〕「—、翰、儀，榦也」述聞。

攖　—，觸也。〔孟子·盡心下〕「莫之敢—」朱注。○—，有所繫著也。〔集韻·清部〕○讀—為纓，繫之以纓，即謂之纓。〔孟子·盡心下〕「莫不敢—」焦正義。○—，引也。〔墨子·經上〕「—，相得也」閒詁引楊葆彝。○—，亂也。〔廣韻·清部〕○——，當作相—。〔墨子·經上〕「無閒而不——也」閒詁。

禎　—，善也，祥也。〔廣韻·清部〕○—者，貞也。〔說文〕「—，祥也」繫傳。○貞祥、即—祥也。〔漢隸拾遺〕雜志。○—祥者，福之兆。〔中庸〕「必有—祥」朱注。○—吉，亦福善之義也。〔釋言〕「祺，祥也」郝疏。

赬　—，赤也。〔詩·汝墳〕「魴魚—尾」集疏引韓說。又〔同上〕朱傳。○—，赤色，俗作頳。〔廣韻·清部〕○—者，赤色也。〔說文〕「縓，帛赤黃色也」段注。○—，深于紅。〔說文定聲·卷一〕（「紅」下）○—，淺纁。〔儀禮·士冠禮〕「爵弁服纁裳純衣緇帶韎韐」胡正義引沈彤。○—䞓窺，並字異而義同。〔廣雅·釋器〕「䞓，赤也」疏證。○—，齊作䞓。〔詩·汝墳〕「魴魚—尾」集疏。

小而真紅花者曰—

頳　桐。〔通雅·木〕

䞓　—，同赬。〔廣雅·清部〕○—與赬字同。〔說文〕「璊，玉—色也」繫傳。○—，淺于絳，深于紅之色也。〔說文定聲·卷一七〕○—，或作赬、䞓、浾。〔廣雅·釋器〕「—，赤也」疏證。○—檉，並音丑貞反，義同也。〔同上〕○赬—窺，並字異而義同。〔同上〕○—，作浾，作泟者，俗字。〔說文定聲·

卷一七〕○丨，〔左傳〕作窺，段借字也。〔說文〕「丨，赤色也」段注。○丨，今〔詩〕作赬。（同上）

**浾**　丨，赤也。〔說文〕「泟，丨或從正」義證引〔玉篇〕。○丨，丨滓也。（同上）義證引〔玉篇〕。○丨，棠棗木汁，可以染。（同上）義證引〔類篇〕。○丨，棠木汁。（同上）義證引〔玉篇〕。

**泟**　丨，棠棗之汁。〔說文〕「丨，浾或從正」義證引〔類篇〕。○丨，亦作䞓。（同上）義證引〔玉篇〕。

**檉**　丨，木名。〔廣韻·清部〕○丨之言赬也，赤莖，故曰丨。〔說文〕「丨，河柳也」段注。○丨，殷木也，生水畔，其葉經冬變紅。〔釋木〕「丨，河柳」鄭註。○丨，河柳也，似楊，赤色。〔詩·皇矣〕「其丨其椐」朱傳。○丨，近世呼西河柳。〔說文〕「丨，河柳也」義證引陳啓源。○丨中脂曰丨乳，大概杉松之類，而意態似柳，故謂之丨柳。（同上）義證引〔通志〕。○丨，今蘇俗謂之西河柳，即〔子虛賦〕之朱楊，〔廣雅〕之雨師也，天將雨，丨先華，又曰三春柳，言一歲三華也，以其皮赬，故謂之丨矣。〔說文定聲·卷一七〕○丨，似栢而香。〔文選·南都賦〕「其木則丨、松、楔、櫻」李注。○丨，亦謂之朱楊。（同上）集釋引郝懿行。○丨生河旁，皮正赤如絳，一名雨師。（同上）集釋引陸璣〔詩疏〕。○赤丨木，以其一年三秀也。（同上）集釋引〔本草衍義〕。○丨，葉形似栢而長絲，下垂則如柳，北方謂之三川柳。（同上）集釋引〔廣雅疏證〕。○䞓丨，並音丑貞反，義同也。〔廣雅·釋器〕「䞓，赤也」疏證。

**偵**　丨，丨侯。〔廣韻·清部〕○丨讀為貞。〔廣雅·釋詁二〕「丨，問也」疏證。

**郕**　丨，通作成。〔說文〕「丨，魯孟氏邑」義證。○丨、成古今字也。（同上）段注。○丨，古本作成，成為城之借字。（同上）疏證。○隰丨，蓋古本作隰成。〔左傳隱公一一年〕「隰丨」述聞。○丨，王符論引作成。〔僖公二四年〕「管蔡丨霍」洪詁。○丨，〔公〕〔穀〕皆作成。〔襄公一六年經〕「齊侯伐我北鄙圍丨」洪詁。○〔公羊〕丨作盛。〔隱公五年經〕「衛師入丨」洪詁。○丨，〔公羊傳〕作盛。〔文公一二年經〕「丨伯來奔」洪詁。

**珵**　丨，玉笏之首不抒者也。鄭康成引〔相玉書〕曰，珽玉六寸明自炤。〔離騷〕「豈丨美之能當」戴注。○丨，一曰珮珩也。（同上）補注。

**裎**　丨，綬之異名。〔釋器〕「佩衿謂之褑」郝疏。○綎與丨古字通。〔廣雅·釋器〕「佩紟謂之丨」疏證。○丨，亦作綎。〔方言四〕「佩紟謂之丨」疏證。○丨，佩帶。〔廣韻·清部〕○丨，裸也。〔國策·韓策一〕「捐甲徒丨」鮑注。○丨，倮也。〔集韻·清部〕○裸、丨皆去衣之義。〔儀禮·士喪禮〕胡正義。○丨之言呈也。〔廣雅·釋詁四〕「丨，袒也」疏證。○丨與程同。〔呂覽·具備〕「武王嘗窮於畢丨矣」校正。○〔說文定聲·卷一七〕丨，段借為程。〔呂覽·具備〕「武王窮於畢丨」。○（同上）丨，段借為綎。〔方言四〕「佩紟謂之丨」。

**鯖**　丨，魚名。〔廣韻·青部〕○丨，魚名，青色。〔文選·吳都賦〕「鼃鼊丨鰐」集釋引〔集韻〕。○丨，形似鯇，即青魚，俗呼烏鶅。（同上）集釋引〔正字通〕。○青魚，古作丨字，所謂五侯之丨是也。（同上）集釋引〔本草圖經〕。○煮魚煎食曰五侯丨。〔廣韻·清部〕

**⿱刑酉**　丨，同鯖。〔廣韻·清部〕

**⿰月正**　丨，同鯖。〔廣韻·清部〕

**頃**　丨，頭不正也。〔說文〕「我，或說我，丨頓也」段注。○丨者，頭不正也。〔說文〕「頃，仄也」段注。○丨，引申為凡傾仄不正之偁。〔說文〕「丨，頭不正也」段注。○丨、傾一字。〔說文〕「俄，行丨也」句讀。○丨，當為傾。（同上）義證。○丨與傾同。〔周書〕「須國」雜志。○丨，實即傾之古文。〔說文定聲·卷一七〕○丨，它書俱作傾字。〔呂覽·過理〕「築為丨宮」校正。

**惸**　丨，無兄弟也。〔楚辭·抽思〕「既丨獨而不羣兮」補注。○丨，無弟兄也。〔廣韻·清部〕○丨音煢，丨丨，憂意也。〔詩·正月〕「憂心丨丨」朱傳。○丨，當作惸。（同上）集疏。又（同上）陳疏。○儝煢丨睘嬛赹，並字異而義同。〔廣雅·釋詁三〕「儝，獨也」疏證。○丨，魯作煢。〔詩·正月〕「哀此丨獨」集疏。

**煢**　無兄弟曰丨，單也。〔慧琳音義·卷二〇〕○丨，獨也。〔廣韻·清部〕○丨，引申為丨獨。〔說文〕「丨，回疾也」段注。○丨，困悴貌。〔孟子·梁惠王下〕「詩云，哀此丨獨」朱注。○丨，迴飛也。〔廣韻·清部〕○丨，回轉之疾飛也。〔說文〕「丨，回疾也」段注。○丨，或作惸，作睘，作嬛。（同上）○丨嬛睘，合音通用。〔說文〕「嬛，材緊也」段注。○丨丨，亦作嬛嬛。〔說文〕「郇，周武王子所封國」義證。○丨赹同義。〔說文〕「赹，獨行也」段注。○儝丨惸睘嬛赹，並字異而義同。〔廣雅·釋詁三〕「儝，獨也」疏證。○〔說文定聲·卷一七〕丨，字亦作儝。〔方言六〕「儝，特也」。○（同上）丨，字亦作翁。〔廣雅·釋詁三〕「翁，飛也」。○（同上）丨，段借為惸，實為睘。〔書·洪範〕「無虐丨獨」。○丨丨，〔周禮〕注引此作嬛嬛，〔詩〕「哀此惸獨」，〔孟子〕引作丨，蓋古字通。〔左傳哀公一六年〕「丨丨余在疚」洪詁。○丨，蓋惸假借字。〔書·洪範〕「無虐丨獨」孫疏。○丨，字亦誤作㷀。〔說文定聲·卷一七〕

**㷀**　丨，同煢。〔廣韻·清部〕○丨，今〔詩〕作惸。〔離騷〕「夫何丨獨而不予聽」補注。

**儝**　丨，特也。〔廣韻·清部〕

**儝**　丨，各本訛作傑。〔廣雅·釋詁三〕「丨，獨也」疏證。○丨煢惸睘嬛赹，並字異而義同。（同上）

傑 無兄弟曰｜也。〔慧琳音義·卷七四〕

嬛 ｜，獨也，或作嫭儝僥學，通作煢𡣕。〔集韻·清部〕○｜與煢同，無所依怙之意。〔詩·閔予小子〕「｜｜在疚」朱傳。○儝煢惸睘｜趌，並字異而義同。〔廣雅·釋詁三〕「儝，獨也」。○｜，一曰淑媛也。〔集韻·清部〕○｜，齊、魯作煢。〔詩·閔予小子〕「｜｜在疚」集疏。

𡣕 ｜，同嬛，好也。〔廣韻·清部〕

騂 ｜，牲赤色，或从牛。〔集韻·清部〕○｜，音觲，赤色。〔詩·信南山〕「從以｜牡」朱傳。又〔論語·雍也〕「犂牛之子｜且角」朱注。○赤黄曰｜。〔詩·駉〕「有｜有騏」朱傳。○｜｜，弓調和貌。〔角弓〕「｜｜角弓」朱傳。

牸 ｜，同騂，馬赤色也。〔廣韻·清部〕○赤曰｜。〔本草·卷五〇〕

騂 烨與｜、垟同義。〔廣雅·釋器〕「烨，赤也」疏證。

觲 ｜｜，今〔詩〕作騂騂。〔説文〕「｜，讀若〔詩〕｜｜角弓」段注。

榜 ｜，正弓弩之體也。〔説文〕「｜，所以輔弓弩」繫傳。○｜、輔一聲之轉。〔廣雅·釋詁四〕「｜，輔也」疏證。○〔説文定聲·卷一八〕｜，亦曰檠，曰柲，曰弼。〔説文〕「｜，所以輔弓弩」。○｜，捶也。〔慧琳音義·卷四六〕引〔字書〕。又〔説文〕「篣，｜也」義證引〔字書〕。○｜，亦笞也。〔慧琳音義·卷七六〕引〔聲類〕。○｜，笞掠也。〔説文〕「篇，書也」繫傳。○｜笞，捶擊之也。〔説文〕「篣，｜也」義證引〔急就篇〕顔注。○｜，字或作篣。(同上)義證。○〔説文定聲·卷一八〕凡｜弓必約而攴擊之，故又為｜笞。〔漢書·陳餘傳〕「吏｜笞數千」。○｜，謂標｜。〔説文〕「篇，書也，一曰關西謂｜曰篇」義證。○今｜狀字，標｜字，皆借為望，衆所望也。〔説文定聲·卷一八〕○或曰｜笞字，當是借為紡縛也，今捆綁字亦宜作此，弓檠須束縛，作轉注，亦通。(同上)

觪 ｜，角弓。〔廣韻·清部〕○〔説文定聲·卷一六〕｜者俗垟字。〔説文〕「｜，用角低仰便利也」。(「觲」下)

栟 ｜，｜櫚，木名。〔廣韻·清部〕又〔集韻·先部〕。○｜櫚，椶櫚也。〔説文〕「｜，｜櫚也」繫傳。○〔説文定聲·卷一七〕｜櫚，以其無枝條，故謂之并，其皮相裹上行，一皮者為一節，故謂之吕。亦名蒲葵。〔七發〕「梧桐并閭」。○｜櫚，木名，有葉無枝。〔説文〕「｜，｜櫚也」義證引〔五音集韻〕。○｜櫚，亦謂鬉櫚。(同上)義證引〔六書故〕。○｜櫚與栟閭同。〔廣雅·釋木〕「｜櫚，椶也」疏證。○｜，通作幷。〔説文〕「｜，｜櫚也」義證。



𨇾 ｜，音磬，一足行也。〔説文〕「｜」義證引楊慎。又〔集韻·清部〕。又〔迴部〕。○｜，一足跳行。〔廣韻·清部〕○｜，蓋即踁字，亦或作踁。〔説文〕「鑋，金聲也」段注。

抨 ｜，彈也。〔廣韻·耕部〕○劾有罪曰｜彈。〔説文〕「｜，彈也」義證。○｜，使也。〔集韻·庚部〕○｜，即拼也。〔釋詁〕「｜，使也」鄭註。○｜與拼同。〔廣雅·釋言〕「彈，拼也」疏證。○｜，字亦作拼，作摒。〔説文定聲·卷一七〕○｜，通作伻。〔釋詁〕「｜，使也」邵正義。○｜，當為伻，擊也。〔漢書·揚雄傳〕「｜雄鴆以作媒兮」補注引王念孫。○｜，通作絣。〔釋詁〕「｜，使也」邵正義。又〔文選·典引〕集釋。○〔説文定聲·卷一七〕｜，叚借為并。〔釋詁〕「拼、｜，從也」。○｜，叚借為姘。〔説文定聲·卷一七〕○(同上)｜，叚借為德。〔釋詁〕「拼、｜，使也」。○｜者，傳之叚音也。〔釋詁〕「｜，使」郝疏。

拼 抨與｜同。〔廣雅·釋言〕「彈，｜也」疏證。○｜并同。〔釋詁〕「｜，使也」鄭註。

絣 ｜，振繩墨。〔廣韻·耕部〕○｜，振墨繩也。〔慧琳音義·卷四一〕引〔集訓〕。○｜，振繩墨使直也，俗作拼。〔續音義·卷五〕引〔切韻〕。○｜者，如木匠用墨汁法振繩也。〔慧琳音義·卷六〇〕○｜，絡也。(同上)引〔考聲〕。又〔卷六二〕引〔考聲〕。又〔卷九七〕引〔考聲〕。○｜，亦縫也，語之轉耳。〔廣雅·釋詁二〕「絣，｜也」疏證。○〔説文定聲·卷一七〕｜，亦作絣，絣者實鎣之省文，即繼字，猶縫紩也。〔廣雅·釋詁二〕「絣，｜也」。○｜，綿也治之為組以穿札。〔國策·燕策一〕「妻自組甲｜」鮑注。○｜，此謂編組穿甲之繩也。(同上)補正。○｜，雜也。〔集韻·清部〕○〔玄挩〕曰，錯，｜也。〔漢書·揚雄傳〕「｜之以象類」補注引沈欽韓。○〔説文定聲·卷一七〕｜，叚借為抨。〔典引〕「將｜萬嗣」。○｜，并之叚音。〔釋詁〕「拼，使」郝疏。○｜之言駢也。〔説文〕「｜，氐人殊縷布也」段注。

絣 ｜，同絣。〔廣韻·耕部〕○｜，繩以直物，通作絣。〔集韻·耕部〕○｜絣聲義並同。〔廣雅·釋詁二〕「｜，絣也」疏證。○〔説文定聲·卷一七〕｜，即繼字。〔廣雅·釋詁二〕「｜，絣也」。(「絣」下)

栟 ｜，彈也，或作絣。〔慧琳音義·卷五九〕

振 ｜，｜觸。〔廣韻·庚部〕○｜，撞也，或作㪕。〔慧琳音義·卷一二〕引〔考聲〕。

㪕 ｜，或作振，撞也。〔慧琳音義·卷一三〕引〔聲類〕。

㪤 ｜，展也。〔慧琳音義·卷六二〕引〔考聲〕。

**檠**　｜，倀之本字。〔慧琳音義·卷三五〕

**倀**　｜，或作敹，展也。〔慧琳音義·卷六三〕引〔考聲〕。○｜，借用，張展也。俗作掁，作棖。〔卷三五〕

**娙**　〔説文定聲·卷一七〕嫈｜，小心態也。〔字林〕「嫈｜，心態也」。

**鍠**　｜，大鐘。〔廣韻·庚部〕○鍠瑝喤諻韹況｜，並字異而義同。〔廣雅·釋詁四〕「鍠，聲也」疏證。

**蘉**　蕾華有赤者為｜也。〔説文〕「｜，茅蕾也」繫傳。○｜，茅也。〔説文〕「蕣，艸也」繫傳。○｜，｜茅，草也。〔廣韻·清部〕○〔説文定聲·卷一四〕｜、蕾、蕣，三者一物，又名舜，〔本草〕謂之旋蕾花。〔説文〕「｜，茅蕾也」。○｜、蕣，聲近而通。〔廣雅·釋草〕「烏麸，蕾也」疏證。○〔説文定聲·卷一四〕｜，叚借為瓊。〔離騷〕「索｜茅以筵篿兮」。

**蠑**　｜，｜螈，蜥蜴別名。〔廣韻·庚部〕○｜榮字異音義同。〔方言八〕「守宫，南楚或謂之｜螈」疏證。

**醟**　｜，酒失也。〔説文〕「｜，酌也」繫傳。

**瀯**　｜，波勢回皃。〔廣韻·清部〕

**滎**　｜，字亦作瀯。〔説文定聲·卷一七〕○｜，字亦作濴。〔同上〕○｜，字亦作濙。〔同上〕○｜，字亦作濴。〔同上〕

**鶊**　｜，羌｜，鳥。〔廣韻·庚部〕

**彭蚏**　｜，｜蜞，蟹屬，或書作蟛。〔集韻·庚部〕○｜，｜蜎，似蟹而小。〔廣韻·庚部〕

**嶸**　｜，亦作崢。〔説文〕「｜，崝｜也」段注。○〔説文定聲·卷一七〕｜，字亦作崢。〔方言六〕注「崝崢，高峻之皃」。○〔同上〕｜，字亦作嶒。〔甘泉賦〕注「岭嶒，嶙峋，深無厓之皃」。○｜，崢｜。〔廣韻·耕部〕○｜，字或作崢。〔説文〕「｜，崝｜也」義證。○｜，又作嶒。〔同上〕○官本｜作嶒，通用字。〔漢書·揚雄傳〕「侶紫宫之崢｜」補注。

**崝**　｜，同嶸，崢嶸，山峻。〔廣韻·耕部〕

**禜**　｜，祭名。〔廣韻·庚部〕○｜，止雨之祭。〔説文〕「｜，設緜蕝為營」義證引〔三禮義宗〕。○｜，祭水旱也。〔集韻·庚部〕又〔清部〕。○禱晴為｜。〔説文〕「｜，設緜蕝為營」義證引〔初學記〕。○漢制謂｜為請晴。〔同上〕義證引〔通典〕。

**紭**　｜，網｜。〔廣韻·耕部〕

**娙**　｜，身長好貌。〔説文〕「｜，長好也」義證引〔玉篇〕。又〔廣韻·耕部〕。○｜，體長之好也。〔説文〕「｜，長好也」段注。○女身長謂之｜。〔集韻·耕部〕○〔説文定聲·卷一七〕｜，字亦作嬹。〔廣雅·釋詁一〕「嬹，好也」。

**莔**　｜，貝母草。〔廣韻·庚部〕○｜，音萌。〔釋艸〕「｜，貝母」鄭註。○〔説文定聲·卷一八〕｜，以䖟為之。〔管子·地員〕「其山之旁，有彼黄䖟」。○｜，正字，䖟，假借字也。〔説文〕「｜，貝母也」段注。○｜，一作䖟，謂根狀如䖟也。〔本草·卷一三〕

**騯**　｜，馬盛皃。〔廣韻·唐部〕○｜，馬行盛皃。〔庚部〕○｜｜，馬行。〔庚部〕○｜旁彭，並同義。〔廣雅·釋訓〕「彭彭，盛也」疏證。○〔説文定聲·卷一八〕｜，〔清人〕駟介旁旁，亦同，此篆後出。〔説文〕「｜，馬盛也」。○｜，或借旁字。〔説文〕「｜，馬盛也」義證。○旁是｜之省形存聲字。〔同上〕句讀。○彭、旁皆假借，其正字則〔馬部〕之｜也。〔説文〕「彭，鼓聲也」段注。

**嗙**　｜，訶聲也。〔説文〕「｜，謌聲，｜喻也」義證引〔玉篇〕。○｜，喝聲。〔廣韻·庚部〕

**浤**　｜，｜｜汩汩，水波之勢。〔廣韻·耕部〕

**汯**　｜｜，迅流也，或从宏。〔集韻·耕部〕

**呟**　砿宏硡耾｜颯翃鈜，並字異而義同。〔廣雅·釋詁四〕「砿，聲也」疏證。

**潢**　｜，方舟也，荆州人呼渡津舫為｜，或作艎。〔廣韻·庚部〕○｜之言横也，横流而渡也。〔廣雅·釋水〕「｜，筏也」疏證。又〔方言九〕「方舟謂之｜」箋疏。○｜，通作横。〔方言九〕「方舟謂之｜」箋疏。○横與｜通。〔廣雅·釋水〕「｜，筏也」疏證。○｜與抗同。〔説文〕「｜，一曰以船渡也」句讀。○｜亦杭也，語之轉耳。〔廣雅·釋水〕「｜，筏也」疏證。○天｜字以潢為之。〔説文定聲·卷一八〕○｜，或借潢字。〔説文〕「｜，小津也」句讀。○〔説文定聲·卷一八〕｜，或曰此義借為抗。〔廣雅·釋水〕「｜，筏也」。

**襪**　｜，｜褡，小被。〔廣韻·庚部〕

**㔥**　｜，大力也，或作奣、朚。〔集韻·庚部〕○｜，大也。〔廣韻·庚部〕

**觥**　｜，大也。〔集韻·耕部〕

**諻**　｜，通作瑝，亦作喤。〔方言一三〕「｜，音也」箋疏。○鍠瑝喤諻｜況鐄，並字異而義同。〔廣雅·釋詁四〕「｜，聲也」疏證。

**侊**　〔説文定聲·卷一八〕｜，當訓大皃。〔説文〕「｜，小皃」。○｜，小皃，小當作大，凡光聲之字多訓光大。〔説文〕「｜，小皃」段注。○｜，一曰小兒。〔集韻·唐部〕〇丨，盛也。〔同上〕〇〔通雅·卷三九〕丨飯，盛饌也，又作觥飯。〔國語〕「觥飯不及壺飧」。〇丨與觥音義同。〔説文〕「丨，小兒」段注。

**翃** 丨，群鳥弄翅。〔廣韻·耕部〕〇丨然，飛聲。〔庚部〕〇丨丨，飛也，或作薨、䎅、翃。〔集韻·耕部〕

**䎅** 丨，飛聲。〔廣韻·耕部〕

**澎** 丨，擊水勢。〔廣韻·庚部〕〇丨與滂同。〔説文〕「濞，水暴至也」段注。〇丨丨，浡，滂沛也。〔説文〕「滂，沛也」義證引〔玉篇〕。〇丨浡，滂沛也。〔漢書·司馬相如傳〕「洶涌彭湃」補注引〔玉篇〕。〇〔通雅·卷八〕丨湃，一作洶濆，洶沛、丨濞。〔文選·上林賦〕「洶涌丨湃」。〇丨，丨潩，水皃。〔廣韻·庚部〕〇彭即丨也。〔漢書·王子侯表〕「丨侯屈釐」補注。

**竀** 丨，正視。〔廣韻·庚部〕又〔清部〕。〇丨，正視也。〔集韻·庚部〕〇丨，深意也。〔説文〕「丨，正視也」繫傳。〇丨，一曰深意，或作䟫。〔集韻·庚部〕〇丨，赬之別體。〔釋器〕「再染謂之丨」郝疏。〇赬經丨，並字異而義同。〔廣雅·釋器〕「經，赤也」疏證。〇〔説文定聲·卷一七〕丨，以正為之。〔釋水〕「濫泉正出」。〇〔同上〕丨，叚借為赬。〔左傳哀公一七年〕「如魚丨尾」。

**楧** 丨，丨梅也。〔説文〕「楧，梅也」義證引〔玉篇〕。〇丨梅，今之雀梅。〔廣韻·庚部〕

**柍** 〔説文定聲·卷一八〕或謂梅之實曰丨也。〔説文〕「丨，一曰江南橦材其實謂之丨」。

**䓯** 丨，菜，一名隱荵，似蘇，可為葅。〔廣韻·庚部〕

**篣** 丨，籠。〔廣韻·庚部〕〇丨，竹箕。〔同上〕〇搒丨彭，並通。〔廣雅·釋詁三〕「搒，擊也」疏證。

**怦** 丨，滿也。〔廣韻·庚部〕〇丨，滿意。〔集韻·勁部〕〇丨，忼慨也，或从朋。〔集韻·耕部〕〇丨丨，忼慨也。〔楚辭·怨世〕「思比干之丨丨兮」補注。〇〔説文定聲·卷一七〕丨，借為艴。〔淮南·齊俗〕「而仁發丨以見客」注「色也」。〇頩艴丨，並通。〔廣雅·釋詁二〕「艴，色也」疏證。

**恲** 丨，亦怦，普耕反，滿也。〔太素·厥心痛〕「丨腹濃痛形中上者」楊注。

**胼** 丨，牛羊脂也。〔廣韻·庚部〕〇丨，丨脉，牛羊腊。〔説文〕「胻，一曰胻腸閒肥也」義證引〔玉篇〕。〇丨，腹脹。〔集韻·耕部〕

**螯** 丨，蛙屬。〔廣韻·梗部〕〇丨，丨蛙。〔庚部〕〇丨，音驚，即蝦蟆。〔釋蟲〕「丨，蟇」鄭註。〇丨蟆者，耿黽之轉聲也。〔廣雅·釋魚〕「鼃蟈，長股也」疏證。

**堂** 丨，距也。〔廣韻·庚部〕〇〔説文定聲·卷一八〕丨，以足歫也。〔説文〕「丨，距也」。〇丨，俗作掌。〔説文〕「掌，手中也」義證。〇丨，字亦作掌，作撐。〔説文定聲·卷一八〕〇今俗字丨作撐。〔説文〕「丨，歫也」段注。〇丨即踉，一作掌，今作撐。〔通雅·諺原〕〇丨樘掌，並字異而義同。〔廣雅·釋言〕「樘，距也」疏證。〇丨，或作棖。〔説文〕「丨，歫也」義證引張載。〇丨，別作樘。〔同上〕義證。〇丨，義與樘同。〔廣雅·釋器〕「樘，距也」疏證。〇丨、歫與樘、距同。〔廣雅·釋言〕「樘，距也」疏證。〇〔説文定聲·卷一八〕丨，叚借為樘。〔考工·弓人〕「維角丨之」。〇車丨，〔説文·金部〕作車樘。〔説文〕「丨，歫也」段注。〇車丨，〔急就篇〕、〔釋名〕作車棠。〔同上〕

**𧾷** 丨，踼也。〔集韻·漾部〕

**橕** 丨，鑿柄。〔廣韻·庚部〕又〔集韻·庚部〕。

**揨** 丨，舉也。〔廣韻·庚部〕

**撑** 丨，拔也。〔廣韻·庚部〕〇丨，擊也。〔集韻·庚部〕〇丨與攩聲近義同。〔廣雅·釋詁三〕「攩，擊也」疏證。又〔方言一〇〕「椎或曰攩」箋疏。

**鉎** 丨，鐵衣，或从星。〔集韻·青部〕〇丨，鐵衣也。〔庚部〕〇丨，鐵丨。〔廣韻·庚部〕又〔青部〕。〇〔説文定聲·卷一七〕丨，俗曰鐵銹。〔埤蒼〕「丨，鏉也」。

**𣄶** 丨，山薤。〔廣韻·庚部〕〇丨，鼠尾草，又山薤。〔清部〕

**𠜋** 丨，同𣄶。〔廣韻·清部〕

**胻** 脛近膝者曰丨。言脛則統丨，言丨則不統脛。〔説文〕「丨，脛耑也」段注。〇〔説文定聲·卷一八〕近膝者曰丨。〔説文〕「丨，脛耑也」。〇丨，牛勢丨也。〔廣韻·庚部〕

**洐** 丨，溝水也。〔廣韻·庚部〕〇行者，丨字之省借，溝水之流曰丨。〔詩·采蘋〕「于彼行潦」通釋。

**䁐** 治理為丨。〔説文定聲·卷一八〕〇丨，俌也。〔卷九〕〔「疏」下〕〇丨孃並與穰聲近義同。〔廣雅·釋詁一〕「穰，雜也」疏證。〇丨，〔玉篇〕作穰。〔説文〕「丨，一曰窒丨」段注。

**轟** 丨，車鞕。〔廣韻·耕部〕〇丨與輷同。〔廣雅·釋詁一〕「輷，堅也」疏證。〇丨，或作輷。〔説文〕「丨，車堅也」義證。〇丨擊，〔史〕作轂擊。〔國策·齊策一〕「車丨擊」補正。

**硻**　｜，或作礥。〔説文〕「｜，餘堅者」義證。○｜，字又作礥。〔同上〕句讀。○〔説文定聲・卷一六〕｜，字亦作礥。〔太元・礥首〕「礥，物生之難也」。○｜，字亦作硜。〔説文定聲・卷一六〕○｜，俗作硜。〔説文〕「｜，餘堅也」段注。○〔説文定聲・卷一六〕｜，字亦作鏗。〔論語〕「鏗爾舍瑟而作」。○〔同上〕｜，字亦作鋿。〔廣雅・釋詁四〕「鋿，聲也」。○〔同上〕｜，字亦作砛。〔太玄・難〕「拔石砛砛」。○〔同上〕｜，叚借為掔。〔太玄・礥首〕「礥，物生之難也」。○磬硜罄皆｜之借字。〔説文〕「｜，餘堅者」句讀。

**摼**　｜，撞也。〔説文〕「｜，擣頭也」義證引〔玉篇〕。又〔廣韻・耕部〕。○｜鏗鋿，並通。〔廣雅・釋言〕「鋿，撞也」疏證。○｜、掔、鏗，聲義並同。〔釋詁三〕「掔，擊也」。○｜，字亦作搄。〔説文定聲・卷一六〕○〔同上〕｜，字亦作拘。〔廣雅・釋詁三〕「拘，擊也」。○〔同上〕｜，字又作搷。〔楚辭・招魂〕「搷鳴鼓些」。○〔同上〕｜，叚借為牽。〔羽獵賦〕「｜象犀」。

**掔**　摼｜鏗，聲義並同。〔廣雅・釋詁三〕「｜，擊也」疏證。○｜，讀如鏗鍾搖簴之鏗。〔同上〕

**羥**　｜，羊名。〔廣韻・山部〕又〔耕部〕。

**谹**　｜，谷中響。〔廣韻・耕部〕又〔説文〕「輷，車輷弘聲也」段注。○｜，引申為凡大之偁。〔説文〕「｜，谷中響也」段注。○〔説文定聲・卷二〕｜，字亦作砿。〔廣雅・釋詁四〕「砿，聲也」。○砿宏｜耾竑颰玹鈜，並字異而義同。〔廣雅・釋詁四〕「砿，聲也」疏證。

**宖**　｜，屋響也。〔説文〕「輷，車輷弘聲也」段注。○｜，屋響。〔廣韻・耕部〕○｜，安也。〔説文〕「｜，屋響也」義證引〔玉篇〕。○｜，即宏之或體，凡屋必深大乃響。〔説文定聲・卷二〕

**䫆**　｜，頸也。〔廣韻・庚部〕又〔清部〕。○｜，亦頸也，方俗語有輕重耳。〔廣雅・釋親〕「｜，頸，項也」疏證。○｜，項也。〔集韻・清部〕

**峌**　｜，驪山下谷，秦阬儒處。〔説文〕「｜，谷也」繫傳。

**耾**　｜，聾也。〔廣雅・釋詁三〕○｜，耳語。〔廣韻・耕部〕○〔通雅・卷九〕｜｜，猶薨薨、輷輷也，乃大聲也。〔法言・問道〕「隱隱｜｜」。

**竑**　｜，量度。〔廣韻・耕部〕○｜，度也，或作紘。〔集韻・耕部〕○｜，繩也，猶量度也。〔説文定聲・卷二〕

**砿**　｜、磕，合言之則曰｜磕。〔廣雅・釋詁四〕「｜、磕，聲也」疏證。○｜宏谹耾竑颰玹鈜，並字異而義同。〔同上〕

**䪫**　｜，樂名，亦作莖。〔廣韻・耕部〕○｜字與莖通用。〔通雅・樂器〕

**𤼾**　｜，張也，或作僜。〔集韻・耕部〕○｜｜，設幕。〔廣韻・耕部〕

**嫈**　｜，｜嫇。〔廣韻・耕部〕○｜，小心態。〔清部〕又〔集韻・庚部〕。○｜嫇，新婦態也。〔慧琳音義・卷七八〕○｜嫇，下里婦人皃也。〔卷七七〕引〔考聲〕。○｜嫇，下俚婦人皃。〔集韻・耕部〕○｜嫇，下里婦人嬌態貌也。〔慧琳音義・卷二四〕引〔考聲〕。○｜，亦細視也。〔卷六五〕○｜，亦借榮為之。〔説文〕「｜，小心態也」句讀。

**譻**　｜，｜譍，小聲。〔廣韻・耕部〕○｜與謍略同。○｜｜，義與嚶嚶同。〔廣雅・釋訓〕「｜｜，鳴也」疏證。○〔通雅・卷一〇〕｜｜，謍謍，小聲也，或作嚶嚶，借作營營、瀯瀯。張衡〔賦〕「鳴玉鸞之｜｜」。○〔説文定聲・卷一七〕｜，叚借為嚶。〔廣雅・釋訓〕「｜｜，鳴也」。

**褮**　｜，鬼衣。〔廣韻・耕部〕○〔説文定聲・卷一七〕｜，讀若靜也，此明器之屬，今蘇俗有冥衣，以紙為之。〔説文〕「｜，鬼衣也」。

**𦱤**　｜，當云草｜薴皃。〔説文〕「｜，｜薴皃」義證。○｜薴，艸亂。〔集韻・耕部〕○｜薴，草亂皃。〔廣韻・耕部〕

**淨**　〔説文定聲・卷一七〕北城之門曰｜門，當因池水名｜而命也。〔公羊傳〕所謂鹿門、爭門、吏門，蓋以爭為之。〔説文〕「｜，魯北城門池也」。○｜門，古書有作埩門者。〔説文〕「｜，魯北城門池也」段注。○｜，字或作埩。〔同上〕義證。○｜，省文作爭。〔同上〕義證引顧炎武。

**崝**　〔説文定聲・卷一七〕｜，山皃。〔説文〕「｜，｜嶸也」。○｜嶸疊韻字，高也。〔方言六〕「巍、嶢、｜、嶮，高也」箋疏。○｜嶸，高峻皃。〔説文〕「｜，｜嶸也」義證引〔玉篇〕。○｜，亦作崢。〔方言六〕「｜，高也」疏證。○〔説文定聲・卷一七〕｜，字亦作崢。〔上林賦〕「刻削｜嶸」。○｜，或作崢。〔説文〕「｜，｜嶸也」義證。○｜，今字作崢。〔説文〕「｜，｜嶸，山皃也」段注。○｜與崢同。〔廣雅・釋訓〕「崢嵤，深冥也」疏證。○｜與崢同字。〔漢書・揚雄傳〕「陟西岳之嶢｜」補注。○｜，今俗作崢。〔説文〕「｜，嶸也」繫傳。○｜嵤，｜嶸，崢嵤，崢嶸，並字異而義同。〔廣雅・釋詁三〕「｜嵤，深也」疏證。

**薴**　｜，艸亂也。〔楚辭・憫上〕「鬚髮｜顇兮顠鬢白」補注。○｜，亂也。〔同上〕○｜，𦱤｜。〔廣韻・耕部〕

**姘**　〔説文定聲・卷一七〕｜，此義實當為本訓，謂苟合也。〔蒼頡篇〕「男女私合曰｜」。○｜，男女會合。〔廣韻・青部〕○齊，與女交罰金四兩曰｜。〔廣韻・耕部〕○｜，棄也。〔説文定聲・卷一七〕〔「屏」下〕○〔卷一七〕｜，字亦作迸，此義實即屏之轉注。〔禮記・大學〕「迸之四夷」。○｜，字亦作趼。〔説文定聲・卷一七〕○〔同上〕｜，字亦作跰，跰蹮，猶媻姍也。〔莊子・大宗師〕「跰蹮而鑑于井」。○｜，經傳皆用屏。〔説文〕「｜，除也」段注。○｜，又叚并為之。〔同上〕

**揨**　｜，撞也。〔慧琳音義・卷五七〕引〔集訓〕。○｜與朾同。〔墨子〕「梆」雜志。○朾與｜同。〔廣雅・釋詁一〕「｜，刺也」疏證。

**⿰亭攴** 丨，或作揨，刔也。〔慧琳音義・卷一三〕引字書。○丨，同揨，撞也，觸也。〔廣韻・耕部〕

**⿰亭殳** 丨，撞也，或作揨，振。〔慧琳音義・卷三二〕引字書。

**湞** 丨逶，漢所云靡莫也。〔通雅・地輿〕

**朾** 丨，擊也。〔說文〕「丨，橦也」義證引〔五音集韻〕。○丨，音丁。〔釋蟲〕「䖴，丨蟶」鄭註。○〔說文定聲・卷一七〕丨，即丁字之轉注，因丁為借義所專，別製此字。〔通俗文〕「丨，謂以此物撞彼物使出也」。○丨，字亦作揨。〔說文定聲・卷一七〕○丨與揨同。〔廣雅・釋詁一〕「揨，刺也」疏證。○揨與丨同。〔墨子〕「楖」雜志。○丨，或作打。〔說文〕「丨，橦也」義證。○丨，俗作打。〔同上〕段注。○丨，俗又作打。〔說文定聲・卷一七〕○丨與打亦聲近義同。〔廣雅・釋詁三〕「打，擊也」疏證。

**⿰牜平** 丨，牛色駁如星也。〔廣韻・耕部〕

**揨** 丨，打也。〔集韻・庚部〕

**譻** 丨，怒也，或作謍。〔集韻・耕部〕

**謍** 丨，丨譻。〔廣韻・耕部〕○丨譻，小聲。〔集韻・耕部〕○丨，大聲也，或作嶒。〔同上〕○丨丨，〔毛詩〕作營營。〔說文〕「詩曰丨丨青蠅」段注。

**綪** 〔說文定聲・卷一七〕丨，段借為⿰糹爭。〔儀禮・士喪禮〕「丨絞橫三縮一」。

**⿰糹爭** 丨，縈也。〔廣韻・耕部〕○〔說文定聲・卷一七〕丨，謂縈收繩索才紆之也。〔小爾雅・廣器〕「詘而戾之為丨」。○丨，引申為凡紆曲之偁。〔說文〕「丨，紆未縈繩」段注。○凡器物曲陳之皆曰丨。〔同上〕段注。○丨，通作綪。〔同上〕義證。

**圊** 丨，圂也。〔慧琳音義・卷一五〕引字書。又〔卷七八〕引字書。○丨，溷也。〔說文〕「廁，清也」義證引〔玉篇〕。○丨，廁也。〔廣韻・清部〕又〔集韻・青部〕。○丨，亦廁也。〔慧琳音義・卷一五〕引〔考聲〕。○丨與清通。〔說文〕「屏，蔽也」段注。

**鼱** 丨，丨鼩，小鼠。〔廣韻・清部〕又〔集韻・清部〕。

**賏** 丨，貝飾。〔廣韻・清部〕○丨，字亦作嬰。〔說文〕「丨，頸飾也」句讀。○丨丨，騈貝為飾，實即嬰之古文。〔說文定聲・卷一七〕○胡人連貝以飾頸曰丨。〔說文繫傳・通論中〕○丨，女子之飾也。〔同上〕○丨，通作纓。〔說文〕「丨，頸飾也」義證。○丨，又或作瓔。〔同上〕○丨珞，婦人頸飾也。〔慧琳音義・卷四〇〕引〔考聲〕。

**⿰貞阝** 丨，地名。〔廣韻・清部〕○河內有丨亭，音穎。〔漢書・高惠高后文功臣表〕「南丨侯起」補注引李彤。

**⿰女嬴** 丨，美好兒。〔廣韻・清部〕○丨，通作嬴，亦作盈。〔方言七〕「婴盈，怒也」箋疏。○丨，字亦作嬴，又作盈。〔廣雅・釋詁一〕「丨，好也」疏證。○丨，猶盈盈。〔通雅・釋詁〕○丨丨、盈盈，並與嬴嬴同。〔廣雅・釋訓〕「嬴嬴，容也」疏證。

**鎣** 丨，磨珠玉也。〔慧琳音義・卷四〕引〔韻詮〕。○丨，猶磨瑩，或作瑩也。〔同上〕引〔韻英〕。○丨，俗作瑩，發器物光也。〔卷二八〕引〔考聲〕。○瑩與丨通。〔廣雅・釋詁三〕「丨，磨也」疏證。○丨，采鐵。〔廣韻・清部〕○丨，一曰采鐵也。〔集韻・清部〕

**⿱𤇾目** 丨，目淨兒。〔集韻・耕部〕○丨，惑也。〔同上〕○〔說文定聲・卷一七〕丨，讀為熒。〔淮南・原道〕「丨然能聽」注「丨讀疾營之營」。

**宬** 丨，屋容受也。〔廣韻・清部〕○丨之言盛也。〔說文〕「丨，屋所容受也」段注。○丨，通作盛。〔說文〕「容，受也」義證。又〔說文〕「城，以盛民也」義證。

**眐** 丨，獨視兒。〔廣韻・清部〕○丨眑，獨視也。〔集韻・清部〕○〔通雅・卷一〇〕丨丨，猶瞪瞪也，直視貌。〔楚辭〕「魂丨丨以寄獨兮」。○丨丨，獨行貌也。〔楚辭・哀時命〕「魂丨丨以寄獨兮」補注。

**⿰衤正** 丨，丨衳，小兒衣。〔廣韻・清部〕又〔集韻・清部〕。

**⿰糹正** 丨，乘輿馬飾。〔廣韻・清部〕

**征** 丨，丨伀，懼也。〔廣雅・釋詁二下〕疏證。○丨伀，驚惶失據之貌。〔廣雅・釋訓〕「屏營，丨伀也」疏證。○〔說文定聲・卷一〕凡窘猝怖遽謂之丨伀。〔方言一〇〕「丨伀，遑遽也」。〔「伀」下〕○丨伀，遽行兒。〔廣韻・清部〕○〔方言〕、〔廣雅〕之丨伀，即今怔忪字也。〔說文〕「伀，志及衆也」段注。

**怔** 丨，丨忪，懼兒。〔廣韻・清部〕○丨忪與征伀同。〔廣雅・釋詁二〕「征伀，懼也」疏證。○丨忪，亦作征伀。〔方言一〇〕「征伀，遑遽也」箋疏。

**鏧** 丨，一曰斷也。〔集韻・清部〕○〔說文定聲・卷一七〕丨，字作鏧。〔左傳昭公二六年〕「鏧而乘于他車以歸」。○鎯搒轒鎖鏗，皆丨之俗字也。〔說文〕「丨，金聲也」義證。

**睘** 丨與還同。〔墨子〕「丨丨」雜志。○丨，音瓊，丨丨，無所依貌。〔詩・杕杜〕「獨行丨丨」朱傳。○儝煢惸丨嬛赹，並字異而義同。〔廣雅・釋詁三〕「儝，獨也」疏證。○丨丨，乃煢煢之雙聲段借也。〔說文〕「轘，車裂人也」段注。○魯丨作煢。〔詩・杕杜〕「獨行丨丨」集疏。○丨，驚視。〔廣韻・清部〕

**赹**　丨，獨行皃。〔廣韻·清部〕○〔詩〕云獨行煢煢，本作此丨字。〔説文〕「丨，獨行也」繫傳。○儝煢惸睘嬛丨，並字異而義同。〔廣雅·釋詁三〕「儝，獨也」疏證。○〔説文定聲·卷一六〕丨，以睘為之。〔詩·杕杜〕「獨行丨丨」。

**藑**　丨，萎蕤也。〔説文〕「丨，艸旋皃也」義證引〔玉篇〕。○丨，同䓖，草旋。〔廣韻·清部〕○丨，謂縈繞也。〔説文〕「丨，艸旋皃也」繫傳。○丨與縈音義同。（同上）段注。○丨，今〔詩〕作縈。〔説文〕「詩曰葛藟丨之」段注。○〔説文定聲·卷一七〕丨，〔毛詩〕作縈，借為營也。〔説文〕「丨，艸旋皃也」○丨，陸德明作帶。〔説文〕「詩曰葛藟丨之」段注。

**䓖**　丨，艸旋皃，或作藑。〔集韻·清部〕

**𨏥**　丨，車輮規，一曰輪車也。〔廣韻·清部〕○〔説文定聲·卷一七〕丨，謂作輞之笵。〔説文〕「丨，車輮規也」。○丨，一曰一輪車，如今之二把手或二人輓之，或用驢挽之。〔説文定聲·卷一七〕

**埣**　丨，赤土。〔廣韻·清部〕

**垶**　丨，赤堅土也。〔説文〕「丨，赤剛土也」義證引〔玉篇〕。○〔説文定聲·卷一六〕丨，字亦作騂。〔周禮·草人〕「騂剛用牛」故書作騂。○（同上）丨，字亦作𤙭。〔小爾雅·廣詁〕「𤙭，赤也」。○（同上）丨，字亦作騂。〔周禮·草人〕「騂剛用牛」。又〔廣雅·釋地〕「丨，土也」疏證。○騂者，俗丨字。〔説文定聲·卷一六〕（「觲」下）○𤉏與騂丨同義。〔廣雅·釋器〕「𤉏，赤也」疏證。

**䲔**　丨，魚名。〔廣韻·清部〕

**趽**　丨，脚脛曲皃。〔廣韻·唐部〕○丨，曲脛也。〔集韻·陽部〕○丨，趼也。〔廣韻·陽部〕

**卯**　丨，反覆卩之也。〔説文〕「丨，事之制也」繫傳。○丨，一本作卯。〔國策·燕策二〕「臣之所重處重丨也」補正。

**增**　丨，立為高也。〔説文〕「丨，北地高樓無屋者」繫傳。○丨，或作橧。（同上）義證。○〔説文定聲·卷二〕丨，字亦作橧。〔禮記·禮運〕「夏則居橧巢」。○丨，字亦作蹭，蘇俗有月臺，是其遺意。〔説文定聲·卷二〕

**請**　〔説文定聲·卷一七〕丨，叚借為清。〔漢書·賈誼傳〕「造丨室而丨辠耳」。○丨室，建本、〔新書〕作清室，〔三輔黃圖〕作靜室。〔漢書·賈誼傳〕「造丨室而丨辠耳」補注引盧文弨。

**𤉏**　丨，丨與騂、垶同義。〔廣雅·釋器〕「丨，赤也」疏證。

**𨑍**　丨，謂从正道行也。〔説文〕「丨，正行也」繫傳。○丨同征，行也。〔廣韻·清部〕○丨，經傳用或體作征。〔説文〕「丨，正行也」義證。○〔説文定聲·卷一七〕丨，叚借延。〔廣雅·釋詁一〕「征，遠也」。○（同上）丨，借為徵。〔禮記·王制〕「不征于鄉」。○（同上）丨，或从彳。〔釋言〕「征，行也」。

**延**　丨，行也。〔説文〕「統，緐曼丨也」段注。○丨，與〔辵部〕延、征字音義同。〔説文〕「丨，行也」段注。○丨，與延義略同而聲別，亦作延，作征。〔説文定聲·卷一七〕○征或作丨。〔史記·河渠書〕「丨道弛兮」志疑引〔史記攷異〕。

**𨼆**　丨者，山阜之仄也。〔説文〕「丨，仄也」段注。○丨，字或作廎。（同上）義證。○丨者，頃之分別文。（同上）句讀。○傾與丨通。（同上）

**廎**　丨，可讀如今之廳。〔説文〕「高，小堂也」段注。

**拼**　丨，彈繩墨也。〔慧琳音義·卷五八〕○丨，謂彈繩墨也。〔卷七四〕○丨，古文軿䡬二形同，謂振繩墨也。〔卷四六〕○丨，或作抨，彈也。〔卷八五〕引〔古今正字〕。○丨，鑽也。（同上）○丨，通作伻。〔文選·典引〕集釋。○丨，亦通作苹。（同上）○丨，亦通作荓。（同上）○丨與抨同，俱借為使。（同上）

**拼**　丨，撣也。〔慧琳音義·卷七二〕引〔考聲〕。

**拼**　〔玉篇〕丨與抨同。〔説文〕「抨，撣也」義證。

**弸**　丨，彈也，通作拼。〔集韻·耕部〕

**葍**　丨，一名甘獲。〔説文〕「藑，丨也」義證引〔風土記〕。○通草南人謂鶩藑為烏藑，今言丨藤。（同上）義證引〔本草〕唐本注。

**䡠**　丨，乃聲之或體。〔説文〕「聲，車堅也」義證。○丨丨，猶硜硜。〔廣雅·釋詁一〕「丨，堅也」疏證。

**掙**　丨，亦揨也，方俗語有輕重耳。〔廣雅·釋詁一〕「丨，刺也」疏證。

**軯**　丨，車聲。〔集韻·耕部〕○砰駍丨軿，義同。〔廣雅·釋詁四〕「砰，聲也」疏證。

**軿**　砰駍軯丨，義同。〔廣雅·釋詁四〕「砰，聲也」疏證。○丨訇，車馬聲。〔集韻·庚部〕

**脭**　丨，肉之精者。〔集韻·清部〕

**𥖹**　丨，通作贏，亦作盈。〔方言一二〕「丨，習也」箋疏。

**幎**　幭與丨，皆以巾覆物之總名。〔説文定聲·卷一一〕（「幦」下）○丨，即幭字也。〔管子〕「務為」雜志。○丨，覆也。〔集韻·先部〕○丨者，廣覆之意。

〔廣雅・釋詁二〕「ㄧ，廣也」疏證。○ㄧ，其字亦作幂。俗作羃。〔說文〕「ㄧ，幔也」段注。○ㄧ冪鼏𠙽，並通。〔廣雅・釋詁二〕「ㄧ，覆也」疏證。○幔ㄧ，語之轉耳。（同上）○ㄧ，今〔周禮〕作幂。〔說文〕「周禮有ㄧ人」段注。

**荓** ㄧ，使也。〔詩・桑柔〕「ㄧ云不逮」朱傳。又〔小毖〕「莫予ㄧ蜂」朱傳。○〔說文定聲・卷一七〕ㄧ，叚借為㥍。〔詩・桑柔〕「ㄧ云不逮」。○三家ㄧ作拼、抨。〔詩・桑柔〕「ㄧ云不逮」集疏。

**儜** ㄧ，弱也。〔慧琳音義・卷六一〕引〔考聲〕。又〔卷七九〕引〔文字集略〕。○ㄧ，惡也，病也。〔卷七九〕引〔文字集略〕。○ㄧ，弱也。〔通鑑・宋紀三〕「ㄧ兒情，見」音注。○ㄧ，困也。（同上）○ㄧ，困也弱也。〔廣韻・耕部〕

**儫** ㄧ，單也。〔慧琳音義・卷七四〕

**儯** ㄧ偒，不仁也。〔廣韻・耕部〕○ㄧ偒，不仁。〔集韻・耕部〕

**劊** ㄧ與營聲近而義同。〔廣雅・釋地〕「營，耕也」疏證。○ㄧ，芟除林木也。〔廣韻・耕部〕○ㄧ殺，椔翳也。〔通雅・天文〕

**劥** ㄧ勨，有力。〔廣韻・庚部〕

**訇** ㄧ訇，大聲。〔廣韻・耕部〕

**閍** ㄧ閎，大也。〔集韻・耕部〕○ㄧ，一曰虛廓。（同上）

**淨** ㄧ，冷也。〔廣韻・耕部〕○ㄧ即清字。〔說文〕「滄，寒也」段注。

**吰** 噌ㄧ，鐘音。〔廣韻・耕部〕

**嗆** ㄧ哼，愚怯。〔集韻・庚部〕

**嚝** ㄧㄧ，鼓鐘聲。〔廣韻・庚部〕

**帪** ㄧ，射的，通作正。〔集韻・清部〕

**弘** ㄧ，弓聲也。〔說文〕「轒，車轒ㄧ聲也」段注。○ㄧ，廣也。〔說文〕「瑟，庖犧所作弦樂也」繫傳。○ㄧ，寬廣也。〔論語・泰伯〕「士不可以不ㄧ毅」朱注。○ㄧ，大。〔書・顧命上〕「ㄧ濟于艱難」孫疏。又〔詩・節南山〕「喪亂ㄧ多」朱傳。○ㄧ，大也。〔召旻〕「職兄斯ㄧ」陳疏。又（同上）朱傳。○ㄧ者，大也。〔論語・子張〕「執道不ㄧ」集解。○ㄧ，廓而大之也。〔衛靈公〕「人能ㄧ道」朱注。○ㄧ，經傳多叚為宏。〔說文〕「ㄧ，弓聲也」段注。

**弜** ㄧ，強也。〔廣韻・支部〕

**彋** ㄧ，弓弦聲。〔集韻・耕部〕

**環** ㄧ，起皃。〔集韻・耕部〕○弸ㄧ，帷帳起皃。〔廣韻・庚部〕○弸ㄧ，開張也。〔耕部〕○ㄧ，音宏。〔說文〕「弘，弓聲也」段注。

**庄** ㄧ，平也，亦作庄。〔廣韻・耕部〕

**㢧** ㄧ，長廊。〔集韻・耕部〕

**宖** ㄧ，幽深皃。〔集韻・耕部〕

**帲** ㄧ，覆也。〔廣韻・清部〕

**姘** ㄧ，急也。〔廣韻・耕部〕

**媖** ㄧ，女人稱美。〔廣韻・庚部〕

**嫝** ㄧ，謹也。〔集韻・耕部〕

**嫤** ㄧ，ㄧ体。〔廣韻・耕部〕

**奟** ㄧ，大也。〔集韻・庚部〕

**坪** ㄧ，地平。〔廣韻・庚部〕

**坵** ㄧ，塚口穴。〔集韻・庚部〕

**埂** ㄧ，秦人謂坑也。〔廣韻・庚部〕

**延** ㄧ胡索，本名玄胡索，避宋真宗諱，改玄為ㄧ也。〔本草・卷一三〕

**拯** ㄧ，冢口穴也。〔廣韻・耕部〕

**掙** ㄧ，引也。〔集韻・耕部〕

**掁** ㄧ，引也。〔集韻・清部〕

**掏** ㄧ，擊聲。〔廣韻・耕部〕○ㄧ，揮也，或作㧙。〔集韻・耕部〕○ㄧ，猶廣大也。〔慧琳音義・卷一六〕引〔字訓〕。

撐　博丨子，一名投子。〔廣韻・清部〕

攍　丨，擔也。〔廣韻・清部〕

攍　丨，亦作贏。〔方言七〕「丨，儋也」疏證。○贏與丨通。〔廣雅・釋詁三〕「丨，擔也」疏證。

牦　丨⿰麗毛，毛起兒。〔集韻・耕部〕

⿰寧毛　丨，犬多毛兒。〔廣韻・庚部〕○犬多毛謂之丨。〔集韻・庚部〕○獿、丨，皆多毛犬也。〔說文〕「獿，犬惡毛也」義證引〔纂文〕。

⿰忄勺　丨，同怱，憂也。〔廣韻・清部〕

⿰忄弘　丨，憕丨。〔廣韻・庚部〕

⿰忄朋　丨，怒兒。〔集韻・耕部〕○丨，丨恂，好嗔兒。〔廣韻・耕部〕

悙　憉丨，自强。〔廣韻・庚部〕

憕　丨⿰忄弘，失志。〔廣韻・庚部〕

憉　丨悙，自强。〔廣韻・庚部〕

⿰片平　丨，析木聲。〔集韻・諍部〕

殅　丨，死而更生。〔集韻・庚部〕

⿰歹彭　丨，⿰歹亨，胖也。〔集韻・庚部〕

晟　丨，明也。〔集韻・清部〕○丨，飯匱也。〔同上〕

⿰幵欠　丨，⿰立欠丨。〔廣韻・耕部〕○丨，欬也。〔集韻・耕部〕

殸　丨，敵也。〔廣韻・耕部〕

⿱殸令　丨，多聲也。〔集韻・清部〕

⿱殸豆　丨，不可近也。〔集韻・耕部〕

毇　丨，擯也，或作毇。〔集韻・耕部〕

炡　丨，丨爚，煠也。〔集韻・清部〕

泩　丨，水深廣兒。〔集韻・庚部〕

浜　丨，安船溝。〔廣韻・耕部〕

浭　丨水，即庚水。〔漢書・地理志〕「丨水西至雍奴入海」補注。

渹　丨，水相激聲，或作瀯。〔集韻・耕部〕

瀅　丨，絶小水也。〔集韻・清部〕○丨瀞，水小不流兒也。〔慧琳音義・卷七六〕引〔考聲〕。

瀴　丨溟，水絶遠兒。〔集韻・清部〕

⿰氵憑　丨⿰氵冫，水勢相激兒。〔集韻・耕部〕

⿰木亨　丨，木弩。〔集韻・庚部〕

棦　丨，木束。〔廣韻・耕部〕

⿱東宏　丨，同罃，網滿。〔廣韻・庚部〕○丨，罔滿也，或作罃。〔集韻・耕部〕

⿰木營　丨，木名。〔集韻・清部〕

⿰爭斗　丨，量溢。〔廣韻・庚部〕

猙　丨，獸如狐，有翼。〔廣韻・靜部〕○丨，獸名，似豹，一角五尾。〔耕部〕○丨，獸名，似豹，一角三尾。〔集韻・耕部〕○丨，獸名，飛狐也。〔靜部〕○丨獰，犬毛。〔耕部〕

⿰犭盈　丨，似狐，色黃。〔廣韻・清部〕○丨，獸名，黃狐也。〔集韻・清部〕

⿰犭彭　丨，犬名。〔集韻・庚部〕

獰　丨，惡也。〔廣韻・庚部〕又〔續音義・卷九〕引〔切韻〕。○丨，人不善情也。〔卷九〕引〔考聲〕。

蚾　丨，青兒。〔廣韻・庚部〕

⿱穴丁　丨，小突。〔廣韻・耕部〕○丨，小突也。〔集韻・耕部〕

竳 —，—宏，闊大皃。〔廣韻·耕部〕○—宏，屋響。〔集韻·耕部〕

竂 —，—竤，響也。〔廣韻·耕部〕○—宏，屋大。〔集韻·耕部〕

痭 —，腹滿。〔集韻·耕部〕

瘖 —，病也。〔集韻·清部〕

玶 —，金色。〔廣韻·庚部〕

珹 —，珠類。〔廣韻·清部〕○—，美珠也。〔集韻·清部〕

碤 —，水中石。〔集韻·庚部〕

磅 —，——，石聲。〔集韻·庚部〕

砉 —，石落聲。〔廣韻·耕部〕○——、硧硧、砿砿，皆轟轟也。〔通雅·釋詁〕

瓨 —，甀也。〔集韻·清部〕

甇 —，瓦也。〔廣韻·庚部〕

嬰 —，短也。〔集韻·清部〕

禎 禖—，祭名。〔廣韻·庚部〕

禖 —，—禎，祭名。〔廣韻·庚部〕

棚 —，禾密也。〔集韻·耕部〕

穆 禾芒曰—。〔集韻·耕部〕○—，穀芒長也。〔廣韻·庚部〕

盯 —，䁝—，視皃。〔廣韻·庚部〕

眳 —，眉睫之間藐好視容也。〔詩·猗嗟〕「猗嗟名兮」後箋引薛綜。

瞙 —，目深也。〔集韻·庚部〕

睜 —，審視也。〔集韻·耕部〕

瞠 —矓，視不分明。〔廣韻·庚部〕○—矓，視不明，或从巠。〔集韻·耕部〕

䁝 —，—盯。〔廣韻·庚部〕○—，—盯，直視。〔庚部〕又〔集韻·庚部〕。

矓 瞠—，視不分明。〔廣韻·耕部〕

瞾 —，—䁝，目無光。〔集韻·耕部〕

瞯 —，目瞑。〔集韻·清部〕

脝 煮魚煎肉曰—，或作鯖、䑌、熸、餚。〔集韻·清部〕

脖 膨—，脹也。〔廣韻·庚部〕

腈 —，肉之粹者。〔集韻·清部〕

脛 —，足跟筋也。〔集韻·耕部〕

膃 —，肥也。〔集韻·清部〕

膨 —，—脖，脹皃。〔廣韻·庚部〕

耵 —聹，耳垢也。〔通雅·諺原〕

聤 —，無形而響。〔集韻·清部〕

聙 —，聰聽也。〔廣韻·清部〕○—，善聽也。〔集韻·清部〕

羘 —，使羊。〔廣韻·耕部〕

羫 —，羚羊名。〔集韻·耕部〕

虰 —，螘也。〔廣韻·清部〕

蚲 —，蚌—。〔廣韻·庚部〕

蟶 —即蠯。〔說文〕「蠯，階也」義證。○—，蚌也。〔集韻·清部〕○—，蚌屬。〔廣韻·清部〕

篂 —，筳也。〔廣韻·清部〕

箴　｜｜，筐，織具。〔廣韻・清部〕又〔集韻・清部〕。

箐　｜，笭｜，小籠。〔廣韻・清部〕

篬　｜，竹名。〔廣韻・庚部〕〇｜，竹名，或作篬。〔集韻・庚部〕

箳　｜，盛絮籠。〔集韻・清部〕

簈　｜箑，車轓。〔說文〕「軒，曲輈藩車」義證引〔玉篇〕。〇｜箑，車轓。〔廣韻・清部〕又〔集韻・清部〕。〇｜箑，蔽篕也。〔說文〕「軒，曲輈藩車」義證引〔篇海〕。

簹　｜，竹筒。〔廣韻・耕部〕

蘱　｜即蘱字之異者。〔說文〕「蘱，枲屬」段注。〇｜，又作潁。〔同上〕

蘵　｜，菊花，一名帝女花。〔廣韻・清部〕〇｜，菊華也，或作葝。〔集韻・清部〕

蘡　｜薁，似葡萄而小，子黑也。〔慧琳音義・卷六二〕引〔考聲〕。〇｜薁，藤也。〔廣韻・清部〕〇｜薁，是山蒲桃。〔說文〕「薁，嬰薁也」義證引蘇恭。

艵　艕｜，舟具。〔廣韻・耕部〕

纓　｜，間采。〔集韻・耕部〕

粠　｜，漬米也。〔集韻・清部〕

縪　｜，結也。〔集韻・庚部〕

桱　｜，犂上木。〔集韻・耕部〕

罜　｜罜，空也。〔廣雅・釋詁三〕

耗　〔通雅・卷一〇〕｜｜，此言其聲之大也。〔秦和鐘銘〕「其音｜｜」。

眴　｜，貨也。〔廣韻・清部〕

睛　｜，｜受，賜也。〔廣韻・清部〕〇｜，受賜也。〔集韻・清部〕

羸　｜與縲、纍字通用。〔國策・秦策一〕「｜滕履蹻」補注。

衡　｜，角長皃。〔廣韻・庚部〕又〔集韻・庚部〕。

跀　跉｜，腳細長也。〔廣韻・耕部〕〇跉｜，行遲皃。〔庚部〕〇跉｜，行不正。〔清部〕

跉　｜，｜跀。〔廣韻・清部〕〇｜跀，偏行。〔集韻・清部〕

踁　｜｜、硜硜、誙誙、脛脛、硻硻、硱硱、礥礥，猶硜硜也。〔通雅・釋詁〕

踻　｜，行期也，通作程。〔集韻・清部〕

趟　趟｜，躍跳。〔廣韻・庚部〕

遳　｜，行急也。〔集韻・耿部〕

譻　｜，譻｜。〔廣韻・耕部〕

覺　｜然，能視也。〔集韻・清部〕

輤　｜輘，車聲。〔集韻・耕部〕

輤　｜，車鞕。〔說文〕「聲，車堅也」義證引〔玉篇〕。

轒　｜，車聲。〔廣韻・耕部〕

轄　｜，車聲也，或作轞、軿、斡、徬，通作彭。〔集韻・庚部〕

轠　｜，小車轅也，通作樘。〔集韻・庚部〕

釘　｜與打同。〔廣雅・釋詁三〕「打，擊也」疏證。

鋥　｜，磨｜出劍光。〔廣韻・映部〕〇｜，摩治也，今宜作敦，治也。〔慧琳音義・卷五二〕

鉉　｜，金聲。〔廣韻・耕部〕〇砿宏峪玹呟颫玹｜，並字異而義同。〔廣雅・釋詁四〕「砿，聲也」疏證。

鋐　｜，字亦作鉉。〔說文定聲・卷二〕

鉠　｜，鈴聲。〔廣韻・庚部〕

鏳　｜，｜銷。〔廣韻・庚部〕〇｜，銷也，或省。〔集韻・庚部〕

鍄　—，鍊金也。〔集韻·耕部〕

鏳　—鎗，玉聲。〔廣韻·耕部〕

鑏　—，鐵—。〔廣韻·耕部〕

閅　—，試力士錘。〔廣韻·耕部〕

閛　—，門扉聲。〔廣韻·耕部〕○—，闔扉聲，或从并。〔集韻·耕部〕

䨦　—之言呼訇也。〔廣雅·釋天〕「—，雷也」疏證。

䨝　—女，神名。〔集韻·清部〕

霙　雪花曰—。〔通雅·天文〕○—，雨雪雜下。〔説文〕「霰，稷雪也」義證引〔玉篇〕。○—，雨雪雜也。〔廣韻·庚部〕

閍　—，宫中門也。〔廣韻·庚部〕○—，巷門。〔集韻·陽部〕○—，亦作祊。〔釋宫〕「—謂之門」鄭註。○—，亦與祊通。〔廣雅·釋天〕「祊，祭也」疏證。

頱　顱—，頭也。〔廣韻·清部〕○—顱，頭不正。〔集韻·清部〕

䜝　五—，高陽氏樂。亦作英。〔廣韻·庚部〕

謦　—，聲也。〔廣韻·清部〕○—，呻也。〔集韻·耕部〕

馞　—馞，大香。〔廣韻·庚部〕○—馞，芬芳也。〔集韻·庚部〕

䬃　—，大風也，或書作颰。〔集韻·耕部〕

𩗗　—，風聲，或从薨。〔集韻·耕部〕

䬋　—，高風也。〔集韻·庚部〕

𩘰　—颰，風聲。〔集韻·耕部〕

𩙐　—颮，暴風。〔廣韻·庚部〕

𩙜　—颰，風聲。〔集韻·庚部〕

𩙷　𩙐—，狂風。〔廣韻·庚部〕

𩞄　—，充食。〔廣韻·耕部〕

䯒　—，牛脊後骨。〔廣韻·庚部〕又〔集韻·庚部〕。

𩬰　—鬤，亂髮兒。〔説文〕「鬤，髮鬤鬤也」義證引〔五音集韻〕。又〔廣韻·庚部〕。○〔五音集韻〕—與鬇同。〔説文〕「鬤，髮鬤鬤也」義證。

鬇　—，同𩬰。〔廣韻·庚部〕

鬡　—，鬇—。〔廣韻·耕部〕○—，鬇—，毛髮亂兒。〔集韻·耕部〕

駖　—，馬衆聲。〔集韻·耕部〕

䮔　—，馬住兒。〔集韻·庚部〕

鵧　—，鳥名。〔集韻·清部〕

䳟　—，鷦—，似鳳，南方神鳥。〔廣韻·庚部〕

鷀　—，繼—，鳥名。〔廣韻·庚部〕

鶄　—，—鵁，鳥名，鵁鶄也。〔集韻·清部〕

麠　—，獸名，大如兔也。〔廣韻·庚部〕○—，獸名，似鹿而小。〔集韻·庚部〕

䵍　—，織也。〔廣韻·庚部〕

# 續經籍籑詁卷第二十四

下平聲

## 九　青

**青**　—，東方色也。〔廣韻・青部〕又〔大戴・勸學〕「—取之於藍」王詁。〇—，靜也，言東方之色，東方春位，其色—也。〔誥志〕「載于—色」王詁。〇—者，精也。其目之登然而靜也。〔詩・野有蔓草〕「—揚宛兮」集疏。〇—，彭，清飾也」義證引趙宧光。〔說文繫傳・通論上〕〇—，寶石名。〔說文〕「彭，清飾也」義證引趙宧光。〇—為玉石雜也。〔春秋名字解詁〕「齊公孫—字子石」述聞。〇—，水鳥也，一名—雀，一名—鳥，字或作蜻。〔呂覽・精諭〕「海上之人有好蜻者」述聞。〇——，純緣之色。〔詩・子衿〕「——子衿」朱傳。〇——，茂盛也。〔楚辭・少司命〕「秋蘭兮——」補注。〇——，盛貌。〔詩・苕之華〕「其葉——」朱傳。〇——，堅剛茂盛之貌。〔詩・淇奧〕「綠竹——」朱傳。〇—史，言汗—也。〔通雅・卷三〕〇—玄謂天，蒼玄又—玄變文。〔漢書・禮樂志〕「忽乘—云」補注。〇—絇，又當別為素屨之飾。〔周禮・屨人〕「黃繶—句素屨、葛屨」孫正義。〇—隹，即黃褐侯，斑隹所化也。〔通雅・卷四五〕〇—桐即梧桐之無實者。〔通雅・卷四三〕〇〔通雅・卷四二〕—忞，謂茁也。〔管子〕「五位之土，—忞以苔」。〇—飷飯，烏飯也。〔通雅・卷三九〕〇—娘子，蚖—也。〔通雅・卷四七〕〇—陰羽，亦謂—黑色之羽也。〔周書〕「陰羽」雜志。〇—黑星，客星也。〔漢書・天文志〕「匏瓜，有—黑星守之」補注。〇—波，〔史記〕作清波，通用字。〔漢書・黥布傳〕「破之—波」補注。〇〔史・表〕—作清。〔漢書・高惠高后文功臣表〕「陽信胡侯呂—」補注。〇官本—作清。〔漢書・地理志〕「東至鄴入—漳」補注。〇—當作黑。〔說文〕「紫，帛—赤色也」段注。

**經**　—，—緯以成繒帛也。〔說文〕「—，織也」義證引〔玉篇〕。〇—，緯也。〔廣韻・青部〕〇從曰—，—在軸。〔說文定聲・卷一二〕〔緯〕下〇從絲為—。〔說文定聲・卷一七〕〇—，從也。〔大戴・易本命〕「南北為—」王詁。〇東西為—。〔說文〕「營，帀居也」繫傳。〇—，常。〔詩・小旻〕「匪大猶是—」朱傳。〇—，常也。〔廣韻・青部〕又〔說文繫傳・通論上〕。又〔中庸〕「凡為天下國家有九—」朱注。又〔孟子・盡心下〕「—德不回」朱注。又〔大戴・保傅〕「無—於百官」王詁。〇—，常也，謂五常也。〔大戴・五帝德〕「敬政率—」王詁。〇—，久也，常也。〔慧琳音義・卷二七〕引〔玉篇〕。〇素、—皆常也，法也。〔廣雅・釋言〕「儀，—也」疏證。〇—，法也，度也。〔慧琳音義・卷二七〕〇—，度也。〔詩・靈臺〕「—始靈臺」朱傳。又〔通鑑・齊紀六〕「今—始洛邑」音注。〇—，常法也。〔禮記・禮器〕「禮之大—」集解。又〔韓子・主道〕「此之謂賢主之—也」集解引舊注。

〇—，理也。〔說文〕「坙，水脈也」繫傳。〇—即循也。〔詩・小旻〕「匪大猷是—」通釋。〇—，道也。〔荀子・勸學〕「學之—」集解。又〔成相〕「聽之—」集解。〇—，當訓行。〔詩・小旻〕「匪大猷是—」通釋引朱彬。〇—，猶歷也。〔漢書・翟方進傳〕「—博士受春秋」補注。〇—，過也。〔管子〕「—不知」雜志。〇—，貫穿也，攝也。〔慧琳音義・卷二七〕〇—，量度也。〔孟子・梁惠王上〕「詩云，—始靈臺」朱注。〇徑直為—，周迴為營，謂相步其基址也。〔義府・卷上〕〇天文恒星，七百八十三座為—。〔說文定聲・卷一七〕〇—，縊也。〔論語・憲問〕「自—於溝瀆而莫之知也」朱注。〇—，絞也。〔廣韻・青部〕〇—，絞也，縊也。〔通鑑・周紀四〕「遂—其頸於樹枝」音注。〇—，徑也。〔廣韻・青部〕〇—之言徑也。〔管子〕「—不知」雜志。〇—，讀為徑，即下文所謂蹊徑。〔荀子・勸學〕「學之—」集解引王念孫。〇—謂—脈。〔莊子・养生主〕「枝—肯綮之未嘗」集釋引俞樾。〇稱—者，古文〔尚書〕也。〔漢書・于定國傳〕「—曰，萬方有罪」補注引沈欽韓。〇—緯，引申為凡交會之稱。〔說文〕「緯，織衡絲也」段注。〇—繆，縊也。〔說文〕「繆，—繆殺也」繫傳。〇—繆殺，若今絞罪，以二繩絞死。〔同上〕段注。〇〔通雅・卷一九〕今人稱牙僧為—紀。〔柳子厚墓誌〕「能—紀其家」。〇雉—，頭槍而懸死也。〔楚辭・天問〕「伯林雉—」補注引〔國語〕「雉—於新城之廟」注。〇—與陘通。〔廣雅・釋詁一〕「陘，隔也」疏證。〇—徑古通用。〔韓子・解老〕「邪心勝則事—絕」集解。〇〔說文定聲・卷一七〕—，叚借為徑，實為徎。〔廣雅・釋言〕「—，徑也」。〇—讀為徑。〔荀子〕「學之—」雜志。〇—讀與徑同。〔漢書・揚雄傳〕「圍—百里而為殿門」補注。〇〔說文定聲・卷一七〕—，叚借為坙。〔素問・離合真邪論〕「地有—水」。〇磬、—、蹇俱聲相轉。〔釋樂〕「徒鼓磬謂之蹇」郝疏。〇—、徑同。〔墨子・備蛾傳〕「—尺一」閒詁引蘇時學。〇—作徑。〔史記・大宛傳〕「—匈奴」雜志。〇〔羣書治要〕引—作徑。〔管子・法法〕「正民之—也」義證引孫星衍。〇—當作徑。〔韓子・解老〕「邪心勝則事—絕」集解引顧廣圻。

**涇**　—，水名。〔詩・棫樸〕「淠彼—舟」朱傳。又〔鳧鷖〕「鳧鷖在—」朱傳。〇—水，出今甘肅平凉府西南开頭山經陝西邠州至西安府高陵縣入渭。〔說文定聲・卷一七〕〇—，今吾蘇溝瀆多名—者。〔同上〕〇今蘇州、嘉興溝瀆曰某—，某—，亦謂其可徑通。〔說文〕「—水出安定—陽」段注。〇—，泛指水中有直波處。〔詩・鳧鷖〕「鳧鷖在—」通釋。〇—、徑字同，謂大水中流—直孤往之波。〔同上〕後箋引〔詩經小學〕。又〔同上〕集疏。〇—陽，今甘肅平凉府平凉縣西四十里故城即其地也。〔詩・六月〕「至于—陽」集疏。〇—縣，即續志安平國之經縣。〔漢書・地理志〕「嘗分為—縣」補注引段玉裁。〇—匌即涇朋。〔通雅・卷八〕〇〔說文定聲・卷一七〕—，叚借為徑。〔釋名・釋水〕「水直波曰—」。〇—，叚借為徎，為逞。〔說文定聲・卷一七〕〇官—作經。〔漢書・地理志〕「嘗分為—縣」補注。

形｜，見也。〔國語・越語〕「天地之刑」述聞。○｜猶見也。〔孝經〕「｜於四海」皮疏引邢昺。○｜，見其顯。〔國策・魏策一〕「前脉地｜之險阻」鮑注。○｜，兆也。〔大戴・本命〕「｜於一謂之性」王詁。○｜猶勢也。〔國策・西周策〕「周君｜不好小利」鮑注。又〔魏策三〕「寡人固｜弗有也」鮑注。○虧｜即虧勢也。〔漢書・司馬遷傳〕「今已虧｜」補注。○｜，容也，常也。〔廣韻・青部〕○｜猶容也。〔左傳昭公一二年〕「｜民之力」平議。○｜，為容皃之容。〔廣雅・釋詁四〕「｜，容也」疏證。○｜容謂之｜，因而｜容之亦謂之｜。〔説文〕「｜，象也」段注。○｜，狀也。〔孟子・梁惠王上〕「不為者與不能者之｜何以異」朱注。○｜，事也。〔韓子・揚權〕「不知其名，復脩其｜」集解引舊注。○｜，在外者，謂地與民。〔國策・韓策三〕「為實者攻其｜」鮑注。○｜聲即象聲也。〔説文・敘〕「三曰｜聲」段注。○｜勢與造設義近。〔釋言〕「基，設也」郝疏。○不｜，謂中心係結，不見於外也。〔楚辭・悲回風〕「心鞿羈而不｜兮」補注。○｜而上者，無｜者也。〔易・繫上〕「｜而上者謂之道」李疏。○｜而下者，有形者也。〔易・繫上〕「｜而下者謂之器」李疏。○｜、刑古字通。〔管子〕「是故以人役上」雜志。○〔説文定聲・卷一七〕｜，叚借為荆。〔易・鼎〕「其｜渥」。○｜，假為刑罰字也。〔説文〕「｜，象也」段注。○｜與型古字通。〔荀子・成相〕「｜是詰」集解引郝懿行。○〔説文定聲・卷一七〕｜，叚借為型。〔左傳昭公一二年〕「｜民之力」。○｜，假為型模字也。〔説文〕「｜，象也」段注。○〔説文定聲・卷一七〕｜，叚借為行。〔列子・湯問〕「太｜、王屋二山」。○｜，當讀為刑。〔左傳昭公一二年〕「｜民之力」述聞。○｜當讀為刑。〔國語・吳語〕「天有還｜」平議。○｜，元作刑。〔國策・魏策三〕「寡人固｜弗有也」鮑注。○｜，元作刑。〔國策・齊策四〕「故曰無｜者」鮑注。○〔説文定聲・卷一七〕｜，字亦作形。〔廣雅・釋詁四〕「形，容也」。○｜，〔家語〕作刑民。〔左傳昭公一二年〕「｜民之力」洪詁。○｜，〔韓詩外傳六〕作刑。〔荀子・彊國〕「愛利則｜」集解引郝懿行。○凝寒以｜，御覽作凝寒以刑。〔呂覽・大樂〕「凝寒以｜」校正。○〔左傳昭公一二年〕「｜民之力」，〔後漢・陳蕃傳〕注引作「刑民之力」述聞。○古｜與刑通。〔史記・秦始皇本紀〕「啜土｜」志疑。○｜，各本作象｜也。〔説文〕「｜，象也」段注。

刑｜與剄同義。〔漢書〕「｜」雜志。○此自｜訓為剄。〔漢書・淮南厲王傳〕「太子自｜」補注。○｜，罰罪也。〔大戴・主言〕「則四海之內無｜民矣」王詁。○法之亦謂之｜。〔書・立政〕「｜暴德之人」述聞。○｜，法。〔詩・文王〕「儀｜文王」朱傳。○｜，法也。〔廣韻・青部〕又〔詩・抑〕「克共明｜」朱傳。又〔孟子・梁惠王上〕「詩云，｜于寡妻」朱注。又〔大戴・小辨〕「｜於民而放於四海」王詁。又〔禮記・禮運〕「｜仁講讓」集解。又〔周書〕「路徑」雜志。又〔荀子〕「｜下」雜志。○｜，｜法。〔國策・魏策三〕「寡人固｜弗有也」鮑注引高誘。○｜者，法也。〔荀子・彊國〕「愛利則形」集解引郝懿行。○｜，儀法也。〔詩・思齊〕「｜于寡妻」朱傳。○｜如「｜于寡妻」之｜，｜，法也。〔荀子・臣道〕「｜下如影」集解引王念孫。

○｜與型同，鑄作器物之法也。〔荀子・彊國〕「｜范正」集解引郝懿行。○｜與型同，模範之屬，作器之法也。〔荀子・臣道〕「｜下如影」集解引郝懿行。○｜，正也。〔通鑑・魏紀一〇〕「非所以｜于四海也」音注引韓嬰。○｜，正人之法。〔大戴・千乘〕「凡民之不｜」王詁。○｜，謂五｜。〔大戴・曾子大孝〕「｜自反此作」王詁。又〔盛德〕「小民無｜而治」王詁。○｜者，形也。〔説文繫傳・通論中〕○｜者，侀也。〔同上〕○｜，亦成也。〔禮記・大傳〕「刑罰中故庶民安」集解。○｜猶成也。〔呂覽・博志〕「冬與夏不能兩｜」校正。又〔左傳昭公一二年〕「形民之力」述聞。○｜，常也。〔書・召誥〕「｜用于天下」述聞。○｜，亦常也。〔書・多方〕「厥民｜用勸」述聞。○｜為典常之常，又為久常之常。〔釋詁〕「｜，常也」述聞。○典｜即典常也。〔同上〕○｜，猶威也。〔國策・齊策四〕「燕楚以｜服」鮑注。○｜即用也。〔書・立政〕「惟羞｜暴德之人」平議。○｜與庸同義。〔同上〕○｜即智。〔史記・天官書〕「禮、德、義、殺、｜，盡失」志疑。○｜，謂｜書。〔大戴・千乘〕「陳｜制辟」王詁。○｜名者，并學兩家術耳。〔漢書・張歐傳〕「歐孝文時以治｜名侍太子」補注引劉攽。○｜極，即謂被髡鉗。〔漢書・甯成傳〕「而成｜極」補注引周壽昌。○｜人，謂以罪受墨、劓、宮、刖、髡｜者。〔大戴・本命〕「世有｜人不取」王詁。○｜人，猶不常人，有常之人。〔易・蒙〕「利用｜人」平議。○不｜蹇者，不躓礙也。〔呂覽・圜道〕「以言不｜蹇」平議。○｜與剄，古同聲而通用。〔廣雅・釋詁〕「｜，剄也」疏證。○｜、形字通。〔國策・卷下〕「寡人固｜弗有也」札記引吳氏補。又〔墨子・非儒下〕「桼雕｜殘」閒詁。○形、｜古多通用。〔管子〕「爭｜」雜志。○｜、形古通用也。〔管子・權修〕「見其不可也，惡之有｜」平議。○｜，亦通作形。〔廣雅・釋詁一〕「｜，正也」疏證。○此書｜、形字通。〔國策・魏策三〕「寡人固形弗有也」補正。○〔説文定聲・卷一七〕｜，叚借為形。〔漢書・終軍傳〕「｜于宇內矣」。○｜讀為形。〔韓子・主道〕「同合｜名」集解引顧廣圻。又〔國語・越語〕「天地之｜」述聞。○｜，通作型。〔釋詁〕「｜，法也」邵正義。○〔説文定聲・卷一七〕｜，叚借為型，凡經傳儀｜字皆是。〔書・堯典〕「觀厥｜于二女」。○〔同上〕｜，叚借為鉶。〔漢書・司馬遷傳〕「歠土｜」。○｜，讀為徑，徑，疾也，速也。〔禮記・月令〕「事無｜」述聞。○｜同形。〔墨子・經上〕「｜與知處也」閒詁引畢沅。又〔經上〕「力，｜之所以奮也」閒詁引畢沅。○｜與形同。〔管子〕「爭｜」雜志。○古形字皆作｜。〔左傳昭公一二年〕「形民之力」洪詁引惠棟。○〔魯〕｜作形。〔詩・文王〕「儀｜文王」集疏。○姚本｜作形。〔國策・齊策四〕「燕楚以｜服」補正。○｜當作形。〔韓子・姦劫弒臣〕「是雖有殘｜殺身以為人主之名」集解。○｜名當為形名。〔漢書・張歐傳〕「歐孝文時以治｜名侍太子」補注引沈欽韓。○｜與型同。〔荀子・臣道〕「｜下如影」集解引郝懿行。又〔彊國〕「｜范正」集解引郝懿行。○刀井為｜。〔説文繫傳・通論下〕○｜當從井為荆。〔説文〕「灋，｜也」義證。○｜，此｜剎之｜也，荆法之｜在井部，今為誤通之。〔説文〕「｜，剄也」句讀。○俗字仍用｜為荆罰、典荆、儀荆字。〔同上〕段注。○古文以五丨為象丨。〔書・皋陶謨〕「五丨五庸哉」孫疏。○丨，法也。○丨者，教也，質罪示終。〔說文〕「荆，罰辠也」義證引〔孝經鉤命決〕。○丨，法也。〔說文〕「荆，楚木也」義證。○〔說文定聲・卷一七〕丨，段借為型。〔釋詁〕「丨，法也」。○丨者，型之段音也。〔釋詁〕「丨，法也」郝疏。○〔說文定聲・卷一七〕丨，段借為形。〔易・鼎〕「其丨渥」。○〔同上〕丨，段借為鉶。〔周禮・內饔〕「凡掌共羞脩丨膴胖骨鱐」。○〔同上〕丨，段借為剄。〔廣雅・釋詁四〕「丨，頸也」。○丨，此荆罰正字也，今字改用刑。〔說文〕「丨，罰辠也」段注。○丨，假借為典型字。〔同上〕

**邢**　丨，地名，在鄭，亦州名，古丨侯國也。〔廣韻・青部〕○丨即丨丘。〔史記・春申君列傳〕「桃入丨」志疑。○丨為直隸丨臺縣。〔史記・殷本紀〕「祖乙遷于丨」志疑引〔讀史方輿紀要〕。○丨，〔御覽・卷八三〕引〔史〕是「耿」，則丨字為傳寫之訛。〔史記・殷本紀〕志疑。○〔說文定聲・卷一七〕丨，假借為形。〔侯成碑〕「惟想丨景」。○丨，晉地，後為趙地，在今山西潞安府，即〔穆天子傳〕之鈃山，〔漢書・地理志〕之石研關也，于漢為常山郡之井陘縣，井即丨也。〔說文定聲・卷一七〕○丨、井蓋古今字。〔說文〕「丨，鄭地有丨亭」段注。

**硎**　丨，砥石。〔廣韻・青部〕又〔集韻・青部〕。○始皇阬儒處，曰陘谷，亦曰丨谷，亦曰阬谷。〔說文定聲・卷一七〕○丨，段借為阱。〔同上〕○丨谷，實則陘谷也。〔說文〕「陘，陘谷也」段注。

**鉶**　丨，祭器。〔廣韻・青部〕○丨，盛和羹器。〔集韻・青部〕○丨，盛粥器也。〔通雅・卷二〕○丨羹乃和五味普淖之名。〔儀禮・士虞禮〕「嘉薦普淖」胡正義。○丨，又作鈃。〔通雅・卷一〕○丨，通作鈃。〔集韻・青部〕○丨，禮器也。〔說文〕「丨，器也」段注。○丨作荆，亦段借字。〔同上〕

**型**　丨，鑄鐵模也。〔廣韻・青部〕○土曰丨。〔說文定聲・卷一〕(「鎔」下)○丨，俗謂之撲。〔說文〕「丨，鑄器之法也」繫傳。○丨，引申之為典丨。(同上)段注。○丨，段借荆字為之。(同上)○以土為法曰丨。〔集韻・青部〕○丨，鑄器之範。〔說文〕「丨，鑄器之法也」繫傳。○丨，鑄器之法模也。(同上)義證引〔玉篇〕。○丨，通作荆。(同上)義證。○〔說文定聲・卷一七〕丨，字亦作侀，經傳多以荆為之，又誤作刑。〔禮記・王制〕「刑者，侀也」。

**陘**　丨，連山中絶。〔廣韻・青部〕○連山中斷曰丨。〔左傳隱公一一年〕「盟、州、丨、隤」洪詁。○山凡中斷皆曰丨。〔釋山〕「山絶丨」郝疏。又〔說文定聲・卷一七〕○丨，連山中斷絶也。〔說文〕「丨，山絶坎也」繫傳。○凡兩山中斷以成隘道者皆謂之丨。〔春秋名字解詁〕「魯公孫有丨字山」述聞。○丨言徑也。〔通雅・卷一四〕○丨之言徑。〔廣雅・釋邱〕「丨，阪也」疏證。○有溝無水曰丨。〔說文〕「邕，四方有水自邕城池者是也」繫傳。○丨者，一山在兩川之間。〔說文〕「丨，山絶坎也」段注。○丨者，領也。(同上)○丨庭即熒庭。〔左傳桓公二年〕「哀侯侵丨庭之田」疏證。○丨庭亦即滎庭也。(同上)○徑、陘、丨，並字異而義同。〔廣雅・釋邱〕「丨，阪也」疏證。○丨、鄄古字通。〔左傳僖公二二年經〕「八月丁未，及邾人戰于升丨」洪詁。○丨通作陘。〔釋山〕「山絶丨」郝疏。○〔說文定聲・卷一七〕丨，段借為陘。〔廣雅・釋山〕「丨，阪也」。○丨，字亦通作徑。〔廣雅・釋邱〕「丨，阪也」疏證。○〔說文定聲・卷一七〕丨，段借為陘。〔廣雅・釋室〕「竈謂之竈，其脣謂之丨」。○今井丨之丨，古書有作硎者。〔說文〕「丨，山絶坎也」義證引顧炎武。○今井丨之丨，古書有作陘者。(同上)○今井丨之丨，古書有作徑者。(同上)○今井丨之丨，古書有作岍者。(同上)○今井丨之丨，古書有作鈃者。(同上)○今井丨之丨，古書有作研者。(同上)○丨，〔孟子〕作徑。〔說文〕「丨，山絶坎也」段注。○丨，賈注作徑。〔左傳桓公二年〕「哀侯侵丨庭之田」疏證引李貽德輯述。○丨、陵聲近而訛。〔左傳成公二年〕「擊馬丨」疏證引梁履繩。

**婬**　丨，女長皃。〔廣韻・青部〕○丨，好也，或从刑。〔集韻・青部〕○漢婦官十有四等，武帝邢夫人號丨娥。〔說文定聲・卷一七〕

**亭**　丨，道路所舍。〔說文〕「丨，民所安定也」義證引〔增韻〕。○丨，民所安定之為除害也。(同上)義證引〔玉篇〕。○大率十里為丨。〔說文〕「邠，美陽丨，即豳也」繫傳。○十里一丨，十丨一鄉，本為秦制。〔史記・高祖功臣侯者年表〕志疑。○丨，所以守也。〔漢書〕「原高」雜志。○丨，今丨子名。〔廣韻・青部〕○丨，亦平也。〔續音義・卷六〕引〔考聲〕。○丨當訓平。〔漢書・司馬相如傳〕「丨皐千里」補注。○丨，孤直也。〔說文〕「竫，丨安也」繫傳。○丨，留也。〔慧琳音義・卷一九〕○安定曰丨安。〔說文〕「竫，丨安也」段注。○今驗丨歷實葉皆似芥。〔釋草〕「蕇，丨歷」郝疏。○丨歷一名丁歷，一名蕇，一名狗薺。〔說文〕「蕇，丨歷也」義證引〔急就篇〕顏注。○丨歷一名丁歷，一名蕇蒿，一名大室，一名大適。(同上)義證引〔本草〕。○古者丨、樓通稱旗丨，即市樓。〔說文〕「𩫖，度也」義證。○〔通雅・卷四〕丨毒，存養也。〔列子〕「丨之毒之」。○丨障者，猶鄣道。〔漢書・鄯善國傳〕「於是漢列丨障至玉門矣」補注引徐松。○丨長，舊名負弩，或謂丨父。〔漢書・高帝紀〕「為泗上丨長」補注引周壽昌。○〔說文定聲・卷一七〕丨，段借為定。〔史記・始皇紀〕「決河丨水」。○丨者，甹之借字。〔說文〕「竫，丨安也」句讀。○丨即停字。(同上)義證。○丨，字亦作停。〔說文定聲・卷一七〕○丨，字亦作渟。(同上)○丨，其字俗作停、作渟。〔說文〕「竫，丨安也」段注。○丨山本作鬲山。〔荀子・解蔽〕「桀死於丨山」集解引王念孫。

**庭**　室之中曰丨。〔說文〕「丨，宮中也」段注。○丨謂中丨。〔詩・山有樞〕「子有廷內」述聞。○丨，門丨。〔廣韻・青部〕○丨，今俗謂之廳。〔說文定聲・卷一七〕○堂、寢、正室皆曰丨。(同上)○丨者，堂下之地。〔左傳成公六年〕「立於寢丨」疏證引金鶚。○凡經有謂堂下為丨者。〔說文〕「丨，宮中也」段注。○凡言丨者，皆廟寢堂下也。〔左傳成公六年〕「立於寢丨」疏證引金鶚。○丨，宮寢前丨也。〔詩・斯干〕「殖殖其丨」朱傳。○丨，堂堦前也。〔説文〕「丨，宮中也」義證引〔玉篇〕。○堂下至門謂之丨。〔屈賦・湘夫人〕「合百草兮實丨」戴注。○丨，在大門之內，寢門之外。〔詩・著〕「俟我於丨乎而」朱傳。○參分堂塗，一曰丨。〔詩・著〕集疏引韓説。○丨，朝。〔詩・常武〕「徐方來丨」朱傳。○丨，直。〔詩・大田〕「既丨且碩」朱傳。○丨，直也。〔廣韻・青部〕又〔通鑑・漢紀一九〕「同討不丨以尊王室者」音注。又〔唐紀三六〕「四征不丨」音注。又〔文選・西京賦〕「參塗夷丨」補正。又〔説文定聲・卷一七〕。○丨者，正直之處也。〔説文〕「丨，宮中也」段注。○〔説文定聲・卷一七〕丨，剔也。〔周禮・庭氏〕「掌射妖鳥」。○丨燎，火燭也。〔詩・庭燎〕「丨燎之光」朱傳。○丨燎，丨陛設火也。〔通雅・卷三八〕○丨實，車馬與皮也。〔左傳宣公一四年〕「於是有丨實旅百」疏證引沈欽韓。○丨孔，溺孔之端孔也。〔太素・督脈〕「女子入繫丨孔」楊注。○丨、廷古通用。〔漢書・趙充國傳〕「朝丨每有四夷大議」補注引周壽昌。○丨、廷古字通。〔史記〕「置廷宮中」雜志。○〔説文定聲・卷一七〕丨，段借為廷。〔周書・大匡〕「朝于大丨」。○丨者，廷之段音也。〔釋詁〕「丨，直也」郝疏。○〔説文定聲・卷一七〕丨，段借為梃。〔釋詁〕「丨，直也」。○（同上）丨，段借為霆。〔朱龜碑〕「威神，電」。○（同上）丨，段借為莛。〔詩・大田〕「既丨且碩」。○（同上）丨，段借為戥。〔周禮・庭氏〕「掌射妖鳥」。○丨，讀為廷。〔詩・著〕「俟我於丨乎而」陳疏。○丨當讀為逞。〔莊子・山木〕「三月不丨」集釋引王念孫。○丨當讀為挺。〔詩・大田〕「既丨且碩」平議。○丨，字作廳。〔説文定聲・卷一七〕○丨有堂，故其文從广。〔左傳成公六年〕「立於寢丨」疏證引金鶚。○齊丨作廷。〔詩・閔予小子〕「陟降丨止」集疏。○釋文丨本又作廷。〔左傳襄公二三年〕「張武軍於熒丨」洪詁。○高麗本丨作廷。〔左傳昭公一八年〕「梓慎登大丨氏之庫」洪詁。○〔封禪書〕丨作廷，〔通鑑〕作廷。〔漢書・郊祀志〕「幾至殊丨焉」補注。○〔史記〕丨作廷。〔漢書・伍被傳〕「方今漢丨治平」補注。○丨當作廷。〔漢書・公孫弘傳〕「不肯丨辯」補注引宋祁。又〔王尊傳〕「奉璽書至丨中」補注引宋祁。又〔黃霸傳〕「丨中稱平」補注引宋祁。○丨字當從〔史記〕作廷。〔漢書・周昌傳〕「而昌丨爭之強」補注。○丨堅，〔孫叔敖碑〕作霆堅。〔左傳文公五年〕「丨堅」洪詁。

**廷**

丨者，朝中也。〔書・盤庚〕「悉至于丨」孫疏。○丨，官舍也。〔廣雅・釋宮〕「丨，官也」疏證。○丨之言亭也。〔廣雅・釋詁三〕「丨，平也」疏證。○丨謂路寢之庭也。〔詩・山有樞序〕「有朝丨不能洒埽」述聞。○丨者，平也，又正也，國家朝丨也。〔廣韻・青部〕引〔風俗通〕。○丨者，平地也。〔論語・鄉黨〕「宗廟朝丨」劉正義。○丨無堂而但為平地，故其文從廴。〔左傳成公六年〕「公立於寢庭」疏證引金鶚。○〔説文定聲・卷一七〕以定釋丨。〔釋名・釋宮室〕「丨，停也，人所停集之處也」。○丨內，猶言堂室也。〔詩・山有樞〕「子有丨內」集疏。○丨內，謂庭與堂室。〔詩・山有樞〕述聞。又〔抑〕「洒埽庭內」述聞。○丨與庭通。〔詩・山有樞〕陳疏。又（同上）述聞。○庭、丨通用。〔漢書・西域傳〕「自車師前王丨」補注引王先慎。○庭、丨古字通。〔史記〕「置丨宮中」雜志。○〔説文定聲・卷一七〕丨，段借為庭。〔漢書・匡衡傳〕「陟降丨止」。○（同上）丨，以庭為之。〔洪範・五行傳〕「於中庭祀四方」。○丨或借庭字。〔説文〕「丨，朝中也」義證。○官本丨作庭。〔漢書・天文志〕「太微者，天丨也」補注。○丨，官本作庭。〔漢書・張湯傳〕「掖丨令平生稱我」補注。○掖丨亦作掖庭。〔漢書・百官公卿表〕「永巷為掖丨」補注。○居丨，〔漢書〕作居地。〔史記・酷吏列傳〕「居丨惛惛不辯」志疑。○丨尉史，〔史記〕作丨史。〔漢書・義縱傳〕「遷為丨尉史」補注。○丨，當為迋，迋與往同，謂往至子亹之家而請見。〔國語・楚語〕「丨見申公」述聞。○丨，亦迋之譌。〔國語・楚語〕「丨見令尹子常」述聞。

**霆**

丨，雷丨。〔廣韻・青部〕○丨，疾雷也。〔詩・采芑〕「如丨如雷」朱傳。○丨，霹靂也。〔説文〕「丨，雷餘聲也」義證引〔五經通義〕。○〔説文定聲・卷一七〕丨，此與震同誼。〔子虛賦〕「星流丨擊」。○丨，其急激者也。〔説文〕「震，劈歷振物者」繫傳。○丨電通名。〔釋天〕「疾雷為丨霓」郝疏。○古義丨電不別。〔説文〕「電，霧易激燿也」段注。○庭與丨通。〔易・繫上〕「鼓之以雷丨」李疏。○〔説文定聲・卷一七〕丨，段借為酲。〔中山經〕「服之者不丨」。

**莛**

丨，草莖。〔廣韻・青部〕○丨，枝莖也。〔説文〕「丨，莖也」繫傳。○草曰丨。〔説文定聲・卷一七〕（「梃」下）○丨，一曰屋梁。〔漢書・東方朔傳〕「以丨撞鐘」補注引吳仁傑。又〔集韻・青部〕。○古書言丨者謂其小也。〔莊子・齊物論〕「故為是舉丨与楹」集釋引俞樾。○筳與丨通。〔莊子・齊物論〕平議。○丨，實與莖同字。〔説文定聲・卷一七〕

**蜓**

丨，蜻丨，亦蟪蛄別名。〔廣韻・青部〕○丨蚞，蟲名，蟪蛄也。〔集韻・青部〕○蝘丨，俗謂之壁虎。〔説文定聲・卷一七〕

**渟**

丨，水止。〔廣韻・青部〕○水止曰丨。〔集韻・青部〕○丨，水滯也。〔慧琳音義・卷四〇〕引〔字書〕。又〔卷九九〕引〔字書〕。○丨，猶湛也。〔慧琳音義・卷二一〕○〔通雅・卷八〕丨瀯一作濎瀯。〔杜篤賦〕「洛水之丨瀯」。○丨通作停。〔廣雅・釋詁三〕「丨，止也」疏證。

**楟**

丨，山梨，木名。〔廣韻・青部〕○丨，即樝也。〔漢書・司馬相如傳〕「亭柰厚朴」補注。○丨，一名檖。〔文選・蜀都賦〕「橙柹楟丨」集釋引王氏〔廣雅疏證〕。○丨當作桴。〔管子・宙合〕「若鼓之有丨」義證。

**停**

丨，息也，定也。〔廣韻・青部〕○丨，止也。（同上）又〔集韻・青部〕。○丨丨，義與娗娗同。〔廣雅・釋訓〕「娗娗，容也」疏證。○丨丨，言樸遫不長也。〔通雅・卷一〇〕○丨者，俗亭字。〔説文定聲・卷一六〕（「奠」下）○丨為亭字之俗。〔釋名・釋言語〕「丨，定也」疏證。○丨加人旁，俗字也。〔釋名・釋水〕「水丨處如手掌中也」疏證。○丨者，甹之俗字。〔説文〕「甹，定息也」句讀。

**寧** ｜，安也。〔廣韻・青部〕又〔說文〕「侯，春饗所䠶侯也」繫傳。又〔詩・葛覃〕「歸｜父母」朱傳。又〔良耜〕「婦子｜止」朱傳。又〔大戴・曾子事父母〕「由己為無咎則｜」王詁。○｜，謂問安也。〔詩・葛覃〕「歸｜父母」朱傳。○｜，安徐也。〔詩・十月之交〕「不｜不令」朱傳。○｜有死喪之義。〔左傳成公一六年〕「敢告不｜」疏證引沈欽韓。○｜，荒｜也。〔大戴・文王官人〕「以觀其不｜」王詁。○｜，猶何也。〔詩・小弁〕「｜莫之知」朱傳。又〔易・繫辭傳下〕「｜用終日」釋詞。又〔詩・子衿〕「｜不嗣音」陳疏。○｜，猶胡也。〔詩・沔水〕「｜莫之懲」集疏。○｜，猶豈也。〔左傳成公二年〕「｜不亦淫從其欲以怒叔父」釋詞。○｜，猶乃也。〔詩・正月〕「｜或滅之」釋詞。又〔詩・日月〕「｜不我顧」通釋。○｜亦乃也。〔漢書・谷永傳〕「｜或滅之」補注引王念孫。○｜，猶將也。〔莊子・秋水〕「｜其死為留骨而貴乎」釋詞。○｜，此乃反揭語。〔漢書・刀閒傳〕「故曰｜爵無刀」補注引周壽昌。○｜，願辭。〔慧琳音義・卷二一〕引〔玉篇〕。○｜為願詞。〔說文定聲・卷一七〕〔「甯」下〕○｜，語助也。〔左傳昭公元年〕「不｜唯是」釋詞。○｜乃語詞。〔太玄・元告〕「歲｜悉而年病」平議。○｜馨，晉宋間人語助耳。〔說文〕「㲁，聲也」義證引〔容齋隨筆〕。○｜馨猶言如許生也。（同上）引戴侗。○｜馨，猶今云恁地也。〔通雅・卷四九〕引馬永卿。○｜陽，縣在泰山。〔史記・王子侯者年表〕「｜陽」志疑。○｜，通作能。〔詩・正月〕「｜或滅之」通釋。○能與｜一聲之轉。〔漢書・谷永傳〕「｜或滅之」補注引王念孫。○｜字各處作甯，古通用也。〔史記・秦始皇本紀〕「有｜越」志疑。○〔說文定聲・卷一七〕｜，段借為寍。〔書・洪範〕「三曰康｜」。○今字多假｜為寍，｜行而寍廢矣。〔說文〕「｜，願詞也」段注。○〔說文定聲・卷一七〕｜，或曰借為竈。〔莊子・至樂〕「久竹生青｜」。○｜讀為憖。〔左傳僖公二八年〕「不有｜也」疏證引朱駿聲。又〔左傳成公一六年〕「敢告不｜」疏證引朱駿聲。○｜，亭字。〔墨子・備城門〕「皆為甯」閒詁引畢沅。○｜同寍。〔說文・上說文書〕「萬國咸｜」段注。○｜字，皆寍也。〔詩・葛覃〕「歸｜父母」陳疏。○｜與甯同。〔說文〕「｜，願詞也」句讀。○古｜、甯字同。〔左傳昭公二八年〕「憖使吾君聞勝與臧之死也」洪詁。○〔史記〕｜作甯。〔左傳哀公一五年〕「孔氏之老欒｜問之」洪詁。○｜，〔後漢〕因〔續志〕作甯。〔漢書・地理志〕「｜，西部都尉治」補注。○孔｜，鄭玄〔禮記〕注引作孔甯。〔左傳宣公九年〕「孔｜」洪詁。○鄭氏注〔禮運〕、賈氏注〔士喪禮〕引〔傳〕｜作甯。〔左傳宣公九年〕「孔｜」疏證引〔校勘記〕。○齊｜作能。〔詩・正月〕「｜或滅之」集疏。

**甯** ｜，願也。〔集韻・青部〕○｜，猶乃也。〔詩・正月〕「｜或滅之」述聞。○｜，猶乃也，語之轉。〔詩・四月〕「胡｜忍予」述聞引戴先生。又〔雲漢〕「｜莫我聽」述聞引戴先生。○〔賈子・禮篇〕「｜丁我網」，〔史記・殷本紀〕作「乃入我網」述聞。

**丁** ｜，强也。〔慧琳音義・卷七五〕○｜，强也，壯也。〔卷五八〕○昌、彊、｜、當又有盛壯之義。〔釋詁〕「｜，當也」述聞。○｜，當也。〔廣韻・青部〕又〔詩・雲漢〕「寧｜我躬」朱傳。○敵、彊、應、｜為相當之當。〔釋詁〕「丁，當也」述聞。○｜、當一聲之轉，當年者，｜年也，｜年者，壯年也。〔釋詁〕「｜，當也」述聞。○當年，壯年也，或曰｜年。〔墨子〕「遲者」雜志。○當壯即｜壯也。〔釋詁〕「｜，當也」述聞。○或作述義不勉曰｜。〔說文〕「玎，玉聲也」義證。○｜，成也。〔說文〕「成，就也」繫傳。○｜，物挺然成立之皃。〔說文〕「｜，夏時萬物皆｜壯成實，象形也」繫傳。○以｜入物亦曰｜。〔說文定聲・卷一七〕○｜，古借以紀旬，又以紀月，又以紀年。（同上）○｜令即｜零。〔漢書・匈奴傳〕「北降｜令」補注引周壽昌。○｜零地在令長城北。〔說文定聲・卷七〕〔「貂」下〕○｜寧，鉦也。〔通雅・卷三〇〕○｜父，蓮草也。〔廣雅・釋草〕疏證。○〔說文定聲・卷一七〕｜父，即木通。〔廣雅〕「｜父，蓮草也」。○所謂｜公者，長第之次也。〔史記・齊太公世家〕「子｜公呂伋立」志疑引〔通志・氏族略〕。○女亦以｜口算，故云少婦為｜壯。〔漢書・于定國傳〕「我老，久絫｜壯」補注引周壽昌。○古｜、當同音，｜壯言其年正當壯時也。〔義府・卷上〕○｜寍者，鉦之合音也。〔說文定聲・卷一七〕〔「鉦」下〕○〔卷一七〕｜，段借為當。〔釋詁〕「｜，當也」。○｜寧，讀如丁令，因作叮嚀，通為真泠丁東。〔通雅・卷三〇〕○｜，今俗以釘為之，其質用金，或竹，若木。〔說文定聲・卷一七〕○｜，俗字亦作打。（同上）○｜，又作玎。（同上）○｜寧，一作｜當。〔通雅・卷一七〕○〔管子・輕重丁〕「男女當壯」，〔輕重戊〕作「｜壯」。〔釋詁〕「｜，當也」述聞。

**釘** 今履底下以綫為結謂之｜底。〔說文〕「靪，補履下」繫傳。○｜到之言顛到也。〔廣雅・釋虫〕「孑孓，蛸也」疏證。○〔說文定聲・卷一七〕｜，段借為丁，今俗用為鐵｜字。〔廣雅・釋器〕「栓，｜也」。○（同上）｜，字亦作鉼。〔釋器〕「鉼金謂之鈑」。

**玎** ｜，玉聲。〔廣韻・青部〕○〔說文定聲・卷一七〕｜，段借為丁。〔說文〕「齊太公子伋謚曰｜公」。

**馨** ｜，香也。〔廣韻・青部〕○｜，香之遠聞也。〔詩・鳧鷖〕「爾殽既｜」朱傳。○｜，許生之急言也。〔說文〕「㲁，聲也，讀若｜」義證引戴侗。

**星** ｜，｜宿。〔廣韻・青部〕○｜，精也。〔詩・定之方中〕「｜言夙駕」後箋引〔韓詩〕。○｜之為言精也。〔說文〕「曐，萬物之精，上為列｜」義證引〔春秋說題辭〕。○｜者，元氣之英，水之精也。（同上）義證引〔物理論〕。○｜者，陰陽之精，萬物之體，五行之形，其體在下，精耀在天。（同上）義證引〔京房易傳〕。○｜，見｜也。〔詩・定之方中〕「｜言夙駕」朱傳。○｜，晴明之謂也。（同上）集疏引姚鼐。○｜謂木火土三｜。〔漢書・律歷志〕「以｜行率減歲數」補注引李銳。○凡經傳言｜辰，｜者，五緯。〔說文定聲・卷一五〕〔「辰」下〕○｜之言散也，引伸為碎散之偁。〔說文〕「曐，萬物之精，上為列｜」段注。○日月之精為｜辰。（同上）義證引〔物理論〕。○｜｜者，白微有光，以狀不欲明之象。〔漢書・天文志〕「｜｜不欲明」補注。○｜火即大火，亦即鶉火也。〔書・堯典〕「｜火」孫疏。○姓、｜疊韻，古文本通用｜。〔韓子・說林下〕「雨十日，夜｜」集解。○｜者姓之假借。〔詩・定之方中〕「—言夙駕」通釋。○—與笙聲近義同。〔廣雅・釋詁二〕「笙，小也」疏證。○—、猩，聲並與笙近，義亦同也。〔方言二〕「笙，細也」箋疏。○—即夝字。〔漢書・劉向傳〕「見晛聿消」補注引周壽昌。又〔說文〕「㬈，—無雲也」段注引姚鼒。○—，即晴字。〔詩・定之方中〕「—言夙駕」後箋。○—，古晴字。〔詩・定之方中〕通釋。○—即今晴字。〔說文〕「晏，天清也」段注。○三家—作聲。〔詩・雲漢〕「有嘒其—」集疏。○—當為日生二字。〔說文〕「㬈，㬈無雲也」義證。○古夝字多作—。〔說文〕「夝，雨而夜除—見也」句讀。

**曐** —同星。〔廣韻・青部〕○對文則五緯為—。〔說文定聲・卷一七〕○—隕，蘇俗所謂—移場者。〔同上〕○—如琉璃，繫于各重天，本為光體，與月不同。〔同上〕○—，段借為夝。〔同上〕○—，段借今所謂零星字。〔同上〕○—又為晏之誤字，借為旰。〔同上〕

**腥** —，生肉。〔論語・鄉黨〕「君賜—」朱注。○魚臭曰—。〔慧琳音義・卷一〇〕○—，豕臭肉。〔廣韻・青部〕○—，豕中肉息。〔集韻・青部〕○—為—孰字。〔說文〕「—，星見食豕，令肉中生小息肉也」段注。○—專謂豕不可食者。〔同上〕○〔說文定聲・卷一七〕—，段借為胜。〔楚辭・涉江〕「—臊並御」。○—，胜字之借。〔釋器〕郭注「飯中有—」郝疏。○〔說文定聲・卷一七〕—，段借為鮏。〔通俗文〕「魚臭曰—」。○—當作胜，而讀若生，亦通作生。〔釋器〕郭注「飯中有—」郝疏。○—當作胜。〔書・呂刑上〕「刑發聞惟—」孫疏。○—，字當作胜。〔說文〕「胜，一曰不孰也」段注。

**鯹** —鱢通作腥臊。〔廣雅・釋器〕「—鱢，臭也」疏證。○—同鮏。〔廣韻・青部〕

**鮏** —，通作胜。〔說文〕「—，魚臭也」義證。○—，又作腥。〔同上〕○—，俗字作鯹。〔說文〕「鱗，魚甲也」段注。○—，或作鯹。〔說文〕「—，魚臭也」義證。○—，或从星。〔集韻・青部〕○〔說文定聲・卷一七〕—，今俗以腥為之。〔說文〕「—，魚臭也」。

**醒** —，醉解也。〔慧琳音義・卷一七〕引〔考聲〕。又〔集韻・青部〕。○〔慧琳音義・卷一〕醉除解為—。〔大般若經・卷一〕「—悟」音義引賈逵。○—，酒—。〔廣韻・青部〕○—，醉寤也。〔通鑑・後晉紀三〕「如醉—矣」音注。

**惺** —，迷得悟也。〔慧琳音義・卷五一〕○—憽，了慧。〔集韻・青部〕○—，—憽，了慧皃。〔廣韻・青部〕引〔聲類〕。○—，或作醒。〔慧琳音義・卷五二〕

**篂** —，箳—，別駕車轓。〔廣韻・青部〕

**俜** —，使也。〔說文〕「俜，使也」句讀。○—，伶—。〔廣韻・青部〕○—，即史公所謂游俠也。〔說文定聲・卷一七〕○—，通作抨。〔釋詁〕「抨，使」郝疏。○—、甹音義皆同。〔說文〕「—，俠也」段注。○—與甹同。〔廣雅・釋詁二〕「—，俠也」疏證。○—，與俜同。〔說文〕「俜，使也」句讀。

**靈** —，巫也。〔廣韻・青部〕○—，神也。〔同上〕○—謂神降於巫之身者也。〔文選・東皇太一〕「—偃蹇兮姣服」集釋引〔楚辭集註〕。○—，謂地祇。〔大戴・曾子天圓〕「陰之精氣曰—」王詁。○—，福也。〔廣韻・青部〕又〔左傳昭公七年〕「寵—楚國」述聞。○—，亦福也。〔左傳昭公三二年〕「今我欲徼福假—於成王」述聞。又〔左傳哀公二四年〕「願乞—於臧氏」述聞。○—與福同義。〔典引〕「承聿懷之之福，亦以寵—文武」述聞。○—，善。〔詩・定之方中〕「—雨既零」朱傳。○—，寵也。〔廣韻・青部〕○—，善也。〔同上〕又〔離騷〕「字余曰—均」補注引五臣。又〔詩・定之方中〕「—雨既零」集疏引魯韓說。又〔詩・靈臺〕「經始—臺」後箋。又〔漢書・揚雄傳〕「協—辰」補注。○—臺，善臺也。〔詩・靈臺〕「經始—臺」後箋。○—臺即善臺。〔孟子・梁惠王上〕「謂其臺曰—臺」焦正義。○—沼即善沼。〔孟子・梁惠王上〕「謂其沼曰善沼」焦正義。○積仁為—。〔詩・靈臺〕「經始—臺」後箋。又〔同上〕集疏引〔說苑・修文〕。○侈汰好弄之君為—。〔說文定聲・卷一七〕○—，令也。〔墨子・耕柱〕「評—數千」閒詁引顧千里。○—之言令也。〔說文・上說文書〕「世祚遺—」段注。○—與令通義。〔書・呂刑上〕「弗用—」孫疏。○—即轜也。〔說文〕「軨，司馬相如說軨从霝」段注。○—謂雨也。〔國策・卷上〕「是故兵終身暴—於外」札記。○—雨之—，亦當訓為零。〔詩・定之方中〕「—雨既零」陳疏。○心曰—臺。〔說文〕「臺，觀四方而高者」段注。○辟廱之水曰—沼。〔說文定聲・卷一〕〔「廱」下〕○—保謂巫也。〔屈賦・東君〕「思—保兮賢姱」戴注。○—保，神巫也。〔楚辭・東君〕補注引說者曰。○—氛，卜師之稱。〔離騷〕「命—氛為予占之」戴注。○—脩，言有神明長久之道者。〔離騷〕「夫唯—脩之故也」補注引五臣。○五帝廟，蒼曰—府。〔廣雅・釋宮〕疏證。○—縣殆即衛之—丘。〔漢書・地理志〕「—」補注引〔通鑑〕胡注。○—叉，今大觜觿黿也。〔說文〕「蠵，觜蠵」段注。○—棋經，棋即占局之棋也。〔通雅・卷三〕○—瀀鴻者，—益大也。〔漢書・禮樂志〕「—瀀平而鴻」補注。○—，通作令。〔釋詁〕「—，善也」郝疏。○—，令之段字。〔墨子・耕柱〕「評—數千」閒詁引戴望。○—、令同聲同義。〔廣雅・釋詁一〕「—，善也」疏證。○霝—令聲義並同。〔廣雅・釋言〕「霝，令也」疏證。○零—通用。〔漢書・司馬相如傳〕「通—山道」補注。○—乃零之借字。〔漢書・敘傳〕「柯葉彙而—茂」補注。○「丁零」之為「丁—」，亦古字通用。〔史記・匈奴傳〕「後北服渾庾、屈射、丁—」志疑。○—，又通作泠。〔釋詁〕「—，善也」郝疏。○〔說文定聲・卷一七〕—，段借為伶。〔莊子・則陽〕「其所以為—公者何耶」。○〔同上〕—，段借為轜，即軨。〔左傳定公九年〕「載蔥—」。○〔同上〕—，段借為良，—良一聲之轉。〔廣雅・釋詁一〕「—，善也」。○〔同上〕—，段借為龍，—龍一聲之轉。〔南都賦〕「赤—解角」。○—與祿一聲之轉耳。〔廣雅・釋言〕「—，福也」疏證。○—與𩄮同。〔廣雅・釋詁三〕「霝，空也」疏證。○—省作霝。〔釋詁〕「—，善也」郝疏。○〔齊民要術〕—作泠。〔莊子・逍遙遊〕「楚子南有冥—者」集釋。○〔緇衣〕引〔甫刑〕—作命。〔書・呂刑上〕注「—一作命」孫疏。○—字，〔緇衣」作命，〔墨子〕作練，聲俱相近。〔同上〕○｜山道，〔史記〕作零關道。〔漢書·司馬相如傳〕「通｜山道」補注。

靇　｜，古文靈字。〔廣韻·青部〕

霛　｜，古文靈字。〔廣韻·青部〕又〔集韻·青部〕。

櫺　｜，窻｜。〔廣韻·青部〕○〔義府·卷下〕｜，窗｜也。〔冥通記〕「靜｜」。○｜，楯閒子，窗隔也。〔說文〕「｜，楯閒子」義證引〔增韻〕。○｜，又｜檻。〔廣韻·青部〕○｜即今人闌楯下為横｜也。〔說文〕「｜，楯閒子也」繫傳。○｜，謂闌檻之方格楯閒孔也。〔說文定聲·卷一七〕○｜，階際欄。〔廣韻·青部〕又〔楚辭·哀時命〕「置猨狖於｜檻兮」補注。○｜之言闌也。〔廣雅·釋宮〕「｜，梠也」疏證。○〔說文定聲·卷一七〕｜，屋檐也，所謂屋櫋聯也。〔方言一三〕「屋梠謂之欞」。○｜櫳，房室交疏也。〔說文〕「櫳，房屋之疏」義證引〔六書故〕。○｜，通作軨。〔說文〕「｜，楯閒子」義證。○｜，或从零。〔集韻·青部〕○〔說文定聲·卷一七〕｜，段借為靈，實為龍，謂東方蒼龍七宿也。〔獨斷〕「明星神一曰靈星」。○〔同上〕｜，段借為連，為聯。〔方言一三〕「屋梠謂之欞」。○｜欞同。〔方言一三〕「屋梠謂之欞」疏證。○｜與欞同。〔同上〕箋疏。○｜以霝為之。〔說文定聲·卷一七〕

䗵　｜，蜂有細要，黃色，作房如倒垂蓮，生子，取草上小青蟲貯中，以擬其子大為糧。〔說文定聲·卷一七〕○｜，通作蛉。〔集韻·青部〕○｜，或作蛉。〔廣韻·青部〕

齡　｜，年也。〔廣韻·青部〕○｜，古者謂年｜。〔集韻·青部〕

鈴　｜，似鐘而小。〔廣韻·青部〕○｜，｜丁也，今人言｜當，語之轉也。〔廣雅·釋器〕「和，｜也」疏證。○｜，即鐲也，有柄有舌，古謂之丁寧，似鐘而小。〔說文定聲·卷一六〕○〔同上〕｜，在車者和之類。〔周禮·巾車〕「鳴｜以應雞人」。○旂上曰｜。〔詩·載見〕「和｜央央」朱傳。○｜｜、令令，義與玲瓏並相近。〔廣雅·釋詁四〕「玲瓏，聲也」疏證。○｜｜，狀地動聲也。〔漢書·天文志〕「地大動，｜｜然」補注。○｜下，卒也。〔通鑑·漢紀五四〕「遣｜下請靈等」音注。○〔說文定聲·卷一六〕｜，段借為笭。〔東京賦〕「疏轂飛｜」。

苓　｜，｜耳，卷耳也。〔說文〕「｜，卷耳也」繫傳。○｜，菌屬，生朽潤木根。〔同上〕○｜，茯｜。〔廣韻·青部〕○｜，一名大苦，葉似地黃，即今甘草也。〔詩·簡兮〕「隰有｜」朱傳。○｜，謂草葉落也。〔慧琳音義·卷九七〕引〔考聲〕。○〔說文定聲·卷一六〕｜，借為笭，車蔽也。〔禮記·少儀〕注「幦覆｜也」。○｜之言憐也。〔詩·采苓〕平議。○｜蓮可通用。〔文選·七發〕「蔓草芳蓮」集釋。○〔說文定聲·卷九〕｜，借為蓮。〔詩·采苓〕「采｜采｜」。〔「苦」下〕○〔說文定聲·卷一六〕｜，段借為軨。〔禮記·少儀〕注「幦覆｜也」。○〔同上〕｜，段借為蘦。〔詩·簡兮〕「隰有｜」。○〔同上〕｜，段借為靈。〔荀子·强國〕「剡然有｜而據松栢之塞」。○〔同上〕｜，段借為零。〔漢書·敘傳〕「失時者｜落」。○｜當讀為笭。〔法言·問道〕「佗則｜」平議。○｜者蘦字。〔說文定聲·卷九〕〔「苦」下〕○｜與蘦同。〔廣雅·釋草〕「美丹，甘草也」疏證。○｜或作蘦。〔說文〕「𨏺，軨，司馬相如說軨从霝」段注。

伶　｜，樂人。〔廣韻·青部〕○｜人者，弄臣也。〔說文〕「｜，弄也」繫傳。○｜傳，單弱皃，行無力也。〔慧琳音義·卷三一〕引〔考聲〕。又〔卷六一〕引〔考聲〕。○｜傳，亦孤獨無依怙也。〔慧琳音義·卷七五〕○〔說文定聲·卷一六〕｜義當借為瓴。〔說文〕「益州有建｜縣」。○｜，通作令。〔說文〕「使，｜也」義證。○〔說文定聲·卷一六〕｜，段借為泠。〔周語〕「聞之｜州鳩」。○古｜人字本作泠。〔說文〕「｜，弄也」段注。○｜倫，〔說苑·修文〕作泠倫。〔呂覽·古樂〕「黃帝令｜倫作為律」校正。○｜，通作泠。〔集韻·青部〕

泠　｜，｜水，亦名清水，今之青弋江也，在安徽寧國府宣城縣西。〔說文定聲·卷一六〕○｜，清｜，水也。〔廣韻·青部〕○｜，凡清｜用此字。〔說文〕「｜水，出丹陽宛陵」段注。○｜，水澄也，極清淨也。〔慧琳音義·卷一二〕引〔文字音義〕。○｜人，樂官。〔左傳成公九年〕「｜人也」疏證引〔五經文字〕。○｜，凡樂工｜人，〔左傳〕用此字。〔說文〕「｜，从水令聲」段注。○〔說文定聲·卷一六〕｜，姓也，又轉而為樂官之稱。〔詩·簡兮〕箋「伶氏世掌樂官而善焉，故後世多號樂官為伶」。○〔同上〕｜，縈紆連結之謂。〔禮記·內則〕「羊｜毛而毳羶」。○靈、｜義亦相近。〔廣雅·釋詁一〕「靈，善也」疏證。○清｜者，瑩淨也。〔慧琳音義·卷一二〕○｜然，解寤之意也。〔卷一八〕引顧野王。○〔通雅·卷三〇〕｜簫，｜人以簫合詠也。〔魯語〕「｜簫詠歌」。○｜、伶古字通。〔漢書·地理志〕「｜道」補注。○｜與醽通。〔廣雅·釋獸〕「羔皮｜角」疏證。○〔說文定聲·卷一六〕｜，段借為零。〔李翊夫人碑〕「顑顲悲兮涕隕｜」。○〔同上〕｜，段借為聆。〔淮南·脩務〕「精神曉｜」。○〔同上〕｜，段借為粼。〔莊子·天下〕「｜汰於物以為道理」。○〔同上〕｜，段借為命。〔莊子·山木〕「眞｜禹曰」。○｜或作伶。〔左傳成公九年〕「｜人也」疏證引〔校勘記〕。○｜，釋文本或作伶。〔左傳昭公二一年〕「｜州鳩」洪詁。○｜人，〔詩〕疏引作伶人，〔文選〕同。〔左傳成公九年〕「｜人也」洪詁。○〔人表〕作｜淪，〔呂覽〕作伶倫，〔說苑·修文〕作｜倫。〔漢書·律歷志〕「黃帝使｜淪」補注。

零　｜，徐雨也。〔詩·蓼蕭〕「｜露湑兮」通釋。○徐雨曰｜雨。〔說文〕「｜，餘雨也」義證引〔初學記〕。○｜，落也。〔廣韻·青部〕又〔詩·定之方中〕「靈雨既｜」朱傳。又〔東山〕「｜雨其濛」朱傳。又〔楚辭·遠遊〕「悼芳草之先｜」補注。○｜，引申之義為｜星。〔說文〕「｜，徐雨也」段注。○｜，叚借今用丨星字，畸餘瑣碎之意。〔說文定聲・卷一六〕○丨，引申之義為凋丨。〔說文〕「丨，徐雨也」段注。○丨、落皆衰謝也。〔說文〕「落，凡艸曰丨，木曰落」義證引〔洪武正韻〕。○尋人招帖，一曰丨丁，古以紙書之，縣于一竿，其狀丨丁然。〔通雅・卷五〕○丨者，霝之借字。〔說文〕「涑，小雨丨皃」句讀。○〔詩〕丨者，多霝之假借。〔詩・蓼蕭〕「丨露湑兮」通釋。○丨為正體，霝亦通用，蘦苓泠俱叚音。〔釋詁〕「蘦，落也」郝疏。○丨，古音讀如鄰。〔說文〕「丨，徐雨也」段注。○丨與霝畧同。〔說文定聲・卷一六〕○丨，古字作霝。〔詩・定之方中〕「靈雨既丨」陳疏。○〔魯〕丨作蘦，〔齊〕、〔韓〕作霝。〔詩・東山〕「丨雨其濛」集疏。○丨，當為霝。（同上）陳疏。又〔詩・蓼蕭〕「丨露湑兮」陳疏。又〔說文〕「涑，小雨丨皃」義證。又〔說文〕「霝，雨丨也」義證。○丨亦當作霝。〔說文〕「霝，雨零也」段注。○丨，〔爾雅〕音義作苓。〔說文〕「落，凡艸曰丨」段注。○丨落，一作苓落，霝零。〔通雅・卷七〕

**玲** 丨，丨瓏，玉聲。〔廣韻・青部〕○丨瓏，聲也。〔廣雅・釋詁四〕○丨瓏又玉之聲也。〔說文〕「瓏，禱旱玉，龍文」繫傳。○丨與瓏一聲之轉，合言之則曰丨瓏，倒言之則曰瓏丨。〔廣雅・釋詁四〕「丨瓏，聲也」疏證。

**翎** 丨，鳥羽。〔廣韻・青部〕

**舲** 丨，舟也。〔集韻・青部〕○丨，舟上有窻。〔廣韻・青部〕○丨船，小船有窗櫺者。〔屈賦・涉江〕「乘丨船予上沅兮」戴注。○軨與丨通。〔廣雅・釋水〕「⿰舟霝，舟也」疏證。

**⿰舟霝** 丨之言櫺，謂船之有屋者也。〔廣雅・釋水〕「丨，舟也」疏證。○丨，或从靈。〔集韻・青部〕

**⿰舟靈** 丨，丨艦，有屋舟名。〔廣韻・青部〕

**鴒** 丨，䳭丨。〔廣韻・青部〕

**瓴** 丨，丨甋，一曰似甖，有耳。〔廣韻・青部〕○丨，甋甓也。〔說文〕「墼，丨適也」義證引〔玉篇〕。○丨甓，塼也。〔說文〕「甓，丨甓也」義證引〔九章算術〕。○丨，丨甋也，屋檐寫水者。〔漢書・高帝紀〕「譬猶居高屋之上建丨水也」補注引沈欽韓。○丨與⿰金霝同。〔廣雅・釋器〕「⿰金霝，瓶也」疏證。○砱即丨字也。〔墨子〕「聆缶」雜志。

**囹** 丨，丨圄。〔廣韻・青部〕○丨，牢也。〔左傳宣公四年〕「圄伯嬴」疏證引蔡邕。○丨，令也。〔說文〕「圉，丨圄」義證引〔初學記〕。○丨之言令。〔廣雅・釋宮〕「周曰丨圄」疏證。○丨、圄皆守禁之名。（同上）○丨、圄皆禁守之義。〔漢書〕「連語」雜志。○丨者櫺也，櫳檻之名。〔說文〕「丨，獄也」繫傳。○丨圄，周時之獄。〔左傳宣公四年〕「圄伯嬴」疏證。○丨圄，秦獄。（同上）疏證引焦氏。○丨圄，令罪人入其中自悔悟也。〔說文〕「圉，丨圉」義證引〔初學記〕。

**聆** 丨，以耳取聲。〔廣韻・青部〕○丨為視聽之聽。〔廣雅・釋詁四〕「丨，聽也」疏證。○〔說文定聲・卷一六〕丨，猶聽從。〔廣雅・釋詁一〕「丨，從也」。○丨之言靈也。〔廣雅・釋詁四〕「丨，聽也」疏證。○丨，古通作令。〔廣雅・釋詁一〕「丨，從也」疏證。○丨叚為鈴。〔說文〕「丨，聽也」段注。○〔說文定聲・卷一六〕丨，叚借為鈴。〔禮記・文王世子〕「夢帝與我九丨」。○丨當為瓴。〔墨子・三辯〕「息於丨缶之樂」閒詁引畢沅。○丨乃砱字之譌。〔墨子〕「丨缶」雜志。○丨當作令。〔法言・五百〕「丨聽前世」平議。

**聽** 丨，聆也。〔廣韻・青部〕○丨，以耳審聲也。〔慧琳音義・卷一〕引〔考聲〕。○丨謂丨言也。〔呂覽・論人〕「丨則觀其所行」校正。○丨，許也，信也。〔慧琳音義・卷一〕○丨，從也。〔楚辭・天問〕「鮌何丨焉」補注。○丨，任也。〔慧琳音義・卷一二〕引〔字書〕。○丨，謂察是非也。〔慧琳音義・卷七二〕○丨請，丨私請也。〔通雅・卷二七〕○丨直，平斷而治其當也。〔屈賦・惜誦〕「會咎繇以丨直」戴注。○訂、丨聲義相近。〔周禮・小宰〕「以丨官府之六計」孫正義。○丨乃德之誤。〔賈子・春秋〕「故天之視丨」平議。

**汀** 丨，水平。〔集韻・青部〕○水平謂之丨。〔說文〕「丨，平也」段注。○洲渚之平謂之丨。（同上）段注。○丨，水岸平處。（同上）繫傳。○丨，水際平地。〔楚辭・湘夫人〕「搴丨洲兮杜若」補注。又〔說文〕「丨，平也」義證引〔文字集畧〕。○丨，水際平沙也。〔廣韻・青部〕又〔說文〕「丨，平也」義證引〔玉篇〕。又（同上）段注引〔文字集略〕。○無垠塄而平曰丨。〔說文〕「崖，高邊也」繫傳。

**冥** 丨，幽也。〔廣韻・青部〕○丨，幽也，所謂窈丨之門也。〔楚辭・天門〕「丨昭瞢闇」補注。○丨，十六日而月始虧也。〔慧琳音義・卷一〇〇〕引〔文字典說〕。○〔說文定聲・卷一七〕丨，謂窈也。〔釋言〕「丨，幼也」。○丨，暗也。〔廣韻・青部〕○丨丨，暗貌。〔楚辭・涉江〕「林深杳以丨丨兮」補注引五臣。○丨，暗也，夜也。〔慧琳音義・卷一〕引〔考聲〕。○丨，引伸為凡闇昧之偁。〔說文〕「丨，窈也」段注。○丨，奧窔之閒也。〔詩・斯干〕「噦噦其丨」朱傳。○丨與深同義。〔廣雅・釋訓〕「崢嶸，深丨也」疏證。○丨亦有遠義。〔文選・思玄賦〕「據丨翳而哀鳴」集釋。○丨，契六世孫也。〔禮記・祭法〕「郊丨」集解。○丨丨，昏晦也。〔詩・無將大車〕「維塵丨丨」朱傳。○丨巠，水大皃。〔說文〕「巠，一曰水丨巠也」段注。○丨，山在朔北。〔莊子・天運〕「北面而不見丨山」集釋引司馬。○丨，水所入之澤，因謂之丨澤。〔漢書〕「南籍端水」雜志。○丨幼即丨窈。〔釋言〕「丨，幼也」郝疏。○〔說文定聲・卷一七〕義陽三關之平靖關即丨阨也。〔左傳定公四年〕「大隧直轅丨阨」。○窈窈丨丨，言元遠也。〔漢書・禮樂志〕

「清思眑眑,經緯——」補注引〔素問注〕。○漢置鄳縣,鄳、—雙聲。〔說文定聲·卷一七〕○(同上)—,段借借幎。〔周禮·秋官〕「—氏」。○(同上)—,以黽為之。〔國策〕「填黽塞之內」。○—、渺一聲之轉。〔釋言〕「—,幼也」郝疏。○—,亦作瞑,瞑、眠古今字。〔莊子·列禦寇〕「而甘—于無何有之鄉」集釋引俞樾。○—,亦作溟。〔莊子·逍遥遊〕「北—有魚」集釋引司馬。○—,字俗作瞑。〔說文定聲·卷一七〕○—,本或作榠同。〔莊子·逍遥遊〕「楚之南有—靈者」集釋引〔釋文〕。○瞑眩、眩眠、眩泯、—眴,並與眠眩同。〔廣雅·釋詁三〕「眠眩,亂也」疏證。○—巠,今字作溟涬。〔說文〕「巠,一曰水—巠也」段注。○—巠或作溟涬。(同上)義證。○古之黽隘,〔左傳定公四年〕作—阸。〔國策〕「道涉山谷」雜志。

溟

—,—濛,小雨,又—海也。〔廣韻·青部〕○—,北海之名也。〔慧琳音義·卷一〇〇〕○—謂南北極也。〔莊子·逍遥遊〕「北冥有魚」集釋引司馬。○—濛,小雨。〔說文〕「—,小雨——也」義證引〔玉篇〕。○—涬,泛者之大難也。〔慧琳音義·卷八一〕○—涬,水盛皃。〔說文〕「巠,一曰水冥巠也」義證引〔玉篇〕。○—渤者,大海之別名也。〔慧琳音義·卷一八〕○〔說文定聲·卷一七〕—,段借為冥。〔列子·湯問〕「有—海者」。

蓂

—,—莢。〔廣韻·青部〕○—莢,堯時瑞艸。〔集韻·青部〕

螟

食心曰—。〔詩·大田〕「去其—螣」朱傳。○食禾心為—。〔左傳隱公五年經〕「—」洪詁引李巡。○—,食穀心者。〔說文〕「蠠,蠭甘飴也」段注。○—,—蛉,桑蟲。〔廣韻·青部〕○—是蠃屬。〔說文〕「蟊,蟲食艸根者」段注。○—、蝗實一物二名。〔漢書·五行志〕「一曰—始生」補注引葉德輝。○—蛉,桑上小青蟲也,似步屈。〔詩·小宛〕「—蛉有子」朱傳。又〔詩·小宛〕集疏。○〔說文定聲·卷一七〕—,段借為蝨。〔管子·七臣七主〕「山多蟲—」。

銘

—,—記。〔廣韻·青部〕○—,題勒也。〔大戴·武王踐阼〕「於席之四端為—焉」王詁。又〔左傳襄公一九年〕「作林鐘而—魯功焉」洪詁。○為正名曰—。〔慧琳音義·卷五〇〕引顧野王。○—,名也,言有功者書其功於太常也。〔卷五四〕○—,名其器以自警之辭也。〔大學〕「湯之盤—」朱注。○—所以表柩也。〔儀禮·士喪禮〕「為—」胡正義。○—,志也,或作名。〔集韻·青部〕○—乃古文名也。〔釋名·釋言語〕「—,名也」疏證。○凡經傳—字皆當作名。〔說文〕「名,自命也」段注。○—,古文〔士喪禮〕作名。〔說文·敘〕「其—即夀代之古文」段注。

瓶

似罌而口小曰—。〔慧琳音義·卷三〕引〔考聲〕。○—,汲水器也。〔廣韻·青部〕○—,汲水盛漿之器也。〔慧琳音義·卷三〕引〔集訓〕。○璃外實中虛為—。〔易·井〕「羸其—」李疏。

缾

—同瓶。〔廣韻·青部〕○—,或从瓦。〔集韻·青部〕○三家—作瓶。〔詩·蓼莪〕「—之罄矣」集疏。○釋文—本又作瓶。〔左傳定公三年〕「以—水沃廷」洪詁。○官本注—作甀。〔漢書·王子侯表〕「—敬侯成」補注。○〔史·表〕—作鉼。〔漢書·高惠高后文功臣表〕「—侯孫單」補注。

屏

—,蔽也。〔詩·桑扈〕「萬邦之—」朱傳。○—者,蔽也。〔說文·上說文書〕「呂叔作藩」段注。○—,所以蔽也。〔集韻·青部〕○—,蔽也,隱也。〔慧琳音義·卷七二〕○—謂之樹。〔大戴·武王踐阼〕「負—而立」王詁。○—,樹也,所以為蔽也。〔詩·板〕「大邦維—」朱傳。○蓋—之制,如今之照壁。〔荀子·大略〕「天子外—」集解引郝懿行。○—以土為墻,即今之照壁。〔釋宮〕「—謂之樹」郝疏。又〔漢書·梁懷王傳〕「天子外—」補注引王文彬。○古凡門皆有—。〔說文定聲·卷一七〕○—亦謂之塞門,亦謂之蕭墻,如今之照墻也。(同上)○—所以隔外內,故隔之亦曰—。〔卷一七〕(「姘」下)○—即藏也。〔管子〕「并藏」雜志。○—,除也,謂拔去之。〔詩·皇矣〕「作之—之」集疏。○—者,并。〔左傳昭公一八年〕「使子寬子上巡羣—攝」洪詁引周氏。○〔說文定聲·卷一七〕—,上覆—之屋為罘罳,故城隅及闕上之小樓亦曰浮思。〔廣雅·釋室〕「罘罳謂之—」。○—,征伀也。〔楚辭·逢尤〕「步—營兮行丘阿」補注。○—營,猶徘徊也。〔慧琳音義·卷一六〕○—營,驚惶失據之貌。〔廣雅·釋訓〕「—營,征伀也」疏證。○防風,一名—風。〔楚辭·招魂〕「紫莖—風」補注。又〔文選·招魂〕集釋引〔名醫別録〕。○—風,謂葉障風也。〔楚辭·招魂〕鮑注引或曰。○太原以北生—風草,依岸而生,故帖舊文屬稿者曰—風草。〔通雅·卷三〕引〔博物志〕。○—,字與屛同。〔說文〕「—,—蔽也」句讀。○—當作屏。〔莊子·庚桑楚〕「又適其偃焉」注「偃為—廁」集釋引桂馥。○〔通雅·卷六〕—當,一作併當、摒擋、摒檔。〔阮孚傳〕「祖約—當不盡」。

萍

—,水上浮—。〔廣韻·青部〕○—,浮—也,今謂之薸。〔釋艸〕「—,蓱」鄭注。○小者為—,大者為蘋。〔淮南·內篇〕「—樹根於水」雜志。○—,當訓蓱也,水艸也。〔說文定聲·卷一七〕○—即艾蒿也。(同上)○—,段借為苹。(同上)○—,借為荓。(同上)○—者,蓱之俗字。〔說文〕「—,苹也,水艸也」句讀。

蓱

—,草也。〔說文〕「—,苹也」義證引〔韻譜〕。○—,當訓萍也。〔說文定聲·卷一七〕○—,水中浮—也。〔楚辭·天問〕「靡—九衢」補注引〔爾雅〕「萍—」注。○屏翳,一曰—號。〔楚辭·天問〕「—號起雨」補注引顏師古。○—,同萍。〔廣韻·青部〕○—與萍同。〔廣雅·釋草〕「薸,—也」疏證。○—,實與萍同字。〔說文定聲·卷一七〕○—即萍之別字。〔說文〕「—,苹也」段注。○—,或作萍。〔集韻·青部〕

熒

—,光也,明也。〔廣韻·青部〕○—,小火也。〔本草·卷四二〕○—,火光也,猶眩。〔國策·趙策二〕「—惑諸侯」鮑注。○—者,火光不定之皃。〔說文〕「䁝,从目,—省聲」段注。○—者,光不定之皃,今江東人俗語如役。〔說文〕「—,屋下鐙燭之光也」段注。○—,萎蕤也。〔釋艸〕「—,委萎」鄭註。○—,今之萎蕤,即玉竹。〔釋草〕「—,委萎」郝疏。○〔說文定聲·卷一七〕—,在今河南开封府。〔書·禹貢〕「泆為—」。○——猶灼灼也。〔說文〕「｜，屋下鐙燭之光」義證引〔玉篇〕。○｜火，螢也，腋下有光，夜飛。〔釋蟲〕「｜火，即炤」鄭註。○｜惑猶眩惑也。〔管子〕「四曰上下左右」雜志。○｜惑，或謂之執法。〔漢書・揚雄傳〕「｜惑司命」補注引顧廣圻。○〔說文定聲・卷一七〕｜惑，五緯之一，在第五重天。〔論衡〕「螢惑，天罰也」。○營、｜古通用，皆營之借字。〔莊子・人間世〕「而目將｜之」集釋。○〔說文定聲・卷一七〕｜，叚借為營。〔法言・脩身〕「｜魂曠枯」。○〔同上〕｜，叚借為營。〔史記・孔子世家〕「匹夫而｜惑諸侯者」。○｜即滎也。〔左傳宣公一二年〕「及｜澤」疏證。○〔說文定聲・卷一七〕｜，經傳皆以滎為之。〔書・禹貢〕「泆為｜」。○〔同上〕｜，字亦作螢。〔禮記・月令〕「腐草為｜」。○｜惑作營惑。〔史記・孔子世家〕「匹夫而｜惑諸侯者」雜志。○｜惑或作營惑，又作營或。〔管子〕「四曰上下左右」雜志。○營惑即｜惑。〔漢書・吳王濞傳〕「御史大夫朝錯營或天子」雜志。○〔毛詩〕字本作｜，或改｜為螢。〔說文〕「粦，鬼火也」段注。

螢 ｜，｜火。〔廣韻・青部〕○｜，火蟲。〔集韻・青部〕○｜，一作熒。〔廣雅・釋蟲〕「｜火，蟒也」疏證。○｜，或作蠑。〔慧琳音義・卷二〕

滎 ｜，小水也。〔廣韻・青部〕○｜，小水也，亦流也。〔慧琳音義・卷七六〕○｜然，水聚也。〔太素・五節刺〕「此病｜然有水」楊注。○｜汴，濟渠也。〔通雅・卷一五〕○〔說文定聲・卷一七〕｜，叚借為熒。〔書・禹貢〕「｜波既豬」。○｜，字或作瀅。〔說文〕「｜，絕小水也」義證。○｜，字或作瀅字。〔同上〕句讀。○〔說文定聲・卷一七〕｜，字亦作濙。〔甘泉賦〕「梁弱水之濎濙兮」。○｜，古从火作熒。〔漢書・地理志〕「｜波既豬」補注。○｜，舊本作熒。〔漢書・高帝紀〕「陳平、灌嬰將十萬守｜陽」補注引宋祁。○〔史〕與馬、鄭、王本俱作｜播，〔古文尚書〕與〔漢志〕誤作波。〔史記・夏本紀〕「｜播既都」志疑。

扃 ｜，户外閉關。〔廣韻・青部〕○凡橫木以為關鍵者皆可有｜之名。〔文選・西京賦〕「旗不脫｜」集釋。○關當作｜，户扇上鐵釦也，所用於外以閉門户也。〔慧琳音義・卷一〕引顧野王。○｜，古人言外户是也。〔說文〕「｜，外閉之關也」繫傳。○｜亦閉也。〔漢書〕「禁闥｜」雜志。又〔漢書・孝成班倢伃傳〕「應門閉兮禁闥｜」補注引王念孫。○關、｜同義。〔國策・卷中〕「必開｜天下之匈」札記。○車上所以止旗者曰｜。〔說文〕「｜，外閉之關也」段注。○｜，鼎鉉，古作鼏。〔說文〕「鼏，以木橫貫耳而舉之」義證引〔增韻〕。○｜，橫木，有橫木投于輪間。〔左傳宣公一二年〕「脫｜」洪詁引服虔。○斤與｜義亦同。〔左傳襄公五年〕「我心｜｜」洪詁。○｜｜猶耿耿也。〔左傳襄公五年〕「我心｜｜」平議。○〔說文定聲・卷一七〕｜，叚借為鼏。〔考工・匠人〕「廟門容大｜七个」。○〔同上〕｜，叚借為炯。〔左傳襄公五年〕「我心｜｜」。○｜炯字同。〔左傳襄公五年〕「我心｜｜」洪詁。○｜塗，監本、別本俱訛作局塗。〔漢書・敘例〕「苟會｜塗」補注。

坰 林外謂之｜。〔詩・駉〕「在｜之野」朱傳。○野外曰林，林外曰｜。〔廣韻・青部〕○｜或冋字。〔說文〕「駉，牧馬苑也，詩曰在冋之野」段注。○三家｜作駉。〔詩・駉〕「在｜之野」集疏。

冋 ｜，古文坰字。〔廣韻・青部〕○｜，或从土。〔集韻・青部〕○｜，各本作駉。〔說文〕「駉，牧馬苑也。詩曰在｜之野」段注。

駉 ｜之義蓋同閑。〔說文〕「｜，牧馬苑也」段注。○｜，駿馬也。〔廣韻・青部〕○｜｜，腹幹肥張貌。〔詩・駉〕「｜｜牡馬」朱傳。○｜與駫同。〔說文〕「駫，馬盛肥也」義證引〔玉篇〕。○駫與｜為一字之異體。〔詩・駉〕「｜｜牡馬」通釋。○三家｜作駫。〔詩・駉〕集疏。

鼮 ｜，｜鼠豹文。〔廣韻・青部〕○｜，鼠名，文如豹。〔集韻・青部〕○｜鼠，常在樹上，如鼠大，其紋似虎豹，今深林中甚多。〔釋獸〕「豹文｜鼠」鄭註。○｜鼠，音鼮。蓋謂鼮即｜以其斑也。〔說文〕「鼮，鼮令鼠」義證。

町 ｜，此字當依〔蒼頡篇〕訓「田區也」。〔說文定聲・卷一七〕○｜，田處。〔廣韻・青部〕○｜言平訂訂也。〔說文〕「｜，田踐處曰｜」繫傳。○｜義與鋌同。〔方言三〕「鋌，盡也」箋疏。○｜疃，田間道也。今山東方言，以路平行，便為｜疃，讀如汀湯，江北則呼為汀湯。〔通雅・卷一七〕○｜疃，鹿跡所在也。〔詩・東山〕「｜疃鹿場」集疏。

軨 ｜，車闌。〔廣韻・青部〕○｜，車轖間橫木。〔楚辭・九辯〕「倚結｜兮長太息」補注。○｜為軾下從橫之木。〔禮記・曲禮〕「僕展｜效駕」集解。○｜，式下縱橫交結之木。〔說文定聲・卷一六〕〔「笭」下〕○｜者，軾較下縱橫木總名。〔說文〕「｜，車轖間橫木」段注。○｜，轄頭轄也。〔禮記・曲禮〕「僕展｜效駕」集解引盧氏。○｜即輪。〔說文〕「｜，車轖間橫木」段注。○｜與靈古字通。〔左傳定公九年〕「載蔥靈」洪詁。○〔說文定聲・卷一六〕｜，叚借為零。〔莊子・外物〕「後世｜材諷說之徒」。○｜，亦作轔。〔說文〕「｜，車轖間橫木」段注。○｜，字亦作笭。〔廣雅・釋詁三〕「霝，空也」疏證。○｜，或从霝。〔集韻・青部〕

䡼 ｜，同軨。〔廣韻・青部〕

酃 ｜，地名，在湘東。〔廣韻・青部〕○｜，在今湖南衡州府治衡陽縣東。〔說文定聲・卷一七〕○｜縣有｜湖，湖中有洲，洲上民居以給釀酒甚醕美，謂之｜酒。〔文選・吳都賦〕「飛輕軒而酌綠｜」集釋引〔水經・耒水〕。○淥水出豫章康樂縣，其間烏程鄉有酒，官取水為酒極甘美，與湘｜湖酒年常獻之，世稱｜淥。〔文選・吳都賦〕集釋引〔荊州記〕。○〔說文定聲・卷一七〕｜，字變作醽。〔吳都賦〕「飛輕軒而酌綠醽」。○｜淥因作醽綠、醽醁。〔通雅・卷三九〕

聤　—，耳垢。〔廣韻·青部〕〇耵—，耳中垢也。〔慧琳音義·卷二〕引〔文字集略〕。〇—，耵—，耳垢也，一曰耳聒。〔集韻·青部〕

桯　—，牀前長几。〔廣韻·青部〕〇牀前横木曰—，牀前几亦曰—。〔通雅·卷三四〕引弱侯。〇—，即牀兩邊長汀也，亦名牀桯。〔慧琳音義·卷九一〕引〔韻詮〕。〇横曰—。〔通雅·卷三四〕〇—即横木也。〔説文〕「桱，桱—也」繫傳。〇—，碓—。〔廣韻·青部〕〇—之言經也，横經其前也。〔廣雅·釋器〕「—，几也」疏證。〇〔説文定聲·卷一七〕—，叚借為楹。〔考工·輪人〕「—圍倍之」。〇—與杠同。〔方言五〕「榻前几江沔之閒曰—」箋疏。〇—實與桱同字。〔説文定聲·卷一七〕

瞑　—，合目。〔廣韻·青部〕〇—，翕目也。〔集韻·青部〕〇—，目閉也。〔太素·經筋〕「引頷目—」楊注。〇—，不視也，謂死。〔國策·楚策一〕「壹—而萬世不視」鮑注。〇〔説文定聲·卷一七〕—，迷悶不清明之謂。〔孟子〕「書曰，若藥不—眩」。〇—，引伸為—眩。〔説文〕「—，翕目也」段注。〇—眩，困閑也。〔慧琳音義·卷六七〕引〔考聲〕。〇—通作冥。〔説文〕「—，翕目也」義證。〇眠、—、瞑、矏，並同。〔廣雅·釋言〕「瘛，瞑也」疏證。〇—眩、眩眠、眩泯、冥眴，並與眠眩同。〔廣雅·釋詁三〕「眠眩，亂也」疏證。〇—，字或作眠。〔説文〕「—，翕目也」義證。〇—，字亦作眠，民冥雙聲。〔説文定聲·卷一七〕

暝　—，晦—也。〔廣韻·青部〕〇—，夕也。〔通鑑·後唐紀二〕「日已—」音注。

嫇　—，好皃。〔廣韻·青部〕〇——，亦小人皃也。〔慧琳音義·卷七七〕〇—，—妌，一曰面平貌。〔集韻·青部〕〇〔説文定聲·卷一七〕—，叚借為覭。〔字林〕「嫈—，亦細視也」。

絅　—，引急也。〔廣韻·青部〕〇—，急引也。〔集韻·青部〕

俜　—，成也。〔廣韻·青部〕又〔集韻·青部〕。

鈃　—，一曰酒器。〔説文〕「—，似鐘而頸長」義證引〔類篇〕。又〔集韻·青部〕。〇〔説文定聲·卷一七〕—，或曰酒器。〔莊子·徐無鬼〕「其求—鐘也以束縛」。〇—，酒器，似鐘而長頸也。〔廣韻·青部〕〇—，羹器也。〔説文〕「芊，地黄也」繫傳。〇—，諸説皆以為酒器，〔五經文字〕以為樂器。〔説文〕「—，似鐘而頸長」義證。〇〔説文定聲·卷一七〕—，叚借為鉶。〔禮記·禮運〕「—羹」。〇—，或作瓶。〔説文〕「—，似鐘而頸長」義證。〇—，或作甄。（同上）〇—，或作鋞。（同上）〇—，或作瓶、甄。〔集韻·青部〕

瓶　—、甄並同鈃。〔廣韻·青部〕

綎　—，綬也。〔廣韻·青部〕〇綬謂之—。〔集韻·青部〕〇—，絲綬帶—。〔廣韻·青部〕〇古佩玉有綬，以上系于衡，衡上復有綬，以系于革帶，謂之—。〔説文定聲·卷一七〕〇—，緩之異名。〔釋器〕「佩衿謂之褑」郝疏。〇—即裎也。（同上）〇—與挺通。〔廣雅·釋詁二〕「挺，緩也」疏證。〇〔説文定聲·卷一七〕—，以裎為之。〔廣雅·釋器〕「佩紟謂之裎」。〇—，又作裎。〔説文〕「—，系綬也」義證。〇—，或作鞓。（同上）

婷　—，好皃。〔廣韻·青部〕〇—，一曰女出病。〔集韻·青部〕〇—，或从亭作婷。（同上）

筳　—，—竹。〔廣韻·青部〕〇今紡絲銓曰—。〔説文〕「—，維絲筦也」義證引趙宧光。〇—，所以絡絲者，蘇俗謂之篗頭。〔説文定聲·卷一七〕〇—，小折竹也。〔通雅·卷三四〕引朱子。〇—，竹片挺也。〔説文〕「—，維絲筦也」繫傳。〇—，竹筭也。〔離騷〕「索藑茅以—篿兮」補注引五臣。〇—，一曰楚人結艸折竹卜曰—篿。〔集韻·青部〕〇小繼竹謂—。〔離騷〕戴注。〇—，小木枝也。〔文選·答客難〕「山—撞鐘」集釋引五臣。〇挺專，即—篿。〔文選·離騷經〕「索藑茅以—篿兮」集釋引〔後漢·方術傳序〕注。〇〔通雅·卷三四〕—篿，九姑課，折艸也。〔楚辭〕「索藑茅以—篿」。〇—篿，如今之杯珓，古以玉為之，或用竹根。〔文選·離騷經〕集釋。〇草—者，穀麥禾黍穖柄謂之—。〔慧琳音義·卷六〇〕〇—與挺通。〔廣雅·釋詁三〕「挺，意也」疏證。〇〔説文定聲·卷一七〕—，叚借為侹，或為經。〔方言六〕「—，竟也，楚曰—」。〇（同上）—，叚借為莛。〔離騷〕「索藑茅以—篿兮」。

羺　—，大羊。〔廣韻·青部〕〇—，—羊也，角入藥。〔説文〕「—，大羊而細角」義證引〔玉篇〕。〇—羊，九尾羊也。〔通雅·卷四六〕〇—，角圓鋭多節戚戚圍繞。〔説文定聲·卷一七〕〇—則獨栖，懸角木上以遠害，可謂靈也。〔本草·卷五一〕引王安石〔字説〕。〇—，又借靈字。〔説文〕「—，大羊而細角」義證。〇—，俗作羚。（同上）〇—，字亦作羚。〔説文定聲·卷一七〕〇—，字亦作麢。（同上）〇—，〔本草〕作羚羊。〔説文〕「—，大羊而細角」段注。〇—，或作羺、羚。〔集韻·青部〕

羻　—，同羺。〔廣韻·青部〕

羚　—，羊子。〔廣韻·青部〕

縕　—，絲綬也。〔集韻·青部〕〇—，縚屬。〔廣韻·青部〕〇—，通作盈。〔説文〕「—，緩也」義證。〇—，又通作贏。（同上）〇—，同綎。〔廣韻·青部〕〇—，或作緪。〔集韻·青部〕

䳫　—，鸑—，鸑也。〔廣韻·青部〕

巠　直波為｜。〔廣韻・青部〕〇｜之言濱也。〔説文〕「｜，水脈也」段注。〇〔説文定聲・卷一七〕｜，字亦作涬。〔莊子・在宥〕「大同乎涬溟」。〇｜，一曰水冥｜也。〔集韻・青部〕

⿱𤇾瓜　｜，小瓜。〔廣韻・青部〕又〔集韻・庚部〕。

鋞　｜，可煐飲之器，如今酒肆參筩。〔説文定聲・卷一七〕〇｜，温器也，圜而直上。〔集韻・青部〕引〔説文〕。〇｜字或作鈃。〔説文〕「鈃，似鐘而長頸」義證引〔急就篇〕顔注。

⿱由丁　｜，定息。〔廣韻・青部〕〇｜，今作寧。〔説文〕「｜，定息也」繫傳。〇｜，或作停。（同上）義證。

⿰犭廷　｜，猱｜，猨屬。〔廣韻・青部〕〇｜猱，猨屬。〔集韻・青部〕〇猱｜，猿屬也。〔文選・南都賦〕「穀玃猱｜戲其巔」集釋引〔廣韻〕。〇｜，或从庭。〔集韻・青部〕

⿰阝丁　｜，丘名。〔廣韻・青部〕〇｜，又為澤名，其地在今山東青州府樂安縣。〔説文定聲・卷一七〕

靪　｜，補履下也。〔廣韻・青部〕〇｜，今履底下以綫為結謂之釘底是也。〔説文〕「｜，補履下」繫傳。〇今俗猶有打補｜之語。〔説文定聲・卷一七〕〇今俗謂補綴曰打補｜，當作此字。〔説文〕「｜，補履下也」段注。

⿱殸只　｜，讀若磬。〔世説新語〕云，生此寧馨兒，即此｜字。〔説文定聲・卷一七〕〇｜，晉宋人多用馨字，馨行而｜廢矣，隋唐後則又無馨語。〔説文〕「｜，聲也」段注。

嵤　岭｜，山深皃。〔集韻・青部〕〇｜，或从營。（同上）

鯙　｜，魚名。〔廣韻・青部〕〇｜，魚名，䱀也。〔集韻・青部〕〇｜，蘇俗謂之盎斯魚。〔説文定聲・卷一七〕〇｜，或从廷。〔集韻・青部〕

⿰瓦丁　｜，甂也。〔廣韻・青部〕又〔集韻・青部〕。

虰　｜，蟲名，赤蚍蜉也。〔集韻・青部〕〇｜蛵，疊韻連語，猶蜻蜓。〔説文定聲・卷一八〕（「蟗」下）〇｜蛵，即蜻蜓也，亦謂之青蛉。〔釋蟲〕「｜蛵，負勞」鄭註。〇｜，或作朾。〔集韻・青部〕

胜　｜，犬膏臭也。〔廣韻・青部〕〇｜，生肉醬。〔説文〕「｜，一曰不孰也」段注。〇｜亦瘦也。〔管子〕「腈｜」雜志。〇〔説文定聲・卷一七〕｜，亦瘠也。〔管子・入國〕「必知其食飲飢寒身之腈｜而哀憐之」。〇｜通作腥。〔説文〕「｜，犬膏臭也」義證。〇〔説文定聲・卷一七〕｜，經傳皆以腥為之。〔周禮・庖人〕「膳膏腥」。〇今經典膏｜、｜肉字通用腥為之而｜廢矣。〔説文〕「｜，犬膏臭也」段注。〇〔説文定聲・卷一七〕｜，叚借為媘。〔管子・入國〕「腈｜而哀憐之」。〇｜，字或作眚。〔管子〕「腈｜」雜志。〇｜，字又作瘠，又作省。（同上）

猩　｜，以今驗之，則負痛遠逃聲也。〔説文定聲・卷一七〕〇｜｜，人面豕身，長髮，能言語，好飲酒，醉則人髡其髮為髮，聲似小兒啼。〔釋獸〕「｜｜小而好啼」鄭註。

甹　輕財者為｜。〔説文〕「泌，俠流也」段注引三輔。〇｜，凡人情亟輒詛訓。〔説文定聲・卷一七〕〇｜夆，掣曳。〔廣韻・青部〕又〔詩・小毖〕「莫予｜夆」集疏引魯説。〇｜夆即丼蜂。〔釋訓〕「｜夆，掣曳也」鄭註。〇｜夆者，蓋俜夆之省。（同上）郝疏。〇今人謂輕生曰｜命。〔説文〕「三輔謂輕財者為｜」段注。〇｜，叚借為俜。〔説文定聲・卷一七〕〇俜與｜同。〔廣雅・釋詁二〕「俜，俠也」疏證。〇｜與俜音義同。〔説文〕「或曰｜，俠也」段注。

俜　｜，使也。〔廣韻・青部〕〇｜猶抨也。〔説文〕「｜，使也」繫傳。〇｜，使也者，〔類篇〕引作「俠也」。〔説文〕「｜，使也」義證。〇｜或借荓字。（同上）〇｜，俗作甹。〔説文〕「｜，使也」段注。〇〔説文定聲・卷一七〕｜，字亦作伻。〔書・洛誥〕「伻來來」。

艵　｜，縹色。〔廣韻・青部〕〇氣上充於色曰｜。〔屈賦・遠遊〕「玉色｜以脕顔兮」戴注。〇〔説文定聲・卷一七〕｜，面色發青也。〔淮南・齊俗〕「而仁發恲以見容」。〇頩與｜同。〔廣雅・釋詁二〕「｜，色也」疏證。〇｜，字或作頩。〔説文〕「｜，縹色也」義證。〇〔説文定聲・卷一七〕｜，字亦作頩。〔神女賦〕「頩薄怒以自持兮」。〇（同上）｜，字作恲。〔淮南・齊俗〕「而仁發恲以見容」。〇｜，又作恲。〔説文〕「｜，縹色也」義證。

霝　｜，雨奔流。〔説文〕「｜，雨零也」義證引〔石鼓文〕。〇｜，落也，墮也。〔廣韻・青部〕〇凡言｜者，皆中空之義也。〔廣雅・釋詁三〕「｜，空也」疏證。〇｜之言瓏玲也。（同上）〇｜、令，皆謂善也。〔廣雅・釋言〕「｜，令也」疏證。〇｜，令也。〔廣雅・釋言〕疏證。〇靈之言令也，令，善也，古鼎彝銘以｜冬為令終。〔説文・上説文書〕「世祚遺靈」段注。〇｜始｜終，即令始令終也。〔通雅・卷五〕〇〔説文定聲・卷一七〕｜，叚借為靈。〔廣雅・釋言〕「｜，令也」。〇｜，亦叚靈為之。〔説文〕「｜，雨零也」段注。〇〔説文定聲・卷一七〕｜，叚借為櫺。〔廣雅・釋詁三〕「｜，空也」。〇｜，通作零。〔集韻・青部〕〇｜，或作零。〔廣韻・青部〕〇經典相承以零代｜。〔説文〕「｜，雨零也」義證。〇｜、靈、令聲義並同。〔廣雅・釋言〕「｜，令也」疏證。〇｜，今作零，經典皆借之。〔説文〕「｜，雨零也」句讀。〇｜，字亦作霛。〔説文定聲・卷一七〕

柃　｜，木名，可染。〔説文〕「｜，木也」義證引〔玉篇〕。〇｜，當作｜椴也。（同上）段注。〇｜椴者，熬麥器名。〔説文〕「椴，一曰燒麥｜椴也」段注。

○丨椴，謂種稷，或曰丨椴，熬麥器。〔說文定聲·卷一六〕

**頩** 丨，面色。〔廣韻·青部〕○丨，美貌。〔楚辭·遠遊〕「玉色丨以脕顏兮」補注。○丨，一曰斂容。〔同上〕○艵、丨、皏並通。〔廣雅·釋詁二〕「艵，色也」疏證。○丨與皏，聲義相近。〔廣雅·釋器〕「皏，白也」疏證。○丨與艵同。〔廣雅·釋詁二〕「艵，色也」疏證。○丨與艵同也。〔說文〕「艵，縹色也」段注。

**鑩** 丨，似瓶有耳。〔廣韻·青部〕○丨，瓦器，似缾有耳。〔說文〕「丨，瓦器也」義證引〔玉篇〕。○丨，瓶也。〔廣雅·釋器〕○丨字與瓴同。〔說文〕「丨，瓦器也」句讀。○丨，或从令。〔集韻·青部〕

**⿰霝頁** 丨，瘦也。〔廣韻·青部〕

**⿸疒令** 丨，疲病。〔集韻·青部〕○丨，同⿰霝頁。〔廣韻·青部〕

**蘦** 丨，即藥甘艸也。〔說文〕「丨，大苦也」繫傳。○丨，即黃藥也。〔同上〕義證。○丨，菜名，似葵可食。〔廣韻·青部〕○丨，通作零。〔釋詁〕「丨，落也」邵正義。○丨，通作苓。〔釋草〕「丨，大苦」郝疏。○〔說文定聲·卷一七〕丨，段借為霝。〔釋詁〕「丨，落也」。○〔同上〕丨，以苓為之。〔詩〕「采苓采苓」。

**笭** 丨，車前曲闌也。〔說文〕「丨，車丨也」義證引〔急就篇〕顏注。○丨，車闌下竹織孔聆聆也。〔同上〕繫傳。○丨，車前後兩旁禦風塵者，即〔詩〕之第，〔周禮〕之蔽，〔說文〕之篚也。〔說文定聲·卷一六〕○丨，車底簀也。〔說文〕「樀，車丨中樀樀器也」繫傳。○丨，竹席。〔說文定聲·卷一六〕○丨，舟中蓬箬之席為丨，又呼丨箵。〔通雅·卷三四〕○丨，丨箐，小籠。〔廣韻·青部〕○丨箵，小籠也。〔通雅·卷三四〕○〔說文定聲·卷一六〕丨，竹器，受三四斗。〔廣雅·釋器〕「丨，籠也」。○〔同上〕丨，漁具也。〔通俗文〕「竹器謂之丨箵」。○漁具總曰丨箵。〔通雅·卷三四〕引〔唐新語〕。○丨之言櫺也，言其吟嚨也。〔說文〕「篚，車笭也」段注。○丨，篂、丨籯，皆丨箵也。〔通雅·卷三四〕○〔說文定聲·卷一六〕丨，段借為軡。〔廣雅〕「覆丨謂之辟」。○丨，或作籯、篂、箐，皆其聲相借也。〔通雅·卷三四〕○丨與軡同。〔說文〕「丨，車丨也」句讀。

**⿱雨女** 丨，女字。〔廣韻·青部〕○丨，以靈為之。〔說文定聲·卷一七〕

**岭** 丨，山深皃。〔廣韻·青部〕○丨，山深也，或書作岺。〔集韻·青部〕

**魿** 丨，魚連行皃。〔廣韻·青部〕○丨，一曰魚名。〔集韻·青部〕○〔說文定聲·卷一六〕丨，魚屬連行，蛇屬紆行。〔說文〕「丨，蟲連行、紆行者」。

**寍** 丨，安也。〔說文·上說文書〕「萬國咸寧」段注。○丨，經傳皆以寧為之。〔說文定聲·卷一七〕○丨，此安寧正字，今則寧行而丨廢。〔說文〕「丨，安也」段注。

**⿱霝黽** 丨，螻蛄。〔廣韻·青部〕

**艼** 丨，草名。〔廣韻·青部〕又〔集韻·青部〕。○丨，〔爾雅〕作葥。〔說文定聲·卷一七〕

**鄍** 丨，晉邑。〔廣韻·青部〕○〔說文定聲·卷一七〕丨，在今山西解州平陸縣東北。〔說文〕「丨，晉邑也」。

**⿰飠令** 丨，餌也。〔廣韻·青部〕

**訂** 丨，平議也。〔廣韻·青部〕○丨，評議也。〔集韻·青部〕○〔通雅·卷二六〕丨出猶料出也。〔通鑑〕「丨出雉頭鶴氅白鷺縗」。○丨，字亦作評。〔說文定聲·卷一七〕

**⿰豕冥** 丨，小豚。〔廣韻·青部〕○丨，小豕也。或从犬。〔集韻·青部〕

**猽** 丨，同⿰豕冥。〔廣韻·青部〕

**覭** 丨，小見也。〔廣韻·青部〕○〔說文定聲·卷一七〕丨髳，猶溟濛。〔釋詁〕「丨髳，茀離也」。○丨髳，弗離，弗離猶彌離，猶蒙籠。〔說文〕「丨，小見也」繫傳。○丨髳謂草木之藂攢翳薈者。〔同上〕

**蛢** 丨，以翼鳴蟲。〔廣韻·青部〕○丨，蘇俗謂之金烏蟲，長寸許，金碧熒然，婦人以為首飾。〔說文定聲·卷一七〕

**鼮** 丨，鼨鼠。〔說文〕「丨，丨令鼠」義證引〔玉篇〕。○丨，鼠子。〔廣韻·青部〕○大鼨即丨鼠。〔說文〕「鼨，豹文鼠」義證。

**荓** 丨，馬帚，似蓍。〔廣韻·青部〕○丨，此即蒿草，謂其可為馬刷，故名馬帚，今河南人謂之鐵掃帚。〔說文〕「丨，馬帚也」義證引李時珍。○丨，可以為掃帚。〔說文定聲·卷一七〕○丨，地帚也，似蒿蓍，可為帚。〔釋艸〕「丨，馬帚」鄭註。○丨蜂，摩曳也。〔集韻·青部〕○丨，通作萍。〔同上〕○丨，或借苹字。〔說文〕「丨，馬帚也」義證。○丨，字或作蓱。〔廣雅·釋天〕「雨師謂之丨翳」疏證。○丨翳，雨師名也。〔廣韻·青部〕○丨，字又作屏。〔同上〕○魯丨蜂作甹夆。〔詩·小毖〕「莫予丨蜂」集疏。○青丨，舊校云一作青蓱。〔呂覽·序意〕「青丨為參乘」校正。

**輧** 丨，輜丨，兵車。〔廣韻·青部〕○丨，輕車。重曰輜，輕曰丨。〔說文〕「丨，輜車也」義證引〔洪武正韻〕。○輜、丨皆衣車，前後皆蔽曰輜，前有蔽曰丨。〔說文定聲·卷一七〕○丨之言屏也。〔說文〕「輜，輜丨，衣車也」段注。

郱　丨，丨城，在東莞。〔廣韻·青部〕○丨，在今山東青州府臨朐縣東南。〔說文定聲·卷一七〕○（同上）丨，以駢為之。〔論語〕「奪伯氏駢邑」。○丨、鉼、駢，古字同。〔左傳莊公元年經〕「齊師遷紀丨鄑郚」洪詁。

䍧　丨，所以盛米。〔說文定聲·卷一七〕

𥄉　丨，織蒲為器。〔廣韻·青部〕

䁝　丨，丨惑也。〔廣韻·青部〕○丨，又通作營。〔說文〕「丨，惑也」義證。○丨，通作熒。（同上）○〔說文定聲·卷一七〕丨，以熒為之。〔呂覽·制樂〕「熒惑在心」。○丨，或借熒。〔說文〕「丨，惑也」句讀。

駫　丨，馬肥盛也。〔廣韻·青部〕○丨，馬肥壯盛貌。〔說文〕「丨，馬盛肥也」義證引〔玉篇〕。○丨，字或通作洸。〔說文〕「丨，馬盛肥也」義證。○丨、駉同。〔說文〕「丨，馬肥盛也。詩曰丨丨牡馬」段注引〔玉篇〕。○丨丨牡馬，即〔魯頌〕之駉駉牡馬也。（同上）段注。

桯　丨，桯也。〔集韻·青部〕引〔說文〕。○榻前几曰丨。〔說文定聲·卷一七〕（〔陘〕下）○丨，亦謂之梳。〔卷一七〕○丨，勁挺之皃也。〔說文〕「丨，丨桯也」繫傳。○丨，一曰經絲具。（同上）義證引〔類篇〕。○丨，實與桯同字。〔說文定聲·卷一七〕

蛵　丨，虹丨。〔廣韻·青部〕○〔說文定聲·卷一七〕〔爾雅〕之虹丨，即〔廣雅〕之蜻蛉也，青者曰青亭，紅者曰胡棃。〔說文〕「丨，丁丨，負勞也」。○丨音馨。〔釋蟲〕「虹丨，負勞」鄭注。

𧯶　丨，石谷也。〔說文〕「丨，谷也」義證引〔玉篇〕。○〔說文定聲·卷一七〕丨，叚借為阱。〔尚書正義〕「謂此丨谷也」。○徑、丨、陘，並字異而義同。〔廣雅·釋邱〕「陘，阪也」疏證。

褮　丨，衣開孔也。〔廣韻·青部〕○丨，鬼衣。（同上）又〔集韻·青部〕。○丨，襟交領。〔釋器〕「衸謂之丨」鄭注。

仃　伶丨，獨也。〔廣韻·青部〕

㓹　丨，撞也。〔集韻·青部〕○丨，撞丨。〔廣韻·青部〕

刢　丨丨，利，使性人也。〔廣韻·青部〕

冂　丨，遠也。〔集韻·青部〕

罡　丨罜，罔也。〔集韻·青部〕○丨，罟也。〔廣韻·青部〕

叮　丨，丨嚀。〔廣韻·青部〕

𠯕　丨，衆鳥也。〔廣韻·青部〕

𠰳　丨吟，小語。〔集韻·青部〕

聹　丨，耳聲。〔集韻·青部〕

嚀　丨，叮丨。〔廣韻·青部〕

坽　丨，峻岸。〔集韻·青部〕

姈　丨，女字。〔廣韻·青部〕

冥　丨笭，筍也。〔通雅·卷三四〕○丨阨之塞，即鄳阨也。〔通雅·卷一三〕

䆁　丨，昊天謂之丨。〔集韻·青部〕

屦　不借之粗者曰丨，或作屦。〔集韻·青部〕

庁　丨，平丨。〔廣韻·青部〕

𢈔　丨，屋宇通皃。〔集韻·青部〕

廳　丨，丨屋。〔廣韻·青部〕○丨事即堂皇。〔釋宮〕「無室曰榭」郝疏。○丨，古者治官處謂之聽事，後語省直曰聽，故加广。〔集韻·青部〕

𧮫　丨，巖穴，或从谷。〔集韻·青部〕

彾　丨丨，徲，行皃。〔廣韻·青部〕

拎　丨，手懸捻物。〔廣韻·青部〕

攊　丨，插空。〔廣韻·青部〕

㲒　丨，擊也。〔集韻·青部〕

昤　丨，丨曨，日光。〔廣韻·青部〕又〔集韻·青部〕。○丨，或从靈。（同上）

㔆　丨，告也。〔廣韻·青部〕又〔集韻·青部〕。

⿰木扃　丨，木名。〔廣韻・青部〕

榠　丨，丨樝，果木。〔廣韻・青部〕〇丨，丨樝，果名。〔集韻・青部〕〇丨樝，果也。〔說文〕「樝，果似梨而酢」義證引〔玉篇〕。

⿱殸木　丨香即馨香。〔通雅・卷八〕

⿰毛廷　丨，毛結不理。〔廣韻・青部〕又〔集韻・青部〕。〇丨，羽也。〔慧琳音義・卷五二〕

涏　丨，好貌。〔漢書・孝成趙皇后傳〕「燕燕，尾丨丨」補注引〔玉篇〕。〇丨，此字從聲當為延，不當為廷。（同上）補注引沈欽韓。

洴　丨，水澼也。〔說文〕「潎，於水中擊絮也」義證引〔玉篇〕。〇漂、潎、丨、澼一聲之轉，漂之言摽，潎之言擊，丨之言拼，澼之言擗，皆謂擊也。〔廣雅・釋言〕「漂，潎也」疏證。

濙　丨，回波曰丨。〔集韻・青部〕

⿰氵霝　丨，水曲，或从靈。〔集韻・青部〕

爧　丨，火光皃。〔廣韻・青部〕

⿰爿靈　丨，牀笫，或从零，从令。〔集韻・青部〕

⿰牛令　丨，牛名。〔廣韻・青部〕

⿰牛靈　丨，牛名。或作⿰牛令。〔集韻・青部〕

狑　丨，良犬也。秦有丨。〔集韻・青部〕〇丨，或作⿰犭霝、⿰犭靈。（同上）

⿰犭靈　丨，同狑，犬名。〔廣韻・青部〕

⿰王并　丨，玉名。〔集韻・青部〕

珵　丨，玉光。〔集韻・青部〕

⿰令瓜　丨，小瓜名，出安南。〔廣韻・青部〕〇丨，小瓜名，出南海。〔集韻・青部〕

⿰白靈　丨，白色，或从零，从令。〔集韻・青部〕

⿰目亭　丨，目眵。〔集韻・青部〕

⿱冖男　丨，密也，或作瞑。〔集韻・青部〕

⿰目霝　丨，目光。或从零。〔集韻・青部〕

砱　丨，石丨。〔廣韻・青部〕

⿰石并　丨，碑材也。〔集韻・青部〕

秢　丨，穗熟。〔廣韻・青部〕〇丨，禾始熟曰丨。〔集韻・青部〕

程　丨，稀丨。〔廣韻・青部〕〇丨，禾稀也。〔集韻・青部〕

⿰禾靈　丨，草莖踈也。〔廣韻・青部〕〇丨，艸莖踈也，或从零。〔集韻・青部〕

⿱穴廷　丨，穴也。〔集韻・青部〕

⿱穴冥　丨，天也。〔廣韻・青部〕

⿱穴靈　丨，穴也。〔集韻・青部〕

竛　丨，丨竮。〔廣韻・青部〕〇丨竮，行不正也。〔慧琳音義・卷九九〕引〔字書〕。

竮　丨，竛丨，行不正。〔廣韻・青部〕〇竛丨，亦作伶俜。（同上）

⿱竹并　丨，竹名。〔廣韻・青部〕〇丨，一曰丨篳，户扇。〔集韻・青部〕

⿱竹甹　丨，舟車篷。〔集韻・青部〕

箳　丨，丨篁，別駕車名。〔廣韻・青部〕〇丨篁，車蔽篕。〔集韻・青部〕〇丨篁通作屏星。〔廣雅・釋器〕「丨篁，篕也」疏證。

⿱竹軨　丨，竹名。〔廣韻・青部〕又〔集韻・青部〕。〇丨，一曰竹器。（同上）〇丨，或从靈。（同上）

⿱竹靈　丨，竹名。〔廣韻・青部〕

⿱竹⿰辟并　丨，吳人謂蠶曲為丨。〔集韻・青部〕又〔說文〕「曲，象器曲受物之形也」義證引〔類篇〕。

⿰米靈　丨，米餌，或从零。〔集韻・青部〕

紷　丨，緋絮。〔集韻・青部〕〇丨，綼絲繐。〔說文〕「繐，細疏布也」義證引〔玉篇〕。〇丨，綼絲一百升。〔廣韻・青部〕〇絲細湅為丨。〔說文〕「繐，細疏

布也」義證引〔類篇〕。〇｜，一曰絲細湅為｜。〔集韻・青部〕

𦁣　｜，細絲也。〔集韻・青部〕

𦂈　｜，吳人數絮。〔集韻・青部〕

緌　｜，直也。〔集韻・青部〕

𦆟　｜，絮也。〔集韻・青部〕

耵　｜，｜聹，耳垢。〔集韻・青部〕

聠　｜，耳閉也。〔集韻・青部〕

聤　｜，耳出惡水。〔廣韻・青部〕

朎　｜朧，月光。〔集韻・青部〕

𩇕　｜，𪐀｜，無色。〔廣韻・青部〕

葶　｜，｜藶。〔廣韻・青部〕〇｜藶，一名大室。〔廣雅・釋草〕「狗薺、大室，｜藶也」疏證。〇｜藶，藥艸。〔集韻・青部〕

𧃒　｜，水中浮艸。〔集韻・青部〕

蕶　｜，草｜落也。〔廣韻・青部〕〇｜與苓同。〔廣雅・釋草〕「茯神，茯零也」疏證。

𦾸　｜，鼠耳草也。〔廣韻・青部〕

䖅　｜，似虎而小，出南海。〔廣韻・青部〕〇｜，獸名，似虎而小，出南海。〔集韻・青部〕

蛉　｜，蜻蛉。〔廣韻・青部〕〇〔說文定聲・卷一六〕｜，叚借為螟。〔詩・小宛〕「螟｜有子」。

𧎬　｜蜓，蟲名。〔集韻・青部〕

蝏　｜磁即螶。〔釋魚〕「蛙，螶」郝疏。〇｜蜓，水蟲名。〔集韻・青部〕

𧕋　｜，螢也。〔廣韻・青部〕

𧙦　｜，燐光箸衣貌。〔集韻・青部〕

𧞔　｜，衣光也。或从零，从令。〔集韻・青部〕

詅　｜，衒也。〔集韻・青部〕〇｜，音相次。〔廣韻・青部〕

䛣　｜，言也。〔說文〕「｜」義證引〔玉篇〕。

𧼒　｜，犬走逐皃。〔集韻・青部〕

跉　｜，徐行不正皃。〔廣韻・青部〕

醽　｜，渌酒。〔廣韻・青部〕〇｜，湘東美酒。〔集韻・青部〕

𨏶　｜軨，㢆名。〔集韻・青部〕

鏻　｜，健也。〔廣韻・青部〕

閝　｜，門上小窻。〔廣韻・青部〕引崔浩〔女儀〕。〇門上窻謂之｜，或从霝。〔集韻・青部〕

閮　｜，門中也。〔集韻・青部〕

阾　｜，阪名。〔廣韻・青部〕

𨽍　｜，𨻿鎛也。〔集韻・青部〕

𩂣　｜｜，雨皃。〔集韻・青部〕

𩃎　｜，刀剖物，或作𠟗。〔集韻・青部〕

霝　｜，空也。〔廣韻・青部〕

𩅦　｜，器名。〔廣韻・青部〕

鞓　｜，皮帶鞓也。〔廣韻・青部〕〇｜，同鞓。〔同上〕

䫥　｜，眉目間也。〔廣韻・青部〕又〔詩・猗嗟〕「猗嗟｜兮」後箋引〔玉篇〕。又〔說文〕「顏，眉目之間也」義證引〔玉篇〕。〇眉目之間也者，本｜字訓。〔同上〕義證。〇｜，又或作䁅。〔同上〕〇｜字或作䫀。〔同上〕

頩　｜，襌。〔集韻・青部〕

**䬆**　｜，寒風。〔集韻・青部〕

**⿰食零**　｜，食飽。〔廣韻・青部〕○｜，食飽也。〔集韻・青部〕

**駖**　｜，｜蓋，車騎聲。〔廣韻・青部〕○｜，｜轞，車騎聲。〔集韻・青部〕

**⿰骨丁**　｜，腨骨。〔集韻・青部〕

**⿰骨令**　｜，骴骨。〔廣韻・青部〕

**⿰骨廷**　｜，⿰骨零｜，長骨皃。〔集韻・青部〕

**⿰骨甹**　｜，肋骨。〔集韻・青部〕

**⿰骨零**　｜，｜⿰骨廷，骨皃，或省作⿰骨令。〔集韻・青部〕

**⿱髟霝**　｜，髮疎也，或从令。〔集韻・青部〕

**⿰霝鳥**　｜鶴，鳥名，畜之以厭火。〔集韻・青部〕

**⿱雨鴒**　｜鳥，鶴別名也。〔廣韻・青部〕

**⿰鹵令**　｜，壚｜。〔廣韻・青部〕○｜，鹽也。〔集韻・青部〕

**⿰鼠回**　｜，｜⿰鼠令，⿰鼠交鼠。〔廣雅・釋獸〕○蛔蛉與｜⿰鼠令同。（同上）○｜，斑鼠也。〔說文〕「鼮，鼮令鼠」義證引〔玉篇〕。○｜，｜⿰鼠令，班鼠。〔廣韻・青部〕

**⿰鼠令**　｜，⿰鼠回屬，⿰鼠回斑鼠也。〔說文〕「鼮，鼮令鼠」義證引〔玉篇〕。○｜，⿰鼠回｜，班鼠。〔廣韻・青部〕

# 續經籍籑詁卷第二十五　下平聲

## 十　蒸

**蒸**　細曰｜。〔詩・無羊〕「以薪以｜」朱傳。又〔廣韻・蒸部〕。○｜，細薪也。〔說文〕「｜，折麻中幹也」義證引趙用賢。○｜，亦謂之菆，今俗所謂麻骨棓也。（同上）段注。○｜，一名菆，今俗謂之麻骨棓。〔說文定聲・卷二〕○凡用麻幹葭葦竹木為燭，皆曰｜。（同上）○熘竹曰｜。〔楚辭・謬諫〕「菎蕗雜於黀｜兮」王注。○｜，進也。〔楚辭・東皇太一〕「蕙肴｜兮蘭藉」補注。又〔廣韻・蒸部〕。○｜，升也。〔說文〕「肴，啖也」繫傳。○｜，言鬱溽之氣。〔漢書・中山靖王傳〕「雲｜列布」補注。○｜，衆也。〔孟子・告子上〕「詩曰天生｜民」朱注。又〔廣韻・蒸部〕。○｜，衆也，冬物畢成，可祭者衆也。〔大戴・千乘〕「｜于皇祖皇考」王詁。○冬祭曰｜。〔楚辭・天問〕「何獻｜肉之膏」補注。○｜，上行為本義。〔左傳桓公一六年〕「烝於夷姜」疏證。○引申之上淫亦為｜也。（同上）○｜，君也。〔廣韻・蒸部〕○｜之言烝也。〔廣雅・釋器〕「｜，炬也」疏證。○殽｜者，即〔傳〕之言折俎。〔文選・東皇太一〕「蕙肴｜兮蘭藉」集釋。○體解節折乃升於俎，謂之殽｜。（同上）引〔左傳宣公一〇年〕疏。○房｜者，即〔傳〕之言體薦。（同上）集釋。○半解牲體而升於俎，謂之房｜。（同上）引〔左傳宣公一六年〕疏。○全其牲體而升於俎，謂之全｜。（同上）○｜與烝通。〔墨子・辭過〕「｜炙魚鼈」閒詁。又〔方言一二〕「烝，婬也」箋疏。○｜，叚借為衆。〔說文定聲・卷二〕○｜，叚借為訒。（同上）○｜，叚借為烝。（同上）○｜與烝同。〔管子〕「理丞而屯泄」雜志。○｜，或作烝。〔廣雅・釋訓〕「｜｜，孝也」疏證。

**烝**　｜，火迫水氣令上達也。〔慧琳音義・卷三五〕引〔考聲〕。○｜火，燥火也。〔說文〕「熯，乾皃」義證。○｜者，气之衆也。〔釋詁〕「｜，衆也」郝疏。○｜，衆。〔詩・棫樸〕「｜徒楫之」朱傳。又〔蕩〕「天生｜民」朱傳。又〔烝民〕「天生｜民」朱傳。○｜，衆也。〔詩・漸漸之石〕「｜涉波矣」朱傳。又〔南有嘉魚〕「｜然罩罩」集疏。又〔思文〕「立我｜民」陳疏。又〔廣雅・釋器〕「蒸，炬也」疏證。又〔集韻・蒸部〕。○｜者，衆也。〔禮記・王制〕「冬曰｜」集解。○訓｜為衆。〔詩・閟宮〕「｜徒增增」通釋。○｜，又引申之則衆也。〔說文〕「｜，火气上行也」段注。○｜，群也。〔爾雅・釋詁注〕述聞。○｜，盛也。〔字詁〕○｜｜，盛也。〔詩・泮水〕「｜｜皇皇」朱傳。○｜｜，亦當為美美，與盛同義。（同上）通釋。○謂之｜｜者，言孝德之厚美也。〔書・堯典〕「以孝｜｜」孫疏引王引之。○漢魏人多以｜｜屬以孝為義。（同上）孫疏。○｜，久也。〔說文〕「⿰魚卓，｜然⿰魚卓⿰魚卓」繫傳。○｜，又引申之則久也。〔説文〕「一，火气上行也」段注。○今登萊閒人謂時之久者或曰一日，或曰鎮日。〔釋詁〕「塵，久也」郝疏。○一，進。〔詩·甫田〕「一我髦士」朱傳。又〔賓之初筵〕「一衎烈祖」朱傳。又〔豐年〕「一畀祖妣」朱傳。○一，進也。〔詩·信南山〕「是一是享」朱傳。又〔通鑑·漢紀〕「陛下至孝一一」音注。又〔集韻·蒸部〕。○一，進也，進物品也。〔禮記·王制〕「冬曰一」集解引孫炎。○一，引申之則一進也。〔説文〕「一，火气上行也」段注。○一，淫上也。〔集韻·蒸部〕○凡下婬上謂之一。〔説文〕「一，火气上行也」段注。○一，以登為訓。〔説文定聲·卷二〕○一，升也。〔管子〕「理一而屯泄」雜志。又〔屈賦·思美人〕「紛郁郁其遠一兮」戴注。○一蓋升之進也。〔釋詁〕「一，進也」郝疏。○俎實曰一。〔屈賦·東皇太一〕「蕙肴一兮蘭藉」戴注。○一，祭也。〔屈賦·天問〕「何獻一肉之膏」戴注。○冬曰一。〔詩·天保〕「禴祠一嘗」朱傳。○一，冬祭也。〔禮記·祭統〕「施于一彝鼎」集解。○冬祭曰一。〔詩·楚茨〕「以往一嘗」朱傳。○一，冬祭名。〔詩·信南山〕「是一是享」朱傳引或説。○一，冬祭宗廟也。〔禮記·月令〕「大飲一」集解。○一，君也。〔詩·文王有聲〕「文王一哉」朱傳。又〔集韻·蒸部〕。○一，又引申之則君也。〔説文〕「一，火气上行也」段注。○一謂之泄。〔管子〕「理一而屯泄」雜志。○一，發語辭。〔詩·東山〕「一在桑野」朱傳。○一，發語聲。〔詩·常棣〕「一也無戎」朱傳。○一然，發語聲也。〔詩·南有嘉魚〕「一然罩罩」朱傳。○一、塵聲轉。〔釋言〕「一，塵也」郝疏。○一與蒸通。〔廣雅·釋詁〕「蒸，美也」疏證。○一，通作蒸。〔釋詁〕「一，衆也」郝疏。○一，又通作勝。〔同上〕○一或通作蒸。〔説文〕「一，火气上行也」義證。又〔同上〕句讀。○一與丞古字通。〔管子〕「理一而屯泄」雜志。○一然通作塵如。〔通雅·卷八〕○一，叚借為衆。〔説文定聲·卷二〕○一，叚借為登。〔同上〕○一，叚借為仍。〔同上〕○一，叚借為訒。〔同上〕○一，古多以蒸為之。〔同上〕○一，當為曾之借字，乃也。〔詩·東山〕「一在桑野」通釋。○一，經典多叚蒸為之者。〔説文〕「一，火气上行也」段注。○〔韓〕一作蒸。〔詩·烝民〕「天生一民」集疏。○魯一亦作蒸。〔詩·思文〕「立我一民」集疏。○官本一作蒸。〔漢書·賈誼傳〕「雲一雨降」補注。

## 承

一，繼也。〔詩·權輿〕「不一權輿」朱傳。又〔天保〕「無不爾或一」朱傳。又〔大戴·禮察〕「人主胡不一殷周秦事以觀之乎」王詁。又〔孟子·滕文公下〕「丕一哉」朱注。又〔滕文公下〕「以一三聖者」朱注。又〔説文定聲·卷二〕。○一，繼其後也。〔國策·齊策一〕「而晚一魏之弊」鮑注。○一言繼其後。〔齊策一〕「邯鄲拔而一魏之弊」鮑注。○一，次也。〔慧琳音義·卷一〇〕引〔字書〕。又〔廣韻·蒸部〕。○一，奉也。〔詩·鹿鳴〕「一筐是將」朱傳。又〔抑〕「萬民靡不一」朱傳。又〔玄鳥〕「大糦是一」朱傳。又〔大戴·曾子立孝〕「為人弟而不能一其兄者」王詁。又〔廣韻·蒸部〕。○一者，奉也。〔説文〕「卺，謹身有所一也」段注。○一亦奉也。〔漢書〕「尚魯元公主」雜志。○一，尊奉也。〔詩·清廟〕「不顯不一」朱傳。又〔禮記·大傳〕「不顯不一」集解。○一，上有節下一奉之。〔説文〕「一，奉也，受也」繫傳。○一，受也。〔詩·鹿鳴〕「一筐是將」集疏引韓説。又〔説文〕「卺，謹身有所一也」段注。又〔廣韻·蒸部〕。○一亦受也。〔書·康誥〕「應保」述聞引〔洛誥〕「一保」。○一汝，即受汝。〔書·盤庚〕「一汝俾汝」孫疏。○一者，引也。〔詩·天保〕「無不爾或一」通釋。又〔禮記·坊記〕「舅姑一子以授壻」述聞。○一即引也。〔同上〕○一，亦謂引取之也。〔莊子·達生〕「見痀僂者一蜩」述聞。○一，引取之義也。〔易·艮〕釋文「拯作一」述聞。又〔左傳宣公十二年〕釋文「拯作一」述聞。又〔列子·黃帝篇〕釋文「一音拯」述聞。○一，謂拯也。〔書·盤庚〕「恭一民命」孫疏。○一，助也。〔禮記·檀弓〕「寡君一事」集解。○一，事也。〔禮記·坊記〕「一一人焉」集解。○一訓副。〔左傳宣公一二年〕「鄭師為一」疏證。○一，當也。〔孟子·滕文公下〕「詩云則莫我敢一」朱注。○一，禦也。〔詩·閟宮〕「則莫我敢一」朱傳。○一，進也。〔書·益稷〕「格則一之庸之」孫疏。又〔禮記·玉藻〕「士於大夫不一賀」集解。又〔論語·子路〕「或一之羞」朱注。○一與大同意。〔孟子〕「丕一哉武王烈」述聞。○一者，美大之辭。〔詩·清廟〕「不顯不一」述聞。○一保，猶〔易〕言容保民也。〔書·盤庚〕「惟民之一保」孫疏。○一前，猶今言從前也。〔通鑑·唐紀〕「一前諸州饑饉」音注。○一塵即平帳，以其平施於坐上則謂之平帳，以其一塵土則謂之一塵。〔周禮·幕人〕孫正義。○一雲，雲門也。〔屈賦·遠遊〕「張咸池奏一雲兮」戴注。○一雲，即雲門，黃帝樂也。〔同上〕補注。○帝顓項令飛龍作樂，命之曰一雲。〔同上〕補注引〔呂覽〕。○有虞氏其樂一雲。〔同上〕補注引〔淮南子〕。○乘、一通。〔國策·卷下〕「將以兵一王之西」札記引吳氏正。○一與丞通。〔墨子·尚賢中〕「若山之一」閒詁。○一，叚借為乘。〔説文定聲·卷二〕○一，叚借為懲。〔同上〕○一，叚借為贈。〔同上〕○一，叚借為抍。〔同上〕○一者，丞之假借。〔説文〕「丞，翊也」段注。○一，叚為懲也。〔説文〕「一，奉也」段注。○一，當即懲之假借。〔詩·閟宮〕「則莫我敢一」通釋。○一，讀為烝。〔淮南子〕「其於以一食」雜志。○一，讀為拯。〔大戴·禮察〕「胡不一殷周秦事以觀之乎」述聞。○一，當讀為武王烝哉之烝。〔詩·清廟〕「不顯不一」述聞。○一同烝。〔書·益稷〕「格則一之庸之」孫疏。○一同抍。〔書·盤庚〕「恭一民命」孫疏。○一亦與抍同。〔廣雅·釋詁〕「抍，取也」疏證。○一，〔禮記〕疏引作丞。〔左傳昭公一三年〕「子產爭一」洪詁。○官本、南監本，後一之一作丞。〔漢書·王莽傳〕「後一一陽侯甄邯為大司馬」補注。○一，或作丞。〔集韻·蒸部〕

## 丞

一，翊也。〔廣韻·蒸部〕○一，佐也。〔同上〕○一者，承也。〔通鑑·唐紀〕「右司郎中柳調為左一」音注。又〔説文〕「一，翊也」義證引〔初學記〕。○一即承也。〔説文〕「卺，謹身有所承也」段注。○一以守名，殆亦居守之義。〔漢書·朱買臣傳〕「白守一」補注引周壽昌。○一為休，猶汙為瀦、落為始也。〔説文定聲·卷二〕○一承通借。〔漢書·薛宣傳〕「不相敕一化」補注。○一，叚借為承。〔説文定聲·卷二〕○一，叚借為抍。〔同上〕○

丨，叚借為亘。（同上）○丨，以承為之。（同上）○丨讀為烝。〔管子〕「理丨而屯泄」雜志。○丨同承。〔漢書・兒寬傳〕「以丨嘉祀」補注。又〔蕭望之傳〕「侍中謁者良使丨制詔望之」補注引朱一新。○〔史記〕丨作承，丨承字通用。〔漢書・淮南衡山濟北王傳贊〕「以丨輔天子」補注。○官本丨作承。〔漢書・陳湯傳〕「臣下丨用失其中」補注。

○丨，从山，山高奉承之義。〔集韻・蒸部〕

**懲**　丨，艾。〔詩・閟宮〕「荊舒是丨」朱傳。○丨，艾也。〔詩・沔水〕「寧莫之丨」陳疏。又〔孟子・滕文公上〕「魯頌曰荊舒是丨」朱注。○丨，創也。〔詩・節南山〕「憯莫丨嗟」朱傳。○丨謂丨創也。〔離騷〕「豈余心之可丨」補注。○丨，創遇傷而丨也。〔説文〕「刅，傷也」義證引〔六書故〕。○丨，有所傷而知戒也。〔詩・小毖〕「予其丨」朱傳。○丨，戒也。〔廣韻・蒸部〕○丨，戒也，以前事為戒。〔漢書・楚元王傳〕「丨山東之寇」補注。○丨，懼也。〔離騷〕「豈余心之可丨」補注引五臣。○丨，苦也。〔詩・小毖〕「予其丨而」集疏引韓説。○丨，憂悔之詞。（同上）集疏。○丨，止也。〔詩・沔水〕「寧莫之丨」朱傳。又〔正月〕「寧莫之丨」朱傳。又（同上）陳疏。又〔大戴・保傳〕「不能丨忿窒慾」王詁。又〔屈賦・懷沙〕「丨違改忿兮」戴注。又〔史記〕「丨違」雜志。又〔廣韻・蒸部〕。○丨，改也。〔説文〕「忞，丨也」繫傳。○丨徵與徵竝字異而義同。〔釋詁〕「徵，止也」郝疏。○丨徵古同音通用。〔詩・閟宮〕「荊舒是丨」通釋。○丨古通作徵，審也。〔詩・沔水〕「寧莫之丨」通釋。○丨，又與承通。〔説文〕「丨，忞也」義證。○丨，叚借為騰。〔説文定聲・卷二〕○丨，當讀為無徵不信之徵。〔詩・正月〕「寧莫之丨」通釋。○丨，字亦作承。〔廣雅・釋言〕「丨，恐也」疏證。○丨，閩本作徵，古丨字。〔漢書・淮陽憲王傳〕「丨艾霍氏欲害皇太子」補注引錢大昭。○丨忿，一作徵忿、證忿。〔通雅・卷八〕○丨，通作徵。〔集韻・蒸部〕

**澂**　丨，清也。〔廣韻・蒸部〕○丨之言持也，持之而後清。〔説文〕「丨，清也」段注。○丨澄古今字。（同上）○丨，字亦作瀓。〔説文定聲・卷二〕○丨，字亦作澄。（同上）○丨，亦作澄。〔方言一二〕「丨，清也」疏證。○丨，或作瀓，亦从登。〔集韻・蒸部〕

**瀓**　丨，水清也。〔慧琳音義・卷六三〕引〔考聲〕。○丨，或作澄。（同上）

**澄**　丨，清也。〔禮記・禮運〕「丨酒在下」集解。又〔坊記〕「丨酒在下」集解。○丨酒，三酒也。〔禮記・禮運〕「丨酒在下」集解。○丨同澂。〔廣韻・蒸部〕○丨與澂同。〔方言一二〕「澂清也」箋疏。○丨者澂之俗字。〔説文〕「澂，清也」句讀。○汪本丨作證。〔漢書・五行志〕「事之徵也」補注引朱一新。○丨，官本作證。（同上）

**陵**　丨，大阜。〔楚辭・遠逝〕「丨魁堆以蔽視兮」補注。○丨，大阜也。〔論語・子張〕「丘丨也」劉正義。○大阜曰丨。〔詩・天保〕「如岡如丨」朱傳。又〔廣韻・蒸部〕。又〔禮記・月令〕「善相丘丨」集解。又〔大戴・誥志〕「丨不施谷」王詁。又〔論語・子張〕「丘丨也」朱注。又〔説文〕「阺，秦謂丨阪曰阺」段注。○四平曰丨。〔詩・天保〕「如岡如丨」集疏引韓説。○廣平曰丨。〔詩・正月〕「為岡為丨」朱傳。○丨與夷皆平也。〔漢書・成帝紀〕「帝王之道日以丨夷」補注引王念孫。○丨，引申之謂丨夷也。〔説文〕「丨，大阜也」段注。○丨，遲也。〔廣韻・蒸部〕○丨之言丨遲也。〔廣雅・釋邱〕「四隤曰丨」疏證。○丨遲猶迤邐，陂陀之謂。〔荀子・宥坐〕「丨遲故也」集解引盧文弨。○丨遲、丨夷，其義一也。〔廣雅・釋訓〕「徯徯，行也」疏證。○丨夷之為丨遲，猶逶迤之為逶遲。〔漢書〕「連語」雜志。○丨者，丘陵。〔荀子・致士〕「節奏丨而文」集解引郝懿行。○丨，乘也。〔通鑑・隋紀〕「多被丨轢」音注。○丨，引申為乘也。〔説文〕「丨，大阜也」段注。○丨，引申為上也。（同上）○丨，引申為躐也。（同上）○丨，駕也。〔通鑑・晉紀〕「丞相遽相丨藉如此」音注。○丨，轢也。（同上）○丨，侵也。〔通鑑・隋紀〕「多被丨轢」音注。又〔廣韻・蒸部〕。○丨亦侵也。〔左傳宣公一二年〕疏證引惠棟。○丨謂侵丨。〔大戴・誥志〕「非以丨衆」王詁。○丨，引申為侵丨也。〔説文〕「丨，大阜也」段注。○丨，侵侮也。〔慧琳音義・卷一〕○丨，侮也。〔大戴・盛德〕「凡鬬辨生於相侵丨也」王詁。又〔通鑑・隋紀〕「多被丨轢」音注。又〔廣韻・蒸部〕。○丨，犯也。（同上）○丨謂厲兵刃也。〔荀子・君道〕「兵刃不待丨而勁」集解。○丨之為言棱也。〔説文〕「丨，大阜也」義證引〔太平御覽〕。○丨謹義相近。〔荀子・富國〕「丨謹盡察」集解引盧文弨。○丨謹亦雙聲字義皆可通。（同上）引郝懿行。○丨懔雙聲，懔懔敬懼之貌，與謹義近。（同上）○丨謂嚴密也。〔荀子〕「節奏欲丨」雜志。○在上犯下為丨。〔漢書・天文志〕「合散犯守，丨歷鬬食」補注引石氏。○丨魚，丨鯉也。〔文選・吳都賦〕「丨鯉若獸」集釋引〔楚辭〕「丨魚曷止」注。○丨鯉有四足，狀如獺，鱗甲似鯉，居土穴中，性好食蟻。（同上）劉注。○丨鯉，即今穿山甲也，以其穴丨陸似鯉故名。〔説文定聲・卷二〕○丨苕，今謂之淩霄花。〔釋艸〕「苕，丨苕」鄭注。○丨與夌通。〔國語・晉語〕「襲侵之事，丨也」平議。○丨通作夌。〔説文〕「丨，大阜也」義證。○丨遲，本作夌𠊲，通作丨夷。〔通雅・卷六〕○丨，叚借為淩。〔説文定聲・卷二〕○丨，叚借為勝。（同上）○丨，叚借為夌。（同上）○丨，皆夌字之假借也。〔説文〕「丨，大阜」段注。○丨，字亦變作鯪。（同上）○丨字或作淩。〔荀子〕「節奏丨而文」雜志。○凡言丨遲丨夷當作夌𠊲。〔説文〕「夌，一曰夌𠊲也」段注。○南丨，〔呂覽・先識篇〕作南岸，義亦同。〔左傳僖公三二年〕「其南丨，夏后皋之墓也」洪詁。○北丨，〔呂覽・先識篇〕作北岸，義亦同。〔左傳僖公三二年〕「其北丨，文王之所辟風雨也」洪詁。○丨鯉，〔楚辭・天問〕丨作鯪。〔文選・吳都賦〕「丨鯉若獸」集釋。○〔羣書治要〕引丨作淩。〔管子・治國〕「則敢丨上犯禁」義證引孫星衍。○〔漢書・陳勝傳〕「淩人秦嘉」，〔陳涉世家〕作「丨人秦嘉」。〔史記・項羽本紀〕「廣丨人召平於是為陳王徇廣丨」志疑。○胡丨，官本作胡陸。〔漢書・高帝紀〕「沛公攻胡丨」補注。○〔天官書〕丨作淩。〔漢書·天文志〕「相丨為鬭」補注。〇丨皆當作陸。〔漢書·地理志〕「莽曰湖陸」補注引錢大昭。

**凌** 丨，冰丨。〔廣韻·蒸部〕〇丨栗以聲近為義。〔釋言〕「淩，慄也」邵正義。〇丨陰，冰室也。〔詩·七月〕「三之日納于丨陰」朱傳。〇丨者，严急之意。〔管子〕「寬而不丨」雜志。〇凛溧丨俱一聲之轉。〔釋言〕「淩，慄也」郝疏。〇丨，或作陵。〔管子〕「寬而不丨」雜志。

**勝** 丨，仌室也。〔説文〕「丨，仌出也」義證引〔玉篇〕。〇丨謂冰出水棱棱然。〔説文定聲·卷二〕〇丨，叚借為夌。（同上）〇丨，叚借為乘。（同上）〇丨同凌。〔廣韻·蒸部〕〇丨，字亦變作倰。〔説文定聲·卷二〕

**綾** 丨，丨紈。〔廣韻·蒸部〕〇丨，文繒也。〔説文〕「丨，東齊謂布帛之細曰丨」義證引〔玉篇〕。〇光者曰丨。〔通雅·卷三七〕

**蔆** 丨，芰也。〔廣韻·蒸部〕〇丨，芰也，今亦謂之丨。〔釋艸〕「丨，蕨攈」鄭注。〇丨，俗名丨角。〔説文〕「丨，芰也」句讀。〇兩角曰丨，三角四角曰芰，通謂之水栗。（同上）義證引王安貧〔武陵記〕。〇丨，柧棱也。〔説文定聲·卷二〕〇丨，叚借為棱。（同上）〇丨，叚借為淩。（同上）〇丨與蔆同，花黃白色。〔楚辭·逢紛〕「芙蓉蓋而丨華東兮」補注。〇丨，字又作菱。〔説文定聲·卷二〕〇丨，字又作蔆。（同上）〇丨，或作菱、蔆。〔集韻·蒸部〕

**蔆** 言其實有棱角曰丨。〔説文定聲·卷一〇〕〔「芰」下〕〇丨，秦謂之薢茩。（同上）〇丨蔆字通。〔國策·楚策四〕「仰嚙丨衡」補正。〇丨或作蔆。〔廣雅·釋草〕「丨，薢茩也」疏證。〇丨或作菱。（同上）〇丨同蔆。〔廣韻·蒸部〕

**菱** 芰實一名丨。〔説文〕「芰，蔆也」義證引〔名醫别録〕。〇其角棱峭，故謂之丨。〔本草·卷三三〕〇丨與策莅同意，亦以銛鋭鍼刺為義。〔方言二〕「策小也」箋疏。〇丨同蔆。〔廣韻·蒸部〕

**冰** 丨，丨堅。〔説文〕「丨，水堅」義證引〔增韻〕、〔字鑑〕、〔洪武正韻〕。〇丨，水凍也。〔大戴·勸學〕「水則為丨」王詁。〇丨者，窮谷陰氣所聚，不洩則結，而為伏陰。〔詩·七月〕「二之日鑿丨沖沖」集疏引韓説。〇丨紈，謂素色鮮潔如丨也。〔漢書〕「丨紈」雜志。〇丨衿，猶言冷也。〔通雅·卷五〕〇祠部呼丨廳，言其清冷也。〔通雅·卷三三〕〇丨素方空縠羅，皆紗也。〔通雅·卷三七〕〇丨平聲轉。〔釋詁〕「平，成也」郝疏。〇丨，叚借為掤。〔説文定聲·卷二〕〇丨，叚借為仌。（同上）〇丨者，掤之叚借字。〔説文〕「掤，所以覆矢也」段注。〇丨，古凝字。〔莊子·逍遥遊〕「肌膚若丨雪」集釋。〇丨為古凝字。〔逸周書〕「咎徵之咎」雜志。〇丨凝古今字。〔説文〕「膩，上肥也」段注。〇丨，今以為仌字也。〔説文〕「丨，水堅也」繫傳。〇丨同冫，水凍也。〔廣韻·蒸部〕〇丨，或从疑，古从仌。〔集韻·蒸部〕

**仌** 丨，冬寒水結也。〔説文〕「丨，凍也」義證引〔玉篇〕。〇初凝曰丨。〔説文〕「凍，丨也」段注。〇丨，水始凝，文理似之。〔説文定聲·卷二〕〇丨，經史皆以冰為之。（同上）

**冫** 丨，水凍也。〔廣韻·蒸部〕

**膺** 丨，匈也。〔詩·小戎〕「虎韔鏤丨」陳疏。又〔屈賦·惜誦〕「背丨牉而交痛兮」戴注。〇丨，胷也。〔中庸〕「則拳拳服丨而弗失之矣」朱注。又〔廣韻·蒸部〕〇丨庭，胷前也。〔説文〕「靳，當丨也」義證引〔相牛經〕注。〇丨，親也。〔廣韻·蒸部〕〇丨，當也。〔詩·閟宫〕「戎狄是丨」朱傳。又〔楚辭·天問〕「鹿何丨之」補注。〇丨，受也。（同上）〇丨，擊也。〔詩·閟宫〕「戎狄是丨」通釋。〇丨即臆也。〔慧琳音義·卷一〕〇丨應古聲義並同。〔廣雅·釋詁〕「應，擊也」疏證。〇丨應通。〔釋詁〕「應，當也」郝疏。〇丨與應通。〔廣雅·釋言〕「應，受也」疏證。〇丨通作應。〔釋言〕「丨，親也」郝疏。〇丨謂借為抌。〔説文定聲·卷三〕〇丨謂借為鷹。（同上）〇丨即應之假借。〔詩·閟宫〕「戎狄是丨」通釋。〇丨，字或作膺。〔説文〕「丨，胷也」義證。〇丨，字亦作膺。〔説文定聲·卷三〕〇〔魯詩〕丨作應。〔詩·閟宫〕「戎狄是丨」集疏。〇丨，或从骨。〔集韻·蒸部〕

**鷹** 丨，鳥名。〔廣韻·蒸部〕〇丨鷂同類。〔釋鳥〕「丨，鶆鳩」郝疏。〇丨，鷙鳥也。〔説文定聲·卷三〕〇丨隼，猛鳥也。〔釋鳥〕「丨隼醜其飛也翬」郝疏。〇丨，一名鶆鳩。〔禮記·月令〕「丨化為鳩」集解。〇丨，亦曰爽鳩。〔説文〕「雁，鳥也」義證引〔急就篇〕顔注。〇丨，一名鶆鳩。（同上）〇丨以膺擊，故謂之丨。〔本草·卷四九〕〇爽，猶丨之為擊也。〔説文定聲·卷一八〕〔「爽」下〕

**應** 丨，當也。〔詩·賚〕「我丨受之」朱傳。又〔大戴·哀公問五義〕「丨變而不窮」王詁。又〔廣韻·蒸部〕〇敵、彊、丨、丁為相當之當。〔釋詁〕「昌、敵、彊、丨、丁，當也」述聞。〇丨，受也。〔左傳僖公一二年〕「丨乃懿德」述聞。又〔左傳成公一三年〕「狄丨且憎」述聞。〇丨者，受也。〔管子〕「插衽」雜志。〇丨與受同義。〔書·康誥〕「丨保殷民」述聞。又〔詩·賚〕「我丨受之」述聞。又〔管子〕「插衽」雜志。〇丨，謂丨鼙也。〔廣雅·釋樂〕「丨，鼓名」疏證。〇丨，丨鼓也。〔詩·有瞽〕「丨田縣鼓」陳疏。〇丨、𣏾，皆謂小鼓。〔詩·有瞽〕「膺𣏾縣鼓」集疏。〇後起為丨。〔國策·齊策六〕「齊使向子將而丨之」鮑注。〇丨言以兵從之。〔國策·秦策四〕「悉起丨王」鮑注。〇丨者，合也。〔説文定聲·卷三〕〇丨，引伸為凡相對之偁。〔説文〕「丨，當也」段注。〇膺丨聲義並同。〔廣雅·釋詁〕「丨，擊也」疏證。〇丨保即膺保也。〔書·康誥〕「丨保殷民」述聞。〇丨保猶云受保。（同上）孫疏。〇膺與丨通。〔廣雅·釋言〕「丨，受也」疏證。〇丨與容聲之轉。〔書·康誥〕「丨保殷民」述聞。〇丨與承聲相近。（同上）〇丨與容、承俱聲相近。（同上）孫疏引王引之。〇丨，或曰當、受兩訓，皆膺之借字。〔説文定聲·卷三〕〇丨讀曰膺。〔左傳僖公一二年〕「丨乃懿德」疏證引惠棟。〇膺與丨同。〔書・康誥〕「丨保殷民」述聞。〇丨讀為膺，古文皆以丨為膺。〔左傳僖公一二年〕「丨乃懿德」洪詁引惠棟。〇丨，俗作膺。〔說文〕「諾，膺也」義證。

**蠅**

丨，蟲也。〔廣韻・蒸部〕〇丨飛營營，其聲自呼，故名。〔本草・卷四〇〕〇丨虎，丨狐也，一名丨蝗，一名丨豹。〔說文〕「虢，一曰丨虎也」義證引〔古今注〕。〇丨羊一聲之轉。〔方言一二〕「丨，東齊謂之羊」疏證。又〔說文定聲・卷二〕。

**繩**

丨，丨索也。〔廣韻・蒸部〕〇丨謂紨兩股以上總而合之者也。〔說文〕「丨，索也」義證引〔急就篇〕顏注。〇麻絲曰丨。〔說文〕「索，艸有莖葉可作丨索」義證引〔急就篇〕顏注。〇絞縷曰丨。〔釋言〕「絢，絞也」鄭注。〇丨，謂裻與後幅相當之縫也。〔禮記・深衣〕「負丨及踝以應直」集解。〇丨，直也。〔廣韻・蒸部〕又〔春秋名字解詁〕「慶臾字丨」述聞。〇丨訓為直。〔漢書〕「分當相直」雜志。〇丨，所以為直。〔孟子・離婁上〕「繼之以規矩準丨」朱注。〇丨，所以為直者。〔大戴・勸學〕「木直而中丨」王詁。〇丨，彈正也。〔通鑑・晉紀〕「糾丨豪貴」音注。〇丨謂丨墨。〔韓子・外儲說右上〕「丨之外也」集解。〇丨謂丨墨，所以彈曲直者也。〔大戴・四代〕「巧匠輔丨而斲」王詁。〇丨外，丨墨之外。〔韓子・外儲說左上〕「則丨外民也」集解引王先謙。〇丨，繼。〔詩・下武〕「丨其祖武」朱傳。〇丨丨之言承也。〔同上〕通釋。〇丨丨，不絕貌。〔詩・螽斯〕「宜爾子孫丨丨兮」朱傳。〇丨字與縮同義。〔詩・緜〕「其丨則直」陳疏。〇丨與慎字音近義通。〔詩・抑〕「子孫丨丨」通釋。〇丨丨，敬貌也。〔詩・螽斯〕「宜爾子孫丨丨兮」集疏引韓說。〇丨丨，單言疊言皆有戒慎之義。〔同上〕後箋。〇丨，譽也。〔呂覽・古樂〕「以丨文王之德」校正。〇凡縱也直也治也義也皆丨直之轉注。〔說文定聲・卷六〕〔「縮」下〕〇丨與譝通。〔廣雅・釋詁〕「譝，譽也」疏證。〇丨，段借為承。〔說文定聲・卷二〕〇丨，段借為孕。〔同上〕〇丨為譝之假借。〔左傳莊公一四年〕「丨息嬀」疏證。〇丨澠同字。〔漢書・高惠高后文功臣表〕「丨」補注。〇丨譝古字同。〔左傳莊公一四年〕「丨息嬀」疏證引洪亮吉。〇丨，俗作繩。〔廣韻・蒸部〕〇三家丨作慎。〔詩・下武〕「丨其祖武」集疏。

**乘**

丨，升也。〔詩・七月〕「亟其丨屋」朱傳。〇丨，登也。〔通鑑・周紀〕「使老弱女子丨城」音注。又〔廣韻・蒸部〕。〇丨，亦為登高。〔說文定聲・卷二〕〇或曰凡登高為丨。〔同上〕〇丨之言登也。〔屈賦・涉江〕「丨鄂渚而反顧兮」戴注。〇自上而加曰丨。〔說文定聲・卷二〕〇或曰算術之丨，亦本訓，加積之轉注。〔同上〕〇丨，因也。〔荀子〕「來丨」雜志。又〔韓子・八姦〕「丨醉飽之時」集解引舊注。〇丨，陵也。〔大戴・曾子制言〕「不丨貧賤」王詁。又〔左傳宣公一二年〕「楚人丨我」洪詁引賈逵。〇丨猶陵。〔國策・趙策三〕「我將因彊而丨弱」鮑注。〇丨猶陵也。〔左傳宣公一二年〕「丨晉軍」疏證。又〔呂覽・權勳〕「天下兵丨之」校正。〇丨猶凌。〔國策・楚策二〕「王欲昭睢之丨秦」鮑注。〇丨，勝也。〔廣韻・蒸部〕〇丨，因取之也。〔國策・韓策二〕「遂與公丨楚」鮑注。〇丨，治也。〔大戴・盛德〕「此四者聖人之所丨也」王詁。〇丨，守也。〔廣韻・蒸部〕〇丨者，覆也。〔說文〕「載，椉也」段注。〇丨者，覆也，謂駕其上也。〔荀子・儒效〕「遂丨殷人而誅紂」集解引郝懿行。〇丨，轉注為加覆。〔說文定聲・卷二〕〇丨，駕也。〔廣韻・蒸部〕〇丨，猶載也。〔左傳桓公一八年〕「使公子彭生丨公」洪詁引蔡邕。〇一曰軍法曰丨。〔集韻・蒸部〕〇丨謂戎右也。〔左傳成公一三年〕「丨和」疏證。〇丨，馬也。〔國策・楚策四〕「見君之丨下之」鮑注。〇丨，四馬也。〔國策・東周策〕「載以丨車駟馬而遣之」鮑注。〇一曰四矢曰丨。〔集韻・蒸部〕〇凡四皆為丨。〔孟子・離婁下〕「發丨矢而後反」焦正義。〇丨謂其半也。〔韓子・八說〕「死傷者軍之丨」集解引舊注。〇丨，三分之一也。〔漢書・揚雄傳〕「丨雁集不為之多」補注引尹知章。〇丨雁，謂一雁也。〔同上〕補注引王念孫。〇丨與滕義亦近。〔方言二〕「滕，雙也」箋疏。〇壽夢為丨。〔左傳僖公五年〕「公使寺人披伐蒲」疏證引惠棟。〇丨戈，仙人也。〔楚辭・傷時〕「丨戈龢兮謳謳」王注。〇丨風一名爰居，一名雜縣，蓋海鳥也。〔說文〕「虡，鐘鼓之柎也」義證引〔急就篇〕顏注。〇丨承通。〔國策・燕策二〕「而彊秦將以兵丨王之西」補正。〇丨，段借為登。〔說文定聲・卷二〕〇丨，段借為繩。〔同上〕〇丨，段借為仍。〔同上〕〇丨，段借為塍。〔同上〕〇丨，或又曰賸字之段借。〔同上〕〇今有丨姓，音如丨黎之丨。〔漢書・京房傳〕「河南丨弘」補注引劉敞。〇壽夢之合音為丨。〔說文定聲・卷二〕〔「夢」下〕〇丨一作椉。〔離騷〕「丨騏驥以馳騁兮」補注。〇古丨字作椉。〔史記・建元以來侯者年表〕「侯無龍」志疑。〇丨，又作兖也。〔同上〕〇丨即椉字之省。〔釋丘〕「如丨者丨丘」平議。〇丨，〔文選〕作策。〔離騷〕「丨騏驥以馳騁兮」補注。〇丨當作垂。〔韓子・八說〕「死傷者軍之丨」集解。〇丨丘，當作桑丘。〔漢書・藝文志〕「丨丘子五篇」補注引沈欽韓。

**椉**

丨者，從上覆之也。〔說文〕「丨，覆也」繫傳。〇丨同乘。〔廣韻・蒸部〕〇丨與乘同。〔釋言〕「襄，駕也」郝疏。

**兖**

丨，古文乘字。〔廣韻・蒸部〕〇丨，亦可以為依憑字。〔說文〕「古文椉，从几」段注。

**塍**

丨，稻田畦也。〔廣韻・蒸部〕〇丨，畔也。〔同上〕〇丨言其直應繩也。〔說文〕「丨，稻田畦也」繫傳。〇丨，今四川謂之田繩子，江浙謂之田絙。〔說文〕「丨，稻田中畦埒也」段注。〇丨之言兆朕。〔廣雅・釋宮〕「丨，隄也」疏證。〇丨，亦通作乘。〔同上〕〇丨，作塖。〔說文定聲・卷二〕〇丨，字或作塖。〔廣雅・釋宮〕「丨，隄也」疏證。〇丨，字亦作膡。〔說文定聲・卷二〕〇丨，或作膡。〔集韻・蒸部〕〇丨，或作睦。〔同上〕〇丨，或作塍。〔同上〕〇丨，或作塖。〔同上〕

**塖**

丨，同塍。〔廣韻・蒸部〕

升丨，登也。〔大戴·千乘〕「丨于公門」王詁。又〔論語·陽貨〕「新穀既丨」朱注。〇丨者，登也。〔論語·鄉黨〕「攝齊丨堂」劉正義。〇丨猶登也。〔呂覽·孟夏〕「農乃丨麥」校正。〇丨亦登也。〔荀子〕「馮而游」雜志。〇丨之言登也。〇丨、登同也。〔左傳隱公五年〕「不登於俎」疏證引李貽德。〇古丨、登、陟、得、德五字義皆同。〔說文〕「䢑，丨高也」段注。〇古丨、德，丨也」義證引錢坫。〇丨封即登封。〔漢書·武帝紀〕「遂登封泰山」補注。〇丨，出也。〔詩·天保〕「如日之丨」朱傳。又〔廣韻·蒸部〕。〇丨，一曰進也。〔集韻·蒸部〕〇丨，成也。（同上）又〔廣韻·蒸部〕。〇丨、烝同訓。〔漢書·五行志〕「陰迫而不能丨」補注引朱一新。〇丨，十合也。〔說文定聲·卷二〕又〔廣韻·蒸部〕。〇十合為丨。〔本草·卷一〕〇古者為丨，上徑一寸，下徑六分，其深八分。〔說文定聲·卷二〕〇布八十縷為丨。〔集韻·蒸部〕〇丨，越，越之細者。〔廣韻·蒸部〕〇布以八十縷為丨。〔文選·吳都賦〕「蕉葛丨越」注。〇民有三年之蓄曰丨平。〔文選·求自試表〕「正值陛下丨平之際」補正。〇凡樂皆四節，初謂之丨歌。〔儀禮·鄉飲酒禮〕「工歌鹿鳴」胡正義引凌廷堪。〇常參曰丨朝官。〔通雅·卷二二〕〇丨、陞通。〔方言一二〕「未陞天龍謂之蟠龍」疏證。〇丨與登通用。〔詩·卷耳〕「陟彼高岡」陳疏。〇丨，又通作宗。〔說文〕「緵，十五丨布也」義證。〇丨，叚借為成。〔說文定聲·卷二〕〇丨，叚借為登。（同上）〇丨，叚借為宗。（同上）〇丨，叚借為稯。（同上）〇丨者，登之借字。〔論語·八佾〕「揖讓而丨」劉正義。〇丨者，登之叚借。〔說文〕「陟，登也」段注。〇古叚丨為登也。〔說文〕「陛，丨高陛也」段注。〇總丨聲近。〔說文定聲·卷二〕〇成丨聲近。（同上）〇丨、登古今字。〔說文〕「陛，丨高陛也」段注。〇丨，字亦作昇。〔說文定聲·卷二〕〇丨，字亦作陞。（同上）〇丨，本作稯。〔說文〕「緵，十五丨布也」義證。〇古文斗作丨字。〔漢書·古今人表〕「王丨」補注引錢大昕。〇今文〔尚書〕丨為登。〔書·文侯之命〕「昭丨于上」孫疏。〇農乃丨麥，〔月令〕作「農乃登麥」。〔呂覽·孟夏〕「農乃丨麥」校正。〇丨龜，〔月令〕作登龜。〔呂覽·季夏〕「丨龜取黿」校正。〇丨，當作斗。〔說文〕「瓨，似罌長頸，受十丨」段注。〇丨字當為登。〔說文〕「丨，十合也」段注。

昇丨，日之升也。〔集韻·蒸部〕〇丨，日上。〔廣韻·蒸部〕〇丨，又州名。〔集韻·蒸部〕〇丨，或作陞。（同上）〇丨，本亦作升，俗加日。〔廣韻·蒸部〕

陞丨，登也。〔廣韻·蒸部〕又〔集韻·蒸部〕。〇丨，躋也。〔廣韻·蒸部〕〇丨，通作升。〔集韻·蒸部〕〇丨與升同。〔方言一二〕「未丨天龍謂之蟠龍」箋疏。〇丨亦作昇。（同上）〇丨，亦从足。〔集韻·蒸部〕〇丨者，升之俗字。〔說文〕「陟，登也」段注。〇丨即升之俗字。〔方言一〕「躡、郅、跂、洛，登也」箋疏。〇丨，當作升。〔釋詁〕「騭，丨也」邵正義。

勝丨，任也。〔大戴·誥志〕「是故政以丨衆」王詁。又〔廣韻·蒸部〕。〇丨，舉也。（同上）〇丨，盡也。〔大戴·五帝德〕「禹湯文武成王周公可丨觀也」王詁。〇丨即盡也。〔漢書·司馬相如傳〕「不可丨圖」補注。〇丨記猶言遽數之悉數之也。〔春秋公羊經傳解詁序〕「不可丨記也」陳疏。〇丨者，陵也。〔管子〕「謂之矯」雜志。〇丨與甚同義。〔穀梁傳莊公一〇年〕「丨內也」平議。〇丨兵者，謂能操五兵而戰也。〔漢書·婼羌傳〕「丨兵者五百人」補注引徐松。〇丨常，猶萬福。〔通雅·卷四九〕〇丨舄一名陵舄。〔廣雅·釋草〕「當道，馬舄也」疏證。〇陵與丨古聲相近。（同上）〇丨，叚借為乘。〔說文定聲·卷二〕〇丨，叚借為麥。（同上）〇丨，叚借為稱。（同上）〇丨者，榺之假借字。〔說文〕「榺，機持經者」段注。〇丨讀為升，古字通用。〔商子·賞刑〕「不人得一丨」平議。〇丨讀若升。〔荀子〕「寡立」雜志。〇丨讀如騰。〔詩·正月〕「靡人弗丨」陳疏。〇丨，〔說文〕本从舟，經典省作月。〔廣韻·蒸部〕

興丨，起。〔詩·氓〕「夙丨夜寐」集疏。又〔論語·衛靈公〕「莫能丨」劉正義。〇丨，起也。〔詩·氓〕「夙丨夜寐」朱傳。又〔小明〕「丨言出宿」朱傳。又〔緜〕「百堵皆丨」朱傳。又〔蕩〕「女丨是力」朱傳。又〔周禮·鄉大夫〕「五曰丨舞」述聞。又〔禮記·昏義〕「夙丨」集解。又〔大戴·衛將軍文子〕「則賢人丨焉」王詁。又〔四代〕「奐然而丨民壹始」王詁。又〔論語·泰伯〕「丨於仁」劉正義。又〔孟子·離婁上〕「丨曰」朱注。〇丨，謂起之在位也。〔大戴·保傅〕「故丨微子之後」王詁。〇丨者，感動奮發之意。〔孟子·盡心上〕「待文王而後丨者」朱注。〇丨，謂衆手同力能丨起也。〔說文〕「丨，起也」義證引〔九經字樣〕。〇丨者，先言他物以引起所詠之辭也。〔詩·關雎〕朱傳。〇丨，作也。〔禮記·仲尼燕居〕「入門而縣丨」集解。又〔大戴·四代〕「丨民之陽德以教民事」王詁。〇丨者，作也。〔周禮·鄉大夫〕「五曰丨舞」述聞。〇丨，升也。〔大戴·千乘〕「國中賢餘秀丨閱焉」王詁。〇丨，舉也。〔禮記·文王世子〕「既丨器用幣」集解。又〔大戴·曾子本孝〕「美言丨焉」王詁。又〔廣韻·蒸部〕。〇丨，盛也。〔詩·天保〕「以莫不丨」朱傳。又〔廣韻·蒸部〕。〇丨，尚也。〔詩·抑〕「丨迷亂于政」朱傳。〇丨，軍丨也。〔漢書·霍去病傳〕「仍丨之勞」補注。〇丨謂軍丨。〔嚴助傳〕「大為發丨」補注。〇丨，猶行也。〔大戴·曾子本孝〕「不丨險行以徼幸」王詁。〇丨，善也。〔廣韻·蒸部〕〇今人謂人所歡喜為高丨。〔釋詁〕「熙，丨也」郝疏。〇今人謂時所喜好為時丨。（同上）〇丨，語詞。〔詩·抑〕「丨迷亂于政」通釋。〇丨言，猶云薄言，皆語詞也。〔詩·小明〕「丨言出宿」通釋。〇丨嘻歆俱以聲轉為義。〔釋詁〕「廞，丨也」郝疏。〇丨，叚借為釁。〔說文定聲·卷二〕〇丨與嬹古同也。〔說文〕「嬹，說也」段注。〇丨當為與。〔大戴·主言〕「使處者恤行者有丨亡」王詁。〇丨乃舉字之誤。〔商子·畫策〕「故丨國而責之以兵」平議。〇三家丨雨作丨雲。〔詩·大田〕「丨雨祁祁」集疏。

**繒**　—，帛也。〔禮記・禮運〕「瘞—」集解。○—者，帛也。〔詩・六月〕「載是常服」後箋。○—乃帛之總名。〔漢書・司馬相如傳〕「揄紵縞」補注。○—，—帛。〔廣韻・蒸部〕○—，絹也。〔通鑑・周紀四〕「為絳—衣」音注。○雜帛曰—。〔說文〕「—，帛也」義證引〔三蒼〕。○—，厚帛也。〔說文〕「綈，厚—也」義證引〔演繁露〕。○素絲所織謂之—。〔詩・六月〕「載是常服」後箋。○—與橧古字通。〔方言八〕「其檻及蓐曰橧」箋疏。○—，叚借為贈。〔說文定聲・卷二〕○—，〔春秋傳〕叚為鄫字。〔說文〕「—，帛也」段注。○—鄫字同。〔漢書・地理志〕「—，故國，禹後」補注。○—即鄫國，姒姓，在東海。〔荀子・堯問〕「—丘之封人」集解引郝懿行。

**綷**　—為祠宗廟丹書告神之帛。〔說文〕「—，籀文繒字」段注。

**憑**　—，依也。〔集韻・蒸部〕○—，—託。〔廣韻・蒸部〕○—，乘也。〔大戴・曾子本孝〕「痺亦弗—」王詁。○—，厚也。〔集韻・蒸部〕○—，滿也。（同上）○—，大也。〔楚辭・天問〕「康回—怒」補注引〔列子〕「帝—怒」注。○—者，富也。〔說文定聲・卷六〕（「月」下）○—，怒也，楚曰—。〔離騷〕「喟—心而歷茲」補注引〔方言〕。○—鬱鬱，愁心滿結也。〔楚辭・九辯〕「—鬱鬱其何極」補注引五臣。○同音而分兩韻者，謂之—韻。〔通雅・小學大略〕○同韻而分兩切者，謂之—切。（同上）○—噫即愊臆之轉。〔方言一三〕「臆，滿也」箋疏。○—噫即愊臆之轉。〔廣雅・釋詁〕「弸、愾、—，滿也」疏證。○—，通作馮。〔集韻・蒸部〕○—當作馮，俗又加心，即凭之假借字。〔書・顧命〕注「—一作凭」孫疏。○—，或作倗。〔集韻・蒸部〕○—馮古今字。〔方言二〕「馮，怒也」箋疏。○—，衛包所改俗字也。〔說文〕「凭，依几也」段注。

**凭**　—，依几也。〔廣韻・蒸部〕○—若梯之斜倚著也。〔說文〕「梯，木階也」繫傳。○—者，依几，故轉注為依從之義。〔說文定聲・卷三〕（「任」下）○—，叚借為淜。（卷三）○—，叚借為甚。（同上）○—，叚借為富。（同上）○—，古叚借祇作馮，凡馮依皆用之。〔說文〕「凭，依几也」段注。○—，或作憑。（同上）義證。○—，或書作坐。〔集韻・蒸部〕○—，俗作憑。〔說文定聲・卷三〕（「任」下）

**仍**　—，因也。〔論語・先進〕「—舊貫」朱注。又〔廣韻・蒸部〕。○—，因用之也。〔說文〕「—，因也」繫傳。○—，因陳積久之意。〔說文定聲・卷二〕（「丞」下）○—，重也。〔廣韻・蒸部〕○—，頻也。（同上）又〔漢書・霍去病傳〕「—與之勞」補注。○—，就也。〔詩・常武〕「—執醜虜」朱傳。又〔屈賦・遠遊〕「—羽人之丹丘兮」戴注。又〔廣韻・蒸部〕。○—，猶荐也。〔屈賦・悲回風〕「觀炎氣之相—兮」戴注。○—孫或稱耳孫。〔釋親〕「舅孫之子為—孫」郝疏。○——，猶耎耎也，意驤也。〔通雅・卷九〕○—與扔音義並同。〔詩・常武〕「—執醜虜」通釋。○—通作扔。〔釋詁〕「—，因也」郝疏。○—乃二字相通也。（同上）邵正義。○—而乃聲轉字通。〔釋詁〕「郡，—也」郝疏。○—乃聲相近，故字亦相通。〔漢書〕雜志。○—字古通作乃也。〔釋詁〕「—，乃也」述聞。○仁—通轉。〔說文定聲・卷二〕○—轉為仁。〔釋詁〕「—，厚也」郝疏。○耳—音相轉也。〔釋親〕「舅孫之子為—孫」郝疏。○—，叚借為訒。〔說文定聲・卷二〕○—，叚借為扔。（同上）○—者，訒之叚音也。〔釋詁〕「—，厚也」郝疏。○——，與烝烝同。〔說文定聲・卷二〕○〔周禮〕故書—為乃。〔說文〕「—，因也」段注。○〔漢書〕乃作—。〔釋詁〕「—，乃也」述聞。○有—，〔古今人表〕作有扔。〔左傳哀公元年〕「歸于有—」洪詁。

**兢**　——，戒也。〔詩・小旻〕「戰戰——」朱傳。○——，戒謹。〔論語・泰伯〕「詩云戰戰——」朱注。○——，戒慎。〔廣韻・蒸部〕○——，恐也。〔詩・雲漢〕「——業業」朱傳。○——，堅彊皃。〔集韻・蒸部〕○—，一曰敬也。（同上）○—，借作矜。〔釋訓〕「——，戒也」郝疏。

**競**　—，通作兢。〔說文〕「—，一曰—，敬也」義證。○—，競意。〔集韻・蒸部〕○兢，古作—。（同上）○—，又通作矜。（同上）

**矜**　—，憐也。〔詩・鴻鴈〕「爰及—人」朱傳。○—，苦也。（同上）集疏引魯說。○—為苦義。（同上）通釋。○—人，即苦民，總謂鰥寡孤獨可哀憐之人。（同上）集疏。○—者，閔其辛苦也。〔釋言〕「—，苦也」鄭注。○—亦為危。〔詩・菀柳〕「居以凶—」通釋。○—、糾、收、繚皆急戾之意。〔荀子〕「—糾收繚」雜志。○—字亦當訓為病。〔詩・何草不黃〕「何人不—」述聞。○無妻曰—。（同上）朱傳。○—，敬也。〔孟子・公孫丑下〕「皆有所—式」朱注。○—，自持也。〔國策・韓策二〕「氣—之隆」鮑注。○—者，斬斬自持。〔論語・衛靈公〕「君子—而不爭」劉正義。○莊以持己曰—。（同上）朱注。○—節，—尚節義。〔漢書・刑法志〕「未有安制—節之理也」補注。○—通作鰥。〔釋言〕「—，苦也」平議。○—與齡通。〔廣雅・釋詁〕「齡，哀也」疏證。○—齡古通用。〔方言一二〕「—，哀也」疏證。○瘝鰥—古字通。〔詩・何草不黃〕「何人不—」述聞。○—，古通借作鰥。（同上）通釋。○憐—聲相近。〔書・多士〕注「—一作憐」孫疏。○—與賢聲相近，古通假。〔韓子・外儲說右上〕「—矣」集解。○—，本矛柄也，借為—憐字。〔廣韻・蒸部〕引〔字樣〕。○—即憐之叚借。〔說文〕「鰥，鰥魚也」段注。○—或為鰥之借字。〔文選・女史箴〕集釋。○—，讀為瘝。〔詩・何草不黃〕「何人不—」述聞。○—，讀如鄰，古音也。〔說文〕「—，矛柄也」段注。○—古音讀如鄰。〔方言一二〕「—，哀也」箋疏。○—古讀如鰥，不侮—寡是也。〔說文〕「虔，虎行皃，讀若—」義證。○—字乃務字之誤。〔韓子・難一〕「—偽不長」平議。○舊校云—一作給。〔呂覽・慎大〕「—過善非」校正。○〔荀子〕—作慕。〔漢書・刑法志〕「未有安制—節之理也」補注。○〔漢書・王莽傳〕兩引〔詩〕—作鰥。〔左傳定公四年〕「不侮—寡」洪詁。○—者，苦也。〔釋言〕「—，苦也」述聞。○—，叚借為引，猶夸張也。〔說文定聲・卷一六〕○—，或曰借為賢，亦通。（同上）○—，叚借為冷，猶凜慄也。（同上）○—，叚借為掔，猶堅持也。（同上）○—，叚借為堅。（同上）○—，叚借為憐。（同上）○—，叚借為敬。（同上）○—，或曰借為頤，亦通。（同上）〇—，叚借為緊。（同上）〇—，叚借為鰥，實為[illegible]。（同上）〇—，从矛令聲，作从今者誤字。（同上）〇古叚—為憐。〔說文〕「—，矛柄也」段注。〇—本謂矛柄，故字从矛。（同上）〇矛柄之字改而為穫，云古作—。（同上）

徵

—，召也。〔大戴・誥志〕「非以—民」王詁。又〔廣韻・蒸部〕。〇—，詔召也。〔通鑑・晉紀〕「三—七辟」音注。〇—謂召也。〔國策・楚策四〕「—莊辛於趙」鮑注。〇—，求也。〔大戴・主言〕「—斂於百姓」王詁。又〔慧琳音義・卷六〕引〔考聲〕。〇—，責也。（同上）〇—，成也。〔廣韻・蒸部〕〇—，證也。〔中庸〕「杞不足—也」朱注。又〔禮記・禮運〕「不足—也」集解。又〔論語・八佾〕「杞不足—也」朱注。又〔說文・敍〕「信而有證」段注。又〔廣韻・蒸部〕。〇—猶證也。〔國語・周語〕「不—於他」平議。〇—當訓證。〔左傳成公八年〕「欒郤為—」疏證。〇—辭即證辭。〔通雅・卷七〕〇—，驗也。〔孟子・告子下〕「—於色」朱注。〇—，驗也。〔說文〕「—，召也」繫傳。〇—猶驗也。〔國策・秦策五〕「銜劒—之於柱以自刺」鮑注。〇—之言證明也。〔廣雅・釋詁〕「—，明也」疏證。〇—，明也。〔大戴・子張問入官〕「財利之生—矣」王詁。又〔四代〕「昔舜—薦此道於堯」王詁。又〔文王官人〕「—清而能發」王詁。又〔廣韻・蒸部〕。〇—，信也。〔大戴・文王官人〕「務其小—」王詁。又〔文王官人〕「明知賢可以—」王詁。〇—猶信也。〔國策・齊策六〕「襄王為太子—」鮑注。〇—，當以明信應驗為本義。〔說文定聲・卷二〕〇—者，微之虛也。〔釋詁〕「—，虛也」郝疏。〇事有象可驗曰—。〔慧琳音義・卷一〕〇懲—與徵竝字異而義同。〔釋詁〕「徵，止也」郝疏。〇—與懲通。〔釋詁〕「—，虛也」郝疏。〇—，叚借為懲。〔說文定聲・卷二〕〇—，叚借為澂。（同上）〇—叚借為媵。（同上）〇—者，澂之叚借。〔說文〕「澂，清也」段注。〇古亦叚—為懲。〔說文〕「懲，忩也」段注。〇—，古文懲。〔易・繫下〕「不威不懲」李疏。〇—，古懲字。〔詩・閟宮〕「荆舒是懲」後箋陳奐補。又〔春秋名字解詁〕「陳夏—舒字子南」述聞。〇—字當作懲。〔漢書・王莽傳〕「更—遠屬」補注引宋祁。〇—，釋文本或作微。〔左傳昭公三〇年〕「且—過也」洪詁。〇—者，蜀才作登。〔說文〕「澂，清也」段注。

凝

—，水結也。〔廣韻・蒸部〕〇—，止也。〔廣雅・釋詁〕「禦、禁、礙，止也」疏證據〔文選〕注補。〇底滯—竭皆止也。〔淮南子〕「—竭」雜志。〇—，不動也。〔慧琳音義・卷一〕〇—，結也。〔大戴・曾子天圓〕「陰氣勝則—為霜雪」王詁。〇—脂，脂寒而—者。〔詩・碩人〕「膚如—脂」朱傳。〇—，聚也。〔中庸〕「至道不—焉」朱注。〇—，成也。（同上）又〔廣韻・蒸部〕。〇—，正也。〔大戴・哀公問五義〕「所以變化而—成萬物者也」王詁。〇—，堅定也。〔通鑑・魏紀〕「—辯宏達」音注。〇—與疑通。〔廣雅・釋詁〕「—，止也」疏證。〇—當作疑。〔莊子・達生〕「乃—於神」平議。〇—，當作疑，止定之貌。〔荀子・王制〕「無所—止之」集解引郝懿行。〇—，俗冰字。〔說文〕「滯，—也」段注。〇—者，冰之俗也。〔說文〕「霿，冰雨說物者也」段注。〇經典凡—字皆冰之變也。〔說文〕「冰，水堅也」段注。

稱

—者，銓也。〔說文〕「揣，量也」段注。〇—，知輕重也。〔廣韻・蒸部〕〇—者，知輕重也。〔慧琳音義・卷四〕引〔文字集略〕。〇—猶衡量也。〔說文定聲・卷二〕〇—，權衡—量也。〔說文〕「偁，揚也」繫傳。〇—，即權衡之稱。〔說文〕「—，銓也」繫傳。〇—，程也。〔慧琳音義・卷七〕引〔韻英〕。〇—，平也。（同上）引〔考聲〕。〇—，舉也。〔詩・七月〕「—彼兕觥」朱傳。又（同上）通釋。又〔大戴・五帝德〕「—以上士」王詁。又〔漢書・司馬相如傳〕「前聖之所以永保鴻名而常為—首者用此」補注。又〔通鑑・魏紀〕「吳頻歲—兵」音注。〇—即舉也。〔釋言〕「偁，—也」邵正義。〇—，舉也，謂舉而用之也。〔大戴・衛將軍文子〕「其—之也」王詁。〇—，揚也。〔詩・七月〕「—彼兕觥」通釋。又〔大戴・曾子立事〕「不—懼惕之言」王詁。〇—者，舉其說也。〔國策・趙策一〕「乃—簡之塗以告襄子曰」鮑注。〇—，譽也。〔大戴・曾子大孝〕「國人皆—願焉」王詁。又〔盛德〕「必—其人」王詁。〇—即贊語。〔漢書・霍去病傳〕「然於天下未有—也」補注。〇—為嘉美之詞。〔釋言〕「—，好也」郝疏。〇—，適好也。（同上）鄭注。〇—，服也。〔韓子・外儲說左下〕「寵之—功尚薄」集解。〇—，叚借為偁。〔說文定聲・卷二〕〇—讀為爯。〔賈子・耳痺〕「—善累德」平議。〇—當為偁。〔說文〕「譽，—也」義證。〇—當作偁。（同上）段注。〇—俗作秤。〔說文〕「—，銓也」段注。〇—，俗字作秤。〔說文定聲・卷二〕〇—者，今之秤字。〔說文〕「偁，揚也」段注。

偁

—，揚也。〔說文〕「稱，銓也」段注。又〔廣韻・蒸部〕。〇—即相—舉也。〔說文〕「—，揚也」繫傳。〇—，舉也。〔廣韻・蒸部〕〇—，言也。（同上）〇—，好也。（同上）〇—，足也。（同上）〇—，宣揚美事也。（同上）〇—，通作稱。〔說文〕「—，揚也」義證。又〔廣雅・釋詁〕「—，舉也」疏證。又〔釋詁〕「—，譽也」疏證。〇—，經典通用稱字。〔說文〕「譽，稱也」義證。〇—，叚借為爯。〔說文定聲・卷二〕〇—者，爯之叚借也。〔釋言〕「—，舉也」郝疏。〇—，經傳皆以稱為之。〔說文定聲・卷二〕〇—蓋爯之累增字。〔說文〕「—，揚也」句讀。〇—，各本作稱。〔說文〕「吾，我自—也」段注。

登

—，上車也。〔說文〕「爯，—也」段注。〇或曰乘車為—。〔說文定聲・卷二〕（「乘」下）〇—，升也。〔廣韻・登部〕〇凡有所上皆曰—。〔說文〕「爯，—也」段注。〇引申之凡上陞曰—。〔說文〕「—，上車也」段注。〇凡自下而升曰—。〔說文定聲・卷二〕（「乘」下）〇—謂—席。〔左傳成公三年〕「韓厥—」疏證。〇—，—筵也。〔詩・公劉〕「既—乃依」朱傳。〇—假即—格也。〔莊子・德充符〕「彼且擇日而—假」集釋。〇—名，上聞也。〔通雅・卷二二〕〇—降，猶言高下。〔漢書・司馬相如傳〕「—降施靡」補注。〇秦西有儀渠，親戚死焚之，燻則煙上，謂之—遐。〔通雅・卷一八〕〇—，加也。〔通説〕「丨」述聞。○引申之凡增上並曰丨。〔周禮・司民〕「司民掌丨萬民之數」孫正義。○丨，進也。〔廣韻・登部〕○丨，成也。〔詩・崧高〕「丨是南邦」朱傳。又〔漢書・食貨志〕「進業曰丨」補注引沈欽韓。又〔續音義・卷二〕引〔切韻〕。又〔廣韻・登部〕。○丨即成。〔孟子・滕文公上〕「五穀不丨」焦正義。○丨為成。〔左傳隱公五年〕「不丨于器」洪詁引服虔。○丨，成熟也。〔孟子・滕文公上〕「五穀不丨」朱注。○穀熟曰丨。〔國策・趙策一〕「農夫丨」鮑注。○丨謂穀收則可昇場也。〔慧琳音義・卷二三〕○丨平者，年穀之成也。〔釋詁〕「丨，成也」郝疏。○丨，衆也。〔廣韻・登部〕○丨，時也。〔義府・卷下〕○丨來，立至也。〔通雅・卷五〕○丨丨，相應聲。〔詩・緜〕「築之丨丨」朱傳。○丨通作升。〔釋詁〕「丨，陞也」郝疏。○丨亦與蒸通。〔廣雅・釋詁〕「蒸，美也」疏證。○丨轉為得。〔釋詁〕「丨，陞也」郝疏。○丨蹬聲相近。〔廣雅・釋詁〕「蹬，履也」疏證。○丨，鐙之省假。〔詩・生民〕「于豆于丨」陳疏。○丨謂借為憕。〔説文定聲・卷二〕○丨謂借為成。（同上）○丨，叚借為發聲之詞。（同上）○經典丨作升，皆叚借字。〔説文〕「拯，上舉也」段注。○丨，經傳多以升為之。〔説文定聲・卷二〕○〔公羊傳〕丨來讀曰得來。〔説文〕「德，升也」義證引錢坫。○丨俗作登。〔釋器〕「瓦豆謂之登」郝疏。○丨，俗字亦作蹬。〔説文定聲・卷二〕○〔九經字様〕丨作橤。〔左傳成公一六年〕「楚子丨巢車」疏證。

**簦**　丨，長柄笠也。〔廣韻・登部〕○簑笠無柄曰笠，有柄曰丨。〔説文〕「笠，丨無柄也」義證引〔增韻〕。○丨，所以禦雨也，大而有把手執以行謂之丨。（同上）義證引〔急就篇〕顔注。○丨，今之繖蓋也。〔説文〕「丨，笠蓋也」義證引趙宧光。○丨，今之雨繖也，俗謂之傘。〔説文定聲・卷二〕○丨與笠對文則異，散文則通。〔廣雅・釋器〕「丨謂之笠」疏證。○丨，字亦作䔲。〔説文定聲・卷二〕

**豋**　〔説文定聲・卷二〕如今膏丨，其遺像也。〔説文〕「丨，禮器也」。○丨，俗作㽅。〔説文〕「𢍺，禮器也」義證。○丨，或作㽅，通作鐙。〔集韻・登部〕

**㽅**　丨，瓦器。〔廣韻・登部〕

**鐙**　丨，轉注，此膏丨也，其制似豆，故轉而名焉。〔説文定聲・卷二〕○丨，即登也，古用瓦，後世範金為之，又製此字。（同上）○丨，俗字用燈。（同上）○丨，今訂為登之重文。（同上）○丨，錠也。〔楚辭・招魂〕「華丨錯些」補注引〔説文〕。○錠中置燭，故謂之丨。（同上）引徐鉉。○丨，俗作燈。〔説文〕「丨，錠也」句讀。○丨，可从火。〔集韻・登部〕

**燈**　丨，丨火。〔廣韻・登部〕○丨漏、沙漏，皆因漏刻而名也。〔通雅・卷一二〕

**崩**　丨，山壞也。〔大戴・武王踐阼〕「倍德則丨」王詁。○丨，壞也。〔大戴・千乘〕「丨本以要閒」王詁。○丨，喻死。〔國策・秦策五〕「一日山陵丨」鮑注。○天子曰丨，古之制也。〔史記・周本紀〕「西伯丨」志疑。○丨，下血也。〔太素・陰陽雜説〕「陰虚陽搏謂之丨」楊注。○丨，羣疾也。〔詩・無羊〕「不騫不丨」朱傳。○倍與丨一聲之轉，古字通用。〔墨子・非命上〕「守城則不丨叛」閒詁。○丨，當為倍之叚字。（同上）○大曰丨。〔説文〕「阤，小丨也」段注。○引伸之天子死曰丨。〔説文〕「丨，山壞也」段注。○丨，叚借為倗。〔説文定聲・卷二〕○丨，亦書作塴。〔集韻・登部〕

**堋**　丨，射丨也。〔廣韻・登部〕○丨，射的也，亦即射垜也。〔慧琳音義・卷七三〕引〔字略〕。○丨，振動也。〔集韻・登部〕○丨丨，振動皃。〔廣韻・登部〕○丨，削牆土落聲也。〔慧琳音義・卷六一〕○〔説文定聲・卷三〕丨，字亦作塴。〔左傳昭公一二年〕「毀之則朝而堋」注「下棺也」。

**增**　丨，益也。〔詩・天保〕「至以莫不丨」陳疏。又〔廣韻・登部〕。又〔説文〕「垐，以土丨大道上」段注。○丨，加也。〔廣韻・登部〕○丨丨，積也。〔楚辭・招魂〕「丨冰峨峨」補注引五臣。○丨，重也。〔楚辭・天問〕「丨城九重」補注引〔淮南子〕「有丨城九重」注。又〔廣韻・登部〕。○丨丨，衆也。〔詩・閟宮〕「烝徒丨丨」朱傳。○丨，高也。〔漢書・梅福傳〕「則仁鳥丨逝」補注。○丨為高也。〔漢書〕「遙丨擊而去之」雜志。○埋幣曰丨。〔廣韻・登部〕○橧丨曾並字異而義同。〔廣雅・釋宮〕「橧，巢也」疏證。○丨憎字通。〔墨子・非命下〕「帝式是丨」閒詁引江聲。○丨與層通。〔廣雅・釋詁〕「丨，累也」疏證。○丨曾層並通。〔釋詁〕「丨，重也」疏證。○丨溱聲轉字通。〔釋訓〕「丨丨，衆也」郝疏。○丨濟聲相轉。〔釋言〕「濟，成也」郝疏。○丨，叚借為層。〔説文定聲・卷二〕○丨，可叚曾為之。〔説文〕「丨，益也」段注。○丨，讀當為憎。〔墨子・非命下〕「帝式是丨」閒詁引江聲。○丨同層。〔漢書・王褒傳〕「雖崇臺五丨」補注。○丨或作曾。〔漢書〕「遙丨擊而去之」雜志。○丨即憎字。〔墨子・非命下〕「帝式是丨」閒詁引顧千里。○丨即曾之分別文。〔説文〕「丨，益也」句讀。○丨，〔表〕作曾。〔漢書・昭帝紀〕「遣執金吾馬適建、龍頟侯韓丨」補注引錢大昭。

**曾**　丨，則也。〔國策・魏策二〕「惟已之丨安」鮑注。又〔廣韻・登部〕。○丨，重也。〔詩・信南山〕「丨孫田之」朱傳。又〔禮記・喪服〕「親盡」集解引沈括。又〔楚辭・橘頌〕「丨枝剡棘」補注。又〔九辯〕「竊悲夫蕙華之丨敷兮」補注引五臣。又〔屈賦・遠遊〕「因氣變而遂丨舉兮」戴注。又〔橘頌〕「丨枝剡棘」戴注。○丨者，重也。〔公羊傳隱公元年〕「為丨祖父母齊衰三月」陳疏。又〔釋親〕「丨祖王父」郝疏。○丨猶重也。〔屈賦・惜誦〕「願丨思以遠身」戴注。○丨之言重也。〔説文・上説文書〕「丨丨小子」段注。○丨，重也，自丨祖以至無窮皆得稱之。〔漢書・韋賢傳〕「嗣丨孫皇帝恭承洪業」補注引周壽昌。○丨祖丨孫取增益層絫之意。〔説文〕「丨，詞之舒也」段注。○丨孫，通指后王。〔詩・維天之命〕「丨孫篤之」通釋。○丨孫又遠孫之通稱。〔釋親〕「孫之子為丨孫」郝疏。○丨孫，主祭者之稱。〔詩・信南山〕「丨孫田之」朱傳。又〔甫田〕「丨孫來止」朱傳。○丨丨，猶言伶伶也。〔通雅・卷一〇〕○丨丨猶俗云層層也。〔説文・上説文書〕「丨丨小子」段注。○丨，累也。〔屈賦・懷沙〕「丨唫咺哀永歎喟兮」戴注。

〇丨猶累也。〔屈賦・遠遊〕「因氣變而遂丨舉兮」戴注。〇丨之言增。〔釋言〕「熷，丨也」郝疏。〇丨，高舉也。〔楚辭・遠遊〕「因氣變而遂丨舉兮」補注。〇熷增丨並字異而義同。〔廣雅・釋宮〕「橧，巢也」疏證。〇丨，乃也。〔釋詞・卷八〕〇丨猶乃也。〔詩・正月〕「丨是不意」陳疏。又〔詩・蕩〕「丨是彊禦」後箋。又〔論語・先進〕「丨由與求之問」朱注。〇丨之言乃也。〔說文〕「丨，詈之舒也」段注。〇丨與乃略同。〔說文定聲・卷二〕〇丨是，乃是也，則是也。〔釋詞・卷八〕〇丨，經也。〔廣韻・登部〕〇丨猶嘗也。〔論語・為政〕「丨是以為孝乎」朱注。又〔釋詞・卷八〕。〇〇丨，何也。〔廣雅・釋言〕〇丨與何同義。〔方言一〇〕「丨，何也」箋疏。〇增丨層並通。〔廣雅・釋詁〕「增，重也」疏證。〇丨丨，本通層層。〔通雅・卷一〇〕〇丨，段借為層。〔說文定聲・卷二〕〇丨，段借為增。〔同上〕〇丨，段借為橧，即罾。〔同上〕〇丨，段借為嘗。〔同上〕〇丨者，增之假借字。〔說文〕「丨，益也」段注。〔「會」下〕〇丨讀曰增。〔大戴・曾子疾病〕「而丨巢其上」王詁。

**憎** 丨，惡也。〔論語・公冶長〕「屢丨於人」朱注。又〔義府・卷上〕。〇丨猶惡也。〔左傳成公一八年〕「而收吾丨」疏證引顧炎武。〇丨亦惡也。〔詩・皇矣〕「丨其式廓」陳疏。〇丨，丨疾。〔廣韻・登部〕〇丨如字讀。〔孟子・盡心下〕「士丨茲多口」焦正義引趙佑。〇丨當作增。〔詩・皇矣〕「丨其式廓」朱傳引或說。〇丨，〔說苑〕作怨。〔左傳成公一五年〕「盜丨主人」洪詁。

**罾** 丨，魚網。〔廣韻・登部〕〇丨，魚罔也。〔廣雅・釋器〕〇丨，橑罟也。〔屈賦・湘夫人〕「丨何為兮木上」戴注。〇丨，魚網有機者。〔說文〕「丨，魚网也」義證引〔增韻〕。〇丨者，樹四木而張網於水車輓之上下。〔同上〕義證引〔初學記〕。〇丨，樹四柱而張網於水車，形如蜘蛛之網，方而不圓。〔同上〕義證引〔風土記〕。

**矰** 丨，弋射矢。〔國策・楚策四〕「治其丨繳」鮑注。〇丨，弋射矢也。〔廣韻・登部〕〇箭有綸者曰丨。〔說文〕「隿，繳射飛鳥也」義證引〔三輔黃圖〕注。〇結繳於矢謂之丨。〔屈賦・惜誦〕「丨弋機而在上兮」戴注。〇丨即矢也。〔淮南子〕「然猶不能獨穿也」雜志。〇丨，以層為訓。〔說文定聲・卷二〕〇丨通作繒。〔說文〕「丨，隿射矢也」義證。〇丨，段借為贈，實為倂。〔說文定聲・卷二〕〇丨，或从弋。〔集韻・登部〕

**橧** 丨，豕所寢也。〔廣韻・蒸部〕〇丨，豕所卧之簣也。〔釋獸〕「所寢丨」鄭注。〇人豕所居通名丨。〔同上〕郝疏。〇丨，聚薪以居也。〔集韻・登部〕〇丨亦重累之義。〔釋言〕「增，益也」郝疏。〇丨之言曾也。〔禮記・禮運〕「夏則居丨巢」述聞。〇丨之言增累也。〔方言八〕「其檻及蓐曰丨」箋疏。〇丨之言增累而高也。〔廣雅・釋獸〕「丨，圈也」疏證。〇丨增曾並字異而義同。〔廣雅・釋宮〕「丨，巢也」疏證。〇丨曾蹭並字異義同。〔方言八〕「其檻及蓐曰丨」箋疏。〇丨椈皆柏也。〔通雅・卷四三〕〇丨，或作蹭。〔集韻・登部〕

**層** 丨，重屋。〔集韻・登部〕〇丨，重屋也。〔廣韻・登部〕〇丨，引伸為凡重疊之稱。〔說文〕「丨，重屋也」段注。〇增與丨通。〔廣雅・釋詁〕「增，累也」疏證。〇增曾丨並通。〔廣雅・釋詁〕「增，重也」疏證。〇丨，古亦假增為之。〔說文〕「丨，重屋也」段注。

**嶒** 崚丨，山皃。〔廣韻・蒸部〕又〔集韻・蒸部〕。

**能** 丨，獸名，熊屬，足似鹿。〔廣韻・登部〕〇丨，力也。〔大戴・誥志〕「民之動丨」王詁。〇丨言才也。〔左傳文公一三年〕「不如隨會丨賤而有恥」疏證引邵寶。〇有絕人之才者謂之丨。〔離騷〕「又重之以脩丨」補注。又〔說文〕「丨，熊屬」義證引〔急就篇〕王應麟注。〇丨，本健獸名，故凡稱有才力者皆曰丨。〔同上〕引〔增韻〕。〇丨，多技藝也。〔同上〕引〔玉篇〕。〇丨，道藝也。〔大戴・曾子立事〕「友以立其所丨」王詁。〇丨，有道藝者。〔大戴・千乘〕「丨之不愆」王詁。〇丨，謂己之功丨。〔大戴・曾子立事〕「不陳人以其所丨」王詁。〇丨，堪任其事也。〔慧琳音義・卷四〕引〔博雅〕。〇丨，工善也。〔廣韻・登部〕〇丨，賢丨也。〔同上〕〇丨言有賢丨。〔漢書・刑法志〕「四曰議丨」補注引沈欽韓。〇凡敢於行曰丨，今俗所謂丨幹也。〔說文〕「忍，丨也」段注。〇不丨，言不任職，猶言不材也。〔漢書・嚴延年傳〕「時郡比得不丨太守」補注引周壽昌。〇任丨者，任用其才丨之人也。〔左傳閔公二年〕「授方任丨」平議。〇敢於止亦曰丨，今俗所謂丨耐也。〔說文〕「忍，丨也」段注。〇丨之為言耐也。〔大戴・曾子立事〕「身勿為丨也」王詁。〇丨與耐同。〔孟子・告子下〕「曾益其所不丨」焦正義。〇丨，安也。〔詩・民勞〕「柔遠丨邇」通釋。又〔匪風〕「誰丨亨魚」通釋。〇丨，善也。〔同上〕〇丨為如順之意。〔書・舜典〕「柔遠丨邇」述聞。〇丨與柔義相近。〔同上〕〇丨，夷人語。〔廣韻・等部〕〇丨祇者，敬而不失之謂。〔離騷〕「又何芳之丨祇」戴注。〇丨賤，猶云為貴當可使復賤也。〔左傳文公一三年〕「丨賤而有耻」疏證引顧炎武。〇丨，乃也。〔史記〕「倍則戰之」雜志。〇丨者，乃也。〔漢書〕「丨或滅之」雜志。〇丨即乃也。〔詩・芄蘭〕「丨不我知」通釋。〇丨，猶乃也。〔左傳昭公一二年〕「中美丨黃」釋詞。又〔史記〕「丨」雜志。〇丨，亦乃也。〔詩・芄蘭〕「丨不我知」通釋。〇丨之言乃也。〔詩・谷風〕「不我丨慉」通釋。〇丨與乃同義，故字可以互用。〔漢書〕「丨或滅之」雜志。〇丨與乃同義，故又可以通用。〔同上〕〇丨，猶而也。〔詩・芄蘭〕「丨不我知」釋詞。〇丨亦而也。〔管子〕「强丨不服」雜志。〇丨與而同。〔晏子春秋〕「公怨良臣」雜志。又〔史記〕「而丨」雜志。〇丨，猶得也。〔說文定聲・卷五〕〇丨，猶言為。〔國策・趙策三〕「厚任葺以事丨」補正。〇丨、乃語詞之轉。〔詩・芄蘭〕「丨不我知」述聞。〇丨與甯一聲之轉，甯亦乃也。〔漢書〕「丨或滅之」雜志。〇丨與而古聲相近，故字亦相通。〔管子〕「强丨不服」雜志。〇丨、而通。〔書・顧命〕「柔遠丨邇」孫疏。〇丨、而通字。〔書・秦誓〕「如有容」孫疏。〇丨與而通。〔墨子・經說下〕「丨害飽」閒詁。〇丨、而古通用。〔大戴・曾子立事〕「巧言令色丨小行而篤」平議。〇古丨與而通。

〔詩・芄蘭〕「—不我知」陳疏。○—與而古字通。〔書・顧命〕「柔遠—邇」述聞。○古—、而二字通用。〔書・金縢〕「予仁而考—多材多藝」平議。○—與甯通。〔詩・芄蘭〕「—不我知」平議。又〔谷風〕「不我—慉」平議。○—與耐古字通。〔左傳文公一三年〕「—賤而有恥」平議。○—與耐通，故亦與態通。〔荀子〕「形—」雜志。○—、耐二字古書多通用，此亦當從耐音。〔漢書・嚴助傳〕「不—其水土也」補注引錢大昕。○—與而、而與如，古字俱通。〔書・文侯之命〕「柔遠—邇」孫疏。○—讀曰乃。〔淮南子〕「此何遽不—為福乎」雜志。○—當讀為乃。〔管子・小匡〕「—使魯敗」平議。○—讀如泥。〔荀子・成相〕「妒賢—」集解引郝懿行。○—，讀為而。〔詩・民勞〕「柔遠—邇」陳疏。又〔荀子〕「—」雜志。又〔說文〕「慉，詩曰—不我慉」段注。○—，當讀為而。〔詩・芄蘭〕「—不我知」述聞。○—讀當為而。〔書・舜典〕「柔遠—邇」孫疏。又〔詩・民勞〕「柔遠—邇」後箋引或說。○—字當讀為而。〔呂覽・行論〕「—以為城」平議。○—當讀為耐。〔荀子・勸學〕「非—水也」平議。○—亦讀曰耐。〔漢書・鼂錯傳〕「不—其水土」補注。○—，讀為態。〔荀子〕「形—」雜志。○—，古讀若而。〔晏子春秋〕「—」雜志。○—字古讀若耐，聲與乃相近，故字義相同。〔漢書〕「—或滅之」雜志。○—，態字。〔墨子・經說下〕「貌—白黑」閒詁引張惠言。○—耐本一字，俗殊其音。〔說文〕「忍，—也」段注。○古書多以—、而互用。〔管子〕「强—不服」雜志。○耐即—字也。〔荀子〕「—耐任之」雜志。○—即態字也。〔荀子〕「形—」雜志。○—，字亦多以而為之。〔說文定聲・卷五〕○—，字亦多以耐為之。(同上)○虞翻本—作而。〔易・履〕「眇—視」述聞。○—，諸本作熊。〔左傳昭公七年〕「夢黃—入于寢門」洪詁。○—，當作態。〔韓子・有度〕「數至—人之門」集解引顧廣圻。○—作態。〔史記・司馬相如傳〕「君子之—」志疑引徐廣。○〔通鑑〕三—字竝作耐。〔漢書・鼂錯傳〕「不—其水土」補注。○—，或作耐。〔集韻・登部〕

**棱** 木四方為—。〔通雅・卷四〇〕○—，四方也。〔說文〕「—，柧也」義證引〔三蒼〕。○四隅曰—。〔說文定聲・卷二〕○—，段借為淩。(同上)○—同楞。〔廣韻・登部〕○—，或作楞。〔集韻・登部〕○—，俗作楞。〔說文〕「—，柧也」段注。又(同上)句讀。又〔說文定聲・卷二〕。○—，俗亦作稜。(同上)○—為棧之誤字。(同上)

**楞** —，四方木也。〔廣韻・登部〕

**稜** —層，謂形色慘烈也。〔慧琳音義・卷四八〕○—層，高舉之皃。〔卷一〇〇〕○—，楞俗字。〔廣韻・登部〕

**朋** —，同類也。〔論語・學而〕「有—自遠方來」朱注。又〔慧琳音義・卷六〕引〔考聲〕。○—，比也。〔詩・椒聊〕「碩大無—」朱傳。○—，黨也。〔廣韻・登部〕○—，同師門也。〔慧琳音義・卷六〕引〔考聲〕。○同門曰—。〔大戴・曾子制言上〕「—友之讎」王詁。○友之友謂之—。〔說文〕「攩，—羣也」義證引〔六韜〕。○兩相從者皆謂之—。〔說文〕「鳳，神鳥也」義證引戴侗。○—者，合人而言也。〔通雅・卷四〇〕○兩貝曰—。(同上)○二貝為—。〔詩・菁菁者莪〕「錫我百—」後箋引〔詩說解頤〕。○五貝曰—。〔廣韻・登部〕○五貝為—。〔詩・菁菁者莪〕「錫我百—」朱傳。○—，古人數法名也，五貝為一—。〔慧琳音義・卷七〕○凡言—者以貝言。〔詩・菁菁者莪〕「錫我百—」後箋引〔詩說解頤〕。○兩尊曰—。〔詩・七月〕「—酒斯饗」朱傳。又〔通雅・卷四〇〕○—肯，手拍鼓聲也。〔通雅・卷三〇〕○—與馮通。〔廣雅・釋詁〕「馮，怒也」疏證。○—馮古同聲故通用。〔詩・菁菁者莪〕「錫我百—」通釋。○—馮古字通。〔國策〕「公仲侈」雜志。○古—字與崩通。〔太玄・進〕「失澤—」平議。○—馮古同聲通用。〔方言二〕「馮，怒也」箋疏。○—，據許書實段借為倗字。〔說文定聲・卷二〕○—讀為風。〔書・皋陶謨下〕「—淫于家」孫疏。○—讀為馮。〔國語・吳語〕「奮其—勢」述聞。○—當讀為倗。〔書・洛誥〕「孺子其—」平議。○—讀曰崩。〔莊子・大宗師〕「其狀義而不—」集釋引俞樾。○—一作堋。〔書・皋陶謨下〕孫疏。○—淫作堋淫。〔通雅・卷八〕○—來作崩來。(同上)○〔詩〕百—，〔六韜〕作百馮。〔說文〕「淜，無舟渡河也」義證。○—，崔本作⿸广多。〔莊子・徐無鬼〕「張若謵—前馬」集釋。○〔史・表〕—作明。〔漢書・景武昭宣元成功臣表〕「建元二年，侯—嗣」補注。

**鵬** —，大鳥。〔廣韻・登部〕○—即鳳，訛為—。〔通雅・卷四五〕

**鞃** —，式中也。〔詩・韓奕〕「鞹—淺幭」朱傳。○—，軾中靶也。〔說文〕「—，車軾也」義證引〔玉篇〕。○⿰革厷、—，軾中靶也。〔廣韻・登部〕○—謂車式中把。〔說文定聲・卷二〕○中把束以革謂之—。(同上)○—或作⿰車弘。〔說文〕「—，車軾也」義證。○—，字亦作⿰車弘。〔說文定聲・卷二〕○—，又作⿰革厷。〔說文〕「—，讀若穹」段注。○—，字亦作⿰革厷。〔說文定聲・卷二〕○—亦作⿰革弓。〔說文〕「—，讀若穹」段注。○—，字亦作⿰革弓。〔說文定聲・卷二〕○—，字亦作⿰革厷。(同上)○—，字亦作弦。(同上)

**⿰車弘** —，車軾中靶。〔說文〕「鞃，車軾也」義證引〔類篇〕。○—，車軾中靶，或从革。〔集韻・登部〕

**⿰革厷** —，軾中靶也。〔廣韻・登部〕

**肱** —，臂也。〔詩・無羊〕「麾之以—」朱傳。又〔論語・述而〕「曲—而枕之」劉正義。又〔廣韻・登部〕。○—即弓也。〔說文〕「厷，臂上也」段注。○凡牲前體謂之—骨。〔左傳宣公一六年〕「王享有體薦」疏證引凌廷堪。○黑—，〔公羊〕作黑弓。〔左傳昭公三一年經〕「黑—以濫來奔」洪詁。

**厷** —，臂上節也。〔說文〕「—，臂上也」繫傳。○—，段借為弓。〔說文定聲・卷二〕

**薨** 君死既葬曰—。〔說文〕「—，公侯⿰歹卒也」義證引〔石渠禮議〕。○諸侯稱—，—之為言奄然而亡。(同上)義證引〔春秋說題辭〕。○—之言奄也，奄然亡也。(同上)繫傳。○——，衆多也。〔詩·鷄鳴〕「蟲飛——」集疏。○——，衆聲也。〔詩·緜〕「度之——」朱傳。○——，羣飛聲。〔詩·螽斯〕「螽斯羽——兮」朱傳。○—，一曰壞聲。〔集韻·登部〕○—與薨通。〔廣雅·釋訓〕「薨薨，飛也」疏證。○—，字變作翃。〔説文定聲·卷二〕○—，字亦變作薨。(同上)○—當作崩。〔漢書·王嘉傳〕「會祖母傅太后—」補注引劉奉世。○韓—作⿰犭厷。〔詩·螽斯〕「螽斯羽——兮」集疏。○注本—作夢。〔漢書·郊祀志〕「文公—黄虵自天下屬地」補注引朱一新。○—，〔封禪書〕亦作夢。(同上)補注引朱一新。○—，德藩本作夢。(同上)補注引葉德輝。○—，官本作夢。(同上)

騰 —，傳也。〔通鑑·魏紀〕「淩—布書」音注。○—謂傳車馬馳。〔説文定聲·卷二〕○—，馳也。〔慧琳音義·卷四九〕又〔廣韻·登部〕。○—，引伸為馳也。〔説文〕「—，傳也」段注。○—，躍也。〔廣韻·登部〕○—，為躍也。〔説文〕「—，傳也」段注。○—，上也。〔通鑑·魏紀〕「淩—布書」音注。○—，奔勇也。〔續音義·卷一〇〕引〔考聲〕。○—，水超涌也。〔詩·閟宫〕「不震不—」通釋。○—，乘也。〔詩·十月之交〕「百川沸—」朱傳。又〔閟宫〕「不震不—」集疏引韓説。○—，發也。〔楚辭·招魂〕「目—光些」補注引五臣。○—與䲢通。〔廣雅·釋詁〕「䲢，二也」疏證。○—，叚借為縢。〔説文定聲·卷二〕○—，叚借為騬。(同上)○—，叚借為倴。(同上)○—，叚借為勝。(同上)○—者，縢之假借。〔詩·閟宫〕「不震不—」通釋。又〔説文〕「滕，水超踊也」段注。○—者，滕之借字。〔説文〕「洶，涌也」句讀。○—為騬之叚借字也。〔説文〕「—，一曰犗馬也」段注。○亦有叚—為乘者。(同上)○—，讀為滕。〔詩·十月之交〕「百川沸—」陳疏。○韓—作滕。(同上)集疏。○〔外戚恩澤侯表〕—作滕。〔漢書·高惠高后文功臣表〕「—昌城腄祝茲建陵十一人在恩澤外戚」補注引錢大昕。○〔史·表〕—作勝。(同上)「涅陽嚴侯吕—」補注。○〔新序四〕欒—作欒商。〔吕覽·舉難〕「欒—與王孫苟端孰賢」校正。

滕 —，水上涌也。〔説文〕「—，水超涌也」義證引〔玉篇〕。○〔説文定聲·卷二〕—，叚借為塍，與溝壑阬壍隍池同類也。〔釋詁〕「—，虚也」。○—，又古國名。〔説文〕「—，水超涌也」繫傳。○春秋—侯，文王子叔繡之後，國在今山東兗州府—縣。〔説文定聲·卷二〕○—宏，一名巨勝，今謂之脂麻。(同上)○—或通作騰。〔説文〕「—，水超涌也」義證。○—或借騰字。〔説文〕「涌，—也」義證。○—，以騰為之。〔説文定聲·卷二〕○—與騰同。〔方言六〕箋疏。○—，字亦作藤。〔説文定聲·卷二〕

恒 —，常也。〔詩·小明〕「無—安處」朱傳。又(同上)陳疏。又〔大戴·四代〕「長國治民—幹」王詁。又〔孟子·離婁上〕「人有—言」朱注。又〔告子下〕「人—過」朱注。又〔國策·秦策二〕「非—士也」鮑注。又〔廣韻·登部〕。○—亦常也。〔本草·卷一七〕○—，常久也。〔論語·子路〕「人而無—」朱注。○—，常久之意。〔論語·述而〕「得見有—者」朱注。○—，久也。〔廣韻·登部〕○—，徧也。〔詩·生民〕「—之秬秠」朱傳。○—，弦。〔詩·天保〕「如月之—」朱傳。○—為縆之假借耳。(同上)後箋。○—，源出—山。〔説文定聲·卷二〕○—山，為北嶽，在今直隸定州曲陽縣西北。(同上)○—與益通。〔易·恒〕「—久而不已也」李疏。○—縆古通用，狀月之上弦。〔詩·天保〕「如月之—」通釋。○—，叚借為縆。〔説文定聲·卷二〕○—，叚借為亙。(同上)○—，別作絙縆。〔通雅·卷二〕○〔詩〕之—本亦作縆。〔説文〕「—，詩曰如月之—」段注。○官本注—作桓。〔漢書·古今人表〕「齊威王」補注。

恆 —，古文恒字。〔廣韻·登部〕

藤 —，藟也，如葛之屬也。〔慧琳音義·卷四九〕○—，—弦。〔廣韻·登部〕○—，—蘿。(同上)○海—花曰—黄。〔通雅·卷四二〕○—，胡麻也，一曰藟也。〔集韻·登部〕○—古衹作縢，謂可用緘縢也。〔説文〕「藟，艸也」段注。○—亦作縢。〔廣雅·釋草〕「藟，—也」疏證。

縢 —，緘也。〔國策·秦策一〕「贏—履蹻」鮑注。○—，約也。〔詩·小戎〕「竹閉緄—」朱傳。○—是縛約之名。〔左傳襄公三年〕「組甲三百，被練三千」疏證引沈欽韓。○—，行—。〔廣韻·登部〕○—，蔓莚之類。〔慧琳音義·卷一二〕引〔考聲〕。○凡艸之藟木之藟曰—。〔説文〕「—，緘也」段注。○凡草之藟木之虆者皆曰—。〔説文定聲·卷二〕○搚縢—並通。〔廣雅·釋詁〕「搚，擔也」疏證。○—與藤古字通也。〔釋木〕「欇，虎櫐」郝疏。○—叚借為賸。〔説文定聲·卷二〕○—，俗作藤。〔説文〕「—，緘也」段注。

縆 —，大索。〔廣韻·登部〕○—，大索也。〔慧琳音義·卷一三〕引〔考聲〕。○—亦繩也。〔説文〕「塍，稻田中畦埒也」段注。○以索亙向而直渡曰—。〔慧琳音義·卷八九〕○—之言亙也。〔廣雅·釋器〕「—，索也」疏證。○—，絃急也。〔屈賦·少司命〕「—瑟兮交鼓」戴注。○—，急烈皃也。〔慧琳音義·卷八九〕○—與搄音義皆同。〔説文〕「—，大索也」段注。○絚與—通。〔廣雅·釋器〕「—，索也」疏證。○搄—絚並通。〔廣雅·釋詁〕「搄，急也」疏證。○—，叚借為亙。〔説文定聲·卷二〕○—，叚借為搄。(同上)○—或作絚。〔説文〕「—，大索也」句讀。○—，字亦作絚。〔説文定聲·卷二〕○—，亦作栢。〔慧琳音義·卷八九〕○—，或省作絚。〔集韻·登部〕

絚 —同縆。〔廣韻·登部〕○大繩曰—。〔説文定聲·卷一五〕(「紉」下)○—通作恒。〔方言六〕「—，竟也」箋疏。○—與縆同。(同上)○—，一作亘。(同上)

脅 —，癡皃。〔廣韻·蒸部〕○—，以牲實鼎。〔集韻·蒸部〕○—，叚借為烝。〔説文定聲·卷二〕○—，叚借為乘。(同上)○—，叚借為登。(同上)

○〔禮記〕、〔戴記〕以此字為薦丨字，蓋假丨為烝也。〔說文〕「丨，騃也」段注。○丨，或作縢。〔集韻・蒸部〕

憕　丨，平也。〔廣韻・蒸部〕○丨，心平也。〔說文〕「丨，平也」義證引〔玉篇〕。○丨，謂心平。〔集韻・蒸部〕○丨懵，精神不爽也。〔慧琳音義・卷三〇〕引〔考聲〕。

㥄　丨，怜也。〔廣韻・蒸部〕○丨，憐也。〔集韻・蒸部〕○丨，怖也。〔同上〕○丨、憐聲之轉。〔方言一〕注「丨亦憐也」箋疏。

鯪　丨，丨鯉，魚名。〔集韻・蒸部〕○列姑射山，有丨魚，人面人手，魚身。〔楚辭・天問〕「丨魚何所」補注引〔山海經〕。○丨魚，丨鯉，形似鼉而短小，又似鯉魚，有四足。〔同上〕補注引陶隱居。○丨魚，腹背皆有刺，如三角菱也。〔廣韻・蒸部〕引〔臨海風土記〕。

輘　丨，車聲。〔廣韻・登部〕○丨輷，車聲。〔集韻・登部〕

馮　徒涉曰丨。〔詩・小旻〕「不敢丨河」朱傳。○丨河，徒涉。〔論語・述而〕「暴虎丨河」朱注。○丨，據也。〔國策・燕策一〕「丨几據杖」鮑注。○丨，謂可為依者。〔詩・卷阿〕「有丨有翼」朱傳。○丨，登也。〔楚辭・悲回風〕「丨崑崙以瞰霧兮」補注。○丨者，登也。〔荀子〕「丨而游」雜志。○丨，乘也。〔莊子・逍遙遊〕「而後乃今培風」集釋。○丨亦陵也。〔左傳襄公八年〕「丨陵我城郭」述聞。○丨者，馬蹏箸地堅實之皃。〔說文〕「丨，馬行疾也」段注。○丨丨，牆堅聲。〔詩・緜〕「削屢丨丨」朱傳。○丨丨，堅實聲也。〔同上〕陳疏。○丨，滿也。〔廣雅・釋詁〕「憑，滿也」疏證引戴震。○楚人名滿曰丨。〔離騷〕「丨不厭乎求索」戴注。○丨，盛也。〔集韻・蒸部〕○丨，引伸其義為盛也。〔說文〕「丨，馬行疾也」段注。○丨，引申其義為大也。〔同上〕○丨，引申其義為滿也。〔同上〕○丨，引申其義為懣也。〔同上〕○丨，懣也。〔離騷〕「喟憑心而歷茲」補注引〔說文〕。○丨勢，盛怒之勢也。〔國語・吳語〕「奮其朋勢」述聞。○丨翼，無形之貌。〔楚辭・天問〕「丨翼惟像」補注引〔淮南子〕「丨丨翼翼」注。○丨翼，指氣化充滿盛作。〔廣雅・釋詁〕「憑，滿也」疏證引戴震。○丨丨翊翊、丨丨翼翼，皆言德之盛滿也。〔同上〕疏證。○隋唐謂之丨翼，今呼直裰，即縫掖也。〔通雅・卷三六〕引郭若虛〔畫記〕。○丨夷，河伯也。〔楚辭・遠遊〕「令海若舞丨夷」補注。○丨夷，水仙人。〔同上〕○丨、畐一聲之轉。〔說文定聲・卷二〕○丨當如字讀，與鞦一聲之轉。〔漢書・周陽由傳〕「同車未嘗敢均茵丨」補注。○丨又通作淜。〔方言二〕「丨，怒也」箋疏。○丨，叚借為凭。〔說文定聲・卷二〕○丨，叚借為畐。〔同上〕○丨，叚借為倗。〔同上〕○丨，叚借為登。〔同上〕○丨，叚借為鄘。〔同上〕○淜正字，丨假借字。〔說文〕「淜，無舟渡河也」段注。○丨，或叚為淜字。〔說文〕「丨，馬行疾也」段注。○丨，或叚為凭字。〔同上〕○丨，畐字之合音叚借。〔同上〕○丨乃倗字之假借。〔詩・卷阿〕「有丨有翼」通釋。○丨讀曰憑。〔漢書・王吉傳〕「丨式撙銜」補注引胡注。○丨、凭聲相近。〔說文定聲・卷二〕○丨、冰聲相近。〔漢書・司馬相如傳〕「鼓琴而舞丨夷」補注。○丨、憑一也。〔楚辭・天問〕「康回丨怒」補注。○丨，諸本作憑。〔左傳襄公二五年〕「丨陵我敝邑」洪詁。○丨怒當係疾怒。〔左傳昭公五年〕「震電丨怒」洪詁。○丨水當是淜水之譌。〔說文〕「淜，淜水」段注。○〔海內北經〕冰夷即丨夷。〔漢書・司馬相如傳〕「鼓琴而舞丨夷」補注。○〔史記〕作伏，與丨一也。〔漢書・周陽由傳〕「同車未嘗敢均茵丨」補注。

鱦　丨，小魚。〔廣韻・蒸部〕○江東謂魚子未成者曰丨。〔集韻・蒸部〕○丨，字亦作䲔。〔說文定聲・卷二〕

陾　丨，築牆聲。〔集韻・蒸部〕引〔說文〕。○丨丨，衆也。〔詩・緜〕「捄之丨丨」朱傳。○丨丨，猶〔爾雅〕烝烝。〔說文定聲・卷一四〕○丨與仍通。〔廣雅・釋訓〕「仍仍，衆也」疏證。○丨者，蓋陑字之譌。〔詩・緜〕「捄之丨丨」通釋。

艿　丨，草陳新相積也。〔說文〕「丨，艸也」繫傳。又〔同上〕義證引〔字書〕。○舊草不芟新草又生曰丨。〔同上〕義證引〔增韻〕。○丨，草名。謂陳根草不芟新草又生相因丨也。〔廣韻・蒸部〕○丨，叚借為薾。〔說文定聲・卷二〕○丨，其字亦作芿。〔說文〕「丨，艸也」段注。○丨，〔玉篇〕作芿。〔同上〕義證。○丨，或作芿。〔集韻・蒸部〕

芿　丨，草不芟陳，又生新者。〔說文〕「艿，艸也」義證引〔玉篇〕。

鄫　丨，國名也，在琅邪。〔廣韻・蒸部〕○丨，在今河南歸德府睢州南，此以溍水得名。〔說文定聲・卷二〕○丨，在今山東兗州府嶧縣東。〔同上〕○丨通作繒。〔說文〕「丨，姒姓國」義證。○丨古省作曾。〔左傳襄公元年經〕「次于丨」疏證引趙坦。○丨，〔穀梁〕作繒。〔左傳宣公一八年經〕「邾人戕丨子于丨」洪詁。○〔穀梁〕丨作繒。〔左傳哀公七年經〕「公會吳于丨」洪詁。○丨，〔史記・世家〕並作繒。〔同上〕○丨即繒，東海縣。〔漢書・靳歙傳〕「略地東至丨郯下邳」補注。

㲪　丨，毾丨。〔廣韻・登部〕○毾丨，罽也。〔集韻・登部〕○毾丨，今毡毯之類。〔說文定聲・卷二〕

蕄　丨丨即萌萌。〔通雅・釋詁〕○丨丨，通作瞢瞢。〔同上〕○丨丨，通作夢夢。〔同上〕○丨丨，通作儚儚。〔同上〕○丨丨，通作貿貿。〔同上〕○丨者，篖之譌。〔說文〕「篖，篖篖，在也」段注。

驓　丨，馬名，四骹皆白。〔廣韻・蒸部〕○丨，或从足。〔集韻・蒸部〕

噌　泓丨，空響意。〔集韻・登部〕○以丨吰為鐘音。〔通雅・釋詁〕引王沈釋〔時論〕。○以丨吰為市人聲。〔同上〕

瞢　丨，目不明。〔廣韻・登部〕又〔集韻・登部〕。○丨䁬，卧初起皃也。〔慧琳音義・卷四一〕引〔考聲〕。○丨曾，日無光。〔集韻・登部〕○丨丨，悶也。〔慧琳音義・卷五三〕引〔考聲〕。○丨丨然，悶也。〔慧琳音義・卷三四〕○丨丨然，亂也。（同上）○丨丨然，亦無光也。（同上）○丨與悔聲相近。〔廣雅・釋詁〕「悔丨，慙也」疏證。○丨，以音同借作悶字。〔左傳襄公一四年〕「亦無丨焉」洪詁。○丨，叚借為霧，丨霧一聲之轉。〔說文定聲・卷二〕

掤 丨，矢箙蓋。〔詩・大叔于田〕「抑釋丨忌」朱傳。○丨，箭箙蓋也。〔說文〕「丨，所以覆矢也」繫傳。○丨，通作冰。（同上）義證。又〔集韻・蒸部〕。○丨，字通作冰。〔廣雅・釋器〕「丨，藏也」疏證。○丨，借冰字。〔說文〕「丨，所以覆矢也」繫傳。○丨，以凝為之。〔說文定聲・卷二〕

蕄 薨與丨通。〔廣雅・釋訓〕「丨丨，飛也」疏證。○丨，通作薨。〔集韻・登部〕○丨，或作⿰犭厷。（同上）

幐 丨，囊可帶者。〔廣韻・登部〕○丨者，香囊也。〔離騷〕「蘇糞壤以充幃兮」戴注引王注。○丨作縢，義同。〔管子〕「勝」雜志。○兩頭有物謂之丨擔。〔說文〕「丨，囊也」段注。○丨，通作縢。（同上）義證。○⿰扌⿱龹巾丨縢並通。〔廣雅・釋詁〕「⿰扌⿱龹巾，擔也」疏證。○丨，或借縢為之。〔說文〕「丨，囊也」段注。○丨，字亦作⿰扌⿱龹巾。〔說文定聲・卷二〕○丨，又作帒。（同上）○丨，作袋，丨代一聲之轉。（同上）

⿰月⿱龹虫 丨，丨蛇。〔廣韻・登部〕○丨，或曰食禾蟲。（同上）○丨，一曰蝗也。〔集韻・登部〕○丨即⿱代虫耳。〔方言一一〕「蟒或謂之丨」疏證。○丨，通作螣。〔說文〕「丨，神蛇也」義證。○丨⿱代虫一聲之轉。〔方言一一〕「蟒或謂之丨」箋疏。○丨，叚借為螣。〔說文定聲・卷二〕○丨，〔毛詩〕叚借為蟘字。〔說文〕「丨，神它也」段注。○丨字亦作貣。〔方言一一〕「蟒或謂之丨」疏證。○丨，又作蟘。（同上）○丨，又作⿱代虫。（同上）

揯 丨，急也。〔廣韻・登部〕○丨，猶亘也，橫亘之也。〔說文〕「丨，引急也」繫傳。○丨，通作恒。（同上）義證。○丨，緪絚並通。〔廣雅・釋詁〕「丨，急也」疏證。○丨，叚借為亘。〔說文定聲・卷二〕○丨，字亦作搄。（同上）

淩 丨，歷也。〔廣韻・蒸部〕○丨與陵同。〔釋言〕「襄，駕也」郝疏。○丨水，今江蘇徐州府宿遷縣有故丨城，丨水當出其西而東南流入淮，是曰丨口。〔說文定聲・卷二〕○丨，叚借為夌。（同上）○丨，叚借為馮。（同上）○丨者，淩之叚借也。〔釋言〕「丨，慄也」郝疏。○丨，本作淩。〔漢書・地理志〕「丨，莽曰生夌」補注引趙一清。○丨，字亦變作淩。〔說文定聲・卷二〕

夌 犯也，侮也，侵也，皆丨義之引伸，今字概作陵矣。〔說文〕「丨，越也」段注。○丨徲，漸卑池也。（同上）繫傳。○丨，一曰丨徲。〔集韻・蒸部〕○丨徲者，始速終遲，自高漸下之意。〔說文定聲・卷二〕○丨，通作陵。〔說文〕「丨，越也」句讀。○丨，通作淩。（同上）義證。○丨徲，通作陵遲。（同上）○丨徲，又通作陵夷。（同上）○丨，叚借為蔆。〔說文定聲・卷二〕○丨，經傳多以陵為之。（同上）○丨，經傳多以淩為之。（同上）○丨，經傳多以淩為之。（同上）○凡丨越字當作此。〔說文〕「丨，越也」段注。○丨，今字或作淩。（同上）段注。○丨，今字或作淩。（同上）段注。○丨徲，今作陵遲。（同上）繫傳。○丨徲亦作陵遲。（同上）句讀。○丨，字亦作輘。〔說文定聲・卷二〕

⿰虫應 丨，寒蟬。〔廣韻・蒸部〕○丨，蟲名，寒蜩也。〔集韻・蒸部〕○丨之為言猶瘖也。〔廣雅・釋蟲〕「闇蜩，丨也」疏證。

淜 丨，無舟渡也。〔集韻・蒸部〕○徒涉曰丨。〔說文〕「丨，無舟渡河也」義證引〔玉篇〕。○丨滂，猶澎湃、蓬勃。〔說文定聲・卷二〕○丨，今借馮字。〔說文〕「丨，無舟渡河也」繫傳。○丨，經典借馮字。（同上）義證。○丨，以馮為之。〔說文定聲・卷二〕○丨，字亦作漰。（同上）

騬 丨，犗馬。〔廣韻・蒸部〕又〔集韻・蒸部〕。○馬曰丨。〔說文定聲・卷一五〕（「犗」下）○丨，今之敦馬也，去其外腎也。〔慧琳音義・卷五七〕引〔考聲〕。○丨，犍牛也。（同上）○丨，去勢之謂。〔說文定聲・卷二〕

扔 丨，引也。〔廣韻・蒸部〕○丨與仍音義同。〔說文〕「丨，捆也」段注。○丨者，仍之分別文。〔說文〕「丨，因也」句讀。

謄 丨謂移寫之也。〔說文〕「丨，迻書也」繫傳。○丨，移書丨上。〔廣韻・登部〕○丨，今人猶謂丨寫。〔說文〕「丨，迻書也」段注。○丨錄字元代始用之。〔說文定聲・卷二〕○丨，叚借為騰。（同上）

⿰黑騰 丨，黑虎。〔集韻・冬部〕○丨，黑虎也。〔廣韻・登部〕○丨，或省作黱。〔集韻・登部〕

⿱登車 丨，軺車後登也。〔廣韻・蒸部〕

堎 丨，去也。〔廣韻・蒸部〕○丨與堨同誼。〔說文定聲・卷二〕

⿰言乃 丨，厚也。〔廣韻・蒸部〕○丨，據傳訓厚，則以烝為之。〔說文定聲・卷二〕○丨與仍音義略同。〔說文〕「丨，厚也」段注。○丨，通作仍。〔釋詁〕「丨，厚也」郝疏。○丨，又通作扔。（同上）

譝 丨，譽也。〔集韻・蒸部〕○丨，稱舉。〔廣韻・蒸部〕○丨亦稱也，方俗語轉耳。〔廣雅・釋詁〕「丨，譽也」疏證。○丨，通作繩。〔集韻・蒸部〕○憴、丨丨、繩繩、承承相通。〔通雅・卷九〕○丨，以繩為之。〔說文定聲・卷二〕○繩丨古字同。〔左傳莊公一四年〕「丨息媯以語楚子」洪詁。

憴 丨同譝。〔廣韻・蒸部〕

⿰木乃 丨，木名。〔廣韻・蒸部〕

爯 丨，并舉也。〔廣韻・蒸部〕又〔說文〕「稱，銓也」段注。○丨通作稱。〔說文〕「丨，并舉也」義證。○丨，又通作稱。〔釋言〕「偁，舉也」郝疏。○丨通作偁。（同上）○—又通作偁。〔説文〕「—，并舉也」義證。○—，經典通作偁。（同上）句讀。○—，叚借為偁。〔説文定聲・卷二〕

**璒**　—，石似玉也。〔廣韻・登部〕

**罾**　—，置魚箐中炙。〔集韻・蒸部〕○—，或書作熷。（同上）○—，蜀人取生肉於竹中炙。〔廣韻・登部〕

**譄**　—，加言。〔集韻・登部〕○—，加言也。〔廣韻・登部〕○誣人曰—。〔説文〕「加，語相—加也」段注。○—，誣加也，與譖略同。〔説文定聲・卷二〕○—，以言增加之也。〔説文〕「—，加也」繫傳。○—與增同，即誣之意也。〔方言六〕箋疏。○—誣加三字同義。〔説文〕「加，語相—加也」段注。○—，各本作增。（同上）

**倗**　—，輔也。〔漢書・王尊傳〕「會南山羣盜倗宗等數百人」補注引王先慎。又〔廣韻・登部〕。○—，俌也。〔説文定聲・卷二〕（「馮」下）○—者，俌也。〔卷二〕（「朋」下）○—，義取於明輔。〔説文〕「—，輔也」繫傳。○—又人姓。（同上）○—即不肯之合聲。〔廣雅・釋詁〕「—，不也」疏證。○—即不肯之合音。〔説文定聲・卷二〕○—朋古字亦通。〔國策〕「公仲侈」雜志。○否弗—粃不皆一聲之轉也。〔廣雅・釋詁〕疏證。○—，叚借發聲之詞，—不雙聲。〔説文定聲・卷二〕○朋黨字正作—，而朋其假借字。〔説文〕「—，輔也」段注。○—，讀若陪。〔漢書・王尊傳〕「會南山羣盜倗宗等數百人」補注引王先慎。○—，字亦作傰。〔説文定聲・卷二〕

**傰**　—，阿黨也。〔集韻・登部〕○—即倗字也。〔説文〕「倗，輔也」段注。○—即倗之俗。〔周禮・士師〕「七曰為邦朋」孫正義。○〔説文〕無—字，當作倗。〔漢書・王尊傳〕「會南山羣盜—宗等數百人」補注引王先慎。

**儚**　—，迷惛也。〔説文〕「—，惛也」義證引〔玉篇〕。○—，與懜略同。〔説文定聲・卷二〕○—，或作儚。〔説文〕「—，惛也」義證。

**迺**　—，讀若仍。〔逸周書〕「咎徵之徵」雜志。○—，即今之迺字。（同上）○〔詩〕、〔書〕、〔史〕、〔漢〕發語多用此字作迺，而流俗多改為乃。〔説文〕「—，驚聲也」段注。

**齡**　—，苦也。〔説文〕「鹵，西方鹹地也」義證引〔玉篇〕。○—與矜同。〔方言一〕「矜，哀也」疏證。○矜與—通。〔廣雅・釋詁〕「—，大也」疏證。

**硑**　—，水擊山巖聲。〔廣韻・蒸部〕○—，水激山也。〔集韻・蒸部〕○—，或作砰。（同上）

**翸**　—，舉也。〔廣韻・登部〕○—，又飛鳥皃。（同上）○曾與—通。〔廣雅・釋詁〕「—，舉也」疏證。

**漰**　—渟，水聲。〔集韻・耕部〕○—激，水擊聲。〔廣韻・登部〕

**蒸**　—，菹也。〔説文〕「蕰，醢也」義證引〔玉篇〕。又〔廣韻・蒸部〕。○—之言烝也，衆積之名也。〔廣雅・釋器〕「—，菹也」疏證。

**掕**　—，止也。〔廣韻・蒸部〕○—，止馬也。〔集韻・蒸部〕

**倰**　—，侵尚也。〔集韻・蒸部〕○—僜，長皃。〔廣韻・登部〕○人不省事曰—僜。〔通雅・卷四九〕○—，或从力。〔集韻・蒸部〕○—，亦作夌。（同上）

**劾**　—，侵侮也。〔慧琳音義・卷六〕引〔玉篇〕。○—，或作陵。（同上）○—，多作陵。〔慧琳音義・卷八五〕

**祾**　—，祭也。〔廣韻・登部〕○—，福也。（同上）○—，靈也。（同上）○—，祭名，神靈之福。〔廣韻・蒸部〕

**蕟**　—，金—草。〔廣韻・登部〕○—，金—，艸名。〔集韻・登部〕

**儚**　懵，夢、—、懜，並字異而義同。〔廣雅・釋言〕「懵，闇也」疏證。○—者，儚之或體。〔釋訓〕「——，惛也」郝疏。○—，或作懜。〔集韻・登部〕○—，或作懵。（同上）○—，或作儚。（同上）○—，或作夢。（同上）

**鯍**　—，魚名。〔集韻・登部〕○—，鮪也，今之尋皇魚，大者為王鮪，小者為叔鮪。〔説文定聲・卷一八〕○—，古音讀如茫。〔説文〕「—，鮔—也」段注。○—，字或作鱛。（同上）義證。○—，亦作鱛。〔説文定聲・卷一八〕

**鮔**　—，魚名。〔集韻・登部〕○—，今之鱘魚，即鮪也。〔説文定聲・卷二〕○—，字亦作䱙。（同上）○—，省作䱙。〔説文〕「—，鯍也」義證。○—，各書多作䱙。〔説文〕「—，鯍，鮪也」段注。

**䱙**　—，鱛，鮪也。〔文選・吳都賦〕「筌—鱛」李注。○鮪魚形似鱣，益州人謂之—鱛。（同上）集釋引〔詩〕陸璣疏。○—為鮔之省。（同上）集釋。○—鱛，〔説文〕作鮔鯍。（同上）

**㟊**　—，山，縣名，在武陵。〔集韻・登部〕○—山縣，音恨。〔通雅・卷一六〕○古語—讀恒，如絙之讀紂。〔漢書・地理志〕「—山」補注引段玉裁。○官本—作狼。〔漢書・膠西于王傳〕「為人賊盭」補注。

**嶒**　窒、—、堋，並聲近而義同。〔廣雅・釋詁〕「窒，下也」疏證。○—，〔禮記〕作封。〔左傳昭公一二年〕「毀之者朝而—」洪詁。

**㥊**　—，理也。〔集韻・蒸部〕

**僜**　—，醉行皃。〔廣韻・蒸部〕

**儯**　倰—，長也。〔廣韻・登部〕又〔集韻・登部〕。○—，或作僜。（同上）

亘 丨，剖也。〔集韻·登部〕

删 丨，斫也。〔集韻·登部〕

崚 丨嶒，山皃。〔廣韻·蒸部〕又〔集韻·蒸部〕。○丨，或書作夌。(同上)

姮 丨，女字。〔集韻·登部〕○丨娥即嫦娥，或作常儀。〔通雅·卷一二〕

嬁 丨，美女皃。〔集韻·登部〕

弘 丨，大也。〔廣韻·登部〕○丨，義取宏大農業為名。〔漢書·地理志〕「丨農郡」補注引〔寰宇記〕。○丨與閎同。〔韓子·外儲說左上〕「故羣臣士民之道言者迄丨」集解引王先謙。○丨當作容。〔史記·淮南衡山傳〕「而遣漢中尉丨」志疑。○〔漢書〕改丨為引是。〔史記·汲鄭傳〕「丨大體」志疑。

弦 丨，段借為恒。〔說文定聲·卷二〕○丨，段借為宏。(同上)

弸 丨彋，弓聲。〔集韻·登部〕

悀 丨㥄，愚皃。〔集韻·蒸部〕

㪅 丨，擊也。〔集韻·蒸部〕

斳 丨，斷也。〔集韻·登部〕

於 丨，旌旗柱。〔廣韻·蒸部〕○丨，旌旗杠。〔集韻·蒸部〕

欶 丨，欺丨。〔廣韻·蒸部〕

歺 丨，骨朽之餘。〔集韻·蒸部〕○丨，或作歺。(同上)○丨，亦書作卢。(同上)

殅 丨，殑丨。〔廣韻·蒸部〕○殑丨，欲死皃。〔集韻·蒸部〕

殑 丨丨，欲死狀。〔廣韻·蒸部〕○丨殅，欲死皃。〔集韻·蒸部〕

𣨶 丨，一曰病皃。〔集韻·蒸部〕○丨殑，鬼出也。(同上)○丨殑，鬼出皃。〔廣韻·蒸部〕

棚 丨，丨門。〔廣韻·登部〕

桓 丨，畺也。即〔儀禮〕之堩。〔說文定聲·卷二〕

棦 丨，艸木盛皃。〔集韻·蒸部〕

檀 丨山，藥艸。〔集韻·登部〕

檸 吳俗謂木梓為丨頭。〔通雅·卷三五〕引道昭。

泓 丨，下深皃。〔集韻·登部〕

溗 丨，波前後相淩也。〔廣韻·蒸部〕○淩丨，疊波。〔集韻·蒸部〕○丨，一曰水不流也。(同上)○丨，一曰水名。(同上)○丨，或从乘。(同上)

淜 丨，水聲。〔廣韻·蒸部〕○丨漗，水皃。〔集韻·蒸部〕

澠 丨，水名。〔集韻·蒸部〕○丨水，出齊國臨淄縣東北入淄水。〔說文定聲·卷二〕○丨即鄳。〔國策·韓策一〕「丨隘之塞」補正。○丨，當為繩。〔說文〕「涂，水出益州牧靡南山，西北入丨」義證。○古之黽隘，〔韓策〕作「丨隘」。〔國策〕「道涉山谷」雜志。

澄 丨，小水相益。〔集韻·登部〕○丨，小水相添益皃。〔廣韻·登部〕

濭 丨，水聲。〔廣韻·登部〕又〔集韻·登部〕。

珥 丨，割牲以釁也。〔集韻·蒸部〕

㽅 丨，病甚也。〔集韻·登部〕

㾪 丨，痛病。〔集韻·登部〕○丨，或从滕。(同上)

𤺸 丨，丨痛。〔廣韻·登部〕

癥 丨，足瘡。〔集韻·蒸部〕○丨，腹病。〔廣韻·蒸部〕○丨，一曰腹病。〔集韻·蒸部〕○宿食為丨。〔慧琳音義·卷三八〕引〔考聲〕。

睖 丨瞪，直視。〔廣韻·蒸部〕又〔集韻·蒸部〕。

瞪 丨，直視也。〔廣韻·蒸部〕

𥉁 丨，美目皃。〔廣韻·登部〕又〔集韻·蒸部〕。○丨、勝、騰、賸、媵，聲義並同。〔方言二〕「丨，雙也」箋疏。

𥌂 目小作態，瞢丨也。〔廣韻·登部〕○瞢丨，目不明。〔集韻·登部〕

䁝 丨睖，定視。〔集韻·蒸部〕○丨，或作膺。(同上)

硱　丨磳，石皃。〔集韻·蒸部〕

磳　硱丨，石皃。〔集韻·蒸部〕

礽　丨，福也。〔廣韻·蒸部〕又〔集韻·蒸部〕。○丨，通作仍。（同上）

䙢　丨，汗襦。〔集韻·蒸部〕

竳　丨丨，立皃。〔集韻·登部〕

竲　窮高謂之丨。〔集韻·登部〕○丨，巢高。〔廣韻·登部〕○丨，高皃。（同上）

䇸　丨，竹炬。〔集韻·蒸部〕○丨，一曰竹名，皮有文。（同上）

籘　丨，蔓生如竹類也。〔慧琳音義·卷一三〕

耾　丨耾，聲也。〔集韻·蒸部〕

𦨻　丨、𢭏、縢、𥉮、䐶，字異聲義並同。〔方言七〕「丨，儋也」箋疏。

𦪇　丨，水上涌也。〔慧琳音義·卷六七〕引〔考聲〕及顧野王。

𦪔　丨猶跳躍也。〔慧琳音義·卷五〕引〔玉篇〕

脀　烝、蒸，並與丨通。〔廣雅·釋器〕「丨、臉，熟也」疏證。

脉　丨，腹脹皃。〔集韻·蒸部〕

𦛗　丨，月弦也。〔說文〕「𣦼，古文恒從月」義證引〔玉篇〕。○𣦼，〔玉篇〕作丨。（同上）義證。

膯　丨，飽也。〔廣韻·登部〕○丨，吳人謂飽曰丨。〔集韻·登部〕

䐤　丨，肥也。〔集韻·登部〕

𦟗　丨，妊也。〔集韻·蒸部〕

𩬆　丨，肥也。〔集韻·蒸部〕

䲍　丨，魚名，蒼身赤尾。〔廣韻·登部〕○丨，或作鰧。〔集韻·登部〕

艷　丨艷，神亂也。〔集韻·登部〕○丨艷，神不爽也。〔廣韻·登部〕

弘　丨藤，艸名。〔集韻·登部〕○藤丨，胡麻也。〔廣韻·登部〕

𦳝　丨，穢也。〔廣韻·登部〕

䔲　丨，艸名。〔集韻·登部〕○丨，莔草。〔廣韻·登部〕

𦻚　丨，草名，根可緣竹器。〔廣韻·蒸部〕○丨，艸名，根可緣器。〔集韻·蒸部〕○丨，或从金。（同上）

蕂　丨，蔓草也。〔慧琳音義·卷七六〕

𧃍　丨丨，艸木盛皃。〔集韻·蒸部〕

䔖　丨，勉也。〔集韻·登部〕

䁬　丨瞢，目暗。〔集韻·登部〕○丨瞢，不明也。〔慧琳音義·卷二五〕○丨瞢，失眠也。（同上）○丨瞢，失卧極也。〔慧琳音義·卷七〇〕

䘓　丨，馬腹帶。〔集韻·蒸部〕

䛫　丨仍，語煩。〔集韻·蒸部〕

蹦　丨，走也。〔集韻·登部〕

踜　丨，蹶也。〔集韻·登部〕○一曰丨蹬，行皃。（同上）

迈　丨，及也。〔集韻·蒸部〕○丨，往也。〔廣韻·蒸部〕又〔集韻·蒸部〕。

䬋　丨，馬食穀病。〔集韻·登部〕○馬食粟曰丨。〔集韻·蒸部〕○丨，或从馬。（同上）

䮚　丨驓，馬病也，馬傷穀也。〔說文〕「䬋，馬食穀多气流四下也」義證引〔玉篇〕。

䬝　祭食謂之丨。〔集韻·登部〕

䩬　丨，車靳。〔集韻·蒸部〕

䬞　丨遻，大風。〔集韻·登部〕

𩙣　丨，大風。〔集韻·登部〕○丨丨，風也。〔廣韻·登部〕○丨，或从厷。〔集韻·登部〕

顭|，惛迷也。〔廣韻・登部〕

⿰登鳥|，鳥名，鵤鶹也。〔集韻・登部〕○|鶹，鳥也。〔廣韻・登部〕

鬅|鬙，被髮。〔廣韻・登部〕○|鬙，髮亂。〔集韻・登部〕

鬙鬅|，髮短。〔廣韻・登部〕○鬅|，髮長。〔集韻・登部〕

⿱髟登|髟亨，毛不理皃。〔集韻・登部〕

鼟|，鼓聲也。〔集韻・登部〕○||，鼓聲。〔廣韻・登部〕○|，或作鼞。〔集韻・登部〕



# 續經籍籑詁卷第二十六

下平聲

## 十一　尤

尤|，過也。〔慧琳音義・卷四八〕又〔廣韻・尤部〕。又〔詩・載馳〕「無我有|」陳疏。又〔詩・四月〕「莫知其|」朱傳。又〔大戴・曾子本孝〕「故不在|之中也」王詁。又〔大戴・衛將軍文子〕「不在|之內」王詁。又〔孟子・梁惠王下〕「畜君何|」朱注。又〔梁惠王下〕「君無|焉」朱注。又〔公孫丑下〕「不|人」朱注。又〔離騷〕「進不入以離|兮」補注。又〔通鑑・晉紀三七〕「穆之|之」音注。又〔晏子春秋〕「|佚」雜志。○|，過也。|著者，言其過甚者。〔漢書・五行志〕「|著，故星隕於魯」補注引朱一新。○|，責過也。〔通鑑・唐紀二〕「|智及曰」音注。○|，異也。〔慧琳音義・卷七〇〕又〔說文〕「就，就高也」繫傳。○|者，異也。〔說文〕「稽，留止也」繫傳。○|，怪異也。〔說文〕「|，異也」義證引〔玉篇〕。○|，怨也。〔慧琳音義・卷四八〕又〔廣韻・尤部〕。○|，亦怨也。〔慧琳音義・卷五一〕○|，怪也。〔通鑑・晉紀三七〕「穆之|之」音注。○|，非也。〔詩・載馳〕「許人|之」集疏引韓說。○|，甚也。〔廣韻・尤部〕又〔晏子春秋〕「|佚」雜志。○|者，甚也。〔說文定聲・卷五〕○|，多也。〔廣韻・尤部〕○|，亦多也。〔慧琳音義・卷七〇〕○|，罪自外至者也。〔論語・為政〕「則寡|」朱注引程子。○|者，治也。〔說文定聲・卷九〕（「姑」下）○|，高人所就之處也。〔說文〕「就，就高也」繫傳。○|，此字當即猶之古文，犬子也。〔說文定聲・卷五〕○|與訧同。〔書・呂刑下〕「報以庶|」孫疏。○|訧古通用。〔釋言〕「郵，過也」郝疏。○|，讀為訧。〔詩・載馳〕「許人|之」陳疏。○|者，訧之叚借字。〔說文・上說文書〕「儻昭所|」段注。○〔說文定聲・卷五〕|，叚借為訧。〔詩・載馳〕「許人|之」。○訧、|、郵並通。〔廣雅・釋詁三〕「訧，辠也」疏證。○|同郵。〔書・君奭〕「越我民罔|違」孫疏。○|通作郵。〔釋言〕「郵，過也」郝疏。○〔說文定聲・卷五〕|，叚借為異。〔小爾雅・廣言〕「|，怪也」。○|，或說猲之古文，犬張耳貌，象形，亦通，讀如怡，猶怡、猲怡，皆一聲之轉也。〔說文定聲・卷五〕○（同上）|，叚借為沈。〔左傳昭公二〇年〕「姑|以西」。○（同上）|，叚借為蛕。〔書・呂刑〕「蚩|惟始作亂」。○|字古讀如飴，聲與治相近。〔左傳〕作|，〔漢志〕作治，古今字異耳。〔漢書〕「沂」雜志。○|佚即溢|。〔晏子春秋〕「|佚」雜志。○|，作凡者是也，凡當讀為汎。〔漢書・任敖傳〕「蒼|好書」補注引王念孫。

郵|，馹也。〔孟子・公孫丑上〕「速於置|而傳命」朱注。○|，一云馬傳曰置，步傳曰|。〔說文〕「|，境上行書舍」義證引〔增韻〕。○|，境上舍。

〔廣韻·尤部〕○—字，江南〔廣韻〕、中原〔韻略〕皆訓境上舍。〔說文〕「—，境上行書舍」義證引〔四書辨疑〕。○—，境上行書舍也。〔慧琳音義·卷八七〕引顧野王。○—，待使館也。〔卷九一〕引〔文字集略〕。○往來所舍曰—。〔屈賦·遠遊〕「絕氛埃而淑—兮」戴注。○—，田間廬舍也。〔禮記·郊特牲〕「饗農及—表」集解。○—，過也，所以止過客也。〔說文〕「桓，亭—表」繫傳。○—之言過也，使所過也。〔說文〕「—，境上行書舍」繫傳。○—，過失之義。〔說文〕「訧，罪也」義證引顧炎武。○—與尤同。〔詩·賓之初筵〕「不知其—」朱傳。○—者，古本作尤。〔釋言〕「—，過也」郝疏。○—，通作尤。（同上）邵正義。○—，〔史記〕、〔文選〕作尤。〔漢書·賈誼傳〕「般紛紛其離此—兮」補注。○訧、尤、—並通。〔廣雅·釋詁三〕「訧，辠也」疏證。○—，段借為訧。〔說文定聲·卷五〕○—本作郵。〔管子·小問〕「東郭—至」義證引孫星衍。

**優** —，倡者本訓，饒者假借。〔說文定聲·卷六〕○—，一曰倡。〔國策·趙策四〕「及夫人—愛孺子也」鮑注。○—，戲人也。〔說文〕「—，一曰倡也」義證引〔急就篇〕顏注。○—，俳優，樂者名。〔韓子·難二〕「—笑曰」集解引舊注。○—，樂也。〔說文〕「—，一曰倡也」義證引〔三蒼〕。○—，和也。〔說文繫傳·通論下〕○—，柔也。〔大戴·少閒〕「—以繼湛」王詁。○—，引伸之為—游，為—柔，為俳—。〔說文〕「—，饒也」段注。○—，饒也。〔廣韻·尤部〕又〔通鑑·魏紀三〕「先帝—與吳盟」音注。○—，饒也，言愛之甚。〔國策·趙策四〕「及夫人—愛孺子也」鮑注。○—，有餘也。〔論語·憲問〕「孟公綽為趙魏老則—」朱注。○—，有餘力也。〔子張〕「仕而—則學」朱注。○—，有餘裕也。〔孟子·告子下〕「好善—於天下」朱注。○—，多。〔詩·瞻卬〕「維其—矣」朱傳。○—，渥。〔信南山〕「既—既渥」朱傳。○—渥，語之轉。〔廣雅·釋詁二〕「瀀、渥，漬也」疏證。○—，義與瀀同。〔釋詁四〕「瀀，饒也」疏證。○〔說文定聲·卷六〕—，段借為瀀。〔說文〕「—，饒也」。○—者，瀀之段借。〔詩·信彼南山〕「既—既渥」通釋。○—即瀀之段借矣。〔說文〕「瀀，澤多也」段注。○—，讀為瀀。〔詩·瞻卬〕「維其—矣」陳疏。○三家—作瀀。〔信南山〕「既—既渥」集疏。○〔說文定聲·卷六〕—，段借為憂。〔論語〕「為趙魏老則—」。○—者，憂之段音也。〔釋訓〕「——，和也」郝疏。○自段憂代㥑，則不得不段—代憂。〔說文〕「㥑，愁也」段注。○〔魯詩〕—作憂。〔詩·長發〕「敷政——」集疏。○——，寬裕之意。（同上）朱傳。○——，充足有餘之意。〔中庸〕「——大哉」朱注。○——，和平與安樂之義相近。〔釋詁〕「柔，安也」郝疏。○—游，閑暇之意。〔詩·卷阿〕「—游爾休矣」朱傳。○—游，大德之貌。〔楚辭·惜往日〕「報大德之—游」補注。○—游，一作—猶、—嗂、—繇。〔通雅·釋詁〕○—猶即—游。〔管子〕「故施舍—猶以濟亂」雜志。○—繇即—游，與—容義同。〔漢書·敘傳〕「—繇亮直」補注引蘇輿。○—柔，謂委從之以俟其化。〔大戴·子張問入官〕「慈愛以—柔之」王詁。○—笑者，謂俳—能啁笑者。〔韓子·八姦〕「—笑侏儒」集解引舊注。○〔通雅·卷二八〕—策，—禮策拜也。〔南史·褚淵傳〕「有司疑立—策」。○—

曇花，梵語，祥瑞雲異天花也，世間無此。〔大般若經·卷五七一〕「—曇花」慧琳音義。

**憂** —，今字作優，以憂為㥑愁字。〔說文〕「—，和之行也」段注。○—與優同。〔釋詁〕「恙，—也」郝疏。○—，愁也。〔廣韻·尤部〕○—者，愁也。〔說文繫傳·通論下〕○—，患也。〔大戴·哀公問五義〕「以為己—」王詁。○—與傷義相近。〔廣雅·釋詁二〕「悠，傷也」疏證。○悠、—、思三字同義。〔釋詁二〕「鬱、悠，思也」疏證。○—，思也，慮也。〔孟子·梁惠王下〕「為諸侯—」焦正義。○—亦念也。〔滕文公上〕「堯獨—之」焦正義。○—義為度。〔釋言〕「虞，度也」郝疏。○—慍義相成。〔釋訓〕「悄悄，慍也」郝疏。○—苦義相成。〔釋言〕「罹，毒也」郝疏。○—即病也。〔孟子·公孫丑下〕「有采薪之—」焦正義。○—亦勞也。〔梁惠王下〕「為諸侯—」焦正義。○負重責深為—。〔詩·蟋蟀〕「職思其—」集疏引韓說。○古以—為和。〔說文〕「—，和之行也」繫傳。○—，和布也。（同上）○—者，幽也。〔說文繫傳·通論下〕○—亦完也。〔國策·燕策一〕「自—不足乎」鮑注。○—本作㥑，今通作—。〔釋名·釋樂器〕「吟，嚴也」疏證。○〔說文定聲·卷六〕—，段借為㥑。〔釋詁〕「—，思也」。○—者，㥑之段音也。〔釋詁〕「恙，—也」郝疏。○凡經傳—字皆㥑之段字。〔管子·內業〕「而—之以德」平議。○—，當為㥑。〔說文〕「悁，一曰—也」義證。○—亦即嚘字。〔說文〕「欭，嚘也」段注。○—即終日號而不嚘之嚘，氣逆也。〔說文〕「噎，飯窒也」段注。○—通作優。〔釋訓〕「優優，和也」郝疏。又〔說文〕「—，和之行也」義證。○—，經傳皆以優為之。〔說文定聲·卷六〕○古無優字，優厚字止作—。〔墨子·非儒下〕「夫—妻子以大負絫」閒詁。○—當為優。〔詩·板〕「爾用—虐」平議。○——，今〔詩〕作優優。〔說文〕「詩曰布政——」段注。○—，假優為之。〔說文〕「優，饒也」段注。○—當作擾。〔書·商誓〕「昏—天下」平議。○—虞，猶言—驚也。〔易·繫下〕「悔吝者，—虞之象也」平議。○—險，猶—危，謂中心—危之也。〔荀子·榮辱〕「危害者常—險」集解引王念孫。○—字義不可通，當是愛字之誤。〔周書〕「禱無—玉」雜志。

**㥑** —，憂心也。〔說文〕「憂，和之行也」繫傳。○—，古憂心字作—。（同上）○—，通作憂。〔釋詁〕「恙，憂也」邵正義。又〔釋詁〕郝疏。又〔釋訓〕「殷殷，憂也」郝疏。○—，經典承用憂字。〔說文〕「悁，一曰憂也」義證。○—，經傳皆以憂為之。〔說文定聲·卷六〕

**流** —，水行也。〔通鑑·晉紀二四〕「貨賂上—」音注。○—，行也。〔禮記·郊特牲〕「—示之禽」集解。又〔韓子·飾邪〕「則貨財上—」集解。○—，下也。〔詩·七月〕「七月—火」朱傳。○自上而降曰—。〔漢書·天文志〕「彗孛飛—」補注引〔晉志〕。○—，移也。〔續音義·卷一〇〕引〔字苑〕。○—，遷也。（同上）引〔切韻〕。○—，徙也。〔孟子·萬章上〕「舜—共工于幽州」朱注。○—謂走。〔國策·楚策四〕「襄王—揜於成陽」鮑注。○—猶放也。〔孟子·梁惠王下〕「從—下而忘反謂之—」焦正義。○—，放也，演也，覃也。〔廣韻·尤部〕○—，布也。〔韓子·十過〕「—漆墨其上」

集解引舊注。○水本曰原，末曰｜。〔廣雅・釋詁一〕「｜，末也」疏證。○｜有末義。〔書・禹貢〕「二百里｜」平議。○｜有衍長之義。〔釋言〕「｜，覃也」郝疏。○｜，擇也。〔詩・關雎〕「左右｜之」集疏引魯說。○｜，順水之｜而取之也。(同上)朱傳。○｜、采、芼皆取也。〔廣雅・釋言〕「摎，捋也」疏證。○｜，求也。〔廣韻・尤部〕○｜讀與求同。〔詩・關雎〕「左右｜之」陳疏。○｜與消同義。〔詩・角弓〕「見晛曰｜」通釋。○〔說文定聲・卷一八〕｜者，鬯之口。〔詩・旱麓〕「黃｜在中」傳「黃金所以飾｜鬯也」。(「黃」下)○｜通作疏。〔釋詁〕「｜，擇也」郝疏。○留、駠、｜並通。〔廣雅・釋器〕「留黃，綵也」疏證。○〔說文定聲・卷六〕｜，段借為畱。〔易・繫辭傳〕「旁行而不｜」。○｜讀為畱。〔荀子・君子〕「令行而不｜」集解引王念孫。○｜讀為留，作｜者借字耳。〔荀子〕「不｜」雜志。○〔說文定聲・卷六〕｜當作留。〔釋名・釋疾病〕「瘤，｜也，血｜聚所生瘤腫也」。(「瘤」下)○〔魯詩〕｜作留。〔詩・旄丘〕「｜離之子」集疏。○〔說文定聲・卷六〕｜字又作裗。〔釋器〕「衣裗謂之視」。○(同上)｜，段借為游。〔禮記・樂記〕「龍旂九｜」。○(同上)｜，段借為浮。〔孟子〕「而何其血之｜杵也」。○｜，通作摎。〔詩・關雎〕「左右｜之」通釋。○｜與摎通。〔廣雅・釋言〕「摎，捋也」疏證。○捋、｜一聲之轉也。(同上)○｜，〔集韻〕、〔類篇〕乃作旒，俗字耳。〔說文〕「游，旌旗之｜也」段注。○｜同旒，雲罕九｜自是旌旗。〔漢書・司馬相如傳〕「載雲罕」補注。○｜，官本作旒，字同。〔揚雄傳〕「建九｜」補注。○汪本注｜作旒。〔五行志〕「君若綴斿，不得舉手」補注引朱一新。○驪、｜音轉字變。〔地理志〕「南至安市入海」補注。○古本｜作沶。〔董仲舒傳〕「此亦教化之漸而仁誼之｜」補注引宋祁。○｜，韓作沃。〔國策・秦策一〕「以｜魏氏」補注。○｜離，漂散也。〔詩・旄丘〕「｜離之子」朱傳。○｜離，｜離漂散。(同上)後箋引王安石。○〔說文定聲・卷六〕｜離，古曰璧珋，天竺氏書言吠瑠璃，今省曰琉璃。〔魏略〕「大秦國出赤白黑黃青綠縹紺紅紫十種｜離」。(「珋」下)○此言｜離，本用琉璃耳。〔漢書・揚雄傳〕「方椎夜光之｜離」補注引梁章鉅。○｜離與留離同。〔釋樂〕「大琴謂之離」郝疏。○｜離者，梟也，所以喻惡人。〔漢書・禮樂志〕「闢｜離」補注引王念孫。○〔說文定聲・卷六〕｜離，即鶹鷅也。〔詩・旄邱〕「｜離之子」。○陸與｜古同聲，｜離猶陸離耳。〔廣雅・釋訓〕「陸離，參差也」疏證。○｜落，一作留落。〔通雅・釋詁〕○｜轉，謂於六趣循環往來不絕也，若言生死者。〔慧琳音義・卷四八〕○｜遡即｜蘇，遡、蘇音轉字變。〔漢書・禮樂志〕「金支秀華，庶旄翠旌」補注。○｜連，專指酒說，｜連往復以致戒耳。〔漢書・敍傳〕「大雅所以｜連也」補注引周壽昌。○｜溢即淫泆也，｜與淫、溢與泆，字訓並通。〔禮樂志〕「至於風俗｜溢」補注。○｜別者，一水岐分之謂。〔說文〕「𠂢，水之衺｜別也」段注。○曰｜別，曰種別，言區別其｜裔也。〔通雅・卷三〕○｜沙，西極也。〔離騷〕「忽吾行此｜沙兮」補注引五臣注。○｜沙，出鍾山，西行。(同上)補注引〔山海經〕。○｜沙，今西海居延澤，〔尚書〕所謂｜沙者，形如月生五日也。(同上)補注引〔山海經〕注。○｜湎猶沉湎。〔荀子・非十二子〕「多少無法而｜湎然」集解。○｜說即游說也。○〔呂覽・知度〕「不好淫學｜說」平議。○｜言即譌言也。〔詩・蕩〕「｜言以對」通釋。○｜言者，如水之｜。〔大戴・曾子立事〕「｜言滅之」王詁。○放言於外以誣人曰｜言。〔漢書・劉向傳〕「｜言飛文」補注引胡注。○｜矢，謂矢去而鏃仍著肉中。〔義府・卷上〕○｜歠，長歠。〔孟子・盡心上〕「放飯｜歠」朱注。○｜魚，沈魚，沈｜通借。〔荀子・勸學〕「｜魚出聽」集解。○｜俗人，猶言世俗人。〔漢書・司馬遷傳〕「而｜俗人之言」補注引王念孫。

## 沶

｜，古文流字。〔廣韻・尤部〕○｜，古流字。〔公羊傳成公五年〕「壅河三日不｜」陳疏引孔廣森。

## 斿

｜，旌旗之末垂者。〔廣韻・尤部〕○｜，瑬之假借字。〔說文〕「瑬，垂玉也」段注。○｜，或謂之旒，聲亦相近也。〔廣雅・釋天〕「天子十二｜」疏證。○｜，古游字。〔左傳宣公一二年〕「使潘黨率游闕四十乘」疏證。○｜即游字。〔漢書・敍傳〕「｜如父子」補注。○｜與游同。(同上)「｜宅于楚」補注引錢大昭。○〔史・表〕｜作游。〔漢書・高惠高后文功臣表〕「終侯｜嗣」補注。○｜當作遊。〔五行志〕「｜胸衍」補注引齊召南。○｜車，木路也。〔文選・上林賦〕「前皮軒，後道游」集釋引〔周禮〕「｜車載旌」注。

## 旈

｜與斿同。〔廣雅・釋天〕「天子十二旈」疏證。○｜，今俗或作斿。〔說文〕「｜，旌旗之斿也」繫傳。○｜，即游之或體。〔說文定聲・卷六〕○｜，或借攸字。〔說文〕「｜，旌旗之旒也」義證。

## 旒

｜，旗｜。〔廣韻・尤部〕○｜，旗之垂者也。〔詩・長發〕「為下國綴｜」朱傳。○｜，即斿也。〔慧琳音義・卷八八〕引顧野王。○｜，瑬之假借字。〔說文〕「瑬，垂玉也」段注。○｜，〔說文〕作瑬。〔大戴・子張問入官〕「故古者冕而前｜」王詁。○｜之言流也，自上而下動則透迤若水流也。〔說文〕「瑬，垂玉也」繫傳。○｜者當作流。〔釋天〕「練｜九」郝疏。○｜蘇，旗脚也。〔慧琳音義・卷一四〕引〔考聲〕。

## 留

｜，住也，止也。〔廣韻・尤部〕○｜，久也。〔慧琳音義・卷三〕引〔考聲〕。○｜，元作卯。〔國策・燕策二〕「臣之所重處重｜也」鮑注。○｜當讀為㨨。〔國語・楚語〕「舉國｜之」平議。○｜、駵、流並通。〔廣雅・釋器〕「｜黃，綵也」疏證。○｜落，即不耦之意。〔漢書〕連語雜志。○｜落者，牢落也。(同上)○｜落，雙聲字，不得分為兩義。(同上)○｜落，即〔吳都賦〕扶｜也，藤每絡石而生，故扶｜亦名｜落耳。〔文選・上林賦〕「｜落胥邪」補正。○｜夷，香草，一云葯名。〔離騷〕「畦｜夷與揭車兮」補注引師古。○｜黃，辭賦家多作流黃。〔說文〕「莀，艸也，可以染｜黃」段注。○｜求子，使君子也。〔通雅・艸〕○中｜，〔後漢〕作中溜。〔漢書・地理志〕「中｜」補注。○｜，本邑名，其大夫以為氏。〔詩・邱中有麻〕「彼｜子嗟」後箋引嚴緝。○｜，从田从丣，會意，與坐同意，丣亦聲。〔說文定聲・卷六〕○｜字亦作畱，从卯聲。(同上)○｜，古劉字。〔詩・常武〕「不｜不處」陳疏。○｜與劉同。〔漢書・司馬相如傳〕「｜落胥邪」補注引沈欽韓。○｜字或作鷚。〔説文〕「舊，雖舊，舊｜也」義證。○〔説文定聲・卷六〕｜，叚借為鶹，亦雙聲連語。〔釋鳥〕「鶹鷅」注「猶｜離」。○（同上）｜，叚借為瘤。〔魏都賦〕「林藪石｜而蕪穢」。○（同上）｜，叚借為流。〔莊子・天地〕「｜動而生物」。○（同上）｜，叚借為昴。〔史記・律書〕「北至于｜」。○｜落即不耦之意。｜落者，牢落也。〔漢書・霍去病傳〕「然而諸宿將常｜落不耦」補注引王念孫。○｜黄，或作騮黄，或作流黄，皇侃作緇黄，即黧黄之色，其色黎黑而黄也。〔説文〕「綟，帛莨艸染色也」段注。○｜黄即騮黄，亦作流黄。〔漢書・司馬相如傳〕「鮮支黄礫」補注引李慈銘。○辛夷與｜夷同是香草。〔司馬相如傳〕「雜以｜夷」補注。○史｜，即史寥，｜寥音同。〔古今人表〕「史｜」補注引翟云升。○史｜即史籀也，籀之為｜，古字通。（同上）引周壽昌。

榴　｜，石｜，果名。〔廣韻・尤部〕○｜，留子樹，結實如梨，色黄味甘酢，核甚堅。〔文選・吳都賦〕「棎｜禦霜」集釋引〔荆揚異物志〕。○｜與石｜者同名而異物。（同上）○｜者，瘤也，丹實垂垂如贅瘤也。〔本草・卷三〇〕

騮　｜，騂｜，周穆王馬。〔廣韻・尤部〕○｜，字亦作駵。〔説文定聲・卷六〕

駵　｜，赤馬黑髦尾。〔廣韻・尤部〕○赤馬黑鬣曰｜。〔詩・小戎〕「騏｜是中」朱傳。○留、｜、流並通。〔廣雅・釋器〕「留黄，綵也」疏證。○｜，丣各本作畱，篆體作驑。〔説文〕「｜，赤馬黑髦尾也」段注。

劉　｜，殺。〔詩・武〕「勝殷遏｜」朱傳。○｜，殺也。〔廣韻・尤部〕○｜，尅也。（同上）○｜，殘。〔詩・桑柔〕「捋采其｜」朱傳。○｜，暴樂也。（同上）集疏引魯説。○｜，陳也。〔廣韻・尤部〕○｜法者，陳法也。〔釋詁〕「｜，陳也」述聞。○｜即鎦字。〔書・君奭〕「咸｜厥敵」孫疏。○｜即鎦之古文。〔説文定聲・卷六〕○｜者，通作鎦。〔釋詁〕「｜，殺也」郝疏。○｜，又秋獵之名，與獮義同。（同上）○｜｜子，木名。〔廣韻・尤部〕○｜即石榴。〔釋木〕「｜，｜杙」鄭註。○古｜字止作卯。〔文選・典引〕集釋。○古文｜、昴等皆省作卯。（同上）引沈濤。○｜、膢通。〔釋獸〕「貙，似貍」郝疏。○｜，鏤字假音。〔墨子・魯問〕「｜三寸之木」閒詁引畢沅。○｜聲近膢。〔釋詁〕「｜，殺也」郝疏。○｜與擂聲近義同。〔釋詁〕「｜，陳也」郝疏。○｜猶留也。（同上）平議。○〔説文定聲・卷六〕｜，叚借為流，為留。〔淮南子・原道〕「｜覽偏照」。○（同上）｜字或變作榴。〔吳都賦〕「棎榴禦霜」。○（同上）｜，叚借為膢。〔周禮・射人〕注「今立秋有貙｜」。○（同上）｜，叚借為瀏，美目清也。〔詩・月出〕「佼人｜兮」。○（同上）｜，叚借為條，實為修字。〔詩・桑柔〕「捋采其｜」。○｜，即鎦之別體，鎦又省作留，故留氏即｜氏。〔詩・邱中有麻〕「彼留子嗟」後箋引嚴緝。○〔説文定聲・卷六〕｜，此魯地之近城者也。〔左傳襄公一五年〕「及向戍盟于｜」。○（同上）｜，堯裔，封于｜，在今直隸保定府唐縣，其後以



國為氏，此祁姓之｜也。〔左傳昭公二九年〕「有陶唐氏既衰，其後有｜累」。○〔説文定聲・卷六〕｜，在今河南偃師縣，初，成王封王季子于此，其後以邑為氏，世為周卿士，此姬姓之｜也。〔公羊傳襄公一五年〕「｜者何？邑也」。

由　｜，行也。〔孟子・離婁上〕「舍正路而不｜」朱注。又〔廣韻・尤部〕。○｜亦行也。〔詩・蕩〕「人尚乎｜行」通釋。○｜，道也。道，行也。〔荀子・哀公〕「審其所｜」集解引郝懿行。○｜之言道也。〔廣雅・釋詁二〕「｜，助也」疏證。○繇與｜同，取｜路之義也。〔春秋名字解詁〕「仲｜字子路，魯顏無繇字路」述聞。○｜謂踐履之。〔禮記・經解〕「隆禮｜禮」集解。○｜、為義相近。〔墨子・非命中〕「出言談｜文學」閒詁。○｜者，正也。〔書・盤庚〕「｜乃在位」述聞。○萬物之生通謂之｜。〔詩・由儀〕通釋。○｜，用也。〔詩・賓之初筵〕「匪｜勿語」陳疏。又〔禮記・禮運〕「而兵｜此起」集解。又〔大戴・曾子事父母〕「｜己為無咎則寧」王詁。又〔四代〕「｜德徑徑」王詁。又〔論語・泰伯〕「民可使｜之」劉正義。又〔孟子・公孫丑上〕「君子不｜也」焦正義。又〔莊子・人間世〕「故忿設無｜巧言偏辭」平議。又〔廣韻・尤部〕。○｜亦用也。〔釋言〕「試，用也」郝疏。○｜，從也。〔詩・君子陽陽〕「右招我｜房」朱傳。又〔南山〕「齊子｜歸」朱傳。又〔賓之初筵〕「｜醉之言」朱傳。又〔大戴・哀公問五義〕「必有所｜焉」王詁。又〔虞戴德〕「雖可而弗｜」王詁。又〔誥志〕「下不｜人」王詁。又〔論語・為政〕「觀其所｜」朱注。又〔漢書・兒寬傳〕「唯聖主所｜」補注。又〔通鑑・漢紀二三〕「自明習者不知所｜」音注。又〔廣韻・尤部〕。○｜，从也。〔左傳僖公一五年〕「職競｜人」疏證。○｜亦從也。〔書・盤庚〕「予｜靈」孫疏。○｜，經也。〔廣韻・尤部〕○｜，自也。〔大戴・曾子事父母〕「行之如｜己」王詁。又〔勸學〕「必有所｜」王詁。又〔少閒〕「｜君居之」王詁。○自、｜，皆以也。〔漢書〕「自卒史」雜志。○｜，於也。〔詩・小弁〕「君子無易｜言」通釋。又〔書・康誥〕「別求聞｜古先哲王」述聞。○｜歸，猶言于歸也。〔詩・南山〕「齊子｜歸」通釋。○｜義如〔尚書〕「顛木之有｜蘖」。〔左傳昭公八年〕「猶將復｜」洪詁引魏了翁。○｜字當是古甹。〔左傳僖公一六年〕「吉凶｜人」洪詁。○｜，古文甹字。（同上）疏證引惠棟。○｜，古甹字，木萌芽于果實中人也。〔説文定聲・卷六〕○｜即甹之叚借。〔説文〕「甹，木生條也」段注。○｜者，甹之省借，木生條之名。〔詩・由儀〕通釋。○｜，通作繇，亦作猷。〔方言六〕「｜，道也」箋疏。○〔説文定聲・卷六〕｜，以繇為之，古多用繇字為｜字，〔説文〕引作蘨，蓋後出字。〔書・禹貢〕「厥草惟繇」。○｜，〔史記〕作繇。〔左傳僖公一五年〕「梁｜靡御韓簡」洪詁。○〔漢書〕｜作繇。〔左傳僖公一六年〕「吉凶｜人」洪詁。○〔漢書〕凡｜字皆以繇為之。〔説文定聲・卷六〕○｜、繇通。〔墨子・耕柱〕「乙又言兆之｜」閒詁。○｜同猷。〔書・康誥〕「乃｜裕民」孫疏。○猷、｜古字通。〔廣雅・釋詁三〕「裕，道也」疏證。○｜同猶。〔墨子・兼愛下〕「為彼者｜為己也」閒詁。○｜與猶同。〔大戴・曾子立事〕「君子為小｜為大也」述聞。又〔墨子・明鬼下〕「齊君｜謙

殺之」閒詁。又〔非命中〕「亦｜此也」閒詁引蘇時學。又〔孟子・離婁下〕「｜已溺之也」朱注。又〔離婁下〕「其橫逆｜是也」朱注。又〔史記〕「｜竈上騷除」雜志。○｜、猶皆欲也。〔墨子〕「｜」雜志。○猶、｜古字亦通。〔墨子〕「｜」雜志。○｜、猶通。〔孟子・公孫丑上〕「｜反手也」朱注。又〔荀子・君子〕「｜不足以免也」集解引盧文弨。又〔國策・齊策四〕「｜未敢以有難也」補正。○｜、猶通，一本作猶。〔齊策六〕「｜將攫公孫子之腓而噬之也」補正。○｜與猶通。〔孟子・公孫丑上〕「｜弓人而恥為弓」朱注。○｜與猶通用。〔梁惠王下〕「今之樂｜古之樂也」焦正義。○｜讀曰猶。〔大戴・夏小正〕「｜魂，魂也者動也」王詁。又〔小辨〕「｜不可既也」王詁。○｜讀為猶。〔孟子・公孫丑上〕「｜反手也」焦正義。○｜亦作猶。〔方言一〕「｜女而出為嫁也」疏證。○｜字或作猶。〔釋詞・卷二〕○〔漢・志〕｜作猶。〔國策・西周策〕「欲伐厹｜」鮑注。○官本注｜作猶，字同。〔漢書・王嘉傳〕「引王渠灌園池」補注。○〔說文定聲・卷六〕｜，以猶為之。〔左傳莊公一四年〕「猶有妖乎」。○（同上）｜，叚借為猶，實為似。〔考工・梓人〕「而｜其虡鳴」。○｜通作逌。〔說文〕「甹，亟詞也」義證。○｜、舀古字通用。〔詩・終南〕「有紀有堂」後箋引段玉裁。○｜同訧。〔書・康誥〕「乃其速｜」孫疏。○〔說文定聲・卷六〕｜，叚借為道。〔詩・賓之初筵〕「匪｜勿語」。○（同上）｜，叚借為迪。〔廣雅・釋詁二〕「｜，助也」。○庸、｜、以，一聲之轉。〔廣雅・釋詁四〕「庸、｜、以，用也」疏證。○〔說文定聲・卷六〕｜，叚借為以。〔小爾雅・廣詁〕「｜，用也」。○（同上）｜，叚借為擂。〔書・立政〕「克｜繹之」。○（同上）｜，叚借為繇，為遙，或為由。〔廣雅・釋詁一〕「｜，行也」。○（同上）｜，叚借為融，融、｜雙聲。〔素問・移精變氣〕「梁元起曰祝｜，南方神」。○｜與油通。〔孟子・公孫丑上〕「故｜｜然與之偕而不自失焉」焦正義。○〔說文定聲・卷三〕｜，即此允字。〔楚辭・惜賢〕「尚｜｜而進之」。（「允」下）○｜即⿴囗繇字也。〔說文〕「囮或从繇」段注。○｜有丢音。〔通雅・疑始〕○｜之為笛。（同上）○班固〔東都賦〕｜作游。〔左傳宣公一二年〕「養｜基為右」疏證。○游與｜同。（同上）洪詁引李善注。○〔通雅・卷一九〕｜子即游子。〔易林〕「下有｜子」。○｜｜，自得之貌。〔孟子・公孫丑上〕「故｜｜然與之偕而不自失焉」朱注。○｜｜即生生。（同上）焦正義。○｜敖，即謂用燕游之舞相招。〔詩・君子陽陽〕「右招我｜敖」集疏。○｜頤與｜豫同義。〔易・頤〕「｜頤厲吉」李疏。○｜跋虎掌，天南星也。〔通雅・艸〕○〔說文定聲・卷六〕｜字或變作鼬。〔釋鳥〕「鼯鼠，夷｜」。○｜，或作攸。〔釋詞・卷一〕○〔說文定聲・卷六〕｜，叚借助語之詞，於、｜雙聲。〔詩・抑〕「無易｜言」箋「於也」。○（同上）｜，叚借發聲之詞。〔孟子〕「我｜未免為鄉人也」。○｜禱不德當為曲禱不德，曲與｜字相似而誤。〔逸周書〕「｜禱」雜志。

**油** ｜水，在今湖北荊州府公安縣北。〔說文定聲・卷六〕○｜，俗用為｜膏字。〔說文〕「｜，｜水」段注。○｜，今俗相承用為｜膏字。〔說文定聲・卷六〕○｜｜，流貌。〔詩・竹竿〕「淇水｜｜」集疏引〔魯說〕。○｜｜，自得之貌。〔禮記・玉藻〕「而｜｜以退」集解。○｜｜、滺滺、攸攸、浟浟，並字異而義同。〔廣雅・釋訓〕「｜｜，流也」疏證。○｜｜即由由，轉為言言。〔釋詁〕「繇，喜也」郝疏。○｜然，雲盛貌。〔孟子・梁惠王上〕「天｜然作雲」朱注。又〔通鑑・周紀三〕音注。○｜素，上素也。〔通雅・器用〕○｜紫，今之藕合也。〔通雅・綵色〕○｜有右音。〔史記・宋微子世家〕「麥秀漸漸兮，禾黍｜｜」志疑。

**游** ｜，浮也。〔廣韻・尤部〕○浮水曰｜。〔詩・谷風〕「泳之｜之」朱傳。又〔大戴・曾子大孝〕「舟而不｜」王詁。又〔武王踐阼〕「溺於淵猶可｜也」王詁。○｜，浮水而不溺也。〔釋言〕「泳，｜也」鄭註。○｜與泳對文則別，散文亦通。〔釋水〕「潛行為｜」郝疏。○｜，川行也。〔禮記・祭義〕「舟而不｜」集解。○｜，隨水流皃。〔慧琳音義・卷一五〕引〔考聲〕。○｜，亦泳之類。〔詩・谷風〕「泳之｜之」陳疏。○〔義府・卷上〕以地曰｜。〔書・無逸〕「于｜」。○｜，行也。〔禮記・內則〕「揖遊」集解。○｜即安行。〔說文〕「趣，安行也」義證。○｜猶流也。〔大戴・千乘〕「於茲民｜」王詁。又〔詩・小戎〕「｜環脅驅」陳疏。○｜，放也。〔廣韻・尤部〕○｜，俗作遊。〔說文〕「｜，旌旗之流也」段注。○｜，或作斿，或作旒，旌旗之垂者也。〔左傳桓公二年〕「鞶厲｜纓」洪詁。○｜，〔周禮〕省作斿，引伸為凡垂流之偁。〔說文〕「｜，旌旗之流也」段注。○｜，旌旗邊所綴也。〔說文〕「｜，旌旗斿也」繫傳。○｜，謂從｜。〔大戴・勸學〕「｜必就士」王詁。○｜，又引伸為出｜、嬉｜。〔說文〕「｜，旌旗之流也」段注。○｜，優｜也。〔詩・卷阿〕「來｜來歌」陳疏。○｜，又敖游也。〔說文〕「｜，旌旗斿也」繫傳。○｜者，玩物適情之謂。〔論語・述而〕「｜於藝」朱注。○｜，枝葉放縱也。〔詩・山有扶蘇〕「隰有｜龍」朱傳。○｜，揄揚之。〔國策・魏策二〕「因使蘇脩｜天下之語」鮑注。○｜謂｜揚其名而使之仕。〔墨子・耕柱〕「子墨子｜荊耕柱子」閒詁引畢沅。○｜謂｜揚。〔漢書・鄒陽傳〕「有人先｜」補注。○｜即滸。〔釋水〕「淮為滸」郝疏。○｜，雲南人猶呼｜子。〔說文〕「⿴囗繇，囮或從繇」義證。○｜與流古字通。〔詩・蒹葭〕「遡｜從之」平議。○洊與｜同。〔漢書〕「放獵」雜志。○｜者，汓之叚音也。〔釋言〕「泳，｜也」郝疏。○〔說文定聲・卷六〕｜，叚借為汓。〔詩・蒹葭〕「遡｜從之」。○｜，當為汓。〔說文〕「鼫，能｜不能渡谷」義證。○｜當為汓，經典通用｜。〔說文〕「敖，出｜也」義證。○｜與斿同。〔廣雅・釋天〕「天子十二斿」疏證。○鄭玄〔周禮注〕引傳｜作斿。〔左傳宣公一二年〕「潘黨率｜闕四十乘」洪詁。○｜字亦作斿，作旒，作統，凡旗之正幅連綴兩旁者曰｜。〔說文定聲・卷六〕○（同上）｜，叚借為遻。〔周禮・囿人〕「掌囿｜之獸禁」。○｜亦曰旓，揚雄賦有此字。〔說文〕「｜，旌旗之流也」段注。○〔說文定聲・卷六〕｜，叚借為⿴囗繇。〔射雉賦〕「恐吾｜之晏起」。○｜與由同。〔左傳宣公一二年〕「使潘黨率｜闕四十乘」疏證。○〔說文定聲・卷六〕｜字亦變作蝣。〔詩〕「蜉蝣之羽」。○（同上）｜，叚借為塗。〔禮記·玉藻〕「天子玉藻，十有二旒」。○｜猶友也，言不盡於交｜之道。〔國策·齊策四〕「而士未有為君盡｜者也」鮑注。○〔韓詩〕｜作柔。〔詩·采菽〕「優哉｜哉」集疏。○｜佚，即淫佚，語之轉耳。〔墨子〕「脫一字」雜志。○｜衍，即放散之義。〔詩·板〕「及爾｜衍」通釋。○｜龍，鴻也。〔詩·山有扶蘇〕「隰有｜龍」集疏引魯說。○｜車，先驅之乘也。〔漢書·司馬相如傳〕「騁｜道而脩降兮」補注。○蓋｜車猶今之｜擊之師，臨陣有調發以濟正軍之不足，故名｜闕也。〔左傳宣公一二年〕「使潘黨率｜闕四十乘」疏證。○｜闕，｜車，闕車也。（同上）洪詁引惠棟。○｜奕，｜闕也。〔通雅·官制〕○｜女，漢神也。〔詩·漢廣〕「漢有｜女」集疏引韓說。○｜民，不習士農工商之業者。〔大戴·千乘〕「太古無｜民」王詁。○｜徼，鄉之｜行徼循。〔說文〕「徼，循也」義證引〔急就篇〕顏注。○｜棣，與劉帶聲同。〔漢書·藝文志〕「｜棣子一篇」補注引沈欽韓。

**遊**　｜，同游。〔廣韻·尤部〕○｜，有所詣。〔說文〕「敖，出游也」繫傳。○｜，遨｜也。〔詩·常武〕「匪紹匪｜」朱傳。○｜，｜說也。〔孟子·盡心上〕「子好｜乎」朱注。○｜當作游。〔詩·柏舟〕「以敖以｜」陳疏。又〔泉水〕「駕言出｜」陳疏。○｜敖，猶翱翔也。〔詩·載驅〕「齊子｜敖」朱傳。○翱翔、｜敖，皆一聲之轉也。〔廣雅·釋訓〕「翱翔，浮游也」疏證。○｜徼，鄉之游行徼循督察者也。〔通雅·官制〕○｜速，〔公羊〕作｜遨。〔左傳定公六年經〕「鄭｜速帥師滅許」洪詁。○｜絃，王太真者，西王母小女也，彈一絃琴，時乘白龍，周遊四海，｜絃即當指此。〔文選·琴賦〕「鶤雞｜絃」補正引朱超之。○｜水逶綖，即水引也，今之切麵也。〔通雅·飲食〕○｜，一本作滅。〔韓子·有度〕「法所以凌過｜外」集解。

**⿺辶⿱巛子**　｜，古文游字。〔廣韻·尤部〕○｜，行也，字亦作遊。〔說文定聲·卷六〕○｜與斿同。〔廣雅·釋天〕「天子十二斿」疏證。○〔說文定聲·卷六〕｜，叚借為游。〔禮記·樂記〕「息焉遊焉」。○（同上）｜，叚借為汓。〔方言一〇〕「潛又遊也」。○（同上）｜，叚借為由。〔文選·詠懷詩〕「素質遊商聲」。○（同上）｜，叚借為猶，實為似。〔周禮·師氏〕「凡國之貴遊子弟學焉」。

**猷**　今字分｜謀字犬在右，語助字犬在左，經典絕無此例。〔說文〕「猶，玃屬」段注。○｜，謀也。〔廣韻·尤部〕又〔大戴·虞戴德〕「｜德保」王詁。又〔通鑑·魏紀四〕「總一大｜」音注。又〔唐紀三六〕「書云遠乃｜」音注。○｜，圖也。〔慧琳音義·卷一九〕又〔廣韻·尤部〕。○｜之為詐，即匿謀之謂。〔方言一三〕「｜，詐也」疏證。○｜，道。〔詩·巧言〕「秩秩大｜」朱傳。又〔角弓〕「君子有徽｜」朱傳。○｜，道也。〔廣韻·尤部〕又〔通鑑·魏紀四〕「總一大｜」音注。○｜亦用也。〔書·盤庚上〕「女｜黜乃心」平議。○｜，順也。〔慧琳音義·卷一九〕○｜，若也。（同上）又〔廣韻·尤部〕。○｜，已也。（同上）又〔書·盤庚上〕「聽予一人之作｜」孫疏引段玉裁。○｜同繇。〔書·多士〕「王曰｜告爾多士」孫疏。○｜與繇同。〔多方〕「｜告爾有方多士」孫疏。○｜與繇通。〔多方〕「｜告爾四國多方」孫疏。又〔釋詁〕「繇，道也」邵正義。○｜通作繇，又通作猶。〔釋宮〕「｜，道也」郝疏。○｜、繇古通用。〔方言三〕「｜，道也」疏證。○〔齊詩〕｜作繇。〔詩·巧言〕「秩秩大｜」集疏。○｜與猶同。〔釋言〕「｜，圖也」郝疏。又〔廣雅·釋詁二〕「猶，欺也」疏證。○猶與｜同。〔釋詁〕「｜，已也」述聞。○｜、猶一字。〔說文〕「猶，玃屬」句讀。○｜與猶通。〔釋言〕「｜，可也」郝疏。○｜或作猶。〔說文〕「圖，畫計難也」義證。○｜，當作猶。〔詩·角弓〕「君子有徽｜」陳疏。○｜、由古字通。〔方言三〕「｜，道也」箋疏。又〔廣雅·釋詁三〕「裕，道也」疏證。○｜、由古字通，道謂之｜裕。〔書·康誥〕「遠乃｜裕」述聞。又〔君奭〕「告君乃｜裕」述聞。○｜通作由。〔釋詁〕「｜，謀也」郝疏。○裕、｜亦一聲之轉。〔方言三〕「｜，道也」疏證。○｜、裕、牖，聲並相近。〔廣雅·釋詁三〕「牖、裕，道也」疏證。○｜與酋聲近而義同。〔釋詁〕「｜，已也」述聞。○｜告，猶言告道。〔書·多方〕「｜告爾有方多士」孫疏。又〔多方〕「｜告爾四國多方」孫疏。○作｜為作止，謂或作或輟也。〔盤庚上〕「聽予一人之作｜」孫疏。○沈｜即沈猶。〔漢書·王子侯表〕「沈｜夷侯歲」補注引〔瓠子水注〕。

**悠**　｜，憂也。〔廣韻·尤部〕○｜，思也。（同上）○｜、憂、思三字同義。〔廣雅·釋詁二〕「欝｜，思也」疏證。○｜為思之遠也。〔釋詁〕「｜，思也」邵正義。○｜者，遠之思也。（同上）郝疏。○｜，遠也，遐也。〔廣韻·尤部〕○｜，遠也。〔詩·訪落〕「於乎｜哉」朱傳。○｜，亦遠也。〔漸漸之石〕「山川｜遠」陳疏。○｜、遠雙聲。〔釋詁〕「｜，遐也」郝疏。○｜，長也。〔詩·關雎〕「｜哉｜哉」朱傳。○｜與脩同意。〔釋詁〕「｜，遠也」郝疏。○｜同攸，古多叚攸為脩，長也，遠也。〔說文〕「｜，⿱亘心也」段注。○｜與陶古同聲。〔廣雅·釋詁二〕「欝｜，思也」疏證。○｜通作遙，｜遙一聲之轉。〔釋詁〕「｜，遠也」郝疏。○｜通作攸，又通作遙。〔釋詁〕「｜，思也」郝疏。○｜｜，憂也。〔詩·十月之交〕「｜｜我里」朱傳。又〔巧言〕「｜｜昊天」陳疏。○｜｜，思也。〔詩·渭陽〕「｜｜我思」陳疏。○｜｜，思之長也。〔終風〕「｜｜我思」朱傳。又〔泉水〕「我心｜｜」朱傳。又〔子衿〕「｜｜我心」朱傳。○｜｜，遠貌。〔黍離〕「｜｜蒼天」朱傳。○｜｜，遠大之貌。〔巧言〕「｜｜昊天」朱傳。○｜｜，遠而未至之貌。〔載馳〕「驅馬｜｜」朱傳。○｜｜，遠行之意。〔黍苗〕「｜｜南行」朱傳。○｜｜，無窮也。〔楚辭·九辯〕「襲長夜之｜｜」補注引五臣注。○｜｜，即遙遙之假借。〔詩·黍離〕「｜｜蒼天」通釋。○｜｜，長也。〔渭陽〕「｜｜我思」朱傳。○｜｜，道長。〔載馳〕「驅馬｜｜」集疏。○｜｜，皆閑暇之貌。〔車攻〕「｜｜旆旌」朱傳。○｜｜，通作遙遙、攸攸、繇繇、滺滺、浟浟、悠悠、⿱髟坙⿱髟坙，通作就就。〔通雅·釋詁〕○｜久，即｜遠。〔中庸〕「｜久所以成物也」朱注。○｜，或通作攸。〔說文〕「｜，憂也」義證。○｜亦省作攸。（同上）句讀。○古｜長字皆作攸。〔說文〕「旇，攸攸而長也」段注。○｜，當作攸。〔說文〕「攸，行水也」段注。○｜，讀為攸。〔詩·黍苗〕「｜｜南行」陳疏。○〔魯詩〕｜作攸。〔十月之交〕「｜｜我里」集疏。○〔魯詩〕｜

作遥。〔雄雉〕「——我思」集疏。○〔説文定聲・卷六〕—，叚借為跾。〔釋詁〕「—，遠也」。

# 攸

—同脩，古多叚攸為脩，長也，遠也。〔説文〕「悠，憂也」段注。○〔説文定聲・卷六〕—，長也。〔張表碑〕「令德—兮」。○—字亦作浟，作滺，安行得所之意。〔説文定聲・卷六〕○凡可安為—。〔説文〕「—，行水也」段注。○〔説文定聲・卷六〕—，疾也。〔孟子〕「—然而逝」。○—，所。〔詩・蓼蕭〕「萬福—同」朱傳。又〔旱麓〕「福禄—降」朱傳。○—，所也。〔廣韻・尤部〕○〔釋詞・卷一〕—，所以也。〔書・洪範〕「我不知其彝倫—叙」。○(同上)—，語助也。〔盤庚〕「女不憂朕心之—困」。○—與悠同。〔孟子・萬章上〕「—然而逝」焦正義。又〔漢書・禮樂志〕「微感心—通修名」補注。○—與悠通，言悠忽也。〔墨子・尚賢下〕「—心解體」閒詁。○—與愁同音，亦即恤恤之義。〔左傳昭公一二年〕「湫乎—乎」洪詁。○古字—與修通。〔書・洪範〕「四曰—好德」平議。○〔説文定聲・卷六〕—，叚借為修。〔婁壽碑〕「不—廉隅」。○—，又借為逌字。〔説文〕「—，行水也」段注。○〔説文定聲・卷六〕—，叚借為逌。〔漢書・叙傳〕「主人—爾而笑曰」。○—，〔五行志〕俱作逌。〔書・洪範〕注「—，一作逌」孫疏。○—，〔漢書・地理志〕皆作逌。〔説文〕「卣，氣行皃」段注。○—即悠之叚字。〔左傳昭公一二年〕「湫乎—乎」平議。○〔説文定聲・卷六〕—，叚借為悠。〔左傳昭公一二年〕「湫乎—乎」。○—作道者，—與猷聲相近。〔書・金縢〕注「史遷—作道」孫疏。○—，卣之通借。〔釋器〕「卣，器也」郝疏。○〔説文定聲・卷六〕—，叚借為迪。〔書・多方〕馬本「不克終勸于帝之—」。○(同上)—，叚借為誘。〔洪範五行傳〕「禦聽于怵—」。○(同上)—，叚借為跾。〔司農劉夫人碑〕「極—遠索」。○—作浟者，俗變也。〔説文〕「—，行水也」段注。○油油、滺滺、浟浟、——，並字異而義同。〔廣雅・釋訓〕「油油，流也」疏證。○—，各本作肇，今正。〔説文〕「瑲，玉聲也，詩曰—革有瑲」段注。

# 牛

—，大牲也。〔廣韻・尤部〕○凡物之大者曰—。〔説文定聲・卷一五〕〔「莙」下〕○凡物之大者，或稱—。〔卷一二〕〔「蒙」下〕○—，事也，理也。自淺人不知此義，乃改之云大牲也，—件也，件事理也。〔説文〕「—，事也，理也」段注。○凡艸類之大者，多曰—曰馬。〔説文〕「莙，—藻也」段注。○朴—，—特—，—父也，言其朴特。〔楚辭・天問〕「焉得夫朴—」補注引〔説文〕。○—膝，一名态。〔通雅・艸〕○—魚，即北方之鮪類也。〔通雅・魚〕○—藻者，馬藻之異名。〔釋草〕「莙，—藻」平議。○〔説文定聲・卷一八〕—傷，即〔爾雅〕之終—棘。〔中山經〕「大苦之山有草焉，其名曰—傷」。〔「傷」下〕○子母—者，牝—也。〔易・説卦傳〕「為子母—」李疏。○古亦以牽—之名借偁—宿也。〔説文定聲・卷五〕○—，當作先，字之誤也。〔文選・報任少卿書〕「—馬走」集釋引吴仁傑。○—貨洲，梵語義譯，以彼洲多—，用—貨易，故以為名。〔慧琳音義・卷二〕○—貨洲，西洲也。〔卷七〕○—首城，在開封府陳留縣西南四十一里。〔左傳桓公一四年〕「取—首」疏證引〔寰宇記〕。

# 修

—，从彡，文飾為本義，芟除為轉注。〔説文定聲・卷六〕○—，理也。〔廣韻・尤部〕○—者，治也，引伸為凡治之偁。〔説文〕「—，飾也」段注。○—飾與敬義近。〔釋訓〕「肅肅，敬也」郝疏。○—治與敬義近。(同上)○脯又曰脩，—與脩同。〔論語・述而〕「自行束—以上」劉正義。○—與脩通。〔方言一二〕「脩，長也」箋疏。○—，經典多假肉部之脩。〔説文〕「—，飾也」段注。○〔説文定聲・卷六〕—，叚借為羞。〔禮記・鄉飲酒義〕「降説屨，升坐—」。○(同上)—，叚借為跾。〔廣雅・釋詁二〕「—，長也」。○—，當讀為滌。〔荀子・不苟〕「非案汙而—之之謂也」平議。○—當讀為迪。〔書・盤庚上〕「王播告之—」平議。○南本—皆作脩。〔漢書・郊祀志〕「—五年之禮如前」補注引宋祁。○—當作脩。〔楚元王傳〕「—黄老術」補注引宋祁。○不—，〔風俗通〕引作不循。〔左傳襄公四年〕「不—民事」洪詁。○—，一作循。〔吕覽・數盡〕「反—于招」校正引舊校。○〔史記〕—作及。〔左傳襄公二九年〕「誰能—之」洪詁。○—和，謂—和於紂也。〔書・君奭〕「文王尚克—和我有夏」孫疏。○—士，謂—身之士。〔韓子・孤憤〕「其—士且以精絜固身」集解。○—軫，猶長途也。〔文選・登臨海嶠初發疆中作〕「含酸赴—軫」補正。○—乃備字之誤。〔管子・五輔〕「—飢饉」平議。○—乃循字之誤。〔君臣上〕「而足以—義從令者」平議。又〔九守〕「因之—理」平議。又〔地數〕「—河濟之流」平議。○—字乃循字之誤。〔春秋繁露・郊語〕「率由各有—從之也」平議。

# 脩

—，脯也。〔禮記・檀弓〕「束—之問不出竟」集解。又〔論語・述而〕「自行束—以上」朱注。又〔廣韻・尤部〕○—治之字从彡，从肉者—脯字，經典假借多用此。〔墨子・脩身〕閒詁引畢沅。○—，段脯也，捶而施薑、桂，乾之。〔説文定聲・卷六〕○—，乾也。〔詩・中谷有蓷〕「暵其—矣」朱傳引或説。○—、晞皆乾也。〔史記〕「流汗出滫」雜志。○凡乾皆曰—矣。〔詩・中谷有蓷〕「暵其—矣」陳疏。○修與—同，—，縮也，乾燥而縮也。〔論語・述而〕「自行束修以上」劉正義。○腊、—、腒，皆久也。〔廣雅・釋器〕「腊、—、腒，脯也」疏證。○—，飾也。〔大戴・武王踐阼〕「火滅—容」王詁。○—，治也。〔禮記・文王世子〕「修之以孝養也」集解。又〔大戴・四代〕「—國—政」王詁。○—，整治也。〔禮記・祭統〕「—於廟中」集解。○—者，治而去之。〔論語・顔淵〕「敢問崇德—慝辨惑」朱注。○—，品節之也。〔中庸〕「—道之謂教」朱注。○—者，禮也，義因禮而見。〔禮記・禮運〕「義之—而禮之藏也」集解。○—，備也。〔大戴・千乘〕「—四衛」王詁。○—，勉也。〔虞戴德〕「黄帝慕—之」王詁。○—者，勉也。〔國語・楚語〕「思舊怨以—其心」平議。○—，長。〔詩・六月〕「四牡—廣」朱傳。又〔韓奕〕「孔—且張」朱傳。○—，長也。〔廣韻・尤部〕又〔詩・中谷有蓷〕「暵其—矣」朱傳。又〔離騷〕「路曼曼其—遠兮」戴注。又〔通鑑・周紀四〕「—劍拄頤」音注。○叚—為攸而訓為長矣。〔説文〕「㣇，—豪獸」段注。○—之言溲也。〔説文〕「𩞄，—飯也」段注。○—與修同，古書通用。〔離騷〕「恐—名之不立」補注。○經傳多假—為修治字。〔説文〕「—，脯也」段注。○〔說文定聲・卷六〕丨，叚借為修。〔易・象〕傳「丨，井也」。○丨，修叚字。〔墨子・經說下〕「遠近丨也」閒詁。○經文丨字皆攸之假借。〔說文〕「攸，行水也」段注。○條、丨古字通。〔荀子〕「丨丨兮」雜志。○丨讀為條。〔同上〕○條條為行貌，作丨者借字耳。〔同上〕○丨讀為條。條條，行貌。〔荀子・儒效篇〕「丨丨兮其用統類之行也」集解引王念孫。○〔史・表〕丨作條，通用字。〔漢書・王子侯表〕「樊輿節侯丨」補注。○丨假為滌。〔說文〕「滌，洒也」段注。○〔說文定聲・卷六〕丨，叚借為滌。〔周禮・司尊彝〕「凡酒丨酌」。○丨讀為滌。〔荀子〕「故有知」雜志。又〔荀子・解蔽〕「非以丨蕩是」集解引王引之。○丨與羞古字通。〔周禮・大宰〕「與其具丨」述聞。○丨當讀為羞。〔同上〕又〔禮記・文王世子〕「退丨之以孝養也」平議。○丨、循、述，俱一聲之轉。〔釋言〕「律，述也」郝疏。○丨，卣之通借。〔釋器〕「卣，器也」郝疏。○〔說文定聲・卷六〕丨，叚借為筵。〔小爾雅・廣言〕「丨，長也」。○鱐與丨聲近而義同。〔廣雅・釋器〕「鱐、丨，脯也」疏證。○〔說文定聲・卷六〕丨，叚借為須，須丨雙聲。〔中山經〕「賈超之山，其中多龍丨」。○〔同上〕丨，叚借為卣，俗作卣，實為酉。〔周禮・鬯人〕「廟用丨」。○丨當為循。〔管子・形勢〕「而廟堂既丨」義證引王念孫。○丨當為循，字之誤也。〔禮記・曲禮上〕「謹丨其法」述聞。又〔國語・晉語〕「矇瞍丨聲」述聞。○丨當為循字之誤也。循，順也。〔荀子・議兵〕「丨上之法」集解引王念孫。又〔天論〕「丨道而不貳」集解引王念孫。○丨，亦當為循。〔國語・晉語〕「不丨天罰」述聞。○丨，亦當為循，循亦行也。〔禮記・祭義〕「丨乎軍旅」述聞。○丨當作循。〔禮記・檀弓〕「丨其班制以與四鄰交」平議。又〔韓子・揚權〕「不知其名，復丨其形」集解引顧廣圻。○丨，當從〔史記〕作循。〔漢書・周陽由傳〕「吏治尚丨謹」補注引王文彬。○〔史・表〕丨作循，兩見。〔漢書・高惠高后文功臣表〕「孝景三年，侯丨嗣」補注。○丨行，亦作循行。〔漢書・高帝紀〕「有丨行，能帥衆為善」補注引沈欽韓。○丨當為備。〔管子・版法〕「丨長在乎任賢」義證引王念孫。○〔說文定聲・卷六〕丨，偏之誤字。〔禮記・祭統〕「見其丨于廟中也」。○丨，倉頡篇作餐。〔說文〕「餴，丨飯也」段注。○條侯作丨侯。〔史記索隱〕「異文」雜志。○丨之謂丨飭之也。〔國語・周語〕「耆艾丨之」述聞。○丨腊，全乾也。〔慧琳音義・卷九六〕引〔古今正字〕。○丨飾謂增損之。〔論語・憲問〕「行人子羽丨飾之」朱注。○丨名，丨潔之名。〔離騷〕「恐丨名之不立」補注。○丨名猶賢名。〔同上〕戴注。○丨姱，謂丨潔而姱美也。〔離騷〕「余雖好丨姱以鞿羈兮」補注。○丨能，好丨而賢能。〔離騷〕「又重之以丨能」戴注。○丨聲，聲之靡曼也。〔大戴・四代〕「見才色丨聲不視聞」王詁。○丨營，乃言其聲之美，非琴名也。〔廣雅・釋樂〕「丨營，琴名」疏證。○丨況，況與營聲相近。〔同上〕○前丨，謂前代修習道德之人。〔離騷〕「謇吾法夫前丨兮」補注引五臣注。○束丨，謂行檢束丨飾之禮，蓋十五八大學之年也。〔義府・卷上〕○卑法地為丨業。〔易・乾〕「君子進德丨業」李疏。○丨武，則因武王伐紂名之。〔漢書・地理志〕「丨武」補注引劉敞。○丨縣，〔景紀〕、〔周亞夫傳〕作條，〔晉志〕作蓨，蓋蓨、丨通用。〔地理志〕「丨，莽曰丨治」補注。

## 羞

丨，進飲食之名。〔釋詁〕「丨，進也」鄭註。○致滋味為丨。〔廣韻・尤部〕又〔楚辭・招魂〕「肴丨未通」補注。○丨，進也。〔禮記・少儀〕「丨首者」集解。又〔祭統〕「君執鸞刀丨嚌」集解。又〔儀禮・燕禮〕「請執冪者與丨膳者」胡正義引李如圭。又〔廣韻・尤部〕。又〔說文・上說文書〕「使丨其行而國其昌」段注。○凡進皆曰丨。〔說文〕「丨，進獻也」段注。○凡薦謂脯醢，丨謂庶丨。〔儀禮・燕禮〕「請執冪者與丨膳者」胡正義引李如圭。○丨，恥己之不善也。〔孟子・公孫丑上〕「無丨惡之心」朱注。○丨，恥也。〔大戴・曾子制言中〕「有士者之丨也」王詁。又〔武王踐阼〕「終身之丨」王詁。又〔廣韻・尤部〕。○丨、薦對文則別，散文則通。〔釋詁〕「丨，進也」郝疏。○羑與丨同意。〔同上〕○丨字亦作膳。〔說文定聲・卷六〕○〔同上〕丨字亦或作鱃。〔廣雅・釋魚〕「鱃，鰌也」。○〔同上〕丨，叚借為醜。〔禮記・緇衣〕「惟口啓丨」。○〔同上〕丨，叚借為鰌。〔禮記・月令〕「羣鳥養丨」。○〔同上〕丨，叚借發聲之詞。〔方言二〕「丨繹紛毋，言既廣又大也」。○〔同上〕內丨，房中之丨也。〔周禮・宰夫〕注「庶丨，內丨」。○〔同上〕禽丨，鴈鶩之屬。〔儀禮・聘禮〕「禽丨俶獻比」。○丨袒，即今貼身小背心，杭人曰搭脊。〔通雅・衣服〕○使丨其行，〔潛夫論〕引作使循其行。〔書・洪範〕「使丨其行」孫疏。○丨當為義。〔荀子・大略〕「上好丨」集解引王念孫。

## 秋

丨，穀熟也。〔廣雅・釋天〕疏證附〔廣韻〕、〔太平御覽〕所引。○丨為陰中，萬物以成。〔春秋公羊傳〕陳疏。○丨，春丨。〔廣韻・尤部〕○丨，八月中。〔漢書・律歷志〕「丨分」補注引錢大昭。○丨者，陰氣之反而屈者也。〔禮記・祭義〕「哀以送往」集解。○丨之為言愁也。〔說文〕「揫，束也」段注。又〔說文〕「天，顛也」義證引戴侗。○丨之言湫，湫縮之意。〔說文〕「揫，雛，或從丨、手」義證引〔三禮義宗〕。○丨之言揫也。〔說文定聲・卷六〕○愮、丨、愁，聲並相近。〔廣雅・釋詁四〕「愮、丨，愁也」疏證。○丨與酉亦聲近義同。〔釋詁三〕「酉，熟也」疏證。○丨當讀為萩。〔墨子・經說下〕「若楹輕於丨」閒詁。○〔史記〕丨作萩，同。〔漢書・朝鮮傳〕「陶為丨苴侯」補注。○官本丨作湫。〔地理志〕「又有丨淵祠」補注。○丨，一本作秩。〔史記・高祖功臣侯者年表〕「丨舉蕭何」志疑引孫侍御。○丨豪，毛至丨而耎細，故以喻小也。〔莊子・齊物論〕「天下莫大於丨豪之末」集釋引〔釋文〕。○此鄂千丨也，而單稱丨。〔史記・高祖功臣侯者年表〕「丨舉蕭何」志疑。

## 楸

丨，木名。〔廣韻・尤部〕○質白曰丨。〔說文〕「梓，丨也」繫傳。○葉大而早脫，故謂之丨。〔本草・卷三五〕○丨，或作櫄。〔說文〕「丨，梓也」義證。○丨字亦作櫄。〔說文定聲・卷六〕○〔同上〕丨，以櫄為之。〔中山經〕「陽華之山多苦辛，其狀如櫄」。○〔左傳〕丨作萩，同。〔說文〕「丨，梓也」繫傳。又〔晏子春秋〕「雍門之櫄」雜志。○丨通作萩。〔說文〕「丨，梓也」義證。

橚丨即楸字也。〔晏子春秋〕「雍門之丨」雜志。

周丨，密也。〔廣韻·尤部〕又〔說文〕「璙，匊垣也」段注。又〔漢書〕「丨內」雜志。○丨，至也，密也。〔通鑑·梁紀一〇〕「惟聞李尚書、高黃門與蕭寶寅丨款」音注。○丨，密也，謂鍛鍊其文而丨納其隙。〔漢書·路溫舒傳〕「則鍛鍊而丨內之」補注引王念孫。○丨，引伸訓為丨緻也。〔說文〕「丨，密也」段注。○凡圜冪、方冪、冪積謂之丨，謂其至密無疏罅也。〔說文〕「匊，帀徧也」段注。○丨，合也。〔論語·為政〕「丨而不比」劉正義。又〔離騷〕「雖不丨于今之人兮」戴注。○丨，亦合也。〔讀淮南子書後〕「或直於辭而不丨於事者」雜志。○丨當訓合。〔穀梁傳成公一七年〕「公不丨乎伐鄭也」平議。○以義合者，丨也。〔論語·為政〕「丨而不比」劉正義引王引之。○丨，帀也。〔廣韻·尤部〕○丨為徧帀，謂積蓄無少匱也。〔孟子·盡心下〕「丨於利者」焦正義。○今字丨行而匊廢。〔說文〕「匊，帀徧也」段注。○丨，徧。〔詩·皇皇者華〕「丨爰咨諏」朱傳。○丨，徧也。〔廣韻·尤部〕又〔詩·緜〕「丨爰執事」朱傳。又〔卷耳〕「寘彼丨行」集疏引魯說、韓說。○丨猶徧也。〔墨子·小取〕「不待丨不愛人」平議。○丨、浹皆徧也。〔荀子·君道〕「丨浹於天下」集解引郝懿行。○丨，遍也。〔韓子·外儲說右上〕「故丨秦之民」集解引顧廣圻。○丨，普徧也。〔論語·為政〕「君子丨而不比」朱注。○〔說文定聲·卷六〕丨，環繞也，字或變作週。〔漢書·司馬遷傳〕「出入丨衛之中」。○以虎落丨繞之。〔漢書·鼂錯傳〕「為中丨虎落」補注。○丨，曲也。〔詩·有杕之杜〕「生于道丨」朱傳。○丨，傳云曲也，毛則取丨旋之義，故云丨曲也。(同上)後箋。○丨，謂歲星一丨天也。〔春秋成公五年〕疏證。○丨，備也。〔廣韻·尤部〕又〔左傳文公三年〕「舉人之丨也」洪詁引服虔。○丨，足也。〔孟子·盡心下〕「丨于利者」朱注。○丨者，補不足。〔論語·雍也〕「君子丨急不繼富」朱注。○丨，救也。〔詩·雲漢〕「靡人不丨」朱傳。又〔孟子·萬章下〕「固丨之」朱注。○調饑為丨。〔通雅·音義襍論〕○丨與賜義亦通，而並舉則各別也。〔孟子·萬章下〕「丨之則受」焦正義。○丨有達義。〔盡心下〕「丨於利者」焦正義。○丨，至也。〔廣韻·尤部〕○丨，忠信也。〔禮記·緇衣〕「行歸于丨」集解。○忠信為丨。〔說文〕「丨，密也」繫傳。○忠信為丨也。〔韓子·孤憤〕「比丨相與」集解引舊注。○借丨為匊。〔說文〕「匊，帀徧也」句讀。○借丨為匊也。〔說文〕「帀，丨也」句讀。○丨者，匊之借字。〔說文〕「州，水中可居者曰州，丨繞其旁」句讀。○〔說文定聲·卷六〕丨，叚借為匊。〔小爾雅·廣言〕「丨，帀也」。○(同上)丨，以匊為訓。〔釋名·釋州國〕「丨地在岐山之南，其山四丨也」。○自古叚丨為匊矣。〔說文〕「匊，帀徧也」段注。○丨當為匊。〔說文〕「帀，丨也」義證。又〔說文〕「州，水中可居曰州，丨繞其旁」義證。○丨，正作匊。〔說文〕「牢，閑，養牛馬圈也」義證。○古文丨作匊，或省為舟。〔史記·楚世家〕「弃疾使船人從江上走呼曰」志疑引〔史記攷異〕。○古文舟、丨通。〔左傳昭公一三年〕「弃疾使丨走而呼」洪詁。○丨、舟古字通。〔釋言〕「般，還也」郝疏。○古丨、舟通用。〔說文〕「蜩，蜩或从舟」段注。○申丨即申舟，古字通。〔呂覽·行論〕「楚莊王使文無畏於齊」校正。○〔說文定聲·卷六〕丨謂借為右，右、丨聲近。〔韓詩〕「丨，右也」。○丨，右，以疊韻為訓。〔詩·有杕之杜〕「生于道丨」後箋。○丨，右也。(同上)集疏引韓說。○丨當為舟。〔說文〕「旋，丨旋，旌旗之指麾也」義證。○〔說文定聲·卷六〕丨，叚借為調。〔離騷〕「雖不丨於今之人兮」。○丨為調和之調。〔廣雅·釋詁四〕「丨，調也」疏證。○丨、調聲亦相近。(同上)○〔說文定聲·卷六〕丨，叚借為啁。〔廣雅·釋詁四〕「丨，調也」。○(同上)丨，叚借為賙。〔詩·雲漢〕「靡人不丨」。○(同上)丨，叚借為疇，為儔。〔廣雅·釋詁一〕「丨，輩也」。○(同上)丨，叚借為受。〔淮南子·兵略〕「丨錐鑿而為刃」。○(同上)丨，叚借為氿。〔詩·有杕之杜〕「生于道丨」。○州、丨古字通。〔漢書·地理志〕「平丨」補注引錢大昕。○丨、州聲近通用，俗又作洲。〔墨子·旗幟〕「到水中丨」閒詁。○丨亦短也，丨與炤聲近義同。〔廣雅·釋詁二〕「炤，短也」疏證。○終、丨一聲之轉。〔大戴·盛德〕〔史記·高祖紀贊〕「終而復始」，〔後漢·光武紀〕〔漢·紀〕終作丨。〔述聞·通說〕○輖，即蟄之轉也，字亦作丨。〔廣雅·釋詁四〕「輖、蟄，低也」疏證。○丨，讀為輖，輖，低也。〔春秋名字解詁〕「宋公孫丨字子高」述聞。○古人亦呼丨為樛。〔通雅·釋詁〕○丨丨，衙羽之鳥也。〔通雅·卷四五〕○丨丨、鵃鵃、唶唶、嘖嘖、嚌嚌、咭咭、啞啞、楂楂，鳥聲也。〔通雅·釋詁〕○丨饒、僬僥聲相近。〔廣雅·釋訓〕「僬僥，八疾也」疏證。○〔說文定聲·卷六〕丨流，旋轉匝徧之謂。〔羽獵賦〕「章皇丨流」。○丨張，謂丨偏張設於壇上。〔漢書·禮樂志〕「黼繡丨張」補注。○丨章，丨旋舒緩之意。〔文選·雲中君〕「聊翱游兮丨章」補正引〔學林〕。○丨章者，丨旋舒緩之意。(同上)集釋引王氏〔學林〕。○丨章，猶丨流也。(同上)集釋引王逸注。○丨章與譸張二字並同。(同上)集釋引五臣注。○丨章，往來迅疾也。(同上)集釋引五臣注。○丨章，往來迅疾貌。(同上)補正引五臣注。○丨章即丨文。〔漢書·劉向傳〕「而丨章百萬之師至其下矣」補注。○丨章，征營貌。〔通鑑·梁紀一六〕「而丨章向背」音注。○丨章夷猶，恐懼不知所之也。〔文選·吳都賦〕「丨章夷猶」補正引五臣注。○顧盼丨章，言驚視也。〔魯靈光殿賦〕「俯仰顧眄，東西丨章」補正引五臣注。○丨行，大道也。〔詩·卷耳〕「寘彼丨行」朱傳。又〔鹿鳴〕「示我丨行」朱傳。○丨行，大路也。〔大東〕「行彼丨行」朱傳。○丨行為丨道。(同上)集疏。○當以丨行為道路。〔卷耳〕「寘彼丨行」後箋。○丨行，指丨邦應行之善道。〔鹿鳴〕「示我丨行」集疏。○丨道，大道也。〔小弁〕「踧踧丨道」朱傳。又〔何草不黃〕「行彼丨道」朱傳。○丨道，大路也。〔四牡〕「丨道倭遲」朱傳。○丨道猶丨行。〔匪風〕「顧瞻丨道」通釋。○丨道，適丨之路也。(同上)朱傳。○丨道又為通道，亦大道也。(同上)通釋。○丨，鎬京也。〔都人士〕「行歸于丨」朱傳。○丨京，天子所居也。〔下泉〕「念彼丨京」朱傳。○丨京，謂丨國之京師也。〔大明〕「于丨于京」後箋。○丨屬，丨之祖稷，非佶子。〔史記·三代世表〕「佶屬，丨屬」志疑。○丨呂，是號，非地名。〔高祖功臣侯者年表〕「丨呂」志疑。○參閱法十九，得五十七為｜至。〔漢書・律歷志〕「參閏法為｜至」補注引李銳。○｜至，四分章中之一。（同上）「參閏法，得｜至」補注引錢大昕。○｜宗，當為宗｜，傳寫誤倒。〔詩・雨無正〕「｜宗既滅」通釋。○｜，一本作離。〔左傳襄公一五年經〕「晉侯｜卒」洪詁引〔釋文〕。○華｜，〔古今人表〕作華州，〔說苑〕作華舟。〔左傳襄公二三年〕「請有盟華｜」洪詁。○以｜，〔書・武成〕疏引作以賙。〔左傳定公五年〕「以｜亟矜」洪詁。○公孫｜，〔史記〕作公孫紳。〔左傳哀公二六年〕「取公孫｜之子」洪詁。○〔說文定聲・卷六〕｜，唐之誤字。〔大戴・保傅〕「安陵任｜瞻」。○（同上）｜，割之誤字。〔禮記・緇衣〕「｜田觀文王之德」。○｜字當作君。〔國語・晉語〕「楚成王以｜禮享之」平議。○不｜，本傳及〔史・表〕、〔五宗世家〕作不害。隸書害字或作𡧯，與｜相似，因誤為｜。〔漢書・諸侯王表〕「共王不｜嗣」補注引王念孫。○｜當作禹。〔淮陽憲王傳〕「稱引｜、湯」補注引宋祁。○不｜，當為不由。〔晏子春秋・外篇〕「廢置不｜於君前謂之專」平議。○｜當讀為朝。〔淮南子・俶真〕「譬若｜雲之蘢蓯遼巢彭濞而為雨」平議。○｜當為同。〔商子・賞刑〕「｜官之人」平議。○｜，當依本書〔主道篇〕作同。〔韓子・揚權〕「｜合刑名」集解引顧廣圻。○｜當作意。〔初見秦〕「天下又比｜而軍華下」集解引顧廣圻。○｜當為用之誤。〔和氏〕「獨｜乎道言也」集解。

**州**　｜本｜渚字。〔說文〕「｜，水中可居者曰｜」段注。○古九｜字與洲渚字同也。〔說文〕「｜，水中可居者曰｜」繫傳。○｜、洲古今字。〔說文〕「爾雅曰小｜曰渚」段注。○｜，俗作洲。〔說文〕「｜，水中可居者曰｜」義證。○｜字亦作洲。〔說文定聲・卷六〕○五黨為｜。〔釋名・釋州國〕「萬二千五百家為鄉」疏證。○二千五百家為｜。〔論語・衛靈公〕「雖｜里行乎哉」朱注。○｜，官舍也。〔廣雅・釋宮〕「｜，官也」疏證。○｜之言殊也，合同類異其界也。〔釋言〕「｜，殊也」疏證。○｜即犨。〔左傳成公一一年經〕「晉侯使郤犨來聘」洪詁。○｜即犨也。〔左傳成公一二年〕疏證引梁履繩。○〔說文定聲・卷六〕｜，以授為訓。〔風俗通〕「｜，周也，｜有長，使之相周足也」。○〔說文定聲・卷一四〕｜者，尻之借字，或曰豚字之轉注亦通，俗作豚。〔釋畜〕「白｜，驠」。（「驠」下）○｜、豚同字，俗作启。〔說文〕「驠，馬白｜也」段注。○〔說文定聲・卷六〕｜，叚借為醜，實為尻。〔釋畜〕「白｜，驠」。○（同上）｜即姝之借。〔廣雅・釋言〕「｜，諔，殊也」。（「諔」下）○朱鉏之合音為｜也。〔說文定聲・卷一二〕（「買」下）○｜者，朱鉏之合音。〔卷一二〕（「密」下）○水牛亦名｜留。〔通雅・獸〕○｜長曰牧也。〔書・皋陶謨〕「｜十有二師」孫疏。○漢人謂同｜鄉而居者為｜里。〔漢書・劉向傳〕「自｜里亦不可也」補注。○｜國，謂星所分主十二｜諸國。〔天文志〕「皆有｜國官宮物類之象」補注。○｜縣故城在河內縣東南。〔左傳隱公一一年〕「｜陘」疏證引沈欽韓。○監利縣東三十裏有｜陵城，春秋時｜國。〔左傳桓公一一年〕「隨絞｜蓼」疏證引〔圖經〕。○〔說文定聲・卷六〕許｜，在今山東青州府安邱縣。〔世本〕「許｜，向申薑姓也，炎帝後國名」。○官本｜作洲。〔漢書・郊祀志〕「瀛｜」補注。○官本｜作洲，俗字。〔司馬相如傳〕「且齊東陼鉅海」補注。○周、｜古字通。〔古今人表〕「華｜」補注引錢大昭。○｜、周通叚也。〔路博德傳〕「路博德，西河平｜人」補注。○｜讀為周。〔韓子・難三〕「遂以東｜反」集解引顧廣圻。○｜當作周，他本作周。〔史記・趙世家〕「而秦攻西｜」志疑。○平｜，地理志作平周，蓋古字通用。〔漢書・王莽傳〕「並｜、平｜尤甚」補注引錢大昕。○華｜，〔說苑〕又作華舟。〔漢書・古今人表〕「華｜」補注。○｜人當作舟人，舟｜古字通。〔荀子・君道〕「舉太公於｜人」集解引俞樾。○｜吁，〔穀梁〕作祝吁。〔左傳隱公四年經〕「衛｜吁弒其君完」洪詁。○｜滿，〔晉世家〕作壽曼，〔十二諸侯年表〕同。〔左傳成公一〇年〕「立大子｜滿」洪詁。○｜當為川。〔大戴・五帝德〕「巡九｜」王詁。○｜字當作侯。〔漢書・石奮傳〕「是故巡方｜」補注引宋祁。

**洲**　｜，渚也。〔廣韻・尤部〕○｜，水中可居之地也。〔詩・關雎〕「在河之｜」朱傳。○｜與州同。〔廣雅・釋水〕「州，至也」疏證。○｜，三家作州。〔詩・關雎〕「在河之｜」集疏。

**舟**　｜，船也。〔詩・谷風〕「方之｜之」朱傳。○｜、船，古今名。（同上）陳疏。○｜，｜船。〔廣韻・尤部〕○｜，行水器。〔大戴・曾子大孝〕「｜而不游」王詁。○古人言｜，漢人言船。〔說文〕「｜，船也」段注。○小曰｜。〔說文〕「船，｜也」義證引〔風土記〕。○｜之始，古以自空大木為之，曰俞，後因集板為之，曰｜，又以其沿水而行，曰船也。〔說文定聲・卷六〕○｜之言周旋也。〔說文〕「船，｜也」段注。○｜，帶也。〔詩・公劉〕「何以｜之」朱傳。○｜即匊之假借。（同上）後箋引段氏。○〔說文定聲・卷六〕｜，叚借為匊。〔公劉〕「何以｜之」。○｜、周古通。〔公劉〕「何以｜之」集疏。○｜、周古字通。〔左傳宣公一四年〕「楚子使申｜聘於齊」疏證引校勘記。○｜、周古通字。〔方言九〕「｜自關而西謂之船」箋疏。○｜通作周。〔詩・公劉〕「何以｜之」通釋。○｜，通作周。〔釋言〕「舫，｜也」郝疏。○｜與周字異而音同，二字通用。〔詩・大東〕「｜人之子」通釋。○〔考工記〕故書｜作周。〔說文〕「｜，船也」段注。○｜之言昭也。〔詩・公劉〕「何以｜之」後箋引段氏。○〔說文定聲・卷六〕｜，謂借為授，民所予也。〔公劉〕「何以｜之」。○｜人，｜楫之人也。〔詩・大東〕「｜人之子」朱傳。○｜子，｜人，主濟渡者。〔匏有苦葉〕「招招｜子」朱傳。○〔通雅・卷二五〕｜虞，掌｜官也。〔國語〕「召｜虞與司馬」。

**酬**　｜，導飲也。〔中庸〕「旅｜下為上」朱注。○主人又導飲以酌客曰｜。〔說文定聲・卷九〕（「醻」下）○｜，今字亦作醻，凡主人又自飲以酌賓曰｜。〔卷六〕○賓酌主人為酢，主人飲之又酌賓為｜也。〔易・繫上〕「是故可與｜酢」李疏引九家注。○凡燕飲酒，主人先飲以勸賓之酒謂之｜。〔周禮・酒正〕「凡王之燕飲酒，共其計」孫正義。○凡主人先飲以勸賓謂之｜。〔儀禮・鄉飲酒禮〕「主人實觶｜賓阼階上」胡正義引凌廷堪。○凡所謂丨者，意欲其人之飲而其人不飲，則已先飲以倡之而冀其人之亦飲，所謂導飲者也。(同上)〇丨為飲食之禮相報也。〔釋詁〕「丨，報也」邵正義。〇丨，報也。〔廣韻・尤部〕〇丨，猶報也。〔說文定聲・卷六〕〇答報為丨。〔易・繫上〕「是故可與丨酢」李疏引九家注。〇以財貨曰丨。〔廣韻・尤部〕〇丨，周也。(同上)〇丨之言周也。〔儀禮・鄉飲酒禮〕胡正義。〇丨酢，一作醻醋、讐柞、詶昨。〔通雅・釋詁〕〇丨或醻，又通作詶。〔釋詁〕「丨，報也」郝疏。〇丨，古丨、侑義通。〔詩・鹿鳴〕後箋。

醻 丨，導飲也。〔詩・瓠葉〕「酌言丨之」朱傳。〇丨，勸也。〔彤弓〕「一朝丨之」朱傳。〇丨，報。〔小弁〕「如或丨之」朱傳。〇丨，報也。〔彤弓〕「一朝丨之」朱傳。〇丨，猶答也。〔小弁〕「如或丨之」陳疏。〇丨猶厚也。〔彤弓〕「一朝丨之」朱傳。〇丨為丨幣，于飲有丨賓送酒之幣。(同上)後箋引何楷。〇丨或酬字。(同上)陳疏。〇丨音酬。〔賓之初筵〕「舉丨逸逸」朱傳。

讎 丨，猶應也。〔說文〕「仇，丨也」段注。〇丨，答。〔詩・抑〕「無言不丨」朱傳。〇丨，對也。(同上)通釋。〇相應為丨。〔漢書・律歷志〕「朱能丨也」補注引鄭德。〇丨，又引伸之為丨怨。〔說文〕「丨，猶讎也」段注。〇丨者怨也。〔說文繫傳・通論下〕〇丨，怨之匹偶也。〔慧琳音義・卷二二〕引〔集訓〕。〇〔說文定聲・卷六〕丨，以仇、以慦為訓。〔別錄〕「一人讀書，校其上下，得繆誤為校，一人持本，一人讀書，若怨家相對為丨」。〇丨當訓為等。〔漢書・霍光傳〕「皆丨有功」補注引王念孫。〇是丨為相等之義。〔漢書〕「皆丨有功」雜志。〇丨，引伸之為物價之丨。〔說文〕「丨，猶讎也」段注。〇物價之丨，後人妄易其字作售。(同上)〇丨，償也。〔通鑑・漢紀四六〕「丨以錢貨」音注。〇二人對本校書曰丨。〔慧琳音義・卷七七〕〇丨與仇同。〔詩・谷風〕「反以我為丨」陳疏。〇丨與仇通，又通作酬，又通作疇。〔釋詁〕「丨，匹也」郝疏。〇〔說文定聲・卷六〕丨，段借為仇、為慦。〔詩・谷風〕「反以我為丨」。〇(同上)丨，段借為仇、為雔。〔釋詁〕「丨，匹也」。〇〔卷九〕丨當讀為雔，比倫之意。〔方言二〕「予、賴，丨也」。(「予」下)〇雔與丨通。〔廣雅・釋詁一〕「丨，輩也」疏證。〇丨、售同。〔國策・秦策五〕「棘津之丨不庸」鮑注。〇〔說文定聲・卷六〕丨，段借為疇，為儔。〔廣雅・釋詁一〕「讐，輩也」。〇(同上)丨，段借為授。〔方言二〕「予、賴，丨也」。〇(同上)丨，或曰借為竭，堡也，猶云畿內。〔書・召誥〕「王之丨民」。〇(同上)丨，段借為稠。〔書・微子〕「用乂丨斂」。〇丨與稠聲相近。〔書・召誥〕「敢以王之丨民」孫疏。〇此以壽為丨者，蓋古通借用字。〔史記・秦本紀〕「乃使魏丨餘詳反」志疑。〇丨柞、酬酢同，言其相屬伐趙於酬酢之間。〔國策・趙策一〕「屬之丨柞」鮑注。〇丨夷，謂踞而熟視也。〔通雅・釋詁〕〇丨，應也。〔左傳僖公五年〕「憂必丨焉」疏證引顧炎武。〇丨謂校定可否。〔韓子・有度〕「故主丨法則可也」集解引舊注。〇〔魯詩〕丨亦作醻、酬，〔韓詩〕作酬。〔詩・抑〕「無言不丨」集疏。〇丨應作仇。〔谷風〕「反以我為丨」集疏。〇丨即售字正文。〔墨子・貴義〕「不敢繼苟而丨焉」閒詁引畢沅。

柔 丨，木名，似樠。〔集韻・魚部〕〇丨，始生而弱也。〔詩・采薇〕「薇亦丨止」朱傳。〇丨之引伸為凡耎弱之偁凡撫安之偁。〔說文〕「丨，木曲直也」段注。〇丨，安。〔詩・抑〕「無不丨嘉」朱傳。又〔時邁〕「懷丨百神」朱傳。〇丨，安也。〔民勞〕「丨遠能邇」朱傳。又〔崧高〕「丨惠且直」陳疏。又〔大戴・小辨〕「德以丨政曰知政」王詁。〇丨亦和也。〔詩・抑〕「輯丨爾顏」通釋。〇丨，善也。〔抑〕「無不丨嘉」通釋。〇丨即善也。〔巧言〕「荏染丨木」通釋。〇丨，治之使鞣也。〔說文〕「甍，丨韋也」句讀。〇丨，順也。〔廣韻・尤部〕〇丨與馴、擾義同。〔周禮・服不氏〕「掌養猛獸而教擾之」孫正義。〇丨，儒也。〔大戴・勸學〕「丨自取束」王詁。〇丨、擾聲近通用。〔詩・桑扈〕「旨酒思丨」通釋。〇丨與懮亦聲近義同。〔廣雅・釋詁一〕「懮，善也」疏證。〇擾、丨，聲義並同，故古亦通用。〔廣雅・釋詁四〕「懮，丨也」疏證。〇丨與鞣通。〔釋器〕「鞣，輞也」疏證。〇耎、濡、丨竝一聲之轉。〔釋詁〕「丨，安也」郝疏。〇丨猶言優也。(同上)〇丨與杍同。〔廣雅・釋木〕「橡，丨也」疏證。〇丨和，安靜之義。〔釋訓〕「晏晏，丨也」郝疏。〇丨順，安靜之義。(同上)〇丨需即丨耎。〔通雅・釋詁〕〇丨石，石之精細者。〔說文〕「厎，丨石也」段注。〇〔說文定聲・卷六〕丨字又作渘。〔魏元不碑〕「既膺渘德」。〇(同上)丨字變作騥。〔爾雅〕「青驪繁鬣騥」。〇丨當作鞣。〔說文〕「鞼，丨革也」段注。

儔 丨，亦匹也。〔慧琳音義・卷一二〕引〔考聲〕。〇丨，今人音稠，匹儷也。〔說文〕「丨，翳也」繫傳。〇丨，丨侶。〔廣韻・尤部〕〇丨，猶伴侶也。〔慧琳音義・卷四八〕〇丨，等也。〔卷三五〕引〔韻詮〕。〇丨字从人，疑當訓儕輩為合，但經傳史子疇類字多用疇，罕用丨。〔說文定聲・卷六〕〇丨，翳也。〔集韻・豪部〕〇丨，翳義廢而侶義獨行矣，然自唐以前用丨侶皆作疇，絕無作丨者。〔說文〕「丨，翳也」段注。〇丨，古與翿同義，隱翳也。(同上)繫傳。〇丨，借為翳字。〔說文定聲・卷六〕〇丨，誰也。〔慧琳音義・卷三五〕引〔韻詮〕。〇〔說文定聲・卷六〕丨，段借為𠷎。〔法言・修身〕「丨克爾」。

疇 丨，壟也，田丨也。〔廣韻・尤部〕〇丨，耕治之田。〔國策・秦策一〕「田丨荒」鮑注。〇丨，耕治之田也。〔孟子・盡心上〕「易其田丨」朱注。〇丨為畛埒小畔際。〔說文〕「丨，耕治之田也」段注。〇丨，耕治之田，禾所聚也，故為類。〔國策・齊策三〕「夫物各有丨」鮑注。〇丨，耦耕並畔，故引申為輩類之意，或曰此誼當為儔字本訓。〔說文定聲・卷六〕〇丨者，類也。〔左傳文公一八年〕「醜類惡物」疏證引李貽德。〇丨，類也。〔大戴・勸學〕「草木丨生」王詁。〇丨，訓類、匹近之。〔漢書・律歷志〕「丨人子弟分散」補注。〇丨者，匹也。〔荀子・正論〕「至賢丨四海」集解引郝懿行。〇丨者，今俗之儔類字也。〔說文〕「醜，可惡也」段注。〇丨，等也。〔廣韻・尤部〕又〔韓子・十過〕「丨騎二千」集解引舊注。〇丨，等也，言可以等齊君子之德，祥瑞聖人之道也。〔文選・赭白馬賦〕「一德瑞聖之符焉」補正引邱光庭。〇一，宿也。〔慧琳音義・卷一二〕引〔考聲〕。〇一，一昔。〔廣韻・尤部〕〇一者，保也。〔荀子・正論〕「故至賢一四海」平議。〇一者，屬之叚音也。〔釋詁〕「一，誰也」郝疏。〇一、誰、孰，總一音之轉。〔義府・卷上〕〇一，誰也。〔廣韻・尤部〕〇古謂誰為一，誰之入聲為孰。〔義府・卷上〕〇〔說文定聲・卷六〕一昔，誰夕也，猶今俗語那一日，疇憶不細詮之詞。〔左傳宣公二年〕「一昔之羊」。〇古以一為儔。〔荀子・正論〕「至賢一四海」集解引盧文弨。〇一、儔通借字。〔漢書・車千秋傳〕「以及敬聲之一」補注。〇〔說文定聲・卷六〕一，叚借為籌。〔荀子・正論〕「至賢一四海」。〇古字假借，一人即籌人，以算數而名。〔漢書・律歷志〕「一人子弟分散」補注引程大昌〔演繁露〕。〇〔說文定聲・卷六〕一，叚借為酬。〔西征賦〕「一四婦其已泰」。〇〔同上〕一，叚借為蜀。〔釋詁〕「一，誰也」。〇一，耕治之田也。〔說文〕「一曰州，一也」段注。

**籌**　一，投壺之矢也。〔說文〕「一，壺矢也」繫傳。〇謂投壺之矢為一。〔說文定聲・卷六〕〇一，量也，度也。〔慧琳音義・卷一三〕〇一，一作投，投壺算長尺二寸。〔說文〕「一，壺矢也」義證引〔急就篇〕王詁。〇〔說文定聲・卷六〕一，叚借為籌，今所用一畫、一度字。〔史記・高祖紀〕「運一帷幄之中」。〇一蓼，草貌也。〔文選・七發〕「淑漻一蓼」集釋引〔讀書志餘〕。

**稠**　一，禾多也。〔說文定聲・卷六〕〇一，禾概也。〔慧琳音義・卷一〇〕引〔字書〕。〇一，概也。〔廣韻・尤部〕又〔廣雅・釋言〕疏證附。〇一，多也。〔廣韻・尤部〕又〔慧琳音義・卷一〇〕。又〔國策・秦策一〕「書策一濁」鮑注。〇一，多也，猶衆庶也。〔說文定聲・卷六〕〔「[illegible]」下〕〇一，或借綢字。〔說文〕「一，多也」義證。〇借一為[illegible]。〔說文〕「㐱，一髮也」句讀。〇一當為[illegible]。〔同上〕義證。〇〔說文定聲・卷六〕一，叚借為調。〔莊子・天下〕「可謂一適而上遂矣」。〇〔同上〕一，謂借為籌。〔書・微子〕「用乂一歛」馬注「數也」。〇一雕，〔去病傳〕作調雖。〔漢書・景武昭宣元成功臣表〕「常樂侯一雕」補注引錢大昭。

**邱**　土高曰一。〔禮記・月令〕「善相丘陵」集解。〇地體自然者為一。〔說文定聲・卷一八〕〔「京」下〕〇一之言一虛也。〔方言一三〕「冢，自關而東謂之一」箋疏。〇一墟字古皆作虛。〔漢書〕「實廣虛」雜志。〇一、阜、陵、京，對文則異，散文則通矣。〔廣雅・釋邱〕「四起曰京」疏證。〇漢舊儀，四邑為一，四一為乘。〔漢書・刑法志〕「是謂千乘之國」補注引錢大昭。〇一民猶言小民。〔孟子・盡心下〕「是故得乎一民而為天子」平議。〇〔通雅・卷一九〕一嫂即巨嫂。〔楚元王傳〕「高祖過一嫂飡」。〇一姓，以邑為氏者。〔說文定聲・卷五〕

**丘**　一，一陵。〔廣韻・尤部〕〇一，土之高也，而非因人。〔釋丘〕鄭註。〇大塚曰一。〔慧琳音義・卷二七〕引〔玉篇〕。〇土高曰一。〔論語・子張〕「他人之賢者，一陵也」朱注。〇大阜曰陵，小陵曰一。〔大戴・易本命〕「一陵為牡」王詁。〇一，天地自然也。〔說文〕「一，土之高非人所為也」繫傳。〇一，墟也。〔屈賦・哀郢〕「曾不知夏之為一兮」戴注。〇一，聚也，大也。〔廣韻・尤部〕〇一，空也。〔同上〕〇一，空也，謂無兄空有嫂也。〔字詁・邱嫂〕〇一亦訓空。〔說文〕「虛，大一也」段注。〇叔梁紇與顏氏女禱於尼一，得孔子，生而首上圩頂，故名曰一，字仲尼。〔說文〕「𡰥，反頂受水一也」段注引〔孔子世家〕。〇高者曰一壟。〔說文〕「壠，一壠也」段注。〇一隅，岑蔚之處。〔大學〕「詩云止于一隅」朱注。〇一民，田野之民，至微賤也。〔孟子・盡心下〕「是故得乎一民而為天子」朱注。〇椒一，一上有椒也。〔離騷〕「馳椒一且焉止息」補注引五臣注。〇椒一，一多椒也。〔同上〕引司馬相如賦如湻注。〇軫一，猶言軫石也。〔楚辭・昭世〕「覩軫一兮崎傾」補注。〇是一言為空言，空蓋不言即闕疑之意。〔漢書・王式傳〕「疑者一蓋不言」補注引洪頤煊。〇當時或名空虛為一虛。〔公孫弘傳〕「丞相府客館一虛而已」補注引郭嵩燾。〇今作一甲，令一出二十五人。〔刑法志〕「至魯成公作一甲」補注引沈欽韓。〇一飴，疑甌瓿之借音。〔太玄・干〕「于一飴」平議。〇一蚓，俗曰曲蟮。〔說文〕「螾，側行者」段注。〇一與邱同。〔漢書・卜式傳〕「惡者輒去」補注。〇一與區通。〔墨子・大取〕「同名之同，一同」閒詁。〇一讀為區。〔管子・侈靡〕「鄉一老不通」義證。〇一之于區，此可通者也，今江淮田野人猶謂田一為區。〔通雅・卷一〕〇區與一聲相近，義亦同。〔漢書・王式傳〕「疑者一蓋不言」補注引錢大昭。〇官本一作蚯。〔郊祀志〕「黃龍地螾見」補注。〇阻一，疑是阻兵。〔呂覽・誠廉〕「阻一而保威也」校正。〇一，今字避孔子諱，以邱為之。〔說文定聲・卷五〕〇〔同上〕一即墟。〔左傳昭公一二年〕「八索九一」賈注「九一，九州亡國之戒」。〇〔同上〕一區雙聲，一即區甌字，隱藏之義也。〔漢書・王式傳〕「疑者一蓋不言」。〇〔同上〕一，字變作蚯。〔禮記・月令〕「蚯蚓結」。〇一螾，延引于土中者。〔說文定聲・卷五〕〇〔同上〕一，叚借為區。〔釋名・釋典藝〕「九一，一，區也」。〇〔同上〕一，叚借為巨，實為鉅。〔漢書・楚元王傳〕「一嫂」。〇〔同上〕一，叚借為絲。〔中山經〕「蓲草，其實如菀一」。

**北**　一，古文丘。〔廣韻・尤部〕

**抽**　一，拔也。〔廣韻・尤部〕〇一，拔刃也。〔詩・清人〕「左旋右一」朱傳。〇一，引也。〔廣韻・尤部〕又〔文選・拜中軍記室辭隋王牋〕「一揚小善」補正引許慶宗。〇一猶引也。〔左傳閔公二年〕服注「䌛，一也」疏證引李貽德。〇一，除也。〔詩・楚茨〕「言一其棘」朱傳。〇一，猶出也，一出吉凶也。〔詩・牆有茨〕「中冓之言，不可讀也」後箋。〇一即籀。〔說文・敘〕「諷籀書九千字」段注。〇一，籀之假借。〔說文〕「籀，讀書也」段注。〇一、籀，漢之古今字，或叚紬為籀。〔詩・牆有茨〕後箋引段玉裁。〇一，通作由，或作紬。〔方言一三〕「一，讀也」箋疏。〇一，通作紬。〔說文〕「繹，丨絲也」義證。○搯與丨同。〔廣雅・釋言〕「繹，搯也」疏證。○丨與妯通。〔廣雅・釋詁三〕「妯，擾也」疏證。○丨，三家作搯。〔詩・清人〕「左旋右丨」集疏。○丨杈，菩提樹枝生根皃。〔慧琳音義・卷七八〕

㨨 丨與抽同。〔廣雅・釋言〕「繹，丨也」疏證。○丨謂搯也。〔說文定聲・卷六〕○丨，叚借為籀。（同上）○丨，叚借為築。（同上）○（同上）丨，以由為之。〔書・立政〕「克由繹之」。○（同上）丨，以盩為之。〔呂覽・節喪〕「涉血盩肝以求之」。○丨者，引也。〔說文〕「繹，丨絲也」段注。○丨，引申為凡駱驛、温尋之稱。（同上）○丨，通作紬。〔說文〕「丨，引也」義證。○丨，各本作拔。〔說文〕「搯者，丨兵刃以習擊刺也」段注。

瘳 丨，病愈。〔廣韻・尤部〕○丨，病愈也。〔詩・風雨〕「云胡不丨」朱傳。○丨，病損也。〔慧琳音義・卷六三〕引〔考聲〕。○丨，愈速也。〔說文〕「丨，疾病瘉也」繫傳。○丨，忽愈若抽去之也。（同上）○不丨，猶不聊也。〔詩・風雨〕「云胡不丨」平議。○云胡不丨，猶言云胡不樂。（同上）

湫 丨者，水清之皃。〔春秋名字解詁〕「齊公子丨字子淵」述聞。○丨，著也。〔左傳昭公元年〕「勿使有所壅閉丨底」洪詁引服虔。○丨，洩水瀆也。〔廣韻・有部〕○丨，大龍池也。〔慧琳音義・卷三八〕○丨，水神名也。〔續音義・卷五〕引〔切韻〕。○酉、遒、丨，並字異而義同。〔廣雅・釋詁二〕「丨，盡也」疏證。○丨讀為遒。（同上）○丨與愁同音，亦即恤恤之義。〔左傳昭公一二年〕「丨乎攸乎」洪詁。○丨即愁之叚字。（同上）平議。○丨當作啾。〔管子・水地〕「察於淑丨」平議。○〔說文定聲・卷六〕丨，叚借為䵵。〔楚辭・思古〕「雲吸吸以丨戾」。○丨，又作椒。〔左傳昭公一三年〕「子服丨從」洪詁。○丨，〔左傳〕作椒。〔漢書・古今人表〕「楚丨舉」補注。

遒 丨，迫也。〔楚辭・九辯〕「歲忽忽而丨盡兮」補注。○丨，迫束也，堅固歛聚皆迫束引申之義。〔詩・破斧〕「四國是丨」後箋。○丨，急也。〔楚辭・招魂〕「丨相迫些」補注引五臣注。○丨，急也，字本作䢦。〔管子〕「道躁」雜志。○是丨為急也。（同上）○丨，固也。〔通鑑・梁紀一五〕「並性丨直」音注。○丨，歛而固之也。〔詩・破斧〕「四國是丨」朱傳。○丨，聚也。〔長發〕「百禄是丨」朱傳。又〔續音義・卷一〇〕引〔切韻〕。○丨，健也。〔通鑑・梁紀一五〕「並性丨直」音注。○丨，盡也。〔說文繫傳・通論中〕又〔慧琳音義・卷三一〕引〔考聲〕。又〔廣韻・尤部〕。又〔楚辭・九辯〕「歲忽忽而丨盡兮」補注。○丨，白也。〔集韻・尤部〕○官本丨作䢦。〔漢書・武帝紀〕「歷獨鹿、鳴澤」補注。○揫、丨，聲同意亦同也。〔廣雅・釋詁二〕「揫，固也」疏證。○丨為揫之借字。〔說文〕「揫，束也」句讀。○丨讀為揫。〔左傳成公二年〕「百禄是丨」疏證。○丨，魯作揫。〔詩・長發〕「百禄是丨」集疏。○丨，三家作揫。〔破斧〕「四國是丨」集疏。○丨、酋、湫並字異而義同。〔廣雅・釋詁一〕「湫，盡也」疏證。○丨、酋通。〔釋詁〕「酋，終也」郝疏。○丨與媨亦聲近義同。〔廣雅・釋詁一〕「媨，好也」疏證。○丨、逑二字互借。〔說文〕「䢦，迫也」義證。○丨為揂之假借。〔詩・長發〕「百禄是丨」通釋。○丨為揂之叚借也。〔說文〕「揂，聚也」段注。○古丨、僔通用。〔說文〕「僔，終也」段注。○丨、輶、逌字並通，丨人亦稱迺人。〔周禮・秋官序官〕孫正義。○丨，蓋逌之假借字。〔說文〕「迺，古之丨人以木鐸記詩言」段注。○丨人，即輶軒使者。（同上）義證。○行人乘輶軒而巡行天下固謂之丨人。〔周禮・秋官序官〕孫正義。○丨躁二字連讀，猶言急躁耳。〔管子〕「道躁」雜志。○丨與逡巡同。〔管子〕「公丨遁繆然遠二三子遂徐行而進」雜志。

䢦 丨，古遒字。〔通雅・地輿〕○丨與遒同。〔廣雅・釋詁三〕「遒，近也」疏證。○遒，急也，字本作丨。〔管子〕「道躁」雜志。○鰌、緧並與丨通。〔廣雅・釋詁二〕「丨，急也」疏證。○丨與揫義略同也。〔說文〕「丨，迫也」段注。○〔說文定聲・卷六〕丨，叚借為揂，為揫。〔詩・破斧〕「四國是遒」。○丨字亦作蹈。（同上）○（同上）丨，叚借為趥。〔左傳襄公一四年〕引夏書「遒人以木鐸徇于路」。○（同上）丨，叚借酋，實為僔，終也。〔答賓戲〕「說難既遒」。○（同上）丨，以緧為之。〔釋名・釋天〕「緧迫品物」。○〔史・表〕丨作遒。〔漢書・景武昭宣元成功臣表〕「丨侯陸彊」補注。

收 丨，拘。〔詩・瞻卬〕「女反丨之」朱傳。○丨者，拘也。〔荀子・議兵〕「矜糾丨繚之屬」集解引郝懿行。○丨，捕也。〔慧琳音義・卷七九〕引〔考聲〕。又〔廣韻・尤部〕。○丨，捕繫之也。〔國策・楚三〕「王因丨昭睢以取齊」鮑注。○丨者，無少長皆棄市也。〔漢書・刑法志〕「而使無罪之父母妻子同產坐之及丨」補注引沈欽韓。○糾、丨並從丩聲而義亦相同。〔荀子〕「矜糾丨繚」雜志。○矜、糾、丨、繚，皆急戾之意。（同上）又〔廣雅・釋詁一〕「矜，急也」疏證。○丨，取也。〔國策・韓策二〕「其言曰丨璽」補正。○丨，猶取也。〔秦策三〕「欲从吕禮丨齊」鮑注。○丨，采取也。〔大戴・夏小正〕「榮芸，時有見稊，始丨」王詁。○丨，受。〔詩・維天之命〕「我其丨之」朱傳。○丨，謂丨攝其心也。〔韓子・八姦〕「丨大臣吏以辭言」集解引舊注。○丨，歛也。〔廣韻・尤部〕○丨，聚也。〔詩・小戎〕「小戎俴丨」陳疏。○丨言下。〔國策・趙策一〕「以天下丨之」鮑注。○丨猶息。〔楚策二〕「秦可以少割而丨害也」鮑注。○丨者，成也。〔書・君奭〕「誕無我責丨」平議。○任成萬物故曰丨也。〔大戴・夏小正〕「丨必於南風」王詁。○丨，軫也。〔詩・小戎〕「小戎俴丨」朱傳。○合輿下三面之材與後橫木而正方謂之丨。〔說文〕「軫，車後橫木也」段注。○〔說文定聲・卷六〕與底四面材前後左右通謂之丨，言歛束整齊也。〔詩・小戎〕「小戎俴丨」。○丨，有遮闌之義。〔小戎〕「小戎俴丨」後箋引陸績。○丨猶合。〔國策・燕策二〕「有復丨之之志若此也」鮑注。○〔說文定聲・卷六〕丨，叚借為糾，實為督。〔史記・商君傳〕「而相丨司連坐」。○（同上）丨，叚借為捄。〔釋詁〕「丨，聚也」。○丨事，猶今編人里甲當差。〔漢書・平帝紀〕「送家在所丨事」補注引何焯。○丨靡，即升麻。〔說文〕「涂，涂水，出益州牧靡南山」段注引李奇。○丨靡，〔後漢〕作牧靡，〔華陽國志〕作升麻，丨、升、牧三字同紐。〔漢書・地理志〕「丨靡」補注引段玉裁。○丨當作牧，牧司，相監察也。〔王温舒傳〕「置伯落長以一司姦」補注引王引之。○一，當作敊，形近而誤。〔韓子・難言〕「吴起一泣於岸門」集解。○一，當作糾，聲之誤也。〔説文〕「笪，可以一繩者也」段注。○一當為救。〔説文〕「恤，一也」義證。○一，南監本、閩本作攸，〔集韻〕作攸亦誤。〔漢書・地理志〕「一」補注引錢大昭、朱一新。○李善注〔東京賦〕、〔羽獵賦〕引此一並作拔。〔吕覽・異用〕「湯一其三面」校正。○一，一作放。〔同上〕引舊注。

鳩

一，鳥名。〔廣韻・尤部〕○〔説文定聲・卷六〕一，此大鷂也。〔爾雅〕「鷹鶆一」。○一，鵃鴿，即今之八哥。〔詩・鵲巢〕「維一居之」集疏。○鳥之大而鷙者皆曰一。〔説文〕「雎，祝一也」義證引〔禽經〕。○一，鶻一也，似山雀而小，短尾，青黑色，多聲。〔詩・氓〕「于嗟一兮」朱傳。○一，似山雀而小，短尾，青黑色，多聲。〔離騷〕「雄一之鳴逝兮」補注引〔爾雅〕注。○一，五一之總名。〔詩・鵲巢〕「維一居之」陳疏。○一有五。祝一，即〔詩〕之夫不，亦名勃姑。鳲一，即〔詩〕之秸鞠，亦名布穀。爽一，即〔廣雅〕之車樢。此三一，一之小者。鶻一，即〔淮南〕之沸波。鶻一，即〔廣雅〕之鶌一，亦名斑隹。此二一，一之大者。〔説文定聲・卷六〕○一，聚也。〔廣韻・尤部〕○一，亦聚也。〔通鑑・晉紀一九〕「必復一聚」音注。○〔説文定聲・卷六〕一，叚借為勼。〔釋詁〕「一，聚也」。○一者，勼之叚音也。〔釋詁〕「一，聚也」郝疏。○經典皆借一為勼。〔説文〕「勼，聚也」句讀。○經傳多假一為勼。〔説文〕「一，鶻鵃也」段注。○一，安也。〔左傳隱公八年〕「以一其民」疏證引趙宗平。○一，辭也。〔左傳宣公一七年〕「庶有豸乎」疏證引〔羣經音辨〕。又〔同上〕洪詁引〔羣經音辨〕。○一、救古通用。〔廣雅・釋詁三〕「枚，收也」疏證。○一，當讀為究。〔左傳襄公二五年〕「度山林，一藪澤」述聞。○一摩，正言究磨羅浮多，是彼八歲以上乃至未娶者之捴名也，舊名童子浮多者。〔慧琳音義・卷九〕○一音豸。〔左傳宣公一七年〕「庶有豸乎」疏證引〔羣經音辨〕。○一、包同聲，發包當為發勼之譌，發勼、發一無異。〔漢書・地理志〕「東至鄴入青漳」補注引錢坫。○沙用一，〔文子・自然〕作沙用跦。〔吕覽・慎勢〕「沙用一」校正。

搜

一，疑即叜之或體，求為本訓，衆為叚借。〔説文定聲・卷六〕○一，求成也。〔慧琳音義・卷八〇〕引〔文字典説〕。○一者，聚束之貌。〔釋詁〕「蒐，聚也」述聞。○一，同挍。〔廣韻・尤部〕○一，通作蒐，聚也。〔詩・泮水〕「束矢其一」通釋。○蒐、一義同字通，皆閲擇之意。〔漢書・刑法志〕「春振旅以一」補注。○蒐義亦與一同。〔廣雅・釋詁三〕「一，衆也」疏證。○廋與一同。〔釋詁三〕「廋，求也」疏證。○一，矢疾聲也。〔詩・泮水〕「束矢其一」朱傳。○一，舟數也，俗作艘。〔慧琳音義・卷八三〕引〔文字集略〕。○一，字亦作廋，作趨，又作鎪。〔説文定聲・卷六〕○〔同上〕一，叚借為獀。〔公羊傳桓公四年〕「秋曰廋」。○〔同上〕一，叚借為騶。〔周禮〕「廋人」。○〔同上〕一，叚借為埽。〔禮記・郊特牲〕注「滌牢中所一除處也」。○曰一牢，曰打稽，曰淘擄，曰陸掠，皆鹵掠也。〔通雅・事制〕○一牢，今語轉作牢挍。〔釋詁〕「摟，聚也」郝疏。○三一字，官本並作蒐。〔漢書・百官公卿表〕「騪粟都尉」補注。○〔史記・五帝紀〕一作廋，俗字，〔地理志〕作叟。〔書・禹貢中〕「析支渠一」注孫疏。○一，監本訛挟，〔百官表〕作騪。〔漢書・食貨志〕「以趙過為一粟都尉」補注。○一，求索也。〔慧琳音義・卷一〇〕引〔考聲〕。○一，索也，求也。〔廣韻・尤部〕○一，聚也。〔同上〕○一、廋古通用。〔方言二〕「一，求也」疏證。○一字或作廋。〔説文〕「挍，一曰求也」句讀。又〔同上〕義證。○一通作廋，又通作獀。〔釋詁〕「蒐，聚也」郝疏。○一同挍，凡從叜者作叟同。〔廣韻・尤部〕

騶

一，車御也。〔國策・楚四〕「於是使人發一」鮑注。○一，廄御也。〔説文定聲・卷六〕〔「搜」下〕又〔集韻・虞部〕。○一者，天子之囿也，一亦名梁一。〔詩・騶虞〕「于嗟乎一虞」集疏。○〔説文定聲・卷八〕一，為本字本義。〔賈子・禮論〕「一者，天子之囿也」。○一，養馬人名。〔説文〕「一，廄御也」義證引〔玉篇〕。○一，導車而撝訶者也。〔通鑑・漢紀一六〕「王嘗久與一奴宰人游戲飲食」音注。○一即御。一箠者，御車之馬箠也。〔説文〕「笍，羊車一箠也」段注。○一，馳也。〔集韻・虞部〕○一，一虞，仁獸。〔廣韻・尤部〕○一虞，獸名，或作麣。〔集韻・虞部〕○〔説文定聲・卷八〕一，叚借為趨。〔荀子・正論〕「一中韶護以養耳」。○〔同上〕一，叚借為驟。〔禮記・曲禮〕「車驅而一」。○〔同上〕一，蘇林則謂借為驟。〔漢書・鼂錯傳〕「材官一發」。○一、趨並與驟通。〔漢書〕「材官一發」雜志。○一為驟是也，驟發謂疾發也。字或作趨，一、趨竝與驟通也。〔同上〕補注引王引之。○一之叚借作趣。〔説文〕「一，廄御也」段注。○一與鄒通。〔左傳哀公八年〕「吴為邾故將伐魯」洪詁。○古多以一為鄒。〔史記〕「鄒」雜志。○〔説文定聲・卷八〕一，叚借為鄒，實為邾婁。〔史記・吴太伯世家〕「為一伐魯」。○〔同上〕一，以廋為之。〔周禮〕「廋人」。○⿸鹿芻、一、⿰禾芻三字，並以芻為聲，義相近矣。〔廣雅・釋草〕「稷穰謂之一」疏證。○一，假借字，菆，正字。〔左傳宣公一二年〕「左射以一」疏證引校勘記。○〔説文定聲・卷八〕一，叚借為菆，實為冣。〔漢書・鼂錯傳〕「材官一發」。○周時作鄒，漢時作一者，古今字之異也。〔漢書・地理志〕「一，故邾國」補注引段玉裁。○一虞，獸也。〔詩・騶虞〕後箋引〔瀾泉日記〕。○一虞，獸名，白虎黑文，不食生物者也。〔詩・騶虞〕朱傳。○一虞，一為御，虞為虞人。〔同上〕後箋引戴埴〔鼠璞〕。○一虞，一者文王之囿，虞，虞官也。〔同上〕後箋引賈誼。○梁一者，天子獵之田也。〔同上〕集疏引魯説。○一虞，字多作一吾。〔墨子〕「命曰一虞」雜志。○一虞，又作鄒吾，字並通。〔墨子・三辯〕「命曰一虞」閒詁。○趨發、一發並與驟發同。〔漢書〕「材官一發」雜志。○一當作駱。〔史記・越勾踐世家〕「漢高帝復以摇為越王」志疑。

愁

一，憂也，悲也，苦也。〔廣韻・尤部〕○一即怨也。〔漢書〕「民怨」雜志。○一與怨同義。〔同上〕○一，恚也。〔廣雅・釋詁二〕○一與揫同。〔管子」「含—」雜志。○摯與—古字通。〔漢書〕「在御旁」雜志。○〔說文定聲・卷六〕—，叚借為摯。〔禮記・鄉飲酒義〕「秋之為言—也」。○—，或借為摯字。〔說文〕「—，悤也」段注。○—讀為摯。〔說文〕「摯，束也」段注。又〔漢書〕「在御旁」雜志。○—讀為摯，摯，斂也。摯、—古字通。〔漢書・王莽傳〕「姦吏因以—民」補注引王念孫。○慅、秋、—，聲並相近。〔廣雅・釋詁四〕「慅，秋，—也」疏證。○—、慛，語之轉耳。〔釋詁一〕「慛，憂也」疏證。○—悴即憔悴也。〔呂覽・順民〕「顏色—悴不贍者」平議。

休

—，象人息木陰。〔說文〕「—，息止也」義證引〔五經文字〕。○—，廕息也。〔釋詁〕「—，息也」鄭注。○—，息也。〔詩・蟋蟀〕「役車其—」陳疏。又〔國策・齊策四〕「先生—矣」鮑注。又〔廣韻・尤部〕。○—者，言安定也。〔詩・菁菁者莪〕「我心則—」朱傳。○—，平和也。〔太素・三刺〕「氣至乃—」楊注。○—，罷兵。〔國策・趙策一〕「—而復之」鮑注。○—，喜也。〔書・呂刑〕「雖—勿—」述聞。○—，亦喜也。〔詩・菁菁者莪〕「我心則—」通釋。○—，亦喜也，語之轉耳。〔同上〕述聞。○—者，——然。〔同上〕朱傳。○—，美。〔江漢〕「對揚王—」朱傳。○—，美也。〔破斧〕「亦孔之—」朱傳。又〔民勞〕「以為王—」朱傳。又〔載見〕「—有烈光」朱傳。又〔大戴・千乘〕「必于中國之—地」王詁。又〔左傳昭公三年〕「而或燠—之」洪詁。又〔孟子・滕王公下〕「紹我周王見—」朱注。又〔通鑑・漢紀四三〕「豈不—乎」音注。又〔續音義・卷四〕引〔切韻〕。又〔廣韻・尤部〕。○—，善也。〔續音義・卷四〕引切韻。又〔廣韻・尤部〕。○—，慶也。〔廣韻・尤部〕○—，吉徵。〔國策・魏策四〕「—祲降於天」鮑注。○—，猶言祥。〔同上〕補注。○戲、歍、—，俱一聲之轉。〔釋詁〕「—，息也」郝疏。○休、—字異音義同。〔釋詁〕「—，美也」郝疏。○喜與—一聲之轉。〔書・呂刑〕「雖—勿—」述聞。○〔說文定聲・卷六〕—，叚借為喜，—、喜一聲之轉。〔釋詁〕「—，美也」。○〔同上〕—，以哮為之。〔廣雅・釋詁二〕「烋，善也」。○〔同上〕—，叚借為煦，—煦亦一聲之轉，皆氣烝之義。〔左傳昭公三年〕「而或燠—之」。○—與旭亦聲近義同。〔廣雅・釋詁四〕「旭，明也」疏證。○〔說文定聲・卷六〕—，以薅為之。〔淮南子・精神〕「得茠越下」。○——猶嘻嘻也。〔釋訓〕「——，儉也」平議。又〔詩・蟋蟀〕「良士——」平議。○——猶欣欣，亦語之轉耳。〔詩・菁菁者莪〕「我心則—」述聞。○——，安閑之貌。〔詩・蟋蟀〕「良士——」朱傳。○——，言不失和也。〔同上〕集疏引〔列女傳〕。○——，為顧禮節之儉者，外雖樸謹，中自寬裕也。〔同上〕引魯說。○—屠，豬野，—屠語之轉，皆取停水之義也。〔廣雅・釋地〕「都野、孟豬，池」疏證。○—息，聲轉為戲泄，又轉為歍泄。〔釋詁〕「歍，竭也」郝疏。○—舍猶—息也。〔說文〕「夜，舍也，天下—舍」段注。○—舍，令軍人居舍耳。〔漢書・高帝紀〕「欲止宮—舍」補注。○—，鄉名，即孟子去齊居—之地。〔史記・惠景間侯者年表〕「—」志疑。○—，一作暫。〔呂覽・謹聽〕「不得—息」校正引舊校。

囚

—，拘也，繫也。〔廣韻・尤部〕○—，所虜獲者。〔詩・泮水〕「在泮獻—」朱傳。○—、獲義互通。〔左傳宣公二年〕「—華元，獲樂呂」疏證。○—、獲義皆互通。〔成公二年〕「華元樂舉於是乎不臣」洪詁。○—、拘通。〔釋言〕「—，拘也」郝疏。○—，諸本皆誤作因。〔左傳僖公二五年〕「秦師—申公子儀」洪詁。

輈

—，車轅也。〔廣韻・尤部〕○兵車前轅為—。〔左傳宣公四年〕「汏—」疏證引讀本。○—曰軒轅，言轅之高者也。〔說文定聲・卷一四〕〔「轅」下〕○小車之轅曰—，散文則—亦可稱轅耳。〔卷一四〕〔「軏」下〕○小車居中一木曲而上者謂之—，故亦曰軒轅，謂其穹隆而高也。〔卷六〕○小車謂之—。〔說文〕「軒，曲—藩車也」段注引戴震。○凡長，國馬之—一丈九尺六寸有奇，田馬之—一丈八尺七寸有奇，駑馬之—一丈七尺二寸有奇，其在輿底之直者皆四尺四寸也，其在軾前之穹者弦皆一丈，而深不問也。〔說文定聲・卷六〕

求

—，以手索取物也。〔說文定聲・卷六〕○—，索也，亦作㝌。〔廣韻・尤部〕○—，索也。〔大戴・曾子立事〕「—其過」王詁。○—猶責也。〔中庸〕「所—乎子」朱注。○—，訓責。〔論語・衛靈公〕「—諸己」劉正義。○—，貪。〔詩・雄雉〕「不忮不—」朱傳。○—，貪也。〔論語・子罕〕「不忮不—」朱注。○—，貪人土地。〔詩・雄雉〕「不忮不—」後箋引嚴粲。○—、擇義近。〔釋詁〕「流，擇也」郝疏。○—與聚亦同義。〔左傳宣公一六年〕「講—典禮」述聞。○〔義府・卷上〕—謂玩好之類。〔左傳昭公二〇年〕「私欲養—」。○—即裘之古字。〔說文〕「莍，裹如裘也」句讀。○—與逑同。逑，匹也。〔詩・桑扈〕「萬福來—」述聞。○逑、—古字通。〔同上〕○—與逑古字通，亦訓聚。〔詩・常棣〕「兄弟—矣」平議。○—、逑通用。〔書・康誥〕「作—」平議。○〔說文定聲・卷六〕—，叚借為逑。〔詩・桑扈〕「萬福來—」。○—，讀為逑。〔詩・下武〕「世德作—」陳疏。○—當讀為逑。〔同上〕通釋。○或曰干—之—，宜以逑字當之。〔說文定聲・卷六〕○凡—索之—，借為捄也。〔卷五〕〔「裘」下〕○—、祈聲轉。〔釋言〕「干，—也」郝疏。○—之言糾，與討同義。〔詩・江漢〕「淮夷來—」通釋。○—乃脙之叚借字。〔同上〕平議。○—、救通。〔釋詁〕「—，終也」郝疏。○—、救通也。〔書・盤庚〕注「—，一作救」孫疏。○〔說文定聲・卷六〕—，叚借為蚤。〔周禮・赤犮氏〕注「貍蟲蠯肌，—之屬」。○〔同上〕—，叚借為究。〔釋詁〕「—，終也」。○〔同上〕—，叚借為幼。〔周禮・牛人〕「享牛—牛」。○〔同上〕—，或曰借為筱。〔管子・地員〕「竹箭—黽猶檀」。○—盜，亭長所部卒也。〔漢書・淮南厲王傳〕「又欲令人衣—盜衣」補注引沈欽韓。○講—，〔國語〕作講聚。〔左傳宣公一六年〕「講—典禮」述聞。○—舊，〔熹平石經〕作救舊。〔書・盤庚〕「器非—舊」孫疏。○—魚，〔列子・說符〕作爭魚。〔呂覽・精諭〕「—魚者濡」校正。○—乃來字之誤。〔管子・小稱〕「去惡充以—美名」平議。○子—當作子來。〔淮南子・精神〕「子—行年五十有四」平議。○—字，本字之誤。〔管子・明法〕「令—

不出謂之滅」平議。〇｜當為衆字之誤也。〔荀子・非相〕「故能寬容因｜」集解引王念孫。〇｜當作賕。〔史記・惠景閒侯者年表〕「又請｜吏罪」志疑。〇｜當作受。〔漢書・王嘉傳〕「業緣私橫｜」補注引宋祁。〇｜字當作窮。〔揚雄傳〕「其意欲｜文章成名於後世」補注引宋祁。

裘

｜，同裘，皮衣。〔廣韻・尤部〕〇｜，皮服。〔論語・公冶長〕「衣輕｜」朱注。〇｜，皮衣也。〔大戴・主言〕「乃為畜積衣｜焉」王詁。〇古衣｜皆外毛，故求象形，今或內毛，非古。〔說文定聲・卷五〕〇｜，據許｜、求同字。〔同上〕〇〔說文定聲・卷五〕｜，叚借為求。〔詩・大東〕「熊羆是｜」。

毬

｜，毛｜，打者。〔廣韻・尤部〕〇｜，皮丸也，以杖擊而爭之為戲，俗作毱。〔慧琳音義・卷一三〕

仇

｜，匹也。〔詩・兔罝〕「公侯好｜」陳疏。〇〔說文定聲・卷六〕此｜字之本義。〔甘泉賦〕「迺搜逑索偶」注「逑，匹也」。〔「逑」下〕〇｜，讎也。〔廣韻・尤部〕又〔漢書・趙幽王傳〕「託天報｜」補注引宋祁。〇｜謂讎也，二人相當相對之誼。〔說文定聲・卷六〕〇｜，怨之匹也。〔慧琳音義・卷四六〕引李巡。〇怨耦曰｜。〔管子〕「救敵之國」雜志。〇以怨耦訓｜，此｜字之轉注。〔說文定聲・卷六〕〔「逑」下〕〇對文則兩耦似分，散文即｜、妃俱合。〔釋詁〕「｜，合也」郝疏。〇｜與逑同。〔詩・兔罝〕「公侯好｜」朱傳。〇｜與逑通。〔左傳桓公二年〕「怨耦曰｜」洪詁。〇｜與逑古通用。〔說文〕「｜，讎也」段注。〇｜者，逑之叚音也。〔釋詁〕「｜，合也」郝疏。〇｜與疇通。〔詩・無衣〕「與子同｜」陳疏。〇叴與｜通。〔正月〕「執我｜｜」後箋。〇｜、执、救古字通。〔管子〕「救敵之國」雜志。〇〔說文定聲・卷六〕｜，叚借為銶，即梂。〔釋名・釋用器〕「｜，讎也，所伐則平，如討｜讎也」。〇〔同上〕｜，或曰借為慦。〔漢書・蓋寬饒傳〕「多｜少與」。〇〔同上〕｜，叚借為内，象獸足，故以命之。〔釋名・釋兵〕「矛頭有三義，言可以討｜敵之矛也」。〇〔同上〕｜，叚借為斞，｜斞雙聲。〔詩・賓之初筵〕「賓載手｜」。〇｜與斞通，有挹取之義。〔孟子・滕文公下〕「葛伯｜餉」平議。〇頄、頯、｜、鼽，並字異而義同。〔廣雅・釋親〕「頄，頯也」疏證。〇｜｜，緩持之意。〔詩・正月〕「執我｜｜」述聞。〇执执通作｜｜。〔廣雅・釋訓〕「执执，緩也」疏證。〇｜｜，通作执执，緩持也。〔詩・正月〕「執我｜｜」集疏引王念孫。〇｜方，讎國也。〔皇矣〕「詢爾｜方」朱傳。〇｜，即此叴。〔說文〕「叴，高气也」義證。〇｜猶，〔御覽〕引作｜繇，〔說文繫傳〕引作叴猶。〔史記・樗里甘茂列傳〕「智伯之伐｜猶」志疑。〇｜，〔韓詩〕作讐。〔詩・無衣〕「與子同｜」集疏。〇〔說文定聲・卷六〕｜字亦誤作执，有聲無意。〔太玄・内〕「謹于堅执」。

⿰求九

｜、仇、逑古並通用。〔方言三〕「朹，｜也」箋疏。〇｜、仇、救古字通。〔管子〕「救敵之國」雜志。〇〔太玄〕、〔方言〕之｜即逑字。〔說文〕「逑，又曰怨四曰逑」段注。

浮

｜，汎也。〔廣韻・尤部〕又〔說文定聲・卷六〕引〔文選〕注。〇｜之言汎汎也。〔詩・江漢〕「江漢｜｜」述聞。〇水上曰｜。〔說文〕「｜，氾也」義證引〔玉篇〕。〇｜，孚也。〔大戴・曾子立事〕「目者，心之｜也」王詁。〇〔說文定聲・卷六〕｜，叚借為孚。〔書・盤庚〕「鮮以不｜于天時」。〇｜，當讀為孚。〔盤庚〕「不｜于天時」孫疏。〇｜、罰一聲之轉。〔廣雅・釋言〕「｜，罰也」疏證附。〇〔說文定聲・卷六〕｜，叚借為罰，｜、罰一聲之轉。〔禮記・投壺〕「若是者｜」。〇｜與泡互通。〔通雅・疑始〕〇〔說文定聲・卷六〕｜，叚借為匏。〔淮南子・說山〕「百人抗｜」。〇｜讀為佛。〔書・盤庚〕「不｜于天時」平議。〇〔說文定聲・卷六〕｜字亦變作蜉。〔詩〕「蜉蝣之羽」。〇〔同上〕｜，叚借為罦，罦、｜雙聲。〔考工記・匠人〕注「宮隅城隅，謂角｜思也」。〇〔同上〕｜，叚借為蒪，｜筠者蒪芛也。〔禮記・聘義〕注「｜筠，謂玉采色也」。〇｜｜，氣也。〔詩・生民〕「烝之｜｜」朱傳。〇｜｜，水盛貌。〔江漢〕「江漢｜｜」朱傳。〇｜｜、烰烰，義並相近也。〔廣雅・釋詁三〕「䍸，多也」疏證。〇｜｜當作烰烰。〔通雅・釋詁〕〇｜｜，猶瀌瀌也。〔詩・角弓〕「雨雪｜｜」朱傳。〇｜與儦聲義相近，｜｜猶儦儦也。〔江漢〕「江漢｜｜」述聞。〇｜游、彷徉亦一聲之轉。〔廣雅・釋訓〕「翱翔，｜游也」疏證。〇｜思、罘罳、覆思並聲近字通。〔考工記〕孫正義。〇為官營田曰｜戶。〔通雅・事制〕〇蒟給即蒟醬，其藤曰｜留，今謂之蔞。〔通雅・木〕〇〔說文定聲・卷六〕｜來，莒邑，在今山東沂州府莒州西二十里。〔左傳隱公八年〕「盟于｜來」。〇｜，魯作烰。〔詩・生民〕「烝之｜｜」集疏。〇魯｜作陶。〔江漢〕「江漢｜｜」集疏。〇｜游，各本作蜉蝣。〔說文〕「蜉，一曰｜游」段注。

謀

｜，計也。〔大戴・衛將軍文子〕「｜其身不遺其友」王詁。〇｜，謨也。〔千乘〕「發國功｜」王詁。〇｜，計也。〔廣韻・尤部〕〇｜猶諏也。〔詩・皇皇者華〕「周爰咨｜」朱傳。〇｜，論也，諮事為｜。〔慧琳音義・卷七二〕〇慮一事畫一計為｜。〔說文〕「謨，議｜也」繫傳。〇思與｜亦同義。〔釋言〕「｜，心也」述聞。〇｜謂為之論議也。〔論語・泰伯〕「不｜其政」劉正義。〇｜，察。〔大戴・文王官人〕「｜而不已」王詁。〇窮盡事理與｜義近。〔釋詁〕「究，｜也」郝疏。〇明審與｜畫義近。〔同上〕〇經營設造與｜義近。〔釋詁〕「基，｜也」郝疏。〇猶豫狐疑與｜義近。〔釋詁〕「猷，｜也」郝疏。〇｜先，謂及公未發而作亂。〔左傳宣公四年〕「子公與子家｜先」疏證引讀本。〇人｜，｜及卿士也。〔易・繫下〕「人｜鬼｜」李疏引朱仰之。〇鬼｜，｜及卜筮也。〔同上〕〇｜通作謨，｜謨聲相轉也。〔釋詁〕「靖，｜也」郝疏。〇｜、媒古字通。〔賈子・大都〕「亂之｜也」平議。〇｜與媒聲近義通。〔管子・法法〕「六者謂之｜」平議。〇｜字古讀若媒。〔史記〕「諸侯｜之」雜志。〇｜敏通。〔釋言〕「肇，敏也」郝疏。〇｜、敏古音相近。〔釋詁〕「肇，｜也」郝疏。〇｜，讀為敏。〔詩・小旻〕「或哲或｜」陳疏。〇｜、敏同聲，｜亦敏也。〔說文定聲・卷七〕〔「肇」下〕〇｜讀與敏同，｜古讀若媒，｜敏聲相近，故字相通。〔書・洪範〕「聰作｜」述聞。〇｜即〔禮記・玉藻〕瞿瞿梅梅之梅。〔管子・內業〕「｜乎莫聞其音」平議。〇〔魯詩〕｜作謨。〔詩・皇皇者華〕「周爰咨｜」集疏。〇｜當作論。〔韓子・八經〕「結能者功見而｜」集解。〇〔正義〕｜字或作誦。

〔左傳僖公二八年〕「輿人之―」洪詁。○―乃誅字之誤。〔墨子・號令〕「―其疏者」平議。○―救當為諫救，字之誤也。〔荀子・非相〕「―救是也」集解引王念孫。○―當為諜。〔漢書・藝文志〕「太歲―日晷」補注引王引之。

**牟** ―，與芊同意。〔説文〕「―，牛鳴也」段注。○―與芈同意。〔説文定聲・卷六〕○―，气上出也。〔説文〕「芊，羊鳴也」繫傳。○―，進也。〔楚辭・招魂〕「成梟而―」補注。又〔説文定聲・卷六〕。(「眘」下)○―，取也。〔國策・楚四〕「下―百姓」鮑注。○―，過也。〔楚辭・招魂〕「成梟而―」補注。○―猶倍也。〔説文定聲・卷六〕(「眘」下)○博其棊不傷為―。〔楚辭・招魂〕補注引〔淮南子〕「善博者不欲―」注。○博以不傷為―。〔文選・招魂〕「成梟而―」集釋引〔太平御覽〕。○―，大麥也。〔詩・思文〕「貽我來―」朱傳。○―，大也。〔楚辭・招魂〕「成梟而―」補注。○―，亦大也。通作麰。〔本草・卷二三〕○―與侔同。〔方言一〕「―，愛也」箋疏。○―、侔古通用。(同上)疏證。○〔説文定聲・卷六〕―字變作侔。〔荀子・榮辱〕「侔侔然惟利之見」。○侔與―通。〔廣雅・釋訓〕「――，進也」疏證。○―，俗作眸。〔説文〕「盲，目無―子也」段注。○―，或作眸。〔説文〕「盲，目無―子」義證。○〔説文定聲・卷六〕―，段借為眘，今字作眸。〔荀子・非相〕「堯舜參―子」。○―亦楳也，語之轉耳。〔廣雅・釋詁一〕「―，愛也」疏證。○〔説文定聲・卷六〕―，段借為楳，―、某雙聲。〔方言一〕「―，愛也」。○―，為麰古文假借字。〔詩・思文〕「貽我來―」陳疏。○―者，麰之假借字。〔文選・典引〕集釋。○―、茂古字通。〔詩・還〕「子之茂兮」後箋引〔范氏拾遺〕。○〔通雅・卷二六〕此―與摸通。〔淮南子〕「盧―六合」。○凡漢人言侵―，皆蛑之段借。〔説文〕「蛑，古文蟲」段注。○〔説文定聲・卷六〕―，段借為侔。〔楊淮碑〕「元弟功德―盛」。○(同上)―，段借為蛑。〔漢書・景帝紀〕「侵―萬民」。○(同上)―字變作鴾。〔爾雅〕「鴽鴾母」。○(同上)―，段借為鍪。〔禮記・内則〕「敦―卮匜」。○(同上)―，正字當作眘。〔荀子・成相〕「舉―光」。○(同上)―，段借為冒。〔釋名・釋首飾〕「―追，―，冒也」。○兜鞪、兜―，鞪、鍪、鉾、―並通。〔廣雅・釋器〕「兜鞪謂之冑」。○―子亦曰童子。〔説文〕「盲，目無―子」義證。○―利，猶謀利也。〔通雅・事制〕○侵―，此為侵取之義。〔漢書・李廣利傳〕「侵―之」補注引沈欽韓。○―婁，微視也。〔説文〕「瞴，瞴婁，微視也」義證引〔字書〕。○―婁，〔左氏〕、〔穀梁〕作無婁，―、無古音之轉。〔公羊傳宣公一五年經〕「仲孫蔑會齊高固于―婁」陳疏。○―首，池名也。〔文選・魏都賦〕「長塗―首」補正引〔漢書〕臣瓚注。又〔文選〕集釋引臣瓚。○―首，屏面也。(同上)集釋引如淳。○―首，地名，上有觀。(同上)引孟康。○―首，中途樓閣間陛道。(同上)引郭璞。○岑―，蓋鼓角士冑，即禰衡為鼓吏所著者。〔漢書・霍光傳〕「輦道―首」補注引劉敞。○―城，在泰安州萊蕪縣東二十里。〔左傳桓公一五年經〕「―人」疏證引〔方輿紀要〕。○唐石經―作牟。〔左傳僖公五年經〕「公孫茲如―」疏證。○―或午之譌。〔莊子・則陽〕「魏瑩與田侯―約」集釋引俞樾。

**眸** ―，目童子。〔廣韻・尤部〕○―子，目瞳子也。〔孟子・離婁上〕「莫良於―子」朱注。○―，脊也。〔集韻・矦部〕○―當讀為瞐。〔荀子・大略〕「―而見之也」平議。○〔文選〕―作侔，此借字。〔漢書・揚雄傳〕「―神明與之為資」補注。

**侔** ―，均也，齊也，等也。〔廣韻・尤部〕○―，或作劺，亦等也。〔慧琳音義・卷五二〕○―，齊等也。〔國策・楚策一〕「兩國敵―交爭」鮑注。○―與劺通。〔廣雅・釋詁二〕「劺，强也」疏證。○―亦作劺。〔方言七〕「―莫，强也」疏證。○―之言懋也。〔方言七〕「―，强也」箋疏。○牟、―同字也。〔韓子・五蠹〕「―農夫之利」集解引顧廣圻。○〔説文定聲・卷六〕―，以牟為之。〔曹景完碑〕「威牟諸夏」。○(同上)―，段借為牟，或曰借為謀，謀、―雙聲。〔管子・宙合〕「靜默以―免」。○(同上)―，以貿為之。〔高彪碑〕「貿昔藋壇」。○(同上)―莫，即〔論語〕文莫字。猶黽勉、蠠没也。〔方言七〕「―莫，强也」。

**矛** ―，戈―。〔廣韻・尤部〕○―者，刺兵也，其飾縣毛羽，又有夷―者，長二丈四尺。〔説文定聲・卷六〕○―，酋―也，兵車所建。〔國策・齊策五〕「―戟折」鮑注。○―，或作鉾。〔説文〕「―，酋―也」義證。○―字亦作鉾，作鉾。〔説文定聲・卷六〕

**𢦟** ―，古文矛字。〔廣韻・尤部〕

**侯** ―，所射者也。〔禮記・射義〕「謂之射―」集解。○―，張布而射之者也。〔詩・猗嗟〕「終日射―」朱傳。○―，候也。〔廣韻・侯部〕○―之言視也，望也，故迎送賓客之官謂之―。〔穀梁傳隱公元年〕「聘弓鍭矢」平議。○毛訓―為君，即是訓―為威。〔詩・羔裘〕「洵直且―」平議。○―，美也。〔廣韻・侯部〕又〔詩・羔裘〕「洵直且―」朱傳。又(同上)通釋。○―，即美士之美。(同上)後箋。○―，辞也。〔廣韻・侯部〕○―，維。〔詩・四月〕「―栗―梅」朱傳。又〔大明〕「維予―興」朱傳。又〔下武〕「應―順德」朱傳。○―，維也。〔詩・六月〕「―誰在矣」朱傳。又〔文王〕「―于周服」朱傳。又〔正月〕「―薪―蒸」陳疏。又〔桑柔〕「其下―旬」集疏引黃山。又〔孟子・離婁上〕「―于周服」朱注。○―，維也，維亦乃也。〔釋詁〕「―，乃也」鄭注。○―，何也。〔廣韻・侯部〕○―，猶乃也。〔詩・大明〕「維予―興」陳疏。○―與兮同義，蕩兮猶蕩蕩。〔漢書・禮樂志〕「蕩―休德」補注。○重―，謂子、男也，子男共一爵，故言重―也。〔楚辭・大招〕「三圭重―」補注引王注。○―、侯聲類同。〔周禮・小祝〕「小祝掌小祭祀將事―禳禱祠之祝號」孫正義。○―當為候。〔左傳僖公一五年〕「―車敗」疏證引顧棟高。又〔漢書・趙充國傳〕「酒泉―奉世將婼、月氏兵四千人」補注引沈欽韓。○―當作候。〔漢書・藝文志〕「衛―官十二篇」補注引錢大昭。○官本―作候。〔息夫躬傳〕「―星宿」補注。○―讀曰鍭。〔大戴・投壺〕「四―且良」王詁。○〔史記〕―作胡，雙聲字變。〔漢書・霍去病傳〕「斬盧―王」補注。○其初出軾前曲而上謂之胡，亦曰―，―者胡之借字。

〔說文定聲・卷六〕(「輈」下)○句、一聲近而通。〔漢書〕「冕一」雜志。○一,三家作維。〔詩・四月〕「一栗一梅」集疏。○一當作隹,隹與推聲相近,故通作推。〔韓子・說疑〕「桀有一侈」集解引王念孫。○一侈,〔墨子〕作推哆,〔漢書〕作推侈,〔呂氏春秋〕、〔淮南子〕作推移。(同上)引顧廣圻。○一,官本作侯。〔漢書・藝文志〕「一子一篇」補注。○一當作后。〔漢書・戾太子傳〕「衛一、史良娣葬長安城南」補注引錢大昭。○一,侯也,所以守藩也。〔說文〕「侯,伺望也」義證引〔孝經・援神契〕。○一,五等爵也,古書借一為矦,相承誤合二字為一耳。〔說文定聲・卷八〕○一讀為餱。〔周書・器服〕「膏脣一」平議。○〔說文定聲・卷八〕一,叚借為矦。〔小爾雅・廣器〕「射有張布謂之一」。○(同上)一,叚借為候。〔書・禹貢〕「五百里一服」。○(同上)一,叚借為胡,或為喉。〔周禮・大行人〕「立當前一」。○(同上)一,叚借發聲之詞。〔釋訓〕「一,乃也」。○一、乃、伊、維,疑俱音近義通。〔釋詁〕「一,乃也」郝疏。○一于周服之一,當訓為乃。〔釋詁〕「一,乃也」述聞。○〔說文定聲・卷八〕一,公之誤字。〔周禮・弁師〕「諸一之繅斿九就」。

**矦** 一,同侯。〔廣韻・侯部〕

**厌** 一,古文矦字。〔廣韻・侯部〕○一,經傳皆以矦為之。〔說文定聲・卷八〕

**猴** 一,獮一,猱也。〔廣韻・侯部〕○一,獮一也。〔說文〕「一,夒也」義證引〔玉篇〕。○一貜,或曰猳貜,又名馬化。〔說文〕「貜,母一也」義證引〔博物志〕。○單評一,絫評母一,其實一也。〔說文〕「夒,一曰母一」段注。○一,一名為。〔說文定聲・卷八〕○一,一名母一,聲轉曰沐一,曰獮一,其大者曰貜,其愚者曰禺,其靜者曰蝯,亦作猨、作猿。(同上)○一與蝯別,析言之也,是二者可相為屬而非一物也。〔說文〕「一,夒也」段注。○蝯靜而一躁,其性迥殊。(同上)引陸佃。○一,候也。〔本草・卷五一〕引〔白虎通〕。

**喉** 一,咽一。〔廣韻・侯部〕○一即一嚨。〔說文〕「一,咽也」義證引〔急就篇〕顏注。○〔通雅・卷一〕一又謂之胡。〔漢童謠〕「請為諸君鼓嚨胡」。

**謳** 一,吟也,歌也。〔廣韻・侯部〕○一、歐、嘔,古皆通用,古用一謂氣出而歌也。〔通雅・疑始〕○一和,歌曲也。〔楚辭・大招〕「一和陽阿」補注引王注。○一,煦也。〔集韻・虞部〕

**漚** 一,漬也。〔詩・東門之池〕「可以一麻」朱傳。○一,浮一。〔廣韻・侯部〕○香氣鬱積,則其發愈烈,故以一鬱為言。〔漢書・司馬相如傳〕「芬芳一鬱」補注。○〔說文定聲・卷八〕一,段借為鷗。〔列子・黃帝〕「有好一鳥者」。○一當作嘔。〔說文〕「滱水即一夷水」段注。

**鷗** 一,水鳥。〔廣韻・侯部〕○一者浮水上,輕漾如漚也。〔本草・卷四七〕○一通作漚。〔說文〕「一,水鴞也」義證。○一,〔列子〕作漚。(同上)段注。

**驅** 一,今作鷗。〔說文定聲・卷八〕

**甌** 一,瓦器。〔廣韻・侯部〕○一,瓦盂也。〔說文〕「一,小盆也」義證引〔三蒼〕。○一,小瓦盆也。〔慧琳音義・卷五一〕引〔考聲〕。○一者,小盆也。〔說文〕「⿰俞瓦,一⿰俞瓦器也」段注。○一與甂、㼜皆小盆,而甂、㼜又小於一。〔方言五〕「其小者謂之升一甂」箋疏。○小盆謂之一,義與區相近也。〔廣雅・釋器〕「區四曰釜」疏證。○瓦椀、瓷椀皆謂之一。〔慧琳音義・卷五一〕○今謂茶鐘曰一,古則曰甂一。〔通雅・襍用〕○一之言區也。〔廣雅・釋器〕「一,甂也」疏證。○高田謂之一寠,義與枸簍相近。〔釋器〕「枸簍,軬也」疏證。○平阜之圩曰一臾,亦作區臾。〔通雅・疑始〕○〔說文定聲・卷八〕一脫,即〔詩〕掘閱字,一掘雙聲,脫閱疊韻。〔史記・匈奴傳〕「境上斥候之室為一脫」。○(同上)一,即歐越,即於越。〔海內南經〕「一居海中」。

**樓** 一,重屋也,亦作婁。〔廣韻・侯部〕○一,謂重屋離一然也。〔說文〕「一,重屋也」義證引〔急就篇〕顏注。○一,此重屋可居。〔說文定聲・卷八〕○一,城上守禦屋也。〔慧琳音義・卷三三〕引〔文字集略〕。○一之言婁,又言廔也。〔釋宮〕「陝而脩曲曰一」郝疏。○一、耬,皆即廔字。〔說文〕「廔,一曰所以穜也」段注。○一者,今之耬字。〔說文〕「椴,穜樓也」段注。○一通作摟。〔釋詁〕「一,聚也」鄭注。○〔說文定聲・卷八〕一,以塿為之。〔後漢・馬融傳〕「瘦疏嶁領」。○一,義與摟同。〔廣雅・釋邱〕「培塿,冢也」疏證。○一讀為鏤。〔春秋名字解詁〕「齊宗一字子陽」述聞。○牢、一一聲之轉。〔漢書・鄯善國傳〕「本名一蘭」補注。○〔說文定聲・卷八〕一,叚借為蓏。〔釋草〕「果蓏之實栝一」。○(同上)一,叚借為縷,實為窗,即今凹字。〔儀禮・士喪禮〕「牢中旁寸」注「牢讀為一」。○一陛,閣道也。〔通雅・宮室〕○〔通雅・卷三六〕一裂,猶言藍縷。〔方言〕「須捷,亦曰一裂」。○一緩,當是襲古人姓名也。〔史記・淮南衡山列傳〕「今我令一緩」志疑。○一,各本作兵。〔說文〕「輣,一車也」段注。○一當為楊,亦通作陽。〔漢書・地理志〕「一虛」補注。

**婁** 一,空也。〔廣韻・侯部〕○凡中空曰一。〔說文〕「一,空也」段注。○一為維係,猶內也。〔說文定聲・卷一三〕(「艾」下)○一,或曰當从母从口會意,嬬省聲,汗簡从自从女。〔卷八〕○一,聚也。〔漢書・天文志〕「一為聚衆」補注引〔觀象玩占〕。○一者,天獨禄車萬物之所藏收也。(同上)引〔星經〕。○一,星名。〔廣韻・侯部〕○一者,西方白虎之第二宿。〔禮記・月令〕「昏一中」集解。○一,古屢字也。〔公羊傳昭公二五年〕「維一委己者也」述聞。○一,古屢字。〔說文〕「一,空也」義證引顏師古。○一,摟之叚借也。(同上)段注。○一通作僂,又通作屢。〔釋詁〕「屢,疾也」郝疏。○一當為廔。〔說文〕「瞴,瞴一也」義證。○魯、韓一作摟。〔詩・山有樞〕「弗曳弗一」集疏。○〔說文定聲・卷八〕一字亦作僂。〔文選・求通親表〕注「慺慺，謹慎也」。○｜，本又作樓。〔左傳襄公二四年〕「部｜無松柏」洪詁引〔釋文〕。○｜、劉聲近，今吳人呼｜江曰劉河。〔漢書・婁敬傳〕「｜者，劉也」補注引錢大昕。○〔史記〕｜敬當作鄭，以地為姓。〔說文〕「鄭，南陽穰鄉」義證。○｜務即穀瞀。〔說文〕「｜，一曰｜務，愚也」段注。○｜務，猶穀瞀，此疊韻連語。〔說文定聲・卷八〕○｜務，又怐瞀之轉矣。〔廣雅・釋詁一〕「怐愗，愚也」疏證。○｜羅，別作覼縷，猶言委曲也。〔義府・卷下〕○人曰離｜，窻牖曰麗廔，皆空明多空之意，亦雙聲連語。〔說文定聲・卷八〕○｜，諸本作廔。〔左傳桓公一二年〕「君子｜盟」洪詁。

**陬** ｜，隅也。〔廣韻・侯部〕又〔通鑑・漢紀八〕「吳奔壁東南｜」音注。○｜者，隅也。〔說文〕「陬，河東安邑｜也」段注。○｜，引申為凡隅之偁。〔說文〕「｜，阪隅也」段注。○聚與｜古文通。〔史記〕「歲名焉逢攝提格目名畢聚」雜志。○〔說文定聲・卷八〕｜，叚借為聚。〔魏都賦〕「蠻｜夷落」。○〔新序〕｜隅作陬隅。〔呂覽・分職〕「｜隅有竈」校正。○｜，聚居。〔廣韻・侯部〕

**偷** ｜，苟且。〔大戴・盛德〕「無度量則小者｜墮」王詁。○｜，苟且也。〔國策・魏一〕「｜取一旦之功」鮑注。又〔韓子・難一〕「｜取多獸」集解引舊注。○｜，苟且也，｜可用謂苟且用之猶為可也。〔荀子・議兵〕「｜可用也」集解。○｜謂苟且。〔釋言〕「佻，｜也」鄭注。○｜，薄也。〔論語・泰伯〕「則民不｜」朱注。○｜，盜也。〔廣韻・侯部〕○愉、｜古今字。〔公羊傳桓公七年〕注「所謂故舊不遺則民不｜」陳疏。○｜者，愉之俗字。〔說文〕「佻，愉也」段注。○｜盜字古只作愉也。〔同上〕○經傳中愉字或作｜者，皆後人所改也。〔荀子〕「出死斷亡而愉」雜志。○｜盜字當作婾。〔說文〕「婾，巧黠也」段注。○愉、｜、婾，並字異而義同。〔廣雅・釋詁二〕「婾，⿰衤尃也」疏證。○｜與婾通。〔釋詁三〕「婾，巧也」疏證。○佻、｜一聲之轉。〔同上〕○｜與愈通。〔史記〕「愈充腹」雜志。又〔漢書〕「愈欲休」雜志。○愉、愈、｜，字異而義同。〔史記〕「愈充腹」雜志。○佻、｜、説俱聲相轉。〔釋言〕「佻，｜也」郝疏。○｜儒即輸孺。〔說文〕「孺，乳子也」段注。○｜儒即輸儒。〔廣雅・釋詁一〕「儒輸，愚也」疏證。○｜讀為輸。〔賈子・憂民〕「將以誰｜」平議。

**頭** ｜者，首之總名也。〔說文〕「｜，首也」義證引〔急就篇〕顏注。○｜，獨也，於體高而獨也。〔廣韻・侯部〕○｜者，神所居，上圓象天，氣之府也。〔說文〕「｜，首也」義證引〔春秋元命苞〕。○急言之則曰｜，徐言之則曰髑髏，轉之則曰頊顱。〔廣雅・釋親〕「頊顱謂之髑髏」疏證。○兜、｜古通。〔史記・宋微子世家〕「子景公｜曼立」志疑。○｜子，｜會也。〔通雅・貨賄〕○｜指為鹽豉指。〔說文〕「拇，將指也」繫傳。○｜蓬，首如飛蓬，｜如蓬葆。〔文選・長楊賦〕「｜蓬不暇梳」補正。○｜鵁，水鳥而不利行。〔漢書・司馬相如傳〕「箴疵鵁盧」補注引〔玉篇〕。○共｜即共首。〔呂覽・誠廉〕「又使保召公就微子開於共｜之下」校正。○｜蘭，即且蘭，小國名也，後為縣。〔史記・西南夷列傳〕「行誅｜蘭」志疑。○｜當為頸。〔說文〕「項，｜後也」義證。

**投** ｜，棄擲也。〔國策・秦策二〕「怒而｜其石」補注。○擿亦｜也。〔漢書〕「｜石拔距」雜志。○〔說文定聲・卷八〕｜謂擲種于田也。〔廣雅・釋地〕「｜，種也」。○｜，棄也。〔詩・巷伯〕「｜畀豺虎」朱傳。○｜，弃也。〔廣韻・侯部〕○｜，託也。〔同上〕○｜，奔。〔詩・小弁〕「相彼｜兔」朱傳。○｜，赴也。〔慧琳音義・卷五〕引〔考聲〕。○｜，合也。〔同上〕又〔廣韻・侯部〕。○｜者，下其牡。〔國策・趙策三〕「魯人｜其籥」鮑注。○｜，致也。〔大戴・千乘〕「以財｜長曰貸」王詁。○博棊謂之｜。〔說文〕「｜，擿也」義證引戴侗。○｜之言度，塞也。〔詩・小弁〕「相彼｜兔」通釋。○⿰豆殳為｜之古文。〔說文〕「｜，擿也」句讀。○〔說文定聲・卷八〕｜，叚借為逗。〔長笛賦〕「察度於句｜」。○〔同上〕｜字亦作鉒。〔廣雅・釋詁四〕「鉒，置也」。○｜石，猶言｜擿，擿亦｜也。〔漢書・甘延壽傳〕「｜石拔距絕於等倫」補注引王念孫。○或曰｜瓊，或曰操梲，皆骰子也。〔通雅・卷三五〕○｜兵謂無所用之也。〔莊子・徐無鬼〕「而郢人｜兵」集釋。

**鉤** ｜，帶｜也。〔孟子・告子下〕「豈謂一｜金與一輿羽之謂哉」朱注。○｜者，曲金也。〔說文〕「｜逆者謂之｜」段注。又「釣，｜魚也」段注。○曲物曰｜。〔說文〕「｜，曲｜也」段注。○｜，所以｜懸物也。〔說文〕「｜，曲也」義證引〔玉篇〕。○｜，即馬腹帶之飾，帶必有｜以拘之，以金為｜，施之以膺，所謂鞶也。〔詩・采芑〕「｜膺鞗革」後箋引何楷。○｜，以繫革帶，謂｜法矩之方也。〔漢書・揚雄傳〕「帶｜矩而佩衡兮」補注引沈欽韓。○｜，曲也。〔廣韻・侯部〕○以｜取物亦曰｜。〔說文〕「｜，曲｜也」段注。○｜，若｜取物也。〔漢書・趙廣漢傳〕「尤善為｜距」補注。○｜，取也。〔慧琳音義・卷八〕引〔考聲〕。又〔卷九六〕引〔考聲〕。○｜，求也。〔卷九六〕○｜，引也。〔卷八〕引〔考聲〕。○古兵有｜，引來曰｜。〔說文〕「揖，讓也」義證引王幼學。○｜，矢鋒屈也。〔國策・西周策〕「弓撥矢｜」鮑注。○｜，劍頭鐶。〔趙策三〕「無鈎竿鐔蒙須之便」鮑注。○｜亦劍屬。〔同上〕補注。○一陽之鼓曰｜也。〔太素・陰陽雜說〕「鼓一陽曰｜曰鼓」楊注。○｜句古字通，兵器曲者謂之句。〔詩・皇矣〕「以爾｜援」平議。○｜之言句也。〔方言五〕箋疏。○｜作句，古通用。〔方言九〕「戟，其曲者謂之｜」疏證。○〔說文定聲・卷八〕｜，叚借為句。〔詩・六月〕「元戎十乘」傳「夏后氏曰｜車先正也」。○｜與⿰句刂同。〔廣雅・釋器〕「⿰句刂，鎌也」疏證。○｜亦作⿰句刂。〔方言五〕「刈｜，江淮陳楚之間謂之鉊」疏證。○〔說文定聲・卷八〕｜即王瓜也，似苦蔞。〔爾雅〕「｜，藈姑」。○｜藈姑俱聲相轉。〔釋草〕「｜，藈姑」郝疏。○｜句軥笱跔痀朐，聲並相近，凡言｜者，皆屈曲之意。〔方言五〕箋疏。○｜讀為姁。〔荀子・不苟〕「｜有須」平議。○〔說文定聲・卷八〕｜，叚借為拘。〔漢書・鮑宣傳〕注「｜，留也」。○｜

讀為彀。〔春秋名字解詁〕「楚王子｜字發」述聞。○｜膺，馬婁頷有｜，而在膺有樊有纓也。〔詩·采芑〕「｜膺鞗革」朱傳。○｜援，｜梯也，所以｜引上城，所謂雲梯者也。〔皇矣〕「以爾｜援」朱傳。○｜腸與拘腸同。〔廣雅·釋器〕「｜腸，鏑也」疏證。○｜剥即句駁。〔通雅·釋詁〕○〔通雅·卷四〕｜鈲，分析也。〔漢書·藝文志〕「謷者為之，則苟｜鈲析亂而已」。○〔卷三七〕｜觲，即所謂蝗螂拘也。〔隋志〕「玉｜觲」。○｜鵅，即〔爾雅〕鵋鶀也，江東呼為｜鵅。〔本草·卷四九〕○｜芺，即苦芺也，似薊。〔說文定聲·卷八〕○｜，本作鉤，鉤為｜之異名。〔莊子·胠篋〕「｜餌罔罟罾笱之知多」集釋引王念孫。○｜，作拘。〔國策·西周策〕「弓撥矢｜」鮑注。○｜盾中，未央宮苑中也。〔漢書·成帝紀〕「至未央宮｜盾中」補注引周壽昌。

**溝**　｜，邑中之瀆通水也。〔慧琳音義·卷三〕引〔桂苑珠叢〕。○井間謂之｜。〔論語·泰伯〕「盡力乎｜洫」劉正義。○遂廣、深各二尺，｜倍之。〔說文定聲·卷八〕○對文則有甽、遂、｜、洫、澮之異，散文則通謂之｜洫。〔廣雅·釋水〕「洫、｜，坑也」疏證。○〔說文定聲·卷八〕｜，轉注，此凡水相灌注之名。〔爾雅〕「水注谷曰｜」。○｜，亦水注谷也。〔慧琳音義·卷五七〕引〔考聲〕。○｜，｜渠。〔廣韻·侯部〕○｜，冓也，縱横之說也。〔孟子·離婁下〕「｜澮皆盈」焦正義。○｜洫，田間水道，以正疆界、備旱潦者也。〔論語·泰伯〕「盡力乎｜洫」朱注。○｜洫二字即指距川通渠言之，不泥廣深尺數為說。〔漢書·溝洫志〕「｜洫志第九」補注。○｜，古文葢作冓，冓猶交加也。〔說文〕「罶，或从婁，春秋國語曰｜罛𦉪」段注。○｜，今〔魯語〕作講。〔同上〕段注。○｜當為講。〔同上〕義證。○｜，叚借用以紀數。〔說文定聲·卷八〕○〔同上〕｜字亦作鞲。〔釋名〕「鞲，｜也」。○｜瞀、怐愗、傋霿、區霿，並字異而義同。〔廣雅·釋詁二〕「怐愗，愚也」疏證。○｜猶瞀儒者，｜瞀儒也，｜瞀訓愚闇，中不當有猶字，｜猶疊韻，語助耳。〔荀子·非十二子〕「世俗之｜猶瞀儒」集解。○｜猶瞀儒四字疊韻，其義則皆謂愚蒙也。〔同上〕引郝懿行。○｜猶瞀儒合四字為疊韻，〔楚辭〕作怐愗，〔五行志〕作傋瞀，許慎作穀瞀，又作婁務，皆愚貌。〔同上〕引盧文弨。

**幽**　｜，隱也。〔廣韻·幽部〕又〔國策·秦策五〕「南陽之敝｜」鮑注。○｜謂｜隱。〔大戴·夏小正〕「君子之居｜也不言」王詁。○｜，山中隱處。〔說文〕「｜，隱也」繫傳。○｜之為言窈也，言窈冥也。〔說文〕「冥，｜也」義證引〔春秋元命苞〕。○｜謂造之｜暗也。〔說文〕「叔，配鹽｜尗也」繫傳。○｜，暗，惡謚也。〔孟子·離婁上〕「名之曰｜厲」朱注。○暗亦｜也，語之轉耳。〔廣雅·釋詁三〕「｜，深也」疏證。○｜謂天上地下不可得覩者也。〔易·繫上〕「知｜明之故」李疏引荀爽。○月照於夜為｜。〔禮記·祭義〕「以別｜明」集解。○陰曰｜。〔大戴·誥志〕「｜，幼也」王詁。○｜，微也。〔廣韻·幽部〕○｜，深。〔詩·伐木〕「出自｜谷」朱傳。○｜，深也。〔廣韻·幽部〕○｜，薶藏也。〔釋言〕「瘞，｜也」鄭注。○藏與｜同義。〔廣雅·釋器〕「寑，｜也」疏證。○｜即黝。〔釋器〕「黑謂之｜」郝疏。○｜即黝之古文假借。〔詩·隰桑〕「其葉有｜」陳疏。○｜與黝古同聲而通用。〔廣雅·釋器〕「黝，黑也」疏證。○｜為黝之假借。〔說文〕「｜，隱也」段注。○〔說文定聲·卷六〕｜，叚借為黝。〔詩·隰桑〕「其葉有｜」。○｜，黑色也。〔詩·隰桑〕「其葉有｜」朱傳。○｜與黝同義。〔說文〕「敊，配鹽｜尗也」段注。○｜，言其色茂。〔國策·魏策一〕「｜莠之幼也」鮑注。○｜閒者，隱居也。〔大戴·文王官人〕「｜閒之行」王詁。○｜隤猶言闇溝也。〔墨子·備城門〕「百步為｜隤」閒詁。○｜人者，｜繫之人也。〔易·履〕「｜人貞吉」李疏。○｜明，陰陽即｜明也。〔易·繫上〕「知｜明之故」李疏。○｜菽，具染，豆豉也。〔通雅·飲食〕○｜輵，即轇輵。〔漢書·揚雄傳〕「皇車｜輵」補注引王先慎。○｜都，即｜州，在今燕。〔釋地〕「北方之美者，有｜都之筋角焉」鄭注。○｜當讀為葽，訓為盛貌。〔詩·隰桑〕「其葉有｜」通釋。○｜，葽聲譌也。〔大戴·夏小正〕「秀｜」王詁。○｜其妻，〔五行志〕引傳作就其妻。〔左傳·襄公一七年〕「遂｜其妻」洪詁。

**韝**　｜，射｜，臂捍也。〔廣韻·侯部〕○｜，捍臂也。〔集韻·矦部〕○｜，臂沓也。〔說文〕「｜，射臂決也」義證引〔玉篇〕。○｜，射臂撍。〔同上〕義證引〔五經文字〕。○｜，射臂揩也，箸左臂，以朱韋為之。〔詩〕謂之拾，〔儀禮〕謂之遂，〔內則〕謂之捍，亦用以斂衣便事曰攘衣，箸兩臂。〔說文定聲·卷八〕○拾捍｜，皆謂遂也，著於左臂，所以扞弦也。〔廣雅·釋器〕「｜，韘也」疏證。○｜即是穰衣，穰字當為攘。〔漢書·東方朔傳〕「董君綠幘傅｜」補注引沈欽韓。○〔說文定聲·卷八〕｜字亦作褠。〔後漢·馬皇后紀〕注「褠，臂衣，今之臂｜以縛左右手，於事便也」。○｜，其字或作褠。〔說文〕「｜，臂衣也」段注。○｜，字亦作構。〔說文定聲·卷八〕○〔同上〕帣｜，猶卷句也。〔史記·滑稽傳〕「帣｜鞠𦝫」。

**虯**　｜，無角龍也。〔廣韻·幽部〕又〔慧琳音義·卷九〇〕引〔韻英〕。○龍子曰｜。〔卷一九〕引〔抱樸子〕。○｜，字亦作龜，俗字作虬，龍子兩角者｜。〔說文定聲·卷六〕○有角曰䖟，䖟即｜字。〔文選·甘泉賦〕「六素｜」集釋引〔廣雅〕。○｜與䖟同。〔廣雅·釋魚〕「有角曰䖟龍」疏證。○〔說文定聲·卷六〕｜，叚借為蟉。〔吳都賦〕「輪囷｜蟠」。

**虬**　｜，龍類也。〔離騷〕「駟玉｜以椉鷖兮」補注。○｜、螭皆龍類。〔楚辭·涉江〕「駕青｜兮驂白螭」補注引五臣注。

**彪**　｜，虎文也。〔廣韻·幽部〕○｜，此與虨雙聲同義。〔說文〕「｜，虎文也」段注。○母｜，師子母名也。〔慧琳音義·卷六〇〕○｜｜，作滮滮也。〔通雅·釋詁〕

**疣**　｜，結病也。〔廣韻·尤部〕○｜，皮上風結也，或作肬。〔慧琳音義·卷一二〕引〔考聲〕。○｜與肬同。〔廣雅·釋詁二〕「肬，腫也」疏證。又〔釋蟲〕

「齕肬，螗蜋也」疏證。

肬 ｜，瘤腫也。〔楚辭·天問〕「反離群而贅｜」補注。○｜，與瘤同誼。〔說文定聲·卷五〕○｜，贅也。〔慧琳音義·卷一二〕○｜，音尤，痏也，又贅也，皮外小結也。〔太素·十五絡脈〕「虛則生｜」楊注。○｜即疣子，小肉贅也。〔本草·卷三九〕○｜與贅實相似，小曰｜，大曰贅。〔釋名·釋疾病〕「贅，屬也」疏證。○｜，同疣。〔廣韻·尤部〕○｜、疣古今字。〔方言一三〕箋疏。○｜字或作疣。〔說文〕「｜，贅也」義證。○〔說文定聲·卷五〕｜，以疣為之。〔北山經〕「滑水，其中多滑，魚食之已疣」。

⿰黑尤 ｜，籀文疣字。〔廣韻·尤部〕

訧 ｜，過也。〔廣韻·尤部〕又〔詩·綠衣〕「俾無｜兮」朱傳。○古尤、｜字通，｜者過也，怨也。〔詩·北門〕後箋。○｜，怨言於言也。〔說文〕「｜，罪也」繫傳。○｜尤義同。〔詩·綠衣〕「俾無｜兮」陳疏。○｜尤郵並通。〔廣雅·釋詁三〕「｜，辠也」疏證。○｜通作尤。〔釋詁三〕「｜，惡也」疏證。○｜，經典借尤字。〔說文〕「｜，罪也」義證。○｜，經傳皆以尤、以郵為之。〔說文定聲·卷五〕○｜，又借郵字。〔說文〕「｜，罪也」義證。

耰 ｜，覆種。〔廣韻·尤部〕○｜，覆種也。〔論語·微子〕「｜而不輟」朱注。又〔同上〕劉正義。又〔孟子·告子上〕「播種而｜之」朱注。○｜，疑即似鋤之杷。〔文選·過秦論〕「鉏｜棘矜」集釋。○｜，當作櫌。〔漢書·揚雄傳〕「使農不輟｜」補注引宋祁。

櫌 ｜，字亦作耰。〔廣雅·釋器〕「｜，椎也」疏證。○〔說文定聲·卷六〕｜，今字作耰，亦名櫌。〔漢書·賈誼傳〕「借父耰鉏」。○｜，椎也。〔廣雅·釋器〕疏證。又〔說文〕「｜，摩田器」義證引〔玉篇〕。○｜，鉏也。又打塊槌。〔廣韻·尤部〕

麀 ｜，牝鹿。〔廣韻·尤部〕○｜，音憂，牝鹿也。〔詩·靈臺〕「｜鹿攸伏」朱傳。○｜，牝鹿也。〔孟子·梁惠王上〕「｜鹿攸伏」朱注。○鹿牝曰｜。〔詩·吉日〕「｜鹿麌麌」朱傳。○｜，引申為凡牝之偁。〔說文〕「｜，牝鹿也」段注。

⿸鹿幽 ｜，同麀。〔廣韻·尤部〕

⿵風劉 ｜，風行聲。〔廣韻·尤部〕○｜，或作飀，風聲。〔慧琳音義·卷九九〕引〔文字典說〕。○翏翏、瀏瀏、飂瀏、颼飀、｜｜，並字異而義同。〔廣雅·釋詁四〕「飀，風也」疏證。○｜與瀏同。〔釋訓〕「瀏瀏，風也」疏證。

綢 ｜，纏束也。〔慧琳音義·卷一四〕引〔考聲〕。○｜謂纏緜之也。〔釋天〕「素錦｜杠」郝疏。○｜，｜繆，猶纏綿也。〔廣韻·尤部〕○｜即稠之叚借也。〔說文〕「｜，繆也」段注。○叚｜為稠也。〔說文〕「稠，多也」段注。○｜乃⿱髟周之假借字。〔說文〕「⿱髟周，髮多也」段注。○〔說文定聲·卷六〕｜，叚借為⿱髟周。〔詩·都人士〕「｜直如髮」。○｜繆，纏也。〔廣雅·釋詁四〕疏證。○｜繆，纏綿也。〔詩·綢繆〕「｜繆束楚」集疏。○｜繆，束也。〔詩·鴟鴞〕「｜繆牖户」朱傳。○｜繆，猶纏綿也。〔綢繆〕「｜繆束薪」朱傳。○｜繆即纏緜之轉聲。〔孟子·公孫丑上〕「｜繆牖户」焦正義。○｜繆，一作蜩蟉，蓋纏緜之轉也。〔通雅·卷八〕○｜繆，纏緜補葺也。〔孟子·公孫丑上〕「｜繆牖户」朱注。○｜繆猶窈窕。〔說文定聲·卷六〕○｜，讀若韜。〔釋天〕「素錦｜杠」郝疏。



叴 ｜乃假借字，當以仇為正。〔釋名·釋兵〕「仇矛頭有三叉」疏證。○｜，叚借為厹。〔說文定聲·卷六〕○｜，〔漢·志〕作厹。〔說文〕「｜，臨淮有｜猶縣」義證。

厹 ｜音求，字又作叴、⿰口九。〔國策·西周策〕「欲伐｜由」補注。○｜，獸跡，或作蹂。〔集韻·有部〕○獸足蹂地曰｜。〔說文〕「蹯，禽獸所踐處也」段注。○〔說文定聲·卷六〕｜，象獸足踐地形，字或作叴。〔詩·小戎〕傳「三隅矛也」。○〔同上〕｜，字又變作鶔。〔爾雅〕「鶌鶔，如鵲短尾」。○｜矛，三隅矛也。〔詩·小戎〕「｜矛鋈錞」朱傳。

嚘 〔說文定聲·卷六〕｜，氣逆也。〔說文〕「｜，語未定貌」。又〔說文〕「欭，歐也」義證引〔玉篇〕。○｜，謂氣逆也。〔慧琳音義·卷八六〕引顧野王。○｜，欭｜，歎也。〔廣韻·尤部〕○｜喑聲轉，字異義同。〔方言一二〕箋疏。○〔說文定聲·卷六〕｜字或作嚘。〔莊子·庚桑楚〕「兒子終日嗥而嗌不嚘」。

鏐 ｜，紫磨金也。〔廣韻·幽部〕○｜即紫磨金。〔說文〕「鎏，金之美者」繫傳。○美金曰｜。〔廣韻·尤部〕

飂 ｜，高風也。〔廣韻·尤部〕○西方曰｜風。〔說文〕「｜，高風也」段注。○｜之言颼｜也。〔廣雅·釋詁四〕「｜，風也」疏證。○｜、鄝、蓼古字通。〔左傳昭公二九年〕「｜叔安」洪詁。○｜通作翏。〔說文〕「｜，高風也」義證。○〔說文定聲·卷六〕｜，叚借為鄝。〔左傳昭公二九年〕「昔有｜叔安」。○〔同上〕｜，叚借為廫。〔老子〕「宋兮｜兮」。○｜｜與肅肅同。〔通雅·卷九〕〔淮南子〕「至陰｜｜」。

飀 ｜同飂。〔廣韻·尤部〕

瀏 ｜，水清皃。〔廣韻·尤部〕○｜，水清皃。〔集韻·尤部〕○｜，水清也。〔楚辭·九辯〕「棄騏驥之｜｜兮」補注。○水清曰｜。〔詩·溱洧〕「｜其清矣」通釋。○｜，音留，深貌。〔同上〕朱傳。○漻、｜聲義亦同。〔廣雅·釋詁一〕「漻，清也」疏證。○〔韓詩〕｜作漻，曰清貌也。〔詩·溱洧〕「｜其清矣」集疏。○翏翏、｜｜、飂｜、颼飂、飀飀，並字異而義同。〔廣雅·釋詁四〕「飂，風也」疏證。○｜濫即｜攬，今作｜覽。〔漢書·揚雄

傳」「正ー濫以弘惝兮」補注。○ー，〔羣經音辨〕以劉為之。〔説文定聲・卷六〕

**鷗**　ー，ー離，鳥名，少美長醜，亦作流。〔廣韻・尤部〕○ー鶹為凡鳥少美長醜者之通名。〔詩・旄丘〕「流離之子」後箋。

**瘤**　ー，小腫也。〔説文〕「ー，腫也」義證引〔三蒼〕。○ー，瘜肉也。〔同上〕義證引〔玉篇〕。○ー，肉起疾也。〔廣韻・尤部〕○ー者，瘙起病也。〔慧琳音義・卷七九〕引〔考聲〕。○ー者，瘜肉之見於外者也。〔説文〕「瘜，寄肉也」義證。○ー與肬聲近誼同。〔説文定聲・卷六〕○ー通作榴。〔説文〕「ー，腫也」義證。

**鰌**　ー，一名鰼。〔説文〕「ー，鰼也」義證引〔埤雅〕。○ー，今泥ー也。〔同上〕○ー，魚名，二月有之。〔廣韻・尤部〕○ー亦短小之稱也。〔廣雅・釋魚〕「鱃，ー也」疏證。○ー，藉也。〔通鑑・秦紀一〕「ー之以刑罰」音注。○ー，蹴也，言蹴踏於後也。〔莊子・秋水〕「ー我亦勝我」集釋引世父。○ー字亦作鰍。〔説文定聲・卷六〕○〔同上〕ー字亦作⿰魚叟，讀為遒也。〔考工・輈人〕故書「必⿰魚叟其牛後」。○〔同上〕ー字亦作鱃。〔廣雅・釋魚〕「鱃，⿰魚叟也」。○ー緧並與遒通。〔廣雅・釋詁〕「遒，急也」疏證。○〔説文定聲・卷六〕ー，段借為遒。〔莊子・秋水〕「ー我亦勝我」。○〔同上〕ー，以羞為之。〔禮記・月令〕「羣鳥養羞」。○ー亦音蹴。〔荀子・議兵〕「ー之以刑罰」集解引盧文弨。

**鰍**　ー，魚屬，亦作鰌。〔廣韻・尤部〕

**鞦**　ー馬紂也，或作⿰糹秋、鞧。〔慧琳音義・卷一四〕○ー，車ー也，亦作鞧、緧。〔卷六八〕引〔考聲〕。○ー，ー韆，繩戲。〔廣韻・尤部〕

**緧**　ー，馬紂。〔集韻・尤部〕○ー，同鞧，車鞧。〔廣韻・尤部〕○ー，今鞦字。〔説文〕「鞧，馬尾鞧」繫傳。○ー，字亦作鞧，作⿰糹叟，作鞦。〔説文定聲・卷六〕○ー⿰糹秋並同。〔廣雅・釋器〕「絢，ー也」疏證。○ー，亦作⿰糹秋。〔説文〕「ー，馬紂也」段注。○〔説文定聲・卷六〕ー，字亦作⿰糹秋。〔方言九〕「車紂，自關而東謂之⿰糹秋」。○ー鞧⿰魚叟並與⿰糹秋同。〔方言九〕「車紂，自關而東謂之⿰糹秋」箋疏。○揫與ー音義皆相近。〔釋名・釋天〕「秋，ー也」疏證。○鰌ー並與遒通。〔廣雅・釋詁一〕「遒，急也」疏證。○絢與紂、ー古聲亦相近。〔釋器〕「絢、紂，ー也」疏證。○ー，字亦作絢。〔説文定聲・卷六〕○〔同上〕ー，段借為遒。〔考工・輈人〕「必ー其牛後」。○〔同上〕ー，段借為翛。〔射雉賦〕「青鞦莎靡」。

**⿰糹秋**　ー，亦作緧。〔方言九〕「車紂，自關而東謂之ー」疏證。

**鶖**　ー，音秋，禿ー也。〔詩・白華〕「有ー在梁」朱傳。○ー，禿ー鳥，亦作鵚。〔廣韻・尤部〕○ー鷺，或作鵚鶖，大鳥也，其羽鮮白可以為毳。〔慧琳音義・卷四〕引顧野王。○禿ー，一名鶩鷲，蓋因扶老之名，俗乃於老字加鳥耳。〔文選・吳都賦〕「ー」集釋。○ー，水鳥也，一名扶老。〔同上〕集釋引〔玉篇〕。○ー，水鳥之大者，頭禿如老人頭，故一名扶老。〔同上〕引李時珍。○ー，通作秋。〔説文〕「ー，鵚，或從秋，禿鵚也」義證。

**鵚**　一名禿鶖，一名扶老，或以為爰居。〔通雅・卷四五〕○ー一名扶老，頭項皆無毛，大者頭高八尺。〔説文定聲・卷六〕

**蝣**　ー，蜉ー，朝生夕死。〔廣韻・尤部〕

**槱**　ー，燎柴也，或作禉。〔集韻・尤部〕○〔説文定聲・卷六〕ー，當作積木，从木从火，會意，酉聲。〔説文〕「ー，積火燎之也」。○ー，音酉，積也。〔詩・棫樸〕「薪之ー之」朱傳。○ー，燎祭名也。〔説文〕「ー，積火燎之也」繫傳。○〔説文定聲・卷六〕ー，以揂為訓。〔東京賦〕「颺ー燎之炎煬」注「ー之言聚也」。

**楢**　ー，柔木。〔集韻・尤部〕○ー，一曰木堅中車材。〔同上〕○ー，木色黑也。〔説文〕「ー，柔木也」繫傳。○ー，積也。〔廣韻・尤部〕○〔説文定聲・卷六〕ー，段借為槱。〔詩・棫樸〕釋文「本亦作ー」。○〔同上〕ー，以猶為之。〔管子・地員〕「皆宜竹箭求黽猶檀」。

**猶**　ー，若也。〔詩・鼓鐘〕「其德不ー」朱傳。○ー即若，順也。〔詩・般〕「允ー翕河」通釋。○ー亦若也。〔管子〕「循發蒙也」雜志。○〔釋詞・卷二〕ー為若是之若。〔禮記・內則〕「子弟ー歸衣服裘衾車馬」。○〔同上〕ー，又為若或之若。〔左傳襄公一〇年〕「ー有鬼神」。○ー為若似之若，又為若或之若。〔釋言〕「ー，若也」述聞。○ー，如也。〔詩・白華〕「之子不ー」朱傳引或説。○ー亦同也。〔小星〕「寔命不ー」朱傳。○〔釋詞・卷二〕ー，猶均也。〔左傳襄公一〇年〕「ー將退也」。○ー，同猷。〔廣韻・尤部〕○ー，尚也，似也。〔同上〕又〔孟子・梁惠王下〕「則ー可及止也」朱注。○惑謂之ー，亦謂之豫。〔荀子〕「豫賈」雜志。○詐説惑人謂之ー，亦謂之豫。〔同上〕○ー有疑惑之意，又有遲回之意。〔釋詁〕「猷，已也」郝疏。○ー與豫皆未定之辭。〔離騷〕「心ー豫而狐疑兮」補注。○ー兼可、已二義。〔公羊傳僖公三一年〕「ー者何」陳疏。○ー，已也。〔詩・鼓鐘〕「其德不ー」述聞。○ー，又可止之言，今作ー。〔説文〕「ー，玃屬」繫傳。○由、ー皆欲也。〔墨子〕「由」雜志。○ー，圖也。〔詩白華〕「之子不ー」朱傳。又〔抑〕「遠ー辰告」朱傳。○ー，謀。〔巧言〕「為ー將多」朱傳。又〔桑柔〕「秉心宣ー」朱傳。○ー，謀也。〔采芑〕「克壯其ー」朱傳。又〔斯干〕「無相ー矣」朱傳。又〔禮記・禮器〕「匪革其ー」集解。○ー即謀也。〔詩・訪落〕「繼ー判渙」通釋。○ー亦謀也。〔小旻〕「謀ー回遹」陳疏。○ー，道。〔小旻〕「匪大ー是經」朱傳。又〔常武〕「王ー允塞」朱傳。○ー即嗂也。〔説文〕「嗂，喜也」繫傳。○ー即傜。〔説文〕「傜，喜也」義證。○ー即無ー。〔公羊傳桓公一四年〕「曰ー嘗乎」陳疏。○ー與猷同。〔方言一三〕「猷，詐也」箋疏。○ー讀曰猷，謀也。〔大戴・少閒〕「大ー已成」王詁。○〔漢・表〕ー作猷，同。〔史記・惠景閒侯者年表〕「沈ー」志疑。○ー、猷古通用。〔釋詁〕「猷，已也」邵正義。○ー、猷古字通。〔同上〕郝疏。○ー、猷古通用，詐也。〔詩・斯干〕「無相｜矣」通釋。○魯｜作猷。〔詩・陟岵〕「｜來無棄」集疏。○韓、魯｜作猷。〔詩・采芑〕「克壯其｜」集疏。○｜字或作猷。〔詩・采芑〕「克壯其｜」集疏。○｜字或作猷。〔釋詞・卷一〕○｜與由同。〔詩・般〕「允｜翕河」朱傳引或說。又〔大戴・保傅〕「｜此觀之」述聞。又〔呂覽・樂成〕「國之殘亡亦｜此也」校正。○由與｜同。〔史記〕「竈上騷除」雜志。○｜與由同。〔漢書・梁懷王傳〕「｜自恣」補注。○｜並與由同。〔孟子・公孫丑上〕「文王｜方百里起」述聞。○｜、由通。〔公羊傳莊公四年〕「｜無明天子也」陳疏引惠棟。又〔莊公一三年〕「諸侯｜是翕然信鄉服從」陳疏。○｜與由通。〔孟子・公孫丑上〕「文王｜方百里起」朱注。○｜與由通，由，用也。〔書・盤庚〕「茲｜不常甯」述聞。○｜亦與由通。〔無逸〕「古之人｜胥訓告」述聞。○｜、由古通用。〔方言一二〕「由女而出為嫁也」疏證。○｜、由古通字。（同上）箋疏。○｜、由古字亦通。〔墨子〕「由」雜志。○古字由與｜通。〔詩・文王〕「厥｜翼翼」平議。○｜，作由。〔國策・齊策四〕「｜未敢以有難也」鮑注。又〔齊策六〕「｜將攫公孫子之腓而噬之也」鮑注。○〔家語・正論〕｜正作由。〔左傳昭公一四年〕「｜義也夫」述聞。○〔家語〕｜作由，古字通。（同上）洪詁。○｜讀為由，字之假借也。〔述聞・卷一九〕○｜，古繇、由皆通，皆相正之義。〔詩・斯干〕「無相｜矣」後箋。○｜當為繇之假借，謂繇詞。〔小旻〕「不我告｜」通釋。○酋、｜二字古通用。〔漢書・趙充國傳〕「共斬先零大豪｜非、楊玉首」補注引王先慎。○〔說文定聲・卷六〕｜，叚借為由。〔禮記・襍記〕「則｜與祭也」。○（同上）｜，叚借為槱。〔管子・地員〕「求黽｜檀」。○（同上）｜，叚借為訧，｜、尤雙聲。〔詩・斯干〕「無相｜矣」。○（同上）｜，叚借為似，｜、以雙聲。〔詩・小星〕「實命不｜」。○（同上）｜，叚借為宜，｜、宜雙聲。〔釋言〕「猷，可也」。○（同上）｜，叚借為儀，為議，｜、儀雙聲。〔釋言〕「猷，圖也」。○（同上）｜，叚借為誘，或為詒，｜、詒雙聲。〔方言一三〕「猷，詐也」。○（同上）｜，叚借為友，｜、友雙聲。〔廣雅・釋詁一〕「猷，順也」。○（同上）｜，叚借為繇，為遙。〔詩・巧言〕「秩秩大猷」。○（同上）｜，叚借為以。〔老子〕「｜兮其貴言」。○（同上）｜，或曰借為逌。〔莊子・逍遙游〕「宋榮子｜然笑之」。○（同上）｜，叚借為籀。〔釋詁〕「猷，言也」。○（同上）｜，叚借發聲之詞。〔書・大誥〕「王若曰猷」。○（同上）｜，叚借為欲，｜、欲一聲之轉。〔禮記・禮器〕「匪革其｜」。○｜讀為欲，古字｜與欲通。〔管子〕「｜軸轉斛」雜志。○｜、搖同聲叚借。〔釋詁〕「搖，作也」郝疏。○〔說文定聲・卷六〕｜，叚借為搖。〔禮記・檀弓〕「詠斯｜」。○｜當讀為歒。〔詩・斯干〕「無相｜矣」平議。○｜豫，心疑惑也。〔慧琳音義・卷三〕引〔集訓〕。○｜豫，不定之辭。（同上）引〔考聲〕。○｜豫，｜容與也。容與者，閒適之貌，｜豫者，遲疑之情。〔義府・卷下〕○不決曰｜豫。〔離騷〕「心｜豫而狐疑兮」補注。○不決者稱｜豫。〔漢書〕「懼然」雜志。○｜豫雙聲，亦作｜與，亦作冘豫，皆遲疑之皃。〔說文〕「｜，玃屬」段注。○｜豫，字或作｜與。〔廣雅・釋訓〕「躊躇，｜豫也」疏證。○嫌疑、狐疑、｜豫、躊躇，皆雙聲字。（同上）○躊躇、｜豫，此雙聲之相近者也，躊｜、躇豫為疊韻。（同上）○〔通雅・卷六〕｜與，一作｜豫、冘與、由與。〔陳湯傳〕「將卒｜與」。○〔說文定聲・卷六〕｜豫，亦作冘豫，作由與，作｜與。〔易〕「由豫」馬注「｜豫，疑也」。○｜豫，雙聲字，楚詞之言夷｜耳。〔漢書・高后紀〕「計｜豫」補注引王念孫。○今言之則曰｜豫，轉之則曰夷｜，曰容與。〔述聞・通說〕○｜豫，雙聲字也，字或作｜與，分言之則曰｜曰豫。（同上）○｜然，舒和之貌。〔大戴・哀公問五義〕「君子｜然如將可及也」王詁。○｜然即油然。〔荀子・哀公〕「｜然如將可及者」集解引郝懿行。○〔釋詞・卷七〕｜若，｜然也。〔禮記・禮運〕「｜若可以致其敬於鬼神」。○｜若者，｜然也。〔呂覽・圜道〕「｜若立官必使之方」平議。○｜之，｜言均之也。〔論語・堯曰〕「｜之與人也」朱注。○｜，當作尤。〔詩・斯干〕「無相｜矣」朱傳引或說。○｜，一作尚。〔呂覽・異寶〕「吾｜不取」校正。○｜其，〔御覽〕作獨甚。〔自知〕「人主｜其」校正。

**蕕** ｜，臭草，水｜草。〔廣韻・尤部〕○｜，字蓋以莤酒之莤為之，疑形近誤省，即〔廣雅〕之馬唐、馬飯也。〔說文定聲・卷六〕○莤、｜古通。〔左傳僖公四年〕「一薰一｜」洪詁。○｜，當作此莤。〔說文〕「莤，艸也」義證。○｜，游也。〔說文〕「｜，水邊艸也」繫傳。

**莤** ｜，水草，一名軒于。〔廣韻・尤部〕

**輶** ｜，｜車。〔廣韻・尤部〕○｜，輕車。〔有部〕○｜，輕車也。〔集韻・有部〕○｜軒即輕車也。〔周禮・行人〕孫正義。○｜，引申為凡輕之偁。〔說文〕「｜，輕車也」段注。○｜，音由，輕也。〔詩・駟驖〕「｜車鸞鑣」朱傳。○｜，輕。〔詩・烝民〕「德｜如毛」朱傳。

**啾** ｜，｜唧，小聲。〔廣韻・尤部〕○｜，小聲也。〔楚辭・山鬼〕「猨｜｜兮又夜鳴」補注。○揫｜聳，並音即由反，義亦同也。〔廣雅・釋詁二〕「揫，小也」疏證。○｜、吣，亦一聲之轉也。〔釋詁二〕「吣，小也」疏證。○｜，或作秋，亦同。〔說文定聲・卷六〕

**嗽** ｜，小兒聲。〔廣韻・尤部〕

**揫** ｜，束也，聚也。〔廣韻・尤部〕○｜，斂也。〔漢書〕「在御旁」雜志。○｜之言細也，小也。〔說文定聲・卷六〕（「秋」下）○｜即揫。〔說文〕「｜，束也」段注。又〔左傳成公二年〕疏證。○｜與愁古字通。〔漢書〕「在御旁」雜志。○｜，通作愁。〔說文〕「｜，束也」義證。○〔說文定聲・卷六〕｜，以愁為之。〔禮記・鄉飲酒禮〕「秋之為言愁也」。○｜啾聳並音即由反，義亦同也。〔廣雅・釋詁二〕「｜，小也」疏證。○｜𪍿糕並聲近義同。（同上）○｜與叜一聲之轉。〔釋詁二〕「葼，小也」疏證。○〔說文定聲・卷六〕｜，字亦作瘷。〔廣雅・釋詁三〕「瘷，縮也」。○（同上）｜，以𪍿為之。〔漢書・律麻志〕「秋，𪍿也」。○｜，叚借為𪍿。〔說文定聲・卷六〕○｜，通作揂，又通作遒。〔釋詁〕「｜，聚也」郝疏。○｜、遒聲同，義亦同也。〔廣

雅・釋詁二」「丨，固也」疏證。○丨歛，一作醮歛。〔通雅・天文〕

酋　丨，久酒也。〔説文〕「丨，繹酒也」繫傳。○丨，終也。〔集韻・尤部〕又〔詩・卷阿〕「似先公丨矣」朱傳。○丨者，久之終也。〔釋詁〕「丨，終也」郝疏。○引申之凡久皆曰丨。〔説文〕「丨，繹酒也」段注。○丨之言久也。〔詩・卷阿〕「似先公丨矣」通釋。○丨，執也。執當作孰，與熟同。〔漢書・敘傳〕「説難既丨」補注引王念孫。○丨，長也。〔廣韻・尤部〕○丨，西方也，秋也，物皆成象而就也。〔漢書・敘傳〕「説難既丨」補注引〔太玄・玄文〕。○就與丨聲近而義同，故字亦相通也。〔漢書〕「説難既丨」雜志。○丨讀為就。（同上）○偺丨就俱一聲之轉。〔釋詁〕「丨，終也」郝疏。○丨本有就義。〔漢書・敘傳〕「説難既丨」補注引朱一新。○秋與丨亦聲近義同。〔廣雅・釋詁三〕「丨，熟也」疏證。○丨之言烌也。〔方言七〕「丨，熟也」箋疏。○丨，聚也。〔説文〕「逑，斂聚也」義證引〔太玄・玄圖〕。○丨遒湫並字異而義同。〔廣雅・釋詁一〕「湫，盡也」疏證。○丨、遒聲類同。〔周禮・考工記〕孫正義。○丨，通作遒。〔釋詁〕「丨，終也」郝疏。○丨即遒字。〔説文〕「偺，終也」段注。○丨、求聲相近。〔釋詁〕「丨，終也」邵正義。○丨者，遒之段借字。〔説文〕「逎，迫也」段注。○〔説文定聲・卷六〕丨，段借為揫，為揂。〔太玄・玄圖〕「陰丨西北」。○（同上）丨，段借為偺。〔釋詁〕「丨，終也」。○（同上）丨，段借為豪，丨、豪雙聲。〔漢書・宣帝紀〕「楊玉丨非首」。○（同上）丨，以獒為之。〔書・序〕「旅獒」。○丨即扰之段字。〔墨子・天志下〕「婦人以為春丨」閒詁。○丨，俗字作醻。〔説文定聲・卷六〕○丨字舊本作酒。〔呂覽・仲冬〕「乃命大丨秫稻必齊」校正。○丨，或作仇。〔説文〕「矛，丨矛也」義證。○丨，或作厹。（同上）○丨，鄒本作遒，〔漢・志〕就、丨兩載，音相近。〔史記・魯周公世家〕「子考公丨立」志疑。○西澤與丨繹通。〔廣雅・釋詁三〕「丨，熟也」疏證。

犨　丨，一曰牛鳴。〔説文〕「丨，一曰牛名」義證引〔初學記〕。○〔説文定聲・卷六〕丨，段借為搊。〔呂覽・召類〕「丨於前而不直」。○丨，字或作犫。〔漢書〕「班氏」雜志。○丨，〔潛夫論〕作讐。〔左傳成公一一年經〕「晉侯使郤丨來聘」疏證引李富孫。○丨、州同音相假。（同上）引臧壽恭。○丨字或通作犫。〔漢書・地理志〕「有班氏香亭」補注引王念孫。○郤丨，〔公羊〕作郤州。〔左傳成公一一年經〕「晉侯使郤丨來聘」洪詁。○丨同犫。〔廣韻・尤部〕

犫　丨，白色牛。〔廣韻・尤部〕○丨，今本作犨，雔聲。〔説文〕「丨，牛息聲」段注。○丨，當作犨。〔左傳僖公二七年〕「魏丨為右」疏證。

賙　丨，贍也。〔廣韻・尤部〕○丨，振贍也。〔集韻・尤部〕○丨即授。〔説文定聲・卷六〕

浟　丨，水流皃。〔廣韻・尤部〕○油油、滺滺、丨丨、攸攸，並字異而義同。〔廣雅・釋訓〕「油油，流也」疏證。○丨字蓋攸字變加水。〔漢書・敘傳〕「其欲丨丨」補注引沈欽韓。

滺　丨丨，流貌。〔詩・竹竿〕「淇水丨丨」朱傳。○油油、丨丨、浟浟、攸攸，並字異而義同。〔廣雅・釋訓〕「油油，流也」疏證。○丨，古止作攸。〔詩・竹竿〕「淇水丨丨」通釋。○魯丨作油。（同上）集疏。

蹂　丨，踐蹂。〔廣韻・尤部〕

揉　丨，燒木捩令曲直也，或作煣亦通。〔慧琳音義・卷八〇〕引〔考聲〕。○丨，屈申木也。〔國策・秦策三〕「十夫丨椎」鮑注。○直者更曲為丨。〔易・説卦傳〕「為矯丨」李疏。○矯、丨者，正曲使之直也。〔廣雅・釋詁三〕「矯、丨，直也」疏證。○丨，治也。〔詩・崧高〕「丨此萬邦」朱傳。○丨，捻也，順也。〔廣韻・尤部〕○丨與煣同。〔周禮・考工記〕「丨幅必齊」孫正義。○凡經傳申作丨者，皆即〔説文〕煣字之異體。〔詩・崧高〕「丨此萬邦」通釋。○丨當為煣。〔説文〕「矯，丨箭箝也」義證。○矯，撟，丨、輮，並通。〔廣雅・釋詁三〕「矯、丨，直也」疏證。

捄　丨，音求，曲貌。〔詩・大東〕「有丨棘匕」朱傳。○丨，曲貌。〔文選・曲水詩序〕集釋引王氏補注。○丨，長匕皃。〔廣韻・尤部〕○丨，長皃。〔集韻・尤部〕○丨，盛土虆中。（同上）○丨之言逑，聚也。〔詩・大東〕「有丨天畢」通釋。○丨即莍字也。〔説文〕「莍，椒茱實裹如裘也」段注。○〔説文定聲・卷六〕丨，段借為莍。〔釋木〕李注「椒，茱萸，皆有丨，丨，實也」。○丨者，觓之段借。〔詩・大東〕「有丨棘匕」通釋。○丨者，觓之假借字也。〔説文〕「觓，角皃」段注。○〔説文定聲・卷六〕丨，段借為觓。〔詩・良耜〕「有丨其角」。○〔毛詩〕之丨，亦梮之假借字也。〔説文〕「欙，山行所乘者」段注。○〔説文定聲・卷六〕丨，段借為軌，拱丨即工軌字。〔廣雅・釋詁二〕「拱、丨，瀍也」。○（同上）丨，段借為救。〔漢書・谷永傳〕「扶服丨之」。○（同上）丨，段借為丩。〔説文〕「丨，一曰擾也」。○（同上）丨，以球為之。〔詩・長發〕「小球大球」。

蒐　丨，茅丨草。〔廣韻・尤部〕○〔説文定聲・卷一二〕丨，葉似棗葉，延蔓草木上，根紫赤色。〔中山經〕「釐山，其陰多丨」。○春獵曰丨。〔廣韻・尤部〕○春獵為丨，謂丨索擇取其不字者。〔詩・騶虞〕後箋。○丨，義亦與搜同。〔廣雅・釋詁三〕「搜，衆也」疏證。○〔説文定聲・卷一二〕丨，以搜為訓。〔説苑・脩文〕「丨者，搜索之」。○丨為隱。〔左傳文公一八年〕「服讒丨慝」洪詁引服虔。○丨為簡徒。〔公羊傳昭公八年〕「丨者何，簡車徒也」述聞。○丨與捘古字通。〔方言二〕「捘，求也」箋疏。○丨者，捘之段借也。〔釋詁〕「丨，聚也」郝疏。○搜與丨古字通。（同上）述聞。○〔説文定聲・卷一二〕丨，段借為搜，為數，丨、數雙聲。〔公羊傳昭公八年〕「丨者何，簡車徒也」。○丨者當作捘。〔釋天〕「春獵為丨」郝疏。○丨與廋通。〔廣雅・釋詁四〕「廋，隱也」疏證。○〔説文定聲・卷一二〕丨，段借為廋，亦即搜字。〔左傳文公一八年〕「服讒丨慝」。○丨，本亦作廋。〔左傳隱公五年」「春一」洪詁引〔釋文〕。〇一與蓼通。〔左傳文公一八年〕「服讒一慝」疏證引王念孫。〇一亦作獀。〔左傳隱公五年〕「春一夏苗」洪詁。〇〔說文定聲·卷一二〕一，叚借為獀，此蒐之誤字。〔釋天〕「春獵為一」。〇一，古讀如瘦，因字多借蒐為獀，蒐形誤作一。〔說文定聲·卷一二〕〇或曰茅一，茹蘆皆疊韻連語。〔同上〕〇茅一染紅，故曰一白。〔通雅·卷三四〕〇〔說文定聲·卷一二〕巨一，即〔禹貢〕之渠搜。〔穆天子傳〕「巨一之人」。

颼　一飋、翏翏、颼瀏、飀飀，並字異而義同。〔廣雅·釋詁四〕「颼，風也」疏證。〇一，一飋，風兒。〔廣韻·尤部〕

叟　一一，聲也。〔詩·生民〕「釋之一一」朱傳。〇一，魯作溞。〔同上〕集疏。〇一一，一作溲溲、溞溞。〔通雅·釋詁〕〇〔夏紀〕一作搜，通用。〔漢書·地理志〕「織皮昆崙、析支、渠一」補注。〇一叚借為溲。〔說文定聲·卷六〕〇〔同上〕一，字變作颼。〔說文新附〕「颼颼，飋也」。

鎪　一，馬金耳飾。〔廣韻·尤部〕〇一，一曰馬耳也。〔集韻·尤部〕〇一，刻鏤。〔集韻·虞部〕〇刻鏤物為一。〔釋器〕「鏤，一也」鄭注。

廋　一，匿也。〔廣韻·尤部〕〇一本作廋。〔方言三〕「一，隱也」疏證。〇一、蒐、溲，古字並通。〔方言三〕「一，隱也」箋疏。〇一與搜同。〔廣雅·釋詁三〕「一，求也」疏證。〇一辭，讔喻，謂隱書也。〔通雅·釋詁〕〇一與捜同。〔方言二〕「捜，求也」箋疏。

溲　少一，謂小便尾也。〔慧琳音義·卷九七〕引顧野王。〇〔說文定聲·卷六〕一，以叟為之。〔詩·生民〕「釋之一一」。〇〔同上〕一，叚借為滫。〔晉語〕「少溲于豕牢而得文王」。〇一，小便。〔廣韻·尤部〕

鄒　一即邾也。〔史記·伍子胥傳〕「遂滅一、魯之君」志疑引〔鍾山札記〕。〇一即春秋邾子國。〔楚世家〕「一、費、郯、邳者」志疑。〇一即騶。〔漢書·樊噲傳〕「攻一魯」補注。〇周時作一、漢時作騶者，古今字之異也。〔說文〕「一，魯縣」段注。〇一，本作騶，古多以騶為一。〔史記〕「一」雜志。〇一與騶通。〔文選·永明九年策秀才文〕「文條炳於一說」集釋。〇一、騶同音通用。〔文選·兩都賦〕「制同乎梁一」集釋。〇一，或亦以騶為之。〔說文定聲·卷八〕〇一，叚借為郰。〔同上〕〇一，或亦以郰為之。〔同上〕〇一與陬同，即孟陬也。〔漢書·律歷志〕「攝提失方」補注引沈欽韓。〇一讀為陬。〔大戴·用兵〕「一大無紀」述聞。〇一，〔史記〕以騶為之。〔說文定聲·卷八〕〇邾婁為一。〔左傳僖公五年〕「公使寺人披伐蒲」疏證引惠棟。〇邾婁即一字，以一字為二字。〔公羊傳隱公元年經〕「公及邾婁儀父盟于眛」陳疏引顧炎武。

搊　一，手一。〔廣韻·尤部〕〇一，拘也。〔廣雅·釋言〕附疏證。〇一，以手指鉤也。〔慧琳音義·卷四二〕引〔考聲〕。又〔續音義·卷五〕引〔考聲〕。

㺜　一同貅，貔貅，猛獸。〔廣韻·尤部〕

髤　一之本字作𩭹。〔儀禮·鄉射禮〕「楅一」胡正義。

髹　一，本作髤，漆也。〔韓子·外儲說左上〕「與一莢者同狀」集解。

𩭹　一即以桼物之名也。〔說文〕「桼，木汁可以一物」繫傳。〇一，厀桼也，字亦作髤。〔說文定聲·卷六〕

庥　一通作茠。〔說文〕「一，休或從广」義證。

咻　一，讙也。〔孟子·滕文公下〕「衆楚人一之」朱注。〇〔義府·卷上〕一與呴同虛主反，口布氣也。〔孟子〕「衆楚人一之」。〇一，口病聲。〔廣韻·尤部〕

泅　一，人浮水上。〔廣韻·尤部〕〇一，音囚，言浮過也。〔說文〕「一，汓或從囚聲」義證引〔御覽〕。

汓　一，古文泅字。〔廣韻·尤部〕〇一，古或以一為沒，今蘇俗猶謂浮水曰游水。〔說文定聲·卷六〕〇一通作游。〔釋言〕「泳，游也」郝疏。〇一，經典借游字為之。〔說文〕「一，浮行水上也」句讀。

紬　一，引絲緒也。〔集韻·尤部〕〇抽引麤繭能紡而織之曰一。〔說文〕「一，大絲繒也」義證引〔急就篇〕顏注。〇一，大絲作。〔同上〕義證引〔玉篇〕。〇一，大絲繒也。〔廣韻·尤部〕〇一即〔左傳〕所謂大帛之冠，〔後漢〕所謂常衣大練也，今俗以一為繒帛之大名。〔說文定聲·卷六〕〇今繒帛通呼為一。〔說文〕「一，大絲繒也」段注。〇一即籀也。〔說文〕「擂，引也」段注。〇一，亦即籀字。〔說文·敘〕「諷籀書九千字」段注。〇一即籀字，亦作抽。〔漢書·司馬遷傳〕「一史記石室金鐀之書」補注引李慈銘。〇一，叚借為抽字。〔說文〕「一，大絲繒也」段注。〇〔說文定聲·卷六〕一，叚借為擂。〔廣雅·釋詁四〕「一，業也」。

裯　一，禪被。〔廣韻·尤部〕〇一，禪被也。〔集韻·尤部〕〇一為幬之叚借也。〔說文〕「幬，禪帳也」段注引鄭說。〇一，三家作幬。〔詩·小星〕「抱衾與一」集疏。〇一，今〔左傳〕作稠。〔漢書·五行志〕「一父喪勞」補注引朱一新。〇一，世本作稠。〔左傳襄公三一年〕「公子一」洪詁。〇一，〔釋文〕及諸本並誤作稠，〔古今人表〕亦作稠。〔左傳昭公二五年〕「一父喪勞」洪詁。〇一，一本作袑，音紹。〔左傳襄公三一年〕「公子一」洪詁引徐廣。

幬　一，單帳也，音稠。〔說文〕「肯，一帳之象也」繫傳。〇一，單帳也。〔詩·小星〕「抱衾與一」集疏引韓說。〇一謂之帳。〔同上〕引魯說。〇一，幔轂之革也。〔集韻·虞部〕〇一，引伸為覆一。〔說文〕「一，禪帳也」段注。〇一，覆也。〔禮記·喪大記〕「大夫殯以一」集解。〇覆者，一字之訓。〔說文定聲·卷六〕〔「燾」下〕〇凡小車轂以草冢幎為固故亦謂之一。〔考工記〕「欲其一之廉也」孫正義。〇一與幬同。〔廣雅·釋詁二〕「幬，覆也」疏證。○𤋮薵丨壽，並字異而義同。〔釋詁二〕「𤋮，覆也」疏證。○𤋮，或作燾、丨，又作薵。〔釋言〕「𤋮，載也」疏證。○燾、丨古字通。〔左傳襄公二九年〕「如天之無不丨也」洪詁。○〔史記〕丨作燾。（同上）○丨通作裯。○〔說文〕「丨，襌帳也」義證。○丨與裯通。〔釋訓〕「丨謂之帳」邵正義。○丨，以裯為之。〔說文定聲・卷六〕○（同上）丨，叚借為翳。〔後漢・班固傳〕「撫鴻幢」注引〔廣雅〕「幢謂之丨」。○丨，徐言之則曰兜鍪。〔廣雅・釋器〕「兜鍪謂之冑」疏證。○丨帳，旛旗之象。〔說文〕「青，丨帳之象」義證引〔六書正譌〕。

⿰巾𠷎 丨，今作幬，與薵同。〔方言一二〕「薵，覆也」箋疏。

儵 丨，今之白餐條也。〔說文定聲・卷六〕○丨，白鯈也，其形纖長而白，今人謂之參。〔說文〕「丨，魚名」義證引〔爾雅翼〕。○丨，江淮之間謂之鰲。（同上）義證引〔埤雅〕。○鮓，丨也。〔廣雅・釋魚〕○丨，魚子，魚名。〔廣韻・尤部〕○丨，字或作鰷。〔說文〕「丨，魚名」義證。○丨，字又作鰷、鯈。〔說文〕「丨，魚也」句讀。○丨，亦作鮍，亦作鮋，俗作鰷。〔說文〕「丨，丨魚也」段注。○丨，字亦作鮂。〔說文定聲・卷六〕○丨鯀，陽鱎也。〔通雅・魚〕○丨，今音迢。〔說文〕「丨，丨魚也」段注。○〔通雅・卷九〕丨是鯈。〔管子〕「丨丨之魚」。○丨，又借儵字。〔說文〕「丨，魚名」義證。○丨作儵。〔左傳僖公二三年〕「公子取季隗生伯丨」洪詁引〔釋文〕。

啁 丨，丨噍，鳥聲。〔廣韻・尤部〕○丨哳，聲繁細貌。〔楚辭・九辯〕「鵾鷄丨哳而悲鳴」補注。

球 丨，美玉也，古以為磬，亦為笏，亦為刀室飾。〔說文定聲・卷六〕○（同上）丨，佩也。〔楚辭・東皇太一〕「璆鏘鳴兮琳琅」。○丨者，捄之假借，訓法。〔詩・長發〕「受小丨大丨」通釋。○丨讀為捄，法也。（同上）述聞。○丨、共皆法也，丨讀為捄。〔廣雅・釋詁一〕「捄，法也」疏證。○丨，古字當作求，或作捄。〔詩・長發〕「受小丨大丨」後箋。○〔說文定聲・卷六〕丨，叚借為軌，與共同義，法也。〔詩・長發〕「受小丨大丨」。○（同上）丨，叚借為鏐。〔書・禹貢〕「璆鐵銀鏤」。○（同上）丨，叚借為蟉。〔史記・禮書〕「金薄璆龍」。○鳴丨是已成之磬，其未成器者謂之天丨，言天然之丨也。〔說文〕「丨，玉磬也」義證引胡渭。○〔夏紀〕丨作璆。〔漢書・地理志〕「貢丨、琳、琅玕」補注。

逑 丨，本訓當為干求之求，許君既以求為裘之古文，則此字宜訓進取。〔說文定聲・卷六〕○丨，聚也。〔詩・民勞〕「以為民丨」朱傳。○丨，匹也。〔廣韻・尤部〕又〔詩・關雎〕「君子好丨」朱傳。○怨偶曰丨。〔說文〕「丨，斂聚也」繫傳。○丨、仇古多通用。〔說文〕「丨，又曰怨匹曰丨」段注。○丨、仇異字。〔詩・關雎〕「君子好丨」後箋。○丨為仇之假借。（同上）○丨，叚借為仇、為雔。〔說文定聲・卷六〕○魯、齊丨作仇。〔詩・關雎〕集疏。○丨、勼音義略同。〔說文〕「丨，斂聚也」段注。○〔說文定聲・卷六〕丨，叚借為勼。〔說文〕「斂，聚也」引〔書・堯典〕「旁丨孱功」。○丨與逭同。



〔釋訓〕「惟丨鞠也」述聞。○丨、逭聲近義同。〔廣雅・釋詁三〕「逭，迫也」疏證。○〔說文定聲・卷六〕丨，叚借為逭，或為遒。〔釋訓〕「速速、蹙蹙，惟丨鞠也」。○（同上）丨謂逭窘字。〔釋訓〕「丨鞠」注以窮迫為訓。○丨者與求同。〔釋訓〕「速速，惟丨鞠也」郝疏。○丨，經典借遒字。〔說文〕「丨，斂聚也」義證。○丨，又借酋字。（同上）○〔說文定聲・卷六〕丨，字亦作求。劉歆〔與揚雄書〕「逌人使者以歲八月巡路求代語僮謠」。○魯說「蹙蹙，丨鞠也」，丨鞠，義為窮迫。〔詩・節〕「蹙蹙靡所騁」集疏。○丨，今人作仇。〔說文〕「丨，斂聚也」繫傳。○丨，今〔堯典〕作鳩。〔說文〕「丨，虞書曰旁丨孱功」段注。○丨，〔外戚傳〕作術。〔漢書・外戚恩澤侯表〕「元始四年，侯丨嗣」補注。

絿 丨，急也。〔集韻・幽部〕○丨，同紈，急引也。〔廣韻・尤部〕○丨，緩也。〔詩・長發〕「不競不丨」朱傳。○丨，字亦作紈。〔說文定聲・卷六〕○（同上）丨，叚借為逑，或為賕。〔廣雅・釋詁三〕「丨，求也」。○（同上）丨，叚借為幼。〔周書・王會〕「紈牛者，牛之小者也」。

紈 丨即絿，以絿為之。〔說文定聲・卷六〕（「求」下）○丨又通作觩。〔文選・曲水詩序〕集釋。

銶 丨，鑿屬。〔廣韻・尤部〕又〔集韻・幽部〕。又〔說文〕「梂，一曰鑿首」義證引〔玉篇〕。○丨，音求，木屬。〔詩・破斧〕「又缺我丨」朱傳。○丨，茮屬。茮，臿也，掘地起土之物。（同上）後箋。

觩 丨音求，角上曲貌。〔詩・桑扈〕「兕觥其丨」朱傳。○丨，角皃，或作觓、捄。〔集韻・尤部〕○丨，匕曲皃。〔廣韻・幽部〕○丨，弓健貌。〔詩・泮水〕「角弓其丨」朱傳。○觓、丨古字通。〔左傳成公一四年〕「兕觥其丨」洪詁。

觓 丨，角爵皃。〔廣韻・幽部〕○丨，若弓之弛也。〔說文〕「丨，角皃也」繫傳。○丨，岐皃。〔說文定聲・卷六〕（「捄」下）○丨，俗作觩。〔說文〕「丨，角皃」段注。○丨，今〔詩〕作觩。〔說文〕「丨，角皃也」繫傳。○丨，通作捄。（同上）義證。○丨、疛，並與糾聲近義同。〔廣雅・釋詁一〕「糾，急也」疏證。

俅 丨，戴也。〔廣韻・尤部〕○丨丨，訓為冠服貌。〔詩・絲衣〕「載弁丨丨」通釋。○丨音求，丨丨，恭順貌。（同上）朱傳。○韓丨作頯。（同上）集疏。○丨，字或作頯。〔說文〕「丨，冠飾皃」義證。○〔說文定聲・卷六〕丨字亦作頯。〔玉篇・頁部〕引詩「戴弁頯頯」。

賕 丨，財賄。〔廣韻・尤部〕○丨，質也。〔說文〕「丨，以財物枉法相謝也」義證引〔玉篇〕。○以財求事曰丨。（同上）引〔急就篇〕顏注。○枉法受財曰丨。〔慧琳音義・卷一三〕引〔韻詮〕。○枉法受賂曰丨，音求。〔通鑑・唐紀八〕「上患吏多受丨」音注。○丨，非理而求之也。〔說文〕「丨」繫傳。○丨，字亦作求。〔廣雅・釋詁四〕「丨，謝也」疏證。○丨，〔史・表〕作求。〔漢書・高惠高后文功臣表〕「有請丨吏，死」補注。○丨當作財。〔漢書・

尹賞傳」「受｜報仇」補注引宋祁。

**蜉** ｜蝣者，飛蟻子也。〔慧琳音義·卷八六〕〇｜蝣，渠略。〔詩·蜉蝣〕「｜蝣之羽」集疏引魯說。〇｜蝣，渠略也，似蛣蜣，身狹而長角，黃黑色，朝生暮死。（同上）朱傳。〇｜，蚍｜，大螘。〔廣韻·尤部〕〇｜蝣之言浮游也。〔方言一一〕「｜蝣，秦晉之間謂之蟝蠀」箋疏。〇｜蝣亦作浮游，蝣又作蝣。〔方言一一〕疏證。

**桴** ｜乃鼓槌之名。〔本草·卷一二〕〇齊人云屋棟曰｜。〔廣韻·尤部〕〇｜之言浮，高出在上之言也。〔釋宮〕「棟謂之｜」郝疏。〇｜，枹之借字。〔左傳成公二年〕「右援枹」疏證引李富孫。〇〔說文定聲·卷六〕｜，叚借為枹。〔禮記·禮運〕「蕢｜而土鼓」。〇（同上）｜，叚借為罦，孚、不雙聲。〔禮記·明堂位〕注「今｜思也」。〇（同上）｜，字亦變作艀。〔廣雅·釋水〕「艀，舟也」。〇｜亦泭也。〔釋水〕「庶人乘泭」郝疏。〇｜思，亦作罘罳、罘罳，疊韻連語。〔說文定聲·卷六〕

**罦** 雉网曰｜。〔說文定聲·卷五〕〇罦罳，字或作罘思，或作桴思，或作浮思、覆思。〔廣雅·釋宮〕「罦罳謂之屏」疏證。

**⿱罒包** ｜同罦，覆車網也。〔廣韻·尤部〕〇｜，今毛傳作罦。〔說文〕「詩曰雉離于｜」段注。〇｜、罯、罘並同。〔廣雅·釋器〕「罯，兔罟也」疏證。

**罘** ｜，兔罟。〔廣韻·尤部〕〇｜，翻車大綱也。〔通鑑·漢紀二四〕「張羅罔罝｜」音注。〇｜，謂與罦同字，否、孚雙聲。〔說文定聲·卷五〕〇｜同罯。〔漢書·司馬相如傳〕「｜罔彌山」補注引〔玉篇〕。〇⿱罒包罯｜並同。〔廣雅·釋器〕「罯，兔罟也」疏證。〇｜罳，網綴交疏也。〔通雅·卷三八〕〇浮思、｜罳、覆思，並聲近字通。〔周禮·考工記〕孫正義。〇｜罳，｜者浮也，罳者思也，謂織絲之文輕疏虛浮之貌，蓋宮殿門闕有此物也。〔漢書·文帝紀〕「未央宮東闕｜罳災」補注引蘇鶚。〇｜罳，屏也，｜者復也，罳者思也，臣朝君至屏外，復思所奏之事於其下。（同上）補注引〔通鑑〕胡注。〇｜罳，匠人城隅謂角浮思也，則浮思小樓也，然則屏上亦為屋，以覆屏牆，故稱屏曰浮思。（同上）補注引〔通鑑〕胡注。〇｜罳，〔漢書〕作｜思，〔考工記〕注作浮思，〔明堂位〕注作桴思，皆古字假借。（同上）補注引王念孫。

**罯** ｜，兔罔也。〔集韻·脂部〕〇｜，兔罝也。〔說文〕「｜，兔罟也」義證引〔復古編〕。〇兔网曰罯。〔說文定聲·卷五〕〇罯罳，如今照墻上所覆之屋謂之罘罳，故城隅及闕上之小樓亦曰浮思。（同上）〇｜之言覆也。〔廣雅·釋器〕「｜，兔罟也」疏證。〇｜或作罘。〔說文〕「｜，兔罟也」義證。〇｜，隸作罘。（同上）段注。又（同上）句讀。

**麰** ｜，大麥也。〔孟子·告子上〕「今夫｜麥」朱注。〇｜，今大麥也。〔說文〕「｜，麥也」繫傳。〇｜之言牟，大麥也。〔方言一三〕箋疏。〇｜，小麥也。〔通鑑·唐紀七三〕「行密乃積金帛｜米於一寨」音注。〇｜，此字後出，〔詩〕只作牟。〔說文定聲·卷六〕〇今〔毛詩〕｜作牟，古文假借字也。〔說文〕「詩曰詒我來｜」段注。〇｜又或作⿱敄麥。〔說文〕「｜，來｜麥也」義證。〇｜，浙本作⿱敄麥。〔漢書·劉向傳〕「又曰飴我釐｜」補注引宋祁。〇｜，大麥，又短粒麥。〔廣韻·尤部〕

**⿱艹牟** ｜同麰。〔廣韻·尤部〕〇｜，艸名。〔集韻·矦部〕

**⿱敄麥** ｜，大麥也。〔詩·思文〕「貽我嘉｜」集疏引韓說。〇｜者，麰之別體也。〔文選·典引〕「黃｜」集釋。

**蛑** ｜，蝤｜，似蟹而大。〔廣韻·尤部〕〇｜、髦一聲之轉。〔方言一一〕「蟷蠰謂之髦」疏證。〇｜與髦字異音同。〔釋蟲〕「蟷蠰，｜」郝疏。

**蟊** ｜是蠃屬。〔說文〕「｜，蟲食艸根者」段注。〇｜通作蝥。（同上）義證。〇｜，今人叚蝥為之。（同上）段注。〇｜，以蝥為之。〔說文定聲·卷六〕〇（同上）｜，以牟為之。〔禮記·月令〕「毋或侵牟」。〇（同上）｜，以侔為之。〔東海廟碑〕「收責侵侔」。

**鍪** ｜，兜｜。〔國策·韓策一〕「堅甲盾鞮｜鐵幕」鮑注。〇｜，兜｜，首鎧。〔廣韻·尤部〕〇｜，釜也。〔廣雅·釋器〕〇｜，即今所謂鍋也。〔說文〕「｜，鍑屬」義證引〔急就篇〕顏注。〇｜，亦曰鏃鑪。（同上）〇｜，金屬。〔說文〕「號，土｜也」繫傳。〇｜，或作堥。〔廣雅·釋器〕「｜，釜也」疏證。〇〔說文定聲·卷六〕｜，以牟為之。〔禮記·內則〕「敦｜卮匜」。〇｜，字亦作堥，或曰借為號。〔說文定聲·卷六〕〇（同上）｜，叚借為冃。〔淮南子·氾論〕「古者有｜」。

**餱** ｜，食。〔詩·公劉〕「迺裹｜糧」朱傳。〇｜，乾食。〔廣韻·侯部〕〇｜，乾糧也。〔孟子·梁惠王下〕「乃裹｜糧」朱注。〇今人謂飯乾為｜。〔說文〕「｜，乾食也」繫傳。又（同上）段注引小徐。〇｜，〔初學記〕引作糇。〔左傳昭公三二年〕「書｜糧」洪詁。〇｜通作糗。〔釋言〕「｜，食也」郝疏。〇｜，今書作糗糧。〔說文〕「周書曰峙乃｜粻」段注。〇｜通作糇。〔說文〕「｜，乾食也」義證。〇〔說文定聲·卷八〕｜，字亦作糇。〔廣雅·釋器〕「糇，糒也」。

**糇** ｜，本作餱。〔廣雅·釋器〕「｜，糒也」疏證。

**鍭** ｜，箭鏃。〔廣韻·侯部〕〇｜，金鏃翦羽矢也。〔詩·行葦〕「四｜既鈞」朱傳。〇｜者，鐵鏃之矢名也。〔方言九〕「箭，江淮之間謂之｜」疏證。〇｜作翭。（同上）箋疏。〇｜當讀為侯，與聘義同。〔穀梁隱公元年傳〕「聘弓｜矢不出竟場」平議。〇｜，字或作翭。〔說文〕「｜，矢金鏃翦羽謂之｜」義證。〇｜矢，〔士喪禮〕作翭矢。〔說文〕「翭，羽本也」段注。

歐丨，胃中病也。〔慧琳音義·卷六六〕引〔字書〕。○〔通雅·卷一〕丨，音嘔，謂拳丨也。〔張良傳〕「欲丨之」。○丨漚嘔並與甌同。〔方言一〕注「西甌駱越別種也」箋疏。○〔說文定聲·卷八〕丨，叚借為謳。〔三公山碑〕「百姓丨歌」。○丨，叚借為傴。〔說文定聲·卷八〕○（同上）丨，叚借為毆。〔漢書·食貨志〕「今丨民而歸之」。○（同上）丨，叚借發聲之詞，越為丨越，猶邾為邾婁、吳為句吳，皆雙聲疊韻之方言也。〔周書·王會〕「丨人蟬蛇」注「東越之人也」。○丨，與敺、毆同音驅。〔史記·萬石張叔列傳〕「自丨為吏」志疑。

膢丨，八月祭名。〔廣韻·侯部〕○丨，立秋祭名，通作劉。〔集韻·尤部〕○立秋之丨，本作劉，謂始殺也。〔漢書·武帝紀〕「丨五日」補注引劉昭。○諸家以丨為貙丨，貙丨者立秋行之。（同上）引錢大昭。

慺丨，一曰勤也。〔集韻·侯部〕○丨丨，謹敬皃。（同上）○丨丨，謹敬之皃。〔集韻·矦部〕○丨丨，恭謹貌。〔通鑑·魏紀七〕「今者恪等丨丨」音注。○丨丨，悅也。〔通雅·釋詁〕

摟丨，必兼曳、聚二義。〔孟子·告子下〕「踰東家牆而丨其處子」焦正義。○丨，曳也。〔廣韻·虞部〕○丨，牽也。〔告子下〕「丨諸侯以伐諸侯者也」朱注。○丨，探取。〔廣韻·侯部〕○丨諸侯，即聚諸侯也。〔爾雅〕「蒐丨聚也」述聞。○丨者，通作婁，又通作蔞，又通作僂。〔釋詁〕「丨，聚也」郝疏。○丨，通作婁，又通作僂，又通作蔞。〔說文〕「丨，曳聚也」義證。○〔說文定聲·卷八〕丨，以婁為之。〔左傳定公一二年〕「既定爾婁豬」。○丨，亦省作婁。〔說文〕「丨，曳聚也」句讀。○丨牢略，俱一聲之轉。〔釋詁〕「丨，聚也」郝疏。○丨又通作柳。〔說文〕「丨，曳聚也」義證。○丨羅，即婁羅。〔通雅·卷四九〕○今語丨搜，亦云羅娑，亦云丨羅。〔通雅·襍用〕

彄丨，弓丨。〔廣韻·侯部〕○丨者，弓弩兩耑弦所居也。〔說文定聲·卷五〕〔「緮」下〕○丨者，弓弩耑弦所凥也。〔說文〕「緮，彈丨也」段注。○丨，兩頭隱弦處曰丨。〔說文〕「丨，弓弩耑弦所凥也」段注。○丨，管弦者也。〔說文〕「丨，弓弩耑弦所居也」義證。○筆管亦謂之丨。（同上）○丨亦管也。〔廣雅·釋樂〕「籟謂之簫」疏證。○丨，讀曰區，區為藏也。〔春秋名字解詁〕「魯公子丨字子臧」述聞。○〔說文定聲·卷八〕丨，叚借為韝。〔周禮·繕人〕釋文引劉音「丨，韝字之異者」。○（同上）丨，叚借為投。〔列子·黃帝〕「以瓦摳者巧」釋文「摳，探也」。

摳丨，褰裳。〔廣韻·虞部〕○丨，褰裳也。〔集韻·虞部〕○丨，挈衣。〔說文〕「丨，一曰丨衣升堂」義證引〔玉篇〕。○丨，攝衣也。（同上）義證引〔五經文字〕。○丨，丨衣，挈衣也。〔廣韻·侯部〕○丨，謂以手挈衣前也。〔慧琳音義·卷八七〕引顧野王。○丨衣，謂以手於衣下舉裙使不躓步也。〔說文〕「丨，繑也，一曰丨衣升堂」繫傳。○〔說文定聲·卷八〕丨，謂扣結所紐也，今俗鈕扣字以扣為之。〔說文〕「丨，繑也」。○揭、褰、丨一聲之轉，故亦並訓為舉也。〔廣雅·釋詁一〕「揭，舉也」疏證。○丨，提也。〔說文〕「丨，繑也」段注。又〔大戴·主言〕「肅然丨衣下席」王詁。○丨，義為矯枉。〔說文〕「丨，繑也」段注。○〔說文定聲·卷八〕丨，叚借為投。〔列子·黃帝〕「以瓦丨者巧，以黃金丨者惛」。

牏丨，築垣短版。〔廣韻·侯部〕○丨為短版，築墻兩頭。〔說文〕「丨，築墻短版也」義證。○丨，一曰若紐，丨施于兩耑亦謂之楨，其施于兩邊之長版曰栽，一縮一橫也。〔說文定聲·卷八〕○⿰俞刂窬丨三字並度矦反，義相近也。〔廣雅·釋詁四〕「⿰俞刂，剜也」疏證。

軥丨，車丨心木，又夏后之輅曰丨也。〔廣韻·侯部〕○鉤與丨通。〔廣雅·釋器〕「丨，車也」疏證。○〔說文定聲·卷八〕丨，叚借為鉤。〔考工記·車人〕「以鑿其丨」。○（同上）丨，叚借為句。〔禮記·明堂位〕「鉤車，夏后氏之路也」。

裒丨，聚。〔詩·殷武〕「丨荊之旅」朱傳。○丨，聚也。〔常棣〕「原隰丨矣」朱傳。又〔般〕「丨時之對」朱傳。又〔廣韻·侯部〕。○丨，聚也，或作裦。〔集韻·尤部〕○丨，與掊同，取也。〔通鑑·魏紀七〕「願君侯丨多益寡」音注。○丨者，捊之叚音也。〔釋詁〕「丨，聚也」郝疏。○丨者，捊之俗。〔說文〕「捊，引堅也」段注。○丨，即捊之俗。〔詩·常棣〕「原隰丨矣」陳疏。○丨，即捊之別體，讀為俘。〔殷武〕「丨荊之旅」通釋。○魯丨作捊。〔常棣〕「原隰丨矣」集疏。○丨當為捊。〔般〕「丨時之對」陳疏。○丨與掊通。〔廣雅·釋詁二〕「丨，減也」疏證。○〔通雅·卷八〕丨尅即掊克。〔南齊書·竟陵王子良〕「守宰相繼，務在丨尅」。○丨掊抔，義並與捊同。〔廣雅·釋詁一〕「捊，取也」疏證。○丨與⿰女孚亦聲近義同。〔廣雅·釋詁三〕「丨，多也」疏證。○俘之通作丨。〔詩·殷武〕「丨荊之旅」述聞。○丨字，裦字之俗也。〔常棣〕「原隰丨矣」通釋。○官本注丨作裦。〔漢書·宣帝紀〕「雖休勿休，祇事不怠」補注。

鬮丨，力取是此字本義，今人以為拈丨字。〔說文〕「丨，鬥取也」段注。○丨，手取也。〔說文〕「丨，鬭取也」義證引〔玉篇〕。○丨，丨取也。〔廣韻·尤部〕○丨，今以為拈丨字。〔說文定聲·卷五〕○（同上）丨，以摳、以彄為之。〔列子·黃帝〕「以瓦摳者巧」釋文「摳，探也，以手藏物探而取之曰摳，亦曰藏彄」。

髏丨，髑丨。〔廣韻·侯部〕○丨，人頂骨，字亦作顱。〔說文定聲·卷八〕○丨鬘，以丨骨為鬘，裝頭掛頸以為飾。〔慧琳音義·卷八三〕

螻丨，丨蛄。〔禮記·月令〕「丨蟈鳴」集解引蔡邕。○丨，丨蛄，一曰螜，天丨。〔國策·齊策一〕「則丨蟻得意焉」鮑注。○丨，丨蛄，一名仙蛄，一名石鼠。〔廣韻·侯部〕○丨，今之土狗也。〔說文〕「丨，丨蛄也」段注。○丨，今謂之土狗，黃色，四足，頭如狗，喜夜鳴，聲如蚯蚓，喜就燈光，京中謂之拉拉。〔說文定聲·卷八〕○丨蛄，或又謂之⿰虫留蛄。〔廣雅·釋蟲〕「炙鼠，丨蛄也」疏證。○丨蛄，會稽謂之⿰虫留蛄。〔說文〕「丨，丨蛄也」義證引

〔廣志〕。〇丨，字亦作蟉，亦名蠽，或謂之鼦鼠。〔說文定聲·卷八〕〇不丨，〔意林〕作不蠹。〔呂覽·數盡〕「户樞不丨」校正。

**璆** 丨，同球，美玉。〔廣韻·尤部〕〇丨，美玉之名。〔釋器〕「丨，玉也」鄭注。〇丨，青色玉。（同上）郝疏。〇丨鏘，玉聲。〔屈賦·東皇太一〕「丨鏘鳴兮琳琅」戴注。

**兜** 丨，丨鍪，首鎧也。〔廣韻·侯部〕〇丨，古謂之冑，冑所以冡冒其首，故謂之丨，亦曰丨鍪者疊韻連語。〔說文定聲·卷八〕〇（同上）丨，轉注，蒙蔽之意，或曰兜之譌字。〔晉語〕「在列者獻詩，使勿丨」。〇丨，當為兜，勿丨，謂勿壅蔽也。〔國語·晉語〕「使勿丨」述聞。〇丨鍪，冑也。〔墨子〕「鞮瞀」雜志。〇丨鉾，首甲也，古謂之冑。〔說文〕「丨，兜鍪也」義證引〔急就篇〕顏注。〇丨鍪，丨者擁蔽之名，鍪者覆冒之名，故帽亦謂之丨鍪。〔廣雅·釋器〕「丨鍪謂之冑」疏證。〇丨鍪，或作鞮鍪。〔說文〕「丨，丨鍪」義證。〇丨率陁，梵語，又云覩史多，上方欲界天名。〔慧琳音義·卷一二〕〇丨當作覞。〔說文〕「覞，目蔽垢也」義證引〔一切經音義〕。〇（同上）丨，叚借為覞。〔說文定聲·卷八〕引〔說文〕「蔸丨」。〇（同上）丨，叚借發聲之詞，丨離猶侏儷也，或曰借為吺哆。〔後漢·列女傳〕「丨離」。〇丨與朱近。〔文選·兩都賦〕「僸侏丨離」集釋。〇丨、都聲轉。〔釋詁〕「胥，皆也」郝疏。

**句** 丨，从丩口聲，正當讀如今言鉤，俗作勾。〔說文定聲·卷八〕〇古音丨讀如鉤，別之曰章句之句。〔說文〕「瞿，讀若章句之句」段注。〇丨，曲也。〔大戴·勸學〕「其流行痺下倨丨」王詁。〇丨，曲也。〔說文〕「雊，雷始動，雉乃鳴而丨其頸」段注。〇丨，曲之也。〔大戴·曾子立事〕「與其倨也，寧丨」王詁。〇凡曲折之物，侈為倨，歛為丨。〔說文〕「丨，曲也」段注。〇凡地名有丨字者，皆謂山川紆曲。（同上）〇丨，留也，牽也。〔慧琳音義·卷六二〕引〔考聲〕。〇丨，考也，稽也。〔通鑑·梁紀四〕「對丨奏案」音注。〇丨亦作鉤。〔漢書·地理志〕「丨町」補注。〇丨即彀之假借，善也。〔詩·行葦〕「敦弓既丨」通釋。〇丨，或借拘字。〔說文〕「丨，曲也」義證。〇丨、侯聲近而通。〔漢書〕「冕侯」雜志。〇〔說文定聲·卷八〕丨曲又讀如紀，一聲之轉。〔說文〕「丨，讀若人丨脊之丨」。〇（同上）丨，叚借為九。〔淮南子·墬形〕「丨嬰民」。〇（同上）丨，叚借發聲之詞。〔越語〕「南至於丨無」。〇丨圜，曲而圜也。〔漢書·天文志〕「有丨圜十五星」補注。〇丨廉，岸曲之稜也。〔通雅·卷一七〕〇至宋以後名教坊曰勾欄。〔通雅·卷三八〕〇倨丨猶侈歛也。〔說文定聲·卷八〕〇東海之神曰丨芒。〔楚辭·遠游〕「吾將過乎丨芒」補注引〔金匱〕。〇木正曰丨芒。（同上）補注引〔左傳〕。〇丨芒，地示。〔墨子·明鬼下〕「予為丨芒」閒詁。〇〔說文定聲·卷一八〕〔「鼆」下〕丨鼆，猶曰丨芒，曰丨萌也。〔左傳文公一五年〕「一人門于丨鼆」。〇丨望即丨芒，乃少昊之子重。〔史記·五帝紀〕「橋牛父曰丨望」志疑。〇丨星即紫宮中之後丨四星。〔漢書·天文志〕「名曰丨星」補注。〇丨股之法。古九數謂之旁要，漢曰丨股。〔說文定聲·卷八〕〇丨容，以縣有丨曲山得名。〔史記·王子侯者年表〕「丨容」志疑。〇丨陵，徐廣作容陵，長沙之縣也。（同上）「丨陵」志疑。〇丨澨，在今襄陽府均州西。〔說文定聲·卷一〕〔「澨」下〕

**妯** 丨，動。〔詩·鼓鐘〕「憂心且丨」朱傳。〇丨，動也。〔集韻·尤部〕〇丨，動也，或作儔。〔洪部〕〇丨，動也，悼也。〔廣韻·尤部〕〇丨通作陶。〔詩·鼓鐘〕「憂心且丨」通釋。〇韓丨作陶。（同上）集疏。〇丨迪通，又通作陶，又通作怞。〔釋詁〕「丨，動也」郝疏。〇〔說文定聲·卷六〕丨，叚借為悼。〔詩·鼓鐘〕箋「丨之言悼也」。〇丨，齊、魯作怞。〔詩·鼓鐘〕「憂心且怞」集疏。〇丨，三家詩以怞為之。〔說文定聲·卷六〕

**惆** 丨，丨悵。〔廣韻·尤部〕〇丨，玄捩。〔集韻·幽部〕〇丨悵，悲哀也。〔楚辭·九辯〕「丨悵兮而私自憐」補注引五臣注。〇丨悵，悲愁也。〔說文〕「丨，失意也」義證引〔玉篇〕。〇丨，字或作怊。（同上）義證。〇〔說文定聲·卷六〕丨，字亦作怊，丨怊一聲之轉。〔說文新附〕「怊，悲也」。

**菆** 丨，麻莖。〔說文〕「丨，麻蒸也」義證引〔韻譜〕。〇丨，草名。〔廣韻·尤部〕〇丨，即〔爾雅〕蔖謂之茲，〔公羊傳〕之負茲也。〔說文定聲·卷八〕〇丨，矢之善者。〔廣韻·尤部〕〇丨，字或作叢，叢丨皆以取為聲，故皆有緅音也。〔漢書〕「前侯」雜志。〇丨為叢之借字。〔文選·安陸昭王碑文〕集釋。〇〔說文定聲·卷八〕丨，叚借為叢。〔廣雅·釋詁三〕「丨，餘也」。〇丨，古文作騶。〔左傳宣公一二年〕「左射以騶」疏證。〇古丨字作騶。〔宣公一二年〕「抽矢丨」疏證。〇丨與騶同也。〔儀禮·既夕禮〕「御以蒲丨」胡正義。〇〔說文定聲·卷八〕丨，叚借為冣。〔左傳宣公一二年〕「抽矢丨」。〇丨，一作廄。〔說文〕「熜，然麻蒸也」段注。

**疁** 丨，治山田之法，焚其草木而下種。〔說文定聲·卷六〕〇丨，田不耕而火種。〔廣韻·尤部〕〇丨，火田種也。〔集韻·屋部〕〇丨，田不耕燒種也。〔說文〕「丨，燒種也」義證引〔玉篇〕。〇丨、僇古字通。〔管子〕「倮大衍」雜志。〇丨，通作戮，又通作僇。（同上）

**褠** 丨，禪衣。〔廣韻·侯部〕〇丨，單衣也。〔通鑑·晉紀四〕音注。

**𢅏** 丨，上衣也，或作褠。〔慧琳音義·卷八七〕引〔字書〕。〇丨，上衣。〔文選·南都賦〕「巾丨鮮明」補正引〔字書〕。〇丨，單衣。（同上）集釋。〇丨，〔說文〕作韝，臂衣也。（同上）

**篝** 丨，燻籠。〔廣韻·侯部〕〇丨，竹籠也。〔說文〕「丨，笿也」繫傳。〇丨，籠笿也。〔說文〕「丨，籠笿也」義證引〔玉篇〕。〇〔通雅·卷三四〕丨，一名笿，笿音落。〔楚辭〕「秦丨齊縷鄭綿絡」。〇丨，一名笿，盛杯器也。〔說文〕「丨，籠笿也」義證引〔急就篇〕顏注。〇蜀下負物籠上大下小而長謂之丨笿。〔說文〕「籯，笿也」義證引〔類篇〕。〇丨，謂房室籠笿之地。〔說文定聲·卷八〕〔「苒」下〕〇丨火，今俗言籠火。〔說文〕「丨，笿也」句讀。○⿱竹耩與丨通。〔廣雅・釋器〕「丨，籠也」疏證。○〔說文定聲・卷八〕丨，以冓為之。〔詩〕「中冓」。○（同上）丨，字亦作篝。〔廣雅・釋詁四〕「篝，夜也」。

**⿱竹耩** 丨與篝同。〔方言五〕「篝，陳楚宋魏之間謂之牆居」箋疏。

**篝** 丨，籠也。〔楚辭・招魂〕「秦丨齊縷」補注。○丨，箸也，可熏衣。（同上）

**抔** 丨，手掬物也。〔廣韻・侯部〕○裒丨掊，義並與捊同。〔廣雅・釋詁一〕「捊，取也」疏證。○新本丨作掊。〔漢書・張釋之傳〕「假令愚民取長陵一丨土」補注引宋祁。○丨，官本皆作杯。（同上）

**呦** 丨，鹿鳴。〔廣韻・幽部〕○丨丨，鹿鳴聲。〔慧琳音義・卷七九〕引〔古今正字〕。○丨丨，聲之和也。〔詩・鹿鳴〕「丨丨鹿鳴」朱傳。○古或借𣢾為丨。〔說文定聲・卷六〕

**緱** 丨，劍首纏絲手所握處也。〔說文定聲・卷八〕○丨，刀劍首飾。〔集韻・矦部〕

**⿰髟侯** 丨，髮至眉，或作髳。〔廣韻・尤部〕

**髳** 丨，羌地名，丨地之長也。〔說文〕「髳，髮至眉也」繫傳。○丨，字亦與髦通。〔書・牧誓〕「及庸、蜀、羌、丨、微」孫疏。

**嘔** 丨呪，小兒語也。〔廣韻・侯部〕○丨，古謳字。〔漢書・朱買臣傳〕「數止買臣毋歌丨道中」補注引沈欽韓。○丨血，〔外傳〕作嗃血。〔左傳哀公二年〕「吾伏弢丨血」洪詁。

**婾** 丨，樂也。〔離騷〕「聊假日以丨樂兮」補注。又〔楚辭・卜居〕「以丨生乎」補注。○丨，巧也。〔九辯〕「食不丨而為飽兮」補注。○丨，薄也，巧黠也。〔廣韻・侯部〕○丨為巧黠，故引申為偷盜。〔詩・山有樞〕「他人是愉」後箋。○丨字即愉字意。〔漢書・酷吏傳〕「惡能勝其任而丨快乎」補注引勵宗萬。○丨與偷同。〔通鑑・漢紀五〕「是以道諛丨合苟容」音注。○丨通作偷。〔廣雅・釋詁三〕「丨，且也」疏證。又〔說文〕「丨，巧黠也」義證。○丨，字亦作偷。〔說文定聲・卷八〕○愉偷丨並字異而義同。〔廣雅・釋詁一〕「丨，禣也」疏證。○〔說文定聲・卷八〕丨，段借為愉。〔漢書・食貨志〕「民丨甘食好衣」。○（同上）丨，段借為揄。〔淮南・說林〕「偷肥其體」。

**繆** 丨，絲千累。〔廣韻・尤部〕○丨者，交錯之形。〔說文〕「縻，乘輿金耳也」段注。○丨，纏綿也。〔通鑑・晉紀一六〕「綢丨往來」音注。○丨，細也，或作糾。〔集韻・幽部〕○丨即糾字。〔說文〕「綸，糾青絲綬也」段注。○丨織即糾也。〔說文〕「綸，青絲綬也」義證。○丨，即糾之假字。〔墨子・非命中〕「不丨其耳目之淫」閒詁。○〔說文定聲・卷六〕丨，段借為糾。〔禮記・檀弓〕「衣衰而丨絰」。○（同上）丨，段借為摎、為繆。〔漢書・外戚傳〕「即自丨死」。○丨與摎通。〔廣雅・釋詁三〕「摎，束也」疏證。○摎丨並通。〔釋詁四〕「繆，絞也」疏證。○〔檀弓〕丨絰之丨即摎之段借。〔說文〕「摎，縛殺也」段注。○丨當為僇。〔管子・勢〕「丨受其刑」義證。

**繇** 丨者，行之道也。〔釋詁〕「丨，道也」郝疏。○丨為歎辭。〔釋詁〕「丨，於也」邵正義。○丨，遙也。〔說文〕「毀，丨擊也」繫傳。○丨，動搖也。〔說文〕「秨，禾丨貌」繫傳。○丨，猶也。〔廣韻・尤部〕○丨通作猶。〔釋詁〕「丨，喜也」邵正義。○丨即猷也。〔釋詁〕「丨，道也」鄭註。○丨通作猷。〔釋詁〕「丨，於也」郝疏。○丨、猷，古通字。〔方言三〕「猷，道也」箋疏。○丨與猷通。〔書・大誥〕注「猷，一作丨」孫疏。○丨，〔詩〕、〔書〕作猷，段借字。〔說文〕「繇，隨從也」段注。○丨、由、猷古字通。〔釋詞・卷二〕○丨、由同。〔國策・燕策二〕「二日而莫不盡丨我」鮑注。○丨通作由。〔釋詁〕「丨，於也」邵正義。○丨亦即傜。〔說文〕「傜，喜也」段注。○丨者，傜之段音也。〔釋詁〕「丨，喜也」郝疏。○丨，愮之段借。〔釋詁〕「丨，憂也」郝疏。○悠之為悠悠，亦猶愮之為愮愮，愮與悠古同聲，故皆與丨通。（同上）述聞。○〔文選〕丨作飆，飆，飆飆也，丨，通借字。〔漢書・敘傳〕「丨凱風而蟬蛻兮」補注。○丨與游同。〔漢書・敘傳〕「近者陸子優丨」補注。○丨與於聲轉。〔釋詁〕「丨，於也」郝疏。○丨作由，字之通也。〔史記・仲尼弟子列傳〕「顏無丨子路」志疑。○〔人表〕丨余即由余。〔漢書・藝文志〕「丨敘二篇」補注引王應麟。○厹丨，〔韓非〕作仇由，〔史記〕作仇猶。〔呂覽・權勳〕「中山之國有厹丨者」校正引梁仲子。○官本丨作鯀。〔漢書・蒯伍江息夫傳贊〕「書放四罪」補注。

**蓲** 丨，荎也。〔廣韻・遇部〕○丨，烏丨，草名。〔廣韻・尤部〕○丨，烏丨也。〔說文〕「丨，艸也」義證引〔玉篇〕。○丨，烏丨也，或云即蒴也。〔說文定聲・卷八〕○丨，同藲，木名。〔廣韻・侯部〕○丨，通作區，或作樞，又作櫙。〔管子〕「品榆」雜志。○〔說文定聲・卷八〕丨，段借為傴，與煦嫗字同，俛伏之意也。〔方言八〕「北燕、朝鮮之閒謂伏鷄曰丨」。

**藲** 丨，即刺榆也。〔釋木〕述聞。○丨，刺榆也，有針刺如柘，其葉如榆。〔釋木〕「丨，荎」鄭註。○丨者，傴也，即〔爾雅〕之䕒木苻婁。〔說文定聲・卷八〕〔「藲」下〕

**睺** 丨，半盲。〔廣韻・侯部〕○半盲為丨。〔說文〕「丨」義證引〔玉篇〕。○丨，半盲也。〔集韻・矦部〕○丨，一曰目深。（同上）

**僂** 丨，軀丨。〔廣韻・侯部〕

**枹** 丨，鼓槌。〔廣韻・尤部〕

**桮** ｜，擊鼓槌，通作桴、枹。〔集韻・尤部〕

**樛** ｜，木下曲也。〔說文〕「｜，下句曰｜」繫傳。○｜，音鳩，木下曲曰｜。〔詩・樛木〕「南有｜木」朱傳。○下句曰｜者，當云高木也。〔說文〕「｜，下句曰｜」義證。○｜、朻，聲義相通。〔詩・樛木〕「南有｜木」陳疏。○｜即朻之或體。〔說文定聲・卷六〕○(同上)｜，叚借為糾。〔儀禮・喪服傳〕「不｜垂」。○〔爾雅〕借朻為｜。〔說文〕「朻，高木也」繫傳。○｜，即朻字，朻亦即梂字。〔詩・椒聊〕「椒聊之實」後箋。○｜，〔爾雅〕作朻。〔說文〕「｜，下句曰｜」繫傳。○〔說文定聲・卷六〕｜，叚借為求。〔思元賦〕「｜天道其焉如」。○｜流與周流同意。〔漢書・揚雄傳〕「覽｜流於高光兮」補注。○｜，石經原刻作摎，今本作｜，假借字也。〔儀禮・喪服〕「故殤之經不｜垂」胡正義。

**朻** ｜，木下曲。〔集韻・幽部〕○木下句曰｜。〔說文〕「｜，高木也」繫傳引〔爾雅〕。○｜，高木。〔廣韻・尤部〕○｜聊，猶｜樛，當即棠梂也。〔說文定聲・卷六〕(「聊」下)○｜即茮。〔說文〕「聊，耳鳴也」段注。○｜與樛同字。〔說文定聲・卷六〕○｜通作糾。〔說文〕「｜，高木也」義證。○〔說文定聲・卷六〕｜，叚借為茮。〔釋木〕「｜者聊」。○｜，音料。〔釋木〕「｜者聊」鄭註。○｜亦即捄字。〔詩・椒聊〕「椒聊之實」陳疏。○｜與牞通。〔廣雅・釋獸〕「郭牞，丁犖」疏證。

**瞜** ｜，深目皃。〔廣韻・侯部〕

**鯫** ｜，魚名。〔廣韻・侯部〕○｜，小人之皃。(同上)

**艛** ｜，舟名。〔廣韻・侯部〕

**剾** ｜，｜劅。〔廣韻・侯部〕○｜，剜裏也。(同上)○｜，剜也，或作鏂、斷、鋺、剅。〔集韻・矦部〕○｜劅皆空中之意。〔廣雅・釋詁四〕「｜、劅，剜也」疏證。

**鏂** ｜，｜銗。〔廣韻・侯部〕○｜，門鋪謂之｜銗。〔集韻・矦部〕○｜銗，即鋀鍛之轉。〔廣雅・釋器〕「鋀鍛謂之｜銗」疏證。○｜與區同。〔釋器〕「桓四曰區」疏證。

**掫** ｜，所謂扞｜也。〔說文〕「｜，夜戒守有所擊也」繫傳。○｜，夜戒有所擊引也。〔國策・秦策四〕「使陳毛釋劍｜委南聽罪」鮑注。

**吺** ｜，輕出言也。〔廣韻・侯部〕○｜，呱｜也。〔說文〕「｜，讘｜，多言也」義證引〔玉篇〕。○讘｜，此即後人囁嚅字。〔說文定聲・卷八〕○〔古文尚書〕書驩兜字作｜。〔說文〕「｜，讘｜」繫傳。

**逌** ｜，气行貌。〔說文〕「蓾，艸也」義證。○蓾，氣行皃，或作｜。〔廣韻・尤部〕○｜，所也，通作攸。〔集韻・尤部〕○〔說文定聲・卷六〕｜，字亦作逌。〔列子・力命〕「終身逌然」。○(同上)｜，叚借為攸。〔漢書・地理志〕「酆水逌同」。

**逌** ｜，又作攸，小笑也，笑離齒也。〔慧琳音義・卷四八〕○｜尔，又作猶然，笑皃也。(同上)○｜之言于也。〔說文〕「卤，气行皃」段注。○｜、攸字同。〔漢書・地理志〕「九州｜同」補注引蘇輿。○〔夏紀〕｜作攸，〔漢書〕多古字，攸並作｜。〔地理志〕「陽鳥｜居」補注。

**琈** ｜，玉名。〔廣韻・尤部〕

**烰** ｜，火氣。〔廣韻・尤部〕○｜，蒸气上出。〔說文〕「｜，烝也」繫傳。○｜即浮也。〔釋訓〕「｜｜，烝也」鄭註。○｜、浮音義同。(同上)邵正義。○｜，聲借作浮。(同上)郝疏。○｜人，庖人也。〔說文〕「｜，烝也」繫傳。○〔說文定聲・卷六〕｜，叚借為庖。〔呂覽・本味〕「令｜人養之」。○｜｜，今〔詩〕作浮浮。〔說文〕「詩曰烝之｜｜」段注。

**缹** ｜即烰之異文。〔說文〕「烰，烝也」句讀。

**簍** ｜，籠也。〔廣韻・侯部〕○｜者，疏目之籠，亦言其孔樓樓然也。〔說文〕「｜，竹籠也」義證引〔急就篇〕顏注。

**鄾** 襄陽城北有｜城。〔左傳桓公九年〕「鄧南鄙｜人」疏證引〔圖經〕。○｜，在今河南南陽府鄧州城南八里。〔說文定聲・卷六〕

**粰** ｜，｜梳。〔廣韻・尤部〕○｜亦糜也。〔廣雅・釋器〕「｜，饘也」疏證。○｜糷，今謂薄粥也。〔慧琳音義・卷五八〕○｜梳之言浮流，分散之貌也。〔廣雅・釋器〕「｜梳，饊也」疏證。

**蔞** 〔說文定聲・卷八〕｜，叚借為柳，為櫝，實為霤，｜、霤雙聲。〔禮記・檀弓〕「設｜翣」。

**噍** 假｜為啾也。〔說文〕「啾，小兒聲也」段注。○啁｜，〔莊子〕作鵃鷯。〔呂覽・求人〕「啁｜巢於林」校正。

**鶔** ｜，鷗｜鳥。〔廣韻・尤部〕

**鴀** ｜，鵓鳩。〔廣韻・有部〕○｜，｜鳩，鳥也。〔尤部〕

**紑** ｜，鮮也。〔廣韻・有部〕○｜，潔貌。〔詩・絲衣〕「絲衣其｜」朱傳。○｜，潔鮮兒。〔廣韻・尤部〕○｜，鮮絜兒。〔集韻・勿部〕○｜，衣絜鮮兒。〔集韻・尤部〕又〔灰部〕。○｜，鮮潔兒。〔說文〕「｜，白鮮衣兒」義證引〔玉篇〕。○｜，繒色鮮文。(同上)義證引〔五音集韻〕。○｜，引申之為凡新衣之偁。〔說文〕「｜，白鱻衣兒」段注。○｜，許君誤引作素衣而訓白，非是。〔說文定聲・卷五〕

**鵂** 丨，丨鶹，鳥也。〔廣韻·尤部〕〇丨鶹，鉤鵂也。〔說文〕「舊，鴟舊」義證引〔字書〕。〇丨鶹，一名鴟丨。(同上)義證引〔博物志〕。〇丨鶹，一名忌欺。(同上)義證引〔纂文〕。

**摎** 丨，絞也。〔說文〕「丨，縛殺也」義證引〔玉篇〕。〇凡繩帛等物二股互交皆得曰丨。(同上)段注。〇丨，絞縛殺也。〔廣韻·尤部〕〇丨與𩰬略同。〔說文定聲·卷六〕〇丨義與𩰬亦相近。〔廣雅·釋詁四〕「𩰬，絞也」疏證。〇𩰬丨繆並通。(同上)〇繆又丨之借字。〔說文〕「丨，縛殺也」句讀。〇膠丨並與⿰犭翏聲近義同。〔廣雅·釋詁三〕「⿰犭翏，擾也」疏證。〇〔說文定聲·卷六〕丨，段借為糾。〔漢書·五行志〕「天雨草而葉相丨結」。〇(同上)丨，段借為求。〔後漢·張衡傳〕「丨天道其焉如」。〇丨、流，古通用。〔廣雅·釋言〕「丨，捊也」疏證。〇丨，音留，是作嫪。〔說文〕「毐，人無行也」義證引〔佩觿〕。〇官本丨並作樛。〔漢書·五行志〕「葉相丨結」補注。

**脙** 丨，瘠也。〔廣韻·尤部〕〇齊人謂瘠腹為丨。〔說文〕「丨，齊人謂臞丨也」段注引〔玉篇〕。〇丨者，急皃，不寬裕也。〔說文〕「臞，少肉也」繫傳。

**鞻** 丨與屨聲義並同。〔方言四〕「扉屨，麤屨也」箋疏。

**蟉** 丨，⿰虫幽丨，龍皃。〔廣韻·幽部〕〇蚴丨，龍皃。〔黝部〕〇丨虯，盤曲貌。〔楚辭·遠遊〕「形丨虯而逶蛇」補注。〇⿰虫幽丨，此疊韻連語，本字疑與虯同。〔說文定聲·卷六〕

**髟** 丨，髮垂皃。〔廣韻·幽部〕〇丨鼬，即旚搖之段借字也。〔說文〕「旚，旌旗旚繇也」段注。〇〔說文定聲·卷六〕丨鼬，猶旚繇、飄搖也。〔廣成頌〕「羽旄紛其丨鼬」。

**抌** 丨，抒臼也。〔集韻·笑部〕

**揄** 丨，引也。〔廣韻·侯部〕又〔集韻·矦部〕。〇丨，垂手行也。(同上)〇舀抗阬丨挑五字並聲近義同。〔廣雅·釋詁二〕「舀，抒也」疏證。〇〔說文定聲·卷八〕丨，段借為舀。〔詩·生民〕「或舂或丨」。

**冘** 丨，豫，不定。〔廣韻·尤部〕

**蚰** 丨，丨蜒。〔廣韻·尤部〕〇丨蜒、螾⿱衙虫聲之轉。〔方言一一〕「丨蜒，自關而東謂之螾⿱衙虫」箋疏。〇丨蜒與螾⿱衙虫聲之轉。〔廣雅·釋蟲〕「⿰虫長⿰虫麗，丨蜒也」疏證。〇螾⿱衙虫、丨蜒聲相轉。〔釋蟲〕「螾衙，入耳」郝疏。〇丨蜒，或作蝣蜒。〔方言一一〕「丨蜒，自關而東謂之螾⿱衙虫」箋疏。〇丨、⿰虫遂同。〔釋蟲〕「蛝，馬⿰虫戔」郝疏。〇丨、⿰虫遂同字也。〔說文〕「蠲，馬蠲也」段注。〇丨與⿰虫遂同，字通作軸。〔廣雅·釋蟲〕「馬⿰虫遂，馬蚿也」疏證。

**卣** 丨，尊也。〔詩·江漢〕「秬鬯一丨」朱傳。〇丨，中樽，樽有三品，上曰彝，中曰丨，下曰罍。〔廣韻·尤部〕〇丨即酉字，以其居中，故獨得尊名。〔說文定聲·卷一五〕引其世父說。(「尊」下)〇〔說文定聲·卷六〕丨，以脩為之。〔周禮·鬯人〕「廟用脩」。

**庮** 簷捲謂之丨。〔集韻·尤部〕〇丨，久屋木。〔廣韻·尤部〕〇丨，一曰久屋朽木也，或从卣。〔集韻·尤部〕〇〔說文定聲·卷六〕丨，謂借為蕕。〔春秋傳〕「一薰一丨」。〇(同上)丨，字亦作⿸疒酉。〔周禮·內饔〕「牛夜鳴則丨」注「丨，病也」。

**謉** 丨，惡也，棄也。〔廣韻·尤部〕〇丨即醜字也。〔說文〕「醜，可惡也」段注。〇丨與醜同。〔詩·遵大路〕「無我丨兮」朱傳。〇丨當作㱿。(同上)陳疏。

**魗** 丨，字亦作謉。〔說文定聲·卷六〕〇(同上)丨字又作媸，以蚩為之，媸、丨雙聲。〔後漢·趙壹傳〕「辨其蚩妍」。〇(同上)丨謂借為㱿。〔詩·遵大路〕「無我謉兮」傳訓棄。〇(同上)丨字亦作㥢。〔方言一三〕「㥢，惡也」。

**鍒** 丨，鐵之耎也。〔廣韻·尤部〕〇丨，謂令金鐵之輩柔耎也。〔慧琳音義·卷九一〕引〔玉篇〕。〇丨，蓋柔之分別文。〔說文〕「丨，鐵之耎也」句讀。

**鞣** 丨，熟皮。〔廣韻·尤部〕〇丨，皮革之柔耎也。〔說文〕「丨，耎也」繫傳。〇丨謂革之耎也。〔說文定聲·卷六〕

**⿰田柔** 丨，良田。〔廣韻·尤部〕〇丨即〔周禮·艸人〕之墳壤，〔考工記〕之柔地也。〔說文定聲·卷六〕〇丨之言柔也。〔廣雅·釋地〕「丨，土也」疏證。

**腬** 丨，肥皃。〔廣韻·尤部〕〇丨，肥美也。〔說文〕「丨，嘉善肉也」義證引〔玉篇〕。〇丨，即柔字之轉注。〔說文定聲·卷六〕

**涑** 丨，澣也。〔廣韻·侯部〕〇丨，濯生練也。〔說文〕「丨，澣也」義證引〔玉篇〕。〇濯生練曰丨。〔慧琳音義·卷七七〕引劉兆注〔公羊傳〕。〇濯生縛曰丨。〔卷一七〕〇去垢曰浣，用足，無垢加功曰丨，但用手抖擻，經傳皆以漱為之。〔說文定聲·卷八〕〇丨通作漱。〔說文〕「丨，澣也」義證。〇丨，亦假漱為之。(同上)段注。〇丨，水名，在河東。一曰浣也。〔集韻·燭部〕

**傌** 丨，馬名。〔廣韻·尤部〕

**鵃** 丨，以其項有斑文，亦名斑鳩，以其聲鉤輈格磔，亦曰鶻嘲，亦曰鶻雕嘲雕，以其背青黑，今亦謂之青肩。〔說文定聲·卷六〕

**調** 丨，重也。〔詩·汝墳〕「惄如丨飢」朱傳。〇丨，朝也。〔廣韻·尤部〕〇〔說文定聲·卷六〕丨，段借為朝。〔詩·汝墳〕「惄如丨飢」。〇丨為朝之假借，丨，周聲，輈，舟聲，古周朝字通。〔詩·汝墳〕「惄如丨飢」後箋。〇丨，一作輖。(同上)朱傳。

**棷** 丨，薪也。〔廣韻·厚部〕〇丨，薪之別名。〔尤部〕〇丨，棸也。〔厚部〕〇戚謂之丨。〔集韻·矦部〕〇〔說文定聲·卷八〕丨，段借為菆。〔漢書·五行志〕「或丨一枚」。○（同上）丨，叚借為藪。〔禮記・禮運〕「鳳皇麒麟皆在郊丨」。○〔禮運〕借丨為藪字。〔說文〕「丨，木薪也」段注。

**聚** 掫者，丨之同音假借。〔詩・十月之交〕「丨子內史」通釋。○丨，齊作掫。（同上）集疏。

**篼** 丨，飼馬器。〔說文〕「丨，飲馬器也」義證引〔韻譜〕。○丨，飼馬器也。（同上）義證引〔玉篇〕。○丨，飼馬籠也。〔廣韻・侯部〕○丨，盛水飲馬之竹器。〔說文定聲・卷八〕○丨猶兜也，今人謂以布盛物曰兜，義與此同。〔廣雅・釋器〕「幨丨、幓丨，囊也」疏證。

**怮** 丨，憂也。〔廣韻・黝部〕○丨，一曰含怒。〔集韻・尤部〕○丨，抑志也。〔屋部〕○丨丨，憂也。（同上）又〔黝部〕。

**莤** 丨，丨液。〔廣韻・尤部〕

**龜** 〔說文定聲・卷二〕丨即虯字。〔廣雅・釋魚〕「有角曰丨龍」。（「龍」下）

**饈** 丨，饋也。〔集韻・有部〕又〔說文〕「餴，滫飯也」義證引〔玉篇〕。○丨之言羞也。〔廣雅・釋器〕「饙謂之丨」疏證。○丨，義亦與羞同。〔釋詁三〕「羞，熟也」疏證。○丨與羞聲義並同。〔方言一二〕「羞，熟也」箋疏。○丨與滫同。〔廣雅・釋器〕「饙謂之丨」疏證。

**䭋** 丨與饈同。〔說文〕「餴，滫飯也」義證引〔玉篇〕。

**餿** 丨同饈，饈饋。〔廣韻・尤部〕

**瞀** 丨，昏也。〔楚辭・九辯〕「中丨亂兮迷惑」補注引五臣注。○丨亦目睛也。〔說文〕「丨，低目謹視也」繫傳。○〔說文定聲・卷六〕丨，叚借為月。〔淮南子・道應〕「乃去其丨而載之木」。○丨當為鍪。〔淮南子・道應〕「於是乃去其丨」平議。○〔說文定聲・卷六〕丨，以牟為之。〔釋名〕「童子或曰牟子，牟，冒也，相裏冒也」。

**區** 丨者，藏物之稱也。〔廣雅・釋器〕「柜四曰丨」疏證。○〔說文定聲・卷八〕丨，字亦作鏂。〔管子・輕重下〕「釜百泉則鏂二十也」。○丨，艸木屈生也。〔集韻・虞部〕○丨亦與蓲同。〔釋木〕「蓲，本或作蓲」述聞。○丨字本作蓲，或作樞。〔管子〕「品榆」雜志。○丨有甌音。〔通雅・疑始〕○〔說文定聲・卷八〕丨，叚借為句。〔禮記・樂記〕「丨萌達」。○（同上）丨，叚借發聲之詞，丨，丨越也，猶言於越，甌越、歐越，皆同。〔淮子・覽冥〕「丨治生而淳鈎之劍成」。○丨霧即傋霧。〔漢書・五行志〕「則丨霧無識」補注引錢大昭。○怐愗、溝瞀、丨霧，並字異而義同。〔廣雅・釋詁二〕「怐愗，愚也」疏證。○〔通雅・卷二〕丨脫，邊外空土室也，一作甌脫。〔蘇武傳〕「丨脫」。○丨蓋，古讀丨若丘，丘蓋以音同借為丨蓋。〔荀子・大略〕「在乎丨蓋之間」集解引郝懿行。○丨隅亦作漚隅，又作歐隅。〔呂覽・季春〕「國人儺」校正。○夏丨夫，〔公羊〕作夏漚夫。〔左傳哀公一三年經〕「盜殺陳夏丨夫」洪詁。

**緅** 丨，青赤色也。〔廣韻・尤部〕○再染曰丨，青赤色也。〔侯部〕○丨，青赤色。〔集韻・虞部〕○以朱入黑，其色丨。〔說文定聲・卷四〕（「紺」下）○丨，絳色。〔論語・鄉黨〕「君子不以紺丨飾」朱注。○纁染以黑則為丨，丨，漢時今文〔禮〕作爵，言如爵頭色也，許書作纔。〔說文〕「黑而有赤色者為玄」段注。○丨，當為纔。〔墨子・節用中〕「冬服紺丨之衣」閒詁。

**鮋** 丨，鮂丨，小魚。〔廣韻・尤部〕

**鯈** 丨，同鮋。〔廣韻・尤部〕

**勠** 丨，并力。〔國策・中山策〕「丨力同憂」鮑注。○丨，并力也。〔廣韻・尤部〕○丨通作戮。〔說文〕「丨，併力也」句讀。○古者戮、丨二字并與繆同音。〔管子〕「倮大衍」雜志。○丨，諸本作戮誤。〔左傳成公一三年〕「丨力同心」洪詁。

**侜** 丨，壅蔽也。〔廣韻・尤部〕○丨，音周，丨張也。〔詩・防有鵲巢〕「誰丨予美」朱傳。○〔說文定聲・卷六〕丨張，雙聲連語，〔書・無逸〕作譸張，和光同塵、輕世肆志之意。〔釋訓〕「丨張，誑也」。○丨張即朱張。〔說文定聲・卷一四〕（「譔」下）○丨即譸之假借字。〔詩・防有鵲巢〕「誰丨予美」通釋。

**頄** 丨，𩪘骨也。〔集韻・脂部〕○丨，頄間骨也。〔廣韻・尤部〕又〔易・夬〕「壯于丨」李疏。○顴、丨一聲之轉，丨亦高貌也。〔廣雅・釋親〕「顴、丨，頔也」疏證。○丨面，謂面顴也。〔易・夬〕「壯于丨」李疏。○丨，面顴也。（同上）李疏引王弼注。○丨、頯仇、䡜，並字異而義同。〔廣雅・釋親〕「丨，頔也」疏證。

**艽** 丨，遠荒也。〔集韻・脂部〕○丨，遠荒之地也。〔廣韻・尤部〕○〔說文定聲・卷六〕丨即芁字，猶云蔓艸荒野。〔說文〕「丨，遠荒也」。○丨之言究也，窮也。〔說文〕「丨，遠荒也」段注。○〔說文定聲・卷六〕丨野之丨，實借為厹，猶孟子言獸蹄鳥迹之道耳。〔說文〕「詩曰至于丨野」。○〔廣韻〕有秦艽，藥名，字亦作丨，〔本草〕作糺。〔說文定聲・卷六〕○秦丨，出秦中，以根作羅絞交糾者佳，故名秦丨、秦糺。〔本草・卷一三〕

**芣** 丨，丨苡，車前也，江東謂之蝦蟆衣。〔廣韻・尤部〕○丨音浮，丨苡，車前也，大葉長穗，好生道旁。〔詩・芣苢〕「采采丨苢」朱傳。○丨苡，為車前。（同上）後箋引陸堂〔詩學〕。

**瀀** 丨，丨渥。〔廣韻・尤部〕○雨水漸漬謂之丨。〔說文定聲・卷六〕○雨水漸漬謂之丨，柴木壅積亦謂之丨。〔廣雅・釋器〕「丨，栫也」疏證。○丨、洿皆壅積之意。〔釋器〕「丨、洿，㮄也」疏證。〇丨通作優。〔說文〕「丨，澤多也」義證。〇丨，經典借優字。（同上）句讀。〇丨，今本假優為之。〔說文〕「優，饒也」段注。

幽　丨，𢿌也。〔說文定聲·卷六〕〇丨，微也。〔廣韻·幽部〕〇丨，微小。〔廣韻·尤部〕〇丨，又通作幽。〔說文〕「丨，微也」義證。〇丨，或作杪。（同上）〇丨，又作眇，又作妙。（同上）

𨥶　丨，美金。〔廣韻·尤部〕〇丨，今作旒，假借也。〔說文〕「丨，垂玉也」繫傳。〇丨，經典多借旒字。（同上）義證。〇丨，經典皆借斿為之，或亦用俗字旒字。（同上）句讀。〇〔說文定聲·卷六〕丨，以游為之，此字後出，實即游字之轉注。〔周禮·弁師〕「繅斿皆就」。

鼦　丨，食竹根鼠。〔廣韻·尤部〕〇丨，鼠齧竹者。〔說文〕「丨，竹鼠也」繫傳。〇丨，後世所謂竹丨也。（同上）段注。〇丨，〔玉篇〕作鼬。（同上）義證。〇鼬，竹鼠。〔集韻·有部〕〇鼬，似鼠而大。〔廣韻·有部〕〇丨，字或作鼺。〔說文〕「丨，竹鼠也」義證。〇丨，又或作貚。（同上）義證。〇丨，又作貚。（同上）段注。〇〔說文定聲·卷六〕丨，字亦作貚。〔莊子·天地〕「執貚之狗成鬼」。〇丨，〔莊子〕作留。〔說文〕「丨，竹鼠也」段注。

鼺　丨，竹鼠，如小狗子，食竹根，出封溪縣，閩中呼之為丨。〔說文〕「鼦，竹鼠也」義證引〔交州記〕。

劉　丨，猶言瀏然，聲清也。〔說文〕「丨，竹聲也」繫傳。

貚　丨，同鼦。〔廣韻·尤部〕

鰡　丨，同鰤，魚名。〔廣韻·尤部〕

鰤　丨，魚名，或从留。〔集韻·尤部〕

鏐　丨，殺也。〔廣韻·尤部〕〇丨，以二繩繆死，與摎略同。〔說文定聲·卷六〕〇丨摎繆並通。〔廣雅·釋詁四〕「丨，絞也」疏證。〇丨，此恐即摎之或體。〔說文〕「丨，經繆殺也」段注。

憀　丨為憂也。〔漢書〕「畔牢愁」雜志。〇丨，一曰怨也，或从留。〔集韻·尤部〕〇丨，烈也。〔廣韻·尤部〕〇丨慄，憂皃。〔集韻·尤部〕

旒　丨，袿衣之飾。〔集韻·尤部〕〇丨，衣褄也，謂縫也。〔釋器〕「衣丨謂之裞」鄭註。〇丨者，流之或體也。（同上）郝疏。

鶹　丨，飛鸓，鳥名。〔廣韻·尤部〕〇或曰丨即竹鼠鼦。〔說文定聲·卷六〕

憀　丨，悲恨也。〔廣韻·尤部〕

萩　丨，蕭似蒿也。〔廣韻·尤部〕〇丨，疑當為蕭之重文，方音小別耳。〔說文定聲·卷六〕〇丨即楸字也。〔左傳襄公一八年〕「伐雍門之丨」述聞。〇丨，叚借為楸。〔說文定聲·卷六〕〇〔左傳〕或借丨為楸字。〔說文〕「丨，蕭也」繫傳。〇古多以丨為楸。（同上）段注。〇〔左傳〕、〔史〕、〔漢〕以丨為楸。〔說文〕「楸，梓也」段注。〇丨，字亦作𣘿。〔左傳襄公一八年〕「伐雍門之丨」述聞。〇樵與丨古字通。〔管子〕「丨室熯造」雜志。〇丨，酈道元引此作荻，舊本又有作荻者。〔左傳襄公一八年〕「伐雍門之丨」洪詁。〇丨，一作荻。〔史記·朝鮮列傳〕「陰為狄苴侯」志疑。

逌　丨，徒行。〔集韻·尤部〕又〔說文〕「丨，行皃」義證引〔類篇〕。〇丨，行皃。〔廣韻·送部〕〇丨，猶行人也。〔說文定聲·卷六〕〔「逌」下〕〇（同上）丨，以逌為之。〔書〕「逌人」。

䌛　丨，疾行也。〔說文〕「丨，行丨徑也」段注引〔玉篇〕。〇丨，路有所由也。（同上）繫傳。〇丨，當作行徑也，或作行由徑也。（同上）段注。〇丨，又作由。（同上）義證。〇丨，又作䌛。（同上）義證。〇䌛即丨之省。（同上）句讀。〇〔說文定聲·卷八〕丨即遥字。〔說文〕「𣪠，丨擊也」。〔「𣪠」下〕〇丨，行也。〔廣韻·尤部〕

櫾　丨，木名，出崐崘山。〔廣韻·尤部〕〇凡言丨，皆木高大之名。〔說文〕「丨，崐崙山河隅之長木也」繫傳。〇丨，通作榣。（同上）義證。〇〔說文定聲·卷六〕丨，以䌛為之。〔穆天子傳〕「天子釣于河以觀䌛之木」。

䍃　丨，瓦器。〔廣韻·尤部〕

璗　丨，遺玉。〔廣韻·尤部〕又〔有部〕。〇丨，遺玉也。〔集韻·有部〕〇丨，恐為襚玉，即〔周禮·典瑞〕之大喪贈玉，〔禮記·襍記〕之含者執璧。〔說文定聲·卷六〕

甹　丨者，猶可也，止之言也。〔說文〕「丨，木生條也」繫傳。〇丨，古作由，丨下當有古文由字。（同上）義證。〇丨，或借柚字。（同上）〇丨，又作柚。（同上）〇〔說文定聲·卷六〕丨，叚借為岫。〔廣雅·釋詁三〕「丨，空也」。〇丨枘，今〔書〕作由櫱。〔說文〕「丨，商書曰若顛木之有丨枘」段注。

甹　丨，空也。〔廣韻·尤部〕

覻　丨，下目也。〔說文〕「丨，下視深也」義證引〔玉篇〕。

蝤　丨丨，蠐，蝎也。〔廣韻·尤部〕〇丨音囚，丨蠐，木蟲之白而長者。〔詩·碩人〕「領如丨蠐」朱傳。〇丨蠐，木蠹，一名蠐螬，生腐木中，至春化為天牛，一名蝎。（同上）集疏。〇桑中蠹即丨蠐。〔說文〕「蜀，葵中蠶也」段注。〇〔說文定聲·卷六〕丨蠐，倒言之即蠐螬。〔詩·碩人〕「領如丨蠐」。

〇〔同上〕丨蟦，亦單偁螬也。〔孟子〕「螬食實者」。〇丨蛑，似蟹而大，生海邊也。〔廣韻・尤部〕〇丨之為言酋也。〔詩・碩人〕陳疏。〇丨，魯作螬。〔詩・碩人〕集疏。

揂 丨，聚也。〔廣韻・尤部〕〇丨，掩也。〔集韻・尤部〕〇丨，通作遒，又通作揫。〔說文〕「丨，聚也」義證。〇丨，經典借遒及揫。〔同上〕句讀。

⿰角酋 丨，雉射，收繳角也。〔廣韻・尤部〕〇丨，收弋繁具。〔集韻・有部〕〇丨，以角為之，一名觡。〔說文定聲・卷六〕

媨 丨，好皃。〔廣韻・尤部〕

蠹 〔說文定聲・卷六〕丨，字亦誤作畫，蓋借為蝵。〔爾雅〕「次畫，鼅鼄」。〇丨，大螘也，字亦作虾，作蠹。〔說文定聲・卷六〕

⿱秋隹 丨，雞雛。〔廣韻・尤部〕又〔集韻・尤部〕。〇丨子，即爵子，丨、爵聲之轉耳。〔方言八〕「爵子及雞雛皆謂之鷇」箋疏。〇丨、鶵一聲之轉。〔廣雅・釋詁二〕「心，小也」疏證。〇揫啾丨，並音即由反，義亦同也。〔釋詁二〕「揫，小也」疏證。〇丨，通作秋。〔方言八〕「雞雛，徐魯之間謂之丨子」箋疏。〇〔說文定聲・卷六〕丨即秋字。〔方言八〕「雞雛，徐魯之間謂之丨子」。〔「秋」下〕〇丨，或作秋。〔廣雅・釋鳥〕「丨子，雛也」疏證。〇丨之言揫也。〔同上〕

⿸疒酉 丨，病也，又臭惡肉。〔廣韻・尤部〕

囮 丨，鳥媒。〔廣韻・尤部〕〇丨與⿴囗繇義同而音異，丨從化聲，讀若譌，⿴囗繇從繇聲，讀若由。〔廣雅・釋言〕「丨，⿴囗繇也」疏證。

⿴囗繇 丨，同囮。〔廣韻・尤部〕〇丨，捕鳥媒也，或作囮。〔集韻・尤部〕〇丨，吕温〔由鹿賦〕以由為之。〔說文定聲・卷六〕〇〔同上〕丨，以游為之。〔射雉賦〕「恐吾游之晏起」。

鮂 丨，魚名，烏賊也。〔集韻・尤部〕〇丨，白鯈。〔廣韻・尤部〕〇丨，烏化為魚，頂上有細骨如禽毛。〔同上〕

⿰忄酋 丨，慠也。〔廣韻・尤部〕

崷 丨，丨崪，山峻皃。〔廣韻・尤部〕〇丨崪，山皃。〔集韻・尤部〕

⿰米酋 丨，粄丨，米粉餅。〔廣韻・尤部〕

輖 丨，重載也。〔廣韻・尤部〕又〔說文〕「丨，重也」義證引〔玉篇〕。〇丨言車重。〔說文〕「丨，重也」段注。〇丨，引申為凡物之輕重。〔同上〕〇丨與輕字異音異義同。〔儀禮・既夕禮〕「軒丨中亦短衛」胡正義引章平。〇丨即輦之轉也，字亦作周。〔廣雅・釋詁四〕「丨、輦，低也」疏證。〇〔說文定聲・卷六〕丨，字亦作輦。〔儀禮・既夕禮〕釋文引〔字林〕「丨，輦也」。〇〔同上〕丨，字亦作轃。〔射雉賦〕「如轃如軒」。〇〔同上〕丨，叚借為朝。〔韓詩・汝墳〕「惄如丨飢」。〇丨為朝之假借。〔詩・汝墳〕後箋。〇〔說文定聲・卷六〕丨，以輦為之。〔考工記〕「大車之轅輦」。〇丨即朝之叚借字也。〔說文〕「惄，飢餓也。詩曰惄如丨飢」段注。

⿰壴殳 丨，懸擊也。〔廣韻・尤部〕〇丨，此與搊音義同。〔說文〕「丨，縣物設擊也」段注。〇丨，縣擊物。〔集韻・尤部〕

詶 丨，以言荅之。〔廣韻・尤部〕〇俗用丨為酬應字。〔說文〕「丨，詛也」段注。〇丨，又作詋。〔說文〕「丨，譸也」義證。〇丨，俗作呪。〔同上〕〇丨、經典通作祝。〔同上〕〇若經典則通用祝不用丨。〔說文〕「丨，詛也」段注。〇丨詛作呪。〔同上〕〇〔說文定聲・卷六〕丨，叚借為譸。〔蒼頡解詁〕「丨亦酬字，丨報也」。〇〔同上〕丨，叚借為咒。〔魏元丕碑〕「丨咨羣寮」。〇丨即譸之或體。〔說文定聲・卷六〕〇丨，今各本作譸也。〔說文〕「丨，詛也」段注。

雔 丨者，鳥之雙也。〔說文繫傳・通論下〕〇二鳥曰丨。〔說文〕「丨，雙鳥也」義證引〔禽經〕。〇丨與雠通。〔廣雅・釋詁一〕「雔，輩也」疏證。

⿰壽阝 丨，在今四川成都府灌縣，古有丨水，即丨江。〔說文定聲・卷六〕

騥 丨，馬青驪也。〔廣韻・尤部〕

蝚 丨即本草之水蛭，味鹹。〔說文定聲・卷六〕〇丨，當作猱。〔漢書・司馬相如傳〕「蛭蜩玃丨」補注引宋祁。

⿰月百 丨，面和。〔廣韻・尤部〕〇〔說文定聲・卷六〕丨，以柔為之。〔國語〕「戚施面柔」。〇丨，字亦作腜。〔說文定聲・卷六〕〇〔同上〕丨，肉聲，讀若柔。〔說文〕「丨，面和也，从百从肉」。〇丨，柔色以蘊之，是以今為柔字。〔說文〕「丨，讀若柔」義證引顧野王。〇今字柔行而丨廢矣。〔說文〕「丨，面和也」段注。〇丨，今為柔字。〔同上〕句讀。

瑈 丨，玉名也。〔廣韻・尤部〕

⿺尢言 丨，戲言。〔廣韻・豪部〕〇今俗謂逼迫人有所為曰丨，音正同丘。〔說文〕「丨，讀又若丘」段注。〇丨，追也。〔廣韻・尤部〕〇丨，迫也。〔同上〕〇述、丨聲近義同。〔廣雅・釋詁三〕「丨，迫也」疏證。〇〔說文定聲・卷六〕丨，以述為之。〔釋訓〕「惟述鞠也」。

丩 丨，瓜瓠之縢緣物糺繚為本訓，凡相糾繚為轉注。〔說文定聲・卷六〕〇以糾說丨，以見糾為丨之分別文也。〔說文〕「丨，相糾繚也」句讀。〇丨、糾，義與摎同。〔廣雅・釋詁三〕「摎，束也」疏證。

**勼**　丨，通作鳩。〔釋詁〕「鳩，聚也」邵正義。〇丨，通作鳩，又通作逑，又通作救。（同上）郝疏。〇丨，經傳皆以鳩為之。〔説文定聲・卷六〕

**衃**　丨，凝血。〔廣韻・尤部〕

**呼**　丨，吹氣。〔廣韻・尤部〕

**餿**　今謂飯熱臭為丨。〔釋器〕「食饐謂之餲」郝疏。〇丨，飯壞。〔廣韻・尤部〕

**獀**　丨，經傳多以蒐為之，蓋以蒐為之而形誤為蒐也。字亦作騪。〔説文定聲・卷六〕〇（同上）丨，叚借為搜。〔呂覽・季秋〕「丨馬」。〇丨馬，〔月令〕作班馬。〔呂覽・季秋〕「丨馬」校正。〇丨，秋獵也。〔説文〕「丨，南越名犬獿丨」義證引〔玉篇〕。〇丨，經典作蒐。（同上）義證。〇丨即挍之叚借。〔釋天〕「春獵為蒐。」郝疏。

**鱐**　丨，乾魚。〔廣韻・尤部〕〇丨，今〔周禮・庖人〕作鱐。〔説文〕「丨，周禮有腒丨」段注。〇肅肅，各本作丨丨。〔説文〕「丨，乾魚尾肅肅也」段注。

**郰**　丨，或曰在今山東濟南府北，或曰在青州府高苑縣。〔説文定聲・卷六〕

**趥**　丨，趥丨，不進。〔廣韻・尤部〕

**郰**　丨通作陬。〔説文〕「丨，魯下邑」義證。〇丨，又通作鄒。（同上）義證。〇丨，字又借鄹。（同上）句讀。〇丨，字亦作鄹。〔説文定聲・卷八〕〇丨，論語作鄹。〔説文〕「丨，魯下邑」段注。〇丨，或作鄹。（同上）義證。〇丨，酈道元引作鄹。〔左傳襄公一〇年〕「縣門發丨人紇」洪詁。

**齱**　丨，齒叢生。〔集韻・屋部〕〇丨，丨齵，齒偏。〔廣韻・尤部〕〇丨齵，齒不正。〔集韻・廔部〕

**蘮**　丨，聚麻。〔廣韻・尤部〕〇臬𦒻曰丨。〔楚辭・謬諫〕「菎蕗雜於丨蒸兮」注。〇丨，古文作𦼮。〔説文〕「丨，麻藍也」義證引〔玉篇〕。〇丨與菆同字。（同上）句讀。〇丨，此字當為菆之或體。〔説文定聲・卷八〕〇丨，或借掫字。〔説文〕「丨，麻藍也」義證。

**湫**　丨，腹中有水氣也。〔廣韻・尤部〕又〔集韻・尤部〕。

**躊**　丨躇，進退貌。〔楚辭・九辯〕「蹇淹留而丨躇」補注。〇丨躇，猶躑躅也。〔詩・靜女〕「搔首丨躇」集疏引韓説。〇𢡺箸、丨躇並與躊躇同。〔廣雅・釋訓〕「丨躇，猶豫也」疏證。〇丨躇、𢡺箸並與躊躇同。（同上）〇丨猶、躇豫為疊韻，丨躇、猶豫為雙聲。（同上）

**椆**　丨，木名，不凋。〔廣韻・尤部〕〇丨，木名，寒而不凋。〔説文〕「丨，木也」義證引〔類篇〕。

**盩**　山曲曰丨。〔説文〕「厔，礙止也」義證引〔元和志〕。〇山曲曰丨，丨有詘曲之意。〔説文〕「盩，弼戾也」段注。〇説者謂山曲曰丨，與周旋、折旋同誼。〔説文定聲・卷六〕〇丨厔，山曲曰丨，水曲曰厔。〔漢書・東方朔傳〕「丨厔邑東」補注。〇説者曰山曲曰丨，水曲曰厔，即周旋、折旋字之叚借也。〔説文〕「扶風有丨厔縣」段注。〇丨厔與周折同音，周旋中規，折旋中矩，山水兼有之。〔漢書・地理志〕「丨厔」補注引段玉裁。〇丨厔，在今陝西西安府。〔説文定聲・卷六〕

**𢡺**　丨，悲回思慮之也。〔説文〕「丨，丨箸也」繫傳。〇丨，計度也，字亦作躊躇，又轉而為躑躅。〔説文定聲・卷六〕〇丨箸、躊躇並與躅躇同。〔廣雅・釋訓〕「躅躇，猶豫也」疏證。

**譸**　丨，亦詛也。〔説文〕「丨訓也」段注。〇丨，丨張，誑也。〔廣韻・尤部〕〇丨張，誑也。〔説文〕「丨，訓也」繫傳。〇丨張，〔毛詩〕作侜張，他書或作侏張，或作輈張，此偁丨張，訓誑不訓訓。〔説文〕「丨，周書曰無或丨張為幻」段注。〇丨張，一作侜張、輈張、倜倡，通作周章、舟章、倜𢘁、周慞、侏張。〔通雅・釋詁〕〇丨，或借侜，或借輈，又借侏。〔説文〕「丨，訓也」義證。〇〔説文定聲・卷六〕丨，字亦作祩。〔集韻〕引〔廣雅〕「祩，詛也」。

**蛷**　丨，丨螋蟲。〔廣韻・尤部〕〇丨，一作蝨。〔廣雅・釋蟲〕「丨螋，蛷丨也」疏證。〇丨，亦省作求。〔説文〕「丨，多足蟲也」句讀。

**蝨**　丨，蘇俗謂之革蚤，揚州名蓑衣蟲，北方呼為錢龍，單評曰丨，絫評曰蛷螋。〔説文定聲・卷六〕〇（同上）丨，以求為之，肌、求雙聲也。〔周禮・赤犮氏〕注「肌求」。〇丨，同蛷，多足蟲也。〔廣韻・尤部〕

**鼽**　丨，病塞鼻窒塞也。〔慧琳音義・卷五七〕引〔古今正字〕。〇鼻形謂之丨也。〔太素・經筋〕「下結於丨」楊注。〇〔説文定聲・卷六〕丨，叚借為頯。〔素問・氣府論〕「丨骨下各一」。〇頄頯仇丨，並字異而義同。〔廣雅・釋親〕「頄，頔也」疏證。

**駿**　丨，騊丨，蕃中大馬。〔廣韻・尤部〕

**橮**　丨，板木不正。〔廣韻・尤部〕〇丨，牛鼻繫繩具。〔集韻・尤部〕〇丨之言亦拘也。〔廣雅・釋器〕「丨，枸也」疏證。

**艒**　丨，艆丨，海船名。〔廣韻・尤部〕

**苬**　丨，丨芝，瑞草，一歲三華。〔廣韻・尤部〕〇丨芝，菌屬，瑞草也。〔釋艸〕「丨，芝」鄭註。

**薵**　丨，丨藸，葱名。〔廣韻・尤部〕〇𦯶丨幬燾，並字異而義同。〔廣雅・釋詁二〕「𦯶，覆也」疏證。〇丨，亦作幬，今作幬，或作燾。〔方言一二〕「丨，蒙覆也」疏證。〇〔説文定聲・卷六〕丨，叚借為幬。〔方言一二〕「丨，覆也，戴也」。

**飅**　丨，風飅。〔廣韻・尤部〕〇丨，大風。〔豪部〕〇丨，風也，或从𩙿。〔集韻・尤部〕

莍 —，椒也。〔廣韻·尤部〕〇—，茮檓實。〔集韻·幽部〕〇—，其子皆聚生成房。〔說文定聲·卷六〕〇（同上）—，即唐〔本草〕之羊梂，宋〔圖經〕之梂，今山樝也，以古文簋為之。〔爾雅〕「杦，繫梅」。〇（同上）—，段借為仇。〔方言三〕「杦，仇也」。〇（同上）—，字變作毬。〔說文新附〕「毬，鞠丸也」。

梂 —，木實。〔集韻·屋部〕〇—，似栗毬而小。〔釋木〕「櫟，其實—」鄭註。〇—，有—彙自裹也。〔說文〕「—，櫟實，一曰鑿首」繫傳。〇—，當以鑿首為本訓。〔說文定聲·卷六〕〇—，即樣也，草斗也，其實聚生，故亦謂之莍，外有裹橐，故謂之苞櫟矣，今山東人或曰槫櫨，或曰朴羅，皆苞櫟之聲轉。（同上）〇—與杦同。〔釋木〕「杦，繫梅」郝疏。〇—即莍字也。〔說文〕「莍，檓茮實裹如裘也」段注。〇—與莍古通用。〔說文〕「—，櫟實」段注。〇〔說文定聲·卷六〕—，段借為莍。〔詩·椒柳〕箋「—之實」。〇—通作銶。〔說文〕「—，一曰鑿首」義證。〇〔說文定聲·卷六〕—，字亦作銶。〔詩·破斧〕「又缺我銶」。〇（同上）—，以仇為之。〔釋名·釋用器〕「仇，鎚也」。

肍 —，乾肉醬也。〔廣韻·尤部〕

殏 —，殀也。〔廣韻·尤部〕

杦 —，—繫梅，山查也。〔通雅·卷四四〕〇—即簋。〔說文定聲·卷一二〕（「机」下）

机 —者，杦之別體，於仇為同字。〔國策·卷中〕「趙使—郝之秦」札記。

扏 —，緩也。〔廣韻·尤部〕〇—，一曰不固。〔集韻·尤部〕〇——，緩持也。〔集韻·尤部〕〇——，通作仇仇。〔廣雅·釋訓〕「——，緩也」疏證。

鵀 —即鵃，鵃古通用浮。〔方言八〕「鳩，其小者或謂之鵃鳩」疏證。

鵃 —，—鳩。〔廣韻·尤部〕〇—鳩，今俗呼為勃姑。〔說文〕「鵻，祝鳩也」段注。

涪 〔說文定聲·卷五〕〔漢·志〕謂之內水，今之—江也。〔水經注〕「—江，一曰涪水」。〇—當為符。〔說文〕「湿，水出犍為—」義證。

㛹 —，多也。〔廣韻·尤部〕〇—，古通作浮。〔廣雅·釋詁三〕「—，多也」疏證。

艀 —，舟也。〔廣韻·尤部〕〇—，舟短小者。〔集韻·尤部〕〇—之言浮也。〔廣雅·釋水〕「—，舟也」疏證。

棓 —，杖也。〔廣韻·尤部〕又〔本草·卷三八〕。〇—，大杖。〔集韻·尤部〕〇—，大杖也，俗作棒。〔慧琳音義·卷一五〕引〔考聲〕。〇—，或作桙、梆，大杖也。〔卷三九〕引〔考聲〕。〇—之言掊桙也。〔廣雅·釋言〕「打，—也」疏證。又〔釋器〕「—，杖也」疏證。〇—與棓同。〔釋器〕「棓，版也」疏證。〇—，俗作棒。〔釋器〕「—，杖也」疏證。〇—，俗字作棒，奉、音雙聲。〔說文定聲·卷五〕〇—、棒正俗字。〔說文〕「—，梲也」段注。〇—，或作棒。（同上）義證。〇—，又作桙。（同上）〇—，當讀與桴同。〔公羊傳成公二年〕注「凡無高下有絶加蹋板曰—」陳疏引吳麦雲。〇—，字亦作桙。〔說文定聲·卷五〕〇〔史記〕—作掊。〔漢書·爰盎傳〕「迺之—生所問占」補注。〇—，段借為芰。〔說文定聲·卷五〕〇—，姓也。〔廣韻·灰部〕

掊 —，把也。〔廣韻·尤部〕〇〔說文定聲·卷五〕—，謂五指杷之。〔說文〕「—，杷也」。〇—者，五指杷之，如杷之杷物也。〔說文〕「—，杷也」段注。〇—，以手爬土也。〔通鑑·後周紀一〕「有乳母於泥中—得金纏臂」音注。〇蓋亏象五指—物之形，故謂之—。〔說文定聲·卷五〕（「部」下）〇—，聚斂。〔廣韻·侯部〕〇—有聚意，與捊音義近。〔說文〕「—，杷也」段注。〇哀抔—，義並與捊同。〔廣雅·釋詁一〕「捊，取也」疏證。〇定本—作倍，—為倍之段借字。〔說文〕「—，杷也」段注。〇—，字亦作抔，亦作桮。〔說文定聲·卷五〕

㙊 —，堆—，小隴。〔廣韻·尤部〕〇—，前高後下丘名。〔廣韻·豪部〕〇—，前高後平邱名。〔說文〕「㙊，山名」義證引〔玉篇〕。〇—敦，皆小丘名。〔通雅·卷一〕〇—，瓦器。〔集韻·虞部〕〇—，鄭注〔周禮〕所謂黃—也，—即瓿字。〔說文〕「甗，土鍪也」段注。〇—，今〔爾雅〕作旄。〔文選·答賓戲〕「—敦」集釋。

敄 —，勉也。〔廣韻·尤部〕〇—，北燕之外相勉努力謂之—，或作敄。〔集韻·侯部〕〇—與侔同。〔方言七〕「侔，强也」箋疏。〇—莫，—之言茂也，莫之言慔也，合言之則曰—莫矣。〔廣雅·釋詁一〕「—、莫，强也」疏證。

蝥 —，今俗作蟊。〔說文〕「—，盤—也」繫傳。〇—弧，猶言牟弧，弧之大者耳。〔左傳隱公一一年〕「潁考叔取鄭伯之旗—弧以先登」疏證。

蟊 —同蝥，食穀蟲。〔廣韻·尤部〕

縶 —，縛也。〔廣韻·尤部〕又〔幽部〕。〇—，綍也。〔集韻·矦部〕〇—，縛也。〔說文〕「縛，白鮮色也」義證引〔玉篇〕。

恈 —，愛也。〔廣韻·尤部〕又〔集韻·矦部〕。〇—與牟通。〔廣雅·釋訓〕「牟牟，進也」疏證。

鴾 —，鶉之別名。〔廣韻·尤部〕〇—，鳥名，鶕也。〔集韻·矦部〕〇—鴽，鳥名，鴑也。〔說文〕「雈，牟母也」義證引〔類篇〕。

䅓 —、鍭古字通。〔儀禮·既夕禮〕「—矢一乘」胡正義。〇〔說文定聲·卷八〕—，段借為鍭。〔儀禮·既夕禮〕「—矢一乘」。

䅓 —，謂入於皮肉者也。〔說文〕「—，羽本也」段注。〇鍭與—通。〔廣雅·釋詁〕「—，本也」疏證。

鯸 —，—鮔，魚名。〔廣韻·侯部〕〇—鮔，鮔也。〔文選·吳都賦〕「—鮐」集釋引〔廣雅〕。〇—鮔，即侯鮐也，今所謂河豚，性善怒，觸之膽如氣毬，故得訶名，亦名鮭。〔說文定聲・卷八〕○｜䱅、鯢鮐、鮭，皆今之河豚也。〔通雅・四七〕○今名｜鮐為鮭魚。〔文選・吳都賦〕「｜鮐」集釋引〔北山經〕郭注。○｜鮐，今人謂之河豚。（同上）集釋。○｜鮐，魚狀如科斗，性有毒。（同上）集釋引劉注。○〔說文定聲・卷八〕｜，當作侯，言其大耳。〔吳都賦〕「王鮪｜鮐」。

**醧** ｜，酒甘。〔廣韻・侯部〕○｜，私燕飲也。〔集韻・矦部〕○｜與餱一字。〔說文〕「｜，私宴歓也」句讀。

**餱** ｜與醧同字。〔說文〕「｜，燕食也」句讀。

**褔** ｜，編麻為衣也。〔說文〕「｜，編枲衣」繫傳。○｜，謂取未績之麻編之為衣，與艸雨衣相類，衣之至賤者也。（同上）段注。○｜，此草雨衣之類。〔說文定聲・卷八〕○｜，小兒涎衣。〔廣韻・侯部〕○｜，次衣也。〔厚部〕○涎衣謂之｜。〔集韻・矦部〕○頭｜，蓋即頭衣，僅冒其頭耳。〔說文〕「｜，一曰頭｜」段注。

**獳** ｜，犬怒。〔廣韻・侯部〕○｜，犬怒也。〔說文〕「｜，怒犬兒」義證引〔玉篇〕。○｜，字亦作㺜。〔說文定聲・卷八〕

**廔** ｜，窓也。〔集韻・虞部〕○｜麗，綺窓。〔廣韻・侯部〕○｜，窻疏之屬。〔說文〕「｜，屋麗｜也」繫傳。○｜，窻牖通明之皃。〔說文定聲・卷八〕○｜，謂以｜貯穀播穜於地也。〔說文〕「｜，一曰所以穜也」段注。○〔說文定聲・卷八〕｜，所以穜之具，即椴也，字亦作樓。〔說文〕「｜，一曰穜也」。○｜，今字作耬。〔說文〕「｜，一曰穜也」句讀。○｜，通作婁，又通作樓。〔說文〕「｜，屋麗｜也」義證。

**鱇** ｜，魚名。〔廣韻・侯部〕又〔集韻・虞部〕。○｜即大青魚。〔說文定聲・卷八〕○｜亦比目魚也。〔說文〕「｜，魮，一名鰜」繫傳。○鯉｜雙聲，疑古亦借｜為鯉也。〔說文定聲・卷八〕

**謱** 〔說文定聲・卷八〕｜，行步不絕之皃，猶絲曰聯縷，辭曰謰謱也，亦雙聲連語。〔說文〕「｜，連｜也」。

**謱** ｜謂㘓哰也。〔說文〕「｜，謰｜也」義證引〔玉篇〕。○｜｜，語不休也。〔通雅・卷一〇〕○｜｜猶慺慺也，語不休也。（同上）○｜覼，語煩也。（同上）○謰｜，辭支離牽引也，亦雙聲連語。〔說文定聲・卷八〕

**夠** ｜，多也。〔廣韻・侯部〕○｜與寇聲近義同。〔方言一〕「凡物盛多謂之寇」箋疏。

**𪎮** ｜，䋲屬，一曰麻索。〔說文〕「｜，䋲屬也」繫傳。○｜，麻一絜也。〔說文〕「絜，麻一耑也」義證引〔玉篇〕。

**投** ｜，遙擊兒。〔廣韻・侯部〕○｜，古文投，遙擊也。〔說文〕「｜，繇擊也」義證引〔玉篇〕。



**緰** ｜，布也。〔廣韻・侯部〕○｜帗，錫布之尤精者也。〔通雅・卷三七〕又〔說文〕「｜，帗布也」義證引〔急就篇〕顏注。

**剅** ｜與鉤同。〔方言五〕「刈，鉤」箋疏。○｜通作鉤。〔說文〕「｜，鎌也」義證。○｜亦作鉤。（同上）段注。○〔說文定聲・卷八〕｜，字亦以鉤為之。〔方言五〕「刈鉤或謂之｜」。

**枸** ｜，曲木，又木名也。〔廣韻・侯部〕

**䁱** ｜，眵目汁凝也。〔說文〕「｜，目蔽垢」繫傳。○〔說文定聲・卷八〕｜，以兜為之，蘇俗謂之眼眵。〔說文〕「䁱，兜」。

**郖** 〔說文定聲・卷八〕｜，字亦作洰。〔穆天子傳〕「天子自竇軨乃次于洰水之陽」。

**捊** ｜，聚也。〔說文〕「｜，引取也」義證引〔玉篇〕。○〔說文定聲・卷六〕｜，持守門關者。〔孟子〕「抱關擊柝」。○裒捊抔，義並與｜同。〔廣雅・釋詁一〕「｜，取也」疏證。○｜，通作掊，又通作抱，又通作褎。〔釋詁〕「裒，聚也」郝疏。○｜，本亦作裒。〔說文〕「｜，引取也」義證引〔玉篇〕。○〔說文定聲・卷六〕｜，毛本以裒為之，裒即褎字。〔詩・常棣〕「原隰｜矣」。○（同上）｜，叚借為褎。〔書・召誥〕「保抱攜持厥婦子」。○（同上）｜，叚借為包。〔方言二〕「抱嬔，耦也」。○（同上）｜，叚借為孚。〔方言八〕「伏雞曰抱」。○（同上）｜，字亦作㧵。〔廣雅・釋詁三〕「㧵，多也」。

**䈏** ｜，竹名。〔集韻・尤部〕○｜，蘇俗謂之笋殼。〔說文定聲・卷五〕○｜，箬，竹皮，籜之屬也。〔說文〕「竹，冬生艸也」繫傳。

**㰶** ｜，愁兒。〔廣韻・黝部〕又〔屋部〕。○｜，愁也。〔集韻・黝部〕○｜，愁兒，或从奥。〔屋部〕○〔說文定聲・卷六〕｜，疑當作愁聲。〔說文〕「｜，愁貌」。○｜，同呦。〔廣韻・幽部〕又〔說文〕「泑，讀與｜同」段注。○｜，呦之或字。〔說文〕「｜，愁兒」段注。○〔詩・鹿鳴〕古本或作｜，蓋借｜為呦。〔說文定聲・卷六〕

**蟉** ｜，字亦作蚴，當為｜字本訓。〔說文定聲・卷六〕○｜，｜蟉，龍兒。〔廣韻・幽部〕○｜蟉，猶夭矯也。〔說文定聲・卷六〕○｜蟉，謂宛轉之兒也。〔說文〕「｜，｜蟉也」段注。○〔玉篇〕｜與蚴同。（同上）義證。○｜，〔漢書〕作蚴。（同上）段注。

**羺** ｜，｜羖，胡羊。〔廣韻・侯部〕○〔說文定聲・卷八〕｜，蘇俗所謂緜羊。〔通俗文〕「羊卷毛曰｜」。

**䨲** ｜，娩也。〔說文〕「娩，兔子也」義證引〔玉篇〕。

**鷻** ｜，兔子。〔廣韻・侯部〕○｜，江東呼兔子為｜，或作娩，亦書作䨲。〔集韻・矦部〕○小栗謂之栭，小魚謂之鮞，小雞謂之䲰，小兔謂之｜，小鹿謂之麛，其義一也。〔廣雅・釋獸〕「麛，麛也」疏證。

**瓾** 丨，瓝瓾，苦瓾。〔廣韻・侯部〕

**豆** 丨，小穿。〔廣韻・侯部〕〇丨，小穿也，一曰割也，或作剅、㓡。〔集韻・矦部〕

**褸** 丨，衣襟。〔廣韻・侯部〕〇丨、縷古通用。〔方言四〕「丨謂之緻」疏證。

**剾** 丨，剾丨，足節，又刀剜物。〔廣韻・侯部〕〇剾丨皆空中之意。〔廣雅・釋詁四〕「剾、丨，剜也」疏證。〇丨竇腧三字並度矦反，義相近也。

（同上）

**篘** 丨，丨篘，桃枝，竹名。〔廣韻・侯部〕〇丨篘與鉤端同。〔廣雅・釋草〕「丨篘，桃支也」疏證。

**鼅** 丨鼅，似黽。〔廣韻・侯部〕〇丨鼅，水蟲名，似黽，皮有文。〔集韻・矦部〕〇負鼀小者曰丨鼅。〔通雅・卷四七〕

**䶑** 〔説文定聲・卷八〕丨，以句為之。〔左傳〕「一人門于丨䶑」。

**剹** 丨，細斷。〔廣韻・侯部〕

**泑** 〔説文定聲・卷六〕丨，叚借為黝，即黑水也。〔西山經〕「長沙之山，泚水出焉，北流注于丨水」。〇（同上）丨澤，〔史記〕、〔漢書〕謂之鹽澤。〔水經・河水注〕「丨澤即經所謂蒲昌海也」。

**驫** 丨，馬走皃。〔廣韻・幽部〕〇丨，走皃。〔説文〕「丨，衆馬也」義證引〔玉篇〕。〇丨，走貌。〔文選・吳都賦〕「丨駥矞」集釋引〔玉篇〕。〇丨丨，猶〔詩〕之儦儦也。（同上）集釋引〔廣雅疏證〕。

**丮** 丨，艸相糾。〔集韻・尤部〕

**䓏** 丨，本當作此丮字。〔説文〕「丮，艸之相丩者」繫傳。

**茻** 丨，草之相糾繚也。〔廣韻・幽部〕

**滮** 丨，水流皃，亦作滤。〔廣韻・幽部〕〇丨，經典作滤。〔説文〕「丨，水流皃」義證。〇〔説文定聲・卷六〕丨，字亦作滤。〔廣雅・釋訓〕「滤滤，流也」。

**滤** 丨，流貌。〔詩・白華〕「丨池北流」朱傳。〇丨，水流皃。〔集韻・幽部〕〇三家丨池作滮沱。〔詩・白華〕「丨池北流」集疏。

**脩** 丨，目失也。〔説文〕「丨，瞂也」繫傳。〇丨，目通白也。〔廣韻・豪部〕〇丨，謂目不正。〔説文定聲・卷六〕〇丨，俗誤脩長之脩。〔説文〕「丨，瞂也」段注。

**眮** 丨，目重瞼也。〔説文〕「督，瞂也」義證引〔玉篇〕。

**䚻** 丨，詞也。〔集韻・尤部〕〇丨，或从口㝹聲，今書衛包所改本通皆以疇為之。〔説文定聲・卷六〕

**㝹** 丨，咨也，又作䚻。〔廣韻・尤部〕〇丨，南方雉名。〔集韻・尤部〕

**𠳿** 丨，即㝹字之或體。〔説文定聲・卷六〕〇丨，通作疇，又通作詶，又通作譸。〔釋詁〕「疇，誰也」郝疏。

**髳** 丨，字亦作鬌。〔説文定聲・卷六〕〇（同上）丨，以綢為之。〔詩・都人士〕「綢直如髮」。〇丨，或借綢為之。〔説文〕「丨，髮多也」句讀。

**珋** 玉有瑕，丨是也。〔説文〕「丨，石之有光，璧丨也」義證。〇丨即瑠璃，亦作琉璃。（同上）〇丨，天竺氏書言吠瑠璃，今省曰琉璃。〔説文定聲・卷六〕〇丨與瑠同。〔廣雅・釋地〕「瑠璃，珠」疏證。〇丨，字亦作琉，作瑠。〔説文定聲・卷六〕〇丨，篆字當從寅卯之卯，非從古文丣。〔説文〕「丨」義證。

**瑠** 丨璃，通作流離。〔廣雅・釋地〕「丨璃，珠」疏證。

**璢** 丨，丨璃。〔廣韻・尤部〕

**琉** 丨璃，〔漢書〕作流离，言其流光陸离也。〔本草・卷八〕

**滫** 丨，淅米汁。〔集韻・尤部〕〇丨謂久泔也。〔廣雅・釋器〕「潲、濯，丨也」疏證。

**𪍿** 〔説文定聲・卷六〕丨，當訓韋束也。〔説文〕「丨，收束也」。〇揫丨糕，並聲近義同。〔廣雅・釋詁二〕「揫，小也」疏證。〇〔説文定聲・卷六〕丨，叚借為揫。〔漢書・律歷志〕「秋，丨也」。〇（同上）丨，以揫為之。〔廣雅・釋詁二〕「揫，固也」。

**匊** 丨，帀也。〔説文〕「𤼧，丨垣也」段注。〇丨者，帀也。〔説文〕「州，水丨繞其旁」段注。〇丨，凡圓周、方周、周流、周還字，經傳皆以周為之，俗字作週。〔説文定聲・卷六〕〇凡圜周、方周、周而復始，其字當作丨，謂其極而復也。〔説文〕「丨，帀偏也」段注。〇丨，通作周。（同上）義證。〇丨，各本作周。〔説文〕「𤼧，丨垣也」段注。〇今字周行而丨廢。〔説文〕「丨，帀偏也」段注。〇凡經典訓周偏者，皆丨之借字。〔周禮・司會〕「以周知四國之治」孫正義。〇丨與宙音義皆相近。〔説文〕「丨，帀偏也」段注。〇丨，俗作洲。〔説文〕「州，水丨繞其旁」段注。〇丨，亦借舟為之。〔説文〕「丨，帀偏也」句讀。

**瓇** 丨，玉名。〔廣韻・豪部〕

**嬦** 〔説文定聲・卷八〕丨，今本以屬為之。〔書・梓材〕「至于丨婦」。〇丨，或作傷。〔説文〕「丨，婦人妊身也」義證。〇丨，或作㑳，任身也。〔説文〕

「丨，婦人妊身也」義證引〔玉篇〕。

齵 丨，齺丨。〔廣韻・侯部〕○丨，齒不齊平也。〔慧琳音義・卷六〇〕引顧野王。○齒不正曰丨。〔荀子・君道〕「有弛易丨差者矣」集解。○丨差，參差不齊。（同上）

髩 丨，髮皃。〔廣韻・厚部〕○丨，髮短皃。〔集韻・厚部〕○丨，髮好也。〔說文〕「丨，髮皃」義證引〔玉篇〕。○丨，字或作鬏。〔說文〕「丨，髮皃」義證。○〔說文定聲・卷五〕丨，字亦作鬏。〔西京賦〕「猛毅髮髻」。

毋 丨，古多叚為有無字。〔說文〕「毐，士之無行者」段注。

瞴 丨，微視媚也。〔說文〕「丨，丨婁，微視也」繫傳。○丨，丨瞜。〔廣韻・虞部〕○丨，小合眼也。〔慧琳音義・卷八二〕引〔韻英〕。○丨丨，田美皃也。（同上）引〔考聲〕。○丨瞜，微視。〔集韻・虞部〕○丨婁，或作牟婁。〔說文〕「丨，丨婁」義證。

匬 〔說文定聲・卷八〕丨，字亦作甂。〔方言五〕「甇，陳魏宋楚之間曰甂」。○（同上）丨，以庾為之。〔論語〕「與之庾」。○（同上）丨，以臾為之。〔荀子・大略〕「流丸止于甌臾」。○（同上）丨，以藪為之。〔小爾雅〕「釜二有半謂之藪」。○（同上）丨，以籔為之，今文以逾為之。〔儀禮・聘禮〕「秉有五籔」。

塿 〔說文定聲・卷八〕丨謂疏土，與壚略同。〔說文〕「丨，壂土也」。○（同上）培丨，謂小而土疏者，凡人為之者土多疏，古亦以附婁字為之。〔左傳〕「培丨無松柏」。○（同上）丨，字亦作嶁，此雙聲連語。〔淮南・原道〕「運枯形于連嶁列埒之間」。○（同上）丨，叚借為樓。〔後漢・馬融傳〕「瘦疏嶁領」。

鋚 丨勒，謂以銅飾轡之近馬頭處。〔說文〕「丨，鐵也」段注。○丨即鞗字，詩本作攸，轉寫誤作鞗。（同上）○丨，經作鞗。〔說文〕「丨，鐵也」句讀。○丨，字又作鞗。〔說文〕「丨，一曰轡首銅」義證。○〔說文定聲・卷六〕丨，字亦變作鞗。〔詩・蓼蕭〕「鞗革沖沖」。○丨，或省作攸。〔說文〕「丨，一曰轡首銅」義證。○〔說文定聲・卷六〕丨，字亦作鉁。〔廣雅・釋器〕「鉁，鋌也」。

雊 丨與呴通。〔詩・小弁〕「雉之朝丨」通釋。

剹 丨流，回轉皃。〔集韻・尤部〕○丨流，環繞也。〔幽部〕○丨流即周流。〔通雅・卷八〕

蚴 丨丨，龍皃。〔集韻・尤部〕○丨蜕，雙聲，以其形言之。〔方言一一〕「蠭，其小者燕趙之間或謂之丨蜕」箋疏。○蠮螉、丨蜕，一聲之轉。〔釋蟲〕「螟蛉，桑蟲」郝疏。

擣 丨，借字，當作𥳑。〔說文〕「𥳑，𥳑箸也」義證引〔史記〕「上有丨蓍」。

鱐 丨與脩聲近而義同。〔廣雅・釋器〕「丨、脩，脯也」疏證。

鱃 丨與鰌同。〔廣雅・釋魚〕「丨，鰌也」疏證。○丨、鰌字通。〔釋魚〕「鰼，鰌」郝疏。○鰼、鰌雙聲，合之為丨。（同上）

熰 〔說文定聲・卷八〕丨謂旱熱甚而祭。〔管子・侈靡〕「有時而丨」。

袧 丨，褻裳幅辟兩側也。〔集韻・矦部〕

䎧 丨之言剖也。〔廣雅・釋地〕「丨，耕也」疏證。

譨 丨、𧳋，一聲之轉。〔方言一〇〕「𧳋，多也」箋疏。○丨丨，多言也。〔楚辭・怨上〕「羣思兮丨丨」補注。○丨丨、喁喁、諵諵，含之一聲也。〔通雅・卷一〇〕

篗 〔說文定聲・卷六〕丨即籔字。〔方言五〕「炊籅謂之縮，或謂之丨」。

簍 丨即篗之正體，亦作籔。〔方言五〕「炊籅或謂之篗」疏證。○丨、箸與縮，篗與籔，字異義同。（同上）箋疏。

侸 丨，佔丨，垂下皃。〔廣韻・侯部〕

偤 丨，侍也。〔廣韻・尤部〕

傁 丨與叟同。〔左傳宣公一二年〕「趙丨在後」疏證引惠棟。

漱 丨，冷也。〔集韻・矦部〕○丨，一曰冰氣，或作凍。（同上）○丨，冷丨。〔廣韻・侯部〕

漻 丨丨，手足凍皃。〔集韻・尤部〕

㓒 丨，大刀。〔集韻・幽部〕

劅 丨，剅丨，小穿。〔廣韻・侯部〕

𠡒 丨丨，大力。〔廣韻・尤部〕○丨丨，絶力也。〔集韻・尤部〕

勂 丨，足勂謂之丨。〔集韻・矦部〕

乖一即郵字之省。〔管子·小問〕「少焉，東郭一至」義證引孫星衍。

㨨一鏤，聲並與餾同，義亦相近。〔方言五〕「甑，或謂之酢餾」箋疏。〇一即鎦之異文。（同上）

塸一，聚沙。〔廣韻·厚部〕〇一與甌同。〔義府·卷下〕

吙一，吸也。〔集韻·矦部〕

呣一，慮也。〔廣韻·侯部〕

𠹭一呢，小兒聲。〔集韻·尤部〕

嘍一，一喉，鳥聲。〔廣韻·侯部〕

嘷一，唱一。〔廣韻·侯部〕

㗟一，指一。〔廣韻·侯部〕〇一，射決也，或从區。〔集韻·矦部〕〇一，亦作摳。〔慧琳音義·卷八二〕引〔古今正字〕。

𢄔一之言婁也。〔廣雅·釋器〕「一篼，囊也」疏證。〇㡌一帳，皆收斂之名。〔釋器〕「㡌篼，囊也」疏證。〇一與簍義相近。〔釋器〕「簍，篆也」疏證。

𡽟一嵎，高崖也，山石相向。〔説文〕「𡸁，陬隅，高山之節」義證引〔玉篇〕。

㟺一，峋一，羅君山峯。〔廣韻·尤部〕

𠈇一偉，行皃。〔集韻·尤部〕

𠋫一，一游，本亦作優。〔廣韻·尤部〕

㾄一，偏廈。〔集韻·尤部〕

廊一，一行，圕厠。〔廣韻·侯部〕〇一，行圕受糞函也，通作牏。〔集韻·矦部〕

㪗一，歑一，以手相弄。〔廣韻·尤部〕

宩一，搜室也。〔集韻·尤部〕

㚻一，鼻目間恨。〔廣韻·尤部〕〇一，鼻目間有恨也，一曰貪皃。〔集韻·尤部〕

㜢一，女字。〔廣韻·侯部〕

怞一，憂皃。〔集韻·尤部〕〇一，憂恐也。〔説文〕「一，朗也」義證引〔玉篇〕。〇一一，憂貌。〔楚辭·危俊〕「永余思兮一一」補注。〇一，朗也。〔廣韻·尤部〕〇一，今作妯。〔説文〕「一，朗也」句讀。〇一抽並與妯通。〔方言六〕「妯，擾也」句讀。

忢一，心安也。〔集韻·尤部〕

怮一，和解皃。〔集韻·矦部〕

㥬一悷，怒皃。〔集韻·矦部〕

慪一，喜也。〔慧琳音義·卷九六〕引〔字書〕。〇一，歌也，吟也，或作謳。（同上）

懤一，愁毒也。〔集韻·有部〕〇一，愁毒皃。〔廣韻·尤部〕〇一一，憂也。〔楚辭·危俊〕「懼吾心兮一一」補注。〇一一、怞怞，音抽，憂也。〔通雅·卷一〇〕

戓一，矛飾。〔集韻·尤部〕

㨨一同抽，或作紬，紬引其端緒也。〔廣韻·尤部〕

㨩一讀如抽絲之抽，謂縮取之也。〔廣雅·釋詁三〕「一，縮也」疏證。〇一與搐同義。（同上）

擊一，取牛羊乳也，或作㲩。〔慧琳音義·卷七八〕引〔考聲〕。

㩸一，摟一，取也。〔廣韻·侯部〕

㩣一，推也。〔集韻·矦部〕

㩳一，斬刺。〔廣韻·尤部〕

㪂一，禦也。〔集韻·尤部〕

㪙一，棄也。〔集韻·尤部〕

㪠一，同縠。〔廣韻·尤部〕〇一，以醜為之。〔説文定聲·卷六〕

斪一，斲，偃鉏也。〔集韻·矦部〕

杻一，木名。〔集韻·尤部〕又〔廣韻·尤部〕。〇一即櫾，聲並相近也。〔説文〕「櫾，崐崘山河隅之長木也」義證。〇一，〔列子〕借為柚。（同上）

梵丨，木得風也。〔集韻·尤部〕
槉丨桃，又丨櫟木。〔廣韻·侯部〕
楘木曲枝曰丨。〔集韻·矦部〕
樇丨，木名。〔廣韻·尤部〕
㮴丨丨，脩脩也，音颼。〔通雅·卷九〕
檮丨，剛木也。〔廣韻·尤部〕
繓丨，麻幹也。〔廣韻·侯部〕
𦅾丨，束臬也。〔集韻·尤部〕又〔廣韻·尤部〕。○丨，聚也。(同上)
橊丨，扶丨，藤名。〔廣韻·尤部〕
㰯丨歐，氣出皃。〔集韻·矦部〕
𣦃丨，氣逆。〔廣韻·尤部〕○丨同嚘。〔說文〕「嚘，語未定皃」段注。
𣦶丨，殘也。〔集韻·尤部〕
骰丨子，博陸采具。〔廣韻·侯部〕
㲊丨，鹵地，或作𪉖。〔集韻·矦部〕
汓丨，經典借游字。〔說文〕「丨，浮行水上也」義證。
㳶丨，臾也。〔廣韻·尤部〕○丨，治帛也。〔集韻·尤部〕
洀丨，水文也。〔集韻·尤部〕
淍丨，一曰水匝。〔集韻·尤部〕
漊丨，深也。〔集韻·幽部〕
湭丨，滋液也。〔廣雅·釋言〕附疏證。

溲丨，汗面。或作膄。〔廣韻·尤部〕
灟丨，水聲。〔集韻·幽部〕
烌吳俗謂灰為丨。〔集韻·尤部〕
烋丨，美也，福祿也，慶善也。〔廣韻·幽部〕○丨與休同。〔釋言〕「休，慶也」郝疏。○丨、休字異音義同。〔釋詁〕「丨，美也」郝疏。
煪丨，燥也，或書作𤋮。〔集韻·尤部〕○丨，丨熮。〔廣韻·尤部〕○丨，熮也。〔說文〕「熮，火皃」義證引〔玉篇〕。
燽丨，著也。〔廣韻·尤部〕
𤚥丨，角皃。〔廣韻·幽部〕
犰丨狳，獸名，烏喙鵰目蛇尾。〔集韻·尤部〕○丨狳，獸似魚，蛇尾豕目，見人則佯死。〔廣韻·尤部〕
獶丨，犬名。〔集韻·尤部〕○南越謂犬為丨狡。〔矦部〕○丨狡，犬名。〔廣韻·尤部〕○丨與猱通。〔廣雅·釋詁一〕「猱，雜也」疏證。
𢓡丨，廢也。〔集韻·尤部〕
瑬前後垂珠曰丨，或作旒。〔慧琳音義·卷一五〕
𤬪丨，王瓜也，或从矦。〔集韻·矦部〕○丨，丨瓠。〔廣韻·侯部〕
𤴩丨，下病。〔廣韻·尤部〕○丨息，下病。〔集韻·尤部〕
𤵗丨，火瘍。〔集韻·尤部〕
瘊丨，疣瘻。〔廣韻·侯部〕
㿒丨，心悸。〔集韻·尤部〕
𤽗丨，細也。〔集韻·幽部〕
𥄗丨，見也。〔集韻·尤部〕
䀘丨眵，目汁凝眵。〔廣韻·矦部〕○丨眵，目汁凝。〔說文〕「眵，目傷眥也」義證引〔玉篇〕。
瞜丨，視皃。〔廣韻·侯部〕○丨一曰細視。〔集韻·矦部〕○丨睺，偏肓。(同上)

瞘丨，同曉。〔廣韻·侯部〕

瞍丨，鞻也。〔集韻·尤部〕

⿰目壽丨眼，目動皃。〔集韻·尤部〕

⿰矛侯丨，矛屬。〔集韻·矦部〕

⿰矢舟丨，同⿰舟矢，射鳥箭也。〔廣韻·尤部〕

⿰石舟丨，石也。〔集韻·尤部〕

硫石丨黃，藥名。〔廣韻·尤部〕

⿰石冓丨碻，堅也。〔集韻·矦部〕

⿰礻由丨，祝也，或从留。〔集韻·尤部〕

⿰礻侯丨，祭求福也。〔集韻·矦部〕

⿰礻酋丨，祭天燎柴。〔集韻·尤部〕

⿰礻婁丨，飲食祭也，冀州八月，楚俗二月。〔說文〕「膢，楚俗以二月祭飲食也」義證引〔玉篇〕。

秞丨，禾盛皃。〔廣韻·尤部〕

⿰禾茲丨丨，禾生皃。〔集韻·尤部〕〇丨丨，禾生也。〔廣韻·幽部〕

⿱穴叜丨，深也。〔集韻·尤部〕

⿱穴焦丨它，穴中鼠聲。〔集韻·尤部〕

⿱竹求丨，籠也。〔廣韻·尤部〕〇丨，小籠。〔集韻·尤部〕

⿱竹敢丨，竹柴別名。〔廣韻·尤部〕

⿱竹兔丨，竹名。〔集韻·尤部〕

篌丨，箜丨。〔廣韻·侯部〕

篘丨，酒丨。〔廣韻·尤部〕

⿱竹浮丨，竹有文者。〔集韻·尤部〕又〔廣韻·尤部〕。

⿱竹區丨，吳人謂育蠶竹器曰丨。〔集韻·矦部〕

⿱竹廖丨，竹相合也。〔集韻·尤部〕

⿱竹温丨，竹器，吳人以息小兒。〔集韻·尤部〕

⿰米㐬丨，粰丨，糈饊也。〔說文〕「饊，熬稻粻程也」義證引〔玉篇〕。〇丨，粰丨，饊也。〔廣韻·尤部〕

糅丨，食也。〔集韻·尤部〕

⿰米芻丨，丨粉。〔廣韻·尤部〕〇丨，濾取粉也。〔集韻·尤部〕

⿰米壽丨，厚鬻。〔集韻·尤部〕

綹丨，綺別名也。〔廣韻·尤部〕

纋丨，笄巾。〔廣韻·尤部〕〇笄中央狹曰丨。〔集韻·尤部〕〇丨，屈笄以安髮。〔矦部〕〇丨當讀從優，謂兩頭狹中央闊也。〔儀禮·士喪禮〕「丨巾」胡正義引沈彤。

摟丨，土丨，似羊，四角。〔廣韻·侯部〕

⿰舟羽丨，弱羽。〔集韻·尤部〕〇丨，弱羽者。〔韓非·說林下〕「鳥有丨丨者」集解引〔集韻〕。

翁丨丨，鳥飛皃。〔集韻·尤部〕

耬丨，種具。〔廣韻·侯部〕〇丨，下種具也。〔說文〕「椴，穜樓也」義證引〔六書故〕。〇丨，犂也。〔同上〕義證引〔玉篇〕。〇丨，即廔字。〔說文〕「廔，一曰所以穜也」段注。

⿰耳秋丨，耳鳴聲。〔廣韻·尤部〕〇丨，耳鳴，或作聵。〔集韻·尤部〕

脙腹脊間謂之丨，或作脙、⿰月咎。〔集韻·尤部〕

⿰月咎丨同脙。〔廣韻·尤部〕

脺　—，脊—也。〔說文〕「㑒，振㑒也」義證引〔玉篇〕。

䐢　—，股脛間，或从酋。〔集韻·尤部〕

䐜　—，足曲也。〔集韻·矦部〕○䐜，相承古侯反，脚曲—也。〔慧琳音義·卷五九〕

膒　—，久脂。〔廣韻·侯部〕○—，久脂也。〔集韻·矦部〕○—，一曰以脂漬皮。〔同上〕

䏂　—，—腊，脯也。〔廣韻·尤部〕

䑳　—䑶，船名。〔廣韻·侯部〕○—䑶，大艑也。〔通雅·卷三四〕○—䑶、䑳䑶，谷鹿，並字異而義同。〔廣雅·釋水〕「—䑶，舟也」疏證。

䑳　䑳䑶、—䑶，谷鹿，并字異而義同。〔廣雅·釋水〕「䑳䑶，舟也」疏證。

艽　—，秦—，藥名。〔廣韻·尤部〕○—，藥艸，或作䕭。〔集韻·尤部〕

芤　—者，草中有孔也，故字从孔。〔本草·卷二六〕

芁　—，白芷。〔廣韻·尤部〕○—，蒉，艸名。〔集韻·尤部〕

莥　—，茶菜。〔廣韻·尤部〕

葔　—，—莎草。〔廣韻·侯部〕

萰　—茦，椒子聚生成房兒。〔集韻·尤部〕

莱　—即〔本草〕之香薷。〔說文〕「蘿，菜也」義證。○—，香—菜。〔同上〕引〔直音〕。又〔廣韻·尤部〕。○—與薷通。〔說文〕「蘿，菜也」義證引〔篇海〕。

䔀　—，香艸，一曰—萸，藥艸。〔集韻·尤部〕○—，—萸，藥名。〔廣韻·尤部〕

蓨　—，說也。〔集韻·尤部〕

蒟　—，芙，艸名。〔集韻·矦部〕

薷　—，本作菜，其氣香，其葉柔，故以名之。〔本草·卷一四〕

蔓　—，菜名。〔廣韻·尤部〕

𤬪　菰—，土瓜。〔廣韻·侯部〕

蘨　—，草盛也。〔廣韻·尤部〕

蚯　—蚓，蟲名。〔廣韻·尤部〕○—蚓，蚓之行也，引而后申，其塿如丘，故名—蚓。〔本草·卷四二〕○—蚓即蟺蚓。〔釋蟲〕「蟺蚓，豎蚕」郝疏。

蜏　—，蜉—蟲，本作蜉蝣。〔廣韻·尤部〕

蟆　—，蟲名。〔廣韻·侯部〕

螋　—，蛷—蟲，亦名蠷—。〔廣韻·尤部〕

褠　—褕，小衫。〔廣韻·侯部〕○褠褕，短衫。〔集韻·矦部〕

覩　—，視也。〔集韻·尤部〕

觓　—又通作紈。〔說文〕「—，角兒」義證。

觩　—，觩—，角兒。〔廣韻·尤部〕

訅　—，謀也。〔通鑑·周紀一〕「是歲，子威王因齊立」音注。○—，謀也，安也。〔廣韻·尤部〕

詧　—，從也。〔廣韻·尤部〕○—，一曰從也，或作㑥。〔集韻·尤部〕

詶　—，多言也。〔集韻·尤部〕

詸　—，止也。〔集韻·尤部〕

謣　—謱，不決。〔集韻·尤部〕

謅　—謏，私語。〔集韻·尤部〕○—謏，陰私小言。〔廣韻·尤部〕

豞　—，小裂兒。〔廣韻·侯部〕

豋　—踰，豆秸。〔集韻·矦部〕

貗　—，求子豬也。〔廣韻·侯部〕

貅　—，犬名。〔集韻·尤部〕

趙　—趥，行不進也。〔集韻·尤部〕又〔廣韻·尤部〕。

⿺走求 一，違也。〔集韻・尤部〕又〔廣韻・尤部〕。

⿺走孚 一，行皃。〔集韻・尤部〕

⿰足豆 一，趺也。〔集韻・矦部〕

⿰足求 一，一蹋也。〔廣韻・尤部〕

⿰足芻 一，獸足也。〔廣韻・尤部〕

⿰車丩 一，車長軫也。〔集韻・尤部〕〇一，車軫長也。〔廣韻・尤部〕

⿰車羞 一輊，載喪車。〔廣韻・尤部〕〇一輊，載麥三箱車，河南用之。〔集韻・尤部〕

⿺辶尤 一，經過也。〔集韻・尤部〕

⿺辶囚 一，拘留也。〔集韻・尤部〕

逾 一，車米數名。〔集韻・矦部〕

遛 一，逗一。〔廣韻・尤部〕

⿺辶畱 一，本作畱，此依俗改也。〔漢書・匈奴傳〕「逗一不進」補注引王念孫。

⿱敄酉 一，酒官。〔集韻・尤部〕〇一同⿰酉敄。〔廣韻・尤部〕

釚 一，弩牙。〔廣韻・尤部〕〇弩機謂之一，或从丩从仇。〔集韻・尤部〕

⿰金丩 一，弩機。〔集韻・幽部〕

鉜 一鏂，大釘。〔廣韻・尤部〕〇大釘曰一鏂，似泡。〔通雅・音義襍論〕〇一鏂，篏飾也。〔同上〕

⿰金后 鏂一，鉦鍛。〔廣韻・侯部〕

鉾 一，劍端。〔集韻・矦部〕〇一，正作矛。〔慧琳音義・卷一四〕又〔卷一九〕引〔考聲〕。〇鍪鍪一牟並通。〔廣雅・釋器〕「兜鍪謂之胄」疏證。

錇 一鏂，釘名。〔集韻・矦部〕

鍮 一，金之次者，白金也。〔慧琳音義・卷八二〕〇一石者，金之類也，精於銅，次於金，上好者與金相類。〔卷一五〕〇一石，似金而非金，善惡不等，惡者較白，名為灰折，善者較黃，名為金折，俗云不博金是也。〔卷六〇〕引〔埤倉〕。〇一，亦作鋀，一石似金，陶之則分。〔廣韻・侯部〕〇一石似金，或从豆。〔集韻・矦部〕

鎦 一，殺也。〔廣韻・尤部〕

⿵門丩 一，開也。〔集韻・矦部〕

⿰阝區 一竇，深下皃。〔集韻・矦部〕

犨 一，同犫，白色牛。〔廣韻・尤部〕〇一，〔潛夫論・氏姓篇〕作犫。〔說文〕「一，牛息聲」義證。

雺 一，霧也。〔集韻・尤部〕又〔有部〕。〇一，霧一。〔廣韻・有部〕

⿱雨孚 一，雨雪皃。〔廣韻・尤部〕〇一，雨雪皃，通作浮。〔集韻・尤部〕

⿰革交 一，亦作鞣，軟皮。〔廣韻・侯部〕〇一，治革也，或从敹。〔集韻・矦部〕

⿰彔頁 一，須短白皃。〔集韻・矦部〕

⿰侯頁 一，一顋，大言。〔廣韻・侯部〕〇一顋，揚言也，一曰健皃。〔集韻・矦部〕

⿰區頁 一顐，面折。〔集韻・矦部〕

⿵風凡 一，風皃。〔集韻・幽部〕又〔廣韻・幽部〕。

⿵風求 一，小風。〔集韻・尤部〕

⿸虍風 一，風吹皃。〔廣韻・尤部〕〇一，風吹物皃。〔集韻・尤部〕

⿵風羞 一，風也。〔集韻・尤部〕

飍 一，驚風。〔廣韻・幽部〕

⿰食付 一鏂曰食。〔廣韻・侯部〕〇一鏂，食臼。〔集韻・矦部〕〇一鏂，飽食也。〔通雅・音義襍論〕

⿰食柔 一，餾也。〔說文〕「餾，飯氣蒸也」義證引〔玉篇〕。

⿰馬舟 一騪，馬名。〔集韻・尤部〕〇一騪，蕃中大馬。〔廣韻・尤部〕

骺　—，骨—。〔廣韻・侯部〕○骨端謂之骺—，或从侯。〔集韻・矦部〕

鬏　—，接髮。〔廣韻・尤部〕○—，髮，接髮也。〔集韻・尤部〕

髳　—，馬之繁鬣。〔廣韻・尤部〕

鬏　兠—，白頭人也。〔廣韻・侯部〕

兠　—鬏，白頭。〔廣韻・侯部〕

鮪　—，魚名。〔廣韻・尤部〕

鰇　—，魚名。〔廣韻・尤部〕

䳲　—，鵂頭鵄，似梟，脚近尾。〔廣韻・侯部〕

鯸　—，鳥名，出崑崙。〔集韻・矦部〕

鷚　—，鳥名。〔爾雅〕「—，大鷚」。大如鷃，色似鶉。〔集韻・尤部〕

鷔　—，魚鳥之狀，或作洀，通作聱。〔集韻・幽部〕

鳴　—鳥，青色，似鴉鳩也。〔廣韻・侯部〕

鷚　—，鶩卵也。〔集韻・尤部〕

𪎆　—，枲也。〔集韻・尤部〕○—，麻也。〔廣韻・尤部〕

䴬　—，蘪稵三字並以芻為聲，義相近矣。〔廣雅・釋草〕「稷穰謂之稵」疏證。

鼀　—，一物四名，曰蜘—，曰詹諸，曰尢—，曰䵹鼀。〔說文〕「—，詹諸也」段注。○——猶蹵蹵。（同上）

䵹　—、鼀古字通用。〔說文〕「鼀，尢—」義證引戴震。

齁　—鼾，鼻息也。〔廣韻・侯部〕



# 續經籍纂詁卷第二十七

下平聲

## 十二　侵

侵　—，犯。〔大戴・盛德〕「凡鬭辨生於相—陵也」王詁。○—，凌之也。〔國策・齊策三〕「訾天下之主有—君者」鮑注。○—，又—陵亦漸逼之意。〔說文〕「—，漸進也」段注。○占廣其界曰—。〔公羊傳僖公三一年〕「班其所取—地于諸侯」陳疏引孔廣森。○—，漸進也。〔廣韻・侵部〕○—者，漸進也。〔說文〕「綃，小小—也」段注。○—，過也。〔太素・五邪刺〕「—而行之乃自費」楊注。○—，辱刑也。〔國策・趙策二〕「更不用—辱教」鮑注。○—之言駸駸也。〔文選・兩都賦〕集釋。又〔說文〕「—，漸進也」段注。○—漁，言—奪百姓若漁者之取魚也。〔韓子・孤憤〕「—漁朋黨」集解引舊注。○—戎猶戎—。〔書・文侯之命〕「—戎我國家純」孫疏。○—淫，〔史記〕作浸潭，義同，皆漸進之意。〔漢書・司馬相如傳〕「然後—淫促節」補注。○—通作浸。〔說文〕「—，漸進也」義證。○〔說文定聲・卷三〕—，叚借為祲。〔穀梁傳襄公二四年〕「五穀不升謂之大—」。○（同上）—，叚借為寖。〔管子・明法〕「下情上而道止謂之—」。○—當作我。〔韓子・十過〕「必不—欺」集解引盧文弨。

㑴　—亦通浸。〔說文〕「—，漸進也」句讀。

𢓜　—同侵。〔廣韻・侵部〕

尋　—，或作㝷，謂人兩臂為—。〔慧琳音義・卷七〇〕○以兩手—之曰—。〔通雅・算數〕○八尺曰—。〔詩・閟宮〕「是—是尺」朱傳。又〔孟子・滕文公下〕「枉尺而直—」朱注。又〔國策・韓策一〕「探前趹後」補正。又〔韓子・五蠹〕「布帛—常」集解。○—，六尺曰—，倍—曰常。〔廣韻・侵部〕○—，長也。（同上）○—，度也。〔慧琳音義・卷四〕引〔考聲〕。○—，逐也。〔卷五〕引〔考聲〕。○—，繹也，理也。〔說文〕「㝷，繹理也」義證引玉篇。○—，繼也。〔通鑑・魏紀四〕「延—悔之」音注。又〔齊紀六〕「澄亦—至」音注。○—，習。〔墨子・脩身〕「思利—焉」閒詁。○—之言温也。〔左傳隱公三年〕「齊鄭盟于石門，—盧之盟也」洪詁引服虔。○燖—燗，義並與燂同。〔廣雅・釋詁三〕「燂，煐也」疏證。○—亦覃也。〔釋詁二〕「—，長也」疏證。○—之言寖—也。〔莊子・則陽〕「—擢吾性」平議。○—，〔廣韻〕作㝷。〔左傳隱公三年〕「—盧之盟也」疏證。○〔說文定聲・卷一四〕—者，燅之借字。〔左傳哀公一二年〕「若可—也，亦可寒也」。（「寒」下）○—淫聲近假借用耳。〔漢書・郊祀志〕「寖—於泰山矣」補注引朱一新。○丨，當作專，專古摶字。〔國語・晉語〕「襄子將食丨飯」述聞。○丨梁者，今之鈎欄也。〔慧琳音義・卷一四〕○丨伺，或思或慧於境推求粗位名丨，即此二種於境審察細位名伺，故言丨伺，舊名覺觀者。〔卷五○〕○丨香城，此天所住城郭，多於平澤海濱或於空曠砂漠絶人境處化現。〔大般若經・卷一二〕「丨香城」慧琳音義。○度廣曰丨，伸兩臂為度，度廣則身平臂直而適得八尺。〔説文定聲・卷三〕引程瑶田。○丨與毀同意，度人之兩臂為丨，八尺也，俗字亦作尋，當以度數為本義。〔同上〕○丨，轉注為繹。〔同上〕○丨，温也。〔同上〕○〔説文定聲・卷三〕丨尺，猶言尺寸也。〔國語・晉語〕「無丨尺之祿」。○〔同上〕寖丨，猶侵淫。〔漢書・郊祀志〕「寖丨于泰山矣」。○丨，叚借為燂。〔説文定聲・卷三〕○丨，字亦作撏。〔同上〕○〔同上〕丨，叚借為斜。〔史記・張儀傳〕「塞丨谷之口」。○〔同上〕丨，叚借為深。〔淮南子・繆稱〕「不能使無憂丨」。○〔同上〕丨，叚借為鄩，在今山東萊州府濰縣。〔左傳襄公四年〕「斟丨氏」。○〔同上〕丨，字亦作撏。〔聲類〕「撏，摘物也」。○丨，字亦作𨘢。〔説文定聲・卷三〕

潯

丨，傍深，又水涯也。〔廣韻・侵部〕○潭與丨通，古者潭丨同聲。〔廣雅・釋邱〕「丨，厓也」疏證。○〔説文定聲・卷三〕丨丨，遂往之意。〔史記・司馬相如傳〕「嬐丨丨而高蹤兮」。○丨，叚借為潭，唐始置丨州，今廣西之丨江。〔説文定聲・卷三〕○丨江，即古潭水，古二字同音，因改其字耳。〔説文〕「潭，潭水」段注。

林

竹木曰丨。〔大戴・千乘〕「準揆山丨」王詁。○丨，丨木。〔廣韻・侵部〕○木曰丨。〔説文〕「薄，丨薄也」繫傳。○丨，柴也。〔説文〕「爨，廾推丨內火」段注。○野外謂之丨。〔詩・駉〕「在坰之野」朱傳。○丨，烝，羣也。〔釋詁〕注「詩曰有壬有丨」述聞。○丨，盛也。〔詩・賓之初筵〕「有壬有丨」朱傳。○丨，正取衆盛之義。〔同上〕述聞。○丨離，陸與丨古聲亦相近，丨離猶陸離也。〔廣雅・釋訓〕「陸離，參差也」疏證。○丨離，一作淋灕淋漓，通為滲灕流離，轉為流麗藰莅飂戾，又轉為飉戾嘹唳，重其聲則為勞利。〔通雅・釋詁〕○丨離當為淋灕，今俗作淋漓，訓槮攡蓋借字。〔漢書・司馬相如傳〕「滂濞泱軋麗以丨離」補注。○丨將猶言羽丨也。〔通雅・官制〕○丨中謂之中丨矣。〔淮南子・內篇第一〕「宇內」雜志。○鐘聲應丨鐘，故以丨鐘為名。〔左傳襄公一九年〕「作丨鐘而銘魯功焉」洪詁。○丨回當是叚之逃民。〔莊子・山木〕「丨回棄千金之璧」集釋引俞樾。○丨衡，掌巡林麓之禁令。〔文選・魏都賦〕「傍拱木於丨衡」補正引〔周禮〕。○給事長信庭之宦者名丨表。〔漢書・敘傳〕「時長信庭丨表適使來」補注引沈欽韓。○雲陽宮即秦之丨光宮。〔漢書・郊祀志〕「震電災丨光宮門」補注引沈欽韓。○丨慮縣即隆慮縣，今河南彰德府丨縣是其地也。〔説文〕「洹，洹水」段注。○〔説文定聲・卷三〕丨，叚借為臨。〔釋詁〕「丨，君也」。○〔同上〕丨，以函為之。〔周禮・大師〕「函鐘」。○廩丨聲近而義通。〔漢書〕「雍人稟」雜志。○丨光當作臨光。〔漢書・文帝紀〕「頃王后」補注引齊召南。

霖

雨三日以上為丨。〔説文〕「淫，浸淫隨理也」段注。○雨三日以往為丨。〔通鑑・秦紀三〕「七月，大丨雨」音注。○雨三日以上為丨也。〔慧琳音義・卷六六〕○丨，久雨。〔廣韻・侵部〕○丨淫涔，古聲亦相近也。〔廣雅・釋言〕「涔，丨也」疏證。○淫謂之丨。〔説文〕「丨，凡雨三日已往為丨」段注。又〔慧琳音義・卷七○〕。○丨與淋同。〔廣雅・釋詁〕「淋，漬也」疏證。

臨

丨，視也。〔詩・皇矣〕「丨下有赫」朱傳。○丨，以高視下也。〔大戴・曾子本孝〕「丨不指」王詁。○自上觀下曰丨。〔國策・魏策二〕「以丨彷徨」鮑注。○丨，隱几視下之稱。〔説文定聲・卷三〕○丨，監也。〔廣韻・侵部〕○丨與監同意。〔説文〕「丨，監丨」繫傳。○丨，謂居上而丨下也。〔中庸〕「足以有丨也」朱注。○丨，莅也。〔廣韻・侵部〕○自上涖下曰丨。〔大戴・曾子立事〕「丨懼之而觀其不恐也」王詁。○丨，言以功處其上。〔國策・宋衛策〕「內丨其倫」鮑注。○丨，言以兵至其地。〔西周策〕「丨函谷而無攻」鮑注。○丨，享也。〔詩・雲漢〕「上帝不丨」朱傳。○丨猶制也。〔國策・趙策四〕「循有燕以丨之」鮑注。○丨，大也。〔廣韻・侵部〕又〔左傳宣公一二年〕「不行之謂丨」疏證引焦循。○丨之言隆也。〔廣雅・釋詁一〕「丨，大也」疏證。○隆與丨古亦同聲。〔同上〕○地大容澤，澤大侵地，故曰丨。〔左傳宣公一二年〕「在師之丨」疏證引張惠言。○丨，哭也。〔宣公一二年〕「卜丨於大宮」疏證引賈逵。又〔通鑑・秦紀二〕「其舍人丨者，皆逐遷之」音注。又〔漢紀一五〕「旦夕丨」音注。○丨亦哭也。〔左傳宣公一二年〕「卜丨於大宮」疏證引李貽德。○丨，入哭也。〔禮記・雜記〕「丨者入門右」集解。○凡哭於廟者皆謂之丨。〔左傳宣公一二年〕「卜丨於大宮」平議。○丨謂置紙在傍學之。〔通雅・碑帖〕○丨，丨車也。〔詩・皇矣〕「與爾丨衝」朱傳。○丨衝，又作隆衝，言陷陣之車隆然高大也。〔同上〕後箋引詩小學。○琴首更絃者曰丨岳，丨岳本山神名，因以名琴之首。〔通雅・樂器〕○丨盛秋，即後世所謂防秋。〔漢書・李廣傳〕「以丨右北平盛秋」補注引王先慎。○丨硎，險峻也。〔文選・吳都賦〕「右號丨硎」補正引董潮云。○丨濟即魏咎。〔漢書・周勃傳〕「夜襲取丨濟」補注。○丨，亦作林字。〔史記・呂后紀〕「丨光」志疑引〔庭立紀聞〕。○丨光，如淳注作林光，疑古通借字。〔呂后紀〕「封呂嬃為丨光侯」志疑。○丨龍以聲轉變字。〔漢書・地理志〕「謝沐」補注。○丨慮，〔地理志〕作隆慮，避後漢殤帝諱改林慮，故城即今彰德府林縣治。〔荀子・彊國〕「乃有丨慮」集解。○丨汝是鄉名，屬汝南，劉宋始置為縣。〔史記・高祖功臣侯者年表〕「封嬰孫賢為丨汝侯」志疑。○丨轅，疑其地丨轘轅關，故名，當在河南緱氏縣界。〔高祖功臣侯者年表〕「丨轅」志疑。

鍼

丨亦作箴，謂綴衣也。〔慧琳音義・卷八○〕引字書。○丨者，醫工之丨灸也。〔卷一八〕○丨同針。〔廣韻・侵部〕○丨俗作針。〔説文〕「丨，所以縫衣裳者也」句讀。○丨，字亦作針，古以石為之，今以金。〔説文定聲・卷三〕○丨針並與箴同。〔廣雅・釋詁二〕「茦，箴也」疏證。○丨，或作箴。

〔釋器〕「鍤，丨也」疏證。○箴丨古字通。〔左傳僖公二八年〕「丨莊子為坐」洪詁。○〔說文定聲·卷三〕丨，叚借為鉆，丨鉆雙聲。〔周禮·射鳥氏〕注「并夾者丨箭具」。○丨音拑。〔詩·黃鳥〕「子車丨虎」朱傳。

**鍼**　丨，引線鐵，俗作針。〔慧琳音義·卷一二〕引字書。

**針**　丨，丨線。〔廣韻·侵部〕○鍼丨並與箴同。〔廣雅·釋詁二〕「菄，箴也」疏證。○古以砭石為丨，今用白金為之。〔說文定聲·卷三〕〔「箴」下〕

**箴**　丨者，聯衣使不散，以竹為之。〔說文定聲·卷四〕〔「鍤」下〕○〔卷三〕丨，聯之使不散，製衣時用之，先聯之以丨，而後縫之以鍼。〔說文〕「丨，綴衣丨也」。○丨鍼針聲義並同，刺也。〔方言·卷三〕箋疏。○丨，醫者以箴石刺病，故有所諷刺而救其失者謂之丨。〔說文〕「砭，以石刺病也」義證引〔洪武正韻〕。○丨，誡。〔同上〕○丨，引申之義為丨規。〔說文〕「丨，綴衣丨也」段注。○丨，丨規也。〔廣韻·侵部〕○丨即古鍼字。〔左傳成公二年〕「執鍼」疏證。○鍼針並與丨同。〔廣雅·釋詁二〕「菄，丨也」疏證。○古丨鍼通用。〔說文〕「丨，綴衣丨也」段注。○丨當作鍼。〔說文〕「笍，羊車騶箠也，箸丨其耑長半分」段注。○丨者，鍼之借字。〔說文〕「黹，丨縷所紩衣」句讀。○丨即鍼之叚字。〔墨子·經說下〕「不與丨」閒詁。○〔說文定聲·卷三〕丨，叚借為鍼。〔東山經〕「高氏之山，其下多丨石」。○丨，讀為黬，黬與點古同聲而通用。〔春秋名字解詁〕「曾丨字皙，奚容丨字子皙」述聞。○丨者，黬之省形存聲字。〔說文〕「黬，雖皙而黑也」句讀。○丨，黬之省。〔說文〕「黬，古人名黬字皙」段注。○曾丨之丨，〔論語〕作點。〔春秋名字解詁〕「曾丨字皙」述聞。○丨乃葴之譌，即點字，因葴通作黬。〔史記·仲尼弟子列傳〕「奚容丨字子皙」志疑。○丨疵，似魚虎而蒼黑色。〔文選·上林賦〕「丨疵鵁盧」注引張揖。○丨疵，〔史記〕作鰔鷙。〔同上〕集釋。○〔說文定聲·卷三〕丨，叚借為鐕。〔廣雅·釋詁二〕「丨，插也」。

**斟**　丨，勺也。〔楚辭·天問〕「彭鏗丨雉」補注。○丨為分羹之器。〔左傳宣公二年〕「其御羊丨不與」疏證引張文虎。○盛於勺者亦謂之丨。〔說文〕「丨，勺也」段注。○丨者，酌也。〔說文〕「妁，酌也」段注。○丨，通作酌。〔說文〕「丨，勺也」義證。○丨，丨酌也。〔廣韻·侵部〕○丨為丨酌之義。〔左傳宣公二年〕「其御羊丨不與」疏證引錢大昕。○丨，注也。〔國策·燕策一〕「廚人進丨羹」鮑注。○丨，亦汁也。〔說文定聲·卷一八〕〔「鬻」下〕○丨者，羹汁也。〔說文〕「魁，羹斗也」段注。○羊丨即羊羹也，肉汁謂之羹，亦謂之丨。〔春秋名字解詁〕「宋羊丨字叔牂」述聞。○丨，益也。〔廣韻·侵部〕○增益謂之丨。〔說文〕「丨，勺也」段注。○曰丨曰職，猶今之言著也。〔通雅·諺原〕○凡處分曰丨勺，今多用丨酌。〔說文〕「丨，勺也」段注。○今俗語凡度量事物皆曰丨酌。〔國語·周語〕「而後王丨酌焉」平議。○羊丨，〔史記·宋微子世家〕作羊羹。〔春秋名字解詁〕「宋羊丨字叔牂」述聞。○〔說文定聲·卷三〕丨，叚借為甚。〔方言三〕「丨，益也」。○〔索隱本〕作「丨戈氏」，即丨灌也，戈灌聲相近。〔史記·夏本紀〕「丨氏戈氏」志疑引〔史記攷異〕。○丨，舊校云一作堪。〔呂覽·有始〕「天丨萬物」校正。○丨乃椹之訛。〔任數〕「藜羹不丨」校正。○〔說文定聲·卷三〕丨灌，在今山東青州府壽光縣東北。〔左傳襄公四年〕「滅丨灌」。

**沈**　丨，没也。〔方言一○〕「潛，丨也」箋疏。又〔廣韻·侵部〕。○丨，溺也。〔漢書·鄒陽傳〕「今人主丨諂諛之辭」補注。○丨，大也。〔續音義·卷四〕○〔說文定聲·卷三〕丨，重皃。〔謝元暉詩〕「哀柳尚丨丨」。○丨，濁也。〔續音義·卷四〕○丨之言淫也，丨酗猶淫酗也，丨湎猶淫湎也。〔書·微子〕「丨酗于酒」述聞。○丨與淫古同聲而通用。〔同上〕○丨者，湛之借字。〔說文〕「没，丨也」句讀。○丨，古多假借為湛没之湛。〔說文〕「丨，陵上滈水也」段注。○湛與丨同。〔書·微子〕「丨酗于酒」述聞。○丨當作湛。〔漢書·五行志〕「顛覆其德，荒丨于酒」補注引朱一新。○丨陰同義。〔書·洪範下〕注「丨，陰也」孫疏。○丨丨，〔史記〕作湛湛。〔漢書·司馬相如傳〕「丨丨隱隱」補注。○丨丨，談談，又作潭潭。〔史記·陳涉世家〕「夥頤，涉之為王丨丨者」志疑引孫侍御。○丨丨、眈眈，義並與歁歁同。〔廣雅·釋訓〕「歁歁，盛也」疏證。○丨丨，眈眈，沊沊，通作潭潭，轉作嵁嵁湛湛碪碪，言宮室之深廣也。〔通雅·卷九〕○丨丨猶談談，談是淡字之誤，淡淡，水平滿貌。〔史記·陳涉世家〕「涉之為王丨丨者」志疑引〔瞥記〕。○丨讀為潭，潭潭，尊嚴之意。〔義府·卷下〕引〔史記·陳涉世家〕「涉之為王丨丨者」詁。○丨淖與踸踔亦同，皆用雙聲以形容參差不齊之狀。〔方言二〕箋疏。○丨水，乃泬水也。〔通雅·地輿〕○丨澤，猶丨斥也。〔同上〕○與之相連俱死為丨命也。〔漢書·咸宣傳〕「於是作丨命法」補注引沈欽韓。○丨墨，一作沉麵。〔通雅·釋詁〕○丨，俗字誤作沉。〔說文定聲·卷三〕○〔同上〕丨，叚借為湛。〔小爾雅·廣詁〕「丨，没也」。○〔同上〕丨，叚借為潛。〔太玄元圖〕「陰陽丨交」。○丨通作涔。〔說文〕「丨，陵上滈水也」義證。○丨即霃之叚借也。〔說文〕「霃，久霒也」段注。○〔說文定聲·卷三〕丨，叚借為霃。〔禮記·月令〕「天多丨陰」。○〔同上〕丨，叚借為甚。〔方言〕「丨，大也」。○〔同上〕丨，叚借為黕。〔說文〕「丨，一曰濁黕也」。○丨與黕通。〔易·坎六三〕平議。○丨，聲與㚤相近也。〔廣雅·釋詁三〕「㚤，多也」疏證。○丨當為湛。〔說文〕「没，丨也」義證。○丨，〔漢書〕作湛。〔說文〕「湎，丨於酒也」義證。○丨，當為沉。〔墨子·經說下〕「荆，丨，荆之貝也」閒詁。○丨當為沆，沆謂澤也。〔經下〕「其丨淺也」閒詁。○丨當為沆。沆，大澤也，又為鹽澤之名。〔漢書·刑法志〕「除山川丨斥」補注引王念孫。○丨當讀為煁。〔國語·晉語〕「丨竈產鼃」平議。○丨當為煁。〔莊子·達生〕「丨有履」平議。○沆丨草書相似，故沆譌為丨。沆容雙聲字，謂禽獸衆多之貌也。〔漢書·揚雄傳〕「丨丨容容」補注引王念孫。○沆字一誤而為沉，再誤而為丨。〔漢書·刑法志〕「除山川丨斥」補注引王念孫。○丨猶溺。〔國策·秦策一〕「丨於辯」鮑注。○丨，没溺也。〔齊策四〕「丨於國家之事」補正。○丨猶深。〔燕策三〕「其智深而慮丨」鮑注。○沉，俗丨字。〔廣韻·侵部〕○沉，丨之俗也。

〔說文〕「湛，沒也」段注。

**碪** －，跗也，方鐵－也，俗作砧。〔慧琳音義·卷一二〕○－－，厚貌。〔通雅·釋詁〕

**砧** －同碪，擣衣石也。〔廣韻·侵部〕○－，擣衣石也，或作碪。〔慧琳音義·卷八九〕○－，又作碪，斫剉之机也。〔卷二二〕

**深** 不淺曰－。〔說文〕「測，－所至也」段注。○〔說文定聲·卷三〕不淺當為－之本訓，以稱水者，託名幖識字，或曰不淺為湛之借字。〔說文〕「－，－水也」。○－，不可測也。〔慧琳音義·卷六〕○度－亦曰－。〔說文〕「測，－所至也」段注。○－，測也。〔慧琳音義·卷九六〕○－亦為測也。〔釋言〕「－，測也」述聞。○－，遠也。〔廣韻·侵部〕○極未形之理則曰－。〔易·繫上〕「極－而研幾也」李疏引王注。○－也者，長也，凡禮服上衣與下裳殊，－衣則衣與裳不殊，故曰－。〔說文定聲·卷一八〕（「常」下）○〔卷三〕－，言前後－邃。〔禮記·深衣〕鄭云「名曰－衣者，謂連衣裳而純之以采也」。○－甚音近相通。〔孟子·滕文公上〕「面－墨」焦正義。○－墨，甚黑色也。（同上）朱注。○曲以取之，故曰鉤－也。〔易·繫上〕「鉤－致遠」李疏。○初－故曰鉤－。（同上）引虞注。○－室，獄名也。〔左傳僖公二八年〕「寘諸－室」疏證引惠棟。○－字當作探。〔商子·禁使〕「－淵者」平議。○唐人避諱改淵為－。〔漢書·敘例〕「崔浩字伯－」補注引朱一新。○－本淵字，唐人避諱改之。〔罽賓國傳〕「臨崢嶸不測之－」補注引周壽昌。○〔文選·王元長策秀才文〕引－作清。〔呂覽·辯士〕「甽欲小以－」校正。○沈－潛測俱聲相轉也。〔釋言〕「－，測也」郝疏。○－衣，猶摺子也。〔通雅·衣服〕

**浚** －當為深。〔大戴·文王官人〕「志殷如－」王詁。

**淫** －，隨其脈理而浸漬也。〔說文〕「－，浸－隨理也」繫傳。○－者，浸－隨理也，謂酒味－液深長。〔說文〕「醰，酒味－也」段注。○－，過也。〔禮記·曲禮〕「－祀無福」集解。又〔廣韻·侵部〕。○－，過也，放也。〔通鑑·漢紀二四〕「－於聲色」音注。○夸－皆過度之義。〔廣雅·釋詁二〕「夸，婬也」疏證。○－，言過其常度。〔說文〕「－，浸－隨理也」義證引陳啓源。○－者，樂之過而失其正者也。〔論語·八佾〕「樂而不－」朱注。○－，侈也。〔國策·韓策三〕「不如止－用」鮑注。○－，亂也。〔韓子·內儲說下〕「敵之所務在－察而就靡」集解。○－，散也。〔愛臣〕「是謂威－」集解引舊注。○－，侈濫也。〔禮記·儒行〕「居處不－」集解。○－，放濫也。長言之，則為陰－案衍，約言之，則為－衍，謂其過而無節也。〔漢書·司馬相如傳〕「陰－案衍之音」補注。○－，放蕩也。〔孟子·公孫丑上〕「－辭知其所陷」朱注。○－，縱欲，故為放恣也。〔書·無逸〕注「－，放恣也」孫疏。○－，溢也，言神之賜祿，洼然廣溢。〔漢書·禮樂志〕「－淥澤，洼然歸」補注引宋祁。○－，貪也，謂貪於色。〔禮記·坊記〕「坊民防－」集解。○貪色為－。〔大戴·本命〕「－去」王詁。○－，長也。〔說文〕「醰，酒味－也」繫傳。○－，久也。〔離騷〕「日康娛以－遊」補注引五臣注。○－，淹也。〔楚辭·招魂〕「不可以久－些」補注引五臣注。○－，大也。〔詩·有客〕「既有－威」朱傳引舊說。○－者，大也。〔說文〕「鱏，鱏魚也」段注。○－，亦謂慢遊也。〔書·皋陶謨下〕注「朋－，門內」孫疏。○－，遊也，語之轉。〔屈賦·遠遊〕「神要眇以－放」戴注。○－－，漸進也。〔漢書·司馬相如傳〕「纚乎－－」補注。○凡言－泆者，皆謂太過，引伸之義也。〔說文〕「泆，水所蕩泆也」段注。○－佚，一作－失，－泆，姚佚，－逸，婬佚，－佾，－屑。〔通雅·釋詁〕○－溢，積漸也。〔楚辭·九辯〕「顏－溢而將罷兮」補注引五臣注。○多態謂－巧。〔荀子〕「形能」雜志。○－鬻、激淖同義。〔漢書·司馬相如傳〕「允溶－鬻」補注。○〔通雅〕－緬，即－湎。〔易林〕「－緬無測」。○－婬同。〔方言一〇〕「遙窕－也」疏證。○－婬古通用。〔方言一二〕「夸、烝，婬也」疏證。○－與婬通。〔廣雅·釋詁一〕「夸，婬也」疏證。○湛－古字通。〔考工記·㡆氏〕「－之以蜃」述聞。○－逸聲相轉也。〔釋言〕「逸，過也」郝疏。○霖－涔，古聲亦相近也。〔廣雅·釋言〕「涔，霖也」疏證。○〔說文定聲·卷三〕－，段借為婬。〔小爾雅·廣義〕「男女不以禮交謂之－」。○（同上）－，段借為霃，為𩃬，為霖，字亦變作霪。〔禮記·月令〕「－雨早降」。○－雨即𩃬雨之段借。〔說文〕「𩃬，霖雨也」段注。○〔說文定聲·卷三〕－，段借為湛。〔小爾雅·廣詁〕「－，沒也」。○（同上）－，段借為深。〔列子·黃帝〕「朕之過－矣」。○（同上）－，段借為甚。〔釋詁〕「－，大也」。○（同上）－，段借為尤。〔廣雅·釋言〕「－，游也」。○（同上）－，段借為厭。〔周禮·司服〕故書「－衣服」。○（同上）－，或曰借為暗，亦通。〔楚辭·逢紛〕「徑－曀而道壅」。○－，字或作霪。〔說文〕「－，一曰久雨為－」義證。○－，〔韓子〕作遊。〔管子·明法〕「不－意於法之外」義證引孫星衍。○受誤作垩，因又誤為－。〔宮覽·古樂〕「諸侯去殷王－而翼文王」平議。

**心** －，在肺之下，膈膜之上，箸脊之弟五椎，形如蓮蕊，上有四系，以通四藏。〔說文定聲·卷三〕○－者，身之所主也。〔大學〕「先正其－」朱注。○－最在中央，為諸藏之所主。〔說文〕「－，土藏」義證引〔急就篇〕顏注。○－者，形之主也。〔說文〕「－，人－」義證引〔文子〕。○－者，人之本也。〔說文繫傳·通論中〕○－者，身之中也。（同上）○－象人－之正中也。（同上）○－者，思也。〔釋言〕「謀，－也」述聞。○－，火藏。〔廣韻·侵部〕○－，火藏也。〔說文〕「－，人－」義證引〔急就篇〕顏注。○－者屬於火。（同上）義證引〔華氏中藏經〕。○－者，火之精，成於五，故人－長五寸。（同上）義證引〔春秋元命苞〕。○－之精為火，其氣為離。（同上）義證引〔子華子〕。○－，南方火也。（同上）義證引〔八十一難經〕。○－謂大火，－星也。〔大戴·夏小正〕「用此見斗柄之不正當－也」王詁。○房－尾三座合成人跪形，－三星當肩背，由其前言之，謂之－。〔說文定聲·卷三〕○－，即纖小之義。〔詩·凱風〕「吹彼棘－」通釋。○－曲，－中委曲之處也。〔詩·小戎〕「亂我－曲」朱傳。○－儀，－擬也。〔通雅·卷五〕○－

外有赤黃裹脂，謂之｜包絡，下有隔膜以蔽濁氣，不得上熏｜也。〔說文定聲・卷三〕〇〔同上〕｜，字亦作杺。〔釋木〕「楸樸｜」。〇｜意當為志意，字之誤也。〔荀子・天論〕「｜意脩」集解引王念孫。〇〔周書・樂遜傳〕引｜作德。〔左傳僖公七年〕「｜則不競」疏證。

**琴**　｜，樂器，神農作之，本五弦，周加文武二弦。〔廣韻・侵部〕〇｜，五弦或七弦，樂之小者也。〔詩・關雎〕「｜瑟友之」朱傳。〇琹，珡，並古文｜。〔說文〕「｜，禁也」義證引〔玉篇〕。〇｜，城，冢也。〔通雅・地輿〕〇〔說文定聲・卷三〕｜，叚借為冢。〔水經・泚水注〕「楚人謂冢為｜」。〇〔同上〕｜，叚借為穜，音相通轉，方俗言耳。〔海內經〕「有都廣之野，冬夏播｜」。

**禽**　｜，走獸總名。〔國策・趙策一〕「虎將即｜」鮑注。〇古者羽毛鱗介通名為｜。〔易・井〕「舊井無｜」平議。〇二足而羽曰｜。〔本草・卷四七〕〇二足而羽者曰｜。〔廣韻・侵部〕〇｜，所獲獸也。〔國策・韓策一〕「｜困覆車」鮑注。〇｜，｜鳥，小鷙也。〔韓策三〕「身執｜而隨諸御」鮑注。〇｜猶囚也。〔管子・立政〕「道塗無行｜」平議。〇｜言擒也。〔釋鳥〕「二足而羽謂之｜」郝疏。〇｜，古擒字。〔左傳僖公三三年〕「外僕髡屯｜之以獻」疏證引崔憬。〇｜，古擒字，猶獲也。〔僖公三三年〕「｜之以獻」洪詁引崔憬。〇｜，古擒字，｜猶獲也。〔大戴・保傅〕「夫差以見｜於越」王詁。〇〔說文定聲・卷三〕｜，叚借為捦。〔易・井〕「舊井無｜」。〇〔同上〕｜羞，鴈鶩之屬。〔儀禮・聘禮記〕「｜羞俶獻比」。〔「羞」下〕〇｜獸簿，謂簿錄｜獸之大數也。〔漢書・張釋之傳〕「問上林尉｜獸簿」補注引〔通鑑〕胡注。〇｜當作夷。〔史記・酷吏刑傳〕「遂｜侯封之家」志疑。〇官本｜作命是。〔漢書・韓信傳〕「傾耳以待｜者」補注。

**擒**　｜猶獲也。〔左傳僖公三三年〕「外僕髡屯禽之以獻」疏證引崔憬。〇｜，捉也，或作㩒。〔慧琳音義・卷八〕引〔考聲〕。〇捦鈙｜並字異而義同。〔廣雅・釋詁三〕「捦，持也」疏證。〇｜同捦，同㩒，急持。〔廣韻・侵部〕

**捦**　｜，手捉物也。〔說文〕「｜，急持衣｜也」義證引〔三蒼〕。〇｜，急持衣裣行也。〔同上〕引〔玉篇〕。〇｜俗作擒。〔說文〕「｜，急持衣裣也」段注。〇｜，字亦作擒，經傳皆以禽為之。〔說文定聲・卷三〕〇｜，古叚借作禽。〔說文〕「｜，急持衣裣也」段注。〇｜，通作禽。〔說文〕「｜，急持衣｜也」義證。〇｜，經典皆借用禽，故俗作擒，手捉物也。〔說文〕「｜，急持衣裣也」句讀。〇鈙｜同字。〔同上〕〇｜，鈙擒，並字異而義同。〔廣雅・釋詁三〕「｜，持也」疏證。〇｜，又作鈙㩒二形，今皆作擒也。〔慧琳音義・卷五二〕

**㩒**　｜，急持。〔廣韻・侵部〕

**欽**　｜，敬也。〔廣韻・侵部〕又〔禮記・內則〕「｜有帥」集解。〇｜與敬意略同而詞有別也。〔說文〕「｜，欠皃」段注。〇｜敬意略同而辭有別。〔說文定聲・卷三〕〇｜字亦有喜樂之義。〔漢書〕「飲其德」雜志。〇｜，欠㰴之皃。〔說文〕「｜，欠皃」繫傳。〇｜，引伸之乃欽欽然如不足謂之｜。〔同上〕段注。〇｜者，倦而張口之皃也。〔同上〕〇｜言｜｜然也。〔書・盤庚中〕「乃心｜」平議。〇｜即飭也。〔義府・卷上〕引〔書・堯典〕「帝曰｜哉」詁。〇｜｜，憂而不忘之貌。〔詩・晨風〕「憂心｜｜」朱傳。〇｜｜，蓋唫唫之叚音也。〔鼓鐘〕「鼓鐘｜｜」朱傳。〇｜｜，聲也。〔廣雅・釋訓〕疏證。〇〔釋訓〕「｜｜，憂也」郝疏。〇｜｜猶坎坎也。〔廣雅・釋訓〕「｜｜，聲也」疏證。〇｜與廞通。〔書・多方〕「日｜」孫疏。又〔立政〕「帝｜罰之」孫疏。〇｜字即廞之叚借字。〔莊子・庚桑楚〕「道者，德之｜也」集釋引俞樾。〇｜通作嶔。〔說文〕「｜，欠皃」義證。〇〔說文定聲・卷三〕｜，叚借為吟。〔東山經〕「空桑之山有獸焉，其音如｜」。〇〔同上〕｜，叚借為顉。〔釋詁〕「｜，敬也」。〇〔同上〕｜，叚借為顲。〔後漢・周燮傳〕「生而｜頤折頞」。〇或曰凡｜皆借為念。念，常思也，常思者｜。〔說文定聲・卷三〕

**衾**　｜，被也。〔廣韻・侵部〕又〔詩・小星〕「抱｜與裯」朱傳。〇｜即被也。〔儀禮・士喪禮〕「君使人襚徹帷」胡正義。〇｜當作衿，即襟字。〔列子・黃帝〕「涕泣沾｜」平議。〇衣｜當本作衣食。〔荀子・禮論〕「衣｜多少厚薄之數」集解引盧文弨。

**吟**　｜，歎也。〔廣韻・侵部〕〇｜，申氣之聲也。〔說文〕「｜，呻也」繫傳。〇古謂｜為嗟嘆也。〔廣雅・釋詁二〕「嘆，｜也」疏證。〇｜，呻也者，〔藝文類聚〕〔太平御覽〕引作歎也。〔說文〕「｜，呻也」義證。〇〔通雅・卷一八〕｜，謂語訖也，亦噤意。〔梁冀傳〕「口｜舌言」。〇｜口，當與口｜同義，口｜謂語吃不能明了。〔荀子・不苟〕「盜跖｜口」集解。〇假｜為噤也，｜噤義相似。〔說文〕「噤，口閉也」段注。〇｜，蓋黔之叚字，｜口即黔喙。〔荀子・不苟〕「盜跖｜口」集解引俞樾。〇〔說文定聲・卷三〕｜，叚借為含。〔史記・淮陰侯傳〕「｜而不言」。〇以｜為含。〔說文〕「含，嗛也」段注。〇含字古或作｜。〔淮南子內篇第二〕「｜德」雜志。〇｜當為唫。〔說文〕「唫，口急也」義證。〇｜亦砛字之譌。〔墨子第一〕「聆缶」雜志。

**今**　｜，對古之稱。〔廣韻・侵部〕〇｜，即時也。〔詩・摽有梅〕「迨其｜兮」集疏。〇｜，即也。〔漢書・高帝紀〕「若不趨降漢，｜為虜矣」補注。又〔賈誼傳〕「豈如｜定經制」補注。〇｜猶即也，史漢｜字如此類皆訓即。〔高帝紀〕「諸侯並起，｜屠沛」補注。〇｜猶即也，｜即轉相為訓。〔申屠嘉傳〕「史｜行斬之」補注引王文彬。〇此｜字當訓為即，通鑑引｜作而。〔賈山傳〕「｜從豪俊之臣」補注。〇｜有即訓。〔匈奴傳〕「｜遣之」補注。〇｜猶即也。〔國策〕「請｜廢之」雜志。〇｜字並與即同義。〔同上〕〇｜猶即｜也。〔同上〕〇｜訓為即。〔釋詞・卷五〕〇謂往為來者，亦猶故之為｜。〔史記〕「來古」雜志。〇故之為｜。〔晏子春秋〕「自｜已後」雜志。〇〔釋詞・卷五〕｜，指事之詞也。〔墨子・兼愛〕「｜若夫攻城野戰」。〇〔同上〕｜，猶若也。〔禮記・曾子問〕「｜墓遠則其葬也如之何」。〇｜是猶言｜夫也。〔荀子・榮辱〕「｜是人之口腹」集解引王念孫。〇｜若夫,猶言丨夫。〔墨子〕「丨若夫」雜志。○丨,發聲之詞。〔說文定聲·卷一二〕(「隸」下)○晉唐以下楷書曰丨隸。〔說文·叙〕「漢興有艸書」段注。○晉以下相連緜者曰丨艸。(同上)○諸本丨誤令。〔左傳哀公二六年〕「丨君無疾而死」洪詁。○丨當作令。〔呂覽·順民〕「丨吳越之國」平議。○丨當為令。令,使也。〔漢書·趙充國傳〕「丨大司農所轉穀至者」補注引王念孫。○丨令二字多互譌。〔國策〕「請令廢之」雜志。○丨,〔魯詩〕作全。〔詩·瞻卬〕「寧自丨矣」集疏。

襟 丨,交領也。〔離騷〕「霑余丨之浪浪」補注。○丨,袍襦前袂,亦作裣。〔廣韻·侵部〕○丨,俗作衿。〔說文〕「紟,衣系也」段注。

衿 丨,領也。〔詩·子衿〕「青青子丨」朱傳。○丨,交衽也。〔國策·齊策三〕「臣輒以頸血湔足下丨」鮑注。○古有斜領,下連於襟,故謂領為丨也。〔詩·子衿〕「青青子丨」集疏。○丨,衣小帶也。〔廣韻·侵部〕○襟丨古通用,又作裣。〔方言四〕「丨謂之交」疏證。○丨與襟字本通用。(同上)○丨,漢石經作裣。〔詩·子衿〕「青青子丨」通釋。○丨,當從漢石經作裣,裣之別體或作襟。(同上)後箋。○丨鈐通借字。〔漢書·天文志〕「旁有兩星曰丨」補注。

裣 丨,衽之交處。〔說文〕「丨,交衽」繫傳。○丨,衣下旁,掩裳際處,誼與衽略同。〔說文定聲·卷三〕○(同上)丨,此〔深衣〕所謂曲袷,〔左傳〕所謂袷襘也。〔離騷〕「霑余襟之浪浪」注「衣眦曰襟」。○丨,亦作衿。〔說文定聲·卷三〕○(同上)丨,字亦作襟。〔漢書·西南夷傳贊〕「改襟輸寶」。○丨與襟同,衣襟。〔方言四〕「衿謂之交」箋疏。○丨與衿襟並同。(同上)○丨,字又作襟。〔說文〕「丨,交衽也」句讀。○丨,又作襟。(同上)義證。○丨或作衿。(同上)○丨猶下旁也,謂堂隅。〔說文定聲·卷三〕引陸士衡詩「言樹背與丨」。○(同上)丨,叚借為紟。〔禮記·內則〕「衿纓綦屨」。○(同上)丨,叚借為嬐,丨嬐雙聲。〔漢書·司馬相如傳〕「襟侵尋而高縱兮」。

金 丨,銅錫也。〔禮記·月令〕「丨鐵」集解。○丨以贖罪,古用銅,赤丨也。〔書·舜典〕「丨作贖刑」孫疏。○丨,丨寶。〔廣韻·侵部〕○丨,鏃也。〔孟子·離婁下〕「去其丨」朱注。○丨,鐘屬。〔萬章下〕「丨聲而玉振之也」朱注。○丨,兵戈之屬。〔中庸〕「衽丨革」朱注。○丨為百鍊之精,言百鍊之不耗。〔說文〕「丨,五色丨也」義證引〔白帖〕。○丨石性皆主陰,故為同類也。〔漢書·五行志〕「劉歆以為丨石同類」補注引葉德輝。○此後稱丨紫銀青,則腰帶魚袋之類。〔通雅·器用〕○一斤為一丨。〔國策·東周策〕「請以三十丨復取之」鮑注。○古者言丨以斤計,斤率二十兩,與今以十六兩為斤者異。〔漢書·文帝紀〕「百丨,中人十家之產也」補注引蘇輿。○諸書言若干丨,則一丨一萬錢,至於賜丨若干斤,則盡丨也。〔惠帝紀〕「將軍四十丨」補注引劉攽。○丨罍,大器也。天子以玉,諸侯大夫皆以丨,士以梓。〔詩·卷耳〕「我姑酌彼丨罍」集疏引韓說。○丨厄,以丨為環,纏搤轡首也。〔詩·韓奕〕「鞗革丨厄」朱傳。○丨匱,謂丨縢之匱。〔大戴·保傅〕「藏之丨匱」王詁。○丨玦,以丨為玦也。〔左傳閔公二年〕「佩之丨玦」洪詁引服虔。○丨革即鞗革也。〔荀子·禮論〕「丨革轡靷」集解引王念孫。○度其法用銅,故曰丨度。〔漢書·藝文志〕「丨度玉衡漢五星客流出入八篇」補注。○丨匱圖,丨策書也。〔王莽傳〕「又按丨匱」補注。○丨耳者,丨飾車耳也。〔說文〕「𨏥,乘輿丨耳也」段注。○〔說文定聲·卷三〕丨目,今時眼鏡之類,或曰借為深,亦通。〔淮南子·泰族〕「教之以丨目則快射」。○〔通雅·卷三三〕丨鉔,香毬也。〔美人賦〕「丨鉔薰香」。○丨題,押頭也,猶今書面籤題也。〔通雅·器用〕引梁虞和論書表注。○〔通雅·卷三二〕所謂丨壺墨汁,猶之河圖。〔聖記〕云「浮提國善書二人,出丨壺墨汁」。○丨讀為唫。〔荀子·正論〕「丨舌弊口」平議。○〔說文定聲·卷三〕丨,叚借為噤。〔荀子·正論〕「丨舌弊口」。○丨口即噤口。〔通雅·卷一八〕○丨是釜字之譌。〔管子·輕重甲〕「丨鏂之數」義證引孫星衍。○丨乃釜字之誤。〔輕重乙〕「請重粟之價丨三百」平議。○丨字乃法字之誤。〔春秋繁露·官制象天〕「儀丨天之大經」平議。○丨,當作宗,宗者琮之假借字也。〔禮記·王制〕「圭璧丨璋」述聞。○丨磷,交趾地名。〔通雅·釋詁〕

音 聲成文曰丨。〔說文繫傳·通論下〕○聲成文謂之丨。〔通論上〕○聲成文謂之丨。〔說文〕「丨,聲也」義證引〔急就篇〕顏注。○取五聲而比之以成文曰丨。〔說文繫傳·通論上〕○生於心有節於外謂之丨。〔說文〕「聲,丨也」段注。○襍比為丨,金石絲竹匏土革木八丨是也。〔說文定聲·卷一七〕(「聲」下)○單出曰聲,襍比曰丨。〔卷三〕○言含一為丨。〔說文繫傳·通論上〕○丨有內言外言之別,內言丨深,宜重讀,外言丨淺,宜輕讀。〔漢書·王子侯表〕「襄嚵侯建」補注引周壽昌。○五丨,宮商角徵羽。〔大戴·易本命〕「五主丨」王詁。○丨起于西商,故納丨甲子首金,猶六十律旋相為宮法也。〔通雅·天文〕○遞用則名丨和。〔通雅·小學大略〕○〔說文定聲·卷三〕丨,叚借為蔭。〔左傳文公一七年〕「鹿死不擇丨」。○丨當為言,字之誤也。〔春秋名字解詁〕「晉韓不信字伯丨」述聞。○丨即意字也。〔管子〕「可迎以丨」雜志。○丨意聲相近,故意字或通作丨。(同上)○丨,作指者是也,指者意也。〔漢書·鼂錯傳〕「與金鼓之丨相失」補注引王念孫。

陰 丨,山北水南日所不及。〔說文〕「丨,闇也」繫傳。○山南為陽,山北為丨。〔晏子春秋〕「泰山之上」雜志。○丨,北。〔國策·秦策一〕「臣聞天下丨燕陽魏」鮑注。○南曰陽,北曰丨。〔漢書·天文志〕「其丨,右驂」補注。○丨,影也。〔說文〕「丨,闇也」義證引〔玉篇〕。○〔說文定聲·卷三〕丨,日景也。〔晉書·陶侃傳〕「大禹惜寸丨」。○丨之言諳也。〔詩·桑柔〕「既之丨女」通釋。○丨,覆也。(同上)朱傳。○丨猶掩也。〔禮記·祭義〕「丨為野土」集解。○凡隱伏謂之丨。〔莊子·人間世〕「而卒乎丨」集釋引其世父說。○丨,私也。〔國策·西周策〕「丨合於秦」姚注。○丨,言私厚之。〔國策·韓策二〕「是有丨於韓也」鮑注。○丨即為知。〔詩·桑柔〕「既之丨女」通釋。○〔說文定聲·卷三〕二在兑澤中艮山之下，故稱丨。○〔易·中孚〕「鳴鶴在丨」。○月道與黃道相交，歷中交，從黃道南入黃道北，古謂之丨。〔漢書·律歷志〕「加時，在望日衝辰」補注引錢大昕。○丨，怒也。〔莊子·人間世〕「始乎陽，常卒乎丨」集釋引疏。○黃鐘陽，林鐘丨，陽初九，丨初六，夫妻之正。〔漢書·律歷志〕「九六，丨陽夫婦子母之道也」補注引錢大昕。○丨陽，水旱也。〔律歷志〕「丨陽災，三統閏法」補注引李銳。○丨陽，言事止有兩端，指謂縱橫。〔國策·趙策二〕「所以異丨陽而已矣」鮑注。○子為開，主太歲，丑為閉，主太丨。〔文選·甘泉賦〕「詔招搖與太丨兮」集釋引〔淮南子〕。○太丨，一曰歲丨。〔同上〕集釋引〔天文訓〕。○太丨，謂太歲也。〔同上〕集釋引〔開元占經〕所引許慎說。○太丨，即太歲之丨神也。〔同上〕集釋引〔五行大義〕。○太丨者，歲星出時紫宮中丨德星所直十二辰之位也。〔同上〕集釋引近人語。○歲後之太丨，既為丨神，並有將軍之稱。〔同上〕集釋。○太歲豐隆鉤陳太丨，將軍之屬，此乃天吏，非細民所當事也。〔同上〕集釋引〔潛夫論·卜列〕。○太丨，歲後三辰也。〔同上〕集釋引〔西京賦〕注。○古今言太丨者有二，一為主歲之太丨，即太歲之別名，一為歲後二辰之太丨，今丨陽家所謂歲後也。〔同上〕集釋引王引之。○太丨在寅，歲名曰攝提格。〔同上〕集釋引〔淮南子〕。○丨禮為婦人之禮。〔周禮·大司徒〕「三曰以丨禮教親則民不怨」平議。○男女昏姻之禮謂之丨禮。〔同上〕孫正義。○以男女淫泆丨事之訟故謂之丨訟。〔周禮·媒氏〕「凡男女之丨訟聽之于勝國之社」孫正義。○〔通雅·卷四〕丨喝，猶虛喝也。〔竇憲傳〕「丨喝不得對」。○丨，自漢以後，通用此為黔字。〔說文〕「丨，闇也」段注。○〔說文定聲·卷三〕丨，叚借為侌為暗。〔易·繫辭〕傳「一丨一陽之謂道」。○〔同上〕丨，叚借為蔭。〔書·洪範〕「惟天丨騭下民」馬注「覆也」。○以丨為蔭。〔說文〕「蔭，從艸丨」段注。○〔說文定聲·卷三〕丨，叚借為窨。〔詩·七月〕「納于凌丨」。○〔同上〕丨，叚借為黔。〔釋畜〕「丨白雜毛騆」。○丨當讀為黔。〔釋畜〕「丨白雜毛騆」平議。○〔說文定聲·卷三〕丨，叚借為噤為瘖為暗。〔書·洪範〕「丨騭下民」釋文「默也」。○〔同上〕丨，叚借為罯為盦。〔詩·小戎〕「丨靷鋈續」。○丨闇，古同聲而通用。〔廣雅·釋言〕「丨，闇也」疏證。○古書丨與音通。〔釋言〕「陪，闇也」郝疏。○丨與音通。〔同上〕邵正義。○丨當為霒。〔說文〕「曀，丨而風也」義證。○鶴又謂之丨羽。〔通雅·鳥〕○丨當作陽，陽與佯通。〔韓子·內儲說下〕「何不深知之而丨有之」集解。○丨亦當為陶，隸書二形相似。〔國策〕「莫如於丨」雜志。○亮丨，〔大傳〕作梁闇。〔書·無逸〕「乃或亮丨」孫疏。○北河北戍，一曰丨門，亦曰胡門。〔史記〕「河戒」雜志。○丨口，〔水經注〕謂參辰口，參丨聲相近。〔左傳襄公九年〕「次于丨口而還」洪詁。○丨安屬魏。〔史記·高祖功臣侯者年表〕「功臣受封者百有餘人」志疑。○丨，闇也。〔通鑑·周紀二〕「乃丨許韓使而遣之」音注。○

丨，丨陽也。〔廣韻·侵部〕

**侌** 丨，古陰字也。〔管子〕「含愁」雜志。○丨易者，丨易之音也。〔通雅·天文〕○

**岑** 丨，山小而高。〔廣韻·侵部〕○〔通雅·卷一〇〕丨丨，指其痛上顛頂也。〔漢書〕「我頭丨丨」。○嶔巖、巖唫、嶔崟，皆丨崟之異體。〔說文〕「崟，山之丨崟也」句讀。○丨崟、丨巖、嶜崟、嶜丨、丨嵒，並字異而義同。〔廣雅·釋詁四〕「丨崟，高也」疏證。○巉巗轉之為丨崟。〔同上〕疏證。○丨樓，樓之高銳似山者。〔孟子·告子下〕「方寸之木可使高於丨樓」朱注。○丨樓，謂山之層疊似樓也。〔說文定聲·卷三〕○〔同上〕丨牟，胄鋭上，故謂之丨牟。〔後漢·禰衡傳〕「更著丨牟單絞之服」。○〔同上〕丨貴，猶〔江賦〕之潛演。〔方言一二〕「丨貴，大也」。○〔通雅·卷三六〕纏首曰丨牟。〔禰衡傳〕「鼓史著丨牟單絞之服」。○秦皮主目中青瞖白膜，一名丨皮。〔說文〕「梣，青皮木」義證引〔本草〕。○丨，字亦作嶜。〔說文定聲·卷三〕○〔同上〕嶜丨實同字。〔南都賦〕「幽谷嶜丨」。○〔同上〕丨，叚借為戕。〔廣雅·釋詁一〕「丨，取也」。○丨鼎，〔韓非〕作讒鼎，丨與讒聲通轉耳。〔呂覽·審己〕「魯君乃以真丨鼎往也」校正。

**簪** 丨者，連綴之名。〔廣雅·釋器〕「篋謂之丨」疏證。○鐕鑯並與丨同。〔同上〕○兂丨並與鑯同。〔廣雅·釋器〕「笄，鑯也」疏證。○丨鶩聲近義同。〔釋詁一〕「鶩，疾也」疏證。○丨舊讀作攢。〔通雅·釋詁〕引李鼎祚。○丨或作貸戴撍臧字哉，叢合也。〔通雅·釋詁〕○丨誎也。〔說文繫傳·通論下〕○丨猶譖也。〔同上〕○丨，實鐕之假借字。〔說文〕「兂，首笄也」段注。○丨當為鐕，作丨者叚字耳。〔荀子·賦〕「丨以為父」平議。○古經無丨字，實寁之假借字。〔說文〕「兂，首笄也」段注。○作撍者正字，作丨者借字也，撍亦速也。〔易·豫〕「朋盍丨」述聞。○丨或作捷，速也。〔通雅·釋詁〕○丨髻即假髻也。〔說文〕「髟，丨髻也」繫傳。

**駸** 丨，馬行疾也。〔廣韻·侵部〕○丨，馬行疾皃。〔同上〕○丨丨，驟貌。〔詩·四牡〕「載驟丨丨」朱傳。○丨丨，有漸盛意。〔文選·兩都賦〕「昔成康沒而頌聲寑」集釋。

**鐔** 丨，劍鼻。〔廣韻·侵部〕○丨，劍鼻也。〔說文〕「鍛，鈹有鐔也」段注。○劍鼻謂丨。〔文選·東京賦〕「丨以大坙」集釋引〔通藝録〕。○丨，珥鼻也。〔國策·趙策三〕「無鉤竿丨蒙須之便」鮑注。○丨又謂之劍口。〔漢書·韓延壽傳〕「候月蝕鑄作刀劍鉤丨」補注引蘇輿。○丨謂之珥，又謂之環，一謂之劍口。〔說文〕「丨，劍鼻也」段注。○丨者，劍首也，以其有孔曰口，視其旁如耳然曰珥，面之曰鼻，對末言之曰首。〔說文定聲·卷三〕引程易疇。○劍首或謂之丨，或謂之鐶，或謂之鼻，或謂之口，或謂之珥，皆據其端小孔命名。〔周禮·考工記〕「參分其臘廣去一以為首廣而圍之」孫正義引金榜。○劍末曰鏠，刃曰鍔，其身巾隆處曰脊，亦謂之网，從臘廣，其柄曰夾，柄耑曰丨，亦謂之制，又謂之鼻者，以其在上，取始初之義。〔說文定聲・卷三〕〇凡劒以手所執為上，劒謂之丨。〔説文〕「琫，佩刀上飾也」段注。

**鬵** 丨，釜屬。〔集韻・侵部〕又〔詩・匪風〕「溉之釜丨」朱傳。〇丨，大釜也。〔楚辭・憂苦〕「爨土丨於中宇」補注。〇丨，今之鼎鍋也。〔通雅・古器〕〇丨，釜也。〔詩・匪風〕「溉之釜丨」集疏。〇丨，鼎大上小下若甑曰丨。〔廣韻・侵部〕〇丨，一曰鼎大上小下若甑曰丨，釜形似甑者曰丨，亦曰甑。〔説文定聲・卷三〕〇(同上)丨，叚借為疐。〔廣雅・釋詁一〕「丨，疾也」。〇〔禹貢〕作灊，此安陽下作丨，實一物也。〔漢書・地理志〕「丨谷水出西南」補注引段玉裁。

**琳** 丨，玉名。〔廣韻・侵部〕〇丨，美玉之名。〔釋器〕「丨，玉也」鄭注。〇丨，色青碧者也。〔説文〕「丨，美玉也」義證。〇丨，即〔禹貢〕球丨，美玉也。〔屈賦・東皇太一〕「璆鏘鳴兮丨琅」戴注。〇真玉謂球丨，真珠謂琅玕。〔漢書・地理志〕「貢球丨琅玕」補注引段玉裁。〇丨謂借為玪。〔説文定聲・卷三〕

**琛** 丨，寶也。〔慧琳音義・卷八三〕引字書。又〔詩・泮水〕「來獻其丨」朱傳。〇丨，丨寶也。〔廣韻・侵部〕〇丨，字亦作賝。〔説文定聲・卷三〕

**椹** 丨，小木砧也。〔慧琳音義・卷六三〕〇丨，斫木質，或作戡。(同上)引〔韻英〕。〇丨，斫木質也，或作碪。〔卷七九〕引〔文字典説〕。〇丨，斫木櫍也，或作枯、錤。〔集韻・侵部〕〇丨質謂鈇。〔説文〕「鈇，斫莝刀也」段注。〇丨，桑實也。〔説文〕「葚，桑實也」義證引〔古今注〕。〇江南菌謂之丨。〔説文〕「蕈，桑荋」義證引〔博物志〕。〇丨，或作錤。〔廣雅・釋器〕「杭櫍，丨也」疏證。

**諶** 丨，誠也。〔廣韻・侵部〕〇丨，信也。〔詩・蕩〕「其命匪丨」朱傳。又〔楚辭・哀郢〕「丨荏弱而難持」補注。〇丨，其言審必然也。〔説文〕「丨，誠諦也」繫傳。〇丨、訦、忱，古多通用。〔説文〕「丨，諦也」句讀。〇〔韓詩〕丨作訦。〔詩・蕩〕「其命匪丨」集疏。〇丨者，訦之叚音也。〔釋詁〕「丨，信也」郝疏。〇丨，通作忱。(同上)邵正義。〇丨，今〔詩〕作忱，丨忱義同音近，古通用。〔説文〕「丨，詩曰天難丨斯」段注。〇〔説文定聲・卷三〕丨，叚借為煁。〔左傳襄公二九年〕「裨丨」。〇(同上)丨，字亦作啿。〔漢書・禮樂志〕「羣生啿啿」。

**訦** 丨，諶音義同。〔方言一〕「丨，信也」疏證。〇丨諶並同。(同上)箋疏。〇丨，通作諶。〔釋詁〕「諶，信也」鄭注。〇丨與諶與忱略同。〔説文定聲・卷三〕〇丨或與諶通。〔説文〕「丨，燕代東齊謂信曰丨」義證。〇丨又與忱通。(同上)

**忱** 丨，誠。〔書・多方〕「圖丨于正」孫疏。〇丨，誠也。〔慧琳音義・卷八五〕〇丨，信也。〔詩・大明〕「天難丨斯」朱傳。〇丨，敬也。〔慧琳音義・卷八五〕〇丨同諶。〔書・君奭〕「若天棐丨」孫疏。〇古丨與諶義近通用。〔説文〕「丨，誠也」段注。〇丨訦諶，聲近義同，古皆通用。〔方言一〕「訦，信也」箋疏。〇諶與丨古字通也。〔書・康誥〕「天畏棐丨」孫疏。〇丨，與諶與訦略同。〔説文定聲・卷三〕〇丨，魯、齊作諶，韓作訦。〔詩・大明〕「天難丨斯」集疏。

**愖** 丨訦忱並同諶。〔廣韻・侵部〕

**壬** 〔説文定聲・卷三〕丨，即任也。〔左傳昭公二六年〕「楚昭王名丨」。〇丨猶任也。〔釋詁〕「丨，佞也」鄭注。〇丨，儋何也。上下，物也，中象人儋之，在六書為象形兼指事，凡經傳皆以任為之。〔説文定聲・卷三〕〇丨，大。〔詩・賓之初筵〕「有丨有林」朱傳。〇丨者，厚也。〔説文〕「㞷，艸木妄生」繫傳。〇丨通作任。〔釋詁〕「丨，大也」邵正義。又(同上)郝疏。〇任與丨古字通。〔管子〕「獨王」雜志。〇南丨任古並同聲。〔廣雅・釋言〕「南丨，任也」疏證。〇丨，佞也。〔廣韻・侵部〕〇妊與丨亦同聲同義。〔廣雅・釋言〕「丨，任也」疏證。〇物之犬牙相制為丨也。〔説文繫傳・通論中〕〇丨，陽初生陰陽交也。〔説文〕「丨，位北方，陰極陽生」繫傳。〇〔説文定聲・卷三〕丨以配五行。〔淮南子・天文〕「丨，癸，亥，子，水也」。〇丨，水也，剛日也，辛，金也，柔日也。名丨字辛者，取水生於金，又剛柔相濟也。〔春秋名字解詁〕「楚公子丨夫字子辛」述聞。〇丨荏古字通。〔釋草〕「戎叔謂之荏菽」郝疏。〇〔説文定聲・卷三〕丨，叚借為斟。〔釋詁〕「丨，大也」。〇(同上)丨，叚借為栠，善柔似弱，如木之栠也。〔釋詁〕「丨，佞也」。〇丨臣，〔人表〕作王臣。〔史記・周本紀〕「子頃王丨臣立」志疑。

**任** 丨，保也。〔慧琳音義・卷二七〕又〔廣韻・侵部〕。〇丨者，保也。〔説文〕「勝，丨也」段注。〇丨，亦保也。〔國語・周語〕「保丨戒懼」述聞。〇丨者，可保丨也。〔説文繫傳・通論中〕〇丨，堪也。〔慧琳音義・卷四〕引〔考聲〕。又〔廣韻・侵部〕。〇丨亦堪也。〔廣雅・釋言〕「仔，克也」疏證。〇丨，當也。〔廣韻・侵部〕〇丨猶信。〔國策・秦策三〕「然則君之主慈仁丨忠」鮑注。〇丨猶信也。〔魏策二〕「王聞之而弗丨也」鮑注。〇以恩相親信曰丨。〔詩・燕燕〕「仲氏丨只」朱傳。〇信於朋友曰丨。〔説文繫傳・通論中〕〇丨猶用也。〔國策・秦策一〕「齊桓丨戰而伯天下」鮑注。〇丨猶負。〔燕策三〕「丨不肖之罪」鮑注。〇丨亦負也。〔詩・生民〕「是丨是負」陳疏。〇丨，倚仗也。〔論語・陽貨〕「信則人丨焉」朱注。〇丨，力也。〔説文〕「燮，和也」繫傳。〇丨傳並有立義。〔周禮・大司徒〕「以丨土事」孫正義。〇丨，佞也。〔集韻・寢部〕〇丨與壬同。〔詩・燕燕〕「仲氏丨只」陳疏。〇丨壬文異義同。〔釋詁〕「丨、壬，佞也」平議。〇丨壬古通。〔史記・十二諸侯年表〕「齊人立其子丨為簡公」志疑。〇南壬丨，古並同聲。〔廣雅・釋言〕「南、壬，丨也」疏證。〇丨，孕也。〔大戴・保傅〕「周后妃丨成王於身」王詁。〇丨即孕也。〔漢書・刑法志〕「春振旅以搜」補注。〇丨妊通。〔公羊傳桓公四年〕注「取未懷丨者」陳疏。〇丨，〔文選〕作姙，字通。〔漢書・敘傳〕「初劉媼丨高祖而夢與神遇」補注引蘇輿。

○丨，官本作姙，姙俗字當作丨。〔五行志〕「劉向、谷永以為營室為後宮懷丨之象」補注。○此丨即所謂任木也。〔淮南・説林〕「丨動者車鳴也」平議。○大丨，言大用也。〔左傳襄公四年〕疏證引李貽德。○巧丨猶巧能也。〔荀子・王霸〕「利其巧丨」集解引俞樾。○〔説文定聲・卷三〕丨，叚借為壬。〔詩・生民〕「是丨是負」。○（同上）丨，叚借為南。〔禮記・明堂位〕「丨，南蠻之樂也」。○（同上）丨，叚借為枽。〔釋詁〕「丨，佞也」。○（同上）丨，叚借為男。〔漢書・王莽傳〕「其女皆為丨」。○丨音壬。〔詩・大明〕「摯仲氏丨」朱傳。○丨，摯國姓也。（同上）○丨登，〔韓非〕作王登。〔呂覽・知度〕「以丨登為中牟令」校正。

**紝**　丨謂繒帛也。〔左傳成公二年〕「織丨」疏證。○丨，織丨，亦作絍。〔廣韻・侵部〕○丨，〔釋文〕作袵。〔左傳成公二年〕「織丨」洪詁。

**絍**　丨，機縷也，或從壬，亦書作絍。〔集韻・侵部〕○丨，謂牆繩也，本機上縷也。〔慧琳音義・卷四八〕○丨與鵀通。〔廣雅・釋鳥〕「戴丨，戴勝也」疏證。○丨與鵀通，戴丨，布穀也。〔方言八〕「鳲鳩，自關而東謂之戴鵀」箋疏。

**霪**　丨，久雨。〔廣韻・侵部〕

**蟫**　丨，白魚蟲。〔廣韻・侵部〕○丨，音淫，衣魚也，亦謂蠹魚。〔釋蟲〕「丨，白魚」鄭注。○丨，今書中蟲，魚形，岐尾，有粉如銀，謂之蠹魚，蝕紙不穿，侵字不損，異于凡蠹。〔説文定聲・卷三〕○丨丨，物動皃。〔集韻・侵部〕○丨丨蟫蟫，狀其動也，丨丨與淫淫同。〔通雅・釋詁〕

**愔**　丨，和也。〔慧琳音義・卷八九〕引〔文字典説〕。○丨，靜也。〔卷九三〕○丨，和悦皃也。（同上）○丨，靖也。〔廣韻・侵部〕○丨即懕之或體，安靜也，和悦也。〔詩・湛露〕「厭厭夜飲」後箋引段注。○丨丨，性和也。〔詩・小戎〕「丨丨良人」集疏引〔魯詩〕。○丨丨，深靜貌。〔通鑑・唐紀七五〕「丨丨度日」音注。○丨丨，悶坐淹抑之意。〔通雅・卷九〕引〔世説新語〕「共復丨丨竟夕」。○懕懕厭厭丨丨厭瘱丨嫕，並字異而義同。〔廣雅・釋詁一〕「懕，安也」疏證。○丨即懕之或體。〔説文〕「懕，安也」段注。○或曰丨者，懕之別體。〔説文定聲・卷三〕（「湆」下）○厭字本作懕，或作猒，又作丨。〔荀子〕「厭然猶一」雜志。○丨，可讀懕，可讀諳，可讀音，可讀抑。〔通雅・釋詁〕

**黔**　丨，黑也。〔太素・知鍼石〕「丨首共飲食」楊注。○丨，黑而黃。〔廣韻・侵部〕○丨嬴，天上造化神名，或曰水神。〔楚辭・遠遊〕「召丨嬴而見之兮」補注引〔大人賦〕注。○丨嬴，造化神名。〔通雅・姓名〕○黚丨音同，丨水即黚水。〔説文〕「温水，南入丨水」段注。○丨婁子，〔漢・志〕作贛婁子。〔漢書・藝文志〕「丨婁子四篇」補注引〔廣韻〕。

**嶔**　丨，丨崟。〔廣韻・侵部〕○丨，葢〔公羊傳〕「殽之丨巖」是也，丨葢即廞字。〔説文〕「廞，一曰地名」段注。○丨崟，山勢也。〔説文〕「崟，山之岑崟也」義證引〔玉篇〕。○丨崟，又或作碒硆。（同上）義證。○丨岑，山高險也。〔楚辭・招隱士〕「丨岑碕礒兮」補注。○〔説文定聲・卷四〕丨即崟字。〔公羊傳僖公三三年〕「殽之丨巖」。（「廞」下）○丨崟，一作碒硆，轉為欽巖欽嵒，又轉為嵁巖嵌巖，又轉為巉嵒嶃巖。〔通雅・卷八〕

**崟**　丨，鋭也。〔楚辭・逢紛〕「觸丨石兮」補注。○丨，一作岑，山小而鋭。（同上）○丨，嶔丨。〔廣韻・侵部〕○〔説文定聲・卷三〕丨，阻深傾敧之皃。〔上林賦〕「嶔巖倚傾」。○丨，廞，山厓狀也。〔説文〕「廞，丨也」義證引〔五音集韻〕。○丨，字或作嶔。〔説文〕「丨，山之岑丨也」義證。○〔説文定聲・卷三〕丨，字亦作嶔。〔海賦〕「沙石之嶔」。○丨，字亦作碒，作硆。〔説文定聲・卷三〕○丨，又通作唫。〔説文〕「丨，山之岑丨也」義證。

**崯**　丨丨，峨峨，頭角高貌。〔楚辭・招隱士〕「狀皃丨丨兮峨峨」補注引五臣注。

**歆**　丨，神食氣也。〔廣韻・侵部〕○鬼神食氣曰丨。〔詩・生民〕「上帝居丨」朱傳。○凡祭祀神之所享謂之丨。〔儀禮・既夕禮〕「祝饌祖奠于主人之南」胡正義。○丨，翕歙呷欲，皆内氣也。〔通雅・疑始〕○丨，猶欣也。〔大戴・盛德〕「上帝丨焉」王詁。又〔用兵〕「上神丨焉」王詁。○丨之言忻。〔詩・生民〕「履帝武敏丨」通釋。○丨，引伸為憙悦之意。〔説文〕「丨，神食氣也」段注。○丨為喜也。〔漢書〕「飲其德」雜志。○丨，動也，猶驚異也。〔詩・生民〕「履帝武敏丨」朱傳。○丨，欲之動也。〔皇矣〕「無然丨羨」朱傳。○興嘻丨，俱以聲轉為義。〔釋詁〕「廞，興也」郝疏。○丨與淫聲近。（同上）○丨欽聲相近，丨之通作欽猶丨之通作廞矣。〔漢書〕「飲其德」雜志。○〔説文定聲・卷三〕丨，叚借為欲。〔周語〕「民丨而德之」。○（同上）丨，叚借為貪。〔詩・皇矣〕「無然丨羨」。

**喑**　丨，啼極無聲。〔廣韻・侵部〕○丨之言瘖也，謂啼極無聲。〔説文〕「丨，宋齊謂兒泣不止曰丨」段注。○丨，大聲也。〔慧琳音義・卷七六〕○丨、諳、意，古字通。〔廣雅・釋言〕「丨，唶也」疏證。○丨之通作意，猶意之通作音矣。〔管子〕「可迎以意」雜志。○丨瘖字同，闇與瘖字亦通。〔墨子・親士〕「近臣則丨」閒詁。○丨當為瘖。（同上）引畢沅。○〔説文定聲・卷三〕丨，叚借為瘖。〔説苑・正諫〕「下無言則謂之丨」。○丨當為唶字之誤也。〔説文〕「唶，大聲也」義證引〔史記〕「項王丨噁叱咤」。

**瘖**　丨，丨瘂。〔廣韻・侵部〕○丨，不能言也。〔太素・經脈病解〕「則為丨痱」楊注。又〔慧琳音義・卷八一〕引〔考聲〕。○丨，不語也。〔卷八五〕引〔考聲〕。○丨者，寂默而無聲，瘂者，有聲而無説。〔卷一二〕○不能言謂之丨，故不言亦謂之丨。〔國語・晉語〕「嚚丨不可使言」述聞。○喑與丨通。〔廣雅・釋訓〕「瘂丨，八疾也」疏證。○丨，俗作喑。〔説文〕「丨，不能言也」義證。○丨，又通作闇。（同上）○〔説文定聲・卷三〕丨，叚借為陰。〔思玄賦〕「經重丨乎寂寞兮」。

**森** ｜，長木皃。〔廣韻・侵部〕〇｜，長木貌。〔説文〕「｜，木多皃」義證引〔玉篇〕。

**參** ｜｜星，字亦作曑。〔廣韻・侵部〕〇｜，或曑字。〔説文〕「縒，｜縒也」段注。〇｜與伐相連，言｜可以見伐，言伐亦可以見｜。〔廣雅・釋天〕「｜伐謂之大辰」疏證。〇｜差，長短不齊之貌。〔詩・關雎〕「｜差荇菜」朱傳。〇｜差，｜差然不齊。（同上）集疏引孔疏。〇｜縒、｜差、槮差、篸差，皆長短不齊貌。〔説文〕「縒，｜縒也」段注。〇｜差，一作槮差、｜縒、篸𡰪、柴池、差池。〔通雅・釋詁〕〇｜差當作槮縒。〔説文〕「䰅，齒｜差」義證。〇｜，三家詩作槮。〔詩・關雎〕「｜差荇菜」集疏。〇｜差，洞簫也。〔文選・雜體魏文帝詩〕「為我吹｜差」補正引王逸注。〇｜差，其形｜差像鳳之翼。〔屈賦・湘君〕「吹｜差兮誰思」戴注引〔風俗通義〕記簫云。〇｜，同嵾。〔廣韻・侵部〕〇｜差，〔史記〕作參差。〔漢書・司馬相如傳〕「嶄巖｜差」補注。

**曑** ｜，今隸作參，作叄，作叅。〔説文定聲・卷三〕〇（同上）｜，段借為陰，｜陰聲相近。〔水經・洧水注〕「參辰口」。

**蔘** ｜，人｜，藥也。〔廣韻・侵部〕〇｜與參同。〔廣雅・釋草〕「鹿腸，元｜也」疏證。〇｜同槮。〔説文〕「槮，長木皃」段注。

**蓡** ｜，字亦作蔘，今俗以參為之。〔説文定聲・卷三〕〇｜，字亦作葠。（同上）〇（同上）｜，段借為縿。〔鶡冠子・道端〕「白蔘于下」。

**薓** ｜，古文蔘字。〔廣韻・侵部〕〇｜，亦浸漸之義。〔本草・卷一二〕

**涔** 雨水漸漬謂之｜，柴木壅積亦謂之｜。〔廣雅・釋器〕「｜，栫也」疏證。〇柴木雝水亦謂之｜，雨水漸漬亦謂之｜。〔説文定聲・卷六〕（「濅」下）〇濅｜，皆壅積之意。〔廣雅・釋器〕「濅，｜，栫也」疏證。〇霖、淫、｜，古聲亦相近也。〔釋言〕「｜，霖也」疏證。〇｜，通作湛。〔説文〕「｜，漬也」義證。〇｜，古潛字。〔史記・夏本紀〕「｜於漢」志疑引〔史詮〕。〇｜與潛通。〔方言一〇〕「｜，沈也」箋疏。〇｜與潛槢同。〔廣雅・釋器〕「｜，栫也」疏證。〇｜，或作潛。〔漢書・地理志〕「鬵谷水出西南」補注引王念孫。〇〔説文定聲・卷三〕｜，段借為潛。〔史記・夏本紀〕「沱｜既道」。〇｜者，潛之段音也。〔釋器〕「槮謂之｜」郝疏。〇｜與鬵同。〔廣雅・釋言〕「鬵，霖也」疏證。〇〔説文定聲・卷三〕｜，段借為罧。〔韓詩・周頌〕「｜有多魚」。〇（同上）｜，段借為霃。〔淮南子・覽冥〕「｜雲波水」。〇｜，〔集韻〕作涔。〔説文〕「｜，一曰｜陽渚在郢中」義證。〇｜陽，今澧州有｜陽浦。〔楚辭・湘君〕「望｜陽兮極浦」補注。

**嵾** ｜，｜差，不齊皃，亦作參楚。〔廣韻・侵部〕〇｜嵯，山不齊。〔楚辭・遠逝〕「石｜嵯以翳日」補注。〇〔説文定聲・卷三〕嵾嵯，雙聲連語，不齊之皃。〔楚辭・惜賢〕「晛玉石之嵾嵯」。

**芩** ｜，黃｜也。〔詩・鹿鳴〕「食野之｜」集疏引韓説。〇｜，黃｜，藥名。〔廣韻・侵部〕〇｜，音琴，草名，莖如釵股，葉如竹，蔓生。〔詩・鹿鳴〕「食野之｜」朱傳。〇｜，蒿屬，莖如釵股，葉如竹，蔓生澤中，牛馬皆喜食。〔説文定聲・卷三〕〇（同上）｜，字亦作莟。〔字林〕「莟菜，似蒜生水中」。〇｜，段借為菳，今俗以為藥草黃菳字。〔説文定聲・卷三〕〇｜，與蘦字本可通。〔詩・簡兮〕「隰有｜」後箋。

**灊** ｜，〔枚書〕作潛，〔夏紀〕作涔，古潛涔通用。〔漢書・地理志〕「沱｜既道」補注。〇涔｜字同。〔地理志〕「浮于江沱｜漢」補注。〇潛水本作｜水，作潛者借字耳。〔史記〕「潛水」雜志。

**燖** ｜，煑也，以湯沃毛令脱也，或作燂。〔慧琳音義・卷四一〕引〔考聲〕。〇｜，正作燅，煑也，熟也。〔卷六二〕引〔考聲〕。〇｜，尋爓，義並與燂同。〔廣雅・釋詁三〕「燂，爂也」疏證。

**燂** ｜，火孰物，或作燖、燅。〔集韻・侵部〕

**淋** ｜，水澆也。〔説文〕「｜，以水茯也」義證引〔玉篇〕。〇｜，漉水下也。〔説文〕「｜，一曰｜｜山下水皃」義證引〔三蒼解詁〕。〇｜，以水沃也。〔廣韻・侵部〕〇｜，以水沃地也。〔慧琳音義・卷九四〕〇｜，言其大能沃物。〔國策・趙策一〕「使我逢疾風｜雨」鮑注。〇灓｜，一聲之轉也。〔廣雅・釋詁二〕「灓，漬也」疏證。〇｜與驟同。〔釋訓〕「驟驟，雨也」疏證。〇｜瀝，小便難澀病也。〔慧琳音義・卷一三〕〇｜漉，猶瀧漉，語之轉耳。〔廣雅・釋詁〕「｜，漬也」疏證。〇〔説文定聲・卷三〕｜，借為痳。〔聲類〕「｜，小便數也」。〇（同上）｜，字亦變作碄。〔思元賦〕「漂通川之碄碄」。

**郴** ｜，今湖南｜州。〔説文定聲・卷三〕〇（同上）｜，段借發聲之詞。〔方言一〕「秦晉之間，凡物之壯大而愛偉之，謂之夏，周鄭之間謂之嘏，｜，齊語也」。

**檎** ｜，林｜，果名。〔廣韻・侵部〕

**鵀** ｜，戴勝鳥也，頭上毛似勝。〔廣韻・侵部〕〇｜，戴勝也，或從隹。〔集韻・侵部〕〇｜即勝也。〔釋鳥〕「鵖鴔，戴｜」郝疏。

**紟** 〔説文定聲・卷三〕｜，以結為之，｜結一聲之轉。〔禮記・玉藻〕「紳韠結三齊」。〇｜之言相｜帶也。〔廣雅・釋器〕「佩｜謂之褆」疏證。〇｜之言禁也。〔釋器〕「其｜謂之綦」疏證。〇｜綦一聲之轉。（同上）〇｜通作衿。〔釋器〕「佩｜謂之褆」疏證。〇｜，字亦以衿為之，衿者袷之俗，與衾別。〔説文定聲・卷三〕

**鱏** ｜，魚名。〔集韻・侵部〕〇｜，魚名，口在腹下。〔廣韻・侵部〕〇｜，鮪也。〔説文〕「｜，魚名」義證引〔玉篇〕。〇｜即鮪也。〔説文〕「｜，魚也」段注引郭景純。○丨，字亦作鱘，即鱣鮪也，今呼為尋黃魚。〔説文定聲・卷三〕○丨，字或作鱘。〔説文〕「丨，魚名」義證。○丨，或改作鱘，因聲而謬，遂其譌也。（同上）義證引趙宧光。○丨，字或作鱘。〔説文〕「丨，魚也」句讀。○丨，今字作鱘。（同上）段注。○丨，通作淫。〔説文〕「丨，魚名」義證。○丨，婁東方言讀若尋。（同上）義證引趙宧光。○丨，海虞方言讀若鐔。（同上）

霃　丨，久陰。〔廣韻・侵部〕○丨，通作沈。〔説文〕「丨，久陰也」義證。○丨，亦省作沈。〔説文〕「丨，雲久也」句讀。○〔説文定聲・卷三〕丨，以沈為之。〔禮記・月令〕「天多沈陰」。○（同上）丨，字亦作霮。〔吳都賦〕「宵露霮䨴」。○（同上）丨，字又作黮。〔思元賦〕「雲師黮以交集兮」。

霒　丨，此陰雨、陰暗、陰陽、陰私本字，經傳皆以陰為之。〔説文定聲・卷三〕○丨讀曰陰。〔大戴・文王官人〕「生民有丨陽」王詁。○丨，通作陰。〔説文〕「丨，雲覆日也」義證。○〔説文定聲・卷三〕丨，以蔭為之。〔楊君石門頌〕「淚泥常蔭」。○（同上）丨，字亦作曇。〔説文新附〕「曇，雲布也」。○丨，沈雲皃。〔説文〕「丨，雲覆日也」義證引〔玉篇〕。○丨，古文作侌。〔説文〕「陰，闇也」段注。

霠　丨，雲覆日。〔廣韻・侵部〕○丨，雲覆日也。〔楚辭・九辯〕「然丨曀而莫達」補注。

槮　丨，樹長皃。〔廣韻・侵部〕○罧與丨槮同。〔廣雅・釋器〕「濅涔，栫也」疏證。○丨謂之涔，亦作罧。〔通雅・襍用〕○丨差，謂如木有長者有次者，丨差然不齊一也。〔詩・關雎〕「丨差荇菜」集疏。○丨，今〔詩〕作參。〔説文〕「詩曰丨差荇菜是也」段注。

綅　丨，絳綫也。〔集韻・侵部〕○丨，綫也。〔説文〕「丨，絳綫也」義證引〔玉篇〕。○丨，縫線。〔廣韻・侵部〕○〔説文定聲・卷三〕丨，叚借為纖。〔禮記・襍記〕注「丨冠」釋文「黑經白緯曰纖」。

祲　丨，戾氣。〔國策・魏策四〕「休丨降於天」鮑注。○丨，目傍氣也。〔廣韻・侵部〕○丨祥字猶禍福善惡。〔説文定聲・卷一八〕（「祥」下）○丨祥，〔穀梁傳〕作侵祥。〔左傳昭公一一年經〕「盟于丨祥」洪詁。○〔説文定聲・卷一八〕丨祥，當在山東兖州府滋陽縣境。〔左傳昭公一一年〕「盟于丨祥」。（「祥」下）

祲　丨之言侵也。〔説文〕「丨，精氣感祥」繫傳。○丨，又浸也，浸浸然將作也。（同上）

綝　丨，繕也。〔廣韻・侵部〕○〔説文定聲・卷三〕丨謂係而止之。〔説文〕「丨，止也」。○一説丨，徽之善為補治之繕，繕亦善也。〔説文定聲・卷三〕○丨，善也，上也。〔慧琳音義・卷九〇〕○丨之言禁也。〔廣雅・釋詁三〕「丨，止也」疏證。○古以丨為禁字。〔説文〕「丨，止也」段注。○丨纚，衣裳毛羽垂貌。〔楚辭・通路〕「舒佩兮纚丨」補注。○〔説文定聲・卷三〕丨，叚借為良，令、類、丨一聲之轉。〔釋詁〕「丨，善也」。

湛　丨，没也。〔説文〕「湫，清丨也」段注。○丨，與沈同，丨亦没也。〔史記〕「城不浸」雜志。○丨，今俗云深沈是也。〔説文〕「湫，清丨也」段注。○丨，澄深也。（同上）繫傳。○丨謂其謀之深。〔國策・魏策一〕「物之丨者」鮑注。○丨沈古今字。〔説文〕「湫，清丨也」段注。又〔説文〕「丨，没也」段注。○丨，各本作沈。〔説文〕「没，丨也」段注。○丨者，沈之正字。〔説文〕「湎，沈於酒也」句讀。○丨，經典借沈字。〔説文〕「丨，没也」句讀。○丨與沈同。〔漢書・敘傳〕「矧丨躬於道真」補注。○丨，讀如浸也。〔説文定聲・卷三〕○丨，讀如媅。〔詩・鹿鳴〕「和樂且丨」陳疏。○丨與媅通。〔書・虞夏書序〕「丨濁於酒」孫疏。○丨亦勢也。〔詩・北山〕「或丨樂飲酒」陳疏。○諶丨古通。〔漢書・古今人表〕「鄭卑丨」補注引梁玉繩。○瘎丨並通。〔廣雅・釋言〕「瘦，瘎也」疏證。○丨即黕之叚借字。〔説文〕「黕，滓垢也」段注。○〔説文定聲・卷三〕丨，叚借為酖。〔詩・抑〕「荒丨于酒」。○（同上）丨，叚借為霃。〔論衡・明雩〕「久雨為丨」。○（同上）丨，叚借為煁。〔漢書・古今人表〕「裨丨」。○丨與淫古同聲而通用。〔周禮・職方氏〕注「丨或為淮」述聞。○丨沔與沈湎同。〔漢書・禮樂志〕「豪富吏民丨沔自若」補注引錢大昭。

鄩　丨，故丨城在今河南府鞏縣。〔説文定聲・卷三〕○（同上）丨，姒姓國。〔左傳哀公元年〕「以伐斟丨」。

痳　丨，病。〔廣韻・侵部〕○丨，小便難也。〔續音義・卷六〕引〔玉篇〕。又〔説文〕「丨，疝病」義證。○丨，疝病也，小便澀病也。〔慧琳音義・卷六六〕引〔文字典説〕。○丨，小便不快澀痹沾瀝也。〔説文〕「丨，疝病」繫傳。

瀶　丨，水出皃。〔廣韻・侵部〕○丨與癛音義略同。〔説文〕「丨，谷也」段注。○〔説文定聲・卷三〕丨，叚借為癛。〔説文〕「丨，一曰寒也」。

箖　丨，丨箊，竹名。〔廣韻・侵部〕○〔説文定聲・卷三〕丨，雉具。〔廣雅・釋器〕「丨，翳也」。

棽　丨，木枝長也。〔廣韻・侵部〕○丨，紛垂搖揚之皃。〔説文定聲・卷三〕○丨，木枝而儷也。〔續音義・卷三〕引〔玉篇〕。○丨儷，參差繁茂皃也。〔説文〕「儷，丨儷也」繫傳。○丨儷，繁蔚之皃。〔説文〕「丨，木枝條丨儷皃」繫傳。○丨儷者，枝條茂密之皃。〔説文〕「木枝條丨儷也」段注。○丨儷者，借為上覆之皃。（同上）

肜　丨，船行。〔廣韻・侵部〕○丨，夏曰復胙，商曰肜，周曰繹，即此字，取舟行延長之意也。〔説文〕「丨，船行也」段注。○丨，即高宗肜日之肜。〔説文定聲・卷三〕○丨，其字〔毛詩箋〕作融。〔説文〕「丨，船行也」段注。

䑰　丨與閃略同，〔易〕所謂闚觀也。〔説文定聲・卷三〕○丨閃闖音義皆略同。〔説文〕「丨，私出頭視也」段注。

鷣　丨，丨鷲，鳥名。〔廣韻・侵部〕○丨，似鴟，蒼黑色，其味銳似針，或曰即〔爾雅〕之鶿鷧，蘇俗云水老鴉。〔説文定聲・卷三〕○丨鴆，亦作葴鷲。

〔史記索隱〕「異文」雜志。○〔説文定聲・卷三〕｜嶋，〔文選・上林賦〕以箴疵為之。〔史記・司馬相如傳〕「｜嶋鵁盧」。

**葴** ｜，酸蔣草也。〔廣韻・侵部〕○｜，酸漿草。〔漢書・司馬相如傳〕「其高燥則生｜析苞荔」補注。○酸漿即苦｜，根如葅芹，白色，絶苦。（同上）引〔本草〕。○｜，今大葉冬藍也。〔説文〕「｜，馬藍也」繫傳。○｜，今燈籠草，俗亦名紅姑娘，即〔夏小正〕采識之識。〔説文定聲・卷三〕○｜持為一草，即｜職也。持職一聲之轉，｜持亦雙聲。〔漢書・司馬相如傳〕「｜持若蓀」補注引李慈銘。○曾｜字晳，｜，黬之省。〔説文〕「古人名黬字晳」段注。○｜鵟，或作驖嶋。〔史記索隱〕「異文」雜志。

**芜** ｜，熱也。〔廣韻・侵部〕○〔説文定聲・卷三〕｜，字亦作菸，即知母也。〔釋草〕「蕁菸藩」。○｜，當是本作冘，俗加艸。〔説文〕「蕁，｜蕃也」段注。○｜蕃，〔本艸〕作沈燔。（同上）

**鈂** ｜，銛屬。〔廣韻・侵部〕○｜，同欿，掘也。（同上）○〔説文定聲・卷三〕｜，字亦作欿。〔廣韻・釋地〕「欿，耕也」。○（同上）｜，作橾，實操字也。〔新序・刺奢〕「負橾銛人」。

**煁** ｜，｜烓，行竈烓。〔廣韻・侵部〕○｜，行竈也。〔説文定聲・卷三〕（「諶」下）○｜，行竈之名，如今之風爐，無釜竈也。〔卷三〕○｜，無釜之竈，可燎而不可烹飪者也。〔詩・白華〕「卬烘于｜」朱傳。○｜竈同類。〔莊子・達生〕「沈有履，竈有髻」集釋引俞樾。○｜，或借諶為之。〔説文〕「｜，烓也」段注。○｜，鄭裨諶字竈，以諶為之。〔説文定聲・卷三〕

**鈓** ｜，｜濡。〔廣韻・侵部〕○｜謂金既柔而弱。〔文選・洞簫賦〕「行鈓｜以龢囉」集釋。

**蒾** ｜，蒲蒻。〔廣韻・侵部〕

**婬** ｜，婦人多欲也。〔慧琳音義・卷四四〕引〔考聲〕。○｜，謂男女野合也。（同上）引〔文字集略〕。○｜，｜蕩。〔廣韻・侵部〕○｜，邪也，蕩也。〔續音義・卷三〕○｜，私逸也。〔慧琳音義・卷一八〕引〔字統〕。○｜，通作淫，私逸也。〔方言一二〕「夸，｜也」箋疏。○不以禮交曰｜。〔慧琳音義・卷二六〕引〔玉篇〕。○｜，過時也。〔説文〕「雇，九雇，農桑候鳥扈民不｜者也」繫傳。○｜與淫通用。〔方言六〕「媱，｜也」疏證。○｜，經典多用淫字。〔説文〕「｜，私逸也」句讀。○｜泆之｜，經典多用淫字。（同上）義證引〔五經文字〕。○｜，今多以淫代之。〔説文〕「｜，厶逸也」段注。○｜，經傳皆以淫為之。〔説文定聲・卷三〕○｜佚，意歡足也。〔慧琳音義・卷七八〕

**冘** ｜，行皃。〔廣韻・侵部〕○｜，行貌。〔漢書・揚雄傳〕「窮｜閼與」補注引吳仁傑。○｜者，遠望人行若行若不行之皃。〔説文〕「｜，从儿出冂」段注。○｜是遲疑蹢躅之皃。〔説文〕「｜，｜｜，行皃」段注。○〔説文定聲・卷三〕｜，讀如淫，故今本〔説文〕作淫淫行皃，聲轉亦讀如出緩行之狀也。〔説文〕「｜，｜｜行皃」。○｜｜，各本作淫淫。〔説文〕「｜，｜｜」段注。○古籍内｜豫義同猶豫。（同上）○〔説文定聲・卷三〕｜豫，即〔易・豫〕之由豫，〔漢書・霍光傳〕之不忍猶與，〔洛神賦〕之帳猶豫而狐疑，怠緩不決之皃也。〔後漢・竇武傳〕「太后｜豫未忍」。

**鷣** ｜，鷂之別名。〔廣韻・侵部〕○｜，江南呼鷂為｜，或從隹。〔集韻・侵部〕○｜，鷂，聲之轉也。〔廣雅・釋鳥〕「鵗鶣，鷂也」疏證。○｜，疑亦鷹字。〔説文定聲・卷三〕○｜，古音淫，今音燿。〔説文〕「鷂，鷙鳥也」段注。

**醂** ｜，熟麴。〔廣韻・侵部〕○｜，熟麴。〔集韻・侵部〕○｜，熟麴火藏。〔説文〕「｜，孰籟也」義證引〔五音集韻〕。○〔説文定聲・卷三〕｜謂醖釀鬱藏。〔廣雅・釋器〕「｜，幽也」。○｜之言淫也。〔廣雅・釋器〕「｜，幽也」疏證。

**㸒** ｜，挺立于此而欲爪取于彼，故為近求，為僥幸。〔説文定聲・卷三〕○｜求，過求也。〔説文〕「｜，求也」繫傳。○｜，濫貪也。〔廣韻・侵部〕○｜，貪也。〔説文〕「｜，近求也」義證引〔玉篇〕。

**嶜** ｜，山高皃。〔集韻・侵部〕○｜，｜崟。〔廣韻・侵部〕○｜崟，不齊也。〔説文〕「碞，嶜崟也」繫傳。○｜崟，山皃也。〔慧琳音義・卷八二〕○岑崟，岑巖，｜崟，｜岑，岑嵓，並字異而義同。〔廣雅・釋詁四〕「岑崟，高也」疏證。

**殽** ｜，銳意。〔廣韻・侵部〕○｜，俗字作尖。〔説文定聲・卷三〕○｜，以鐵為之，鐵｜，一聲之轉。〔廣雅・釋詁〕「鐵，鋭也」。

**鱏** ｜，魚名。〔廣韻・侵部〕

**梣** ｜，木名。〔廣韻・侵部〕○｜，青皮木名，亦作欞。（同上）○｜譌為秦，今秦皮是也，木似檀葉，細而無花，取皮水漬之碧色，治目眚，一名石檀。〔説文〕「｜，青皮木」義證引〔六書故〕。○｜，〔本草〕謂之秦皮，治目翳，一名石檀，入水色綠，可解膠益墨。〔説文定聲・卷三〕○｜，〔本草〕所謂秦皮也，｜木色青，治翳目之藥也。〔説文〕「｜，青皮木」繫傳。○｜木，苦歷木也。（同上）

**㞓** ｜者，石地，誤而為地名。〔説文定聲・卷四〕（「厰」下）○｜者，堅閉之意。〔説文〕「｜，石地也」段注。○｜，字或作㞑。（同上）義證。

**攴** ｜，持也。〔廣韻・侵部〕

**鈙** ｜，字亦作攴，作捦。〔説文定聲・卷三〕○｜，古借禽。〔説文〕「｜，持也」句讀。○｜，俗作擒。（同上）句讀。○｜，經典借禽字。（同上）義證。○｜，此與捦義略同。（同上）段注。○捦｜擒，並字異而義同。〔廣雅・釋詁三〕「捦，持也」疏證。

黚　丨，黃黑色。〔廣韻·侵部〕○丨，黃黑色，或從禽從蒧。〔集韻·侵部〕

耹　丨，音也。〔廣韻·侵部〕○丨，傍聆。〔說文定聲·卷三〕

梫　丨，木名。〔廣韻·侵部〕○丨丨，桂木花白也。（同上）○丨本桂屬，以華白者為丨耳。〔文選·蜀都賦〕「其樹則有木蘭丨桂」集釋。○丨，桂之厚皮者，今人呼為木桂，大抵即肉桂也。〔釋木〕「丨，木桂」鄭注。○丨，桂也，桂為百藥之長，今謂之肉桂。〔說文定聲·卷三〕

⿰魚今　大魚曰鮓，小魚曰丨，一曰北方曰鮓，南方曰丨。〔廣韻·侵部〕

⿱艹琴　丨，草名，根可緣竹器。〔廣韻·侵部〕

靲　丨，鞻也。〔說文〕「丨，鞮也」段注引玉篇。○丨，丨鞻也。（同上）義證引〔玉篇〕。○丨，鞮帶也。（同上）義證引〔類篇〕。○丨，束物韋也。（同上）○丨，革履也。〔說文定聲·卷三〕○丨，丨鞻，四夷樂也。〔廣韻·侵部〕○丨，鄭以為紟字。〔說文〕「丨，鞮也」段注。○丨字亦〔字林〕始有之，〔說文〕丨字殆後人所增。（同上）

菳　丨，草名，似蒿。〔廣韻·侵部〕○丨與芩同。〔廣雅·釋草〕「菦䓍，黃芩也」疏證。○丨，俗作芩。〔說文〕「丨，黃丨也」義證。○丨，今俗以芩為之。〔說文定聲·卷三〕○丨，蒛，艸名。〔集韻·侵部〕

顉　丨，曲頤。〔廣韻·侵部〕○丨，猶搖頭也。〔漢書·揚雄傳〕「丨頤折頞」補注引商敬順。○丨頤折頞，丨即頷也。〔通雅·身體〕○作丨者正字，作顉者借字，作頷者譌字也。〔漢書·揚雄傳〕「丨頤折頞」補注引王念孫。○〔說文定聲·卷三〕丨，叚借為顊，金兼雙聲。〔漢書·揚雄傳〕「丨頤折頞」。

唫　丨，口急。〔集韻·侵部〕○丨謂口緊語吃。〔說文〕「丨，口急也」義證。○〔說文定聲·卷三〕丨，與吃略同。〔說文〕「丨，口急也」。○丨，與噤音義同。〔墨子·親士〕「遠臣則丨」閒詁引畢沅。○丨，呻也。〔屈賦·懷沙〕「曾丨咺悲永歎喟兮」戴注。○丨，古吟字，歎也。〔楚辭·悲回風〕「孤子丨而抆淚兮」補注。○丨，與吟同。〔墨子·親士〕「遠臣則丨」閒詁。○〔說文定聲·卷三〕丨，叚借為吟。〔漢書·息夫躬傳〕「秋風為我丨」。○丨欽古字通用。〔釋訓〕「欽欽，憂也」郝疏。○〔說文定聲·卷三〕丨，叚借為崟。〔穀梁傳僖公三三年〕「必于殽之巖丨之下」。○（同上）丨，叚借為念。〔韓非子·揚權〕「宗室憂丨」。

⿱雨金　丨，霖雨。〔廣韻·侵部〕○丨，丨丨然不止也。〔說文〕「丨，霖雨也」繫傳。○丨雨，即淫雨。〔通雅·天文〕○丨，通作淫。〔說文〕「丨，霖雨也」義證。

○〔說文定聲·卷三〕丨，以淫為之。〔釋天〕「久雨謂之淫」。○（同上）丨，字亦作霪。〔廣雅·釋言〕「霪，霖也」。

乑　丨，衆立皃。〔廣韻·侵部〕○今謂衆立不動為丨也。〔說文〕「丨，衆立也」繫傳。

⿸厂敢　丨，崟也。〔集韻·侵部〕○丨，崟丨，山崖狀。〔廣韻·侵部〕○丨，山石下。〔說文〕「丨，崟也」義證引〔玉篇〕。○丨，或曰與崟字同。〔說文定聲·卷四〕

廞　丨訓當為陳。〔周禮·笙師〕「大喪丨其樂器」孫正義。○丨，像車服以送死也。〔集韻·侵部〕○丨，〔周禮〕故書丨為淫。〔說文〕「丨，陳輿服於庭也」段注。○〔說文定聲·卷三〕丨，故書或以淫為之。〔周禮·圉人〕「丨馬」。○丨者，歆之叚音也。〔釋詁〕「丨，興也」郝疏。○歆之通作欽，猶歆之通作丨矣。〔漢書〕「歆其德」雜志。

罙　丨，本訓當是竈窗，秦漢以來相承誤作突。〔說文定聲·卷三〕○丨，字或作㴱。〔說文〕「丨，一曰竈突」義證。又〔集韻·侵部〕。○丨深古今字。〔說文〕「丨，深也」段注。○〔說文定聲·卷三〕丨，叚借為深。〔詩·殷武〕「丨入其阻」。○丨，後人乃叚深也。〔說文·上說文書〕「渥衍沛滂」段注。○古深淺字作丨，深行而丨廢矣。〔說文〕「突，深也」段注。

⿱穴乑　丨，竈突。〔廣韻·感部〕

⿱山入　丨，入山深皃。〔廣韻·侵部〕

⿰王朁　丨，石似玉也。〔廣韻·侵部〕

篸　丨，參有不齊意，加竹加木加艸加山皆俗，此字後出。〔說文定聲·卷三〕○丨差，通作參差。〔說文〕「丨，差也」義證。

襂　丨與衫同。〔廣雅·釋器〕「複丨謂之裀」疏證。○丨纚，猶參差耳。〔釋訓〕「陸離，參差也」疏證。○〔通雅·卷七〕丨纚，通作襳纚、襳褷，反之為襹褷、籭簁、離纚、離簁。〔木華海賦〕「被羽翮之丨纚」。○丨或作襳。〔漢書·司馬相如傳〕「蜚襳垂髾」補注引〔類篇〕。○丨，字亦作幓，叚借耳。（同上）補注引郭嵩燾。

罧　丨，積柴水中聚魚也。〔集韻·侵部〕○丨者，積柴于水中，魚得寒入其裏藏隱，因以薄圍取之。〔說文〕「丨，積柴木水中以聚魚」繫傳。○丨與槮、糝同。〔廣雅·釋器〕「涔，㮹也」疏證。○丨字衆書異形，〔廣雅〕涔，〔爾雅〕槮、糝，〔小爾雅〕橬、潛。〔說文〕「丨，積柴水中以聚魚也」義證。

⿱网林　〔說文定聲·卷三〕丨，字亦作橬。〔小爾雅·廣獸〕「魚之所息謂之橬」。○（同上）丨，以槮為之。〔小爾雅·廣獸〕「橬，槮也」。○（同上）丨，以涔為之。〔韓詩〕「涔有多魚」。

**啉** 〔說文定聲・卷三〕—，謂與惀同也，林、侖雙聲。〔淮南・俶真〕「昧昧——」注「欲所知之皃」。

**耽** —，火盛皃。〔廣韻・侵部〕○沈沈，眈眈，義並與——同。〔廣雅・釋訓〕「——，盛也」疏證。

**黔** —，黃色。〔廣韻・侵部〕○黔、—，音並與金同。〔廣雅・釋器〕「—，黃也」疏證。○—天即黔天。〔通雅・卷一一〕引〔素問〕「—天之氣，經于心尾」。

**豉** —，野生豆也。〔廣韻・侵部〕

**霠** —，雨聲。〔廣韻・侵部〕

**㝷** —，長也。〔集韻・侵部〕

**碄** ——，深皃。〔集韻・侵部〕

**惏** —慄，寒也。〔集韻・侵部〕○—慄，謂風之寒。〔文選・風賦〕「直憯悽—慄」集釋引〔讀書志餘〕。○—，貪也。〔大戴・保傅〕「饑而—」王詁。又〔說文〕「—，河内之北謂貪曰—」義證引〔玉篇〕。○殺而取其財曰—。〔同上〕義證引〔五經文字〕。○〔說文定聲・卷三〕—，叚借為㾼。〔風賦〕「狀直憯悽—慄」。○—與掀同。〔方言一〕「掀，殺也」箋疏。○—，又作婪。〔方言一〕「掀，殺也」疏證。○—，〔文選〕注作婪。〔左傳僖公二四年〕「狄固貪—」洪詁。○—，字亦作啉。〔說文定聲・卷三〕

**兂** 古言笄，漢言—。〔說文〕「—，首笄也」段注。○—，與夫同意，俗从竹朁聲，字亦作簪，簪所以持冠。一名叉，俗為釵。〔說文定聲・卷三〕○—、簪，並與鐕同。〔廣雅・釋器〕「笄，鐕也」疏證。○—，又曰叉，俗作釵。〔說文〕「兂，首笄也」段注。○〔說文定聲・卷三〕—，叚借為寁，寁者，簪短言之。〔易・豫〕「朋盍簪」。○—，銳利也。〔說文〕「兓，朁朁銳意也」繫傳。

**吽** —，如牛吼聲或如虎怒胸喉中聲也。〔慧琳音義・卷一〇〕○—與响同，牛鳴也。〔漢書・東方朔傳〕「狋—牙者」補注引沈欽韓。

**㖂** ——，崟險也。〔集韻・侵部〕

**㖂** —，水菜似蒜。〔廣韻・侵部〕

**坩** 注中諸—字皆斟之譌也，艸書甚與土相混，因誤為—。〔漢書・地理志〕「平壽」補注引錢大昕。○—乃斟之別體。〔左傳襄公四年〕「滅斟灌及斟尋氏」疏證。○—鄩，即斟鄩故城。〔通雅・地輿〕

**坫** —，權安厝也。〔廣韻・侵部〕○欑塗謂之—。〔集韻・侵部〕

**妊** —與壬亦同聲同義。〔廣雅・釋言〕「壬，任也」疏證。

**㜝** —，婬也。〔集韻・侵部〕

**婪** —，愛也。〔廣韻・侵部〕

**㝱** —，室深也。〔集韻・侵部〕

**寖** —猶漸也。〔說文・敘〕「字者，言孳乳而—多也」段注。

**嵚** —，兩山相向。〔集韻・侵部〕

**㦧** 〔文選〕—作㦧，皆圖寫聲貌，假借用之，無定字也。〔漢書・揚雄傳〕「灕虖—纚」補注。○—纚、㦧攦、林離、淋離、滲灕，並字異而訓同。〔同上〕

**㣷** —，同冘。〔廣韻・侵部〕

**㝷** —，引伸之義為長。〔說文〕「—，繹理也」段注。

**潯** —即尋字。〔釋言〕「流，覃也」郝疏。

**恁** —，信也。〔廣韻・侵部〕

**㦎** —，懃也。〔集韻・侵部〕○—，心—皃。〔廣韻・侵部〕

**撍** —，速也。〔廣韻・侵部〕○—，疾也，通作簪。〔集韻・侵部〕○—簪同一字。〔說文〕「寁，疾也」段注引晁說之。○—即寁也，又通作憯。〔易・豫〕「朋盍簪」述聞。

**揕** —，刺也。〔集韻・侵部〕

**挦** —，取也。〔廣韻・侵部〕

**撢** —，修也。〔集韻・侵部〕○—，探也。〔廣韻・侵部〕

**㪜** —，擊繫也。〔集韻・侵部〕

**㬐** —，日光。〔集韻・侵部〕

枕　|,繫牛杙也。〔廣韻·侵部〕又〔集韻·侵部〕。

杺　|,木名,其心黃。〔廣韻·侵部〕又〔集韻·侵部〕。○|,一曰車鉤心木。(同上)

枔　|,木葉。〔集韻·侵部〕又〔廣韻·侵部〕。

枮　|,跗也,今律以為坐物也。〔慧琳音義·卷六〇〕○|,同椹,鈇椹,斫木質。〔廣韻·侵部〕○|,正體作椹,質也,机屬也。〔慧琳音義·卷六〇〕引〔考聲〕。

桯　|,通水具。〔集韻·侵部〕

橬　|,積柴水中以取魚。〔集韻·侵部〕

橝　|,盾上竿。〔集韻·侵部〕

樳　|,木名,似槐。〔廣韻·侵部〕○|,木名,似槐。尋,長也。〔文選·吴都賦〕「|木」集釋引〔廣韻〕。○尋木,本謂木之長者,後人因加木傍而為木名耳。(同上)○|木長千里。(同上)集釋引〔山海經〕。

檁　|,正言棟,居屋中也。〔慧琳音義·卷一七〕○|,亦言梁也,或言極也。(同上)

汵　|池也。〔集韻·侵部〕

湆　〔說文定聲·卷三〕|嫕,叚借為雙聲連語,猶〔洞簫賦〕之厭瘞。〔神女賦〕「澹清靜其愔嫕兮」。○(同上)|,字亦誤作愔。〔說文〕「|,幽溼也」。

爓　燖尋|,義並與燂同。〔廣雅·釋詁三〕「燂,烪也」疏證。

𤘺　|,水牛。〔廣韻·侵部〕○吴牛謂之|,通作沈。〔集韻·侵部〕

璕　|,石似玉。〔集韻·侵部〕

疣　|,同瘎,腹內故病。〔廣韻·侵部〕

䁙　|,私出頭視也。〔廣韻·侵部〕

𥍯　|,錐也。〔廣韻·侵部〕又〔集韻·侵部〕

碞　|,山石皃。〔集韻·侵部〕○|,一曰僭也。(同上)○|,僭差。〔廣韻·侵部〕

䃡　|,石門。〔集韻·侵部〕

禁　|,力所加也,勝也。〔廣韻·侵部〕○|當為卿。〔漢書·朱博傳〕「抆拭用|」補注引王念孫。

𥢆　|,禾欲秀也。〔廣韻·侵部〕

窨　|,地室。〔集韻·侵部〕○|,突黑也。(同上)

宷　|,同冞,突也。〔廣韻·侵部〕

諶　|,坐立不移皃。〔集韻·侵部〕

笂　|,竹名。〔集韻·侵部〕

笒　|,竹名。〔廣韻·侵部〕

䇮　|,竹名。〔廣韻·侵部〕

𥳍　|與尋亦通。〔方言一〕「尋,長也」箋疏。

絍　|,久緩皃。〔廣韻·侵部〕又〔集韻·侵部〕。

䋾　|,織也,齊也,或作紝。〔廣韻·侵部〕

縥　|,續也。〔廣韻·侵部〕

䎖　|,羊䱥。〔集韻·侵部〕

肣　|,斂也,灼黽首仰足|。〔集韻·侵部〕

𦟛　|,烹也。〔集韻·侵部〕

䒞　|,螟食苗心死也。〔集韻·侵部〕

蕁　|,艸名,海蘿也。〔集韻·侵部〕

襑　|,衣博大也。〔廣韻·侵部〕又〔集韻·侵部〕。

襳　|襹,毛羽衣皃。〔廣韻·侵部〕

𧧝 —，信也。〔廣韻・侵部〕又〔集韻・侵部〕。○—，念也。〔廣韻・侵部〕○一曰喉聲謂之—。〔集韻・侵部〕○—詍，喉聲。〔廣韻・侵部〕

訡 —訡唫並同吟。〔廣韻・侵部〕

䛫 —，私語也。〔集韻・侵部〕

諃 —，善言。〔集韻・侵部〕

諳 —、喑、意，古字通。〔廣雅・釋言〕「喑，喈也」疏證。

䜗 —，䜗豆。〔廣韻・侵部〕○—，䜗豆名。〔集韻・侵部〕○—之言暗也，謂造之幽暗也。〔廣雅・釋器〕「䜗謂之—」疏證。

賝 —，寶也。〔慧琳音義・卷二一〕引〔玉篇〕。○—，琛也。〔卷七七〕引〔字書〕。○美寶為—。〔卷八八〕○—，—賮也。〔廣韻・侵部〕○—，—貫也。〔廣雅・釋言〕

䟠 —，踸踔停水也，通作涔、汵。〔集韻・侵部〕

蹵 —，坐也。〔集韻・侵部〕

𨊰 —，車軥—木。〔廣韻・侵部〕○—，車鉤心制軸者，通作杺。〔集韻・侵部〕

䡅 —，醉聲。〔廣韻・侵部〕又〔集韻・侵部〕。

鈐 —，鈦也。〔集韻・侵部〕

闇 陰、—古同聲而通用。〔廣雅・釋言〕「陰，—也」疏證。○—與瘖同。〔釋蟲〕「—蜩，蟪也」疏證。

䢾 —，小堆，阜也。〔廣韻・侵部〕

雂 —鳥名。〔廣韻・侵部〕

䧾 —，雞之別名。〔廣韻・侵部〕○漢中呼雞為—，或从鳥。〔集韻・侵部〕

磬 —，聲和靖也。〔廣韻・侵部〕

韽 —，小聲。〔集韻・侵部〕

顉 —頪，俯首。〔集韻・侵部〕

魿 —，魚名，似鼈。〔集韻・侵部〕

鱵 —，魚名。〔廣韻・侵部〕

鵭 —，鵭鳥，亦作鴾。〔廣韻・侵部〕

䶃 —，苦也。〔集韻・侵部〕

黅 —，淺黃色。〔廣韻・侵部〕

齽 —，高鼻。〔廣韻・侵部〕○高鼻謂之—，或从𡪢。〔集韻・侵部〕

# 續經籍纂詁卷第二十八　下平聲

## 十三　覃

**覃**｜，延。〔詩・葛覃〕「葛之｜兮」朱傳。○｜，延也。〔蕩〕「｜及鬼方」朱傳。○｜，當從延長之義。〔詩・葛覃〕「葛之｜兮」後箋。○〔說文定聲・卷三〕｜，段借為延，｜延雙聲。〔釋言〕「｜，延也」。○｜，及也，延也。〔廣韻・覃部〕○｜，本延移之稱，引伸為長之通稱。〔詩・葛覃〕「葛之｜兮」通釋。○｜，長。〔生民〕「實｜實訏」朱傳。○｜，長也。〔慧琳音義・卷四九〕引〔考聲〕。○｜，引伸之凡長皆曰｜。〔說文〕「｜，長味也」段注。○｜，及也。〔慧琳音義・卷四九〕引〔韻詮〕。○｜，深也。〔慧琳音義・卷四九〕引〔字書〕。○｜，利。〔詩・大田〕「以我｜耜」朱傳。○｜即剡。〔釋詁〕「剡，利也」鄭注。○｜，讀為剡。〔詩・大田〕「以我｜耜」陳疏。○｜者，剡之段借。（同上）通釋。○〔說文定聲・卷三〕｜，段借為剡。〔詩・大田〕「以我｜耜」。○｜，魯｜作剡。〔詩・大田〕「以我｜耜」集疏。○剡｜掞錟，並字異而義同。〔廣雅・釋詁〕「剡，銳也」疏證。○剡、掞、｜古通用。〔釋詁〕「剡，利也」疏證。○｜醰，義並同也。〔釋詁〕「｜，長也」疏證。○｜與醰音同義近。〔說文〕「｜，長味也」段注。○古讀｜、尋聲近。〔釋言〕「流，｜也」郝疏。○啗與｜，古亦同聲。〔史記〕「禮書」雜志。○導與｜、嘾通。（同上）○〔說文定聲・卷三〕｜，段借為倓，｜、炎雙聲。〔詩・生民〕箋「｜謂能坐也」。○（同上）｜，段借為撢為探。〔漢書・敘傳〕「揚雄｜思」。○（同上）｜字亦作憛。〔廣雅・釋詁〕「憛，思也」。○（同上）｜，字亦作膻。〔廣雅・釋詁〕「膻，美也」。○經典葛｜字亦假蕈為之。〔說文〕「｜，長味也」段注。

**潭**｜，今義訓為深。〔說文〕「｜，｜水」段注。○｜，亦深也。〔廣雅・釋水〕「｜，淵也」疏證。○｜，水渟深處也。〔慧琳音義・卷一二〕引〔考聲〕。○楚人名深曰｜。〔楚辭・抽思〕「泝江｜兮」補注。○楚人名深曰｜淵。〔漢書・揚雄傳〕「或橫江｜而漁」補注引龔子。○〔說文定聲・卷三〕｜，段借為沈為深。〔管子・侈靡〕「｜根之毋伐」。○｜，或訓水側，與潯同也。〔說文〕「｜，｜水」段注。○〔說文定聲・卷三〕｜，段借為潯。〔楚辭・抽思〕「泝江｜兮」。○｜水出武陵。〔楚辭・抽思〕「泝江｜兮」補注。○｜水，今名福禄江。〔說文定聲・卷三〕○｜與溜實一水也。〔說文〕「｜，｜水」段注。○〔說文定聲・卷三〕｜淹，猶淡淹也。〔江賦〕「與波｜淹」。

**曇**｜，雲布。〔廣韻・覃部〕

**譚**｜，大也。〔廣韻・覃部〕○｜，誇也，大也，又作談。〔續音義・卷一〇〕引〔切韻〕。○｜，〔漢・表〕作談，古字通用，與同字兼用。〔史記・高祖功臣侯者年表〕「侯｜元年」志疑。○大徐｜作鄲，鄲｜古今字也。〔說文〕「鄲，讀若｜」段注。○｜耽並與沈通。〔廣雅・釋詁〕「沈，大也」疏證。○魯｜作覃。〔詩・碩人〕「｜公維私」集疏。○〔說文定聲・卷四〕｜，段借為延。〔管子・侈靡〕「祀｜次祖見本辟之若尊｜」。○（同上）｜，段借為倓。〔大戴・子張問〕「入官修業，居久勿｜」。○（同上）｜，段借為鄲。〔詩・碩人〕「｜公維私」。

**驔**馬豪骭曰｜。〔集韻・覃部〕○｜，馬豪骭。〔說文〕「｜，驪馬黃脊」義證引〔增韻〕、〔五音集韻〕、〔洪武正韻〕。○｜與騽下訓互誤，此當云馬豪骭也。（同上）義證。○騽即｜也。〔詩・駉〕「有｜有魚」通釋。

**參**｜，三也。〔大戴・哀公問五義〕「｜乎日月」王詁。又〔本命〕「｜知而後動」王詁。又〔韓子・揚權〕「｜之以比物」集解引舊注。又〔太素・骨度〕「君子｜折」楊注。○｜即三。〔墨子・迎敵祠〕「二｜子」閒詁引蘇時學。○｜三同。〔經說下〕「｜直之也」閒詁。○｜，同三。〔廣韻・談部〕○｜與三同。〔墨子・備穴〕「｜分亣疏數」閒詁引蘇時學。○｜三義同。〔荀子・勸學〕「日｜省乎己」集解引孔廣森。○｜之言三也。〔大戴・四代〕「所謂民與天地相｜者」王詁。又〔釋言〕「斯，離也」郝疏。○｜，三也，相｜列也，間厠也。〔通鑑・周紀四〕「以是相｜也」音注。○｜，間厠也。〔唐紀六〇〕「與士兵｜居」音注。○三人相雜謂之｜。〔說文〕「伍，相｜伍」繫傳。○｜，三人合坐。〔國策・齊策二〕「因與之｜坐於衛君之前」鮑注。○｜分，即三分。〔通鑑・漢紀二〕「｜分天下王之」音注。○三卿謂之｜。〔周禮・大宰〕「設其｜」孫正義。○｜伍，三相｜為｜，五相伍為伍。〔說文〕「伍，相｜伍也」義證引〔增韻〕。○｜摹者，玄首一二三也。〔漢書・揚雄傳〕「｜摹而四分之」補注引劉敞。○｜，三其九得二十七。〔律歷志〕「｜天九」補注引錢大昕。○｜者，間厠之名，故為分也。〔廣雅・釋詁〕「｜，分也」疏證。○夜｜半即夜分半矣。〔釋言〕「斯，離也」郝疏。○｜者，驗也。〔荀子・勸學〕「日｜省乎己」集解引俞樾。○｜，比驗也。〔韓子・孤憤〕「不以｜伍審罪過」集解引舊注。○｜猶驗也。〔墨子・號令〕「守時令人｜之」閒詁引蘇時學。又〔號令〕「相｜審信」閒詁引蘇時學。○｜謂｜校。〔大戴・小辨〕「外內｜意曰知德」王詁。○｜即曑字，謂三辰也，仲馮誤以｜昴當之。〔史記・封禪書〕「而雍有日月｜辰」志疑引〔義門讀書記〕。○｜猶纍也。〔大戴・保傅〕「｜數譯而不能相通行」王詁。○｜，當作厽。〔論語・衛靈公〕「立則見其｜於前也」平議。○｜乃古絫字。〔說文〕「絫，增也」義證引〔夢溪筆談〕。○｜石，當是絫石之譌，絫石即礧石。〔墨子・備城門〕「皆積｜石」閒詁引洪頤煊。○｜差，亂絲皃。〔說文〕「縒，｜縒也」義證引〔韻會〕。○｜連，言耦立｜連也。〔通雅・禮儀〕○｜亭，後為三停。今畫龍畫人者皆分三停，正謂三段均停，因其停處，有停筆體量之意。（同上）○｜漏，滲漏也。〔通雅・卷一八〕○｜懷，猶丨知也。〔通雅・卷二六〕〇丨承，丨覲也。〔廣韻・覃部〕〇〔郡國志〕有三驂亭，即此丨驂。〔漢書・王子侯表〕「丨驂侯則」補注引錢大昕。〇丨讀為驂。〔春秋名字解詁〕「魯曾丨字子輿」述聞。〇丨，似當讀若驂，今多依〔說文〕讀若森，蓋古通讀耳。〔史記・仲尼弟子傳〕「曾丨，南武城人」志疑。〇丨，〔晉・輿服志〕大駕有從官中道左右道並驅者，此丨駕也。〔漢書・揚雄傳〕「丨麗之駕」補注引沈欽韓。〇〔說文定聲・卷三〕丨，叚借為驂。〔史記・弟子傳〕「魯曾丨字子輿」。〇（同上）丨，叚借為糂。〔儀禮・大射儀〕借為摻。〔莊子・大宗師〕「元冥聞之丨寥」。〇（同上）丨，叚借為驂。〔史記・弟子傳〕「魯曾丨字子輿」。〇（同上）丨，叚借為糂。〔儀禮・大射儀〕「丨七十」。〇（同上）丨，叚借為摻或為檢為譣。〔莊子・天下〕「以丨為驗」。〇（同上）丨，叚借為三。〔方言六〕「丨，分也」。〇丨當為齋。〔大戴・保傳〕「有司丨」王詁。〇丨，本作齊，齊與齋同。〔大戴・保傳〕「丨夙興」述聞。〇丨夙，〔白虎通義・姓名篇〕引此作齋肅，〔魏書〕引作齊肅。（同上）

**驂**　車衡外兩馬曰丨。〔詩・大叔于田〕「兩丨如舞」朱傳。〇丨，丨馬。〔廣韻・覃部〕〇不當衡下者謂之丨，亦謂之騑。〔說文〕「騑，丨也，旁馬也」段注。〇丨與參同。〔通鑑・周紀一〕「韓康子丨乘」音注。〇丨與參聲同義近。〔方言六〕「參，分也」箋疏。〇〔史記〕丨作參。〔左傳哀公六年〕「每朝必丨乘焉」洪詁。〇參丨異文。〔左傳文公一八年〕「而使職丨乘」疏證。〇丨，官本作參，〔史記〕同。〔漢書・衛綰傳〕「君知所以得丨乘乎」補注。〇〔說文定聲・卷三〕丨，叚借為參，實為三。〔左傳文公一八年〕「而使職丨乘」。

**南**　〔說文定聲・卷三〕草木至夏壬大也，夏主丨方火，故以為丨北之丨。〔說文〕「丨，艸木至丨方有枝任也」。〇丨壬任，古並同聲。〔廣雅・釋言〕「丨、壬，任也」疏證。〇〔毛詩〕或用丨為任音也。〔說文〕「丨，艸木至丨方有枝任也」繫傳。〇丨，火方。〔廣韻・覃部〕〇丨，果名，大如指，紫色，味甘似梅。（同上）引〔臨海異物志〕。〇丨夷之樂曰丨。〔詩・鼓鍾〕「以雅以丨」集疏引韓說。〇丨，二丨也。（同上）朱傳。〇丨，謂江漢之間。〔詩・南有嘉魚〕「丨有嘉魚」朱傳。〇丨，丨方諸侯之國也。〔關雎〕朱傳。〇丨，丨山也。〔樛木〕「丨有樛木」朱傳。〇丨山，終丨山也。〔信南山〕「信彼丨山」朱傳。〇丨山，終丨之山也。〔斯干〕「幽幽丨山」朱傳。〇丨箕，四星，二為踵，二為舌。〔巷伯〕「成是丨箕」朱傳。〇丨，即羽籥之舞也。〔禮記・文王世子〕「胥鼓丨」集解。〇丨籥，以籥舞也。〔左傳襄公二九年〕「見舞象箾丨籥者」洪詁。〇丨面者，人君聽治之位。〔論語・雍也〕「雍也可使丨面」朱注。〇丨冠，楚之冠。〔左傳成公九年〕「丨冠而縶者」洪詁。〇丨嶽，衡山也。〔漢書・郊祀志〕「丨嶽灊山於灊」補注引齊昭南。〇丨海者，即居延海之屬。〔書・禹貢〕「入於丨海」孫疏。〇丨門者，廟門。〔書・顧命〕「逆子釗於丨門之外」孫疏。〇丨門，亢宿上下二星名也。〔大戴・夏小正〕「初昏，丨門正」王詁。〇丨郊，祭天之處。〔保傳〕「見之丨郊」王詁。〇丨方冬溫，草木長茂，故曰丨榮。〔楚辭・思忠〕「與吾期兮丨榮」王注。〇在霸陵丨，故曰丨陵。〔漢書・地理志〕「丨陵」補注。〇言丨者，蓋重黎二人元是木火之官，兼司天地職，而天是陽，丨是陽位，故木亦是陽，所以木正為丨正也。〔漢書・律歷志〕「命丨正重司天」補注。〇丨宮，縣，屬信都。〔史記・惠景間侯者年表〕「丨宮」志疑。〇丨鄭縣即漢中郡治也。〔秦本紀〕「躁公二年，丨鄭反」志疑。〇丨安乃今四川嘉定府夾江縣。〔高祖功臣侯者年表〕「丨安」志疑。〇丨威，味諫，皆橄欖名。〔通雅・木〕〇丨床，雜端也。〔通雅・官制〕〇丨无，正言納慕，敬禮。〔慧琳音義・卷二七〕〇丨當讀如難。〔墨子・經說下〕「無丨者」閒詁引盧文弨。〇丨通作男。〔說文〕「丨，草木至丨方有枝任也」義證。〇丨與男通。〔漢書・武帝紀〕「其封嘉為周子丨君」補注。〇〔說文定聲・卷三〕丨，叚借為男。〔家語・正論〕「鄭伯丨」。〇男與丨，亦同聲同義。〔廣雅・釋言〕「丨，任也」疏證。〇古丨、男二字相假借。〔說文〕「丨，草木至丨方有枝任也」段注。〇子丨義為子男。〔漢書・武帝紀〕「其封嘉為周子丨君」補注。〇稱男子曰丨北，猶稱物為東西也。〔通雅・稱謂〕〇丨臨同聲。〔文選・西京賦〕「於前則終丨太一」集釋。〇〔說文定聲・卷三〕丨，叚借為滕。〔方言八〕「鳲鳩，東齊海岱之間謂之戴丨」。〇丨字乃夆字之譌。〔漢書・地理志〕「丨水東至新淦入湖漢」補注。〇丨當作陽。〔漢書・百官公卿表〕「淮丨太守灌夫為太僕」補注。〇丨乃陽字之誤。〔史記・漢興以來將相名臣年表〕「餘為淮丨王」志疑。

**枏**　丨，又音南。〔說文〕「丨，梅也」繫傳。〇丨，俗作楠。（同上）句讀。

**柟**　丨，木名。〔廣韻・覃部〕

**楠**　丨即枏，今作柟，讓木也。〔通雅・木〕〇丨，南方之木，故字从南。〔本草・卷三四〕〇丨瘤之木，猶今云癭木也。〔文選・吳都賦〕「丨榴之木」集釋。〇丨榴，乃鬪班櫻木。（同上）〇丨樹，其近根年深向陽者，結成草木山川之狀，俗呼為骰柏丨。（同上）〇丨，柟俗字。〔廣韻・覃部〕〇丨之為言任也。〔說文繫傳・通論中〕〇丨與南，亦同聲同義。〔廣雅・釋言〕「南，任也」疏證。〇丨任聲相近，經典多通。〔書・禹貢〕「丨邦作任國」孫疏。〇今文〔尚書〕丨作任。〔書・酒誥〕「侯甸丨衛邦伯」孫疏。〇古丨與任同音，故公侯伯子丨，王莽丨作任。〔說文〕「丨，丈夫也」段注。〇〔夏紀〕作任國，任、丨通用字，今文丨皆作任。〔漢書・地理志〕「二百里丨國」補注。〇力田為丨。〔說文繫傳・通論中〕〇畂、丨，上說文，下隸變。〔說文〕「丨，丈夫也」義證引〔九經字樣〕。〇丨子，猶言大丈夫。〔漢書・蕭望之傳〕「蕭育，杜陵丨子」補注。〇丨，封爵。〔廣韻・覃部〕〇任，丨爵也。〔說文定聲・卷三〕〔「任」下〕〇丨，謂子丨也，周之舊俗，雖為侯伯，皆食子丨之地。〔左傳昭公一三年〕「鄭伯，男也」洪詁。〇〔說文定聲・卷三〕丨，叚借為任，實為壬。〔書・禹貢〕「二百里丨邦」。〇（同上）丨，叚借為南。〔左傳昭公一三年〕「鄭伯，丨也」。〇丨，〔周書〕、〔史記解〕及〔潛夫論〕並作南。〔史記・夏本紀〕「有丨氏」志疑。〇丨，外傳及〔孔氏家語〕皆作南。〔左傳昭公一三年〕「鄭伯，丨也」洪詁。〇丨作南，蓋古字通，故周子南君亦作｜君。〔史記・夏紀〕「有｜氏」志疑。

**諳**　｜，諷也，誦也，説也。〔慧琳音義・卷九一〕○｜，悉也。〔通鑑・晉紀〕「｜練舊事」音注。○｜，委知也。〔慧琳音義・卷六〇〕○｜，記也。〔通鑑・晉紀〕「｜練舊事」音注。又〔慧琳音義・卷六〇〕又〔卷八九〕。○｜，記也，憶也。〔廣韻・覃部〕○｜，信也。〔續音義・卷八〕○｜，與宷義同音近。〔説文〕「｜，悉也」段注。○〔説文定聲・卷三〕｜，段借為喑。〔玉篇〕「｜，大聲也」。

**庵**　｜，草屋也。〔本草・卷一五〕又〔通鑑・漢紀〕「規親入｜廬」音注。○｜，小草舍也。〔廣韻・覃部〕又〔續音義・卷八〕。○｜，廬也，掩也，以草圍掩之也。〔慧琳音義・卷二七〕○｜，廁也。〔説文〕「广，因广為屋」義證。○｜，通作闇。（同上）○｜，或作菴。（同上）

**含**　｜，忍也。〔左傳宣公一五年〕「國君｜垢」疏證。○｜，俗作唅。〔左傳文公五年〕「王使榮叔來｜且賵」疏證。○〔釋文〕｜亦作唅。〔左傳文公五年經〕「王使榮叔歸｜且賵」洪詁。○｜，〔釋文〕本又作唅，〔初學記〕引亦同。〔左傳哀公一一年〕「命其徒具｜玉」洪詁。○｜玉正字當作琀，經典多段｜為之，唅又｜之俗。〔周禮・大宰〕「贊贈玉｜玉」孫正義。○｜字古或作吟。〔淮南〕「吟德」雜志。○〔説文定聲・卷三〕｜，段借為马。〔爾雅〕「樌棗｜」。○（同上）｜，以函為之。〔史記・禮書〕「函及士大夫」。○｜，〔後漢〕作貪。〔漢書・地理志〕「｜資」補注。

**涵**　｜，水澤多皃。〔廣韻・覃部〕○｜，容受也。〔詩・巧言〕「僭始既｜」朱傳。○〔説文定聲・卷四〕｜，謂浸潤漸漬也。〔詩・巧言〕「譖始既｜」。○｜，｜詠。〔廣韻・覃部〕○｜，音含。〔詩・巧言〕「僭始既｜」朱傳。○｜與霑義相近。〔廣雅・釋言〕「霑，霖也」疏證。○｜，通作湆。〔説文〕「｜，水澤多也」義證。○〔説文定聲・卷四〕｜，借為含。〔詩・巧言〕「僭始既｜」傳訓容。○（同上）｜字亦作澉。〔七發〕「澉淡手足」。○三家｜作減。〔詩・巧言〕「僭始既｜」集疏。○｜、檢聲之轉。〔釋言〕「檢，同也」邵正義。

**函**　｜，容也。〔通鑑・晉紀〕「｜夏蕭條」音注。○｜，容也，銜也。〔慧琳音義・卷九一〕○｜之言含也。〔説文〕「｜，舌也」段注。○｜，含。〔詩・載芟〕「實｜斯活」朱傳。○〔説文定聲・卷四〕｜，如舌之在口中也。〔楚語〕「若合而｜吾中」。○｜，甲也。〔孟子・公孫丑上〕「矢人豈不仁於｜人哉」朱注。○｜與櫻，皆小之貌也。〔廣雅・釋木〕「含桃，櫻桃也」疏證。○〔説文定聲・卷四〕｜，段借為顄。〔通俗文〕「口上曰臄，口下曰｜」。○（同上）｜，借為含。〔詩・載芟〕「實｜斯活」。○（同上）｜字亦變作鋡。〔廣雅・釋器〕「｜，鎧也」。○（同上）｜字又變作蜬。〔釋魚〕「貝在水者蜬」。○｜與鋡，聲近義同。〔方言六〕「鋡，受也」箋疏。○｜，當作含。〔漢書・揚雄傳〕「｜甘棠之惠」補注。○｜當為臽，臽本作𠇬，今經史通作陷。〔漢書・司馬遷傳〕「｜糞土之中」補注。○｜當為亟。〔韓子・主道〕「｜掩其跡」集解。○｜，銜也。〔廣韻・覃部〕

**凾**　｜，盛書盛物也。〔慧琳音義・卷四〕

**嵐**　｜，山風也，此字因北狄語呼猛風為可｜，遂書出此｜字。〔慧琳音義・卷七九〕

**蠶**　｜，从朁，象其頭身之形，从䖵，以其繁也。〔本草・卷三九〕○｜，後魏俗字，神蟲為｜。〔説文定聲・卷三〕○｜，古音讀如鬵。〔説文〕「｜，任絲蟲也」段注。○｜，吐絲蟲，俗作蚕。〔廣韻・覃部〕○｜，俗本作蝅。〔方言一一〕注「或呼地｜」箋疏。○｜月，治｜之月。〔詩・七月〕「｜月條桑」朱傳。○｜豆，豆筴狀如老｜，故名。王禎〔農書〕謂其｜時始熟，故名。〔本草・卷二四〕

**篸**　｜，所以綴衣。〔廣韻・覃部〕○｜差，今人作參差。〔説文〕「｜，｜差也」段注。

**簪**　｜，連也，或作寁。〔集韻・感部〕○〔説文定聲・卷三〕｜，段借為鐕。〔廣雅・釋器〕「篋謂之｜」。○｜當為鑽，謂所以琢箴之線孔者也。〔荀子・賦篇〕「｜以為父」集解引盧文弨。

**⿱⺮蠶**　綴衣曰｜。〔慧琳音義・卷五九〕引〔通俗文〕。○｜，綴也。〔卷五九〕○｜，細竹也。（同上）○｜，｜篋。〔廣韻・覃部〕○先、簪並與｜同。〔廣雅・釋器〕「笄，｜也」疏證。

**探**　｜，取也。〔説文・上説文書〕「｜賾索隱」段注。又〔廣韻・覃部〕。○｜，遠取之也。〔大戴・衛將軍文子〕「不｜怨」王詁。○｜，通也。〔續音義・卷一〇〕○｜，試也。〔大戴・文王官人〕「｜取其志」王詁。○〔説文定聲・卷三〕｜與撢略同，猶深取也。〔説文〕「｜，遠取之也」。○｜乃深字之誤。〔春秋繁露・郊語〕「今羣臣學士不｜察」平議。

**貪**　｜者，欲物也。〔説文〕「婪，｜也」段注。○｜，謂聚斂也。〔周書〕「以｜諛為事」雜志。○專利為｜。〔大戴・子張問入官〕「｜以不得」王詁。○｜婪也。〔廣韻・覃部〕○｜婪為愛財愛食之通名。〔方言一〕「虔、劉、慘、綝，殺也」箋疏。○｜，惏也。〔説文〕「｜，欲物也」繫傳。○｜，猶承也。〔左傳僖公九年〕「小白余敢｜天子之命無下拜」疏證。○｜與喜義近。〔釋詁〕「廞，興也」郝疏。○｜當讀為探，｜、探聲近而義通。〔左傳僖公二四年〕「況｜天之功以為己力乎」平議。○｜與探聲近而義通。〔國語・周語〕「是謂｜禍」平議。○〔説文定聲・卷三〕｜，段借為探。〔後漢・郭躬傳〕「捨狀以｜情」。

**眈**　｜，視近而志遠。〔廣韻・覃部〕又〔集韻・覃部〕。○｜，目下視也。〔説文定聲・卷三〕○沈沈、｜｜，義並與戡戡同。〔廣雅・釋訓〕疏證。○｜，通作⿰甚見。〔説文〕「｜，視近而志遠」義證。

**耽** 丨，樂也。〔中庸〕「詩曰，和樂且丨」朱注。○丨，〔說文〕作媅，本字酖，與樂同義。〔書·無逸〕「惟丨樂之從」孫疏。○丨，亦樂也。〔詩·常棣〕「和樂且丨」集疏引齊說。○丨，相樂也。〔詩·氓〕「無與士丨」朱傳。○丨，樂之甚也。〔詩·常棣〕「和樂且丨」集疏引韓說。○沈與丨音義同。〔文選·魏都賦〕「丨丨帝宇」集釋。○〔詩·賓之初筵〕序沈湎淫液，〔釋文〕沈字或作丨。（同上）○譚、丨並與沈通。〔廣雅·釋詁〕「沈，大也」疏證。○〔說文定聲·卷三〕丨丨，即陳涉傳之沈沈。〔魏都賦〕「丨丨帝宇」。○丨、湛通也。〔書·無逸〕「惟丨樂之從」孫疏。○丨，同妉。（同上）○丨，媅之段借字。〔說文〕「媅，樂也」段注。○丨，可段為媅字。〔說文〕「丨，耳大垂也」段注。○〔說文定聲·卷三〕丨，段借為媅。〔詩·氓〕「士之丨兮」。○酖又通假作丨。〔詩·氓〕「士之丨兮」陳疏。○丨，耳下垂。〔說文定聲·卷三〕(「眈」下)○丨，誼與耼䎶同。〔卷三〕○丨即聸也。〔說文〕「丨，耳大垂也」段注。○聸，古衹作丨，一變為聸耳，再變則為儋耳矣。〔說文〕「聸，南方有聸耳國」段注。○丨耳，即儋耳。今儋州即儋耳，好戴樓帽，如大立，其屠蘇障目覆兩耳之意乎。〔通雅·卷一八〕

**湛** 丨，樂也。〔詩·賓之初筵〕「子孫其丨」朱傳。又（同上）陳疏。○丨，樂之久也。〔詩·鹿鳴〕「和樂且丨」朱傳。○丨，丨樂。〔廣韻·覃部〕○丨，淫也。〔大戴·保傅〕「樂而丨」王詁。○丨音耽。〔詩·常棣〕「和樂且丨」朱傳。又〔鹿鳴〕「和樂且丨」朱傳。○丨與耽同，耽，淫也。〔墨子·非樂上〕「丨濁于酒」閒詁。○丨、沈通。（同上）○丨、沉同。〔國策·楚策四〕「尾丨胕潰」鮑注。○丨濁，沈湎也，言飲酒無度。〔墨子·非樂上〕「丨濁于酒」閒詁。○丨讀為酖。〔詩·北山〕「或丨樂飲酒」陳疏。○丨音沈，沈音耽，並古音通轉。〔釋詁〕「妉，樂也」郝疏。○〔說文定聲·卷三〕丨，段借為媅。〔方言一三〕「丨，安也」。○丨與媅通。〔墨子·非樂上〕「丨濁于酒」閒詁。○丨，媅之段借字。〔說文〕「媅，樂也」段注。○丨即媅之段字。〔詩·常棣〕「和樂且丨」平議。○丨及耽、妉皆媅之段借。〔鹿鳴〕「和樂且丨」通釋。○丨，酖之假借，樂酒也。〔抑〕「荒丨于酒」通釋。○〔說文定聲·卷三〕丨，段借為甚。〔鹿鳴〕「和樂且丨」。○〔通雅·卷九〕丨丨音髧，實為水名，荊州之浸潁丨是也。〔相如傳〕「紛丨丨其差錯兮」。○齊、韓丨作耽，魯作沈。〔詩·常棣〕「和樂且丨」集疏。○魯、齊丨作沈，韓作愖。〔詩·抑〕「荒丨于酒」集疏。

**龕** 丨，鑿山壁為坎也。〔慧琳音義·卷一五〕又〔卷六六〕。○丨室者，如今之檀丨之類也。〔卷二七〕○丨，塔也，又云塔下室。〔廣韻·覃部〕○肣案，丨案也。肣即丨。〔通雅·襍用〕○丨，龍兒。〔廣韻·覃部〕○丨，音含。〔說文〕「丨，龍兒，從龍含聲」義證。○丨，〔玉篇〕作龕，從今。（同上）義證。○丨，從龍合聲，俗作龕，非。（同上）義證引〔六書正譌〕。○丨與堪同聲。〔廣雅·釋詁〕「堪，載也」疏證。○丨與堪聲義同。〔釋詁〕「堪、丨，盛也」疏證。○丨與堪通。〔方言六〕「丨，受也」箋疏。○借丨為堪。〔釋言〕「洵，丨也」郝疏。○丨，字或作戡。〔廣雅·釋詁〕「丨，取也」疏證。○丨，戡之借字。〔文選·述祖德詩〕「丨暴資神理」集釋。

**龕** 丨，龍穴也。〔慧琳音義·卷九三〕○丨，龍兒也。（同上）○〔說文定聲·卷三〕今俗以為佛丨、神丨字本此。〔廣雅·釋詁〕「丨，盛也」。○丨龕古今字。〔方言六〕「龕，受也」箋疏。○丨，俗作龕。〔說文〕「龕，龍兒」義證引〔五音集韻〕。○〔說文定聲·卷三〕丨，段借為𢦔。〔廣雅·釋詁〕「丨，取也」。○（同上）丨，段借為諶，一說借為含，猶云酌含也。〔釋言〕「洵，丨也」。○（同上）丨，段借為吟。〔方言一三〕「丨，聲也」。○（同上）丨，段借為含。〔方言六〕「丨，受也」。

**堪** 丨，載也。〔慧琳音義·卷八四〕○丨，任也。〔通鑑·周紀〕「不能丨命」音注。○丨，任也，勝也，克也。〔廣韻·覃部〕○丨，勝也。〔通鑑·周紀〕「不能丨命」音注。○丨，言地高處無不勝任也。〔說文〕「丨，地突也」段注。○丨，地穴出也。（同上）繫傳。○丨為高處。〔說文定聲·卷三〕○丨，謂土之墳起者。（同上）○凡言丨、受者，即是容盛之義。〔廣雅·釋詁〕「丨、受，盛也」疏證。○丨，臨也。〔慧琳音義·卷八四〕○丨輿，一作丨餘、龕輿，古言歲時方位者也。〔通雅·天文〕○龕與丨聲義同。〔廣雅·釋詁〕「丨、龕，盛也」疏證。○龕與丨同聲。〔釋詁〕「丨，載也」疏證。○丨，亦作戡。〔釋詁〕「丨，勝也」鄭注。○丨當讀為戡。〔列子·仲尼〕「丨秋蟬之翼」平議。○丨之言克也，字通作戡。〔呂覽·報更〕「丨士不可以驕恣屈也」校正。○丨，古段戡為之。〔說文〕「丨，地突也」段注。○〔說文定聲·卷三〕丨，段借為𢦔。〔釋詁〕「丨，勝也」。○丨，𢦔字之假音。〔墨子·非攻下〕「必使汝丨之」閒詁。○丨，古段𢦔為之。〔說文〕「丨，地突也」段注。○丨為正字，或段𢦔，或段戡，或段龕，皆以同音為之也。〔說文〕「𢦔，殺也」段注。○古字丨、𢦔通。〔左傳昭公二一年〕「王心弗丨」洪詁。○〔漢書〕丨作𢦔。（同上）○丨，〔釋文〕本又作𢦔。（同上）○丨，古人多段龕。〔說文〕「龕，龍兒」段注。○丨，借為不丨字。〔說文〕「丨，地突也」繫傳。○〔說文定聲·卷三〕丨，段借為坎，丨坎聲近。〔廣雅·釋詁〕「丨，低也」。○（同上）丨，段借為甚。〔廣雅·釋詁三〕「丨，盛也」。○（同上）丨，段借為任，實為壬。〔方言一二〕「丨，載也」。○（同上）丨，段借為媅。〔呂覽·報更〕「丨士不可以驕恣屈也」。○丨，當為媅字假音。〔墨子·所染〕「必擇所丨」閒詁。○丨，疑是湛。〔呂覽·報更〕「丨士不可以驕恣屈也」校正。

**戡** 丨，勝也，克也。〔廣韻·覃部〕○丨，刺也。〔慧琳音義·卷八五〕○丨、𢦔通。〔釋詁〕「丨，克也」郝疏。○丨，今以此為𢦔也。〔說文〕「丨，刺也」繫傳。○丨與堪通。〔書·君奭〕「惟時二人弗丨」孫疏。○丨堪並從甚聲，義亦同也。〔廣雅·釋詁〕「抌，刺也」疏證。○丨，古人多段龕。〔說文〕「龕，龍兒」段注。○〔說文定聲·卷三〕丨，段借為𢦔。〔釋詁〕「丨，克也」。○（同上）丨，字亦作勘，引申為深切攷覈之意。〔說文新附〕「丨，校也」。

○（同上）丨，叚借為任，實為壬。〔答蘇武書〕「功難丨矣」。

**弇**　丨，同也，蓋覆也。〔廣韻·覃部〕○丨，蔽也。〔周書〕「翕其目」雜志。○丨與奄音義同。〔説文〕「丨，蓋也」段注。○丨，通作奄，又通作掩。〔釋言〕「丨，同也」郝疏。○丨，通作奄，又通作掩，又與盦同。〔釋言〕「丨，蓋也」郝疏。○丨奄晻并通。〔荀子〕「晻然」雜志。○丨奄掩揜并通。〔荀子〕「出入相揜」雜志。

**談**　丨，丨話，又言論也。〔廣韻·談部〕○丨者和懌而説言之。〔説文〕「丨，語也」繫傳。○丨者，淡也，平淡之語。（同上）段注。○丨者，謂為重人延譽。〔韓子·孤憤〕「故學士為之丨也」集解。○丨，戲調也。〔詩·節南山〕「不敢戲丨」述聞。又〔廣韻·談部〕。又〔續音義·卷八〕。○丨，戲也。〔詩·節南山〕「不敢戲丨」述聞。○戲而嘲之謂之調，亦謂之丨。（同上）○調、丨一聲之轉。（同上）○丨，誘言。〔集韻·琰部〕○丨即司馬遷父。〔漢書·郊祀志〕「太史令丨」補注。○史公以父諱丨為同。〔漢書·季布傳〕「事貴人趙丨等」補注。○〔史·表〕丨作譚。〔漢書·高惠高后文功臣表〕「中三年，侯丨嗣」補注。○遷之父名丨，如〔趙世家〕張孟丨，〔季布傳〕趙丨，皆改作同，為父諱故也。又作譚字，雖古字通假，或史公亦因避諱改書兼用耳。〔史記·晉世家〕「桓叔生惠伯丨」志疑。○丨，字亦作譚。〔説文定聲·卷四〕

**惔**　丨，燔。〔詩·節南山〕「憂心如丨」朱傳。○丨，燎之也。〔詩·雲漢〕「如丨如焚」朱傳。○丨，憂也。〔廣韻·談部〕○丨，憂而心熱也。〔説文〕「丨，憂也」繫傳。○丨，如火熱也。（同上）○倓憺澹丨淡，並字異而義同。〔廣雅·釋詁〕「倓，安也」疏證。○炎丨炎並聲近義同。〔釋詁〕「炎，爇也」疏證。○丨，音談。〔詩·節南山〕「憂心如丨」朱傳。○丨，此字後出，即炎字也。〔説文定聲·卷四〕○（同上）丨，叚借為倓、為憺。〔蒼頡篇〕「丨，恬也」。○三家丨作炎。〔詩·雲漢〕「如丨如焚」集疏。

**甘**　丨，美也。〔易·臨〕「丨臨」平議。○五味之美皆曰丨。〔説文定聲·卷五〕（「某」下）○丨者飲食，一説丨為食。（卷三）（「甚」下）○丨為口實也。〔説文〕「昏，塞口也」繫傳。○丨，樂。〔詩·雞鳴〕「丨與子同夢」朱傳。○〔説文定聲·卷四〕丨屬脾，故和緩止痛。〔素問·藏氣法時論〕「丨，緩」。○丨，言説之。〔國策·趙策四〕「而皆私丨之也」鮑注。○丨脆，肉之肥美者。〔國策·韓策二〕「可旦夕得丨脆以養親」鮑注。○丨草，一名蜜丨，一名美草，一名蜜草，一名蕗草。〔説文〕「苷，丨艸也」義證引〔本草〕。○藷，大苦，即丨艸也。（同上）繫傳。○丨麮，煮麥為丨粥也。〔通雅·飲食〕○丨蔗，亦曰藷蔗、曰諸柘，或作肝𦢊。〔通雅·木〕○丨棠，杜梨也。〔詩·甘棠〕「蔽芾丨棠」朱傳。○丨棠，杜，赤棠，白者棠。以杜為大名，言其味則曰丨棠，言其色則赤者曰赤棠，白者曰棠耳。（同上）後箋。○白棠即丨棠，子美，赤棠即杜，子澀。（同上）○白者為棠，赤者為杜，為丨棠，為赤棠。（同上）○丨泉，唾也。〔説文〕「唾，口液也」義證。○南宮為丨泉宮。〔史記·始皇本紀〕「復居丨泉宮」志疑。○丨泉居室為昆臺。〔漢書·衛青傳〕「青嘗從人至丨泉居室」補注。○鑒、丨一聲相通。〔左傳僖公二四年〕「丨昭公有寵於惠后」疏證。○丨與音同意，丨者，五味之美。〔説文定聲·卷四〕

**三**　丨，數名。〔廣韻·談部〕○丨者，虚數也。〔論語·公冶長〕「丨仕為令尹」劉正義。○丨，衆也。〔説文〕「鱻，新魚精也」繫傳。○丨者，參也。〔説文〕繫傳·通論上。○丨與參同。〔史記·趙世家〕「丨胡」志疑。○丨讀為參。〔韓子·説林下〕「語必可與太宰丨坐乎」集解。○丨者，天地人也。〔説文〕繫傳·通論上。○伏羲女媧神農是丨皇也。〔説文〕「皇，始皇者，丨皇大君也」義證。○丨五，謂五帝丨王，便文倒舉耳。〔屈賦·抽思〕「望丨五以為像兮」戴注。○丨五，似指丨世五世而言，謂文武之時也。〔漢書·郊祀志〕「丨五之隆」補注。○丨代，以殷周為二王，後並漢為丨代也。〔漢書·成帝紀〕「昔成湯受命，列為丨代」補注。○丨才，天地曰二儀，以人參之曰丨才。〔説文〕「丨，天地人之道也」義證。○上下貫焉，是謂丨才。（同上）○丨圭，謂公侯伯也，公執桓圭，侯執信圭，伯執躬圭，故言丨圭也。〔楚辭·大招〕「丨圭重侯」章句。○丨術者，帝道王道霸道。〔文選·答賓戲〕「商鞅挾丨術以鑽孝公」補正。○丨司，東漢太尉司徒司空，謂之丨司。〔通雅·官制〕○丨院，臺院殿院察院也。（同上）○〔通雅·卷二八〕丨朝，外朝中朝内朝也。〔地官·稾人〕疏「天子丨朝」。○丨歸，臺名，古藏貨財之所，故能富。〔韓子·外儲説左下〕「使子有丨歸之家」集解。○丨宅，事、牧、準也。〔書·立政〕「克用丨宅丨俊」孫疏。○丨壽，丨卿也。〔詩·閟宮〕「丨壽作朋」朱傳。○丨壽，猶丨老也。（同上）通釋。○丨老者，工老商老農老。〔左傳昭公三年〕「丨老凍餒」洪詁。○丨老，縣丨老也。〔漢書·高帝紀〕「新城丨老董公」補注。○丨老，謂上壽中壽下壽。〔左傳昭公三年〕「丨老凍餒」洪詁。○〔古今詩話〕謂川峽以篙手為丨老，乃推一船之最尊者。〔通雅·稱謂〕○丨殤，謂上中下殤，言秦無道，戮及孥稚也。〔文選·張子房詩〕「苛慝暴丨殤」補正。○丨命，謂受命、遭命、隨命之丨科也。〔通雅·釋詁〕○丨命，謂命有丨名，行善得善曰受命，行善得惡曰遭命，行惡得惡曰隨命。〔文選·征西官屬送於陟陽侯作詩〕「丨命皆有極」集釋。○丨命，謂命有丨科，有受命以保慶，有遭命以謫暴，有隨命以督行。（同上）集釋。○上壽百二十，中壽百年，下壽八十。丨命，指此丨等之壽命。（同上）集釋引〔養生經〕。○丨命，人生有丨命，有壽命以保慶，有隨命以督行，有遭命以謫暴。（同上）補正。○丨犧，牛羊豕也。〔左傳昭公二五年〕「五牲丨犧」述聞。○丨犧，鴈鶩雉也。（同上）洪詁。○丨物，犬豕雞也。〔詩·何人斯〕「出此丨物」朱傳。○丨光，日月五星也。〔漢書·天文志〕「丨光之廷」補注。○丨辰，日月星也。〔左傳桓公二年〕「丨辰旂旗」洪詁。○縱而守之，是謂丨極。〔説文〕「丨，天地人之道也」義證引子華子。○丨正，謂天地人之常祀。〔書·泰誓〕「毀壞其丨正」孫疏。

○斗魁下六星，兩兩相比者曰丨台，亦謂之丨階。〔說文定聲・卷五〕〔「台」下〕○衡而施之，是謂丨紀。〔說文〕「丨，天地人之道也」義證。○丨昧，正云丨摩地，梵語，譯云等持，即正持心也，謂持諸功德也。〔慧琳音義・卷九〕○〔通雅・卷一一〕丨商，丨刻也。商乃漏箭所刻之處，古以刻鐫為商。〔昏禮〕「日入丨商為昏」。○丨墳，丨王之書。〔左傳昭公一二年〕「丨墳五典」洪詁。○丨墳，三氣，陰陽始生，天地人之氣也。〔同上〕○丨驅者，丨面驅之，闕其一面，使有可去之道，而不忍盡物。〔漢書・揚雄傳〕「非堯舜成湯文王丨驅之意也」補注。○丨歐者，中冬大閱之法。〔易・比〕「王用丨歐」李疏。○丨統，謂黃鐘林鐘太族。〔漢書・律歷志〕「丨統者，天施地化人事之紀也」補注。○丨居者，郊、遂、遠方也。〔書・舜典〕「五宅丨居」孫疏。○丨垂，指圍之丨面，非丨邊之謂。〔文選・羽獵賦〕「雖頗割其丨垂以贍齊民」補正。○丨舍，九十里也。〔左傳僖公二三年〕「辟君丨舍」洪詁。○丨秀，一歲丨華瑞草也。〔楚辭・山鬼〕「采丨秀兮於山間」補注。○丨英，裘飾也。〔詩・羔裘〕「丨英粲兮」朱傳。○丨嗅，或作丨戞、丨臭。〔通雅・釋詁〕○〔通雅・卷一八〕丨律者，栗髮也。〔荀子〕「櫛丨律而止」。○丨盄，酒閘也。〔通雅・古器〕○丨七，彼人言其葉左丨右四，故名丨七，蓋恐不然。〔本草・卷一二〕○丨苗，國名，亦山名也。〔慧琳音義・卷八五〕○丨苗是國名，舜所伐之丨苗，與堯所罪者非一人。〔史記・五帝紀〕「乃流四凶族」志疑。○丨驍即丨苗。〔通雅・地輿〕○東萊曲成參山，即此丨山。〔漢書・郊祀志〕「祠丨山」補注。○丨塗，山名也。〔左傳昭公四年〕「四嶽丨塗」洪詁。○丨塗，大行轘轅崤函也，謂丨塗為丨處道也。〔同上〕○丨塗，太行轘轅崤黽，塗道也。〔同上〕○〔說文定聲・卷一〕丨江實一江，丨者據上流言之。〔書・禹貢〕「揚州丨江既入」。〔「江」下〕○丨江，蓋即〔禹貢〕南北中丨江。〔漢書・溝洫志〕「則通渠丨江五湖」補注。○唐堯都河東，殷都河內，周都河南，故稱丨河。〔通雅・地輿〕○黃河折支河湟河，亦稱丨河。〔同上〕○丨陝，即丨峽。〔同上〕○句澨、漳澨、雍澨，疑即〔禹貢〕所謂丨澨。〔說文定聲・卷二〕〔「澨」下〕○丨崤，又名嵚崟山。〔通雅・地輿〕○丨秦，項羽丨分關中地，封章邯雍王，司馬欣塞王，董翳翟王，故稱丨秦。〔通雅・地輿〕○丨焦為孤府。〔說文〕「膽，連肝之府」義證。○丨光全，無虧、蝕、流貫之變。〔漢書・董仲舒傳〕「丨光全」補注。○〔說文定聲・卷一八〕丨皇山，即〔山海經〕之鄗山也。〔水經・濟水注〕「丨皇山，亦謂之丨室山」。〔「皇」下〕○丨危山在鳥鼠之西。〔楚辭・天問〕「丨危安在」補注。○〔說文定聲・卷一五〕丨盆手，丨握其繭也。〔禮記・祭義〕「夫人繅，丨盆手」。〔「盆」下〕○所謂丨服官者，蓋言其有官舍丨所。〔漢書・元帝紀〕「齊丨服官」補注。○丨工官，當謂考工室之一令二丞也。〔漢書・貢禹傳〕「丨工官官費五千萬」補注。○丨官錢即水衡錢也。〔漢書・食貨志〕「專令上林丨官鑄」補注。又〔國語・周語〕「惠王丨年」述聞。○丨，當為二。〔左傳定公一四年〕「丨月辛巳」述聞。又〔周禮・大司寇〕「旬有丨日坐」述聞。○石經丨十作卅。〔左傳桓公二年〕「惠之丨十年」疏證。○丨，當作長。〔漢書・武帝紀〕「元光元年」補注。○丨，〔公羊〕作正。〔左傳定公五年經〕「五年春王丨月辛亥朔，日有食之」洪詁。○丨，淳化本作二。〔左傳襄公一五年〕「丨月，公孫黑為質焉」洪詁。○二譌為丨。〔書・禹貢〕「丨百里諸侯」平議。○丨，當為四。〔左傳成公一六年〕「丨軍萃於王卒」述聞。又〔國語・楚語〕「丨萃以攻其王卒」述聞。○王與丨形誤。〔呂覽・古樂〕「諸侯去殷丨淫而翼文王」平議。

**弎** 丨，古文丨字。〔廣韻・談部〕

**酣** 丨，樂也，洽也。〔通鑑・周紀〕「王與趙王飲，酒丨」音注。○丨，飲洽也。〔說文〕「丨，酒樂也」繫傳。○丨，酒樂。〔國策・齊策六〕「酒丨」鮑注。○丨，酒樂也。〔通鑑・周紀〕「酒丨，王曰，召相單而來」音注。○丨，丨飲。〔廣韻・談部〕○中酒曰丨。〔說文〕「丨，酒樂也」段注。○不醒不醉曰丨。〔通鑑・漢紀〕「酒丨，上自為歌」音注。○丨，引申為凡飽足之偁。〔說文〕「丨，酒樂也」段注。○睡亦稱丨。〔說文定聲・卷四〕○丨，通作甘。〔說文〕「丨，酒樂也」義證。○丨，字亦作佄。〔說文定聲・卷四〕○酒丨，當作音酒丨之丨。〔方言一〇〕注「酒丨」疏證。

**籃** 丨，筐也。〔說文〕「丨，大篝也」義證。○丨，大筐也。〔同上〕○丨為籠之別名。〔方言一三〕注「亦呼丨」箋疏。○丨，丨籠。〔廣韻・談部〕○丨，大籠兒。〔說文〕「丨，大篝也」義證引〔玉篇〕。○丨縷，言衣破壞，其縷丨丨然。〔左傳昭公一二年〕「篳路丨縷，以處草莽」洪詁。○蘇俗謂熏篝曰烘丨。〔說文定聲・卷四〕

**⿸厂百** 丨，漢簡作⿸厂⿱罒日。〔說文〕「丨，古文籃如此」義證。

**柑** 丨，木名，似橘。〔廣韻・談部〕○丨，未經霜時猶酸，霜後甚甜，故名丨子。〔本草・卷三〇〕

**慚** 丨，愧也，亦作慙。〔廣韻・談部〕○丨德，猶云昏德、逸德、暴德、比德。〔義府・卷上〕

**聃** 丨，耳曼也，或从甘。〔集韻・談部〕○丨，〔史記〕作瞻。〔左傳桓公五年〕「祝丨射王中肩」洪詁。○明，諸本作丨。〔左傳隱公九年〕「遇覆者奔，祝明逐之」洪詁。○丨，耳無輪廓也。〔說文〕「丨，耳曼也」繫傳。○丨，耳漫無輪。〔廣韻・談部〕○丨然，老旄之貌也。〔說文〕「丨，耳曼也」義證。

**⿰身冉** 丨，聃俗字。〔廣韻・談部〕

**藍** 丨，染草。〔廣韻・談部〕○丨，染草也。〔詩・采綠〕「終朝采丨」朱傳。○丨，染青草。〔大戴・勸學〕「青取之於丨」王詁。○深青為丨。〔說文〕「繿，帛青色也」段注。○丨，大答也。〔慧琳音義・卷七六〕○丨縷，言其縷破丨丨然。〔左傳宣公一二年〕「篳路丨縷」洪詁。○丨輿，即蘭輿。〔通雅・車類〕○〔説文定聲・卷四〕竊｜，淺青也。〔釋鳥〕「秋鳸，竊｜」。○〔同上〕｜，叚借為襤，｜蔞、襤褸皆雙聲連語。〔小爾雅・廣服〕「布褐而紩之謂之｜縷」。○〔同上〕｜，叚借為濫。〔大戴・文王官人〕「｜之以樂」。

**錟** ｜，長矛。〔廣韻・談部〕○｜，鏦矛也。〔集韻・談部〕○｜之言剡也。〔廣雅・釋器〕「｜，矛也」疏證。○｜之言剡也，利也。〔方言九〕「｜謂之鈹」箋疏。○｜，讀同剡。〔説文〕「｜，長矛也」段注。○｜，叚為銛利字。〔同上〕○｜與銛通。〔廣雅・釋詁〕「銛，利也」疏證。○〔説文定聲・卷四〕｜，叚借為剡。〔史記・賈誼傳〕「非｜于句戟長鎩也」。

**擔** ｜，荷也。〔慧琳音義・卷八〕○｜，｜負。〔廣韻・談部〕○揭與｜同義。〔廣雅・釋詁〕「揭，舉也」疏證。○儋｜檐並通。〔廣雅・釋詁〕「檐，舉也」疏證。○｜當作搯，搯即搖之變體。〔墨子・經下〕「缶而不可｜」閒詁。

**唅** ｜｜，呀。〔廣韻・覃部〕

**谽** ｜，｜谺，谷空。〔廣韻・覃部〕○｜⿰谷闌，一作峆岈，本于唅呀。唅呀，張口中空貌，因之以空谷為｜谺。〔通雅・釋詁〕○｜呀，谽，〔文選〕、〔史記〕作｜，｜呀當訓大空，亦作｜㘓。〔漢書・司馬相如傳〕「谽呀豁閜」補注。○谽谺，〔史記〕作｜⿰谷闌。〔漢書・司馬相如傳〕「通谷豁乎谽谺」補注。

**妉** ｜｜，樂。〔廣韻・覃部〕

**泔** ｜，米汁。〔廣韻・談部〕○｜，淅米汁也，亦曰瀾，今蘇俗尚評｜脚水。〔説文定聲・卷四〕○｜，今人通謂米｜水。〔通雅・諺原〕○｜，甘汁也。〔本草・卷二三〕○〔説文定聲・卷六〕｜者，曆也，謂寒冰調之，當暑防魚餒也。〔荀子・大略〕「｜之傷人，不若奧之」。〔「奧」下〕○｜淡，美味也。〔漢書・揚雄傳〕「秬鬯｜淡」補注。○〔説文定聲・卷四〕｜，叚借為曆。〔荀子・大略〕「曾子食魚有餘，曰｜之，門人曰，｜之傷人，不若奧之」。○｜，米汁也，｜之，謂以米汁浸漬之。〔荀子・大略〕「曰｜之」集解。○｜當為洎，洎之，謂添水以漬之也。〔同上〕

**⿱髟監** ｜，髮多也。〔説文〕「｜，髮長也」義證引〔玉篇〕。○｜，鬢髮疎皃。〔廣韻・覃部〕○｜鬖，髮垂散皃。〔説文〕「｜，髮長也」義證引〔六書故〕。

**儋** ｜，任也。〔説文〕「｜，何也」義證引〔玉篇〕。○｜是何，為負何也。〔説文〕「何，｜也」繫傳。○｜，負也，助也。〔慧琳音義・卷八〕○以背曰負，以肩曰｜。〔説文定聲・卷四〕○｜，助也。〔慧琳音義・卷八六〕○〔説文定聲・卷四〕｜，二斛，一人所｜也。〔漢書・蒯通傳〕注引應劭曰「齊人名小甖為｜，受二斛」。○｜與擔同。〔方言七〕「賀，｜也」箋疏。○｜，亦作擔。〔慧琳音義・卷八〕又〔方言七〕「攍，｜也」疏證。○｜，或作擔。〔説文〕「｜，何也」義證。○｜，俗作擔。〔同上〕段注。○｜擔檐並通。〔廣雅・釋詁〕「檐，舉也」疏證。○｜，或借檐為之。〔説文〕「｜，何也」段注。○｜何，今本作擔荷，字俗。〔釋名・釋丘〕「如人｜何物」疏證。○〔左傳〕｜，｜作詹。〔漢書・古今人表〕「周｜桓伯」補注。○〔説文定聲・卷四〕｜，叚借為瞻。〔大荒北經〕「有｜耳之國」。

**韽** ｜，聲小。〔廣韻・覃部〕○｜，或借喑字。〔説文〕「｜，下徹聲」義證。

**鄿** ｜、譚古今字。〔説文〕「｜，國也」段注。○｜，通作譚。〔同上〕義證。○｜，俗作譚。〔説文〕「獋，譚長説嘷從犬」義證。○〔説文定聲・卷三〕｜，以譚為之。〔左傳莊公一〇年〕「齊師滅譚」。

**邯** ｜，江湘人言也。〔廣韻・談部〕○｜，字亦作⿰氵邯。〔説文定聲・卷四〕○〔同上〕｜，叚借發聲之詞，今俗尚有此語。〔方言一〇〕「⿰氵邯，或也，沅澧之間，凡言或如此者，曰⿰氵邯如此」。

**馣** ｜，香也。〔廣韻・覃部〕○｜，香氣。〔集韻・合部〕○闇闇當為闇闇，闇即古｜字也。〔廣雅・釋訓〕「｜｜，香也」疏證。○掩與｜通。〔同上〕

**蜬** ｜，蠃小者。〔廣韻・覃部〕○｜，音含。〔釋魚〕「蠃，小者｜」鄭注。○｜，當作函，淺人加之偏旁耳。〔説文〕「貝，在水名｜」段注。

**鬖** ｜｜，髮長垂皃也。〔慧琳音義・卷八三〕○⿱髟監｜，毛垂。〔廣韻・談部〕○｜髟，髮垂。〔集韻・咸部〕○｜髟，髮垂皃。〔慧琳音義・卷九九〕○｜髟，毛皃。〔集韻・侵部〕○｜，或作㣊。〔慧琳音義・卷八三〕

**蚶** ｜，蚌屬。〔廣韻・談部〕

**憨** ｜，癡也。〔廣韻・談部〕

**毿** ｜，毛垂皃也。〔慧琳音義・卷七五〕○｜，長毛皃。〔廣韻・覃部〕○｜｜，毛垂皃也。〔慧琳音義・卷五二〕

**鐔** ｜，劍首名｜，｜之言蕈也。〔廣雅・釋器〕「劍珥謂之｜」疏證。○劍鼻則｜也，謂劍匣之旁穿韋革之處。〔説文〕「璏，劍鼻玉也」繫傳。○｜，劍口。〔廣韻・覃部〕○劍珥謂之｜。〔廣雅・釋器〕疏證。○｜，字或作潭。〔漢書・地理志〕「｜成」補注。○｜成即｜城也。〔同上〕

**淦** ｜，水入船中。〔廣韻・覃部〕○水入舟隟謂之｜。〔集韻・覃部〕○｜，最也，泥也，汲也。〔廣韻・覃部〕○｜，諸書借沈字。〔説文〕「｜，水入船中也」句讀。

**淡** ｜，又作痰。〔慧琳音義・卷二三〕○｜飲，謂匈上液也。〔卷九〕○｜陰即痰飲，古醫方有｜陰之疾，俗作痰飲。〔通雅・身體〕○｜，水皃。〔廣韻・談部〕○｜，安也。〔慧琳音義・卷九〕○｜，贍之假借。〔説文〕「｜，薄味也」段注。

**䀲**　丨，白虎。〔廣韻·談部〕○丨，音含。〔釋獸〕「丨，白虎」鄭注。

**婪**　丨，貪也，亦作惏。〔廣韻·覃部〕○丨與惏同，貪也。〔方言一三〕箋疏。○丨與惏音義皆同。〔說文〕「丨，貪也」段注。○丨與惏略同，字亦作啉。〔說文定聲·卷三〕○丨尾即貪尾。〔說文〕「丨，貪也」義證。○屠蘇酒巡帀到末連飲三杯，亦名丨尾。（同上）○丨，殘也。〔慧琳音義·卷三〇〕

**惏**　丨與婪音義同。〔說文〕「丨，河内之北謂貪曰丨」段注。○丨與婪略同。〔說文定聲·卷三〕

**甔**　丨，大罌，可受一石。〔廣韻·覃部〕○丨，罌也，容一石，或从冘。〔集韻·覃部〕○丨，小罌。〔廣韻·談部〕○丨，字通作儋，又作擔。〔廣雅·釋器〕「丨，瓶也」疏證。○擔並與儋通。〔方言五〕「罃，齊之東北、海岱之間謂之儋」箋疏。○丨作檐。〔史記索隱〕「異文」雜志。

**蕈**　丨，水中苔也，可食。〔釋艸〕「丨，石衣」鄭注。○丨，水衣。〔廣韻·覃部〕○丨、苔，一聲之轉也。〔廣雅·釋草〕「石髮，石衣也」疏證。

**鵮**　丨，丨鶉。〔廣韻·覃部〕○丨，一曰牟母，一曰鴽。〔說文〕「丨，雜屬也」義證引〔御覽〕。○丨，黃色，無文，較大，其鳴以觜插地，聲如牛鳴窌中。〔說文定聲·卷三〕（「離」下）○丨，或作鶕。〔說文〕「丨，雜屬也」義證。○丨，字亦作鶕，奄酓雙聲。〔說文定聲·卷三〕（「離」下）○丨，字亦作鵪。（同上）○丨、鶉對文則別，散文則通。〔釋鳥〕「鷂，鶉」郝疏。

**鵪**　丨則鷂音之轉也。〔本草·卷四八〕

**闇**　丨與瘖同。〔穀梁傳文公六年〕「上泄則下丨」述聞。○丨字古讀若陰，故與瘖通。（同上）○瘖丨古多通用。（同上）○丨，叚借為瘖、為噤、為喑。〔說文定聲·卷三〕○丨與諳同。〔廣雅·釋言〕「諳，諷也」疏證。○丨與庵同。〔釋宮〕「庵，舍也」疏證。○〔說文定聲·卷三〕丨，俗字作庵，作菴。〔禮記·喪服四制〕「高宗諒丨」注「丨謂廬也」。○闇闇當為丨丨，即古馣字也。〔廣雅·釋訓〕「馣馣，香也」疏證。

**菴**　丨與庵同。〔廣雅·釋宮〕「丨，舍也」疏證。○〔通雅·卷三八〕結艸木為小廬曰丨廬。〔漢書·胡建傳〕注「若為丨屋之類」。○丨廬，即幕也，幕庵廬皆下覆之義。〔廣雅·釋宮〕「幕，庵也」疏證。○丨䕡，葉不似艾，似菊。〔文選·子虛賦〕「觚盧丨閭」集釋。○丨閭，一名覆閭，為其可以覆屋也。（同上）○〔漢書〕丨作奄，皆同字也。（同上）○丨蕳，為其可覆丨廬而名也。〔通雅·艸〕○丨蕳草，又丨羅果也。〔廣韻·覃部〕○丨蕳子，狀如蒿艾之類，近道處處有之，人家種此辟蛇。〔文選·子虛賦〕「觚盧丨閭」集釋。

**頷**　丨，頤也。〔慧琳音義·卷二二〕○丨，喉下也。〔本草·卷四三〕○丨，面黃也，或作顩。〔集韻·覃部〕○丨與黔，聲近而義同。〔廣雅·釋器〕「黔，黃也」疏證。○丨與顑同。〔釋親〕「顑，頷也」疏證。○今人借丨為顑。〔說文〕「丨，面黃也」句讀。

**傪**　丨，好皃。〔廣韻·覃部〕○丨，壯猛皃。〔集韻·合部〕○丨、慘通。〔方言一三〕「丨，惛也」疏證。○〔方言〕曰丨，惛也。惛，惡也。此假丨為慘也。〔說文〕「丨，好皃」段注。○〔說文定聲·卷三〕丨，叚借為慘。〔方言一三〕「丨，惛也」。

**犙**　丨，牛也。〔廣韻·覃部〕○三歲曰丨。〔本草·卷五〇〕○丨，牛三歲也。〔廣韻·尤部〕

**錟**　丨，鎧別名。〔廣韻·覃部〕○丨，字本作函，函之言含也。〔廣雅·釋器〕「丨，鎧也」疏證。

**諵**　丨，詀丨也，亦作喃。〔廣韻·咸部〕

**酖**　丨，嗜酒。〔廣韻·覃部〕○嗜酒為丨，經傳多以湛為之。〔說文定聲·卷三〕○丨，愛酒不已也。〔慧琳音義·卷三〇〕○丨丨，然安且樂也。〔說文〕「丨，樂酒也」繫傳。○丨，引申為凡樂之偁。（同上）段注。○〔說文定聲·卷三〕丨，叚借為鴆。〔左傳莊公三二年〕「使鍼季丨之」。○丨，〔詩〕借湛為之。〔說文〕「丨，樂酒也」句讀。○〔毛詩〕叚耽及湛以為丨。（同上）段注。

**襤**　丨，丨褸。〔廣韻·談部〕○〔說文定聲·卷四〕丨即袒褐也，衹裯也，丨敝而紩者曰丨褸。〔小爾雅·廣服〕「布褐而紩之謂之藍縷」。○凡人衣被醜弊亦謂之丨褸。〔慧琳音義·卷四六〕○丨與艦同。〔說文〕「丨，無緣衣也」段注。○丨又作艦。〔方言四〕「裯謂之丨」疏證。○丨、艦，一字兩體也。〔說文〕「丨，裯謂之丨褸」句讀。○丨猶濫。〔說文〕「丨，裯謂之丨褸，無緣」繫傳。○丨、艦、繿、藍，字異義同，衣敗也。〔方言三〕「蓽路丨褸」箋疏。

**倓**　丨，恬也，安也，靜也。〔廣韻·談部〕又〔闞部〕。○丨猶憺然平安之意。〔說文〕「丨，安也」繫傳。○蠻夷贖罪貨曰丨，此夷語耳。（同上）段注。○丨，亦作賧。（同上）○〔說文定聲·卷四〕丨，字亦變作賧。〔後漢·南蠻西南夷傳〕「得以丨錢贖死」。○丨憺惔淡，並字異而義同。〔廣雅·釋詁〕「丨，安也」疏證。○〔說文定聲·卷四〕丨，以淡為之。〔洞簫賦〕「時恬淡以綏肆」。○丨與憺略同。〔說文定聲·卷四〕○丨然者，暫見之謂。〔荀子·仲尼〕「丨然見管仲之能足以託國也」平議。○丨，規之叚字也，丨然，暫見之謂。（同上）集解。

**苷**　丨，丨草藥，出洮州。〔廣韻·談部〕

**鐕**　丨，無蓋釘也。〔廣韻·覃部〕○丨，鬵字假音。〔墨子·備城門〕「竈有鐵丨」閒詁。

**噆**　丨，語含口也，丨，音庵。〔通雅·釋詁〕

**䑙**　丨，吐舌也。〔廣韻・談部〕

**䑛**　丨，蓋即丙之俗也。〔説文〕「丙，舌皃」段注。○〔説文定聲・卷四〕丙，字亦作丨。〔魯靈光殿賦〕「元熊丨談以斷斷」。（「丙」下）

**餤**　丨，進。〔詩・巧言〕「亂是用丨」朱傳。○丨，進也。〔廣韻・談部〕○丨，進食也。〔説文定聲・卷四〕○丨與餡通。〔通雅・飲食〕○〔説文定聲・卷四〕丨，以鹽為之。〔禮記・表記〕「亂是用鹽」。

**趁**　丨，走也，赴會也。〔廣韻・合部〕○丨，丨趯。〔廣韻・覃部〕○丨趯，走也。〔集韻・覃部〕○丨趯，走皃。〔集韻・合部〕

**醰**　丨，厚味，或作䏙。〔集韻・覃部〕○〔説文定聲・卷三〕丨，字亦作譚。〔廣雅・釋器〕「譚，甘也」。○丨與譚同。〔廣雅・釋器〕「譚，甘也」疏證。○䏙丨聲義並同。〔釋詁〕「䏙，美也」疏證。○覃丨義並同也。〔釋詁〕「覃，長也」疏證。

**䁴**　丨，長味。〔廣韻・覃部〕

**蕁**　丨，知母也。〔釋艸〕「丨，莸藩」鄭註。○丨，知母，一名蚳母，一名蝭母，一名韭逢，一名沈燔。〔説文〕「蕁，芜藩」義證引〔本草〕。

**蕁**　丨，同蕁，草名。〔廣韻・覃部〕○丨，今本草作蕁字。〔説文〕「丨，芜藩也」繫傳。○丨，即知母藥也。（同上）○丨，説〔爾雅〕者謂即今之知母。〔説文〕「丨，芜蕃」段注。○丨，苔也，生于河者為魚衣，生于海者為海藻。〔説文定聲・卷三〕○丨，字亦作蘫，即知母也。（同上）○丨，字本作蓺。〔本草・卷一七〕○〔説文定聲・卷三〕丨，段借為燂。〔淮南・天文〕「火上丨，水下流」。

**抩**　丨與兼音略同。〔説文〕「丨，并持也」段注。○〔説文定聲・卷四〕丨與兼略同。〔説文〕「丨，并持也」。○丨，併持也。〔廣韻・覃部〕

**頟**　○丨與頷略同，與頷別。〔説文定聲・卷四〕○（同上）丨，以頷為之。〔長笛賦〕「寒熊振頷」。○丨，〔方言〕作頷，於〔説文〕為假借字。〔説文〕「丨，頤也」段注。○丨，丨頤。〔廣韻・覃部〕○丨與頷通。〔方言一〇〕「頷，頷也」箋疏。○丨，丨頤也，俗作頷。〔慧琳音義・卷一四〕

**顄**　丨，〔王莽傳〕作顄，正字也。〔説文〕「丨，頤也」段注。○丨、頤同。（同上）丨，同頤。〔廣韻・覃部〕

**鼢**　丨，鼠屬。〔廣韻・覃部〕又〔集韻・覃部〕。○丨，〔廣韻〕謂之鼢鼠。〔説文〕「丨，鼠屬」段注。○丨，字亦作鼢，即鼸也，以頰裹藏食。〔説文定聲・卷三〕

**鼸**　丨鼠，即鼸鼠也。〔廣雅・釋獸〕「丨，鼠」疏證。

**霾**　丨，久雨。〔廣韻・覃部〕○丨與霾略同。〔説文定聲・卷四〕

**靈**　丨，同靈。〔廣韻・覃部〕

**涵**　丨，寒皃。〔廣韻・覃部〕

**䔖**　丨，草得風皃。〔廣韻・覃部〕○丨，借為舀。〔説文定聲・卷三〕

**媅**　丨，婬過。〔廣韻・覃部〕○嗜色為丨。〔説文定聲・卷三〕（「酖」下）○丨，嗜也，玩也。〔慧琳音義・卷六六〕○丨，經典通作湛。〔説文〕「丨，樂也」義證。○丨，經傳多以湛、以耽為之。〔説文定聲・卷三〕○丨，通作湛、耽。〔説文〕「丨，樂也」句讀。○丨，通作妉，又通作湛，又通作耽。〔釋詁〕「妉，樂也」郝疏。○丨，通作耽。〔説文〕「丨，樂也」義證。○〔説文定聲・卷三〕丨，字又作妉。〔列子・楊朱〕「方其丨于色也」。○（同上）丨，字亦作惉。〔韓詩・抑〕「荒惉于酒」。

**䁖**　丨，内視。〔廣韻・覃部〕○丨與耽音義皆同。〔説文〕「丨，内視也」段注。○丨字與耽同。（同上）句讀。○〔説文定聲・卷三〕丨，段借為耽。〔張壽碑〕「丨丨虎視，不折其節」。

**戕**　丨，殺也，刺也。〔廣韻・覃部〕○丨，通作戡。〔説文〕「丨，殺也」義證。○〔説文定聲・卷三〕丨，以堪為之。〔列子・仲尼〕「堪秋蟲之翼」。○漢魏六朝人丨、堪、戡、龕四字不甚區別。〔説文〕「丨，殺也」段注。○丨，又通作龕。（同上）義證。

**𢦏**　丨，閩本、汪本、德藩本、官本作戕。〔漢書・五行志〕「王心弗丨」補注。

**磿**　丨，和也。〔廣韻・覃部〕又〔談部〕。

**馠**　丨，小香。〔廣韻・覃部〕

**䤼**　丨與馠同。〔廣雅・釋器〕「馠，香也」疏證。

**聸**　丨，耳垂皃也。〔慧琳音義・卷八五〕○丨，此字與耼與耽略同。〔説文定聲・卷四〕○丨，古祇作耽。〔説文〕「丨，丞耳也」段注。○丨，字或作儋。〔説文〕「丨，垂耳也」義證。

**炎**　丨，小熱。〔廣韻・談部〕○丨，燎也。〔説文〕「丨，小爇也」義證引〔玉篇〕。○丨惔炎並聲近義同。〔廣雅・釋詁〕「丨，爇也」疏證。○丨，今作惔。〔方言一二〕「丨，明也」箋疏。○丨丨，炎炎也，丨為火炎之義。〔通雅・釋詁〕○〔釋文〕㷋，从炙丨聲。丨當作羑。〔説文〕「㷋」義證。

**錟**　丨，受也。〔廣韻・覃部〕○丨之言含也。〔方言六〕「丨，受也」箋疏。○丨，通作含。〔廣雅・釋詁〕「丨，盛也」疏證。

蹭 ｜，止也。〔廣韻·覃部〕

𡖿 ｜，多也。〔廣韻·覃部〕

濫 ｜，瓜葅。〔廣韻·談部〕○｜，菹也。〔廣雅·釋器〕○〔說文定聲·卷四〕｜，以濫為之。〔釋名·釋飲食〕「桃濫，水漬而藏之」。

擥 ｜，｜持。〔廣韻·談部〕○｜，取也。〔集韻·談部〕○｜轡，謂諫帝西馳下峻坂。〔漢書·敘傳〕「｜轡正席」補注。○〔史記〕｜作攬，同。〔漢書·司馬相如傳〕「｜攙槍以為旌兮」補注。

䳪 ｜，鶚別名。〔廣韻·談部〕

姏 ｜，老女稱。〔廣韻·談部〕又〔集韻·鹽部〕。

斂 ｜，欲也。〔廣韻·談部〕○｜，與也。〔廣雅·釋詁〕「｜，予也」疏證。○｜為欲而又為與，義相反而實相因。（同上）○欿｜欲，聲並相近。〔廣雅·釋詁〕「欿、｜、欱，欲也」疏證。○戲乞曰｜。〔集韻·覃部〕○〔說文定聲·卷四〕｜，叚借為霑。〔廣雅·釋詁〕「｜，予也」。○〔說文定聲·卷四〕｜，叚借為欿。〔廣雅·釋詁〕「｜，欲也」。○｜，字或誤作歛。〔說文定聲·卷四〕

𢅋 ｜即襤。〔方言四〕「楚謂無緣之衣曰襤」疏證。○〔說文定聲·卷四〕｜，義與襤同，當訓闌衣也。〔說文〕「｜，楚謂無緣衣也」。○（同上）｜，以襤為訓。〔方言二〕「｜極，𣰰也，楚曰｜極」。○｜，亦作襤。〔方言二〕「｜，𣰰也」箋疏。

糝 肉和米者謂之｜，為豆實。〔詩·韓奕〕「維筍及蒲」後箋。○｜即粣字。〔說文〕「涔，漬也」段注。○粣與糝、｜同。〔廣雅·釋器〕「𥻦、涔，㮚也」疏證。○｜糟，糜和也。〔集韻·覃部〕○｜、餗聲轉。〔釋器〕「菜謂之蔌」郝疏。

詌 ｜，〔說苑·尊賢篇〕作拑，拑訓脅持。〔荀子·哀公〕「無取｜」集解。

摲 ｜，本訓芟夷。〔說文〕「｜，斬取也」段注。○｜，暫也者，暫當為㜺，削也。〔說文〕「｜，暫也」義證。○｜亦暫之異文。（同上）句讀。

謲 ｜譚，怒語。〔集韻·覃部〕○｜，或借參字。〔說文〕「｜，相怒使也」義證。○譟亦作｜。〔說文〕「懆，愁不安也」義證。○｜，譟字異文。〔墨子·迎敵祠〕「靜夜聞鼓聲而｜」閒詁。

厱 ｜為青厲。〔說文〕「𥖄，厲石也」義證。○厲石青者曰｜，赤者曰𥖄。〔說文定聲·卷四〕○｜，通作斂。〔說文〕「｜，｜諸，治玉石也」義證。○｜，或借作斂。（同上）句讀。○｜諸，石可以切玉也。（同上）繫傳。○｜諸，〔淮南子〕作監諸。（同上）繫傳。○｜諸，或作礛𥖄。（同上）義證。

㼨 〔說文定聲·卷三〕｜，鞲囊鼓火，此其所執之柄，後人以木為之，字又作檶。〔說文〕「｜，冶橐榦也」。○｜，字或作㩒。〔說文〕「｜，冶橐榦也」義證。○｜，〔集韻〕作檶。（同上）段注。○〔說文定聲·卷三〕｜，字亦作𤭛。〔廣韻〕「𤭛，陶器，小瓶有耳者」。○𤭛、｜訓同。〔說文〕「𤭛」義證。○｜，或譌作㽃。〔說文〕「｜，冶橐榦也」段注。○｜，他書譌作𤭛。（同上）

𤭛 ｜，似瓶，有耳。〔廣韻·覃部〕○｜，器斂口者。〔集韻·覃部〕

裺 〔說文定聲·卷四〕｜，小兒次衣，掩頸下者。〔說文〕「｜，褸謂之｜」。○｜作㛪。〔方言五〕「飼馬橐，自關而西謂之｜囊」疏證。

玪 ｜，瑊同字。〔說文〕「｜，｜塾，石之次玉者」段注。○〔說文定聲·卷三〕｜，字亦作瑊。〔中山經〕「葛山，其下多瑊石」。○（同上）｜，叚借為琳。〔書·禹貢〕鄭本「厥貢惟璆｜琅玕」。

僋 癡謂之｜儳。〔集韻·覃部〕

儖 ｜儳，形皃惡也。〔廣韻·談部〕○｜儳，皃惡。〔集韻·談部〕

𠑹 ｜，癡甚也。〔慧琳音義·卷三七〕

冘 ｜豫者，乃猶豫之音近借字。〔文選·羽獵賦〕「三軍芒然，窮｜閼與」集釋。

剦 ｜，吳人刈禾具。〔集韻·覃部〕

𠞊 ｜，聚切也。〔集韻·談部〕

𠤷 ｜，受物器。〔集韻·覃部〕

匼 ｜，船沒。〔廣韻·覃部〕

啉 酒巡匝曰｜，亦作㗘。〔廣韻·覃部〕○飲畢曰｜，或書作㗘。〔集韻·覃部〕○｜，貼也。（同上）

㖤 ｜喐，怒氣。〔集韻·覃部〕

喑 ｜，啼泣無聲。〔廣韻·覃部〕

噾 ｜啖，少味。〔集韻·談部〕

𡊅 ｜，瓦器。〔廣韻·覃部〕

坩　｜，｜甀。〔廣韻・談部〕

坍　｜，水衝岸壞。〔廣韻・談部〕

壜　｜，甀屬。〔廣韻・覃部〕○｜，甀屬，或作甔、罎、罈、壇。〔集韻・覃部〕

媕　｜，女志不靜。〔集韻・覃部〕

媣　｜婯，不決。〔廣韻・覃部〕

媣　｜，｜媞也。〔廣韻・談部〕○｜，媞也。〔集韻・談部〕

嫪　｜，婪也，謂貪於衣食也。〔慧琳音義・卷五七〕○｜，婪也。〔集韻・覃部〕

婪　｜，貪也。〔集韻・談部〕○｜，貪妄。〔廣韻・談部〕○｜，貪愛。〔覃部〕

䆦　｜，寐中言語。〔廣韻・覃部〕

𥨍　｜，不脱冠帶而寐也，亦作㝓。〔廣韻・覃部〕○｜，寢不褫。〔集韻・覃部〕

㛅　｜，蹇跛之皃。〔廣韻・覃部〕○｜，跛也。〔集韻・覃部〕

峆　｜，大谷也。〔廣韻・覃部〕

嵁　｜，｜崿。〔廣韻・覃部〕○｜崿，山皃。〔集韻・覃部〕○｜當為湛。〔莊子・在宥〕「故賢者伏處大山｜巖之下」平議。

㲜　｜，衣破襤｜。〔廣韻・談部〕

帓　｜，衣敝皃。〔集韻・闞部〕

帢　｜，幓帳皆收斂之名。〔廣雅・釋器〕「｜笧，囊也」疏證。○｜之言掩也。（同上）○｜，或作裺。（同上）○｜與裺通。〔方言五〕「飤馬橐，或謂之裺笧」箋疏。

廛　｜與壜，古字通。〔史記・禮書〕「廣騖」雜志。

马　｜，艸木之華未發。〔集韻・覃部〕

𢏚　弓弦謂之｜。〔集韻・覃部〕

恰　｜，疎縱也。〔集韻・覃部〕

慔　｜，樂也。〔說文定聲・卷三〕（「媅」下）

憾　｜，｜貪皃。〔廣韻・談部〕

摻　｜搓，捫也。〔集韻・覃部〕

撖　｜，挂也。〔廣韻・覃部〕○｜，柱也。〔集韻・覃部〕

撍　｜，臧宗戠，俱一聲之轉。〔釋詁〕「寁，速也」郝疏。○｜，盡也。〔廣韻・覃部〕○｜，疾也。〔集韻・覃部〕

撏　｜，取也。〔廣韻・覃部〕

撢　｜，掬也。〔說文定聲・卷三〕

攱　｜，𢻭多也。〔廣韻・覃部〕

敢　｜，厭也。〔集韻・覃部〕

枬　｜榴，乃鬬斑櫻木，非塗林之丹若也。〔通雅・木〕

梒　｜，｜桃。〔廣韻・覃部〕

梒　｜，潛通水具。〔集韻・覃部〕

橝　｜，木名。〔楚辭・哀時命〕「擥瑤木之｜枝兮」補注。○｜，木名，灰可染。〔廣韻・覃部〕○梠與霤之間曰｜。〔說文〕「｜，屋梠前也」段注。○〔說文定聲・卷三〕｜，與檐略同，檐、｜雙聲。〔說文〕「｜，屋梠前也」。○（同上）｜，與梯同，梯、｜雙聲。〔說文〕「｜，一曰蠶槌也」。○（同上）｜，段借為尋。〔楚辭・哀時命〕「擥瑤木之｜枝兮」。○（同上）｜，字亦作樳。〔吳都賦〕「亦猶跦林螢燿而與夫樳木龍燭也」。

欿　｜，含笑皃。〔廣韻・覃部〕

歁　｜，歉之甚也。｜，別作歁、炊、飲。〔通雅・疑始〕

欺　｜，意不滿。〔集韻・覃部〕

沈　｜，耽覃譚並通。〔方言一〕「｜，大也」箋疏。○｜，亦作𣖕，音耽。（同上）疏證。○｜，讀若覃。〔廣雅・釋詁〕「｜，大也」疏證。

淦 丨，舩没也。〔慧琳音義·卷六五〕〇丨，又作涵，字體作淦。〔方言一〇〕「涵，沈也」箋疏。

渰 涌丨，峻波也。〔廣韻·談部〕

湛 丨，淫也。〔集韻·覃部〕

澹 丨，水也。〔集韻·覃部〕〇丨，没也。〔同上〕

潯 丨，傍深也。〔集韻·覃部〕

燅 丨，爁也。〔集韻·談部〕

煔 丨，火上行皃。〔廣韻·談部〕

燂 丨，火爇。〔廣韻·覃部〕〇丨，火熱也者，當為大熱。〔説文〕「丨，火熱也」義證。〇丨，温也。〔禮記·内則〕「丨湯請洗」集解。〇丨與燅略同。〔説文定聲·卷三〕〇燂尋爓，義並與丨同。〔廣雅·釋詁〕「丨，煐也」疏證。〇丨即燅字。〔説文〕「鬻，内肉及菜湯中薄出之」義證。〇丨，俗作燖。〔同上〕

燣 丨，焦色。〔廣韻·覃部〕

甛 丨與甘字聲義並同。〔説文定聲·卷四〕

歁 丨丨，室深皃。〔廣韻·覃部〕〇丨丨，室宇深邃皃。〔集韻·覃部〕

痁 丨，病也。〔集韻·談部〕

痰 丨，胸中宿水氣病。〔慧琳音義·卷一三〕〇丨，胸膈中水病。〔卷二〕〇丨，胸上水病。〔廣韻·談部〕〇丨癊，胸鬲中疾也。〔慧琳音義·卷七八〕

痷 丨婪，泛意。〔集韻·覃部〕

盦 丨，覆蓋也。〔集韻·覃部〕

礛 丨，以石蓋也。〔集韻·覃部〕

禫 丨，古借導字。〔説文〕「㐭，古文丙」繫傳。〇古無丨字，借導字為之。〔説文〕「突，一曰竈突」繫傳。

窽 丨，𥨴丨，薄大。〔廣韻·談部〕

𥨴 丨，丨窽，薄大。〔廣韻·談部〕〇丨，丨窽，匾薄也。〔集韻·談部〕

笘 丨，丨竹。〔廣韻·談部〕

答 丨隋，竹實中，或作篱、籓、笒。〔集韻·覃部〕

䈄 丨，實心竹也。〔慧琳音義·卷八八〕〇丨，實中竹名，亦作答。〔廣韻·覃部〕

𥳑 丨，刮馬篦也。〔廣韻·談部〕〇丨，搔馬具。〔集韻·談部〕〇丨，馬𥳑也，所以搔馬。〔同上〕〇丨，掩馬也。〔集韻·覃部〕〇丨，一曰飼篦。〔集韻·談部〕

簟 丨可延展，故字从竹覃。〔本草·卷三八〕

䊤 丨，糝也。〔廣韻·覃部〕〇丨，糜和也。〔集韻·覃部〕

酓 丨，酒味苦也。〔集韻·覃部〕

紺 色青而揚紫光曰丨。〔慧琳音義·卷一二〕

緂 丨，色鮮。〔廣韻·談部〕〇丨，衣鮮。〔集韻·覃部〕〇丨，白衣鮮也。〔集韻·談部〕

𦅼 丨，持意也。〔廣韻·覃部〕〇丨，監持意。〔集韻·覃部〕

繪 丨，緩也。〔集韻·談部〕

䎚 丨，羊腌。〔廣韻·覃部〕

䎗 丨，聒也。〔廣韻·覃部〕

肣 丨，排囊柄也。〔廣韻·覃部〕

腩 丨，膗也。〔集韻·覃部〕

腤 丨，煮魚肉也。〔廣韻·覃部〕〇丨，烹也。〔集韻·覃部〕

䐶 丨，腤丨。〔廣韻·覃部〕

䐺 丨醰聲義並同。〔廣雅·釋詁〕「丨，美也」疏證。

舚—甜，吐舌皃。〔集韻·侵部〕
菡—藺，芙蓉也。—藺之言马嘾也。〔廣雅·釋草〕「—藺」疏證。
㲯—綏，垂皃。〔廣韻·覃部〕○—綏，垂也。〔集韻·談部〕
䕭—，葱別名。〔廣韻·談部〕
菼濫—，瓜菹。〔廣韻·談部〕○—濫，瓜菹。〔集韻·談部〕
蕈—，从覃，覃，延也，—味雋永，有覃延之意。〔本草·卷二八〕○北人曰蛾，南人曰—。（同上）
蕁—棘，艸名。〔集韻·談部〕
蚺—，字又作髯。〔説文〕「—，大蛇，可食」義證。○—，字或作䰐。（同上）
蟫—，桑蟲。〔廣韻·談部〕
蟫—，白魚蟲。〔廣韻·覃部〕
䛡—，多言。〔集韻·談部〕
諴—，嗤也。〔集韻·覃部〕
諵—阿，語不決，或作諳，通作婂。〔集韻·覃部〕
譚—，愛也。〔集韻·覃部〕
䜜—，不惠也。〔廣韻·覃部〕
賧—，戲乞人物，亦作歛。〔廣韻·談部〕○—，乞戲物，或作歛。〔廣韻·闞部〕
趝趁—，走皃。〔廣韻·覃部〕
䟴—，急行。〔集韻·覃部〕
躭—，好也。〔慧琳音義·卷二二〕○—，翫也。（同上）○—，嗜也，玩也。〔慧琳音義·卷五〕○—，玩也。〔卷五一〕○—，嗜也。（同上）○—，著也。〔卷一二〕○—，或作媅，亦作妉。〔卷三〕

䡲—軆，身長皃。〔集韻·談部〕
醈—，酒醋薄也。〔集韻·談部〕
䤁醉謂之—。〔集韻·覃部〕
醰—，醬也。〔説文〕「—」義證引〔類篇〕。○—餢，味薄也。（同上）○—，字或作䤁。〔説文〕「—」義證。
鈐—，鈦也。〔集韻·覃部〕
鏨—，小鑿。〔廣韻·談部〕
霅—，霜也。〔集韻·談部〕
霮—，久雨，或作淋。〔集韻·覃部〕
䤌—，面紅。〔廣韻·覃部〕○—，面赭色，或从酉。〔集韻·覃部〕
䫲—䫴，長面。〔廣韻·談部〕○—䫴，面長皃。〔集韻·談部〕
䫴—，長面皃。〔廣韻·談部〕
䫹—，色弱。〔集韻·談部〕
頷—，醜皃。〔廣韻·覃部〕又〔集韻·覃部〕。
頕—，頰緩。〔廣韻·談部〕
顉—顉，俯首皃。〔集韻·覃部〕
靲—，鞻履也。〔説文〕「—，鞮也」繫傳。
颴—，風也。〔集韻·覃部〕
餤—，相謂食。〔集韻·談部〕
馣馣—，香氣。〔廣韻·覃部〕
䱸—，蛤也。〔廣韻·談部〕

𪇆　｜，鳥名，郭公也。〔集韻・談部〕○｜鶄，鳥名，今俗呼郭公也。〔廣韻・談部〕○｜鸋鳥，今之郭公。〔說文〕「鷚，天鸙也」義證。

𪛇　｜，龜有距也，亦作舺。〔廣韻・覃部〕

䶰　｜，龜甲邊也，或从甲。〔集韻・覃部〕



# 續經籍籑詁卷第二十九　下平聲

## 十四鹽

鹽　｜，生於鹹水者也。〔說文〕「｜，鹹也」義證引〔急就篇〕顏注。○｜字象器中煎鹵之形。〔本草・卷一二〕○｜池，天藏也。〔說文〕「鹽，河東｜池」義證。○｜池，古者謂之鹽，亦曰鹽田。〔說文〕「鹽，河東｜池也」段注。○｜䑶，鹵澤也。〔通雅・地輿〕○｜麩子，蜀人謂之酸桶，亦曰酢桶，吳人謂之｜麩，戎人謂之木｜。〔本草・卷三二〕○古樂府昔昔｜、三婦｜，｜即豔。〔說文〕「豔，好而長也」義證。○〔說文定聲・卷四〕｜，叚借為豔，實為欲。〔禮記・郊特牲〕「而｜諸利」。○｜當作監，凡縣名上一字稱臨者，莽多改為監。〔漢書・地理志〕「莽曰｜羌」補注。○｜，盡字之譌。〔墨子・非命上〕「吾當未｜數」閒詁。

塩　｜，鹽俗字。〔廣韻・鹽部〕

檐　屋棱曰｜。〔通雅・地輿〕○〔說文定聲・卷四〕｜，接屋前後也。〔釋名・釋宮室〕「｜，接也」。○漢時名｜為承壁材，以其直垂而下如壁。〔說文〕「｜，梍也」段注。○｜謂之樀。（同上）繫傳。○〔說文定聲・卷四〕｜，屋相也。〔釋宮〕「｜謂之樀」。（「闇」下）○（卷四）｜，亦曰楣曰櫋。〔廣雅・釋室〕「｜，梠也」。○｜，肩舉也。〔慧琳音義・卷七八〕○荷曰｜。〔楚辭・哀時命〕「負｜荷以丈尺兮」補注引章句。○｜，擎也，負也。〔慧琳音義・卷七八〕○｜、揭皆舉義。〔左傳成公二年〕疏證引焦循。○｜，梍也。〔慧琳音義・卷八六〕○今蘇俗｜瓦謂之滴水。〔說文定聲・卷四〕○｜即擔字。〔左傳成公二年〕疏證。○｜、擔通。〔漢書・司馬相如傳〕「必且輕於齊」補注。○古書多用｜為儋何之儋。〔說文〕「｜，梍也」段注。○｜與儋古通用，今作擔。〔呂覽・異寶〕「祿萬｜」校正。○｜與襜，聲近而義同。〔廣雅・釋器〕「𧝓，襝也」疏證。○〔說文定聲・卷四〕｜，叚借為闇。〔吳語〕「王背｜而坐，大夫向｜」。○｜，字亦作櫩。〔說文定聲・卷四〕○｜，俗作簷。〔慧琳音義・卷八六〕又〔說文〕「｜，梍也」繫傳。又（同上）段注。又（同上）句讀。又〔說文定聲・卷四〕。○｜，屋｜，亦作簷、櫩。〔廣韻・鹽部〕

櫩　｜，屋前後垂也，或作檐，又作簷。〔慧琳音義・卷九八〕

廉　｜，謂棱角哨厲。〔論語・陽貨〕「古之矜也｜」朱注。○｜之義為棱。〔孟子・萬章下〕「頑夫｜」正義。○｜，棱也。〔說文〕「｜，仄也」繫傳。又（同上〕義證。○｜，｜棱也。〔說文〕「玉，石之美，有五德」繫傳。○山石之有稜角者謂之｜。〔義府・卷上〕○凡側邊皆謂之｜。〔書・顧命〕平議。又〔儀禮・聘禮〕「陪鼎當內｜」平議。○｜，隅也，即水涯也。〔漢書・司馬相如傳〕「磐石裖崖」補注。○｜，邊也。〔墨子・旗幟〕「前池外｜」閒詁。○｜，隅也。〔慧琳音義・卷三〕○堂邊謂之𢈪，亦謂之｜，水厓謂之隒，亦謂之氾，其義一也。〔廣雅・釋邱〕「氾，厓也」疏證。○今之筭法謂邊曰｜，謂角曰隅。〔說文〕「｜，仄也」段注。○算術以邊為｜。〔說文定聲・卷八〕（「隅」下）○今人謂邊為｜。〔說文〕「隅，陬也」段注。○堂之側邊曰｜。〔說文定聲・卷四〕○｜即旁也。〔卷一四〕（「邊」下）○｜者，有分辨。〔孟子・萬章下〕「頑夫｜」朱注。○｜，有分辨，不苟取也。〔孟子・滕文公下〕「陳仲子豈不誠｜士哉」朱注。○｜，察也。〔通鑑・秦紀〕「吾使人｜問」音注。○｜猶察也。〔墨子・襍守〕「池外｜」閒詁。○〔周禮・天官〕｜善、｜能之類，｜作察解。〔義府・卷上〕○｜訪，猶察問也。〔說文定聲・卷四〕○｜，潔也。〔大戴・子張問〕「邇臣便辟不正｜」王詁。○｜，不貪。〔文王官人〕「觀其絜｜務行而勝其私也」王詁。又〔慧琳音義・卷三〕。○｜，引伸之為清也，儉也，嚴利也。〔說文〕「｜，仄也」段注。○｜，｜儉也。〔廣韻・鹽部〕○｜猶儉也。〔大戴・衛將軍文子〕「｜於其事上也」王詁。○｜之言斂也。〔說文〕「｜，仄也」段注。○｜醜即｜恥，語之轉耳。〔漢書〕「｜愧」雜志。○今以｜使稱臬司。〔通雅・官制〕○瘦即｜也。〔禮記・樂記〕疏「或須瘠少｜瘦者」述聞。○｜肉，猶肥瘠也。〔禮記・樂記〕「使其曲直繁瘠｜肉」述聞。○｜，凡棱利之義實借為磏。〔說文定聲・卷四〕○（同上）｜，以磏為之。〔漢修堯廟碑〕「石磏階陛欄楯」。○簾｜古字通。〔荀子〕「屋室廬庾葭稾蓐」雜志。○｜與鐮通。〔方言九〕「凡箭鏃胡合嬴者四鐮」箋疏。○史所謂｜察，皆當作覝，｜行而覝廢矣。〔說文〕「覝，察視也」段注。○〔說文定聲・卷四〕｜，叚借為覝。〔漢書・何武傳〕「武使從事｜得其罪」。○｜問、｜察之｜別作覝。〔說文〕「覝，察視也」義證引戴侗。○｜者，爁之叚借。〔說文〕「爁，火煣車网絕也」段注。○〔說文定聲・卷四〕｜，叚借為爁。〔考工・輪人〕「外不｜而內不挫」。○｜當為濂。〔說文〕「稴，稻不黏者，讀若風｜之｜」義證。○凡潔清之義，實借為溓，為儉。〔說文定聲・卷四〕○｜裾即｜倨。〔通雅・釋詁〕○孝｜茂材稱｜茂。〔漢書・梅福傳〕「出爵不待｜茂」補注。○今人謂小雨曰｜纖。〔說文〕「⿱雨戔，溦雨也」段注。○｜，疑當作秉。〔晏子春秋・問下〕「｜政而長久」平議。

**簾**　｜，｜箔。〔廣韻・鹽部〕○｜，縷竹為之，施于堂戶，所以隔風日而通明者也，亦曰薄，今作箔，其布者曰幨。〔說文定聲・卷四〕○｜，隅也，即謂兩階欲下隅曲處。〔說文〕「｜，堂｜也」繫傳。○｜、廉古字通。〔荀子〕「屋室廬庾葭稾蓐」雜志。

**嫌**　｜，疑也，心惡也。〔慧琳音義・卷七六〕○｜，心惡也。〔卷二〕○｜，心不平也。〔卷二七〕○｜隙，心憾也。〔卷六〇〕○｜與慊一字。〔說文〕「｜，一曰疑也」句讀。○｜當讀作慊，慊之為言厭也。〔漢書・賈捐之傳〕「況乎辟不｜之辱哉」補注。○｜當讀作慊，慊之為言厭也，意自足也。〔通鑑・漢紀〕「況乎辟不｜之辱哉」音注。○｜當讀為慊。〔呂覽・適音〕「太小則志｜」平議。○｜與慊通。〔說文〕「｜，不平於心也」義證。○〔說文定聲・卷四〕｜，以慊為之。〔淮南・齊俗〕「而意不慊」。○（同上）｜，叚借為慊。〔說文〕「｜，一曰疑也」。○慊於陽之慊當讀｜，而訓為疑。〔詩・采薇〕正義引「鄭本｜作慊」述聞。○｜於陽即上文之疑於陽也，疑之言擬也。〔易・坤〕「｜於无陽」述聞。○｜疑、狐疑、猶豫、躊躅，皆雙聲字。〔廣雅・釋訓〕「躊躇，猶豫也」疏證。○狐疑與｜疑一聲之轉。〔同上〕○｜，通作嗛。〔說文〕「｜，不平於心也」義證。○〔說文定聲・卷四〕｜，以嗛為之。〔漢書・佞幸傳〕「嗛韓嫣」。○｜，通作謙。〔說文〕「｜，一曰疑也」義證。○〔說文定聲・卷四〕｜，叚借為險。〔荀子・正名〕「其累百年之欲易一時之｜」。

**嚴**　｜，威。〔詩・六月〕「有｜有翼」朱傳。又〔殷武〕「下民有｜」朱傳。○｜猶威。〔國策・中山策〕「夫勝一臣之｜焉」鮑注。○｜，畏憚也。〔孟子・公孫丑上〕「無｜諸侯」朱注。○｜，敬也。〔禮記・郊特牲〕「示民｜上」集解。又〔大戴・子張問〕「而民｜而不迎也」王詁。又〔通鑑・周紀〕「夫德者人之所｜」音注。○尊、｜同義。〔孝經〕「孝莫大於｜父」皮疏。○｜謂君。〔荀子・禮論〕「一朝而喪其｜親」平議。○｜親即尊親，｜謂君，親謂父母。（同上）集解。○天子儀衛森｜，故曰｜簿。〔漢書・司馬相如傳〕「鼓｜簿」補注。○｜，急也。〔孟子・公孫丑下〕「｜，虞不敢請」朱注。○｜有急意。〔釋言〕「疾，壯也」郝疏。○｜同儼。〔書・無逸〕「｜恭寅畏」孫疏。○｜與儼通。〔漢書・張山拊傳〕「｜然總五經之眇論」補注。○｜，讀為儼。〔詩・殷武〕「下民有｜」陳疏。○〔說文定聲・卷四〕｜，叚借為儼。〔易・象下傳〕「不惡而｜」。○（同上）｜，為莊之代字，漢避明帝諱，改莊為｜，實借為儼也。〔公羊傳桓公六年〕「謂｜公也」。○｜者，巖礹之古字也。〔說文〕「磛，礹石也」句讀。○〔節南山〕傳曰「｜｜，積石皃」，此礹之假借字也。（同上）段注。○〔說文定聲・卷四〕｜，叚借為巖。〔左傳隱公元年〕「制，｜邑也」。○｜與譀同。〔史記〕「誇｜」雜志。○｜與譀通。〔廣雅・釋言〕「誇，譀也」疏證。○譀與｜，古今字也。〔史記〕「誇｜」雜志。○｜，古⿱竹嚴字。〔漢書・元帝紀〕「｜籞池田」補注。○｜，裝也。〔通鑑・漢紀〕「策治｜」音注。○〔說文定聲・卷四〕｜，此本借莊為裝，又避莊為｜也。〔後漢・吳漢傳〕「初無辦｜之日」。○（同上）｜，此本借莊為壯，又避莊為｜也。〔楚辭・國殤〕「｜殺盡兮棄原壄」。○莊諱為｜。〔漢書・高惠高后文功臣表〕「｜敬侯許猜」補注。○｜善即莊善也。〔漢書・古今人表〕「｜善」補注。○｜，〔河渠書〕作莊，莊字避明帝諱。〔漢書・溝洫志〕「其後｜熊言」補注。○｜，〔史記〕作莊，班氏以明帝諱，改莊為｜。〔漢書・淮南厲王傳〕「｜正上書天子」補注。○〔史記〕｜作莊，避明帝諱改。〔漢書・汲黯傳〕「以｜見憚」補注。○｜氏，當云顏氏。

〔漢書・馬宮傳〕「治春秋｜氏」補注。

占　｜，瞻也。〔慧琳音義・卷九〕又〔卷七〇〕。○｜，視也。〔大戴・曾子立事〕「以其見者，｜其隱者」王詁。○｜與視義同。〔周禮・占人〕「凡卜簭，君｜體」孫正義。○｜，視兆也。〔廣韻・鹽部〕○｜者，以〔易・辭〕｜其吉凶也。〔儀禮・士冠禮〕「筮人還東面，旅｜」胡正義。○｜夢，官名，掌｜夢者也。〔詩・正月〕「訊之｜夢」朱傳。○｜尹，當是〔楚詞〕之太卜鄭詹尹也。〔漢書・古今人表〕「｜尹」補注。○｜，覘之叚字。〔周禮・司稽〕孫正義。○〔説文定聲・卷四〕｜，叚借為覘。〔方言一〇〕「｜，視也」。○凡相候謂之｜。〔慧琳音義・卷七〇〕○〔説文定聲・卷四〕｜護，猶候問也。〔後漢・楚王英傳〕「｜護其妻子」。○〔同上〕｜，叚借為帖。〔史記・平準書〕「各以其物自｜」。○〔同上〕｜，凡訓隱度皆傳會本義，其實帖寫之意，猶云自署也。〔陶徵士誄〕「式遵遺｜」注「謂口隱度其事令人書也」。○｜與貼亦通。〔方言一〇〕「｜，視也」箋疏。○〔説文定聲・卷四〕｜，叚借為拈，拈取之意，猶言以口持授也。〔漢書・游俠陳遵傳〕「口｜書吏」。○佔｜並與笘同。〔廣雅・釋器〕「笘，籥也」疏證。○｜斯者，寄生也。〔通雅・木〕

髯　兩頰曰｜。〔本草・卷五二〕○在頰曰｜。〔説文〕「頿，口上須也」義證引〔洪武正韻〕。○〔史記〕｜作頿。〔史記索隱〕「異文」雜志。

䫇　｜，今俗作髯。〔説文〕「｜，頰須也」繫傳。○｜，俗作髯。〔説文〕「｜，頰須也」句讀。○｜，或省作𩑛。〔同上〕○｜，蓋冄之絫增字。〔同上〕○頰旁曰｜。〔説文定聲・卷八〕〔「須」下〕○｜，俗作𩑛、髯。〔説文〕「｜，頰須也」段注。○〔説文定聲・卷四〕｜，字亦作髯。〔漢書・高帝紀〕「美須髯」。○〔同上〕｜，叚借為蚦。〔淮南・精神〕「越人得髯蛇以為上肴」。○｜，或作髯。〔説文〕「｜，頰須也」義證。○｜，或作𩑛。〔同上〕

𩑛　𩑛胡即｜，黿之𩑛胡即著頰邊處耳。〔漢書・食貨志〕「元黿岠冉長尺二寸」補注。

冉　｜，亦作冄。〔廣韻・鹽部〕○｜｜，毛皃，古作衻。〔集韻・鹽部〕

謙　｜，敬也，讓也。〔廣韻・添部〕○｜，快也，足也。〔大學〕「此之謂自｜」朱注。○｜，㠯也。〔左傳成公一六年〕疏證引張惠言。○嗛與｜同。〔荀子〕「嗛」雜志。○｜猶嗛也。〔説文〕「｜，敬也」繫傳。○｜，或假嗛為之。〔同上〕段注。○｜與兼同。〔墨子〕「由」雜志。○凡絶者皆謂之㜝，作｜其叚字也。〔書・武稱〕「爵位不｜」平議。○〔説文定聲・卷四〕｜，叚借為歉，為貶。〔書・武稱〕「爵位不｜」。○〔同上〕｜，叚借為慊。〔荀子・仲尼〕「信而不忘處｜」。○〔同上〕｜，叚借為慝。〔禮記・大學〕「此之謂自｜」。

匳　｜，盛香器。〔慧琳音義・卷四五〕○｜，盛香器也，鏡｜也，俗作奩。〔廣韻・鹽部〕○｜，似合而上有棱節，所以收斂物也。〔慧琳音義・卷六四〕

籢　鏡｜，盛鏡之器，若今鏡匣也。〔説文〕「｜，鏡｜也」義證引〔急就篇〕顔注。○｜，又作匳。〔同上〕義證。○〔説文定聲・卷四〕｜，字亦作匳。〔蒼頡篇〕「盛鏡器曰匳」。○〔同上〕｜，字誤作奩。〔後漢・陰皇后紀〕「視太后鏡奩中物」。○｜，字亦作槏。〔説文定聲・卷四〕「壞之邪」音注。

纖　｜，細也，微也。〔廣韻・鹽部〕○｜者，小之至。〔通鑑・晉紀〕「｜兒欲撞者曰｜」。〔説文定聲・卷二〕〔「綾」下〕○｜義訓細，言肌理細膩。〔詩・葛屨〕「｜｜女手」集疏引〔韓詩〕。○漢人言手之好曰｜｜。〔説文〕「攕，好手皃」段注。○〔説文定聲・卷四〕此有｜、瀸二義，｜為轉注，瀸則叚借也。〔釋名・釋飲食〕「雞｜，細擗其腊令｜，然後漬以酢也」。○｜，謂羅縠也。〔楚辭・招魂〕「被文服｜」章句。○｜與摻聲近義同。〔廣雅・釋詁〕「摻，小也」疏證。○｜、䊹同義。〔説文〕「｜，細也」段注。○｜斲，謂斬絶也。〔説文〕「㦰，絶也」義證。○｜，亦作孅。〔方言二〕「｜，小也」疏證。○〔説文定聲・卷四〕｜，此誼與孅通。〔典引〕「鋪觀二代洪｜之度」。○〔同上〕｜，字亦變作襳。〔西京賦〕「被毛羽之襳襹」。○｜，或作綅。〔説文定聲・卷四〕○〔同上〕｜，叚借為攕。〔韓詩・葛屨〕「｜｜女手」。○〔同上〕｜，叚借為韱。〔禮記・文王世子〕「其刑罪則｜剸」。○｜，各本作纖。〔説文〕「莧，莧席，｜蒻席也」段注。○｜，本作攕。〔説文〕「攕，好手皃」段注。

籤　｜，驗也。〔慧琳音義・卷九一〕○｜，出其處為驗也。〔説文〕「｜，驗也」繫傳。○｜，小簡也。〔慧琳音義・卷六三〕又〔卷八七〕。○｜，小竹簡也，古者題簡以白事謂之｜。〔慧琳音義・卷八〇〕○｜，白事也。〔卷九一〕○裁紙絹，為書面題條，亦謂之｜。〔通雅・器用〕○｜牓者，各題經書之目，分別條貫，標記部袠之義也。〔慧琳音義・卷八〇〕○｜求，猶今之僉叙也。〔通雅・事制〕○｜，貫也。〔慧琳音義・卷六三〕又〔卷九一〕。○｜與檢略同。〔説文定聲・卷四〕○｜之言鐵也。〔廣雅・釋詁〕「｜，利也」疏證。○〔説文定聲・卷四〕｜，叚借為鐵。〔説文〕「｜，一曰鋭也」。○｜與讖同。〔説文〕「｜，驗也」句讀。○｜襳摻攕纖並聲近義同。〔方言二〕「｜，小也」箋疏。○｜，叚借為讖，今俗謂神示占諭之文曰｜。〔説文定聲・卷四〕

瞻　｜，視。〔詩・節南山〕「民具爾｜」朱傳。又〔大戴・保傅〕「天子宴｜其學」王詁。○｜，視也，亦至也。〔莊子・大宗師〕「聞之｜明」集解。○｜，｜視。〔廣韻・鹽部〕○｜，仰。〔詩・雲漢〕「靡｜靡顧」朱傳。○｜者，尊而仰之。〔詩・小弁〕「靡｜匪父」朱傳。○今人謂仰視曰｜。〔説文〕「｜，臨視也」段注。○｜矚，衆目所歸也。〔慧琳音義・卷三六〕○｜諦，言風止也。〔通雅・釋詁〕○｜與詹同。〔史記・晉世家〕「鄭叔｜」志疑。○｜，通作詹。〔釋詁〕「｜，視也」郝疏。○｜即彰字之假借。〔詩・桑柔〕「民之所｜」通釋。○〔説文定聲・卷四〕｜，以昭為之。〔漢華山碑〕「日月星辰所昭仰也」。○｜乃瞻之譌，即聃也。〔史記・鄭世家〕「祝｜」志疑。○〔史記・鄭世家〕祝｜，當作瞻，〔左傳〕作聃。〔説文〕「瞻，垂耳也」義證。○｜當讀贍給之贍。〔詩・良耜〕「或來｜女」通釋。○｜疑當作贍。〔呂覽・舉難〕「難｜則失親」校正。

蟾　丨蠩，蝦蟆也。〔廣韻·鹽部〕○丨蜍，一作蟾諸，詹諸。〔通雅·蟲〕○丨蜍，身大，背黑無點，多痱磊，不能跳，不解作聲，行動遲緩。〔說文〕「蝦，蝦蟆也」段注。○丨光，月彩。〔廣韻·鹽部〕

炎　丨，熱也。〔廣韻·鹽部〕○丨與燄同。〔漢書·五行志〕「皆孛星丨之所及」補注。○丨，〔左傳〕作燄。〔五行志〕「其氣丨以取之」補注。○燄與丨通。〔詩·雲漢〕「赫赫丨丨」陳疏。○〔說文定聲·卷四〕丨，叚借為燄。〔後漢·蔡邕傳〕「懼煙丨之毀熸」。○丨與爓略同。〔說文定聲·卷四〕○天惔丨，並聲近義同。〔廣雅·釋詁〕「天，爇也」疏證。○丨丨者，火也。〔漢書·揚雄傳〕「丨丨者滅」補注。○丨丨，爇氣也。〔詩·雲漢〕「赫赫丨丨」朱傳。○丨丨，通作燄燄。〔釋訓〕「丨丨，熏也」邵正義。○丨丨與冄冄，聲相近也。〔廣雅·釋訓〕「冄冄，進也」疏證。○丨薵，即自夏徂秋之謂也。〔慧琳音義·卷九二〕○丨風，一作融風。〔說文〕「熊，熊獸」段注。○丨，美辯也。〔集韻·談部〕○丨，〔節南山〕作惔。〔說文〕「惔，憂也，詩曰憂心如丨」段注。

兼　丨，并也。〔大戴·少間〕「丨而壹之」王詁。○官本丨作并。〔漢書·食貨志〕「秦丨天下」補注。○丨，并之也。〔孟子·滕文公下〕「周公丨夷狄」朱注。○手持兩禾為丨。〔說文定聲·卷一八〕（「秉」下）○丨人，謂勝人也。〔論語·先進〕「由也丨人」朱注。○丨同容三字義同。〔孟子·滕文公下〕「周公丨夷狄」焦正義。○丨之言絕也。（同上）平議。○從丨聲之字每有絕義。〔書·立政〕「文王罔攸丨于庶言」平議。○〔說文定聲·卷四〕丨，字變作鶼。〔釋地〕「其名謂之鶼鶼」。○丨，或當為嫌。〔呂覽·似順〕「雖丨於罪」校正。

縑　丨，絹也。〔廣韻·添部〕○〔說文定聲·卷四〕丨，即紡也，絹也，綃也。〔說文〕「丨，并絲繒也」。○雙絲者曰丨。〔本草·卷三八〕○并絲曰丨。〔通雅·布帛〕○丨之言兼也，并絲而織，其緻密也。〔說文〕「丨，并絲繒也」義證引〔急就篇〕顏注。

霑　丨，濡也。〔慧琳音義·卷七〕○丨，濕也，又濡也，漬也。〔廣韻·鹽部〕○丨，漬也。〔說文〕「丨，雨霡也」義證引〔三蒼〕。○丨，小溼也。〔慧琳音義·卷三〕○丨霡，微溼也。〔卷八〕○丨足，皆饒洽之意也。〔詩·信南山〕「既丨既足」朱傳。○丨、足，亦語之轉。〔廣雅·釋詁〕「丨，漬也」疏證。○丨，通作沾。〔說文〕「丨，雨丨也」義證。○丨，俗字作添。〔說文定聲·卷四〕○（同上）丨，字變作黏。張協〔七命〕「黏以春梅」。

潛　丨，藏也，水伏流也。〔廣韻·鹽部〕○丨，水中行也。〔說文〕「丨，涉水也」義證引〔玉篇〕。○丨者，自其郄以下沒於水言之。（同上）段注。○沒水以涉曰丨。〔說文定聲·卷三〕○丨、伏同義。〔書·洪範〕注「丨，伏也」。○丨，〔史記〕作伏。〔左傳哀公六年〕「丨師閉塗」洪詁。○丨，襲敵之不備。〔荀子·議兵〕「不丨軍」集解。○〔說文定聲·卷三〕丨，今名伏水。〔說文〕「丨，一曰漢水為丨」。○丨水本作灊水，作丨者，借字耳。〔漢書·地理志〕「丨水西南入江」補注。○丨，〔地理志〕作灊。〔左傳昭公三一年〕「吳人侵楚伐夷侵丨六」洪詁。○丨，密也。〔通鑑·晉紀〕「朝廷得以丨嚴」音注。○〔莊子·田子方篇〕「下丨黃泉」，是丨為測也。〔釋言〕「丨，測也」述聞。○筌與丨亦音近而義同。〔詩·潛〕「丨有多魚」通釋。○丨，槮也。（同上）朱傳。○沈湥丨測，俱聲相轉也。〔釋言〕「丨，湥也」郝疏。○涔與丨、槮同。〔廣雅·釋器〕「涔，栫也」疏證。○韓、魯丨作涔。〔詩·潛〕「丨有多魚」集疏。○〔說文定聲·卷三〕熸即丨字之變。〔左傳襄公二六年〕「王夷師熸」注「吳楚之間謂火滅為熸」。○漸讀為丨。〔荀子〕「知慮漸深則一之以易良」雜志。○〔說文定聲·卷三〕丨，借為罧。〔詩〕「丨有多魚」。

閻　丨，里中門。〔廣韻·鹽部〕○里中門別為丨。〔周禮·秋官序官〕「脩閭氏下士二人」孫正義。○丨易猶姚易也。〔說文〕「姚，史篇以為姚易也」義證。○丨易猶跳易也。〔漢書·司馬相如傳〕「眇丨易以恤削」補注引錢大昕。○丨，或作壛。〔方言六〕「丨苫，開也」箋疏。○丨、苫疊韻。（同上）○〔說文定聲·卷四〕長言之曰丨苫，短言之即曰丨耳。〔方言六〕「丨苫，開也，東齊開户謂之丨苫」。○丨，〔說苑〕引作庸。〔左傳文公一八年〕「納丨職之妻」洪詁。○丨、庸一聲之轉。（同上）疏證。

壛　丨與閻同。〔楚辭·大招〕「曲屋步丨」補注。○丨，一作櫩。（同上）○〔說文定聲·卷四〕丨，叚借為檐。按丨，步廊也。〔楚辭·大招〕「曲屋步丨」。○步丨，長砌也。〔楚辭·大招〕「曲屋步丨」章句。○丨，丨榻也。〔廣韻·鹽部〕

鐮　丨，刈鉤也。〔說文〕「鉤，鎌也」義證。○丨，刀丨也。〔廣韻·鹽部〕○丨之言棱也。〔方言九〕「凡箭鏃胡合嬴者曰丨」箋疏。○丨、鎌同。〔方言六〕「冄丨，危也」疏證。○丨與鎌同。〔方言五〕「刈鉤，或謂之鎌」箋疏。又〔廣雅·釋詁〕「鎌，危也」疏證。○丨，古通用廉，亦作鎌。〔方言九〕疏證。

鎌　丨，刈鉤也。〔說文〕「丨，鍥也」義證。○丨，鍥物者也。〔慧琳音義·卷五〇〕○丨，或謂之鉊。〔廣雅·釋器〕「划，丨也」疏證。○丨與鐮同。〔方言六〕「偽物謂之冄鐮」箋疏。○丨，或作鐮。〔廣雅·釋器〕「划，丨也」疏證。○丨，俗作鐮。〔說文〕「丨，鍥也」句讀。○丨，字亦作鐮。〔說文定聲·卷四〕○（同上）丨，叚借為廉，實為磏。〔廣雅·釋言〕「鐮，柧也」。○丨，同鐮。〔廣韻·鹽部〕

幨　丨者，蔽也。〔廣雅·釋器〕「丨謂之幰」疏證。○丨，丨帷。〔廣韻·鹽部〕○丨與襜同。〔周禮·巾車〕「彫面鷖總，皆有容蓋」孫正義。○丨、襜、𧞔同，蔽郄也。〔方言四〕「汗襦，陳魏宋楚之間謂之襜襦」箋疏。○襜、丨，其義一也。〔廣雅·釋器〕「襜謂之縪」疏證。○丨與襜同。〔方言四〕「襜謂之裌」箋疏。○丨即襜字也。〔說文〕「襜，衣蔽歬」段注。○譫與丨同。〔墨子·渠譫〕雜志。

黏　丨，丨麴，俗作粘。〔廣韻·鹽部〕○丨，謂糊也。〔通雅·雜用〕○丨，合也。〔說文〕「丨，相箸也」義證引〔三蒼〕。○丨，固也，俗作粘。〔慧琳音義·卷一四〕○｜者，柔懦也。〔説文〕「秝，稷之｜者」繫傳。○〔説文定聲·卷四〕｜，字又變作惉。惉滯，膠滯也。〔禮記·樂記〕「則無惉懘之音矣」。○｜斗，古之貯｜麴器也。〔通雅·雜用〕○黏、｜、敎，一聲之轉也。〔廣雅·釋詁〕「黏，｜也」疏證。○｜，又作粘。〔説文〕「｜，相箸也」義證。○｜，亦作粘。〔説文定聲·卷四〕○｜，俗作黏。〔説文〕「｜，相箸也」義證。○｜，一本作黏。〔國策·趙策三〕「夫膠漆至｜也」補注。○｜，〔後漢·續志〕作占。〔漢書·地理志〕「｜蟬」補注。○｜，當作昵。〔釋言〕「｜，膠也」郝疏。○｜，當為黏。〔説文〕「黎，履｜也」義證。

**淹** ｜亦留。〔國策·楚策四〕「｜留以觀之」鮑注。○｜，漬也，滯也，久留也，敗也。〔廣韻·鹽部〕○｜，敗也，漬也。〔慧琳音義·卷一四〕○｜，謂浸漬之。〔大戴·文王官人〕「｜之以利」王詁。○〔通雅·釋詁〕｜數，言遲速也。賈誼賦「｜數之度」。○｜，通作奄。〔釋詁〕「｜，久也」邵正義。○〔説文定聲·卷四〕｜，叚借為瀸。〔禮記·儒行〕「｜之以樂好」。○〔同上〕｜，腌之轉注。〔淮南·脩務〕「｜浸漬漸靡使然也」。○〔同上〕｜，借為延。〔鵩鳥賦〕「｜速之度兮」注「遲也」。○〔同上〕｜，借為厭。〔晉語〕「振廢｜」注「久也」。

**箝** ｜，籋也。〔國策·燕策二〕「蚌合而｜其喙」鮑注。○〔説文定聲·卷四〕以竹籋拑曰｜。〔説文〕「拑，脅持也」。〔「拑」下〕○以竹脅持之曰｜，以鐵有所劫束曰鉗，書史多通用。〔説文〕「｜，籋也」段注。○｜，鎖頭，亦作鉗。〔廣韻·鹽部〕○〔説文定聲·卷四〕｜，叚借為鑑。〔太玄·元瑩〕「｜知休咎」。○｜，通作拑。〔説文〕「｜，籋也」義證。

**拑** ｜、箝字通。〔國策〕「蚌合而｜其啄」札記。○｜，脅持也。〔廣韻·鹽部〕○〔説文定聲·卷四〕以手曰｜。〔説文〕「｜，脅持也」。○東萊謂持物曰｜。〔説文〕「｜，脅持也」義證。○〔説文定聲·卷四〕｜，猶緘也。〔漢書·五行志〕「臣畏刑而｜口」。○〔同上〕｜，字亦作柑，从木。〔公羊傳宣公一四年〕「｜馬而秣之」。○〔説文定聲·卷四〕｜，扣字之形譌，即揹也。〔荀子·議兵〕「溝池不｜」。

**鉗** ｜，猶箝也。〔荀子·解蔽〕「案彊｜而利口」平議。○夾持緊脅者謂之｜，故凡夾持之具即不緊脅者亦謂之｜。〔説文定聲·卷四〕○〔同上〕｜，強力脅制之謂。〔方言一〇〕「｜，惡也，南楚凡人殘罵謂之｜」。○刑在項曰｜，即鈷也。〔通雅·刑法〕○以鐵鍇頭曰｜。〔説文〕「｜，以鐵有所劫束也」義證。○〔説文定聲·卷四〕以鐵鈷拑曰｜。〔説文〕「拑，脅持也」。〔「拑」下〕○以鈷拈之曰｜。〔卷四〕○｜，惡也。〔荀子·解蔽〕「彊｜而利口」集解。○〔説文定聲·卷四〕｜，叚借為譀。〔家語·五儀〕「無取｜之」。○｜，〔御覽〕作令。〔呂覽·審時〕「小米｜而不香」校正。○｜，同箝。〔廣韻·鹽部〕

**恬** ｜，安也。〔楚辭·惜往日〕「｜死亡而不聊」補注。○｜，安也，相安不以為怪也。〔韓子·解老〕「其輕｜鬼也甚」集解。○｜，靖也。〔廣韻·添部〕○｜，淡也。〔韓子·解老〕「輕｜資財也」集解。○｜、倓，合言之則曰｜倓。〔廣雅·釋詁〕「｜、倓，靜也」疏證。○｜即甛字。〔説文〕「甛，美也」段注。○｜即甛也。〔説文〕「醴，酒一宿孰也」段注。○｜與甛同。〔廣雅·釋器〕「醴，酒也」疏證。○｜即甛之借字。〔周禮·酒正〕孫正義。○｜酒即甜酒。〔通雅·飲食〕○｜當作姡，字之誤也。〔荀子·王霸〕「而｜無耳目也」平議。



**甜** ｜，甘也。〔廣韻·添部〕○甛與｜同。〔廣雅·釋詁〕「｜，美也」疏證。○｜，通作恬。〔説文〕「｜，美也」義證。

**餂** ｜，乃甜之俗字。〔孟子·盡心下〕「是以言｜之也」焦正義。

**拈** ｜，指取物也。〔廣韻·添部〕○｜，指取也。〔説文〕「｜，拰也」義證引〔玉篇〕。○｜與鈷，聲近而義同。〔廣雅·釋言〕「鉆，鈷也」疏證。○鈷與｜，聲相近。〔釋詁〕「｜，持也」疏證。○｜與捻一聲之轉。〔同上〕

**砭** ｜，石針，用刺病也。〔慧琳音義·卷九四〕○石針曰｜，所以刺病。〔國策·秦策二〕「怒而投其石」補注。○｜，以石刺病，古文作砒。〔廣韻·鹽部〕○｜，或作砒。〔説文〕「｜，以石刺病也」義證。○｜同砒。砒，刺也，以石刺病也。〔同上〕義證引〔玉篇〕。

**銛** 〔説文定聲·卷四〕｜，銚屬也。〔廣雅·釋器〕「鍤謂之｜」。○｜，引伸為｜利字。〔説文〕「利，｜也」段注。又〔説文〕「｜，臿屬」段注。○｜，利也。〔通鑑·唐紀〕「突｜鋒排患難者則以是賞之」音注。又〔通鑑·魏紀〕「｜巧好利」音注。○｜，｜利也。〔廣韻·鹽部〕○｜，籍魚鼈之具。〔説文〕「籍，刺也」義證。○｜、錟字同。〔漢書·項籍傳〕「不敵於鉤戟長鎩」補注。○｜，字亦作杴。〔説文定聲·卷四〕○｜，俗作杴。〔説文〕「｜，臿屬」段注。○｜，字亦作欣。〔説文定聲·卷四〕○｜，字亦作檶。〔同上〕○〔説文定聲·卷四〕｜，叚借為撏，或為拈。〔方言三〕「｜，取也」。○〔同上〕｜，叚借為戔。〔廣雅·釋詁〕「｜，斷也」。○〔同上〕｜，叚借為鐵，實為殲。〔廣雅·釋詁〕「｜，利也」。○｜，字誤作餂。〔説文定聲·卷四〕○｜，讀若檿桑之檿，又讀若鎌。〔同上〕○｜亦劗也，語有緩急耳。〔廣雅·釋詁〕「｜，斷也」疏證。○｜，同錉。〔集韻·鹽部〕

**錉** ｜，斷也。〔集韻·鹽部〕○銛，｜或从舌。〔同上〕

**暹** ｜，日光進也。〔廣韻·鹽部〕○｜，日光升也。〔集韻·鹽部〕○｜，謂進取也。〔慧琳音義·卷五五〕

**詹** ｜，至也。〔廣韻·鹽部〕○｜事，本官僚也。〔通雅·官制〕○古之｜｜，猶沾沾也。〔通雅·釋詁〕○｜諸，俗作蟾蠩，又作蟾蜍。〔説文〕「鼀，｜諸也」段注。○｜諸即蟾蠩。〔同上〕義證。○〔説文定聲·卷四〕｜諸，猶今言蟾蜍。〔淮南·説林〕「蝕于｜諸」。○〔卷一七〕｜諸者，蘇俗謂之癩團。〔釋魚〕「｜諸，在水者黽」。〔「耿」下〕○｜與瞻同。〔詩·采綠〕「六日不｜」朱傳。又〔閟宮〕「魯邦所｜」朱傳。○｜者，瞻之省借。〔同上〕通釋。

○|與瞻通，視也。〔方言一○〕「占，猶瞻也」箋疏。○〔說文定聲・卷四〕|，叚借為瞻。〔詩・閟宮〕「魯邦所|」。○(同上)|，叚借為至。〔方言一〕「|，至也」。○(同上)|，叚借為淡，即贍，實為儋。〔呂覽・適音〕「不充則不|」。○(同上)|，叚借為占。〔古詩〕「四五|兔缺」。○(同上)|與詌略同。〔說文〕「|，多言也」。○(同上)|，字亦作詀。〔方言一○〕「南楚謰謱或謂之詀謕」。○(同上)|，字亦作譫。〔埤蒼〕「譫，多言也」。○〔公羊〕|作贍。〔左傳莊公一七年〕「齊人執鄭|」洪詁。○|，〔史記〕作贍。〔左傳僖公二二年〕「叔|」洪詁。○|，徐廣作售，〔漢書〕作讎，即售也。〔史記・歷書〕「未能|也」志疑。

**襜**　衣蔽前謂之|，即蔽膝也。〔詩・采綠〕「不盈一|」朱傳。○|，衣蔽前者。〔國策・齊策五〕「百姓理|蔽」鮑注。○|，蔽膝也，亦名蔽前。〔慧琳音義・卷八二〕○|，蔽膝也，一名韠。〔釋器〕「衣蔽前謂之|」鄭註。○|，蔽膝。〔說文〕「|，衣蔽前」義證。○|，衣前後出垂皃也。〔慧琳音義・卷八六〕○〔說文定聲・卷四〕|即韠也，韍也，婦人之|謂之褘，亦謂之縭。〔方言四〕「蔽厀，齊魯之郊謂之袡」。○凡言|者，皆障蔽之名也。〔方言四〕箋疏。○引申之凡所用蔽謂之|。〔說文〕「|，衣蔽芇」段注。○|，整貌。〔論語・鄉黨〕「衣前後，|如也」朱注。○|，衣動貌。〔楚辭・逢紛〕「裳||而含風兮」補注。○|，|褕，蔽膝，亦作裧。〔廣韻・鹽部〕○|褕，敝衣也。〔通雅・衣服〕○|褕，謂帷|以蔽前後也。〔說文〕「|，衣蔽前」繫傳。○〔說文定聲・卷四〕|褕，即裋褐也，短褐也，以其直裾豎裁襌而短小，故引申于蔽厀之|也。〔史記・魏其武安侯傳〕索隱「|褕，短衣也」。○|褕，直裾襌衣也。〔說文〕「褕，翟羽飾衣」義證引〔急就篇〕顏注。○凡衣或曰|褕，或曰|襦，皆取蔽義。〔說文〕「|，衣蔽芇」段注。○|襦與|褕同。〔方言四〕「汗襦，陳魏宋楚之間謂之|襦」箋疏。○||，動搖之貌。〔論語・鄉黨〕「衣前後，|如也」劉正義。○〔說文定聲・卷四〕|裿，猶儋何也，連語為偁。〔廣雅・釋器〕「襌襦謂之|裿」。○幨與|，字異而義同。〔墨子・渠譫〕雜志。○|與幨通。〔廣雅・釋器〕「幨謂之幰」疏證。○〔說文定聲・卷四〕|，叚借為幨。〔後漢・劉盆子傳〕「絳|絡」。○|、幨，其義一也。〔廣雅・釋器〕「|謂之緈」疏證。○|亦謂之裧，裧亦即|也。〔方言四〕「|褕，江淮南楚謂之褈裕」箋疏。○|與帴同。〔廣雅・釋器〕「帴，㡘也」疏證。○〔說文定聲・卷四〕|，字亦作袩。〔方言四〕「褸謂之袩」。

**衻**　|，衣緣。〔廣韻・鹽部〕○|即襜之或體也。〔釋器〕「衣蔽前謂之襜」郝疏。

**漸**　|，浸也。〔楚辭・怨思〕「|藁本於洿瀆」補注。○|，浸漬也。〔通鑑・秦紀〕「隆勢詐，上功利，是|之也」音注。○|，漬。〔詩・氓〕「|車帷裳」朱傳。又〔大戴・勸學〕「|之滫中」王詁。○|，入也，漬也。〔廣韻・鹽部〕○|，流入也。〔楚辭・憂苦〕「心||其煩錯」補注。○〔說文定聲・卷四〕|，滲積也。〔廣雅・釋詁〕「|，漬也」。○|，沒也。〔韓子・問辯〕「人主顧|其法令」集解。○陂陀者曰|。〔說文〕「陗，陖也」段注。○|，詐也。〔莊子・胠篋〕「知詐|毒」集釋。○|靡即|摩，|讀|漬之|，靡與摩同。〔漢書・淮南王傳贊〕「臣下|靡使然」補注。○|者，漬也，言臺在水中受其|漬也，凡臺之環浸於水者，皆可名|臺。〔漢書・王莽傳〕「莽就車，之|臺」補注。○|洳，潤溼之氣也。〔太素・五邪刺〕「下有|洳」楊注。○||，高峻之貌。〔詩・漸漸之石〕「||之石」朱傳。○||，即嶄嶄之叚借。(同上)通釋。○|靡，一作煎靡。〔通雅・釋詁〕○天文有|臺四星，在織女左足。〔說文定聲・卷四〕○|與嶄同。〔廣雅・釋訓〕「嶄嶄，高也」疏證。○瀸與|字同，亦作湛。〔廣雅・釋詁〕「瀸，漬也」疏證。○蔪與|同，音尖。〔史記・宋微子世家〕「麥秀||兮」志疑。又〔韓子・問辯〕「人主顧|其法令」集解。○|，讀若|民以仁之|。其訓漬也，浸也，深染入也。〔荀子・王制〕「|慶賞以先之」集解。○|，讀為暫，假借字也。〔詩・漸漸之石〕「||之石」陳疏。○|，音|漬之|。〔漢書・枚乘傳〕「|靡使之然也」補注。○|者，暫之聲借字。〔說文〕「暫，礹石也」句讀。○〔說文定聲・卷四〕|，叚借為潛。〔史記・周本紀〕「沈|剛克」。○(同上)|，叚借為瀸。〔廣雅・釋詁〕「|，溼也」。○(同上)|，叚借為暫。〔詩・漸漸之石〕傳「山石高峻」。○|，當為瀸。〔說文〕「澤，|溼也」義證。○魯韓||作嶄嶄。〔詩・漸漸之石〕「||之石」集疏。○|，〔尚書〕作潛。〔左傳文公五年〕「沈|剛克」洪詁。

**殲**　|，盡。〔詩・黃鳥〕「|我良人」朱傳。○|，盡也，滅也。〔廣韻・鹽部〕○|之言纖也，纖細而盡之也。〔說文〕「|，微盡也」段注。○|之言纖也。(同上)句讀。○瀸積瘠|，皆一聲之轉。〔釋詁〕「|，盡也」郝疏。○|，〔公羊〕作瀸，字之同音假借也。〔說文〕「|，春秋傳曰，齊人|于遂」段注。

**黔**　|，黑黃色。〔廣韻・鹽部〕○|，當作黚。〔韓子・姦劫弒臣〕「豫讓乃自|劓」集解。○|，鄭作黚。〔說文〕「|，易曰，為|喙」段注。○|，〔史記〕作含，|、含並今聲，以音近通叚。〔漢書・司馬相如傳〕「左玄冥而右|雷兮」補注。

**鈐**　|，鈎也，主鍵閉。〔說文〕「人，天地之性最貴者也」義證。○鈎|，星名。〔廣韻・鹽部〕○凡兵|、印|字，皆握持之義，或曰借為金，亦通。〔說文定聲・卷三〕○|與鍩同。〔廣雅・釋器〕「鍩謂之鑰」疏證。○〔說文定聲・卷三〕|，叚借為鈙。〔爾雅序〕「六藝之|鍵」。

**懕**　|，安也。〔廣韻・鹽部〕○|，省作厭。〔釋訓〕「||，安也」郝疏。○|，今〔詩〕作厭。〔說文〕「|，安也」繫傳。○|，經典借厭字。(同上)義證。○猒與|通。〔廣雅・釋詁〕「|，安也」疏證。○|，聲借為愔。〔釋訓〕「||，安也」郝疏。○|與憺、倓略同，字亦作愔。〔說文定聲・卷四〕○厭字本作|，或作猒，又作愔。〔荀子〕「厭然猶|」雜志。○||、厭厭、愔愔、愔㦗、厭瘱，並字異而義同。〔廣雅・釋詁〕「|，安也」疏證。

猒丨，經傳多以厭為之。〔說文定聲・卷四〕○丨、厭古通用。〔方言六〕「丨、塞，安也」疏證。○丨，俗作饜。〔說文〕「飽，丨也」句讀。○丨、饜正俗字。〔說文〕「丨，飽也」段注。○丨，經典作饜。〔說文〕「飽，丨也」義證。○丨，通作厭，亦作懕。〔方言六〕「丨，安也」箋疏。○丨與懕通。〔廣雅・釋詁〕「懕，安也」疏證。○〔說文定聲・卷四〕丨，段借為懕。〔荀子・儒效〕「丨丨乎其能長久也」。○古書丨字，淺人多改為厭。〔左傳成公一八年〕「大國無厭」疏證。○淺人多改丨為厭，厭專行而丨廢矣。〔說文〕「丨，飽也，足也」段注。○丨厭懕古字並通，安也。〔方言一三〕「臆，滿也」箋疏。○丨丨兮猶安安然。〔荀子・儒效〕「丨丨兮其能長久也」集解。

厭丨，飽也，或作猒。〔慧琳音義・卷一〕○丨，倦也。〔同上〕○丨，當作猒。〔左傳成公一八年〕「大國無丨」疏證。○丨，本作懕，或作猒，又作愔。〔荀子〕「丨然猶一」雜志。○懕懕、丨丨、愔愔、愔嫕、丨瘱，並字異而義同。〔廣雅・釋詁〕「懕，安也」疏證。○丨，苦也。〔慧琳音義・卷五〕○丨，或作厭，正作⿰礻厭。〔卷二〕

饜丨，同猒，飽也。〔廣韻・鹽部〕

蒹丨，荻也，蘆屬而小，可為箔。〔釋草〕「丨，薕」鄭註。○丨，今謂之荻，堅實，中有白瓤，可為簾薄，實即菼薍也，鵻也，烏蓲也，薕薚也，初生為丨、薕，未秀為菼薍，至秋堅成謂之萑。〔說文定聲・卷四〕○丨，荻未秀。〔廣韻・添部〕○丨，似萑而細。〔詩・蒹葭〕「丨葭蒼蒼」朱傳。○丨、葭即荻、蘆二物。〔漢書・司馬相如傳〕「其埤溼則生藏莨丨葭」補注。

鮎丨，魚名。〔廣韻・添部〕○丨魚，江東謂之鮧。其大者謂之吴。〔說文〕「鮷，大丨也」義證。

䬯丨，南楚呼食麥粥。〔廣韻・鹽部〕○丨，字亦作餂。〔說文定聲・卷四〕○〔同上〕丨，或曰借為覘。〔孟子〕「是以言餂之也」。○〔同上〕丨，段借為拈，或為掭。〔孟子〕「是以言餂之也」。

痁丨，瘧疾也。〔通鑑・唐紀二七〕「以病丨謁告」音注。○丨，病。〔廣韻・鹽部〕○丨，病也。〔禮記・曾子問〕「不以人之親丨患」集解。○丨，讀為阽，阽，臨也，近也。〔同上〕述聞。○〔說文定聲・卷四〕丨，借為阽，丨患謂瀕于危患也。〔禮記・曾子問〕「不以人之親丨患」。

燅丨，湯中瀹肉也。〔說文〕「丨，於湯中爚肉」義證引〔玉篇〕。○古文丨皆作尋。〔同上〕句讀。○丨者正字，尋者同音段借字。〔說文〕「丨，於湯中爚肉也」段注。○丨，或借爓字。〔說文〕「丨，於湯中爚肉」義證。又〔同上〕句讀。○〔說文定聲・卷四〕丨，以爓為之。〔禮記・禮器〕「三獻爓」。○丨，音義與燂略同。〔說文定聲・卷四〕○〔同上〕丨，字亦作燖，今蘇俗語猶然。〔通俗文〕「以湯去毛曰丨」。○⿰炎犬丨、煔爓並通。〔廣雅・釋詁〕「⿰炎犬，爚也」疏證。○⿰炎犬，以熱湯沃毛令脫落也，或作丨。〔慧琳音義・卷七九〕

阽丨，壁危曰丨。〔通雅・地輿〕○丨，臨危也。〔通鑑・唐紀〕「丨危如此」音注。又〔楚辭・離騷〕「丨余身而危死兮」補注。又〔廣韻・鹽部〕。○丨，引申為凡物之危。〔說文〕「丨，壁危也」段注。○丨，音反丨之丨。〔同上〕段注。○丨，音屋檐之檐。〔同上〕段注。○丨，字或作阽。〔同上〕義證。

鶼丨，比翼鳥名也。〔慧琳音義・卷八五〕○丨，比翼鳥。〔廣韻・添部〕○丨，鳥名，比翼也。〔集韻・沾部〕

磏丨，赤礪石。〔說文〕「丨，厲石也」義證引〔玉篇〕。○丨，字亦作礛，厲也。〔說文定聲・卷四〕（「廉」下）○〔卷四〕丨，青者為厱諸。〔說文〕「丨，厲石也，一曰赤色」。○丨與厱，音義略同。〔說文〕「丨，厲石也」段注。○丨即厱、礛，三字一也。〔說文〕「碫，碫石也」段注。○丨，此為棱利之義，經傳皆以廉為之。〔韓子・六反〕「曰丨勇之士」集解。○丨，凡棱利之義，疑即此字之轉注，經傳皆以廉為之。〔說文定聲・卷四〕○丨之言廉也。〔廣雅・釋器〕「丨，礪也」疏證。○丨，字亦作⿰石廉。〔同上〕又〔說文定聲・卷四〕。

⿰石廉丨，赤礪石。〔廣韻・鹽部〕

覘丨，闚視也。〔廣韻・鹽部〕○丨，竊視也。〔說文定聲・卷四〕（「䬯」下）○丨，候也，竊視也。〔慧琳音義・卷一〇〇〕○丨，公侯之信伺也。〔卷九〕○丨，緩頰也。〔集韻・覃部〕○〔說文定聲・卷四〕丨，猶言襜如。〔史記・匈奴傳〕「喋喋而佔佔」。○丨，或作貼，竊視也。〔慧琳音義・卷三二〕○丨沾佔，並與貼通。〔方言一〇〕「凡相竊視，南楚或謂之貼」箋疏。○丨，或作貼。〔說文〕「丨，窺也」義證。○丨，通作佔。〔同上〕○丨、貼同，通用佔。〔方言一〇〕「貼，視也」疏證。○丨，通作沾。〔說文〕「丨，窺也」義證。○〔說文定聲・卷四〕丨，字亦作佔。〔禮記・學記〕「呻其佔畢」。

沾丨，益也。〔說文〕「丨，一曰益也」繫傳。○丨，多汁也。〔楚辭・大招〕「不丨薄只」補注。○〔說文定聲・卷四〕今俗言薄丨丨。〔漢書・竇嬰傳〕「魏其丨丨自喜耳」。○丨，古添字。〔說文〕「丙，讀若丨」句讀。○丨，古之添字。〔同上〕段注。○丨、添古今字，俗製添為丨益字，而丨之本義廢矣。〔說文〕「丨，一曰益也」段注。○丨，今俗作添。〔同上〕繫傳。○〔說文定聲・卷四〕丨，俗字作添。〔廣雅・釋詁〕「丨，益也」曹憲音云「世人水旁著忝，失之」。○丨，俗作添。〔說文〕「丨，一曰丨益也」義證。○〔檀弓〕假丨為覘。〔說文〕「覘，闚視也」段注。○丨，〔檀弓〕假為覘字。〔說文〕「丨，一曰益也」段注。○丨與霑同。〔周禮・考工記〕孫正義。○丨、霑通。〔方言七〕「瀧涿謂之霑漬」疏證。○丨與霑古通。〔同上〕○〔說文定聲・卷四〕丨，段借為霑。〔說文〕「丨，一曰丨益也」。○丨，〔史記・陳丞相世家〕、〔滑稽列傳〕假為霑字。〔說文〕「丨，一曰益也」段注。○〔說文定聲・卷四〕丨，段借為覘。〔禮記・檀弓〕「我喪也斯丨」。○〔同上〕丨，段借為溓。〔廣雅・釋詁一〕「丨，襑也」。○〔同上〕丨，借為姑、為姿。〔漢書・竇

嬰傳」「魏其——自喜耳」。〇—即姑。〔漢書・竇嬰傳〕「魏其——自喜耳」補注。〇——迺佔佔之叚借字。（同上）

**僉** —，咸也。〔慧琳音義・卷二〇〕〇—，咸也，皆也。〔廣韻・鹽部〕〇—，皆也。〔說文〕「咸，皆也」義證。又〔屈賦・天問〕「—曰何憂」戴注。〇—，皆也，衆也。〔慧琳音義・卷一二〕〇—者，衆之皆也。〔釋詁〕「—，皆也」郝疏。〇—曰衆共言之也。〔說文〕「—，皆也」繫傳。〇〔說文定聲・卷四〕用力多曰—。〔方言一二〕「—，勮也」。〇—，經傳亦以咸為之。〔說文定聲・卷四〕〇（同上）—，叚借發聲之詞。〔方言一〕「秦晉之間凡人語而過謂之過，或曰—」。

**薟** —，白—蘞。〔廣韻・鹽部〕〇—，辛味。〔集韻・鹽部〕〇—，辛毒之味。〔集韻・沾部〕

**縿** —，白經黑緯。〔廣韻・鹽部〕

**纖** —，繒名，白經黑緯。〔集韻・鹽部〕〇—，一曰綫也，或作縿。（同上）〇—同縿。〔廣韻・鹽部〕

**憸** —，利口。〔廣韻・鹽部〕〇〔說文定聲・卷四〕—，佞人也。〔說文〕「—，險詖也」。又〔通鑑・唐紀〕「—人」音注。〇—，詖也。（同上）〇—，憸—，詖也。〔廣韻・鹽部〕〇—與思義相近，古文作—，孔壁古文作思，今文作散。〔書・盤庚〕「相時—民」孫疏。〇熹平石經—作散。（同上）〇—音與籤、纖相近。（同上）〇—，經典借險字。〔說文〕「—，—詖也」義證。〇—，蓋險之字誤。（同上）段注。

**譫** —，多言也。〔太素・經脈厥〕「前閉—言」楊注。〇—與幨同。〔墨子・備城門〕「城上之備渠—」閒詁。又〔墨子〕「渠—」雜志。

**噡** 詹，俗加言作譫，從言之字或從口，故譫又為—。〔荀子・非相〕「—唯則節」集解。〇—唯猶唯諾也。（同上）集解。〇—字疑諾字之誤。（同上）集解引俞樾。

**苫** —，茅—也。〔說文〕「—，蓋也」義證。〇—，蓋也。〔國策・趙策〕「皆以荻蒿—楚廥之」鮑注。〇—，草覆屋，又凶服者以為覆席也。〔廣韻・鹽部〕〇沾滯作—滯。〔史記索隱〕「異文」雜志。

**霑** 細雨曰廉纖，正可作溓—字。〔說文定聲・卷四〕〇—，漬也，或作霮。〔廣韻・鹽部〕〇—，或作䨮。〔說文〕「—，微雨也」義證。〇今人謂小雨曰廉纖，即—也。〔說文〕「—，溦雨也」段注。

**蚺** —，大蛇。〔廣韻・鹽部〕〇〔說文定聲・卷四〕—，叚借為蛅。〔釋蟲〕「蟔，—蜇」。

**籭** —，此即射雉之翳也，亦謂之廩。〔說文〕「—，惟射者所蔽者也」段注。〇嚴與—通。〔廣雅・釋器〕「—，翳也」疏證。

**撏** 今俗謂以指摘物曰—。〔方言一〕「—，取也」箋疏。

**佔** —，簡之類。〔禮記・學記〕「呻其—畢」述聞。〇—即笘。〔說文〕「笘，折竹箠也」義證。〇—，讀為笘。〔禮記・學記〕「呻其—畢」述聞。〇—占並與笘同。〔廣雅・釋器〕「笘，籥也」疏證。〇—，一曰疲劇。〔集韻・沾部〕〇—佰，輕薄也。〔廣韻・添部〕〇敟姁即—佰輕薄也。〔說文〕「敟，一曰輕易人敟姁也」義證。〇—佰，下垂也。〔集韻・沾部〕〇——與襜襜通。〔通雅・釋詁〕

**螊** —，〔本草〕謂之蝛蜼，似蛤而長扁，字亦作蝛，疑今之蟶也，—，字亦作蠊。〔說文定聲・卷四〕〇—，字或作蠊。〔說文〕「—，海蟲也」義證。〇—，海蟲也，或作蝛。〔集韻・咸部〕

**薕** —，蘼也。〔廣韻・鹽部〕〇—蒹，荻草。〔添部〕

**襳** —，小襦。〔廣韻・鹽部〕又〔集韻・鹽部〕。〇—，袿衣飾也。〔漢書・司馬相如傳〕「蜚—垂髾」補注。〇縿、—字通，—者，袿衣之正幅下垂為飾者也。（同上）〇—袿，毛羽衣。〔廣韻・鹽部〕

**鬑** —，鬑垂皃。〔說文〕「—，鬋也」義證。〇—，髮長皃。〔說文〕「—，一曰長皃」義證引〔玉篇〕。〇〔說文定聲・卷四〕—，垂鬑長皃。〔說文〕「—，鬋也，一曰長皃」。〇—，鬋也，一曰長皃。〔廣韻・鹽部〕〇—，髫—。〔添部〕

**柟** —，梅也，子如杏而醋。〔廣韻・鹽部〕

**詀** —，轉語。〔廣韻・添部〕〇—讘，即呫囁。〔通雅・釋詁〕〇—謕，巧言。〔集韻・沾部〕〇—諵，語聲。〔廣韻・咸部〕

**鍼** —，讀為鉆，—、鉆古字通。〔春秋名字解詁〕「秦公子—，字伯車」述聞。〇—，〔昭公四年傳〕作葴。〔左傳襄公二四年經〕「陳—宜咎出奔楚」洪詁。

**崦** —嵫山，下有虞泉，日所入。〔廣韻・鹽部〕〇鳥鼠同穴山西南曰—嵫。〔離騷〕「望—嵫而勿迫」補注。

**閹** —，遏也。〔墨子・迎敵祠〕「—客之氣」閒詁。〇—，男無勢，精閉者。〔廣韻・鹽部〕〇司閽謂之—。〔說文定聲・卷四〕〇—，門豎也。〔說文〕「—，豎也」義證。〇—，宦人也，閉門者也。（同上）義證引〔玉篇〕。〇—豎者，給宮掖掃除，古以奴隸畜之。（同上）義證。〇—，〔周禮〕作奄，省形存聲字。〔說文〕「—，豎也」句讀。〇〔說文定聲・卷一四〕—，謂奄也。〔廣雅・釋言〕「幔，—也」。〔「幔」下〕〇〔卷四〕—，以奄為訓。〔釋天〕「太歲在戊曰—茂」李注「言萬物皆蔽冒故曰—茂」。〇（同上）—，以淹為訓。〔釋天〕「太歲在戊曰—茂」孫注「霜—茂物使俱落也」。〇—，闇之借字。〔墨子・迎敵祠〕「二人掌左—」閒詁。〇—讀曰弇，深也。〔大戴・衛將軍文子〕「女其—知之」王詁。

醃 丨，鹽丨，又菹也。〔廣韻・鹽部〕○丨之言丨漬也。〔廣雅・釋器〕「丨，菹也」疏證。○腌淹並與丨通。（同上）

燂 丨，火滅。〔廣韻・鹽部〕○吳楚謂火滅為丨。〔集韻・鹽部〕

瀸 丨，漬也，没也，洽也，又泉水出微兒。〔廣韻・鹽部〕○丨，浸也，言為池水所浸也。〔說文〕「丨，漬也」義證。○丨，浸也。〔廣雅・釋詁〕「丨，漬也」疏證。○丨，積也。〔說文〕「丨，漬也」段注。○丨，讀與滲略同。〔說文定聲・卷四〕○丨與漸字同，亦作湛。〔廣雅・釋詁〕「丨，漬也」疏證。○丨，或借漸字。〔說文〕「丨，漬也」義證。○〔通雅・卷八〕丨濇即漸漬。〔淮南子・要略訓〕「内洽五藏，丨濇肌膚」。○〔說文定聲・卷四〕丨，凡漸漬字，經傳皆以漸為之。〔說文〕「丨，漬也」。○（同上）丨，字亦作澰。〔廣雅・釋詁〕「澰，清也」。○丨與纖同意。〔說文〕「丨，漬也」句讀。○〔說文定聲・卷四〕丨，叚借為纖。〔釋水〕「泉一見一否為丨」。〔說文定聲・卷四〕丨，叚借為殲。〔公羊傳莊公一七年〕「齊人丨于遂」。

灊 〔說文定聲・卷三〕丨，叚借為潛。〔漢書・地理志〕引〔禹貢〕「沱丨既通」。○丨，經典借潛字。〔說文〕「丨，水出巴郡宕渠」義證。○丨，或借涔字。（同上）

鰜 丨，比目魚。〔廣韻・添部〕○丨，魚名。〔集韻・沾部〕又〔廣韻・咸部〕。○丨，鰱也。〔說文〕「丨，魚名」義證。

枮 丨，木名。〔廣韻・鹽部〕○丨，亦作碪。〔說文定聲・卷四〕○（同上）丨，以石為質，變从石。謝靈運〔擣衣詩〕「櫚高砧響發」。○（同上）丨，疑借桑椹字為丨。〔釋宮〕「椹謂之榩」。○丨，疑即大徐所補之櫼字，今之杉木也。〔說文定聲・卷四〕

⿵門詹 丨，今俗作檐。〔說文〕「丨，丨謂之樀，樀，廟門也」繫傳。

⿱雨兼 丨，久雨。〔廣韻・鹽部〕○丨之言連也。〔說文〕「丨，久雨也」段注。

覝 丨，察也。〔廣韻・鹽部〕○丨、廉與㶣，並聲近義同。〔方言一二〕「㶣，明也」箋疏。○丨，今作廉。〔說文〕「丨，察視也」義證引〔玉篇〕。○丨，當作覝。〔說文〕「㶣，小爇也」義證。

鑯 丨，丨細，又山韭也，今通作韱。〔廣韻・鹽部〕○〔說文定聲・卷四〕丨，一名雚。〔釋草〕「雚，山韭」。○丨，字亦作⿱艹韱，山中自生。〔說文定聲・卷四〕○丨，疑即〔爾雅〕「⿱艹韱，百足」之⿱艹韱。（同上）○〔說文定聲・卷四〕丨，叚借為孅。〔太玄〕「少，次三，動丨其得」。

⿸疒閻 丨，病走。〔廣韻・鹽部〕

噞 丨喁，魚口動兒。〔集韻・鹽部〕○丨喁，魚口上出貌。〔說文〕「喁，魚口上見」義證引〔玉篇〕。

⿰巾兼 丨，帳也，施之户外也。〔說文〕「丨，帷也」義證引〔玉篇〕。○丨，以布為之，施于户，蘇俗謂之門丨。〔說文定聲・卷四〕○丨，字或作簾。〔廣雅・釋器〕「幰、帴，丨也」疏證。○丨，今俗作簾。〔說文〕「丨，帷也」繫傳。○丨，又通作簾。（同上）義證。○丨，字或作嫌。（同上）○〔說文定聲・卷四〕丨，叚借為嫌。〔考工・弓人〕「夫筋之所由幨」。○（同上）丨，字亦作幨。〔通俗文〕「障牀曰幨」。○（同上）丨，字亦作帴。〔廣雅・釋器〕「帴，丨也」。○（同上）丨，字亦作裧。〔儀禮・士昏禮〕「婦車有裧」。○（同上）丨，叚借為襜。〔管子・揆度〕「列大夫豹襜」。○（同上）丨，以襜為之。〔後漢・劉盆子傳〕「絳襜絡」。

彡 丨，毛髮貌。〔說文〕「彰，文彰也」義證。○丨，毛飾。〔廣韻・鹽部〕○丨，彝之飾也。〔說文〕「鬱，芳草也」繫傳。○凡飾物通用丨字也。〔說文〕「聿，聿飾也」繫傳。○丨，猶芟也。〔說文〕「耏，罪不至髡也」繫傳。

⿱冊心 丨，疾利口也。〔廣韻・鹽部〕○丨，嫉利口也。〔集韻・刪部〕○〔說文定聲・卷四〕丨，刪省声，本亦作憸，憸、丨雙聲。〔說文〕「丨，疾利口也，从心，从冊」。○丨，石經作散，假借。〔說文〕「丨，疾利口也」義證。

⿰巾韱 丨，幖丨記。〔廣韻・鹽部〕○丨，拭也。（同上）○丨，或作攕。〔說文〕「丨，拭也」義證。○丨，今作籤。（同上）句讀。○〔說文定聲・卷四〕丨，叚借為籤。〔字林〕「丨，幖識也」。○丨，今蘇俗啟塵之帚曰擔帚，音轉如膽。〔說文定聲・卷四〕

⿱沾女 丨妗，喜兒。〔廣韻・鹽部〕○妗丨，善笑兒。（同上）○丨，亦省作沾。〔說文〕「丨，妗也，從女，沾聲」句讀。○丨，通作沾。（同上）義證。○丨，讀如椹質之椹。〔說文定聲・卷四〕○〔卷三〕丨，讀如碪。〔說文〕「妗，丨妗也」。（「妗」下）

⿸疒冉 丨，皮剥也。〔廣韻・鹽部〕○皮剥謂之丨。〔集韻・鹽部〕○丨，俗謂皮蛀，蓋皮中有小蟲也。〔說文〕「丨，皮剥也」義證。

妗 丨，美也。〔廣韻・添部〕○丨，亦作嬐，今人謂舅之妻曰嬐。〔通雅・諺原〕○〔說文定聲・卷三〕丨，讀如鈐。〔說文〕「丨，⿱沾女丨也」。○〔卷四〕丨，讀如龍龕之龕。〔說文〕「⿱沾女，⿱沾女丨也」。（「⿱沾女」下）○丨⿱沾女，善笑兒。〔廣韻・鹽部〕○丨⿱沾女，喜笑兒。〔集韻・鹽部〕○丨⿱沾女，美笑兒也。〔說文〕「丨，一曰善笑兒」義證引〔玉篇〕。

⿰氵⿱占心 丨滯，作苦滯。〔史記索隱〕「異文」雜志。

⿰言冉 丨，多言。〔廣韻・鹽部〕○〔說文定聲・卷四〕丨，字亦作呥。〔荀子・榮辱〕「亦丨丨而噍」。○丨，字亦作喃。〔說文定聲・卷四〕

⿰冉龜 丨，有距龜。〔廣韻・鹽部〕○〔說文定聲・卷四〕丨，字作裧。〔禮記・雜記〕「其輤有裧」。○頫者，丨之叚借字。〔說文〕「丨，龜甲邊也」段注。

⿱从戈 丨，刺也，銳意也。〔廣韻・鹽部〕○丨，持戈。（同上）○〔說文定聲・卷四〕丨，叚借為銛。〔說文〕「丨，一曰田器」。○丨，通作纖。〔說文〕「丨，絕

也」義證。○一，通作孅。(同上)

**霠**　一，小雨。又霑也。〔廣韻・鹽部〕○一，與霃略同。〔説文定聲・卷四〕○一霃，通作霡霢。〔説文〕「一，小雨也」義證。

**棎**　一，果名，似柰而酸。〔廣韻・鹽部〕○一，似柰而酸，俗呼酸子，其不酸者曰粱果。〔文選・吳都賦〕「一榴禦霜」集釋。○一子，似梨，生江南。(同上)○一子樹，其實如梨，冬熟，味酢。(同上)

**綅**　一，衣色鮮。〔廣韻・鹽部〕○一剡並與繝通。〔廣雅・釋詁〕「繝，續也」疏證。○〔説文定聲・卷四〕一，字又變作擱，緂、繝雙聲。〔方言六〕「繝、剿，續也，秦晉續折謂之擱，繩索謂之剿」。○(同上)一，叚借為剡。〔淮南・氾論〕「一麻索縷」。

**呥**　一，噍皃。〔廣韻・鹽部〕

**鑯**　一，鋭利之器。〔説文〕「一，鐵器也」段注。○凡俗用一尖字，即姺字之俗。〔説文〕「姺，姺姺，鋭意也」段注。○〔説文定聲・卷四〕一，叚借為姺。〔廣雅・釋詁四〕「一，鋭也」。○(同上)一，以鑯為之。〔禮記・文王世子〕「鑯剸」。○(同上)一，字亦作鋟。〔廣雅・釋器〕「鑴、鋟，錐也」。

**笘**　一，漂絮簀。〔廣韻・鹽部〕○一，如今作紙之密緻竹簾。〔説文定聲・卷四〕○一，各本譌笘。〔説文〕「紙，絮一一也」段注。

**鉆**　一，謂脂其車轂者，以器納輨濡膏而染轂中也，其器曰一，鐵為之。〔説文〕「一，一曰膏車鐵一」段注。○〔説文定聲・卷四〕一，所以濡輨膏脂轄者，今用竹柄束椶其耑，疑古用鐵。〔説文〕「一，一曰膏車鐵一也」。○一，持鐵者。〔廣韻・鹽部〕○一，以鐵有所鑷取也。〔説文〕「一，鐵鉗也」義證引〔急就篇〕顔注。○一，持鐵尖也。(同上)義證引〔龍龕手鑑〕。○一即拑字。〔説文〕「拑，脅持也」段注。○所以鉗者曰一。〔説文定聲・卷四〕(「鉗」下)○一，鐵鉗也，以鐵鉗夾取物也。〔慧琳音義・卷一四〕○一，與鉗略同。〔説文定聲・卷四〕○一與拈，聲相近。〔廣雅・釋詁〕「拈，持也」疏證。○〔説文定聲・卷四〕一，叚借為孅。〔秦策〕「吾所苦夫鐵一然自入而出夫人者」。

**黚**　一，淺黃黑色。〔廣韻・鹽部〕○一，淺黃色，又黑也。〔説文〕「一，淺黃黑也」義證引〔玉篇〕。○一與紺，義相近。〔廣雅・釋器〕「紺，青也」疏證。○一即黔字。〔漢書・地理志〕「溫水南至鷩入一水」補注。○〔地理志〕「犍為郡一水」，許〔水部〕作黔水，音同故也。〔説文〕「一，淺黃黑也」段注。

**雂**　一者，黔也。〔説文定聲・卷三〕○(同上)一，叚借為酓。〔左傳昭公二十一年〕「獲其二帥公子苦一、偃州員」。○一，字亦作鴒。〔説文定聲・卷三〕

**燗**　一，俗作焰。〔説文〕「一，火一一也」句讀。○〔説文定聲・卷四〕一，叚借為燄。〔禮記・禮器〕「三獻一」。○一，古多叚炎為之。〔説文〕「一，火一也」段注。○一魔，梵語，義譯為平等王，此司典生死罪福之業，主守地獄。〔慧琳音義・卷五〕

**炏**　一之言炎炎也。〔廣雅・釋詁〕「一，明也」疏證。

**鴒**　一，白喙鳥，亦作雂。〔廣韻・鹽部〕

**𡡾**　一，猶好也。〔説文定聲・卷四〕(「猒」下)○一之言豔也。〔廣雅・釋詁〕「一，好也」疏證。○一孅儼，並聲近而義同。〔釋詁〕「孅，美也」疏證。○一曆𣈄，並同義。〔釋詁〕「一，好也」疏證。○一，和靜。〔廣韻・鹽部〕

**憸**　一、愛，語聲之轉耳。〔方言二〕「一，愛也」箋疏。○一、愛，一聲之轉。〔廣雅・釋詁〕「一，愛也」疏證。○一，一憸。〔廣韻・鹽〕○一憸，多意氣皃。〔集韻・鹽部〕

**𢄔**　一，小巾。〔廣韻・鹽部〕

**黇**　一，黃色。〔廣韻・添部〕○〔説文定聲・卷四〕一，淺黃色也。〔説文〕「一，白黃色也」。○一之言沾也。〔廣雅・釋器〕「一，黃也」疏證。

**聑**　一，耳小垂。〔廣韻・添部〕

**熑**　一，煣軔。〔廣韻・添部〕○一，燥輞也。〔集韻・沾部〕○一，燒車輞。〔説文〕「一，火煣車輞絕也」義證。○〔説文定聲・卷四〕一，以廉為之。〔考工・輪人〕「凡煣牙，外不廉，而內不挫，旁不腫」。○(同上)一，字作熑。〔玉篇〕「熑熪，火不絕也」。

**㶮**　一，火不絕皃。〔廣韻・添部〕○一熪，火不絕。〔説文〕「熑，火煣車网絕也」段注。

**溓**　一，大水中絕，小水出也。〔廣韻・添部〕又〔説文〕「一，薄冰也」義證引〔玉篇〕。○〔説文定聲・卷四〕一，謂小水絕大水而過也。〔説文〕「一，一曰中絕小水」。○一，水之淺薄者。〔説文〕「一，薄冰也」義證。○〔説文定聲・卷四〕水性有輕重，味亦有厚薄，淡言味，一言質也。〔説文〕「一，薄冰也」。○一，薄也。〔説文〕「一，薄冰也」義證引顧野王。又〔説文定聲・卷四〕(「廉」下)○一與濂同。〔説文〕「一，薄冰也」義證。○一，字亦作濂，一又叚借為瀸。〔説文定聲・卷四〕○(同上)風一一者，微波之皃。〔説文〕「鰜，讀若風一一」。

**穅**　一，稻不黏者。〔廣韻・添部〕○一，蘇俗謂之秈米。〔説文定聲・卷四〕○一，稻之青穟。〔説文〕「一，稻不黏者」義證。○一，即今稻也。(同上)繫傳。○一，不作稻也。〔廣韻・咸部〕

**䵡**　一，赤黃色。〔廣韻・添部〕○一姁即佔佰。〔説文〕「一，一曰輕易人一姁也」義證。○曹大家〔女誡〕「陝輸」蓋即一姁也。〔説文〕「一，一曰輕傷人一姁也」段注。○〔説文定聲・卷四〕或曰一姁即班昭〔女誡〕視聽陝輸字。〔説文〕「一，一曰輕易人一姁也」。○〔卷四〕一，叚借為狎。〔説文〕「一，一曰輕易人丨妁也」。

**嬐** 丨，敏也。〔說文定聲·卷三〕（「裣」下）

**櫼** 丨，押也。〔集韻·鹽部〕〇丨，揳也。（同上）〇丨，楯也。〔說文〕「丨，楔也」繫傳。〇丨謂簪也。（同上）〇丨，即今俗以小上大下為丨字。（同上）〇丨，大者謂之栱欂櫨，亦謂之斗栱。〔說文定聲·卷四〕〇丨，凡木工于鑿枘相入處，有不固則斫木札楔入固之，今音如砧。（同上）〇丨，亦作鉆。〔說文〕「丨，楔也」段注。〇丨，或作鑯。（同上）義證。〇丨，字又與鑯通。（同上）句讀。〇丨，同杉，同檆。木名，似松。〔廣韻·咸部〕

**濂** 丨，薄也。〔廣韻·添部〕〇丨，中絕小水。〔集韻·沾部〕

**馦** 丨，香氣。〔廣韻·添部〕〇嗛與丨同。〔廣雅·釋器〕「丨，香也」疏證。〇丨同馠。〔廣雅·釋訓〕「馠馠，香也」疏證。

**欦** 丨，貪慾也。〔廣韻·添部〕〇〔說文定聲·卷三〕丨，段借為貪。〔廣雅·釋詁二〕「丨，欲也」。〇丨，典籍多以歆為之。〔說文定聲·卷三〕〇欿歛丨聲並近。〔廣雅·釋詁一〕「欿、歛、丨，欲也」疏證。

**⿰氵閻** 丨，實即淊之別體。〔說文定聲·卷四〕

**臉** 丨，丨膗也，亦作臢。〔廣韻·鹽部〕

**譣** 丨與憸同。〔說文〕「丨，問也」句讀。〇〔說文定聲·卷四〕丨，段借為憸。〔周書〕「勿以丨人」。〇丨，憸之假借。〔說文〕「丨，周書曰，勿以丨人」段注。〇丨猶險也。〔說文〕「丨，問也」繫傳。〇丨，凡按驗徵驗字，史傳皆以驗為之。〔說文定聲·卷四〕〇丨訓問，謂按問，與試驗應驗義近。〔說文〕「丨，問也」段注。〇丨，丨詖。〔廣韻·鹽部〕

**笘** 佔占並與丨同。〔廣雅·釋器〕「丨，籥也」疏證。〇丨，疑與箚同。〔說文定聲·卷四〕〇（同上）丨，疑誼與彗同。〔禮記·曲禮〕「國中以策彗卹勿」注「彗，竹帚」。〇（同上）丨，與籥同誼。〔說文〕「丨，潁川人名小兒所書為丨」。

**⿱艹亶** 丨，喪藉也。〔慧琳音義·卷九二〕〇丨，猶苫也，謂以草自藉也。（同上）〇丨與苫略同。〔說文定聲·卷三〕

**⿱艹亶** 丨，經典借苫字。〔說文〕「丨，喪藉也」義證。

**⿰⿱竹凶刂** 丨，竹有齒，以搔馬垢汗。〔說文〕「丨，搔馬也」繫傳。〇丨，馬丨也，所以刮馬。（同上）義證。〇丨，所以搔馬者，或曰形如篦，或曰即〔禮記·曲禮〕之策彗也，義與笘同。〔說文定聲·卷四〕

**慊** 丨，足也。〔慧琳音義·卷八七〕〇丨，猒足也，快也。（卷九）〇丨，心惡也。（卷五）〇丨，切齒恨也。〔說文〕「嫌，不平於心也」義證。〇丨丨，嫌恨不足之意。〔通鑑·唐紀四四〕「使聖情丨丨耳」音注。〇丨，或作嫌，疑也。〔慧琳音義·卷五〕〇丨與嫌同。〔漢書·趙充國傳〕「婾得避丨之便」述聞。〇丨，亦嫌字也。〔禮記·坊記〕「貴不丨于上」述聞。〇丨，或為嫌。〔坊記〕「貴不丨於上」述聞引鄭注。〇丨移，當從〔玉篇〕作爁烼，火不絕。〔文選·長門賦〕「心丨移而不省」集釋。〇丨，幨嫌，帷也。〔廣韻·鹽部〕

**䭑** 丨，少也。〔說文〕「丨，嘰也」繫傳。〇〔說文定聲·卷四〕丨，謂小小食也。〔說文〕「丨，嘰也」。〇（同上）丨，不饕餮也。〔說文〕「丨，一曰廉潔也」。〇丨與嗛同。〔說文〕「丨，嘰也」義證。〇丨猶嗛也。（同上）繫傳。〇丨，字亦作鐮。〔說文定聲·卷四〕〇丨，借為廉。〔說文〕「丨，一曰廉絜也」句讀。

**⿰言奄** 丨，通作俺。〔方言一〇〕「嘳哰、謰謱，拏也，或謂之丨」箋疏。〇丨，一曰拏也。〔集韻·鹽部〕〇丨消，克當也。〔集韻·鹽部〕

**扲** 丨為記識之業也。〔方言一三〕「丨，業也」箋疏。

**柑** 丨，以木銜馬口也。〔集韻·鹽部〕〇丨，當作拑。〔公羊傳宣公一五年〕「丨馬而秣之」陳疏。〇丨，當止作甘，即銜也，甘、銜古今字。（同上）陳疏引吳麦雲。〇丨，官本作拑，〔晉志〕作箝。〔漢書·五行志〕「臣畏刑而丨口」補注。

**俺** 丨與奄聲近義同。〔廣雅·釋詁〕「奄，大也」疏證。

**剡** 丨浮，或云閻浮，或作譫浮，正言贍部，因樹為名，舊譯云穢樹域。〔慧琳音義·卷七〇〕

**⿰弇刂** 丨，刑也。〔集韻·嚴部〕

**⿰笘刂** 丨，剡物使薄。〔集韻·鹽部〕

**⿰鉆刂** 丨，切，割也。〔廣韻·鹽部〕

**⿰鉆刂** 丨，切也。〔集韻·鹽部〕

**⿰廉刂** 丨，輕刺也。〔集韻·鹽部〕

**厃** 丨，仰也，一曰屋相。〔集韻·嚴部〕

**厱** 丨，石地。〔集韻·鹽部〕

厱 —,山穴間。〔集韻·嚴部〕
呫 —,嘗也。〔集韻·沾部〕
嗛 〔說文定聲·卷四〕—,字亦作噞。〔廣雅·釋言〕「噞,喁也」。
噡 —言,語也。〔廣韻·鹽部〕〇—,疑諸字之誤。〔荀子·非相〕「—唯則節」平議。
嚵 —呷,不廉。〔廣韻·鹽部〕又〔集韻·鹽部〕。
壛 —,地穴。〔集韻·嚴部〕
黏 —,䵥,多也。〔集韻·鹽部〕
姌 —,弱長皃。〔集韻·鹽部〕
姑 —,小弱也。〔集韻·鹽部〕〇—,一曰女輕薄皃。〔同上〕〇—侈,輕薄皃。〔廣韻·鹽部〕
孅 —,銳也,細也。〔廣韻·鹽部〕〇—,〔史記〕作纖。〔漢書·司馬相如傳〕「—繳施」補注。〇—與纖音義皆同,古通用。〔說文〕「—,兑細也」段注。〇月御曰望舒,亦曰—阿。〔文選·子虛賦〕「—阿為御」集釋。〇—阿,山名,有女子處其巖,乃歷數度,躍入月中,因為月御也。〔同上〕〇—,〔史記〕作纖。〔同上〕
尖 —,銳也。〔廣韻·鹽部〕
𨘢 —辿,行不正。〔集韻·鹽部〕
嵁 —巖,不平。〔集韻·嚴部〕
岭 —,緝—。〔廣韻·鹽部〕
帘 青—,酒家望子。〔廣韻·鹽部〕
帎 —,領耑,或从衣。〔集韻·沾部〕
㡧 —,幨也。〔廣韻·鹽部〕
幓 旗正幅為—,或从糸,亦作襂。〔集韻·鹽部〕

庈 —,擴也。〔集韻·嚴部〕
𢓜 —,遲行也。〔集韻·鹽部〕
𢓭 —,徐行也。〔集韻·鹽部〕
忴 —惧,心急也。〔集韻·鹽部〕
恓 —,各本篆作恬,解作甛省聲,今正。〔說文〕「—,安也,从心,西聲」段注。
㤐 —,衣領,亦作衻。〔廣韻·添部〕
怗 —懘,音不和也。〔廣韻·鹽部〕
㳩 —,音敝不和,或作怗、苫,亦書作点,俗作怗,非是。〔集韻·鹽部〕
憛 —,惶遽也。〔集韻·鹽部〕
惐 —倚,意不安也。〔廣韻·鹽部〕
𪏮 —,心有所箸。〔集韻·鹽部〕
掞 —,光暉也。〔慧琳音義·卷八四〕
撆 —,摘物。〔廣韻·鹽部〕〇—,摘也,或从廾,从尋,亦書作擙。〔集韻·鹽部〕
攕 秦漢間借纖為—。〔說文〕「—,好手皃也」句讀。
敁 —敪,稱量。〔廣韻·添部〕〇玷捶,或作—掇,轉之則為敁掇。〔廣雅·釋詁〕「掇,量也」疏證。
𪔤 —,擊鼓謂之—,或从壴从手。〔集韻·鹽部〕〇—,—鼓,鼓初打也。〔廣韻·鹽部〕
槧 —,削皮。〔廣韻·鹽部〕
橬 涔與潛、—同。〔廣雅·釋器〕「涔,栫也」疏證。
棪 —,木細葉也。〔廣韻·鹽部〕
櫩 —,步—,長廊也。〔廣韻·鹽部〕

櫩 —，木名。〔廣韻・鹽部〕○—，木名，膠可作香。〔集韻・鹽部〕

𡯁 —，殁也。〔集韻・鹽部〕

添 —，益也。〔廣韻・添部〕又〔說文〕「沾，一曰沾益也」義證引〔玉篇〕。○—物與滿止義相成。〔釋言〕「趾，足也」郝疏。

湛 瀸與漸字同，亦作—。〔廣雅・釋詁〕「瀸，漬也」疏證。

湉 —，水靖。〔廣韻・添部〕

𤅶 —，進也。〔廣韻・鹽部〕

䑢 —，衣動皃，或作袡，通作襜。〔集韻・鹽部〕○——，衣動皃。〔廣韻・鹽部〕

𥎊 —燅粘爛，並通。〔廣雅・釋詁〕「—，爚也」疏證。

𤎖 —，湯瀹肉。〔說文〕「燅，於湯中爚肉」義證。

粘 —，木名，似松，可為船及作柱，埋之不腐。〔集韻・鹽部〕

燖 —，沈肉於湯也，或作爓、粘。〔集韻・鹽部〕○—，本作燅。〔說文〕「揾，没也」義證。

燂 —，或作燖、作燅，以湯去毛曰燅。〔慧琳音義・卷一七〕

熑 —熸，火不絶皃。〔集韻・鹽部〕

獫 —，小犬學吠，聲未正也。〔說文〕「—，犬吠不正也」繫傳。

獫 —，犬長喙。〔廣韻・鹽部〕

玁 —狁，即獫狁，北狄也。〔詩・六月〕「—狁孔熾」朱傳。

玪 —與瑊同。〔說文〕「—，—塾，石之次玉者」義證引〔玉篇〕。

䁠 —，香美。〔廣韻・添部〕

䁠 —，味甘。〔集韻・鹽部〕

𤻮 —，臞疾。〔集韻・鹽部〕○—，瘛—，病也。〔廣韻・添部〕

𤸁 —，味毒喉中，或从兼。〔集韻・鹽部〕○—，蓋瘍也。〔集韻・沾部〕

𥄫 —，目垂。〔廣韻・添部〕○—，竊視也。〔集韻・沾部〕

䁠 —貼，耳垂。〔集韻・沾部〕

瞔 —，閉目內思也。〔集韻・鹽部〕

䁮 —，閉目內思。〔廣韻・鹽部〕○—之言潛也。〔廣雅・釋詁〕「—，憂也」疏證。

秡 —，禾傷肥。〔集韻・鹽部〕

稖 ——，苗美也。〔廣韻・鹽部〕○——，苗齊等也。〔集韻・鹽部〕

𥢌 —，禾名。〔廣韻・鹽部〕

𥢓 —，禾也。〔集韻・鹽部〕

𥬀 —，古通作廉。〔廣雅・釋器〕「—，翳也」疏證。

𥳲 —，竹病不可析篾。〔集韻・鹽部〕

𥻂 —，青稻白米。〔廣韻・添部〕

䌁 —，縿也。〔集韻・沾部〕

縑 —，縿也。〔集韻・鹽部〕

緊 —，口閉也。〔集韻・沾部〕○持意堅固謂之—。（同上）○—，堅持意。〔廣韻・添部〕

𦇺 —，續也。〔集韻・鹽部〕

羂 —，絲網。〔廣韻・添部〕○絲網曰—。〔集韻・沾部〕

羬 羊六尺為—。〔廣韻・鹽部〕

䑠 —，肥也，或作脴。〔集韻・沾部〕

膁 —，美也。〔集韻・鹽部〕

**譫** 丨䛠，長舌。〔廣韻・鹽部〕〇丨䛠，吐舌。〔添部〕〇丨䛠，吐舌皃，或作䜁。〔集韻・沾部〕

**芩** 丨者，黔也。〔本草・卷一二〕

**苒** 丨與蒳同。〔廣雅・釋草〕「藜蘆，蔥蒳也」疏證。

**菴** 丨，丨蕳草。〔廣韻・鹽部〕

**菾** 丨，菜名。〔廣韻・添部〕〇丨與甜通，因其味也。〔本草・卷二七〕

**菍** 丨，蘩名。〔廣韻・添部〕〇丨，蘩艸。〔集韻・沾部〕

**蘄** 丨丨，麥秀。〔集韻・鹽部〕

**薝** 丨棘，艸名。〔集韻・敜部〕

**蘞** 丨麻即蕁麻。〔通雅・艸〕〇丨，菜名，生水中。〔集韻・鹽部〕〇丨，山菜。〔廣韻・鹽部〕

**蘝** 丨，蔓草。〔廣韻・鹽部〕

**蔱** 丨，艸，味辛毒。〔集韻・嚴部〕

**蘸** 丨，百足草。〔廣韻・鹽部〕〇丨，艸名，百足也。〔集韻・鹽部〕〇丨字从艸从水，疑後人所加。〔釋草〕「丨，百足」郝疏。

**蜮** 丨與蠊音同。〔説文〕「蠊，海蟲也」段注。

**螹** 丨䗕，蟲名。〔廣韻・鹽部〕〇丨，一曰丨胡，似猨。〔集韻・鹽部〕

**詗** 丨，言利美也。〔廣韻・鹽部〕又〔集韻・鹽部〕。

**諃** 丨，言不實。〔集韻・鹽部〕

**譧** 丨詽，言不正。〔集韻・鹽部〕

**轞** 丨，車轞。〔廣韻・鹽部〕又〔集韻・鹽部〕。

**䝺** 丨，苦，艱也。〔集韻・沾部〕

**䜁** 丨，含怒也。〔集韻・鹽部〕

**鋡** 丨，曲頭鑿。〔集韻・鹽部〕又〔廣韻・鹽部〕。

**鋟** 丨，刻也。〔公羊傳定公八年〕「睋而丨其板」陳疏。〇丨，以爪刻櫝版也。〔廣韻・鹽部〕

**鑴** 破木之器曰丨。〔説文〕「丨，破木丨也」段注。〇破木謂之丨。〔同上〕

**閰** 丨，小開門以候望也。〔集韻・鹽部〕

**酟** 丨酟，面陋。〔集韻・沾部〕

**韂** 丨，衣蔽也。〔集韻・鹽部〕〇丨，屏也。〔廣韻・鹽部〕

**餤** 丨，進也。〔集韻・鹽部〕〇丨，自由進食之義。〔詩・巧言〕「亂是用丨」後箋。

**髯** 丨鬑，鬑髮踈薄皃。〔廣韻・添部〕

**髺** 丨，去髮著鉗之刑。〔集韻・鹽部〕

**鬘** 丨，髮也。〔廣韻・鹽部〕又〔集韻・鹽部〕。

**鬵** 丨，甑也。〔廣韻・鹽部〕

**鳹** 丨離鳥，自為牝牡也。〔廣韻・鹽部〕

**鹼** 丨，水和鹽。〔廣韻・鹽部〕〇鹽在水曰丨。〔集韻・鹽部〕

**黇** 丨，黄也。〔廣韻・鹽部〕

**黏** 丨，禾黍疎皃。〔集韻・沾部〕

**鼸** 丨䶎，鼻垂。〔集韻・沾部〕

**齸** 丨，齒差。〔廣韻・鹽部〕

# 續經籍籑詁卷第三十

下平聲

## 十五　咸

**咸**　一，其口同也。〔説文〕「一，皆也」繫傳。○一，同也。〔詩・閟宮〕「克一厥功」朱傳。又〔廣韻・咸部〕。○一，皆也。(同上)○一，盡之皆也。〔釋詁〕「一，皆也」郝疏。○一，悉也。〔廣韻・咸部〕○一猶偏。〔書・洛誥〕「一秩無文」孫疏。○一，感也。〔漢書・揚雄傳〕「動不克一」補注。○一與感聲義正同。〔易・雜〕「一，速也」述聞。○一本古文感。〔左傳昭公二一年〕「窕則不一」洪詁。○一與備可互訓。〔詩・閟宮〕「克一厥功」通釋。○一者，感忽忽之謂也。〔易・雜〕「一，速也」述聞。○一者，滅絶之名。〔書・君奭〕「一劉厥敵」述聞。○一劉，皆滅也。(同上)○一事者，皆任職。〔書・皋陶謨〕「九德一事」孫疏。○一秩，謂偏序其尊卑。〔書・洛誥〕「一秩無文」孫疏引江聲。○一臨言臨之速也。〔易・臨〕「一臨」平議。○一池，大一。〔屈賦・遠遊〕「張一池奏承雲兮」戴注。○一，皆也，道施於民，故曰一池也。〔漢書・禮樂志〕「一池，備也」補注引〔初學記〕。○一池實即天潢。〔文選・離騷經〕「飲余馬於一池兮」集釋。○一池三星在天潢南。(同上)集釋引〔晉書・天文志〕。○一池，西宮。(同上)集釋引〔天官書〕。○夫一池，渭兆也。〔史記・秦始皇本紀〕「皆阬之一陽」志疑。○一陽南宮必在蘭池南，乃太后之宮。〔史記・秦始皇本紀〕「秦王乃迎太后於雍而入一陽」志疑。○一丘在鉅野縣南。〔左傳桓公七年經〕「焚一丘」疏證引〔山東圖經〕。○緘一械並字異而義同。〔廣雅・釋器〕「緘，繩索也」疏證。○一即諴字之省。〔書・無逸〕「用一和萬民」平議。○一亦為古文滅，與滅同。〔史記・司馬相如傳〕「上一五」志疑。○一為古文滅。〔左傳昭公二六年〕「一黜不端」洪詁。○一與滅古字通。〔書・君奭〕「一劉厥敵」述聞。○一與滅通。(同上)孫疏。○一，古書多假為滅。〔説文〕「滅，損也」段注。○一者，戕之叚字。〔法言・重黎〕「迄始皇三載而一」平議。○巫一當作巫戊。〔書・君奭〕「巫一乂王家」述聞。○〔漢書・古今人表〕巫一亦當作巫戊。(同上)○〔左傳莊公一〇年〕小惠未徧，〔魯語〕作小賜不一。〔書・洛誥〕「一秩無文」孫疏引江聲。○一當作或，或者，棫之借字也。〔詩・鄭譜〕「宗周畿内一林之地」述聞。○唐石經初刻作一，後作滅。〔左傳昭公二一年〕「窕則不一」洪詁。○一，〔史記〕作減，減、一通用。〔漢書・咸宣傳〕「一宣，楊人也」補注引沈欽韓。

**鹹**　一，不淡。〔廣韻・咸部〕○一，水味也。〔説文定聲・卷五〕又〔慧琳音義・卷一二〕引〔考聲〕。○一土，名鹵一。〔説文〕「鹼，鹵也」義證引〔本草〕唐本注。

**函**　一，一書。〔廣韻・咸部〕○椷咸一並通。〔廣雅・釋器〕「匧謂之椷」疏證。

**緘**　一，一封。〔廣韻・咸部〕○束之者曰一。〔説文〕「一，所以束匧也」段注。○齊人謂棺束曰一。(同上)○一即繃也。〔説文〕「繃，束也」義證。○一當作繃。〔墨子・節葬下〕「葛以一之」閒詁。○一咸椷並字異而義同。〔廣雅・釋器〕「一，繩索也」疏證。○一亦省作咸。〔説文〕「一，束篋也」句讀。○一通作咸。(同上)義證。○一，司馬本作咸，云引也。〔莊子・天運〕「意者其有機一而不得已邪」集釋。○一〔喪大記〕作咸。〔説文〕「一，所以束匧也」段注。

**嵒**　一，嶃一，山高皃。〔廣韻・咸部〕○一，巖也。(同上)

**讒**　一，譖也。〔大戴・千乘〕「利辭以亂屬曰一」王詁。又〔廣韻・咸部〕。○一，相譖也。〔説文〕「一，譖也」義證引〔急就篇〕顔注。○一，譖也。〔孟子・梁惠王下〕「睊睊胥一」朱注。○一説，是巧言令色也。〔書・堯典〕「一説殄行」孫疏。○一，舊本作説。〔呂覽・具備〕「恐魯君之聽一人」校正。

**銜**　一，勒也。〔國策・秦策一〕「伏軾撙一」鮑注。○一，馬勒也。〔漢書・王吉傳〕「馮式撙一」補注。○一，馬勒口中。〔廣韻・銜部〕○一者，馬勒口中也。〔説文〕「鑾，人君乘車四馬鑣八鑾」段注。○一，口持而嚼也。〔慧琳音義・卷一二〕引〔考聲〕。○其在口中者謂之一。〔説文〕「一，馬勒口中也」段注。○一，引申為凡口含之用。(同上)○凡在内未發者皆曰一。〔慧琳音義・卷五八〕

**巖**　一，岸也，山崖也。〔慧琳音義・卷八〕引〔考聲〕。○一，峯也。〔廣韻・銜部〕○一，險也。(同上)○一，峻廊也。(同上)○一一，積石貌。〔詩・節南山〕「維石一一」朱傳。○一突洞房，皆言其幽深也。〔漢書・司馬相如傳〕「一突洞房」補注。○一唫即厰崟。〔説文〕「厰，一曰地名」義證。○一墻，墻之將覆者。〔孟子・盡心上〕「不立乎一墻之下」朱傳。○〔通雅・卷三八〕一廊，峻廊也。〔董仲舒傳〕「舜遊巖廊」。○古言一廊者，殿旁高廡也。〔説文〕「一，岸也」繫傳。○一郎，羽林郎也。〔通雅・官制〕○一亦作礹。〔廣韻・銜部〕○一，字亦作巗，與嵒略同。〔説文定聲・卷四〕○諸書多假一為礹。〔説文〕「礹，石山也」段注。○〔説文定聲・卷四〕一，叚借為礹。〔詩・節南山〕「維石一一」。○〔釋文〕一本又作嚴。〔左傳隱公元年〕「制，一邑也」洪詁。○一各本作岸。〔説文〕「一，厓也」段注。

**帆**　一，舩幔也。〔慧琳音義・卷七六〕○一，船上幔也。〔廣韻・凡部〕○今人呼一為篷，亦聲之轉也。〔漢書・食貨志〕「大命將泛」補注引錢大昕。○

丨主者，海導師也。〔慧琳音義·卷四一〕○丨亦作颿。〔廣韻·凡部〕

衫　丨，丨衣。〔廣韻·銜部〕○古者短襦為丨。〔本草·卷三八〕○宋之丨帽，猶唐之帷帽冪䍦也。〔通雅·衣服〕

監　丨者，臨也。〔時·節南山〕「何用不丨」後箋。○丨，視。〔同上〕朱傳。又〔大明〕「天丨在下」朱傳。又〔烝民〕「天丨有周」朱傳。又〔殷武〕「天命降丨」朱傳。○丨，視也。〔詩·烝民〕「天丨有周」陳疏。又〔詩·大東〕「丨亦有光」集疏。又〔論語·八佾〕「周丨於二代」朱注。又〔大學〕「詩云儀丨于殷」朱注。○丨，亦視也。〔詩·皇矣〕「丨觀四方」朱傳。○〔說文定聲·卷四〕丨，隱几俛視之意也。〔說文〕「丨，臨下也」。○丨，謂當察視其亂之所由生也。〔詩·節南山〕「何用不丨」後箋。○丨，察也。〔廣韻·銜部〕○丨，領也。〔同上〕○〔通雅·卷四〕丨寐，假寐也，或作鑒寐。〔後漢書·劉陶傳〕「屏營傍徨，不能丨寐」。○〔說文定聲·卷四〕丨，此誼實與瞗同。〔齊語〕「以丨其上下之所好」注「觀也」。○丨，古瞗字。〔詩·節南山〕「何用不丨」陳疏。○丨者，瞗之叚音。〔釋詁〕「丨，視也」郝疏。○丨者，以丨殷民，三丨者，管、蔡及武庚也。〔漢書·地理志〕補注。○丨，門卒也。〔國策·秦策五〕「且梁丨門子嘗盜於梁」鮑注。○丨門乃主啓閉丨視者。〔漢書·高帝紀〕「酈食其為里丨門」補注引沈欽韓。○丨牧即郡守，司察即丨郡御史也。〔漢書·百官公卿表〕「丨御史，秦官，掌丨郡」補注引王鳴盛。○丨與闞古字通。〔漢書·郊祀志〕「蚩尤在東平陸丨鄉」補注引錢大昕。○丨當讀為諂。〔管子·宙合〕「毋丨于讒」平議。○丨作賢，此今文說。〔書·梓材〕「王啓丨」孫疏。

凡　丨者，冣括也。〔說文·敘〕「丨倉頡已下十四篇」段注。○丨者，冣括之詈也。〔說文·上說文書〕「丨十五卷」段注。○丨之言氾也，包舉氾濫一切之稱也。〔說文〕「丨，冣括而言也」段注。○丨之言泛也，包舉氾濫一切之稱也。〔方言一三〕「枚，丨也」箋疏。○丨，一一垂及字也。〔說文〕「丨，最括而言也」繫傳。○丨有總義。〔管子·樞言〕「殆丨人之名三」義證引孫星衍。○丨，數之總名也。〔說文〕「丨，最括也」義證引〔三蒼〕。○丨者，獨舉其大也。〔說文〕「丨，冣括而言也」段注。○丨，皆也。〔廣韻·凡部〕○丨，常也。〔同上〕○丨，輕也。〔同上〕○丨與仉聲義並同。〔方言一○〕「仉，輕也」箋疏。○丨、汎古字通。〔左傳隱公七年經〕「天王使丨伯來聘」洪詁。○丨通於汎，汎亦有衆義。〔孟子·盡心上〕「待文王而後興者，丨民也」焦正義。○丨當作亓，與其通。〔墨子·雜守〕「材之大小長短及丨數」閒詁引蘇時學。○丨乃古丸字也。〔史記·五帝本紀〕「登丸山」志疑。○丸、丨即是一山，其字當為丸。〔漢書·郊祀志〕「禪丨山」補注。○丨，非一也。〔廣韻·凡部〕

巉　丨，險也。〔廣韻·銜部〕○丨巖高危。〔說文〕「碞，磛嵒也」義證引〔玉篇〕。○丨巗，高也。〔廣雅·釋詁〕○丨巗、磛嵒、丨巖、嶄巖、磛巖並字異而義同。〔釋詁〕「丨、巗，高也」疏證。○丨、巗合言之則曰丨巗。〔同上〕

鑱　丨，鋭也。〔續音義·卷五〕引〔切韻〕。○丨，錐手刺也。〔慧琳音義·卷七二〕引〔文字典說〕。○丨，又謂針刺也。〔卷六二〕○丨，吳人云犁鐵。〔廣韻·銜部〕○丨之言劖也。〔廣雅·釋器〕「丨謂之鈹」疏證。○丨，亦作劖。〔慧琳音義·卷六二〕○丨，字或作攙。〔說文〕「丨，鋭也」義證。○〔說文定聲·卷四〕丨，字亦作攙。〔說文新附〕「攙，刺也」。

芟　除草曰丨。〔詩·載芟〕「載丨載柞」朱傳。○丨，刈草。〔廣韻·銜部〕○丨，伐艸也。〔續音義·卷一○〕引〔字書〕。○丨，刈也。〔大戴·保傅〕「其視殺人若丨草菅然」王詁。○丨殺，所謂由多漸少皆有等衰。〔廣雅·釋詁〕「斬，次也」疏證。○丨，賈氏本作癹。〔左傳隱公六年〕「丨夷蘊崇之」

疏證。

嵌　丨，巖山也。〔廣韻·銜部〕○〔說文定聲·卷三〕丨，臽空之皃，鐘虡刻鏤玲瓏意，此字即歁之轉注。〔說文新附〕「丨，山深皃，从山，歁省聲」。

摻　丨，把持也。〔國策·燕策三〕「丨其室」鮑注。○丨丨，猶纖纖。〔詩·葛屨〕「丨丨女手」後箋引〔文選注〕。○丨丨，猶纖纖。〔同上〕朱傳。○丨、纖、攕、孅聲近義同。〔方言二〕「丨，細也」箋疏。○丨，通作攕，云好手貌。〔詩·遵大路〕「丨執子之祛兮」後箋引何楷。○丨為攕之俗字。〔詩·葛屨〕「丨丨女手」後箋引楊旭。○丨，假丨為攕。〔同上〕後箋。○〔說文定聲·卷三〕丨叚借為攕。〔詩·葛屨〕「丨丨女手」。○丨，此字隸辨訂即操，或謂魏避武帝諱改从參。〔說文定聲·卷三〕○〔同上〕丨叚借為槮。〔淮南·俶真〕「有有者言萬物丨落」。○〔同上〕丨落讀為槮格，長大衆多之皃也。〔淮南·俶真〕「有有者言萬物丨落」。○韓丨丨一作攕攕。〔詩·葛屨〕「丨丨女手」集疏。

瑊　丨，美石次玉。〔廣韻·咸部〕○丨，丨玏，石次玉者。〔集韻·咸部〕○丨玏即〔說文〕之玪塾。〔漢書·司馬相如傳〕「丨玏玄厲」補注引梁章鉅。

劖　丨，刺也。〔廣韻·銜部〕○丨與金部鑱義略近。〔說文〕「丨，斷也」段注。

碞　〔說文定聲·卷三〕丨，磛嵒，山石之皃，諸賦多作嶄巖。〔說文〕「丨，磛丨也」。○丨，僭差。〔廣韻·咸部〕○以嵒說丨，明乎其為一字。〔說文〕「丨，磛嵒也」句讀。○〔說文定聲·卷三〕丨叚借為僭。〔書·召誥〕「畏于民嵒」。○丨即僭之假借字耳。〔說文〕「丨，磛丨也」段注。○丨當為嵒。〔書·召誥〕「顧畏于民丨」平議。

諴　丨，和也。〔廣韻·咸部〕○丨為調戲之調。〔廣雅·釋詁〕「丨，調也」疏證。○〔說文定聲·卷三〕丨叚借為譀。〔廣雅·釋詁四〕「丨，調也」。○丨借咸字。〔說文〕「丨，和也」義證。

儳　丨，儖丨皃，惡也。〔廣韻·咸部〕

**欃** ｜，檀木別名。〔廣韻·咸部〕○〔天官書〕〔隋志〕｜並作攙，字通用。〔漢書·天文志〕「砥槍、｜、棓、彗異狀」補注。

**攙** ｜，刺也。〔廣韻·咸部〕○｜，｜搶，祆星。〔廣韻·銜部〕又〔慧琳音義·卷八五〕引〔星經〕。○｜搶亦作欃槍。〔漢書·司馬相如傳〕「攙｜搶以為旌兮」補注。

**㕙** ｜，狡｜。〔廣韻·咸部〕○｜，駿兔也。〔說文〕「｜，狡兔也」義證引〔玉篇〕。○｜，狡也。〔詩·巧言〕「躍躍｜兔」朱傳。○兔大者曰｜。〔說文〕「｜，狡兔也」義證引〔廣志〕。○｜兔，大兔也。〔詩·巧言〕「躍躍｜兔」通釋引〔蒼頡〕解詁。○｜義與㕙相近。〔廣雅·釋詁〕「㕙，疾也」疏證。○｜當作㲋。〔說文〕「䞘，讀若｜」段注引顧炎武。○〔說文定聲·卷四〕｜，字亦變作欃。〔漢書·司馬相如傳〕「欃檀木蘭」。○｜即天欃也。〔說文定聲·卷一四〕〔「㸑」下〕○｜，字又變作艬。〔卷四〕○（同上）｜借為閘。〔字林〕「｜，水門也」。

**颿** ｜，馬疾步。〔廣韻·凡部〕○｜，疾走也。〔說文定聲·卷三〕○（同上）｜，轉注，今字作帆。〔吳都賦〕「樓船舉｜而過肆」。○舟船之｜本用此字，今別作帆。〔說文〕「｜，馬疾步也」繫傳。

**椷** ｜，木篋也。〔慧琳音義·卷九○〕引〔字統〕。○｜，木篋也，函屬。〔說文〕「｜，篋也」繫傳。○｜，篋也。〔集韻·謙部〕○｜，杯也。〔廣韻·咸部〕○趙魏謂杯曰｜。〔集韻·咸部〕○｜即䤹。〔說文〕「䤹，小桮也」段注。○｜即䤹之假借字也。〔廣雅·釋器〕「䤹，杯也」疏證。○｜之言函也。〔釋器〕「匧謂之｜」疏證。○緘咸｜並字異而義同。〔釋器〕「緘，繩索也」疏證。○｜咸函並通。〔釋器〕「匧謂之｜」疏證。○假｜為含也。〔說文〕「｜，篋也」段注。○〔天官書〕及注｜作㨔，是㨔即容也。〔漢書·天文志〕「閒可｜劍」補注。

**麙** ｜，羊絕有力。〔集韻·咸部〕○｜音咸。〔釋獸〕「絕有力｜」鄭注。○｜同麙。〔廣韻·咸部〕○｜又作羬。〔說文〕「｜，山羊而大者細角」義證。

**黬** ｜，釜底黑也。〔廣韻·咸部〕

**縿** 〔說文定聲·卷三〕｜，旌旗正幅游所屬者也，交龍鳥隼之屬皆畫于｜。〔說文〕「｜，旌旗之游也」。○凡旗之正幅曰｜。〔卷六〕○｜，衆旒所著者。〔釋天〕「纁帛｜」鄭注。○｜，絳帛。〔廣韻·銜部〕○｜音衫。〔釋天〕「纁帛｜」鄭註。○｜，字或作幓。〔說文〕「｜，旌旗之游也」義證。○〔說文定聲·卷三〕｜字亦作幓。〔漢書·司馬相如傳〕「垂旬始以為幓兮」。○｜，通作縿。〔說文〕「｜，旌旗之游也」義證。○〔說文定聲·卷三〕｜叚借為綃，肖參雙聲。〔禮記·檀弓〕「｜幕魯也」。

**獑** ｜猢，似猿而白。〔廣韻·咸部〕○｜，獸名，｜猢，類猿而白，腰以前黑。〔集韻·銜部〕○｜猢似猿而足短，一騰一百五十步，如迅鳥之飛。〔漢書·司馬相如傳〕「｜猢豰蛫」補注引〔寰宇記〕。○｜猢似猴，為獸奇捷，常在樹上欻焉騰躍百五十步若鳥。〔說文〕「䶛，斬䶛鼠」義證引〔蜀地志〕。○｜與䶛同。〔廣雅·釋獸〕「䶛鼬」疏證。

**嚴** ｜，威也。〔詩·常武〕「有｜天子」朱傳。又〔廣韻·嚴部〕。○｜，毅也。（同上）○｜，敬也。（同上）○｜為急，急者，謂不暇也。〔孟子·公孫丑下〕「事｜」焦正義。○有｜，猶｜｜也。〔詩·殷武〕「下民有｜」集疏。

**䉷** ｜，射翳。〔廣韻·嚴部〕○｜，字亦作䕪。〔說文定聲·卷四〕○〔說文〕｜、䕪雙聲。〔管子·戒篇〕「桓公明日弋在廩」義證。○｜通作嚴。〔說文〕「｜，惟射所蔽者也」義證。○〔說文定聲·卷四〕｜以嚴為之。〔漢書·元帝紀〕「嚴籞池田」。

**㰹** ｜即金人三緘其口意，此字疑後出。〔說文定聲·卷三〕○｜通作緘。〔說文〕「｜，監持意，口閉也」義證。○｜，慳恪。〔廣韻·咸部〕

**㺝** ｜，犬吠聲。〔廣韻·咸部〕

**䫡** ｜，面長皃。〔廣韻·咸部〕○｜，頭頰面長皃。〔說文〕「｜，頭頰長也」義證引〔玉篇〕。○｜，頭頰長也者，當云頭陜長也。（同上）義證。○｜｜，醜皃。〔集韻·咸部〕○｜，史傳多以頷、以欿為之。〔說文定聲·卷四〕

**齸** ｜，齒差也。〔集韻·咸部〕又〔有部〕。○｜，齒左右出也。〔說文〕「｜，齒差也」繫傳。○〔說文定聲·卷四〕｜，齟齬不齊之意。〔說文〕「｜，齒差也」。○｜，齒皃。〔廣韻·咸部〕○｜當為䫡。〔說文〕「頷，｜皃」義證。

**纔** ｜，帛青色。〔廣韻·銜部〕又〔集韻·銜部〕。○｜，一色之淺也，引之則甫爾為｜。〔說文〕「｜，一曰微黑色如紺。｜，淺也」義證引〔六書故〕。○｜即纔字。〔說文〕「｜，帛雀頭色也」段注。

**彡** ｜，毛長。〔廣韻·銜部〕

**䰼** ｜，視也。〔廣韻·銜部〕○｜，經典皆作監。〔說文〕「｜，視也」句讀。○｜，經傳通以監為之。〔說文定聲·卷四〕

**欦** ｜，笑也。〔廣韻·謙部〕○｜，含笑也。〔集韻·凡部〕○｜，多智也。（同上）

**芝** ｜，草浮水皃。〔廣韻·凡部〕

**䶢** ｜，口持不齧。〔集韻·咸部〕○〔說文定聲·卷三〕｜，字亦作喊。〔法言·問神〕「狄牙能喊」。○｜即咸字之或體。〔說文定聲·卷三〕

**黚** ｜，黃黑如金也。〔說文〕「｜，黃黑也」義證引〔玉篇〕。○｜，黃色如金也。（同上）段注引〔玉篇〕。○｜、黔音亦與金同。〔廣雅·釋器〕「黔，黃也」疏

證。〇|，義亦與黔同。〔廣雅・釋器〕「|，黑也」疏證。〇〔說文定聲・卷三〕|，字亦作黅。〔廣雅・釋器〕「黅，黃也」。

**嗛** |，銜也。〔說文〕「|，口有所銜也」義證引〔玉篇〕。〇|，口有所銜也。〔通鑑・漢紀八〕「王夫人知帝|栗姬」音注。〇|、銜音義同。〔說文〕「嗜，|也」段注。〇|，猿藏食處。〔通雅・疑始〕〇寓鼠曰|。〔說文定聲・卷一四〕〇|，誼與含略同，故鼠之以頰藏食者曰鼸。〔卷四〕〇今借銜為|。〔說文〕「|，口有所銜也」句讀。〇|，〔史記〕書銜恨字如此。（同上）繫傳。

**礹** 〔說文定聲・卷四〕|猶今之假山也。〔說文〕「|，石山也」。〇|，經典借巖字。〔說文〕「|，石山也」義證。

**𡾋** |，〔廣韻〕作巗。〔說文〕「|，呻也」段注。

**磛** |，如今假山石。〔說文定聲・卷四〕〇巉巗、|碞、巉巖、嶄巖、|巖，並字異而義同。〔廣雅・釋詁〕「巉、巗，高也」疏證。〇|或作嶄。〔說文〕「|，礹石也」義證。〇〔說文定聲・卷四〕|字亦作嶄。〔廣雅・釋訓〕「嶄嶄，高也」。〇|喦或作巉巖。〔說文〕「碞，|喦也」義證。〇〔說文定聲・卷四〕|，字亦作巉。〔廣雅・釋詁四〕「巉，高也」。〇（同上）|以漸為之。〔詩〕「漸漸之石」。〇|又借漸字。〔說文〕「|，礹石也」義證。〇〔說文定聲・卷四〕|段借為塹。〔海賦〕「襲陵巒而嶄鏨」。

**緂** |，織毛為之，出西戎。或云毛罽，亦曰毛褥席。〔慧琳音義・卷六〇〕〇|字亦作䌨。〔說文定聲・卷四〕

**䤁** |，一音甘。〔說文〕「歁，歠也」繫傳。〇〔說文定聲・卷三〕|段借為㱽。〔史記・夏本紀〕「其篚|絲」。〇|，〔夏本紀〕用為㱽字，段借也。〔說文〕「|，酒味苦也」段注。

**厱** |，山崖空穴閒皃。〔廣韻・咸部〕〇〔說文定聲・卷四〕|，字亦作礛。〔淮南・說林〕「璧瑗成器，礛諸之功」。〇（同上）|段借為嗛。〔江賦〕「獱獺睒瞲乎|空」。

**礛** |，|礒，青礪。〔廣韻・銜部〕〇|，|礒，青礪也。〔說文〕「厱，厱諸，治玉石也」義證引〔玉篇〕。〇|，|礒，礪也。〔集韻・銜部〕〇|，或作厱。〔說文〕「厱，厱諸，治玉石也」義證引〔玉篇〕。又〔集韻・銜部〕。〇|即厱字也。〔說文〕「厱，厱諸，治玉石也」段注。〇|礒、|諸並與厱諸同。〔廣雅・釋器〕「|礒，礪也」疏證。

**艦** |，合木船。〔廣韻・銜部〕

**𠻳** |，嘗也。〔廣雅・釋詁〕〇|，|氣。〔廣韻・銜部〕〇|，讒言也。〔集韻・銜部〕

**顩** |，胡被也。〔廣韻・嚴部〕

**仉** |，輕也。〔廣韻・凡部〕〇|亦作凡。〔方言一〇〕「|，輕也」疏證。

**舤** |，船舩。〔廣韻・凡部〕〇|或作帆。〔廣雅・釋水〕「|謂之舩」疏證。

**欺** |、掀，疊韻字也。〔方言二〕「掀，殺也」疏證。

**㨻** |，芟也。〔禮記・禮器〕「有|而播也」集解。

**𠠍** |，抄也。〔集韻・銜部〕

**㘙** |，呻吟。〔廣韻・銜部〕

**孅** |通作纖。〔說文〕「|，銳細也」義證。

**嵁** |，|巖，不平正皃。〔廣韻・咸部〕

**嶃** |或作嶄、磛，并俗字，亦通用，山石高峻皃也。〔慧琳音義・卷七五〕

**嶄** |，|喦，山皃。〔廣韻・銜部〕

**尲** |，|尬，行不正也。〔廣韻・咸部〕〇今蘇州俗語謂事乖剌者曰|尬。〔說文〕「|，|尬，行不正也」段注。〇〔說文定聲・卷四〕行不正曰|尬，今蘇俗謂事乖剌難處曰尷尬，字俗作尷。〔說文〕「|，行不正也」。

**㝯** |，|𡤔，少也。〔集韻・銜部〕

**攕** |，女手皃。〔廣韻・咸部〕〇|亦作摻。（同上）〇|通作纖。〔說文〕「|，好手皃」義證。〇〔說文定聲・卷四〕|段借為櫼。〔淮南・要略〕「|揳倪齵之郄」。

**敁** |，鳥|物也。〔廣韻・咸部〕

**桸** |，杖也。〔說文〕「棓，棁也」義證引〔玉篇〕。〇|、棒、棓同。（同上）

**杴** |，鍬屬。〔廣韻・嚴部〕〇|，古作楹。（同上）

**杋** |，木皮可以為索。〔廣韻・凡部〕

⿰木煔 —，木名，似松。〔廣韻・咸部〕〇—亦作杉。〔同上〕〇—即今書杉字。〔說文〕「—，木也」繫傳。〇〔說文定聲・卷四〕—以煔為之。〔爾雅・釋木〕「柀煔」。〇—疑即枯字。〔說文定聲・卷四〕

欦 —，多智慧也。〔廣韻・凡部〕

⿰咸欠 —，笑皃。〔廣韻・咸部〕

⿰鹹欠 —，笑也。〔集韻・咸部〕

⿰犭咸 —，羊有力也。〔廣韻・咸部〕〇—，羊牝謂之—。〔集韻・咸部〕

⿰冄彡 —，瞻視。〔廣韻・咸部〕

⿰目參 —，暫見也。〔集韻・咸部〕

⿰禾咸 —，禾傷肥也。〔廣韻・嚴部〕

穇 —乃不粘之稱也。〔本草・卷二三〕〇—，不實之貌也。〔同上〕〇〔通雅・卷九〕——即森森。〔南史〕「三禾——林茂盛」。

⿰禾參 —，禾短曰—。〔集韻・侵部〕

⿸疒咸 —，—瘦，物在喉也。〔廣韻・嚴部〕

⿰石斬 —礹，山皃。〔說文〕「磛，礹石也」義證引〔玉篇〕。

⿱⺮雙 南海有盧頭木葉如甘蔗，織以為帆，名曰—也。〔說文〕「䉶，栙雙也」義證引〔南越志〕。

⿰米咸 —，塗也。〔集韻・咸部〕

羬 —，山羊。〔廣韻・咸部〕〇—，羬羊其大者。〔集韻・咸部〕〇—或作麙。〔同上〕

⿰咸羽 —，—翻，疾飛也。〔集韻・咸部〕

⿸虍咸 —，熊虎絶有力者。〔廣韻・咸部〕〇—，省作虦，雄虎絶有力者。〔集韻・咸部〕

蝛 —，似蛤，出海中也。〔廣韻・咸部〕

⿱斬見 —，避也。〔集韻・銜部〕

⿰言乏 —，言急。〔集韻・凡部〕

⿰言喦 —，和也。〔廣韻・咸部〕〇—，一曰和也。〔集韻・咸部〕〇—，戲言。〔同上〕〇—，戲言也。〔廣韻・咸部〕〇—或作諴。〔集韻・咸部〕

⿰谷今 —，—谺，谷空兒。〔廣韻・咸部〕

⿰谷合 —，—谺，谷空。〔集韻・咸部〕〇—或作谽。〔同上〕

⿺辶咸 —，步渡水。〔廣韻・銜部〕

⿰車咸 —，車聲。〔廣韻・咸部〕又〔集韻・豏部〕。

⿰車韱 —，車聲。〔廣韻・咸部〕

煔 —音杉。〔釋木〕「柀，—」鄭注。〇—蓋黏字之誤。〔釋木〕郝疏。

鉁 —，鏨屬，曲刃。〔集韻・凡部〕

鑑 —，—諸，以取月中水。〔廣韻・銜部〕〇—，又明也。〔同上〕

⿱雨彡 —，微雨。〔廣韻・咸部〕〇—，細雨謂之—。〔集韻・銜部〕〇—或从㦰。〔同上〕

⿱雨戔 —，雨兒。〔廣韻・咸部〕

⿱雨韱 —，細雨謂之—。〔集韻・咸部〕〇—，或作䉵。〔同上〕〇—，或作⿱雨彡。〔同上〕

⿰酉今 —，出頭兒。〔廣韻・咸部〕

⿰酉占 —，—酓，出頭兒。〔廣韻・咸部〕

⿰革參 —，鞍—，垂兒。〔廣韻・咸部〕

顑 —，頰長也。〔集韻・咸部〕

饞 —，饕也。〔集韻・咸部〕〇—，不廉。〔廣韻・咸部〕

⿰兼咸 —，—顲，長面。〔廣韻・咸部〕

⿰骨欠 —，䯗，骨高兒。〔集韻・銜部〕

⿰鹵占丨，鹹味。〔廣韻・咸部〕

⿰黑箴丨字與點略同，箴、占雙聲。〔說文定聲・卷三〕

⿰黑毚丨，刊書謬也。〔集韻・咸部〕

⿰鼠韱丨，鼠名。〔廣韻・咸部〕○丨，鼠名，黑耳白腰者。〔集韻・銜部〕

⿰鼻毚丨，鼻高皃。〔廣韻・咸部〕○丨，高鼻。〔集韻・咸部〕

⿱咸齒丨，齒高皃。〔集韻・咸部〕

⿰齒毚丨，齒高。〔集韻・咸部〕

# 續經籍纂詁卷第三十一

上聲

## 一　董

董丨，正也。〔屈賦・涉江〕「予將丨道而不豫兮」戴注。又〔廣韻・董部〕。○丨，督也。〔說文・上說文書〕「理而丨之」段注。又〔廣韻・董部〕。○丨即督也。〔說文〕「督，察視也」段注。○丨，固也。〔廣韻・董部〕○丨，振動者，戰栗變動也。〔左傳昭公三年〕「丨振擇之」述聞。○丨、督一聲之轉也。〔釋詁〕「丨，正也」郝疏。○丨、動以聲為義。〔釋詁〕「娠，動也」郝疏。○丨與動通。〔春官・大祝〕注「動讀為丨」述聞。○丨，當讀為動。〔左傳昭公三年〕「丨振擇之」述聞。

動丨即震驚。〔詩・長發〕「不震不丨」通釋。○震丨猶震驚也。〔左傳昭公一八年〕「民震丨」述聞。○丨，謂驚懼也。〔左傳宣公一一年〕「謂陳人無丨」述聞。○丨亦擾也。〔廣雅・釋詁〕「妯，擾也」疏證。○丨，躁也，出也，搖也。〔廣韻・董部〕○丨，亂也。〔左傳僖公一五年〕「張脈僨興」洪詁。○丨，謂鼓舞之也。〔論語・子張〕「丨之斯和」朱注。○丨猶發也。〔國策・齊策三〕「和其顏色」雜志。○丨，發丨之謂也。（同上）○丨，作也。〔大戴・少閒〕「丨民之德」王詁。又〔廣韻・董部〕。○丨者，作也。〔說文〕「蜡，蠅胆也」段注。○丨猶行也。〔論語・顏淵〕「非禮勿丨」劉正義。○丨，勤丨也。〔大戴・誥志〕「民之丨能」王詁。○丨、勞義近。〔釋訓〕「庸庸，勞也」郝疏。○丨作與變化義近。〔釋言〕「訛，化也」郝疏。○丨與敏義近。〔釋訓〕「蹶蹶，敏也」郝疏。○丨，振丨拜也，以兩手相擊而拜。〔集韻・董部〕○丨，一曰今倭人拜以兩手相擊，蓋古之遺法。（同上）○丨，字亦作勭。〔說文定聲・卷二〕

孔丨，甚。〔詩・汝墳〕「父母丨邇」朱傳。又〔小戎〕「俴駟丨羣」朱傳。又〔鹿鳴〕「德音丨昭」朱傳。又〔采薇〕「憂心丨疚」朱傳。又〔蓼蕭〕「丨燕豈弟」朱傳。又〔六月〕「玁狁丨熾」朱傳。又〔何人斯〕「其心丨艱」朱傳。又〔賓之初筵〕「飲酒丨嘉」朱傳。又〔說文〕「丨，通也」繫傳。○丨，甚也。〔詩・駟驖〕「駟驖丨阜」朱傳。又〔十月之交〕「皇父丨聖」朱傳。又〔楚茨〕「祀事丨明」朱傳。又〔角弓〕「如酌丨取」朱傳。又〔羔裘〕「丨武有力」朱傳。又〔賓之初筵〕「飲酒丨偕」朱傳。又〔詩・殷武〕「寢成丨安」後箋陳奐補。又〔楚辭・遠遊〕「壹氣丨神兮」補注。又〔廣韻・董部〕。○丨艱，謂其心深而甚難察。〔詩・何人斯〕「其心丨艱」集疏。○丨道，猶言大道。〔漢書・婼羌傳〕「丨道」雜志。○丨與既同義。〔詩・汝墳〕「父母丨邇」陳疏。○

丨，丨穴也。〔廣韻・董部〕○丨，空也。（同上）○丨者，通之閒也。〔釋詁〕「丨，閒也」郝疏。○丨，候鳥是正義，嘉美是借義。〔字詁〕○丨父，丨氏之先也。〔左傳桓公二年經〕「及其大夫丨父」疏證引惠棟。○丨蓋，以丨雀尾飾車蓋也。〔屈賦・少司命〕「丨蓋兮翠旍」戴注。○丨同空。〔說文〕「龠，樂中之管，三丨」段注。○丨通作空。〔釋詁〕「丨，閒也」郝疏。○〔說文定聲・卷七〕借丨為空。〔釋言〕「竅，丨也」。（「竅」下）○〔卷一〕古多借丨為空。〔說文〕「丨，通也」。○（同上）丨叚借為空。〔釋詁〕「丨，閒也」。○丨為空叚借。〔說文〕「丨，通也」段注。○〔說文定聲・卷一〕古多借丨為衝。〔說文〕「丨，通也」。○（同上）丨叚借為衝。〔漢書・張騫傳〕「當丨道」。

**總** 丨，統也。〔大戴・哀公問五義〕「丨要萬物」王詁。○丨，合也，聚也。〔荀子・議兵〕「功名之丨也」集解。○丨，亦聚也。〔詩・長發〕「百祿是丨」陳疏。○丨，謂聚而縛之也。〔說文〕「丨，聚束也」段注。○丨，引申之為凡兼綜之偁。〔說文〕「丨，聚束也」段注。○丨角，猶即髻首之謂。〔詩・氓〕「丨角之宴」陳疏。○丨角，女子未許嫁，則未笄，但結髮為飾也。（同上）朱傳。○丨章，樂官名。〔文選・為顧彥先贈婦〕「丨章饒清彈」補正引何焯。○〔說文定聲・卷一〕丨，襱束馬首也。〔周禮・巾車〕「錫面朱丨」。○丨俗作揔。〔說文〕「丨，聚束也」段注。○丨即鍐。〔漢書・韓延壽傳〕「駕四馬，傅丨」補注引沈欽韓。○〔說文定聲・卷一〕丨叚借為悤。〔禮記・月令〕「寒氣丨至」。○（同上）丨叚借為衆。〔周書・大匡〕「及其丨害」。

**緫** 丨，聚束也。〔廣韻・董部〕○丨，合也。（同上）○丨，皆也。（同上）○丨，衆也。（同上）○丨亦作揔。（同上）

**澒** 丨，水銀也。〔說文〕「丨，丹砂所化為水銀也」繫傳。又〔集韻・送部〕。○水銀謂之丨。〔說文〕「丨，丹砂所化為水銀也」義證引〔玉篇〕。○〔說文定聲・卷二〕丨，後世則燒煅粗次朱砂為之。〔說文〕「丨，丹砂所化為水銀也」。○丨丨者，醉甚酩酊，無所覺知，體如耎泥。〔慧琳音義・卷八五〕○丨即汞也。〔通雅・金石〕○丨俗作汞。〔說文〕「丨，丹沙所化為水銀也」義證。又（同上）句讀。○丨或作汞。〔集韻・送部〕○丨，一作汞。〔說文〕「丨，丹沙所化為水銀也」段注。○〔說文定聲・卷二〕丨，字亦作汞。〔廣雅・釋器〕「水銀謂之汞」。○丨、汞，蓋字亦通用。〔廣雅・釋器〕「水銀謂之丨」疏證。

**汞** 丨，水銀滓。〔說文〕「澒，丹沙所化為水銀也」段注。又〔廣韻・董部〕。

**桶** 丨，木丨。〔廣韻・董部〕○〔說文定聲・卷二〕丨丨，猶楕楕也，丨、楕一聲之轉。〔釋名・釋山〕「丨丨，狹而長也」。○丨與筩通。〔方言五〕「箸筩」箋疏。○〔說文定聲・卷二〕丨，叚借為筩。〔方言五〕「箸筩，自關而西謂之丨檧」。○丨與甬通用。〔呂覽・仲春〕「角斗丨」校正。○丨，當作甬，音勇，斛也。〔通鑑・周紀二〕「平斗、丨」音注。

**蠓** 丨，蠛丨。〔廣韻・董部〕○丨，似蚋而小，斜陽則羣聚鬭飛。〔釋蟲〕「丨，蠛丨」鄭注。○丨，蠛丨，似蚊。〔廣韻・東部〕○〔說文定聲・卷一〕單評曰丨，絫評曰蠛丨，蘇俗謂之丨蚣子，俗謂其飛上下如舂主風，回旋如磑主雨。〔說文〕「丨，蠛丨也」。

**嵸** 丨，巃丨，山皃。〔廣韻・董部〕

**滃** 丨，大水皃。〔廣韻・董部〕○丨，一曰大水皃。〔集韻・董部〕○丨，雲起於水。〔說文〕「丨，雲氣起也」繫傳。○丨，雲氣起也。〔楚辭・昭世〕「覽舊邦兮丨鬱」補注。○丨鬱，川谷吐氣皃。〔說文〕「雲氣起也」義證引〔玉篇〕。○丨，亦省作翁。（同上）句讀。○鬱丨、塕，聲義並同。〔廣雅・釋草〕「蓊，臺也」疏證。

**琫** 丨，佩刀飾也。〔集韻・董部〕○丨，刀上飾也。〔詩・公劉〕「鞞丨容刀」朱傳。○丨者，刀穎飾也，佩刀手所握處其飾曰丨。〔說文定聲・卷一〕○丨，上飾。〔詩・瞻彼洛矣〕「鞞丨有珌」朱傳。○丨之言奉也。（同上）陳疏。又〔說文〕「丨，佩刀上飾也」段注。○丨，字亦作鞛。〔說文定聲・卷一〕○（同上）丨，字亦作鞛。〔左傳桓公二年〕「藻率鞞鞛」。

**蓊** 丨，草盛皃。〔慧琳音義・卷一一〕引〔桂苑珠叢〕。○丨鬱，草木盛皃。〔廣韻・東部〕○丨蔚，草木盛皃也。〔慧琳音義・卷三一〕引顧野王。○丨丨，言鬱丨而起也。〔廣雅・釋草〕「丨，薹也」疏證。○凡上起謂之丨。（同上）○丨，丨鬱。〔廣韻・董部〕○丨，竹皃也。〔文選・吳都賦〕「丨茸蕭瑟」集釋引〔說文〕。○〔史記〕丨作塕。〔漢書・司馬相如傳〕「觀衆樹之丨薆兮」補注。

**唪** 丨，大笑也。〔廣韻・董部〕○丨，大聲。〔說文〕「丨，大笑也」段注引〔玉篇〕。○丨，大聲也。（同上）義證引〔玉篇〕。○丨，犬聲。〔集韻・董部〕○丨丨即菶菶也。〔廣雅・釋訓〕「菶菶，茂也」疏證。○丨丨，茂盛之貌。〔詩・生民〕「瓜瓞丨丨」述聞。○丨丨，三家作菶。（同上）集疏。○丨丨，本作菶菶。〔說文〕「讀若詩曰瓜瓞菶菶」述聞。○丨丨，即菶菶之假借。〔詩・生民〕「瓜瓞丨丨」通釋。

**攏** 丨，持也。〔集韻・董部〕○丨，掠也。（同上）○丨，丨略。〔廣韻・董部〕○丨，拗丨，籌也。（同上）○丨戾者，罔强難化也。〔慧琳音義・卷一九〕

**奉** 丨猶秉也。〔書・多士〕「非我一人丨德不康寧」孫疏。○丨，尊也。〔慧琳音義・卷一二〕引〔考聲〕。○丨有尊崇之義。〔左傳隱公元年〕「隱公立而丨之」洪詁。○丨，俗作捧。〔說文〕「琫，佩刀上飾也」段注。

**洞** 丨丨，孝敬心至也。〔集韻・董部〕

挏　｜，引也。〔說文〕「｜，攡引也」義證引〔字書〕。又〔廣韻・東部〕。○｜，擁也。〔說文〕「｜，攡引也」義證引〔字書〕。○｜者，攡引也。〔說文〕「摧，一曰｜也」段注。○｜，推引也。〔廣韻・董部〕○｜，推復引也。〔集韻・東部〕○｜，推動也。〔說文〕「摧，擠也」繫傳。○｜，動也。〔說文〕「｜，攡引也」義證引〔玉篇〕。○挺｜，當作音挺｜之｜。〔方言一二〕注「挺｜」疏證。

玤　〔說文定聲・卷一〕｜為小璧，系帶閒，所以系左右佩物者也。〔說文〕「｜，石之次玉者，以為系璧」。

幪　｜，茂盛皃。〔集韻・董部〕○｜即幏之俗。〔說文〕「幏，蓋衣也」段注。

菶　｜，茂也。〔集韻・東部〕○｜，草盛皃。〔廣韻・董部〕○｜｜、萋萋，意同藹藹。〔詩・卷阿〕「｜｜萋萋」集疏。○〔說文定聲・卷一〕｜與丰略同。〔廣雅・釋訓〕「｜｜，茂也」。○｜｜，今作唪唪，假借。〔說文〕「｜，艸盛」段注。○｜，今〔生民〕作唪。〔說文〕「唪，讀若詩曰瓜瓞｜｜」段注。○〔說文定聲・卷一〕｜，以蓬為之。〔詩・采菽〕「其葉蓬蓬」。○｜，毛本以唪為之。〔說文定聲・卷一〕

鬷　｜，艸名。〔集韻・董部〕

硐　｜，磨也。〔集韻・董部〕○｜，安｜，鏓｜。〔廣韻・董部〕

塕　｜，｜埲，塺起。〔廣韻・董部〕○鬱滃｜，聲義並同。〔廣雅・釋草〕「蓊，薹也」疏證。

侗　｜，直也。〔廣韻・董部〕○｜胴，直皃。〔集韻・董部〕○｜，長大也。〔說文〕「｜，大皃」繫傳。又〔廣韻・董部〕。○〔說文定聲・卷一〕｜，假借為敞。〔莊子・庚桑楚〕「能侗然乎」。

翪　｜，鳥飛竦翅上下也。〔廣韻・董部〕○｜，鳥飛竦翼上下也。〔集韻・董部〕

熜　〔說文定聲・卷一〕｜，字亦作燪，古燭多用葦，或用麻蒸其易然者。〔廣雅・釋器〕「燪，炬也」。○｜之言總也。〔廣雅・釋器〕「燪，炬也」疏證。

䋖　｜，字亦作製。〔說文定聲・卷一〕○（同上）｜，字亦作幫，今蘇俗謂履之判合者為幫。〔急就篇〕「屐屩幫蘪」。

敞　｜，項皃，或書直作胴。〔集韻・董部〕○〔說文定聲・卷一〕｜，字亦作胴。〔方言一二〕「胴，狀也」。○｜，通作侗。〔說文〕「｜，直項皃」義證。

姛　｜，項直皃。〔廣韻・董部〕

縱　｜，趨事皃。〔集韻・董部〕

從　｜，高大皃。〔集韻・董部〕

濛　｜，微雨皃。〔說文〕「｜，微雨也」義證引〔玉篇〕。○溦雨曰｜。（同上）義證引〔初學記〕。○｜，｜澒，大水。〔廣韻・董部〕○｜或作霿。〔說文〕「｜，微雨也」義證。

敢　｜，擊也。〔集韻・董部〕○｜，搏擊。〔廣韻・董部〕○｜，引也，或从手。〔集韻・董部〕○｜駷，並音索董反，其義同也。〔廣雅・釋詁〕「｜，擊也」疏證。

睃　｜，竊視。〔廣韻・送部〕○｜，竊視也。〔集韻・送部〕○｜，一曰瞈｜視皃。（同上）○｜之言葼也，小視之名。〔方言一〇〕「｜，視也」箋疏。○｜之言葼也。〔廣雅・釋詁〕「｜，視也」疏證。

𨌖　｜，輪也。〔集韻・東部〕○｜，車輪。〔集韻・董部〕○關西呼輪為｜。〔廣韻・董部〕

𡖶　｜，｜𡗊，多皃。〔廣韻・董部〕○｜𡗊，疊韻字。〔方言一〇〕「｜𡗊，多也」箋疏。

𦢊　｜，｜臭皃。〔廣韻・董部〕

𡗊　｜，𡖶｜，多也。〔集韻・腫部〕○｜與繷通。〔廣雅・釋訓〕「紛繷，不善也」疏證。

䋖　｜，苞枲織曰｜蘪。〔通雅・衣服〕○｜，小兒皮履。〔廣韻・講部〕○｜，小兒皮屨。〔廣韻・董部〕○｜，今之鞋幫。〔通雅・衣服〕○｜，圓頭掩上之履也。〔說文〕「䋖，枲履也」義證引〔急就篇〕顏注。

巃　｜嵸，山孤皃。〔楚辭・招隱士〕「山氣｜嵸兮石嵯峨」補注。又〔集韻・董部〕。○｜嵸，嵯峨皃。〔說文〕「嵯，山皃」義證引〔玉篇〕。○｜嵸，雲氣貌。〔楚辭・招隱士〕「山氣｜嵸兮石嵯峨」補注引五臣。○｜，｜嵸。〔廣韻・董部〕。

酮　｜，酒壞。〔廣韻・董部〕○｜，酒酢壞。〔集韻・董部〕

眮　｜，目眶。〔廣韻・東部〕○｜，瞋目。〔廣韻・董部〕○吳楚謂瞋目顧視曰｜。〔集韻・董部〕

胴　｜，大腸。〔廣韻・送部〕○｜，一曰食腸。〔集韻・董部〕○侗｜，直皃也。（同上）

俸　｜，屏｜。〔廣韻・董部〕○｜，併｜，小皃。〔集韻・董部〕○｜，併｜，一曰密不見。（同上）

儱　｜，｜偅。〔廣韻・用部〕○｜，｜侗，未成器。〔集韻・董部〕○｜，｜侗，未成器也。〔廣韻・董部〕○未成器曰｜侗。〔通雅・諺原〕

勜　｜，｜劜，屈强皃。〔廣韻・董部〕又〔集韻・董部〕。

咏 ｜，鳴聲｜｜也。〔廣韻・董部〕○｜，｜｜，聲也。〔集韻・董部〕

㖦 ｜，多言。〔集韻・董部〕

嗊 羅｜，歌曲。〔廣韻・董部〕

埲 ｜，塵也。〔集韻・董部〕○｜，塕｜，塵起。〔廣韻・董部〕

塳 ｜，｜埻，煙塵雜起兒。〔集韻・董部〕

峒 ｜，山穴。〔集韻・董部〕

嵡 ｜，山兒。〔集韻・董部〕

𥨶 ｜，室中闇。〔集韻・董部〕

𢈞 ｜，屋會。〔廣韻・董部〕○｜，屋階中會也。〔集韻・董部〕

㢔 ｜，一曰兩屋合。〔集韻・董部〕○｜，衆立。〔廣韻・董部〕○｜，衆立也。〔集韻・董部〕

𢖷 ｜，｜侗，直行。〔集韻・董部〕○直行曰｜侗。〔通雅・諺原〕

惣 ｜，即揔字。〔文選・吳都賦〕「｜有流而為長」補正引潘耒。○｜，總俗字。〔廣韻・董部〕

悾 ｜，｜愡，倯不得志。〔集韻・董部〕

㦀 ｜，俗作懞，不聰慧也。〔慧琳音義・卷六二〕引〔考聲〕。

懂 ｜，今人謂知為｜，其黨聲之轉。〔方言一〕「黨，知也，楚謂之黨」箋疏。

慒 ｜，心亂兒。〔廣韻・董部〕○｜懂，心亂。〔同上〕

㦷 ｜，｜悷，不調。〔廣韻・董部〕○｜戾，不調兒。〔續音義・卷二〕引〔切韻〕。○｜悷，很也。〔集韻・董部〕○｜戾，謂很戾剛强也。〔慧琳音義・卷四八〕○｜悷，剛强也。〔卷七七〕○｜悷者，剛强不伏也。〔卷四五〕○｜悷者，剛强難屈伏也。〔卷七九〕○｜悷者，是剛强難調伏也。〔卷六六〕○｜悷者，掘强咈戾難調伏也。〔卷一四〕

𢥞 ｜，心恍惚曰｜。〔集韻・董部〕○｜，｜｜，心神恍惚兒。〔廣韻・董部〕

捴 ｜，衆也。〔續音義・卷五〕引〔字書〕。○｜，都也，普也。〔續音義・卷五〕引〔切韻〕

㨂 ｜，擊也。〔集韻・董部〕

揔 ｜，攝也。〔慧琳音義・卷一〕引〔考聲〕。○｜，將領也。〔卷一〕引〔玉篇〕。○｜，都也。〔卷一〕引〔考聲〕。○｜，皆也。〔卷一〕引〔玉篇〕。○｜同總。〔廣韻・董部〕

𢭃 ｜，推也。〔集韻・董部〕

摠 ｜，合也，束也。〔慧琳音義・卷五〇〕引顧野王。○｜，都也。〔卷五〇〕引〔考聲〕。○｜，亦要也。〔荀子・致士〕「本作」雜志。○｜，或為總。〔慧琳音義・卷五〇〕引〔考聲〕。

捅 ｜，進前也。〔集韻・董部〕○｜，｜進前也。〔廣韻・董部〕○｜，引也。〔集韻・董部〕

𢼌 ｜，擊也。〔集韻・董部〕

晎 ｜｜，欲明。〔集韻・董部〕

暡 ｜，氣盛兒。〔廣韻・董部〕○｜，｜曚，未明。〔集韻・董部〕

曈 ｜，｜曨，欲曙。〔廣韻・董部〕。又〔集韻・董部〕。

曚 ｜，暡｜，日未明也。〔廣韻・董部〕

樬 ｜，木名。〔集韻・董部〕

湩 ｜，水濁。〔集韻・董部〕

𣿅 ｜，物墮水聲。〔集韻・董部〕

鴻 ｜，｜濛。〔廣韻・董部〕

烼 ｜｜，火兒。〔集韻・董部〕

𤎩 ｜，｜然，煙氣也。〔廣韻・董部〕

熢 ｜，｜焞，火氣。〔集韻・董部〕

⿰火蔥　丨，字本作熜，或作總。〔廣雅·釋器〕「丨，炬也」疏證。

璁　丨，美石。〔集韻·董部〕

⿺瓜圭　丨，瓜多實皃。〔集韻·董部〕

曚　丨，物上白醭。〔廣韻·董部〕

⿰耳冢　丨丨，耳中鳴。〔集韻·董部〕

⿰石冬　丨，石墜聲。〔集韻·董部〕

硧　丨，磨也。〔集韻·董部〕

⿰禾悤　丨，禾聚束也。或作稯。〔集韻·董部〕

⿱穴同　丨，通穴也。〔集韻·董部〕

⿱穴童　丨，丨寵，闇也。〔集韻·董部〕

竉　丨，孔丨。〔廣韻·董部〕

驡　丨，乘馬。〔廣韻·董部〕〇丨，乘馬也。〔集韻·董部〕〇丨，牽也。〔廣韻·董部〕〇丨，一曰牽也。〔集韻·董部〕〇丨，一曰兼有。（同上）

筒　丨，竹器也。〔廣韻·董部〕

⿱竹翁　丨，竹盛。〔廣韻·董部〕〇丨，字亦作蓊。〔說文定聲·卷一〕〇（同上）丨，別義，如〔爾雅〕莞苻之蒚是也。〔廣雅·釋草〕「蓊，薹也」。

箽　丨，竹器。〔集韻·董部〕〇丨，一曰竹名，或从重。（同上）

䈡　丨，箸桶。〔廣韻·董部〕

翁　丨丨，葱白色。〔集韻·董部〕

朧　丨，肥皃。〔集韻·董部〕

蓯　丨，蓁丨，草皃。〔廣韻·董部〕

董　丨，藬草，一名鼎董，似烏尾，可食。〔說文定聲·卷一〕引〔龍龕手鑑〕。〇丨，鼎丨草，似蒲而細。〔廣韻·董部〕〇丨，單評曰董，絫評曰鼎董也，萓蒯之屬，可為索。〔說文定聲·卷一〕〇丨，藕根也。〔廣韻·董部〕〇丨，亦作董。古童、重通用。〔說文〕「丨，鼎丨也」段注。〇〔說文定聲·卷一〕丨，段借為督。〔釋詁〕「董，正也」。〇（同上）丨，段借為動。〔周禮·大祝〕「四曰振董」。〇（同上）丨，段借為聳。〔方言一二〕「董，固也」。

⿱艹毰　丨，丨毰，艸亂皃。〔集韻·董部〕〇丨，或作菶。（同上）

⿱夂虫　丨，蟲，甲類。〔廣韻·董部〕〇丨，蟲名。〔集韻·董部〕

⿰虫菶　丨，蟲亂飛皃。〔集韻·董部〕

⿰衤同　丨，衣短袖。〔集韻·董部〕

⿰糸蒙　丨，絲亂也。〔集韻·董部〕

⿰赤同　丨，赤色。〔說文〕「赨，赤色也」義證引〔類篇〕。又〔集韻·董部〕。〇丨，又烔之別體也。〔說文〕「赨，赤色也」義證。

⿰身龍　丨，丨⿰身同，身不端。〔集韻·董部〕〇丨，身不端正曰丨⿰身同。〔通雅·諺原〕

⿰車蒙　丨，蒼色飾車。〔集韻·董部〕

⿺辶重　丨，古文動字。〔廣韻·董部〕

⿰金冢　丨，鐘聲。〔集韻·董部〕

鏓　丨，刀通竹節中。〔集韻·董部〕〇丨，一曰大鑿平木者。（同上）

堆　丨丨，鳥肥大也，或从鳥。〔集韻·董部〕

⿱雨翁　丨丨，雲丨皃。〔集韻·董部〕〇丨丨，本作翁翁，勃而起也。〔通雅·釋詁〕

頛　丨，耳本。〔集韻·董部〕

頴　丨，頭直也。〔集韻·董部〕

⿰童頁　丨，肥皃。〔集韻·董部〕

⿰蒙頁　丨，丨頲，頭昏。〔集韻·董部〕

渢　丨，水風也。〔集韻·董部〕

颰 ｜，風皃。〔集韻・董部〕

䬦 ｜，風起皃。〔集韻・董部〕

馫 ｜，香盛氣也。〔集韻・董部〕

韼 ｜｜，鼓聲。〔集韻・董部〕○｜，｜｜，鼓鳴也。〔廣韻・董部〕

駷 ｜，摇馬銜走。〔集韻・董部〕○敢｜，並音索董反，其義同也。〔廣雅・釋詁〕「敢，擊也」疏證。○｜或作揔。〔集韻・董部〕

鬆 ｜，櫛束髮也。〔慧琳音義・卷九三〕引〔文字典説〕。○｜，｜角。〔廣韻・董部〕○｜，一曰｜角。〔集韻・董部〕○｜，馬鬣。〔同上〕○｜，本亦作緫。〔廣韻・董部〕○｜，或作鬆。〔集韻・董部〕○｜通作緫。〔同上〕

䳯 ｜，鳥亂飛皃。〔集韻・董部〕

鶲 ｜，水鳥。〔廣韻・董部〕○｜，水鳥名。〔集韻・董部〕

麷 ｜，餅屬。〔集韻・董部〕

䵾 ｜，攏｜，不上。〔廣韻・董部〕

# 續經籍籑詁卷第三十二　上聲



## 二　腫

腫 ｜，疾也，寒熱氣鍾聚也。〔廣韻・腫部〕○〔説文定聲・卷一〕擁｜，謂愚惷無知之人也。〔莊子・庚桑楚〕「擁｜之與居鞅掌之為使」。○｜與重聲義同。〔釋言〕「眕，重也」郝疏。○｜，字亦作瘇。〔説文定聲・卷一〕

種 ｜，｜類也。〔廣韻・腫部〕○〔説文定聲・卷一〕｜，叚借為穜。〔詩・生民〕「誕降嘉｜」○〔同上〕｜，叚借為腫。〔莊子・讓王〕「顔色｜噲」。○〔同上〕｜，叚借為鍾，實為叢。〔詩・生民〕「實｜實褎」。○｜，三家作穀。〔詩・生民〕「誕降嘉｜」集疏。○｜，〔七月〕及〔閟宮〕皆作重。〔説文〕「稑，詩曰黍稷｜稑」段注。○〔通雅・卷九〕｜｜，正是稷稷之意。〔左傳〕「余髮如此｜｜」。

踵 ｜，追也。〔慧琳音義・卷八二〕引顧野王。○｜，足後也。〔國策・燕策一〕「彌地｜道數千里」補正。又〔廣韻・腫部〕。○｜，屨後也。〔儀禮・士喪禮〕「繫于｜」胡正義引敖繼公。○｜，跟也。〔國策・秦策四〕「躡其｜」鮑注。○其後承軫處謂之｜。〔説文定聲・卷六〕〔「輈」下〕○｜，迹也。〔説文〕「｜，追也」義證引〔韻譜〕。○｜，亦跡也。〔離騷〕「及前王之｜武」補注。○｜，猶言繼｜也。〔説文〕「｜，追也」繫傳。○｜，頻也。〔説文〕「｜，一曰往來皃」義證。○｜，繼也。〔廣韻・腫部〕○｜，頻至門也。〔同上〕○｜猶繫。〔國策・燕策一〕「彌地｜道數千里」鮑注。○｜者，鍾也，上體任之力所鍾聚也。〔説文〕「歱，跟也」義證引〔急就篇〕顔注。○〔通雅・卷七〕｜係即｜繼。〔袁紹傳〕「絶臣軍糧，不得｜係」。○｜與歱躧同。〔説文定聲・卷一〕○｜又作憧。〔説文〕「｜，一曰往來皃」義證。○｜，字亦作蹱。〔説文定聲・卷一〕○｜或作𨇤。〔説文〕「｜，追也」義證。○復、｜、歱古字通。〔左傳昭公二四年〕「吳｜楚」洪詁。○｜即歱借字。〔墨子・號令〕「相麾相｜」閒詁。○｜，又借歱字。〔説文〕「｜，追也」義證。○〔説文定聲・卷一〕｜，叚借為歱。〔離騷〕「及前王之｜武」。○｜，本作歱。〔漢書・天文志〕「石氏曰名路｜」補注引王念孫。

寵 ｜，｜愛也。〔廣韻・腫部〕○｜，貴愛也。〔慧琳音義・卷六一〕引〔考聲〕。○｜，榮也。〔大戴・禮三本〕「宗事先祖而｜君師」王詁。○｜，引申為榮｜。〔説文〕「｜，尊凥也」段注。○｜，饒也。〔慧琳音義・卷六二〕引〔考聲〕。○｜臣，為君所貴愛之臣也。〔漢書・賈誼傳〕「君之｜臣雖或有過」補注引周壽昌。○｜章，謂封侯也。〔文選・為齊明帝讓宣城郡公第一表〕「旦虚飾｜章」補正引吕延濟。○｜，〔詩〕作龍。〔左傳昭公一二年」「丨光之不宣」洪詁。

**隴** 丨，天水郡更名也。〔説文〕「丨，天水大阪也」段注。〇丨縣有大阪名丨坻。(同上)〇丨西言丨縣之西。〔漢書・地理志〕「今丨西秦亭秦谷是也」補注引齊召南。〇丨首即丨阺。〔文選・兩都賦〕「右界褒斜丨首」集釋。〇丨阺亦作丨坻。〔説文〕「氐，巴蜀名山岸脅之自旁箸欲落墮者曰氐」段注。〇〔説文定聲・卷一〕丨種，猶方言之瀧涿。〔荀子・議兵〕「丨種東籠」。〇瀧涿、瀨滯、瀧涑、鹿埵、丨種，皆語之轉。〔廣雅・釋詁〕「瀧涿，漬也」疏證。〇〔説文定聲・卷一〕丨，字亦作巃。〔魏大饗記殘碑〕「唐君元，巃西人」。〇丨，䶬借字。〔説文〕「䶬，鼓聲也」義證。〇丨，龔之叚字。〔墨子・節葬下〕「丘丨必巨」閒詁。〇〔説文定聲・卷一〕丨，叚借為壠。〔楚辭・沈江〕「封比干之邱丨」。〇(同上)丨斷，當作壠斷。〔列子・湯問〕「冀之南、漢之北，無丨斷焉」。(「龍」下)

**壟** 丨隴並與壠同。〔方言一三〕「冢，或謂之壠」箋疏。〇丨之言巃嵸也。〔廣雅・釋邱〕「丨，冢也」疏證。〇丨亦通作隴。(同上)〇丨，隴借字。〔漢書・敘傳〕「時隗䶬據丨擁衆」補注。〇丨，〔孟子〕作龍。〔説文〕「買，市也。孟子曰登丨斷而网市利」段注。

**壠** 丨，田埒。〔國策・齊策三〕「居丨畝之中」鮑注。〇丨，畦之壇畔也。亦作隴。〔慧琳音義・卷六六〕〇

**擁** 丨，抱也。〔禮記・少儀〕「侍投則丨矢」集解。〇丨者，褎也。〔説文〕「㙲，丨也」段注。〇丨，手丨。〔廣韻・腫部〕〇丨，持也。〔慧琳音義・卷四〕引〔考聲〕。〇丨，護也。(同上)〇丨，遮也。〔卷四〕引〔字書〕。〇丨慧，謂拂席施敬也。〔漢書・高帝紀〕「太公丨彗」補注引沈欽韓。〇〔説文定聲・卷一〕丨，以雍為之。〔漢書・夏侯嬰傳〕「面雍樹馳」注「南方人謂抱小兒為雍樹」。〇(同上)丨，叚借為邕。〔禮記・內則〕「必丨蔽其面」。〇丨當作雍。〔漢書・五行志〕「周靈王將丨之」補注引朱一新。又〔樊噲傳〕「丨輕車騎雍南」補注引王念孫。〇丨當作壅。〔韓子・二柄〕「故劫殺丨蔽之主」集解引顧廣圻。又〔外儲説左下〕「丨汝於吾君」集解引盧文弨。〇丨當作壅。〔韓子・內儲説上〕「一人不能丨也」集解引顧廣圻。〇丨當為壅。〔漢書・李尋傳〕「進類蔽善」補注。〇丨當為廱。〔説文〕「㙲，丨也」義證。〇丨，〔史記〕作壅。〔漢書・司馬相如傳〕「批巖衝丨」補注。

**壅** 丨，丨堨。〔廣韻・腫部〕〇丨，塞也。〔楚辭・沈江〕「不忍見君之蔽丨」補注。〇丨，亦塞也。〔廣韻・腫部〕〇丨，又雍之俗。〔説文〕「㙲，擁也」段注。〇官本注丨作雍，〔文選〕注丨作擁。〔漢書・司馬相如傳〕「日月蔽虧」補注。

**宂** 丨，散也。〔通鑑・漢紀四〇〕「乞留備丨官」音注。又〔續音義・卷一〇〕引〔考聲〕。〇丨，丨散也。〔廣韻・腫部〕

**冗** 丨，散也。〔慧琳音義・卷六五〕〇丨，宜作㲝。(同上)〇毛丨，謂古貝垂毛者，毳飾也。(同上)

**內** 丨同宂。〔廣韻・腫部〕

**茸** 〔説文定聲・卷一〕丨，叚借為搑。〔漢書・司馬遷傳〕「而僕又丨以蠶室」。〇丨者，搑之叚借字。〔説文〕「搑，推擣也」段注。〇〔説文定聲・卷一〕丨，或曰借為褎亦通，丨、褎雙聲。〔報任少卿書〕「在闒丨之中」。

**氄** 丨，耎毳細毛。〔集韻・東部〕〇丨毛即毳毛也。〔書・堯典〕「鳥獸丨毛」孫疏。

**重** 丨，厚也。〔廣韻・腫部〕〇丨，猶厚也。〔漢書・天文志〕「從填曰丨」補注引王念孫。〇丨，厚丨。〔論語・學而〕「君子不丨則不威」朱注。〇丨，引伸之為鄭丨。〔説文〕「丨，厚也」段注。〇丨，謂持丨不遷也。〔大戴・文王官人〕「以觀其丨」王詁。〇丨，增益也。〔楚辭・惜誦〕「恐丨患而離尤」補注。〇丨，牢也。〔左傳閔公二年〕「丨錦三十兩」洪詁引服虔。〇丨即權也。〔韓子・説難〕「與之論細人，則以為賣丨」集解。〇丨，輜丨也。〔國策・齊策一〕「丨踵高宛」鮑注。〇丨，難也。〔通鑑・唐紀四八〕「上丨違其意」音注。〇丨猶難也。〔韓子・解老〕「貴虛靜而丨變法」集解。〇此丨亦當訓難。〔漢書・五行志〕「亦丨見先人之非」補注引周壽昌。〇此丨字當訓敬。〔漢書・周仁傳〕「為先帝臣丨之」補注引王先慎。〇丨祭謂厚幣。〔韓子・八經〕「結誅親暱丨祭」集解引王先謙。〇丨幣猶言厚賂。〔韓子・存韓〕「丨幣用事之臣」集解。〇丨器，謂圭璋鐘磬之屬。〔大戴・少閒〕「將行丨器」王詁。〇丨器，寶器也。〔孟子・梁惠王下〕「遷其丨器」朱注。〇丨，古腫字。〔左傳成公六年〕「有沈溺丨膇之疾」疏證。〇〔説文定聲・卷一〕丨，叚借為湩。〔漢書・匈奴傳〕「不如丨酪之便美也」。〇丨者，種之假借。〔詩・七月〕「黍稷丨穋」陳疏。〇〔史・表〕丨作種。〔漢書・高惠高后文功臣表〕「孝惠四年，侯丨嗣」補注。〇丨，多也，善也，慎也。〔廣韻・腫部〕

**冢** 丨，地高起若有所包也。〔説文〕「丨，高墳也」繫傳。〇丨，與墳義同。〔釋詁〕「丨，大也」郝疏。〇引伸之凡高大曰丨。〔説文〕「丨，高墳也」段注。〇丨，大也。〔通鑑・齊記二〕「丨嗣之善惡」音注。又〔廣韻・腫部〕〇丨亦大也。〔廣雅・釋詁〕「封，丨大」疏證。〇丨與京義亦近。〔釋詁〕「丨，大也」郝疏。〇山頂曰丨。〔詩・十月之交〕「山丨崒崩」朱傳。〇丨土，大社也。〔詩・緜〕「迺立丨土」朱傳。〇丨宰，太宰也。〔論語・憲問〕「百官總己以聽於丨宰三年」朱注。〇丨宰，六卿之長也。〔孟子・滕文公上〕「聽於丨宰」朱注。〇古昔總政者即為丨宰。〔漢書・魏相傳〕「政繇丨宰」補注引周壽昌。〇丨子、丨婦皆借丨為長，丨、長雙聲。〔説文定聲・卷五〕(「丘」下)〇〔卷一〕丨，叚借為長，丨、長一聲之轉。〔釋詁〕「丨，大也」。

**奉** 丨，承也。〔大戴・曾子制言下〕「丨相仁義」王詁。〇丨者，承也。〔説文〕「尊，酒器也」段注。〇引申之凡送物而致之亦曰丨。〔周禮・大府〕「若遷寶則丨之」孫正義。〇丨，祿也。〔廣韻・腫部〕〇丨即祿食也。〔孟子・告子上〕「妻妾之丨」焦正義。〇丨，與也。〔廣韻・腫部〕〇丨，獻也。〔同

上）〇丨常，秦官，景帝中六年更名太常。〔史記・孝景本紀〕「丨常為太常」志疑。〇俸作丨，古字。〔墨子・號令〕「賜上丨」閒詁。〇〔說文定聲・卷二〕丨，字亦作俸。〔漢書・王莽傳〕「其令公丨舍人賞賜皆倍故」。〇丨，讀曰捧。〔通鑑・周紀五〕「身所丨飯而進食者以十數」音注。又「宜若丨漏甕沃焦釜然」音注。〇丨，讀曰俸。〔通鑑・周紀五〕「位尊而無功，丨厚而無勞」音注。〇官本丨並作俸，字同。〔漢書・百官公卿表〕「百石邑下有斗食、佐史之秩」補注。

**捧** 丨，兩手承也。〔廣韻・腫部〕〇丨當為奉之或體。〔說文定聲・卷二〕〇丨，俗字，本作奉。〔釋名・釋器〕「琫，丨也」疏證。

**覂** 丨，覆也。或作庋，又作泛。〔廣韻・腫部〕〇丨謂敗棄之也。〔廣雅・釋詁〕「丨，棄也」疏證。〇〔說文定聲・卷四〕丨，以泛為之。〔漢書・食貨志〕「大駕將泛」。〇（同上）丨，以乏為之。〔莊子・天地〕「子往矣，無乏吾事」。〇泛與丨通。〔廣雅・釋詁〕「丨，棄也」疏證。

**勇** 丨者，力也。〔說文繫傳・通論下〕〇丨，猛也。〔廣韻・腫部〕〇丨者，剛之發。〔論語・陽貨〕「好丨不好學」朱注。〇丨，雄毅果決也。〔慧琳音義・卷七〕引顧野王。〇丨者，用也。〔說文繫傳・通論下〕〇丨者，氣也。（同上）〇共用之謂丨。〔大戴・曾子大孝〕「戰陳無丨」王詁。〇丨，古作恿。〔廣韻・腫部〕〇丨，古文心甬為丨。〔說文繫傳・通論下〕〇〔說文定聲・卷二〕丨，字亦作湧。〔廣雅・釋詁二〕「湧，動也」。〇（同上）丨，叚借為沖。〔廣雅・釋詁二〕「湧，動也」。

**涌** 丨，丨泉。〔廣韻・腫部〕〇丨，上涌也。〔說文〕「沖，丨繇也」段注。〇丨，水泉衝上丨騰也。〔慧琳音義・卷二〕引顧野王。〇溢、丨、裔一聲之轉，故皆訓為出也。〔廣雅・釋詁〕「丨、溢，出也」疏證。〇丨猶桶。〔釋詁〕「筩，長也」疏證。〇丨，亦與筩聲近義同。（同上）〇丨與筩聲義並相近。〔方言四〕「複襦或謂之筩褹」箋疏。〇〔說文定聲・卷二〕丨裔，猶溶滴、容與也。枚乘〔七發〕「軋盤丨裔」。〇（同上）丨，字亦作湧。〔楚辭・悲回風〕「憚湧湍之礚礚兮」。〇悀、丨通。〔廣雅・釋詁〕「悀，滿也」疏證。

**踊** 丨，跳也。〔說文〕「滕，水超丨也」段注。〇丨，跳躍也。〔通鑑・晉紀二〇〕「皆丨抃大呼」音注。又〔說文〕「趙，喪辟趙」義證引〔急就篇〕顏注。〇丨，上也。〔公羊傳僖公一〇年〕「丨為文公諱也」陳疏引孔廣森。〇〔說文定聲・卷二〕刖者躄而行，故謂之丨。〔左傳昭公三年〕「屨賤丨貴」注「刖足者屨也」。〇丨者，跀足者之屨。〔說文〕「髕，厀耑也」段注。〇丨躍，絕地奮迅之狀。〔詩・擊鼓〕「丨躍用兵」集疏。〇丨躍，坐作擊刺之狀也。〔詩・擊鼓〕「丨躍用兵」朱傳。〇丨躍，一作甬龠、涌趯。〔通雅・釋詁〕〇〔說文定聲・卷二〕丨，叚借為涌。〔史記・平準書〕「物丨騰糶」。〇（同上）丨，叚借為豫，實為敘。〔公羊傳僖公一〇年〕「丨為文公諱也」。〇官本丨作涌。〔漢書・李尋傳〕「則丨溢為敗」補注。



**甬** 鐘柄為丨。〔說文〕「丨，草木華丨丨然也」繫傳。〇鐘柄曰丨。〔說文〕「銿，鐘或从丨」段注。〇〔義府・卷上〕丨謂鐘至肩處。〔考工記・鳧氏〕「舞上謂之丨」。〇丨，丨道。〔廣韻・腫部〕〇丨，草花欲發皃。（同上）〇丨之言涌也，若水涌出也。〔說文〕「丨，草木華丨丨然也」繫傳。〇丨，亦庸也。〔廣雅・釋詁〕「丨，使也」疏證。〇丨之言庸也。〔釋詁〕「丨，常也」疏證。〇丨作庸，亦作傭。〔方言三〕「丨，賤稱也」箋疏。〇〔說文定聲・卷二〕丨，叚借為桶。〔禮記・月令〕「角斗丨」。〇（同上）丨，叚借為踊。〔淮南・本經〕「丨道相連」。〇（同上）丨，叚借為庸，實為中。〔廣雅・釋詁一〕「丨，常也」。〇（同上）丨，叚借為傭。〔方言三〕「保庸謂之丨」。〇（同上）丨叚借為用。〔廣雅・釋詁一〕「丨，使也」。

**俑** 丨，偶人。〔廣韻・東部〕〇丨，木偶人也。〔禮記・檀弓〕「謂為丨者不仁」集解。〇丨，從葬木偶人也。〔孟子・梁惠王上〕「始作丨者」朱注。〇丨，木人送葬，設關而能跳踊，故名之。〔廣韻・腫部〕〇丨，踊也。以其有機發而能跳踊，故謂之丨。〔禮記・檀弓上〕「為丨者不仁」集解。〇〔說文定聲・卷二〕丨，義當與偶同。謝惠連〔祭古冢文〕「撫丨增哀」。〇丨與恫同。〔說文〕「丨，痛也」句讀。〇丨，與心部恫音義同。（同上）段注。〇丨，通作踊。（同上）義證。〇丨即偶之假借字。（同上）段注。

**湧** 丨，通作涌。〔廣雅・釋詁〕「丨，動也」疏證。〇丨，又作踊。（同上）

**蛹** 丨，蠶化為之。〔廣韻・腫部〕〇凡蟲成蠒後，體在中曰丨。〔說文定聲・卷二〕〇（同上）丨，知聲蟲，即〔爾雅〕之國貉，〔玉篇〕謂即禹蟲。〔廣雅〕「土丨，蠁蟲也」。〇丨，通作踊。〔說文〕「丨，蠒蟲也」義證。

**恐** 丨，懼也。〔廣韻・腫部〕〇丨謂之懼。〔史記・刺客傳〕「目攝之」雜志。〇丨，畏也。〔大戴・曾子立事〕「懼之而不丨」王詁。〇丨謂之懾。〔史記・刺客傳〕「目攝之」雜志。〇丨，疑也。〔離騷〕「丨年歲之不吾與」補注。又〔廣韻・用部〕。〇丨猶兇。〔說文〕「丨，懼也」繫傳。〇丨懼與變動義相成。〔釋詁〕「震，動也」郝疏。〇丨急者，猶言惶遽耳。〔漢書・孝宣許皇后傳〕「丨事急」雜志。〇丨，古文作忎。〔廣韻・腫部〕

**尰** 丨，足腫病。〔廣韻・腫部〕〇腫足為丨。〔詩・巧言〕「既微且丨」朱傳。〇丨，亦頭腫也。〔慧琳音義・卷八二〕〇丨與腫聲相近。〔廣雅・釋詁〕「丨，腫也」疏證。〇丨尰瘇瘇並同。（同上）〇丨，亦作尰。〔廣韻・腫部〕〇丨，齊、韓作瘇。〔詩・巧言〕「既微且丨」集疏。

**拱** 丨，丨手也。〔韓子・內儲說上〕「王丨而朝天下」集解。〇丨，斂手也。〔大戴・主言〕「則四海之內丨而俟」王詁。又〔國策・秦策四〕「丨手而取」鮑注。〇〔說文定聲・卷二〕丨，謂沓其手，右手在內、左手在外，九拜必皆丨手。〔說文〕「丨，斂手也」。〇丨者，沓手致敬。〔說文定聲・卷二〕（「廾」下）〇丨，兩手大指頭相拄也。〔說文〕「丨，斂手也」繫傳。〇兩手持為丨。〔釋詁〕「丨，執也」鄭注。〇丨，手抱也。〔廣韻・腫部〕〇丨，兩手所圍也。〔孟子·告子上〕「丨把之桐梓」朱注。○丨通作共。〔釋詁〕「丨，執也」邵正義。○丨，古文叚借作共。〔說文〕「丨，斂手也」段注。○〔說文定聲·卷二〕丨，叚借為收。〔釋詁〕「丨，執也」。○（同上）丨，叚借為容，為鎔。〔廣雅·釋詁二〕「丨，瀍也」。○（同上）丨，叚借為鞏。〔廣雅·釋詁二〕「丨，固也」。

**珙**　丨，璧也。〔廣韻·腫部〕又〔鍾部〕。○丨，大璧也。〔集韻·鍾部〕○丨或作拱。（同上）

**栱**　丨，梁也。〔慧琳音義·卷八五〕引〔文字典說〕。○杙大者曰丨。〔集韻·腫部〕○丨之言拱，柱上枓丨所以拱持梁棟。〔釋宮〕「大者謂之丨」郝疏。○〔說文定聲·卷二〕丨之為言收也。〔景福殿賦〕「欒丨夭蟜而交結」。（「桊」下）○桊，即柱上斗丨，所以捧持梁棟者，字亦作丨。〔說文定聲·卷二〕

**蛬**　丨，蟋蟀。〔廣韻·腫部〕

**鞏**　丨，以韋束也。〔楚辭·怨思〕「心丨丨而不夷」補注。○丨，以皮束物。〔廣韻·腫部〕○丨者，束之固也。〔釋詁〕「丨，固也」郝疏。○丨，固也。〔詩·瞻卬〕「無不克丨」朱傳。○丨，堅厚也。〔春秋名字解詁〕「魯公子丨字后」述聞。○丨與蛩同。〔廣雅·釋詁〕「蛩，懼也」疏證。○丨與焪聲近義同。〔釋詁〕「焪，乾也」疏證。○固、管、丨一聲之轉。〔釋詁〕「丨，固也」郝疏。○丨即烘聲之轉。〔方言七〕「丨，火乾也」箋疏。○丨與拱通。〔廣雅·釋詁〕「拱，固也」疏證。○丨、共音同或借用。〔文選·典引〕「乃始虔丨勞謙」集釋。○〔說文定聲·卷二〕丨，叚借為烘。〔方言七〕「丨，火乾也」。○丨讀方言「蛩烘戰栗也」之蛩。〔荀子·君道〕「敬而不丨」集解引王引之。

**竦**　丨，敬也。〔續音義·卷六〕引〔切韻〕。又〔廣韻·腫部〕。○丨，懼也。〔詩·長發〕「不戁不丨」朱傳。○丨，立自丨也。〔說文〕「丨，敬也」繫傳。○丨，上也。〔慧琳音義·卷一四〕又〔續音義·卷六〕引顧野王。○丨，跳也。（同上）○丨之言丨踊也。〔廣雅·釋詁〕「丨，跳也」疏證。○丨與悚古字通。〔方言一二〕注「謂悚悸也」箋疏。○丨、慫、聳、悚，古字通用。〔釋詁〕「丨，懼也」邵正義。○叚丨為慫也。〔說文〕「丨，敬也」段注。○丨者，慫之叚音也。〔釋詁〕「丨，懼也」郝疏。○〔說文定聲·卷二〕丨，叚借為慫。〔詩·長發〕「不戁不丨」。○丨，或借聳字。〔說文〕「丨，敬也」義證。又（同上）句讀。○〔說文定聲·卷二〕丨，叚借為聳，實為慫。〔長楊賦〕「整輿丨戎」。○（同上）丨，叚借為捀。〔廣雅·釋言〕「丨，執也」。○（同上）丨，叚借為悤。〔太玄·失〕「恤而丨而」。

**悚**　丨，怖也。〔廣韻·腫部〕○丨，驚也。〔慧琳音義·卷一四〕引〔考聲〕。○丨，心不安也。（同上）○丨與慫、竦音義並同。〔方言一三〕「聳，丨也」箋疏。○竦、慫、聳、丨古字通用。〔釋詁〕「竦，懼也」邵正義。○丨當為竦。〔說文〕「慫，驚也，讀若丨」義證。

**聳**　初生而聾曰丨。〔慧琳音義·卷七九〕引〔古今正字〕。○丨，高也。〔廣韻·腫部〕又〔慧琳音義·卷九七〕引〔考聲〕。○丨，高上也。〔卷九一〕○丨，動也。〔漢書·武五子傳〕「皆從」雜志。○丨，懼也。〔周書·謚法〕「從處」雜志。○丨，又竦也，謂敬悚也。〔慧琳音義·卷五八〕○丨，敬貌。〔國語·周語〕「身丨除潔」述聞。○丨，敬德之意。〔文選·車駕幸京口三月三日侍遊曲阿後湖作〕「鱗翰丨淵邱」補正。○中心不欲而由旁人之勸語亦謂之丨。〔說文〕「聳，生而聾曰聳」段注。○物之自動者亦謂丨慂。〔廣雅·釋詁〕「慫慂，勸也」疏證。○慫慂，單言之則謂之丨。（同上）○丨，又作悚。〔周書·謚法〕「從處」雜志。○丨，又作竦。（同上）○丨，字本作竦。〔國語·周語〕「身丨除潔」述聞。○丨或作竦。〔漢書·武五子傳〕「皆從」雜志。○丨，本作慫。〔周書·謚法〕「從處」雜志。○丨或作慫。（同上）○丨與竦通。〔廣雅·釋詁〕「竦，跳也」疏證。○丨與竦古字通。〔方言六〕「丨，獎欲也」疏證。○丨與悚古字通。〔方言一三〕「丨，悚也」箋疏。○竦、慫、丨、悚古字通用。〔釋詁〕「竦，懼也」邵正義。○丨作從者借字耳。〔周書·謚法〕「從處」雜志。

**⿰彳耸**　丨與聳同。〔方言六〕「聳，聾也」箋疏。○長言曰聳獎，短言即曰丨。〔說文定聲·卷二〕○（同上）丨，字亦作聳。〔方言六〕聳，聾也」。○丨，俗作聳。〔說文〕「丨，生而聾曰丨」義證。○〔說文定聲·卷一〕丨，叚借為慫。〔切韻〕「丨，高也」。○（同上）丨，叚借為崇。〔方言一〇〕「聳，竦也」。

**洶**　丨，丨溶，水皃。〔廣韻·腫部〕又〔集韻·腫部〕。○丨丨，或作詾詾。〔通雅·卷一〇〕

**詾**　丨，衆言。〔集韻·腫部〕○丨，嚇也。〔廣韻·腫部〕○丨，訟也。〔說文〕「丨，說也」義證引〔韻譜〕。

**湩**　丨，乳汁。〔集韻·腫部〕○丨，乳汁也。〔通鑑·漢紀六〕「以示不如丨酪之便美也」音注。又〔晉紀三九〕「丨酪將出」音注。○江南人呼乳為丨。〔說文〕「丨，乳汁也」義證引〔玉篇〕。○丨，濁多也。〔廣韻·腫部〕○丨，水濁。〔集韻·腫部〕○丨者，重濁之意。〔廣雅·釋器〕「丨謂之乳」疏證。○丨，丨容，車幨帷也。〔集韻·東部〕○丨或从巾。（同上）

**拲**　丨，兩手共械。〔廣韻·腫部〕○〔說文定聲·卷二〕丨，如拜之拱手，故曰拱，拱丨實同字。〔周禮·掌囚〕「上辠梏丨而桎」。

**⿰忄共**　丨，戰慄也。〔廣韻·腫部〕○丨兇合聲為恐。〔釋詁〕「恐，懼也」郝疏。

**溶**　丨，水皃。〔廣韻·腫部〕

**駷**　丨，馬搖銜走也。〔廣韻·腫部〕○丨，搖馬銜走也。〔集韻·腫部〕

**鮏** ｜，鯤魚子也。〔廣韻・腫部〕○｜，魚名。〔集韻・腫部〕

**軵** 〔說文定聲・卷二〕｜，如今御車者卸馬解轅必數人反推其車向後使軝就丌令平正也，｜猶箸止也。〔說文〕「｜，反推車令有所付也」。○｜，推車。〔廣韻・腫部〕○｜，車廂外立木承重較之材。〔集韻・遇部〕○｜或作揖。〔廣韻・腫部〕○｜，字亦作輯。〔說文定聲・卷一〕○｜，字亦作軏。(同上)○此｜字有兩讀，今通作茸音。〔漢書・馮奉世傳〕「再三發｜」補注引沈欽韓。○｜，讀若揖付之揖。〔說文〕「揖，推擣也」義證。

**鮦** ｜，鱧魚也。〔說文〕「｜，一曰鱶也」義證引〔玉篇〕。○〔說文定聲・卷一〕｜，即鱧也，中者曰鱧。〔釋魚〕「鰹，大｜，小者鮵」。○｜即今頭有七星之魚，俗云烏鱧。〔說文〕「｜，｜魚」段注。○｜，魚名。〔廣韻・腫部〕○｜與鱅音義同。〔廣雅・釋魚〕「鱺，｜也」疏證。○｜，字亦作鱅。〔說文定聲・卷一〕○孟康但音｜為紂。〔漢書・地理志〕「｜陽」雜志。○｜、從同聲而亦讀如紂。〔漢書・地理志〕「｜陽」補注引王引之。○｜讀若襱。(同上)

**歱** ｜，跟也。〔集韻・腫部〕○踵與｜同。〔廣雅・釋詁〕「｜，迹也」疏證。○｜，經典作踵。〔說文〕「｜，跟也」義證。○｜，經傳皆以踵為之。〔說文定聲・卷二〕○｜，劉熙作踵。〔說文〕「｜，跟也」段注。

**徸** ｜，相跡也。〔廣韻・腫部〕○｜與踵畧同。〔說文定聲・卷一〕

**輁** ｜，｜軸，喪遷柩之具。〔集韻・腫部〕○｜，｜軸，士喪遷柩者。〔集韻・鍾部〕○｜，｜軸，所以支棺。〔廣韻・腫部〕○｜即輂字之異者。〔說文〕「輂，大車駕馬者也」段注。○｜即輴，散文則通。〔文選・哀策文〕「龍｜纚綍」集釋。

**埫** ｜，｜容，不安。〔廣韻・腫部〕○｜塎，不寧。〔集韻・腫部〕

**塳** ｜，塗也。〔廣韻・腫部〕

**鼨** ｜，小鼠也。〔廣雅・釋獸〕「｜鼠，鼠屬」疏證。○｜，鼮鼠。〔說文〕「｜，鼠屬」義證引〔玉篇〕。○｜，｜鼠。〔廣韻・腫部〕

**搑** ｜，推擣皃也。〔廣韻・腫部〕○｜，推而擣也。〔說文〕「｜，推擣也」義證引〔玉篇〕。○𢪒｜並音如勇切，其義一也。〔廣雅・釋詁〕「𢪒，推也」疏證。○｜亦作𢪒。〔說文定聲・卷二〕○｜通作茸。〔說文〕「｜，推擣也」義證。

**𢪒** ｜，推也。〔廣韻・用部〕○｜，拒也。〔廣韻・腫部〕○｜，相也。〔集韻・腫部〕○｜搑並音如勇反，其義一也。〔廣雅・釋詁〕「｜，推也」疏證。○｜亦作軵。〔廣韻・腫部〕

**㣫** ｜，遲也。〔廣韻・腫部〕○憧憧、｜｜、衝衝並字異而義同。〔廣雅・釋訓〕「憧憧，來也」疏證。○〔說文定聲・卷二〕｜，段借為憧，實為僮。〔易・咸〕京房本「｜｜往來」。○(同上)｜，段借為恫，為動。〔北海相景君碑〕「驚｜傷懷」。○｜，今皆段重字為之。〔說文〕「｜，遲也」段注。○｜，經傳皆以重為之。〔說文定聲・卷二〕

**襱** ｜，袴也。〔廣韻・腫部〕

**傛** ｜，動也。〔說文〕「｜，不安也」繫傳。○｜與溶同義。(同上)○｜與水波溶溶意義略同，皆動盪兒也。〔說文〕「｜，不安也」段注。○｜華，婦官名。〔說文〕「｜，一曰華」義證引〔玉篇〕。○｜，通作容。(同上)義證。○〔說文定聲・卷二〕｜，段借為容，實為頌。〔說文〕「｜，一曰｜華」。

**硧** ｜，水邊大石。〔廣韻・腫部〕○｜今作鞏，假借。〔說文〕「｜，水邊石」繫傳。○｜，〔左傳昭公一五年〕、〔定公四年〕皆作鞏。〔說文〕「春秋傳曰闕｜之甲」段注。

**収** ｜者，兩手捧物。〔說文定聲・卷二〕○｜，經典用拱字。〔說文〕「｜，竦手也」義證。

**廾** ｜與拲畧同。〔說文定聲・卷二〕○｜者，竦手也。〔說文〕「尊，酒器也。从酋，｜以奉之」段注。

**拜** ｜，今拱字也。〔荀子〕「端拜」雜志。

**悀** ｜，心喜也。〔廣韻・腫部〕又〔集韻・腫部〕。○｜之言涌也。〔方言六〕「｜，滿也」箋疏。○｜，出也。〔廣韻・腫部〕○一曰凡以器盛而滿謂之｜。〔集韻・腫部〕○｜，或从勇从容。(同上)○｜、涌通。〔廣雅・釋詁〕「｜，滿也」疏證。

**衜** ｜，道也。〔集韻・腫部〕

**蒠** ｜，蘭蕍也。〔廣韻・腫部〕○｜，蘭蕍蘗也。〔廣雅・釋草〕「｜，蘭蕍也」疏證。

**𢫬** ｜，抱持。〔廣韻・腫部〕

**輂** ｜，輞也。〔廣韻・腫部〕

**慫** ｜，驚也。〔廣韻・腫部〕○｜聳㑊竦並字異而義同。〔方言一〇〕「｜慂，勸也」箋疏。○｜慂者，從旁動之也。〔廣雅・釋詁〕「｜慂，勸也」疏證。○〔說文定聲・卷一〕｜慂作縱臾亦同，臾、慂雙聲。〔漢書・衡山王賜傳〕「日夜縱臾王謀反事」。○｜慂，疊韻也，單言之則謂之聳。〔廣雅・釋詁〕「｜慂，勸也」疏證。○｜慂，疊韻字，單言之則曰聳。〔方言一〇〕「｜慂，勸也」箋疏。○｜借聳字。〔說文〕「｜，驚也」繫傳。○｜，或借聳字。〔說文〕「一，驚也」義證。

縝 獸前絆謂之一。〔集韻·腫部〕○一，或作纝。（同上）○一，亦書作緷。（同上）

從 一一，走意。〔廣韻·腫部〕○萃一，猶萃聚也。〔漢書·揚雄傳〕「萃一允溶」補注。○一蓋總之借字。（同上）○一一，從從也。〔通雅·卷九〕

兇 一，懼也。〔說文〕「一，擾恐也」義證引〔干祿字書〕。○一，恐懼。〔廣韻·腫部〕○一，恐懼聲。〔通鑑·晉紀二〕「肇衆一懼」音注。○一，或借匈字。〔說文〕「一，擾恐也」義證。○一一，或作詾詾。〔通雅·卷一〇〕

⿰革茸 一，毳飾。〔廣韻·鍾部〕○一，氄毳飾。〔集韻·鍾部〕○一粘，以毛毳飾氄也。〔說文〕「一，氄毳飾也」義證引〔急就篇〕顏注。○一粘，按上罽也。〔通雅·戎器〕○一，字或作緝。〔說文〕「一，氄毳飾也」義證。○一，或借茸字。（同上）

⿰豈灷 一，今俗謂之攏褌，雲南人以麂皮作之。〔說文〕「一，羽獵韋絝」義證。

⿸⿰豈灷殳 〔說文定聲·卷二〕一，叚借為䡢，隼、弇，雙聲。〔虞書·堯典〕「鳥獸氄毛」。

搈 〔說文定聲·卷二〕一，猶言動搖。〔說文〕「一，動一也」。○（同上）一，以容為之。〔孟子〕「動容周旋皆中禮」。

嵱 一，一嵷，山峰皃。〔集韻·腫部〕

⿸虍鳥 一，一鴡鳥。〔廣韻·腫部〕○一，鳥名，似鷹而白。〔集韻·腫部〕○一，或書作⿸虍虎。（同上）

揰 一，擊也。〔集韻·腫部〕

偅 一，衆也。〔集韻·腫部〕

繷 一，與穠同。〔方言一〇〕「穠，多也」箋疏。○一與穠通。〔廣雅·釋詁〕「穠，多也」疏證。○一、穠古通用。〔方言一〇〕「穠，多也」疏證。

唪 一，口高皃。〔廣韻·腫部〕又〔集韻·腫部〕。○一，一曰大笑。（同上）

喠 一，急喘也。〔集韻·腫部〕○一，氣急之皃。〔廣韻·腫部〕○一，不能言也。〔集韻·腫部〕○一，一嗋，欲吐。〔廣韻·腫部〕又〔集韻·腫部〕。

噰 一，氣咽塞。〔集韻·腫部〕

塎 一，堝一，不安。〔廣韻·腫部〕

塚 平地為墳曰一，一深壙淺。〔慧琳音義·卷九〕○一與冢同。〔方言一三〕「冢，秦晉之間謂之墳」箋疏。

孓 一，孑一，井中小蟲。〔廣韻·腫部〕又〔集韻·腫部〕。

巃 一嵷，山峯叢叢高皃。〔慧琳音義·卷八五〕引〔考聲〕。

幒 楚人謂幝曰一。〔集韻·腫部〕○一，或作⿰巾松。（同上）

⿰谷彡 一，垂帶飾皃。〔集韻·腫部〕

巩 一，抱也。〔廣韻·腫部〕○一，謂拾取而擁褢之也。〔說文〕「一，褢也」義證。○一，或體拲字。〔說文定聲·卷二〕○〔說文定聲·卷二〕一，叚借為扛。〔漢書·王莽傳〕「拲茵輿行」。

⿱工心 一，古文恐。〔廣韻·用部〕

恿 一，古文勇。〔墨子·雜守〕「恚恿」雜志。

愯 一，懼也，亦作㩳。〔廣韻·腫部〕○一與竦音義略相近。〔說文〕「一，懼也」段注。○一，字或作㩳。（同上）義證。○一，今作聳。（同上）句讀。○一，又作矍。（同上）義證。○竦、一、聳、悚古字通用。〔釋詁〕「竦，懼也」邵正義。○一，通作慫。又通作悚。又通作聳。〔釋詁〕「竦，懼也」郝疏。

徳 一，自要一。〔廣韻·腫部〕

⿰忄雙 一，古悚字。〔方言一三〕「聳，悚也」箋疏。

戚 一，戟屬。〔集韻·腫部〕

㦷 一，悍也。〔慧琳音義·卷八〇〕引〔字書〕。○一，健也。（同上）○一作勇。（同上）

⿰扌隻 一，推也。〔集韻·腫部〕

⿱巩手 一，同擁。〔廣韻·腫部〕○一，一齣蟲，形似蟹。（同上）

㩳 一，執也。〔廣韻·腫部〕又〔集韻·腫部〕。

⿰扌雝 一者，褢也。〔說文〕「閼，遮一也」段注。○一當作雝，塞也。〔說文〕「涻，所以一水也」段注。○一，〔玉篇〕作擥，蓋古體也。〔說文〕「一，褢也」段注。○一，通作雍。〔說文〕「一，抱也」義證。

⿰歹奉 一，死也。〔集韻·腫部〕

𣯍 —，鳥細毛也。〔廣韻・腫部〕○—，亦作氄。（同上）

毴 —，衆也。〔說文〕「—，毛盛也」義證引〔玉篇〕。○—，聚也。（同上）○—即氄字也。〔說文〕「—，毛盛也」義證引〔六經正誤〕。○—，鳥獸生細毛自煖也。〔說文〕「—，毛盛」繫傳。○—與毦同。〔說文定聲・卷一五〕○今〔書〕—作氄。〔說文〕「虞書曰鳥獸—髦」段注。

泛 —與覂通。〔廣雅・釋詁〕「覂，棄也」疏證。

沆 ——，水皃。〔集韻・腫部〕

洪 —，凝也。〔集韻・腫部〕

邕 —，猶壅滯也。〔說文定聲・卷三〕〔「歙」下〕

湧 官本—作涌。〔漢書・元帝紀〕「水泉—出」補注。

瀧 溼墜謂之—澒。〔慧琳音義・卷一〇〕引〔通俗文〕。○—澒，謂無知也。〔卷一六〕

㳥 —，偃水也。〔集韻・腫部〕

灉 —，水聚。〔集韻・腫部〕

犺 —，吳牛名。〔集韻・腫部〕

牨 —，水牛。〔廣韻・腫部〕

獷 犬之惡者亦曰—。〔本草・卷八〕

瓨 —，甌也。〔廣韻・腫部〕

瘇 —，足病腫也。〔慧琳音義・卷一二〕○—，不能行也。（同上）引〔韻詮〕。○尰㝻—瘇並同。〔廣雅・釋詁〕「尰，腫也」疏證。○瘇俗作—。〔說文〕「瘇，脛氣足腫」義證。○—當作瘇，籒文作尰。〔漢書・賈誼傳〕「天下之執方病大—」補注。

癰 大為—，小為癤。〔本草・卷四〕○深為疽，淺為—。（同上）

肢 —，使也。〔集韻・腫部〕

砼 —，石墜聲。〔集韻・腫部〕



硧 —，磨石。〔集韻・腫部〕

𥝩 —，秬黍。〔集韻・腫部〕

梁 —，穮也。〔廣韻・腫部〕又〔集韻・腫部〕。

穁 —，稻—。〔廣韻・腫部〕○—，禾—。〔集韻・腫部〕

穜 —，類也。〔集韻・腫部〕○—，或从重。（同上）

梁 —，穮也。〔集韻・腫部〕

𦀥 ——，衆多也。〔集韻・腫部〕

朧 —，豐大。〔廣韻・腫部〕○—，豐大也。〔集韻・腫部〕

醲 —，鹹菹。〔集韻・腫部〕

董 —，——，髮短也，通作種。〔集韻・腫部〕

蓯 —，當為摐之借字。〔漢書・司馬相如傳〕「騷擾衝—其相紛拏兮」補注。

蚢 —，小蟲行。〔集韻・腫部〕

蛬 —，一作蛩。〔廣雅・釋蟲〕「—，蜻蛚也」疏證。

綇 —，絆前兩足。〔廣韻・腫部〕○—亦从酉。〔集韻・有部〕

𧼮 —，—趗，小兒行皃。〔廣韻・腫部〕○—，—趗，小行。〔集韻・腫部〕

𧻓 —即踊之別體。〔說文定聲・卷一〕○—，今〔禮經〕、〔禮記〕皆作踊。〔說文〕「—，喪辟—段注。○—，經典皆作踊。〔說文〕「—，喪辟—也」句讀。○—，經典借踊字。〔說文〕「—，喪辟—」義證。○—，今借踊字。〔說文〕「—，喪擗—」繫傳。

踴 —即踊之俗字。〔韓子・難二〕「—貴而屨賤」集解。○—或作𧻓。〔慧琳音義・卷二〕

躘 —，行正也。〔集韻・腫部〕

𨋩 —，車輞。〔集韻・腫部〕○—，一曰轢也。（同上）

輯 —，輕也。〔廣韻·腫部〕

迒 —，行也。〔集韻·腫部〕○—，或作䟺。（同上）

鏞 —亦省作甬。〔說文〕「—，鐘，或从甬」句讀。

霳 —，雲氣。〔集韻·腫部〕

雓 —，小鳥飛也。〔廣韻·腫部〕○—，雛飛皃。〔集韻·腫部〕○—，一曰雀也。（同上）○—，或从鳥。（同上）

餶 —，食也。〔集韻·腫部〕

饔 通言之，則凡熟食並曰—飧。〔周禮·宰夫〕「賜之飧牽」孫正義。

饢 —，食饐也。〔集韻·腫部〕

㦶 —，不肖也。〔集韻·腫部〕○—从辱即有辱義。〔文選·報任少卿書〕「太上不辱先」集釋。

㟰 —，傝—，劣也。〔廣韻·腫部〕○—，不肖也。（同上）○傝—，或作搈茸，又作毾㲪。（同上）

䮍 —，馬名，青毛，善走，日千里。〔集韻·腫部〕

駷 〔通雅·卷九〕——即駷駷字，言馬之速也。〔石鼓文〕「射駿——」。

䦰 —，所以枝鬲者。〔集韻·腫部〕○—，一曰舂器。（同上）

𪍿 —，熬麥也。〔集韻·腫部〕

龍 —斷，岡壟之斷而高也。〔孟子·公孫丑下〕「有私—斷焉」朱注。

# 續經籍籑詁卷第三十三　上聲

## 三　講

講 —，和也。〔通鑑·周紀一〕「已而知文侯以—於己也」音注。又〔周紀三〕「樗里子與魏—而罷兵」音注。○—，和解也。〔國策·西周策〕「而秦未與魏—也」鮑注。○—、媾通。〔國策·秦策四〕「欲割河東而—」補正。○古人言—解猶和解也。〔說文〕「—，和解也」繫傳。○不合者調龢之，紛糾者解釋之是曰—。〔說文〕「—，和解也」段注。○—，求和也。〔國策·趙策三〕「不如發重使而為—」鮑注。○—，告也。〔廣韻·講部〕○—，謀也。（同上）○—，論也。（同上）○—，讀也。〔廣雅·釋言〕○—，成也。春秋時人謂之成，戰國時人謂之—，其義一也。〔韓子·內儲說上〕「寡人欲割河東而—」集解。○〔說文定聲·卷八〕—，凡肄習較論之意，皆一義之引申。〔禮記·禮運〕「—信脩睦」。○—，元作構。〔國策·趙策一〕「憂大者不計而—」鮑注。○—，元從才從冓。〔趙策四〕「趙欲—於秦」鮑注。○—，元從女從冓。〔趙策三〕「不如發重使而為—」鮑注。○—與斠同。〔漢書·曹參傳〕「—若畫一」補注。○〔說文定聲·卷八〕—，叚借為斠。〔漢書·曹參傳〕「—若畫一」。○—，讀為構。〔國語·鄭語〕「物一不—」平議。○—，讀曰構，本亦作構，謂交構也。〔大戴·千乘〕「大曰—」王詁。○—字古讀若構，故與構通。〔國語·魯語〕「—罛罶」述聞。

港 —，水派。〔廣韻·講部〕○—，水分流。〔集韻·講部〕○—，水分流也。〔慧琳音義·卷一〇〕○—，水別流也。〔卷五七〕○—，水派流而不通也。（同上）○—，亦水溝之異名。〔卷七八〕○—，或書作溝。〔集韻·講部〕

棒 —或作棓，大杖也。〔慧琳音義·卷一四〕引〔考聲〕。

蚌 —，蛤也。〔集韻·講部〕○—，亦曰蛤。〔說文定聲·卷一〕○—，蠯。〔國策·燕策二〕「—方出曝」鮑注。○—，亦曰蠯。〔說文定聲·卷一〕○—者，蜃屬，亦名蜹。〔說文〕「蜹，—也」段注。○—，亦曰蠙，大者曰蜃，其屬腹往往孕珠。〔說文定聲·卷一〕○（同上）—，字亦作蜯。〔釋蟲〕「蜯蛖螻」。○—字古讀若奉。〔國策·燕策二〕「即有死—」雜志。

項 —，頭後也。〔說文〕「脰，—也」句讀。○—，頸後也。〔說文〕「—，頭後也」義證引〔玉篇〕。○—，頸—。〔廣韻·講部〕○—，謂頸後頭下也。〔說文〕「—，頭後也」義證引〔急就篇〕顏注。○—與直同義。〔廣雅·釋親〕「頏、領，—也」疏證。○—之言直—也。（同上）○—，大也。〔詩·節南山〕「四牡｜領」朱傳。〇｜很,謂很人强｜難迴,因以名也。〔放光般若經·卷九〕「｜很」音義。〇｜很,愚癡是也。〔慧琳音義·卷九〕引〔覺經〕。〇｜乃以國為氏者,春秋魯僖公滅｜,其後楚取以封其臣,遂稱｜氏。〔史記·項羽本紀〕「又聞｜羽亦重瞳子」志疑。

銗 投｜之｜,如撲滿而大也。〔通雅·事制〕〇〔說文定聲·卷八〕｜,瓦者,如今之撲滿,蘇俗謂之積受罐,竹者,如蘇俗市中錢筩,皆為小孔,錢入而不可出。〔說文〕「｜,受錢器也,古以瓦,今以竹」。〇｜,謂入而不能出之器也。〔說文〕「｜,受錢器也」繫傳。〇〔史記〕｜作鉒,同。〔漢書·王溫舒傳〕「投｜購告言姦」補注。

硥 ｜,石貌。〔說文〕「厖,石大也」義證引〔篇海〕。〇｜,石兒。〔集韻·講部〕

耩 ｜,耕也。〔廣韻·講部〕〇｜,耕也,或从禾。〔集韻·講部〕〇｜,謂耕也。〔慧琳音義·卷九八〕引〔考聲〕。〇｜,北方播種之名。〔說文〕「稜,疾孰也」義證引程瑶田。〇耕與｜一聲之轉。今北方猶謂耕而下種曰｜矣。〔廣雅·釋地〕「｜,耕也」疏證。

稖 ｜,秬屬。〔集韻·講部〕

顜 ｜,明也。〔集韻·講部〕〇｜,直也。(同上)〇｜,和也。(同上)〇｜,通作講。(同上)〇｜,當作斠。〔史記·曹相國世家〕「｜若畫一」志疑。

佬 ｜,｜傋。〔廣韻·講部〕〇｜傋,不媚。〔集韻·講部〕

傋 〇｜,佬｜,不媚兒。〔廣韻·講部〕

傱 ｜,齊立兒。〔集韻·講部〕

傯 ｜,衆齊也。〔集韻·講部〕

勜 ｜傾,多力。〔集韻·講部〕〇｜尣,屈强兒,或从頁。〔董部〕

庬 ｜,豐也。〔集韻·講部〕〇｜,厚也。(同上)

㭋 ｜,｜慃,很戾。〔廣韻·講部〕

㭋 ｜慃,很戾。〔集韻·講部〕〇｜或从丰。(同上)

慃 ｜,慃｜。〔廣韻·講部〕

慃 ｜,很戾。〔廣韻·講部〕〇｜慃,很戾。〔集韻·講部〕〇｜或从人。(同上)

拝 ｜,打也。〔集韻·講部〕

擃 ｜,撞也。〔集韻·講部〕〇｜或作搑。(同上)

𣏌 ｜,杖也,打也。〔廣韻·講部〕〇｜,同棒、同棓。(同上)

殼 ｜,堅固也。〔集韻·講部〕

䪦 ｜,邪視。〔集韻·講部〕

絶 ｜,色深惡兒。〔集韻·講部〕

䒀 ｜,草名,似葵。〔集韻·講部〕

𦟛 ｜,肥也。〔集韻·講部〕

蜯 ｜,即蚌字。〔說文〕「蜃,陛也」段注。〇｜,同蚌。〔廣韻·講部〕

良 ｜覿猶｜會。〔文選·南樓中望所遲客〕「引領冀｜覿」補正引趙曦明。

䎏 ｜,耳平也。〔集韻·講部〕

䭢 河朔謂强食不已曰｜。〔集韻·講部〕

鵁 ｜,｜鵁鳥。〔廣韻·講部〕〇｜鵁,鳥名,似鷹而白。〔集韻·講部〕〇｜或从隹。(同上)

# 續經籍纂詁卷第三十四　上聲

## 四紙

紙〔説文定聲・卷一二〕—,潎絮一箔也。〔説文〕「—,絮也,一曰苫也」。○—,絮一苫也。〔通雅・器用〕○秦漢間以繒帛書事,謂之幡—,故—字从糸。〔本草・卷三八〕○—,砥也,平滑如砥石也,亦作帋。〔廣韻・紙部〕

只—,詞也。〔詩・樛木〕「樂—君子」陳疏。○—,語詞。〔詩・柏舟〕「母也天—」集疏。又〔南山有臺〕「樂—君子」集疏。○—,語辭。〔詩・燕燕〕「仲氏任—」朱傳。又〔廣韻・紙部〕。○—,語助也。〔詩・北風〕「既亟—且」後箋。○—,語助辭。〔詩・樛木〕「樂—君子」朱傳。又(同上)後箋。又〔柏舟〕「母也天—」朱傳。又〔大學〕「詩云樂—君子」朱傳。○〔釋詞・卷九〕—,句中語助也。〔詩・君子陽陽〕「其樂—且」。○—,語已詞。〔楚辭・大招〕「白日昭—」補注。○〔釋詞・卷九〕—,詞之耳也。〔左傳襄公二七年〕「諸侯歸晉之德—」。○—,專辭。〔廣韻・支部〕○咫𤞞—並同。〔管子〕「縡制」雜志。○—與旨通。〔詩・樛木〕「樂—君子」後箋。○—,韓作旨。〔詩・君子陽陽〕「其樂—且」集疏。○—,字亦作旨。〔釋詞・卷九〕○—,〔左傳〕皆以旨為之,今俗語用為但詞,借為啻字。〔説文定聲・卷一二〕○—,宋人詩用為衹字,但也,今人仍之,讀如隻。〔説文〕「—,語已詞也」段注。○—,音紙。〔詩・樛木〕「樂—君子」朱傳。又〔燕燕〕「仲氏任—」朱傳。又〔北風〕「既亟—且」朱傳。又〔柏舟〕「母也天—」朱傳。又〔南山有臺〕「樂—君子」朱傳。○—,音止。〔詩・采菽〕「樂—君子」朱傳。○〔釋詞・卷九〕—,字亦作軹。〔莊子・大宗師〕「而奚來為軹」。○〔説文定聲・卷一二〕—,叚借為柴。〔詩・采菽〕「樂—君子」。○—且,語助。〔詩・北風〕「既亟—且」集疏。○—且,語助辭。(同上)朱傳。又〔君子陽陽〕「其樂—且」朱傳。

咫八尺曰—。〔國策・秦策五〕「無—尺之功者不賞」鮑注。○—,—尺,八寸曰—。〔廣韻・紙部〕○—之言猶近也。〔説文〕「—,中婦人手長八寸謂之—」段注。○〔説文定聲・卷一二〕—,叚借為只。〔賈子・連語〕「墻薄—亟壞,繒薄—亟裂」。○〔釋詞・卷九〕—,詞之則也。〔賈子・淮難〕「立—泣沾衿,卧—泣交項」。○〔釋詞・卷九〕—與只同。〔國語・晉語〕「吾不能行—」。○—𤞞只並同。〔管子〕「縡制」雜志。○〔説文定聲・卷一二〕局者,—之誤字,以—為積。〔詩・正月〕「不敢不局」。

諟—,諦也。〔説文〕「佛,見不—也」繫傳。○—即諦。〔説文〕「仿,仿佛,相似,視不—也」段注。○—者,理也。〔説文〕「媟,—也」段注。○—,理也,正也,諦也,審也。〔廣韻・紙部〕○—,或曰審也。〔大學〕「大甲曰顧—天之明命」朱注。○—,猶此也。(同上)○—,古是字。(同上)○是—,聲義並同。〔廣雅・釋言〕「—,是也」疏證。○〔説文定聲・卷一二〕—,以是為之。〔左傳〕「君與大夫不善是也」。○—正即是正。〔通雅・釋詁〕○〔説文定聲・卷一二〕—,叚借為題,為睼。〔方言六〕「諟諦,—也」。○〔大學〕—或為題。〔説文〕「—,理也」段注。○—,審聲之遞轉,即詳審之義。〔釋詁〕「覆,審也」郝疏。

是—,正也。〔説文〕「尟,—少也」繫傳。○以日為正曰—。〔説文定聲・卷一二〕○—,—非也。〔廣韻・紙部〕○—,謂國事。〔國策・齊策四〕「文倦於—」鮑注。○〔釋詞・卷九〕—,猶於—也。〔書・禹貢〕「—降邱宅土」。○(同上)—,猶衹也。〔論語・為政〕「今之孝者,—謂能養」。○(同上)—,猶之也。〔詩・氓〕「反—不思」。○使—,使之也。〔大戴・文王官人〕「使—治國家」述聞。○—,當作之。〔墨子・耕柱〕「舊者新—哉」閒詁。○〔釋詞・卷九〕—,猶夫也。〔禮記・三年問〕「今—大鳥獸」。○—,知其善而以為—也。〔孟子・公孫丑上〕「無—非之心」朱注。○—為則。〔管子〕「非茲—無以理人」雜志。○〔釋詞・卷九〕—,猶則也。〔大戴記・王言〕「教定—正矣」。○〔律歷志〕—作則。〔左傳襄公三〇年〕「—其日數也」洪詁。○語詞之安,或為乃,或為則,或為—,或為於—,其義並相近。〔管子〕「安入,其受命焉」雜志。○—諟,聲義並同。〔廣雅・釋言〕「諟,—也」疏證。○—者,諟之假借字。〔説文〕「諟,理也」段注。○〔釋詞・卷九〕—,字或作氏。〔大戴・帝繫〕「氏産青陽及昌意」。○古—、氏本一字。〔史記・宋微子世家〕「五者來備」志疑。○氏、—古字通。〔漢書・地理志〕「鯢—」補注。○—、氏古通用。〔呂覽・觀表〕「寒風—相口齒」校正。○—即氏,氏者山阜之稱。〔漢書・地理志〕「埤—」補注。○—、氏古多通用。〔説文〕「鯢,西河有鯢氏縣」段注。○—為氏之假音字。〔書・禹貢〕「西傾因桓—來」孫疏。○〔説文定聲・卷一二〕—,叚借為氏。〔儀禮・覲禮〕「太史—右」。○(同上)—,以氏為之。〔白虎通・宗族〕「惟氏三族之不虞」。○肆、遂、—、所,一聲之轉也。〔釋詁〕「肆,故也」郝疏。○—者,徥之叚音也。〔釋言〕「—,則也」郝疏。○—,讀為隄,隄之言邊也。〔公羊傳僖公一六年〕注「—月,邊也」陳疏。○—,猶視也。〔管子・問〕「—其事」平議。○古書或叚—為視。〔論語・述而〕「—丘也」平議。○—當為視。〔賈子・禮容語下〕「—禮而從」平議。○〔説文定聲・卷一二〕—,叚借為眡。〔荀子・解蔽〕「—其庭可以搏鼠」。○(同上)—,叚借為此,實為柴。〔詩・葛屨〕「維—褊心」。○〔釋詞・卷九〕—,猶寔也。〔詩・閟宮〕「—生后稷」。○—,通作實。〔書・金縢〕「—有丕子之責于天」平議。○—,當讀為寔。〔論語・季氏〕「無乃爾—過與」平議。○〔説文定聲・卷一二〕—,叚借為寔。〔西周策〕「—攻用兵」。○一本—作事。〔國策・齊策四〕「文倦於丨」補正。○丨，當從〔管子・小匡篇〕作其。〔國語・齊語〕「擇丨寡功者」述聞。○〔韓詩外傳〕丨作今，今與丨皆指事之辭。〔公羊傳・宣公一五年〕「丨何子之情也」陳疏。○丨，舊本作見。〔呂覽・音初〕「丨良日也」校正。○丨，舊本多作謂。〔呂覽・不侵〕「丨國士畜我也」校正。○丨，當為足。〔賈子・數甯〕「丨以摻亂業」平議。○丨非，猶褒貶。〔漢書・司馬遷傳〕「丨非二百四十二年之中」補注。○丨非當作莫非。〔荀子・正論〕「丨非以聖王為師」集解。○丨以，承上起下之詞。〔釋詞・卷九〕○丨故，承上起下之詞。（同上）

軹 丨，轂末。〔禮記・少儀〕「軌范乃飲」集解。○丨，車輪小穿也。〔集韻・紙部〕○丨，輢之植者衡者。〔禮記・少儀〕「軌范乃飲」集解。○〔說文定聲・卷一一〕丨，其長一尺八寸二分有奇，又弓長六尺謂之庛丨。〔考工・輪人〕「去三以為丨」。○丨者，輢內縮板之縱橫小木。〔說文定聲・卷一一〕○輢之植者衡者皆曰丨，亦謂之軨。（同上）○輢軨謂之丨。〔說文〕「丨，車輪小穿也」段注。○〔說文定聲・卷一一〕丨，段借為軓，形近而誤。〔周禮・大行人〕「立當前丨」。○（同上）丨，段借為軝。〔說文〕「丨，車輪小穿也」。○〔說文定聲・卷一一〕丨者，軝之借字。〔周禮・大馭〕「右祭兩丨」。（「軎」下）○丨，即軝，同音段借也。〔說文〕「軝，長轂之軝也」段注。○〔說文定聲・卷一一〕丨，軝字之訓。〔釋名〕「丨，指也」。○（同上）丨，段借為只。〔莊子・大宗師〕「而奚來為丨」。○丨、枳字通。〔國策・燕策二〕「下枳道」補正。○丨之言積也，枝也，積椒，多小意而止也。〔說文〕「丨，車輪小穿也」段注。

枳 丨，木名。〔周禮〕曰橘踰淮北而為枳。〔廣韻・紙部〕○丨即藥家丨殼也。〔說文〕「丨，木，似橘」繫傳。○丨，兩也。〔本草・卷四三〕○丨椇，木名，白石李也。〔集韻・紙部〕○丨椇，或單作枸。〔說文〕「椒，一曰木名」義證。○丨椇，一名木蜜。（同上）○丨椇子，一名樹蜜，一名木餳。（同上）○丨枸，〔本草〕列其木名又曰白石木，曰金鉤木，曰枅棋木，曰交加木。（同上）○丨枸，字又作積椒，〔本草〕列其名曰蜜積椒，曰蜜屈律，曰木蜜，曰木珊瑚，曰木餳，曰雞距子，曰雞爪子。（同上）○丨實，俗呼臭橘，不堪用。〔說文〕「丨，木，似橘」義證。○丨，一曰丨首，蛇名。〔集韻・紙部〕○丨首，蛇名，蛇有兩首者，或作積。〔支部〕○丨落者，籬落也。〔通雅・釋詁〕○丨與枝同。〔廣雅・釋木〕「丨，枝也」疏證。○岐、枝、丨，音皆近。〔釋地〕「中有丨首蛇焉」郝疏。○丨句與迟曲聲近義同。〔廣雅・釋詁〕「迟，曲也」疏證。○丨、軹字通。〔國策・卷下〕「我下丨道南陽封冀」札記。○丨道即軹道。〔漢書・五行志〕「還過丨道」補注。○〔史記〕、〔荀紀〕丨並作軹。〔漢書・高帝紀〕「降丨道旁」補注。○〔說文定聲・卷一一〕丨，衛禦之意。〔周書・小開〕「何嚮非翼維有共丨」。○（同上）丨，段借為枝。〔釋地〕「中有丨首蛇焉」。○〔釋地一〕丨首蛇，丨本或作積，借積、丨為岐字。〔說文〕「積，積椒，多小意而止也」段注。○〔說文定聲・卷一一〕丨，段借為疻。〔小爾雅・廣言〕「丨，害也」。

砥 丨，礪石。〔詩・大東〕「周道如丨」朱傳。○丨，丨礪也。〔廣韻・旨部〕○細石曰丨。〔說文〕「厎，柔石也」義證引〔急就篇〕顏注。○丨，柔石，所以礪也。〔國策・燕策一〕「矜戟丨劍」鮑注。○丨，石細於礪。〔廣韻・脂部〕○丨，平也，直也，均也，礪石也。〔紙部〕○丨，平也。〔說文〕「厎，柔石也」繫傳。○丨之言縝密也。〔廣雅・釋器〕「丨，礪也」疏證。○〔通雅〕丨屬，平服也。〔史記・五帝紀〕「莫不丨屬」。○丨柱，山名。〔書・禹貢〕「丨柱、析城」孫疏。○丨，讀為厎。〔管子・法法〕「財無丨滯」平議。○厎與丨同。〔廣雅・釋詁〕「丨，磨也」疏證。○丨，今字用此而厎之本義廢矣。〔說文〕「厎，或从石」段注。

抵 丨，側擊也。〔通鑑・陳紀〕「孝琬脫兜鍪丨地」音注。又〔慧琳音義・卷八七〕。○丨，側手擊也。〔說文〕「抧，開也」段注。○丨，擬手期刻。〔集韻・支部〕○丨，丨掌。〔廣韻・紙部〕○丨掌，側手投於掌也。〔慧琳音義・卷八七〕○丨掌者，側此手擊彼手掌也。〔說文〕「抧，開也」段注。○丨，謂投也。〔慧琳音義・卷九八〕○〔說文定聲・卷一一〕丨，段借為擿。〔後漢・黃瓊傳〕注「丨，投也」。○（同上）丨，段借為邸、為底。〔方言一〕「丨、傚，會也」。○（同上）丨，段借為疷。〔管子・國蓄〕「前有萬乘之國，而後有千乘之國謂之丨國」。○（同上）丨，段借為榰。〔中山策〕「臣丨罪」。○丨，各本作抵。〔說文〕「抧，開也」段注。○丨，今多譌作抵。〔說文〕「丨，側擊也」段注。

氏 丨，本訓當為木本，艸之始為屮，木之始為丨，實即氏字，俗又加木傍為柢，或加土傍為坁。〔說文定聲・卷一一〕○丨，丨族。〔廣韻・紙部〕○丨，又姓丨也。〔說文〕「丨，巴蜀名山岸脅之堆旁箸欲落墮者曰丨」繫傳。○〔說文定聲・卷一一〕丨，轉注為姓丨，蓋取水源木本之誼。〔左傳隱公八年〕「胙之土而命之丨」。○凡諸侯無丨，以國爵為丨。〔史記・秦本紀〕「然秦以其先造父封趙城，為趙丨」志疑。○丨，猶家也。〔義府・卷上〕又〔左傳・襄公二六年〕「君夫人丨也」洪詁。○丨為莊公丨，即謚也，亦猶名也。〔漢書・地理志〕「至玄孫，丨為莊公」補注。○古者男子稱丨稱名，婦人稱姓。〔漢書・高后紀〕「高皇后呂丨」補注。○丨或譌為坻。〔說文〕「阺，秦謂陵阪曰阺」段注。○丨，亦作坻，亦作阺。〔說文〕「丨，巴蜀名山岸脅之自旁箸欲落墮者曰丨」段注。○〔說文定聲・卷一一〕丨，段借為阺，丨、氐二音古不甚別。〔說文〕引〔解嘲〕「響若丨隤」。○丨，亦作是。〔文選・解嘲〕集釋。○古丨與是同用。〔說文〕「緹，或作衹」段注。○丨、是古通。〔說文〕「禔，從示，是聲」句讀。○古經傳丨與是多通用。〔說文〕「丨，巴蜀名山岸脅之自旁箸欲落墮者曰丨」段注。○丨當讀為是。〔墨子・天志下〕「今知丨大國之君寬者」平議。○丨當讀為是，是、丨古通用。（同上）閒詁。○丨讀曰是。〔大戴・帝繫〕「昆吾者，衛丨也」王詁。○〔說文定聲・卷一一〕丨，段借為是，實為蜚。〔後漢・李雲傳〕「五丨來備」。○丨，是之段借。〔說文〕「丨，巴蜀名山岸脅之自旁箸欲落墮者曰丨」段注。

**靡** 一，無也。〔詩・柏舟〕「之死矢一它」朱傳。又〔旄丘〕「一所與同」陳疏。又〔采薇〕「一室一家」朱傳。又〔蓼莪〕「入則一至」朱傳。又〔文王〕「天命一常」陳疏。又〔荀子〕「胥一」雜志。〇一，無也，偃也。〔廣韻・紙部〕〇無曰一。〔說文〕「一，柀一也」段注。〇一，魯作無。〔詩・抑〕「一哲不愚」集疏。〇一它，猶無二也。〔詩・柏舟〕「之死矢一它」集疏。〇一、罔一聲之轉。〔爾雅・釋言〕「一，無也」郝疏。〇一，非也。〔韓子・內儲說下〕「淫察而就一」集解。〇〔說文定聲・卷一〇〕一，非也。〔解嘲〕「然則一玄無所成名乎」。〇一，不。〔詩・氓〕「一室勞矣」朱傳。〇一，散也。〔國策・韓策三〕「必外一於天下矣」補正。〇一者，滅也。〔荀子・大略〕「害一國家」集解引王念孫。〇一，累也。（同上）集解引陳奐。〇一，猶云損壞。〔詩・烈文〕「無封一于爾邦」通釋。〇一，汰侈也。（同上）朱傳。〇〔說文定聲・卷一〇〕一，叚借為侈，實為奓。〔賈子・道術〕「費弗過適謂之節，反節為一」。〇一，蔑視之。〔國策・韓策三〕「必外一於天下矣」鮑注。〇一，好也。〔楚辭・招魂〕「一顏膩理」補注。〇一，謂紋細貌。〔說文〕「緆，絺之細者也」段注。〇精細可喜曰一麗。〔說文〕「一，柀一也」段注。〇一，共也。〔詩・氓〕「一室勞矣」集疏。〇一，即升麻，殺毒藥所出也。〔說文〕「涂，水出益州牧一南村」義證引李奇。〇一，委一不振之貌。〔通鑑・周紀〕「左右皆一」音注。〇一者，衺倚也。〔左傳宣公一二年〕「御一旌」疏證。〇一，披一也，披一者，解散之意，引申之則為慢緩。〔詩・黍離〕「行邁一一」後箋。〇〔說文定聲・卷一〇〕柀一，疊韻連語，亦作披一。〔說文〕「一，柀一也」。〇一，狀旃之一然而輕揚耳。〔漢書・司馬相如傳〕「一魚須之橈旃」補注。〇一一，猶遲遲也。〔詩・黍離〕「行邁一一」朱傳。〇一曼，美色也。〔廣韻・紙部〕〇一腜，即一膴，猶言無几何也。〔通雅〕〇一腜，猶無幾何。〔詩・小旻〕「民雖一腜」集疏引韓說。〇〔通雅四二〕一蘋，田字草。〔天問〕「一蘋九衢」。〇一，旍，馳也。〔左傳宣公一二年〕「御一旌」疏證。〇一之環之，皆積貫之意也。〔荀子〕雜志。〇一之，當與〔易〕「我有好爵，吾與爾一之」之一同義。〔韓子・揚權〕「薄者一之」集解引盧文弨。〇一笄當即劘笄。〔左傳成公二年〕「次于一笄之下」疏證。〇一、麼古同聲。〔廣雅・釋詁〕「麼，小也」疏證。〇一與麼聲近而義同。〔釋詁〕「麼，微也」疏證。〇縻紾一，並字異而義同。〔釋器〕「縻，繩索也」疏證。〇一、摩同，研也。〔國策・楚策四〕「六十而盡相一也」鮑注。〇〔說文定聲・卷一〇〕一，叚借為麻。〔小爾雅・廣言〕「一，細也」。一，〔大荒西經〕作麻。〔呂覽・任數〕「西服壽一」校正。〇一、委聲近義同。〔漢書・司馬相如傳〕「扶輿猗一」補注。〇𪎭一糜並通。〔廣雅・釋詁〕「𪎭徹，壞也」疏證。〇一散與𪎭徹同。（同上）〇一讀曰糜，謂財物糜散凋敝也。〔大戴・盛德〕「大者侈一而不知足」王詁。〇一與糜通，取糜爛之義。〔韓子・揚權〕「糜之若熱」集解。〇一，散也。〔通鑑・漢紀〕「一之者甚多」音注。〇一、摩字同。〔墨子・號令〕「相一以身」閒詁。〇一與摩同，漸一即漸摩。〔漢書・淮南王傳贊〕「臣下漸一使然」補注。〇一、摩古通用。〔詩・抑〕「一哲不愚」通釋。〇一讀為摩。〔列子・說符〕「彊食一角」平議。〇〔說文定聲・卷一〇〕一，叚借為摩。〔莊子・馬蹄〕「喜則交頸相一」。〇一擵摩古字並通。〔方言一三〕「一，滅也」箋疏。〇一，礳之叚字，研礳也。〔墨子・經說下〕「金一炭」閒詁。〇一，礳之叚字，今省作磨，謂銷磨也。〔墨子・親士〕「錯者必先一」閒詁。〇〔說文定聲・卷一〇〕一，叚借為糜。〔秦策〕「而百姓一于外」。〇（同上）一，叚借為縻。〔答客難〕「至則一耳」。〇（同上）一，叚借為縻。〔易・中孚〕「吾與爾一之」。〇（同上）一，叚借為湄，湄、一一聲之轉。〔史記・司馬相如傳〕「的皪江一」。〇（同上）一，叚借為羅。〔方言二〕「東齊言布帛之細者曰綾，秦晉曰一」。〇（同上）一，叚借為蔓，蔓、一一聲之轉。〔吳都賦〕「孰愈尋一蓱于中逵」。〇（同上）一，叚借為為。〔廣雅・釋詁三〕「一，為也」。〇一為一麗之麗。〔廣雅・釋言〕「一，麗也」疏證。〇〔說文定聲・卷一〇〕一，叚借為麗，實為蘼，為儷。〔楚辭・招魂〕「一顏膩理」。〇一，當為𪎭。〔說文〕「穙，讀若一」義證引王念孫。〇一，當作𪎭。（同上）段注。〇官本一作縻。〔漢書・陳湯傳〕「中國與夷狄有羈一不絕之義」補注。〇一，當為歷，字之誤也。〔墨子・尚同中〕「是故一分天下」平議。〇一，當作歷。〔左傳成公二年〕「師陳于鞌」洪詁。

**彼** 一，對此之稱。〔廣韻・紙部〕〇一者，據此而言。〔說文〕「一，往有所加也」繫傳。〇〔毛詩〕一作此。〔左傳昭公七年〕「一日而食」洪詁。〇一者，爾汝之稱。〔論語・憲問〕「一哉一哉」劉正義。〇一俾，皆衺也。〔廣雅・釋言〕「一，俾也」疏證。〇彼一陂詖，並字異而義同。〔釋詁〕「彼，衺也」疏證。〇一，與彼，古通用。（同上）〇一，匪也，不也。〔詩・桑扈〕「一交匪敖」述聞。〇一，匪也。〔釋詞・卷一〇〕〇一、匪古通用，一即匪之叚借。〔詩・桑扈〕「一交匪敖」通釋。〇古人或以匪、一通用。〔廣雅・釋言〕「匪，一也」疏證。〇一，當為非。〔墨子・脩身〕「故一智無察」閒詁。〇〔說文定聲・卷一〇〕一，叚借為匪，實為非。〔詩・采菽〕「一交匪舒」。〇一，魯作匪。〔詩・采菽〕「一交匪紓」集疏。〇一交，齊作匪儌。〔詩・桑扈〕「一交匪敖」集疏。〇一，經傳皆以被為之。〔說文定聲・卷一〇〕〇（同上）一，叚借為頗、為彼。〔廣雅・釋言〕「一，俾也」。〇（同上）一，叚借發聲之詞。〔禮記・大學〕「一為善之」。

**毀** 一，壞也，破也，缺也，虧也。〔廣韻・紙部〕〇一，折也。〔國策・魏策四〕「趙不以一搆矣」鮑注。〇一者，缺也。〔說文〕「賊，敗也」段注。〇一物曰一。〔說文〕「嫛，惡也」段注。〇一，不持守也。〔國策・秦策四〕「一一魏氏之威」鮑注。〇一，謂虧辱。〔孝經〕「不敢一傷」皮疏。〇一者，稱人之惡而損其真。〔論語・衛靈公〕「誰一誰譽」朱注。又（同上）劉正義。〇一與化義同音近。〔說文〕「齓，一齒也」段注。〇一與甈義同，古通字。〔方言五〕「罃甈謂之盎」箋疏。〇故書一為甈，當讀為禬。〔周官・舞師〕「凡外祭一事用尨可也」平議。〇一，當為敗。〔說文〕「敗，一也」義證。〇〔說文定聲・卷一二〕一，叚借為嫛。〔孟子〕「有求全之一」。〇舊校云，一譽一作巧辭。〔呂覽・離謂〕「一譽成黨」校正。〇一喻，〔路史〕引作僞喻。

〔史記·周本紀〕「子—隃立」志疑。○—與諻通。〔廣雅·釋詁〕「詠，諻也」疏證。

諻 —，俗作毀，譖也，詈也。〔慧琳音義·卷五三〕○—，謗也，或作譭，通作毀。〔集韻·紙部〕

譭 —，謗也，譖也。〔廣韻·紙部〕○—，當為嫛。〔說文〕「謗，毀也」義證。

燬 —，火也，或作焜、㷄。〔集韻·紙部〕○—，火盛。〔廣韻·紙部〕○—，焚也。〔詩·汝墳〕「王室如—」朱傳。○—、焜實一字，俗乃强分為二字二音，又於說文別增—篆。〔說文〕「焜，火也」段注。○焜與—同。〔史記·衛康叔世家〕「立戴公弟—為衛君」志疑。○—即焜之異文。〔方言一〇〕「猶齊言焜火也」箋疏。○焜、—同字，其實皆火字之或體。〔說文定聲·卷一二〕○—，韓作焜。〔詩·汝墳〕「王室如—」集疏。

委 —，積也。〔漢書·食貨志〕「都受天下—輸」補注。又〔王莽傳〕「郎、從官、中都官吏食祿都內之—者」補注。○凡積聚之物皆可曰—。〔公羊傳桓公一四年〕注「—，積也」陳疏。○凡道路給賓客之用，少曰—，多曰積。〔儀禮·聘禮〕「鬬人問從者幾人」胡正義。○少曰—，多曰積。〔大戴·朝事〕「—積之以其牢禮之數」王詁。○—之言—積也。〔廣雅·釋言〕「—，累也」疏證。○—積皆倉廥積聚之通稱。〔周禮·遺人〕「遺人掌邦之—積」孫正義。○—積義同，凡儲聚禾米薪芻之屬通謂之—積。〔周禮·大司徒〕「大賓客令野脩道—積」孫正義。○—積者，倉廩之藏也。〔漢書·主父偃傳〕「—積之守」補注。○—吏，主—積之吏也。〔孟子·萬章下〕「孔子嘗為—吏矣」朱注。○—物，謂積聚也。〔慧琳音義·卷四六〕○—，累也。〔廣雅·釋言〕○隨其所如曰—。〔說文〕「—，隨也」段注。○—，垂也。〔漢書·賈誼傳〕「朝—裘而天下不亂」補注。○—，屬也。〔大戴·少閒〕「以—於君」王詁。○—，屬也，棄也，隨也，任也。〔廣韻·紙部〕○—，棄也。〔大戴·千乘〕「於時—民」王詁。又〔孟子·公孫丑下〕「—而去之」朱注。又〔滕文公上〕「則舉而—之於壑」朱注。又〔通鑑·唐紀〕「未能見—」音注。○—，棄也，—之於敵也。〔通鑑·秦紀〕「以數十人—之」音注。○—，謂—輸也。〔墨子〕「之絕」雜志。○以車遷賄曰—輸。〔說文〕「輸，—輸也」段注。○—輸者，—隨輸寫也。〔同上〕○—曲，古用骫囮。〔說文〕「囮，骫曲也」段注。○—，—曲，—積。〔廣韻·紙部〕○今人以處約不如意為受—曲，唐宋間以文以官家所商議為—曲。〔通雅·釋詁〕○—蛇即—佗。〔釋訓〕「——佗佗，美也」郝疏。○〔詩〕之—蛇即—隨。〔說文〕「—，隨也」段注。○—蛇，自得之貌。〔詩·羔羊〕「—蛇—蛇」朱傳。○—，曲也，取禾穀垂穗—曲之意。〔說文〕「—，—隨也」繫傳。○〔說文定聲·卷一二〕—隨猶—蛇，疊韻連語，本訓積也。〔說文〕「—，—隨也」。○〔說文定聲·卷一七〕—萎，即萎蕤，亦曰玉竹。〔釋草〕「熒，—萎」。〔「熒」下〕○—倭猶病痿也。〔方言七〕「—倭謂之隑企」箋疏。○—然，文貌也，—讀如冠緌之緌。〔荀子·仲尼〕「—然成文」集解引王引之。○——佗佗，德之美貌。〔詩·君子偕老〕「——佗佗」集疏引韓說。○—亦蘊也，語之轉耳。〔廣雅·釋詁〕「—積也」疏證。○蘊、怨、—，一聲之轉。〔晏子〕「怨利生孽」雜志。○—禕衛俱聲義同。〔釋詁〕「衛，嘉也」郝疏。○—，讀若—積。〔大戴·四代〕「—利生孽」王詁。○—蓋餧字之省。〔公羊傳昭公二五年〕注「—食己者」陳疏。○—，通作痿，亦作萎，病也。〔方言七〕「委痿謂之隑企」箋疏。○〔說文定聲·卷一二〕—，叚借為痿。〔赭白馬賦〕「長—離兮」。○〔同上〕—，叚借為蕤。〔釋草〕「蒣，—葉」。○〔同上〕—，叚借為誘。〔左傳成公二年〕「王使—于三吏」。○〔同上〕—，叚借為痿。〔楚辭·哀時命〕「欿然悴而—惰兮」。○〔同上〕—，叚借為隈。〔楚辭·遠逝〕「—兩館于咸唐」。○—蛇，齊、韓作逶迤，韓又作禕隋。〔詩·羔羊〕「—蛇—蛇」集疏。○——，魯作禕禕。〔詩·君子偕老〕「——佗佗」集疏。

詭 —，異也。〔通鑑·魏紀〕「廣以細辯而—先聖之教」音注。○—，反也。〔史記〕「危哉」雜志。○—，戾也。〔通鑑·魏紀〕「廣以細辯而—先聖之教」音注。又〔淮南子〕「無所擊危」雜志。○—，詐也。〔廣韻·紙部〕又〔史記〕「危哉」雜志。○—，今人為—詐字。〔說文〕「—，責也」段注。○—，欺也，隨惡也。〔慧琳音義·卷一二〕○—，詆也。〔廣雅·釋言〕疏證據〔眾經音義〕補正。○—隨，謂譎詐謾欺之人也。〔釋訓〕「—隨，小惡也」疏證。又〔詩·民勞〕「無縱—隨」述聞。○〔說文定聲·卷一二〕—隨，猶委隨也。〔詩·民勞〕「無縱—隨」。○—、隨，疊韻字。〔方言一二〕「虔儇，慧也」箋疏。○妄言與—譎同義。〔漢書〕「怪迂」雜志。○—者，責也。〔荀子·正論〕「求利之—緩」集解引郝懿行。○橫射物為—。〔說文〕「—，責也」義證。○—，古讀若戈。〔詩·民勞〕「無縱—隨」述聞。○危與—同。〔淮南子〕「無所擊危」雜志。○危與—，古同聲而通用。〔漢書〕「豈不危哉」雜志。○古字以危為—。〔史記〕「危哉」雜志。○危讀為—，—者，奇異之稱。〔漢書〕「豈不危哉」雜志。○危讀為—。〔荀子〕「不危」雜志。○危讀曰—，作危者，借字耳。〔晏子〕「危行」雜志。○—危並與恑通。〔廣雅·釋言〕「恑，反也」疏證。○〔天官書〕及諸書，—作危。〔漢書·天文志〕「司—星，出正西」補注。○—與嫣，聲近義同。〔方言一二〕「嫣，僈也」箋疏。○恑與—通。〔廣雅·釋言〕「譎，恑也」疏證。○—，又作恑，謂變異也，詐妄也。〔慧琳音義·卷九〕○恑與—同，恑，變也，愅、—皆變動之貌。〔荀子·禮論〕「愅—唈僾」集解引郝懿行。○—當作恑，變也。〔說文·叙〕「故—更正文」段注。○垝，或作—。〔文選·兩都賦〕「轡不—遇」集釋。○〔說文定聲·卷一二〕—，叚借為觤。〔莊子·齊物論〕「其名為弔—」。○〔同上〕—，叚借為恑。〔淮南·說林〕「尺寸雖齊，必有—」。○〔同上〕—，叚借為乖。〔西京賦〕注引〔說文〕「—，違也」。○無—，〔左傳〕作無虧，古通。〔史記·齊太公世家〕「生無—」志疑。○—疑說字之誤。〔荀子·正論〕「則求利之—緩」平議。

佹 —，恑異也。〔集韻·紙部〕

髓 —，骨中脂也。〔慧琳音義·卷二二〕

⿰氵陏　丨，滑也。〔廣韻・紙部〕

絫　十黍之重為丨。〔說文定聲・卷八〕(「銖」下)〇丨黍錙銖，言其微也。〔通雅・算數〕〇〔通雅・卷一八〕丨足，猶重足一迹也，丨即累。〔吳王濞傳〕「脅肩丨足，猶懼不見」。〇丨、累正俗字，今人概作累而丨廢矣。〔說文〕「諈，諈諉，丨也」段注。〇丨之隸變作累。〔說文〕「丨，增也」段注。〇丨者，今之累字。〔說文〕「厽，丨坺土為牆壁」段注。〇丨，或作累。〔說文〕「丨，增也」義證。〇丨，鍇本作累，丨、累正俗字，古書積累字皆作絫。〔說文〕「昨，丨日也」段注。〇丨、纍通。〔釋言〕「諈，累也」郝疏。〇〔說文定聲・卷一二〕丨，叚借為纍。〔呂覽・觀世〕「齊人累之名為越石父」。〇丨、壘通。〔漢書・古今人表〕「鄭鄐魁丨」補注。〇嫘，丨也。〔漢書・古今人表〕「丨祖」補注。〇丨，舊作參。〔漢書・武帝紀〕「至碣石」補注。〇丨，當為參。〔墨子・經下〕「說在以二丨」閒詁。

妓　丨，女樂。〔廣韻・紙部〕〇丨，女人之作樂者也。〔慧琳音義・卷二〇〕〇丨侍，以美女為侍。〔卷二三〕〇丨姕，女客。〔集韻・支部〕〇丨姕，態皃。〔廣韻・支部〕〇丨，今俗用為女伎字。〔說文〕「丨，婦人小物也」段注。〇〔說文定聲・卷一二〕丨，與姕篆同訓，疑物為巧字之誤，或曰弱之誤，與姑誼同。〔說文〕「丨，婦人小物也」。

掎　丨，蓋仆大木者以繩繫其巔徐而引之，防其驟蹶也。〔詩・小弁〕「伐木丨矣」後箋。〇丨，倚也。(同上)朱傳。〇丨其足曰丨。〔說文〕「丨，偏引也」義證引〔增韻〕。〇丨，跛也。〔廣韻・寘部〕〇丨，牽一脚。〔紙部〕〇丨，丨角。〔支部〕〇角、捔、猗、丨，古通用。〔廣雅・釋言〕「捔，丨也」疏證。〇丨觭踦，義並相近。〔釋詁〕「踦，蹇也」疏證。〇〔說文定聲・卷一〇〕丨，借為倚。〔詩・小弁〕「伐木丨矣」。

綺　丨，文繒。〔廣韻・紙部〕〇丨，文繒也。〔楚辭・招魂〕「纂組丨縞」補注。〇丨，即文繒也。〔說文〕「綃，生絲也」段注。〇丨，有文繒。〔說文〕「丨，文繒也」義證引〔玉篇〕。〇丨，即今之繒。(同上)〇〔通雅・卷三七〕織素為文曰丨。〔魏都賦〕「羅丨朝歌」。〇丨，用二色彩絲織成文華，次於錦，厚於綾。〔慧琳音義・卷二〕〇丨，以二色綵絲織為文花，次於錦也。〔卷四〕〇丨，文也。〔卷二一〕〇丨語，謂丨餝文詞，贊過其實也。〔卷一六〕〇丨語者，丨飾文詞讚過其實也。〔卷四五〕〇丨，義與婍同。〔廣雅・釋詁〕「婍，好也」疏證。〇四皓名字，當讀為丨里季夏。〔漢書・王貢兩龔鮑傳〕補注。

觜　丨，喙也，亦作⿱此束。〔廣韻・紙部〕〇丨猶⿱此束，銳詞也。〔說文〕「丨，雖舊頭上角丨也」段注。〇鳥咮曰丨，俗語因之凡口皆曰丨。(同上)〇〔說文定聲・卷一二〕丨，頂有毛，似角。〔說文〕「丨，鴟舊頭上角丨也」。〇鳥咮銳如角，故曰丨。〔說文定聲・卷一二〕〇(同上)丨，佩角銳耑象丨形。〔說文〕「丨，一曰觿也」。〇丨，星名。〔集韻・支部〕〇丨與⿱此束同。〔廣雅・釋親〕「⿱此束，口也」疏證。〇〔說文定聲・卷一二〕丨，以⿱此束為之，則移以稱人，俗字作嘴。〔廣雅・釋親〕「⿱此束，口也」。〇(同上)丨，叚借為⿱此齒。〔淮南・說林〕「海不受流丨」。

此　丨，即今也。〔孟子・公孫丑下〕「丨一時也」焦正義。〇丨，如丨。〔國策・秦策二〕「使丨知秦國之政也」鮑注。又〔韓策一〕「今有所求丨」鮑注。〇丨，猶斯也。〔大戴・文王官人〕「丨見於外」王詁。〇丨，止也。〔廣韻・紙部〕〇丨，為如是之是。〔廣雅・釋言〕「真、是，丨也」疏證。〇連言丨若者，古人自有複語耳。〔史記〕「丨若言」雜志。〇凡字之從丨、從差者，聲相近，而字亦相通。〔晏子〕「隅肶之削」雜志。〇丨與且，古音相轉。〔釋詁〕「茲，丨也」郝疏。〇〔說文定聲・卷一二〕丨，叚借發聲之詞。〔老子〕「吾何以知其然哉，以丨」。〇(同上)丨，或曰借為柴。〔列子・說符〕「丨其於馬」。〇丨，當作比。〔荀子・哀公〕「丨賢乎」平議。〇丨，當為比。〔漢書・谷永傳〕「丨欲以政事過差丞相父子、中尚書宦官」補注。〇岳本、孔本、韓本丨作比。〔孟子・告子上〕「丨天之所與我者」焦正義。〇丨，當為柴。〔墨子・備穴〕「趣伏丨井中」閒詁。〇丨，舊校云，一作上。〔呂覽・上德〕「舜其猶丨乎」校正。〇丨，本作必。〔大戴・文王官人〕「丨見於外」述聞。

泚　丨，鮮明也。〔詩・新臺〕「新臺有丨」朱傳。〇丨，水清。〔廣韻・紙部〕〇丨，水清也。〔集韻・紙部〕〇丨之言訾也。〔廣雅・釋詁〕「丨，渡也」疏證。〇丨，宜為疵之借耳。〔孟子・滕文公上〕「其顙有丨」焦正義。〇〔說文定聲・卷一二〕丨，借為骴。〔孟子〕「其顙有丨」。〇丨者，玼之假借，色之鮮明者通言玼。〔詩・新臺〕「新臺有丨」通釋。〇丨，三家作玼。(同上)集疏。

蘂　花外曰萼，花內曰丨。〔廣韻・紙部〕〇丨，花鬢也。〔慧琳音義・卷一二〕〇英丨蓋俱是華。〔廣雅・釋草〕「丨，華也」疏證。〇丨，艸木華丨，通作橤。〔集韻・紙部〕〇丨，草木叢生皃。〔文選・藉田賦〕「瓊鈒入丨」集釋。〇丨，聚也。(同上)〇丨蕤，皆垂之貌也。〔廣雅・釋草〕「丨，華也」疏證。〇丨之言蕤也。(同上)

豸　丨，蟲丨。〔爾雅〕云無足曰蟲。〔廣韻・紙部〕〇凡蟲無足者其行但見長脊丨丨然，故得叚借丨名。〔說文〕「蟲，有足謂之蟲，無足謂之丨」段注。〇丨丨，獸丨丨然，皃之嚴毅。〔說文〕「貌，頌儀」繫傳。〇丨丨，背隆長皃。〔說文〕「丨，獸長脊行丨丨然」繫傳。〇丨丨然，長皃。(同上)段注。〇〔說文定聲・卷一一〕丨，池邐皃。〔西京賦〕「增嬋娟以此丨」。〇貏丨，以蟲喻山形，言其漸卑而隆長也。〔漢書・司馬相如傳〕「陂池貏丨」補注。〇古止、丨通用，丨，止也。〔說文〕「蟲，有足謂之蟲」義證引顧炎武。〇古多借丨為解廌之廌。〔方言一二〕「丨，解也」箋疏。又〔說文〕「丨，獸長脊行丨丨然」段注。〇〔說文定聲・卷一一〕丨，叚借為廌。〔太玄・難〕「角解丨終」注「解丨，直獸也」。〇(同上)丨，叚借為解。〔左傳宣公一七年〕

「庶有丨乎」。○唐石經本作丨，後改作鳩。〔左傳宣公一七年〕「庶有丨乎」洪詁。○丨，石經本作鳩。（同上）疏證。

**褫** 丨，解衣也。〔慧琳音義・卷九八〕○丨，徹衣。〔廣韻・止部〕○丨，奪衣。〔紙部〕○丨，奪衣也。〔集韻・紙部〕○丨，引伸為凡敚之稱。〔說文〕「丨，奪衣也」段注。○丨，落也。〔慧琳音義・卷七六〕又〔卷八八〕。○丨，亦落也。〔卷四〕○丨，衣絮偏也。〔廣韻・紙部〕○丨之言弛也。〔荀子〕「極禮而丨」雜志。

**徙** 丨，移也。〔廣韻・紙部〕○丨者，迻也。〔荀子・禮論〕「象丨道也」集解引郝懿行。○丨，有所之也。〔說文〕「丨，迻也」繫傳。○丨，謂丨其居也。〔孟子・滕文公上〕「死丨無出鄉」朱注。○丨，國名，一作斯榆，亦稱斯都，丨、斯音同。〔漢書・地理志〕「丨」補注。○㢟，丨字也。〔說文〕「韆，鞮屬」繫傳。○逍遥、儴徉、丨倚，聲之轉。〔廣雅・釋訓〕「仿佯，丨倚也」疏證。○丨、䙊字通。〔墨子・貴義〕「市賈信丨」閒詁。○丨，當為從。〔論語・顏淵〕「主忠信，丨義」平議。○丨，一作見。〔呂覽・應同〕「數備將丨于土」校正。

**屣** 丨，履不躡跟。〔廣韻・紙部〕○丨，履不躡跟也。〔通鑑・唐紀〕「丨履出側門」音注。又〔集韻・紙部〕。○丨，履之不攝跟者也。〔慧琳音義・卷一二〕又〔卷五四〕。又〔卷七八〕。○丨，鞅韆也，即今之皮履也。〔卷五四〕○丨，同躧。〔說文〕「夊，象人兩脛有所躧也」段注。○蹝躧丨，並字異而義同。〔廣雅・釋器〕「丨，履也」疏證。○丨，或作韆、縰。〔慧琳音義・卷一二〕

**蹝** 丨，草履也。〔孟子・盡心上〕「猶棄敝丨也」朱注。○躧、屣、丨，三字同。（同上）焦正義。

**髀** 丨，股也。〔國策・韓策二〕「先王以其丨加妾之身」鮑注。又〔廣韻・紙部〕。○丨，股外。〔廣韻・旨部〕○丨者，表也。〔說文〕「丨，股也」義證。○肫上謂之丨。〔左傳宣公一六年〕疏證。○丨上曰髖，兩丨之間曰奎。〔說文定聲・卷一二〕○丨之為言岐也，陰二，故人兩丨。〔說文〕「丨，股也」義證引〔春秋元命苞〕。○丨骨猶言股骨也。〔說文〕「髁，丨骨也」段注。○丨與甎通。〔方言五〕「甓謂之甎」箋疏。○〔說文定聲・卷一二〕丨，叚借為脾。〔儀禮・既夕〕「丨析蜱醢」。○（同上）丨，以脾為之。〔莊子・人間世〕「兩脾為脅」。○（同上）丨，叚借為庳。〔周禮・典同〕注「當陴」。○丨，今本作翠。〔文選・七命〕「鷲丨」集釋。

**爾** 丨，詞者，言之助也。〔說文〕「尒，辭之必然也」繫傳。○〔釋詞・卷七〕丨，猶矣也。〔詩・噫嘻〕「既昭假丨」。○丨，猶矣。〔詩・氓〕「自我徂丨」陳疏。○〔釋詞・卷七〕丨，猶焉也。〔孟子・離婁〕「所惡勿施丨也」。○丨，猶是女。〔詩・小明〕「嗟丨君子」陳疏。○丨，汝也。〔廣韻・紙部〕○丨，猶是也。〔公羊傳隱公二年〕「何譏丨」陳疏。○丨者，如是之合言。〔說文〕「尒，詞之必然也」義證引〔六書故〕。○丨，猶之也。〔詩・大明〕「保右命丨」陳疏。○丨，猶此也。〔詩・瞻卬〕「舍丨介狄」陳疏。又〔釋詞・卷七〕。○丨，亦有單訓此者。〔說文〕「尒，詞之必然也」段注。○丨，如此。（同上）○丨，如此也。〔通鑑・漢紀〕「軍士皆食，丨乃嘗飯」音注。○〔釋詞・卷七〕丨，猶如此也。〔禮記・雜記〕「有君命焉丨也」。○〔說文定聲・卷一二〕丨，猶云如此而已也，或作丨丨，誤。〔世說〕「聊復丨耳」。○〔釋詞・卷七〕丨，猶而已也。〔禮記・檀弓〕「用美焉丨」。○丨，文也。〔義府・卷上〕○丨，華也。（同上）○丨，華繁也。〔說文〕「丨，麗丨，猶靡麗也」義證。○丨，華盛貌。〔詩・采薇〕「彼丨維何」朱傳。○麗丨，猶靡麗也。〔說文〕「靡，柀靡也」段注。○凡文章以丨雅言者，皆謂靡麗而典雅也。〔義府・卷上〕○丨雅為麗則。（同上）○稽即尼谿。〔通雅・地輿〕○丨，古邇字。〔詩・行葦〕「莫遠具丨」陳疏。○丨與邇同。（同上）朱傳。又〔漢書・韋賢傳〕「四方遐邇」補注。○官本丨作邇，義同。〔漢書・司馬相如傳〕「丨陜游原」補注。○丨與邇通。〔孟子・離婁上〕「所惡勿施，丨也」焦正義。○古文丨、邇通。〔儀禮・燕禮〕「南鄉丨卿」胡正義。○丨、邇古字通用。〔周禮・肆長〕「實相近者相丨也」孫正義。○〔說文定聲・卷一二〕丨即邇之借字。○丨，叚借為邇。〔儀禮・特牲禮〕「祝命丨敦」。○丨雅者，藏遠于邇而以深厚訓之也。〔通雅・釋詁〕○丨，讀為薾。〔詩・采薇〕「彼丨維何」陳疏。○丨與薾音義同，盛貌也。（同上）通釋。○丨讀近旖旎之旎。（同上）○丨，古讀如彌，與靡音同。（同上）○丨讀為檷。〔春秋名字解詁〕「陳金父字仲丨」述聞。○〔說文定聲・卷一二〕丨，當作鬻。〔詩・載驅〕「垂轡丨丨」。○（同上）丨，叚借為尒，猶言如此也。〔禮記・檀弓〕「丨毋從從丨」。○凡訓如此、訓此者，皆當作尒，乃皆用丨，丨行而尒廢矣。〔說文〕「丨，麗丨」段注。○丨，後人假為丨汝字。（同上）○丨者，尒之叚借字也。〔說文〕「掔，周禮曰，輻欲其掔尒」段注。○〔說文定聲・卷一二〕丨，叚借發聲之詞，俗字作你。〔小爾雅・廣詁〕「丨，汝也」。○（同上）丨，與爽同意，實即㸚字，本義為窗牖之交文玲瓏可觀。〔說文〕「丨，麗丨，猶靡麗也」。○（同上）丨，〔說文〕引作薾，後出字也，因丨為借義所專，㸚廢不用，故有薾之俗乎。〔詩・采薇〕「彼丨維何」傳「華盛皃」。○丨，韓作我。〔詩・載馳〕「視丨不臧」集疏。○丨，魯作武。〔詩・武〕「耆定丨功」集疏。○丨，三家作薾。〔詩・采薇〕「彼丨維何」集疏。○而與丨通。〔書・呂刑〕注「丨，一作而」孫疏。○耳、丨，古字通。〔荀子〕「或不為丨」雜志。○丨，〔詩〕鄭箋引作其。〔左傳襄公一七年〕「丨父為厲」洪詁。○丨，當從〔史記〕、〔文選〕作亦。〔漢書・司馬相如傳〕「茲丨於舜」補注。

**邇** 丨，近也。〔詩・汝墳〕「父母孔丨」朱傳。又〔谷風〕「不遠伊丨」陳疏。又〔民勞〕「柔遠能丨」陳疏。又〔大戴・子張問入官〕「所見丨」王詁。○丨，近也，亦作迩。〔廣韻・紙部〕○〔史記〕丨作近。〔左傳襄公二九年〕「丨而不偪」洪詁。○丨，近也，謂朝臣。〔孟子・離婁下〕「武王不泄丨」焦正義。○丨，〔考文〕古本作爾。〔孟子・離婁上〕「道在丨而求諸遠」焦正義。○丨，魯作爾。〔詩・谷風〕「不遠伊丨」集疏。○丨，作爾，作尒，今本作丨。

者，借字也。〔大戴・武王踐阼〕「視｜所代」述聞。○｜，當讀為爾。〔管子・大匡〕「好｜而訓於禮」平議。○｜，或借爾字。〔說文〕「｜，近也」義證。○｜，〔儀禮〕多以爾為之。〔說文定聲・卷一二〕○（同上）｜，以藝為之。〔虞書〕「格于藝祖」。○（同上）｜，以暱為之。〔書・高宗肜日〕「典祀無豐于昵」。○｜，字亦作禰。〔說文定聲・卷一二〕○｜，與尼略同，字亦作禰。（同上）○〔說文定聲・卷一二〕｜，借為泥，即〔式微〕之泥中也。〔詩・泉水〕「飲餞于禰」。

弭　｜，止也。〔詩・沔水〕「不可｜忘」朱傳。又〔大戴・用兵〕「聖人利用而｜之」王詁。又〔通鑑・晉紀〕「乃可｜也」音注。○｜之言已也，止也，言弓體於此止已也。〔釋器〕「無緣者謂之｜」郝疏。○｜，息也，弓末也，無緣弓也。〔廣韻・紙部〕○｜者，弓之別名。〔左傳僖公二三年〕「其左執鞭｜」疏證。○｜是弓末之名。〔儀禮・既夕禮〕「有｜飾焉」胡正義。○〔說文定聲・卷五〕｜，以骨飾兩頭，不繳束，不漆。〔說文〕「｜，弓無緣，可以解轡紛者」。○｜定即敉定。〔通雅・釋詁〕○｜節，猶案節也。｜亦安也。〔漢書・司馬相如傳〕「於是楚王乃｜節徘徊」補注。○｜節，謂止其行節。〔離騷〕「吾令羲和｜節兮」戴注。○｜節，亦作靡節。〔說文〕「｜，弓無緣可以解轡紛」段注。○〔通雅・卷七〕｜節，通作靡節。相如賦「｜節徘徊」。○侎彌｜敉，並字異而義同。〔廣雅・釋詁〕「侎，安也」疏證。○｜，如彌兵之彌。〔左傳襄公二七年〕「欲｜諸侯之兵以為名」洪詁。○｜、彌古字通。（同上）○〔史記〕｜作彌，其義同。〔漢書・司馬相如傳〕「｜節徘徊」補注。○〔說文定聲・卷五〕｜，以彌為之，彌、｜雙聲。〔荀子・禮論〕「寢兕，持虎，蛟韅，絲末，彌龍」。○｜字當作彌。〔周官・男巫〕「春招｜以除疾病」平議。○｜與[忄弭]通。〔詩・沔水〕「不可｜忘」陳疏。○〔說文定聲・卷五〕｜，以彌為之，或以靡為之，｜、靡雙聲。〔漢書・揚雄傳〕「望舒彌轡」。○（同上）｜，叚借為迷，｜、迷雙聲。〔淮南・道應〕「絕塵｜轍」。○（同上）｜，叚借為止，實為峙。〔詩・沔水〕「不可｜忘」。○（同上）｜，叚借為敉。〔周禮・男巫〕「春招｜以除疾病」。○（同上）｜，以辟為之。〔禮記・郊特牲〕「有由辟焉」。

瀰　｜，水滿貌。〔詩・匏有苦葉〕「有｜濟盈」朱傳。○｜，水盛皃。〔廣韻・紙部〕○｜，盛也。〔說文〕「瀰，滿也」義證引〔玉篇〕。○｜，深也。（同上）○｜與彌，聲近義同。〔廣雅・釋詁〕「彌，深也」疏證。○有｜，猶｜｜。〔詩・匏有苦葉〕「有｜濟盈」集疏。○｜｜，盛也。〔詩・新臺〕「河水｜｜」朱傳。○｜｜，古本原作濔濔。（同上）通釋。○｜，當作濔。〔詩・匏有苦葉〕「有｜濟盈」陳疏。○｜｜，又作洋洋。〔詩・新臺〕「河水｜｜」通釋。

洋　｜，亦瀰字。〔說文〕「｜，水出齊臨朐高山」義證引〔玉篇〕。○｜｜，即〔詩・新臺〕之「河水瀰瀰」也。（同上）義證。○｜｜，即瀰瀰之異文。〔詩・新臺〕「河水瀰瀰」陳疏。

婢　｜，女之下也。〔廣韻・紙部〕○｜，亦稱｜子，與〔內則〕｜子不同。〔說文〕「｜，女之卑者也」段注。○｜壻，當是使女所嫁之夫。〔漢書・何並傳〕「先是林卿殺｜壻埋冢舍」補注。

庳　｜，下也。〔續音義・卷六〕○｜，下也，或作埤。〔廣韻・紙部〕○｜，猶卑也。〔說文〕「隖，小障也，一曰｜城也」段注。○｜，猶卑下也。〔慧琳音義・卷三五〕○｜者，屋卑也，因以為凡卑之稱。〔說文〕「輇，蕃車下｜輪也」段注。○｜，短也，屋下也。〔續音義・卷六〕○｜，舍下也。〔集韻・紙部〕○｜，卑下屋也。〔說文〕「｜，一曰屋｜」義證引〔玉篇〕。○｜，謂高其兩旁而中低伏之舍也。〔說文〕「｜，中伏舍」段注。○〔說文定聲・卷一二〕｜，謂兩傍高，中低伏之舍，或讀若逋，逋、卑雙聲。〔說文〕「｜，中伏舍」。○鶛、｜皆卑小之貌。〔釋鳥〕「鷯鶉，其雄鶛，牝｜」述聞。○引申之凡卑皆曰｜。〔說文〕「｜，一曰屋卑」段注。○｜，通作埤。〔說文〕「｜，一曰屋｜」義證。○埤與｜古字通。〔左傳襄公三一年〕「宮室卑｜」洪詁。○｜，張載〔魏都賦〕注引作埤。（同上）○卑，各本作｜。〔說文〕「｜，一曰屋卑」段注。○〔說文定聲・卷一二〕｜，叚借為𨔣。〔周禮・大司徒〕「其民豐肉而｜」。

侈　｜，奢也，泰也，大也。〔廣韻・紙部〕○｜，泰也。〔慧琳音義・卷四六〕○｜，奢泰也。〔卷七二〕○凡自多以陵人曰｜。〔說文〕「｜，掩脅也」段注。○｜，大也。〔禮記・雜記下〕「其衰｜袂」集解。又〔集韻・紙部〕。○｜，大貌。〔詩・巷伯〕「哆兮｜兮」通釋。○｜，一曰鐘形中央約。〔集韻・紙部〕○｜，亦離也。〔荀子〕「｜離」雜志。○｜即誃。〔釋言〕「誃，離也」鄭注。○｜、誃、哆同。〔荀子〕「｜離」雜志。○｜與哆同。〔廣雅・釋魚〕「[魚氐]，魠也」疏證。○｜，〔墨子〕作哆，〔淮南〕作移。〔漢書・古今人表〕「推｜」補注。○｜，魏襄子之名，作曼多，作哆，音雖不同，亦通用。〔史記・晉世家〕「魏｜」志疑。○｜即痑之省形存聲字。〔說文〕「痑，廣也」句讀。○今人曰｜斂，古字作痑廉。（同上）段注。○〔說文定聲・卷一〇〕｜，以痑為之。〔吳語〕「俠溝而痑我」。○（同上）｜，叚借為痑。〔吳語〕「以廣｜吳王之心」。○（同上）｜，叚借為奓，即奢。〔說文〕「｜，一曰奢也」。○（同上）｜，叚借為多。〔釋言〕「庶，｜也」。○（同上）｜，叚借為移。〔儀禮・少牢禮〕「｜袂」。○（同上）｜，叚借為迆，當訓衺行也。〔孟子〕「放辟邪｜」。○｜，通作移。〔釋言〕「庶，｜也」郝疏。

弛　｜，釋也。〔廣雅・釋言〕又〔廣韻・紙部〕。○｜，解也。〔國策・魏策二〕「請｜期更日」鮑注。又〔漢書〕「施」雜志。○｜，去弦也。〔說文〕「｜，弓解也」繫傳。○褫之言｜也。〔荀子〕「極禮而褫」雜志。○｜，落也。〔集韻・紙部〕○墜與｜義相近。〔荀子〕「小事殆乎遂」雜志。○｜，顛壞。

〔左傳成公五年經〕「梁山崩」疏證。○－，刑徒也。〔通鑑・漢紀〕「將－刑及義從千人就超」音注。○－，謂舍力不役之耳。〔左傳僖公二一年〕「貶食省用」疏證。○解釋繇役亦謂之－。〔周禮・大司徒〕「四曰－力」孫正義。○自－，自毀其容儀。〔漢書・賈誼傳〕「聞命而自－」補注。○－，引申為凡懈廢之稱。〔説文〕「－，弓解弦也」段注。○古者謂易為－。〔國語・魯語〕「－孟文子之宅」述聞。○－之言移也，易也。〔同上〕○－，與移同。〔國策〕「馳南陽之地」雜志。○〔説文定聲・卷一二〕－，怠緩即慢易。〔爾雅・釋詁〕「－，易也」。○－，讀為繎。〔賈子・階級〕「聞命而自－」平議。○－與施聲近義同。〔廣雅・釋詁〕「施，敡也」疏證。○－，易也，字或作施。〔韓策二〕「易三川而歸」述聞。○〔釋文〕－本又作施，音同。〔左傳襄公一八年〕「乃－弓而自後縛之」洪詁。○經傳通以施為－。〔漢書〕「施」雜志。○－者，施之叚音也。〔釋詁〕「矢，－也」郝疏。○〔説文定聲・卷一二〕－，叚借為貤。按延也，猶流也。〔禮記・孔子閒居〕「－其文德」。○－與陁聲近義同。〔方言六〕「陁，壞也」箋疏。○－字俗作弛。〔説文定聲・卷一二〕

㢮

－，釋也。〔續音義・卷一〇〕○－，弓解也。〔同上〕○－，即易也。〔韓子・內儲説上〕「必－易之矣」集解引顧廣圻。○－為放舍之舍。〔廣雅・釋詁〕「－，舍也」疏證。○－，去離也。〔續音義・卷一〇〕○－，本作弛。〔廣雅・釋詁〕「－，緩也」疏證。○官本－作弛。〔漢書・五行志〕「崩，－崩也」補注。○弛與－同。〔廣雅・釋詁〕「－，舍也」疏證。

豕

－，猪也。〔廣韻・紙部〕○猪即－，非－子也。〔釋獸〕「－子，猪」述聞。○－者，彘之總名也。〔説文〕「－，彘也」義證引〔急就篇〕顏注。○－，河南謂之彘。〔説文〕「彘，－也」義證引〔纂文〕。○－，梁州曰𧲫，河南曰彘，吳楚曰豨。〔本草・卷五一〕○－食不潔，故謂之－。〔本草・五〇〕○－首，豨薟，一也。〔通雅・艸〕○－彘豨俱聲近。〔釋獸〕「－子，猪」郝疏。○－，古文亦象形，與亥同字。〔説文定聲・卷一二〕○今世字誤以－為彘，以彘為－。〔同上〕○〔史記〕－作彘。〔左傳莊公八年〕「見大－」洪詁。

紫

－，閒色。〔論語・陽貨〕「惡－之奪朱也」朱注。又〔孟子・盡心下〕「惡紫」朱注。○－，閒色也。〔廣韻・紙部〕○〔説文定聲・卷一二〕－即緅爵頭色。〔漢書・王莽傳贊〕「－色鼃聲」。○－，北方閒色，與綠、紅、碧、駠、黃為五閒。〔説文定聲・卷一二〕○－與茈通。〔荀子・王制〕「東海則有－紶魚鹽焉」集解。○茈與－通。〔廣雅・釋器〕「－，綟，綵也」疏證。○古－通用茈。〔説文〕「茈，茈艸也」段注。○－，－貝。〔屈賦・湘夫人〕「荃壁兮－壇」戴注。○－貝即砑螺也。〔漢書・南粵傳〕「－貝五百」補注。○－菀，一名－蒨。〔説文〕「茈，茈艸也」義證。○－菀，一名－倩，一名青菀。〔説文〕「菀，茈菀」義證引〔本草〕。○－菀，藥名。〔同上〕義證引〔玉篇〕。○－菀，其根色－而柔宛，故名，許慎〔説文〕作茈菀。〔本草・卷一六〕○－，－草也。〔文選・湘夫人〕「荃壁兮－壇」集釋。○－草，一名－丹，一名－芙。〔説文〕「茈，茈艸也」義證引〔本草〕。○－草，此草華－根－，可以染－，故名，〔爾雅〕作茈草。〔本草・卷一二〕○－萁似蕨，有花而味苦，謂之迷蕨。〔説文〕「綦，綦月爾也」義證引李時珍。○－葳，一名陵苕，一名茇華。〔説文〕「蔈，苕之黃華也」義證引〔本草〕。○牡蒙入肝曰－參。〔本草・卷一二〕○－蚴，－薑，即今之仙人掌也。〔通雅・蟲〕○－檀即赤檀。〔通雅・木〕○－脱，－芝也。〔通雅・艸〕○－綬，一名緺綬，其色青－。〔説文〕「綟，帛莀艸染色也」段注。○－磨金，色深，其上蔚然有－色，若雲氣然。〔説文〕「鎏，金之美者」繫傳。○－宮中有－微大帝之坐，故名中宮天極星，即北極五星之一，此所云－宮極樞也。〔漢書・李尋傳〕「蓋立－宮極樞」補注。○－宮，因中有－微大帝之坐，故名。〔漢書・天文志〕「皆曰－宮」補注。○官本－作柴。〔漢書・郊祀志〕「臣聞郊－壇饗帝之義」補注。



捶

－，擊也。〔廣韻・紙部〕○－，以杖擊也。〔集韻・紙部〕○－者，以杖擊也。〔説文〕「揣，量也」段注。○引申之，杖得名－。〔説文〕「－，以杖繫也」段注。○－，偏下也。〔墨子・經説下〕「衡加重於其一旁必－」閒詁。○挆娷揣－，並字異而義同。〔廣雅・釋詁〕「挆，量也」疏證。○－，錘字假音。〔墨子・經説下〕「衡加重於其一旁必－」閒詁。○〔説文定聲・卷一〇〕－，叚借為錘。〔莊子・大宗師〕「皆在鑪－之閒耳」。○－同箠。〔説文〕「鏊，羊箠也」段注。○〔説文定聲・卷一〇〕－，叚借為箠。〔莊子・至樂〕「檄以馬－」。○〔同上〕－，－字亦作硾。〔説文新附〕「硾，擣也」。○－，當為埵。〔墨子・節葬下〕「必－垛」閒詁。

箠

〔説文定聲・卷一〇〕－，荊也。〔廣雅・釋器〕「－，𥮤也」。○－，策也。〔廣韻・紙部〕○－，馬策。〔國策・齊策五〕「此固大王之所以鞭－使也」鮑注。○－，馬楇。〔通鑑・秦紀〕「杖馬－下趙數十城」音注。○－，謂馬－。〔説文〕「荊，楚木也」義證。○擊馬者曰－。〔説文〕「捶，以杖擊也」段注。○－，所以擊馬也。〔周禮・菙氏〕「菙氏掌共燋契以待卜事」孫正義。○－者，所以擊馬也。〔説文〕「鏊，羊－也」段注。○－，擊也。〔廣雅・釋器〕「－，𥮤也」疏證。○－，假借為杖人之稱。〔説文〕「－，所以擊馬也」段注。○－，〔周禮・垂氏〕以垂為之。〔説文定聲・卷一〇〕○〔同上〕－，字亦作棰。〔莊子・天下〕「一尺之棰」。○－，又或作棰。〔説文〕「－，擊馬也」義證。○－，字亦作菙。〔説文定聲・卷一〇〕○－，字或作菙。〔説文〕「－，擊馬也」義證。○－，五經文字作捶。〔説文〕「椯，－也」義證。○〔説文定聲・卷一〇〕－，叚借為捶。〔文選・報任少卿書〕注「－與捶同以之笞人同謂之－楚」。

揣

－，度也，試也，量也，除也。〔廣韻・紙部〕○－，度也，量也。〔通鑑・漢紀〕「互相譏－」音注。○－，度也。〔漢紀〕「生－我何念」音注。又〔太素・人迎脈口診〕「外丨言渾束為丨」楊注。又〔知要道〕「故遠者司外丨內」楊注。○丨，古文揣，謂測度前人也。〔慧琳音義・卷七〇〕○丨，量。〔國策・秦策一〕「簡練以為丨摩」鮑注。○丨，治也。〔集韻・紙部〕○丨，動也。〔太素・真藏脈形〕「丨而絶」楊注。○丨與椯聲義同。〔廣雅・釋詁〕「丨，除也」疏證。○挆[illegible]丨捶，並字異而義同。〔釋詁〕「挆，量也」疏證。○丨摩通作丨靡。〔通雅・釋詁〕○丨，竱之叚借字。〔説文〕「竱，等也」段注。○〔説文定聲・卷一二〕丨，叚借為啜。〔廣雅・釋詁二〕「丨，動也」。○（同上）丨，叚借為劉。〔廣雅・釋詁三〕「丨，除也」。○（同上）丨，叚借為摧。〔老子〕「丨而鋭之」。○丨，當作拒。〔墨子・魯問〕「丨之以恭」閒詁。○專字或作耑，故摶亦變文為丨。〔漢書・賈誼傳〕「何足控丨」補注。○椯亦丨之或體。〔説文〕「丨，量也」段注。

**企**　丨，舉踵也，或作企、跂。〔集韻・紙部〕○丨，丨望也。〔廣韻・紙部〕○丨，或作跂。〔説文〕「丨，舉歱也」段注。○丨，通作跂。（同上）義證。○〔説文定聲・卷一一〕丨，丨以跂為之。〔詩〕「跂予望之」。

**旨**　丨，甘也。〔論語・陽貨〕「食丨不甘」朱注。又〔説文〕「丨，美也」繫傳。○丨，與甘同意。〔説文定聲・卷一二〕○丨，美。〔詩・谷風〕「我有丨蓄」朱傳。又〔防有鵲巢〕「邛有丨苕」朱傳。又〔甫田〕「嘗其丨否」朱傳。又〔桑扈〕「丨酒思柔」朱傳。又〔魚麗〕「丨且多」陳疏。又〔論語・陽貨〕「食丨不甘」劉正義。○丨蓄，即遂菜也。〔詩・谷風〕「我有丨蓄」通釋。○丨苕為翹饒，非陵苕也。〔通雅・草〕○丨，通作指。〔説文〕「丨，美也」義證。○〔説文定聲・卷一二〕丨，叚借為指。〔漢書・翟方進傳〕「有丨疆土」。○丨，魯作指。〔詩・魚麗〕「物其丨矣」集疏。○丨，今字以為意恉字。〔説文〕「丨，美也」段注。○〔説文定聲・卷一二〕丨，叚借為恉。〔禮記・王制〕「有丨無簡，不聽」。○丨乃只之假借。〔詩・樛木〕「樂只君子」後箋。○〔説文定聲・卷一二〕丨，叚借助語之詞，與用只同。〔左傳襄公一一年〕「樂丨君子」。○諸本丨作只。〔左傳襄公二四年〕「樂丨君子」洪詁。○丨，當作意。〔漢書・孔光傳〕「奉使稱丨」補注。

**指**　丨，手丨也，示也，斥也。〔廣韻・旨部〕○丨，自本義言，則為手丨之丨，自喻意言，則為丨斥之丨。〔詩・蝃蝀〕「莫之敢丨」集疏。○丨，總謂衆丨也。〔説文〕「丨，手丨也」義證引〔急就篇〕顔注。○大丨曰巨丨、巨擘，次曰食丨，中曰將丨、拇丨，次曰無名丨，末曰小丨。〔説文定聲・卷一二〕○丨，謂丨畫。〔大戴・曾子本孝〕「臨不丨」王詁。○丨，致也。〔書・西伯戡黎〕「丨乃功」平議。○丨，意也。〔大戴・保傳〕「知義理之丨」王詁。又〔漢書〕「金鼓之音」雜志。○丨，示也。〔大戴・曾子立事〕「言者，行之丨也」王詁。○丨事，即象事。〔説文・叙〕「二曰丨事」段注。○丨撝與丨麾同。〔説文・叙〕「㠯見丨撝」段注。○丨道，丨畫引導也。〔漢書・路温舒傳〕「則丨道㠯明之」補注。○丨奏即丨趣。〔義府・卷下〕○丨告者，致告也。〔尚書・微子〕「今爾無丨告」述聞。○丨南，越裳來貢，迷歸路，周公錫以軿車五乘為司南之制。〔文選・吳都賦〕「丨南司方」集釋。○丨南車起於黄帝與蚩尤戰，蚩尤作大霧，士皆迷路，故作之。（同上）○丨南車，大駕出為先啓之乘。（同上）○丨，同旨，訓美。〔漢書・翟方進傳〕「率寧人有旨疆土」補注。○丨與指同。〔書・微子〕「今爾無丨告予」孫疏。○丨，叚借為指。〔説文〕「丨，手丨也」段注。○〔説文定聲・卷一二〕丨，叚借為恉。〔孟子〕「願聞其丨」。○丨，恉借字。〔漢書・河間獻王傳〕「文約丨明」補注。○丨，當為恉。（同上）補注引沈欽韓。○〔説文定聲・卷一二〕丨，叚借為底，丨湊猶言行止也。〔淮南・原道〕「趨舍丨湊」。○丨，字或作厎。〔書・微子〕「今爾無丨告」述聞。○經典借丨為詣。〔説文〕「詣，訐也，讀若丨」義證。○丨，南監本作拒，給也，章刃切，北方以物擲與人，猶有拒音。〔漢書・地理志〕「談丨」補注。○丨，當作相。〔墨子・大取〕「其利天下也丨若」閒詁。○舊校云，丨一作枯，〔齊民要術一〇〕引作括姑，則枯亦括之譌。〔呂覽・本味〕「丨姑之東」校正。○耆與丨同。〔書・微子〕「今爾無丨告」述聞。

**視**　丨，正丨也。〔孟子・滕文公上〕「睨而不丨」朱注。○引伸之義，凡我所為使人見之亦曰丨。〔説文〕「丨，瞻也」段注。○〔説文定聲・卷一二〕丨，觀此可以知彼也。〔廣雅・釋詁三〕「丨，效也」。○丨，比也。〔孟子・萬章下〕「天子之卿受地丨侯」朱注。又〔禮記・內則〕「毋敢丨父母所愛」集解。又〔廣韻・旨部〕。○丨，猶比也。〔禮記・王制〕「天子之三公之田丨公侯」集解。○丨，瞻也，效也。〔廣韻・旨部〕○〔通雅・卷二三〕丨草，起艸也。〔淮南王安傳〕「及賜令相如等丨草」。○丨，示字。〔國策・東周策〕「丨之不可離」鮑注。○丨同示。〔書・洛誥〕「丨予丨休」孫疏。○丨、示同。〔國策・韓策一〕「以丨齊於有秦魏」鮑注。○丨與示同。〔詩・鹿鳴〕「丨民不恌」朱傳。○示與丨通。〔書・西伯戡黎〕「丨之即喪指乃功」孫疏。○〔説文定聲・卷一二〕丨，叚借為示。〔漢書・高帝紀〕「亦丨項羽無東意」。○丨與示二字各別。〔詩・鹿鳴〕「丨民不恌」通釋。○〔説文定聲・卷一二〕丨，叚借為指。〔列子・湯問〕「丨撝則諸侯從命」。○三體石經丨作眡。〔書・文侯之命〕「歸丨爾師」孫疏。○眡，古文丨字。〔説文〕「眡，丨皃也」繫傳。○眡，古文丨。（同上）段注。○眡、眎並古文丨字。〔廣韻・旨部〕○丨，一作効。〔呂覽・音初〕「帝令燕往丨之」校正。

**美**　丨，善也。〔大戴・誥志〕「丨次」王詁。○丨、善義同。〔釋詁〕「衛，嘉也」郝疏。又〔釋言〕「休，慶也」郝疏。○丨與善同意。〔説文定聲・卷一二〕又〔廣韻・旨部〕。○丨，好也。〔詩・叔于田〕「洵丨且仁」朱傳。○引伸之，凡好皆謂之丨。〔説文〕「丨，甘也」段注。○丨，好色。〔廣韻・旨部〕○丨者，色也。〔論語・雍也〕「而有宋朝之丨」劉正義。○丨，大也。〔詩・葛屨〕後箋。○丨，從大，與大同意。〔廣雅・釋詁〕「將，丨也」疏證。○丨，謂形體壯大也。〔大戴・誥志〕「力次丨次」述聞。○丨者，盡飾也。〔論語・子路〕「苟丨矣」劉正義。○丨者，聲容之盛。〔論語・八佾〕「盡丨矣」朱注。○丨者，情也。〔論語·雍也〕「而有宋朝之丨」劉正義。○丨、密聲相轉也。〔釋訓〕「秩秩，清也」郝疏。○丨、悶聲轉為義。〔釋訓〕「邈邈，悶也」郝疏。○丨人，碩人也。〔詩·簡兮〕「西方丨人」陳疏。○丨人，謂盛壯之年。〔離騷〕「恐丨人之遲莫」戴注。○內丨，謂忠貞。〔離騷〕「紛吾既有此內丨兮」補注。○丨者，媄之省。〔釋訓〕「丨女為媛」郝疏。○〔說文定聲·卷一二〕丨，叚借為媄。〔左傳桓公元年〕「丨而艷」。○丨，亦作媺。〔廣韻·旨部〕○丨，通作媺，又通作娓。〔釋詁〕「晤晤，丨也」郝疏。○〔說文定聲·卷一二〕丨，義之誤字。〔禮記·少儀〕「言語之丨」。○丨乃義字之誤，義即古儀字。〔墨子·天志下〕「視吾先君之法丨」閒詁。○丨，當為義，字之誤也。〔穀梁傳成公一七年〕「薦其丨也」述聞。○丨，當作筴。〔淮南·俶真〕「其道可以大丨興」平議。○丨乃筴字之誤。〔韓子·六反〕「是故決賢不肖愚知之丨」平議。又〔大戴·易本命〕「此乾坤之美」平議。○丨字為惡字之誤。〔大戴·曾子立事〕「成人之丨」平議。○丨，乃善字之誤。〔管子·宙合〕「所賢丨于聖人者」平議。○丨當為羑字，羑之延也。〔漢書·律歷志〕「振丨於辰」補注。

**媺** 丨，音美，古美字也。〔慧琳音義·卷一〕

**呰** 丨亭，在萊州府昌邑縣西。〔左傳莊公元年經〕「齊師遷紀郱鄑郚」疏證。○〔釋詞·卷八〕丨與呰同。〔呂覽·權勳〕「子反叱曰，丨，退，酒也」。○丨即呰之異體。〔說文定聲·卷一二〕○丨，當為呰。〔說文〕「欸，丨也」義證。○呰毀字古作呰，與丨別，後人混用。〔說文〕「丨，丨丨，不思稱意也」段注。○〔說文定聲·卷一二〕丨，叚借為庛，實為比。〔廣雅·釋詁三〕「丨，具也」。○丨，〔國策〕作疵。〔呂覽·知士〕「劑貌辨之為人也多丨」校正。

**否** 丨，塞也。〔廣韻·旨部〕○丨，惡也。〔集韻·旨部〕○丨，不善也。〔書·君奭〕「殷喪大丨」述聞。○丨者，不也。〔說文繫傳·通論下〕○丨者，不可之意見於言也。〔說文〕「丨，不也」繫傳。○不與丨同。〔漢書〕「必不為二子所禽矣」雜志。又〔管子〕「循發蒙也」雜志。○丨與鄙音義同。〔釋名·釋言語〕「丨，鄙也」疏證。○〔說文定聲·卷五〕丨，叚借為鄙。〔莊子·大宗師〕「不善少而丨老」。○（同上）丨，借為啚。〔漢書·劉向傳〕「丨者，閉而亂也」。○（同上）丨，叚借為北、為婟。〔易·鼎〕「利出丨」。○丨乃后字之誤。〔墨子·天志中〕「則可謂丨矣」平議。○史遷丨作鄙。〔書·堯典〕「丨德忝帝位」孫疏。

**兕** 丨，野牛也。〔詩·吉日〕「殪此大丨」朱傳。又〔論語·季氏〕「虎丨出於柙」朱注。○丨，野牛，一角，青色，重千斤。〔詩·卷耳〕「我姑酌彼丨觥」朱傳。○丨，一角，重千斤。〔國策·楚策一〕「丨虎嗥之聲若雷霆」補正。○丨，若牛而青。（同上）鮑注。○〔說文定聲·卷一二〕丨，皮堅厚過于犀。〔考工·函人〕「丨甲壽二百年」。○丨，如水牛，角在額上，古人以為爵，謂之丨觥。〔說文〕「𤉡，如野牛而青」義證。○丨觥，爵也。〔詩·桑扈〕「丨觥其觩」朱傳。○丨觥，角爵也。〔詩·卷耳〕「我姑酌彼丨觥」集疏。○丨字亦作兕。〔說文定聲·卷一二〕○兕乃丨之或體，舊誤作先。〔呂覽·精通〕「誠乎先也」校正。○今字丨行而𤉡不行。〔說文〕「舄，如野牛」段注。

**𤉡** 丨，〔玉篇〕作兕。〔說文〕「丨，如野牛而青」義證。○丨，角斑似瑇瑁，足有十爪也。（同上）

**几** 丨，人所凭也。〔說文〕「桯，牀前丨」繫傳。○丨，所據也。〔國策·趙策三〕「攝衽抱丨」鮑注。○丨，所坐丨也。〔說文〕「屍，轉」繫傳。○古謂坐榻亦為丨。〔說文〕「椵，木可作伏丨」繫傳。○丨五尺，筵九尺。〔說文定聲·卷一二〕○伏丨，即人手所凭者也，伏膺之丨也。〔說文〕「椵，木可作伏丨」繫傳。○丨者，閣也。〔說文〕「橫，所以丨器」繫傳。○丨，案屬。〔廣韻·旨部〕○丨丨，安重貌。〔詩·狼跋〕「赤舄丨丨」朱傳。○〔說文定聲·卷一二〕丨，叚借為几。〔周禮·小史〕「叙昭穆之俎丨」。○丨，通作機。〔說文〕「凭，依丨也」義證。○〔說文定聲·卷一二〕丨，本以机為之。〔左傳襄公一〇年〕「投之以丨」。○〔釋文〕机，本又作丨。〔左傳襄公一〇年〕「投之以丨」洪詁。○丨，俗作机。〔說文〕「丨，凥丨也」段注。○丨，釋文作机。〔莊子·知北遊〕「神農隱丨」集釋。○丨，当作下。〔說文〕「橫，所以丨器」義證。○丨丨，三家作掔掔，亦作己己。〔詩·狼跋〕「赤舄丨丨」集疏。

**姊** 女兄曰丨。〔詩·泉水〕「遂及伯丨」集疏引韓說。○丨者咨也。女兄可咨問，故謂之丨。（同上）集疏。○丨，〔史記〕作姑丨，是也。蓋父之丨為姑丨。〔漢書·汲黯傳〕「黯丨子司馬安亦少與黯為太子洗馬」補注。

**姉** 晉呼姊如市，丨即姊字。〔通雅·稱謂〕

**匕** 丨，撓鼎之器，如今飯橾，有淺斗狀，其柄有刻飾者曰疏丨。〔說文定聲·卷一二〕○丨，匙也。〔說文〕「丨，一名柶」義證引〔急就篇〕顏注。○丨，即今之飯匙也，今則取飯器之義行而本義廢矣。〔說文〕「丨，相與比叙也，亦所以用比取飯」段注。○丨，丨匙。〔廣韻·旨部〕○丨，笄也。〔說文〕「先，首笄也」繫傳。○丨謂柶也。〔易·震〕「不喪丨鬯」述聞。○丨，亦名柶，吉事用角，喪事用木。〔說文定聲·卷一二〕○丨之別有四：有黍稷之丨、有疏丨、有桃丨、有喪丨。三丨以棘，喪丨以桑。〔說文〕「丨，亦所以用比取飯」義證。○丨，相比近也。〔說文〕「𣅀，望遠合也」繫傳。○丨，近也，近在此也。〔說文〕「此，止也」繫傳。○丨者，有所比附不正也。〔說文〕「頃，頭不正也」繫傳。○正畺界即丨叙意。〔說文〕「丨，相與比叙也」義證。○丨，亦傾首望也。〔說文〕「卬，望也，欲有所及也」繫傳。○丨者，偏也。〔說文定聲·卷一一〕（「跂」下）○丨，合也。〔卷七〕（「𣅀」下）○丨，短劍也。〔國策・秦策五〕「而捍｜首當死」補正。○｜，｜首。〔廣韻・旨部〕○｜首，刃名，蓋其首如｜。〔國策・秦策五〕「而捍｜首當死」鮑注。○｜與比通。〔說文〕「｜，相與比叙也」句讀。○古｜與比通用。〔說文〕「鹿，鹿獸也」段注。○｜，字或作枇。〔說文〕「｜，亦所以用比取飯」義證。○｜，字亦作朼。〔說文定聲・卷一二〕○｜，又或作枇。〔說文〕「｜，亦所以用比取飯也」義證。○〔說文定聲・卷一二〕｜，以枇為之。〔禮記・雜記〕「枇，以桑，長三尺，或曰五尺」。

**比**　｜，並也。〔慧琳音義・卷六〕又〔廣韻・脂部〕。又〔旨部〕。○｜，次也。〔國策・秦策一〕「於前者｜是也」鮑注。○｜之言次也。〔孟子・告子〕「｜天之所與我者」平議。○｜，相次。〔國策・齊策五〕「再戰｜勝」鮑注。○｜，謂肩相次也。〔國策・齊策三〕「是｜肩而立」鮑注。○｜，密也，言其志親。〔國策・秦策一〕「天下有｜志而軍華下」鮑注。○｜，猶親也。〔易・序卦傳〕「衆必有所｜」李疏。○｜者，親之備也。〔釋詁〕「｜，備也」郝疏。○｜，謂緻密。〔呂覽・達鬱〕「肌膚欲其｜也」校正。○｜，類也。〔慧琳音義・卷三〕○｜猶類也。〔春秋繁露・玉杯〕「五其｜」平議。○五家為｜。〔釋名・釋州國〕「五百家為黨」疏證。○阿黨為｜。〔易・序卦傳〕「衆必有所｜」李疏。又〔韓子・孤憤〕「｜周相與」集解。○｜，附也。〔禮記・王制〕「必察小大之｜以成之」集解。○｜，順也，從也。〔荀子・儒效〕「｜中而行之」集解。○｜與順同義。〔逸周書〕「｜」雜志。○｜，輔。〔詩・杕杜〕「胡不｜焉」朱傳。○｜猶協。〔國策・魏策一〕「鐘聲不｜乎左高」鮑注。○｜猶近。〔魏策四〕「｜於患」鮑注。○｜，及也。〔墨子〕「北至城者三表」雜志。○｜猶連。〔國策・燕策二〕「｜三旦立市」鮑注。○｜，集也。〔楚辭・招魂〕「晉制犀｜」王注。○｜，校也。〔大戴・保傅〕「於是｜選天下端士」王詁。又〔大戴・四代〕「克勿與｜」王詁。又〔廣韻・旨部〕。○｜，猶言簡閱也。〔周禮・小司徒〕「及三年則大｜」孫正義。○｜，和也。〔大戴・保傅〕「色不｜順」王詁。又〔廣韻・脂部〕。○｜，皆也。〔說文〕「皆，俱辭也」繫傳。○〔釋詞・卷一○〕｜，猶皆也。〔孟子・告子〕「｜天之所與我者」。○遲與｜同義。〔漢書〕「遲明」雜志。○｜，謂｜方。〔大戴・曾子制言〕「欲行則｜賢」王詁。又〔少閒〕「｜而視」王詁。○｜之義為方，｜方猶言譬如。〔孟子・梁惠王下〕「｜其反也」焦正義。○｜方猶言順道也。〔墨子・明鬼下〕「莫不｜方」閒詁。○｜翼，猶｜肩也。〔楚辭・卜居〕「寧與黃鵠｜翼乎」補注。○｜周，猶〔傳〕言相與｜周。〔國策・齊策一〕「夫從人朋黨｜周」補正。○｜周，親周相比也。〔同上〕鮑注。○｜周者，言以阿黨之人為忠信與親也。〔韓子・孤憤〕「｜周相與」集解。○｜意，猶言合謀。〔韓子・初見秦〕「｜周而軍華下」集解。○〔通雅・卷三〕曰｜輯、曰整｜、曰鏟｜，皆謂鏟對排｜而綴輯之也。〔儒林傳・公孫弘〕「｜輯其義」。○｜閭即栟櫚。〔通雅・木〕○凡〔周禮〕云｜，先鄭皆以為庀具，後鄭皆以為校｜，義實相通。〔說文定聲・卷一二〕○｜，讀如｜次，當作音｜次之｜。〔方言三〕注「｜次」疏證。○｜與俾古字通。〔釋言〕「俾，職也」郝疏。○｜，通作庀。〔莊子・徐無鬼〕「農夫無草萊之事則不｜，商賈無市井之事則不｜」平議。○｜，讀為庀，治也。〔荀子・榮辱〕「以敦｜其事業」集解引王引之。○〔周禮〕或段｜為庀。〔說文〕「｜，密也」段注。○犂，一作｜。〔漢書〕「遲明」雜志。○〔說文定聲・卷一二〕｜，段借為紕。〔國策〕「胡服黃金師｜」。○｜，當作北。〔國策・齊策五〕「｜之堂上」補注。○｜，當為北字之誤。〔周書〕「｜」雜志。○〔樂記〕｜作俾，〔史記・樂書〕亦作俾。〔左傳昭公二八年〕「｜于文王」洪詁。○｜，舊本誤作此。〔呂覽・古樂〕「以｜黃鍾之宮」校正。○｜當為正，字之誤也。〔漢書・賈山傳〕「公卿｜諫」補注。○｜景當是北景，漢日南郡有｜景縣，｜、北二字相似，自漢以來，傳譌作｜矣。〔通雅・地輿〕○｜，齊、魯作俾。〔詩・皇矣〕「克順克｜」集疏。

**妣**　生存亦稱考｜。〔釋親〕「父為考，母為｜」郝疏。○古者通以考｜為生存之稱。〔說文定聲・卷一二〕

**軌**　｜，車轍。〔國策・齊策一〕「車不得方｜」鮑注。○｜，車轍也。〔詩・匏有苦葉〕「濟盈不濡｜」朱傳。○｜，車跡也。〔廣韻・旨部〕○｜，車迹也。〔慧琳音義・卷四〕○｜，車轍迹也。〔孟子・盡心下〕「城門之｜」朱注。○｜，轍迹之度。〔中庸〕「今天下車同｜」朱注。○涂之有定者曰｜。〔說文定聲・卷一〕（「軷」下）○｜，道也。〔漢書〕「同晷」雜志。○｜者，徹也。〔說文〕「畷，兩百間道也」段注。○｜者，軸之兩端。〔詩・匏有苦葉〕「濟盈不濡｜」陳疏。○｜，徹迹也。〔莊子・胠篋〕「車｜結乎千里之外」集釋。○〔說文定聲・卷六〕兩輪間相距之迹為｜。〔齊策〕「車不得方｜」。○｜為軓。〔詩・匏有苦葉〕「濟盈不濡｜」後箋。○｜之名謂輿之下隋方空處。〔說文〕「｜，車徹也」段注。○〔說文定聲・卷六〕｜，謂軾前版也。潘岳〔懷舊賦〕「轍含冰以滅｜」。○｜，法也。〔廣韻・旨部〕○｜，法度也。〔通鑑・漢紀〕「欲為不｜」音注。○緣法循理謂之｜。〔史記〕「順入｜道」雜志。○｜與循同義。〔同上〕又〔賈子・道術〕「緣法循理謂之｜」述聞。○｜者，循也。〔穀梁傳昭公八年〕「車｜塵」述聞。○｜猶循也。〔史記〕「順入｜道」雜志。○｜道者，｜猶循也，謂月、五星皆循道而行不旁出也。〔同上〕○｜道，循常行之道。〔漢書・天文志〕「月、五星順入｜道」補注。○天｜，猶天道也。〔漢書・揚雄傳〕「惟天｜之不辟兮」補注。○｜節，即方、廉、直、光。〔韓子・解老〕「是以行｜節而舉之也」集解。○｜與宄通。〔廣雅・釋詁〕「宄，盜也」疏證。○〔說文定聲・卷六〕｜，段借為宄。〔左傳成公一七年〕「亂在外為姦，在內為｜」。○宄，正字，｜，假借字。〔左傳成公一七年〕「在內為｜」疏證。○｜，宄之借字。〔漢書・貢禹傳〕「姦｜不勝」補注。○｜、宄通借。〔漢書・酷吏傳〕「然不｜愈起」補注。○〔說文定聲・卷六〕｜，段借為簋。〔易・損〕「二｜可用享」。○｜、晷聲相同，故字相通，晷即｜字。〔漢書〕「同晷」雜志。○｜，古音讀如九。〔說文〕「｜，車轍也」義證。○｜、舊聲相近，以｜代舊。〔說文〕「舊，雖舊，舊留也」義證。○｜，當讀為究。〔左傳襄公二一年〕「｜度其信」平議。

**水**

丨,流津也。〔説文〕「丨,準也」義證引〔玉篇〕。○丨者,元氣之津液也,元氣之腠液也。〔同上〕義證引〔春秋元命苞〕。○丨者,天地之包幕。〔同上〕義證引〔春秋元命苞〕。○浮天而載地者,丨也。〔同上〕義證引〔抱朴子〕。○所以立天地者,丨也。〔同上〕義證引〔物理論〕。○丨,五行之始焉。〔同上〕義證引〔春秋元命苞〕。○丨,晦也。〔説文繫傳·通論上〕○丨之為言演也,陰化淖濡流施潛行也。〔説文〕「丨,準也」義證引〔春秋元命苞〕。○足脛腫曰丨。〔左傳成公六年〕「有沉溺重膇之疾」疏證。○丨即營室也。〔左傳莊公二九年〕「丨昏正而栽」洪詁引惠棟。○丨潦,雨丨也。〔大戴·勸學〕「丨潦灟焉」王詁。○丨都者,丨所聚也。〔説文〕「汥,丨都也」段注。○丨虎,即丨唐也。〔通雅·蟲〕○丨蛭者,今之馬黃。〔説文〕「蛭,蟣也」段注。○弱丨者,謂西域絶遠之丨,乘毛車以渡者耳。〔楚辭·哀時命〕「弱丨汩其難兮」補注。○丨拖,猶堰也。〔通雅·地輿〕○唐之丨臯,即〔考工〕之置槷眠景也。〔通雅·天文〕○丨僊,此物宜卑濕處,不可缺丨,故名丨僊。〔本草·卷一三〕○丨蘄,一名丨英。〔説文〕「芹,楚葵也」義證引〔本草〕。○丨堇,俗稱蝴蝶菜,金英艸之類。〔通雅·艸〕○丨松,狀如松。〔文選·吳都賦〕「石帆丨松」集釋。○丨松,丨杉也,如鳳尾杉,又如松。〔同上〕○丨松,丨杉也。〔通雅·木〕○丨令,用丨之約束也。〔通雅·刑法〕○丨排,炊火之車也。〔通雅〕○丨臁即腓間。〔通雅·身體〕○丨碧,丨玉也,或以為冷石赭,或以為丨脂碧。〔通雅·金石〕○丨精,丨玉也。〔同上〕○丨與準,古同聲而通用。〔廣雅·釋言〕「丨,準也」疏證。○丨乃小字之誤。〔莊子·則陽〕「江河合丨而為大」平議。○此丨字當為冰,凝、冰同字,冰省作氷,傳寫遂誤。〔漢書·五行志〕「劉向以為冰者陰之盛而丨滯者也」補注。○舊校云,丨作陽。〔呂覽·古樂〕「丨道壅塞」校正。

**藟**

丨,巨荒也。〔詩·樛木〕「葛丨纍之」集疏引魯説。○〔説文定聲·卷一二〕丨,一名巨荒,即〔説文〕之秬鬯,幽州人謂之椎虆,蓋今蒲桃之類也。〔廣雅·釋草〕「丨,藤也」。○丨,一名巨苽,似燕薁,亦連蔓生,葉艾白色,其子赤,可食。〔詩·樛木〕「葛丨纍之」後箋。○丨,本藤生,與葛相類。〔同上〕○丨,葛蔓也。〔説文〕「丨,艸也」繫傳。○丨,草也,亦葛蔓也。〔慧琳音義·卷七七〕○丨,葛丨,葉似艾。〔廣韻·旨部〕○丨,葛類。〔詩·樛木〕「葛丨纍之」朱傳。○丨與纍同。〔廣雅·釋草〕「丨,藤也」疏證。○丨,或作蘽。〔廣韻·旨部〕○丨,字亦作藟。〔説文定聲·卷一二〕○丨,字亦作蘲。〔同上〕○丨,亦作纍。〔廣雅·釋草〕「丨,藤也」疏證。○丨,字亦作虆。〔説文定聲·卷一二〕○丨,通作虆。〔説文〕「丨,艸也」義證。○〔説文定聲·卷一二〕丨,叚借為欙。〔孟子〕「蓋歸反虆梩而掩之」。

**虆**

丨,蔓也。〔楚辭·憂苦〕「葛藟丨於桂樹兮」補注。○丨,土籠也。〔孟子·滕文公上〕「蓋歸反丨梩而掩之」朱注。○丨即欙之假借,可以舁土者。〔同上〕焦正義。



**嚭**

丨,大也。〔廣韻·旨部〕○丨之言丕也。〔春秋名字解詁〕「伯丨,字子餘」述聞。○丨與餘皆謂衆多也。〔同上〕○丨,或為喜。〔文選·廣絶交論〕「伍員濯溉於宰丨」集釋。○丨,或為否。〔同上〕○嚭即丨字。〔同上〕○〔説文定聲·卷五〕丨,〔集韻〕作丕,與大義方合。〔説文〕「丨,大也」。

**唯**

丨,由也,語辭也。〔慧琳音義·卷二〕○丨,諾也。〔廣韻·旨部〕○丨,即是答。〔論語·里仁〕「曾子曰:『丨』」劉正義。○丨者,應之速而無疑者也。〔同上〕朱注。○丨,應辭也,丨恭於諾也。〔慧琳音義·卷一〕○丨,蓋應聲也。〔通鑑·周紀〕「對曰:『丨丨』」音注。○丨,應詞。〔字詁〕○丨與遺皆有隨義,丨本言語聽從之稱,引申為凡物之聽從。〔詩·敝笱〕「其魚丨丨」後箋。○丨丨,行出入之貌。〔同上〕朱傳。○丨與雖同。〔墨子〕「毋無」雜志。○〔説文定聲·卷一二〕丨,以惟為之。〔荀子·大略〕「惟惟而亡者誹也」。○丨丨,即遺遺之假借。〔詩·敝笱〕「其魚丨丨」陳疏。

**止**

丨,當以足丨為本義,象形也,字為借義所專,因加足傍作趾。〔説文定聲·卷五〕○丨,足也。〔説文〕「疌,疾也」繫傳。○丨即趾也。〔説文〕「走,趨也」繫傳。○許書無趾字,丨即趾也。〔説文〕「丨,下基也」段注。○渾言之則足稱丨,析言則前丨後踵。〔説文〕「企,舉踵也」段注。○丨即趾。〔通雅·疑始〕○丨,一作趾,足也。〔説文〕「疋,問疋何丨」段注。○古文丨作趾。〔釋言〕「趾,足也」郝疏。○官本丨作趾。〔漢書·刑法制〕「斬左右丨」補注。○古文丨作趾,本書〔刑法制〕趾皆作丨。〔漢書·食貨志〕「四之日舉丨」補注。○趾與丨通。〔漢書·司馬遷傳〕「至于麟丨」補注。○丨,經典借趾字。〔説文〕「丨,下基也」義證。○丨即踵也。〔説文〕「企,舉踵也」繫傳。○丨,居也。〔詩·緜〕「迺慰迺丨」朱傳。又〔公劉〕「丨基迺理」朱傳。又〔玄鳥〕「維民所丨」朱傳。又〔大學〕「詩云惟民所丨」朱注。又〔大戴·哀公問五義〕「丨立不知所定」王詁。○丨,定也。〔詩·小旻〕「國雖靡丨」朱傳。○丨即處也。〔詩·生民〕「攸介攸丨」通釋。○丨猶處也。〔詩·緜〕「迺慰迺丨」陳疏。○丨即息也。〔漢書·高帝紀〕「欲丨宮休舍」補注。○丨猶息也。〔詩·甫田〕「攸介攸丨」陳疏。○丨,留也。〔孟子·公孫丑下〕「丨於嬴」焦正義。○丨,停也,足也,息也,待也,留也。〔廣韻·止部〕○丨者,必至於是而不遷之意。〔大學〕「在丨於至善」朱注。○丨,位也。〔書·皋陶謨〕「安汝丨」孫疏。○丨,艸木初生根幹也。〔説文〕「丨,下也」繫傳。○丨者,艸木之基也。〔説文〕「阯,基也」段注。○丨、𡳿同意。〔説文〕「丨,下基也」義證。○獨鳥曰丨,衆鳥曰集。〔説文〕「雧,群鳥在木上也」義證引〔禽經〕。○丨,大。〔詩·小旻〕「國雖靡丨」集疏。○丨、至同義,至為大,則丨亦為大。〔同上〕通釋。○丨與至同義。〔廣雅·釋詁〕「歫,至也」疏證。○丨猶至。〔國策·趙策二〕「功有所丨」鮑注。○丨,姚本作至。〔漢書·鄒陽傳〕「救兵不丨」補注。○丨,行丨。〔説文〕「歷,過也,傳也」繫傳。○丨,謂行丨。〔慧琳音義·卷二三〕○丨,行也。〔説文〕「𣥂,蹈也」繫傳。○丨,兵丨於此。〔國策·趙策二〕「傳之國都而丨矣」鮑注。○丨,不通也。〔説文〕「疑,惑也」繫傳。○丨,亦潰敗之意。〔詩·召旻〕「無不潰丨」通釋。○丨,獲也。

〔詩・陟岵〕「猶來無｜」朱傳。○見獲于敵為｜。〔同上〕後箋。○極｜，俱窮盡之義。〔釋詁〕「觳，盡也」郝疏。○｜即盡也。〔釋詁〕「｜，盡也」郝疏。○底滯凝竭，皆｜也。〔淮南内篇〕「凝竭」雜志。○｜謂去位也。〔論語・季氏〕「不能者｜」劉正義。○｜即救也。〔詩・雲漢〕「無不能｜」通釋。○｜，手也。〔説文〕「夒，貪獸也」繫傳。○｜，禮也。〔詩・巧言〕「匪其｜恭」通釋。又〔廣韻・止部〕。○｜，當訓禮。〔詩・抑〕「告爾舊｜」平議。○趾莕｜之通借字，禮者，人所｜也，故以｜為禮。〔漢書・叙傳〕「姜本支虖三｜」補注。○｜有安善之意。〔廣雅・釋詁〕「緜，｜也」疏證。○｜，容｜也。〔詩・相鼠〕「人而無｜」朱傳。又〔蕩〕「既愆爾｜」朱傳。又〔抑〕「淑慎爾｜」朱傳。又〔春秋名字解詁〕「齊闞｜字子我」述聞。○｜猶既也。〔詩・生民〕「｜基迺理」通釋。○｜與儀同意。〔春秋名字解詁〕「齊闞｜字子我」述聞。○｜車，門名。〔漢書・灌夫傳〕「出｜車門」補注。○｜待即｜禦也。〔管子〕「不能待」雜志。○｜，語辭。〔詩・草蟲〕「亦既見｜」朱傳。又〔南山〕「既曰歸｜」朱傳。又〔南山〕「冠緌雙｜」陳疏。又〔文王〕「於緝熙敬｜」朱傳。又〔抑〕「告爾舊｜」朱傳。○｜，讀為芓。〔禮記・閒傳〕「大功貌若｜」平議。○｜，作之。〔詩・墓門〕「歌以訊｜」陳疏。○｜，當作之。〔詩・車舝〕「高山仰｜」陳疏。○｜，即豸也。〔莊子・在宥〕「禍及｜蟲」平議。○〔莊子・在宥〕「禍及｜蟲」，｜當作豸。〔説文〕「蟲，無足謂之豸」義證引顧炎武。○｜，疑亡字之誤。〔呂覽・本味〕「道者｜彼在己」平議。○｜，當作正。〔説文〕「諍，｜也」義證。○｜熏熏，魯作燕醺醺。〔詩・鳧鷖〕「公尸來｜熏熏」集疏。○〔説文定聲・卷五〕｜，叚借助語之詞。〔詩・草蟲〕「亦既見｜」。○｜，當作至。〔荀子・禮論〕「社｜於諸侯」集解。○〔説文定聲・卷五〕｜，叚借為峙。〔釋詁〕「｜，待也」。○〔同上〕｜，叚借為沚。〔説文〕引〔詩・谷風〕「湜湜其｜」。○｜，或作阯。〔説文〕「｜，下基也」義證。○〔説文定聲・卷五〕｜，與八、與阯同。〔説文〕「｜，下基也」。○〔同上〕｜，叚借為阯。〔左傳宣公一一年〕「略基阯」。○〔同上〕｜，字變作杫，或曰借為基，為八。〔方言五〕「俎，几也，蜀漢之郊曰杫」。○舊校云，｜一作制。〔呂覽・情欲〕「聖人修節以｜欲」校正。○殺下脱｜字。〔荀子・大略〕「冰泮殺」集解。

**市**

｜，買也。〔論語・鄉黨〕「沽酒｜脯不食」朱注。○｜，買也，凡以物買賣貿易曰｜。〔通鑑・周紀〕「此所謂｜怨結禍者也」音注。○｜，買賣所之也。〔大戴・主言〕「｜鄽而不税」王詁。○｜兼買賣二義。〔釋言〕「貿，｜也」郝疏。○｜，衆所聚。〔韓子・愛臣〕「不得藉威城｜」集解。○古者神農作｜，或曰祝融也。〔説文定聲・卷五〕○｜，謂相要以利，如｜道也。〔通鑑・周紀〕「因與其新王｜曰」音注。○｜者，涇陽君也。〔史記・秦本紀〕「封公子｜宛」志疑。○此乃縣｜。〔漢書・何武傳〕「｜嗇夫求商捕辱顯家」補注。

**恃**

｜，依也。〔慧琳音義・卷一〕○｜，依也，賴也。〔廣韻・止部〕○｜，古文怖，賴也。〔慧琳音義・卷七〇〕○｜，倚也。〔卷三〕○｜，心不明。〔集韻・止部〕○介、怙，皆｜也。〔漢書〕「介夏陽之阸」雜志。○〔説文定聲・卷五〕｜，叚借為庤。〔呂覽・審時〕「辟米不得｜」。○〔同上〕｜，借為負。〔韓詩〕「｜，負也」。○古讀｜、侍、待皆同聲。〔釋詁〕「頚，待也」郝疏。○媞與｜，音近而義同。〔詩・蓼莪〕「無母何｜」通釋。○｜，音近恀。〔同上〕○｜，後作贊。〔呂覽・諭大〕「交相為｜」校正。○｜，元作材，史作仗。〔國策・秦策四〕「｜甲兵之强」補注。

**徵**

｜者，祉也。〔説文〕「遞，更易也」義證。○｜者，事也。〔同上〕○｜猶索。〔國策・西周策〕「韓｜甲與粟於周」鮑注。○｜，五音配夏。〔廣韻・止部〕○｜、祉聲相近，故｜有祉音。〔漢書・律歷志〕「｜，祉也」補注。

**喜**

｜，樂也。〔詩・菁菁者莪〕「我心則｜」朱傳。又〔六月〕「吉甫燕｜」陳疏。又〔漢書〕「憙」雜志。○｜，亦樂也。〔詩・山有樞〕「且以｜樂」陳疏。○｜，｜樂。〔廣韻・止部〕○｜，興也。〔書・皋陶謨〕「股肱｜哉」述問。○｜與歡同意，聞樂則樂，故从壴，樂形于譚笑，故从口。〔説文定聲・卷五〕○｜者，披也。〔説文繫傳・通論下〕○｜者，主於心。〔同上〕○小言之曰｜。〔同上〕○獨言之曰｜。〔同上〕○｜，嚭也。〔同上〕○｜鵲曰乾鵲，一曰飛駮鳥。〔通雅・鳥〕○｜乃饎省形存聲字。〔説文〕「饎，酒食也」句讀。○古文以｜為饎。〔同上〕段注。○〔説文定聲・卷五〕｜，叚借為饎。〔詩・七月〕「田畯至｜」。○｜字古通作憙。〔史記〕「入儀之梁」雜志。○憙與｜古字通。〔漢書〕「侯意」雜志。○｜，後漢楊震碑作憙。〔漢書・高惠高后文功臣表〕「赤泉嚴侯楊｜」補注。○｜，通作憙，又通作僖，又通作嬰。〔釋詁〕「｜，樂也」郝疏。○｜，當作憙，憙，悦也。〔説文〕「嗜，｜欲之也」段注。○｜，當作禧。〔莊子・讓王〕「而不祈｜」平議。○｜，當為嬉借字。〔漢書・揚雄傳〕「｜虞氏之所耕」補注。○〔説文定聲・卷五〕｜，叚借為熹。〔史記・滑稽傳〕「齊威王之時｜隱」。○〔同上〕｜，叚借為熙。〔文選・劇秦美新〕「庶績咸｜」。○乙當為乙，古者乙至而｜。〔春秋名字解詁〕「魯展｜字乙」述聞。○｜是嚭之省。〔漢書・古今人表〕「陳太宰｜」補注。○｜，舊本作善。〔呂覽・重言〕「顯然｜樂者」校正。○李善注〔文選・思玄賦〕｜作善。〔呂覽・疑似〕「｜効人之子姪昆弟之狀」校正。○｜者嘉字之誤，駕之叚字也。〔淮南・道應〕「乃止駕」平議。

**己**

｜者，身也。〔大戴・少閒〕「五王取人各以｜焉」王詁。○｜，本古綱紀字。〔字詁〕○｜即紀之本字，古文象別絲之形，三横二縱，絲相別也。〔説文定聲・卷五〕○｜，叚借以紀年紀月。〔同上〕○｜，今本作其。〔左傳僖公二四年〕「彼｜之子」疏證。○｜，讀如彼其之子之其。〔左傳文公一四年〕「曰夫｜氏」疏證。○｜、其同。〔史記・匈奴傳〕「不參彼｜將率席中國廣大」志疑。○〔説文定聲・卷五〕｜，叚借助語之詞。〔詩・揚之水〕「彼其之子」箋「或作｜」。○｜與忌同。〔詩・崧高〕「往近王舅」後箋。○｜、忌古同聲。〔史記〕「無忌」雜志。○｜音紀。〔通鑑・周紀〕「而王終｜不知也」音注。○｜之言起也。〔説文〕「｜，中宮也」段注。○〔説文定聲・卷五〕｜，叚借為台。〔禮記・大學〕「人之視｜」。○｜者，我也。〔説文」「目，用也」段注。○｜無｜，猶云我喪我。〔管子・白心〕「孰能｜無｜乎」平議。○｜，〔公〕〔穀〕皆作乙。〔左傳莊公三二年經〕「冬十月｜未」洪詁。○｜，各本譌作已，今訂正。〔廣雅・釋言〕「｜，紀也」疏證。

紀 ｜，緒也。〔説文〕「｜，絲別也」義證引〔玉篇〕。○｜，絲別名也。〔同上〕○｜，綱｜也，謂經帶包絡之也。〔詩・四月〕「南國之｜」朱傳。○｜，即綱｜也。〔同上〕陳疏。○｜，猶綱也，統也。〔禮記・禮器〕「衆之｜也」述問。○｜與綱義相近。〔墨子・尚同〕「譬若絲縷之有｜，罔罟之有綱」述聞。○｜與齊，皆是統、同之義。〔禮記・樂記〕「天地之齊，中和之｜」述聞。○｜，總要之名也。〔大戴・盛德〕「百事失｜」王詁。○｜，條理也。〔禮記・禮運〕「禮義以為｜」集解。又〔文王世子〕「喪記」集解。○十二年曰｜。〔廣韻・止部〕○｜，繼也。〔書・大誥〕「誕敢｜其緒」孫疏。○是非因道彰，故曰｜。〔韓子・主道〕「是非之｜也」集解。○｜，極也，會也，事也，理也，識也，亦經｜。〔廣韻・止部〕○｜，山之廉角也。〔詩・終南〕「有｜有堂」朱傳。○凡絲必有端別者，尋其端，故為｜，此｜字本義，引申之為凡事統一之稱。〔漢書・高帝紀〕「高帝｜」補注。○引申之，詩之統總亦為｜。〔墨子・尚同上〕「譬若絲縷之有｜」閒詁。○｜，引申為凡經理之稱。〔説文〕「｜，別絲也」段注。○｜，後出字，已為十幹借義所專，因又製此加系傍也。〔説文定聲・卷五〕○｜，讀與基同。〔詩・終南〕「有｜有堂」陳疏。○〔説文定聲・卷五〕｜，段借為基。〔詩・終南〕「有｜有堂」。○｜，讀為杞。〔詩・終南〕「有｜有堂」述聞。○〔説文定聲・卷五〕｜，借為杞。〔詩・終南〕「有｜有堂」白帖引作「有杞有棠」。○｜當讀為杞梓之杞。〔詩・終南〕「有｜有堂」通釋。○｜，三家作杞。〔詩・終南〕「有｜有堂」集疏。○杞、棠，皆木名也，｜、堂，假借字耳。〔同上〕述聞。○杞、｜，棠、堂，古字並通用。〔同上〕○〔左氏春秋桓公二年〕「杞侯來朝」，〔公羊〕〔穀梁〕并作「｜侯」。〔同上〕○｜侯當作杞侯。〔左傳桓公六年經〕「公會｜侯于成」疏證。○舜葬｜市，｜與冀同，即指鳴條。〔史記・五帝紀〕「南巡狩，崩於蒼梧之野」志疑。○〔説文定聲・卷五〕｜，段借為記。〔廣雅・釋詁二〕「｜，識也」。○〔同上〕｜，段借為改。〔周語〕「不過十年，數之｜也」。○官本｜作弛。〔漢書・地理志〕「著」補注。○｜，今文作犯，形相近。〔書・大誥〕「誕敢｜其緒」孫疏。○｜裂繻，〔公羊〕〔穀梁〕並作肥履緰。〔在傳隱公二年經〕「九月，｜裂繻來逆女」洪詁。○｜信，〔漢書〕作｜成，乃｜通之父。〔史記・項羽本紀〕「與樊噲、夏侯嬰、靳彊、｜信等四人持劍盾步走」志疑。

跪 兩膝着地，直身而股不着于蹠則為｜。〔禮記・曲禮〕「授立不｜」集解。○｜與坐皆郄著於席，而｜，聳其體，坐，下其脽。〔詩・四牡〕「不遑啓處」後箋引段玉裁。○〔儀禮〕之坐皆｜也。〔漢書・禮樂志〕「登降｜拜」補注。○｜，兩膝拄地，所以拜也。〔説文定聲・卷一一〕○｜，拜也。〔廣韻・紙部〕○居、踞、跽、曩、啓、｜，一聲之轉，其義並相近。〔廣雅・釋詁〕「啓，踞也」疏證。○｜與危通，足也。〔韓子・内儲説下〕「門者刖｜」集解。○〔説文定聲・卷一一〕｜，段借為垝。〔列子・力命〕「｜食惡肉」。

技 ｜，藝也。〔廣韻・紙部〕○｜，謂藝事。〔大戴・虞戴德〕「｜之教庶人」王詁。○｜，淫巧｜藝也。〔説文〕「｜，巧也」義證。○｜，不端也。〔集韻・支部〕○｜能，謂奇｜淫巧。〔漢書・匡衡傳〕「遠｜能」補注。○｜與伎同。〔公羊傳文公一二年〕「無他｜」陳疏。○｜，字或作伎。〔説文〕「｜，巧也」義證。○〔説文定聲・卷一一〕｜，以伎為之。〔法言・君子〕「通天地而不通人曰伎」。○〔同上〕｜，段借為楮。〔史記・魯仲連鄒陽傳〕「｜桓公之心」。○｜，疑枝之誤，古字枝與支通。〔莊子・養生主〕「｜經肯綮之未嘗」平議。

螘 蟻、｜皆大名。蚍蜉，馬｜也；蛘，小｜也；蠪，赤｜也；蠹，本中白｜所化也。〔説文定聲・卷一二〕○今齊人呼｜為蟻蛘。〔説文〕「｜，蚍蜉也」義證。○｜與蟻同。〔方言一一〕「蟻土謂之封垤」箋疏。○｜與蛾同，俗作蟻。〔廣雅・釋蟲〕「蛾，｜也」疏證。○｜，本亦作蛾，俗作蟻，字音同。〔方言一一〕「蚍蜉，燕謂之蛾蛘」疏證。○｜、蟻古今字也。〔釋蟲〕「蚍蜉，大｜」郝疏。○〔説文定聲・卷一二〕｜與蝨、蟻略同。〔説文〕「｜，蚍蜉也」。

蟻 ｜，〔説文〕所無，當為蛾。〔書・顧命〕「麻冕｜裳」孫疏。○｜，古讀義與我近。〔説文〕「蛾，羅也」義證。○官本｜作儀。〔漢書・司馬相如傳〕「應風披靡」補注。

迤 ｜，溢也。〔續音義・卷五〕○｜迆施陁，並字異而義同。〔廣雅・釋詁〕「｜，衺也」疏證。

酏 ｜，｜酒。〔廣韻・紙部〕○稀者為｜，厚者為餈。〔説文定聲・卷一二〕○｜，猶今人言酒醾也。〔説文〕「｜，黍酒也」繫傳。○｜，字亦作酡。〔説文定聲・卷一二〕

俾 ｜，使。〔詩・緑衣〕「｜無訧兮」朱傳。又〔白華〕「｜我疷兮」朱傳。○｜，使也。又〔公劉〕「｜筵｜几」朱傳。○〔説文定聲・卷一一〕｜為門侍人，故轉注為使，為從，為職。〔説文〕「一曰｜，門侍人」。○經傳之｜皆訓使也。〔説文〕「｜，益也」段注。○｜，使也。〔説文〕「一曰｜，門侍人」義證。○｜，從也。〔書・君奭〕「罔不率｜」述聞。○｜，訓從。〔書・顧命〕「｜爰齊侯呂伋以二千戈虎賁百人」平議。○｜者，從也。〔書・秦誓〕「惟受責｜如流」述聞。○｜，與也。〔慧琳音義・卷一〇〕○｜，益也。〔同上〕○｜倪，看視意。〔左傳宣公一二年〕「守陴者皆哭」疏證。○城上為小牆，作孔穴可以窺外，謂之｜倪。〔説文〕「陴，城上女牆，俾倪也」段注。○｜倪者，短垣之貌，｜之言庳也。〔廣雅・釋宮〕「埤堄，女牆也」疏證。○｜倪即睥睨。〔墨子・備城門〕「｜倪廣三尺」閒詁。○今本〔釋名〕｜倪作睥睨，从目，俗字。〔左傳宣公一二年〕「守陴者皆哭」疏證。○｜倪、埤堄字並同。(同上)洪詁。○丨倪，或作睥睨，或作埤堄，皆俗字。〔說文〕「陴，城上女墻，丨倪也」段注。○睥睨丨倪辟倪，並字異而義同。〔廣雅·釋詁〕「睥睨，視也」疏證。○丨尸，譯云肉團，或云成團。〔慧琳音義·卷七〕○丨與朇、裨、埤同，經典多作裨。〔說文〕「丨，益也」句讀。○丨與埤朇裨音義皆同，今裨行而埤朇丨皆廢矣。(同上)段注。○丨與⿰卑頁，古通用。〔廣雅·釋言〕「彼，㣍也」疏證。○丨通作卑，又通作辯。〔釋詁〕「丨，使也」郝疏。○辯、丨同聲同義。〔廣雅·釋詁〕「辯，使也」疏證。○丨，當作卑。〔詩·卷阿〕「丨爾彌爾性」陳疏。○〔釋文〕丨，本又作卑。〔左傳襄公一一年〕「丨失其民」洪詁。又〔左傳昭公八年〕「丨躬處休」洪詁。○丨，魯作卑。〔詩·節南山〕「丨民不迷」集疏。又〔桑柔〕「自獨丨臧」集疏。○比與丨古字通。〔書·君奭〕「罔不率丨」述聞。○丨之言比也。(同上)○丨，魯作比。〔詩·漸漸之石〕「丨滂沱矣」集疏。○丨者，比之叚字。〔書·無逸〕平議。○〔說文定聲·卷一一〕丨，叚借為比，丨、比雙聲。〔禮記·樂記〕「克順克丨」。○丨，通作埤。〔書·盤庚〕「承女丨女」平議。○〔說文定聲·卷一一〕丨，以辟為之。〔漢書·灌夫傳〕「辟睨兩宮閒」。○(同上)丨，字亦作睥。〔廣雅·釋詁一〕「睥睨，視也」。○(同上)丨，字又作䟆。〔釋名〕「䟆皖，猶祕齧也」。○丨，字亦作朇。〔書·盤庚〕「承女丨女」平議。○〔說文定聲·卷一一〕丨，叚借為朇。〔說文〕「丨，益也」。○㣍與丨同。〔廣雅·釋言〕「彼，㣍也」疏證。

**㣍**　丨，使也，或作卑，通作俾。〔集韻·紙部〕○丨，使也，從也，職也，亦作俾。〔廣韻·紙部〕○彼丨皆衺也。〔廣雅·釋言〕「彼，丨也」疏證。

**鄙**　丨，邊丨也。〔廣韻·旨部〕○丨者，邊丨也，不得中也。〔說文〕「儒，柔也，術士之稱者也」繫傳。○〔春秋〕經傳丨字多訓為邊者。〔說文〕「丨，五鄼為丨」段注。○丨，五百家。〔國策·齊策四〕「下則丨野監門閭里」補正。○五鄼為丨。(同上)鮑注。○古謂野為丨。〔左傳昭公二〇年〕「而丨以待之」述聞。○丨猶野。〔國策·趙策三〕「臣南方草丨之人也」鮑注。○作事可卑賤者謂之丨。〔通鑑·漢紀〕「則丨吝之萌復存乎心矣」音注。○丨，陋也。〔大戴·文王官人〕「丨心而假氣者也」王詁。又〔廣韻·旨部〕○丨，凡陋也。〔論語·泰伯〕「斯遠丨倍矣」朱注。○丨，狹陋也。〔漢書·董仲舒傳〕「或仁或丨」補注。又〔孟子·萬章下〕「丨夫寬」朱注。○丨野，不慧之稱。〔慧琳音義·卷八二〕○丨，賤人也，惡丨野不慧之稱。〔卷一二〕○丨，當作薄之意。〔左傳宣公一四年〕「丨我也」疏證。○丨猶輕。(同上)○丨，引伸為輕薄之偁。〔說文〕「丨，五鄼為丨」段注。○丨，惡也。〔慧琳音義·卷七〇〕○丨，謂丨詐。〔大戴·文王官人〕「心氣丨戾者」王詁。○丨，耻也。〔漢書·司馬遷傳〕「丨沒世而文采不表於後也」補注。○丨夫，庸惡陋劣之稱。〔論語·陽貨〕「丨夫可與事君也與哉」朱注。○丨褻，不分明也。〔慧琳音義·卷八二〕○丨，倍也。〔說文〕「儒，柔也，術士之稱者也」繫傳。○駓騃伾丨儦，五字並聲近而通用。〔廣雅·釋訓〕「駓駓，走也」疏證。○〔說文定聲·卷五〕丨，叚借為駓，實疊韻連語，即〔韓詩〕之駓駓，〔齊詩〕之伾伾，〔毛詩〕之儦儦。〔後漢·馬融傳〕「丨駭譟讙」。○(同上)丨，叚借為啚。〔廣雅·釋詁二〕「丨，小也」。○丨夫字古作啚，今則丨行而啚廢矣。〔說文〕「丨，五鄼為丨」段注。○丨當作啚。〔書·大誥〕「予復反丨我周邦」平議。○丨當作啚，啚，嗇也。〔漢書·翟方進傳〕「是天反復右我漢國也」補注。○古文啚為丨，與圖字形近。〔書·大誥〕「丨我周邦」孫疏。○〔說文定聲·卷五〕丨，叚借為否，實為痞。〔漢書·董仲舒傳〕「或仁或丨」。○古丨、否同字。〔釋名·釋州國〕「丨，否也」疏證。○丨、否通叚。〔說文〕「丨，五鄼為丨」段注。○丨，或今文作猷，聲近祐，故〔漢書〕作祐。〔書·大誥〕「丨我周邦」孫疏。

**⿸鹿旨**　丨，即古麂字。〔本草·卷五一〕○丨，麂味甘旨，故从旨。(同上)

**麂**　山中有虎，丨必鳴以告，其聲几几然，故曰丨。〔本草·卷五一〕引王安石〔字說〕。○丨，小於麞，但口兩邊有長牙，好鬥，其聲如擊破錢鈸。〔說文〕「⿸鹿旨，大麇也」義證。

**簋**　丨，黍稷方器也。〔左傳僖公四年〕「王祭不共」疏證。○丨，盛黍稷方器，圓中，古以瓦為之，亦用竹若木，實斗二升也。〔說文定聲·卷六〕○丨，簠丨，祭器，受斗二升，內圓外方曰丨，古文作朹。〔廣韻·旨部〕○外圓內方曰丨。〔禮記·禮器〕「管仲鏤丨」集解。○丨，盛黍稷之器也。〔禮記·祭統〕「以四丨黍」集解。○丨，瓦器，容斗二升。〔詩·權輿〕「每食四丨」朱傳。○丨，即敦也。〔禮記·禮器〕「管仲鏤丨」集解。○旊人為丨。〔說文〕「旊，周家搏埴之工也」繫傳。○〔說文定聲·卷六〕丨，〔唐本草〕一名羊梂，〔宋圖經〕一名棠梂，即今山樝紅也，或曰借為莍。〔釋木〕「朹，繫梅，朹者聊」。○丨，古讀若九，聲與馏相近，故字亦相通。〔史記〕「飯土馏」雜志。○丨、軌、九皆古文假借字也，匭古文本字也。〔說文〕「丨，黍稷方器也，匭，古文丨」段注。○〔說文定聲·卷六〕丨，叚借為糾。〔書·禹貢〕「包匭菁茅」。

**晷**　日景曰丨。〔說文〕「丨，日景也」義證。○丨，日影也，規也。〔廣韻·旨部〕○丨，以表度日也。〔說文〕「丨，日景也」義證。○〔說文定聲·卷六〕丨，謂表柱也。〔廣雅·釋天〕「丨，柱景也」。○丨即軌字。〔漢書〕「同丨」雜志。○軌、丨聲相同，故字相通。(同上)○借丨為推測之義。〔法言·五百〕「德隆則丨星，星隆則丨德」平議。

**匭**　丨，匣也。〔廣韻·旨部〕又〔集韻·旨部〕。○丨之字後世用為丨匣字。〔說文〕「丨，古文簋」段注。○丨，古文作⿷匚九。〔廣韻·旨部〕○丨，經典或省作軌。〔說文〕「丨，古文簋或从軌」義證。○丨為糾之假借字。〔說文〕「丨，古文簋」段注。○鄭讀丨為糾，丨從九得聲，與糾音近。〔書·禹貢〕「包丨菁茅」鄭注「丨，纏結也」孫疏。

宄 ｜，賊在内也。〔慧琳音義·卷八二〕○｜，内盜也。〔廣韻·旨部〕○於内為｜。〔説文〕「𤔔，治也」繫傳。○軌為｜，借字也。〔書·堯典〕注「史遷｜作軌」孫疏。○｜與軌聲相近。〔書·微子〕「好草竊姦｜」孫疏。○｜為軌者，聲相近，借車軌字為｜。〔書·牧誓〕注「史遷｜作軌」孫疏。○｜，〔史記〕皆以軌為之。〔説文定聲·卷六〕○｜，經史亦假軌為之。〔説文〕「｜，姦也」段注。

子 ｜者，滋也。〔説文〕「天，顛也」義證。○｜者，孳也。〔説文繫傳·通論中〕○｜猶孳也。〔説文〕「｜，十一月陽气動，萬物滋」義證。○｜，｜息，亦辰名。〔廣韻·止部〕○｜，古以紀旬，為十二枝之首，又以紀年紀月紀時，又以命天體十二宮，又以配五行。〔説文定聲·卷五〕○｜，男｜也。〔詩·子衿〕「青青｜衿」朱傳。○｜者，男｜之美稱。〔書·召誥〕「百君｜」孫疏。又〔左傳僖公三二年〕「孟｜」疏證。又〔説文繫傳·通論中〕。○｜者，男｜之美稱也。〔説文〕「好，美也」繫傳。○｜，男｜之美稱。〔論語·雍也〕「｜桑伯｜」劉正義。○｜，男｜之美稱，謂衆卿大夫。〔書·洛誥〕「予旦以多｜越御事」孫疏。○｜，弟｜尊其師者之稱。〔論語·雍也〕「｜桑伯｜」劉正義。○｜，通稱也，對上問者之辭。〔大戴·禮察〕「今｜或言禮義之不如法令」王詁。○｜，猶汝也。〔漢書·賈誼傳〕「問于｜服」補注。○｜，即太｜也。〔晏子〕「置大」雜志。○｜，女也。〔論語·公冶長〕「以其｜妻之」劉正義。○襁褓為｜。〔説文定聲·卷五〕〔「巳」下〕○｜者，非對母言。〔史記·夏本紀〕「作五｜之歌」志疑。○｜，餘｜也。〔國策·秦策三〕「臣亦嘗為｜」鮑注。○｜，兄弟之｜，猶｜也。〔漢書·王吉傳〕「大王於屬則｜也」補注。○為｜者，為｜行也，古者兄弟之｜皆曰｜。〔漢書·成帝紀〕「定陶王欣於朕為｜」補注。○｜，宋姓。〔詩·衡門〕「必宋之｜」朱傳。○〔説文定聲·卷五〕｜，謂蕉布。〔後漢·王符傳〕「葛｜升越」。○〔同上〕｜之言小也。〔釋器〕舊注「鼒，｜鼎」。〔「鼒」下〕○凡物之少小者謂之｜。〔説文〕「蒻，蒲｜」段注。○｜舍，猶｜城，｜之為言小也。〔義府·卷下〕○｜侯亦云小侯也。〔漢書·郊祀志〕「天｜獨與侍中奉車｜侯上泰山」補注。○〔通雅·卷三八〕｜亭，謂別立小亭也。〔李白傳〕「玄宗坐沉香｜亭」。○｜嶲，即｜規。〔釋鳥〕「嶲周」郝疏。○｜嶲，亦曰｜規，即杜鵑也。〔説文〕「嶲，一曰蜀王望帝婬其相妻，慙亡去，為｜嶲鳥」段注。○杜鵑，一名鶗鴂，一名買危，一名｜規。〔漢書〕「鶗鴂」雜志。○｜鳺之轉聲則為姊歸。〔廣雅·釋鳥〕「鶗鴂，｜鳺也」疏證。○｜貢作｜贛。〔史記索隱·孔子世家〕「｜貢廬于冢上」雜志。○古謂｜孫曰姓，或曰｜姓。〔漢書·田蚡傳〕「跪起如｜姓」補注。○闞止即｜我。〔史記·田完世家〕「｜我者，監止之宗人也」志疑。○｜襄，名騰，｜魚之弟，即藏書壁中者。〔史記·孔子世家〕「鮒弟｜襄」志疑。○｜犯或是臼季字。〔史記·晉世家〕「咎季｜犯、霍伯皆卒」志疑。○｜噲，燕王名也。〔韓子·二柄〕「其卒｜噲以亂死」集解。○｜之，燕之臣也。〔二柄〕「故｜之明不受國」集解。○〔説苑·正諫篇〕｜馬作｜猛，猛、馬雙聲，疑即一人。〔荀子·堯問〕「萊不用｜馬」集解。○｜充，假言賢者。〔詩·山有扶蘇〕「不見｜充」後箋。○｜充，謂性行之美。〔同上〕集疏。○｜都，假言賢者。〔詩·山有扶蘇〕「不見｜都」後箋。○｜都，謂容貌之美。〔同上〕集疏。○世稱美好之人為｜都。〔同上〕後箋。○｜華｜，古體道人。〔莊子·讓王〕「｜華｜見昭僖侯」集釋。○｜同即梓潼。〔通雅·地輿〕○應劭所云｜紺，今人亦呼為紫銅。〔通雅·貨賄〕○諸侯｜，謂諸侯國人。〔漢書·高帝紀〕「令諸侯｜在關中者皆集櫟陽為衛」補注。又〔高帝紀〕「諸侯｜在關中者」補注。○｜，象兒在襁褓中足并也。〔説文定聲·卷五〕○并足為｜。〔説文繫傳·通論中〕○孚，古文｜字。〔説文〕「游，旌旗之流也」繫傳。○｜，古作孚。〔廣韻·止部〕○〔説文定聲·卷五〕｜，段借為嗞。〔詩·綢繆〕「｜兮｜兮」。○｜，當讀為嗞。〔莊子·則陽〕「｜乎｜乎」平議。○｜，當讀為滋。〔詩·靈臺〕「庶民｜來」平議。○｜，當讀如字。〔書·召誥〕「天迪從｜保」孫疏。○〔説文定聲·卷五〕｜，段借為茲。〔易·明夷〕蜀才本「其｜之明夷」。○〔同上〕｜，段借為慈。〔書·皋陶謨〕「予弗｜」。○｜，當讀為慈，古字｜與慈通。〔書·召誥〕「天迪從｜保」述聞。○讀｜諒為慈良。〔禮記·樂記〕「｜諒之心油然生」述聞引朱子。○慈良與｜諒同。〔喪服四制〕「慈良于喪」述聞。○〔説文定聲·卷五〕｜，段借為祀。〔周禮·閩隸〕「掌｜則取隸焉」。○〔同上〕｜，〔列子説符〕作字。〔書·皋陶謨〕「予弗｜」。○｜，當為下。〔國語·吳語〕「以淫名聞于天｜」述聞。○｜，當為孫。〔儀禮·士虞禮〕「孝｜某」述聞。○〔説文定聲·卷五〕｜，誤作崽。〔方言一〇〕「崽者｜也」。○唐石經初刻｜作兮。〔左傳僖公三二年〕「孟｜」疏證。○｜乃孝字之誤。〔周書·寶典〕「｜孝，｜畏哉，乃不亂謀」平議。○｜，當為予字之誤。〔漢書·高帝紀〕「楚｜諸侯人之慕從者數萬人」補注。○敬｜，〔禮記〕注引作敬叔。〔左傳昭公三年〕「敬｜不入」洪詁。○別本｜誤人。〔左傳宣公元年經〕「邾｜來朝」洪詁。○鄫｜，〔公羊〕作鄫人。〔左傳僖公一九年經〕「鄫｜會盟于邾」洪詁。○｜乃千之譌。〔史記·建元以來侯者年表〕「得兩王｜騎將功侯」志疑。○｜字衍文。〔荀子·禮論〕「彼君｜者」集解。

梓 ｜，楸類也。〔説文〕「｜，楸也」義證引〔急就篇〕顏注。○｜，木名，楸屬。〔廣韻·止部〕○｜，木名。〔孟子·告子上〕「拱把之桐｜」朱注。○｜，楸之踈理白色而生子者。〔詩·定之方中〕「椅桐｜漆」朱傳。○｜為百木長，故呼｜為木王。〔本草·卷三五〕○｜，一名椅。〔説文〕「｜，楸也」義證引〔急就篇〕顏注。○｜者，｜人。〔書·梓材〕「｜材」孫疏。○｜人，木工也。〔孟子·滕文公下〕「則｜匠輪輿皆得食於子」朱注。○今人名膩理曰｜。〔説文〕「｜，楸也」繫傳。○鼠李，一名鼠｜。〔同上〕義證。○楸檟椅｜，皆同類而異名。〔説文定聲·卷五〕○｜榛並同。〔方言五〕「牀，其杠東齊海岱之間謂之㮨」箋疏。○｜，猶子也。〔漢書·王莽傳〕「大歸言莽當代漢有天下云」補注。○〔尚書大傳〕曰「南山之陰有木名｜，晉晉然而俯」，｜字當是榗字。〔説文〕「榗，榗木也」段注。○〔説文定聲·卷五〕｜，段借為榗，榗、｜雙聲。〔書·大傳〕「南山之陰有木名｜」。○庾信

〔枯樹賦〕「槎丨千年」，丨乃梓之譌。〔説文〕「梓，亦古文櫼」義證。

**矢**　矰即丨也。〔淮南子〕「然猶不能獨穿也」雜志。○丨，投壺箭也。〔禮記·少儀〕「侍投則擁丨」集解。○以木曰丨。〔説文〕「丨，弓弩丨也」義證引〔急就篇〕顔注。○丨，誓。〔詩·柏舟〕「之死丨靡它」朱傳。又〔考槃〕「永丨弗諼」朱傳。又〔論語·雍也〕「夫子丨之曰」朱注。又〔廣韻·旨部〕。○丨、誓同音同物。〔易·晉〕「勿恤」象曰「丨得勿恤」李疏。○丨，陳。〔詩·皇矣〕「無丨我陵」朱傳。又〔江漢〕「丨其文德」朱傳。又〔大明〕「丨于牧野」朱傳。又〔卷阿〕「以丨其音」朱傳。○丨者，陳也。〔書·盤庚〕「率籲衆慼出丨言」孫疏。○丨，陳也。〔論語·雍也〕「夫子丨之曰」劉正義。○丨，陳也，正也，直也。〔廣韻·止部〕○丨，亦象銜逆也。〔説文〕「午，啎也」繫傳。○丨，糞也。〔通鑑·秦紀〕「頃之三遺丨矣」音注。○丨，本字作𦳊。〔漢書·昌邑哀王傳〕「後王夢青蠅之丨積西階東」補注。○𦳊，〔左氏傳〕、〔史記〕假借丨字為之。〔説文〕「𦳊，糞也」段注。○〔説文定聲·卷一二〕丨，叚借為𦳊。〔史記·廉藺傳〕「三遺丨矣」。○𦳊，通作丨。〔左傳文公一八年〕「殺而埋之馬丨之中」疏證。○丨，艸部作𦳊。〔説文〕「糞，似米而非米者，丨字」段注。○丨，當為𦳊。〔説文〕「臑，臂羊丨」義證。○丨，當作𦳊。〔説文〕「糞，似米而非米者，丨字」義證。○天丨，〔宋志〕作天屎。〔漢書·天文志〕「曰天丨」補注。○〔説文定聲·卷一二〕屎，古文丨字。〔釋詁〕「屎，陳也」。（「屎」下）○矢，俗丨字。〔説文〕「翦，羽生也，一曰矢羽」義證。○矢，舊作丨。（同上）段注。○丨與屎通。〔廣雅·釋詁〕「屎，陳也」疏證。○〔説文定聲·卷一二〕丨，叚借為陳，實為敶。〔釋詁〕「丨，陳也」。○（同上）丨，叚借為岐，丨、岐雙聲。〔詩·江漢〕「丨其文德」。○（同上）丨，叚借為誓。〔釋言〕「丨，誓也」。○（同上）丨，叚借為盩。〔太玄·戾〕「殺生相丨」。○丨、弛古通用。〔詩·皇矣〕「無丨我陵」平議。○丨，齊作弛。〔詩·江漢〕「丨其文德」集疏。○丨當為夫，即趺之省。〔墨子·襍守〕「丨長丈二尺」閒詁。○丨言，或是正言。〔書·盤庚〕「出丨言」孫疏。

**𦳊**　丨，糞也，或作屎。〔慧琳音義·卷四五〕又〔卷五五〕。○丨，俗作屎。〔説文〕「丨，糞也」義證。○〔説文定聲·卷一二〕丨，字亦作屎，史傳皆以矢為之。〔莊子·知北遊〕「在屎溺」。○丨，通作矢。〔説文〕「臑，臂羊矢也」義證。○丨，今作矢，假借也。〔説文〕「丨，糞也」繫傳。○丨，或借矢字。（同上）義證。○丨，通家。（同上）○〔説文定聲·卷一二〕丨，叚借為㕧。〔詩·板〕「民之方殿屎」。

**屎**　丨，𦳊俗字，糞也，亦作矢。〔廣韻·旨部〕○古者丨、苓通用。〔本草·卷三七〕○丨即屟之省文，借徙字也。〔説文〕「屟，古文徙，迻也」義證。

**𡳞**　丨，俗作屎，糞也。〔慧琳音義·卷二〕

**洧**　丨，鄭水名。〔詩·褰裳〕「褰裳涉丨」朱傳。

**鮪**　丨，魚名。〔廣韻·旨部〕○丨，即今之鱘魚。〔説文〕「丨，鮥也」段注。○〔説文定聲·卷五〕丨，今謂之鱘鰉魚。〔夏小正〕「祭丨」。○丨，似鱣而小，色青黑。〔詩·碩人〕「鱣丨發發」朱傳。○鱣之大者曰丨。〔説文〕「丨，鮥也」義證。○丨，大魚也。〔詩·四月〕「匪鱣匪丨」朱傳。○丨，古音讀如以。〔説文〕「丨，鮥也」段注。○䵋、丨、痏，義相近也。〔廣雅·釋器〕「䵋，黄也」疏證。

**雉**　丨者，野鳥。〔論語·鄉黨〕「山梁雌丨」劉正義。○丨，野雞，雄者有冠，長尾，身有文采，善鬬。〔詩·雄雉〕「雄丨于飛」朱傳。○丨，介鳥也，素質五彩備曰翬丨，青質五彩備曰鷂丨，朱黄曰鷩丨，白曰鵫丨，玄曰海丨。〔本草·卷四八〕○丨飛若矢，一往而墮，故字从矢。（同上）○丨，豸豸然介直皃也。〔説文〕「丨」繫傳。○丨，文而介者也。〔通雅·鳥〕○一丨之墻長三丈，高一丈。〔左傳隱公元年〕「都城過百丨」洪詁。○丨，城長三丈，高一丈。〔慧琳音義·卷四〕○城高一丈曰堵，三堵曰丨。〔廣韻·旨部〕○〔説文定聲·卷一二〕三堵而丨也，鳥飛多中度，故以丨名。〔公羊傳定公一二〕「五堵而丨」。○丨，陳也。〔慧琳音義·卷四〕○丨，陳也，度也。〔廣韻·旨部〕○丨為正理也。〔方言六〕「丨，理也」箋疏。○〔説文定聲·卷一二〕丨，謂平治之。〔方言六〕「丨，理也」。○丨、引古音近。〔釋詁〕「丨，陳也」郝疏。○丨，古音同夷。〔説文〕「丨，从隹，矢聲」段注。○〔説文定聲·卷一二〕丨，字亦作垁。〔太玄·閑〕「閑黄垁」。○丨，或作夷。〔説文〕「薙，除艸也」段注。○丨，當作夷。〔漢書·揚雄傳〕「列新丨於林薄」補注。○〔説文定聲·卷一二〕丨，叚借為侇。〔左傳昭公一七年〕「五丨為五工正，夷民者也」。○（同上）丨，叚借為薙。〔周禮·雉氏〕「掌殺草」。○（同上）丨，叚借為敶，丨、陳一聲之轉。〔釋詁〕「丨，陳也」。

**鴙**　丨與雉同。〔廣雅·釋鳥〕「野鷄，丨也」疏證。

**死**　丨，气絶也。〔禮記·喪大記〕「男子不丨於婦人之手」集解。○人盡曰丨。〔説文〕「丨，澌也」段注。○丨，人所離也。〔廣韻·旨部〕○萬物之大極曰丨。〔説文〕「丨，澌也」義證。○丨，亡也。〔大戴·夏小正〕「爽丨」王詁。○没，丨。○丨、終二字，對文則別，散文則通。〔釋詁〕「崩，没丨」郝疏。〔晏子春秋〕「人之没」雜志。○丨之為言澌，精爽窮也。〔廣雅·釋言〕「丨，澌也」疏證。○丨，謂葬也。〔孟子·滕文公上〕「丨徙無出鄉」朱注。○丨，謂患難。〔國策·楚策四〕「不偏於丨」鮑注。○丨，即所謂丨霸也。〔屈賦·天問〕「夜光何德，丨則又育」戴注。○丨生猶廢興也。〔韓子·揚權〕「與時生丨」集解。○丨君，謂忘其先君。〔左傳僖公三三年〕「其為丨君乎」述聞。○丨士，敢丨之士。〔國策·秦策二〕「厚養丨士」鮑注。○歾故，猶言丨亡。〔漢書〕「物故」雜志。○都丨之丨，即屍字省文。〔漢書·廣川惠王傳〕「即取他丨人與都丨并付其母」補注。○丨，屍省文。〔漢書·陳湯傳〕「漢遣使三輩至康居求谷吉等丨」補注。○〔説文定聲·卷一二〕丨，叚借為屍。〔漢書·陳湯傳〕「求谷吉等丨」。○丨，當為屍。〔説文〕「殯，丨在棺，將遷葬柩」義證。○丨與尸同。〔呂覽・期賢〕「扶傷輿丨」校正。又〔離謂〕「人得其丨者」校正。○丨，當讀為尸，古字通用。〔史記・秦本紀〕「晉、楚流丨河二萬人」志疑。○丨當作終，字之誤也。〔晏子春秋・諫上〕「丨三日而畢」平議。○丨，當為化。〔漢書・匈奴傳〕「呼韓邪攜國歸丨」補注。○丨，當作薨。〔史記・始皇本紀〕「夏太后丨」志疑。

履　丨，踐也。〔詩・生民〕「丨帝武敏歆」朱傳。又〔大戴・主言〕「其迹可丨」王詁。又〔大戴・曾子疾病〕「如丨薄冰」王詁。又〔廣韻・旨部〕。○丨者，踐也。〔論語・鄉黨〕「行不丨閾」劉正義。○丨，引伸之訓踐。〔說文〕「丨，足所依也」段注。○丨，踐行也。〔易・履〕「丨虎尾，不咥人」李疏。○丨，行。〔詩・大東〕「君子所丨」朱傳。○丨，亦行也。〔廣雅・釋詁〕「踚，行也」疏證。○丨，步也。〔大戴・五帝德〕「丨時以象天」王詁。○丨，躡。〔詩・東方之日〕「丨我即兮」朱傳。○丨者，足踐之通稱。〔說文〕「丨，足所依也」義證。○丨為足踐之通稱。〔韓子・說林上〕「屨為之也」集解。○丨者，足所依也，引伸之凡所依皆曰丨。〔說文〕「禮，丨也」段注。○丨本訓踐，後以為屨名，古今語異耳。〔方言四〕「扉屨，麤丨也」箋疏。○丨本訓踐，後以為屨名。〔說文〕「屨，丨也」段注。○丨，屨屬也。〔慧琳音義・卷三〕○今時所謂丨者，自漢以前皆名屨。〔說文〕「屨，丨也」段注。又〔說文〕「丨，足所依也」義證。○丨即屨也。〔管子〕「一跨腓」雜志。○屨、舄，丨之異名也，但有襌下、複下，用木之異耳。〔說文〕「屨，丨也」義證。○單下曰丨。〔說文〕「靪，補丨下也」義證。○單下曰丨，夏葛冬皮。〔說文〕「丨，足所依也」義證引〔三禮圖〕。○單底謂之丨，或以絲為之。〔同上〕義證引〔急就篇〕顏注。○丨者，屨之不帶者也。〔同上〕義證引〔古今注〕。○麻曰丨。〔說文〕「扉，丨也」義證引〔世本注〕。○皮曰丨。〔同上〕義證引〔字書〕。○古曰丨，今曰鞵。〔說文〕「丨，足所依也」段注。○漢以後曰丨，今曰鞵。〔說文定聲・卷八〕〔「屨」下〕○古曰舄、曰屨，漢以後曰丨，今曰鞵，此字本訓踐，轉注為所以踐之具也。〔卷一二〕○丨，引伸之訓禮。〔說文〕「丨，足所依也」段注。○丨，禮。〔詩・長發〕「率丨不越」朱傳。○丨、禮字通。〔釋言〕「丨，禮也」郝疏。○〔說文定聲・卷一二〕丨，叚借為禮。〔詩・長發〕「率丨不越」。○丨者，禮之假借字。〔詩・東方之日〕「丨我即兮」陳疏。○丨、禮聲近而義通。〔易・坤〕「丨霜」平議。○丨，三家作禮。〔詩・長發〕「率丨不越」集疏。○丨，通作禮，又通作體。〔釋詁〕「丨，福也」郝疏。○丨、體古字通。〔荀子〕「篤志而體」雜志。○〔說文定聲・卷一二〕丨，叚借為體。〔禮記・坊記〕「丨無咎言」。○丨，福也。〔詩・樛木〕「福丨綏之」集疏引魯說。○丨，可訓福。〔同上〕後箋。○丨，福也，祿也，幸也。〔廣韻・旨部〕○丨，祿。〔詩・樛木〕「福丨綏之」朱傳。○丨，祿也。〔詩・樛木〕「福丨將之」集疏引魯說。○丨、祿義同。〔釋詁〕「丨，福也」邵正義。○丨、祿聲轉義同。〔釋言〕「丨，祿也」郝疏。○〔通雅・卷七〕丨懔即丨㵳。〔易林〕「丨懔自敵」。○丨我，謂從我。〔詩・東方之日〕「丨我即兮」通釋。○丨緰，〔左氏〕作裂繻，裂、丨一聲之轉。〔公羊傳隱公二年經〕「紀丨緰來逆女」陳疏。○〔說文定聲・卷一二〕丨，叚借為覬。〔韓詩・氓〕傳「丨，幸也」。○丨，當為屨。〔說文〕「鞮，革丨也」義證。○丨、依疊韻。〔說文〕「丨，足所依也」句讀。

壘　丨，軍壁也。〔國策・齊策六〕「下丨枯丘」鮑注。○丨，壁丨也。〔說文〕「坴，累墼也」繫傳。○軍營曰丨。〔說文定聲・卷一七〕〔「營」下〕○鉞為丨之異名。〔史記・天官書〕「軍西為丨，或曰鉞」志疑。○〔說文定聲・卷一二〕丨壁陣十二星，在室宿下。〔思玄賦〕「觀壁丨於北落兮」。○丨，頭禿皃。〔慧琳音義・卷九六〕○丨石，亦謂之礧石。〔漢書・李廣傳〕「乘隅下丨石」補注。○石重積而下高，若軍壁然，故云丨石。〔同上〕○丨，崖，即㠑㠑也。〔說文〕「㠑，㠑㠑，山皃也」段注。○累與纍同，字亦作絫，又作丨。〔廣雅・釋詁〕「貫，累也」疏證。○丨，當作絫。〔說文〕「昨，丨日也」義證。○〔說文定聲・卷一二〕丨，叚借為絫。〔廣雅・釋詁二〕「丨，積也」。○〔同上〕丨，叚借為纍。〔荀子・大略〕「不憂其係丨也」。○丨，當作坴。〔說文〕「坴，絫墼也」義證引〔急就篇〕顏注。

誄　丨者，哀死而述其行之辭。〔禮記・檀弓〕「遂丨之」集解。○丨，銘丨，丨，壘也，壘述前人之功德。〔廣韻・旨部〕○〔說文定聲・卷一二〕丨，列生時行迹，讀之以作謚者。〔說文〕「丨，謚也」。○丨，壘也，述亡者而敘哀情也。〔慧琳音義・卷八五〕○兼題哀辭曰丨。〔通雅・宮室〕○〔說文定聲・卷一二〕丨，以儡為之。〔詩・定之方中〕傳「喪紀能儡」。○〔同上〕丨，叚借為讄。〔論語〕「丨曰，禱爾於上下神祇」。○〔同上〕丨，皆以絫為訓，累者，俗誤字也。〔周禮・大祝〕「六曰丨」司農注「謂積累生時德行以賜之命」。○丨，當作讄。〔左傳哀公一六年〕「公丨之」洪詁。

揆　丨，度也。〔詩・定之方中〕「丨之以日」朱傳。又〔大戴・千乘〕「準丨山林」王詁。又〔孟子・離婁上〕「上無道丨也」朱注。又〔國策・燕策一〕「而丨其兵之强弱」鮑注。又〔廣韻・旨部〕。○丨，度也，尺度用木。〔說文〕「楑，木也」繫傳。○葵，丨也，丨猶度也。〔詩・采菽〕「天子葵之」朱傳。○商量測度於事曰丨。〔慧琳音義・卷三〕○丨，謂準象之也。〔慧琳音義・卷四六〕○「其丨一也」丨，所以度地之器也。〔義府・卷上〕○丨之，丨度其必可取也。〔屈賦・天問〕「何羿之射革而交吞丨之」戴注。○丨正，謂丨度之正，可為法守也。〔懷沙〕「孰察其丨正」戴注。○丨廎，言傾斜也。〔通雅・釋詁〕○丨，〔國策〕作破。〔呂覽・知士〕「丨吾家苟可以傔劑貌辨者」校正。

癸　丨，辰名。〔廣韻・旨部〕○丨，水也，柔日也。〔春秋名字解詁〕「鄭石丨，字甲父」述聞。○帝丨，一名桀。〔史記・夏本紀〕「帝發崩，子帝履丨立，是為桀」志疑。○丨即戣字，三鋒矛也，因為借義所專，復加戈傍。〔說文定聲・卷一二〕○丨，假借以紀年紀月。〔同上〕

沚　丨，渚也。〔詩・采蘩〕「于沼于丨」朱傳。○小渚曰丨。〔詩・蒹葭〕「宛在水中丨」朱傳。○丨，水渚也。〔詩・谷風〕「湜湜其丨」朱傳。○〔說文定聲・卷五〕丨，叚借為阯，為基，為丌，丨、質雙聲。〔廣雅・釋詁〕「丨，質也」。〇丨，三家作止。〔詩・谷風〕「湜湜其丨」集疏。〇丨，當從〔說文〕作止。〔同上〕通釋。〇丨，或借洔字。〔說文〕「丨，小渚曰丨」義證。又〔同上〕句讀。〇丨，韓作洔。〔詩・蒹葭〕「宛在水中丨」集疏。

**趾**　丨，足也。〔詩・麟之趾〕「麟之丨」朱傳。又〔說文〕「走，趨也」繫傳。又〔廣韻・止部〕。〇丨、足聲相轉。〔釋言〕「丨，足也」郝疏。〇丨謂初也。〔易・賁〕「初九，賁其丨」李疏。〇止、丨，古今字。〔詩・麟之趾〕陳疏。〇古文足丨多作止。〔左傳桓公一三年〕「舉丨高」疏證。〇丨，齊作止。〔詩・七月〕「四之日舉丨」集疏。〇丨，〔顓頊紀〕作阯，通借字。〔漢書・地理志〕「交丨郡」補注。

**芷**　丨，白丨，藥名。〔廣韻・止部〕〇丨，一名䒡。〔漢書・司馬相如傳〕「衡蘭丨若」補注。〇丨，一名茝。〔大戴・曾子疾病〕「苾乎如入蘭丨之室」王詁。〇丨即茝也。〔漢書・司馬相如傳〕「衡蘭丨若」補注。〇丨即茝也，丨、茝古字同聲通用。〔荀子・勸學〕「蘭槐之根是為丨」集解。〇丨與茝古同聲，丨即茝也。〔廣雅・釋草〕「白丨，其葉謂之葯」疏證。〇白丨，一名白茝，楚人謂之葯。〔離騷〕「扈江離與辟丨兮」補注。〇丨陽，〔秦紀〕亦作茝陽。〔漢書・地理志〕「霸陵，故丨陽」補注。

**畤**　丨，田際也。〔集韻・止部〕〇此字秦所製，秦之祭丨，即古郊祭也。〔說文定聲・卷五〕〇丨，祭處。〔集韻・止部〕〇丨，儲。〔廣韻・止部〕〇〔說文定聲・卷七〕丨者，峙也，等也。〔說文〕「挑，泮也，為四丨界祭其中」。〔「挑」下〕〇〔卷五〕丨，叚借為沚。〔左傳隱公三年〕「澗谿沼丨之毛」。〇〔同上〕丨，叚借為庤。〔詩・崧高〕「以丨其粻」。〇丨，當作埒。〔韓子・外儲說左上〕「盡巧而正畦陌畦丨者」集解。〇注文五丨，當作五時。〔漢書・司馬相如傳〕「使五帝先導兮」補注。〇〔說文定聲・卷五〕丨，疇之誤字。〔三蒼〕「丨，埒也」。〇〔釋文〕丨或作疇。〔左傳襄公三〇年〕「成愆奔乎丨」洪詁。

**以**　丨，用也。〔詩・駟〕「丨車彭彭」集疏。又〔論語・學而〕「則丨學文」朱注。又〔先進〕「丨吾一日長乎爾」劉正義。又〔子路〕「雖不吾丨」朱注。又〔微子〕「不使大臣怨乎不丨」朱注。又〔孟子・公孫丑上〕「必丨其道」焦正義。又〔韓子・揚搉〕「彼自丨之」集解。又〔禮記・曾子問〕「丨此若義也」述聞。〇丨字，用也。〔易・豫象傳〕「先王丨作樂崇德」述聞。〇〔釋詞・卷一〕丨，語詞之用也。〔書・堯典〕「丨親九族」。〇丨，猶用也。〔詩・韓奕〕「丨先祖受命」陳疏。〇丨猶由。〔國策・燕策二〕「丨女自信可也」鮑注。〇丨，為也。〔論語・為政〕「視其所丨」朱注。〇丨，猶為也。〔詩・行露〕「何丨穿我屋」陳疏。又〔甫田〕「丨其婦子」陳疏。〇丨，猶使。〔國策・東周策〕「急北兵趨趙丨秦魏」鮑注。〇〔釋詞・卷一〕丨，猶及也。〔易・小畜〕「富丨其鄰」。〇〔同上〕丨，猶謂也。〔禮記・檀弓〕「吾丨將為賢人也」。〇能左右之曰丨。〔詩・江有汜〕「不我丨」朱傳。又〔國策・東周策〕「急北兵趨趙丨秦魏」鮑注。〇丨，他故也。〔詩・旄丘〕「必有丨也」朱傳。〇丨者，主婚之辭。〔論語・公冶長〕「丨其子妻之」劉正義。〇丨，與。〔書・君奭〕「丨予監于殷」孫疏。又〔詩・谷風〕「不我屑丨」朱傳。〇丨，與也。〔論語・微子〕「而誰丨易之」劉正義。又〔堯曰〕「無丨萬方」劉正義。〇丨同與。〔書・召誥〕「太保乃丨庶邦冢君出取幣」孫疏。〇丨、與同。〔呂覽・慎人〕「丨其徒屬堀地財」校正。〇丨即與也。〔韓子・存韓〕「陛下雖丨金石相弊」集解。〇丨、與古通用。〔詩・皇矣〕「不大聲丨色」通釋。〇古丨、與通用。〔左傳宣公一二年〕「丨實海濱」疏證。〇丨、與一聲之轉。〔史記〕「與」雜志。〇丨猶與也，及也。〔易・剝〕「剝牀丨辨」述聞。〇丨猶與也。〔書・君奭〕「汝克敬丨予監于殷喪」述聞。又〔詩・擊鼓〕「不我丨歸」朱傳。又〔谷風〕「涇丨渭濁」陳疏。又〔谷風〕「不我屑丨」通釋。又〔旄丘〕「必有丨也」通釋。又〔小明〕「式穀丨女」朱傳。又〔皇矣〕「不大聲丨色」朱傳。又〔左傳襄公二〇年〕「七章丨卒」述聞。又〔論語・微子〕「而誰丨易之」朱注。又〔晏子〕「今吾丨魯」雜志。〇丨猶與也，語之轉。〔離騷〕「索瓊茅丨筳篿兮」戴注。〇丨不，猶與否也。〔通雅・釋詁〕〇凡未事而億度之皆曰丨為。〔公羊傳莊公四年〕注「丨為者，設事辭」陳疏。〇丨，猶言丨為。〔墨子・經說下〕「丨詩，不可也」閒詁。〇丨字，而也。〔易・豫象傳〕「丨配祖考」述聞。〇丨猶而也。〔書・秦誓〕「冒疾丨惡之」述聞。又〔易・大過〕「象曰過丨相與也」述聞。又〔釋詞・卷一〕。又〔荀子・禮論〕「至文丨有別」集解。〇古丨字與而字通。〔老子〕「故大國丨下小國」平議。〇丨當為而。〔荀子・王制〕「神明博大丨至約」集解。〇丨，一本作而。〔左傳昭公二五年〕「陷西北隅丨入」洪詁。〇丨即已也。〔詩・良耜〕「丨薅荼蓼」通釋。〇丨同已。〔墨子・節葬下〕「財丨成者」閒詁。又〔節葬下〕「而既丨不可矣」閒詁。又〔經上〕「丨久也」閒詁。〇丨、已同。〔韓子・說林上〕「湯丨伐桀」集解。〇丨與已同。〔國策〕「反於楚王」雜志。又〔漢書・陳勝傳〕「號為張楚」補注。又〔逸周書〕「丨昭」雜志。又〔漢書〕「豈」雜志。又〔漢書〕「國兵在外軍丨夏」雜志。又〔墨子・非儒下〕「夫憂妻子丨大負絫」閒詁。又〔號令〕「事丨」閒詁。〇丨、已通。〔孟子・公孫丑下〕「木若丨美然」朱注。又〔墨子・尚同上〕「天子三公既丨立」閒詁。〇丨、已通，太也。〔孟子・滕文公下〕「不丨急乎」朱注。〇丨、已通用。〔梁惠王上〕「無丨」朱注。又〔墨子・號令〕「其邑或丨下寇」閒詁。〇丨、已古字通。〔大戴記・哀公問〕「君何丨謂己重焉」平議。〇丨猶已也。〔呂覽・上德〕「丨致令於田襄子」校正。〇不得丨，猶不得已也。〔漢書・宣帝紀〕「武帝曾孫，戾太子孫也」補注。〇丨讀為已。〔莊子・列禦寇〕「有德者丨不知也」平議。又〔韓子・十過〕「二君丨約遣張孟談」集解。又〔外儲說左上〕「曰丨削」集解。又〔呂覽・知化〕「丨雖知之」平議。〇丨讀曰已。〔大戴・虞戴德〕「君丨聞之」王詁。〇丨當作已。〔墨子・號令〕「事丨」閒詁。又〔韓子・外儲說右上〕「吾丨請之媼」集解。又〔難二〕「管仲非周公旦丨明矣」集解。〇丨，魯作已。〔詩・谷風〕「不我屑丨」集疏。〇丨與弋同音相通。〔左傳襄公四年經〕疏證。〇丨，齊作似。〔詩·旄丘〕「必有丨也」集疏。○丨，高誘〔淮南王書〕注引作予。〔左傳襄公一五年〕「若丨與我」洪詁。○丨詠者，謂工歌。〔書·皋陶謨〕「琴瑟丨詠」孫疏。○丨，〔史記〕作與。〔左傳定公四年〕「丨車七乘」洪詁。○丨，當作不。〔韓子·姦劫弒臣〕「妾丨賜死」集解。○古文丨字作㠯，與似通。〔左傳襄公三一年〕「令尹丨君矣」洪詁引惠棟。○丨、已、似三字古通。〔詩·維天之命〕「於穆不已」後箋。○丨，用也，與也，為也，古作㠯。〔廣韻·止部〕○丨，即似字。〔漢書·高帝紀〕「鄉者夫人兒子皆丨君」補注。○丨，李本作由。〔呂覽·知接〕「智無丨接」校正。○丨，當作此。〔韓子·愛臣〕「皆丨類也」集解。○庸、由、丨一聲之轉。〔廣雅·釋詁〕「庸、由、丨，用也」疏證。

## 㠯

丨，意也。〔說文〕「丨，用也」義證引〔玉篇〕。○丨，實也。〔同上〕○能左右之曰丨。〔說文〕「丨，用也」繫傳。○丨，或作已。〔釋詞·卷一〕○丨，漢孔宙碑作[illegible]。〔說文〕「丨，用也」義證。○丨猶用之也。〔同上〕繫傳。○丨，或作以。〔釋詞·卷一〕○丨已二字古有通用。〔說文〕「丨，用也」段注。○丨、已字通。〔漢書·薛宣傳〕「證驗丨明白」補注。○丨、已同。〔師丹傳〕「事丨暴列」補注。○丨與已同。〔蕭望之傳〕「軍丨夏發」補注。又〔文帝紀〕「禁無得擅哭臨，丨下」補注。又〔王貢傳〕「丨而仕京師顯名」補注。又〔儒林傳〕「擇掌故丨補中二千石屬」補注。又〔終軍傳〕「湯丨致其法」補注。○丨、已字同。〔吳王傳〕「臣觀之丨罷」補注。○丨、已字通。〔昌邑哀王傳〕「皆丨遣」補注。又〔韓信傳〕「楚丨亡龍且」補注。○已、丨通作。〔陸賈傳〕「鄉向秦丨并天下」補注。○丨，〔史記〕作已，字通用。〔黥布傳〕「布丨論輸驪山」補注。○官本丨作已，古字通。〔韓信傳〕「信丨拜上坐」補注。○丨當作已。〔劉屈氂傳〕「皆丨裝會」補注。○丨，〔大戴禮〕作中。〔賈誼傳〕「行丨鸞和」補注。

## 已

丨，止。〔詩·節南山〕「式夷式丨」朱傳。又〔國策·魏策二〕「惟丨之曾安」鮑注。○丨，止也。〔詩·綠衣〕「曷維其丨」朱傳。又〔風雨〕「雞鳴不丨」朱傳。又〔蒹葭〕「白露未丨」朱傳。又〔陟岵〕「夙夜無丨」陳疏。又〔北山〕「或不丨于行」朱傳。又〔墓門〕「知而不丨」集疏。又〔論語·為政〕「斯害也丨」劉正義。又〔子罕〕「吾丨矣夫」朱注。又〔公冶長〕「丨矣乎」劉正義。又〔陽貨〕「期可丨矣」朱注。又〔微子〕「丨而丨而」朱注。又〔禮記·玉藻〕「丨三爵」集解。又〔大戴·勸學〕「學不可以丨矣」王詁。又〔文王官人〕「謀而不丨」王詁。又〔孟子·滕文公下〕「然後丨」朱注。又〔公孫丑下〕「不得丨」焦正義。又〔中庸〕「吾弗能丨矣」朱注。又〔漢書·董仲舒傳〕「務此而亡丨」補注。又〔通鑑·周紀〕「吾見子丨今年耳」音注。又〔廣韻·止部〕。又〔廣雅·釋詁〕疏證補訂。○丨，猶止也。〔孟子·盡心上〕「猶愈於丨乎」朱注。又〔廣雅·釋言〕「節，丨也」疏證。○丨，黜止也。〔大戴·保傅〕「應群臣左右不知丨諾之正」王詁。○丨，絕也。〔禮記·檀弓〕「子未可以丨乎」集解。○丨，盡也。〔廣雅·釋詁〕「央，盡也」疏證。○丨猶終也。〔荀子·解蔽〕「雖億萬丨不足以浹萬物之變」平議。○丨，罷去也。〔孟子·梁惠王下〕「丨之」朱注。○丨者，終事之辭，故為成也。〔廣雅·釋詁〕「丨，成也」疏證。○丨，甚也。〔詩·巧言〕「昊天丨威」陳疏。又〔同上〕朱傳。○丨，既也。〔詩·氓〕「亦丨焉哉」陳疏。○丨猶太也。〔孟子·離婁下〕「仲尼不為丨甚者」朱注。○〔釋詞·卷一〕丨，歎詞也。〔書·大誥〕「丨，予惟小子」。○丨同咨，歎詞。〔書·康誥〕「丨，汝乃其速田」孫疏。○丨同咨。〔書·洛誥〕「丨，汝惟沖子」孫疏。○丨與咨同訓。〔書·大誥〕「丨，予惟小子」孫疏。○丨猶咨也。〔書·梓材〕「丨，若茲監」孫疏。○丨，語詞。〔漢書·藝文志〕「與不得丨」補注。○丨，語助辭。〔孟子·公孫丑上〕「是亦不屑就丨」朱注。又〔梁惠王上〕「然則王之所大欲可知丨」朱注。○丨事即成事。〔漢書〕「視丨成事」雜志。○丨日，天命丨至之日也。〔易·象下傳〕「丨日乃孚」李疏。○丨矣，發端歎辭。〔離騷〕「丨矣哉」補注。○遄丨猶遄沮也。〔左傳宣公一七年〕「亂庶遄丨」疏證。○丨即以也。〔漢書·韓王信傳〕「今王丨敗亡走胡」補注。○丨、以同。〔墨子·天志下〕「丨非其有」閒詁。又〔漢書·司馬遷傳〕「丨稍陵夷至於鞭箠之間」補注。○丨同以，用也。〔書·洛誥〕「予往丨公功」孫疏。○丨同以。〔墨子·天志中〕「將無丨異此」閒詁引畢沅。○丨與以同。〔漢書·張良傳〕「吾欲捐關丨東等棄之」補注。又〔荀子〕「丨其見知矣」雜志。○丨、㠯字同，官本作以。〔漢書·江充傳〕「臣願選從趙國勇敢士」補注。○丨、以字同。〔漢書·魏相傳〕「數條漢興丨來」補注。又〔循吏傳〕「自丞相丨下」補注。○丨、以通。〔國策·秦策四〕「丨北入燕」補正。又〔趙策四〕「過趙丨安邑矣」補正。○古字以、丨通。〔墨子·尚賢中〕「丨此故也」閒詁。○官本丨作以。〔漢書·韓信傳〕「諸將亡者丨數十」補注。○丨，〔史記〕作以。〔漢書·馮唐傳〕「上曰何丨」補注。○〔史記〕丨作以，以、丨字通。〔漢書·文帝紀〕「朕丨得保宗廟」補注。○丨，元作以。〔國策·秦策四〕「丨北入燕」鮑注。○丨讀為以。〔莊子·天下〕「丨之大順」平議。又〔韓子·外儲說右上〕「丨與二弟爭民」集解引顧廣圻。○丨當作以。〔書·堯典〕「試可乃丨」平議。○兩丨字官本皆作以，以、丨字同。〔漢書·禮樂志〕「教化丨明，習俗丨成」補注。○丨當作以。〔漢書·趙充國傳贊〕「秦漢丨來」補注。又〔貢禹傳〕「一歲功十萬人丨上」補注。又〔匡衡傳〕「自上世丨來」補注。又〔匈奴傳〕「諸王丨下迺有漢言章」補注。○〔說文定聲·卷五〕丨，叚借為巳午之巳，古巳、以同音。〔詩·風雨〕「鷄鳴不丨」。○丨讀為熙，歎辭也。〔漢書·翟方進傳〕「熙，我念孺子」補注。○丨字乃也字之誤。〔列子·說符〕「白公不得丨」平議。○丨當作人己之己。〔韓子·難勢〕「夫勢者非能必使賢者用丨，而不肖者不用丨也」平議。○丨當作芑。〔外儲說右上〕「其丨乎」平議。○舊校云，丨作矣。〔呂覽·正名〕「此真所謂士丨」校正。○舊校云，丨本作既。〔呂覽·壅塞〕「丨擒則又不知」校正。○丨當作亦。〔漢書·司馬相如傳贊〕「不丨戲乎」補注。○丨，〔漢書〕作熙，以丨為熙，聲相近。〔書·大誥〕「丨，予惟小子」孫疏。

## 苡

直曰車前，瞿曰芣丨。〔詩·芣苡〕集疏引韓說。○丨，芣丨，馬舄也，又名車前。〔廣韻·止部〕○〔說文定聲·卷五〕丨，今作桴苡，不作芣苢也。

〔說文〕「一，茉苢」。〇一，薏一，蓮實也。〔廣韻・止部〕

## 苢

一，同苡。〔廣韻・止部〕〇一，以芣一為本訓。〔說文定聲・卷五〕〔「薹」下〕〇一當為以。〔說文〕「薹，薹一」義證。

## 似

一，嗣也。〔詩・斯干〕「一續妣祖」朱傳。又〔廣韻・止部〕。〇一，肖也。〔禮記・經解〕「無一也」集解。又〔莊子・秋水〕「則有一也」集釋。〇一，類也，象也。〔廣韻・止部〕〇一，類亦象也。〔漢書〕「西白虎」雜志。〇一續二字同義。〔詩・良耜〕「以一以續」通釋。〇一祀汜，皆續之義也。〔廣雅・釋詁〕「一，續也」疏證。〇〔說文定聲・卷五〕一，段借為嗣。〔廣雅・釋詁二〕「一，續也」。〇一即嗣之假借。〔詩・良耜〕「以一以續」通釋。〇一為嗣之假借。〔詩・斯干〕「一續妣祖」後箋。〇一，通作嗣。〔釋詁〕「祀，祭也」郝疏。〇一，本通於嗣續，不必以為假借。〔詩・斯干〕「一續妣祖」後箋。〇一，讀與嗣同。〔同上〕陳疏。〇一，當讀如嗣續之嗣。〔詩・小宛〕「式穀一之」集疏。〇一，魯作嗣。〔詩・卷阿〕「一先公遒矣」集疏。〇〔說文定聲・卷五〕一，字亦作姒。〔爾雅・釋親〕「娣婦謂長婦為一婦」。〇一，〔北魏書・陽固傳〕作姒，一、姒異文。〔左傳文公一〇年〕「楚范巫矞一」疏證。〇〔說文定聲・卷五〕一，謂苢字也。〔論衡・奇怪〕「禹母吞薏苡而生禹，故夏姓曰姒」。〇古以字作㠯，與一通。〔史記・高祖本紀〕「皆一君」志疑。〇巳與一通用。〔詩・斯干〕「一續妣祖」通釋。〇〔說文定聲・卷五〕一，段借為以。〔六書故〕引唐本〔說文〕「以，用也」。〇一，當讀為以，古以、一通用。〔老子二〇章〕「而我獨頑一鄙」平議。〇以，或作一。〔史記・高祖本紀〕「皆一君」志疑。〇〔說文定聲・卷五〕一，以弋為之。〔詩・桑中〕「美孟弋矣」。〇〔同上〕一，字亦作娌。〔廣雅・釋詁四〕「娌，二也」。〇一，亦作佀。〔廣韻・止部〕

## 耜

一，臿也，農田器。〔大戴・曾子制言〕「負一而行道」王詁。〇一，田器也。〔詩・七月〕「三之日于一」朱傳。〇一，米一。〔廣韻・止部〕〇一，所以起土。〔孟子・滕文公上〕「負耒一而自宋之滕」朱注。〇一乃殺草之名。〔詩・七月〕「三之日于一」平議。〇一，耒下刺土臿也，古以木為之，後世以金。〔說文〕「相，臿也」義證引〔六書故〕。〇一與鈶同。〔詩・七月〕「三之日于一」陳疏。〇一即相之俗體。〔說文〕「耒，手耕曲木也」義證。〇一與枱同。〔詩・七月〕「三之日于一」陳疏。〇一，亦作耛。〔廣韻・止部〕

## 相

〔說文定聲・卷五〕一，盛土器。〔莊子・天下〕「禹親自操橐一」。〇耒頭金謂之一。〔廣雅・釋器〕「梩，臿也」疏證。〇此謂一即欙。〔說文〕「一，一曰徙土輂」段注。〇一之言剚也，剚入土中也。〔廣雅・釋器〕「梩，臿也」疏證。〇一，經典皆作耜。〔說文〕「一，臿也」句讀。〇一，或作耜。〔同上〕義證。〇一，短言曰耜，長言曰茲其，〔孟子〕作鎡基。〔說文定聲・卷五〕〇〔同上〕一，段借為枱。〔易・繫辭〕「斲木為一」。

## 汜

一，水涯。〔漢書・敘傳〕「芈彊大於南一」補注。〇一，水厓也。〔屈賦・天問〕「次于蒙一」戴注。〇一與澂皆厓岸之名。〔釋邱〕「窮瀆，一；谷者澂」述聞。〇對文則窮瀆之厓為一，通瀆之厓為澂；散文則澂、一通稱。〔廣雅・釋邱〕「一，厓也」疏證。〇一，廣也。〔禮記・王制〕「一與衆共之」集解。又〔喪大記〕「婦一拜衆賓於堂上」集解。〇水決復入為一。〔詩・江有汜〕「江有一」朱傳。〇一，水決復入。〔集韻・止部〕〇一即谿。〔釋山〕「山瀆無所通，谿」郝疏。〇堂邊謂之圯，亦謂之廉；水厓謂之隒，亦謂之一，其義一也。〔廣雅・釋邱〕「一，厓也」疏證。〇似祀一，皆續之義也。〔釋詁〕「似，續也」疏證。〇〔說文定聲・卷五〕一，段借為涘。〔廣雅・釋邱〕「一，厓也」。〇一、汜古通而後別也。〔通雅〕〇一，字亦誤作汜。〔說文定聲・卷五〕〇一當作汜。〔荀子・儒效〕「至一而汎」集解。〇一，或作洍。〔集韻・止部〕〇一，魯、韓作洍。〔詩・江有汜〕集疏。

## 姒

夏之一，姓也。〔史記・五帝紀〕「姓一氏」志疑。〇兄弟之妻相稱為一。〔左傳成公一一年〕「吾不以妾為一」疏證。〇兄妻為一。〔同上〕〇娣一，約言之則但稱為一。〔同上〕〇娣一，長婦曰一，幼婦曰娣。〔廣韻・止部〕〇娣一，即衆妾相謂之詞。〔釋親〕「女子同出，謂先生為一，後生為娣」郝疏。〇對文稱娣一，散文娣亦稱一。〔釋親〕「娣婦謂長婦為一婦」郝疏。〇〔說文定聲・卷五〕一猶姊也。〔釋親〕「女子同出，謂先生為一」。〔「似」下〕〇一當作以。〔左傳襄公四年經〕「夫人一氏薨」疏證。〇一，古祇作以，亦有作似者。〔說文〕「姓，因生㠯為姓」段注。〇漢碑一作似。〔說文〕「鄫，一姓國」段注。

## 巳

一，似也，象子在包中形，未生在腹為一。〔說文定聲・卷五〕〇〔卷五〕一，猶極止也，或曰義皆借為止。〔荀子・議兵〕「一朞三年」。〔「巳」下〕〇一字引申為止，猶息也，定也，靜也，故反一為㠯，古一、㠯同讀，經傳止息之義皆當作此一字，一者止也，㠯者用也，行也。〔說文定聲・卷五〕〇一者，陽氣之已盡也。〔說文〕「天，顛也」義證。〇一者，終已也，象陽氣既極，回復之形。〔說文〕「一，一也」義證。〇一，起也。〔說文〕「起，能立也」義證引〔玉篇〕。〇一，辰名。〔廣韻・止部〕〇一與此音相近。〔釋詁〕「一，此也」鄭注。〇〔易・革〕「一日乃孚，一日乃革之」一讀為戊己之己。〔說文〕「改，更也」義證。〇古一午之一亦讀如已矣之已。〔說文〕「一，一也」義證。〇辰一之一借為已止之已。〔同上〕〇一者言陽氣已盡，辰一之一乃為矣音。〔同上〕〇〔說文定聲・卷五〕一，段借為矣。〔禮記・檀弓〕「生事畢而鬼事始一」。〔「巳」下〕〇〔同上〕一，段借發聲之詞。〔書・大誥〕「一子惟小子」。〇一，段借為十二枝之一，所以紀旬，後又以紀年紀月。〔說文定聲・卷五〕〇〔卷五〕一，段借為似。〔易・明夷〕「文王以之」荀諝向秀本作似。〔「巳」下〕〇〔同上〕一，段借為與，以、與雙聲。〔廣雅・釋詁三〕「以，予也」。〇〔同上〕一，段借為識。〔禮記・檀弓〕「以死者為不可別一」。〇一，當依集解作人已之己。〔易・大畜〕「有厲利一」平議。〇〔說文定聲・卷五〕一，篆體與虫字形近，故傳會為虵。〔論衡・物勢〕「一，火也，其禽虵也」。

祀 ｜，年也。〔書・多方〕「我監五｜」孫疏。又〔廣韻・止部〕。○｜者，年也。〔漢書・敘傳〕「旦算｜于挈龜」補注。○｜，｜郊禖也。〔詩・生民〕「克禋克｜」朱傳。○｜，祭｜。〔廣韻・止部〕○析言則祭無已曰｜。〔說文〕「｜，祭無已也」段注。○｜，祭總名也。〔釋詁〕「｜，祭也」鄭注。○百神之廟可祭曰｜也。〔慧琳音義・卷五七〕○｜、祠古字通。〔晏子〕「祠靈山」雜志。○｜，通作祠。〔釋詁〕「｜，祭也」郝疏。○｜，今皆以祠為之。〔說文定聲・卷五〕○似｜汜，皆續之義也。〔廣雅・釋詁〕「似，續也」疏證。○氏與｜聲相近。〔國語・周語〕注「｜或為氏」述聞。○｜字乃已之段借字。〔書・酒誥〕「朝夕曰｜茲酒」平議。○｜，巳之段字。〔酒誥〕「惟｜德將無醉」平議。○｜當作禮。〔左傳僖公二一年〕「是崇皞濟而修｜紓禍也」平議。○｜當為禮。〔墨子・公孟〕「君子必學祭｜」閒詁。○｜疑當作禮。〔國語・周語〕「宗祝執｜」平議。○〔說文定聲・卷五〕｜，犯之誤字。〔廣雅・釋言〕「｜，侵也」。○〔同上〕｜，祫之誤字。〔詩・玄鳥序〕「｜高宗也」。○〔同上〕｜，祝之誤字。〔荀子・正論〕「出門而宗｜有事」。○官本｜作祠。〔漢書・郊祀志〕「非宗廟之｜不出」補注。○｜姑，〔國語〕作肥胡。〔文選・吳都賦〕「建｜姑」集釋。○祖、禩並同｜。〔廣韻・止部〕

史 ｜，｜官也。〔孟子・離婁下〕「其文則｜」朱注。○｜，記事當主於中正也。〔說文〕「｜，記事者也」繫傳。○｜本記事之官，因之凡掌治文書之吏亦通謂之｜。〔周禮・天官〕「｜十有二人」孫正義。○｜，掌文書。〔論語・雍也〕「文勝質則｜」朱注。○｜者，為君之使也。〔說文〕「吏，治人者也」繫傳。○｜，太｜之屬，掌卜筮者。〔通鑑・周紀〕「｜占之」音注。○｜是｜巫之｜。〔漢書・藝文志〕「｜官之廢久矣」補注。○卜筮官亦通謂之｜。〔周禮・占人〕「｜占墨」孫正義。○｜謂大｜。〔墨子・迎敵祠〕「祝｜乃告於四望」閒詁。○｜謂左右｜。〔大戴・保傳〕「失度，則｜書之」王詁。○｜，｜籍。〔廣韻・止部〕○｜，佚也。〔書・金縢〕「｜乃冊」孫疏。○｜者，籀所作，世之通俗文字，諷誦在口者也。〔漢書・東方朔傳〕「三冬文｜足用」補注。○古人以〔春秋〕為｜記。〔漢書・五行志〕「｜記成公十六年」補注。○古者列國之｜俱稱｜記。〔同上〕○〔國語〕本於各國之｜記，故以｜記稱之。〔同上〕○｜記之名，當起叔皮父子，蓋取古｜記之名以名遷之書，尊之也。〔史記・太史公自序〕「為太｜公書」志疑。○｜篇，謂｜籀所作蒼頡十五篇也。〔說文〕「奭，盛也」繫傳。○｜篇，｜籀所作蒼頡篇也。〔說文〕「匋，瓦器也」繫傳。○｜書者，令｜所習之書，猶言隸書也。〔漢書・元帝紀〕「元帝多材藝，善｜書」補注。○｜書令｜，即主書及掌奏者。〔漢書・藝文志〕「課最者以為尚書御史、｜書令｜」補注。○屈中挾一而起者為｜。〔說文〕「｜，記事者也」義證引〔春秋元命苞〕。○｜之為言紀也。〔同上〕○｜，當為師。〔大戴・保傳〕「太｜持銅而御戶左」王詁。○二｜字皆當為事。〔周禮・條狼氏〕「誓邦之大｜曰殺，誓小｜曰墨」述聞。○〔說文定聲・卷五〕｜，段借為事。〔周禮・條狼氏〕「誓邦之大｜曰殺，誓小｜曰墨」。○｜，各本作吏。〔說文・敘〕「乃得為｜」段注。○太｜，大吏之譌。〔史記・汲鄭列傳〕「莊為太｜」志疑。○官本｜作使。〔漢書・匈奴傳〕「願為單于侍｜於漢」補注。○｜，〔大戴禮・保傳〕作夜。〔漢書・賈誼傳〕「瞽｜誦詩」補注。

使 ｜，役也，令也。〔廣韻・止部〕○｜者，令也。〔論語・學而〕「｜民以時」劉正義。○｜，從也。〔漢書・孝成趙皇后傳〕「少主幼弱則大臣不｜」補注。○｜者，從也。〔詩・雨無正〕「云不可｜」述聞。○從與｜義通。〔國語・吳語〕「｜寇令焉」平議。○｜者，教也。〔論語・學而〕「｜民以時」劉正義。○｜，用也。〔大戴・曾子制言〕「慎者不見｜」王詁。○｜驝，急遞也。〔通雅・事制〕○｜道，謂｜人語導之也。〔左傳成公二年〕「巫臣｜道焉」疏證。○〔左傳襄公三一年〕「無憂客｜」，又「賓從有代」，賓從即客｜也。〔釋詁〕「｜，從也」述聞。○｜，通作史。〔釋詁〕「俾，｜」郝疏。○天｜者，｜讀去聲。〔左傳宣公三年〕「夢天｜與己蘭」疏證。○｜，讀如｜酒之｜。〔說文〕「傳，｜也」義證。○｜，〔尚書〕作俾。〔左傳文公七年〕「勿｜壞」洪詁。○｜，當為便。〔墨子・非命下〕「天鬼不｜」閒詁。○｜，當作便。〔非儒下〕「見利｜己」閒詁。○〔太平御覽〕引｜作吏。〔管子・輕重甲〕「乃以令｜糴之」義證。○｜，當為俠。〔說文〕「俸，｜也」義證。○〔史記〕｜作便。〔漢書・食貨志〕「｜屬在所縣」補注。○顏注｜報當作便報。〔漢書・吳王傳〕「西走蜀、漢中，告越」補注。○｜當作便，便親猶利親也。〔漢書・王子侯表〕「侯｜親嗣」補注。○咸嘉｜，本作咸便。〔漢書・匈奴傳〕「天下莫不咸嘉｜」補注。○｜，景祐本作役，役字古文作役，與｜相似而誤。〔漢書・司馬相如傳〕「今奉幣｜至南夷」補注。

駛 ｜，疾也。〔說文〕「沮，水吏也」段注。○｜，〔說文〕作䮘。（同上）

耳 ｜，主聽者也。〔說文〕「｜，主聽也」義證。○｜，辭也。〔廣韻・止部〕○｜，語詞。〔漢書・霍光傳〕「都郎屬｜」補注。○曹操曰，「俗語云生女｜」，｜，不足之詞。〔說文〕「｜，主聽者也」段注。○｜者，且止之辭，曹操謂「｜非佳語」即此意。〔漢書・食貨志〕「既聞｜矣」補注。○｜是語助，猶云「既聞之矣」。（同上）○〔釋詞・卷七〕｜猶而已也。〔論語・陽貨〕「前言戲之｜」。○凡語云而已者，急言之曰｜。〔說文〕「｜，主聽者也」段注。○｜言而已也。〔說文〕「尒，詞之必然也」段注。○〔說文定聲・卷五〕｜，段借助語之詞，猶言而已也，而已之合音為｜。〔漢書・東方朔傳〕「至則靡｜」。○〔釋詞・卷七〕｜猶矣也。〔禮記・樂記〕「則樂之道歸焉｜」。○〔說文定聲・卷五〕｜，段借為矣。〔論語〕「女得人焉｜乎」。○｜｜，柔從也。〔詩・閟宮〕「六轡｜｜」朱傳。○｜｜，猶濔濔也，｜、爾古通。〔通雅・釋詁〕○｜｜，即爾爾之假借。〔詩・閟宮〕「六轡｜｜」通釋。○｜孫之解不一，或以為曾孫，或以為玄孫之子，或以為玄孫之曾孫，即仍孫，｜，音仍。〔史記・三代世表〕「帝禹，黃帝｜孫」志疑。○｜孫即仍孫。〔通雅・稱謂〕○仍孫或稱｜孫，｜、仍音相轉也。〔釋親〕「昆孫之子為仍孫」郝疏。○｜渠，｜璫之類也。〔慧琳音義・卷一七〕○〔釋詞・卷七〕｜矣，猶已矣。〔禮記·檀弓〕「勿之有悔焉丨矣」。○丨讀為耶。〔韓子·說林下〕「若亦不患臘之至而茅之燥丨」集解。○丨，音轉讀為仍。〔說文〕「丨，主聽者也」段注。○〔釋名〕「輿棺之車曰輀，輀，丨也」，丨當為而。〔說文〕「而，頰毛也」義證。○丨、爾古字通。〔荀子〕「或不為爾」雜志。○續丨，〔尸子〕、〔韓非子〕作續牙，〔漢書·人表〕作續身。〔呂覽·本味〕「堯舜得伯陽續丨然後成」校正。○建本、新書丨皆作醜，醜亦恥也，諸本皆作爾。〔漢書·賈誼傳〕「則為人臣者主丨忘身」補注。○丨，當為牙。〔墨子·備城門〕「犬丨施之」閒詁。

珥　丨，瑱也，所以充耳。〔國策·齊策三〕「乃獻七丨」鮑注。○丨，耳飾也。〔楚辭·東皇太一〕「撫長劍兮玉丨」補注。○丨，耳璫。〔集韻·止部〕○〔說文定聲·卷五〕丨，叚借為餌。〔春秋考異郵〕「蠶丨絲」。○〔同上〕丨，叚借為刵。〔周禮·山虞〕「致禽而丨焉」。

駬　騄丨，周穆王馬名。〔廣韻·止部〕

里　丨，居。〔詩·十月之交〕「悠悠我丨」朱傳。○二十五家為丨。〔論語·雍也〕「以與爾鄰丨鄉黨乎」朱注。○丨，二十五家所居也。〔詩·將仲子〕「無踰我丨」朱傳。○古者在野曰廬，在邑曰丨，丨即廛也。〔說文〕「廛，二畝半也，一家之凥」段注。○丨猶廬也。〔詩·將仲子〕「無踰我丨」平議。○丨即社也。〔同上〕通釋。○凡民所聚居通謂之丨。〔周禮·秋官序官〕「脩閭氏下士二人」孫正義。○三畝為丨。〔說文〕「廛，一畝半，一家之居」繫傳。○丨，憂也。〔詩·雲漢〕「云如何丨」朱傳。○丨當訓憂。〔詩·十月之交〕「悠悠我丨」通釋。○丨，與〔漢書〕無俚之俚同，聊賴之意也。〔詩·雲漢〕「云如何丨」朱傳。○丨宰，職以歲時合耦於耡。〔漢書·食貨志〕「丨胥平旦坐於右塾」補注。○丨士鄉丨，即古之鄉三老也。〔通雅·官制〕○丨布，若後世地稅。〔周官·載師〕「凡宅不毛者有丨布」平議。○宅稅中若商賈之類，廛市湊集，出泉當賦，謂之丨布。〔說文定聲·卷一三〕〔「稅」下〕○丨區，總言丨中區也。〔通雅·宮舍〕○〔通雅·釋詁〕丨所，猶丨許也。〔張良傳〕「父去丨所復還」。○〔說文定聲·卷五〕丨，叚借為悝，實為慹。〔詩·十月之交〕「悠悠我丨」。○〔詩〕「悠悠我丨」，叚丨為悝。〔說文〕「悝，一曰病也」段注。○〔毛詩〕借丨為悝。〔說文〕「丨，凥也」段注。○丨，韓作瘇。〔詩·十月之交〕「悠悠我丨」集疏。○丨與娌通。〔方言一二〕「娌，耦也」箋疏。○〔說文定聲·卷五〕丨，叚借為己。〔考工·匠人〕「丨為式」。○〔同上〕丨，叚借為釐。〔穆天子傳〕「乃丨西土之數」。○〔同上〕丨，叚借為裏。〔素問·刺腰痛〕「肉丨之脈」。○〔同上〕丨，叚借為薶。〔莊子·則陽〕「靈公奪而丨之」。

理　丨，治也。〔大戴·哀公問〕「所以丨」王詁。又〔盛德〕「是故官屬不丨」王詁。又〔韓子·安危〕「先王寄丨於竹帛」集解。又〔國策·秦策三〕「成丨萬物」鮑注。○丨猶治。〔墨子·所染〕「處官得其丨矣」閒詁。○丨猶治也。〔通鑑·唐紀〕「與華人參丨」音注。又〔說文·上說文表〕「丨而董之」段注。○丨猶治也，主治事者之稱。〔離騷〕「吾令蹇脩以為丨」戴注。○疏與丨同義，謂分治之也。〔廣雅·釋詁〕「疏，治也」疏證。○丨道，謂治道。〔大戴·保傅〕「則德智長而丨道得矣」王詁。○丨功，治功也。〔大戴·盛德〕「能丨功」王詁。○丨世，治世也。〔史記〕「禮也」雜志。○治世作丨代，此避太宗高宗諱。〔管子〕「含愁」雜志。○丨，條丨也。〔大戴·勸學〕「皆循其丨」王詁。又〔盛德〕「立事失丨」王詁。又〔中庸〕「文丨密察」朱注。○丨者，條丨也。〔荀子·賦篇〕「是之謂蠶丨」集解。○丨，謂別其條丨也。〔詩·緜〕「迺疆迺丨」朱傳。○丨，謂綜治有條丨也。〔大戴·盛德〕「能丨德法者為有能」王詁。○丨，剖析也。〔說文〕「丨，治玉也」段注。○玉得其治之方謂之丨。〔說文〕「順，丨也」段注。○凡物得其治之方皆謂之丨。〔同上〕○丨，謂文丨也。〔說文〕「璠，璵璠」繫傳。○丨，地丨也。〔大戴·易本命〕「靜必以丨」王詁。○丨，疆丨也。〔詩·公劉〕「止基迺丨」朱傳。○丨者，定其溝塗也。〔詩·信南山〕「我疆我丨」朱傳。○丨，細分其地脈也。〔同上〕集疏。○丨者，分也。〔孟子·告子上〕「謂丨也義也」焦正義。○〔義府·卷上〕丨，分辯也。〔孟子〕「不丨于口」。○丨，分丨，述禮意也。〔文選·離騷經〕「吾令蹇修以為丨」王注。○丨，猶今人言是正也。〔說文〕「諟，丨也」段注。○丨，謂燮丨。〔大戴·千乘〕「丨天之災祥」王詁。○丨者，儆丨之也。〔說文〕「儆，丨也」義證。○丨，料丨、義丨。又正也，文也。〔廣韻·止部〕○丨，正也。〔說文〕「諟，丨也」義證引〔玉篇〕。○丨，通也。〔續音義·卷二〕○丨，順也。〔禮記·禮器〕「丨萬物者也」述聞。○丨、順皆順也。〔漢書〕「垂統丨順」雜志。○丨亦順也。〔易·說卦傳〕「和順於道德而丨於義」述聞。又〔漢書·司馬相如傳〕「垂統丨順」補注。又〔廣雅·釋詁〕「敕，順也」疏證。○丨孫皆順也。〔考工記·匠人〕「凡溝水屬不丨孫謂之不行」述聞。○丨，道也。〔易·解〕疏「丨必無咎」述聞。又〔墨子·所染〕「處官得其丨矣」閒詁。○丨，平也。〔漢書〕「垂統丨順」雜志。○丨，獄也。〔漢書·王嘉傳〕「將相不對丨陳冤」補注。○丨，法官。〔漢書·劉屈氂傳〕「獄已正於丨」補注。○丨，治獄之官。〔禮記·月令〕「命丨瞻傷」集解。○古者獄官曰丨。〔說文〕「儆，丨也」義證。○丨官者，掌刑法之官。〔漢書·禮樂志〕「法家又復不傳」補注。○丨官，刑獄之官也。〔說文〕「疊，揚雄說以為古丨官決罪，三日得其宜」繫傳。○丨，吏也。〔左傳僖公三〇年〕「行李之往來」洪詁引賈逵。○丨，小行人也。〔同上〕○丨者，意也。〔說文〕「醫，治病工也」義證。○道丨者，宏達曰道，旨奧曰丨。〔字詁〕○丨，謂為媒以通詞丨也。〔文選·離騷經〕「吾令蹇修以為丨」集釋。○丨，肌肉也，眾丨解謂其肌肉易解判處。〔漢書·賈誼傳〕「眾皆丨解」補注。○丨，賴也。〔孟子·盡心下〕「稽大不丨於口」朱注。○義丨者，處事為義，論事為丨。〔字詁〕○文丨者，交錯曰文，條遂曰丨。〔字詁〕○丨即治之本字。〔說文定聲·卷一四〕〔「𤔔」下〕○凡丨亂字，經傳多以治為之。〔卷五〕○〔同上〕丨，叚借為吏。〔禮記·月令〕「命丨瞻傷」。○〔同上〕丨，叚借為贅。〔史記·殷本紀〕「予其大丨女」。○〔同上〕丨，叚借為使。〔廣雅·釋言〕「丨，媒也」。

○裏與｜同。〔管子〕「｜丞而屯泄」雜志。○｜、俚聲同字通。〔孟子・盡心下〕「稽大不｜於口」焦正義。○｜與俚通。〔方言三〕「俚，聊也」箋疏。又〔廣雅・釋言〕「俚，賴也」疏證。○借｜為俚。〔說文〕「俚，賴也」句讀。○〔說文定聲・卷五〕｜，叚借為俚。〔孟子〕「稽大不｜於口」。○〔同上〕｜，叚借為裏。〔素問・陰陽類論〕「冬三月之病在｜」。○古書用｜字亦通作李。〔字詁〕○｜與李通。〔廣雅・釋詁〕「李，驛也」疏證。○李、｜同，行李，字亦作｜。〔文選・離騷經〕「吾令蹇修以為｜」集釋。○〔天官書〕｜作李，｜，法官也。〔姓譜〕以李為皋陶｜官之後，李、｜古今字。〔漢書・天文志〕「左角，｜」補注。○〔管子〕大｜皆作李字。〔說文〕「李，果也」繫傳。○｜，當作里。〔韓子・制分〕「｜不得相闚」集解。又〔漢書・地理志〕「莽曰順｜」補注。○｜，一作治。〔漢書・劉歆傳〕「｜軍旅之陳」補注。○｜字衍文。〔荀子・仲尼〕「｜任大事」集解引俞樾。

**裏** ｜，心腹也。〔詩・小弁〕「不離于｜」朱傳。○｜，中｜。〔廣韻・止部〕○｜，〔說文〕訓衣內，猶內衣也。〔字詁〕○｜與理同。〔管子〕「理丞而屯泄」雜志。○理、｜古字通。〔詩・小弁〕「不離于｜」述聞。○｜當讀為理。〔左傳莊公一四年〕「伯父無｜言」平議。○｜，讀為理，謂賸理也。〔詩・小弁〕「不離于｜」述聞。○〔說文定聲・卷五〕｜，叚借為理。〔荀子・解蔽〕「而宇宙｜矣」。○｜，當為裏。〔說文〕「菉，茮樧實｜如表者」義證。○〔說文定聲・卷七〕｜，疑當為裏。〔說文〕「媌，目｜好也」。〔「媌」下〕

**李** ｜，木名，華白，實可食。〔詩・何彼穠矣〕「華如桃｜」朱傳。○｜，果名。〔廣韻・止部〕○｜，行｜。〔同上〕○｜、理義同。〔漢書・胡建傳〕「黃帝｜法曰」補注。○｜、理通。〔左傳僖公三〇年〕「行｜之往來」疏證。○古｜、理同音通用，故行｜與行理並見，大｜與大理不分。〔說文〕「｜，｜果也」段注。○古書用理字亦通作｜。〔字詁〕○〔說文定聲・卷五〕｜，以理為之。〔史記・天官書〕「房南衆星曰騎官，左角理，右角將」。○〔同上〕｜，叚借為理，實為吏。〔管子・大匡〕「國子為｜」。○｜克，內外傳作里克，古｜、里通用。〔呂覽・先己〕「名聲墮於外」校正。○檇｜，王存〔九域志〕引作檇里。〔左傳定公一四年經〕「於越敗吳于檇｜」洪詁。○｜，或讀為吏。〔左傳僖公三〇年〕「行｜之往來」疏證。○〔說文定聲・卷五〕｜，叚借為使。〔廣雅・釋詁四〕「行｜，驛也」。○乾道本｜作孚。〔韓子・初見秦〕「退并於｜下」集解。

**俚** ｜，字體作𨛍，下邑曰｜。〔慧琳音義・卷七一〕○｜，賴也，聊也，又南人蠻屬也。〔廣韻・止部〕○｜、聊、賴相通。〔通雅・疑始〕○｜聊賴並一聲之轉。〔方言一〇〕「獪，江湘之間或謂之無賴」箋疏。○｜賴聊皆一聲之轉耳。〔方言三〕「｜，聊也」箋疏。○｜，各本作聊。〔說文〕「｜，賴也」段注。○｜，今又謂｜俗也。〔說文〕「｜，聊也」繫傳。○｜，通作理。〔同上〕義證。○｜，古叚理為之。〔說文〕「｜，賴也」段注。○〔說文定聲・卷五〕｜，叚借為里。〔魏都賦〕「非鄙｜之言所能具」。○｜同埋。〔墨子・備穴〕「｜兩罌」閒詁。



**鯉** ｜，魚名。〔廣韻・止部〕○｜，鱗有十字文理，故名｜。〔本草・卷四四〕○鱣謂之｜，鮍魚亦謂之｜。〔爾雅・釋魚〕平議。○兗州人謂青｜為青馬，此謂三十六鱗之｜。〔說文〕「鱯，一名｜」義證引〔古今注〕。

**枲** ｜為牡麻。〔說文〕「葩，｜實也」義證。○牡麻無實，一名｜。〔說文〕「｜，麻也」義證。○｜是雄麻。〔周禮・天官〕「典｜下士二人」孫正義。○｜，牡麻無實者也，夏至開花，榮而不實，亦曰夏麻，其有子者曰苴，或謂之蕡。〔說文定聲・卷五〕○俗謂子麻無實者曰｜。〔說文定聲・卷四〕〔「芓」下〕○有子曰苴，無子曰｜。〔說文〕「｜，麻也」段注。○｜為母麻，牡麻之大名。〔同上〕○實曰｜。〔說文〕「麻，｜也」繫傳。○麻之有子者曰｜。〔慧琳音義・卷六六〕○麻有子曰｜，無子曰苴。〔廣韻・止部〕○統言則皆偁｜，析言則有實者偁芓，無實者偁｜。〔說文〕「芓，麻母也」段注。○｜，轉注為凡麻之大名。〔說文定聲・卷五〕○｜，麻也。〔說文〕「布，｜織曰布」繫傳。○｜即麻也。〔說文〕「繆，｜之十絜也」段注。○｜是大麻。〔說文〕「｜，麻也」義證。○｜即大麻也，可為布。〔釋艸〕「｜，麻」鄭注。○｜，粗麻也。〔說文〕「｜，麻也」義證引〔急就篇〕顏注。○〔說文定聲・卷一二〕以｜稱藾。〔列子・楊朱〕「甘｜」。〔「葩」下〕○〔說文定聲・卷五〕｜，即〔詩〕之卷耳，〔爾雅〕之苓耳，〔離騷〕之葹，〔說文〕之蓩，陸璣詩疏之璫草爵耳，〔淮南覽冥〕注之檀菜，〔本草〕之地葵，〔名醫別錄〕之常思，陶注之羊負來，崔寔〔四民月令〕之思耳。〔列子・楊朱〕「甘｜莖」釋文「胡｜也」。○赤華，即｜華也。〔楚辭・天問〕「｜華安居」補注。○｜繩，麻繩也。〔墨子・備穴〕「約｜繩」閒詁。○｜，字亦作葈。〔說文定聲・卷五〕○葈即｜麻之｜。〔淮南子〕「位賤尚葈」雜志。○〔說文定聲・卷五〕｜，字亦作葈。〔淮南・覽冥〕「位賤尚葈」。○｜作絲者，蓋今文異字。〔書・禹貢〕「厥貢漆｜」注「史遷｜作絲」孫疏。

**起** ｜，興也。〔大戴・虞戴德〕「物必｜」王詁。○｜也，熙也，皆興也。〔書・皋陶謨〕「元首｜哉，百工熙哉」述聞。○｜者，悚然興｜之意。〔禮記・內則〕「｜敬｜孝」集解。○｜，興｜也。〔史記〕「因以｜其家」雜志。○｜，興也，作也，立也，發也。〔廣韻・止部〕○｜，本發步之偁，引伸之訓為立，又引伸之為凡始事、凡興作之偁。〔說文〕「｜，能立也」段注。○｜，發也。〔通鑑・漢紀〕「貳師｜敦煌西」音注。○｜，猶發也。〔論語・八佾〕「｜予者，商也」朱注。又〔禮記・孔子閒居〕「猶有五｜焉」集解。○｜者，謂｜發以出也。〔漢書・孔安國傳〕「因巳｜其家逸書」補注。○｜與喜義近。〔釋詁〕「廞，興也」郝疏。○｜與舉義近。〔釋訓〕「偁偁，舉也」郝疏。○｜猶舉。〔國策・秦策二〕「｜樗里子於國」鮑注。○｜，舉兵反也。〔漢書・楚元王傳〕「季父不吾與，我｜」補注。○｜居，猶言坐作。〔漢書・鼂錯傳〕「｜居不精」補注。○｜居，猶動定也。〔漢書・趙廣漢傳〕「廣漢盡知其計議主名｜居」補注。○｜，溲，今之蒸酥也。〔通雅・飲食〕○｜部，冬官也。〔通雅・官制〕○｜，漲，言其深廣也。〔文選・江賦〕「躋江津而｜

漲」集釋。○—之，謂扶持天下之危亂也。〔漢書·賈誼傳〕「是目大賢—之」補注。○—職，言—而就職也。〔漢書·朱博傳〕「迺敢—職」補注。○—賈，疑即須賈。〔呂覽·應言〕「令—賈為孟卬求司徒於魏王」校正。○〔說文定聲·卷五〕—，叚借為改。〔禮記·內則〕「—敬—孝」。○—乃騎之譌。〔史記·高祖功臣侯者年表〕「以郎中—」志疑。○—，當為超。〔漢書·王褒傳〕「蹶如歷塊」補注。

**芑**

—，白苗。〔詩·生民〕「惟穈惟—」集疏引魯說。○—，白粱粟也。〔生民〕「維穈維—」朱傳。○白黍曰—。〔本草·卷二三〕○—為石苣。〔說文〕「苣，菜之美者，雲夢之苣」義證引王楨〔農書〕。○—，嘉祐〔本草〕謂之白苣。〔同上〕○—，草名。〔詩·文王有聲〕「豐水有—」朱傳。○—，苦菜也，即今苦蕒菜。〔詩·采芑〕「薄言采—」朱傳。○—即苦菜。〔同上〕通釋。○—，義當苡，即十珠也。〔太素·真藏脈形〕「如循薏—累累然」楊注。○〔說文定聲·卷五〕—，借為杞。〔禮記·表記〕注「—，枸檵也」。○—，蓋即苣之叚借。〔詩·文王有聲〕「豐水有—」通釋。○〔詩〕蓋以—為藘之假借，菜也。〔詩·采芑〕「薄言采—」後箋。○—，字亦作杞。〔說文定聲·卷五〕○—，〔管子〕「其種蓼杞」字从禾。〔說文〕「—，白苗，嘉穀也」段注。

**杞**

—，柳屬也，生水旁，樹如柳，葉麤而白，色理微赤。〔詩·將仲子〕「無折我樹—」朱傳。○〔說文定聲·卷五〕—，即〔爾雅〕之椄柜柳，或謂之鬼柳，亦曰欅柳。〔孟子〕「性猶—柳也」注「柜柳也」。○—柳，柜柳。〔孟子·告子上〕「性猶—柳也」朱注。○—，木名，又苟—。〔廣韻·止部〕○—，樹如樗，一名狗骨。〔詩·南山有臺〕「南山有—」朱傳。○—，亦作苟—、句—、枸忌、枸己、狗—，皆雙聲連語。〔說文定聲·卷五〕○—，枸—也。〔詩·杕杜〕「言采其—」後箋。○—，枸檵。〔詩·四牡〕「集于苞—」朱傳。○—，枸檵也。〔詩·四月〕「隰有—桋」朱傳。○—，夏之後。〔禮記·禮運〕「是故之—」集解。○—，通作芑。〔說文〕「—，枸—也」義證。○—子，〔高士傳〕作祀子，蓋字近而誤。〔左傳僖公二二年〕「—子自鄭使告于秦」洪詁。

**屺**

山無草木曰—。〔慧琳音義·卷八五〕○山有草木曰—。〔詩·陟岵〕「陟彼—兮」朱傳。○山有草木名—。〔同上〕後箋。○山有草無木曰—。〔同上〕集疏。○—之言荄滋也。〔說文〕「岵，山有屮木也」段注。○〔說文定聲·卷五〕—，字亦作峐。〔爾雅·釋山〕「多草木，岵。無草木，峐」。○—，或作峐。〔說文〕「—，山無草木也」義證。○—，〔釋山〕作峐。〔說文〕「—，山無屮木也」段注。

**跂**

—，舉足也。〔大戴·勸學〕「吾嘗—而望之」王詁。又〔通鑑·漢紀〕「遠近—足」音注。○—，翹足也。〔慧琳音義·卷四五〕○踵不至地曰—。〔通鑑·唐紀〕「—踵延頸以望真主」音注。○—，踶—。〔廣韻·紙部〕○—，舉足望也。〔大戴·保傅〕「立而不—」王詁。○舉足望曰—，—訾者，謂—望有所思量而示人意遠也。〔荀子·非十二子〕「離縱而—訾者也」集解引郝懿行。○—，望也。〔莊子·德充符〕「闉—支離無脤」集釋。○—，竦立也。〔詩·斯干〕「如—斯翼」朱傳。○—者，行貌也。〔漢書〕「—行喙息」雜志。○—，行兒。〔廣韻·支部〕○—，莊子所謂枝指也。〔說文〕「—，足多指也」繫傳。○〔通雅·卷七〕—匡，猶—尪。〔荀子·正論〕「傴巫—匡」。○伎伎、——，義並與赼赼同。〔廣雅·釋訓〕「赼赼，行也」疏證。○—讀曰岐。〔大戴·勸學〕「行—塗者不至」王詁。○—，音企。〔詩·斯干〕「如—斯翼」朱傳。○—、企古通用。〔詩·河廣〕「—予望之」陳疏。○—，韓作企。〔詩·斯干〕「如—斯翼」集疏。○—，魯、齊作企。〔詩·河廣〕「—予望之」集疏。○—與蚑通。〔漢書〕「—行喙息」雜志。○—、蚑古通用。〔廣雅·釋詁〕「喙，息也」疏證。○—字後出，其誼實為枝之轉注。〔說文定聲·卷一二〕○〔同上〕—，以技為之。〔孫叔敖碑〕「少見技首蛇」。○〔同上〕—，叚借為歧。〔淮南·俶真〕「夫挾依于—躍之人」。○〔同上〕—，叚借為蚑。〔淮南·原道〕「澤及—蟯」。○〔同上〕—，叚借為赼。〔老子〕「—者不立」。○—，當作踦。〔說文〕「蠨，蠨蛸，長股者」段注。○—，當為蚑。〔說文〕「妓，讀若—行」義證。○—，〔北堂書鈔·后妃部〕引作跛，〔賈子·胎教〕同。〔大戴·保傅〕「立而不—」述聞。

**士**

—，事也。〔詩·東山〕「勿—行枚」朱傳。又〔敬之〕「陟降厥—」朱傳。又〔說文〕「對，譍無方也」繫傳。○—即事也，古字通用。〔荀子·大略〕「問—以璧」集解引郝懿行。○—者，事也，古—仕事俱通用，此—謂事其事也。〔荀子·致士〕「然後—其刑賞」集解引郝懿行。○傳訓—為事者，正謂與泛言—者不同，猶云子不我思，豈無能任其事者乎。〔詩·褰裳〕「豈無他—」後箋。○引伸之，凡能事其事者偁—。〔說文〕「—，事也」段注。○—即從仕之人也。〔孟子·公孫丑下〕「夫—也」朱注。○—，謂已仕者。〔孟子·萬章下〕「—以旂」朱注。○未仕者亦稱—。〔儀禮·士冠禮〕「天子之元子猶—也」胡正義。○—，謂守道者。〔大戴·主言〕「天下之—可得而臣也」王詁。○—，謂講學道藝者。〔大戴·哀公問五義〕「吾欲論吾國之—」王詁。○—，有道德之稱。〔大戴·五帝德〕「其服也—」王詁。○—，夫也。〔詩·載芟〕「有依其—」朱傳。○—者，夫也。〔說文繫傳·通論中〕○—者，少男之稱。〔義府·卷上〕○—者，壯年之稱。〔詩·載芟〕「有依其—」述聞。○—，未娶者之稱。〔詩·褰裳〕「豈無他—」朱傳。○古以—女為未嫁娶之稱。〔荀子·非相〕「處女莫不願得以為—」集解。○—，一人也。〔國策·東周策〕「—卒師徒」鮑注。○—，戰—也。〔孟子·梁惠王上〕「危—臣」朱注。又〔公孫丑下〕「子之持戟之—」朱注。○〔說文定聲·卷五〕—，軍—也。〔詩·祈父〕「予王之爪—」。○—者，國之勇力之—，能用五兵者。〔大戴·千乘〕「以教—車甲」王詁。○—即卒也。〔史記〕「—卒」雜志。○—與卒散文則通。〔詩·祈父〕「予王之爪—」通釋。○—，謂喪祝之胥徒也。〔禮記·喪大記〕「—之喪」集解。○—師，獄官。〔論語·微子〕「柳下惠為—師」朱注。○—師，獄官也。〔孟子·梁惠王下〕「—師不能治—」朱注。○—，刑官。〔書·呂刑〕「—制百姓于刑之中」孫疏。○—，謂主斷刑之官。〔左傳僖公二八年〕「—榮為大—」洪詁。○

丨，其姓。〔史記・呂后紀〕「齊内史丨」志疑。○丨雅山，因祖逖而名也。〔通雅・地輿〕○〔說文定聲・卷五〕丨，此返約之義。〔說文〕「丨，孔子曰，推十合一為丨」。○事丨載，聲並相近。〔廣雅・釋詁〕「丨，事也」疏證。○丨，當作事，傳當作事，丨也，謂事即丨之假借字。〔詩・褰裳〕「豈無他丨」後箋。○丨，讀與事同。〔詩・祈父〕「予王之爪丨」陳疏。○丨讀為事，丨子，從事王朝之子也。〔詩・北山〕「偕偕丨子」集疏。○丨，當讀為事。〔大戴・五帝德〕「其服也丨」平議。○〔說文定聲・卷五〕丨，叚借為事，丨亦事也。〔論語〕「雖執鞭之丨」。○丨，通作仕。〔釋詁〕「丨，察也」郝疏。○仕與丨同。〔淮南〕「夫上仕者」雜志。又〔管子〕「好任」雜志。○〔說文定聲・卷五〕丨，叚借為仕。〔周禮・載師〕「以宅田，丨田賈田」。○古丨、土間亦通用。〔呂覽・任地〕「子能使吾丨靖而甽浴丨乎」校正。○丨，一本作土，古字通用，非譌也。〔史記・律書〕「兼列邦丨」志疑。○古土字皆作丨。〔左傳文公六年〕「使先蔑丨會如秦」洪詁引惠棟。○丨，當作土，傳譌，讀為杜。〔同上〕洪詁引焦竑。○丨，當作土。〔墨子・襍守〕「作丨不休」閒詁。○丨，當作土，即古杜字。〔左傳文公六年〕「丨會如秦逆公子雍」疏證。○通行本丨作土。〔左傳宣公一五年〕「吾獲狄丨」疏證。○丨仕，當為仕丨，與下處丨對文。〔荀子・非十二子〕「古之所謂丨仕者」集解。○丨，南監本閩本作仕，汪本作仕，官本作仕。〔漢書・地理志〕「高丨宦」補注。○〔說文定聲・卷五〕丨，叚借為嗣。〔周禮・宮伯〕「掌王宫之丨庶子」。○〔同上〕丨，叚借為吏。〔虞書〕「汝作丨」。○〔同上〕丨，叚借為司。〔爾雅・釋詁〕「丨，察也」。○丨，當為出。〔荀子・大略〕「而后丨」集解。○丨當為出字之誤也。〔荀子・致士〕「然後丨其刑賞」集解引王引之。○丨蓋出字之譌。〔管子・問〕「身丨以家臣自代者」平議。○丨尹池，〔御覽〕引作工尹他。〔呂覽・召類〕「丨尹池為荆使於宋」校正。○丨卒，當為王卒，字之誤也。〔國語・吳語〕「陳丨卒百人」述聞。○善為丨者，當作善為上者，上與丨形似而誤。〔老子一五章〕「古之善為丨者」平議。○丨誤作上。〔呂覽・順氏〕「上貢必適」平議。○〔晉世家〕丨作隨。〔左傳宣公一二年〕「丨會將上軍」疏證。○丨鞅，〔公羊〕作趙鞅。〔左傳定公八年經〕「晉丨鞅帥師侵鄭」洪詁。○丨，〔淮南〕作卒。〔呂覽・孟秋〕「選丨厲兵」校正。○丨，當作大。〔公羊傳文公四年〕「闔廬曰丨之甚」平議。○〔釋文〕古本丨匄或作王正。〔左傳昭公六年〕「丨匄相丨鞅」洪詁。○石經丨誤作氏。〔左傳昭公二二年〕「丨平出奔楚」洪詁引顧炎武。○〔淮南〕一書通謂丨為武。〔讀淮南子書後〕雜志。

**仕** 丨，事。〔詩・節南山〕「則無膴丨」朱傳。又〔文王有聲〕「武王豈不丨」朱傳。○丨，謂丨者。〔韓子・外儲說左上〕「晉國之辭丨託者國之錘」集解。○丨，為官也。〔孟子・公孫丑下〕「有丨於此」朱注。○丨，丨官。〔廣韻・止部〕○〔說文定聲・卷五〕丨，猶今言試用也。〔說文〕「丨，學也」。○丨與士同。〔淮南〕「夫上丨者」雜志。○丨與士通。〔韓子・說難〕「此非能丨之所恥也」集解。○丨、士古通。〔史記・高祖功臣侯者年表〕「四年，侯襄奪侯為丨伍」志疑。○丨與士古多通用。〔孟子・公孫丑下〕「有丨於此」焦正義。○〔說文定聲・卷五〕丨，叚借為事。〔詩・四月〕「盡瘁以丨」。○丨，齊一作事。〔詩・文王有聲〕「武王豈不丨」集疏。○〔說文定聲・卷五〕丨，叚借為司。〔詩・節南山〕「弗問弗丨」。○丨，元作士。〔國策・韓策三〕「丨唐客於諸公」鮑注。○丨，疑任字之誤。〔荀子・大略〕「移而從所丨」平議。

**柹** 丨，果名。〔廣韻・止部〕○丨者，赤果。〔說文定聲・卷一三〕〔「胏」下〕○丨，斫木札也。〔通鑑・唐紀〕「削瀆松丨以飼御馬」音注。○丨心即棗心，古丨即柹，柹、棗聲轉。〔通雅・音義雜論〕○丨，俗作柹，非。〔說文〕「丨，赤實果」段注。○〔說文定聲・卷一三〕丨，俗誤作柹。〔禮記・内則〕「棗栗榛柹，瓜桃李梅」。

**俟** 丨，待也。〔詩・相鼠〕「不死何丨」朱傳。又〔著〕「丨我於著乎而」朱傳。又〔論語・雍也〕「不丨駕」劉正義。又〔憲問〕「原壤夷丨」朱注。又〔大戴・主言〕「則四海之内拱而丨」王詁。又〔誥志〕「文王治以丨時」王詁。○丨，待也，亦作竢。〔廣韻・止部〕○丨者，丨王出視朝也。〔書・顧命〕「諸侯出廟門丨」孫疏。○丨，大也。〔集韻・止部〕○丨、竢古相通用。〔儀禮・鄉射禮〕「負侯而丨」胡正義。○糇、丨、竢古字通。〔漢書〕「竢」雜志。○自經傳假為竢字，而丨之本義廢矣。〔說文〕「丨，大也」段注。○經傳多叚丨為之，丨行而竢廢矣。〔說文〕「竢，待也」段注。○〔釋文〕丨，本又作竢。〔左傳哀公元年〕「日可丨矣」洪詁。○〔說文定聲・卷五〕丨，叚借為竢。〔詩・靜女〕「丨我於城隅」。○〔同上〕丨，叚借為侯，即糇。〔爾雅・釋訓〕「不丨，不來也」。○〔同上〕丨，疑借為侯。〔詩・吉日〕「伾伾丨丨」。○丨字乃併字之誤，併與并通。〔淮南・兵略〕「故將必與卒同甘苦丨饑寒」平議。○丨丨，一作騃騃、駿駿。〔通雅・釋詁〕

**涘** 水涯曰丨。〔詩・葛藟〕「在河之丨」朱傳。○丨，水岸涯也。〔廣韻・止部〕○丨，人至崖若有竢也。〔說文〕「丨，水崖也」繫傳。○丨，音俟，水厓，義當凝也。〔太素・調食〕「血與鹹相得則血丨」楊注。○丨，凝也。〔太素・邪傳〕「脛寒則血脈丨泣」楊注。○丨之言厠也。〔釋丘〕「丨為厓」郝疏。○丨與汜聲相近。〔釋邱〕「丨，厓也」疏證。○丨，或借汜字。〔說文〕「丨，水涯也」義證。

**戺** 丨，落時之別名。〔釋宮〕「落時謂之丨」鄭注。○丨，砌也，闑也。〔廣韻・止部〕○丨、戺，上〔說文〕，下經典相承。〔說文〕「戺，古文巳巳从户」義證引〔九經字樣〕。

**戺** 丨，謂階之兩旁，自堂至地斜安一石，撐階齒而輔之者也。〔說文定聲・卷五〕○堂邊謂之丨，亦謂之廉，水厓謂之隒，亦謂之汜，其義一也。〔廣雅・釋邱〕「汜，厓也」疏證。○丨字當从石，形誤為户。〔說文定聲・卷五〕○丨，同戺。〔廣韻・止部〕

始丨，初也。〔通鑑·齊紀〕「今經丨洛邑」音注。又〔廣韻·止部〕。○丨者，女之初也，以為凡起之偁。〔說文〕「天，顛也」段注。○丨，本也。〔大戴·子張問入官〕「政之丨也」王詁。○丨亦本也。〔漢書〕「辭之所謂大也」雜志。又〔荀子〕「本作」雜志。○丨猶本也。〔大戴·四代〕「奐然而興民壹丨」王詁。○本亦丨也。〔荀子〕「反其平」雜志。○丨即元也。〔易·文言〕「乾元者」李疏。○元者，丨也。〔漢書〕「辭之所謂大也」雜志。○作者，丨也。〔荀子〕「本作」雜志。○上氣曰丨。〔說文〕「无，奇字無」義證。○物從道生，故曰丨。〔韓子·主道〕「道者萬物之丨」集解。○丨、終二字，泛指治道而言。〔荀子·王制〕「丨則終，終則丨」集解。○丨，亦謀也。〔詩·緜〕「爰丨爰謀」通釋。○升歌謂之丨。〔論語·泰伯〕「師摯之丨」劉正義。○丨與作義近。〔釋詁〕「俶，作也」郝疏。○丨、稺義近。〔釋言〕「幼，丨也」郝疏。○〔說文定聲·卷一四〕鄭注謂借丨為治。〔論語〕「師摯之丨，關雎之亂」。〔「亂」下〕○丨，才之叚借也。〔說文〕「載，乘也」段注。○丨乃時之誤。〔史記·封禪書〕「以為漢乃水德之丨」志疑。

峙丨，山特立也。〔慧琳音義·卷八三〕○丨，峻丨，又具也。〔廣韻·止部〕○丨，積。〔詩·崧高〕「以丨其粻」朱傳。○丨即歭。〔說文〕「歭，躇也」段注。○丨，通作庤。〔釋詁〕「丨，具也」邵正義。○丨具、峻丨之丨亦作跱。〔說文〕「歭，躇也」段注。

跱丨，古文歭，言獨立也。〔慧琳音義·卷四六〕○丨，上也。〔說文〕「歭，躇也」義證。○丨躇，行不進也，或作峙。〔集韻·止部〕○丨，同峙。〔廣韻·止部〕

痔丨，病也。〔廣韻·止部〕○丨，漏病也。〔續音義·卷六〕○丨，後分病也。〔同上〕○丨，蟲食後之病也。〔說文〕「丨，後病也」義證引〔急就篇〕顏注。○丨，腹中血病也。〔慧琳音義·卷一三〕

齒丨者，總謂口中之骨主齰齧者也。〔說文〕「丨，口斷骨也」義證引〔急就篇〕顏注。○丨者，藏府之斧鑿，所以調諧五味，以安性氣者也。〔同上〕義證引〔物理論〕。○丨，牙丨。又丨，錄也，年也。〔廣韻·止部〕○丨，年也。〔墨子·公孟〕「數人之丨」閒詁引畢沅。又〔大戴·主言〕「上順丨則下益悌」王詁。○丨者，年也，長幼之次也。〔管子·弟子職〕「同嗛以丨」平議。○丨，年丨也。〔大戴·曾子事父母〕「飲食以丨」王詁。○丨，年數也。〔中庸〕「所以序丨也」朱注。○以年敘長幼為丨。〔通鑑·晉紀〕「玄不以子姝丨之」音注。○丨者，契之丨也。〔墨子·公孟〕「數人之丨」閒詁引俞樾。○凡符契皆刻其側謂之丨。〔周禮·小宰〕「六曰聽取予以書契」孫正義。○丨，列也。〔通鑑·晉紀〕「玄不以子姝丨之」音注。○〔說文定聲·卷五〕丨，有行列者也。〔禮記·王制〕「終身不丨」。○〔同上〕丨，數馬之年視其丨。〔禮記·曲禮〕「丨路馬有誅」。○丨，色，歲丨也。〔說文〕「馬，馬一歲也」義證引〔白帖〕。○丨，色，毛色也。〔同上〕○今人謂馬丨為丨齝。〔說文〕「齝，老人丨如臼」繫傳。○丨決，齧斷乾肉。〔孟子·盡心上〕「而問無丨決」朱注。○〔說文定聲·卷五〕丨，段借為值。〔漢書·枚乘傳〕「腐肉之丨利劍」。

矣〔釋詞·卷四〕丨在句末，有為起下之詞者。〔詩·漢廣〕「漢之廣丨」。○〔同上〕丨，猶耳也。〔國策·趙策三〕「則連有赴東海而死丨」。○〔同上〕丨，猶乎也。〔論語·季氏〕「則將焉用彼相丨」。○古書或以丨字代乎字。〔左傳昭公元年〕「帶其褊丨」平議。○〔釋詞·卷四〕丨，猶也也。〔詩·車攻〕「允丨君子」。○一本丨作也，姚注劉作也。〔國策·韓策一〕「又非素約而謀伐秦丨」補正。○丨，姚云劉作也，史同。〔國策·魏策三〕「從之不成丨」補正。○〔御覽〕丨作也。〔呂覽·蕩兵〕「利其械丨」校正。○丨，韓作者。〔詩·天作〕「彼徂丨」集疏。○丨，疑當作娭。〔廣雅·釋詁〕「丨，止也」疏證。

擬丨，度也。〔廣韻·止部〕○丨，今所謂揣度也。〔說文〕「丨，度也」段注。○丨，向也。〔慧琳音義·卷六四〕○丨，比也者，通作儗。〔說文〕「丨，度也」義證。○唐寫本注，丨並作儗。〔漢書·食貨志〕「遠方之能疑者」補注。○丨，通作凝。〔說文〕「丨，度也」義證。○丨，通作疑。〔同上〕○〔說文定聲·卷五〕丨以疑為之。〔漢書·何武傳贊〕「疑于親戚」。○疑讀曰丨。〔淮南〕「疑聖」雜志。○官本丨作疑。〔漢書·景武昭宣元成功臣表〕「坐受衛太子節」補注。

薿丨，茂也。〔集韻·職部〕○丨，茂盛。〔廣韻·職部〕○丨，茂盛貌。〔詩·甫田〕「黍稷丨丨」朱傳。○丨，草盛皃。〔廣韻·止部〕○丨丨，苗盛之皃。〔說文〕「丨，茂也」繫傳。○丨丨，一作儗儗，轉為嶷嶷，言其凝立也。〔通雅·釋詁〕○丨，齊作儗。〔詩·甫田〕「黍稷丨丨」集疏。

恥丨，辱也。〔大戴·曾子立孝〕「不丨其親」王詁。○丨，慙也。〔廣韻·止部〕○丨者，不敢盡之意。〔論語·憲問〕「君子丨其言而過其行」朱注。○廉醜即廉丨，語之轉耳，凡〔賈子書〕丨字多作醜，〔逸周書〕亦然。〔漢書·賈誼傳〕「終不知反廉愧之節」補注引王念孫。○〔賈子〕丨作醜。〔管子·牧民〕「四曰丨」義證。

祉丨，福。〔詩·六月〕「既多受丨」朱傳。○丨，福也。〔集韻·止部〕○丨之言止也，福所止不移也。〔說文〕「丨，福也」繫傳。○丨，福也，禄也。〔廣韻·止部〕○丨，喜也。〔詩·巧言〕「君子如丨」集疏。○丨，猶喜也。〔同上〕朱傳。

滓丨，澱也。〔廣韻·止部〕○丨者，澱也，因以為凡物渣丨之稱。〔說文〕「紙，絲丨也」段注。○丨，即糟也。〔說文〕「醴，酒一宿孰也」段注。○丨，穢也。〔慧琳音義·卷八六〕○泥之黑者為丨。〔說文定聲·卷五〕○丨之言緇也。〔廣雅·釋器〕「澱謂之丨」疏證。○古亦假丨為緇。〔說文〕「丨，澱也」段注。○〔說文定聲·卷五〕丨，以緇為之。〔論語〕「涅而不緇」。○〔同上〕丨，字亦作淄。〔太玄·更〕「化白于泥淄」。○〔同上〕丨，以菑為之。〔武班碑〕「齊國臨菑」。

**第** 丨，簀也。〔通雅・疑始〕○丨，牀也。〔楚辭・怨世〕「蓬艾親入御於牀丨兮」補注。○丨之言齊也，聲轉為簀。〔方言五〕「牀，陳楚之間或謂之丨」箋疏。○〔說文定聲・卷一二〕丨，以胏為之。〔易・頤〕「噬乾胏」。

**胏** 脯有骨曰丨。〔廣韻・止部〕○丨，脯有骨也。〔說文〕「𦚖，食所遺也」義證引〔玉篇〕。○丨，食脯吐其骨也。(同上)義證。○切肉有骨曰丨。〔說文定聲・卷五〕○馬融、陸績皆曰，肉有骨謂之丨，〔說文〕、〔字林〕作𦚖。〔說文〕「𦚖，食所遺也」段注。○〔易〕「噬乾丨」假丨為第也。〔說文〕「第，簀也」段注。

**骫** 丨，骨曲。〔廣韻・紙部〕○丨，骨曲也。〔文選・招隱士〕「樹輪相糾兮林木茷丨」集釋。又〔漢書・司馬相如傳〕「崔錯癹丨」補注。又〔說文〕「丨，骨耑丨奊也」義證。○〔楚辭〕「林木茷丨」謂木槃曲也。(同上)繫傳。○丨骳，脛曲。〔集韻・寘部〕○丨，通作委。〔說文〕「丨，骨耑丨奊也」義證。○〔韓詩外傳〕委作丨。(同上)繫傳。

**骪** 丨，丨骳，屈曲也。〔楚辭・招隱士〕「林木茷丨」補注。○丨之言委曲也。〔廣雅・釋詁〕「丨，曲也」疏證。○丨桑，〔淮南・人間訓〕作委桑，〔左傳〕作翳桑。〔呂覽・報更〕「見丨桑之下」校正。

**垝** 丨，毀。〔詩・氓〕「乘彼丨垣」朱傳。○凡垣墉圮壞皆曰丨。〔說文〕「丨，毀垣也」義證。○垣亦名丨。〔釋宮〕「丨謂之坫」郝疏。○〔說文定聲・卷一一〕凡絫土為之者皆得以坫名，即皆得以丨名。〔釋宮〕「丨謂之坫」。○丨猶圮也。〔說文〕「丨，毀垣也」義證。○丨遇，謂旁射也，丨，或作詭。〔廣雅・釋天〕「不丨遇」疏證。○丨，垣，毀垣也。〔廣韻・紙部〕○丨，與〔禮記・喪大記〕「中屋履危」之危同。〔韓子・十過〕「集於郎門之丨」集解。○丨津，韋津也，圍韋丨三字古通借用之。〔史記・魏世家〕「城丨津以臨河內」志疑。○丨，亦作陒。〔廣韻・紙部〕

**陒** 丨，垝之或體，抵丨，謂因其毀而擊之。〔漢書・杜周傳贊〕「業因勢而抵丨」補注。

**嶲** 丨，子規也，多出蜀丨郡，故名焉，蜀王望帝化為子規。〔釋鳥〕「丨周」鄭註。○丨周也，燕燕也，乙也，別三名也。〔通雅・鳥〕○丨猶規也。〔釋鳥〕「丨周」郝疏。○丨有髓音。〔釋獸〕「驨，如馬，一角」郝疏。

**艤** 丨，整舟向岸，亦作檥。〔廣韻・紙部〕○南方人謂整舟向岸曰丨，或通作檥。〔集韻・紙部〕

**錡** 丨，釜也。〔廣韻・紙部〕○丨之言踦也。〔廣雅・釋器〕「丨，釜也」疏證。○〔說文定聲・卷一〇〕丨，段借為餕。〔上林賦〕「巖陁甗丨」。○(同上)丨，此器疑如今疏楞銼刀。〔說文〕「丨，鉏鋤也」。○丨，或作奇。〔說文〕「丨，鉏鋤也」段注。



**蔿** 丨，草也。〔廣韻・紙部〕○楚有丨姓，晉有士丨。〔說文〕「丨，艸也」段注。○丨子，莜菜，即雞薙莖也。〔通雅・穀蔬〕○丨譌譁，皆謂變化也。〔廣雅・釋言〕「丨、譌，譁也」疏證。○丨亦譌也，方俗語有輕重耳。〔釋詁〕「丨，匕也」疏證。○丨譁華，聲義並同。〔方言三〕「丨、譁，化也」箋疏。○丨與華同。(同上)○丨、薳古通用。〔左傳隱公一一年〕「弒公於寪氏」疏證。○丨掩，古今人表作薳奄。〔左傳襄公二五年〕「楚丨掩為司馬」洪詁。○丨，字亦作薳，丨、薳一聲之轉。〔說文定聲・卷一〇〕○丨、𧶠相通。〔方言三〕「丨，化也」箋疏。○〔說文定聲・卷一〇〕丨，段借為譌。〔廣雅・釋言〕「丨，譌也」。○(同上)丨，段借為鞁。〔晉語〕「士丨」。○官本丨作為。〔漢書・五行志〕「鄭伯弒死」補注。

**薳** 丨，草。〔廣韻・紙部〕○丨，辭也。〔慧琳音義・卷九四〕○丨，語詞也。〔慧琳音義・卷八二〕○丨即蔿也。〔左傳宣公一一年〕疏證。○丨即蔿字。〔說文〕「蔿，艸也」段注。○丨與蔿同。〔左傳桓公六年〕「使丨章求成焉」洪詁。

**玼** 丨，玉色鮮。〔廣韻・紙部〕○丨，玉色鮮潔，或从白。〔集韻・紙部〕○丨，鮮盛貌。〔詩・君子偕老〕「丨兮丨兮」朱傳。

**壐** 丨，印也。〔國策・魏策二〕「而欲丞相之丨」鮑注。〔韓策二〕「其言收丨」補正。○丨者，印也。〔周書〕「湯退再拜」雜志。○周以前，丨為上下通稱。(同上)○諸侯王印黃金橐駝鈕文曰丨。〔說文〕「印，執政所持信也」義證引〔漢舊儀〕。○丨，軍符。〔國策・韓策二〕「其言收丨」鮑注。○丨節者，今之印章也。〔說文〕「壐，王者之印也」段注。○丨，本訓當曰印也，用印以泥，故从土，秦以後字从玉。〔說文定聲・卷一二〕○〔月令〕丨作疆。〔呂覽・孟冬〕「固封丨」校正。

**邐** 丨，漸迂邪也。〔說文〕「丨，行丨丨」繫傳。○〔說文定聲・卷一〇〕丨，縈紆之皃。〔說文〕「丨，行丨丨也」。○丨，丨迤。〔廣韻・紙部〕○丨迤，謂連接委曲也。〔釋丘〕「丨迤，沙丘」鄭註。○丨迤，山勢起伏相接連皃。〔慧琳音義・卷八二〕○峛崺與丨迤同。〔廣雅・釋言〕「丨丨」疏證。○丨丨，縈紆皃。〔說文〕「丨，行丨丨也」段注。

**釃** 丨，分也。〔廣韻・紙部〕○丨，濾酒也。〔說文〕「䍦，丨酒也」繫傳。○丨，下酒也，即今之漉酒。(同上)段注。○以筐盝酒曰丨。〔慧琳音義・卷六四〕○丨，漉酒具也。(同上)

**纚** 丨，韜髮也。〔集韻・蟹部〕○〔說文定聲・卷一〇〕丨，韜髮之繒帛也。〔說文〕「丨，冠織也」。○丨，韜髮者。〔廣韻・紙部〕○颯丨，長袖皃。〔慧琳音義・卷五四〕○颯丨，長紳皃。〔廣韻・紙部〕○丨，連也。〔集韻・紙部〕○丨，若織絲相連屬也。〔漢書・司馬相如傳〕「丨乎淫淫」補注。○

｜，言如織絲之相連屬。〔漢書·司馬相如傳〕「輩道｜屬」補注。○网有名｜者。〔說文〕「｜，冠織也」段注。○｜｜，有編次也。〔韓子·難言〕「洋洋｜｜然」集解。○〔說文定聲·卷一〇〕笄｜，字亦以雞斯為之。〔禮記·問喪〕「雞斯徒跣」。○｜，或作縰斯。〔集韻·蟹部〕○｜，亦作縰。〔說文〕「｜，冠織也」段注。○｜，今作縰。〔慧琳音義·卷五四〕○｜，亦作縰。〔廣韻·紙部〕○〔說文定聲·卷一〇〕｜，段借為躧。〔上林賦〕「輩道｜屬」。○(同上)｜，段借為躧。〔莊子·讓王〕「縰履杖藜而應門」。

**鞞**　｜，刀鞘也。〔詩·公劉〕「｜琫容刀」朱傳。○｜者，刀室也。〔說文定聲·卷一二〕(「琫」下)○｜，刀｜。〔廣韻·紙部〕○｜之言屏藏也，亦刀劍削之通名。〔廣雅·釋器〕「｜斬，刀削也」疏證。○牛｜縣在蜀。〔廣韻·支部〕○｜與鼙同。〔廣雅·釋樂〕「鼙鼓，鼓名」疏證。○〔說文定聲·卷一二〕｜，段借為鼙。〔藉田賦〕「鼓｜硡隱以砰磕」。○｜與⿰韋卑同。〔方言九〕「劍削自關而西謂之⿰韋卑」箋疏。

**⿰韋卑**　｜與鞞同。〔廣雅·釋器〕「室，削也」疏證。○｜，又作鞞。〔方言九〕「劍削自關而西謂之｜」疏證。

**敉**　｜，撫也，愛也，安也，亦作侎。〔廣韻·紙部〕○侎彌弭｜，並字異而義同。〔廣雅·釋詁〕「侎，安也」疏證。○〔說文定聲·卷一二〕｜，以弭為之。〔周禮·男巫〕「春招弭以除疾病」。○(同上)｜，以彌為之。〔周禮·小祝〕「彌裁兵」。

**芈**　｜，古楚姓也。〔說文〕「｜，羊鳴也」繫傳。○｜，楚姓也。〔通鑑·周紀〕「昭襄王母｜八子」音注。○｜，羊鳴。〔廣韻·紙部〕○｜，气上出也。〔說文〕「｜，羊鳴也」繫傳。○｜與牟同誼。〔說文定聲·卷一二〕○｜即古乜。〔說文〕「｜，羊鳴也」義證。○咩即｜之俗體。(同上)

**哆**　｜，張口。〔廣韻·紙部〕○｜，脣展垂開口也。〔慧琳音義·卷六〇〕○侈與｜同，侈亦離也。〔荀子·王霸〕「有侈離之德」述聞。○｜然，離散之貌。〔穀梁傳僖公四年〕「｜然外齊侯也」述聞。○｜，魯作誃。〔詩·巷伯〕「｜兮侈兮」集疏。○｜，義與⿰韋單同。〔廣雅·釋詁〕「⿰韋單，大也」疏證。○｜，誃借字。〔說文〕「誃，離別也」義證。

**姼**　｜，美也。〔廣韻·紙部〕○｜，美女。〔集韻·紙部〕○一曰南楚謂妻母曰｜。(同上)○｜與姑略同。〔說文定聲·卷一〇〕○姑｜，輕薄皃，亦作⿰女氐。〔廣韻·紙部〕

**呰**　｜，弱也。〔廣韻·齊部〕又〔集韻·齊部〕。○｜，窳也。〔廣韻·紙部〕○〔通雅·卷五〕｜窳，猶苦窳也。〔漢書〕「江南民｜窳偷生而無積聚」。○｜訾，並字異義同。〔方言一〇〕「｜、矲，短也」箋疏。○｜，實即呰之異體。〔說文定聲·卷一二〕○䊿｜呰並通。〔廣雅·釋詁〕「䊿，短也」疏證。○官本｜作呰。〔漢書·敘傳〕「閻尹之｜」補注。○〔說文定聲·卷一二〕｜，段借為疵。〔漢書·地理志〕「｜窳偷生而無積聚」。

**舓**　｜，以舌取物，亦作弛，俗作舐。〔廣韻·紙部〕○｜與舐同。〔說文〕「｜，以舌取食也」義證引〔玉篇〕。○｜，或作舐。(同上)段注。○｜，俗或作咶。(同上)義證。○｜，或作狧。(同上)段注。○〔說文定聲·卷一二〕｜，以狧為之。〔漢書·吳王濞傳〕「狧糠及米」。

**庀**　｜，具也。〔廣韻·紙部〕又〔集韻·紙部〕○｜，治也，或作比。(同上)○｜，治之具也。〔廣雅·釋詁〕「訛，具也」疏證。○｜與紕聲近義同。〔方言六〕「紕，理也」箋疏。○比通｜，｜，治也。〔莊子·徐无鬼〕「農夫無草萊之事則不比」集釋。○｜與比通。〔荀子〕「敦比其事業」雜志。○｜之字當作比。〔左傳襄公五年〕「宰｜家器為葬備」疏證。

**跬**　｜，一舉足也。〔大戴·勸學〕「不積｜步」王詁。○｜，舉一足。〔廣韻·紙部〕○｜，舉一足。〔說文〕「｜」義證引〔玉篇〕。○｜，亦跨也。〔廣雅·釋言〕「胯，奎也」疏證。○｜譽，猶云咫言，邀一時之近譽也。〔莊子·駢拇〕「而敝｜譽無用之言」集釋。○｜之言奎也，奎，兩髀之間也。〔方言一二〕「半步為｜」箋疏。○跨與胯，｜與奎，聲相近，皆中空之意也。〔廣雅·釋言〕「胯，奎也」疏證。○｜亦作蹞，又作窺。〔方言一二〕「半步為｜」箋疏。

**蹞**　半步曰｜，｜即跬字。〔通雅·算數〕○｜與跬同。〔方言一二〕「半步為跬」疏證。○｜同跬。〔說文〕「跬」義證。○｜同跬。〔說文〕作䞨，同。〔漢書·息夫躬傳〕「未有能窺左足而先應者也」補注。

**䞨**　｜，一舉足也。〔說文〕「｜，半步也」繫傳。○｜，讀若跬。〔說文定聲·卷一二〕○｜，經典多作跬。〔說文〕「｜，半步也」義證。○｜，今字作跬。(同上)段注。○｜、跬古今字。〔方言一二〕「半步為跬」箋疏。○〔說文定聲·卷一二〕｜，字亦作跬。〔小爾雅·廣度〕「跬，一舉足也」。○｜，〔荀卿子〕作蹞。〔說文〕「｜，半步也」段注。○〔說文定聲·卷一二〕｜，字亦作蹞。〔荀子·勸學〕「不積蹞步無以至千里」。○｜或借蹞字。〔說文〕「｜，半步也」義證。○｜，〔伍被傳〕作窺，同部假借。〔說文〕「｜，半步也」段注。○｜，又作頃。(同上)義證。○｜，〔祭義〕作頃，異部假借。(同上)段注。○〔說文定聲·卷一二〕｜，以頃為之。〔禮記·祭義〕「故君子頃步而弗敢忘孝也」。○｜，又借貍字。〔說文〕「｜，半步也」義證。○〔說文定聲·卷一二〕｜，段借為恑。〔莊子·駢拇〕「而敝｜譽無用之言」。

**頍**　｜，弁貌。〔詩·頍弁〕「有｜者弁」朱傳。○｜，弁皃。〔廣韻·紙部〕又〔集韻·紙部〕。○古者有冠無幘，其戴也加首有｜，所以安幘。〔詩·頍弁〕「有｜者弁」集疏。○〔說文定聲·卷一二〕｜者，所以為撦冠之用，圍于髮際，結于項中，其隅為四綴以固冠。〔儀禮·士冠禮〕「缺項」注「滕薛名蔮為｜」。○｜，舉首貌。〔詩·頍弁〕「有｜者弁」朱傳。○｜，舉頭皃。〔廣韻·紙部〕又〔說文〕「｜，舉頭」義證引〔玉篇〕。

**秕** ｜，穀不成也，或从米。〔集韻・脂部〕〇｜，穀不成者，或从米。〔集韻・旨部〕〇｜，今蘇俗評穀不充者曰癟穀，蓋即此字，字亦以粃為之。〔說文定聲・卷一二〕〇｜，穅｜。〔廣韻・旨部〕〇｜，亦紕薄之義也。〔本草・卷二五〕〇引伸之，凡敗者曰｜。〔說文〕「｜，不成粟也」段注。〇〔說文定聲・卷一二〕｜，段借為柴。〔莊子・逍遥游〕「是其塵垢｜穅」。〇〔同上〕｜，段借為咈。〔漢書〕「｜我王度」。〇｜，義亦與粃同。〔廣雅・釋詁〕「粃，不也」疏證。〇｜，或借粃字。

〔說文〕「｜，不成粟也」義證。

**粃** ｜，穀之不成者也，或作秕。〔慧琳音義・卷七八〕〇｜即不知之合聲。〔廣雅・釋詁〕「｜，不也」疏證。〇否弗倗｜不，皆一聲之轉也。〔釋詁〕「否，不也」疏證。〇〔莊子〕「塵垢｜康」，｜即柴字。〔說文〕「柴，惡米也」段注。〇舊本｜作粗。〔呂覽・辯土〕「不收其粟而收其｜」校正。

**机** ｜，似榆，可燒以糞稻田，出蜀中。〔說文〕「｜，木也」繫傳。〇｜，蓋即榿木也，今成都榿木樹，讀若豈平聲。〔說文〕「｜，｜木也」段注。〇｜榿古今字。〔同上〕〇〔說文定聲・卷一二〕｜，今成都府有榿樹，字作榿。〔說文〕「｜，｜木也」。〇｜猶俎也。〔方言五〕「俎，几也」箋疏。〇｜，案屬，所以坐安體者。〔大戴・武王踐阼〕「於｜為銘焉」王詁。〇｜隥，小坐物也。〔慧琳音義・卷一三〕〇〔春秋繁露・祭義〕「秋上｜實，｜實，黍也」｜實即簋實。〔說文〕「机，古文簋」義證。〇｜與几通。〔易・渙〕「渙奔其｜」李疏。〇〔說文定聲・卷一二〕｜，段借為几。〔左傳昭公元年〕「圍布几筵」釋文「本亦作｜」。〇〔同上〕｜，段借為几，實為几，即且。〔易〕「渙奔其｜」。〇〔同上〕｜為机之誤字。〔大戴・武王踐阼〕「｜之名曰口生㖃口戕口」。

**氿** 側出曰｜泉。〔詩・大東〕「有洌｜泉」朱傳。〇｜，水涯枯土。〔廣韻・旨部〕〇｜，水醮盡處。〔說文〕「｜，水崖枯土也」繫傳。〇｜，水涯也。〔集韻・尤部〕〇｜，又作⿰氵軌。〔說文〕「｜，水厓枯土也」段注。〇⿰氵軌即｜之異文。〔同上〕句讀。〇｜，字亦作⿰氵軌、作阮、作⿰土冗、沉。〔說文定聲・卷六〕〇｜、厬，古同聲通用。〔詩・大東〕「有洌｜泉」通釋。〇｜，今本作厬。〔說文〕「｜，爾雅曰，水醮曰｜」段注。〇側出泉之字，〔詩〕、〔爾雅〕作｜，許作厬。〔說文〕「厬，仄出泉也」段注。〇〔說文定聲・卷六〕｜，段借為厬。〔釋水〕「｜泉穴出，穴出，仄出也」。〇｜之通作厬，猶軌之通作晷。〔漢書〕「同晷」雜志。〇〔說文定聲・卷六〕｜，〔毛詩〕以鞫為之。〔廣雅・釋水〕「⿰土冗，隈也」。

**樏** ｜，山行所乘。〔集韻・旨部〕〇｜，木名，實有皮無殼。〔說文〕「樏，木實也」義證。〇｜，木實。〔同上〕義證引〔類篇〕。〇｜，一曰木實。〔集韻・旨部〕〇｜，似盤，中有隔也。〔廣韻・紙部〕〇｜，一曰盤隔，器名。〔集韻・旨部〕〇假借則扁榼謂之｜，似盤，中有隔也。〔說文〕「樏，木實也」段注。〇｜即虆，盛土之器，越山者以此懸度，又為鹿盧以轉，故亦謂之橋。〔漢書・溝洫志〕「山行則梮」補注。

**圮** ｜，毀也。〔通鑑・梁紀〕「見城闕荒｜」音注。〇｜，岸毀也，覆也。〔廣韻・旨部〕〇｜，岸毀也。〔續音義・卷九〕又〔慧琳音義・卷八二〕。〇水毀曰｜。〔說文〕「｜，毀也」義證。〇｜，摧也。〔慧琳音義・卷八二〕〇｜，覆也。〔續音義・卷九〕〇｜與⿱山庀誼同。〔說文定聲・卷五〕

**痞** ｜，病也。〔廣韻・旨部〕又〔有部〕。〇｜，病結也。〔說文〕「｜，痛也」繫傳。〇｜，腹內結病。〔同上〕義證。〇｜，腹內結痛。〔廣韻・旨部〕〇｜，腹內結滯而痛。〔說文定聲・卷五〕〇｜，字或作脴，通作否。〔廣雅・釋言〕「⿸疒專、⿸疒慮，｜也」疏證。〇｜，字亦作脴。〔說文定聲・卷五〕

**庤** ｜，具。〔詩・臣工〕「｜乃錢鎛」朱傳。〇｜，具也，亦作畤。〔廣韻・止部〕〇｜，通作峙。〔說文〕「｜，儲置屋下也」義證。〇｜，又通作跱。〔同上〕義證。〇｜與偫音義同。〔同上〕段注。〇｜，魯作峙，齊作偫。〔詩・臣工〕「｜乃錢鎛」集疏。

**儗** ｜，比也。〔大戴・公符〕「天子｜焉」王詁。〇｜，僭也。〔廣韻・止部〕〇｜｜，盛也。〔詩・甫田〕「黍稷｜｜」集疏引〔齊詩〕。〇〔說文定聲・卷五〕｜，以疑為之。〔漢書・食貨志〕「遠方之能疑者」。〇｜，通作疑。〔說文〕「｜，僭也」義證。〇｜，或作擬。〔同上〕〇｜與擬通。〔廣雅・釋詁〕「僭，擬也」疏證。〇｜，亦可通擬。〔釋名・釋喪制〕「疑縗，疑｜也」疏證。〇｜，多借擬為之。〔說文〕「｜，僭也」句讀。〇〔說文定聲・卷五〕｜，段借為擬。〔說文〕「｜，一曰相疑也」。〇〔同上〕｜，據〔詩〕則借為薿。〔漢書・食貨志〕「故｜｜而盛也」。〇假｜為黍稷薿薿。〔說文〕「｜，僭也」段注。

**坻** ｜，隴坂也。〔廣韻・紙部〕又〔集韻・紙部〕。〇｜，與沴同字。〔漢書〕「爪華蹈衰」雜志。〇｜，與渚同。〔廣雅・釋水〕「渚，至也」疏證。〇｜，讀為⿰氐攵，⿰氐攵，隱也。〔左傳昭公二九年〕「物乃｜伏」述聞。〇〔論衡・龍虛篇〕引〔左傳〕｜作低，低伏亦隱伏也。〔同上〕〇｜底並與⿰氐攵通。〔廣雅〕「⿰氐攵，隱也」、〔四子講德論〕「潛底」、〔廣成頌〕「底伏」述聞。

**坁** ｜與汦義略同。〔說文〕「汦，箸止也」段注。〇｜，〔論衡〕作低。〔左傳昭公二九年〕「物乃｜伏」洪詁。〇｜與⿰氐攵同。〔同上〕

**庋** ｜閣，藏食物，或作庪、攱。〔集韻・止部〕〇｜之言閣也。〔釋名・釋牀帳〕「几｜也」疏證。〇庪｜並與攱同。〔廣雅・釋詁〕「閣，攱也」疏證。

**蘤** ｜，花也。〔慧琳音義・卷八一〕〇｜，榮也。〔同上〕〇｜，花也，榮也。〔廣韻・紙部〕〇｜，華榮也。〔集韻・紙部〕〇｜之言芛也。〔廣雅・釋草〕「｜，華也」疏證。〇｜，古音與。〔說文〕「葩，華也」義證。〇｜之古音讀如韡。〔同上〕〇｜，古音讀如化，故花字從化聲而古作｜。〔廣雅・釋草〕「｜，華也」疏證。

**阤** ｜，落也。〔廣韻・紙部〕〇｜，落也，毀壞也。〔慧琳音義・卷二七〕〇｜，壞也。〔廣韻・紙部〕又〔集韻・紙部〕。〇｜，廢也。〔通鑑・唐紀〕「百司廨舍率已荒｜」音注。〇｜，敧傾也，後人多用陊為之，古書或用褫為之。〔說文〕「｜，小崩也」段注。〇小曰｜。〔同上〕〇｜與陀同。〔廣雅・釋邱」「陂｜，險也」疏證。○｜，又或作陀。〔說文〕「｜，小崩也」義證。○｜，字亦作陁作陀。〔說文定聲·卷一〇〕○陁與｜一字也。〔廣雅·釋詁〕「陁、｜，壞也」疏證。○｜，或作陁。〔說文〕「｜，小崩也」義證。○｜，官本作陁。〔漢書·司馬相如傳〕「登降｜靡」補注。○｜，〔史記〕、〔文選〕作陁。〔漢書·司馬相如傳〕「巖｜甗錡」補注。○｜、陁古今字。〔方言六〕「陁，壞也」箋疏。○〔說文定聲·卷一〇〕｜，叚借為陊，即墒。〔說文〕「｜，小崩也」。○（同上）｜，叚借為池。〔廣雅·釋詁二〕「陀，衺也」。

**陁** ｜，邪皃，或作陁。〔集韻·紙部〕○｜與池同。〔漢書·司馬相如傳〕「罷池陂｜」補注。

**旎** ｜，旖｜。〔廣韻·紙部〕○旖｜，旌旗从風皃。〔集韻·紙部〕○｜者，施之俗也。〔說文〕「旖，木旖施也」段注。

**阯** ｜者，城阜之基也。〔說文〕「｜，基也」段注。○｜與止音義皆同。（同上）段注。○｜者，止之絫增字。（同上）句讀。○〔說文定聲·卷五〕｜，叚借為趾，即止。〔釋木〕「劉，劉杙」注「出交｜」。○｜，通作趾。〔說文〕「｜，基也」義證。○｜，趾之叚字。〔墨子·節用中〕「南撫交｜」閒詁。○〔說文定聲·卷五〕｜，假借為沚。〔西京賦〕「黑水元｜」。

**悝** ｜，憂也。〔慧琳音義·卷八五〕又〔廣韻·止部〕。又〔集韻·止部〕。○｜，病也。〔說文〕「里，尻也」段注。○｜，通作里，又通作瘇。〔釋詁〕「瘇，病」郝疏。○｜、瘇通用，又通作慗。〔釋詁〕「｜，憂也」邵正義。○｜，通作里，俗作瘇，又通作慗。（同上）郝疏。

**娌** ｜，妯｜。〔廣韻·止部〕○｜之言麗也。〔方言一二〕「｜，耦也」箋疏。○｜麗儷離𠐨並與蠡聲近義同。〔方言三〕「蠡孳」箋疏。○｜與蠡聲近義同。〔廣雅·釋詁〕「蠡孳，孿也」疏證。

**壝** ｜，埒也。〔廣韻·旨部〕○｜，埒也。〔集韻·旨部〕○｜，土埒。〔集韻·紙部〕

**佹** ｜，戾也。〔廣韻·紙部〕○｜，重累也，一曰依也，或从支。〔集韻·紙部〕○〔通雅·卷九〕｜｜，猶㛅㛅。〔列子〕「｜｜成者，俏成也」。○〔通雅·卷三〕｜詩，蓋譎諫之意也。〔荀子〕「天下不治，請陳｜詩」。○｜與詭通。〔左傳僖公九年經〕「晉侯｜諸卒」疏證。

**匜** ｜，水器也。〔說文〕「｜，似羹魁，柄中有道，可以注水」義證引〔纂文〕。○｜、杯｜，有柄，可以注水。〔廣韻·紙部〕

**剞** ｜｜劂，曲刀。〔廣韻·紙部〕○｜與刻同。〔說文〕「｜，｜劂，曲刀也」義證引〔玉篇〕。

**踦** ｜，立倚也。〔集韻·紙部〕○｜，足也。〔說文〕「襱，絝｜」繫傳。○掎觭｜，義並相近。〔廣雅·釋詁〕「｜，蹇也」疏證。○｜之言偏倚也。〔釋詁〕「｜，方也」疏證。○旇｜皆衺貌也，旇之言偏頗也，｜之言傾敧也。〔釋詁〕「旇、｜，蹇也」疏證。

**耔** ｜，雝本也。〔詩·甫田〕「或耘或｜」朱傳。○｜，擁苗本也，亦作秄。〔廣韻·止部〕○｜，齊作芓。〔詩·甫田〕「或耘或｜」集疏。

**䩥** ｜，無跟之履，所以舞者，故凡履未著跟謂之屣履。〔說文定聲·卷五〕○｜，鞮屬。〔廣韻·紙部〕○｜字今俗作屣。〔說文〕「｜，鞮屬也」繫傳。○｜，字又作屣、縰、躧。（同上）句讀。○｜，或作屣。〔說文〕「｜，鞮屬」義證。○｜，字亦作蹝。〔說文定聲·卷五〕○（同上）｜，字亦作屣。〔呂覽·觀表〕「視舍天下若舍屣」。○（同上）｜，字亦作蹝。〔長門賦〕「蹝履起而彷徨」。○｜，又或作躧。〔說文〕「｜，鞮屬」義證。○｜與躧略同。〔說文定聲·卷五〕○｜，又或作縰。〔說文〕「｜，鞮屬」義證。○〔說文定聲·卷五〕｜，屐之誤字。〔廣雅·釋器〕「｜，屩也」。

**讄** ｜，禱也。〔廣韻·旨部〕○〔說文定聲·卷一二〕｜，今本以誄為之。〔論語〕「｜曰，禱爾於上下神祇」。○｜，經典借作誄。〔說文〕「｜，禱也」義證。○｜，字亦作讄。〔說文定聲·卷一二〕

**佌** ｜，小也。〔集韻·紙部〕○｜，小舞皃。〔廣韻·紙部〕○｜，小人貌。〔慧琳音義·卷九一〕○｜｜，小貌。〔詩·正月〕「｜｜彼有屋」朱傳。○｜，小舞皃。〔通雅·釋詁〕○｜，或作佨、褸。〔集韻·紙部〕○｜，齊、韓作佨。〔詩·正月〕「｜｜彼有屋」集疏。

**秭** ｜，二萬四千斤也。〔說文〕「｜，五稯也」繫傳。○今十億為｜。（同上）○｜，千億也。〔廣韻·旨部〕○數億至億曰｜。〔詩·豐年〕「萬億及｜」朱傳。○十垓之｜，亦曰敊。〔通雅·算數〕○｜，禾二百秉也。〔說文定聲·卷一二〕○｜與積聲相近。〔廣雅·釋詁〕「｜，積也」疏證。○〔說文定聲·卷一二〕｜，據〔水經·江水〕注，則借為姊。〔漢書〕「｜歸縣」。

**秠** ｜，一稃二米。〔詩·生民〕「恒之秬｜」集疏。又〔廣韻·旨部〕。○｜，黑黍一稃二米者也。〔詩·生民〕「恒之秬｜」朱傳。○｜，黑黍也，或从否。〔集韻·旨部〕○｜即皮。〔詩·生民〕「維秬維｜」後箋。○｜、稃，古今語之異。（同上）○萯即｜也，萯之通作｜，猶丕之通作負。〔管子〕「大萯細萯」雜志。

**倚** ｜，依｜也。〔廣韻·紙部〕○依物曰｜。〔禮記·內則〕「欠伸跛｜」集解。○｜，偏著也。〔中庸〕「中立而不｜」朱注。○｜，偪也。〔說文〕「｜，依也」義證。○｜，側也。〔通鑑·梁紀〕「｜聞重奏」音注。○｜為邪也。〔管子〕「隱行辟｜」雜志。○｜，邪行。〔國策·魏策一〕「直而不｜」鮑注。○｜，因也。〔韓子·解老〕「故曰禍兮福之所｜」集解。○｜，立也。〔楚辭·九辯〕「澹容與而獨｜兮」補注。○｜者，立也。〔荀子〕「｜而觀」雜志。○｜殺，猶言邪殺。〔墨子·備城門〕「｜殺如城報」閒詁。○｜與奇，魁與傀，俱聲近假借字，奇傀，言其事譎觚不常也。〔荀子·脩身〕「｜魁之行」集解引郝懿行。○｜魁與畸鬼同，皆疊韻字。〔方言一〕「虔儇，慧也」箋疏。○｜佯與｜陽同。〔廣雅·釋器〕「｜陽，符篖也」疏證。○｜佯亦作｜陽。〔方言五〕「符篖，自關而東周洛楚魏之間謂之｜佯」疏證。○｜廬，或即田廬。〔漢書·揚雄傳〕「結𦉼｜廬」補注。○〔通雅·卷七〕｜人

—事，即奇人奇事。〔莊子〕「南方有—人」。○—移，猶旖施也。〔說文〕「移，禾相—移也」義證。○—移，猶延施，皆相連及之意。〔釋宮〕「連謂之簃」郝疏。○—勸，今之窩玉也。〔通雅·衣服〕○—，同掎。〔書·盤庚〕「恐人—乃身」孫疏。○—與奇通。〔管子〕「正名自治之奇身名廢」雜志。○又〔史記〕「奇兩女」雜志。○奇與—古字通。〔管子〕「—邪乃恐」雜志。○—、踦，奇，古通字。〔方言二〕「—、踦，奇也」箋疏。○古字—與奇通，字或作畸。〔莊子·大宗師〕釋文「畸，其宜反，云奇異也」述聞。○—，讀為奇，奇，異也。〔穀梁傳莊公三一年〕「—諸桓也」述聞。○〔說文定聲·卷一○〕—，叚借為奇。〔荀子·儒效〕「—物怪變」。○—，當為奇。〔莊子·天下〕「南方有—人焉」集釋。○—，語詞，與猗通。〔文選·四愁詩〕「路遠莫致—逍遥」集釋。○〔說文定聲·卷一○〕—，叚借為踦。〔穀梁傳僖公三三年〕「匹馬—輪無反者」。○—字古讀與荷相近，故字亦相通。〔漢書〕「荷鍤」雜志。○—字古讀阿上聲。〔同上〕○〔字詁〕古無椅字，故書為—。陸龜蒙詩「竹牀蒲—但高僧」。○—，〔淮南·齊俗訓〕作踦。〔呂覽·先識〕「男女切—」校正。○—移，讀若阿那。〔說文〕「移，禾相—移也」段注。

被

—，寢衣也。〔廣韻·紙部〕○—，寢衣也，喻其亘延。〔國策·楚策一〕「—山帶河」鮑注。○—，首飾也，編髮為之。〔詩·采蘩〕「—之僮僮」朱傳。○—者，取布之樂器以發其音之義。〔周禮·大司樂〕「以五聲播之以八音」孫正義。○—練，以練為甲裏，卑者所服。〔左傳襄公三年〕「—練三千」洪詁。○以帛綴甲，即—練是也。〔同上〕○〔通雅·卷四○〕—，通作披，猶言副也。〔絳侯世家〕「甲楯五百—」。

底

—，止也，下也。〔說文〕「—，山尻也」段注。○—，至也。〔詩·小旻〕「伊于胡—」朱傳。○—訓止，與厎訓柔石引伸之訓致也、至也迥別，俗書多亂之。〔說文〕「—，山尻也」段注。○—、砥同，礪也。〔國策·齊策五〕「被甲—劍」鮑注。○—與砥同，礪石也。〔孟子·萬章下〕「詩云，周道如—」朱注。○—厲即砥礪。〔通雅·釋詁〕○無—，猶無邊也，無限也。〔慧琳音義·卷九〕○〔通雅·卷二七〕—剭，即屋誅也。〔哀叙傳〕「—剭鼎臣」。○—，即高低之低之正字。〔說文〕「—，一曰下也」句讀。○〔說文定聲·卷一二〕—，以者為之。〔晉語〕「者其股肱」。○—，當作厎。〔漢書·地理志〕「覃懷—績」補注。

厎

—，止也。〔左傳襄公二九年〕「處而不—」洪詁引〔廣韻〕。又〔昭公元年〕「勿使有所雍閉湫—」洪詁引服虔。○—，下也。〔左傳襄公二九年〕「處而不—」洪詁引〔廣韻〕。○—，至也。〔詩·祈父〕「靡所—止」朱傳。又〔集韻·齊部〕。○—，平也，致也。〔廣韻·旨部〕○—之引伸之義為致也，至也，平也。〔說文〕「—，柔石也」段注。○—，致也。〔左傳桓公一七年〕「日官居卿以—日」疏證。又〔孟子·離婁上〕「舜盡事親之道而瞽瞍—豫」朱注。又〔通鑑·漢紀〕「孰不感動奮發以—邪臣之罰」音注。○祇—致三字以音相近為義也。〔釋言〕「—，致也」邵正義。○致同緻，名曰—者，加細致也。〔書·顧命〕「敷重—席」孫疏。○—，定也。〔廣韻·止部〕○—，可以為礪。〔說文〕「—，柔石也」繫傳。○〔說文定聲·卷一二〕—，礪石之精者。〔說文〕「—，柔石也」。○—實砥之本字。〔孟子·萬章下〕「周道如—」焦正義。○—者，砥之正字，後人乃謂砥為正字，—與砥異用。〔說文〕「—，柔石也」段注。○—與砥同。〔廣雅·釋詁〕「砥，磨也」疏證。○〔夏紀〕—作砥。〔漢書·地理志〕「—柱，析城，至于王屋」補注。○—、底並從氏聲，義異而音則通。〔孟子·萬章下〕「周道如—」焦正義。○五經無—字，皆是底字。〔左傳桓公一七年〕「日官居卿以—日」疏證。○〔說文定聲·卷一二〕—，叚借為底。〔爾雅·釋言〕「—，致也」。○—，有假借者字為之者。〔說文〕「—，柔石也」段注。○—，—柱也。〔廣韻·止部〕

痏

毆傷曰—。〔說文〕「疻，毆傷也」義證引〔急就篇〕顏注。○—，謂瘡瘢之也。〔太素·五藏脈診〕「疾按其—」楊注。○一曰—，瘢也。〔說文〕「—，疻—也」段注據〔文選〕嵇康詩注補。○凡毆傷皮膚青黑有創瘢曰—。〔說文定聲·卷五〕○凡毆傷皮膚起青黑有瘡瘢者曰—。〔說文定聲·卷一一〕（「疻」下）○蒴、鮪、—，義相近。〔廣雅·釋器〕疏證。○〔說文定聲·卷五〕—，字變作哊。〔搜神記〕「聞呻吟之聲哊哊」。○—，本作疻。〔漢書·薛宣傳〕「與—人之罪鈞」補注。○—，〔論衡·道虛篇〕作痏，李善注〔文選·七命〕作瘠。〔呂覽·至忠〕「齊王疾—」校正。

巋

—，山孤正也。〔慧琳音義·卷七七〕○—，小山而衆。〔廣韻·脂部〕○—然，高峻皃。〔廣韻·旨部〕○〔通雅·卷八〕—然、魏然，即巍然。〔天下篇〕「—然而有餘」。

繠

—，垂也。〔廣韻·旨部〕○〔說文定聲·卷一二〕—，惢也，花惢垂下皃。〔說文〕「—，垂也」。○—，垂皃。〔集韻·支部〕○—，字亦作蘂。〔說文定聲·卷一二〕○〔同上〕—，叚借為惢。〔離騷〕「貫薜荔之落蘂」。○〔同上〕—，叚借為橤。〔廣雅·釋詁一〕「—，及也」。○—，字亦作橤。〔說文定聲·卷一二〕○官本注，—作橤。〔漢書·婁敬傳〕「杖馬箠去居岐」補注。○—，〔詩〕借橤字。〔說文〕「—，惢也」義證。○—，茸也，垂也，又佩垂皃。〔廣韻·紙部〕

積

—，多小意而止也。〔集韻·紙部〕○—，曲枝果也。〔說文〕「—，多小意而止也」繫傳。又〔廣韻·紙部〕。○—，今亦作枝枸，又謂白石，又謂厲漢脚指。〔說文〕「—，多小意而止也」義證引〔六書故〕。○凡有所礙閡支拘屈曲曰—稶。〔說文定聲·卷一二〕○—稶，止酒之程也。〔通雅·飲食〕○—稶，字或作枳椇，或作枳枸，或作枳句，或作枝拘，皆詰詘不得伸之意。〔說文〕「—，—稶，多小意而止也」段注。○〔說文定聲·卷一二〕—，叚借為枳。〔說文〕「—，一曰木也」。

媞

—，江淮呼母也。〔廣韻·紙部〕○〔說文定聲·卷一二〕—，叚借為題。〔說文〕「—，諦也」。

跐｜，蹋也。〔集韻·佳部〕○〔說文定聲·卷一一〕｜，峙立之意。〔說文〕「｜，尌也」。○｜與峙、偫雙聲，義略同。〔說文〕「｜，尌也」段注。○｜尌，謂立也，積聚也。〔廣韻·紙部〕

⿸麻革｜，乘輿金耳。〔廣韻·紙部〕又〔支部〕。○｜，金飾馬耳。〔廣韻·脂部〕○｜，金飾馬耳，或作⿸麻耳。〔集韻·脂部〕○金飾馬耳謂之｜。〔集韻·支部〕○〔說文定聲·卷一〇〕｜，以彌為之，彌、麻雙聲。〔史記·禮書〕「彌龍」。

恀｜，恃也。〔廣韻·紙部〕○｜即恃也。〔釋言〕「｜，恃也」鄭註。○恃事曰｜，或从氏。〔集韻·紙部〕○｜，怙也。〔廣韻·紙部〕○｜之為言侈也。〔釋言〕「｜，恃也」郝疏。○｜即姼之段字。〔荀子·非十二子〕「｜然」平議。

徥｜，行也。〔集韻·紙部〕○｜，行皃。〔廣韻·紙部〕○行衙衙謂之｜。〔集韻·紙部〕○｜，行事則可為法則也。〔說文〕「｜，｜｜，行皃也」繫傳。○〔說文定聲·卷一一〕｜，段借為是。〔說文〕引〔爾雅·釋言〕「｜，則也」。

⿱宀⿰爿靡｜，熟寐也。〔廣韻·紙部〕又〔集韻·紙部〕。又〔旨部〕。○寐不覺曰｜。〔說文〕「寐，寐而未厭」義證引〔玉篇〕。○｜，古多段借眯為之。〔說文〕「｜，寐而厭也」段注。

⿰歹卑｜，相分解也。〔廣韻·紙部〕

柀｜，木名。〔廣韻·紙部〕○｜，杉木也。〔釋木〕「｜，煔」鄭註。○｜即杉木之肌理細膩者，古謂之文木，有實，可食，〔本草〕曰彼子。〔說文定聲·卷一〇〕○｜，一曰折也。〔集韻·紙部〕○｜靡，分散下垂之皃。〔左傳〕〔說文〕「靡，｜靡也」段注。○〔說文定聲·卷一〇〕｜，以披為之。〔左傳〕「披其地以塞夷庚」。○｜，字亦作皴。〔說文定聲·卷一〇〕○｜析字見經傳極多，而版本皆譌為手旁之披，披行而｜廢矣。〔說文〕「｜，一曰披也」段注。

佊｜，邪也。〔集韻·紙部〕引〔埤蒼〕。○｜彼陂詖，並字異而義同。〔廣雅·釋詁〕「｜，衺也」疏證。○彼與｜，古通用。〔釋言〕「彼，俾也」疏證。

檓｜，秦椒也。〔釋木〕「｜，大椒」鄭註。○椒之大實者名｜。〔說文〕「茮，茮莍」義證。○｜藙榝欓，皆椒也。〔通雅·木〕

毇稻米曰｜，禾黍米曰粺。〔說文定聲·卷一二〕

⿺九咼｜，鳥食吐毛如丸。〔集韻·紙部〕

⿱毀手｜，手｜傷也。〔廣韻·紙部〕



⿱毀言毀物為毀，謗人為｜。〔說文〕「｜，惡也」段注。○｜，省為毀。〔同上〕句讀。○｜，凡毀謗字，經傳皆以毀為之。〔說文定聲·卷一二〕○〔同上〕｜，別義謂皃醜惡。〔說文〕「｜，一曰人皃也」。

⿰金危｜，戾鋸齒也。〔廣韻·紙部〕○〔說文定聲·卷一一〕｜，別義謂明瑩之鐵。〔說文〕「｜，一曰鎣鐵也」。○〔同上〕｜，字亦作⿰臿攴。〔廣雅·釋器〕「⿰臿攴，臿也」。○｜，鍦，字並與⿰臿攴同。〔廣雅·釋器〕「⿰臿攴，臿也」疏證。○〔說文定聲·卷一二〕｜，字又作鍦，為、危雙聲。〔淮南·精神訓〕注「臿，三輔謂之鍦」。○｜，字或作鍏。〔說文〕「｜，臿金也」句讀。

⿰立支｜，枕也。〔廣韻·紙部〕○庋庪並與｜同。〔廣雅·釋詁〕「閣，｜也」疏證。○支與｜亦聲近義同。〔同上〕○｜或作庋。〔廣雅·釋詁〕「閣，止也」疏證。

觤｜，羊角不齊。〔廣韻·紙部〕○｜，一角長一角短也。〔說文〕「｜，羊角不齊也」繫傳。

恑｜，變也，悔也。〔廣韻·紙部〕○｜，異也。〔說文〕「｜，變也」義證引〔玉篇〕。○｜與詭同。〔莊子·齊物論〕「恢｜憰怪」集釋。○〔說文定聲·卷一一〕｜，譎詐怪異之意。〔說文〕「｜，變也」。○〔同上〕｜，以詭為之。〔幽通賦〕「變化而相詭兮」。○｜與詭通。〔廣雅·釋言〕「譎，｜也」疏證。○詭危並與｜通。〔釋言〕「｜，反也」疏證。○｜，經典借詭字。〔說文〕「｜，變詐也」句讀。○｜，或通作詭。〔說文〕「｜，變也」義證。○｜，今此義多用詭，非也，詭訓責。〔說文〕「｜，變也」段注。○〔說文定聲·卷一一〕｜，字亦作佹。〔鄭固碑〕「造膝佹辭」。○〔同上〕｜，段借為乖。〔廣雅·釋言〕「｜，反也」。○〔同上〕｜，段借為姽。〔廣雅·釋言〕「｜，美也」。

蛫｜，蟹也。〔廣韻·紙部〕○｜，蟹屬。〔集韻·紙部〕○｜，亦曰輔，其雄曰蜋螘，其雌曰博帶。〔說文定聲·卷一一〕○｜即山獸，狀如龜，白身赤首。〔文選·上林賦〕「獑胡縠｜」集釋。

祪｜，毀廟之祖。〔廣韻·紙部〕○｜，遷廟也，通作毀。〔集韻·紙部〕○將毀而祭曰｜。〔說文定聲·卷一二〕

蟡｜，涸水精，一身兩頭，似蛇，以名呼之，可取魚鼈。〔廣韻·支部〕○｜，長八尺，一首二身，似蛇，以名呼之，可取魚鼈。〔廣韻·紙部〕○涸水之精曰｜。〔集韻·紙部〕

姽｜，好皃。〔廣韻·紙部〕

桅｜，今之栀子樹，實可染黃，相如賦謂之鮮支，〔史記〕假巵為之。〔說文〕「栀，黃木」段注。○｜，短矛，或作⿰矛危。〔廣韻·紙部〕○｜與栀同，字一作巵。〔廣雅・釋木〕「梔子，楢桃也」疏證。○丨，或通作巵。〔説文〕「丨，黄木，可染者」義證。○丨，通作支。（同上）○〔説文定聲・卷一一〕丨，當依〔韻會〕从巵聲。〔説文〕「丨，黄木，可染者，从木，危聲」。

**餚** 丨，豆屑雜糖也。〔説文〕「䜴，豆飴也」義證。○丨，豆屑和飴也。〔集韻・紙部〕○丨，或作𩞀、𪌭。（同上）○丨謂之皖。〔集韻・迄部〕○丨，餹餅。〔廣韻・紙部〕

**𩞀** 丨，餮也。〔慧琳音義・卷五八〕

**垒** 積墼為牆曰丨。〔説文〕「丨，絫墼也」段注。○絫、丨皆厽之分別也。（同上）句讀。○丨，今但作壘。（同上）繫傳。

**厽** 丨，累墼為牆壁也。〔説文〕「丨，絫坺土為牆壁」義證引〔玉篇〕。○積坺土為牆曰丨。〔説文〕「垒，絫墼也」段注。○俗字丨、畾不分。（同上）

**伎** 丨，侶也。〔廣韻・紙部〕○丨，蓺也。〔大戴・虞戴德〕「時以敎丨」王詁。○丨同及，漢韓勑碑「旁丨皇代」，即旁及。〔説文〕「丨，與也」義證引趙宧光。○丨，俗用為技巧之技。〔説文〕「丨，與也」段注。○丨，讀曰技。〔大戴・勸學〕「鼫鼠五丨而窮」王詁。○〔説文定聲・卷一一〕丨，段借為技。〔書・秦誓〕「無他丨」。○丨與技通。〔文選・薦禰衡表〕集釋。○今〔詩〕丨作忮。〔説文〕「丨，詩曰籥人丨忒」段注。○〔説文定聲・卷一一〕丨，段借為忮。〔説文〕引〔詩・瞻卬〕「籥人丨忒」。○丨，徥之通借。〔釋訓〕「祁祁，徐也」郝疏。

**猗** 丨，偏丨不正也。〔詩・車攻〕「兩驂不丨」朱傳。○丨，加也。〔詩・巷伯〕「丨于畝丘」朱傳。○丨，舉脛渡也。〔集韻・紙部〕○丨，犗犬。（同上）○丨，丨犯，弱皃。（同上）○丨，丨犯，猶窈窕也。〔廣韻・紙部〕○丨犯，〔史記〕作旖旎。〔漢書・司馬相如傳〕「又丨犯旨招搖」補注。○丨、依通假字。〔漢書・孔光傳〕「丨違者連歲」補注。○丨與陭通。〔廣雅・釋言〕「陭，陭也」疏證。○丨、掎古通用。〔釋言〕「掎，掎也」疏證。○丨，三家作倚。〔詩・淇奥〕「丨重較兮」集疏。

**椅** 丨，梓實桐皮。〔詩・定之方中〕「丨桐梓漆」朱傳。○丨，木名，或从旖。〔集韻・紙部〕○丨桐、榮桐、白桐，即泡桐也。〔通雅・木〕○丨，丨柅。〔廣韻・紙部〕○丨柅，木弱皃。〔集韻・紙部〕

**𧋍** 丨，長脚鼅鼄。〔廣韻・支部〕○丨，蜘蛛長足者，通作踦。〔集韻・支部〕○丨，蟬也。〔廣韻・紙部〕○丨、蛣，聲之轉也。〔廣雅・釋蟲〕「丨、蛣，蟬也」疏證。

**輢** 丨，車輢。〔廣韻・紙部〕○凡車兩旁最下者為丨。〔周禮・考工記〕「以其隧之半為之較崇」孫正義。○輿之在前者曰軾，在旁者曰丨。〔説文〕「軾，車旁也」段注。○輿曰圍，旁謂之丨。（同上）○丨者，言人所倚也，旁者倚之，故曰丨。〔説文〕「丨，車旁也」段注。○〔説文定聲・卷一〇〕丨，車之兩傍人可倚之處也。〔説文〕「丨，車旁也」。○丨，義與踦同。〔廣雅・釋詁〕「踦，方也」疏證。○丨，通作輢。〔説文〕「丨，車旁也」義證。○丨，元作椅。〔國策・趙策三〕「臣恐秦折王之丨也」鮑注。

**婍** 丨，皃好。〔廣韻・紙部〕○丨之言綺麗也。〔廣雅・釋詁〕「丨，好也」疏證。

**𤶂** 丨，身急弱病。〔集韻・支部〕○丨，身急，又弱也。〔廣韻・支部〕○丨，痤也，喪也。〔廣韻・紙部〕○丨，痤也。〔集韻・支部〕○丨，病疽。〔集韻・紙部〕○丨，短也。〔慧琳音義・卷五一〕○古以丨為矮。〔通雅・諺原〕

**齮** 丨，齧也。〔廣韻・紙部〕又〔集韻・紙部〕。○〔説文定聲・卷一〇〕丨，字亦作齣、作齸，奇、其雙聲。〔廣雅・釋詁〕「齣、齸，齧也」。

**敧** 丨，三足鍑，或从金。〔集韻・紙部〕○〔説文定聲・卷一一〕丨，如釜，大口。〔廣雅・釋器〕「丨，釜也」。○丨，釜也，亦作鈘。〔廣韻・紙部〕

**僞** 丨，動搖也。〔集韻・紙部〕○丨，不安也。〔廣韻・紙部〕○丨，仡仡不安也。〔説文〕「㼽，船行不安也」義證。

**𤺄** 丨，口咼。〔廣韻・紙部〕○〔説文定聲・卷一〇〕丨，病中風。〔説文〕「丨，口咼也」。○丨，口咼也者，後人亂之，當為瘑也。〔説文〕「丨，口咼也」義證。

**闖** 丨，闢也。〔廣韻・紙部〕○丨之言撝也。〔廣雅・釋詁〕「丨，開也」疏證。

**蔿** 〔史記・魯世家〕丨作蒍。〔左傳・隱公二年〕「館於丨氏」疏證。

**柴** 丨，鳥喙也。〔慧琳音義・卷一二〕○丨，或作哫、作觜、作嘴，鳥口也。〔卷三四〕○〔説文定聲・卷一一〕丨謂襞積。〔廣雅・釋詁四〕「丨，韏也」。○（同上）丨，識詞也，經傳皆以此為之。〔説文〕「丨，識也」。○丨，經傳又以斯以是為之。〔説文定聲・卷一一〕○（同上）丨，段借為觜。〔廣雅・釋親〕「丨，口也」。○（同上）丨，段借為束，為茦。〔廣雅・釋器〕「石鍼謂之丨」。○（同上）丨，段借為積。〔説文〕「丨，一曰藏也」。

**嗎** 丨，馬名。〔廣韻・紙部〕

**佌** 丨，小兒。〔廣韻・紙部〕○丨，或作仳。〔説文〕「丨，小兒」義證。○〔説文定聲・卷一六〕丨，字亦作仳。〔説文〕「丨，小兒，詩曰，丨丨彼有屋」。○丨，字亦作㜇。〔説文定聲・卷一六〕○丨，或作㜇。〔説文〕「丨，小兒」段注。○丨，通作呰。（同上）義證。○丨，又通作𦋹。（同上）

**𧻸** 丨，淺渡也。〔廣韻・紙部〕○〔説文定聲・卷一二〕丨，字亦作跐。〔莊子・秋水〕「彼方跐黄泉而登大皇」。

**杝** 丨，木名。〔廣韻・支部〕○丨，落也。〔集韻・支部〕○丨，謂觀其理，不欲妄挫之也。〔説文〕「丨，落也」繫傳。○丨，析薪。〔廣韻・紙部〕○丨，隨其理也。〔詩·小弁〕「析薪丨矣」朱傳。○斜砍謂之丨。〔同上〕通釋。○丨謂之箄，亦謂之羅落，義並相近也。〔廣雅·釋宮〕「欐落，丨也」疏證。○丨與篱同。〔廣雅·釋器〕「篱謂之枷」疏證。○〔説文定聲·卷一〇〕丨，字亦作椸，作篱。〔蒼頡篇〕「椸，格也」。○〔同上〕丨，字亦作欐。〔廣雅·釋宮〕「欐，柂也」。○欐、落、丨一聲之轉。〔廣雅·釋宮〕「欐、落，丨也」疏證。○丨，字亦作籬。〔説文定聲·卷一〇〕○丨，今籬字也。〔廣雅·釋宮〕「據，丨也」疏證。○〔説文定聲·卷一〇〕丨，〔五音韻譜〕引〔説文〕，讀若阤，按當从它聲。〔説文〕「丨，落也，从木，也聲，讀若他」。○〔同上〕丨，段借為迆。〔詩·小弁〕「析薪丨矣」。○〔小雅〕「析薪丨矣」假丨為迆也。〔説文〕「丨，落也」段注。○〔説文定聲·卷一〇〕丨，段借為攱。〔太玄〕「地丨其緒」。

**䚦** 丨，角端不正。〔廣韻·紙部〕○丨，角不端，或从豸。〔集韻·紙部〕○丨，角傾也。〔同上〕

**袘** 丨，衣緣也。〔集韻·紙部〕○丨，衣中袖也。〔廣韻·紙部〕

**肔** 丨，引腸，又裂也。〔廣韻·紙部〕

**胣** 丨，磔裂也，一云刳腸曰丨。〔韓子·難言〕「萇宏分丨」集解。○丨，刳腸也，或作肔。〔集韻·紙部〕

**扡** 丨，加也，離也，或作拸。〔廣韻·紙部〕○丨與柂同，不直也。〔墨子·經説下〕「丨，或害之也」閒詁。○丨為杝之假借，謂隨其理也。〔詩·小弁〕「析薪丨矣」後箋。

**𢡃** 不憂其事曰丨。〔集韻·支部〕○丨，不憂事也。〔廣韻·紙部〕又〔集韻·紙部〕。○恀丨，不憂事。〔廣韻·支部〕

**峛** 丨，丨施。〔廣韻·紙部〕○丨施，山卑長也。〔説文〕「隋，山之隋隋者」義證引〔玉篇〕。○丨施，卑而長也。〔慧琳音義·卷九九〕○丨施，卑且長也，委曲相接也。〔卷七八〕○丨施者，即〔爾雅〕所説山脊也。〔詩·卷耳〕「陟彼高岡」集疏引韓説。○丨施，山脊相連也。〔慧琳音義·卷七八〕○丨施，或作邐迤，沙丘皃也。〔同上〕○丨施，即邐迆之異文。〔釋丘〕「邐迆，沙丘」郝疏。○丨施與邐迤同。〔廣雅·釋言〕「邐」疏證。

**㸚** 丨，希明皃。〔集韻·紙部〕○丨，若綱交綴也。〔説文〕「丨，二爻也」繫傳。○丨，丨尔布明白象形也。〔廣韻·紙部〕○丨，即古文爾字。〔説文定聲·卷一二〕

**躧** 丨，革履也。〔國策·燕策一〕「猶釋敝丨」鮑注。○丨，舞履也。〔集韻·支部〕○丨，一曰步也，或作韊。〔同上〕○丨，丨步也，又作蹝。〔廣韻·紙部〕○丨，履屬也。〔慧琳音義·卷八〇〕○丨，或作屣，履屬不攝跟者也。〔慧琳音義·卷九二〕○凡舞不納履，故不著跟曳履而行曰丨。〔説文定聲·卷一〇〕○凡不著跟曳之而行曰丨履。〔説文〕「丨，舞履也」段注。○丨履，謂足根不正納履也。〔同上〕繫傳。○丨蹻，長蹻伎也。〔通雅·戲具〕○丨，字亦作跿、作蹝、作屣，與鞮略同。〔説文定聲·卷一〇〕○蹝丨屣，並字異而義同。〔廣雅·釋器〕「屣，履也」疏證。○丨、屣古今字。〔説文〕「夂，象人兩脛有所丨也」段注。○丨，或作韊。〔廣雅·釋器〕「屣，履也」疏證。○丨字與蹝、屣通。〔國策·燕策一〕「猶釋敝丨」補正。○丨，當作蹝。〔同上〕鮑注。○丨，或借屣字。〔説文〕「丨，舞履也」義證。

**簁** 丨，羅也。〔慧琳音義·卷一九〕○丨，籮也。〔廣韻·紙部〕○丨，下物竹器。〔廣韻·支部〕○丨，今謂之篩，大者曰丨，小者曰箄。〔説文〕「丨，丨箄，竹器也」義證。○丨，即今世俗之篩字，又作籭簛。〔通雅·諺原〕○丨，竹器，所以治粒物，別粗細。〔同上〕○丨，所以籭，去粗取細者也。〔同上〕○丨，今俗謂之篩，可以取粗去細。〔説文定聲·卷五〕○丨，或作篩。〔説文〕「丨，丨箄，竹器也」義證。○篩、丨，上俗下正。〔同上〕義證引〔字書〕。○丨箄，下物竹器，丨，籭也。〔同上〕義證引〔增韻〕。○丨與籭略同。〔説文定聲·卷五〕○丨，古或借以紀數，如捌玖之比，字又誤作蓰，〔史記〕以灑為之。〔説文定聲·卷五〕

**矖** 丨，視也。〔廣韻·紙部〕又〔集韻·紙部〕。○丨，或作覼、𥉌。〔同上〕

**箄** 丨，竹器。〔廣韻·紙部〕○丨與捭，聲近義同。〔廣雅·釋詁〕「捭，開也」疏證。

**䵐** 丨，黍屬。〔廣韻·紙部〕○黍別曰丨。〔説文〕「丨，黍屬」義證。○丨，或曰與稗略同，禾黍米曰丨，稻米曰粺。〔説文定聲·卷一二〕○丨，農人謂之野稗，亦曰水稗。〔説文〕「丨，黍屬也」段注。

**尔** 丨，謂言相然也。〔慧琳音義·卷二二〕○丨，語詞也，借為稱人之謂，古或借爾，或借汝，或借乃，或借若，或借而，方土不同，各取其聲之相近者耳。〔字詁〕○丨，詞之畢也。〔説文〕「丨，詞之必然也」義證引〔玉篇〕。○丨之言如此也，後世多以爾字為之。〔同上〕段注。○〔説文定聲·卷一二〕丨，猶言如此也，經傳皆以爾為之。〔説文〕「丨，詞之必然也」。○丨即爾之異文，稱人曰丨，猶古稱曰爾也，或加人作你。〔漢書·司馬相如傳〕「磐石裖崖」補注。○丨，義與爾同。〔廣韻·紙部〕○丨，通作爾。〔釋詞·卷七〕又〔説文〕「丨，詞之必然也」義證。○丨，或借耳字。〔同上〕○〔説文定聲·卷一二〕丨，段借為邇。〔荀子·禮論〕「丨則翫」。

**𠫸** 丨，客。〔廣韻·紙部〕

**渳** 丨，水皃。〔廣韻·紙部〕○丨，浴尸也。〔集韻·獮部〕

瀰　丨，水流皃。〔廣韻・紙部〕〇丨，深也，盛也。〔詩・新臺〕「河水丨丨」後箋。〇〔說文定聲・卷一二〕丨，謂沵水深滿也。〔詩・匏有苦葉〕「有丨濟盈」。〇（同上）丨迆，猶迤靡也。〔蕪城賦〕「丨迆平原」。〇丨丨，水盛皃。〔說文〕「洋，水出齊臨朐高山」義證引〔類篇〕。〇丨，轉注為凡盈益之誼，經傳皆以彌為之。〔說文定聲・卷一二〕〇丨，或作洋。〔說文〕「洋，水出齊臨朐高山」義證。

萁　丨，白薇也。〔本草・卷一七〕〇微、丨音相近，則白微又丨音之轉也。〔卷一三〕

蝆　丨與髦聲相轉。〔釋蟲〕「莫貈，螳蜋，蝆」郝疏。

鉹　丨，甑也，亦作㢋。〔廣韻・紙部〕〇丨，亦作鈘。〔說文定聲・卷四〕引〔聲類〕。

誃　丨，別也。〔國策・秦策五〕「出丨門也」鮑注。〇侈、丨、哆同。〔荀子〕「侈離」雜志。〇侈與丨同。〔釋言〕「丨，離也」述聞。〇丨、哆音義同。（同上）邵正義。〇丨，疑當為哆之或體。〔說文定聲・卷一〇〕〇（同上）丨，字亦作簃。〔爾雅・釋宮〕「連謂之簃」。〇〔爾雅〕之簃，蓋亦丨之異體。〔說文〕「丨，周景王作洛陽丨臺」段注。〇〔說文定聲・卷一〇〕丨，以移為之。〔周書・作雒〕「設移」。〇（同上）丨臺，借為池字、㢋字耳。〔說文〕「丨，離別也，周景王作洛陽丨臺」。〇（同上）丨，借為咼字。〔爾雅・釋言〕「丨，離也」。〇丨，俗作謻。〔說文〕「丨，離別也」義證。〇丨，元作訮。〔國策・秦策五〕「出丨門」鮑注。〇丨臺，猶離宮別館。〔釋言〕「丨，離也」郝疏。

㢋　丨，廣也。〔廣韻・紙部〕〇丨，其義則掩脅也。〔說文〕「侈，掩脅也」段注。〇凡丨廉字，經傳皆以侈斂為之。〔說文定聲・卷一〇〕〇（同上）丨，段借為侈。〔說文〕引〔吳語〕「俠溝而丨我」。〇丨，通作侈。〔廣雅・釋詁〕「丨，大也」疏證。

垑　丨，恃土地也。〔廣韻・紙部〕〇〔說文定聲・卷一〇〕丨，本訓當从〔玉篇〕。〔玉篇〕「治土地名」。〇（同上）丨，字从心，發聲之詞。〔荀子・非十二子〕「恀然」。

烗　丨，盛也。〔廣韻・紙部〕〇〔說文定聲・卷一〇〕丨，多亦聲。〔說文〕「丨，盛火也，从火从多，會意」。

袳　丨，衣長，亦作袲。〔廣韻・紙部〕〇丨袂，謂其袂張。〔說文〕「丨，衣裾」繫傳。〇丨之言侈也。〔說文〕「丨，衣張也」段注。〇丨，地名。〔說文〕「丨，衣裾」繫傳。〇〔說文定聲・卷一〇〕丨，以侈為之。〔儀禮〕「侈袂」。〇丨，經典借移字。〔說文〕「丨，衣張也」義證。〇丨，經典借移為之。（同上）句讀。〇經典罕用丨字者，多作移，作侈。（同上）段注。

訿　丨，丨毀，亦作訾。〔廣韻・紙部〕〇丨丨，相詆也。〔詩・小旻〕「潝潝丨丨」朱傳。〇丨丨，務為謗毀也。〔詩・召旻〕「臯臯丨丨」朱傳。〇丨丨者，惰窳之態。〔釋訓〕「丨丨，莫供職也」郝疏。〇丨丨，有病弱之義。〔詩・小旻〕「潝潝丨丨」陳疏。〇丨丨者，呰窳病弱，隨人晝諾，不以職事為意也。（同上）集疏。〇讀丨如窳呰之呰。（同上）通釋。〇丨，或作訾。（同上）通釋。〇丨，魯作呰。（同上）集疏。〇丨與訾通，毀訾賢者。〔詩・召旻〕「臯臯丨丨」通釋。

袲　丨與袳同。〔說文〕「袳，衣張也」段注。〇丨、袳本一字。〔左傳桓公一五年經〕「公會宋公衛侯陳侯于丨」洪詁。〇〔公羊〕丨作侈。（同上）

跐　丨，蹈也。〔廣韻・紙部〕又〔集韻・紙部〕。〇丨，履也，或書作𧿶。（同上）〇丨，行皃。〔廣韻・紙部〕〇丨，蹋也。〔廣雅・釋詁〕「丨，履也」疏證。

茈　〔說文定聲・卷一二〕丨，今蘇俗謂之紫草子。〔說文〕「丨，丨艸也」。〇丨，丨薑，又丨草也。〔廣韻・紙部〕〇生薑謂之丨薑。〔說文〕「薑，禦溼之菜也」義證。〇丨虒，不齊也，通作傂。〔集韻・紙部〕〇丨與紫同。〔廣雅・釋草〕「丨綦，蕨也」疏證。又〔釋草〕「丨莀，丨草也」疏證。〇〔說文定聲・卷一二〕丨，即紫字，凡泛稱顏色，古用丨，稱繒帛乃用紫。〔上林賦〕「丨薑蘘荷」。

呰　丨，毀也，或作訾。〔慧琳音義・卷一三〕〇口毀曰丨。〔慧琳音義・卷四七〕〇丨，口毀。〔廣韻・紙部〕〇丨，謂詆毀也。〔說文〕「丨，苛也」義證。〇凡言丨毀當用丨。（同上）段注。〇丨，苛也。〔集韻・支部〕〇丨，瑕也，或从口。（同上）〇丨丨訿訿，則詆毀也。〔通雅・釋詁〕〇丨，此也。〔集韻・昔部〕〇丨與此音相近。〔釋詁〕「丨，此也」鄭註。〇〔說文定聲・卷一二〕丨，字亦作吡。〔莊子・列禦寇〕「吡其所不為者也」。〇丨與詆略同。〔說文定聲・卷一二〕〇丨，經典多作訾。〔說文〕「丨，苛也」句讀。〇丨，經典或借訾字。（同上）義證。〇紫呰丨並通。〔廣雅・釋詁〕「紫，短也」疏證。〇丨，舊典或借疵字。〔說文〕「丨，苛也」義證。〇〔說文定聲・卷一二〕丨，段借為疵。〔史記・貨殖傳〕「以故丨窳」。〇（同上）丨，段借為助語之詞，字亦作些。〔爾雅・釋詁〕「丨，此也」。

批　丨，捽也。〔廣韻・紙部〕又〔集韻・支部〕。〇丨，謂取著也。〔慧琳音義・卷九〕〇摯挽曰丨。（同上）〇丨，戟撮也。〔集韻・止部〕〇丨，拳加人也。〔廣韻・紙部〕

䮔　丨，馬小皃。〔廣韻・紙部〕〇丨，馬小皃，或作騂。〔集韻・支部〕〇馬駒謂之丨。〔集韻・脂部〕〇丨，字亦作𩧐。〔說文定聲・卷一〇〕

沝　丨，二水。〔廣韻・紙部〕〇閩人謂水曰丨。〔集韻・旨部〕〇瀨磧相湊曰丨，丨音子。〔通雅・地輿〕〇丨即水之異文。〔說文〕「丨，二水也」句讀。

披　丨，折也。〔國策・秦策三〕「木實繁者丨其枝」補正。〇丨，開也。〔廣韻・紙部〕〇丨，謂褫之。〔國策・秦策三〕「木實繁者丨其枝」鮑注。

㱟　丨，開肉。〔廣韻・支部〕〇丨，剖肉也，或作攡。〔集韻・支部〕〇丨，折也。〔集韻・紙部〕〇丨，傷也，打折也。〔續音義・卷一〕〇丨，折也，猶謂

分也。〔慧琳音義·卷四八〕○丨，枝析。〔廣韻·紙部〕

**諀** 丨呰，惡言。〔廣韻·紙部〕○丨呰，好說人是非也。〔慧琳音義·卷四五〕○吡與丨同。〔廣雅·釋詁〕「丨，諻也」疏證。

**仳** 丨，別也。〔集韻·紙部〕○丨，分別也。〔說文〕「丨，別也」繫傳。○丨，離也。〔廣韻·旨部〕又〔集韻·旨部〕。○丨，離別之意。〔廣韻·紙部〕○人之離散曰丨離。〔詩·桑柔〕「捋采其劉」通釋。○丨離，猶云披離。〔詩·中谷有蓷〕「有女丨離」通釋。

**蔿** 丨，草木葉初出皃。〔廣韻·紙部〕○丨，或曰與芛略同。〔說文定聲·卷一〇〕

**芛** 今俗謂草木華初生者為丨。〔說文〕「丨，艸之葟榮也」繫傳。

**⿸疒巂** 丨，瘡裂。〔廣韻·紙部〕又〔集韻·紙部〕。○丨，創裂也。〔集韻·旨部〕○丨，一曰疾也。〔說文〕「丨，一曰疾丨」義證引〔玉篇〕。○丨，病也。〔集韻·紙部〕又〔旨部〕。○丨，俗作臇。〔說文〕「丨，創裂也」義證。

**惢** 丨，疑也。〔廣韻·紙部〕○〔說文定聲·卷一〇〕丨，字亦作蕊。〔蒼頡篇〕「蕊，聚也」。

**頠** 丨，閑習，容止。〔廣韻·紙部〕○丨，引伸為凡嫺習之稱。〔說文〕「丨，頭閑習也」段注。○丨，義與姽同。〔廣雅·釋詁〕「姽，好也」疏證。○丨與姽義略同。〔說文〕「丨，頭閑習也」段注。

**㨖** 丨，至也。〔集韻·紙部〕○丨，亦致也。〔廣雅·釋詁〕「丨，至也」疏證。○丨與⿰亻致同。〔方言一二〕「⿰亻致，會也」箋疏。○丨，挃也。〔廣韻·旨部〕○丨，指也。〔廣韻·紙部〕○丨，刺也。〔說文〕「羊，丨也」繫傳。○〔說文定聲·卷一二〕丨，段借為至。〔方言一三〕「丨，到也」。

**恉** 丨者，意也。〔說文·敘〕「究洞聖人之微丨」段注。○丨，意也。〔廣韻·旨部〕○丨同旨。〔書·盤庚〕「修不匿厥指」孫疏。○丨，經傳皆以旨以指為之。〔說文定聲·卷一二〕○丨，或借旨字。〔說文〕「丨，意也」義證。○丨，經典多借旨。〔同上〕句讀。○丨，經傳通作旨、指。〔廣雅·釋詁〕「丨，志也」疏證。○丨，今字或作旨，或作指，皆非本字也。〔說文〕「丨，意也」段注。○丨，又借指字。〔同上〕義證。

**⿰臣言** 丨，訐發人之惡。〔廣韻·旨部〕

**媄** 丨，顏色姝好也。〔說文〕「丨，色好也」義證引顏氏〔字樣〕。又〔廣韻·旨部〕引〔字樣〕。○丨者，美之分別字。〔說文〕「丨，色好也」句讀。○丨，〔周禮〕作嬍，蓋其古文。〔同上〕段注。○丨，字亦作嬍，經傳皆以美為之。〔說文定聲·卷一二〕○丨通用美字。〔說文〕「丨，色好也」義證。○凡美惡字可作丨。〔同上〕段注。

**啚** 丨者，嗇也。〔說文·敘〕「俗儒丨夫」段注。○丨者，吝嗇，難之義也。〔說文〕「圖，畫計難也」繫傳。○丨，義與鄙同。〔廣雅·釋詁〕「鄙，小也」疏證。○凡丨吝字，經傳皆以鄙為之。〔說文定聲·卷五〕○凡鄙吝字當作此，鄙行而丨廢矣。〔說文〕「丨，嗇也」段注。○丨，俗本作鄙。〔說文·敘〕「俗儒丨夫」段注。○丨，經典皆借鄙。〔說文〕「丨，嗇也」句讀。○丨，通作鄙。〔同上〕義證。○丨，段借為鄙。〔說文定聲·卷五〕

**芺** 丨，蒿也。〔說文〕「丨，菜也」義證引〔玉篇〕。又〔廣韻·旨部〕。○丨，艸名，蒿也。〔集韻·紙部〕○丨，艸名，蒿也，或从矣。〔集韻·旨部〕

**⿰山几** 〔說文定聲·卷一二〕丨山，即窮石之異名。〔說文〕「丨，丨山也」。○女丨，山名。〔說文〕「丨，丨山也」段注。

**⿰几阝** 〔說文定聲·卷一二〕丨，字亦作阢，段借為鼇。〔史記·殷本紀〕「西伯伐飢國」徐廣曰「飢，一作阢」。○阢葢即丨字。〔說文〕「丨，地名」段注。

**⿰礻比** 丨，以豚祀司命也。〔廣韻·旨部〕

**枇** 丨，即密梳也，除蝨具也。〔慧琳音義·卷六一〕○丨，所以載牲體，或省通作匕。〔集韻·旨部〕○丨與匕同。〔廣雅·釋器〕「柶、匙，匕也」疏證。○丨與匕同。〔方言一三〕「匕謂之匙」箋疏。○〔說文定聲·卷一二〕丨，段借為匕。〔禮記·雜記〕「丨以桑」。○〔同上〕丨，段借為比。〔廣雅·釋器〕「丨，櫛也」。

**朼** 丨與匕同。〔方言一三〕「匕謂之匙」箋疏。

**疕** 丨，瘡上甲，亦頭瘍。〔廣韻·紙部〕○痂，瘡上甲也，丨謂薄者也。〔說文〕「丨，頭瘍也」義證引〔急就篇〕顏注。○丨，頭瘍。〔廣韻·旨部〕○丨謂頭創專名，它瘍不得稱丨，而丨得通稱瘍。〔周禮·醫師〕「凡邦之有疾病者，有丨瘍者造焉」孫正義。○丨，創也。〔集韻·旨部〕○丨，〔去病傳〕作庇。〔漢書·景武昭宣元成功臣表〕「煇渠慎侯應丨」補注。

**厬** 氿通丨，猶軌通晷。〔漢書〕「同晷」雜志。○〔說文定聲·卷六〕丨，以氿為之。〔爾雅·釋水〕「氿泉穴出」。○〔同上〕丨，段借為氿。〔爾雅·釋水〕「水醮曰丨」。○丨，丨泉，或作漸。〔廣韻·旨部〕○水醮之字，今〔爾雅〕作丨，許慎作氿。〔說文〕「丨，仄出泉也」段注。

**⿰夅頁** 丨，大朴皃。〔集韻·旨部〕○丨，羸屬，中央廣而兩端銳者。〔集韻·旨部〕○丨，小頭。〔廣韻·旨部〕

**滍** 〔說文定聲·卷五〕丨，今沙河也。〔說文〕「丨，丨水」。○〔說文定聲·卷五〕丨，以泜為之，泜、丨雙聲。〔左傳僖公三三年〕「與晉師夾泜而軍」。○丨，一作泜。〔漢書·地理志〕「魯山，丨水所出」補注。

**蘽** ｜者，藤也。〔本草·卷一八〕○江東呼｜為藤，似葛而大。〔說文〕「｜，木也」繫傳。○〔本草〕謂嬰奥為千歲｜，即今人言萬歲藤。〔同上〕○〔說文定聲·卷一二〕｜，字亦作櫐。〔中山經〕「卑山多櫐」。○｜，山櫐，即要奥，今之山蒲桃也。〔說文定聲·卷一二〕

**灅** ｜水，俗呼梨河，｜、梨一聲之轉。〔漢書·地理志〕「｜水南至無終東入庚」補注。○灅水即今之桑乾河，與出右北平俊靡之｜水了不相涉。〔漢書〕「｜水」雜志。

**鸓** ｜，鳥名，鼠形，飛走且乳之鳥，或从虫，亦書作鼺。〔集韻·脂部〕○｜，飛生鼠也。〔說文〕「｜，鼠形，飛走且乳之鳥也」繫傳。○｜，狀如兔而鼠首，肉翅，類蝙蝠，今雲南有之，即〔爾雅·釋鳥〕之鼯鼠、夷由也。〔說文定聲·卷一二〕○｜，賦家或作蠝，或作猵。〔說文〕「｜，鼠形，飛走且乳之鳥也」段注。○〔說文定聲·卷一二〕｜，字亦作猵、作蠝。〔上林賦〕「蜼玃飛蠝」。○｜，〔本草經〕作鼺，〔上林〕、〔西京〕、〔南都〕、〔吳都〕諸賦亦名飛生，亦名飛鸓，亦名鼺鼠。〔說文〕「｜，鼠形，飛走且乳之鳥也」段注。

**鷉** ｜，飛生鳥也。〔廣韻·脂部〕○｜，飛生鳥名，飛且乳，一名鼯鼠。〔廣韻·旨部〕○｜，飛生鳥名，籀作鸓。〔集韻·灰部〕○｜，此物肉翅連尾，飛不能上，易至礧墜，故謂之｜，俗謂痴物為｜，義取乎此。〔本草·卷四八〕○｜，或作蠝。〔廣雅·釋鳥〕「鸓鴨，飛｜也」疏證。

**楑** ｜，木名。〔廣韻·旨部〕○｜，木名也。〔說文〕「｜，木也」繫傳。○｜與揆音義皆同，揆專行而｜廢矣。〔說文〕「｜，一曰度也」段注。○｜，度也，通作葵。〔集韻·脂部〕○

｜，柊｜。〔廣韻·脂部〕

**蘔** ｜，黃色。〔廣韻·旨部〕又〔集韻·旨部〕。○｜、鮪、痏義相近。〔廣雅·釋器〕「｜，黃也」疏證。

**嫢** ｜，細也。〔廣韻·旨部〕○｜，好也，小也。〔集韻·旨部〕○｜，盈姿。〔集韻·支部〕○｜，一曰秦晉謂細腰為｜。〔同上〕○秦人謂細而有容曰｜。〔集韻·旨部〕○｜，婦人審諦皃。〔集韻·支部〕○｜、孅義同。〔廣雅·釋詁〕「｜，小也」疏證。○｜盈為盛氣呵叱。〔釋詁〕「｜盈，怒也」疏證。又〔方言七〕「｜盈，怒也」箋疏。○｜｜、規規、䕻䕻，義並同也。〔廣雅·釋詁〕「｜，小也」疏證。○｜，通作䕻。〔方言二〕「｜，細也」箋疏。○〔說文定聲·卷一二〕｜，假借發聲之詞。〔方言七〕「｜盈，怒也」。

**湀** ｜，闢流泉。〔說文〕「｜，｜辟，深水處也」義證引〔玉篇〕。○｜，通流。〔廣韻·旨部〕○｜，水通流。〔集韻·旨部〕○｜，泉出也。〔廣韻·旨部〕

**趭** ｜，走也。〔廣韻·旨部〕○｜，一本作蹠。〔漢書·揚雄傳〕「神騰鬼｜」補注。

**趡** ｜，亦趭字也。〔廣雅·釋宮〕「趡，犇也」疏證。○｜，走也，或从走。〔集韻·旨部〕○｜、趭即趡之異文。〔廣雅·釋宮〕「趡，犇也」疏證。○｜，走也。〔廣韻·旨部〕○｜，狂走。〔集韻·旨部〕○｜，趀。〔廣韻·旨部〕○｜，趀也。〔集韻·旨部〕

**柅** ｜，絡絲柎。〔廣韻·旨部〕○｜，絡杙。〔集韻·脂部〕○｜，木名，實似梨。〔同上〕○泥泥、｜｜，並與苨苨同。〔廣雅·釋訓〕「苨苨，茂也」疏證。○尿、｜之為言皆尸也，尸，主也。〔釋器〕「尿，柄也」疏證。○｜，今字以為檷字。〔說文〕「｜，｜木也」段注。○〔說文定聲·卷一二〕｜，叚借為檷。〔通俗文〕「張絲曰｜」。○｜者，旎之譌，〔上林賦〕旖旎從風，〔漢書〕、〔文選〕皆作猗｜。〔說文〕「檹，木旖施也」段注。

**岉** ｜，崩也。〔廣韻·旨部〕○｜，山摧也。〔集韻·紙部〕○｜，壞也。〔集韻·旨部〕○｜，又作圮。〔說文〕「｜，崩也」義證。又〔同上〕句讀。○〔說文定聲·卷一二〕｜，字又作仳。〔史記·三王世家〕「毋仳德」。○｜，通作肥。〔說文〕「｜，崩也」義證。

**䔺** ｜，菜名，似韭而黃。〔廣韻·脂部〕○｜，草似馬韭而黃，可食。〔廣韻·旨部〕○｜，菜名，似烏韭而黃。〔集韻·脂部〕○｜，似烏韭而黃。〔說文〕「｜，菜也」段注。○〔通雅·卷四二〕｜蘆，苞也。馬融〔廣成頌〕「｜蘆薤熒」。○｜蘆者，草木之榮華也。〔淮南〕「蘿蘆」雜志。○｜，讀若唯諾之唯。〔同上〕○〔說文定聲·卷一二〕｜，叚借為茾。〔後漢·馬融傳〕「｜蘆薤熒」。

**濢** ｜，下濕。〔廣韻·至部〕○｜，下溼也。〔說文〕「｜，小溼也」義證引〔玉篇〕。又〔集韻·至部〕。○｜，物之小霑溼。〔同上〕○｜，汁漬也。〔廣韻·旨部〕

**𢻥** 齊楚謂壘曰｜。〔集韻·旨部〕○｜，又作皷，器破也。〔方言六〕「器破而未離謂之壘，南楚之間謂之｜」疏證。○皷即｜之異文。〔同上〕箋疏。

**㨪** ｜與墮通。〔廣雅·釋詁〕「墮，脱也」疏證。

**䑋** ｜，肥皃。〔廣韻·旨部〕

**黹** ｜，鍼縷所紩。〔廣韻·旨部〕○以鍼貫縷紩衣曰｜。〔說文〕「｜，箴縷所紩衣也」段注。○紩為繡文曰｜。〔說文定聲·卷一二〕〔「襴」下〕○｜，即今刺繡。〔說文〕「襴，紩衣」繫傳。○〔說文定聲·卷一二〕｜，以絺為之。〔虞書〕「絺繡」。○｜，借作絺。〔釋言〕「｜，紩也」郝疏。

**𢿌** ｜，刺。〔廣韻·旨部〕○｜與揻雙聲。〔說文〕「｜，刺也」段注。○揻、｜義同。〔廣雅·釋詁〕「揻，刺也」疏證。○｜，猶刺也。〔說文定聲·卷五〕〔「載」下〕○〔卷五〕｜，字亦作傳。〔漢書·張衡傳〕「丁厥子而剚刃」。

**夊** ｜，行來之貌也。〔說文〕「夌，芒穀」義證引〔九經字樣〕。○｜，後至也。〔廣韻·旨部〕○｜者，有行而止之，不相聽也。〔說文定聲·卷九〕〔「各」下〕○｜，義與揻通。〔廣雅·釋詁〕「揻，至也」疏證。○｜，讀若黹。〔說文〕「夂，止也」段注。

**攺** 丨，大堅。〔廣韻・止部〕○丨毅，大剛卯也。〔集韻・止部〕○〔說文定聲・卷五〕毅丨亦疊韻連語，以正月卯日作，故曰剛卯，或以玉，或以金，佩之辟邪。〔說文〕「丨，毅丨，大剛卯，以逐鬼鬽也」。

**跽** 丨，長跪也。〔國策・秦策三〕「秦王丨曰」鮑注。又〔通鑑・漢紀〕「項羽按劍而丨曰」音注。○丨，跟丨。〔廣韻・旨部〕○丨，跪也。〔通鑑・周紀〕「丨而請曰」音注。○係於拜曰跪，不係於拜曰丨。〔說文〕「丨，長丨也」段注。○不拜曰丨。〔說文定聲・卷一二〕(「跪」下)○丨，伸兩足而丨也。〔說文〕「丨，長跪也」繫傳。○居、踞、丨、𡰥、啓、跪，一聲之轉，其義並相近也。〔廣雅・釋詁〕「啓，踞也」疏證。○〔說文定聲・卷五〕丨，字亦作𨄔，鞠𨄔如今之屈膝請安，長丨則兩膝搘地而聳體。〔史記・滑稽傳〕「帣韝鞠𨄔」。○丨，字亦作踑。〔說文定聲・卷五〕

**洔** 丨，水中高土。〔廣韻・止部〕○丨，水中小渚也。〔集韻・止部〕○水暫益未減曰丨，或从時。(同上)○大渚曰丨。〔詩・蒹葭〕「宛在水中丨」集疏引韓說。○丨蓋與待、峙字義相近。〔說文〕「丨，水暫益且止未減也」段注。○〔說文定聲・卷五〕丨，以事為之。〔周禮〕「事洒」。○丨，借為沚字。〔說文〕「丨，水暫益且止未減也」段注。○〔說文定聲・卷五〕丨，段借為沚。〔穆天子傳〕「飲于枝丨之中」。○丨，同沚。〔廣韻・止部〕

**佁** 丨，癡也。〔廣韻・止部〕又〔集韻・止部〕。○丨，至也。(同上)

**痓** 丨，病也。〔廣韻・之部〕○丨，病也。〔廣韻・止部〕又〔集韻・之部〕。○丨者，悝之俗體也。〔釋詁〕「丨，病也」郝疏。

**葸** 丨，質愨皃，又畏懼也。〔廣韻・止部〕○丨，畏懼之貌。〔論語・泰伯〕「慎而無禮則丨」劉正義。○丨，畏懼貌。(同上)朱注。又〔大戴・曾子立事〕「大言善而色丨焉」王詁。○丨鰓諰，並字異而義同。〔廣雅・釋言〕「丨，慎也」疏證。○胡枲，一作胡丨，丨與枲同聲。〔釋草〕「胡枲，枲耳也」疏證。

**諰** 丨，言且思之。〔廣韻・止部〕○丨，言且思之意，心有所懼也。〔說文定聲・卷五〕○丨丨，葸也。〔通雅・卷九〕○葸鰓丨，並字異而義同。〔廣雅・釋言〕「葸，慎也」疏證。○丨，又作⿰犭思，又作偲，皆訓懼，與思訓義近。〔說文〕「丨，思之意」段注。○〔說文定聲・卷五〕丨，字亦作⿰犭思。〔魯靈光殿賦〕「心⿰犭思⿰犭思而發悸」。○(同上)丨，字亦作葸。〔論語〕「慎而無禮則葸」。○荀書多以丨為葸，此又以丨為息，皆假借也。〔荀子・樂論〕「足以辨而不丨」集解引郝懿行。○〔漢書〕丨作鰓。〔說文〕「丨，思之意」段注。○丨乃諰字之訛。〔荀子・樂論〕「足以辨而不丨」集解引盧文弨。

**廙** 引伸之凡利皆曰丨。〔說文〕「丨，石利也」段注。○犀、丨雙聲假借。(同上)句讀。

**偫** 丨，具也。〔說文〕「丨，待也」義證引〔玉篇〕。又〔通鑑・漢紀〕「多設儲丨」音注。○丨，具設也。〔說文〕「廙，丨也」繫傳。○丨，儲也。〔慧琳音義・卷五四〕○丨，所望也。(同上)○丨，待也。(同上)○丨，經典或作峙，或作庤。〔說文〕「丨，待也」段注。○丨，又作峙。(同上)義證。○丨，又通作庤。(同上)○丨，通作峙。(同上)

**竢** 丨，立而待之也。〔說文〕「丨，待也」繫傳。○丨，來也。〔漢書〕「丨」雜志。○丨，經典作俟。〔說文〕「丨，待也」義證。○丨，經傳多以俟為之。〔說文定聲・卷五〕○丨、俟為古今字。〔說文〕「俟，大也」段注。○丨，俗用俟。〔說文〕「丨，待也」句讀。○丨，通作俟。〔釋詁〕「丨，待也」邵正義。○丨，通作俟，又通作立，又通作待，又通作傒。(同上)郝疏。○丨與⿰禾矣同字。〔說文〕「丨，待也」句讀。○⿰禾矣、俟、丨古字通。〔漢書〕「丨」雜志。○丨，或作娭。〔說文〕「丨，待也」義證。

**騃** 丨，趨行皃。〔廣韻・止部〕○丨，獸行皃。〔集韻・止部〕

**⿰禾矣** 丨與來同義。〔漢書〕「竢」雜志。○丨，不來也。〔廣韻・止部〕○不丨，不來也。〔詩・采薇〕「我行不丨」集疏引魯說。○丨，或作竢。〔說文〕「丨，詩曰不丨不來」義證。○丨、俟、竢古字通。〔漢書〕「竢」雜志。○丨，通作俟。〔釋訓〕「不俟，不來也」郝疏。○丨，或體俟，訓至，隸寫脫一筆耳。〔說文定聲・卷五〕

**⿱夫日** 丨，盛也。〔廣韻・止部〕○丨與奇字晉同，當讀若卒。〔說文定聲・卷一二〕

**紕** 丨，績苧。〔廣韻・止部〕○〔說文定聲・卷一二〕丨，謂氐人所織毛布，此字本訓當為緣。〔說文〕「丨，氐人𦇘也」。○(同上)丨，凡緣必斜理施之，故引申為亂妄之意。〔禮記大傳〕「五者一物丨繆」。○〔禮記〕用丨為丨繆字。〔說文〕「丨，氐人𦇘也」段注。

**莘** 丨，辛菜也。〔說文〕「丨，羹菜也」繫傳。○〔說文定聲・卷五〕丨，謂烹菜為羹，字亦作寀。〔說文〕「丨，羹菜也」。○丨，〔集韻〕有寀字，烹也，即此字。〔說文〕「丨，羹菜也」段注。○丨，或作苐。(同上)義證。

**𣎵** 丨，止也。〔集韻・旨部〕○丨，止也，從市，一橫止之。〔廣韻・止部〕○〔說文定聲・卷一二〕丨，與毋之一止姦，乍之一止亡同意。〔說文〕「丨，止也」。

**疻** 丨，病也，或从氏。〔集韻・支部〕○丨，積血腫也。〔集韻・脂部〕○丨，積血腫皃。〔廣韻・脂部〕○毆人皮膚腫起曰丨。〔說文〕「丨，毆傷也」義證引〔急就篇〕顏注。又〔說文〕「嫜，保任也」義證。○丨，毀傷。〔廣韻・支部〕○丨，毆傷。〔集韻・紙部〕○凡毆傷皮膚起青黑而無創瘢者為丨。〔說文定聲・卷一二〕○凡毆傷皮膚青黑無創瘢曰丨。〔說文定聲・卷五〕(「痏」下)○丨痏，傷痕也。〔通雅・身體〕○以杖與手毆人，剥其皮膚，青

墨而無瘢痕，律謂之丨痏。〔同上〕

**痑** 丨，衆也。〔集韻・紙部〕〇丨，自放縱。〔同上〕〇〔說文定聲・卷一〇〕丨，叚借為㢋。〔大人賦〕「丨以陸離」。〇〔漢書・大人賦〕「衍曼流爛，丨以陸離」，〔史記〕丨作壇。〔說文〕「丨，馬病也」段注。〇丨、嘽古同音而通用。〔漢書・司馬相如傳〕「衍曼流爛，丨㠯陸離」補注。

**豙** 丨，豕也。〔廣韻・紙部〕〇丨，豚也。〔通雅・獸〕〇丨，豚也，全體也。〔通雅・疑始〕〇丨，豕屬。〔集韻・紙部〕〇丨即豕之異體。〔說文定聲・卷一二〕

**䏧** 丨，肉物肥美也。〔集韻・紙部〕

**薾** 丨猶彌漫意也。〔說文〕「丨，華盛」繫傳。〇丨與爾音義同。〔同上〕段注。〇丨今作爾。〔說文〕「丨，詩曰彼丨惟何」段注。〇丨，後製字，當為爾之重文。〔說文定聲・卷一二〕

**彌** 丨，止也。〔集韻・紙部〕〇丨，水盛兒，或作瀰、洋、沔。〔同上〕〇丨，或作辟，通作弭。〔同上〕〇侎丨弭敉，並字異而義同。〔廣雅・釋詁〕「侎，安也」疏證。〇〔周禮〕丨災兵，〔漢書〕丨亂，即弭字也。〔說文〕「弭，弭或从兒」段注。

**離** 丨，與摛同，謂舒辭也。〔廣雅・釋詁〕「摛，舒也」疏證。〇丨跂，攘臂兒。〔集韻・紙部〕

**厃** 丨，梍也。〔說文〕「檐，梍也」義證引〔類篇〕。〇丨與檐一物。〔儀禮・士昏禮〕「賓升西階而當阿」胡正義。〇丨與檐同字同音。〔說文〕「詹，从言从八从丨」段注。〇〔說文定聲・卷四〕丨，以偃為之，丨、偃雙聲。〔水經注〕「徐偃王生而僵，故以為號」。〇丨，通作危。〔說文〕「丨，屋梠也」義證。

**譺** 丨，議也，欺也，調也。〔廣韻・止部〕〇丨，言多礙也。〔說文〕「丨，騃也」繫傳。〇丨，今人作儗。〔同上〕繫傳。〇丨，啁調也。〔同上〕義證。〇〔說文定聲・卷五〕丨，叚借為詒。〔蒼頡篇〕「丨，欺也」。

**疧** 丨之言疵也。〔說文〕「丨，瑕也」段注。

**沇** 丨溶，水流澗谷中。〔集韻・旨部〕〇丨容，雙聲字，謂禽獸衆多之貌也。〔漢書〕「沇沇」雜志。

**崎** 丨，山形。〔集韻・紙部〕〇丨錡，不安兒。〔同上〕〇𡾊丨，山兒。〔同上〕

**䃁** 丨，古毀字也。〔通雅・釋詁〕

**𡯗** 丨，刖一足。〔廣韻・紙部〕

**𧝟** 凡衣縫紉曰丨。〔說文定聲・卷一二〕〇丨與補、組二字義略同。〔說文〕「丨，紩衣也」段注。〇丨、黹同。〔釋言〕「丨，紩也」郝疏。〇丨乃黹之緐增字也。〔說文〕「丨，紩衣也」句讀。〇〔說文定聲・卷一二〕丨，字亦作緻。〔方言四〕「紩衣謂之褸，秦謂之緻」。〇〔說文定聲・卷一二〕丨，叚借為至。〔詩・鴇羽〕傳「不攻緻」。

**𢀜** 丨，長跪也。〔說文〕「丨，長踞也」義證。〇丨，伸其股而坐，形如箕，故从其所謂箕踞也。〔說文定聲・卷五〕〇丨，或作跽。〔說文〕「丨，長踞也」義證。〇丨與跽同字。〔說文〕「丨，長跪也」句讀。〇居、踞、跽、丨、啓、跪，一聲之轉，其義相近。〔廣雅・釋詁〕「啓，踞也」疏證。〇〔說文定聲・卷五〕丨，以夷為之，夷、㠯一聲之轉。〔論語〕「夷俟」。〇〔說文定聲・卷五〕丨，字亦作屍。〔廣雅・釋詁三〕「屍，踞也」。〇〔說文定聲・卷五〕丨，字亦作䠢。〔廣雅・釋詁三〕「䠢，踞也」。〇丨與杞同。〔說文〕「丨，長踞也」義證。〇〔說文定聲・卷五〕丨，叚借為杞。〔集韻〕「丨，古國名」。

**沶** 丨，水名。〔廣韻・之部〕〇小渚為丨。〔楚辭・陶壅〕「淹低佪兮京丨」章句。〇一云小泲曰丨。〔同上〕〇京丨，即高洲也。〔同上〕

**荳** 〔通雅・卷四四〕丨即蒚。〔呂覽〕「有雲夢之丨」。〇〔說文定聲・卷一二〕丨，今〔呂覽〕作芹，疑與芹同字。〔說文〕「丨，丨菜也，伊尹曰，菜之美者，雲夢之丨」。

**豈** 丨、闓聲相近。〔廣雅・釋詁〕「闓，欲也」疏證。〇〔說文定聲・卷一二〕丨弟，謂借為闓圛。〔詩・載驅〕箋「丨弟，猶言發夕」。〇〔說文定聲・卷一二〕丨，从壴省，敳省聲，經傳皆以愷為之。〔說文〕「丨，還師振旅樂也，从豆，微省聲」。〇〔同上〕丨，叚借為愷，樂易之意，作愷、作凱皆同。〔詩・泂酌〕「丨弟君子」。〇〔同上〕丨，叚借為覬。〔說文〕「丨，一曰欲也」。〇〔同上〕丨，此謂〔詩〕「于豆于登」之登，故云从豆，微省聲。〔說文〕「丨，一曰登也」。

**仔** 丨肩，克也。〔集韻・止部〕

**你** 丨，秦人呼傍人之稱。〔廣韻・止部〕

**伲** 丨，汝也，或作儞、你。〔集韻・紙部〕

**侎** 丨彌弭敉，並字異而義同。〔廣雅・釋詁〕「丨，安也」疏證。

傂　佌—，參差皃。〔廣韻·紙部〕又〔集韻·紙部〕。〇—，通作虒。（同上）

儷　—，停—。〔廣韻·紙部〕

⿰虒刂　—，剥也。〔集韻·紙部〕

⿰柰刂　—，割聲。〔廣韻·止部〕

⿰需刂　—，柔弱也。〔集韻·紙部〕

⿷匚里　—，籠也。〔集韻·紙部〕

⿸厂系　—，繩履。〔廣韻·止部〕

⿰豕巳　—，齕也，或作㪆、𣣨。〔集韻·止部〕

㠯　—，言也，平也。〔集韻·止部〕

吇　——，鳥聲。〔集韻·止部〕

吱　行喘謂之—。〔集韻·紙部〕

呲　—，訾也。〔廣韻·紙部〕〇—與諀同。〔廣雅·釋詁〕「諀，訿也」疏證。

冎　—，字或作剮。〔說文〕「—，剔人肉置其骨也」義證。〇—，俗字作剮。〔說文定聲·卷一〇〕

⿰口朿　—，識也。〔說文〕「䇲，識也」義證引〔玉篇〕。

嗺　—，山狀。〔廣韻·旨部〕

⿰口睪　—，鳥—。〔廣韻·旨部〕〇—，鳥啄。〔集韻·旨部〕〇—，一曰鳥聲。（同上）

噧　—，氣聲，一曰多言。〔集韻·紙部〕

址　—，基—。〔廣韻·止部〕

坘　秦人謂阪曰—。〔集韻·紙部〕〇—，與汦略同。〔說文定聲·卷一二〕〇〔說文定聲·卷一二〕—，叚借為阺，陵阪也。〔文選·解嘲〕「響若—隤」。

坭　—，當即泥中之地。〔詩·式微〕「胡為乎泥中」後箋。

埤　田百畝謂之—。〔集韻·紙部〕

夨　—，傾其首也。〔說文〕「—，傾頭也」繫傳。

⿱此大　—，直大也。〔廣韻·紙部〕又〔集韻·紙部〕。〇—，或書作奃。（同上）

姼　—，多也。〔集韻·紙部〕

姕　—，舞也。〔集韻·紙部〕〇—，婦人皃。（同上）

婎　姿—，自縱皃。〔集韻·旨部〕

媺　—，善也，通作美。〔集韻·旨部〕

嬟　婍—，好皃。〔集韻·紙部〕

嬭　姊謂之—。〔集韻·紙部〕

⿰女監　—，竦身也。〔集韻·旨部〕

孈　—，愚也。〔集韻·紙部〕〇—，愚而多態。〔集韻·旨部〕〇—，愚戇多態。〔廣韻·旨部〕又〔集韻·紙部〕。〇—，多態。〔廣韻·紙部〕

⿱宀危　—，通也。〔集韻·紙部〕

寐　—，熟寐也，或作寱。〔集韻·紙部〕〇—，今俗字作魘。〔說文定聲·卷一二〕〇—，字亦作寱。（同上）〇〔說文定聲·卷一二〕—，叚借為寱。〔廣雅·釋詁一〕「寱，安也」。〇—之為言迷也。〔說文定聲·卷一二〕

寱　〔說文定聲·卷一二〕—，以寱為之，實形誤字。〔廣雅·釋詁一〕「寱，安也」。

⿺尢此　—旭，小皃。〔集韻·紙部〕〇—旭，短皃。〔集韻·旨部〕

⿺尢奇　—，一足，又作踦。〔廣韻·紙部〕〇—，蹇也。〔集韻·紙部〕

⿸尸系　—，履也。〔集韻·止部〕

⿸尸虎　—，踞也。〔集韻·止部〕

⿸尸眉　—，赤舄，或作⿸尸几，通作几。〔集韻·旨部〕〇—，赤鞝—也。〔廣韻·旨部〕

岯 山一成曰|，或作阫、坯、伾。〔集韻·旨部〕

⿰山尼 |，山高皃。〔集韻·止部〕

崥 |，山足也，一曰兩石間。〔集韻·紙部〕

崣 嶊|，山高皃。〔集韻·紙部〕〇嶊與|同音，崣、|聲轉而異字，崣嶊即嶊|倒文也。〔漢書·司馬相如傳〕「嶊|崛崎」補注。

崺 峛|，沙丘狀。〔廣韻·紙部〕

峙 |，山獨立皃，通作峙。〔集韻·止部〕

崼 |，山也。〔集韻·紙部〕

⿱山累 |⿱山非，山皃。〔廣韻·旨部〕

嶉 |，山曲也。〔集韻·旨部〕

嶊 |，山皃。〔集韻·旨部〕〇隹，|或省。（同上）〇|嶉即崔崣之同音變字，若今言崔巍矣。〔漢書·揚雄傳〕「|嶉而成觀」補注。

⿱山非 ⿱山累|，山皃。〔廣韻·旨部〕

⿰山皐 五臣本|隗作⿱山非隗，⿱山非隗猶崔嵬也。〔漢書·揚雄傳〕「峻|隗虖其相嬰」補注。

⿱山義 岌|，山高皃。〔廣韻·紙部〕又〔集韻·紙部〕。〇|，或作嶬，亦作巇。（同上）

巹 |，敬也。〔集韻·止部〕〇|，身所承也。（同上）

⿰卮耑 |，小卮。〔集韻·紙部〕〇膞，|或从專。〔集韻·紙部〕

⿰巾匕 殘帛裂曰|。〔說文定聲·卷八〕（「㡀」下）〇|，⿰巾祭裂也。〔集韻·旨部〕〇|者，⿰巾祭殘之帛也。〔說文〕「|，⿰巾祭裂也」義證引〔急就篇〕顏注。〇|，亦作⿰巾比。（同上）段注。

㡀 |與敝聲義並同。〔方言四〕「襜褕，其敝者謂之緻」箋疏。

⿰巾比 |，⿰巾祭裂。〔廣韻·旨部〕

帋 |，巾也。〔集韻·紙部〕〇|，布名。（同上）

帔 |者，披之於背上也。〔慧琳音義·卷六三〕

⿱此女 |，小皃。〔廣韻·紙部〕〇||，猶言些些也。〔通雅·釋詁〕

庋 〔通雅·卷三四〕|謂之架閣。〔士昏禮〕注「|甒有禁」。〇|庪並與攱同。〔廣雅·釋詁〕「閣，攱也」疏證。〇|，音義與祭山曰庪縣之庪同。〔釋宮〕「垝謂之坫」郝疏。〇攱或作|。〔廣雅·釋詁〕「閣，止也」疏證。〇|閣，藏食物也，或作庪、掎、攱。〔集韻·紙部〕

庀 |，具也，或作比、庀。〔集韻·旨部〕

庪 次楣一架，前後皆曰|。〔說文定聲·卷二〕（「棟」下）

⿸广奇 |，庋藏也。〔集韻·紙部〕

⿸广皮 |即户，亦屋檐之名。〔儀禮·士昏禮〕「賓升西階而當阿」胡正義。

廌 |，解|。〔廣韻·紙部〕〇|，食薦草，書傳亦以豸為之。〔說文定聲·卷一二〕〇（同上）|，段借為薦，實為荐。〔易·豫〕「殷|之上帝」。

⿰弓兒 |，亦作彌。〔說文〕「弭，或从兒」段注。

⿰弓是 |，彈也。〔集韻·紙部〕

⿰弓璽 |，弛弓。〔集韻·紙部〕

⿰弓璽 |，弛弓。〔集韻·紙部〕

⿰弓璽 |，字亦作彌、作彌。〔說文定聲·卷一二〕〇（同上）|，段借為弭、為敉。〔儀禮·士喪禮〕注「巫掌招彌以除疾病」。〇（同上）|，段借為靡。〔史記·禮書〕「彌龍」。〇（同上）|，段借為瀰。〔西京賦〕「彌望廣潒」。〇（同上）|，段借為镾。〔漢石門頌〕「歷世彌久」。〇（同上）|，段借為眯。〔左傳宣公二年〕「提彌明」。〇（同上）|，段借為冞。〔廣雅·釋詁二〕「彌，合也」。〇（同上）|，段借為㴁。〔廣雅·釋詁二〕「彌，縫也」。〇（同上）|，段借為縻。〔淮南·原道〕「橫之而彌于四海」。

⿰彳⿱糸止 |，毛垂皃。〔集韻·紙部〕〇|，潤也。（同上）

徛 |，立也。〔廣韻·紙部〕

待 |，待也，儲也，具也。又看所望而往。〔廣韻·止部〕

**㳶**　｜｜，猶遲遲也。〔廣韻・紙部〕

**忮**　｜，害也。〔集韻・紙部〕○｜，健也。（同上）

**㥦**　惐｜，儉意。〔集韻・紙部〕

**㹮**　｜，止也。〔廣韻・紙部〕○｜，厲也。〔集韻・紙部〕

**㥷**　｜，謙也。〔集韻・止部〕

**㥟**　｜，悸也。〔廣韻・旨部〕○｜｜，竦悸也。〔集韻・旨部〕

**婎**　｜，不悅也。〔廣韻・紙部〕○｜，不悅兒。〔集韻・紙部〕○｜，怒也。（同上）

**憙**　｜，悅也。〔廣韻・止部〕○｜，好也。〔漢書〕「｜」雜志。○｜與喜古字通。〔漢書〕「佚意」雜志。○喜字古通作｜。〔史記〕「入儀之粱」雜志。

**憘**　｜｜，猶怡怡也。〔大戴・曾子立事〕「兄弟｜｜」解詁。

**抭**　｜，揣也。〔集韻・旨部〕

**抳**　｜，研也。〔集韻・脂部〕○｜，搙｜。〔廣韻・紙部〕○｜，止也。〔集韻・紙部〕

**抧**　｜，開也。〔廣韻・紙部〕又〔集韻・紙部〕。○｜，或作搘。〔說文〕「｜，開也」義證。

**拸**　｜，加也。〔廣韻・支部〕○｜之言移也，移加之也。〔廣雅・釋詁〕「｜，加也」疏證。

**掎**　｜，毀撤也。〔集韻・紙部〕

**揎**　｜，持也。〔集韻・止部〕

**捼**　｜，捫也。〔集韻・紙部〕

**擨**　｜，扶持。〔廣韻・紙部〕○｜，挾持也。〔集韻・紙部〕

**搋**　｜，析也，或作扡、拸。〔集韻・紙部〕○｜，以拳加物。〔廣韻・皆部〕

**撝**　｜，裂也。〔集韻・紙部〕

**攂**　魁｜，喪家之樂。〔集韻・旨部〕

**撳**　｜，刺也。〔集韻・止部〕

**攲**　｜匜，不正也。〔集韻・紙部〕○掎，｜或省。（同上）

**攕**　｜，擊也。〔集韻・旨部〕

**攦**　｜，折也。〔集韻・紙部〕

**敏**　｜，疾也。〔集韻・旨部〕

**敳**　｜，尅也。〔集韻・止部〕

**敝**　｜跬，用力兒。〔集韻・紙部〕

**敧**　｜，持去也。〔廣韻・紙部〕○｜，去也。〔集韻・紙部〕○｜，不平。（同上）○攱｜，多少不齊一兒。（同上）

**敱**　｜，試也。〔廣韻・紙部〕○｜與揣同。〔方言一三〕「揣，試也」箋疏。

**旇**　｜，旌旗兒。〔集韻・紙部〕

**旑**　｜旎，旌旗從風兒。〔廣韻・紙部〕又〔集韻・紙部〕。○旖，｜或省。（同上）

**晵**　｜，致也，通作厎。〔集韻・旨部〕

**暿**　｜，盛兒。〔集韻・止部〕○｜，熱也。（同上）○｜合，猶言訢合也。〔大戴・本命〕「三年｜合，然後能言」王詁。

**杍**　治木器曰｜，通作梓。〔集韻・止部〕○｜，工木匠，或作梓。〔廣韻・止部〕○｜為梓之古文。〔說文〕「李，果也」義證。○〔說文定聲・卷五〕李，古文作左形右聲，｜，叚借為梓。〔書・梓材〕古文〔尚書〕作｜。

**𣏐**　｜，冒也。〔集韻・紙部〕

**杫**　｜，木名，可為器。〔集韻・紙部〕○榹，｜或不省。（同上）○｜，板施於礎上柱下者。〔止部〕

**杝**　｜，迤之叚字。〔墨子・經說下〕「景，木｜」閒詁。

**枱**　｜，耒耑也。〔說文〕「鈶，一曰類｜」段注。○｜即耜刃也。〔說文〕「｜，耒耑」繫傳。○｜，耒端，或作辝，通作鈶。〔集韻・止部〕

**栘**　｜，木名，唐棣也。〔集韻・紙部〕

**指** ｜，木名。〔集韻·旨部〕

**栮** ｜，木荋。〔集韻·止部〕

**梩** ｜，臿也。〔集韻·止部〕○｜，輂也。（同上）

**棩** ｜，木枝。〔集韻·旨部〕

**椯** ｜，剟也。〔集韻·紙部〕○｜，捶也。（同上）

**檓** ｜，礙也。〔集韻·旨部〕

**樬** ｜，木名。〔集韻·紙部〕

**檷** ｜，絡絲具。〔集韻·紙部〕○｜，絡絲柎，或从金，通作柅。〔旨部〕○｜，一曰所以制動，或作鑈，通作柅。〔紙部〕

**櫐** 古人謂藤為｜。〔本草·卷二四〕○｜，藤，亦作虆。〔廣韻·旨部〕

**檥** ｜，舩著岸也，或作艤。〔慧琳音義·卷五一〕○｜為整舩向岸也。〔卷八一〕○｜，幹也。〔集韻·紙部〕○｜，木名。（同上）

**𧳟** ｜，移蠶也。〔集韻·旨部〕○䝅，｜或从蠶。（同上）

**𧲤** ｜，移蠶就寬。〔廣韻·旨部〕

**欐** ｜，重累。〔集韻·紙部〕○｜佹，支柱也。（同上）

**峙** ｜，止也，不前也。〔慧琳音義·卷七九〕○｜，山特立也。〔卷一七〕○｜，猶躊躇也。〔說文〕「｜，躇也」繫傳。○｜躇，不前也，此與〔毛詩〕踟蹰字聲相近。〔詩·靜女〕「搔首踟蹰」後箋。○〔說文定聲·卷五〕｜躇，雙聲連語，不前也，裹回不去之貌，本訓｜，止也。〔說文〕「｜，｜躇也」。○｜躇、箸箸、躊躅、踟蹰、躊躕、跢跦，皆雙聲疊韻而同義。〔說文〕「｜，躇也，从止，寺聲」段注。○｜者，豎也。〔說文定聲·卷五〕（「㝷」下）○｜與跱同。〔廣雅·釋詁〕「跱，止也」疏證。○〔說文定聲·卷五〕｜，段借為庤。〔爾雅·釋詁〕「｜，具也」。○｜者，偫之段音也。〔釋詁〕「｜，具也」郝疏。○｜躇與踟蹰同。〔釋宮〕「室中謂之時」郝疏。○假借以｜為偫。〔說文〕「｜，躇也」段注。○｜即儲偫字。〔說文〕「供，設也」段注。○｜，字亦作跱、作峙。〔說文定聲·卷五〕

**歆** ｜，疲極。〔集韻·紙部〕

**歖** ｜欯，驢鳴。〔廣韻·旨部〕又〔集韻·旨部〕。○｜欯，騾鳴。〔集韻·止部〕

**𣤮** ｜，齧也，亦作歜。〔廣韻·止部〕

**殍** ｜，草木枯落。〔廣韻·旨部〕○｜，餓死，或作殍。〔集韻·旨部〕

**𣧑** ｜，弃也。〔廣韻·紙部〕○｜，棄也。〔集韻·紙部〕

**毑** ｜，母也，或作姐。〔集韻·紙部〕

**毞** ｜即紕也。〔說文〕「紕，氐人纑也」段注。

**㲜** 獸毛多曰｜。〔集韻·止部〕

**沘** 此以｜、淠為一水也。〔漢書·地理志〕「｜山，｜水所出」補注。○｜，舊作泚，新校本作比。〔呂覽·處方〕「與荆人夾｜水而居」校正。

**泜** ｜，著止。〔廣韻·紙部〕○〔說文定聲·卷一一〕｜，段借為湽，｜、湽一聲之轉。〔左傳僖公三三年〕「與晉師夾｜而軍」。

**洍** 〔說文定聲·卷五〕｜，段借為汜。〔說文〕引〔詩〕曰「江有｜」。○｜，蓋三家〔詩〕，下文引「江有汜」，則〔毛詩〕也。〔說文〕「｜，詩曰江有｜」段注。

**涕** ｜，目汁。〔集韻·止部〕

**漇** ｜，潤也。〔楚辭·招隱士〕「凄凄兮｜｜」補注。

**潎** ｜，水擊絮也。〔集韻·止部〕○｜，以水激物。〔集韻·旨部〕

**滍** ｜，或省作滍。〔說文〕「｜，水在丹陽」義證。○｜，〔玉篇〕、〔廣韻〕並作瀵。（同上）

**澻** 齊人謂滑曰｜。〔集韻·紙部〕

**灅** 滖｜，水波涌起皃。〔集韻·旨部〕

**𤅒** ｜，水流皃。〔集韻·旨部〕○｜，膏液。（同上）○｜，魚盛皃。〔廣韻·旨部〕○魚盛謂之｜。〔集韻·旨部〕○｜｜，魚行相隨皃。（同上）

**灖** ｜，水流皃。〔集韻·紙部〕

**灑** ｜，汎也。〔集韻·紙部〕○｜，埽。〔廣韻·紙部〕○｜，落也。〔集韻·紙部〕

**烓** ｜，行竈。〔集韻·紙部〕○｜，煁也。〔說文〕「｜，行竈也」義證引〔玉篇〕。○｜與鬵聲相近。〔廣雅·釋器〕「鬵，釜也」疏證。

熣　｜，火皃。〔集韻・紙部〕

⿰牛矣　牛一歲謂之｜。〔集韻・止部〕

⿱敄牛　｜，獸，似牛。〔廣韻・旨部〕○｜，獸名，似牛。〔集韻・旨部〕

⿰犭几　｜，獸名，如兔喙，蛇尾，見則有蝗災。〔廣韻・旨部〕○｜，獸名，兔喙而蛇尾。〔集韻・旨部〕

狏　｜，｜狼。〔廣韻・紙部〕○｜，獸名，似狐，出則有兵。（同上）○｜，狼屬，似狐，白色，尾長，見則有兵。〔集韻・紙部〕

⿰犭比　｜，獸名，似豕。〔集韻・旨部〕

狔　猗｜，從風皃。〔廣韻・紙部〕○猗｜，弱皃。〔集韻・紙部〕

狧　｜，犬以舌取物。〔集韻・紙部〕

⿰犭夷　｜，獸名，似犬。或从豸。〔集韻・止部〕

猚　｜，獸名，似狖，卬鼻，長尾。｜或从虫。〔集韻・旨部〕

⿰犭癸　｜，獷悍也。〔集韻・旨部〕

⿰犭思　｜，不安也。或从人。〔集韻・止部〕○｜，不安皃，又作偲。〔廣韻・止部〕○葸緦諰｜，並字異而義同。〔廣雅・釋言〕「葸，慎也」疏證。

⿰犭惢　｜，獸名，雌狢。〔集韻・紙部〕

⿰犭畾　｜，飛｜，獸名。〔廣韻・旨部〕

⿰犭遀　｜，牸豚，或作⿰犭隋。〔廣韻・紙部〕

⿰犭隋　｜，牸豚。〔集韻・紙部〕○⿰犭遀，｜或不省。（同上）

⿰犭遀　｜，牸⿰犭屯也。〔集韻・紙部〕

⿰犭璽　｜，少也，取禽獸少也。〔說文〕「｜，秋田也」繫傳。

⿰巨瓦　｜，⿰糸瓦｜，⿰車瓦也。〔集韻・止部〕

⿰車瓦　｜，瓶也。〔集韻・旨部〕

⿱由廾　｜，舉出之。〔集韻・之部〕○｜，舉也。〔廣韻・之部〕

畾　｜，田間也。〔說文〕「｜」義證引〔玉篇〕。○田間謂之｜。〔集韻・旨部〕

疵　｜，毀也，通作呰。〔集韻・紙部〕

⿸疒敄　｜，下病。〔集韻・紙部〕

⿸疒啚　｜，腸中結病，或作痞。〔集韻・旨部〕

瘵　｜，肉不平也。〔慧琳音義・卷四〇〕

⿸疒麗　｜，病瘠黑也。〔集韻・紙部〕

⿰麦攴　｜，膚如粟。〔集韻・紙部〕

眡　｜，瞻也。〔慧琳音義・卷九五〕○｜，視也。〔廣韻・齊部〕○｜、視古今字。〔周禮・天官〕「辨正方位」孫正義。

眯　｜，物入目病。〔集韻・旨部〕

眵　｜，目汁凝結也。〔慧琳音義・卷七四〕

⿱次目　｜，古通作咨。〔廣雅・釋詁〕「｜，視也」疏證。

睥　｜睨、俾倪、辟倪，並字異而義同。〔廣雅・釋詁〕「｜睨，視也」疏證。

⿰目迷　｜，眇目也。〔集韻・紙部〕

⿰目啇　｜，恚視。〔廣韻・旨部〕

⿰目爲　｜｜，目好皃。〔集韻・紙部〕

⿰目壽　｜，恚視也。〔集韻・至部〕

⿰矛危　｜，短矛。〔集韻・紙部〕

⿰矛豕　｜，矛屬。〔集韻・紙部〕

砋　｜，擣繒石。〔集韻・止部〕○｜，礪石。（同上）

⿰石失 丨，石墮聲。〔集韻・旨部〕

硊 硍丨，石也。〔集韻・紙部〕○磈，丨或从鬼。〔同上〕○磈丨，石皃。〔廣韻・紙部〕

⿰石矣 丨，石墮聲。〔集韻・止部〕

碕 丨，石皃。〔集韻・紙部〕○丨礒，石皃。〔廣韻・紙部〕

硋 丨，石墮聲也。〔廣韻・旨部〕

礨 丨空，小穴。〔集韻・旨部〕○丨，小封也。〔同上〕

⿰石為 丨，敗也。〔集韻・紙部〕○丨即破字。〔説文定聲・卷一〇〕〔「破」下〕

礒 丨，碕丨。〔廣韻・紙部〕○丨，石皃。〔集韻・紙部〕○䃔，丨或省。〔同上〕

衹 丨，辭也。〔集韻・紙部〕

禧 丨，通作釐，又通作僖。〔釋詁〕「丨，福也」郝疏。

⿰礻麗 丨，祭名。〔集韻・支部〕

秄 丨，古人言耘丨，以土壅根也。〔説文〕「丨，壅禾本」繫傳。○丨之言字也，養之也。〔同上〕○丨，或作耔。〔説文〕「丨，壅禾本」義證。○丨，字亦作耔，苗生三葉以上，稍槈隴草，因壝其土以壅苗根，使耐風與旱，即〔左傳〕「是穮是蓘」之蓘也。〔説文定聲・卷五〕○官本丨作芓。〔漢書・食貨志〕「丨，附根也」補注。○丨，班所據詩作芓，古文叚借字。〔説文〕「丨，雝禾本」段注。○耔、蓘皆丨俗字。〔同上〕

秛 丨，租也。〔集韻・紙部〕

秲 丨穛，稻名。〔廣韻・止部〕

⿰禾垂 丨，小積也。〔集韻・紙部〕○丨，禾積也。〔同上〕

⿰禾疑 丨，禾盛。〔廣韻・止部〕

⿱穴危 丨，穴也。〔集韻・紙部〕

⿱竹巳 丨，簞也。〔集韻・止部〕

⿱竹氺 丨，竹名。〔集韻・旨部〕

⿱竹止 丨，竹名。〔集韻・止部〕

⿱竹市 丨，竹名，出南方荒中，長百丈，圍三丈。〔集韻・止部〕

笫 丨，牀簀。〔廣韻・止部〕○丨，聲轉為簀。〔廣雅・釋器〕「丨」疏證。

⿱竹攵 丨，筍也。〔集韻・止部〕

笓 丨，竹名。〔集韻・紙部〕

⿱竹思 丨簩，竹名，一枝百葉，有毒，如堇。〔集韻・止部〕

⿱竹意 丨，竹萌也。〔廣韻・止部〕

⿱竹臬 丨，竹篾。〔集韻・旨部〕

⿱竹累 丨，法也。〔集韻・旨部〕○丨，法可以丨网人心。〔同上〕○丨，法者丨可以網人心。〔廣韻・紙部〕

簃 丨，連閣也。〔集韻・紙部〕

⿱竹惢 竹葉再生曰丨。〔集韻・紙部〕

⿱竹為 丨，筍皮。〔集韻・紙部〕

⿱竹義 丨，竹器。〔集韻・紙部〕

⿱竹毀 舂謂之丨，或作簸，亦省作箆。〔集韻・紙部〕

粃 〔通雅・卷八〕丨謬即紕繆。〔盧植傳〕「周禮諸經，特多丨謬」。

⿰米是 丨，黏也。〔廣韻・紙部〕又〔集韻・紙部〕。

⿰米靡 丨，碎也。〔集韻・紙部〕

⿰糸止 績苧一紕謂之丨。〔集韻・止部〕

紴 丨，錦屬。〔集韻・紙部〕○丨，水波錦文。〔廣韻・紙部〕

累　｜解與蟹螺一也。〔荀子·富國〕「和調｜解速乎急疾」集解。○｜解猶蟹螺。〔韓子·揚權〕「若天若地，是謂｜解」集解。○纍為正體，隸省作｜。〔釋言〕「諈，｜也」郝疏。

緝　｜｜，轡盛皃。〔廣韻·止部〕又〔集韻·止部〕。○｜，通作耳。（同上）

縻　｜，散也。〔集韻·紙部〕

缺　｜通玦，卷幘也，結項中，隅為四綴，所以固冠者。〔集韻·紙部〕

⿱罒麗　｜，遷也。〔集韻·紙部〕

羠　｜，犍羊。〔廣韻·旨部〕○〔說文定聲·卷一二〕馬曰騬，牛曰犗、曰犍，豕曰豶，犬曰猗，羊曰｜、曰羯，蘇俗語通謂之扇。〔說文〕「｜，騬羊也」。

⿰羊委　｜，羊相｜積。〔廣韻·紙部〕○｜，羊相積也。〔集韻·紙部〕

⿰豸只　咫｜只并同。〔管子〕「綷制」雜志。

聻　｜、覽皆漸。〔通雅·姓名〕○｜，指物皃。〔廣韻·止部〕

胏　｜當作柹。〔漢書·衛青傳〕「青幸得㠯｜附待罪行間」補注。

⿱亼⿱血土　〔說文定聲·卷五〕｜，疑隋之借字，隋、胏雙聲。〔說文〕「｜，食所遺也」。

⿰月否　痞，字或作｜，通作否。〔廣雅·釋言〕「痡、瘧，痞也」疏證。

⿰月累　｜，皮起也。〔集韻·旨部〕

膸　｜餅，䭈饠也，蜀人以蒸餅為䭈。〔通雅·飲食〕

⿰月嶲　｜，瘡也。〔說文〕「瘍，創裂也」義證引〔玉篇〕。

⿰舌也　｜，以舌取物也，又作舐。〔續音義·卷四〕

舐　｜，以舌取物也。〔慧琳音義·卷一九〕

芘　｜，草名。〔集韻·旨部〕

茈　｜蒻，小苹。〔廣韻·旨部〕

苶　｜，當作茶。〔莊子·齊物論〕「｜然疲役」集釋。

⿱艹𠬸　｜，艸木枯落。〔集韻·旨部〕○〔食貨志〕「野有餓｜」，又𠬸之俗字。〔說文〕「𠬸，讀若詩摽有梅」段注。

⿱艹卮　｜，藥艸，可治金瘍。〔集韻·止部〕

莜　｜與葰同。〔方言三〕「葰欠，雞頭也」箋疏。○｜或作葰。〔廣雅·釋草〕「｜芡，雞頭也」疏證。

葰　｜，雞頭也。〔廣韻·紙部〕

莔　｜，通作⿱亡虫，又通作蝱。〔釋草〕「｜，貝母」郝疏。

茝　｜，草名，虈蕪也。〔集韻·止部〕○｜，香草。〔廣韻·止部〕○〔說文定聲·卷五〕｜，即川芎苗。〔爾雅·釋草〕「蘄｜，虈蕪」。○｜蘭，芳草。〔漢書·禮樂志〕「｜蘭芳」補注。

菧　｜蒻，艸名，小萍也。〔集韻·紙部〕○｜蒻，艸名，萍也。〔集韻·旨部〕○茈，｜或省。（同上）

葵　｜，艸名，蒿也。〔集韻·止部〕○｜蒿也。〔廣韻·止部〕

萆　｜，胡｜。〔廣韻·止部〕○｜，胡｜，艸名，枲耳也，或作葈。〔集韻·止部〕

萎　｜蕤，此草根長多須，如冠緌下垂之緌而有威儀，故以名之。〔本草·卷一二〕○〔說文定聲·卷一二〕｜，以委為之。〔詩·鴛鴦〕箋「則委之以莝」。

⿱艹庇　｜，｜麻。〔廣韻·齊部〕

⿱艹始　｜，艸名。〔集韻·止部〕

⿱艹披　｜，艸名。〔集韻·紙部〕

菙　｜，木名。〔集韻·紙部〕

⿱艹軌　｜，香艸。〔集韻·旨部〕

葈　｜即枲麻之枲。〔淮南子〕「位賤尚｜」雜志。

⿱艹弭　｜，芒艸也，似菅。〔釋草〕「｜，春艸」鄭註。

萯　｜，艸名，馬啖之則馴，通作苢。〔集韻·止部〕

蓰 —，艸名。〔集韻·紙部〕○—，物數也，五倍曰—。〔同上〕

葞 —耳即葈耳，非資菉葹也。〔通雅·草〕

蕊 —，花心也。〔離騷〕「貫薜荔之落—」補注。○—，花鬚頭點也。〔同上〕○—，草木叢生皃。〔廣韻·紙部〕又〔集韻·紙部〕。○—，香艸根，似茅，蜀人所謂葅香。〔同上〕○—，草木實節生。〔廣韻·旨部〕

藢 —，艸名，紫芋也。〔集韻·止部〕○—，紫鷴芋也。〔通雅·艸〕

薙 —，芟草，又辛—，辛夷別名。〔廣韻·旨部〕○—，燒草。〔同上〕

薣 —，艸名。〔集韻·紙部〕

蘼 薔—，藥名。〔廣韻·紙部〕

蘢 —，艸名。〔集韻·紙部〕

蘬 蘢古大者曰—。〔廣韻·旨部〕

藿 —，艸木花敷皃。〔集韻·紙部〕

虸 —蚄，蟲。〔廣韻·止部〕○—蚄，蟲名，害稼。〔集韻·止部〕

蚔 —，蟲名，蚑也。〔集韻·紙部〕

䖤 —，蟲伸行，或書作蚩。〔集韻·止部〕

蜌 —，小蛤。〔集韻·旨部〕

𧕴 〔說文定聲·卷一〇〕—，大者為蚍蜉，小者為螘，通名為—，即蟻。〔洞簫賦〕「螻蟻蝘蜓」。〇〔同上〕此—字，蟻之誤。〔爾雅·釋蟲〕「—，羅」釋文「—」本又作蛾」。

蜼 —，似猴，仰鼻而尾長，尾端有岐，亦作狖。〔廣韻·旨部〕

蜲 —，委負。〔廣韻·紙部〕○—，蟲名，委負也，通作委。〔集韻·紙部〕

蝭 芪蒛知—蚔提，古聲並相近。〔廣雅·釋草〕「芪母，東根也」疏證。

蜵 —，蟲動皃。〔集韻·紙部〕

螘 —，一名蛾。〔說文〕「蛾，羅也」段注。

蝔 —，蟲名，似蜥易，有文。〔集韻·旨部〕

蠝 —，鼯鼠也。〔文選·上林賦〕「飛—」注。○〔史記〕—作鸓，飛鸓，有翼，與飛鼠之以髯飛者不同。〔漢書·司馬相如傳〕「蜼玃飛—」補注。○—與獵同，並音壘。〔文選·南都賦〕「騰猨飛—棲其間」注。○—，〔本草〕作鸓。〔同上〕集釋。

蟢 —子，蟲名，蠨蛸也。〔集韻·止部〕

蝳 —，毒蟲名。〔集韻·紙部〕

䘒 —，赤子陰也。〔集韻·旨部〕○朘，—或从肉。〔同上〕

衏 —，—跡。〔廣韻·旨部〕

䘦 裿—，衣好皃。〔集韻·紙部〕

䘡 —，衣縫。〔集韻·紙部〕○—，裨也。〔同上〕

裿 —䘦，衣皃。〔集韻·紙部〕

褆 —，好衣。〔廣韻·紙部〕○—，美衣服皃。〔集韻·紙部〕○—，衣服端下。〔廣韻·紙部〕○—，衣厚皃。〔集韻·紙部〕

䙀 —，衿—。〔廣韻·紙部〕○衿—，敝衣。〔集韻·紙部〕

襹 襂—，旌旂皃。〔集韻·紙部〕

覺 —，視皃。〔集韻·旨部〕

觖 —，怨望也。〔集韻·紙部〕

觭 —，牛角。〔廣韻·紙部〕○牛角謂之—。〔集韻·紙部〕○—，角一俯一仰。〔同上〕

䚕 —，分也。〔集韻·紙部〕

訨 —，訐也。〔集韻·止部〕

訢　丨，喜也。〔集韻·止部〕

訿　丨，言具也。〔集韻·紙部〕〇訿，丨或省。（同上）〇丨，具也。〔廣韻·紙部〕

𧦬　丨，言以示人。〔集韻·旨部〕〇呢，丨或从口。（同上）

𧩯　丨，語也。〔集韻·旨部〕

諈　丨諉，煩重皃。〔集韻·紙部〕

𧧍　丨，言也。〔集韻·紙部〕

𧩃　丨，自得之語。〔集韻·紙部〕〇誔，丨或从匜。（同上）

譩　丨，恨也，又應也。〔廣韻·止部〕

豸　丨即豕之異文。〔説文〕「豕，豕絆足，行豕豕也」句讀。

豨　丨，艸秀不實。〔集韻·紙部〕

豲　丨，豶豕。〔集韻·旨部〕

𧰵　丨，豕，俗呼為豶猪也。〔説文〕「丨，豶也」義證引〔玉篇〕。〇丨，小豶，亦作隊。〔廣韻·紙部〕〇丨與豙音同，疑丨即豙之或字。〔説文〕「丨，豶也」段注。

豲　丨，豕名。〔集韻·紙部〕

𧲜　丨，小豶也。〔廣韻·支部〕

貏　丨豸，漸平皃。〔集韻·紙部〕〇丨豸，陂阪皃。〔慧琳音義·卷九九〕〇丨豸，蓋借獸蟲以狀迆邐之形。〔文選·上林賦〕「陂池丨豸」集釋。〇丨，聲義並从卑。〔漢書·司馬相如傳〕「陂池丨豸」補注。

畤　丨，畜財也，或作賭。〔集韻·止部〕

賭　丨，財物相當。〔集韻·旨部〕

跂　丨，行皃。〔集韻·紙部〕〇踦，丨或从奇。（同上）

趍　今江南謂屈膝立為跽丨。〔慧琳音義·卷七〇〕〇丨與跪同。〔方言七〕「跪謂之踞登」箋疏。

踋　丨，形下大也，或作卑，通作庳。〔集韻·紙部〕

跱　跱與丨同。〔廣雅·釋詁〕「丨，止也」疏證。〇跱與丨聲近而義同。（同上）

踶　丨跂，用心力皃。〔廣韻·紙部〕〇丨跂，用力皃。〔集韻·紙部〕〇牛展足謂之丨。（同上）

踤　丨，開足行皃。〔集韻·紙部〕〇丨踵，開足皃。（同上）〇丨隅，開足之皃。〔廣韻·紙部〕

躍　丨，行皃。〔廣韻·紙部〕〇丨，行皃，或作儸，通作靡。〔集韻·紙部〕

軝　丨，大車後至。〔集韻·旨部〕

轠　丨，轤車。〔集韻·旨部〕〇丨，丨轤，車屬。〔廣韻·旨部〕

辟　丨，肱也。〔集韻·紙部〕〇睥睨、俾倪、丨倪，並字異而義同。〔廣雅·釋詁〕「睥睨，視也」疏證。

迆　路之邪次第為丨。〔説文〕「胣，重次弟物也」繫傳。〇邐丨，連接。〔廣韻·紙部〕〇〔説文定聲·卷一〇〕丨，當从它聲。〔説文〕「丨，衺行也，从辵，也聲」。

䢔　丨，徙聲義同。〔釋詁〕「遷，徙也」郝疏。

逗　丨，曲行也。〔集韻·紙部〕

𠨘　丨，今作弼。〔説文〕「丨，輔，信也」句讀。〇丨，可省作比。（同上）

郪　丨，有大度也。〔集韻·紙部〕

䣣　丨，酒色。〔説文〕「配，酒色也」義證引〔玉篇〕。〇丨，覆也，或作崥。〔廣韻·旨部〕〇丨，或作崥。〔説文〕「丨，圮或從手，從非，配省聲」義證。〇丨即崥崥字，其音義皆略同。〔説文〕「丨，圮或从手，配省，非聲」段注。

醫　丨，和醴酏為飲也，或作醷、臆。〔集韻·止部〕

醷　丨，梅漿。〔廣韻·止部〕

釪　丨，剛也，或作鋅。〔集韻·止部〕

鉄 —,箭鏃。〔集韻·旨部〕

鈶 —,矛屬。〔集韻·止部〕○—,鋌—。〔廣韻·止部〕

鈰 —,劍名。〔集韻·止部〕

[金黹] —,鑽也。〔集韻·旨部〕

[門豕] —水即涿字。〔通雅·地輿〕

[門毁] —,小開門也。〔説文〕「闖,闚門也」義證。

[門爾] —,力褊。〔廣韻·紙部〕○—,褊狹也。〔集韻·紙部〕○—,智少力劣而爭。(同上)

阺 —與氏音義皆同。〔説文〕「氏,巴蜀名山岸脅之自旁箸欲落墒者曰—」段注。

陊 —,山崩也。〔廣韻·紙部〕○—,段為阤。〔説文〕「—,落也」段注。

陭 —,隑也。〔集韻·紙部〕

雅 —,細頸。〔廣韻·旨部〕

雷 —,推石下也。〔集韻·旨部〕

[雨靡] —靡,草弱隨風偃皃。〔慧琳音義·卷八二〕○—靡,草木弱皃。〔廣韻·紙部〕○—靡,弱皃。〔集韻·紙部〕○——,細皃。(同上)

[革旨] —,蓋杠絲也。〔集韻·旨部〕

[革危] —,韉也。〔集韻·紙部〕

[革蚩] —,驂具。〔集韻·旨部〕

頍 —,傾頭也。〔集韻·紙部〕○—倪,義與睥睨同。〔廣雅·釋詁〕「睥睨,視也」疏證。

[兼食] —,嫌食貌。〔管子·形勢〕「訾食者不肥體」義證。

餌 米粉合豆末、糖、蜜蒸成者曰—。〔本草·卷二五〕

[香奇] —馜,香也。〔集韻·紙部〕

[馬否] —,獸趨行皃。〔集韻·旨部〕○— 駃,獸行也。(同上)

骳 —,曲也。〔集韻·紙部〕○—屈,曲也。〔廣韻·紙部〕○骫—,曲也。〔集韻·紙部〕

[此骨] —,鳥骨。〔集韻·紙部〕○骨有肉謂之—,或作骴。(同上)

[骨奇] —,小骨。〔集韻·紙部〕

[骨隓] 〔説文定聲·卷一〇〕—,字亦作髓。〔禮記·內則〕「滫髓以滑之」。

[髟差] —,髮好皃。〔集韻·紙部〕

[香史] 香之美者謂之—。〔集韻·止部〕

[鬼支] —,鬼服。〔集韻·紙部〕

魏 —,細也。〔集韻·紙部〕

魮 —,魚名,尾有毒。〔集韻·旨部〕

鮆 —,魚名。〔集韻·紙部〕○—,刀魚也。(同上)○—與呰同。〔方言一〇〕「呰,短也」箋疏。

鯷 —,魚名,重千斤。〔集韻·紙部〕

鰓 葸—諰猥,並字異而義同。〔廣雅·釋言〕「葸,慎也」疏證。

鰖 —,蟹子。〔廣韻·旨部〕○—,魚始生者,或作𩻂。〔集韻·旨部〕

鳩 —,解也。〔集韻·紙部〕

[鳥只] —鵌,鳥名,赤足,善禦焚。〔集韻·紙部〕○—鵌,鳥名,似烏,赤足。(同上)

鴜 —,鳥名,或作鷕。〔集韻·紙部〕

[危鳥] —,子規。〔廣韻·紙部〕○—,鳥名,鳴鳩也,即今布穀。〔集韻·紙部〕○—,布穀鳥。〔廣韻·紙部〕

鵗 —,雉名,通作希。〔集韻·旨部〕

鷕 —,雉鳴。〔集韻·旨部〕

**麀** 鹿二歲曰－。〔廣韻·止部〕又〔集韻·旨部〕。○－，鹿二歲名。〔集韻·止部〕

**䴭** －，磨麥也。〔集韻·紙部〕○䑘，－或从臼。（同上）

**䵹** －黈，艸書勢。〔集韻·旨部〕

**鼭** －，鼠名。〔廣韻·止部〕○－，鼠形如獸。〔集韻·止部〕○－鼶，鼠屬。（同上）

**𪖰** －，涕也。〔集韻·旨部〕

**䶑** －，息也。〔集韻·旨部〕○－，臥息聲。（同上）○－，去涕也。〔廣韻·紙部〕○－，去涕。〔集韻·紙部〕

# 續經籍籑詁卷第三十五

上聲

## 五　尾

**尾** 今俗謂穀曰－巴。〔字詁〕○－謂穀道竅，故从毛。此竅在人隱微之處，故訓微。〔字詁〕○〔説文定聲·卷一二〕－，禽獸後也。〔説文〕「－，交接也」。○－則鳩－，一名－翳，是心之蔽骨。〔太素·十五絡脈〕「名曰－翳」楊注。○－，首－也。〔廣韻·尾部〕○－，末也。〔詩·旄丘〕「瑣兮－兮」朱傳。○－猶末也。〔國策·燕策一〕「獻常山之－五城」補正。○－，終也。〔國策·秦策五〕「王若能為此－」補正。○－，引伸訓為後。〔説文〕「－，微也」段注。○－猶底。〔釋水〕「瀵大出－下」郝疏。○－，猶底也。（同上）鄭註。○－亦少也。〔詩·旄丘〕「瑣兮－兮」平議。○－者，下游也。〔釋水〕「瀵大出－下」述聞。○－者，水之下流也。（同上）平議。○〔説文定聲·卷一二〕－，好也。〔詩·旄丘〕「瑣兮－兮」。○－，船－。〔説文〕「舳，艫」繫傳。○－，一名依。〔釋天〕「大辰，房心－也」郝疏。○－，謂－星。〔大戴·夏小正〕「依，－也」王詁。○－閭，歸墟也。〔通雅·地輿〕○－微聲義並同。〔廣雅·釋詁〕「－，微也」疏證。○－、微聲近義通。〔詩·旄丘〕「瑣兮－兮」平議。○－、微疊韻而又可借之字也。〔説文〕「－，微也」句讀。○－，字亦作浘。〔説文定聲·卷一二〕○（同上）－，段借為嬍。〔詩·旄丘〕「瑣兮－兮」。○－，娓之古文假借。〔詩·旄丘〕「瑣兮－兮」陳疏。

**鬼** 天曰神，地曰祇，人曰－。〔説文〕「－，人所歸為－」義證引〔玉篇〕。○－者，氣之屈也。〔禮記·祭法〕「人死曰－」集解。○或曰－神，或曰－，或曰神，其義一也。〔管子〕「祥其神矣」雜志。○－亦訓神。（同上）○－神，謂四方百物。〔大戴·曾子天圓〕「為－神主」王詁。○－，謂若先帝及百辟卿士之有益於民者。〔禮記·禮器〕「－神之祭」集解。○－之言歸也。〔説文〕「－，人所歸為－」義證引〔玉篇〕。○－之為言歸也。〔廣韻·尾部〕○－、蘬聲相轉。〔釋草〕「蘬葵，竊衣」郝疏。○男－薪，女曰粲。〔漢書·惠帝紀〕「皆耐為－薪白粲」補注引沈欽韓。○－肉，即蒟蒻也。〔通雅·艸〕○－谷即槐谷。〔漢書·地理志〕「池陽」補注。○－方，遠夷之國也。〔詩·蕩〕「覃及－方」朱傳。○－方，本遠方之通稱。（同上）通釋。○或曰－方，北方國也。〔易·既濟〕「高宗伐－方」李疏引〔干寶注〕。○－方，南方之國。（同上）李疏。○－督郵，此草獨莖而葉攢其端，無風自動，故曰－獨搖草，後人譌為－督郵耳。因其專主－病，猶司－之督郵也。〔本草·卷一三〕○－，古文作䰟。〔慧琳音義·卷二〕○〔説文定聲·卷一二〕｜，叚借發聲之詞。〔方言一二〕「虔、儇，慧也，或謂之｜」。○｜侯，〔史記〕作九侯。〔韓子・難言〕「｜侯腊」集解。○邢侯｜侯，〔魯仲連傳〕作鄂侯九侯，九、｜聲相近。〔漢書・古今人表〕「邢侯｜侯」補注引王念孫。

**葦** ｜，大葭也，蘆之類也。〔慧琳音義・卷二〕引顧野王。○｜，即大蘆也。〔説文〕「亂，葯也」繫傳。○｜，即蘆之大者也。〔大般若經・卷四〕「竹葦」音義。○｜，葭之已秀者也。〔説文定聲・卷一二〕○已成曰｜。〔卷四〕〔「葯」下〕○｜，空中而高大也。〔卷四〕〔「蒹」下〕○｜，葭也。〔資治通鑑・周紀四〕「而灌脂束｜於其尾」音注。○｜，蒹葭之屬。〔詩・河廣〕「一｜杭之」朱傳。○｜，蘆｜。〔廣韻・尾部〕○葭為｜，謂蘆也。〔説文〕「｜，大葭也」義證引〔急就篇〕顔注。○｜者，偉大也。〔本草・卷一五〕○｜苕，蘆秀也。〔大戴・勸學〕「繫之｜苕」王詁。○〔通雅・卷八〕｜然即熠然，或作蔚然。〔漢書・王莽傳〕「｜然」。

**扆** ｜，户牖閒也。〔廣韻・尾部〕○｜，屏風也。〔通鑑・陳紀三〕「立於斧｜之前」音注。○｜，若今之屏風也。〔説文〕「｜，户牖之間謂之｜」繫傳。○〔説文定聲・卷一二〕｜，字亦作扆。〔廣雅・釋詁一〕「扆，翳也」。○｜，古通作依。〔釋名・釋牀帳〕「｜，倚也」疏證。○｜、依通字。〔書・顧命下〕「狄設黼｜」孫疏。○〔説文定聲・卷一二〕｜，經傳多以依為之。〔儀禮・覲禮〕「天子設斧依于户牖之間」。○｜，〔詩〕〔禮〕多叚借依為之。〔説文〕「｜，户牖之閒謂之｜」段注。○〔説文定聲・卷一二〕｜，叚借為隱。〔通俗文〕「奥内曰｜」。○〔同上〕｜，叚借為匸。〔廣雅・釋詁四〕「｜，藏也」。

**螘** ｜，｜子，蟲。〔廣韻・尾部〕○｜，蟲名，蚍蜉也。〔集韻・尾部〕○｜，或作蟻。〔同上〕

**卉** ｜，草。〔詩・四月〕「百｜具腓」朱傳。○｜，草也。〔詩・出車〕「｜木萋萋」朱傳。○｜之言彙也。〔廣雅・釋詁〕「｜，衆也」疏證。○｜與颹亦聲近義同。〔釋詁〕「颹，疾也」疏證。○〔通雅・卷七〕｜汩，一作｜歙。〔五神章〕「｜汩臚」。○｜，奔之叚借。〔説文〕「奔，疾也」段注。

**虺** ｜，蝮也。〔慧琳音義・卷八六〕引顧野王。○｜，小蛇也。〔楚辭・天問〕「雄｜九首」補注引〔國語〕注。○｜為小蛇。〔通鑑・梁紀九〕「此所謂養｜成蛇」音注。○｜，蛇｜。〔廣韻・尾部〕○｜，亦蛇名。〔楚辭・天問〕「雄｜九首」補注引五臣。○｜，蛇屬。〔詩・斯干〕「維｜維蛇」朱傳。○｜｜，靁將發而未震之聲。〔詩・終風〕「｜｜其靁」朱傳。○〔魏横海將軍呂君碑〕「民無｜蜴」，｜字從元。〔説文〕「元，始也」義證。○〔説文定聲・卷一二〕｜，或曰從長省，從虫，虫亦聲。〔説文〕「｜，以注鳴者，从虫，兀聲」。○｜者，虫之叚借也。〔釋魚〕「蝮，｜」郝疏。○〔説文定聲・卷一二〕｜，叚借為虫。〔釋魚〕「蝮，｜」。○｜，虫之叚借。〔説文〕「它，虫也，从虫而長，象冤曲垂尾形」段注。

**幾** ｜，｜何。〔廣韻・尾部〕○｜與既通。〔呂覽・達鬱〕「寡人與仲父為樂將｜之」平議。○古或叚｜瑟作蟣蝨。〔説文〕「蝨，齧人蟲」段注。○｜讀為豈，豈與｜古同聲而通用。〔漢書・黥布傳〕「｜是乎」補注引王念孫。○｜如字讀，｜先謂｜之先見也。〔漢書・息夫躬傳〕「臣為國家計｜先」補注。○〔史記〕｜作冀，｜、冀元可通用。〔漢書・霍去病傳〕「｜獲單于子」補注。

**亹** ｜｜，勉也。〔大戴・五帝德〕「｜｜穆穆」王詁。又〔集韻・尾部〕。○｜｜，勸勉之意。〔禮記・禮器〕「君子達｜｜焉」集解。○｜｜，强勉之貌。〔詩・文王〕「｜｜文王」朱傳。又〔詩・崧高〕「｜｜申伯」朱傳。○｜｜，行貌。〔楚辭・九辯〕「時｜｜而過中兮」補注引五臣注。○｜｜，進也。〔慧琳音義・卷七八〕引〔古今正字〕。○｜｜，進貌。〔詩・文王〕「｜｜文王」集疏。○｜｜，亦進貌也。〔慧琳音義・卷一九〕○｜｜、勉勉，聲相轉也。〔釋詁〕「｜｜，勉也」郝疏。○｜｜、亹没以聲轉為義。〔釋詁〕「｜｜，勉也」邵正義。○｜與亹、没、孟、勉俱一聲之轉。〔釋詁〕「｜｜，勉也」郝疏。○｜｜，又轉為没没。〔詩・文王〕「｜｜文王」通釋。○｜｜猶微微也。〔慧琳音義・卷一九〕○｜｜，美也。〔卷七八〕引〔考聲〕。○｜，美也。〔廣韻・尾部〕○｜，俗作亹。〔同上〕○｜，或作亹。〔詩・文王〕「｜｜文王」通釋。○｜與門同。〔漢書・景武昭宣元成功臣表〕「攻辰吾先登石｜」補注引沈欽韓。○｜讀為門。〔釋詁〕「｜｜，勉也」郝疏。○｜，隸變作亹。〔詩・文王〕「｜｜文王」陳疏。○｜者，釁之消，隸變為｜。〔同上〕通釋。○｜，古作釁。〔通雅・疑始〕引楊南仲。○｜即釁之俗。〔説文〕「忞，自勉彊也」段注。○〔通雅・卷九〕｜｜亦作娓娓。〔禮記〕「君子達｜｜焉」。○｜即娓也。〔文選・劇秦美新〕「疊閎罕漫，而不昭察」集釋。○｜，通作娓。〔集韻・尾部〕○｜讀為美。〔釋詁〕「｜｜，勉也」郝疏。○讀｜為湄。〔詩・鳧鷖〕「鳧鷖在｜」通釋。○子｜，〔韓子・難篇〕作子亹。〔左傳桓公一七年〕「立公子｜」疏證引校勘記。

**偉** ｜，大也。〔廣韻・尾部〕○｜，奇也。〔國策・秦策一〕「辯言｜服」鮑注。○｜，人材傀｜也。〔説文〕「｜，奇也」繫傳。○｜，重也。〔慧琳音義・卷一〇〕引〔考聲〕。○｜煒，義並與韡同。〔廣雅・釋詁〕「韡，盛也」疏證。○｜與瑋通。〔漢書〕「豈不危哉」雜志。○｜、瑋古通用。〔方言二〕「梁益之閒，凡人言盛及其所愛｜其肥晠謂之驤」疏證。○｜，一作偽。〔國策・秦策一〕「辯言｜服」補正。

**韙** ｜，是也。〔廣韻・尾部〕○〔説文定聲・卷一二〕｜，叚借為媁。〔廣雅・釋詁四〕「愇，恨也」。

**篚** ｜，竹器，方曰篚，圓曰｜。〔廣韻・尾部〕○｜、輫，其義一也。〔廣雅・釋器〕「輫，箱也」疏證。○｜，字或作輫。〔説文〕「篚，車笭也」義證。○〔説文定聲・卷一二〕｜，以茀為之。〔詩・碩人〕「翟茀以朝」。○｜，當為匪。〔書・禹貢〕注「｜，一作棐」孫疏。○〔説文定聲・卷一二〕｜，叚借為匪。〔儀禮・士冠禮〕「洗有｜」。

**朏**　—，月三日明生之名。〔廣韻・尾部〕○—與朏同。〔廣雅・釋詁〕「朏，明也」疏證。

**煒**　—，光色盛皃也。〔慧琳音義・卷三二〕○—，赤色盛也。〔卷五五〕引〔古今正字〕。○—曄，光彩盛也。〔卷七九〕○〔說文定聲・卷一二〕—，假借為煇。〔漢書・王莽傳〕「青—，赤—，白—，元—」。○—，字亦作暐。〔說文定聲・卷一二〕

**豨**　—，楚人呼豬。〔廣韻・尾部〕○——，走貌，以其走貌名之曰—。〔說文〕「—，豕走——也」段注。○—亦作狶。〔廣韻・尾部〕○—薟，此草氣臭如豬而味薟螫，故謂之—薟。〔本草・卷一五〕

**顗**　—，靖也。〔廣韻・尾部〕○—，靜也。〔慧琳音義・卷一〇〇〕引〔考聲〕。○—，謹敬也。〔卷一〇〇〕○—，樂也。〔廣韻・尾部〕

**韡**　—，華盛皃。〔廣韻・尾部〕○——，光明貌。〔詩・常棣〕「鄂不——」朱傳。○——，照也。〔說文〕「弓，草木弓盛也」繫傳。○韡—韡並同。〔廣雅・釋詁〕「—，盛也」疏證。○〔說文定聲・卷一二〕—，段借為煒。〔西京賦〕「流景曜之—曄」。○—，韓作煒。〔詩・常棣〕「鄂不——」集疏。

**斐**　—，文貌。〔大學〕「詩云有斐君子」朱注。又〔論語・公冶長〕「—然成章」朱注。○—，文章皃。〔廣韻・尾部〕○——，與馡馡同。〔廣雅・釋訓〕「馡馡，香也」疏證。○〔說文定聲・卷一二〕—，今以蔚為之。〔易・革〕「君子豹變，其文—也」。○—，通作匪。〔說文〕「—，分別文也」義證。○〔說文定聲・卷一二〕—，段借為棐。〔公羊傳文公一三年〕「會公于—」。○—，今〔易〕作蔚。〔說文〕「—，易曰君子豹變，其文—也」段注。○—林，〔左氏〕〔穀梁〕作棐林，—、棐通。〔公羊傳宣公元年經〕「宋公陳侯衛侯曹伯會晉師于—林伐鄭」陳疏。

**誹**　〔說文定聲・卷一二〕放言曰謗，微言曰—，曰譏。〔說文〕「—，謗也」。○—，非也。〔墨子・經下〕「說在—者」閒詁引張惠言。○—或作非字。〔說文〕「—，謗也」義證。○〔古今注〕—謗木，今之華表木也。以橫木交柱，頭形似桔槔，大路交衢悉施焉。〔漢書・賈誼傳〕「—謗之木」補注引孔廣森。

**菲**　—，葍類也。〔禮記・坊記〕「采葑采—」集解。○—即蘆菔，與蔓青一類。〔詩・谷風〕「采葑采—」通釋引焦循。○—，菜可食。〔廣韻・未部〕○—，草屨。〔說文〕「屝，履也」義證引杜預。○—履與屝紂同，或草或紂，為履紂枲也。〔漢書・刑法志〕「—履赭衣而不純」補注。○—亦作悲。〔方言一二〕「—怒悵也」疏證。○—，薄也。〔論語・泰伯〕「—飲食」劉正義。又〔廣韻・尾部〕。○—，微也。〔廣韻・尾部〕○〔說文定聲・卷一二〕—，段借為屝。〔荀子・禮論〕「—帷幬尉」。○(同上)—，段借為悲。〔方言一二〕「—，帳也」。○(同上)—，段借為散。〔小爾雅・廣言〕「—，薄也」。○—者，屝之段借字。〔說文〕「屝，屨屬」段注。

**悱**　—者，口欲言而未能之貌。〔論語・述而〕「不—不發」朱注。○—，心欲也。〔集韻・尾部〕○—，口——也。〔廣韻・尾部〕○—與菲聲同義亦相近。〔方言一二〕「悲，帳也」箋疏。○——，心欲挽。〔慧琳音義・卷八三〕引〔字書〕。

**棐**　—，蓋弓檠之類。〔說文〕「—，輔也」段注。○〔說文定聲・卷一二〕—者，夾車之木也。〔說文〕「—，輔也」。○—，輔也。〔廣韻・尾部〕○—榜檠三字皆從木，其義一也。〔管子〕「棐檝」雜志。○—、輔、榜一聲之轉。(同上)○—又木名。〔說文〕「—，輔也」繫傳。○—木似杉而細白也。(同上)○—、騑義亦同。〔廣雅・釋宮〕「閉、扇，—也」疏證。○—常作不常者，言非常明察。〔書・呂刑〕注「—作不」孫疏。○—，字或作棐。〔說文〕「—，輔也」義證。○—通作腓。〔釋詁〕「—，俌也」郝疏。○匪、—古通用。〔漢書・燕刺王旦傳〕「毋作—德」補注引朱一新。○古—、匪字通。〔書・大誥〕「天—忱」平議。○—、斐皆从非聲，故可通假。〔左傳文公一三年經〕「鄭伯會公于—」疏證引臧壽恭。○〔說文定聲・卷一二〕—，段借為非。〔書・呂刑〕「明明—常」。○(同上)—，段借為匪。〔漢書・食貨志〕「賦入貢—」。○(同上)—，段借為菲，實為散。〔漢書・燕刺王旦傳〕注「服虔曰—，薄也」。○—當讀為非。〔書・大誥〕「天—忱」平議。○〔說文定聲・卷一二〕—轉注為俌助。〔書・大誥〕「天—忱」。○〔夏紀〕—作篚，本書通作—，並借字。依〔說文〕當作匪。〔漢書・地理志〕「厥—織文」補注。

**蟣**　—者，蝨子也。〔說文〕「蝨，齧人蟲」段注。○—，蝨卵也。〔慧琳音義・卷三〕引〔韻英〕。○—，—蝨。〔廣韻・尾部〕○—蝨，〔戰國策〕作幾瑟，段借字。〔說文〕「—，蝨子也」段注。

**豈**　—，箸陳樂立而上見也。〔說文繫傳・通論下〕○—，猶其也。〔漢書〕「—」雜志。又〔釋詞・卷五〕。○—字與其同義。〔漢書〕「—」雜志。○—，安也，焉也，會也。〔廣韻・尾部〕○凡言—者皆庶幾之詈，言幾至於此也。〔說文〕「—，一曰欲登也」段注。○—與幾古同聲而通用。〔漢書〕「幾是乎」雜志。○—本作幾，古—字也。〔荀子〕「—非」雜志。○—，字或作幾。〔釋詞・卷五〕○〔說文定聲・卷一二〕—，段借發聲之詞。〔廣雅・釋詁四〕「—，詞也」。○今借—為詞也。〔說文〕「—，還師振旅—樂也」繫傳。○—況，況也。〔漢書・翼奉傳〕「—況乎執十二律而御六情」補注。○—宜，宜也。〔漢書・刑法志〕「—宜惟思所㠯清原正本之論」補注。○—宜者，猶言宜也。此當言豈不宜，亦語急而省文耳。〔漢書・丙吉傳〕「—宜褒顯」補注引錢大昕。○—不，言有是也。〔詩・竹竿〕「—不爾思」陳疏。○或言何遽，或言奚遽，或—遽，或言庸遽，或言甯遽，其義一也。〔漢書〕「何—不若漢」雜志。○或言—鉅，或言—遽，或言庸鉅，或言何遽，其義一而已矣。〔荀子〕「—遽知」雜志。○—，〔周禮〕作愷。〔說文〕「—，還師振旅丨樂也」繫傳。〇丨獨，一作非獨。大劉本作亦。〔呂覽·慎小〕「丨獨兵乎」校正。

**萉** 丨，菜似蕨，生水中。〔廣韻·尾部〕〇丨，或借芑字。〔說文〕「丨，菜之美者，雲夢之丨」義證。

**偯** 丨，哭餘聲。〔廣韻·尾部〕又〔集韻·止部〕。〇丨，哭之餘聲也。〔禮記·雜記下〕「童子哭不丨」集解。

**暐** 丨，丨曄。〔廣韻·尾部〕〇丨，光盛皃。〔集韻·尾部〕〇丨曄，光彩盛皃也。〔慧琳音義·卷一二〕

**匪** 古者盛幣帛以丨，其器隋方，經傳多以篚為之。〔說文定聲·卷一二〕〇丨，不也。〔詩·柏舟〕「如丨澣衣」陳疏。又〔六月〕「玁狁丨茹」陳疏。又〔杕杜〕「丨載丨來」陳疏。〇丨，彼也。〔詩·四月〕「先祖丨人」陳疏。〇丨即彼也。〔詩·定之方中〕「丨直也人」述聞。又〔匪風〕「丨風發兮，丨風偈兮」述聞。又〔都人士〕「丨伊垂之」「丨伊卷之」述聞。〇丨亦有彼義。〔荀子·勸學〕「丨交丨舒」集解引盧文弨。〇丨與篚同。〔孟子·滕文公下〕「書曰丨厥玄黄」朱注。〇丨、篚古今字。〔說文〕「丨，器似竹匧」段注。〇丨與非同。〔詩·采菽〕「彼交丨紓」陳疏。〇丨與棐同。〔廣雅·釋詁〕「丨，猝也」疏證。〇丨通作篚。〔說文〕「丨，器似竹篋」義證。〇丨字經典皆借篚。（同上）句讀。〇〔說文定聲·卷一二〕丨段借為非。〔易·屯〕「丨寇昏媾」。〇丨讀為非。〔詩·定之方中〕「丨直也人」陳疏。〇古書彼與丨通。〔漢書·五行志〕「丨儌丨傲」補注。〇丨、彼通用。〔詩·匪風〕「丨風發兮」後箋。又〔旄丘〕「丨車不東」後箋。〇丨、彼古通用。〔詩·何草不黄〕「丨兕丨虎」通釋。又〔旄丘〕「丨車不東」通釋。又〔小旻〕「如丨行邁」通釋。〇丨，古與彼通用。（同上）後箋引惠棟。〇古人或以丨、彼通用。〔廣雅·釋言〕「丨，彼也」疏證引顧氏寧人〔杜解補正〕。〇丨、彼古同聲通用。〔詩·采菽〕「彼交丨紓」通釋。〇丨有借為彼者。〔說文〕「丨，器似竹匧」段注。〇作丨者正字，作彼者借字也。〔荀子·勸學〕「丨交丨舒」集解引王引之。〇丨與彼音相近，故轉丨為彼。〔左傳成公一四年〕「彼交丨傲」疏證引臧琳。〇〔說文定聲·卷一二〕丨，段借為彼，實發聲之詞。〔左傳襄公八年〕「如丨行邁」。〇丨、斐通。〔詩·淇奥〕「有丨君子」朱傳。〇斐與丨古通用。〔易·大有〕「丨其彭无咎」平議。〇〔說文定聲·卷一二〕丨，段借為斐。〔詩·淇奥〕「有丨君子」。〇丨有借為斐者。〔說文〕「丨，器似竹匧」段注。〇丨即斐之假借。〔詩·淇奥〕「有丨君子」通釋。〇丨，魯、齊作斐，韓作邲。（同上）集疏。〇丨有借為分者。〔說文〕「丨，器似竹匧」段注。〇〔說文定聲·卷一二〕丨段借為分，非、分雙聲。〔周禮·廩人〕「以待國之丨頒」。〇丨即𥻆之段借字。〔周禮·廩人〕「廩人掌九穀之數以待國之丨頒賙賜稍食」孫正義。

**瑋** 丨，玉名。〔廣韻·尾部〕〇丨，奇也。〔慧琳音義·卷八九〕〇丨同偉，奇也，驚羡之意也。〔說文〕「膢，益州鄙言人盛諱其肥謂之膢」段注。

**蜚** 丨，咸丨，蟲名。〔廣韻·尾部〕〇丨，害苗蟲也。〔通雅·蟲〕〇丨遯即肥遯。〔通雅·釋詁〕〇丨，古飛字。〔管子·形勢解〕「丨搖而無所定」義證引孫星衍。〇丨今作飛。〔慧琳音義·卷九〕〇丨與飛通。〔墨子·非樂上〕「丨鳥貞蟲」閒詁。〇丨，古書多段為飛字。〔說文〕「丨，蠹或从虫」段注。〇〔春秋〕〔漢書〕丨亦借為蟦。〔說文定聲·卷五〕〔「蟚」下〕〇丨廉，神禽。〔通雅·鳥〕〇丨，〔左氏〕古文或作蜰。〔左傳莊公二九年經〕「秋有丨」疏證。〇丨，〔御覽〕引作蜰。（同上）

**蜰** 〔說文定聲·卷一二〕丨、蜚實同字。〔春秋廿九年〕「有蜚」。

**蘬** 〔說文定聲·卷一二〕丨，段借為葵，謂向日葵。〔廣雅·釋草〕「丨，葵也」。〇丨、葵古同聲。〔廣雅·釋草〕「丨，葵也」疏證。

**唏** 〔說文定聲·卷一二〕丨，笑聲也。〔說文〕「丨，笑也」。〇丨，哀而不泣。〔廣韻·尾部〕〇丨，哀而不泣也。〔慧琳音義·卷五四〕〇哀而不泣曰丨。〔卷七七〕〇丨，痛也。〔卷五四〕又〔卷七七〕。〇丨、悕、欷字異義同。〔方言一〕「丨，痛也」箋疏。〇丨，字或作悕。〔說文〕「丨，一曰哀痛不泣曰丨」義證。〇丨通作欷。〔方言一三〕「丨，聲也」箋疏。〇丨與悕、欷古通用。〔方言一〕「哀而不泣曰丨」疏證。〇〔說文定聲·卷一二〕丨，段借為欷。〔說文〕「丨，一曰哀痛不泣曰丨」。

**浘** 丨，丨潤，海水洩處。〔廣韻·尾部〕〇丨，丨潤，海洩。〔集韻·尾部〕〇丨，又水流皃。〔廣韻·尾部〕〇丨，一曰水流皃。〔集韻·尾部〕〇丨，一曰泉底。〔集韻·尾部〕

**娓** 丨，美也。〔廣韻·尾部〕〇丨訓順。〔說文定聲·卷一五〕〔「亹」下〕〇丨丨，進也。〔易·繫辭下〕「成天下之丨丨者」李疏引虞注。〇丨，字亦作媺。〔說文定聲·卷一二〕引錢宫詹。〇（同上）丨，段借為娓。〔韓詩·防有鵲巢〕「誰侜予丨」。〇丨丨，諸本皆作亹亹。〔易·繫辭上〕「成天下之丨丨者」李疏。

**悠** 丨，痛聲。〔廣韻·尾部〕〇丨，哀痛聲。〔集韻·微部〕〇丨，念痛聲也。〔廣韻·微部〕〇丨，聲之曲引也。〔說文〕「丨，痛聲也」繫傳。〇丨、殷聲轉義同。〔釋訓〕「殷殷，憂也」郝疏。〇丨，或作偯、譩、噫。〔集韻·微部〕〇丨，字或作偯。〔說文〕「丨，痛聲也」義證。〇〔說文定聲·卷一二〕丨，字亦作偯。〔禮記·間傳〕「三曲而偯」。〇丨作偯者俗字。〔說文〕「孝經曰哭不丨」段注。〇丨，今〔孝經〕作偯。〔說文〕「丨，痛聲也」繫傳。

**扆** 丨，藏也。〔廣韻·尾部〕〇丨猶隱也，語之轉耳。〔廣雅·釋詁〕「丨，翳也」疏證。〇丨與扆通。〔釋詁〕「丨，藏也」疏證。

**穖** 丨，禾穖。〔廣韻·尾部〕〇丨，莖也。〔說文〕「丨，禾丨也」繫傳。〇禾采成實離離若聚珠相連貫者謂之丨。〔說文〕「丨，禾丨也」段注引〔九穀攷〕。又（同上）義證引程瑶田。〇丨與珠璣之璣同意。（同上）段注。又（同上）義證引程瑶田。

訾|，烏如梟也。〔廣韻・尾部〕

悲|，字亦作悱，悵恨之意，憤近于怒，悱近于怨。〔說文定聲・卷一二〕○（同上）|，字亦作悲。〔廣雅・釋詁三〕「悲，悵也」。

餥|，餱也。〔廣韻・尾部〕○|，一曰相請食。（同上）

椲|，木名。〔集韻・微部〕○|，柔木也。〔說文〕「|，木也，可屈為杅者」繫傳。○|木，皮如韋。（同上）義證引〔玉篇〕。○|，或曰其木皮柔如韋。〔說文定聲・卷一二〕○|，木名，可屈為盂。〔廣韻・尾部〕○|，木皮如韋，可屈以為盂。〔說文〕「|，|木也，可屈為杅者」段注引〔玉篇〕。○〔說文定聲・卷一二〕|段借為梯。〔易通・封驗〕「楊柳|」。

⿰火尾|，烈火也。〔詩・汝墳〕「王室如|」集疏引〔韓說〕。○|，齊人云火。〔廣韻・尾部〕○|，赤貌。〔詩・靜女〕「彤管有煒」朱傳。○|與韓同義。〔廣雅・釋訓〕「||，盛也」疏證。○偉|義並與韓同。〔廣雅・釋詁〕「煣、韓，盛也」疏證。○|，今〔詩〕作燬。〔說文〕「詩曰王室如|」段注。○〔新書〕熸字，|之譌也。〔史記・衛康叔世家〕「立戴公弟燬為衛君」志疑引錢大昭。

虫|，鱗介揔名。〔廣韻・尾部〕○|者，蛇之總名，其類有蝮、有虺。〔說文定聲・卷一二〕○|者，它也。〔說文〕「虹，螮蝀也，狀似|」段注。○古|蟲不分。〔說文〕「|，一名蝮」段注。○|通作虺。〔說文〕「|，一名蝮」義證。○|，又通作蛕。（同上）○|，又通作蜆。（同上）○|，各本作蟲。〔說文〕「虹，螮蝀也，狀似虫」段注。

蕜|，佛聲之轉耳。〔方言一二〕「|，悵也」箋疏。

⿱非牛〔說文定聲・卷一二〕|，兩牛同田，此往彼來，兩邊耕也。〔說文〕「|，兩壁耕也」。○（同上）|與欆同意。〔說文〕「|，一曰覆耕種也」。

⿱艹棐|，草也。〔廣韻・尾部〕

颹|，大風皃。〔廣韻・尾部〕○|，大風謂之|。〔集韻・尾部〕

愇|，恨也。〔集韻・尾部〕○|與違同。〔史記・屈原列傳〕「懲違」雜志。

磈|，|硊，石山皃。〔廣韻・尾部〕○|，又危也。（同上）

膹|，腌多汁。〔廣韻・尾部〕○|，腌多渚。〔集韻・微部〕○|，腌多滓也。〔說文〕「|，腌也」義證引〔三蒼〕。○〔說文定聲・卷一五〕|，肉羹之多汁者也。〔說文〕「|，腌也」。○|、膾、肌、膶，細切之腌也。〔通雅・飲食〕○〔說文定聲・卷一五〕|，假借為憤。〔素問・至真要大論〕「諸氣|鬱」。

陫|，陋也。〔廣韻・尾部〕又〔集韻・尾部〕。○|，隱也。〔文選・湘君〕「隱思君兮|側」補正引集注。○|同厞。〔說文〕「厞，隱也」段注。○|，又作厞。〔廣韻・尾部〕○|或从匪。〔集韻・尾部〕

⿰口韋|，呼聲。〔集韻・尾部〕

⿱非土|，塵也。〔集韻・尾部〕○|之言沸。〔說文〕「|，⿱麤土也」段注。

奜|，大也。〔廣韻・尾部〕

⿸尸尾|，正尾字也。〔慧琳音義・卷八九〕

芔|，猶勃也。〔文選・上林賦〕「|然興道而遷義」李注引郭璞。○|歙，猶呼吸也。|、呼雙聲，歙、吸疊韻。〔漢書・司馬相如傳〕「蔚莅|歙」補注。○|然，猶欻然也。〔文選・上林賦〕「|然興道而遷義」集釋引師古注。○|，當為欻之音近借字。（同上）集釋。○|然。〔史記〕作喟然。（同上）

嵔|，|崔，山高曲下。〔廣韻・尾部〕

⿰忄匪|，心欲也。〔集韻・尾部〕

⿰扌韋|，逆追。〔廣韻・尾部〕○|，逆追也。〔集韻・尾部〕

亹||，美也。〔慧琳音義・卷八三〕引〔考聲〕。○||，微微也。〔卷八三〕引〔古今正字〕。

⿱亹女||，美也，正作娓。〔慧琳音義・卷八八〕引〔考聲〕。○|讀如娓，其字亦從亹也。〔說文〕「虋，赤苗，嘉穀也」義證。

榧|，木名。〔廣韻・尾部〕○|亦作棑，其木名文木，斐然章采，故謂之|。〔本草・卷三一〕

毀內損曰|，外損曰傷。〔慧琳音義・卷五〕引顧野王。

溾|，水流皃。〔集韻・尾部〕○|，或从卉。（同上）

⿸疒韋|，弱病。〔集韻・尾部〕

⿱幾皿|，血祭謂之|。〔集韻・尾部〕

硍｜，砡｜，磨也。〔集韻·尾部〕

𥟂｜，饘也。〔廣韻·尾部〕

䅏｜，禾穗皃。〔集韻·尾部〕

穳｜，稻紫莖不黏也。〔廣韻·尾部〕

簣｜，筐也。〔集韻·尾部〕

䍷｜，羊相逐皃。〔集韻·尾部〕〇｜，一曰羝也。〔同上〕〇｜讀曰羵。〔大戴·夏小正〕「｜羊」王詁。

䑝｜，船艒釘鐼。〔廣韻·尾部〕

蟦｜，蟦螬別名。〔廣韻·尾部〕

𨠋｜，酒浮也。〔集韻·尾部〕

錑｜，小丁。〔集韻·尾部〕

𩂐｜，震雷也。〔廣韻·尾部〕〇｜，雷聲。〔集韻·尾部〕

霼｜，靉｜。〔廣韻·尾部〕〇｜，靉｜，雲狀。〔廣韻·未部〕

靉｜霼，不明皃。〔廣韻·尾部〕

靅｜，靉｜，雲布狀也。〔廣韻·未部〕

韡 韡｜並同。〔廣雅·釋詁〕「｜｜，盛也」疏證。

𩗢｜｜，風偃物。〔集韻·尾部〕

𩚿｜，食餘。〔集韻·尾部〕〇｜，微也。〔廣韻·尾部〕

𩏂｜韡韡並同。〔廣雅·釋詁〕「韡，盛也」疏證。

騑｜，馬名。〔廣韻·尾部〕

𩏷｜，鬼也。〔集韻·尾部〕

𪖐｜，｜鼻。〔廣韻·尾部〕

蜚｜一名負盤。〔說文〕「｜，臭蟲，負蠜也」段注。

# 續經籍籑詁卷第三十六

上聲

## 六　語

**語**　論難曰｜。〔詩・公劉〕「于時｜｜」朱傳。又〔説文繫傳・通論下〕。○｜，考論也。〔禮記・文王世子〕「凡｜於郊者」集解。○｜，猶言也。〔墨子〕「即此｜也」雜志。○｜，告也。〔論語・八佾〕「子｜魯大師樂」朱注。又〔大戴・曾子疾病〕「吾何以｜汝哉」王詁。○為人説為｜。〔春秋名字解詁〕「鄭公子｜字子人」述聞。○荅述為｜，為人説也。〔慧琳音義・卷七二〕○答述曰｜。〔論語・鄉黨〕「食不｜」朱注。○｜者，相應答也。〔説文繫傳・通論下〕○｜者，午也。（同上）○言｜二字對文則别，散則通。〔釋詁〕「話，言也」郝疏。○〔説文定聲・卷九〕｜段借為悟。〔莊子・漁父〕「甚矣，子之難｜也」。○｜，〔匡謬正俗〕引作詞。〔説文〕「余，｜之舒也」段注。○詩｜當為詩詞，字之誤也。〔漢書・禮樂志〕「詩｜足㠯感心」補注引王念孫。

**圉**　古以｜為禁守。〔漢書〕「｜奪成家」雜志。○｜謂禁守其人也。（同上）○｜，猶扈也，文異義同。〔左傳莊公三二年〕「｜人犖」疏證引惠士奇。○｜，養馬。〔廣韻・語部〕○｜人掌養馬，官之賤者。〔左傳僖公一七年〕「男曰｜」洪詁引服虔。○｜，邊也。〔詩・桑柔〕「孔棘我｜」朱傳。○｜，邊陲也。〔詩・召旻〕「我居｜卒荒」朱傳。○｜與强同義。〔周書〕「叡｜」雜志。○｜者，强也。（同上）○威德剛武曰｜。（同上）又〔漢書〕「費侯」雜志。○｜，禦也。〔詩・桑柔〕「孔棘我｜」朱傳引或説。○｜，狀如伏虎，背上有二十七鉏鋙刻，以木長尺櫟之，以止樂者也。〔詩・有瞽〕「鼗磬柷｜」朱傳。○靈｜、淳｜，仙人名也。〔楚辭・遠游〕「悉靈｜而來謁」補注引郭璞。○靈｜，衆仙號也。（同上）補注引張揖。○宇｜聲義同。〔釋詁〕「｜，垂也」郝疏。○｜、禦同。〔國策・韓策三〕「治列子｜寇之言」鮑注。○｜與禦同。〔墨子・備穴〕「皆｜而毋逐」閒詁。又〔管子〕「不能待」雜志。○｜，古禦字。〔説文〕「役，戍也」段注。○｜與圄同。〔廣雅・釋宮〕「周曰囹｜」疏證。○｜與敔同。〔釋樂〕「敔，象伏虎」疏證。○｜亦作敔。〔詩・有瞽〕「鼗磬柷｜」朱傳。○｜與圄通。〔孟子・萬章上〕「始舍之，｜｜焉」焦正義。○圄、｜通用字。〔漢書・司馬相如傳〕「靈｜燕於閒館」補注。○｜，經典通作圄。〔説文〕「｜，囹｜，所以拘辠人」義證。○〔説文定聲・卷九〕｜段借為圄。〔説文〕「一曰｜人，掌馬者」。○敔禦｜並通。〔廣雅・釋詁〕「敔，禁也」疏證。○｜、禦字通。〔墨子・節用上〕「冬以｜寒」閒詁。又〔明鬼下〕「以此｜鬼神之誅」閒詁。○〔説文定聲・卷九〕｜段借為禦，實為御。〔周書・謚法〕「威德剛武曰｜」。○｜讀曰禦，禦、｜古字通。〔漢書・貨殖傳〕「｜奪成家者為雄桀」補注引王念孫。○｜讀如禦人於國東門之禦。（同上）補注引劉敞。○｜，又通作御。〔釋言〕「｜，禁也」郝疏。○｜亦通作御。〔廣雅・釋詁〕「敔，禁也」疏證。○〔説文定聲・卷九〕｜段借為馭，即御。〔楚辭・遠遊〕「悉靈｜而來謁」。○｜，又通作敔。〔釋言〕「｜，禁也」郝疏。○〔説文定聲・卷九〕｜段借為敔。〔詩・有瞽〕「鞉磬柷｜」。○｜者，敔之假借字。〔詩・有瞽〕「鞉磬柷｜」陳疏。○〔説文定聲・卷九〕｜段借為宇。〔説文〕「一曰｜，垂也」。○官本｜作圄，｜與禦同，圄亦訓禦，二字音義一也。〔漢書・王褒傳〕「故有｜空之隆」補注。○｜，韓作御。〔詩・召旻〕「我居｜卒荒」集疏。

**圄**　｜，囹｜，周獄名。〔廣韻・語部〕○｜，止也，所以止出入，皆罪人所舍也。〔左傳宣公四年〕「｜伯嬴於轑陽而殺之」疏證引蔡邕。○｜，又守也。〔廣韻・語部〕○｜亦守。〔國策・趙策三〕「王非戰國守｜之具」鮑注。○｜，守禦之意也。〔説文〕「｜，守之也」繫傳。○囹、｜皆禁守之義，或但謂之｜。〔漢書〕「連語，囹｜」雜志。○｜，猶為輕繫，與囹異也。〔左傳宣公四年〕「｜伯嬴於轑陽而殺之」疏證。○｜，悟也。〔説文〕「圉，囹圉」義證引〔初學記〕。○｜之言敔也。〔廣雅・釋宮〕「周曰囹圉」疏證。○｜同禦。〔漢書・賈誼傳〕「守｜扞敵之臣」補注引沈欽韓。○守禦字古作｜。〔説文〕「｜，守之也」義證。○｜即圉字也。〔管子〕「以為原」雜志。○｜、圉古通用。〔漢書・地理志〕「禹貢朱｜山在縣南」補注。○｜，經傳皆以圉為之。〔説文定聲・卷九〕○｜通作吾。〔説文〕「｜，守之也」義證。○〔説文定聲・卷九〕｜，假借為圉。〔禮記・月令〕「省囹｜」。

**禦**　｜，禁也。〔漢書・蓋寬饒傳〕「不畏彊｜」補注引劉奉世。又〔廣韻・語部〕。○｜，止也。〔孟子・萬章下〕「今有｜人於國門之外者」朱注。又〔孟子・公孫丑上〕「莫之｜而不仁」焦正義。又〔廣韻・語部〕。○｜，亦止也。〔詩・閟宮〕「無貳無虞」通釋。○｜，禁止也。〔孟子・梁惠王上〕「孰能｜之」朱注。○｜，當也。〔左傳桓公八年〕「隨侯｜之」疏證引虞翻。又〔論語・公冶長〕「｜人以口給」朱注。○｜，猶當也。〔詩・黄鳥〕「百夫之｜」朱傳。○｜，當也。〔廣韻・語部〕○｜，應也。（同上）○｜，猶應答也。〔論語・公冶長〕「｜人以口給」朱注。○古者扞人以兵曰｜，以兵傷人亦曰｜。〔孟子・萬章下〕「今有｜人於國門之外者」焦正義引王鳴盛。○｜亦彊也。〔詩・蕩〕「曾是彊｜」述聞。又〔漢書・蓋寬饒傳〕「不畏彊｜」補注引王念孫。○〔説文定聲・卷九〕｜以圉為之。〔國策〕「列圉寇」。○（同上）｜以衙為之。〔北海相景君碑〕「强衙改節」。○（同上）｜段借為御。〔廣雅・釋詁三〕「｜，止也」。○｜當為篽。〔説文〕「珠，蚌之陰精，春秋國語曰珠以｜火灾是也」義證。又〔説文〕「蘁，｜溼之菜也」義證。○〔漢書・王莽傳〕引〔詩〕彊｜作强圉。〔左傳定公四年〕「不畏彊｜」洪詁。○｜，魯、齊作圉。〔詩・蕩〕「曾是彊｜」集疏。○〔五帝本紀〕｜作御。〔左傳文公一八年〕「以｜螭魅」疏證。

**齬**一，齒不相值也。〔廣韻·魚部〕○一，齒一前一却。〔集韻·魚部〕○一，齇一也，各本訓齒不相值也。〔説文〕「齇，齇一」段注。○〔説文定聲·卷九〕齇一亦疊韻連語，字亦作岨峿。〔文賦〕「或岨峿而不安」。

**敔**〔説文定聲·卷九〕一，御也。〔釋名〕「一，衙也，衙，止也，所以止樂也」。○一之言禦也。〔釋樂〕「所以鼓一謂之籈」郝疏。又〔廣雅·釋樂〕「一，象伏虎」疏證。○一，柷一，樂器。〔廣韻·語部〕○〔説文定聲·卷九〕樂器柷為椌，一為楬，如伏虎狀，以木為之。〔説文〕「一，樂器椌楬也，形如木虎」。○一類伏虎，一名楬。〔説文〕「一，一曰樂器椌楬也」義證引〔樂書〕。○一為禁禦本字，禦行而一廢矣。〔説文〕「一，禁也」段注。○一禦圉並通。〔廣雅·釋詁〕「一，禁也」疏證。○一，亦通作御。〔廣雅·釋詁〕「一，禁也」疏證。○〔説文定聲·卷九〕一叚借為御。〔説文〕「一，禁也」。○一，古假借作御。〔説文〕「一，禁也」段注。○〔説文定聲·卷九〕一以圉為之。〔禮記·月令〕「飭鐘磬柷圉」。○一古假借作圉。〔説文〕「一，禁也」段注。

**呂**一，脊肉也，象脊一之形。〔説文〕「一，膂骨也」義證引〔字書〕。○凡言一者，皆相連之意。〔廣雅·釋宫〕「楣、檐、櫺，梠也」疏證。○一之言甫也。〔春秋名字解詁〕「公子一字子封」述聞。○旅、絽、一、梠，其義一也。〔廣雅·釋宫〕「楣、檐、櫺，梠也」疏證。○一鉅，謂自高大。〔莊子·列禦寇〕「一命而一鉅」集釋引其世父語。○〔通雅·卷七〕一鉅即旅距。〔莊子〕「一命而一鉅」。○一甥，或稱瑕甥，或稱陰飴甥，或稱瑕一飴甥。一其氏，飴其名，為晉之甥。〔史記·晉世家〕「一省、郤芮曰」志疑。○一梁即龍門。〔莊子·達生〕「孔子觀於一梁」集釋引司馬彪。○一梁，水名，或言是西河離石，或言蒲州二百里有龍門，或言宋國彭城縣之一梁。〔同上〕集釋引成玄英。○一即膂字。〔説文〕「𦝠，膂一也」繫傳。○一為古文，膂為篆文。〔左傳宣公一八年經〕「楚子旅卒」疏證引臧壽恭。○〔説文定聲·卷九〕一以旅為之。〔詩〕「旅力方剛」。○一與旅古字通。〔春秋名字解詁〕「楚薳一臣字叔伯」述聞。○〔周書〕一刑，〔禮記〕、〔孝經〕並引作甫刑。〔春秋名字解詁〕「公子一字子封」述聞。

**旅**五百人為一。〔詩·采芑〕「陳師鞠一」、〔黍苗〕「我師我一」朱傳。又〔論語·先進〕「加之以師一」朱注。○一，師一。〔廣韻·語部〕○一言衆士也。〔書·梓材〕「司空尹一」孫疏引江聲。○一，衆也。〔詩·采芑〕「振一闐闐」朱傳。又〔殷武〕「一楹有閑」朱傳。又〔詩·公劉〕「于時廬一」陳疏。又〔禮記·郊特牲〕「一幣無方」集解。又〔孟子·梁惠王下〕「詩云爰整其一」朱注。又〔中庸〕「一酬下為上」朱注。又〔通鑑·唐紀五四〕「萬一一拒」音注。又〔説文〕「閭，侶也」段注。○一，引申為凡衆之偁。〔説文〕「一，軍之五百人」段注。○一，列也。〔詩·殷武〕「一楹有閑」集疏。又〔漢書·地理志〕「蔡、蒙一平」補注引蘇輿。○一，陳也。〔詩·賓之初筵〕「殽核維一」朱傳。又〔漢書·地理志〕「蔡、蒙一平」補注引蘇輿。○一又引申之義為陳。〔説文〕「一，軍之五百人」段注。○一有陳義，又有寄義。〔漢書·天文志〕「主葆一事」補注。○一，客也。〔大戴·衛將軍文子〕「不忘賓一」王詁。又〔通鑑·周紀三〕「今臣，羇一之臣也」音注。○一，賓一也。〔詩·公劉〕「于時廬一」朱傳。○一，謂它國之臣來朝聘或寓公也。〔左傳宣公一二年〕「一有施舍」疏證。○一，行一也。〔孟子·告子下〕「無忘賓一」朱注。○一，處也。〔大戴·曾子制言上〕「行無據一」王詁。○凡居處亦謂之一。〔周禮·司徒〕「一師中士四人」孫正義。○一，道也。〔書·禹貢〕「蔡蒙一平」、「荆岐既一」、「九山刊一」述聞。○一，序也。〔儀禮·士冠禮〕「一占」述聞。○一，養也。〔漢書·武帝紀〕「故一耆老，復孝敬」補注引王念孫。○一訓助。〔漢書·律歷志〕「呂旨一陽宣氣」補注。○一、呂音義同。〔左傳宣公一八年經〕「楚子一卒」疏證引李富孫。○一、絽、呂、梠，其義一也。〔廣雅·釋宫〕「楣、檐、櫺，梠也」疏證。○一、臚聲近義同。〔周禮·大宗伯〕「國有大故則一上帝及四望」孫正義。○一之言臚也，肥美之稱也。〔廣雅·釋器〕「膂，肉也」疏證。○一，祭名。〔論語·八佾〕「季氏一於泰山」朱注。○一，祭名，謂臚也。〔通雅·釋詁〕○一揖為再拜。〔公羊傳宣公六年〕注「禮臣拜然後君答拜」陳疏引惠士奇。○凡燕飲酒，正獻既畢之酒謂之一酬。〔周禮·酒正〕「凡王之燕飲酒共其計」孫正義。○一幣，謂三享之庭實也。〔禮記·郊特牲〕「一幣無方」集解。○〔通雅·卷八〕一占即臚占。〔儀禮·士冠禮〕「東面一占」。○一弓即臚弓。〔通雅·釋詁〕○一即膂省文。〔書·秦誓〕「一力既愆」孫疏。○一即膂之省文。〔左傳宣公一八年經〕「楚子一卒」疏證引臧壽恭。○一與膂同。〔詩·北山〕「一力方剛」朱傳。又〔桑柔〕「靡有一力」朱傳。又〔通鑑·梁紀一六〕「一力過人」音注。又〔方言七〕「膂，儋也」箋疏。○一，俗作侶。〔説文〕「麗，一行也」句讀。○一，字亦作祣。〔説文定聲·卷九〕○一，字亦通作呂。〔國語·齊語〕「政不一舊則民不偷」平議。○一借字，正作稆。〔説文〕「秜，稻今年落來年自生謂之秜」義證。○〔説文定聲·卷九〕一叚借為緒。〔方言一三〕「裔、一，末也」。○〔同上〕一叚借為膂。〔書〕「一力既愆」。○〔同上〕一叚借為莒也。〔詩·皇矣〕「以按徂一」。○〔同上〕一叚借為租。〔廣雅·釋詁一〕「畜、一，養也」。○一，又古叚為盧弓之盧。〔説文〕「一，軍之五百人」段注。○一、盧古通用。〔詩·公劉〕「止一乃密」通釋。○〔説文定聲·卷九〕一叚借為廬。〔廣雅·釋詁四〕「一，客也」。○一、臚古通用。〔廣雅·釋詁〕「膚，傳也」疏證。○一，叚借為臚，實為敷。〔説文定聲·卷九〕○一者，臚字之叚借，陳也。〔詩·賓之初筵〕「殽核維一」通釋。○一讀為臚。〔詩·殷武〕「一楹有閑」後箋。○一讀鴻臚之臚，陳言也，傳言也。〔左傳襄公一四年〕「商一于市」述聞。○一當讀為梠。〔詩·殷武〕「一楹有閑」平議。○一當讀為刻鏤之鏤。〔同上〕通釋。○一當讀如〔論語〕一於泰山之一。〔書·禹貢中〕「蔡蒙一平」孫疏。○一，齊作師。〔詩·常武〕「王一嘽嘽」集疏。○〔史·表〕一作盧。張即盧，古張弓字，是一當為張。〔漢書·高惠高后文功臣表〕「昌圉侯一卿」補注。○一字疑是放字之誤。〔淮南·泰族〕

「奚仲不能丨」平議。

**膂**　丨，脊骨也。〔通鑑·漢紀五二〕「丨力過人」音注。○丨，夾脊內肉也。〔說文〕「丨，篆文呂從肉從旅」義證引〔急就篇〕顏注。○丨、力一聲之轉。〔方言六〕「𨅝、丨，力也」箋疏。又〔廣雅·釋詁〕「丨，力也」疏證。○江丨水謂江心水。〔說文〕「呂，膂骨也」段注。○丨通作旅。〔說文〕「丨，篆文呂從肉從旅」義證。又〔廣雅·釋詁〕「丨，力也」疏證引戴震。又〔釋器〕「丨，肉也」疏證。○丨字古通作旅。〔廣雅·釋詁〕「旅，擔也」疏證。○丨，本或作旅。〔方言六〕「𨅝，丨力也」箋疏。

**膐**　丨，亦通作旅。〔方言六〕「丨，力也」疏證。

**紵**　丨，麻丨。〔廣韻·語部〕○丨，麻屬。〔詩·東門之池〕「可以漚丨」朱傳。○丨，麻屬，所以緝布也。〔說文〕「丨，絲屬」義證引〔玉篇〕。○丨，布名也，以苧麻為之。〔慧琳音義·卷六二〕○丨為布及疏也。〔漢書·司馬相如傳〕「揄丨縞」補注引王文彬。○丨，絲屬細者。〔國策·齊策四〕「皆衣縞丨」鮑注。○丨或作苧。〔說文〕「丨，絲屬」義證。○丨，古亦借為褚衣之褚。（同上）段注。○〔說文定聲·卷九〕丨段借為褚，字亦作⿰衤宁。〔通俗文〕「裝衣曰⿰衤宁」。○（同上）丨段借為芧。〔史記·貨殖傳〕索隱「丨，今山閒野丨」。

**⿰糸⿱耂丁**　丨，字又作緒。〔說文〕「丨，紵或從緒省」義證。○丨亦通作緒。〔說文〕「丨，絲屬」義證。

**苧**　丨，艸名，可為繩。〔集韻·魚部〕○丨，可以為索。〔文選·南都賦〕「其草則有蘪丨薠莞」李注引〔說文〕。○麻布粗者為丨。〔通雅·布帛〕○紵亦作丨。〔文選·南都賦〕「其草則有蘪丨薠莞」集釋引〔釋文〕。

**抒**　丨，挹也。〔說文〕「浚，丨也」句讀。又〔慧琳音義·卷二九〕引〔桂苑珠叢〕。又〔卷七九〕引〔韻英〕。○丨者，挹也。〔說文〕「匴，淥米籔也」段注。又〔說文〕「浧，耕目臿浚出下壚土也」段注。○丨者，挹也，取諸水中也。〔說文〕「浚，丨也」段注。○凡挹彼注茲曰丨。〔說文〕「丨，挹也」段注。○丨，取出之也。〔說文〕「浚，丨也」繫傳。○丨，渫水。〔廣韻·語部〕○丨，水斗也。〔說文〕「丨，挹也」義證引〔纂文〕。○丨，除也。〔廣韻·語部〕○丨之為除，亦猶舒之為除。〔左傳文公六年〕「難必丨矣」疏證引焦循。○丨，解也，斲削也。〔慧琳音義·卷三一〕引〔字書〕。○丨佇貯並音直呂反，其義同也。〔廣雅·釋詁〕「丨，長也」疏證。○丨井，今言陶井也。〔說文〕「鞔，量物之鞔」繫傳。○丨舒並與紓同。〔方言一二〕「紓，緩也」箋疏。○丨段為紓。〔說文〕「丨，挹也」段注。○〔說文定聲·卷九〕丨段借為紓。〔方言一二〕「丨，解也」。○丨，或作攄寫字用。〔文選·兩都賦〕「或以丨下情而通諷諭」集釋。○丨，服虔作紓。〔左傳文公六年〕「難必丨矣」洪詁。

**宁**　丨，門屏閒。〔廣韻·魚部〕○丨，門屏之閒。〔廣韻·語部〕○人臣見君，故朝位亦曰丨。〔說文定聲·卷九〕○凡朝內君臣所立之處謂之位，或謂之丨。〔國語·楚語〕「位丨有官師之典」述聞。○丨，俗字作佇、竚。〔說文〕「丨，辨積物也」段注。○丨與貯蓄古今字。（同上）○丨與貯署同。〔說文定聲·卷九〕○（同上）丨段借為貯。〔爾雅〕「門屏之閒謂之丨」。○〔說文定聲·卷九〕丨，以著為之。〔左傳昭公一一年〕「朝有著定」。○丨，〔齊風〕作著。〔說文〕「丨，辨積物也」段注。

**杼**　丨，梭也。〔說文〕「丨，機之持緯者」義證引〔蒿庵閒話〕。○丨即梭也。〔詩·大東〕「丨柚其空」通釋。○丨，持緯者也。（同上）朱傳。○丨，機之持緯者。〔國策·秦策三〕「投丨踰墻而走」鮑注。○丨者，機之持緯者。〔說文〕「絆，織目絲毌丨也」段注。○〔說文定聲·卷九〕丨，申也。〔史記·平原虞卿傳〕注「丨意通指」。○丨與仔聲義並同。〔方言二〕「丨，首，長首也，楚謂之仔，燕謂之丨」箋疏。○長謂之丨。〔廣雅·釋詁〕「抒，長也」疏證。○丨，橡也。〔廣韻·語部〕○丨，渫水槽也。〔楚辭·惜誦〕「發憤以丨情」補注。○丨之聲轉而為采。〔廣雅·釋木〕「橡，柔也」疏證。○丨，俗字作橯，今又以梭為之。〔說文定聲·卷九〕○丨即抒字，本書手旁木旁字多通作。〔漢書·劉向傳〕「一丨愚意」補注。○丨、抒古通用。〔方言二〕「丨，首，長首也」疏證。○古假丨為序。〔說文〕「序，東西牆也」段注。○〔說文定聲·卷九〕丨段借為序。〔書大傳〕「諸侯疏丨」。○（同上）丨段借為舒。〔小爾雅·廣言〕「丨，長也」。○（同上）丨段借為紓。〔詩〕「丨柚」鄭箋「譚無他貨，惟有麻絲耳，今盡丨柚不作也」。○（同上）丨借為柔也。〔淮南·本經〕「棱丨紾抱」。○丨讀曰芧，謂三棱也。〔淮南·本經〕「菱丨紾抱」雜志。○丨當為抒。〔墨子·號令〕「令丨廁」閒詁。

**佇**　丨，久立也。〔離騷〕「延丨乎吾將反」補注。又〔廣韻·語部〕○丨立，久立也。〔詩·燕燕〕「丨立以泣」朱傳。○丨，立貌。（同上）集疏引〔魯說〕。○久謂之丨。〔廣雅·釋詁〕「抒，長也」疏證。○丨，待也。〔通鑑·唐紀一二〕「丨公匡弼」音注。○丨，持也。〔慧琳音義·卷四〕引〔考聲〕。○抒丨眝並音直呂反，其義同也。〔廣雅·釋詁〕「抒，長也」疏證。○竚同丨。〔廣韻·語部〕○丨，或作竚。〔慧琳音義·卷四〕引〔考聲〕。○丨者，宁之段音也。〔釋詁〕「丨，久也」郝疏。○丨當作宁。〔詩·燕燕〕「丨立以泣」陳疏。

**竚**　丨，久立也。〔楚辭·大司命〕「結桂枝兮延丨」補注。又〔思美人〕「擥涕而丨眙」補注。又〔慧琳音義·卷九二〕引〔韻英〕。○丨，待也。（同上）引〔考聲〕。○丨與眝通。〔廣雅·釋詁〕「眝，視也」疏證。

**羜**　丨，生羔五月。〔廣韻·語部〕○丨，五月生羔。〔集韻·語部〕○丨，未成羊也。〔詩·伐木〕「既有肥丨」朱傳。

與｜，黨也。〔通鑑・晉紀三三〕「若見｜無貳」音注。○｜，黨｜也。〔通鑑・周紀四〕「不欺其｜」音注。○｜，謂黨｜也。〔韓子・有度〕「以進其｜」集解引舊注。○｜，攩｜也。〔説文〕「与，賜予也」段注。○｜，從也。〔大戴・用兵〕王詁。又〔通鑑・晉紀三三〕「若見｜無貳」音注。○｜，謂相之。〔國策・東周策〕「以國｜先生」鮑注。○｜，助也。〔禮記・表記〕「正直是｜」集解。○｜猶助也。〔詩・小明〕「正直是｜」朱傳。又〔孟子・告子上〕「此又｜於不仁之甚者也」朱注。○〔説文定聲・卷九〕｜猶交也。〔禮記・曲禮〕「生｜來日」。○｜猶歸也。〔孟子・梁惠王上〕「孰能｜之」朱注。○｜，許也。〔詩・采苓〕「苟亦無｜」朱傳。又〔論語・述而〕「｜其潔也」朱注。又〔國策・東周策〕「不｜伐齊」補正。又〔漢書・張湯傳〕「然陽浮道｜之」補注。又〔通鑑・晉紀三三〕「若見｜無貳」音注。○｜，許也，嘉美之辭。〔大戴・夏小正〕「｜羔羊腹時也」王詁。○｜者，許也。〔公羊傳隱公七年〕「不｜夷狄之執中國也」陳疏。○｜猶許也助也。〔孟子・公孫丑上〕「是｜人為善者也」朱注。又〔漢書・揚雄傳〕「恐重華之不纍｜」補注引蘇輿。○｜，猶愛好之，本義謂相羣｜。〔詩・谷風〕「維予｜女」通釋。○｜，善也。〔廣韻・語部〕○｜猶予也。〔大戴・文王官人〕「順｜之弗為喜」王詁。○｜，及也。〔大戴・曾子立事〕「見善恐不得｜焉」、「慕善人而不｜焉，辱也」王詁。又〔勸學〕「偏｜之而無私」王詁。又〔小辨〕「安｜知忠信」王詁。○｜，待也。〔廣韻・語部〕○｜，猶接待也。〔漢書・兒寬傳〕「推情｜下」補注。○｜，猶言告也。〔論語・學而〕「抑｜之｜」劉正義。○｜猶謂也。〔釋詞・卷二〕又〔漢書・游俠傳〕「自｜殺身成名」補注引蘇輿。○｜猶為也。〔釋詞・卷一〕○｜，如也。〔漢書・曹參傳〕「陛下觀參孰｜蕭何賢」補注。○｜者，如也。〔大戴・四代〕「事必｜食，食必｜位」述聞。○｜猶如也。〔漢書・翼奉傳〕「孰｜邪日善時」補注。○｜，亦當也。〔左傳襄公二四年〕「大國之人不可｜也」述聞。○｜，猶當也。〔左傳襄公二五年〕「一｜一，誰能懼我」述聞。○｜，敵也。〔同上〕○｜，皆謂敵也。〔國策・秦策〕「以此｜天下」述聞。又〔淮南・人間〕「大之｜小，强之｜弱」述聞。又〔史記・燕世家〕「龐煖易｜耳」述聞。又〔白起傳〕「廉頗易｜」述聞。又〔淮陰侯傳〕「易｜耳」述聞。○｜猶敵也。〔漢書・朝鮮傳〕「恐不能｜」補注引王念孫。○｜，謂舉也。〔易・无妄象傳〕「物｜无妄」述聞引虞翻。○｜字本有舉上之義。〔春秋名字解詁〕「公西｜如字子上」述聞。○｜者，以也。〔論語・子罕〕「可｜適道」劉正義。○｜亦以也。〔禮記・禮器注〕「用年之豐凶」述聞。又〔史記・貨殖傳〕「智不足｜權變」述聞。又〔漢書・揚雄傳〕「友仁義｜為朋」述聞。又〔釋詞・卷二〕。○｜即以也。〔禮記・禮器〕「｜年之上下」述聞。○｜猶以也。〔詩・江有汜〕「不我｜」朱傳。又〔禮記・曲禮上〕「生｜來日，死｜往日」述聞。又〔釋詞・卷二〕。○｜｜，猶徐徐也。〔論語・鄉黨〕「｜｜如也」劉正義。○｜民，云示天下以大公也。〔漢書・禹貢傳〕「疑者㠯｜民」補注引王文彬。○｜國，和好相｜之國也。〔孟子・告子下〕「我能為君約｜國」朱注。○｜同与。〔廣韻・語部〕○〔説文定聲・卷九〕｜段借為与。〔詩・皇矣〕「此維｜宅」。○〔同上〕｜段借為許。〔論語〕「惟我｜爾有是夫」。○予、｜古字通。〔穀梁傳僖公一〇年〕「｜我之深也」述聞。○〔説文定聲・卷九〕｜，段借為予。〔方言一二〕「｜，操也」。○古｜為二字通用。〔禮記・祭統〕「仁足以｜之」平議。○｜讀若為。〔韓子・姦劫弒臣〕「俱｜有術之士」集解。○古｜、以字通用。〔易・履六二象傳〕「不足以｜行也」平議。○｜、以古通用。〔儀禮・特牲饋食禮〕「酳有｜也」平議。○｜以二字本通。〔詩・旄丘〕「何其處也，必有｜也，何其久也，必有以也」後箋。○｜、舁同。〔釋言〕「偁，舉也」郝疏。○｜同舉。〔墨子・天志中〕「｜謂之不祥」閒詁。又〔天志中〕「君子｜謂之不仁不祥」閒詁引畢沅。○｜古通作舉。〔國語・周語〕「少曲｜焉」平議。○｜讀為舉。〔管子・乘馬〕「秋日大稽，｜民數得亡」平議。又〔荀子・王制〕「一｜一是為人者」集解。又〔王制〕「制｜在此」集解引王念孫。又〔正論〕「｜無益於人」集解引王念孫。○｜，當讀為舉。〔禮記・禮運〕「選賢｜能」述聞。又〔曲禮〕「生｜來日，死｜往日」平議。○｜，譽之段字。〔墨子・魯問〕「所為賞｜」閒詁。○｜當讀如〔小明詩〕「正直是｜」之｜。〔詩・谷風〕「維予｜女」通釋。○｜當如字讀，｜、施同義，尃｜猶敷施。〔漢書・禮樂志〕「尃｜萬物」補注。○｜讀若可｜共學之｜。〔大戴・曾子事父母〕「不｜小之自也」王詁。○｜當作与。〔説文〕「｜，黨｜也」段注。○｜當為与。〔説文〕「付，｜也」義證。○｜當為予。〔説文〕「畀，相付｜之」義證。○｜，魯作予。〔詩・皇矣〕「此維｜宅」集疏。○〔史記〕｜作予。〔左傳昭公一二年〕「王其｜我乎」洪詁。○｜，〔史記〕作予。〔漢書・高帝紀〕「多自｜」補注。○｜當作以。〔春秋繁露・楚莊王〕「如何｜同姓而殘賤遇我」平議。○｜當作舉。〔墨子・備穴〕「可提而｜投」閒詁引蘇時學。又〔韓子・內儲説下〕「盡｜姓名」平議。○〔説文定聲・卷九〕｜，字亦作藇，〔玉篇〕作䣿。〔詩・伐木〕「釃酒有藇」。

与｜，本賜｜之｜，今人誤用黨與之與。〔字詁〕○｜、與同，經傳皆以與、以予為之。〔説文定聲・卷九〕

予｜者，推｜也。〔説文〕「授，｜也」段注。○｜者，相推｜也。〔荀子・成相〕「賢者｜」集解引郝懿行。○｜，相授｜也。〔説文〕「｜，推予也」義證引〔急就篇〕顏注。○｜，推｜畀人也。〔説文〕「与，賜｜也」段注。○〔説文定聲・卷九〕｜謂手授，與与微別。〔説文〕「｜，推｜也」。○｜猶施也。〔詩・殷武〕「勿｜禍適」述聞。○｜字當訓為讎，讎即售字。〔管子・國蓄〕「歲適美，則市糶無｜」平議。○｜節，｜求使者節也。〔漢書・張騫傳〕「聽其言，｜節」補注。○〔通雅・卷二六〕｜告，命也。〔高紀〕注孟康曰「漢律吏二千石有｜告」。○〔同上〕｜寧，丁艱也。〔漢哀紀〕「博士弟子父母死｜寧三年」。○｜猶與也。〔詩・長發〕「降｜卿士」通釋。又〔大戴・曾子立事〕「亦能取所｜從政者矣」王詁。○｜即與也。〔釋詁〕「｜，賜也」鄭註。又〔漢書〕「楚子諸侯人」雜志。○｜、與古今字。〔説文〕「｜，推｜也」段注。○古｜、與字通。〔通鑑・周紀四〕「魏段干子請割南陽｜

秦和」音注。○一與與通。〔方言一二〕「賦、與，操也」箋疏。○一、與通用。〔墨子・旗幟〕「一大旗」閒詁引蘇時學。○一、與同聲，古每通用。〔大戴・曾子立事〕「能取朋友者，亦能取所一從政者矣」平議。○一與與義相通。〔方言二〕「一，鐩也」箋疏。○一、與亦聲義通。(同上)疏證。○賜一之一通作與。〔國策〕「而又知趙之難一齊人戰」雜志。○一、與通借字。〔漢書・谷永傳〕「君孰一足」補注。○〔說文定聲・卷九〕一段借為與。〔荀子・大略〕「然而有所共一也」。○一讀為與。〔國策〕「而又知趙之難一齊人戰」雜志。○一讀曰與。〔漢書・王莽傳〕「其一署曰赤帝行璽某傳一黃帝金策書」補注引胡注。又〔通鑑・周紀三〕「募民有能徙置北門者一十金」「一我下東國，吾為王殺太子」音注。又〔漢紀五〕「太尉一卒千餘人」音注。○〔說文定聲・卷九〕一段借為与。〔爾雅・釋詁〕「一，賜也」。○(同上)一段借為許。〔漢書・外戚傳〕「春秋一之」。○一，魯作與。〔詩・干旄〕「何以一之」集疏。○一，魯、韓作與。〔詩・采菽〕「何錫一之」集疏。又〔采菽〕「又何一之」集疏。○諸本一作與。〔左傳襄公二九年〕「璽書追而一之」洪詁。○舊校云，一一作獻。〔呂覽・異寶〕「解其劍以一丈人」校正。

渚

一，沚也。〔廣韻・語部〕又〔楚辭・湘君〕「夕弭節兮北一」補注。○一，小洲也。〔詩・九罭〕「鴻飛遵一」朱傳。○一，小洲也，水岐成一。〔詩・江有汜〕「江有一」朱傳。○水中小洲曰一，洲旁之小水亦稱一。(同上)集疏。○一，水中高地也。〔詩・鳧鷖〕「鳧鷖在一」朱傳。○一，水涯也。〔慧琳音義・卷五〕○水一溢而為一。〔詩・江有汜〕「江有一」集疏引韓說。○水一溢一否為一。(同上)○一溢一否曰一。〔屈賦・湘君〕「夕弭節兮北一」戴注引〔韓詩〕。○一、洔義同。〔詩・江有汜〕「江有一」陳疏。○一、陼通。〔釋丘〕「如陼者，陼丘」郝疏。○一、陼經典多通用。〔說文〕「一，一曰小州曰一」句讀。○〔說文定聲・卷九〕一段借為陼。〔說文〕引〔爾雅〕「小州曰一」。○一當為陼。〔呂覽・長利〕「昔者太公望封於營丘之一」校正。

煑

一，亨也。〔廣韻・語部〕○一同鬻。(同上)

煮

火熟曰一。〔說文〕「鬻，亯也」義證引〔字書〕。

汝

一水，出一州天息山，徑蔡潁州入淮。〔詩・汝墳〕「遵彼一墳」朱傳。○一，尔也。〔廣韻・語部〕○爾、一，聲之轉。〔書・皋陶謨中〕注「史遷一作爾」孫疏。○一之為言女也。〔說文〕「一水出宏農盧氏還歸山」義證引〔春秋說題辭〕。○〔說文定聲・卷九〕一，以女為之。〔華山廟碑〕「一南女陽人」。○(同上)一段借發聲之詞，與用女、若、戎、乃、而、爾等字同，皆一聲之轉。〔詩・蕩〕「咨一殷商」。

茹

一，乾菜也。〔廣韻・語部〕○一，一曰菜一。〔離騷〕「攬一蕙以掩涕兮」補注引〔玉篇〕。○一，柔也。(同上)○一，弱也。〔慧琳音義・卷四三〕○一，容也。〔詩・柏舟〕「不可以一」集疏引韓說。○一，度也。〔詩・臣工〕「來咨來一」朱傳。又〔詩・六月〕「玁狁匪一」陳疏。又〔詩・柏舟〕「不可以一」後箋。○一，臭也。〔離騷〕「攬一蕙以掩涕兮」補注引五臣注。又〔廣韻・語部〕。○〔說文定聲・卷九〕一段借為慮。〔爾雅・釋言〕「一，度也」。○(同上)一段借為挐。〔易・泰〕「拔茅一」。○(同上)一段借為帤。〔呂覽・功名〕「以一魚去蠅」。○〔說苑・正諫篇〕一黃作如黃。〔呂覽・直諫〕「一黃之狗」校正。○一，貪也。〔廣韻・語部〕○一，雜糅也。(同上)

暑

一，熱也。〔廣韻・語部〕○〔說文定聲・卷九〕一，近溼如蒸，熱近燥如烘。〔說文〕「一，熱也」。○一言下溼。〔說文〕「溽，溽一，溼一也」段注。○熱與一義兩通。〔管子〕「一耘」雜志。○一是署。〔史記・高祖功臣侯者年表〕「敬侯陳一元年」志疑。

鼠

穴蟲，一也。〔說文〕「一，穴蟲之總名也」義證引〔白帖〕。○一，田一也。〔大戴・夏小正〕「鴽為一」王詁。○一，小獸名，善為盜。〔廣韻・語部〕○一，蟲之可賤惡者。〔詩・相鼠〕「相一有皮」朱傳。○一思，猶言癙憂也。〔詩・雨無正〕「一思泣血」朱傳。○一，引申之為病也。〔說文〕「一，穴蟲之總名也」段注。○〔說文定聲・卷九〕一，字亦作癙。〔中山經〕「脫扈之山有草焉，名曰植楮，可以已癙」。○黍與一，古字通用。〔廣雅・釋蟲〕「負蠜，蟅也」疏證。

黍

一，秫一也。〔說文〕「一，禾屬而黏也」繫傳。○稷之粘者為一。〔本草・卷二三〕○禾之黏者為一。〔說文〕「一，禾屬而黏者也」義證引〔古今注〕。○一，似穄而黏，可以為酒者也。(同上)義證引〔急就篇〕顏注。○一，穈屬而黏者，宜為酒及餌餈酏粥，今北方謂之黃米，色黃于穈。〔說文定聲・卷九〕○一，早熟禾也。〔說文〕「一，禾屬而黏者也」義證引〔增韻〕。○一，穀名，苗似蘆，高丈餘，穗黑色，實圓重。〔詩・黍離〕「彼一離離」朱傳。○利高燥者曰一。〔說文〕「一，禾屬而黏者也」義證引〔增韻〕。○禾屬而黏者一，禾屬而不黏者穈，對文異，散文則通稱一。〔廣雅・釋草〕「穈，穄也」疏證。○一，亦黏物也。〔說文〕「䵑，从一尼聲」繫傳。○一，黏也。〔說文〕「黎，履黏」繫傳。○一者，暑也，種必待暑。〔說文〕「一，禾屬而黏者也」義證引〔氾勝之書〕。○一者，暑也，待暑而生，暑後乃成也。〔本草・卷二三〕引氾勝之。○一之言暑也，必須暑改得陰乃成也。〔說文〕「一，禾屬而黏者也」義證引〔農書〕。○一者，緒也，故其立字禾入水為一。(同上)義證引〔春秋說題辭〕。○一，禾下从氽，象細粒散垂之形。〔本草・卷二三〕引魏子才〔六書精蘊〕。○一與鼠，古字通用。〔廣雅・釋蟲〕「負蠜，蟅也」疏證。○〔說文定聲・卷九〕一段借為觚，或云借為盂。〔呂覽・權勳〕「操一酒而進之」。○一當為稷。〔大戴・夏小正〕「往耰一」王詁。

杵

一，一臼。〔廣韻・語部〕○一，舂一也。〔孟子・盡心下〕「而何其血之流一也」朱注。○一，楯也。(同上)○一，或作鹵。(同上)○一即古櫓字，本單作午，加木為大盾之｜。〔義府・卷上〕○｜、樹通用。〔墨子・備城門〕「｜木瓦石」閒詁引蘇時學。○〔周書・武王〕血流漂｜，賈誼〔過秦論〕作漂鹵，陳琳檄文作漂櫓。〔義府・卷上〕○｜臼，〔公羊〕作處臼。〔左傳文公一六年經〕「宋人弑其君｜臼」洪詁。又〔哀公五年經〕「齊侯｜臼卒」洪詁。

處 ｜，居也。〔詩・四牡〕「不遑啓｜」朱傳。又〔大戴・王言〕「使｜者恤行者有興亡」王詁。又〔哀公問五義〕「必有所｜焉」王詁。又〔用兵〕「讒貸｜穀」王詁。又〔廣韻・語部〕。又〔管子〕「置大夫以為廷安入共受命焉」雜志。○｜亦居也。〔晏子春秋〕「安邦而度家」雜志。○｜，居止也。〔大戴・勸學〕「｜必擇鄉」王詁。○｜，與居義略同。〔詩・四牡〕「不遑啓｜」後箋。○物居其所謂之｜，使物各得其所亦謂之｜。〔左傳文公一八年〕「德以｜事」平議。○閒｜即凥之引申。〔說文〕「凥，処也」段注。○｜，止也。〔廣韻・語部〕又〔管子〕「同族者人」雜志。○｜即止也。〔詩・鳧鷖〕「公尸來止」後箋。○｜，息也。〔慧琳音義・卷二七〕引〔玉篇〕。又〔廣韻・語部〕。○｜，定也。〔大戴・文王官人〕「以其聲｜其氣」王詁。又〔廣韻・語部〕。○｜，留也。〔廣韻・語部〕○｜，安也。〔詩・江有汜〕「其後也｜」朱傳。又〔裳裳者華〕「是以有譽｜兮」朱傳。○｜，安｜也。〔詩・旄丘〕「何其｜也」朱傳。○｜，安樂也。〔詩・蓼蕭〕「是以有譽｜兮」朱傳。○｜猶據也。〔國策・東周策〕「必不｜矣」鮑注。○｜，在其位。〔國策・齊策四〕「天下之士皆為役｜」鮑注。○｜猶在也。〔國策・秦策三〕「｜人骨肉之閒」鮑注。○｜，所也。〔漢書〕「負｜」雜志。○｜之為居、為止，常訓也，而又為審度、為辨察。〔述聞・通說〕○｜有審察之義。〔法言・至孝〕「何以｜偽」平議。○古人之辭，凡審度其事謂之｜。〔禮記・禮運〕「｜其所存」平議。○｜，制也。〔大戴・千乘〕「｜其朝市」王詁。又〔廣韻・語部〕。○｜，當也。〔通鑑・隋紀三〕「｜法平允」音注。○｜，信也。〔同上〕○｜業，令安｜有作業。〔漢書・王莽傳〕「宜曰時｜業」補注。○古者謂所居之地曰｜勢。〔淮南・齊俗〕「｜勢然也」雜志。○〔說文定聲・卷九〕凡士與女未用皆稱｜。〔莊子・逍遙游〕「淖約若｜子」。○｜子，｜女也。〔孟子・告子下〕「踰東家牆而摟其｜子」朱注。○舊所治官府，非吏非民，則曰｜士。〔通雅・稱謂〕○｜暑，言暑氣將退伏而漸｜也。〔漢書・律曆志〕「｜暑」補注引錢大昭。○｜居，古字作処凥。〔詩・殷其靁〕「莫或遑｜」陳疏。

処 ｜，止也。〔說文〕「几，凥几也」段注。○｜與處同。〔廣雅・釋詁〕「｜，止也」疏證。○〔說文定聲・卷九〕｜段借為癙，實為鼠。〔呂覽・愛士〕「陽城胥渠處」。

貯 ｜，積也。〔廣韻・語部〕○｜，積財也。〔慧琳音義・卷七〕引〔考聲〕。○｜，居也。〔廣韻・語部〕○｜與著皆居也。〔漢書〕「著於其中」雜志。○｜與宁音義皆同，今字專用｜矣。〔說文〕「｜，積也」段注。○｜與宁同，因宁為朝宁義所專，復製此字。〔說文定聲・卷九〕○〔同上〕｜，字亦作貯。〔周禮・廛人〕注「貨物貯藏于市中」。○〔同上〕｜，以著為之。〔史記・貨殖傳〕「廢著鬻財」。○｜通作著。〔說文〕「｜，積也」義證。○〔左傳襄公三〇年傳〕｜作褚。〔呂覽・樂成〕「子產｜之」校正。

⿰宁者 ｜即貯字。〔周禮・廛人〕「斂而入于膳府」孫正義。○｜同貯。〔廣韻・語部〕

褚 ｜，裝衣。〔廣韻・語部〕○｜，裝衣也。〔左傳成公三年〕「鄭賈人有將寘諸｜中以出」疏證引〔玉篇〕。又〔左傳成公三年〕「寘諸｜中以出」述聞。又〔莊子・至樂〕「｜小者不可以懷大」集釋。○以絮納袷衣間為袍曰｜，亦曰裝。〔說文〕「絮，敝緜也」段注。○以麻縕為袍亦曰｜。〔同上〕○｜，囊也。〔禮記・喪大記〕「素錦｜」集解。又〔左傳成公三年〕「鄭賈人有將寘諸｜中以出」疏證引〔集韻〕。○｜，衣之囊也。〔莊子・至樂〕「｜小者不可以懷大」集釋。○｜，又衣之囊也。〔說文〕「｜，卒也」繫傳。○｜，蓄也。〔大戴・夏小正〕「為蔣｜之也」王詁。○｜乃貯藏之義。〔漢書・南粵傳〕「上｜五十衣，中｜三十衣，下｜二十衣」補注引沈欽韓。○｜、帾其義一也。〔廣雅・釋器〕「帾，幡也」疏證。○｜衿紵並字異而義同。〔左傳成公三年〕「鄭賈人有將寘諸｜中以出」疏證引王引之。○〔說文定聲・卷九〕｜，字亦作帾。〔廣雅〕「帾，幡也」。○｜，字或作衿。〔左傳成公三年〕「鄭賈人有將寘諸｜中以出」疏證引王引之。○｜與著同。〔廣雅・釋器〕「氂，毛也」疏證。○｜亦作著。〔說文〕「絮，敝緜也」段注。○｜，經傳亦以著為之。〔說文定聲・卷九〕○貯、｜古字通。〔左傳襄公三〇年〕「取我衣冠而｜之」洪詁。○〔說文定聲・卷九〕｜段借為絮。〔說文〕「｜，一曰裝衣」。○〔同上〕｜段借為儲。〔左傳襄公三〇年〕「取我衣冠而｜之」。○〔同上〕｜，或曰借為衧，亦通。〔左傳成公三年〕「置荀罃｜中」。○〔同上〕｜段借為賈。〔左傳昭公二年〕「請以印為｜師」。○｜之，〔呂覽〕引作貯之。〔左傳襄公三〇年〕「取我衣冠而｜之」洪詁。

帾 ｜即素錦褚之褚，幠｜皆所以飾棺。〔荀子・禮論〕「無｜絲歶縷翣」集解引王念孫。

楮 ｜，木名。同柠。〔廣韻・語部〕○扁穀謂之｜。〔通雅・木〕○｜，本作柠，其皮可績為紵故也。〔本草・卷三六〕○｜實，一名穀實。〔說文〕「｜，穀也」義證引〔本草〕。

糈 ｜，祭神米也。〔廣韻・語部〕○｜之言疏，分散之貌也。〔廣雅・釋器〕「｜，饊也」疏證。○〔說文定聲・卷九〕｜，或曰此借為⿰貝疋。〔史記・日者傳〕「不見奪｜」索隱「｜求神之米也」。

諝 ｜，才智之稱。〔廣韻・語部〕○｜，有智之稱也。〔慧琳音義・卷八四〕引〔古今正字〕。○｜，美也。〔說文繫傳・通論中〕○｜，同胥、惰。〔廣韻・

語部〕○丨，或借須字。〔說文〕「丨，知也」義證。

**湑**　丨，亦釃也。〔詩・伐木〕「有酒丨我」朱傳。○丨，酒之泲者也。〔詩・鳧鷖〕「爾酒既丨」朱傳。○丨，沈也。〔慧琳音義・卷八八〕引〔韻略〕。○丨，亦同漉灑。〔說文〕「丨，一曰浚也」段注。○浚、丨、縮一聲之轉，皆謂漉取之也。〔廣雅・釋詁〕「浚，盪也」疏證。○丨，露也。〔集韻・魚部〕○丨，露皃。〔廣韻・語部〕又〔魚部〕。○丨丨然，蕭上露貌。〔詩・蓼蕭〕「零露丨兮」朱傳。○丨，盛貌。〔詩・裳裳者華〕「其葉丨兮」朱傳。○丨丨，盛貌，露在物之狀。〔詩・蓼蕭〕「零露丨兮」集疏。○丨丨，盛貌。〔詩・杕杜〕「其葉丨丨」朱傳。○丨丨，茂盛貌。（同上）集疏。○丨丨，茂盛之貌。（同上）後箋。○丨丨、菁菁，皆言葉之盛。（同上）通釋。○〔說文定聲・卷九〕丨段借為揟。〔說文〕「丨，一曰浚也」。

**女**　丨者，未嫁之稱。〔詩・關雎〕「窈窕淑丨」朱傳。○丨，未成婦之稱。〔詩・葛屨〕「摻摻丨手」集疏。○丨，婦未廟見之稱也。（同上）朱傳。○〔說文定聲・卷九〕對文則處子曰丨，適人曰婦。〔說文〕「丨，婦人也」。○丨者，如也，如男子之教。〔說文〕「如，從隨也」義證引〔玉篇〕。○丨言柔弱也。〔詩・七月〕「猗彼丨桑」通釋引王照圓。○凡言丨，皆小意。〔說文定聲・卷四〕〔「僕」下〕○凡小者謂之丨。〔說文〕「陴，城上丨牆，俾倪也」段注。○凡物之少小者或謂之丨。〔說文〕「蒻，蒲子」段注。○丨之言小也。〔說文〕「堞，城上丨垣也」段注。○丨，猶爾也。〔詩・九罭〕「於丨信處」陳疏。○丨媧，古天子，風姓也。〔楚辭・天問〕「丨媧有體」補注。○丨媧，丨當音汝，即丨字直讀，亦古人姓名所有。〔史記・太史公自序〕「作呂太后本紀第九」志疑。○丨媧氏，蛇身人面，牛首虎鼻，有非人之狀，而有大聖之德。〔楚辭・天問〕「丨媧有體」補注引〔列子〕。○丨史，丨奴曉書者。〔漢書・孝成趙皇后傳〕「為學事史」補注引沈欽韓。○丨御即御妻也。〔周禮・冢宰〕「丨御」孫正義。○丨垣即堞。〔墨子・旗幟〕「到丨垣」閒詁。○丨墻即丨垣也。〔說文〕「陴，城上丨牆也」段注。○丨桑，小桑也。〔詩・七月〕「猗彼丨桑」朱傳。○丨桑，桑之小者。〔詩・七月〕「猗彼丨桑」通釋。○丨桑，荑桑。〔詩・七月〕「猗彼丨桑」集疏。○丨蘿，兔絲也。〔詩・頍弁〕「蔦與丨蘿」朱傳。○丨蘿，松蘿也。〔文選・古詩十九首〕「兔絲附丨蘿」集釋引〔廣雅〕。○丨菀，其根似丨體柔婉，故名。〔本草・卷一六〕○丨貞木，一名冬青丨貞，今人呼為蠟樹。〔漢書・司馬相如傳〕「豫章丨貞」補注引〔本草〕。○〔說文定聲・卷九〕丨，段借發聲之詞，與用汝、若、而、爾同。〔禮記・仲尼燕居〕「丨三人者」。○丨讀如爾丨之丨。〔管子・勢〕「形於丨色」平議。○丨，韓作汝。〔詩・碩鼠〕「逝將去丨」集疏。○〔續志〕〔後漢〕丨作汝，汝、丨乃方俗之音。〔漢書・地理志〕「丨陽」補注。○丨，韓作爾。〔詩・行露〕「亦不丨從」集疏。

**許**　丨丨，丨可也。〔廣韻・語部〕○丨，猶可也。〔集韻・語部〕○丨，聽也。〔廣韻・語部〕○丨言聽之。〔國策・魏策三〕「請丨魏」補正。○〔說文定聲・卷九〕丨，聽從其言也。〔說文〕「丨，聽也」。○丨，從也。〔說文〕「从，相聽也」義證引〔玉篇〕。○丨謂從諫也。〔說文〕「从，相聽丨也」繫傳。○丨，與也。〔莊子・大宗師〕「瞻明聞之聶丨」集釋引李注。又〔廣韻・語部〕。○丨，猶期也。〔孟子・公孫丑上〕「可復丨乎」朱注。○丨，猶御也。〔廣雅・釋詁〕「丨，進也」疏證。○丨猶所也。〔詩・下武〕「昭茲來丨」朱傳。○丨與所聲近而義同。〔史記〕「所」雜志。又〔漢書〕「西南行一刻而止」雜志。○丨丨，衆人共力之聲。〔詩・伐木〕「伐木丨丨」朱傳。○丨丨，削柿衆多之貌。（同上）後箋。○丨，太岳之後也，姜姓。〔史記・夏本紀〕「或在丨」志疑。○丨，國名，亦姜姓，今潁昌府丨昌縣是也。〔詩・揚之水〕「不與我戍丨」朱傳。○丨國，隸變作鄦。（同上）陳疏。○古丨、所同字。〔漢書・高帝紀〕「時章邯從陳，別將司馬尼將兵北定楚地」補注。○丨，字亦以所為之。〔說文定聲・卷九〕○丨、所古字通。〔詩・伐木〕「伐木丨丨」後箋引惠棟。○丨、所古同聲通用。（同上）通釋。○丨，或假為所。〔說文〕「丨，聽言也」段注。○〔說文定聲・卷九〕丨段借為所。〔詩〕「伐木丨丨」。○（同上）丨段借為處。〔墨子〕「吾將惡丨用之」。○丨或假為御。〔說文〕「丨，聽言也」段注。○〔說文定聲・卷九〕丨段借為御。〔詩・下武〕「昭茲來丨」。○（同上）丨段假為鄦。〔詩・揚之水〕「不與我戍丨」。○丨，又為鄦之段借字。〔說文〕「丨，聽言也」段注。○丨，〔史記・鄭世家〕作鄦。徐廣曰鄦音丨。丨乃後人省文，依字當作鄦字。〔左傳成公五年〕「丨靈公」洪詁。○丨，三家作御。〔詩・下武〕「昭茲來丨」集疏。○丨，〔後漢書〕引〔詩〕作御。（同上）後箋引〔稽古編〕。○丨，三家作所，亦作滸。〔詩・伐木〕「伐木丨丨」集疏。○丨魏當為誅黎。〔大戴・少閒〕「伐崇丨魏」述聞。

**籹**　丨，丨粔。〔廣韻・語部〕○丨，或从如。〔集韻・語部〕

**架**　丨，粔籹，餌也。〔集韻・語部〕

**拒**　丨，丨捍也。〔廣韻・語部〕○此與彼相抵為丨，相抵則止矣。〔說文〕「歫，止也」段注。○丨，格也。〔廣韻・語部〕○丨，違也。（同上）○丨亦違也。〔慧琳音義・卷五〕引〔韻詮〕。○丨為方陳。〔左傳桓公五年〕「鄭子元請為左丨」疏證。○丨謂枝之旁生者也。〔韓子・揚榷〕「無使木枝外丨」集解引舊注。○丨霜即木芙蓉。〔通雅・艸〕○丨與矩同。〔廣雅・釋天〕「自曰白招矩」疏證。○丨、矩古字通。〔左傳桓公五年〕「鄭子元請為左丨」疏證。

**距**　丨，鷄丨。〔廣韻・語部〕○統言則丨亦為爪，分言則前者為爪，後者為丨。○雞行爪伸其後屈不動者，丨也。〔漢書・李廣傳〕「亦羞為陵後丨」補注。○丨本雞足，故訓至。〔國策・楚策一〕「丨扞關」鮑注。○丨者，爪相抵也。〔大戴・誥志〕「爪鳥忘丨」王詁。○丨，抵拒也。〔漢書・鄯善國傳〕

「為貳師後｜」補注引徐松。○｜，捍也。〔國策・齊策六〕「｜全齊之兵」鮑注。○｜，止也。〔大戴・子張問入官〕「｜諫者」王詁。又〔管子〕「鶩｜」雜志。○｜者，棄絶之意。〔論語・子張〕「不可｜之」劉正義。○｜亦超也。〔漢書〕「投石拔｜」雜志。○｜，起也。〔大戴・千乘〕「｜封後利」王詁。○｜躍，直跳也。〔左傳僖公二八年〕「｜躍三百」疏證引邵寶。○｜，折而方也。〔大戴・主言〕「三句烈而｜」王詁。○鬐之曲頭曰｜。〔説文定聲・卷一六〕(「鬐」下)○凡言｜算者，皆外所求，則七十七歲當作七十六歲。〔漢書・律曆志〕「是歲｜上元十四萬二千五百七十七歲」補注引錢大昕。○｜虛，亦馬屬。〔文選・子虛賦〕「轔｜虛」集釋引郭注。○｜虛，似贏而小。〔文選・子虛賦〕「轔｜虛」集釋。○｜虛，野獸驢騾之屬。〔文選・子虛賦〕集釋引〔王會篇〕「孤竹｜虛」孔注。○｜、拒同。〔國策・齊策六〕「｜全齊之兵」鮑注。又〔楚策二〕「楚令昭睢將以｜秦」鮑注。○｜同拒。〔漢書・嚴助傳〕「會稽守欲｜法」補注。○｜、歫同。〔廣雅・釋詁〕「棖，止也」疏證。○｜與致同。〔漢書・趙廣漢傳〕「尤善為鉤｜」補注。○｜與樘異名而同實。〔廣雅・釋器〕「樘，｜也」疏證。○｜，亦作⿰角巨、作⿰角居。〔説文〕「｜，雞｜也」段注。○｜，同⿰角巨。〔廣韻・語部〕○｜，字亦作⿰角巨。〔説文定聲・卷九〕○｜，字亦作⿰角居。(同上)○｜之本字當作歫。〔儀禮・鄉射禮〕「｜隨長武」胡正義。○｜與拒通。〔孟子・滕文公下〕「｜楊墨」焦正義。○｜、鉅通用。〔墨子・襍守〕「諸｜阜、山林」閒詁引蘇時學。○｜鉅巨古并通用。〔史記〕「｜來」雜志。○〔説文定聲・卷九〕｜叚借為鉅。〔淮南・氾論〕「蹠｜者舉遠」。○(同上)｜叚借為躍。〔左傳僖公二八年〕「｜躍三百」。○(同上)｜叚借為歫。〔管子・小問〕「來者鶩｜」。○(同上)｜叚借為渠。〔釋名・釋形體〕「鬐曲頭曰｜。｜，矩也，言曲似矩也」。○｜讀為遽。〔韓子・難四〕「衛奚｜熊哉」集解引顧廣圻。○他家多以｜為歫。〔説文〕「｜，雞｜也」段注。○｜當為歫。〔説文〕「趆，｜也」義證。○｜當作歫。〔漢書・鄯善國傳〕「為貳師後｜」補注引徐松。又〔説文〕「趆，｜也」段注。○官本｜作拒。〔漢書・董仲舒傳〕「抵冒殊扞」補注。○｜虛，一作駏驉。〔漢書・司馬相如傳〕「蛩蛩，鱗｜虛」補注。○｜虛，〔爾雅〕作岠虛，〔説苑〕作巨虛，〔淮南〕作駏驉。〔呂覽・不廣〕「常為蛩蛩｜虛取甘草以與之」校正。

**炬** ｜，火｜。〔廣韻・語部〕○｜，束竹爇火照明。〔大般若經・卷四一〕「｜熾」音義引〔桂苑珠叢〕。○｜謂之燋，如今之火把，以葦為之。〔説文定聲・卷一五〕(「熜」下)○東火曰｜。〔慧琳音義・卷七一〕

**虡** ｜，植木以縣鐘磬。〔詩・靈臺〕「｜業維樅」朱傳。○〔説文定聲・卷二〕｜業以樅為之，鏞鼓之柎曰｜。〔詩・靈臺〕「｜業維樅」。(「樅」下)○｜者，所以懸鍾，橫曰筍，植曰｜。〔通鑑・秦紀二〕音注。○樂器所懸，橫曰枸，植曰｜。〔屈賦・東君〕「簫鍾兮瑤｜」戴注。○｜之言舉也，所以舉物也。〔廣雅・釋器〕「⿱虍異，几也」疏證。○｜與⿱虍異同。(同上)○鐻、｜字同。〔漢書・賈山傳〕「縣石鑄鍾｜」補注。○〔史記〕｜作鉅，借字。〔漢書・司馬相如傳〕「立萬石之｜」補注。

**⿱虍異** ｜，飛｜，天上神獸，鹿頭龍身。〔廣韻・語部〕○縣鐘者直曰｜。〔説文〕「鐏，鐏鱗也」段注。○｜即虡。〔方言五〕「几其高者謂之虡」疏證。○｜與虡同。(同上)箋疏。○｜，同虡、簴、鐻。〔廣韻・語部〕○〔説文定聲・卷九〕｜，字亦作簴。〔禮記・明堂位〕「夏后氏以龍簨虡」。○｜，字或作簴。〔説文〕「｜，鐘鼓之柎也」義證。

**簴** ｜，縣鐘磬之木也。〔楚辭・東君〕「簫鍾兮瑤｜」補注。○｜，一作虡，懸鍾格。〔楚辭・招魂〕「鏗鍾搖｜」補注引五臣。

**鉅** ｜，大也。〔國策・楚策一〕「臣以為王｜速忘矣」鮑注。又〔廣韻・語部〕。○｜，引申為｜大字。〔説文〕「｜，大剛也」段注。○｜亦豈也。〔荀子〕「豈｜知」雜志。○此｜公即巨公也。〔漢書・田叔傳〕「學黃老術於樂｜公」補注。○｜子，猶｜儒｜公。〔呂覽・去私〕「墨者有｜子腹䵍居秦」校正。○｜黍，弓也。〔廣雅・釋器〕○｜定即｜澱，濁水所注。〔説文〕「濁，濁水出齊郡厲嬀山，東北入｜定」義證。○｜定，在今青州府壽光縣西北八十里，有巨淀，即清水泊。〔漢書・武帝紀〕「上耕于｜定」補注。○世以｜勝為枸杞子。〔説文〕「檵，枸杞也」義證引宋均。○｜、詎同。〔國策・楚策一〕「臣以為王｜速忘矣」補正。○｜與巨同。〔方言一〕「巨，大也」箋證。○｜與距通。〔墨子・備穴〕「為鐵鉤｜」閒詁。○｜通作巨。〔説文〕「｜，大剛也」義證。○｜通作巨，大也。〔莊子・列禦寇〕「一命而呂｜」集釋。○距｜巨，古并通用。〔史記〕「距來」雜志。○〔史・表〕｜作巨。〔漢書・高惠高后文功臣表〕「荒侯｜鹿嗣」補注。○〔封禪書〕｜作巨。〔漢書・郊祀志〕「然風后、封｜」補注。○〔漢志〕齊郡｜定，〔水經注〕作巨淀。〔説文〕「澱，滓垽也」義證。

**秬** ｜，黑黍。〔詩・生民〕「恒之｜秠」集疏。○｜，黑黍也。〔詩・生民〕「恒之｜秠」朱傳。又〔説文〕「鬯，㠯｜釀鬱艸芬芳攸服㠯降神也」繫傳。又〔廣韻・語部〕。○｜，黑黍也，所以釀酒。〔説文〕「𩰪，黑黍也」義證引〔古文苑・蜀都賦〕注。○｜為黑黍。〔詩・江漢〕「｜鬯一卣」後箋。○黑黍曰｜。〔本草・卷二三〕○｜，黑黍，一稃二米也。〔漢書・王莽傳〕「｜鬯二卣」補注引〔字書〕。○｜，黍屬。〔集韻・魚部〕○｜、秠，黍類也。〔説文〕「粟，嘉穀實也」義證引陶隱居。○｜即秠。〔漢書・律曆志〕「㠯子穀｜黍中者」補注。○｜通作苣。〔説文〕「柜，𩰪或從禾」義證。

**𩰪** ｜者，三隅之黍，一稃二米，王者宗廟修則生。〔説文〕「｜，黑黍也」義證引〔瑞應圖〕。○｜，今但作秬。(同上)繫傳。○〔説文定聲・卷九〕秬當爲正篆，以為鬯酒，復製｜字。〔爾雅・釋草〕「秬，黑黍」。○｜，字亦做秬。〔説文定聲・卷九〕

苣　丨，丨藤，胡麻。〔廣韻·語部〕○丨為丨藤、萵丨字。〔說文〕「丨，束葦燒也」段注。○丨與炬同。〔廣雅·釋器〕「蒸，炬也」疏證。○丨，古炬字，謂苣丨，束草爇火以照之也。〔慧琳音義·卷二一〕○丨，字或作炬。〔說文〕「丨，束葦燒」義證。○丨俗作炬。〔說文〕「丨，束葦燒也」段注。○丨，字俗作炬。〔說文〕「丨，束葦而燒之謂大燭也」句讀。○〔說文定聲·卷九〕丨，俗字作炬。〔後漢·張衡傳〕注「炬可以昭明」。○丨段借為藘，今俗以為萵丨字，菜名。〔說文定聲·卷九〕

所　〔說文定聲·卷九〕丨，鋸聲也。〔說文〕「丨，伐木聲也」。○丨丨，鋸聲也。〔說文〕「丨，伐木聲也」段注。○關西方言致力於一事為丨。〔同上〕義證引魏子才。○西土人謂著力幹此事則呼為丨。〔同上〕義證引李獻吉。○丨，處也。〔詩·鴇羽〕「曷其有丨」通釋。又〔左傳僖公三二年〕「勤而無丨」疏證引朱駿聲。○丨，處所也。〔廣韻·語部〕○丨，猶處。〔國策·魏策二〕「人多為張子於王丨」鮑注。○丨，猶處也。〔漢書·車師後國傳〕「乃械致都護但欽在丨埒婁城」補注引徐松。○許與丨聲近而義同。〔史記〕「丨」雜志。又〔漢書〕「西南行一刻而止」雜志。○丨與許同。〔釋言〕「攸，丨也」郝疏。○〔說文定聲·卷一〇〕丨者，許也。〔禮記·中庸〕「體物而不可遺」注「可猶丨也」。〔「可」下〕○丨猶許也。〔漢書·原涉傳〕「涉居谷口半歲丨」補注。又〔漢書·郊祀志〕「長一寸丨」補注引錢大昭。○〔義府·卷下〕丨之為言許也。〔史記·倉公傳〕「不為愛公丨」。○〔同上〕此丨字亦不多之意。〔漢書·佞幸傳〕「上有酒丨」。○丨與時同義。〔廣雅·釋詁〕「守，久也」疏證。○丨，時也。〔左傳昭公三二年〕「有丨有名而不如其已」述聞。○古人謂時為丨。〔大戴·本命〕「無丨敢自遂也」述聞。又〔左傳襄公二七年〕「晉楚丨以兵威之」述聞。又〔左傳昭公七年〕「從政有丨反之以取媚也」述聞。又〔墨子·節用〕「有丨二十年處家」述聞。○丨猶時也。〔公羊傳文公一三年〕注「黨，丨也」述聞。○非丨猶非時也。〔荀子·王霸〕「以非丨取於民而巧」集解引俞樾。○丨使聲轉。〔釋詁〕「俾，使也」郝疏。○肆遂是丨一聲之轉。〔釋詁〕「肆，故也」郝疏。○丨，猶可也。〔釋詞·卷九〕○丨，若也。〔論語·雍也〕「予丨否者」劉正義。○丨猶若也。〔釋詞·卷九〕○丨猶或也。〔同上〕○丨者，指事之詞。〔同上〕○丨，誓辭也。〔論語·雍也〕「予丨否者」朱注。○丨，語助也。〔釋詞·卷九〕○丨在，謂其地也。〔離騷〕「求宓妃之丨在」戴注。○丨長，謂任材用物皆得其宜。〔韓子·揚權〕「上有丨長」集解引舊注。○丨由，言事丨必由也。〔通雅·稱謂〕○酒丨，猶酒意。〔漢書·董賢傳〕「上有酒丨」補注。○許、丨古字通。〔漢書·郊祀志〕「長一寸丨」補注引錢大昭。○〔說文定聲·卷九〕丨段借為處。〔廣雅·釋詁二〕「丨，凥也」。○丨段借為処字。〔說文〕「丨，伐木聲也」段注。○〔說文定聲·卷九〕丨段借為顧。〔史記·扁鵲傳〕「醫之丨病」。○〔同上〕丨段借助語之詞。〔禮記·檀弓〕「高四尺丨」。○丨，〔文選〕注引作足。〔管子·法法〕「丨以守其服」義證引孫星衍。

楚　丨，荊也。〔國策·趙策一〕「皆以荻蒿苦丨廧之」鮑注。又〔管子〕「樊棘雜志。又〔說文〕「荊，丨木也」義證引〔廣志〕。○丨，萇丨，亦荊丨。〔廣韻·語部〕○丨，木也。〔詩·揚之水〕「不流束丨」朱傳。○丨，木名，荊屬。〔詩·漢廣〕「言刈其丨」朱傳。○荊，其生成叢而疏爽，故又謂之丨。〔本草·卷三六〕○平丨，叢木廣遠也。〔說文〕「丨，叢木，一名荊」繫傳。○丨猶斷也。〔慧琳音義·卷二一〕○〔說文定聲·卷九〕丨以齼為訓。〔釋名·釋州國〕「丨，辛也，其地蠻多而人性急，數有戰爭相爭、相害」。○丨，列貌。〔詩·賓之初筵〕「籩豆有丨」朱傳。○丨丨，盛密貌。〔詩·楚茨〕「丨丨者茨」朱傳。○丨之言丨丨然衆也。〔廣雅·釋木〕「丨，荊也」疏證。○丨丨，盛服也。〔通鑑·周紀五〕「異人丨服而見華陽夫人」音注。○丨丨，鮮明貌。〔詩·蜉蝣〕「衣裳丨丨」朱傳。○丨丨，酸痛之貌。〔通鑑·宋紀一二〕「朝野丨丨」音注。○〔通雅·卷三〇〕丨嚴，即今之發擂也。〔樂志〕「丨嚴鼓員一人」。○丨，丨丘也。〔詩·定之方中〕「以望丨矣」朱傳。○丨子城在德安府隨州東。〔左傳桓公八年〕「丨子伐隨」疏證引〔一統志〕。○〔說文定聲·卷九〕丨者，以荊為之。〔爾雅〕「籗謂之罩」孫炎注「今丨籗也」。〔「籗」下〕○丨、䵼，會五采鮮色。䵼其正字，丨其借字也。〔詩·蜉蝣〕「衣裳丨丨」後箋引段玉裁。○〔說文定聲·卷九〕丨段借為䵼。〔秦策〕「不韋使丨服而見」。○〔同上〕丨段借為齼。陸機詩「悽慨含辛丨」。○〔同上〕丨段借為疋。〔詩·賓之初筵〕「籩豆有丨」。○丨山當作荊山。〔韓子·和氏〕「哭於丨山之下」集解。○丨丨，三家作䵼。〔詩·蜉蝣〕「衣裳丨丨」集疏。

礎　丨，柱下石也。〔廣韻·語部〕○丨之言苴也。〔廣雅·釋宮〕「丨，磌也」疏證。

阻　丨，隔也。〔廣韻·語部〕又〔詩·雄雉〕「自詒伊丨」朱傳。○丨，難也。〔大戴·文王官人〕「故事丨者不夷」王詁。又〔國策〕「足以為限」雜志。○丨，恃也。〔左傳隱公四年〕「州吁丨兵而安忍」洪詁引〔文選〕注。○丨，却。〔詩·谷風〕「既丨我德」朱傳。○丨，疑也。〔慧琳音義·卷五〕引〔考聲〕。○丨，憂也。〔廣韻·語部〕○丨，壞也。〔太素·調陰陽〕「出汗偏丨」楊注。○丨之言齟齬，傾衺之義也。〔廣雅·釋詁〕「丨，衺也」疏證。○丨猶豬也，如大野既豬之義。〔文選·子虛賦〕「且齊東陼鉅海」補正引何焯。○丨、負、介三字同義。〔史記〕「介江淮」雜志。○丨隘，猶阸也。〔左傳僖公二二年〕「不以丨隘也」疏證。○丨，古詛字。〔左傳閔公二年〕「狂夫丨之」洪詁引韋昭。○丨通作沮。〔釋詁〕「丨，難也」郝疏。○丨通作感。〔詩·雄雉〕「自詒伊丨」通釋。○丨讀曰予所畜租之租。〔大戴·武王踐阼〕「擾丨以泥之」王詁。○〔漢書·食貨志〕丨作祖，蓋今文字。〔書·堯典下〕「黎民丨飢」孫疏。

俎　丨，丨豆。〔廣韻·語部〕○丨，祭器，如几，盛牲體者也。〔通鑑·漢紀二四〕音注。○丨，所以載牲體也。〔詩·楚茨〕「為丨孔碩」朱傳。○丨，肉在豆上。〔國策・齊策五〕「拔之尊一之間」鮑注。○一，肉几也。〔慧琳音義・卷二五〕引〔玉篇〕。又〔卷四六〕引〔字書〕。○一，高几之上也。〔通鑑・漢紀二〕「項王患之，乃為一，置太公其上」音注。○一之言苴。〔廣雅・釋器〕「一，几也」疏證。○一，軍中巢櫓謂之一。〔通鑑・漢紀二〕「項王患之，乃為一，置太公其上」音注引李奇。○一，實即且之後製字。〔說文定聲・卷九〕○（同上）一叚借為阻。〔書・堯典〕「黎民一飢」。

**沮** 一，止。〔詩・小旻〕「何日斯一」朱傳。○一，止也。〔詩・巧言〕「亂庶遄一」朱傳。又〔雲漢〕「則不可一」朱傳。又〔小旻〕「何日斯一」集疏引韓說。又〔通鑑・漢紀三〕「令乃妄言一吾軍」音注。又〔廣韻・語部〕。○一為止也。〔左傳宣公一七年〕「亂庶遄一」疏證。○一，止之之意。〔孟子・梁惠王下〕「嬖人有臧倉者一君」朱注。○一、阻同訓止。〔孟子・梁惠王下〕「嬖人有臧倉者一君」焦正義。○一亦塞意。〔漢書・諸葛豐傳〕「忠臣一心」補注。○一，毀敗也。〔韓子・二柄〕「事一不勝」集解引舊注。○一，椎破也。〔慧琳音義・卷四五〕引〔考聲〕。○一洳即漸如。〔詩・汾沮洳〕「彼汾一洳」集疏。○〔說文定聲・卷九〕一叚借為阻。〔詩・巧言〕「亂庶遄一」。○（同上）一叚借為俎。〔張納碑〕「既修一柤」。○一當為徂。〔詩・緜〕「自土一漆」述聞。

**舉** 一，擎也。〔廣韻・語部〕○一起令高也。〔慧琳音義・卷一〕引〔字書〕。○〔說文定聲・卷九〕一，謂兩手一之。〔說文〕「一，對一也」。○一謂一奏。〔漢書・食貨志〕「一并兼之徒守相為利者」補注。○一，用也。〔孟子・萬章下〕「悅賢不能一」朱注。○一猶取也。〔大戴・少閒〕「一其前必一其後」王詁。○一謂使為令尹。〔左傳僖公二七年〕「子之一也」疏證。○一與論義相近。〔漢書〕「論臣」雜志。○一，立也。〔廣韻・語部〕○一，言也。（同上）○一引申之亦為行。〔周禮・遺人〕「王一則從」孫正義。○一，行也。〔大戴・虞戴德〕「斂此三者而一一之」王詁。○一猶行。〔國策・秦策一〕「然則是一一而霸王之名可成也」鮑注。又〔趙策一〕「國之一此」鮑注。○一猶行也。〔大戴・保傳〕「而一無過事」王詁。又〔虞戴德〕「高一安取」王詁。○一謂一措。〔國策・楚策四〕「公一而私取利」鮑注。○凡物沒入官謂之一。〔周禮・司市〕「三日而一之」孫正義。○一，言得其地。〔國策・齊策一〕「一齊屬之海」鮑注。○一，動也。〔廣韻・語部〕○一，飛動也。〔大戴・曾子天圓〕「龍非風不一」王詁。○一、動義近。〔釋言〕「偁，一也」郝疏。○一，皆也。〔禮記・內則〕「一燋」集解。又〔孟子・梁惠王下〕「一疾首蹙頞而相告曰」朱注。又〔荀子〕「制與在此亡乎人」「一無益之人」雜志。○一趾，一足而耕也。〔詩・七月〕「四之日一趾」朱傳。○時一，謂時而颺之也。〔漢書・敘傳〕「時一傳納」補注引劉奉世。○一謂殺牲盛饌以食也。〔禮記・王制〕「日一以樂」集解。○一王，興起之王。〔國策・燕策二〕「臣聞當世之一王」鮑注。○一之，謂以此正衆人也。〔韓子・解老〕「是以行軌節而一之也」集解。○一臣猶衆臣。〔韓子・三守〕「一臣之情」集解引王先謙。○不一者，貶膳食、徹聲樂也。〔左傳莊公二〇年〕「君為之不一」疏證。○一、與字通。〔荀子・成相〕「身讓卞隋一牟光」平議。○一、與古字通。〔周官・師氏注〕「故書一為與」述聞。○一字古通作與。〔周書〕「代興」雜志。○〔說文定聲・卷九〕一叚借為與。〔左傳襄公六年〕「君一不信羣臣乎」。○與，本字也，一，借字也。〔周禮・師氏注〕「故書一為與」述聞。○一當讀為與。〔左傳昭公三年〕「寡君一羣臣」述聞。又〔荀子・成相〕「身讓卞隋一牟光」集解引俞樾。○一讀為相與之與。〔荀子〕「隨其長子事其便辟一其上客」雜志。一、居古字通。〔漢書〕「族居」雜志。○居與一古字通。〔荀子〕「居錯」雜志。○一、莒古字通。〔左傳定公四年經〕「蔡侯以吳子及楚人戰于柏一」洪詁。○〔說文定聲・卷九〕一叚借為舉。〔說文〕鍇本「一，一曰輿也」。○（同上）一叚借為貯。〔史記・弟子傳〕「好廢一」。○一當為舉。〔說文〕「籠，一土器也」義證。○一當作譽。〔墨子・大取〕「一己非賢也」閒詁。○一當為與。〔周禮・保氏〕「王一則從」述聞。○一字徐廣作與，〔漢書・高五王傳〕同。〔史記・呂后本紀〕「自決中壄兮蒼天一直」志疑。○柏一，〔公羊〕作伯莒。〔左傳定公四年經〕「蔡侯以吳子及楚人戰于柏一」洪詁。○欒一，王符〔潛夫論〕曰欒呂，〔魏志・文帝紀〕又作欒莒。〔左傳成公二年〕「欒一」洪詁。

**莒** 一，草名。〔廣韻・語部〕○一亦芋也。〔說文〕「一，齊謂芋為一」義證引〔孝經〕。○齊呼一如芋。（同上）義證。○一、梠二音相近，蓋南北之呼不同耳。（同上）義證引陶隱居。○一借為國名。（同上）段注。○一，〔公羊〕作衛，方音之轉。〔左傳宣公一三年經〕「齊師伐一」疏證引趙坦。○一，〔公羊〕作衛。（同上）洪詁。

**筥** 一，筐一。〔廣韻・語部〕○一，箱也。〔說文〕「䈞，杜林目為竹一」段注。○一，一名籍，受五升。〔說文〕「一，籍也」義證引〔急就篇〕顏注。○一，一為飯器，即筲是也。〔文選・王命論〕「斗筲之子不秉帝王之重」集釋。○圓曰一。〔詩・采蘋〕「維筐及一」朱傳。○方底曰筐，圓底曰一。〔詩・采蘋〕「維筐及一」集疏。○秦謂一曰籍，即斗筲之筲。〔通雅・褋用〕○〔說文定聲・卷九〕一，禾束四把也。〔周禮・掌客〕「米百有二十一」。○一，一為禾束之名。〔文選・王命論〕集釋。○一與筶與篆箸同，亦曰筶簇，疊韻連語。〔說文定聲・卷九〕○一與簇同。〔方言一三〕注「盛餅一也」箋疏。○一，字亦作簇。〔說文定聲・卷九〕○一或作簇。〔說文〕「一，籍也」義證。○一，讀如楝梠之梠，謂一穧也。〔廣韻・釋器〕「秉四束曰一」疏證。

**敘** 一，次第之意。〔說文定聲・卷九〕（「序」下）○一歲之次謂之一。〔周禮・宮伯〕「行其秩一」述聞。○一與順同義。〔書・堯典〕「百揆時一」述聞。○徐、一聲義同。〔釋詁〕「舒，一也」郝疏。○一與序同。〔周書〕「序德」、〔墨子〕「序」雜志。○序同一。〔書・皋陶謨〕「時乃功惟一」孫疏。○序與丨同。〔書・堯典〕注「史遷丨作序」孫疏。〇丨與序通。〔書・皋陶謨〕注「史遷丨作序」孫疏。〇丨通作序。〔釋言〕「豫，丨也」郝疏。〇丨，經傳亦以序為之。〔說文定聲・卷九〕〇經典丨皆作序。〔釋詁〕「舒，丨也」郝疏。〇丨，經典借序字。〔說文〕「丨，次弟也」義證。〇丨，古或假序為之。〔同上〕段注。〇丨，叚借為緒。〔說文定聲・卷九〕

**叙**　丨，次弟。〔廣韻・語部〕〇丨，次丨也。〔說文〕「壬，位北方，陰極陽生」繫傳。〇丨者，統諸肆而言之也。〔周官・內宰〕「置其丨」平議。

**敍**　丨亦為順。〔書・洛誥〕「篤丨乃正父」孫疏。〇丨亦為豫。〔書・康誥〕「惟時丨」孫疏。〇〔夏紀〕丨作序，通用。〔漢書・地理志〕「西戎即丨」補注。

**序**　丨，謂堂之東西牆。〔說文定聲・卷九〕〇東西牆謂之丨。〔大戴・諸侯遷廟〕「樽于西丨下」王詁。〇東西堂曰丨，叙尊卑之處也。〔慧琳音義・卷二七〕引〔玉篇〕。〇凡室中、房中與夾之牆則謂之墉，堂上之牆則謂之丨，堂下之牆則謂之壁，其實一也。〔儀禮・士冠禮〕「陳服于房中西墉下」胡正義。〇丨，官舍也。〔廣雅・釋宮〕「丨，官也」疏證。〇丨，庠丨。〔廣韻・語部〕〇丨，學名。〔孟子・梁惠王上〕「謹庠丨之教」朱注。〇丨者，教也。〔通鑑・漢紀二四〕「設庠丨」音注。〇丨，學也，謂儀容有法度也。〔慧琳音義・卷四六〕〇庠訓為養，丨訓為射，皆是教導之名，初無別異也。〔廣雅・釋詁〕「庠，養也」疏證。〇丨，次。〔詩・時邁〕「實右丨有周」朱傳。〇丨，次也。〔大戴・曾子立事〕「問必以其丨」王詁。又〔曾子天圓〕「以丨四時之順逆」王詁。又〔盛德〕「貴賤有丨」王詁。〇丨，謂言之有次第也。〔禮記・經解〕「萬事得其丨」集解引吳澄。〇丨，順也。〔墨子〕「丨」雜志。〇丨，亦順也。〔國語・周語〕「周旋丨順」述聞。〇丨有更代意。〔釋言〕「豫，敘也」郝疏。〇丨，亦事。〔漢書〕「莫大乎承天之緒」雜志。〇激水，古名丨水。〔漢書・地理志〕「鄘梁山，丨水所出」補注。〇丨，古文序。〔慧琳音義・卷四六〕〇丨，字亦作序。〔說文定聲・卷九〕〇丨與敘同。〔左傳隱公一一年〕「日失其丨」述聞。〇丨叙古通用，緒也。〔詩・烈文〕「繼丨其皇之」通釋。〇經傳多假丨為叙。〔說文〕「丨，東西牆也」段注。〇〔說文定聲・卷九〕丨假借為敘。〔易・艮〕「言有丨」。〇〔同上〕丨叚借為緒。〔詩・閔予小子〕「繼丨思不忘」。〇丨為緒之假借字。〔說文〕「丨，東西牆也」段注。〇徐、丨通。〔釋詁〕「舒，敘也」郝疏。〇〔說文定聲・卷九〕丨叚借為徐。〔詩・常武〕傳「舒，丨也」。〇〔同上〕丨以杼為之。〔書・大傳〕「賁庸諸侯疏杼」。〇丨豫古通用。〔詩・韓奕〕「侯氏燕胥」通釋。〇丨當讀為豫。〔左傳隱公一一年〕「丨民之」平議。〇丨謝通用。〔說文〕「丨，東西牆也」句讀。〇今文〔尚書〕丨作杼，假借字也。〔書・顧命下〕注「丨，一作杼」孫疏。〇丨當作享。〔詩・時邁〕「實右丨有周」平議。

**緒**　丨，絲耑也。〔楚辭・天問〕「纂就前丨」補注。〇丨，基丨。〔廣韻・語部〕〇丨，凡首之稱。〔說文〕「丨，絲耑也」段注。〇丨，事也。〔屈賦・天問〕「纂就前丨，遂成考功」戴注。〇丨，業也。〔詩・閟宮〕「纘禹之丨」朱傳。〇丨，續也。〔續音義・卷六〕引〔字書〕。〇丨者，餘也。〔莊子・山木〕「必取其丨」集釋引王念孫。〇丨言者，猶餘言也。〔莊子・漁父〕「曩者先生有丨言而去」平議。〇丨，宜即白紵也。〔說文〕「紵，紵或從丨省」義證引〔通典〕。〇吳音呼丨為紵。〔同上〕〇丨與絮通。〔墨子・非命下〕「多治麻統葛丨」閒詁引蘇時學。〇丨與序通。〔書・大誥〕「誕敢紀其丨」孫疏。〇丨與敘聲義同，古通用。〔釋詁〕「敘，丨也」郝疏。〇丨，紵字假音。〔墨子・非命下〕「多治麻統葛丨」閒詁引畢沅。〇〔說文定聲・卷九〕丨叚借為組。〔廣雅・釋器〕「丨，絛也」。

**鱮**　丨，魚名。〔廣韻・語部〕〇丨，似魴，頭大。〔說文〕「丨，魚也」繫傳。〇丨，似魴，厚而頭大。〔詩・敝笱〕「其魚魴丨」朱傳。〇丨，或謂之鰱。〔同上〕〇丨魚，亦謂之鰱也。〔說文〕「丨，魚名」義證引〔埤雅〕。

**藇**　丨，蕃蕪。〔廣韻・語部〕〇丨，美貌。〔詩・伐木〕「釃酒有丨」朱傳。〇丨亦作穥。〔廣韻・語部〕〇丨，當讀如〔楚茨〕「我黍與與」之與。〔詩・伐木〕「釃酒有丨」通釋。〇丨，三家作⿰酉與。〔同上〕集疏。

**嶼**　丨，海中洲。〔文選・登江中孤嶼〕「孤丨媚中川」集釋引〔玉篇〕。〇丨，海中洲也。〔廣韻・語部〕〇丨，海中山也。〔慧琳音義・卷八二〕引〔韻英〕。〇丨為俗體，當作淤。〔文選・登江中孤丨〕「孤丨媚中川」集釋。

**篽**　丨，禁苑之遮衛。〔說文〕「丨，禁苑也」繫傳。〇丨，或作魰。〔釋言〕「禦，禁也」郝疏。〇丨，一本作御。〔漢書・元后傳〕「夏遊丨宿、鄠、杜之間」補注引宋祁。

**衙**　丨，行皃。〔廣韻・語部〕〇〔說文定聲・卷九〕丨叚借為御。〔釋名・釋樂器〕「丨，止也」。

**穭**　丨，自生稻也。〔廣韻・語部〕〇丨，不種自生也。〔慧琳音義・卷六六〕引〔文字典說〕。〇丨，禾自生。〔集韻・語部〕〇丨，或从呂。〔同上〕

**稆**　丨乃自生稻名也。〔本草・卷二四〕〇禾不布種而自生曰丨。〔通鑑・晉紀三一〕「詳不聽民出米丨」音注。

**祣**　丨，祭山川名。〔廣韻・語部〕

**篆**　丨，筲器。〔廣韻・語部〕〇丨，飯器。〔集韻・語部〕〇丨即筥字也。〔說文〕「籍，飯筥也」段注。又〔廣雅・釋器〕「嵥昳，丨也」疏證。〇丨或作筥、箘。〔集韻・語部〕

梠　｜，桷端連綿木名。〔廣韻·語部〕○旅、絽、呂、｜，其義一也。〔廣雅·釋宮〕「楣、檐、檽，｜也」疏證。○｜，亦曰梍。〔說文定聲·卷九〕○｜，亦曰檐。(同上)○｜即檐也。〔儀禮·士喪禮〕「置于宇西階上」胡正義。○〔說文定聲·卷九〕｜，字亦作櫚。〔南都賦〕「楈枒栟櫚」。

懙　｜，恭敬。〔廣韻·魚部〕○｜，謂疾而舒也。〔說文〕「｜，趣步｜｜也」段注。○〔說文定聲·卷九〕｜，疾而舒之皃。〔說文〕「｜，趣步｜｜也」。○｜，馬部[與馬]義正相類。〔說文〕「｜，趣步｜｜也」段注。○｜｜，美也。〔說文〕「｜，趣步｜｜」繫傳。○｜｜即與與，通為于于吾吾。〔通雅·釋詁〕○〔說文定聲·卷九〕｜，字亦作懙。〔漢書·敘傳〕「長倩懙懙」。○｜或作懙。〔說文〕「｜，趣步｜｜也」義證。○｜與趣同。(同上)句讀。○｜，又借譽。(同上)義證。○｜，〔孟子〕作豫。(同上)

著　｜，明也。〔禮記·冠義〕「以｜代也」集解。又〔大戴·勸學〕「而聞者｜｜」王詁。○｜｜，任。〔廣韻·語部〕○凡朝內君臣所立之處謂之位，或謂之宁，宁字亦作｜。〔國語·周語〕「大夫士日恪位｜」述聞。又〔楚語〕「位宁有官師之典」述聞。○｜即古貯字。〔說文〕「宁，辨積物也」義證引錢大昕。

癙　｜，鼠病。〔廣韻·語部〕○｜，憂病。〔集韻·語部〕○｜當訓憂。〔詩·正月〕「｜憂以痒」通釋。○｜憂，幽憂也。(同上)朱傳。○｜通作鼠。〔釋詁〕「｜，病也」邵正義。又〔集韻·語部〕。○｜者，鼠之叚音也。〔釋詁〕「｜，病也」郝疏。○｜，古祇借鼠為｜，後人乃加疒旁，兼病憂二義。〔詩·正月〕「｜憂以痒」後箋。○〔毛詩·正月〕作｜，〔雨無正〕作鼠，實一字也。〔說文〕「鼠，穴蟲之總名也」段注。

稰　｜，熟穫。〔廣韻·語部〕○熟穫曰｜。〔集韻·語部〕○｜，落也。〔廣韻·魚部〕○｜，禾子落皃。〔集韻·魚部〕○｜與糈同。古者卜筮，先用精鑿之米以享神謂之糈。〔漢書·揚雄傳〕「費椒｜㠯要神兮」補注引錢大昭。

巨　｜，大也。〔廣韻·語部〕又〔管子〕「譙｜」雜志。○｜、大義同。〔墨子·非樂上〕「當為之撞｜鐘」閒詁。○｜為大，即為龐也。〔孟子·滕文公上〕「｜屨小屨同賈」焦正義。○｜，規｜也。〔管子〕「｜獲」雜志。○｜擘，大指也。〔孟子·滕文公下〕「吾必以仲子為｜擘焉」朱注。○｜擘，謂手大指也。〔說文〕「擘，撝也」段注。○大指曰｜指，曰｜擘。〔說文〕「指，手指也」段注。○｜室，大宮也。〔孟子·梁惠王下〕「為｜室」朱注。○｜室，世臣大家也。〔孟子·離婁上〕「不得罪於｜室」朱注。○｜與鉅同。〔史記·高祖功臣侯者年表〕「荒侯｜」志疑。又〔廣雅·釋草〕「鉅勝，胡麻也」疏證。○詎、｜同字。〔韓子·難四〕「｜以亡」集解引顧廣圻。○｜矩一字。〔說文〕「秬，𩰪或從禾」句讀。○｜，今字作矩。〔說文〕「｜，規｜也」段注。○｜與距同。〔漢書〕「投石拔距」雜志。○〔說文定聲·卷九〕｜，字亦作駏、作[犭巨]、作岠。〔爾雅·釋地〕「與邛邛｜虛比」。○渠、詎、｜，字通。〔漢書·高帝紀〕「公｜能入乎」補注引沈欽韓。○〔說文定聲·卷九〕｜，經典作矩。〔說文〕「｜，規｜也」義證。又(同上)句讀。○經典借｜為鉅。(同上)句讀。○距、｜古通用。〔史記〕「距來」雜志。○｜當為距之叚字。〔墨子·備高臨〕「左右出｜」閒詁。○｜讀為距。〔墨子·備梯〕「左右出｜」閒詁。○〔說文定聲·卷九〕｜，叚借發聲之詞，字亦作詎，用渠亦同。〔漢書·高帝紀〕「公｜能入乎」。○｜通作萬。〔說文〕「｜，規｜也」義證。○｜獲，讀為渠矱。〔管子〕「｜獲」雜志。○｜當作岠。〔說文〕「[扌龜]，天子｜[扌龜]尺有二寸」段注。○｜，今〔詩〕作虡。〔說文〕「詩曰｜業維樅」段注。

駏　｜｜，驉。〔廣韻·語部〕○｜｜，驉，獸名。〔集韻·語部〕○牡牛交馬而生者為｜驉。〔本草·卷五〇〕○｜驉，謂似騾而小，牛父馬子是也。〔慧琳音義·卷五二〕○｜驉，似騾而小，牛父馬子也。〔慧琳音義·卷五九〕○｜，或作[犭巨]。〔集韻·語部〕○｜通作岠。(同上)

岠　｜者當作岠。〔釋地〕「｜，齊州以南戴日為丹穴」郝疏。○官本｜作拒。〔漢書·五行志〕「後鄭｜王師」補注。

詎　｜，豈也。〔廣韻·語部〕○庸｜，猶言何遽也。〔莊子·齊物論〕「庸｜知吾所謂不知之非知邪」集釋。○｜，何也。〔慧琳音義·卷二六〕引〔玉篇〕。○｜，疑詞也。〔三藏聖教序〕「｜能」音義引〔韻英〕。○｜，未也。〔慧琳音義·卷八四〕、〔卷九七〕引〔考聲〕。○｜，未知而疑，語辭也。〔慧琳音義·卷一八〕引〔字統〕。○｜猶苟也。〔釋詞·卷五〕○｜，字或作遽。(同上)○｜，字或作巨。(同上)○｜，字或作鉅。(同上)○｜，字或作距。(同上)○｜，字或作渠。(同上)○｜、遽、距、鉅、巨通用。或作渠。〔莊子·齊物論〕「庸｜知吾所謂不知之非知邪」集釋。

濋　〔說文定聲·卷一二〕｜當為棼。〔爾雅〕「濟為｜」。〔「濟」下〕

[黹楚]　｜通作楚。〔說文〕「｜，合五采鮮色」義證。○｜其正字，楚其叚借字。〔說文〕「｜，會五采鮮皃」段注。○｜，今〔詩〕作楚，假借也。(同上)繫傳。

咀　｜｜，嚼。〔廣韻·語部〕○｜，㕮｜脩，藥也。(同上)

䝬　｜，齎財問卜。〔廣韻·語部〕○｜，以財卜也。〔集韻·遇部〕○〔說文定聲·卷九〕｜，以糈為之。〔史記·貨殖傳〕「為重糈也」。○｜，字或作糈。〔說文〕「｜，齎財卜問為｜，讀若所」義證。○｜，借糈字也。〔說文〕「｜，齎財卜問為｜」繫傳。○｜，經傳皆作糈。〔說文〕「疋，或曰胥字」義證。

[貝胥]　｜，財卜問為｜。〔集韻·語部〕

跙　｜｜，行不進皃。〔廣韻·語部〕○｜｜，行不進。〔集韻·語部〕

**柜**　｜，｜柳。〔廣韻・語部〕○｜柳，亦名欅柳。〔說文〕「枊，椶椐木也」義證。○｜，俗字作欅，似柳，皮可煮作飲。〔說文定聲・卷九〕○｜，今俗作欅。〔說文〕「｜，｜木也」段注。○堯廟碑以｜為榘。〔說文〕「渠，水所居也」段注。

**⿱巨木**　｜即柜字。〔說文〕「渠，水所居也」繫傳。又(同上)段注。

**欅**　｜，木名。〔廣韻・語部〕○｜各本作擧。〔說文〕「｜，擧也」段注。○〔通雅・卷四九〕｜柳即杞柳。杜詩「｜柳枝枝弱」。○｜柳，其樹高擧，其木如柳，故名。〔本草・卷三五〕

**⿱竹豦**　｜，牛筐。〔廣韻・魚部〕○｜，飲牛筐。〔廣韻・語部〕○⿰車豦、｜義相近也。〔廣雅・釋器〕「⿰車豦，輞也」疏證。○｜，字亦作篚，聲微轉耳。〔說文定聲・卷九〕○｜為古筥字，亦或作籚。〔方言一三〕「篗，｜也」箋疏。○｜，今字通作筥。〔說文〕「｜，食牛匡也」段注。○｜通作筥。〔說文〕「｜，飲牛筐也」義證。○｜與筥通，義亦與筐筥之筥同。〔廣雅・釋器〕「｜，落也」疏證。○籚並與筥通。〔方言五〕「栝落，又謂之豆筥」箋疏。○｜、筥古通用。(同上)疏證。○｜，經典通用筥。〔說文〕「｜，飲牛筐也」句讀。○〔月令〕具曲植｜筐，或譌作籚。〔說文〕「｜，食牛匡也」段注。

**漵**　｜，浦也。〔慧琳音義・卷九九〕引〔考聲〕。○｜亦浦類。〔楚辭・涉江〕「入｜浦余儃佪兮」補注引五臣注。

**紓**　｜，緩也。〔左傳文公六年〕「難必抒矣」洪詁。○｜亦作舒。〔廣雅・釋詁〕「｜，解也」疏證。○｜與抒通。(同上)○｜，亦叚抒為之。〔說文〕「｜，緩也」段注。○｜、抒古通借。〔左傳文公六年〕「難必｜矣」疏證引焦循。○｜為正字，抒為假借字。(同上)

**去**　｜猶遠。〔國策・魏策四〕「秦之所｜」鮑注。○｜猶失也。〔國策・燕策一〕「使燕毋｜周室之上」鮑注。○｜猶捨也。〔國策・秦策一〕「張子不｜秦」鮑注。○｜，除也。〔大戴・衛將軍文子〕「約貨｜怨」王詁。又〔通鑑・周紀四〕「秦王亦｜帝」音注。○｜，藏也。〔左傳閔公二年〕「衛侯不｜其旗」疏證引胡渭生。○古人以藏為｜。(同上)○古人皆謂藏為｜。〔公羊傳宣公八年〕「｜其有聲者」陳疏。○〔說文定聲・卷九〕｜，或曰借為祛。〔秦策〕「處女相與語欲｜之」。○(同上)｜叚借為笑，或為胠。〔左傳昭公一九年〕「紡焉以度而｜之」。○(同上)｜叚借為驅。〔左傳〕「千乘三｜」。○｜，〔文選〕作浴。〔國策・魏策四〕「頭塵不｜」補正。

**⿰金御**　〔說文定聲・卷九〕｜，疑此器如銼刀之屬。〔說文〕「｜，鉏｜也」。○｜，一曰釜屬。〔集韻・魚部〕○｜，或从吾。(同上)○｜或作鋙。〔說文〕「齟，齟齬」段注。○〔說文定聲・卷九〕鉏｜亦作岨峿。〔文賦〕「或岨峿而不安」。○｜通作牙。〔說文〕「｜，鉏｜也」義證。

**⿱豦心**　｜拒，心不欲為也。〔廣韻・語部〕○｜｜，不欲為也。〔集韻・語部〕○｜｜、離離，謂不耐煩苦勞頓嬾散疏脫之容也。〔荀子・非十二子〕「｜｜然，離離然」集解引郝懿行。○｜，或从女。〔集韻・語部〕

**絽**　｜，絣也。〔廣韻・語部〕○｜繄，絣也。〔廣雅・釋詁〕○旅、｜、呂、梠，其義一也。〔廣雅・釋宮〕「楣、檐、檽，梠也」疏證。

**芧**　｜，草也，可以為繩。〔廣韻・語部〕○〔說文定聲・卷九〕｜即三稜也，江蘇蘆灘中極多，訏為馬苧。〔說文〕「｜，｜草也」。○｜，木名，橡也。〔集韻・魚部〕○｜，橡栩實，又曰栩柔。〔莊子・徐無鬼〕「食｜栗」集釋。○｜與苧同。〔漢書・司馬相如傳〕「蔣｜青薠」補注引〔玉篇〕。又〔說文〕「｜，艸也」義證。○｜同苧。〔廣韻・語部〕○｜，字亦作苧。〔說文定聲・卷九〕○｜即柔字。〔說文〕「柔，栩也」段注。○〔說文定聲・卷九〕｜段借為柔。〔莊子・齊物論〕「狙公賦｜」。

**眝**　｜，張目也。〔集韻・語部〕○視朝見羣臣曰視，故立處曰｜。〔說文定聲・卷九〕(「宁」下)○｜之言佇也。〔廣雅・釋詁〕「｜，視也」疏證。○｜，字亦作佇。〔說文定聲・卷九〕○｜，又通作佇。〔說文〕「｜，長眙也」義證。○凡辭章言延佇者，亦皆當作｜。(同上)段注。○｜，字亦作竚。〔說文定聲・卷九〕○｜通作竚。〔說文〕「｜，長眙也」義證。又〔廣雅・釋詁〕「抒，長也」疏證。○｜，經傳皆以宁、以著為之。〔說文定聲・卷九〕○(同上)｜，今誤作貯。〔漢書・外戚傳〕「飾新宮以延｜兮」。

**陼**　｜，水中小洲也。〔漢書・司馬相如傳〕「奄薄水｜」補注。○｜，丘也。〔廣韻・語部〕○｜，經傳亦以渚為之。〔說文定聲・卷九〕○〔史記〕｜作渚，古通用字。〔漢書・司馬相如傳〕「奄薄水｜」補注。○｜當為渚。〔釋水〕「小洲曰｜」郝疏。

**⿰忄胥**　｜，⿱知于也。〔廣雅・釋詁〕○｜，才智之稱也。〔說文〕「｜，知也」義證引〔玉篇〕。○｜，有才智也。(同上)繫傳。○｜，此與言部諝音義皆同。(同上)段注。○｜同諝。〔廣韻・魚部〕○｜，字與諝同。〔說文〕「｜，知也」句讀。○｜諝胥並通。〔廣雅・釋詁〕「諝，⿱知于也」疏證。

**⿰礻胥**　｜，祭具。〔廣韻・語部〕○｜，謂祭之齍盛也。〔說文〕「｜，祭具也」義證。○｜，〔山海經〕〔離騷經〕皆作糈。(同上)段注。

**鄦**　｜，四岳伯夷之裔，文叔武王封之，在今河南許州。〔說文定聲・卷九〕○｜即許字。〔史記・周本紀〕「甫侯言於王」志疑。○｜、許，古今字。〔說文〕「｜，炎帝大嶽之胤甫侯所封」段注。○｜，漢後書籍皆以許為之。〔說文定聲・卷九〕○｜通作許。〔說文〕「｜，炎帝太嶽之胤甫侯所封」義證。

**⿱無邑**　｜即許字。〔史記・鄭世家〕「無公惡鄭於楚悼公使弟睔於楚自訟」志疑引徐孚遠淩稚隆。○｜、許，古今字也。〔說文〕「｜，从邑，無聲，讀若許」句讀。

**⿰黍女**　｜，｜黏也。〔廣韻・語部〕○䵑、黏、｜，一聲之轉也。〔廣雅・釋詁〕「䵑，黏也」疏證。

**衧** ｜｜，｜衣。〔廣韻・語部〕

**粔** ｜，｜籹，膏環。〔廣韻・語部〕〇｜籹，蜜餌也。〔楚辭・招魂〕「｜籹蜜餌」補注。〇｜籹，吳謂之膏環餌，粉餅也。（同上）〇｜粧、膏環、安乾、饆饠、餦餭、環餅、粺糀、麳䴭，皆寒具糫子也。〔通雅・飲食〕

**岠** ｜者，止也。〔說文〕「岜，語相訶相｜也」句讀。〇｜謂相抵為害。〔說文〕「戕，槍也」段注。〇〔說文定聲・卷九〕｜，謂兩人以手相按能拔引之也。〔史記〕「投石超距」。〇相｜，謂聞人言而禦之。〔說文〕「岜，語相訶相｜也」句讀。〇｜，至也。〔說文〕「𪓐，天子巨𪓐尺有二寸」段注引孟康。〇｜即拒也。〔說文〕「｜，止也」段注。〇｜，今之拒字。〔說文〕「岜，語相訶相｜也」段注。〇許書無拒，｜即今拒字。〔說文〕「䛓，｜善自用之意也」段注。〇｜、距同。〔廣雅・釋言〕「樘，距也」疏證。〇距、｜同。〔廣雅・釋詁〕「棖，止也」疏證。〇〔說文定聲・卷九〕｜以距為之。〔史記〕「投石超距」。〇｜與距通。〔廣雅・釋言〕「礙，距也」疏證。〇｜，經典作距。〔說文〕「｜，止也」義證。〇｜，經典作拒及距。（同上）句讀。〇｜，漢石經、〔論語〕字作距。（同上）段注。〇官本｜作距，距當訓如超距之距。〔漢書・揚雄傳〕「｜連卷」補注。〇〔說文定聲・卷九〕｜，字亦誤作岠，今字作拒。〔廣雅・釋詁一〕「岠，至也」。〇｜，段借為榘。〔說文定聲・卷九〕

**祖** ｜，嫧也。〔廣韻・語部〕〇｜與珇聲近義同。〔廣雅・釋詁〕「｜，好也」疏證。〇｜與齟、珇音義略同。〔說文〕「｜，事好也」段注。〇｜，或曰即齟字之或體。〔說文定聲・卷九〕

**扵** ｜，擊也。〔廣韻・語部〕

**弆** ｜，藏也。〔廣韻・語部〕又〔集韻・語部〕。〇古人謂藏為去，字或作｜。〔漢書〕「而去之」雜志。〇｜，或作去。〔集韻・語部〕

**屖** ｜，履屬。〔廣韻・語部〕

**柔** ｜即柞櫟也，其實橡斗。〔說文定聲・卷九〕〇〔說文定聲・卷九〕｜，以芧為之。〔列子・黃帝〕「與若芧」。〇芧、｜、杼，三字皆通。作苧者或字，作杼者借之也。〔莊子・徐無鬼〕「食芧栗」集釋。

**趣** ｜，安行也。〔集韻・魚部〕〇｜｜，安行皃。〔廣韻・魚部〕〇｜與懇同。〔說文〕「｜，安行也」句讀。〇｜，又借與字。（同上）義證。

**麮** ｜，鬻麥。〔集韻・語部〕〇｜者，糗也。〔說文〕「糗，熬米麥也」義證引〔急就篇〕顏注。〇甘｜者，煮麥為甘粥也。〔說文〕「｜，麥甘鬻也」義證引〔急就篇〕顏注。〇｜，麥粥汁。〔廣韻・語部〕

**胥** ｜，疏也。〔集韻・魚部〕〇｜通作揟。（同上）

**伃** ｜，大也。〔集韻・語部〕〇｜，安也。（同上）〇｜或从与。（同上）

**侶** ｜，伴｜。〔廣韻・語部〕〇｜，儷也。〔慧琳音義・卷七〕引〔古今正字〕。〇｜，或作旅。（同上）〇｜當作旅。〔說文〕「閭，里門也」段注。〇〔說文定聲・卷九〕｜當作旅。〔說文〕「閭，｜也，二十五家相羣｜也」。〔「閭」下〕

**㒅** ｜，謹也。〔集韻・語部〕〇｜，倚也。（同上）

**唹** ｜，笑也。〔集韻・語部〕

**墅** ｜，田廬。〔廣韻・語部〕〇村野為｜。〔慧琳音義・卷九一〕引〔韻英〕。〇郊外曰｜。（同上）

**娪** ｜，醜皃。〔集韻・語部〕〇｜或作㜊。（同上）

**岨** ｜，山石不平也。〔慧琳音義・卷一五〕〇｜，險僻之意也。〔詩・天作〕「彼｜矣岐」朱傳。〇｜亦作阻。〔慧琳音義・卷一五〕〇｜，字亦作確。〔說文定聲・卷九〕

**帄** ｜，楕衣。〔廣韻・語部〕

**怊** ｜，慢也。〔集韻・語部〕

**憷** ｜，痛也。〔廣韻・語部〕〇｜，心利也。〔慧琳音義・卷七〕引顧野王。

**柠** ｜，木名，可為箭笴。〔廣韻・語部〕

**櫖** ｜，木名中箭笴。〔集韻・語部〕

**歟** ｜，歎也。〔廣韻・語部〕〇｜，古通作與。〔釋詞・卷四〕

**沮** ｜，水中物粿曰｜。〔集韻・語部〕

**痯** ｜，久病。〔集韻・語部〕

**痡** ｜，痛病。〔集韻・語部〕

**𤸷** ｜，暍疾。〔集韻・語部〕

⿰石苴　－，硧－，場外名也。〔廣韻・語部〕○－，硧－，磓也。〔集韻・語部〕

⿰缶宁　－，盛米具也。〔說文〕「⿰⿱由缶宁，帾也」義證引〔龍龕手鑑〕。

⿰由宁　－之言貯也。〔廣雅・釋器〕「帾、㡔，－也」疏證。○－與㡔聲近義同。〔廣雅・釋器〕「帾、㡔，㡔，畚也」疏證。○－亦通作貯。〔廣雅・釋器〕「帾、㡔，－也」疏證。

⿰⿱由缶宁　－亦囊也。〔說文〕「帾，載米－也」繫傳。○－通作貯。〔說文〕「－，帾也」義證。

⿰䍃宁　－，盛米器也。〔慧琳音義・卷七〕○－或作貯。（同上）

肗　－，魚不鮮。〔廣韻・語部〕

⿰月與　－，肥也。〔集韻・語部〕

⿱艹⿰冫且　－蒩菹葅，字並通。〔廣雅・釋草〕「蒩，蕺也」疏證。

⿱艹許　－，虎－，藥艸續斷也。〔集韻・語部〕

蔬　－，粒也。〔集韻・語部〕

蘌　－，－蘌。〔廣韻・語部〕○－，翳也。〔集韻・語部〕○－兒，其地即今嘉興。〔漢・表〕作－，或作籞、篽，並古字通用。至〔兩粵傳〕作語兒，亦古通字。〔史記・建元以來侯者年表〕「－兒」志疑。○〔兩粵傳〕－作語。〔漢書・景武昭宣元成功臣表〕「－兒嚴侯轅終古」補注。

⿰虫黍　－，－蝜。〔廣韻・語部〕

⿴行缶　－，止也。〔集韻・語部〕○－，或作御。（同上）○－通作禦。（同上）

紶　－，緒也。〔集韻・語部〕○－當為綌。〔荀子・王制〕「東海則有紫－魚鹽焉」集解引王引之。

⿰糸疋　－，繼也。〔集韻・語部〕

⿰糸著　－，緜絮裝衣。〔說文〕「褮，彊曲毛，可以箸起衣」義證引〔篇海〕。

⿱罒巨　－，罟也。〔廣韻・語部〕○－，魚罟。〔集韻・語部〕

⿰角巨　－，鷄足距也。〔慧琳音義・卷五六〕○－同岠。〔說文〕「𩊚，有枝兵也」段注。○－，又作觽、距。〔慧琳音義・卷五六〕

詝　－，有所知也。〔廣韻・語部〕

趄　－，行皃。〔廣韻・語部〕又〔集韻・語部〕。

⿰車胥　－，車下。〔集韻・語部〕

跙　－，馬傷足病。〔集韻・語部〕

⿰酉巨　－，合資而飲謂之－。〔集韻・語部〕

醑　－，美酒也。〔說文〕「䤄，䣿也」義證引〔玉篇〕。○－，酒清而美也。〔慧琳音義・卷九七〕引〔考聲〕。

⿰酉與　－，酒之美也。〔廣韻・語部〕○－亦作萸。（同上）

鉏　－，－鋙，不相當也。〔廣韻・語部〕○－鋙，相距貌。〔楚辭・九辯〕「吾固知其－鋙而難入」補注引五臣注。○－麑，〔呂覽〕作沮麑。〔左傳宣公二年〕「使－麑賊之」洪詁。

鐻　－與虡同，音巨。〔通鑑・秦紀二〕「銷以為－」音注。

⿱胥骨　－，肩骨。〔廣韻・語部〕

⿰骨於　－，眉骨。〔集韻・語部〕○－亦書作𩨗。（同上）

叙　－與虞音同，〔周禮〕山澤之官皆名為虞是也。〔左傳昭公二〇年〕「舟鮫守之」洪詁。

⿰鹵且　－，－䶕。〔廣韻・語部〕

⿰鹵斯　－，鹵傷酢。〔集韻・語部〕○－，鹵傷醋也。〔廣韻・語部〕○－，酸辛痛苦之意。〔說文定聲・卷九〕〔「楚」下〕○－或从胥。〔集韻・語部〕○－與齼同。〔說文〕「－，鹵傷酢也」義證引〔玉篇〕。○－同齼。〔廣韻・語部〕○－亦作齼，凡言痛楚、楚澀，意皆同。〔說文〕「－，讀若楚」段注。

⿰鹵胥　－，鹵酸也。〔集韻・語部〕

# 續經籍纂詁卷第三十七　上聲

## 七　麌

麌　—，牡鹿。〔廣韻·麌部〕〇——，羣聚皃。〔同上〕〇——，衆多也。〔詩·吉日〕「麀鹿——」朱傳。〇——，即噳噳之叚借。〔同上〕通釋。〇毛意—即噳噳之假借也。〔說文〕「噳，麌鹿羣口相聚皃」段注。

雨　—為地氣。〔說文〕「霧，天气下，地不應曰霧」義證引范子計然。〇氣上薄為—。〔說文〕「雹，陰陽激燿也」義證引董仲舒。〇春洩氣為—。〔說文〕「霣，凝—說物者」義證引〔五經通義〕。〇陰陽和為—。〔廣韻·虞部〕〇—水者，言雪散為—水也。〔漢書·律歷志〕「—水」補注引錢大昭。〇—雲，謂欲—之雲。〔說文〕「淒，雲—起也」段注。〇—者，輔也，言輔時生養。〔說文〕「—，水從雲下也」義證引〔初學記〕。〇—猶霽也。〔說文〕「霄，—霰為霄」段注。〇—，引申之凡自上而下者偁—。〔說文〕「—，水從雲下也」段注。〇羽—義與禹並相同。〔廣雅·釋詁〕「禹，舒也」疏證。〇—師，樍也。〔釋木〕〇古文之天乃—，今文當作天乃霽，—止為霽。〔書·金滕〕「天乃—」述聞。〇—當為靁。〔說文〕「霣，—也」義證。

羽　—，鳥翅也。〔廣韻·遇部〕〇—，亦鳥長毛也。〔廣韻·麌部〕〇—，鳥屬。〔說文〕「虡，鐘鼓之柎也」繫傳。〇—旄，旌屬。〔孟子·梁惠王下〕「見—旄之美」朱注。〇—毛謂箭。〔國策·趙策四〕「車甲—毛洌敝府庫倉廩虛」鮑注。〇—毛，即—旄。〔同上〕補正。〇插—之檟謂之—檄。〔通雅·書札〕〇—人，飛仙也。〔楚辭·遠遊〕「仍—人於丹丘兮」補注。〇—山，東裔，在海中。〔離騷〕「終然殀乎—之野」補注。〇—翮猶—翼，謂輔佐也。〔公羊傳文公一一年〕「無—翮之助」陳疏。〇—，舒也。〔廣韻·麌部〕〇—，聚也。〔同上〕〇—雨義與禹並相近。〔廣雅·釋詁〕「禹，舒也」疏證。〇—、衛，聲之轉。〔廣雅·釋草〕「鬼箭，神箭也」疏證。〇—，引伸為五音之—。〔說文〕「—，鳥長毛也」段注。〇—，又五聲宮商角徵—。〔廣韻·遇部〕〇—，正音也。〔漢書·揚雄傳〕「陰陽清濁穆—相和兮」補注。〇穆，正音也，—，變音也。〔漢書〕「穆—相和」雜志。〇五音⿱雨羽屬水，魏晉以來相承作—。〔漢書·律歷志〕「—，宇也」補注。〇—，北方名—音在冬時。〔說文〕「⿱雨羽，水音也」義證引〔玉篇〕。〇〔說文定聲·卷九〕—段借為紆。〔考工·弓人〕「弓而—綱」。〇—當作⿱雨羽。〔說文〕「音，聲也，宮商角徵—，聲」義證。〇—，〔公羊〕作禹，〔漢書·古今人表〕〔地理志〕並同。〔左傳昭公二〇年經〕「徐子章—奔楚」洪詁。〇—本女之謫。〔漢書·古今人表〕「采桑—」補注引梁玉繩。

禹　—，舒也。〔廣韻·麌部〕〇—、舒聲相近。〔廣雅·釋詁〕「—，舒也」疏證。〇—之言聥也。〔釋蟲〕「土蛹，蠁蟲也」疏證。〇踽與—聲近而義同。〔釋詁〕「—，舒也」疏證。〇—，字亦作蝺。〔說文定聲·卷九〕〇〔同上〕—段借為傴。〔登徒子好色賦〕「旁行蝺僂」。〇〔同上〕—段借為榘。〔考工·輪人〕故書「—之以眡其匡也」。〇汪本—作禺。〔漢書·王子侯表〕「六世侯—嗣」補注引朱一新。

寓　—同宇。〔廣韻·麌部〕〇—與宇同。〔荀子〕「大盈乎大—」雜志。〇—，今正作宇，四方上下謂之宇。〔慧琳音義·卷七七〕引〔尹文子〕。〇—，籀文宇。〔漢書·司馬相如傳〕「張樂乎膠葛之—」補注引錢大昭。

宇　—，霤也。〔詩·東山〕「亦施于—」集疏。〇—，屋邊也。〔史記〕「廣騖」雜志。又〔荀子〕「壇—」雜志。〇—為邊垂。〔說文〕「—，屋邊」繫傳。〇—，簷下也。〔詩·七月〕「八月在—」朱傳。〇—，屋近檐也。〔屈賦·涉江〕「雲霏霏而承—」戴注。〇—本屋邊之名，以檐在屋之邊，故又名為—。〔儀禮·士喪禮〕「竹杆長三尺置于—西階上」胡正義。〇楣、—，皆下垂之名。〔廣雅·釋宮〕「楣，梠也」疏證。〇—，宅也。〔詩·緜〕「聿來胥—」朱傳。〇—，居。〔詩·桑柔〕「念我土—」朱傳。〇—，居也。〔詩·閟宮〕「大啓爾—」朱傳。〇—，覆也。〔詩·斯干〕「君子攸—」集疏引魯說。〇—，又邊也。〔續音義·卷七〕引〔切韻〕。〇引伸之凡邊謂之—。〔說文〕「—，屋邊也」段注。〇—，大也。〔方言一〕注「訏亦作芋」箋疏。又〔續音義·卷七〕。又〔廣韻·麌部〕。〇—，—宙也。〔廣韻·麌部〕〇內—猶—內也，若谷中謂之中谷、林中謂之中林矣。〔淮南·內篇〕「—內」雜志。〇寓與—同。〔荀子〕「大盈乎大寓」雜志。〇宙與—義相近。〔廣雅·釋詁〕「宙，尻也」疏證。〇—、圄聲義同。〔釋詁〕「圄，垂也」郝疏。〇—與芋亦同。〔方言一〕注「訏亦作芋」箋疏。〇—當讀為訏。〔荀子·非十二子〕「矞—嵬瑣」平議。〇古讀野如—，故與—通。〔墨子〕「邃野」雜志。〇居—，〔月令〕作居壁。〔呂氏春秋·季夏〕「蟋蟀居—」校正。

舞　—，歌—。〔廣韻·麌部〕〇—，謂樂—。〔大戴·五帝德〕「龍、夔教—」王詁。〇—，樂容也。〔說文定聲·卷九〕〇—者，巾袖繁廡也。〔說文繫傳·通論下〕〇鄭—，鄭重屈折而—也。〔楚辭·招魂〕「起鄭—些」王注引或曰。〇鄭—，鄭國之—也。〔同上〕王注。〇鄭袖，楚懷幸姬，善歌工—，因名鄭—。〔同上〕補注引〔淮南〕注。〇—人，隋以品子為之，號為二—郎，漢謂之—子。〔通雅·樂舞〕〇〔說文定聲·卷九〕—，字亦作儛。〔海外西經〕「大樂之野，夏后啓於此儛九代」。〇撫與—通。〔廣雅·釋詁〕「—，疾也」疏證。〇—與撫通。〔方言一二〕「撫，疾也」箋疏。〇〔說文定聲·卷九〕—段借為廡。〔孔耽碑〕「—土茅茨」。〇〔同上〕—段借為侮。〔列子·仲尼〕「為若—彼來者奚若」。〇〔同上〕—段借為務。〔楚詞·天問〕「干協時—」。〇—當為⿱無米。〔墨子·非樂上〕「—佯佯」閒詁引畢沅。〇—當讀為武。〔周官·樂師〕「詔來瞽皋—」平議。又〔論語·衛靈公〕

「樂則韻丨」平議。○丨，諸書多作儛。〔說文〕「丨，樂也」段注。○〔穀梁〕丨作武。〔左傳莊公一〇年經〕「以蔡侯獻丨歸」洪詁。○丨，〔穀梁傳〕作武，古武丨通。〔公羊傳莊公一〇年經〕「以蔡侯獻丨歸」陳疏。○丨陽，〔國策〕〔燕丹子〕〔人表〕〔隸續・武梁畫〕並作武陽，古字通用。〔史記・刺客列傳〕「乃令秦丨陽為副」志疑。

**父**

漢時從丨從子稱丨子。〔漢書・疏廣傳〕「丨子並為師傅」補注引周壽昌。○古叔姪亦稱丨子。〔通雅・稱謂〕○丨兄，謂側室公子，人主之所親愛也。〔韓子・姦劫弑臣〕「而恐丨兄豪傑之士」集解。○丨兄，同姓老臣也。〔孟子・滕文公上〕「丨兄百官皆不欲」朱注。○丨母者，謂天子也。〔書・泰誓〕「天將有立丨母」孫疏。○丨當作君。〔墨子・魯問〕「鄭人三世殺其丨」閒詁引蘇時學。○〔說文定聲・卷九〕丨，叚借為阜。〔列子・湯問〕「曾不能損魁丨之丘」。○丨，叚借為甫。〔說文定聲・卷九〕

**府**

丨，文書藏。〔國策・秦策一〕「丨庫不盈」鮑注。○丨，文書聚藏之所也。〔大戴・少閒〕「開先祖之丨」王詁。○文書所藏之處曰丨。〔說文〕「丨，文書藏也」段注。○丨，文書財物藏也。〔同上〕義證引〔三蒼〕。○丨不專主文書，凡藏皆為丨。〔同上〕義證。○丨者，物所聚也。〔通鑑・漢紀三〕「天丨之國也」音注。○丨，猶庫藏也。〔大戴・四代〕「此謂六丨」王詁。○丨庫，藏貨財。〔國策・秦策一〕「丨庫不盈」補正。○藏貨財曰丨。〔論語・先進〕「魯人為長丨」朱注。○丨，聚也。〔通鑑・漢紀三〕「此所謂天丨者也」音注。又〔太素・藏府气液〕「奪恒之丨」楊注。○丨，官丨。〔廣韻・麌部〕○丨，官舍也。〔廣雅・釋宮〕「丨，官也」疏證。○丨，治事之所。〔漢書・王莽傳〕「安漢公廬為攝省丨為攝殿」補注引胡注。○近代通謂丨庭為公衙，即古之公朝也。〔說文〕「衙，行皃」義證引〔南部新書〕。○宰尹下曰少丨，言別為小藏，故曰少丨。〔說文〕「丨，文書藏也」義證引〔漢官儀〕。○後漢多稱三丨，謂太尉、司徒、司空，合大將軍稱四丨，亦有以三公并太傅稱之者，或稱五丨。〔漢書・劉向傳〕「今二丨奏佞讇不當在位」補注引王鳴盛。○丨，同腑。〔文選・辯亡論下〕「親仁罄丹丨之愛」補正引金甡。○〔說文定聲・卷八〕丨，字亦作腑。〔西山經〕「竹山有草，名黃雚，浴之已疥，又可以已胕」。○〔通雅・卷八〕丨然即俯然。〔管子〕「腐儒丨然若渠堰」。○疛胕丨並通。〔廣雅・釋詁〕「疛，病也」疏證。○〔說文定聲・卷八〕丨叚借為頫。〔荀子・非相〕「丨然若渠匽檃括之於己也」。○丨種即胕腫，假借字耳。〔呂氏春秋・情欲〕「身盡丨種」校正。○今文讀丨為誣，聲相近也，字亦或作誣。〔書・呂刑下〕「惟丨辜功」孫疏。○丨當為疛。〔呂氏春秋・情欲〕「身盡丨種」校正。○丨當為疛，〔玉篇〕引作疛腫。〔說文〕「疛，小腹病也」義證。○丨當為附。〔大戴・文王官人〕「推前惡忠丨知物焉」王詁。○丨當作傅。〔漢書・百官公卿表〕「少丨左將軍甄豐為大司空」補注。

**鼓**

丨，擊也。〔禮記・檀弓〕「丨鐘」集解。又〔通鑑・宋紀一〇〕「下官中流丨棹，直趣石頭」音注附錄。○以桴擊之曰丨，以手搖之曰鼗。〔說文〕「丨，郭也」義證引〔通典〕〔世本〕。○丨，振動也。〔大戴・少閒〕「丨民之聲」王詁。○丨，動盪之也。〔通鑑・宋紀一〇〕「下官中流丨棹，直趣石頭」音注附錄。○凡動物皆謂之丨也。〔慧琳音義・卷七一〕○凡出音曰丨，振動亦曰丨，今〔字統〕作丨，讀若古。〔說文定聲・卷八〕○丨者，所以警眾也。〔慧琳音義・卷一四〕○丨，扇也。〔通鑑・宋紀一〇〕「下官中流丨棹，直趣石頭」音注附錄。○丨與肯、豈同意。〔說文定聲・卷九〕○丨棹，即今之搖櫓進船也。〔慧琳音義・卷六一〕○丨鰓者，張兩頰也。〔慧琳音義・卷七九〕引〔韻英〕。○丨者，郭也，春分之音也，萬物郭皮甲而出，故謂之丨。〔詩・擊鼓〕「擊丨其鏜」集疏引〔風俗通義〕。○〔說文定聲・卷九〕丨謂霩也，今字作廓。〔釋名〕「丨，郭也，張皮以冒之其中空也」。○丨之言郭也，張郭皮革而為之也。〔說文〕「丨，郭也」義證引〔急就篇〕顏注。○丨，木也。〔同上〕繫傳。○丨，樂器也。〔孟子・梁惠王下〕「百姓聞王鐘丨之聲」朱注。○丨，革屬，樂之大者也。〔詩・關雎〕「鐘丨樂之」朱傳。○丨，所以檢樂，為羣音之長。〔說文〕「丨，郭也」義證引〔五經要義〕。○丨，量名。〔禮記・曲禮〕「獻米者操量丨」集解。○丨叟即瞽叟。〔通雅・姓名〕○河丨，牽牛別名。〔楚辭・遭厄〕「秣余馬兮河丨」王注。○河丨謂之牽牛。〔楚辭・遭厄〕「秣余馬兮河丨」補注引〔爾雅〕。○梟即丨造之合聲。〔釋鳥〕「梟，鴟」郝疏。○丨，亦作鼓。〔說文〕「丨，郭也」義證引〔增韻〕。○丨，篆文作鼓。〔同上〕義證引〔九經明音〕。○丨、顧古通。〔漢書・古今人表〕「丨」補注。○丨讀曰瞽。〔大戴・保傅〕「丨夜誦詩」王詁。○舞當作丨，訓為擊。〔詩・山有樞〕「弗舞弗擊」通釋。○來丨，今〔周禮〕作來鼛。〔說文〕「皋，周禮曰詔來丨皋舞」段注。

**鼔**

丨，各本作舞。〔說文〕「竷，詩曰竷竷丨我」段注。

**虎**

丨，獸名。〔廣韻・姥部〕○丨韔，謂以丨皮包之而藏于弓室。〔詩・小戎〕「丨韔鏤膺」集疏。○今俗謂門齒外出為丨牙。〔說文〕「猗，丨牙也」段注。○鋭而出者為丨牙。〔說文〕「猗，丨牙也」義證引王涯。○丨符，以銅為符，鑄丨為飾。中分之，頒其右，而藏其左，起軍旅時則出，以合中外之契。〔漢書・嚴助傳〕「不欲出丨符發兵郡國」補注引沈欽韓。○丨賁氏之官，其屬丨士八百。古車戰之法，一車甲士三人，步卒七十二人，至臨敵制變，更以甲士配車而戰，一車實有百人，每乘以丨賁一人為右。〔史記・周本紀〕「遂率戎車三百乘，丨賁三千人」志疑。○〔通雅・卷二五〕丨文，武服也。〔袁紹傳〕「被以丨文」。○溲器為丨子，固方言也。〔通雅・襍用〕○其護城笆籬亦謂之丨落。〔漢書・鼂錯傳〕「為中周丨落」補注引沈欽韓。○〔說文定聲・卷九〕丨落，猶衛也。〔漢書・鼂錯傳〕「為中周丨落」。○丨梟，即狸豆也。〔本草・卷二四〕○丨，讀為盱。〔春秋名字解詁〕「晉解揚字子丨」述聞。○丨，一本作武，避唐諱耳。〔說文〕「猗，丨牙也」段注。

古　丨猶昔也。〔詩・玄鳥〕「丨帝命武湯」朱傳。○聖人庖犧為中丨。〔易・繫下〕「其於中丨乎」李疏。○文王為中丨。（同上）李疏引〔漢書・藝文志〕「世歷三丨」孟康注。○丨者，皇也。〔說文繫傳・通論上〕○丨猶昊天。〔詩・玄鳥〕「丨帝命湯武」通釋。○丨處，以丨道相處。〔詩・日月〕「逝不丨處」後箋。○丨處，以丨道相處也。（同上）朱傳引或說。○合壁所得謂之丨論。〔漢書・藝文志〕「魯論語」雜志引劉向。○丨語，繇詞也。〔漢書・韓安國傳〕「發政占丨語」補注引王先慎。○丨，始也。〔說文〕「丨，故也」義證引〔玉篇〕。○丨，故也。〔廣韻・姥部〕○丨為久故之故。〔釋詁〕「丨，故也」述聞。○丨猶久也。〔書・堯典〕注「康成稽丨，同天」孫疏。○丨，久之言也。〔說文〕「丨，故也」義證引〔玉篇〕。○〔通雅・卷三七〕丨貝即吉貝也，亦曰木棉。〔外國志〕「伽毗黎獻金剛指環、吉貝等物」。○〔說文定聲・卷九〕丨龍者，紅字之合音。〔爾雅〕「紅蘢丨」。○（同上）丨，字亦作鴣。〔吳都賦〕「鷓鴣南而中畱」。○丨者，故之省借。〔詩・日月〕「逝不丨處」通釋。○鹽楛苦枯沽丨賈，皆以聲相近而字相通。〔漢書〕「人爭取賤賈」雜志。○丨，魯作故。〔詩・烝民〕「丨訓是式」集疏。○官本注丨作故，〔通鑑〕注引亦作故。〔漢書・元帝紀〕「衛於不居之宮」補注。○丨，官本作故。〔漢書・地理志〕「丨涼州之畜」補注。○丨，南監本、閩本作占，官本作占是。〔漢書・淮南厲王傳〕「諸從蠻夷來歸誼及自亡名數自占者」補注引錢大昭。

股　丨，髀丨。〔廣韻・姥部〕○後體謂之丨骨。〔左傳宣公一六年〕「王享有體焉」疏證引凌廷堪。○脛本曰丨。〔詩・采菽〕「赤芾在丨」朱傳。○丨肱，臣也。〔廣雅・釋詁〕○〔通雅・卷八〕丨丨即班班。〔史記〕「丨丨之獸」。○丨、般形近義通。〔釋言〕「般，還也」郝疏。○柯、丨，聲之轉也。〔廣雅・釋木〕「笳、丨，枝也」疏證。○丨同胋。〔廣韻・姥部〕

羖　丨，䍽也。〔續音義・卷五〕引〔切韻〕。○丨，䍽羊也。〔慧琳音義・卷七九〕○丨，牡羊也。〔通鑑・周紀二〕「孰與五丨大夫賢」音注。○〔說文定聲・卷八〕牡曰丨，牝曰羭。〔說文〕「羭，夏羊牡曰羭」。（「羭」下）○牡羊曰丨，曰羝。〔本草・卷五〇〕○黑羊牝牡皆得稱丨也。〔廣雅・釋獸〕「丨羊犗曰羯」疏證。○黑羊曰夏羊，多有角。或通稱為丨。〔說文定聲・卷一八〕（「羘」下）○〔說文定聲・卷八〕丨，夏羊、黑羊牝牡皆有角，吳羊、白羊牝者無角。〔說文〕「丨，夏羊牡曰丨」。○丨音通于牯，故〔本草〕丨羊條注稱牯羊。〔說文〕「丨，夏羊牝曰丨」義證引〔爾雅翼〕。○丨，丨䍽，羊。〔廣韻・姥部〕○丨䍽，黑夏羊也。〔通雅・獸〕○多毛曰丨䍽。〔本草・卷五〇〕○牡牛亦曰丨牛。〔說文〕「丨，夏羊牝曰丨」義證引〔六書故〕。

賈　丨，居貨者也。〔詩・瞻卬〕「如丨三倍」朱傳。○丨，坐販也。〔慧琳音義・卷七〕引〔考聲〕。○坐曰丨。〔左傳宣公一二年〕「商農工丨」疏證。○居賣曰丨。〔說文〕「賫，行丨也」義證引〔玉篇〕。○居貨曰丨。〔孟子・梁惠王上〕「商丨皆欲藏於王之市」朱注。○居賣貨曰丨。〔大戴・曾子制言上〕「良丨深藏如虛」王詁。○居處賣貨物曰丨。〔釋言〕「丨，市也」郝疏。○丨兼買賣二義。（同上）○丨者，凡買賣之稱。〔論語・子罕〕「求善丨」劉正義引段玉裁。○凡買賣皆曰丨也。〔說文定聲・卷九〕（「酤」下）○凡賣者之所得，買者之所出皆曰丨。〔論語・子罕〕「我待丨者」劉正義。○買、賣皆曰丨，買者所出、賣者所入亦曰丨。〔說文定聲・卷九〕（「沽」下）○丨猶市也。〔漢書・地理志〕「南丨滇、僰僮」補注。○丨，商丨。〔廣韻・姥部〕○丨猶言賤惡。〔漢書〕「人爭取賤丨」雜志。○丨讀為盬，謂物之麤惡者也。（同上）○丨讀為盬，謂物之麤惡者也，字或作榛楛之楛，或作甘苦之苦，或作沽酒之沽，或作古今之古，皆以聲相近而字相通。〔漢書・宣曲任氏傳〕「人爭取賤丨」補注引王念孫。○丨通作沽。〔釋言〕「丨，市也」郝疏。○漢石經〔論語〕曰求善丨而丨諸，今〔論語〕作沽者，假借字也。〔說文〕「丨，市也」段注。○丨市當為市丨。（同上）義證。

蠱　丨，蠱神也。〔慧琳音義・卷二〕引〔字書〕。○丨者，蠱神也。〔卷六〕引〔字書〕。○凡丨，行毒飲食中殺人，人不覺。〔說文定聲・卷九〕○丨，丨物病害人。〔慧琳音義・卷二〕引〔韻詮〕。○蟲食其五藏亦謂之丨。〔說文〕「丨，腹中蟲也」義證引〔六書故〕。○丨為鬼疾、食疾也。〔左傳宣公八年〕「晉胥克有丨疾」疏證。○丨，丨毒。〔廣韻・姥部〕○丨，亦毒也。〔慧琳音義・卷二〕引〔韻詮〕。○丨毒媚惑人也。〔卷二〕引〔韻英〕。○丨，女惑於男也。〔卷四五〕引〔考聲〕。○女惑男，風落山謂之丨。〔說文〕「丨，腹中蟲也」段注。○晦淫近女者生內熱惑亂之疾為丨。（同上）義證引〔六書故〕。○丨，惑亂也。〔大戴・千乘〕「故丨佞不生」王詁。又〔左傳莊公二八年〕「欲丨文夫人」疏證引伏曼容〔易注〕。○丨為疑惑。〔易・蠱〕「丨」述聞。○丨，惑也。〔通鑑・漢紀一四〕「公孫敖坐妻為巫丨要斬」音注。○丨亦惑也。〔國語・晉語〕「丨惑君」述聞。○丨，厭也。〔通鑑・漢紀一四〕「公孫敖坐妻為巫丨要斬」音注。○丨者，君父之惡。〔左傳僖公一五年〕「夫狐丨」疏證引毛奇齡。○丨，丨事。〔廣韻・姥部〕○丨、故同聲，故皆訓為事也。〔廣雅・釋詁〕「丨，事也」疏證。○丨之言故也。（同上）○丨之言故也。〔易・蠱〕「丨」述聞。○丨之為言猶故也。〔易・隨〕「丨則飭也」述聞。○丨，或作蛄。〔慧琳音義・卷二〕○丨，通作苦。〔說文〕「丨，皿物之用也」義證。○丨通作假。〔釋詁〕「丨，疑也」郝疏。○〔說文定聲・卷九〕丨叚借為假。〔漢唐公房碑〕「厲丨不遐」。○（同上）丨叚借為故。〔易・序卦傳〕「丨者，事也」。○（同上）丨叚借為央。〔爾雅・釋詁〕「丨，疑也」。○丨當讀為痼。〔左傳宣公八年〕「晉郤克有丨疾」平議。

土　丨，地也。〔詩・緜〕「自丨沮漆」朱傳。○丨，亦地也。〔說文〕「丘，丨之高非人所為也」繫傳。○丨，田地主也。〔廣韻・姥部〕○丨，謂疆丨。〔大戴・曾子制言下〕「則不干其丨」王詁。○丨，吐出萬物。〔說文〕「生，進也」繫傳。○丨之為言吐也。〔廣雅・釋言〕「丨、吐，瀉也」疏證引〔太平御

覽」。○〔說文定聲・卷九〕|，根也，根在|即謂之|。〔詩・鴟鴞〕「徹彼桑|」。○|，鄉。〔詩・桑柔〕「念我|宇」朱傳。○|，|功也。〔詩・擊鼓〕「|國城漕」朱傳。○|，瓦也。〔說文〕「號，|甃也」繫傳。○|，度也。〔詩・擊鼓〕「|國城漕」集疏。○|者，黃中之色，萬物之元也。〔說文〕「黃，地之色也」義證引元魏高祖詔。○今俗語謂未燒者曰|墼。〔說文〕「墼，令適也」段注。○|物，謂築城之|也。〔左傳宣公一一年〕「程|物」疏證。○|田即閒田。〔詩・閟宮〕「|田附庸」後箋陳奐補。○|物，猶今|方矣。〔左傳宣公一一年〕「程|物」疏證。○|物者，|所生之物，謂黍稷。〔書・酒誥〕「小子惟|物愛」孫疏。○|斷，斷|著也。〔通雅・事制〕○|宜謂川、澮、洫、溝、遂、畎之宜也。〔左傳成公二年〕「無顧|宜」疏證。○九|，謂九州也。〔左傳文公一八年〕「使主后|」疏證。○推手小下之為|揖。〔說文〕「揖，攘也」段注。○|螽者今|蚼蚔也。〔釋蟲〕「|螽，蠰谿」郝疏。○|衡與|杏，古同聲。〔廣雅・釋草〕「楚蘅，杜蘅也」疏證。○徒、|音相近。〔書・禹貢中〕「雲|夢作乂」孫疏。○|即杜字。〔說文〕「敷，閉也」義證引惠棟。○|即古杜字。〔左傳文公六年〕「使先蔑士會如秦」洪詁。○古|、杜通用。〔漢書・地理志〕「雲夢|作乂」補注。○|、杜古字通也。〔孟子・公孫丑上〕「徹彼桑|」焦正義。○|通作杜。〔左傳襄公九年〕「相|因之」洪詁。○〔說文定聲・卷九〕|借為杜。〔方言〕「荄、杜，根也」。○|，即杜之假借，謂根。〔詩・鴟鴞〕「徹彼桑|」通釋。○|讀曰杜，古杜字作|。〔公羊傳成公二年〕「是則|齊也」陳疏引惠棟。○|，當從〔齊詩〕讀為杜。〔詩・緜〕「自|沮漆」述聞。○〔說文定聲・卷九〕|，段借為度。〔周禮・典瑞〕「封國則以|地」。○|即讀為度。〔周官・大司徒〕「|其地」平議。○|當讀為度。〔公羊傳成公二年〕「是則|齊也」平議。○|當讀為度。〔周官・夏官序官〕「|方氏」平議。○古文土與|通。〔左傳襄公九年〕「相|因之」洪詁。○|、土二字，古人通寫。〔史記・始皇本紀〕「安|息民」志疑。○|當作土。〔韓子・五蠹〕「重爭|橐」集解。○|師當作工師。〔管子・五行〕「故使為|師」平議。○|，齊作杜。〔詩・緜〕「自|沮漆」集疏。

**吐**　|，口|。〔廣韻・姥部〕○|者，寫也。〔說文〕「絲，蠶所|也」段注。○|猶出也。〔大戴・曾子天圓〕「|氣者也」王詁。○|者，棄也。〔荀子・正論〕「狗豕|菽粟」集解引郝懿行。○|嘍，本作土螻。〔周書〕「|嘍」雜志。○|當為咄，詘之段字。〔晏子・問上〕「佞不|愚」平議。又〔荀子・正名〕「|而不奪」平議。○|當作咄。〔莊子・在宥〕「|爾聰明」集釋引王引之。○|當作杜。〔同上〕平議。

**譜**　|，籍録。〔廣韻・姥部〕○|者，布列見其事也。〔慧琳音義・卷七七〕引〔古今正字〕。○|，稽諸|牒布列見其事也。〔卷一八〕引〔文字典説〕。○〔說文定聲・卷九〕|，字亦作譜。〔廣雅・釋言〕「|，牒也」。

**圃**　|，菜園也。〔詩・東方未明〕「折柳樊|」朱傳。○|，樹菜。〔說文〕「|，種菜曰|」義證引〔白帖〕。○樹菜|。〔同上〕義證引〔藝文類聚〕。○種蔬菜曰|。〔論語・子路〕「請學為|」朱注。○菜曰|。〔說文定聲・卷一六〕〔「田」下〕○|，園|。〔廣韻・姥部〕又〔暮部〕。○縣|，神山也，在崑崙山之上。〔離騷〕「夕余至乎縣|」補注。○縣|即元|。〔文選・離騷經〕「夕余至乎縣|」集釋引錢氏〔集傳〕。○崑崙之山三級，二曰元|，一名閬風。〔同上〕集釋引〔水經・河水注〕。○崑崙有三角，一角正西名元|臺。〔同上〕集釋引東方朔〔十洲記〕。○|，字亦作囿。〔說文定聲・卷九〕引〔爾雅・釋地〕。○|與蒲古字通。〔周禮・職方氏〕「其澤藪曰弦蒲」孫正義。○〔說文定聲・卷九〕|段借為穮。〔韓詩・車攻〕「東有|草」。○|，本亦作甫，同。〔左傳定公四年〕「|田之北竟」洪詁引釋文。○褚師|，〔水經注〕引作褚師固。〔左傳定公九年〕「褚師|」洪詁。○|當作囿。〔漢書・司馬相如傳〕「樂我君|」補注引瞿鴻機。

**庾**　|，蓋即今俗所謂囤者。〔詩・楚茨〕「我|維億」通釋。○|，在野積穀之稱，蓋若今之囤也。〔同上〕集疏。○露積曰|。〔同上〕朱傳。又〔說文〕「|，水槽倉」繫傳。○|，水漕倉。〔國策・魏策一〕「粟糧漕|」鮑注。○|，十六斗。〔論語・雍也〕「與之|」朱注。○二斗四升曰|。〔同上〕劉正義引戴震。○|為正體，別作瘐。〔釋訓〕「瘐瘐，病也」郝疏。○〔說文定聲・卷八〕|段借為窳。〔考工・陶人〕「為|實二觳」。○〔同上〕|段借為臾。〔周禮・司弓矢〕「夾弓臾弓」注「往體多來體寡曰夾|」。○渾|作渾窳，蓋音同通借。〔史記・匈奴傳〕「後北服渾|」志疑。

**户**　一扇曰|，兩扇曰門。〔說文〕「|，半門曰|」義證引〔玉篇〕。○|，小門也。〔說文〕「戹，隘也」繫傳。○大曰門，小曰|。〔說文〕「|，半門曰|」義證引〔急就篇〕顏注。○內曰|。〔說文〕「|，護也」義證引〔六書精蘊〕。○|，房室|也。〔大戴・武王踐阼〕「於|為銘焉」王詁。○一扇曰|。〔說文定聲・卷一五〕〔「門」下〕○在堂室曰|。〔同上〕○|扇，蓋以木橫著於|為之機，令外可閉者。〔說文〕「扇，外閉之關也」段注。○|，室之口也。〔說文〕「|，護也」義證引〔六書精蘊〕。○|，所以出入也。〔說文〕「|，半門曰|」義證引〔玉篇〕。○|，謂穴也。〔禮記・月令〕「啓|始出」集解引蔡邕。○|者，即司|之人耳。〔漢書・五行志〕「殿門門衛|者莫見」補注引葉德輝。○古人以守|之人，謂之|者，取其能止人也。〔左傳宣公一二年〕「屈蕩|之」疏證引顧炎武。○古訓|為止。〔同上〕疏證引惠棟。○|所以限隔，故轉而訓止。〔同上〕疏證引朱駿聲。○|為扈省，門|之|引申義也。〔同上〕疏證。○|衛，|將也。〔通雅・官制〕○|孫即烏孫國。〔通雅・地輿〕○|、扈通用。〔左傳宣公一三年〕「屈蕩|之曰」洪詁。○扈蔰並與户通，亦通作|。〔廣雅・釋詁〕「户，文也」疏證。○〔說文定聲・卷九〕|段借為雇。〔莊子・大宗師〕「子桑|」。

**樹**　|謂植木。〔易・繫辭傳〕「不封不|」述聞。○|，謂蓺植也。〔大戴・夏小正〕「榮鞠|麥」王詁。○|，扶|。〔廣韻・麌部〕○|，立也。〔大戴・

千乘」「昔者先王本此六者而一之德」王詁。又〔通鑑·漢紀一三〕「然後一功揚名」音注。○一之言豎也。〔説文〕「一,木生植之總名」繫傳。○〔周禮〕有井一,謂井之周幹也。(同上)

**麈** 一,鹿屬。〔廣韻·麌部〕○一,獸似鹿。〔説文〕「一,麋屬」義證引〔玉篇〕。○一似鹿,尾大而一角。〔漢書·司馬相如傳〕「沈牛一麋」補注引〔急就篇〕顔注。○一似鹿而大。〔文選·蜀都賦〕「翦旄一」集釋引〔中山經〕「㞕見閭一」郭注。○鹿之大者曰一。〔説文〕「一,麋屬」義證引〔名苑〕。○鹿之大者曰一,羣鹿隨之,皆視一尾所轉為準。〔文選·蜀都賦〕「翦旄一」集釋引〔名苑〕。○一,鹿尾扇也,鹿尾拂也。〔慧琳音義·卷九一〕○一尾,辟塵,古之談者揮焉。〔説文定聲·卷八〕○一似鹿,尾大而一角,談説者飾其尾而執之以為儀。〔説文〕「一,麋屬」義證引〔急就篇〕顔注。

**昫** 一,温也。〔廣韻·麌部〕○一亦作㬰。〔方言一三〕注「嫗一,好色貌」疏證。○一與呴同。〔方言七〕「一,煆熱也」箋疏。○一、煦通。〔墨子·經説下〕「景光之人一若射」閒詁引揚葆彝。○一、姁、敂,字亦通。〔方言一三〕注「嫗一,好色貌」箋疏。○煦、一、姁、欨,古通用。〔廣雅·釋詁〕「嘔昫,色也」疏證。

**㬰** 一煆,即服脩也。〔通雅·飲食〕

**貐** 一,獸名,龍首,食人。〔廣韻·麌部〕○〔説文定聲·卷八〕一,字亦作窳。〔海内南經〕「窫窳龍首」。

**琥** 一珀,虎死則精魄入地化為石,此物狀似之,故謂之虎魄。俗文从玉,以其類玉也。〔本草·卷三七〕

**怙** 一,恃一。〔廣韻·姥部〕○一,恃也。〔詩·鴇羽〕「父母何一」朱傳。又〔慧琳音義·卷五〕引〔考聲〕。○介、一皆恃也。〔史記〕「介江淮」、〔漢書〕「介夏陽之阸」雜志。○一,大也。〔書·康誥〕「惟時一冒」述聞。○一與祜聲相近。(同上)孫疏。○一冒與丕冒同意。〔書·君奭〕「丕冒」述聞。又〔康誥〕「惟時一冒」孫疏。○一乃𡚁之叚字。〔詩·鴇羽〕「父母何一」平議。

**蒟** 一,木實也,可為醬。〔説文〕「枸,木也」義證引〔七説〕注。○一,一醬,出蜀,其葉似桑,實似椹。〔廣韻·麌部〕○一即扶留藤也,葉可用食檳榔,實如桑葚而長,名一,可為醬。〔説文〕「一,果也」段注引劉逵、顧微、宋祁諸家説。○〔説文定聲·卷八〕一,扶留藤果,實如桑葚而長,可為醬,其葉可用食檳榔。〔説文〕「一,果也」。○一醬曰浮留,即扶留藤也。〔文選·蜀都賦〕「其圃則有一蒻茱萸」集釋引〔通志〕。○一醬,蓽茇也。〔漢書·西南夷傳〕「南粤食蒙蜀枸醬」補注引〔南方草木狀〕。○一醬,蓽茇也,生於蕃國者大而紫,謂之蓽茇,生於番禺者小而青,謂之一焉。〔説文〕「枸,木也」義證引〔南方草木狀〕。○或謂一即一醬。〔説文〕「一,果也」義證。○一給即一醬。〔通雅·木〕○一蒻根大如椀,至秋葉滴露,隨滴生苗。〔文選·蜀都賦〕「其圃則有一蒻茱萸」集釋引〔酉陽雜俎〕。○一蒻,一名鬼芋。〔説文〕「一,果也」義證引〔本草〕。

**仵** 一,偶敵。〔廣韻·姥部〕○一者,正衡之也。〔説文〕「午,啎也」繫傳。○一啎古並同聲。〔廣雅·釋言〕「午,一也」疏證。○一即啎字。〔方言一三〕「適,啎也」箋疏。○一、啎字通。〔墨子·經下〕「説在一顔」閒詁。○一,俗字,當作啎。〔釋名·釋天〕「午,一也」疏證。○一即啎字異文。〔墨子·經下〕「説在可用過一」閒詁。○一即午字異文。(同上)閒詁引畢沅。

**醹** 一,厚酒。〔廣韻·麌部〕又〔虞部〕。又〔集韻·虞部〕。○一,厚也。〔詩·行葦〕「酒醴維一」朱傳。○〔説文定聲·卷八〕一,字亦作酘。〔字林〕「酘,重醖也」。

**珇** 一,珪上起。〔廣韻·姥部〕○一,又美好也。(同上)○一與祖義亦相近。〔廣雅·釋詁〕「祖,上也」疏證。○祖與一聲近義同。〔廣雅·釋詁〕「祖,好也」疏證。○〔説文定聲·卷九〕一,以駔為之。〔周禮·典瑞〕「駔琮」。○組駔並與一通。〔廣雅·釋詁〕「一,美也」疏證。○一,或借駔字。〔説文〕「一,琮玉之瑑」義證。○〔説文定聲·卷九〕一叚借為祖。〔方言一三〕「一,好也,美也」。○一,〔周禮〕作駔,杜子春云當作組。〔説文〕「一,琮玉之瑑」繫傳。

**簍** 一,小筐。〔廣韻·麌部〕○一,籠也。〔厚部〕○一之言婁也。〔廣雅·釋器〕「一,篆也」疏證。○一之言縷也,小而細密之名。〔方言一三〕「一,篆也」箋疏。○柳與一通。〔廣雅·釋器〕「枸一,傘也」疏證。

**滷** 一,鹹一。〔廣韻·姥部〕○一,苦地也。〔説文〕「鹵,西方鹹地也」義證引〔玉篇〕。

**謱** 一,𧭈一,委曲。〔廣韻·麌部〕○一,𧭈一,委曲也。〔集韻·噳部〕○一,或借縷字。〔説文〕「一,謰一也」義證。

**弣** 一,弓弝中也。〔廣韻·麌部〕○一,弓杷中也。〔集韻·噳部〕○弓把曰一。〔説文〕「剚,刀握也」段注。○一猶柄也。〔説文定聲·卷六〕〔「柎」下〕○柎拊並一同。〔廣雅·釋器〕「一,柄也」疏證。○一,同䟡。〔廣韻·麌部〕○一,通作柎、拊。〔集韻·噳部〕○〔考工記·少儀〕一作拊。〔説文〕「剚,刀握也」段注。

**罟** 一,網。〔詩·瞻卬〕「罪一不收」朱傳。○一,網一。〔廣韻·姥部〕○一,網也。〔詩·小明〕「畏此罪一」朱傳。又〔孟子·梁惠王上〕「數一不入洿池」朱注。又〔釋器〕「緵一謂之九罭」鄭註。○一,網之總名也。〔説文〕「一,网也」繫傳。○凡捕鳥獸魚之罔通名為一。〔周禮·獸人〕「獸人掌一田獸」孫正義。○凡魚及鳥獸之網皆謂之丨。〔淮南内篇〕「丨」雜志。○丨讀為网古，古文二字并。〔易・繫辭下〕「作結繩而為丨」李疏。

**肚** 丨，腹丨。〔廣韻・姥部〕

**嫵** 丨丨媚。〔廣韻・麌部〕○丨媚，好也。〔廣雅・釋詁〕「丨、媚，好也」疏證。○丨，字或作娬。〔說文〕「丨，媚也」義證。○丨，俗字作娬。〔說文定聲・卷九〕○（同上）丨，字亦作姱。〔楚詞・大招〕「嫭與姱只」。○（同上）丨，字亦作嫭。〔雪賦〕「玉顏掩嫭」。○丨，又通作憮。〔說文〕「丨，媚也」義證。○丨，今作娬，亦俗字。〔釋名・釋形體〕「眉，媚也，有丨媚也」疏證。○娬媚作丨媚。〔史記〕「葳斯」雜志。

**齲** 丨，齒病。〔廣韻・麌部〕○丨，齒有蟲也。〔慧琳音義・卷六〇〕引〔考聲〕。○牙齒蟲病謂之丨。〔說文〕「禹，蟲也」繫傳。○丨與竘通。〔方言七〕「竘，貌巧也」箋疏。

**斞** 丨，量也。〔廣雅・釋詁〕○〔說文定聲・卷八〕丨，字作斔。〔莊子・田子方〕「斔斛不敢入于四境」。○丨，通作臾。〔說文〕「丨，量也」義證。○丨，又通作庾。（同上）○丨之言輸。〔廣雅・釋器〕「鍾十曰丨」疏證。○丨字或作庾、逾。（同上）○丨又作籔。（同上）

**冔** 丨，殷冠也。〔詩・文王〕「常服黼丨」朱傳。

**𦁂** 丨，殷冠名。〔廣韻・麌部〕

**隝** 丨，保障也。〔說文〕「丨，小障也」繫傳。○丨，村丨。〔廣韻・姥部〕○營居為丨。〔說文〕「丨，小障也，一曰庳城也」段注。○丨，亦壁壘也。〔廣韻・姥部〕○丨，又作塢。〔說文〕「丨，小障也」句讀。○丨，字亦作塢。〔說文定聲・卷九〕○丨，字亦作𥕢。（同上）

**鄔** 丨聚在河南偃師縣西南。〔左傳隱公一一年〕「王取丨劉蒍邘之田於鄭」疏證引沈欽韓。○丨波斯迦，發菩提心女弟子也。〔大般若經・卷八一〕「丨波斯迦」音義。○丨波索迦，梵語也，唐云近事男能發菩提心。〔大般若經・卷八一〕「丨波索迦」音義。○丨波尼殺曇分，梵語，筭法數之極也，大論釋為微細分析至極之言也。〔慧琳音義・卷一〕

**塢** 丨壁，屯守也。〔通雅・官制〕○丨，同隝。〔廣韻・姥部〕

**瞀** 丨，窺也。〔廣雅・釋言〕

**噳** 丨丨，笑皃。〔廣韻・麌部〕○丨丨，眾也。〔詩・韓奕〕「麀鹿丨丨」朱傳。○丨，字亦作麌。〔說文定聲・卷九〕

**蔖** 丨，草名也，亦節枯也。〔太素・癰疽〕「草丨不成」楊注。○丨，草死。〔廣韻・姥部〕○枯草亦謂之丨。〔廣雅・釋草〕「丨，草也」疏證。○丨，草之轉聲也。（同上）○丨，字或作苴。（同上）○苴，字或作丨。〔管子〕「苴草」雜志。○苴、丨古字通。〔爾雅・釋草〕「菡，丨也」述聞。

**輔** 丨為持軸之物。〔詩・正月〕「乃棄爾丨」通釋。○丨為伏兔別名，車轐也。〔詩・正月〕「乃棄爾丨」通釋引曾釗。○〔說文定聲・卷九〕車丨，木之小者，故木即以丨名。〔爾雅・釋木〕「丨，小木」。○丨，如今人縛杖於輻以防丨車也。〔詩・正月〕「乃棄爾丨」朱傳。○丨是可解脫之物，蓋如今人縛杖於輻以防丨車也。〔左傳僖公五年〕「丨車相依」疏證引段玉裁。○〔說文定聲・卷九〕丨當作木夾車也，防車傾側者。〔說文〕「丨，人頰車也」。○酺與丨同，頰車也。〔楚辭・大招〕「靨丨奇牙」補注。○丨病，口頰病也。〔義府・卷下〕○丨銘，言丨頰與頗也。〔通雅・身體〕○丨即弓檠也。〔說文〕「棐，丨也」繫傳。○丨，毗丨也。〔廣韻・麌部〕○丨，弼也。（同上）○丨，相也。〔大戴・四代〕「巧匠丨繩而斲」王詁。○丨，助也。〔周書〕「强轉」雜志。又〔廣韻・麌部〕。○丨，引申之義為凡相助之偁。〔說文〕「丨，春秋傳曰丨車相依」段注。○丨，俌也，亦助也。〔詩・正月〕「無棄爾丨」集疏引黄山。○丨相，左右助也。〔易・象上傳〕「丨相天地之宜」李疏引鄭注。○丨，引申之亦為夾持之義。〔詩・正月〕「乃棄爾丨」通釋引曾釗。○丨，引申為左右之偁。〔說文〕「弼，丨也」段注。○丨謂股肱之臣。〔國策・秦策三〕「其丨外布」鮑注。○丨，猶副。〔國策・秦策二〕「王令向壽丨行」鮑注。○丨行，副使也。〔孟子・公孫丑下〕「王使蓋大夫王驩為丨行」朱注。○丨有平斷之義。〔周禮・大宰〕「置其丨」孫正義。○丨厚義亦相成也。〔釋詁〕「肶，厚也」郝疏。○丨與附古同聲。〔方言六〕「胥，丨也」箋疏。○丨即〔詩〕之扶蘇，丨為扶胥之合音。〔說文定聲・卷九〕引邵二雲。○棐、丨、榜一聲之轉，或言榜檠，或言丨檠，或言棐檠，其義一也。〔管子〕「棐檠」雜志。○丨即是輔。〔詩・正月〕「乃棄爾丨」平議。○古酺丨本通。〔左傳僖公四年〕「丨車相依」洪詁。○古多借丨為酺。〔說文〕「酺，頰也」段注。○丨即酺之假借字也。〔說文〕「丨，人頰車也」。○（同上）丨段借為俌。〔爾雅〕「丨，俌也」。○丨當讀為俌。〔周書・允文〕「童壯無丨」平議。○丨當為誧。〔說文〕「俌，丨也」義證。○光丨五君，王符引作股肱五君。〔左傳襄公二七年〕「宜其光丨五君以為盟主」洪詁。

**組** 丨，綬屬。〔楚辭・離世〕「執丨者不能制兮」補注。○丨，丨綬。〔廣韻・姥部〕○丨，又綸丨，東海中草名。（同上）○織成之綬材謂之丨。〔說文〕「丨，綬屬也」段注。○丨，織絲有文以為綬纓之用者也。闊者曰丨，為帶綬，陋者曰條，為冠纓，圓者曰紃，施韠與屨之縫中。〔說文定聲・卷九〕○丨，織絲為之。〔詩・簡兮〕「執轡如丨」朱傳。○丨，綦丨也。〔釋天〕「飾以丨」鄭註。○凡織絲為薄闊之丨以為繫者通謂之丨綬。〔周禮・幕人〕「幕人掌帷幕幄帟綬之事」孫正義。○丨麗猶純麗也。〔廣雅・釋詁〕「珇，好也」疏證。○丨甲，以丨綴甲，車士服之。〔左傳襄公三年〕「丨甲三百」

洪詁引賈逵。○服｜謂華侈也。〔荀子・樂論〕「其服｜」集解。○｜與珇通。〔廣雅・釋詁〕「珇，好也」疏證。○｜駔並與珇通。〔廣雅・釋詁〕「珇，美也」疏證。

**乳** ｜，生也。〔説文〕「｜，人及鳥生子曰｜」義證引〔玉篇〕。又〔慧琳音義・卷二五〕。○｜者，生子也。〔説文〕「蜡，蠅胆也」段注。○此｜者，謂既生而｜哺之也。〔説文〕「㲉，｜也」段注。○人及鳥生子曰｜。〔説文〕「字，｜也」段注。○獸養子曰｜。〔慧琳音義・卷二五〕引〔玉篇〕。○｜，産也。〔通鑑・漢紀四五〕「豺狼｜於春囿」音注。○｜，字也。〔説文〕「｜，人及鳥生子曰｜」義證引〔玉篇〕。○｜猶抱也。〔説文〕「卵，凡物無｜者卵生」段注。○｜者，化之信也。〔説文〕「｜，人及鳥生子曰｜，獸曰産」繫傳。○｜，柔也。〔續音義・卷四〕引〔切韻〕。又〔廣韻・麌部〕。○｜與酒古聲相近而義同。〔廣雅・釋器〕「⿰氵乳，酒也」疏證。○｜香即薰陸也。〔通雅・木〕

**弩** ｜，弓｜。〔廣韻・姥部〕○弓之施臂而機發者曰｜。〔説文〕「｜，弓有臂者」義證引〔急就篇〕顔注。○｜猶怒也。〔方言〕「凡人語而過東齊謂之劒或謂之｜」述聞。○怒努｜義並相近。〔廣雅・釋詁〕「怒，健也」疏證。又〔方言一〕「｜猶怒也」箋疏。○〔説文定聲・卷九〕｜段借發聲之詞。〔方言一〕「凡人語而過之或謂之｜，｜猶怒也」。

**補** ｜，｜綴。〔廣韻・姥部〕○｜，裨衣也。〔慧琳音義・卷六四〕引〔文字典説〕。○｜，謂彌縫其闕。〔大戴・曾子立事〕「疾其過而不｜也」王詁。○｜、削，謂彌縫其闕也。〔荀子〕「｜削」雜志。○脩破謂之｜。〔説文〕「｜，完衣也」義證引〔急就篇〕顔注。○｜，引申為凡相益之偁。〔説文〕「｜，完衣也」段注。○｜之義為益。〔孟子・盡心上〕「豈曰小｜之哉」焦正義。○｜羯娑，梵語，此云垢濁種，即邊鄙惡業不信因果之人，或云樂作惡也。〔大般若經・卷一○五〕「｜羯娑」音義。

**魯** ｜，鈍也。〔廣韻・姥部〕○｜，拙也。〔慧琳音義・卷一三〕引〔考聲〕。○｜人所學謂之｜論。〔漢書〕「｜論語」雜志。○｜人，指｜國之人。〔左傳・文公一五年〕「｜人以為敏」疏證引焦循。○懷王封羽為長安侯，號為｜公。〔史記・項羽本紀〕「項羽為｜公」志疑。○｜即｜國。〔漢書・宣帝紀〕「鳳皇集｜郡」補注引王念孫。○｜，｜國縣。〔漢書・項籍傳〕「而自以精兵三萬人南從｜出胡陵」補注。○｜桑，蓋今之大葉桑也。〔釋木〕「桑辨有葚，梔」郝疏。○｜，古文旅。〔史記・周本紀〕「｜天子之命」志疑引〔廣川書跋〕。○｜，古文旅也。〔説文〕「𣄼，古文旅，古文以為｜衛之｜」義證引董逌。○旅，古文作｜，而字之所以通用者，古文旅、｜字皆作𣄼。〔史記・周本紀〕「｜天子之命」志疑引丁度〔集韻〕。○〔説文定聲・卷九〕｜，以鹵為之。〔文選・贈五官中郎將詩〕「小臣信頑鹵」。○｜其君，虜鄒君也，｜、虜古通用。〔史記・伍子胥列傳〕「遂滅鄒、｜之君以歸」志疑引〔鍾山札記〕。

**櫓** ｜，大盾。〔墨子・備高臨〕「蒙｜俱前」閒詁。○｜即盾也。〔説文〕「｜，大盾也」繫傳。○｜，城上守禦望樓。〔廣韻・姥部〕○｜，城上守禦者露無覆屋也。〔慧琳音義・卷三三〕引〔文字集略〕。○城上露屋為｜。〔國策・齊策五〕「舉衝｜」補正。○城上白露屋亦名為｜。〔説文〕「｜，大盾也」繫傳。○｜，戰𨻶高巢車亦為｜也。〔同上〕○戰陣高巢車亦為｜，此與衝並言，亦車也。〔國策・齊策五〕「舉衝｜」補正。○｜艪並與樐同。〔方言九〕注「搖｜小橛也」箋疏。○｜字或作⿰木虜。〔説文〕「｜，大盾也」義證。○｜，字亦作艪。〔説文定聲・卷九〕○〔同上〕｜以鹵為之。〔過秦論〕「流血漂鹵」。○〔同上〕｜段借為橧，實為蹭。〔漢書・劉屈氂傳〕「以牛車為｜」。○｜或假杵為之，流血漂杵即流血漂｜也。〔説文〕「｜，大盾也」段注。

**樐** ｜，大盾也。〔慧琳音義・卷八二〕引〔考聲〕。○｜，彭排。〔廣韻・姥部〕○｜即櫓。〔方言九〕「盾，自關而東或謂之干」疏證。○｜，或作櫓、⿰木虜。〔慧琳音義・卷八二〕引〔考聲〕。○｜或作鹵。〔説文〕「｜，櫓或從鹵」義證。

**⿰車魯** ｜與櫓同，亦臨車之類也。〔詩・皇矣〕「與爾臨衝」後箋。

**艪** ｜，所以進船。〔廣韻・姥部〕

**覩** ｜，見也。〔廣韻・姥部〕○｜羅緜，梵語，西國細綿也。〔慧琳音義・卷四〕

**暏** 〔説文定聲・卷九〕｜，字亦作櫫，揭而見之也。〔周禮・職金〕注「今時之書有所表識謂之揭櫫」。○〔同上〕｜段借為褚，實為賈。〔魏策〕「文侯謂覩師贊」。○｜當為睹。〔大戴・夏小正〕「陽氣旦｜」述聞。又〔荀子・天論〕「珠玉不｜乎外」集解引王念孫。○｜同覩。〔廣韻・姥部〕

**豎** ｜褐，因名短褐，賤士之服也。〔通雅・衣服〕

**豎** ｜，竪立也。〔説文定聲・卷八〕○｜，立也。〔廣韻・麌部〕○｜，童僕之未冠者。〔楚辭・天問〕「有扈牧｜」補注。○｜，又童僕之未冠者。〔廣韻・麌部〕○｜，謂寺人未冠者之名也，使通内外之令。〔慧琳音義・卷七一〕○｜，小兒也，謂凶悖小人也。〔卷一九〕○｜之言孺也。〔説文〕「｜，竪立也」段注。○｜儒，猶言小儒。〔漢書・酈食其傳〕「｜儒」補注引王文彬。○｜，役使之名也。〔説文〕「儒，柔也，術士之稱者也」繫傳。○｜，通内外者。〔説文〕「裋，｜使布長襦」繫傳。○｜與尌音義同。〔説文〕「｜，竪立也」段注。○｜，内｜也，内｜給事于内，故字子家，家猶内也。〔春秋名字解詁〕「燕周｜字子家」述聞。○｜，俗作竪。〔廣韻・麌部〕○〔説文定聲・卷八〕｜，俗字作竪。〔海外東經〕「帝命竪亥步自東極至于西極」。

○｜與樹通。〔方言七〕「樹，立也」箋疏。○〔說文定聲・卷八〕｜段借為孺。〔周禮・内豎〕注「未冠者之官名」。○〔同上〕｜褐借為裋字。〔史記・秦始皇紀〕「寒者利｜褐」。○｜，距字假音。〔墨子・尚賢下〕「先王之書，｜年之言然」閒詁引畢沅。

**腐** ｜，肉敗也。〔慧琳音義・卷一四〕引〔考聲〕。○｜，敗也。〔卷二〕引〔韻英〕。又〔廣韻・麌部〕。○｜，朽也。〔同上〕○草鬱則為｜。〔說文〕「菸，鬱也」義證引〔亢倉子・君道〕。○｜者，痛之極。〔國策・燕策三〕「切齒｜心」鮑注。○｜讀為拊。〔史記〕「｜心」雜志。○｜心，一本拊心。〔國策・燕策三〕「切齒｜心」補正。

**腑** ｜，敗也。〔續音義・卷四〕引〔切韻〕。○｜，臭也。〔同上〕引〔字書〕。

**鹵** ｜，鹹也。〔說文〕「｜，西方鹹地也」義證引〔玉篇〕。○天生曰｜，人生曰鹽。〔慧琳音義・卷七〇〕○｜土，謂确薄之地也，天生曰｜，人生曰鹽。〔卷四七〕○｜中即煮鹻為鹽者也。〔漢書・宣帝紀〕「常困於蓮勺｜中」補注引沈欽韓。○｜莽，｜中生草莽也。〔漢書・揚雄傳〕「拔｜莽」補注引五臣注。○｜，大盾也。〔國策・中山策〕「流血漂｜」鮑注。○｜簿，以大櫓為衛而紀之簿也。甲楯居外為前導，皆著之簿，故曰｜薄。〔通雅・禮儀〕○｜，｜簿令。〔廣韻・姥部〕○｜城，百里其地多｜，故名。〔漢書・地理志〕「｜城」補注引〔東州志〕。○〔說文定聲・卷九〕｜，字亦作滷。〔爾雅・釋言〕「滷，苦也」。○｜，字亦與樐同。〔廣雅・釋器〕「樐，盾也」疏證。○｜、櫓同。〔國策・中山策〕「流血漂｜」鮑注。○〔說文定聲・卷九〕｜段借為櫓。〔中山策〕「血流漂｜」。○｜、虜通用字。〔漢書・車千秋傳〕「坐盜增｜獲自殺」補注引錢大昭。○｜，虜借字。〔漢書・衛青傳〕「車輜畜産畢收為｜」補注。○〔說文定聲・卷九〕｜段借為虜。〔方言一二〕「｜，奪也」。○｜，〔史記〕〔文選〕作櫓，〔新書〕作樐。〔漢書・項籍傳〕「流血漂｜」補注。

**數** ｜，計也。〔慧琳音義・卷九〕○｜者，計也。〔說文〕「閱，具｜於門中也」段注。○閱其｜曰｜也。〔慧琳音義・卷九〕○｜猶道也。〔荀子〕「不容妻子之｜」雜志。○｜為｜說之｜。〔詩・擊鼓〕「與子成說」後箋。○｜亦為說。〔荀子・勸學〕「故誦｜以貫之」平議。○｜者，說也。〔穀梁傳桓公一八年〕「以夫人之伉，弗稱｜也」平議。○誦｜猶誦說也。〔荀子・勸學〕「故誦｜以貫之」集解引俞樾。○｜者，面｜其過也。〔論語・里仁〕「事君｜，斯辱也矣，朋友｜，斯疏矣」平議。○｜諫謂｜其過而諫之。〔說文〕「諫，｜諫也」義證引〔增韻〕。○｜，列其罪。〔國策・秦策五〕「使韓倉｜之」鮑注。○｜為責｜之｜。〔詩・擊鼓〕「與子成說」後箋。○｜，辨也。〔詩・巧言〕「心焉｜之」朱傳。○｜，讀如｜之以王命之｜。〔廣雅・釋詁〕「譑，讓也」疏證。○｜與擇義通。〔說文〕「選，一曰擇也」段注。

**簿** ｜，｜籍。〔廣韻・姥部〕○｜，籍也。〔說文〕「籍，｜書也」義證引〔玉篇〕。○｜，文｜也。〔說文〕「專，六寸｜也」繫傳。○｜猶記錄也。〔荀子・正名〕「五官｜之」集解引郭嵩燾。○｜，又車駕次第為鹵｜。〔廣韻・姥部〕○古字以薄為｜。〔漢書〕「官｜」雜志。○｜當為簙。〔說文〕「專，六寸｜也」義證。

**姥** ｜，老母。〔廣韻・姥部〕○〔說文定聲・卷九〕今以女老者為｜也。〔一切經音義〕引〔字書〕「媽，母也」。○｜或作姆，女師也。〔廣韻・姥部〕○｜，亦作媽，音同。〔慧琳音義・卷八一〕○｜、負音近。〔釋蟲〕「虰蛵，負勞」郝疏。

**普** ｜者，日無色。〔說文定聲・卷一四〕〔「袢」下〕○｜，大也。〔廣韻・姥部〕○｜，博也。〔同上〕○｜，徧。〔國策・東周策〕「｜天之下」鮑注。○｜，徧也。〔廣韻・姥部〕○｜，今字借為溥大字耳。〔說文〕「｜，日無色也」段注。○傅本｜作溥，｜、溥同字。〔韓子・解老〕「修之天下，其德乃｜」集解引顧廣圻。○｜是假借字，〔詩〕作溥，正字也。〔孟子・萬章上〕「｜天之下」焦正義。○〔釋文〕｜本或作溥。〔左傳昭公七年〕「｜天之下」洪詁。

**普** ｜者，旁也。〔說文定聲・卷九〕○〔同上〕｜，以竝為之。〔嵩山石闕銘〕「並天四海」。○〔同上〕｜段借為溥。〔孟子〕「普天之下」。

**拊** ｜，摩也。〔太素・經筋〕「為之三｜而已」楊注。○｜，循也。〔詩・蓼莪〕「｜我畜我」朱傳。○｜猶撫也。〔詩・蓼莪〕「｜我蓄我」通釋。○｜，抵也。〔廣雅・釋言〕○｜，拍也。〔廣韻・麌部〕○｜猶拍也。〔慧琳音義・卷九〕○｜，擊動也。〔韓子・外儲說右下〕「左右｜其本」集解引舊注。○凡刀劍以手所執為上，書刀謂之｜。〔說文〕「琫，佩刀上飾也」段注。○凡弓刀把處皆曰｜。〔說文〕「弅，持弩｜」段注。○｜搏即〔明堂位〕之器，亦名｜鼓，亦名相。〔書・皋陶謨下〕「搏｜琴瑟以詠」孫疏。○〔說文定聲・卷八〕｜，轉注為樂器之名。〔周禮・大師〕「擊｜」。○〔同上〕｜，段借為付。〔廣雅・釋詁三〕「｜，求也」。○〔同上〕｜，段借為跗。〔方言一二〕「｜，疾也」。○｜與弣同。〔廣雅・釋器〕「弣，柄也」疏證。○〔說文定聲・卷八〕｜，字亦作弣。〔廣雅・釋器〕「弣，柄也」。○｜與撫通。〔詩・蓼莪〕「｜我畜我」陳疏。○｜通作附。〔說文〕「｜，揗也」義證。○｜當為柎。〔說文〕「弅，持弩｜」義證。○｜揗今作撫循，古今字也。〔說文〕「｜，揗也」段注。○古作｜揗，今作撫循，是｜撫古今字。〔漢書・烏孫國傳〕「子｜離代立」補注引段玉裁。○官本｜作拊。〔漢書・楊敞傳〕「仰天｜缶」補注。○｜，三家作撫。〔詩・蓼莪〕「｜我畜我」集疏。○｜楹，〔史記〕作擁柱。〔左傳襄公二五年〕「公｜楹而歌」洪詁。○｜，今〔攷工記・弓人〕作柎。〔說文〕「弅，持弩｜」段注。

**侮** ｜者，傷也。〔說文〕「歎，一曰輕傷人歎姁也」段注。○｜，悔慢也。〔廣韻・麌部〕○｜為輕慢。〔書・甘誓〕「威｜五行」述聞。○｜，輕也。〔廣韻・麌部〕○｜猶輕也。〔說文〕「敄，｜也」義證。○｜，慢也。〔說文〕「｜，傷也」義證引〔玉篇〕。○｜，慢易字也。〔同上〕繫傳。○｜，謂倨｜。

〔大戴·文王官人〕「其貌直而不丨」王詁。〇丨，戲玩也。〔論語·季氏〕「丨聖人之言」朱注。〇丨，猶毀也。〔詩·鴟鴞〕「或敢丨予」陳疏。〇丨，侵也。〔大戴·衛將軍文子〕「不丨矜寡」王詁。又〔廣韻·麌部〕。〇取丨皆兼義。〔左傳宣公一二年〕「取亂丨亡兼弱也」疏證。〇丨某無亡，古俱聲同聲近之字也。〔釋言〕「憮，丨也」郝疏。〇〔說文定聲·卷五〕丨段借發聲之詞。〔廣雅·釋詁四〕「丨、獲，婢也」。〇〔同上〕丨段借為晦。王元長〔曲水詩序〕「丨食來王」。〇袁本丨作海。〔文選·曲水詩序〕「丨食來王」集釋。

五

丨，數也。〔廣韻·姥部〕〇丨百即後世所謂伍佰也。〔漢書·鼂錯傳〕「連有假丨百」補注引胡三省。〇丨子者，太康之子。〔史記·夏本紀〕「帝太康失國，昆弟丨人須于洛汭，作丨子之歌」志疑引〔解春集〕。〇后啓丨庶子封於衛，是為丨觀。〔同上〕志疑引〔路史·後紀〕及〔國名紀〕。〇蓋武、丨音近，或相通借，其實一人，非丨人也。〔史記·夏本紀〕「帝太康失國，昆弟丨人須于洛汭，作丨子之歌」志疑。〇武觀即丨觀。〔同上〕志疑引沈約。〇丨帝，明堂四郊所祀。〔屈原·惜誦〕「令丨帝以折中兮」戴注。〇丨霸之說不一，通三代言曰夏昆吾，商大彭、豕韋，周齊桓、晉文。〔漢書·諸侯王表〕「衰則丨伯扶其弱」補注引齊召南。〇仲丁元年遷囂，河亶甲元年遷相，祖乙元年遷耿，二年圮于耿遷庇，南庚三年遷奄，是之謂丨遷。〔史記·殷本紀〕「迺丨遷，無定處」志疑。〇丨紀，丨倫也。〔莊子·盜跖〕「丨紀六位」集釋。〇丨福，謂丨者皆備。〔書·洪範下〕「斂時丨福」孫疏。〇丨辭即丨聽也。〔書·呂刑下〕「師聽丨辭」孫疏。〇周之丨服，侯、甸、男、采、衛。〔漢書·韋賢傳〕「丨服崩離」補注引王文彬。〇錢貨、銀貨、龜貨、貝貨、布貨共丨品。〔漢書·王莽傳〕「於是造寶貨丨品」補注。〇聲和音諧是謂丨樂。〔說文〕「音，聲也」義證引〔宋書·律志〕。〇道有英華，故曰丨英。〔漢書·禮樂志〕「丨英，英華茂也」補注引〔樂緯〕注。〇四時為丨辰。〔義府·卷下〕〇〔義府·卷上〕丨辰即丨星也。〔書·皋陶謨〕「撫於丨辰」。〇〔說文定聲·卷一五〕丨辰，謂丨緯。〔書·皋陶謨〕「撫於丨辰」。〔「辰」下〕〇丨徵即〔洪範〕之八庶徵，曰雨、曰暘、曰寒、曰燠、曰風也。〔漢書·谷永傳〕「丨徵時序」補注引胡三省。〇丨牲，麕、鹿、熊、狼、野豕。〔左傳昭公二五年〕「為六畜丨牲」洪詁引服虔。〇丨牲，牛、羊、豕、犬、雞也。〔左傳昭公二五年〕「丨牲三犧」述聞。〇丨位謂丨行之位。〔漢書·律歷志〕「丨位相得而各有合」補注引虞仲翔。〇丨龍者，丨行也。〔說文〕「戊，中宮也，象六甲丨龍相拘絞也」段注。〇丨旬，或言般遮旬，即丨神通也。〔光讚般若經·卷一〇〕「丨旬」音義。〇丨方者，九州嶽瀆列國之名。〔漢書·食貨志〕「學六甲丨方書計之事」補注引顧炎武。〇丨原，謂龍遊原之地，千原、青嶺原、可嵐原、正原、橫槽原。〔通雅·地輿〕〇丨阮即丨原。〔同上〕〇丨原關即丨阮關。〔漢書·地理志〕「有丨原關」補注引〔紀要〕。〇丨湖，太湖也。〔通雅·地輿〕〇丨湖即〔禹貢〕震澤。〔漢書·溝洫志〕「則通渠三江、丨湖」補注。〇丨河，崑崙山水也。〔漢書·司馬相如傳〕「揭度九江越丨河」補注。〇丨穀，稻、黍、稷、麥、菽也。〔孟子·滕文公上〕「丨穀不登」朱注。〇丨葷即丨辛，謂其辛臭昏神伐性也。練形家以小蒜、大蒜、韭、芸臺、胡荽為丨葷，道家以韭、薤、蒜、芸臺、胡荽為丨葷，佛家以大蒜、小蒜、興渠、慈蔥、茖蔥為丨葷。〔本草·卷二六〕〇丨味子，一名會及。〔說文〕「菋，荎藸也」義證引〔本草〕。〇丨典，丨刑。〔左傳昭公一二年〕「三墳丨典」洪詁引馬融。〇丨典，丨帝之典。〔同上〕洪詁引賈逵。〇丨典，丨帝之常道。〔同上〕洪詁引延篤。〇丨官，謂司徒，司馬、司空、司士、司寇，典司丨衆者。〔韓子·五蠹〕「犯丨官之禁」集解。〇丨曹，一為田曹，次兵曹，次集曹，次倉曹，次金曹。〔漢書·藝文志〕「丨曹官制丨篇」補注引沈欽韓。〇丨校即丨營也。〔漢書·霍光傳〕「發材官輕車北軍丨校士」補注。〇丨校謂中壘、屯騎、越騎、射聲、虎賁也。〔漢書·昭帝紀〕「發中二千石將丨校作治」補注引王禕。〇丨兵，〔夏官〕謂中兵、外兵、騎兵、都兵也。〔通雅·官制〕〇丨戎謂丨兵，弓、矢、殳、矛、戈、戟也。〔說文〕「戎，兵也」段注引〔月令〕注。〇丨，古文作乂，當讀為交午之午。〔詩·羔羊〕「素絲丨紽」陳疏。〇丨，古文作交畫形，用以紀數。〔說文定聲·卷九〕〇丨，古伍字。〔漢書·藝文志〕「丨子胥十篇」補注引錢大昕。〇古伍字作丨。〔呂覽·必己〕「先其丨」校正。〇參丨與參伍同。〔漢書·翼奉傳〕「必參丨觀之」補注。〇丨、伍古字通，猶偶也。〔春秋繁露·玉杯〕「丨其比」平議。〇丨、伍通。〔漢書·古今人表〕「丨參」補注。〇〔說文定聲·卷九〕丨段借為伍。〔孫叔敖碑〕「丨舉」。〇〔同上〕丨段借為午。〔周禮〕故書〔壺涿氏〕「丨貫象齒」。〇丨讀曰午。〔大戴·哀公問五義〕「丨鑿為政」王詁。〇〔漢書〕伍姓皆作丨。〔漢書·陳勝傳〕「丨逢亦走陳」補注引王引之。〇丨，官本作伍。〔漢書·古今人表〕「丨子胥」補注。〇官本丨作伍。〔漢書·藝文志〕「丨子胥八篇」補注。又〔曹參傳〕「遷為執珪」補注。

廡

丨，廊下周屋。〔國策·魏策一〕「然而廬田丨舍」鮑注。〇丨，周屋也，謂幠覆之也。〔說文〕「丨，堂下周屋」義證引〔急就篇〕顏注。〇丨是廊下之屋。〔漢書·竇嬰傳〕「陳廊丨下」補注。〇丨廊，並是堂下兩邊屋也。〔慧琳音義·卷九一〕〇丨，堂下也。〔廣韻·麌部〕〇大屋曰丨。〔慧琳音義·卷九一〕引〔文字典說〕。〇丨，大屋四邊垂檐。〔說文〕「丨，堂下周丨屋」繫傳。〇檐所覆謂之丨。〔屈賦·湘夫人〕「建芳馨兮丨門」戴注。〇南北五架之堂，丨在階上。〔說文定聲·卷一二〕〔「楣」下〕〇丨，古文甒。〇〔墨子·備穴〕「為大丨」閒詁引蘇時學。〇古文甒皆作丨。〔廣雅·釋器〕「甒，瓶也」疏證。〇丨，籀文作廡。〔廣韻·麌部〕〇甒甒丨武並通。〔廣雅·釋器〕「甒，瓶也」疏證。〇〔說文定聲·卷九〕丨，段借為橆。〔晉語〕「不能蕃丨」。〇〔洪範〕〔晉語〕蕃丨皆假丨為森也。〔說文〕「丨，堂周屋也」段注。

斧

丨，丨鉞。〔廣韻·麌部〕〇丨，隋銎。〔詩·七月〕「取彼丨斨」朱傳。〇凡用斫物者皆曰丨。〔說文〕「斤，斫木丨也」段注。〇丨鉞，軍戮也。〔大戴·虞戴德〕「此以上知所以行丨鉞也」王詁。〇江東呼丨斤為錯。〔說文〕「丨，斫也」義證引〔異物志〕。〇丨、黼以聲為義。〔釋器〕「丨謂之黼」

郝疏。○〔説文定聲·卷九〕丨段借為黼。〔法言·學行〕「丨藻其德」。

# 聚

丨，衆也。〔廣韻·麌部〕○丨，共也。〔大戴·曾子制言上〕「兄弟之讎，不與丨國」王詁。又〔曾子制言下〕「則吾與之丨羣嚮爾」王詁。又〔廣韻·麌部〕。○丨，斂也。〔廣韻·麌部〕○丨，攢集也。〔慧琳音義·卷四〕、〔卷一二〕引〔考聲〕。○丨為驟，謂急於斂取。〔論語·先進〕「為之丨斂」劉正義。○丨為丨禾黍也。〔左傳隱公元年〕「大叔完丨」洪詁引服虔。○丨謂其所居之鄉。〔左傳莊公二五年〕「乃城丨而處之」疏證引沈欽韓。○邑落曰丨。〔國策·西周策〕「彼且攻王之丨」補正。○邑落曰丨。丨，今曰邨、曰鎮，北方曰集。〔説文定聲·卷八〕○丨謂朋黨交結。〔韓子·揚權〕「必伐其丨」集解引舊注。○丨，虛丨也。〔説文〕「丨，會也」義證引〔古文苑·僮約〕注。○會最丨並同義。〔廣雅·釋詁〕「贅，丨也」疏證。○丨、冣、叢聲轉義同。〔釋詁〕「揫，丨也」郝疏。○丨與和義相成。〔詩·無羊〕傳「丨其角而息濈濈然」通釋。○丨僂，謂柩車飾也。〔廣雅·釋器〕「柳，車也」疏證。○〔通雅·卷三四〕丨僂，猶之卷婁也。〔莊子〕「死得于豚楯之上，丨僂之中」。○丨、取聲相近。〔廣雅·釋詁〕「龕，取也」疏證。○族湊丨聲並相近。〔廣雅·釋詁〕「族，丨也」疏證。○集、丨聲相轉。〔釋詁〕「揫，丨也」郝疏。○榛叢族丨，俱一聲之轉。〔釋木〕「木族生為灌」郝疏。○丨字，古或省文作取。〔左傳襄公一〇年〕「縣門發郰人紇」洪詁引惠棟。○冣與丨通。〔墨子〕「三最」雜志。○丨通作冣。〔釋詁〕「揫，丨也」郝疏。○丨、最古字通。〔釋言〕「集，會也」郝疏。○丨通作取。〔釋詁〕「揫，丨也」郝疏。○丨與趨、趣、取通。〔孟子·離婁上〕「所欲與之丨之」焦正義。○〔説文定聲·卷八〕丨段借為緅，猶〔穀梁傳〕兩足不能相過謂之輒也。〔廣雅·釋詁三〕「丨，蹇也」。○丨字當讀為取。〔詩·殷武〕「裒荊之旅」傳「裒，丨也」平議。○丨讀為蘘。〔韓子·揚權〕「必伐其蘘」集解引顧廣圻。○顏丨亦作顏最，古字通。〔史記·趙世家〕「趙忽及齊將顏丨代之」志疑。○丨一作最。〔漢書·馮唐傳〕「令顏丨代之」補注引王念孫。○丨，官本作蘘，〔史·表〕同。〔漢書·高惠高后文功臣表〕「蓼夷侯孔丨」補注。

# 午

丨，交也。〔説文〕「五，五行也」義證引〔玉篇〕。又〔廣韻·姥部〕。○丨，交丨也。〔墨子·經下〕「在丨有端與景長」閒詁引張惠言。○丨有交丨之義。〔釋名·釋天〕「丨，仵也」疏證。○古者橫直交互謂之丨。〔墨子·經下〕「在丨有端與景長」閒詁引劉嶽雲。○丨達、交丨、丨割，皆謂中分四達也。〔通雅·釋詁〕○丨即迕。〔漢書·律歷志〕「咢布於丨」補注引周壽昌。○丨者，逆也。〔荀子·富國〕「視可丨其軍」集解引郝懿行。○丨與啎聲近義同，逆也。〔方言一三〕「適，啎也」箋疏。○丨，觸也。〔荀子·富國〕「視可丨其軍」集解引王念孫。○丨者，直春之意。〔説文〕「杵，春杵也」繫傳。○丨，毌也。〔説文定聲·卷九〕○（同上）丨，此與矢同意。〔説文〕「丨，啎也，五月陰氣逆陽冒地而出」。○丨，南方，亦物成之義。〔説文〕「成，就也」繫傳。○丨，假借用以紀旬，又以紀年、紀月、紀時。〔説文定聲·卷九〕○丨借為五。（同上）○〔説文定聲·卷九〕丨段借為啎。〔禮記·哀公問〕「丨其衆以伐有道」。○丨，古亦以為杵字。〔説文定聲·卷九〕

# 伍

五人相雜謂之丨。〔説文〕「丨，相參丨」繫傳。○五人曰丨。〔禮記·祭義〕「軍旅什丨」集解。○丨，五也。〔韓子·揚權〕「丨之以合虛」集解引舊注。○漢制五人為丨。〔漢書·鼂錯傳〕「連有假丨百」補注引賈公彥。○丨，行丨。〔廣韻·姥部〕○丨，行列也。〔孟子·公孫丑下〕「一日而三失丨」朱注。○丨人，同丨之人，若今丨保者也。〔漢書·王莽傳〕「非部吏、丨人所能禽也」補注引胡注。○丨，偶會也。〔韓子·孤憤〕「不以參丨審罪過」集解引舊注。○丨卒即什丨也。〔通雅·官制〕○〔左傳〕丨參、丨奢、丨尚，以五為之。〔説文定聲·卷九〕○（同上）丨段借為五。〔易·繫辭傳〕「參丨以變」。○古丨字皆作五。〔左傳昭公二三年〕「明其丨侯」洪詁。○〔通雅·卷一九〕丨伯一作五百、五伯。〔續漢·志〕「丨伯公八人」。○丨，漢〔叔敖碑〕作五。〔左傳宣公一二年〕「嬖人丨參欲戰」疏證引李富孫。○丨舉，〔孫叔敖碑〕作五舉，唐石經初刻亦作五。〔左傳昭公元年〕「丨舉為介」洪詁。○丨員，〔呂覽〕作五員。〔左傳昭公三〇年〕「問於丨員」洪詁。

# 鬴

丨，釜也。〔廣雅·釋器〕○丨如鍑而小口。〔説文定聲·卷九〕○量六斗四升曰丨。〔説文〕「丨，鍑屬也」繫傳。○丨洧即斧鍑也。〔韓子·説疑〕「以其身為壑谷丨洧之卑」集解引王先謙。○丨，或作釜，隸省作釜，釜與丨同聲同義。〔廣雅·釋器〕「丨，釜也」疏證。○丨與釜同。〔方言五〕「鍑，自關而西或謂之釜」箋疏。

# 縷

丨，絲丨。〔廣韻·麌部〕○丨者，綫也。〔説文〕「紝，機丨也」段注。○丨者，麻綫也。〔説文〕「鬬，一曰丨十紘也」段注。○本謂布丨，引申之絲亦名丨。〔説文〕「丨，綫也」段注。○丨，朱丨也。〔釋天〕「維以丨」鄭註。○丨丨者，亦覼丨之意也。〔通雅·釋詁〕○南楚之人貧，衣破弊惡謂之襤丨。〔慧琳音義·卷八〕○結丨，蔓生，如丨相結。〔文選·上林賦〕「布結丨」李注引郭璞。○結丨，著地之處皆生細根，如綫相結，故名結丨。（同上）集釋引〔漢書〕顏注。○結丨，似白茅，蔓聯而生，蓋即〔爾雅〕之傳橫目也。（同上）集釋引〔漢書音義〕。○結丨，俗謂之鼓箏草。（同上）集釋引〔爾雅〕郭注。○結丨，今俗呼鼓箏草，兩幼童對銜之，手鼓中央，則聲如箏也。（同上）集釋引〔漢書〕顏注。○結丨，今關西饒之，俗名句屢草。（同上）集釋引孫炎。○句屢，即結丨，聲相近，今之迷草也。（同上）集釋引郝氏。○丨或作褸。〔説文〕「丨，綫也」義證。○〔説文定聲·卷八〕丨，字亦作褸。〔爾雅·釋器〕「衣裗」注「衣褸也」。○（同上）丨，字變作蔞。〔爾雅·釋草〕「菽葽蔞」。○丨與褸字本通用。〔方言四〕「褸謂之袩」疏證。○柳蔞丨僂並通。〔廣雅·釋器〕「柳，車也」疏證。○〔説文定聲·卷八〕丨段借為柳，實為霤。〔荀子·禮論〕「無帾絲歶丨翣其貆」。

部

｜者，阜之類。〔説文〕「附，附婁，小土山也」段注。○小山謂之｜婁。〔廣雅・釋邱〕「培塿、堬，冢也」疏證。○今齊魯之間田中少高卬名之為｜。〔説文〕「附，附婁，小土山也」段注。○｜，義與培同。〔廣雅・釋邱〕「培塿，冢也」疏證。○｜，｜伍。〔廣韻・姥部〕○｜，｜曲。〔同上〕○｜之言簿，分簿之也。〔説文〕「｜，天水狄｜」繫傳。○｜，屬也。〔同上〕○｜，猶言主領也。〔漢書・匈奴傳〕「將軍王恢｜出代擊胡輜重」補注。○刺史各｜一州，故曰｜刺史。〔漢書・京房傳〕「時｜刺史奏事京師」補注引胡注。○漢分天下為十三｜，故有｜刺史之名。所謂｜者，若唐之言道，宋之言路，元之言行省也。〔漢書・百官公卿表〕「｜刺史掌奉詔條察州」補注引俞樾。○北人｜一之長呼為｜大。〔通雅・卷一九〕○｜色，教坊稱也，教坊有｜頭，有色長。〔通雅・稱謂〕○｜、附古字通。〔左傳襄公二四年〕「｜婁無松柏」洪詁。○｜與棓通。〔廣雅・釋草〕「棓，根也」疏證。○仆、踣、｜古字通。〔墨子〕「輒｜職如進數」雜志。○〔説文定聲・卷五〕｜段借為棓。〔淮南・説山〕「羿死于桃｜」。○〔同上〕｜段借為培。〔風俗通・山澤〕「｜者，阜之類也」。○〔同上〕｜段借為篰。〔北山移文〕「談空空于釋｜」。○〔同上〕｜段借為剖。〔漢書・高帝紀〕「｜署諸將」。○〔同上〕｜段借為茇。〔名醫別録〕「百｜根」。○｜婁，應劭〔風俗通義〕、李善〔魏都賦注〕引並作培塿。〔左傳襄公二四年〕「｜婁無松柏」洪詁。○俗讀｜、步聲相亂，故｜譌作步。〔墨子〕「步界」雜志。

柱

｜，引伸為支｜、｜塞。〔説文〕「｜，楹也」段注。○枝｜猶言枝梧，省作支吾，皆相撐持之義也。〔釋言〕「楮，｜也」郝疏。○｜夫草，一名搖車也。〔廣韻・麌部〕○〔説文定聲・卷八〕｜夫，今之野豌豆也。〔釋草〕「｜夫搖車」。○〔同上〕｜，今字作拄。〔漢書・西域傳〕「以道當為拄置」。○〔同上〕｜，字亦作砫。〔高唐賦〕「狀若砥砫」。○｜讀若砥｜，言不從流俗也。〔大戴・四代〕「｜然」王詁。○｜當讀為祝。〔荀子・勸學〕「強自取｜」集解引王引之。○官本注｜作拄。〔漢書・婁敬傳〕「杖馬箠去居岐」補注。○｜蒲，〔初學記・州郡部〕作柱浦。〔漢書・地理志〕「有｜蒲關」補注引周壽昌。

矩

｜，所以為方也。〔大學〕「是以君子有絜｜之道也」朱注。○｜，所以為方之器也。〔孟子・離婁上〕「不以規｜」朱注。○｜，法度之器，所以為方者也。〔論語・為政〕「不踰｜」朱注。○｜方繩直。〔大戴・哀公問五義〕「行中｜繩而不傷於本」王詁。○｜，法也。〔廣韻・麌部〕○｜，常也。〔同上〕○榘，今省作｜。〔管子〕「巨獲」雜志。○｜與榘同。〔廣雅・釋親〕「父，榘也」疏證。○｜，當為渠。〔管子・輕重甲〕「令以｜游為樂」平議。○距、｜通用。〔考工記・輪人〕「凡斬轂之道，必｜其陰陽」孫正義。○｜，當作距而讀為舉。〔同上〕平議。

榘

｜，今省作矩。〔管子〕「巨獲」雜志。○｜同矩。〔廣韻・麌部〕



武

｜，止戈為｜。〔廣韻・麌部〕○｜，威｜也。〔左傳成公六年〕「不可以立｜」疏證。○｜，謂有｜容。〔詩・叔于田〕「洵美且｜」集疏。○威強叡德曰｜。〔周書〕「叡圉」雜志。○｜者，士也。〔文選・洞簫賦〕「狀若捷｜」集釋。○〔淮南〕一書通謂士為｜。〔淮南・人間〕「是使晉國之｜舍仁而後佞」平議。○｜，迹。〔詩・生民〕「履帝｜敏歆」朱傳。○｜，迹也。〔詩・下武〕「繩其祖｜」朱傳。又〔詩・生民〕「履帝｜敏」集疏。又〔離騷〕「及前王之踵｜」戴注。○｜，又迹也。〔廣韻・麌部〕○｜，足迹。〔國策・秦策四〕「大｜遠宅不涉」鮑注。○｜，足迹也。〔本草・卷五〕○｜之言拇也。〔釋詁〕「｜，繼也」郝疏。○〔通雅・卷一八〕｜敏，拇文也，蓋謂足拇之迹也。〔詩〕「履帝｜敏」。○｜舞，為干舞，言干則有戚矣。〔詩・簡兮〕「方將萬舞」後箋引何楷。○此所云｜子者，韓萬也。〔史記・韓世家〕「得封於韓原，曰韓｜子」志疑。○｜剛車，四圍箱板，人處其中，下穴銃眼，上闢小窗，環列槍刃，長五尺，高六尺四寸。〔漢書・霍去病傳〕「於是青令｜剛車自環為營」補注引〔明史・兵志〕。○呂禄封胡陵侯，此云｜信者，徐廣以為號是也。〔史記・呂后本紀〕「｜信侯呂禄上侯，位次第一」志疑。○｜林即靈隱。〔漢書・地理志〕「｜林山」補注引〔四朝聞見録〕。○｜夷山，顧野王謂之地仙之宅。〔漢書・郊祀志〕「｜夷君用乾魚」補注引沈欽韓。○｜父城在大名府東明縣西南。〔左傳桓公一二年〕「盟於｜父」疏證引〔一統志〕。○｜夫即｜砆。〔國策・魏策一〕「｜夫類玉」補正。○〔説文定聲・卷九〕｜夫，字俗作碔砆。〔海内經〕「有九邱曰｜夫之邱」。○｜、舞古通。〔史記・建元以來侯者年表〕「昌｜」志疑。○甒甒廡｜並通。〔廣雅・釋器〕「甒，瓶也」疏證。○〔説文定聲・卷九〕｜，或曰字實借為步、為柎。〔纂要〕「三尺曰｜」。○〔同上〕｜段借為幠。〔禮記・雜記〕「委｜元縞而后蕤」。○〔同上〕｜段借為無。〔禮記・禮器〕「詔侑｜方」。○唐諱虎，改｜澤。〔漢書・地理志〕「｜澤在西北」補注引〔一統志〕。○官本｜作虎，後人回改。〔漢書・禮樂志〕「召虎、仲山甫之屬」補注。○｜當作虎，此唐人避諱字。〔管子・揆度〕「皆以雙｜之皮」義證。

脯

｜，乾｜。〔廣韻・麌部〕○｜，乾肉。〔大戴・諸侯遷廟〕「｜醢陳于房中」王詁。○｜，腊也。〔説文〕「｜，乾肉也」義證引〔玉篇〕。○｜，所以析乾牛羊肉也。〔論語・鄉黨〕「市｜不食」劉正義。○搏而乾者謂之｜。〔説文〕「｜，乾肉也」義證引〔急就篇〕顔注。○析而乾之曰｜。〔儀禮・公食大夫禮〕「魚腊飪」胡正義引陳祥道。○肉切而乾之曰｜，加薑桂鍛曰腶脩。〔公羊傳莊公二四年〕注〔腶脩者，｜也〕陳疏引孔廣森。○薄析曰｜。〔論語・雍也〕「市｜」劉正義。○薄切曰｜。〔説文定聲・卷五〕〔「𡍮」下〕○｜，籩食。〔禮記・禮運〕「大夫聘禮以｜醢」集解。○全挺曰｜挺。〔説文定聲・卷八〕〔「胸」下〕○｜當作斧。〔左傳僖公三三年〕「唯是｜資餼牽竭矣」疏證引沈欽韓。○〔説文定聲・卷九〕｜，謂｜肉也。〔禮記・曲禮〕「棋榛｜脩」疏「｜，搏肉無骨而曝之」。○〔同上〕｜，亦曰脩。〔説文〕「｜，乾肉也」。○〔同上〕｜以甫為訓。〔禮記・曲禮〕

「以丨偹置者」疏「丨訓始，始作即成也」。

## 苦

〔說文定聲・卷九〕丨謂荼菜。〔穆天子傳〕「於是食丨」。○丨菜，一名荼草，一名選，一名游冬。〔說文〕「荼，丨荼也」義證引〔本草〕。○丨菜即丨蕢也，家栽者呼為丨苣，實一物也。〔說文〕「荼，丨荼也」義證引李時珍。○丨耽小者名丨蘵。〔說文〕「蒢，黄蒢，職也」義證引〔本草〕。○丨蘵，人亦呼為小丨耽。〔同上〕義證引陳藏器。○小者名丨蘵，即陳藏器所云小丨耽，但作角與有裹異耳。〔同上〕義證。○丨葴，一名丨蘵，長安兒童謂為洛神珠，一曰王母珠，一曰皮弁草。〔同上〕義證引〔古今注〕。○丨蘵即丨參，葉似槐花黄色，結角如蘿蔔子。〔同上〕義證引〔本草〕。○丨參，一名水槐，一名丨蘵。〔同上〕○〔說文定聲・卷九〕草味似丨者，皆得丨名。〔詩・谷風〕「誰謂荼丨」。○大丨，甘草。〔楚辭・招魂〕「大丨鹹酸」補注引郭璞。○大丨，蓋甘草也。〔文選・招魂〕「大丨鹹酸」集釋引〔爾雅〕。○大丨即謂丨荼。〔文選・招魂〕「大丨鹹酸」集釋。○大丨者，大苄也。〔同上〕集釋引〔廣雅疏證〕。○大丨，蓋丨味之甚者爾。〔楚辭・招魂〕「大丨鹹酸」補注。○丨為五味之一。〔說文〕「丨，大丨苓也」段注。○丨者對甘丨。〔釋言〕「滷，丨也」郝疏。○丨之言丨也。〔詩・采苓〕「采丨采丨」平議。○〔說文定聲・卷九〕凡味之似丨者亦命為丨。〔周禮・瘍醫〕「以丨養氣」。○丨，以膽和醬也，世所謂膽和者也。〔楚辭・大招〕「醢豚丨狗」王注。○丨，困也，今之丨辛是。〔廣韻・暮部〕○丨，引伸為勞丨。〔說文〕「丨，大丨苓也」段注。○丨者，勞也。〔荀子・臣道〕「傷疾墮功滅丨」集解引郝懿行。○丨，勞息也。〔釋詁〕「丨，息也」鄭註。○丨言其力。〔國策・趙策二〕「常丨出辭」鮑注。○〔說文定聲・卷九〕丨者人所惡，故甘丨為物之美惡，亦為人之愛惡。〔管子・小匡〕「辨其功丨」。○丨，猶惡也。〔國策・楚策一〕「近丨矣」鮑注。○丨窳，惡也。〔韓子・難一〕「東夷之陶者器丨窳」集解引舊注。○古人謂物脃薄曰行、曰丨，或曰行丨，或曰行敝，或行濫。〔周禮・胥師〕「察其詐僞飾行儥慝者而誅罰之」孫正義引王引之。○丨，薄也。〔說文〕「窳，汙窬也」繫傳。○丨為快急之快。〔方言二〕「丨，快也」箋疏。○丨亦疾也。〔廣雅・釋詁〕「丨，快也」疏證。○開快丨俱以聲轉為義。〔釋詁〕「丨，息也」郝疏。○〔說文定聲・卷九〕丨，段借發聲之詞，丨、快一聲之轉，取聲不取義。〔方言二〕「丨，快也，楚曰丨」。○丨、開亦一聲之轉。〔方言六〕「丨，開也」疏證。○丨與𪔵亦聲近義同。〔廣雅・釋詁〕「𪔵，息也」疏證。○丨慢與楛僈同。〔荀子〕「勞勌而容貌不枯」雜志。○夫婦之道丨，謂夫婦之道不堅固也。〔禮記・祭統〕「故昏姻之禮廢則夫婦之道丨」平議。○沽丨鹽，並字異而義同。〔廣雅・釋言〕「浩，挌也」疏證。○丨城，後人書之或為枯，齊人聞其音則書之曰車，敦煌見其字呼之曰車城，其在漢陽者不喜枯丨之字，則更書之曰古城氏。〔左傳成公一四年〕「衛侯享丨成叔」洪詁引王符〔潛夫論〕。○丨城，后人書之或為枯。〔說文〕「鹽，河東鹽池」義證引〔潛夫論・志氏姓〕。○丨與鹽同聲。〔左傳成公一四年〕「丨成叔」疏證引沈欽韓。○〔說文定聲・卷九〕丨以鹽為之。〔詩〕「王事靡鹽」。○鹽楛丨沽枯古賈，皆以聲相近而字相通。〔漢書〕「人爭取賤賈」雜志。○〔說文定聲・卷九〕丨段借為鹽。〔周禮・鹽人〕「共其丨鹽散鹽」。○丨讀與鹽同。〔漢書〕「丨惡」雜志。○丨，讀為王事靡鹽之鹽，靡鹽者，靡息也，鹽與丨古字通。〔釋詁〕「丨，息也」述聞。○丨讀為鹽也，息也。〔詩・鴇羽〕「王事靡鹽」通釋。○丨惡之丨，古正讀如鹽。〔漢書〕「夫婦之道丨」雜志。○丨與枯通。〔詩〕「匏有丨葉」陳疏。○〔說文定聲・卷九〕丨段借為枯。〔莊子・人閒世〕「此以其能丨其生者也」。○丨當讀為枯。〔詩・匏有苦葉〕「匏有丨葉」集疏。○丨當作若。〔晏子・雜上〕「善哉知丨言」平議。○丨民，舊校云一作弱民。〔呂覽・蕩兵〕「誅暴君而振丨民」校正。

## 取

丨謂得於彼也。〔國策・東周策〕「而已丨齊」補注。○丨有索義。〔公羊傳桓公二年〕注「為丨，恣意辭也」陳疏。○奪非其有曰丨。〔公羊傳僖公三一年〕「班其所丨侵地于諸侯」陳疏引孔廣森。○丨，收也。〔廣韻・麌部〕○丨猶收。〔國策・楚策二〕「公出地以丨齊」鮑注。○丨與求義同。〔墨子・小取〕「以其所不丨之」閒詁。○丨猶致也。〔孟子・公孫丑下〕「焉有君子而可以貨丨乎」朱注。○丨者，僅足之意。〔孟子・盡心上〕「楊子丨為我」朱注。○丨、侮皆兼義。〔左傳宣公一二年〕「丨亂侮亡，兼弱也」疏證。○丨，言與之合。〔國策・韓策二〕「錡宣之教韓王丨秦」鮑注。又〔燕策二〕「與齊王謀遁丨秦以謀趙者」鮑注。○丨，言與之交。〔國策・燕策一〕「善蘇秦則丨之」鮑注。○丨，為與之善而得其心之義。〔國策・中山策〕「自為丨使」補正。○丨，請為使也。〔同上〕鮑注。○敵人之不知，敗之易，故曰丨。〔左傳莊公一一年〕「覆而敗之曰丨」洪詁引服虔。○丨，趣也。〔大戴・盛德〕「以丨長道」王詁。○丨，受也。〔廣韻・麌部〕○丨當即丨償也。〔史記〕「什倍其償」雜志。○丨舍，猶舉錯也。〔大戴・哀公問五義〕「丨舍與民同統」王詁。○丨民，言治民也。〔荀子・王制〕「未及丨民也」平議。又〔王制〕「子產丨民者也」集解引俞樾。○〔說文定聲・卷八〕丨段借為聚。〔左傳昭公二〇年〕「丨人於萑苻之澤」。○丨讀為聚。〔左傳昭公二〇年〕「丨人于萑苻之澤」述聞。○丨當讀為聚。〔莊子・天運〕「丨弟子遊居寢臥其下」平議。○丨當為聚。〔說文〕「佮，合也」義證。○經典多段丨為娶。〔說文〕「娶，丨婦也」段注。○〔說文定聲・卷八〕丨段借為娶。〔易・需〕「勿用丨女」。○丨讀曰娶。〔大戴・本命〕「女有五不丨」王詁。又〔漢書・烏孫國傳〕「入漢迎丨少主」補注引王文彬。又〔通鑑・周紀一〕「起丨齊女為妻」音注。○丨當讀為趣。〔禮記・曲禮〕「禮聞丨於人，不聞丨人」平議。○丨人，〔文選・齊故安陸昭王碑文注〕〔藝文類聚・治政部上〕〔白帖九一〕〔太平御覽・治道部三〕引此並作聚人。〔左傳昭公二〇年〕「丨人」述聞。○丨，韓作娶。〔詩・南山〕「丨妻如之何」集疏。○丨，諸本作娶。〔左傳襄公二五年〕「妻不可丨也」洪詁。○丨，本或作娶。〔左傳襄公二五年〕「使偃丨之」洪詁引釋文。○官本丨作娶。〔漢書・五行志〕「勿丨齊女」補注。○丨，〔韓非〕作耳。〔呂覽・貴直〕「亦有君不能丨」校正。○舊校云，丨一作敗。〔呂覽・慎大〕「而卒丨亡」校正。

○丨當作敗。〔史記·晉世家〕「秦丨我櫟」志疑。○丨當作恥。〔管子·權脩〕「民無丨也」義證。○丨當作為。〔漢書·揚雄傳〕「常以此丨國家之大務」補注引宋祁。

撫 丨，摩也。〔國策·趙策三〕「因丨手仰天而笑之曰」鮑注。○丨，案也。〔慧琳音義·卷九〕○丨劍即按劍。〔孟子·梁惠王下〕「夫丨劍疾視」焦正義。○丨，持也。〔大戴·誥志〕「在家丨官而國」王詁。又〔離騷〕「不丨壯而棄穢兮」補注引五臣。又〔廣韻·麌部〕。又〔慧琳音義·卷九〕。○丨，亦把也。方俗語有侈弇耳。〔廣雅·釋詁〕「丨，持也」疏證。○丨，拍。〔慧琳音義·卷六〇〕引〔考聲〕。○丨，擊也。〔通鑑·晉紀一八〕「丨膺頷之而已」音注。○丨，安存也。〔廣韻·麌部〕○丨，安慰也。〔慧琳音義·卷六〇〕引〔考聲〕。○丨，存恤也。〔卷九〕○丨，愛憐也。〔卷六〇〕引〔考聲〕。○丨，一曰揗也。〔說文〕「捫，丨持也」段注。○丨，循也。〔大戴·誥志〕「丨十二月節」王詁。又〔楚辭·東皇太一〕「丨長劍兮玉珥」補注。又〔廣韻·麌部〕。○丨為相親有之有。〔廣雅·釋詁〕「丨，有也」疏證。○丨，又為奄有之有。（同上）○丨、方一聲之轉，方之言荒，丨之言幠也。〔廣雅·釋詁〕「方、丨，有也」疏證。○丨掩與憮俺聲近義同。〔廣雅·釋詁〕「憮、俺，愛也」疏證。○丨與憮同。〔方言一〕「憮，愛也」箋疏。○丨猶傴也。〔國策·楚策一〕「丨委而服」補正。○丨弱猶兼弱也。〔左傳宣公一二年〕疏證。○丨字从手，與拊、尃字略同。〔說文定聲·卷八〕○丨，字亦作拊。（同上）○丨，同攺。〔廣韻·麌部〕○丨，亦作舞。〔方言一二〕「丨，疾也」疏證。○丨與拊通。〔說文〕「丨，一曰循也」句讀。○丨、拊或通用。〔說文〕「丨，一曰揗也」段注。○丨與舞通。〔廣雅·釋詁〕「舞，疾也」疏證。○〔說文定聲·卷九〕丨段借為舞。〔方言一二〕「丨，疾也」。○（同上）丨，段借為憮。〔荀子·宥坐〕「勇力丨世守之以怯」。○丨讀為憮。〔淮南·原道〕「以丨四方」平議。○丨當為憮。〔說文〕「煤，煤丨也」義證。○丨掩當為憮掩。〔說文〕「憮，愛也」義證。○丨掩當作憮掩。〔釋訓〕「矜憐，丨掩也」郝疏。○丨當作橅，即模字。〔管子·版法解〕「所以自丨」平議。○丨乃憮字之誤。〔荀子·宥坐〕「勇力丨世」集解引盧文弨。

浦 丨，濱也。〔楚辭·湘君〕「望涔陽兮極丨」補注引〔說文〕。○丨，水濱也。〔國策·秦策四〕「三江之丨」鮑注。○水濱曰丨。〔通鑑·周紀四〕「還為越王禽於三江之丨」音注。○水源枝注江海邊曰丨。〔說文〕「丨，瀕也」義證引〔玉篇〕。○丨則別通之口。〔屈賦·河伯〕「惟極丨兮寤懷」戴注。○大水有小口別通曰丨。〔廣韻·姥部〕引〔風土記〕。○丨者，旁之轉聲，猶言水旁耳。〔廣雅·釋邱〕「丨，厓也」疏證。○吳楚謂丨為步，蓋語訛耳。〔說文〕「丨，瀕也」義證引〔述異記〕。○廬江箏笛丨，亦稱步。〔說文〕「丨，瀕也」義證。

主 丨即脂燭。〔說文〕「丨，鐙中火丨也」繫傳。○丨，鐙心也。〔慧琳音義·卷三一〕引〔考聲〕。○丨，鐙內布也。（同上）引〔集訓〕。○丨，典也。〔大戴·五帝德〕「伯夷丨禮」王詁。又〔廣韻·麌部〕。○丨者，掌也。〔大戴·夏小正〕「丨設罔罟者也」述聞。○丨，領也。〔廣韻·麌部〕○丨，守也。〔楚辭·招魂〕「丨此盛德兮」補注引五臣。又〔廣韻·麌部〕。○丨猶守。〔國策·楚策三〕「我典丨東地」鮑注。○丨猶守也。〔國策·楚策二〕「故楚王何不以新城為丨郡也」鮑注。○丨器為丨。〔易·文言〕「後得丨而有常」李疏。○大夫稱丨。〔國策·秦策一〕「以攻趙襄丨於晉陽」鮑注。○丨，君也。〔廣韻·麌部〕○丨，謂為丨首也。〔韓子·三守〕「則丨言惡者，必不信矣」集解引顧廣圻。○丨，家長也。〔詩·載芟〕「侯丨侯伯」朱傳。○丨，謂適異國所丨之人也。〔周禮·調人〕「丨人之讐」述聞。○丨謂室丨。〔韓子·愛臣〕「丨妾無等」集解引舊注。○丨言謂君子之言。〔大戴·主言〕「吾丨言其不出而死乎」王詁。○丨臣，皇恐也。發語敬謝之辭，猶丨在上，臣在下，自然敬恐也。〔通雅·釋詁〕○丨臣，丨繫也，臣服也，言其繫服皇恐之詞。〔文選·奏彈曹景宗〕「景宗即丨臣」補正引張晏。○丨出者，此舞出則丨奏之。〔漢書·禮樂志〕「丨出武德舞」補注引劉奉世。○丨名，謂其宗族賓客之名姓。〔漢書·趙廣漢傳〕「廣漢盡知其計議丨名起居」補注引周壽昌。○丨壬、丨癸，皆兄弟之名。〔史記·殷本紀〕「子丨壬立。丨壬卒，子丨癸立」志疑引〔通志〕。○丨簿，處君閤下，丨文簿，因以名官。〔漢書·張敞傳〕「敞使丨簿持教告舜曰」補注引胡注。○丨客，官名，猶漢之典客。〔漢書·匈奴傳〕「匈奴丨客問所使」補注引周壽昌。○丨，木丨，軍行戴之，禱且告焉。〔國策·秦策三〕「載丨契國」鮑注。○丨，今人作炷。〔說文〕「丨，鐙中火丨也」繫傳。○丨、炷亦古今字。（同上）段注。○丨或作炷。（同上）義證。○丨俗字作炷。〔說文定聲·卷八〕○經典丨字則皆鉒之假字。〔周禮·太宰〕「六曰丨」平議。○〔說文定聲·卷八〕丨段借為宔。〔穀梁傳文公二年〕「為僖公丨也」。○丨者，古文假借字也，宔則後起之分別字也。〔說文〕「宔，宗廟宔祏也」句讀。○〔說文定聲·卷八〕丨段借為尌，凡專正掌領之義皆是。〔廣雅·釋詁三〕「丨，守也」。○（同上）丨段借為侸，今字作住。〔老子〕「吾不敢為丨而為客」。○丨，引申假借為臣丨、賓丨之丨。〔說文〕「丨，鐙中火丨也」段注。○〔說文定聲·卷八〕丨段借為壴，首出庶物，萬民所望之意。〔廣雅·釋詁一〕「丨，君也」。○（同上）丨段借為衆，丨衆雙聲。〔大戴·衛將軍文子〕「丨人聞之以成」。○（同上）丨段借為注。〔荀子·宥坐〕「丨量必平似法」。○丨當為宔。〔說文〕「祏，宗廟丨也」義證。○丨當同宀部作宔。〔說文〕「祏，宗廟丨也」段注。○舊校云，丨一作至。〔呂覽·君守〕「非丨道者」校正。○困民之丨，劉向〔新序〕及〔說苑〕皆引作困民之性。〔左傳襄公一四年〕「困民之丨」洪詁。○〔周禮注〕引丨作後。丨、後古音同部，義亦可通。〔公羊傳文公一三年〕「死以為周公丨」陳疏。

杜 丨，赤棠也。〔詩·杕杜〕「有杕之丨」朱傳。○丨，今俗呼赤梨。〔說文〕「棠，牡曰棠，牝曰丨」義證。○丨，甘棠子，似梨。〔廣韻·姥部〕○丨，北人謂之ー梨，南謂之棠梨。〔釋木〕「ー，甘棠」鄭註。○赤者ー，白者棠。〔本草・卷三〇〕○實赤而澀者曰ー。〔說文定聲・卷一八〕〔「棠」下〕○澀者ー，甘者棠。〔本草・卷三〇〕○ー者澀也，棠者糖也。〔同上〕○〔說文定聲・卷九〕牝曰ー。〔說文〕「ー，甘棠也」。○牝者曰ー，有子者也。〔說文〕「棠，牡曰棠，牝曰ー」義證引〔急就篇〕顏注。○牝曰ー，牡曰棠。〔本草・卷三〇〕○〔說文定聲・卷一八〕ー即〔爾雅〕之ー土鹵，根葉都似細辛，俗名馬蹄香。〔廣雅〕「楚蘅，ー蘅也」。〔「蘅」下〕○ー若，即今之高良薑。〔說文〕「若，一曰ー若」句讀。○ー若，即今之高良姜。〔通雅・艸〕引〔補筆談〕。○ー若，一名ー蘅，一名若芝。〔說文〕「若，一曰ー若，香草」義證引〔本草〕。○ー，ー衡也，葉似馬蹄，俗謂之馬蹄香。〔釋艸〕「ー，土鹵」鄭註。○ー衡，葉似葵，形如馬蹄，俗云馬蹄香。〔離騷〕「雜ー衡與芳芷」補注引〔本草〕。○天帝山有草，狀似葵，其臭如蘼蕪，名曰ー衡。〔同上〕補注引〔山海經〕。○ー，ー仲，藥名。〔廣韻・姥部〕○ー鵑，蜀人見鵑而思ー宇，故呼ー鵑，說者遂謂ー宇化鵑，謬矣。〔本草・卷四九〕○ー鵑，江左曰子規，蜀右曰ー宇，甌越曰怨鳥。〔本草・卷四九〕引〔禽經〕。○ー鵑，一名鶗鴂，一名買鵤，一名子規。〔漢書〕「鶗鴂」雜志。○ー鵑與子嶲、子規、鶗鴂、催歸諸名，皆因其聲似，各隨方音呼之而已。〔本草・卷四九〕○ー連即田連，善鼓琴者。〔文選・七發〕「ー連理音」集釋引劉良。○ー蛒，ー狗，一聲之轉。〔方言一一〕「蛄諸謂之ー蛒，南楚謂之ー狗」箋疏。○ー，澀也。〔廣韻・姥部〕○吐當作ー，言ー塞其聰明也。〔莊子・在宥〕「吐爾聰明」集釋引俞樾。○ー，塞也。〔廣韻・姥部〕○ー猶塞。〔國策・秦策二〕「ー左右之口」鮑注。○ー猶拒。〔國策・趙策四〕「以ー蕪將」鮑注。○ー多，梵語，古譯云頭陀。〔大般若經・卷三〇三〕「ー多」音義。○ー多，梵語，古曰頭陀，十二種苦行。〔大般若經・卷五三〕「ー多」音義。○ー與田雙聲字，故田或作ー。〔文選・七發〕「ー連理音」集釋。○〔說文定聲・卷九〕ー，字亦作塿。〔廣雅・釋詁三〕「塿，塞也」。○敼劇度ー，字並與塿通。〔廣雅・釋詁三〕「塿，塞也」疏證。○ー即敼之叚字。〔周禮・大司馬〕「犯令陵政則ー之」孫疏。○〔說文定聲・卷九〕ー，或曰借為敼。〔管子・度地〕「ー曲則擣毀」。○ー當為敼之假音。〔墨子・備城門〕「以柴木稍ー之」閒詁引畢沅。○古土、ー字通用。〔文選・西京賦〕「抱ー含鄠」集釋。○古土、ー同音通用。〔漢書・地理志〕「莽曰通ー」補注引段玉裁。○ー，借以為ー塞之ー。〔說文〕「ー，甘棠也」段注。○ー當作堵。〔史記・楚世家〕「ー敖五年」志疑。

**祖**　ー者，且也。〔說文〕「天，顛也」義證引戴侗。○ー者，廟主。〔書・甘誓〕「賞于ー」孫疏。○有廟而無寢謂之ー廟。〔通雅・宮室〕○ー，ー禰。〔廣韻・姥部〕○ー，行祭。〔國策・燕策三〕「既ー，取道」鮑注。○ー，行祭也。〔詩・烝民〕「仲山甫出ー」朱傳。○是ー為行始於ー時致祭，故謂之ー。〔漢書・臨江閔王傳〕「ー於江陵北門」補注引王文彬。○ー，軷祭也，〔通鑑・漢紀一四〕「丞相劉屈氂為ー道」音注。○ー為祓道之祭也。〔左傳隱公八年〕「陳鍼子送女，先配而後ー」洪詁引鄭康成。○ー猶餞也。〔禮記・祭法〕「相近」王肅作「ー迎」集解。○ー，道神也。〔說文〕「軷，出將有事於道，必先告其神」義證。○子孫之始為ー。〔說文定聲・卷五〕〔「始」下〕○ー者，顓頊。〔書・皋陶謨下〕「ー考來格」孫疏。○始受命者稱太ー耳，有功者亦稱ー，商ー甲是也。〔漢書・景帝紀〕「蓋聞古者ー有功而宗有德」補注引劉攽。○王者各以其行盛日為ー，衰日為臘。〔說文〕「臘，冬至後三戌臘祭百神」義證引〔魏臺訪議〕。○ー猶發也。〔儀禮・鄉飲酒〕「乃合樂周南、召南」胡正義引李如圭。○ー，法也。〔大戴・虞戴德〕「率天如ー也」王詁。又〔少閒〕「乃上ー夏桀行」王詁。○ー者，旋轉而上起之意。〔廣雅・釋詁〕「ー，上也」疏證。○ー饑，古文言阻。〔漢書・食貨志〕「黎民ー飢」補注引宋祁。○ー，縣名，字从衣不从示。〔漢書・武帝紀〕「西臨ー厲河而還」補注引沈欽韓。○〔說文定聲・卷九〕ー字亦作袓。〔孫根碑陰〕「孫弘袓」。○ー本作袓，其作ー者，後世之省文也。〔漢書・地理志〕「ー厲」補注引全祖望。○ー與且通，訓為薦。〔書・堯典〕「黎民ー飢」平議。○〔說文定聲・卷九〕ー段借為楚。〔史記・弟子傳〕「秦ー字子南」。○〔同上〕ー段借為徂。〔方言一二〕「ー，上也，搖也，轉也」。○ー讀為楚，聲近假借也。〔春秋名字解詁〕「秦ー字子南」述聞。○ー讀為菹。〔春秋名字解詁〕「顏ー字襄」述聞。○ー，當依〔史・表〕作祇。〔漢書・高惠高后文功臣表〕「槀ー侯陳錯」補注引王念孫。

**堵**　ー，五版為ー。〔詩・緜〕「百ー皆興」朱傳。○八尺為板，五板為ー。〔詩・鴻鴈〕「百ー皆作」集疏引韓說。○一丈為板，五板為ー。〔同上〕朱傳。○方丈為ー，版廣二尺，長一丈，是五版而ー。〔說文定聲・卷一二〕〔「雉」下〕○ー，一版五赤也。〔說文〕「ー，垣也，五版為ー」繫傳。○五ー為雉。〔詩・鴻雁〕「百ー皆作」後箋引〔稽古編〕。○ー，古人以板為橫數，ー為直數。板廣二尺，五板為ー。〔同上〕後箋。○ー，垣ー。〔廣韻・姥部〕○鐘磬，皆編縣之，二八十六而在一簴，謂之ー。〔左傳襄公一一年〕「歌鐘二肆」洪詁引〔五經要義〕。○ー與屠聲近義同。〔廣雅・釋詁〕「屠，壞也」疏證。○ー敖謂熊囏。〔屈賦・天問〕「吾告ー敖，以不長何試」戴注。○ー羅縣，梵語，細綿絮也。〔大般若經・卷三一〇〕「ー羅縣」音義。○ー當為畝。〔大戴・主言〕「百步而ー」王詁。

**愈**　ー，差也。〔禮記・三年問〕「痛甚者其ー遲」集解。又〔廣韻・麌部〕。○ー，賢也。〔通鑑・唐紀五七〕音注。又〔廣韻・麌部〕。○ー，勝也。〔同上〕○ー，猶勝也。〔孟子・離婁下〕「思天下惟羿為ー己」朱注。○ー，益也。〔慧琳音義・卷七〕引〔集訓〕。○ーー，益甚之意。〔詩・正月〕「憂心ーー」朱傳。○凡訓勝、訓賢之ー皆引申於瘉，ー即瘉字也。〔說文〕「瘉，病瘳也」段注。○ーー，即瘉瘉之省借。〔詩・正月〕「憂心ーー」通釋。○愉、ー、偷，字異而義同。〔史記〕「ー充腹」雜志。○俞與ー同。〔荀子〕「故傷於濕」雜志。○ー與俞通。〔廣雅・釋詁〕「俞，益也」疏證。○ー亦作瘉。〔方言三〕「差、閒、知，丨也」疏證。○丨即瘉之假借字。〔詩・正月〕「憂心丨丨」陳疏。○丨讀為偷。〔漢書・淮南厲王傳〕「王亦丨欲休」補注引王念孫。○丨當為愉，古偷字也。〔淮南・人間〕「雖丨利後無復」平議。○丨當作愈。〔詩・正月〕「憂心丨丨」後箋引何楷。○唐寫本丨作俞。〔漢書・食貨志〕「功費丨甚」補注。○丨，魯作瘐。〔詩・正月〕「憂心丨丨」集疏。

## 愉

丨，字亦作愈。〔說文定聲・卷八〕○（同上）丨叚借為踰。〔廣雅・釋言〕「愈，賢也」。○（同上）丨叚借為逾。〔小爾雅・廣詁〕「愈，益也」。

## 祜

丨，福。〔詩・皇矣〕「以篤周丨」朱傳。○丨，福也。〔詩・信南山〕「受天之丨」朱傳。又〔孟子・梁惠王下〕「詩云以篤周丨」朱注。又〔說文〕「丨，上諱」段注。又〔廣韻・姥部〕。○丨，大福也。〔詩・桑扈〕「受天之丨」集疏引魯說。○丨與胡亦聲近義同。〔廣雅・釋詁〕「胡，大也」疏證。○丨當為祐。〔廣雅・釋言〕「禮，丨也」疏證。○丨，〔考〕作丨，音右。〔漢書・揚雄傳〕「受神人之福丨」補注引宋祁。

## 扈

丨為夏同姓之國。〔史記・夏本紀〕「有丨氏不服」志疑。○丨為周字，鄠為秦字。〔說文〕「丨，夏后同姓所封戰於甘者，在鄠」段注。○丨為隨從服役之稱。〔公羊傳宣公一二年〕注「養馬者曰丨」陳疏。○丨從，從駕而供使令也，或曰從駕而緩行也。〔漢書・司馬相如傳〕「丨從橫行」補注。○丨，勇健兒。〔慧琳音義・卷八七〕引薛綜。○跋丨，猶强梁也。〔廣韻・姥部〕○跋丨，以魚之彊有力者，能跋出丨外也。〔義府・卷下〕○丨，漁具，蓋編竹以禁魚者。（同上）○丨乃取魚曲器，如壺盧耳。（同上）○江濱竹繩編之以取魚，謂之丨業。〔通雅・裸用〕引〔吳都記〕。○丨業，緯蕭也。〔通雅・裸用〕○丨者，掩襲不散之稱。〔離騷〕「丨江離與辟芷兮」戴注。○丨，止也。（同上）補注。又〔說文〕「雇，九雇，農桑候鳥丨民不婬者也」繫傳。○丨，亦使養馬也。〔慧琳音義・卷七三〕○此丨同户，户下曰護也。〔說文〕「丨民不婬者也」段注。○丨即布穀也，短言曰丨，長言曰布穀。〔詩・桑扈〕「交交桑丨」集疏。○丨、鄠一也。〔通雅・地輿〕○〔說文定聲・卷九〕丨，字亦作嶇。〔爾雅〕「山卑而大丨」。○丨蔰並與昈通，亦通作户。〔廣雅・釋詁〕「昈，文也」疏證。○〔說文定聲・卷九〕丨叚借為户。〔左傳昭公一七年〕「丨民無淫者也」。○（同上）丨，或曰護之借字。〔封氏聞見記〕「百官從駕謂之丨從」。○（同上）丨叚借為被。〔離騷〕「丨江離與辟芷兮」注「楚人謂被為丨」。○（同上）丨叚借為僕。〔淮南・要略〕「以儲與丨治」。○（同上）丨叚借為賈。〔廣雅・釋詁一〕「丨，使也」。○（同上）丨叚借為雇。〔詩・小宛〕「交交桑丨」。○丨當作鳸。〔詩・桑扈〕「交交桑丨」陳疏。

## 雇

丨，扈也。〔說文〕「丨，九丨，農桑候鳥扈民不婬者也」繫傳。○〔說文定聲・卷九〕丨以户為訓，户者止也，九扈字以扈為之。〔左傳昭公一七年〕「九扈為九農正，扈民無淫者也」。○丨，經傳皆以扈為之。〔說文定聲・卷九〕○丨，今用為丨傭字。〔說文〕「丨，九丨，農桑候鳥」段注。



## 虜

丨，獲也。〔國策・秦策四〕「父子老弱係丨」鮑注。○丨，又獲也。〔廣韻・姥部〕○係纍為丨。〔國策・秦策四〕「父子老弱係丨」鮑注。○丨，獲也，戰獲俘丨也。〔說文〕「丨，獲也」義證引〔玉篇〕。○丨，謂生致之。〔漢書・曹參傳〕「丨齮」補注。○丨，獲取也。〔慧琳音義・卷四六〕○丨，丨掠。〔廣韻・姥部〕○丨，服也。〔慧琳音義・卷九〕又〔廣韻・姥部〕。○丨，合也。〔慧琳音義・卷四六〕○丨扈，自大也，謂縱橫行也。〔卷九〕○丨扈，謂縱橫行也。〔卷五二〕○丨扈，勇健之皃也。（同上）○漢世斥人曰丨。〔漢書・江充傳〕「趙丨」補注引周壽昌。○丨亦作擄。〔方言一二〕「丨，鈔强也，鹵，奪也」疏證。○〔說文定聲・卷九〕丨，字亦作擄。〔廣雅・釋詁一〕「擄，强也」。○丨與擄通。〔廣雅・釋詁〕「擄，强也」疏證。○丨、鹵古通用。〔方言一二〕「丨，鈔强也，鹵，奪也」疏證。○舊校云，丨一作慮。〔呂覽・勿躬〕「黔如作丨首」校正。

## 父

丨，男子之美稱。〔廣韻・麌部〕○翁、公、丨、叟，古或以為長老之稱。〔廣雅・釋親〕「翁、公、叟，丨也」疏證。○丨者，老也。〔說文〕「甫，男子美稱」繫傳。○丨為長也。〔書・洛誥〕「篤敍乃正丨」孫疏。○丨者，大也。〔書・微子〕「丨師少師」述聞。○丨師，大師也。〔禮記・文王世子〕「丨師司成」述聞。○丨城，縣，在潁川。〔史記・王子侯者年表〕「丨城」志疑。○丨與甫同。〔詩・大明〕「維師尚丨」通釋。○丨、甫字通。〔左傳桓公元年〕「宋華丨督見孔丨之妻于路」疏證。○古字丨與甫通。〔禮記・文王世子〕「丨師司成」述聞。○丨與甫古通用。〔詩・閟宮〕「新甫之柏」通釋。○古丨、甫通用。〔說文〕「咀，含味也」段注。○經傳亦借丨為甫。〔說文〕「丨，巨也」段注。○〔說文定聲・卷九〕丨叚借為阜。〔列子・湯問〕「曾不能損魁丨之丘」。○〔後漢〕丨作甫。〔漢書・地理志〕「梁丨」補注。○〔韓非子〕丨作甫。〔管子・小匡〕「王子城丨」義證引孫星衍。○茲丨，〔史記〕作茲甫。〔左傳僖公八年〕「大子茲丨固請曰」洪詁。

## 甫

丨，大也。〔詩・甫田〕「無田丨田」朱傳。又〔甫田〕「倬彼丨田」朱傳。又〔說文〕「丨，男子之美偁也」段注。又〔廣韻・麌部〕。○丨丨，大也。〔詩・韓奕〕「魴鱮丨丨」朱傳。○丨田為大田。〔詩・甫田〕「倬彼丨田」通釋。○丨，圃，博也，有博大茂草。〔詩・車攻〕「東有丨草」後箋。○丨，始也。〔通鑑・漢紀一五〕「年丨方歲」音注。又〔慧琳音義・卷九〕。又〔廣韻・麌部〕。○丨，引申為始也。〔說文〕「丨，男子之美偁也」段注。○丨當，言初始發心終竟一種智也。〔放光般若經・卷一〕「丨當」音義。○丨，方也。〔通鑑・梁紀一三〕「所徵之兵丨至」音注。○丨，我也。〔廣韻・麌部〕○丨，衆也。（同上）○丨草，丨田也。〔詩・車攻〕「東有丨草」朱傳。○丨之為言夫也。〔釋詁〕「丨，我也」郝疏。○丨，即呂國。〔詩・揚之水〕「不與我戍丨」陳疏。又（同上）集疏。○丨即呂也。〔詩・揚之水〕「不與我戍丨」朱傳。又〔說文・上說文書〕「俾侯于許」段注。○呂丨聲相近。〔史記・周本紀〕「丨侯言於王」志疑引〔通志・氏族略〕。○古音丨蓋與父同聲。〔說文〕「牖，穿壁以木為交窗也」繫傳。○〔說文定聲・卷九〕丨，所以且藉伯仲叔季之字者也。〔禮記・曲禮〕「曰有天王某—」注「某—，且字也」。○—，經傳亦以父為之。〔說文定聲・卷九〕○—與父通。〔老子・二一章〕「以閱衆—」平議。○〔說文定聲・卷九〕—叚借為父。〔老子〕「以閱衆—」。○—、圃古通用。〔說文〕「豫州—田」段注。○圃、—古通用。〔詩・甫田〕「倬彼—田」通釋。○—即圃之消借也。〔詩・車攻〕「東有—草」通釋。○〔說文定聲・卷九〕—，叚借為呂。〔詩・揚之水〕「不與我戍—」。○(同上)—，謂借為博。〔後漢・班彪傳〕「豐—草以毓獸」注引〔韓詩〕辥君章句。○(同上)—，叚借為尃，實為幠。〔儀禮・士冠禮記〕「章—殷道也」。○(同上)—，叚借為輔。〔白虎通・封禪〕「梁—者，泰山旁山名」。○(同上)—，叚借為無。〔詩・甫田〕「無田—田」。○—侯作呂侯。〔漢書・刑法志〕「命—侯度時作刑」補注。○〔士冠禮〕—作父。〔說文〕「—，男子之美偁也」段注。○—，三家作圃。〔詩・車攻〕「東有—草」集疏。○—，今本作圃。〔說文〕「豫州—田」段注。○〔穀梁經〕—亦作浦。〔左傳定公一〇年經〕「會于安—」洪詁。○—，齊作詡。〔詩・韓奕〕「魴鱮——」集疏。

黼　—，黑白文也。〔廣韻・麌部〕○白與黑謂之—。〔禮記・月令〕「—黻文章」集解引〔考工記〕。又〔大戴・五帝德〕「—黻衣」王詁。○白與黑相次文曰—。〔說文〕「斧，所以斫也」段注。○—黻與文章同義。〔廣雅・釋言〕「—、龍，彰也」疏證。○—，其畫形作斧，取其威斷也。〔說文〕「—，白與黑相次文也」繫傳。○—，如斧形，刺之於裳也。〔詩・采菽〕「玄衮及—」朱傳。○—，—裳也。〔詩・文王〕「常服—冔」朱傳。○—領，刺為斧。〔說文〕「襮，—領」繫傳。○—，謂—領也。〔詩・文王〕「常服—冔」平議。○—，謂領也。〔儀禮・士昏禮〕「—在其後」胡正義。○—與斧音同字通。〔釋宮〕「牖户之間謂之扆」郝疏。○—黻，宋妻機〔班馬字類〕作黼黻。〔史記・秦本紀〕「天子賀以—黻」志疑。

莆　—，疑即蒲字，水草，可以作席。〔楚辭・天問〕「—雚是營」補注。○—或作脯。〔說文〕「—，萐—也」義證。

甒　—，甖—。〔廣韻・麌部〕○—是盛醴器名。〔儀禮・士冠禮〕「側尊一—，醴在服北」胡正義。○—，所以盛酒者。〔禮記・祭義〕「俠—」集解。○—即罌也。〔說文〕「瓿，甂也」義證引〔增韻〕。○—甒廡武並通。〔廣雅・釋器〕「甒，瓶也」疏證。

甒　—亦作甒。〔方言五〕「—，甖也」疏證。○古文—皆作甒。〔方言五〕「甒，甖也」箋疏。○甒—廡武並通。〔廣雅・釋器〕「—，瓶也」疏證。

俯　—，俛首也。〔慧琳音義・卷八〕引〔考聲〕。○—，謂下首也。(同上)引顧野王。○—，小偃也。(同上)引〔考聲〕。○—，頫字俗寫。〔墨子・魯問〕「令之—則—」閒詁引畢沅。

俛　—者，低頭也。〔說文〕「頫，—伏也」段注。○—即俯字。〔國策・燕策三〕「—而笑曰」補正。○—與俯同。〔儀禮・士相見禮〕「隱辟而后屨」胡正義。

腑　—，藏—。〔廣韻・麌部〕○—即腐字。〔賈子・耳痺〕「飲—水」平議。○—，本作府。〔廣韻・麌部〕○—即腐字異文。〔墨子・非攻中〕「—冷不反者」閒詁引畢沅。

憮　—，愛撫也。〔釋言〕「—，撫也」鄭註。○—，失意皃也。〔慧琳音義・卷九六〕引〔考聲〕。○—，—也，失意貌。〔通鑑・晉紀四〇〕「泓—然不應」音注。○—然，失意皃。〔廣韻・麌部〕○—，悵然，失意貌。〔通鑑・晉紀二七〕「—然始有懼色」音注。○—然，茫然自失之貌。〔孟子・滕文公上〕「夷子—然為閒曰」朱注。○—然，猶悵然。〔論語・微子〕「夫子—然曰」朱注。○—然，怪愕之辭也。〔慧琳音義・卷四六〕○—俺猶撫掩也。〔方言一〕「—、俺，愛也」箋疏。○—、㥵古同聲。(同上)○—即嫵字。〔說文〕「嫵，媚也」段注。○—，本作改。〔釋言〕「—，撫也」邵正義。○—通作改。(同上)郝疏。○—與㥵通。〔廣雅・釋詁〕「—，愛也」疏證。○—與嫵通。〔廣雅・釋詁〕「嫵媚，好也」疏證。○—、幠古字通。〔釋言〕「—，傲也」邵正義。○—有空之義。〔漢書・薛宣傳〕「君子之道，焉可—也」補注引〔官本考證〕。○—，各本作撫。〔說文〕「㥵，㥵—也」段注。

膴　—，厚也。〔詩・節南山〕「則無—仕」朱傳。○—，土地腴美，——然也。〔廣韻・麌部〕○〔通雅・卷九〕—，肥美也。〔詩〕「周原——」。○——，肥美貌。〔詩・緜〕「周原——」朱傳。○—，引申為凡美之偁。〔說文〕「—，無骨腊也」段注。○〔通雅・卷九〕——，亦作每每。〔詩〕「周原——」。○〔說文定聲・卷九〕—叚借為無。〔詩・緜〕「周原——」。

詁　—，—訓。〔廣韻・姥部〕○—者，訓故言也。〔說文・上說文書〕「六藝羣書之—」段注。○取故言為傳，是亦—也。〔說文〕「—，訓故言也」段注。○說釋故言以教人是之謂—。(同上)○〔爾雅〕釋—者，釋古言也。〔說文定聲・卷九〕○—，故也，古人之言也。〔釋詁〕鄭註。○—者，古今之異語也。〔說文〕「—，訓故言也」義證引張揖〔雜字〕。○—通作故。〔釋詁〕邵正義。

盬　—，鹽也。〔廣韻・姥部〕○—者，苦鹽之名。〔說文〕「—，河東鹽池」義證引范守已。○—，不堅固也。〔詩・四牡〕「王事靡—」朱傳。○—，不攻緻也。〔詩・鴇羽〕「王事靡—」朱傳。○—，攻緻也。〔集韻・莫部〕○—者，息也。〔詩・鴇羽〕〔四牡〕〔杕杜〕「王事靡—」述聞。又〔詩・鴇羽〕「王事靡—」通釋。○—，且也。〔廣雅・釋詁〕「—，猝也」疏證。○—，且也，亦苟且之義。〔詩・鴇羽〕「王事靡—」後箋。○—之言姑且。〔方言一三〕「—，且也」箋疏。○—與蠱同，於義為近。〔詩・鴇羽〕「王事靡—」後箋。○—與蠱字異義同。(同上)陳疏。○—、嫴、姑，字異而義同。〔方言一三〕「—，且也」箋疏。○沽苦—，並字異而義同。〔廣雅・釋言〕「沽，掿也」疏證。○〔說文定聲・卷九〕—以楛為之。〔荀子・天論〕「楛耕傷稼」。○—楛苦沽古賈，皆以聲相近而字相通。〔漢書〕「人爭取賤賈」雜志。○—、苦通。〔釋言〕「滷，苦也」郝疏。○—與苦通。〔詩・鴇羽〕「王事靡—」述聞。○〔說文定聲·卷九〕丨叚借為苦。〔漢書·息夫躬傳〕「器用丨惡」。○叚丨為餬。〔左傳僖公二八年〕「而丨其腦」平議。○〔說文定聲·卷九〕丨叚借為發聲之詞，嘘之古古然狀其聲也，今蘇俗吸飲曰丨，是其遺語。〔左傳僖公二八年〕「楚子伏己而丨其腦」注「嘘也」。○（同上）丨叚借為暇，即〔爾雅〕之苦息，猶胡之為遐也。〔詩·鴇羽〕「王事靡丨」。○（同上）丨叚借為夃。〔方言一三〕「塩，雜猝也」。○丨讀為姑息之姑。〔方言一三〕「丨，且也」疏證。

**瞽** 丨，無目。〔論語·季氏〕「未見顏色而言謂之丨」朱注。又〔廣韻·姥部〕。○丨，無目者。〔論語·子罕〕「子見齊衰者冕衣裳者與丨者」朱注。○丨，盲者也。〔詩·有瞽〕「有丨有丨」集疏引魯說。○無目謂之丨。〔說文〕「丨，目但有眹也」義證引〔三蒼〕。○丨，樂官無目者也。〔詩·有瞽〕「有丨有丨」朱傳。○丨，樂官也。〔禮記·禮運〕「卜筮丨侑」集解。○丨，大師也。〔禮記·文王世子〕「丨宗秋學禮」集解。○小學在西郊者曰丨宗，仿殷之右學。〔說文定聲·卷一〕（「雝」下）○丨宗，官舍也。〔廣雅·釋宮〕「丨宗，官也」疏證。○盲即丨也。〔書·堯典上〕注「史遷丨作盲」孫疏。○〔說文定聲·卷九〕丨，以鼓為之。〔大戴·保傅〕「鼓夜誦詩」。○（同上）丨叚借為鼓。〔周禮·樂師〕「詔來丨皋舞」。○〔大戴禮〕丨作鼓，字同。〔漢書·賈誼傳〕「丨史誦詩」補注。○丨，又通作蠱。〔說文〕「兆，讀若丨」義證。

**酤** 丨，酒。〔詩·烈祖〕「既載清丨」朱傳。○丨，一宿酒。〔廣韻·姥部〕○丨與沽通，賣酒也。〔墨子·迎敵祠〕「舉屠丨者」閒詁引蘇時學。○丨，謂賣酒也。〔通鑑·漢紀八〕「禁丨酒」音注。○丨亦有急義。〔詩·伐木〕「無酒丨我」平議。○丨當讀苦良之苦。（同上）通釋。○丨，〔論語·鄉黨〕作沽。〔說文〕「丨，一曰買酒也」段注。

**簠** 丨，丨簋。〔廣韻·麌部〕○丨，丨簋，祭器。〔集韻·虞部〕○丨，盛稻粱方器。〔說文定聲·卷六〕（「簠」下）○盛稻粱器曰丨。〔說文定聲·卷九〕○（同上）丨簋不飾，猶言矩規不飭也，此丨簋猶言苞苴。〔漢書·賈誼傳〕「不謂不廉，曰丨簋不飾」。○（同上）丨叚借為榘。〔漢書·賈誼傳〕「不謂不廉，曰丨簋不飾」。○（同上）丨叚借為膚。〔易〕京本「剝牀以丨」。○（同上）丨，疑筥之借字。〔儀禮·聘禮〕「夫人使下大夫勞以二竹丨方」。

**怒** 丨努弩，義並相近。〔廣雅·釋詁〕「丨，健也」疏證。○努與丨通。〔廣雅·釋詁〕「丨，勉也」疏證。

**俁** 丨丨，大也。〔通雅·釋詁〕○丨丨，大貌。〔詩·簡兮〕「碩人丨丨」朱傳。○丨丨，容皃大也。〔廣韻·麌部〕○丨丨，猶懇懇也。〔通雅·釋詁〕○丨丨，一作偊偊。（同上）○丨丨，通作扈扈。（同上）○丨丨，韓作扈扈。〔詩·簡兮〕「碩人丨丨」集疏。

**瑀** 丨，石似玉也。〔廣韻·麌部〕

**喣** 丨，吐沫也。〔漢書·中山靖王傳〕「夫衆丨漂山」補注引劉奉世。○丨，呈示。〔廣韻·麌部〕

**㖡** 丨、煦、姁、欨，古通用。〔廣雅·釋詁〕「嘔丨，色也」疏證。

**踽** 丨，踛丨。〔廣韻·麌部〕○丨，獨行。（同上）○丨，又獨行皃。（同上）○丨丨，獨行不進之貌。〔孟子·盡心下〕「行何為丨丨涼涼」朱注。○丨，疏行也。〔詩·杕杜〕「獨行丨丨」通釋。○丨丨，行也。（同上）集疏引魯、韓說。○丨丨，無所親之貌。（同上）朱傳。○丨與禹聲近而義同。〔廣雅·釋詁〕「禹，舒也」疏證。○〔說文定聲·卷九〕丨，字亦作偊。〔列子·力命〕「偊偊而步」。○丨通作偊。〔詩·杕杜〕「獨行丨丨」通釋。○〔說文定聲·卷九〕丨叚借為傴。〔漢書·東方朔傳〕「行步偊旅」。

**窶** 丨，貧無禮也。〔廣韻·麌部〕○丨者，貧而無以為禮也。〔詩·北門〕「終丨且貧」朱傳。○丨亦小也。〔荀子·堯問〕「是所以丨小也」集解引王念孫。○丨數，猶局縮，皆小意也。〔文選·景福殿賦〕「丨數矩設」集釋。○丨之為言局也。〔荀子·堯問〕「是所以丨小也」集解引郝懿行。○丨，寠之俗字。〔說文〕「寠，無禮居也」句讀。

**寠** 〔說文定聲·卷八〕丨，貧居無禮也。〔說文〕「丨，無禮居也」。○丨，居無財以備禮也。〔慧琳音義·卷五七〕引〔考聲〕。○丨，居無財以備禮者也。〔卷八二〕引〔考聲〕。○丨，貧陋也。〔說文〕「丨，無禮居也」義證引〔玉篇〕。○凡貧者亦得謂之丨。〔詩·北門〕「終丨且貧」平議。○丨，無禮者也。〔說文〕「丨，無禮居也」義證引〔急就篇〕顏注。○凡無禮者亦得謂之丨。〔詩·北門〕「終丨且貧」平議。○丨亦小也。〔荀子〕「丨小」雜志。○凡丨有小義，凡从婁得聲者竝有小義。〔詩·北門〕「終丨且貧」平議。○凡狹小者亦得謂之丨。（同上）○〔說文定聲·卷八〕丨數，葛蘿之屬，可施於盆以藉食物者。〔漢書·楊惲傳〕「鼠不容穴銜丨數也」。○丨數即檳盝，聲之轉也。〔漢書·東方朔傳〕「是丨數也」補注引錢大昕。○丨，俗作窶。〔說文〕「丨，無禮居也」義證。○〔說文定聲·卷八〕丨，俗字作窶。〔爾雅·釋言〕「窶，貧也」。○丨通作屢。〔說文〕「丨，無禮居也」義證。

**楛** 丨，木名，堪為矢榦。〔廣韻·姥部〕○丨，似荊而赤。〔詩·旱麓〕「榛丨濟濟」朱傳。○荊有青赤二種，青者為荊，赤者為丨。〔說文〕「丨，木也」義證引陳啓源。○丨與苦同，謂脃惡也。〔荀子·王制〕「立身則輕丨」集解引郝懿行。○丨優猶苟且也。〔荀子〕「勞勸而容貌不枯」雜志。○盬丨苦枯古賈，皆以聲相近而字相通。〔漢書〕「人爭取賤賈」雜志。○〔說文定聲·卷九〕丨叚借為苦。〔荀子·議兵〕「械用兵革窳丨不便利者弱」。○〔史〕〔漢〕用今文作丨，則枯是古文。〔漢書·地理志〕「惟箘簵、丨」補注。○丨當作枯，字之誤也。〔說文〕「砮，國語曰肅慎氏貢丨矢石砮」段注。

**稌**　一，稉稻也，今俗尚為一麋酒。〔說文〕「一，稻也」義證引〔五音集韻〕。〇稻之黏者為一。〔同上〕義證引〔古今注〕。〇一者，今之稉米，米之黏者。〔說文〕「𥺂，熬稻粻𩜶也」段注。〇〔說文定聲・卷九〕古專謂黏者為一，吾蘇所云糯米也，或以偁不黏者，亦通語耳，今北人曰南米，亦曰大米。〔說文〕「一，稻也」。〇一一稻。〔廣韻・姥部〕

**滸**　一，水岸。〔廣韻・姥部〕〇一，水厓也。〔詩・緜〕「率西水一」朱傳。〇岸上曰一。〔葛藟〕「在河之一」朱傳。〇一墅本為虎𨤎，因唐諱虎，錢王諱鏐而改。〔通雅・地輿〕

**汻**　〔說文定聲・卷九〕一，字亦作滸。〔詩・葛藟〕「在河之滸」。〇一，經典作滸。〔說文〕「一，水厓也」義證。〇一，經典皆作滸。〔同上〕句讀。

**詡**　一，大也。〔廣韻・麌部〕〇一之引申之義為大。〔說文〕「一，大言也」段注。〇一，普也。〔禮記・禮運〕「一萬物」集解。又〔廣韻・麌部〕。〇一，偏也。〔禮記・禮運〕「一萬物」集解。〇一，遍也。〔廣韻・麌部〕〇一，和也。〔同上〕〇一，發皇之意。〔禮記・少儀〕「會同主一」集解。〇一一猶膴膴，亦猶訏訏。〔方言一〕「碩、訏、于，大也」箋疏。〇北方人謂眉好為一畜。〔說文〕「嫵，媚也」段注引蘇林。〇〔說文定聲・卷九〕一段借為嫵。〔漢書・張敞傳〕「眉憮」注「北方人謂嫵好為一」。

**栩**　一，柞木名。〔廣韻・麌部〕〇一，柞木也，今人以為梳。〔釋木〕「一，杼」鄭註。〇一，柞櫟也。〔詩・鴇羽〕「集于苞一」朱傳。〇一即柞櫟木也。〔說文定聲・卷九〕〇一一，忻暢貌也。〔莊子・齊物論〕「一一然胡蝶也」集釋引成玄英。

**窳**　一，器空中。〔廣韻・麌部〕〇一，缺也。〔說文〕「一，汙窬也」繫傳。〇一，懶惰也。〔通鑑・唐紀五〇〕「不以一怠錮其庸」音注。〇一，又墮一病也。〔說文〕「一，汙窬也」繫傳。〇一，洿下低陷，引申為病弱嬾惰之意。〔說文定聲・卷九〕〇一，亦病也。〔廣韻・麌部〕〇一，亦作窪。〔同上〕〇〔說文定聲・卷九〕一，字亦作㼜。〔一切經音義〕引承慶〔字說〕「㼜，懶人不能自起，瓜瓠在地不能自立」。〇一借作窊。〔說文〕「洿，一曰一下也」句讀。〇借一為窊。〔說文〕「一，汚窬也」句讀。〇一當為㼜。〔說文〕「呰，一也」義證。〇一當為窊。〔說文〕「洿，一曰一下也」義證。〇〔說文定聲・卷九〕一段借為貐。〔西京賦〕「批一狻」。

**拄**　一，從旁指。〔廣韻・麌部〕〇一置即搘一。〔漢書・車師後國傳〕「㠯道當為一置」補注引徐松。〇一置猶儲偫。〔同上〕補注引劉敞。〇本書從木從手之字通作，一、柱皆可。〔同上〕補注。

**鵡**　一，鸚一，鳥名，能言。〔廣韻・麌部〕〇一，同鴞。〔同上〕

**岵**　山無草木曰一。〔詩・陟岵〕「陟彼一兮」朱傳。又〔同上〕後箋引〔韓昌黎集注〕。〇山有木無草曰一。〔同上〕集疏引韓說。〇一，山多草木。〔廣韻・姥部〕〇一之言瓠落也。〔說文〕「一，山有艸木也」段注。〇一，字亦作陆。〔說文定聲・卷九〕

**溥**　一，本義為水之大。〔說文定聲・卷九〕〇一者，偏也。〔周書〕「大開方封于下土」雜志。〇一，〔詩・北山〕「一天之下」朱傳。又〔公劉〕「瞻彼一原」朱傳。〇一，大也。〔詩・韓奕〕「一彼韓城」朱傳。又〔同上〕陳疏。又〔廣韻・姥部〕。〇一，轉注為凡大之稱。〔說文定聲・卷九〕〇一，廣。〔詩・召旻〕「一斯害矣」朱傳。又〔烈祖〕「我受命一將」朱傳。〇一，廣也。〔詩・公劉〕「既一既長」朱傳。又〔廣韻・姥部〕。〇一博，周遍而廣闊也。〔中庸〕「一博淵泉」朱注。〇一，謂敷而散之。〔禮記・祭義〕「一之而橫乎四海」集解引方慤。〇一浮，俗字作鯆䱐。〔說文〕「鯆，一曰一浮」段注。〇一，經傳多以普為之。〔說文定聲・卷九〕〇〔同上〕一段借為浦。〔漢書・揚雄傳〕「儲與乎大一」。〇〔文選〕一作浦，此借字。〔漢書・揚雄傳〕「儲與虖大一」補注。〇一本作敷，本或作傅。〔禮記・祭義〕「一之而橫乎四海」述聞。〇一，三家作普。〔詩・北山〕「一天之下」集疏。〇官本一作博。〔漢書・地理志〕「莽曰一睦」補注。

**砮**　一，石，可為矢鏃。〔廣韻・姥部〕〇一，石，可以為矢鏃。〔集韻・姥部〕

**睹**　一，戲一。〔廣韻・姥部〕〇一，競戲求利也。〔慧琳音義・卷四五〕引〔文字典說〕。〇一，亦作賭。〔同上〕〇〔說文定聲・卷九〕一，疑射覆之射字。〔說文新附〕「一，博簺也」。

**藪**　〔說文定聲・卷八〕寠一，疊韻連語，蔦羅之屬。〔漢書・東方朔傳〕「是寠一也」。〇〔同上〕一即寠一。〔詩・伐木〕傳「以一曰湑」疏「草也」。〇一即庾。〔通雅・算數〕

**瘉**　一，病也。〔廣韻・麌部〕〇一猶病也。〔說文定聲・卷八〕〔「愉」下〕〇一，渾言之謂瘳而尚病也，許則析言之謂雖病而瘳也。〔說文〕「一，病瘳也」段注。〇一與愈同。〔荀子・堯問〕「禮一恭」集解引盧文弨。又〔方言三〕「南楚病愈者謂之差」箋疏。〇一又或作瘉。〔說文〕「一，病瘳也」義證。〇一，經典皆作愈。〔同上〕句讀。〇一，今作愈字。〔同上〕繫傳。〇一，通作愈。〔釋詁〕「一，病也」郝疏。〇一通作愉。〔釋詁〕「一，病也」「愉，勞也」郝疏。〇一借作窳。〔釋詁〕「愉，勞也」郝疏。〇一作倫者是。〔漢書・廣川惠王傳〕「復立戴王弟襄隄侯子一為廣德王」補注。

**籔**　一，水中盝未竹器也。〔說文〕「匴，盝米一也」繫傳。〇一，寠一，四足几也。〔廣韻・麌部〕〇〔說文定聲・卷八〕一段借為匬。〔儀禮・聘禮〕「車秉有五一」記「十六斗曰一」。

傴　丨，曲腰也。〔慧琳音義・卷九八〕引〔考聲〕。○丨，曲背也。〔禮記・喪服〕「丨者不袒」集解。○丨，脊曲也。〔慧琳音義・卷八二〕引〔韻詮〕。○丨，尪也。〔廣韻・麌部〕○丨，不伸也。（同上）○丨，不申也。〔慧琳音義・卷一二〕引〔集訓〕。○丨即丨伏也。〔說文定聲・卷八〕〔「歐」下〕○丨，俛伏之意。〔卷八〕〔「蓲」下〕○丨引申為鞠窮，恭敬之意。〔說文〕「丨，僂也」段注。○丨嫗嘔並與蓲同，蓲也。〔方言八〕注「江東呼蓲」箋疏。○嘔、嫗、丨古通用。〔廣雅・釋詁〕「嘔喚，色也」疏證。○丨、區聲同字通。〔墨子・經說下〕「丨宇不可偏舉」閒詁。○丨通作偶旅。〔說文〕「丨，僂也」義證。○丨又借為煦嫗字。（同上）段注。

僂　丨，曲也。〔太素・調陰陽〕「乃生大丨」楊注。○丨丨，丨傴，疾也。〔廣韻・麌部〕○〔說文定聲・卷八〕丨，或言背丨，此字本訓背曲。〔說文〕「丨，尪也」。○丨，致敬貌。〔國策・燕策三〕「丨行見荊軻」鮑注。○傴丨，俯身也。〔慧琳音義・卷二〕引〔考聲〕。又〔卷三〕。○丨傴，俯身向前也，此背曲之病。〔義府・卷下〕○丨句者，傴丨倨句之謂。〔說文定聲・卷一三〕〔「蔡」下〕○人相牽曳謂之丨，猶絲相牽曳謂之縷也。〔公羊傳莊公二四年〕「夫人不丨不可使人」平議。○枸簍，倒言之則曰丨句。〔廣雅・釋器〕「枸簍，傘也」疏證。○柳蔞縷丨並通。〔廣雅・釋器〕「柳，車也」疏證。○丨通作婁。〔說文〕「丨，尪也」義證。○丨為婁之假借字。〔說文〕「丨，厄也」段注。○丨，屢之假借字。〔荀子・儒效〕「賣之不可丨售也」集解引郝懿行。○〔說文定聲・卷八〕丨叚借為數，實為速。〔公羊傳莊公二三年〕「夫人不丨不可使入」。○（同上）丨叚借為柳，實為霤。〔呂覽・節喪〕「丨翣以督之」。○丨當讀為摟。〔公羊傳莊公二四年〕「夫人不丨不可使入」平議。○丨傴，〔莊子・列御寇篇〕作痀丨。〔義府・卷下〕○丨翣，〔禮記〕作蔞翣，或音同可借用。〔呂覽・節喪〕「丨翣以督之」校正。

頨　丨，丨妍，美頭。〔廣韻・仙部〕○丨，頭妍也。〔集韻・僊部〕○丨云頭頂四崖峻起。〔說文〕「丨，丨妍也」繫傳。○丨，孔子頭也。〔廣韻・麌部〕○丨又附會以為孔子圩頂之圩。〔說文〕「丨，丨妍也」段注。○丨義如〔周易〕之翩翩。（同上）段注。

楀　丨，木名。〔廣韻・麌部〕○丨，丨氏，木名。（同上）○丨氏，褒姒之族黨也。〔說文〕「丨，木也」繫傳。○丨，齊作萬，魯作踽。〔詩・十月之交〕「丨維師氏」集疏。

萬　丨，姓也。〔說文〕「丨，艸也」繫傳。○〔說文定聲・卷九〕丨叚借為棸。〔考工・輪人〕「丨之以眡其匡也」。

聥　丨，張耳有所聞。〔廣韻・麌部〕又〔集韻・遇部〕。

莾　草深曰丨。〔左傳昭公元年〕「委君貺於草丨也」洪詁。○丨丨，草盛。〔楚辭・九辯〕「泊丨丨與壄草同死」補注。○丨，宿草。〔廣韻・姥部〕○凡草通名丨，惟宿丨是卷施草之名也。〔文選・離騷經〕「夕攬洲之宿丨」集釋。○寧鄉縣草多卷施，拔心不死，江淮間謂之宿丨。（同上）集釋引〔類聚〕。○草冬生不死者，楚人名曰宿丨。〔離騷〕「夕攬洲之宿丨」王注。

𥈭　丨，驚視皃。〔集韻・噳部〕○丨或作眲。（同上）

𩃎　丨猶雨也。〔廣雅・釋詁〕「丨，舒也」疏證。○丨，雨皃。〔廣韻・麌部〕

鄅　丨，鄉名。又云亭名，在汝南。〔廣韻・虞部〕

𨼆　丨，謂人所謂聚居村邑者。〔慧琳音義・卷一〇〕○丨，古文鄹。〔卷五二〕○丨，今作聚。〔卷一〇〕又〔卷五二〕。

鄹　丨，民所聚居。〔集韻・噳部〕

蜅　丨，小蟹。〔廣韻・麌部〕

俌　丨，輔也。〔廣韻・麌部〕○丨猶輔也。〔釋詁〕「弼，丨也」鄭註。○丨、輔音義皆同。〔說文〕「弼，輔也」段注。○丨，佐也。〔說文〕「丨，輔也」繫傳。○丨，助也。〔說文定聲・卷九〕又〔集韻・噳部〕。○丨，與傅略同，經傳皆以輔為之。〔說文定聲・卷九〕○（同上）丨，字亦作賻。〔儀禮・既夕〕「知死者贈，知生者賻」。

𤗈　丨，牕中網也。〔廣韻・麌部〕○丨，牖中罔。〔集韻・遇部〕○丨，所謂网軒也。〔說文〕「丨，牖中网」繫傳。○丨，罟屬。〔廣韻・虞部〕又〔集韻・虞部〕。

𦌗　丨，窗也。〔說文〕「𤗈，牖中网也」義證引〔玉篇〕。

潕　丨，字或作瀩。〔說文〕「丨，水出南陽舞陰」義證。○〔說文定聲・卷九〕丨，舞陰以舞為之。〔說文〕「丨，丨水出南陽舞陰東入潁」。○水名作丨，縣以水得名，而舞陰、舞陽字作舞。〔說文〕「丨，丨水」段注。

㥀　丨，愛也。〔廣韻・麌部〕○丨，撫愛之也。〔說文〕「丨，丨憮也」繫傳。○丨即憮也。〔釋詁〕「丨，愛也」鄭註。○丨實與憮同字，丨憮雙聲。〔說文定聲・卷五〕○丨通作憮。〔釋詁〕「丨，愛也」郝疏。

無　丨，繁丨豐盛也。〔說文〕「丨，豐也」義證引〔玉篇〕。○丨有對有之稱。〔說文〕「无，奇字丨，通於无者，虛丨道也，王育說，天屈西北為无」繫傳。○丨，今隸作丨，借為有𣞤字。〔說文定聲・卷九〕○（同上）丨，今本以廡為之。〔說文〕引〔商書〕「庶草繁丨」。

**膴**　丨，微視。〔集韻・噳部〕〇丨與嫵媚之嫵聲義同。〔廣雅・釋詁〕〇〔說文定聲・卷九〕丨段借為嫵。〔廣雅・釋詁一〕「丨，好也」。

**蚥**　丨，蟾蜍別名。〔廣韻・麌部〕〇丨，蜛丨，螳蜋別名。（同上）

**⿸疒付**　丨，病腫也。〔廣韻・麌部〕〇丨胕府並通。〔廣雅・釋詁〕「丨，病也」疏證。

**⿰糸咅**　丨，丨綿。〔廣韻・麌部〕〇〔說文定聲・卷五〕丨，如今弦彈故棉。〔說文〕「丨，治敝絮也」。

**姁**　丨，亦母偁也。〔說文〕「丨，嫗也」段注。

**珝**　丨，玉名。〔廣韻・麌部〕

**秿**　〇丨，禾穳積也。〔廣韻・麌部〕〇丨，刈禾。〔廣韻・模部〕又〔集韻・模部〕。

**裋**　丨，敝布襦也。〔廣韻・麌部〕〇襜褕之短小者亦謂之丨褕。〔方言四〕「襜褕，江淮南楚謂之⿰衤童裕」箋疏。〇〔說文定聲・卷八〕短者曰丨褕。〔說文〕「丨，豎使布長襦」。〇丨褐，豎使之衣。〔國策・宋衛策〕「鄰有丨褐」鮑注。〇丨、褕一聲之轉。〔方言四〕「襜褕，其短者謂之丨褕」箋疏。

**㼌**　二瓜為丨。〔說文〕「丨，本不勝末，微弱也」繫傳。〇丨，謂一蔓二瓜也。〔說文定聲・卷九〕〇丨，微弱，本不勝末。〔廣韻・麌部〕〇丨，勞病也。〔說文〕「丨，本不勝末，散弱也」義證引〔玉篇〕。〇丨與愉、窳通用也。〔說文〕「丨，本不勝末，微弱也」句讀。〇丨或通作愉。〔說文〕「丨，本不勝末，散弱也」義證。〇丨或通作窳。（同上）

**枓**　丨，杓也。〔廣雅・釋器〕〇丨，勺也，抒羹之勺也。〔說文〕「魁，羹斗也」段注。〇丨，斟水器也。〔廣韻・麌部〕〇丨，有柄形如北斗星，用以斟酌也。〔說文〕「丨，勺也」義證引〔玉篇〕。〇丨或作斗。（同上）義證。〇〔說文定聲・卷八〕丨，此字後出，當為斗之轉注。〔說文〕「丨，勺也」。

**宔**　丨，以石為藏主之櫝也。〔說文〕「丨，宗廟主石也」繫傳。〇〔說文定聲・卷八〕丨，經傳皆以主為之。〔公羊傳〕「為僖公主也」。〇經典作主，小篆作丨。〔說文〕「丨，宗廟丨祏也」段注。〇丨，假借主字。〔說文〕「丨，宗廟主石也」繫傳。

**竘**　丨，健也。〔集韻・噳部〕〇丨，巧也。〔廣韻・麌部〕

**丶**　丨，猶點柱之柱。〔說文〕「丨，有所絕止，丨而識之也」繫傳。〇丨，今誦書點其句讀亦其一耑也。〔說文定聲・卷八〕〇丨，今字作黈。〔說文〕「丨，有所絕止，丨而識之也」句讀。〇丨或作黈。（同上）義證。

**擩**　丨，取物也。〔廣韻・麌部〕〇丨，拄也。〔集韻・噳部〕〇丨箭，亦言捻箭也。〔慧琳音義・卷五七〕

**⿰禾⿹句又**　丨，木曲支也，果名。〔說文〕「丨，積丨也」義證引〔玉篇〕。〇丨，曲橈之也。〔說文定聲・卷八〕〔「枸」下〕〇丨，今作椇。〔說文〕「丨，積丨也」義證引〔玉篇〕。

**⿰木⿹句又**　丨，曲枝果也。〔廣韻・麌部〕〇丨，支拘屈曲有所妨礙之意。〔說文定聲・卷八〕〇（同上）丨段借為枳椇之枸。

**枸**　丨，木名，出蜀，子可食。〔廣韻・麌部〕〇丨，木名，江南人呼謂之木蜜也。〔說文〕「⿰木⿹句又，一曰木名」義證引蜀本〔本草〕。〇丨，枳丨，樹高大似白楊，有子著枝端，大如指，長數寸，噉之甘美如飴，八月熟，亦名木蜜。〔詩・南山有臺〕「南山有丨」朱傳。〇丨，檵也，雙聲連語，即〔詩・四牡〕之苞杞，〔廣雅〕丨乳，苦杞也，其實亦謂之狗嬭子。〔說文定聲・卷八〕〇（同上）丨亦謂之丨檵。〔說文〕「丨，枳椇也」。〇丨杞，一名羊乳。〔說文〕「檵，丨杞也」義證引〔本草〕。〇丨杞，一名杞根，一名地骨，一名丨忌。（同上）〇丨，字亦作枸。〔說文定聲・卷八〕〇丨，字亦作椇。（同上）〇（同上）枳椇之合音為丨，此借為丨。〔禮記・內則〕「芝栭蔆椇」注「枳椇也」。〔「臬」下〕〇丨，通作蒟。〔說文〕「丨，木也」義證。〇〔說文定聲・卷八〕丨段借為蒟，即扶留藤實也。〔說文〕「丨，木也」。〇（同上）丨段借為⿰禾⿹句又。〇（同上）丨段借為矩。〔禮記・明堂位〕「殷以椇」。〔曲禮〕「椇榛」。

**楀**　丨乳以子得名。〔廣雅・釋草〕「地筋，枸杞也」疏證。〇丨與枸同。〔釋草〕「丨乳，苦杞也」疏證。

**椇**　丨，几也。〔廣雅・釋器〕〇丨，枳丨。〔廣韻・麌部〕〇〔說文定聲・卷八〕丨，謂曲撓之也，以枸為之。〔禮記・明堂位〕「俎，殷以丨」注「丨之言丨枳也」。

**褸**　丨，衣衽裳際也。〔說文〕「丨，衽也」義證引〔玉篇〕。〇〔說文定聲・卷八〕或曰衣旁謂之衽，裳際謂之丨，亦謂之袥。〔說文〕「丨，衽也」。〇（同上）丨者在旁開合處，故衣被袒敝為丨裂，亦謂襤丨。〔方言三〕「丨、裂，敗也」。〇引申之衣被醜弊，或謂之丨裂，或謂之襤丨，或謂之緻。〔說文〕「丨，衽也」段注。〇丨，襤丨，衣敝。〔廣韻・麌部〕〇丨、縷，字異義同。〔方言三〕「篳路襤丨」箋疏。〇丨即縷。〔說文〕「繦，觕纇也」段注。

**漊**　〔說文定聲・卷八〕丨，不絕之兒。〔說文〕「丨，雨丨丨也」。〇丨丨，不絕之兒。〔說文〕「丨，雨丨丨也」段注。〇丨丨猶縷縷也。（同上）段注。又（同上）義證。〇丨，飲酒不醉。〔說文〕「丨，一曰汝南謂飲酒習之不醉為丨」義證引〔玉篇〕。

**⿰糸須**　丨，絆牛馬前足。〔說文〕「丨，絆前兩足也」義證引〔韻譜〕。〇丨或作䋶。（同上）義證。〇丨，又或作緰。（同上）義證。〇丨即胥靡之胥。（同上）義證引錢大昭。〇丨通作胥。（同上）義證。〇丨，絆前兩足。〔集韻・遇部〕

**⿰糸頁**　丨，絆前兩足也。〔文選・吳都賦〕「丨麋麖」劉注。〇丨乃⿰糸須之省。〔文選・吳都賦〕「丨麋麖」集釋。

**綇** 丨，絆前兩足也。〔說文〕「䋈，絆前兩足也」義證引〔玉篇〕。

**𢾁** 丨，閉也，塞也。〔廣韻·姥部〕○〔說文定聲·卷九〕丨，判也。〔說文〕「丨，閉也」。○丨，字或作𡑞。〔說文〕「丨，閉也」義證。○丨，杜門字當作此，杜行而丨廢矣。〔同上〕段注。○丨，今借杜字。〔同上〕繫傳。○丨，經典借杜字。〔同上〕義證。○〔說文定聲·卷九〕丨段借為杜。〔說文〕「鼓，閉也」。○丨又借度字。〔說文〕「丨，閉也」義證。○丨又借土字。〔同上〕義證。○假丨為塗也。〔同上〕段注。○官本丨作鼓。〔漢書·王陵傳〕「杜門竟不朝請」補注。○丨，孔穎達正義本作數。〔說文〕「雘，周書曰惟其丨丹雘」段注。○丨，衛包改作塗，俗字也。〔同上〕

**豧** 丨，小母豬。〔詩·騶虞〕後箋引〔玉篇〕。○丨，小母豬也。〔廣韻·麌部〕○丨，牡豕也。〔集韻·虞部〕○丨，亦作豭。〔同上〕○丨與豵同。〔詩·騶虞〕後箋引〔玉篇〕。○丨或作豭。〔集韻·虞部〕

**𨊻** 丨，鞴靫也。〔集韻·姥部〕○丨，一曰車中薦。〔同上〕○丨，丨鞲，鞴靫別名。〔廣韻·姥部〕○丨，丨鞲，車中藉也。〔通雅·車類〕

**芏** 丨即鹹艸也，可為屨，生鹵地。〔釋艸〕「丨，夫王」鄭註。○丨，草名，似莞，生海邊，可為席。〔廣韻·姥部〕○丨、蔬皆莞蘭之屬，可為席者也。〔說文〕「蔬，夫蘺也」義證。○丨有江離之稱。〔說文〕「蔬，夫蘺也」義證。

**坬** 丨，瓶也。〔慧琳音義·卷一六〕引〔博雅〕。又〔廣韻·姥部〕。

**𡑞** 丨，填也。〔廣韻·姥部〕

**𤿧** 丨，桑皮。〔廣韻·姥部〕

**𢋈** 丨，府也。〔說文〕「丨，廡也」義證引〔玉篇〕。○丨，庵也。〔同上〕○丨，庵舍。〔廣韻·姥部〕○丨與廬聲近而義同。〔廣雅·釋宮〕「丨，庵也」疏證。○丨通作廬。〔說文〕「丨，廡也」義證。

**蓾** 丨，苴艸也，可為屨，生鹵地。〔釋艸〕「丨，蘆」鄭註。○丨，杜衡別名。〔廣韻·姥部〕○丨，同蕾。〔同上〕

**㨭** 丨，搖動。〔廣韻·姥部〕○丨與虜同。〔方言一二〕「虜，强也」箋疏。

**鐪** 丨，釜屬。〔廣韻·姥部〕○丨，釜也。〔廣雅·釋器〕○丨，字或作鏀。〔說文〕「丨，煎膠器也」義證。

**鱋** 丨，魚名。〔廣韻·姥部〕

**睹** 丨，詰朝欲明。〔廣韻·姥部〕○丨之言著也。〔大戴·夏小正〕「陽氣旦睹」述聞。又〔荀子〕「不睹乎外」雜志。○丨俗作曙。〔說文〕「丨，旦明也」義證。○丨，許本作丨，後乃變為曙。〔同上〕段注。

**沽** 丨，屠丨。〔廣韻·姥部〕○丨者，粗略之義。〔廣雅·釋言〕「沽，洛也」疏證。○丨苦鹽，並字異而義同。〔同上〕

**兆** 丨之為言猶蠱也。〔國語·晉語〕「兜，惑也」述聞。○丨，此字經傳罕見，音與蠱同，則亦蠱惑之意也。〔說文〕「丨，廱蔽也」段注。○丨，凡蠱惑字，經傳皆以蠱為之，本字當作此。〔說文定聲·卷九〕

**盬** 丨，疑即瑚璉之本字。〔說文定聲·卷九〕

**粗** 〔說文定聲·卷九〕丨，糲米也，禾黍粟十六斗大半斗舂為米一斛。〔說文〕「丨，疏也」。○引申段借之，凡物不精者皆謂之丨。〔說文〕「丨，疏也」段注。○丨，麤也。〔廣韻·姥部〕○丨，猶麤。〔說文〕「褐，編枲韤，一曰丨衣」繫傳。○丨者，疏也。〔說文〕「纏，丨緒也」段注。○丨，略也。〔廣韻·姥部〕○丨，約略也。〔慧琳音義·卷一二〕引〔集訓〕。○丨舉者，言約略也。〔慧琳音義·卷一九〕○丨緒，亦繒名。〔說文〕「纏，丨緒也」段注。○丨緒，蓋今之綿紬。〔同上〕○丨、狃義通。〔左傳襄公三年〕疏證引俞樾。○〔說文定聲·卷九〕丨以疏為之，稷米粒大亦謂之疏。〔論語〕「飯疏食」。○丨俗作麤。〔說文〕「丨，疏也」義證。○丨，字亦作觕，又作苴。〔管子〕「麤麤」雜志。○〔說文定聲·卷九〕丨段借為㡯。〔廣雅·釋室〕「丨，庵也」。

**𤚩** 丨，牛角。〔廣韻·姥部〕○丨，牛角直皃。〔集韻·姥部〕○丨乃粗義，而非粗音也。〔通雅·疑始〕○丨俗亦作粗。〔漢書·藝文志〕「庶得麤丨」補注引沈欽韓。○麤之於丨，此不可一也。古蓋各造粗字，至漢分之，麤為塵起之粗，丨為一切之粗。〔通雅·疑始〕○丨即觸字。〔說文定聲·卷九〕引周伯琦〔六書正譌〕。○〔同上〕丨當是借觕為麤，為粗耳，觕粗雙聲。〔漢書·藝文志〕「庶得麤丨」。○丨，字亦作衛，丨，疑即觕字之誤。〔說文定聲·卷九〕○〔說文〕無丨字，當作觕。〔公羊傳文公二年〕注「用桑者取其名與其麤丨」陳疏。

**蒩** 丨，今魚腥草，一名土茄葉，覆地生根，似茅根，凶年人掘食之。〔說文定聲·卷九〕○丨，字或作葙及菹。〔說文〕「丨，菜也」句讀。○丨，字又作蒩。〔說文定聲·卷九〕○〔同上〕丨，字亦作蕺。〔蜀都賦〕注「丨，蕺也」。○菹丨蒩菹，字並通。〔廣雅·釋草〕「菹，蕺也」疏證。

**瑦** 丨，美石。〔廣韻·模部〕○丨，石似玉也。〔廣韻·姥部〕○丨，石似玉者。〔集韻·模部〕

**䛩** 丨，相毀皃。〔廣韻·姥部〕○丨，猶惡，相毀惡也。〔說文〕「丨，相毀也」繫傳。○丨，此與惡惡之惡略同。〔說文〕「丨，一曰畏丨」段注。○丨，經典通行惡字。〔說文〕「忌，憎惡也」義證。○惡與丨同，俗作丨，字通作惡。〔漢書〕「讒惡」雜志。

⿺走扈　丨，足輕。〔廣韻·姥部〕○丨丨，走輕皃。〔集韻·模部〕

鄠　〔說文定聲·卷九〕丨當為扈之變體。〔西都賦〕「丨杜濱其足」。

⿰車扈　丨，車頭中骨。〔廣韻·姥部〕

帍　丨，巾也。〔廣韻·姥部〕○丨猶扈也。〔廣雅·釋器〕「丨裱，被巾也」疏證。

昈　丨，文彩狀。〔廣韻·姥部〕○丨，又明也。〔同上〕○丨扈蔰並通。〔方言一二〕「丨，文也」箋疏。○丨亦通户。〔同上〕

苄　丨，地黃。〔廣韻·姥部〕○大苦者，大丨也，丨、苦古字通。〔廣雅·釋草〕「美丹，甘草也」疏證。○〔說文定聲·卷九〕疑許所見本借丨為苦耳。〔說文〕「丨，地黃也」。○丨乃苦之借字。〔釋草〕「丨，地黃」述聞。

⿰氵⿱亏女　丨，貪也。〔廣韻·姥部〕○丨，亦省污。〔說文〕「丨，丨鹵，貪也」句讀。○丨通作污。〔同上〕義證。○丨，經傳皆以污為之。〔說文定聲·卷九〕

⿰齒巨　丨，齗腫。〔廣韻·語部〕

偊　丨旅，傴僂曲謹也。〔漢書·東方朔傳〕「行步丨旅」補注引沈欽韓。

⿱雨羽　〔說文定聲·卷九〕丨當為羽之俗字。

嘸　〔通雅·卷八〕丨，不精明也。〔韓信傳〕「丨然陽應」。又〔集韻·噳部〕。○丨然即憮然。〔通雅·卷八〕○丨與憮同。〔漢書·韓信傳〕「諸將皆丨然」補注引洪頤煊。

⿱罒迂　丨狀如盤，如今賣食物者所戴。〔說文〕「丨，檴丨，負戴器也」繫傳。○丨，〔楊惲傳〕作丨藪。〔同上〕

罜　丨，小罟。〔廣韻·遇部〕○丨，小魚罟。〔集韻·遇部〕○〔說文定聲·卷八〕丨麗，疊韻連語，小魚网也。〔說文〕「丨，丨麗魚罟也」。

瘐　丨，病也。〔集韻·虞部〕○丨丨，病也。〔詩·正月〕「憂心丨丨」集疏引魯說。○漢律因以飢寒而死曰丨。〔集韻·噳部〕○丨死，囚徒病死獄中。〔通雅·卷二七〕○丨或作瘉。〔集韻·虞部〕○丨字本作瘉。〔莊子·盜跖〕「除病丨死喪憂患」集釋。○庾為正體，別作丨。〔釋訓〕「丨丨，病也」郝疏。

陼　〔說文定聲·卷九〕丨，小洲也。〔說文〕「丨，如渚者，丨邱，水中高者也」。

⿰⿸虍甫阝　〔說文定聲·卷九〕丨，魯地。〔說文〕「丨，地名」。

檽　丨，木名。〔集韻·之部〕○丨，一曰木栮。〔同上〕○丨，或从耎。〔同上〕

估　丨，市稅。〔廣韻·姥部〕○賈之俗字作丨。〔說文〕「賈，丨市也」句讀。

俿　丨，虎字異文。〔墨子·經說上〕「民若畫丨也」閒詁引畢沅。○丨即虎之異文。〔方言八〕「虎，陳魏之間或謂之李父」箋疏。

儛　丨衛，試矢也，謂夾搖之聲也。〔通雅·禮儀〕

努　丨，力。〔廣韻·姥部〕○丨，勉也。〔方言七〕「侔莫，强也」箋疏。○怒丨弩義並相近。〔廣雅·釋詁〕「怒，健也」疏證。○古無丨字，祇用怒。〔說文〕「怒，恚也」段注。○丨與怒通。〔廣雅·釋詁〕「怒，勉也」疏證。○丨通作怒。〔方言七〕「侔莫，强也」箋疏。○丨怒弩並通。〔方言一〕「其鄙語曰薄丨，猶丨勉也」箋疏。

⿹勹囟　丨，匐也。〔廣韻·姥部〕○丨丨，伏地。〔集韻·姥部〕

㕮　丨，咀嚼也。〔廣韻·麌部〕○丨，咀嚼也。〔集韻·噳部〕○凡湯酒膏藥舊方皆云丨咀。〔說文〕「咀，含味也」段注。○丨咀，謂調粗細分等也。〔太素·三變刺〕「皆丨咀」楊注。○丨咀，拍砵也。〔慧琳音義·卷五二〕○丨即哺字。〔說文〕「咀，含味也」段注。

吐　丨，呼雞聲。〔集韻·噳部〕

娒　丨，女師也。〔集韻·姥部〕○丨或作姆。〔漢書·賈誼傳〕「今匈奴嫚丨侵掠」補注。

娬　丨，好也。〔廣韻·麌部〕○丨亦媚也。〔通鑑·唐紀一〇〕「我視之更覺丨媚」音注。○丨媚作嫵媚。〔史記〕「葳斯」雜志。

媽　丨，母也。〔廣韻·姥部〕

⿰女婁　丨，女人惡稱。〔廣韻·麌部〕

⿱宀取　丨、聚同字也。〔國策·卷中〕「及顏丨」札記。

⿰山扈　丨，山廣貌。〔說文〕「扈，夏后同姓所封戰於甘者」義證引〔玉篇〕。○山卑而大曰丨。〔廣韻·姥部〕又〔集韻·姥部〕。○丨當作岵。〔說文〕「扈，夏后同姓所封戰於甘者」義證。

帾　丨，幡也，標記物之處也。〔廣韻·姥部〕○褚、丨，其義一也。〔廣雅·釋器〕「丨，幡也」疏證。

⿰巾烏　丨，頭巾。〔廣韻·姥部〕○丨，首巾謂之丨。〔集韻·姥部〕○丨或作頭。〔同上〕

**嶁** ─與簍聲義並近。〔方言一三〕「簍，篆也」箋疏。

**倲** ─，懼也。〔廣韻・虞部〕又〔集韻・噳部〕。

**扰** ─，刺也。〔廣韻・虞部〕又〔集韻・噳部〕。

**擄** ─，虜掠。〔廣韻・姥部〕

**弩** ─，玉爵。〔說文〕「瓘，玉也」繫傳。

**昨** ─，明也。〔廣韻・姥部〕又〔集韻・姥部〕。

**租** 〔說文定聲・卷九〕─叚借為粗。〔辯亡論〕「百度之缺─修」。○〔同上〕─叚借為鄜。〔韓勑碑〕「爵鹿──」。○〔同上〕─叚借為俎。〔春秋襄公一〇年〕「會于─」。

**庥** ─，窻也。〔慧琳音義・卷五七〕引〔字書〕。

**梗** ─，鼠梓，似山楸而黑也。〔廣韻・虞部〕

**杼** ─，木名，可染繪。〔廣韻・姥部〕

**欨** ─，吹也。〔集韻・噳部〕○─，或作呴。〔同上〕○〔說文定聲・卷八〕─，字亦作煦。〔漢書・中山靖王勝傳〕「夫衆煦漂山」。○〔同上〕─叚借為呴。〔廣雅・釋詁二〕「煦，色也」。

**滸** ─，杼水器。〔集韻・姥部〕○─，舟中渫水器。〔同上〕○─或作庍。〔同上〕

**瀉** ─，水─。〔廣韻・姥部〕

**滬** ─，靈龜負書，出玄─水。〔廣韻・姥部〕

**焒** ─，火行皃。〔廣韻・姥部〕

**熄** ─，光也。〔集韻・姥部〕

**炷** ─，燈─。〔廣韻・麌部〕○─，鐙─也。〔說文〕「主，鐙中火主也」義證引〔玉篇〕。

**牯** ─，─牛。〔廣韻・姥部〕○─乃牡之名。〔說文〕「羖，夏羊牝曰羖」義證引〔爾雅翼〕。○牛之牡者曰─。〔本草・卷五〇〕○─與羖同。〔廣雅・釋獸〕「羖，羯也」疏證。

**牾** ─，相逢也。〔說文〕「─，逆也」繫傳。○仵─咢古並同聲。〔廣雅・釋言〕「─，仵也」疏證。○─與悟通。〔釋言〕「適，悟也」疏證。

**珷** ─，─玞，石次玉。〔廣韻・麌部〕

**瞴** ─，閉目思也。〔集韻・姥部〕

**硧** ─，碿─。〔廣韻・麌部〕

**碔** ─，─砆，石似玉。〔集韻・噳部〕○─或作珷、磪。〔同上〕○─同珷。〔廣韻・麌部〕

**祤** ─，字又作栩。〔漢書・地理志〕「祋─」補注引吳卓信。

**稒** ─，草名。〔廣韻・麌部〕

**窬** ─同俞。〔說文〕「俞，空中木為舟也」段注。

**𣞤** ─，蕃滋生長。〔廣韻・麌部〕○─，此蕃─字也，𣞤變為無，遂借為有─字，而蕃無乃借廡或借蕪為之矣。〔說文〕「─，豐也」段注。○緐─，今〔尚書〕作蕃廡。〔說文〕「商書曰庶艸緐─」段注。○古有叚─為𣠮者。〔說文〕「𣠮，亡也」段注。

**𣠮** ─，〔易經〕無字皆作无，今隸作無。〔說文定聲・卷九〕○─，〔漢書〕多以亡為之。〔同上〕○─，〔史記〕引〔洪範〕皆以毋為之。〔同上〕○〔同上〕─叚借為毋。〔書・益稷〕「無若丹朱傲」。○〔同上〕─叚借為罔。〔莊子・達生〕「水罔象」。○〔同上〕─叚借為舞。〔周禮・鄉大夫〕故書「五曰興無」。○〔同上〕─叚借為幠。〔荀子・禮論〕「無帾絲𦈢」。

**箁** ─，竹名。〔廣韻・姥部〕

**篞** ─，取魚竹罔。〔集韻・姥部〕○─，海中取魚竹名曰─。〔廣韻・姥部〕○─通作槴、滬。〔集韻・姥部〕

**艣** ─，長艇船也。〔集韻・麌部〕○─，舟謂之─。〔集韻・噳部〕

**莊** ─，杜衡，香草，似葵。〔廣韻・姥部〕

**菩** ─，草，似艾。〔說文〕「─，艸也」義證引〔玉篇〕。

**蒟** ─，小蒿草。〔廣韻・麌部〕

**莵**　|,虎豆名,俗加草。〔廣韻・姥部〕

**蒟**　|,|草。〔廣韻・麌部〕

**萈**　萈|並與旿通,亦通作户。〔廣雅・釋詁〕「旿,文也」疏證。

**濩**　|,草多皃。〔慧琳音義・卷八六〕引〔考聲〕。〇|落,寬曠無涯際也。〔卷八五〕〇|落者,水大貌也。〔卷九一〕引〔考聲〕。

**蛪**　|,水弩蟲,俗从虫。〔廣韻・姥部〕

**虩**　|,蠅虎蟲,俗加虫。〔廣韻・姥部〕

**蝹**　|,幺蠶。〔廣韻・遇部〕

**縒**　|,繒色鮮皃。〔集韻・姥部〕

**𦈗**　|,絲。〔廣韻・麌部〕

**罦**　|,雉網。〔廣韻・麌部〕〇|,雉罔。〔集韻・噳部〕〇|,罔也。〔集韻・姥部〕

**趵**　|,行皃。〔集韻・噳部〕〇|,健也。〔廣韻・麌部〕〇|或作跔。〔集韻・噳部〕

**跓**　|,停足。〔楚辭・悼亂〕「|竢兮碩明」補注引〔集韻〕。又〔廣韻・麌部〕。〇|,口不正。〔集韻・噳部〕

**陚**　|,平原。〔集韻・噳部〕

**釜**　|,所以煮。〔孟子・滕文公上〕「許子以|甑爨」朱注。〇無足曰|。〔詩・采蘋〕「維錡及|」朱傳。又〔通雅・古器〕。〇|鬴音近義同。〔左傳昭公三年〕「齊舊四量,豆、區、|、鍾」洪詁。〇|,六斗四升。〔論語・雍也〕「與之|」朱注。〇|之言府也。〔廣雅・釋器〕「|十曰鍾」疏證。〇|與鬴同。〔廣雅・釋器〕「區四曰|」疏證。〇|亦作鬴。〔方言五〕「鍑,吳揚之間謂之鬲|」疏證。〇|者,鬴之或字。〔説文〕「鍑,如|而大口者」段注。〇|、滏通假。〔國策・卷中〕「而右漳|」札記引吳師道。

**鈷**　|,|鏻。〔廣韻・姥部〕〇|鉧,熨斗也。〔説文〕「尉,從上案下也」義證引范成大〔驂鸞録〕。〇|鏻,即|鉧也。〔通雅・古器〕

**鏀**　|,器也。〔説文〕「鏞,煎膠器也」義證引〔玉篇〕。〇|,以木為刀柄。〔廣韻・姥部〕

**鏻**　|,鈷|。〔廣韻・姥部〕

**頫**　|,引伸為凡低之稱。〔説文〕「|,低頭也」段注。

**頋**　|,頫骨。〔廣韻・麌部〕〇|亦作顀。〔同上〕

**靻**　|,|勒名。〔廣韻・姥部〕〇|,馬鞨也。〔集韻・姥部〕

**鞴**　|,鞋|,車茵。〔集韻・姥部〕〇|亦作輔。〔同上〕

**鯆**　|,大魚。〔廣韻・麌部〕〇江豚別名|魚。〔説文〕「鮣,魚名」義證引〔本草〕。〇江豚曰|。〔通雅・魚〕〇|魚,魏武帝食制謂之鮃鯆。〔説文〕「鮣,魚名」義證引〔本草〕。〇|又作鱄。〔通雅・魚〕

**鴮**　|,|鴮,越鳥。〔廣韻・麌部〕

**鳸**　|意同扈,止也。〔本草・卷四九〕

**鵡**　|,鸚|,能言之鳥。〔廣韻・厚部〕〇〔説文定聲・卷五〕鸚|,六朝以後字亦作䳇。〔禮記・曲禮〕「鸚䳇能言」。

**鴝**　|,鵶別名也。〔廣韻・有部〕〇|,|雀,鸜也。〔集韻・有部〕

**鸔**　|,鷗|鳥,今云郭公也。〔廣韻・麌部〕

**鼓**　|,軍鼓聲喧也。〔集韻・噳部〕〇字書無|字,當為拊。〔書・泰誓〕「前師乃鼓|譟」孫疏。

# 續經籍籑詁卷第三十八

上聲

## 八 薺

薺｜，甘菜。〔廣韻・薺部〕○〔說文定聲・卷一二〕此謂甘菜之｜。〔春秋繁露〕「｜之為言濟，與濟大水也」。○｜，艸可食也。〔說文定聲・卷一二〕○〔同上〕｜即亭歷蕇也。〔廣雅〕「狗｜，蘵也」。○〔同上〕｜，其根名蘆。〔春秋繁露〕「｜，甘味也」。○｜生濟濟，故謂之｜。〔本草・卷一七〕○〔說文定聲・卷一二〕｜即蒺藜之合音。〔說文〕「｜，蒺藜也」。○｜苨，多汁，有濟苨之狀，故以名之。〔本草・卷一二〕

禮示豊為｜。〔說文繫傳・通論上〕○｜者，示也。〔同上〕○｜，履也。〔同上〕○｜者，履也。〔論語・為政〕「殷因於夏｜」劉正義。又〔說文繫傳・通論上〕。○｜也者，履也。〔論語・雍也〕「約之以｜」劉正義。○｜，謂制度品節也。〔論語・為政〕「齊之以｜」朱注。○｜謂｜儀。〔大戴・王言〕「是故聖人等之以｜」王詁。○｜謂｜儀，威儀也。〔同上〕「陽德出｜」王詁。○制之於上之謂｜。〔禮記・大傳〕「｜俗刑然後樂」集解。○｜謂成人之｜。〔大戴・曾子事父母〕「夫｜，大之由也，不與小之自也」王詁。○｜謂太子生之｜。〔大戴・保傅〕「固舉之｜」王詁。○揖讓，貴賤有等，親疏有體，謂之｜。〔論語・學而〕「｜之用」劉正義引〔管子・心術篇〕。○｜，節文也。〔論語・學而〕「恭近於｜」朱注。○礼本大｜而｜器曰｜。〔通雅・釋詁〕○｜猶體也。〔大戴・虞戴德〕「君問已參黃帝之制，制之大｜也」王詁。○｜節者，｜之制度也。〔大戴・衛將軍文子〕「篤雅其有｜節也」王詁。○｜樂，雅樂也。〔大戴・保傅〕「王后所求聲音非｜樂」王詁。○五｜，謂春官宗伯所掌吉、凶、賓、軍、嘉五｜也。〔大戴・曾子天圓〕「聖人立五｜以為民望」王詁。○｜食，公食大夫｜。〔左傳襄公三年〕「與之｜食」洪詁。○｜文，謂經典之篇卷也。〔大戴・保傅〕「居則習｜文」王詁。○｜經即儀｜十七篇。〔漢書・河間獻王傳〕「周官、尚書、｜、｜記」補注引齊召南。○古｜、履通。〔漢書・宣帝紀〕「率｜不越」補注引錢大昭。○凡言｜貌者當讀為體。〔孟子・離婁〕「又從而｜貌之」平議。○｜通醴。〔漢書・地理志〕「酒｜之會」補注引朱一新。○〔說文定聲・卷一二〕｜段借為醴。〔周禮・司儀〕「及｜私面私獻」。○皇侃引｜作體。〔左傳宣公一六年〕「王室之｜也」疏證。○官本｜作體。〔漢書・賈誼傳〕「而不知大｜」補注。○〔齊策〕｜貌作體貌。〔呂覽・報更〕「孟嘗君令人｜貌而親郊送之」校正。○｜乃祠之譌。〔史記・封禪書〕「頗以加｜」志疑。

礼｜同禮。〔廣韻・薺部〕

體｜，｜身也。〔廣韻・薺部〕○｜，亦身之總稱也。〔慧琳音義・卷八九〕○｜，支｜也。〔詩・相鼠〕「相鼠有｜」朱傳。○｜，謂四支也。〔孝經〕「身｜髮膚」皮疏引邢昺。○｜即形也。〔慧琳音義・卷八九〕引顧野王。○｜，謂龜之四｜。〔書・金縢〕「公曰｜」孫疏。○｜，兆封之｜也。〔詩・氓〕「｜無咎言」朱傳。○｜，謂五行之兆象。〔禮記・玉藻〕「君定｜」集解。○｜猶象也。〔左傳閔公元年〕「六｜不易」疏證。○｜，行也。〔大戴・曾子立事〕「好名而無｜」王詁。又〔衛將軍文子〕「說之以義而觀諸｜」王詁。○｜，謂設以身處其地而察其心也。〔中庸〕「｜羣臣也」朱注。○｜之為言貌也，即圖畫意。〔漢書・禮樂志〕「｜招搖若永望」補注。○｜亦猶幸也。〔書・金縢〕「公曰｜」平議。○｜謂禮也。〔漢書・揚雄傳〕「大哉｜乎」補注。○｜猶成也。〔禮記・鄉飲酒〕「禮以｜長幼曰德」集解。○｜猶立也。〔同上〕○｜，又生也。〔廣韻・薺部〕○｜薦，言全蒸也。〔通雅・飲食〕○〔說文定聲・卷一二〕｜，字亦作軆。〔廣雅・釋親〕「軆，身也」。○｜俗作軆。〔廣韻・薺部〕○｜俗作躰。〔慧琳音義・卷八九〕○履、｜古字通。〔荀子〕「篤志而｜」雜志。○｜當讀為履。〔周官・序官〕「｜國經野」平議。○｜讀為履。〔荀子・脩身〕「篤志而｜」集解引王念孫。○｜，齊、韓作履。〔詩・氓〕「｜無咎言」集疏。○｜，韓作禮。〔詩・谷風〕「無以下｜」集疏。

米｜，穀實。〔廣韻・薺部〕○無殼穀曰｜。〔左傳僖公一三年〕「秦於是乎輸粟于晉」疏證引胡渭。○既去穅曰｜。〔說文定聲・卷六〕（「稻」下）○粟中肉曰｜。〔說文定聲・卷一○〕（「禾」下）○｜，粟之精者也。〔說文〕「｜，粟實也」義證。○粟四變曰｜。〔同上〕義證引〔春秋說題辭〕。

啟｜土，闢竟也。〔左傳莊公二八年〕「晉之｜土」疏證。○｜章即開章，避景帝諱改也。〔漢書・淮南厲王傳〕「與棘蒲侯太子奇謀反」補注。○｜，開發也。〔說文〕「｜，教也」義證引〔玉篇〕。○｜，開教也。〔同上〕義證。○｜，謂開其意。〔論語・述而〕「不憤不｜」朱注。○｜猶發也。〔書・序〕「商謀｜平周」平議。○｜即前驅之車。〔詩・六月〕「以先｜行」後箋。○｜者，視也。〔廣雅・釋詁〕「督，視也」疏證。○｜，謂展視之。〔書・金縢〕「｜籥見書」述聞。○居、踞、跽、曩、｜、跪一聲之轉，其義並相近也。〔廣雅・釋詁〕「｜，踞也」疏證。○｜即是跪，大約古人危坐如今之跪。〔詩・四牡〕「不遑｜處」後箋。○｜處，若蹲則足底著地而下其脾，聳其膝。〔同上〕集疏引段玉裁。○｜當諱開。〔史記・管蔡世家〕「其一封微子｜於宋」志疑。○｜當諱作開。〔三代世表〕「宋，微子｜」志疑。○｜當作開。〔漢書・終軍傳〕「｜前行」補注。○｜者，跽之段音也。〔釋言〕「｜，跪也」郝疏。○｜與启通。〔方言三〕箋疏。○〔說文定聲・卷一二〕｜段借為启。〔小爾雅・廣詁〕「啓，開也」。○〔同上〕｜段借為曩。〔廣雅・釋詁三〕「啓，踞也」。○〔同上〕｜段借為督。〔論語〕「啓予足，啓予手」。○｜，開。〔詩・六月〕「以先｜行」朱傳。又〔閟宮〕「大｜爾宇」朱傳。○｜，開也。〔孟子・滕文公下〕「書曰佑｜我後人」正義。又〔左傳襄公四年〕「經｜九道」疏證引〔御覽〕。又〔廣韻・薺部〕。又〔集韻・止部〕。

○｜，開也，今人言開姓也。〔説文〕「啓，雨而書姓也」繫傳。○｜者，開也。〔説文〕「启，開也」義證引〔文心雕龍・奏啟篇〕。○｜作開，此今文説。〔書・梓材〕「王｜監」孫疏。○｜當時諱開，史例也。〔史記・殷本紀〕「帝乙長子曰微子｜，｜母賤，不得嗣」志疑。○｜，發也。〔廣韻・薺部〕○｜，別也。（同上）○｜，刻也。（同上）○｜，教也。（同上）○｜，｜發教導之也。〔説文〕「｜，教也」繫傳。○｜，跪。〔詩・四牡〕「不遑｜處」朱傳。○｜，跪也。〔詩・采薇〕「不遑｜居」朱傳。○｜，小跪也。〔左傳・襄公八年〕「不皇｜處」洪詁引李巡。○｜辟，芟除也。〔詩・皇矣〕「｜之辟之」朱傳。○｜與閭皆行陳之名。〔春秋名字解詁〕「楚公子｜字子閭」述聞引王南陔。○名｜字閭，取｜門之義。（同上）述聞。○｜明，長庚，皆金星也。〔詩・大東〕「東有｜明」朱傳。○〔説文定聲・卷一八〕｜明，即長庚太白也，晨見東方為｜明。〔詩・大東〕「東有｜明」。（「明」下）○｜，〔方言〕作启。〔左傳宣公一二年〕「以｜山林」洪詁。○｜當為跽之段借。〔詩・四牡〕「不遑｜處」通釋。○｜陽，漢避諱改開陽。〔左傳哀公三年經〕「季孫斯叔孫州仇帥師城｜陽」洪詁。

**醴**　｜，即酒也。〔詩・吉日〕「且以酌｜」陳疏。○｜，酒名。（同上）朱傳。○｜，｜酒。〔廣韻・薺部〕○｜，甜酒。〔説文〕「｜，酒一宿熟也」繫傳。○｜，甜酒也。一宿熟也。〔説文〕「｜，酒一宿孰也」義證引〔玉篇〕。○｜，宿酒也。〔太素・知古今〕「為五穀湯液及醪｜奈何」楊注。○一宿曰｜。〔本草・卷二五〕引〔飲膳標題〕。○凡一宿酒疾孰者曰｜。〔説文定聲・卷六〕（「酉」下）○｜謂酒之不泲者。〔詩・吉日〕「日以酌｜」集疏引陳喬樅。○如今蘇俗之白酒，凡｜泲曰清，未泲曰糟。〔説文定聲・卷一二〕○｜酤為一宿酒。〔説文〕「酉，繹酒也」段注。○｜，薄酒也。〔本草・卷五〕○清者為酒，濁者為｜。〔説文〕「｜，酒一宿熟也」義證引〔西京雜記〕。○｜泉者，泉水甜甘如｜。〔釋天〕「甘雨時降萬物以嘉謂之｜泉」鄭註。○｜泉、甘露本一物也。〔漢書・宣帝紀〕「｜泉滂流」補注引吳仁傑。○｜陵，至後漢始有之，蓋是鄉名，因曾為侯國而置縣也。〔史記・惠景間侯者年表〕「｜陵」志疑。○澧、｜古書通用。〔楚辭・湘君〕「遺余佩兮｜浦」補注。○｜與澧通。〔方言四〕「襌衣，江淮之間謂之褋」箋疏。○｜當讀為禮。〔禮記・祭統〕「執｜授之執鐙」平議。○｜，枚書作澧，唐石經以下從之。〔漢書・地理志〕「又東至于｜」補注。

**陛**　自卑而可以登高者謂之｜。〔説文〕「｜，升高｜也」段注。○｜，階｜也。〔廣韻・薺部〕○｜，天子階也。〔説文〕「｜，升高階也」義證引〔玉篇〕。○｜｜亦猶比，言衆多而層次也。〔通雅・釋詁〕○天子稱｜下自秦始也。〔史記・留侯世家〕「｜下誠能復立六國後世」志疑。○〔説文定聲・卷一二〕臣與至尊言，不敢指斥，故評在｜下者告之。〔漢書・高帝紀〕「大王｜下」。○（同上）｜，阜也，字亦作阰。〔離騷〕「朝搴阰之木蘭兮」。○｜，當依玉部作玭。〔説文〕「螷，｜也」段注。○｜，各本作蜌。（同上）○官本注｜作狴。〔漢書・惠帝紀〕「有罪當盜械者，皆頌繫」補注。

**洗**　棄水之器曰｜。〔儀禮・少牢饋食禮〕「司宮設罍水于｜東」胡正義引〔禮經釋例〕。○｜是承棄水之物。〔儀禮・士冠禮〕「贊者盥于｜西」胡正義。○｜，承盥｜者，棄水器也。〔大戴・諸侯遷廟〕「設｜當東榮」王詁。○禮器之匜曰枓，槃曰｜。〔説文定聲・卷一四〕（「盥」下）○｜與悉同。〔釋詁〕「悉，盡也」郝疏。○以此｜心者，以此盡心也。〔易・繫辭〕「聖人以此｜心」平議。○｜然，悚然也。〔通鑑・唐紀二三〕「莫不｜然」音注。○｜馬，謂前馬而走。〔韓子・喻老〕「為吳王｜馬」集解。○｜與洒同。〔通鑑・唐紀二三〕「莫不｜然」音注。又〔廣雅・釋詁〕「汏，洒也」疏證。○｜音近洒。〔書・酒誥〕「自｜腆」孫疏。○｜，今人假為洒。〔説文〕「洒，滌也」段注。○〔説文定聲・卷一五〕｜段借為洒。〔儀禮・鄉飲酒禮〕「水在｜東」。○｜當為洒。〔釋名・釋長幼〕「齔，｜也」疏證。○｜、先古通。〔韓子・喻老〕「為吳王｜馬」集解。○〔説文定聲・卷一五〕｜段借為先。〔漢書・百官公卿表〕「太子｜馬」。○讀｜為先。〔易・繫辭〕「聖人以此｜心」述聞。

**邸**　諸侯來朝所舍為｜。〔説文〕「｜，屬國舍」繫傳。○邦國之人有舍於王國曰｜。（同上）義證引〔六書故〕。○郡國朝宿之舍在京師者名｜。〔漢書・百官公卿表〕「及郡｜長丞」補注引錢大昭。○漢制諸侯王各於京師置｜，為入朝時休沐之所。〔漢書・哀帝紀〕「臣願且得留國｜」補注引周壽昌。○｜，舍人、親王諸王外鎮之別名也。〔慧琳音義・卷八五〕○｜，人之所止也。〔釋器〕「｜謂之柢」鄭註。○｜，舍也。〔屈賦・涉江〕「｜予車兮方林」戴注。又〔廣韻・薺部〕。○今俗謂旅舍為｜。〔説文〕「｜，屬國舍也」段注。○｜，諸市坐賣舍也。〔慧琳音義・卷四八〕○｜，有根柢也，根本所在也。〔説文〕「｜，屬國舍」繫傳。○｜，觸也。〔楚辭・涉江〕「｜余車兮方林」補注引〔風賦〕「｜萼葉而振氣」注。○｜、軧義並與骶同。〔廣雅・釋親〕「背謂之骶」疏證。○抵、｜，義並氏同。〔廣雅・釋詁〕「低，舍也」疏證。○氐、｜，義並與抵通。〔廣雅・釋詁〕「抵，至也」疏證。○｜亦與抵通。〔方言一二〕「抵，會也」箋疏。○｜，抵借字。〔漢書・溝洫志〕「自中山西｜瓠口為渠」補注。○〔説文定聲・卷一二〕｜段借為底。〔楚辭・涉江〕「｜余車兮方林」。○｜，經典借為根柢。〔釋器〕「｜謂之柢」郝疏。○經典假借｜為柢。〔説文〕「｜，屬國舍也」段注。○〔説文定聲・卷一二〕｜段借為柢。〔周禮・典瑞〕「四圭有｜」。○｜當作抵。〔史記・河渠書〕「自中山西｜瓠口為渠」志疑。

**底**　〔説文定聲・卷一二〕｜，居也。〔左傳昭公元年〕「｜祿以德」。○｜，下也。〔廣韻・薺部〕○｜，止也。〔淮南内篇〕「凝竭」雜志。又〔廣韻・薺部〕。○｜之言著也，陰體下著也。〔説文〕「祇，地祇提出萬物者也」義證引〔物理論〕。○｜字與坻堤字音雖別而義略同。〔説文〕「堤，滯也」段注。○｜本訓柔石。〔左傳宣公三年〕「有所｜止」疏證引段玉裁。○｜與抵古字通。〔左傳桓公一七年〕「日官居卿以｜日」疏證引洪亮吉。○｜通作祇，以聲為義也。〔釋詁〕「｜，止也」邵正義。○〔説文定聲・卷一二〕｜段借為阺。〔後漢・光武紀〕「馮異與赤眉戰于崤｜」。○（同上）｜段借為氏。〔説文〕「一，一曰下也」。○一當作氐。〔墨子・兼愛中〕「洒為一柱」閒詁。○一當作氐。〔説文〕「二，一也」段注。○一作底非也。〔廣韻・薺部〕

**詆** 一，呰也。〔續音義・卷四〕引〔切韻〕。又〔廣韻・薺部〕。○一，訶也。〔廣韻・薺部〕○一，毀也。〔續音義・卷四〕引〔考聲〕。○一，欺也。〔廣雅・釋詁〕又〔續音義・卷四〕引〔考聲〕。○一讕，誣言也。〔説文〕「讕，一讕也」義證引〔類篇〕。○〔説文定聲・卷一二〕一，叚借為柢。〔淮南・兵略〕「兵有三一」。○一當為抵。〔説文〕「敦，一也」義證。

**抵** 一，擠也。〔廣韻・薺部〕○一者，擠也。〔説文〕「輂，一也」段注。○一，觸也。〔通鑑・魏紀四〕「又好一忤人」音注。○一，當作牴，觸也。〔説文〕「蝨，吏一冒取民財則生」段注。○一，扞也。〔慧琳音義・卷三三〕引〔考聲〕。○一，拒也。（同上）○一，當也。〔漢書・司馬相如傳〕「或亡逃一誅」補注引瞿鴻禨。○一，擲也。〔廣韻・薺部〕○一，歸也。〔慧琳音義・卷八二〕引〔考聲〕。○一，至也。（同上）○一、牴義近。〔廣雅・釋詁〕「一，刺也」疏證。○一讕，猶今俗語云一賴也。〔説文〕「讕，一讕也」段注。○今人謂以己罪加於他人曰一賴，即一讕之轉也。〔廣雅・釋詁〕「閒，加也」疏證。○一日猶言推日也。〔左傳桓公一七年〕「日官居卿以底日」疏證引洪亮吉。○一與氐同。〔漢書〕「具罪」雜志。○一義與氐同。〔廣雅・釋詁〕「低，舍也」疏證。○一與氐通。〔廣雅・釋詁〕「一，至也」疏證。○一與牴通。〔廣雅・釋言〕「氐，牴也」疏證。又〔釋言〕「一，觸也」疏證。○〔説文定聲・卷一二〕一叚借為牴。〔廣雅・釋言〕「一，觸也」。○（同上）一叚借為擿。〔後漢・獻穆曹后紀〕注「一，擲也」。○（同上）一，或曰借為奃。〔史記・賈誼傳〕「大一皆冠」。○（同上）一叚借為邸。〔史記・張耳陳餘傳〕「去一父客」。○（同上）一叚借為底。〔廣雅・釋詁一〕「一，至也」。○一作底。〔漢書・禮樂志〕「一，冬降霜」補注引宋祁。○〔説文定聲・卷一二〕一叚借為詆。〔後漢・劉隆傳〕注「一，欺也」。○（同上）一叚借為楮。〔小爾雅・廣言〕「一，當也」。○一與低通。〔廣雅・釋詁〕「輂，低也」疏證。○一，各本作詆，誤。〔説文〕「讕，一讕也」段注。

**牴** 一，角觸。〔廣韻・薺部〕○抵、一義相近。〔廣雅・釋詁〕「抵，刺也」疏證。○〔説文定聲・卷一二〕一，字亦作觝。〔琴賦〕「觸巖觝隈」。○一或作觝。〔説文〕「一，觸也」句讀。又〔説文〕「觸，一也」義證。○〔説文定聲・卷一二〕一叚借為羝。〔詩・生民〕「取一以軷」。○（同上）一借為底。〔琴賦〕「觸巖觝隈」注「至也」。○一或借作邸字。〔説文〕「一，觸也」義證。

**柢** 一，根也。〔廣韻・薺部〕○樹之根曰一。〔説文〕「一，木根」繫傳。○一，木根也。〔廣韻・齊部〕○一之言根一也。〔方言一二〕「一，刺也」箋疏。○一謂根本。〔釋言〕「一，本也」鄭注。○蔓根為根，直根為一。〔説文定聲・卷一二〕○一、桋，聲之轉耳。〔廣雅・釋木〕「桋，株也」疏證。○〔説文定聲・卷一二〕一即氏字之小篆。〔説文〕「一，木根也」。○一省作氐。〔釋器〕「邸謂之一」郝疏。○一與氐通。〔莊子・天下〕「此其一也」平議。○一又通作氐。〔釋言〕「一，本也」郝疏。○一抵牴古字並通。〔方言一二〕「一，刺也」箋疏。○〔説文定聲・卷一二〕一，字亦作秪。〔漢書・刑法志〕「提封萬井」注「陳留人謂舉由曰秪」。○一，或借蔕字為之。〔説文〕「一，木根也」段注。

**坻** 一，坂也。〔漢書・司馬相如傳〕「下磧歷之一」補注引〔埤蒼〕。○一，隴阪。〔廣韻・薺部〕○一，謂山阪也。〔漢書〕「下磧歷之一」雜志。○一，亦當訓為陵阪耳。〔詩・甫田〕「如一如京」通釋。○一伏，謂隱伏也。〔廣雅・釋言〕「𢻰，隱也」疏證。○一即阺字也。〔説文〕「隴，天水大阪也」段注。○一與𢻰通。〔廣雅・釋言〕「𢻰，隱也」疏證。○一乃阺之叚字。〔左傳昭公一二年〕「有肉如一」平議。○一當讀阺。〔詩・甫田〕「如一如京」通釋。○〔説文定聲・卷一二〕一叚借為阺。〔埤蒼〕「一，坂也」。

**弟** 一者，一也，相次一也。〔説文繫傳・通論中〕○一，兄一。〔廣韻・薺部〕○一猶幼也。〔逸周書〕「長一」雜志。○古謂韋束之相次壓為一。〔説文繫傳・通論中〕○一者，易也，順兄之教則易也。（同上）○一，悌也，敬順之意。〔禮記・鄉飲酒〕「知其能一長而無遺矣」集解。○一與悌同。〔廣雅・釋詁〕「悌，順也」疏證。○〔説文定聲・卷一二〕一，字亦作悌。〔釋名〕「悌，一也」。○一者，通作悌。〔釋詁〕「一，易也」郝疏。○一，但也。〔通鑑・唐紀五〕「汝一前行」音注。○〔説文定聲・卷一二〕一叚借發聲之詞，與用地、但、特字皆同。〔漢書・陳勝傳〕「藉一令毋斬」。○（同上）古文民與古文一略相似。〔白虎通〕「一子者，民也」。○上一，猶上等。〔漢書・董賢傳〕「其選物上一盡在董氏」補注。○漢儒開門授徒，親授業者則曰一子。〔通雅・稱謂〕○一與梯同。〔墨子・號令〕「其一丈二尺」閒詁引蘇時學。○一，官本作第。〔漢書・高帝紀〕「五大夫將十人」補注。又〔高惠高后文功臣表〕「錄一下竟」補注。又〔禮樂志〕「披圖案諜」補注。○一，官本作第，是。〔漢書・張湯傳〕「輒亡入放一不得」補注。○官本一皆作第。〔漢書・陳勝傳〕「藉一令毋斬」補注。

**悌** 一，愷一。〔廣韻・薺部〕○善事兄長為一。〔孟子・梁惠王上〕「申之以孝一之養」朱注。○一即弟之俗。〔周禮・大司徒〕「四曰不弟之刑」孫正義。○一當為弟，此俗寫。〔墨子・兼愛下〕「為人弟必一」閒詁引畢沅。

**娣** 一者，弟之分別文也。〔説文〕「一，女弟也」句讀。○一，一姒。〔廣韻・薺部〕○弟妻為一。〔左傳成公一一年〕「吾不以妾為姒」疏證引邵晉涵。○合言之則昆弟之妻統稱為一姒。（同上）○古之稱一姒者，猶今人稱妯娌也。（同上）○一姒即衆妾相謂之詞。〔釋親〕「女子同出謂先生為姒，後生為丨」郝疏。○丨娰猶婚姻也。〔釋親〕平議。○丨娰猶言先後。〔釋親〕「丨婦娰婦」郝疏。○〔說文定聲・卷一二〕各事一夫則以夫之齒分丨娰。〔爾雅〕「稚婦為丨婦」。○〔同上〕女子同適一夫，則以己之年分丨娰。〔爾雅〕「後生為丨」。○對文稱丨娰，散文丨亦稱娰。〔釋親〕「丨婦娰婦」郝疏。

**遞** 丨，更代也。〔廣韻・薺部〕○丨，更易也。〔集韻・薺部〕○丨，代也。〔慧琳音義・卷一一〕引〔考聲〕。○丨，交也。〔慧琳音義・卷一一〕○丨奏者，更奏也。〔漢書〕「族居」雜志。○〔通雅・卷三〇〕丨鐘，編鐘也。王褒頌曰「伯牙操丨鐘」。○丨或作递。〔慧琳音義・卷一一〕○丨或从弟。〔集韻・薺部〕○丨，或借泜字。〔說文〕「丨，更易也」義證。○〔說文定聲・卷一二〕丨叚借為坘，實借為觬，曲也。〔管子・入國〕「偏枯握丨」。

**涕** 丨，目汁。〔廣韻・薺部〕○目汁出曰丨。〔說文〕「丨，泣也」義證引〔玉篇〕。○自目曰丨。〔詩・澤陂〕「丨泗滂沱」朱傳。○丨，泣也，目出淚丨也。〔慧琳音義・卷二〕引〔考聲〕。○丨，洟也。〔太素・水論〕「若出而少丨」楊注。○〔說文定聲・卷一二〕丨叚借為洟。〔禮記・內則〕「不敢唾丨」。

**濟** 〔說文定聲・卷六〕丨，齊水名。〔詩・匏有苦葉〕「丨盈不濡軌」。〔「軌」下〕○丨，渡也。〔史記〕「西至于流沙」雜志。○丨，止也。〔管子〕「故施舍優猶以丨亂」雜志。又〔廣韻・薺部〕。○丨，定也。〔廣韻・薺部〕○丨，齊也。〔說文〕「丨，水出常山房子贊皇山」義證引〔春秋說題辭〕。○丨丨，猶齊齊也。〔詩・載驅〕「四驪丨丨」陳疏。○丨丨，多貌。〔詩・文王〕「丨丨多士」朱傳。○丨丨，衆也。〔詩・清廟〕「丨丨多士」朱傳。○丨丨，衆多也。〔詩・旱麓〕「榛楛丨丨」朱傳。○丨丨，人衆貌。〔詩・載芟〕「載穫丨丨」朱傳。○丨丨，多威儀皃。〔廣韻・薺部〕○丨丨蹌蹌，言有容也。〔詩・楚茨〕「丨丨蹌蹌」朱傳。○丨丨，容貌之美也。〔詩・棫樸〕「丨丨辟王」朱傳。○丨丨，美貌。〔詩・載驅〕「四驪丨丨」朱傳。○丨薿，濃露也。〔本草・卷一二〕○丨古作泲。〔漢書・董仲舒傳〕「未嘗有以亂丨亂」補注引宋祁。○丨與霽同。〔漢書・郊祀志〕「至中山，晏溫」補注引錢大昕。○〔說文定聲・卷一二〕丨以擠為訓。〔春秋說題辭〕「丨之為言齊也」。○丨與隮通也。〔漢書・禮樂志〕「丨之仁壽之域」補注引王鳴盛。○〔說文定聲・卷一二〕丨，叚借為泲，四瀆之一也。〔書・禹貢〕「導沇水東流為丨」。○〔同上〕丨，叚借為悽。〔方言一二〕「丨，憂也」。○〔同上〕丨，叚借為擠。〔方言一三〕「丨，滅也」。○〔同上〕丨，叚借為霽。〔淮南・天文〕「大風丨」註「丨，止也」。○丨，本字作泲。〔書・禹貢上〕注「丨一作泲」孫疏。○丨當為泲。〔同上〕又〔漢書・地理志〕「丨南郡」補注。又〔說文〕「茬，草皃，丨北有茬平縣」義證。又〔釋名・釋水〕「謂之四瀆，江河淮丨是也」疏證。

**蠡** 丨者，齧木蟲也。〔孟子・盡心下〕「以追丨」朱注引豐氏。○丨之言劵也，如刀之劵物。〔說文〕「丨，蟲齧木中」段注。○丨丨，薄之而欲破也。〔說文〕「丨，蟲齧木中也」義證引〔玉篇〕。○丨魚，一名鮦魚。〔說文〕「鱶，鮦也」義證引〔本草〕。○丨實，馬蘭子也。〔說文〕「荔，艸也」義證引〔本草〕。○丨即鱶。〔說文〕「鮦，鮦魚」段注。○丨，今皆作鱧字。〔同上〕段注引陶通明。○丨與螺通。〔孟子・盡心下〕「以追丨」焦正義引程瑤田。○〔說文定聲・卷一二〕丨借為𧍸，或曰追丨，疊韻連語。〔孟子〕「以追丨」。○丨或借為瓢蠡字。〔說文〕「丨，蟲齧木中」段注。○丨借為禾黍離離字。〔同上〕○丨或借為蠃蚌字。〔同上〕○〔說文定聲・卷一二〕丨叚借為蠃。〔廣雅・釋魚〕「丨，蝂蝓也」。

**澧** 丨亦作醴。〔漢書・地理志〕「東北至任入寖」補注。○〔說文定聲・卷一二〕丨叚借為醴。〔書・禹貢〕「又東至于丨」。

**鱧** 丨，烏魚也。〔本草・卷一六〕○丨，鮦也。〔詩・魚麗〕「魚麗于罶，魴丨」朱傳。○丨，又曰鯇也。〔同上〕○丨，蘇俗謂之黑魚。〔說文定聲・卷一二〕（「鮦」下）○〔說文定聲・卷一二〕丨，以鱺為之，今蘇俗謂之黑魚者是也。〔韓詩外傳〕「南假子曰聞君不食鱺魚」。○〔同上〕丨，此字當訓鮦也。〔說文〕「丨，鱯也」。○丨首有七星，夜朝北斗，有自然之禮，故謂之丨。〔本草・卷四四〕○鱶、鮦，今皆作丨字。〔說文〕「鱶，鮦也」義證引陶弘景。

**泚** 丨，水清也。〔廣韻・薺部〕○丨，丨然汗出之貌。〔孟子・滕文公上〕「其顙有丨」朱注。○丨叚為玼也。〔說文〕「丨，清也」段注。○〔說文定聲・卷一二〕丨叚借為𧶜。〔廣雅・釋詁二〕「丨，度也」。

**綮** 丨，戟支。一曰戟衣。〔廣韻・薺部〕○〔說文定聲・卷一二〕丨，似如今百腳旗，用以前導者，即有衣之戟，謂之綮。〔說文〕「丨，一曰徽幟信也，有齒」。

**䭫** 丨，首至地也。〔廣韻・薺部〕○丨，經傳皆以稽為之。〔說文定聲・卷一二〕○丨，古文作頁，今則丨用稽字，而頁、丨皆不行矣。〔說文〕「頁，頭也」段注。

**䭫** 丨，古稽字。〔漢書・諸侯王表〕「漢諸侯王厥角丨首」補注引錢大昭。

**䭫** 拜頭至地而不叩為丨首，丨首為吉禮之稱，稽顙為凶禮之稱，其實一也。〔說文定聲・卷一五〕（「頓」下）○丨首者，拜頭至地也。〔說文〕「𢷎，首至地也」段注。○丨首者，稽遲其首也。〔說文〕「丨，丨首也」段注。○丨，大約多作稽也。〔說文〕「丨，下首也」繫傳。○丨通作稽。〔同上〕義證。○丨，各本作下首也。〔說文〕「丨，丨首也」段注。○〔周禮〕丨首，本又作稽。〔同上〕

**稽** 丨首為吉禮，丨顙為凶禮，顙之為言喪也，非凶禮則稱頓首、稱叩頭，今丨首專用之凶禮，非是。〔說文定聲・卷一二〕（「䭫」下）○丨首者，拱手至地，頭亦至手，近地，即經傳所言拜手｜首，或言拜｜首也，䭫只訓下首，經傳多用｜，後儒因有至地多時、｜留不起之說，其實非也。〔說文定聲・卷一二〕（「䭫」下）○｜首者，吉禮也。〔說文〕「頓，下首也」段注。○凡言｜顙者，皆謂頓首，非｜首也。〔說文〕「顙，頟也」段注。○｜同䭫。〔廣韻・薺部〕○凡經言｜首，小篆作䭫，古文作頁。經傳無異偁。〔說文〕「頓，下首也」段注。

**臍** ｜，肥腸。〔廣韻・薺部〕又〔集韻・薺部〕。

**棨** ｜，傳也。〔通鑑・宋紀一一〕「以｜信或虛」音注。○｜，刻符書施於符傳也。〔說文〕「｜，傳信也」義證引〔初學記〕。○〔說文定聲・卷一二〕｜，猶今之令箭，其用繒帛者謂之繻，亦謂之綮。〔後漢・杜詩傳〕注「｜戟前驅之器也」。○｜，戟衣也。〔說文〕「｜，傳書也」繫傳。○｜，兵欄。〔廣韻・薺部〕○｜，兵欄也，形似戟有幡。〔慧琳音義・卷九八〕引〔考聲〕。○今訓｜為兵闌，古無此義。〔說文定聲・卷一二〕○今字｜釋為兵闌。〔說文〕「｜，傳信也」段注。○｜，旛也。〔說文〕「｜，傳書也」繫傳。○｜戟，殳之遺象也，前驅之器以木為之，以赤油韜之，亦謂之赤油戟，亦謂之｜戟，王公以下通用之以前驅。〔說文〕「｜，傳信也」義證引〔古今注〕。○｜戟，殳之遺像，前驅之器，以木為之。後世亦謂之油戟。〔漢書・韓延壽傳〕「載｜戟」補注引〔古今注〕。○〔說文定聲・卷一二〕今蘇俗語樹新枝曰｜條。〔廣雅・釋木〕「｜，條也」。○｜、綮通用。〔說文〕「綮，一曰徹識信也」段注。○｜通作啟。〔說文〕「｜，傳信也」義證。

**髀** ｜，股外也。〔慧琳音義・卷一二〕○｜，俗作胜。（同上）○〔說文定聲・卷一二〕｜叚借為頓。〔列女傳〕「婦人身子立不蹕」。○｜，｜股。〔廣韻・薺部〕○｜，俗作胜。〔慧琳音義・卷二〕

**禰** ｜，父廟也。〔禮記・文王世子〕「則守於公｜」集解。○｜廟，父廟也。〔儀禮・士冠禮〕「士冠禮筮于廟門」胡正義。○｜，祖｜。〔廣韻・薺部〕○｜，祖｜也。〔說文〕「獮，秋畋也」繫傳。○｜亦地名。（同上）○｜，韓作坭。〔詩・泉水〕「飲餞于｜」集疏。○本書及〔玉篇〕之｜當為禰。〔說文〕「｜，親廟也」義證。

**徯** ｜，待也。〔孟子・梁惠王下〕「書曰｜我后」朱注。又〔廣韻・薺部〕。

**鮆** ｜，即鮤鱴也。〔說文定聲・卷一二〕○（同上）｜，今蘇俗謂之江鱭。〔漢書・貨殖傳〕「鮐｜千鈞」。○（同上）｜叚借為呰，實為疵。〔方言一〇〕「凡物生而不長大亦謂之｜」。○｜，魚名，常以春時出九江。〔廣韻・薺部〕

**癠** ｜，病也。〔廣韻・薺部〕又〔齊部〕。○｜，短皃。〔集韻・薺部〕○｜，一曰生而不長。（同上）○｜、瘠聲轉字異。〔方言一〇〕「凡物生而不長大又曰｜」箋疏。○｜亦通作濟。〔廣雅・釋詁〕「｜，短也」疏證。又〔方言一〇〕「凡物生而不長大又曰｜」箋疏。

**眯** ｜，物入目中。〔廣韻・薺部〕○｜，物入目中也。〔通鑑・唐紀二二〕「｜目聖神皇」音注。○｜，如物入目中。〔說文定聲・卷一二〕（「𥌃」下）○草入目｜。〔慧琳音義・卷四九〕○目中有塵土曰｜目。〔慧琳音義・卷八六〕引〔韻英〕。○楚人謂厭為｜。〔淮南・精神〕「故覺而若｜」雜志。○〔說文定聲・卷一二〕｜叚借為寐。〔莊子・天運〕「必且數｜焉」。○（同上）｜叚借為彌。〔史記・晉世家〕「示｜明也」。○（同上）｜叚借為敉。〔廣雅・釋詁一〕「｜，安也」。○｜即𥌃字，〔史〕以｜為彌，音相近，而𥌃又作弥，形相似耳。〔晉世家〕以彌明為示｜明。〔史記・秦本紀〕「鄭高渠｜」志疑。

**蒞** ｜，露濃謂之｜。〔集韻・薺部〕

**濔** ｜，水流也。〔廣韻・薺部〕

**醍** ｜，｜酒。〔廣韻・薺部〕○紅曰｜。〔本草・卷二五〕引〔飲膳標題〕。

**緹** ｜，纁。〔廣韻・薺部〕○｜即縓色也。〔慧琳音義・卷九〕○酒成而淺赤色故謂之｜齊。〔周禮・酒正〕「四曰｜齊」孫正義。○｜與醍同。〔廣雅・釋器〕○〔說文定聲・卷一二〕｜，〔禮記・禮運〕字亦作醍。〔釋名〕「｜齊，色赤如｜也」。○（同上）｜叚借為啻，或以祇為之。〔詩・何人斯〕「祇攪我心」。○｜字當作是。〔大戴・夏小正〕「｜縞」平議。

**鱺** ｜，魚之摯者。〔說文〕「｜，鮦也」義證引戴侗。○｜即今俗所謂烏魚或曰烏鯉，頭有七星之魚也。〔說文〕「鮦，鮦魚」段注。○｜，此字當為鱧之或體。〔說文定聲・卷一二〕○｜或省作蠡。〔說文〕「｜，鮦也」句讀。○｜，今皆作鱧字。〔說文〕「｜，鮦也」段注引陶貞白。○｜，字或通作蠡。〔說文〕「｜，鮦也」義證。

**艬** ｜，大舟也。〔廣韻・薺部〕○｜，本作欚。〔廣雅・釋水〕「｜，舟也」疏證。

**欚** ｜，江中大船名。〔廣韻・薺部〕○｜之言羅也。〔廣雅・釋器〕「罥謂之｜」疏證。○｜或作艬。〔說文〕「｜，江中大船名」義證。○｜，亦作艬。〔廣韻・薺部〕又〔方言九〕「東南丹陽會稽之間謂艖為｜」疏證。○｜，字亦作艬。〔說文定聲・卷一二〕○｜、艬古今字。〔方言九〕「東南丹陽會稽之間謂艖為｜」箋疏。○｜與欐、麗並通。〔廣雅・釋水〕「艬，舟也」疏證。○〔說文定聲・卷一二〕｜以欐為之。〔越絕書〕「欐溪城，闔廬所置船官也」。

**豊**　丨，行禮之器。〔廣韻・薺部〕

**䰽**　魚丨，陣名。〔左傳桓公五年〕「為魚麗之陳」疏證引〔集韻〕。○丨，又儷之別也。（同上）疏證。○魚丨通作麗。（同上）疏證引〔集韻〕。○丨亦通作麗。〔方言三〕「丨，數也」疏證。○丨或借麗字。〔說文〕「丨，數也」義證。○丨是正字，麗是假借字。（同上）段注。

**𢿾**　丨，布也。〔廣韻・薺部〕○丨即丽字之小篆。〔說文定聲・卷一〇〕

**𢻰**　丨，杖也。〔集韻・薺部〕○丨，橫首杖名。〔廣韻・薺部〕○丨之言提也，提擊也。〔廣雅・釋器〕「丨，杖也」疏證。○丨字蓋從丈，是聲，丈亦杖也。（同上）

**頼**　丨，猶傾也。〔說文定聲・卷一二〕（「䫬」下）○丨倪，衺也。〔廣雅・釋詁〕○俾與丨古亦通用。〔廣雅・釋言〕「彼，俾也」疏證。

**頩**　丨，傾頭。〔廣韻・薺部〕

**𪗋**　丨，漉也，謂搦出其汁也。〔慧琳音義・卷七一〕○丨，又作涑。（同上）

**𪗊**　丨，手搦酒。〔廣韻・薺部〕○丨，茜酒也。〔集韻・薺部〕○丨，又作擠。〔廣韻・薺部〕○丨與泲同。〔廣雅・釋詁〕「丨，盝也」疏證。○丨通作泲。〔集韻・薺部〕○丨，亦通作齊。〔廣雅・釋詁〕「丨，盝也」疏證。

**弤**　丨，舜弓名。〔廣韻・薺部〕引〔埤蒼〕。○丨，琱弓也。〔孟子・萬章上〕「丨朕」朱注。

**堤**　丨，滯也。〔廣韻・薺部〕○丨，限也。〔慧琳音義・卷五一〕○丨，梁也。（同上）○丨與坻音義皆同。〔說文〕「丨，滯也」段注。○丨當為坻之或體。〔說文定聲・卷一二〕○丨與底義同。〔說文〕「丨，滯也」義證。○丨同隄。〔廣韻・齊部〕○丨或作隄。〔慧琳音義・卷五一〕○俗用丨為隄。〔說文〕「丨，滯也」段注。○〔說文定聲・卷一二〕丨段借為隄。〔淮南・詮言〕「瓶甌有丨」。○丨與提古字通。〔漢書〕「連語」雜志。

**軧**　丨，大車後也。〔廣韻・薺部〕○〔說文定聲・卷八〕丨者，約轂之革也。〔廣雅〕「丨謂之轂」。（「轂」下）○丨之言底也。〔說文〕「丨，大車後也」段注。○邸丨義並與骶同。〔廣雅・釋親〕「背謂之骶」疏證。

**㕧**　丨，隱也。〔廣韻・薺部〕

**𢼜**　丨與伏同義。〔廣雅・釋詁〕「攻，伏也」疏證。

**㼖**　丨，小瓮。〔廣韻・薺部〕

**闢**　丨，彌慢意也。〔說文〕「丨，智少力劣也」繫傳。○丨，褊狹也。（同上）義證引〔玉篇〕。○丨即〔爾雅〕「威夷，長脊而泥」之泥。（同上）義證引錢大昕。○〔說文定聲・卷一二〕丨以泥為之。〔爾雅・釋獸〕「威夷，長脊而泥」。○（同上）丨以茶為之。〔莊子・齊物論〕「茶然疲役」。○丨借作薾。〔說文〕「丨，智少力劣也」義證引趙宧光。○丨，智少力劣。〔廣韻・薺部〕

**苨**　丨，薺丨。〔廣韻・薺部〕○泥泥、柅柅並與丨丨同。〔廣雅・釋訓〕「丨丨，茂也」疏證。

**鬍**　丨，髮皃。〔廣韻・薺部〕○丨實與鬫同字，髮長皃。〔說文定聲・卷一二〕

**檷**　丨，絡絲柎也。〔說文〕「丨，絡絲丨」義證引〔玉篇〕。又〔廣韻・薺部〕○〔說文定聲・卷一二〕丨，今絡絲架子是也。〔說文〕「丨，絡絲柎似木」。○絡絲之時，植眔籆於架傍而箍之，其架謂之丨。〔說文定聲・卷一二〕（「杘」下）○丨、柅、杘，一物也。〔通雅・褉用〕○丨、抳鑈尼柅，並聲近而義同。〔廣雅・釋詁〕「抳，止也」疏證。○〔說文定聲・卷一二〕丨以籋為之。〔易・姤〕子夏傳「繫于金鑈」。

**玼**　丨，玉色。〔廣韻・薺部〕○玉色鮮曰丨。〔說文〕「瀖，新也」段注。○丨，鮮明貌。〔說文〕「丨，玉色鮮也」義證引〔玉篇〕。○丨或借玭字。（同上）義證。

**啓**　雨而晝晴曰丨。〔說文〕「丨，雨而晝姓也」義證引〔纂要〕。○吳中雨而晝止曰丨。〔通雅・諺原〕○丨亦謂之姓。〔說文〕「丨，雨而晝姓也」段注。○〔說文定聲・卷一七〕晝曰丨。〔說文〕「姓，雨而夜除星見也」。（「姓」下）○丨之言闓也。〔說文〕「丨，雨而晝殅也」段注。

**启**　丨，開也。〔說文〕「啟，教也」句讀。○丨，經傳皆以啟為之。〔說文定聲・卷一二〕○丨、啓古通用。〔方言三〕「故左傳曰篳路襤褸以丨山林」疏證。○丨通作啟。〔釋天〕「明星謂之丨明」郝疏。○丨或借啓。〔說文〕「丨，開也」義證。○後人用啟字，訓開，乃廢丨不行矣。（同上）段注。

**薾**　丨，華茂也。〔廣韻・薺部〕○丨，字亦作茶。〔說文定聲・卷一二〕○（同上）丨段借為闢。〔莊子・齊物論〕「茶然疲役而不知其所歸」。

**軫**　丨，礙也。〔廣韻・薺部〕又〔集韻・薺部〕。○〔說文定聲・卷一〇〕丨，此謂車相礙。〔說文〕「丨，礙也」。○丨，至也。〔廣韻・薺部〕又〔集韻・薺部〕。○丨，止之至也。〔廣雅・釋詁〕「丨，至也」疏證。○丨，字亦作輤。〔說文定聲・卷一〇〕

**謑**　丨，恥辱。〔廣韻・薺部〕○丨，恥也。〔集韻・薺部〕○丨髁，謂堅确能忍恥辱。〔莊子・天下〕「丨髁無任」集釋引郭嵩燾。○丨髁，不正皃。〔集韻・齊部〕○丨詬、丨詢、謨詬、奊詬，並字異而義同。〔廣雅・釋詁〕「謨詬，恥也」疏證。○〔說文定聲・卷一二〕丨段借為奊。〔莊子・天下〕「丨髁無任」。○（同上）丨以奊為之。〔漢書・賈誼傳〕「奊詬亾節」。

䜁 ｜詬，恥也。〔廣雅・釋詁〕○謑詬、謑訽、｜詬、奊詬，並字異而義同。〔廣雅・釋詁〕「｜詬，恥也」疏證。

䜁 ｜訽即集詬。〔通雅・釋詁〕

匸 ｜，有所藏也。〔廣韻・薺部〕

䋛 ｜，畫文若聚米。〔說文〕「｜，繡文如聚細米也」義證引〔玉篇〕。○｜，繡文如聚米。〔廣韻・薺部〕

蘇 ｜，｜子菜。〔廣韻・薺部〕

欐 ｜，小船。〔廣韻・薺部〕○｜，聲義並從麗。〔漢書・司馬相如傳〕「連卷｜佹」補注。○｜、麗古字通。〔廣雅・釋水〕「艬，舟也」疏證。○｜與欚古通用。〔說文〕「欚，江中大船也」段注。○｜即欚之異文。〔方言九〕「東南丹陽會稽之間謂艖為欚」箋疏。○｜佹，〔史記〕作累佹。〔漢書・司馬相如傳〕「連卷｜佹」補注。

觬 ｜，角曲。〔廣韻・薺部〕○｜，曲也。〔說文定聲・卷一一〕(「掜」下)○角曲曰｜。〔集韻・齊部〕○｜，角不正也。〔說文〕「｜，角｜曲也」義證引〔玉篇〕。○｜，角不正皃。〔廣韻・齊部〕○｜猶邪倪也。〔說文〕「｜，角｜也」繫傳。

泲 ｜，地名。〔詩・泉水〕「出宿于｜」朱傳。○｜，經傳皆以濟為之。〔說文定聲・卷一二〕○濟、｜為今古文異。〔漢書・地理志〕「｜河惟兗州」補注引成蓉鏡。○｜，即濟字之或體。〔詩・泉水〕「出宿于｜」通釋。○｜今多作濟。〔說文〕「｜，沇也」繫傳。○四瀆之｜字如此作，而〔尚書〕〔周禮〕〔春秋〕三傳〔爾雅〕〔史記〕〔風俗通〕〔釋名〕皆作濟，漢人皆用濟，班志、許書僅存古字耳。〔說文〕「｜，沇也」段注。○〔說文定聲・卷一二〕｜段借為滴，猶滲漉也。〔周禮・酒正〕注「清謂醴之｜者」。○｜當作沸。〔管子・地數〕「煮｜水」義證。○｜，魯作濟。〔詩・泉水〕「出宿于｜」集疏。○｜非縣名，蓋沛字之訛。〔漢書・地理志〕「淮水東北至｜入泗」補注引齊召南。

氐 ｜，至也。〔漢書〕「具罪」雜志。○｜之言抵也。〔說文〕「｜，至也」段注。○｜、邸義並與抵通。〔廣雅・釋詁〕「抵，至也」疏證。○｜，本。〔詩・節南山〕「維周之｜」朱傳。○凡木，命根為｜。〔說文〕「柢，木根也」義證引戴侗。○｜惆，猶怟惆也，｜惆之音乃漢晉之常語。〔通雅・釋詁〕○｜惆雙聲。〔言方一〇〕「惛或謂之｜惆」箋疏。○｜，讀｜羌之｜。〔廣雅・釋言〕「｜，柢也」疏證。○｜、底古今字。〔說文〕「榰，柱｜也」段注。○〔說文定聲・卷一二〕｜，此字實即柢之古文，蔓根曰根，直根曰｜。〔說文〕「｜，至也」。○｜，通作底。(同上)義證。○〔說文定聲・卷一二〕｜段借為底。〔說文〕「｜，至也」。○｜，魯作底。〔詩・節南山〕「維周之｜」集疏。

呧 今人謂詰難之為｜呵。〔說文〕「｜，苛也」繫傳。○｜欺即詆諆也。(同上)義證。○｜即詆之或體。〔說文定聲・卷一二〕

趆 ｜，走貌。〔說文〕「｜，趨也」義證引〔玉篇〕。○｜，趨也。〔廣韻・齊部〕

梐 ｜，｜枑，行馬。〔廣韻・薺部〕○｜，｜枑，行馬也。〔集韻・薺部〕○〔說文定聲・卷一二〕｜，古謂之行馬，後世謂之攩罘。〔周禮・掌舍〕「｜枑再重」。○門匡俗曰門｜。〔慧琳音義・卷六〇〕

詃 ｜，誠也。〔廣韻・齊部〕○｜，誠言也。〔集韻・齊部〕○｜，譍也。(同上)○｜，譍聲。〔廣韻・薺部〕

掜 ｜，擬也。〔集韻・薺部〕○｜，搦皃。〔廣韻・佳部〕○｜，不從也。〔廣韻・薺部〕○｜，一曰不從。〔集韻・薺部〕○〔說文定聲・卷一一〕｜段借為觬，曲也。〔莊子・庚桑楚〕「終日握而手不｜」。

蜌 ｜、螷，聲之轉耳。〔廣雅・釋魚〕「｜，蒲盧也」疏證。○｜、螷雙聲。〔釋魚〕「｜，螷」郝疏。

瀰 ｜｜，水流皃。〔集韻・薺部〕○｜｜，柔貌。〔詩・載驅〕「垂轡｜｜」朱傳。○俗言美滿，蓋｜滿譌也。〔說文〕「｜，滿也」義證。○｜或从彌。〔集韻・薺部〕

佌 ｜傂，開腳行也。〔廣韻・薺部〕

傂 ｜，開衣領也。〔廣韻・薺部〕○｜，開衣也。〔集韻・薺部〕○｜或作移。(同上)

劙 ｜，刀刺。〔廣韻・薺部〕

夘 ｜，事之制也。〔廣韻・薺部〕

吟 ｜，可也。〔廣韻・薺部〕○｜，尒也。(同上)

壬 ｜，證也。〔集韻・止部〕

坭 ｜，地名。〔廣韻・薺部〕

坒 ｜，下也。〔廣韻・薺部〕

垷 ｜，埤｜，女墻。〔廣韻・薺部〕

奊 謑詬、謑訽、䜁詬、｜詬，並字異而義同。〔廣雅・釋詁〕「䜁詬，恥也」疏證。

𥧌　｜，夢魘。〔說文〕「寱，寐而未厭」義證引〔五音集韻〕。

𥧌　｜，厭也。〔說文〕「｜，𥧌而猒也」繫傳。○〔說文定聲・卷一二〕｜以眯為之。〔淮南・精神〕「楚人謂厭為眯」。○｜，假借眯字為之也。〔說文〕「｜，𥧌而猒也」繫傳。

寱　｜，寐不覺。〔廣韻・薺部〕○｜，字亦作眯。〔廣雅・釋言〕「｜，厭也」疏證。○｜，夢魘。〔集韻・薺部〕

性　｜，慎也。〔集韻・薺部〕

㜸　｜，心弱也。〔集韻・薺部〕

批　｜，殺也。〔廣韻・薺部〕

涕　｜，去淚。〔廣韻・薺部〕

䝷　｜，戦｜，擊聲。〔廣韻・薺部〕又〔集韻・薺部〕

敉　｜，｜毀。〔說文〕「｜，毀也」義證引〔玉篇〕。

䚕　｜與歠通，兩也，兩兩而數之也。〔方言三〕「歠，數也」箋疏。

晛　｜，明也。〔廣韻・薺部〕○｜亦作晲。（同上）

柅　欄柅鑈尼｜，並聲近而義同。〔廣雅・釋詁〕「柅，止也」疏證。○｜，字亦作苨。〔說文定聲・卷一二〕

泥　〔說文定聲・卷一二〕｜亦作苨。〔釋文〕引張揖曰「苨，草盛也」。○｜亦作濔。〔說文定聲・卷一二〕

洒　｜謂分流也。〔墨子・兼愛中〕「｜為底柱」閒詁。○｜亦濯也。〔慧琳音義・卷一六〕○｜音洗，謂惡寒也。〔太素・十二瘧〕「令人｜｜」楊注。○｜｜，惡寒皃，音洗，謂如水灑洗寒也。〔太素・經脈之一〕「是動則病｜｜振寒」楊注。○｜同洗。〔廣韻・薺部〕○｜、洗古通。〔孟子・梁惠王上〕「願比死者壹｜之」焦正義。○｜、灑同。〔墨子・兼愛中〕「｜為底柱」閒詁。○〔說文定聲・卷一五〕｜叚借為灑，實為汛。〔說文〕「｜，古文以為｜埽字」。○｜即汛之假借。〔說文〕「汛，灑也」段注。

洋　｜｜，俗謂為洋洋。〔說文〕「濔，水滿也」段注。

渧　｜，水滴也。〔慧琳音義・卷四五〕

---

牸　｜，｜｜，牛馬行。〔廣韻・薺部〕○｜，犐｜，牛馬行。〔集韻・薺部〕

䶥　｜，白色。〔廣韻・薺部〕○｜，白也。〔集韻・薺部〕

眦　｜，明白。〔廣韻・薺部〕

盠　｜，簞也。〔廣韻・薺部〕

睼　｜，目動。〔廣韻・薺部〕又〔集韻・薺部〕。

𥹎　｜，｜笓，織荊。〔集韻・薺部〕

箄　｜，所以安重船。〔廣韻・薺部〕○｜，所以安船。〔集韻・薺部〕○｜，或从舟。（同上）

簹　｜，竹名。〔廣韻・薺部〕

籩　〔說文定聲・卷一二〕｜，鐘琴名，即〔楚詞〕之號鐘。〔聖主得賢臣頌〕「雖伯牙操｜鐘」。

粞　｜，米羊壞。〔集韻・薺部〕

䏚　｜，耳聵。〔廣韻・薺部〕○｜，一曰耳病。〔集韻・薺部〕○｜，不聽也。（同上）

䏲　｜，股也。〔續音義・卷八〕引〔切韻〕。○｜，正作髀。（同上）

艀　｜，｜船。〔廣韻・薺部〕

䑝　｜同箄。〔廣韻・薺部〕

蠡　｜，｜蠮，神蛇。〔廣韻・未部〕

𧎡　｜者，以綸為之。〔說文〕「罻，网也」義證引〔初學記〕。

禰　｜，褫｜，袿衣飾也。〔廣韻・薺部〕○｜，褫｜，衣飾。〔集韻・薺部〕○｜，衣縷也，謂縫也。〔釋器〕「衣褫謂之｜」鄭註。

褆　｜，開也。〔集韻・薺部〕

緀　｜，帛文皃。〔廣韻・薺部〕○｜，帛文。〔集韻・薺部〕○｜或从此。（同上）

罤　｜，罘也。〔集韻・薺部〕

呰 —，弱也。〔廣韻·薺部〕又〔集韻·薺部〕。○—，短也。（同上）

觝 —，亦觸也。〔慧琳音義·卷六一〕○—同牴。〔廣韻·薺部〕○—或作牴。〔慧琳音義·卷六一〕○—即觶也。〔通雅·古器〕

訾 —，俗言嬾待也。〔說文〕「—，待也」義證。○—，此與徯字義相通。（同上）段注引小徐。

蹝 —，走皃。〔集韻·薺部〕

𨑐 —，驚不進也。〔說文〕「—，怒不進也」義證引〔玉篇〕。○—，一曰驚也，遲重皃。〔說文定聲·卷一二〕

阺 〔說文定聲·卷一二〕—以坻為之。〔楊雄解嘲〕「響若坻隤」。○—，字或作坻。〔說文〕「—，秦謂陵阪曰—」段注。又（同上）義證。○—，又通作底。（同上）義證。○〔說文定聲·卷一二〕〔說文〕氐篆下引作氐隤，字或借氐為—。〔楊雄解嘲〕「響若坻隤」。○—當為阺。〔漢書·揚雄傳〕「響若—隤」補注。

鑈 —同檷。〔廣韻·薺部〕○檷抳—尼柅，並聲近而義同。〔廣雅·釋詁〕「抳，止也」疏證。

镾 —猶彌。〔說文〕「—，久長也」繫傳。

𨷲 —，開門也。〔集韻·薺部〕○—，通作啓。（同上）

𧢼 —，盾鼻。〔集韻·蟹部〕

𩋉 —，𩏖—，輭皃。〔廣韻·薺部〕○—，輭也。〔集韻·薺部〕

𩏖 —，—𩋉，輭皃。〔廣韻·薺部〕○—，軟謂之—。〔集韻·薺部〕

𩍓 —，轡垂也。〔廣韻·薺部〕

骴 —，股也。〔大般若經·卷一〕「兩—」音義引〔考聲〕。又〔慧琳音義·卷五七〕。○—，股外也，即兩股是也。〔慧琳音義·卷六〇〕引〔韻英〕。○—，腰已下厀已上總名為—。〔慧琳音義·卷六〇〕○—同髀。〔廣韻·薺部〕○—或𨁽，古字也。〔大般若經·卷一〕「兩—」音義引〔考聲〕。○—通髀。〔慧琳音義·卷五七〕引〔考聲〕。

鬣 —，髮小而高為—。〔集韻·薺部〕

䱊 —，魚子。〔廣韻·薺部〕

鮷 —即鱯也，鮎為通名，一曰鮡，大者曰—，曰鱯，亦曰鮠，曰𩸀，其尤大者曰魠，又曰鱺，曰鯱也，—為今之鱓魚，其尤大之魠，今之鰻魚也。〔說文定聲·卷一二〕

鱭 —同鮆。〔廣韻·薺部〕

鱺 〔說文定聲·卷一〇〕—叚借為鱶。〔廣雅〕「—、鰑，鮦也」。

蟸 官本—作蠡。〔漢書·史皇孫王夫人傳〕「家本涿郡—吾平鄉」補注。

# 續經籍籑詁卷第三十九

上聲

## 九　蟹

**蟹**　丨，水蟲。〔廣韻·蟹部〕○淮海之人呼璅蛣為丨奴。〔說文〕「鮚，蚌也」義證引〔述異記〕。○丨蜾，高地也。〔史記·滑稽列傳〕「穰穰滿家」志疑。

**解**　丨，判也。〔慧琳音義·卷七〕引〔考聲〕。○丨者，判也。〔說文〕「締，結不丨也」段注。○丨黿，殺剝也。〔左傳宣公四年〕「宰夫將丨黿」疏證引〔讀本〕。○丨，開也。〔慧琳音義·卷六八〕引〔考聲〕。○丨讀若丨卦，猶開也。〔大戴·夏小正〕「言丨蟄也」王詁。○丨鮮析，義並同。〔墨子·節葬下〕「丨而食之」閒詁。○丨落，〔月令〕作鮮落。〔呂覽·季夏〕「穀實丨落」校正。○丨，除也。〔楚辭·悲回風〕「居戚戚而不可丨」補注。○丨，離散也。〔禮記·檀弓〕「民其不丨乎」集解。○丨謂丨說也。〔漢書·陳平傳〕「使單于閼氏丨」補注。○丨猶說也。〔通鑑·唐紀一二〕「我不知其丨何也」音注。○為丨，猶為辭也。〔左傳僖公二八年〕「以曹為丨」疏證。○丨，曉也。〔廣韻·蟹部〕○丨，和也。〔韓子·內儲說下〕「因請為魏王行丨之」集解。○丨，禳而丨之也。〔漢書·孝元馮昭儀傳〕「數禱祠丨」補注引何焯。○丨廌，仁獸，似牛，一角。〔廣韻·蟹部〕○丨豸，如麟，一角。〔說文〕「廌，丨廌獸也」義證引〔隋書·禮儀志〕。○〔說文定聲·卷一二〕丨，字亦變作獬。〔太元·難〕「角丨豸終」注「獬豸者，直獸也」。○丨，地名，在河東。〔史記·六國年表〕「魏昭王二與秦戰丨不利」志疑引〔史詮〕。○丨祠者，祓除之祭也。〔漢書·郊祀志〕「古天子常旨春丨祠」補注引沈欽韓。○丨奏，野外祭神也。〔慧琳音義·卷一六〕○丨舍，或祀神丨病之舍，如幸舍之類。〔漢書·孝元馮昭儀傳〕「數禱祠丨」補注引周壽昌。○丨何，問其何分疏也。〔通雅·釋詁〕○丨瀆，當為丨續，猶言分合。〔淮南·兵略〕「察行陣丨瀆之數」平議。○〔說文定聲·卷一二〕丨搆，猶蔆之名薢茩，遇之謂邂逅也。〔後漢·陳餘傳〕「勿用傍人丨搆之言」。○丨音懈。〔詩·桓〕「天命匪丨」朱傳。又〔閟宮〕「春秋匪丨」朱傳。○丨，魯、韓作懈。〔詩·烝民〕「夙夜匪丨」集疏。○丨懈同。〔國策·趙策一〕「而丨於攻趙也」鮑注。○丨音懈，惰。〔詩·假樂〕「不丨于位」朱傳。○丨緩，猶怠緩也。〔公羊傳隱公三年〕注「丨緩不能以時葬」陳疏。○丨、廨同字也。〔韓子·五蠹〕「完丨舍」集解引顧廣圻。○〔漢書〕丨谷，〔說文〕作澥，〔廣韻〕作嶰。〔說文〕「澥，一說澥即澥谷也」段注。○〔說文定聲·卷一一〕丨，叚借為嶰。〔易·襍卦傳〕「丨，緩也」。○丨音蟹。〔莊子·養生主〕「古者謂是帝之縣丨」集解引〔釋文〕。○丨與蟹一也。〔荀子·富國〕「則和調累丨」平議。○丨果，猶蟹螺也。〔通雅·地輿〕

**駭**　丨，驚也。〔廣韻·駭部〕○丨惕者，驚怛皃也。〔慧琳音義·卷七八〕○丨佁疾獃，聲義並同。〔方言·卷一○〕「癡，騃也」箋疏。○丨與孩聲近義同。〔廣雅·釋詁〕「孩，動也」疏證。○侅丨古字同。〔左傳隱公二年經〕「無丨帥師入極」洪詁。○無丨，〔穀梁〕作無侅。〔公羊傳隱公二年經〕「無丨帥師入極」陳疏。○丨，經典亦作駴。〔說文〕「丨，驚也」段注。

**買**　入曰丨。〔說文〕「賣，出物貨也」義證引〔急就篇〕顏注。○丨復，當作賈復。〔漢書·食貨志〕「民多丨復」補注引宋祁。○丨當為賣。〔說文〕「夃，秦以市丨多得為夃」義證。○或云丨當為置。〔大戴·哀公問五義〕「其心不丨」王詁。

**灑**　丨，散水也。〔慧琳音義·卷一一〕引〔考聲〕。○丨，丨水。〔廣韻·蟹部〕○丨，汛也。〔慧琳音義·卷二七〕引〔玉篇〕。○丨，洒也，或作洒汛。〔集韻·蟹部〕○丨，引申為凡散之稱。〔說文〕「丨，汛也」段注。○丨即蓰也。〔史記·周本紀〕「其罰倍丨」志疑。○丨、釃字通。〔墨子·兼愛中〕「丨為九澮」閒詁。○丨讀為釃。〔漢書·司馬相如傳〕「丨沈澹災」補注。○倍丨，金陵本作倍差。〔史記·周本紀〕「其罰倍丨」志疑。

**楷**　丨，式也。〔廣韻·駭部〕○丨，模也。〔同上〕○丨，法也。〔同上〕○丨與鍇通。〔廣雅·釋詁〕「鍇，堅也」疏證。○丨與鍇聲義並同。〔方言·卷二〕「鍇，堅也」箋疏。

**獬**　丨豸，神羊也。〔說文〕「廌，解廌獸也」義證引〔輿服志〕。○丨豸，一名任法獸。〔同上〕義證引〔神異經〕。○丨豸，一作丨廌，貐⿰豸弗，觟鯱。〔通雅·獸〕○丨廌，神奇之獸，狀如牛，古者決訟令之以觸不直。〔說文〕「廌，獸之所食艸」義證引〔白帖〕。○丨廌，一名任法。〔同上〕

**廌**　丨，解丨。〔廣韻·蟹部〕○丨，亦作豸。〔同上〕○丨，或借豸字。〔說文〕「丨，解丨獸也」義證。○丨與豸同音通用。〔同上〕段注。○丨，亦作⿰豸弟。〔廣韻·蟹部〕

**澥**　丨，渤丨。〔廣韻·蟹部〕○丨，宋本作郣，今本及〔集韻〕〔類篇〕皆作勃。〔說文〕「丨，勃丨，海之別也」段注。○〔說文定聲·卷一一〕丨，叚借為嶰，即嶰。〔說文〕「丨，一曰丨即丨谷也」。

**騃**　丨，癡也。〔通鑑·唐紀六四〕「劉積丨孺子耳」音注。又〔廣韻·駭部〕。又〔慧琳音義·卷一六〕引〔集韻〕。○丨，人癡皃也。〔慧琳音義·卷三○〕引〔考聲〕。○丨謂愚也。〔慧琳音義·卷一一〕○丨，引申為疑立之狀。〔說文〕「懝，丨也」段注。○丨，或借俟字。〔說文〕「丨，馬行仡仡也」義證。○〔說文定聲·卷五〕丨，叚借為佁。〔廣雅·釋詁三〕「丨，癡也」。○丨當為誒。〔說文〕「譺，丨也」義證。

**嬭**　丨，乳也。〔廣韻·蟹部〕○丨即乳也。〔廣雅·釋草〕「椅乳，苦杞也」疏證。○〔說文定聲·卷一二〕蘇俗稱母為阿丨也，丨亦有音無字，即母之轉

聲。〔廣雅・釋親〕「—，母也」。(「鬌」下)

**鍇** —，鐵好。〔廣韻・駭部〕○—之言劼也。〔廣雅・釋器〕「—，鐵也」疏證。○—鍇堅，○—鍇聲相近，方俗語轉耳。〔廣雅・釋詁〕「—，堅也」疏證。○—鍇堅，並方俗語轉耳。〔方言・卷二〕「—、鍇，堅也」箋疏。

**躧** —，徐行也。〔集韻・蟹部〕○—，颯—。〔廣韻・蟹部〕

**駴** —，—擊。〔廣韻・駭部〕○—，疾雷擊鼓曰—。〔集韻・蟹部〕○戒者本字，駭者叚字，—者俗字也。〔周禮・大司馬〕「鼓皆—」平議。○—，駭字異文。〔墨子・號令〕「讙囂—衆」閒詁引畢沅。

**擺** —，—撥。〔廣韻・蟹部〕○—，撥也。〔集韻・蟹部〕○—，揮手也。〔慧琳音義・卷六九〕引〔考聲〕。又〔卷九一〕引〔考聲〕。○—罷，聲義並同。〔廣雅・釋詁〕「捭，開也」疏證。○—亦作捭。〔廣韻・蟹部〕

**罷** 凡人之不賢者通謂之—。〔周禮・大司寇〕「以圜土聚教—民」孫正義。○—，遣有罪。〔廣韻・紙部〕又〔集韻・紙部〕。○見—，猶言見逐見棄耳。〔漢書・季布傳〕「見—」補注引劉攽。○—，極也。〔司馬相如傳〕「—池陂陁」補注引〔玉篇〕。○—，止也。〔廣韻・蟹部〕○—，休也。(同上)○—者，廢置之意。〔説文〕「癃，—病也」段注。○凡廢置不能事事曰—癃，凡廢疾皆得謂之—癃。(同上)○—池，言极其所至，靡迤下盡也。一曰—池即坡池之異文，坡誤為疲，疲又轉寫作—耳。〔漢書・司馬相如傳〕「—池陂陁」補注引王文彬。○—音疲。〔國策・楚策二〕「是王與秦相—」鮑注。又〔趙策三〕「而欲以—趙攻强燕」「五里而—」鮑注。又〔魏策二〕「兵—敝」鮑注。又〔魏策三〕「秦兵必—」鮑注。又〔燕策一〕「士—敝」鮑注。○—，並音疲。〔國策・趙策二〕「夫慮收亡齊—楚敝魏」鮑注。又〔趙策三〕「兵必—」鮑注。○—疲同音。〔國策・齊策五〕「國—而好衆怨」鮑注。○—、疲同。〔國策・西周策〕「是天下欲—秦」鮑注。又〔秦策一〕「魏兵—敝」鮑注。又〔秦策二〕「夫齊，—國也」鮑注。又〔秦策三〕「諸侯見齊之—露」鮑注。又〔齊策一〕「使彼—敝於先」「而遞相—弱」鮑注。又〔齊策二〕「兵—敝」鮑注。○—，疲字也。〔説文〕「倦，—也」繫傳。○—、疲同，勞也。〔國策・西周策〕「韓氏—於兵」鮑注。○—、疲同，勞師故。〔國策・齊策二〕「是王內自—而伐與國」鮑注。○—、疲同，猶敝也。〔國策・趙策一〕「無—車駑馬」鮑注。○〔通雅・卷一六〕—敝，一作—憊。〔田叔傳〕「士卒—敝」。○(同上)—谷音擺。〔山海經〕「洱水出—谷山」。○擺—聲義並同。〔廣雅・釋詁〕「捭，開也」疏證。○𨁽—並與矲通。〔釋詁〕「矲，短也」疏證。○—𨁽猈矲，義並與矲同。〔方言・卷一〇〕「矲，短也」箋疏。○〔説文定聲・卷一二〕—，叚借為柀。〔左傳襄公三〇年〕「楚子使薳—來聘」。○—，或从人。〔集韻・紙部〕

**⿰阝解** —，古亦言—谷也。〔説文〕「—，水衡官谷也」繫傳。○兩阜間小谿曰—。(同上)段注。○—，小谿。〔廣韻・蟹部〕○小山別大山曰—。〔説文〕「—，水衡官谷也」段注。○〔説文定聲・卷一二〕—，別義。一曰小谿。字亦作嶰。〔爾雅〕「小山別，大山嶰」。○—，或作嶰。〔説文〕「—，水衡官谷也」義證。○—，一作澥。(同上)義證引〔玉篇〕。

**猈** —，短頸狗。〔説文〕「—，短脛狗」義證引〔韻譜〕。○—即今之巴狗也。(同上)句讀。○—之言卑也，言矲猎也。〔説文〕「—，短脛犬」段注。

**捭** —之者，開也，謂左右兩手横開旁擊也。〔説文〕「—，兩手擊也」段注。○—，引申之為〔鬼谷子〕之—闔。(同上)○—，擲也。〔文選・七命〕「鋸牙—」補正。○—有擲義。(同上)集釋引〔補正〕。○—之言擘也。〔廣雅・釋詁三〕「—，開也」疏證。○—，叚為擘字。〔説文〕「—，兩手擊也」段注。○〔説文定聲・卷一二〕—，叚借為擘。〔廣雅・釋詁三〕「—，開也」。○—為擘之假音字。〔文選・七命〕「鋸牙—」集釋。○—，當作擘開之義。(同上)集釋引金甡。○—，作擗，又作擘。〔説文〕「擘，撝也」段注。○—，經傳多以擗為之。〔説文定聲・卷一二〕○(同上)—，字亦作擺。〔西京賦〕「置互擺牲」。○—者，髀之叚字。〔禮記・禮運〕「其燔黍—豚」平議。○燔與—一聲之轉。(同上)述聞。

**蕒** —，吳人呼苦藘。〔廣韻・蟹部〕

**嶰** —，山澗間。〔廣韻・蟹部〕○—，本作⿰阝解。〔廣雅・釋山〕「—谿，谷也」疏證。○—，或作澥。(同上)○—，又作解。(同上)

**鷶** —鵤，鳥名。〔廣韻・蟹部〕○〔玉篇〕以—鵤為子嶲。〔漢書・揚雄傳〕「徒恐鷤鴂之將鳴兮」補注引何焯。

**矲** —即—短也。〔説文〕「𨁽，短人立𨁽𨁽皃」義證。○𨁽罷並與—通。〔廣雅・釋詁二〕「—，短也」疏證。○—⿱此黑與⿰矢卑⿰矢出聲亦近也。(同上)

**薢** —，蔆也。亦曰芰。〔説文定聲・卷一二〕○—茩，草決明也。〔通雅・艸〕○〔説文定聲・卷一二〕芰名—茩，故決明子亦謂之—茩，亦皆得曰決光也。〔釋草〕「—茩，英光」。○蕨攗、英光、—茩，正一聲之轉矣。〔廣雅・釋草〕「蔆，—茩也」疏證。

**⿸厂見** —，笑視。〔廣韻・駭部〕○—，視也。〔集韻・蟹部〕

**挨** —，打也。〔廣韻・駭部〕○—，擊也。〔海部〕○—，當為俟。〔墨子・迎敵祠〕「出—」閒詁引畢沅。

**⿱卄丫** ——，羊角開皃。〔廣韻・蟹部〕

**⿰亻⿱巛日** —，亦與徯字義相通也。〔説文〕「—，待也」繫傳。

**⿱觧力** —，勵—。〔廣韻・駭部〕

勸 —𡕩，惡怒。〔廣韻·蟹部〕〇—𡕩，疲也。一曰惡怒。〔集韻·蟹部〕

抯 —，析也。〔集韻·蟹部〕

挲 擵—，—物。〔廣韻·蟹部〕引〔聲譜〕。

撥 擺—，抖搜也。〔集韻·駭部〕

唉 —，飽聲。〔廣韻·駭部〕

嘪 —，羊聲。〔廣韻·蟹部〕

崎 小衫曰—。〔集韻·蟹部〕

懶 —襬，衣破。〔集韻·駭部〕〇—，或从衣。(同上)

庴 —，坐依皃。〔廣韻·蟹部〕〇—，倚坐。〔集韻·蟹部〕〇—，又作㛂。〔廣韻·蟹部〕

悋 —，心悷也。〔集韻·蟹部〕

惼 —，疲劣。〔廣韻·蟹部〕

洒 —，經典用為灑之假借。〔說文〕「汛，灑也」段注。

娷 —，喜樂。〔廣韻·駭部〕〇—，喜也。〔集韻·駭部〕

髮 —，意難。〔廣韻·蟹部〕

芎 —，戾也。〔廣韻·蟹部〕

苴 土—，不精細也。〔通雅·疑始〕

楞 老人把頭杖，名為—子。〔慧琳音義·卷六〇〕〇患脚行不得者，柱雙—策腋行，名曰—行。(同上)〇杖或作—。〔集韻·蟹部〕

枲 杖亦書作—。〔集韻·蟹部〕

椃 —，此必楷之古文。〔說文〕「楷，木也，孔子冢盖樹之者」義證。〇—，木也。(同上)義證引〔類篇〕。

檞 —，松樠也。〔說文〕「樠，松心木」義證引〔玉篇〕。〇—，松樠。〔廣韻·蟹部〕



矲 —，牛短足。〔集韻·蟹部〕

腊 —，瘦皃。〔廣韻·蟹部〕〇瘦謂之—。〔集韻·駭部〕

䎱 —，多也。〔廣韻·蟹部〕

罫 〔通雅·卷三五〕—，棋枰線目也。〔虢州三堂詩〕「—布畦堪數」。〇—布曰卦圍。〔通雅·卷三五〕

艷 杜鵑，一名—。〔漢書〕「鷤搗」雜志。

矲 —，矲—。〔廣韻·駭部〕

髀 —，裂也。〔集韻·蟹部〕

疓 —，病也。〔集韻·蟹部〕

疾 —，—疾。〔廣韻·駭部〕〇—，癡疾也。〔說文〕「懝，騃也」義證引〔玉篇〕。

諀 —，矲𥏼，短皃。〔集韻·蟹部〕〇—，又作矲。(同上)〇〔說文定聲·卷一二〕—，字亦作矲。〔方言一〇〕「矲，短也」。〇—罷並與矲通。〔廣雅·釋詁二〕「矲，短也」疏證。

簩 —，竹具，用之魚笱，竹器也。〔廣韻·蟹部〕

灑 —，瑟也。〔集韻·蟹部〕

綾 —，大絲。〔廣韻·駭部〕〇—，絲也。〔集韻·駭部〕〇—，挂也。(同上)

緒 —，大絲。〔集韻·駭部〕

豸 —，蟲無足。〔集韻·蟹部〕

鋳 —，帶具。〔集韻·蟹部〕〇—，或从革。(同上)

鑼 —，大鐵杖。〔廣韻·蟹部〕〇—，鐵杖。〔集韻·蟹部〕

韡 —，履屬。〔廣韻·蟹部〕

韉 —，履也。〔集韻·蟹部〕〇—，或从鞵，亦省。(同上)

**駘** ｜駭，馬不進。〔集韻・蟹部〕

**鰤** ｜，鮦也。〔説文〕「鮦，魚名」義證引〔玉篇〕。



# 續經籍籑詁卷第四十

上聲

## 十　賄

**賄** ｜，財。〔詩・氓〕「以我｜遷」朱傳。○｜，財也。〔慧琳音義・卷一四〕引〔考聲〕。○｜，財也，又贈送也。〔廣韻・賄部〕○布帛曰｜。〔大戴・千乘〕「作於財｜」王詁。又〔慧琳音義・卷八二〕引〔考聲〕。○財帛曰｜。〔左傳襄公二四年〕「君子長國家者，非無｜之患」洪詁引〔通俗文〕。○財｜，實泉帛穀粟之通名。〔釋言〕「｜，財也」郝疏。○｜，國土所有也，若吳貴縞、鄭貴紵也。〔説文〕「｜，財也」繫傳。○｜兼財贈二義。〔爾雅〕但云財者，財｜通名，贈人以財，亦為賄也。〔釋言〕「｜，財也」郝疏。○｜，以財贈人亦為｜。〔説文〕「｜，財也」義證。○｜賂者，遺人貨｜以干之也。〔説文〕「賂，遺也」義證。○｜，字亦作晦。〔説文定聲・卷五〕○｜字乃則字之誤。〔周書・和寤〕「｜無成事」平議。

**悔** ｜，恨。〔詩・抑〕「庶無大｜」朱傳。○｜，恨也。〔詩・雲漢〕「宜無｜怒」朱傳。○｜，遺恨也。〔詩・皇矣〕「其德靡｜」朱傳。○｜，改。〔離騷〕「後｜遁而有他」補注引五臣。○｜亦尤也。〔論語・為政〕「慎行其餘則寡｜」述聞。又〔史記〕「疑殆」雜志。○過謂之｜。〔詩・生民〕箋「無有罪過」述聞。又〔荀子・性惡〕「舉事多｜」集解引俞樾。○咎亦謂之｜。〔詩・生民〕「庶無罪｜」述聞。○｜與罪義相近。〔同上〕○｜，｜吝。〔廣韻・賄部〕○｜，理自内者也。〔論語・為政〕「則寡｜」朱注引程子。○｜，慢也。〔大戴・衛將軍文子〕「不｜可｜」王詁。○外卦為｜，暮占用之。〔説文〕「䋣，易卦之上體也」義證引〔唐六典〕。○〔説文定聲・卷五〕｜，叚借為侮。〔詩・抑〕「庶無大｜」。○〔同上〕｜，叚借為䋣。〔書・洪範〕「曰貞曰｜」。○｜當為晦之叚借。〔詩・皇矣〕「其德靡｜」通釋。

**改** ｜，更也。〔詩・緇衣〕「敝予又｜為兮」朱傳。又〔廣韻・海部〕。○｜亦變也。〔史記〕「不化」雜志。○｜者，頓改也。〔漢書・成帝紀〕「列侯近臣，各自省｜」補注引劉攽。○｜，備禮也。〔左傳隱公元年〕「十月庚申，｜葬惠公」洪詁引賈逵。○｜謂｜其失也。〔大戴・曾子疾病〕「吾不見孜孜而與來而｜者矣」王詁。○｜謂舍晉從楚也。〔左傳宣公一二年〕「使｜事君」疏證。○｜造，謂更選擇也。〔通鑑・秦紀二〕「｜造則不易周也」音注。○｜當作攺。〔韓子・八經〕「易視以｜其澤」集解。○｜當為政。〔漢書・谷永傳〕「三正不變｜而更用」補注引王念孫。

**采** ｜，从木爪，訓為捋取。〔釋詁〕「｜，事也」郝疏。○｜，取而擇之也。〔詩・關雎〕「左右｜之」朱傳。○以手折取曰｜。〔公羊傳哀公一四年〕

「薪丨者也」陳疏引吴凌雲。○丨，取也。〔廣韻·海部〕○流丨芼皆取也。〔廣雅·釋言〕「摎，捋也」疏證。○丨，事也。〔書·堯典〕「疇咨若予丨」孫疏。又〔廣韻·海部〕。○古云鐵繡作丨。〔説文〕「鏉，利也」段注。○丨謂以武功縣為丨地。〔漢書·王莽傳〕「自施政教於其宫家國丨」補注引胡注。○丨丨，盛貌也。〔詩·蜉蝣〕「丨丨衣服」集疏引韓説。○丨丨，華飾也。〔同上〕朱傳。○丨丨，非一丨也。〔詩·卷耳〕「丨丨卷耳」朱傳。○丨丨，言其盛而可丨也。〔詩·蒹葭〕「蒹葭丨丨」朱傳。○丨丨，而又丨。〔詩·芣苢〕「丨丨芣苢」集疏。○丨菱，楚歌名。〔楚辭·招魂〕「涉江丨菱」補注引五臣。○丨薪之憂，言病不能丨薪，謙辭也。〔孟子·公孫丑下〕「有丨薪之憂，不能造期」朱注。○丨，俗作採。〔説文定聲·卷五〕○丨，諸本作採。〔左傳昭公六年〕「禁芻牧丨樵」洪詁。○〔説文定聲·卷五〕丨，叚借為才。〔江淹袁太尉詩〕「綵吹震沈淵」。○丨、菜通。〔周禮·占夢〕「乃舍萌于四方」孫正義。○舍丨，〔月令〕作釋菜。〔呂覽·仲春〕「舍丨」校正。○古多以丨為菜。〔説文〕「菜，艸之可食者」段注。○〔説文定聲·卷五〕丨，叚借為菜。〔周禮·大胥〕注「舍丨」。○丨，〔文選〕作宷。〔漢書·司馬相如傳〕「邑展丨錯事」補注。○〔同上〕丨，叚借為在，實為司。〔今文尚書〕「丨政忽」。○〔同上〕丨，叚借為菜。〔後漢·王符傳〕「葛丨為緘」。○丨粲，聲相轉也。〔釋訓〕「粲粲，尼居息也」郝疏。○丨桑，〔史記〕作蠶桑。〔左傳僖公八年〕「敗狄于丨桑」洪詁。○丨乃采字之誤。〔周書·明堂〕「四塞九丨之國」平議。○此丨字乃采之誤字。〔禮記·明堂位〕「九丨之國」平議。

彩　丨，光丨。〔廣韻·海部〕

綵　綾丨。〔廣韻·海部〕○丨，繒帛有色者也。〔慧琳音義·卷八七〕引〔考聲〕。

海　丨，大也，受百川萬谷流入。〔説文〕「丨，天池也，以納百川者」義證引〔玉篇〕。○丨，大水也，受萬川之泄。〔慧琳音義·卷三〕引顧野王。○丨，晦也，言其水廣博，望之晦闇，不測崖際，故曰丨也。〔太素·十二水〕「外合於丨水」楊注。○丨勢圓，就地心也，丨味鹹，濕熱之氣蒸也，丨色緑，穹蒼之映雲霧不能隔也。〔説文定聲·卷五〕○凡地大物博者，皆得謂之丨。〔説文〕「丨，天池也，以納百川者」段注。○〔列子〕諸書多謂丨為渤澥。〔説文〕「澥，勃澥，丨之别名也」繫傳。○丨者，東丨。〔書·禹貢上〕「丨岱惟青州」孫疏。○丨即休屠澤也。〔漢書·地理志〕「北至武威入丨」補注。○〔説文定聲·卷五〕丨，叚借為晦。〔老子〕「澹兮其若丨」。○丨蘊，紫菜也。〔通雅·艸〕○丨帶，昆布之類也。〔同上〕○丨藻曰丨蘿，一曰落首。〔同上〕○丨月，江瑶柱也，古曰玉珧。〔通雅·蟲〕○外國之種曰丨桐。〔通雅·木〕○凡華木名丨者，皆從丨外來，如丨棠之類是也。〔本草·卷三〇〕○丨蛤，丨中諸蛤爛殼之總稱，不專指一蛤也。〔本草·卷四六〕

在　丨，察也。〔大戴·曾子立事〕「丨來者」王詁。又〔左傳文公十二年〕「不丨軍事」疏證引焦循。○借丨為察，非以察訓丨也。〔義府·卷上〕○丨、察，一聲之轉。〔釋詁〕「丨，察也」郝疏。○丨者，上文云察也，是察之終也。〔釋詁〕「丨，終也」郝疏。○丨亦存也。〔説文〕「存，恤問也」繫傳。○丨，古訓為存問。〔説文〕「丨，存也」段注。○丨，存也，存問之也。〔左傳隱公一一年〕「辱丨寡人」述聞。○國丨謂國存也。〔荀子·王霸〕「兩者竝行而國丨」集解引王念孫。○〔周禮〕丨作存。〔大戴·朝事〕「歲徧丨」王詁。○丨，居也。〔廣韻·海部〕○丨家，為不居攝，言退老也。〔書·君奭〕「丨家不知天命不易」孫疏。○〔説文定聲·卷五〕丨，伺其隙也。〔秦策〕「樗里疾公孫衍二人丨爭之王」。○丨，〔水經注〕作有。〔左傳僖公九年〕「其丨亂乎」洪詁。○丨讀為纔。〔漢書〕「迺丨」雜志。○〔説文〕丨從才聲，故與纔財裁通用。〔同上〕○丨當讀為載。〔國語·周語〕「陽失而丨陰」平議。又〔釋詁〕「丨，終也」平議。○〔説文定聲·卷五〕丨，叚借為嗣。〔釋詁〕「丨，終也」。

辠　丨，犯公法也。〔説文〕「丨，犯法也」義證引〔玉篇〕。○丨即罪也。〔釋詁〕「辜，丨也」鄭註。○丨、罪，古今字。〔周禮·比長〕「親有丨奇衺則相及」孫正義。○丨，古罪字，秦始皇以丨字近皇字，改為罪。〔通鑑·周紀五〕「自言丨過」音注。○丨，經傳皆以罪為之。〔説文定聲·卷一二〕○丨從自辛也，言丨人蹙鼻，辛苦之憂，亦作罪。〔廣韻·賄部〕○〔説文定聲·卷一二〕丨，叚借為呰。〔廣雅·釋詁〕「丨，諻也」。

宰　丨，本義當為丨割。〔説文定聲·卷五〕引江永。○屋下制治辠人謂之丨，與辟同意。〔卷五〕○丨，引伸為丨制。〔説文〕「丨，辠人在屋下執事者」段注。○丨，理也，制斷也。〔慧琳音義·卷一八〕引〔考聲〕。○丨，轉注為制治之偁。〔説文定聲·卷五〕○丨，大也。〔慧琳音義·卷一八〕引〔考聲〕。○丨，家臣。〔孟子·離婁上〕「求也為季氏丨」朱注。○丨，本家臣之名。〔儀禮·士冠禮〕「丨自右少退贊命」胡正義。○丨，家臣之長也。〔禮記·禮器〕「子路為季氏丨」集解。○丨，邑長家臣之通號。〔論語·公冶長〕「可使為之丨也」朱注。○丨者，大夫家臣及大夫邑長之通稱。〔論語·子路〕「仲弓為季氏丨」劉正義。○丨者，官之别稱。〔公羊傳隱公元年〕「丨者何」陳疏。○丨，家丨。〔廣韻·海部〕○丨即膳丨也。〔墨子·貴義〕「為一犬一彘之丨」閒詁。○丨人，掌膳食者也。〔通鑑·漢紀六〕「王嘗久與騶奴丨人游戲飲食」音注。○丨夫，以式法掌祭祀之戒具。〔大戴·諸侯舋廟〕「丨夫」王詁。○丨爵二字官名也。丨爵者，主爵也。〔荀子·王制〕「丨爵知賓客祭祀饗食犧牲之牢數」集解引俞樾。○凡〔周官〕丨夫，〔儀禮·大射儀〕丨胥，〔左傳襄公二六年〕丨旅，〔左傳哀公三年〕丨人，皆謂太丨之屬吏也。〔説文定聲·卷五〕○丨父為複姓，古人多以官為氏，丨父即丨氏，右丨氏之類。〔史記·仲尼弟子傳〕「丨父黑字子索」志疑引〔孔廟禮樂考〕。○丨官即縣令。〔漢書·百官公卿表〕「監御史，秦官，掌監郡」補注引王鳴盛。○膠萊間人謂崽子為丨子。〔釋訓〕「之子者，是子也」郝疏。○丨子即此子之聲轉。〔同上〕○〔説文定聲·卷五〕丨，叚借為采。〔禮記・曲禮〕「問大夫之富，曰有丨食力」。〇丨當讀為采，謂有采地也。〔禮記・曲禮下〕「有丨食力」述聞。〇丨即采之假借也，古字采與丨通。〔禮記・曲禮下〕疏「丨，邑丨也」述聞。〇〔說文定聲・卷五〕丨，叚借為冢。〔小爾雅・廣名〕「丨，冢也」。

**醢** 丨，肉醬也。〔禮記・郊特牲〕「其丨陸產之物也」集解。又〔國策・趙策三〕「烹丨梁王」鮑注。又〔通鑑・周紀三〕「丨之」音注。〇肉醬，亦作丨。〔廣韻・海部〕〇肉無骨即丨。〔說文〕「腝，有骨丨也」繫傳。〇無骨者謂之丨。〔禮記・郊特牲〕「其丨陸產之物也」集解。〇醓丨同物，唯有骨無骨為異耳。〔釋器〕「肉謂之丨」郝疏。〇丨，豆實也。〔大戴・諸侯遷廟〕「脯丨陳于房中」王詁。又〔禮記・禮器〕「大夫聘禮以脯丨」集解。

**載** 丨，年。〔詩・大明〕「文王初丨」朱傳。〇丨，年也。〔廣韻・海部〕引〔方言〕。〇初丨，即初年。〔詩・大明〕「文王初丨」集疏。〇後惟唐天寶甲申後十五年改年稱丨。〔說文定聲・卷五〕〇丨，成也。〔大戴・四代〕「丨事何以」王詁。〇丨亦成也。〔列子・天瑞〕「以成若生丨若形」平議。〇丨為始，即為生。〔詩・大明〕「文王初丨」通釋。〇丨，車所丨也。〔詩・正月〕「其車既丨」朱注。〇丨，設也。〔詩・旱麓〕「清酒既丨」集疏引韓說。〇丨，承也。〔國策・楚策四〕「不足以丨大名」鮑注。〇丨，持也。〔荀子〕「以國丨之」雜志。〇丨，行也，謂行其清靖之志也。〔漢書〕「丨其清靖」雜志。〇丨，事。〔詩・文王〕「上天之丨」朱傳。〇〔說文定聲・卷五〕丨，叚借為才。〔孟子〕「自葛丨」。〇哉與丨古字通。〔左傳宣公一五年〕「陳錫丨周」洪詁。〇丨當作哉，聲之誤也。〔淮南・道應〕「夫善丨腐肉朽骨棄劍者」平議。〇丨，與栽同。〔廣雅・釋宮〕「栽，閣也」疏證。〇丨，通作栽。〔詩・緜〕「縮版以丨」通釋。〇丨、栽，古同聲通用。〔詩・大明〕「文王初丨」通釋。〇經典丨、戴通用。〔釋言〕「俅，戴也」郝疏。〇負丨為負戴器物。〔左傳哀公八年〕「景伯負丨」洪詁引劉炫。〇丨，魯、韓作戴。〔詩・絲衣〕「丨弁俅俅」集疏。〇〔說文定聲・卷五〕丨，叚借為蒔。〔釋天〕「夏曰歲，商曰祀，周曰年，唐虞曰丨」。〇丨，魯作縡。〔詩・文王〕「上天之丨」集疏。

**餧** 丨，飢也。〔廣韻・賄部〕〇一曰魚敗曰丨。（同上）〇丨，魚敗臭也。〔慧琳音義・卷九〇〕〇飯敗亦曰丨。〔說文〕「丨，一曰魚敗曰丨」義證。〇丨萎委並通。〔廣雅・釋詁三〕「丨，食也」疏證。〇丨，字或作鯘。〔說文〕「丨，一曰魚敗曰丨」義證。〇丨，或作餒。（同上）〇丨，諸刊本作餒。〔左傳昭公三年〕「三老凍丨」洪詁。

**餒** 魚爛曰丨。〔論語・鄉黨〕「魚丨而肉敗不食」朱注。〇丨，飢乏而氣不充體也。〔孟子・公孫丑上〕「無是，丨也」朱注。〇〔說文定聲・卷一二〕丨，叚借為⿰歹委。〔論語〕「魚丨而肉敗」。〇丨與鯘字異而義同。〔廣雅・釋詁三〕「鯘，敗也」疏證。〇〔說文定聲・卷一二〕丨，字亦作鯘。〔廣雅・釋詁三〕「丨，敗也」。〇丨，當作餧。〔左傳桓公六年〕「民丨而君逞欲」洪詁。〇丨，當為餧。〔墨子・辭過〕「孤寡者凍丨」閒詁引畢沅。〇丨即餧之或體。〔說文定聲・卷一二〕

**鎧** 丨，甲之別名。〔續音義・卷三〕引〔切韻〕。又〔廣韻・海部〕。〇丨，兜鍪也。〔慧琳音義・卷六四〕引〔考聲〕。〇以金革蔽身曰丨。〔慧琳音義・卷五〕引〔文字集略〕。〇甲始以革，而後以金，故名之曰丨。〔通雅・戎器〕〇丨亦謂之介。〔說文〕「丨，甲也」義證引〔急就篇〕顏注。〇〔說文定聲・卷一二〕丨，以磑為訓。〔釋名〕「丨，猶塏也」。〇丨塏並與磑聲近義同。〔廣雅・釋詁一〕「磑，堅也」疏證。

**愷** 丨，樂也。〔廣韻・海部〕〇丨訓為樂。〔左傳文公一八年〕「謂之八丨」疏證。〇丨，振旅樂名也。〔慧琳音義・卷九三〕引〔韻英〕。〇丨亦善也。〔左傳文公一八年〕「謂之八丨」平議。〇丨又通作豈。〔說文〕「丨，康也」義證。又〔釋詁一〕「丨，樂也」郝疏。〇丨，通作凱。〔說文〕「丨，康也」義證。〇丨與凱通。〔廣雅・釋詁一〕「凱，大也」疏證。〇旅丨，劉逵〔吳都賦〕注引此正作旅凱。〔左傳僖公二八年〕「振旅丨以入于晉」洪詁。〇丨，當作闓。〔釋言〕「丨，發也」郝疏。〇丨悌即豈弟。〔釋言〕「丨，悌，發也」郝疏。〇豈弟，魯、韓作丨悌，齊或作凱弟。〔詩・泂酌〕「豈弟君子」集疏。〇丨悌者，闓圛之叚音也。〔釋言〕「丨悌，發也」郝疏。〇丨悌、豈弟、闓懌，並字異而義同。〔廣雅・釋詁四〕「闓，明也」疏證。〇丨，又作凱。〔說文定聲・卷一二〕

**豈** 丨音愷，亦樂也。〔詩・魚藻〕「丨樂飲酒」朱傳。〇丨弟，猶開明也。〔詩・載驅〕「齊子丨弟」通釋。〇丨同愷。〔說文〕「愷，樂也」段注。〇丨愷實同字。〔說文定聲・卷一二〕（「愷」下）〇丨本愷樂之正字。〔說文〕「⿰齒豈，从齒，丨聲」句讀。〇丨當讀為闓。〔廣雅・釋詁四〕「闓，明也」疏證。〇愷悌、丨弟、闓懌，並字異而義同。（同上）

**凱** 丨亦訓樂，即愷字也。〔說文〕「愷，康也」段注。〇丨，遊歸樂也。〔慧琳音義・卷八三〕引〔字書〕。〇丨，振旅樂名也。〔卷九三〕引〔韻英〕。〇丨，大也。〔卷八三〕引〔古今正字〕。〇樂謂之般，亦謂之丨，大謂之丨，亦謂之般，義相因也。〔廣雅・釋詁一〕「般，大也」疏證。〇丨悌，樂易也。〔詩・南山有臺〕「丨悌君子」集疏引魯說。〇南風曰景風，一曰丨風。〔詩・凱風〕「丨風自南」後箋引〔通卦驗〕。〇丨當作豈。（同上）陳疏。〇丨同愷。〔廣韻・海部〕

**颽** 丨，南風。〔廣韻・海部〕〇丨曰風。〔集韻・海部〕〇丨亦作凱。〔廣韻・海部〕〇丨通作凱。〔集韻・海部〕

**待** 丨，今人易其語曰等。〔說文〕「丨，竢也」段注。〇丨，擬也。〔廣韻・海部〕〇丨，俟也。（同上）〇丨，止也。〔國語・晉語〕「丨於曲沃也」述聞。〇丨與止同義。〔方言・卷一三〕「空，丨也」箋疏。〇丨者，禦用。〔管子〕「不能丨」雜志。〇丨為禦也。〔左傳昭公七年〕「吾無以丨之」述聞。〇丨諸者，禦之也。〔左傳宣公一二年〕「一諸乎」述聞。〇禦敵謂之一。〔孟子·梁惠王〕「何以一之」述聞。〇為宮室以禦風雨亦謂之一。〔墨子·辭過〕「宮室足以一雪霜雨露」述聞。〇一猶給也。〔大戴·小辨〕「則可立一也」王詁。〇凡儲物竢其用時而給之，亦為一。〔周禮·大府〕「關市之賦以一王之膳服」孫正義。〇一猶忍也。〔國語·晉語〕「其誰能一之」平議。〇一猶將。〔國策·趙策四〕「而臣一忠之封」鮑注。〇一罪，謙言也。〔漢書·張敞傳〕「一罪京兆」補注。〇代與一亦聲近而義同。〔廣雅·釋詁三〕「跱，止也」疏證補正。〇〔說文定聲·卷五〕一叚借為侍。〔禮記·雜記上〕「一猶君也」。〇（同上）一叚借為恃。〔呂覽·無義〕「不窮奚一」。〇古讀恃侍一皆同聲。〔釋詁〕「頚，一也」郝疏。〇〔說文定聲·卷五〕一叚借為庤。〔穆天子傳〕「乃命邢侯一攻玉者」。〇一特聲相近，故字相通。〔漢書〕「一用之」雜志。〇一讀為特，一特聲相近，故字相通。〔漢書·韓延壽傳〕「延壽遂一用之」補注引王念孫。〇一又通作時。〔廣雅·釋詁三〕「跱，止也」疏證。〇一又通時與持。〔釋詁〕「頚，一也」郝疏。〇一，一其命。〔國策·韓策三〕「故願公仲之以國一於王」鮑注。〇怠與一義亦相近。〔廣雅·釋詁四〕「遻，遲也」疏證。〇一犂義相近也。（同上）〇一，〔左傳〕古文或當作遻。〔左傳僖公二三年〕「一我二十五年」疏證。〇一之言跱也。〔廣雅·釋詁二〕「一，逗也」疏證。〇一與跱亦聲近而義同。〔廣雅·釋詁三〕「跱，止也」疏證。〇一，蓄事之謂。〔荀子·君道〕「以禮一君」集解引郝懿行。〇一當作去。〔韓子·難一〕「輕爵祿以一之」集解。〇一當作得。〔漢書·周勃傳〕「亞夫固爭之不一」補注引錢大昭。

怠

一，懈也。〔大戴·子張問入官〕「墮一者」王詁。〇一亦為懈。〔書·甘誓〕「一棄三正」孫疏。〇一，懈一。〔廣韻·海部〕〇一，懈一也。〔說文〕「懈，一也」義證引〔玉篇〕。〇一，惰也。〔慧琳音義·卷三〕〇一者，嬾也。〔釋言〕「懈，一也」郝疏。〇古人一怡一字，一音而二義也，專以怡悅為事，則懈一矣。〔通雅·疑始〕〇一疑與佁儗義亦相近。〔廣雅·釋詁二〕「眙，逗也」疏證。〇一與待義亦相近。〔廣雅·釋詁四〕「遻，遲也」疏證。〇紿與一同。〔廣雅·釋詁二〕「紿，緩也」疏證。〇一讀為殆，古殆與一通。〔書·湯誓〕「有衆率一弗協」平議。〇殆一古通用。〔方言六〕「一，壞也」疏證。〇一或借殆字。〔說文〕「一，慢也」義證。〇〔說文定聲·卷五〕一叚借為殆。〔方言六〕「一，壞也」。〇一與殆通。〔廣雅·釋詁一〕「殆，壞也」疏證。〇一亦作逮。〔漢書·蕭何傳〕「尚復孳孳得民和」補注引宋祁。〇〔書〕一作辭，籀文辭作辝，从台。〔公羊傳文公一二年〕注「易一猶輕惰」陳疏引〔九經古義〕。

殆

一，危也。〔詩·節南山〕「無小人一」朱傳。又〔正月〕「民今方一」朱傳。又〔雨無正〕「孔棘且一」朱傳。又〔正月〕「民今方一」陳疏。又〔大戴·勸學〕「一教亡身」王詁。又〔公羊傳襄公五年〕「故相與往一乎晉也」陳疏引孔廣森。又〔論語·衛靈公〕「佞人一」朱注。又〔論語·微子〕「今之從政者一而」朱注。又〔廣韻·海部〕。又〔荀子〕「治鄰敵」雜志。〇一，危身。〔漢書·何武王嘉師丹傳贊〕「違俗則免一」補注。〇一，危一者也。〔莊子·養生主〕「以有涯隨無涯一已」集釋。〇凡將然之詈皆曰一、曰危。〔說文〕「一，危也」段注。〇一者，將然之詞也。〔釋詞·卷六〕〇一，幾也。〔大戴·曾子立事〕「一於以身近之也」王詁。〇一與幾同義，近也。〔詩·節南山〕「無小人一」通釋。〇一，近也。〔廣韻·海部〕〇一，疑也。〔論語·微子〕「今之從政者一而」劉正義。〇一即疑一之一，亦迷惑之意也。〔史記〕「疑一」雜志。〇一猶必也。〔韓子·內儲說下〕「君一去之」集解。〇一，發語辭。〔孟子·梁惠王上〕「一有甚焉」朱注。〇一、治，古字通。〔荀子〕「治鄰敵」雜志。〇一治古聲相近，故字亦相通。〔荀子·彊國〕注「一或為治」述聞。〇〔說文定聲·卷五〕一叚借為治。〔公羊傳襄公五年〕「故相與往一乎晉也」。〇一讀為治，治謂訟理也。〔公羊傳襄公五年〕「往一乎晉」述聞。〇一讀為治，一治古音相近，故字亦相通。〔公羊傳襄公五年〕「故相與往一乎晉也」陳疏。〇有叚一為始者。〔說文〕「始，女之初也」段注。〇〔說文定聲·卷五〕一叚借為怠。〔論語〕「思而不學則一」。〇一即怠之借字。〔詩·玄鳥〕「受命不一」通釋。〇一讀為怠。〔大戴·勸學〕「一教亡身」述聞。〇一當讀為怠。〔太玄·成〕「未成而一」平議。〇一與怠聲義並同。〔方言六〕「怠，壞也」箋疏。〇一讀為待。〔荀子〕「小涂則一」雜志。〇一讀為待，假借字。〔荀子·榮辱〕「小涂則一」集解引王念孫。〇〔說文定聲·卷五〕一叚借為似，猶似乎不可也。〔孟子〕「一于不可」。〇（同上）一叚借為隸，一亦及也。〔詩·七月〕「一及公子同歸」。

倍

一，反也。〔大戴·武王踐阼〕「一德則崩」王詁。〇一者，反也。〔荀子·大略〕「謂之一」集解引郝懿行。〇一亦反也。〔晏子春秋〕「及義而謀，一民而動」雜志。〇引伸之，為一文之一。〔說文〕「一，反也」段注。〇一同背，謂不開讀也。〔說文〕「諷，誦也」段注。〇一文者，背書也。〔通雅·釋詁〕〇又引伸之為加一之一。〔說文〕「一，反也」段注。〇一，一一也。〔孟子·滕文公上〕「或相一蓰」朱注。〇一，子、本等也。〔廣韻·海部〕〇一謂一生兩也。〔慧琳音義·卷三三〕引顧野王。〇一，益也。〔國策·趙策四〕「抱安邑而一秦」鮑注。〇一，多也，敵於本也。〔慧琳音義·卷三三〕引〔考聲〕。〇一如字，言深入所過城邑多也。〔國策·中山策〕「多一城邑」補注。〇一謂悖逆而犯上。〔禮記·禮運〕「則大臣一」集解。〇一阿，神名。〔集韻·咍部〕〇一音背。〔國策·魏策一〕「來將一之」鮑注。又〔魏策三〕「一鄴朝歌」鮑注。又〔韓策一〕「一韓以攻楚」「魏必一秦」鮑注。又〔燕策二〕「因是而一之」鮑注。〇一並音背。〔國策·趙策四〕「有一約者」鮑注。〇一、背同。〔國策·秦策二〕「今王一數險」鮑注。又〔中山策〕「多一城邑」鮑注。又〔齊策五〕「一時勢」鮑注。又〔齊策六〕「智者不一時而棄利」鮑注。又〔墨子·耕柱〕「一義而鄉祿」閒詁引蘇時學。〇一與背同。〔大學〕「上恤孤而民不一」朱注。又〔中庸〕「為下不一」朱注。又〔孟子·滕文公上〕「師死而遂一之」朱注。又〔通鑑·周紀三〕「今王一數」音注。又〔國策〕「棓而殺之」雜志。又〔管子〕「丨招而必拘之」雜志。○丨與背同，謂背理也。〔論語・泰伯〕「斯遠鄙丨矣」朱注。○丨與背同，鄉丨之丨也。〔通鑑・周紀二〕「未嘗丨秦山」音注。○丨背古通。〔通雅・釋詁〕○〔說文定聲・卷五〕丨叚借為背。〔周髀算經〕「丨正南方」。○丨亦作背。〔呂覽・明理〕「有丨僪」校正。○丨，字或作背。〔廣雅・釋天〕「丨，常氣」疏證。○孔叢選注丨皆作背。〔呂覽・觀表〕「丨衛三十里」校正。○〔通雅・卷六〕丨僪，一作背譎、背穴。〔呂覽・明理〕「日有鬭蝕，有丨僪」。○丨譎，諸書多作丨僪，或作背譎，盖喻二人相背。〔莊子・天下〕「而丨譎不同」集釋。○丨之或體作偝。〔說文〕「丨，反也」段注。○偝背丨三字通。〔孟子・滕文公上〕「師死而遂丨之」焦正義。○〔說文定聲・卷五〕丨叚借為北。〔五輔〕「長幼無等則丨」。○(同上)丨叚借為培。〔左傳僖公三〇年〕「焉用亡鄭以丨鄰」。○(同上)丨叚借為陪。〔左傳定公四年〕「分之土田丨敦」。○〔通雅・卷六〕丨遊即陪遊。〔易林〕「都邑丨遊」。○丨薄，謂薄者丨益使厚，〔御覽〕作陪，字通。〔漢書・溝洫志〕「增卑丨薄」補注引蘇輿。○丨乃借字，東菩草，并祠之，即菩芻為神主也。〔漢書・東平思王傳〕「東丨草，并祠之」補注引沈欽韓。○背丨負三字，古同聲而通用。〔國策〕「棓而殺之」雜志。○丨尾，〔夏紀〕作負尾。〔漢書・地理志〕「至于丨尾」補注。○〔說文定聲・卷五〕丨叚借為輩。〔穆天子傳六〕「哭者七丨之」。○(同上)丨叚借為[illegible]。〔詩・蕩〕「曾是丨克」。○丨至，〔史記〕作信至。〔荀子・禮論〕「大路之馬必丨至」集解引盧文弨。○丨，當依〔史記〕作信，信至謂馬調良之極。(同上)集解。○姚本丨作信。〔國策・趙策四〕「抱安邑而丨秦」校正。

猥 丨，犬聲。〔廣韻・賄部〕○丨，犬衆吠也。〔慧琳音義・卷一八〕引〔考聲〕。○〔說文定聲・卷一二〕丨丨，狀吠。〔說文〕「丨，犬吠聲」。○丨，雜也。〔通鑑・魏紀六〕「公務煩丨」音注。○丨亦雜也。〔慧琳音義・卷五〕引〔字書〕。○丨，濁也。〔卷一六〕○丨，穢也。〔卷二〕引〔字書〕。○丨，不正而濫也。〔卷九七〕引〔考聲〕。○丨，不正也，濫也。〔卷七八〕○不正而濫曰丨。〔卷二〕引〔考聲〕。○丨，不正而溫也。〔卷六三〕引〔考聲〕。○丨，遝也。〔漢書・杜鄴傳〕「流漸積丨」補注引胡注。又〔通鑑・漢紀二七〕「流漸積丨」音注。○丨，積也。〔魏紀五〕「方今軍旅或丨或卒」音注。○丨猶總也。〔管子〕「丨計」雜志。○丨計，猶總計也。〔管子・八觀〕「以人丨計其野」義證引孫星衍。○丨，猝也。〔漢書・賈山傳〕「雖有惡種，無不丨大」補注。○丨猶猝也。〔漢書〕「丨自發舒」雜志。又〔漢書・王莽傳〕「今丨被以大罪」補注。○丨猝皆頓也。〔廣雅・釋言〕「丨，頓也」疏證。○丨，鄙也。〔廣韻・賄部〕○丨，茍也。〔漢書・董仲舒傳〕「勿丨勿并」補注引〔劉歆傳〕注。○丨與限通訓，丨有曲義。〔漢書・溝洫志〕「吕為水丨，盛則放溢」補注引蘇輿。○〔說文定聲・卷一二〕丨，叚借為限，實亦發聲之詞。〔出師表〕「丨自枉屈」。○(同上)丨，叚借為委。〔漢書・五行志〕「兼受其丨」。○(同上)丨，叚借為痿。〔廣雅・釋言〕「丨，頓也」。○(同上)丨，叚借為薉。〔衆經音義〕引〔廣雅〕「鄙，丨也」。○鍡鑸、碨磊、畏壘、嵔壘、丨壘、丨纍、畏累、㙗壨、嵬𡾊、碨磊，並字異而義同。〔廣雅・釋訓〕「鍡鑸，不平也」疏證。○官本偎作丨。〔漢書・朱雲傳〕「而嘉偎稱雲」補注。

隗 陮丨，高也。〔廣韻・賄部〕○〔說文定聲・卷一二〕嵲丨，猶崔嵬也。〔甘泉賦〕「崣嵲丨乎其相嬰」。(「嵲」下)

碨 丨，衆石皃。〔集韻・賄部〕○丨硊，石貌。〔楚辭・招隱士〕「硱磳丨硊」補注。○丨礧，石也。〔廣韻・賄部〕

嵔 丨，山皃。〔廣韻・賄部〕○〔說文定聲・卷一二〕丨，字亦作磈。〔江賦〕「元巁磈磥而碨砐」。

㠑 嶏丨，山皃。〔廣韻・賄部〕○丨嵬，山石崔嵬，高而不平也。〔文選・南都賦〕「丨嵬」集釋引〔說文〕。○丨嵬，〔甘泉賦〕作嵲隗。(同上)○嵲字亦作丨。〔說文定聲・卷一二〕(「嵲」下)

儡 丨，疲也。〔淮南〕「然而不免於丨身」雜志。○丨之言羸也。(同上)○儽丨傫羸，並字異而義同。(同上)○丨丨，即纍纍、累累、縲縲、轠轠。〔通雅・釋詁〕○丨，傀丨戲。〔廣韻・賄部〕

磥 東齊謂磨曰丨𥐥。〔集韻・脂部〕

癗 痱丨，皮外小起。〔廣韻・賄部〕

礧 丨硌，大石。〔廣韻・賄部〕○丨，大石皃。〔集韻・賄部〕○丨，擊也。〔集韻・灰部〕○丨，石轉突也。(同上)○丨，通作轠。(同上)○丨，或作硃、礧、壘。〔集韻・賄部〕

櫑 丨劒，古木劒也。〔廣韻・賄部〕

腇 萎丨，耎弱也。〔集韻・賄部〕

寀 寮丨，官也。〔廣韻・海部〕○丨之言宰也。〔釋詁〕注「官地為丨」述聞。○宰丨聲相近。〔釋詁〕「丨，官也」述聞。○主謂之宰，亦謂之丨，官謂之宰，亦謂之丨。(同上)○丨字或作采。(同上)○丨當作采。〔釋詁一〕「尸，丨也」郝疏。○丨當為采。〔釋詁一〕「丨，官也」郝疏。

髤 丨，髮丨。〔廣韻・海部〕

茝 丨，香草也。〔廣韻・海部〕○丨香可以養鼻，又可養體，故丨字从𦣝。〔本草・卷一四〕引〔字說〕。○丨，白芷也。〔離騷〕「豈維紉夫蕙丨」補注。○丨、芷同字。〔說文〕「虈，齊謂之丨」段注。

**紿** —，絲勞也。〔廣韻·海部〕〇—，緜緼。〔集韻·咍部〕〇〔說文定聲·卷五〕—謂敝勤，如人之券怠也。〔說文〕「—，絲勞即—」。〇—與怠同。〔廣雅·釋詁二〕「—，緩也」疏證。〇—，欺也。〔國策·齊策六〕「—騎劫」鮑注。又〔通鑑·周紀四〕「相如乃以詐—秦王」音注。〇—，誑也。〔同上〕〇—，欺言。〔廣韻·海部〕〇—，欺誑也。〔通鑑·漢紀三〕「田父—曰左」音注。〇—與詒古通字。〔方言三〕注「汝南人呼欺亦曰詒」箋疏。〇〔說文定聲·卷五〕—，段借為詒。〔穀梁傳僖公元年〕「惡公子之—」。〇—，古多段為詒字。〔說文〕「—，絲勞即—」段注。〇〔史〕、〔漢〕多段—為詒。〔說文〕「詒，相欺詒也」段注。〇〔說文定聲·卷五〕—，段借為貸。〔淮南·氾論〕「出百死而—一生」。

**詒** —，遺。〔詩·雄雉〕「自—伊阻」朱傳。又〔小明〕「自—伊戚」朱傳。又〔文王有聲〕「—厥孫謀」朱傳。〇—，相欺。〔廣韻·海部〕〇—，或借給字。〔說文〕「—，相欺—也」義證。〇〔說文定聲·卷五〕—，段借為給。〔莊子·達生〕「公反誒—為病」。〇〔同上〕—，段借為駘。〔後漢·馮衍傳〕「更相駘藉」注引前書音義「駘，蹈也」。〇〔同上〕—，字變作詒。〔字林〕「詒，黑貝也」。〇—，魯作貽。〔詩·文王有聲〕「—厥孫謀」集疏。

**箈** 〔說文定聲·卷五〕—，段借為䈚。〔集韻〕「—，或作箈」。

**廆** —，廦也。〔集韻·賄部〕〇〔史記〕—作瘣。〔漢書·司馬相如傳〕「崴磈嵔—」補注。

**䈚** —，竹筍。〔廣韻·海部〕〇〔說文定聲·卷五〕—，如今春筍。〔釋草〕「—，箭萌」。〇—，字亦作箈。〔說文定聲·卷五〕〇〔同上〕—借為箈。〔周禮·醢人〕「箈菹鴈醢」司農注「水中魚衣」。

**鼐** 鼎大者曰—。〔廣韻·海部〕〇—，鼎絶大者。〔國策·楚策四〕「夕調乎鼎—」鮑注。

**駘** —，引伸為寬大之意，漢有臺名—盪，及春色—蕩是也。〔說文〕「—，馬銜脱也」段注。〇—，疲也。〔廣韻·海部〕〇—，鈍也。〔同上〕〇—蕩，猶放散。〔莊子·天下〕「—蕩不得」集解引〔文選〕謝元暉〔直中書省詩〕司馬注。〇—蕩，春色皃。〔廣韻·海部〕〇古謂春色舒放為—蕩。〔說文〕「—，馬銜脱也」繫傳。〇—與台聲義相近。〔廣雅·釋詁二〕「台，失也」疏證。

**琲** —，珠五百枚。〔廣韻·賄部〕〇—謂貫珠之名也，百珠為貫，五貫為—。〔慧琳音義·卷九九〕引顧野王。〇珠五百枚為一—，一說珠十貫。〔通雅·算數〕〇〔說文定聲·卷一二〕—，輩之轉注。〔說文新附〕「—，珠五百枚也」。〇—，或書蜚。〔通雅·算數〕

**塏** —，所謂爽—也。〔說文〕「—，高燥也」繫傳。〇—謂高也。〔說文定聲·卷一二〕〇—，地高燥也。〔慧琳音義·卷八一〕〇—、塏義與闓並相近。〔廣雅·釋詁四〕「闓，明也」疏證。〇鎧—並與磑聲近而義同。〔廣雅·釋詁〕「磑，堅也」疏證。

**浼** —，汙也。〔孟子·公孫丑上〕「若將—焉」朱注。〇—，本訓汙。〔詩·新臺〕「河水——」後箋。〇—醃古通用。〔方言三〕「—，洿也」疏證。〇〔說文定聲·卷一五〕—，字又作醃。〔廣雅·釋詁三〕「醃，污也」。〇—，字或作醃。〔說文〕「—，汙也」義證。〇—與漫同。〔荀子〕「—漫」雜志。〇—，水流平皃。〔廣韻·賄部〕〇——，平也。〔詩·新臺〕「河水——」朱傳。〇——，〔傳〕云——平地者，謂水極盛則與地平矣。〔同上〕後箋。〇——，通作浘浘。〔同上〕通釋。又〔通雅·釋詁〕。〇——，韓作浘浘。〔詩·新臺〕「河水——」集疏。〇—同潣。〔廣韻·賄部〕〇——，即潣潣之假借。〔詩·新臺〕「河水——」通釋。又〔說文〕「潣，水流——皃」段注。〇——者，乃潣潣之假借。〔詩·新臺〕「河水——」後箋。〇——，當作潣潣。〔說文〕「潣，水流——皃」段注。〇——與亹亹同。〔說文〕「—，詩曰河水——」段注。〇——，通作瀰瀰。〔通雅·釋詁〕〇——，通作沔沔。〔同上〕〇——，通作洋洋。〔同上〕

**匯** —，回也。〔廣韻·賄部〕〇舊說—者回也。〔說文〕「—，器也」段注。〇—之言圍也。〔同上〕〇〔說文定聲·卷一二〕—，段借為回。〔書·禹貢〕「東—澤為彭蠡」。〇〔同上〕—，段借為㙛。〔廣雅·釋詁一〕「—，大也」。〇—，澤名。〔廣韻·皆部〕〇—者，淮之誤。〔說文〕「淮，淮水」段注。〇—，皆當為滙字之誤也。〔漢書·地理志〕「秦水東南至湞陽入—」補注引王念孫。

**鮾** —，魚敗。〔廣韻·賄部〕

**鯘** —，魚敗也。或作鮾。〔集韻·賄部〕〇—，或作䑋。〔同上〕〇—，通作餧。〔同上〕〇餒與—，字異而義同。〔廣雅·釋詁三〕「—，敗也」疏證。

**瘣** —謂傷病也。〔說文定聲·卷一二〕〔「壞」下〕〇—，木病無枝。〔廣韻·賄部〕〇木無枝葉，則不能豐其根幹，故謂之—。〔詩·小弁〕「譬彼—木」集疏。又〔說文〕「—，病也」義證引〔中論·藝紀〕。〇魁—，本枝節盤結也。〔集韻·賄部〕〇槐與—通。〔釋草〕「—，懷羊」平議。〇—，本或作蒐。〔釋草〕「—，懷羊」郝疏。

**漼** —，深貌。〔詩·小弁〕「有—者淵」朱傳。〇—，水深皃。〔廣韻·賄部〕〇——，積聚貌。〔楚辭·憫上〕「霜雪兮——」章句。〇—溰，霜雪積聚貌。〔同上〕補注。〇〔說文定聲·卷一二〕—，段借為摧。〔後漢·崔駰傳〕「王綱—以陵遲」。〇〔同上〕—，字亦作璀。〔洛神賦〕「披羅衣之璀粲兮」。

**璀** —，玉名。〔廣韻·賄部〕〇—璨，一作翠粲、綷縩、辭縩。〔通雅·釋詁〕

**每** —，艸盛也。〔說文〕「毓，育。或从—」段注。〇—者，草盛上出。〔說文定聲·卷一四〕〔「緐」下〕〇—，引伸為凡盛。〔說文〕「—，艸盛上出也」段注。〇—，頻也。〔大戴·曾子疾病〕「—履而下」王詁。又〔廣韻·賄部〕。〇—，雖也。〔詩·常棣〕「—有良朋」集疏引魯說。又〔廣韻·賄部〕。〇—

者，冒也。〔文選・鵩鳥賦〕「品庶－生」集釋。○〔通雅・卷四〕－生，憑生也。〔鵩鳥賦〕「品庶－生」。○－生，〔史記〕作馮生。〔漢書・賈誼傳〕「品庶－生」補注。○－生，有味生之意。〔文選・鵩鳥賦〕「品庶－生」集釋。○－－，美貌。〔左傳僖公二八年〕「原田－－」疏證引〔御覽〕。○狀腴田之禾為－－。〔通雅・釋詁〕○〔說文定聲・卷五〕－－，猶〔韓詩〕之「周原腜腜」，〔毛詩〕之「周原膴膴」也，肥美貌。〔左傳僖公二八年〕「原田－－」。○〔通雅・卷九〕－－，亦數數也。〔莊子・胠篋〕「天下－－大亂」。○－－，亦夢夢也，聲相近，故義相同矣。〔廣雅・釋詁一〕「瞢，慙也」疏證。○〔說文定聲・卷五〕－，段借發聲之詞。〔廣雅・釋詁四〕「－，詞也」。○－與拇通。〔方言一三〕「拇，貪也」箋疏。又〔廣雅・釋詁二〕「拇，貪也」疏證。○〔說文定聲・卷五〕－，以拇為之。〔方言一三〕「拇，貪也」。○－，或借腜字。〔說文〕「－，艸盛上出也」義證。○〔說文定聲・卷五〕－，或曰借為腜。〔周書・王會〕「－牛者，牛之小者也」。○膴與腜，古字通，又通作－。〔廣雅・釋訓〕「腜腜，肥也」疏證。○〔說文定聲・卷五〕－，段借為謀。〔漢書・賈誼傳〕「品庶－生」。○（同上）－，段借為霾。〔莊子・胠篋〕「故天下－－」。○－，字或作莓。〔說文〕「－，艸盛上出也」義證。○－，俗改為莓。（同上）段注。

**亥** 〔說文定聲・卷五〕－，以孩為訓。〔說文〕「－，象裹子咳咳之形，－而生子，復從一起」。○－，本古根荄字。〔字詁〕○古文－作豕，即荄字。〔通雅・疑始〕○－言萬物之荄皆動也。〔說文〕「－，荄也」繫傳。○十月建－，－者，根荄也，至建子之月而孳孳然生矣。〔釋天〕「十月為陽」郝疏。○－猶該也。〔字詁〕○－者，數之凡。（同上）○－，辰名。〔廣韻・海部〕○－，段借以紀旬，為十二枝之末，又以紀年紀月，又以命天體十二宮，又以配五行。〔說文定聲・卷五〕○〔通雅・卷一二〕以－日為市曰－市，言如痎瘧，間日一發也，諱痎，故曰－市。〔江南曲〕「江村－日長為市」。

**乃** －本夫對妻之詞。〔漢書・高帝紀〕「亦非－所知也」補注引沈欽韓。○－者，昵近之詞，音轉為爾。（同上）補注。○－，汝也。〔廣韻・海部〕○－，女也。〔禮記・祭統〕「－考服」集解。○〔熹平石經〕－口作「爾口」。〔書・盤庚〕注「－口一作爾口」孫疏。○－，本為難詞，引申為重復警戒之言。〔周禮・大宰〕「－施典于邦國」孫正義。○－，語辭也。〔廣韻・海部〕○－，急詞也。〔釋詞・卷六〕○緩言之為曩者，急言之為－者，其義則同耳。〔釋詁〕「曩，久也」郝疏。○－，始也。〔大戴・保傅〕「太子－生」王詁。○〔釋詞・卷六〕－猶方也。〔大戴・保傅〕「太子－生」。○（同上）－，猶且也。〔書・大誥〕「－弗肯堂」。○（同上）－，猶若也。〔盤庚〕「－不生生」。○（同上）－猶則也。〔詩・生民〕「鳥－去矣」。○（同上）－猶是也。〔左傳成公二年〕「我此－止」。○（同上）－猶寧也。〔左傳襄公三〇年〕「難－不生」。○（同上）－猶於是也。〔書・堯典〕「－命羲和」。○（同上）－猶然後也。〔禹貢〕「作十有三載－同」。○－，發聲也。〔釋詞・卷六〕○－，段借發聲之詞。〔說文定聲・卷二〕○－，引辞也，不絕之義也。〔釋詁〕「郡，－也」鄭注。○〔釋詞・卷六〕－，轉語詞也。〔書・康誥〕「－不可不殺」。○（同上）－，異之之詞也。〔書・盤庚〕「－咸大不宣－心」。○（同上）－若，發語詞也。〔孟子・告子上〕「－若其情」。○（同上）－若，亦轉語詞也。〔離婁〕「－若所憂」。○（同上）－如，亦轉語詞也。〔詩・日月〕「－如之兮」。○－父，唐開成石經作先父。〔書・盤庚〕「－祖－父」孫疏。○－憲，即－諺。〔通雅・釋詁〕○－効，即－逸。（同上）○〔通雅・卷四九〕－洵，猶云那行也。〔世說〕「何－洵」。○古者－仍二字通用。〔釋詁〕「仍，－也」邵正義。○〔說文定聲・卷二〕－，段借為仍。〔周禮・司几筵〕故書「凶事－几」。○仍－聲相近，故字亦相通。〔漢書〕「－」雜志。○仍可訓為－，－字古亦通作仍也。〔漢書・張耳陳餘傳〕「迺求得趙歇」補注引王念孫。○仍而－，聲轉字通。〔釋詁〕「郡，－也」郝疏。○矦－伊維，疑俱音近義通。〔釋詁〕「矦，－也」郝疏。○不－者，不能也，－能聲相近。〔史記・佞幸傳〕「不－甚篤」志疑引〔史記考異〕。○古謂－為能。〔史記〕「倍則戰之」雜志。○能與－同義，故字可以互用。〔漢書〕「能或滅之」雜志。○－，古作迺。〔廣韻・賄部〕○－，字或作迺。〔釋詞・卷六〕○〔五行志〕引傳－作迺。〔左傳襄公二八年〕「－其心也」洪詁。○－，字疑作迺。〔漢書・蕭何傳〕「何為－死也」補注引宋祁。○－迺得通寫，猶溱潧一聲之轉也。〔說文定聲・卷二〕



**迺** －，往也。〔慧琳音義・卷八七〕○－冐，猶言寧冐，謂不冐也。〔說文〕「乃，曳詞之難也」義證引〔急就篇〕顏注。○乃，經史或以－為之，－者，驚詞也，是為假借，乃－得通寫，猶溱潧一聲之轉也。〔說文定聲・卷二〕（「乃」下）○〔卷一五〕－，段借為乃。〔釋詁〕「－，乃也」。○－逌並與乃同。〔廣雅・釋詁一〕「乃，往也」疏證。

**鍡** －鑸，不平。〔廣韻・賄部〕○－鑸，或作畏壘。〔說文〕「－，－鑸，不平也」義證。○－鑸，又作畏累。（同上）○－鑸，又作隈磥。（同上）○－鑸、碨礧、畏壘、嵔壘、－壘、－纍、畏累、堁壗、嵬㠢、碨磊，並字異而義同。〔廣雅・釋訓〕「－鑸，不平也」疏證。

**磊** －同磥。〔廣韻・賄部〕○－，又作礨。〔通雅・釋詁〕○－，亦作磥。〔說文〕「－，衆石皃」段注。○－又作硃。〔通雅・釋詁〕○－又作礧。（同上）○－，字亦作礧。〔說文定聲・卷一二〕○－，字亦作礧。（同上）○－，守城所用擊敵石。〔卷一二〕（「靁」下）○－，衆石貌。〔楚辭・山鬼〕「石－－兮」補注。○－之言絫也。〔說文〕「－，衆石皃」段注。○－隗猶－淳也。〔說文〕「隗，－隗也」段注。○〔說文定聲・卷一〇〕－隗，雙聲連語，猶寡辠也。〔說文〕「隗，－也」。（「隗」下）○－淳，今吳方有之，凡事物煩積而無條理曰－淳。〔通雅・諺原〕○〔說文定聲・卷一五〕－淳，今蘇俗尚有此語，其音如－堆。〔說文〕「淳，－淳，重聚也」。（「淳」下）

**鑸** －，鍡－。〔廣韻・賄部〕

**嵔** 丨，俗作嵬。〔說文〕「丨，丨辠，山皃也」段注。○丨辠，山皃。〔說文定聲・卷一二〕○丨嵬，山狀。〔廣韻・賄部〕

**陮** 丨䤥，果實垂。〔廣韻・賄部〕○丨䤥，木實垂皃。〔集韻・賄部〕

**隗** 丨，京高邱也。〔說文〕「丨，丨隗，高也」繫傳。○丨隗，高也。〔集韻・賄部〕○丨隗，原阜高貌。〔說文〕「丨，丨隗，高也」義證引〔五音集韻〕。又〔集韻・灰部〕。○丨隗，不平也。〔說文〕「嵬，高不平也」義證引〔玉篇〕。○丨隗，不平狀。〔廣韻・賄部〕○丨隗，猶嵔辠。〔說文〕「丨，丨隗，高也」段注。○丨隗，猶崔巍。（同上）○丨隗，即崔嵬之或體。〔說文定聲・卷一二〕

**罪** 丨，古作辠，言蹙鼻辛苦之憂。〔大戴・曾子立事〕「丨也」王詁。○丨，段借為辠，秦始皇以辠字似皇，改作丨。〔說文定聲・卷一二〕○丨，過也。〔漢書・灌夫傳〕「此吾驕灌夫丨也」補注。○丨，猶過也。〔禮記・經解〕「無如後丨何」集解。○丨，當讀為辠。〔列子・黃帝〕「丨乎不詖不止」平議。○蔽丨，鄭司農〔周禮・大司寇〕注引作弊獄。〔左傳昭公一四年〕「蔽丨邢侯」洪詁。

**儽** 丨，順也。〔說文〕「丨，嫺皃」繫傳。○丨，簡易也。（同上）○丨，長好皃。〔廣韻・賄部〕○丨，然即頹然。〔通雅・釋詁〕

**頧** 丨，大頭。〔廣韻・賄部〕又〔集韻・之部〕。○丨，頭不正也。〔廣韻・賄部〕引〔說文〕。又〔集韻・之部〕。○丨，猶嵔嵬也。〔說文〕「丨，頭不正也」繫傳。○〔說文定聲・卷一二〕丨，段借為傀。〔廣雅・釋詁一〕「丨，大也」。○䫌丨魁，古並同声。〔釋詁〕「䫌，大也」疏證。

**磊** 丨，重也。〔集韻・賄部〕○丨，木實垂皃。〔廣韻・賄部〕○磊丨，今吳方言有之，凡事物煩積而無條理曰磊丨。〔通雅・諺原〕○磊丨，今蘇俗尚有此語，其音如磊堆。〔說文定聲・卷一五〕○丨，或借敦字。〔說文〕「丨，磊丨，重聚也」義證。

**㶟** 丨，新水狀也。〔廣韻・賄部〕○丨，水之𤀬也。〔說文定聲・卷一二〕○丨，謂水色新也。〔說文〕「丨，新也」段注。○丨，亦作漼。〔廣韻・賄部〕○〔說文定聲・卷一二〕丨，字亦作漼。〔玉篇〕「漼，清也」。

**漼** 泚丨，清也。〔集韻・賄部〕○丨，通作㶟。（同上）

**痱** 丨，風腫也。〔說文〕「丨，風病也」義證引〔六書故〕。○丨，丨瘤。〔廣韻・賄部〕○丨瘤，小腫也。〔慧琳音義・卷六五〕又〔卷七四〕。○鬼丨者，北人謂之鬼風，皮膚小起，痒不及搔是也。〔說文〕「丨，風病也」義證。○丨，字亦作疿。〔說文定聲・卷一二〕

**㶣** 丨，南人呼火也。〔廣韻・賄部〕○〔說文定聲・卷一〇〕烗，字亦作丨。〔方言一〇〕「丨，火也，楚轉語也」。（「烗」下）

**脮** 丨脮，肥皃。〔廣韻・賄部〕○丨脮，肥也。〔集韻・賄部〕

**崣** 丨，丨嵔。〔廣韻・賄部〕○丨嵔，山皃也。〔慧琳音義・卷九八〕引〔考聲〕。

**潰** 丨，魚盛貌。〔詩・敝笱〕「其魚唯唯」後箋引〔廣韻〕。○丨丨，魚行相隨。（同上）後箋引〔玉篇〕。○丨沱，水汎沙動皃。〔廣韻・賄部〕○〔說文定聲・卷一二〕丨漇，猶威夷，沙石隨水皃。〔江賦〕「碧沙丨漇而往來」。

**䥯** 丨與䥹同。〔廣雅・釋器〕「䥹謂之鐪」疏證。○䥹，字亦作丨。〔說文定聲・卷一〇〕（「䥹」下）○丨，犂錧也。〔說文〕「䥹，鈐䥹也」義證引〔玉篇〕。

**悔** 丨，貪也。〔廣韻・賄部〕○丨，慙也。〔集韻・賄部〕○丨亦通作每。〔方言一三〕「丨，貪也」疏證。○瞢與丨聲相近。〔廣雅・釋詁一〕「丨、瞢，慙也」疏證。

**浼** 丨浽，穢濁也。〔廣韻・賄部〕又〔集韻・賄部〕

**錯** 丨錯，鱗甲皃。〔廣韻・賄部〕○鱗甲謂之丨錯。〔集韻・賄部〕○丨，一曰文采皃。（同上）

**䧟** 丨，山林崇積皃。〔廣韻・賄部〕○〔通雅・卷八〕丨崔即崔嵬。〔甘泉賦〕「雲譎波詭，丨崔而成觀」。○〔說文定聲・卷一二〕丨崣猶崔嵬也。〔史記・司馬相如傳〕「丨崣崛崎」。○丨崣即崔巍，字形有增省耳。〔漢書・司馬相如傳〕「丨崣崛崎」補注。

**㑌** 丨，痛而叫也。〔廣韻・賄部〕○娓，字亦誤作丨。〔說文定聲・卷五〕

**䫋** 丨，美。〔廣韻・海部〕○塏、丨，義與闓並相近。〔廣雅・釋詁四〕「闓，明也」疏證。

**闓** 丨，開也。〔儀禮・士喪禮〕「君釋菜入門，主人辟」胡正義。又〔廣韻・海部〕。○丨與開同。〔說文〕「冏，窗牖麗廔闓明也」繫傳。○丨與開聲侈弇耳。〔方言六〕「開户，楚謂之丨」箋疏。○丨之言開明也。〔廣雅・釋詁四〕「丨，明也」疏證。○丨，引申為凡启導之偁。〔說文〕「丨，開也」段注。○覬丨聲相近。〔廣雅・釋詁二〕「丨，欲也」疏證。○丨之言覬覦也。（同上）○愷悌、豈弟、丨懌，並字異而義同。〔廣雅・釋詁四〕「丨，明也」疏證。○丨圛，猶言日明發行也。〔說文定聲・卷一二〕○（同上）丨，段借為愷。〔封禪文〕「丨懌」。○（同上）丨，段借為覬。〔廣雅・釋詁二〕「丨，欲也」。

**軩** 丨軩，不平。〔廣韻・海部〕又〔集韻・海部〕。

**縡** 丨，事也。〔集韻・海部〕○丨，載也。〔廣韻・海部〕○丨，通作載。〔集韻・海部〕

**聹** 丨，半聾。〔廣韻・海部〕○秦音聽而不聰，聞而不達曰丨。（同上）引〔字林〕。○丨，不全聾也。〔說文〕「丨，益梁之州謂聾為丨」繫傳。

**迨** 丨，及也。〔詩・摽有梅〕「丨其吉兮」朱傳。又〔詩・鴟鴞〕「丨天之未陰雨」朱傳。又〔詩・伐木〕「丨我暇矣」朱傳。又〔通鑑・唐紀五三〕「丨吾之未亂也」音注。又〔廣韻·海部〕。〇丨、還，語之轉耳。〔方言三〕「還，及也」箋疏。〇丨隸逮隶，音義並同。〔方言三〕「丨，及也」箋疏。〇丨，願也。〔詩·摽有梅〕「丨其今兮」後箋引〔釋文〕。又〔詩·匏有苦葉〕「丨冰未泮」集疏引韓說。

**絠** 丨，彈彄也。〔集韻·海部〕〇發矢時弦與耑离，故矢既發則弦與耑相擊，是之謂丨。〔說文定聲·卷五〕〇丨，解繩。〔廣韻·海部〕〇丨，一曰釋繩。〔集韻·海部〕

**抬** 丨，動也。〔廣韻·海部〕〇丨，或曰即侅字、駭字。〔說文定聲·卷五〕〇駭與丨聲近義同。〔廣雅·釋詁一〕「丨，動也」疏證。

**倸** 丨，恨也。〔廣韻·海部〕〇丨，段借為猜。〔說文定聲·卷五〕

**毐** 丨，人無行也。〔集韻·海部〕

**佁** 丨，癡也。〔廣韻·海部〕〇丨，癡皃。〔字詁〕〇丨，書傳或言丨儗也。〔說文〕「丨，癡皃」繫傳。〇丨儗，癡皃。〔集韻·蟹部〕〇今以驕騃難語使為丨儗，古蓋有此語。〔說文〕「丨，癡皃」繫傳。〇丨，或借駘。〔字詁〕〇丨，或作儓。〔說文〕「丨，癡皃」義證。〇丨，俗作獃。〔字詁〕〇俗又以呆為丨。（同上）

**䆀** 丨，禾傷雨也。〔廣韻·海部〕〇丨與黣同。〔廣雅·釋詁三〕「丨，敗也」疏證。〇痗與丨聲義相近。（同上）〇墨與丨聲義亦相近也。（同上）

**疠** 丨，病也。〔廣韻·海部〕引〔尸子〕。

**菩** 丨，黃丨艸。〔說文〕「丨，艸也」繫傳。〇丨草可為席。〔說文定聲·卷五〕〇丨陽，天子更衣之別館也，因地為名，丨山之陽也。〔說文〕「丨，艸也」繫傳。〇梵言丨提，漢言王道。〔廣韻·模部〕〇〔說文定聲·卷五〕或曰丨，普也，薩，濟也，華言普濟生之意。或曰丨，瞭也，薩，見也，華言智慧了見之意。〔華嚴經〕「丨薩」。〇古丨、蓓通。〔呂覽·孟夏〕「王丨生」校正。〇〔說文定聲·卷五〕丨，段借為剖。〔西狹頌〕「三葅符守」。〇（同上）丨，段借為蔀。〔周髀算經〕「四章為一蔀」。〇（同上）丨，字亦作蔀。〔易·豐〕「豐其蔀」。〇（同上）丨，字亦作草。〔廣韻〕「草，香草」。〇（同上）丨，字亦作蓓。〔玉篇〕「黃蓓，草名」。

**螝** 〔說文定聲·卷一二〕丨，蠶在繭中之未變者。〔說文〕「丨，蛹也」。

**苺** 丨，其子覆盆也。〔說文〕「葐，缺盆也」義證引〔切韻〕。〇丨，木丨，子似葚。〔說文〕「丨，馬丨也」義證引〔類篇〕。〇〔說文定聲·卷五〕丨，段借為每，草盛皃。〔魏都賦〕「蘭渚丨丨」。〇丨，字亦作莓。〔說文定聲·卷五〕

**莓** 丨，實似桑椹，可食。〔說文〕「莓，馬莓也」義證引〔玉篇〕。〇丨丨，美田也。〔廣韻·灰部〕〇丨苔，水衣也。〔慧琳音義·卷九四〕〇〔玉篇〕之丨即〔爾雅〕之葥。〔說文〕「莓，馬莓也」義證。〇丨當作莓。〔釋草〕「葥，山丨」郝疏。

**儽** 儽，各本篆皆作丨，解皆作纍聲。〔說文〕「儽，垂皃，从人，絫聲」段注。〇丨，垂然也。〔說文〕「丨，垂皃」繫傳。〇丨，懶懈貌。〔通鑑·周紀四〕「見其長子丨然也」音注。

**攺** 毅丨，大剛卯。〔集韻·海部〕

**閡** 〔說文定聲·卷五〕丨，段借為垓。〔漢書·禮樂志〕「專精厲意逝九丨」。

**娭** 訓作戲者，从丨為嬉借字，丨嬉喜轉相通假，然則此歌之宴丨，與〔詩〕燕喜同耳。〔漢書·禮樂志〕「神來宴丨」補注。

**庡** 丨，藏也。〔廣韻·海部〕又〔集韻·海部〕。

**郲** 丨陽，鄉名，在桂陽。〔廣韻·賄部〕

**䣀** 丨郲，不平。〔廣韻·郁部〕

**阭** 丨，高危也。〔集韻·賄部〕

**侅** 奇丨，非常。〔廣韻·海部〕

**仳** 丨倠，面醜。〔集韻·賄部〕

**倠** 仳丨，醜皃。〔集韻·賄部〕〇丨，或从自。（同上）

**俖** 丨，不肯也。〔廣韻·海部〕

**俀** 丨，弱也。〔集韻·賄部〕〇宣公丨，〔漢·志〕曰宣公倭，〔左傳〕疏曰名倭，〔世家〕亦作倭，則此謁已。倭音煨，順也，與委通。丨音妥，音腿，弱也，音義迥殊。〔史記·十二諸侯年表〕「魯宣公丨元年」志疑。

**傀** 丨，俗作丨儡字也。〔廣韻·賄部〕

**僱** 丨，貿物價。〔集韻·賄部〕

**僾** 丨，仿佛也。〔集韻·海部〕

埵　丨，堅土。〔集韻・賄部〕

埰　丨之言宰也，宰亦高貌也。〔廣雅・釋邱〕「丨，冢也」疏證。

⿰土畏　鍡鑸、碨礧、畏壘、嵔壘、猥壘、猥纍、畏累、丨壘、嵬⿱山畾、碨磊，並字異而義同。〔廣雅・釋訓〕「鍡鑸，不平也」疏證。

⿰扌享　丨，排也。〔集韻・賄部〕

⿰耒冋　⿰鬼卩丨，墝埆。〔集韻・賄部〕

⿰鬼卩　丨⿰耒冋，墝埆也。〔集韻・賄部〕

娞　⿰女畏丨，妍也。〔集韻・賄部〕○丨，或从委。〔同上〕

⿰女畏　丨娞，妍也。〔集韻・賄部〕

⿸厂娞　⿸厂畏丨，行病。〔集韻・賄部〕

⿺走畏　丨⿸厂娞，病痱。〔說文〕「痱，風病也」義證引〔玉篇〕。○丨⿸厂娞，行病。〔集韻・賄部〕

⿱山母　今人稱丨丨，數數也。〔通雅・釋詁〕

峞　丨⿱山畾，山皃。〔廣韻・賄部〕

塊　大丨，天地間也。〔集韻・賄部〕

壘　〔羣書治要〕引丨作累。〔管子・輕重乙〕「言能得者丨千人」義證引孫星衍。

塏　爽丨，高地。爽，明。丨，燥也。〔廣韻・海部〕

⿱大畾　丨，大也。〔集韻・賄部〕

採　丨，取也。〔廣韻・海部〕○小者丨。〔國策・秦策四〕「芻牧薪丨」鮑注。○丨菽氏，梵語云大目乾連，俗云菉豆子，古仙人號也。〔慧琳音義・卷六〕○丨，取也。俗作采。〔廣韻・海部〕

挴　丨，貪。〔廣韻・海部〕

⿰扌皋　丨，摸也。〔集韻・賄部〕

⿰扌罪　丨，拉也。〔集韻・賄部〕

⿰山妥　丨崣，山高皃。〔廣韻・賄部〕又〔集韻・賄部〕。

⿰山累　丨峞，山皃也。〔慧琳音義・卷九九〕引〔考聲〕。○丨峞，或作⿱山畾峞。〔同上〕

⿱山畾　丨峞，山狀。〔廣韻・賄部〕

唻　囉丨，歌聲。〔廣韻・海部〕

啡　丨，出唾聲。〔廣韻・海部〕○丨，唾聲。〔集韻・賄部〕

啍　丨，謔言。〔集韻・賄部〕

唸　丨，言不止。〔廣韻・海部〕

⿰口臺　丨唸，言不止。〔廣韻・海部〕

洅　雷震謂之丨。〔集韻・賄部〕

⿰氵⿵門免　丨，水皃。〔集韻・賄部〕○丨，或从頁。〔同上〕○丨、浼古今字。〔說文〕「丨，水流浼浼皃」段注。

愒　丨，貪也。〔集韻・海部〕

⿸广隹　丨丨，垂皃。〔集韻・賄部〕

⿱皆日　埃丨，日無光。〔集韻・海部〕

肫　丨，面顡。〔集韻・賄部〕

胲　丨，頰肉也。〔慧琳音義・卷一四〕

胎　⿰月鬼丨，大腫皃。〔廣韻・賄部〕

腇　丨，腲丨。〔廣韻・賄部〕○腲丨，肥也。〔集韻・賄部〕

⿰月鬼　丨，⿰月畾丨。〔廣韻・賄部〕○丨腇，肥也。〔集韻・賄部〕○丨，亦作胎。〔廣韻・賄部〕

⿰月豈　丨，肥也。〔集韻・海部〕○丨與⿰口豈聲義並同。〔方言一三〕「⿰口豈，美也。」箋疏。

腜　—，肥也。〔廣韻・海部〕又〔集韻・海部〕。〇—同脢。〔廣韻・海部〕〇—，或作脢。〔集韻・海部〕

腽　—膇，腫皃。〔廣韻・賄部〕又〔集韻・賄部〕。

朏　—，月未明也。〔集韻・賄部〕

𢈥　—，—起令虛。〔廣韻・賄部〕

蓓　—，黄—，草也。〔廣韻・海部〕〇—蕾，花綻皃。〔賄部〕

萎　—，詐也。〔集韻・賄部〕〇—，挫也。（同上）

薩　—，草名。〔廣韻・賄部〕

椳　—之言偎。〔釋宫〕「樞謂之—」郝疏。

榼　—，酒器。〔集韻・海部〕〇—，或作醢、盇。（同上）

橀　榽—，木名，似檀。〔廣韻・海部〕

隸　〔説文定聲・卷五〕—，毛本字作迨。〔詩・鴟鴞〕「—天之未陰雨」。〇逮隶—音義同。〔釋言〕「逮，及也」邵正義。

憝　—，恨也。〔集韻・賄部〕

焴　—，火色。〔集韻・賄部〕

烸　—，燥也。〔集韻・海部〕

燗　—，熟皃。〔廣韻・賄部〕〇—，—爛。（同上）

昢　—，日未明皃。〔集韻・賄部〕

欸　—，相然譍也。〔廣韻・海部〕

𧈪　堅—，神人。〔廣韻・海部〕

𡻕　—然，獨立皃。〔集韻・賄部〕

痗　—，病也。〔集韻・賄部〕〇—，通作悔。〔釋詁〕「—，病也」郝疏。

---

瘣　—瘣，風病。〔集韻・賄部〕

𤸇　重—，踵疾。〔集韻・賄部〕

㿉　—，瘰病。〔集韻・賄部〕〇—，或从累。（同上）

瓌　—，傷瓜。〔廣韻・賄部〕〇瓡—，瓜中。〔集韻・賄部〕

皠　—，霜雪白狀。〔廣韻・賄部〕〇—，霜雪白皃也。〔慧琳音義・卷五一〕引〔考聲〕。〇—與傕同。〔廣雅・釋訓〕「傕溰，霜雪也」疏證。

碨　—磊，石皃。〔廣韻・賄部〕〇—礧者，衆骨聚皃。〔慧琳音義・卷七五〕引〔考聲〕。〇鍡鑸、—礧、畏壘、𡼯壘、猥壘、猥纍、畏累、𡼯塭、嵬㠥、—磊，並字異而義同。〔廣雅・釋訓〕「鍡鑸，不平也」疏證。〇—同磈。〔廣韻・賄部〕

殍　—，殨—。〔廣韻・賄部〕〇—殨，弱也。〔集韻・賄部〕

殨　—，—殍。〔廣韻・賄部〕〇—殍，弱也。〔集韻・賄部〕

殨　—，腫決也。〔集韻・賄部〕

䫍　——，多皃。〔廣韻・賄部〕又〔集韻・賄部〕。

蛕　土—，毒蟲。〔廣韻・賄部〕

聉　—頪，癡瘨皃。〔廣韻・賄部〕〇—頪，愚皃。〔集韻・賄部〕

粿　—，赤米。〔廣韻・賄部〕

糧　—，物粗也。〔廣韻・賄部〕

䈆　—，齊也。〔廣韻・海部〕

篟　答—，竹名。〔集韻・賄部〕

軩　輆—，不平。〔廣韻・海部〕

輠　—，車轉之皃。〔廣韻・賄部〕〇—，車轉也。〔集韻・賄部〕

謉　—譁，謉言。〔廣韻・賄部〕引〔聲譜〕。〇啍—，謉言。〔集韻・賄部〕

讚　一，列也。〔廣韻·賄部〕

踒　一，豆碎其也。〔廣韻·賄部〕○一，碎其也。〔集韻·賄部〕

叵　一，養也。〔本草·卷一四〕

倭　一，重垂也。〔集韻·賄部〕

鈲　連絲釣曰一。〔廣韻·海部〕引〔字苑〕。

錞　一，矛戟下銅鐏。〔廣韻·賄部〕○一，或作鐓。〔同上〕

鐼　鍊一，車轄。〔廣韻·賄部〕

鎾　一，目而吐也。〔集韻·賄部〕

頪　一，頭不正皃。〔廣韻·賄部〕又〔集韻·賄部〕

頠　一，頭也。〔廣韻·賄部〕○一，一曰閑習。〔同上〕

頧　一，頭不正皃。〔廣韻·賄部〕又〔集韻·賄部〕。

頦　一，頦一。〔廣韻·海部〕

骽　一，一股也。〔廣韻·賄部〕又〔慧琳音義·卷一四〕引〔考聲〕。○一，髀也。〔卷六一〕引〔考聲〕。○一，髖也，胯骨也。〔同上〕引〔玉篇〕。○一，俗作腿。〔廣韻·賄部〕又〔慧琳音義·卷一四〕引〔考聲〕。

顝　一，首大骨。〔廣韻·賄部〕○一，大頭也。〔集韻·賄部〕

顡　一，聉顡，〔說文〕音聵，癡顛不聰明也。〔廣韻·賄部〕○聉一，愚皃。〔集韻·賄部〕

颹　一，風動皃。〔廣韻·賄部〕○風動謂之一。〔集韻·賄部〕

㷉　一，背呂也。〔集韻·賄部〕

鬠　一，假髮髻也。〔廣韻·賄部〕

魁　一痱，大枝節盤結也。〔集韻·賄部〕

靉　一，雲盛皃。〔集韻·海部〕○一靆，香烟氣重皃。〔慧琳音義·卷三二〕

# 續經籍籑詁卷第四十一　上聲

## 十一軫

**軫**　｜謂車前後兩端橫木。〔左傳襄公二四年〕「皆踞轉而鼓琴」洪詁引邵晉涵。○合輿下三面之材，與後橫木而正方謂之｜。〔說文〕「｜，車後橫木也」段注。○車軫後端橫木以著輿尾謂之任正，任正亦謂之｜。〔說文定聲·卷三〕(「壬」下)○｜為輿下四面材，亦有闌義。〔詩·小戎〕「小戎俴收」後箋引陸績。○｜者，系弦之處。〔說文〕「弦，弓弦也」段注。○後人謂琴系弦者曰｜。(同上)○｜，今字作弦。(同上)○｜，重也。〔說文〕「弦，弓弦也」繫傳。○｜，動也。〔廣韻·軫部〕○｜，痛也。〔楚辭·惜誦〕「心鬱結而紆｜」補注。○｜，隱也。〔文選·七發〕「荄｜谷分」集釋引五臣。○｜，匽姓，在楚東南。〔左傳桓公一一年〕「將盟貳｜」疏證引〔國名記〕。○｜亦作拸。〔方言三〕「｜，戾也」疏證。○〔說文定聲·卷一六〕｜，段借為紾。〔方言三〕「｜，戾也」。○｜乃紾之段借字。〔說文〕「弦，弓弦也」段注。○｜紾拸，古字並通。〔方言三〕「｜，戾也」箋疏。○｜紾拸並聲近而義同。〔廣雅·釋訓〕「｜軳，轉戾也」疏證。○拸｜紾並字異而義同。〔廣雅·釋詁四〕「拸，盭也」疏證。○〔說文定聲·卷一六〕｜，段借為袗。〔禮記·月令〕「乘元路」注「今月令曰乘｜路」。○｜與眕通。〔廣雅·釋詁二〕「｜，方也」疏證。○〔說文定聲·卷一六〕｜，段借為畛。〔淮南·要畧〕「以翔虛無之｜」。○(同上)｜，段借為鎮。〔楚辭·抽思〕「｜石崴嵬」。○｜與振亦聲近義同。〔廣雅·釋言〕「收，振也」疏證。

**敏**　｜，疾也。〔詩·甫田〕「農夫克｜」朱傳。又〔文王〕「殷士膚｜」朱傳。又〔國策·楚策三〕「躬竊閔然不｜」鮑注。又〔廣韻·軫部〕。○｜，疾於事也。〔國策·趙策二〕「異｜技藝之所試也」鮑注。○此｜謂猶明，明則疾於事。〔國策·齊策一〕「寡人不｜」鮑注。○｜，速也。〔中庸〕「人道｜政」朱注。○｜，速也，謂汲汲也。〔論語·述而〕「｜以求之者也」朱注。○｜，審也。〔學而〕「｜於事」劉正義引焦循。○｜猶審也。〔陽貨〕「｜則有功」劉正義。○｜，勉也。〔述而〕「｜以求之」劉正義。○｜猶勉也。〔大戴·五帝德〕「長而敦｜」王詁。○｜，達也。〔詩·文王〕「殷士膚｜」集疏引魯說。又〔孟子·離婁上〕「殷士膚｜」朱注。又〔慧琳音義·卷五○〕。又〔廣韻·軫部〕。○｜，聰也。(同上)○｜，聰晤也。〔慧琳音義·卷五〕引〔考聲〕。○｜，敬也。〔廣韻·軫部〕○｜，拇。〔詩·生民〕「履帝武｜」朱傳。○｜，拇也。(同上)集疏引魯說。○〔說文定聲·卷五〕｜，段借為拇。〔詩·生民〕「履帝武｜」。○古繁作緐，故譌為｜。〔漢書·高惠高后文功臣表〕「瞻師玄孫之子｜上造連城詔復家」補注引錢大昭。○｜與繁聲相近，故字亦相通。〔荀子〕「巧繁」雜志。○古讀｜如每。〔釋訓〕「蹶｜，｜也」郝疏。

**允**　｜，信也。〔詩·定之方中〕「終焉｜臧」朱傳。又〔湛露〕「顯｜君子」朱傳。又〔車攻〕「｜矣君子」朱傳。又〔鼓鐘〕「懷｜不忘」朱傳。又〔公劉〕「豳居｜荒」朱傳。又〔常武〕「王猶｜塞」朱傳。又〔時邁〕「｜王維后」朱傳。又〔小毖〕「肇｜彼桃蟲」朱傳。又〔酌〕「實維爾公｜師」朱傳。又〔般〕「｜猶翕河」朱傳引或說。又〔論語·堯曰〕「｜執其中」朱注。又〔大戴·衛將軍文子〕「｜德稟義」王詁。又〔通鑑·齊紀五〕「事無不｜」音注。又〔慧琳音義·卷四八〕。又〔廣韻·準部〕。○任賢勿貳，是曰｜。〔說文〕「｜，信也」段注。○信蓋｜字之詁，經文當為｜。〔書·泰誓〕注「史遷｜作信」孫疏。○｜，誠也。〔孟子·萬章上〕「瞽瞍亦｜若」焦正義引江聲。又〔墨子·明鬼下〕「若能共｜」閒詁引江聲。○｜，無所逆也。〔釋詁〕「｜，佞也」鄭注。○｜，當也。〔慧琳音義·卷四八〕○｜，肯也。〔通鑑·齊紀五〕「事無不｜」音注。○｜，語詞。〔詩·采芑〕「顯｜方叔」陳疏。又〔詩·鼓鍾〕「懷｜不忘」集疏引王引之。○〔釋詞·卷一〕｜猶用也。〔書·堯典〕「｜釐百工」。○｜猶以也。〔墨子·明鬼〕引〔商書〕「｜及飛鳥」。○｜者，粇字也。〔說文定聲·卷一二〕(「旞」下)○此謂｜即粇之省也。〔說文〕「粇，進也」段注。○｜同狁。〔漢書·霍去病傳〕「票騎將軍去病率師躬將所獲葷｜之士」補注。○〔史記〕｜作沇，游衍激淖貌，游衍釋｜溶。〔漢書·司馬相如傳〕「｜溶淫鬻」補注。○｜者，㕣之段字。〔釋詁〕「｜，佞也」平議。○漢有｜街縣、｜吾縣，皆讀如鉛。〔說文定聲·卷一五〕○亢者，形近｜之誤。〔書·泰誓〕注「大傳｜引作亢」孫疏。○｜常，〔吳越春秋〕作元常。〔史記·越句踐世家〕「至於｜常」志疑。

**引**　｜，或作弘。〔慧琳音義·卷一一〕○｜，｜弓也。〔孟子·盡心上〕「君子｜而不發」朱注。○｜為張弓。(同上)焦正義。○｜，弘，挽弓也。〔說文〕「｜，開弓也」義證引〔玉篇〕。○｜者，開弓也。〔說文〕「控，｜也」段注。○矢括檃弦開之，由漸而滿曰｜，已滿曰彎，滿而審所向曰牙，矢離弦曰發。〔說文定聲·卷一六〕○｜，｜遠使近之偁。〔說文〕「控，｜也」段注。○｜者，自外｜入也。〔說文〕「丱，｜也」繫傳。○｜亦長也。〔廣雅·釋詁二〕「曼，長也」疏證。○｜久者，長久也。〔漢書〕「持久」雜志。○｜，聲長言之意。〔釋詁〕「｜，長也」郝疏。○｜之言延也。〔方言一二〕「考，｜也」箋疏。○｜、延，一聲之轉。〔方言一〕「延，長也」箋疏。○融羕永｜延，俱一聲之轉。〔釋詁〕「｜，長也」郝疏。○｜與伸同義。〔廣雅·釋詁四〕「｜，伸也」疏證。○神申｜，聲並相近，故神或讀為｜。〔廣雅·釋詁一〕「神，｜也」疏證。○〔左傳文公六年〕「陳之藝極，｜之表儀」，｜亦陳也。〔釋詁〕「｜，陳也」述聞。○神陳｜，古聲亦相近。〔廣雅·釋詁二〕「神，陳也」疏證。○｜，導｜也。〔大戴·盛德〕「惟其所｜而亡」王詁。○｜，前導也。〔漢書·韓安國傳〕「｜墮車」補注引沈欽韓。○｜有收｜之義。〔書·多士〕「上帝｜逸」平議。○在道｜車之索謂之｜。〔周禮·遂人」「帥而屬六綍及窆」孫正義。○運筆謂之－。〔説文〕「篆，－書也」句讀。○－逸，為不進遺佚之賢。〔書・多士〕「上帝－逸」孫疏引江聲。○爭－，猶言爭執也。〔漢書・杜周傳〕「塞爭－之原」補注。○－喤，即騶唱也。〔通雅・禮儀〕○－奏，門司仗家，－入奏事也。（同上）○－為價，謂－此物以為彼物之價，即相當之意也。〔廣雅・釋言〕「僞，－也」疏證。○－重，兩相援－藉重也。〔漢書・灌夫傳〕「相為－重」補注。○－讀與文－之－同。〔釋詁〕「－，長也」鄭注。○－與矧同。（同上）郝疏。○－讀曰靷。〔通鑑・周紀四〕「綿綿常以結－馳外為務」音注。○〔説文定聲・卷一六〕－，叚借為尹。〔左傳昭公元年〕「－其封疆」。○（同上）－，叚借為靷。〔荀子・王霸〕「縣縣常以結－馳外為務」。○（同上）－，叚借為僞。〔廣雅・釋言〕「引，賈也」。○－當作以。〔韓子・外儲説右上〕「左右－王之説之曰」平議。○－，〔史記〕引作縮。〔漢書・賈誼傳〕「夫固自－而遠去」補注。

# 尹

－，正也。〔説文〕「伊，殷聖王阿衡也，－治天下者」繫傳。又〔廣韻・準部〕。○－，誠也。（同上）○－，進也。（同上）○〔説文定聲・卷一六〕－與尌同意。〔説文〕「－，治也」。○－謂大夫。〔書・梓材〕「司空－旅」孫疏引江聲。○－是正長之稱。〔立政〕「三亳阪－」孫疏。○－伯，長官大夫。〔立政〕「－伯」孫疏。○〔説文定聲・卷一六〕－，叚借為筍。〔禮記・聘義〕「孚－旁達」。○－，一作郡。〔漢書・藝文志〕「－都尉十四篇」補注引宋祁。

# 盡

－，竭也。〔廣韻・軫部〕○－，竭其所有也。〔禮記・經解〕「固民是－」集解。○－，終也。〔廣韻・軫部〕又〔淮南・原道〕注「敝，－也」述聞。○－猶滅。〔國策・西周策〕「前功－矣」鮑注。○凡－皆得云滅，亦得云戩也。〔説文〕「戩，滅也」段注。○－亦至也。〔孟子・萬章下〕「義之－也」焦正義。○－者，反復以－之。〔荀子・樂論〕「歌清－」集解。○－猶適足。〔墨子・經下〕「説在－」閒詁。○－與罕義近。〔釋詁〕「鮮，罕也」郝疏。○－之為貧。〔詩・小宛〕「哀我填寡」傳「填，－」通釋。○－之為窮。（同上）○古－字有病義。（同上）○－，亦為病。〔四月〕「－瘁以仕」通釋。○－謂之醮，亦謂之卒，－爵謂之醮，亦謂之啐。（同上）述聞。○－之為言潐也，爵也。〔釋詁〕「縠，－也」郝疏。○－爵潐，俱一聲之轉。（同上）○－古，猶終古也。〔墨子・經説下〕「若在－古息」平議。○－下，詔求直言能－下意。〔漢書・元帝紀〕「寬弘－下」補注。○－－者，閉藏消沮之容。〔荀子・非十二子〕「－－然」集解引郝懿行。○－－，猶津津也。（同上）集解引俞樾。○－者，進也。〔國語・周語〕「近臣－規」平議。○－當讀為進。〔穀梁傳桓公一四年〕「以為人之所－事其祖禰」平議。又〔荀子・致士〕「莫不明通方起以尚－矣」平議。○－，俗作儘。〔説文〕「－，器中空也」段注。又〔説文定聲・卷一六〕。○－猶空也。〔説文〕「－，器中空也」義證引〔世説〕。○－，俗為燼。〔漢書・五行志〕「原廟殿門災－」補注引沈欽韓。○－與㶳通，字亦作燼。〔廣雅・釋詁〕「㶳，灺也」疏證。○－之字，俗作儩。〔説文〕「賜，予也」段注。○〔左傳昭公七年〕引此－瘁作憔悴。〔詩・北山〕「－瘁事國」述聞。○舊本－作申。〔呂覽・尊師〕「沈－巫」校正。

# 忍

敢于殺人謂之－，俗所謂－害也。敢于不殺人亦謂之－，俗所謂－耐也。〔説文〕「－，能也」段注。○－謂堅中，容－，仁也，堅－，義也，殘－，不仁不義也，皆曰能。〔説文定聲・卷一五〕○（同上）凡堅而能止曰－，堅而能行亦曰－。〔賈子・道術〕「反慈為－」。○－，耐也。〔大戴・武王踐阼〕「少閒弗－」王詁。○－，容－也。〔論語・八佾〕「是可－也」朱注。○－，有所含－。〔廣韻・軫部〕○－，殘－也。〔詩・桑柔〕「維彼－心」朱傳。又〔通鑑・陳紀九〕「徒表安－之懷」音注。○－謂殘－。〔大戴・曾子立事〕「好勇而－人者」王詁。○－，強也。〔廣韻・軫部〕○－－，言－之又－也。〔通雅・卷一〇〕○官本－作刃。〔漢書・蕭何傳〕「填撫諭告」補注。又〔刑法志〕「其次用鑽鑿」補注。○〔説文定聲・卷一五〕－，字亦作肕。〔通俗文〕「柔堅曰肕」。○（同上）－，字亦作韌。〔字林〕「韌，柔也」。

# 準

－，望也。〔大戴・少閒〕「－民之色」王詁。○－，平也。〔千乘〕「－揆山林」王詁。又〔廣韻・準部〕。又〔集韻・旨部〕。○－，均也。（同上）○水平謂之－。〔説文〕「－，平也」段注。○－，度也。〔廣韻・準部〕○－，所以為平。〔孟子・離婁上〕「繼之以規矩－繩」朱注。○－，揆平之物。〔通鑑・齊紀三〕「應相－望」音注。○－者，所以揆平取正是也。〔説文〕「－，平也」段注。○製平物之器亦謂之－。（同上）○凡平均皆謂之－。（同上）○－質正，一聲之轉，故－質二字俱訓為正也。〔廣雅・釋詁〕「－，正也」疏證。○水與－古同聲而通用。〔釋言〕「水，－也」疏證。○－與埻通。〔釋言〕「埻，的也」疏證。○－淳，義並與埻同。〔釋詁〕「埻，法也」疏證。○－，擬也，倣也。〔通鑑・齊紀〕「應相－望」音注。○－，樂器名，狀如瑟，應黄鍾之律。〔廣韻・準部〕○－人，即主治獄之官也。〔書・立政〕「－人」孫疏。○－，省作准。〔管子〕「推徐疾」雜志。○－字，俗書作准。〔淮南〕「鳥飛而－繩」雜志。○〔説文定聲・卷一五〕－，字誤作准。〔呂覽・君守〕「有准不以平」。○李本－皆作准。〔呂覽・自知〕「則必－繩」。校正。○－字，熹平石經作辟。〔書・立政〕注「－，一作辟」孫疏。

# 准

－，鼻。〔國策・中山策〕「－頞權衡」鮑注。○－，鼻頭。（同上）補正。○－，別本作準。〔呂覽・自知〕「則必－繩」校正。○－，準俗字。〔廣韻・準部〕

# 隼

－，祝鳩。〔國策・燕策二〕「寡人如射－矣」鮑注。○－，今之鶻也。（同上）補正。○－，鷙鳥也。〔廣韻・準部〕○－，蓋鷹之小者，最為急疾之鳥。〔詩・采芑〕「鴥彼飛－」後箋。○鳥之小而鷙者皆曰－，大而鷙者皆曰鳩。〔説文〕「－，鵻或從隹一」義證引〔禽經〕。○－鶚屬。〔詩・采芑〕

「馭彼飛丨」朱傳。又〔通雅・鳥〕。○丨，齊人謂之擊征。〔同上〕○丨，擊物準也。〔本草・卷四九〕○丨即雎字。〔說文〕「準，从水丨聲」段注。○丨亦鷻字也。〔說文〕「瞿，雁丨之視也」段注。○丨與鷲同音同字，是為假借。〔說文〕「雎，一曰鶉字」段注。

**鶽** 丨，鷙鳥也。〔大戴・曾子疾病〕「鷹丨以山為卑」王詁。

**筍** 丨，一名萌，一名箬，一名蘿，一名茁，一名初篁。〔本草・卷二七〕引〔筍譜〕。○丨，亦曰箘箭、篛苛。〔通雅・竹〕○丨，竹萌也。〔詩・韓奕〕「維丨及蒲」朱傳。又〔說文〕「丨，竹胎也」義證引〔玉篇〕。○丨言未放也。〔同上〕繫傳。○丨，竹萌。〔廣韻・準部〕○丨，引伸為竹青皮之偁。〔說文〕「丨，竹胎也」段注。○凡剡木相入，以盈入虛謂之丨。〔文選・典引〕「雖云優慎，無乃葸與」集釋引梁同書。○懸鐘者橫曰丨。〔說文〕「鎛，鎛鱗也」段注。○丨者，以橫木縣其板，使人舁之也。〔公羊傳文公一五年〕注「丨者，竹箯」陳疏。○丨亦輿牀，為今之轎。从木則為榫為楇，从竹則為丨為箯也。〔同上〕陳疏引劉寶楠。○丨者，以橫木懸其棺，使人舁之也。〔公羊傳文公一五年〕「丨將而來也」平議。○木器兩頭相銜處曰丨頭。〔文選・典引〕「雖云優慎，無乃葸與」集釋。○丨席乃竹席。〔通雅・艸〕○〔說文定聲・卷一七〕丨，叚借為楯。〔考工記・梓人〕「為丨虡」。○〔同上〕丨，叚借為箯。〔公羊傳文公一五年〕「丨將而來也」。○〔同上〕丨，以尹為之。〔禮記・聘義〕「孚丨旁達」。○峻與丨箯古音通假。〔公羊傳文公一五年〕注「丨者，竹箯」陳疏。○丨，古文作簨。〔說文〕「丨，竹胎也」義證引〔玉篇〕。○丨，俗作筠字。〔書・顧命〕「敷重丨席」孫疏。○丨，今字作筠。〔說文〕「丨，竹胎也」段注。○丨筠，古今字。〔說文〕「因，一曰竹上皮」段注。○丨，字亦作筠。〔說文定聲・卷一七〕○丨，亦作笋。〔同上〕又〔廣韻・準部〕。○丨，今字作笋。〔說文〕「丨，竹胎也」段注。○丨，即笋，一作箰。〔通雅・竹〕○丨，字亦作簨。〔說文定聲・卷一七〕○丨，字亦作簨。〔同上〕○丨即簨也。〔文選・典引〕集釋。○丨或作榫。〔同上〕○丨，又誤作篣。〔說文定聲・卷一七〕

**盾** 丨，干也。〔詩・小戎〕「龍丨之合」朱傳。○丨，干丨也。〔廣韻・準部〕○丨，經典謂之干。〔說文〕「丨，瞂也」段注。○丨，一名瞂，亦謂之干，即今旁排也。〔說文〕「丨，瞂也」義證引〔急就篇〕顏注。○丨，櫓。〔國策・韓策一〕「堅甲丨鞮鍪鐵幕」鮑注。○丨名自障。〔說文〕「丨，瞂也」義證引〔龍魚河圖〕。○丨，持板自蔽也。〔慧琳音義・卷六八〕引〔文字集略〕。○中丨，即中允，音近字通。〔漢書・敘傳〕「數遺中丨請問近臣」補注。○丨亦作楯。〔方言九〕「干，關西謂之丨」疏證。○丨，或作楯。〔廣雅・釋器〕「吳魁，丨也」疏證。○丨，戈部作戟。〔說文〕「丨，瞂也」段注。

**楯** 丨，欄檻。〔廣韻・準部〕○〔說文定聲・卷一五〕丨亦曰旁排。〔史記・袁盎鼂錯傳〕「宮殿四面檻」索隱「橫者云丨」。○丨與盾同。〔方言九〕「盾，或謂之干」箋疏。○丨，古亦用為盾字。〔說文〕「丨，闌檻也」段注。○〔說文定聲・卷一五〕丨，叚借為揗。〔淮南・俶真〕「引丨萬物」。○丨讀為輴。〔廣雅・釋器〕「柳，車也」疏證。又〔莊子・達生〕「死得於腞丨之上」集釋引王念孫。○〔說文定聲・卷一五〕丨，字亦作櫄。〔堯廟碑〕「階陛欄楯」。○丨，字或作楯。〔說文〕「丨，闌檻也」義證。

**閔** 丨，病也。〔詩・柏舟〕「覯丨既多」朱傳。又〔閔予小子〕「丨予小子」朱傳。又〔荀子・禮論〕「亦知其丨已」集解引俞樾。又〔廣韻・軫部〕。○丨，傷也。〔同上〕○丨，傷病也。〔釋詁〕「丨，病也」鄭注。○傷痛為丨。〔說文〕「丨，弔者在門也」義證引〔玉篇〕。○丨，弔者在門也，引伸之凡哀皆曰丨。〔說文〕「哀，丨也」段注。○丨，引申為凡痛惜之辭。〔說文〕「丨，弔者在門也」段注。○丨，憂也。〔詩・鴟鴞〕「鬻子之丨斯」朱傳。又〔孟子・公孫丑上〕「宋人有丨其苗之不長而揠之者」朱注。又〔史記〕「竊聞公之將死雜志。○丨，恤也。〔詩・鴟鴞〕「鬻子之丨斯」通釋。○丨，自傷也。〔楚辭・九辯〕「丨奇思之不通兮」補注引五臣。○〔謚法〕在國逢囏曰愍，〔史記〕作湣，丨、愍、湣音義並同。〔左傳莊公一二年〕「弒丨公于蒙澤」洪詁。○丨勉、丨免、僶勉，一也。〔通雅・釋詁〕○丨為暋之假借，知其不當為而強為之也。〔孟子・萬章下〕「丨不畏死」焦正義引王鳴盛。○〔說文定聲・卷一五〕丨，叚借為忞。〔書・君奭〕「予惟用丨于天越民」。○〔同上〕丨，叚借為昏。〔同上〕丨，叚借為旻。〔周禮・大祝〕注「丨天不淑」。○〔同上〕丨，叚借為惛。〔史記・范雎蔡澤傳〕「竊丨然不敏」。○丨，俗作憫。〔說文〕「丨，弔者在門也」段注。○〔說文定聲・卷一五〕丨，字亦作憫。〔孟子〕「阨窮而不憫」。○丨通作文，又通作憫，又通作愍，又通作湣，又通作㨉，又通作痻。〔釋詁〕「丨，病也」郝疏。○丨，魯、齊作愍。〔詩・柏舟〕「覯丨既多」集疏。○丨公，〔記〕作湣，〔漢書・志〕並作愍。〔左傳莊公三二年〕「立丨公」洪詁。

**憫** 丨，憂也。〔孟子・公孫丑上〕「阨窮而不丨」朱注。又〔廣韻・軫部〕。○丨即憂悶。〔孟子・公孫丑上〕「阨窮而不丨」焦正義。○丨，丨默。〔廣韻・軫部〕○丨亦默也。〔慧琳音義・卷八九〕引〔韻詮〕。○丨默，憂而不敢言之貌。〔通鑑・陳紀五〕「令萱丨默不對」音注。○丨默者，情有所傷而不言也。〔慧琳音義・卷八九〕引〔考聲〕。○丨與憒聲近義同。〔方言一三〕「憒，阨也」箋疏。

**泯** 丨，滅也。〔廣韻・軫部〕○丨，盡也。〔同上〕又〔通鑑・周紀一〕「無不丨絕」音注。○丨滅没，俱一聲之轉也。〔釋詁〕「丨，盡也」郝疏。○丨，亂也。〔詩・桑柔〕「靡國不丨」述聞。○丨亦亂也。〔書・康誥〕「大丨亂」述聞。○愍，字本作忞，或作暋，又作丨，其義並同。〔廣雅・釋詁〕「愍，亂也」疏證。○丨，水皃。〔廣韻・軫部〕○丨、蔑，聲之轉，丨棄猶蔑棄也。〔書・牧誓〕「昏棄」孫疏。○〔史記〕丨作眠。〔漢書・司馬相如傳〕「視眩丨而亡見兮」補注。○丨丨，作湎湎，蓋今文〔尚書〕也。〔書・呂刑〕注「丨丨，一作湎湎」孫疏。

菌　—，地—。〔廣韻・軫部〕○地—，地耳也。〔慧琳音義・卷六一〕○地生為—，木生為蛾。〔本草・卷二八〕○地生者為—。〔同上〕又〔說文〕「—，地蕈也」義證引〔名醫別錄〕。○—，聞雷即生，俗呼地—，亦名地蕈。〔同上〕義證引〔物類相感志〕。○地蕈似釘蓋者名—。〔說文〕「—，地蕈」繫傳。○—，今蘇姑之類，生于地者也，即所謂地蕈。〔說文定聲・卷一五〕○或曰生于剛處曰—，生于柔處曰芝。〔本草・卷二八〕○—，薰也，其葉謂之蕙。〔離騷〕「雜申椒與—桂兮」補注引〔廣雅〕。○—猶言翳也。〔墨子・迎敵祠〕「無以為客—」閒詁。○—芝，—之大名。〔說文定聲・卷五〕〔「芝」下〕○—桂，花白蕊黃，正圓如竹。〔離騷〕「雜申椒與—桂兮」補注引〔本草〕。○—者，蜏之轉聲。〔廣雅・釋蟲〕「朝蜏，孳母也」疏證。○地無名—者，徐廣云一作鹵，與〔漢・表〕同。鹵縣屬安定郡，或云是代郡鹵城縣也。〔史記・高祖功臣侯者年表〕「—」志疑。○〔說文定聲・卷一五〕—，叚借為結。〔莊子〕「蒸成—」。○〔同上〕—，叚借為薙。〔莊子〕「朝—」。○〔同上〕—，叚借為箘。〔呂覽・本味〕「駱越之—」。○〔同上〕—，叚借為薰。〔廣雅〕「—，薰也」。○—，一作箘，其字从竹。〔離騷〕「雜申椒與—桂兮」補注。○朝—，蔡氏。〔毛詩名物解〕引〔莊子〕作雞—，今雲南呼雞㚇，北方謂之雞腿磨菇。〔說文〕「—，地蕈也」義證。

箘　—，竹名。〔廣韻・軫部〕○—簬二字一竹名，〔吳都賦〕之射筒也。〔說文〕「—，—簬，竹也」段注。

蚓　—，丘—也。〔孟子・滕文公下〕「則—而後可者也」朱注。○—，蚯—。〔廣韻・軫部〕○—，蚯—也，吳楚呼為寒蟮。〔說文〕「螾，側行者」義證引〔五音集韻〕。○—，許作螾。〔說文〕「螼，螾也」段注。

螾　—，—衍。〔廣韻・軫部〕○—，蚰蜒。〔同上〕○〔說文定聲・卷一六〕—，蘇俗謂之曲蟮。〔說文〕「—，側行蟲也」。○〔同上〕—，此蟲象蜈蚣，黃色而細長，多足，好脂油香，蘇俗謂之香延蟲，雞食之死。〔考工記・梓人〕注「卻行—衍之屬」。○—，聲轉為朐忍，〔漢書・地理志〕朐忍縣，以多此蟲得名。〔說文定聲・卷一六〕○官本—作引。〔漢書・郊祀志〕「黃龍地—見」補注。○〔說文定聲・卷一六〕—，字亦作蚿。〔莊子・秋水〕「夔憐蚿」。○〔同上〕—，字亦作蚈。〔淮南・兵畧〕「若蚈之足」。○〔同上〕—，字亦作蛾。〔廣雅〕「馬蛾，蟞蛆也」。

靷　—，引軸也。〔集韻・準部〕○—，所以前引也。〔說文〕「—，引軸也」繫傳。○—，駕牛具，在胸者。〔國策・韓策三〕「伏軾結—東馳者」鮑注。○—，當作靳。〔說文〕「靳，當膺也」義證。○—，當為靳。〔左傳僖公二八年〕「韅—鞅靽」述聞。○〔說文定聲・卷一六〕—，叚借為膺。〔左傳僖公二八年〕「韅—鞅靽」。○兩—，外傳作兩鞁。〔左傳哀公二年〕「兩—皆絶」洪詁。

紖　—，索也，牛系也。〔通鑑・晉紀一〕「有司言御牛青絲—斷」音注。○—，牛—。〔廣韻・軫部〕○—，牛鼻繩。〔禮記・祭統〕「君執—」集解。○牛曰—。〔說文定聲・卷一八〕〔「纆」下〕○—之言引也。〔廣雅・釋詁二〕「—，係也」疏證。又〔釋器〕「靷謂之纆」疏證。○〔說文定聲・卷一六〕—，字亦作縯。〔後漢・齊武王縯傳〕注「縯，引也」。

診　—，視也。〔廣韻・軫部〕○—，候也。〔說文〕「—，視也」義證引〔三蒼〕。○—，驗也。〔廣韻・軫部〕○—，驗視也。〔說文〕「—，視也」義證引〔急就篇〕顏注。○—，候脈。〔廣韻・軫部〕○—，謂看脉候也。〔慧琳音義・卷四六〕○—，告也，經傳皆以畛為之。〔說文定聲・卷一六〕○—當讀為畛。〔莊子・人間世〕「匠石覺而—其夢」集解引王念孫。○〔說文定聲・卷一六〕—，叚借為畛。〔三蒼〕「—，候也」。○官本—作訬，同。〔漢書・董賢傳〕「贏—其尸」補注。

訬　—，視也，當作診。〔楚辭・陶壅〕「乃自—兮在茲」補注。

眕　—，重也，目厚意也。〔說文〕「—，目有所恨而止也」繫傳。○—，目有所恨而止。〔廣韻・軫部〕○—，視有所恨而止。〔集韻・準部〕○—，明也。〔軫部〕○—，厚重也。〔廣韻・軫部〕○—，通作疹。〔釋言〕「—，重也」郝疏。○〔說文定聲・卷一六〕—，眡也，故字亦誤作眡，古皆以診為之。〔說文〕「—，目有所恨而止也」。○—，叚借為診。〔說文定聲・卷一六〕○〔同上〕—，叚借為鎮。〔左傳隱公三年〕「憾而能—者鮮矣」。

畛　—，田上道。〔詩・載芟〕「徂隰徂—」集疏。○—，田間道。〔廣韻・軫部〕○疆—，所以絶界也。〔釋言〕「—，殄也」鄭注。○—者，田界之盡也。〔同上〕郝疏。○—有界限之義。〔釋言〕「障，—也」郝疏。○診當讀為—，—，告也。〔莊子・人間世〕「匠石覺而診其夢」集釋引王念孫。○—通作眡。〔釋詁〕「—，告也」邵正義。○—者，眡之叚音也。〔同上〕郝疏。○〔說文定聲・卷一六〕—，叚借為診。〔釋詁〕「—，告也」。○軫與—通。〔廣雅・釋詁一〕「軫，方也」疏證。○〔說文定聲・卷一六〕—，叚借為殄。〔釋言〕「—，殄也」。○—珍聲相近，蓋即珍字借字。殄腆聲相近，即腆之借字也。〔釋言〕「—，殄也」述聞。○〔說文定聲・卷一六〕—，叚借為沴。○—挈，猶淟涊也。〔淮南・要畧〕「棄其—挈」。

胗　—，脣癢瘡。〔太素・經脈〕「口喎脣—」楊注。○—，脣瘍也。〔廣韻・軫部〕○—，癮—，皮外小起。〔同上〕○—，籀作疹。〔同上〕○—，籀文作疹。〔廣雅・釋詁一〕「—，創也」疏證。○—，俗並作脤瘢。〔廣韻・軫部〕

疹　自—，即自疷。〔漢書・揚雄傳〕「爪華蹈衰」補注引王念孫。

㐱　—，義亦與稹同。〔廣韻・釋言〕「稹，概也」疏證。○〔說文定聲・卷一六〕—，叚借為稹。〔禮記・聘義〕「縝密以栗」。○〔同上〕—，叚借為紾。〔廣雅・釋詁二〕「鬒，强也」。○—，叚借為禪。〔說文定聲・卷一六〕○—，今作鬒。〔說文〕「—，稠髮也」句讀。○—，今〔詩〕作鬒。〔同上〕繫傳。又

(同上)段注。〇丨，或作縝。(同上)繫傳。〇〔説文定聲・卷一六〕丨，字亦作縝。〔廣雅・釋器〕「縝，黑也」。〇丨，字或作黰。〔説文〕「丨，稠髮也」義證。

紾

丨，單衣。〔廣韻・軫部〕〇〔説文定聲・卷一六〕或曰丨，玄端，朝服也。〔論語〕「丨絺綌」。〇(同上)丨，字亦作袗。〔廣雅・釋詁二〕「袗，偖也」。〇丨，通作軫。〔説文〕「丨，轉也」義證。〇袗軫丨，並字異而義同。〔廣雅・釋詁〕「袗，盭也」疏證。〇軫丨袗，並聲近而義同。〔廣雅・釋訓〕「軫軳，轉戾也」疏證。〇凡了戾曰丨轉。〔説文〕「丨，丨轉」段注。〇丨轉，亦曰軫軳。(同上)〇丨，或作縝。〔廣韻・軫部〕

哂

丨，笑也。〔廣韻・軫部〕〇丨，小笑。〔説文〕「弞，笑不壞顔曰弞」義證引〔三蒼〕。〇丨，微笑也。〔論語・先進〕「夫子丨之」朱注。〇丨，小笑皃也。〔慧琳音義・卷八二〕〇笑不壞顔為丨。〔通鑑・唐紀八〕「上丨之」音注。〇微笑謂之丨，大笑亦謂之丨。〔廣雅・釋詁〕「丨，笑也」疏證。〇丨吲弞矤並通。(同上)

腎

丨，五藏之一也。〔廣韻・軫部〕〇〔説文定聲・卷一六〕丨，叚借為賢。〔書・盤庚〕「今予其敷心腹丨腸歷」。

脤

丨，同祳。祳，祭餘肉。〔廣韻・軫部〕〇祳，字或作丨。〔説文〕「祳，社肉，盛以蜃，故謂之祳」義證引〔五經異義〕。〇丨，〔説文〕作祳。〔左傳閔公二年〕「受丨于社」疏證引陳壽祺。〇丨，古本必作祳。(同上)疏證引〔校勘記〕。〇社稷之肉曰丨。〔左傳成公一三年〕「受丨于社」疏證。〇丨，社稷之肉，盛之蜃。(同上)洪詁。〇丨，或作蜃。〔左傳閔公二年〕「受丨于社」疏證引〔校勘記〕。〇鄭、賈、服並以丨為蜃。(同上)〇丨，當作蜃，字之誤也。〔左傳閔公二年〕杜注「盛以丨器」疏證。〇丨，軫、蜃、辰皆一聲之轉。〔左傳成公一七年經〕「卒於貍丨」疏證引李富孫。

臏

丨者，髕之俗，去厀頭骨也。〔説文〕「髕，厀耑也」段注。〇丨同髕。〔廣韻・軫部〕〇丨，膝之端骨也。〔太素・經脈〕「下膝入丨中」楊注。〇丨，刖刑也，去膝蓋骨。〔通鑑・周紀二〕「孫丨與龐涓俱學兵法」音注。〇古丨刑，去膝也。〔説文〕「髕，膝耑也」繫傳。〇丨，擯斥之意。(同上)

髕

丨，厀耑蓋骨也。〔説文〕「丨，厀耑也」義證引〔六書故〕。〇丨，去膝蓋骨，刑名。〔廣韻・軫部〕

牝

丨，丨牡。〔廣韻・軫部〕〇丨瓦，仰瓦。〔説文〕「戊，屋丨瓦下」繫傳。〇丨瓦，仰蓋者也。(同上)義證引戴侗。〇丨瓦即〔史記〕之版瓦也。〔説文定聲・卷一四〕(「戊」下)〇丨，當為牡。〔説文〕「麟，大丨鹿也」義證。

辴

丨即欣字之異者，俗譌作丨。〔説文〕「欣，指而笑也」段注。〇丨，大笑。〔廣韻・軫部〕〇丨，笑皃。〔集韻・軫部〕

賑

丨，或作𧵍。〔慧琳音義・卷一二〕引〔考聲〕。又〔卷一九〕引〔考聲〕。〇丨，富也。〔卷九〇〕引〔集訓〕。〇丨，救也。〔通鑑・周紀四〕「出者勿獲，困者丨之」音注。又〔慧琳音義・卷一九〕引〔考聲〕。〇丨，恤也。〔通鑑・周紀四〕「出者勿獲，困者丨之」音注。〇丨，給也。〔慧琳音義・卷一九〕引〔考聲〕。〇丨，賜也，給賜貧乏也。〔慧琳音義・卷一二〕引〔考聲〕。〇丨，隱丨。〔廣韻・軫部〕〇丨，振也，振起之也。〔説文〕「丨，富也」繫傳。〇丨，叚借為振，今用為丨濟、丨貸字。〔説文定聲・卷一五〕

窘

丨同僒。〔廣韻・軫部〕〇〔説文定聲・卷一五〕丨，字亦作㾕。〔素問・痹論〕「風寒溼三氣襍至合而為痹㾕」。〇丨，入于穴，窮迫也。〔説文〕「丨，迫也」繫傳。〇丨，困也。〔通鑑・漢紀三〕「數丨辱帝」音注。〇丨，急也。〔太素，衡脈〕「丨乎哉」楊注。〇丨，急迫也。〔廣韻・軫部〕

蜃

丨，字亦作蜄。〔説文定聲・卷一五〕〇丨，大蛤。〔廣韻・軫部〕〇丨則今水中之蚌屬也。〔説文〕「祳，社肉盛以丨，故謂之祳」繫傳。〇丨，其甲可以飾物，可以盛物，其灰可以堊牆，可以除蟲，可以漚帛。〔説文定聲・卷一五〕

蜄

振、震、丨並通。〔廣雅・釋言〕「辰，振也」疏證。

隕

丨與磒同。〔説文定聲・卷一五〕(「磒」下)〇丨當為磒。〔説文〕「䃍，碎石丨聲」義證。〇丨、磒古通用。〔釋詁〕「丨，落也」邵正義。〇丨土曰丨。〔釋詁〕「丨，落也」鄭注。〇丨，墜也。〔詩・七月〕「十月丨蘀」朱傳。又〔小弁〕「涕既丨之」朱傳。又〔緜〕「亦不丨厥問」朱傳。又〔孟子・盡心下〕「亦不丨厥問」朱注。又〔廣韻・軫部〕。〇丨，落也。〔大戴・誥志〕「星辰不丨」王詁。又〔詩・氓〕「其黃而丨」朱傳。〇〔説文定聲・卷一五〕丨，以困以悶為訓。〔禮記・儒行〕「儒有不丨穫于貧賤」家語注「憂悶不安之貌」。〇丨，通作霣。〔説文〕「丨，從高下也」義證。〇丨讀作員，謂周也。〔詩・長發〕「幅丨既長」朱傳。〇丨，字或作員。(同上)「幅丨既長」述聞。〇丨讀為云，云，語助也。(同上)〇〔説文定聲・卷一五〕丨，叚借為均，實為運。〔詩・長發〕「幅丨既長」。〇〔卷一五〕員借為丨，落也，與棄輔同。〔詩・正月〕「員于爾輻」。(「員」下)〇抎與丨通。〔廣雅・釋詁二〕「抎，失也」疏證。〇抎丨二字古通。〔左傳成公二年〕「丨子辱矣」洪詁。〇丨，賈氏本作抎。(同上)疏證。

殞

丨，殁也。〔大戴・曾子立事〕「丨身覆家」王詁。又〔廣韻・軫部〕。〇丨，死也。〔慧琳音義・卷一〇〕引〔考聲〕。〇丨，鉉作隕。〔説文〕「蘀，詩曰十月丨蘀」段注。〇丨，或作隕。〔慧琳音義・卷一〇〕引〔考聲〕。

蠢

古丨字皆作𢦟，俗作丨。〔左傳昭公二四年〕「今王室曰丨丨焉」洪詁。〇丨，興也。〔説文〕「萅，推也」義證引〔春秋説題辭〕。〇丨者，動而無知之貌。〔詩・采芑〕「丨爾蠻荊」朱傳。〇丨，引申為凡動之偁。〔説文〕「丨，蟲動也」段注。〇丨，出也。〔廣韻・準部〕〇丨出，聲轉。〔釋詁〕「丨，作也」郝疏。〇出與丨亦同義。〔廣雅・釋言〕「春，丨也」疏證。〇春丨皆有出義。春丨出，一聲之轉耳。〔廣雅・釋詁一〕「𢦟，出也」疏證。〇丨丨，出也。〔續音義・卷一〇〕引〔切韻〕。〇丨蝡，喘耎之轉矣。〔廣雅・釋詁一〕「揣，動也」疏證。〇〔說文定聲・卷一五〕丨，叚借為屯。〔後漢・南蠻西南夷傳〕「丨，少貌也」。〇丨與惷通。〔廣雅・釋詁三〕「惷，亂也」疏證。〇丨，或作惷，古字。〔慧琳音義・卷一〕〇丨，或作偆，古字。〔同上〕

**惷** 丨，愚也。〔國策・魏策一〕「寡人丨愚」補正。〇丨，亦愚也。〔禮記・經解〕「寡人丨愚冥煩」集解。〇丨丨，擾動皃。〔廣韻・準部〕〇丨，或借蠢字。〔說文〕「丨，亂也」義證。〇丨，經典借蠢字。〔同上〕句讀。〇丨，今〔左傳〕借蠢字。〔同上〕繫傳。〇〔說文定聲・卷一五〕丨，今本以蠢為之。〔左傳昭公二三年〕「今王室實丨丨焉」。〇丨丨，今本作蠢蠢焉。〔說文〕「丨，春秋傳曰王室曰丨丨焉」段注。〇丨與偆同字。〔說文〕「丨，一曰厚也」句讀。〇〔說文定聲・卷一五〕丨，叚借為惇。〔說文〕「丨，一曰厚也」。〇〔同上〕丨，叚借為鈍。〔淮南・氾論〕「愚夫丨婦」。

**緊** 丨，紉急也。〔廣韻・軫部〕〇丨，盛也。〔太素・變輸〕「陰氣丨」楊注。〇丨，謂動而中止。〔太素・人迎脈口診〕「丨則灸刺」楊注。〇丨謂之嬛，亦謂之撚也。〔方言一〕「嬛，續也」箋疏。〇丨捺洛，梵語，亦樂天名也，歌神也。〔慧琳音義・卷一〕〇〔說文定聲・卷一六〕丨，叚借為豎。〔管子・問〕「戈戟之丨」。〇丨，別作紐。〔說文〕「丨，纏絲急也」段注。〇丨，字亦作紐。〔說文定聲・卷一六〕

**狁** 〔說文〕無丨字，〔衛青傳〕、〔匈奴傳〕並作獫允。〔漢書〕「獫丨」雜志。〇宋祁曰丨，浙本作允。〔漢書・韋賢傳〕「獫丨最彊」補注。〇丨，獫丨。〔廣韻・準部〕

**簨** 丨簴，懸鍾鼓架也，豎曰丨。〔慧琳音義・卷八三〕引〔考聲〕。

**縝** 丨，結也。〔廣韻・軫部〕〇丨，單也。〔同上〕〇稹與丨同。〔釋言〕「苞，稹也」郝疏。〇丨與稹通。〔廣雅・釋言〕「丨，概也」疏證。〇稹或借丨字。〔說文〕「稹，穜概也」義證。〇丨，〔玉篇〕作鎮，云纑也。〔說文〕「纑，布縷也」義證。

**袗** 丨，重衣也。〔說文〕「丨，袨服」繫傳。〇丨，畫衣也。〔孟子・盡心下〕「被丨衣」朱注。〇丨，設飾也。〔儀禮・士昏禮〕「女從者畢丨玄」胡正義引陳祥道。〇丨，單也。〔論語・鄉黨〕「丨絺綌」朱注。〇丨，單也，謂衣無裏。〔同上〕劉正義。〇〔說文定聲・卷一六〕丨，叚借為襌，丨襌一聲之轉。〔禮記・曲禮〕「丨絺綌」。〇〔同上〕丨，叚借為珍。〔孟子〕「被丨衣」。〇〔同上〕丨，叚借為鎮。〔史記・司馬相如傳〕「槃石裖岸」。〇丨，〔論語〕作紾，〔禮記〕作振。〔說文〕「丨，玄服」義證引〔五經文字〕。〇丨，〔文選〕作振，振、整古義通用。〔漢書・司馬相如傳〕「磐石裖岸」補注。〇丨，字又作砂，砂與整同義。〔同上〕補注引沈欽韓。〇丨，字亦作袀。〔說文定聲・卷一六〕〇丨當為袀。〔儀禮・士冠禮〕「兄弟畢丨玄」胡正義。



**舛** 丨為足相抵。〔文選・魏都賦〕「謀丨駮於王義」集釋。

**踳** 丨，乖也。〔通鑑・隋紀〕「帝以天下用律者多丨駮」音注。〇丨，差也。〔慧琳音義・卷九六〕引〔古今正字〕。〇丨，雜也。〔集韻・準部〕〇丨駮即舛駮。〔通雅・釋詁〕〇丨駮，相乖舛也。〔廣韻・準部〕〇丨駮，蓋謂其譌舛耳。〔文選・魏都賦〕「謀丨駮於王義」集釋。〇丨，舛之或體。〔同上〕集釋。〇丨，揚雄作舛。〔同上〕集釋引〔說文〕。〇丨，或作舛、僢、蹖。〔集韻・準部〕

**純** 丨，緣也。〔廣韻・準部〕〇緣衣領袂口曰丨。丨者，楯也。〔說文定聲・卷一四〕（「緣」下）〇凡衣履之飾邊者皆曰丨。〔公羊傳定公八年〕注「丨，緣也」陳疏。〇〔說文定聲・卷一五〕丨，叚借為焞。〔漢書・揚雄傳〕「光丨天地」。

**偆** 丨，富也。〔廣韻・準部〕〇丨，厚也。〔同上〕〇丨與蠢通。〔廣雅・釋言〕「春，蠢也」疏證。〇借丨為蠢。〔說文〕「丨，富也」句讀。〇丨，蠢之假借字。〔同上〕段注。

**霣** 丨，雷起出雨也。〔說文〕「丨，雨也」義證引〔玉篇〕。〇齊人謂靁為丨。〔廣韻・軫部〕又〔說文〕「瀑，一曰瀑，丨也」段注。〇丨，一曰雲轉起也。〔廣韻・軫部〕〇丨之言運轉也。〔廣雅・釋天〕「丨，雷也」疏證。〇丨與隕同。〔墨子〕「雷降」雜志。〇丨段為隕字。〔說文〕「丨，齊人謂靁為丨」段注。〇〔說文定聲・卷一五〕丨，叚借為隕。〔左傳宣公一五年〕「有死無丨」。〇丨為隕之假借字。〔左傳宣公一五年〕「有死無丨」疏證引李貽德。〇〔左氏〕〔穀梁〕丨作隕。〔公羊傳僖公三三年經〕「丨霜不殺草」陳疏。〇丨，〔史記〕作隕。〔左傳宣公一五年〕「有死無丨」洪詁。〇隕，〔公羊〕作丨。〔左傳定公元年經〕「隕霜殺菽」洪詁。〇隕，〔新序〕作丨。〔左傳昭公四年〕「殷是以隕」洪詁。

**愍** 丨，悲也。〔廣韻・軫部〕〇丨，憐也。〔同上〕又〔慧琳音義・卷九〕。〇丨，今作閔。〔同上〕〇丨即閔也。〔左傳莊公一二年〕「宋萬弒閔公于蒙澤」疏證。〇丨，〔五行志〕引作閔。〔左傳昭公元年〕「吾代二子丨矣」洪詁。〇〔說文定聲・卷一六〕丨，叚借為泯。〔廣雅・釋詁三〕「丨，亂也」。〇〔同上〕丨，叚借為敃。〔周禮・大司寇〕注「民不丨作勞」。〇丨作惛。〔史記索隱〕「異文」雜志。〇丨閔湣，音義並同。〔左傳莊公一二年〕「宋萬弒閔公于蒙澤」疏證。〇丨，〔左傳〕作晉侯緡，〔侯表〕作湣。緡湣丨閔，古字通。〔漢書・古今人表〕「晉丨侯」補注引梁玉繩。〇丨，〔譜〕作緡。〔律歷志〕「丨二十二年」補注引錢大昕。〇丨，字本作忞，或作暋，又作泯。〔方言一〇〕「丨，惛也」箋疏。〇丨，字本作忞，或作暋，又作泯，其義並同。〔廣雅・釋詁三〕「丨，亂也」疏證。〇慜與丨同。〔楚辭・懷沙〕「離慜而長鞠」補注。〇丨，又或作慜。〔說文〕「丨，痛也」義證。〇官本愍作丨，此沿避唐諱。〔漢書・敘傳〕「又愍狂狡之不息」補注。

眹　—，目童子也。〔廣韻·軫部〕○兆—，吉凶形兆，謂之兆—。（同上）

稛　—與圂同。〔廣雅·釋詁三〕「—，束也」疏證。○—，古亦叚麇為之。〔說文〕「—，豢束也」段注。○—圂麇，聲近義同。〔廣雅·釋詁〕「—，束也」疏證。

吮　—，—舐也。〔廣韻·準部〕○—借究字。〔說文〕「—，欶也」義證。

朕　—，俗作眹，誤。—，从舟，舟之縫理也。引申之，凡縫皆曰—。但有—者，才有縫而已。〔說文〕「瞽，目但有—也」段注。○舟之縫理曰—，故札續之縫亦謂之—。〔說文〕「—，我也」段注。○—，引伸為凡縫之偁。（同上）○—，縫也。〔說文定聲·卷七〕（「灷」下）○〔說文定聲·卷二〕—，字又作眲。〔後漢·盧植傳〕注「無目眲曰瞽」。○—字，勝字之誤。〔淮南·兵略〕「凡物有—，唯道無—」平議。

稹　—，叢緻也。〔說文〕「—，穜概也」義證引〔玉篇〕。○—，稠比之意。〔說文定聲·卷一六〕○—，引伸為凡密緻之偁。〔說文〕「—，穜概也」段注。○—，緻也。〔廣韻·軫部〕○相木之言—，亦微密也。〔說文〕「—，穜概也」繫傳。○—，又聚物。〔廣韻·軫部〕○—與縝同。〔釋言〕「苞，—也」郝疏。○—，或借縝字，〔說文〕「—，穜概也」義證。○裖與㐱—字義同。〔說文〕「袗，一曰盛服」段注。○㐱鬒義亦與—同。〔廣雅·釋言〕「—，概也」疏證。○〔考工記〕—理亦或假槇。〔說文〕「槇，木頂也」段注。

囷　圓曰—。〔國策·秦策〕「—倉空虛」補正。

黽　—者，蘇俗謂之田鷄。〔說文定聲·卷一七〕（「耿」下）○—音盲。〔國策〕「道涉山谷」雜志。○—，古音讀如芒。〔說文〕「—，鼃—也」段注。○—勉，雙聲連緜字。〔詩·谷風〕「—勉同心」陳疏。○—勉，即勉勉。（同上）○—勉，魯、韓作密勿。〔詩·谷風〕「—勉同心」集疏。○—勉，魯作密勿。〔十月之交〕「—勉從事」集疏。又〔雲漢〕「—勉畏去」集疏。○—勉，〔毛詩〕亦作僶俛，〔韓詩〕作密勿，〔爾雅〕作蠠没。〔說文〕「恤，勉也」段注。○—勉，〔韓詩〕作密勿，〔爾雅〕作蠠没。〔說文〕「勉，勥也」段注。

⿰頁彡　—，顏色—鱗，慎事也。〔廣韻·軫部〕○—鱗，猶隱磷，難分皃。〔說文〕「—，顏色—鱗，慎事也」繫傳。○〔說文定聲·卷一六〕—，叚借為慎。〔廣雅·釋詁二〕「—，慙也」。

黰　美髮為—。〔慧琳音義·卷三六〕引〔古今正字〕。○—，正謂稠髮。—又㐱或體。〔說文〕「㐱，稠髮也」段注。○—，黑皃。〔廣韻·軫部〕○黑謂之—。〔集韻·軫部〕

⿵几彡　—，新生羽而飛也。〔廣韻·軫部〕

㰮　—，指而笑也。〔廣韻·軫部〕○啟蓋即—字。〔說文〕「—，指而笑也」句讀。○〔說文定聲·卷一五〕—，字又誤作啟。〔呂覽〕「舜為天子轉轉啟啟」。○—，或作辴。〔說文〕「—，指而笑也」義證。○〔說文定聲·卷一五〕—，字亦作辴。〔莊子·達生〕「辴然而笑」。○—，字又誤作辴。〔說文定聲·卷一五〕

荵　—音忍。〔釋艸〕「蒡，隱—」鄭注。○—當為忍。〔說文〕「—，—冬艸」義證。○—冬，〔名醫別錄〕作忍冬，今之金銀藤也，其花曰金銀花。〔說文〕「—，—冬艸」段注。○—，今蘇俗謂之金銀花藤。〔說文定聲·卷一五〕

眂　—，亦作眕。〔說文〕「眕，告也」義證引〔玉篇〕。○眕，或作—。（同上）引〔韻會〕。

鬒　—，黑也。〔詩·君子偕老〕「—髮如雲」朱傳。○—，髮多皃也。〔慧琳音義·卷三二〕引〔考聲〕。○—，字又作黰。〔說文〕「—，㐱或从髟真聲」句讀。

矧　—者，弞之或體也。〔釋言〕「—，況也」郝疏。○—，俗字，當為弞。〔書·盤庚〕「—曰其克從先王之烈」孫疏。○—與弞同。〔方言六〕「弞，長也」箋疏。○—之言引也。〔廣雅·釋詁二〕「—，長也」疏證。○—，況也。〔詩·伐木〕「—伊人矣」朱傳。又〔抑〕「—可射思」朱傳。又〔書·大誥〕「—今卜并吉」孫疏。○—，詞也。〔書·酒誥〕「—汝剛制于酒」孫疏。○—惟者，語詞。〔墨子〕「—住人面」雜志。○〔釋詞·卷九〕—猶又也。○〔書·大誥〕「—亦惟卜用」。○〔釋詞·卷九〕—猶亦也。〔書·康誥〕「—惟不孝不友」。○哂、吲、弞、—並通。〔廣雅·釋詁一〕「哂，笑也」疏證。○—即斷之假借也。〔說文〕「弞，笑不壞顏曰弞」段注。○—正斷之近部叚借字也。〔說文〕「斷，齒本肉也」段注。

矤　〔說文定聲·卷一六〕—，叚借為引。〔方言六〕「—，長也，東齊曰—」。○—之言引也，引，長也。〔方言六〕「—，弓長也」箋疏。○〔說文定聲·卷一六〕—，叚借為斷。〔禮記·曲禮〕「笑不至矧」。○—與矣同意。〔說文定聲·卷一六〕○—，今作矧，俗字。〔慧琳音義·卷三二〕○—，今作矧。〔說文〕「—，況詞也」句讀。○—，〔尚書〕多用—字。俗作矧。（同上）段注。○〔說文定聲·卷一六〕—，字亦作矧。〔詩·伐木〕「矧伊人矣」。○—亦借矧。〔說文〕「弞，笑不壞顏曰—」句讀。○—，字又作哂。（同上）

弞　—，笑不壞顏。〔廣韻·軫部〕○笑不破顏曰—，意與哂同。〔慧琳音義·卷八二〕引〔考聲〕。○〔說文定聲·卷一六〕—，字亦作哂。〔論語〕「夫子哂之」。○（同上）—，字亦作嗔。〔廣雅·釋詁〕「嗔，笑也」。○—，或作矧。〔說文〕「—，笑不壞顏曰—」義證。○〔說文定聲·卷一六〕—，字亦作吲。〔廣雅·釋詁一〕「吲，笑也」。○哂吲—矧並通。〔廣雅·釋詁一〕「哂，笑也」疏證。

頣　—，舉眉視人。〔廣韻·軫部〕

**⿰月引**　丨，當脊肉也。〔廣韻・軫部〕又〔集韻・準部〕。〇丨，杖痕腫處。〔廣韻・軫部〕〇丨，一曰遽也，疑臄也之誤。〔說文定聲・卷一六〕

**⿰粦頁**　〔說文定聲・卷一六〕丨，段借為頤。〔說文〕「丨，一曰頭少髮也」。〇〔同上〕丨，段借為吝。〔廣雅・釋詁四〕「丨，恥也」。〇丨，或書作類。〔集韻・準部〕〇丨，少髮皃。〔廣韻・軫部〕又〔集韻・準部〕。

**橉**　丨，門限也。又牛車絕丨。〔廣韻・軫部〕〇木皮曰丨。〔集韻・準部〕

**撛**　丨，扶也。〔廣韻・軫部〕

**釿**　丨，齊也。〔廣韻・軫部〕〇丨，似錫而小。〔說文〕「丨，劑斷也」段注引〔六書故〕。〇丨謂以斤斷金也。〔說文定聲・卷一五〕〇今俗間謂戾斷堅為丨斷。〔說文〕「丨，劑斷也」段注。〇〔說文定聲・卷一五〕丨，段借為斤。〔六書故〕「丨，似錫而小」。

**⿱犬齒**　丨，齒齊。〔廣韻・軫部〕〇丨、慭並字異而義同。〔廣雅・釋詁一〕「听，笑也」疏證。

**听**　丨，笑也。〔說文定聲・卷一五〕（「齗」下）〇丨，小笑皃也。〔慧琳音義・卷八五〕引〔韻詮〕。〇丨，口大皃。〔廣韻・軫部〕〇丨，字亦作欣。〔廣雅・釋詁一〕「丨，笑也」疏證。〇〔說文定聲・卷一五〕丨，字亦作⿱犬齒。〔集韻〕引〔廣雅〕「⿱犬齒，笑也」。〇丨，或借忻字。〔說文〕「丨，笑皃」義證。

**莙**　丨，牛藻也。〔廣韻・軫部〕〇丨，水藻之類，而葉差大，生水底。〔釋艸〕「丨，牛藻」鄭注。〇莖如釵股者亦謂之丨。〔說文〕「丨，牛藻也」段注。〇六色罽緺者，凡寸斷五色絲，橫著線股間，繞之以象丨艸，用以飾物，即名為丨。〔同上〕段注引〔東宮舊事〕。

**⿰口囷**　丨，吐皃。〔廣韻・軫部〕〇丨，欲吐皃。〔集韻・準部〕

**⿰王囷**　丨，玉名。〔廣韻・軫部〕〇丨之言捆也。〔廣雅・釋詁四〕「丨，齊也」疏證。

**䐃**　丨，腸中脂也。〔廣韻・軫部〕〇丨，當音肫，謂腹中之積聚，成形塊膜也。〔通雅・身體〕

**廴**　丨，長行之皃。〔廣韻・軫部〕〇丨，今作引。〔說文〕「丨，長行也」段注引〔玉篇〕。

**敃**　丨，强也。〔廣韻・軫部〕引〔說文〕。〇〔玉篇〕謂丨敯同字是也。〔說文〕「丨，彊也」段注。〇丨，細理。〔集韻・準部〕

**敯**　〔玉篇〕謂敃丨同字是也。〔說文〕「敃，彊也」段注。〇〔說文定聲・卷一五〕丨，段借為敃。〔釋詁〕「丨，强也」。〇〔同上〕謂丨借為敃，〔孟子〕以閔為之。〔書・康誥〕「丨不畏死」傳「强也」。〇〔孟子〕丨作閔者，聲相近。〔書・康誥〕「丨不畏死」孫疏。〇丨，〔孟子〕作閔。〔說文〕「丨，冒也。周書曰丨不畏死」段注。〇〔說文定聲・卷一五〕丨，段借為惛。〔書・立政〕「其在受德丨」。〇〔同上〕丨，段借為悶。〔莊子・外物〕「慰丨沈屯」。

**蔨**　丨，鹿豆也，苗似豌豆，蔓生，可為菜，根黃而香。〔釋艸〕「丨，鹿藿」鄭注。

**嗔**　丨，大笑。〔廣韻・軫部〕

**濥**　丨，水門也。〔廣韻・軫部〕〇丨，引水也。〔同上〕〇〔說文定聲・卷一六〕丨，以演為之。〔江賦〕「潛演之所汨淈」。

**暋**　丨者，敃之段音也。〔釋詁〕「丨，强也」郝疏。

**愍**　丨，字本作忞，或作丨，又作泯，其義並同。〔廣雅・釋詁三〕「丨，亂也」疏證。

**潣**　丨，水流浼浼皃。〔廣韻・軫部〕〇丨，字亦作泯。〔說文定聲・卷一五〕〇丨，字亦誤作泯。〔同上〕〇丨，字亦作湣。〔同上〕〇〔同上〕丨，段借為惛。〔書・呂刑〕「丨丨棼棼」。〇〔同上〕丨，段借為閔。〔荀子・正霸〕「齊湣宋獻是也」。〇〔同上〕丨，段借為殙。〔釋詁〕「泯，盡也」。

**簢**　丨，竹名，可以為席，或作⿱竹愍。〔廣韻・軫部〕

**⿰車憂**　丨，車軾兔下革也。〔廣韻・軫部〕〇丨，車伏菟。〔集韻・準部〕〇丨之言緜連也。〔廣雅・釋器〕「丨，伏兔也」疏證。〇丨，字亦作輡，即輹也，縛之匊帀曰輹。〔說文定聲・卷一五〕

**輡**　丨，車軾兔下軛也。〔廣韻・軫部〕

**笢**　丨，竹表也。〔說文〕「丨，竹膚也」義證引〔玉篇〕。〇丨，竹膚。〔廣韻・軫部〕〇丨，竹外青也。〔說文定聲・卷一五〕〇丨，亦謂之筠析者，聲轉謂之篾，〔說文〕謂之⿱竹爲，〔方言〕謂之筡，〔儀禮・士喪禮〕謂之軨，字當作軨。丨⿱竹爲篾，一聲之轉。〔同上〕〇丨，字亦作簢。〔同上〕〇丨，字亦作篾。〔同上〕

**磒**　丨，石落。〔廣韻・軫部〕〇隕石曰丨。〔釋詁〕「丨，落也」鄭注。〇丨即隕之或體。〔說文定聲・卷一五〕〇丨與隕音義同。〔說文〕「丨，落也」段注。〇隕、丨古通用。〔釋詁〕「隕，落也」邵正義。

**⿰月留**　丨，丨合。〔廣韻・軫部〕

**埻**　丨，射的。〔廣韻・準部〕〇丨，所謂丨的也。〔說文〕「丨，射臬也」繫傳。〇丨，門側之東西堂也。〔說文定聲・卷六〕〇丨，或作準。〔廣雅・釋詁一〕「集，正也」疏證。〇丨與準音義同。〔呂覽・本生〕「招無不中」校正。〇丨，今準的字，以準為之。〔說文定聲・卷六〕〇丨，今多借準。〔說文〕「丨，射臬也」繫傳。〇丨，亦作墪、章。〔廣雅・釋言〕「丨，的也」疏證。

頨 丨，面不平。〔説文〕「丨，面目不正皃」段注引〔玉篇〕。又（同上）義證引〔玉篇〕。〇丨，面斜。〔廣韻・準部〕〇丨顐，面不平正。〔集韻・準部〕〇丨，頭大也。〔説文〕「丨，面目不正皃」繫傳。

䟴 丨，進也。〔廣韻・準部〕〇丨，今〔易〕作允。〔説文〕「丨，進也」繫傳。〇丨即允之繁增字也。（同上）句讀。〇丨，字亦作術。〔説文定聲・卷一五〕引〔古今人表〕。

㝽 丨，驚詞。〔廣韻・準部〕〇〔説文定聲・卷一六〕丨，以恂為之。〔莊子〕「恂然棄而走」。〇（同上）丨，字又誤作惸。〔周禮・大司寇〕「惸獨老幼」。〇（同上）丨，以煢為之。〔孟子〕「哀此煢獨」。

僢 丨，相背。〔説文〕「舛，對臥也」義證引〔玉篇〕。又〔廣韻・準部〕。〇引伸之，凡足相抵皆曰丨。〔説文〕「舛，對臥也」段注。〇丨與舛同。（同上）義證引〔玉篇〕。

揗 丨，摩也。〔廣韻・準部〕〇丨，通作循。〔説文〕「丨，摩也」義證。〇丨，各本作循。〔説文〕「撫，一曰丨也」段注。〇今撫丨字，以循為之。〔説文定聲・卷一五〕

蝩 丨，蚯蚓也。〔廣韻・準部〕〇丨，今蘇俗謂之曲蟮，丨即蚯蚓之合音。〔説文定聲・卷一五〕

趣 丨，行皃。〔廣韻・準部〕

脣 丨，重脣也。〔説文〕「㖈，厚脣皃」義證引〔玉篇〕。又〔集韻・軫部〕。〇丨，重脣黏好。〔廣韻・準部〕〇丨，一曰屋宇。〔廣韻・準部〕〇丨與宸同字。〔説文〕「丨，一曰屋宇也」句讀。〇丨，與宸音義同。（同上）段注。〇丨，段借為宸。〔説文定聲・卷一五〕

紾 丨，了戾也。〔集韻・軫部〕〇軫紾丨，並聲近而義同。〔廣雅・釋訓〕「軫軳，轉戾也」疏證。〇丨軫紾，並字異而義同。〔廣雅・釋詁〕「丨，盭也」疏證。

疢 丨，病也。〔集韻・準部〕〇丨猶疾也。〔詩・小弁〕「丨如疾首」朱傳。〇丨疾，猶災患也。〔孟子・盡心上〕「恒存乎丨疾」朱注。

阭 〔説文定聲・卷一五〕丨，當以石為本訓，高者，借為竣字。〔説文〕「丨，高也，一曰石也」。〇丨，字或作院。〔説文〕「丨，高也」句讀。

抎 丨，失。〔墨子・非命下〕「共丨其國家」閒詁引畢沅。〇丨、隕相通。〔説文〕「丨，有所失也」義證。〇丨、隕古字通。〔墨子〕「共丨」雜志。〇丨與隕通，古今字也。〔史記・闔越傳〕「不戰而耘」志疑引〔左傳補注〕。〇丨，段為隕也。〔説文〕「丨，有所失也」段注。〇〔説文定聲・卷一五〕丨，段借為隕。〔國策・楚策〕「折清風而丨矣」。〇丨，今作隕。〔説文〕「丨，有所失也」句讀。〇丨，今〔左傳〕作隕。（同上）繫傳。〇〔説文定聲・卷一五〕丨，實與損同字。〔説文〕「丨，有所失也」。〇丨，通作耘。〔説文〕「丨，有所失也」義證。

輑 丨，小車之軾也。〔説文定聲・卷一五〕

緌 丨，變作紖。〔説文〕「紖，牛系也」段注。〇丨，讀如豸。（同上）

淳 丨，布帛幅廣也。〔集韻・準部〕〇丨，通作純。（同上）〇丨，或作敦、綧。（同上）

㸗 丨，憂也。〔集韻・準部〕

刡 丨，削也。〔廣韻・軫部〕又〔集韻・準部〕。

僶 丨，俛強為之。〔慧琳音義・卷四三〕〇丨，丨俛。〔廣韻・軫部〕〇丨俛，謂自强力也，强為之也。〔慧琳音義・卷・四六〕〇丨俛，謂不倦息也。〔卷九九〕引〔考聲〕。〇丨俛，勉强不得已之意。〔通鑑・唐紀七四〕「丨俛從之」音注。

僒 丨，傴也。〔集韻・準部〕〇丨謂肩傴丨也。〔漢書・賈誼傳〕「丨若囚拘」補注。

僯 丨，慙恥。〔廣韻・軫部〕又〔集韻・準部〕。〇丨，通作驎。（同上）

隊 丨，道旁短垣。〔集韻・準部〕

埨 丨，壟土。或从田。〔集韻・準部〕

𡑞 丨，耕壠也。〔集韻・準部〕

抻 丨，手伸物。〔集韻・準部〕

㧷 丨，伸也。〔廣韻・軫部〕〇丨，布也。（同上）〇丨謂申布也，當是敒之或體。〔説文〕「敒，理也」段注。

攟 丨，束也。〔集韻・準部〕

唇 丨，吹也。〔集韻・準部〕

嶙 巆丨，山高皃。〔廣韻・軫部〕

獱 丨，獺屬。〔廣韻・軫部〕

惀 思求曉知謂之丨。〔集韻・準部〕

悏　丨，劣弱皃。〔集韻·準部〕
愼　丨，憂也。〔廣韻·軫部〕
沊　沴丨，溼相箸。〔集韻·軫部〕
湣　丨王，或作暋。〔史記·六國年表〕「齊丨王地元年」志疑引〔類篇〕。
溳　濜丨，波相次也。〔廣韻·軫部〕
濜　丨，水急流皃。〔集韻·準部〕〇丨溳，水流急皃。〔廣韻·軫部〕〇丨粼，水流皃。〔集韻·準部〕
弫　丨，弓強也。〔集韻·軫部〕
弞　丨，長也。〔集韻·軫部〕
姫　丨，慎也。〔集韻·軫部〕
玧　丨，充耳玉。〔廣韻·準部〕
瑑　壁上成文曰丨。〔集韻·準部〕
蘚　丨，韋絝。〔集韻·準部〕丨，或作幐。〔同上〕
亲　木衆齊曰丨。〔集韻·準部〕
槇　丨，木密。〔廣韻·軫部〕〇丨，木理堅密也。一曰木振通用。〔集韻·軫部〕
榫　丨，剡木相入。〔集韻·準部〕
戭　丨，長槍也。〔廣韻·軫部〕〇丨，長戈。〔集韻·準部〕
敦　丨，音準，布帛幅廣也。〔通雅·卷二〕
敒　丨，亂也。〔廣韻·準部〕
犉　丨，獸如牛也。〔廣韻·軫部〕〇丨，山牛。〔集韻·準部〕
毴　丨，毛髮齊皃。〔集韻·準部〕

毴　丨，毛聚。〔廣韻·準部〕
朕　凡從丨者變為代，黱或作黛是也。〔說文〕「蟘，蟲食苗葉者」義證。
脣　〔說文定聲·卷一五〕丨，叚借為裖。〔廣雅·釋器〕「脤，肉也」。
脪　丨，腫起。〔廣韻·準部〕〇丨，亦作㾙。〔同上〕
䐇　丨，肥也。〔廣韻·準部〕又〔集韻·準部〕
閔　燭息火存謂之丨。〔集韻·準部〕
砛　丨，以石致川之廉也。〔集韻·軫部〕
砅　砂變為砅丨，砅又變而為丨。丨致，猶今俗言整緻也。〔漢書·司馬相如傳〕「磐石裖崖」補注。
砞　丨，右也。〔集韻·準部〕
磭　丨，大脣。〔廣韻·軫部〕
盷　丨瞋，怒目皃。〔廣韻·軫部〕
睶　丨，大目。〔集韻·準部〕
瞵　丨，視不明。〔集韻·準部〕
䡅　丨，擊小鼓以引樂。〔集韻·準部〕
䍇　丨，細罔。〔廣韻·軫部〕
瘨　丨，病也。〔集韻·準部〕
瘆　丨，痱病。〔集韻·軫部〕
㿩　丨，皮厚皃。〔廣韻·準部〕〇丨，皮厚也。〔集韻·準部〕
囟　丨，小兒頭會也。〔集韻·準部〕
稐　丨，束也。〔廣韻·準部〕〇丨，亦作稛。〔同上〕〇丨稛，束也。〔集韻·準部〕

綑 輪—，束也。〔集韻・準部〕

聄 注意而聽謂之—。〔集韻・準部〕

蚒 —，蟲名。〔廣韻・準部〕

蝡 無足曰—。〔慧琳音義・卷一九〕引〔字統〕。

螝 —與虺同。〔說文〕「—，蛹也」義證引〔古今字譜〕。

螴 —蜳，蟲行。〔集韻・準部〕〇—，一曰不安定意。〔同上〕

笉 笑謂之—。〔集韻・準部〕〇—，笑皃。〔廣韻・軫部〕〇—，通作听。〔集韻・準部〕

箰 —篳，以捕鳥。〔廣韻・準部〕

𥳑 —，小竹。〔集韻・準部〕

緊 —，束縛。〔廣韻・準部〕

輴 —，車轉者。〔集韻・準部〕

賰 賱—，富有。〔廣韻・準部〕

覶 —覢，暫也。〔集韻・準部〕

䟭 —，蹄申。〔廣韻・軫部〕

䚩 角齊謂之—。〔集韻・準部〕

訒 —，純也。〔集韻・軫部〕〇—，難也。〔同上〕

𧪭 —，謀也。〔集韻・準部〕

䨵 —，雨皃。〔集韻・準部〕

鋠 —，圓鐵。〔集韻・軫部〕

鎨 金之萌生曰—。〔集韻・準部〕

頵 —，頭皃。〔集韻・準部〕

馻 —，馬毛逆。〔廣韻・準部〕

駗 —，馬色也。〔廣韻・軫部〕〇—，馬載重難行也。〔集韻・軫部〕

驎 —，馬色駮也。〔集韻・準部〕〇—，一曰白馬黑脣。〔同上〕

鬊 —，髮亂皃。〔集韻・準部〕

鯅 —，魚醬。〔集韻・軫部〕

鰵 —，海魚。〔廣韻・軫部〕又〔集韻・準部〕。〇—、鮸，皆鱸也。〔通雅・魚〕

齓 —，毀齒也。〔集韻・準部〕

齗 —，犬爭皃。〔廣韻・軫部〕〇犬爭謂之—。〔集韻・準部〕〇—，或从犬。〔同上〕